LE ■ DICTIONNAIRE
visuel +
définitions et notices encyclopédiques

Sous la direction de
Jean-Claude Corbeil

Québec Amérique

REMERCIEMENTS

Nous tenons à exprimer notre plus vive reconnaissance aux personnes, organismes, sociétés et entreprises qui nous ont transmis la documentation technique la plus récente pour la préparation de cet ouvrage.

Agence spatiale canadienne (Réjean Lemieux, Danièle Laroque et Antoinette Cickello) ; Claude Arsenault (président, Association des moulins du Québec) ; Michel Ballarin (initiateur de soccer) ; Pierre Boulé (président, Confort Expert) ; Centre de formation professionnelle de Sorel-Tracy (Alain Boucher, Jacques Doyon, Andrée-Anne Martin) ; Pierre Chastenay (Planétarium de Montréal) ; Ève Christian (météorologue) ; Luc Cockenpot (Institut du tourisme et de l'hôtellerie du Québec) ; Jacques Dancosse (Biodôme de Montréal) ; Patrice Desbiens (ingénieur nucléaire) ; Laval Dupuis (École des métiers de l'équipement motorisé de Montréal) ; Entreprise Garant (Julie Nolet, Stéphanie Lacroix) ; Fédération de basketball de France (Julien Guérineau) ; Fédération de basketball du Québec (Daniel Grimard, Isabelle Watier) ; Fédération d'haltérophilie du Québec (Augustin Brassard) ; Caroline Gagné (Studio du Verre) ; Jacqueline Goy (Institut océanographique de Paris) ; Christian Guibourt (directeur technique, Badminton Québec) ; Michel J. Houle (Hewitt) ; Hydro-Québec (Terminologie) ; Robert Lacerte (réviseur sportif, Radio-Canada) ; Robert Lamontagne (Université de Montréal) ; Lozeau (Alexandre Gagné, Frédéric Montpetit) ; Olivier-Louis Robert (journaliste scientifique) ; Iris Sautier (sérigraphie) ; Société Radio-Canada, Service linguistique et Direction générale des communications et images de marque (Annie Nociti Dubois, adjointe aux communications internes et institutionnelles) ; Gilles Taillon (directeur général, Baseball Québec) ; Pierre Turcotte (agronome-phytogénéticien).

Le Visuel définitions a été créé et conçu par
QA International, une division de
Les Éditions Québec Amérique inc.
329, rue de la Commune Ouest, 3ᵉ étage
Montréal (Québec) H2Y 2E1 Canada
T : 514.499.3000 F : 514.499.3010
www.ikonet.com
www.quebec-amerique.com
www.qa-international.com

© Les Éditions Québec Amérique inc., 2012. Tous droits réservés.

Terminologie originale en langue française élaborée par Jean-Claude Corbeil et Ariane Archambault.

Il est interdit de reproduire ou d'utiliser le contenu de cet ouvrage, sous quelque forme et par quelque moyen que ce soit – reproduction électronique ou mécanique, y compris la photocopie et l'enregistrement – sans la permission écrite de Les Éditions Québec Amérique inc.

Nous reconnaissons l'aide financière du gouvernement du Canada par l'entremise du Fonds du livre du Canada pour nos activités d'édition. Les Éditions Québec Amérique inc. tiennent également à remercier l'organisme suivant pour son appui financier :
Gouvernement du Québec – Programme de crédits d'impôts pour l'édition de livres – Gestion SODEC.

Imprimé et relié à Singapour.
10 9 8 7 6 5 4 3 2 1   15 14 13 12
487 version 4.0.1

Catalogage avant publication de Bibliothèque et Archives nationales du Québec et Bibliothèque et Archives Canada

Vedette principale au titre :

   Le Dictionnaire visuel définitions
   Publ. antérieurement sous le titre: Le Visuel définitions c2004.
   Comprend un index.
   ISBN 978-2-7644-1122-3

1. Dictionnaires illustrés français. 2. Français (Langue) - Dictionnaires. I. Corbeil, Jean-Claude, 1932- .   II. Corbeil, Jean-Claude, 1932- . Visuel définitions.

PC2629.C673 2012   443'.17   C2011-942427-4

Dépôt légal : 2012
Bibliothèque nationale du Québec
Bibliothèque nationale du Canada

DIRECTION

Président : Jacques Fortin
Directrice générale : Caroline Fortin
Directrice des éditions : Martine Podesto
Directrice artistique : Johanne Plante

RÉDACTION

Rédactrice en chef : Anne Rouleau
Adjointes éditoriales :
  Myriam Caron Belzile
  Jeanne Dompierre
  Catherine Gendreau

RECHERCHES TERMINOLOGIQUES

Conseiller en terminologie : Jean-Claude Corbeil
Sophie Ballarin
Carole Brunet
Hélène Mainville
Kathe Roth
Locordia Communications

DÉFINITIONS

Catherine Briand
Carole Brunet
Hélène Gauthier
Nathalie Guillo
Hélène Mainville

RÉVISION LINGUISTIQUE

Sabine Cerboni
Liliane Michaud

CONCEPTION GRAPHIQUE DE LA COUVERTURE

Pascal Goyette

ILLUSTRATION

Illustratrice en chef : Anouk Noël
Manuela Bertoni
Marthe Boisjoly
Érica Charest
Jocelyn Gardner
Guillaume Grégoire
Anik Lafrenière
Alain Lemire
Raymond Martin
Jordi Vinals

PRODUCTION

Production imprimée : Salvatore Parisi
Chargés de projet :
  Michel Aubry
  Véronique Loranger
  Michel Viau

MISE EN PAGE

Graphiste en chef : Pascal Goyette
Edgar Abarquez
Karine Lévesque
Fernando Salvador Marroquín
Julie Villemaire

PROGRAMMATION

Programmeur en chef : Gabriel Trudeau-St-Hilaire
Marc-André Benjamin
Alex Gagnon
Ronald Santiago

PRÉIMPRESSION

Benjamin Dubé
François Hénault

CONTRIBUTIONS

Québec Amérique remercie les personnes suivantes pour leur contribution au présent ouvrage :

Jean-Yves Ahern, Danielle Bader, Stéphane Batigne, Jean Beaumont, Sylvain Bélanger, Pascal Bilodeau, Yan Bohler, Mélanie Boivin, Guy Bonin, Julie Cailliau, Jessie Daigle, Serge D'Amico, François Fortin, Éric Gagnon, Mélanie Giguère-Gilbert, Benoît Grégoire, Claude Laporte, Martin Lemieux, Rielle Lévesque, Émilie McMahon, Philippe Mendes Campeau, Patrick Mercure, Tony O'Riley, Carl Pelletier, Sylvain Robichaud, Michel Rouleau, Claude Thivierge, François Turcotte-Goulet, Gilles Vézina, Kathleen Wynd.

Québec Amérique tient de plus à souligner l'apport de Jean-Claude Corbeil et d'Ariane Archambault, auteurs de la terminologie originale en langue française du *Dictionnaire visuel,* qui en ont également défini la table des matières avant d'en diriger l'élaboration et l'évolution lors des trois premières éditions de l'ouvrage.

Présentation

Le *Dictionnaire visuel*, plus de 25 ans d'histoire

La conception du *Dictionnaire visuel* a débuté par une rencontre fortuite entre l'éditeur Jacques Fortin et le linguiste Jean-Claude Corbeil, en 1982, à Paris. Cette rencontre a donné lieu par la suite à l'élaboration d'un projet original réunissant une équipe de terminologues, linguistes, chercheurs, documentalistes, traducteurs et illustrateurs qui aboutira, quatre ans plus tard, à la parution du tout premier *Dictionnaire thématique visuel*. Comme le mentionne l'introduction de cette première édition, cet ouvrage avait pour but de combler une lacune dans le domaine des ouvrages de référence en devenant « le premier dictionnaire fondamental d'orientation terminologique, réunissant en un seul corps d'ouvrage les milliers de mots plus ou moins techniques d'usage courant dans notre société où les sciences, les techniques et leurs produits font partie de l'univers quotidien ». De plus, autre élément original, l'ouvrage a été conçu pour permettre la visualisation de toutes ces notions par une représentation graphique, qui y joue le rôle de la définition écrite des dictionnaires traditionnels. L'illustration a été préférée à la photographie, puisqu'elle permet de « faire ressortir les traits essentiels de la notion, de purger l'image de tout ce qui est accessoire ou accidentel [...]. L'image apparaît plus simple, plus dépouillée, mais elle y gagne en clarté conceptuelle, constituant ainsi une meilleure définition ».

Cette première édition a été produite de façon quasi artisanale : les illustrations ont été créées sur planche à dessin, en noir et blanc, et le montage des termes en regard des illustrations s'est fait à la main, en collant les mots imprimés au bon endroit. Les éditions subséquentes du *Visuel* ont toutefois bénéficié des avancées de la micro-informatique. Québec Amérique a alors fait figure de pionnier en intégrant à la deuxième édition du *Visuel*, publiée en 1992, l'utilisation de logiciels de dessin, de mise en page et de gestion des données permettant l'informatisation de l'ouvrage et la production automatisée d'éditions en langues étrangères. Ce deuxième *Visuel*, tout en couleurs, permettait de relier encore plus étroitement l'image et le mot, l'un des objectifs fondamentaux de l'ouvrage.

Au fil du temps, les logiciels sont devenus de plus en plus nombreux et performants, ce qui a permis à l'illustration d'atteindre des niveaux de précision et de réalisme encore supérieurs dans la troisième édition du *Visuel*, en 2002, et dans la quatrième, en 2011.

La troisième édition de l'ouvrage a également introduit une version augmentée de courtes définitions de nature encyclopédique.

Par ailleurs, l'évolution des connaissances et des technologies, depuis 25 ans, a forcément entraîné des modifications au contenu de l'ouvrage. Ainsi, des sujets sont disparus ou sont apparus, certains ont gagné ou perdu en importance. Par exemple, l'édition de 1986 présentait le fonctionnement du télégraphe, un sujet qui a disparu de la deuxième édition. Cette dernière introduisait plutôt le téléphone cellulaire portatif, qui a pris de plus en plus d'espace dans les deux éditions subséquentes : la présente édition consacre maintenant une page complète aux différents types de téléphones portables. De la même façon, la micro-informatique, qui n'occupait que quelques pages en 1986, fait maintenant l'objet d'un chapitre presque complet.

Bref, en 25 ans, le *Visuel* a subi de nombreuses mutations, tant au niveau du contenu que des méthodes de production, mais son objectif est toujours demeuré le même : réunir en un seul ouvrage les termes techniques nécessaires à l'expression du monde contemporain, dans les domaines de spécialités qui façonnent notre univers quotidien.

Politique éditoriale

Le présent *Visuel*, comme ses prédécesseurs, fait donc l'inventaire de l'environnement matériel d'une personne qui participe au monde industrialisé contemporain et qui doit connaître et utiliser un grand nombre de termes spécialisés dans des domaines très variés. Conçu pour le grand public, il répond aux besoins de toute personne à la recherche des termes précis et sûrs. Le présent ouvrage pousse l'exercice encore plus loin, en associant à chaque terme une courte définition ou notice encyclopédique qui permet de mettre en lumière ce qu'on ne voit pas ou qui n'est que suggéré par le mot – la nature, la fonction, les caractéristiques de l'objet ou du phénomène illustré.

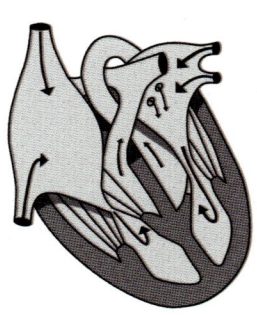

1986

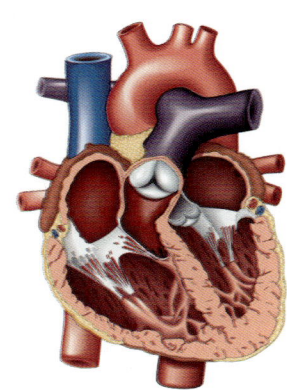

1992

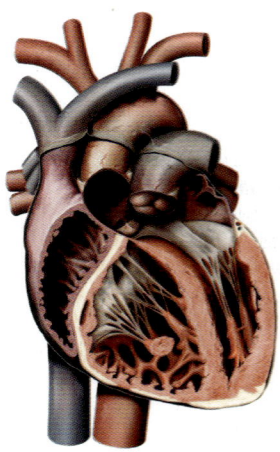

2011

Structure du *Visuel*

L'ouvrage comprend trois sections : les pages préliminaires, dont la liste des thèmes et la table des matières ; le corps de l'ouvrage, soit le traitement détaillé de chaque thème ; l'index alphabétique. L'information est présentée sous forme hiérarchique, du plus abstrait au plus concret : thème, sous-thème, titre, sous-titre, illustration, terminologie et définition. Ainsi, le contenu du *Visuel* se partage en 18 THÈMES, qui se divisent en SOUS-THÈMES plus précis. Par exemple, le thème Astronomie comprend trois sous-thèmes : Corps célestes, Observation astronomique et Astronautique.

Le TITRE remplit diverses fonctions. Il peut d'abord nommer l'illustration d'un objet unique, dont les principales parties sont identifiées (par exemple, *porte extérieure*). Il peut également regrouper sous une même appellation des illustrations qui appartiennent au même univers conceptuel, mais qui représentent des éléments différents les uns des autres, avec chacun leurs propres désignations et terminologies (par exemple, le titre *appareils électroménagers* regroupe les illustrations du réfrigérateur, du congélateur, etc.).

Parfois, les principaux membres d'une même classe d'objets sont réunis sous un même SOUS-TITRE, avec chacun leurs noms, mais sans analyse terminologique détaillée (par exemple, le sous-titre *exemples de fauteuils* regroupe divers types particuliers de fauteuils).

Enfin, l'ILLUSTRATION, montre avec réalisme et précision un objet, un processus ou un phénomène ainsi que les détails les plus importants qui le constituent. Elle participe à la définition visuelle de chacun des termes qu'elle présente.

Terminologie

Chaque terme du *Visuel* a été soigneusement sélectionné à partir de l'examen d'une documentation de haute qualité, au niveau de spécialisation requis. Il arrive parfois qu'au vu de la documentation, différents termes soient employés pour nommer la même réalité. Dans ces cas, le terme le plus fréquemment utilisé par les auteurs les plus réputés a été retenu. Il arrive parfois qu'au Québec, le mot diffère de celui de France et qu'il soit nécessaire de connaître l'un et l'autre. Le terme utilisé au Québec est alors imprimé en caractères italiques et séparé du mot de France par un point-virgule.

L'INDEX cite tous les termes significatifs du dictionnaire, en ordre alphabétique. De nombreux regroupements de termes ont été effectués afin de faciliter la recherche d'illustrations ou de termes précis. Par exemple, les termes *structure d'une fenêtre* et *exemples de fenêtres* ont été regroupés sous une seule entrée d'index, soit *fenêtre*, avec renvoi aux deux pages correspondantes du corps de l'ouvrage.

Définitions et notices encyclopédiques

Les définitions et notices encyclopédiques du *Visuel* s'emboîtent les unes dans les autres à la manière des poupées russes, en suivant la hiérarchie de présentation du contenu de l'ouvrage : thème, sous-thème, titre, sous-titre, illustration, terminologie. En conséquence, la définition du thème *Règne animal*, par exemple, vaut pour tous les animaux du chapitre. À son tour, la définition du terme *reptiles* permet de ne pas répéter cette information pour chacun des reptiles représentés et de concentrer la définition sur ce qui les distingue les uns des autres (le *serpent* est dépourvu de membres, la *tortue* porte une carapace, etc.).

L'illustration et la définition se complètent : la définition fait ainsi l'économie de ce qui est évident dans l'illustration. Par exemple, la *coupe de l'oreille* montre avec exactitude la position de chacune de ses parties ; les définitions précisent donc essentiellement leur fonction.

Les mots techniques employés dans les définitions sont à leur tour définis ailleurs dans le *Visuel*. Ainsi, dans le moteur à essence, les termes *arbre à cames* et *soupape d'admission* sont utilisés pour définir le *culbuteur*; ces termes spécialisés sont toutefois eux-mêmes expliqués dans la même page.

La très grande majorité des termes du *Visuel* sont définis. Les termes ne sont pas définis lorsque l'illustration est suffisamment explicite : ainsi, une fois définie la notion de *panneaux de signalisation*, la représentation de chaque panneau suffit à le distinguer des autres. Les termes jouant le rôle de légende ou d'explication ne sont généralement pas définis : par exemple, le terme *trajectoire* de *l'avion*, représenté par une flèche rouge dans le schéma de la télédétection. Enfin, les termes ayant pour fonction de préciser la représentation d'un objet (*vue avant*, *vue arrière*, *vue d'ensemble*, *coupe de*...) sont également laissés sans définition.

Modes de consultation

On peut accéder au contenu du *Dictionnaire visuel* de plusieurs façons :

• À partir de la liste des THÈMES, au dos de l'ouvrage et à la fin des pages préliminaires, ou à l'aide des TABLES DES MATIÈRES détaillées, dans les pages préliminaires et au début de chaque thème.

2011

1992

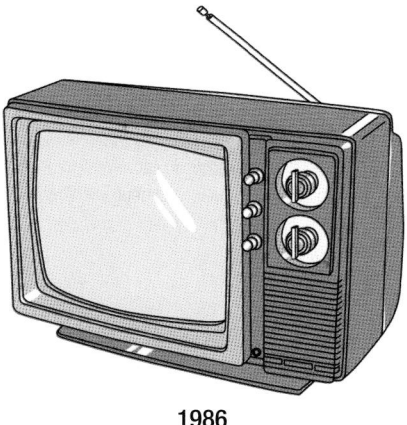

1986

• Avec l'INDEX, on peut consulter le *Dictionnaire visuel* à partir du terme, pour mieux voir à quoi il correspond ou pour en vérifier l'exactitude, en examinant l'illustration où il figure.

• Originalité fondamentale du *Dictionnaire visuel* : l'illustration et la structure hiérarchique par thèmes permettent de trouver un mot à partir de l'idée, même floue, qu'on en a. Le présent ouvrage est le seul dictionnaire qui le permette : la consultation de tous les autres dictionnaires exige d'abord qu'on connaisse le mot.

Consultation

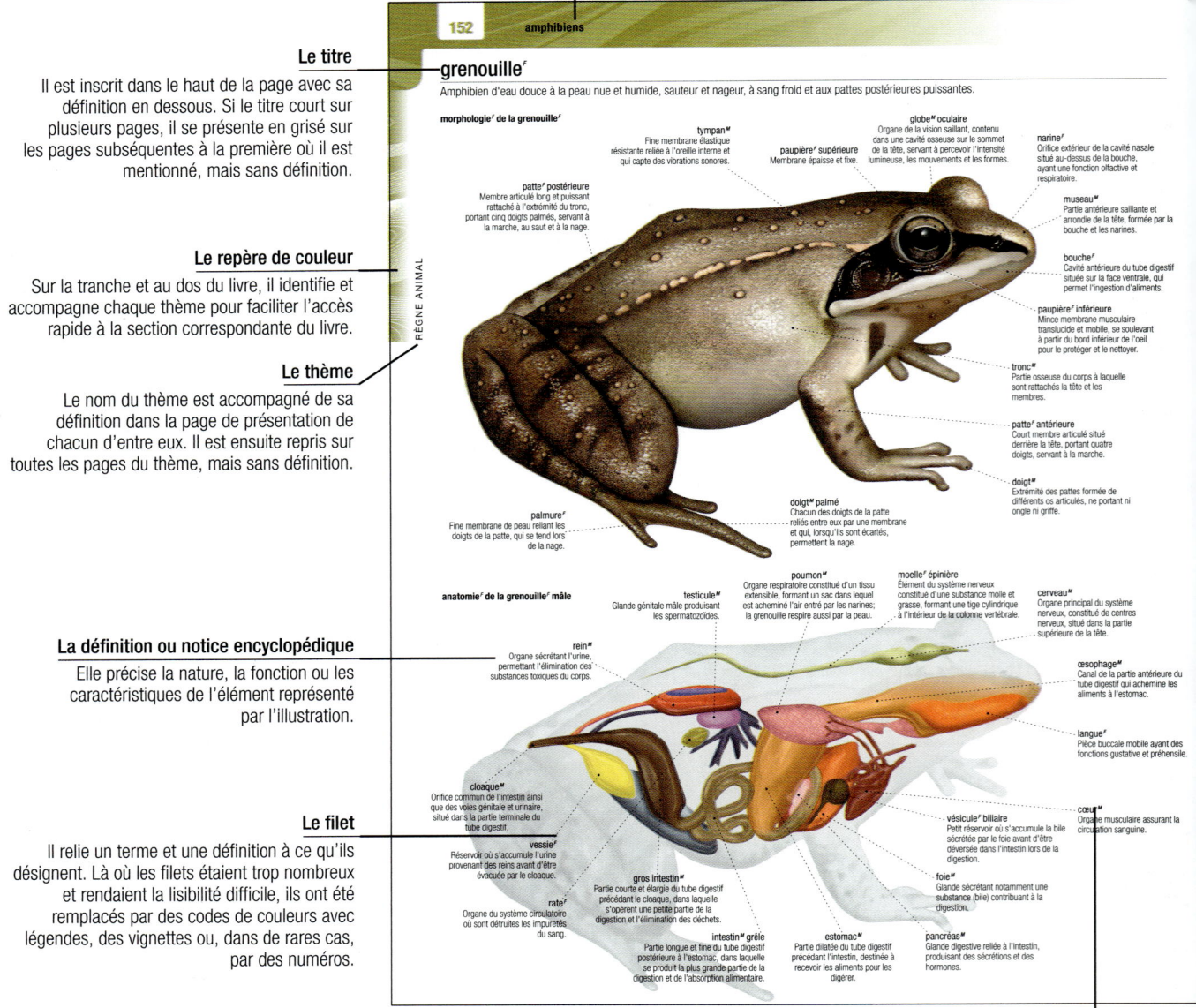

Le sous-thème
Les thèmes se subdivisent en sous-thèmes. La définition de chacun d'eux figure dans la page de présentation du thème auquel ils sont associés.

Le titre
Il est inscrit dans le haut de la page avec sa définition en dessous. Si le titre court sur plusieurs pages, il se présente en grisé sur les pages subséquentes à la première où il est mentionné, mais sans définition.

Le repère de couleur
Sur la tranche et au dos du livre, il identifie et accompagne chaque thème pour faciliter l'accès rapide à la section correspondante du livre.

Le thème
Le nom du thème est accompagné de sa définition dans la page de présentation de chacun d'entre eux. Il est ensuite repris sur toutes les pages du thème, mais sans définition.

La définition ou notice encyclopédique
Elle précise la nature, la fonction ou les caractéristiques de l'élément représenté par l'illustration.

Le filet
Il relie un terme et une définition à ce qu'ils désignent. Là où les filets étaient trop nombreux et rendaient la lisibilité difficile, ils ont été remplacés par des codes de couleurs avec légendes, des vignettes ou, dans de rares cas, par des numéros.

L'indication du genre
F : féminin
M : masculin
Le genre de chaque mot d'un terme est indiqué. Lorsque le terme est composé de plusieurs mots, le genre de l'ensemble est celui du premier nom. Ainsi, *station*^{F}-*service*^{M} est féminin à cause du genre de *station*. Les personnages représentés dans le dictionnaire sont tantôt des hommes, tantôt des femmes, lorsque la fonction illustrée peut être remplie par les uns ou les autres. Le genre alors attribué au mot dépend de l'illustration. En fait, dans la réalité, ce mot est masculin ou féminin selon le sexe de la personne.

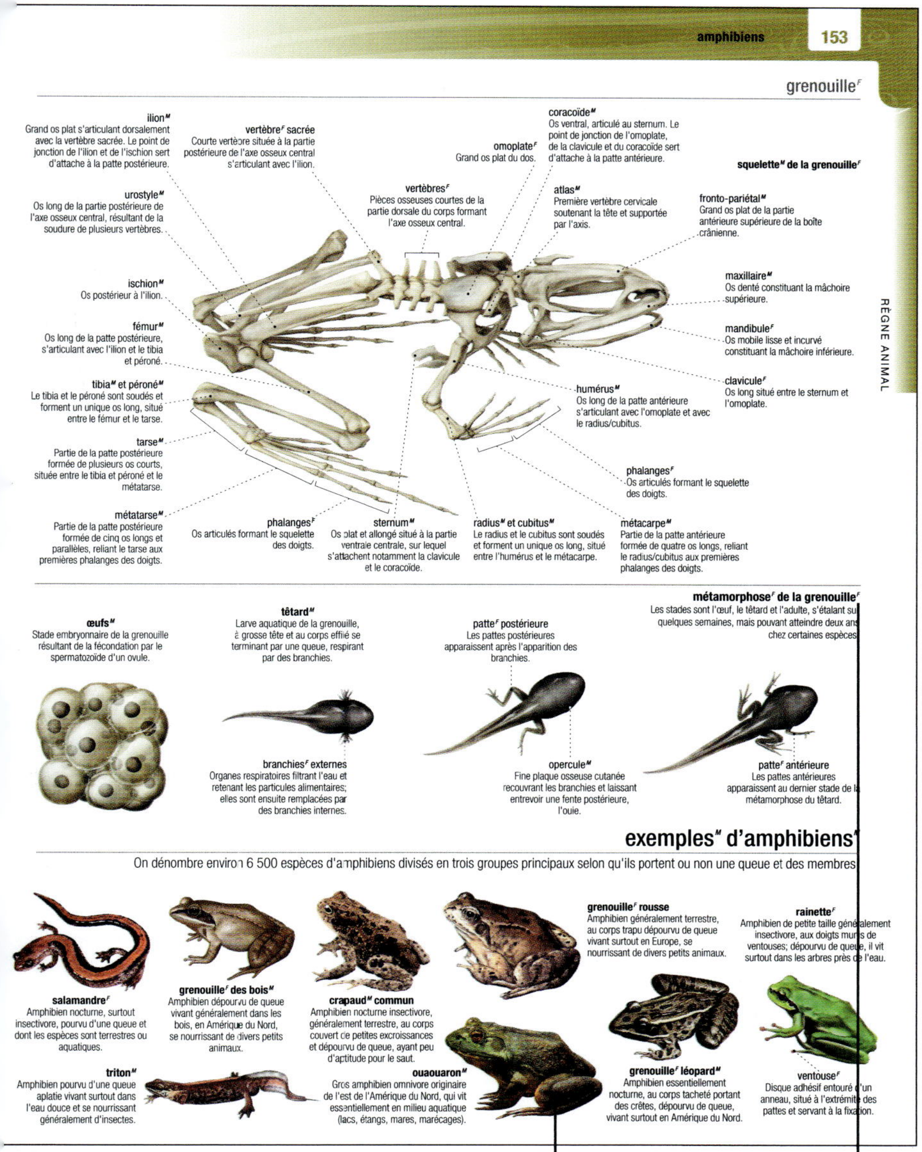

amphibiens

grenouille

squelette de la grenouille

- **ilion**
  Grand os plat s'articulant dorsalement avec la vertèbre sacrée. Le point de jonction de l'ilion et de l'ischion sert d'attache à la patte postérieure.
- **vertèbre sacrée**
  Courte vertèbre située à la partie postérieure de l'axe osseux central s'articulant avec l'ilion.
- **omoplate**
  Grand os plat du dos.
- **coracoïde**
  Os ventral, articulé au sternum. Le point de jonction de l'omoplate, de la clavicule et du coracoïde sert d'attache à la patte antérieure.
- **urostyle**
  Os long de la partie postérieure de l'axe osseux central, résultant de la soudure de plusieurs vertèbres.
- **vertèbres**
  Pièces osseuses courtes du corps formant la partie dorsale de l'axe osseux central.
- **atlas**
  Première vertèbre cervicale soutenant la tête et supportée par l'axis.
- **fronto-pariétal**
  Grand os plat de la partie antérieure supérieure de la boîte crânienne.
- **ischion**
  Os postérieur de l'ilion.
- **maxillaire**
  Os denté constituant la mâchoire supérieure.
- **fémur**
  Os long de la patte postérieure, s'articulant avec l'ilion et le tibia et péroné.
- **mandibule**
  Os mobile lisse et incurvé constituant la mâchoire inférieure.
- **tibia et péroné**
  Le tibia et le péroné sont soudés et forment un unique os long, situé entre le fémur et le tarse.
- **humérus**
  Os long de la patte antérieure s'articulant avec l'omoplate et avec le radius/cubitus.
- **clavicule**
  Os long situé entre le sternum et l'omoplate.
- **tarse**
  Partie de la patte postérieure formée de plusieurs os, située entre le tibia et péroné et le métatarse.
- **phalanges**
  Os articulés formant le squelette des doigts.
- **métatarse**
  Partie de la patte postérieure formée de cinq os longs et parallèles, reliant le tarse aux premières phalanges des doigts.
- **phalanges**
  Os articulés formant le squelette des doigts.
- **sternum**
  Os plat et allongé situé à la partie ventrale centrale, sur lequel s'attachent notamment la clavicule et le coracoïde.
- **radius et cubitus**
  Le radius et le cubitus sont soudés et forment un unique os long, situé entre l'humérus et le métacarpe.
- **métacarpe**
  Partie de la patte antérieure formée de quatre os longs, reliant le radius/cubitus aux premières phalanges des doigts.

RÈGNE ANIMAL

métamorphose de la grenouille
Les stades sont l'œuf, le têtard et l'adulte, s'étalant sur quelques semaines, mais pouvant atteindre deux ans chez certaines espèces.

- **œufs**
  Stade embryonnaire de la grenouille résultant de la fécondation par le spermatozoïde d'un ovule.
- **têtard**
  Larve aquatique de la grenouille, à grosse tête et au corps effilé se terminant par une queue, respirant par des branchies.
- **patte postérieure**
  Les pattes postérieures apparaissent après l'apparition des branchies.
- **branchies externes**
  Organes respiratoires filtrant l'eau et retenant les particules alimentaires; elles sont ensuite remplacées par des branchies internes.
- **opercule**
  Fine plaque osseuse cutanée recouvrant les branchies et laissant entrevoir une fente postérieure, l'ouïe.
- **patte antérieure**
  Les pattes antérieures apparaissent au dernier stade de la métamorphose du têtard.

exemples d'amphibiens
On dénombre environ 6 500 espèces d'amphibiens divisés en trois groupes principaux selon qu'ils portent ou non une queue et des membres.

- **salamandre**
  Amphibien nocturne, surtout insectivore, pourvu d'une queue et dont les espèces sont terrestres ou aquatiques.
- **grenouille des bois**
  Amphibien dépourvu de queue vivant généralement dans les bois, en Amérique du Nord, se nourrissant de divers petits animaux.
- **crapaud commun**
  Amphibien nocturne insectivore, généralement terrestre, au corps couvert de petites excroissances et dépourvu de queue, ayant peu d'aptitude pour le saut.
- **triton**
  Amphibien pourvu d'une queue aplatie vivant surtout dans l'eau douce et se nourrissant généralement d'insectes.
- **ouaouaron**
  Gros amphibien omnivore originaire de l'est de l'Amérique du Nord, qui vit essentiellement en milieu aquatique (lacs, étangs, mares, marécages).
- **grenouille rousse**
  Amphibien généralement terrestre, au corps trapu dépourvu de queue vivant surtout en Europe, se nourrissant de divers petits animaux.
- **grenouille léopard**
  Amphibien essentiellement nocturne, au corps tacheté portant des crêtes, dépourvu de queue, vivant surtout en Amérique du Nord.
- **rainette**
  Amphibien de petite taille généralement insectivore, aux doigts munis de ventouses; dépourvu de queue, il vit surtout dans les arbres près de l'eau.
- **ventouse**
  Disque adhésif entouré d'un anneau, situé à l'extrémité des pattes et servant à la fixation.

L'illustration
Elle participe à la définition visuelle de chacun des termes qui y sont associés.

Le sous-titre
Il réunit un groupe d'illustrations représentant les membres d'une même classe d'objets.

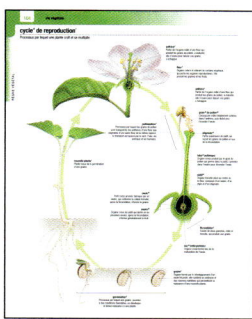

Le schéma
Les phénomènes ou processus de nature plus abstraite sont représentés par des schémas explicatifs. Les liens entre les différents éléments du schéma sont indiqués par des flèches colorées.

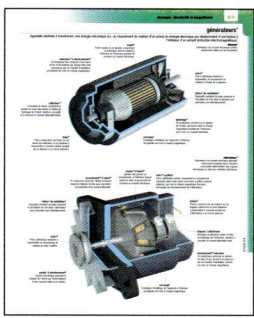

La coupe
Dans certains cas, il apparaissait pertinent de montrer une section des parties internes de l'objet représenté ; des lignes de coupe ont alors été tracées en bleu sur l'image afin d'éviter toute ambiguïté quant à l'apparence véritable de l'objet en question.

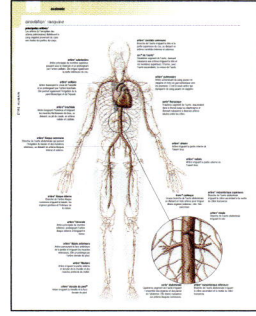

La loupe et le zoom
Ils permettent d'agrandir certaines zones d'une illustration complexe pour mieux en distinguer les parties importantes.

Table des matières

ASTRONOMIE 12

Corps célestes 14
système solaire, planètes, satellites et planètes naines, Soleil, Lune, météorite, comète, étoile, galaxie

Observation astronomique 20
planétarium, constellations de l'hémisphère austral, constellations de l'hémisphère boréal, coordonnées célestes, lunette astronomique, télescope, radiotélescope, télescope spatial, observatoire astronomique

Astronautique 30
sonde spatiale, scaphandre spatial, Station spatiale internationale, vaisseau d'exploration spatiale, lanceur spatial

TERRE 40

Géographie 42
coordonnées terrestres, projections cartographiques, configuration des continents, cartographie physique, cartographie politique, télédétection

Géologie 66
structure de la Terre, relief de la Terre, phénomènes géologiques, minéraux

Météorologie 79
coupe de l'atmosphère terrestre, cycle des saisons, prévision météorologique, carte météorologique, disposition des informations d'une station, symboles météorologiques internationaux, station météorologique, instruments de mesure météorologique, satellites météorologiques, climats du monde, nuages, tornade et trombe marine, cyclone tropical, précipitations

Environnement 92
distribution de la végétation, types de végétation, chaîne alimentaire, structure de la biosphère, cycle de l'eau, cycle du carbone et de l'oxygène, effet de serre naturel, augmentation de l'effet de serre, pollution de l'air, pollution du sol, pollution de l'eau, pluies acides, tri sélectif des déchets

RÈGNE VÉGÉTAL 100

Vie végétale 102
cellule végétale, photosynthèse, source de vie, cycle de reproduction, croissance d'une plante

Végétaux simples 106
lichen, mousse, algue, fougère, champignon

Plante 109
éléments d'une plante, racine, tige, feuille, fleur, fruit, vigne, arbre, conifère

Utilisation industrielle 122
industrie céréalière, industrie textile, industrie du caoutchouc, industrie papetière

RÈGNE ANIMAL 126

Évolution de la vie 128
origine et évolution des espèces, classification des espèces, cellule animale

Animaux primitifs 133
organismes unicellulaires, éponge, méduse, étoile de mer, exemples d'animaux primitifs

Mollusques 136
coquillage univalve, coquillage bivalve, escargot, pieuvre

Crustacés 139
homard

Insectes et arachnides 140
papillon, abeille, araignée, exemples d'insectes, exemples d'arachnides

Poissons cartilagineux 148
requin, exemples de poissons cartilagineux

Poissons osseux 149
perche, exemples de poissons osseux

Amphibiens 152
grenouille, exemples d'amphibiens

Reptiles 154
serpent, tortue, exemples de reptiles

Oiseaux 158
oiseau, exemples d'oiseaux aquatiques et de rivage, exemples d'oiseaux terrestres

Mammifères insectivores 164
taupe, exemples de mammifères insectivores

Mammifères rongeurs 165
rat, exemples de mammifères rongeurs

Mammifères lagomorphes 167
lapin, exemples de mammifères lagomorphes

Mammifères ongulés 168
cheval, exemples de sabots, exemples de mammifères ongulés

Mammifères carnivores 174
chien, exemples de chiens, chat, exemples de chats, exemples de mammifères carnivores

Mammifères marins 182
dauphin, exemples de mammifères marins

Mammifères primates 184
gorille, exemples de mammifères primates

Mammifères volants 186
chauve-souris, exemples de mammifères volants

Mammifères marsupiaux 188
kangourou, exemples de mammifères marsupiaux

ÊTRE HUMAIN 190

Corps humain 192
homme, femme

Anatomie 196
muscles, squelette, dents, articulations, circulation sanguine, appareil respiratoire, appareil digestif, appareil urinaire, système nerveux, appareil reproducteur, système endocrinien, système lymphatique

Organes des sens 231
odorat et goût, ouïe, toucher, vue

ALIMENTATION ET CUISINE 240

Approvisionnement 242
origine des aliments, ferme

Aliments d'origine végétale 244
champignons, algues, légumes bulbes, légumes tubercules, légumes feuilles, légumes fruits, légumes tiges, légumes racines, légumes fleurs, légumineuses, fruits, épices, fines herbes, céréales, café et infusions

Aliments d'origine animale 265
mollusques, crustacés, poissons de mer, poissons d'eau douce, modes de présentation du poisson, œufs, viande

Aliments transformés 277
charcuterie, produits céréaliers, produits laitiers, pâtes alimentaires, nouilles asiatiques, riz, produits du soja, huiles et matières grasses, sucre, chocolat, condiments

Commerce des aliments 288
supermarché, restaurant, restaurant libre-service, présentation des aliments

Cuisine 296
cuisine : vue d'ensemble

Couvert 297
verres, couteau, cuiller, fourchette, accessoires du couvert, vaisselle, table dressée

Équipement de cuisine 306
ustensiles de cuisine, batterie de cuisine, petits appareils électroménagers

MAISON   320

Emplacement 322
extérieur d'une maison, piscine

Éléments d'une maison 325
porte extérieure, serrure, fenêtre

Structure d'une maison 328
plan du terrain, principales pièces d'une maison, charpente, ferme de toit, fondations, parquet, revêtements de sol textiles, escalier

Chauffage 336
chauffage au bois, installation à air chaud pulsé, installation à eau chaude, chauffage d'appoint, pompe à chaleur

Conditionnement de l'air 342
dispositifs de contrôle, appareils de conditionnement de l'air

Plomberie 344
circuit de plomberie, pompe de puisard, fosse septique, salle de bains, w.-c., chauffe-eau, robinet et mitigeurs, adaptateurs et raccords, exemples de branchement

Électricité 354
panneau de distribution, compteur d'électricité, branchement au réseau, dispositifs de contact, éclairage

Ameublement de la maison 360
fauteuil, chaise, sièges, table, lit, meubles de rangement, meubles d'enfants, parures de fenêtre, luminaires, appareils électroménagers, articles ménagers

BRICOLAGE ET JARDINAGE   382

Matériaux 384
matériaux de base, matériaux de revêtement, matériaux d'isolation, bois

Menuiserie 387
accessoires, instruments de traçage et de mesure, outils pour clouer, outils pour visser, outils pour scier, outils pour percer, outils pour façonner, outils pour serrer

Plomberie et maçonnerie 402
outils de plomberie, outils de maçonnerie

Électricité 404
outils d'électricien

Soudage 406
matériel de soudage

Peinture d'entretien 408
matériel de peinture

Échelles et escabeaux 409
échelles, escabeaux

Jardin d'agrément 410
jardin

Matériel de jardinage 411
équipement divers, outils pour remuer la terre, outils pour arroser, outils pour couper, jeu de petits outils, outils pour semer et planter, soins de la pelouse

Enlèvement de la neige 421
matériel de déneigement

VÊTEMENTS   422

Textiles 424
fibres, tissus, symboles d'entretien des tissus

Vêtements historiques 426
exemples de costumes anciens, exemples de vêtements traditionnels

Vêtements d'homme 430
veston et veste, chemise, pantalon, chaussette, sous-vêtements, manteaux et blousons

Vêtements unisexes 437
tricots

Vêtements de femme 438
robes, jupes, corsages, pantalons, vestes et pulls, manteaux, sous-vêtements, bas, vêtements de nuit

Vêtements spécialisés 448
vêtements d'enfant, vêtements de sport

Design et finition 452
poches, manches, plis, cols, encolures, décolletés

Coiffure 457
coiffures d'homme, coiffures de femme, coiffures unisexes

Chaussures 459
chaussures d'homme, chaussures de femme, chaussures unisexes, accessoires

Accessoires d'une toilette 464
gants, accessoires divers

PARURE ET OBJETS PERSONNELS   466

Parure 468
bijouterie, manucure, maquillage, soins du corps, coiffure

Objets personnels 479
rasage, lunettes, lentilles de contact, hygiène dentaire, articles de fumeur, articles de maroquinerie, sacs à main, bagages, parapluie et canne, soin des enfants, soin des animaux domestiques

ARTS ET ARCHITECTURE   496

Architecture antique 498
pyramide, théâtre grec, temple grec, styles d'architecture, maison romaine, amphithéâtre romain

Architecture militaire 504
château fort, fortification à la Vauban

Architecture occidentale 506
cathédrale gothique, église romane, villa Renaissance, église baroque, édifice art déco, gratte-ciel de style international

Architecture asiatique et pré-colombienne 513
pagode, temple aztèque

Éléments d'architecture 514
exemples d'arcs, exemples de portes, exemples de toits, exemples de fenêtres, escalier mécanique, ascenseur

Habitation 520
maisons traditionnelles, maisons de ville

Beaux-arts 522
musée, peinture et dessin, sculpture sur bois

Arts graphiques 532
impression, gravure en relief, gravure en creux, lithographie, sérigraphie, reliure d'art

Arts de la scène 540
salle de spectacle, plateau de tournage, cinéma

Musique 545
orchestre symphonique, exemples de groupes instrumentaux, instruments à cordes, instruments à vent, instruments à clavier, instruments à percussion, musique électronique, instruments traditionnels, notation musicale, accessoires de musique

Artisanat 565
broderie, couture, tricot, tissage, poterie, dentelle aux fuseaux, vitrail

COMMUNICATIONS   **580**

Langues du monde...........................582
grandes familles de langues

Communication écrite........................584
écriture, typographie, signes et symboles, réseau postal public, journal

Photographie..............................591
appareils photographiques argentiques, pellicules argentiques, appareil à visée reflex argentique, appareils numériques non reflex, appareil à visée reflex numérique, cartes mémoire, piles, accessoires photographiques, objectifs, gestion des photos numériques, traitement des pellicules argentiques, visionnement des diapositives

Télécommunications........................602
télédiffusion par satellite, satellites de télécommunications, télécommunications par satellite

Radio...................................604
studio et régie, microphones et accessoires

Télévision...............................605
production des émissions, réception des émissions, caméscopes

Chaîne stéréo............................614
éléments d'une chaîne stéréo, minichaîne stéréo, appareils de son portatifs

Communication sans fil.....................621
talkie-walkie, téléavertisseur numérique, poste CB

Téléphonie..............................622
téléphone portable, exemples de postes téléphoniques

BUREAUTIQUE   **626**

Équipement informatique....................628
ordinateur tout-en-un, ordinateur à boîtier tour, ordinateur portable, périphériques de connexion, câbles de branchement, périphériques d'entrée, périphériques de sortie, périphériques de stockage, périphériques de protection, outils informatiques divers

Réseautique.............................640
exemples de réseaux, Internet, utilisations d'Internet

Bureau.................................644
organisation d'un bureau, mobilier de bureau, photocopieur, articles de bureau

TRANSPORT ET MACHINERIE   **656**

Transport routier..........................658
système routier, ponts fixes, ponts mobiles, tunnel routier, signalisation routière

Transport routier automobile.................668
station-service, automobile, automobile électrique, automobile hybride, freins, types de moteurs, radiateur, bougie d'allumage, pneu, batterie d'accumulateurs, accessoires, caravane, autobus, camionnage, moto, quad

Transport routier cycliste....................698
bicyclette

Transport ferroviaire.......................703
gare, gare de voyageurs, types de voitures, locomotive diesel-électrique, train à grande vitesse (T.G.V.), gare de triage, wagon, voie ferrée, passage à niveau

Transport ferroviaire urbain..................714
chemin de fer métropolitain, tramway

Transport maritime........................718
port maritime, écluse, embarcations anciennes, embarcations traditionnelles, exemples de voiles, exemples de gréements, quatre-mâts barque, exemples de bateaux et d'embarcations, ancre, équipement de sauvetage, appareils de navigation, signalisation maritime, système de balisage maritime

Transport aérien..........................740
aéroport, avion long-courrier, exemples d'avions, exemples d'empennages, exemples de voilures, mouvements de l'avion, forces agissant sur un avion, hélicoptère, exemples d'hélicoptères

Manutention.............................754
équipement usuel, grues et portique, conteneur

Machinerie lourde........................758
bulldozer, chargeuse-pelleteuse, décapeuse, pelle hydraulique, niveleuse, camion-benne, finisseur, rouleau compacteur, chasse-neige à soufflerie, balayeuse, tracteur agricole, machinerie agricole

ÉNERGIES   **768**

Géothermie..............................770
production d'électricité par énergie géothermique, maison géothermique

Énergie fossile...........................771
mine de charbon, énergie thermique, pétrole, gaz naturel, carburants de remplacement

Hydroélectricité..........................785
complexe hydroélectrique, étapes de production de l'électricité, exemples de barrages, transport de l'électricité, usine marémotrice

Énergie nucléaire.........................795
production d'électricité par énergie nucléaire, centrale nucléaire, séquence de manipulation du combustible, grappe de combustible, réacteur nucléaire, types de réacteurs

Énergie solaire...........................802
photopile, capteur solaire plan, circuit de photopiles, four solaire, production d'électricité par énergie solaire, maison solaire

Énergie éolienne.........................806
moulins à vent, éoliennes et production d'électricité

SCIENCE   **808**

Chimie..................................810
matière, éléments chimiques, matériel de laboratoire

Physique : mécanique.....................816
engrenages, système à deux poulies, levier

Physique : électricité et magnétisme..........817
magnétisme, circuit électrique, générateurs, piles sèches, électronique

Physique : optique........................821
spectre électromagnétique, onde, synthèse des couleurs, trajectoire des ondes lumineuses, lentilles, miroir, appareils optiques

Appareils de mesure.......................827
mesure de la température, mesure du temps, mesure de la masse, mesure de la distance, mesure de l'épaisseur, mesure de la longueur, mesure des angles

Symboles scientifiques usuels................834
chimie, biologie, système international d'unités (SI), chiffres romains, géométrie, mathématiques, représentations graphiques

SOCIÉTÉ   **840**

Ville...................................842
agglomération, centre-ville, rue, édifice à bureaux, centre commercial, magasin à rayons, palais des congrès, hôtel, symboles d'usage courant

Économie et finance......................858
succursale bancaire, exemples d'unités monétaires, monnaie et modes de paiement

Justice.................................862
tribunal, prison

Éducation...............................866
bibliothèque, école

Religion................................870
chronologie des religions, église, mosquée, synagogue

Politique................................873
héraldique, drapeaux des États membres de l'ONU, drapeaux d'organisations internationales, drapeaux des observateurs reconnus par l'ONU

Armes..................................883
armes de l'âge de pierre, armes de l'époque romaine, armure, arcs et arbalète, armes blanches, armes de chasse, armes de poing

Arsenal de guerre...889
armes à feu du 17ᵉ siècle, canon et mortier du 17ᵉ siècle, armes d'assaut, armes mobiles, missiles, char d'assaut, avion de combat, navires de guerre

Sécurité...900
prévention des incendies, prévention de la criminalité, protection de l'ouïe, protection des yeux, protection de la tête, protection des voies respiratoires, protection des pieds, symboles de sécurité

Santé...911
matériel médical, ambulance, formes pharmaceutiques des médicaments, trousse de secours, aides à la marche, aides au déplacement, hôpital, examens médicaux, traitement médical

Famille...928
liens de parenté

SPORTS ET JEUX   930

Installations sportives......................................932
complexe sportif, tableau indicateur, compétition

Athlétisme..934
stade, sauts, lancers

Sports de balle et de ballon................................938
baseball, softball, cricket, hockey sur gazon, football, crosse, rugby, football américain, football canadien, netball, basketball, volleyball, handball

Sports de raquette..961
tennis de table, badminton, racquetball, squash, tennis

Sports gymniques...969
gymnastique, gymnastique rythmique, trampoline

Sports aquatiques et nautiques.............................974
water-polo, natation, plongeon, voile, planche à voile, aviron, canoë, canoë-kayak : course en ligne, kayak, ski nautique, surf, plongée sous-marine

Sports de combat...990
boxe, lutte, judo, karaté, taekwondo, kendo, sumo, kung-fu, ju-jitsu, aïkido, escrime

Sports de force...999
haltérophilie, appareils de conditionnement physique

Sports équestres...1002
saut d'obstacle, équitation, dressage, course de chevaux, polo

Sports de précision......................................1009
tir à l'arc, tir au fusil, tir à la carabine, tir au pistolet, billard, boulingrin, pétanque, jeu de quilles, golf

Cyclisme..1020
cyclisme sur route, vélo de montagne, cyclisme sur piste, bicross

Sports motorisés...1022
course automobile, motocyclisme, scooter de mer, motoneige

Sports d'hiver...1027
curling, hockey sur glace, patinage artistique, patinage de vitesse, bobsleigh, luge, skeleton, piste de glisse, station de ski, surf des neiges, ski alpin, ski acrobatique, saut à ski, ski de vitesse, ski de fond, biathlon, raquette

Sports à roulettes.......................................1044
planche à roulettes, patin à roues alignées

Sports aériens...1046
parachutisme, vol libre, planeur, montgolfière

Sports de montagne......................................1050
alpinisme

Loisirs de plein air.......................................1052
camping, nœuds, pêche

Jeux..1062
dés et dominos, cartes à jouer, jeux de plateau, puzzle, mah-jong, jeux vidéo, roulette, jeu de fléchettes, baby-foot, machine à sous, disque volant, billard électromécanique, cerf-volant

ASTRONOMIE	**12**
TERRE	**40**
RÈGNE VÉGÉTAL	**100**
RÈGNE ANIMAL	**126**
ÊTRE HUMAIN	**190**
ALIMENTATION ET CUISINE	**240**
MAISON	**320**
BRICOLAGE ET JARDINAGE	**382**
VÊTEMENTS	**422**
PARURE ET OBJETS PERSONNELS	**466**
ARTS ET ARCHITECTURE	**496**
COMMUNICATIONS	**580**
BUREAUTIQUE	**626**
TRANSPORT ET MACHINERIE	**656**
ÉNERGIES	**768**
SCIENCE	**808**
SOCIÉTÉ	**840**
SPORTS ET JEUX	**930**
INDEX	**1072**

ASTRONOMIE

Science qui a pour objet l'observation et la connaissance des corps célestes : position, mouvement, structure, évolution, etc.

CORPS CÉLESTES 14
Désigne toute masse de matière naturelle d'une certaine importance, située dans l'espace.

OBSERVATION ASTRONOMIQUE 20
Observation des phénomènes qui se produisent dans la sphère céleste.

ASTRONAUTIQUE 30
Science de la navigation dans l'espace et ensemble des activités humaines qui y sont reliées.

corps célestes

système solaire

Région de notre galaxie sous l'influence du Soleil, qui comprend huit planètes, leurs satellites naturels, des planètes naines, des astéroïdes et des comètes.

planètes externes
Planètes localisées au-delà de la ceinture d'astéroïdes. Ce sont des géantes gazeuses.

Jupiter
Cinquième planète à partir du Soleil, c'est la plus grosse; elle pourrait contenir 1 330 fois la Terre.

50 000 unités astronomiques
Correspond à environ 50 000 fois la distance Terre-Soleil.

Saturne
Sixième planète à partir du Soleil et la deuxième en taille, elle est entourée d'anneaux formant une bande d'environ 200 000 km de diamètre.

Uranus
Septième planète à partir du Soleil. C'est la troisième plus grosse : elle est principalement composée de roche, de glace, d'hydrogène et comporte 11 anneaux.

Neptune
Huitième planète à partir du Soleil. Son atmosphère, composée d'hydrogène, d'hélium et de méthane, lui donne sa coloration bleue. Elle comporte quatre anneaux.

Soleil
Étoile autour de laquelle gravitent les planètes et les planètes naines; elle représente plus de 99,8 % de la masse totale du système solaire.

50 unités astronomiques
Correspond à environ 50 fois la distance Terre-Soleil.

ceinture de Kuiper
Région circulaire du Système solaire, à environ 50 unités astronomiques, qui serait un réservoir de petits corps glacés, source de comètes.

nuage de Oort
Région de l'espace aux confins du Système solaire, à environ 50 000 unités astronomiques, composée de milliards de comètes.

planètes, satellites et planètes naines

Les planètes et les planètes naines gravitent autour du Soleil, les satellites autour des planètes et des planètes naines. Ils sont représentés de gauche à droite à partir du Soleil, en fonction de leurs tailles relatives.

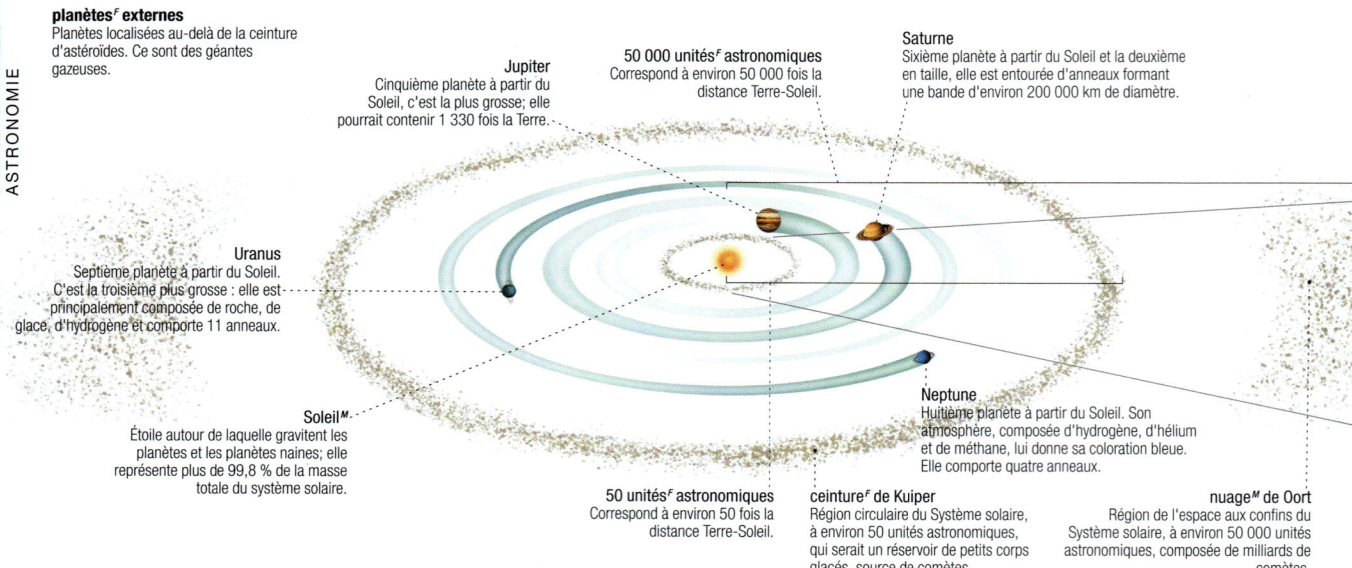

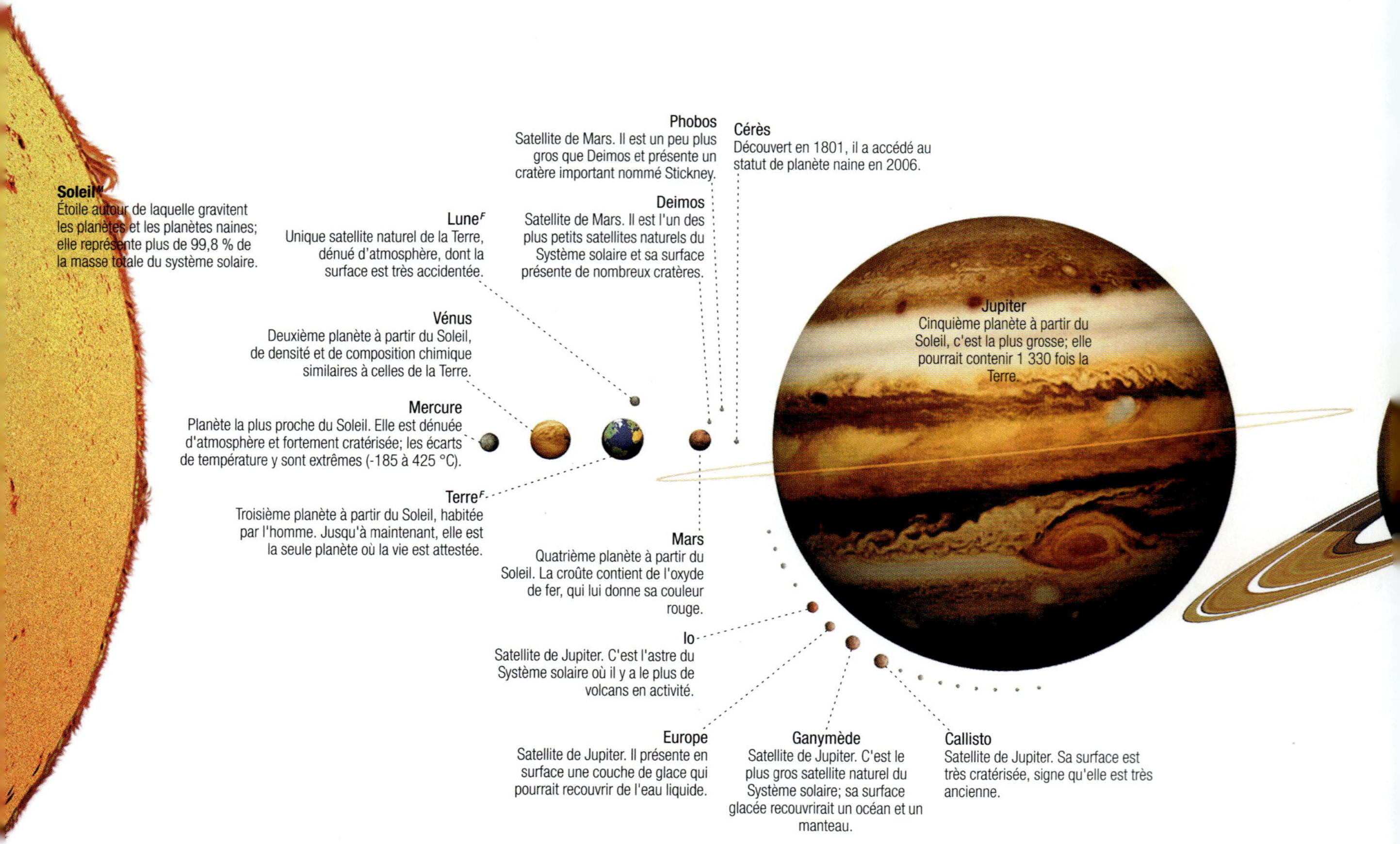

Soleil
Étoile autour de laquelle gravitent les planètes et les planètes naines; elle représente plus de 99,8 % de la masse totale du système solaire.

Phobos
Satellite de Mars. Il est un peu plus gros que Deimos et présente un cratère important nommé Stickney.

Cérès
Découvert en 1801, il a accédé au statut de planète naine en 2006.

Lune
Unique satellite naturel de la Terre, dénué d'atmosphère, dont la surface est très accidentée.

Deimos
Satellite de Mars. Il est l'un des plus petits satellites naturels du Système solaire et sa surface présente de nombreux cratères.

Vénus
Deuxième planète à partir du Soleil, de densité et de composition chimique similaires à celles de la Terre.

Jupiter
Cinquième planète à partir du Soleil, c'est la plus grosse; elle pourrait contenir 1 330 fois la Terre.

Mercure
Planète la plus proche du Soleil. Elle est dénuée d'atmosphère et fortement cratérisée; les écarts de température y sont extrêmes (-185 à 425 °C).

Terre
Troisième planète à partir du Soleil, habitée par l'homme. Jusqu'à maintenant, elle est la seule planète où la vie est attestée.

Mars
Quatrième planète à partir du Soleil. La croûte contient de l'oxyde de fer, qui lui donne sa couleur rouge.

Io
Satellite de Jupiter. C'est l'astre du Système solaire où il y a le plus de volcans en activité.

Europe
Satellite de Jupiter. Il présente en surface une couche de glace qui pourrait recouvrir de l'eau liquide.

Ganymède
Satellite de Jupiter. C'est le plus gros satellite naturel du Système solaire; sa surface glacée recouvrirait un océan et un manteau.

Callisto
Satellite de Jupiter. Sa surface est très cratérisée, signe qu'elle est très ancienne.

corps célestes 15

système^M solaire

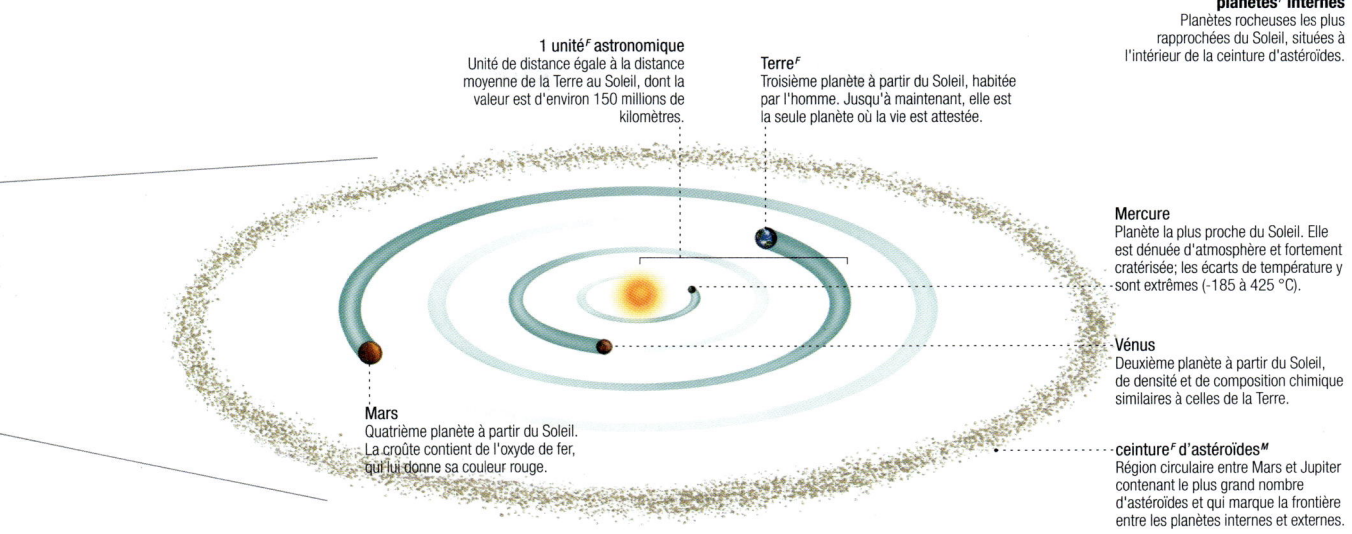

planètes^F internes
Planètes rocheuses les plus rapprochées du Soleil, situées à l'intérieur de la ceinture d'astéroïdes.

1 unité^F astronomique
Unité de distance égale à la distance moyenne de la Terre au Soleil, dont la valeur est d'environ 150 millions de kilomètres.

Terre^F
Troisième planète à partir du Soleil, habitée par l'homme. Jusqu'à maintenant, elle est la seule planète où la vie est attestée.

Mercure
Planète la plus proche du Soleil. Elle est dénuée d'atmosphère et fortement cratérisée ; les écarts de température y sont extrêmes (-185 à 425 °C).

Vénus
Deuxième planète à partir du Soleil, de densité et de composition chimique similaires à celles de la Terre.

Mars
Quatrième planète à partir du Soleil. La croûte contient de l'oxyde de fer, qui lui donne sa couleur rouge.

ceinture^F d'astéroïdes^M
Région circulaire entre Mars et Jupiter contenant le plus grand nombre d'astéroïdes et qui marque la frontière entre les planètes internes et externes.

ASTRONOMIE

planètes^F, satellites^M et planètes^F naines

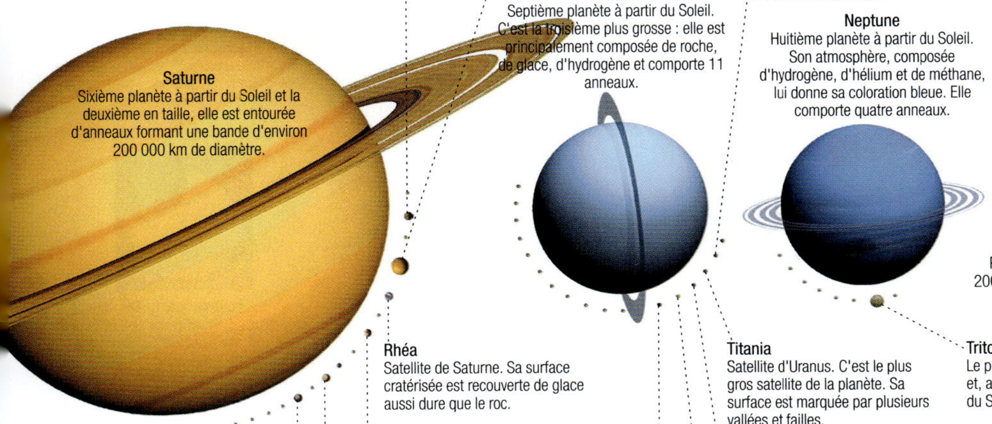

Saturne
Sixième planète à partir du Soleil et la deuxième en taille, elle est entourée d'anneaux formant une bande d'environ 200 000 km de diamètre.

Japet
Satellite de Saturne possédant une partie claire composée de glace et une partie sombre faite de matière inconnue.

Titan
Le plus gros satellite de Saturne, fait une fois et demie le diamètre de la Lune.

Uranus
Septième planète à partir du Soleil. C'est la troisième plus grosse : elle est principalement composée de roche, de glace, d'hydrogène et comporte 11 anneaux.

Obéron
Satellite le plus éloigné d'Uranus. Ses cratères sont souvent entourés de traînées lumineuses.

Pluton
Découverte en 1930, elle a longtemps été considérée comme la neuvième planète du système solaire. Elle est classée depuis 2006 dans la catégorie des planètes naines.

Neptune
Huitième planète à partir du Soleil. Son atmosphère, composée d'hydrogène, d'hélium et de méthane, lui donne sa coloration bleue. Elle comporte quatre anneaux.

Charon
Seul satellite de Pluton, il possède une taille et une masse presque égales à celles de Pluton.

Namaka
Le plus petit des deux satellites de Haumea.

Hi'iaka
Le plus gros des deux satellites de Haumea.

Makemake
Planète naine découverte en 2005, qui ne possède pas de satellite.

Éris
Planète naine découverte en 2005, dont le diamètre est supérieur à celui de Pluton. Il possède un satellite, Dysnomie.

Dysnomie
Satellite naturel d'Éris.

Haumea
Planète naine découverte en 2005, qui possède deux satellites naturels.

Triton
Le plus gros satellite de Neptune et, avec Pluton, l'objet le plus froid du Système solaire.

Rhéa
Satellite de Saturne. Sa surface cratérisée est recouverte de glace aussi dure que le roc.

Titania
Satellite d'Uranus. C'est le plus gros satellite de la planète. Sa surface est marquée par plusieurs vallées et failles.

Mimas
Satellite de Saturne. Il possède un cratère, Herschel, qui occupe le tiers de sa surface.

Dioné
Satellite de Saturne. Sa surface est cratérisée et comporte des dépôts de glace.

Umbriel
Satellite d'Uranus. Sa surface est fortement cratérisée et très sombre.

Téthys
Satellite de Saturne. Il serait composé de glace. Un immense cratère d'impact, Odyssée, est visible à sa surface.

Miranda
Satellite d'Uranus dont la surface est cratérisée par endroits ; on y trouve de grandes étendues d'arêtes et de sillons.

Ariel
Satellite d'Uranus. Sa surface est cratérisée et composée de plusieurs longues vallées et de très hauts escarpements.

corps célestes

Soleil

Étoile composée de 92,1 % d'atomes d'hydrogène et de 7,8 % d'atomes d'hélium, autour de laquelle gravitent les planètes; elle représente plus de 99,8 % de la masse totale du Système solaire.

structure du Soleil
Du centre à la périphérie, on distingue : le noyau, les zones de radiation et de convection, la photosphère, la chromosphère et la couronne.

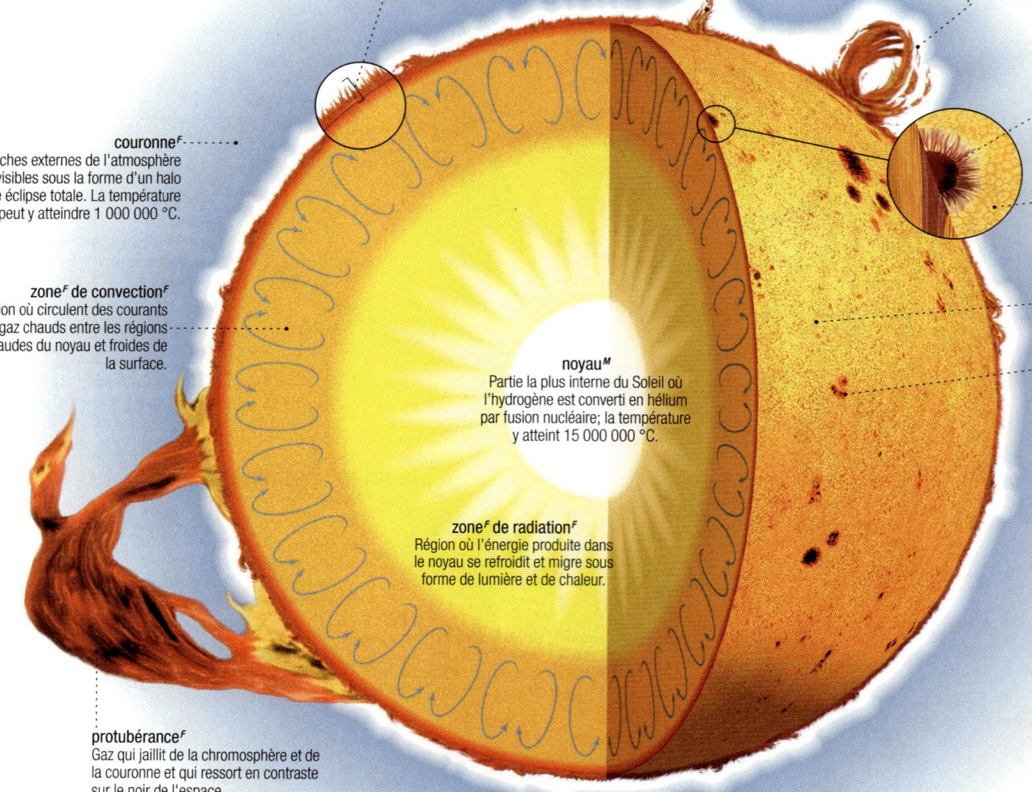

chromosphère
Le plus bas niveau de l'atmosphère solaire, dont la température est de 10 000 °C.

spicule
Fin jet de gaz en forme de plumet observé dans la chromosphère solaire.

éruption
Projection violente de gaz extrêmement chaud dans l'espace, qui provoque des aurores polaires sur Terre quelques jours plus tard.

tache
Zone sombre et légèrement plus froide de la photosphère où le champ magnétique est plus intense.

couronne
Couches externes de l'atmosphère solaire, visibles sous la forme d'un halo lors d'une éclipse totale. La température peut y atteindre 1 000 000 °C.

granulation
Réseau de cellules sur la photosphère créé par les mouvements convectifs des gaz chauds provenant des profondeurs.

zone de convection
Région où circulent des courants de gaz chauds entre les régions chaudes du noyau et froides de la surface.

photosphère
Surface visible du Soleil, dont la température est de 6 000 °C.

noyau
Partie la plus interne du Soleil où l'hydrogène est converti en hélium par fusion nucléaire; la température y atteint 15 000 000 °C.

facule
Région lumineuse de la photosphère.

zone de radiation
Région où l'énergie produite dans le noyau se refroidit et migre sous forme de lumière et de chaleur.

protubérance
Gaz qui jaillit de la chromosphère et de la couronne et qui ressort en contraste sur le noir de l'espace.

types d'éclipses
Selon le degré d'obscurcissement, on distingue trois types d'éclipses de Soleil : annulaire, partielle ou totale.

éclipse annulaire
Éclipse se produisant lorsque la Lune, en s'interposant, réduit le Soleil à un anneau lumineux.

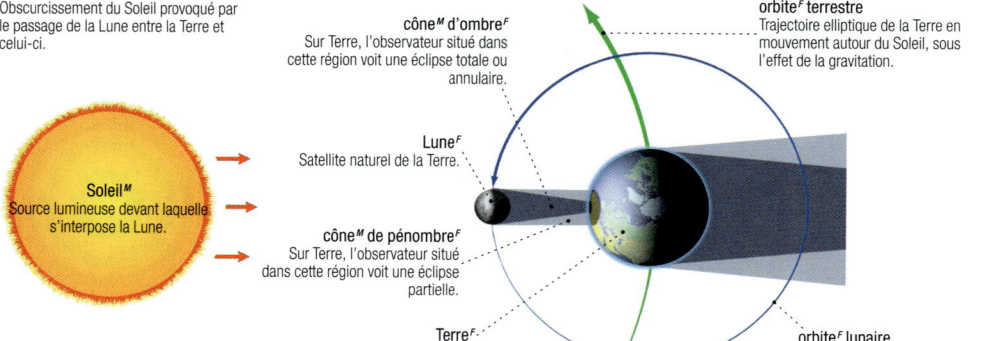

éclipse de Soleil
Obscurcissement du Soleil provoqué par le passage de la Lune entre la Terre et celui-ci.

cône d'ombre
Sur Terre, l'observateur situé dans cette région voit une éclipse totale ou annulaire.

orbite terrestre
Trajectoire elliptique de la Terre en mouvement autour du Soleil, sous l'effet de la gravitation.

Soleil
Source lumineuse devant laquelle s'interpose la Lune.

Lune
Satellite naturel de la Terre.

cône de pénombre
Sur Terre, l'observateur situé dans cette région voit une éclipse partielle.

éclipse partielle
Éclipse observée par quiconque se trouve dans le cône de pénombre lors d'une éclipse.

Terre
Troisième planète du Système solaire, elle effectue une rotation sur elle-même en une journée, et une révolution autour du Soleil en un an.

orbite lunaire
Trajectoire elliptique de la Lune en mouvement autour de la Terre, sous l'effet de la gravitation.

éclipse totale
Éclipse se produisant lorsque le disque lunaire recouvre complètement le disque solaire, pour ne laisser entrevoir que la couronne.

Lune

Unique satellite naturel de la Terre, dénué d'atmosphère, dont la surface est très accidentée.

types d'éclipses
Selon le degré d'obscurcissement, on distingue deux types d'éclipses : totale ou partielle.

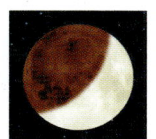

éclipse partielle
La Lune entrant dans le cône d'ombre, sa partie éclairée diminue peu à peu.

éclipse totale
Éclipse qui se produit lorsque la Lune se trouve complètement dans le cône d'ombre et prend une teinte rougeâtre.

falaise
Paroi abrupte façonnée par la mer.

baie
Petite plaine de lave solidifiée située le long des limites d'une mer.

cratère
Bassin circulaire creusé par l'impact de l'écrasement d'une météorite.

océan
Mer de très grande dimension.

cirque
Vaste cratère au relief remarquable, dont le diamètre est compris entre 20 et 200 km.

traînée lumineuse
Bande qui rayonne à partir d'un jeune cratère, résultat de matière éjectée lors de l'impact de la météorite.

relief lunaire
Aspect de la Lune. Il est déterminé par l'activité volcanique passée, la chute de météorites et les fractures du sol.

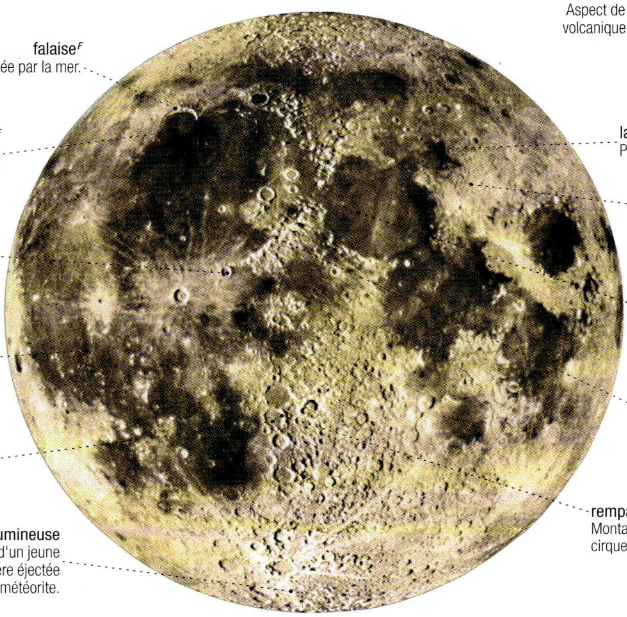

lac
Petite plaine de lave solidifiée isolée.

continent
Région claire criblée de nombreux cratères. Les continents recouvrent 85 % de la surface de la Lune.

mer
Vaste plaine de lave solidifiée qui forme une région sombre. Les mers sont plus jeunes que les continents et recouvrent 15 % de la surface de la Lune.

chaîne de montagnes
Vestige des remparts d'un ancien grand cratère. Elle est de forme semi-circulaire et peut s'étirer sur des centaines de kilomètres.

rempart
Montagne entourant généralement un cirque.

ASTRONOMIE

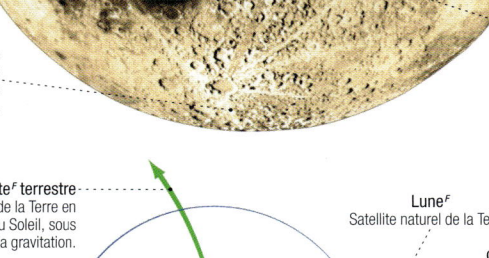

orbite terrestre
Trajectoire elliptique de la Terre en mouvement autour du Soleil, sous l'effet de la gravitation.

Soleil
Source lumineuse devant laquelle s'interpose la Terre.

Terre
Notre planète, en s'interposant entre le Soleil et la Lune, donne lieu aux éclipses de Lune.

orbite lunaire
Trajectoire elliptique de la Lune en mouvement autour de la Terre, sous l'effet de la gravitation.

éclipse de Lune
Éclipse au cours de laquelle la Lune pénètre en partie ou en totalité dans le cône d'ombre de la Terre.

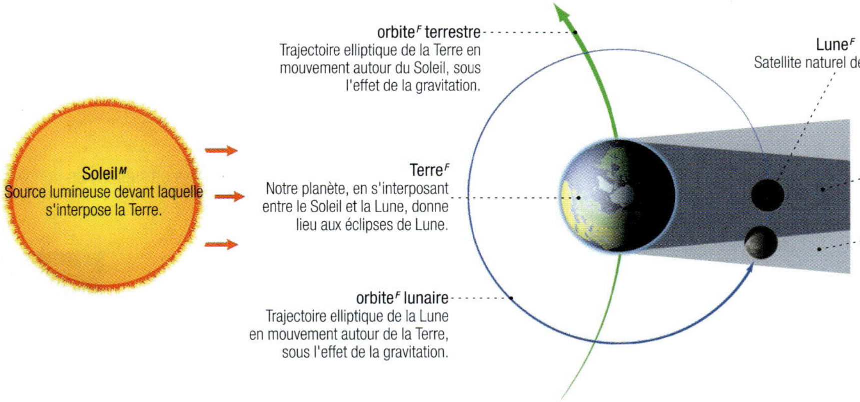

Lune
Satellite naturel de la Terre.

cône d'ombre
Lorsque la Lune se situe entièrement dans cette région, la lumière du Soleil ne l'atteint plus; l'éclipse est totale.

cône de pénombre
Lorsque la Lune entre dans cette région, elle cesse peu à peu d'être éclairée par le Soleil.

phases de la Lune
Changement de l'apparence de la Lune au cours du mois. C'est le résultat du déplacement de la Lune, vue de la Terre, par rapport au Soleil.

nouvelle Lune
La Lune est directement entre la Terre et le Soleil. Elle est invisible, car la lumière du Soleil est trop éblouissante.

premier croissant
La Lune est visible en début de soirée, sous la forme d'un mince croissant.

premier quartier
La face visible de la Lune est de mieux en mieux éclairée. Le croissant lunaire se transforme peu à peu pour former un demi-cercle après une semaine.

gibbeuse croissante
La Lune s'éloignant du Soleil, l'ombre rétrécit de plus en plus.

pleine Lune
La face visible de la Lune est complètement illuminée par les rayons du Soleil.

gibbeuse décroissante
La Lune se rapprochant du Soleil, l'ombre commence à obscurcir son disque.

dernier quartier
La portion éclairée se rétrécit de plus en plus, jusqu'à devenir une demi-lune.

dernier croissant
La Lune se trouve à droite du Soleil et apparaît dans le ciel à l'aube, sous la forme d'un mince croissant.

météorite

Fragment de roche, de fer ou d'un autre minéral qui, ne se consumant pas entièrement en traversant l'atmosphère, vient heurter la Terre.

météorite ferreuse
Météorite composée principalement de fer et de nickel, qui possède des petites failles.

météorite métallorocheuse
Classe de météorites la plus rare caractérisée par la présence de matières rocheuses et de métaux en quantités presque égales.

météorites rocheuses
Météorites surtout composées de matières rocheuses. Elles se divisent en deux groupes : les chondrites et les achondrites.

chondrite
Météorite la plus commune caractérisée par la présence de matières rocheuses ou soufrées sous formes de minuscules sphères (chondrules).

achondrite
Météorite dont la composition est semblable à certaines roches terrestres. Elle proviendrait de la Lune ou de Mars.

comète

Petit astre glacé qui s'évapore partiellement en s'approchant du Soleil; il comporte une tête au noyau solide et des queues de gaz et de poussières.

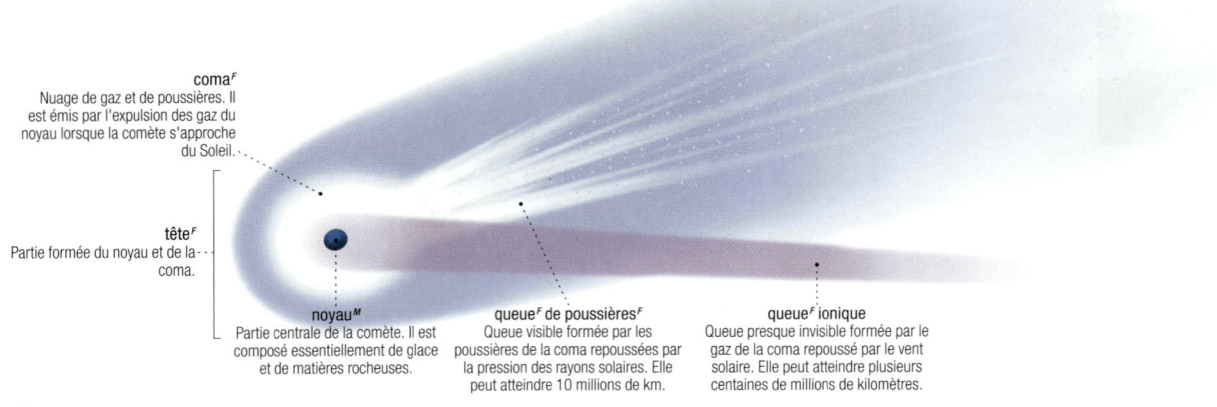

coma
Nuage de gaz et de poussières. Il est émis par l'expulsion des gaz du noyau lorsque la comète s'approche du Soleil.

tête
Partie formée du noyau et de la coma.

noyau
Partie centrale de la comète. Il est composé essentiellement de glace et de matières rocheuses.

queue de poussières
Queue visible formée par les poussières de la coma repoussées par la pression des rayons solaires. Elle peut atteindre 10 millions de km.

queue ionique
Queue presque invisible formée par le gaz de la coma repoussé par le vent solaire. Elle peut atteindre plusieurs centaines de millions de kilomètres.

étoile

Sphère de gaz suffisamment massive pour générer lumière et chaleur par des réactions nucléaires qui transforment l'hydrogène en hélium en son noyau.

étoiles de faible masse
Étoiles dont la masse est inférieure à une fois et demie celle du Soleil.

étoiles massives
Étoiles dont la masse est supérieure à une fois et demie la masse solaire. Elles peuvent atteindre 50 masses solaires.

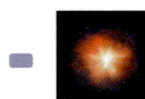

supernova
Supergéante qui s'effondre sur elle-même et qui explose avec une telle intensité qu'elle libère plus d'énergie que des milliards de soleils.

trou noir
Résultat de l'effondrement du noyau d'une étoile massive; la force de gravitation est alors si forte que même la lumière ne peut s'en échapper.

géante rouge
Étoile âgée dont la réserve d'hydrogène est épuisée. Sa luminosité peut être 100 fois supérieure à celle du Soleil.

naine brune
Étoile dont la masse est insuffisante pour engendrer une réaction nucléaire.

naine noire
Étoile morte, résidu probable d'une naine ayant totalement épuisé ses ressources d'énergie.

naine blanche
Étoile âgée, très dense et de faible luminosité, formée par le noyau d'une étoile géante rouge qui se contracte jusqu'à atteindre la taille de la Terre.

pulsar
Étoile à neutrons qui tourne très rapidement sur elle-même en émettant ainsi un signal radio régulier.

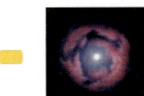

nébuleuse planétaire
Enveloppe gazeuse en expansion correspondant à la couche externe d'une géante rouge qui s'éteint progressivement.

nova
Naine blanche qui, ayant aspiré la matière gazeuse d'une étoile voisine, devient brusquement très lumineuse, puis faiblit pour retrouver son éclat initial.

étoile de la séquence principale
Étoile dont la masse est suffisante pour engendrer une réaction nucléaire.

étoile à neutrons
Étoile formée de neutrons comprimés, résidu de l'explosion d'une supernova.

supergéante
Étoile âgée de forte masse extrêmement lumineuse. Son diamètre peut être 100 fois supérieur à celui du Soleil.

corps célestes

galaxie[F]

Regroupement d'étoiles et de matière interstellaire liées ensemble par la gravitation. Chaque galaxie renferme, en moyenne, 100 milliards d'étoiles.

classification[F] de Hubble
Classification des galaxies, selon leur forme, mise au point par l'astronome Edwin Hubble dans les années 1920; elle est encore utilisée de nos jours.

galaxie[F] elliptique
Galaxie sphérique ou ovale dépourvue de bras.

galaxie[F] lenticulaire
Galaxie aplatie, en forme de lentille, possédant un important bulbe, mais dépourvue de bras.

galaxie[F] spirale normale
Galaxie constituée d'un important noyau duquel émergent des bras spiraux.

galaxie[F] spirale barrée
Galaxie traversée par une barre d'étoiles et de la matière interstellaire, aux extrémités de laquelle émergent des bras spiraux.

galaxie[F] irrégulière de type[M] I
Type de galaxie assez rare qui semble posséder des bras spiraux sans toutefois présenter de forme spécifique.

galaxie[F] irrégulière de type[M] II
Type de galaxie assez rare dont la structure ne présente aucune forme spécifique.

Voie[F] lactée
Galaxie spirale composée de 200 à 300 milliards d'étoiles, dont le Soleil. Elle serait âgée de 10 milliards d'années.

Voie[F] lactée : vue[F] de dessus[M]
Vue de dessus, la Voie lactée apparaîtrait comme une spirale qui tourne sur elle-même autour d'un noyau.

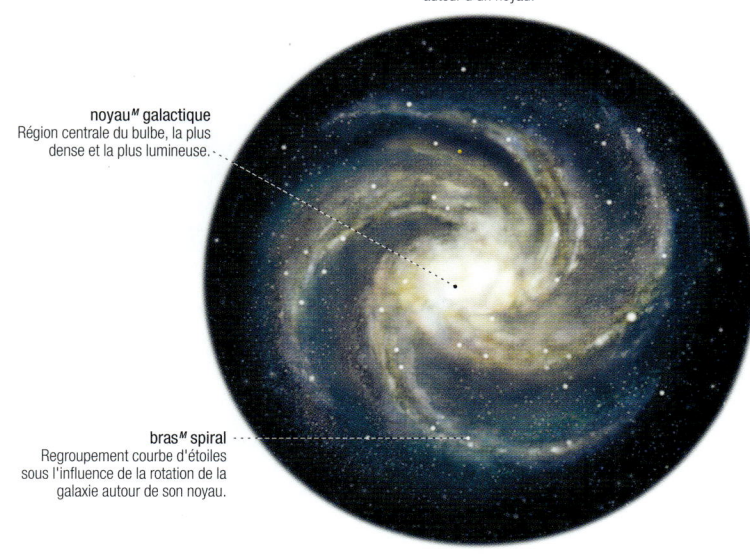

noyau[M] galactique
Région centrale du bulbe, la plus dense et la plus lumineuse.

bras[M] spiral
Regroupement courbe d'étoiles sous l'influence de la rotation de la galaxie autour de son noyau.

Voie[F] lactée : vue[F] de profil[M]
De profil, la Voie lactée apparaîtrait comme un disque, du fait que ses bras spiraux sont vus sous le même angle.

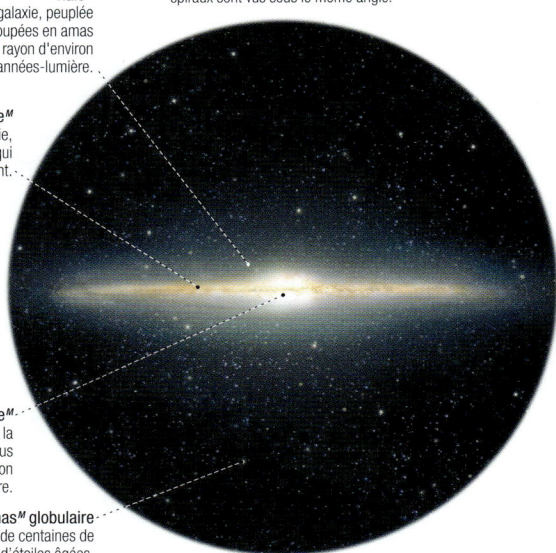

halo[M]
Région qui entoure la galaxie, peuplée d'étoiles isolées ou groupées en amas globulaires. Le halo a un rayon d'environ 50 000 années-lumière.

disque[M]
Partie principale de la galaxie, constituée du bulbe et des bras qui s'y rattachent.

bulbe[M]
Renflement central du disque de la Voie lactée, c'est la région la plus dense, d'une épaisseur d'environ 15 000 années-lumière.

amas[M] globulaire
Amas constitué de centaines de milliers d'étoiles âgées.

ASTRONOMIE

observation astronomique

planétarium

Lieu où l'on simule, par projection, à l'aide d'un planétaire, le mouvement des astres sur une voûte représentant la moitié de la sphère céleste.

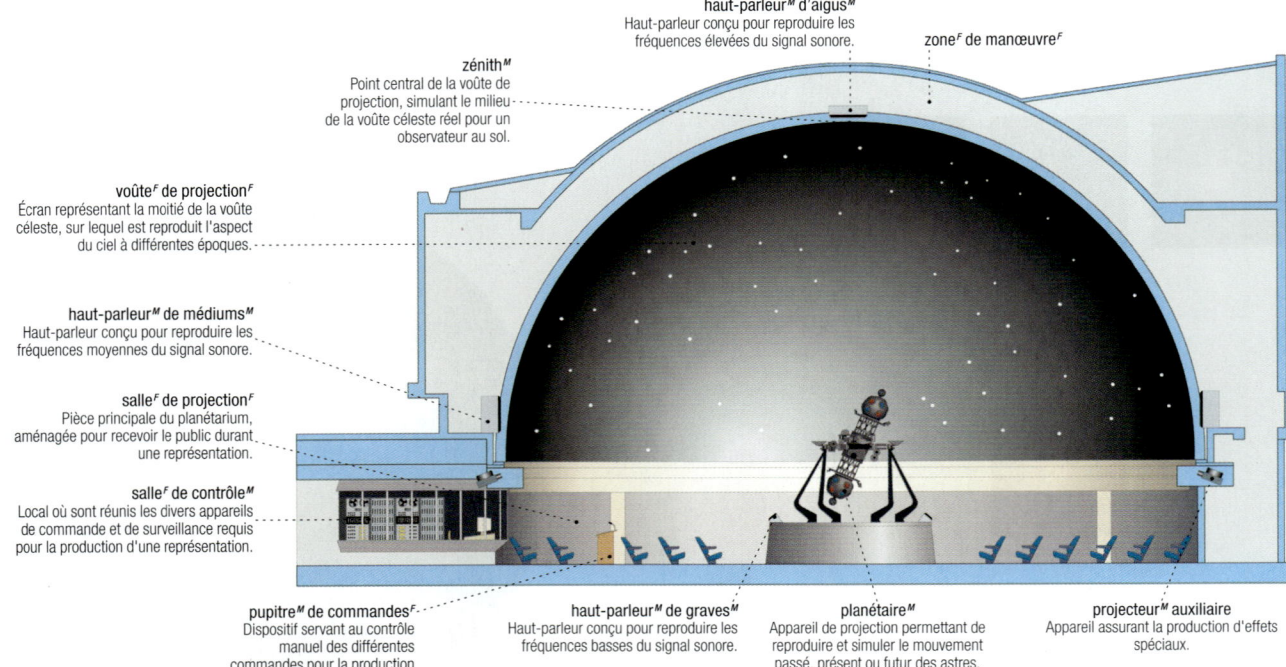

haut-parleur d'aigus Haut-parleur conçu pour reproduire les fréquences élevées du signal sonore.

zone de manœuvre

zénith Point central de la voûte de projection, simulant le milieu de la voûte céleste réel pour un observateur au sol.

voûte de projection Écran représentant la moitié de la voûte céleste, sur lequel est reproduit l'aspect du ciel à différentes époques.

haut-parleur de médiums Haut-parleur conçu pour reproduire les fréquences moyennes du signal sonore.

salle de projection Pièce principale du planétarium, aménagée pour recevoir le public durant une représentation.

salle de contrôle Local où sont réunis les divers appareils de commande et de surveillance requis pour la production d'une représentation.

pupitre de commandes Dispositif servant au contrôle manuel des différentes commandes pour la production d'une représentation.

haut-parleur de graves Haut-parleur conçu pour reproduire les fréquences basses du signal sonore.

planétaire Appareil de projection permettant de reproduire et simuler le mouvement passé, présent ou futur des astres.

projecteur auxiliaire Appareil assurant la production d'effets spéciaux.

constellations de l'hémisphère austral

Groupements d'étoiles dont la disposition sur la voûte céleste de l'hémisphère austral vue de la Terre forme des figures qui en facilitent le repérage et qui, souvent, ont inspiré les noms.

1 Baleine Grande constellation surtout australe contenant une étoile remarquable, Mira Ceti, première étoile dont la luminosité fluctue (étoile variable) à être découverte, au 16ᵉ siècle.

2 Verseau Constellation zodiacale entre le Capricorne et les Poissons. Elle contient plusieurs étoiles, mais de faible éclat.

3 Aigle Constellation surtout boréale contenant Altaïr, douzième des étoiles les plus lumineuses du ciel.

4 Capricorne Constellation zodiacale qui marque le début de l'hiver dans le calendrier grégorien.

5 Microscope Petite constellation répertoriée au 18ᵉ siècle qui, originellement, formait une partie de la queue du Poisson austral.

6 Poisson austral Constellation composée de sept étoiles. La plus brillante se nomme Fomalhaut, qui signifie gueule du poisson.

7 Grue Constellation signalée au 17ᵉ siècle dont la forme rappelle l'oiseau en vol.

8 Atelier du Sculpteur Constellation composée d'étoiles peu brillantes répertoriée au 18ᵉ siècle.

9 Éridan Grande constellation contenant Achernar, neuvième des étoiles les plus lumineuses du ciel.

10 Fourneau Petite constellation de faible éclat signalée au 18ᵉ siècle.

11 Horloge Constellation de faible éclat signalée au 18ᵉ siècle.

12 Phénix Constellation de faible éclat répertoriée au 17ᵉ siècle.

13 Toucan Constellation abritant la troisième galaxie la plus proche de la Terre, le Petit Nuage de Magellan, galaxie irrégulière située à environ 200 000 années-lumière.

14 Paon Constellation répertoriée au 17ᵉ siècle, qui ne contient qu'une étoile lumineuse, Pavonis.

15 Indien Petite constellation de faible éclat signalée au 17ᵉ siècle.

16 Télescope Constellation composée d'étoiles peu brillantes signalée au 18ᵉ siècle et créée à partir d'étoiles prélevées sur des constellations voisines.

17 Couronne australe Petite constellation de faible éclat répertoriée au 2ᵉ siècle.

18 Sagittaire Dernière constellation zodiacale de l'automne. Elle contient notamment le plus grand nombre d'étoiles variables (dont la luminosité fluctue).

19 Écu Petite constellation composée de cinq étoiles peu lumineuses répertoriée au 17ᵉ siècle.

20 Scorpion Constellation zodiacale entre la Balance et le Sagittaire. Elle contient Antarès, 16ᵉ des étoiles les plus lumineuses du ciel.

21 Règle Constellation de faible éclat répertoriée au 18ᵉ siècle.

22 Autel Petite constellation de faible éclat répertoriée au 2ᵉ siècle.

23 Triangle austral Petite constellation signalée au 17ᵉ siècle, dont les trois étoiles les plus brillantes forment un triangle.

24 Oiseau de Paradis Constellation composée d'étoiles peu brillantes répertoriée au 17ᵉ siècle.

25 Octant Constellation peu lumineuse répertoriée au 18ᵉ siècle, qui comprend le pôle Sud céleste.

26 Hydre mâle Constellation qui ne contient qu'une vingtaine d'étoiles le plus souvent peu visibles à l'œil nu, signalée au 17ᵉ siècle.

27 Table Constellation de faible éclat répertoriée au 17ᵉ siècle, contenant une partie du Grand Nuage de Magellan.

28 Réticule Petite constellation répertoriée au 18ᵉ siècle.

observation astronomique 21

constellations^F de l'hémisphère^M austral

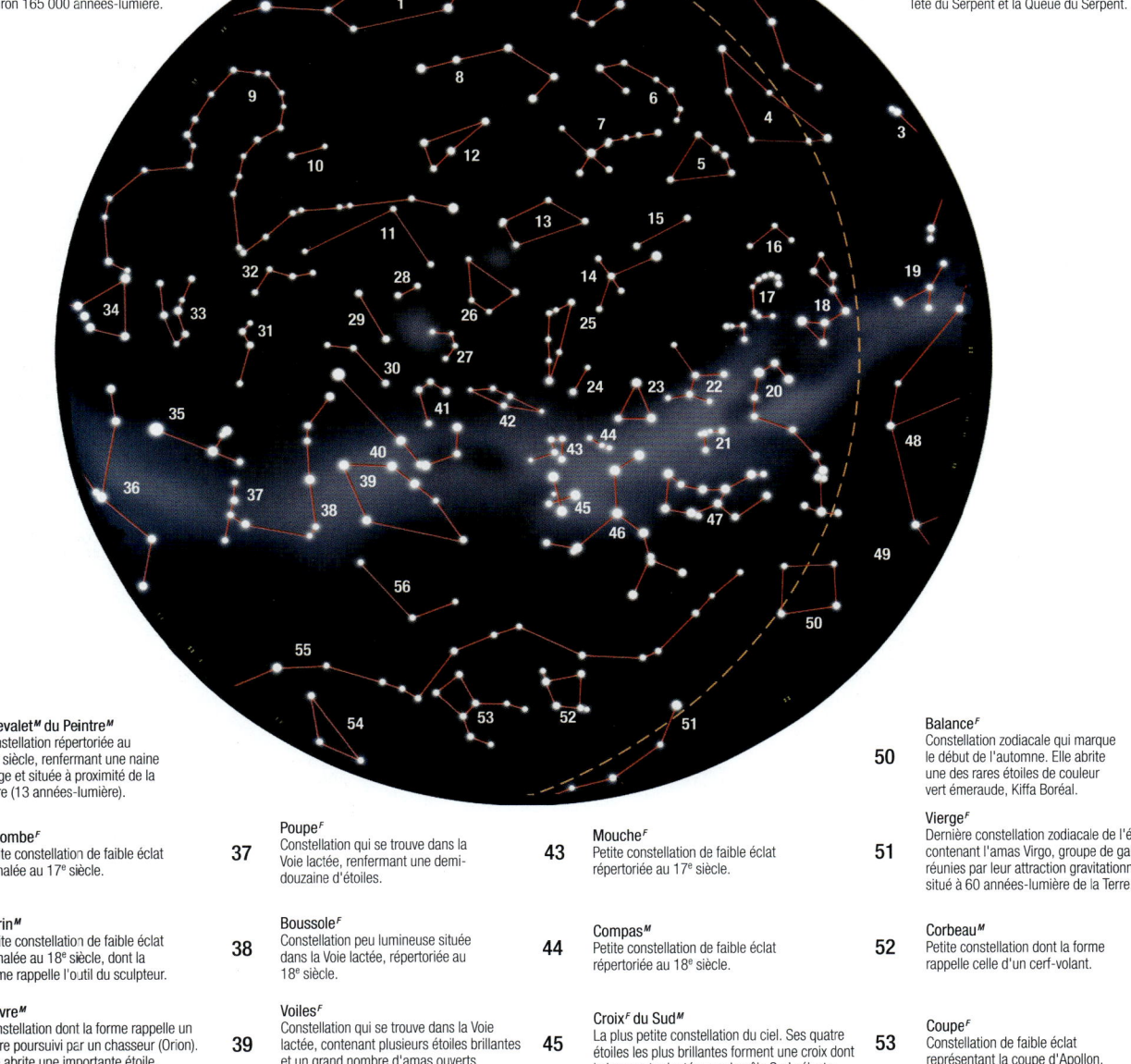

29 Dorade^F
Constellation abritant la deuxième galaxie la plus proche de la Terre, le Grand Nuage de Magellan, galaxie irrégulière située à environ 165 000 années-lumière.

30 Chevalet^M du Peintre^M
Constellation répertoriée au 18e siècle, renfermant une naine rouge et située à proximité de la Terre (13 années-lumière).

31 Colombe^F
Petite constellation de faible éclat signalée au 17e siècle.

32 Burin^M
Petite constellation de faible éclat signalée au 18e siècle, dont la forme rappelle l'outil du sculpteur.

33 Lièvre^M
Constellation dont la forme rappelle un lièvre poursuivi par un chasseur (Orion). Elle abrite une importante étoile, R Leporis, dont la luminosité fluctue.

34 Orion
Constellation surtout australe contenant la géante rouge Bételgeuse ainsi que Rigel, septième des étoiles les plus lumineuses du ciel.

35 Grand Chien^M
Petite constellation contenant Sirius, étoile la plus lumineuse du ciel.

36 Licorne^F
Constellation surtout australe de faible éclat, mais qui contient un grand nombre d'étoiles et de nébuleuses.

37 Poupe^F
Constellation qui se trouve dans la Voie lactée, renfermant une demi-douzaine d'étoiles.

38 Boussole^F
Constellation peu lumineuse située dans la Voie lactée, répertoriée au 18e siècle.

39 Voiles^F
Constellation qui se trouve dans la Voie lactée, contenant plusieurs étoiles brillantes et un grand nombre d'amas ouverts (regroupements d'étoiles peu concentrées).

40 Carène^F
Constellation contenant Canopus, deuxième des étoiles les plus lumineuses du ciel, qui sert de boussole aux sondes spatiales.

41 Poisson^M volant
Constellation peu lumineuse répertoriée au 17e siècle.

42 Caméléon^M
Constellation peu lumineuse signalée au 17e siècle.

43 Mouche^F
Petite constellation de faible éclat répertoriée au 17e siècle.

44 Compas^M
Petite constellation de faible éclat répertoriée au 18e siècle.

45 Croix^F du Sud^M
La plus petite constellation du ciel. Ses quatre étoiles les plus brillantes forment une croix dont la base est orientée vers le pôle Sud céleste.

46 Centaure^M
Constellation qui se trouve dans la Voie Lactée, elle abrite l'étoile la plus proche de nous, Proxima Centauri (4,3 années-lumière) et l'amas globulaire le plus lumineux, Omega Centauri.

47 Loup^M
Constellation signalée au 2e siècle. En 1006, on y vit apparaître la plus lumineuse des supernovæ.

48 Ophiuchus
Grande constellation surtout australe signalée au 2e siècle; elle abrite la deuxième étoile la plus proche de la Terre, Barnard, (six années-lumière).

49 Serpent^M
Constellation surtout australe, elle est divisée en deux parties par la constellation Ophiuchus pour former la Tête du Serpent et la Queue du Serpent.

50 Balance^F
Constellation zodiacale qui marque le début de l'automne. Elle abrite une des rares étoiles de couleur vert émeraude, Kiffa Boréal.

51 Vierge^F
Dernière constellation zodiacale de l'été, contenant l'amas Virgo, groupe de galaxies réunies par leur attraction gravitationnelle situé à 60 années-lumière de la Terre.

52 Corbeau^M
Petite constellation dont la forme rappelle celle d'un cerf-volant.

53 Coupe^F
Constellation de faible éclat représentant la coupe d'Apollon.

54 Sextant^M
Constellation de faible éclat signalée au 17e siècle.

55 Hydre^F femelle
Constellation surtout australe, la plus vaste du ciel, mais peu lumineuse.

56 Machine^F pneumatique
Constellation de faible éclat répertoriée au 18e siècle.

ASTRONOMIE

constellations^F de l'hémisphère^M boréal

Groupements d'étoiles dont la disposition sur la voûte céleste de l'hémisphère boréal vue de la Terre forme des figures qui en facilitent le repérage et qui, souvent, ont inspiré les noms.

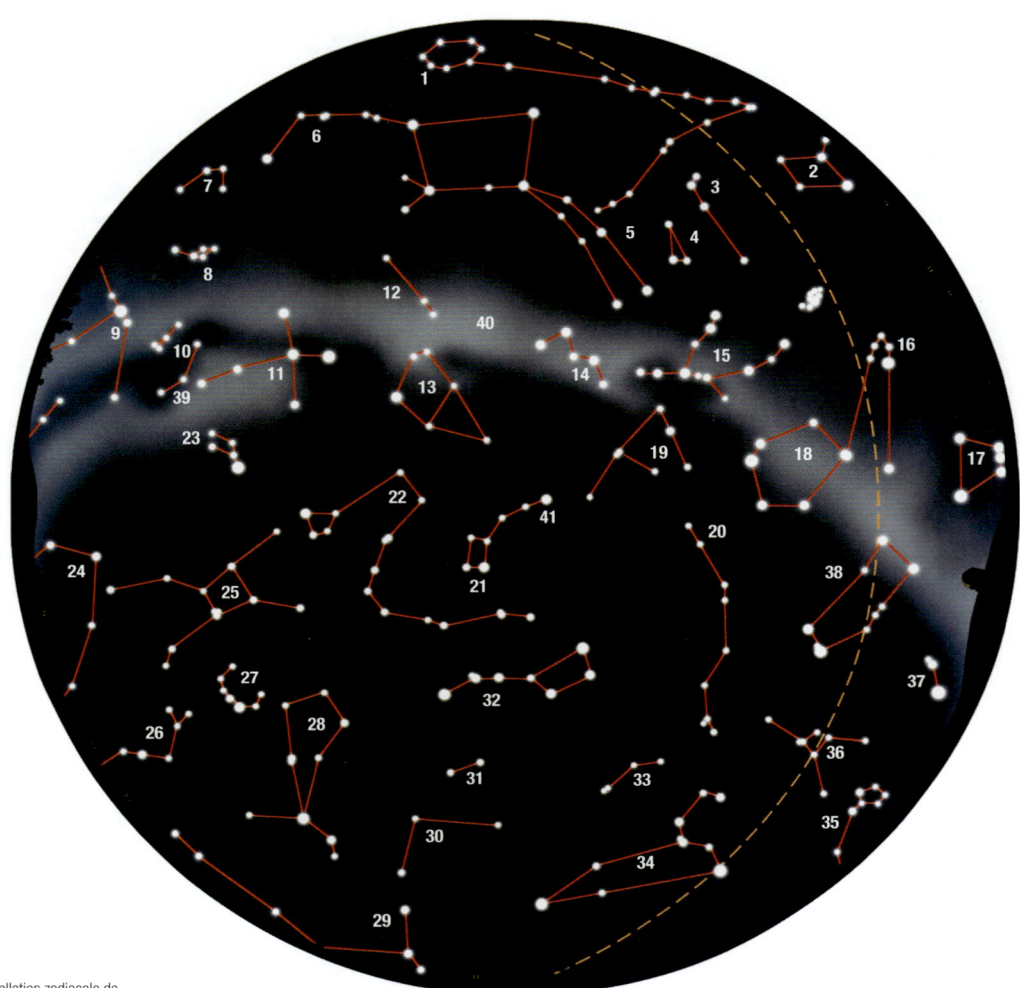

1 Poissons^M
Dernière constellation zodiacale de l'hiver. Elle est très étendue, mais ne renferme que des étoiles peu lumineuses.

2 Baleine^F
Grande constellation surtout australe contenant une étoile remarquable, Mira Ceti, première étoile dont la luminosité fluctue (étoile variable) à être découverte, au 16e siècle.

3 Bélier^M
Constellation zodiacale qui marque le début du printemps dans le calendrier grégorien.

4 Triangle^M
Constellation abritant la cinquième galaxie d'importance proche de la Terre, M33, située à environ 2,7 millions d'années-lumière.

5 Andromède^F
Constellation abritant la quatrième galaxie d'importance proche de la Terre, la nébuleuse d'Andromède, située à environ 2,25 millions d'années-lumière.

6 Pégase^M
Vaste constellation repérable grâce au quadrilatère que forment trois de ses étoiles brillantes avec l'étoile Sirrah (Andromède), connu sous le nom de Carré de Pégase.

7 Petit Cheval^M
Petite constellation composée d'étoiles peu brillantes répertoriée au 2e siècle.

8 Dauphin^M
Petite constellation abritant des étoiles peu lumineuses signalée au 2e siècle.

9 Aigle^M
Constellation surtout boréale contenant Altaïr, douzième des étoiles les plus lumineuses du ciel.

10 Flèche^F
Petite constellation ne contenant que peu d'étoiles visibles à l'œil nu, mais un amas ouvert (regroupement d'étoiles peu concentrées) assez brillant.

11 Cygne^M
Constellation dont la forme rappelle un cygne qui vole. Elle contient Deneb, 20e des étoiles les plus lumineuses du ciel.

12 Lézard^M
Constellation formée d'étoiles peu brillantes répertoriée au 17e siècle.

13 Céphée
Constellation abritant Céphée, prototype des étoiles dont la luminosité fluctue, nommées céphéides pour cette raison.

14 Cassiopée
Constellation facilement identifiable grâce au W que forment ses cinq étoiles principales. Elle contient plusieurs étoiles dont la luminosité fluctue (étoiles variables).

15 Persée
Constellation abritant un grand nombre d'étoiles dont la luminosité fluctue et deux importants amas d'étoiles, h et chi Persei.

16 Taureau
Constellation zodiacale entre le Bélier et les Gémeaux, contenant l'étoile Aldébaran (15e en luminosité) ainsi que deux amas, les Hyades et les Pléiades.

17 Orion
Constellation surtout australe contenant la géante rouge Bételgeuse ainsi que Rigel, septième des étoiles les plus lumineuses du ciel.

18 Cocher^M
Constellation contenant Capella, sixième des étoiles les plus lumineuses du ciel.

19 Girafe^F
Constellation de faible éclat signalée au 17e siècle.

20 Lynx^M
Constellation composée d'étoiles peu lumineuses répertoriée au 17e siècle.

21 Petite Ourse^F
Constellation contenant l'étoile polaire, 51e des étoiles les plus lumineuses du ciel. De par sa forme, on la nomme aussi « petite casserole », par opposition à la Grande Ourse.

observation astronomique

constellations de l'hémisphère boréal

22 Dragon^M
Vaste constellation composée d'un grand nombre d'étoiles, mais de faible éclat.

23 Lyre^F
Constellation contenant Véga, cinquième des étoiles les plus lumineuses du ciel.

24 Ophiuchus
Grande constellation surtout australe signalée au 2ᵉ siècle; elle abrite la deuxième étoile la plus proche de la Terre, Barnard (six années-lumière).

25 Hercule
Grande constellation qui contient Rasalgethi, géante rouge environ 830 fois plus lumineuse que le Soleil et de plus de 680 fois son diamètre.

26 Serpent^M
Constellation surtout australe, elle est divisée en deux parties par la constellation Ophiuchus pour former la Tête du Serpent et la Queue du Serpent.

27 Couronne^F boréale
Petite constellation dont les étoiles principales forment un cercle incomplet, répertoriée au 2ᵉ siècle.

28 Bouvier^M
Constellation contenant la géante rouge Arcturus, quatrième des étoiles les plus lumineuses du ciel.

29 Vierge^F
Dernière constellation zodiacale de l'été, contenant l'amas Virgo, groupe de galaxies réunies par leur attraction gravitationnelle situé à 60 années-lumière de la Terre.

30 Chevelure^F de Bérénice
Constellation renfermant l'amas de galaxies Coma, situé à 220 millions d'années-lumière de la Terre.

31 Chiens^M de Chasse^F
Constellation de faible éclat abritant de nombreuses galaxies, dont la galaxie spirale M51, située à 6,5 millions d'années-lumière de la Terre.

32 Grande Ourse^F
Constellation dont les sept étoiles principales dessinent la forme d'une grande casserole. Elle contient plusieurs galaxies spirales.

33 Petit Lion^M
Petite constellation de faible éclat signalée au 17ᵉ siècle.

34 Lion^M
Constellation zodiacale entre le Cancer et la Vierge, dont les étoiles les plus brillantes forment la silhouette de l'animal. Elle renferme de nombreuses galaxies.

35 Hydre^F femelle
Constellation surtout australe, la plus vaste du ciel, mais peu lumineuse.

36 Cancer^M
Constellation zodiacale qui marque le début de l'été dans le calendrier grégorien.

37 Petit Chien^M
Constellation contenant Procyon, huitième des étoiles les plus lumineuses du ciel.

38 Gémeaux^M
Dernière constellation zodiacale de printemps contenant Castor et Pollux, la seconde étant la 18ᵉ des étoiles les plus lumineuses du ciel.

39 Petit Renard^M
Petite constellation composée d'étoiles peu brillantes répertoriée au 17ᵉ siècle.

40 Voie^F lactée
Bande à l'aspect laiteux, faiblement lumineuse; c'est notre Galaxie, vue de notre bras spiral.

41 Étoile^F Polaire
Étoile située à l'extrémité de la Petite Ourse, qui sert de nos jours à indiquer la direction du pôle Nord céleste.

ASTRONOMIE

coordonnées célestes

Lignes horizontales et verticales imaginaires utilisées pour décrire la position d'un objet sur la sphère céleste.

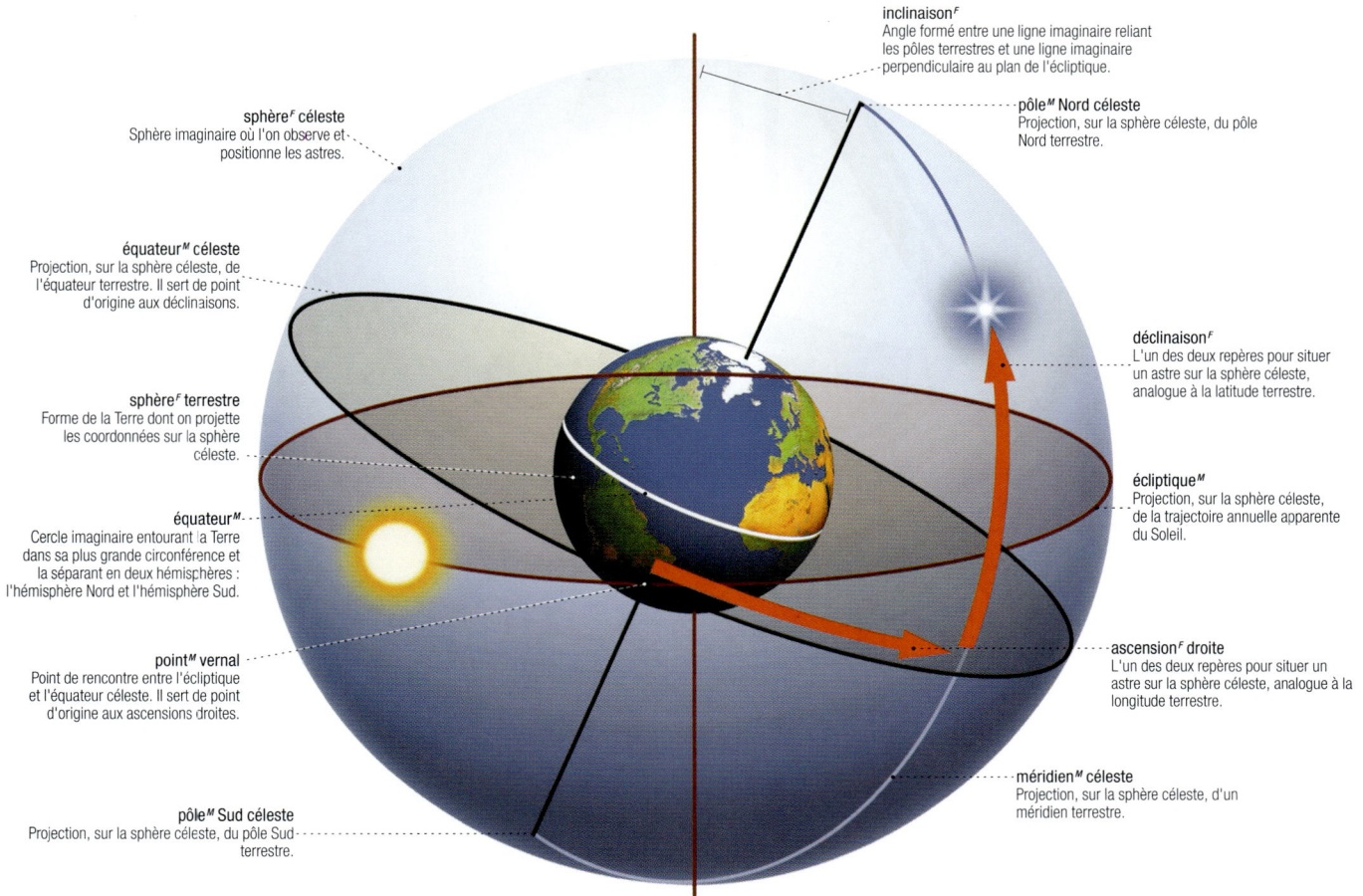

lunette^F astronomique

Instrument optique utilisé pour l'observation des astres et dont l'objectif est une lentille.

vue^F d'ensemble^M

chercheur^M
Petite lunette de faible grossissement, mais dotée d'un grand champ de vision, servant au repérage de l'astre.

bride^F de fixation^F
Pièce qu'on serre sur le tube pour le fixer à sa base.

tube^M
Corps cylindrique d'une lunette qui loge le système optique et au travers duquel se déplacent les rayons lumineux.

pare-soleil^M
Dispositif placé devant l'objectif qui limite la lumière parasite et la buée.

oculaire^M
Lentille, ou système de lentilles, devant laquelle on place l'œil et qui participe au grossissement de l'image.

tube^M porte-oculaire^M

oculaire^M coudé
Pièce qui sert à dévier la lumière vers l'oculaire, fournissant ainsi une position d'observation confortable.

bouton^M de mise^F au point^M
Dispositif de réglage qui permet d'obtenir une image nette de l'objet.

cercle^M de déclinaison^F
Disque gradué indiquant la déclinaison du corps céleste observé.

vis^F de blocage^M (azimut^M)
Vis servant à bloquer la lunette sur son axe horizontal.

vis^F de blocage^M (latitude^F)
Vis servant à bloquer la lunette sur son axe vertical.

réglage^M micrométrique (azimut^M)
Réglage de précision servant à positionner la lunette horizontalement.

réglage^M micrométrique (latitude^F)
Réglage de précision servant à positionner la lunette verticalement.

cercle^M d'ascension^F droite
Disque gradué indiquant l'ascension droite du corps céleste observé.

fourche^F
Support à deux mâchoires sur lequel la lunette est fixée au trépied.

contrepoids^M
Poids égal à celui de la lunette astronomique et qui permet de maintenir le tout en équilibre.

plateau^M pour accessoires^M

trépied^M
Support à trois pieds très stable dont on peut faire varier la hauteur.

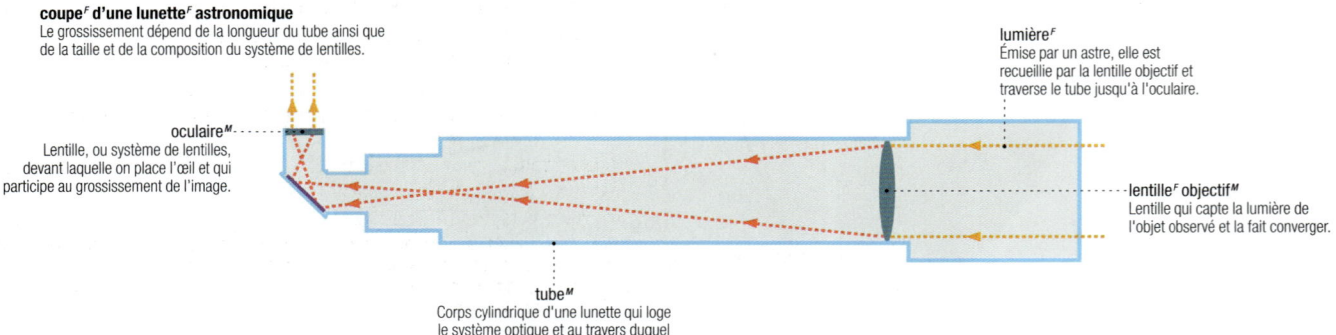

coupe^F d'une lunette^F astronomique
Le grossissement dépend de la longueur du tube ainsi que de la taille et de la composition du système de lentilles.

lumière^F
Émise par un astre, elle est recueillie par la lentille objectif et traverse le tube jusqu'à l'oculaire.

oculaire^M
Lentille, ou système de lentilles, devant laquelle on place l'œil et qui participe au grossissement de l'image.

lentille^F objectif^M
Lentille qui capte la lumière de l'objet observé et la fait converger.

tube^M
Corps cylindrique d'une lunette qui loge le système optique et au travers duquel se déplacent les rayons lumineux.

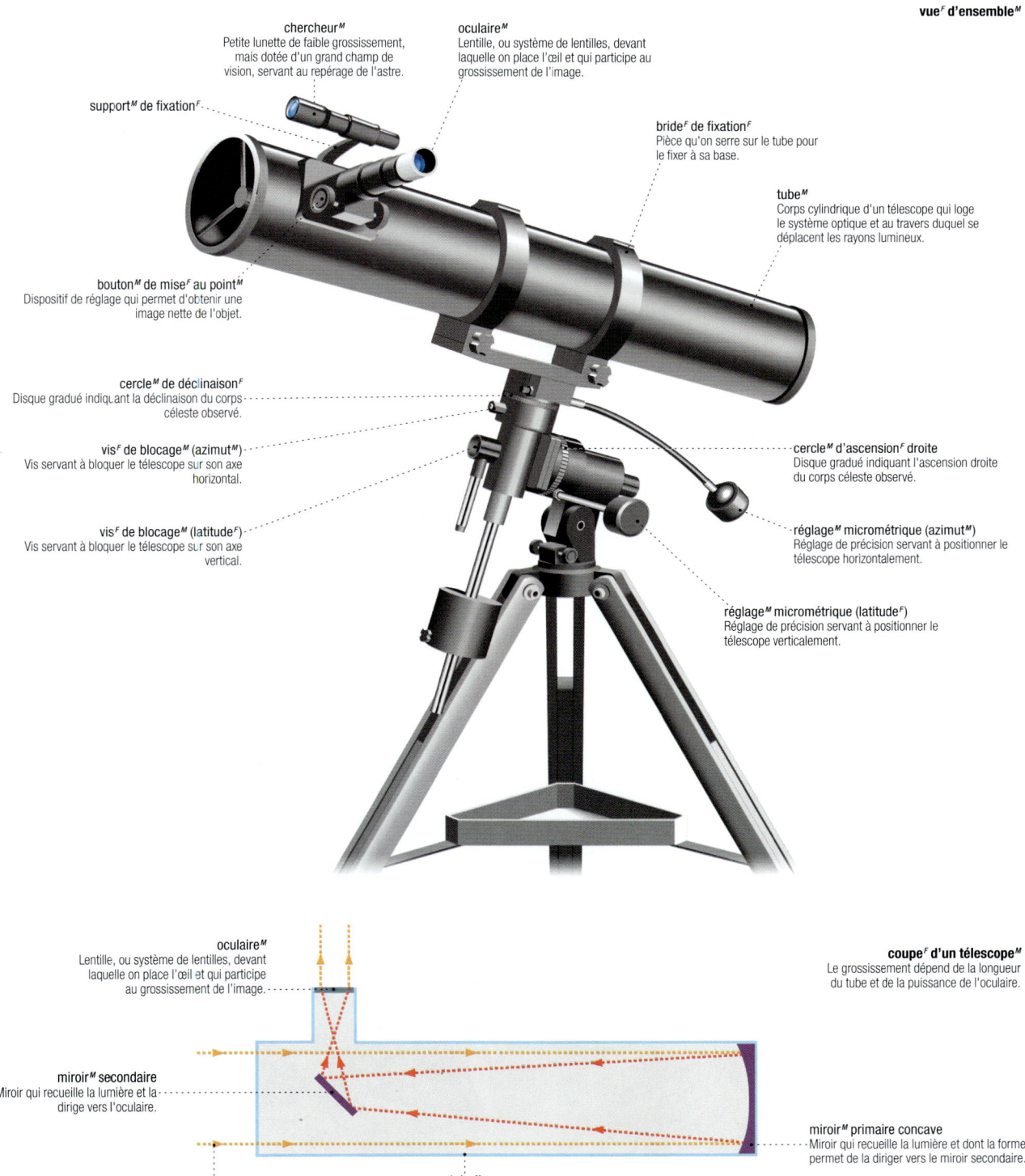

observation astronomique

radiotélescope
Appareil destiné à capter, concentrer et analyser les ondes radio provenant d'un corps céleste ou d'une région de la sphère céleste.

réflecteur parabolique orientable
Type de radiotélescope en forme de soucoupe orientable dont la puissance dépend du diamètre.

ASTRONOMIE

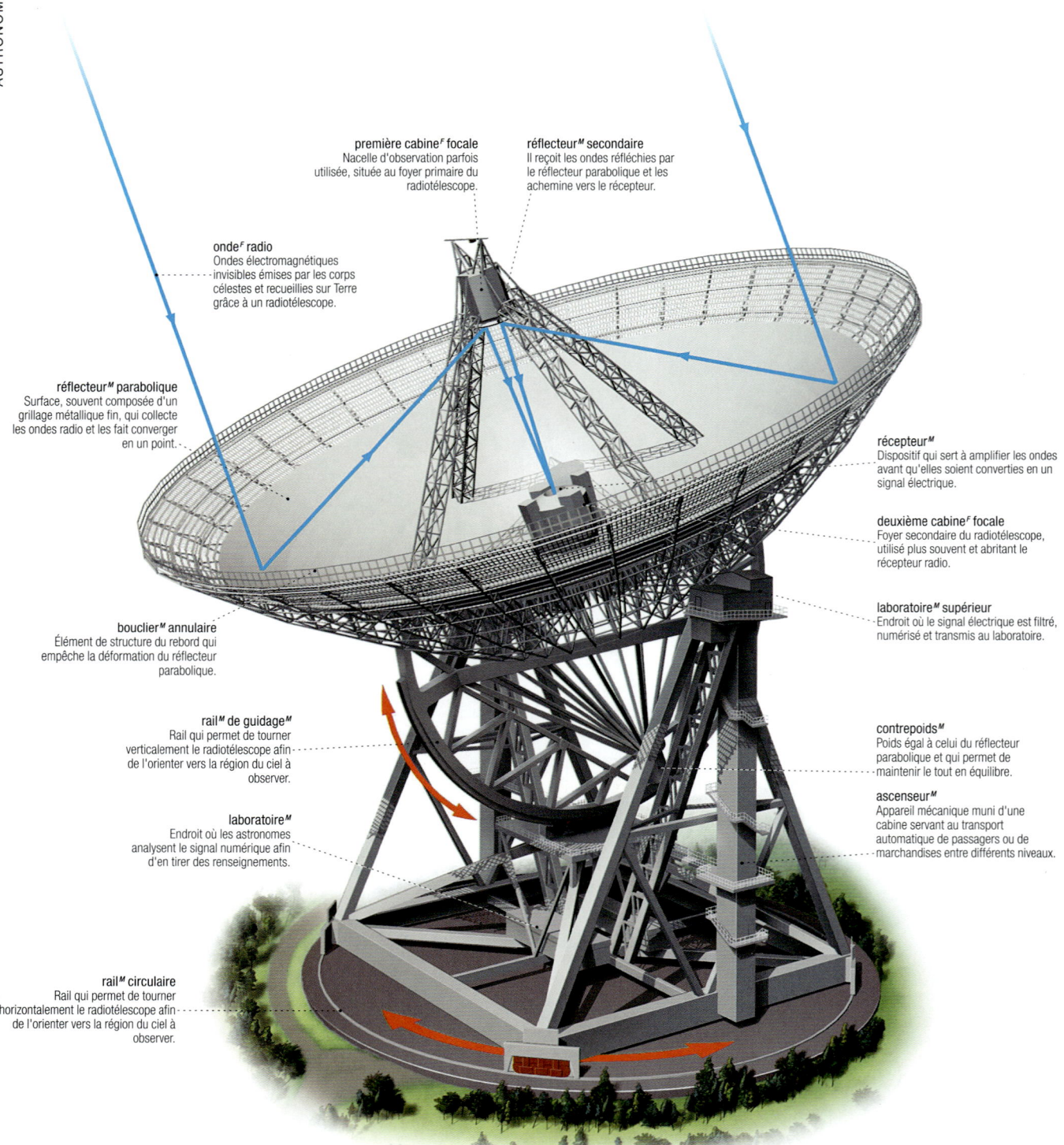

première cabine focale
Nacelle d'observation parfois utilisée, située au foyer primaire du radiotélescope.

réflecteur secondaire
Il reçoit les ondes réfléchies par le réflecteur parabolique et les achemine vers le récepteur.

onde radio
Ondes électromagnétiques invisibles émises par les corps célestes et recueillies sur Terre grâce à un radiotélescope.

réflecteur parabolique
Surface, souvent composée d'un grillage métallique fin, qui collecte les ondes radio et les fait converger en un point.

récepteur
Dispositif qui sert à amplifier les ondes avant qu'elles soient converties en un signal électrique.

deuxième cabine focale
Foyer secondaire du radiotélescope, utilisé plus souvent et abritant le récepteur radio.

bouclier annulaire
Élément de structure du rebord qui empêche la déformation du réflecteur parabolique.

laboratoire supérieur
Endroit où le signal électrique est filtré, numérisé et transmis au laboratoire.

rail de guidage
Rail qui permet de tourner verticalement le radiotélescope afin de l'orienter vers la région du ciel à observer.

contrepoids
Poids égal à celui du réflecteur parabolique et qui permet de maintenir le tout en équilibre.

laboratoire
Endroit où les astronomes analysent le signal numérique afin d'en tirer des renseignements.

ascenseur
Appareil mécanique muni d'une cabine servant au transport automatique de passagers ou de marchandises entre différents niveaux.

rail circulaire
Rail qui permet de tourner horizontalement le radiotélescope afin de l'orienter vers la région du ciel à observer.

observation astronomique 27

télescope^M spatial

Télescope placé en orbite au-dessus de l'atmosphère terrestre et permettant, de ce fait, l'observation des astres sans l'interférence de l'atmosphère terrestre.

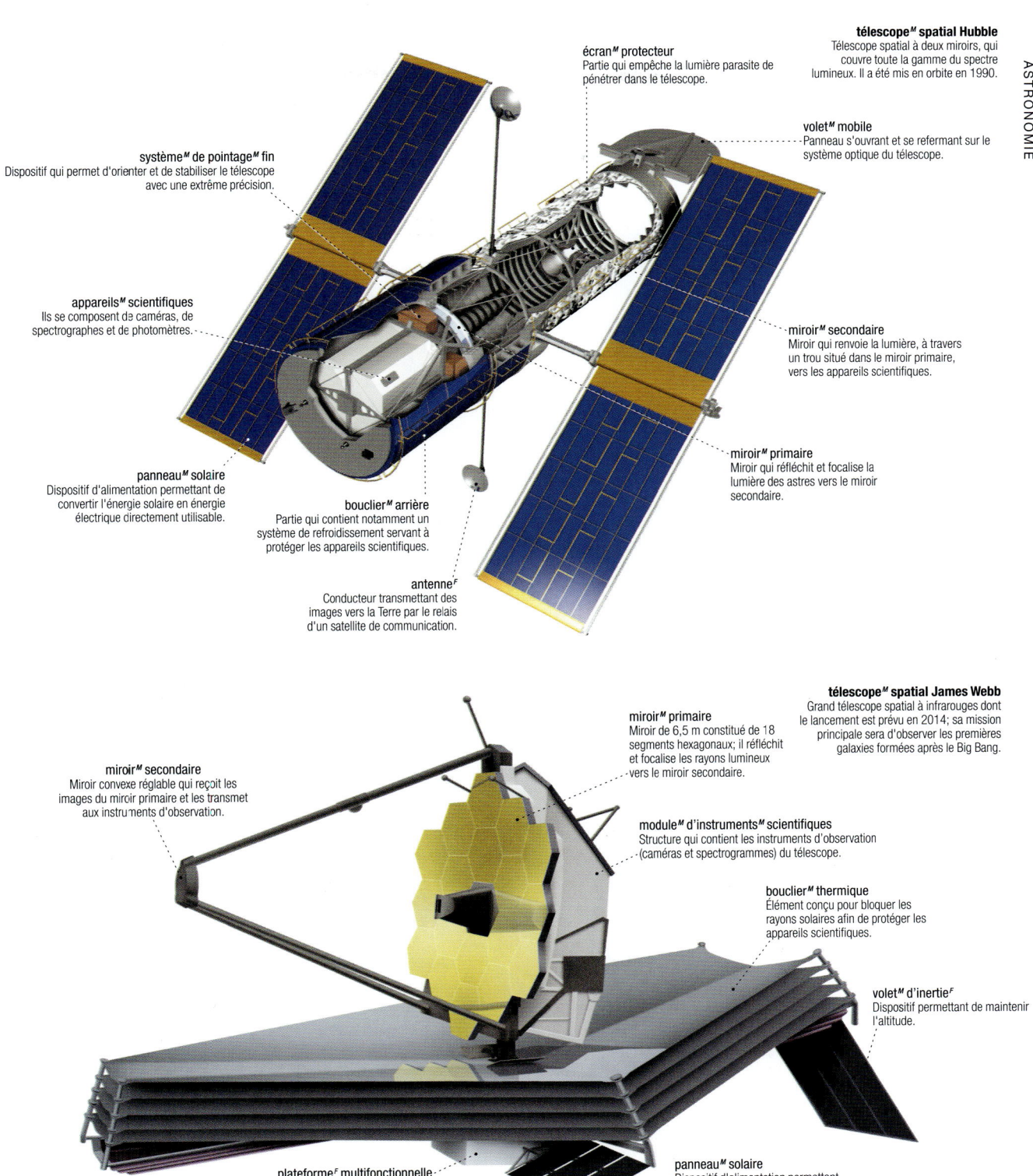

télescope^M spatial Hubble
Télescope spatial à deux miroirs, qui couvre toute la gamme du spectre lumineux. Il a été mis en orbite en 1990.

écran^M protecteur
Partie qui empêche la lumière parasite de pénétrer dans le télescope.

volet^M mobile
Panneau s'ouvrant et se refermant sur le système optique du télescope.

système^M de pointage^M fin
Dispositif qui permet d'orienter et de stabiliser le télescope avec une extrême précision.

miroir^M secondaire
Miroir qui renvoie la lumière, à travers un trou situé dans le miroir primaire, vers les appareils scientifiques.

appareils^M scientifiques
Ils se composent de caméras, de spectrographes et de photomètres.

miroir^M primaire
Miroir qui réfléchit et focalise la lumière des astres vers le miroir secondaire.

panneau^M solaire
Dispositif d'alimentation permettant de convertir l'énergie solaire en énergie électrique directement utilisable.

bouclier^M arrière
Partie qui contient notamment un système de refroidissement servant à protéger les appareils scientifiques.

antenne^F
Conducteur transmettant des images vers la Terre par le relais d'un satellite de communication.

télescope^M spatial James Webb
Grand télescope spatial à infrarouges dont le lancement est prévu en 2014; sa mission principale sera d'observer les premières galaxies formées après le Big Bang.

miroir^M primaire
Miroir de 6,5 m constitué de 18 segments hexagonaux; il réfléchit et focalise les rayons lumineux vers le miroir secondaire.

miroir^M secondaire
Miroir convexe réglable qui reçoit les images du miroir primaire et les transmet aux instruments d'observation.

module^M d'instruments^M scientifiques
Structure qui contient les instruments d'observation (caméras et spectrogrammes) du télescope.

bouclier^M thermique
Élément conçu pour bloquer les rayons solaires afin de protéger les appareils scientifiques.

volet^M d'inertie^F
Dispositif permettant de maintenir l'altitude.

plateforme^F multifonctionnelle
Structure abritant les systèmes de commande et de communication du télescope.

panneau^M solaire
Dispositif d'alimentation permettant de convertir l'énergie solaire en énergie électrique directement utilisable.

ASTRONOMIE

observatoire^M astronomique

Bâtiment spécialement conçu pour abriter un télescope de grandes dimensions.

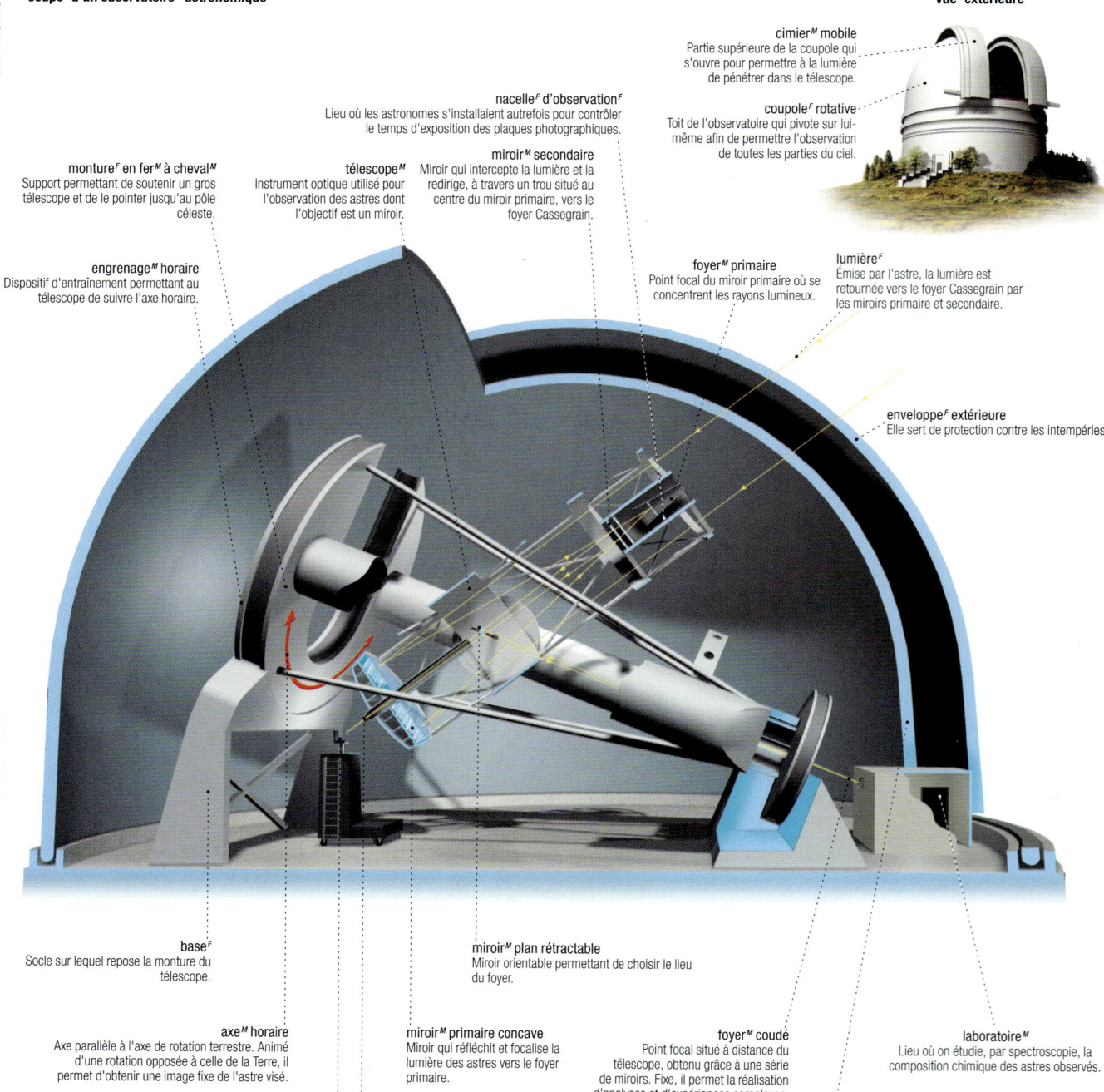

coupe^F d'un observatoire^M astronomique

vue^F extérieure

cimier^M mobile
Partie supérieure de la coupole qui s'ouvre pour permettre à la lumière de pénétrer dans le télescope.

coupole^F rotative
Toit de l'observatoire qui pivote sur lui-même afin de permettre l'observation de toutes les parties du ciel.

nacelle^F d'observation^F
Lieu où les astronomes s'installaient autrefois pour contrôler le temps d'exposition des plaques photographiques.

miroir^M secondaire
Miroir qui intercepte la lumière et la redirige, à travers un trou situé au centre du miroir primaire, vers le foyer Cassegrain.

télescope^M
Instrument optique utilisé pour l'observation des astres dont l'objectif est un miroir.

monture^F en fer^M à cheval^M
Support permettant de soutenir un gros télescope et de le pointer jusqu'au pôle céleste.

engrenage^M horaire
Dispositif d'entraînement permettant au télescope de suivre l'axe horaire.

foyer^M primaire
Point focal du miroir primaire où se concentrent les rayons lumineux.

lumière^F
Émise par l'astre, la lumière est retournée vers le foyer Cassegrain par les miroirs primaire et secondaire.

enveloppe^F extérieure
Elle sert de protection contre les intempéries.

base^F
Socle sur lequel repose la monture du télescope.

miroir^M plan rétractable
Miroir orientable permettant de choisir le lieu du foyer.

axe^M horaire
Axe parallèle à l'axe de rotation terrestre. Animé d'une rotation opposée à celle de la Terre, il permet d'obtenir une image fixe de l'astre visé.

miroir^M primaire concave
Miroir qui réfléchit et focalise la lumière des astres vers le foyer primaire.

foyer^M coudé
Point focal situé à distance du télescope, obtenu grâce à une série de miroirs. Fixe, il permet la réalisation d'analyses et d'expériences complexes.

laboratoire^M
Lieu où on étudie, par spectroscopie, la composition chimique des astres observés.

poste^M d'observation^F
Lieu où on effectue la majorité des observations.

foyer^M Cassegrain
Point focal, situé derrière le miroir primaire, où se forme l'image.

enveloppe^F intérieure
Elle sert à réguler la température du télescope pour éviter les turbulences de l'air et la déformation du miroir.

observation astronomique

observatoire^M astronomique

télescope^M binoculaire
Télescope constitué de deux miroirs montés sur une même base.

télescope^M binoculaire du Mont Graham
Télescope formé de deux miroirs de 8,4 m de diamètre et situé sur le mont Graham, en Arizona, à plus de 3 000 m d'altitude.

vue^F extérieure

volet^M coulissant
Élément structural dont l'ouverture permet à la lumière de pénétrer dans le télescope.

ASTRONOMIE

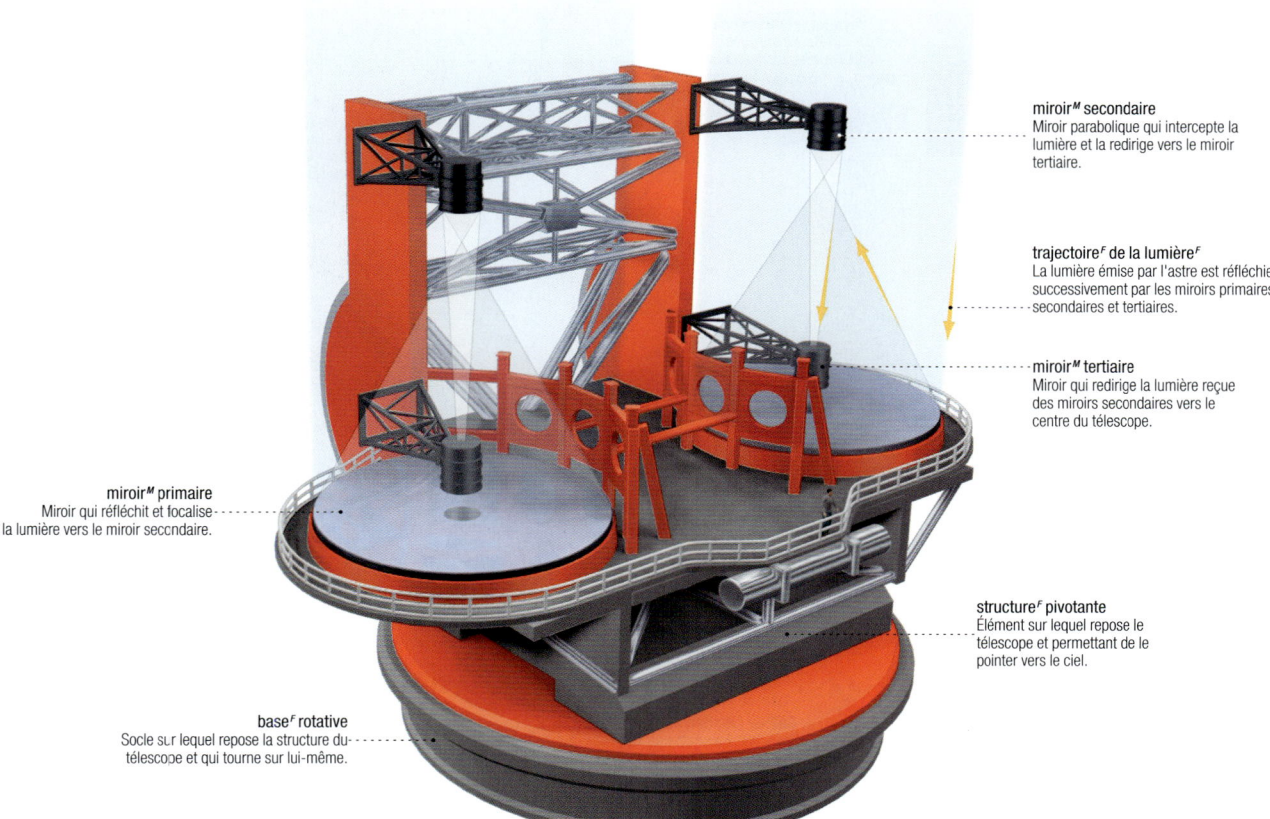

télescope^M binoculaire
Télescope constitué de deux miroirs montés sur une même base.

miroir^M secondaire
Miroir parabolique qui intercepte la lumière et la redirige vers le miroir tertiaire.

trajectoire^F de la lumière^F
La lumière émise par l'astre est réfléchie successivement par les miroirs primaires, secondaires et tertiaires.

miroir^M tertiaire
Miroir qui redirige la lumière reçue des miroirs secondaires vers le centre du télescope.

miroir^M primaire
Miroir qui réfléchit et focalise la lumière vers le miroir secondaire.

structure^F pivotante
Élément sur lequel repose le télescope et permettant de le pointer vers le ciel.

base^F rotative
Socle sur lequel repose la structure du télescope et qui tourne sur lui-même.

astronautique

sonde[F] spatiale

Engin non habité lancé en direction d'un astre du Système solaire dans le but de l'étudier.

exemples[M] de sondes[F] spatiales

Depuis la fin des années 1950, plus de 125 sondes spatiales ont été lancées afin d'étudier les planètes, satellites et autres corps célestes du Système solaire.

Pioneer (Jupiter, 1972-2003)
En 1973, Pioneer 10, en route pour Jupiter, fut la première sonde à traverser la ceinture d'astéroïdes.

Mariner (Mercure, 1973-1975)
Mariner 10 a photographié trois fois la surface de la planète Mercure au milieu des années 70, révélant un monde qui ressemble beaucoup à notre Lune.

Luna 1 (Lune[F], 1959)
Sonde soviétique lancée en 1959, elle fut le premier engin spatial à passer près de la Lune.

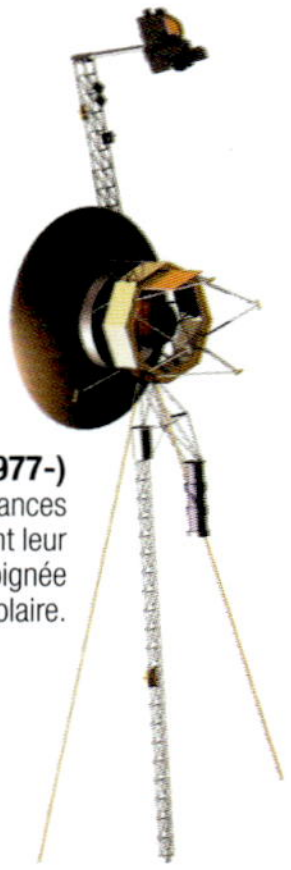

Voyager (planètes[F] gazeuses, 1977-)
Voyager 1 et 2 ont transformé nos connaissances des planètes géantes. Elles poursuivent leur exploration de l'héliogaine, la région la plus éloignée du Système solaire.

Giotto (comète[F] de Halley, 1985-1992)
Sonde européenne lancée en 1985, qui s'est approchée à 596 km du noyau de la comète de Halley.

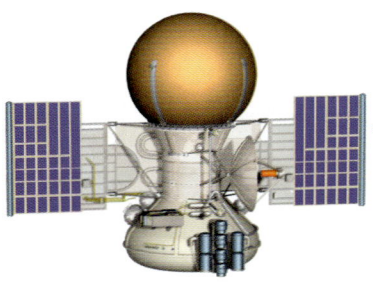

Venera (Vénus, 1975)
En 1975, Venera 9 a transmis la première photographie du sol vénusien avant d'être écrasée par la pression atmosphérique de la planète.

Magellan (Vénus, 1989-1994)
Insérée en orbite autour de Vénus de 1990 à 1994, la sonde a cartographié 98 % de la surface de la planète.

Galileo (Jupiter, 1989-2003)
Première sonde à se mettre en orbite autour de Jupiter en 1995, elle a exploré également les quatre plus gros satellites de la planète.

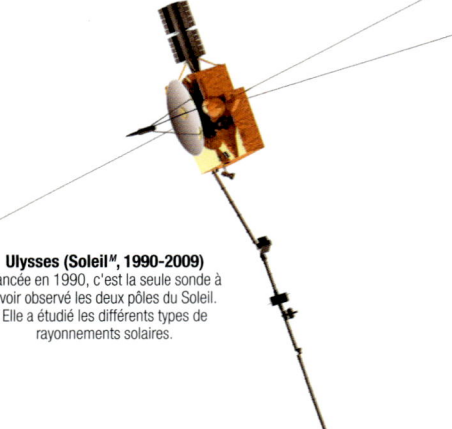

Ulysses (Soleil[M], 1990-2009)
Lancée en 1990, c'est la seule sonde à avoir observé les deux pôles du Soleil. Elle a étudié les différents types de rayonnements solaires.

astronautique

sondeF spatiale

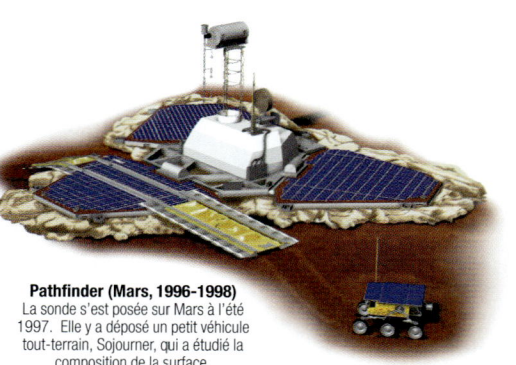

Pathfinder (Mars, 1996-1998)
La sonde s'est posée sur Mars à l'été 1997. Elle y a déposé un petit véhicule tout-terrain, Sojourner, qui a étudié la composition de la surface.

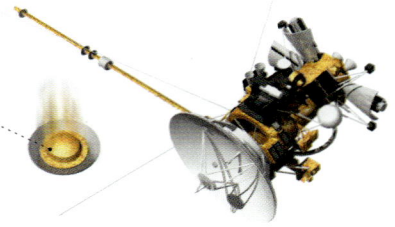

Huygens (Titan, 1997-2005)
La sonde a été relâchée par Cassini après que cette dernière se fut placée en orbite autour de Saturne; elle a atterri sur Titan en 2005.

Cassini (Saturne, 1997-)
La sonde, lancée en 1997, est en orbite autour de Saturne depuis 2004.

Mars Reconnaissance Orbiter (Mars, 2005-)
Sonde américaine lancée en 2005; mise en orbite autour de Mars, elle doit en étudier la surface, l'atmosphère et le climat.

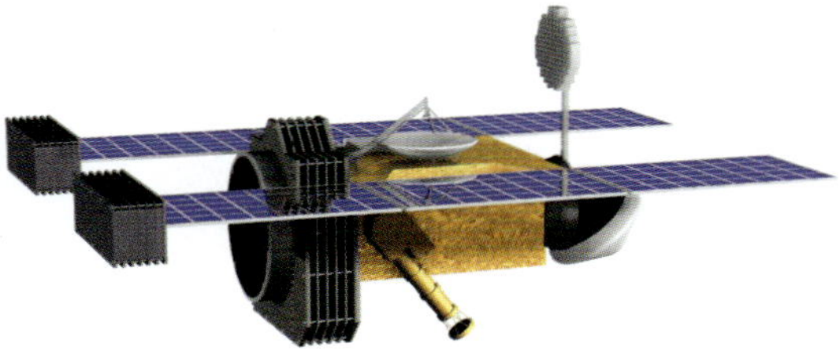

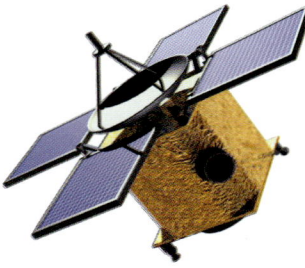

NEAR Shoemaker (astéroïdeM Éros, 1996-2001)
Cette sonde s'est mise en orbite autour de l'astéroïde Éros en 2000 et s'y est posée en 2001.

Stardust (comèteF Wild-2, 1999-2006)
La sonde avait pour mission de recueillir des fragments de poussière interstellaire, d'où son nom. Elle est revenue sur Terre en 2006.

Mars Odyssey (Mars, 2001-)
La sonde s'est placée en orbite autour de Mars en 2001 afin d'étudier la géologie et l'environnement; elle a détecté la présence d'eau souterraine.

Phoenix (Mars, 2007-2008)
Sonde américaine lancée en août 2007, qui s'est posée sur Mars en mai 2008; elle étudie le sol de la région arctique de la planète.

impacteurM
Projectile spatial libéré de la sonde en vue de percuter la surface de la comète afin d'en déloger des débris analysables.

Deep Impact (comèteF Tempel-1, 2005)
Sonde américaine lancée en janvier 2005; elle a étudié la composition de la comète Tempel-1, en provoquant une collision entre la comète et un impacteur.

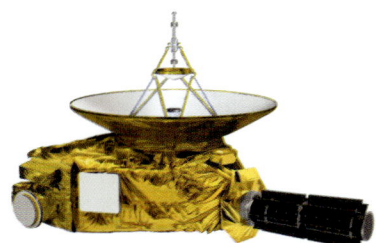

New Horizons (Pluton, 2006-)
Cette sonde américaine, lancée en 2006, sera la première à atteindre Pluton et son satellite Charon, en 2015; elle étudiera ensuite la ceinture de Kuiper.

ASTRONOMIE

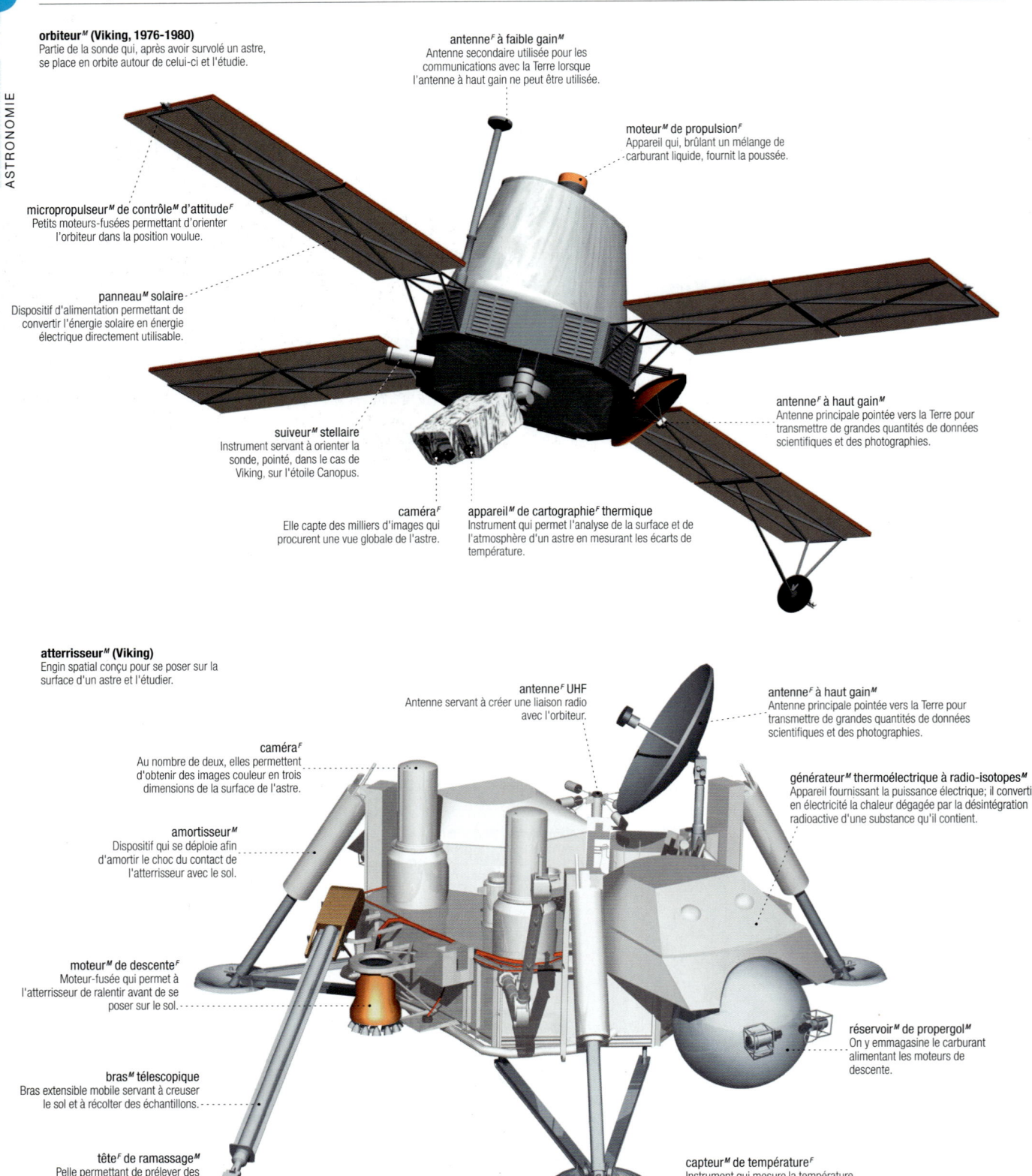

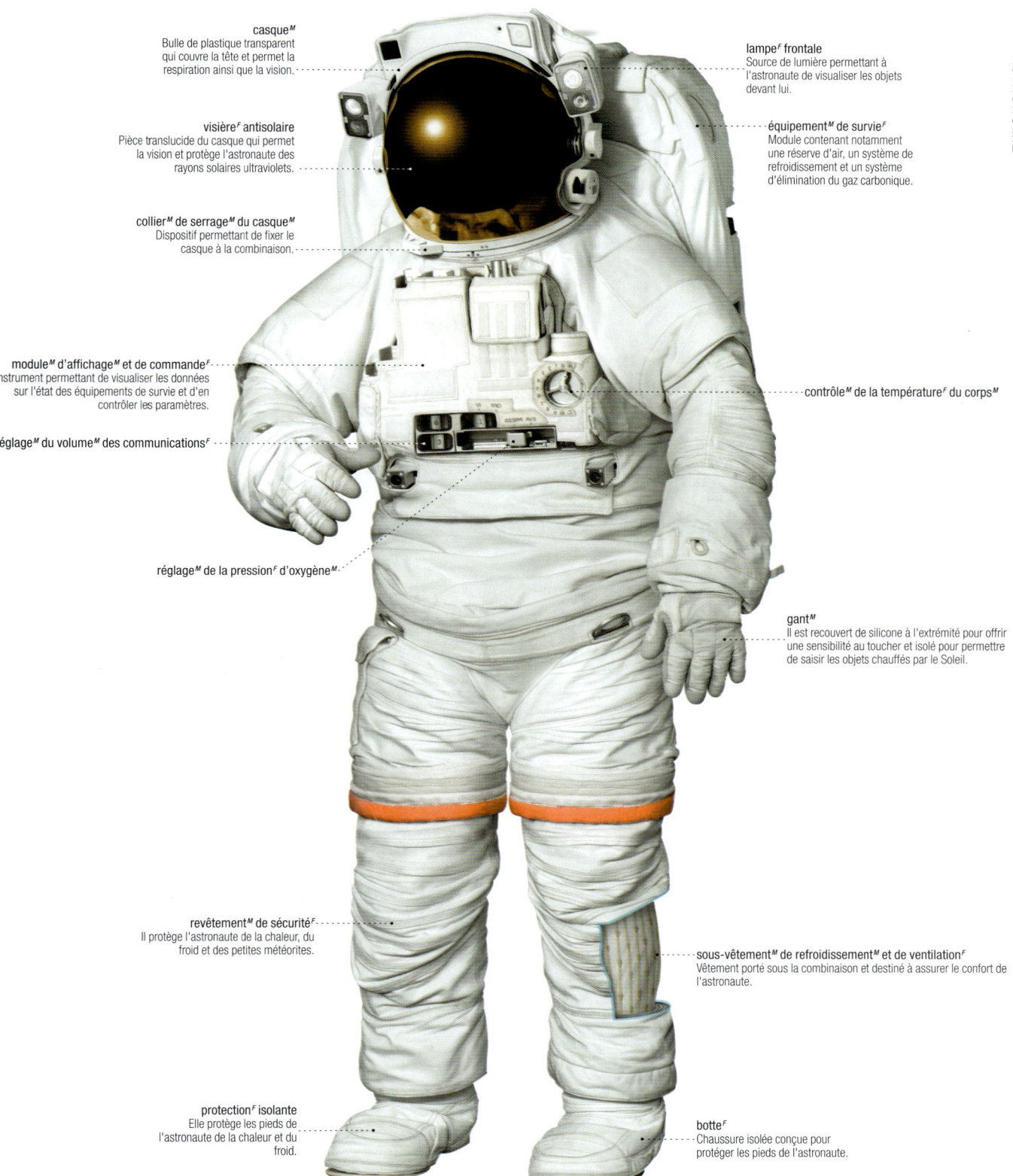

astronautique

Station[F] spatiale internationale

Complexe formé d'une dizaine de modules en orbite autour de la Terre, construit et assemblé par une quinzaine de pays, permettant de mener des travaux de recherche scientifique et technologique en apesanteur.

vue[F] d'ensemble[M]

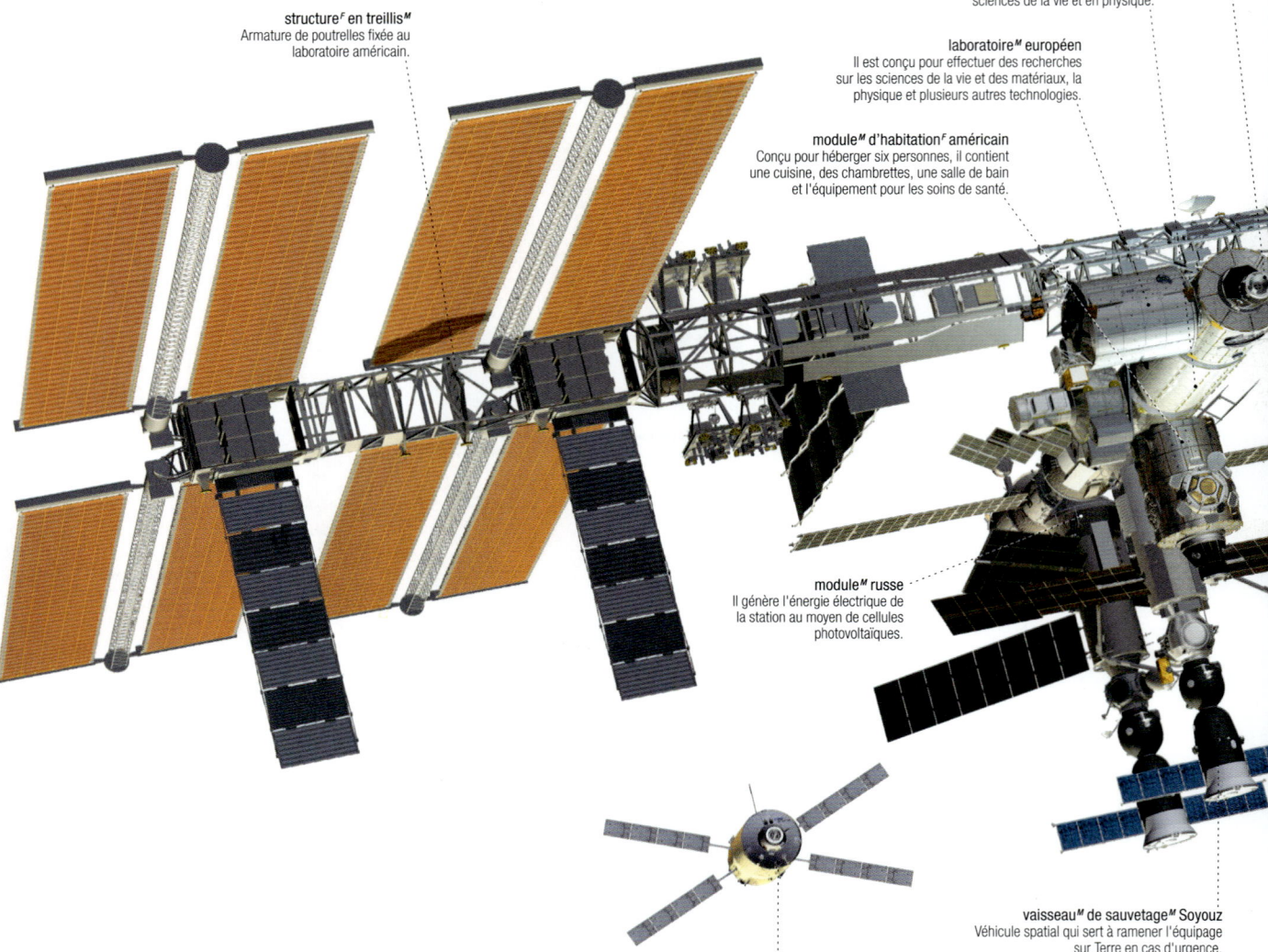

nœud[M] d'arrimage[M] de l'orbiteur[M]
Collier sur lequel s'arrime le vaisseau spatial lors de la plupart des missions d'assemblage et d'approvisionnement de la station.

laboratoire[M] américain
Il est conçu pour poursuivre les travaux scientifiques, notamment en sciences de la vie et en physique.

laboratoire[M] européen
Il est conçu pour effectuer des recherches sur les sciences de la vie et des matériaux, la physique et plusieurs autres technologies.

module[M] d'habitation[F] américain
Conçu pour héberger six personnes, il contient une cuisine, des chambrettes, une salle de bain et l'équipement pour les soins de santé.

structure[F] en treillis[M]
Armature de poutrelles fixée au laboratoire américain.

module[M] russe
Il génère l'énergie électrique de la station au moyen de cellules photovoltaïques.

cargo[M] spatial
Véhicule destiné à ravitailler la Station spatiale.

vaisseau[M] de sauvetage[M] Soyouz
Véhicule spatial qui sert à ramener l'équipage sur Terre en cas d'urgence.

astronautique

station[F] spatiale internationale

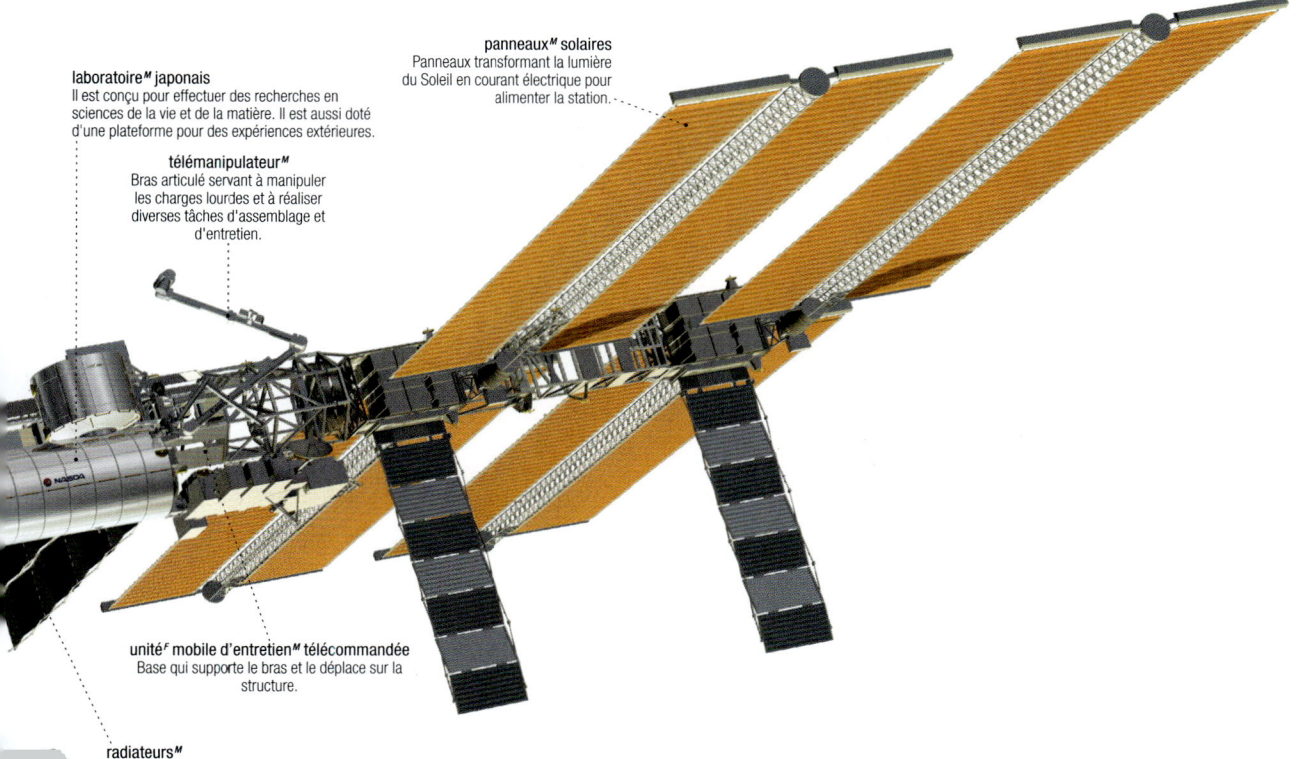

laboratoire[M] japonais
Il est conçu pour effectuer des recherches en sciences de la vie et de la matière. Il est aussi doté d'une plateforme pour des expériences extérieures.

télémanipulateur[M]
Bras articulé servant à manipuler les charges lourdes et à réaliser diverses tâches d'assemblage et d'entretien.

panneaux[M] solaires
Panneaux transformant la lumière du Soleil en courant électrique pour alimenter la station.

unité[F] mobile d'entretien[M] télécommandée
Base qui supporte le bras et le déplace sur la structure.

radiateurs[M]
Panneaux ondulés assurant l'évacuation de la chaleur de la station.

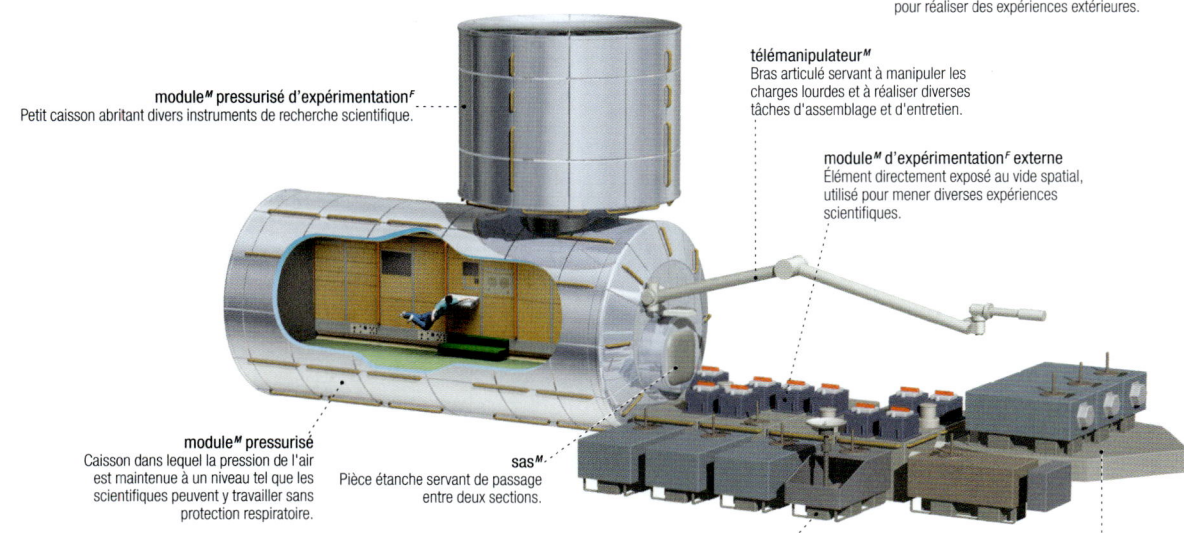

ASTRONOMIE

coupe[F] du laboratoire[M] japonais
Module conçu pour effectuer des recherches en sciences de la vie et de la matière. Il est aussi doté d'une plateforme pour réaliser des expériences extérieures.

télémanipulateur[M]
Bras articulé servant à manipuler les charges lourdes et à réaliser diverses tâches d'assemblage et d'entretien.

module[M] d'expérimentation[F] externe
Élément directement exposé au vide spatial, utilisé pour mener diverses expériences scientifiques.

module[M] pressurisé d'expérimentation[F]
Petit caisson abritant divers instruments de recherche scientifique.

module[M] pressurisé
Caisson dans lequel la pression de l'air est maintenue à un niveau tel que les scientifiques peuvent y travailler sans protection respiratoire.

sas[M]
Pièce étanche servant de passage entre deux sections.

système[M] de communications[F] inter-orbitales
Ensemble d'instruments permettant la communication entre la Station spatiale et la Terre.

plateforme[F] externe d'expérimentation[F]
Installation permettant l'entreposage de matériel scientifique, d'équipements d'entretien et de réserves diverses.

astronautique

vaisseauᴹ d'explorationᶠ spatiale

Véhicule spatial habité, réutilisable ou non, destiné à transporter des humains dans l'espace; il est également équipé d'instruments relayant des données et des images.

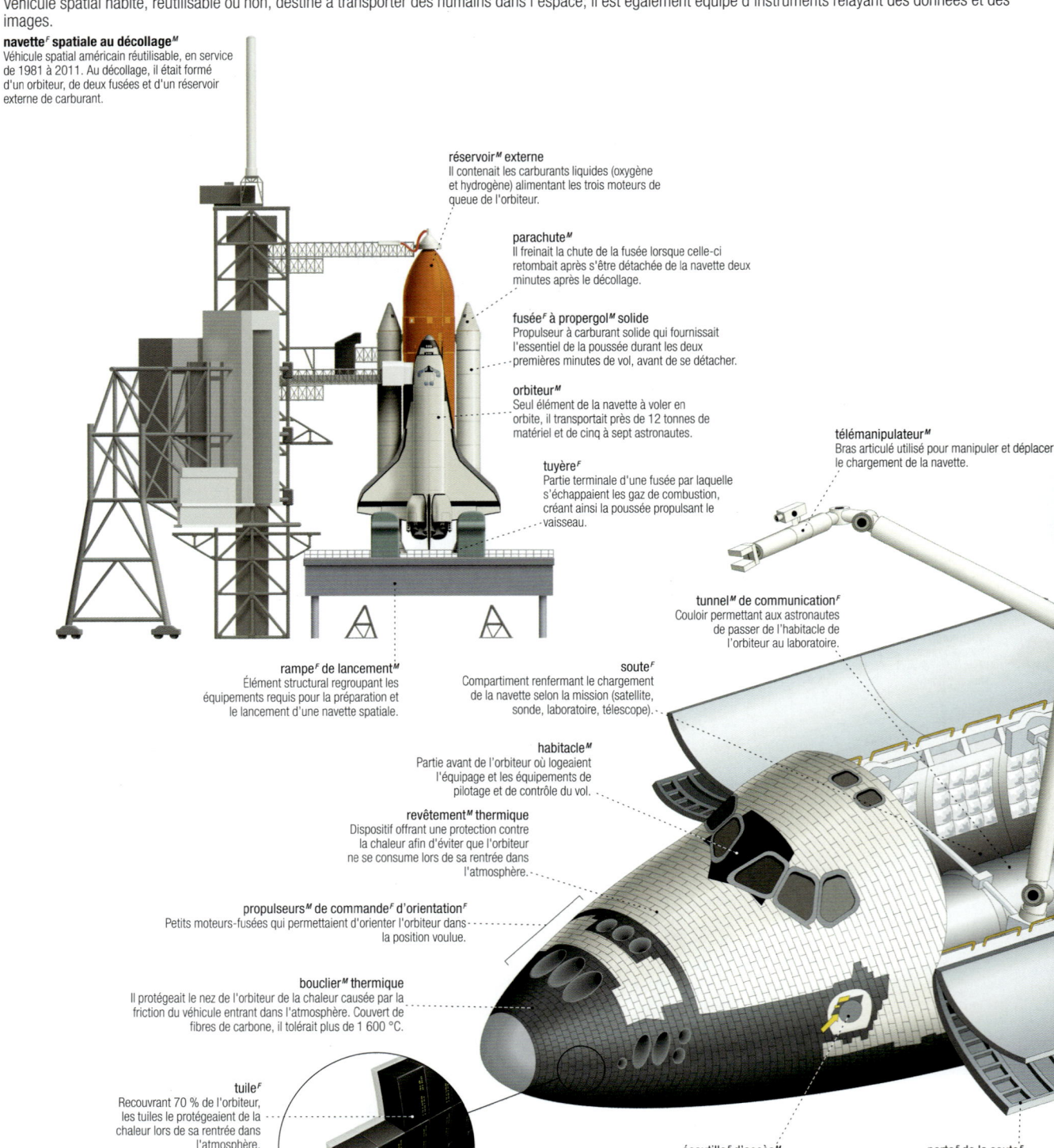

navetteᶠ spatiale au décollageᴹ
Véhicule spatial américain réutilisable, en service de 1981 à 2011. Au décollage, il était formé d'un orbiteur, de deux fusées et d'un réservoir externe de carburant.

réservoirᴹ externe
Il contenait les carburants liquides (oxygène et hydrogène) alimentant les trois moteurs de queue de l'orbiteur.

parachuteᴹ
Il freinait la chute de la fusée lorsque celle-ci retombait après s'être détachée de la navette deux minutes après le décollage.

fuséeᶠ à propergolᴹ solide
Propulseur à carburant solide qui fournissait l'essentiel de la poussée durant les deux premières minutes de vol, avant de se détacher.

orbiteurᴹ
Seul élément de la navette à voler en orbite, il transportait près de 12 tonnes de matériel et de cinq à sept astronautes.

tuyèreᶠ
Partie terminale d'une fusée par laquelle s'échappaient les gaz de combustion, créant ainsi la poussée propulsant le vaisseau.

télémanipulateurᴹ
Bras articulé utilisé pour manipuler et déplacer le chargement de la navette.

tunnelᴹ de communicationᶠ
Couloir permettant aux astronautes de passer de l'habitacle de l'orbiteur au laboratoire.

rampeᶠ de lancementᴹ
Élément structural regroupant les équipements requis pour la préparation et le lancement d'une navette spatiale.

souteᶠ
Compartiment renfermant le chargement de la navette selon la mission (satellite, sonde, laboratoire, télescope).

habitacleᴹ
Partie avant de l'orbiteur où logeaient l'équipage et les équipements de pilotage et de contrôle du vol.

revêtementᴹ thermique
Dispositif offrant une protection contre la chaleur afin d'éviter que l'orbiteur ne se consume lors de sa rentrée dans l'atmosphère.

propulseursᴹ de commandeᶠ d'orientationᶠ
Petits moteurs-fusées qui permettaient d'orienter l'orbiteur dans la position voulue.

bouclierᴹ thermique
Il protégeait le nez de l'orbiteur de la chaleur causée par la friction du véhicule entrant dans l'atmosphère. Couvert de fibres de carbone, il tolérait plus de 1 600 °C.

tuileᶠ
Recouvrant 70 % de l'orbiteur, les tuiles le protégeaient de la chaleur lors de sa rentrée dans l'atmosphère.

écoutilleᶠ d'accèsᴹ
Porte permettant l'embarquement et le débarquement de l'équipage lors du lancement et du retour sur Terre.

porteᶠ de la souteᶠ
Elle demeurait ouverte en orbite pour exposer le contenu de la soute à l'espace.

ASTRONOMIE

astronautique 37

vaisseau^M d'exploration^F spatiale

orbiteur^M
Seul élément de la navette à voler en orbite, il transportait près de 12 tonnes de matériel et de cinq à sept astronautes.

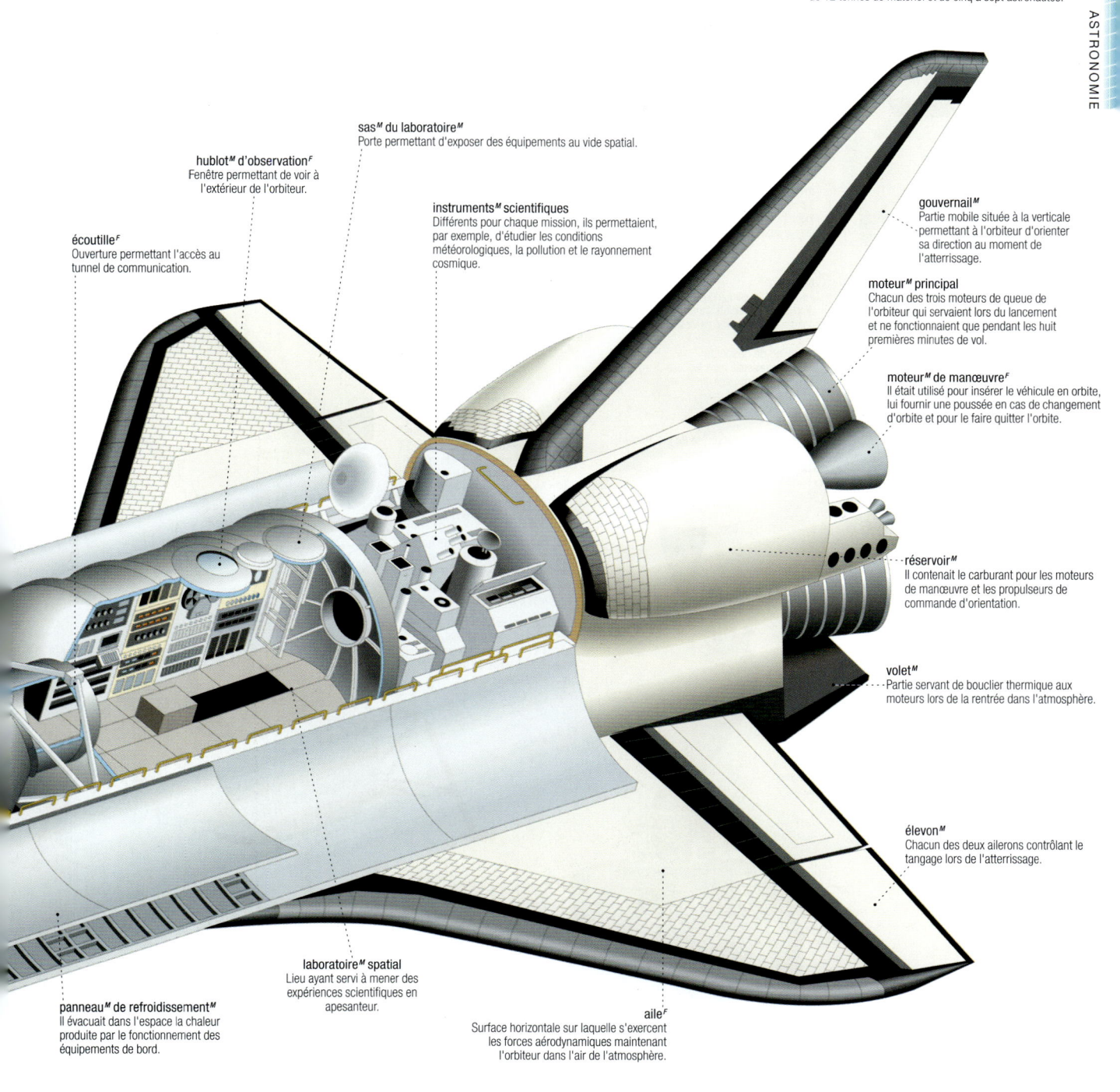

ASTRONOMIE

sas^M du laboratoire^M
Porte permettant d'exposer des équipements au vide spatial.

hublot^M d'observation^F
Fenêtre permettant de voir à l'extérieur de l'orbiteur.

instruments^M scientifiques
Différents pour chaque mission, ils permettaient, par exemple, d'étudier les conditions météorologiques, la pollution et le rayonnement cosmique.

écoutille^F
Ouverture permettant l'accès au tunnel de communication.

gouvernail^M
Partie mobile située à la verticale permettant à l'orbiteur d'orienter sa direction au moment de l'atterrissage.

moteur^M principal
Chacun des trois moteurs de queue de l'orbiteur qui servaient lors du lancement et ne fonctionnaient que pendant les huit premières minutes de vol.

moteur^M de manœuvre^F
Il était utilisé pour insérer le véhicule en orbite, lui fournir une poussée en cas de changement d'orbite et pour le faire quitter l'orbite.

réservoir^M
Il contenait le carburant pour les moteurs de manœuvre et les propulseurs de commande d'orientation.

volet^M
Partie servant de bouclier thermique aux moteurs lors de la rentrée dans l'atmosphère.

élevon^M
Chacun des deux ailerons contrôlant le tangage lors de l'atterrissage.

panneau^M de refroidissement^M
Il évacuait dans l'espace la chaleur produite par le fonctionnement des équipements de bord.

laboratoire^M spatial
Lieu ayant servi à mener des expériences scientifiques en apesanteur.

aile^F
Surface horizontale sur laquelle s'exercent les forces aérodynamiques maintenant l'orbiteur dans l'air de l'atmosphère.

astronautique

vaisseau^M d'exploration^F spatiale

exemples^M de vaisseaux^M

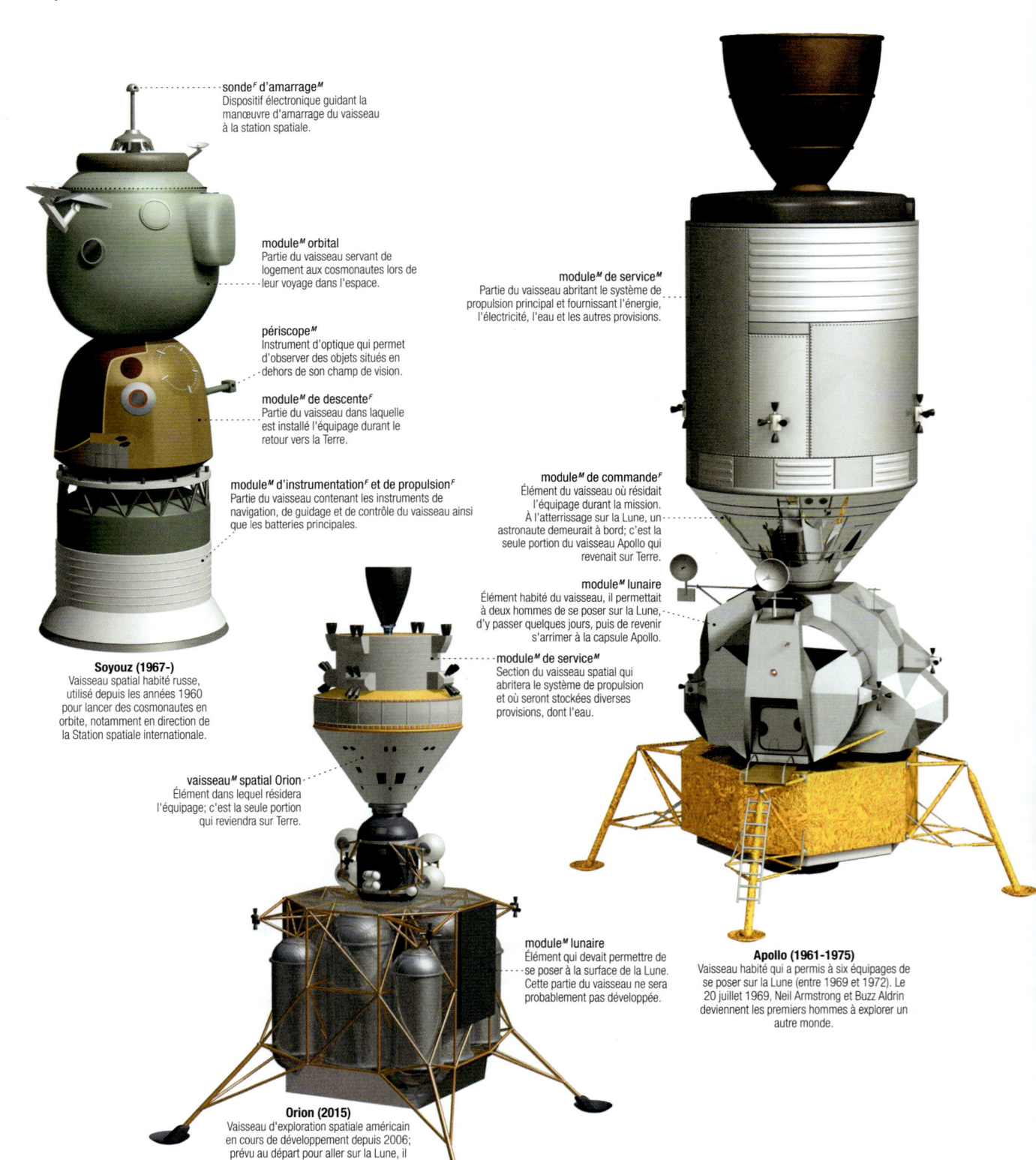

sonde^F d'amarrage^M
Dispositif électronique guidant la manœuvre d'amarrage du vaisseau à la station spatiale.

module^M orbital
Partie du vaisseau servant de logement aux cosmonautes lors de leur voyage dans l'espace.

périscope^M
Instrument d'optique qui permet d'observer des objets situés en dehors de son champ de vision.

module^M de descente^F
Partie du vaisseau dans laquelle est installé l'équipage durant le retour vers la Terre.

module^M d'instrumentation^F et de propulsion^F
Partie du vaisseau contenant les instruments de navigation, de guidage et de contrôle du vaisseau ainsi que les batteries principales.

Soyouz (1967-)
Vaisseau spatial habité russe, utilisé depuis les années 1960 pour lancer des cosmonautes en orbite, notamment en direction de la Station spatiale internationale.

module^M de service^M
Partie du vaisseau abritant le système de propulsion principal et fournissant l'énergie, l'électricité, l'eau et les autres provisions.

module^M de commande^F
Élément du vaisseau où résidait l'équipage durant la mission. À l'atterrissage sur la Lune, un astronaute demeurait à bord; c'est la seule portion du vaisseau Apollo qui revenait sur Terre.

module^M lunaire
Élément habité du vaisseau, il permettait à deux hommes de se poser sur la Lune, d'y passer quelques jours, puis de revenir s'arrimer à la capsule Apollo.

module^M de service^M
Section du vaisseau spatial qui abritera le système de propulsion et où seront stockées diverses provisions, dont l'eau.

vaisseau^M spatial Orion
Élément dans lequel résidera l'équipage; c'est la seule portion qui reviendra sur Terre.

module^M lunaire
Élément qui devait permettre de se poser à la surface de la Lune. Cette partie du vaisseau ne sera probablement pas développée.

Apollo (1961-1975)
Vaisseau habité qui a permis à six équipages de se poser sur la Lune (entre 1969 et 1972). Le 20 juillet 1969, Neil Armstrong et Buzz Aldrin deviennent les premiers hommes à explorer un autre monde.

Orion (2015)
Vaisseau d'exploration spatiale américain en cours de développement depuis 2006; prévu au départ pour aller sur la Lune, il se contentera probablement de remplacer la navette spatiale pour ravitailler la Station spatiale internationale.

astronautique

lanceur^M spatial

Fusée servant à placer des satellites en orbite terrestre ou à expédier des sondes dans le Système solaire.

exemples^M de lanceurs^M spatiaux

Ariane IV (1988-2003)
Lanceur de l'Agence spatiale européenne remplacé en 2003 par Ariane V, qui permet le transport de charges plus importantes.

Soyouz (1966-)
Famille de lanceurs soviétiques, puis russes, utilisés depuis les années 1960 pour mettre en orbite des satellites commerciaux et militaires ainsi que des vaisseaux habités.

Saturn V (1967-1973)
La plus puissante fusée jamais construite a servi au lancement des missions Apollo. C'est le seul lanceur à n'avoir jamais connu d'échecs.

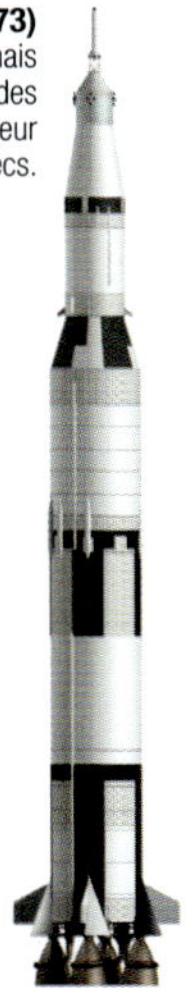

Titan IV (1989-2005)
Lanceur américain ayant notamment servi à lancer de volumineux satellites militaires.

Delta II (1990-)
En service depuis 1990, ce lanceur place en orbite des satellites météorologiques et de télécommunication.

coupe^F d'un lanceur^M spatial (Ariane V, 1996-)
En service en 1996, ce lanceur européen effectue le transport de lourdes charges utiles, dont les plus puissants satellites de télécommunication.

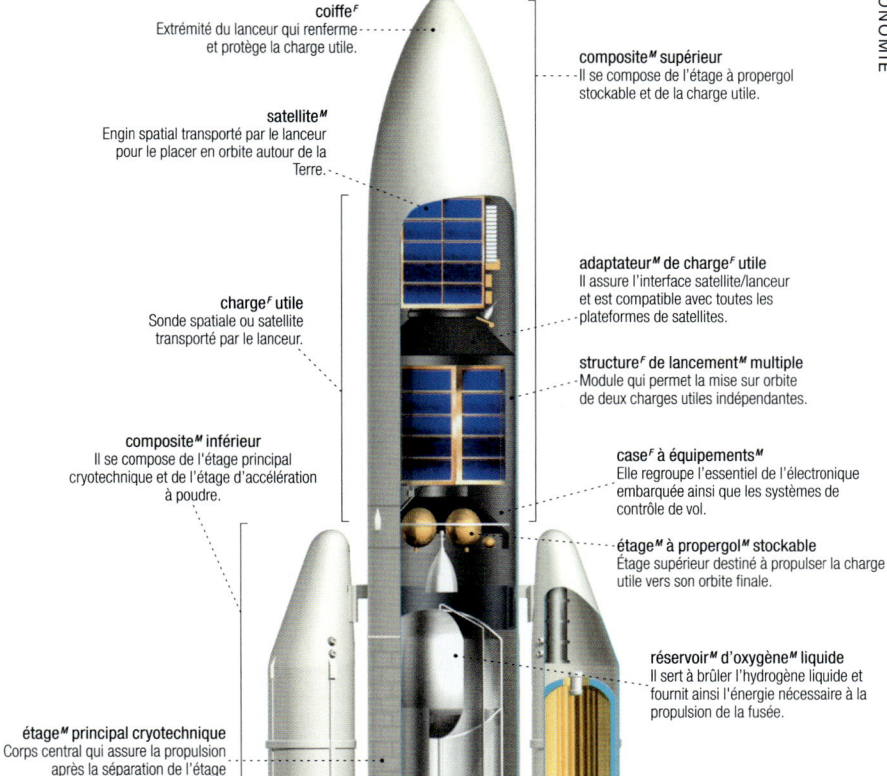

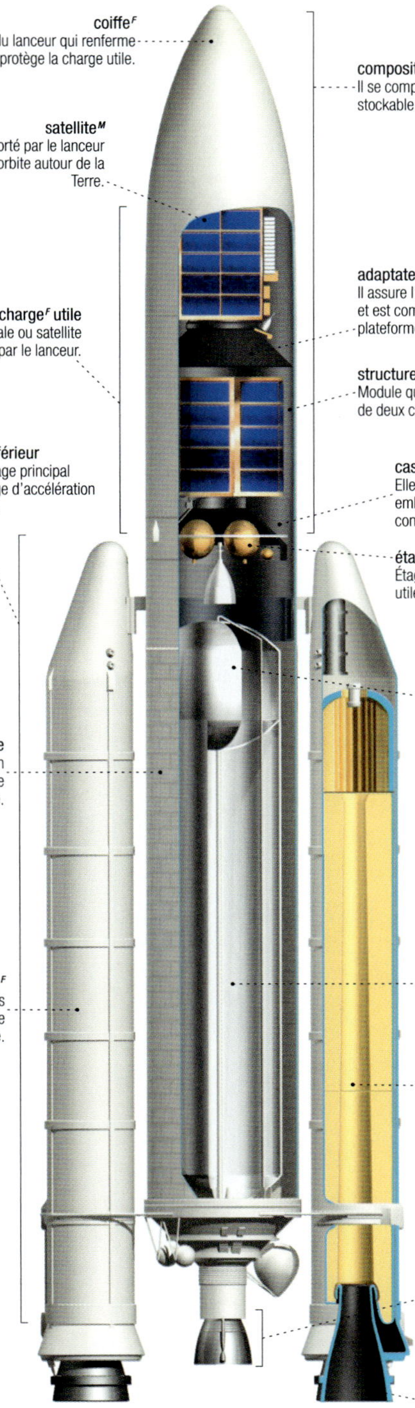

coiffe^F
Extrémité du lanceur qui renferme et protège la charge utile.

satellite^M
Engin spatial transporté par le lanceur pour le placer en orbite autour de la Terre.

charge^F utile
Sonde spatiale ou satellite transporté par le lanceur.

composite^M inférieur
Il se compose de l'étage principal cryotechnique et de l'étage d'accélération à poudre.

étage^M principal cryotechnique
Corps central qui assure la propulsion après la séparation de l'étage d'accélération à poudre.

étage^M d'accélération^F à poudre^F
Il fournit l'essentiel de la poussée lors du décollage avant de se séparer de l'étage principal cryotechnique.

composite^M supérieur
Il se compose de l'étage à propergol stockable et de la charge utile.

adaptateur^M de charge^F utile
Il assure l'interface satellite/lanceur et est compatible avec toutes les plateformes de satellites.

structure^F de lancement^M multiple
Module qui permet la mise sur orbite de deux charges utiles indépendantes.

case^F à équipements^M
Elle regroupe l'essentiel de l'électronique embarquée ainsi que les systèmes de contrôle de vol.

étage^M à propergol^M stockable
Étage supérieur destiné à propulser la charge utile vers son orbite finale.

réservoir^M d'oxygène^M liquide
Il sert à brûler l'hydrogène liquide et fournit ainsi l'énergie nécessaire à la propulsion de la fusée.

réservoir^M d'hydrogène^M liquide
L'hydrogène, brûlé au contact de l'oxygène liquide, sert de combustible aux moteurs.

fusée^F à propergol^M solide
Propulseur à carburant solide qui fournit l'essentiel de la poussée durant les deux premières minutes de vol, avant de se détacher.

moteur^M-fusée^F
Il assure la propulsion du lanceur par la combustion de l'hydrogène liquide au contact de l'oxygène liquide.

tuyère^F
Partie terminale d'une fusée par laquelle s'échappent les gaz de combustion, créant ainsi la poussée qui propulse le vaisseau.

ASTRONOMIE

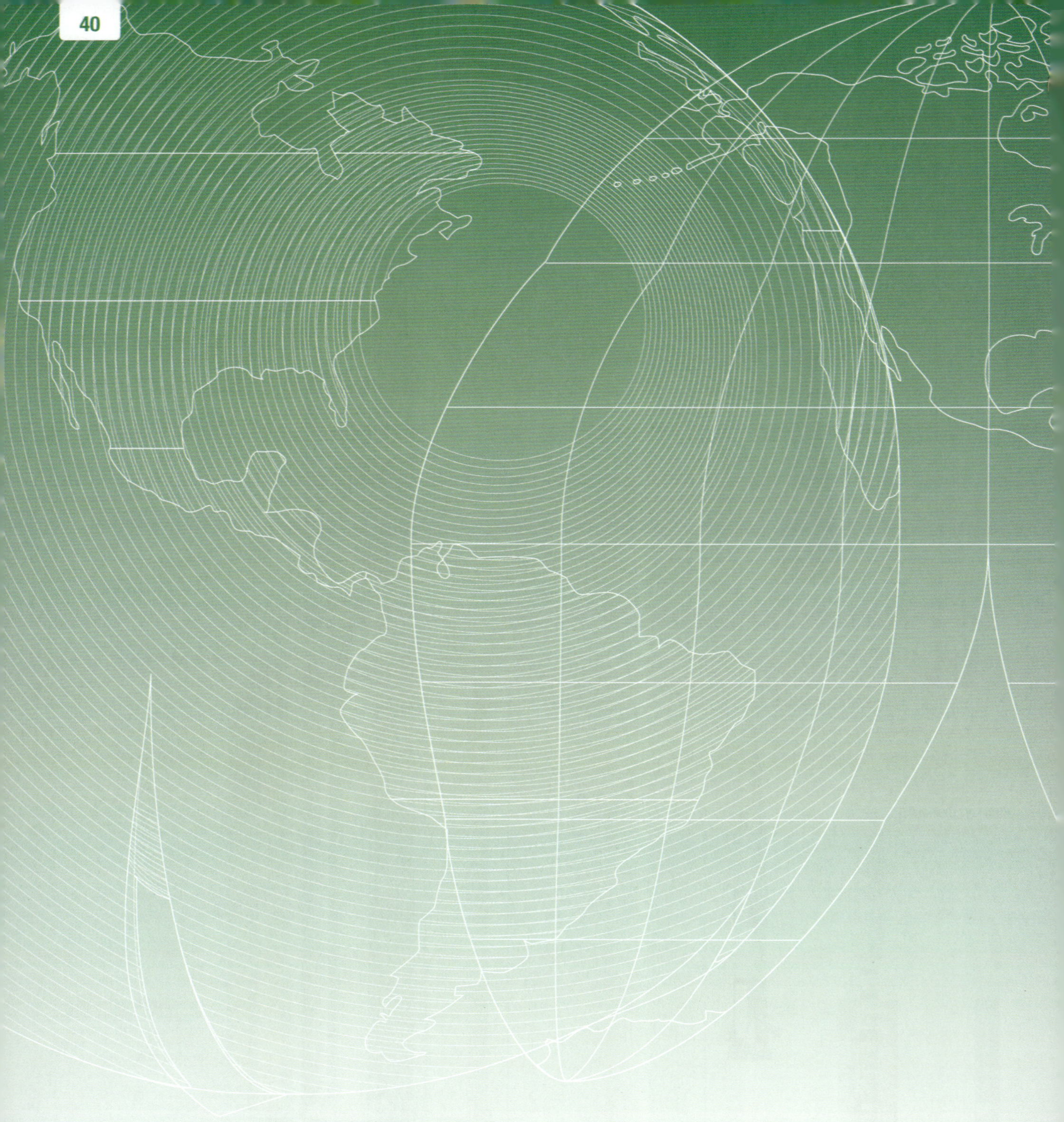

TERRE

Diverses sciences ont pour objet d'étudier la Terre, soit dans sa réalité physique, soit comme milieu de vie des plantes, des animaux et de l'être humain.

GÉOGRAPHIE 42
Science qui décrit et explique l'aspect actuel, physique et humain de la surface de la Terre.

GÉOLOGIE 66
Science qui a pour objet l'histoire du globe terrestre, sa structure et son évolution.

MÉTÉOROLOGIE 79
Science qui a pour objet l'étude des phénomènes atmosphériques et qui contribue notamment à prévoir les variations du temps.

ENVIRONNEMENT 92
Ensemble des éléments constitutifs du milieu d'un être vivant, dont certains contribuent directement à subvenir à ses besoins.

coordonnées F terrestres

L'intersection de deux lignes imaginaires, la longitude et la latitude, permet de situer avec précision un point du globe terrestre.

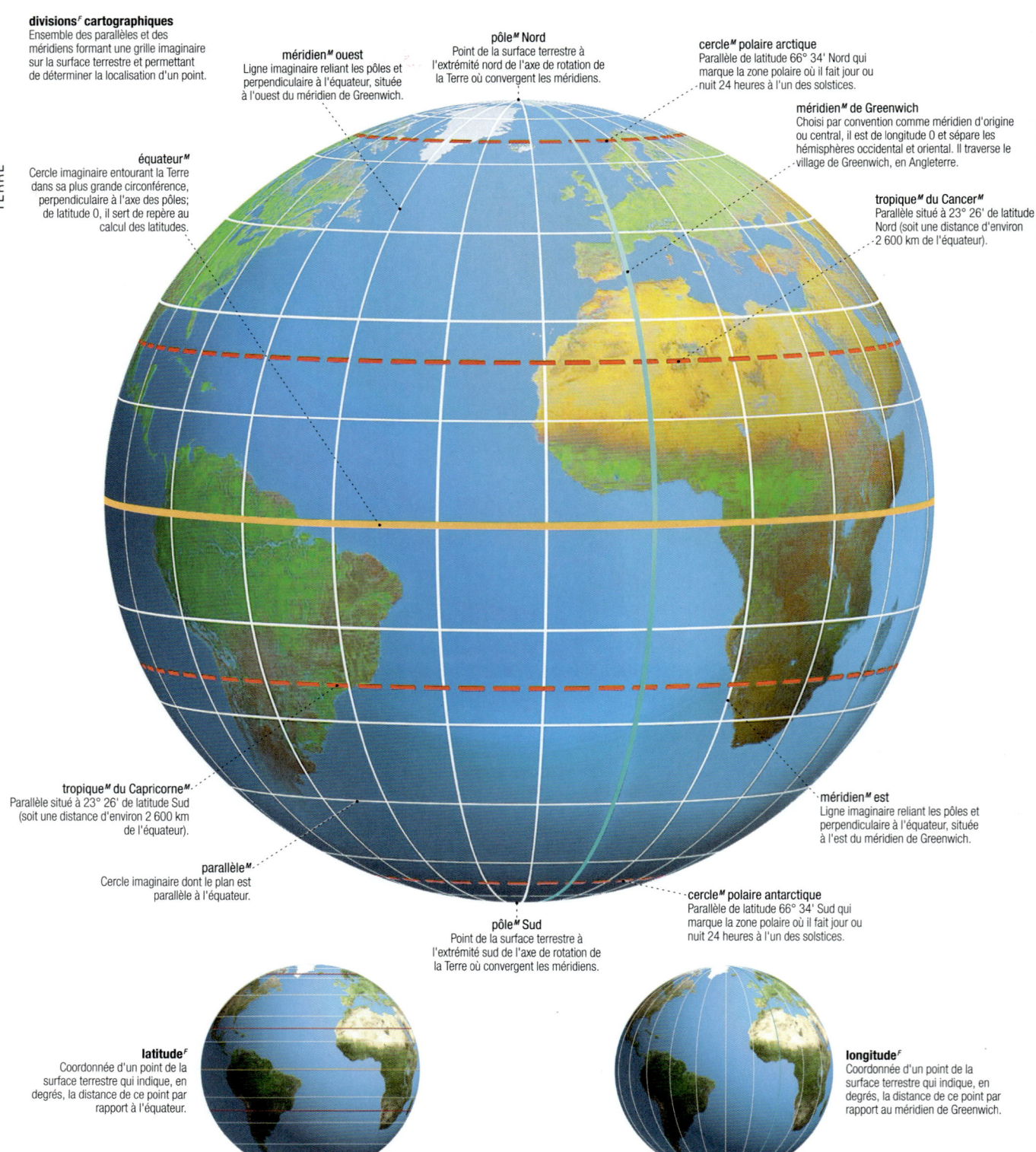

divisions F cartographiques
Ensemble des parallèles et des méridiens formant une grille imaginaire sur la surface terrestre et permettant de déterminer la localisation d'un point.

méridien M ouest
Ligne imaginaire reliant les pôles et perpendiculaire à l'équateur, située à l'ouest du méridien de Greenwich.

pôle M Nord
Point de la surface terrestre à l'extrémité nord de l'axe de rotation de la Terre où convergent les méridiens.

cercle M polaire arctique
Parallèle de latitude 66° 34' Nord qui marque la zone polaire où il fait jour ou nuit 24 heures à l'un des solstices.

méridien M de Greenwich
Choisi par convention comme méridien d'origine ou central, il est de longitude 0 et sépare les hémisphères occidental et oriental. Il traverse le village de Greenwich, en Angleterre.

équateur M
Cercle imaginaire entourant la Terre dans sa plus grande circonférence, perpendiculaire à l'axe des pôles; de latitude 0, il sert de repère au calcul des latitudes.

tropique M du Cancer M
Parallèle situé à 23° 26' de latitude Nord (soit une distance d'environ 2 600 km de l'équateur).

tropique M du Capricorne M
Parallèle situé à 23° 26' de latitude Sud (soit une distance d'environ 2 600 km de l'équateur).

méridien M est
Ligne imaginaire reliant les pôles et perpendiculaire à l'équateur, située à l'est du méridien de Greenwich.

parallèle M
Cercle imaginaire dont le plan est parallèle à l'équateur.

pôle M Sud
Point de la surface terrestre à l'extrémité sud de l'axe de rotation de la Terre où convergent les méridiens.

cercle M polaire antarctique
Parallèle de latitude 66° 34' Sud qui marque la zone polaire où il fait jour ou nuit 24 heures à l'un des solstices.

latitude F
Coordonnée d'un point de la surface terrestre qui indique, en degrés, la distance de ce point par rapport à l'équateur.

longitude F
Coordonnée d'un point de la surface terrestre qui indique, en degrés, la distance de ce point par rapport au méridien de Greenwich.

géographie

coordonnées terrestres

hémisphères
Par convention, on divise le globe terrestre en quatre demi-sphères, en prenant comme repère soit le méridien de Greenwich, soit l'équateur.

hémisphère boréal
Moitié nord du globe terrestre par rapport à l'équateur. On l'appelle aussi hémisphère septentrional.

hémisphère austral
Moitié sud du globe terrestre par rapport à l'équateur. On l'appelle aussi hémisphère méridional.

hémisphère occidental
Moitié ouest du globe terrestre par rapport au méridien de Greenwich.

hémisphère oriental
Moitié est du globe terrestre par rapport au méridien de Greenwich.

TERRE

projections cartographiques
Représentations de la surface du globe terrestre sur une carte plane.

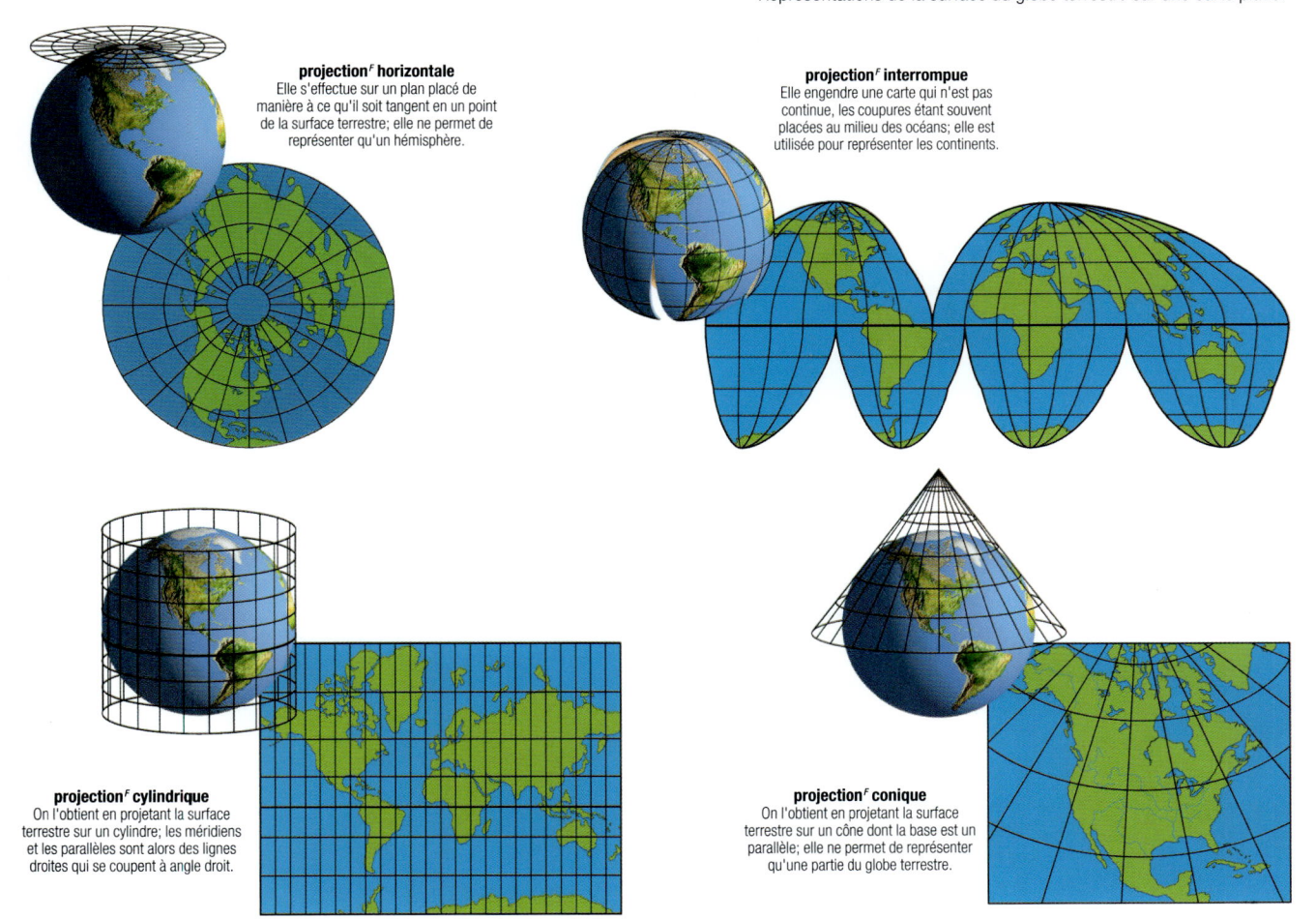

projection horizontale
Elle s'effectue sur un plan placé de manière à ce qu'il soit tangent en un point de la surface terrestre; elle ne permet de représenter qu'un hémisphère.

projection interrompue
Elle engendre une carte qui n'est pas continue, les coupures étant souvent placées au milieu des océans; elle est utilisée pour représenter les continents.

projection cylindrique
On l'obtient en projetant la surface terrestre sur un cylindre; les méridiens et les parallèles sont alors des lignes droites qui se coupent à angle droit.

projection conique
On l'obtient en projetant la surface terrestre sur un cône dont la base est un parallèle; elle ne permet de représenter qu'une partie du globe terrestre.

géographie

configuration[F] des continents[M]

Les continents sont de vastes étendues de terre entourées d'eau représentant environ 30 % de la surface terrestre.

planisphère[M]
Carte qui représente les deux hémisphères de la Terre.

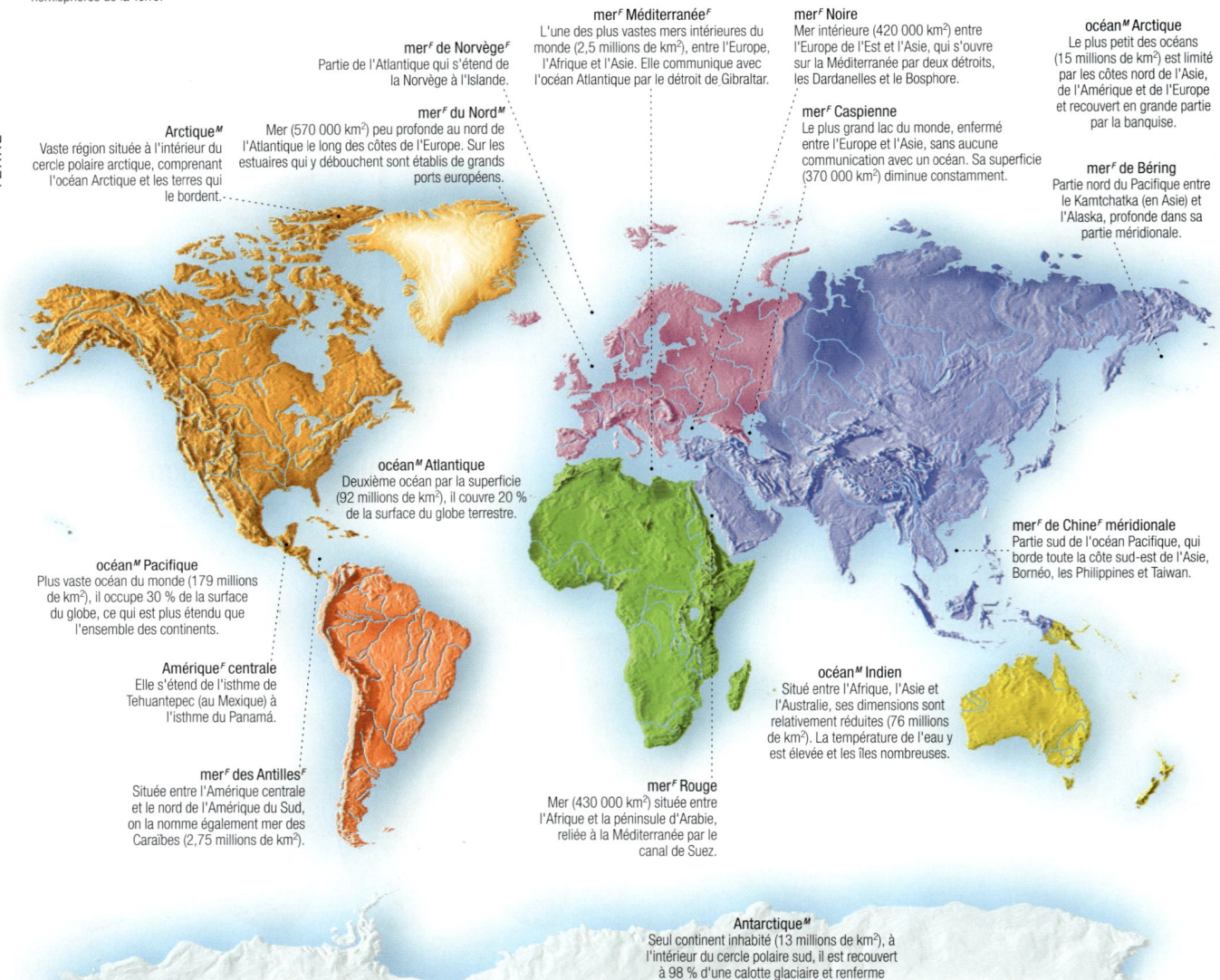

Arctique[M]
Vaste région située à l'intérieur du cercle polaire arctique, comprenant l'océan Arctique et les terres qui le bordent.

mer[F] **de Norvège**[F]
Partie de l'Atlantique qui s'étend de la Norvège à l'Islande.

mer[F] **du Nord**[M]
Mer (570 000 km²) peu profonde au nord de l'Atlantique le long des côtes de l'Europe. Sur les estuaires qui y débouchent sont établis de grands ports européens.

mer[F] **Méditerranée**[F]
L'une des plus vastes mers intérieures du monde (2,5 millions de km²), entre l'Europe, l'Afrique et l'Asie. Elle communique avec l'océan Atlantique par le détroit de Gibraltar.

mer[F] **Noire**
Mer intérieure (420 000 km²) entre l'Europe de l'Est et l'Asie, qui s'ouvre sur la Méditerranée par deux détroits, les Dardanelles et le Bosphore.

mer[F] **Caspienne**
Le plus grand lac du monde, enfermé entre l'Europe et l'Asie, sans aucune communication avec un océan. Sa superficie (370 000 km²) diminue constamment.

océan[M] **Arctique**
Le plus petit des océans (15 millions de km²) est limité par les côtes nord de l'Asie, de l'Amérique et de l'Europe et recouvert en grande partie par la banquise.

mer[F] **de Béring**[F]
Partie nord du Pacifique entre le Kamtchatka (en Asie) et l'Alaska, profonde dans sa partie méridionale.

mer[F] **de Chine**[F] **méridionale**
Partie sud de l'océan Pacifique, qui borde toute la côte sud-est de l'Asie, Bornéo, les Philippines et Taiwan.

océan[M] **Atlantique**
Deuxième océan par la superficie (92 millions de km²), il couvre 20 % de la surface du globe terrestre.

océan[M] **Pacifique**
Plus vaste océan du monde (179 millions de km²), il occupe 30 % de la surface du globe, ce qui est plus étendu que l'ensemble des continents.

Amérique[F] **centrale**
Elle s'étend de l'isthme de Tehuantepec (au Mexique) à l'isthme du Panamá.

mer[F] **des Antilles**[F]
Située entre l'Amérique centrale et le nord de l'Amérique du Sud, on la nomme également mer des Caraïbes (2,75 millions de km²).

mer[F] **Rouge**
Mer (430 000 km²) située entre l'Afrique et la péninsule d'Arabie, reliée à la Méditerranée par le canal de Suez.

océan[M] **Indien**
Situé entre l'Afrique, l'Asie et l'Australie, ses dimensions sont relativement réduites (76 millions de km²). La température de l'eau y est élevée et les îles nombreuses.

Antarctique[M]
Seul continent inhabité (13 millions de km²), à l'intérieur du cercle polaire sud, il est recouvert à 98 % d'une calotte glaciaire et renferme 90 % des réserves d'eau douce du globe.

Amérique[F] **du Nord**[M]
Elle représente environ 16 % des terres émergées avec plus de 24 millions de km² et se prolonge par l'isthme de l'Amérique centrale.

Amérique[F] **du Sud**[M]
Elle représente environ 12 % des terres émergées. Elle se caractérise par la cordillère des Andes à l'ouest et des plaines et plateaux au centre et à l'est.

Océanie[F]
Partie du monde regroupant une profusion d'îles éparpillées entre l'océan Pacifique et l'océan Indien (Micronésie, Mélanésie, Polynésie), ainsi que l'Australie; elle représente environ 6 % des terres émergées.

Europe[F]
Extrémité occidentale du vaste ensemble continental eurasiatique, que l'Oural sépare, par convention, de l'Asie. L'étendue de son territoire est faible.

Asie[F]
Continent le plus vaste, qui représente 32 % des terres émergées, et aussi le plus peuplé; il est dominé par d'imposantes chaînes de montagnes.

Afrique[F]
Continent qui représente environ 20 % des terres émergées et dont les 2/3 de la superficie sont situés au nord de l'équateur. Climats très chauds, méditerranéens au nord et au sud, arides et tropicaux ailleurs.

Eurasie[F]
Composée de l'Europe et de l'Asie, elle représente environ 39 % des terres émergées et forme un véritable continent que les géographes ont distingué pour des raisons historiques et ethnographiques.

géographie

45

cartographie physique
Ensemble des techniques utilisées pour la production de cartes représentant la surface terrestre.

légendes d'une carte physique
Carte physique : type de carte représentant la surface terrestre (reliefs, cours d'eau, étendues aquatiques) à l'aide de différentes techniques (courbes de niveau, couleurs).

mer
Vaste étendue d'eau salée, moins profonde que l'océan et plus ou moins isolée à l'intérieur des terres.

baie
Échancrure profonde d'une côte s'enfonçant dans les terres et délimitée par deux caps.

détroit
Bras de mer naturel entre deux côtes faisant communiquer deux étendues d'eau.

chaîne de montagnes
Ensemble allongé de montagnes reliées entre elles, qui se caractérise par de hauts sommets et de profondes vallées.

île
Étendue de terre entièrement entourée d'eau.

massif montagneux
Ensemble de montagnes compact.

prairie
Vaste étendue de terre au relief peu marqué et caractérisée par une formation végétale herbeuse naturellement dépourvue d'arbres.

estuaire
Embouchure d'un fleuve soumise aux marées, formant une échancrure plus ou moins large et profonde dans le littoral.

rivière
Cours d'eau naturel de faible ou de moyenne importance, qui se jette dans un autre cours d'eau.

lac
Nappe d'eau plus ou moins étendue de profondeur très variable et entièrement entourée de terre.

altitude (mètres)
Les couleurs représentent l'élévation des différentes régions du monde par rapport au niveau de la mer.

péninsule
Vaste portion de terre avançant dans la mer et reliée au continent.

archipel
Groupe d'îles.

- > 3 000
- 2 000-2 999
- 1 000-1 999
- 500-999
- 200-499
- 0-199

golfe
Large courbure du littoral, plus étendue qu'une baie, rentrant dans les terres et plus ou moins largement ouverte.

cap
Pointe de terre élevée et massive qui s'avance dans la mer ou dans l'estuaire d'un fleuve.

fleuve
Cours d'eau important, alimenté par plusieurs rivières, qui se jette dans la mer.

océan
Vaste étendue d'eau salée qui couvre une grande partie de la surface terrestre et qui sépare les continents.

plateau
Vaste étendue de terre relativement plate, plus élevée que les régions environnantes, délimitée par des vallées profondes et encaissées.

plaine
Vaste étendue de terre relativement plate, moins élevée que les reliefs environnants, aux vallées larges et peu creusées.

isthme
Bande de terre étroite, située entre deux étendues d'eau, qui fait communiquer deux terres plus vastes.

TERRE

cartographie physique

Arctique
Vaste région située à l'intérieur du cercle polaire arctique, comprenant l'océan Arctique et les terres qui le bordent.

Alaska
Vaste territoire appartenant aux États-Unis, séparé de la Russie par le détroit de Béring.

détroit de Béring
Large d'environ 100 km, il réunit l'océan Pacifique à l'océan Arctique.

mer des Tchouktches
Mer séparant le nord-est du continent asiatique du nord-ouest de l'Alaska, reliée au Pacifique par le détroit de Béring.

mer de Sibérie orientale
Partie de l'océan Arctique comprise entre la côte de la Sibérie russe, la mer des Tchouktches et la mer de Laptev.

mer de Beaufort
Partie de l'océan Arctique située entre l'Alaska et l'archipel Arctique.

mer de Laptev
Partie de l'océan Arctique délimitée à l'ouest par les côtes de la péninsule sibérienne de Taïmyr et à l'est par la mer de Sibérie orientale.

Canada
Deuxième pays du monde en superficie, il occupe la partie septentrionale de l'Amérique du Nord.

Russie
Le plus grand pays du monde, qui s'étend de la mer Baltique à l'océan Pacifique, et au nord jusqu'à l'océan Arctique.

cercle polaire arctique
Parallèle de latitude 66° 34' Nord qui marque la zone polaire où il fait jour ou nuit 24 heures à l'un des solstices.

mer de Kara
Partie de l'océan Arctique située à l'est de la Nouvelle-Zemble.

océan Arctique
Le plus petit des océans (15 millions de km²) est limité par les côtes nord de l'Asie, de l'Amérique et de l'Europe; il est recouvert en grande partie par la banquise.

Nouvelle-Zemble
Archipel russe de l'océan Arctique, composé de deux îles principales et de quelques îlots plus petits, au relief montagneux.

baie de Baffin
Masse d'eau profonde située entre le Groenland et l'île de Baffin; elle est reliée au nord à l'océan Arctique et au sud à la mer du Labrador.

mer de Barents
Partie de l'océan Arctique au nord de la péninsule scandinave et de la Russie, partiellement prise par les glaces.

Groenland
La plus grande île du monde, après l'Australie, qui s'étend sur plus de 2 millions de km² et est couverte à 95 % de glace. Elle appartient au Danemark.

Finlande
Pays scandinave du nord-est européen, baigné au sud et à l'ouest par la mer Baltique.

mer du Labrador
Partie de l'océan Atlantique comprise entre le Labrador (Canada) et le Groenland.

Suède
Pays scandinave du nord-ouest européen, bordé par la mer Baltique au sud-est et par la mer du Nord au sud-ouest.

détroit du Danemark
Large d'environ 250 km, il sépare le Groenland et l'Islande.

Islande
Île volcanique régulièrement secouée par des séismes, qui compte plus de 5 000 km de côtes.

mer du Groenland
Mer (1,2 million de km²) au nord de l'Atlantique, le long des côtes du Groenland.

mer de Norvège
Portion de l'océan Atlantique qui s'étend de la Norvège à l'Islande.

Norvège
Pays scandinave du nord-ouest européen, ouvert sur la mer de Norvège.

Antarctique
Seul continent inhabité (13 millions de km²), à l'intérieur du cercle polaire antarctique, il est recouvert à 98 % d'une calotte glaciaire et renferme 90 % des réserves d'eau douce du globe.

cercle polaire antarctique
Parallèle de latitude 66° 34' Sud qui marque la zone polaire où il fait jour ou nuit 24 heures à l'un des solstices.

océan Atlantique
La partie méridionale des océans Atlantique, Indien et Pacifique est nommée océan Austral ou océan Antarctique.

Terre de la Reine-Maud
Partie la plus ancienne et la plus étendue de l'Antarctique, dont elle forme le socle.

détroit de Drake
Large de près de 900 km, il sépare la Terre de Feu et l'Antarctique et relie l'Atlantique au Pacifique. Le courant y est fort.

mer de Weddell
Mer au nord-ouest de l'Antarctique, partiellement fermée par la péninsule Antarctique. Plus de la moitié de sa surface est recouverte par la banquise.

pôle Sud
Point de la surface terrestre à l'extrémité sud de l'axe de rotation de la Terre, atteint en 1911 par une première expédition conduite par le Norvégien Amundsen.

péninsule Antarctique
Elle remonte loin au-delà du cercle polaire. Elle comporte plusieurs systèmes montagneux et s'émiette en îles à son extrémité.

banquise d'Amery
Une des plus remarquables banquises au monde par son étendue.

banquise de Filchner
Alimentée par les glaciers continentaux adjacents et par les précipitations locales, elle longe le contour de la mer de Weddell.

Terre de Wilkes
Région du continent antarctique; elle doit son nom à un marin et explorateur américain du 19ᵉ siècle.

Terre Marie-Byrd
Région située à plus de 2 000 m d'altitude.

océan Pacifique
La partie méridionale des océans Atlantique, Indien et Pacifique est nommée océan Austral ou océan Antarctique.

banquise de Ross
Plateforme de glace mobile qui déborde du versant sud du continent et s'étend dans la mer de Ross.

monts Transantarctiques
Chaîne de montagnes qui prolonge la cordillère des Andes, en Amérique du Sud, dont les sommets atteignent plus de 4 000 m.

océan Indien
La partie méridionale des océans Atlantique, Indien et Pacifique est nommée océan Austral ou océan Antarctique.

géographie

cartographie physique

Amérique du Nord
Elle représente environ 16 % des terres émergées avec plus de 24 millions de km² et se prolonge par l'isthme de l'Amérique centrale.

Terre de Baffin
Plus grande île de l'archipel Arctique, séparée du Groenland par la baie de Baffin.

Mackenzie
Fleuve le plus long du Canada, le Mackenzie coule sur 4 241 km.

baie d'Hudson
Vaste baie communiquant avec l'océan Atlantique par le détroit d'Hudson. Cette baie est gelée pendant l'hiver.

Groenland
La plus grande île du monde, après l'Australie, qui s'étend sur plus de 2 millions de km² et est couverte à 95 % de glace. Elle appartient au Danemark.

détroit de Béring
Large d'environ 100 km, il réunit l'océan Pacifique à l'océan Arctique.

mer de Beaufort
Partie de l'océan Arctique située entre l'Alaska et l'archipel Arctique.

cercle polaire arctique
Parallèle de latitude 66° 34' Nord qui marque la zone polaire où il fait jour ou nuit 24 heures à l'un des solstices.

golfe d'Alaska
Partie nord-est de l'océan Pacifique qui borde l'Alaska.

Grands Lacs
Ces cinq lacs constituent la plus grande réserve d'eau douce de surface au monde (246 000 km²).

îles Aléoutiennes
Archipel prolongeant l'Alaska composé d'environ 150 îles et îlots s'étirant sur plus de 1 700 km.

île de Terre-Neuve
Île séparée du Labrador par le détroit de Belle Isle. Le Labrador et l'île de Terre-Neuve forment une province du Canada.

montagnes Rocheuses
Bordure orientale de l'ensemble des cordillères de l'Ouest, qui s'étend de l'Alaska au Mexique.

Saint-Laurent
Fleuve de plus de 1 100 km qui draine le sud-est du Canada et se jette dans l'océan Atlantique.

Grand Canyon
La plus longue gorge au monde (350 km), traversée par le fleuve Colorado.

Appalaches
Vieux massif s'étirant sur 2 000 km, de la frontière canadienne à l'Alabama; il culmine à 2 037 m au mont Mitchell.

golfe de Californie
Il isole la péninsule de Basse-Californie du continent.

Mississippi
Long de 3 780 km, il arrose l'ensemble du territoire situé entre les montagnes Rocheuses et les Appalaches.

tropique du Cancer
Parallèle situé à 23° 26' de latitude Nord (soit une distance d'environ 2 600 km de l'équateur).

golfe du Mexique
Partie de l'océan Atlantique située entre les États-Unis, le Mexique et Cuba.

Antilles
Archipel comptant une vingtaine d'îles et plus de 700 îlots, formé au nord par les Grandes Antilles (Cuba, Haïti, Jamaïque, Porto Rico) et à l'est et au sud par les Petites Antilles.

péninsule du Yucatán
Vaste plateau marqué par la sécheresse au nord-ouest et par des précipitations abondantes dans le sud, où croît une forêt dense.

Amérique centrale
Elle s'étend de l'isthme de Tehuantepec (au Mexique) à l'isthme du Panamá.

mer des Antilles
Située entre l'Amérique centrale et le nord de l'Amérique du Sud, on la nomme également mer des Caraïbes (2,75 millions de km²).

isthme du Panamá
Bras de terre qui relie l'Amérique du Nord à l'Amérique du Sud; il comporte un canal à écluses de 80 km, mis en service en 1914, qui permet le trafic maritime entre la mer des Antilles et l'océan Pacifique.

TERRE

géographie

cartographie physique

Amérique du Sud
Elle représente environ 12 % des terres émergées. Elle se caractérise par la cordillère des Andes à l'ouest et des plaines et plateaux au centre et à l'est.

Orénoque
Fleuve du Vénézuela (2 150 km) qui se jette dans l'Atlantique par un vaste delta; son débit est considérable.

Amazone
Le plus grand fleuve du monde par son débit, il prend naissance dans les Andes puis s'étend sur plus de 80 % du territoire brésilien (6 570 km).

équateur
Cercle imaginaire entourant la Terre dans sa plus grande circonférence et la séparant en deux hémisphères : l'hémisphère Nord et l'hémisphère Sud.

golfe de Panamá
Limité au nord par l'isthme du Panamá, il est accidenté et bordé d'îles.

cordillère des Andes
Plus longue chaîne du monde (8 000 km), la deuxième en altitude, elle longe la côte ouest de l'Amérique du Sud et culmine à l'Aconcagua (6 960 m).

lac Titicaca
Situé dans la cordillère des Andes, entre le Pérou et la Bolivie, il est le lac navigable le plus élevé au monde (3 810 m d'altitude).

désert d'Atacama
Désert parmi les plus secs de la planète, il ne reçoit que quelques millimètres de pluie par an.

tropique du Capricorne
Parallèle situé à 23° 26' de latitude Sud (soit une distance d'environ 2 600 km de l'équateur).

Paraná
Fleuve de 3 000 km dont la majeure partie du cours est au Brésil. Il sert de frontière entre le Brésil et le Paraguay, puis entre le Paraguay et l'Argentine.

Patagonie
Plateau du Chili et de l'Argentine, partagé entre la Patagonie andine, au climat humide et à la végétation abondante, et le plateau patagonien, sec et pauvre.

îles Falkland
Archipel formé de deux îles principales, séparées par le détroit de Falkland, et auxquelles viennent s'ajouter une centaine d'îlots.

Terre de Feu
Archipel séparé du continent par le détroit de Magellan. Le climat froid et humide y fait descendre la limite des neiges éternelles à 700 m seulement.

Géorgie du Sud
Île britannique de 170 km de longueur, au relief montagneux.

cap Horn
Point le plus au sud de l'Amérique du Sud, il n'est distant de l'Antarctique que de 1 000 km. Il est célèbre pour ses tempêtes et ses dangereux écueils et hauts-fonds.

détroit de Drake
Large de près de 900 km, il sépare la Terre de Feu et l'Antarctique et relie l'Atlantique au Pacifique. Le courant y est fort.

géographie

cartographie^F physique

lac^M Ladoga
Plus grand lac d'Europe (17 700 km²), situé en Russie, il se déverse dans la Baltique.

mer^F de Barents
Partie de l'océan Arctique au nord de la péninsule scandinave et de la Russie, partiellement prise par les glaces.

Europe^F
Extrémité occidentale du vaste ensemble continental eurasiatique, que l'Oural sépare, par convention, de l'Asie. L'étendue de son territoire est faible.

golfe^M de Botnie^F
Golfe peu profond et souvent pris par les glaces, il baigne la Suède et la Finlande.

presqu'île^F de Kola
Péninsule essentiellement montagneuse située en Russie au-delà du cercle polaire arctique.

cercle^M polaire arctique
Parallèle de latitude 66° 34' Nord qui marque la zone polaire où il fait jour ou nuit 24 heures à l'un des solstices.

monts^M Oural^M
Chaîne de montagnes, longue de 2 400 km, de la mer Caspienne à l'Arctique, et qui forme, par convention, la limite entre l'Europe et l'Asie.

mer^F de Norvège^F
Portion de l'Atlantique qui s'étend de la Norvège à l'Islande.

Volga^F
Plus long fleuve d'Europe (3 700 km), il est pris par les glaces pendant l'hiver et connaît une crue importante au printemps.

mer^F Baltique^F
Mer intérieure généralement peu profonde et peu salée, sans marées notables; elle gèle le long des côtes.

Islande^F
Île volcanique régulièrement secouée par des séismes, elle compte plus de 5 000 km de côtes.

péninsule^F Scandinave
Vaste péninsule nordique, qui inclut la Norvège, la Suède et une partie de la Finlande.

Dniepr^M
Fleuve de Russie long de 2 200 km, dont le débit est lent et abondant. C'est un grand axe de communication.

mer^F du Nord^M
Mer (570 000 km²) peu profonde au nord de l'Atlantique le long des côtes de l'Europe. Sur les estuaires qui y débouchent sont établis de grands ports européens.

mer^F d'Irlande^F
Partie de l'Atlantique qui sépare la Grande-Bretagne et l'Irlande.

Vistule^F
Principal fleuve de Pologne (1 090 km), il prend sa source dans les Carpates et rejoint la Baltique dans le golfe de Gdansk.

Manche^F
Mer peu profonde entre la France et l'Angleterre; la marée, très marquée, y engendre de forts courants rendant la navigation délicate.

Alpes^F
Plus grand massif montagneux d'Europe, il s'étend sur 1 200 km et son point culminant, le mont Blanc, s'élève à 4 807 m.

mer^F Noire
Mer intérieure (420 000 km²) entre l'Europe de l'Est et l'Asie, qui s'ouvre sur la Méditerranée par deux détroits, les Dardanelles et le Bosphore.

océan^M Atlantique
Deuxième océan par la superficie, il couvre 20 % de la surface du globe terrestre.

péninsule^F Ibérique
Péninsule qui comprend l'Espagne et le Portugal, elle s'étire des Pyrénées au détroit de Gibraltar.

Pyrénées^F
Chaîne montagneuse dont le versant nord appartient à la France et le versant sud à l'Espagne. Elle culmine à 3 404 m au pic d'Aneto.

Danube^M
Deuxième fleuve d'Europe par sa longueur (2 850 km), il se jette dans la mer Noire par un vaste delta à trois branches.

péninsule^F des Balkans^M
Péninsule montagneuse la plus orientale de l'Europe dont la côte est effritée en un éparpillement d'îles et de presqu'îles.

Carpates^F
Chaîne de montagnes d'Europe centrale, moins élevées que les Alpes; elle culmine à 2 655 m.

détroit^M de Gibraltar
Bras de mer de 15 km de large entre l'Espagne et le Maroc, il relie la Méditerranée et l'Atlantique et constitue une voie de communication importante.

mer^F Méditerranée^F
L'une des plus vastes mers intérieures du monde, entre l'Europe, l'Afrique et l'Asie. Elle communique avec l'océan Atlantique par le détroit de Gibraltar.

mer^F Adriatique^F
Golfe de la Méditerranée, long de 835 km et large de 180 km entre l'Italie, les côtes de l'ex-Yougoslavie et de l'Albanie.

mer^F Égée
Partie de la mer Méditerranée située entre la Turquie et la Grèce, qui comprend de nombreuses îles dont la principale est la Crète.

TERRE

cartographie physique

Afrique
Continent qui représente environ 20 % des terres émergées et dont les 2/3 de la superficie sont situés au nord de l'équateur. Climats très chauds, méditerranéens au nord et au sud, arides et tropicaux ailleurs.

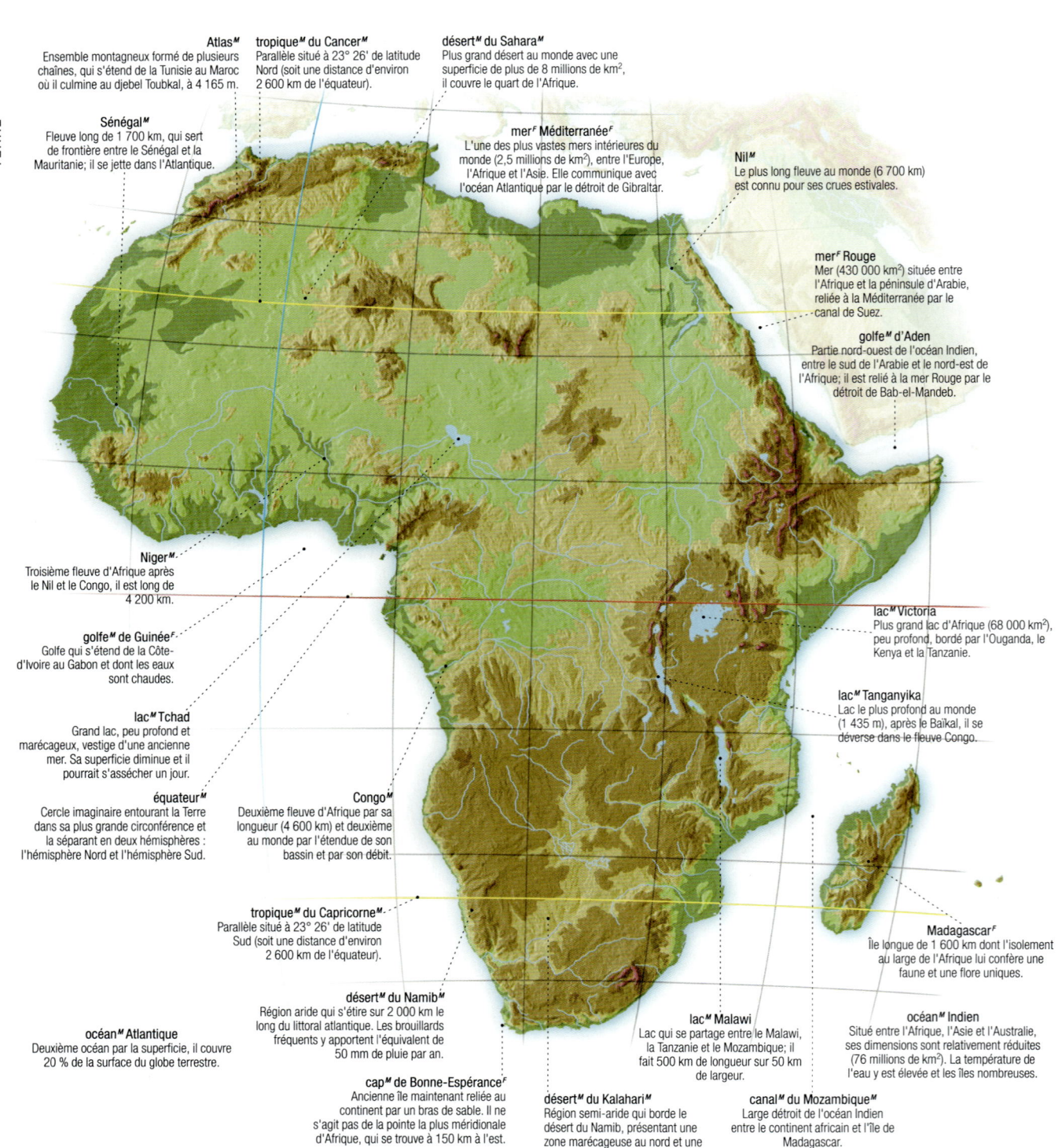

Atlas
Ensemble montagneux formé de plusieurs chaînes, qui s'étend de la Tunisie au Maroc où il culmine au djebel Toubkal, à 4 165 m.

tropique du Cancer
Parallèle situé à 23° 26' de latitude Nord (soit une distance d'environ 2 600 km de l'équateur).

désert du Sahara
Plus grand désert au monde avec une superficie de plus de 8 millions de km², il couvre le quart de l'Afrique.

Sénégal
Fleuve long de 1 700 km, qui sert de frontière entre le Sénégal et la Mauritanie ; il se jette dans l'Atlantique.

mer Méditerranée
L'une des plus vastes mers intérieures du monde (2,5 millions de km²), entre l'Europe, l'Afrique et l'Asie. Elle communique avec l'océan Atlantique par le détroit de Gibraltar.

Nil
Le plus long fleuve au monde (6 700 km) est connu pour ses crues estivales.

mer Rouge
Mer (430 000 km²) située entre l'Afrique et la péninsule d'Arabie, reliée à la Méditerranée par le canal de Suez.

golfe d'Aden
Partie nord-ouest de l'océan Indien, entre le sud de l'Arabie et le nord-est de l'Afrique ; il est relié à la mer Rouge par le détroit de Bab-el-Mandeb.

Niger
Troisième fleuve d'Afrique après le Nil et le Congo, il est long de 4 200 km.

lac Victoria
Plus grand lac d'Afrique (68 000 km²), peu profond, bordé par l'Ouganda, le Kenya et la Tanzanie.

golfe de Guinée
Golfe qui s'étend de la Côte-d'Ivoire au Gabon et dont les eaux sont chaudes.

lac Tchad
Grand lac, peu profond et marécageux, vestige d'une ancienne mer. Sa superficie diminue et il pourrait s'assécher un jour.

lac Tanganyika
Lac le plus profond au monde (1 435 m), après le Baïkal, il se déverse dans le fleuve Congo.

équateur
Cercle imaginaire entourant la Terre dans sa plus grande circonférence et la séparant en deux hémisphères : l'hémisphère Nord et l'hémisphère Sud.

Congo
Deuxième fleuve d'Afrique par sa longueur (4 600 km) et deuxième au monde par l'étendue de son bassin et par son débit.

tropique du Capricorne
Parallèle situé à 23° 26' de latitude Sud (soit une distance d'environ 2 600 km de l'équateur).

Madagascar
Île longue de 1 600 km dont l'isolement au large de l'Afrique lui confère une faune et une flore uniques.

océan Atlantique
Deuxième océan par la superficie, il couvre 20 % de la surface du globe terrestre.

désert du Namib
Région aride qui s'étire sur 2 000 km le long du littoral atlantique. Les brouillards fréquents y apportent l'équivalent de 50 mm de pluie par an.

lac Malawi
Lac qui se partage entre le Malawi, la Tanzanie et le Mozambique ; il fait 500 km de longueur sur 50 km de largeur.

océan Indien
Situé entre l'Afrique, l'Asie et l'Australie, ses dimensions sont relativement réduites (76 millions de km²). La température de l'eau y est élevée et les îles nombreuses.

cap de Bonne-Espérance
Ancienne île maintenant reliée au continent par un bras de sable. Il ne s'agit pas de la pointe la plus méridionale d'Afrique, qui se trouve à 150 km à l'est.

désert du Kalahari
Région semi-aride qui borde le désert du Namib, présentant une zone marécageuse au nord et une végétation très maigre dans le sud.

canal du Mozambique
Large détroit de l'océan Indien entre le continent africain et l'île de Madagascar.

geographie

cartographie physique

Asie
Continent le plus vaste, qui représente 32 % des terres émergées, et aussi le plus peuplé; il est dominé par d'imposantes chaînes de montagnes.

mer d'Aral
Mer autrefois en communication avec la mer Caspienne, maintenant devenue un immense lac salé.

lac Baïkal
Plus vieux (25 millions d'années) et plus profond lac (1 620 m) au monde, il fait 600 km de long sur 60 à 80 km de large. Il est gelé six mois par an.

désert de Gobi
Un des plus grands déserts au monde (1 036 000 km²), il est partagé entre la Chine et la Mongolie. Il s'agit d'un haut plateau situé à environ 1 000 m d'altitude.

mer Caspienne
Le plus grand lac du monde, enfermé entre l'Europe et l'Asie, sans aucune communication avec un océan. Sa superficie (370 000 km²) diminue constamment.

cercle polaire arctique
Parallèle de latitude 66° 34' Nord qui marque la zone polaire où il fait jour ou nuit 24 heures à l'un des solstices.

presqu'île du Kamtchatka
Péninsule extrême-orientale de Russie (31 000 km²), où l'activité volcanique est intense.

mer Noire
Mer intérieure (420 000 km²) entre l'Europe de l'Est et l'Asie, qui s'ouvre sur la Méditerranée par deux détroits, les Dardanelles et le Bosphore.

mer du Japon
Région de l'océan Pacifique qui sépare le Japon de la côte asiatique, divisée en une région chaude et une région froide. On l'appelle également mer de l'Est.

mer Rouge
Mer (430 000 km²) située entre l'Afrique et la péninsule d'Arabie, reliée à la Méditerranée par le canal de Suez.

océan Pacifique
Plus vaste océan du monde (179 millions de km²), il occupe 30 % de la surface du globe, ce qui est plus étendu que l'ensemble des continents.

Japon
Archipel qui compte un millier d'îles et dont quatre îles principales représentent 95 % du territoire; l'activité volcanique y est forte et les séismes nombreux.

presqu'île de Corée
Péninsule qui ferme la mer du Japon (mer de l'Est) au sud. Son climat est marqué par les pluies de mousson en été et les typhons en automne.

mer de Chine orientale
Partie de l'océan Pacifique située entre la Corée, les Ryukyu (au sud du Japon) et Taïwan.

Philippines
Archipel qui compte plus de 7 000 îles et îlots et dont les deux îles principales (Luçon et Mindanao) constituent 70 % du territoire.

golfe d'Aden
Partie nord-ouest de l'océan Indien, entre le sud de l'Arabie et le nord-est de l'Afrique; il est relié à la mer Rouge par le détroit de Bab-el-Mandeb.

Himalaya
Plus haute chaîne de montagnes au monde, elle compte une dizaine de sommets s'élevant à plus de 8 000 m, dont l'Everest (8 846 m).

tropique du Cancer
Parallèle situé à 23° 26' de latitude Nord (soit une distance d'environ 2 600 km de l'équateur).

péninsule d'Arabie
Vaste péninsule quasi désertique, qui détient 50 % des réserves mondiales de pétrole.

golfe d'Oman
Partie la plus resserrée de la mer d'Oman qui communique par le détroit d'Ormuz avec le golfe Persique.

océan Indien
Situé entre l'Afrique, l'Asie et l'Australie, ses dimensions sont relativement réduites (76 millions de km²). La température de l'eau y est élevée et les îles nombreuses.

mer d'Oman
Partie de l'océan Indien comprise entre l'Inde et la péninsule arabique, qui se prolonge par le golfe d'Oman. Elle est aussi appelée mer d'Arabie.

golfe du Bengale
Partie de l'océan Indien comprise entre l'Inde et la péninsule indochinoise, où se jette le Gange par le plus grand delta au monde.

Indonésie
Archipel de près de 14 000 îles, qui s'étend sur 5 000 km d'ouest en est. C'est la plus grande zone volcanique au monde.

mer de Chine méridionale
Partie sud de la mer de Chine, qui borde toute la côte sud-est de l'Asie, Bornéo, les Philippines et Taïwan.

golfe Persique
Golfe long de 800 km, il est bordé par l'Arabie, l'Iran et l'Irak, et forme un axe commercial d'importance. Il est également appelé golfe Arabique.

TERRE

géographie

cartographie physique

Océanie
Partie du monde regroupant une profusion d'îles éparpillées entre l'océan Pacifique et l'océan Indien (Micronésie, Mélanésie, Polynésie), ainsi que l'Australie; elle représente environ 6 % des terres émergées.

Papouasie-Nouvelle-Guinée
État situé dans la partie orientale de l'île de Nouvelle-Guinée.

Mélanésie
Partie de l'Océanie comprenant la Papouasie-Nouvelle-Guinée, les îles Salomon, Vanuatu, la Nouvelle-Calédonie et les Fidji (965 000 km²).

océan Pacifique
Plus vaste océan du monde (179 millions de km²), il occupe 30 % de la surface du globe, ce qui est plus étendu que l'ensemble des continents.

détroit de Torres
Large de 170 km, il relie les océans Pacifique et Indien et tient son nom d'un navigateur espagnol du 17e siècle.

golfe de Carpentarie
Golfe limité par le cap York à l'est et la terre d'Arnhem à l'ouest.

Nouvelle-Calédonie
Île montagneuse, humide et volcanique, entourée par un récif-barrière bordant le plus grand lagon du monde.

océan Indien
Situé entre l'Afrique, l'Asie et l'Australie, ses dimensions sont relativement réduites (76 millions de km²). La température de l'eau y est élevée et les îles nombreuses.

récif de la Grande Barrière
Récif de corail qui s'étend sur 2 400 km. Inscrit au patrimoine mondial de l'UNESCO, il constitue l'habitat de nombreuses formes de vie marine.

Grand Désert de Sable
Désert le plus au nord des déserts australiens, qui forment le deuxième désert du monde par la superficie (1,9 million de km²) après le Sahara.

mer de Corail
Partie la plus à l'ouest de l'océan Pacifique, ses eaux chaudes (de 25 à 28 °C) sont animées de courants s'inversant selon les saisons.

îles Fidji
Archipel constitué de plus de 800 îles et îlots, dont une centaine sont habités. Les îles principales sont Viti Levu et Vanua Levu.

lac Eyre Nord
D'étendue variable, il est le plus grand lac d'Australie. Il se caractérise par sa salinité.

tropique du Capricorne
Parallèle situé à 23° 26' de latitude Sud (soit une distance d'environ 2 600 km de l'équateur).

Cordillère australienne
Chaîne de montagnes s'étirant sur 3 500 km; elle comprend le mont Kosciusko, sommet de l'île, qui culmine à 2 300 m.

détroit de Cook
Large de 15 km, il sépare les deux îles de la Nouvelle-Zélande.

Grand Désert Victoria
Le plus au sud des déserts australiens.

Grande Baie australienne
Située dans l'océan Indien au sud de l'Australie, elle est connue pour ses vents forts et ses eaux agitées.

mer de Tasman
Partie de l'océan Pacifique située entre l'Australie, la Tasmanie et la Nouvelle-Zélande. Elle tient son nom d'un navigateur néerlandais du 17e siècle.

détroit de Bass
Large de 200 km et peu profond, il sépare l'Australie continentale et la Tasmanie.

Tasmanie
Île constituant un État fédéré de l'Australie, dont elle est séparée par le détroit de Bass.

Nouvelle-Zélande
Archipel composé au nord d'une île volcanique, la plus peuplée, et au sud d'une île traversée par une chaîne de montagnes entaillée de vallées glaciaires.

légendes d'un plan urbain

Plan urbain : représentation précise et détaillée d'une portion d'une ville, généralement à grande échelle.

chemin de fer
Voie de communication formée de deux rails parallèles sur laquelle circulent les trains.

gare
Ensemble des installations ferroviaires et des bâtiments nécessaires au transport de voyageurs et de marchandises par train.

pont
Ouvrage permettant à une voie de communication de franchir un obstacle naturel ou une autre voie de communication.

parc
Terrain d'agrément planté d'arbres, aménagé dans une ville.

banlieue
Ensemble des villes qui entourent une grande ville et qui en sont dépendantes économiquement.

cimetière
Lieu où on enterre les morts.

fleuve
Cours d'eau important, alimenté par plusieurs rivières, qui se jette dans la mer.

monument
Ouvrage remarquable d'un point de vue historique ou esthétique, ou par sa valeur religieuse ou symbolique.

bois
Terrain de faible superficie, couvert d'arbres.

rue
Voie de circulation aménagée à l'intérieur d'une ville et généralement bordée de bâtiments.

boulevard périphérique
Route à circulation rapide qui contourne le centre-ville et qui permet de détourner la circulation de celui-ci ou de relier entre eux des quartiers périphériques.

autoroute
Large route à deux chaussées unidirectionnelles séparées, réservée à la circulation rapide, sans aucun croisement.

rond-point
Carrefour où plusieurs routes convergent vers une chaussée à sens unique qui tourne autour d'un îlot central de forme circulaire.

arrondissement
Division administrative d'une grande ville.

avenue
Voie de circulation habituellement plus large qu'une rue, desservant un quartier ou une partie d'une ville.

édifice public
Bâtiment d'importance où sont logés des services publics.

boulevard
Voie de circulation très large, à grand débit, reliant diverses parties d'une ville.

géographie

cartographie physique

légendes d'une carte routière
Carte routière : carte indiquant le tracé d'un réseau routier et souvent complétée par des indications touristiques.

route
Voie de communication reliant deux points géographiques éloignés l'un de l'autre, généralement des agglomérations.

autoroute
Large route à deux chaussées unidirectionnelles séparées, réservée à la circulation rapide, sans aucun croisement.

numéro d'autoroute

numéro de route

aire de repos
Espace aménagé le long d'une route ou d'une autoroute, habituellement équipé de toilettes et d'une aire de pique-nique.

aéroport
Lieu comportant l'ensemble des installations techniques et commerciales nécessaires au trafic aérien.

aire de service
Espace aménagé le long des autoroutes et proposant le ravitaillement en carburant, des services de restauration, d'hébergement et d'informations touristiques.

parc national
Zone désignée par un gouvernement en vue d'y protéger les richesses naturelles, historiques ou scientifiques et dont l'accès est autorisé sous certaines conditions.

autoroute de ceinture
Tronçon d'autoroute construit autour d'une agglomération pour en faciliter l'accès et la sortie ou pour absorber la circulation de transit.

parcours pittoresque
Route offrant des paysages particulièrement intéressants pour les voyageurs.

route secondaire
Route habituellement moins fréquentée assurant la liaison entre des routes plus importantes ou des agglomérations régionales.

curiosité
Lieu spécialement aménagé qui présente un caractère original ou attractif.

TERRE

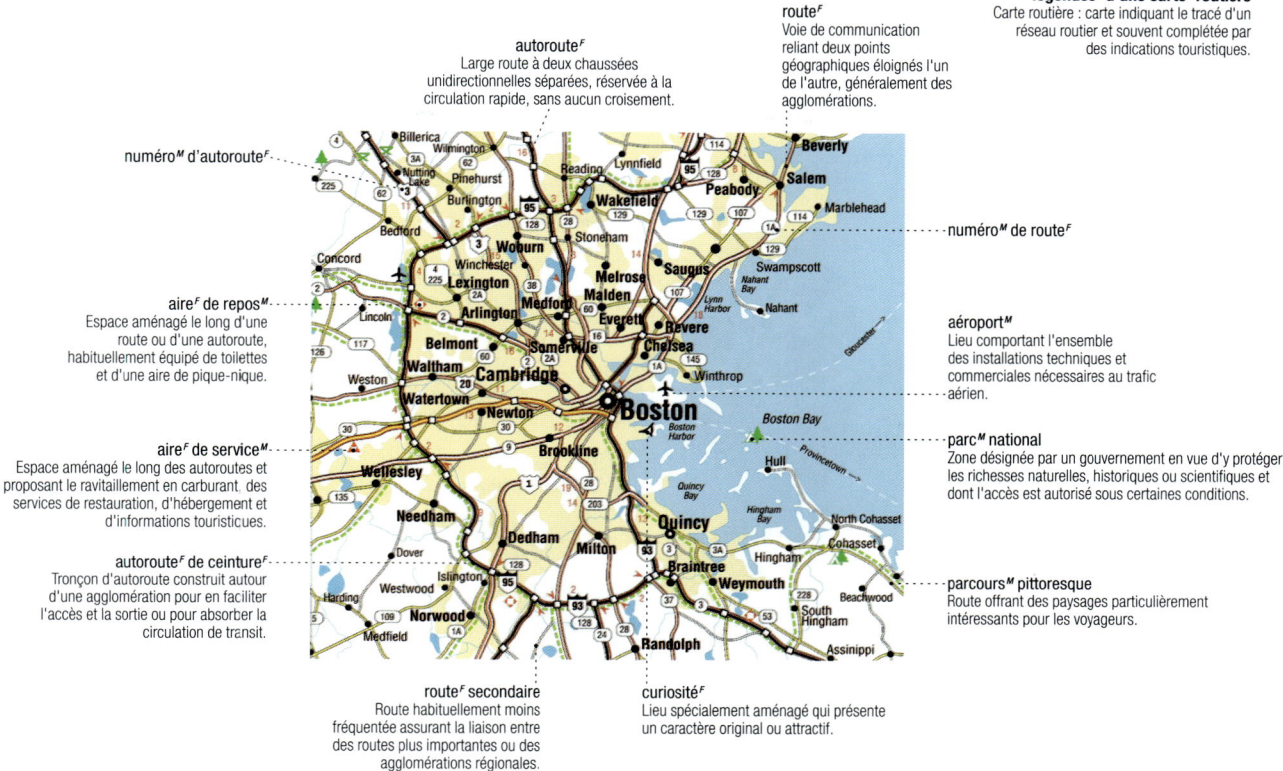

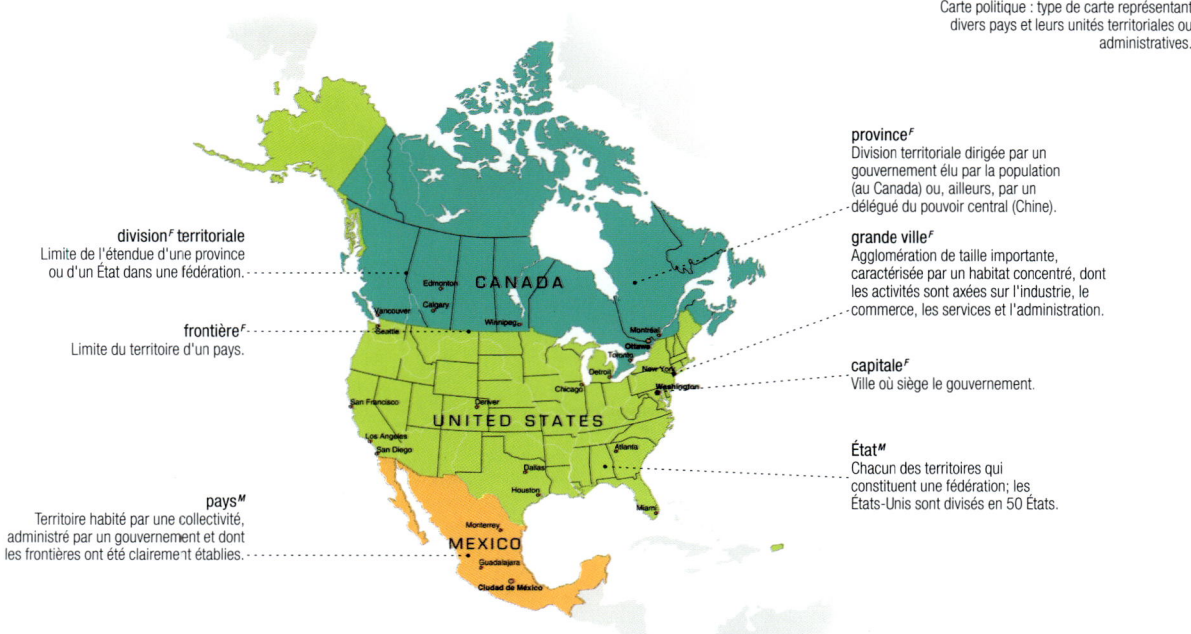

cartographie politique

Ensemble des techniques utilisées pour la production de cartes représentant les diverses entités politiques (États, territoires, unités administratives).

légendes d'une carte politique
Carte politique : type de carte représentant divers pays et leurs unités territoriales ou administratives.

province
Division territoriale dirigée par un gouvernement élu par la population (au Canada) ou, ailleurs, par un délégué du pouvoir central (Chine).

division territoriale
Limite de l'étendue d'une province ou d'un État dans une fédération.

grande ville
Agglomération de taille importante, caractérisée par un habitat concentré, dont les activités sont axées sur l'industrie, le commerce, les services et l'administration.

frontière
Limite du territoire d'un pays.

capitale
Ville où siège le gouvernement.

État
Chacun des territoires qui constituent une fédération; les États-Unis sont divisés en 50 États.

pays
Territoire habité par une collectivité, administré par un gouvernement et dont les frontières ont été clairement établies.

géographie

cartographie politique

Amérique du Nord et Amérique centrale
Partie du monde s'étendant des abords du pôle Nord jusqu'à l'isthme du Panamá, incluant les Antilles.

Groenland (DK)
Capitale : Nuuk.

Canada
Capitale : Ottawa.

Bahamas
Capitale : Nassau.

Cuba
Capitale : La Havane.

Jamaïque
Capitale : Kingston.

Haïti
Capitale : Port-au-Prince.

République dominicaine
Capitale : Saint-Domingue.

Guadeloupe (FR)
Capitale : Basse-Terre.

Dominique
Capitale : Roseau.

Martinique (FR)
Capitale : Fort-de-France.

Sainte-Lucie
Capitale : Castries.

Barbade
Capitale : Bridgetown.

Grenade
Capitale : Saint-Georges.

Saint-Vincent-et-les-Grenadines
Capitale : Kingstown.

Trinité-et-Tobago
Capitale : Port d'Espagne.

Antigua-et-Barbuda
Capitale : Saint John's.

Saint-Kitts-et-Nevis
Capitale : Basseterre.

Panamá
Capitale : Panamá.

Costa Rica
Capitale : San José.

Nicaragua
Capitale : Managua.

El Salvador
Capitale : San Salvador.

Honduras
Capitale : Tegucigalpa.

Guatemala
Capitale : Guatemala.

Belize
Capitale : Belmopan.

Mexique
Capitale : Mexico.

États-Unis d'Amérique
Capitale : Washington.

géographie

cartographie politique

Amérique^F du Sud^M
Continent situé principalement dans l'hémisphère austral, entre l'Amérique centrale et le cap Horn.

- **Venezuela^M** — Capitale : Caracas.
- **Guyana^F** — Capitale : Georgetown.
- **Suriname^M** — Capitale : Paramaribo.
- **Guyane^F française (FR)** — Capitale : Cayenne.
- **Colombie^F** — Capitale : Bogotá.
- **Équateur^M** — Capitale : Quito.
- **Pérou^M** — Capitale : Lima.
- **Brésil^M** — Capitale : Brasilia.
- **Bolivie^F** — Capitale : La Paz.
- **Paraguay^M** — Capitale : Asunción.
- **Uruguay^M** — Capitale : Montevideo.
- **Chili^M** — Capitale : Santiago.
- **Argentine^F** — Capitale : Buenos Aires.

TERRE

cartographie[F] politique

Europe[F]
Extrémité occidentale du vaste ensemble continental eurasiatique, que l'Oural sépare, par convention, de l'Asie.

Suède[F]
Capitale : Stockholm.

Finlande[F]
Capitale : Helsinki.

Norvège[F]
Capitale : Oslo.

Islande[F]
Capitale : Reykjavik.

Danemark[M]
Capitale : Copenhague.

Belgique[F]
Capitale : Bruxelles.

Pays-Bas[M]
Capitale : Amsterdam.

Royaume-Uni[M]
Capitale : Londres.

Russie[F]
Capitale : Moscou.

Luxembourg[M]
Capitale : Luxembourg.

Pologne[F]
Capitale : Varsovie.

Irlande[F]
Capitale : Dublin.

Allemagne[F]
Capitale : Berlin.

Suisse[F]
Capitale : Berne.

Slovaquie[F]
Capitale : Bratislava.

France[F]
Capitale : Paris.

République[F] **tchèque**
Capitale : Prague.

Andorre[F]
Capitale : Andorre-la-Vieille.

Autriche[F]
Capitale : Vienne.

Hongrie[F]
Capitale : Budapest.

Portugal[M]
Capitale : Lisbonne.

État[M] **de la cité**[F] **du Vatican**[M]
Le plus petit État au monde, enclavé dans la ville de Rome en Italie.

Slovénie[F]
Capitale : Ljubljana.

Espagne[F]
Capitale : Madrid.

Liechtenstein[M]
Capitale : Vaduz.

Malte[F]
Capitale : La Valette.

Italie[F]
Capitale : Rome.

Monaco[M]
Capitale : Monaco.

Saint-Marin[M]
Capitale : Saint-Marin.

géographie

cartographie politique

Russie
Capitale : Moscou.

Estonie
Capitale : Tallinn.

Lettonie
Capitale : Riga.

Biélorussie
Capitale : Minsk.

Lituanie
Capitale : Vilnius.

Ukraine
Capitale : Kiev.

Bosnie-Herzégovine
Capitale : Sarajevo.

Moldavie
Capitale : Chisinau.

Croatie
Capitale : Zagreb.

Roumanie
Capitale : Bucarest.

Serbie
Capitale : Belgrade.

Géorgie
Capitale : Tbilissi.

Monténégro
Capitale: Podgorica.

Bulgarie
Capitale : Sofia.

Albanie
Capitale : Tirana.

Grèce
Capitale : Athènes.

Turquie
Capitale : Ankara.

Chypre
Capitale : Nicosie.

Kosovo
Capitale : Pristina.

Macédoine
Capitale : Skopje.

TERRE

géographie

cartographie politique

Asie
Continent le plus peuplé et le plus vaste, qui s'étend par convention de l'Oural à l'océan Pacifique.

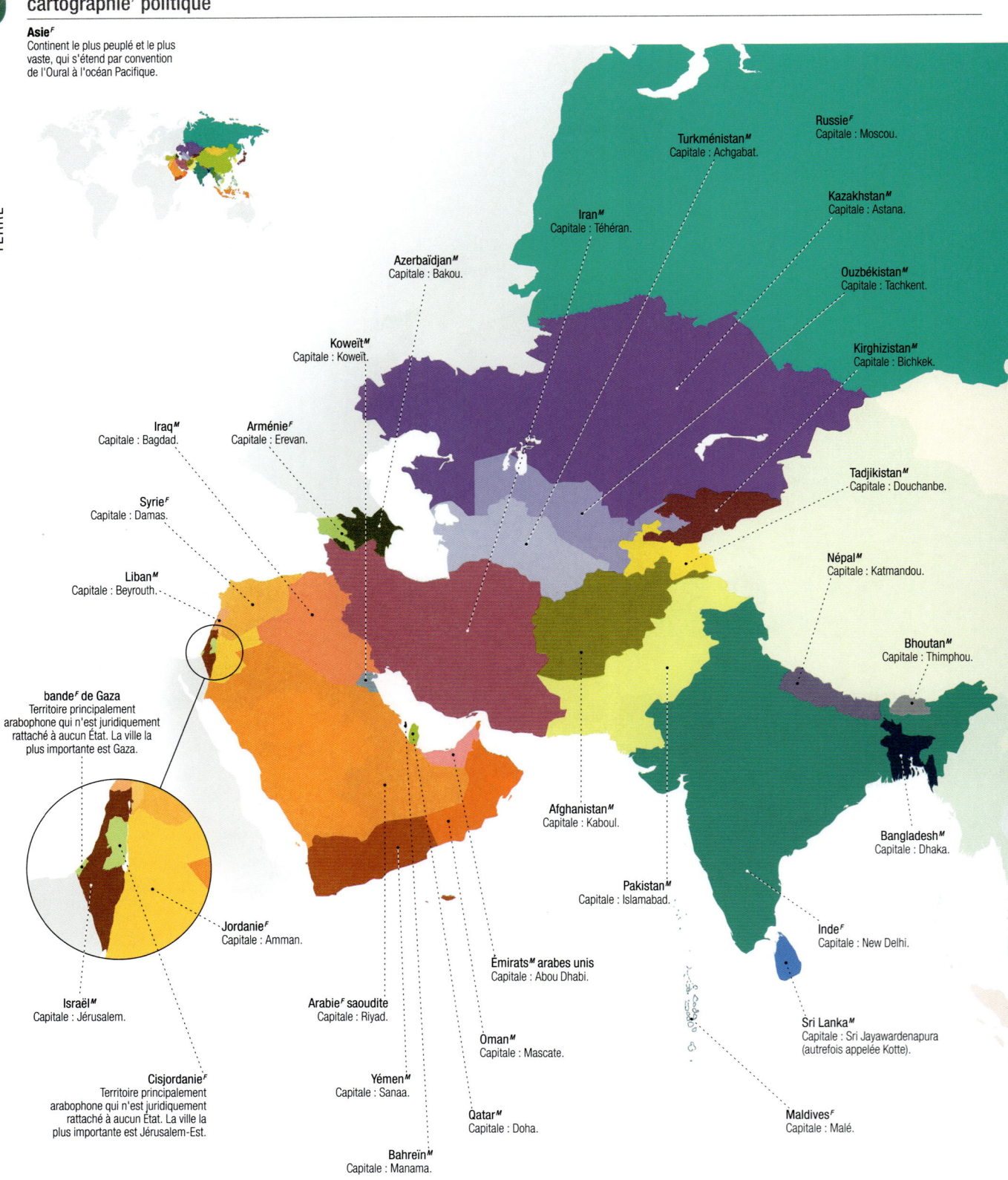

- **Russie** — Capitale : Moscou.
- **Turkménistan** — Capitale : Achgabat.
- **Kazakhstan** — Capitale : Astana.
- **Iran** — Capitale : Téhéran.
- **Ouzbékistan** — Capitale : Tachkent.
- **Azerbaïdjan** — Capitale : Bakou.
- **Kirghizistan** — Capitale : Bichkek.
- **Koweït** — Capitale : Koweït.
- **Tadjikistan** — Capitale : Douchanbe.
- **Iraq** — Capitale : Bagdad.
- **Arménie** — Capitale : Erevan.
- **Népal** — Capitale : Katmandou.
- **Syrie** — Capitale : Damas.
- **Liban** — Capitale : Beyrouth.
- **Bhoutan** — Capitale : Thimphou.
- **bande de Gaza** — Territoire principalement arabophone qui n'est juridiquement rattaché à aucun État. La ville la plus importante est Gaza.
- **Afghanistan** — Capitale : Kaboul.
- **Bangladesh** — Capitale : Dhaka.
- **Jordanie** — Capitale : Amman.
- **Pakistan** — Capitale : Islamabad.
- **Inde** — Capitale : New Delhi.
- **Émirats arabes unis** — Capitale : Abou Dhabi.
- **Israël** — Capitale : Jérusalem.
- **Arabie saoudite** — Capitale : Riyad.
- **Sri Lanka** — Capitale : Sri Jayawardenapura (autrefois appelée Kotte).
- **Oman** — Capitale : Mascate.
- **Cisjordanie** — Territoire principalement arabophone qui n'est juridiquement rattaché à aucun État. La ville la plus importante est Jérusalem-Est.
- **Yémen** — Capitale : Sanaa.
- **Maldives** — Capitale : Malé.
- **Qatar** — Capitale : Doha.
- **Bahreïn** — Capitale : Manama.

géographie

cartographie politique

Russie
Capitale : Moscou.

Mongolie
Capitale : Oulan-Bator.

Corée du Nord
Capitale : Pyongyang.

Chine
Capitale : Pékin.

Japon
Capitale : Tokyo.

Corée du Sud
Capitale : Séoul.

Myanmar
État également connu sous le nom de Birmanie, dont la capitale est Naypyidaw.

Laos
Capitale : Vientiane.

Viêtnam
Capitale : Hanoï.

Philippines
Capitale : Manille.

Thaïlande
Capitale : Bangkok.

Brunéi Darussalam
Capitale : Bandar Seri Begawan.

Cambodge
Capitale : Phnom Penh.

Malaisie
Capitale : Kuala Lumpur.

Indonésie
Capitale : Jakarta.

Timor oriental
Capitale : Dili.

Singapour
Capitale : Singapour.

TERRE

59

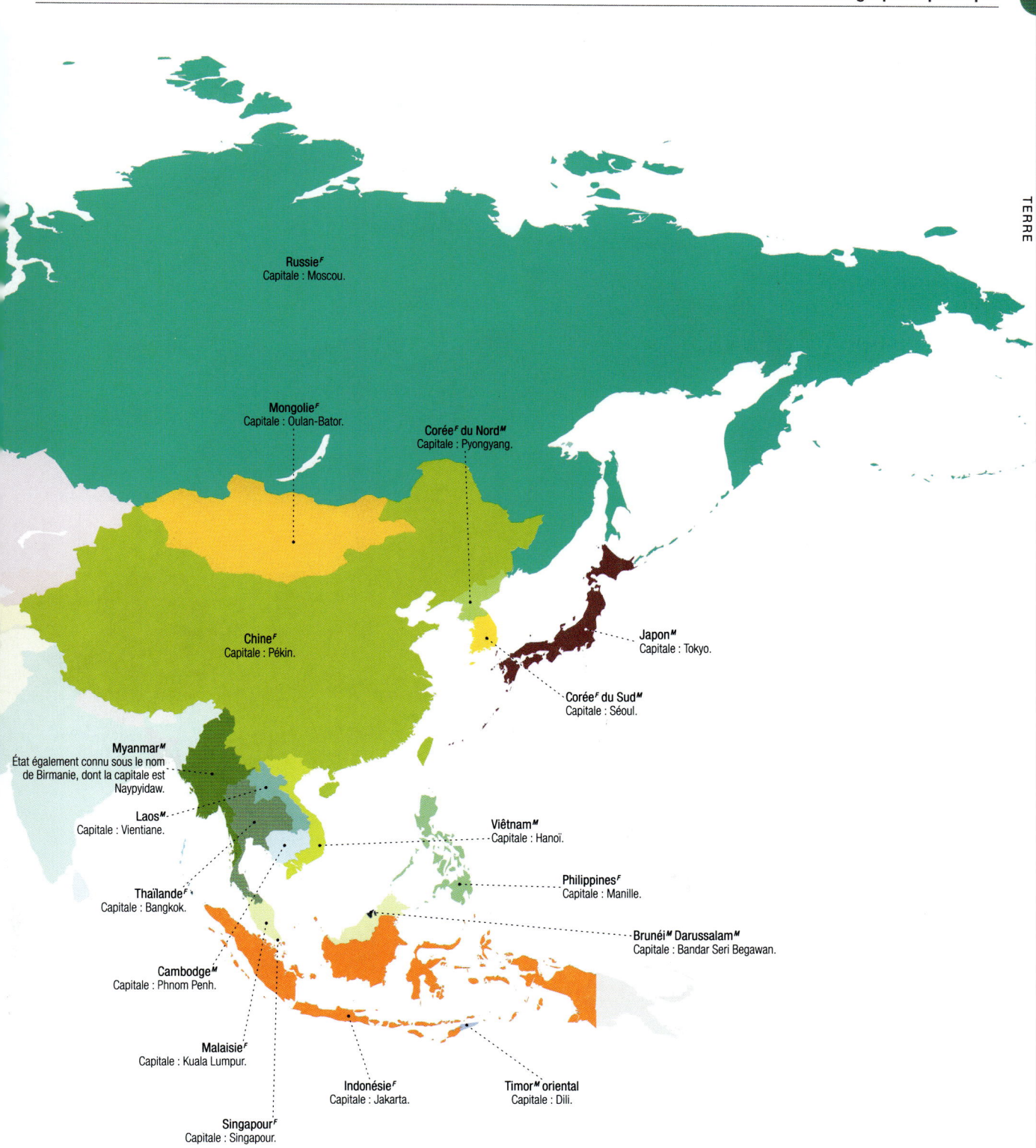

cartographie politique

Afrique
Continent qui représente environ 20 % des terres émergées et dont les 2/3 sont situés au nord de l'équateur.

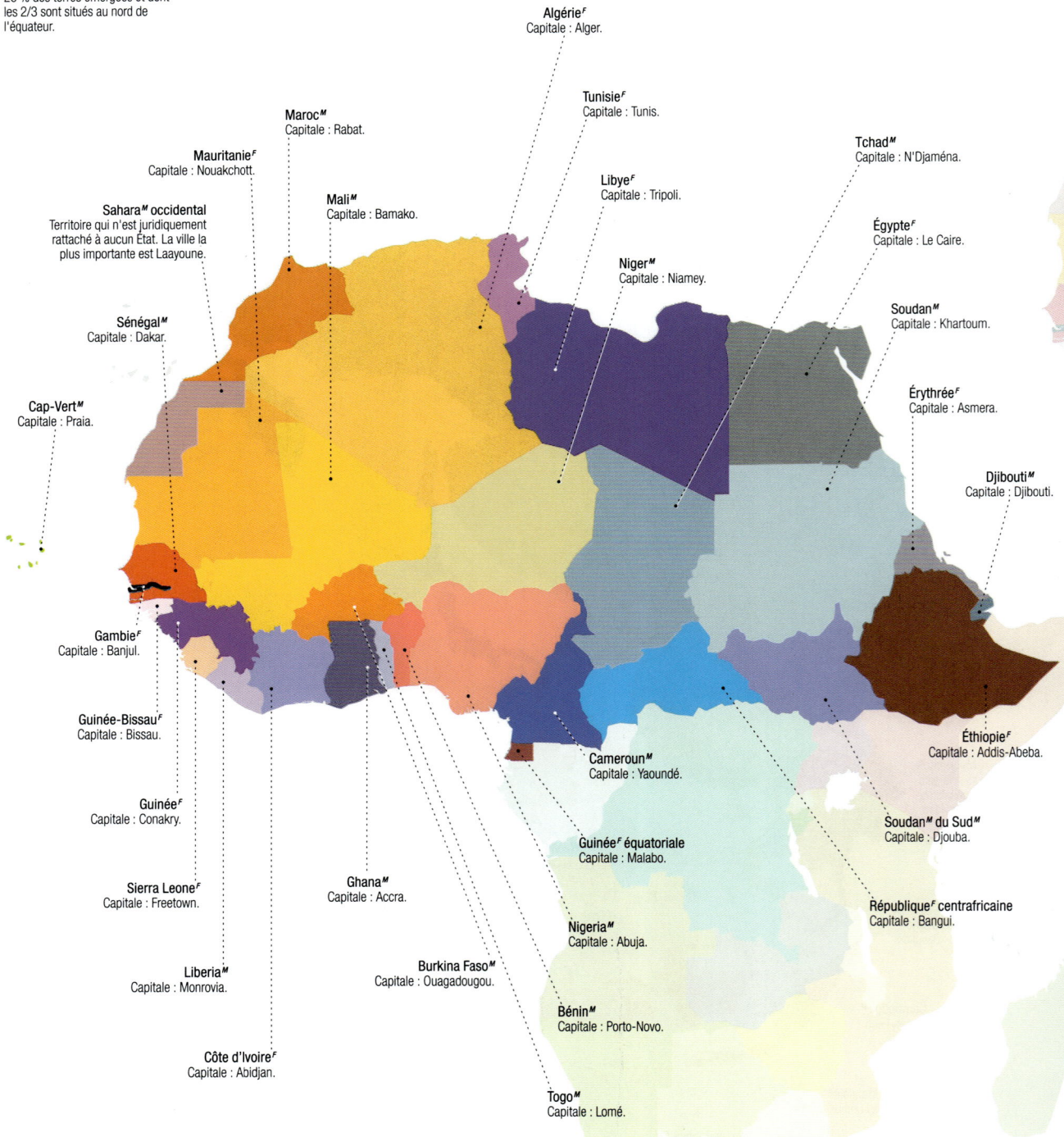

Algérie
Capitale : Alger.

Tunisie
Capitale : Tunis.

Maroc
Capitale : Rabat.

Libye
Capitale : Tripoli.

Tchad
Capitale : N'Djaména.

Mauritanie
Capitale : Nouakchott.

Égypte
Capitale : Le Caire.

Mali
Capitale : Bamako.

Sahara occidental
Territoire qui n'est juridiquement rattaché à aucun État. La ville la plus importante est Laayoune.

Niger
Capitale : Niamey.

Soudan
Capitale : Khartoum.

Sénégal
Capitale : Dakar.

Érythrée
Capitale : Asmera.

Cap-Vert
Capitale : Praia.

Djibouti
Capitale : Djibouti.

Gambie
Capitale : Banjul.

Guinée-Bissau
Capitale : Bissau.

Cameroun
Capitale : Yaoundé.

Éthiopie
Capitale : Addis-Abeba.

Guinée
Capitale : Conakry.

Guinée équatoriale
Capitale : Malabo.

Soudan du Sud
Capitale : Djouba.

Sierra Leone
Capitale : Freetown.

Ghana
Capitale : Accra.

République centrafricaine
Capitale : Bangui.

Nigeria
Capitale : Abuja.

Liberia
Capitale : Monrovia.

Burkina Faso
Capitale : Ouagadougou.

Bénin
Capitale : Porto-Novo.

Côte d'Ivoire
Capitale : Abidjan.

Togo
Capitale : Lomé.

géographie

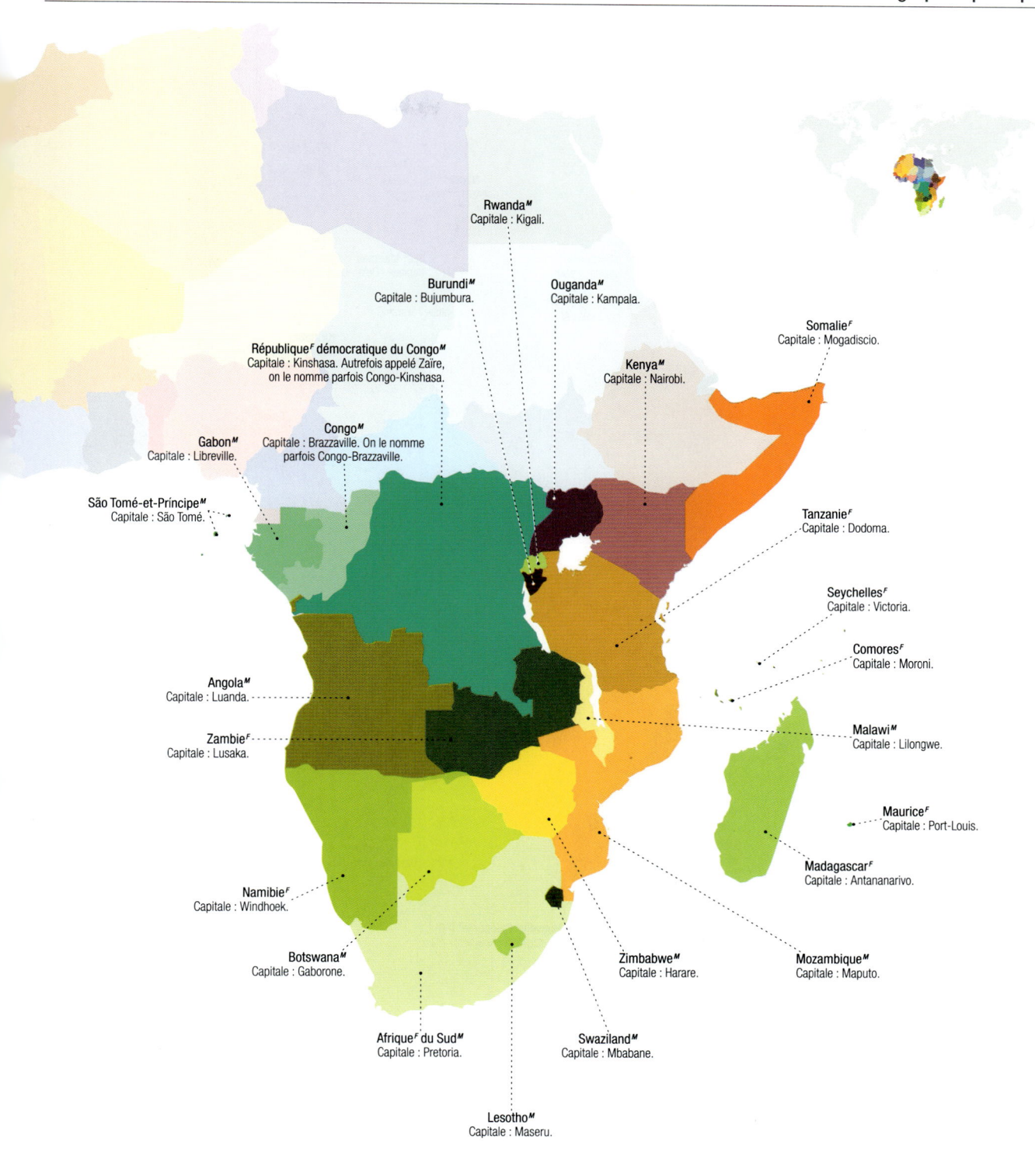

cartographie politique

Rwanda
Capitale : Kigali.

Burundi
Capitale : Bujumbura.

Ouganda
Capitale : Kampala.

Somalie
Capitale : Mogadiscio.

République démocratique du Congo
Capitale : Kinshasa. Autrefois appelé Zaïre, on le nomme parfois Congo-Kinshasa.

Kenya
Capitale : Nairobi.

Gabon
Capitale : Libreville.

Congo
Capitale : Brazzaville. On le nomme parfois Congo-Brazzaville.

Tanzanie
Capitale : Dodoma.

São Tomé-et-Príncipe
Capitale : São Tomé.

Seychelles
Capitale : Victoria.

Comores
Capitale : Moroni.

Angola
Capitale : Luanda.

Zambie
Capitale : Lusaka.

Malawi
Capitale : Lilongwe.

Maurice
Capitale : Port-Louis.

Madagascar
Capitale : Antananarivo.

Namibie
Capitale : Windhoek.

Botswana
Capitale : Gaborone.

Zimbabwe
Capitale : Harare.

Mozambique
Capitale : Maputo.

Afrique du Sud
Capitale : Pretoria.

Swaziland
Capitale : Mbabane.

Lesotho
Capitale : Maseru.

TERRE

cartographie politique

Océanie
Continent qui regroupe une profusion d'îles éparpillées entre l'océan Pacifique et l'océan Indien, dont la plus importante est l'Australie.

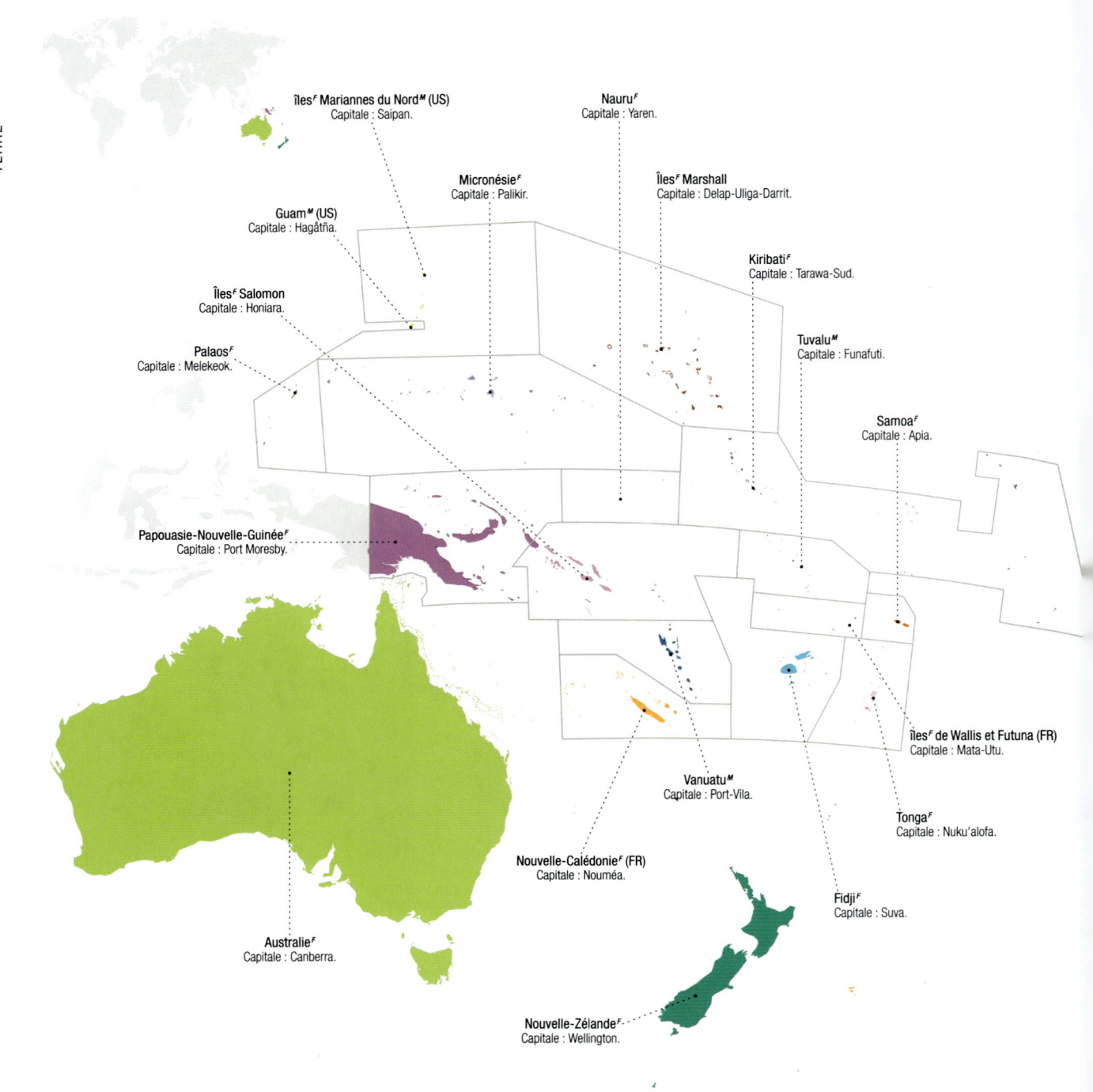

- Îles Mariannes du Nord (US) — Capitale : Saipan.
- Nauru — Capitale : Yaren.
- Micronésie — Capitale : Palikir.
- Îles Marshall — Capitale : Delap-Uliga-Darrit.
- Guam (US) — Capitale : Hagåtña.
- Kiribati — Capitale : Tarawa-Sud.
- Îles Salomon — Capitale : Honiara.
- Tuvalu — Capitale : Funafuti.
- Palaos — Capitale : Melekeok.
- Samoa — Capitale : Apia.
- Papouasie-Nouvelle-Guinée — Capitale : Port Moresby.
- Îles de Wallis et Futuna (FR) — Capitale : Mata-Utu.
- Vanuatu — Capitale : Port-Vila.
- Tonga — Capitale : Nuku'alofa.
- Nouvelle-Calédonie (FR) — Capitale : Nouméa.
- Fidji — Capitale : Suva.
- Australie — Capitale : Canberra.
- Nouvelle-Zélande — Capitale : Wellington.

géographie 63

télédétection^F

Ensemble de techniques permettant, à l'aide d'ondes électromagnétiques, d'acquérir à distance des informations sur la surface et l'atmosphère terrestres.

réseau^M de localisation^F GPS
Ensemble de satellites et de stations de contrôle terrestres formant le système de localisation GPS.

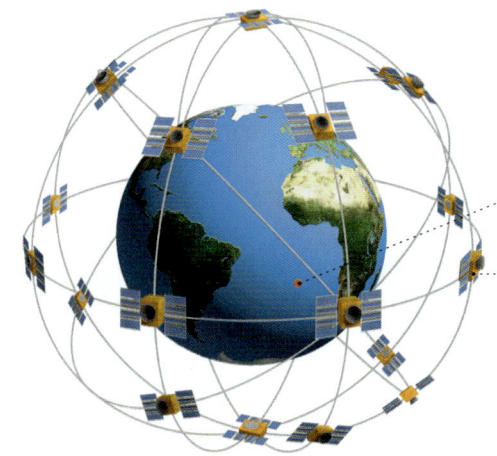

station^F de contrôle^M
Installation terrestre à partir de laquelle on calcule l'orbite des satellites et on s'assure de leur bon fonctionnement.

satellite^M de localisation^F
Engin spatial placé en orbite autour de la Terre, qui émet des signaux vers des récepteurs au sol.

TERRE

système^M de localisation^F GPS
Système mondial permettant de déterminer une position à l'aide des signaux émis par des satellites vers un récepteur GPS.

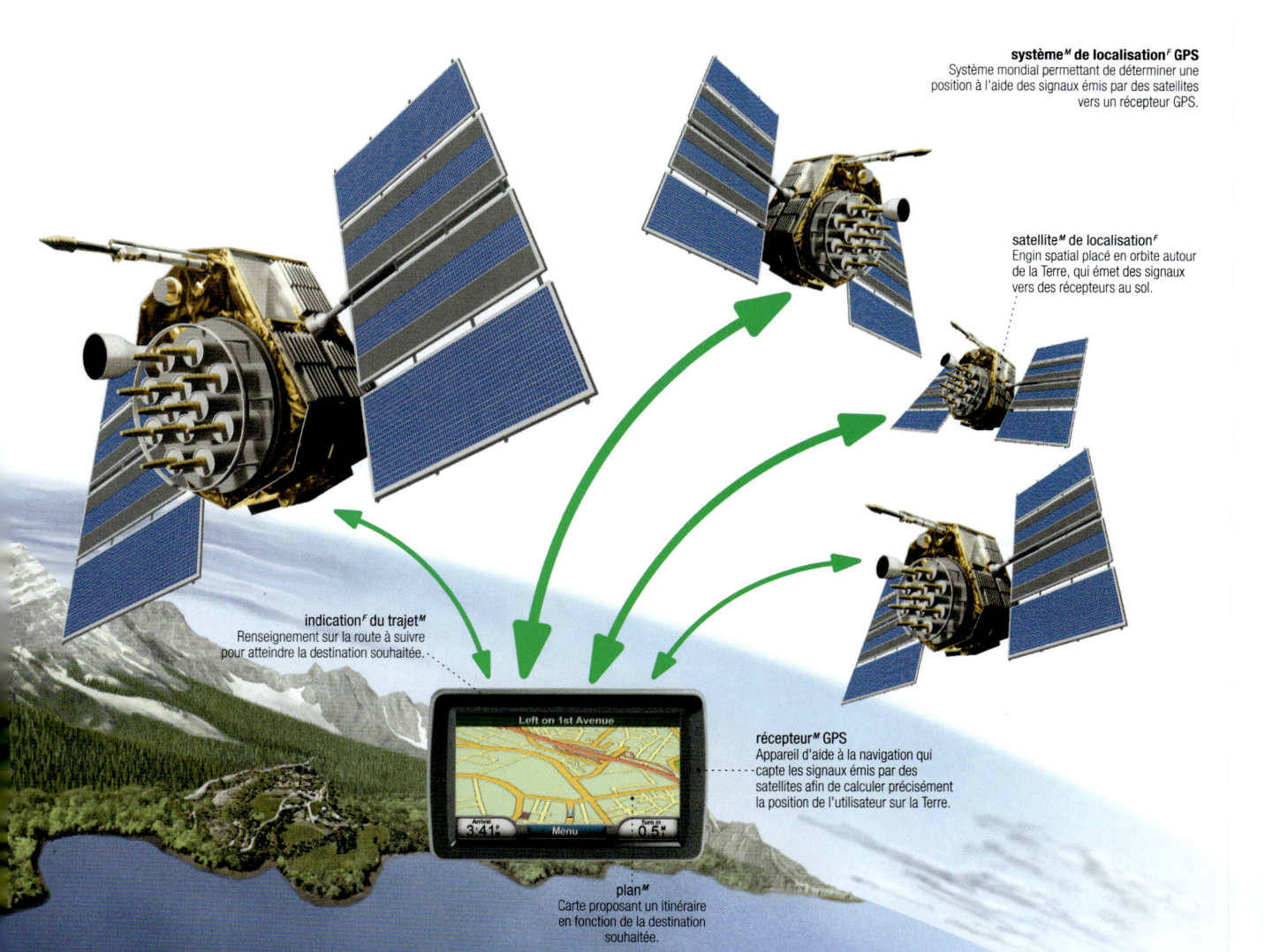

satellite^M de localisation^F
Engin spatial placé en orbite autour de la Terre, qui émet des signaux vers des récepteurs au sol.

indication^F du trajet^M
Renseignement sur la route à suivre pour atteindre la destination souhaitée.

récepteur^M GPS
Appareil d'aide à la navigation qui capte les signaux émis par des satellites afin de calculer précisément la position de l'utilisateur sur la Terre.

plan^M
Carte proposant un itinéraire en fonction de la destination souhaitée.

géographie

télédétection^F

radar^M
Dispositif de détection qui émet des ondes électromagnétiques et en reçoit l'écho.

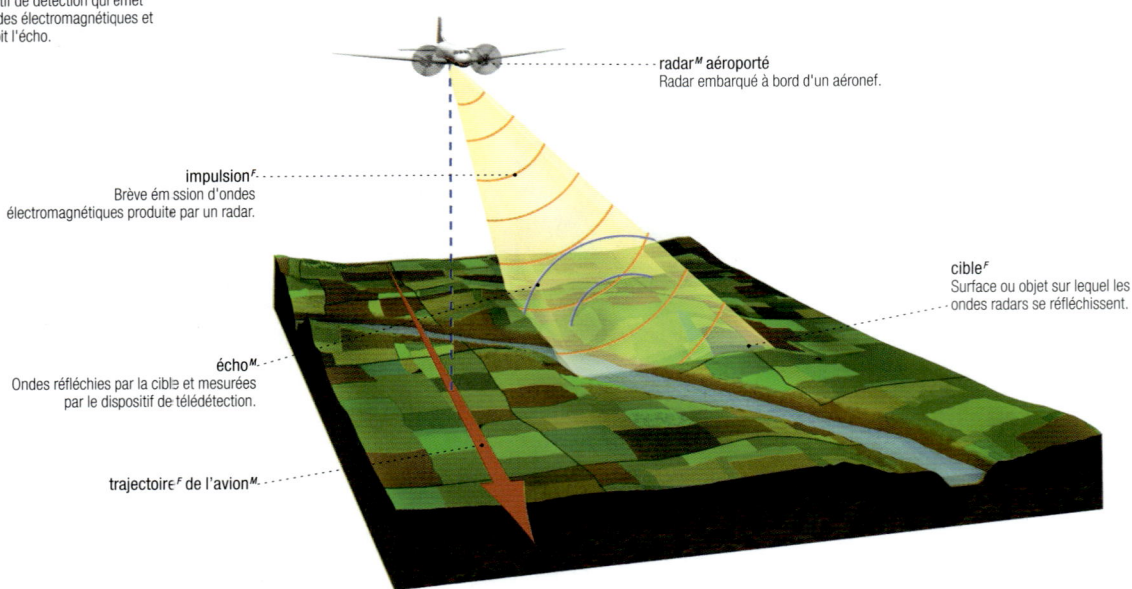

radar^M aéroporté
Radar embarqué à bord d'un aéronef.

impulsion^F
Brève émission d'ondes électromagnétiques produite par un radar.

cible^F
Surface ou objet sur lequel les ondes radars se réfléchissent.

écho^M
Ondes réfléchies par la cible et mesurées par le dispositif de télédétection.

trajectoire^F de l'avion^M

---

satellite^M Radarsat
Satellite d'observation de la Terre conçu par le Canada pour observer les changements environnementaux et l'utilisation des ressources naturelles.

plateforme^F
Élément du satellite relié à la charge utile et équipé pour fournir les ressources nécessaires à son fonctionnement.

propulseur^M
Dispositif qui produit l'impulsion nécessaire au déplacement du satellite.

détecteur^M d'horizon^M terrestre
Appareil permettant le repérage de l'horizon terrestre afin d'orienter correctement l'antenne du radar.

détecteur^M solaire
Appareil permettant de positionner les panneaux solaires en direction du Soleil afin d'en capter l'énergie.

panneau^M solaire
Dispositif d'alimentation permettant de convertir l'énergie solaire en énergie électrique directement utilisable.

module^M de charge^F utile
Élément du satellite qui regroupe le matériel de détection et l'équipement de maintenance.

antenne^F de télécommande^F
Type d'antenne qui permet au centre de contrôle de transmettre des commandes au satellite.

structure^F du support^M

antenne^F radar^M
Antenne conçue pour émettre les faisceaux d'ondes électromagnétiques et en capter l'écho réfléchi par la surface terrestre.

antenne^F en bande^F X
Type d'antenne qui émet et reçoit des ondes de très haute fréquence.

fauchée^F
Largeur de la surface terrestre observée lors du passage du satellite.

faisceau^M radar^M
Ensemble des trajectoires des ondes électromagnétiques, en forme d'éventail, émises par un radar dans une direction donnée.

géographie

télédétection

sonar
Système de détection émettant des ultrasons, essentiellement utilisé pour la détection en milieu marin.

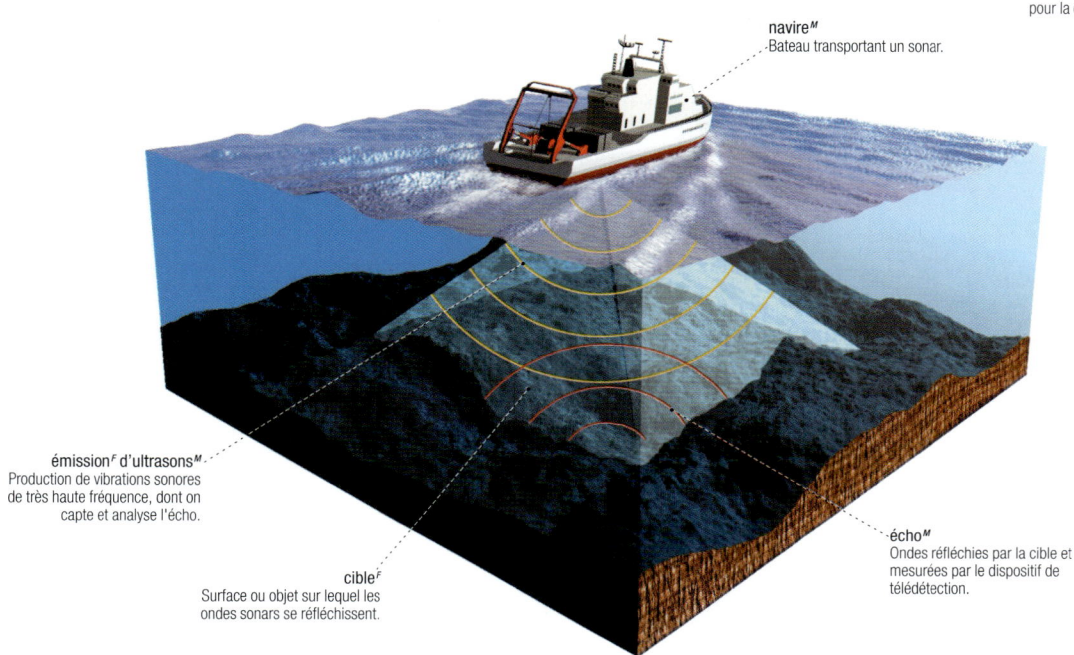

navire
Bateau transportant un sonar.

émission d'ultrasons
Production de vibrations sonores de très haute fréquence, dont on capte et analyse l'écho.

cible
Surface ou objet sur lequel les ondes sonars se réfléchissent.

écho
Ondes réfléchies par la cible et mesurées par le dispositif de télédétection.

télédétection par satellite
Observation de la surface et de l'atmosphère terrestres par un satellite équipé d'un capteur.

source d'énergie
À l'origine du processus de télédétection se trouve une source d'énergie, par exemple le Soleil, pour illuminer une cible.

capteur passif
Dispositif qui reçoit les ondes que produit la réflexion, par la cible, du rayonnement naturel du Soleil.

enregistrement des données
Si le satellite ne peut communiquer avec la station terrestre, les données sont enregistrées à bord et transmises plus tard.

capteur actif
Dispositif qui émet lui-même l'énergie nécessaire pour illuminer la cible et qui reçoit les ondes qu'elle réfléchit.

enregistrement des données
Si le satellite ne peut communiquer avec la station terrestre, les données sont enregistrées à bord et transmises plus tard.

traitement des données
Les données brutes sont interprétées et analysées pour en tirer des informations sur la cible.

rayonnement naturel
Lorsque le ciel est dégagé, le satellite capte la réflexion des rayons solaires sur la surface de la Terre.

réflexion
Phénomène par lequel les ondes naturelles ou artificielles rebondissent sur la cible en direction du satellite.

rayonnement artificiel
Lorsque les conditions atmosphériques voilent le rayonnement solaire, le capteur actif émet lui-même un rayonnement d'ondes.

réception des données
Les données brutes parviennent à la station terrestre sous forme numérique.

transmission des données
Le capteur communique, si possible immédiatement, ses données brutes à une station terrestre pour traitement.

cible
Surface ou objet réfléchissant le rayonnement solaire.

cible
Surface ou objet réfléchissant le rayonnement solaire.

TERRE

structure de la Terre

La Terre est formée de trois couches concentriques, le noyau, le manteau et la croûte, séparées par des zones de transition appelées discontinuités.

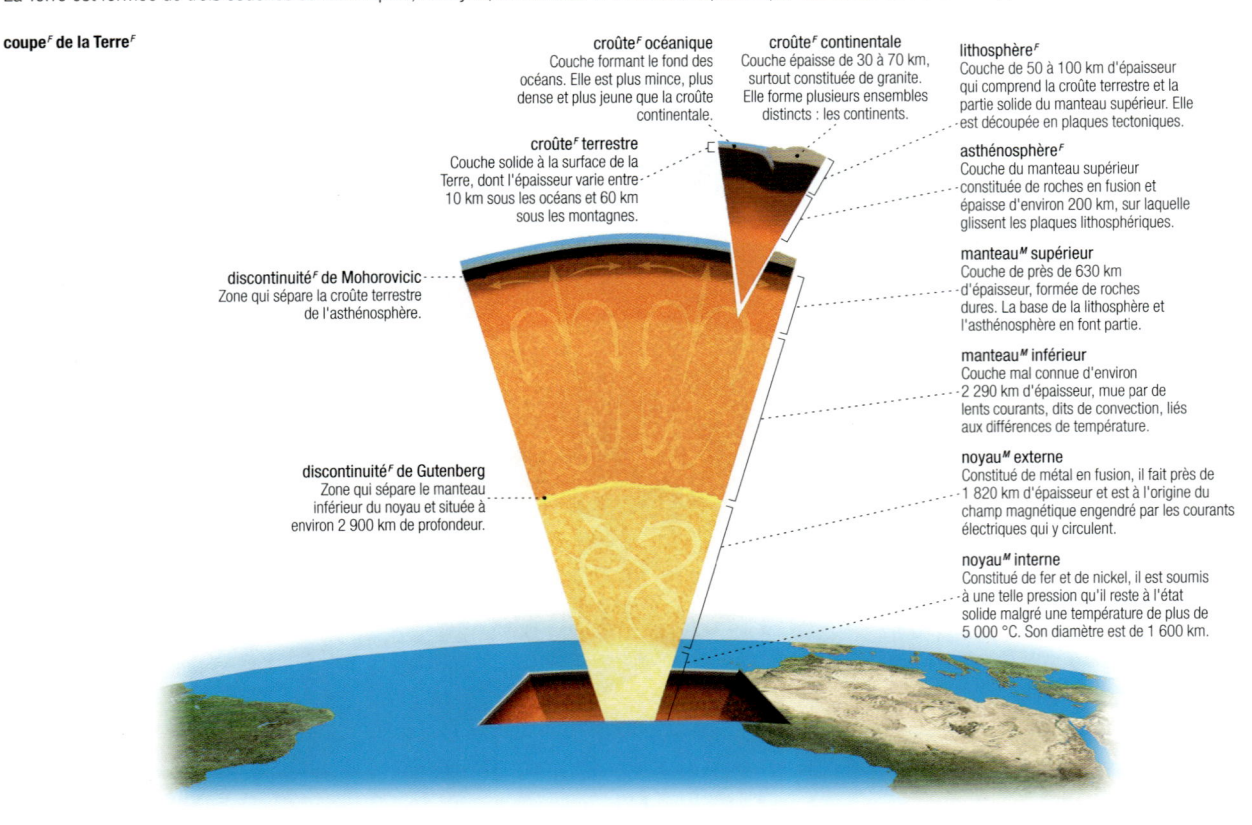

coupe de la Terre

croûte océanique
Couche formant le fond des océans. Elle est plus mince, plus dense et plus jeune que la croûte continentale.

croûte continentale
Couche épaisse de 30 à 70 km, surtout constituée de granite. Elle forme plusieurs ensembles distincts : les continents.

lithosphère
Couche de 50 à 100 km d'épaisseur qui comprend la croûte terrestre et la partie solide du manteau supérieur. Elle est découpée en plaques tectoniques.

croûte terrestre
Couche solide à la surface de la Terre, dont l'épaisseur varie entre 10 km sous les océans et 60 km sous les montagnes.

asthénosphère
Couche du manteau supérieur constituée de roches en fusion et épaisse d'environ 200 km, sur laquelle glissent les plaques lithosphériques.

discontinuité de Mohorovicic
Zone qui sépare la croûte terrestre de l'asthénosphère.

manteau supérieur
Couche de près de 630 km d'épaisseur, formée de roches dures. La base de la lithosphère et l'asthénosphère en font partie.

manteau inférieur
Couche mal connue d'environ 2 290 km d'épaisseur, mue par de lents courants, dits de convection, liés aux différences de température.

discontinuité de Gutenberg
Zone qui sépare le manteau inférieur du noyau et située à environ 2 900 km de profondeur.

noyau externe
Constitué de métal en fusion, il fait près de 1 820 km d'épaisseur et est à l'origine du champ magnétique engendré par les courants électriques qui y circulent.

noyau interne
Constitué de fer et de nickel, il est soumis à une telle pression qu'il reste à l'état solide malgré une température de plus de 5 000 °C. Son diamètre est de 1 600 km.

coupe de la croûte terrestre

La croûte terrestre, continentale et océanique, se compose principalement de roches sédimentaires, métamorphiques et ignées.

niveau de la mer
Hauteur moyenne de l'eau observée sur une durée donnée (jour, mois, année), qui sert de référence pour définir le trait de côte et calculer la hauteur des reliefs.

roches d'intrusion
Roches ignées qui ont remonté près de la surface terrestre.

volcan
Relief résultant de l'accumulation et de la solidification en surface de laves et de cendres issues du manteau supérieur lors d'éruptions successives.

roches sédimentaires
Roches formées par l'accumulation, la compaction et la cimentation de fragments résultant de l'érosion d'autres roches et de débris d'organismes vivants.

chaîne de montagnes
Ensemble allongé de reliefs élevés reliés entre eux, qui se caractérise par de hauts sommets et de profondes vallées.

fond de l'océan
Partie de la surface terrestre sous les mers et les océans, dont le relief est très varié.

croûte basaltique
Couche de basalte, roche plus dense que le granite, qui forme le fond des océans et qui est recouverte par divers types de débris.

croûte granitique
Couche de granite qui forme essentiellement les continents.

roches métamorphiques
Roches qui résultent de la transformation de roches ignées ou sédimentaires soumises à des pressions et à des températures très élevées.

roches ignées
Roches résultant du refroidissement et de la solidification de magmas en fusion à l'intérieur de la Terre. Elles sont aussi appelées roches magmatiques.

géologie

structure^F de la Terre^F

talus^M continental
Pente de quelques degrés qui s'étend de 200 m à 2 000 m de profondeur à partir du plateau continental.

canyon^M sous-marin
Profonde vallée qui prolonge bien souvent un fleuve et qui se termine par une accumulation de sédiments.

glacis^M précontinental
Partie de la marge continentale à très faible pente, qui relie le talus continental à la plaine abyssale.

plaine^F abyssale
Zone située entre 2 000 et 6 000 m de profondeur, qui occupe la majeure partie du fond des océans.

fond^M de l'océan^M
Partie de la surface terrestre sous les mers et les océans, dont le relief est très varié.

continent^M
Ensemble comprenant les vastes étendues de terre émergées et leurs bordures immergées.

dorsale^F médio-océanique
Ensemble de chaînes de montagnes sous-marines sillonnant les océans et formé par l'épanchement du magma.

niveau^M de la mer^F
Hauteur moyenne de l'eau observée sur une durée donnée (jour, mois, année) et qui sert de référence pour situer le trait de côte et calculer la hauteur des reliefs.

colline^F abyssale
Relief sous-marin arrondi et peu élevé.

marge^F continentale
Extension sous-marine du continent, qui comprend le plateau continental, le talus continental et le glacis précontinental.

plateau^M continental
Partie de la marge continentale, qui s'étend de la côte du continent au glacis précontinental et dont la profondeur n'excède pas 200 m.

guyot^M
Ancien volcan dont le sommet a été tronqué par l'érosion avant d'être immergé.

piton^M sous-marin
Montagne isolée, d'origine volcanique, au sommet pointu.

arc^M insulaire
Guirlande d'îles volcaniques formées par le rapprochement de deux plaques.

magma^M
Ensemble composé de roches en fusion et de gaz, qui subit de très fortes pressions et dont la température est très élevée.

fosse^F abyssale
Dépression allongée et très profonde, en bordure d'un continent ou d'un arc insulaire, qui résulte de l'enfoncement d'une plaque sous une autre.

île^F volcanique
Volcan dont le sommet émerge au-dessus du niveau de la mer.

stalactite^F
Formation rocheuse cristalline due à l'évaporation partielle des gouttes d'eau qui perlent de la voûte de la grotte.

doline^F
Cuvette formée par l'infiltration continue d'eau dans la roche calcaire et la dissolution de celle-ci.

grotte^F
Cavité souterraine naturelle qui résulte du lent travail de dissolution et d'érosion par l'eau dans les roches.

colonne^F
Formation rocheuse cristalline résultant de la rencontre d'une stalactite et d'une stalagmite.

lapiaz^M
Surface de roche calcaire qui présente des crêtes séparées par des cannelures, souvent profondes, façonnées par l'eau.

gorge^F
Ravin étroit et profond parcouru par une rivière permanente ou intermittente.

aven^M
Puits naturel reliant une doline à un gouffre souterrain.

gouffre^M
Trou profond, qui fait communiquer la surface du sol et la galerie souterraine, causé par l'effondrement de la voûte de la grotte.

chute^F
Écoulement presque vertical d'un cours d'eau dû à un brusque changement de niveau de son lit.

galerie^F sèche
Couloir souterrain asséché à la suite de l'abaissement de la nappe phréatique.

gour^M
Petits bassins façonnés par l'eau.

nappe^F phréatique
Vaste étendue d'eau souterraine formée par l'eau de pluie infiltrée dans le sol. Elle alimente les sources et peut être captée par les puits.

rivière^F souterraine
Cours d'eau passant au travers de cavités souterraines.

stalagmite^F
Formation rocheuse cristalline due à l'évaporation des gouttes d'eau tombées sur le plancher de la grotte.

résurgence^F
Retour à la surface d'un cours d'eau souterrain après sa disparition en amont.

structure de la Terre

plaques tectoniques
Immenses portions de la lithosphère, qui glissent sur l'asthénosphère. Ce déplacement façonne le relief de la Terre.

plaque des îles Cocos
Plaque qui longe le Mexique et l'Amérique centrale et qui s'enfonce sous la plaque nord-américaine et la plaque des Caraïbes.

plaque arabique
Plaque secondaire qui se déplace vers le nord-est de 4 cm par an, le long de la faille de la mer Morte, donnant une forte activité sismique le long de ce couloir.

plaque pacifique
Seule plaque entièrement océanique, elle est aussi une des plaques qui se déplacent le plus rapidement (10 cm par an).

plaque des Caraïbes
Plaque en subduction sous les plaques américaines, qui a donné naissance aux îles des Petites Antilles.

plaque nord-américaine
Plaque qui provoque, avec la plaque pacifique, la faille de San Andreas, longue de 1 200 km, du golfe de Californie à San Francisco.

plaque eurasiatique
Plaque en convergence avec la plaque indo-australienne; elle a donné naissance à la chaîne de l'Himalaya.

plaque philippine
Plaque qui forme l'archipel des Philippines par subduction avec la plaque eurasiatique.

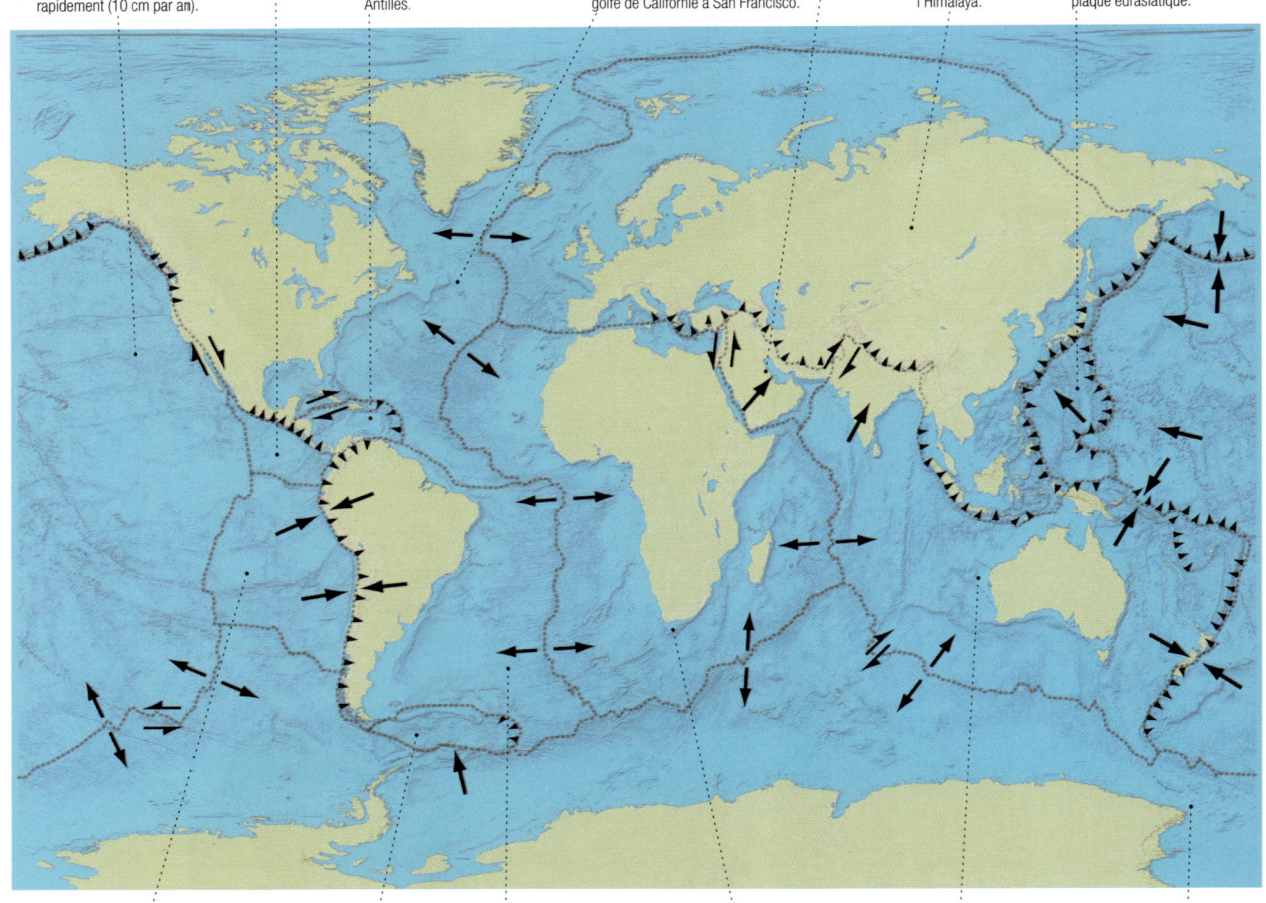

plaque Nazca
Plaque qui figure parmi les plus rapides en se déplaçant de 7 cm par an.

plaque Scotia
Petite plaque sous laquelle glisse la plaque antarctique et une portion de la plaque sud-américaine.

plaque sud-américaine
Plaque qui forme la cordillère des Andes par subduction de la plaque Nazca.

plaque africaine
Plaque qui, en divergeant de la plaque sud-américaine, forme une chaîne de montagnes sous-marines.

plaque indo-australienne
Plaque qui se déplace de 7 cm par an vers le nord; elle forme la mer Rouge par divergence avec la plaque africaine.

plaque antarctique
Plaque la plus grande, qui est stationnaire.

subduction
Phénomène par lequel une plaque océanique glisse sous une plaque continentale ou sous une autre plaque océanique. Il en résulte une fosse.

plaques transformantes
Plaques qui glissent l'une contre l'autre en provoquant des séismes le long de failles du même nom.

plaques convergentes
Plaques qui entrent en collision et qui provoquent soit un phénomène de subduction, soit de plissement donnant naissance à des montagnes.

plaques divergentes
Plaques qui s'écartent l'une de l'autre, provoquant l'apparition de magma, et qui génèrent une nouvelle croûte en se solidifiant.

géologie

structure de la Terre

fosses et dorsales océaniques
Fosse : cavité allongée et très profonde qui résulte de l'enfoncement d'une plaque sous une autre. Dorsale : chaîne de montagnes sous-marines formée par la remontée du magma dans une zone où deux plaques s'éloignent.

fosse de Porto Rico
Fosse située au large de Porto Rico, à la frontière des plaques sud-américaine et des Caraïbes. Elle comprend le point le plus profond de l'Atlantique (8 400 m).

fosse des Mariannes
Cavité située près de l'archipel des Mariannes, au point de rencontre des plaques philippine et pacifique. C'est la fosse la plus profonde (environ 11 000 m).

fosse des Aléoutiennes
Fosse de 7 800 m de profondeur s'étendant de l'Alaska à la péninsule du Kamtchatka. Elle marque l'enfoncement de la plaque pacifique sous la plaque nord-américaine.

Europe
Extrémité occidentale du vaste ensemble continental eurasiatique, que l'Oural sépare, par convention, de l'Asie. L'étendue de son territoire est faible.

fosse des Ryukyu
Fosse s'enfonçant jusqu'à une profondeur de 7 500 m. Située près de l'archipel des Ryukyu, elle marque la frontière entre les plaques philippine et eurasiatique.

fosse du Japon
Fosse située à l'est du Japon, à la frontière des plaques pacifique et eurasiatique. Zone d'activité sismique intense, elle atteint 8 400 m de profondeur.

Amérique du Nord
Elle représente environ 16 % des terres émergées avec plus de 24 millions de km² et se prolonge par l'isthme de l'Amérique.

dorsale médio-atlantique
Dorsale d'environ 11 300 km de longueur située au centre de l'océan Atlantique. Certaines montagnes atteignent la surface, formant des îles comme l'Islande.

Asie
Continent le plus vaste, qui représente 32 % des terres émergées, et aussi le plus peuplé ; il est dominé par d'imposantes chaînes de montagnes.

fosse des Kouriles
Fosse située au nord-est du Japon, dont la profondeur atteint 10 500 m. Elle résulte de l'enfoncement de la plaque pacifique sous la plaque eurasiatique.

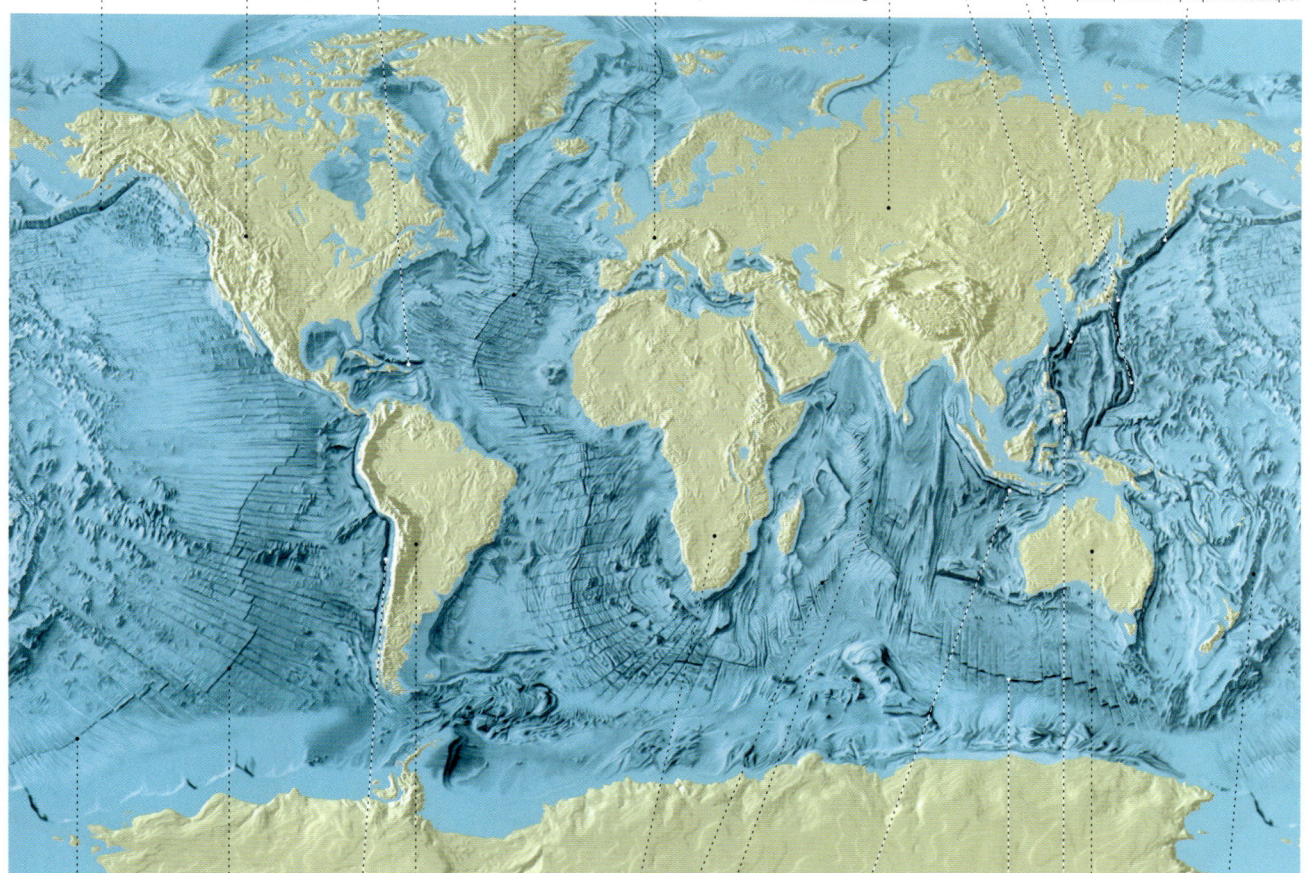

dorsale du Pacifique Est
Dorsale qui marque la frontière entre les plaques pacifique et des îles Cocos au nord, et entre les plaques pacifique et Nazca au sud.

Afrique
Continent qui représente environ 20 % des terres émergées et dont les 2/3 de la superficie sont situés au nord de l'équateur.

fosse de Java
Fosse située au sud de l'Indonésie, à la frontière des plaques indo-australienne et eurasiatique. C'est le point le plus profond de l'océan Indien (7 400 m).

fosse des Tonga-Kermadec
Cavité située au nord de la Nouvelle-Zélande, à la rencontre des plaques pacifique et indo-australienne. Elle s'enfonce à 10 800 m de profondeur.

dorsale Pacifique-Antarctique
Chaîne de montagnes séparant les plaques pacifique et antarctique. Elle rejoint la dorsale du Pacifique Est au large de l'Amérique du Sud.

dorsale Sud-Ouest-indienne
Dorsale qui sépare les plaques africaine et antarctique. Elle rejoint les dorsales médio-indienne et Sud-Est-indienne.

dorsale Sud-Est-indienne
Dorsale séparant les plaques antarctique et indo-australienne. Elle a un relief plus régulier que les dorsales Sud-Ouest-indienne et médio-indienne.

Australie
La plus grande île du monde (7,7 millions de km²) est peu peuplée malgré sa superficie et la faune y est rendue spécifique par l'isolement.

fosse Pérou-Chili
Fosse de 8 000 m de profondeur bordant l'Amérique du Sud. La plus longue des fosses (5 900 km), elle est située à la frontière des plaques Nazca et sud-américaine.

dorsale médio-indienne
Chaîne située au centre de l'océan Indien, qui sépare les plaques africaine et indo-australienne.

fosse des Philippines
Fosse bordant l'est des Philippines, dont la profondeur atteint 10 500 m. Elle est liée à l'enfoncement de la plaque philippine sous la plaque eurasiatique.

Amérique du Sud
Elle représente environ 12 % des terres émergées. Elle se caractérise par la cordillère des Andes à l'ouest et des plaines et plateaux au centre et à l'est.

géologie

relief^M de la Terre^F

Ensemble des dénivellations terrestres définies par les hauteurs et les dépressions du terrain et du fond océanique.

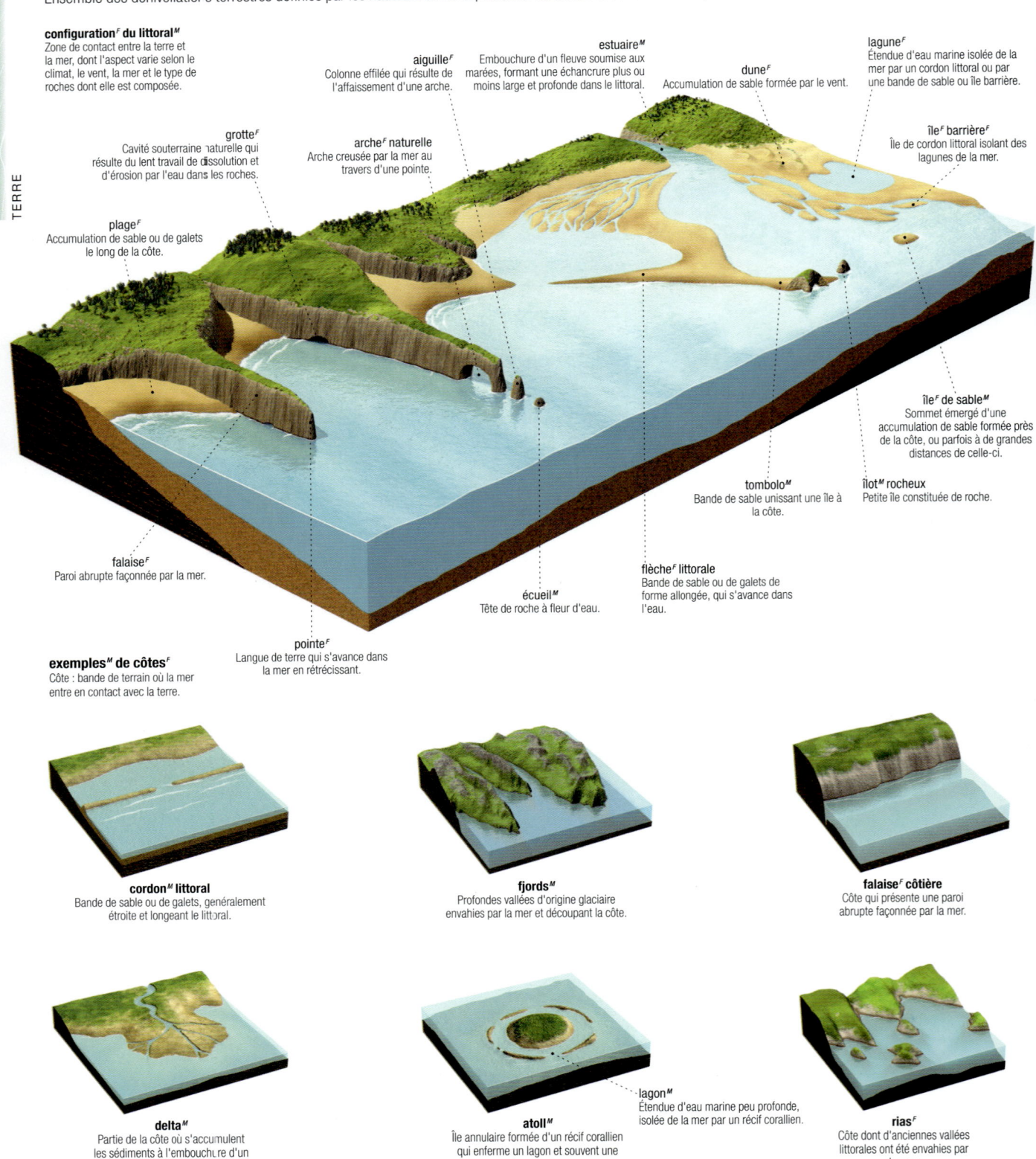

configuration^F du littoral^M
Zone de contact entre la terre et la mer, dont l'aspect varie selon le climat, le vent, la mer et le type de roches dont elle est composée.

aiguille^F
Colonne effilée qui résulte de l'affaissement d'une arche.

estuaire^M
Embouchure d'un fleuve soumise aux marées, formant une échancrure plus ou moins large et profonde dans le littoral.

dune^F
Accumulation de sable formée par le vent.

lagune^F
Étendue d'eau marine isolée de la mer par un cordon littoral ou par une bande de sable ou île barrière.

grotte^F
Cavité souterraine naturelle qui résulte du lent travail de dissolution et d'érosion par l'eau dans les roches.

arche^F naturelle
Arche creusée par la mer au travers d'une pointe.

île^F barrière^F
Île de cordon littoral isolant des lagunes de la mer.

plage^F
Accumulation de sable ou de galets le long de la côte.

île^F de sable^M
Sommet émergé d'une accumulation de sable formée près de la côte, ou parfois à de grandes distances de celle-ci.

tombolo^M
Bande de sable unissant une île à la côte.

îlot^M rocheux
Petite île constituée de roche.

falaise^F
Paroi abrupte façonnée par la mer.

écueil^M
Tête de roche à fleur d'eau.

flèche^F littorale
Bande de sable ou de galets de forme allongée, qui s'avance dans l'eau.

pointe^F
Langue de terre qui s'avance dans la mer en rétrécissant.

exemples^M de côtes^F
Côte : bande de terrain où la mer entre en contact avec la terre.

cordon^M littoral
Bande de sable ou de galets, généralement étroite et longeant le littoral.

fjords^M
Profondes vallées d'origine glaciaire envahies par la mer et découpant la côte.

falaise^F côtière
Côte qui présente une paroi abrupte façonnée par la mer.

delta^M
Partie de la côte où s'accumulent les sédiments à l'embouchure d'un fleuve, divisée en plusieurs bras.

atoll^M
Île annulaire formée d'un récif corallien qui enferme un lagon et souvent une île centrale.

lagon^M
Étendue d'eau marine peu profonde, isolée de la mer par un récif corallien.

rias^F
Côte dont d'anciennes vallées littorales ont été envahies par la mer.

géologie 71

relief^M de la Terre^F

montagne^F
Relief élevé qui se caractérise par des pentes raides et qui appartient généralement à un ensemble.

sommet^M
Point le plus élevé de la montagne.

col^M
Dépression du relief montagneux permettant le passage.

neiges^F **éternelles**
Neiges amoncelées sur la partie la plus élevée d'une montagne et qui ne fondent jamais.

falaise^F
Versant en pente abrupte et sans aspérités.

contrefort^M
Chaîne de montagnes moins élevées bordant la chaîne principale.

arête^F
Ligne d'intersection de deux versants d'une montagne. Elle peut descendre jusque dans la vallée.

pic^M
Montagne dont le sommet est en forme de cône ou de pointe.

crête^F
Partie allongée et étroite, la plus élevée d'une montagne.

TERRE

versant^M
Chacun des côtés de la montagne qui descendent jusqu'à la vallée.

torrent^M
Cours d'eau à forte pente et au débit irrégulier, sujet à des crues violentes lors de la fonte des neiges.

vallée^F
Dépression allongée, qui a été façonnée par un cours d'eau ou un glacier, et délimitée par les versants des reliefs environnants.

colline^F
Relief peu élevé, de forme arrondie et dont les versants sont en pente douce.

forêt^F
Vaste étendue de terrain couverte d'arbres.

kettle^M
Cavité qui s'est formée lors de la fonte d'une masse de glace (culot) détachée de la langue glaciaire lors de son retrait. Certains kettles s'emplissent d'eau et forment un lac.

plateau^M
Vaste étendue de terre relativement plate, plus élevée que les régions environnantes, délimitée par des vallées profondes et encaissées.

drumlin^M
Colline basse sculptée par un glacier en mouvement, formée de matériaux glaciaires. Les drumlins sont généralement regroupés et parallèles les uns aux autres.

lac^M
Nappe d'eau plus ou moins étendue de profondeur très variable et entièrement entourée de terre.

géologie

relief^M de la Terre^F

glacier^M
Masse de glace résultant de l'accumulation et de la compression de la neige, se déplaçant sous l'action de son propre poids.

rimaye^F
Crevasse entre le névé et la paroi rocheuse, qui apparaît lorsque le glacier se détache de la paroi.

névé^M
Amas de neige qui occupe un cirque et qui, comprimé par son propre poids, se transforme en glace et alimente le glacier.

cirque^M glaciaire
Cavité semi-circulaire, aux parois abruptes, creusée par la glace.

moraine^F médiane
Elle se forme là où se rencontrent les moraines latérales de deux langues glaciaires parallèles.

glacier^M suspendu
Glacier sans langue glaciaire qui reste dans son cirque.

sérac^M
Amas chaotiques de glace instable limités par des crevasses.

moraine^F latérale
Ensemble de débris rocheux arrachés aux parois du relief par le raclement de la glace.

eau^F de fonte^F
Eau qui s'écoule sous la langue glaciaire et qui forme des rivières ou parfois des lacs au pied du glacier.

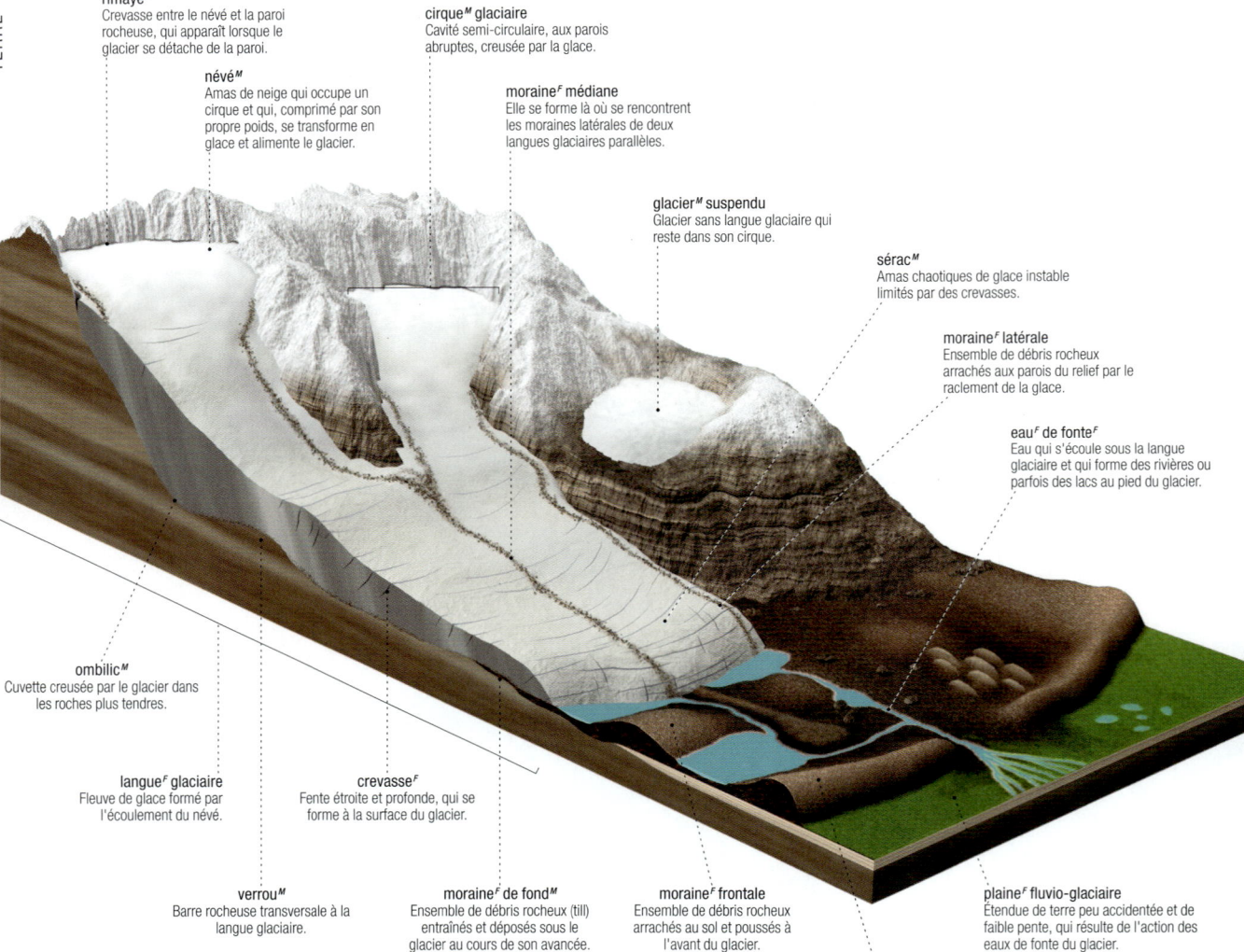

ombilic^M
Cuvette creusée par le glacier dans les roches plus tendres.

langue^F glaciaire
Fleuve de glace formé par l'écoulement du névé.

crevasse^F
Fente étroite et profonde, qui se forme à la surface du glacier.

verrou^M
Barre rocheuse transversale à la langue glaciaire.

moraine^F de fond^M
Ensemble de débris rocheux (till) entraînés et déposés sous le glacier au cours de son avancée.

moraine^F frontale
Ensemble de débris rocheux arrachés au sol et poussés à l'avant du glacier.

plaine^F fluvio-glaciaire
Étendue de terre peu accidentée et de faible pente, qui résulte de l'action des eaux de fonte du glacier.

moraine^F terminale
Moraine frontale qui marque la position la plus avancée du glacier avant son retrait.

géologie

relief de la Terre

ruisseauM
Petit cours d'eau alimenté par une source et affluent d'une rivière ou d'un lac.

glacierM
Masse de glace résultant de l'accumulation et de la compression de la neige, se déplaçant sous l'action de son propre poids.

coursM **d'eau**
Écoulement naturel de l'eau, d'importance variable, selon la pente du sol et le nombre d'affluents.

sourceF
Point où l'eau souterraine émerge à la surface du sol et qui peut être à l'origine d'un cours d'eau.

rivièreF
Cours d'eau naturel de faible ou de moyenne importance, qui se jette dans un autre cours d'eau.

gorgeF
Vallée profonde et étroite, aux pentes raides ou très abruptes, creusée par un cours d'eau.

valléeF
Dépression allongée, qui a été façonnée par un cours d'eau ou un glacier, et délimitée par les versants des reliefs environnants.

fleuveM
Cours d'eau important, alimenté par plusieurs rivières, qui se jette dans la mer.

brasM **mort**
Méandre abandonné par le cours d'eau et qui forme un lac en croissant.

plaineF
Vaste étendue de terre relativement plate, moins élevée que les reliefs environnants, aux vallées larges et peu creusées.

alluvionsF
Sédiments (boues, sables, graviers, galets) transportés puis déposés par un cours d'eau.

brasM **de delta**M
Voie empruntée par l'eau d'une rivière ou d'un fleuve à son embouchure. Plusieurs bras séparés par des alluvions forment un delta.

plaineF **d'inondation**F
Surface plane bordant un cours d'eau, sujette à l'inondation en période de crue.

merF
Vaste étendue d'eau salée, moins profonde que l'océan et plus ou moins isolée à l'intérieur des terres.

chuteF **d'eau**F
Écoulement presque vertical d'un cours d'eau dû à un brusque changement de niveau de son lit.

lacM
Nappe d'eau plus ou moins étendue de profondeur très variable et entièrement entourée de terre.

effluentM
Cours d'eau issu d'un lac ou d'un glacier.

affluentM
Cours d'eau qui se jette dans un cours d'eau de plus grande importance ou dans un lac.

confluentM
Point de rencontre de deux ou plusieurs cours d'eau.

méandreM
Sinuosité décrite par un cours d'eau coulant sur un terrain de pente faible.

deltaM
Partie de la côte où s'accumulent les sédiments à l'embouchure d'un fleuve, divisée en plusieurs bras.

TERRE

exemples M de lacs M

Lac : nappe d'eau plus ou moins étendue de profondeur très variable et entièrement entourée de terre.

lacM **d'origine**F **glaciaire**
Lac qui occupe un bassin creusé par un glacier, où s'est accumulée l'eau à la fonte de celui-ci.

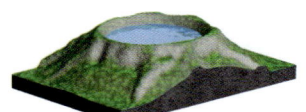

lacM **d'origine**F **volcanique**
Lac qui occupe le cratère d'un volcan éteint.

lacM **d'origine**F **tectonique**
Lac qui occupe un bassin naturel résultant d'effondrements de la croûte terrestre.

lacM **en croissant**M
Lac qui occupe le bras mort d'un cours d'eau.

oasisF
Zone d'un désert rendue fertile par la présence d'eau de surface ou souterraine.

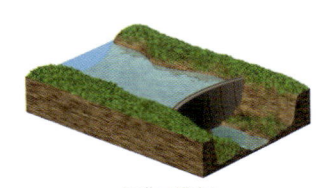

lacM **artificiel**
Lac qui résulte de la construction d'un barrage sur un cours d'eau.

relief^M de la Terre^F

désert^M
Région habituellement chaude où l'aridité est telle (moins de 100 mm de précipitations par année) que la vie végétale et animale est peu abondante.

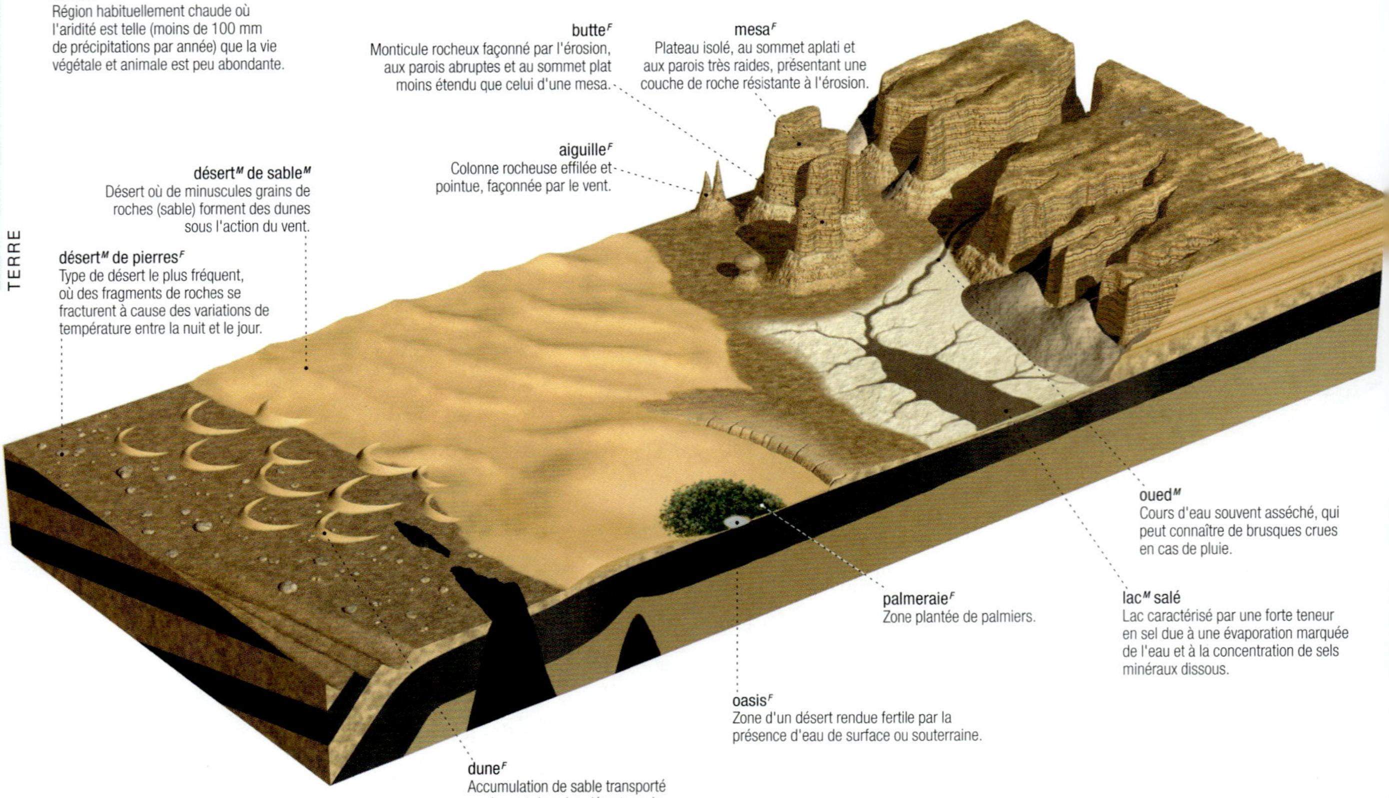

butte^F
Monticule rocheux façonné par l'érosion, aux parois abruptes et au sommet plat moins étendu que celui d'une mesa.

mesa^F
Plateau isolé, au sommet aplati et aux parois très raides, présentant une couche de roche résistante à l'érosion.

désert^M de sable^M
Désert où de minuscules grains de roches (sable) forment des dunes sous l'action du vent.

aiguille^F
Colonne rocheuse effilée et pointue, façonnée par le vent.

désert^M de pierres^F
Type de désert le plus fréquent, où des fragments de roches se fracturent à cause des variations de température entre la nuit et le jour.

oued^M
Cours d'eau souvent asséché, qui peut connaître de brusques crues en cas de pluie.

palmeraie^F
Zone plantée de palmiers.

lac^M salé
Lac caractérisé par une forte teneur en sel due à une évaporation marquée de l'eau et à la concentration de sels minéraux dissous.

oasis^F
Zone d'un désert rendue fertile par la présence d'eau de surface ou souterraine.

dune^F
Accumulation de sable transporté par le vent dans les déserts ou le long des littoraux.

exemples^M de dunes^F
Dune : accumulation de sable transporté par le vent dans les déserts ou le long des littoraux.

direction^F du vent^M

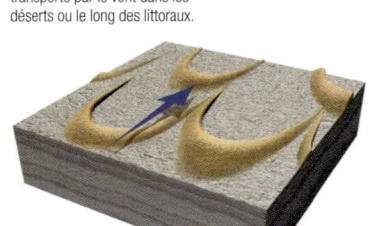

dune^F en croissant^M
Dune mobile en forme de croissant, dont les bras s'allongent dans la direction d'où souffle le vent.

dune^F complexe
Dune en forme d'étoile, qui se forme là où se rencontrent des vents de directions variées.

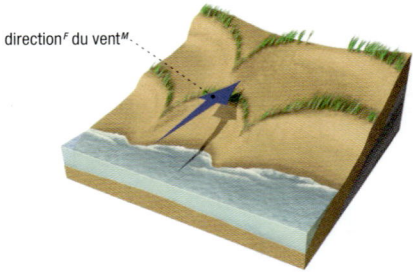

dune^F parabolique
Dune en forme de croissant dont les bras pointent face au vent; elle est observée sur les côtes et souvent fixée par la végétation.

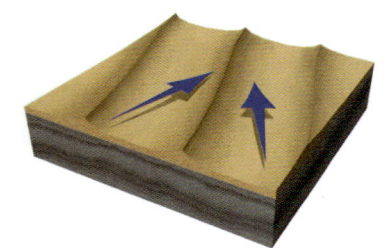

dunes^F longitudinales
Dunes étroites et allongées, qui se forment lorsque le vent souffle dans deux directions convergentes.

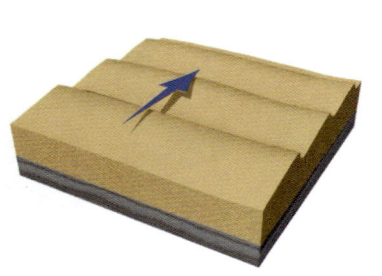

dunes^F transversales
Dunes qui se forment perpendiculairement à la direction du vent.

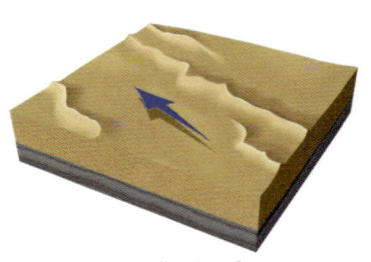

cordon^M de dunes^F
Dunes alignées dans un même axe et parallèles au vent.

géologie

phénomènes géologiques

Manifestations liées au mouvement des plaques tectoniques ou des éléments de la surface terrestre.

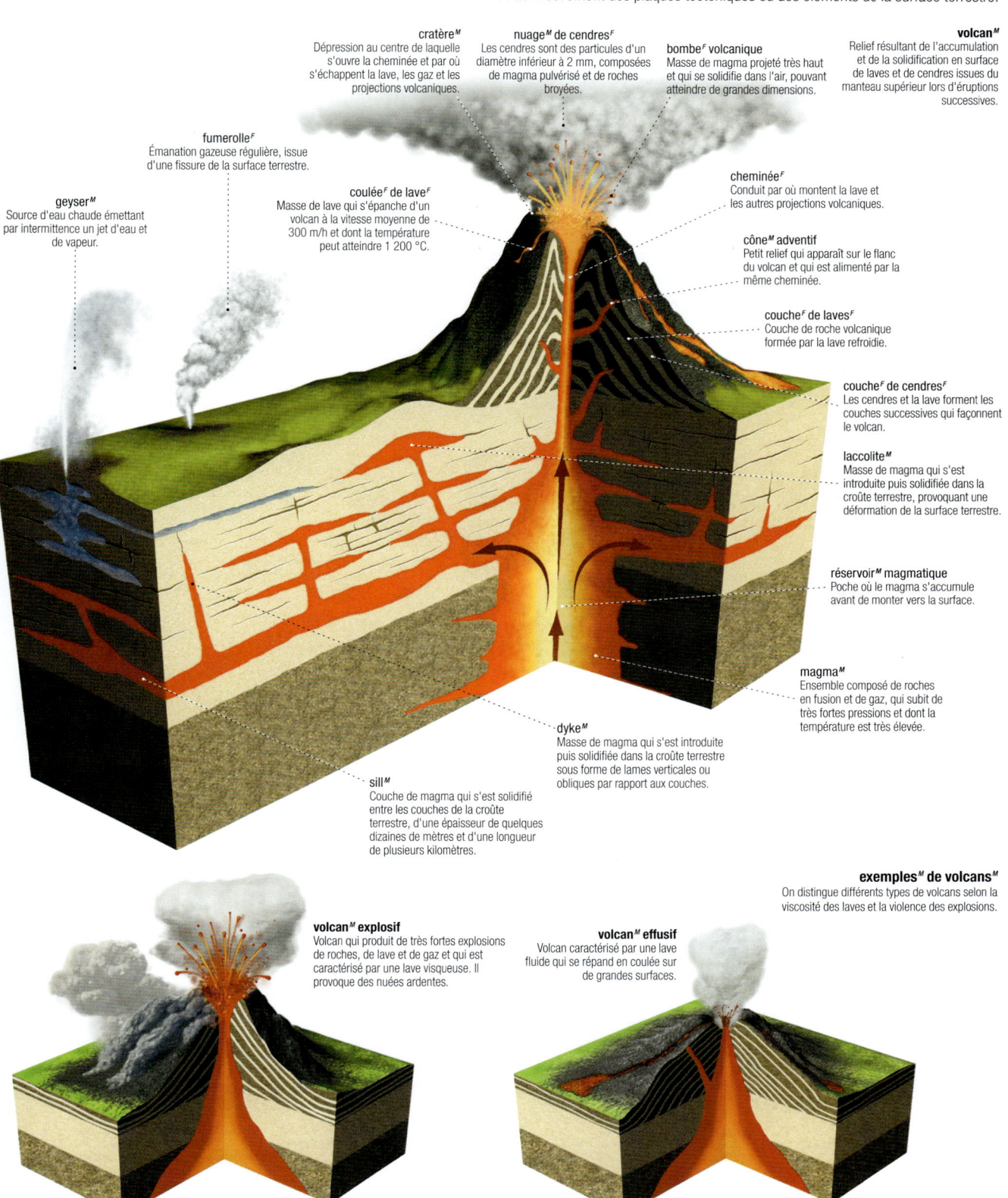

cratère — Dépression au centre de laquelle s'ouvre la cheminée et par où s'échappent la lave, les gaz et les projections volcaniques.

nuage de cendres — Les cendres sont des particules d'un diamètre inférieur à 2 mm, composées de magma pulvérisé et de roches broyées.

bombe volcanique — Masse de magma projeté très haut et qui se solidifie dans l'air, pouvant atteindre de grandes dimensions.

volcan — Relief résultant de l'accumulation et de la solidification en surface de laves et de cendres issues du manteau supérieur lors d'éruptions successives.

fumerolle — Émanation gazeuse régulière, issue d'une fissure de la surface terrestre.

geyser — Source d'eau chaude émettant par intermittence un jet d'eau et de vapeur.

coulée de lave — Masse de lave qui s'épanche d'un volcan à la vitesse moyenne de 300 m/h et dont la température peut atteindre 1 200 °C.

cheminée — Conduit par où montent la lave et les autres projections volcaniques.

cône adventif — Petit relief qui apparaît sur le flanc du volcan et qui est alimenté par la même cheminée.

couche de laves — Couche de roche volcanique formée par la lave refroidie.

couche de cendres — Les cendres et la lave forment les couches successives qui façonnent le volcan.

laccolite — Masse de magma qui s'est introduite puis solidifiée dans la croûte terrestre, provoquant une déformation de la surface terrestre.

réservoir magmatique — Poche où le magma s'accumule avant de monter vers la surface.

magma — Ensemble composé de roches en fusion et de gaz, qui subit de très fortes pressions et dont la température est très élevée.

dyke — Masse de magma qui s'est introduite puis solidifiée dans la croûte terrestre sous forme de lames verticales ou obliques par rapport aux couches.

sill — Couche de magma qui s'est solidifié entre les couches de la croûte terrestre, d'une épaisseur de quelques dizaines de mètres et d'une longueur de plusieurs kilomètres.

TERRE

exemples de volcans — On distingue différents types de volcans selon la viscosité des laves et la violence des explosions.

volcan explosif — Volcan qui produit de très fortes explosions de roches, de lave et de gaz et qui est caractérisé par une lave visqueuse. Il provoque des nuées ardentes.

volcan effusif — Volcan caractérisé par une lave fluide qui se répand en coulée sur de grandes surfaces.

géologie

phénomènes géologiques

séisme
Secousse brusque d'une région de la croûte terrestre causée par le glissement de deux masses rocheuses l'une contre l'autre.

épicentre
Point de la surface terrestre situé à la verticale du foyer, où la secousse est ressentie le plus violemment.

ligne isosiste
Courbe reliant les points de la surface terrestre ayant subi des secousses de même intensité.

propagation de l'onde sismique

profondeur du foyer
Distance entre le foyer et l'épicentre; elle peut atteindre 700 km.

faille
Fracture de la croûte terrestre séparant deux blocs qui glissent l'un contre l'autre lors d'un séisme.

TERRE

croûte terrestre
Couche solide à la surface de la Terre, dont l'épaisseur varie entre 10 km sous les océans et 60 km sous les montagnes.

onde sismique
Vibrations générées à partir du foyer, qui se propagent dans toutes les directions et qui provoquent un tremblement de la surface terrestre.

foyer
Point de la croûte terrestre où se déclenche le séisme. On l'appelle aussi hypocentre.

énergie libérée
Elle voyage sous la forme d'ondes sismiques, dans toutes les directions.

sismographes
Appareils qui enregistrent l'amplitude des ondes sismiques en un point donné de la surface terrestre.

sismographe vertical
Appareil qui sert à mesurer les mouvements verticaux du sol.

sismographe horizontal
Appareil qui sert à mesurer les mouvements horizontaux du sol.

masse
Indépendante des mouvements du sol, elle reste fixe pendant un séisme et sert de référence pour mesurer l'amplitude des secousses.

ressort
Il permet de maintenir la masse immobile.

plume
Instrument d'écriture qui transforme en une ligne les mouvements du sol.

sismogramme
Graphique réalisé par le sismographe. Plus les secousses sont fortes, plus les oscillations sur le papier sont grandes.

masse
Indépendante des mouvements du sol, elle reste fixe pendant un séisme et sert de référence pour mesurer l'amplitude des secousses.

pilier
Support vertical très solide.

cylindre enregistreur
Solidaire du sol, il se déplace sous la plume et inscrit sur le papier les mouvements du sol.

sismogramme
Graphique réalisé par le sismographe. Plus les secousses sont fortes, plus les oscillations sur le papier sont grandes.

plume
Instrument d'écriture qui transforme en une ligne les mouvements du sol.

socle
Support horizontal solidaire du sol.

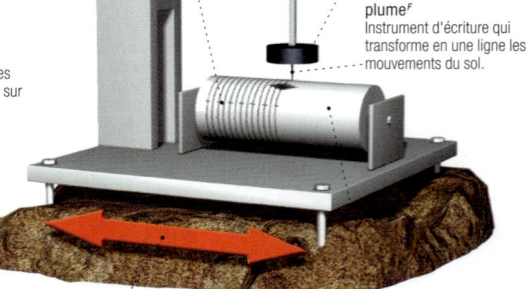

roc
Masse rocheuse très dure faisant corps avec le sous-sol.

mouvement vertical du sol

mouvement horizontal du sol

cylindre enregistreur
Solidaire du sol, il se déplace sous la plume et inscrit sur le papier les mouvements du sol.

géologie

phénomènes géologiques

tsunami
Succession de vagues gigantesques, produites par un accident géologique sous-marin (séisme, éruption volcanique, glissement de terrain), qui déferlent sur le littoral.

longueur de la vague
Distance horizontale entre deux crêtes ou deux creux successifs.

crête
Point le plus élevé de la vague.

vague déferlante
Vague de grande hauteur (jusqu'à 30 m), qui se brise sur la côte.

direction des vagues

écume
Mousse blanchâtre qui se forme à la surface de l'eau lorsqu'une vague se brise.

déplacement vertical de l'eau

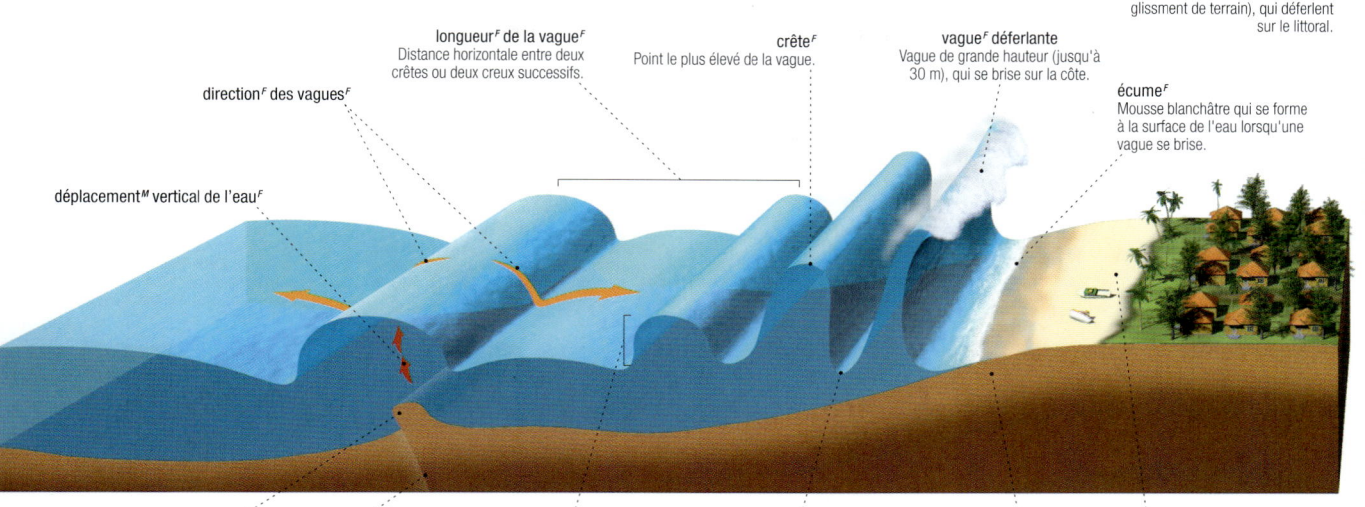

soulèvement
Remontée d'une partie du fond de l'océan entraînant le déplacement d'une énorme colonne d'eau qui formera la vague initiale du tsunami.

faille
Fracture de la croûte terrestre séparant deux plaques tectoniques.

hauteur de la vague
Distance verticale entre la crête et le creux. Au large, la hauteur des vagues du tsunami ne dépasse pas 1 m.

creux
Point le plus bas de la vague.

banc de sable
Accumulation de sédiments au fond de la mer, parfois découverte à marée basse, près du littoral.

côte
Bande de terrain où la mer entre en contact avec la terre.

TERRE

mouvements de terrain
Déplacements plus ou moins lents du sol, qui se manifestent sous différentes formes, selon l'inclinaison des pentes, la nature des sols et l'élément déclencheur.

éboulement
Chute soudaine d'une masse rocheuse qui se détache du sommet d'une pente raide, due à l'action du gel et du dégel ou de la gravité.

coulée de boue
Brusque écoulement de boue le long d'une pente, qui survient lorsque des pluies torrentielles saturent rapidement les sols.

reptation
Déplacement très lent et imperceptible du sol le long d'une pente, principalement dû à l'alternance de périodes humides et sèches.

glissement de terrain
La partie supérieure d'un terrain en pente imprégné d'eau se fracture et forme une langue de terre qui descend le long de la pente.

minéraux^M

Corps solides inorganiques se formant naturellement dans la croûte terrestre, et qui possèdent une composition chimique caractéristique.

exemples^M de minéraux^M purs usuels
Les minéraux sont classés en fonction de leur composition chimique.

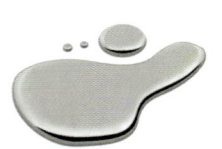

mercure^M
Métal liquide utilisé dans certaines piles et comme fluide dans les thermomètres.

chrome^M
Métal dur et inoxydable utilisé comme revêtement anticorrosif, ainsi qu'en coloration du verre et de la peinture.

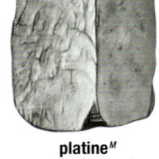

platine^M
Métal assez dur et résistant à la corrosion; il est utilisé en joaillerie, dans la fabrication d'équipement de laboratoire et de contacts électriques.

argent^M
Métal précieux, malléable et inoxydable; on l'utilise en joaillerie, en orfèvrerie et en photographie, ainsi que pour fabriquer des pièces de monnaie et des médailles.

amiante^M
Minéral à texture fibreuse servant à fabriquer des matériaux à l'épreuve du feu.

aluminium^M
Métal léger et malléable, s'oxydant peu à l'air et bon conducteur d'électricité et de chaleur; on l'utilise notamment dans la fabrication de véhicules et d'appareils électroniques.

plomb^M
Métal très dense, mou et malléable utilisé dans les batteries, le verre et comme protection contre les radiations.

uranium^M
Métal légèrement radioactif, utilisé comme matière première dans l'industrie nucléaire.

or^M
Métal précieux inaltérable à l'air et à l'eau, largement utilisé en joaillerie. Sa valeur sert d'étalon monétaire à l'échelle mondiale.

nickel^M
Métal malléable, inoxydable et très résistant utilisé dans de nombreux alliages métalliques; il entre notamment dans la composition de pièces de monnaie.

fer^M
Métal malléable et magnétique, fréquemment utilisé dans l'industrie et la technologie, généralement sous forme d'alliage (le plus connu étant l'acier).

cuivre^M
Métal très malléable, bon conducteur d'électricité et de chaleur. Il entre dans la fabrication d'ustensiles et de fils électriques.

étain^M
Métal mou et malléable, résistant à l'eau; il est utilisé notamment en soudure.

zinc^M
Métal peu altérable, surtout utilisé sous forme de couche de protection (galvanisation).

titane^M
Métal léger et résistant à la corrosion. Le dioxyde de titane est un pigment utilisé dans les peintures, le papier et les médicaments.

exemples^M d'alliages^M métalliques
Alliage métallique : substance résultant de la combinaison d'un métal avec un ou plusieurs autres métaux ou éléments chimiques.

acier^M = **fer**^M + **carbone**^M
Alliage très résistant qu'on utilise fréquemment dans la structure des bâtiments, des ponts ou d'autres ouvrages.

bronze^M = **cuivre**^M + **étain**^M
Le bronze possède une bonne résistance à l'usure et à la corrosion, ainsi qu'une bonne conductivité électrique. On en fait des statues, des instruments de musique et des pièces électriques.

laiton^M = **cuivre**^M + **zinc**^M
Le laiton est un alliage malléable utilisé notamment pour fabriquer des instruments de précision, des ustensiles, des pièces de robinetterie.

météorologie

coupe^F de l'atmosphère^F terrestre

Atmosphère : couche d'air qui enveloppe la Terre, composée principalement d'azote (78 %) et d'oxygène (21 %), dont la densité diminue avec l'altitude.

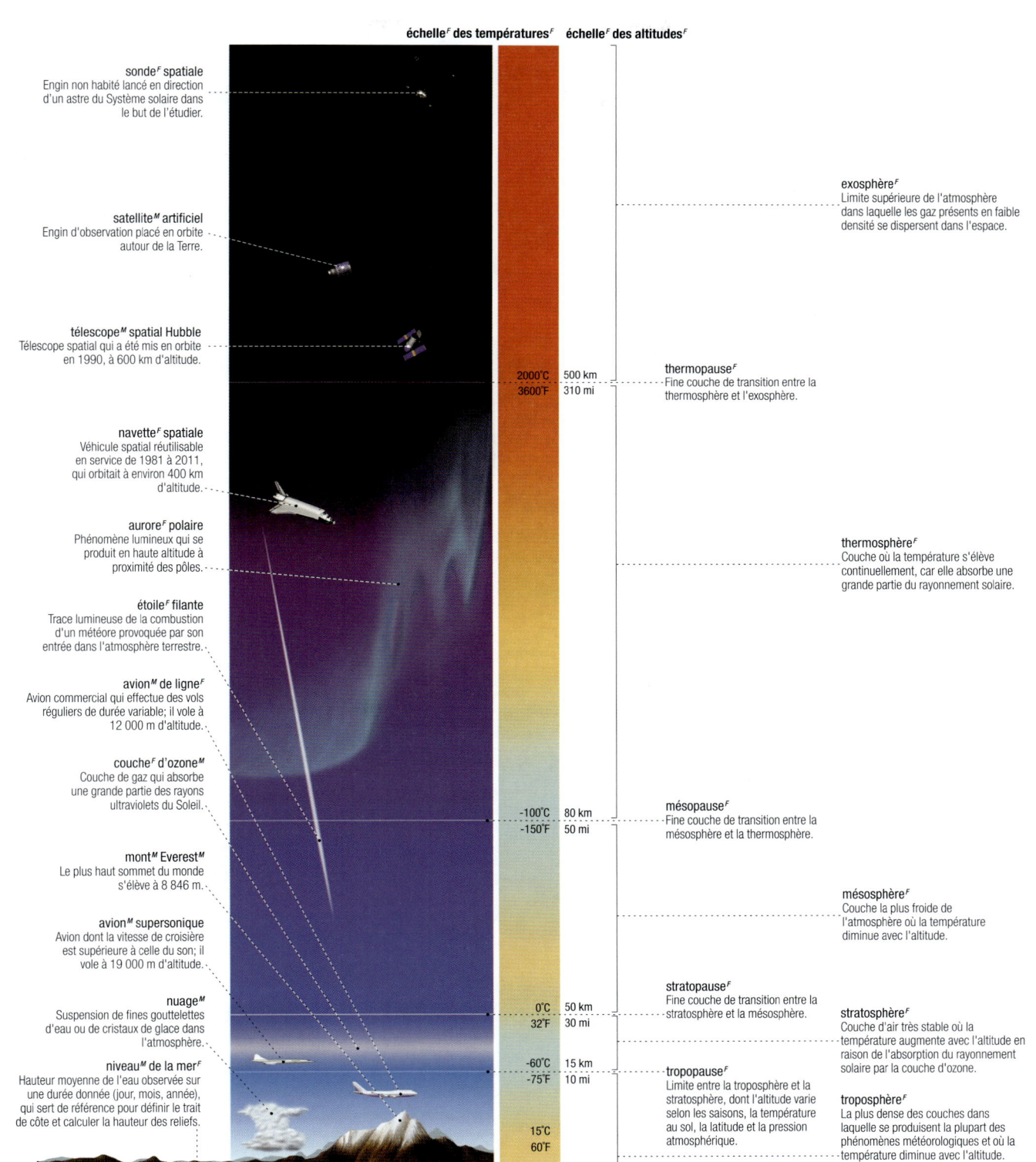

échelle^F des températures^F   échelle^F des altitudes^F

sonde^F spatiale
Engin non habité lancé en direction d'un astre du Système solaire dans le but de l'étudier.

satellite^M artificiel
Engin d'observation placé en orbite autour de la Terre.

télescope^M spatial Hubble
Télescope spatial qui a été mis en orbite en 1990, à 600 km d'altitude.

navette^F spatiale
Véhicule spatial réutilisable en service de 1981 à 2011, qui orbitait à environ 400 km d'altitude.

aurore^F polaire
Phénomène lumineux qui se produit en haute altitude à proximité des pôles.

étoile^F filante
Trace lumineuse de la combustion d'un météore provoquée par son entrée dans l'atmosphère terrestre.

avion^M de ligne^F
Avion commercial qui effectue des vols réguliers de durée variable; il vole à 12 000 m d'altitude.

couche^F d'ozone^M
Couche de gaz qui absorbe une grande partie des rayons ultraviolets du Soleil.

mont^M Everest^M
Le plus haut sommet du monde s'élève à 8 846 m.

avion^M supersonique
Avion dont la vitesse de croisière est supérieure à celle du son; il vole à 19 000 m d'altitude.

nuage^M
Suspension de fines gouttelettes d'eau ou de cristaux de glace dans l'atmosphère.

niveau^M de la mer^F
Hauteur moyenne de l'eau observée sur une durée donnée (jour, mois, année), qui sert de référence pour définir le trait de côte et calculer la hauteur des reliefs.

2000°C 500 km
3600°F 310 mi

-100°C 80 km
-150°F 50 mi

0°C   50 km
32°F 30 mi

-60°C 15 km
-75°F 10 mi

15°C
60°F

thermopause^F
Fine couche de transition entre la thermosphère et l'exosphère.

mésopause^F
Fine couche de transition entre la mésosphère et la thermosphère.

stratopause^F
Fine couche de transition entre la stratosphère et la mésosphère.

tropopause^F
Limite entre la troposphère et la stratosphère, dont l'altitude varie selon les saisons, la température au sol, la latitude et la pression atmosphérique.

exosphère^F
Limite supérieure de l'atmosphère dans laquelle les gaz présents en faible densité se dispersent dans l'espace.

thermosphère^F
Couche où la température s'élève continuellement, car elle absorbe une grande partie du rayonnement solaire.

mésosphère^F
Couche la plus froide de l'atmosphère où la température diminue avec l'altitude.

stratosphère^F
Couche d'air très stable où la température augmente avec l'altitude en raison de l'absorption du rayonnement solaire par la couche d'ozone.

troposphère^F
La plus dense des couches dans laquelle se produisent la plupart des phénomènes météorologiques et où la température diminue avec l'altitude.

TERRE

météorologie

cycle^M des saisons^F

Changement périodique du climat au cours d'une année, qui dépend de l'inclinaison et de la révolution de la Terre par rapport au Soleil.

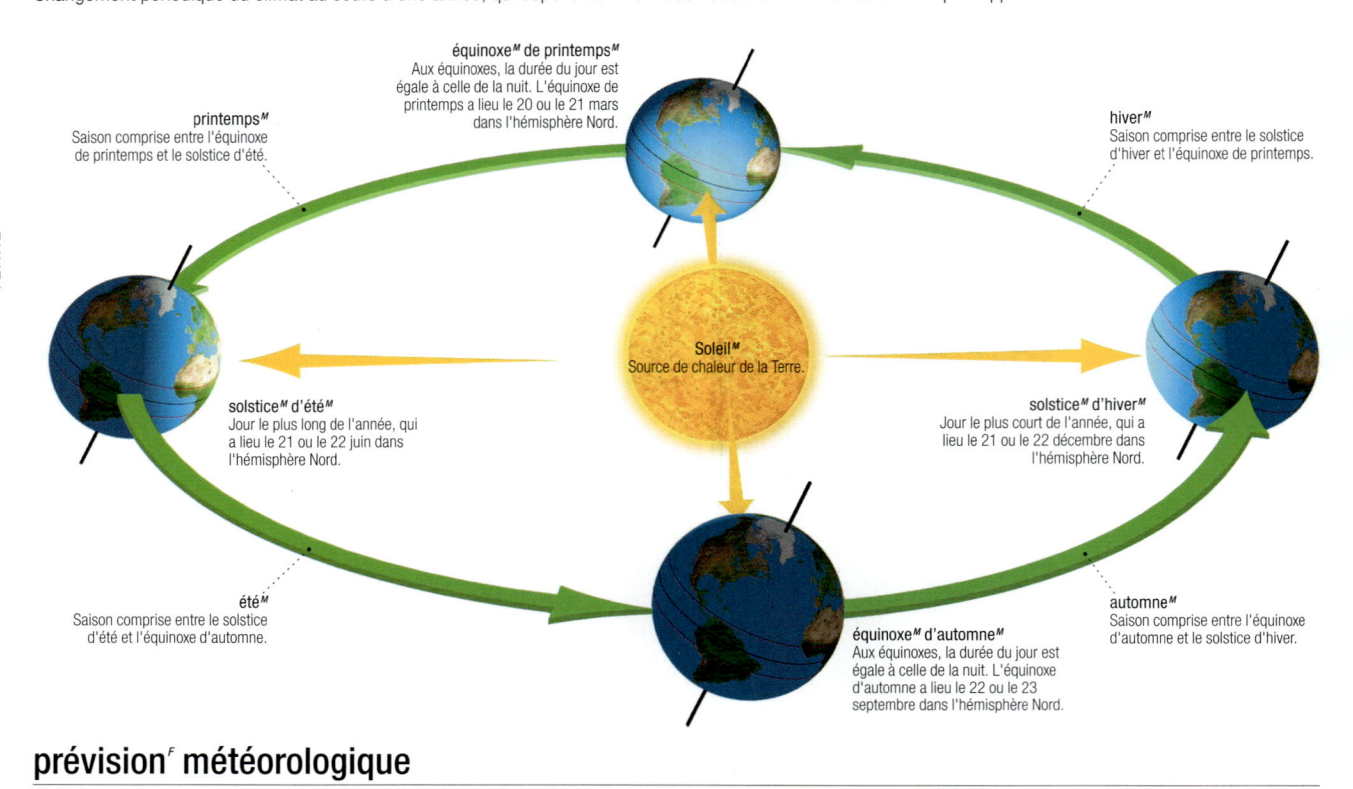

équinoxe^M de printemps^M
Aux équinoxes, la durée du jour est égale à celle de la nuit. L'équinoxe de printemps a lieu le 20 ou le 21 mars dans l'hémisphère Nord.

printemps^M
Saison comprise entre l'équinoxe de printemps et le solstice d'été.

hiver^M
Saison comprise entre le solstice d'hiver et l'équinoxe de printemps.

Soleil^M
Source de chaleur de la Terre.

solstice^M d'été^M
Jour le plus long de l'année, qui a lieu le 21 ou le 22 juin dans l'hémisphère Nord.

solstice^M d'hiver^M
Jour le plus court de l'année, qui a lieu le 21 ou le 22 décembre dans l'hémisphère Nord.

été^M
Saison comprise entre le solstice d'été et l'équinoxe d'automne.

équinoxe^M d'automne^M
Aux équinoxes, la durée du jour est égale à celle de la nuit. L'équinoxe d'automne a lieu le 22 ou le 23 septembre dans l'hémisphère Nord.

automne^M
Saison comprise entre l'équinoxe d'automne et le solstice d'hiver.

TERRE

prévision^F météorologique

Méthode scientifique qui permet de prévoir les conditions atmosphériques pour une période et une région déterminées.

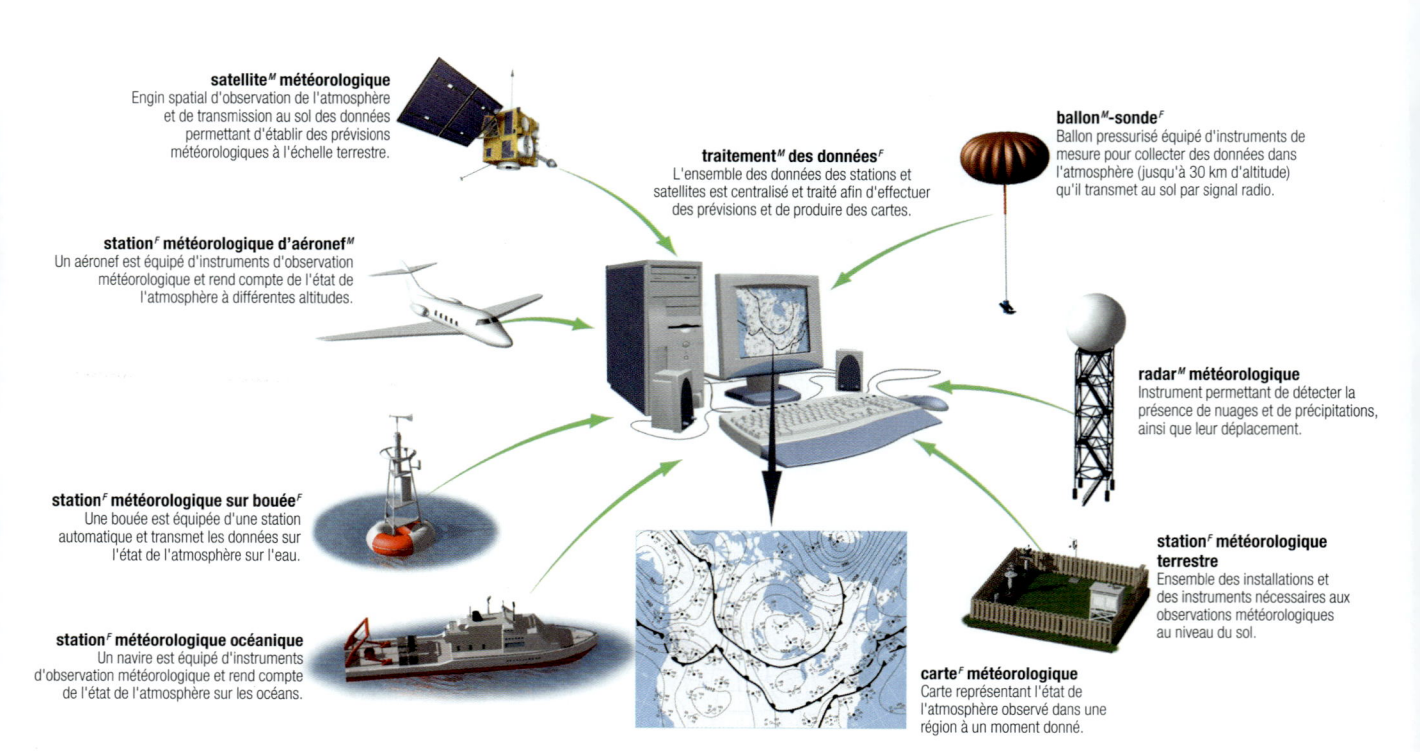

satellite^M météorologique
Engin spatial d'observation de l'atmosphère et de transmission au sol des données permettant d'établir des prévisions météorologiques à l'échelle terrestre.

traitement^M des données^F
L'ensemble des données des stations et satellites est centralisé et traité afin d'effectuer des prévisions et de produire des cartes.

ballon^M-sonde^F
Ballon pressurisé équipé d'instruments de mesure pour collecter des données dans l'atmosphère (jusqu'à 30 km d'altitude) qu'il transmet au sol par signal radio.

station^F météorologique d'aéronef^M
Un aéronef est équipé d'instruments d'observation météorologique et rend compte de l'état de l'atmosphère à différentes altitudes.

radar^M météorologique
Instrument permettant de détecter la présence de nuages et de précipitations, ainsi que leur déplacement.

station^F météorologique sur bouée^F
Une bouée est équipée d'une station automatique et transmet les données sur l'état de l'atmosphère sur l'eau.

station^F météorologique terrestre
Ensemble des installations et des instruments nécessaires aux observations météorologiques au niveau du sol.

station^F météorologique océanique
Un navire est équipé d'instruments d'observation météorologique et rend compte de l'état de l'atmosphère sur les océans.

carte^F météorologique
Carte représentant l'état de l'atmosphère observé dans une région à un moment donné.

météorologie 81

carte météorologique
Carte représentant l'état de l'atmosphère observé dans une région à un moment donné.

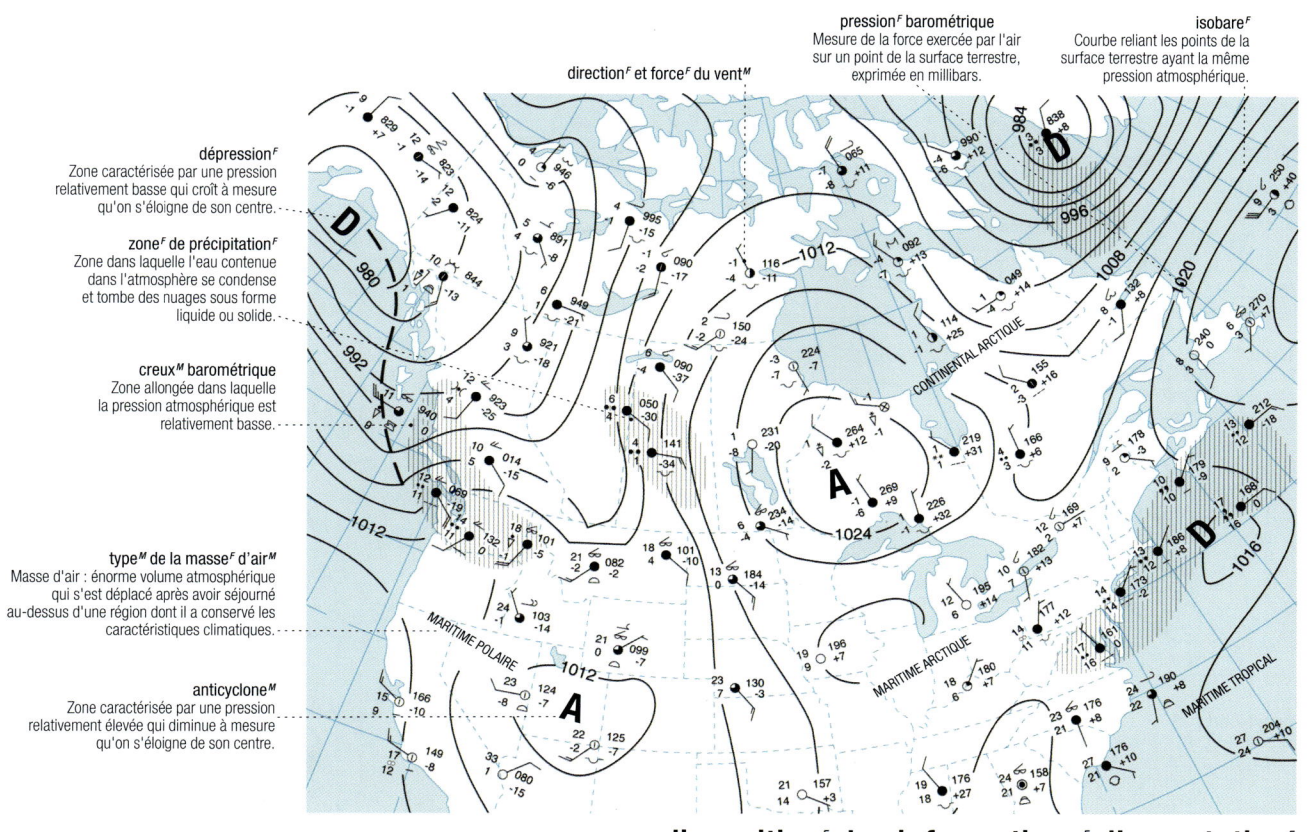

pression barométrique
Mesure de la force exercée par l'air sur un point de la surface terrestre, exprimée en millibars.

isobare
Courbe reliant les points de la surface terrestre ayant la même pression atmosphérique.

direction et force du vent

dépression
Zone caractérisée par une pression relativement basse qui croît à mesure qu'on s'éloigne de son centre.

zone de précipitation
Zone dans laquelle l'eau contenue dans l'atmosphère se condense et tombe des nuages sous forme liquide ou solide.

creux barométrique
Zone allongée dans laquelle la pression atmosphérique est relativement basse.

type de la masse d'air
Masse d'air : énorme volume atmosphérique qui s'est déplacé après avoir séjourné au-dessus d'une région dont il a conservé les caractéristiques climatiques.

anticyclone
Zone caractérisée par une pression relativement élevée qui diminue à mesure qu'on s'éloigne de son centre.

disposition des informations d'une station
Manière de représenter sur une carte météorologique les informations recueillies par une station d'observation, à l'aide de symboles et de chiffres.

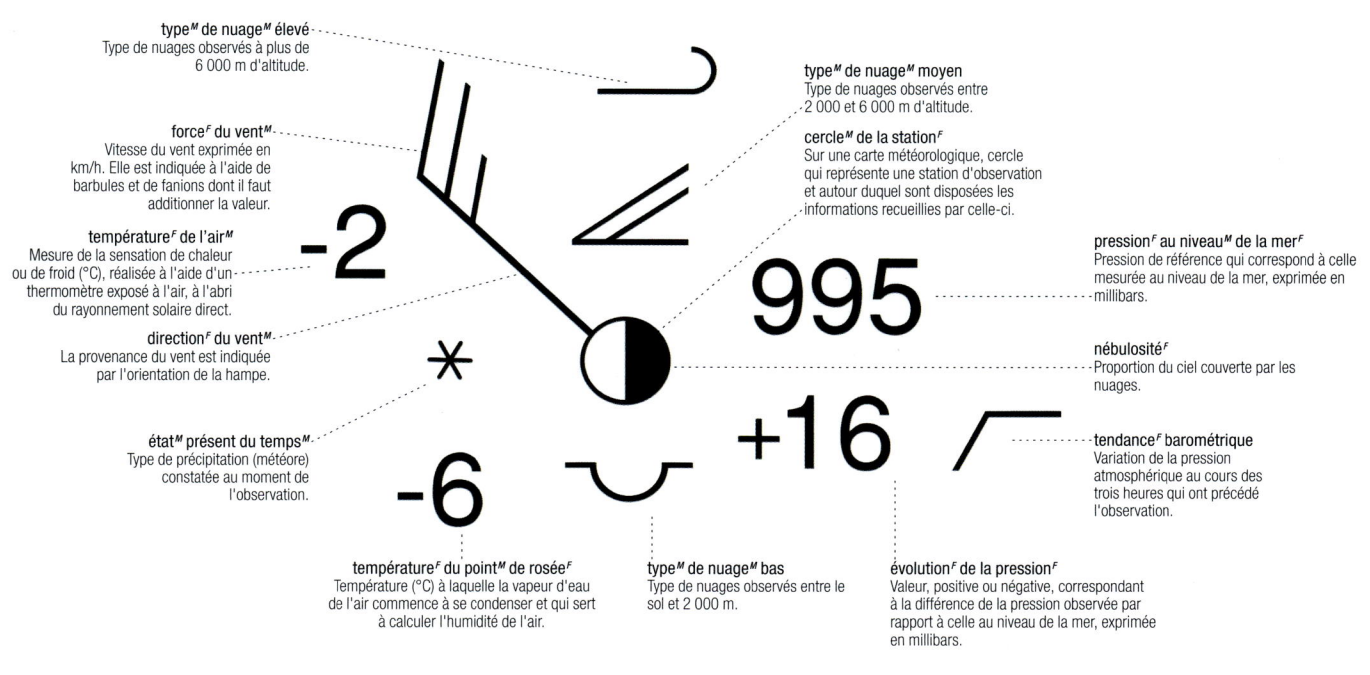

type de nuage élevé
Type de nuages observés à plus de 6 000 m d'altitude.

force du vent
Vitesse du vent exprimée en km/h. Elle est indiquée à l'aide de barbules et de fanions dont il faut additionner la valeur.

température de l'air
Mesure de la sensation de chaleur ou de froid (°C), réalisée à l'aide d'un thermomètre exposé à l'air, à l'abri du rayonnement solaire direct.

direction du vent
La provenance du vent est indiquée par l'orientation de la hampe.

état présent du temps
Type de précipitation (météore) constatée au moment de l'observation.

type de nuage moyen
Type de nuages observés entre 2 000 et 6 000 m d'altitude.

cercle de la station
Sur une carte météorologique, cercle qui représente une station d'observation et autour duquel sont disposées les informations recueillies par celle-ci.

pression au niveau de la mer
Pression de référence qui correspond à celle mesurée au niveau de la mer, exprimée en millibars.

nébulosité
Proportion du ciel couverte par les nuages.

tendance barométrique
Variation de la pression atmosphérique au cours des trois heures qui ont précédé l'observation.

température du point de rosée
Température (°C) à laquelle la vapeur d'eau de l'air commence à se condenser et qui sert à calculer l'humidité de l'air.

type de nuage bas
Type de nuages observés entre le sol et 2 000 m.

évolution de la pression
Valeur, positive ou négative, correspondant à la différence de la pression observée par rapport à celle au niveau de la mer, exprimée en millibars.

symboles[M] météorologiques internationaux

Symboles normalisés utilisés pour consigner sur des cartes les observations des stations météorologiques du monde entier.

vent[M]
Déplacement de l'air provoqué par les différences de pression entre deux régions de l'atmosphère.

air[M] calme
Symbole indiquant l'absence de vent.

flèche[F] du vent[M]
Symbole qui, par l'orientation de la hampe, indique la direction du vent et qui, par le nombre de barbules et de fanions, indique sa vitesse.

hampe[F]
Symbole d'un vent soufflant à une vitesse inférieure à 5 km/h.

demi-barbule[F]
Symbole d'un vent soufflant entre 5 et 13 km/h.

barbule[F]
Symbole d'un vent soufflant entre 14 et 22 km/h.

fanion[M]
Symbole d'un vent soufflant entre 88 et 96 km/h.

fronts[M]
Surface de contact entre deux masses d'air de températures et de pressions différentes.

front[M] froid en surface[F]
Front d'une masse d'air froid en contact avec le sol et qui succède à une masse d'air chaud.

front[M] froid en altitude[F]
Front d'une masse d'air froid qui ne touche pas la surface terrestre et qui glisse par-dessus une masse d'air plus froid.

front[M] chaud en surface[F]
Front d'une masse d'air chaud en contact avec le sol et qui succède à une masse d'air froid.

front[M] chaud en altitude[F]
Front d'une masse d'air chaud qui ne touche pas la surface terrestre et qui glisse par-dessus une masse d'air plus froid.

front[M] occlus
Association de deux fronts qui apparaît lorsqu'un front froid rattrape un front chaud, qu'il pousse en altitude pour aller rejoindre un autre front froid.

front[M] stationnaire
Front qui bouge très lentement du fait que les masses d'air froid et d'air chaud se déplacent parallèlement.

nébulosité[F]
Proportion du ciel couverte par les nuages.

ciel[M] sans nuages[M]

ciel[M] clair

ciel[M] peu nuageux

ciel[M] nuageux

ciel[M] très nuageux

ciel[M] couvert

ciel[M] complètement obscurci

nuages[M]
Suspensions de fines gouttelettes d'eau ou de cristaux de glace dans l'atmosphère; ils sont classés en 10 genres par l'Organisation météorologique mondiale.

altostratus[M]
Voile gris qui peut couvrir totalement le ciel et qui laisse voir le Soleil sans phénomène de halo; il peut donner d'importantes précipitations.

nimbostratus[M]
Nuage en forme de couche sombre, suffisamment épais pour masquer le Soleil et qui donne des précipitations continues.

altocumulus[M]
Nuage constitué de gros flocons blancs ou gris, formant parfois des bandes parallèles, qui annonce l'arrivée d'une dépression.

cirrus[M]
Nuage en forme de filaments ou de bandes isolées, qui apparaît généralement à l'avant d'une dépression.

cirrostratus[M]
Voile blanchâtre qui peut couvrir totalement le ciel et qui crée un halo autour du Soleil.

cirrocumulus[M]
Nuage formé de flocons ou de lamelles blanches souvent ordonnés en rangées.

stratus[M]
Nuage gris formant un voile continu semblable à du brouillard, mais qui ne touche pas le sol. Il provoque de faibles précipitations.

cumulonimbus[M]
Nuage très imposant qui peut atteindre 10 km d'épaisseur et dont la base est très sombre. Il provoque de violentes précipitations.

cumulus[M]
Nuage de beau temps aux contours très nets, dont la base est grise et plate tandis que le sommet est blanc et forme des protubérances arrondies.

stratocumulus[M]
Nuage gris et blanc disposé en couches plus ou moins continues présentant des bourrelets, qui n'engendre généralement pas de précipitations.

… météorologie

symboles^M météorologiques internationaux

météores^M
Phénomènes observés dans l'atmosphère (à l'exception des nuages), soit les précipitations et les phénomènes optiques et électriques.

tempête^F de sable^M ou de poussière^F
Phénomène du vent qui soulève le sable ou la poussière.

fumée^F
Particules solides ou liquides en suspension dans l'air, provenant de combustions diverses.

orage^M
Phénomène météorologique qui se manifeste par des éclairs, du tonnerre et des rafales de vent, généralement accompagnés d'averses de pluie ou de grêle.

orage^M fort
Orage auquel sont associés des vents supérieurs à 93 km/h, de la grêle ou des pluies fortes.

éclair^M
Phénomène lumineux intense et bref causé par une décharge électrique entre deux nuages ou entre un nuage et le sol.

tempête^F tropicale
Zone de basse pression accompagnée de précipitations et de vents soufflant entre 60 et 120 km/h.

ouragan^M
Cyclone tropical comportant une zone de basse pression accompagnée de violentes précipitations et de vents soufflant entre 120 et 300 km/h.

tornade^F
Colonne d'air qui s'étire entre le sol et la base d'un cumulonimbus et qui tourbillonne en produisant des vents violents pouvant atteindre 500 km/h.

pluie^F intermittente faible
Pluie : précipitation de gouttelettes d'eau qui se produit lorsque la température de l'air est supérieure à 0 °C.

bruine^F intermittente faible
Bruine : précipitation uniforme et continue de gouttelettes d'eau qui tombent très lentement et dont le diamètre est inférieur à 0,5 mm.

neige^F intermittente faible
Neige : précipitation de cristaux de glace qui se produit lorsque la température de l'air est inférieure à 0 °C.

pluie^F intermittente modérée

bruine^F intermittente modérée

neige^F intermittente modérée

pluie^F intermittente forte

bruine^F intermittente forte

neige^F intermittente forte

pluie^F continue faible

bruine^F continue faible

neige^F continue faible

pluie^F continue modérée

bruine^F continue modérée

neige^F continue modérée

pluie^F continue forte

bruine^F continue forte

neige^F continue forte

grésil^M
Chute de gouttelettes d'eau ou de flocons de neige fondants qui se congèlent avant de toucher le sol.

brume^F
Brouillard léger qui ne limite pas la visibilité à un kilomètre.

averse^F de neige^F
Précipitation subite, abondante et de courte durée de cristaux de glace, qui se produit lorsque la température de l'air est inférieure à 0 °C.

chasse-neige^F basse ; poudrerie^F basse
Neige tombée au sol et que le vent soulève à une hauteur inférieure à 2 m.

brouillard^M
Condensation de la vapeur d'eau résultant en une suspension de microscopiques gouttelettes réduisant la visibilité à moins d'un kilomètre.

averse^F de pluie^F
Précipitation subite, abondante et de courte durée de gouttelettes d'eau, qui se produit lorsque la température de l'air est supérieure à 0 °C.

chasse-neige^F haute ; poudrerie^F haute
Neige tombée au sol et que le vent soulève à une hauteur supérieure à 2 m.

brume^F sèche
Brume constituée d'infimes particules de poussière, de fumée, de sable et autres impuretés et qui donne à l'air un aspect trouble.

averse^F de grêle^F
Précipitation subite, abondante et de courte durée de cristaux de glace dure généralement sphériques, d'un diamètre variant entre 5 et 50 mm.

pluie^F verglaçante
Pluie dont les gouttes gèlent au moment de leur impact sur le sol ou sur les objets, et qui forme une couche de glace.

bruine^F verglaçante
Bruine dont les gouttes se congèlent au moment de leur impact sur le sol ou sur les objets qu'elles rencontrent et qui forme une couche de glace.

grain^M
Accélération brusque et brève de la vitesse du vent souvent accompagnée d'averses et d'orages.

TERRE

station météorologique

Ensemble des installations et des instruments nécessaires aux observations météorologiques au sol.

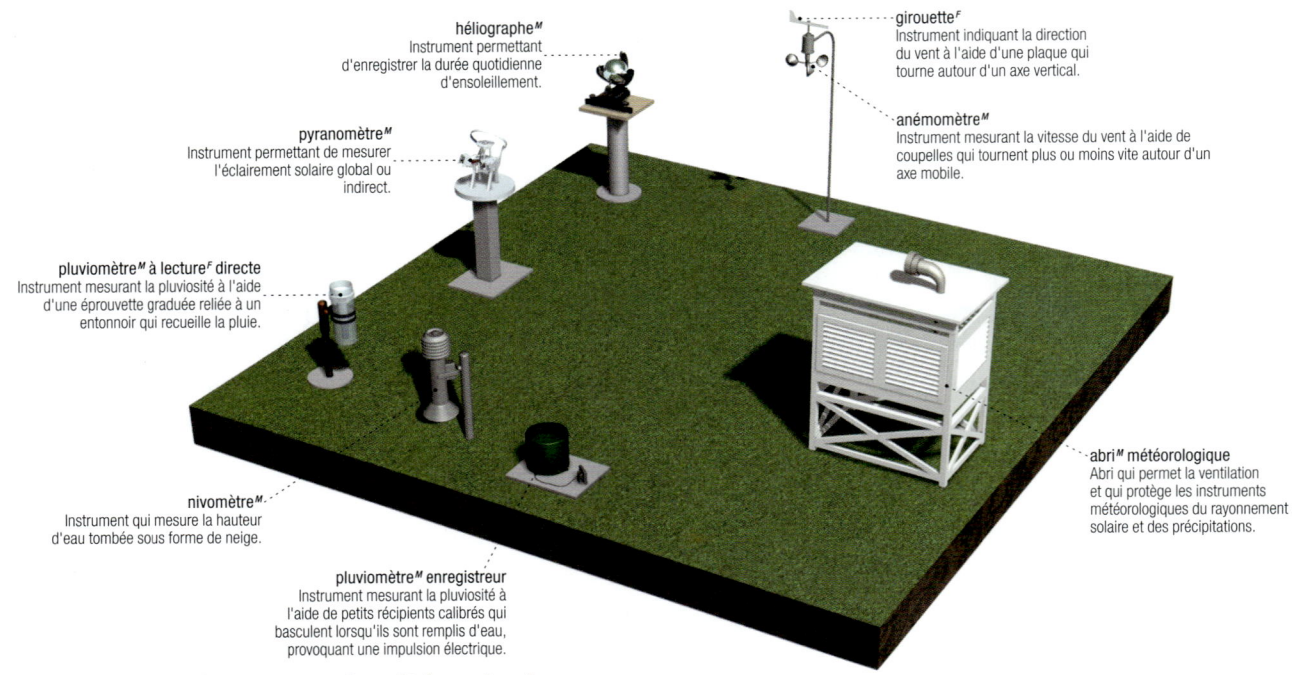

héliographe[M]
Instrument permettant d'enregistrer la durée quotidienne d'ensoleillement.

girouette[F]
Instrument indiquant la direction du vent à l'aide d'une plaque qui tourne autour d'un axe vertical.

pyranomètre[M]
Instrument permettant de mesurer l'éclairement solaire global ou indirect.

anémomètre[M]
Instrument mesurant la vitesse du vent à l'aide de coupelles qui tournent plus ou moins vite autour d'un axe mobile.

pluviomètre[M] **à lecture**[F] **directe**
Instrument mesurant la pluviosité à l'aide d'une éprouvette graduée reliée à un entonnoir qui recueille la pluie.

abri[M] **météorologique**
Abri qui permet la ventilation et qui protège les instruments météorologiques du rayonnement solaire et des précipitations.

nivomètre[M]
Instrument qui mesure la hauteur d'eau tombée sous forme de neige.

pluviomètre[M] **enregistreur**
Instrument mesurant la pluviosité à l'aide de petits récipients calibrés qui basculent lorsqu'ils sont remplis d'eau, provoquant une impulsion électrique.

instruments[M] de mesure[F] météorologique

Instruments permettant de mesurer la température et l'humidité de l'air, l'ensoleillement, la pression atmosphérique, les précipitations et le vent.

mesure[F] de l'ensoleillement[M]
Ensoleillement : rayonnement solaire direct auquel un lieu est exposé.

mesure[F] du rayonnement[M] du ciel[M]
Rayonnement du ciel : rayonnement solaire indirect traversant les nuages et diffusé sur la surface de la Terre.

héliographe[M]
Instrument permettant d'enregistrer la durée quotidienne d'ensoleillement.

pyranomètre[M]
Instrument permettant de mesurer l'éclairement solaire global ou indirect.

bague[F] **inférieure de blocage**[M] **de la sphère**[F]
Deux bagues de blocage maintiennent la sphère de verre dans la position requise pour mesurer avec exactitude l'ensoleillement selon les coordonnées de la station météorologique.

support[M] **de sphère**[F]

sphère[F] **de verre**[M]
À la manière d'une loupe, elle concentre le rayonnement solaire sur la carte d'insolation.

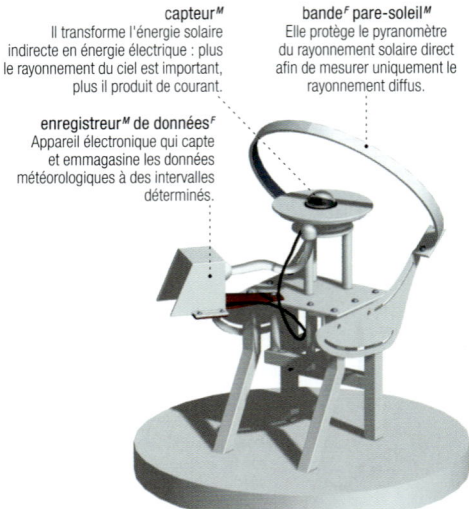

capteur[M]
Il transforme l'énergie solaire indirecte en énergie électrique : plus le rayonnement du ciel est important, plus il produit de courant.

bande[F] **pare-soleil**[M]
Elle protège le pyranomètre du rayonnement solaire direct afin de mesurer uniquement le rayonnement diffus.

vis[F] **de support**[M] **inférieure**
Vis reliant la sphère à son support.

porte-cartes[M]
Support circulaire de la carte d'insolation.

enregistreur[M] **de données**[F]
Appareil électronique qui capte et emmagasine les données météorologiques à des intervalles déterminés.

écrou[M] **de contrôle**[M]
Écrou de la vis de support que l'on serre pour maintenir la sphère dans une position donnée.

carte[F] **d'insolation**[F]
Bande de carton graduée en heures, brûlée par le rayonnement solaire, ce qui mesure la durée de l'ensoleillement.

vis[F] **de nivellement**[M]
Vis qui permet de mettre l'appareil à niveau dans les deux axes, nord-sud et est-ouest.

base[F]
Support métallique fixe qui comporte trois manchons disposés en triangle sur lesquels s'ajustent les vis de nivellement.

socle[M]
Support métallique mobile dont le réglage par les vis de nivellement permet de mettre l'appareil à niveau.

écrou[M] **à cabestan**[M]
Écrou de la vis de nivellement que l'on serre pour maintenir la base de l'appareil dans la position donnée.

météorologie

instruments de mesure météorologique

pluviomètre à lecture directe
Instrument mesurant la pluviosité à l'aide d'une éprouvette graduée reliée à un entonnoir qui recueille la pluie.

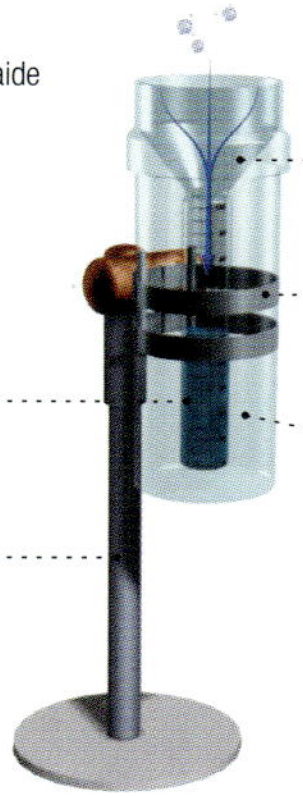

entonnoir collecteur
Tube de forme conique qui recueille l'eau et la dirige dans l'éprouvette.

éprouvette graduée
Graduée en millimètres, elle permet de lire directement la hauteur d'eau d'une précipitation.

collier de serrage

récipient

support

pluviomètre enregistreur
Instrument mesurant la pluviosité à l'aide de petits récipients calibrés qui basculent lorsqu'ils sont remplis d'eau, provoquant une impulsion électrique.

appareil enregistreur
Appareil relié aux récipients, qui comptabilise les impulsions électriques, dont la somme indique la quantité d'eau tombée.

récipient collecteur
Contenant recueillant les précipitations.

mesure de la pluviosité
Pluviosité : quantité d'eau tombée au sol pendant un temps donné.

TERRE

sondage en altitude
Technique permettant de mesurer à différentes altitudes la pression, la température et l'humidité de l'air ainsi que la vitesse et la direction du vent.

ballon-sonde
Ballon pressurisé équipé d'instruments de mesure pour collecter des données dans l'atmosphère (jusqu'à 30 km d'altitude) qu'il transmet au sol par signal radio.

radiosonde
Appareil composé de capteurs qui mesurent la pression, la température et l'humidité de l'air, et qui transmet les données au sol à l'aide d'un émetteur radio.

mesure de la pression
Pression : force exercée par une colonne d'air de l'atmosphère sur une surface donnée, exprimée en millibars.

baromètre enregistreur
Instrument mesurant les variations de pression dans un intervalle donné.

baromètre à mercure
Instrument mesurant la pression atmosphérique à l'aide d'une colonne de mercure qui monte ou descend selon les variations de pression.

mesure de la chute de neige
Chute de neige : hauteur de l'accumulation de la neige au sol.

nivomètre
Instrument qui mesure la hauteur d'eau tombée sous forme de neige.

mesure de l'humidité
Humidité : quantité de vapeur d'eau contenue dans l'air.

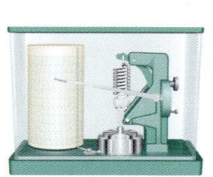

hygromètre enregistreur
Instrument enregistrant la variation du taux d'humidité de l'air par la déformation d'un objet sous l'influence de l'humidité.

psychromètre
Instrument constitué d'un thermomètre sec et d'un thermomètre mouillé enregistrant l'humidité de l'air.

mesure de la température
Température : mesure de la sensation de chaleur ou de froid, réalisée à l'aide d'un thermomètre exposé à l'air, à l'abri du rayonnement solaire direct.

thermomètre à maximum et à minimum
Thermomètre qui garde la trace de la température la plus basse et la plus haute pour une période donnée.

mesure de la direction du vent
Direction du vent : point de l'horizon d'où vient le vent.

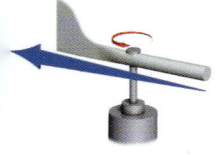

girouette
Instrument indiquant la direction du vent à l'aide d'une plaque qui tourne autour d'un axe vertical.

mesure de la hauteur des nuages
Hauteur des nuages : altitude de la base des nuages, exprimée en mètres.

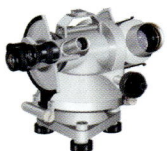

mesure de la vitesse du vent
Vitesse du vent : force du vent, généralement exprimée en kilomètres par heure.

anémomètre
Instrument mesurant la vitesse du vent à l'aide de coupelles qui tournent plus ou moins vite autour d'un axe mobile.

théodolite
Instrument servant à mesurer des angles dont les écarts indiquent la hauteur d'un point par rapport à un autre.

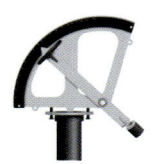

alidade
Instrument dont l'axe de visée, en se déplaçant sur un cercle gradué, mesure l'angle d'un nuage par rapport à l'horizon, donc sa hauteur.

projecteur de plafond
Projecteur dont le point d'impact lumineux sur un nuage sert de repère pour la visée de l'alidade ou du théodolite.

satellites^M météorologiques

Engins spatiaux d'observation de l'atmosphère et de transmission des données permettant d'établir des prévisions météorologiques à l'échelle terrestre.

satellite^M à défilement^M
Il suit une orbite polaire qu'il effectue 14 fois par jour, ce qui lui permet de couvrir la totalité du globe compte tenu de la rotation de la Terre.

détecteur^M solaire
Appareil permettant de positionner les panneaux solaires en direction du Soleil afin d'en capter l'énergie.

radiomètre^M
Instrument servant à mesurer l'énergie d'un rayonnement électromagnétique à une fréquence donnée.

capteur^M de signaux^M de détresse^F
Dispositif qui capte les signaux de détresse émis par des navires ou des avions et qui permet de les localiser.

moteur^M-fusée^F
Micromoteur permettant d'orienter le satellite dans la position voulue.

compartiment^M des instruments^M
Caisson abritant les divers appareils de mesure du satellite.

volet^M de contrôle^M thermique
Élément mécanique orientable servant à modifier un flux thermique.

batteries^F
Ensemble de piles reliées entre elles et produisant l'électricité nécessaire au fonctionnement du satellite.

commande^F de panneau^M solaire
Système permettant de diriger le panneau solaire.

détecteur^M à infrarouge^M
Appareil qui mesure l'énergie thermique des nuages et de la surface terrestre afin d'établir des images nocturnes des températures et de la couverture nuageuse.

détecteur^M terrestre
Appareil permettant le repérage de l'horizon terrestre afin d'orienter correctement l'antenne du satellite.

antenne^F
Dispositif qui émet et reçoit des ondes radio.

scanneur^M de radiations^F terrestres
Radiomètre qui analyse une région du globe par balayage répété.

spectromètre^M à ultraviolet^M
Instrument qui analyse la composition en ozone de l'atmosphère terrestre.

antenne^F d'émission^F
Antenne permettant au satellite de transmettre à la station terrestre les données recueillies.

panneau^M solaire
Dispositif d'alimentation permettant de convertir l'énergie solaire en énergie électrique directement utilisable.

scanneur^M à hyperfréquences^F
Appareil qui produit une image de la zone observée, même par temps couvert, grâce aux hyperfréquences qui traversent les nuages.

capteur^M de radiations^F terrestres
Radiomètre mesurant le rayonnement solaire sur l'atmosphère terrestre et sa réflexion.

satellite^M géostationnaire
Il suit une orbite géostationnaire, ce qui lui permet d'observer de façon continue une large zone de la surface terrestre.

détecteur^M terrestre
Appareil permettant le repérage de l'horizon terrestre afin d'orienter correctement l'antenne du satellite.

orbite^F des satellites^M
Trajectoire d'un satellite météorologique autour de la Terre.

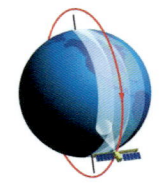

antenne^F de télécommande^F et de télémesure^F
Elle permet aux stations terrestres de surveiller le fonctionnement du satellite et de lui transmettre des commandes.

antenne^F d'émission^F à haut gain^M
Antenne principale pointée vers la Terre pour transmettre de grandes quantités de données scientifiques.

radiomètre^M sondeur
Radiomètre qui mesure notamment la température et l'humidité de différentes altitudes de l'atmosphère.

volet^M compensateur
Élément mécanique mobile permettant de modifier l'orientation du satellite.

radiomètre^M imageur
Radiomètre qui permet de générer une image des nuages et des surfaces terrestre et océanique.

orbite^F polaire
Orbite d'un satellite qui tourne à environ 850 km d'altitude au-dessus de la Terre en passant par les deux pôles.

panneau^M solaire
Dispositif d'alimentation permettant de convertir l'énergie solaire en énergie électrique directement utilisable.

magnétomètre^M
Instrument servant à mesurer le champ magnétique terrestre.

antenne^F UHF
Antenne assurant une liaison radio avec les stations terrestres.

orbite^F géostationnaire
Orbite d'un satellite qui se déplace de façon synchronisée avec la Terre, donc en apparence immobile, à 36 000 km au-dessus de l'équateur.

météorologie

climats du monde

Le climat est l'ensemble des conditions atmosphériques (température, humidité, ensoleillement, pression, vent, précipitations) qui caractérisent une région.

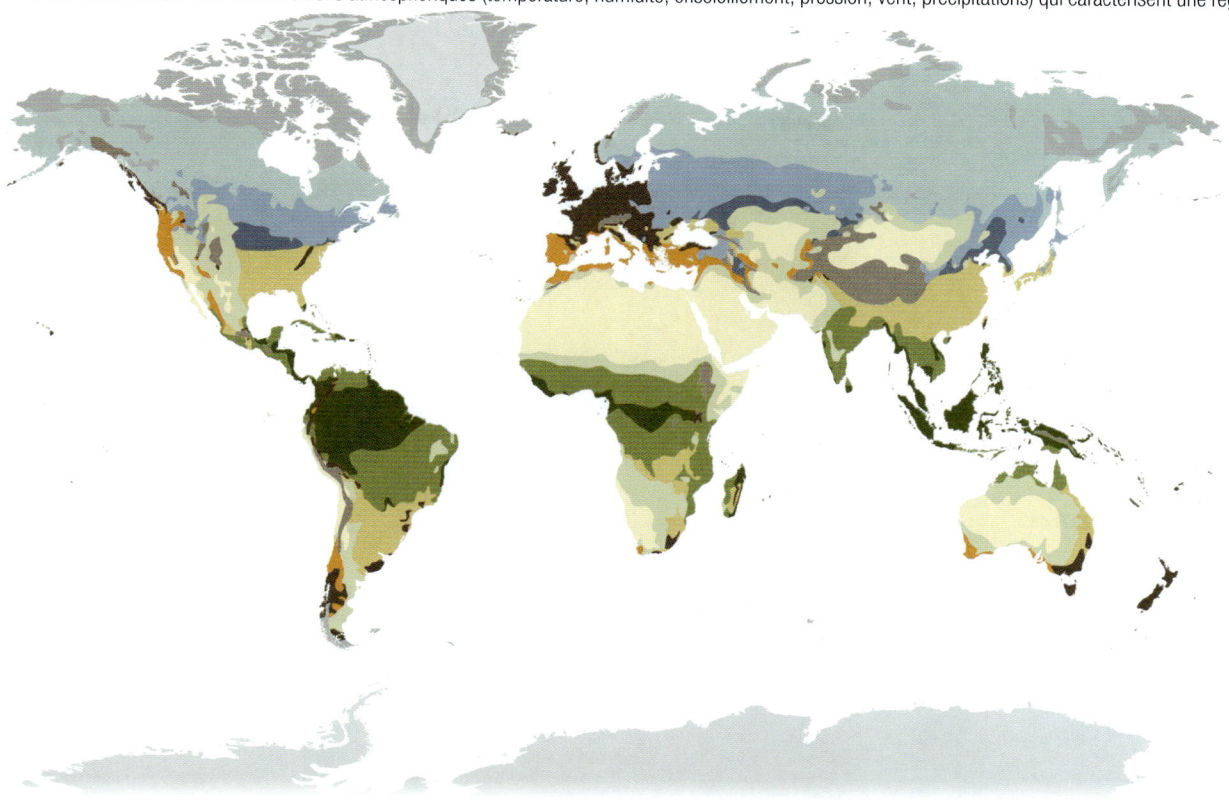

TERRE

climats tropicaux
Climats aux températures chaudes tout au long de l'année, qui se caractérisent par l'alternance d'une saison sèche et d'une saison des pluies.

tropical humide
Climat tropical à caractère océanique très humide, qui permet une végétation luxuriante constituée de forêts denses.

tropical humide et sec (savane F)
Climat tropical à caractère continental, où la saison sèche est très marquée et la végétation composée de hautes herbes et d'arbres disséminés.

climats tempérés froids
Climats aux quatre saisons nettement marquées, avec un hiver froid et un été frais.

continental humide, à été chaud
Climat caractérisé par une forte amplitude annuelle des températures et une pluviosité assez faible. L'été y est plutôt chaud.

continental humide, à été frais
Climat caractérisé par une forte amplitude annuelle des températures et une pluviosité assez faible. L'été y est plutôt frais.

subarctique
Climat caractérisé par un hiver long et très froid et un été court et frais; les précipitations tombent principalement durant l'été.

climats tempérés chauds
Climats aux quatre saisons nettement marquées, avec un hiver doux et un été frais ou chaud.

subtropical humide
Climat caractérisé par un été chaud et un hiver doux et des précipitations distribuées tout au long de l'année.

méditerranéen
Climat caractérisé par des étés chauds et secs, des saisons intermédiaires et des hivers doux et pluvieux.

océanique
Climat caractérisé par une faible amplitude annuelle des températures et par des précipitations réparties sur toute l'année.

climats arides
Climats marqués par de très faibles précipitations.

steppe F
Région chaude en été et très froide en hiver, sans arbres et recouverte de végétaux herbacés adaptés aux milieux arides.

désert M
Région habituellement chaude où l'aridité est telle (moins de 100 mm de précipitations par année) que la vie végétale et animale est peu abondante.

climats polaires
Climats secs et extrêmement froids.

toundra F
Région où la période de dégel ne dure que quatre ou cinq mois et où seuls des mousses, des lichens et quelques arbustes résistent au froid.

calotte F glaciaire
Région la plus froide du globe (jusqu'à - 90 °C) où la température, toujours négative, permet le maintien d'une couverture de glace.

climats de montagne F
Climats caractérisés par une baisse des températures et une augmentation des précipitations avec l'altitude.

climats de montagne F

nuages

Suspensions de fines gouttelettes d'eau ou de cristaux de glace dans l'atmosphère; ils sont classés en 10 genres par l'Organisation météorologique mondiale.

nuages de haute altitude
Nuages situés à plus de 6 000 m d'altitude, composés de cristaux de glace et qui ne génèrent pas de précipitations.

cirrostratus
Voile blanchâtre qui peut couvrir totalement le ciel et qui crée un halo autour du Soleil.

cirrocumulus
Nuage formé de flocons ou de lamelles blanches souvent ordonnés en rangées.

cirrus
Nuage en forme de filaments ou de bandes isolées, qui apparaît généralement à l'avant d'une dépression.

nuages de moyenne altitude
Nuages situés entre 2 000 et 6 000 m d'altitude et constitués de gouttelettes d'eau et de cristaux de glace.

altostratus
Voile gris qui peut couvrir totalement le ciel et qui laisse voir le Soleil sans phénomène de halo; il peut donner d'importantes précipitations.

altocumulus
Nuage constitué de gros flocons blancs ou gris, formant parfois des bandes parallèles, qui annonce l'arrivée d'une dépression.

nuages de basse altitude
Nuages ne dépassant pas 2 000 m d'altitude, composés de gouttelettes d'eau parfois mêlées à des cristaux de glace, et qui génèrent parfois des précipitations continues.

stratocumulus
Nuage gris et blanc disposé en couches plus ou moins continues présentant des bourrelets, qui n'engendre généralement pas de précipitations.

nimbostratus
Nuage en forme de couche sombre, suffisamment épais pour masquer le Soleil et qui donne des précipitations continues.

stratus
Nuage gris formant un voile continu semblable à du brouillard, mais qui ne touche pas le sol. Il provoque de faibles précipitations.

nuages à développement vertical
Nuages dont la base se situe à basse altitude et qui s'étendent en hauteur; il s'agit de cumulus et de cumulonimbus.

cumulus
Nuage de beau temps aux contours très nets, dont la base est grise et plate tandis que le sommet est blanc et forme des protubérances arrondies.

cumulonimbus
Nuage très imposant qui peut atteindre 10 km d'épaisseur et dont la base est très sombre. Il provoque de violentes précipitations.

météorologie

tornade^F et trombe^F marine

Phénomènes locaux résultant de l'enroulement de vents ascendants autour d'une zone de basse pression. Elles se distinguent des cyclones par leur brièveté.

mur^M de nuages^M
Masse nuageuse en forme d'anneau, qui est généralement le premier signe de l'apparition d'une tornade.

nuage^M en entonnoir^M
Nuage qui sort de la base d'un nuage et qui rejoint le sol, autour duquel tourbillonnent des vents très forts.

buisson^M
Nuage de poussières et de débris soulevés du sol.

trombe^F marine
Tornade qui se produit au-dessus de la mer, moins violente qu'une tornade terrestre.

tornade^F
Colonne d'air qui s'étire entre le sol et la base d'un cumulonimbus et qui tourbillonne en produisant des vents violents pouvant atteindre 500 km/h.

cyclone^M tropical

Zone de basse pression accompagnée de violentes précipitations et de vents tourbillonnant entre 120 et 300 km/h, qui se forme dans la région intertropicale.

vent^M dominant
Il fait progresser le cyclone à une vitesse moyenne de 25 km/h.

œil^M
Zone relativement calme, avec des vents faibles et peu de nuages, d'environ 30 km de diamètre, au centre du cyclone.

zone^F de haute pression^F
La colonne d'air ascendant qui se forme provoque une hausse de la pression en altitude, au niveau du sommet des nuages les plus développés.

mur^M de l'œil^M
Épaisse couche nuageuse qui tourne autour de l'œil, où les vents sont les plus forts (jusqu'à 300 km/h) et les précipitations les plus abondantes.

cellule^F convective
Phénomène formé d'un courant d'air humide et chaud ascendant, qui se condense et forme un nuage, et d'un courant d'air froid descendant.

air^M froid subsident
L'air refroidi parvenu au sommet des nuages redescend et se réchauffe en se comprimant.

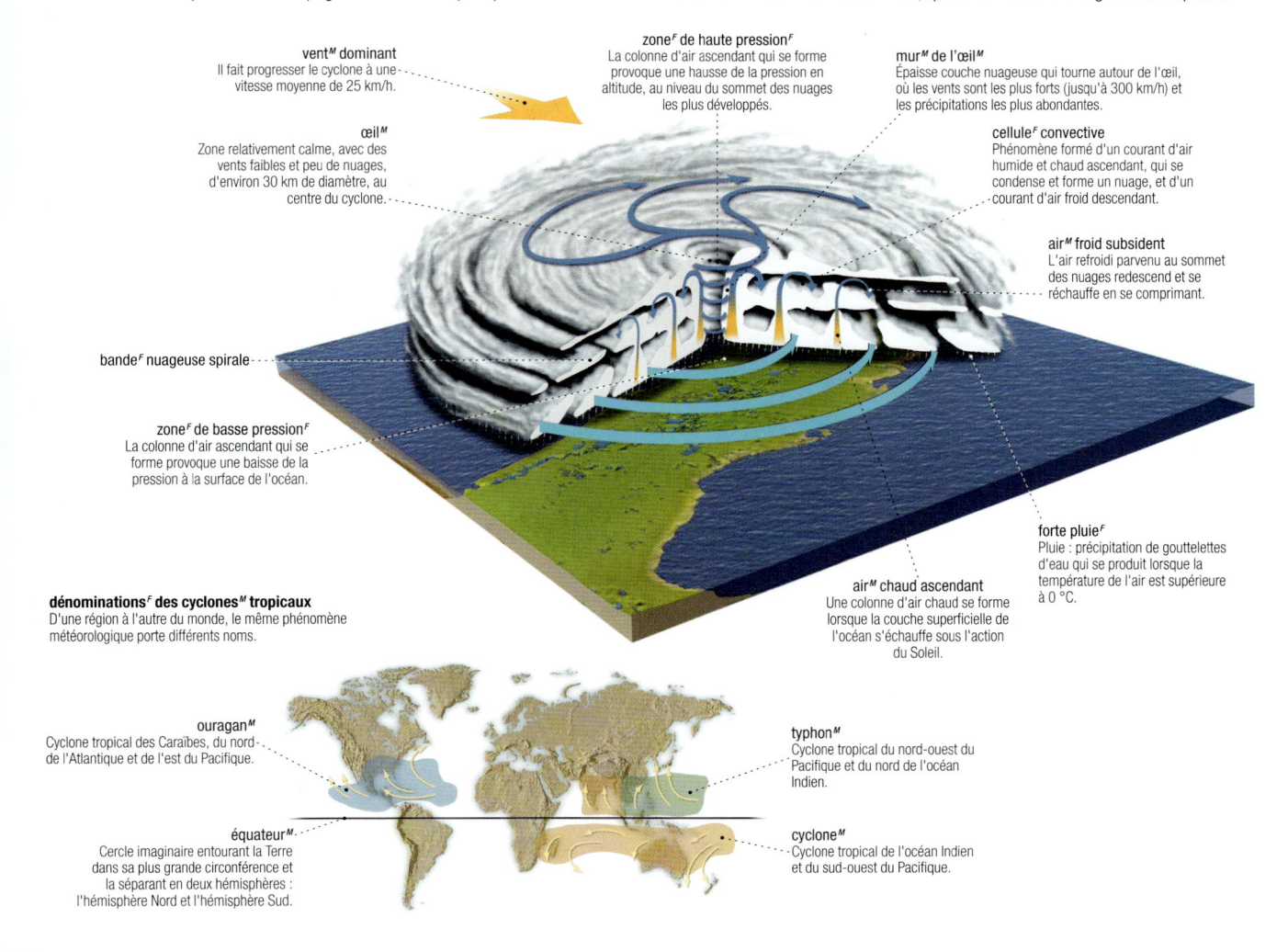

bande^F nuageuse spirale

zone^F de basse pression^F
La colonne d'air ascendant qui se forme provoque une baisse de la pression à la surface de l'océan.

forte pluie^F
Pluie : précipitation de gouttelettes d'eau qui se produit lorsque la température de l'air est supérieure à 0 °C.

air^M chaud ascendant
Une colonne d'air chaud se forme lorsque la couche superficielle de l'océan s'échauffe sous l'action du Soleil.

dénominations^F des cyclones^M tropicaux
D'une région à l'autre du monde, le même phénomène météorologique porte différents noms.

ouragan^M
Cyclone tropical des Caraïbes, du nord de l'Atlantique et de l'est du Pacifique.

équateur^M
Cercle imaginaire entourant la Terre dans sa plus grande circonférence et la séparant en deux hémisphères : l'hémisphère Nord et l'hémisphère Sud.

typhon^M
Cyclone tropical du nord-ouest du Pacifique et du nord de l'océan Indien.

cyclone^M
Cyclone tropical de l'océan Indien et du sud-ouest du Pacifique.

TERRE

précipitations^F

Ensemble des particules d'eau contenues dans l'atmosphère qui tombent ou se déposent sur le sol sous forme solide ou liquide.

formes^F de pluie^F
Par convention internationale, on nomme les précipitations de pluie selon la quantité d'eau tombée au sol.

bruine^F
Précipitation uniforme et continue de gouttelettes d'eau qui tombent très lentement et dont le diamètre est inférieur à 0,5 mm.

pluie^F faible
Précipitation de gouttes d'eau d'un diamètre supérieur à 0,5 mm, au cours de laquelle s'accumule au sol 2,5 mm d'eau par heure.

pluie^F modérée
Précipitation au cours de laquelle s'accumule au sol entre 2,5 et 7,6 mm d'eau par heure.

pluie^F forte
Précipitation au cours de laquelle s'accumule au sol plus de 7,6 mm d'eau par heure.

précipitations^F hivernales
Au cours de l'hiver, l'eau peut tomber sous différentes formes selon la variation de la température de l'air.

air^M chaud

air^M froid

pluie^F
Précipitation de gouttelettes d'eau qui se produit lorsque la température de l'air est supérieure à 0 °C.

pluie^F verglaçante
Pluie dont les gouttes gèlent au moment de leur impact sur le sol ou sur les objets, et qui forme une couche de glace.

grésil^M
Chute de gouttelettes d'eau ou de flocons de neige fondants qui se congèlent avant de toucher le sol.

neige^F
Précipitation de cristaux de glace qui se produit lorsque la température de l'air est inférieure à 0 °C.

cristaux^M de neige^F
Cristaux de glace, dont la forme dépend de la température et de l'humidité, qui tombent isolés ou agglomérés en flocons.

aiguille^F
Cristal de glace translucide, long et mince, en forme de prisme aux extrémités pointues.

colonne^F avec capuchon^M
Cristal de glace identique à la colonne, mais qui possède à chaque extrémité un chapeau mince hexagonal.

grésil^M
Cristal de glace dont le diamètre est inférieur à 5 mm et qui résulte de la congélation de gouttes de pluie ou de flocons de neige avant qu'ils touchent le sol.

neige^F roulée
Cristal de glace opaque dont le diamètre est inférieur à 5 mm et qui s'est congelé dans un nuage.

grêlon^M
Cristal de glace dure généralement sphérique, d'un diamètre variant entre 5 et 50 mm, formé de couches concentriques de glace claire et opaque.

colonne^F
Cristal de glace translucide et court, en forme de prisme parfois creux et aux extrémités plates.

plaquette^F
Cristal de glace en forme de plaque mince hexagonal, parfois creuse.

dendrite^F spatiale
Cristal de glace qui se caractérise par des ramifications complexes ressemblant aux branches d'un arbre.

cristaux^M irréguliers
Cristal de glace de forme non définie, qui résulte de l'agglomération de plusieurs cristaux.

étoile^F
Cristal en forme d'étoile à six branches.

météorologie 91

précipitations^F

ciel^M d'orage^M
Un orage se manifeste par des éclairs, du tonnerre et des rafales de vent, généralement accompagnés d'averses de pluie ou de grêle.

nuage^M
Le nuage à l'origine d'un orage est un cumulonimbus. Très imposant, il peut atteindre 10 km d'épaisseur et sa base est très sombre.

éclair^M
Phénomène lumineux intense et bref causé par une décharge électrique entre deux nuages ou entre un nuage et le sol.

arc-en-ciel^M
Arc lumineux formé de bandes de couleurs visible durant une averse à l'opposé du Soleil.

pluie^F
Précipitation de gouttelettes d'eau qui se produit lorsque la température de l'air est supérieure à 0 °C.

TERRE

rosée^F
Condensation de la vapeur d'eau contenue dans l'air, qui se dépose sur des surfaces froides sous forme de gouttelettes.

givre^M
Dépôt de cristaux de glace sur les surfaces dont la température est proche de 0 °C, provoqué par la condensation de la vapeur d'eau contenue dans l'air.

brume^F
Brouillard léger qui ne limite pas la visibilité à un kilomètre.

brouillard^M
Condensation de la vapeur d'eau résultant en une suspension de microscopiques gouttelettes réduisant la visibilité à moins d'un kilomètre.

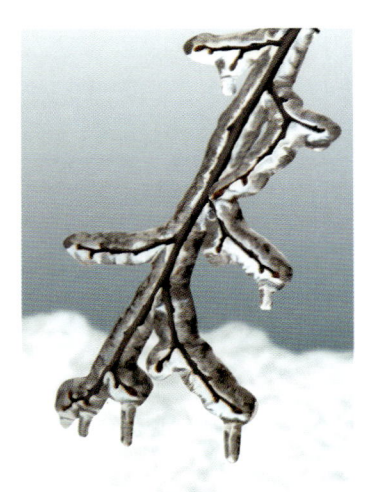

verglas^M
Couche de glace sur un sol ou un objet gelés, provoquée par la condensation de pluie fine qui tombe alors que la température est proche de 0 °C.

distribution de la végétation

Végétation : ensemble des végétaux poussant à la surface de la Terre; elle joue un rôle essentiel dans l'équilibre de la biosphère.

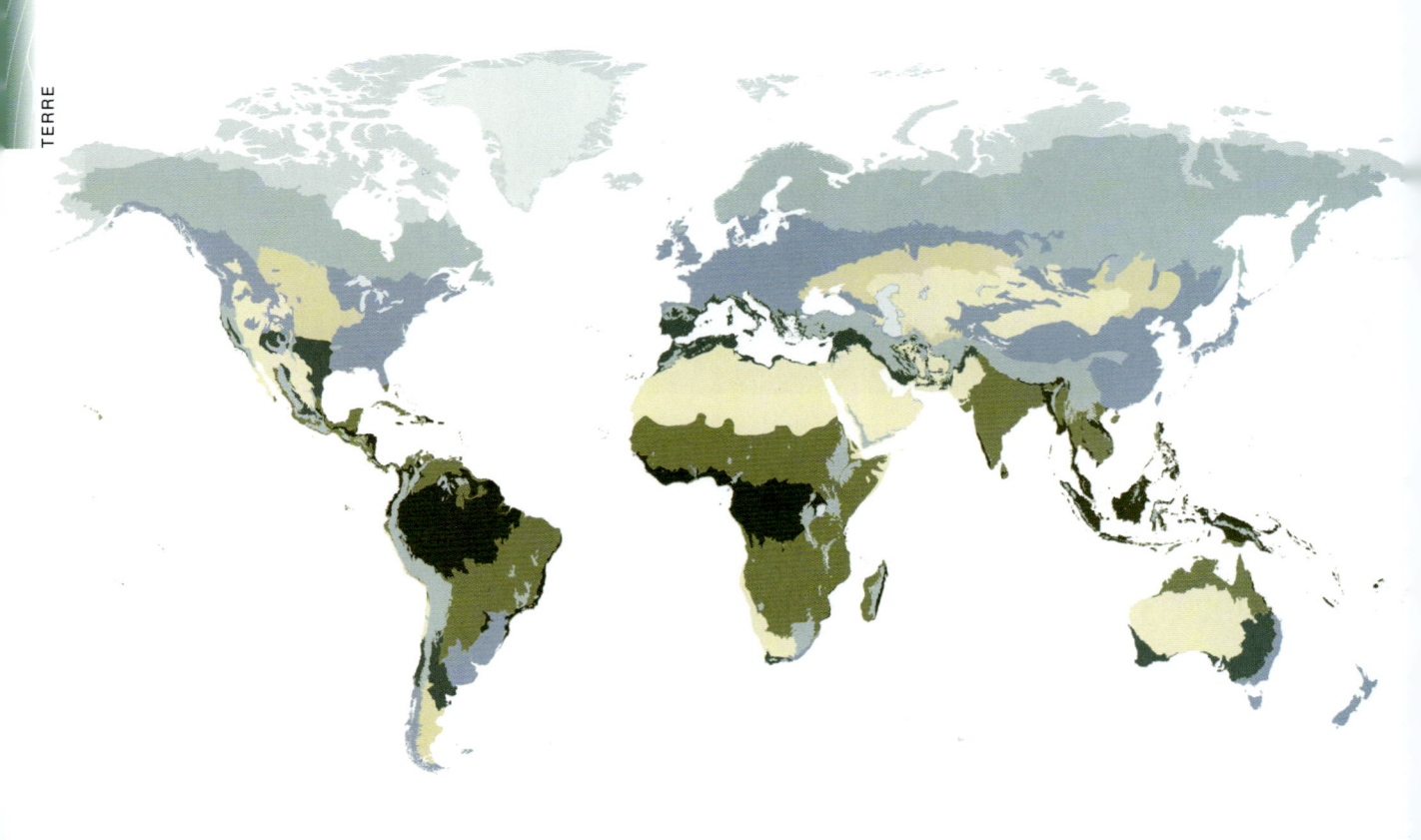

toundra
Formation végétale des régions relativement arides constituée de mousses, de lichens, d'herbes, de buissons et d'arbres nains.

forêt boréale
Vaste étendue forestière composée principalement de conifères, mais où poussent aussi quelques feuillus.

forêt tempérée
Forêt composée principalement de feuillus, parmi lesquels des chênes, des frêne et des hêtres.

forêt tropicale humide
Forêt dense parmi les plus riches en biodiversité, qui croît grâce à des précipitations abondantes et régulières.

prairie tempérée
Vaste étendue herbacée où prédominent les graminées, pratiquement dépourvue d'arbres, dans des régions où l'hiver est relativement froid et sec.

savane
Vaste étendue herbacée où prédominent les graminées de grandes dimensions et les arbustes, dans des régions chaudes marquées par une saison des pluies.

maquis
Vaste étendue végétale composée d'arbustes à feuilles persistantes, adaptés à la sécheresse estivale.

désert
Région habituellement chaude où l'aridité est telle (moins de 100 mm de précipitations par année) que la vie végétale et animale est peu abondante.

roche et glace
Région où la végétation est rare ou absente.

environnement

types^M de végétation^F

La végétation varie en fonction du climat et de la nature du sol.

forêt^F boréale
Vaste étendue forestière composée principalement de conifères, mais où poussent aussi quelques feuillus.

forêt^F tempérée
Forêt composée principalement de feuillus, parmi lesquels des chênes, des frênes et des hêtres.

forêt^F tropicale humide
Forêt dense parmi les plus riches en biodiversité, qui croît grâce à des précipitations abondantes et régulières.

savane^F
Vaste étendue herbacée où prédominent les graminées de grandes dimensions et les arbustes, dans des régions chaudes marquées par une saison des pluies.

maquis^M
Vaste étendue végétale composée d'arbustes à feuilles persistantes, adaptés à la sécheresse estivale.

prairie^F tempérée
Vaste étendue herbacée où prédominent les graminées, pratiquement dépourvue d'arbres, dans des régions où l'hiver est relativement froid et sec.

désert^M
Région habituellement chaude où l'aridité est telle (moins de 100 mm de précipitations par année) que la vie végétale et animale est peu abondante.

toundra^F
Formation végétale des régions relativement arides constituée de mousses, de lichens, d'herbes, de buissons et d'arbres nains.

TERRE

environnement

chaîne alimentaire

Ensemble des relations de prédation et de dépendance entre les êtres vivants.

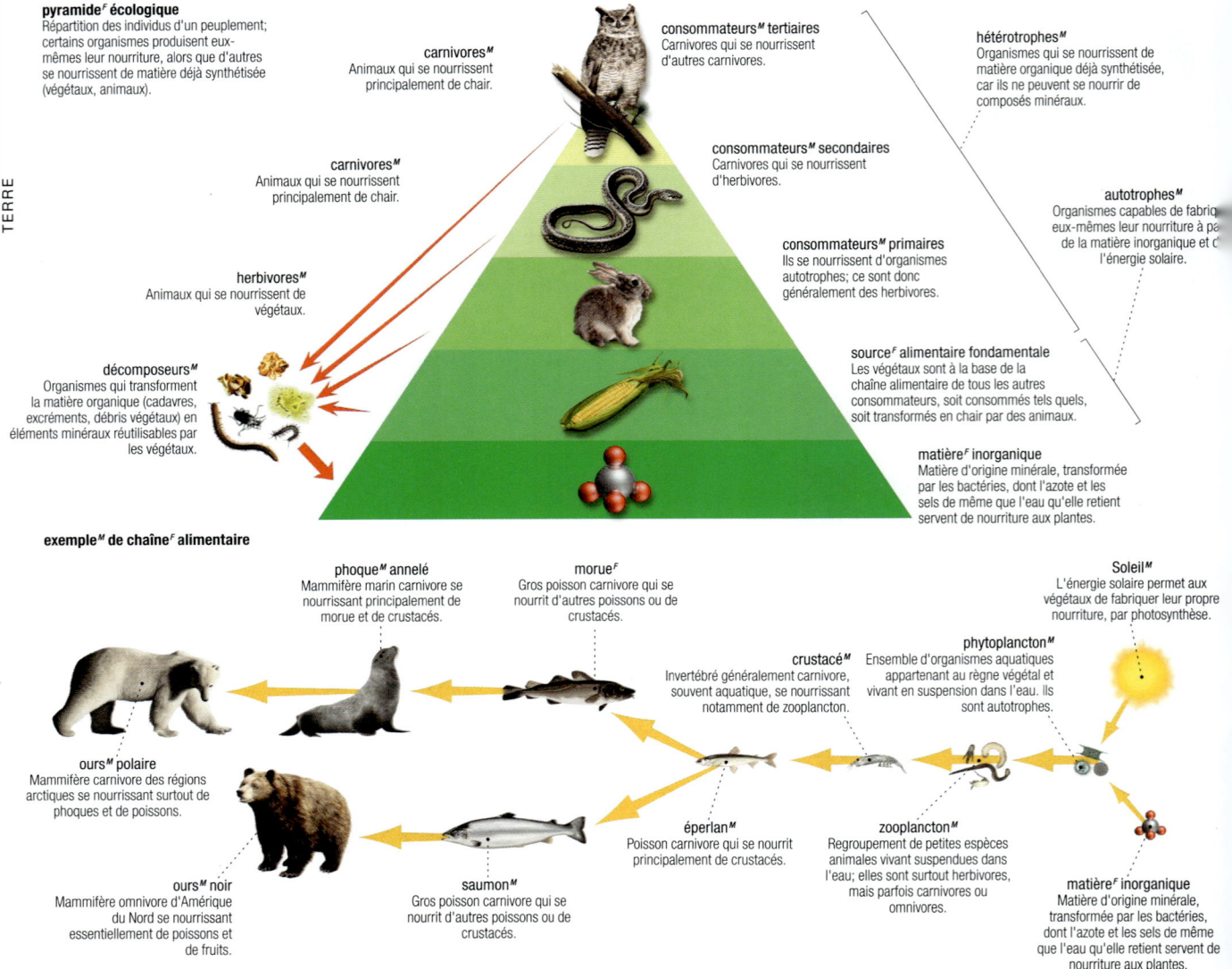

pyramide écologique
Répartition des individus d'un peuplement; certains organismes produisent eux-mêmes leur nourriture, alors que d'autres se nourrissent de matière déjà synthétisée (végétaux, animaux).

carnivores
Animaux qui se nourrissent principalement de chair.

consommateurs tertiaires
Carnivores qui se nourrissent d'autres carnivores.

hétérotrophes
Organismes qui se nourrissent de matière organique déjà synthétisée, car ils ne peuvent se nourrir de composés minéraux.

carnivores
Animaux qui se nourrissent principalement de chair.

consommateurs secondaires
Carnivores qui se nourrissent d'herbivores.

autotrophes
Organismes capables de fabriquer eux-mêmes leur nourriture à partir de la matière inorganique et de l'énergie solaire.

herbivores
Animaux qui se nourrissent de végétaux.

consommateurs primaires
Ils se nourrissent d'organismes autotrophes; ce sont donc généralement des herbivores.

décomposeurs
Organismes qui transforment la matière organique (cadavres, excréments, débris végétaux) en éléments minéraux réutilisables par les végétaux.

source alimentaire fondamentale
Les végétaux sont à la base de la chaîne alimentaire de tous les autres consommateurs, soit consommés tels quels, soit transformés en chair par des animaux.

matière inorganique
Matière d'origine minérale, transformée par les bactéries, dont l'azote et les sels de même que l'eau qu'elle retient servent de nourriture aux plantes.

exemple de chaîne alimentaire

phoque annelé
Mammifère marin carnivore se nourrissant principalement de morue et de crustacés.

morue
Gros poisson carnivore qui se nourrit d'autres poissons ou de crustacés.

Soleil
L'énergie solaire permet aux végétaux de fabriquer leur propre nourriture, par photosynthèse.

crustacé
Invertébré généralement carnivore, souvent aquatique, se nourrissant notamment de zooplancton.

phytoplancton
Ensemble d'organismes aquatiques appartenant au règne végétal et vivant en suspension dans l'eau. Ils sont autotrophes.

ours polaire
Mammifère carnivore des régions arctiques se nourrissant surtout de phoques et de poissons.

éperlan
Poisson carnivore qui se nourrit principalement de crustacés.

zooplancton
Regroupement de petites espèces animales vivant en suspension dans l'eau; elles sont surtout herbivores, mais parfois carnivores ou omnivores.

matière inorganique
Matière d'origine minérale, transformée par les bactéries, dont l'azote et les sels de même que l'eau qu'elle retient servent de nourriture aux plantes.

ours noir
Mammifère omnivore d'Amérique du Nord se nourrissant essentiellement de poissons et de fruits.

saumon
Gros poisson carnivore qui se nourrit d'autres poissons ou de crustacés.

structure de la biosphère

Biosphère : partie de l'enveloppe terrestre où la vie est possible, du fond des océans à la cime des plus hautes montagnes (environ 20 km).

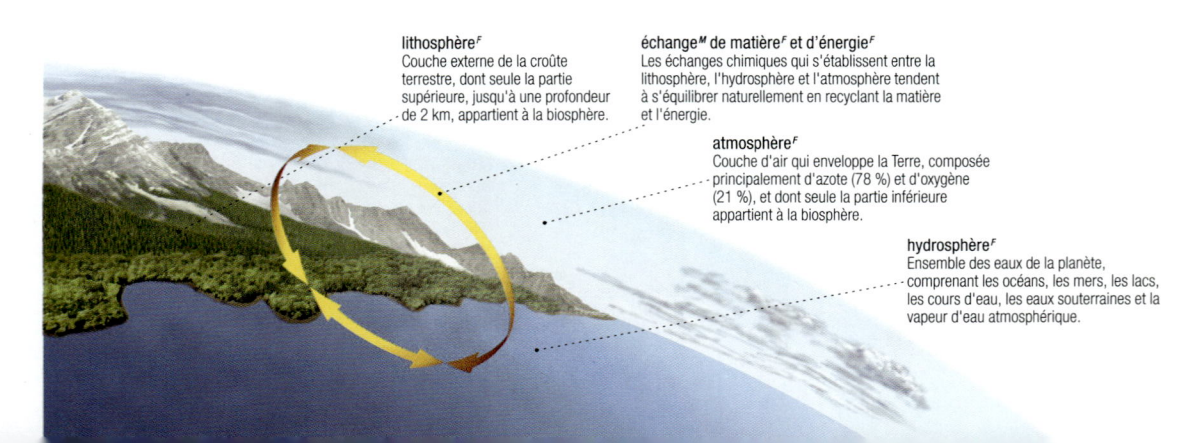

lithosphère
Couche externe de la croûte terrestre, dont seule la partie supérieure, jusqu'à une profondeur de 2 km, appartient à la biosphère.

échange de matière et d'énergie
Les échanges chimiques qui s'établissent entre la lithosphère, l'hydrosphère et l'atmosphère tendent à s'équilibrer naturellement en recyclant la matière et l'énergie.

atmosphère
Couche d'air qui enveloppe la Terre, composée principalement d'azote (78 %) et d'oxygène (21 %), et dont seule la partie inférieure appartient à la biosphère.

hydrosphère
Ensemble des eaux de la planète, comprenant les océans, les mers, les lacs, les cours d'eau, les eaux souterraines et la vapeur d'eau atmosphérique.

environnement 95

cycle^M de l'eau^F

Circulation permanente de l'eau, sous ses différents états (liquide, solide et gazeux), entre les océans, l'atmosphère et la surface terrestre.

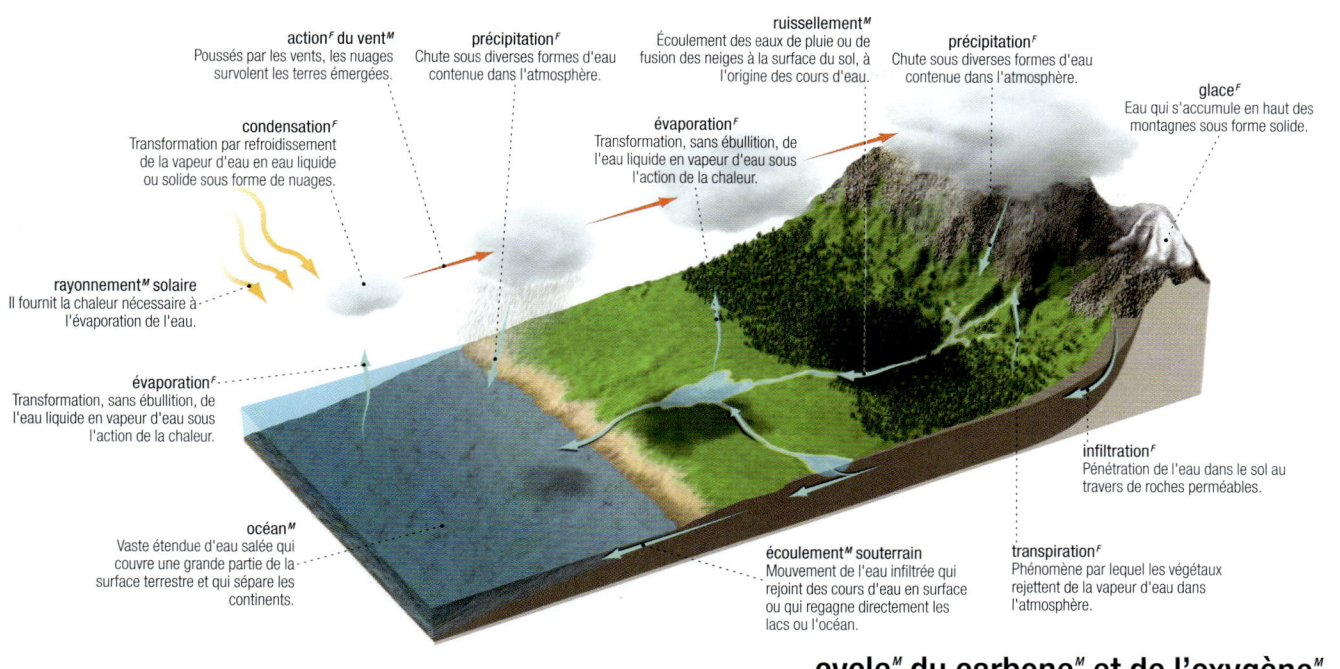

action^F du vent^M
Poussés par les vents, les nuages survolent les terres émergées.

précipitation^F
Chute sous diverses formes d'eau contenue dans l'atmosphère.

ruissellement^M
Écoulement des eaux de pluie ou de fusion des neiges à la surface du sol, à l'origine des cours d'eau.

précipitation^F
Chute sous diverses formes d'eau contenue dans l'atmosphère.

glace^F
Eau qui s'accumule en haut des montagnes sous forme solide.

condensation^F
Transformation par refroidissement de la vapeur d'eau en eau liquide ou solide sous forme de nuages.

évaporation^F
Transformation, sans ébullition, de l'eau liquide en vapeur d'eau sous l'action de la chaleur.

rayonnement^M solaire
Il fournit la chaleur nécessaire à l'évaporation de l'eau.

évaporation^F
Transformation, sans ébullition, de l'eau liquide en vapeur d'eau sous l'action de la chaleur.

infiltration^F
Pénétration de l'eau dans le sol au travers de roches perméables.

océan^M
Vaste étendue d'eau salée qui couvre une grande partie de la surface terrestre et qui sépare les continents.

écoulement^M souterrain
Mouvement de l'eau infiltrée qui rejoint des cours d'eau en surface ou qui regagne directement les lacs ou l'océan.

transpiration^F
Phénomène par lequel les végétaux rejettent de la vapeur d'eau dans l'atmosphère.

TERRE

cycle^M du carbone^M et de l'oxygène^M

Ensemble des interactions permettant la circulation dans la biosphère terrestre du carbone et de l'oxygène, deux éléments indispensables à la vie.

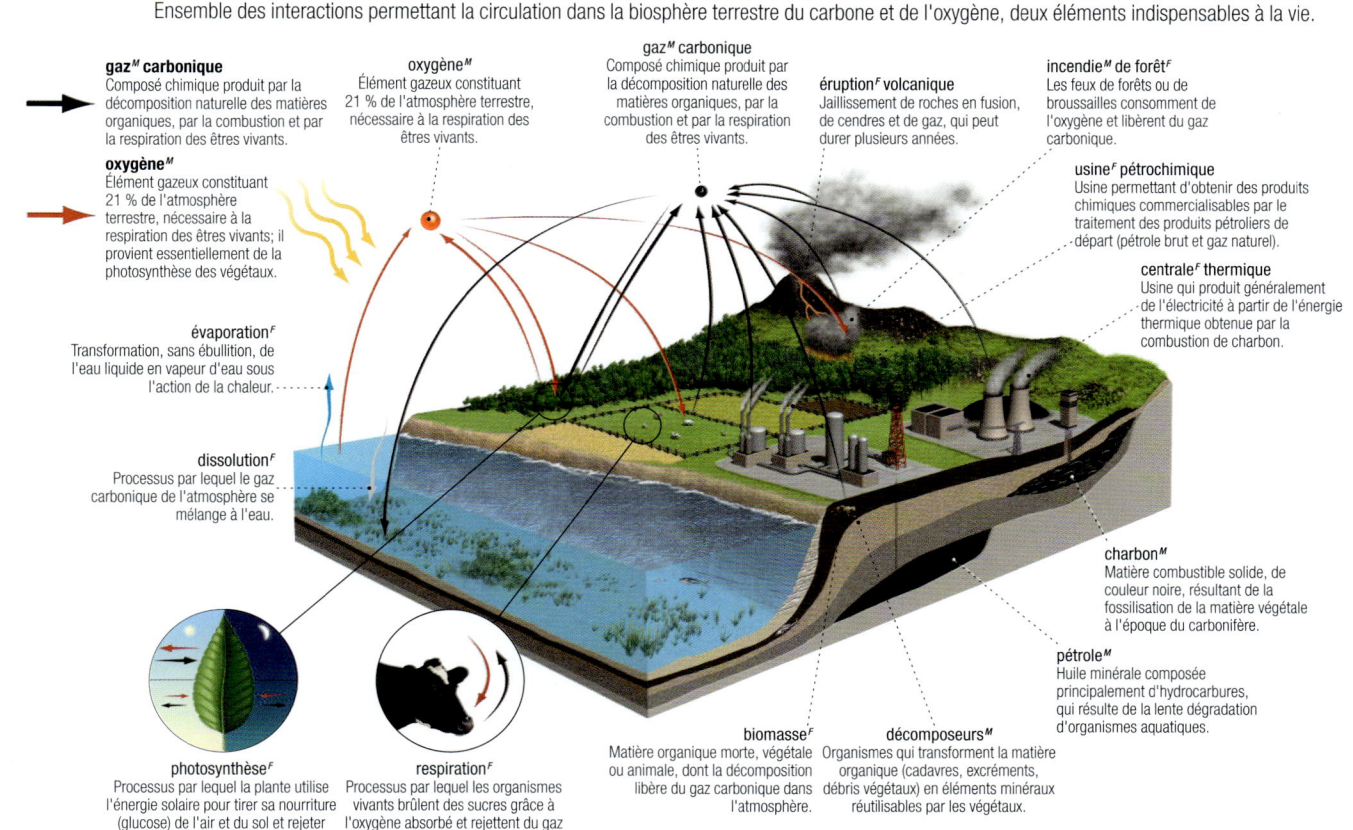

gaz^M carbonique
Composé chimique produit par la décomposition naturelle des matières organiques, par la combustion et par la respiration des êtres vivants.

oxygène^M
Élément gazeux constituant 21 % de l'atmosphère terrestre, nécessaire à la respiration des êtres vivants.

gaz^M carbonique
Composé chimique produit par la décomposition naturelle des matières organiques, par la combustion et par la respiration des êtres vivants.

éruption^F volcanique
Jaillissement de roches en fusion, de cendres et de gaz, qui peut durer plusieurs années.

incendie^M de forêt^F
Les feux de forêts ou de broussailles consomment de l'oxygène et libèrent du gaz carbonique.

oxygène^M
Élément gazeux constituant 21 % de l'atmosphère terrestre, nécessaire à la respiration des êtres vivants; il provient essentiellement de la photosynthèse des végétaux.

usine^F pétrochimique
Usine permettant d'obtenir des produits chimiques commercialisables par le traitement des produits pétroliers de départ (pétrole brut et gaz naturel).

centrale^F thermique
Usine qui produit généralement de l'électricité à partir de l'énergie thermique obtenue par la combustion de charbon.

évaporation^F
Transformation, sans ébullition, de l'eau liquide en vapeur d'eau sous l'action de la chaleur.

dissolution^F
Processus par lequel le gaz carbonique de l'atmosphère se mélange à l'eau.

charbon^M
Matière combustible solide, de couleur noire, résultant de la fossilisation de la matière végétale à l'époque du carbonifère.

pétrole^M
Huile minérale composée principalement d'hydrocarbures, qui résulte de la lente dégradation d'organismes aquatiques.

photosynthèse^F
Processus par lequel la plante utilise l'énergie solaire pour tirer sa nourriture (glucose) de l'air et du sol et rejeter l'oxygène dans l'atmosphère.

respiration^F
Processus par lequel les organismes vivants brûlent des sucres grâce à l'oxygène absorbé et rejettent du gaz carbonique dans l'atmosphère.

biomasse^F
Matière organique morte, végétale ou animale, dont la décomposition libère du gaz carbonique dans l'atmosphère.

décomposeurs^M
Organismes qui transforment la matière organique (cadavres, excréments, débris végétaux) en éléments minéraux réutilisables par les végétaux.

effet[M] de serre[F] naturel

L'effet de serre est un phénomène naturel indispensable. Sans lui, la température moyenne, qui est actuellement de 15 °C, ne dépasserait pas -18 °C.

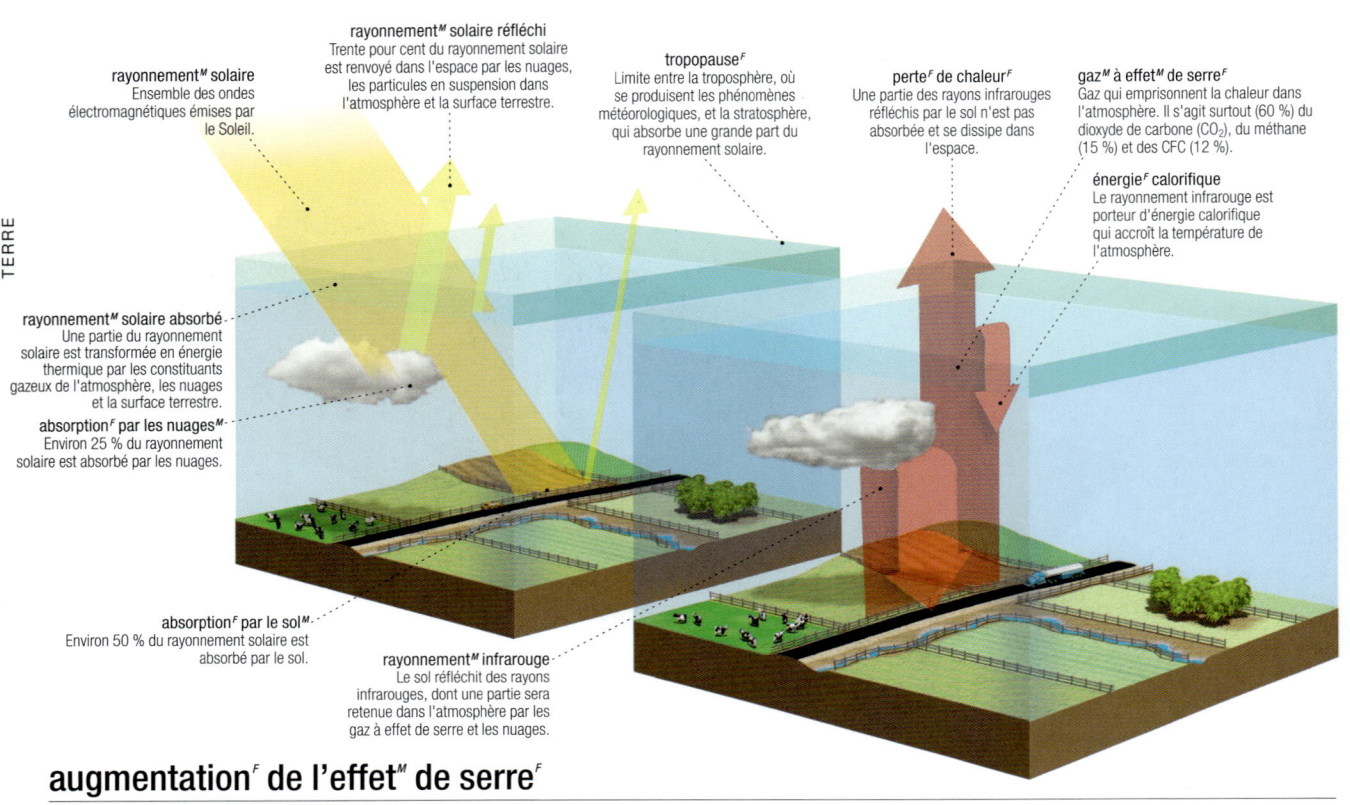

rayonnement[M] solaire
Ensemble des ondes électromagnétiques émises par le Soleil.

rayonnement[M] solaire réfléchi
Trente pour cent du rayonnement solaire est renvoyé dans l'espace par les nuages, les particules en suspension dans l'atmosphère et la surface terrestre.

tropopause[F]
Limite entre la troposphère, où se produisent les phénomènes météorologiques, et la stratosphère, qui absorbe une grande part du rayonnement solaire.

perte[F] de chaleur
Une partie des rayons infrarouges réfléchis par le sol n'est pas absorbée et se dissipe dans l'espace.

gaz[M] à effet[M] de serre[F]
Gaz qui emprisonnent la chaleur dans l'atmosphère. Il s'agit surtout (60 %) du dioxyde de carbone (CO_2), du méthane (15 %) et des CFC (12 %).

énergie[F] calorifique
Le rayonnement infrarouge est porteur d'énergie calorifique qui accroît la température de l'atmosphère.

TERRE

rayonnement[M] solaire absorbé
Une partie du rayonnement solaire est transformée en énergie thermique par les constituants gazeux de l'atmosphère, les nuages et la surface terrestre.

absorption[F] par les nuages[M]
Environ 25 % du rayonnement solaire est absorbé par les nuages.

absorption[F] par le sol[M]
Environ 50 % du rayonnement solaire est absorbé par le sol.

rayonnement[M] infrarouge
Le sol réfléchit des rayons infrarouges, dont une partie sera retenue dans l'atmosphère par les gaz à effet de serre et les nuages.

augmentation[F] de l'effet[M] de serre[F]

L'activité humaine émet constamment des gaz à effet de serre, ce qui retient de plus en plus de chaleur dans l'atmosphère.

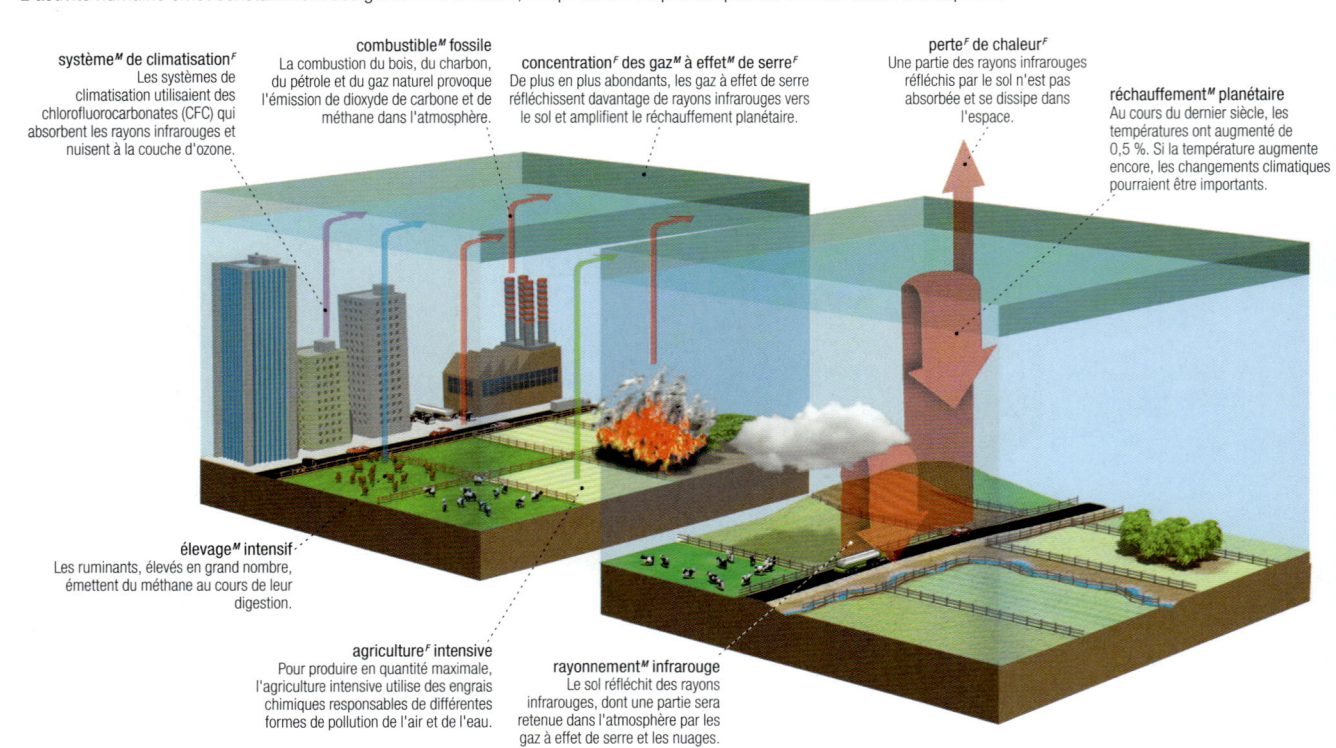

système[M] de climatisation[F]
Les systèmes de climatisation utilisaient des chlorofluorocarbonates (CFC) qui absorbent les rayons infrarouges et nuisent à la couche d'ozone.

combustible[M] fossile
La combustion du bois, du charbon, du pétrole et du gaz naturel provoque l'émission de dioxyde de carbone et de méthane dans l'atmosphère.

concentration[F] des gaz[M] à effet[M] de serre[F]
De plus en plus abondants, les gaz à effet de serre réfléchissent davantage de rayons infrarouges vers le sol et amplifient le réchauffement planétaire.

perte[F] de chaleur
Une partie des rayons infrarouges réfléchis par le sol n'est pas absorbée et se dissipe dans l'espace.

réchauffement[M] planétaire
Au cours du dernier siècle, les températures ont augmenté de 0,5 %. Si la température augmente encore, les changements climatiques pourraient être importants.

élevage[M] intensif
Les ruminants, élevés en grand nombre, émettent du méthane au cours de leur digestion.

agriculture[F] intensive
Pour produire en quantité maximale, l'agriculture intensive utilise des engrais chimiques responsables de différentes formes de pollution de l'air et de l'eau.

rayonnement[M] infrarouge
Le sol réfléchit des rayons infrarouges, dont une partie sera retenue dans l'atmosphère par les gaz à effet de serre et les nuages.

environnement

pollution^F de l'air^M

Dans l'atmosphère, présence en grande quantité de particules ou de gaz émis par l'activité humaine et préjudiciables à la vie animale et végétale.

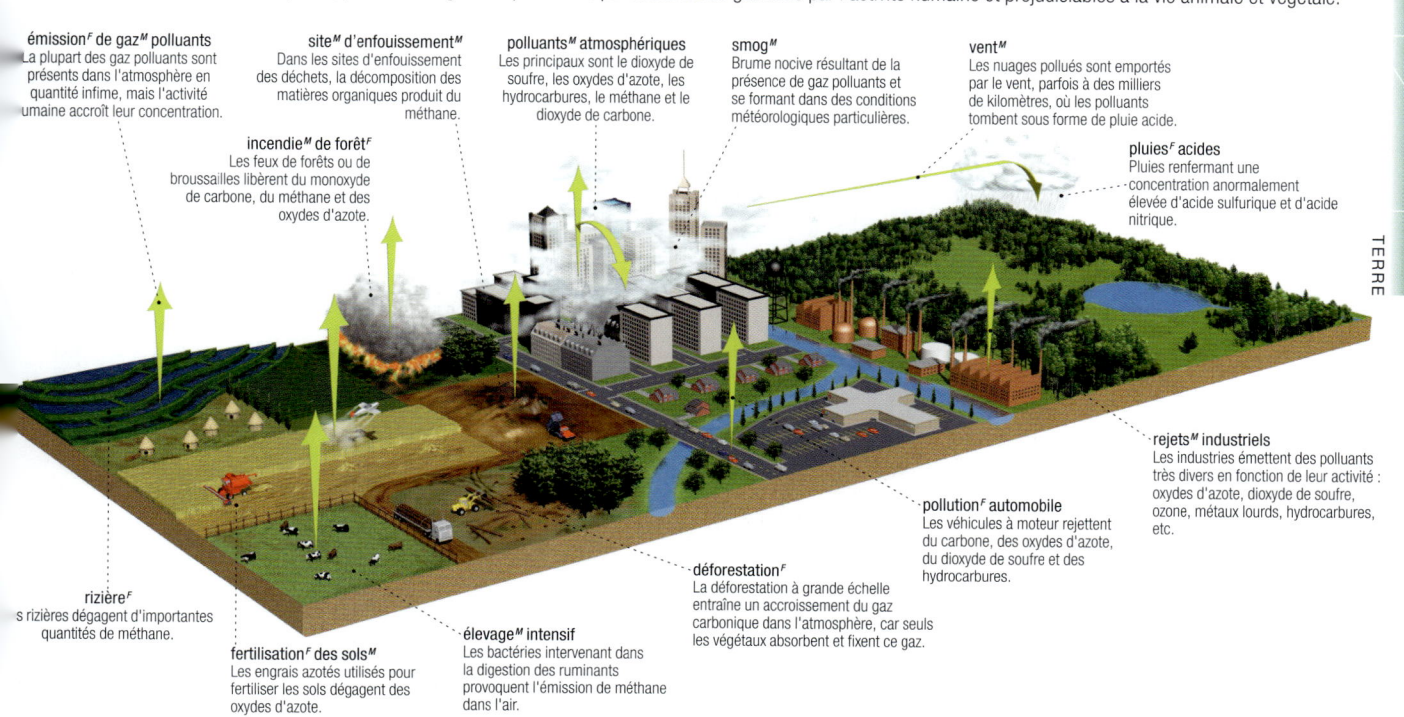

émission^F de gaz^M polluants
La plupart des gaz polluants sont présents dans l'atmosphère en quantité infime, mais l'activité humaine accroît leur concentration.

site^M d'enfouissement^M
Dans les sites d'enfouissement des déchets, la décomposition des matières organiques produit du méthane.

polluants^M atmosphériques
Les principaux sont le dioxyde de soufre, les oxydes d'azote, les hydrocarbures, le méthane et le dioxyde de carbone.

smog^M
Brume nocive résultant de la présence de gaz polluants et se formant dans des conditions météorologiques particulières.

vent^M
Les nuages pollués sont emportés par le vent, parfois à des milliers de kilomètres, où les polluants tombent sous forme de pluie acide.

incendie^M de forêt^F
Les feux de forêts ou de broussailles libèrent du monoxyde de carbone, du méthane et des oxydes d'azote.

pluies^F acides
Pluies renfermant une concentration anormalement élevée d'acide sulfurique et d'acide nitrique.

TERRE

rejets^M industriels
Les industries émettent des polluants très divers en fonction de leur activité : oxydes d'azote, dioxyde de soufre, ozone, métaux lourds, hydrocarbures, etc.

pollution^F automobile
Les véhicules à moteur rejettent du carbone, des oxydes d'azote, du dioxyde de soufre et des hydrocarbures.

rizière^F
Les rizières dégagent d'importantes quantités de méthane.

fertilisation^F des sols^M
Les engrais azotés utilisés pour fertiliser les sols dégagent des oxydes d'azote.

élevage^M intensif
Les bactéries intervenant dans la digestion des ruminants provoquent l'émission de méthane dans l'air.

déforestation^F
La déforestation à grande échelle entraîne un accroissement du gaz carbonique dans l'atmosphère, car seuls les végétaux absorbent et fixent ce gaz.

pollution^F du sol^M

De nombreux facteurs contribuent à la pollution du sol (déchets ménagers et industriels, fertilisants, pesticides, etc.).

pollution^F industrielle
La plupart des polluants non biodégradables du sol proviennent des industries, qui rejettent plus de 700 substances différentes.

polluants^M non biodégradables
Produits qui ne peuvent pas être intégralement décomposés par des organismes vivants.

élevage^M intensif
Les déjections animales amènent dans le sol de grandes quantités de nitrate qui s'infiltre dans la nappe phréatique.

pollution^F domestique
Pollution générée par l'augmentation des ordures ménagères et des détergents déversés dans les eaux usées.

pollution^F agricole
Elle se développe depuis l'intensification des cultures et l'utilisation à grande échelle de fertilisants et de pesticides.

déchets^M industriels
Certains sont traités comme des déchets ménagers, d'autres contiennent des substances toxiques et font l'objet de traitement dans des sites spécialisés.

épandage^M d'engrais^M
L'utilisation excessive d'engrais conduit à une augmentation de la quantité de composés minéraux dans le sol et les produits cultivés.

ordures^F ménagères
Elles se composent surtout de matières organiques biodégradables, mais elles contiennent aussi des plastiques, des détergents, des solvants et des métaux lourds.

herbicide^M
Il sert à détruire ou à limiter la croissance des végétaux nuisibles aux cultures.

site^M d'enfouissement^M
Terrain dans lequel les déchets domestiques et industriels sont jetés et recouverts de couches successives de terre.

couches^F de déchets^M
Chaque couche de déchets est imperméabilisée par un film plastique ou un socle de terre glaise.

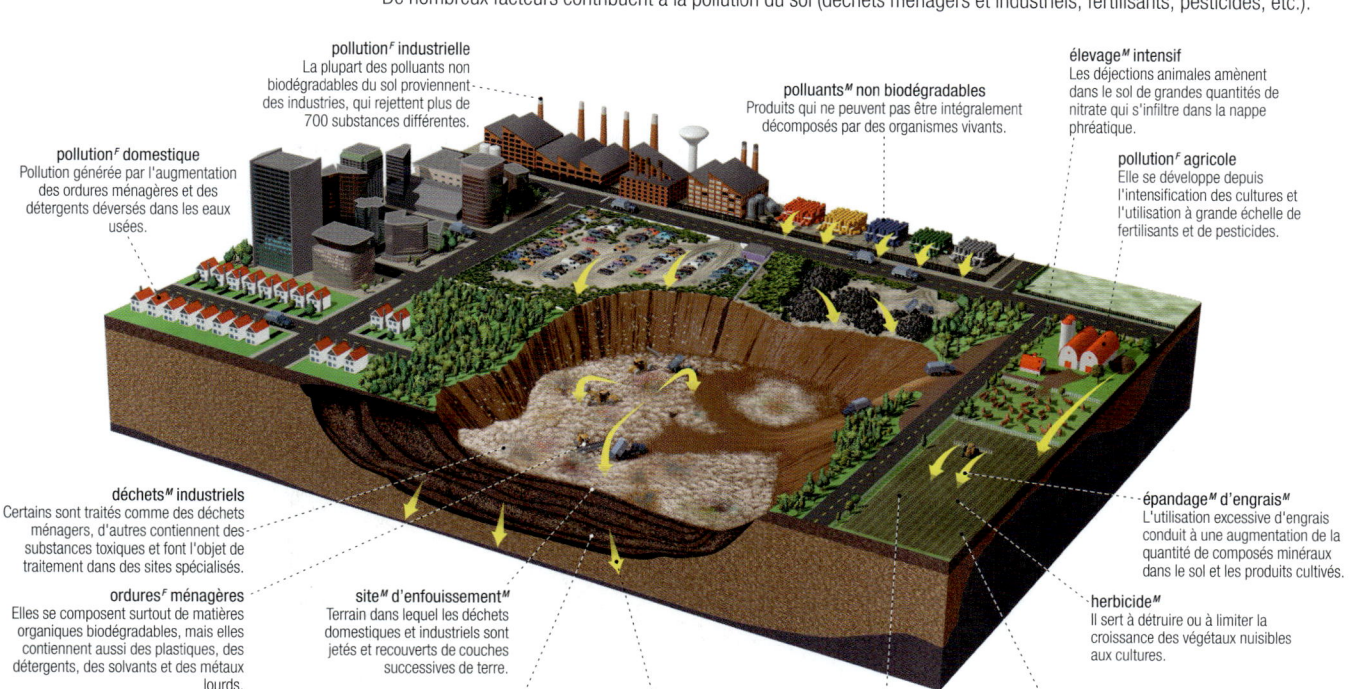

infiltration^F
Malgré l'imperméabilisation des couches de déchets, le ruissellement des eaux de pluie entraîne la pénétration dans le sous-sol de certains polluants.

fongicide^M
Il sert à détruire les champignons parasites des cultures.

pesticide^M
Produit (insecticide, herbicide ou fongicide) qui détruit les organismes nuisibles. Il s'accumule parfois dans la chaîne alimentaire et affecte ainsi la faune et la flore.

97

pollution de l'eau

L'eau circule sans cesse, transportant et répandant autour de la planète les polluants que l'activité humaine y a déversés.

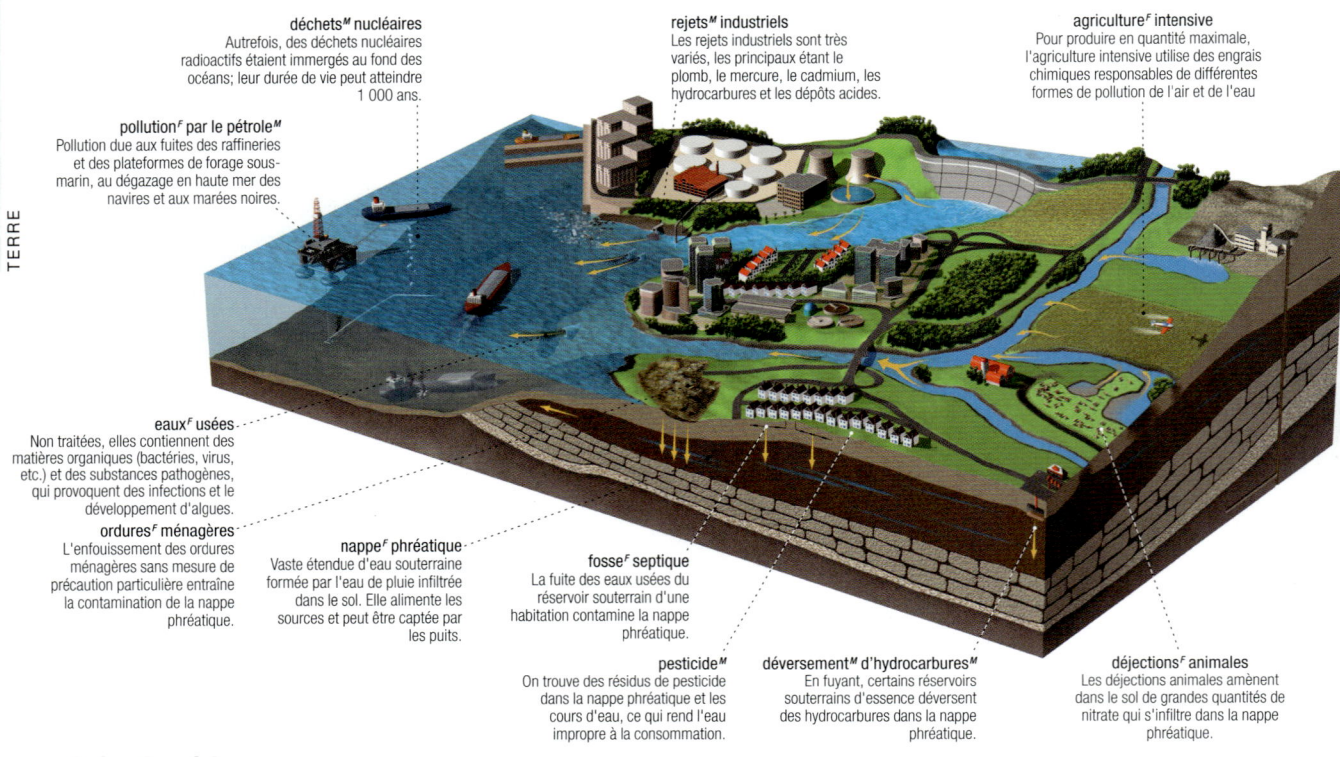

déchets nucléaires
Autrefois, des déchets nucléaires radioactifs étaient immergés au fond des océans; leur durée de vie peut atteindre 1 000 ans.

rejets industriels
Les rejets industriels sont très variés, les principaux étant le plomb, le mercure, le cadmium, les hydrocarbures et les dépôts acides.

agriculture intensive
Pour produire en quantité maximale, l'agriculture intensive utilise des engrais chimiques responsables de différentes formes de pollution de l'air et de l'eau.

pollution par le pétrole
Pollution due aux fuites des raffineries et des plateformes de forage sous-marin, au dégazage en haute mer des navires et aux marées noires.

eaux usées
Non traitées, elles contiennent des matières organiques (bactéries, virus, etc.) et des substances pathogènes, qui provoquent des infections et le développement d'algues.

ordures ménagères
L'enfouissement des ordures ménagères sans mesure de précaution particulière entraîne la contamination de la nappe phréatique.

nappe phréatique
Vaste étendue d'eau souterraine formée par l'eau de pluie infiltrée dans le sol. Elle alimente les sources et peut être captée par les puits.

fosse septique
La fuite des eaux usées du réservoir souterrain d'une habitation contamine la nappe phréatique.

pesticide
On trouve des résidus de pesticide dans la nappe phréatique et les cours d'eau, ce qui rend l'eau impropre à la consommation.

déversement d'hydrocarbures
En fuyant, certains réservoirs souterrains d'essence déversent des hydrocarbures dans la nappe phréatique.

déjections animales
Les déjections animales amènent dans le sol de grandes quantités de nitrate qui s'infiltre dans la nappe phréatique.

pluies acides

Pluies comportant une concentration anormalement élevée d'acide sulfurique et d'acide nitrique.

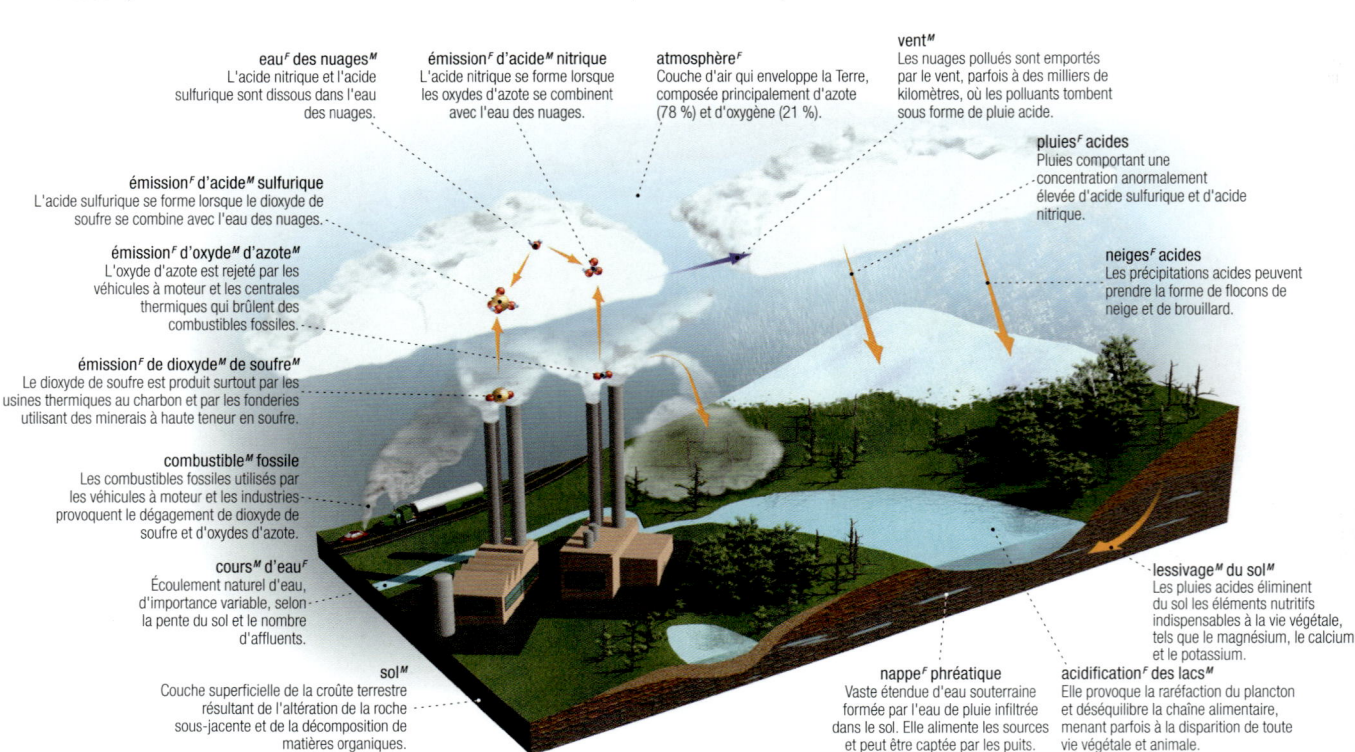

eau des nuages
L'acide nitrique et l'acide sulfurique sont dissous dans l'eau des nuages.

émission d'acide nitrique
L'acide nitrique se forme lorsque les oxydes d'azote se combinent avec l'eau des nuages.

atmosphère
Couche d'air qui enveloppe la Terre, composée principalement d'azote (78 %) et d'oxygène (21 %).

vent
Les nuages pollués sont emportés par le vent, parfois à des milliers de kilomètres, où les polluants tombent sous forme de pluie acide.

pluies acides
Pluies comportant une concentration anormalement élevée d'acide sulfurique et d'acide nitrique.

émission d'acide sulfurique
L'acide sulfurique se forme lorsque le dioxyde de soufre se combine avec l'eau des nuages.

neiges acides
Les précipitations acides peuvent prendre la forme de flocons de neige et de brouillard.

émission d'oxyde d'azote
L'oxyde d'azote est rejeté par les véhicules à moteur et les centrales thermiques qui brûlent des combustibles fossiles.

émission de dioxyde de soufre
Le dioxyde de soufre est produit surtout par les usines thermiques au charbon et par les fonderies utilisant des minerais à haute teneur en soufre.

combustible fossile
Les combustibles fossiles utilisés par les véhicules à moteur et les industries provoquent le dégagement de dioxyde de soufre et d'oxydes d'azote.

cours d'eau
Écoulement naturel d'eau, d'importance variable, selon la pente du sol et le nombre d'affluents.

lessivage du sol
Les pluies acides éliminent du sol les éléments nutritifs indispensables à la vie végétale, tels que le magnésium, le calcium et le potassium.

sol
Couche superficielle de la croûte terrestre résultant de l'altération de la roche sous-jacente et de la décomposition de matières organiques.

nappe phréatique
Vaste étendue d'eau souterraine formée par l'eau de pluie infiltrée dans le sol. Elle alimente les sources et peut être captée par les puits.

acidification des lacs
Elle provoque la raréfaction du plancton et déséquilibre la chaîne alimentaire, menant parfois à la disparition de toute vie végétale et animale.

environnement 99

tri^M sélectif des déchets^M

Procédé qui a pour but d'extraire la matière recyclable des ordures.

broyeur^M
Appareil qui réduit le verre en petits fragments.

centre^M **de tri**^M
Installation où l'on reçoit et trie les déchets recyclables qui sont ensuite acheminés vers un centre de recyclage.

résidus^M **non recyclables**
Déchets qu'on ne peut transformer en matière utile pour les réintroduire dans un cycle de production.

tri^M **du verre**^M

tri^M **du plastique**^M

tri^M **du papier**^M**/carton**^M

tri^M **manuel**
Des employés retirent les matières recyclables et les déposent dans des récipients spécifiques.

enfouissement^M
Opération consistant à compresser les déchets par couches de 2 à 3 m de hauteur, puis à les recouvrir d'au moins 15 cm de terre.

TERRE

incinération^F
Technique d'élimination des déchets qui consiste à les brûler de telle sorte que le produit obtenu soit stérile et que les gaz rejetés ne soient pas polluants.

collecte^F **sélective**
Ramassage des déchets préalablement triés selon leur nature par ceux qui les génèrent (ménages ou industries).

bande^F **transporteuse**
Tapis roulant sur lequel sont déversés les déchets.

séparation^F **papier**^M**/carton**^M
On sépare généralement le papier et le carton par aspiration.

mise^F **en balles**^F
Les cartons et papiers sont comprimés et emballés séparément pour être expédiés aux usines de recyclage.

tri^M **des métaux**^M

séparation^F **magnétique**
Elle permet d'isoler des autres déchets les métaux ferreux et les métaux non ferreux (aluminium, cuivre, plomb, etc.).

compactage^M
Opération consistant à comprimer les déchets métalliques pour en faciliter l'expédition aux usines de recyclage.

tri^M **optique**
Les morceaux de verre sont triés par couleurs (blanc, vert ou brun) grâce à un détecteur optique.

déchiquetage^M
Opération consistant à réduire en flocons les objets de plastique.

recyclage^M
Processus par lequel un déchet est transformé afin d'en tirer une matière première utile qui sera réintroduite dans un cycle de production.

---

conteneurs^M **de collecte**^F **sélective**
Récipients destinés au ramassage des déchets recyclables et spécifiques à un matériau : verre, plastique, métaux, papier, huile de vidange, etc.

conteneur^M **à papier**^M
Contenant communautaire de fort volume dans lequel les habitants d'un immeuble disposent des papiers (journaux, emballages, etc.).

conteneur^M **à verre**^M
Contenant communautaire de fort volume dans lequel les habitants d'un immeuble disposent des contenants de verre.

conteneur^M **à boîtes**^F **métalliques**
Contenant communautaire de fort volume dans lequel les habitants d'un immeuble disposent des contenants métalliques.

colonne^F **de collecte**^F **du papier**^M
Contenant public de fort volume dans lequel les habitants d'un quartier disposent des papiers (journaux, emballages, etc.).

bac^M **de recyclage**^M
Contenant familial de faible volume utilisé pour la collecte des ordures ménagères recyclables.

colonne^F **de collecte**^F **du verre**^M
Contenant public de fort volume dans lequel les habitants d'un quartier disposent des contenants de verre.

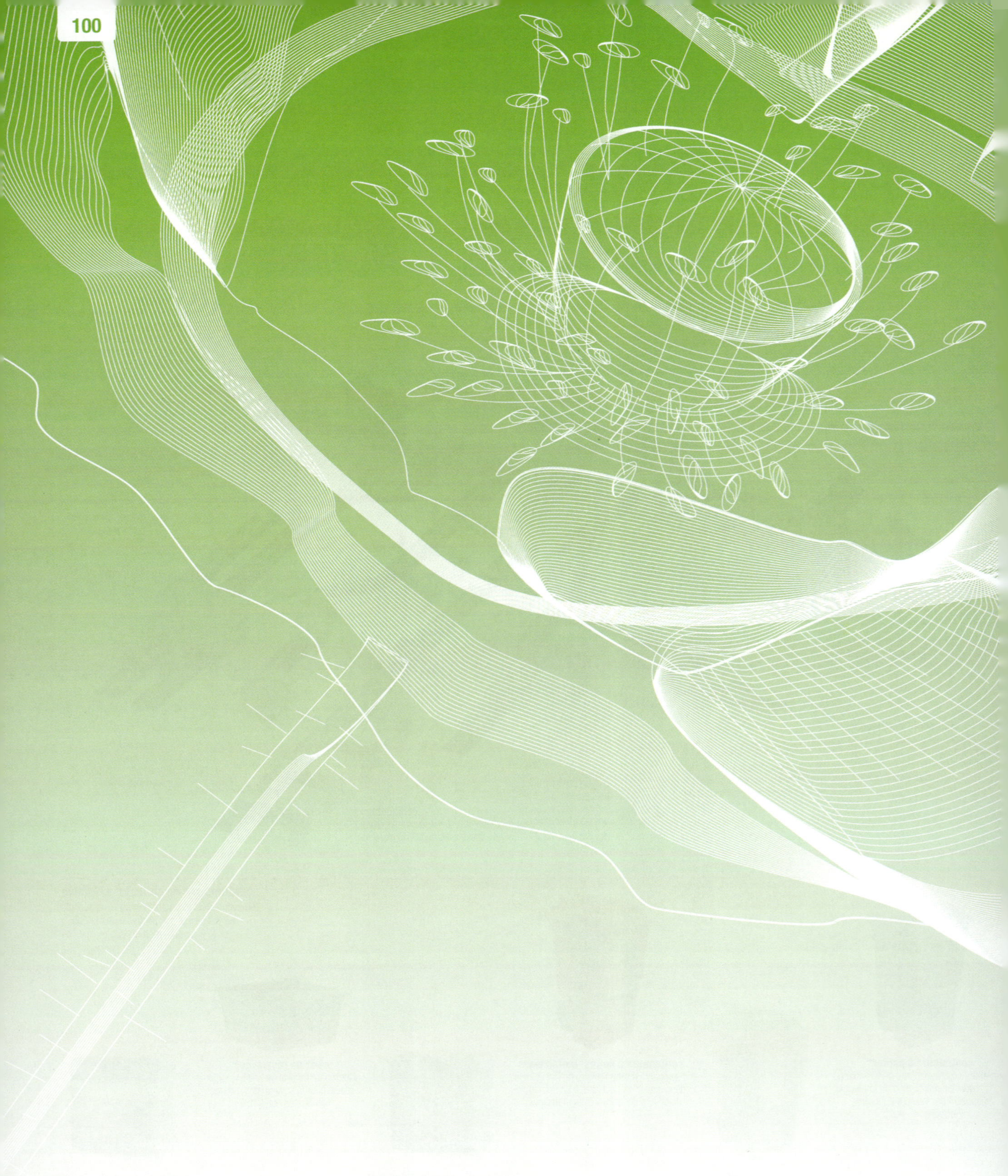

RÈGNE VÉGÉTAL

Regroupement de tous les êtres vivants fixés au sol et tirant leur subsistance de la photosynthèse; ensemble des connaissances qui les concernent.

VIE VÉGÉTALE 102
Ensemble des processus ou moyens par lesquels les végétaux se nourrissent, croissent et se reproduisent.

VÉGÉTAUX SIMPLES 106
Végétaux primitifs, de formes et de tailles très variées, qui ne possèdent pas de fleurs.

PLANTE 109
Végétal fixé dans le sol dont la partie supérieure croît dans l'air ou l'eau; il produit de l'oxygène et est à la base de la chaîne alimentaire.

UTILISATION INDUSTRIELLE 122
Transformation d'un végétal ou d'un produit d'origine végétale en vue d'un usage précis par des consommateurs.

cellule^F végétale

Plus petite structure vivante et unité constitutive de tous les végétaux. Sa taille et sa forme varient selon la fonction.

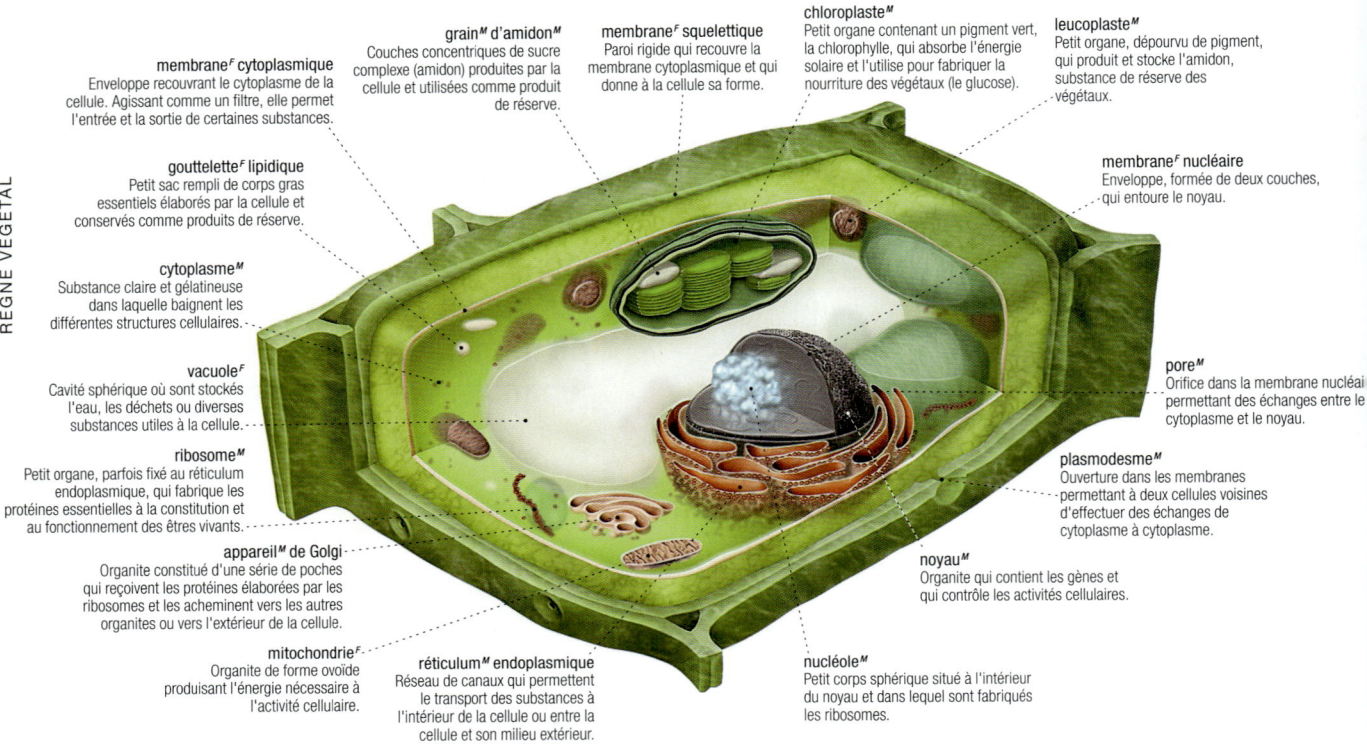

RÈGNE VÉGÉTAL

membrane^F cytoplasmique
Enveloppe recouvrant le cytoplasme de la cellule. Agissant comme un filtre, elle permet l'entrée et la sortie de certaines substances.

grain^M d'amidon^M
Couches concentriques de sucre complexe (amidon) produites par la cellule et utilisées comme produit de réserve.

membrane^F squelettique
Paroi rigide qui recouvre la membrane cytoplasmique et qui donne à la cellule sa forme.

chloroplaste^M
Petit organe contenant un pigment vert, la chlorophylle, qui absorbe l'énergie solaire et l'utilise pour fabriquer la nourriture des végétaux (le glucose).

leucoplaste^M
Petit organe, dépourvu de pigment, qui produit et stocke l'amidon, substance de réserve des végétaux.

gouttelette^F lipidique
Petit sac rempli de corps gras essentiels élaborés par la cellule et conservés comme produits de réserve.

membrane^F nucléaire
Enveloppe, formée de deux couches, qui entoure le noyau.

cytoplasme^M
Substance claire et gélatineuse dans laquelle baignent les différentes structures cellulaires.

vacuole^F
Cavité sphérique où sont stockés l'eau, les déchets ou diverses substances utiles à la cellule.

pore^M
Orifice dans la membrane nucléaire permettant des échanges entre le cytoplasme et le noyau.

ribosome^M
Petit organe, parfois fixé au réticulum endoplasmique, qui fabrique les protéines essentielles à la constitution et au fonctionnement des êtres vivants.

plasmodesme^M
Ouverture dans les membranes permettant à deux cellules voisines d'effectuer des échanges de cytoplasme à cytoplasme.

appareil^M de Golgi
Organite constitué d'une série de poches qui reçoivent les protéines élaborées par les ribosomes et les acheminent vers les autres organites ou vers l'extérieur de la cellule.

noyau^M
Organite qui contient les gènes et qui contrôle les activités cellulaires.

mitochondrie^F
Organite de forme ovoïde produisant l'énergie nécessaire à l'activité cellulaire.

réticulum^M endoplasmique
Réseau de canaux qui permettent le transport des substances à l'intérieur de la cellule ou entre la cellule et son milieu extérieur.

nucléole^F
Petit corps sphérique situé à l'intérieur du noyau et dans lequel sont fabriqués les ribosomes.

photosynthèse^F

Processus par lequel la plante utilise l'énergie solaire pour tirer sa nourriture (glucose) de l'air et du sol et rejeter l'oxygène dans l'atmosphère.

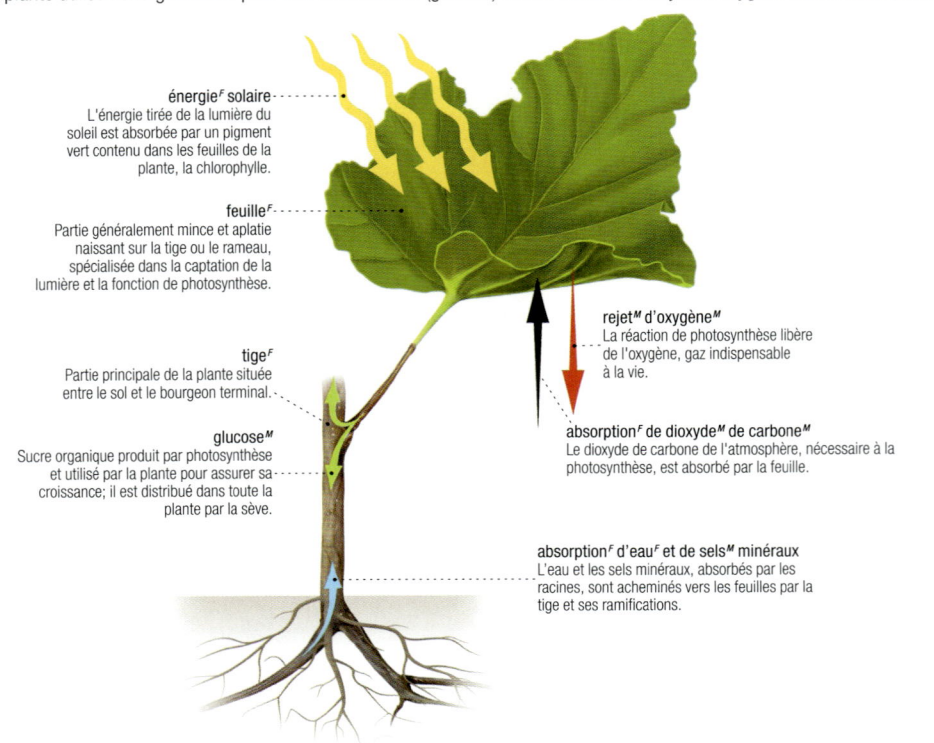

énergie^F solaire
L'énergie tirée de la lumière du soleil est absorbée par un pigment vert contenu dans les feuilles de la plante, la chlorophylle.

feuille^F
Partie généralement mince et aplatie naissant sur la tige ou le rameau, spécialisée dans la captation de la lumière et la fonction de photosynthèse.

tige^F
Partie principale de la plante située entre le sol et le bourgeon terminal.

glucose^M
Sucre organique produit par photosynthèse et utilisé par la plante pour assurer sa croissance; il est distribué dans toute la plante par la sève.

rejet^M d'oxygène^M
La réaction de photosynthèse libère de l'oxygène, gaz indispensable à la vie.

absorption^F de dioxyde^M de carbone^M
Le dioxyde de carbone de l'atmosphère, nécessaire à la photosynthèse, est absorbé par la feuille.

absorption^F d'eau^F et de sels^M minéraux
L'eau et les sels minéraux, absorbés par les racines, sont acheminés vers les feuilles par la tige et ses ramifications.

vie végétale

sourceF de vieF
Origine des nutriments consommés par une plante.

RÈGNE VÉGÉTAL

guiM
Plante semi-parasite qui vit sur des arbres (pommiers, conifères). Dépourvu de racines, il doit puiser l'eau et les sels minéraux auprès de son hôte.

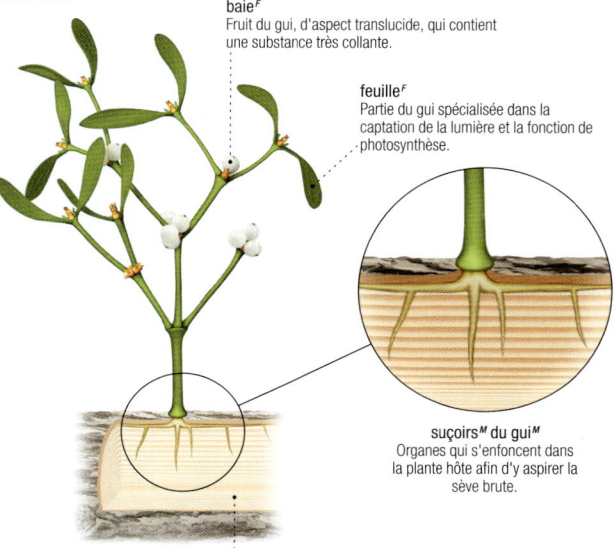

baieF
Fruit du gui, d'aspect translucide, qui contient une substance très collante.

feuilleF
Partie du gui spécialisée dans la captation de la lumière et la fonction de photosynthèse.

suçoirsM du guiM
Organes qui s'enfoncent dans la plante hôte afin d'y aspirer la sève brute.

arbreM hôte
Arbre sur lequel vit une plante parasite.

exemplesM de plantesF parasites
Plante parasite : plante vivant aux dépens d'une autre plante (l'hôte).

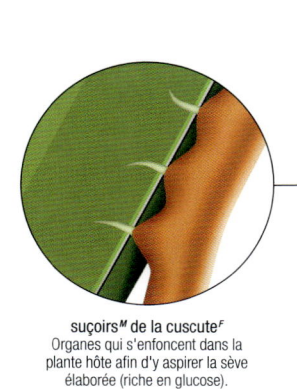

cuscuteF
Plante herbacée qui s'enroule autour de certaines plantes fourragères (tomate, carotte, aubergine, luzerne). Elle est incapable de réaliser la photosynthèse.

tigeF de la cuscuteF
Partie principale de la cuscute, qui s'enroule en vrilles autour de la plante hôte.

fleurF de la cuscuteF
Organe coloré et odorant de la cuscute, qui porte les organes reproducteurs.

suçoirsM de la cuscuteF
Organes qui s'enfoncent dans la plante hôte afin d'y aspirer la sève élaborée (riche en glucose).

planteF hôte
Plante sur laquelle vit une plante parasite.

exemplesM de plantesF carnivores
Plante carnivore : plante qui se nourrit d'insectes. Ceux-ci leur apportent un complément alimentaire leur permettant de survivre sur des sols pauvres.

dionéeF attrape-moucheF
Plante dont les feuilles en forme de lobes capturent les insectes attirés par le nectar qu'elles produisent.

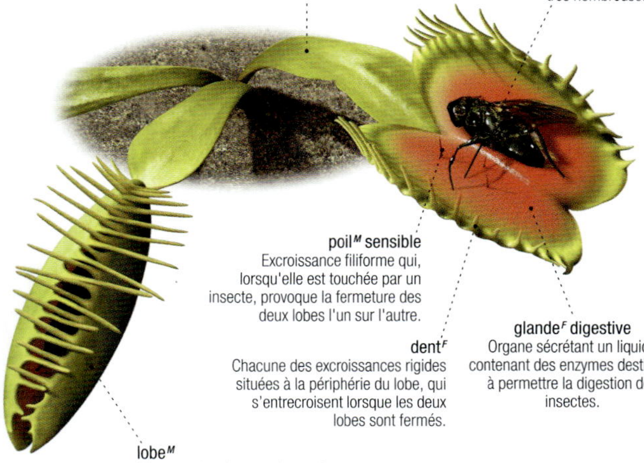

pétioleM
Partie étroite reliant la feuille à la tige.

moucheF
Insecte trapu dont les espèces sont très nombreuses.

poilM sensible
Excroissance filiforme qui, lorsqu'elle est touchée par un insecte, provoque la fermeture des deux lobes l'un sur l'autre.

dentF
Chacune des excroissances rigides situées à la périphérie du lobe, qui s'entrecroisent lorsque les deux lobes sont fermés.

glandeF digestive
Organe sécrétant un liquide contenant des enzymes destinées à permettre la digestion des insectes.

lobeM
Chacune des deux parties en forme de mâchoire articulées autour d'une nervure centrale.

népenthèsM
Plante grimpante constituée d'un piège en forme d'urne rempli d'un nectar sucré destiné à attirer les petits insectes.

operculeM
Partie de l'urne servant de clapet pour en fermer l'ouverture.

feuilleF chlorophyllienne
Partie d'un végétal naissant sur la tige ou le rameau, en général mince et aplatie, spécialisée dans la captation de la lumière et la fonction de photosynthèse.

urneF
Feuille en forme de gobelet contenant un nectar sucré qui attire les insectes et provoque leur glissade.

insecteM
Animal invertébré de petite taille dont se nourrissent les plantes carnivores.

liquideM digestif
Substance contenant des enzymes sécrétées par des cellules de la paroi interne de l'urne, qui permet la digestion des insectes capturés.

péristomeM
Épais bourrelet entourant l'ouverture de l'urne.

// vie végétale

cycle^M de reproduction^F
Processus par lequel une plante croît et se multiplie.

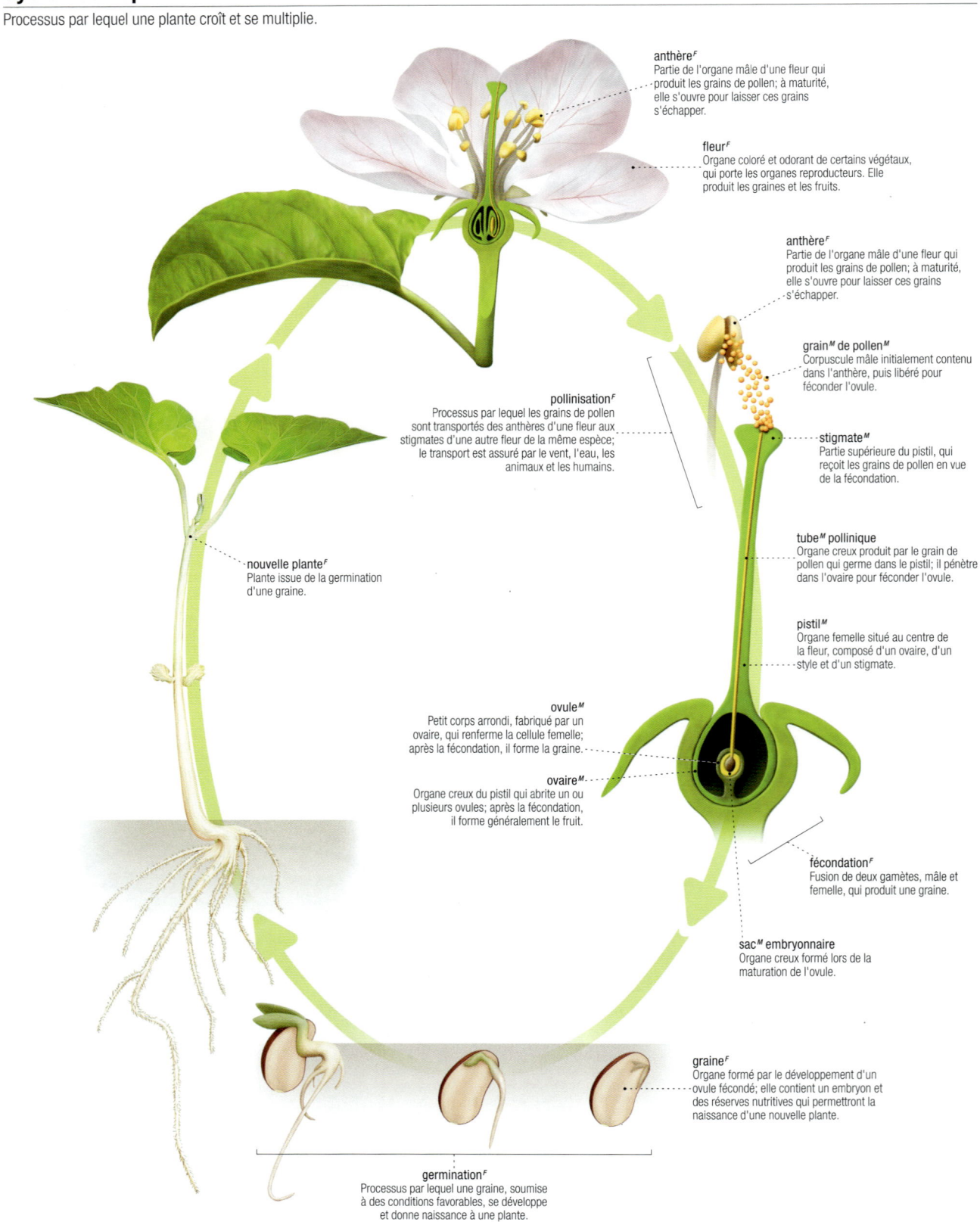

anthère^F
Partie de l'organe mâle d'une fleur qui produit les grains de pollen; à maturité, elle s'ouvre pour laisser ces grains s'échapper.

fleur^F
Organe coloré et odorant de certains végétaux, qui porte les organes reproducteurs. Elle produit les graines et les fruits.

anthère^F
Partie de l'organe mâle d'une fleur qui produit les grains de pollen; à maturité, elle s'ouvre pour laisser ces grains s'échapper.

grain^M de pollen^M
Corpuscule mâle initialement contenu dans l'anthère, puis libéré pour féconder l'ovule.

pollinisation^F
Processus par lequel les grains de pollen sont transportés des anthères d'une fleur aux stigmates d'une autre fleur de la même espèce; le transport est assuré par le vent, l'eau, les animaux et les humains.

stigmate^M
Partie supérieure du pistil, qui reçoit les grains de pollen en vue de la fécondation.

tube^M pollinique
Organe creux produit par le grain de pollen qui germe dans le pistil; il pénètre dans l'ovaire pour féconder l'ovule.

nouvelle plante^F
Plante issue de la germination d'une graine.

pistil^M
Organe femelle situé au centre de la fleur, composé d'un ovaire, d'un style et d'un stigmate.

ovule^M
Petit corps arrondi, fabriqué par un ovaire, qui renferme la cellule femelle; après la fécondation, il forme la graine.

ovaire^M
Organe creux du pistil qui abrite un ou plusieurs ovules; après la fécondation, il forme généralement le fruit.

fécondation^F
Fusion de deux gamètes, mâle et femelle, qui produit une graine.

sac^M embryonnaire
Organe creux formé lors de la maturation de l'ovule.

graine^F
Organe formé par le développement d'un ovule fécondé; elle contient un embryon et des réserves nutritives qui permettront la naissance d'une nouvelle plante.

germination^F
Processus par lequel une graine, soumise à des conditions favorables, se développe et donne naissance à une plante.

vie végétale 105

croissance^F d'une plante^F

Processus de développement durant lequel la graine donne naissance à une plante.

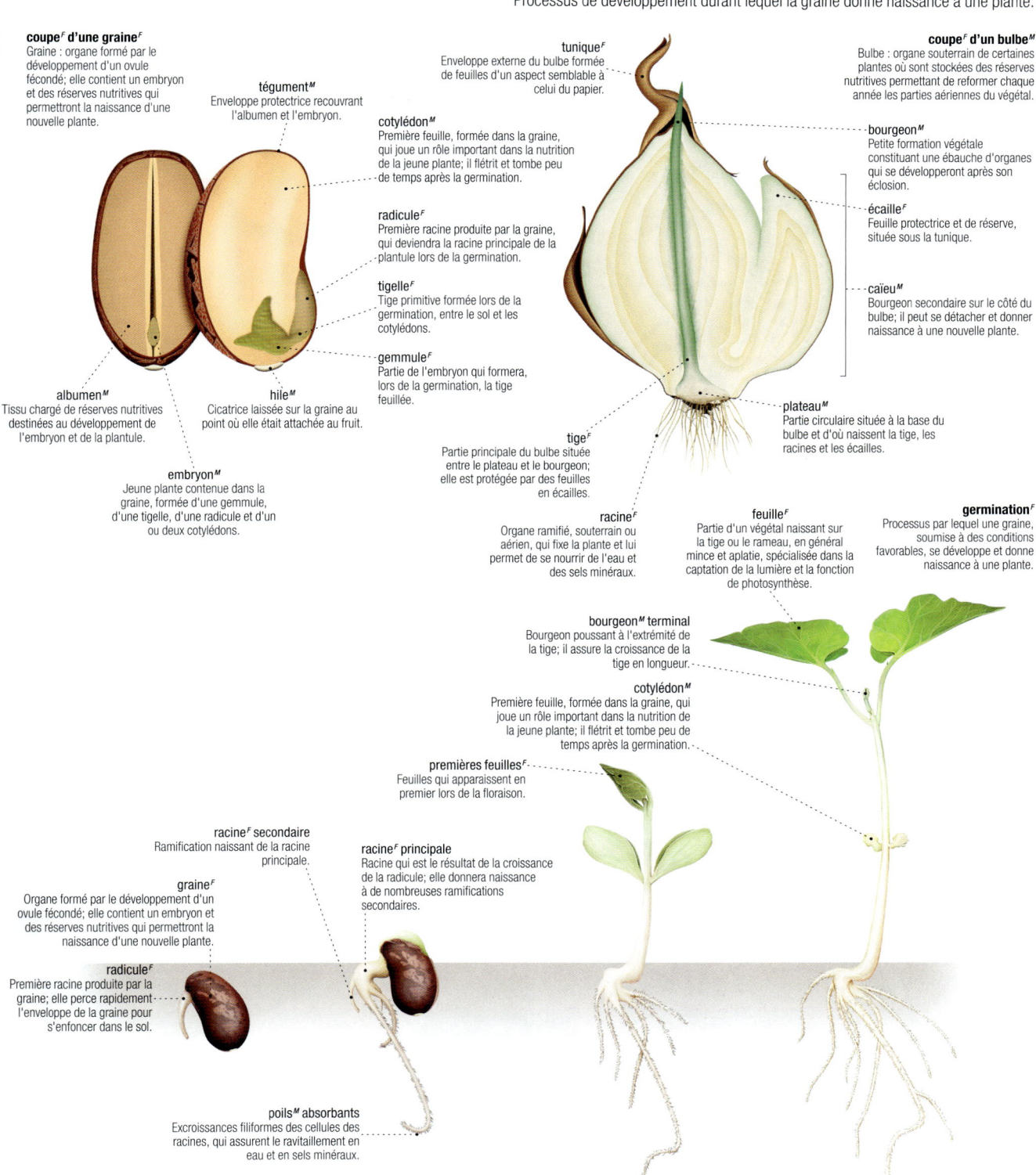

RÈGNE VÉGÉTAL

coupe^F d'une graine^F
Graine : organe formé par le développement d'un ovule fécondé; elle contient un embryon et des réserves nutritives qui permettront la naissance d'une nouvelle plante.

tégument^M
Enveloppe protectrice recouvrant l'albumen et l'embryon.

tunique^F
Enveloppe externe du bulbe formée de feuilles d'un aspect semblable à celui du papier.

cotylédon^M
Première feuille, formée dans la graine, qui joue un rôle important dans la nutrition de la jeune plante; il flétrit et tombe peu de temps après la germination.

radicule^F
Première racine produite par la graine, qui deviendra la racine principale de la plantule lors de la germination.

tigelle^F
Tige primitive formée lors de la germination, entre le sol et les cotylédons.

gemmule^F
Partie de l'embryon qui formera, lors de la germination, la tige feuillée.

coupe^F d'un bulbe^M
Bulbe : organe souterrain de certaines plantes où sont stockées des réserves nutritives permettant de reformer chaque année les parties aériennes du végétal.

bourgeon^M
Petite formation végétale constituant une ébauche d'organes qui se développeront après son éclosion.

écaille^F
Feuille protectrice et de réserve, située sous la tunique.

caïeu^M
Bourgeon secondaire sur le côté du bulbe; il peut se détacher et donner naissance à une nouvelle plante.

albumen^M
Tissu chargé de réserves nutritives destinées au développement de l'embryon et de la plantule.

hile^M
Cicatrice laissée sur la graine au point où elle était attachée au fruit.

plateau^M
Partie circulaire située à la base du bulbe et d'où naissent la tige, les racines et les écailles.

embryon^M
Jeune plante contenue dans la graine, formée d'une gemmule, d'une tigelle, d'une radicule et d'un ou deux cotylédons.

tige^F
Partie principale du bulbe située entre le plateau et le bourgeon; elle est protégée par des feuilles en écailles.

racine^F
Organe ramifié, souterrain ou aérien, qui fixe la plante et lui permet de se nourrir de l'eau et des sels minéraux.

feuille^F
Partie d'un végétal naissant sur la tige ou le rameau, en général mince et aplatie, spécialisée dans la captation de la lumière et la fonction de photosynthèse.

germination^F
Processus par lequel une graine, soumise à des conditions favorables, se développe et donne naissance à une plante.

bourgeon^M terminal
Bourgeon poussant à l'extrémité de la tige; il assure la croissance de la tige en longueur.

cotylédon^M
Première feuille, formée dans la graine, qui joue un rôle important dans la nutrition de la jeune plante; il flétrit et tombe peu de temps après la germination.

premières feuilles^F
Feuilles qui apparaissent en premier lors de la floraison.

racine^F secondaire
Ramification naissant de la racine principale.

racine^F principale
Racine qui est le résultat de la croissance de la radicule; elle donnera naissance à de nombreuses ramifications secondaires.

graine^F
Organe formé par le développement d'un ovule fécondé; elle contient un embryon et des réserves nutritives qui permettront la naissance d'une nouvelle plante.

radicule^F
Première racine produite par la graine; elle perce rapidement l'enveloppe de la graine pour s'enfoncer dans le sol.

poils^M absorbants
Excroissances filiformes des cellules des racines, qui assurent le ravitaillement en eau et en sels minéraux.

végétaux simples

lichen[M]

Végétal résultant de l'association d'une algue et d'un champignon, qui vivent en symbiose.

RÈGNE VÉGÉTAL

structure[F] d'un lichen[M]

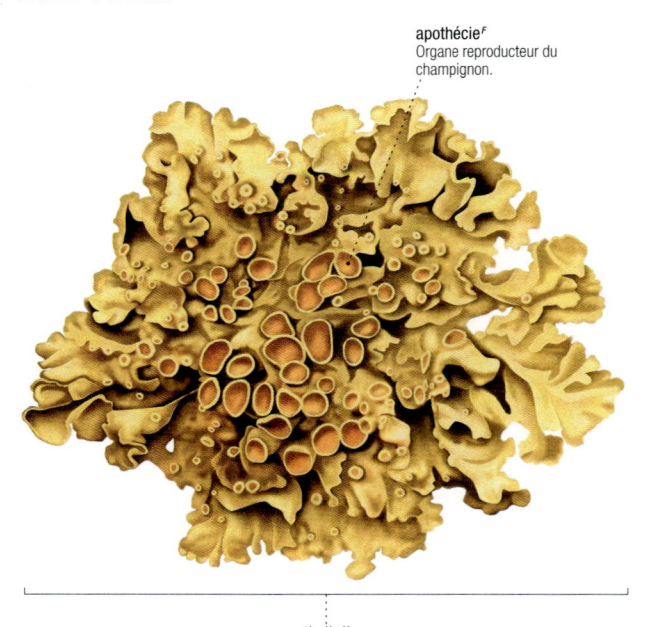

apothécie[F]
Organe reproducteur du champignon.

thalle[M]
Structure principale du lichen constituée par l'imbrication des filaments du champignon et des cellules de l'algue.

exemples[M] de lichens[M]
Il existe plus de 20 000 espèces de lichens, réparties dans tous les climats; on les trouve à même le sol, sur les troncs d'arbres ou les roches.

lichen[M] crustacé
Lichen dont le thalle forme une croûte adhérant fortement à son support.

lichen[M] foliacé
Lichen dont le thalle prend la forme de feuilles ou de lames qui adhèrent légèrement à leur support par l'entremise de petits filaments.

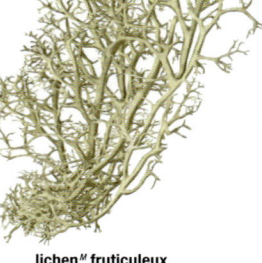

lichen[M] fruticuleux
Lichen dont le thalle prend l'aspect d'un petit arbre et qui n'adhère à son support que par un petit point de contact.

mousse[F]

Végétal sans fleur, généralement de petite taille, poussant en touffes serrées et étendues qui forment de véritables tapis moelleux.

structure[F] d'une mousse[F]

pédicelle[M]
Axe long et mince supportant la capsule et permettant son alimentation en substances nutritives.

capsule[F]
Organe creux fabriquant de petits grains, les spores. Elle est munie d'un couvercle qui s'ouvre pour libérer les spores mûres qui produiront de nouvelles plantes.

feuille[F]
Partie de la mousse naissant sur la tige, spécialisée dans la captation de la lumière, la fonction de photosynthèse et l'absorption d'eau.

tige[F]
Partie principale de la mousse, qui porte les feuilles en spirale tout autour d'elle. Elle peut être dressée ou couchée.

rhizoïde[M]
Poil filamenteux permettant à la mousse de se fixer sur son support et d'absorber de l'eau et des sels minéraux.

exemples[M] de mousses[F]
Il existe plus de 13 000 espèces de mousses. On les trouve sur les sols humides, les rochers ou les troncs d'arbres, et parfois en eau douce.

sphaigne[F] squarreuse
Mousse des marais, sans rhizoïde, qui porte rarement une capsule. Elle contient beaucoup d'eau et sa décomposition contribue à la formation de la tourbe.

polytric[M] commun
Mousse à la tige dressée, aux feuilles raides, vivant en touffes, le plus souvent sur le sol des forêts. Sa capsule est portée par un très long pédicelle.

végétaux simples

algue^F

Végétal sans fleur vivant généralement en milieu aquatique; elle produit de l'oxygène et est à la base de la chaîne alimentaire.

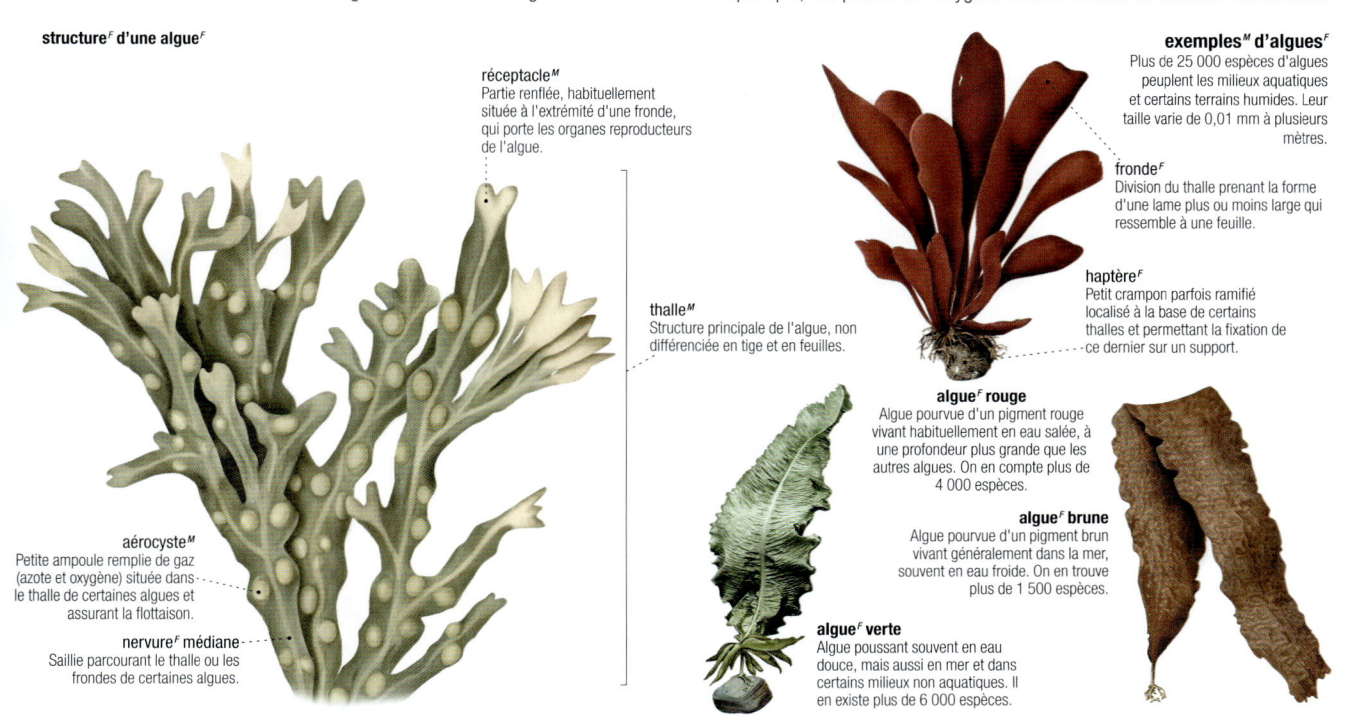

structure^F d'une algue^F

réceptacle^M
Partie renflée, habituellement située à l'extrémité d'une fronde, qui porte les organes reproducteurs de l'algue.

thalle^M
Structure principale de l'algue, non différenciée en tige et en feuilles.

aérocyste^M
Petite ampoule remplie de gaz (azote et oxygène) située dans le thalle de certaines algues et assurant la flottaison.

nervure^F médiane
Saillie parcourant le thalle ou les frondes de certaines algues.

exemples^M d'algues^F
Plus de 25 000 espèces d'algues peuplent les milieux aquatiques et certains terrains humides. Leur taille varie de 0,01 mm à plusieurs mètres.

fronde^F
Division du thalle prenant la forme d'une lame plus ou moins large qui ressemble à une feuille.

haptère^F
Petit crampon parfois ramifié localisé à la base de certains thalles et permettant la fixation de ce dernier sur un support.

algue^F rouge
Algue pourvue d'un pigment rouge vivant habituellement en eau salée, à une profondeur plus grande que les autres algues. On en compte plus de 4 000 espèces.

algue^F brune
Algue pourvue d'un pigment brun vivant généralement dans la mer, souvent en eau froide. On en trouve plus de 1 500 espèces.

algue^F verte
Algue poussant souvent en eau douce, mais aussi en mer et dans certains milieux non aquatiques. Il en existe plus de 6 000 espèces.

RÈGNE VÉGÉTAL

fougère^F

Végétal sans fleur se reproduisant à l'aide de spores, vivant dans les régions tropicales et sur les sols riches et humides des zones tempérées.

structure^F d'une fougère^F

sore^M
Amas de petits organes producteurs de spores tapissant la face intérieure d'une pinnule.

limbe^M
Partie principale de la fronde, riche en chlorophylle.

pinnule^F
Division du limbe de la fronde dont la face intérieure porte les sores.

fronde^F
Feuille de la fougère, naissant sur le rhizome, qui porte les spores et ui est spécialisée dans la captation de la lumière et la fonction de photosynthèse.

pétiole^M
Partie étroite de la fronde, qui relie le limbe au rhizome.

crosse^F
Jeune fronde de la fougère, dont l'extrémité recourbée rappelle la crosse d'un évêque.

rhizome^M
Tige généralement souterraine, poussant horizontalement et parfois verticalement, qui donne naissance aux frondes et aux racines adventives.

racines^F adventives
Racines fibreuses issues d'un rhizome, qui permettent à la fougère de se fixer dans le sol et de se nourrir de l'eau et des sels minéraux qu'il contient.

exemples^M de fougères^F
Il existe plus de 10 000 espèces de fougères dont la taille varie de quelques millimètres à plusieurs mètres.

fougère^F arborescente
Fougère de grande taille dont l'aspect rappelle celui d'un arbre. Pouvant atteindre 20 m de haut, elle vit surtout dans les régions tropicales.

tronc^M
Partie principale de la fougère, constituée d'un rhizome vertical recouvert par la base des anciennes frondes et, souvent, par des racines adventives aériennes.

polypode^M commun
Fougère dont les frondes atteignent 30 cm de longueur, commune sur le sol des sous-bois humides ainsi que sur les roches et les troncs d'arbres.

fougère^F nid^M d'oiseau
Fougère poussant généralement sur une autre plante, sans en tirer sa nourriture. Ses frondes forment une rosette autour d'un rhizome central, d'où son nom.

champignon^M

Organisme qui croît aux dépens ou en association avec d'autres êtres vivants ou sur des matières organiques mortes.

règne végétal

structure^F d'un champignon^M
Le champignon est composé d'une partie souterraine (le mycélium) et d'une partie aérienne, souvent comestible, qui constitue son organe de reproduction.

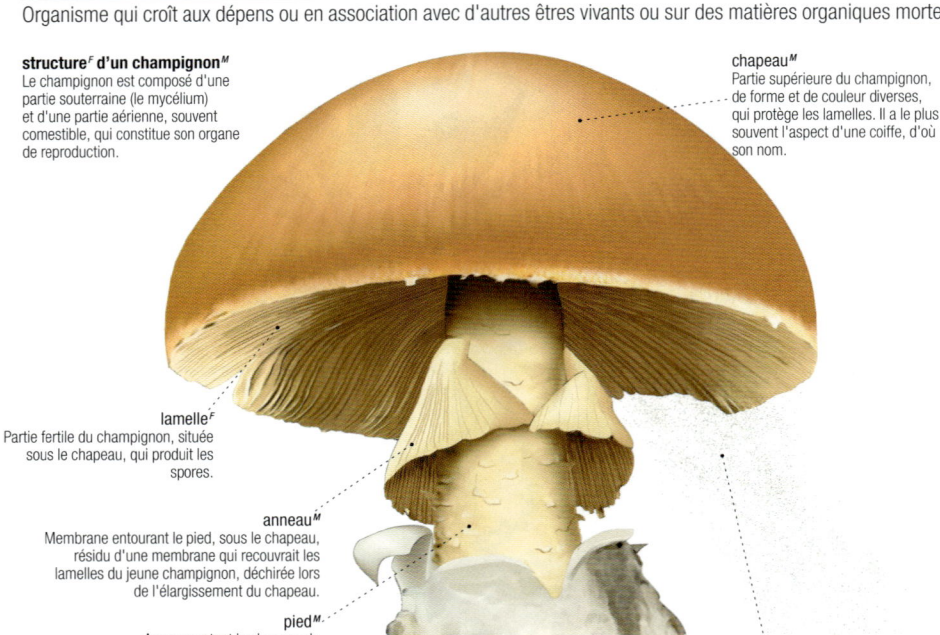

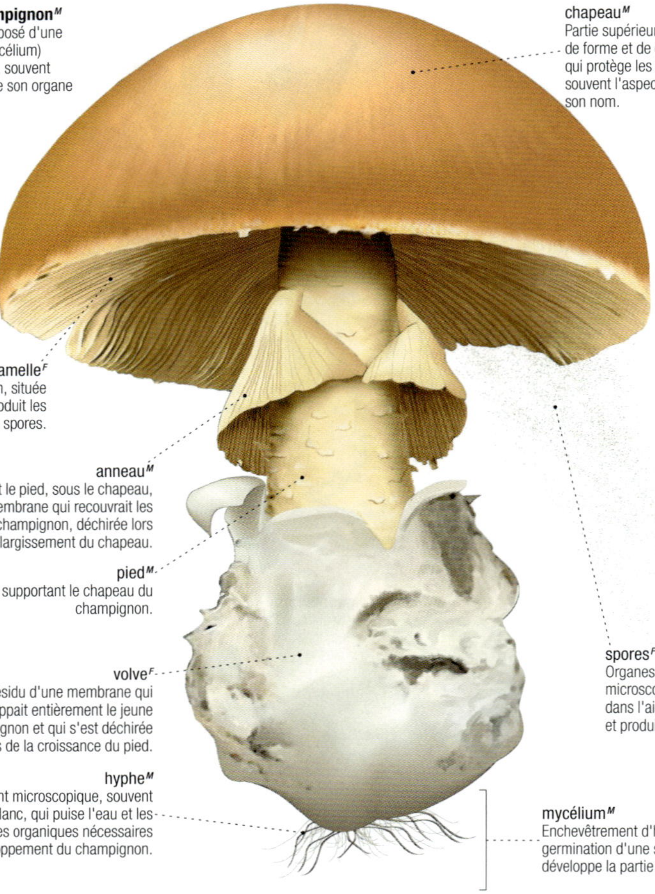

chapeau^M
Partie supérieure du champignon, de forme et de couleur diverses, qui protège les lamelles. Il a le plus souvent l'aspect d'une coiffe, d'où son nom.

exemples^M de champignons^M comestibles
Champignons pouvant être consommés sans danger par l'humain; il en existe des milliers d'espèces, mais seulement une vingtaine sont couramment utilisées.

lamelle^F
Partie fertile du champignon, située sous le chapeau, qui produit les spores.

anneau^M
Membrane entourant le pied, sous le chapeau, résidu d'une membrane qui recouvrait les lamelles du jeune champignon, déchirée lors de l'élargissement du chapeau.

pied^M
Axe supportant le chapeau du champignon.

volve^F
Résidu d'une membrane qui enveloppait entièrement le jeune champignon et qui s'est déchirée lors de la croissance du pied.

hyphe^M
Filament microscopique, souvent blanc, qui puise l'eau et les substances organiques nécessaires au développement du champignon.

spores^F
Organes de reproduction microscopiques, généralement libérés dans l'air, qui se déposent sur un support et produisent un nouveau champignon.

mycélium^M
Enchevêtrement d'hyphes provenant de la germination d'une spore, à partir duquel se développe la partie aérienne du champignon.

morille^F
Champignon comestible à chair mince et parfumée.

cèpe^M
Champignon comestible trapu, à chair blanche et ferme.

exemples^M de champignons^M vénéneux
Champignons contenant un poison dont le contact ou l'ingestion provoque chez l'humain des troubles divers ne menant généralement pas à la mort. Il en existe une centaine d'espèces.

exemples^M de champignons^M mortels
Champignons contenant un poison dont le contact ou l'ingestion provoque chez l'humain des troubles graves menant le plus souvent à la mort. Il en existe une vingtaine d'espèces.

bolet^M Satan
Gros champignon de forme globuleuse, qui dégage une odeur forte et désagréable.

amanite^F tue-mouche
Champignon toxique à chapeau rouge vif ou orangé, utilisé comme insecticide.

lépiote^F brune
Champignon des bois et des prés à chapeau ocre, fortement toxique, voire mortel.

amanite^F vireuse
Champignon blanc, à l'odeur désagréable, poussant sur le sol des forêts. Son poison, souvent mortel, agit à retardement et attaque principalement le foie.

éléments d'une plante

Tous les types de plantes présentent une structure de base similaire, dont les divers éléments s'adaptent en fonction des conditions climatiques ou du sol.

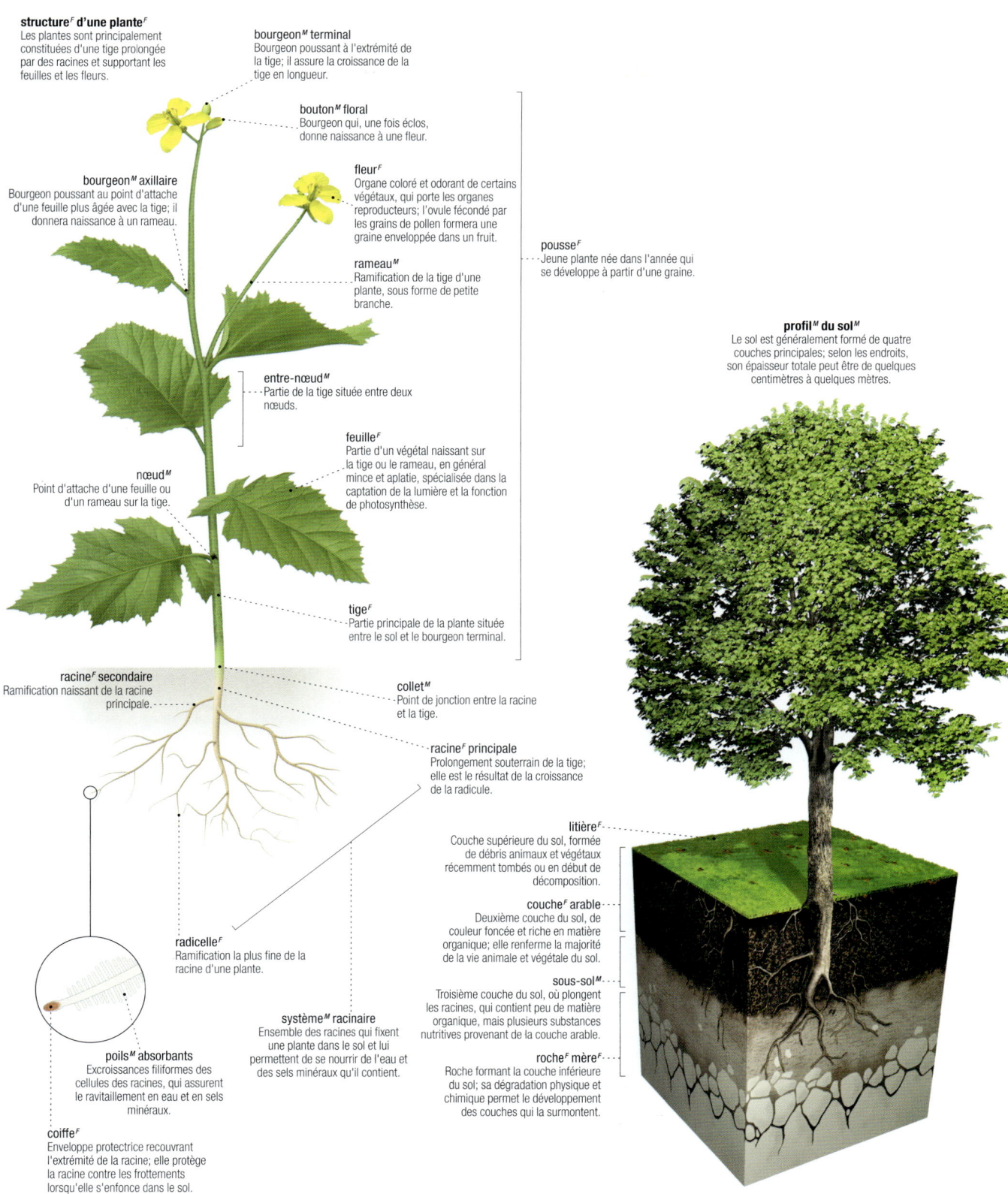

structure d'une plante
Les plantes sont principalement constituées d'une tige prolongée par des racines et supportant les feuilles et les fleurs.

bourgeon terminal
Bourgeon poussant à l'extrémité de la tige; il assure la croissance de la tige en longueur.

bouton floral
Bourgeon qui, une fois éclos, donne naissance à une fleur.

bourgeon axillaire
Bourgeon poussant au point d'attache d'une feuille plus âgée avec la tige; il donnera naissance à un rameau.

fleur
Organe coloré et odorant de certains végétaux, qui porte les organes reproducteurs; l'ovule fécondé par les grains de pollen formera une graine enveloppée dans un fruit.

rameau
Ramification de la tige d'une plante, sous forme de petite branche.

pousse
Jeune plante née dans l'année qui se développe à partir d'une graine.

entre-nœud
Partie de la tige située entre deux nœuds.

feuille
Partie d'un végétal naissant sur la tige ou le rameau, en général mince et aplatie, spécialisée dans la captation de la lumière et la fonction de photosynthèse.

nœud
Point d'attache d'une feuille ou d'un rameau sur la tige.

tige
Partie principale de la plante située entre le sol et le bourgeon terminal.

profil du sol
Le sol est généralement formé de quatre couches principales; selon les endroits, son épaisseur totale peut être de quelques centimètres à quelques mètres.

racine secondaire
Ramification naissant de la racine principale.

collet
Point de jonction entre la racine et la tige.

racine principale
Prolongement souterrain de la tige; elle est le résultat de la croissance de la radicule.

litière
Couche supérieure du sol, formée de débris animaux et végétaux récemment tombés ou en début de décomposition.

couche arable
Deuxième couche du sol, de couleur foncée et riche en matière organique; elle renferme la majorité de la vie animale et végétale du sol.

radicelle
Ramification la plus fine de la racine d'une plante.

sous-sol
Troisième couche du sol, où plongent les racines, qui contient peu de matière organique, mais plusieurs substances nutritives provenant de la couche arable.

système racinaire
Ensemble des racines qui fixent une plante dans le sol et lui permettent de se nourrir de l'eau et des sels minéraux qu'il contient.

roche mère
Roche formant la couche inférieure du sol; sa dégradation physique et chimique permet le développement des couches qui la surmontent.

poils absorbants
Excroissances filiformes des cellules des racines, qui assurent le ravitaillement en eau et en sels minéraux.

coiffe
Enveloppe protectrice recouvrant l'extrémité de la racine; elle protège la racine contre les frottements lorsqu'elle s'enfonce dans le sol.

RÈGNE VÉGÉTAL

racine^F

Organe ramifié, souterrain ou aérien, qui fixe la plante et lui permet de se nourrir de l'eau et des sels minéraux.

structure^F d'une racine^F
Dans la plupart des cas, le système racinaire est formé d'une racine principale portant des ramifications.

zone^F de ramification^F
Partie de la racine donnant naissance aux racines secondaires.

racine^F secondaire
Ramification naissant de la racine principale.

poils^M absorbants
Excroissances filiformes des cellules des racines, qui assurent le ravitaillement en eau et en sels minéraux.

zone^F pilifère
Partie de la racine recouverte de poils absorbants. Sa longueur est constante, car les poils dégénèrent lorsque d'autres se forment près de l'extrémité.

point^M végétatif
Extrémité de la racine, constituée de cellules en division constante.

zone^F de croissance^F
Partie de la racine où les nouvelles cellules produites par le point végétatif s'allongent et se différencient en tissus spécialisés.

coiffe^F
Enveloppe protectrice recouvrant l'extrémité de la racine; elle protège la racine contre les frottements lorsqu'elle s'enfonce dans le sol.

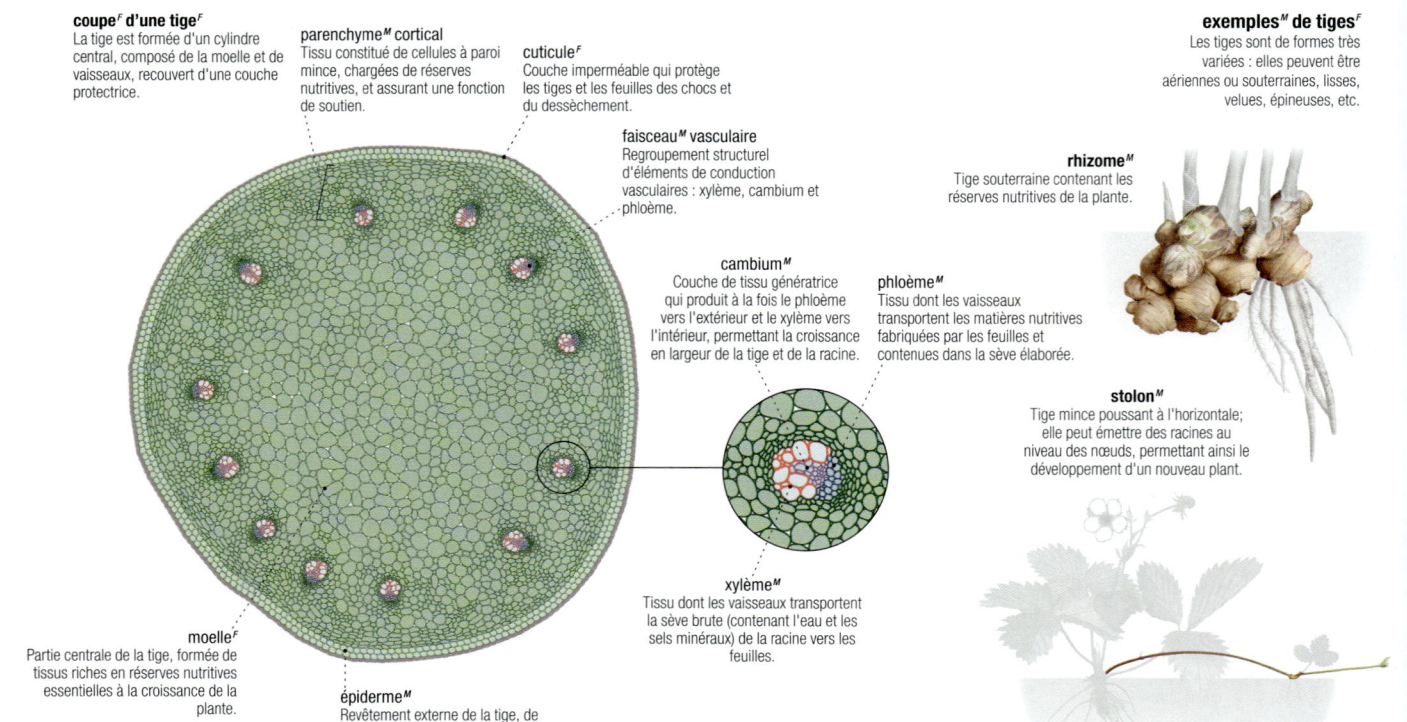

exemples^M de racines^F
La plupart des racines sont souterraines et poussent vers le bas, mais certaines présentent des modifications de structure.

racines^F-crampons^M
Petites racines aériennes qui permettent à la tige d'adhérer à un support.

racines^F-contreforts^M
Racines aériennes de grande dimension, qui soutiennent le tronc de certains arbres poussant en sol peu profond.

tige^F

Partie principale de la plante située entre le sol et le bourgeon terminal. Elle soutient les branches et assure le transport de la sève.

coupe^F d'une tige^F
La tige est formée d'un cylindre central, composé de la moelle et de vaisseaux, recouvert d'une couche protectrice.

parenchyme^M cortical
Tissu constitué de cellules à paroi mince, chargées de réserves nutritives, et assurant une fonction de soutien.

cuticule^F
Couche imperméable qui protège les tiges et les feuilles des chocs et du dessèchement.

faisceau^M vasculaire
Regroupement structurel d'éléments de conduction vasculaires : xylème, cambium et phloème.

cambium^M
Couche de tissu génératrice qui produit à la fois le phloème vers l'extérieur et le xylème vers l'intérieur, permettant la croissance en largeur de la tige et de la racine.

phloème^M
Tissu dont les vaisseaux transportent les matières nutritives fabriquées par les feuilles et contenues dans la sève élaborée.

xylème^M
Tissu dont les vaisseaux transportent la sève brute (contenant l'eau et les sels minéraux) de la racine vers les feuilles.

moelle^F
Partie centrale de la tige, formée de tissus riches en réserves nutritives essentielles à la croissance de la plante.

épiderme^M
Revêtement externe de la tige, de la feuille et de la racine.

exemples^M de tiges^F
Les tiges sont de formes très variées : elles peuvent être aériennes ou souterraines, lisses, velues, épineuses, etc.

rhizome^M
Tige souterraine contenant les réserves nutritives de la plante.

stolon^M
Tige mince poussant à l'horizontale; elle peut émettre des racines au niveau des nœuds, permettant ainsi le développement d'un nouveau plant.

RÈGNE VÉGÉTAL

plante

feuille^F

Partie d'un végétal naissant sur la tige ou le rameau, en général mince et aplatie, spécialisée dans la captation de la lumière et la fonction de photosynthèse.

feuilles^F simples
Feuilles dont le limbe n'est pas divisé en parties indépendantes; il en existe de nombreux types classés selon la forme.

cordée
Feuille simple dont le limbe prend la forme d'un cœur.

réniforme
Feuille simple dont la forme du limbe rappelle celle d'un rein.

arrondie
Feuille simple dont le limbe prend une forme plus ou moins ronde.

spatulée
Feuille simple dont le limbe s'élargit pour prendre la forme d'une spatule.

linéaire
Feuille simple comportant un limbe long et très étroit dont les bords sont presque parallèles.

hastée
Feuille simple dont le limbe prend la forme d'un fer de lance.

ovoïde
Feuille simple dont le limbe prend la forme d'un œuf.

lancéolée
Feuille simple comportant un limbe étroit, plus long que large, terminé en forme de pointe.

peltée
Feuille simple dont le pétiole est fixé perpendiculairement au milieu de la face intérieure du limbe.

structure^F d'une feuille^F

pointe^F
Partie formant le sommet du limbe de la feuille, à l'opposé de la partie rattachée au pétiole; elle peut prendre des formes très diverses.

nervure^F secondaire
Ramification de la nervure principale qui transporte la sève dans les diverses parties du limbe, tout en jouant le rôle de squelette.

limbe^M
Partie principale et plate de la feuille, riche en chlorophylle; elle peut avoir des formes très diverses selon son type de nervure et sa plus ou moins grande découpure.

pétiole^M
Partie étroite de la feuille reliant le limbe à la tige.

stipule^F
Petite expansion située à la base du pétiole de certaines feuilles.

gaine^F
Dilatation du pétiole entourant plus ou moins complètement la tige.

point^M d'attache^F
Endroit où le pétiole s'insère sur le nœud de la tige.

bord^M
Partie qui forme le contour du limbe de la feuille.

nervure^F principale
Saillie creuse prolongeant le pétiole dans le limbe et par laquelle circule la sève; elle constitue la base du squelette de la feuille.

bords^M de feuilles^F
Parties qui forment le contour du limbe de la feuille. Les bords prennent des aspects très divers selon la forme et la profondeur des découpures.

denté
Bord d'une feuille pourvu de dents pointues de taille similaire.

doublement denté
Bord d'une feuille pourvu de dents de différentes tailles; la dent principale est souvent munie de dents plus petites.

crénelé
Bord d'une feuille pourvu de dents au sommet arrondi.

cilié
Bord d'une feuille entouré de poils courts et minces appelés cils.

entier
Bord d'une feuille ne présentant aucune découpure.

lobé
Bord d'une feuille découpé par de profondes échancrures.

feuilles^F composées
Feuilles au limbe divisé en plusieurs parties distinctes, les folioles; la disposition des folioles en détermine plusieurs types.

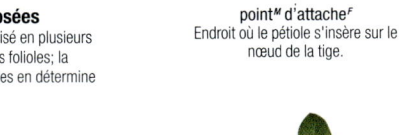

trifoliée
Feuille composée de trois folioles distinctes et de lobes inférieurs tournés vers l'extérieur.

palmée
Feuille composée dont toutes les folioles sont attachées au même point, situé au sommet du pétiole.

pennée
Feuille composée dont les folioles sont disposées des deux côtés d'un axe commun.

paripennée
Feuille composée pennée dont le pétiole principal se termine par deux folioles opposées sur l'axe commun.

imparipennée
Feuille composée pennée à folioles opposées sur l'axe commun et dont le pétiole principal se termine par une foliole unique.

RÈGNE VÉGÉTAL

plante

fleur^F

Organe coloré et odorant de certains végétaux, qui porte les organes reproducteurs; l'ovule fécondé par les grains de pollen formera une graine enveloppée dans un fruit.

structure^F d'une fleur^F

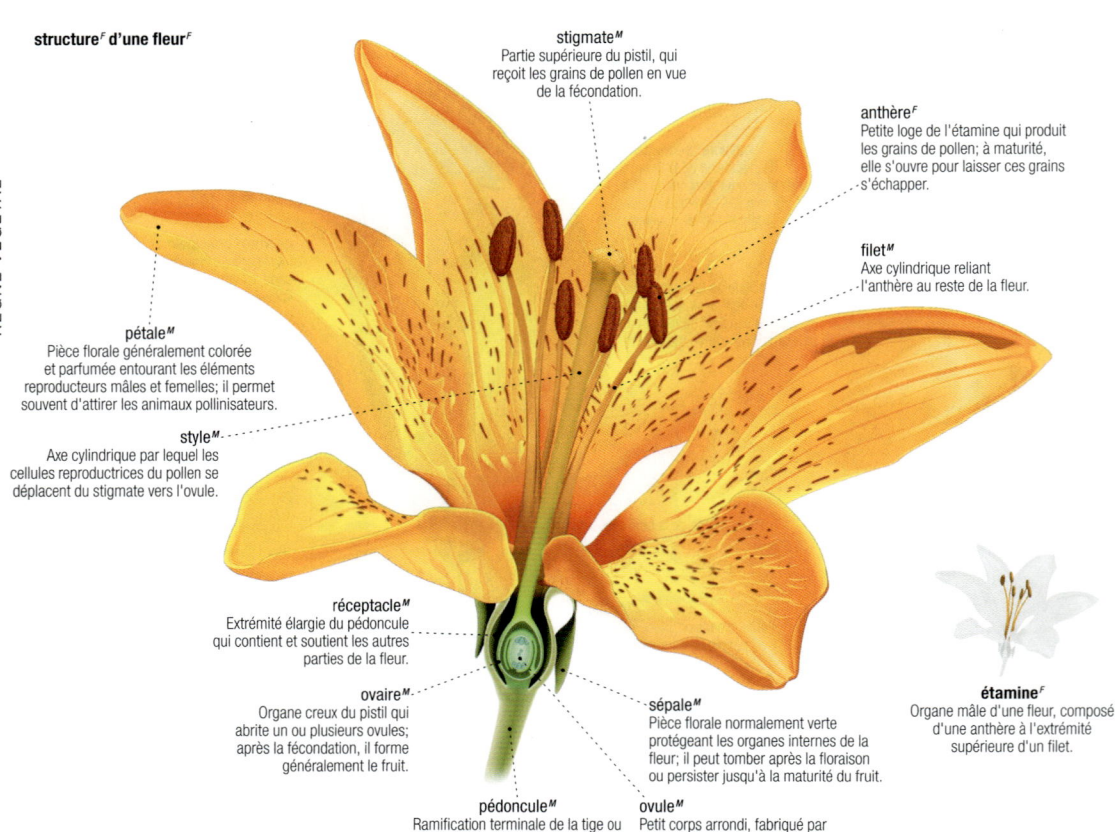

RÈGNE VÉGÉTAL

stigmate^M
Partie supérieure du pistil, qui reçoit les grains de pollen en vue de la fécondation.

anthère^F
Petite loge de l'étamine qui produit les grains de pollen; à maturité, elle s'ouvre pour laisser ces grains s'échapper.

filet^M
Axe cylindrique reliant l'anthère au reste de la fleur.

pétale^M
Pièce florale généralement colorée et parfumée entourant les éléments reproducteurs mâles et femelles; il permet souvent d'attirer les animaux pollinisateurs.

style^M
Axe cylindrique par lequel les cellules reproductrices du pollen se déplacent du stigmate vers l'ovule.

réceptacle^M
Extrémité élargie du pédoncule qui contient et soutient les autres parties de la fleur.

ovaire^M
Organe creux du pistil qui abrite un ou plusieurs ovules; après la fécondation, il forme généralement le fruit.

sépale^M
Pièce florale normalement verte protégeant les organes internes de la fleur; il peut tomber après la floraison ou persister jusqu'à la maturité du fruit.

pédoncule^M
Ramification terminale de la tige ou du rameau, qui relie la fleur, puis le fruit à la plante.

ovule^M
Petit corps arrondi, fabriqué par un ovaire, qui renferme la cellule femelle; après la fécondation, il forme la graine.

pistil^M
Organe femelle situé au centre de la fleur, composé d'un ovaire, d'un style et d'un stigmate.

corolle^F
Partie de la fleur constituée par l'ensemble de ses pétales.

étamine^F
Organe mâle d'une fleur, composé d'une anthère à l'extrémité supérieure d'un filet.

calice^M
Partie de la fleur constituée par l'ensemble de ses sépales.

modes^M d'inflorescence^F

Inflorescence : mode de regroupement des fleurs sur la tige ou le rameau d'une plante.

grappe^F
Inflorescence constituée d'un axe principal qui porte latéralement des fleurs munies de pédoncules de longueur égale.

cyme^F unipare
Inflorescence dont l'axe principal se termine par une fleur, sous laquelle naît un seul rameau latéral. Le processus se répète sous chaque fleur terminale.

ombelle^F
Inflorescence plate ou arrondie, constituée d'un axe principal qui porte latéralement des fleurs munies de pédoncules de longueur égale partant tous du même point.

capitule^M
Inflorescence constituée de fleurs sans pédoncule insérées sur un réceptacle commun en forme de plateau.

épi^M
Inflorescence constituée d'un axe principal qui porte latéralement des fleurs sans pédoncule.

cyme^F bipare
Inflorescence dont l'axe principal se termine par une fleur, sous laquelle naissent deux tiges latérales. Le processus recommence sous chaque fleur terminale.

corymbe^M
Inflorescence plate ou arrondie, constituée d'un axe principal qui porte latéralement des fleurs munies de pédoncules de longueur inégale se terminant presque tous à la même hauteur.

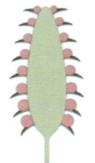

spadice^M
Inflorescence constituée d'un axe floral et de nombreuses petites fleurs latérales sans pédoncule.

plante   113

fleur

exemples de fleurs
Il existe plusieurs milliers de variétés de fleurs, appréciées pour leurs formes, leurs couleurs et leurs parfums très divers.

RÈGNE VÉGÉTAL

tulipe
Fleur dont les pétales poussent en forme de vase circulaire. Il en existe environ 100 espèces, de toutes les couleurs.

muguet
Petite fleur blanche très parfumée, en forme de clochette, qui pousse en grappes.

œillet
Fleur de couleurs variées utilisée dans des arrangements floraux.

rose
Fleur cultivée pour sa beauté, son arôme, la variété de ses coloris et ses utilisations dans les arrangements floraux.

orchidée
Fleur appréciée pour la délicatesse et la variété de ses formes et de ses coloris; on en compte plus de 20 000 espèces.

bégonia
Fleur décorative originaire d'Amérique du Sud appréciée pour ses couleurs éclatantes.

lis
Grande fleur, de couleurs variées, appréciée pour sa beauté. Le lis blanc est le symbole de la royauté française et l'emblème du Québec.

violette
Petite fleur dont plusieurs variétés sont cultivées comme ornement, ou encore pour la parfumerie.

crocus
Fleur de petite taille, qui éclôt dès les premiers rayons chauds du soleil au printemps.

jonquille
Fleur d'assez grande taille, habituellement d'un jaune vif, qui éclôt au printemps.

coquelicot
Fleur des champs très colorée dont plusieurs variétés sont cultivées pour l'ornementation.

chardon
Fleur sauvage dont le réceptacle est recouvert de feuilles modifiées hérissées d'épines.

pensée
Petite fleur composée de plusieurs pétales très colorés et veloutés.

bouton d'or
Petite fleur jaune typique des prairies ou des lieux humides.

marguerite
Fleur des champs aux pétales blancs disposés autour d'un capitule jaune.

primevère
Fleur blanche, rouge ou jaune apparaissant très tôt au printemps.

géranium
Fleur de couleur vive cultivée comme ornement.

pissenlit
Fleur très commune constituée de dizaines de petites fleurs serrées les unes contre les autres.

tournesol
Fleur de grande taille, dont les graines donnent une huile alimentaire de qualité. Elle se tourne toujours vers le soleil, d'où son nom.

plante

fruit^M

Organe végétal généralement né du développement d'un ou de plusieurs ovaires de la fleur qui, à maturité, contient les graines. Il est souvent comestible.

RÈGNE VÉGÉTAL

fruit^M charnu : baie^F
Fruit dont la graine est entourée de deux couches distinctes : un épicarpe et une partie charnue formée du mésocarpe et de l'endocarpe, en contact direct avec la graine.

coupe^F d'un raisin^M
Raisin : baie de couleurs variées cultivée pour la consommation ou pour la fabrication du vin.

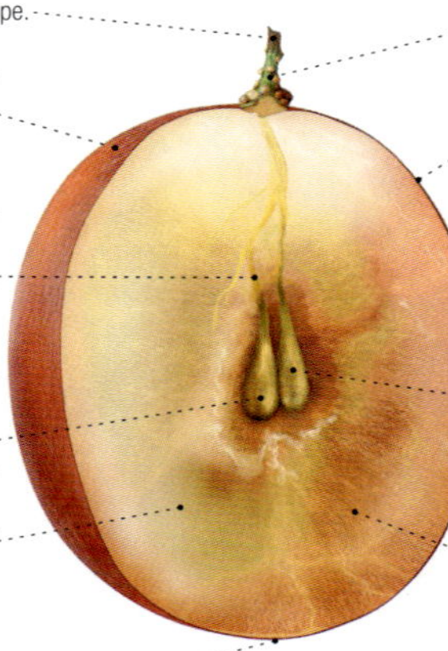

termes^M techniques

- **pédicelle^M** — Partie du fruit qui le reliait au pédoncule de la grappe.
- **épicarpe^M** — Couche extérieure du fruit, qui recouvre le mésocarpe.
- **funicule^M** — Fin segment qui relie la graine au pédicelle du raisin. Il transportait les éléments nourriciers de la plante vers la graine en formation.
- **graine^F** — Organe formé par le développement d'un ovule fécondé; elle contient un embryon et des réserves nutritives qui permettront la naissance d'une nouvelle plante.
- **mésocarpe^M** — Partie charnue du fruit, généralement sucrée et juteuse. L'endocarpe interne se confond avec le mésocarpe.
- **style^M** — Trace visible du style de la fleur, maintenant flétri, qui reliait le stigmate à l'ovaire.

termes^M familiers

- **queue^F** — Partie du fruit qui le reliait au pédoncule de la grappe.
- **peau^F** — Couche extérieure du fruit, qui recouvre la pulpe.
- **pépin^M** — Organe formé par le développement d'un ovule fécondé; il contient un embryon et des réserves nutritives qui permettront la naissance d'une nouvelle plante.
- **pulpe^F** — Partie charnue du fruit, généralement sucrée et juteuse.

coupe^F d'une framboise^F
La framboise est un fruit composé : elle est constituée d'un regroupement de petits fruits charnus insérés sur un réceptacle commun.

- **pédoncule^M** — Ramification terminale de la tige ou du rameau qui relie la fleur, puis le fruit, à la plante.
- **réceptacle^M** — Extrémité élargie du pédoncule qui, dans la framboise, porte les drupéoles.
- **sépale^M** — Le sépale de la fleur persiste jusqu'à la maturité de la framboise.
- **graine^F** — Organe formé par le développement d'un ovule fécondé; elle contient un embryon et des réserves nutritives qui permettront la naissance d'une nouvelle plante.
- **drupéole^F** — Chacun des petits fruits charnus fixés au réceptacle et qui contiennent une graine. Ils proviennent tous d'un ovaire différent de la même fleur.

coupe^F d'une fraise^F
La fraise est un fruit complexe, formé d'akènes soutenus par le réceptacle charnu de la fleur.

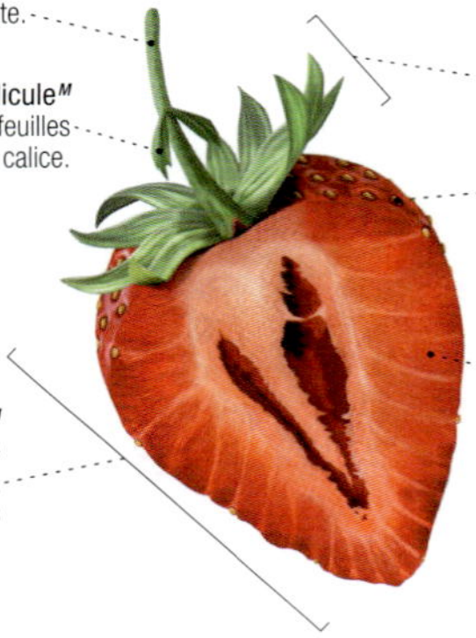

- **pédoncule^M** — Ramification terminale de la tige ou du rameau qui relie la fleur, puis le fruit, à la plante.
- **calicule^M** — Ensemble de petites feuilles vertes situées sous le calice.
- **réceptacle^M** — Extrémité élargie du pédoncule de la fleur qui, dans la fraise, devient charnu et supporte les akènes.
- **calice^M** — Ensemble des sépales de la fleur qui persistent jusqu'à la maturité de la fraise.
- **akène^M** — Petit fruit sec imbriqué dans la pulpe de la fraise et qui contient une graine.
- **pulpe^F** — Masse charnue de la fraise, formée par le développement du réceptacle de la fleur.

fruit^M charnu : agrume^M
Fruit atypique composé d'une partie charnue divisée en quartiers.

coupe^F d'une orange^F
Orange : agrume de couleur orangée à la pulpe juteuse et sucrée.

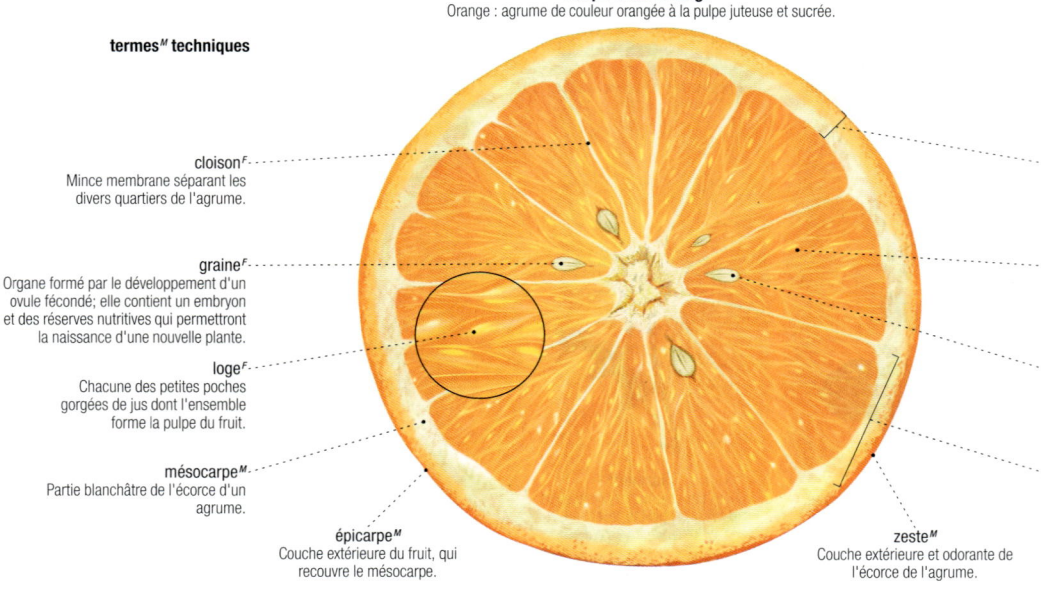

termes^M techniques

- **cloison^F** — Mince membrane séparant les divers quartiers de l'agrume.
- **graine^F** — Organe formé par le développement d'un ovule fécondé; elle contient un embryon et des réserves nutritives qui permettront la naissance d'une nouvelle plante.
- **loge^F** — Chacune des petites poches gorgées de jus dont l'ensemble forme la pulpe du fruit.
- **mésocarpe^M** — Partie blanchâtre de l'écorce d'un agrume.
- **épicarpe^M** — Couche extérieure du fruit, qui recouvre le mésocarpe.

termes^M familiers

- **écorce^F** — Couche extérieure du fruit, qui recouvre la pulpe, constituée d'une partie externe colorée (exocarpe) et d'une partie interne formée de tissus blanchâtres (mésocarpe).
- **pulpe^F** — Masse charnue de l'agrume, formée de petites poches gorgées de jus contenues dans chaque quartier.
- **pépin^M** — Organe formé par le développement d'un ovule fécondé; il contient un embryon et des réserves nutritives qui permettront la naissance d'une nouvelle plante.
- **quartier^M** — Segment d'un agrume entouré d'une mince membrane, qui renferme la pulpe et les graines. Chaque quartier provient d'un ovaire différent de la même fleur.
- **zeste^M** — Couche extérieure et odorante de l'écorce de l'agrume.

plante | 115

fruit

fruit charnu à pépins
Fruit dont la graine, ou pépin, est entourée de trois couches distinctes : un épicarpe, un mésocarpe charnu et un endocarpe rigide abritant des loges.

coupe d'une pomme
Pomme : fruit du pommier, de couleurs variées, cultivé pour la consommation ou la production du cidre.

termes techniques

- **pédoncule** : Ramification terminale de la tige ou du rameau qui relie la fleur, puis le fruit, à la plante.
- **loge** : Petite cavité située sous l'endocarpe, qui abrite généralement deux graines.
- **mésocarpe** : Partie charnue du fruit, généralement sucrée et juteuse.
- **graine** : Organe formé par le développement d'un ovule fécondé; elle contient un embryon et des réserves nutritives qui permettront la naissance d'une nouvelle plante.
- **endocarpe** : Couche interne du fruit, qui entoure et protège la graine. Il prend la forme d'une paroi rigide recouvrant les loges.
- **épicarpe** : Couche extérieure du fruit, qui recouvre le mésocarpe.

termes familiers

- **queue** : Partie du fruit qui le reliait à la ramification terminale de la tige ou du rameau.
- **peau** : Couche extérieure du fruit, qui recouvre la pulpe.
- **pépin** : Organe formé par le développement d'un ovule fécondé; il contient un embryon et des réserves nutritives qui permettront la naissance d'une nouvelle plante.
- **pulpe** : Partie charnue du fruit, généralement sucrée et juteuse.
- **cœur** : Partie centrale non comestible de la pomme, formée de l'endocarpe ainsi que des loges et des graines qu'il contient.

- **style** : Trace visible du style de la fleur, maintenant flétri, qui reliait le stigmate à l'ovaire.
- **étamine** : Trace visible des étamines de la fleur sous la forme de petits poils qu'on observe au creux de la dépression située au bas du fruit.
- **sépale** : Pièce florale normalement verte protégeant les organes internes de la fleur; il peut tomber après la floraison ou persister jusqu'à la maturité du fruit.

fruit charnu à noyau
Fruit dont la graine est entourée de trois couches distinctes : un épicarpe, un mésocarpe charnu et un endocarpe, ou noyau, plutôt dur.

coupe d'une pêche
Pêche : fruit à la peau duveteuse, reconnu pour sa chair juteuse et parfumée.

termes techniques

- **pédoncule** : Ramification terminale de la tige ou du rameau qui relie la fleur, puis le fruit, à la plante.
- **épicarpe** : Couche extérieure du fruit, qui recouvre le mésocarpe.
- **mésocarpe** : Partie charnue du fruit, généralement sucrée et juteuse.
- **tégument de la graine** : Enveloppe protectrice recouvrant l'embryon et les réserves nutritives contenus dans la graine.
- **graine** : Organe formé par le développement d'un ovule fécondé; elle contient un embryon et des réserves nutritives qui permettront la naissance d'une nouvelle plante.
- **endocarpe** : Couche interne du fruit, qui entoure et protège la graine. Il est rugueux et très dur.
- **style** : Trace visible du style de la fleur, maintenant flétri, qui reliait le stigmate à l'ovaire.

termes familiers

- **queue** : Partie du fruit qui le reliait à la ramification terminale de la tige ou du rameau.
- **peau** : Couche extérieure du fruit, qui recouvre la pulpe.
- **pulpe** : Partie charnue du fruit, généralement sucrée et juteuse.
- **amande** : Organe formé par le développement d'un ovule fécondé; elle contient un embryon et des réserves nutritives qui permettront la naissance d'une nouvelle plante.
- **noyau** : Couche interne du fruit, qui entoure et protège la graine. Il est rugueux et très dur.

RÈGNE VÉGÉTAL

plante

fruit^M

exemples^M de fruits^M secs
Fruit sec : fruit dont la graine, généralement comestible, est entourée d'une seule couche sèche, plus ou moins rigide.

RÈGNE VÉGÉTAL

coupe^F d'une silique^F (moutarde^F)
Silique : fruit sec à deux valves qui, à maturité, s'ouvrent pour libérer les graines.

valve^F
Chacune des deux parties de l'enveloppe du fruit qui, à maturité, se séparent pour libérer les graines.

graine^F
Organe formé par le développement d'un ovule fécondé; elle contient un embryon et des réserves nutritives qui permettront la naissance d'une nouvelle plante.

membrane^F médiane
Fine cloison portant de chaque côté des graines qui se détachent après l'ouverture des valves.

style^M
Partie supérieure du fruit, en forme de bec, demeurée stérile et donc dépourvue de graines.

coupe^F d'une capsule^F (pavot^M)
Capsule : fruit sec à plusieurs loges qui, à maturité, s'ouvre latéralement ou par le sommet. Elle renferme de très nombreuses graines.

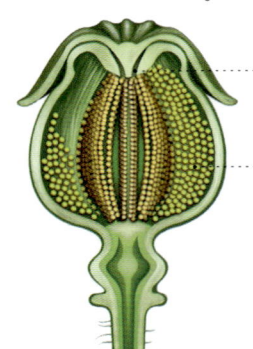

pore^M
Petit orifice par lequel s'ouvre l'enveloppe du pavot afin de permettre la dispersion de ses graines.

graine^F
Organe formé par le développement d'un ovule fécondé; elle contient un embryon et des réserves nutritives qui permettront la naissance d'une nouvelle plante.

coupe^F d'une gousse^F (pois^M)
Gousse : fruit sec à une seule loge qui, à maturité, s'ouvre en deux endroits, soit la suture et la nervure principale de son enveloppe.

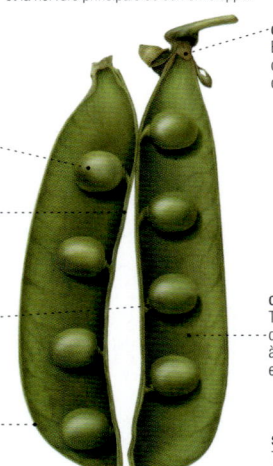

pois^M
Graine du fruit, comestible, verte et ronde, de tailles variables.

nervure^F principale
Saillie creuse prolongeant le pétiole, qui permet au fruit de s'ouvrir à maturité pour libérer les graines.

funicule^M
Fin cordon qui fournit les éléments nutritifs à la graine en formation.

suture^F
Ligne visible à la surface de l'enveloppe du fruit, le long de laquelle il s'ouvre pour libérer les graines.

calice^M
Ensemble des sépales de la fleur, qui persistent jusqu'à la maturité de la gousse.

cosse^F
Terme familier qui désigne le péricarpe de la gousse, qui porte les graines; à maturité du fruit, il s'ouvre en deux endroits distincts pour libérer les graines.

style^M
Trace visible du style de la fleur, maintenant flétri, qui reliait le stigmate à l'ovaire.

coupe^F d'un follicule^M (anis^M étoilé)
Follicule : fruit sec à une seule loge qui, à maturité, s'ouvre d'un côté seulement, le long de la suture de son enveloppe.

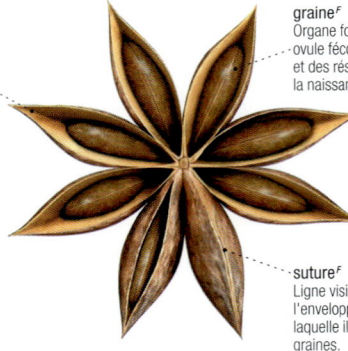

graine^F
Organe formé par le développement d'un ovule fécondé; elle contient un embryon et des réserves nutritives qui permettront la naissance d'une nouvelle plante.

follicule^M
Chacun des huit fruits secs composant l'anis étoilé.

suture^F
Ligne visible à la surface de l'enveloppe du fruit, le long de laquelle il s'ouvre pour libérer les graines.

coupe^F d'une noisette^F
Noisette : fruit du noisetier, dont l'unique graine est comestible; elle est habituellement imbriquée dans une enveloppe sèche ou membraneuse.

graine^F
Organe formé par le développement d'un ovule fécondé; elle contient un embryon et des réserves nutritives qui permettront la naissance d'une nouvelle plante.

péricarpe^M
Enveloppe rigide qui entoure et protège la graine.

stigmate^M
Trace visible du stigmate de la fleur, maintenant flétri, qui forme une pointe à la base du fruit.

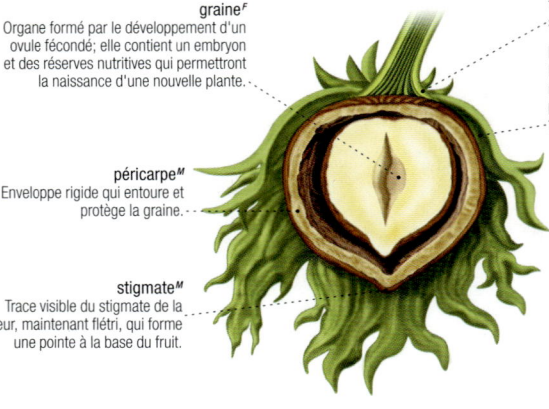

cupule^F
Petite enveloppe écailleuse ou épineuse entourant la noisette, en tout ou en partie, formée par la soudure de bractées.

bractée^F
Petite feuille, de dimension inférieure aux autres feuilles de la plante, fixée au pédoncule de la fleur ou du fruit.

coupe^F d'une noix^F
Noix : fruit du noyer, dont la graine est comestible. Son noyau, appelé coque, est entouré d'une enveloppe charnue, le brou.

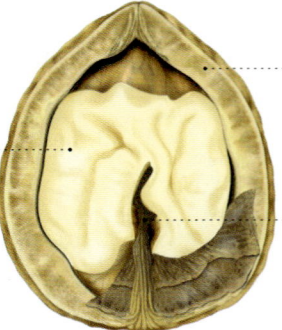

coque^F
Enveloppe dure et fibreuse, de forme ovoïde, qui entoure et protège le cerneau.

cerneau^M
Amande de la noix, divisée en deux parties principales par le zeste.

zeste^M
Cloison membraneuse qui divise l'amande de la noix en cavités.

plante   117

vigne^F

Plante grimpante généralement cultivée pour la production du vin et la consommation du raisin comme fruit.

RÈGNE VÉGÉTAL

grappe^F de raisin^M
La grappe est formée d'un axe principal qui porte des grains munis d'un pédoncule groupés au sommet des tiges.

rameau^M
Ramification secondaire d'une branche ou d'un sarment de la vigne.

pédoncule^M
Axe reliant la grappe de raisins au rameau.

pédicelle^M
Ramification terminale de la tige ou du rameau, qui relie la fleur, puis le fruit à la plante.

branche^F à fruits^M
Ramification secondaire d'un sarment de vigne portant les fleurs, puis les fruits.

cep^M
Pied de vigne sur lequel poussent les rameaux.

vrille^F
Organe spiralé permettant aux rameaux de la vigne de s'accrocher à un support naturel ou artificiel.

raisin^M
Fruit de couleurs variées cultivé pour la consommation ou pour la fabrication du vin.

sarment^M
Jeune rameau bien développé et âgé d'au moins un an.

gourmand^M
Rameau issu du bois de plus d'un an et qui ne donne pas de fruits.

feuille^F de vigne^F
Partie mince et aplatie naissant sur la tige de vigne, spécialisée dans la captation de la lumière et la fonction de photosynthèse.

lobe^M terminal
Division de forme plus ou moins arrondie du limbe formant l'extrémité supérieure de la feuille.

tronc^M
Partie principale de la vigne située entre le sol et la naissance des branches.

sinus^M latéral supérieur
Découpure de la partie principale de la feuille séparant le lobe terminal du lobe latéral supérieur.

lobe^M latéral supérieur
Division de forme plus ou moins arrondie du limbe située sur le côté de la feuille, dans sa partie supérieure.

sinus^M pétiolaire
Découpure de la partie principale de la feuille correspondant à l'ouverture où est inséré le pétiole.

sinus^M latéral inférieur
Découpure de la partie principale de la feuille séparant le lobe latéral supérieur du lobe latéral inférieur.

lobe^M latéral inférieur
Division de forme plus ou moins arrondie du limbe située sur le côté de la feuille, dans sa partie inférieure.

système^M racinaire
Ensemble des racines qui fixent une plante dans le sol et lui permettent de se nourrir de l'eau et des sels minéraux qu'il contient.

étapes^F de maturation^F
Avant d'être récolté, le raisin évolue pendant une centaine de jours à travers quatre étapes successives de maturation.

floraison^F
Première étape de la maturation au cours de laquelle apparaissent les fleurs.

nouaison^F
Deuxième étape de la maturation correspondant à la formation des grains de raisins.

véraison^F
Troisième étape de la maturation, où les raisins se colorent et deviennent translucides.

maturité^F
Dernière étape de la maturation; le raisin est mûr et bon à récolter.

plante

arbre[M]

Végétal de grande taille arborant un ou plusieurs troncs, de nombreuses branches et un système racinaire développé. Il produit de l'oxygène et fournit le bois.

structure[F] d'un arbre[M]
L'arbre est formé d'une partie souterraine, les racines, et de deux parties aériennes, le tronc et le houppier.

feuillage[M]
Ensemble des feuilles de l'arbre, spécialisées dans la captation de la lumière et la fonction de photosynthèse.

ramure[F]
Ensemble des branches, rameaux et ramilles qui supportent les feuilles, les fleurs et les fruits de l'arbre.

cime[F]
Extrémité supérieure du houppier de l'arbre.

rameau[M]
Ramification d'une branche maîtresse d'un arbre.

ramille[F]
Ramification la plus fine d'un rameau de l'arbre.

houppier[M]
Partie de l'arbre située au-dessus du tronc, qui comprend la ramure et le feuillage.

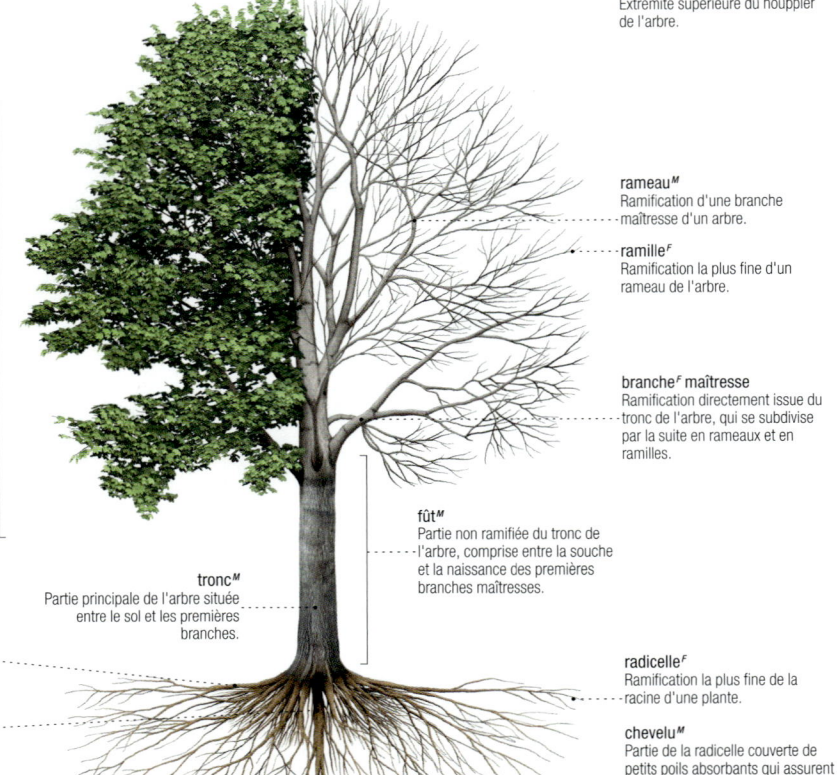

branche[F] maîtresse
Ramification directement issue du tronc de l'arbre, qui se subdivise par la suite en rameaux et en ramilles.

fût[M]
Partie non ramifiée du tronc de l'arbre, comprise entre la souche et la naissance des premières branches maîtresses.

racine[F] traçante
Racine souvent fortement ramifiée poussant plus ou moins horizontalement, dans la couche arable du sol, humide et riche.

tronc[M]
Partie principale de l'arbre située entre le sol et les premières branches.

radicelle[F]
Ramification la plus fine de la racine d'une plante.

racine[F] pivotante
Première racine issue de la graine, qui s'enfonce verticalement dans le sol. Généralement peu ramifiée, son rôle principal est d'assurer la fixation de l'arbre.

chevelu[M]
Partie de la radicelle couverte de petits poils absorbants qui assurent le ravitaillement de l'arbre en eau et en sels minéraux.

coupe[F] transversale du tronc[M]
Du centre à la périphérie, on distingue six parties : la moelle, le bois de cœur, l'aubier, le cambium, le liber et l'écorce.

souche[F]
Partie inférieure du tronc, qui demeure en place, avec les racines, après l'abattage de l'arbre.

rayon[M] médullaire
Conduit reliant le cambium à l'écorce, qui permet la circulation horizontale des matières nutritives et de l'eau dans le tronc.

cerne[M] annuel
Chacun des cercles concentriques représentant la couche de bois produite en une année. Le nombre de cernes permet de déterminer l'âge de l'arbre.

cambium[M]
Tissu de croissance qui produit à la fois le liber, vers l'extérieur, et l'aubier, vers l'intérieur, permettant ainsi l'accroissement du diamètre de l'arbre.

liber[M]
Tissu situé immédiatement sous l'écorce, dont le rôle principal est d'acheminer la sève contenant des nutriments depuis les feuilles vers toutes les parties de l'arbre.

aubier[M]
Couche de bois relativement récente, en général de couleur claire, qui assure le transport des racines vers les feuilles de la sève brute, composée d'eau et des minéraux nutritifs.

moelle[F]
Partie centrale du tronc, formée de tissus tendres qui contenaient les substances nutritives essentielles à la croissance du jeune arbre.

bois[M] de cœur
Couche de bois dur et de couleur sombre constituée d'aubier mort. Situé autour de la moelle, il assure le soutien du tronc et des branches.

écorce[F]
Couche externe et protectrice de l'arbre, dont la texture, la couleur et l'épaisseur changent selon les variétés.

rejet[M]
Jeune pousse se développant à partir de la souche d'un arbre.

RÈGNE VÉGÉTAL

plante 119

arbre

exemples d'arbres feuillus

Les arbres feuillus possèdent le plus souvent des feuilles larges et plates qui, dans les zones tempérées, tombent généralement à l'approche de l'hiver.

RÈGNE VÉGÉTAL

chêne
Grand arbre aux feuilles découpées par de profondes échancrures et dont le fruit est le gland. On l'apprécie notamment pour son bois, dur et très résistant.

bouleau
Arbre possédant une écorce lisse de couleur pâle, recouverte de taches plus sombres; la couche externe de l'écorce se détache facilement du tronc.

saule pleureur
Arbre possédant de longues branches souples et tombantes, fréquemment utilisé à des fins ornementales. Il pousse généralement près d'un plan d'eau.

peuplier
Grand arbre à croissance rapide dont la silhouette est plutôt effilée. Son bois tendre est notamment utilisé en menuiserie et pour faire de la pâte à papier.

palmier
Arbre des régions chaudes dont diverses espèces produisent notamment les dattes et les noix de coco.

érable
Arbre produisant un petit fruit sec muni d'ailes, la samare, et dont le bois dur est apprécié en ébénisterie. La sève bouillie de l'érable à sucre produit un sirop comestible.

hêtre
Arbre à écorce lisse, apprécié comme ornement ou pour son bois, utilisé entre autres en menuiserie et pour le chauffage.

noyer
Grand arbre produisant un fruit comestible, la noix. Son bois dur et compact est notamment apprécié en menuiserie, pour la fabrication de meubles.

plante

arbre^M

exemples^M d'arbres^M feuillus

frêne^M
Arbre forestier à grandes feuilles, dont le bois dur est utilisé en ébénisterie.

tilleul^M
Arbre au bois peu dense, portant des fleurs jaunes et odorantes, utilisé en ébénisterie.

orme^M
Grand arbre des climats tempérés aux fleurs rougeâtres, dont le bois est utilisé en charpenterie et en ébénisterie.

olivier^M
Arbre des climats méditerranéens, souvent cultivé pour son fruit, l'olive, qui contient une huile comestible.

baobab^M
Gros arbre des régions tropicales, au bois mou, capable de stocker de grandes quantités d'eau pour survivre aux saisons sèches.

conifère^M

Arbre dont les feuilles, en forme d'aiguilles ou d'écailles, persistent généralement tout l'hiver. Il porte des cônes, dont il tire son nom, et produit une sève collante, la résine.

mode^M **de reproduction**^F
Ensemble des moyens utilisés par les végétaux pour se multiplier en produisant des végétaux semblables.

pignon^M
Graine comestible contenue dans les cônes de certaines espèces de pins. Il est souvent utilisé en cuisine et en pâtisserie.

cône^M
Organe de reproduction des conifères, composé d'écailles disposées en forme de cône; à maturité, il se développe sous les écailles du cône femelle.

aiguilles^F **de pin**^M
Les feuilles du pin consistent en de longues aiguilles, fines et pointues, reliées au rameau par groupes de deux, trois ou cinq.

exemples^M **de feuilles**^F
Les feuilles des conifères prennent la forme d'écailles ou d'aiguilles plus ou moins fines et allongées.

aiguilles^F **d'épicéa**^M; **aiguilles**^F **d'épinette**^F
Les feuilles de l'épicéa consistent en des aiguilles rigides, pointues et quadrangulaires.

rameau^M
Ramification ligneuse d'une branche de l'arbre, sur laquelle se développent les cônes.

cône^M **femelle**
Chaque cône femelle, dressé sur un rameau, contient des ovules qui sont fécondés par des grains de pollen; ces ovules se transforment ensuite en graines.

cône^M **mâle**
Le cône mâle, généralement plus petit que le cône femelle, produit les grains de pollen, qui se dispersent ensuite dans l'air.

aiguilles^F **de sapin**^M
Les feuilles du sapin consistent en de courtes aiguilles, dures et aplaties. Elles sont insérées une à une de chaque côté du rameau.

écailles^F **de cyprès**^M
Le cyprès possède des écailles, ou petites feuilles courtes et rigides, dont le limbe est appliqué directement sur la ramille.

plante

conifère

exemples de conifères
Il existe 550 espèces de conifères. Bien adaptés aux rigueurs du climat, ils forment souvent la limite forestière dans les montagnes et les zones subpolaires.

pin parasol
Conifère des régions méditerranéennes dont les rameaux forment au sommet une couronne aplatie, d'où son nom. Il produit une graine comestible, le pignon.

cèdre du Liban
Conifère originaire du Proche-Orient au sommet large et aplati, dont le bois fut abondamment utilisé par les civilisations anciennes. Il est maintenant rare.

cyprès
Conifère des climats tempérés chauds, souvent cultivé comme arbre d'ornement.

épicéa ; épinette
Conifère à petites aiguilles cylindriques, disposées tout autour du rameau. Son écorce est d'un brun rougeâtre, et il peut atteindre 50 mètres.

mélèze
L'un des rares conifères dont les aiguilles tombent à l'automne. Son bois résistant et odorant est utilisé en construction et en menuiserie.

séquoia
Grand conifère de la côte ouest américaine, dont le bois est d'un rouge vif; il peut vivre jusqu'à 3 000 ans et atteindre 80 m de hauteur.

pin blanc
Conifère des forêts mixtes dont le bois de couleur pâle est utilisé en menuiserie.

sapin
Conifère odorant à l'écorce grisâtre, parsemée de résine. Il sert notamment d'arbre de Noël.

RÈGNE VÉGÉTAL

industrie^F céréalière

Ensemble des activités visant l'exploitation et la transformation des céréales, principalement pour l'alimentation humaine et animale.

principales plantes^F céréalières
Plantes souvent cultivées à grande échelle dont les grains sont, depuis des siècles, à la base de l'alimentation humaine et de celle de certains animaux domestiques.

RÈGNE VÉGÉTAL

sarrasin^M
Céréale cultivée pour son grain, qui sert principalement à fabriquer des farines. On l'utilise aussi pour nourrir le bétail et certains oiseaux domestiques.

sarrasin^M : grappe^F
La grappe est formée d'un axe principal qui porte des grains munis d'un pédoncule groupés au sommet des tiges.

blé^M
Céréale cultivée pour son grain, qui a une grande importance dans l'alimentation humaine; il sert notamment à fabriquer la farine, le pain et les semoules.

blé^M : épi^M
L'épi est formé d'un axe principal qui porte des grains sans pédoncule groupés au sommet des tiges.

coupe^F d'un grain^M de blé
Le grain de blé est un petit fruit sec dont l'unique graine est soudée à son enveloppe. Sa taille, sa forme et sa couleur diffèrent selon les variétés.

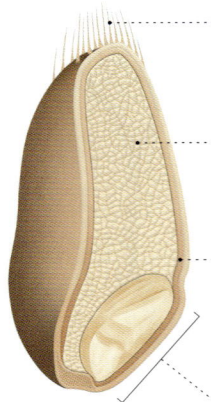

brosse^F
Reste des stigmates de la fleur, qui prennent la forme d'une touffe de poils située au sommet du grain.

albumen^M farineux
Partie du grain renfermant les réserves nutritives nécessaires à la croissance du germe. L'albumen broyé fournit la farine.

tégument^M
Enveloppe protectrice, composée de plusieurs couches, recouvrant l'albumen et le germe. Après la mouture, il devient le son.

germe^M
Embryon de plante, situé dans la partie inférieure du grain. Lors de la germination, il permet la naissance d'une nouvelle plante.

riz^M
Céréale dont le grain est, dans plusieurs parties du monde, à la base de l'alimentation humaine. Le riz est habituellement cultivé sur un sol submergé.

riz^M : panicule^F
La panicule est formée d'un axe principal ramifié portant des grains munis d'un pédoncule sur chacune des tiges.

orge^F
Céréale cultivée pour son grain, qui sert notamment à la fabrication du malt pour les brasseries ainsi qu'à l'alimentation du bétail.

orge^F : épi^M
L'épi est formé d'un axe principal qui porte des grains sans pédoncule groupés au sommet des tiges.

seigle^M
Céréale très résistante dont le grain sert surtout à l'alimentation du bétail. On en tire une farine pour faire du pain en la mélangeant à de la farine de blé.

seigle^M : épi^M
L'épi est formé d'un axe principal qui porte des grains sans pédoncule groupés au sommet des tiges.

avoine^F
Céréale cultivée pour son grain, qui sert surtout à l'alimentation des chevaux; elle est également consommée par l'humain, notamment sous forme de flocons.

avoine^F : panicule^F
La panicule est formée d'un axe principal ramifié portant des grains munis d'un pédoncule sur chacune des tiges.

sorgho^M
Céréale cultivée comme fourrage, pour le sucre de sa sève ou pour son grain, utilisée pour faire des galettes ou certains types de bières.

sorgho^M : panicule^F
La panicule est formée d'un axe principal ramifié portant des grains munis d'un pédoncule groupés au sommet des tiges.

barbe^F
Ensemble de longs filaments qui sortent de l'enveloppe de l'épi à son extrémité. Chaque filament était relié à un ovaire, maintenant transformé en grain.

épi^M
L'épi est formé d'un axe principal de gros diamètre, sur lequel les grains sont alignés en rangs serrés. Il pousse à l'aisselle d'une feuille le long de la tige.

feuille^F
Enveloppe de l'épi qui protège les grains et en conserve l'humidité.

grain^M
Chacun des petits fruits secs dont l'unique graine est soudée à son enveloppe. Un épi de maïs comprend plusieurs centaines de grains.

millet^M
Céréale cultivée comme fourrage ou pour son grain, utilisée notamment pour faire des galettes ou pour nourrir les oiseaux domestiques.

millet^M : épi^M
L'épi est formé d'un axe principal qui porte des grains sans pédoncule groupés au sommet des tiges.

maïs^M
Céréale originaire d'Amérique cultivée pour ses grains, destinés à la consommation humaine et animale. On en tire un sirop sucré et une huile alimentaire.

maïs^M : épi^M
Partie terminale du maïs sur laquelle des grains durs comestibles sont disposés en rangées autour d'un axe.

utilisation industrielle

123

industrie céréalière

exemples^M de produits^M
Les grains de céréales sont consommés tels quels ou sous forme de produits dérivés.

pain^M
Aliment à base de farine, d'eau et de sel, qui contient souvent un ferment (levain ou levure) destiné à le faire gonfler.

pâtes^F alimentaires
Préparations à base de semoule de blé dur et d'eau, façonnées de diverses façons et séchées.

viennoiseries^F
Produits de boulangerie fabriqués avec une pâte levée ou feuilletée, généralement consommés comme pâtisseries.

semoule^F
Farine granulée tirée du blé dur avec quelle on prépare les pâtes alimentaires. La semoule très fine s'utilise aussi comme céréale (crème de blé).

céréales^F
Flocons de graines farineuses généralement consommés tels quels.

farine^F
Poudre comestible obtenue par la mouture des graines de céréales et de certaines légumineuses; elle est utilisée pour préparer du pain, des pâtes et des pâtisseries.

couscous^M
Semoule de blé dur roulée en grains servant à préparer le plat du même nom.

huile^F végétale
Corps gras obtenu par pressage de graines (arachide, soja, maïs) ou de fruits (olive) et utilisé pour cuire, assaisonner, lier ou conserver des aliments.

RÈGNE VÉGÉTAL

industrie textile

Ensemble des activités utilisant les dérivés végétaux afin de fabriquer des tissus aux propriétés variées.

exemples^M de plantes^F textiles
Plante textile : plante qui produit des fibres allongées se prêtant bien à la filature et au tissage.

lin^M
Plante dont les fibres sont utilisées pour fabriquer des tissus frais et absorbants.

chanvre^M
Plante cultivée pour ses fibres, utilisées dans la confection de vêtements et de matériaux de construction résistants à la putréfaction.

cotonnier^M
Petit arbuste tropical dont le fruit (coton) consiste en une capsule contenant des graines enveloppées de poils fibreux; la fibre de coton se tisse et se colore facilement.

exemples^M de produits^M
Les fibres textiles permettent la fabrication de divers objets de consommation, dont les tissus utilisés pour confectionner des vêtements.

vêtement^M
Objet qui couvre le corps pour le protéger, le dissimuler, le parer.

cordage^M
Filin torsadé servant de corde.

coton^M-tige^F
Bâtonnet dont les extrémités sont munies d'un morceau de coton hydrophile (ouate), utilisé notamment pour nettoyer et désinfecter des plaies.

utilisation industrielle

industrie^F du caoutchouc^M

Ensemble des activités utilisant le latex pour fabriquer des objets de consommation.

RÈGNE VÉGÉTAL

source^F végétale
Le latex est produit par un arbre tropical, l'hévéa.

hévéa^M
Arbre tropical d'Amazonie dont on extrait le latex pour fabriquer le caoutchouc.

récolte^F du latex^M
Le latex s'écoule par une incision pratiquée dans l'écorce de l'hévéa.

ballon^M
Sphère constituée d'une enveloppe de caoutchouc contenant de l'air; de nombreux sports et jeux en utilisent un comme équipement principal.

exemples^M de produits^M
Le caoutchouc est abondamment utilisé dans l'industrie pour la fabrication de pneus, de joints, de jouets, etc.

pneu^M
Organe circulaire déformable en caoutchouc, fixé autour de la roue d'un véhicule et gonflé d'air.

botte^F
Chaussure haute et imperméable fabriquée en caoutchouc.

industrie^F papetière

Ensemble des activités utilisant le bois pour fabriquer du papier graphique, du papier journal et du carton.

sources^F de fibres^F
Les fibres utilisées pour produire la pâte à papier proviennent en majorité du bois des arbres, mais également de chiffons ou de papiers recyclés.

épicéa^M noir ; *épinette^F noire*
Conifère du nord-est américain, résistant aux climats rudes, dont le bois est utilisé pour la pâte à papier.

papier^M de correspondance^F
Papier de qualité moyenne pour usage quotidien.

exemples^M de produits^M
La pâte à papier permet la fabrication de différents types de papiers et de cartons.

papier^M journal
Papier poreux et non durable, sur lequel on imprime les journaux.

guenilles^F
Chiffons ou résidus de textiles de lin, de chanvre ou de coton utilisés pour leurs fibres dans la fabrication du papier de qualité.

carton^M
Papier constitué de plusieurs feuilles, à la fois rigide et pliable; il est utilisé surtout en emballage.

utilisation industrielle

industrieᶠ papetière

fabricationᶠ du papierᴹ
Le papier est fabriqué à partir de fibres végétales, qui servent à la préparation de la pâte à papier. Cette pâte est ensuite transformée en divers produits.

scierieᶠ
Installation spécialisée dans la transformation mécanique des grumes de bois en produits utilisables par l'industrie.

copeauxᴹ
Petites parcelles de bois destinées à la fabrication de pâte à papier. Les copeaux sont souvent préparés dans une scierie, puis acheminés vers l'usine de pâte.

usineᶠ de pâteᶠ à papierᴹ
Installation dont l'activité principale consiste à transformer les copeaux de bois en une pâte fibreuse servant de matière première à la fabrication du papier.

écorçageᴹ
Procédé qui consiste à débarrasser le bois de son écorce, à l'aide d'une machine appelée écorceuse. Le bois sera ensuite déchiqueté en copeaux.

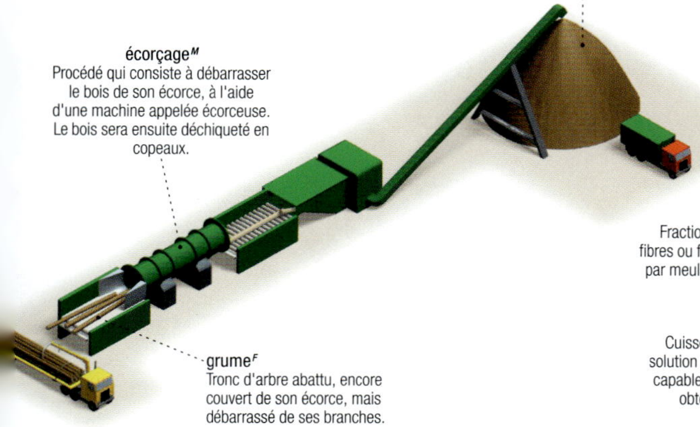

blanchimentᴹ
Procédé chimique qui vise à dissoudre ou éliminer davantage de lignine afin d'augmenter la blancheur de la pâte.

désencrageᴹ
Processus qui consiste à éliminer les encres ou les couches des vieux papiers afin de permettre leur recyclage.

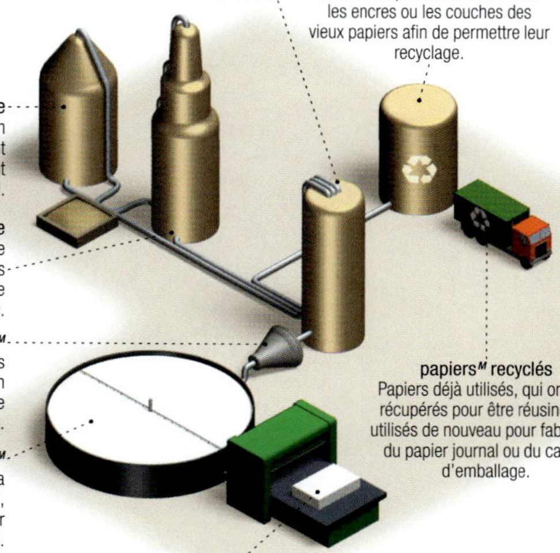

miseᶠ en pâteᶠ mécaniqueᶠ
Fractionnement des copeaux de bois en fibres ou faisceaux de fibres, généralement par meulage. La pâte obtenue est souvent utilisée pour le papier journal.

grumeᶠ
Tronc d'arbre abattu, encore couvert de son écorce, mais débarrassé de ses branches.

miseᶠ en pâteᶠ chimiqueᶠ
Cuisson des copeaux de bois dans une solution contenant des additifs chimiques capables de dissoudre la lignine. La pâte obtenue donne du papier plus blanc.

raffineurᴹ
Appareil rotatif dans lequel les fibres de bois sont mises en suspension dans l'eau afin de former une pâte très liquide.

papiersᴹ recyclés
Papiers déjà utilisés, qui ont été récupérés pour être réusinés et utilisés de nouveau pour fabriquer du papier journal ou du carton d'emballage.

mélangeᴹ
Action d'ajouter divers produits à la pâte (des colorants, par exemple), en fonction du type de papier désiré.

déshydratationᶠ
Procédé consistant à retirer la majeure partie de l'eau de la pâte afin de former des blocs facilement transportables.

RÈGNE VÉGÉTAL

usineᶠ de papierᴹ
Installation dont l'activité principale consiste à fabriquer du papier.

caisseᶠ d'arrivéeᶠ
Première partie de la machine à papier; la pâte à papier, constituée à 99 % d'eau, est évacuée sous pression sur la toile de formation.

découpageᴹ
Division des bobines en bobines plus petites, puis en feuilles de différents formats.

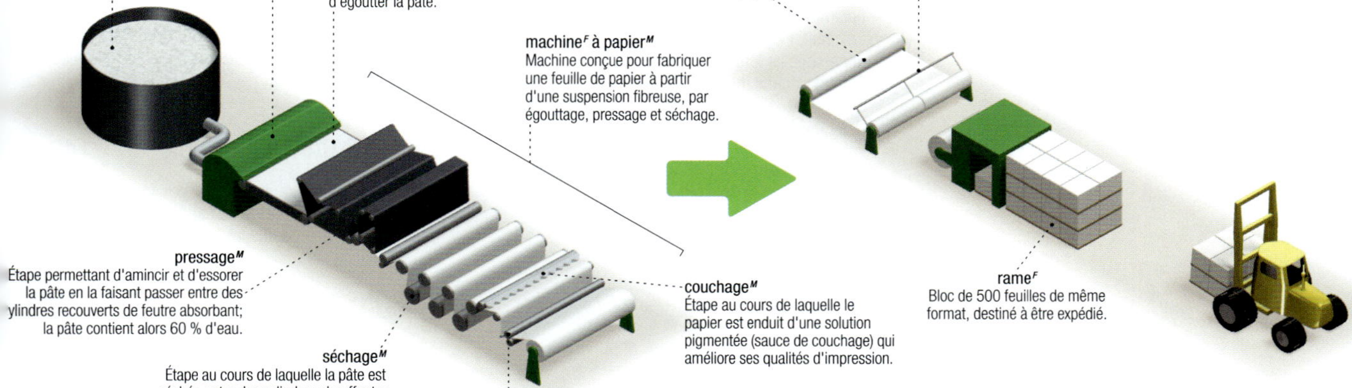

dilutionᶠ
Ajout d'eau à un bloc de pâte déshydratée afin d'obtenir une pâte homogène.

bobineᶠ
Rouleau de papier.

toileᶠ de formationᶠ
Toile poreuse rotative qui permet d'égoutter la pâte.

machineᶠ à papierᴹ
Machine conçue pour fabriquer une feuille de papier à partir d'une suspension fibreuse, par égouttage, pressage et séchage.

pressageᴹ
Étape permettant d'amincir et d'essorer la pâte en la faisant passer entre des cylindres recouverts de feutre absorbant; la pâte contient alors 60 % d'eau.

couchageᴹ
Étape au cours de laquelle le papier est enduit d'une solution pigmentée (sauce de couchage) qui améliore ses qualités d'impression.

rameᶠ
Bloc de 500 feuilles de même format, destiné à être expédié.

séchageᴹ
Étape au cours de laquelle la pâte est séchée entre des cylindres chauffants; elle sort sous forme d'une mince feuille de papier ne contenant que 5 % d'eau.

calandrageᴹ
Étape permettant de lisser le papier, par compression et friction dans une calandre formée de rouleaux superposés.

ÉVOLUTION DE LA VIE 128

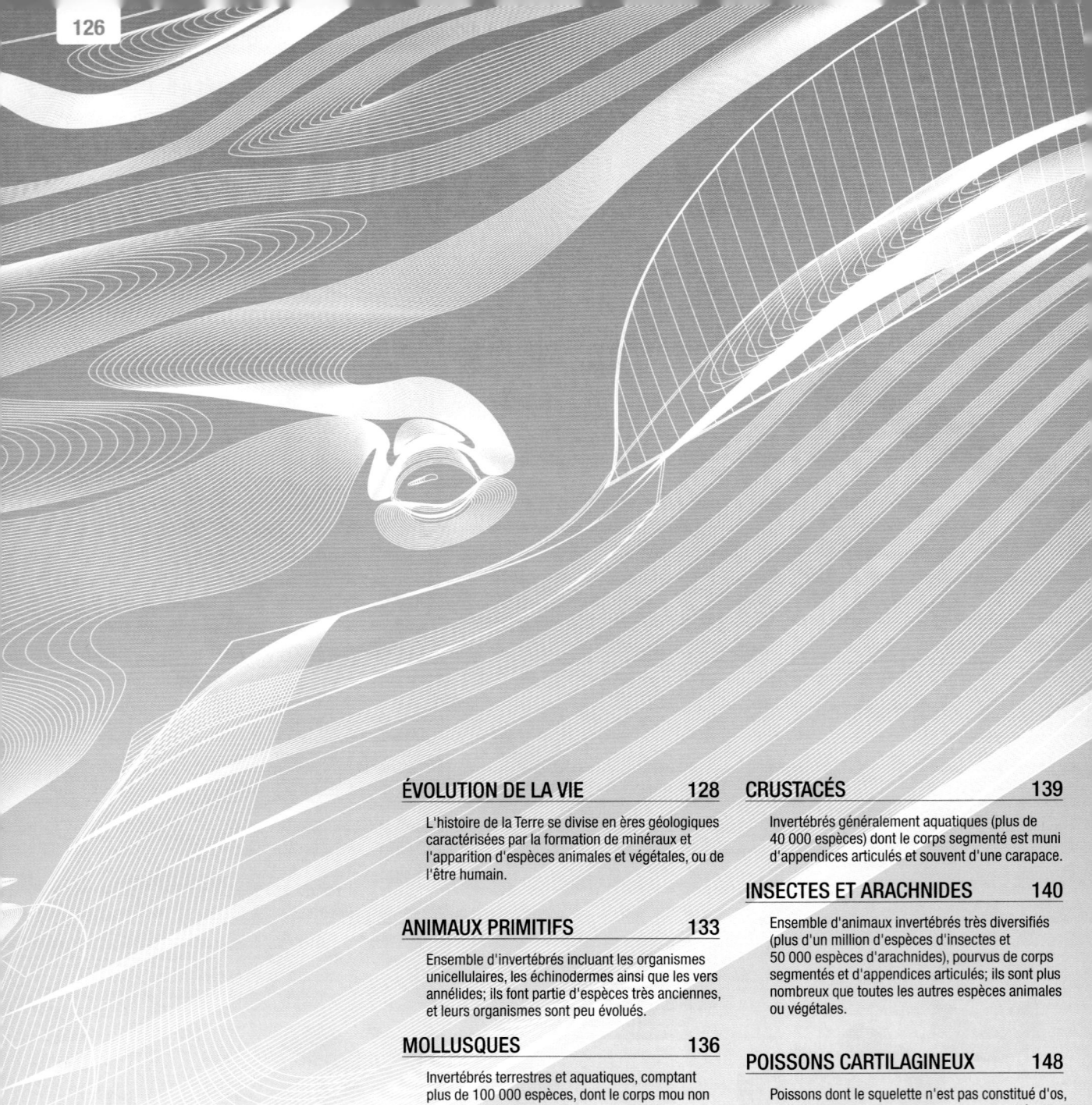

L'histoire de la Terre se divise en ères géologiques caractérisées par la formation de minéraux et l'apparition d'espèces animales et végétales, ou de l'être humain.

ANIMAUX PRIMITIFS 133

Ensemble d'invertébrés incluant les organismes unicellulaires, les échinodermes ainsi que les vers annélides; ils font partie d'espèces très anciennes, et leurs organismes sont peu évolués.

MOLLUSQUES 136

Invertébrés terrestres et aquatiques, comptant plus de 100 000 espèces, dont le corps mou non segmenté sécrète généralement une coquille calcaire.

CRUSTACÉS 139

Invertébrés généralement aquatiques (plus de 40 000 espèces) dont le corps segmenté est muni d'appendices articulés et souvent d'une carapace.

INSECTES ET ARACHNIDES 140

Ensemble d'animaux invertébrés très diversifiés (plus d'un million d'espèces d'insectes et 50 000 espèces d'arachnides), pourvus de corps segmentés et d'appendices articulés; ils sont plus nombreux que toutes les autres espèces animales ou végétales.

POISSONS CARTILAGINEUX 148

Poissons dont le squelette n'est pas constitué d'os, mais de cartilage; leur peau est couverte d'écailles dures nommées denticules.

POISSONS OSSEUX 149

Poissons au squelette rigide et aux écailles lisses et aplaties.

RÈGNE ANIMAL

Regroupement de tous les êtres vivants pourvus d'organes plus ou moins complexes leur permettant de se déplacer et de se nourrir; ensemble des connaissances qui les concernent.

AMPHIBIENS 152
Vertébrés pourvus de quatre membres, à peau nue, molle et humide, vivant généralement dans l'eau à l'état larvaire et sur terre à l'état adulte.

REPTILES 154
Vertébrés à sang froid recouverts d'écailles (environ 6 000 espèces) dont les quatre membres sont parfois atrophiés ou absents, vivant surtout dans les régions chaudes.

OISEAUX 158
Vertébrés (environ 9 000 espèces) au corps recouvert de plumes, pourvus d'un bec, de deux pattes et de deux ailes généralement adaptées au vol.

MAMMIFÈRES INSECTIVORES 164
Vertébrés (environ 370 espèces) à quatre membres, au corps presque entièrement recouvert de poils, parfois de piquants, se nourrissant surtout d'insectes.

MAMMIFÈRES RONGEURS 165
Vertébrés herbivores ou omnivores à quatre membres, recouverts de poils, munis d'une paire d'incisives tranchantes à croissance continue.

MAMMIFÈRES LAGOMORPHES 167
Vertébrés herbivores à quatre membres, à la fourrure dense, qui possèdent trois paires d'incisives à croissance continue.

MAMMIFÈRES ONGULÉS 168
Vertébrés herbivores recouverts de poils, dont les quatre pattes portent un nombre variable de doigts, terminés par une production cornée (ongle ou sabot).

MAMMIFÈRES CARNIVORES 174
Vertébrés à quatre membres recouverts de poils, se nourrissant essentiellement de chair animale, pourvus de canines et de molaires servant à découper et déchiqueter.

MAMMIFÈRES MARINS 182
Vertébrés aquatiques carnivores (près de 116 espèces), aux membres transformés en nageoires, à la peau nue ou recouverte d'un pelage ras, parfois munis d'une nageoire dorsale.

MAMMIFÈRES PRIMATES 184
Vertébrés (près de 200 espèces) aux mains et aux pieds préhensiles à cinq doigts munis d'un ongle, vivant généralement sur les arbres et pouvant souvent se tenir debout.

MAMMIFÈRES VOLANTS 186
Vertébrés recouverts de poils dont les membres antérieurs sont transformés en ailes grâce à une membrane reliant les doigts, permettant le vol.

MAMMIFÈRES MARSUPIAUX 188
Vertébrés à quatre membres recouverts de poils, dont la femelle porte en général une poche ventrale où s'effectue le développement embryonnaire après la naissance.

évolution de la vie

origine[F] et évolution[F] des espèces[F]

Depuis la formation de la Terre, il y a 4,6 milliards d'années, on a assisté à la genèse des continents et des océans, et à l'apparition d'animaux et de végétaux.

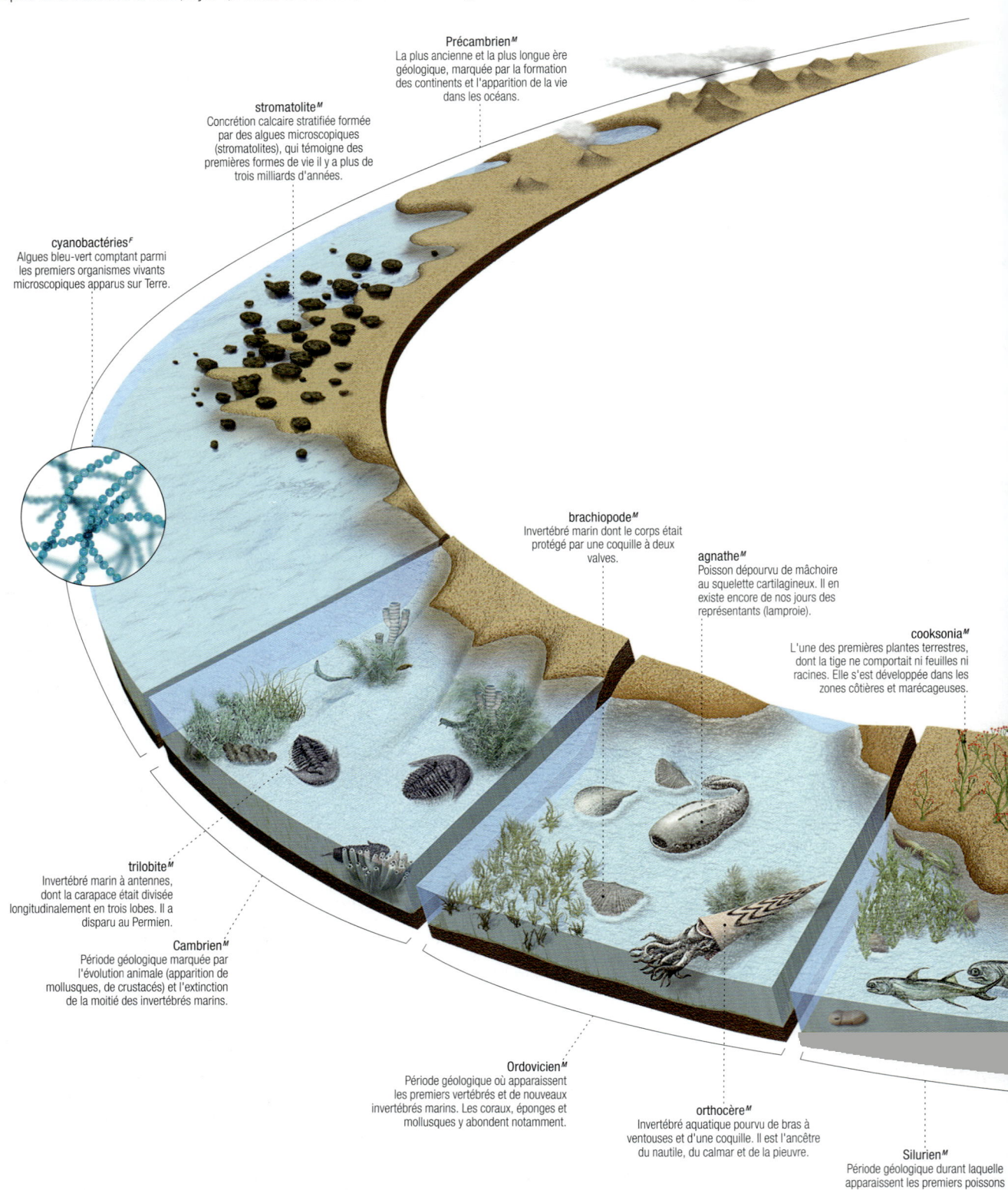

RÈGNE ANIMAL

Précambrien[M]
La plus ancienne et la plus longue ère géologique, marquée par la formation des continents et l'apparition de la vie dans les océans.

stromatolite[M]
Concrétion calcaire stratifiée formée par des algues microscopiques (stromatolites), qui témoigne des premières formes de vie il y a plus de trois milliards d'années.

cyanobactéries[F]
Algues bleu-vert comptant parmi les premiers organismes vivants microscopiques apparus sur Terre.

brachiopode[M]
Invertébré marin dont le corps était protégé par une coquille à deux valves.

agnathe[M]
Poisson dépourvu de mâchoire au squelette cartilagineux. Il en existe encore de nos jours des représentants (lamproie).

cooksonia[M]
L'une des premières plantes terrestres, dont la tige ne comportait ni feuilles ni racines. Elle s'est développée dans les zones côtières et marécageuses.

trilobite[M]
Invertébré marin à antennes, dont la carapace était divisée longitudinalement en trois lobes. Il a disparu au Permien.

Cambrien[M]
Période géologique marquée par l'évolution animale (apparition de mollusques, de crustacés) et l'extinction de la moitié des invertébrés marins.

Ordovicien[M]
Période géologique où apparaissent les premiers vertébrés et de nouveaux invertébrés marins. Les coraux, éponges et mollusques y abondent notamment.

orthocère[M]
Invertébré aquatique pourvu de bras à ventouses et d'une coquille. Il est l'ancêtre du nautile, du calmar et de la pieuvre.

Silurien[M]
Période géologique durant laquelle apparaissent les premiers poissons à mâchoire et les premières plantes terrestres.

évolution de la vie

129

origine^F et évolution^F des espèces^F

RÈGNE ANIMAL

ichtyostéga^M
Vertébré à quatre membres, descendant du poisson. Il est l'ancêtre des amphibiens actuels et l'un des premiers vertébrés adaptés à la vie terrestre.

archaeognatha^M
Le plus ancien fossile d'insecte connu était dépourvu d'ailes et muni de longues antennes.

fougères^F
Ces plantes se sont développées sur le bord de l'eau. Pourvues de racines, d'une tige et de feuilles, elles pouvaient atteindre la taille des arbres actuels.

meganeura^M
Insecte ailé dont l'envergure (70 cm) n'a jamais été atteinte par d'autres insectes.

arthropleura^M
Invertébré des forêts humides mesurant près de 2 m, dont le corps était divisé en nombreux segments.

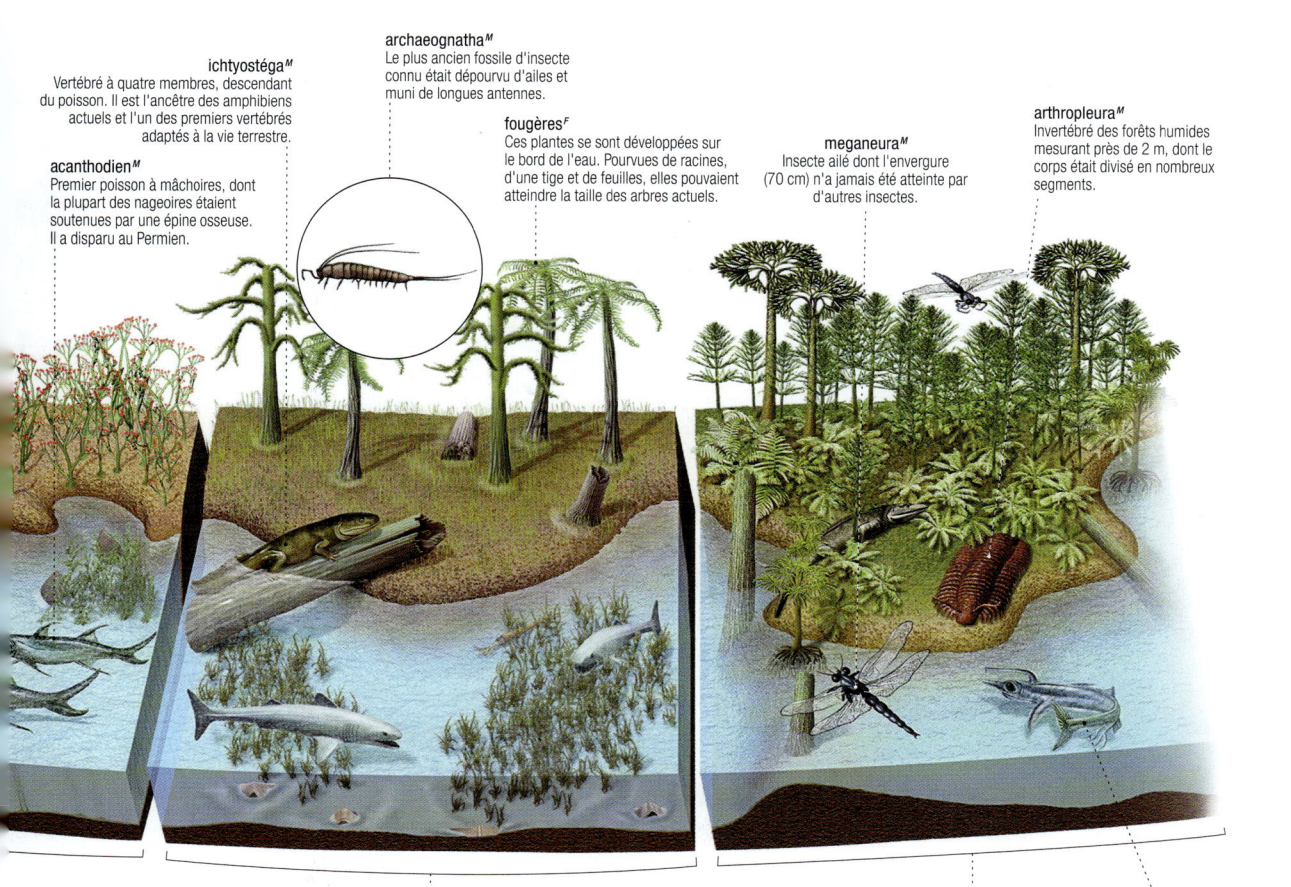

acanthodien^M
Premier poisson à mâchoires, dont la plupart des nageoires étaient soutenues par une épine osseuse. Il a disparu au Permien.

Dévonien^M
Période géologique où apparaissent les amphibiens, les insectes et les premiers animaux terrestres, et qui voit se répandre les poissons et les plantes.

Carbonifère^M
Période géologique durant laquelle apparaissent les reptiles et les insectes ailés. Les végétaux (fougères, plantes à graines) poursuivent leur développement.

falcatus^M
Requin aux dents acérées, dont le mâle était pourvu d'un aiguillon dorsal denté orienté vers l'avant.

130 évolution de la vie

origine^F et évolution^F des espèces^F

RÈGNE ANIMAL

archéoptéryx^M
Animal apte au vol, présentant certains caractères d'un reptile (griffes, dents, longue queue osseuse) et d'un oiseau (ailes, plumes).

cœlophysis^M
Dinosaure carnivore bipède très agile, à la course rapide, dont les doigts étaient munis de puissantes serres.

mégazostrodon^M
De la taille d'une souris, l'un des premiers mammifères apparus sur Terre était un insectivore essentiellement nocturne.

platéosaure^M
Un des plus gros dinosaures du Jurassique. Herbivore au long cou, il se dressait sur ses pattes postérieures pour atteindre les feuilles des arbres.

dimétrodon^M
Reptile carnivore dont les épines dorsales reliées par une membrane lui permettaient de réguler sa température interne. Il a dominé le Permien.

mésosaure^M
Premier reptile aquatique pourvu de longues dents acérées et d'une queue puissante assurant sa propulsion en eaux peu profondes.

ichtyosaure^M
Reptile marin carnivore à la nage rapide présentant certains caractères du dauphin et pouvant atteindre 10 m. Il a disparu au Crétacé.

nothosaure^M
Reptile carnivore dont les membres courts en forme de nageoire étaient adaptés aux déplacements terrestres et aquatiques.

Trias^M
Période géologique marquée par la dislocation du supercontinent, la formation des continents actuels et l'apparition des mammifères.

Permien^M
Période géologique marquée par la prédominance des reptiles et des amphibiens. La masse continentale forme alors un supercontinent : la Pangée.

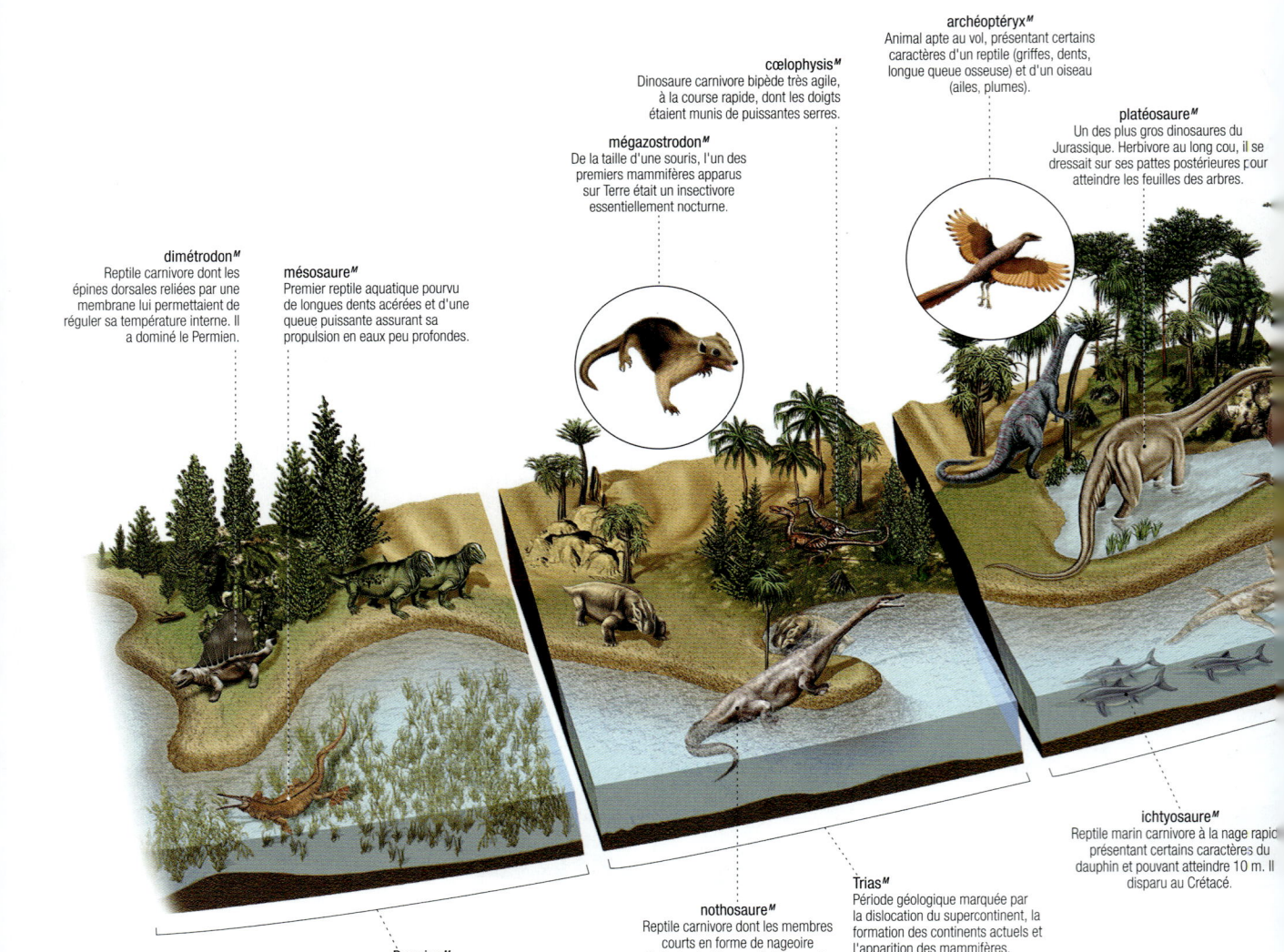

évolution de la vie

origine^F et évolution^F des espèces^F

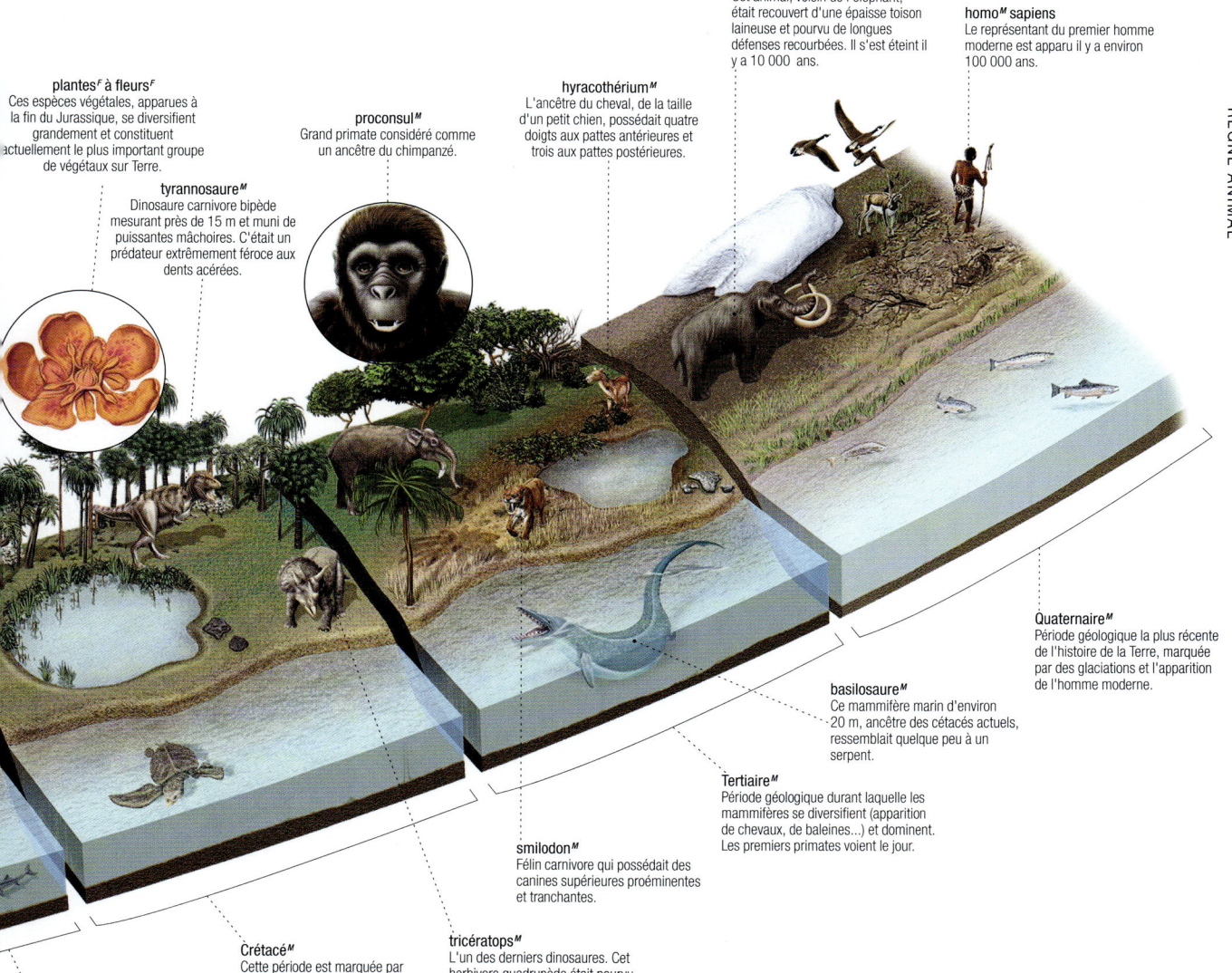

RÈGNE ANIMAL

plantes^F à fleurs^F
Ces espèces végétales, apparues à la fin du Jurassique, se diversifient grandement et constituent actuellement le plus important groupe de végétaux sur Terre.

tyrannosaure^M
Dinosaure carnivore bipède mesurant près de 15 m et muni de puissantes mâchoires. C'était un prédateur extrêmement féroce aux dents acérées.

proconsul^M
Grand primate considéré comme un ancêtre du chimpanzé.

hyracothérium^M
L'ancêtre du cheval, de la taille d'un petit chien, possédait quatre doigts aux pattes antérieures et trois aux pattes postérieures.

mammouth^M laineux
Cet animal, voisin de l'éléphant, était recouvert d'une épaisse toison laineuse et pourvu de longues défenses recourbées. Il s'est éteint il y a 10 000 ans.

homo^M sapiens
Le représentant du premier homme moderne est apparu il y a environ 100 000 ans.

Quaternaire^M
Période géologique la plus récente de l'histoire de la Terre, marquée par des glaciations et l'apparition de l'homme moderne.

basilosaure^M
Ce mammifère marin d'environ 20 m, ancêtre des cétacés actuels, ressemblait quelque peu à un serpent.

Tertiaire^M
Période géologique durant laquelle les mammifères se diversifient (apparition de chevaux, de baleines...) et dominent. Les premiers primates voient le jour.

smilodon^M
Félin carnivore qui possédait des canines supérieures proéminentes et tranchantes.

tricératops^M
L'un des derniers dinosaures. Cet herbivore quadrupède était pourvu de trois cornes et d'une collerette cervicale osseuse.

Crétacé^M
Cette période est marquée par l'extinction de 75 % des espèces végétales et animales, dont les dinosaures.

Jurassique^M
Période géologique durant laquelle les dinosaures dominent le monde terrestre. On assiste à la formation de l'océan Atlantique.

classification^F des espèces^F

Système permettant de classer les êtres vivants les uns par rapport aux autres et de définir leur lien de parenté.

RÈGNE ANIMAL

exemple^M de classification^F : chat^M
Les espèces sont désignées par une combinaison de deux ou de trois mots latins : le nom du genre suivi d'épithètes spécifiques. Par exemple, le nom scientifique du chat domestique est *Felis catus*.

règne^M
Niveau le plus englobant; les biologistes définissent cinq règnes (champignons, monères, végétaux, animaux, protistes). Par exemple, le chat appartient au règne animal.

embranchement^M
Ensemble des êtres vivants possédant le même ancêtre lointain. Par exemple, le chat appartient à l'embranchement des vertébrés, soit les animaux possédant une colonne vertébrale.

classe^F
Regroupement d'ordres. Par exemple, le chat appartient à la classe des mammifères, des animaux à poils dont la femelle possède des glandes mammaires.

ordre^M
Regroupement de familles qui ont une origine commune. Par exemple, le chat appartient à l'ordre des carnivores.

famille^F
Regroupement de genres présentant des traits communs. Par exemple, le chat appartient à la famille des félidés.

genre^M
Groupe représentant un ensemble d'espèces ayant en commun plusieurs caractères morphologiques similaires. Par exemple, le chat appartient au genre *Felis*.

espèce^F
Groupe représentant un ensemble d'individus pouvant se reproduire entre eux. Par exemple, le chat domestique est de l'espèce *Felis catus*.

animaux primitifs

133

cellule[F] animale

Plus petite structure vivante et unité constitutive des animaux dont les êtres humains. Sa taille et sa forme varient selon la fonction.

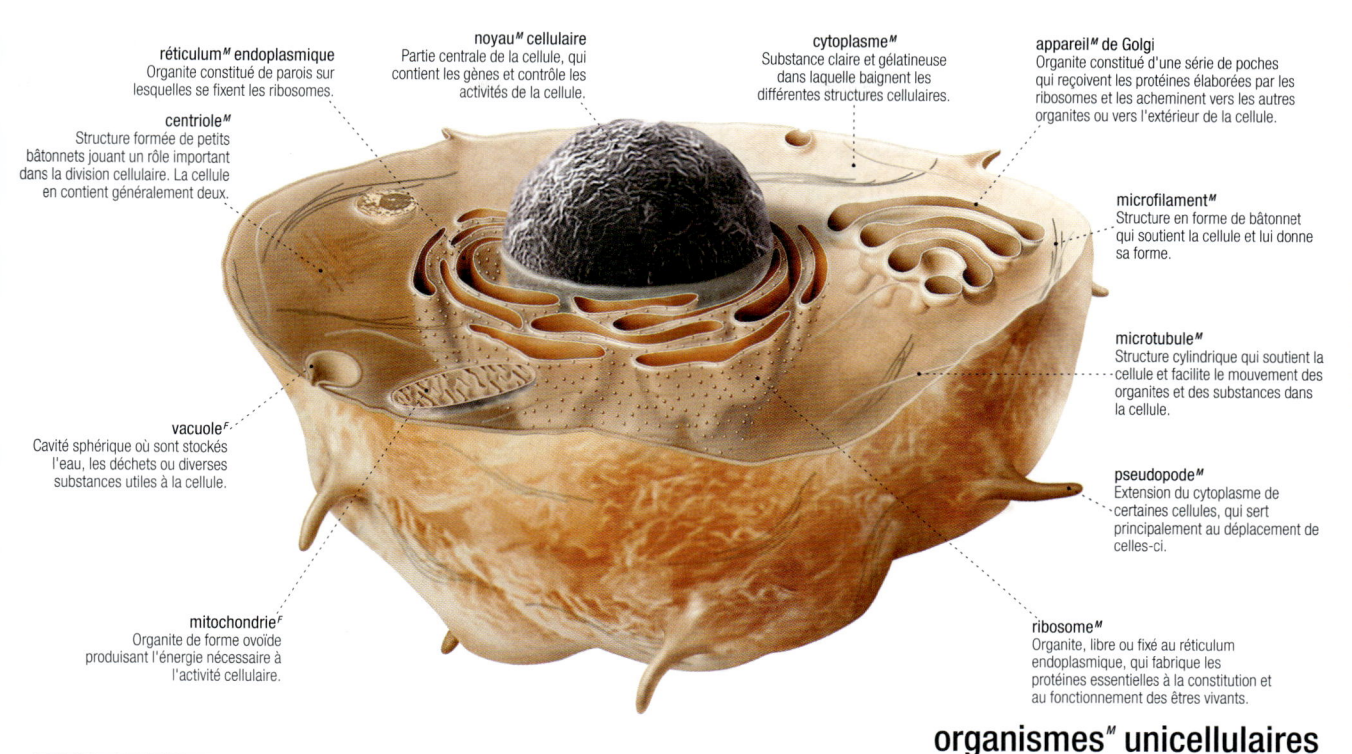

réticulum[M] endoplasmique
Organite constitué de parois sur lesquelles se fixent les ribosomes.

centriole[M]
Structure formée de petits bâtonnets jouant un rôle important dans la division cellulaire. La cellule en contient généralement deux.

noyau[M] cellulaire
Partie centrale de la cellule, qui contient les gènes et contrôle les activités de la cellule.

cytoplasme[M]
Substance claire et gélatineuse dans laquelle baignent les différentes structures cellulaires.

appareil[M] de Golgi
Organite constitué d'une série de poches qui reçoivent les protéines élaborées par les ribosomes et les acheminent vers les autres organites ou vers l'extérieur de la cellule.

microfilament[M]
Structure en forme de bâtonnet qui soutient la cellule et lui donne sa forme.

microtubule[M]
Structure cylindrique qui soutient la cellule et facilite le mouvement des organites et des substances dans la cellule.

vacuole[F]
Cavité sphérique où sont stockés l'eau, les déchets ou diverses substances utiles à la cellule.

pseudopode[M]
Extension du cytoplasme de certaines cellules, qui sert principalement au déplacement de celles-ci.

mitochondrie[F]
Organite de forme ovoïde produisant l'énergie nécessaire à l'activité cellulaire.

ribosome[M]
Organite, libre ou fixé au réticulum endoplasmique, qui fabrique les protéines essentielles à la constitution et au fonctionnement des êtres vivants.

RÈGNE ANIMAL

organismes[M] unicellulaires

Êtres vivants constitués d'une seule cellule.

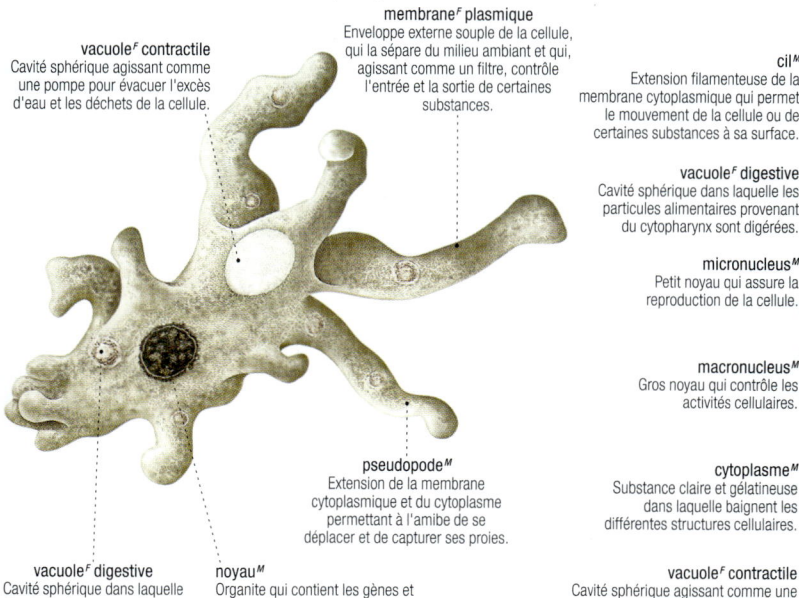

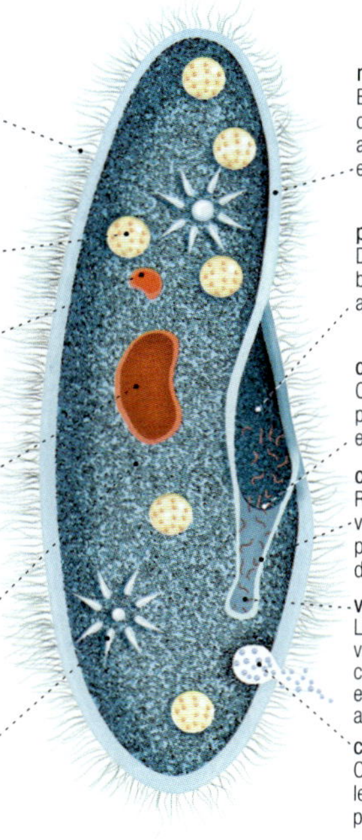

amibe[F]
Organisme unicellulaire à forme variable vivant dans les eaux douces ou salées, les sols humides, ou parfois comme parasite d'animaux. L'amibe se déplace et se nourrit à l'aide de pseudopodes.

vacuole[F] contractile
Cavité sphérique agissant comme une pompe pour évacuer l'excès d'eau et les déchets de la cellule.

membrane[F] plasmique
Enveloppe externe souple de la cellule, qui la sépare du milieu ambiant et qui, agissant comme un filtre, contrôle l'entrée et la sortie de certaines substances.

vacuole[F] digestive
Cavité sphérique dans laquelle l'amibe enferme sa proie pour pouvoir la digérer.

pseudopode[M]
Extension de la membrane cytoplasmique et du cytoplasme permettant à l'amibe de se déplacer et de capturer ses proies.

noyau[M]
Organite qui contient les gènes et qui contrôle les activités cellulaires.

paramécie[F]
Organisme unicellulaire de forme ovoïde vivant généralement en eau douce, couvert de cils lui permettant de se déplacer et de se nourrir, essentiellement de bactéries.

cil[M]
Extension filamenteuse de la membrane cytoplasmique qui permet le mouvement de la cellule ou de certaines substances à sa surface.

vacuole[F] digestive
Cavité sphérique dans laquelle les particules alimentaires provenant du cytopharynx sont digérées.

micronucleus[M]
Petit noyau qui assure la reproduction de la cellule.

macronucleus[M]
Gros noyau qui contrôle les activités cellulaires.

cytoplasme[M]
Substance claire et gélatineuse dans laquelle baignent les différentes structures cellulaires.

vacuole[F] contractile
Cavité sphérique agissant comme une pompe pour évacuer l'excès d'eau et les déchets de la cellule.

membrane[F] plasmique
Enveloppe externe souple de la cellule, qui la sépare du milieu ambiant et qui, agissant comme un filtre, contrôle l'entrée et la sortie de certaines substances.

péristome[M]
Dépression pourvue de cils dont les battements dirigent les particules alimentaires vers le cytostome.

cytostome[M]
Orifice correspondant à la bouche, permettant l'ingestion des aliments et le rejet d'éléments indésirables.

cytopharynx[M]
Repli de la membrane plasmique vers lequel sont dirigées les particules alimentaires provenant du cytostome.

vacuole[F] digestive en formation[F]
La paramécie produit continuellement des vacuoles digestives à partir de la membrane cytoplasmique. Chaque vacuole digestive emprisonne des particules alimentaires accumulées au fond du cytopharynx.

cytoprocte[M]
Orifice correspondant à l'anus dans lequel s'ouvre la vacuole digestive, permettant d'éliminer les déchets.

animaux primitifs

éponge^F

Organisme pluricellulaire poreux, surtout marin (environ 5 000 espèces actuelles), vivant fixé sur un support et filtrant l'eau pour retenir les particules alimentaires.

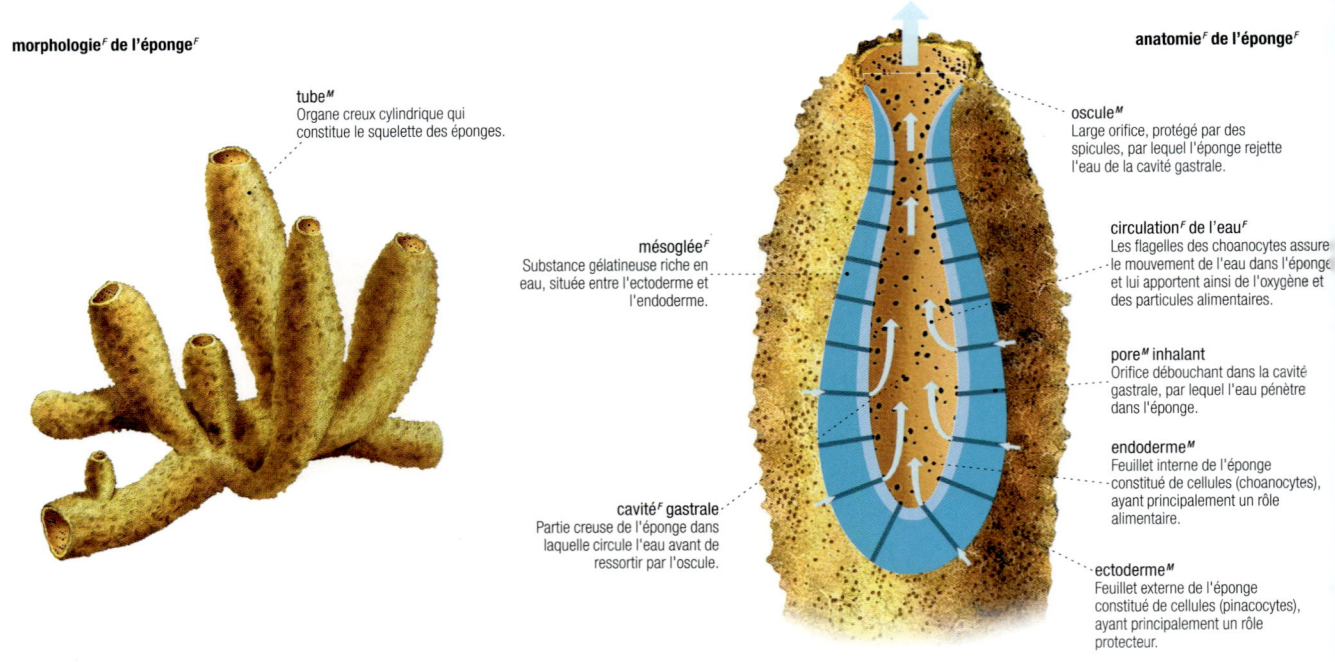

morphologie^F de l'éponge^F

tube^M
Organe creux cylindrique qui constitue le squelette des éponges.

anatomie^F de l'éponge^F

oscule^M
Large orifice, protégé par des spicules, par lequel l'éponge rejette l'eau de la cavité gastrale.

mésoglée^F
Substance gélatineuse riche en eau, située entre l'ectoderme et l'endoderme.

circulation^F de l'eau^F
Les flagelles des choanocytes assurent le mouvement de l'eau dans l'éponge et lui apportent ainsi de l'oxygène et des particules alimentaires.

pore^M inhalant
Orifice débouchant dans la cavité gastrale, par lequel l'eau pénètre dans l'éponge.

endoderme^M
Feuillet interne de l'éponge constitué de cellules (choanocytes), ayant principalement un rôle alimentaire.

cavité^F gastrale
Partie creuse de l'éponge dans laquelle circule l'eau avant de ressortir par l'oscule.

ectoderme^M
Feuillet externe de l'éponge constitué de cellules (pinacocytes), ayant principalement un rôle protecteur.

méduse^F

Invertébré marin muni d'une ombrelle natatoire et de filaments parfois urticants ou mortels destinés à paralyser leurs proies. Certaines espèces atteignent 2 m de diamètre.

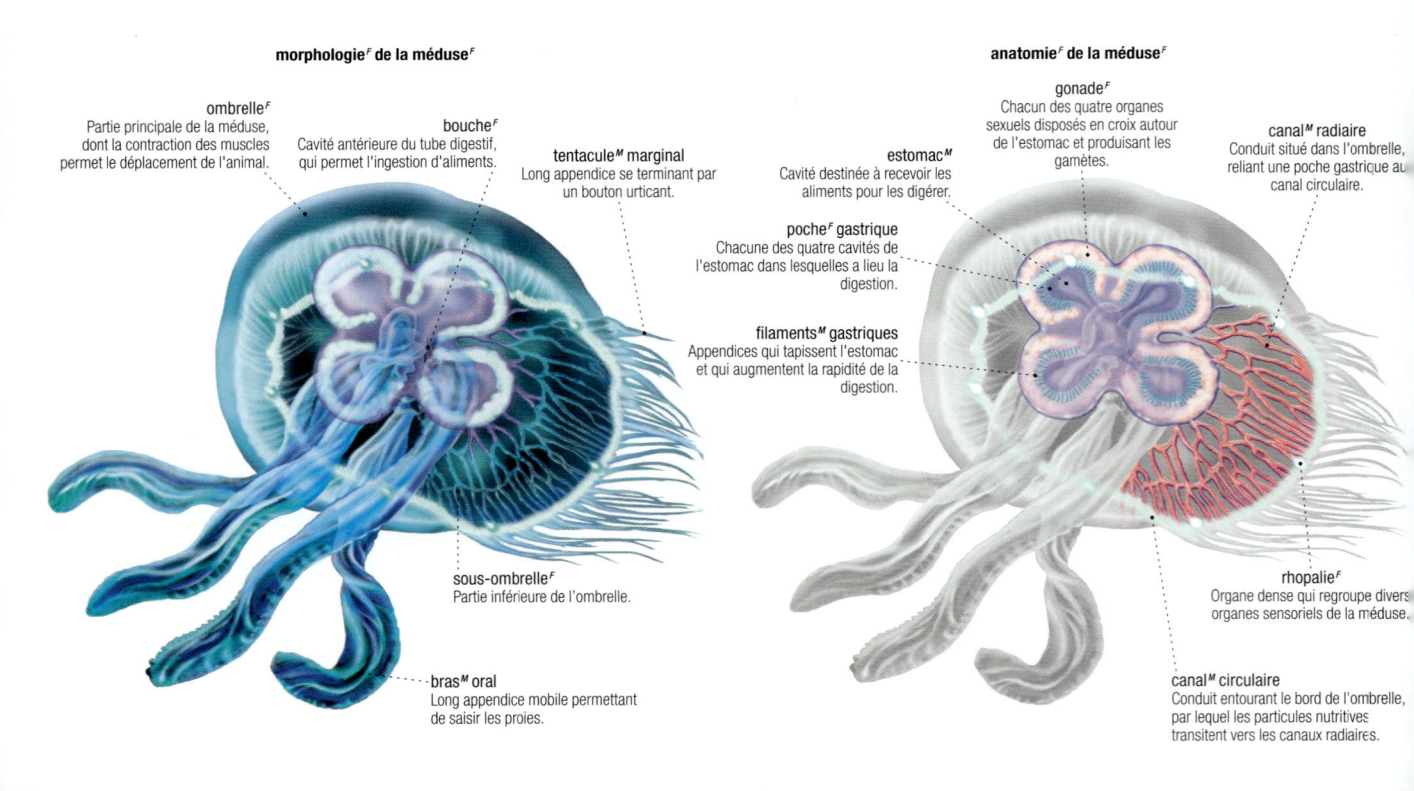

morphologie^F de la méduse^F

ombrelle^F
Partie principale de la méduse, dont la contraction des muscles permet le déplacement de l'animal.

bouche^F
Cavité antérieure du tube digestif, qui permet l'ingestion d'aliments.

tentacule^M marginal
Long appendice se terminant par un bouton urticant.

sous-ombrelle^F
Partie inférieure de l'ombrelle.

bras^M oral
Long appendice mobile permettant de saisir les proies.

anatomie^F de la méduse^F

gonade^F
Chacun des quatre organes sexuels disposés en croix autour de l'estomac et produisant les gamètes.

estomac^M
Cavité destinée à recevoir les aliments pour les digérer.

poche^F gastrique
Chacune des quatre cavités de l'estomac dans lesquelles a lieu la digestion.

filaments^M gastriques
Appendices qui tapissent l'estomac et qui augmentent la rapidité de la digestion.

canal^M radiaire
Conduit situé dans l'ombrelle, reliant une poche gastrique au canal circulaire.

rhopalie^F
Organe dense qui regroupe divers organes sensoriels de la méduse.

canal^M circulaire
Conduit entourant le bord de l'ombrelle, par lequel les particules nutritives transitent vers les canaux radiaires.

animaux primitifs

étoile^F de mer^F

Échinoderme carnivore des fonds marins rampant lentement le long des surfaces à l'aide des cinq bras dont elle est généralement pourvue.

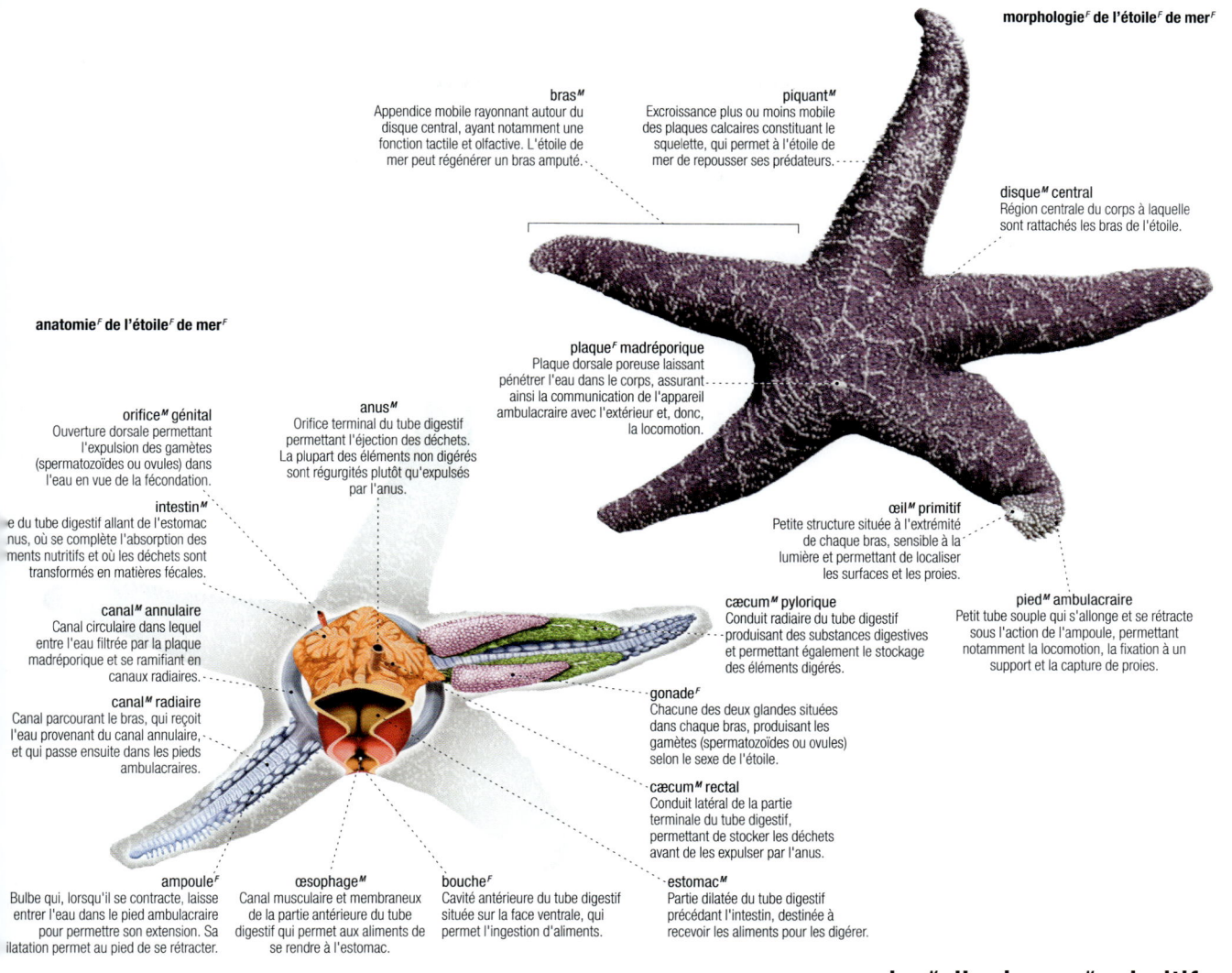

morphologie^F de l'étoile^F de mer^F

bras^M
Appendice mobile rayonnant autour du disque central, ayant notamment une fonction tactile et olfactive. L'étoile de mer peut régénérer un bras amputé.

piquant^M
Excroissance plus ou moins mobile des plaques calcaires constituant le squelette, qui permet à l'étoile de mer de repousser ses prédateurs.

disque^M **central**
Région centrale du corps à laquelle sont rattachés les bras de l'étoile.

RÈGNE ANIMAL

anatomie^F de l'étoile^F de mer^F

plaque^F **madréporique**
Plaque dorsale poreuse laissant pénétrer l'eau dans le corps, assurant ainsi la communication de l'appareil ambulacraire avec l'extérieur et, donc, la locomotion.

orifice^M **génital**
Ouverture dorsale permettant l'expulsion des gamètes (spermatozoïdes ou ovules) dans l'eau en vue de la fécondation.

anus^M
Orifice terminal du tube digestif permettant l'éjection des déchets. La plupart des éléments non digérés sont régurgités plutôt qu'expulsés par l'anus.

intestin^M
Partie du tube digestif allant de l'estomac à l'anus, où se complète l'absorption des éléments nutritifs et où les déchets sont transformés en matières fécales.

œil^M **primitif**
Petite structure située à l'extrémité de chaque bras, sensible à la lumière et permettant de localiser les surfaces et les proies.

canal^M **annulaire**
Canal circulaire dans lequel entre l'eau filtrée par la plaque madréporique et se ramifiant en canaux radiaires.

cæcum^M **pylorique**
Conduit radiaire du tube digestif produisant des substances digestives et permettant également le stockage des éléments digérés.

pied^M **ambulacraire**
Petit tube souple qui s'allonge et se rétracte sous l'action de l'ampoule, permettant notamment la locomotion, la fixation à un support et la capture de proies.

canal^M **radiaire**
Canal parcourant le bras, qui reçoit l'eau provenant du canal annulaire, et qui passe ensuite dans les pieds ambulacraires.

gonade^F
Chacune des deux glandes situées dans chaque bras, produisant les gamètes (spermatozoïdes ou ovules) selon le sexe de l'étoile.

cæcum^M **rectal**
Conduit latéral de la partie terminale du tube digestif, permettant de stocker les déchets avant de les expulser par l'anus.

ampoule^F
Bulbe qui, lorsqu'il se contracte, laisse entrer l'eau dans le pied ambulacraire pour permettre son extension. Sa dilatation permet au pied de se rétracter.

œsophage^M
Canal musculaire et membraneux de la partie antérieure du tube digestif qui permet aux aliments de se rendre à l'estomac.

bouche^F
Cavité antérieure du tube digestif située sur la face ventrale, qui permet l'ingestion d'aliments.

estomac^M
Partie dilatée du tube digestif précédant l'intestin, destinée à recevoir les aliments pour les digérer.

exemples^M d'animaux^M primitifs

Il existe plusieurs milliers d'espèces d'animaux primitifs, réparties partout sur la planète.

lombric^M
Ver au corps divisé en anneaux, qui creuse des galeries sous terre, où il mange les bactéries; il assure l'aération et la fertilité du sol.

mille-pattes^M
Invertébré terrestre constitué de nombreux anneaux portant chacun une ou deux paires de pattes.

anémone^F
Invertébré carnivore au corps gélatineux soutenu par un pied armé d'une ventouse lui permettant de s'ancrer aux rochers; ses nombreux tentacules capturent sa nourriture.

holothurie^F
Échinoderme marin au corps mou et à la peau rugueuse, pourvu de ventouses sur sa face ventrale; il éjecte des toxines lorsqu'il se sent menacé.

oursin^M
Échinoderme des fonds marins généralement recouvert de piquants mobiles et pourvu de dents lui permettant de brouter (racler) les algues dont il se nourrit.

mollusques

coquillage univalve

Mollusque terrestre ou aquatique, pourvu d'un pied et d'une tête se rétractant dans une coquille spiralée tournée d'une seule pièce.

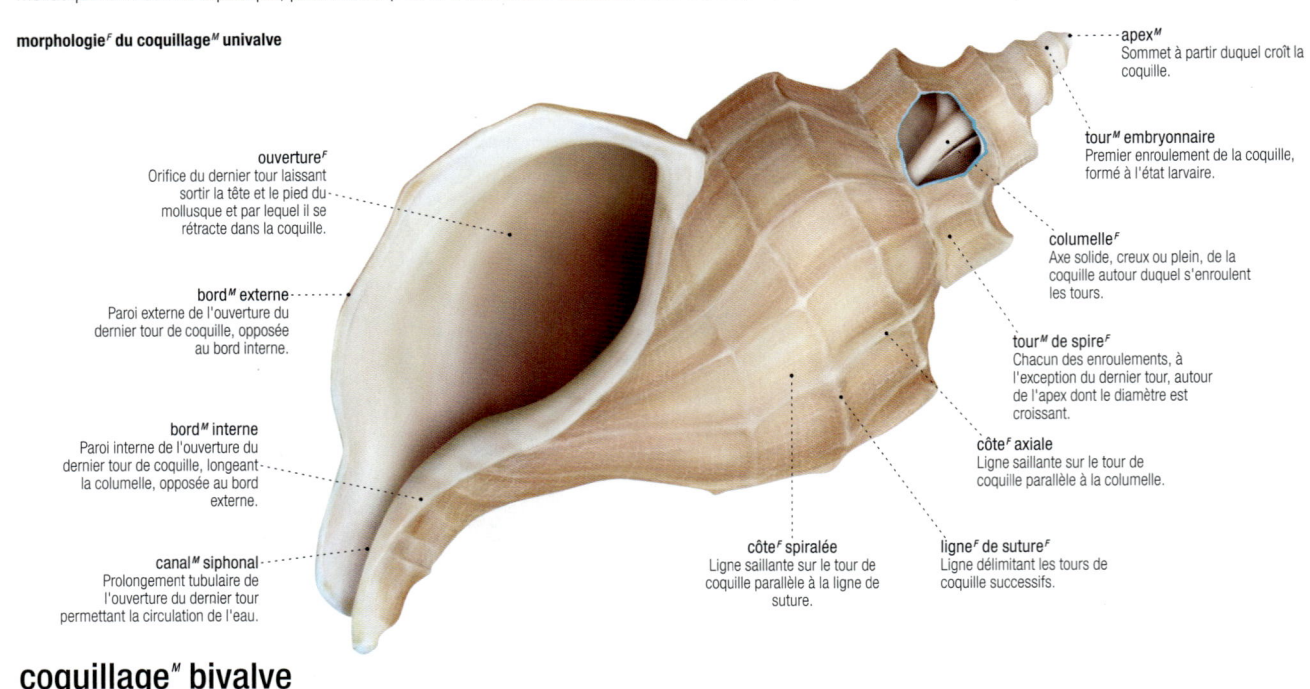

morphologie du coquillage univalve

apex
Sommet à partir duquel croît la coquille.

ouverture
Orifice du dernier tour laissant sortir la tête et le pied du mollusque et par lequel il se rétracte dans la coquille.

tour embryonnaire
Premier enroulement de la coquille, formé à l'état larvaire.

columelle
Axe solide, creux ou plein, de la coquille autour duquel s'enroulent les tours.

bord externe
Paroi externe de l'ouverture du dernier tour de coquille, opposée au bord interne.

tour de spire
Chacun des enroulements, à l'exception du dernier tour, autour de l'apex dont le diamètre est croissant.

bord interne
Paroi interne de l'ouverture du dernier tour de coquille, longeant la columelle, opposée au bord externe.

côte axiale
Ligne saillante sur le tour de coquille parallèle à la columelle.

canal siphonal
Prolongement tubulaire de l'ouverture du dernier tour permettant la circulation de l'eau.

côte spiralée
Ligne saillante sur le tour de coquille parallèle à la ligne de suture.

ligne de suture
Ligne délimitant les tours de coquille successifs.

RÈGNE ANIMAL

coquillage bivalve

Mollusque aquatique sans tête définie, pourvu d'un pied se rétractant dans une coquille formée de deux pièces articulées entre elles.

anatomie du coquillage bivalve

cœur
Organe musculaire assurant la circulation sanguine.

coquille
Enveloppe calcaire produite par le manteau et formée de trois couches, protégeant les principaux organes du mollusque.

ligament
Structure cornée située derrière les crochets, reliant les deux valves de la coquille et permettant leur écartement grâce à son élasticité.

rein
Organe sécrétant l'urine, permettant l'élimination des substances toxiques du corps.

crochet
Extrémité saillante de la valve à partir de laquelle croît la coquille.

muscle adducteur postérieur
Muscle puissant rattaché aux deux faces internes des valves qui, par contraction, les ferme ou les rapproche rapidement.

glande digestive
Organe produisant une sécrétion contribuant à la digestion.

anus
Orifice terminal du tube digestif permettant l'éjection des matières fécales.

estomac
Partie dilatée du tube digestif précédant l'intestin, destinée à recevoir les aliments pour les digérer.

ganglion viscéral
Petit renflement situé près du muscle adducteur postérieur; le système nerveux se compose de trois paires de ganglions (cérébropleuraux, viscéraux et pédaux).

muscle adducteur antérieur
Muscle rattaché aux faces internes des valves qui, par contraction, les ferme ou les rapproche rapidement; il est moins puissant que le muscle postérieur.

branchies
Organes respiratoires situés entre le pied et le manteau, formés de deux feuillets faits de filaments ciliés filtrant l'eau et retenant les particules alimentaires.

palpe
Pièce buccale permettant de saisir les particules alimentaires déposées sur les branchies pour les amener à la bouche.

manteau
Repli épais de tissu qui forme deux lobes latéraux, enveloppant la masse organique du mollusque et sécrétant sa coquille.

bouche
Cavité antérieure du tube digestif, entourée de quatre palpes labiaux, qui permet l'introduction de particules alimentaires.

intestin
Partie du tube digestif allant de l'estomac à l'anus, où se complète l'absorption des éléments nutritifs et où les déchets sont transformés en matières fécales.

gonade
Glande génitale produisant des spermatozoïdes ou des ovules selon le sexe du mollusque.

pied
Organe musculeux mobile, court et aplati, situé sur la face ventrale, permettant la locomotion ou la fixation à un support grâce à des filaments élastiques.

ganglion cérébropleural
Petit renflement situé près du muscle adducteur antérieur; le système nerveux se compose de trois paires de ganglions (cérébropleuraux, viscéraux et pédaux).

valve
Chacune des deux parties d'une coquille bivalve reliées par le ligament.

morphologie du coquillage bivalve

bord antérieur
Extrémité avant de la coquille laissant sortir le pied, opposée au bord postérieur.

ligne de croissance
Petite saillie irrégulière sur les valves de la coquille indiquant ses stades de développement.

lunule
Dépression dorsale des deux valves en avant des crochets et dont la surface est lisse, contrairement au reste de la coquille.

crochet
Extrémité saillante de la valve à partir de laquelle croît la coquille.

ligament
Structure cornée située derrière les crochets, reliant les deux valves de la coquille et permettant leur écartement grâce à son élasticité.

écusson
Dépression dorsale des deux valves en arrière des crochets, dans laquelle dépasse le ligament et dont la surface est lisse, contrairement au reste de la coquille.

bord postérieur
Extrémité arrière de la coquille par où entre et sort l'eau, opposée au bord antérieur.

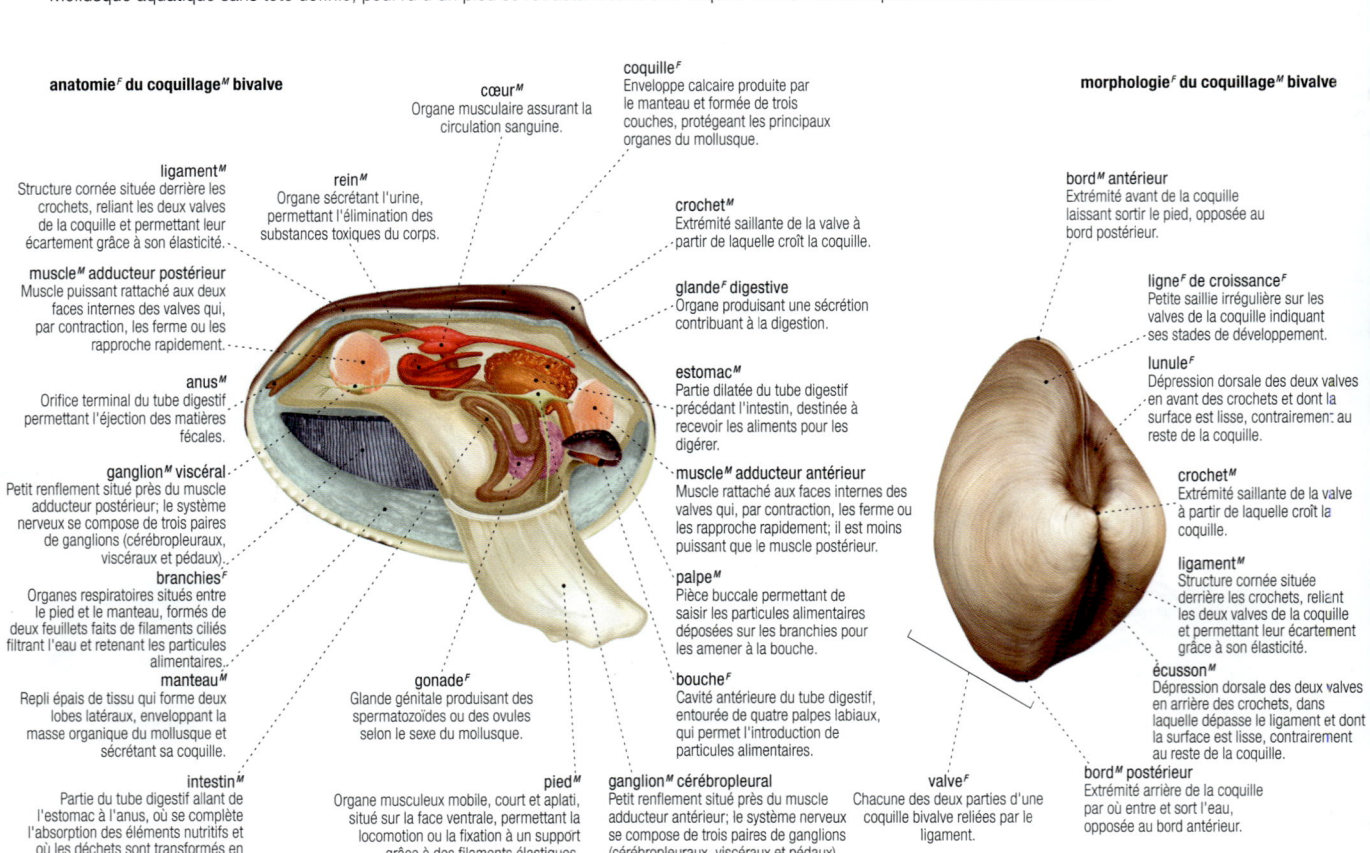

mollusques

escargot

Mollusque terrestre hermaphrodite herbivore pourvu d'une coquille spiralée. Certaines espèces d'escargots sont comestibles.

morphologie de l'escargot

tour de coquille : Chacun des enroulements autour de l'apex dont le diamètre est croissant et dont l'ensemble forme la coquille.

apex : Sommet à partir duquel croît la coquille.

coquille : Enveloppe calcaire spiralée formée de trois couches successives, protégeant les organes et dans laquelle l'escargot peut se rétracter.

ligne de croissance : Fine saillie irrégulière du tour de coquille correspondant à ses développements successifs.

œil : Organe de la vision situé à l'extrémité du tentacule oculaire; la vue de l'escargot est très faible.

tête : Partie antérieure du pied de l'escargot portant les principaux organes sensoriels.

tentacule tactile : Petit appendice musculaire rétractile de forme allongée, ayant un rôle tactile.

tentacule oculaire : Grand appendice musculaire rétractile de forme allongée, portant un œil à son extrémité.

pied : Organe musculeux formant la partie inférieure de l'escargot, large et allongé, comprenant la tête et qui permet à l'escargot de ramper.

bouche : Cavité antérieure du tube digestif, pourvue d'une mâchoire et d'une langue râpeuse (radula) pour brouter les plantes.

RÈGNE ANIMAL

anatomie de l'escargot

glande de l'albumine : Organe débouchant dans le canal hermaphrodite, sécrétant une substance visqueuse qui entoure l'ovule fécondé et contribue au développement de l'œuf.

ovotestis : Glande génitale, située à l'apex de la coquille, assurant la production de spermatozoïdes et d'ovules, l'escargot portant à la fois les organes mâle et femelle.

rein : Organe sécrétant l'urine, permettant l'élimination des substances toxiques du corps.

cœur : Organe musculaire assurant la circulation sanguine.

canal hermaphrodite : Conduit dans lequel débouchent l'ovotestis et la glande de l'albumine, se scindant en un spermiducte et un oviducte qui restent toutefois accolés.

glande digestive : Organe produisant une sécrétion contribuant à la digestion.

poumon : Poche formée par un réseau de vaisseaux sanguins à l'intérieur de la coquille, assurant la respiration et communiquant avec l'extérieur par un orifice.

poche copulatrice : Poche où s'accumule le sperme avant d'entrer dans la spermathèque.

intestin : Partie du tube digestif allant de l'estomac à l'anus, où se complète l'absorption des éléments nutritifs et où les déchets sont transformés en matières fécales.

spermathèque : Poche débouchant dans le vagin, où est stocké le sperme pour la fécondation des ovules.

jabot : Renflement volumineux situé après l'œsophage où séjournent les aliments avant d'être digérés dans l'estomac.

glande salivaire : Organe situé dans la cavité buccale, sécrétant la salive et facilitant notamment la digestion des aliments.

uretère : Long canal provenant du rein et conduisant l'urine à l'orifice excréteur.

œsophage : Canal de la partie antérieure du tube digestif qui achemine les aliments au jabot.

estomac : Partie dilatée du tube digestif précédant l'intestin, destinée à recevoir les aliments pour les digérer.

radula : Langue portant de nombreuses petites dents cornées permettant à l'escargot de saisir et de râper la nourriture avant de l'ingérer.

spermiducte : Voie génitale mâle acheminant le sperme vers le pénis.

bouche : Cavité antérieure du tube digestif, pourvue d'une mâchoire et d'une langue râpeuse (radula) pour brouter les plantes.

orifice excréteur : Ouverture terminale de l'uretère permettant l'évacuation de l'urine.

anus : Orifice terminal du tube digestif permettant l'éjection des matières fécales.

pénis : Organe mâle de la copulation, interne au repos, situé sur la face ventrale du pied latéralement au vagin.

glande pédieuse : Organe du pied, situé près de la bouche, sécrétant une substance adhésive qui permet à l'escargot de ramper.

flagelle : Filament mobile annexe du pénis permettant le déplacement des spermatozoïdes lors de la copulation.

vagin : Organe femelle de la copulation situé sur la face ventrale du pied latéralement au pénis.

poche du dard : Pièce calcaire située au fond du vagin et contenant le dard avec lequel les escargots se piquent l'un l'autre pour s'exciter avant la copulation.

orifice génital : Ouverture commune du pénis et du vagin, située sur le côté de la tête, permettant la copulation et l'entrée du sperme dans la poche copulatrice.

mollusques

pieuvre^F

Mollusque marin carnivore dont la tête porte huit bras puissants (tentacules) munis de ventouses; certaines espèces sont comestibles.

RÈGNE ANIMAL

morphologie^F de la pieuvre^F

entonnoir^M
Organe musculeux tubulaire et conique à l'ouverture de la cavité palléale, dans lequel la pieuvre projette de l'eau pour se déplacer rapidement et s'oxygéner.

œil^M
Organe de la vision développé, servant à percevoir l'intensité lumineuse, les mouvements, les formes et certains coloris.

tentacule^M
Appendice musculeux long et puissant, situé autour de la bouche, muni de deux rangées de ventouses, servant à la locomotion et à la préhension.

manteau^M
Repli épais de tissu enveloppant le corps de la pieuvre et sécrétant sa coquille, cachée à l'intérieur.

ventouse^F
Disque adhésif entouré d'un anneau souple, situé sur la face ventrale du tentacule, servant à la succion et à la fixation.

anatomie^F de la pieuvre^F

cerveau^M
Organe principal du système nerveux, situé dans la tête.

jabot^M
Renflement volumineux situé après l'œsophage où séjournent les aliments avant d'être digérés dans l'estomac.

glande^F à venin^M
Organe produisant une sécrétion acide qui compose le venin que la pieuvre peut injecter à sa proie par le bec.

muscles^M du manteau^M
Muscles qui, en se contractant, forcent l'eau hors de la cavité palléale par l'entonnoir, permettant à la pieuvre de se propulser dans l'eau.

bec^M
Formation cornée broyeuse constituant la mâchoire, qui permet à la pieuvre de saisir ses proies et de leur injecter son venin.

cavité^F palléale
Chambre formée par les replis du manteau contenant les principaux organes, notamment les branchies, et communiquant avec l'extérieur.

glande^F digestive
Organe produisant une sécrétion contribuant à la digestion.

coquille^F
Petite structure calcaire interne produite par le manteau; certaines espèces en sont dépourvues.

poche^F à encre^F
Réservoir contenant une glande produisant l'encre qu'en cas de menace la pieuvre projette dans l'eau par l'entonnoir pour cacher sa fuite.

estomac^M
Partie dilatée du tube digestif précédant l'intestin, destinée à recevoir les aliments pour les digérer.

anus^M
Orifice terminal du tube digestif permettant l'éjection des matières fécales.

cæcum^M
Canal latéral de la portion antérieure de l'intestin où s'opèrent notamment une partie de la digestion ainsi que des fermentations.

cœur^M
Organe musculaire assurant la circulation sanguine.

branchie^F
Organe respiratoire situé dans la cavité palléale et tapissé de cellules ciliées; des muscles assurent la circulation de l'eau dans la branchie.

rein^M
Organe sécrétant l'urine, permettant l'élimination des substances toxiques du corps.

gonade^F
Glande génitale produisant des spermatozoïdes ou des ovules selon le sexe du mollusque.

crustacés 139

homard[M]

Grand crustacé marin pourvu d'une carapace et de cinq grandes paires de pattes, dont la première porte des pinces puissantes.

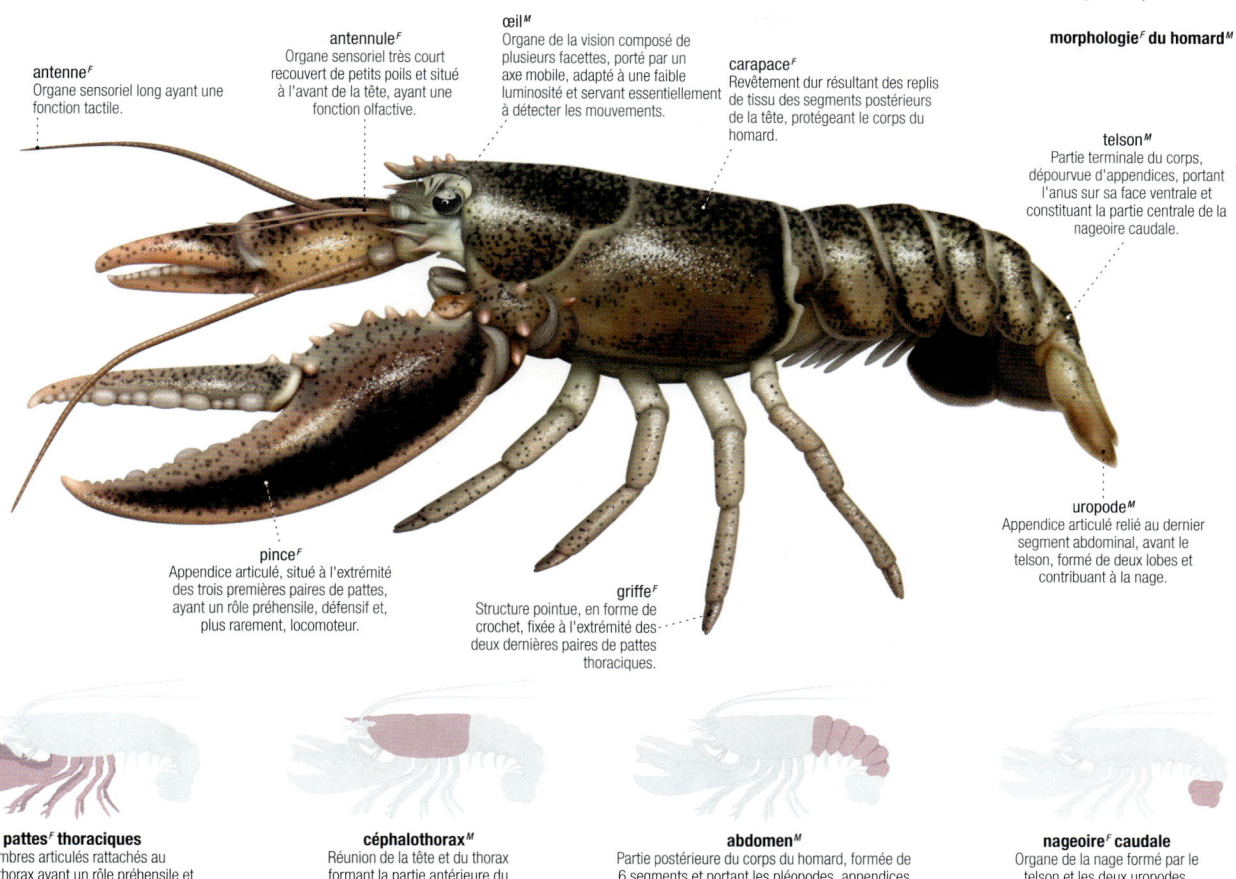

morphologie[F] du homard[M]

antenne[F]
Organe sensoriel long ayant une fonction tactile.

antennule[F]
Organe sensoriel très court recouvert de petits poils et situé à l'avant de la tête, ayant une fonction olfactive.

œil[M]
Organe de la vision composé de plusieurs facettes, porté par un axe mobile, adapté à une faible luminosité et servant essentiellement à détecter les mouvements.

carapace[F]
Revêtement dur résultant des replis de tissu des segments postérieurs de la tête, protégeant le corps du homard.

telson[M]
Partie terminale du corps, dépourvue d'appendices, portant l'anus sur sa face ventrale et constituant la partie centrale de la nageoire caudale.

uropode[M]
Appendice articulé relié au dernier segment abdominal, avant le telson, formé de deux lobes et contribuant à la nage.

pince[F]
Appendice articulé, situé à l'extrémité des trois premières paires de pattes, ayant un rôle préhensile, défensif et, plus rarement, locomoteur.

griffe[F]
Structure pointue, en forme de crochet, fixée à l'extrémité des deux dernières paires de pattes thoraciques.

RÈGNE ANIMAL

pattes[F] thoraciques
Membres articulés rattachés au céphalothorax ayant un rôle préhensile et locomoteur; les trois premières paires portent une pince, les deux dernières une griffe.

céphalothorax[M]
Réunion de la tête et du thorax formant la partie antérieure du corps du homard.

abdomen[M]
Partie postérieure du corps du homard, formée de 6 segments et portant les pléopodes, appendices articulés servant à la nage, à la circulation de l'eau sur les branchies et à la rétention des œufs.

nageoire[F] caudale
Organe de la nage formé par le telson et les deux uropodes.

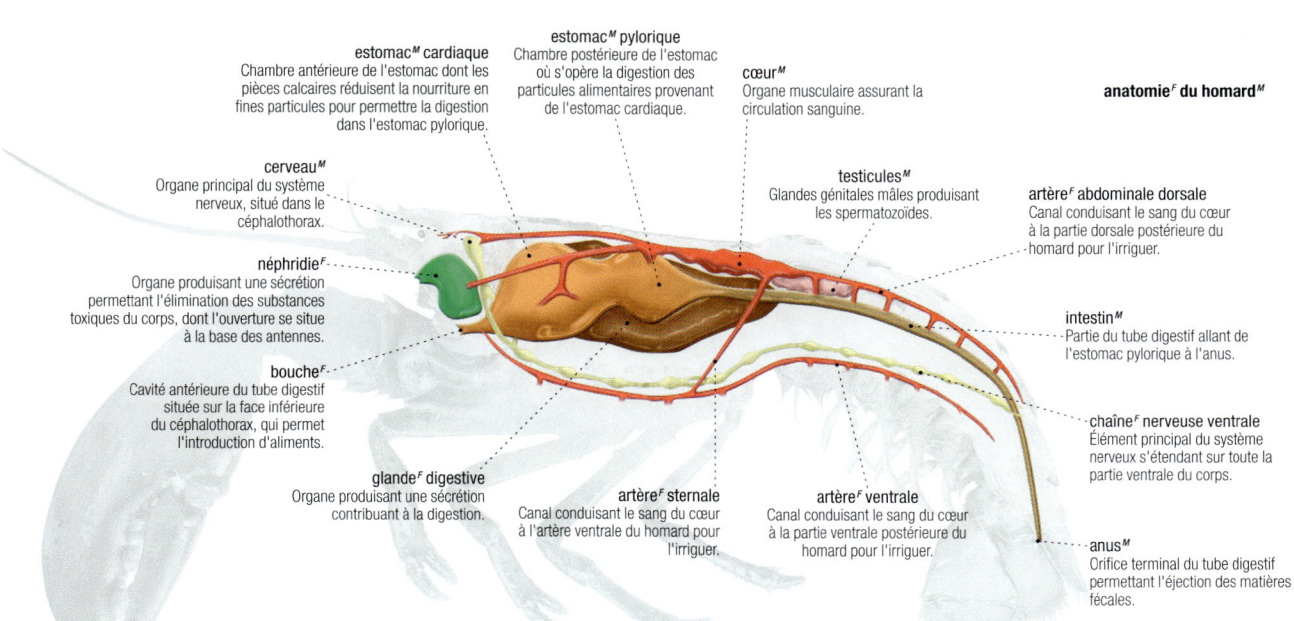

anatomie[F] du homard[M]

estomac[M] cardiaque
Chambre antérieure de l'estomac dont les pièces calcaires réduisent la nourriture en fines particules pour permettre la digestion dans l'estomac pylorique.

estomac[M] pylorique
Chambre postérieure de l'estomac où s'opère la digestion des particules alimentaires provenant de l'estomac cardiaque.

cœur[M]
Organe musculaire assurant la circulation sanguine.

cerveau[M]
Organe principal du système nerveux, situé dans le céphalothorax.

testicules[M]
Glandes génitales mâles produisant les spermatozoïdes.

artère[F] abdominale dorsale
Canal conduisant le sang du cœur à la partie dorsale postérieure du homard pour l'irriguer.

néphridie[F]
Organe produisant une sécrétion permettant l'élimination des substances toxiques du corps, dont l'ouverture se situe à la base des antennes.

intestin[M]
Partie du tube digestif allant de l'estomac pylorique à l'anus.

bouche[F]
Cavité antérieure du tube digestif située sur la face inférieure du céphalothorax, qui permet l'introduction d'aliments.

chaîne[F] nerveuse ventrale
Élément principal du système nerveux s'étendant sur toute la partie ventrale du corps.

glande[F] digestive
Organe produisant une sécrétion contribuant à la digestion.

artère[F] sternale
Canal conduisant le sang du cœur à l'artère ventrale du homard pour l'irriguer.

artère[F] ventrale
Canal conduisant le sang du cœur à la partie ventrale postérieure du homard pour l'irriguer.

anus[M]
Orifice terminal du tube digestif permettant l'éjection des matières fécales.

140 insectes et arachnides

papillon[M]

Insecte adulte pourvu de deux paires d'ailes et de trois paires de pattes, à la suite des trois premiers stades de métamorphose que sont l'œuf, la chenille et la chrysalide.

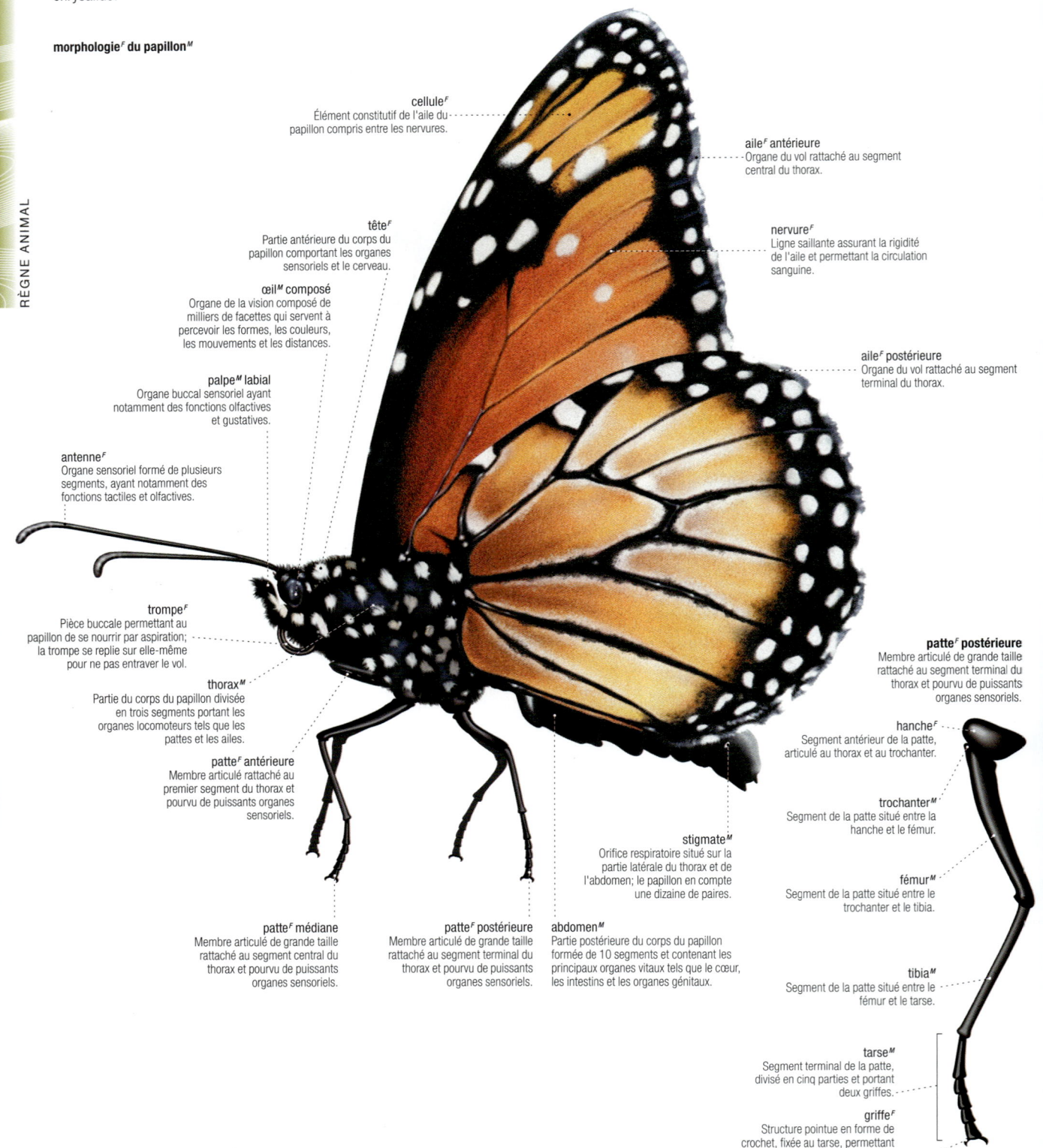

RÈGNE ANIMAL

morphologie[F] du papillon[M]

cellule[F]
Élément constitutif de l'aile du papillon compris entre les nervures.

aile[F] antérieure
Organe du vol rattaché au segment central du thorax.

tête[F]
Partie antérieure du corps du papillon comportant les organes sensoriels et le cerveau.

nervure[F]
Ligne saillante assurant la rigidité de l'aile et permettant la circulation sanguine.

œil[M] composé
Organe de la vision composé de milliers de facettes qui servent à percevoir les formes, les couleurs, les mouvements et les distances.

aile[F] postérieure
Organe du vol rattaché au segment terminal du thorax.

palpe[M] labial
Organe buccal sensoriel ayant notamment des fonctions olfactives et gustatives.

antenne[F]
Organe sensoriel formé de plusieurs segments, ayant notamment des fonctions tactiles et olfactives.

trompe[F]
Pièce buccale permettant au papillon de se nourrir par aspiration; la trompe se replie sur elle-même pour ne pas entraver le vol.

patte[F] postérieure
Membre articulé de grande taille rattaché au segment terminal du thorax et pourvu de puissants organes sensoriels.

thorax[M]
Partie du corps du papillon divisée en trois segments portant les organes locomoteurs tels que les pattes et les ailes.

hanche[F]
Segment antérieur de la patte, articulé au thorax et au trochanter.

trochanter[M]
Segment de la patte située entre la hanche et le fémur.

patte[F] antérieure
Membre articulé rattaché au premier segment du thorax et pourvu de puissants organes sensoriels.

fémur[M]
Segment de la patte située entre le trochanter et le tibia.

stigmate[M]
Orifice respiratoire situé sur la partie latérale du thorax et de l'abdomen; le papillon en compte une dizaine de paires.

patte[F] médiane
Membre articulé de grande taille rattaché au segment central du thorax et pourvu de puissants organes sensoriels.

patte[F] postérieure
Membre articulé de grande taille rattaché au segment terminal du thorax et pourvu de puissants organes sensoriels.

abdomen[M]
Partie postérieure du corps du papillon formée de 10 segments et contenant les principaux organes vitaux tels que le cœur, les intestins et les organes génitaux.

tibia[M]
Segment de la patte située entre le fémur et le tarse.

tarse[M]
Segment terminal de la patte, divisé en cinq parties et portant deux griffes.

griffe[F]
Structure pointue en forme de crochet, fixée au tarse, permettant au papillon de s'accrocher et de se nourrir.

insectes et arachnides

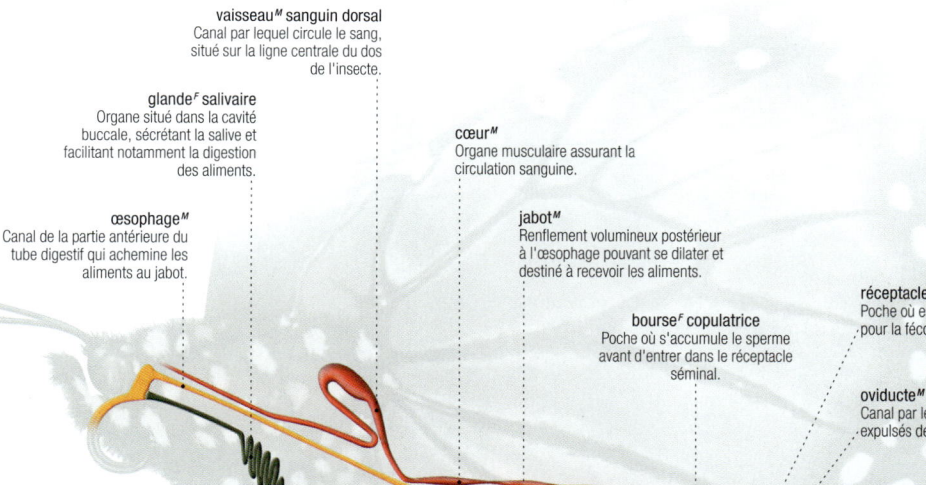

papillon

anatomie du papillon femelle

vaisseau sanguin dorsal
Canal par lequel circule le sang, situé sur la ligne centrale du dos de l'insecte.

glande salivaire
Organe situé dans la cavité buccale, sécrétant la salive et facilitant notamment la digestion des aliments.

cœur
Organe musculaire assurant la circulation sanguine.

œsophage
Canal de la partie antérieure du tube digestif qui achemine les aliments au jabot.

jabot
Renflement volumineux postérieur à l'œsophage pouvant se dilater et destiné à recevoir les aliments.

bourse copulatrice
Poche où s'accumule le sperme avant d'entrer dans le réceptacle séminal.

réceptacle séminal
Poche où est stocké le sperme pour la fécondation des ovules.

oviducte
Canal par lequel les ovules sont expulsés des ovaires.

côlon
Partie de l'intestin antérieure au rectum.

tubes de Malpighi
Tubes fins annexes de l'intestin et participant au processus de l'excrétion.

rectum
Partie terminale de l'intestin située entre le côlon et l'anus.

ovaire
Glande génitale femelle produisant les ovules.

intestin
Partie du tube digestif allant du jabot à l'anus.

orifice de la bourse copulatrice
Ouverture permettant la copulation par le papillon mâle et l'entrée du sperme dans la bourse copulatrice.

anus
Orifice terminal du tube digestif permettant l'éjection des matières fécales.

RÈGNE ANIMAL

chenille
Larve de papillon au corps allongé munie d'une dizaine de pattes; état intermédiaire entre l'œuf et la chrysalide.

chrysalide
État intermédiaire entre la chenille et le papillon au cours duquel se développent les membres et organes internes.

œil simple
Organe de la vision composé d'une seule facette qui capte les variations de luminosité et permet l'orientation.

tête
Partie antérieure du corps de la chenille comportant les principaux organes sensoriels.

thorax
Partie du corps de la chenille divisée en trois segments et sur laquelle sont attachées les pattes ambulatoires.

stigmate
Orifice respiratoire situé sur la partie latérale du thorax et de l'abdomen.

abdomen
Partie postérieure du corps de la chrysalide.

crémaster
Élément de fixation pourvu d'un ou plusieurs crochets, situé à l'extrémité postérieure du corps de la chrysalide.

segment abdominal
Anneau composant l'abdomen de la chenille.

métathorax
Embryon de ce qui deviendra le segment terminal du thorax sur lequel sont attachées les pattes et les ailes postérieures.

aile
Embryon de ce qui deviendra l'organe du vol rattaché au thorax.

antenne
Embryon de ce qui deviendra l'organe sensoriel formé de plusieurs segments, ayant notamment des fonctions tactiles et olfactives.

prothorax
Embryon de ce qui deviendra le premier segment du thorax sur lequel sont attachées les pattes antérieures, mais non les ailes.

mandibule
Pièce buccale permettant à l'insecte de saisir et de broyer sa nourriture.

patte ambulatoire
Membre articulé ayant une fonction locomotrice, que l'insecte conserve à l'état adulte; la chenille en possède trois paires.

patte ventouse
Disque adhésif situé sous l'abdomen qui disparaît à l'état adulte; la chenille en possède généralement cinq paires, dont une anale.

patte anale
Dernière des cinq paires de pattes ventouses, située à l'extrémité du corps de la chenille.

mésothorax
Embryon de ce qui deviendra le segment central du thorax sur lequel sont attachées les pattes médianes et les ailes antérieures.

insectes et arachnides

abeille^F

Insecte vivant en société dont l'organisation est très complexe ; elle produit instinctivement du miel comme réserve alimentaire.

morphologie^F de l'abeille^F : ouvrière^F

aile^F
Organe du vol rattaché au thorax. Chez l'abeille, les ailes postérieures et antérieures d'un même côté sont accrochées et battent ensemble.

thorax^M
Partie du corps de l'abeille divisée en trois segments portant les organes locomoteurs tels que les pattes et les ailes.

œil^M composé
Organe de la vision composé de milliers de facettes qui servent à percevoir les formes, les couleurs, les mouvements et les distances.

antenne^F
Organe sensoriel formé de plusieurs segments, ayant notamment des fonctions tactiles et olfactives.

RÈGNE ANIMAL

aiguillon^M
Organe effilé et rétractile, situé à l'extrémité de l'abdomen, par où s'écoule le venin provenant de la poche à venin.

abdomen^M
Partie postérieure segmentée du corps de l'abeille contenant les principaux organes vitaux.

patte^F postérieure
Membre articulé très spécialisé rattaché au segment terminal du thorax, ayant une fonction locomotrice et servant à la récolte et au transport du pollen.

corbeille^F à pollen^M
Creux bordé de longs poils incurvés, situé sur la face externe du tibia et permettant de transporter les pelotes de pollen.

patte^F médiane
Membre articulé peu spécialisé rattaché au segment central du thorax, ayant une fonction locomotrice et servant à nettoyer le thorax et les ailes.

patte^F antérieure
Membre articulé rattaché au premier segment du thorax, ayant une fonction locomotrice et servant à nettoyer les yeux et les antennes.

pièces^F buccales
Appendices servant à la préhension et à l'ingestion de nourriture. Ils sont adaptés à la récolte du nectar.

patte^F postérieure (face^F interne)
Membre articulé très spécialisé rattaché au segment terminal du thorax, ayant une fonction locomotrice et servant à la récolte et au transport du pollen.

peigne^M à pollen^M
Rangée de poils raides située à l'articulation du tibia de l'ouvrière qui sert à tasser le pollen dans la corbeille à pollen.

pince^F tibio-tarsienne
Articulation formée par le rapprochement du tibia et du tarse destinée à comprimer le pollen avant de l'acheminer dans la corbeille à pollen.

poussoir^M à pollen^M
Rangée de poils située à l'extrémité supérieure du métatarse de l'ouvrière destinée à amener le pollen dans la pince tibio-tarsienne en vue de le comprimer.

brosse^F à pollen^M
Rangées de poils situées sur le métatarse de l'ouvrière qui sont destinées à recueillir le pollen.

patte^F médiane (face^F externe)
Membre articulé peu spécialisé rattaché au segment central du thorax, ayant une fonction locomotrice et servant à nettoyer le thorax et les ailes.

éperon^M
Appendice mobile situé sur le tibia qui sert à décrocher le pollen des pattes.

brosse^F à pollen^M
Rangées de poils situées sur le métatarse de l'ouvrière qui sont destinées à recueillir le pollen.

griffe^F
Structure pointue en forme de crochet, fixée au tarse, permettant à l'abeille de s'accrocher.

tarse^M
Segment terminal de la patte divisé en cinq parties et portant deux griffes.

patte^F antérieure (face^F externe)
Membre articulé rattaché au premier segment du thorax, ayant une fonction locomotrice et servant à nettoyer les yeux et les antennes.

trochanter^M
Segment de la patte situé entre la hanche et le fémur.

hanche^F
Segment antérieur de la patte, articulé au thorax et au trochanter.

fémur^M
Segment de la patte situé entre le trochanter et le tibia.

tibia^M
Segment de la patte situé entre le fémur et le métatarse.

vélum^M
Appendice mobile situé à la base du tibia qui sert au nettoyage des antennes.

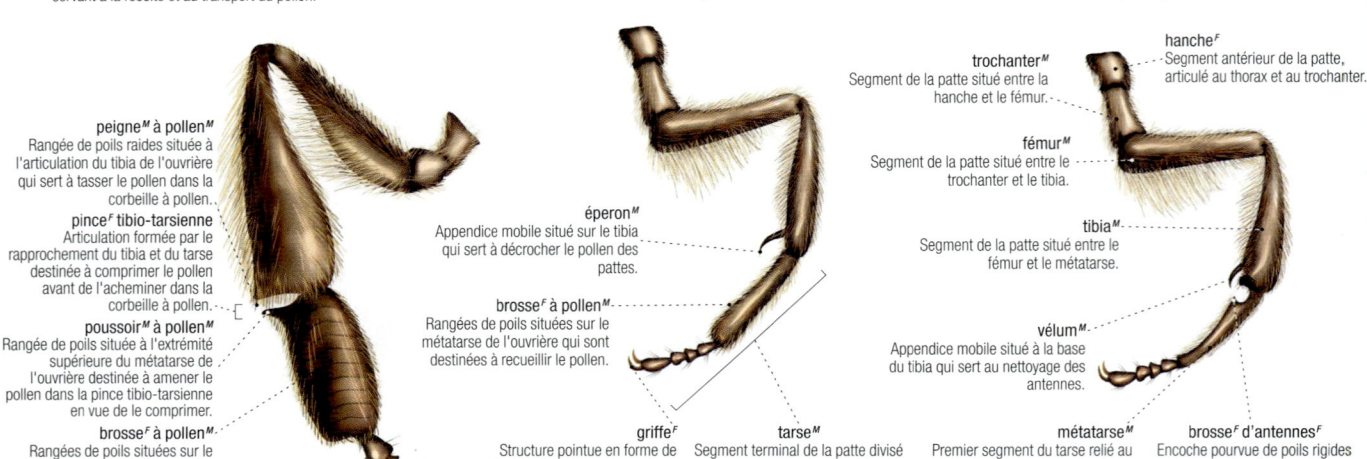

métatarse^M
Premier segment du tarse relié au tibia, beaucoup plus volumineux que les autres segments.

brosse^F d'antennes^F
Encoche pourvue de poils rigides qui, avec le vélum, sert au nettoyage des antennes.

insectes et arachnides

143

abeille(F)

anatomie(F) de l'abeille(F)

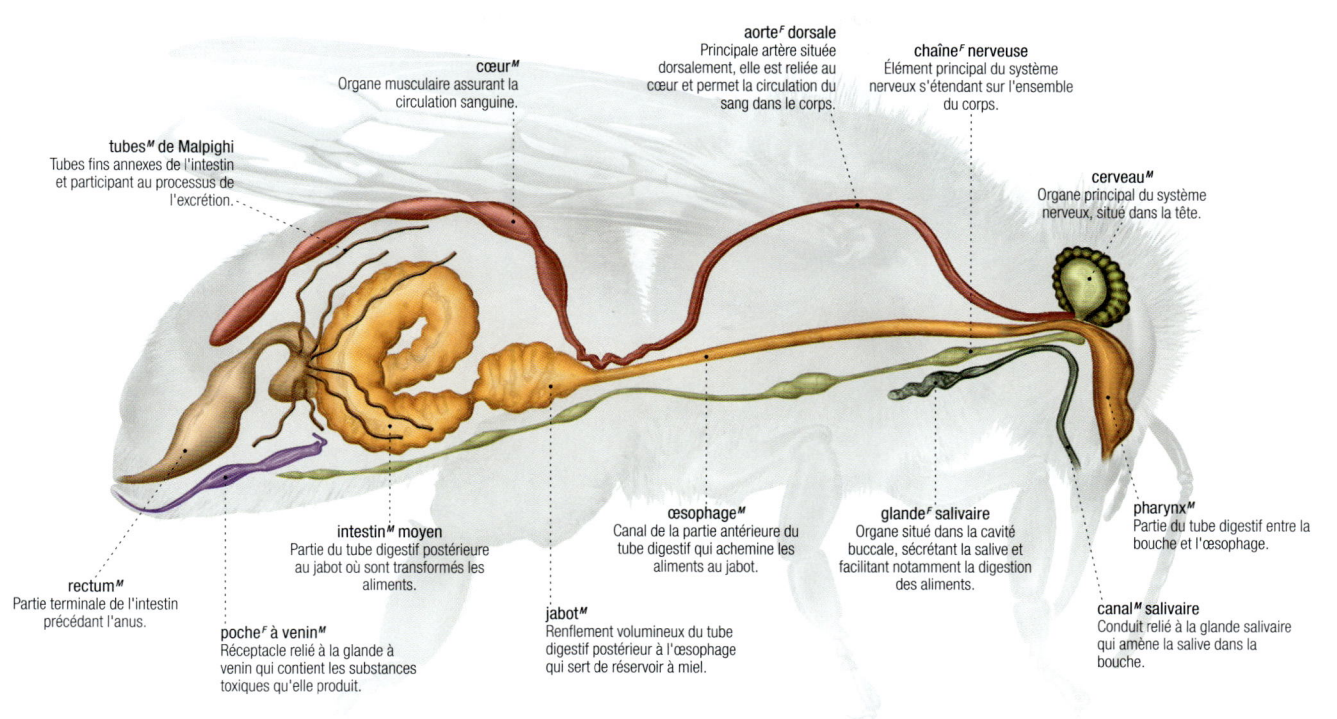

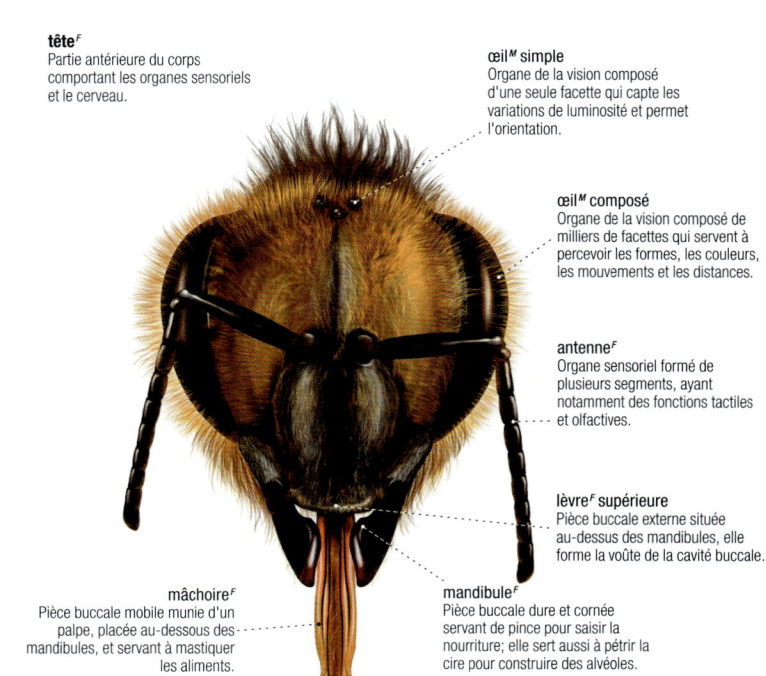

cœur(M)
Organe musculaire assurant la circulation sanguine.

aorte(F) dorsale
Principale artère située dorsalement, elle est reliée au cœur et permet la circulation du sang dans le corps.

chaîne(F) nerveuse
Élément principal du système nerveux s'étendant sur l'ensemble du corps.

tubes(M) de Malpighi
Tubes fins annexes de l'intestin et participant au processus de l'excrétion.

cerveau(M)
Organe principal du système nerveux, situé dans la tête.

rectum(M)
Partie terminale de l'intestin précédant l'anus.

intestin(M) moyen
Partie du tube digestif postérieure au jabot où sont transformés les aliments.

œsophage(M)
Canal de la partie antérieure du tube digestif qui achemine les aliments au jabot.

glande(F) salivaire
Organe situé dans la cavité buccale, sécrétant la salive et facilitant notamment la digestion des aliments.

pharynx(M)
Partie du tube digestif entre la bouche et l'œsophage.

poche(F) à venin(M)
Réceptacle relié à la glande à venin qui contient les substances toxiques qu'elle produit.

jabot(M)
Renflement volumineux du tube digestif postérieur à l'œsophage qui sert de réservoir à miel.

canal(M) salivaire
Conduit relié à la glande salivaire qui amène la salive dans la bouche.

RÈGNE ANIMAL

tête(F)
Partie antérieure du corps comportant les organes sensoriels et le cerveau.

œil(M) simple
Organe de la vision composé d'une seule facette qui capte les variations de luminosité et permet l'orientation.

œil(M) composé
Organe de la vision composé de milliers de facettes qui servent à percevoir les formes, les couleurs, les mouvements et les distances.

antenne(F)
Organe sensoriel formé de plusieurs segments, ayant notamment des fonctions tactiles et olfactives.

lèvre(F) supérieure
Pièce buccale externe située au-dessus des mandibules, elle forme la voûte de la cavité buccale.

mâchoire(F)
Pièce buccale mobile munie d'un palpe, placée au-dessous des mandibules, et servant à mastiquer les aliments.

mandibule(F)
Pièce buccale dure et cornée servant de pince pour saisir la nourriture ; elle sert aussi à pétrir la cire pour construire des alvéoles.

palpe(M) labial
Organe buccal sensoriel ayant notamment des fonctions olfactives et gustatives.

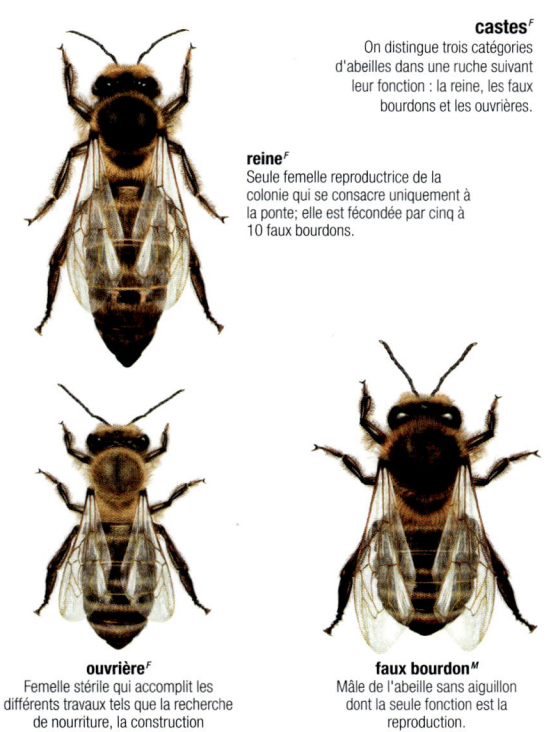

langue(F)
Pièce buccale mobile, allongée et velue, permettant la récolte du nectar.

castes(F)
On distingue trois catégories d'abeilles dans une ruche suivant leur fonction : la reine, les faux bourdons et les ouvrières.

reine(F)
Seule femelle reproductrice de la colonie qui se consacre uniquement à la ponte ; elle est fécondée par cinq à 10 faux bourdons.

ouvrière(F)
Femelle stérile qui accomplit les différents travaux tels que la recherche de nourriture, la construction d'alvéoles et la défense de la colonie.

faux bourdon(M)
Mâle de l'abeille sans aiguillon dont la seule fonction est la reproduction.

insectes et arachnides

abeille^F

ruche^F
Abri aménagé destiné à recevoir une colonie d'abeilles pour la production du miel et la pollinisation des arbres fruitiers.

sortie^F
Orifice par lequel les abeilles peuvent sortir de la ruche mais jamais y entrer.

toiture^F
Ensemble mobile coiffant la ruche constitué du toit et de son armature.

hausse^F
Caisse amovible destinée à recevoir l'excédent de provision de miel.

cadre^M
Châssis de bois amovible pourvu d'une feuille de cire gaufrée, qui sert de base à la construction de rayons.

planche^F de vol^M
Rebord de la ruche permettant l'envol et l'atterrissage des abeilles.

entrée^F
Orifice de la ruche permettant l'entrée et la sortie des abeilles.

toit^M
Surface supérieure de la ruche lui servant de protection.

rayon^M de miel^M
Gâteau de cire construit dans la ruche par les abeilles, formé d'alvéoles juxtaposées remplies de miel ou servant de couvain pour les embryons.

alvéole^F
Cavité hexagonale des rayons délimitée par des parois en cire, unité constitutive des rayons.

grille^F à reine^F
Cadre tissé de fils de fer qui sépare le nid à couvain de la hausse pour empêcher la reine d'y pénétrer, tout en laissant passer les ouvrières.

nid^M à couvain^M
Partie de la ruche formée de rayons dont les alvéoles sont occupées par la reine, les œufs, les larves, les nymphes et les réserves de pollen et de miel.

corps^M de ruche^F
Partie principale de la ruche renfermant le nid à couvain.

coulisse^F d'entrée^F
Baguette de bois mobile permettant de réduire ou d'agrandir l'entrée pour empêcher notamment les petits animaux d'entrer dans la ruche.

coupe^F d'un rayon^M de miel^M
Rayon de miel : gâteau de cire construit dans la ruche par les abeilles, formé d'alvéoles juxtaposées remplies de miel ou servant de couvain pour les embryons.

nymphe^F
État intermédiaire entre la larve et l'abeille adulte, qui dure entre quatre et dix jours.

larve^F
État intermédiaire entre l'œuf et la nymphe.

cellule^F royale
Alvéole volumineuse qui reçoit l'œuf destiné à donner une nouvelle reine.

œuf^M
Mode de reproduction de certaines espèces animales : cellule vivante pourvue d'une enveloppe et d'une réserve alimentaire, pondue par la reine.

alvéole^F à miel^M
Alvéole dans laquelle les ouvrières stockent le miel qu'elles ont produit pour la nourriture des larves et les réserves hivernales.

alvéole^F à pollen^M
Alvéole dans laquelle les ouvrières stockent le pollen de nourriture de la colonie.

alvéole^F operculée
Alvéole obturée par un couvercle formé de cire, qui peut renfermer une nymphe, du miel ou du pollen.

insectes et arachnides

145

araignée[F]

Arachnide articulé pourvu de crochets et de glandes séricigènes, dont la taille peut aller d'une fraction de millimètre à une vingtaine de centimètres.

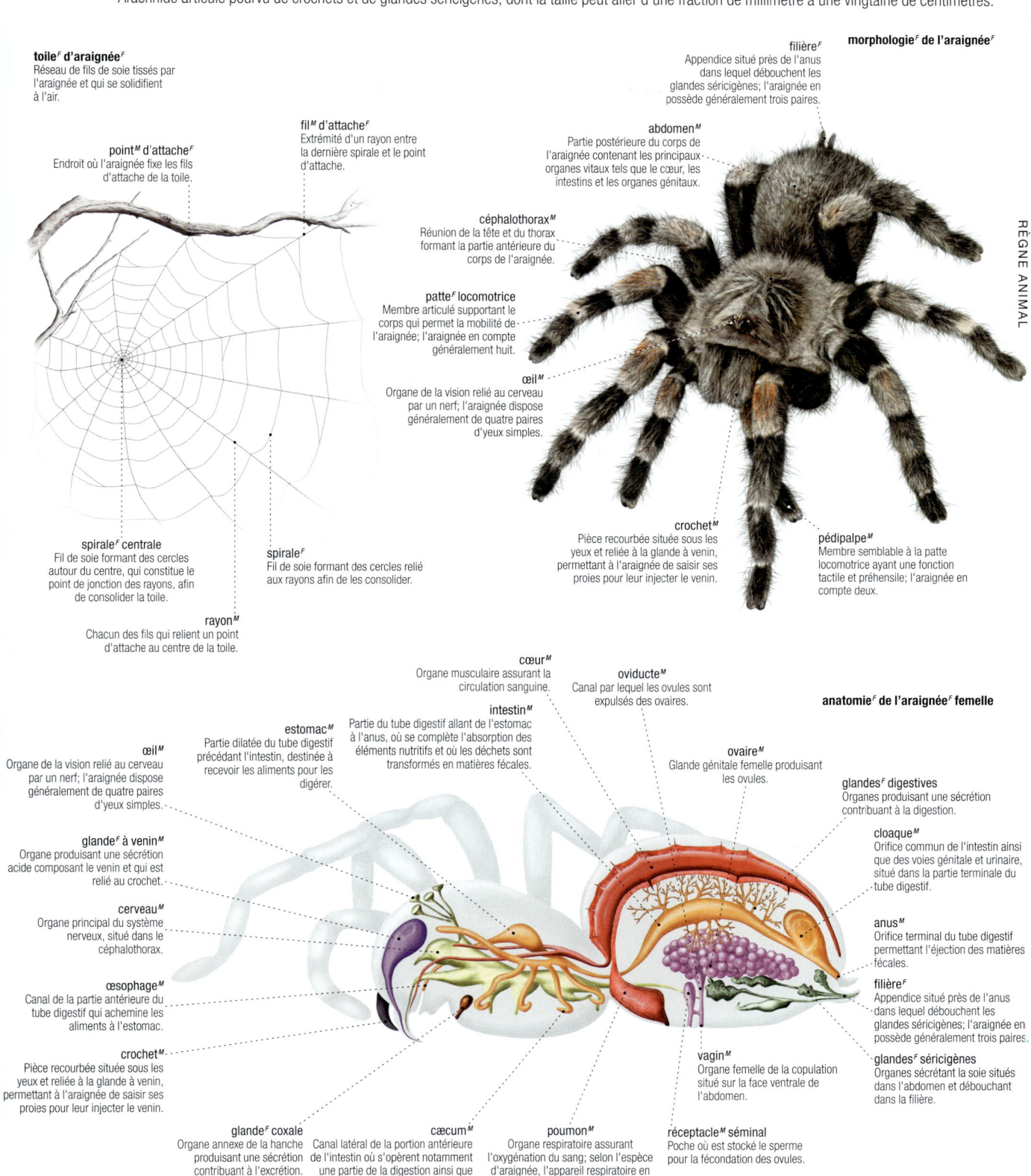

RÈGNE ANIMAL

morphologie[F] de l'araignée[F]

toile[F] d'araignée[F]
Réseau de fils de soie tissés par l'araignée et qui se solidifient à l'air.

point[M] d'attache[F]
Endroit où l'araignée fixe les fils d'attache de la toile.

fil[M] d'attache[F]
Extrémité d'un rayon entre la dernière spirale et le point d'attache.

filière[F]
Appendice situé près de l'anus dans lequel débouchent les glandes séricigènes; l'araignée en possède généralement trois paires.

abdomen[M]
Partie postérieure du corps de l'araignée contenant les principaux organes vitaux tels que le cœur, les intestins et les organes génitaux.

céphalothorax[M]
Réunion de la tête et du thorax formant la partie antérieure du corps de l'araignée.

patte[F] locomotrice
Membre articulé supportant le corps qui permet la mobilité de l'araignée; l'araignée en compte généralement huit.

œil[M]
Organe de la vision relié au cerveau par un nerf; l'araignée dispose généralement de quatre paires d'yeux simples.

spirale[F] centrale
Fil de soie formant des cercles autour du centre, qui constitue le point de jonction des rayons, afin de consolider la toile.

spirale[F]
Fil de soie formant des cercles reliés aux rayons afin de les consolider.

crochet[M]
Pièce recourbée située sous les yeux et reliée à la glande à venin, permettant à l'araignée de saisir ses proies pour leur injecter le venin.

pédipalpe[M]
Membre semblable à la patte locomotrice ayant une fonction tactile et préhensile; l'araignée en compte deux.

rayon[M]
Chacun des fils qui relient un point d'attache au centre de la toile.

anatomie[F] de l'araignée[F] femelle

cœur[M]
Organe musculaire assurant la circulation sanguine.

intestin[M]
Partie du tube digestif allant de l'estomac à l'anus, où se complète l'absorption des éléments nutritifs et où les déchets sont transformés en matières fécales.

oviducte[M]
Canal par lequel les ovules sont expulsés des ovaires.

estomac[M]
Partie dilatée du tube digestif précédant l'intestin, destinée à recevoir les aliments pour les digérer.

œil[M]
Organe de la vision relié au cerveau par un nerf; l'araignée dispose généralement de quatre paires d'yeux simples.

glande[F] à venin[M]
Organe produisant une sécrétion acide composant le venin et qui est relié au crochet.

cerveau[M]
Organe principal du système nerveux, situé dans le céphalothorax.

œsophage[M]
Canal de la partie antérieure du tube digestif qui achemine les aliments à l'estomac.

crochet[M]
Pièce recourbée située sous les yeux et reliée à la glande à venin, permettant à l'araignée de saisir ses proies pour leur injecter le venin.

ovaire[M]
Glande génitale femelle produisant les ovules.

glandes[F] digestives
Organes produisant une sécrétion contribuant à la digestion.

cloaque[M]
Orifice commun de l'intestin ainsi que des voies génitale et urinaire, situé dans la partie terminale du tube digestif.

anus[M]
Orifice terminal du tube digestif permettant l'éjection des matières fécales.

filière[F]
Appendice situé près de l'anus dans lequel débouchent les glandes séricigènes; l'araignée en possède généralement trois paires.

glandes[F] séricigènes
Organes sécrétant la soie situés dans l'abdomen et débouchant dans la filière.

glande[F] coxale
Organe annexe de la hanche produisant une sécrétion contribuant à l'excrétion.

cæcum[M]
Canal latéral de la portion antérieure de l'intestin où s'opèrent notamment une partie de la digestion ainsi que des fermentations.

poumon[M]
Organe respiratoire assurant l'oxygénation du sang; selon l'espèce d'araignée, l'appareil respiratoire en compte une ou deux paires.

vagin[M]
Organe femelle de la copulation situé sur la face ventrale de l'abdomen.

réceptacle[M] séminal
Poche où est stocké le sperme pour la fécondation des ovules.

exemples^M d'insectes^M

Insectes : invertébrés dont le corps est divisé en trois parties portant généralement trois paires de pattes, deux paires d'ailes et des antennes.

puce^F
Insecte sauteur sans ailes, de très petite taille, parasite de certains mammifères, oiseaux et de l'homme, qu'il pique pour se nourrir de leur sang.

pou^M
Insecte sans ailes de petite taille, parasite de l'homme, des mammifères, des oiseaux et de certaines plantes.

termite^M
Insecte qui ronge le bois grâce à des pièces buccales broyeuses et vivant en société dans des termitières.

moustique^M
Insecte pourvu de deux ailes et de longues antennes, dont la femelle pique l'homme et les animaux pour se nourrir de leur sang.

mouche^F **tsé-tsé**
Insecte piqueur d'Afrique, parasite des mammifères, des oiseaux et de l'homme ; elle leur transmet notamment la maladie du sommeil.

petite vrillette^F
Insecte de petite taille dont la larve ronge le bois coupé ou mort.

coccinelle^F
Insecte au corps hémisphérique et aux couleurs vives, prédateur des pucerons et cochenilles.

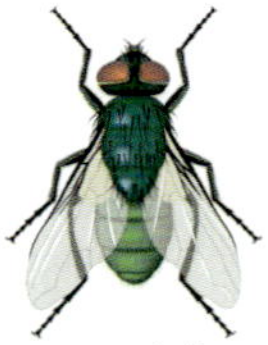

mouche^F
Insecte trapu de couleur terne ou métallique pourvu d'une trompe, de deux ailes et de courtes antennes, dont les espèces sont très nombreuses.

fourmi^F
Petit insecte vivant en société, à l'organisation très complexe, ailé ou non, pourvu de mandibules développées, consommant notamment des insectes nuisibles.

nécrophore^M
Insecte qui pond ses œufs sur les animaux morts ou matières décomposées qu'il enterre lui-même et qui exhale une très forte odeur musquée.

guêpe^F
Insecte vivant en société ; la femelle est pourvue d'un aiguillon venimeux dont la piqûre est douloureuse.

frelon^M
Grosse guêpe dont la piqûre est douloureuse et dangereuse, se nourrissant notamment d'insectes et de fruits.

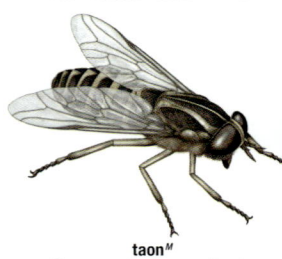

taon^M
Grosse mouche des pays chauds, dont la femelle pique les animaux et parfois l'homme pour se nourrir de leur sang.

blatte^F **orientale**
Insecte coureur nocturne fort répandu au corps aplati, dont certaines espèces fréquentent les habitations, consommant des débris et dégageant une odeur désagréable.

perce-oreille^M
Insecte plat et allongé dont l'abdomen se termine à l'arrière par deux pinces ; il vit habituellement dans les endroits frais et sombres.

punaise^F **rayée**
Petit insecte terrestre piqueur et suceur au corps aplati, parasite de l'humain, des animaux et des plantes, dégageant une odeur désagréable pour se défendre.

punaise^F **d'eau**^F
Insecte carnassier de grande taille, fort répandu, au corps svelte et aplati qui habite les milieux aquatiques.

mite^F
Petit papillon blanchâtre dont les larves rongent les étoffes et les fourrures.

hanneton^M
Insecte commun des jardins aux antennes frangées, se nourrissant de feuilles et de racines d'arbres et dont les invasions causent de graves dégâts.

bourdon^M
Insecte gras et velu apparenté à l'abeille, vivant en société et produisant du miel.

scarabée^M
Insecte muni d'antennes terminées par des lamelles, dont la larve se nourrit d'excréments.

insectes et arachnides

exemples d'insectes

atlas^M
Grand papillon nocturne aux ailes colorées, dont l'envergure peut dépasser 30 cm, vivant essentiellement en Asie du Sud-Est.

monarque^M
Grand papillon migrateur diurne aux ailes tachetées dont la chenille se nourrit exclusivement d'une plante sauvage nommée asclépiade.

cigale^F
Gros insecte suceur de sève, dont le mâle produit un bruit strident et monotone lors de grandes chaleurs.

mante^F **religieuse**
Insecte carnassier au corps allongé des régions tropicales, se confondant avec le milieu environnant; les pattes antérieures en forme de pince sont munies d'épines.

libellule^F
Insecte carnassier au corps allongé, vivant près des points d'eau, pourvu de quatre ailes rigides et ayant les plus grands yeux composés de tous les insectes.

phalène^F **du bouleau**^M
Grand papillon nocturne ou crépusculaire aux ailes délicates, dont la chenille, très nuisible, vit sur les bouleaux.

criquet^M **mélodieux**
Insecte sauteur à antennes courtes et aux pattes postérieures puissantes, émettant un chant intense et vivant surtout dans les régions chaudes.

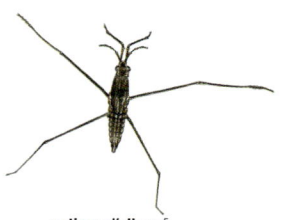

patineur^M **d'eau**^F
Insecte carnassier fort répandu, au corps svelte et allongé, pourvu de six pattes dont quatre longues qui lui servent à se déplacer à la surface de l'eau.

grande sauterelle^F **verte**
Insecte sauteur omnivore à antennes longues, atteignant entre trois et quatre centimètres, dont le mâle produit un son strident.

exemples d'arachnides

Arachnides : invertébrés portant généralement quatre paires de pattes et deux paires d'appendices rattachés à la tête.

araignée^F**-crabe**^M
Petit arachnide fort répandu se déplaçant de côté, aux pattes antérieures puissantes, changeant de couleur pour capturer ses proies.

veuve^F **noire**
Arachnide carnivore d'Amérique du Nord, dont la femelle transmet un venin toxique par morsure.

scorpion^M
Arachnide carnassier plus ou moins grand, généralement terrestre, pourvu de pinces et dont l'abdomen se termine par une queue portant un aiguillon venimeux.

épeire^F
Arachnide à l'abdomen bossué, commun dans les champs et jardins, tissant de grandes toiles et dont les diverses espèces sont répandues sur tout le globe.

tique^F
Arachnide de très petite taille, parasite des animaux et parfois de l'homme, qui peut leur transmettre des maladies infectieuses.

argyronète^F
Arachnide aquatique d'Eurasie qui, pour vivre dans l'eau, tisse une sorte de cloche qu'il remplit d'air en la transportant sur les poils de son abdomen.

mygale^F **du Mexique**^M
Grand arachnide velu du Mexique, dont la morsure douloureuse est généralement sans conséquence, vivant sous terre dans un abri clos ou dans une loge de soie.

RÈGNE ANIMAL

poissons cartilagineux

requin^M
Grand poisson cartilagineux carnivore au corps fuselé et aux mâchoires dentées très puissantes; il s'attaque rarement à l'humain.

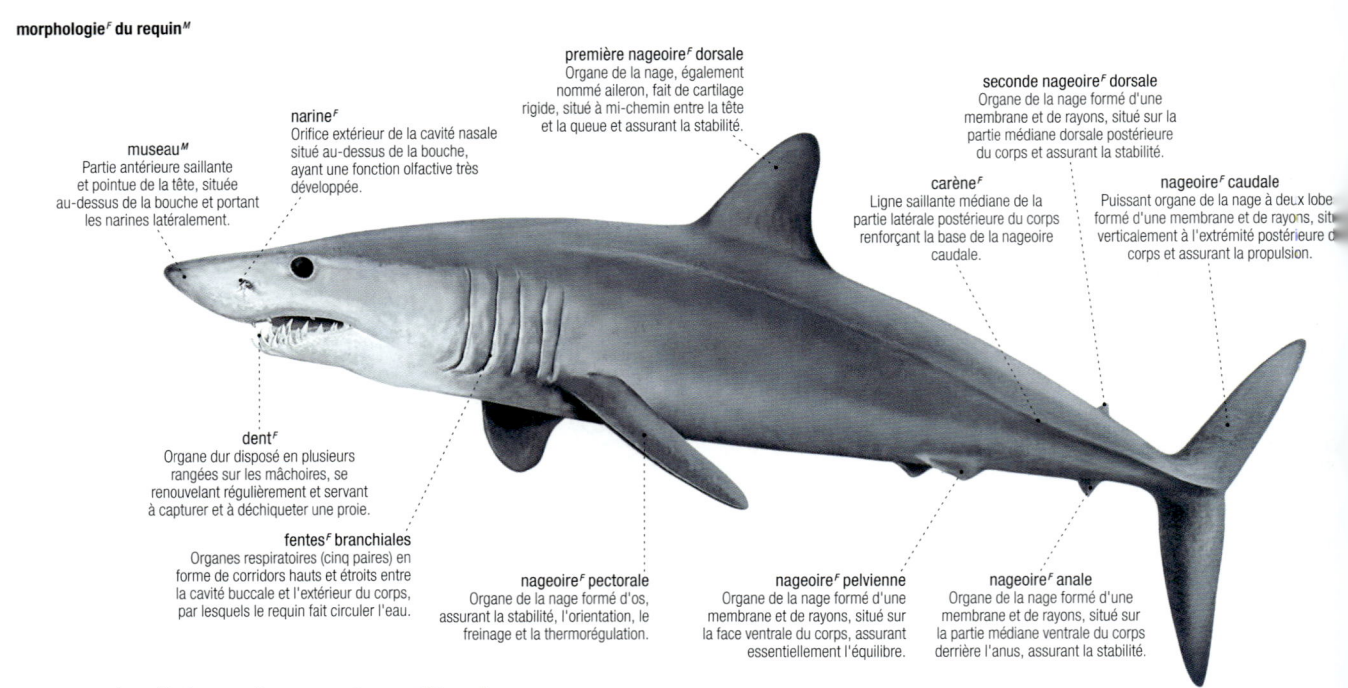

morphologie^F du requin^M

museau^M
Partie antérieure saillante et pointue de la tête, située au-dessus de la bouche et portant les narines latéralement.

narine^F
Orifice extérieur de la cavité nasale situé au-dessus de la bouche, ayant une fonction olfactive très développée.

première nageoire^F dorsale
Organe de la nage, également nommé aileron, fait de cartilage rigide, situé à mi-chemin entre la tête et la queue et assurant la stabilité.

seconde nageoire^F dorsale
Organe de la nage formé d'une membrane et de rayons, situé sur la partie médiane dorsale postérieure du corps et assurant la stabilité.

carène^F
Ligne saillante médiane de la partie latérale postérieure du corps renforçant la base de la nageoire caudale.

nageoire^F caudale
Puissant organe de la nage à deux lobes formé d'une membrane et de rayons, situé verticalement à l'extrémité postérieure du corps et assurant la propulsion.

dent^F
Organe dur disposé en plusieurs rangées sur les mâchoires, se renouvelant régulièrement et servant à capturer et à déchiqueter une proie.

fentes^F branchiales
Organes respiratoires (cinq paires) en forme de corridors hauts et étroits entre la cavité buccale et l'extérieur du corps, par lesquels le requin fait circuler l'eau.

nageoire^F pectorale
Organe de la nage formé d'os, assurant la stabilité, l'orientation, le freinage et la thermorégulation.

nageoire^F pelvienne
Organe de la nage formé d'une membrane et de rayons, situé sur la face ventrale du corps, assurant essentiellement l'équilibre.

nageoire^F anale
Organe de la nage formé d'une membrane et de rayons, situé sur la partie médiane ventrale du corps derrière l'anus, assurant la stabilité.

exemples^M de poissons^M cartilagineux
On compte actuellement quelque 1 000 espèces de poissons cartilagineux.

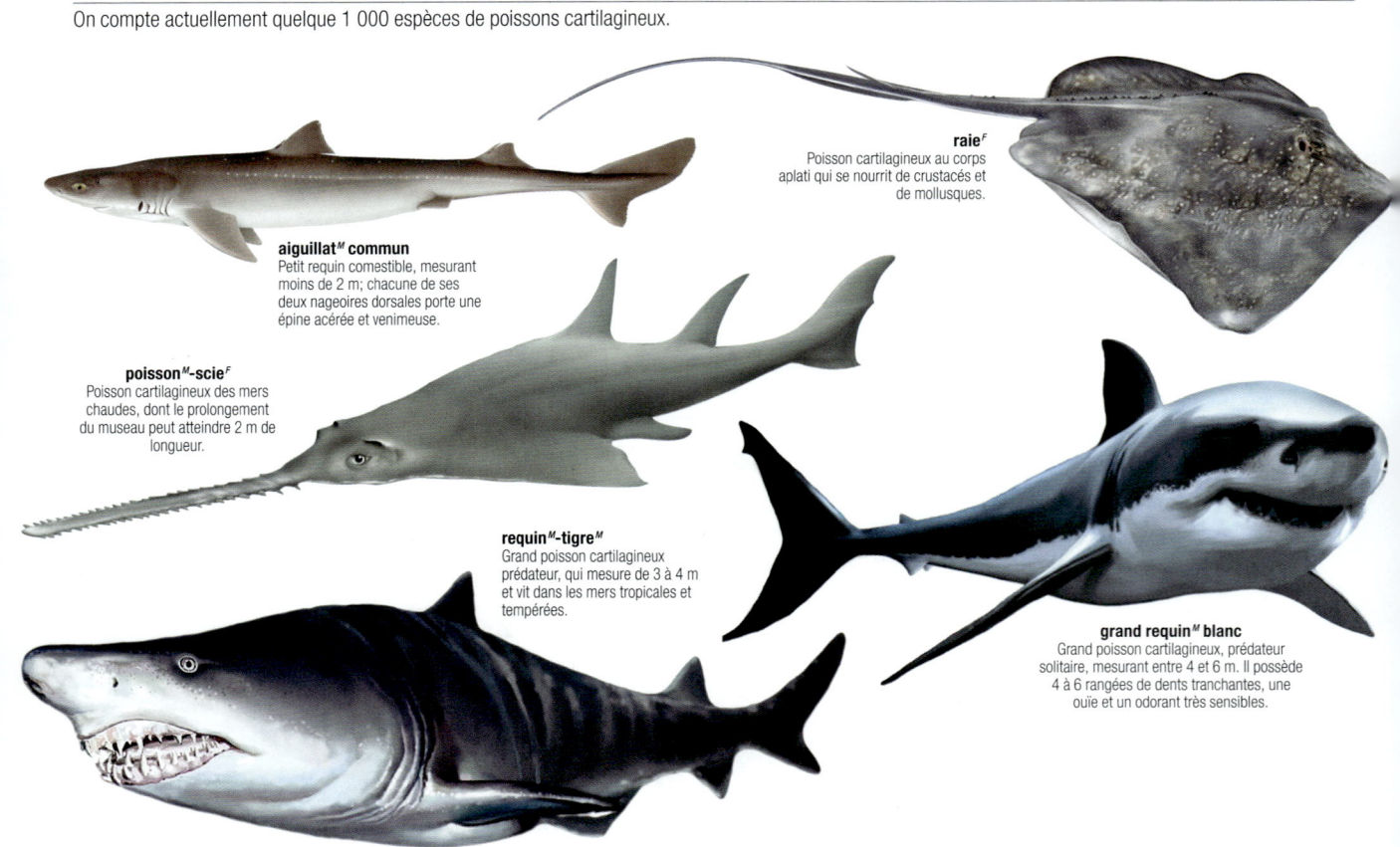

aiguillat^M commun
Petit requin comestible, mesurant moins de 2 m; chacune de ses deux nageoires dorsales porte une épine acérée et venimeuse.

raie^F
Poisson cartilagineux au corps aplati qui se nourrit de crustacés et de mollusques.

poisson^M-scie^F
Poisson cartilagineux des mers chaudes, dont le prolongement du museau peut atteindre 2 m de longueur.

requin^M-tigre^M
Grand poisson cartilagineux prédateur, qui mesure de 3 à 4 m et vit dans les mers tropicales et tempérées.

grand requin^M blanc
Grand poisson cartilagineux, prédateur solitaire, mesurant entre 4 et 6 m. Il possède 4 à 6 rangées de dents tranchantes, une ouïe et un odorant très sensibles.

RÈGNE ANIMAL

poissons osseux

perche^F ; *perchaude*^F

Poisson osseux carnassier d'eau douce au corps ovale pourvu d'une nageoire dorsale épineuse.

anatomie^F de la perche^F ; anatomie^F de la perchaude^F

RÈGNE ANIMAL

otolithe^F
Petite structure calcaire de l'oreille interne, assurant l'équilibre du poisson dans l'eau.

cerveau^M
Organe principal du système nerveux, constitué de centres nerveux, situé dans la partie supérieure de la tête et protégé par le crâne.

nerf^M olfactif
Cordon crânien reliant le cerveau au bulbe olfactif.

bulbe^M olfactif
Extrémité antérieure renflée du nerf olfactif, résultant de la réunion de ses racines.

moelle^F épinière
Élément du système nerveux constitué d'une substance molle et grasse, formant une tige cylindrique à l'intérieur de la colonne vertébrale.

crâne^M
Structure osseuse enveloppant et protégeant le cerveau.

rein^M
Organe assurant l'élimination des déchets métaboliques et le maintien de la pression des fluides internes.

vessie^F natatoire
Poche souple remplie de gaz, située au-dessus des viscères, permettant au poisson de se maintenir à la profondeur déterminée.

vessie^F
Réservoir où s'accumule l'urine provenant des reins avant d'être évacuée par l'orifice uro-génital.

arête^F neurale
Tige osseuse du système nerveux reliée à la colonne vertébrale et formant le squelette.

colonne^F vertébrale
Axe osseux mobile, constitué de diverses pièces articulées entre elles (vertèbres), soutenant le squelette et contenant la moelle épinière.

myomère^M
Segment musculaire de la partie postérieure du corps, dont la disposition en zigzag contribue à l'efficacité du mouvement.

langue^F
Pièce buccale mobile et allongée, ayant une fonction gustative et aidant le poisson à avaler sa nourriture.

aorte^F ventrale
Canal conduisant le sang du cœur aux branchies, puis à la tête et au reste du corps pour l'irriguer.

branchies^F
Organes respiratoires et excréteurs (quatre paires) formés chacun de deux feuillets filamenteux; en circulant sur la branchie l'eau échange oxygène et ammonium avec elle.

cœur^M
Organe musculaire assurant la circulation sanguine.

œsophage^M
Canal de la partie antérieure du tube digestif qui achemine les aliments à l'estomac.

foie^M
Viscère sécrétant notamment une substance (bile) contribuant à la digestion.

cæcum^M pylorique
Conduit latéral du tube digestif où s'opèrent notamment une partie de la digestion ainsi que des fermentations.

rate^F
Organe du système circulatoire où sont détruites les impuretés du sang.

intestin^M
Partie du tube digestif allant de l'estomac à l'anus, où se complète l'absorption des éléments nutritifs et où les déchets sont transformés en matières fécales.

estomac^M
Partie dilatée du tube digestif précédant l'intestin, destinée à recevoir les aliments pour les digérer.

orifice^M uro-génital
Ouverture commune des voies génitale et urinaire, permettant l'évacuation des gamètes et de l'urine.

anus^M
Orifice terminal du tube digestif permettant l'éjection des matières fécales.

œufs^M
Chez les poissons, la femelle produit des œufs dans les ovaires et le mâle de la laitance dans des testicules. Œufs et laitance sont expulsés dans l'eau où se fait la fécondation.

première nageoire^F dorsale
Organe de la nage formé d'une membrane et de rayons généralement épineux, situé sur la partie médiane dorsale antérieure du corps et assurant la stabilité.

seconde nageoire^F dorsale
Organe de la nage formé d'une membrane et de rayons, situé sur la partie médiane dorsale postérieure du corps et assurant la stabilité.

poissons osseux

perche^F ; *perchaude*^F

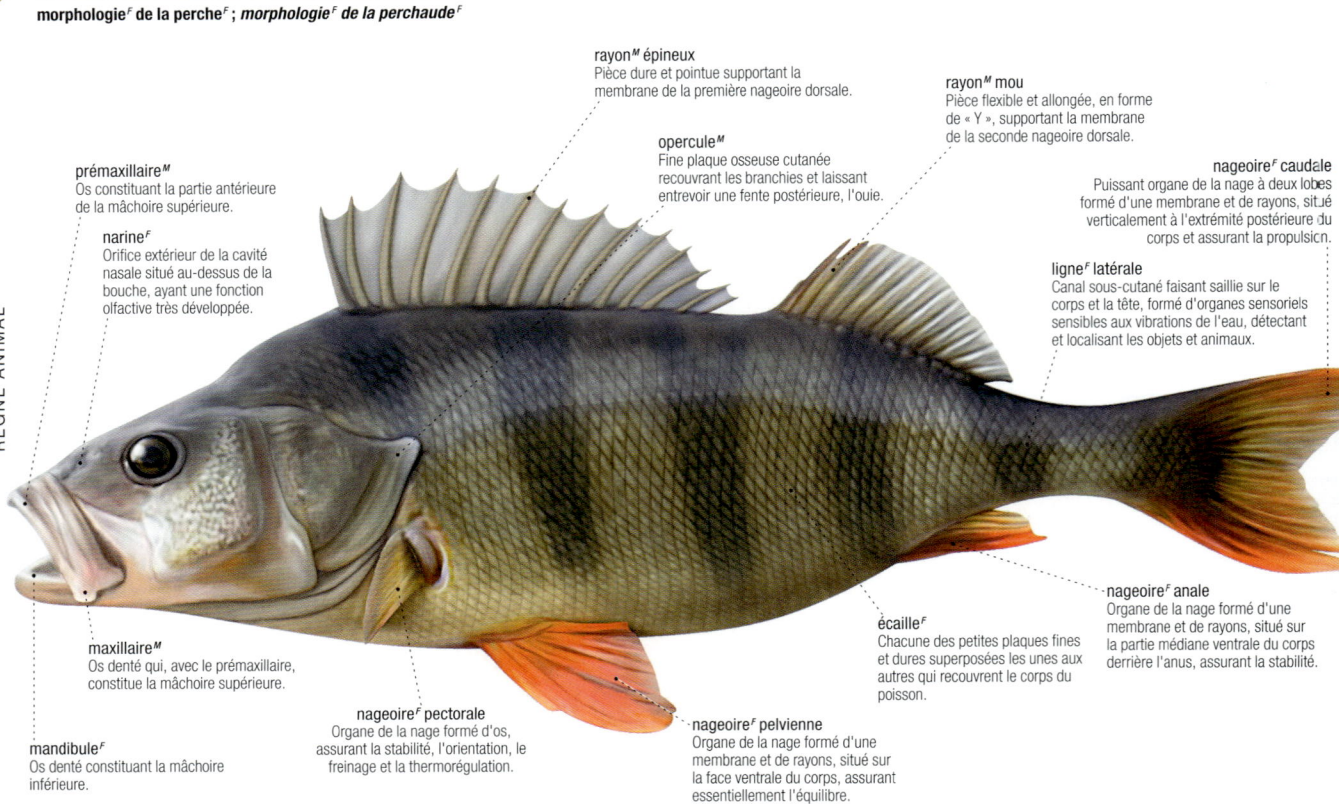

morphologie^F de la perche^F ; *morphologie*^F *de la perchaude*^F

rayon^M **épineux**
Pièce dure et pointue supportant la membrane de la première nageoire dorsale.

opercule^M
Fine plaque osseuse cutanée recouvrant les branchies et laissant entrevoir une fente postérieure, l'ouïe.

rayon^M **mou**
Pièce flexible et allongée, en forme de « Y », supportant la membrane de la seconde nageoire dorsale.

nageoire^F **caudale**
Puissant organe de la nage à deux lobes formé d'une membrane et de rayons, situé verticalement à l'extrémité postérieure du corps et assurant la propulsion.

prémaxillaire^M
Os constituant la partie antérieure de la mâchoire supérieure.

narine^F
Orifice extérieur de la cavité nasale situé au-dessus de la bouche, ayant une fonction olfactive très développée.

ligne^F **latérale**
Canal sous-cutané faisant saillie sur le corps et la tête, formé d'organes sensoriels sensibles aux vibrations de l'eau, détectant et localisant les objets et animaux.

RÈGNE ANIMAL

maxillaire^M
Os denté qui, avec le prémaxillaire, constitue la mâchoire supérieure.

nageoire^F **anale**
Organe de la nage formé d'une membrane et de rayons, situé sur la partie médiane ventrale du corps derrière l'anus, assurant la stabilité.

mandibule^F
Os denté constituant la mâchoire inférieure.

nageoire^F **pectorale**
Organe de la nage formé d'os, assurant la stabilité, l'orientation, le freinage et la thermorégulation.

écaille^F
Chacune des petites plaques fines et dures superposées les unes aux autres qui recouvrent le corps du poisson.

nageoire^F **pelvienne**
Organe de la nage formé d'une membrane et de rayons, situé sur la face ventrale du corps, assurant essentiellement l'équilibre.

exemples^M de poissons^M osseux

Avec quelque 20 000 espèces connues, les poissons osseux constituent le plus grand groupe de poissons.

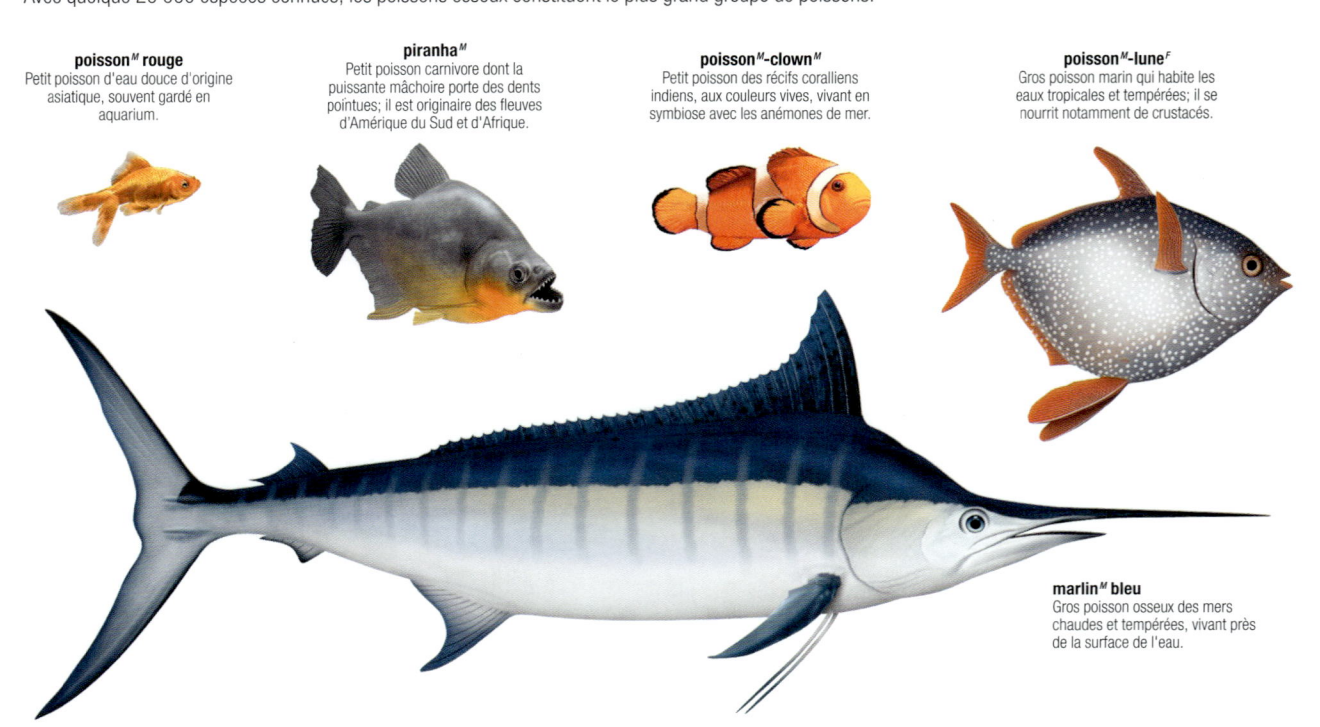

poisson^M **rouge**
Petit poisson d'eau douce d'origine asiatique, souvent gardé en aquarium.

piranha^M
Petit poisson carnivore dont la puissante mâchoire porte des dents pointues; il est originaire des fleuves d'Amérique du Sud et d'Afrique.

poisson^M**-clown**^M
Petit poisson des récifs coralliens indiens, aux couleurs vives, vivant en symbiose avec les anémones de mer.

poisson^M**-lune**^F
Gros poisson marin qui habite les eaux tropicales et tempérées; il se nourrit notamment de crustacés.

marlin^M **bleu**
Gros poisson osseux des mers chaudes et tempérées, vivant près de la surface de l'eau.

poissons osseux

151

exemples^M de poissons^M osseux

exocet^M
Poisson des mers chaudes capable de bondir et de planer hors de l'eau grâce à ses grandes nageoires pectorales.

discus^M
Poisson amazonien d'eau douce, dont les flancs sont marqués de motifs marbrés pouvant changer de couleur. Il est populaire comme poisson d'aquarium.

baudroie^F **abyssale**
Poisson osseux des profondeurs marines, dont la nageoire dorsale porte une tige surmontée d'un leurre permettant d'attirer les proies.

poisson^M**-globe**^M
Poisson carnivore vivant dans les mers chaudes; couvert d'écailles épineuses, il peut se gonfler fortement.

protoptère^M
Poisson primitif pourvu d'un poumon lui permettant de respirer à l'air libre et même de ramper dans la boue.

poisson^M**-chat**^M
Poisson omnivore mesurant de 15 à 35 cm, pourvu de barbillons rappelant les moustaches du chat.

hippocampe^M
Petit poisson se déplaçant à la verticale et qui s'agrippe aux algues avec sa queue. Le mâle incube les œufs dans sa poche ventrale.

poisson^M**-lanterne**^F
Petit poisson marin capable d'émettre de la lumière par réaction chimique; il vit dans les eaux profondes.

labre^M **nettoyeur**
Poisson des herbiers et fonds rocheux, dont les lèvres épaisses servent à nettoyer les plus gros poissons de leurs parasites.

scare^M
Poisson très coloré à larges mâchoires capables de broyer les coquillages et le socle corallien.

gymnote^M
Poisson d'eau douce sans nageoire dorsale, dont une espèce est pourvue d'organes capables de produire des décharges électriques destinées à paralyser ses proies.

RÈGNE ANIMAL

amphibiens

grenouille^F

Amphibien d'eau douce à la peau nue et humide, sauteur et nageur, à sang froid et aux pattes postérieures puissantes.

morphologie^F de la grenouille^F

tympan^M
Fine membrane élastique résistante reliée à l'oreille interne et qui capte des vibrations sonores.

paupière^F **supérieure**
Membrane épaisse et fixe.

globe^M **oculaire**
Organe de la vision saillant, contenu dans une cavité osseuse sur le sommet de la tête, servant à percevoir l'intensité lumineuse, les mouvements et les formes.

narine^F
Orifice extérieur de la cavité nasale situé au-dessus de la bouche, ayant une fonction olfactive et respiratoire.

patte^F **postérieure**
Membre articulé long et puissant rattaché à l'extrémité du tronc, portant cinq doigts palmés, servant à la marche, au saut et à la nage.

museau^M
Partie antérieure saillante et arrondie de la tête, formée par la bouche et les narines.

bouche^F
Cavité antérieure du tube digestif située sur la face ventrale, qui permet l'ingestion d'aliments.

paupière^F **inférieure**
Mince membrane musculaire translucide et mobile, se soulevant à partir du bord inférieur de l'oeil pour le protéger et le nettoyer.

tronc^M
Partie osseuse du corps à laquelle sont rattachés la tête et les membres.

patte^F **antérieure**
Court membre articulé situé derrière la tête, portant quatre doigts, servant à la marche.

doigt^M
Extrémité des pattes formée de différents os articulés, ne portant ni ongle ni griffe.

palmure^F
Fine membrane de peau reliant les doigts de la patte, qui se tend lors de la nage.

doigt^M **palmé**
Chacun des doigts de la patte reliés entre eux par une membrane et qui, lorsqu'ils sont écartés, permettent la nage.

RÈGNE ANIMAL

anatomie^F de la grenouille^F mâle

testicule^M
Glande génitale mâle produisant les spermatozoïdes.

poumon^M
Organe respiratoire constitué d'un tissu extensible, formant un sac dans lequel est acheminé l'air entré par les narines; la grenouille respire aussi par la peau.

moelle^F **épinière**
Élément du système nerveux constitué d'une substance molle et grasse, formant une tige cylindrique à l'intérieur de la colonne vertébrale.

cerveau^M
Organe principal du système nerveux, constitué de centres nerveux, situé dans la partie supérieure de la tête.

rein^M
Organe sécrétant l'urine, permettant l'élimination des substances toxiques du corps.

œsophage^M
Canal de la partie antérieure du tube digestif qui achemine les aliments à l'estomac.

langue^F
Pièce buccale mobile ayant des fonctions gustative et préhensile.

cloaque^M
Orifice commun de l'intestin ainsi que des voies génitale et urinaire, situé dans la partie terminale du tube digestif.

vésicule^F **biliaire**
Petit réservoir où s'accumule la bile sécrétée par le foie avant d'être déversée dans l'intestin lors de la digestion.

cœur^M
Organe musculaire assurant a circulation sanguine.

vessie^F
Réservoir où s'accumule l'urine provenant des reins avant d'être évacuée par le cloaque.

foie^M
Glande sécrétant notamment une substance (bile) contribuant à la digestion.

rate^F
Organe du système circulatoire où sont détruites les impuretés du sang.

gros intestin^M
Partie courte et élargie du tube digestif précédant le cloaque, dans laquelle s'opèrent une petite partie de la digestion et l'élimination des déchets.

intestin^M **grêle**
Partie longue et fine du tube digestif postérieure à l'estomac, dans laquelle se produit la plus grande partie de la digestion et de l'absorption alimentaire.

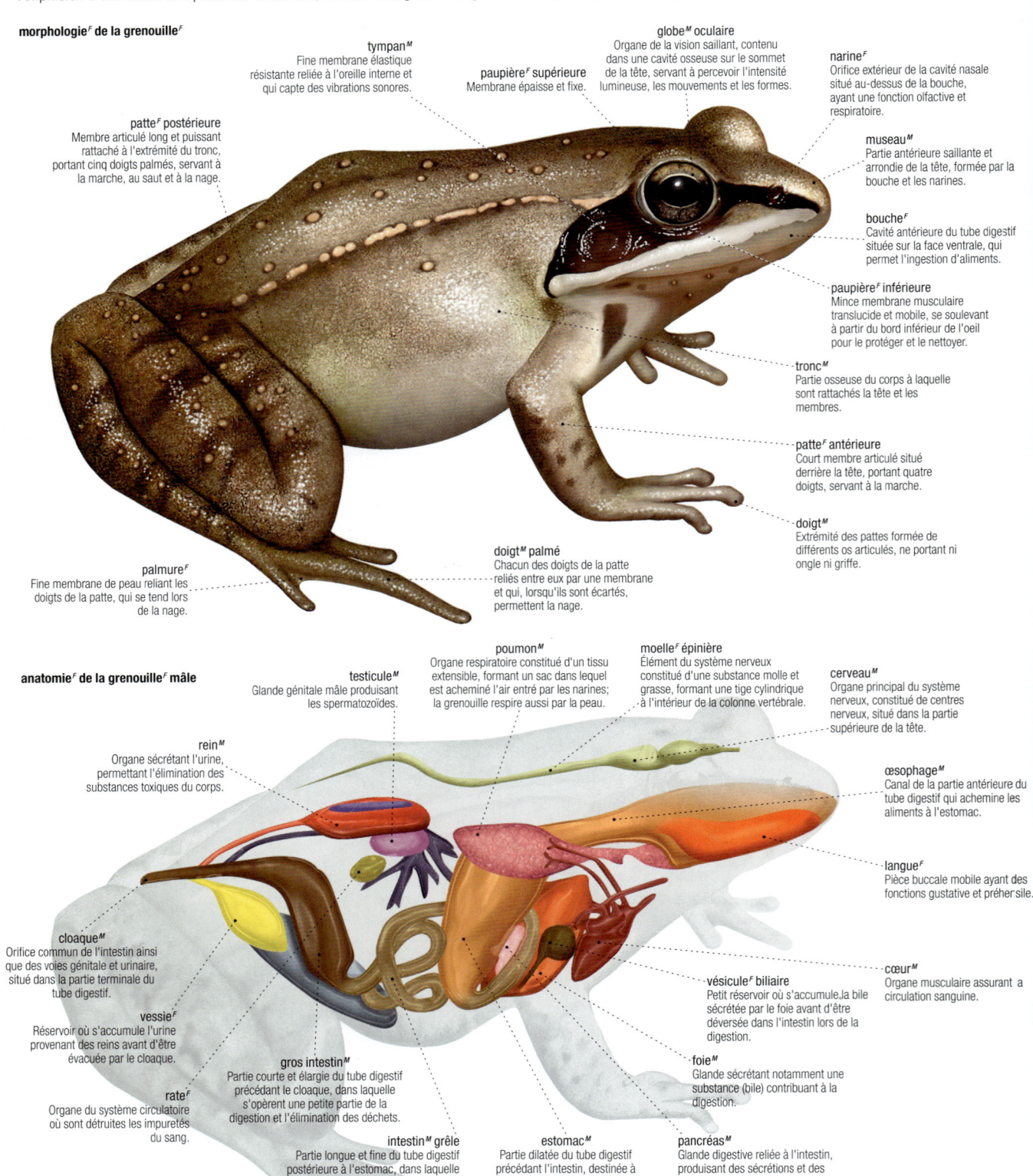

estomac^M
Partie dilatée du tube digestif précédant l'intestin, destinée à recevoir les aliments pour les digérer.

pancréas^M
Glande digestive reliée à l'intestin, produisant des sécrétions et des hormones.

amphibiens 153

grenouille^F

squelette^M de la grenouille^F

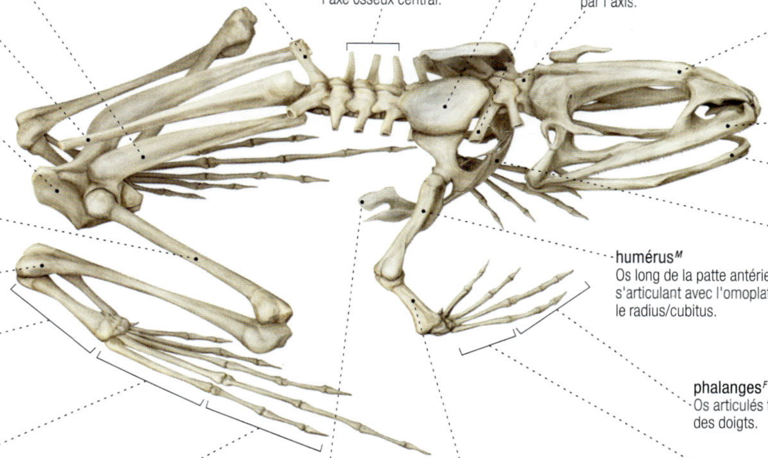

ilion^M
Grand os plat s'articulant dorsalement avec la vertèbre sacrée. Le point de jonction de l'ilion et de l'ischion sert d'attache à la patte postérieure.

vertèbre^F sacrée
Courte vertèbre située à la partie postérieure de l'axe osseux central s'articulant avec l'ilion.

coracoïde^M
Os ventral, articulé au sternum. Le point de jonction de l'omoplate, de la clavicule et du coracoïde sert d'attache à la patte antérieure.

omoplate^F
Grand os plat du dos.

urostyle^M
Os long de la partie postérieure de l'axe osseux central, résultant de la soudure de plusieurs vertèbres.

vertèbres^F
Pièces osseuses courtes de la partie dorsale du corps formant l'axe osseux central.

atlas^M
Première vertèbre cervicale soutenant la tête et supportée par l'axis.

fronto-pariétal^M
Grand os plat de la partie antérieure supérieure de la boîte crânienne.

ischion^M
Os postérieur à l'ilion.

maxillaire^M
Os denté constituant la mâchoire supérieure.

fémur^M
Os long de la patte postérieure, s'articulant avec l'ilion et le tibia et péroné.

mandibule^F
Os mobile lisse et incurvé constituant la mâchoire inférieure.

tibia^M et péroné^M
Le tibia et le péroné sont soudés et forment un unique os long, situé entre le fémur et le tarse.

clavicule^F
Os long situé entre le sternum et l'omoplate.

humérus^M
Os long de la patte antérieure s'articulant avec l'omoplate et avec le radius/cubitus.

tarse^M
Partie de la patte postérieure formée de plusieurs os courts, située entre le tibia et péroné et le métatarse.

phalanges^F
Os articulés formant le squelette des doigts.

métatarse^M
Partie de la patte postérieure formée de cinq os longs et parallèles, reliant le tarse aux premières phalanges des doigts.

phalanges^F
Os articulés formant le squelette des doigts.

sternum^M
Os plat et allongé situé à la partie ventrale centrale, sur lequel s'attachent notamment la clavicule et le coracoïde.

radius^M et cubitus^M
Le radius et le cubitus sont soudés et forment un unique os long, situé entre l'humérus et le métacarpe.

métacarpe^M
Partie de la patte antérieure formée de quatre os longs, reliant le radius/cubitus aux premières phalanges des doigts.

RÈGNE ANIMAL

---

métamorphose^F de la grenouille^F
Les stades sont l'œuf, le têtard et l'adulte, s'étalant sur quelques semaines, mais pouvant atteindre deux ans chez certaines espèces.

œufs^M
Stade embryonnaire de la grenouille résultant de la fécondation par le spermatozoïde d'un ovule.

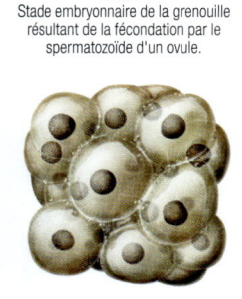

têtard^M
Larve aquatique de la grenouille, à grosse tête et au corps effilé se terminant par une queue, respirant par des branchies.

patte^F postérieure
Les pattes postérieures apparaissent après l'apparition des branchies.

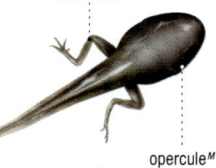

branchies^F externes
Organes respiratoires filtrant l'eau et retenant les particules alimentaires; elles sont ensuite remplacées par des branchies internes.

opercule^M
Fine plaque osseuse cutanée recouvrant les branchies et laissant entrevoir une fente postérieure, l'ouïe.

patte^F antérieure
Les pattes antérieures apparaissent au dernier stade de la métamorphose du têtard.

exemples^M d'amphibiens^M

On dénombre environ 6 500 espèces d'amphibiens divisés en trois groupes principaux selon qu'ils portent ou non une queue et des membres.

salamandre^F
Amphibien nocturne, surtout insectivore, pourvu d'une queue et dont les espèces sont terrestres ou aquatiques.

grenouille^F des bois^M
Amphibien dépourvu de queue vivant généralement dans les bois, en Amérique du Nord, se nourrissant de divers petits animaux.

crapaud^M commun
Amphibien nocturne insectivore, généralement terrestre, au corps couvert de petites excroissances et dépourvu de queue, ayant peu d'aptitude pour le saut.

grenouille^F rousse
Amphibien généralement terrestre, au corps trapu dépourvu de queue vivant surtout en Europe, se nourrissant de divers petits animaux.

rainette^F
Amphibien de petite taille généralement insectivore, aux doigts munis de ventouses; dépourvu de queue, il vit surtout dans les arbres près de l'eau.

triton^M
Amphibien pourvu d'une queue aplatie vivant surtout dans l'eau douce et se nourrissant généralement d'insectes.

ouaouaron^M
Gros amphibien omnivore originaire de l'est de l'Amérique du Nord, qui vit essentiellement en milieu aquatique (lacs, étangs, mares, marécages).

grenouille^F léopard^M
Amphibien essentiellement nocturne, au corps tacheté portant des crêtes, dépourvu de queue, vivant surtout en Amérique du Nord.

ventouse^F
Disque adhésif entouré d'un anneau, situé à l'extrémité des pattes et servant à la fixation.

reptiles

serpent[M]

Reptile dépourvu de membres dont le corps cylindrique et la queue sont très allongés, se déplaçant par ondulations. On en compte environ 2 700 espèces.

morphologie[F] du serpent[M] venimeux : tête[F]
Serpent venimeux : il se défend en injectant un venin parfois mortel. On en compte environ 400 espèces.

maxillaire[M] basculant
Os très mobile de la mâchoire supérieure qui permet au serpent d'avaler des proies volumineuses.

canal[M] à venin[M]
Sillon creusé dans le crochet, permettant l'injection du venin par morsure.

crochet[M] à venin[M]
Grande dent recourbée située sur le maxillaire et reliée à la glande à venin, permettant au serpent de saisir ses proies pour leur injecter le venin.

dent[F]
Structure dure et pointue, recourbée vers l'arrière, fixée sur les mâchoires, se renouvelant régulièrement et servant à immobiliser les proies, mais pas à les mastiquer.

langue[F] bifide
Pièce buccale mobile, allongée et fourchue, ayant des fonctions olfactive, tactile et gustative. Elle ne sert pas à l'ingestion de nourriture.

narine[F]
Orifice extérieur de la cavité nasale situé au-dessus de la bouche, ayant une fonction olfactive et respiratoire.

fossette[F]
Organe sensoriel formant une cavité entre l'œil et la narine, permettant de ressentir les variations de température et de détecter des proies.

glande[F] à venin[M]
Organe produisant une sécrétion acide composant le venin et qui est relié au crochet.

pupille[F] verticale
Orifice ovale et vertical de l'œil, particulièrement adapté à la pénombre, par où entre la lumière qui produit l'image.

œil[M]
Organe de la vision recouvert d'une écaille transparente, couvrant un large champ visuel et servant essentiellement à percevoir les mouvements et les couleurs.

écaille[F]
Chacune des petites plaques fines et dures superposées les unes aux autres qui recouvrent le corps du serpent.

glotte[F]
Ouverture de l'appareil respiratoire, située à la partie inférieure de la cavité buccale, par laquelle circule l'air.

fourreau[M] de la langue[F]
Gaine protectrice située devant la glotte dans laquelle se rétracte la langue.

squelette[M] du serpent[M] venimeux : tête[F]

maxillaire[M]
Os très mobile de la mâchoire supérieure portant des crochets et permettant de capturer des proies.

crochet[M]
Grande dent recourbée située sur le maxillaire et reliée à la glande à venin, permettant au serpent de saisir ses proies pour leur injecter le venin.

ectoptérygoïde[M]
Os très mobile de la mâchoire supérieure unissant le maxillaire et le ptérygoïde.

ptérygoïde[M]
Os très mobile de la mâchoire supérieure assurant, avec le palatin, la progression de la proie vers l'œsophage.

dentaire[M]
Os de la mandibule portant les dents.

frontal[M]
Os plat du crâne formant le front et le haut des orbites oculaires, s'articulant notamment avec le pariétal.

orbite[F]
Cavité osseuse de la partie supérieure latérale de la tête contenant l'œil.

pariétal[M]
Os plat de la partie supérieure du crâne s'articulant avec le frontal.

carré[M]
Os allongé de la partie postérieure du crâne sur lequel s'articule la mandibule et permettant une très large ouverture buccale.

vertèbre[F]
Pièce osseuse de la partie dorsale du corps supportant notamment les côtes et dont l'ensemble forme la colonne vertébrale.

mandibule[F]
Os denté constituant la mâchoire inférieure.

côte[F]
Os recourbé très mobile, s'articulant sur les vertèbres et intervenant dans la locomotion en offrant un appui au sol.

vésicule[F] biliaire
Petit réservoir où s'accumule la bile sécrétée par le foie avant d'être déversée dans l'intestin lors de la digestion.

estomac[M]
Partie dilatée du tube digestif précédant l'intestin, destinée à recevoir les aliments pour les digérer.

écaille[F] ventrale
Chacune des fines plaques larges et courtes disposées en une seule rangée qui recouvrent le ventre du serpent.

cœur[M]
Organe musculaire assurant la circulation sanguine.

poumon[M]
Organe respiratoire constitué d'un tissu extensible, formant un sac dans lequel est acheminé l'air entré par la bouche et les narines.

œsophage[M]
Canal de la partie antérieure du tube digestif qui achemine les aliments à l'estomac.

foie[M]
Glande sécrétant notamment une substance (bile) contribuant à la digestion.

anatomie[F] du serpent[M] venimeux

intestin[M]
Partie du tube digestif allant de l'estomac à l'anus, où se complète l'absorption des éléments nutritifs et où les déchets se transforment en matières fécales.

rein[M]
Organe sécrétant l'urine, permettant l'élimination des substances toxiques du corps.

sonnette[F]
Segments écailleux à l'extrémité de la queue que le serpent agite pour faire fuir ses ennemis.

queue[F]
Partie terminale du corps fine et allongée.

reptiles   155

tortue^F

Reptile terrestre ou aquatique au corps trapu, à courtes pattes, portant une carapace dans laquelle il se rétracte. On en compte environ 250 espèces.

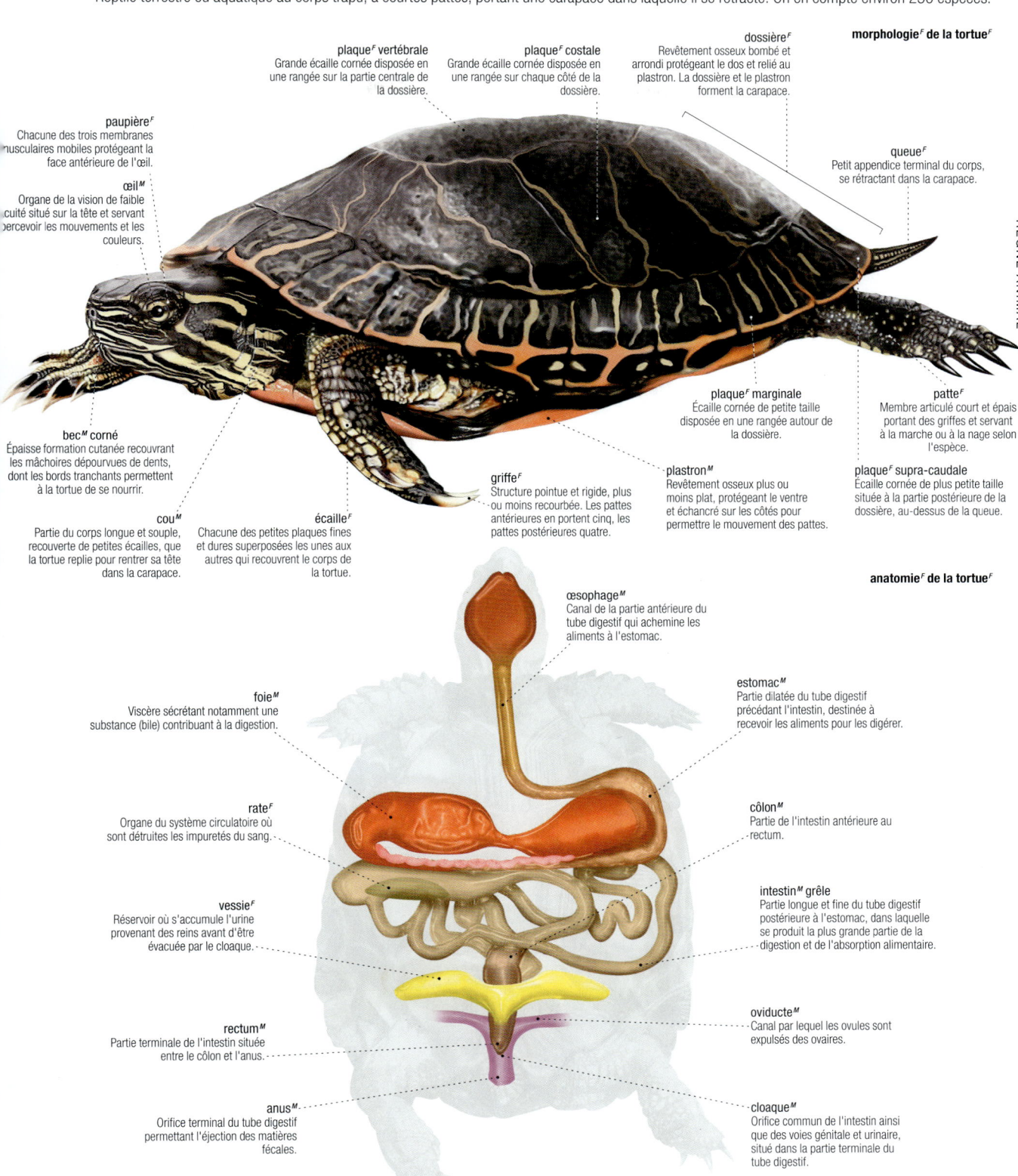

morphologie^F de la tortue^F

plaque^F vertébrale
Grande écaille cornée disposée en une rangée sur la partie centrale de la dossière.

plaque^F costale
Grande écaille cornée disposée en une rangée sur chaque côté de la dossière.

dossière^F
Revêtement osseux bombé et arrondi protégeant le dos et relié au plastron. La dossière et le plastron forment la carapace.

queue^F
Petit appendice terminal du corps, se rétractant dans la carapace.

paupière^F
Chacune des trois membranes musculaires mobiles protégeant la face antérieure de l'œil.

œil^M
Organe de la vision de faible acuité situé sur la tête et servant à percevoir les mouvements et les couleurs.

RÈGNE ANIMAL

bec^M corné
Épaisse formation cutanée recouvrant les mâchoires dépourvues de dents, dont les bords tranchants permettent à la tortue de se nourrir.

cou^M
Partie du corps longue et souple, recouverte de petites écailles, que la tortue replie pour rentrer sa tête dans la carapace.

griffe^F
Structure pointue et rigide, plus ou moins recourbée. Les pattes antérieures en portent cinq, les pattes postérieures quatre.

écaille^F
Chacune des petites plaques fines et dures superposées les unes aux autres qui recouvrent le corps de la tortue.

plaque^F marginale
Écaille cornée de petite taille disposée en une rangée autour de la dossière.

plastron^M
Revêtement osseux plus ou moins plat, protégeant le ventre et échancré sur les côtés pour permettre le mouvement des pattes.

patte^F
Membre articulé court et épais portant des griffes et servant à la marche ou à la nage selon l'espèce.

plaque^F supra-caudale
Écaille cornée de plus petite taille située à la partie postérieure de la dossière, au-dessus de la queue.

anatomie^F de la tortue^F

œsophage^M
Canal de la partie antérieure du tube digestif qui achemine les aliments à l'estomac.

estomac^M
Partie dilatée du tube digestif précédant l'intestin, destinée à recevoir les aliments pour les digérer.

foie^M
Viscère sécrétant notamment une substance (bile) contribuant à la digestion.

rate^F
Organe du système circulatoire où sont détruites les impuretés du sang.

côlon^M
Partie de l'intestin antérieure au rectum.

vessie^F
Réservoir où s'accumule l'urine provenant des reins avant d'être évacuée par le cloaque.

intestin^M grêle
Partie longue et fine du tube digestif postérieure à l'estomac, dans laquelle se produit la plus grande partie de la digestion et de l'absorption alimentaire.

rectum^M
Partie terminale de l'intestin située entre le côlon et l'anus.

oviducte^M
Canal par lequel les ovules sont expulsés des ovaires.

anus^M
Orifice terminal du tube digestif permettant l'éjection des matières fécales.

cloaque^M
Orifice commun de l'intestin ainsi que des voies génitale et urinaire, situé dans la partie terminale du tube digestif.

// # exemples de reptiles

Reptiles : vertébrés à sang froid recouverts d'écailles (plus de 8 000 espèces) dont les membres sont parfois atrophiés ou absents.

cobra
Serpent venimeux des régions tropicales d'Asie et d'Afrique, dont le cou se gonfle lorsqu'il se sent menacé.

vipère
Serpent venimeux des lieux chauds et secs d'Eurasie et d'Afrique, à tête triangulaire aplatie et à queue courte, dont la morsure peut être mortelle.

serpent corail
Serpent venimeux d'Amérique au corps fin, dont la morsure peut être mortelle, vivant caché dans le sol ou sous les rochers.

couleuvre rayée
Serpent non venimeux fort répandu, à tête ovale et peu aplatie, dont la queue est plus longue que celle de la vipère.

boa
Serpent non venimeux des régions chaudes d'Amérique, de taille moyenne, vivant surtout sur les arbres ou dans l'eau, qui tue ses proies par strangulation.

serpent à sonnette
Serpent venimeux terrestre d'Amérique, qui agite une queue faite d'écailles pour faire fuir l'ennemi.

python
Grand serpent nocturne non venimeux des régions chaudes d'Asie, d'Afrique et d'Australie, vivant souvent sur les arbres, qui tue ses proies par strangulation.

anaconda
Grand serpent aquatique, non venimeux, vivant dans les régions tropicales d'Amérique du Sud; il peut atteindre une longueur de 8 mètres.

reptiles 157

exemples^M de reptiles^M

gecko^M
Lézard de petite taille, nocturne et arboricole; on le trouve dans tous les climats non arctiques.

lézard^M
Reptile terrestre diurne essentiellement insectivore, fort répandu, au corps muni d'une longue queue cassante.

varan^M
Grand lézard diurne et carnivore des régions chaudes d'Afrique, d'Asie et d'Australie, à tête allongée, dont les espèces sont terrestres et aquatiques.

caméléon^M
Lézard insectivore d'Afrique et d'Inde vivant sur les arbres, pourvu d'une queue préhensile, pouvant changer de couleur pour se dissimuler.

iguane^M
Grand lézard d'Amérique tropicale et des îles du Pacifique, vivant surtout sur les arbres, pourvu d'une crête dorsale épineuse.

caïman^M
Reptile aquatique et terrestre d'Amérique centrale et du Sud, de taille moyenne, moins agressif que le crocodile et l'alligator.

alligator^M
Reptile aquatique et terrestre à pattes courtes, dont la tête est moins longue et plus large que celle du crocodile, vivant en Amérique du Nord et en Chine.

crocodile^M
Reptile aquatique et terrestre à tête allongée munie de fortes mâchoires, à pattes courtes et à queue puissante, vivant dans les régions chaudes.

RÈGNE ANIMAL

oiseau^M

Vertébré au corps recouvert de plumes et au bec dépourvu de dents; les membres antérieurs (ailes) sont généralement adaptés au vol.

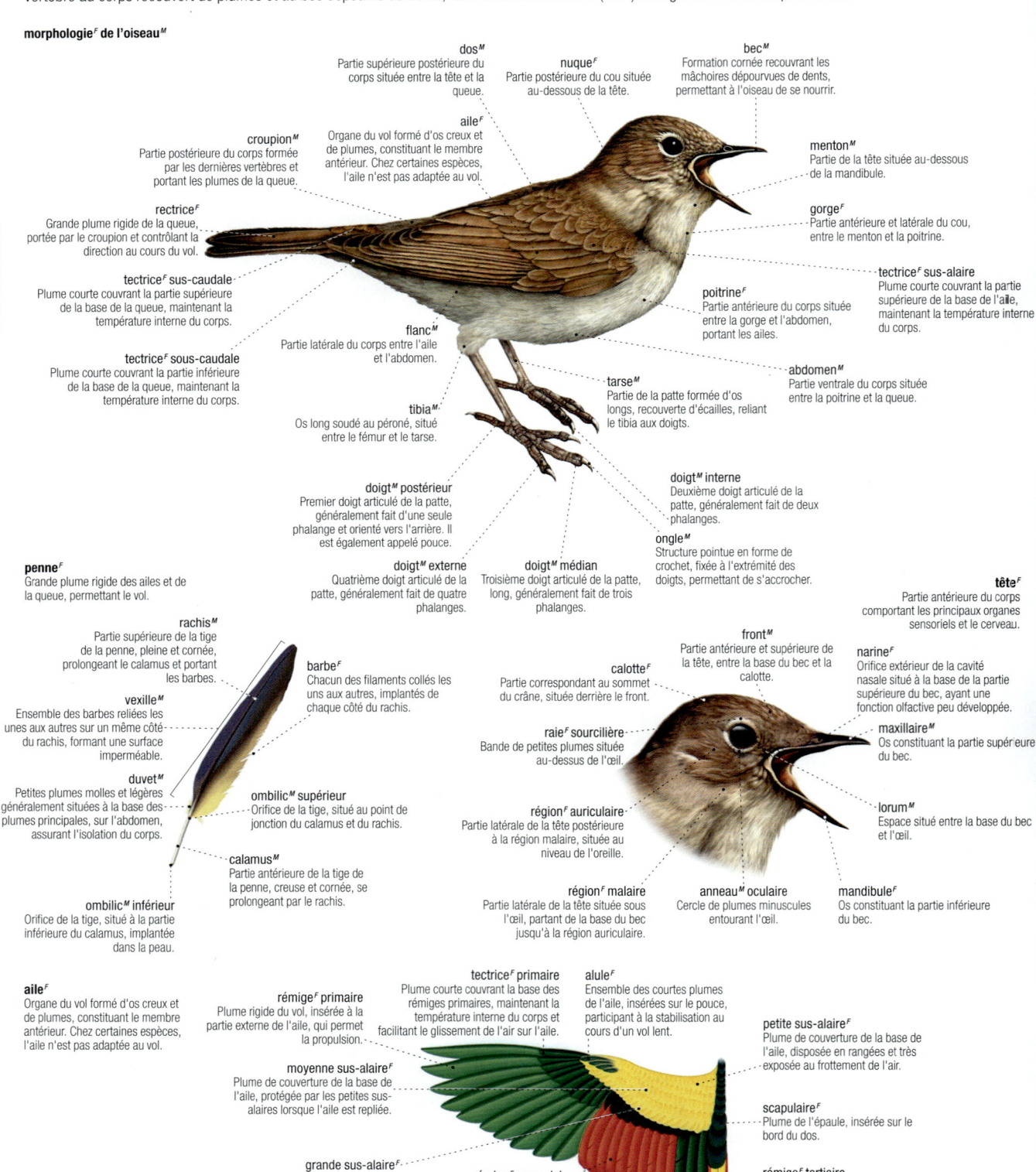

morphologie^F de l'oiseau^M

dos^M : Partie supérieure postérieure du corps située entre la tête et la queue.

nuque^F : Partie postérieure du cou située au-dessous de la tête.

bec^M : Formation cornée recouvrant les mâchoires dépourvues de dents, permettant à l'oiseau de se nourrir.

aile^F : Organe du vol formé d'os creux et de plumes, constituant le membre antérieur. Chez certaines espèces, l'aile n'est pas adaptée au vol.

croupion^M : Partie postérieure du corps formée par les dernières vertèbres et portant les plumes de la queue.

menton^M : Partie de la tête située au-dessous de la mandibule.

gorge^F : Partie antérieure et latérale du cou, entre le menton et la poitrine.

rectrice^F : Grande plume rigide de la queue, portée par le croupion et contrôlant la direction au cours du vol.

tectrice^F sus-alaire : Plume courte couvrant la partie supérieure de la base de l'aile, maintenant la température interne du corps.

tectrice^F sus-caudale : Plume courte couvrant la partie supérieure de la base de la queue, maintenant la température interne du corps.

poitrine^F : Partie antérieure du corps située entre la gorge et l'abdomen, portant les ailes.

tectrice^F sous-caudale : Plume courte couvrant la partie inférieure de la base de la queue, maintenant la température interne du corps.

flanc^M : Partie latérale du corps entre l'aile et l'abdomen.

tarse^M : Partie de la patte formée d'os longs, recouverte d'écailles, reliant le tibia aux doigts.

abdomen^M : Partie ventrale du corps située entre la poitrine et la queue.

tibia^M : Os long soudé au péroné, situé entre le fémur et le tarse.

doigt^M postérieur : Premier doigt articulé de la patte, généralement fait d'une seule phalange et orienté vers l'arrière. Il est également appelé pouce.

doigt^M interne : Deuxième doigt articulé de la patte, généralement fait de deux phalanges.

penne^F : Grande plume rigide des ailes et de la queue, permettant le vol.

doigt^M externe : Quatrième doigt articulé de la patte, généralement fait de quatre phalanges.

doigt^M médian : Troisième doigt articulé de la patte, long, généralement fait de trois phalanges.

ongle^M : Structure pointue en forme de crochet, fixée à l'extrémité des doigts, permettant de s'accrocher.

tête^F : Partie antérieure du corps comportant les principaux organes sensoriels et le cerveau.

rachis^M : Partie supérieure de la tige de la penne, pleine et cornée, prolongeant le calamus et portant les barbes.

barbe^F : Chacun des filaments collés les uns aux autres, implantés de chaque côté du rachis.

front^M : Partie antérieure et supérieure de la tête, entre la base du bec et la calotte.

narine^F : Orifice extérieur de la cavité nasale situé à la base de la partie supérieure du bec, ayant une fonction olfactive peu développée.

vexille^M : Ensemble des barbes reliées les unes aux autres sur un même côté du rachis, formant une surface imperméable.

calotte^F : Partie correspondant au sommet du crâne, située derrière le front.

raie^F sourcilière : Bande de petites plumes située au-dessus de l'œil.

maxillaire^F : Os constituant la partie supérieure du bec.

duvet^M : Petites plumes molles et légères généralement situées à la base des plumes principales, sur l'abdomen, assurant l'isolation du corps.

région^F auriculaire : Partie latérale de la tête postérieure à la région malaire, située au niveau de l'oreille.

ombilic^M supérieur : Orifice de la tige, situé au point de jonction du calamus et du rachis.

lorum^M : Espace situé entre la base du bec et l'œil.

calamus^M : Partie antérieure de la tige de la penne, creuse et cornée, se prolongeant par le rachis.

ombilic^M inférieur : Orifice de la tige, situé à la partie inférieure du calamus, implantée dans la peau.

région^F malaire : Partie latérale de la tête située sous l'œil, partant de la base du bec jusqu'à la région auriculaire.

anneau^M oculaire : Cercle de plumes minuscules entourant l'œil.

mandibule^F : Os constituant la partie inférieure du bec.

aile^F : Organe du vol formé d'os creux et de plumes, constituant le membre antérieur. Chez certaines espèces, l'aile n'est pas adaptée au vol.

rémige^F primaire : Plume rigide du vol, insérée à la partie externe de l'aile, qui permet la propulsion.

tectrice^F primaire : Plume courte couvrant la base des rémiges primaires, maintenant la température interne du corps et facilitant le glissement de l'air sur l'aile.

alule^F : Ensemble des courtes plumes de l'aile, insérées sur le pouce, participant à la stabilisation au cours d'un vol lent.

petite sus-alaire^F : Plume de couverture de la base de l'aile, disposée en rangées et très exposée au frottement de l'air.

moyenne sus-alaire^F : Plume de couverture de la base de l'aile, protégée par les petites sus-alaires lorsque l'aile est repliée.

scapulaire^F : Plume de l'épaule, insérée sur le bord du dos.

grande sus-alaire^F : Plume de couverture de la base de l'aile, protégée par les moyennes sus-alaires lorsque l'aile est repliée.

rémige^F secondaire : Plume rigide du vol, insérée à la partie centrale de l'aile, protégée par les rémiges primaires lorsque l'aile est repliée.

rémige^F tertiaire : Plume rigide du vol, insérée à la partie interne de l'aile, permettant de diminuer les turbulences de l'air.

oiseaux

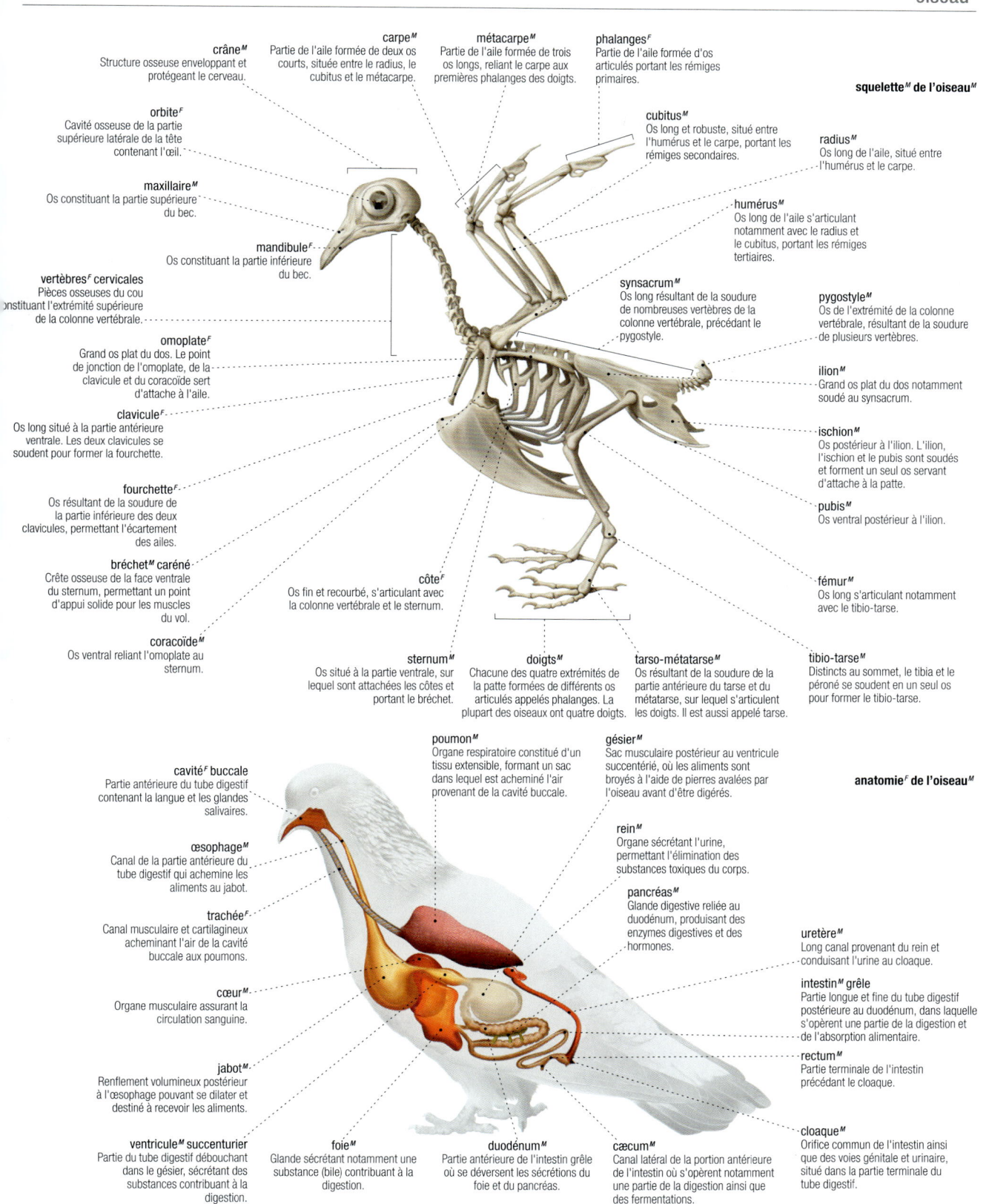

oiseau[M]

squelette[M] **de l'oiseau**[M]

- **crâne**[M] — Structure osseuse enveloppant et protégeant le cerveau.
- **orbite**[F] — Cavité osseuse de la partie supérieure latérale de la tête contenant l'œil.
- **maxillaire**[M] — Os constituant la partie supérieure du bec.
- **mandibule**[M] — Os constituant la partie inférieure du bec.
- **vertèbres**[F] **cervicales** — Pièces osseuses du cou constituant l'extrémité supérieure de la colonne vertébrale.
- **omoplate**[F] — Grand os plat du dos. Le point de jonction de l'omoplate, de la clavicule et du coracoïde sert d'attache à l'aile.
- **clavicule**[F] — Os long situé à la partie antérieure ventrale. Les deux clavicules se soudent pour former la fourchette.
- **fourchette**[F] — Os résultant de la soudure de la partie inférieure des deux clavicules, permettant l'écartement des ailes.
- **bréchet**[M] **caréné** — Crête osseuse de la face ventrale du sternum, permettant un point d'appui solide pour les muscles du vol.
- **coracoïde**[M] — Os ventral reliant l'omoplate au sternum.
- **carpe**[M] — Partie de l'aile formée de deux os courts, située entre le radius, le cubitus et le métacarpe.
- **métacarpe**[M] — Partie de l'aile formée de trois os longs, reliant le carpe aux premières phalanges des doigts.
- **phalanges**[F] — Partie de l'aile formée d'os articulés portant les rémiges primaires.
- **cubitus**[M] — Os long et robuste, situé entre l'humérus et le carpe, portant les rémiges secondaires.
- **synsacrum**[M] — Os long résultant de la soudure de nombreuses vertèbres de la colonne vertébrale, précédant le pygostyle.
- **côte**[F] — Os fin et recourbé, s'articulant avec la colonne vertébrale et le sternum.
- **sternum**[M] — Os situé à la partie ventrale, sur lequel sont attachées les côtes et portant le bréchet.
- **doigts**[M] — Chacune des quatre extrémités de la patte formées de différents os articulés appelés phalanges. La plupart des oiseaux ont quatre doigts.
- **tarso-métatarse**[M] — Os résultant de la soudure de la partie antérieure du tarse et du métatarse, sur lequel s'articulent les doigts. Il est aussi appelé tarse.
- **radius**[M] — Os long de l'aile, situé entre l'humérus et le carpe.
- **humérus**[M] — Os long de l'aile s'articulant notamment avec le radius et le cubitus, portant les rémiges tertiaires.
- **pygostyle**[M] — Os de l'extrémité de la colonne vertébrale, résultant de la soudure de plusieurs vertèbres.
- **ilion**[M] — Grand os plat du dos notamment soudé au synsacrum.
- **ischion**[M] — Os postérieur à l'ilion. L'ilion, l'ischion et le pubis sont soudés et forment un seul os servant d'attache à la patte.
- **pubis**[M] — Os ventral postérieur à l'ilion.
- **fémur**[M] — Os long s'articulant notamment avec le tibio-tarse.
- **tibio-tarse**[M] — Distincts au sommet, le tibia et le péroné se soudent en un seul os pour former le tibio-tarse.

RÈGNE ANIMAL

anatomie[F] **de l'oiseau**[M]

- **cavité**[F] **buccale** — Partie antérieure du tube digestif contenant la langue et les glandes salivaires.
- **œsophage**[M] — Canal de la partie antérieure du tube digestif qui achemine les aliments au jabot.
- **trachée**[F] — Canal musculaire et cartilagineux acheminant l'air de la cavité buccale aux poumons.
- **cœur**[M] — Organe musculaire assurant la circulation sanguine.
- **jabot**[M] — Renflement volumineux postérieur à l'œsophage pouvant se dilater et destiné à recevoir les aliments.
- **ventricule**[M] **succenturier** — Partie du tube digestif débouchant dans le gésier, sécrétant des substances contribuant à la digestion.
- **foie**[M] — Glande sécrétant notamment une substance (bile) contribuant à la digestion.
- **poumon**[M] — Organe respiratoire constitué d'un tissu extensible, formant un sac dans lequel est acheminé l'air provenant de la cavité buccale.
- **gésier**[M] — Sac musculaire postérieur au ventricule succenturié, où les aliments sont broyés à l'aide de pierres avalées par l'oiseau avant d'être digérés.
- **rein**[M] — Organe sécrétant l'urine, permettant l'élimination des substances toxiques du corps.
- **pancréas**[M] — Glande digestive reliée au duodénum, produisant des enzymes digestives et des hormones.
- **duodénum**[M] — Partie antérieure de l'intestin grêle où se déversent les sécrétions du foie et du pancréas.
- **cæcum**[M] — Canal latéral de la portion antérieure de l'intestin où s'opèrent notamment une partie de la digestion ainsi que des fermentations.
- **uretère**[M] — Long canal provenant du rein et conduisant l'urine au cloaque.
- **intestin**[M] **grêle** — Partie longue et fine du tube digestif postérieure au duodénum, dans laquelle s'opèrent une partie de la digestion et de l'absorption alimentaire.
- **rectum**[M] — Partie terminale de l'intestin précédant le cloaque.
- **cloaque**[M] — Orifice commun de l'intestin ainsi que des voies génitale et urinaire, situé dans la partie terminale du tube digestif.

oiseau^M

œuf^M
Mode de reproduction de certaines espèces animales : cellule vivante pourvue d'une enveloppe et d'une réserve alimentaire, produit par la femelle.

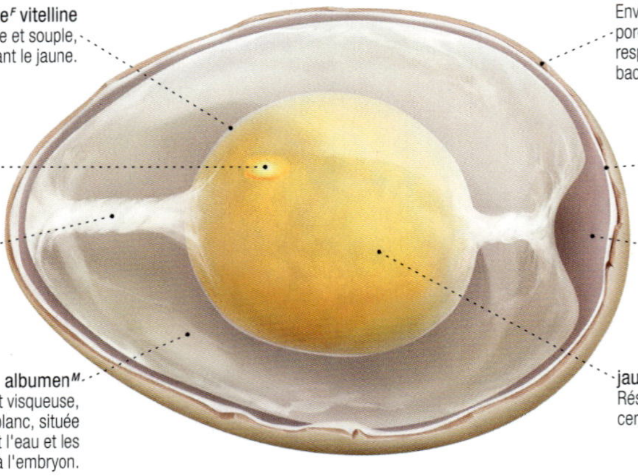

membrane^F vitelline
Tissu transparent, mince et souple, enveloppant le jaune.

germe^M
Trace de la fécondation d'un œuf, à la surface de la membrane vitelline, à partir duquel se développe l'embryon.

chalaze^F
Filament torsadé d'albumen maintenant le jaune au centre de l'œuf.

albumen^M
Substance liquide et visqueuse, couramment appelée blanc, située autour du jaune, contenant l'eau et les protéines nécessaires à l'embryon.

coquille^F
Enveloppe calcaire, rigide et poreuse, de l'œuf assurant la respiration, la lutte contre les bactéries et la protection.

membrane^F coquillière
Tissu souple et poreux fait de deux couches superposées, recouvrant l'intérieur de la coquille, assurant la respiration et la lutte contre les bactéries.

chambre^F à air^M
Poche d'air comprise entre les deux couches de la membrane coquillière, à la base de l'œuf, se formant lors de son refroidissement, après la ponte.

jaune^M
Réserve nutritive de l'embryon au centre de l'œuf.

exemples^M de becs^M
La forme du bec est caractéristique du mode de vie de chaque espèce d'oiseau. Il lui sert surtout à se nourrir, à construire son nid et à se défendre.

oiseau^M insectivore
Le bec long, fin et pointu permet de saisir les insectes.

oiseau^M aquatique
Le bec large et plat, pourvu de lamelles latérales cornées, filtre l'eau et la vase pour n'en retenir que les éléments nutritifs.

oiseau^M de proie
Le bec court, robuste et crochu déchiquette des proies volumineuses.

oiseau^M granivore
Le bec conique, court et robuste décortique les graines : la mandibule inférieure coupante fend la graine maintenue par la langue sur le maxillaire supérieur.

oiseau^M échassier
Le long bec recourbé lui permet d'extraire les petits animaux et végétaux profondément enfouis dans le sol, la vase et les marécages.

exemples^M de pattes^F
Les pattes des oiseaux sont adaptées à leur mode de vie. Elles portent généralement quatre doigts : un postérieur (pouce) et trois antérieurs.

oiseau^M de proie^F
Les pattes robustes munies de serres puissantes se resserrent sur les proies pour les immobiliser et les tuer; elles sont peu adaptées à la locomotion.

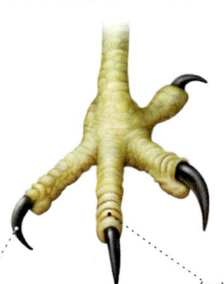

oiseau^M percheur
Les quatre doigts terminés par un ongle se referment au repos autour d'un support et le doigt postérieur (pouce) assure l'équilibre.

doigt^M
Extrémité des pattes formée d'os articulés, permettant à l'oiseau de se percher ou de marcher.

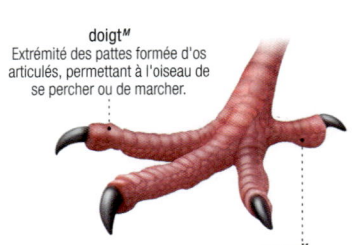

pouce^M
Premier doigt de la patte, orienté vers l'arrière, assurant l'équilibre.

oiseau^M aquatique
Oiseau dont les pattes sont adaptées à la nage. Chez certaines espèces, la nage est assurée par des doigts palmés.

doigt^M palmé
Chacun des doigts de la patte reliés entre eux par une membrane et qui, lorsqu'ils sont écartés, permettent la nage.

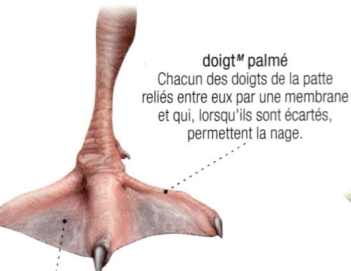

palmure^F
Fine membrane de peau reliant les doigts de la patte, qui se tend lors de la nage.

oiseau^M aquatique
Oiseau dont les pattes sont adaptées à la nage. Chez certaines espèces, la nage est assurée par des doigts lobés.

doigt^M lobé
Chacun des doigts plats entourés de lobes, assurant la propulsion de l'oiseau dans l'eau et évitant l'enlisement hors de l'eau.

lobe^M
Chacune des divisions cutanées arrondies entourant les doigts, permettant la nage.

serre^F
Structure cornée, pointue et très recourbée, permettant à l'oiseau de saisir des proies.

écaille^F
Chacune des petites plaques fines et dures superposées les unes aux autres qui recouvrent les doigts.

oiseaux 161

exemples^M d'oiseaux^M aquatiques et de rivage^M

Les oiseaux aquatiques et de rivage vivent en totalité ou en partie dans une étendue d'eau ou aux alentours de celle-ci.

sterne^F
Oiseau aquatique palmipède fort répandu aux ailes longues et souvent à queue fourchue, se nourrissant des poissons qu'il capture en plongeant.

canard^M
Oiseau aquatique palmipède, passant l'essentiel de son temps sur l'eau. Le canard domestique est élevé pour sa chair et la production de foie gras.

pingouin^M
Oiseau des mers arctiques dont les courtes ailes servent aussi de nageoires.

goéland^M
Oiseau marin palmipède et omnivore, qui niche près de l'eau douce ou salée.

martin-pêcheur^M
Oiseau piscivore au plumage très coloré, passant la plupart de son temps perché au bord de l'eau.

huîtrier^M **pie**^F
Oiseau à long bec, au vol rapide, vivant en Eurasie et se nourrissant essentiellement de coquillages.

pélican^M
Oiseau palmipède dont la mandibule inférieure porte une poche extensible pour capturer les poissons.

albatros^M
Oiseau aquatique palmipède des mers australes, dont l'envergure des ailes peut atteindre 3 m, ce qui lui permet de planer pendant des heures.

cygne^M
Grand oiseau palmipède vivant dans les eaux douces des régions froides.

héron^M
Oiseau échassier fort répandu généralement piscivore, au cou replié en « S » au repos, fréquentant les eaux peu profondes et les marécages.

manchot^M
Oiseau marin palmipède surtout piscivore, dont les ailes sont transformées en nageoires, vivant en colonies dans l'hémisphère Sud.

cigogne^F
Oiseau échassier des marais et des champs, dont deux espèces sont menacées d'extinction.

flamant^M
Oiseau palmipède, au plumage généralement rose, vivant en colonies dans les eaux salées et saumâtres, dont le bec filtreur lui permet de se nourrir.

RÈGNE ANIMAL

exemples^M d'oiseaux^M terrestres

Les oiseaux terrestres nichent et se nourrissent habituellement dans les forêts, les champs, les montagnes ou en milieu urbain.

bouvreuil^M
Oiseau essentiellement granivore et insectivore, à la poitrine rouge, vivant dans les bois et parcs d'Eurasie.

chardonneret^M
Oiseau chanteur au plumage vivement coloré, se nourrissant essentiellement de graines de chardon.

martinet^M
Oiseau insectivore fort répandu au vol très rapide, surtout aérien, car ses doigts lui permettent difficilement de se percher.

colibri^M
Minuscule oiseau aux couleurs vives et au bec long et fin, vivant sur le continent américain et capable de voler sur place et à reculons.

moineau^M
Oiseau essentiellement granivore et insectivore très répandu dans les villes et à la campagne.

geai^M
Oiseau souvent vivement coloré essentiellement frugivore et insectivore, généralement bruyant et vivant dans les forêts.

rossignol^M
Oiseau au chant mélodieux, insectivore et frugivore, vivant dans les buissons des forêts et des parcs.

vanneau^M
Oiseau surtout insectivore, portant une touffe de plumes érectiles sur la tête, vivant dans les prairies humides et les lieux marécageux d'Eurasie et d'Afrique.

rouge-gorge^M
Oiseau percheur d'Europe, caractérisé par sa gorge et sa poitrine roux vif, émettant un chant mélodieux assez fort et vivant dans les bois et jardins.

pinson^M
Oiseau fort répandu, au chant harmonieux, muni d'un bec conique permettant de briser la coque des graines.

toucan^M
Oiseau des forêts d'Amérique tropicale au bec denté, énorme mais léger, qui lui permet notamment de se nourrir de fruits et d'insectes.

hirondelle^F
Oiseau fort répandu dans l'hémisphère Nord, aux habitats très divers, se nourrissant généralement d'insectes capturés au vol.

dindon^M
Oiseau originaire d'Amérique, à tête et à cou nus recouverts d'excroissances, domestiqué pour la production de viande.

cardinal^M
Oiseau aux couleurs vives, portant une touffe de plumes sur la tête, vivant surtout dans les bois et jardins d'Amérique.

autruche^F
Oiseau coureur d'Afrique, atteignant plus de 2 m, inapte au vol, aux pattes puissantes à deux doigts, élevé pour les plumes et la chair.

paon^M
Oiseau omnivore originaire d'Asie, dont la queue du mâle faite de plumes colorées se dresse et se déploie lors de la parade nuptiale.

pintade^F
Oiseau sauvage terrestre originaire d'Afrique, domestiqué en Europe pour sa chair, dont la tête nue est munie d'une crête cornée.

oiseaux 163

exemples d'oiseaux terrestres

caille
Oiseau vivant dans les champs et les prés, très apprécié comme gibier et dont certaines espèces sont domestiquées.

étourneau
Oiseau omnivore au plumage sombre et au bec droit.

pigeon
Oiseau essentiellement granivore, recherché pour sa chair et pour son grand sens de l'orientation (pigeon voyageur).

ara
Oiseau percheur bruyant aux couleurs vives des forêts tropicales d'Amérique, surtout granivore et frugivore.

pie
Oiseau omnivore des prairies tempérées de l'hémisphère Nord, qui se fait remarquer par son cri.

petite nyctale
Oiseau rapace nocturne vivant dans les forêts d'Amérique du Nord.

pic
Oiseau insectivore utilisant son bec pour marquer son territoire et creuser l'écorce des arbres afin d'y trouver sa nourriture et d'y nicher.

cacatoès
Oiseau percheur bruyant au plumage terne, portant une touffe de plumes érectiles sur la tête, surtout répandu en Australie et capable d'imiter la parole humaine.

faucon
Oiseau rapace diurne à la vue perçante, aux griffes et au bec puissants, chassant les proies au vol, parfois dressé pour la chasse.

vautour
Oiseau de proie diurne surtout charognard à la tête dénudée et au cou nu, au bec puissant et aux griffes faibles, vivant en Amérique et en Eurasie.

corbeau
Oiseau surtout charognard au bec fort et au plumage généralement noir.

perdrix
Oiseau terrestre au vol lourd, constituant le gibier ailé le plus chassé.

faisan
Oiseau originaire d'Asie caractérisé par sa longue queue, dont la chair est très estimée et dont certains sont uniquement élevés pour la chasse.

grand duc d'Amérique
Oiseau de proie nocturne portant des aigrettes saillantes de chaque côté de la tête, vivant dans les forêts d'Amérique.

condor
Oiseau rapace charognard diurne d'Amérique, à la tête et au cou nus, dont une espèce de Californie est en voie d'extinction.

oie
Oiseau palmipède de l'hémisphère Nord, plus terrestre que nageur, dont certaines espèces sont notamment élevées pour la production de foie gras.

poussin
Oisillon nouvellement éclos, recouvert de duvet.

poule
Oiseau domestique (femelle du coq) muni d'une petite crête dentelée, élevé pour ses œufs et sa chair.

coq
Oiseau domestique (mâle de la poule) muni d'une grande crête dentelée et dont la queue porte de longues plumes.

aigle
Oiseau de proie diurne fort répandu à la vue perçante, dont le bec crochu et les serres acérées lui permettent de capturer ses proies vivantes.

RÈGNE ANIMAL

mammifères insectivores

taupe^F

Mammifère insectivore (environ 40 espèces) d'Eurasie et d'Amérique creusant des galeries souterraines à l'aide de ses pattes antérieures pour se nourrir.

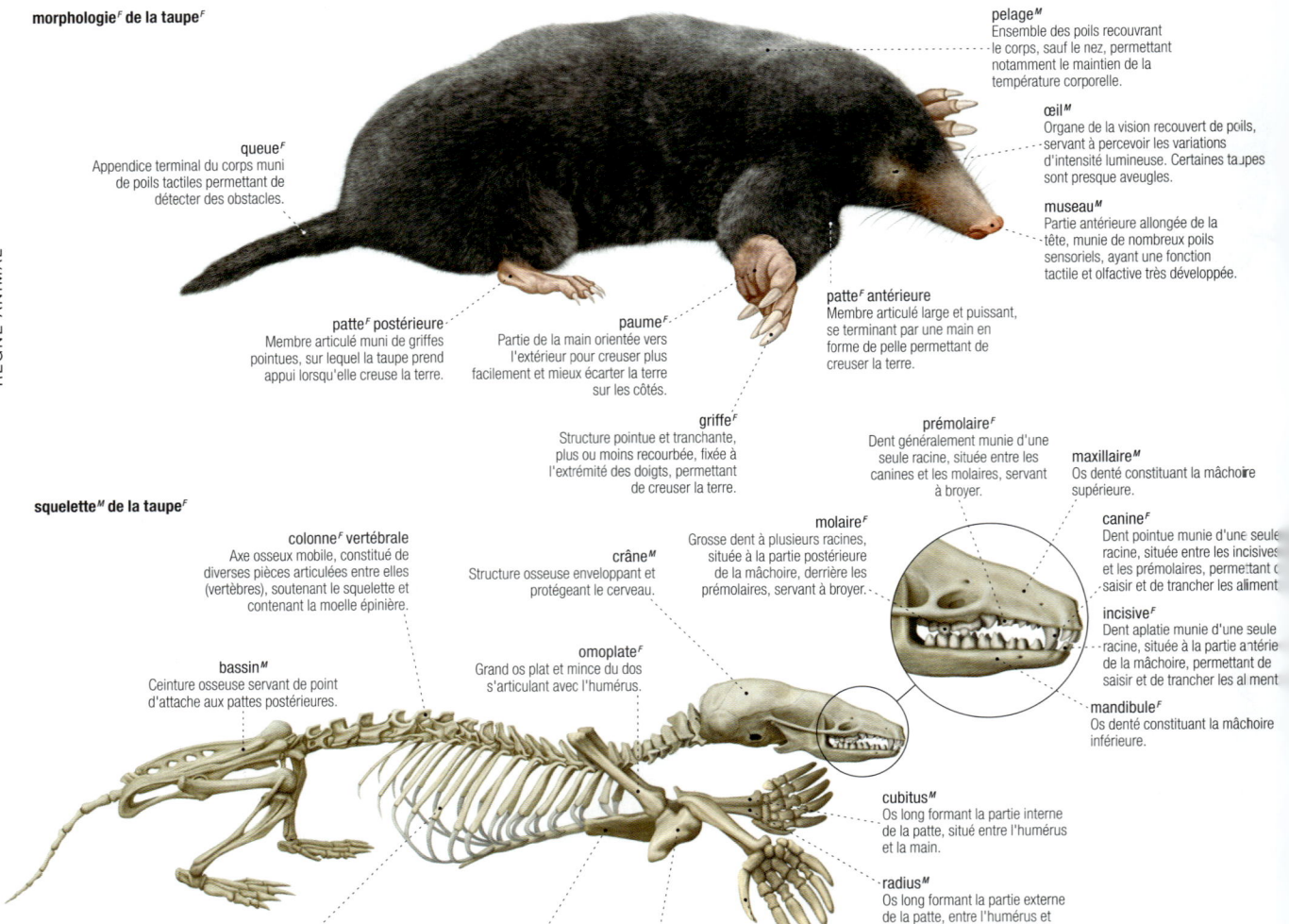

morphologie^F de la taupe^F

pelage^M
Ensemble des poils recouvrant le corps, sauf le nez, permettant notamment le maintien de la température corporelle.

queue^F
Appendice terminal du corps muni de poils tactiles permettant de détecter des obstacles.

œil^M
Organe de la vision recouvert de poils, servant à percevoir les variations d'intensité lumineuse. Certaines taupes sont presque aveugles.

museau^M
Partie antérieure allongée de la tête, munie de nombreux poils sensoriels, ayant une fonction tactile et olfactive très développée.

patte^F **postérieure**
Membre articulé muni de griffes pointues, sur lequel la taupe prend appui lorsqu'elle creuse la terre.

paume^F
Partie de la main orientée vers l'extérieur pour creuser plus facilement et mieux écarter la terre sur les côtés.

patte^F **antérieure**
Membre articulé large et puissant, se terminant par une main en forme de pelle permettant de creuser la terre.

griffe^F
Structure pointue et tranchante, plus ou moins recourbée, fixée à l'extrémité des doigts, permettant de creuser la terre.

prémolaire^F
Dent généralement munie d'une seule racine, située entre les canines et les molaires, servant à broyer.

maxillaire^M
Os denté constituant la mâchoire supérieure.

canine^F
Dent pointue munie d'une seule racine, située entre les incisives et les prémolaires, permettant de saisir et de trancher les aliments.

squelette^M de la taupe^F

colonne^F **vertébrale**
Axe osseux mobile, constitué de diverses pièces articulées entre elles (vertèbres), soutenant le squelette et contenant la moelle épinière.

crâne^M
Structure osseuse enveloppant et protégeant le cerveau.

molaire^F
Grosse dent à plusieurs racines, située à la partie postérieure de la mâchoire, derrière les prémolaires, servant à broyer.

incisive^F
Dent aplatie munie d'une seule racine, située à la partie antérieure de la mâchoire, permettant de saisir et de trancher les aliments.

bassin^M
Ceinture osseuse servant de point d'attache aux pattes postérieures.

omoplate^F
Grand os plat et mince du dos s'articulant avec l'humérus.

mandibule^F
Os denté constituant la mâchoire inférieure.

cubitus^M
Os long formant la partie interne de la patte, situé entre l'humérus et la main.

radius^M
Os long formant la partie externe de la patte, entre l'humérus et la main.

côte^F
Os fin et recourbé, s'articulant avec la colonne vertébrale et le sternum.

sternum^M
Os plat et allongé, sur lequel sont notamment attachées les côtes et portant une crête sur sa face ventrale.

humérus^M
Os de la patte antérieure s'articulant avec l'omoplate ainsi qu'avec le radius et le cubitus, fournissant une large assise aux muscles.

os^M **sésamoïde falciforme**
Petit os recourbé situé près du pouce, qui renforce la main et en rend le bord intérieur tranchant.

exemples^M de mammifères^M insectivores

musaraigne^F
Mammifère insectivore (plus de 300 espèces) fort répandu, creusant parfois des galeries et émettant une sécrétion fétide pour se protéger.

pangolin^M
Mammifère insectivore dépourvu de dents, originaire d'Afrique et d'Asie, se nourrissant de termites et de fourmis.

hérisson^M
Mammifère insectivore (environ 10 espèces) d'Eurasie et d'Afrique au corps généralement couvert de poils durs ou piquants qui se hérissent lorsqu'il se met en boule pour se protéger.

tamanoir^M
Grand mammifère d'Amérique du Sud, à long museau et dépourvu de dents, qui se nourrit de fourmis et de termites à l'aide de sa langue.

mammifères rongeurs   165

rat^M

Mammifère rongeur omnivore à longue queue, particulièrement vorace et prolifique, caractérisé par son intelligence; certaines espèces sont domestiquées ou utilisées pour des expériences de laboratoire.

morphologie^F du rat^M

pavillon^M
Partie externe de l'oreille faite de lobes cartilagineux, permettant de capter les sons.

vibrisse^F
Long poil tactile situé autour du nez et de la bouche, permettant de détecter des obstacles au cours de déplacements nocturnes.

nez^M
Saillie médiane de la tête percée de deux orifices, située au-dessus de la bouche, ayant une fonction olfactive et respiratoire.

doigt^M
Extrémité des pattes formée de différents os articulés, portant une griffe et permettant notamment au rat de se nourrir et de se déplacer.

griffe^F
Structure pointue et tranchante, plus ou moins recourbée, permettant notamment de creuser et de se défendre.

pelage^M
Ensemble des poils recouvrant le corps, sauf le nez, permettant notamment le maintien de la température corporelle.

queue^F
Appendice terminal du corps, recouvert d'écailles et parcouru de vaisseaux sanguins, servant notamment à l'équilibre.

RÈGNE ANIMAL

squelette^M du rat^M

axis^M
Deuxième vertèbre cervicale soutenant l'atlas, permettant les mouvements de rotation de la tête.

omoplate^F
Grand os plat et mince de l'épaule s'articulant avec l'humérus.

vertèbres^F thoraciques
Pièces osseuses supportant les côtes, situées entre les vertèbres cervicales et les vertèbres lombaires.

vertèbres^F cervicales
Pièces osseuses du cou constituant l'extrémité supérieure de la colonne vertébrale.

cartilage^M costal
Tissu élastique et résistant prolongeant la partie antérieure des côtes pour les relier au sternum.

pariétal^M
Os plat de la partie supérieure du crâne.

atlas^M
Première vertèbre cervicale soutenant la tête et supportée par l'axis.

clavicule^F
Os long situé à la partie antérieure ventrale, s'articulant avec le sternum.

humérus^M
Os de la patte antérieure s'articulant avec l'omoplate ainsi qu'avec le radius et le cubitus, fournissant une large assise aux muscles.

sternum^M
Os plat et allongé, sur lequel sont notamment attachées les côtes et portant une crête sur sa face ventrale.

phalanges^F
Os articulés formant le squelette des doigts.

métacarpe^M
Partie de la patte antérieure formée de plusieurs os longs, reliant le carpe aux premières phalanges des doigts.

carpe^M
Partie de la patte antérieure formée d'os courts, située entre le radius, le cubitus et le métacarpe.

cubitus^M
Os long partiellement soudé au radius et formant la partie interne de la patte, situé entre l'humérus et le carpe.

radius^M
Os long partiellement soudé au cubitus et formant la partie externe de la patte, situé entre l'humérus et le carpe.

vertèbres^F lombaires
Pièces osseuses du dos situées entre les vertèbres thoraciques et les vertèbres sacrées.

côte^F
Os fin et recourbé, s'articulant avec la colonne vertébrale et le sternum.

rotule^F
Petit os plat triangulaire, légèrement bombé, situé à la face antérieure de la patte, s'articulant notamment avec le fémur.

tibia^M
Os long partiellement soudé au péroné et formant la partie interne de la patte, situé entre le fémur et le tarse.

phalanges^F
Os articulés formant le squelette des doigts.

vertèbres^F coccygiennes
Pièces osseuses constituant le squelette de la queue, situées à la partie terminale de la colonne vertébrale.

ilion^M
Grand os plat du dos s'articulant avec les vertèbres sacrées.

fémur^M
Os long de la patte postérieure s'articulant notamment avec la rotule.

vertèbres^F sacrées
Pièces osseuses partiellement soudées, situées entre les vertèbres lombaires et les vertèbres coccygiennes.

pubis^M
Os ventral postérieur à l'ilion.

ischion^M
Os postérieur à l'ilion. L'ilion, l'ischion et le pubis sont soudés et forment un seul os servant d'attache à la patte.

péroné^M
Os long partiellement soudé au tibia et formant la partie externe de la patte, situé entre le fémur et le tarse.

tarse^M
Partie de la patte postérieure formée de plusieurs os courts, située à la jonction du tibia et du métatarse.

métatarse^M
Partie de la patte postérieure formée de plusieurs os longs, reliant le tarse aux premières phalanges des doigts.

mammifères rongeurs

rat

mâchoire du rat
Chacune des deux structures osseuses munies de dents formant la bouche.

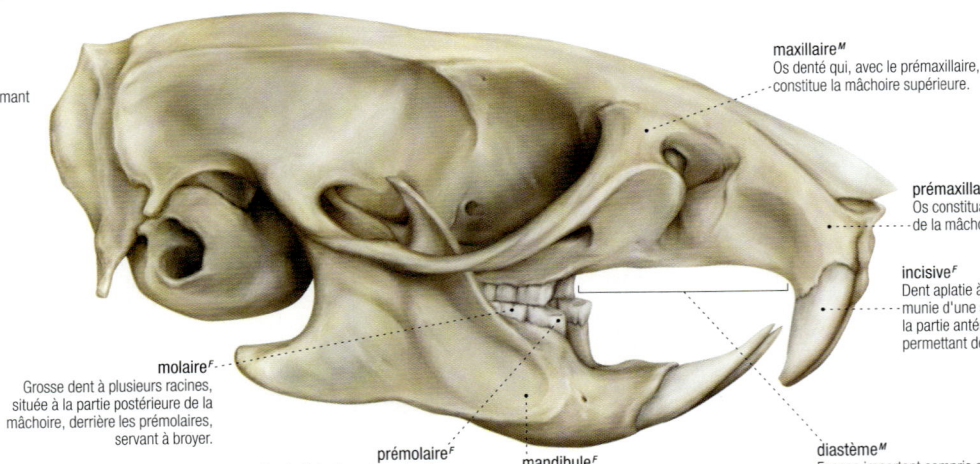

maxillaire
Os denté qui, avec le prémaxillaire, constitue la mâchoire supérieure.

prémaxillaire
Os constituant la partie antérieure de la mâchoire supérieure.

incisive
Dent aplatie à croissance continue munie d'une seule racine, située à la partie antérieure de la mâchoire, permettant de trancher la végétation.

molaire
Grosse dent à plusieurs racines, située à la partie postérieure de la mâchoire, derrière les prémolaires, servant à broyer.

prémolaire
Dent généralement munie d'une seule racine, postérieure au diastème, servant à broyer.

mandibule
Os denté constituant la mâchoire inférieure.

diastème
Espace important compris entre les incisives et les prémolaires, dû à l'absence de canines.

RÈGNE ANIMAL

exemples de mammifères rongeurs

Il existe plus de 2 000 espèces de rongeurs, réparties partout dans le monde.

mulot
Mammifère rongeur vivant dans les bois et les champs, se déplaçant par sauts, pouvant causer des dégâts importants aux récoltes.

tamia
Petit mammifère rongeur essentiellement végétarien, vivant principalement dans les forêts de feuillus et les buissons d'Amérique du Nord.

hamster
Mammifère rongeur des steppes d'Eurasie, stockant la nourriture dans ses abajoues, parfois domestiqué ou utilisé pour des expériences en laboratoire.

marmotte
Mammifère rongeur de l'hémisphère Nord, recherché pour sa fourrure, hibernant environ six mois par an et émettant un sifflement strident en cas de danger.

rat
Mammifère rongeur omnivore à longue queue, particulièrement vorace et prolifique, caractérisé par son intelligence; certaines espèces sont domestiquées ou utilisées pour des expériences de laboratoire.

gerboise
Mammifère rongeur des déserts d'Asie et d'Afrique, adapté au saut et pouvant se passer de boire.

écureuil
Mammifère rongeur surtout végétarien, vivant dans les bois et forêts du monde entier, sauf de l'Australie, dont certains se déplacent en planant d'arbre en arbre.

castor
Mammifère rongeur semi-aquatique d'Eurasie et d'Amérique du Nord construisant des barrages et des huttes de branchages sur les cours d'eau, recherché pour sa fourrure.

cochon d'Inde
Mammifère rongeur originaire d'Amérique du Sud, parfois domestiqué, mais essentiellement utilisé pour des expériences en laboratoire.

porc-épic
Mammifère rongeur des régions chaudes et tempérées, vivant sur terre ou sur les arbres, dont le corps est muni de longs poils piquants qu'il dresse pour se défendre.

mammifères lagomorphes 167

lapin^M

Mammifère lagomorphe fort répandu et très prolifique, vivant à l'état sauvage dans des terriers ou dont on fait l'élevage pour sa chair et sa fourrure.

morphologie^F du lapin^M

oreille^F
Organe de l'audition, très mobile, assurant également l'équilibre. L'ouïe du lapin est très développée.

œil^M
Organe de la vision servant notamment à percevoir l'intensité lumineuse et les mouvements. Sa vision nocturne est huit fois supérieure à celle de l'humain.

pelage^M
Ensemble des poils recouvrant le corps, sauf le nez, permettant notamment le maintien de la température corporelle.

nez^M
Saillie médiane de la tête percée de deux orifices, située au-dessus de la bouche, ayant une fonction olfactive et respiratoire.

vibrisse^F
Long poil tactile situé autour du nez et de la bouche, permettant de détecter des obstacles au cours de déplacements nocturnes.

patte^F
Membre articulé long et puissant portant des doigts, qui sert à la marche et au saut.

RÈGNE ANIMAL

mâchoire^F du lapin^M
Chacune des deux structures osseuses munies de dents formant la bouche.

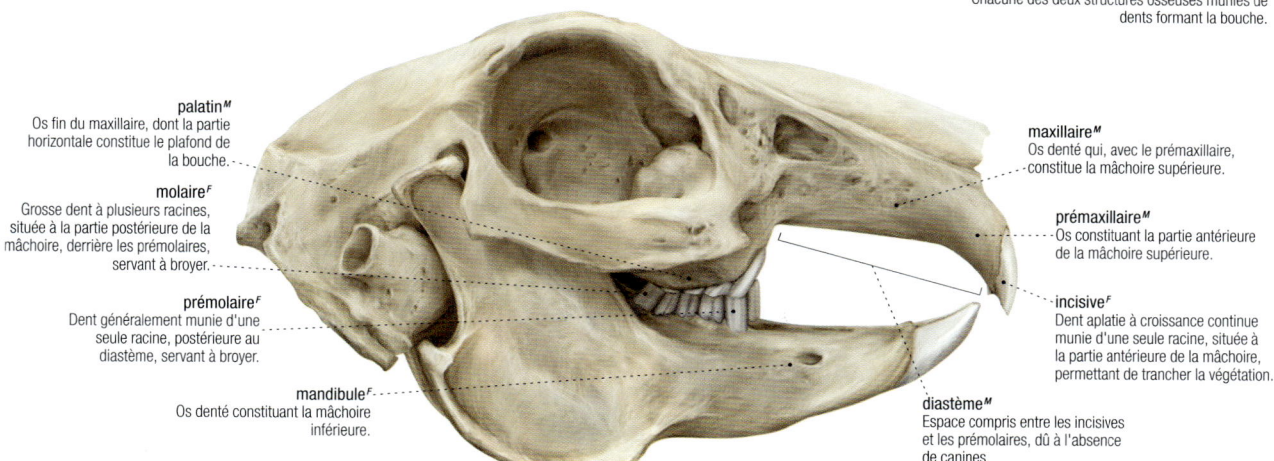

palatin^M
Os fin du maxillaire, dont la partie horizontale constitue le plafond de la bouche.

molaire^F
Grosse dent à plusieurs racines, située à la partie postérieure de la mâchoire, derrière les prémolaires, servant à broyer.

prémolaire^F
Dent généralement munie d'une seule racine, postérieure au diastème, servant à broyer.

mandibule^F
Os denté constituant la mâchoire inférieure.

maxillaire^M
Os denté qui, avec le prémaxillaire, constitue la mâchoire supérieure.

prémaxillaire^M
Os constituant la partie antérieure de la mâchoire supérieure.

incisive^F
Dent aplatie à croissance continue munie d'une seule racine, située à la partie antérieure de la mâchoire, permettant de trancher la végétation.

diastème^M
Espace compris entre les incisives et les prémolaires, dû à l'absence de canines.

exemples^M de mammifères^M lagomorphes^M

Il existe une soixantaine d'espèces de lagomorphes, qui vivent sur tous les continents et dans une grande variété d'habitats.

lièvre^M
Mammifère lagomorphe fort répandu aux pattes postérieures fortes et adaptées à une course rapide, vivant à l'état sauvage, notamment recherché pour sa chair.

lapin^M
Mammifère lagomorphe fort répandu et très prolifique, vivant à l'état sauvage dans des terriers ou dont on fait l'élevage pour sa chair et sa fourrure.

pika^M
Mammifère lagomorphe dépourvu de queue, vivant à l'état sauvage dans les montagnes d'Asie centrale ou de l'ouest de l'Amérique du Nord.

… mammifères ongulés

cheval[M]

Mammifère ongulé à crinière, domestiqué comme animal de monture et de trait.

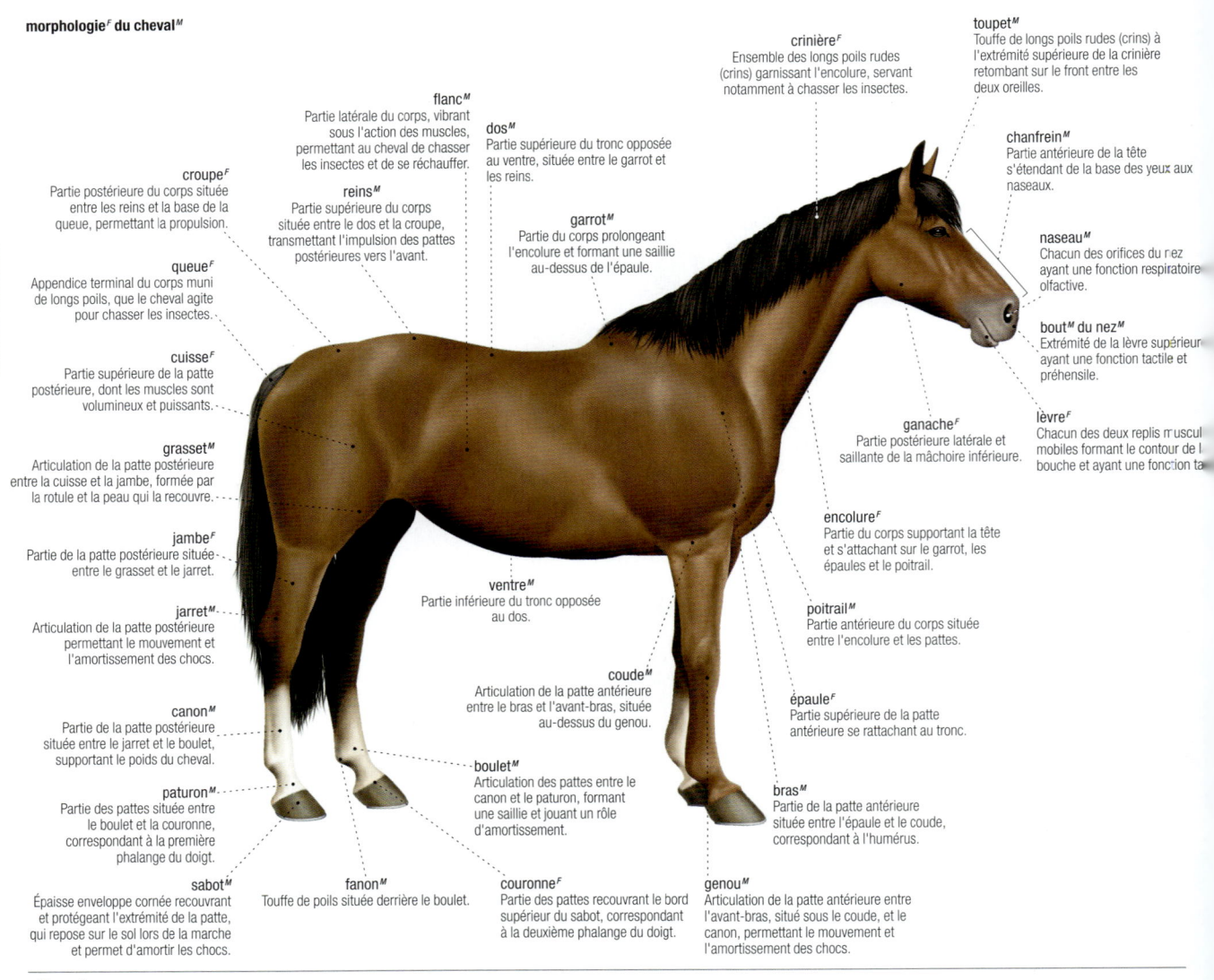

morphologie[F] du cheval[M]

crinière[F]
Ensemble des longs poils rudes (crins) garnissant l'encolure, servant notamment à chasser les insectes.

toupet[M]
Touffe de longs poils rudes (crins) à l'extrémité supérieure de la crinière retombant sur le front entre les deux oreilles.

flanc[M]
Partie latérale du corps, vibrant sous l'action des muscles, permettant au cheval de chasser les insectes et de se réchauffer.

dos[M]
Partie supérieure du tronc opposée au ventre, située entre le garrot et les reins.

chanfrein[M]
Partie antérieure de la tête s'étendant de la base des yeux aux naseaux.

croupe[F]
Partie postérieure du corps située entre les reins et la base de la queue, permettant la propulsion.

reins[M]
Partie supérieure du corps située entre le dos et la croupe, transmettant l'impulsion des pattes postérieures vers l'avant.

garrot[M]
Partie du corps prolongeant l'encolure et formant une saillie au-dessus de l'épaule.

naseau[M]
Chacun des orifices du nez ayant une fonction respiratoire olfactive.

queue[F]
Appendice terminal du corps muni de longs poils, que le cheval agite pour chasser les insectes.

bout[M] du nez[M]
Extrémité de la lèvre supérieure ayant une fonction tactile et préhensile.

cuisse[F]
Partie supérieure de la patte postérieure, dont les muscles sont volumineux et puissants.

ganache[F]
Partie postérieure latérale et saillante de la mâchoire inférieure.

lèvre[F]
Chacun des deux replis musculaires mobiles formant le contour de la bouche et ayant une fonction ta…

grasset[M]
Articulation de la patte postérieure entre la cuisse et la jambe, formée par la rotule et la peau qui la recouvre.

encolure[F]
Partie du corps supportant la tête et s'attachant sur le garrot, les épaules et le poitrail.

jambe[F]
Partie de la patte postérieure située entre le grasset et le jarret.

jarret[M]
Articulation de la patte postérieure permettant le mouvement et l'amortissement des chocs.

ventre[M]
Partie inférieure du tronc opposée au dos.

poitrail[M]
Partie antérieure du corps située entre l'encolure et les pattes.

canon[M]
Partie de la patte postérieure située entre le jarret et le boulet, supportant le poids du cheval.

coude[M]
Articulation de la patte antérieure entre le bras et l'avant-bras, située au-dessus du genou.

épaule[F]
Partie supérieure de la patte antérieure se rattachant au tronc.

paturon[M]
Partie des pattes située entre le boulet et la couronne, correspondant à la première phalange du doigt.

boulet[M]
Articulation des pattes entre le canon et le paturon, formant une saillie et jouant un rôle d'amortissement.

bras[M]
Partie de la patte antérieure située entre l'épaule et le coude, correspondant à l'humérus.

sabot[M]
Épaisse enveloppe cornée recouvrant et protégeant l'extrémité de la patte, qui repose sur le sol lors de la marche et permet d'amortir les chocs.

fanon[M]
Touffe de poils située derrière le boulet.

couronne[F]
Partie des pattes recouvrant le bord supérieur du sabot, correspondant à la deuxième phalange du doigt.

genou[M]
Articulation de la patte antérieure entre l'avant-bras, situé sous le coude, et le canon, permettant le mouvement et l'amortissement des chocs.

allures[F]

Modes de déplacement naturels ou acquis du cheval, dus au jeu des pattes. Il existe quatre allures principales.

pas[M]
Allure naturelle marchée à quatre temps égaux : chaque patte se lève et se pose successivement en diagonale. Il s'agit de l'allure la plus lente du cheval.

trot[M]
Allure naturelle sautée à deux temps égaux, entre le pas et le galop : les deux paires de pattes diagonales se posent alternativement, avec un temps de suspension.

RÈGNE ANIMAL

mammifères ongulés

cheval^M

anatomie^F du cheval^M

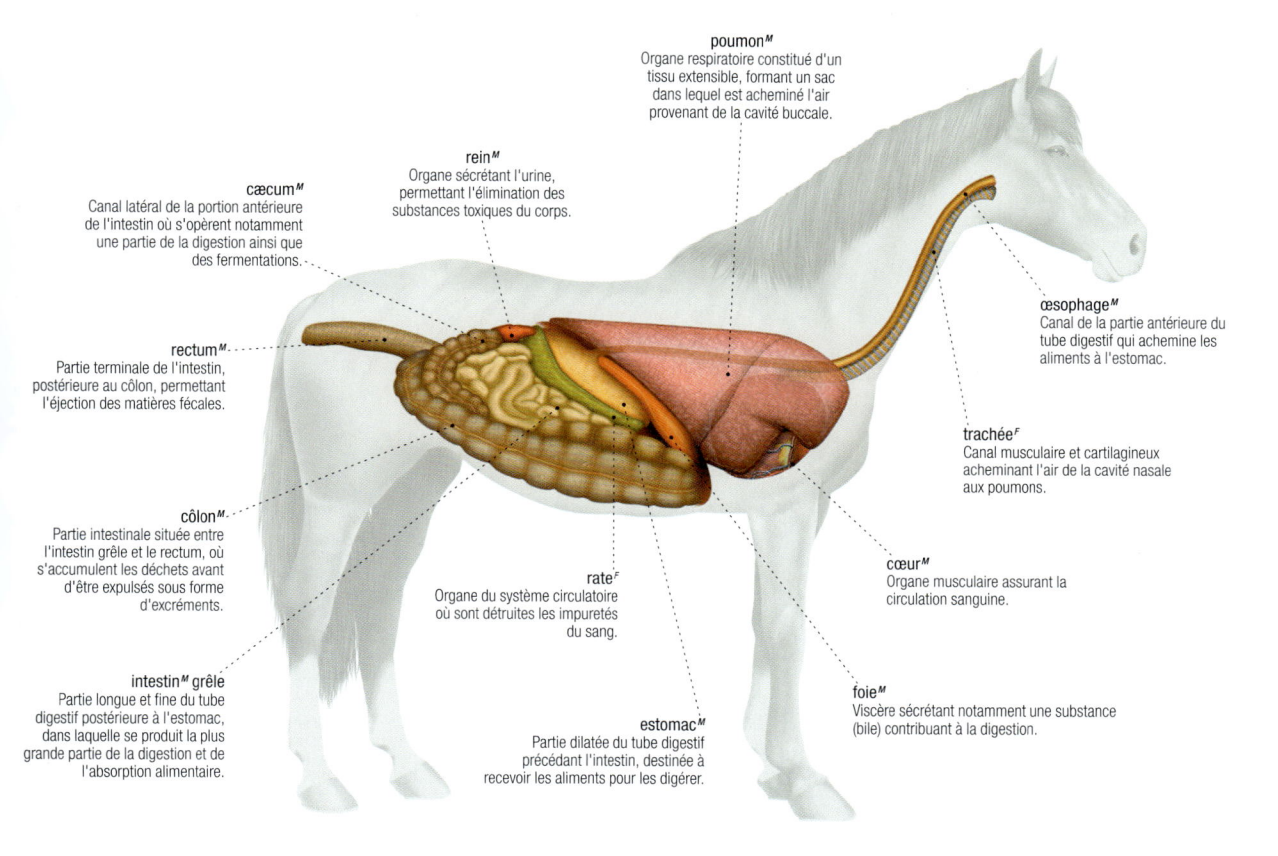

RÈGNE ANIMAL

poumon^M
Organe respiratoire constitué d'un tissu extensible, formant un sac dans lequel est acheminé l'air provenant de la cavité buccale.

rein^M
Organe sécrétant l'urine, permettant l'élimination des substances toxiques du corps.

cæcum^M
Canal latéral de la portion antérieure de l'intestin où s'opèrent notamment une partie de la digestion ainsi que des fermentations.

œsophage^M
Canal de la partie antérieure du tube digestif qui achemine les aliments à l'estomac.

rectum^M
Partie terminale de l'intestin, postérieure au côlon, permettant l'éjection des matières fécales.

trachée^F
Canal musculaire et cartilagineux acheminant l'air de la cavité nasale aux poumons.

côlon^M
Partie intestinale située entre l'intestin grêle et le rectum, où s'accumulent les déchets avant d'être expulsés sous forme d'excréments.

rate^F
Organe du système circulatoire où sont détruites les impuretés du sang.

cœur^M
Organe musculaire assurant la circulation sanguine.

intestin^M **grêle**
Partie longue et fine du tube digestif postérieure à l'estomac, dans laquelle se produit la plus grande partie de la digestion et de l'absorption alimentaire.

estomac^M
Partie dilatée du tube digestif précédant l'intestin, destinée à recevoir les aliments pour les digérer.

foie^M
Viscère sécrétant notamment une substance (bile) contribuant à la digestion.

allures^F

amble^M
Allure acquise sautée à deux temps, plus rapide que le trot et très confortable : les deux paires de pattes latérales se lèvent alternativement.

galop^M
Allure naturelle la plus rapide, sautée à trois temps inégaux : deux pattes diagonales opèrent ensemble et les deux autres isolément, avec un temps de suspension.

mammifères ongulés

cheval

squelette du cheval

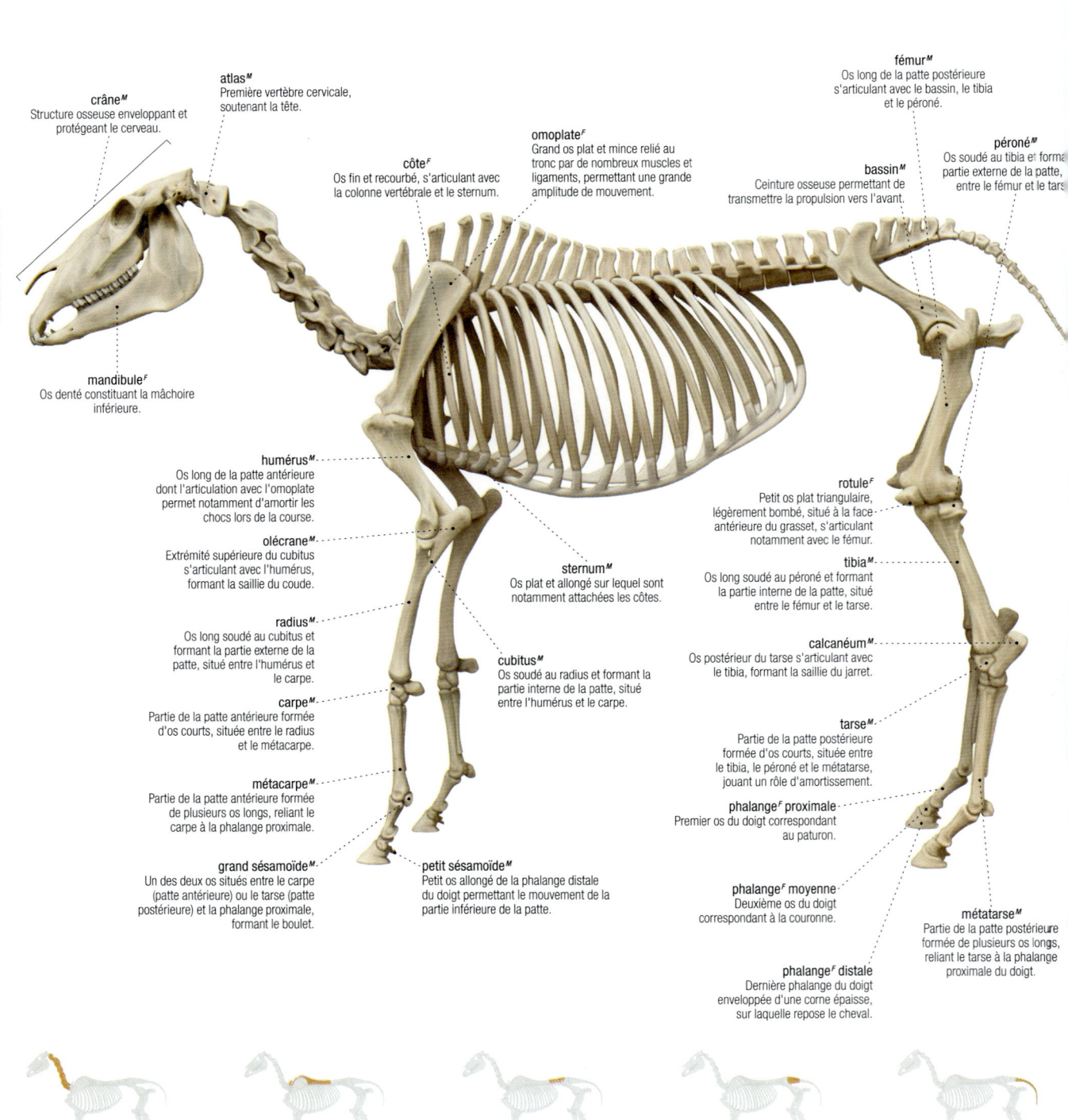

crâne — Structure osseuse enveloppant et protégeant le cerveau.

atlas — Première vertèbre cervicale, soutenant la tête.

côte — Os fin et recourbé, s'articulant avec la colonne vertébrale et le sternum.

omoplate — Grand os plat et mince relié au tronc par de nombreux muscles et ligaments, permettant une grande amplitude de mouvement.

fémur — Os long de la patte postérieure s'articulant avec le bassin, le tibia et le péroné.

péroné — Os soudé au tibia et formant partie externe de la patte, entre le fémur et le tarse.

bassin — Ceinture osseuse permettant de transmettre la propulsion vers l'avant.

mandibule — Os denté constituant la mâchoire inférieure.

humérus — Os long de la patte antérieure dont l'articulation avec l'omoplate permet notamment d'amortir les chocs lors de la course.

olécrane — Extrémité supérieure du cubitus s'articulant avec l'humérus, formant la saillie du coude.

radius — Os long soudé au cubitus et formant la partie externe de la patte, situé entre l'humérus et le carpe.

carpe — Partie de la patte antérieure formée d'os courts, située entre le radius et le métacarpe.

métacarpe — Partie de la patte antérieure formée de plusieurs os longs, reliant le carpe à la phalange proximale.

grand sésamoïde — Un des deux os situés entre le carpe (patte antérieure) ou le tarse (patte postérieure) et la phalange proximale, formant le boulet.

sternum — Os plat et allongé sur lequel sont notamment attachées les côtes.

cubitus — Os soudé au radius et formant la partie interne de la patte, situé entre l'humérus et le carpe.

petit sésamoïde — Petit os allongé de la phalange distale du doigt permettant le mouvement de la partie inférieure de la patte.

rotule — Petit os plat triangulaire, légèrement bombé, situé à la face antérieure du grasset, s'articulant notamment avec le fémur.

tibia — Os long soudé au péroné et formant la partie interne de la patte, situé entre le fémur et le tarse.

calcanéum — Os postérieur du tarse s'articulant avec le tibia, formant la saillie du jarret.

tarse — Partie de la patte postérieure formée d'os courts, située entre le tibia, le péroné et le métatarse, jouant un rôle d'amortissement.

phalange proximale — Premier os du doigt correspondant au paturon.

phalange moyenne — Deuxième os du doigt correspondant à la couronne.

phalange distale — Dernière phalange du doigt enveloppée d'une corne épaisse, sur laquelle repose le cheval.

métatarse — Partie de la patte postérieure formée de plusieurs os longs, reliant le tarse à la phalange proximale du doigt.

---

vertèbres cervicales — Pièces osseuses du cou constituant l'extrémité supérieure de la colonne vertébrale.

vertèbres thoraciques — Pièces osseuses supportant les côtes, situées entre les vertèbres cervicales et les vertèbres lombaires.

vertèbres lombaires — Pièces osseuses du dos situées entre les vertèbres thoraciques et les vertèbres sacrées.

vertèbres sacrées — Pièces osseuses soudées entre elles, situées entre les vertèbres lombaires et les vertèbres coccygiennes, sur lesquelles s'articule le bassin.

vertèbres coccygiennes — Pièces osseuses constituant le squelette de la queue, situées à la partie terminale de la colonne vertébrale.

RÈGNE ANIMAL

mammifères ongulés

cheval

sabot : face plantaire
Face inférieure du sabot faite de corne, en contact avec le sol.

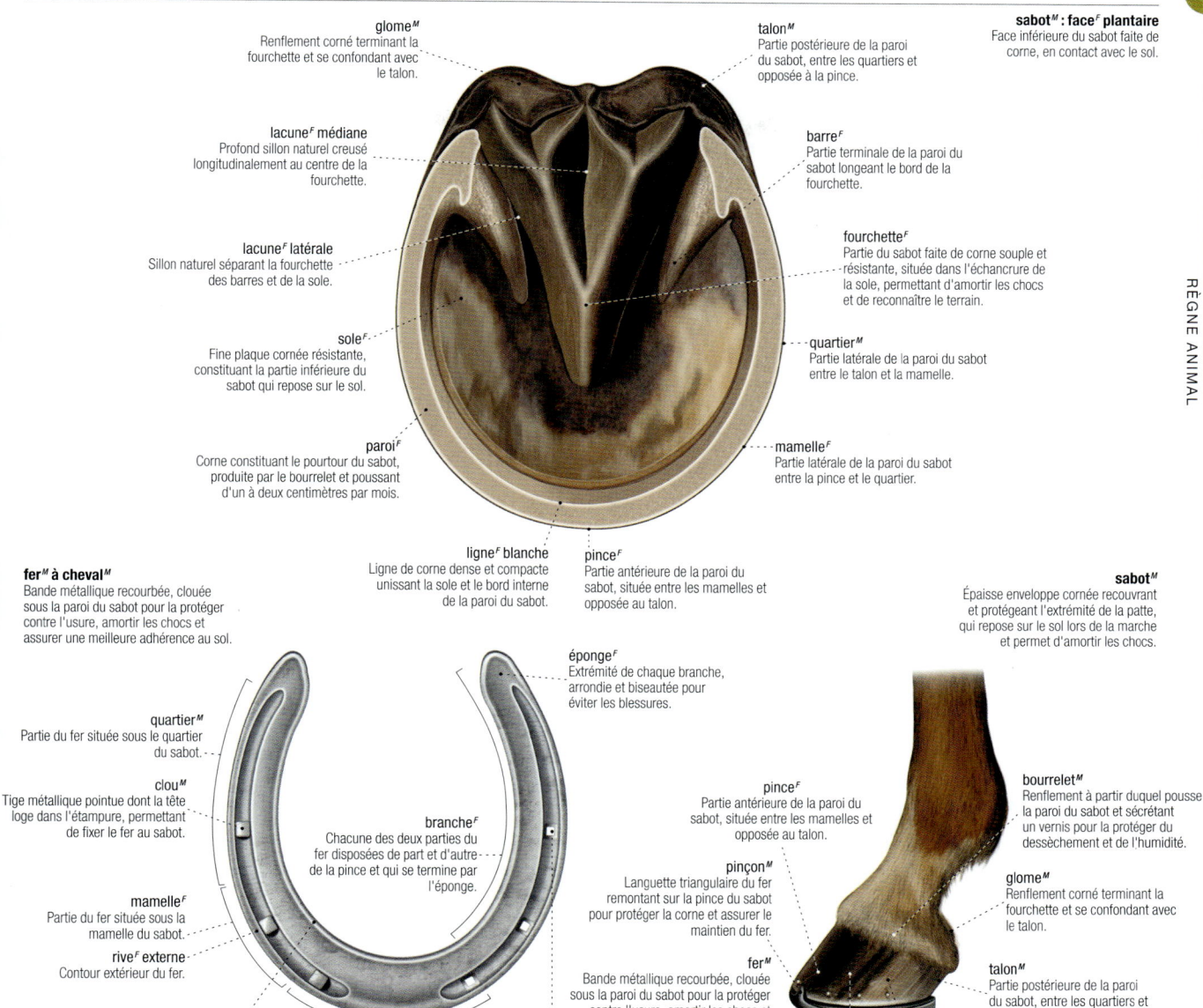

glome
Renflement corné terminant la fourchette et se confondant avec le talon.

talon
Partie postérieure de la paroi du sabot, entre les quartiers et opposée à la pince.

lacune médiane
Profond sillon naturel creusé longitudinalement au centre de la fourchette.

barre
Partie terminale de la paroi du sabot longeant le bord de la fourchette.

lacune latérale
Sillon naturel séparant la fourchette des barres et de la sole.

fourchette
Partie du sabot faite de corne souple et résistante, située dans l'échancrure de la sole, permettant d'amortir les chocs et de reconnaître le terrain.

sole
Fine plaque cornée résistante, constituant la partie inférieure du sabot qui repose sur le sol.

quartier
Partie latérale de la paroi du sabot entre le talon et la mamelle.

paroi
Corne constituant le pourtour du sabot, produite par le bourrelet et poussant d'un à deux centimètres par mois.

mamelle
Partie latérale de la paroi du sabot entre la pince et le quartier.

ligne blanche
Ligne de corne dense et compacte unissant la sole et le bord interne de la paroi du sabot.

pince
Partie antérieure de la paroi du sabot, située entre les mamelles et opposée au talon.

sabot
Épaisse enveloppe cornée recouvrant et protégeant l'extrémité de la patte, qui repose sur le sol lors de la marche et permet d'amortir les chocs.

fer à cheval
Bande métallique recourbée, clouée sous la paroi du sabot pour la protéger contre l'usure, amortir les chocs et assurer une meilleure adhérence au sol.

éponge
Extrémité de chaque branche, arrondie et biseautée pour éviter les blessures.

quartier
Partie du fer située sous le quartier du sabot.

pince
Partie antérieure de la paroi du sabot, située entre les mamelles et opposée au talon.

bourrelet
Renflement à partir duquel pousse la paroi du sabot et sécrétant un vernis pour la protéger du dessèchement et de l'humidité.

clou
Tige métallique pointue dont la tête loge dans l'étampure, permettant de fixer le fer au sabot.

branche
Chacune des deux parties du fer disposées de part et d'autre de la pince et qui se termine par l'éponge.

pinçon
Languette triangulaire du fer remontant sur la pince du sabot pour protéger la corne et assurer le maintien du fer.

glome
Renflement corné terminant la fourchette et se confondant avec le talon.

mamelle
Partie du fer située sous la mamelle du sabot.

fer
Bande métallique recourbée, clouée sous la paroi du sabot pour la protéger contre l'usure, amortir les chocs et assurer une meilleure adhérence au sol.

talon
Partie postérieure de la paroi du sabot, entre les quartiers et opposée à la pince.

rive externe
Contour extérieur du fer.

rive interne
Contour intérieur du fer.

pince
Partie du fer située sous la pince du sabot.

étampure
Orifice rectangulaire percé dans le fer où loge la tête du clou. On en compte généralement entre six et huit.

mamelle
Partie latérale de la paroi du sabot entre la pince et le quartier.

quartier
Partie latérale de la paroi du sabot entre le talon et la mamelle.

RÈGNE ANIMAL

exemples de sabots

Les mammifères ongulés ont un nombre de doigts pair ou impair (un à cinq) qui peut varier aux pattes antérieures et postérieures.

sabot à deux doigts
C'est le sabot du cerf, de la girafe, du bœuf, du mouton et du chameau, notamment.

sabot à trois doigts
Le rhinocéros, par exemple, en est pourvu.

sabot à un doigt
Le cheval, le zèbre, l'âne, par exemple, ont des sabots à un doigt.

sabot à quatre doigts
On le trouve chez le porc, le sanglier, l'hippopotame et l'éléphant, notamment.

exemples^M de mammifères^M ongulés

Il existe de nombreuses espèces de mammifères ongulés, les unes sauvages, les autres domestiquées, parfois les deux à la fois.

pécari^M
Ongulé sauvage des forêts d'Amérique, recherché pour son cuir et pourvu d'une glande dorsale sécrétant un liquide nauséabond.

sanglier^M
Ongulé sauvage des forêts et des marécages, aux canines développées en défenses tranchantes et chassé pour sa chair.

porc^M
Ongulé domestique omnivore largement élevé pour sa chair et son cuir.

mouton^M
Ongulé ruminant recouvert d'un pelage épais, domestiqué pour son lait, sa chair et sa laine.

okapi^M
Ongulé ruminant d'Afrique, pourvu d'une langue extensible et préhensile et dont seul le mâle porte de petites cornes.

antilope^F
Ongulé ruminant à cornes creuses courant très rapidement, répandu en Afrique et en Asie, recherché pour sa chair et son cuir.

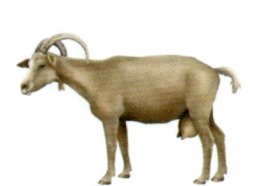

chèvre^F
Ongulé ruminant à cornes creuses (femelle du bouc), capable de sauter et de grimper, domestiqué pour son lait, sa chair et sa laine.

cerf^M **de Virginie**^F ; **chevreuil**^M
Ongulé ruminant sauvage d'Amérique du Nord, à la course rapide, très recherché comme gibier.

lama^M
Ongulé ruminant des montagnes d'Amérique du Sud, sauvage ou domestiqué, surtout apprécié pour sa laine.

élan^M ; **orignal**^M
Ongulé ruminant des régions froides de l'hémisphère Nord, dont les larges sabots lui permettent de fréquenter les marécages et les étangs.

mouflon^M
Ongulé ruminant très agile, vivant à l'état sauvage dans les régions montagneuses.

renne^M ; **caribou**^M
Ongulé ruminant des régions froides de l'hémisphère Nord, domestiqué par certains peuples pour sa viande, sa peau, son lait et comme animal de trait.

cerf^M **du Canada**^M ; **wapiti**^M
Ongulé ruminant sauvage des régions froides, nageur et coureur, parfois domestiqué et recherché pour sa chair et ses bois.

âne^M
Ongulé sauvage d'origine africaine, pourvu d'une crinière et domestiqué comme bête de somme.

mulet^M
Mâle stérile issu du croisement de l'âne et de la jument (femelle du cheval), très endurant, capable de transporter de lourdes charges.

cheval^M
Mammifère ongulé à crinière, domestiqué comme animal de monture et de trait.

zèbre^M
Ongulé pourvu d'une crinière, vivant en troupeaux dans les forêts ou les steppes d'Afrique, à la course très rapide.

mammifères ongulés

exemples de mammifères ongulés

vache^F
Ongulé ruminant à cornes (femelle du taureau), élevé pour son lait, sa viande et la reproduction.

bœuf^M
Taureau castré (mâle de la vache), domestiqué pour sa chair et parfois utilisé comme animal de trait.

veau^M
Petit de la vache, mâle ou femelle, jusqu'à l'âge d'un an, élevé pour sa chair.

yack^M
Ongulé ruminant d'Asie centrale, domestiqué au Tibet pour son lait, sa chair, son cuir et comme bête de somme.

hippopotame^M
Ongulé amphibie d'Afrique pouvant peser jusqu'à cinq tonnes, dont les canines à croissance continue lui permettent de se défendre.

rhinocéros^M
Ongulé des savanes et des zones marécageuses d'Afrique et d'Asie, en voie d'extinction, dont le museau est pourvu d'une ou deux cornes.

buffle^M
Ongulé ruminant des régions tropicales d'Afrique et d'Asie, sauvage ou domestiqué pour sa chair, son lait et comme animal de trait.

dromadaire^M
Ongulé ruminant d'Afrique à une seule bosse, adapté aux milieux arides, notamment utilisé comme bête de somme et comme monture.

chameau^F
Ongulé ruminant d'Asie à deux bosses, adapté aux milieux arides, notamment domestiqué pour sa chair, son lait, son poil et comme bête de somme.

bison^M
Ongulé ruminant d'Amérique du Nord et d'Europe, en général sauvage, parfois élevé pour sa viande.

éléphant^M
Le plus gros mammifère terrestre actuel des forêts et des savanes d'Afrique et d'Asie est chassé pour l'ivoire de ses défenses.

girafe^F
Ongulé ruminant des savanes d'Afrique, pouvant atteindre 7 m de haut, pourvu d'une langue préhensile et de petites cornes.

RÈGNE ANIMAL

mammifères carnivores

chien^M

Mammifère carnivore à l'excellent odorat, domestiqué depuis la préhistoire. On le dresse pour exercer plusieurs fonctions : garde et protection, détection, trait, chasse, etc.

morphologie^F du chien^M

garrot^M
Partie du corps prolongeant le cou et formant une saillie au-dessus de l'épaule.

dos^M
Partie supérieure du tronc opposée au ventre, située entre le garrot et les reins.

cuisse^F
Partie supérieure de la patte postérieure, dont les muscles donnent une forte impulsion au chien.

queue^F
Appendice terminal du corps, permettant notamment l'expression des réactions du chien.

épaule^F
Partie supérieure de la patte antérieure se rattachant au tronc et formant une articulation très mobile.

coude^M
Articulation de la patte antérieure entre le bras et l'avant-bras, située au-dessus du genou.

avant-bras^M
Partie de la patte antérieure située entre le coude et le poignet.

genou^M
Articulation de la cuisse (fémur) avec la partie inférieure de la jambe (tibia).

poignet^M
Articulation de la patte antérieure sur laquelle sont attachés les orteils.

jarret^M
Articulation de la patte postérieure permettant le mouvement et l'amortissement des chocs.

orteil^M
Extrémité de la patte supportant le corps, formée de différents os articulés et terminée par une griffe.

patte^F antérieure
Membre articulé se terminant par quatre orteils, permettant au chien de se déplacer, de creuser et de griffer.

tête^F du chien^M
Partie antérieure du corps comportant les principaux organes sensoriels et le cerveau.

œil^M
Organe de la vision servant notamment à percevoir l'intensité lumineuse, les mouvements et certaines couleurs. Le chien voit mieux que l'humain dans l'obscurité.

stop^M
Partie de la tête située entre le dessus de la tête et le museau.

truffe^F
Extrémité du museau portant les narines, faite de tissu résistant et humide, ayant une fonction olfactive et respiratoire.

joue^F
Partie latérale de la tête, située entre le museau et l'oreille, sous l'œil.

oreille^F
Organe de l'audition très mobile, assurant également l'équilibre. L'ouïe du chien est très développée.

griffe^F
Structure cornée peu acérée et non rétractile, permettant au chien de creuser et lui offrant stabilité et adhérence.

coussinet^M digité
Renflement cutané épais, élastique et résistant à l'usure, sur lequel repose l'orteil, permettant notamment le déplacement et l'amortissement des chocs.

orteil^M
Extrémité de la patte supportant le corps, formée de différents os articulés et terminée par une griffe.

coussinet^M palmaire
Renflement cutané épais, élastique et résistant à l'usure, soutenant le métacarpe, permettant notamment le déplacement et l'amortissement des chocs.

ergot^M
Appendice corné et pointu constituant le vestige du pouce, ne touchant pas le sol. Il est souvent absent de la patte postérieure.

museau^M
Partie antérieure allongée de la tête, habituellement munie de poils sensoriels (moustaches), ayant des fonctions tactile et olfactive très développées.

coussinet^M de l'ergot^M
Renflement cutané épais et élastique, situé à la base de l'ergot et ne reposant pas sur le sol.

coussinet^M carpien
Renflement cutané épais, élastique et résistant à l'usure, ne touchant pas le sol et permettant au chien de ne pas déraper lorsqu'il retombe au sol après un saut.

babines^F
Replis musculaires mobiles formant le contour de la bouche et ayant une fonction tactile.

RÈGNE ANIMAL

mammifères carnivores

chien

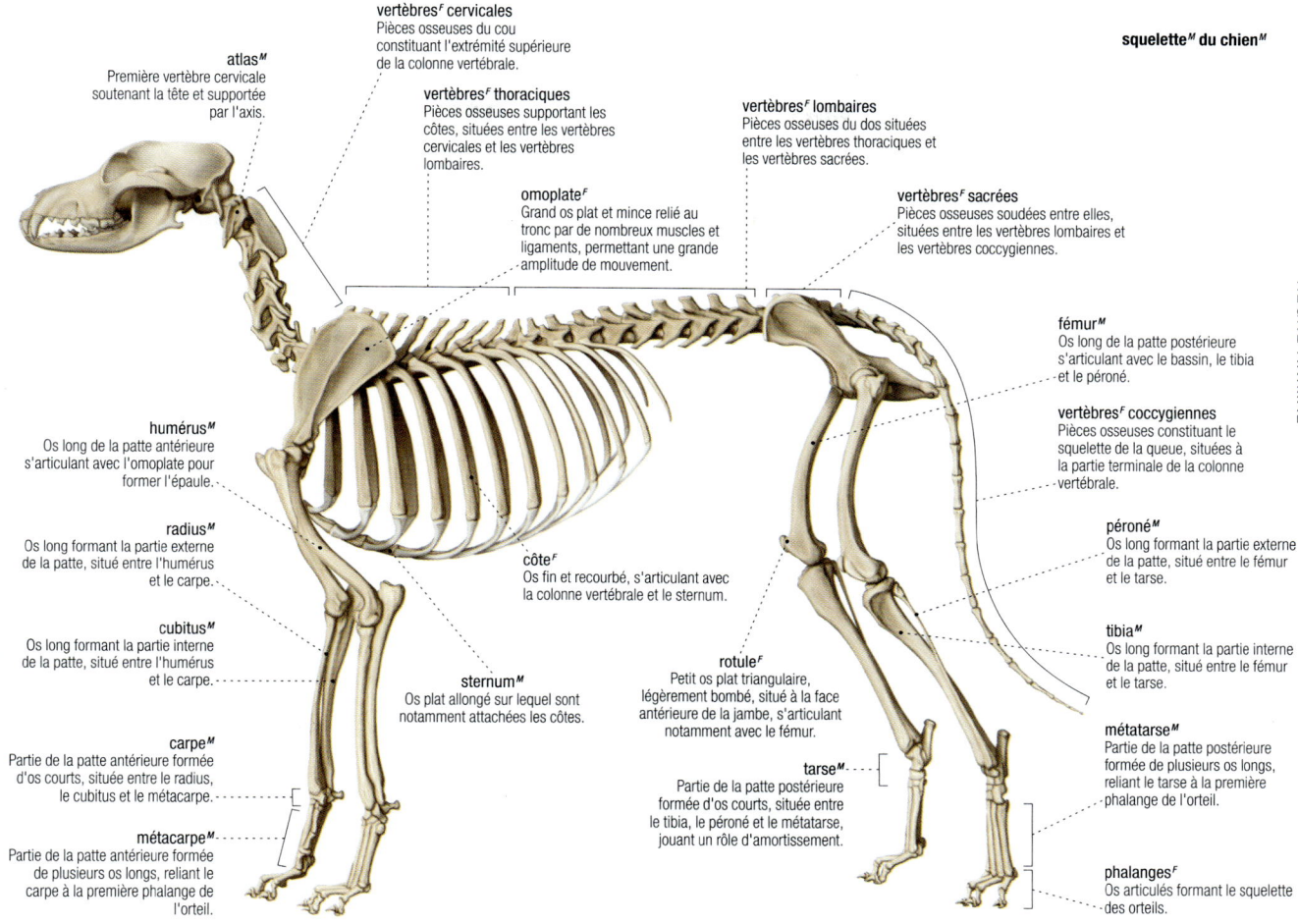

squelette du chien

atlas
Première vertèbre cervicale soutenant la tête et supportée par l'axis.

vertèbres cervicales
Pièces osseuses du cou constituant l'extrémité supérieure de la colonne vertébrale.

vertèbres thoraciques
Pièces osseuses supportant les côtes, situées entre les vertèbres cervicales et les vertèbres lombaires.

vertèbres lombaires
Pièces osseuses du dos situées entre les vertèbres thoraciques et les vertèbres sacrées.

omoplate
Grand os plat et mince relié au tronc par de nombreux muscles et ligaments, permettant une grande amplitude de mouvement.

vertèbres sacrées
Pièces osseuses soudées entre elles, situées entre les vertèbres lombaires et les vertèbres coccygiennes.

fémur
Os long de la patte postérieure s'articulant avec le bassin, le tibia et le péroné.

vertèbres coccygiennes
Pièces osseuses constituant le squelette de la queue, situées à la partie terminale de la colonne vertébrale.

humérus
Os long de la patte antérieure s'articulant avec l'omoplate pour former l'épaule.

péroné
Os long formant la partie externe de la patte, situé entre le fémur et le tarse.

radius
Os long formant la partie externe de la patte, situé entre l'humérus et le carpe.

côte
Os fin et recourbé, s'articulant avec la colonne vertébrale et le sternum.

tibia
Os long formant la partie interne de la patte, situé entre le fémur et le tarse.

cubitus
Os long formant la partie interne de la patte, situé entre l'humérus et le carpe.

rotule
Petit os plat triangulaire, légèrement bombé, situé à la face antérieure de la jambe, s'articulant notamment avec le fémur.

métatarse
Partie de la patte postérieure formée de plusieurs os longs, reliant le tarse à la première phalange de l'orteil.

carpe
Partie de la patte antérieure formée d'os courts, située entre le radius, le cubitus et le métacarpe.

sternum
Os plat allongé sur lequel sont notamment attachées les côtes.

tarse
Partie de la patte postérieure formée d'os courts, située entre le tibia, le péroné et le métatarse, jouant un rôle d'amortissement.

phalanges
Os articulés formant le squelette des orteils.

métacarpe
Partie de la patte antérieure formée de plusieurs os longs, reliant le carpe à la première phalange de l'orteil.

RÈGNE ANIMAL

crâne du chien
Structure osseuse enveloppant et protégeant le cerveau.

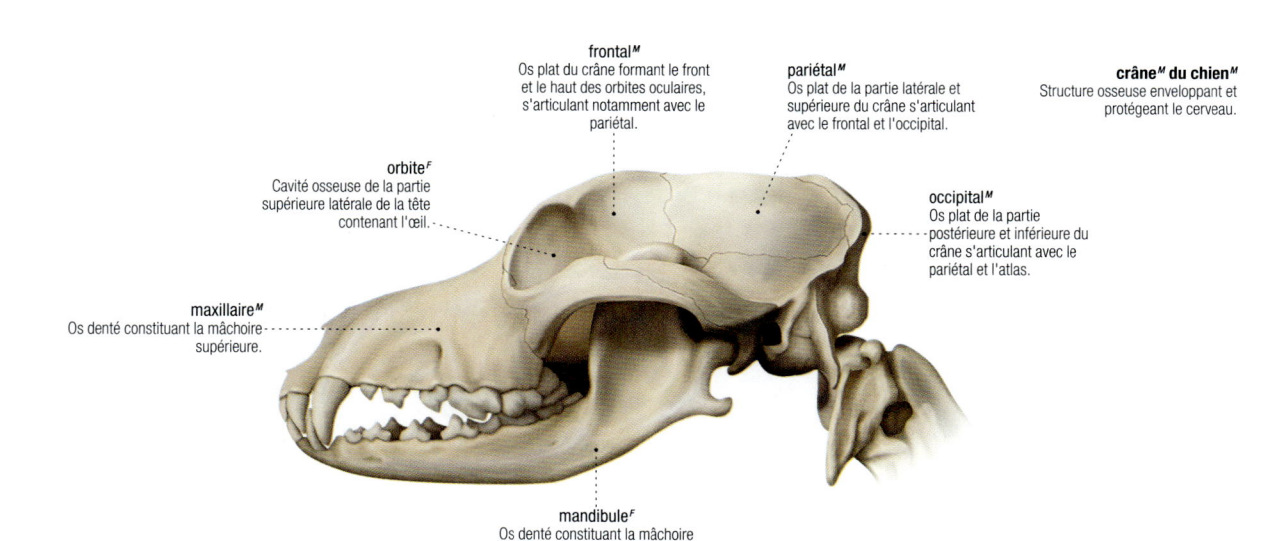

frontal
Os plat du crâne formant le front et le haut des orbites oculaires, s'articulant notamment avec le pariétal.

pariétal
Os plat de la partie latérale et supérieure du crâne s'articulant avec le frontal et l'occipital.

orbite
Cavité osseuse de la partie supérieure latérale de la tête contenant l'œil.

occipital
Os plat de la partie postérieure et inférieure du crâne s'articulant avec le pariétal et l'atlas.

maxillaire
Os denté constituant la mâchoire supérieure.

mandibule
Os denté constituant la mâchoire inférieure.

exemples de chiens

Il existe environ 400 races de chiens, réparties en 7 groupes selon leur morphologie et leur utilité.

épagneul
Chien de taille variée souvent dressé pour la chasse et la compagnie.

caniche
Chien de compagnie le plus répandu au monde, généralement très fidèle et appréciant beaucoup l'eau; également utilisé comme chien de cirque.

fox-terrier
Chien d'origine anglaise, à poil dur ou lisse, au tempérament vif et énergique.

schnauzer
Chien originaire d'Allemagne, puissant et énergique, utilisé comme chien de garde, mais aussi comme chien de compagnie.

chow-chow
Chien de compagnie originaire de Chine, indépendant et réservé, également utilisé comme chien de garde.

colley
Chien de berger en Écosse, il est aussi un chien de compagnie affectueux très recherché. La variété à poil long est plus répandue que celle à poil ras.

dalmatien
Chien de compagnie énergique et plutôt indépendant, apprécié pour son élégance, constituant également un bon gardien.

yorkshire-terrier
Petit chien de compagnie d'origine anglaise, qui servait autrefois à la chasse au petit gibier.

poméranien
Petit chien de compagnie originaire de la province prussienne de Poméranie, en Allemagne; nerveux et souvent anxieux, il fait un bon gardien.

bouledogue
Chien de compagnie très affectueux et joueur, au corps musclé, qui devient agressif lorsque l'on s'attaque à son maître.

mammifères carnivores   177

exemples^M de chiens^M

lévrier^M
Chien longiligne musclé et très rapide, notamment utilisé pour la chasse et les compétitions sportives.

berger^M **allemand**
Chien le plus répandu au monde et très polyvalent : chien de berger, de garde, de police (détection et recherche), de compagnie, guide d'aveugle.

labrador^M
Grand chien d'origine anglaise à poil ras, souvent dressé pour la chasse ou comme chien d'assistance.

golden retriever^M
Chien de chasse d'origine anglaise, affectueux et docile; il est souvent utilisé comme chien d'assistance.

saint-bernard^M
Chien de grande taille très musclé, notamment utilisé pour les sauvetages en montagne.

danois^M
Chien de compagnie et de garde de très grande taille, originaire d'Allemagne, affectueux et très obéissant.

RÈGNE ANIMAL

mammifères carnivores

chat^M

Mammifère carnivore au corps souple et musclé, aux pattes munies de griffes rétractiles; c'est un animal de compagnie fort répandu.

tête^F du chat^M
Partie antérieure du corps comportant les organes sensoriels et le cerveau.

sourcils^M
Longs poils rigides extrêmement sensibles situés au-dessus des yeux, ayant une fonction tactile.

paupière^F supérieure
Fine membrane musculaire, descendant du bord supérieur de l'œil pour le protéger et le nettoyer.

paupière^F inférieure
Mince membrane musculaire translucide et mobile, se soulevant à partir du bord inférieur de l'œil pour le protéger et le nettoyer.

paupière^F interne
Fine membrane musculaire, s'étalant horizontalement à partir du coin interne de l'œil pour le protéger ou l'humidifier.

moustaches^F
Longs poils rigides extrêmement sensibles (vibrisses) situés sur le museau, ayant une fonction tactile.

cils^M
Poils implantés sur le bord libre de la paupière, empêchant les poussières et autres particules de se déposer sur l'œil.

pupille^F
Orifice central de l'œil par où entre la lumière, particulièrement adapté à la pénombre.

truffe^F
Extrémité du museau portant les narines, faite de tissu résistant et humide, ayant une fonction olfactive et respiratoire.

museau^M
Partie antérieure de la tête, courte et arrondie, munie de moustaches, ayant des fonctions tactile et olfactive très développées.

lèvre^F
Partie musculaire mobile formant le contour de la bouche. Le chat a deux lèvres supérieures pourvues de moustaches.

griffe^F rétractée
Lorsqu'il marche, les griffes du chat se rétractent dans un repli cutané (fourreau) et il se déplace sur ses coussinets.

griffe^F
Structure cornée rétractile pointue et recourbée, permettant au chat de grimper, de saisir ses proies et de se défendre.

métacarpe^M
Partie de la patte antérieure formée de plusieurs os longs, reliant e carpe à la phalange proximale de l'orteil.

morphologie^F du chat^M

oreille^F
Organe de l'audition très mobile, assurant également l'équilibre. L'ouïe du chat est très développée.

œil^M
Organe de la vision particulièrement adapté à l'obscurité, servant notamment à percevoir l'intensité lumineuse, les mouvements et certaines couleurs.

queue^F
Appendice terminal du corps, assurant notamment l'équilibre du chat lorsqu'il saute.

phalange^F distale
Os de l'extrémité inférieure de l'orteil portant la griffe.

phalange^F moyenne
Os de la partie centrale de l'orteil, entre les phalanges proximale et distale.

phalange^F proximale
Os de l'extrémité supérieure de l'orteil relié au métacarpe.

tendon^M
Tissu fibreux reliant le muscle à l'os. La détente du tendon permet la rétraction de la griffe.

pelage^M
Ensemble des poils recouvrant le corps, sauf le nez, permettant notamment le maintien de la température corporelle.

griffe^F abaissée
Le chat utilise ses griffes uniquement lorsqu'il en a besoin, notamment pour grimper ou tuer des proies.

ligament^M élastique
Tissu fibreux, résistant et élastique, à la face dorsale des phalanges distale et moyenne, permettant la rétraction de la griffe dans le fourreau.

coussinet^M digité
Renflement cutané épais, élastique et résistant à l'usure, sur lequel repose l'orteil, permettant notamment le déplacement et l'amortissement des chocs.

coussinet^M plantaire
Renflement cutané épais, élastique et résistant à l'usure, soutenant le métacarpe, permettant notamment le déplacement et l'amortissement des chocs.

tendon^M
Tissu fibreux reliant le muscle à l'os. La traction du tendon permet d'abaisser la griffe.

mammifères carnivores

exemples^M de chats^M

Il existe plus d'une quarantaine de races de chats domestiques officiellement reconnues, classées en trois groupes selon la longueur du poil (poil ras, mi-long ou long).

sphynx^M
Chat originaire du Canada, dont le poil prend la forme d'un fin duvet. Il a un caractère très affectueux.

abyssin^M
Chat au corps svelte originaire d'Égypte ou d'Éthiopie, docile et énergique, émettant un miaulement harmonieux.

siamois^M
Chat au corps très fin originaire de Thaïlande, joueur et affectueux, émettant un miaulement rauque et bruyant.

norvégien^M
Chat de grande taille originaire de Norvège, au caractère énergique.

bleu^M **russe**
Chat à poil court et aux yeux verts, originaire d'Eurasie. Il est calme et intelligent.

chat^M **de l'île**^F **de Man**
Chat dépourvu de queue, aux pattes postérieures plus longues que les antérieures.

persan^M
Chat très recherché à la fourrure soyeuse, calme et affectueux, dont il existe de nombreuses variétés selon la couleur de la fourrure et des yeux.

américain^M **à poil**^M **court**
Chat énergique et résistant très recherché aux États-Unis et au Japon.

Maine coon^M
Chat robuste, calme et affectueux, au miaulement mélodieux, très populaire aux États-Unis et peu répandu en Europe.

bengal^M
Chat originaire des États-Unis, issu du croisement entre un chat domestique et un chat léopard du Bengale. Très affectueux, il adore également l'eau.

RÈGNE ANIMAL

mammifères carnivores

exemples^M de mammifères^M carnivores

Les mammifères carnivores (environ 270 espèces) sont munis de fortes canines (crocs) et de molaires tranchantes (carnassières) adaptées à un régime carné.

RÈGNE ANIMAL

belette^F
Mammifère carnivore très agile, vivant dans l'hémisphère Nord, capable de s'attaquer à de grosses proies (rats, campagnols, lapins) malgré sa petite taille.

fouine^F
Mammifère carnivore d'Eurasie essentiellement nocturne, grimpeur et nageur, qui capture volontiers des volailles, des lapins domestiques et des rats.

vison^M
Mammifère carnivore amphibie à pattes palmées d'Eurasie et d'Amérique, essentiellement nocturne, chassé et élevé pour sa fourrure très estimée.

mangouste^F
Mammifère carnivore très agile d'Afrique et d'Eurasie, facile à apprivoiser et utilisé pour la destruction d'animaux nuisibles (serpents, rats).

furet^M
Petit mammifère auparavant utilisé pour la chasse au lapin, et de nos jours comme animal de compagnie.

moufette^F
Mammifère carnivore d'Amérique qui, pour se défendre, projette un liquide nauséabond et irritant sécrété par ses glandes anales. Sa fourrure est estimée.

martre^F
Mammifère carnivore d'Eurasie et d'Amérique du Nord, essentiellement nocturne, agile et bon grimpeur, recherché pour sa fourrure soyeuse.

loutre^F **de rivière**^F
Mammifère carnivore amphibie à pattes palmées, fort répandu, surtout nocturne, se nourrissant notamment de poissons et dont la fourrure est appréciée.

blaireau^M
Mammifère carnivore surtout nocturne de l'hémisphère Nord, creusant des terriers complexes, dont les poils servent à fabriquer des brosses et des pinceaux.

fennec^M
Mammifère carnivore nocturne des déserts d'Arabie et d'Afrique du Nord, facilement apprivoisable et capable de se passer d'eau pour de longues durées.

hyène^F
Mammifère carnivore charognard d'Afrique et d'Asie. C'est le seul animal à oser attaquer le lion pour lui voler sa nourriture.

renard^M
Mammifère carnivore fort répandu, vivant dans un terrier et chassant la nuit (surtout les rongeurs), dont la fourrure est très recherchée.

raton^M **laveur**
Mammifère carnivore d'Amérique, essentiellement nocturne, qui trempe sa nourriture dans l'eau, d'où son nom.

puma^M
Mammifère carnivore d'Amérique aux habitats très variés (montagnes, forêts), chassant seul la nuit, réputé pour ses talents de sauteur.

lynx^M
Mammifère carnivore des forêts de l'hémisphère Nord, puissant et très agile, à la vue perçante, chassant surtout la nuit et dont la fourrure est estimée.

glouton^M ; *carcajou*^M
Mammifère lourd et massif qui habite la toundra et les forêts de conifères de l'hémisphère Nord.

mammifères carnivores   181

exemples de mammifères carnivores

léopardM
Mammifère carnivore d'Afrique et d'Asie, chassant généralement la nuit et vivant surtout sur les arbres, dont la fourrure jaune est tachetée de noir.

tigreM
Mammifère carnivore d'Asie de grande taille et extrêmement puissant, chassant la nuit.

jaguarM
Mammifère carnivore d'Amérique centrale et du Sud, excellent nageur et chasseur nocturne, dont la fourrure est tachetée.

loupM
Mammifère carnivore nocturne d'Eurasie et d'Amérique du Nord, vivant en meute et chassant de gros mammifères (cerfs, chevreuils).

guépardM
Mammifère carnivore d'Afrique et du Moyen-Orient aux griffes non rétractiles. C'est le plus rapide des mammifères terrestres, pouvant atteindre 100 km/h.

lionM
Mammifère carnivore de grande taille surtout répandu en Afrique, vivant en groupe, et dont seul le mâle porte une crinière.

oursM **noir**
Mammifère carnivore essentiellement nocturne d'Amérique du Nord, bon nageur et excellent grimpeur, se nourrissant surtout de fruits et de noix.

oursM **polaire**
Mammifère carnivore des régions arctiques, bon nageur, se nourrissant surtout de phoques et de poissons. C'est le plus grand des carnivores terrestres.

RÈGNE ANIMAL

mammifères marins

dauphin[M]

Mammifère marin dépourvu de membres postérieurs, utilisant l'écho des sons qu'il émet pour s'orienter et détecter des proies.

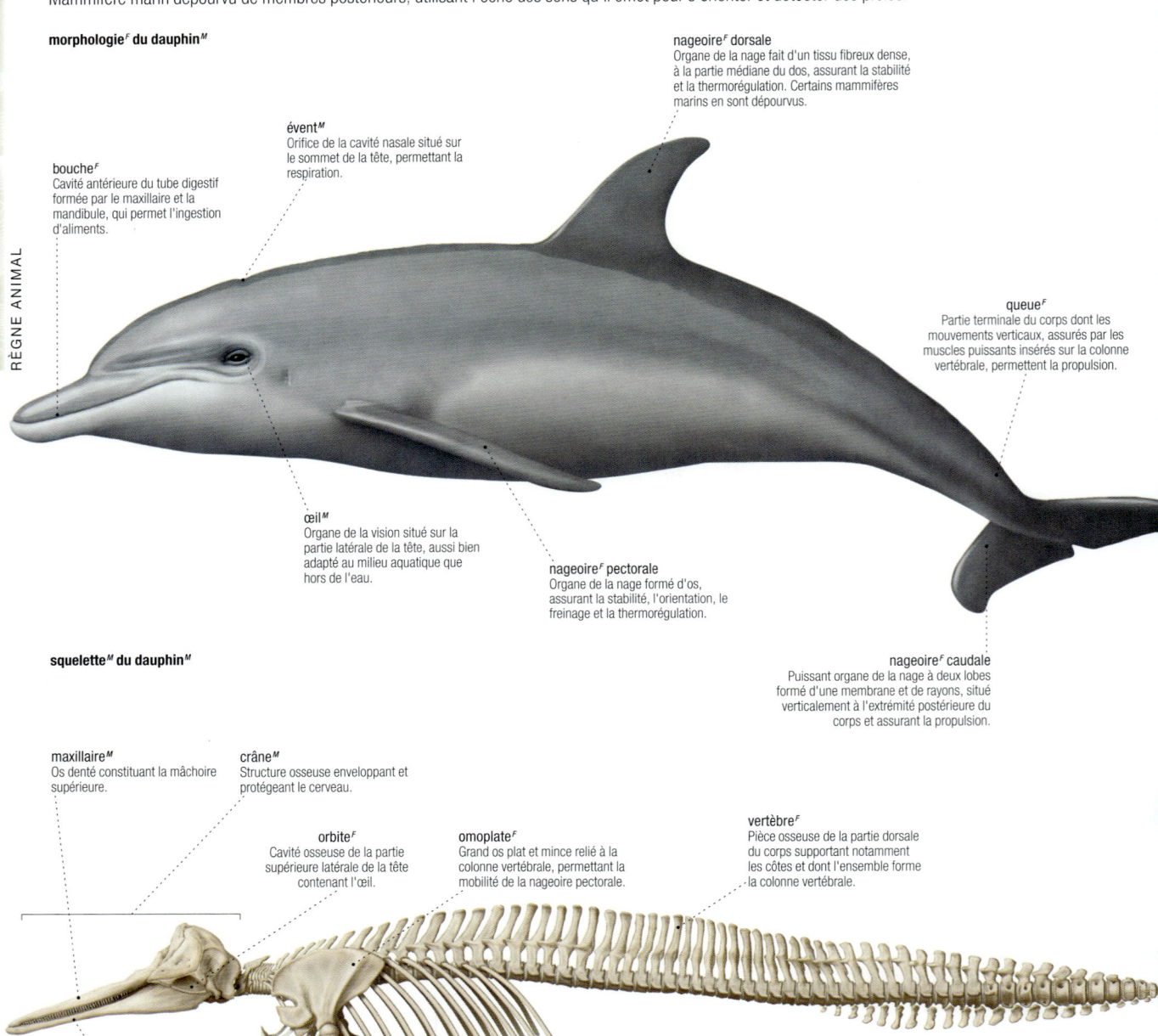

morphologie[F] du dauphin[M]

nageoire[F] dorsale
Organe de la nage fait d'un tissu fibreux dense, à la partie médiane du dos, assurant la stabilité et la thermorégulation. Certains mammifères marins en sont dépourvus.

évent[M]
Orifice de la cavité nasale situé sur le sommet de la tête, permettant la respiration.

bouche[F]
Cavité antérieure du tube digestif formée par le maxillaire et la mandibule, qui permet l'ingestion d'aliments.

queue[F]
Partie terminale du corps dont les mouvements verticaux, assurés par les muscles puissants insérés sur la colonne vertébrale, permettent la propulsion.

œil[M]
Organe de la vision situé sur la partie latérale de la tête, aussi bien adapté au milieu aquatique que hors de l'eau.

nageoire[F] pectorale
Organe de la nage formé d'os, assurant la stabilité, l'orientation, le freinage et la thermorégulation.

nageoire[F] caudale
Puissant organe de la nage à deux lobes formé d'une membrane et de rayons, situé verticalement à l'extrémité postérieure du corps et assurant la propulsion.

RÈGNE ANIMAL

squelette[M] du dauphin[M]

maxillaire[M]
Os denté constituant la mâchoire supérieure.

crâne[M]
Structure osseuse enveloppant et protégeant le cerveau.

orbite[F]
Cavité osseuse de la partie supérieure latérale de la tête contenant l'œil.

omoplate[F]
Grand os plat et mince relié à la colonne vertébrale, permettant la mobilité de la nageoire pectorale.

vertèbre[F]
Pièce osseuse de la partie dorsale du corps supportant notamment les côtes et dont l'ensemble forme la colonne vertébrale.

mandibule[F]
Os denté constituant la mâchoire inférieure.

côte[F]
Os fin et recourbé, s'articulant avec la colonne vertébrale et le sternum.

pelvis[M] vestigial
Os rudimentaire résultant de la réduction du bassin et des membres postérieurs, situé dans la masse musculaire.

humérus[M]
Os court de la nageoire pectorale s'articulant avec l'omoplate, le radius et le cubitus.

phalanges[F]
Os fixes formant le squelette des doigts.

métacarpe[M]
Partie de la nageoire pectorale formée de plusieurs os longs, reliant le carpe à la première phalange.

radius[M]
Os court de la nageoire pectorale, entre l'humérus et le carpe.

cubitus[M]
Os court de la nageoire pectorale, situé entre l'humérus et le carpe.

carpe[M]
Partie de la nageoire pectorale formée d'os courts, située entre le radius, le cubitus et le métacarpe.

mammifères marins

exemples de mammifères marins

De nombreuses espèces de mammifères marins (plus de 110 sur 116), activement chassées, sont protégées ou font l'objet d'une chasse restrictive.

morse
Mammifère marin amphibie des régions arctiques, chassé pour son cuir, sa graisse et l'ivoire de ses défenses.

otarie
Mammifère marin amphibie pourvu d'oreilles externes, se déplaçant sur terre à l'aide de ses quatre membres, notamment chassé pour sa fourrure.

phoque
Mammifère marin amphibie au pelage ras, dépourvu d'oreilles externes, se déplaçant sur terre en rampant, chassé pour sa chair, sa graisse et sa fourrure.

narval
Mammifère des mers arctiques, dont le mâle, pourvu d'une défense spiralée pouvant atteindre 3 m, est chassé pour son ivoire.

dauphin
Mammifère des mers chaudes et tempérées, à la nage rapide (environ 45 km/h), réputé pour son intelligence.

marsouin
Mammifère des mers froides et tempérées, dont la chair est très appréciée. Cette espèce est protégée.

béluga
Mammifère marin des régions arctiques et subarctiques, émettant des sifflements variés pour communiquer, d'où son surnom de canari des mers.

orque
Mammifère marin agressif fort répandu, pouvant atteindre 9 m, à la nage rapide (il s'attaque notamment aux jeunes baleines et dauphins).

baleine franche
Mammifère marin pouvant atteindre près de 20 m, à la bouche pourvue de lames cornées (fanons), notamment chassé pour son huile et sa viande.

baleine à bosses
Mammifère marin fort répandu, dont la bouche est pourvue de lames cornées (fanons); il porte de nombreux sillons longitudinaux sur la gorge.

cachalot
Mammifère marin répandu pouvant atteindre 20 m. Notamment chassé pour sa chair et sa graisse, il est maintenant protégé.

RÈGNE ANIMAL

mammifères primates

gorille^M

Mammifère primate végétarien des forêts d'Afrique équatoriale, surtout terrestre. C'est le plus grand des primates, pouvant atteindre 2 m.

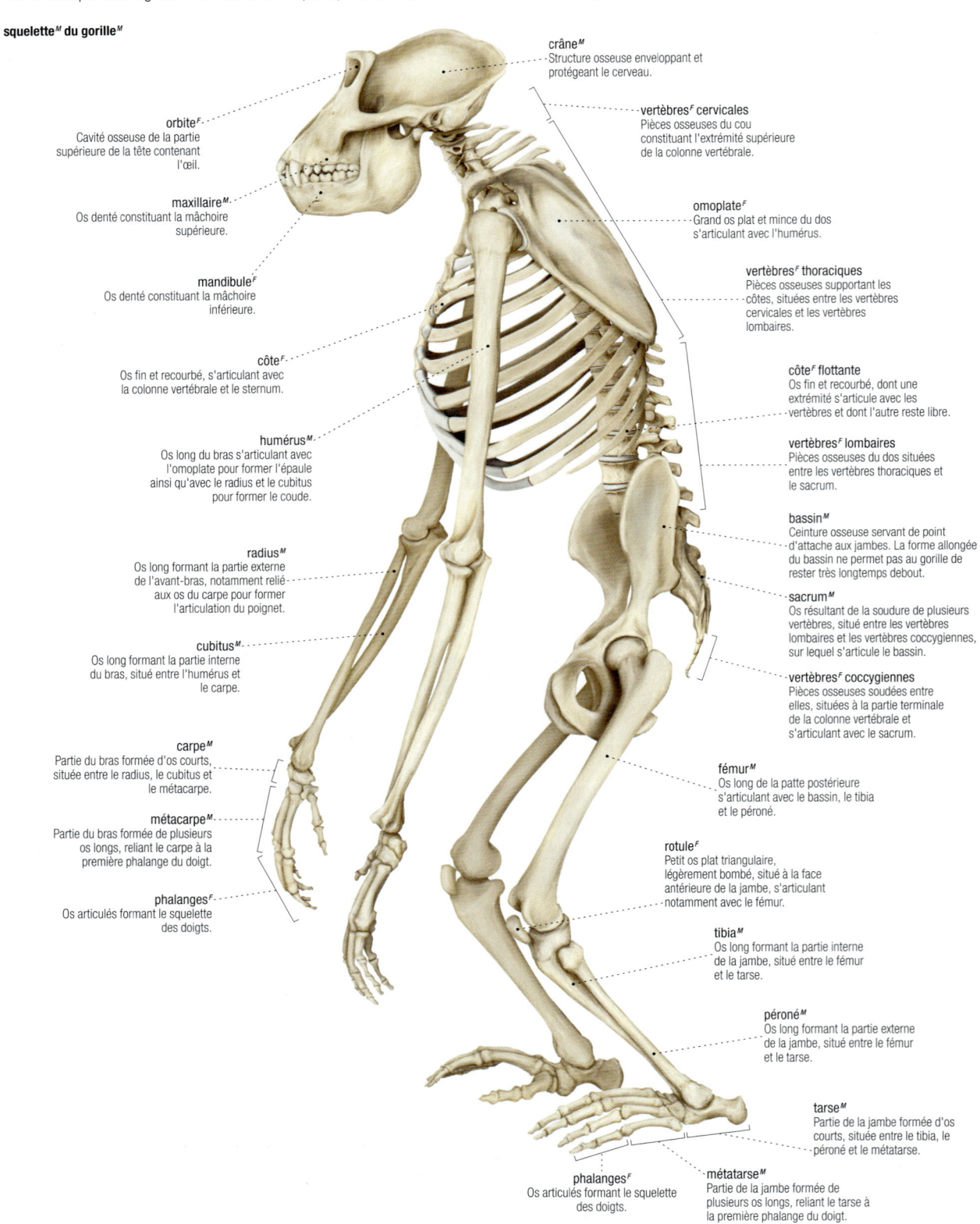

squelette^M du gorille^M

orbite^F
Cavité osseuse de la partie supérieure de la tête contenant l'œil.

maxillaire^M
Os denté constituant la mâchoire supérieure.

mandibule^F
Os denté constituant la mâchoire inférieure.

côte^F
Os fin et recourbé, s'articulant avec la colonne vertébrale et le sternum.

humérus^M
Os long du bras s'articulant avec l'omoplate pour former l'épaule ainsi qu'avec le radius et le cubitus pour former le coude.

radius^M
Os long formant la partie externe de l'avant-bras, notamment relié aux os du carpe pour former l'articulation du poignet.

cubitus^M
Os long formant la partie interne du bras, situé entre l'humérus et le carpe.

carpe^M
Partie du bras formée d'os courts, située entre le radius, le cubitus et le métacarpe.

métacarpe^M
Partie du bras formée de plusieurs os longs, reliant le carpe à la première phalange du doigt.

phalanges^F
Os articulés formant le squelette des doigts.

crâne^M
Structure osseuse enveloppant et protégeant le cerveau.

vertèbres^F cervicales
Pièces osseuses du cou constituant l'extrémité supérieure de la colonne vertébrale.

omoplate^F
Grand os plat et mince du dos s'articulant avec l'humérus.

vertèbres^F thoraciques
Pièces osseuses supportant les côtes, situées entre les vertèbres cervicales et les vertèbres lombaires.

côte^F flottante
Os fin et recourbé, dont une extrémité s'articule avec les vertèbres et dont l'autre reste libre.

vertèbres^F lombaires
Pièces osseuses du dos situées entre les vertèbres thoraciques et le sacrum.

bassin^M
Ceinture osseuse servant de point d'attache aux jambes. La forme allongée du bassin ne permet pas au gorille de rester très longtemps debout.

sacrum^M
Os résultant de la soudure de plusieurs vertèbres, situé entre les vertèbres lombaires et les vertèbres coccygiennes, sur lequel s'articule le bassin.

vertèbres^F coccygiennes
Pièces osseuses soudées entre elles, situées à la partie terminale de la colonne vertébrale et s'articulant avec le sacrum.

fémur^M
Os long de la patte postérieure s'articulant avec le bassin, le tibia et le péroné.

rotule^F
Petit os plat triangulaire, légèrement bombé, situé à la face antérieure de la jambe, s'articulant notamment avec le fémur.

tibia^M
Os long formant la partie interne de la jambe, situé entre le fémur et le tarse.

péroné^M
Os long formant la partie externe de la jambe, situé entre le fémur et le tarse.

tarse^M
Partie de la jambe formée d'os courts, située entre le tibia, le péroné et le métatarse.

phalanges^F
Os articulés formant le squelette des doigts.

métatarse^M
Partie de la jambe formée de plusieurs os longs, reliant le tarse à la première phalange du doigt.

RÈGNE ANIMAL

mammifères primates 185

gorille

morphologie du gorille

face
Partie antérieure de la tête, comprenant notamment les orifices des organes des sens.

pelage
Poils recouvrant le corps, à l'exception notamment de la face, la paume des mains et la plante des pieds, permettant le maintien de la température corporelle.

doigt préhensile
Membre articulé terminé par un ongle, servant, avec le pouce, à saisir la nourriture et à s'agripper.

bras
Membre supérieur, musclé et puissant, soutenant notamment le corps lors de la marche.

main
Extrémité du membre supérieur ayant une fonction tactile et préhensile, le pouce étant opposable aux autres doigts.

jambe
Membre inférieur, musclé et puissant, soutenant le corps en position verticale.

pouce opposable
Premier doigt de la main, court et robuste, qui fait face aux autres doigts et sert à la préhension et à l'utilisation d'outils. Il permet aussi de s'agripper.

pied
Extrémité de la jambe pourvue de cinq doigts, reposant sur le sol et ayant une fonction préhensile et locomotrice.

RÈGNE ANIMAL

exemples de mammifères primates

De nombreuses espèces sont protégées, en raison notamment de la déforestation (destruction de leur habitat) et de la chasse.

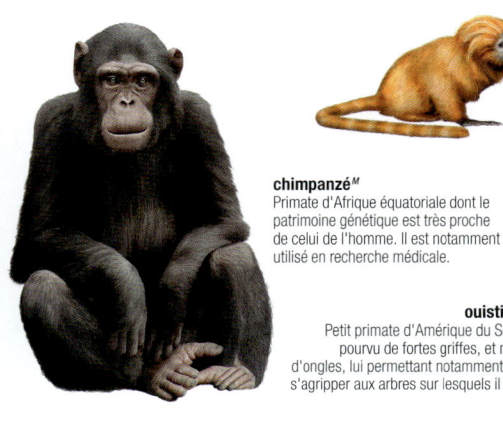

tamarin
Petit primate sauteur d'Amérique du Sud, pourvu de griffes allongées, et non d'ongles, lui permettant de se déplacer et de se nourrir.

gibbon
Primate d'Asie dépourvu de queue vivant sur les arbres, se balançant de branche en branche très agilement en utilisant ses mains comme des crochets.

capucin
Petit singe d'Amérique centrale vivant dans les arbres et dont la fourrure autour de la tête ressemble à une capuche.

chimpanzé
Primate d'Afrique équatoriale dont le patrimoine génétique est très proche de celui de l'homme. Il est notamment utilisé en recherche médicale.

ouistiti
Petit primate d'Amérique du Sud, pourvu de fortes griffes, et non d'ongles, lui permettant notamment de s'agripper aux arbres sur lesquels il vit.

orang-outan
Primate de Sumatra et de Bornéo aux bras longs et puissants, se déplaçant lentement et prudemment entre les arbres dans lesquels il niche.

lémurien
Primate agile principalement nocturne de Madagascar, se nourrissant d'insectes et de fruits. Il est pourvu d'une longue queue et vit sur les arbres.

babouin
Primate d'Afrique généralement terrestre, pourvu de callosités fessières colorées et de grandes abajoues lui permettant de stocker la nourriture.

macaque
Primate fort répandu d'Asie et d'Afrique du Nord, à la queue non préhensile, vivant sur terre et dans les arbres; certaines espèces sont utilisées pour des expériences en laboratoire.

186   mammifères volants

chauve-souris^F

Mammifère volant nocturne, généralement insectivore, utilisant l'écho des sons qu'il émet pour s'orienter et détecter ses proies.

morphologie^F de la chauve-souris^F

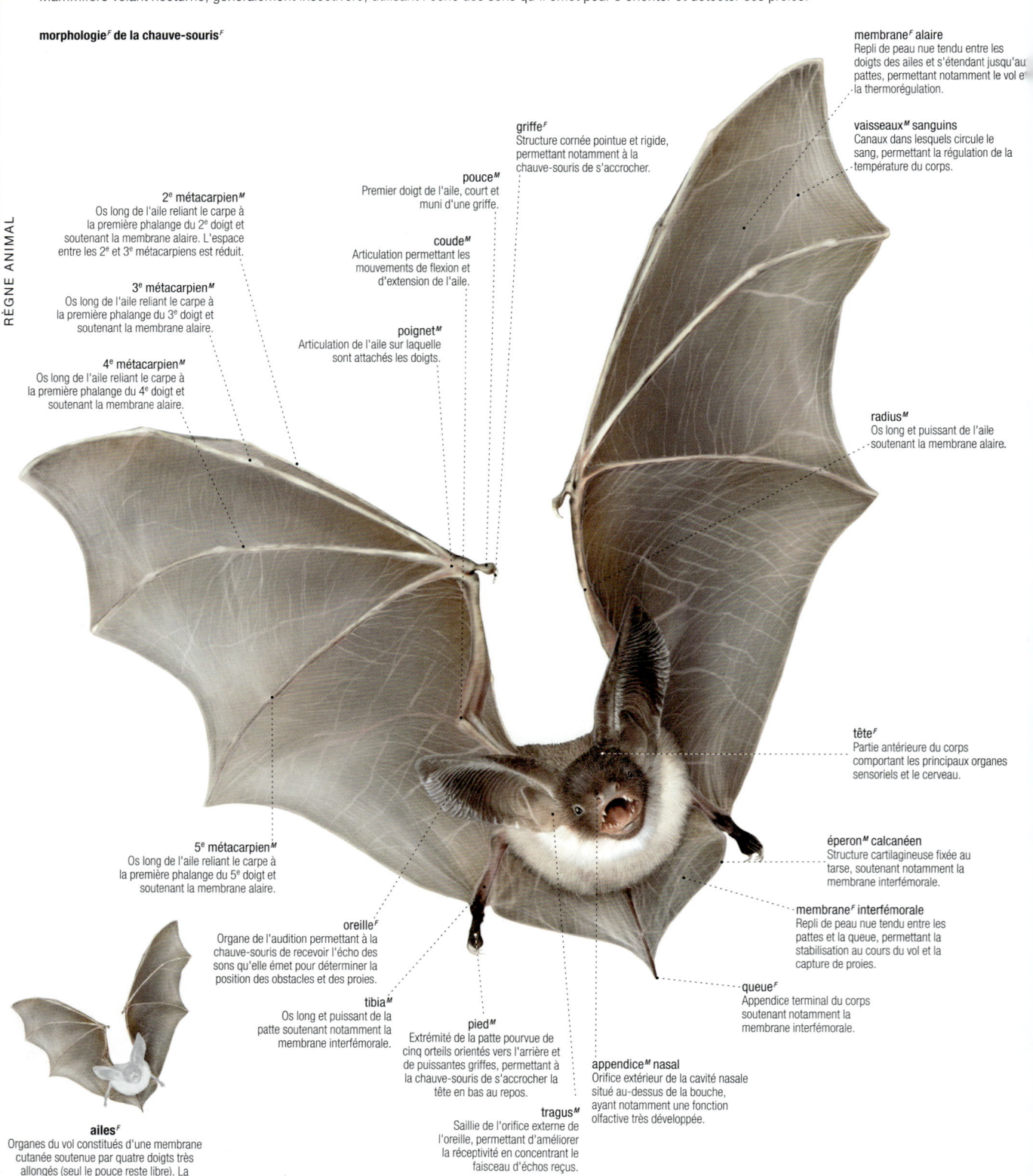

RÈGNE ANIMAL

membrane^F alaire
Repli de peau nue tendu entre les doigts des ailes et s'étendant jusqu'aux pattes, permettant notamment le vol et la thermorégulation.

vaisseaux^M sanguins
Canaux dans lesquels circule le sang, permettant la régulation de la température du corps.

griffe^F
Structure cornée pointue et rigide, permettant notamment à la chauve-souris de s'accrocher.

pouce^M
Premier doigt de l'aile, court et muni d'une griffe.

2e métacarpien^M
Os long de l'aile reliant le carpe à la première phalange du 2e doigt et soutenant la membrane alaire. L'espace entre les 2e et 3e métacarpiens est réduit.

coude^M
Articulation permettant les mouvements de flexion et d'extension de l'aile.

3e métacarpien^M
Os long de l'aile reliant le carpe à la première phalange du 3e doigt et soutenant la membrane alaire.

poignet^M
Articulation de l'aile sur laquelle sont attachés les doigts.

4e métacarpien^M
Os long de l'aile reliant le carpe à la première phalange du 4e doigt et soutenant la membrane alaire.

radius^M
Os long et puissant de l'aile soutenant la membrane alaire.

tête^F
Partie antérieure du corps comportant les principaux organes sensoriels et le cerveau.

5e métacarpien^M
Os long de l'aile reliant le carpe à la première phalange du 5e doigt et soutenant la membrane alaire.

éperon^M calcanéen
Structure cartilagineuse fixée au tarse, soutenant notamment la membrane interfémorale.

oreille^F
Organe de l'audition permettant à la chauve-souris de recevoir l'écho des sons qu'elle émet pour déterminer la position des obstacles et des proies.

membrane^F interfémorale
Repli de peau nue tendu entre les pattes et la queue, permettant la stabilisation au cours du vol et la capture de proies.

tibia^M
Os long et puissant de la patte soutenant notamment la membrane interfémorale.

queue^F
Appendice terminal du corps soutenant notamment la membrane interfémorale.

pied^M
Extrémité de la patte pourvue de cinq orteils orientés vers l'arrière et de puissantes griffes, permettant à la chauve-souris de s'accrocher la tête en bas au repos.

appendice^M nasal
Orifice extérieur de la cavité nasale situé au-dessus de la bouche, ayant notamment une fonction olfactive très développée.

tragus^M
Saillie de l'orifice externe de l'oreille, permettant d'améliorer la réceptivité en concentrant le faisceau d'échos reçus.

ailes^F
Organes du vol constitués d'une membrane cutanée soutenue par quatre doigts très allongés (seul le pouce reste libre). La chauve-souris replie ses ailes au repos.

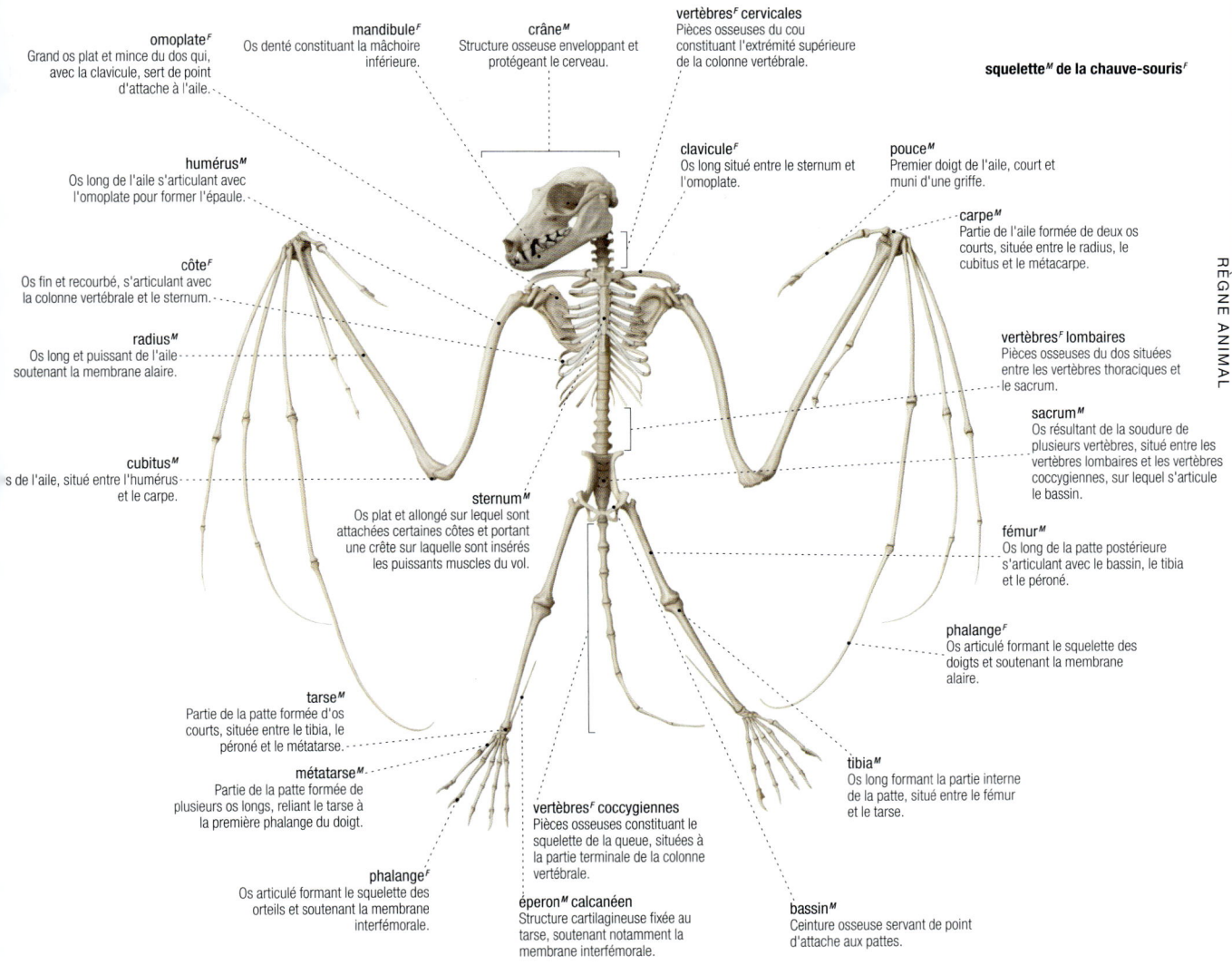

mammifères volants

chauve-souris^F

squelette^M de la chauve-souris^F

omoplate^F
Grand os plat et mince du dos qui, avec la clavicule, sert de point d'attache à l'aile.

mandibule^F
Os denté constituant la mâchoire inférieure.

crâne^M
Structure osseuse enveloppant et protégeant le cerveau.

vertèbres^F cervicales
Pièces osseuses du cou constituant l'extrémité supérieure de la colonne vertébrale.

humérus^M
Os long de l'aile s'articulant avec l'omoplate pour former l'épaule.

clavicule^F
Os long situé entre le sternum et l'omoplate.

pouce^M
Premier doigt de l'aile, court et muni d'une griffe.

côte^F
Os fin et recourbé, s'articulant avec la colonne vertébrale et le sternum.

carpe^M
Partie de l'aile formée de deux os courts, située entre le radius, le cubitus et le métacarpe.

radius^M
Os long et puissant de l'aile soutenant la membrane alaire.

vertèbres^F lombaires
Pièces osseuses du dos situées entre les vertèbres thoraciques et le sacrum.

sacrum^M
Os résultant de la soudure de plusieurs vertèbres, situé entre les vertèbres lombaires et les vertèbres coccygiennes, sur lequel s'articule le bassin.

cubitus^M
Os de l'aile, situé entre l'humérus et le carpe.

sternum^M
Os plat et allongé sur lequel sont attachées certaines côtes et portant une crête sur laquelle sont insérés les puissants muscles du vol.

fémur^M
Os long de la patte postérieure s'articulant avec le bassin, le tibia et le péroné.

phalange^F
Os articulé formant le squelette des doigts et soutenant la membrane alaire.

tarse^M
Partie de la patte formée d'os courts, située entre le tibia, le péroné et le métatarse.

métatarse^M
Partie de la patte formée de plusieurs os longs, reliant le tarse à la première phalange du doigt.

vertèbres^F coccygiennes
Pièces osseuses constituant le squelette de la queue, situées à la partie terminale de la colonne vertébrale.

tibia^M
Os long formant la partie interne de la patte, situé entre le fémur et le tarse.

phalange^F
Os articulé formant le squelette des orteils et soutenant la membrane interfémorale.

éperon^M calcanéen
Structure cartilagineuse fixée au tarse, soutenant notamment la membrane interfémorale.

bassin^M
Ceinture osseuse servant de point d'attache aux pattes.

RÈGNE ANIMAL

exemples^M de mammifères^M volants

Les quelque 900 espèces de chauves-souris, fort répandues, vivent généralement en colonies dans les arbres ou les grottes.

vampire^M commun
Mammifère volant d'Amérique centrale et du Sud dépourvu de queue, léchant le sang de mammifères et d'oiseaux pour se nourrir.

chauve-souris^F fer^M-de-lance^F
Mammifère volant omnivore d'Amérique centrale et du Sud, à la queue courte. C'est l'une des plus grandes chauves-souris d'Amérique (envergure de près de 50 cm).

roussette^F noire
L'une des plus grandes chauves-souris au monde vit en Australie; elle est frugivore et pourvue d'une queue rudimentaire. Son envergure peut atteindre 1,5 m.

mammifères marsupiaux

kangourou^M

Marsupial herbivore vivant en groupes en Australie et en Tasmanie, à la queue très développée, se déplaçant rapidement par bonds successifs.

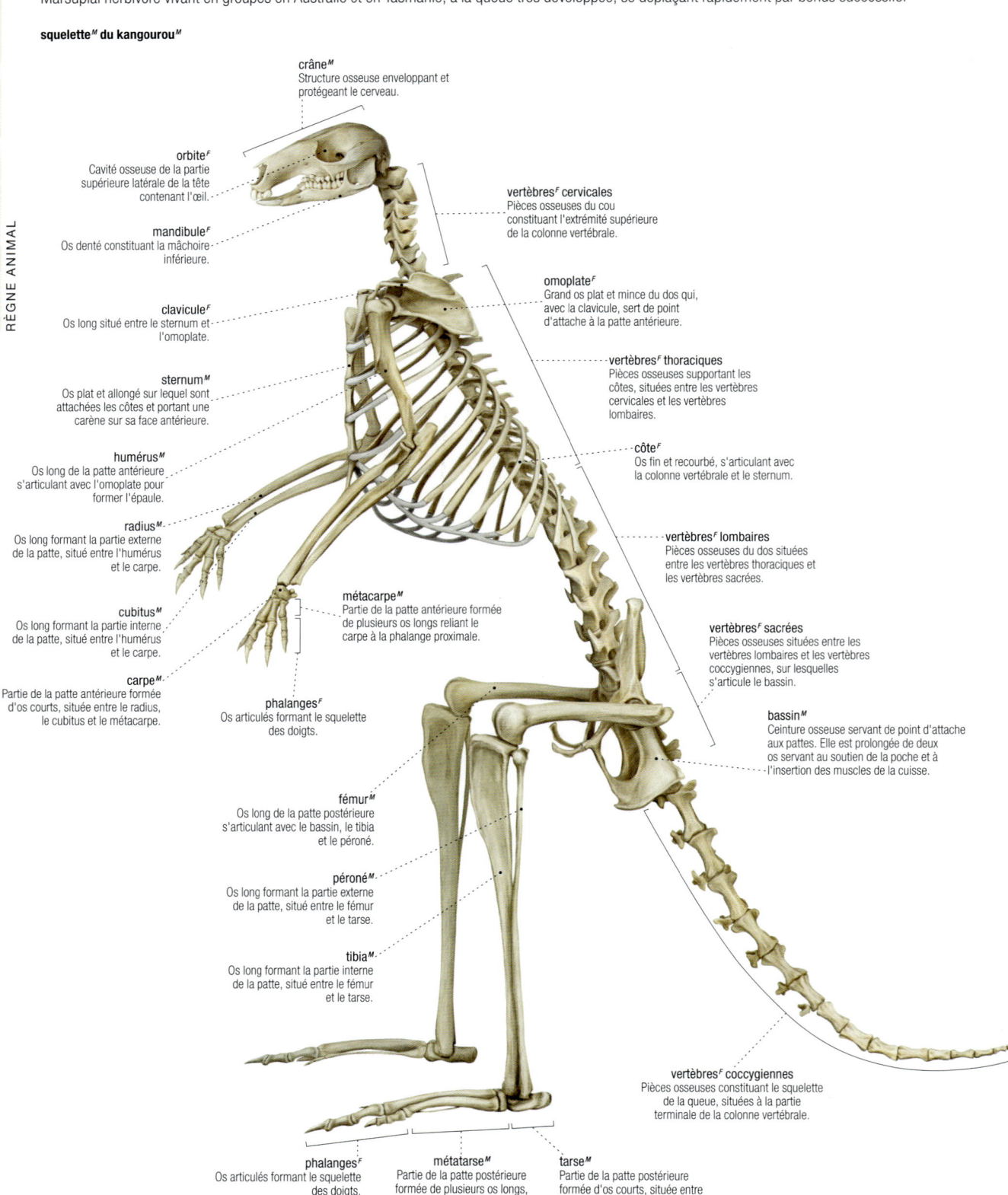

squelette^M du kangourou^M

crâne^M
Structure osseuse enveloppant et protégeant le cerveau.

orbite^F
Cavité osseuse de la partie supérieure latérale de la tête contenant l'œil.

mandibule^F
Os denté constituant la mâchoire inférieure.

clavicule^F
Os long situé entre le sternum et l'omoplate.

sternum^M
Os plat et allongé sur lequel sont attachées les côtes et portant une carène sur sa face antérieure.

humérus^M
Os long de la patte antérieure s'articulant avec l'omoplate pour former l'épaule.

radius^M
Os long formant la partie externe de la patte, situé entre l'humérus et le carpe.

cubitus^M
Os long formant la partie interne de la patte, situé entre l'humérus et le carpe.

carpe^M
Partie de la patte antérieure formée d'os courts, située entre le radius, le cubitus et le métacarpe.

métacarpe^M
Partie de la patte antérieure formée de plusieurs os longs reliant le carpe à la phalange proximale.

phalanges^F
Os articulés formant le squelette des doigts.

fémur^M
Os long de la patte postérieure s'articulant avec le bassin, le tibia et le péroné.

péroné^M
Os long formant la partie externe de la patte, situé entre le fémur et le tarse.

tibia^M
Os long formant la partie interne de la patte, situé entre le fémur et le tarse.

vertèbres^F cervicales
Pièces osseuses du cou constituant l'extrémité supérieure de la colonne vertébrale.

omoplate^F
Grand os plat et mince du dos qui, avec la clavicule, sert de point d'attache à la patte antérieure.

vertèbres^F thoraciques
Pièces osseuses supportant les côtes, situées entre les vertèbres cervicales et les vertèbres lombaires.

côte^F
Os fin et recourbé, s'articulant avec la colonne vertébrale et le sternum.

vertèbres^F lombaires
Pièces osseuses du dos situées entre les vertèbres thoraciques et les vertèbres sacrées.

vertèbres^F sacrées
Pièces osseuses situées entre les vertèbres lombaires et les vertèbres coccygiennes, sur lesquelles s'articule le bassin.

bassin^M
Ceinture osseuse servant de point d'attache aux pattes. Elle est prolongée de deux os servant au soutien de la poche et à l'insertion des muscles de la cuisse.

phalanges^F
Os articulés formant le squelette des doigts.

métatarse^M
Partie de la patte postérieure formée de plusieurs os longs, reliant le tarse à la première phalange du doigt.

tarse^M
Partie de la patte postérieure formée d'os courts, située entre le tibia, le péroné et le métatarse, jouant un rôle d'amortissement.

vertèbres^F coccygiennes
Pièces osseuses constituant le squelette de la queue, situées à la partie terminale de la colonne vertébrale.

RÈGNE ANIMAL

mammifères marsupiaux

kangourou^M

morphologie^F du kangourou^M

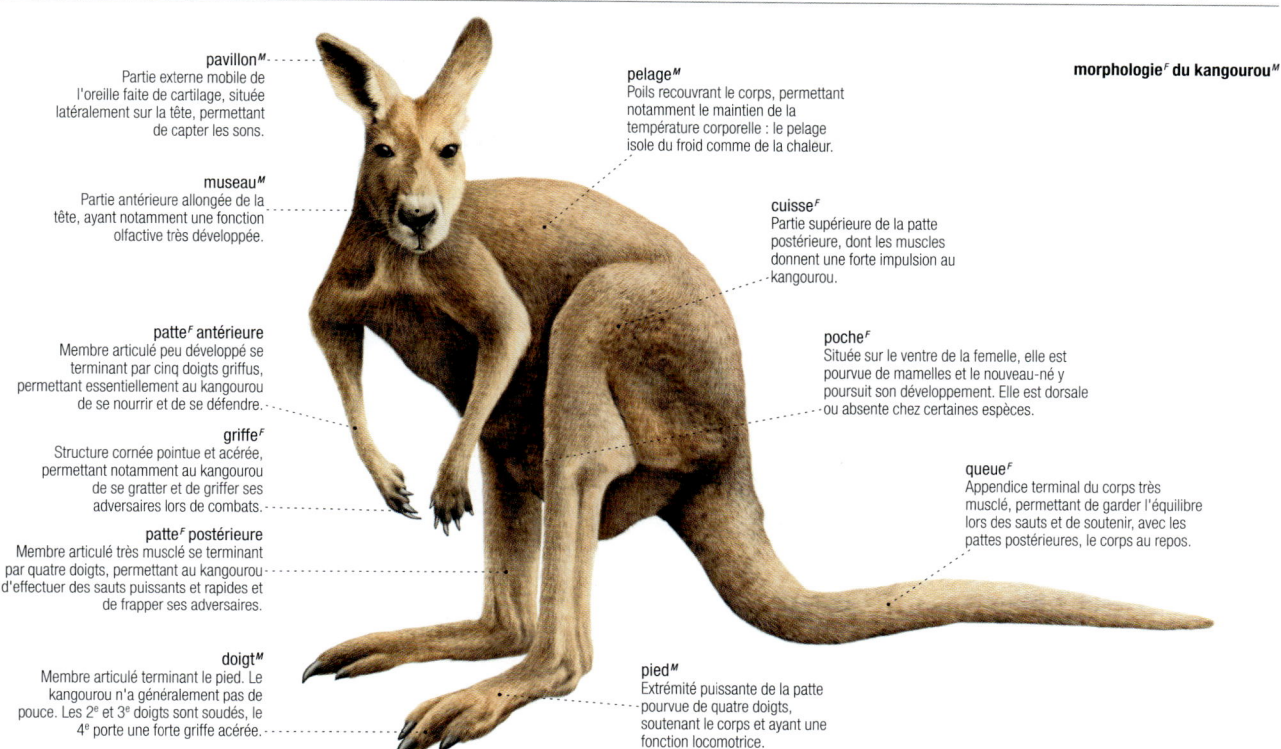

pavillon^M
Partie externe mobile de l'oreille faite de cartilage, située latéralement sur la tête, permettant de capter les sons.

museau^M
Partie antérieure allongée de la tête, ayant notamment une fonction olfactive très développée.

patte^F **antérieure**
Membre articulé peu développé se terminant par cinq doigts griffus, permettant essentiellement au kangourou de se nourrir et de se défendre.

griffe^F
Structure cornée pointue et acérée, permettant notamment au kangourou de se gratter et de griffer ses adversaires lors de combats.

patte^F **postérieure**
Membre articulé très musclé se terminant par quatre doigts, permettant au kangourou d'effectuer des sauts puissants et rapides et de frapper ses adversaires.

doigt^M
Membre articulé terminant le pied. Le kangourou n'a généralement pas de pouce. Les 2ᵉ et 3ᵉ doigts sont soudés, le 4ᵉ porte une forte griffe acérée.

pelage^M
Poils recouvrant le corps, permettant notamment le maintien de la température corporelle : le pelage isole du froid comme de la chaleur.

cuisse^F
Partie supérieure de la patte postérieure, dont les muscles donnent une forte impulsion au kangourou.

poche^F
Située sur le ventre de la femelle, elle est pourvue de mamelles et le nouveau-né y poursuit son développement. Elle est dorsale ou absente chez certaines espèces.

queue^F
Appendice terminal du corps très musclé, permettant de garder l'équilibre lors des sauts et de soutenir, avec les pattes postérieures, le corps au repos.

pied^M
Extrémité puissante de la patte pourvue de quatre doigts, soutenant le corps et ayant une fonction locomotrice.

RÈGNE ANIMAL

exemples^M de mammifères^M marsupiaux

Les quelque 260 espèces de marsupiaux vivent en Océanie et en Amérique, sur terre ou dans les arbres.

opossum^M
Marsupial nocturne omnivore d'Amérique et d'Australie, dépourvu de poche et dont la fourrure est très appréciée.

diable^M **de Tasmanie**^F
Marsupial nocturne carnivore et charognard, dont les fortes mâchoires lui permettent de dévorer entièrement ses proies (chair, os, fourrure, plumes).

wallaby^M
Marsupial d'Australie, de Tasmanie et de Nouvelle-Guinée, proche du kangourou, dont certaines espèces sont recherchées pour leur fourrure.

koala^M
Marsupial nocturne d'Australie, dépourvu de queue, vivant en solitaire dans les arbres des forêts d'eucalyptus, dont il consomme les feuilles.

kangourou^M
Marsupial herbivore vivant en groupes en Australie et en Tasmanie, à la queue très développée, se déplaçant rapidement par bonds successifs.

ÊTRE HUMAIN

Être vivant représentant l'espèce la plus évoluée de la Terre, notamment caractérisé par la station verticale, le langage articulé et un cerveau volumineux.

CORPS HUMAIN 192

L'ensemble des organes constituant le corps humain est protégé par la peau qui constitue son revêtement extérieur. La peau est le plus grand organe du corps.

ANATOMIE 196

Science qui étudie la structure du corps humain ainsi que les rapports entre les différents organes qui le constituent.

ORGANES DES SENS 231

Parties du corps qui permettent de recevoir des informations du monde extérieur grâce à des récepteurs spécifiques, qui sont reliés au cerveau par les nerfs.

corps humain

homme^M

Être humain de sexe masculin qui produit les cellules pouvant féconder l'ovule. Son squelette est en général plus grand et plus lourd que celui de la femme.

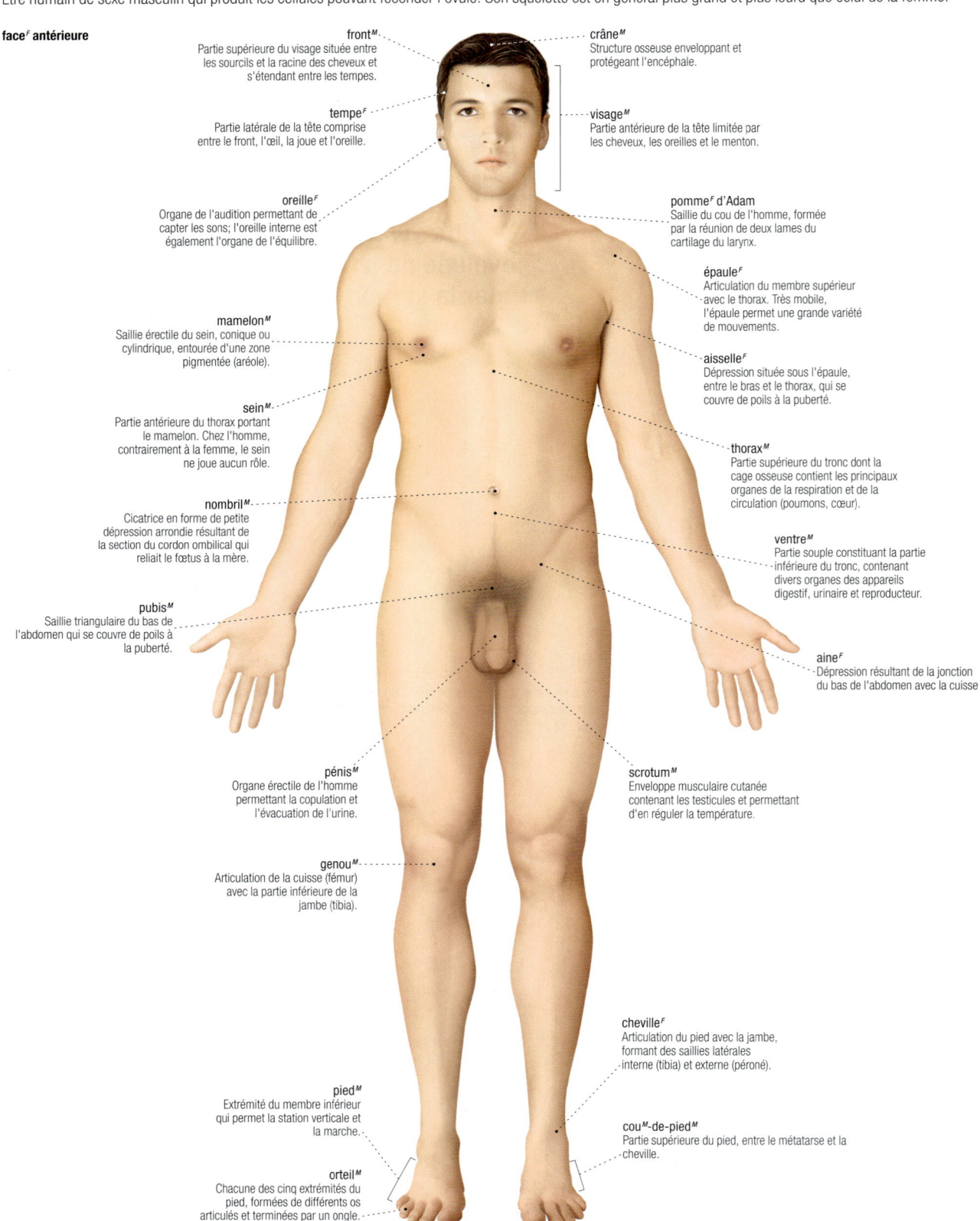

face^F antérieure

front^M
Partie supérieure du visage située entre les sourcils et la racine des cheveux et s'étendant entre les tempes.

crâne^M
Structure osseuse enveloppant et protégeant l'encéphale.

tempe^F
Partie latérale de la tête comprise entre le front, l'œil, la joue et l'oreille.

visage^M
Partie antérieure de la tête limitée par les cheveux, les oreilles et le menton.

oreille^F
Organe de l'audition permettant de capter les sons; l'oreille interne est également l'organe de l'équilibre.

pomme^F d'Adam
Saillie du cou de l'homme, formée par la réunion de deux lames du cartilage du larynx.

épaule^F
Articulation du membre supérieur avec le thorax. Très mobile, l'épaule permet une grande variété de mouvements.

mamelon^M
Saillie érectile du sein, conique ou cylindrique, entourée d'une zone pigmentée (aréole).

aisselle^F
Dépression située sous l'épaule, entre le bras et le thorax, qui se couvre de poils à la puberté.

sein^M
Partie antérieure du thorax portant le mamelon. Chez l'homme, contrairement à la femme, le sein ne joue aucun rôle.

thorax^M
Partie supérieure du tronc dont la cage osseuse contient les principaux organes de la respiration et de la circulation (poumons, cœur).

nombril^M
Cicatrice en forme de petite dépression arrondie résultant de la section du cordon ombilical qui reliait le fœtus à la mère.

ventre^M
Partie souple constituant la partie inférieure du tronc, contenant divers organes des appareils digestif, urinaire et reproducteur.

pubis^M
Saillie triangulaire du bas de l'abdomen qui se couvre de poils à la puberté.

aine^F
Dépression résultant de la jonction du bas de l'abdomen avec la cuisse.

pénis^M
Organe érectile de l'homme permettant la copulation et l'évacuation de l'urine.

scrotum^M
Enveloppe musculaire cutanée contenant les testicules et permettant d'en réguler la température.

genou^M
Articulation de la cuisse (fémur) avec la partie inférieure de la jambe (tibia).

cheville^F
Articulation du pied avec la jambe, formant des saillies latérales interne (tibia) et externe (péroné).

pied^M
Extrémité du membre inférieur qui permet la station verticale et la marche.

cou^M-de-pied^M
Partie supérieure du pied, entre le métatarse et la cheville.

orteil^M
Chacune des cinq extrémités du pied, formées de différents os articulés et terminées par un ongle.

ÊTRE HUMAIN

corps humain 193

homme^M

face^F postérieure

cheveux^M
Poils de la tête permettant notamment de protéger la peau du crâne. L'aspect et la couleur des cheveux varient selon les individus.

tête^F
Partie supérieure du corps soutenue par le cou. Elle comporte notamment les principaux organes sensoriels et l'encéphale.

nuque^F
Partie postérieure du cou essentiellement constituée de vertèbres et de muscles.

cou^M
Partie du corps reliant la tête au tronc, par où passent notamment les voies respiratoires, des centres nerveux et des vaisseaux sanguins.

omoplate^F
Os plat et mince du dos s'articulant notamment avec l'humérus (os du bras) et formant la partie postérieure de l'épaule.

bras^M
Partie du membre supérieur comprise entre l'épaule et le coude et s'articulant notamment avec l'omoplate.

dos^M
Partie postérieure du tronc qui s'étend des épaules aux reins, de chaque côté de la colonne vertébrale.

coude^M
Articulation du bras (humérus) avec l'avant-bras (radius et cubitus), qui fait saillie lorsque le membre est fléchi.

tronc^M
Partie du corps à laquelle sont rattachés la tête et les membres. Elle se compose du thorax, de l'abdomen et du bassin.

taille^F
Partie resserrée du corps comprise entre la base du thorax et les hanches.

hanche^F
Articulation de la jambe avec le bassin (base du tronc).

avant-bras^M
Partie du membre supérieur comprise entre le coude et le poignet. Les muscles de l'avant-bras contrôlent le mouvement de la main et des doigts.

reins^M
Partie inférieure du dos située de part et d'autre de la colonne vertébrale.

poignet^M
Articulation de la main (carpe) avec l'avant-bras (radius).

raie^F **des fesses**^F
Sillon profond et étroit situé entre les deux fesses et dans lequel s'ouvre l'anus.

main^F
Extrémité du membre supérieur ayant une fonction tactile et préhensile, le pouce étant opposable aux autres doigts.

fesse^F
Partie charnue essentiellement composée de muscles, située au bas du dos.

cuisse^F
Partie de la jambe comprise entre la hanche et le genou. La cuisse est pourvue de nombreux muscles puissants.

jambe^F
Membre inférieur rattaché au tronc, soutenant le corps en station verticale et lors de la locomotion.

mollet^M
Partie charnue formée par les muscles de la face postérieure de la jambe, comprise entre le genou et la cheville.

pied^M
Extrémité du membre inférieur qui permet la station verticale et la marche.

talon^M
Partie postérieure du pied, reposant sur le sol lors de la marche.

ÊTRE HUMAIN

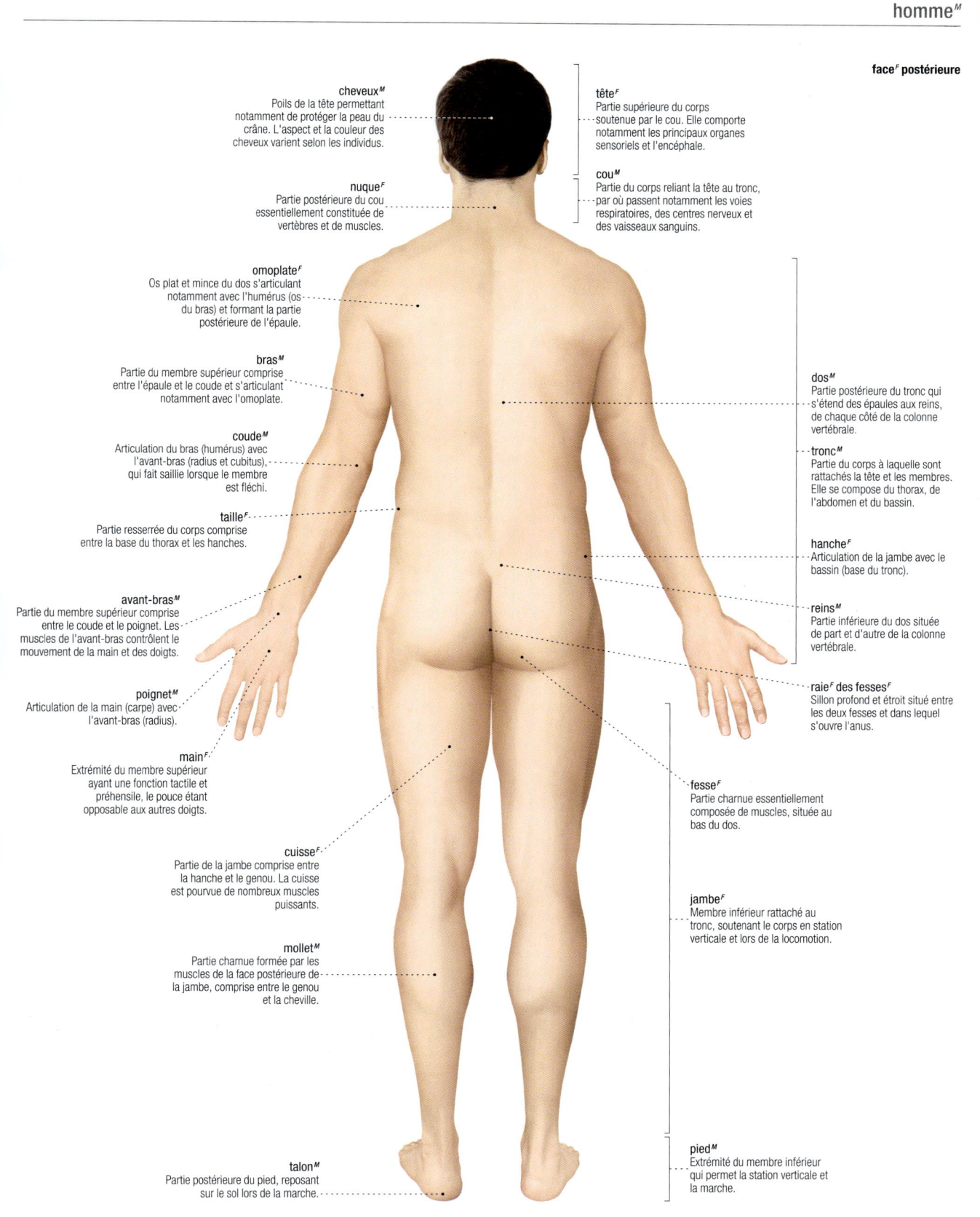

femme^F

Être humain de sexe féminin capable de concevoir des enfants à partir d'un ovule fécondé par un spermatozoïde (cellule reproductrice mâle).

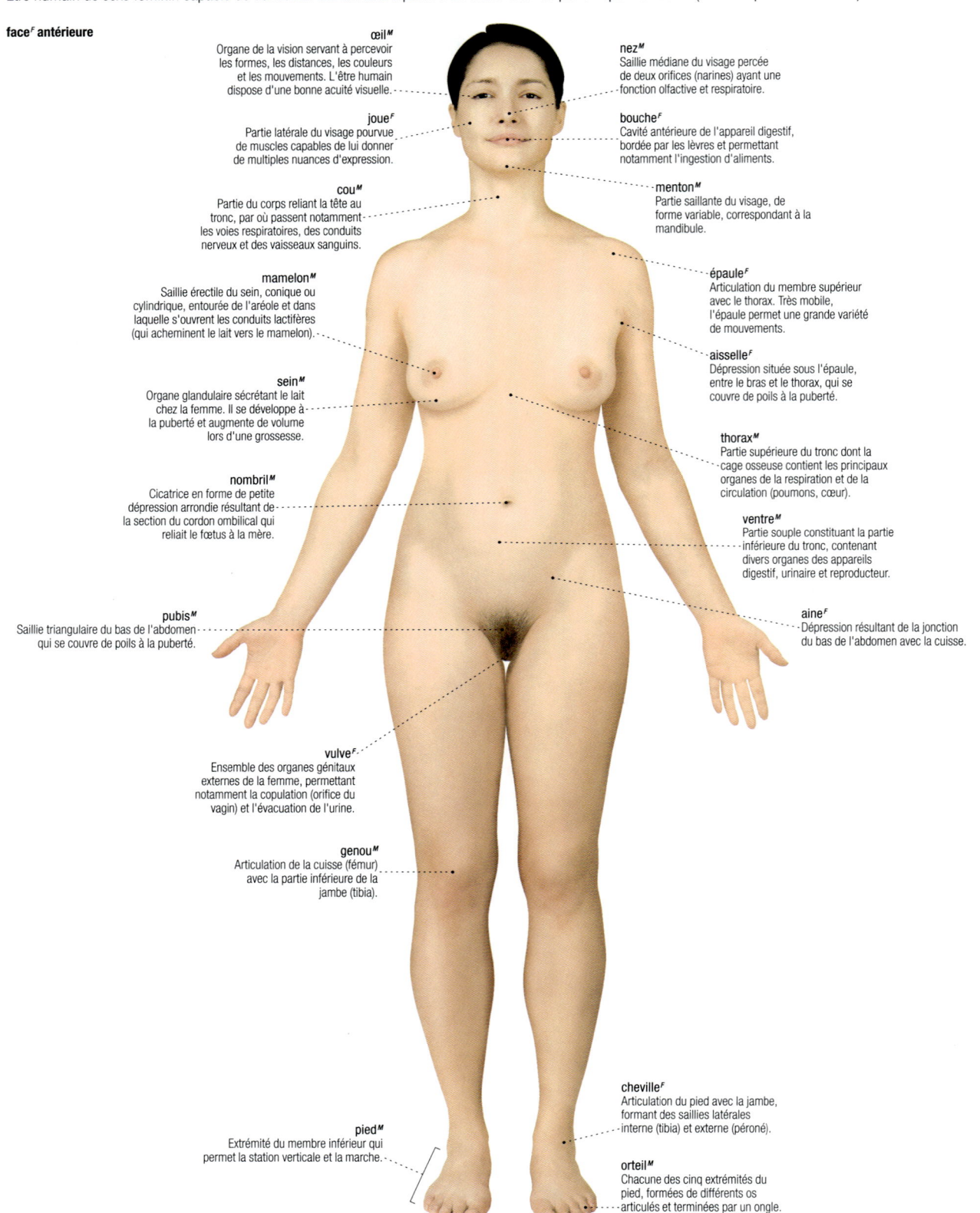

face^F antérieure

œil^M
Organe de la vision servant à percevoir les formes, les distances, les couleurs et les mouvements. L'être humain dispose d'une bonne acuité visuelle.

nez^M
Saillie médiane du visage percée de deux orifices (narines) ayant une fonction olfactive et respiratoire.

joue^F
Partie latérale du visage pourvue de muscles capables de lui donner de multiples nuances d'expression.

bouche^F
Cavité antérieure de l'appareil digestif, bordée par les lèvres et permettant notamment l'ingestion d'aliments.

cou^M
Partie du corps reliant la tête au tronc, par où passent notamment les voies respiratoires, des conduits nerveux et des vaisseaux sanguins.

menton^M
Partie saillante du visage, de forme variable, correspondant à la mandibule.

mamelon^M
Saillie érectile du sein, conique ou cylindrique, entourée de l'aréole et dans laquelle s'ouvrent les conduits lactifères (qui acheminent le lait vers le mamelon).

épaule^F
Articulation du membre supérieur avec le thorax. Très mobile, l'épaule permet une grande variété de mouvements.

aisselle^F
Dépression située sous l'épaule, entre le bras et le thorax, qui se couvre de poils à la puberté.

sein^M
Organe glandulaire sécrétant le lait chez la femme. Il se développe à la puberté et augmente de volume lors d'une grossesse.

thorax^M
Partie supérieure du tronc dont la cage osseuse contient les principaux organes de la respiration et de la circulation (poumons, cœur).

nombril^M
Cicatrice en forme de petite dépression arrondie résultant de la section du cordon ombilical qui reliait le fœtus à la mère.

ventre^M
Partie souple constituant la partie inférieure du tronc, contenant divers organes des appareils digestif, urinaire et reproducteur.

pubis^M
Saillie triangulaire du bas de l'abdomen qui se couvre de poils à la puberté.

aine^F
Dépression résultant de la jonction du bas de l'abdomen avec la cuisse.

vulve^F
Ensemble des organes génitaux externes de la femme, permettant notamment la copulation (orifice du vagin) et l'évacuation de l'urine.

genou^M
Articulation de la cuisse (fémur) avec la partie inférieure de la jambe (tibia).

cheville^F
Articulation du pied avec la jambe, formant des saillies latérales interne (tibia) et externe (péroné).

pied^M
Extrémité du membre inférieur qui permet la station verticale et la marche.

orteil^M
Chacune des cinq extrémités du pied, formées de différents os articulés et terminées par un ongle.

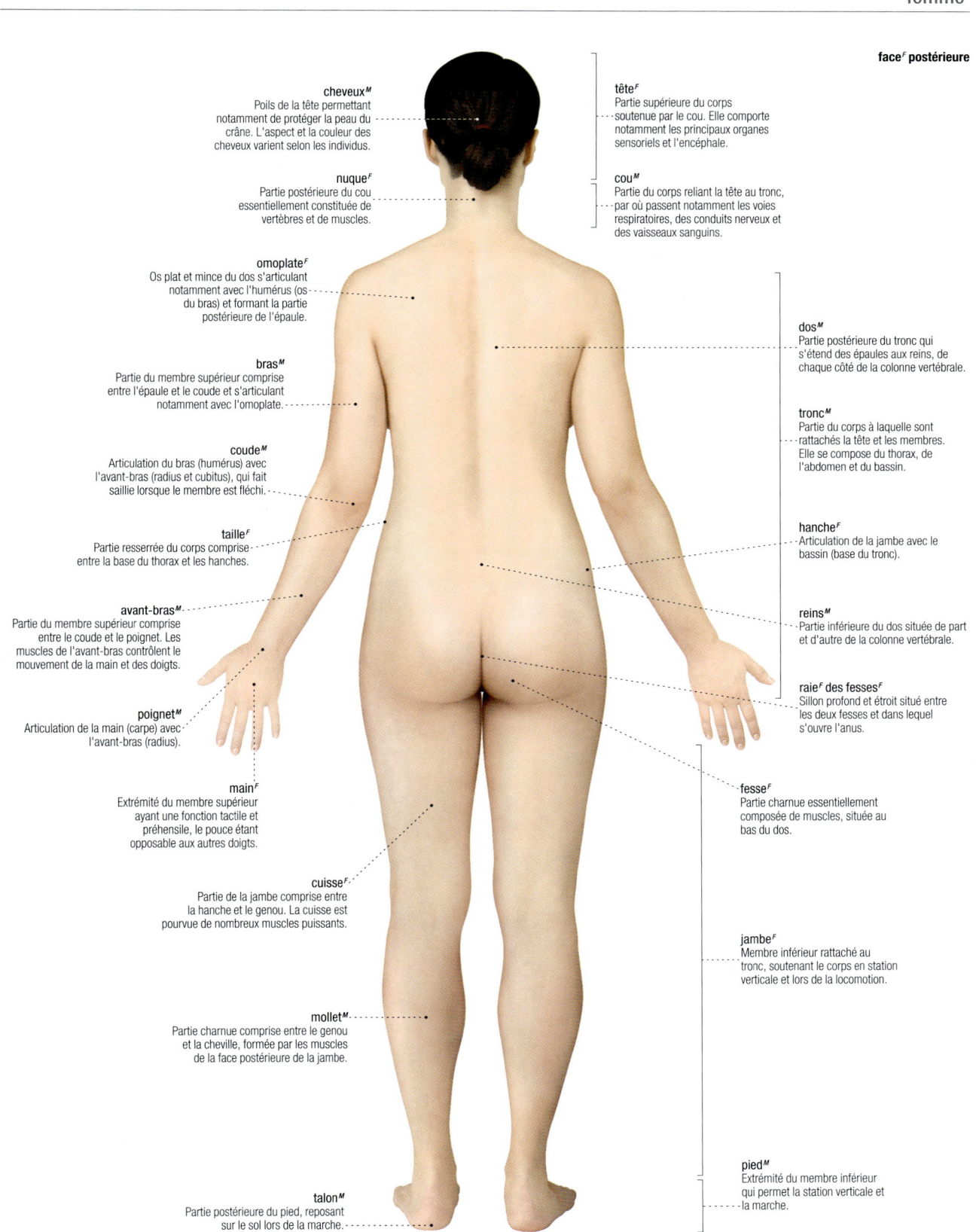

corps humain

femme

face postérieure

cheveux
Poils de la tête permettant notamment de protéger la peau du crâne. L'aspect et la couleur des cheveux varient selon les individus.

tête
Partie supérieure du corps soutenue par le cou. Elle comporte notamment les principaux organes sensoriels et l'encéphale.

nuque
Partie postérieure du cou essentiellement constituée de vertèbres et de muscles.

cou
Partie du corps reliant la tête au tronc, par où passent notamment les voies respiratoires, des conduits nerveux et des vaisseaux sanguins.

omoplate
Os plat et mince du dos s'articulant notamment avec l'humérus (os du bras) et formant la partie postérieure de l'épaule.

dos
Partie postérieure du tronc qui s'étend des épaules aux reins, de chaque côté de la colonne vertébrale.

bras
Partie du membre supérieur comprise entre l'épaule et le coude et s'articulant notamment avec l'omoplate.

tronc
Partie du corps à laquelle sont rattachés la tête et les membres. Elle se compose du thorax, de l'abdomen et du bassin.

coude
Articulation du bras (humérus) avec l'avant-bras (radius et cubitus), qui fait saillie lorsque le membre est fléchi.

taille
Partie resserrée du corps comprise entre la base du thorax et les hanches.

hanche
Articulation de la jambe avec le bassin (base du tronc).

avant-bras
Partie du membre supérieur comprise entre le coude et le poignet. Les muscles de l'avant-bras contrôlent le mouvement de la main et des doigts.

reins
Partie inférieure du dos située de part et d'autre de la colonne vertébrale.

poignet
Articulation de la main (carpe) avec l'avant-bras (radius).

raie des fesses
Sillon profond et étroit situé entre les deux fesses et dans lequel s'ouvre l'anus.

main
Extrémité du membre supérieur ayant une fonction tactile et préhensile, le pouce étant opposable aux autres doigts.

fesse
Partie charnue essentiellement composée de muscles, située au bas du dos.

cuisse
Partie de la jambe comprise entre la hanche et le genou. La cuisse est pourvue de nombreux muscles puissants.

jambe
Membre inférieur rattaché au tronc, soutenant le corps en station verticale et lors de la locomotion.

mollet
Partie charnue comprise entre le genou et la cheville, formée par les muscles de la face postérieure de la jambe.

pied
Extrémité du membre inférieur qui permet la station verticale et la marche.

talon
Partie postérieure du pied, reposant sur le sol lors de la marche.

ÊTRE HUMAIN

muscles^M

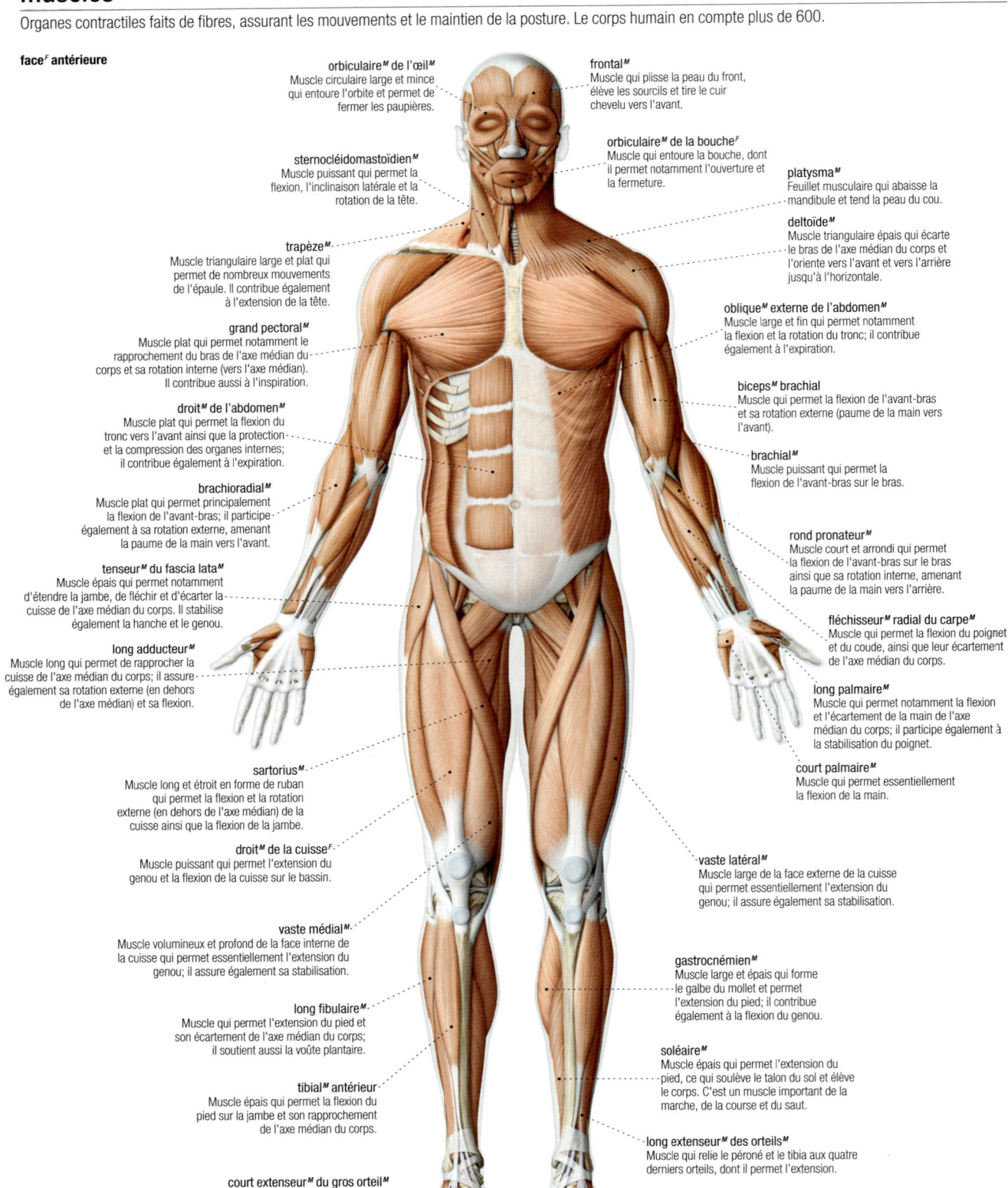

Organes contractiles faits de fibres, assurant les mouvements et le maintien de la posture. Le corps humain en compte plus de 600.

face^F antérieure

orbiculaire^M de l'œil^M
Muscle circulaire large et mince qui entoure l'orbite et permet de fermer les paupières.

frontal^M
Muscle qui plisse la peau du front, élève les sourcils et tire le cuir chevelu vers l'avant.

sternocléidomastoïdien^M
Muscle puissant qui permet la flexion, l'inclinaison latérale et la rotation de la tête.

orbiculaire^M de la bouche^F
Muscle qui entoure la bouche, dont il permet notamment l'ouverture et la fermeture.

platysma^M
Feuillet musculaire qui abaisse la mandibule et tend la peau du cou.

trapèze^M
Muscle triangulaire large et plat qui permet de nombreux mouvements de l'épaule. Il contribue également à l'extension de la tête.

deltoïde^M
Muscle triangulaire épais qui écarte le bras de l'axe médian du corps et l'oriente vers l'avant et vers l'arrière jusqu'à l'horizontale.

grand pectoral^M
Muscle plat qui permet notamment le rapprochement du bras de l'axe médian du corps et sa rotation interne (vers l'axe médian). Il contribue aussi à l'inspiration.

oblique^M externe de l'abdomen^M
Muscle large et fin qui permet notamment la flexion et la rotation du tronc; il contribue également à l'expiration.

droit^M de l'abdomen^M
Muscle plat qui permet la flexion du tronc vers l'avant ainsi que la protection et la compression des organes internes; il contribue également à l'expiration.

biceps^M brachial
Muscle qui permet la flexion de l'avant-bras et sa rotation externe (paume de la main vers l'avant).

brachial^M
Muscle puissant qui permet la flexion de l'avant-bras sur le bras.

brachioradial^M
Muscle plat qui permet principalement la flexion de l'avant-bras; il participe également à sa rotation externe, amenant la paume de la main vers l'avant.

rond pronateur^M
Muscle court et arrondi qui permet la flexion de l'avant-bras sur le bras ainsi que sa rotation interne, amenant la paume de la main vers l'arrière.

tenseur^M du fascia lata^M
Muscle épais qui permet notamment d'étendre la jambe, de fléchir et d'écarter la cuisse de l'axe médian du corps. Il stabilise également la hanche et le genou.

fléchisseur^M radial du carpe^M
Muscle qui permet la flexion du poignet et du coude, ainsi que leur écartement de l'axe médian du corps.

long adducteur^M
Muscle long qui permet de rapprocher la cuisse de l'axe médian du corps; il assure également sa rotation externe (en dehors de l'axe médian) et sa flexion.

long palmaire^M
Muscle qui permet notamment la flexion et l'écartement de la main de l'axe médian du corps; il participe également à la stabilisation du poignet.

court palmaire^M
Muscle qui permet essentiellement la flexion de la main.

sartorius^M
Muscle long et étroit en forme de ruban qui permet la flexion et la rotation externe (en dehors de l'axe médian) de la cuisse ainsi que la flexion de la jambe.

droit^M de la cuisse^F
Muscle puissant qui permet l'extension du genou et la flexion de la cuisse sur le bassin.

vaste latéral^M
Muscle large de la face externe de la cuisse qui permet essentiellement l'extension du genou; il assure également sa stabilisation.

vaste médial^M
Muscle volumineux et profond de la face interne de la cuisse qui permet essentiellement l'extension du genou; il assure également sa stabilisation.

gastrocnémien^M
Muscle large et épais qui forme le galbe du mollet et permet l'extension du pied; il contribue également à la flexion du genou.

long fibulaire^M
Muscle qui permet l'extension du pied et son écartement de l'axe médian du corps; il soutient aussi la voûte plantaire.

soléaire^M
Muscle épais qui permet l'extension du pied, ce qui soulève le talon du sol et élève le corps. C'est un muscle important de la marche, de la course et du saut.

tibial^M antérieur
Muscle épais qui permet la flexion du pied sur la jambe et son rapprochement de l'axe médian du corps.

long extenseur^M des orteils^M
Muscle qui relie le péroné et le tibia aux quatre derniers orteils, dont il permet l'extension.

court extenseur^M du gros orteil^M
Muscle qui permet principalement l'extension du gros orteil.

anatomie

muscles^M

face^F postérieure

occipital^M
Muscle qui tire le cuir chevelu vers l'arrière.

splénius^M de la tête^F
Muscle qui permet l'inclinaison latérale et la rotation de la tête; l'action simultanée des deux splénius permet l'extension de la tête.

trapèze^M
Muscle triangulaire large et plat qui permet de nombreux mouvements de l'épaule. Il contribue également à l'extension de la tête.

petit rond^M
Muscle qui permet la rotation externe du bras (en dehors de l'axe médian) et stabilise l'articulation de l'épaule.

grand rond^M
Muscle qui permet le rapprochement du bras de l'axe médian du corps ainsi que sa rotation interne.

long extenseur^M radial du carpe^M
Muscle qui permet l'extension de la main et son écartement de l'axe médian du corps.

anconé^M
Muscle court qui renforce l'action du triceps brachial pour permettre l'extension de l'avant-bras sur le bras. Il stabilise également l'articulation du coude.

extenseur^M commun des doigts^M
Muscle qui permet l'extension des doigts, à l'exception du pouce. Il contribue également à l'extension de la main sur l'avant-bras.

extenseur^M ulnaire du carpe^M
Muscle qui permet l'extension de la main et son rapprochement de l'axe médian du corps.

oblique^M externe de l'abdomen^M
Muscle large et fin qui permet notamment la flexion et la rotation du tronc; il contribue également à l'expiration.

grand adducteur^M
Muscle puissant qui permet le rapprochement de la cuisse de l'axe médian du corps, sa rotation externe (en dehors de l'axe médian), sa flexion et son extension.

gracile^M
Muscle qui permet le rapprochement de la cuisse de l'axe médian du corps, la flexion de la jambe sur la cuisse et sa rotation interne.

plantaire^M
Petit muscle qui contribue à la flexion du genou ou à l'extension de la cheville, selon que le pied repose ou non sur le sol.

court fibulaire^M
Muscle qui permet l'extension du pied et son écartement de l'axe médian du corps.

semi-épineux^M
Muscle qui permet l'inclinaison latérale de la tête; l'action simultanée des deux muscles permet l'extension de la tête.

sternocléidomastoïdien^M
Muscle puissant qui permet la flexion, l'inclinaison latérale et la rotation de la tête.

infra-épineux^M
Muscle triangulaire plat qui permet la rotation externe du bras et la stabilisation de l'articulation de l'épaule.

triceps^M brachial
Muscle puissant qui permet l'extension de l'avant-bras sur le bras.

grand dorsal^M
Muscle large et plat qui permet notamment le rapprochement du bras de l'axe médian du corps, son extension et sa rotation interne.

brachioradial^M
Muscle plat qui permet principalement la flexion de l'avant-bras; il participe également à sa rotation externe, amenant la paume de la main vers l'avant.

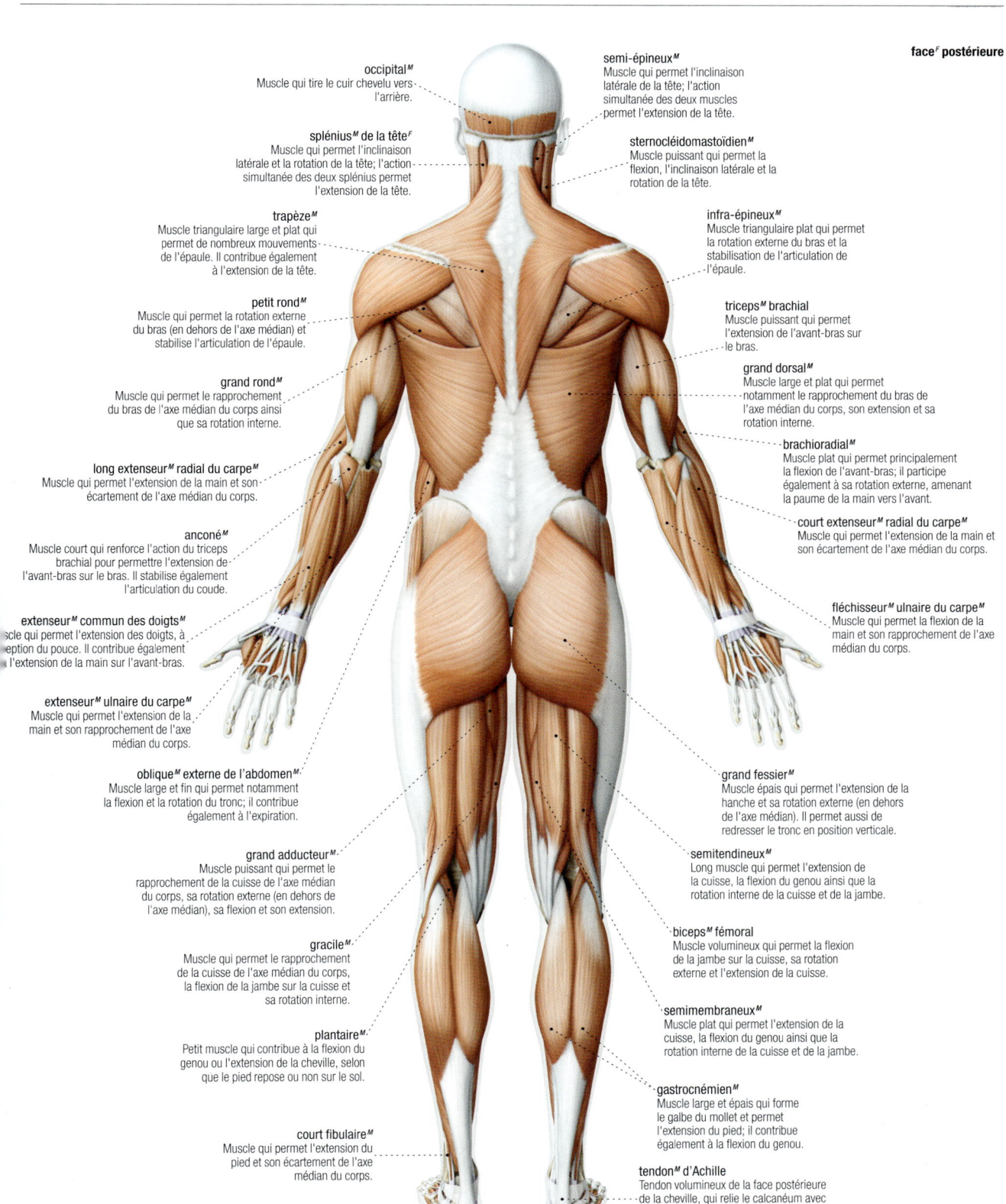

court extenseur^M radial du carpe^M
Muscle qui permet l'extension de la main et son écartement de l'axe médian du corps.

fléchisseur^M ulnaire du carpe^M
Muscle qui permet la flexion de la main et son rapprochement de l'axe médian du corps.

grand fessier^M
Muscle épais qui permet l'extension de la hanche et sa rotation externe (en dehors de l'axe médian). Il permet aussi de redresser le tronc en position verticale.

semitendineux^M
Long muscle qui permet l'extension de la cuisse, la flexion du genou ainsi que la rotation interne de la cuisse et de la jambe.

biceps^M fémoral
Muscle volumineux qui permet la flexion de la jambe sur la cuisse, sa rotation externe et l'extension de la cuisse.

semimembraneux^M
Muscle plat qui permet l'extension de la cuisse, la flexion du genou ainsi que la rotation interne de la cuisse et de la jambe.

gastrocnémien^M
Muscle large et épais qui forme le galbe du mollet et permet l'extension du pied; il contribue également à la flexion du genou.

tendon^M d'Achille
Tendon volumineux de la face postérieure de la cheville, qui relie le calcanéum avec notamment les deux chefs du muscle gastrocnémien.

ÊTRE HUMAIN

anatomie

muscles^M

tissu^M musculaire
Tissu composé de cellules (myocytes) disposées en fibres musculaires. Il existe trois types de tissu musculaire : strié, cardiaque et lisse.

tendon^M
Bande de tissu conjonctif dense qui relie un muscle à un os ou à un cartilage.

fascia^M
Membrane de tissu conjonctif lâche formant une gaine autour d'un muscle et le séparant des tissus environnants.

faisceau^M de fibres^F musculaires
Ensemble de fibres musculaires retenues par du tissu conjonctif.

muscle^M
Organes contractiles faits de fibres, assurant les mouvements et le maintien de la posture.

fibre^F musculaire
Cellule constitutive du muscle, qui se contracte involontairement ou en réponse à un influx nerveux.

muscle^M strié
Muscle qui, en se contractant, permet les mouvements volontaires du squelette, auquel il est rattaché par des tendons.

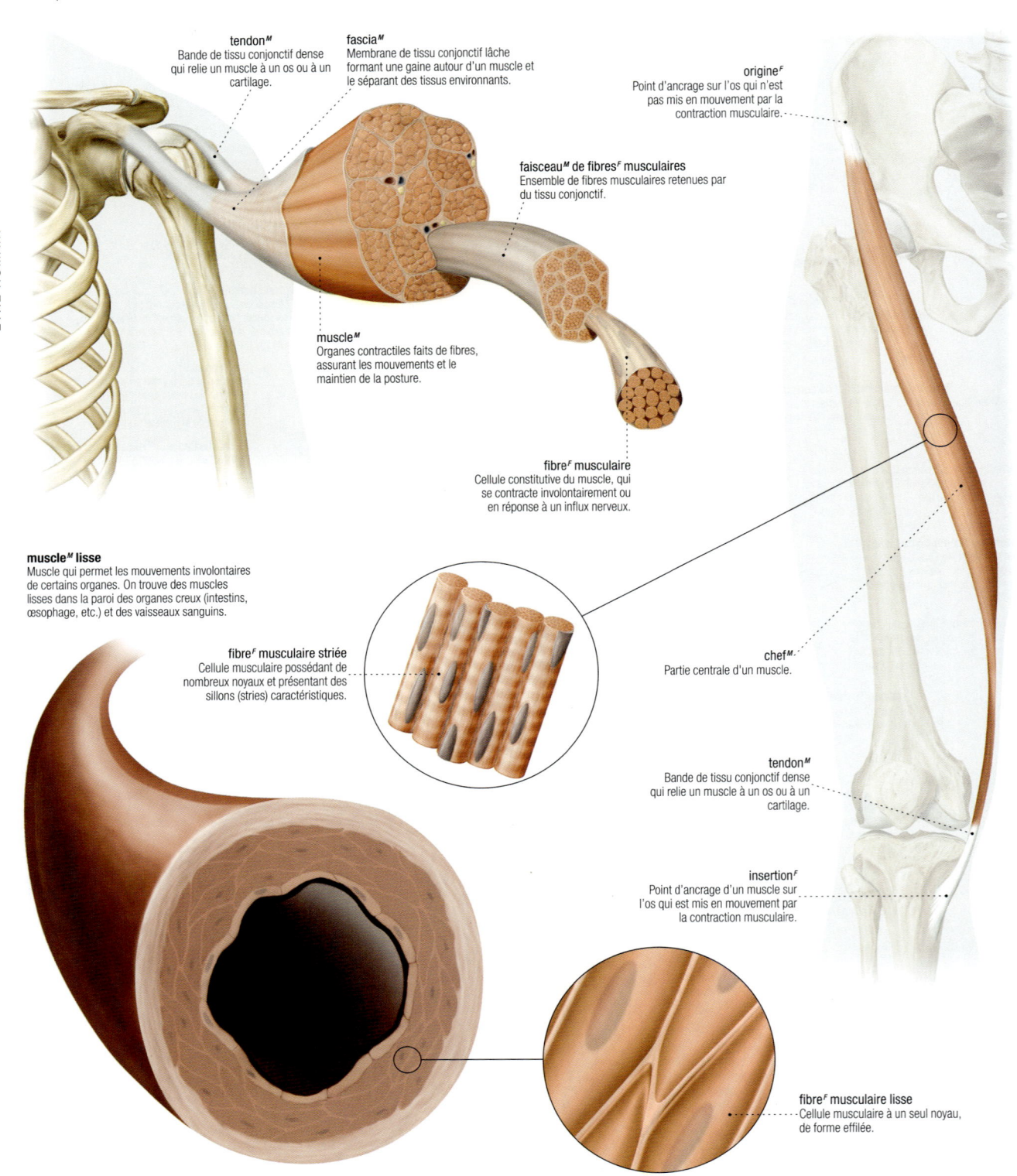

origine^F
Point d'ancrage sur l'os qui n'est pas mis en mouvement par la contraction musculaire.

chef^M
Partie centrale d'un muscle.

tendon^M
Bande de tissu conjonctif dense qui relie un muscle à un os ou à un cartilage.

insertion^F
Point d'ancrage d'un muscle sur l'os qui est mis en mouvement par la contraction musculaire.

muscle^M lisse
Muscle qui permet les mouvements involontaires de certains organes. On trouve des muscles lisses dans la paroi des organes creux (intestins, œsophage, etc.) et des vaisseaux sanguins.

fibre^F musculaire striée
Cellule musculaire possédant de nombreux noyaux et présentant des sillons (stries) caractéristiques.

fibre^F musculaire lisse
Cellule musculaire à un seul noyau, de forme effilée.

ÊTRE HUMAIN

anatomie

squelette

Ensemble des os articulés (environ 200), de taille et de forme variées, formant la charpente du corps, soutenant les muscles et protégeant les organes vitaux.

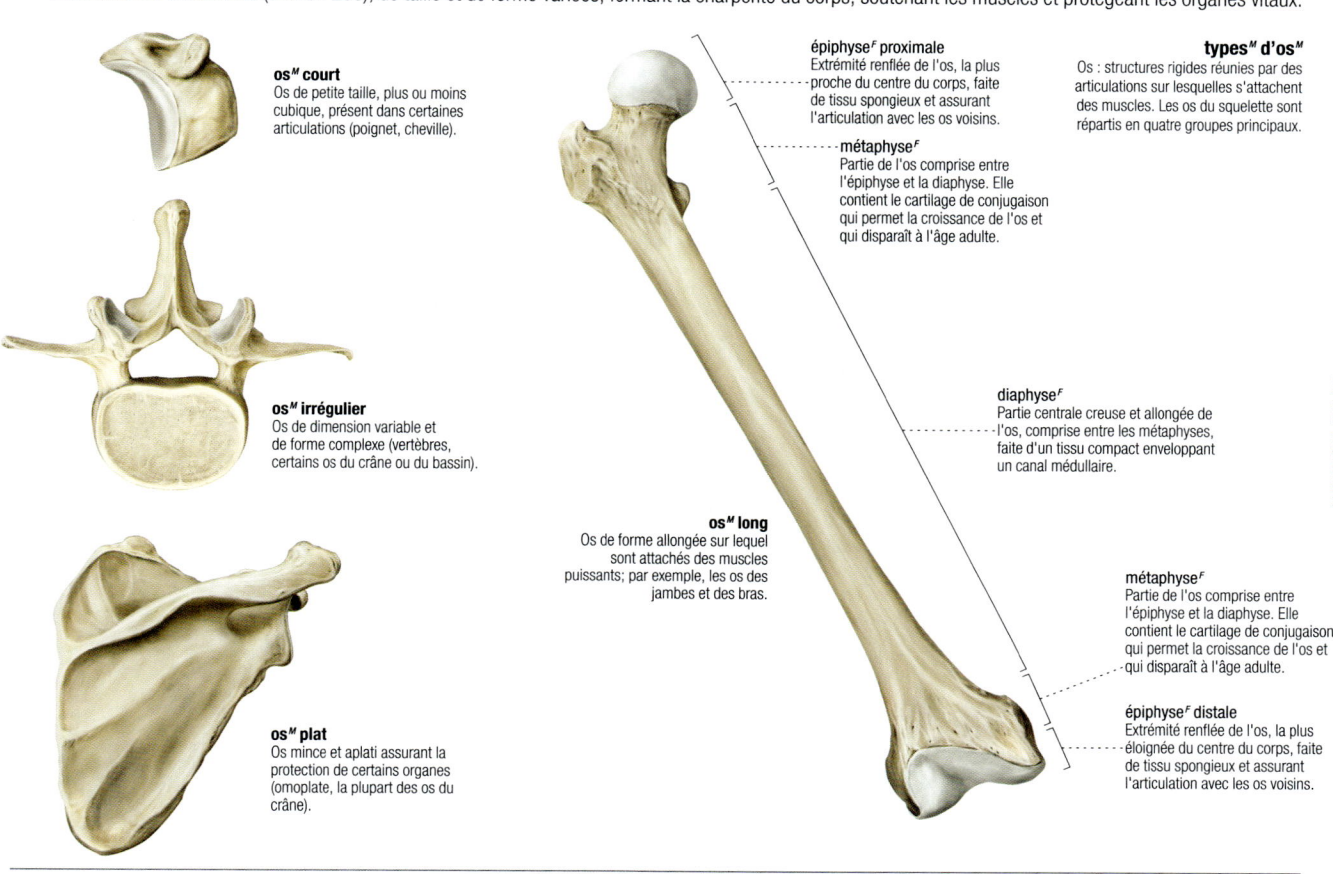

os court
Os de petite taille, plus ou moins cubique, présent dans certaines articulations (poignet, cheville).

os irrégulier
Os de dimension variable et de forme complexe (vertèbres, certains os du crâne ou du bassin).

os plat
Os mince et aplati assurant la protection de certains organes (omoplate, la plupart des os du crâne).

os long
Os de forme allongée sur lequel sont attachés des muscles puissants ; par exemple, les os des jambes et des bras.

épiphyse proximale
Extrémité renflée de l'os, la plus proche du centre du corps, faite de tissu spongieux et assurant l'articulation avec les os voisins.

métaphyse
Partie de l'os comprise entre l'épiphyse et la diaphyse. Elle contient le cartilage de conjugaison qui permet la croissance de l'os et qui disparaît à l'âge adulte.

diaphyse
Partie centrale creuse et allongée de l'os, comprise entre les métaphyses, faite d'un tissu compact enveloppant un canal médullaire.

métaphyse
Partie de l'os comprise entre l'épiphyse et la diaphyse. Elle contient le cartilage de conjugaison qui permet la croissance de l'os et qui disparaît à l'âge adulte.

épiphyse distale
Extrémité renflée de l'os, la plus éloignée du centre du corps, faite de tissu spongieux et assurant l'articulation avec les os voisins.

types d'os
Os : structures rigides réunies par des articulations sur lesquelles s'attachent des muscles. Les os du squelette sont répartis en quatre groupes principaux.

ÊTRE HUMAIN

structure d'un os long
Os long : os de forme allongée sur lequel sont attachés des muscles puissants ; il se compose d'un corps (diaphyse) et de deux extrémités (épiphyses).

cartilage articulaire
Tissu élastique, lisse et résistant recouvrant l'extrémité d'un os à l'endroit où il s'articule avec un autre os : il facilite le mouvement et amortit les chocs.

canaux de Volkmann
Conduits transversaux de l'os compact renfermant des vaisseaux sanguins et des nerfs, reliant les canaux de Havers entre eux, avec le canal médullaire et le périoste.

ostéon
Structure cylindrique élémentaire de l'os compact, constituée de 4 à 20 lamelles osseuses concentriques entourant le canal de Havers.

périoste
Membrane fibreuse riche en vaisseaux sanguins enveloppant l'os, à l'exception des surfaces articulaires, et contribuant notamment à sa croissance en épaisseur.

lamelles concentriques
Feuillets osseux de l'ostéon faits de fibres de collagène, disposés de façon concentrique autour du canal de Havers et se formant lors de la croissance des os.

canal de Havers
Conduit longitudinal central de l'ostéon, renfermant des vaisseaux sanguins et des nerfs.

os compact
Tissu osseux dense, composé d'ostéons, résistant à la pression et aux chocs, et protégeant le tissu spongieux. Il constitue notamment la diaphyse des os longs.

os spongieux
Tissu fait de travées osseuses séparées par des cavités remplies de moelle osseuse, de vaisseaux sanguins et de nerfs. Cette structure donne sa légèreté à l'os.

vaisseau sanguin
Canal parcourant l'os par lequel circule le sang qui lui apporte ainsi les éléments nutritifs et les sels minéraux dont il a besoin.

canal médullaire
Cavité centrale cylindrique de l'os contenant la moelle osseuse. Ce canal renferme la moelle jaune qui est riche en graisses.

moelle osseuse
Substance molle contenue dans les cavités osseuses, produisant des cellules sanguines. La moelle rouge est propre à l'enfant, la jaune aux os longs de l'adulte.

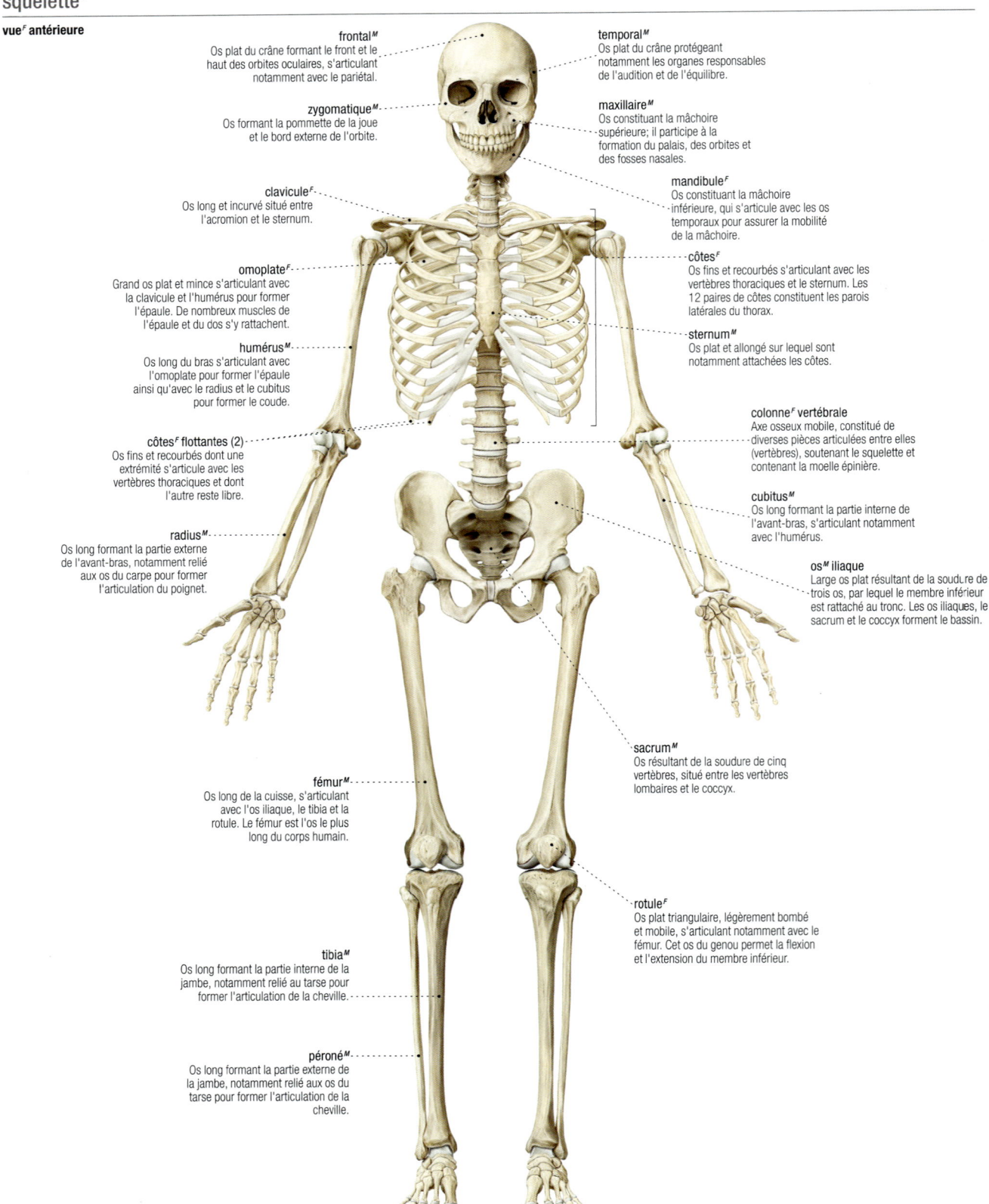

anatomie

squelette(M)

vue(F) antérieure

frontal(M)
Os plat du crâne formant le front et le haut des orbites oculaires, s'articulant notamment avec le pariétal.

temporal(M)
Os plat du crâne protégeant notamment les organes responsables de l'audition et de l'équilibre.

zygomatique(M)
Os formant la pommette de la joue et le bord externe de l'orbite.

maxillaire(M)
Os constituant la mâchoire supérieure; il participe à la formation du palais, des orbites et des fosses nasales.

clavicule(F)
Os long et incurvé situé entre l'acromion et le sternum.

mandibule(F)
Os constituant la mâchoire inférieure, qui s'articule avec les os temporaux pour assurer la mobilité de la mâchoire.

omoplate(F)
Grand os plat et mince s'articulant avec la clavicule et l'humérus pour former l'épaule. De nombreux muscles de l'épaule et du dos s'y rattachent.

côtes(F)
Os fins et recourbés s'articulant avec les vertèbres thoraciques et le sternum. Les 12 paires de côtes constituent les parois latérales du thorax.

humérus(M)
Os long du bras s'articulant avec l'omoplate pour former l'épaule ainsi qu'avec le radius et le cubitus pour former le coude.

sternum(M)
Os plat et allongé sur lequel sont notamment attachées les côtes.

colonne(F) vertébrale
Axe osseux mobile, constitué de diverses pièces articulées entre elles (vertèbres), soutenant le squelette et contenant la moelle épinière.

côtes(F) flottantes (2)
Os fins et recourbés dont une extrémité s'articule avec les vertèbres thoraciques et dont l'autre reste libre.

cubitus(M)
Os long formant la partie interne de l'avant-bras, s'articulant notamment avec l'humérus.

radius(M)
Os long formant la partie externe de l'avant-bras, notamment relié aux os du carpe pour former l'articulation du poignet.

os(M) iliaque
Large os plat résultant de la soudure de trois os, par lequel le membre inférieur est rattaché au tronc. Les os iliaques, le sacrum et le coccyx forment le bassin.

sacrum(M)
Os résultant de la soudure de cinq vertèbres, situé entre les vertèbres lombaires et le coccyx.

fémur(M)
Os long de la cuisse, s'articulant avec l'os iliaque, le tibia et la rotule. Le fémur est l'os le plus long du corps humain.

rotule(F)
Os plat triangulaire, légèrement bombé et mobile, s'articulant notamment avec le fémur. Cet os du genou permet la flexion et l'extension du membre inférieur.

tibia(M)
Os long formant la partie interne de la jambe, notamment relié au tarse pour former l'articulation de la cheville.

péroné(M)
Os long formant la partie externe de la jambe, notamment relié aux os du tarse pour former l'articulation de la cheville.

ÊTRE HUMAIN

anatomie   201

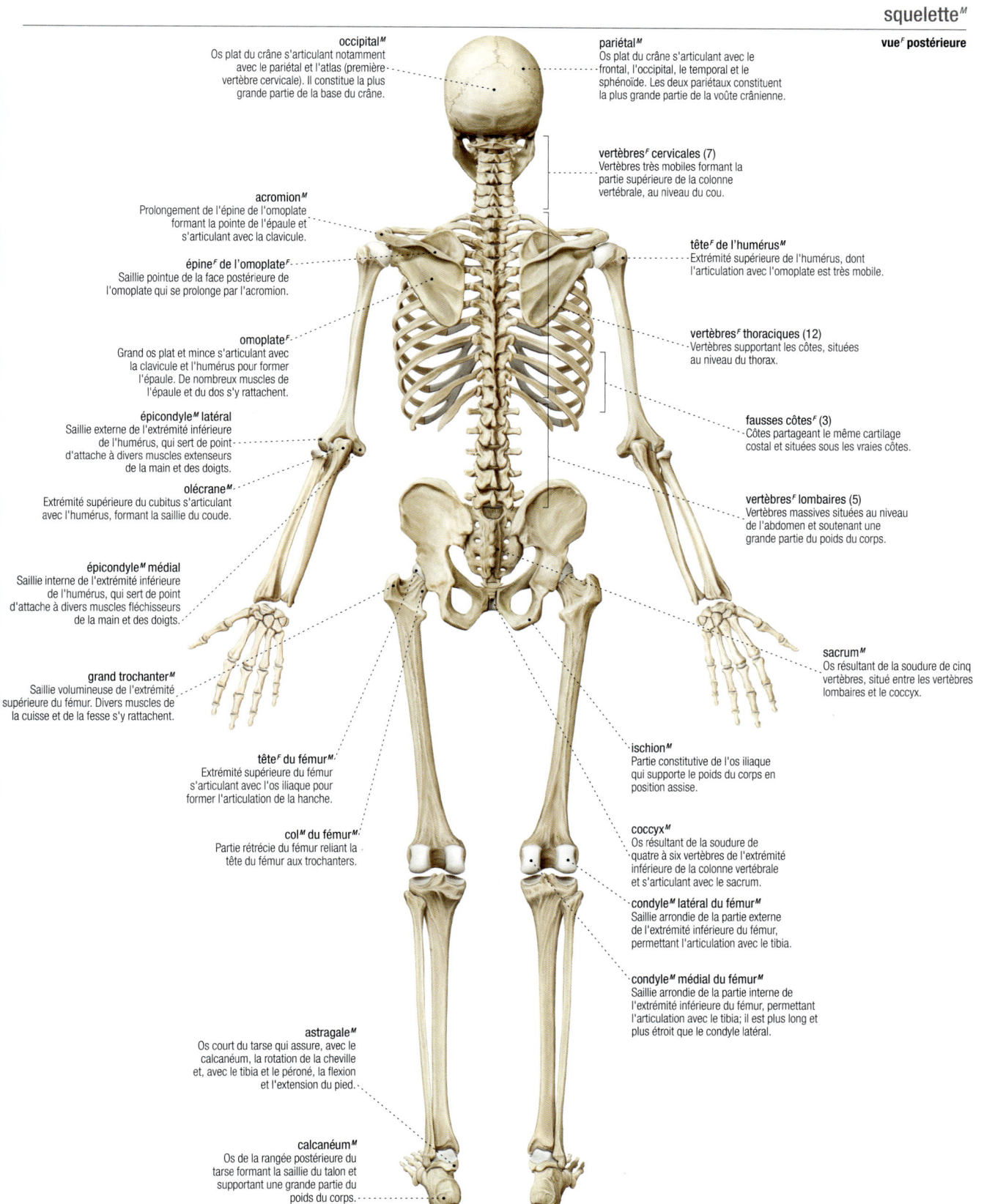

squelette
vue postérieure

occipital
Os plat du crâne s'articulant notamment avec le pariétal et l'atlas (première vertèbre cervicale). Il constitue la plus grande partie de la base du crâne.

pariétal
Os plat du crâne s'articulant avec le frontal, l'occipital, le temporal et le sphénoïde. Les deux pariétaux constituent la plus grande partie de la voûte crânienne.

vertèbres cervicales (7)
Vertèbres très mobiles formant la partie supérieure de la colonne vertébrale, au niveau du cou.

acromion
Prolongement de l'épine de l'omoplate formant la pointe de l'épaule et s'articulant avec la clavicule.

tête de l'humérus
Extrémité supérieure de l'humérus, dont l'articulation avec l'omoplate est très mobile.

épine de l'omoplate
Saillie pointue de la face postérieure de l'omoplate qui se prolonge par l'acromion.

omoplate
Grand os plat et mince s'articulant avec la clavicule et l'humérus pour former l'épaule. De nombreux muscles de l'épaule et du dos s'y rattachent.

vertèbres thoraciques (12)
Vertèbres supportant les côtes, situées au niveau du thorax.

épicondyle latéral
Saillie externe de l'extrémité inférieure de l'humérus, qui sert de point d'attache à divers muscles extenseurs de la main et des doigts.

fausses côtes (3)
Côtes partageant le même cartilage costal et situées sous les vraies côtes.

olécrane
Extrémité supérieure du cubitus s'articulant avec l'humérus, formant la saillie du coude.

vertèbres lombaires (5)
Vertèbres massives situées au niveau de l'abdomen et soutenant une grande partie du poids du corps.

épicondyle médial
Saillie interne de l'extrémité inférieure de l'humérus, qui sert de point d'attache à divers muscles fléchisseurs de la main et des doigts.

sacrum
Os résultant de la soudure de cinq vertèbres, situé entre les vertèbres lombaires et le coccyx.

grand trochanter
Saillie volumineuse de l'extrémité supérieure du fémur. Divers muscles de la cuisse et de la fesse s'y rattachent.

ischion
Partie constitutive de l'os iliaque qui supporte le poids du corps en position assise.

tête du fémur
Extrémité supérieure du fémur s'articulant avec l'os iliaque pour former l'articulation de la hanche.

coccyx
Os résultant de la soudure de quatre à six vertèbres de l'extrémité inférieure de la colonne vertébrale et s'articulant avec le sacrum.

col du fémur
Partie rétrécie du fémur reliant la tête du fémur aux trochanters.

condyle latéral du fémur
Saillie arrondie de la partie externe de l'extrémité inférieure du fémur, permettant l'articulation avec le tibia.

condyle médial du fémur
Saillie arrondie de la partie interne de l'extrémité inférieure du fémur, permettant l'articulation avec le tibia ; il est plus long et plus étroit que le condyle latéral.

astragale
Os court du tarse qui assure, avec le calcanéum, la rotation de la cheville et, avec le tibia et le péroné, la flexion et l'extension du pied.

calcanéum
Os de la rangée postérieure du tarse formant la saillie du talon et supportant une grande partie du poids du corps.

ÊTRE HUMAIN

though
squelette

main
Extrémité de l'avant-bras ayant une fonction tactile et préhensile, le pouce étant opposable aux autres doigts. Le squelette de la main compte 27 os.

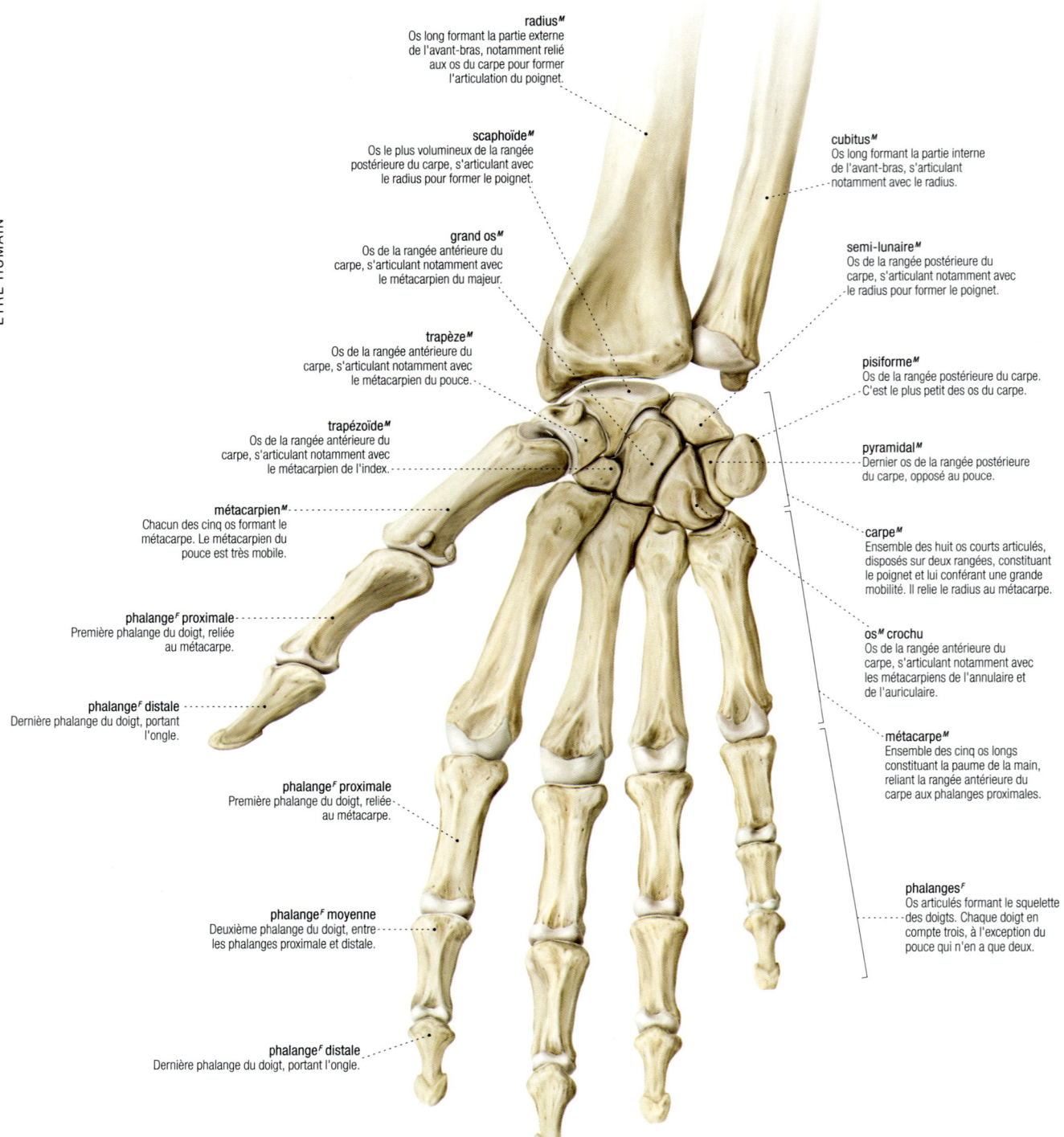

radius
Os long formant la partie externe de l'avant-bras, notamment relié aux os du carpe pour former l'articulation du poignet.

scaphoïde
Os le plus volumineux de la rangée postérieure du carpe, s'articulant avec le radius pour former le poignet.

cubitus
Os long formant la partie interne de l'avant-bras, s'articulant notamment avec le radius.

grand os
Os de la rangée antérieure du carpe, s'articulant notamment avec le métacarpien du majeur.

semi-lunaire
Os de la rangée postérieure du carpe, s'articulant notamment avec le radius pour former le poignet.

trapèze
Os de la rangée antérieure du carpe, s'articulant notamment avec le métacarpien du pouce.

pisiforme
Os de la rangée postérieure du carpe. C'est le plus petit des os du carpe.

trapézoïde
Os de la rangée antérieure du carpe, s'articulant notamment avec le métacarpien de l'index.

pyramidal
Dernier os de la rangée postérieure du carpe, opposé au pouce.

métacarpien
Chacun des cinq os formant le métacarpe. Le métacarpien du pouce est très mobile.

carpe
Ensemble des huit os courts articulés, disposés sur deux rangées, constituant le poignet et lui conférant une grande mobilité. Il relie le radius au métacarpe.

phalange proximale
Première phalange du doigt, reliée au métacarpe.

os crochu
Os de la rangée antérieure du carpe, s'articulant notamment avec les métacarpiens de l'annulaire et de l'auriculaire.

phalange distale
Dernière phalange du doigt, portant l'ongle.

métacarpe
Ensemble des cinq os longs constituant la paume de la main, reliant la rangée antérieure du carpe aux phalanges proximales.

phalange proximale
Première phalange du doigt, reliée au métacarpe.

phalanges
Os articulés formant le squelette des doigts. Chaque doigt en compte trois, à l'exception du pouce qui n'en a que deux.

phalange moyenne
Deuxième phalange du doigt, entre les phalanges proximale et distale.

phalange distale
Dernière phalange du doigt, portant l'ongle.

anatomie 203

squelette

pied : vue antérieure
Pied : extrémité de la jambe permettant la station verticale et la marche. Le squelette du pied se compose de 26 os.

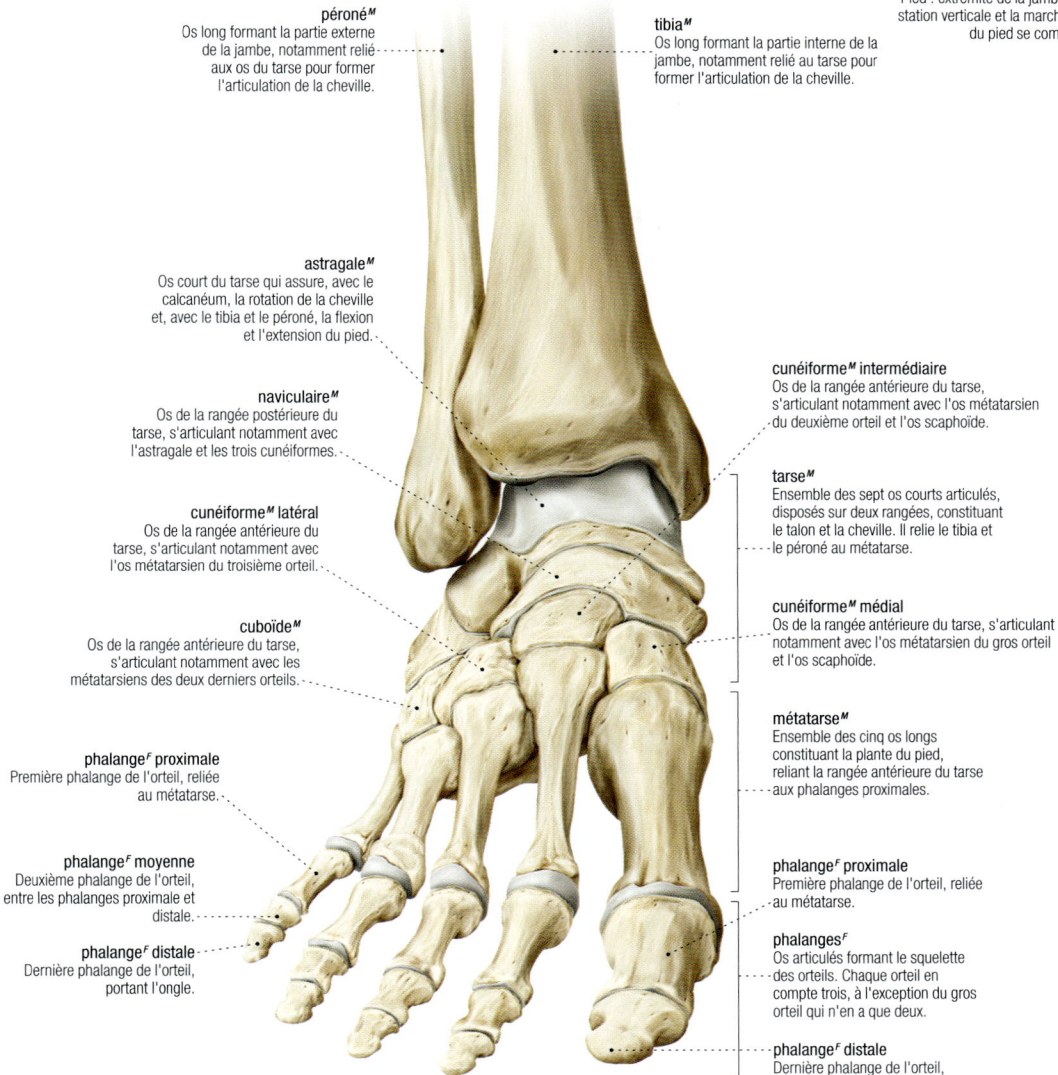

péroné
Os long formant la partie externe de la jambe, notamment relié aux os du tarse pour former l'articulation de la cheville.

tibia
Os long formant la partie interne de la jambe, notamment relié au tarse pour former l'articulation de la cheville.

astragale
Os court du tarse qui assure, avec le calcanéum, la rotation de la cheville et, avec le tibia et le péroné, la flexion et l'extension du pied.

cunéiforme intermédiaire
Os de la rangée antérieure du tarse, s'articulant notamment avec l'os métatarsien du deuxième orteil et l'os scaphoïde.

naviculaire
Os de la rangée postérieure du tarse, s'articulant notamment avec l'astragale et les trois cunéiformes.

tarse
Ensemble des sept os courts articulés, disposés sur deux rangées, constituant le talon et la cheville. Il relie le tibia et le péroné au métatarse.

cunéiforme latéral
Os de la rangée antérieure du tarse, s'articulant notamment avec l'os métatarsien du troisième orteil.

cuboïde
Os de la rangée antérieure du tarse, s'articulant notamment avec les métatarsiens des deux derniers orteils.

cunéiforme médial
Os de la rangée antérieure du tarse, s'articulant notamment avec l'os métatarsien du gros orteil et l'os scaphoïde.

métatarse
Ensemble des cinq os longs constituant la plante du pied, reliant la rangée antérieure du tarse aux phalanges proximales.

phalange proximale
Première phalange de l'orteil, reliée au métatarse.

phalange moyenne
Deuxième phalange de l'orteil, entre les phalanges proximale et distale.

phalange proximale
Première phalange de l'orteil, reliée au métatarse.

phalange distale
Dernière phalange de l'orteil, portant l'ongle.

phalanges
Os articulés formant le squelette des orteils. Chaque orteil en compte trois, à l'exception du gros orteil qui n'en a que deux.

phalange distale
Dernière phalange de l'orteil, portant l'ongle.

ÊTRE HUMAIN

pied : vue latérale
Pied : extrémité de la jambe permettant la station verticale et la marche. Le squelette du pied se compose de 26 os.

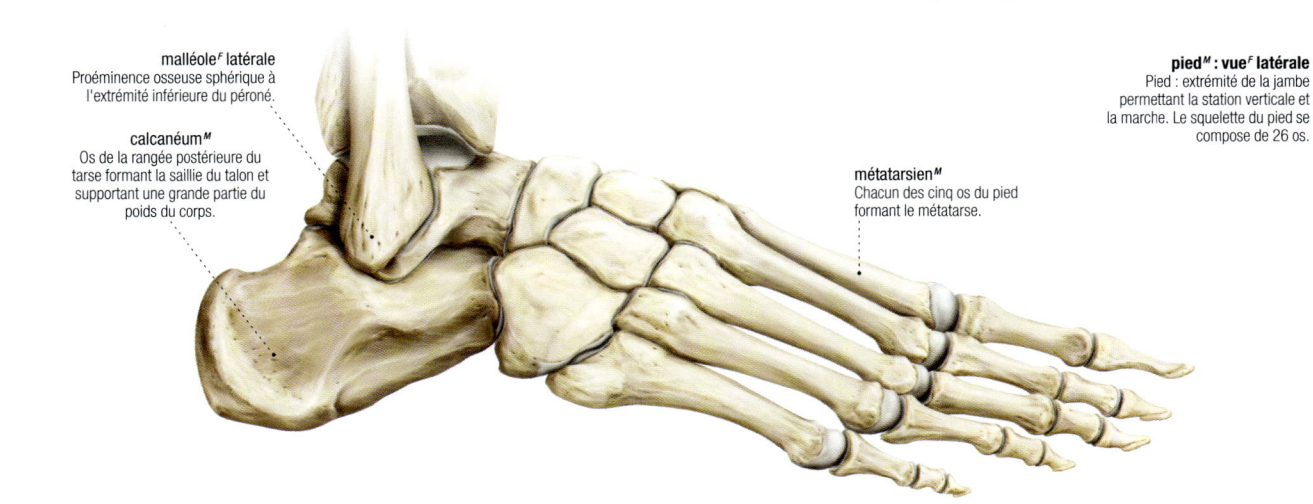

malléole latérale
Proéminence osseuse sphérique à l'extrémité inférieure du péroné.

calcanéum
Os de la rangée postérieure du tarse formant la saillie du talon et supportant une grande partie du poids du corps.

métatarsien
Chacun des cinq os du pied formant le métatarse.

… # anatomie

squelette

colonne vertébrale
Axe osseux mobile, constitué de diverses pièces articulées entre elles (vertèbres), soutenant le squelette et contenant la moelle épinière.

vue latérale

vue antérieure

atlas — Première vertèbre cervicale soutenant la tête et supportée par l'axis.

vertèbres cervicales (7) — Vertèbres très mobiles formant la partie supérieure de la colonne vertébrale, au niveau du cou.

axis — Deuxième vertèbre cervicale soutenant l'atlas, permettant les mouvements de rotation de la tête.

lordose cervicale — Courbure concave normale de la colonne vertébrale au niveau des vertèbres cervicales.

vertèbre proéminente — Dernière vertèbre cervicale, qui possède une apophyse épineuse saillante et qui sert de transition entre les vertèbres cervicales et thoraciques.

vertèbres thoraciques (12) — Vertèbres supportant les côtes, situées au niveau du thorax.

cyphose — Courbure convexe normale de la colonne vertébrale au niveau des vertèbres thoraciques.

apophyse transverse — Saillie osseuse située sur le côté d'une vertèbre et servant de point d'attache à des ligaments.

disque intervertébral — Structure cartilagineuse plate et arrondie séparant deux vertèbres, dont l'élasticité permet la mobilité de la colonne vertébrale.

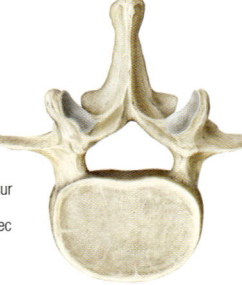

lordose lombaire — Courbure concave normale de la colonne vertébrale au niveau des vertèbres lombaires.

vertèbres lombaires (5) — Vertèbres massives situées au niveau de l'abdomen et soutenant une grande partie du poids du corps.

sacrum — Os résultant de la soudure de cinq vertèbres, situé entre les vertèbres lombaires et le coccyx.

coccyx — Os résultant de la soudure de quatre à six vertèbres de l'extrémité inférieure de la colonne vertébrale et s'articulant avec le sacrum.

vertèbre thoracique
Chacune des 12 vertèbres supportant les côtes, situées au niveau du thorax.

apophyse épineuse — Saillie osseuse située à l'arrière d'une vertèbre et servant de point d'attache aux muscles et aux ligaments du dos.

arc neural — Courbure à la face postérieure du corps vertébral.

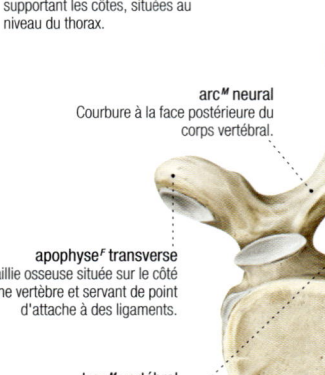

apophyse articulaire — Excroissance osseuse située sur l'arc neural d'une vertèbre et permettant son articulation avec les vertèbres adjacentes.

apophyse transverse — Saillie osseuse située sur le côté d'une vertèbre et servant de point d'attache à des ligaments.

trou vertébral — Orifice délimité par le corps vertébral et l'arc neural, et qui abrite la moelle épinière.

corps vertébral — Élément osseux se présentant sous la forme d'un disque épais et constituant la partie antérieure d'une vertèbre.

vertèbre lombaire — Chacune des cinq vertèbres massives situées au niveau de l'abdomen et soutenant une grande partie du poids du corps.

vertèbre cervicale — Chacune des sept vertèbres très mobiles formant la partie supérieure de la colonne vertébrale, au niveau du cou.

ÊTRE HUMAIN

// anatomie   205

squelette

crâne : vue latérale
Crâne : structure osseuse enveloppant et protégeant l'encéphale.

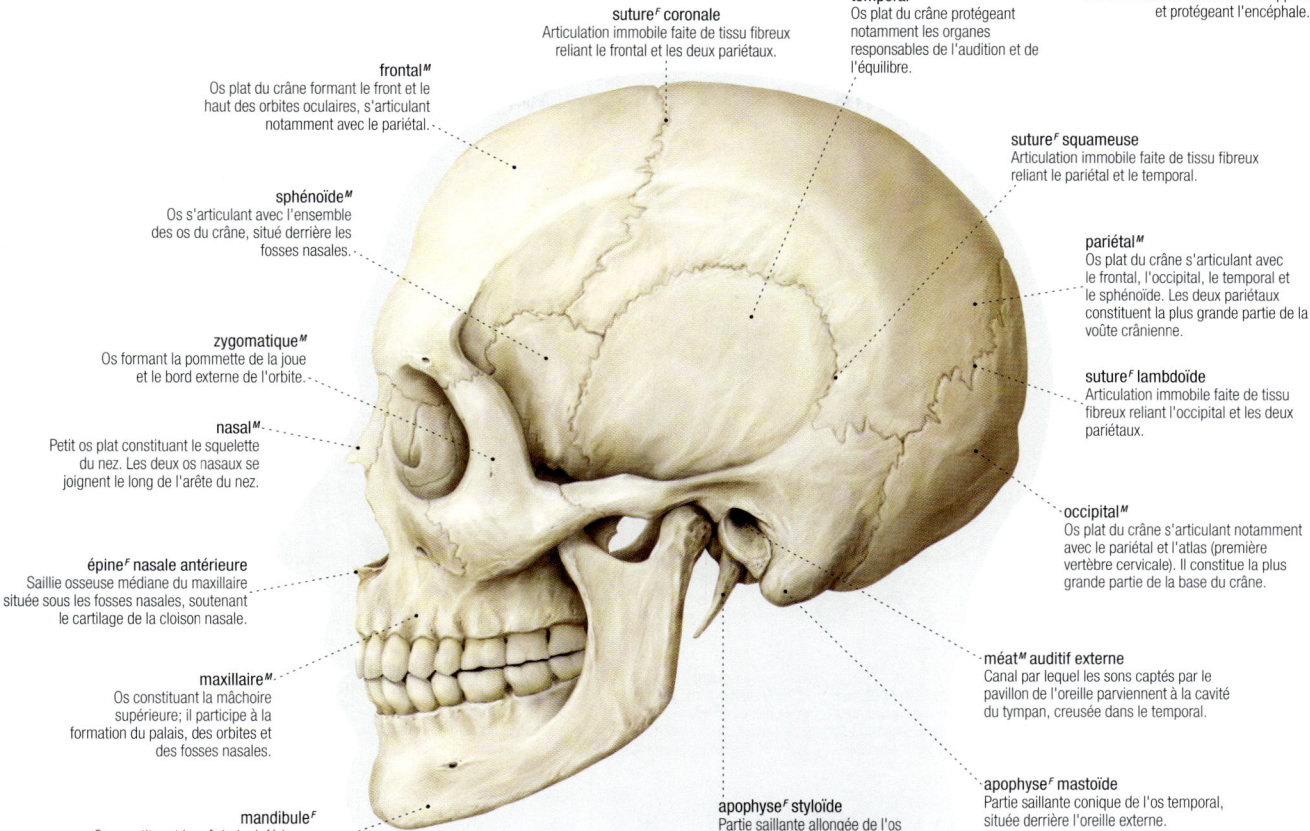

suture coronale
Articulation immobile faite de tissu fibreux reliant le frontal et les deux pariétaux.

temporal
Os plat du crâne protégeant notamment les organes responsables de l'audition et de l'équilibre.

frontal
Os plat du crâne formant le front et le haut des orbites oculaires, s'articulant notamment avec le pariétal.

suture squameuse
Articulation immobile faite de tissu fibreux reliant le pariétal et le temporal.

sphénoïde
Os s'articulant avec l'ensemble des os du crâne, situé derrière les fosses nasales.

pariétal
Os plat du crâne s'articulant avec le frontal, l'occipital, le temporal et le sphénoïde. Les deux pariétaux constituent la plus grande partie de la voûte crânienne.

zygomatique
Os formant la pommette de la joue et le bord externe de l'orbite.

suture lambdoïde
Articulation immobile faite de tissu fibreux reliant l'occipital et les deux pariétaux.

nasal
Petit os plat constituant le squelette du nez. Les deux os nasaux se joignent le long de l'arête du nez.

occipital
Os plat du crâne s'articulant notamment avec le pariétal et l'atlas (première vertèbre cervicale). Il constitue la plus grande partie de la base du crâne.

épine nasale antérieure
Saillie osseuse médiane du maxillaire située sous les fosses nasales, soutenant le cartilage de la cloison nasale.

méat auditif externe
Canal par lequel les sons captés par le pavillon de l'oreille parviennent à la cavité du tympan, creusée dans le temporal.

maxillaire
Os constituant la mâchoire supérieure; il participe à la formation du palais, des orbites et des fosses nasales.

apophyse mastoïde
Partie saillante conique de l'os temporal, située derrière l'oreille externe. Certains muscles du cou, dont le sternocléidomastoïdien, s'y rattachent.

mandibule
Os constituant la mâchoire inférieure, qui s'articule avec les os temporaux pour assurer la mobilité de la mâchoire.

apophyse styloïde
Partie saillante allongée de l'os temporal. Plusieurs muscles de la langue s'y rattachent.

ÊTRE HUMAIN

fontanelle antérieure
Espace membraneux entre le frontal et les deux pariétaux, qui se ferme généralement à l'âge de deux ou trois ans. Cette fontanelle est la plus étendue.

crâne d'enfant : vue latérale
Les os du crâne du fœtus et de l'enfant sont séparés par des espaces membraneux (fontanelles) qui disparaissent au fur et à mesure de l'ossification.

suture coronale
Articulation reliant le frontal et le pariétal de chaque côté du crâne, qui s'ossifie lors de la croissance (la fontanelle antérieure se ferme).

fontanelle postérieure
Espace membraneux entre l'occipital et les deux pariétaux, qui se ferme vers l'âge de deux ou trois mois. Cette fontanelle est plus petite que la fontanelle antérieure.

pariétal
Os plat du crâne qui se soude notamment au frontal et à l'occipital au cours de la croissance.

frontal
Os plat du crâne formant le front et le haut des orbites oculaires, s'articulant notamment avec le pariétal.

occipital
Os plat du crâne qui se soude notamment au pariétal et à l'atlas (première vertèbre cervicale) au cours de la croissance.

fontanelle sphénoïdale
Espace membraneux entre le frontal, le pariétal, le temporal et le sphénoïde, qui se ferme vers l'âge de deux ou trois mois.

fontanelle mastoïdienne
Espace membraneux entre le pariétal, l'occipital et le temporal, qui se ferme vers 18 mois. Cette fontanelle est plus petite que la fontanelle sphénoïdale.

dents F

Organes blanchâtres et durs, portés par le maxillaire et la mandibule, qui servent à la mastication des aliments; la denture complète d'un adulte comprend 32 dents.

denture F humaine
Ensemble des dents disposées symétriquement sur le bord du maxillaire et de la mandibule, qui comptent chacun quatre incisives, deux canines, quatre prémolaires et six molaires.

incisives F
Dents aplaties (8) situées à l'avant du maxillaire et de la mandibule, dotées d'une arête tranchante qui leur permet de couper les aliments.

incisive F centrale
Incisive située dans la partie antérieure de la denture.

canine F
Dent pointue située entre les incisives et les prémolaires, munie d'une seule racine et servant à déchirer les aliments.

incisive F latérale
Incisive située entre l'incisive centrale et la canine.

prémolaires F
Chacune des quatre dents situées entre les canines et les molaires, munies d'une ou deux racines et servant à broyer les aliments.

première prémolaire F

première molaire F

deuxième prémolaire F

molaires F
Dents (12) situées à l'arrière du maxillaire et de la mandibule; massives et pourvues de deux ou trois racines, elles possèdent une couronne plane qui leur permet de broyer les aliments.

deuxième molaire F

dent F de sagesse
Dernière molaire de l'arcade dentaire, qui apparaît généralement entre 18 et 30 ans, mais qui est absente chez certains individus.

coupe F d'une molaire
Les dents possèdent deux parties principales : la couronne (partie saillante visible) et une ou plusieurs racines (partie insérée dans le maxillaire ou la mandibule).

chambre F pulpaire
Cavité centrale de la couronne renfermant la pulpe dentaire et se prolongeant par le canal radiculaire.

pulpe F
Tissu conjonctif mou riche en vaisseaux sanguins et en nerfs. La pulpe confère sa sensibilité à la dent et joue un rôle nutritif essentiel.

cuspide M
Pointe formée par l'émail sur la face supérieure des prémolaires et des molaires, qui permet de broyer les aliments.

émail M
Tissu fortement minéralisé recouvrant et protégeant l'ivoire de la couronne. C'est le tissu le plus dur de l'organisme.

couronne F
Partie de la dent recouverte d'émail et qui fait saillie hors de la gencive.

dentine F
Tissu calcifié très dur constituant la plus grande partie de la dent.

collet M
Partie resserrée de la dent entourée de la gencive, séparant la couronne de la racine.

gencive F
Partie épaisse de la muqueuse buccale riche en vaisseaux et en nerfs, recouvrant le bord de l'alvéole dentaire et adhérant au collet.

canal M radiculaire
Prolongement de la chambre pulpaire contenant la pulpe dentaire et s'ouvrant à l'apex de la racine.

cément M
Tissu dur minéralisé comparable à l'os, recouvrant et protégeant l'ivoire de la racine.

ligament M alvéolo-dentaire
Tissu conjonctif fibreux reliant le cément à l'os, assurant ainsi la fixation de la dent dans son alvéole.

os M alvéolaire
Partie superficielle du maxillaire et de la mandibule, comprenant des cavités (alvéoles dentaires) dans lesquelles sont insérées les dents.

racine F
Partie de la dent recouverte de cément, implantée dans l'alvéole dentaire du maxillaire et de la mandibule. Certaines dents, telles que les molaires, ont plusieurs racines.

apex M
Extrémité de la racine dentaire dont l'ouverture (foramen apical) permet le passage de vaisseaux sanguins et de nerfs.

foramen M apical
Orifice étroit situé à l'extrémité de l'apex, permettant aux vaisseaux sanguins et aux nerfs de passer dans la dent.

alvéole F dentaire
Cavité osseuse du maxillaire et de la mandibule dans laquelle s'implante la racine de la dent.

réseau M nerveux
Regroupement de fibres nerveuses situé autour des racines des dents supérieures.

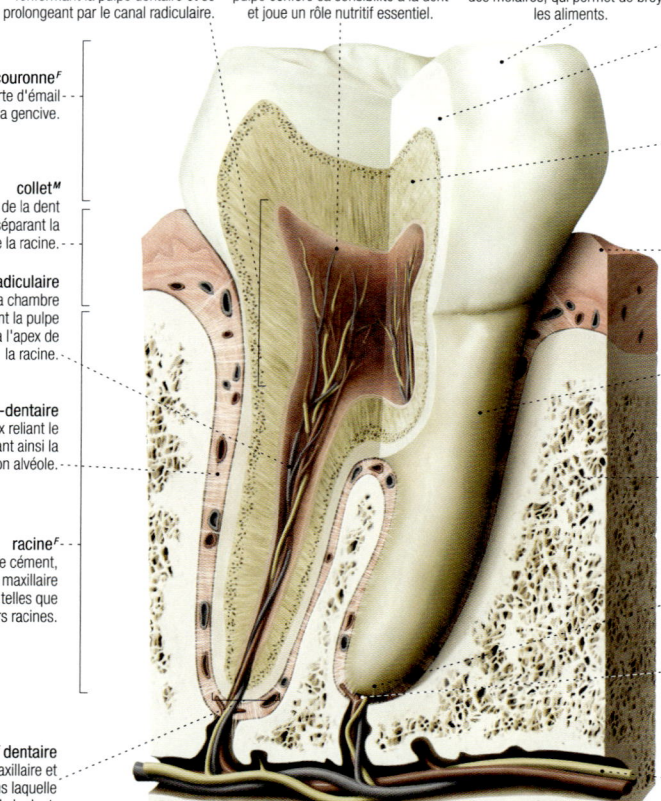

ÊTRE HUMAIN

anatomie

articulations^F

Structures plus ou moins mobiles reliant les os afin d'assurer la stabilité et la mobilité du squelette.

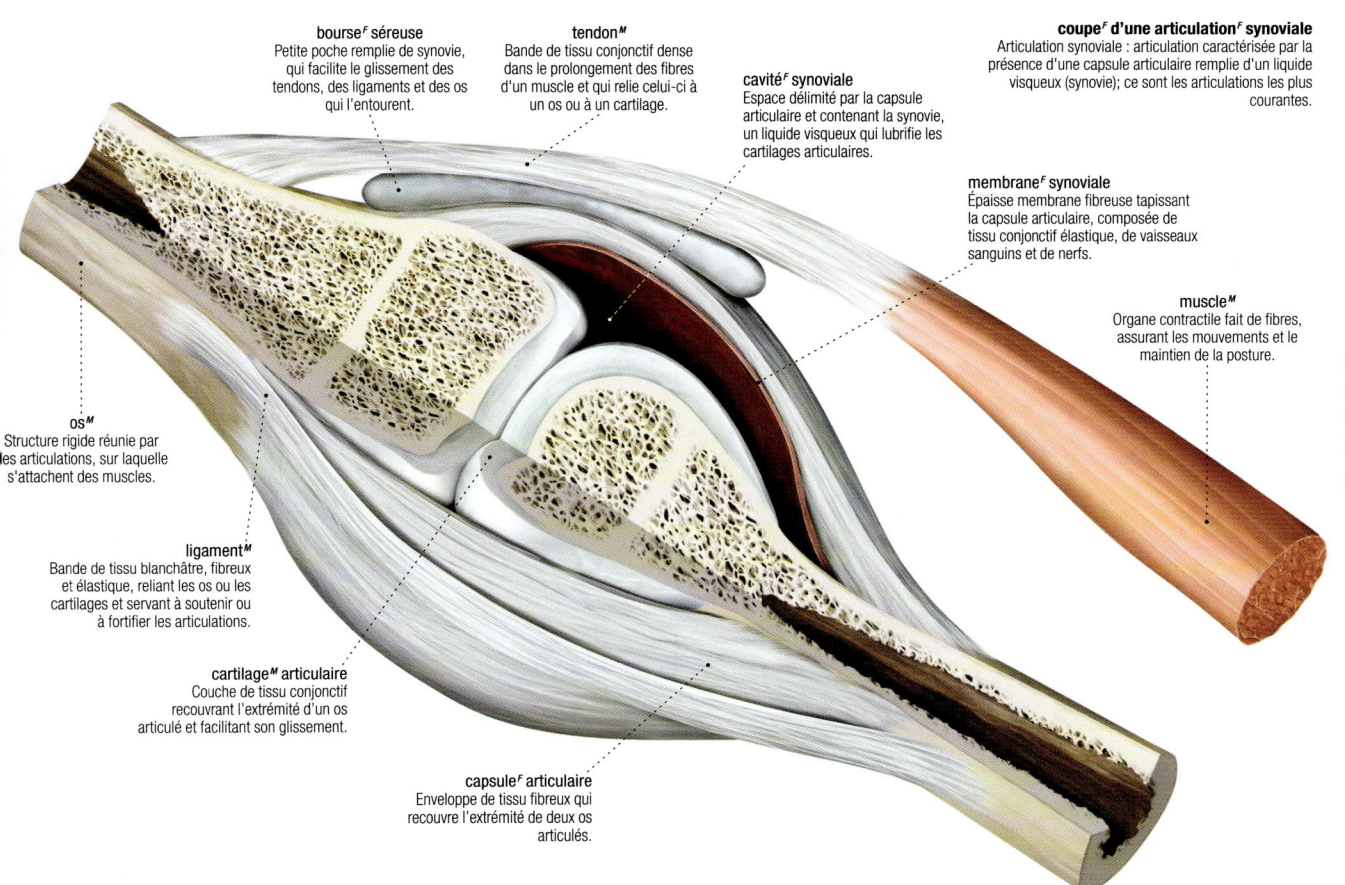

bourse^F séreuse
Petite poche remplie de synovie, qui facilite le glissement des tendons, des ligaments et des os qui l'entourent.

tendon^M
Bande de tissu conjonctif dense dans le prolongement des fibres d'un muscle et qui relie celui-ci à un os ou à un cartilage.

cavité^F synoviale
Espace délimité par la capsule articulaire et contenant la synovie, un liquide visqueux qui lubrifie les cartilages articulaires.

coupe^F d'une articulation^F synoviale
Articulation synoviale : articulation caractérisée par la présence d'une capsule articulaire remplie d'un liquide visqueux (synovie) ; ce sont les articulations les plus courantes.

membrane^F synoviale
Épaisse membrane fibreuse tapissant la capsule articulaire, composée de tissu conjonctif élastique, de vaisseaux sanguins et de nerfs.

muscle^M
Organe contractile fait de fibres, assurant les mouvements et le maintien de la posture.

os^M
Structure rigide réunie par les articulations, sur laquelle s'attachent des muscles.

ligament^M
Bande de tissu blanchâtre, fibreux et élastique, reliant les os ou les cartilages et servant à soutenir ou à fortifier les articulations.

cartilage^M articulaire
Couche de tissu conjonctif recouvrant l'extrémité d'un os articulé et facilitant son glissement.

capsule^F articulaire
Enveloppe de tissu fibreux qui recouvre l'extrémité de deux os articulés.

ÊTRE HUMAIN

exemples^M d'articulations^F synoviales

Articulation synoviale : articulation caractérisée par la présence d'une capsule articulaire remplie d'un liquide visqueux (synovie) ; ce sont les articulations les plus courantes.

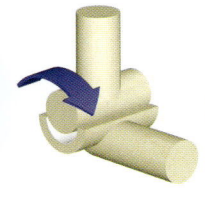

articulation^F charnière
Elle permet la flexion et l'extension selon un axe unique. C'est notamment le cas du coude : l'extrémité arrondie de l'humérus tourne dans le creux du cubitus.

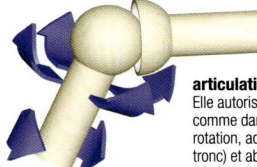

articulation^F sphérique
Elle autorise les mouvements selon trois axes, comme dans l'épaule : flexion et extension, rotation, adduction (bras se rapprochant du tronc) et abduction (bras s'éloignant du tronc).

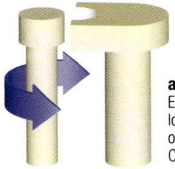

articulation^F pivot^M
Elle permet la rotation autour d'un axe longitudinal : l'extrémité cylindrique d'un os s'emboîte dans un cylindre creux. C'est le cas du tibia et du péroné.

coude^M
Exemple d'articulation charnière, entre le bras et l'avant-bras.

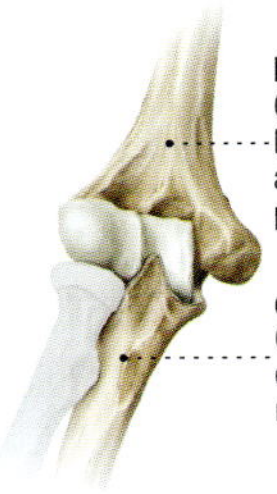

épaule^F
Exemple d'articulation sphérique, entre l'humérus et le thorax.

jambe^F
Exemple d'articulation pivot, entre le péroné et le tibia.

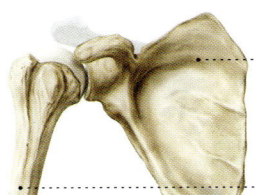

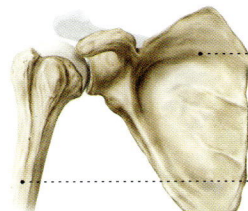

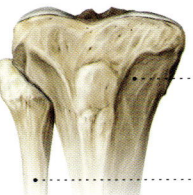

humérus^M
Os long du bras s'articulant avec l'omoplate pour former l'épaule ainsi qu'avec le radius et le cubitus pour former le coude.

cubitus^M
Os long formant la partie interne de l'avant-bras, s'articulant notamment avec l'humérus.

omoplate^F
Grand os plat et mince s'articulant avec la clavicule et l'humérus pour former l'épaule. De nombreux muscles de l'épaule et du dos s'y rattachent.

humérus^M
Os long du bras s'articulant avec l'omoplate pour former l'épaule ainsi qu'avec le radius et le cubitus pour former le coude.

tibia^M
Os long formant la partie interne de la jambe, s'articulant notamment avec le péroné.

péroné^M
Os long formant la partie externe de la jambe, s'articulant notamment avec le tibia.

anatomie

articulations F

exemples M d'articulations F synoviales

ÊTRE HUMAIN

articulation F à glissement M
Les surfaces articulaires, plus ou moins planes, sont peu mobiles et n'assurent que des glissements de faible amplitude (vertèbres, certains os du carpe...).

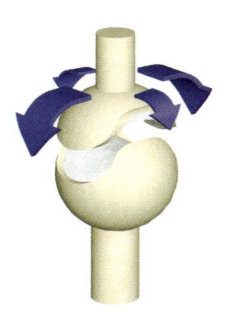

articulation F en selle F
Elle ressemble à l'articulation ellipsoïdale, mais permet une plus grande amplitude de mouvement. Ce type d'articulation est peu fréquent.

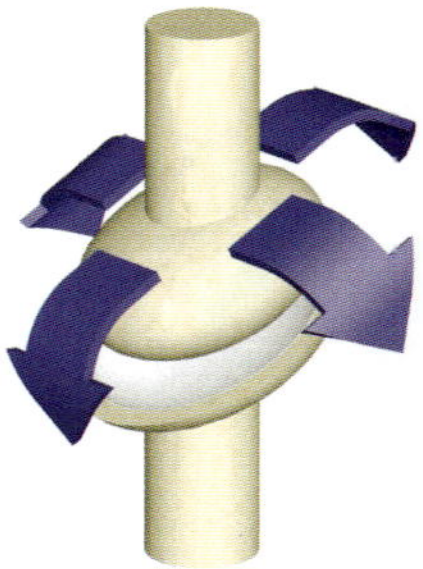

articulation F ellipsoïdale
Le poignet assure, par exemple, les mouvements de la main selon deux axes : flexion et extension, et inclinaisons latérales (vers le radius et le cubitus).

cunéiforme M intermédiaire
Os de la rangée antérieure du tarse, s'articulant notamment avec l'os métatarsien du deuxième orteil et l'os scaphoïde.

naviculaire M
Os de la rangée postérieure du tarse, s'articulant notamment avec l'astragale et les trois cunéiformes.

cunéiforme M médial
Os de la rangée antérieure du tarse, s'articulant notamment avec l'os métatarsien du gros orteil et l'os scaphoïde.

trapèze M
Os de la rangée antérieure du carpe, s'articulant notamment avec le métacarpien du pouce.

radius M
Os long formant la partie externe de l'avant-bras, notamment relié aux os du carpe pour former l'articulation du poignet.

scaphoïde M
Os le plus volumineux de la rangée postérieure du carpe, s'articulant avec le radius pour former le poignet.

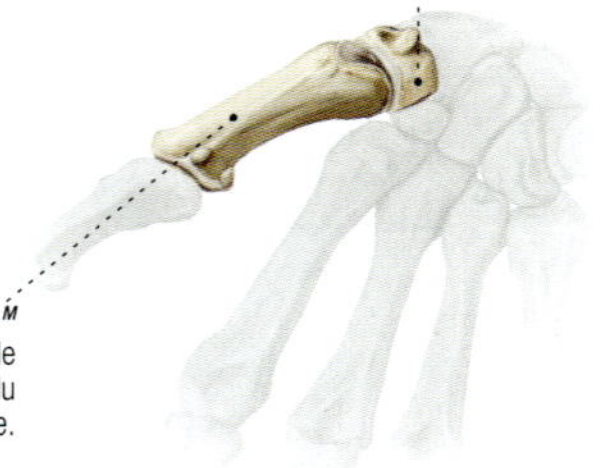

métacarpien M
Chacun des cinq os formant le métacarpe. Le métacarpien du pouce est très mobile.

semi-lunaire M
Os de la rangée postérieure du carpe, s'articulant notamment avec le radius pour former le poignet.

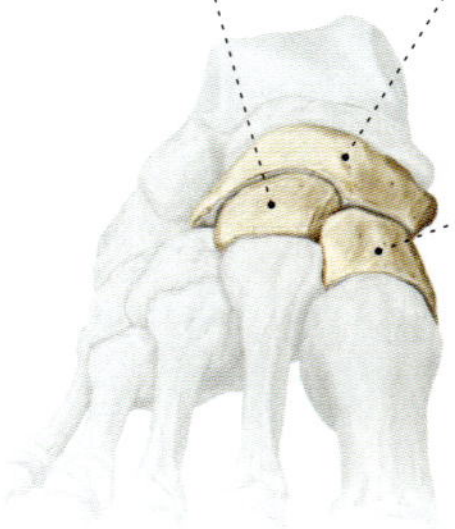

tarse M
Des articulations à glissement assurent le déplacement de certains os du tarse.

pouce M
Le pouce est un exemple d'articulation en selle.

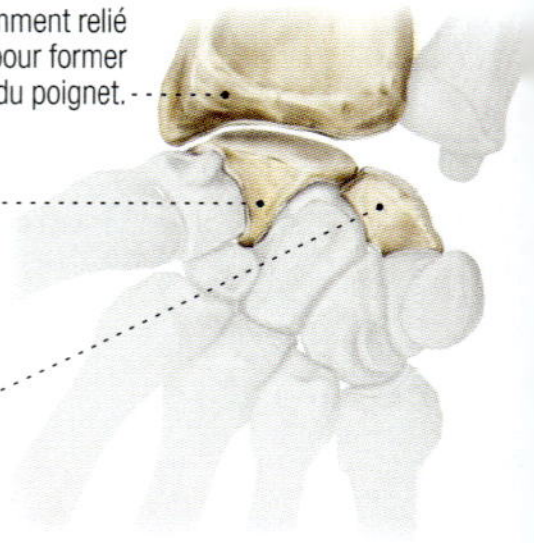

poignet M
L'articulation ellipsoïdale de la main (carpe) avec l'avant-bras (radius) permet essentiellement sa flexion et son extension.

exemple M d'articulation F fibreuse
Articulation fibreuse : articulation immobile caractérisée par la présence d'un cartilage fibreux reliant les os.

exemples M d'articulations F cartilagineuses
Articulation cartilagineuse : articulation comportant une plaque de cartilage fusionnée avec les surfaces articulaires et ne permettant que des mouvements limités.

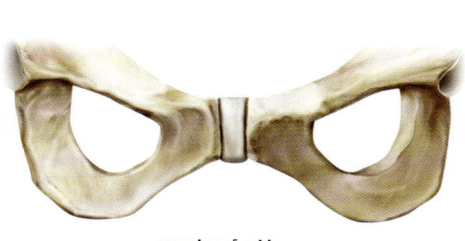

suture F crânienne
Articulation fibreuse reliant deux os du crâne et formant une ligne irrégulière ; les sutures se soudent avec l'âge, ce qui empêchera tout mouvement des os.

symphyse F pubienne
Articulation cartilagineuse peu mobile reliant les deux pubis.

disque M intervertébral
Structure cartilagineuse plate et arrondie séparant deux vertèbres, dont l'élasticité permet la mobilité de la colonne vertébrale.

anatomie 209

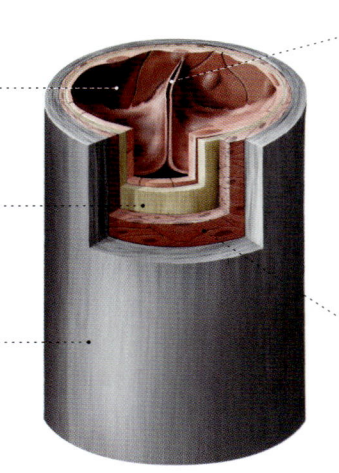

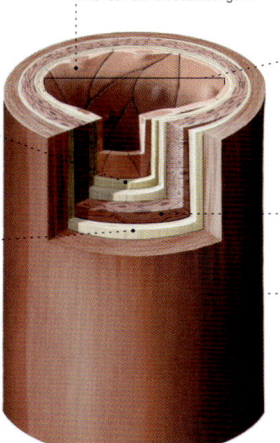

circulation^F sanguine

Propulsé par les contractions du cœur, le sang parcourt les vaisseaux sanguins du corps pour lui apporter oxygène et nutriments et le débarrasser des déchets.

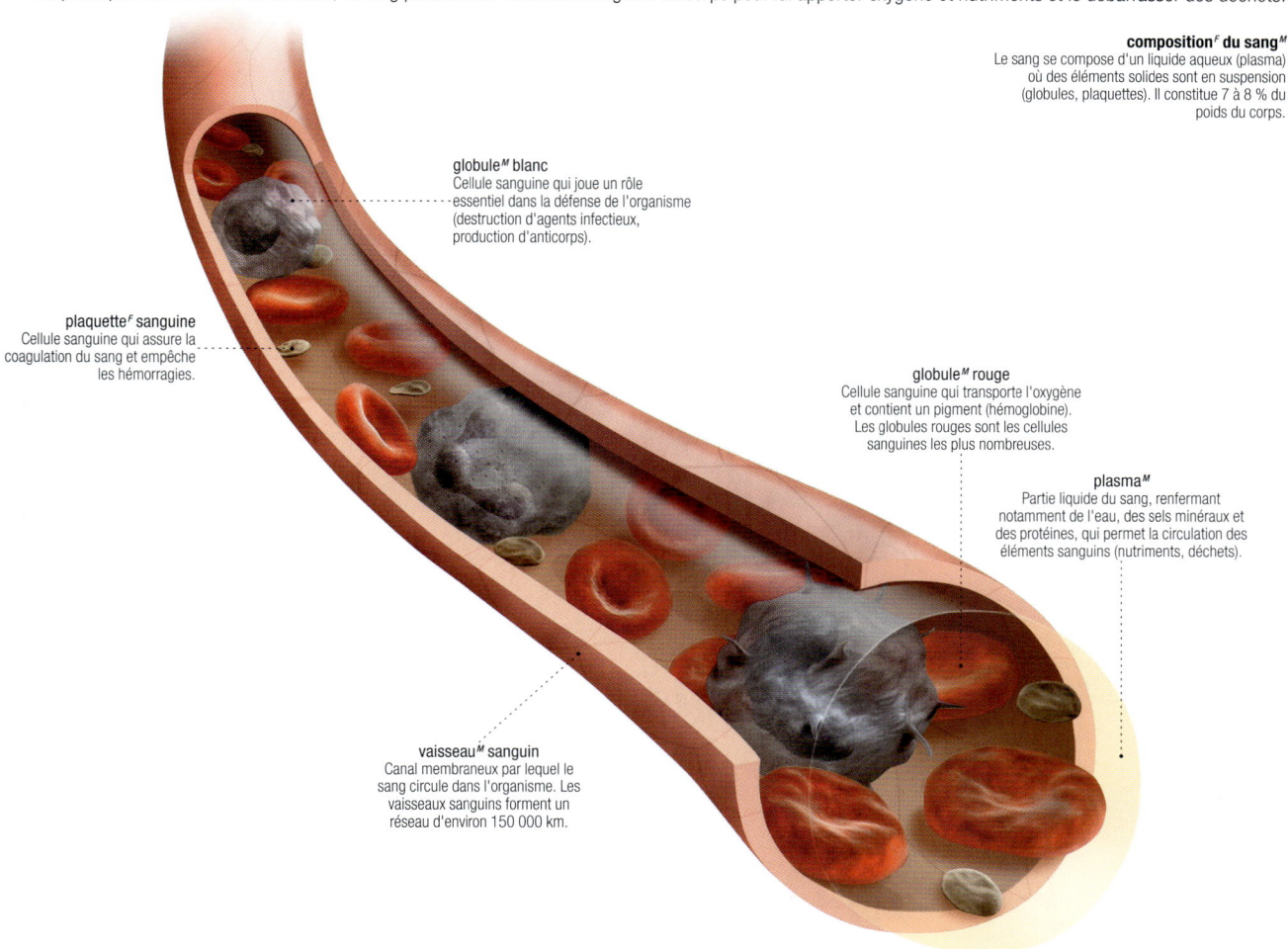

composition^F du sang^M
Le sang se compose d'un liquide aqueux (plasma) où des éléments solides sont en suspension (globules, plaquettes). Il constitue 7 à 8 % du poids du corps.

globule^M blanc
Cellule sanguine qui joue un rôle essentiel dans la défense de l'organisme (destruction d'agents infectieux, production d'anticorps).

plaquette^F sanguine
Cellule sanguine qui assure la coagulation du sang et empêche les hémorragies.

globule^M rouge
Cellule sanguine qui transporte l'oxygène et contient un pigment (hémoglobine). Les globules rouges sont les cellules sanguines les plus nombreuses.

plasma^M
Partie liquide du sang, renfermant notamment de l'eau, des sels minéraux et des protéines, qui permet la circulation des éléments sanguins (nutriments, déchets).

vaisseau^M sanguin
Canal membraneux par lequel le sang circule dans l'organisme. Les vaisseaux sanguins forment un réseau d'environ 150 000 km.

ÊTRE HUMAIN

coupe^F d'une veine^F
Veine : vaisseau sanguin ramenant le sang désoxygéné des organes vers le cœur.

endothélium^M
Tissu épithélial (formé de cellules organisées en couches) recouvrant l'intérieur du vaisseau sanguin.

lame^F basale
Membrane assurant l'adhérence des cellules épithéliales au tissu adjacent.

adventice^F
Couche externe de la paroi des artères et des veines, riche en fibres de collagène.

valvule^F
Repli membraneux à l'intérieur d'une veine, qui empêche le reflux du sang.

lame^F basale
Membrane assurant l'adhérence des cellules épithéliales au tissu adjacent.

fibres^F élastiques
Fibres surtout composées d'élastine, une protéine capable de s'étirer puis de reprendre sa forme initiale.

muscle^M lisse
Muscle qui permet les mouvements involontaires de certains organes; on les trouve surtout dans la paroi des organes creux (intestins, œsophage, etc.) et des vaisseaux sanguins.

endothélium^M
Tissu épithélial (formé de cellules organisées en couches) recouvrant l'intérieur du vaisseau sanguin.

coupe^F d'une artère^F
Artère : vaisseau sanguin qui achemine le sang oxygéné provenant du cœur vers toutes les parties du corps.

lumière^F
Ouverture centrale d'un organe creux.

muscle^M lisse
Muscle qui permet les mouvements involontaires de certains organes; on les trouve surtout dans la paroi des organes creux (intestins, œsophage, etc.) et des vaisseaux sanguins.

adventice^F
Couche externe de la paroi des artères et des veines, riche en fibres de collagène.

anatomie

circulation sanguine

principales artères
Les artères (à l'exception des artères pulmonaires) distribuent le sang oxygéné provenant du cœur vers toutes les parties du corps.

artère carotide commune
Branche de l'aorte irriguant la tête et la partie supérieure du cou, se divisant en artères carotides internes et externes.

arc de l'aorte
Deuxième segment de l'aorte, donnant naissance aux artères irriguant la tête et les membres supérieurs. Il forme, avec l'aorte ascendante, la crosse de l'aorte.

artère subclavière
Artère principale du membre supérieur, passant sous la clavicule et se prolongeant par l'artère axillaire. Elle irrigue également la partie inférieure du cou.

artère pulmonaire
Artère acheminant du sang pauvre en oxygène et riche en gaz carbonique vers les poumons. C'est la seule artère qui transporte du sang pauvre en oxygène.

artère axillaire
Artère traversant le creux de l'aisselle et se prolongeant par l'artère brachiale. Elle permet également l'irrigation de la paroi thoracique et de l'épaule.

aorte thoracique
Troisième segment de l'aorte, descendant dans le thorax jusqu'au diaphragme et donnant naissance à diverses artères situées entre les côtes.

artère brachiale
Artère longeant l'humérus et irriguant les muscles fléchisseurs du bras, se divisant, au pli du coude, en artères radiale et cubitale.

artère iliaque commune
Branche de l'aorte abdominale qui permet l'irrigation du bassin et des membres inférieurs, se divisant en artères iliaques interne et externe.

artère ulnaire
Artère irriguant la partie interne de l'avant-bras.

artère radiale
Artère irriguant la partie externe de l'avant-bras.

artère iliaque interne
Branche de l'artère iliaque commune irriguant le bassin, les organes génitaux et l'intérieur de la cuisse.

tronc cœliaque
Grosse branche de l'aorte abdominale se divisant en trois artères pour irriguer divers organes (estomac, rate, foie, pancréas).

artère mésentérique supérieure
Branche de l'aorte abdominale irriguant le côlon ascendant et la moitié du côlon transverse.

artère rénale
Branche de l'aorte abdominale irriguant le rein.

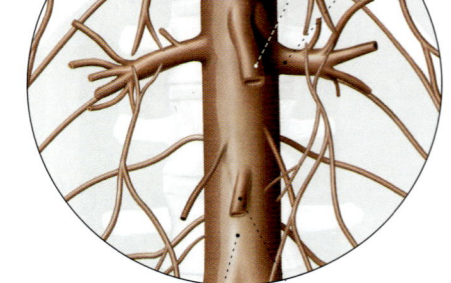

artère fémorale
Artère principale du membre inférieur, prolongeant l'artère iliaque externe et longeant le fémur.

artère tibiale antérieure
Artère parcourant la face antérieure de la jambe et irriguant les muscles extenseurs. Elle se prolonge par l'artère dorsale du pied.

artère fibulaire
Artère irriguant la partie externe et dorsale de la cheville et des muscles profonds du mollet.

artère dorsale du pied
Artère irriguant la cheville et la face dorsale du pied.

aorte abdominale
Quatrième segment de l'aorte irriguant l'ensemble des organes et des parois de l'abdomen. Elle donne naissance aux artères iliaques communes.

artère mésentérique inférieure
Branche de l'aorte abdominale irriguant le côlon ascendant et la moitié du côlon transverse.

ÊTRE HUMAIN

anatomie

circulation^F sanguine

principales veines^F
Les veines (à l'exception des veines pulmonaires) acheminent le sang désoxygéné des organes vers le cœur.

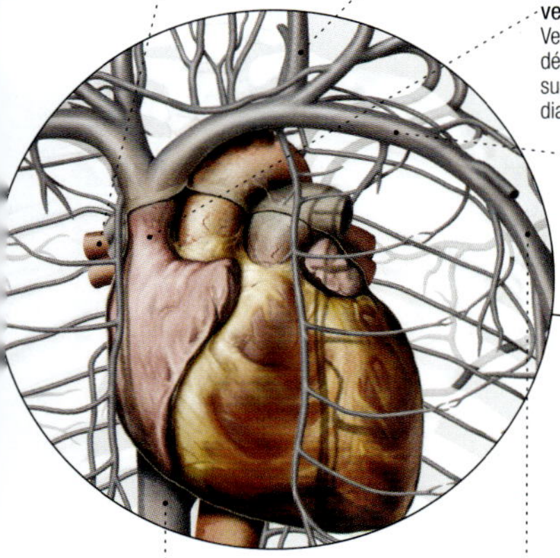

veine^F pulmonaire
Veine ramenant au cœur le sang oxygéné dans les poumons. Contrairement aux autres veines, les veines pulmonaires transportent du sang riche en oxygène.

veine^F jugulaire interne
Veine collectant le sang de l'encéphale, d'une partie du visage et du cou. C'est la plus volumineuse des veines du cou.

veine^F cave supérieure
Veine ramenant le sang désoxygéné de la partie supérieure du corps (au-dessus du diaphragme) à l'oreillette droite.

veine^F subclavière
Veine collectant le sang du bras ainsi que d'une partie du cou et de la face; elle passe sous la clavicule et reçoit notamment la veine jugulaire externe.

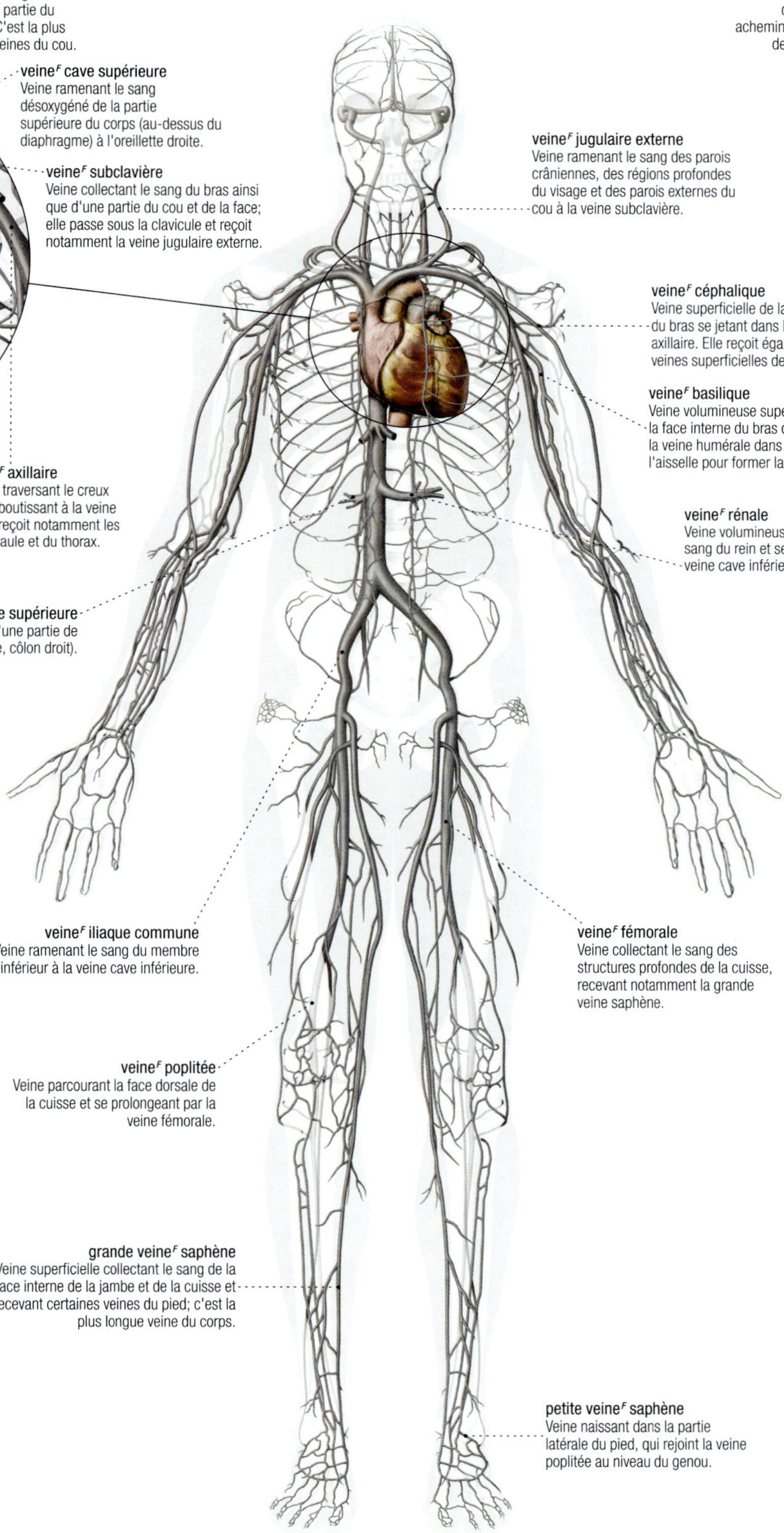

veine^F jugulaire externe
Veine ramenant le sang des parois crâniennes, des régions profondes du visage et des parois externes du cou à la veine subclavière.

veine^F céphalique
Veine superficielle de la face externe du bras se jetant dans la veine axillaire. Elle reçoit également les veines superficielles de l'épaule.

veine^F basilique
Veine volumineuse superficielle de la face interne du bras qui s'unit à la veine humérale dans le creux de l'aisselle pour former la veine axillaire.

veine^F cave inférieure
Veine ramenant le sang désoxygéné de la partie inférieure du corps (au-dessous du diaphragme) à l'oreillette droite. C'est la plus grosse veine de l'organisme.

veine^F axillaire
Veine profonde traversant le creux de l'aisselle et aboutissant à la veine subclavière. Elle reçoit notamment les veines de l'épaule et du thorax.

veine^F rénale
Veine volumineuse collectant le sang du rein et se jetant dans la veine cave inférieure.

veine^F mésentérique supérieure
Veine collectant le sang d'une partie de l'intestin (intestin grêle, côlon droit).

veine^F iliaque commune
Veine ramenant le sang du membre inférieur à la veine cave inférieure.

veine^F fémorale
Veine collectant le sang des structures profondes de la cuisse, recevant notamment la grande veine saphène.

veine^F poplitée
Veine parcourant la face dorsale de la cuisse et se prolongeant par la veine fémorale.

grande veine^F saphène
Veine superficielle collectant le sang de la face interne de la jambe et de la cuisse et recevant certaines veines du pied; c'est la plus longue veine du corps.

petite veine^F saphène
Veine naissant dans la partie latérale du pied, qui rejoint la veine poplitée au niveau du genou.

ÊTRE HUMAIN

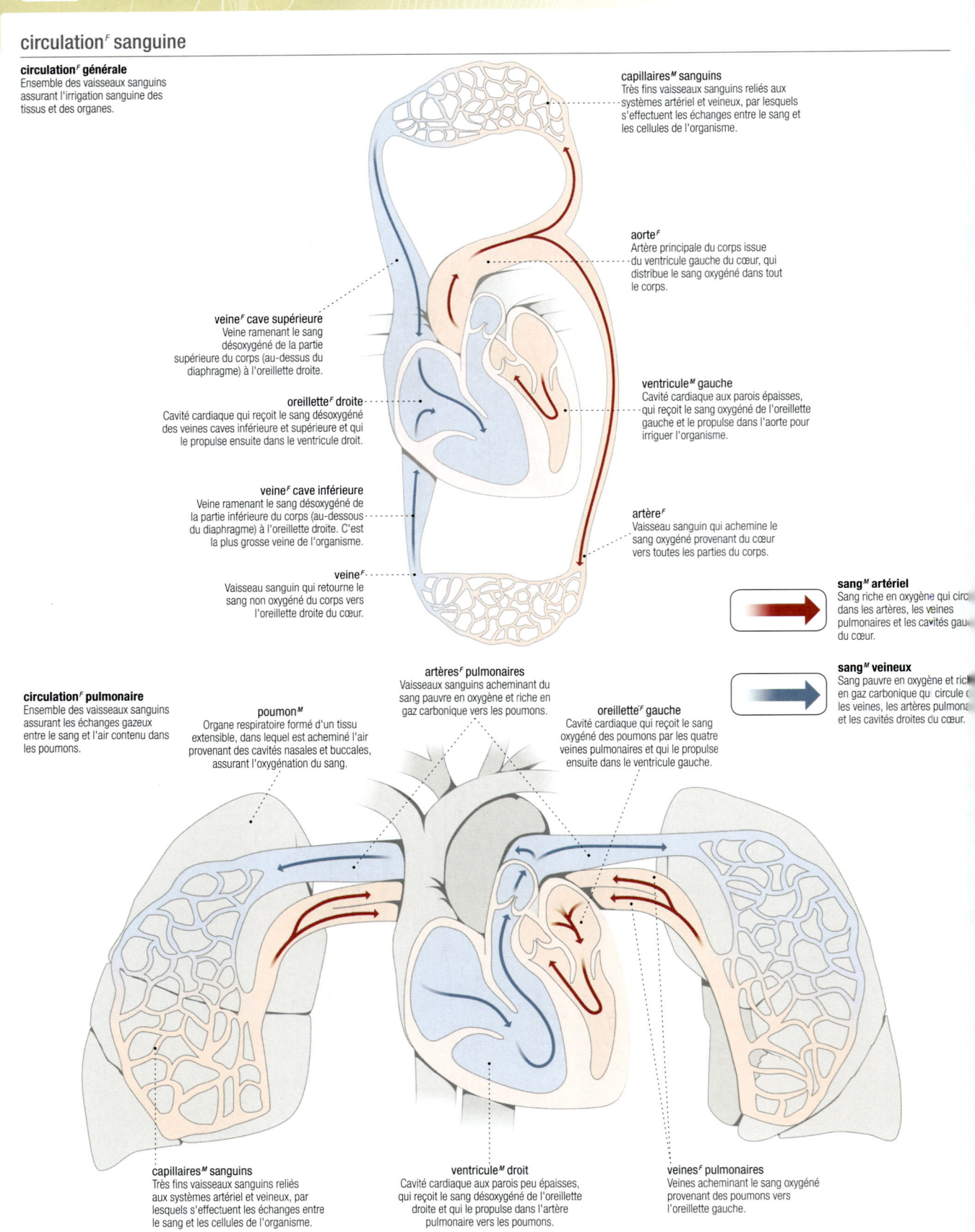

anatomie

circulation sanguine

circulation générale
Ensemble des vaisseaux sanguins assurant l'irrigation sanguine des tissus et des organes.

capillaires sanguins
Très fins vaisseaux sanguins reliés aux systèmes artériel et veineux, par lesquels s'effectuent les échanges entre le sang et les cellules de l'organisme.

aorte
Artère principale du corps issue du ventricule gauche du cœur, qui distribue le sang oxygéné dans tout le corps.

veine cave supérieure
Veine ramenant le sang désoxygéné de la partie supérieure du corps (au-dessus du diaphragme) à l'oreillette droite.

ventricule gauche
Cavité cardiaque aux parois épaisses, qui reçoit le sang oxygéné de l'oreillette gauche et le propulse dans l'aorte pour irriguer l'organisme.

oreillette droite
Cavité cardiaque qui reçoit le sang désoxygéné des veines caves inférieure et supérieure et qui le propulse ensuite dans le ventricule droit.

veine cave inférieure
Veine ramenant le sang désoxygéné de la partie inférieure du corps (au-dessous du diaphragme) à l'oreillette droite. C'est la plus grosse veine de l'organisme.

artère
Vaisseau sanguin qui achemine le sang oxygéné provenant du cœur vers toutes les parties du corps.

veine
Vaisseau sanguin qui retourne le sang non oxygéné du corps vers l'oreillette droite du cœur.

sang artériel
Sang riche en oxygène qui circule dans les artères, les veines pulmonaires et les cavités gauches du cœur.

sang veineux
Sang pauvre en oxygène et riche en gaz carbonique qui circule dans les veines, les artères pulmonaires et les cavités droites du cœur.

circulation pulmonaire
Ensemble des vaisseaux sanguins assurant les échanges gazeux entre le sang et l'air contenu dans les poumons.

poumon
Organe respiratoire formé d'un tissu extensible, dans lequel est acheminé l'air provenant des cavités nasales et buccales, assurant l'oxygénation du sang.

artères pulmonaires
Vaisseaux sanguins acheminant du sang pauvre en oxygène et riche en gaz carbonique vers les poumons.

oreillette gauche
Cavité cardiaque qui reçoit le sang oxygéné des poumons par les quatre veines pulmonaires et qui le propulse ensuite dans le ventricule gauche.

capillaires sanguins
Très fins vaisseaux sanguins reliés aux systèmes artériel et veineux, par lesquels s'effectuent les échanges entre le sang et les cellules de l'organisme.

ventricule droit
Cavité cardiaque aux parois peu épaisses, qui reçoit le sang désoxygéné de l'oreillette droite et qui le propulse dans l'artère pulmonaire vers les poumons.

veines pulmonaires
Veines acheminant le sang oxygéné provenant des poumons vers l'oreillette gauche.

anatomie

circulation᪽ sanguine

cœur᪽
Organe musculaire divisé en quatre cavités qui, par contractions régulières et rythmées, assure la circulation sanguine dans l'organisme.

arc᪽ de l'aorte᪽
Deuxième segment de l'aorte, donnant naissance aux artères irriguant la tête et les membres supérieurs.

artère᪽ pulmonaire gauche
Branche du tronc pulmonaire qui achemine le sang désoxygéné vers le poumon gauche.

veine᪽ cave supérieure
Veine ramenant le sang désoxygéné de la partie supérieure du corps (au-dessus du diaphragme) à l'oreillette droite.

tronc᪽ pulmonaire
Vaisseau sanguin dirigeant le sang issu du ventricule droit vers les deux artères pulmonaires.

valve᪽ pulmonaire
Repli membraneux constitué de trois parois, qui achemine le sang provenant du ventricule droit à l'artère pulmonaire et empêche son reflux.

artère᪽ pulmonaire droite
Branche du tronc pulmonaire qui achemine le sang désoxygéné vers le poumon droit.

veines᪽ pulmonaires gauches
Veines qui ramènent vers l'oreillette gauche du cœur le sang oxygéné dans le poumon gauche.

oreillette᪽ gauche
Cavité cardiaque qui reçoit le sang oxygéné des poumons par les quatre veines pulmonaires et le propulse ensuite dans le ventricule gauche.

veines᪽ pulmonaires droites
Veines qui ramènent vers l'oreillette gauche du cœur le sang oxygéné dans le poumon droit.

valve᪽ mitrale
Repli membraneux constitué de deux parois, qui achemine le sang provenant de l'oreillette gauche vers le ventricule gauche et empêche son reflux.

oreillette᪽ droite
Cavité cardiaque qui reçoit le sang désoxygéné des veines caves inférieure et supérieure et le propulse ensuite dans le ventricule droit.

ventricule᪽ gauche
Cavité cardiaque aux parois épaisses, qui reçoit le sang oxygéné de l'oreillette gauche et le propulse dans l'aorte pour irriguer l'organisme.

valve᪽ aortique
Repli membraneux constitué de trois parois, qui achemine le sang provenant du ventricule gauche vers l'aorte et empêche son reflux.

valve᪽ tricuspide
Repli membraneux constitué de trois parois, qui achemine le sang provenant de l'oreillette droite au ventricule droit et empêche son reflux.

endocarde᪽
Enveloppe interne du cœur, lisse et fine, qui adhère au myocarde.

veine᪽ cave inférieure
Veine ramenant le sang désoxygéné de la partie inférieure du corps (au-dessous du diaphragme) à l'oreillette droite. C'est la plus grosse veine de l'organisme.

septum᪽ interventriculaire
Cloison essentiellement musculaire séparant les ventricules droit et gauche du cœur.

muscle᪽ papillaire
Muscle ventriculaire interne qui retient la valve mitrale ou tricuspide et l'empêche d'être repoussée dans l'oreillette lors de la contraction du ventricule.

ventricule᪽ droit
Cavité cardiaque aux parois peu épaisses, qui reçoit le sang désoxygéné de l'oreillette droite et le propulse dans l'artère pulmonaire vers les poumons.

myocarde᪽
Épaisse enveloppe musculaire du cœur dont la contraction est involontaire et dépend du système nerveux autonome.

ÊTRE HUMAIN

appareilʳ respiratoire

Ensemble des organes permettant les échanges gazeux dans les poumons : il assure l'apport d'oxygène dans le sang par l'inspiration et l'élimination du gaz carbonique du sang par l'expiration.

principaux organesᴹ
L'appareil respiratoire est constitué des voies respiratoires supérieures (nez, bouche, pharynx, larynx), de la trachée et des poumons.

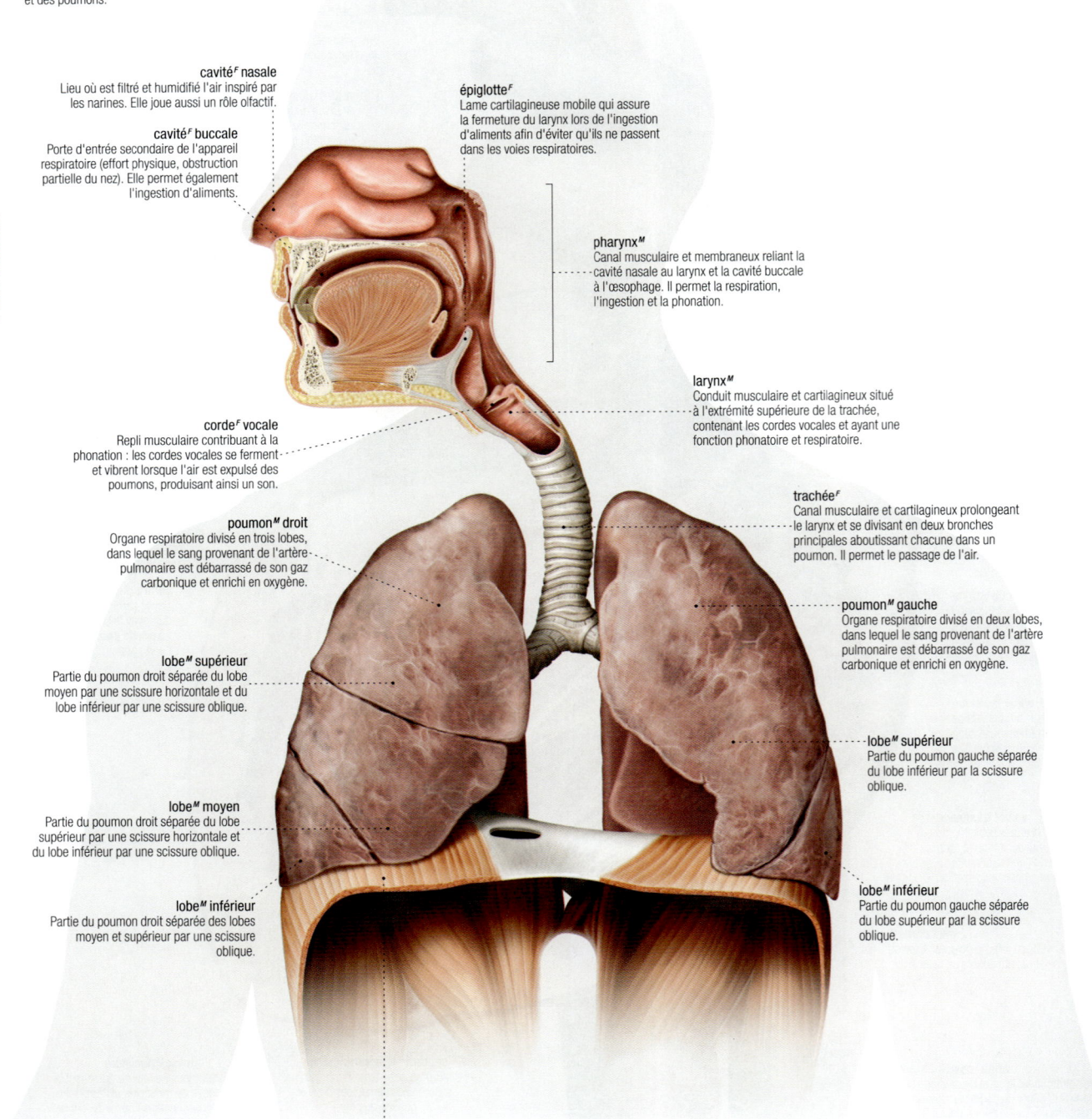

cavitéᶠ nasale
Lieu où est filtré et humidifié l'air inspiré par les narines. Elle joue aussi un rôle olfactif.

cavitéᶠ buccale
Porte d'entrée secondaire de l'appareil respiratoire (effort physique, obstruction partielle du nez). Elle permet également l'ingestion d'aliments.

épiglotteᶠ
Lame cartilagineuse mobile qui assure la fermeture du larynx lors de l'ingestion d'aliments afin d'éviter qu'ils ne passent dans les voies respiratoires.

pharynxᴹ
Canal musculaire et membraneux reliant la cavité nasale au larynx et la cavité buccale à l'œsophage. Il permet la respiration, l'ingestion et la phonation.

larynxᴹ
Conduit musculaire et cartilagineux situé à l'extrémité supérieure de la trachée, contenant les cordes vocales et ayant une fonction phonatoire et respiratoire.

cordeᶠ vocale
Repli musculaire contribuant à la phonation : les cordes vocales se ferment et vibrent lorsque l'air est expulsé des poumons, produisant ainsi un son.

trachéeᶠ
Canal musculaire et cartilagineux prolongeant le larynx et se divisant en deux bronches principales aboutissant chacune dans un poumon. Il permet le passage de l'air.

poumonᴹ droit
Organe respiratoire divisé en trois lobes, dans lequel le sang provenant de l'artère pulmonaire est débarrassé de son gaz carbonique et enrichi en oxygène.

poumonᴹ gauche
Organe respiratoire divisé en deux lobes, dans lequel le sang provenant de l'artère pulmonaire est débarrassé de son gaz carbonique et enrichi en oxygène.

lobeᴹ supérieur
Partie du poumon droit séparée du lobe moyen par une scissure horizontale et du lobe inférieur par une scissure oblique.

lobeᴹ supérieur
Partie du poumon gauche séparée du lobe inférieur par la scissure oblique.

lobeᴹ moyen
Partie du poumon droit séparée du lobe supérieur par une scissure horizontale et du lobe inférieur par une scissure oblique.

lobeᴹ inférieur
Partie du poumon droit séparée des lobes moyen et supérieur par une scissure oblique.

lobeᴹ inférieur
Partie du poumon gauche séparée du lobe supérieur par la scissure oblique.

diaphragmeᴹ
Principal muscle de l'inspiration séparant le thorax de l'abdomen : sa contraction accroît le volume de la cage thoracique et des poumons, où est amené l'air inhalé.

… anatomie 215

appareilᴹ respiratoire

poumonsᴹ
Organes respiratoires formés d'un tissu extensible, dans lesquels est acheminé l'air provenant des cavités nasales et buccales, assurant l'oxygénation du sang.

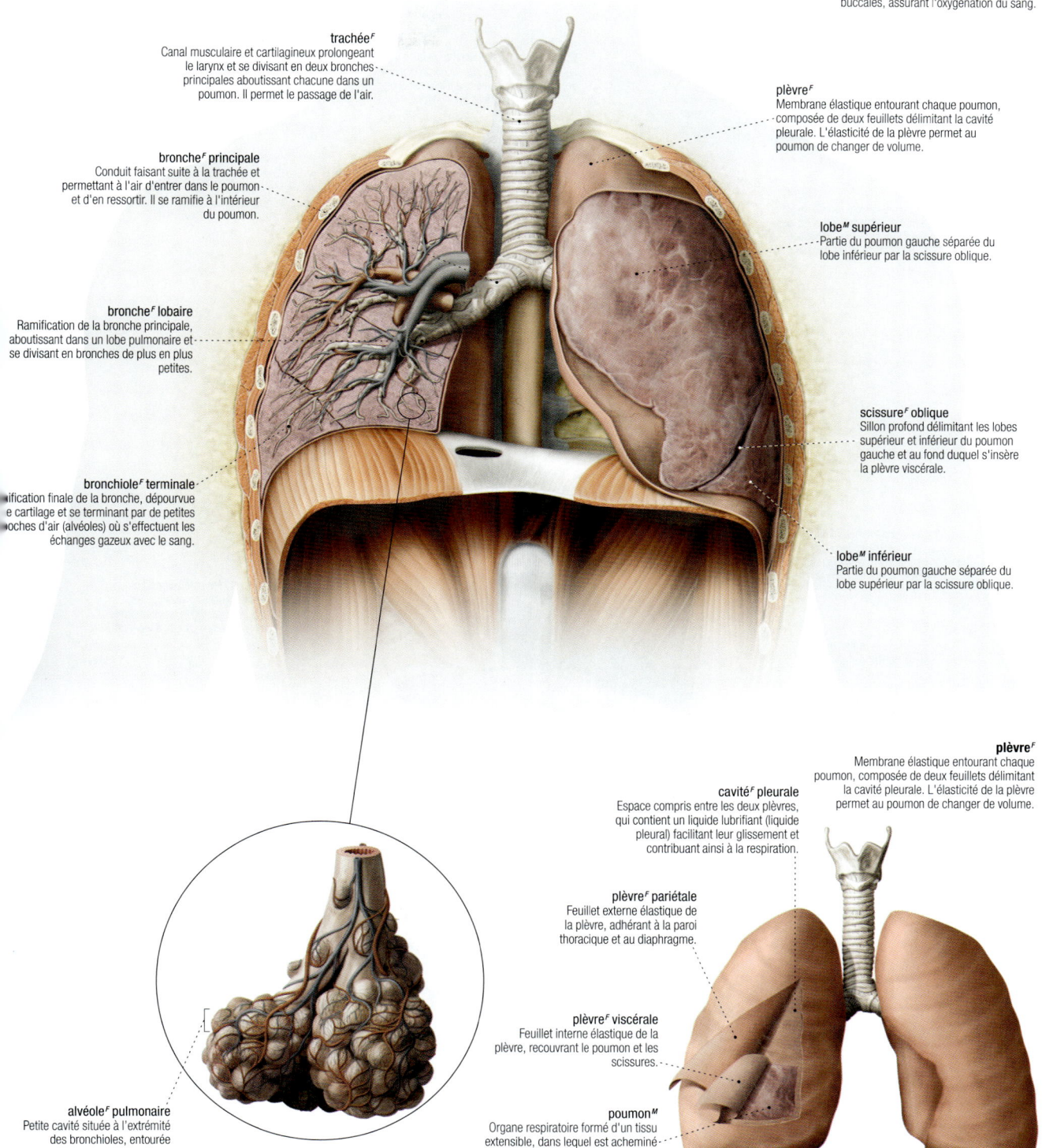

trachéeᶠ
Canal musculaire et cartilagineux prolongeant le larynx et se divisant en deux bronches principales aboutissant chacune dans un poumon. Il permet le passage de l'air.

broncheᶠ **principale**
Conduit faisant suite à la trachée et permettant à l'air d'entrer dans le poumon et d'en ressortir. Il se ramifie à l'intérieur du poumon.

broncheᶠ **lobaire**
Ramification de la bronche principale, aboutissant dans un lobe pulmonaire et se divisant en bronches de plus en plus petites.

bronchioleᶠ **terminale**
Ramification finale de la bronche, dépourvue de cartilage et se terminant par de petites poches d'air (alvéoles) où s'effectuent les échanges gazeux avec le sang.

plèvreᶠ
Membrane élastique entourant chaque poumon, composée de deux feuillets délimitant la cavité pleurale. L'élasticité de la plèvre permet au poumon de changer de volume.

lobeᴹ **supérieur**
Partie du poumon gauche séparée du lobe inférieur par la scissure oblique.

scissureᶠ **oblique**
Sillon profond délimitant les lobes supérieur et inférieur du poumon gauche et au fond duquel s'insère la plèvre viscérale.

lobeᴹ **inférieur**
Partie du poumon gauche séparée du lobe supérieur par la scissure oblique.

ÊTRE HUMAIN

cavitéᶠ **pleurale**
Espace compris entre les deux plèvres, qui contient un liquide lubrifiant (liquide pleural) facilitant leur glissement et contribuant ainsi à la respiration.

plèvreᶠ **pariétale**
Feuillet externe élastique de la plèvre, adhérant à la paroi thoracique et au diaphragme.

plèvreᶠ **viscérale**
Feuillet interne élastique de la plèvre, recouvrant le poumon et les scissures.

plèvreᶠ
Membrane élastique entourant chaque poumon, composée de deux feuillets délimitant la cavité pleurale. L'élasticité de la plèvre permet au poumon de changer de volume.

alvéoleᶠ **pulmonaire**
Petite cavité située à l'extrémité des bronchioles, entourée d'une paroi mince permettant les échanges gazeux avec les capillaires.

poumonᴹ
Organe respiratoire formé d'un tissu extensible, dans lequel est acheminé l'air provenant des cavités nasales et buccales, assurant l'oxygénation du sang.

appareil^M digestif

Ensemble des organes qui assurent la transformation des aliments ingérés pour les rendre assimilables par l'organisme.

principaux organes^M
L'appareil digestif est composé de trois parties : la bouche, le tube digestif (œsophage, estomac, intestins) et les glandes annexes (glandes salivaires, foie, pancréas).

cavité^F **buccale**
Cavité antérieure de l'appareil digestif qui permet l'ingestion d'aliments. Elle intervient également dans la respiration.

langue^F
Structure musculaire mobile de la cavité buccale, intervenant dans la gustation, la mastication, l'ingestion alimentaire et la phonation.

glandes^F **salivaires**
Chacune des trois paires d'organes sécrétant un liquide (salive) contenant une enzyme digestive, destiné à humidifier les aliments pour en faciliter l'ingestion.

pharynx^M
Canal musculaire et membraneux reliant la cavité nasale au larynx et la cavité buccale à l'œsophage. Il permet la respiration, l'ingestion et la phonation.

œsophage^M
Canal musculaire et membraneux de la partie antérieure de l'appareil digestif qui permet aux aliments de se rendre à l'estomac.

foie^M
Viscère sécrétant notamment une substance (bile) contribuant à la digestion et dégradant certains produits toxiques contenus dans le sang.

estomac^M
Partie dilatée de l'appareil digestif qui emmagasine, brasse et mélange les aliments au suc gastrique qu'elle sécrète avant de les déverser dans le duodénum.

vésicule^F **biliaire**
Petit réservoir où s'accumule la bile sécrétée par le foie avant d'être déversée dans le duodénum lors de la digestion. La bile aide à digérer les corps gras.

pancréas^M
Glande endocrine qui joue un rôle important dans la digestion (sécrétion du suc pancréatique) et dans la régulation de la glycémie (sécrétion de l'insuline).

gros intestin^M
Dernière partie élargie de l'appareil digestif (environ 1,5 m), comprenant le côlon et le rectum, où s'opèrent la digestion finale et l'élimination des déchets.

intestin^M **grêle**
Partie rétrécie de l'appareil digestif (environ 6,5 m) située entre l'estomac et le cæcum, où s'opère une partie de la digestion et de l'absorption alimentaire.

appendice^M **vermiforme**
Prolongement tubulaire du cæcum. Cet appendice est parfois le siège d'une inflammation aiguë, l'appendicite.

anus^M
Orifice terminal de l'appareil digestif contrôlé par un sphincter permettant l'éjection des matières fécales.

anatomie

appareil^M digestif

gros intestin^M
Dernière partie élargie de l'appareil digestif (environ 1,5 m), comprenant le côlon et le rectum, où s'opèrent la digestion finale et l'élimination des déchets.

côlon^M transverse
Segment horizontal du côlon, entre le côlon ascendant et le côlon descendant.

côlon^M ascendant
Premier segment du côlon qui absorbe l'eau des résidus alimentaires avant de les excréter.

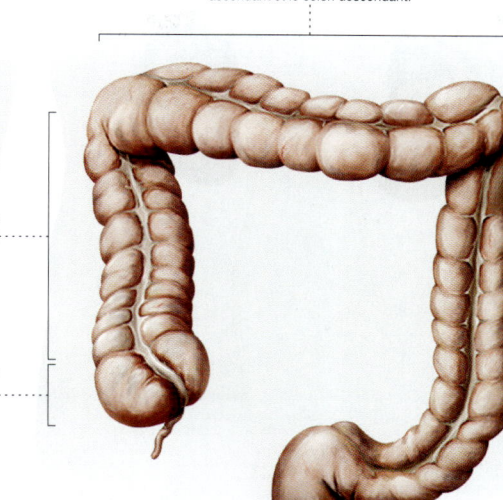

côlon^M descendant
Troisième segment du côlon qui emmagasine les déchets avant leur expulsion.

cæcum^M
Partie initiale du gros intestin recevant les particules alimentaires provenant de l'iléon.

rectum^M
Segment terminal du gros intestin, communiquant avec l'extérieur par l'anus et permettant la défécation.

côlon^M sigmoïde
Quatrième segment du côlon, qui conduit les déchets vers le rectum.

intestin^M grêle
Partie rétrécie de l'appareil digestif (environ 6,5 m) située entre l'estomac et le cæcum, où s'opère une partie de la digestion et de l'absorption alimentaire.

duodénum^M
Partie antérieure de l'intestin grêle où se déversent les sécrétions du foie et du pancréas ainsi que les aliments partiellement digérés dans l'estomac.

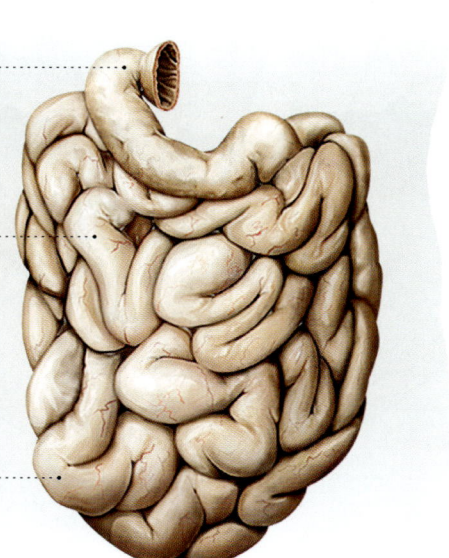

jéjunum^M
Partie médiane de l'intestin grêle située entre le duodénum et l'iléon, qui assure la majeure partie de l'absorption des éléments nutritifs.

iléon^M
Partie terminale de l'intestin grêle située entre le jéjunum et le cæcum.

ÊTRE HUMAIN

appareil^M urinaire

Ensemble des organes assurant, par la sécrétion et l'évacuation de l'urine, l'élimination des déchets de l'organisme ainsi que la régulation de la quantité d'eau et de sel du corps.

principaux organes^M
La partie haute de l'appareil urinaire comprend les uretères et les reins, alors que les voies urinaires basses sont formées de la vessie et de l'urètre.

glande^F **surrénale**
Glande endocrine située au-dessus du rein; certaines des hormones qu'elle sécrète interviennent dans le mécanisme du stress, alors que d'autres agissent sur la rétention d'eau.

rein^M **droit**
Organe situé sous le foie qui filtre le sang et sécrète l'urine pour éliminer les substances toxiques et les déchets du corps.

rein^M **gauche**
Organe situé sous la rate qui filtre le sang et sécrète l'urine pour éliminer les substances toxiques et les déchets du corps.

hile^M **du rein**^M
Ouverture du bord interne du rein qui permet le passage de vaisseaux sanguins, des nerfs et de l'uretère.

uretère^M
Chacun des deux conduits musculaires et membraneux conduisant l'urine des reins à la vessie.

vessie^F
Réservoir musculaire où s'accumule l'urine provenant des reins avant d'être évacuée par l'urètre.

urètre^M
Conduit membraneux permettant l'évacuation de l'urine. Chez l'homme, il permet également le passage du sperme.

vessie^F : coupe^F frontale

Vessie : réservoir musculaire où s'accumule l'urine provenant des reins avant d'être évacuée par l'urètre.

muqueuse^F **vésicale**
Tissu épithélial tapissant l'intérieur de la vessie, qui forme des replis lorsque cette dernière est vide.

uretère^M
Chacun des deux conduits musculaires et membraneux conduisant l'urine des reins à la vessie.

détrusor^M
Muscle lisse qui forme l'essentiel de la paroi de la vessie.

trigone^M **vésical**
Région de la muqueuse vésicale de forme triangulaire, délimitée par les deux orifices urétéraux et le col vésical.

orifice^M **urétéral**
Ouverture par laquelle l'uretère communique avec la vessie.

sphincter^M **vésical interne**
Muscle formant un anneau autour du col vésical, dont le relâchement involontaire permet l'évacuation de l'urine emmagasinée dans la vessie.

col^M **vésical**
Extrémité inférieure de la vessie, communiquant avec l'urètre.

urètre^M
Conduit membraneux permettant l'évacuation de l'urine. Chez l'homme, il permet également le passage du sperme.

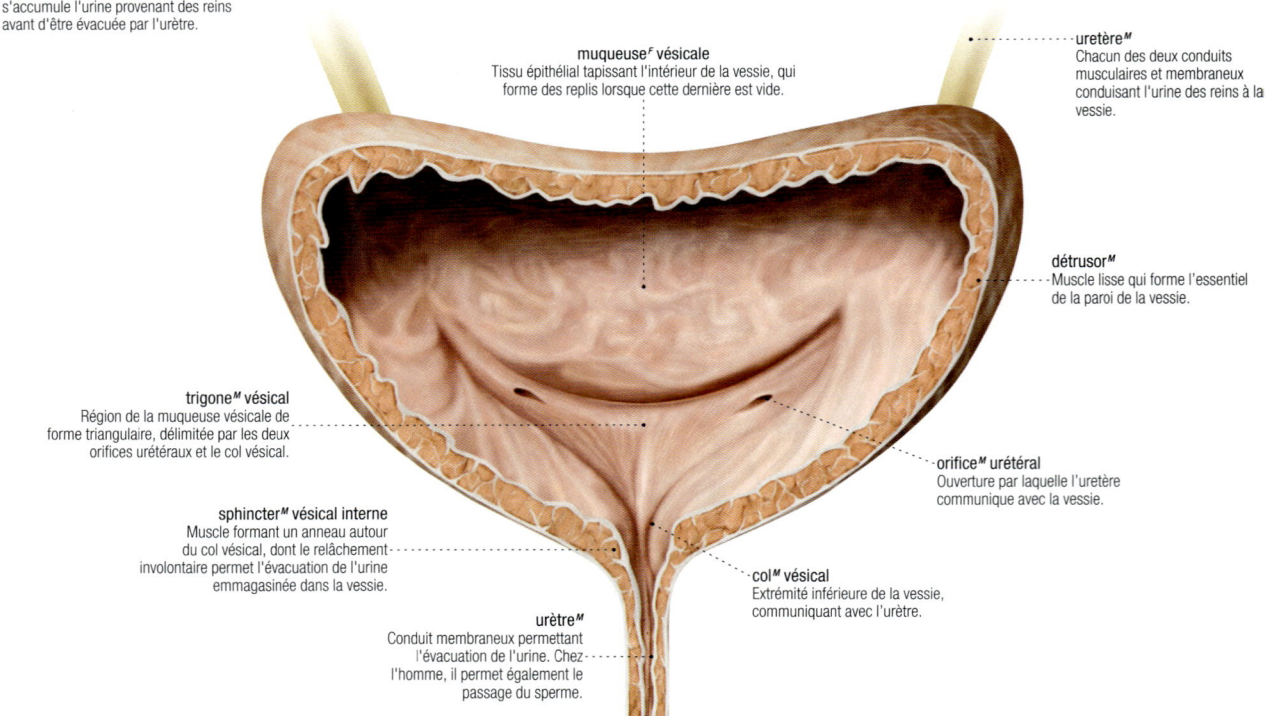

anatomie 219

appareil^M urinaire

reins^M
Organes qui filtrent le sang et sécrètent l'urine pour éliminer les substances toxiques et les déchets du corps.

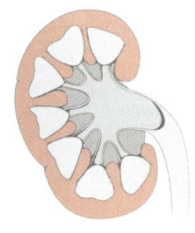

cortex^M rénal
Partie externe du tissu rénal s'insérant entre les pyramides et constitué de petites vésicules qui filtrent le sang et produisent l'urine.

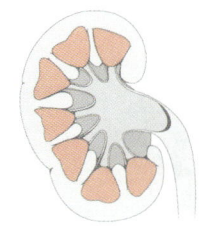

médulla^F rénale
Partie interne du tissu rénal, constituée des pyramides rénales.

veine^F cave inférieure
Veine ramenant le sang désoxygéné de la partie inférieure du corps (au-dessous du diaphragme) à l'oreillette droite. C'est la plus grosse veine de l'organisme.

aorte^F abdominale
Quatrième segment de l'aorte irriguant l'ensemble des organes et des parois de l'abdomen. Elle donne naissance aux artères iliaques communes.

glande^F surrénale
Glande endocrine située au-dessus du rein; certaines des hormones qu'elle sécrète interviennent dans le mécanisme du stress, alors que d'autres agissent sur la rétention d'eau.

artère^F mésentérique supérieure
Branche de l'aorte abdominale irriguant le côlon ascendant et la moitié du côlon transverse.

pyramide^F rénale
Structure conique réunissant des canaux collecteurs urinaires.

colonne^F rénale
Extension du cortex rénal entre deux pyramides.

artère^F rénale
Branche de l'aorte abdominale irriguant le rein.

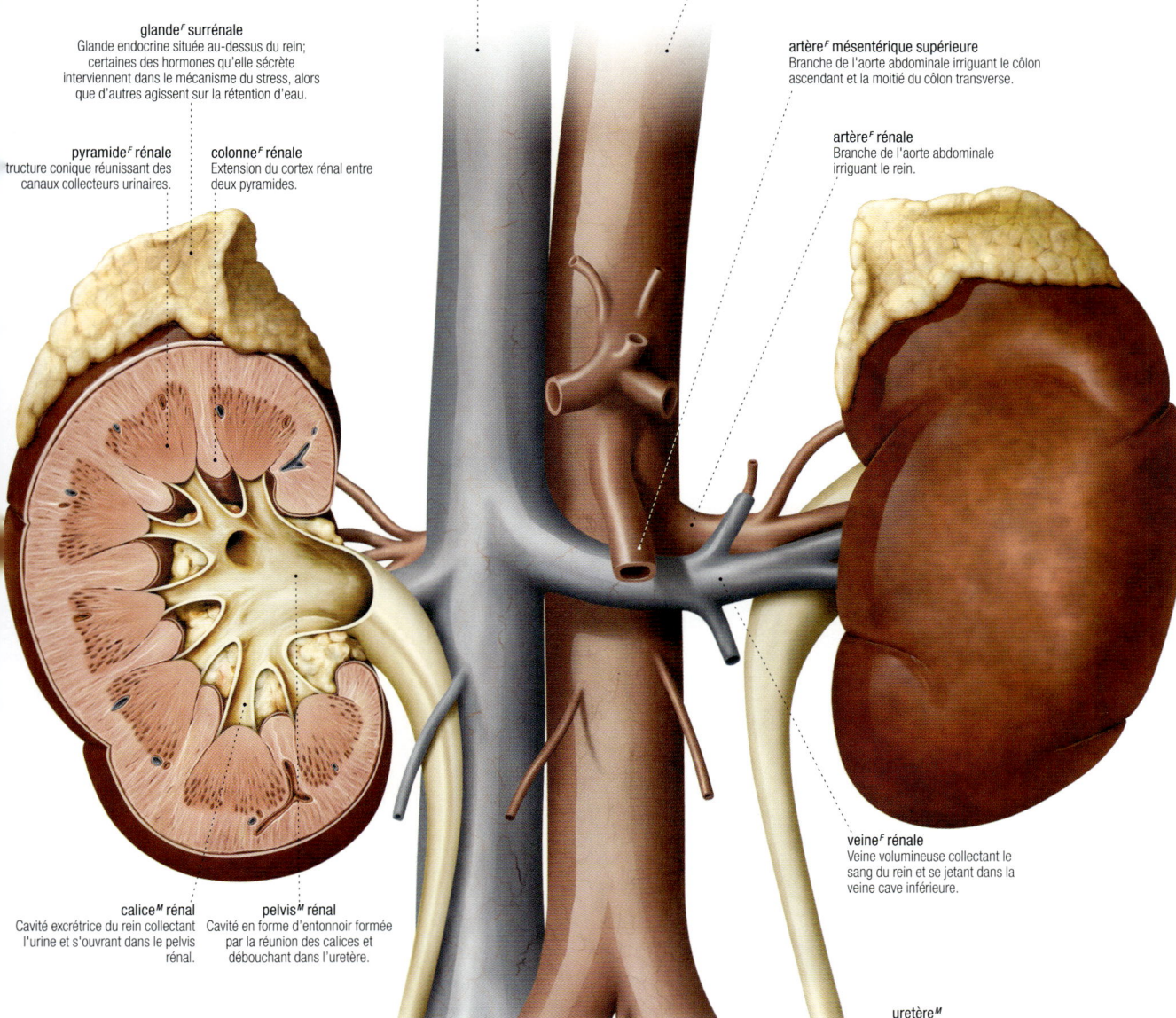

ÊTRE HUMAIN

veine^F rénale
Veine volumineuse collectant le sang du rein et se jetant dans la veine cave inférieure.

calice^M rénal
Cavité excrétrice du rein collectant l'urine et s'ouvrant dans le pelvis rénal.

pelvis^M rénal
Cavité en forme d'entonnoir formée par la réunion des calices et débouchant dans l'uretère.

uretère^M
Chacun des deux conduits musculaires et membraneux conduisant l'urine des reins à la vessie.

artère^F iliaque commune
Branche de l'aorte abdominale qui permet l'irrigation du bassin et des membres inférieurs, se divisant en artères iliaques interne et externe.

anatomie

système^M nerveux

Ensemble des structures qui commandent les mouvements des organes et des muscles, traitent les messages sensoriels provenant du corps et assurent l'activité psychique.

structure^F du système^M nerveux
Le système nerveux est composé de deux entités distinctes ayant des rôles définis : le système nerveux central et le système nerveux périphérique.

système^F nerveux central
Partie du système nerveux formée par l'encéphale et la moelle épinière, qui interprète les informations sensitives et élabore les commandes motrices.

système^F nerveux périphérique
Partie du système nerveux formée par les nerfs crâniens et spinaux, qui achemine les messages des récepteurs sensoriels au système nerveux central et transmet les commandes motrices du système nerveux central aux muscles et aux glandes.

encéphale^M
Partie du système nerveux central contenue dans le crâne, qui comprend le cerveau, le cervelet et le tronc cérébral.

nerfs^M crâniens
Ensemble des 12 paires de nerfs émergeant de l'encéphale, qui innervent principalement la tête et le cou et assurent une fonction motrice ou sensitive.

moelle^F épinière
Partie du système nerveux central située dans la colonne vertébrale, qui reçoit et transmet les informations nerveuses et déclenche des réflexes.

nerfs^M spinaux
Ensemble des 31 paires de nerfs mix (sensitifs et moteurs) qui émergent de moelle épinière et innervent toutes le parties du corps, à l'exception du visa

moelle^F épinière
Partie du système nerveux central située dans la colonne vertébrale, qui reçoit et transmet les informations nerveuses et déclenche des réflexes.

racine^F sensitive
Faisceau de neurones sensitifs véhiculant des informations de la périphérie du corps vers la moelle épinière.

rameau^M dorsal
Branche principale d'un nerf spinal destinée à l'innervation de la peau, des muscles, des articulations et des os de la partie postérieure du tronc.

ganglion^M spinal
Renflement constitué par un amas de corps cellulaires de neurones sensitifs.

rameau^M ventral
Branche principale d'un nerf spinal destinée à l'innervation des membres et d'une partie du tronc.

racine^F motrice
Faisceau de neurones moteurs véhiculant des informations de la moelle épinière vers la périphérie du corps, notamment les muscles.

nerf^M spinal
Nerf mixte (sensitif et moteur) qui émerge de la moelle épinière.

ÊTRE HUMAIN

anatomie

système nerveux

neurone
Cellule du système nerveux assurant le transport d'informations sous la forme de signaux électriques et chimiques.

noyau
Organite qui contient les gènes et qui contrôle les activités cellulaires.

dendrite
Chacun des prolongements courts et ramifiés du corps cellulaire qui reçoivent l'influx nerveux des neurones environnants.

corps cellulaire
Partie renflée du neurone, assurant le maintien de sa structure et son fonctionnement.

collet de l'axone
Partie du corps cellulaire où s'implante l'axone.

axone
Prolongement du neurone, véhiculant l'influx nerveux vers d'autres cellules (nerveuses, musculaires, etc.). Les axones des neurones moteurs peuvent atteindre plus d'un mètre.

arborisation terminale
Ramifications finales de l'axone se terminant par un bouton synaptique.

bouton synaptique
Extrémité de l'axone qui stocke une substance chimique (neurotransmetteur) servant à transmettre l'influx nerveux aux dendrites du neurone voisin.

nœud de Ranvier
Étranglement dépourvu de myéline, situé à intervalles réguliers sur toute la longueur de l'axone, qui accélère la propagation de l'influx nerveux.

gaine de myéline
Enveloppe de l'axone faite d'une substance grasse (myéline) qui assure l'isolation électrique du neurone et accroît la vitesse de conduction de l'influx nerveux.

ÊTRE HUMAIN

influx nerveux
Signal électrique propagé le long de cellules nerveuses (neurones) pour permettre à celles-ci de communiquer et transmettre des messages dans l'organisme.

racine sensitive
Faisceau de neurones sensitifs véhiculant des informations de la périphérie du corps vers la moelle épinière.

ganglion spinal
Renflement de la racine postérieure (sensitive) du nerf spinal, qui renferme les corps cellulaires des neurones sensitifs.

neurone sensitif
Cellule nerveuse qui transmet au système nerveux central les informations recueillies par les récepteurs sensoriels.

peau
Enveloppe externe protectrice du corps, dont la couche interne (derme) est richement innervée et vascularisée.

matière blanche
Substance du système nerveux central formée par les prolongements des neurones; elle assure la liaison entre les différentes parties de l'encéphale et de la moelle épinière.

nerf spinal
Nerf mixte (sensitif et moteur) qui émerge de la moelle épinière.

matière grise
Substance du système nerveux central formée par les corps cellulaires des neurones; elle assure le traitement des influx nerveux.

neurone moteur
Cellule nerveuse qui conduit l'influx nerveux provenant du système nerveux central vers les organes périphériques, tels que les muscles.

récepteur sensoriel
Cellule localisée dans les organes des sens et capable de générer un message nerveux lorsqu'elle est soumise à un stimulus physique ou chimique.

moelle épinière
Partie du système nerveux central, située dans la colonne vertébrale, qui reçoit et transmet les informations nerveuses et déclenche des réflexes.

synapse
Zone de contact entre deux neurones, par lequel est transmis l'influx nerveux.

racine motrice
Faisceau de neurones moteurs véhiculant des informations de la moelle épinière vers la périphérie du corps, notamment les muscles.

fibre musculaire
Tissu constitutif du muscle qui se contracte en réponse à un influx nerveux provenant du système nerveux central.

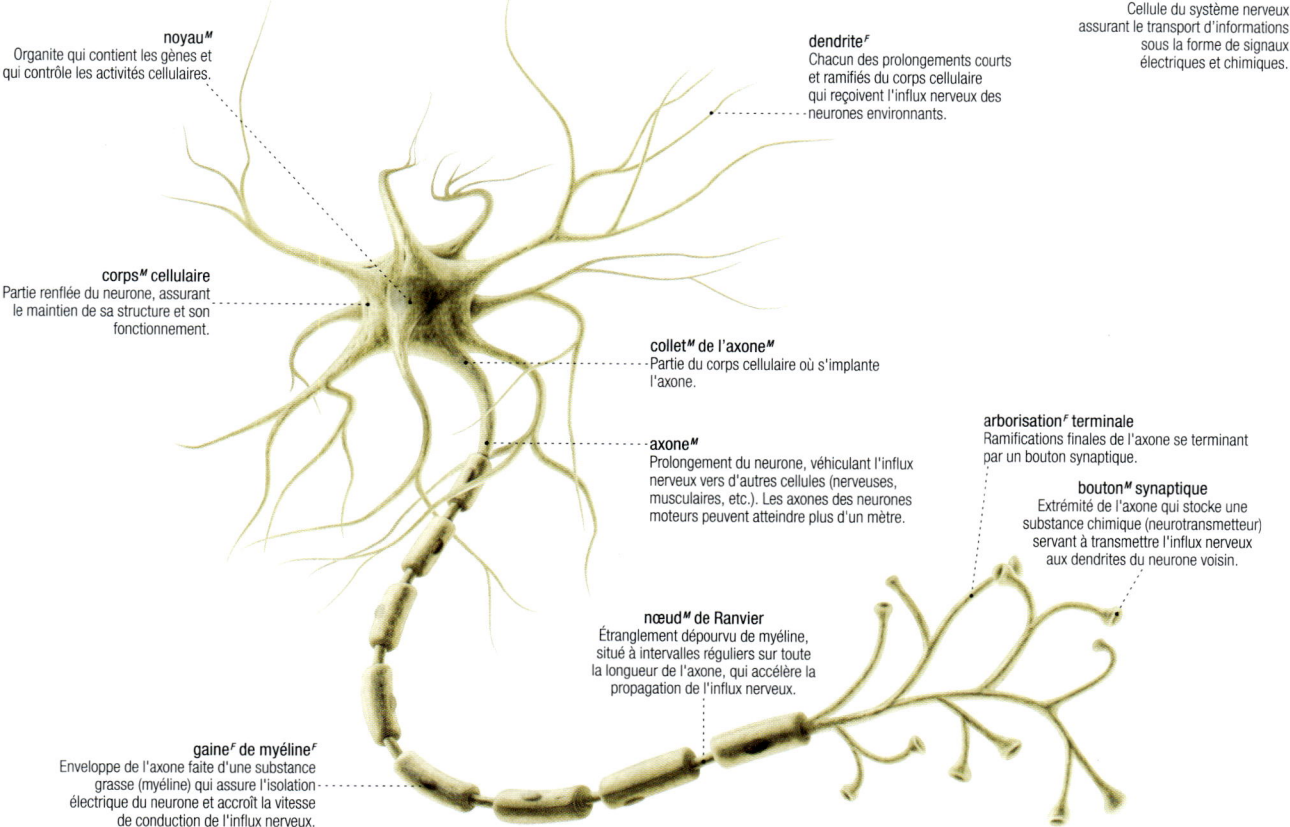

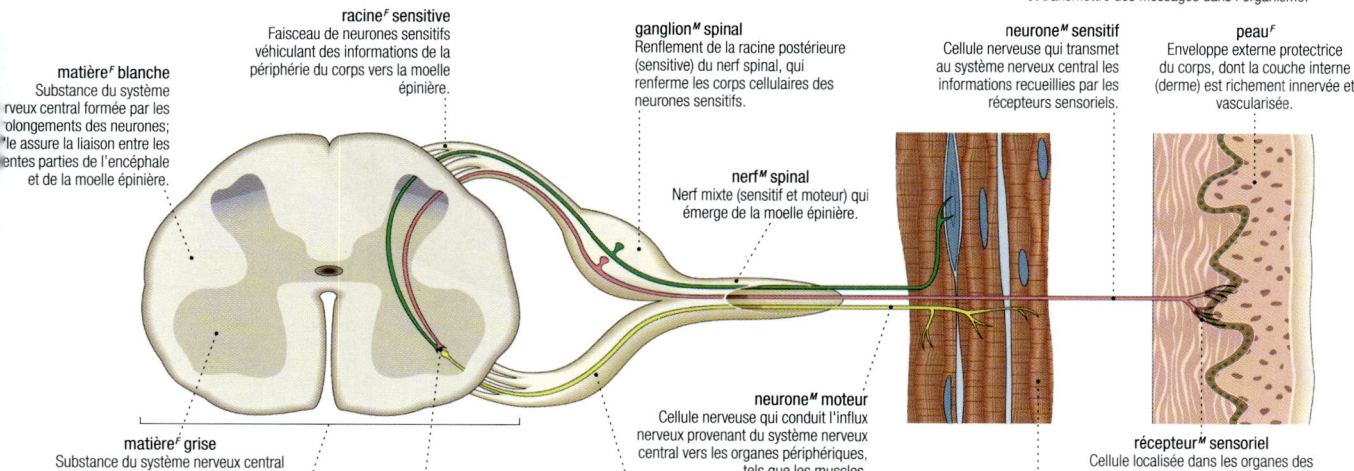

anatomie

système^M nerveux

encéphale^M
Partie du système nerveux central contenue dans le crâne, qui comprend le cerveau, le cervelet et le tronc cérébral.

coupe^F frontale

cerveau^M
Partie la plus volumineuse et la plus complexe de l'encéphale, qui contient le centre des fonctions nerveuses supérieures (activités motrices, langage, etc.).

ventricule^M latéral
Chacune des deux cavités situées de part et d'autre du troisième ventricule du cerveau, qui participent à la production du liquide céphalorachidien.

corps^M calleux
Lame de matière blanche reliant les deux hémisphères cérébraux.

troisième ventricule^M
Cavité de l'encéphale qui participe à la production du liquide céphalorachidien.

cortex^M cérébral
Couche superficielle du cerveau, constituée de matière grise, qui assure les fonctions nerveuses les plus élaborées.

matière^F blanche
Substance du système nerveux central formée par les prolongements des neurones; elle assure la liaison entre les différentes parties de l'encéphale et de la moelle épinière.

matière^F grise
Substance du système nerveux central formée par les corps cellulaires des neurones; elle assure le traitement des influx nerveux.

cervelet^M
Partie de l'encéphale qui contrôle principalement la coordination motrice, l'équilibre, le tonus musculaire et la posture.

hypothalamus^M
Ensemble de petites formations de matière grise qui contrôlent les sécrétions hormonales de l'hypophyse et l'activité du système nerveux autonome.

chiasma^M optique
Structure formée par la jonction des nerfs optiques de l'œil droit et de l'œil gauche, dont les fibres s'entrecroisent partiellement.

hypophyse^F
Glande endocrine sécrétant une dizaine d'hormones qui agissent notamment sur la croissance, la lactation, la pression sanguine et la rétention d'urine.

tronc^M cérébral
Partie de l'encéphale située dans le prolongement de la moelle épinière, qui régit de nombreuses fonctions vitales et assure les transmissions entre la moelle épinière, le cerveau et le cervelet.

anatomie

système nerveux

hémisphère gauche
Partie gauche du cerveau, qui commande les mouvements du côté droit du corps; il est également spécialisé dans l'analyse et la pensée logique.

hémisphère droit
Partie droite du cerveau, qui commande les mouvements du côté gauche du corps; il est impliqué dans les activités artistiques.

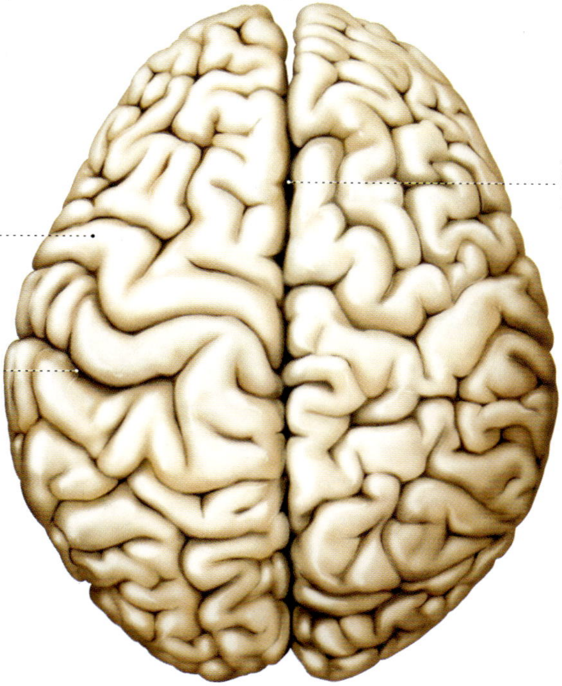

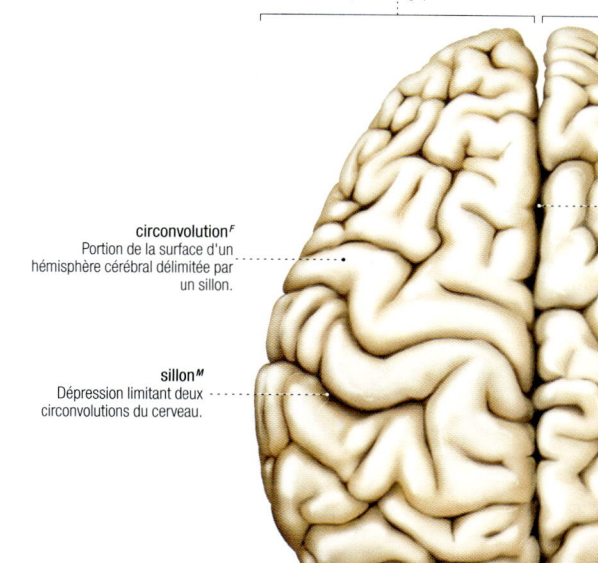

cerveau : vue supérieure
Cerveau : partie la plus volumineuse et la plus complexe de l'encéphale, qui contient le centre des fonctions nerveuses supérieures (activités motrices, langage, etc.).

fissure longitudinale
Sillon profond séparant les deux hémisphères cérébraux.

circonvolution
Portion de la surface d'un hémisphère cérébral délimitée par un sillon.

sillon
Dépression limitant deux circonvolutions du cerveau.

ÊTRE HUMAIN

cerveau : vue latérale
Cerveau : partie la plus volumineuse et la plus complexe de l'encéphale, qui contient le centre des fonctions nerveuses supérieures (activités motrices, langage, etc.).

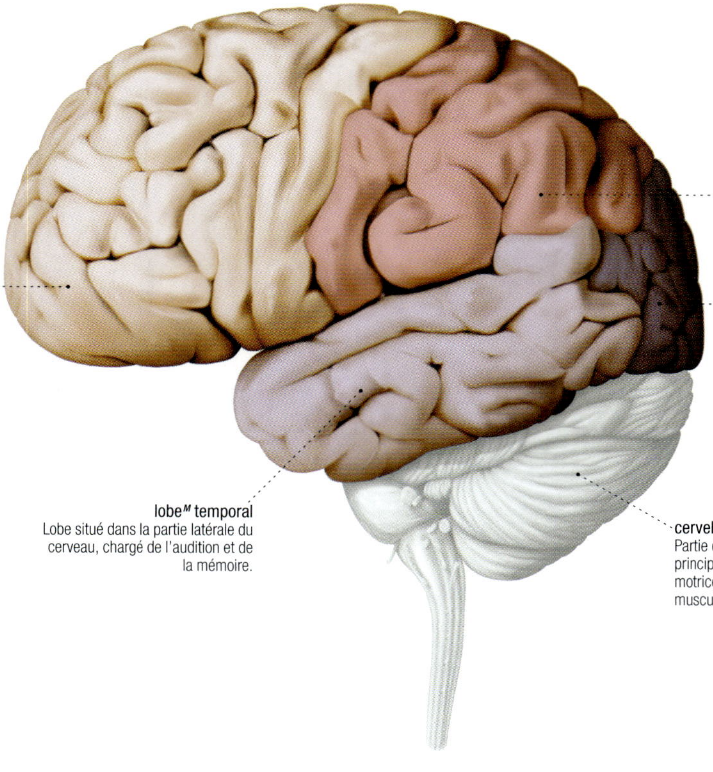

lobe pariétal
Lobe situé dans la partie moyenne du cerveau, qui intervient dans le goût, le toucher, la douleur et la compréhension du langage.

lobe frontal
Lobe situé dans la partie antérieure du cerveau, derrière le front, et responsable du raisonnement, de la planification, des mouvements volontaires, des émotions et du langage articulé.

lobe occipital
Lobe localisé à l'arrière du cerveau, qui joue un rôle dans la vision.

lobe temporal
Lobe situé dans la partie latérale du cerveau, chargé de l'audition et de la mémoire.

cervelet
Partie de l'encéphale qui contrôle principalement la coordination motrice, l'équilibre, le tonus musculaire et la posture.

anatomie

système^M nerveux

moelle^F épinière
Partie du système nerveux central située dans la colonne vertébrale, qui reçoit et transmet les informations nerveuses et déclenche des réflexes.

structure^F de la moelle^F épinière
La moelle épinière est protégée par plusieurs membranes solides et liquides; elle donne naissance à 31 paires de nerfs spinaux et assure leur liaison avec l'encéphale.

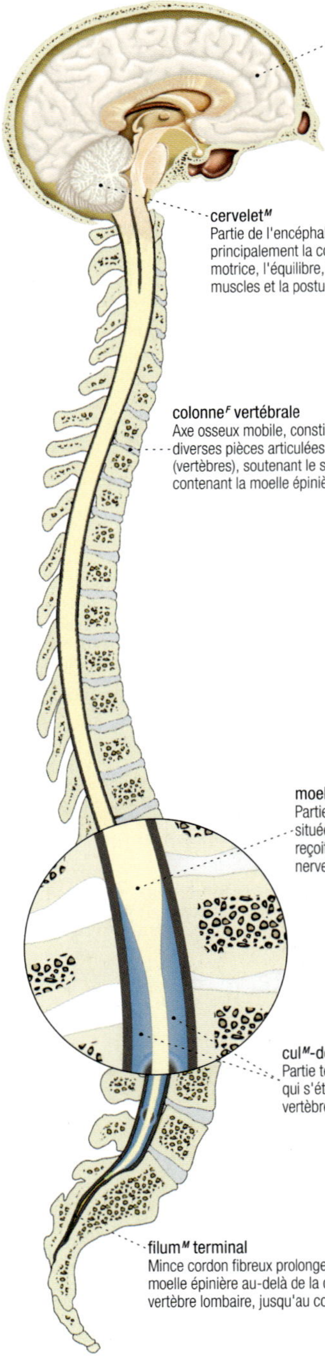

cerveau^M
Partie la plus volumineuse et la plus complexe de l'encéphale, qui contient le centre des fonctions nerveuses supérieures (activités motrices, langage, etc.).

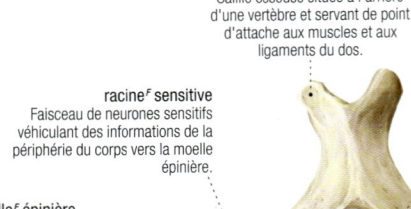

cervelet^M
Partie de l'encéphale qui contrôle principalement la coordination motrice, l'équilibre, le tonus des muscles et la posture.

colonne^F vertébrale
Axe osseux mobile, constitué de diverses pièces articulées entre elles (vertèbres), soutenant le squelette et contenant la moelle épinière.

moelle^F épinière
Partie du système nerveux central, située dans la colonne vertébrale, qui reçoit et transmet les informations nerveuses et déclenche des réflexes.

cul^M-de-sac^M dural
Partie terminale de la dure-mère, qui s'étend jusqu'à la deuxième vertèbre sacrée.

filum^M terminal
Mince cordon fibreux prolongeant la moelle épinière au-delà de la deuxième vertèbre lombaire, jusqu'au coccyx.

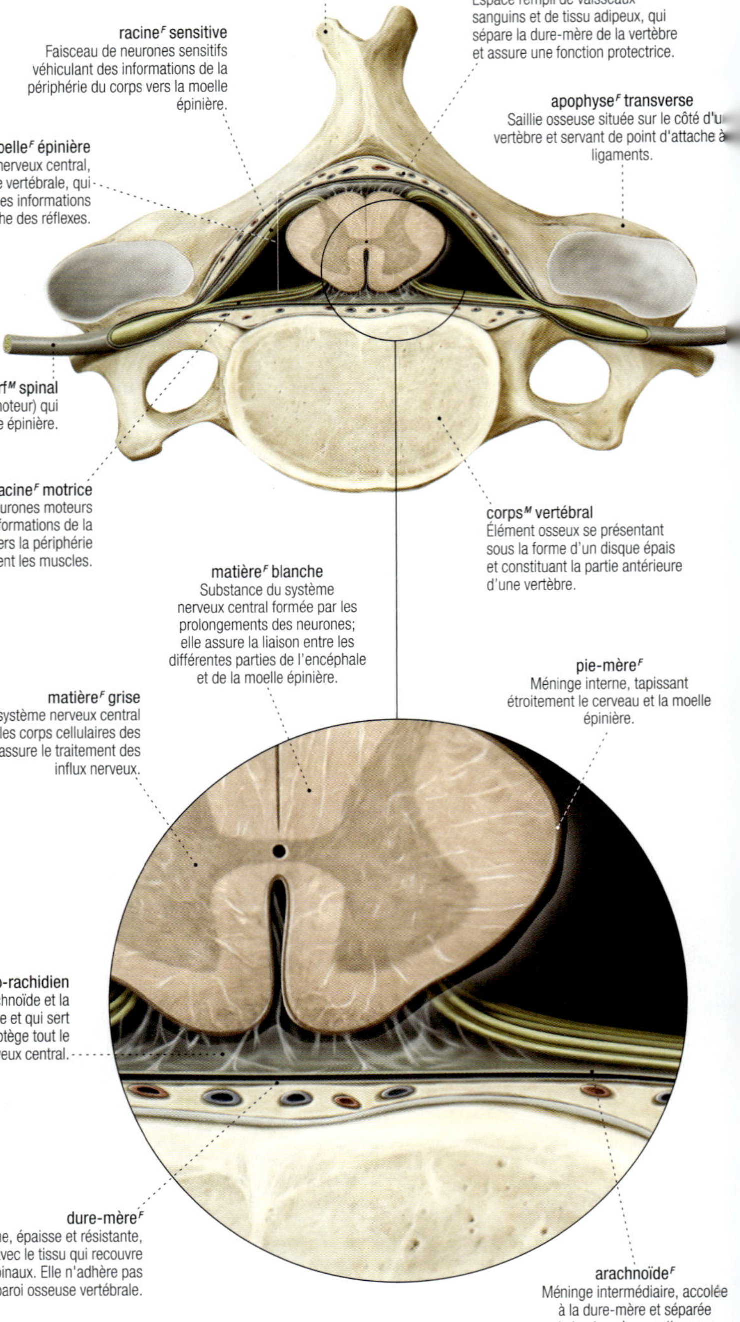

colonne^F vertébrale : coupe^F transversale
Colonne vertébrale : axe osseux mobile, constitué de diverses pièces articulées entre elles (vertèbres), soutenant le squelette et contenant la moelle épinière.

apophyse^F épineuse
Saillie osseuse située à l'arrière d'une vertèbre et servant de point d'attache aux muscles et aux ligaments du dos.

espace^M épidural
Espace rempli de vaisseaux sanguins et de tissu adipeux, qui sépare la dure-mère de la vertèbre et assure une fonction protectrice.

apophyse^F transverse
Saillie osseuse située sur le côté d'une vertèbre et servant de point d'attache à ligaments.

racine^F sensitive
Faisceau de neurones sensitifs véhiculant des informations de la périphérie du corps vers la moelle épinière.

moelle^F épinière
Partie du système nerveux central, située dans la colonne vertébrale, qui reçoit et transmet les informations nerveuses et déclenche des réflexes.

nerf^M spinal
Nerf mixte (sensitif et moteur) qui émerge de la moelle épinière.

racine^F motrice
Faisceau de neurones moteurs véhiculant des informations de la moelle épinière vers la périphérie du corps, notamment les muscles.

corps^M vertébral
Élément osseux se présentant sous la forme d'un disque épais et constituant la partie antérieure d'une vertèbre.

matière^F blanche
Substance du système nerveux central formée par les prolongements des neurones; elle assure la liaison entre les différentes parties de l'encéphale et de la moelle épinière.

matière^F grise
Substance du système nerveux central formée par les corps cellulaires des neurones; elle assure le traitement des influx nerveux.

pie-mère^F
Méninge interne, tapissant étroitement le cerveau et la moelle épinière.

liquide^M céphalo-rachidien
Liquide contenu entre l'arachnoïde et la pie-mère autour de la moelle et qui sert surtout d'amortisseur. Il protège tout le système nerveux central.

dure-mère^F
Méninge externe, épaisse et résistante, fusionnant avec le tissu qui recouvre les nerfs spinaux. Elle n'adhère pas directement à la paroi osseuse vertébrale.

arachnoïde^F
Méninge intermédiaire, accolée à la dure-mère et séparée de la pie-mère par l'espace subarachnoïdien.

ÊTRE HUMAIN

anatomie

système^M nerveux

principaux nerfs^M
Nerf : faisceau de cellules nerveuses qui véhicule les informations sensitives et motrices entre le système nerveux central et le reste du corps.

plexus^M brachial
Réseau formé par les quatre derniers nerfs cervicaux et le premier nerf dorsal, dont les branches assurent la motricité et la sensibilité du membre supérieur.

nerfs^M crâniens
Ensemble des 12 paires de nerfs émergeant de l'encéphale, qui innervent principalement la tête et le cou et assurent une fonction motrice ou sensitive.

nerf^M axillaire
Branche du plexus brachial innervant notamment les muscles deltoïde et petit rond; il assure également la sensibilité de l'articulation de l'épaule.

nerf^M médian
Branche du plexus brachial innervant divers muscles de la partie antérieure de l'avant-bras et une partie de la main, où elle se divise en cinq rameaux.

nerf^M ulnaire
Branche du plexus brachial innervant notamment, avec le nerf médian, les muscles fléchisseurs de la main et des doigts.

nerf^M intercostal
Nerf assurant l'innervation motrice et sensitive des muscles situés entre les côtes ainsi que d'une partie du diaphragme et de la paroi abdominale.

nerf^M iliohypogastrique
Branche du plexus lombaire assurant l'innervation d'une partie de la paroi abdominale et des organes génitaux.

nerf^M ilio-inguinal
Branche du plexus lombaire innervant une partie de l'abdomen, des organes génitaux et de la cuisse.

plexus^M lombaire
Réseau formé par les quatre premiers nerfs lombaires, dont les six branches assurent la motricité et la sensibilité du membre inférieur.

nerf^M cutané latéral de la cuisse^F
Branche du plexus lombaire assurant essentiellement l'innervation sensitive de la fesse et de la face externe de la cuisse.

plexus^M sacral
Réseau formé par plusieurs nerfs, dont les branches assurent la motricité et la sensibilité de la fesse et d'une partie de la cuisse.

nerf^M fémoral
Branche volumineuse du plexus lombaire assurant notamment l'innervation des muscles fléchisseurs de la cuisse et extenseurs de la jambe.

nerf^M radial
Branche du plexus brachial innervant notamment les muscles extenseurs du membre supérieur et des doigts.

nerf^M digital
Nerf issu du plexus brachial assurant l'innervation sensitive des doigts de la main.

nerf^M obturateur
Branche du plexus lombaire, innervant notamment la partie interne de la cuisse, dont les muscles adducteurs.

nerf^M saphène
Branche du nerf fémoral assurant l'innervation sensitive de la face interne de la jambe et du genou.

nerf^M sciatique
Nerf le plus volumineux de l'organisme, issu du plexus sacral, assurant l'innervation sensitive et motrice d'une grande partie du membre inférieur.

nerf^M tibial
Branche du nerf sciatique qui innerve certains muscles de la jambe et de la plante du pied.

nerf^M fibulaire commun
Branche du nerf sciatique innervant notamment les muscles des parties antérieure et externe de la jambe.

nerf^M fibulaire superficiel
Branche du nerf tibial innervant notamment la partie externe de la jambe.

nerf^M fibulaire profond
Branche du nerf tibial innervant notamment les muscles de la partie antérieure de la jambe et le dos du pied.

ÊTRE HUMAIN

appareil^M reproducteur

Ensemble des organes assurant les fonctions de reproduction.

organes^M génitaux féminins
Essentiellement internes, ils permettent la fécondation de l'ovule par le spermatozoïde et le développement de l'embryon et du fœtus.

coupe^F sagittale
Coupe effectuée selon un plan de référence séparant le corps en parties droite et gauche.

utérus^M
Organe musculaire creux qui reçoit l'ovule et qui, s'il est fécondé, permet son développement et l'expulse à la fin de la grossesse.

cul^M-de-sac vesico-utérin
Petite poche formée par le repli du péritoine entre l'utérus et la vessie.

vessie^F
Réservoir musculaire où s'accumule l'urine provenant des reins avant d'être évacuée par l'urètre.

mont^M de Vénus
Saillie médiane du pubis constituée de tissus adipeux et se couvrant de poils à la puberté.

symphyse^F pubienne
Articulation cartilagineuse peu mobile reliant les deux pubis.

clitoris^M
Petit organe érectile, à la partie antérieure de la vulve, qui constitue une zone érogène importante.

urètre^M
Conduit membraneux permettant l'évacuation de l'urine.

cavité^F abdominale
Partie inférieure du tronc contenant la plus grande partie des organes des appareils digestif, urinaire et génital.

péritoine^M
Membrane résistante recouvrant les parois internes et les organes de la cavité abdominale et qui en assure le maintien.

trompe^F de Fallope
Conduit acheminant l'ovule de l'ovaire à l'utérus. La fécondation de l'ovule par le spermatozoïde a généralement lieu dans la partie supérieure de la trompe.

ovaire^M
Glande génitale femelle qui produit des ovules et des hormones sexuelles, dont les œstrogènes et la progestérone.

cul^M-de-sac de Douglas
Petite poche formée par le repli du péritoine entre le rectum et l'utérus.

rectum^M
Segment terminal du gros intestin communiquant avec l'extérieur par l'anus et permettant la défécation.

col^M de l'utérus
Partie inférieure et étroite de l'utérus par laquelle il communique avec le vagin.

vagin^M
Canal musculaire situé entre le col de l'utérus et la vulve, permettant la copulation.

fesse^F
Partie charnue essentiellement constituée de muscles, située au bas du dos.

anus^M
Orifice terminal de l'appareil digestif contrôlé par un sphincter permettant l'éjection des matières fécales.

petite lèvre^F
Chacun des deux replis muqueux de la vulve situés entre les grandes lèvres.

grande lèvre^F
Chacun des deux replis cutanés épais et pileux de la vulve, qui protègent l'orifice vaginal.

cuisse^F
Partie de la jambe comprise entre la hanche et le genou. La cuisse est pourvue de nombreux muscles puissants.

ovule^M
Cellule reproductrice femelle mature, produite par l'ovaire, qui, après fécondation par un spermatozoïde, permet le développement de l'embryon.

corona^F radiata
Ensemble des cellules granuleuses qui forment une couronne protectrice autour de l'ovule.

cytoplasme^M
Substance claire et gélatineuse dans laquelle baignent les différentes structures cellulaires.

membrane^F pellucide
Fine couche granuleuse, constituée de mucopolysaccharides, qui recouvre l'ovule. Elle laisse pénétrer un seul spermatozoïde puis devient imperméable aux autres.

nucléole^M
Petit corps sphérique situé à l'intérieur du noyau et dans lequel sont fabriqués les ribosomes, structures qui produisent les protéines.

noyau^M
Organite qui contient les gènes et qui contrôle les activités cellulaires.

anatomie

appareil^M reproducteur

coupe^F frontale
Coupe effectuée selon un plan de référence séparant le corps en parties avant et arrière.

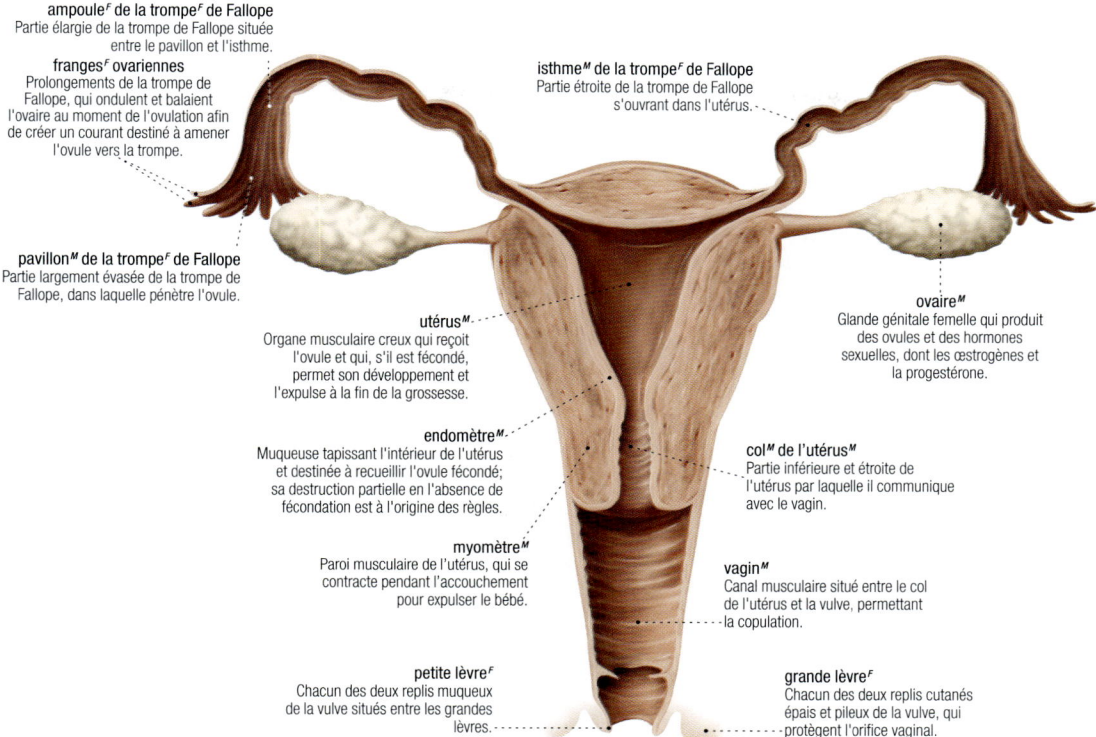

ampoule^F de la trompe^F de Fallope
Partie élargie de la trompe de Fallope située entre le pavillon et l'isthme.

franges^F ovariennes
Prolongements de la trompe de Fallope, qui ondulent et balaient l'ovaire au moment de l'ovulation afin de créer un courant destiné à amener l'ovule vers la trompe.

isthme^M de la trompe^F de Fallope
Partie étroite de la trompe de Fallope s'ouvrant dans l'utérus.

pavillon^M de la trompe^F de Fallope
Partie largement évasée de la trompe de Fallope, dans laquelle pénètre l'ovule.

ovaire^M
Glande génitale femelle qui produit des ovules et des hormones sexuelles, dont les œstrogènes et la progestérone.

utérus^M
Organe musculaire creux qui reçoit l'ovule et qui, s'il est fécondé, permet son développement et l'expulse à la fin de la grossesse.

endomètre^M
Muqueuse tapissant l'intérieur de l'utérus et destinée à recueillir l'ovule fécondé; sa destruction partielle en l'absence de fécondation est à l'origine des règles.

col^M de l'utérus^M
Partie inférieure et étroite de l'utérus par laquelle il communique avec le vagin.

myomètre^M
Paroi musculaire de l'utérus, qui se contracte pendant l'accouchement pour expulser le bébé.

vagin^M
Canal musculaire situé entre le col de l'utérus et la vulve, permettant la copulation.

petite lèvre^F
Chacun des deux replis muqueux de la vulve situés entre les grandes lèvres.

grande lèvre^F
Chacun des deux replis cutanés épais et pileux de la vulve, qui protègent l'orifice vaginal.

ÊTRE HUMAIN

sein^M
Organe glandulaire sécrétant le lait chez la femme. Il se développe à la puberté et augmente de volume lors d'une grossesse.

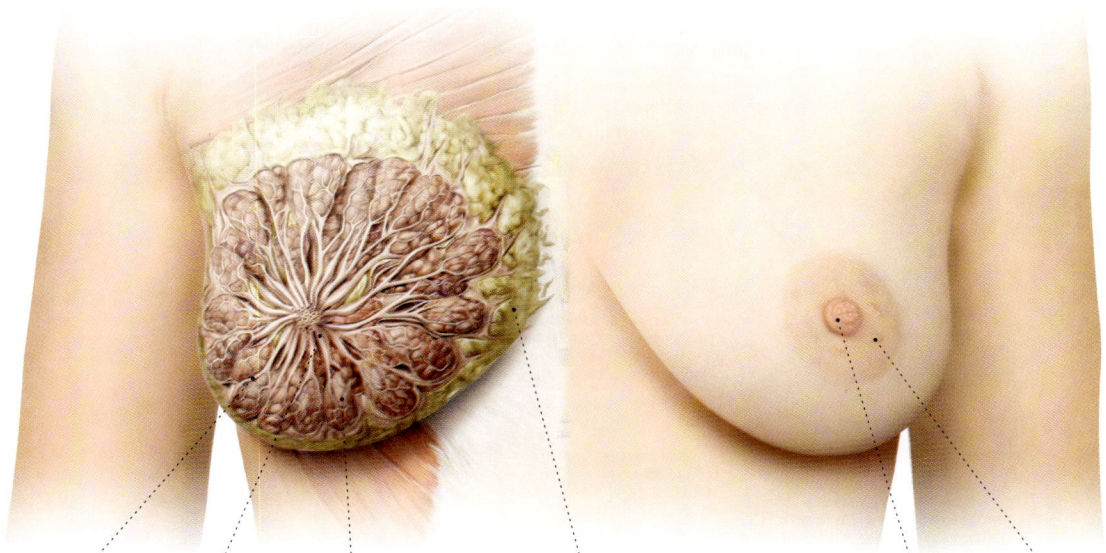

conduit^M lactifère
Canal acheminant le lait sécrété par la glande mammaire au mamelon.

sinus^M lactifère
Élargissement du conduit lactifère dans lequel le lait maternel s'accumule entre deux tétées.

glande^F mammaire
Organe constitué d'une vingtaine de glandes (lobes) assurant la sécrétion du lait.

tissu^M adipeux
Tissu graisseux qui entoure la glande mammaire et recouvre les muscles pectoraux qui soutiennent le sein.

mamelon^M
Saillie érectile du sein, conique ou cylindrique, entourée de l'aréole et dans laquelle s'ouvrent les conduits lactifères (qui acheminent le lait vers le mamelon).

aréole^F
Surface pigmentée entourant le mamelon.

appareil^M reproducteur

organes^M génitaux masculins

L'appareil génital masculin assure la reproduction : il produit des spermatozoïdes et les expulse dans les voies génitales féminines lors de la copulation.

coupe^F sagittale
Coupe effectuée selon un plan de référence séparant le corps en parties droite et gauche.

péritoine^M
Membrane résistante recouvrant les parois internes et les organes de la cavité abdominale et qui en assure le maintien.

cavité^F abdominale
Partie inférieure du tronc contenant la plus grande partie des organes des appareils digestif, urinaire et génital.

vessie^F
Réservoir musculaire où s'accumule l'urine provenant des reins avant d'être évacuée par l'urètre.

prostate^F
Glande sécrétant un liquide épais et blanchâtre qui intervient dans la formation du sperme et contribue à la mobilité des spermatozoïdes.

symphyse^F pubienne
Articulation cartilagineuse peu mobile reliant les deux pubis.

rectum^M
Segment terminal du gros intestin, communiquant avec l'extérieur par l'anus et permettant la défécation.

corps^M spongieux
Cylindre de tissu érectile entourant l'urètre le long du pénis.

corps^M caverneux
Tissu érectile de la partie dorsale du pénis, qui s'étend jusqu'au gland.

urètre^M
Canal membraneux permettant l'évacuation de l'urine. Chez l'homme, il permet également le passage du sperme.

anus^M
Orifice terminal de l'appareil digestif contrôlé par un sphincter permettant l'éjection des matières fécales.

pénis^M
Organe érectile de l'homme permettant la copulation ainsi que l'évacuation de l'urine et du sperme.

muscle^M bulbo-caverneux
Muscle qui contribue à l'érection ainsi qu'à l'évacuation de l'urine et du sperme.

fesse^F
Partie charnue essentiellement constituée de muscles, située au bas du dos.

gland^M
Extrémité antérieure renflée du pénis, constituée de corps spongieux, entourée du prépuce et où s'ouvre le méat urétral.

conduit^M déférent
Canal acheminant les spermatozoïdes de l'épididyme vers le conduit éjaculateur.

cuisse^F
Partie de la jambe comprise entre la hanche et le genou. La cuisse est pourvue de nombreux muscles puissants.

prépuce^M
Repli cutané qui recouvre le gland du pénis.

épididyme^M
Petit organe dans lequel les spermatozoïdes produits par le testicule sont emmagasinés et subissent leur maturation. Il est relié au conduit déférent.

méat^M urétral
Partie terminale de l'urètre permettant l'évacuation de l'urine et du sperme.

testicule^M
Glande génitale mâle qui produit des spermatozoïdes et des hormones sexuelles, dont la testostérone.

scrotum^M
Enveloppe musculaire cutanée contenant les testicules et permettant d'en réguler la température.

spermatozoïde^M
Cellule reproductrice mâle mature et mobile, produite par le testicule ; c'est l'élément constitutif principal du sperme, destiné à féconder un ovule.

tête^F
Partie antérieure du spermatozoïde formée du noyau (organite renfermant les informations génétiques) et de l'acrosome (structure aidant à la pénétration de l'ovule).

cou^M
Partie rétrécie reliant la tête à la pièce intermédiaire, contenant les centrioles, structures qui participent à la division cellulaire.

pièce^F intermédiaire
Partie entourant la base de la queue, où se concentrent les mitochondries, petits organites qui confèrent au spermatozoïde l'énergie nécessaire à ses mouvements.

queue^F
Filament dont les oscillations permettent le déplacement du spermatozoïde.

pièce^F terminale
Extrémité de la queue du spermatozoïde.

anatomie 229

système^M endocrinien

Système de régulation composé d'organes internes (glandes) sécrétant des hormones qui jouent un rôle important dans le métabolisme, la croissance, la reproduction et le maintien de l'homéostasie.

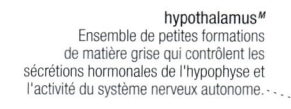

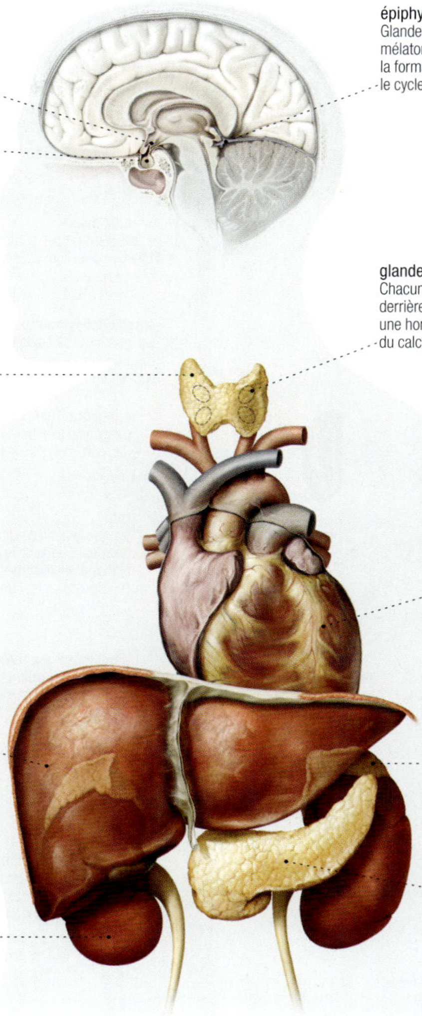

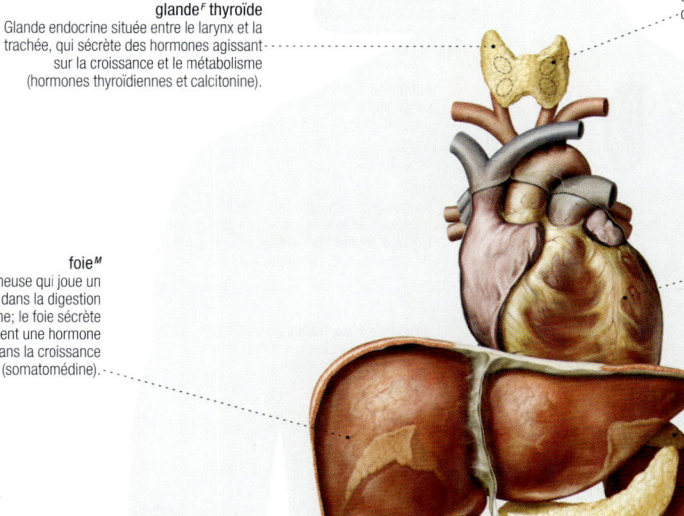

hypothalamus^M
Ensemble de petites formations de matière grise qui contrôlent les sécrétions hormonales de l'hypophyse et l'activité du système nerveux autonome.

épiphyse^F
Glande endocrine sécrétant la mélatonine, qui a une influence sur la formation des spermatozoïdes ou le cycle menstruel.

glandes^F endocrines
Glandes qui sécrètent les hormones, des substances se déversant dans le sang et ayant des actions précises sur divers organes.

hypophyse^F
Glande endocrine sécrétant une dizaine d'hormones qui agissent notamment sur la croissance, la lactation, la pression sanguine et la rétention d'urine.

glande^F parathyroïde
Chacune des glandes endocrines situées derrière la glande thyroïde, qui sécrètent une hormone agissant sur le métabolisme du calcium (parathormone).

glande^F thyroïde
Glande endocrine située entre le larynx et la trachée, qui sécrète des hormones agissant sur la croissance et le métabolisme (hormones thyroïdiennes et calcitonine).

cœur^M
Organe musculaire assurant la circulation sanguine dans l'ensemble de l'organisme; il sécrète une hormone inhibant la sécrétion de rénine et modifiant l'action de l'aldostérone.

foie^M
Glande volumineuse qui joue un rôle important dans la digestion et le métabolisme; le foie sécrète notamment une hormone intervenant dans la croissance (somatomédine).

glande^F surrénale
Glande endocrine située au-dessus du rein; certaines des hormones qu'elle sécrète interviennent dans le mécanisme du stress, alors que d'autres agissent sur la rétention d'eau.

rein^M
Organes qui filtrent le sang et sécrètent l'urine pour éliminer les substances toxiques et les déchets du corps; il sécrète également la rénine, qui régule la pression artérielle.

pancréas^M
Glande endocrine qui joue un rôle important dans la digestion (sécrétion du suc pancréatique) et dans la régulation de la glycémie (sécrétion de l'insuline).

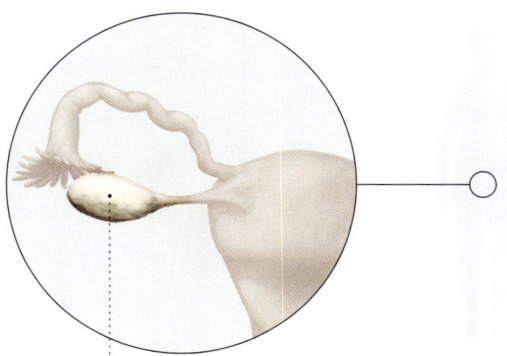

ovaire^M
Glande génitale femelle qui produit des ovules et des hormones sexuelles, dont les œstrogènes et la progestérone.

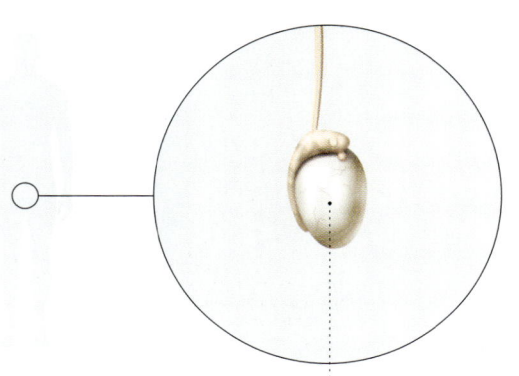

testicule^M
Glande génitale mâle qui produit des spermatozoïdes et des hormones sexuelles, dont la testostérone.

ÊTRE HUMAIN

système[M] lymphatique

Ensemble des vaisseaux et des organes qui recueillent le surplus de liquides extracellulaires servant à la protection immunitaire.

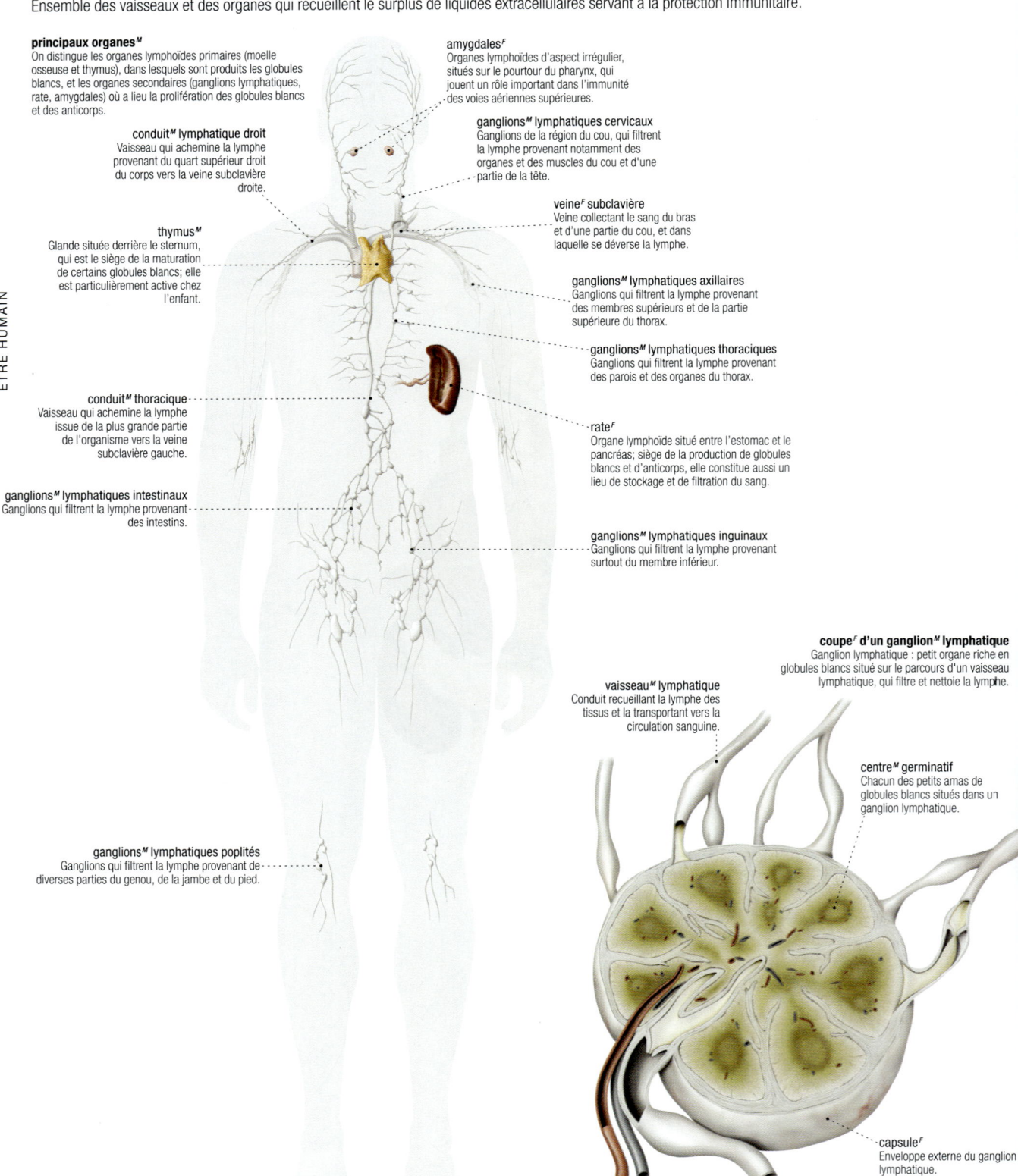

principaux organes[M]
On distingue les organes lymphoïdes primaires (moelle osseuse et thymus), dans lesquels sont produits les globules blancs, et les organes secondaires (ganglions lymphatiques, rate, amygdales) où a lieu la prolifération des globules blancs et des anticorps.

conduit[M] lymphatique droit
Vaisseau qui achemine la lymphe provenant du quart supérieur droit du corps vers la veine subclavière droite.

thymus[M]
Glande située derrière le sternum, qui est le siège de la maturation de certains globules blancs; elle est particulièrement active chez l'enfant.

conduit[M] thoracique
Vaisseau qui achemine la lymphe issue de la plus grande partie de l'organisme vers la veine subclavière gauche.

ganglions[M] lymphatiques intestinaux
Ganglions qui filtrent la lymphe provenant des intestins.

amygdales[F]
Organes lymphoïdes d'aspect irrégulier, situés sur le pourtour du pharynx, qui jouent un rôle important dans l'immunité des voies aériennes supérieures.

ganglions[M] lymphatiques cervicaux
Ganglions de la région du cou, qui filtrent la lymphe provenant notamment des organes et des muscles du cou et d'une partie de la tête.

veine[F] subclavière
Veine collectant le sang du bras et d'une partie du cou, et dans laquelle se déverse la lymphe.

ganglions[M] lymphatiques axillaires
Ganglions qui filtrent la lymphe provenant des membres supérieurs et de la partie supérieure du thorax.

ganglions[M] lymphatiques thoraciques
Ganglions qui filtrent la lymphe provenant des parois et des organes du thorax.

rate[F]
Organe lymphoïde situé entre l'estomac et le pancréas; siège de la production de globules blancs et d'anticorps, elle constitue aussi un lieu de stockage et de filtration du sang.

ganglions[M] lymphatiques inguinaux
Ganglions qui filtrent la lymphe provenant surtout du membre inférieur.

coupe[F] d'un ganglion[M] lymphatique
Ganglion lymphatique : petit organe riche en globules blancs situé sur le parcours d'un vaisseau lymphatique, qui filtre et nettoie la lymphe.

vaisseau[M] lymphatique
Conduit recueillant la lymphe des tissus et la transportant vers la circulation sanguine.

centre[M] germinatif
Chacun des petits amas de globules blancs situés dans un ganglion lymphatique.

ganglions[M] lymphatiques poplités
Ganglions qui filtrent la lymphe provenant de diverses parties du genou, de la jambe et du pied.

capsule[F]
Enveloppe externe du ganglion lymphatique.

organes des sens

odorat^M et goût^M

Les cavités buccale et nasales étant reliées, le sens olfactif intervient dans la gustation. L'être humain perçoit cinq saveurs de base et près de 10 000 odeurs.

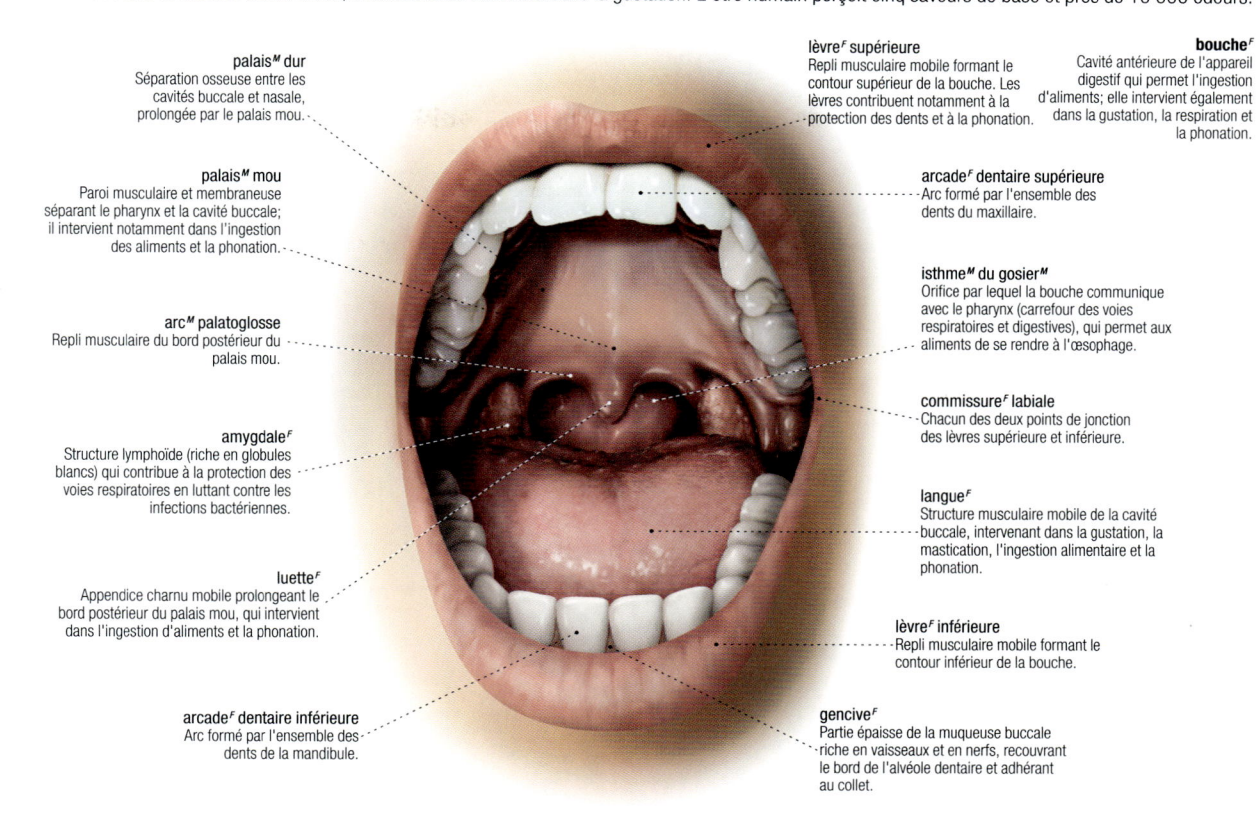

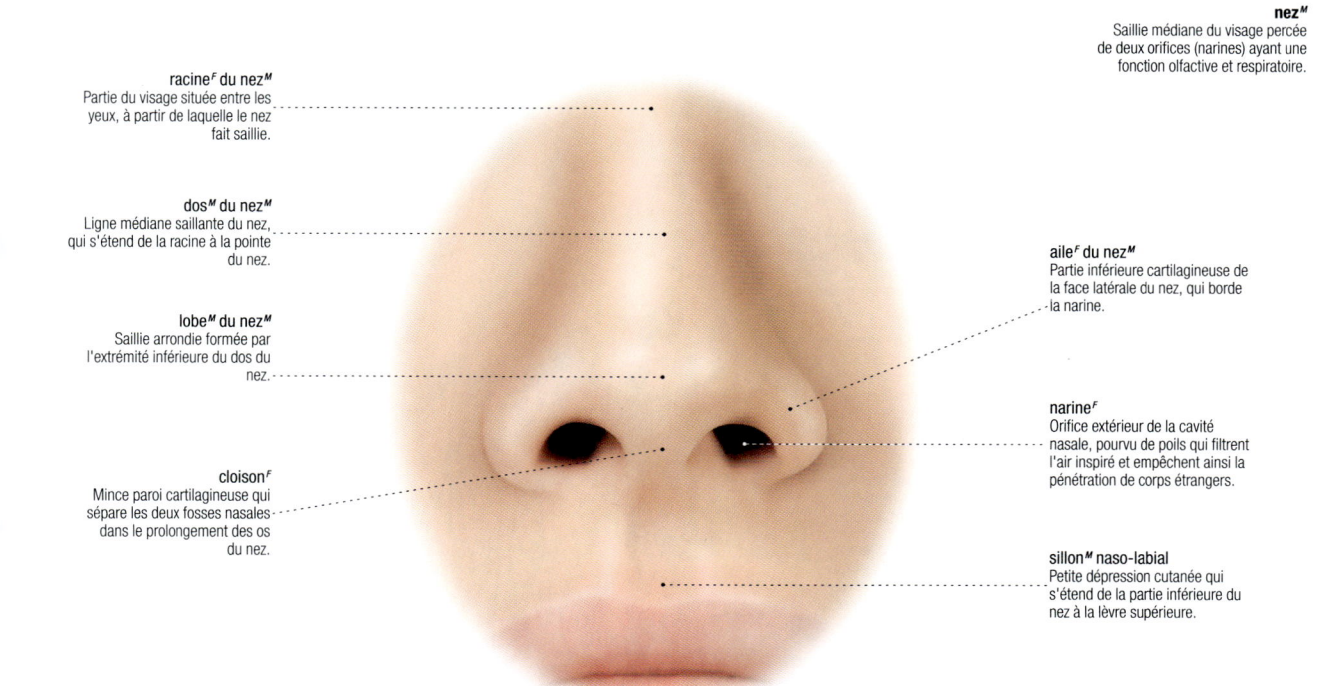

palais^M dur
Séparation osseuse entre les cavités buccale et nasale, prolongée par le palais mou.

palais^M mou
Paroi musculaire et membraneuse séparant le pharynx et la cavité buccale; il intervient notamment dans l'ingestion des aliments et la phonation.

arc^M palatoglosse
Repli musculaire du bord postérieur du palais mou.

amygdale^F
Structure lymphoïde (riche en globules blancs) qui contribue à la protection des voies respiratoires en luttant contre les infections bactériennes.

luette^F
Appendice charnu mobile prolongeant le bord postérieur du palais mou, qui intervient dans l'ingestion d'aliments et la phonation.

arcade^F dentaire inférieure
Arc formé par l'ensemble des dents de la mandibule.

lèvre^F supérieure
Repli musculaire mobile formant le contour supérieur de la bouche. Les lèvres contribuent notamment à la protection des dents et à la phonation.

bouche^F
Cavité antérieure de l'appareil digestif qui permet l'ingestion d'aliments; elle intervient également dans la gustation, la respiration et la phonation.

arcade^F dentaire supérieure
Arc formé par l'ensemble des dents du maxillaire.

isthme^M du gosier^M
Orifice par lequel la bouche communique avec le pharynx (carrefour des voies respiratoires et digestives), qui permet aux aliments de se rendre à l'œsophage.

commissure^F labiale
Chacun des deux points de jonction des lèvres supérieure et inférieure.

langue^F
Structure musculaire mobile de la cavité buccale, intervenant dans la gustation, la mastication, l'ingestion alimentaire et la phonation.

lèvre^F inférieure
Repli musculaire mobile formant le contour inférieur de la bouche.

gencive^F
Partie épaisse de la muqueuse buccale riche en vaisseaux et en nerfs, recouvrant le bord de l'alvéole dentaire et adhérant au collet.

ÊTRE HUMAIN

racine^F du nez^M
Partie du visage située entre les yeux, à partir de laquelle le nez fait saillie.

dos^M du nez^M
Ligne médiane saillante du nez, qui s'étend de la racine à la pointe du nez.

lobe^M du nez^M
Saillie arrondie formée par l'extrémité inférieure du dos du nez.

cloison^F
Mince paroi cartilagineuse qui sépare les deux fosses nasales dans le prolongement des os du nez.

nez^M
Saillie médiane du visage percée de deux orifices (narines) ayant une fonction olfactive et respiratoire.

aile^F du nez^M
Partie inférieure cartilagineuse de la face latérale du nez, qui borde la narine.

narine^F
Orifice extérieur de la cavité nasale, pourvu de poils qui filtrent l'air inspiré et empêchent ainsi la pénétration de corps étrangers.

sillon^M naso-labial
Petite dépression cutanée qui s'étend de la partie inférieure du nez à la lèvre supérieure.

231

odorat^M et goût^M

fosses^F nasales
Chacune des deux cavités séparées par une cloison (septum) médiane, qui contribuent à l'olfaction, à la respiration et à la phonation.

sinus^M frontal
Cavité creusée dans l'os frontal du crâne, qui communique avec les fosses nasales et réchauffe l'air inspiré.

os^M nasal
Petit os plat constituant le squelette de la racine du nez. Les deux os propres du nez se joignent le long de l'arête du nez.

cornet^M inférieur
Lame osseuse recourbée fixée à la paroi latérale des fosses nasales.

cartilage^M
Tissu élastique, lisse et résistant recouvrant l'extrémité d'un os à l'endroit où il s'articule avec un autre os; il facilite le mouvement et amortit les chocs.

maxillaire^M
Os denté constituant la mâchoire supérieure. Le maxillaire contribue notamment à la formation du palais.

cornet^M moyen
Lame osseuse recourbée; les cornets réchauffent notamment l'air inspiré en augmentant la surface de la muqueuse.

muqueuse^F olfactive
Tissu tapissant une partie des fosses nasales et contenant les cellules olfactives, qui détectent des odeurs et déclenchent des impulsions nerveuses.

sinus^M sphénoïdal
Cavité creusée dans l'os sphénoïde du crâne, qui communique avec les fosses nasales et réchauffe l'air inspiré.

cornet^M supérieur
Lame osseuse recourbée qui contribue à l'olfaction en amenant l'air inspiré au contact de la muqueuse olfactive.

trompe^F d'Eustache
Conduit reliant l'oreille moyenne au rhinopharynx, qui permet le passage de l'air extérieur et équilibre ainsi la pression de l'air de chaque côté du tympan.

rhinopharynx^M
Partie supérieure du pharynx, qui communique avec les fosses nasales.

palais^M mou
Paroi musculaire et membraneuse séparant le pharynx et la cavité buccale; il intervient notamment dans l'ingestion des aliments et la phonation.

luette^F
Appendice charnu mobile prolongeant le bord postérieur du palais mou, qui intervient dans l'ingestion d'aliments et la phonation.

palais^M dur
Séparation osseuse entre les cavités buccale et nasale, prolongée par le palais mou.

langue^F
Structure musculaire mobile de la cavité buccale, intervenant dans la gustation, la mastication, l'ingestion alimentaire et la phonation.

bulbe^M olfactif
Structure nerveuse où aboutissent les fibres du nerf olfactif, qui reçoit puis transmet les impulsions nerveuses de la muqueuse.

lame^F criblée de l'ethmoïde^M
Lame osseuse constituant la voûte des fosses nasales, dont les orifices permettent le passage des fibres du nerf olfactif entre la muqueuse et le bulbe.

nerf^M olfactif
Faisceau de cellules nerveuses formé par les axones des cellules olfactives de la muqueuse qui transmettent les impulsions nerveuses au bulbe.

cellule^F olfactive
Chacun des neurones sensitifs constituant les récepteurs sensoriels de l'olfaction; leurs axones s'assemblent pour former les nerfs olfactifs.

molécule^F odorante
Substance chimique volatile véhiculée par l'air et provoquant les odeurs.

épithélium^M olfactif
Tissu tapissant une partie des fosses nasales contenant les cellules olfactives, qui détectent des odeurs et déclenchent des impulsions nerveuses.

air^M inspiré

organes des sens

odorat^M et goût^M

langue^F : vue^F supérieure
Langue : structure musculaire mobile de la cavité buccale, intervenant dans la gustation, la mastication, l'ingestion alimentaire et la phonation.

épiglotte^F
Lame cartilagineuse mobile qui assure la fermeture du larynx lors de l'ingestion d'aliments afin d'éviter qu'ils ne passent dans les voies respiratoires.

amygdale^F linguale
Structure lymphoïde (riche en globules blancs) située à la base de la langue, qui contribue à la défense immunitaire.

base^F
Partie par laquelle la langue est fixée à mâchoire inférieure et à l'os hyoïde du crâne. Elle est aussi reliée, de chaque côté, aux parois du pharynx.

amygdale^F palatine
Structure lymphoïde (riche en globules blancs) située de chaque côté de la base de la langue, qui protège les voies respiratoires en luttant contre les bactéries.

foramen^M cæcum^M
Petite dépression située à la base de la langue, au sommet du sillon terminal.

sillon^M terminal
Dépression en forme de « V » inversé qui sépare la base du corps de la langue, dont le sommet est le foramen cæcum.

papille^F caliciforme
Chacune des papilles volumineuses (environ 10) formant le « V » lingual à l'arrière du corps de la langue, qui assurent une fonction gustative : elles perçoivent surtout l'amer.

corps^M
Partie libre mobile de la langue, qui se compose essentiellement de muscles recouverts d'une muqueuse et qui porte les papilles gustatives.

sillon^M médian
Dépression qui s'étend sur toute la longueur du corps de la langue et qui la sépare en deux moitiés symétriques.

apex^M
Extrémité mobile de la langue, qui permet surtout de percevoir les saveurs sucrées.

récepteurs^M du goût^M
La muqueuse de la langue est composée de petites saillies, les papilles linguales, qu'on distingue selon qu'elles sont particulièrement sensibles à une saveur de base : sucré, salé, acide, amer.

ÊTRE HUMAIN

papille^F filiforme
Papille conique recouvrant la face dorsale de la langue, dont la fonction est uniquement tactile. Ces papilles confèrent un aspect velouté à la langue.

papille^F fongiforme
Papille en forme de champignon abondant à l'apex et sur les côtés de la langue, qui assure une fonction gustative : elle réagit surtout au sucré et au salé.

papille^F caliciforme
Chacune des papilles volumineuses (environ 10) formant le « V » lingual à l'arrière du corps de la langue, qui assurent une fonction gustative : elles perçoivent surtout l'amer.

bourgeon^M gustatif
Organe du goût formé de cellules sensorielles qui, au contact de la salive, détectent les saveurs et les transmettent au cerveau sous la forme d'influx nerveux.

sillon^M
Dépression remplie de salive qui délimite les papilles linguales.

fibre^F nerveuse
Structure formée par la gaine de myéline et l'axone, le long de laquelle sont véhiculées les informations sensorielles.

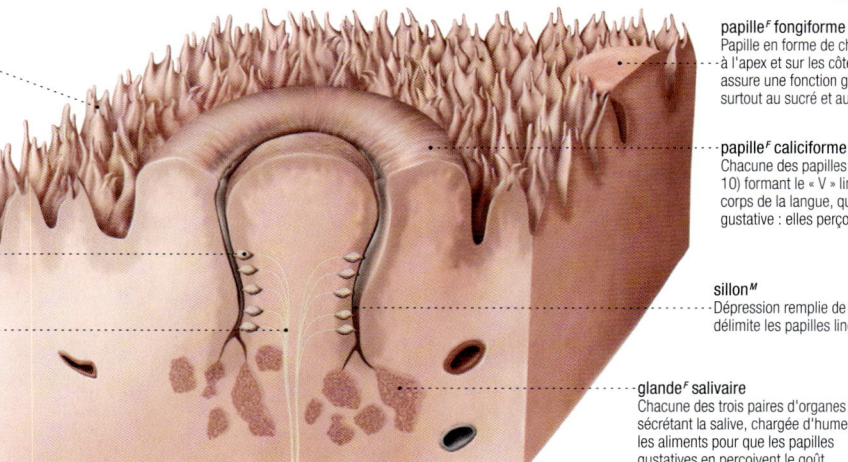

glande^F salivaire
Chacune des trois paires d'organes sécrétant la salive, chargée d'humecter les aliments pour que les papilles gustatives en perçoivent le goût.

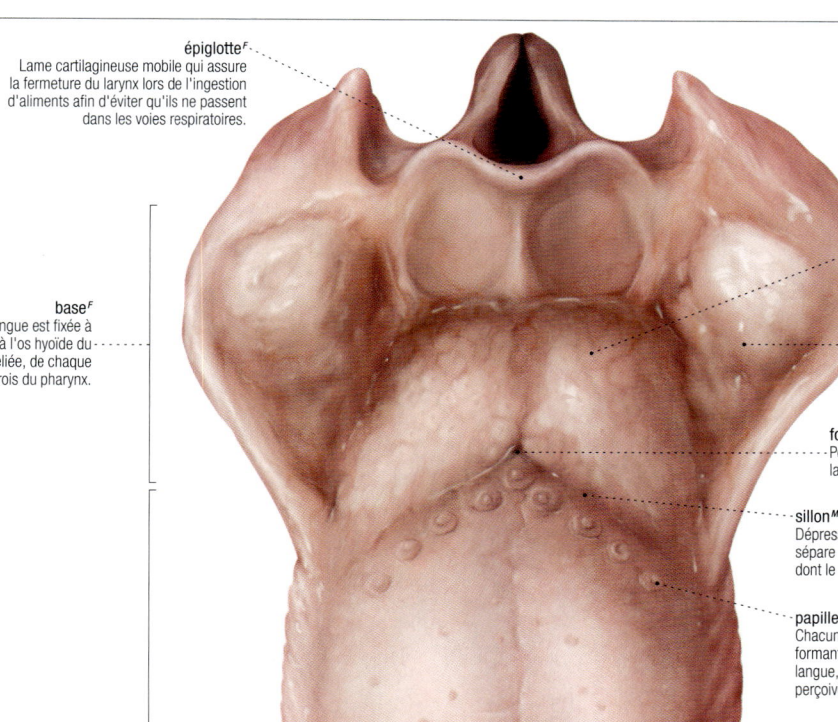

organes des sens

ouïe[F]

Sens qui assure la perception des sons et le maintien de l'équilibre. L'oreille humaine est capable de distinguer près de 400 000 sons.

pavillon[M]
Partie externe souple et cartilagineuse de l'oreille, située latéralement sur la tête, permettant de capter les sons.

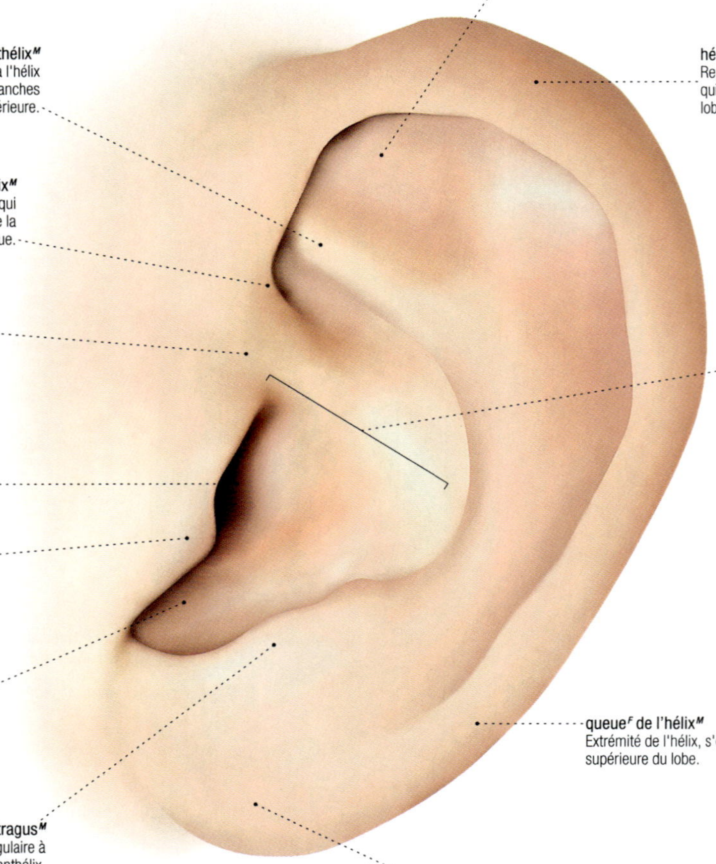

fossette[F] de l'anthélix[M]
Petite dépression située entre les deux branches de l'hélix dans sa partie supérieure.

anthélix[M]
Saillie parallèle et interne à l'hélix qui se divise en deux branches dans sa partie supérieure.

hélix[M]
Repli saillant du pavillon de l'oreille, qui s'étend de la conque jusqu'au lobe.

racine[F] de l'hélix[M]
Partie antérieure de l'hélix, qui prend naissance à la base de la conque.

sillon[M] antérieur
Dépression profonde qui sépare l'hélix du tragus.

conque[F]
Cavité profonde du pavillon de l'oreille, au-dessus de l'antitragus, dans laquelle s'ouvre l'orifice du méat auditif externe.

méat[M] auditif externe
Canal par lequel les sons captés par le pavillon de l'oreille parviennent à la cavité du tympan, creusée dans le temporal.

tragus[M]
Saillie aplatie et triangulaire située devant l'orifice du méat auditif externe, qui permet notamment de protéger la conque.

échancrure[F] de la conque[F]
Dépression profonde à la base de l'orifice du méat auditif externe, entre l'antitragus et le tragus.

queue[F] de l'hélix[M]
Extrémité de l'hélix, s'étendant jusqu'à la partie supérieure du lobe.

antitragus[M]
Petite saillie triangulaire à l'extrémité inférieure de l'anthélix.

lobe[M]
Prolongement charnu de la partie inférieure du pavillon. Il ne contribue pas à l'audition.

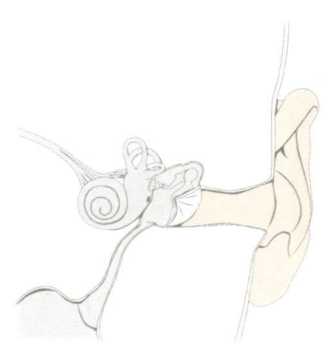

ÊTRE HUMAIN

oreille[F] externe
Partie visible de l'oreille qui permet de capter les sons et de les diriger vers l'oreille moyenne par le méat auditif externe.

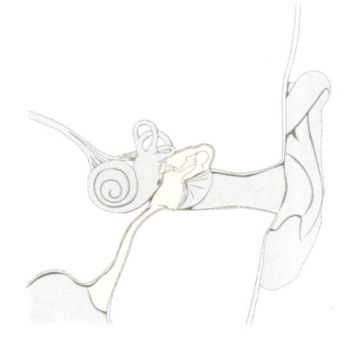

oreille[F] moyenne
Cavité remplie d'air creusée dans l'os temporal, qui reçoit les sons de l'oreille externe, les amplifie grâce aux osselets et les transmet à l'oreille interne.

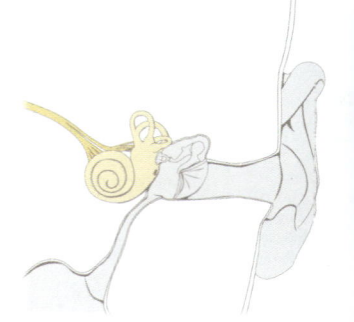

oreille[F] interne
Cavité contenant un liquide, creusée dans l'os temporal, qui transforme les vibrations sonores en influx nerveux qui seront interprétés par le cerveau.

organes des sens

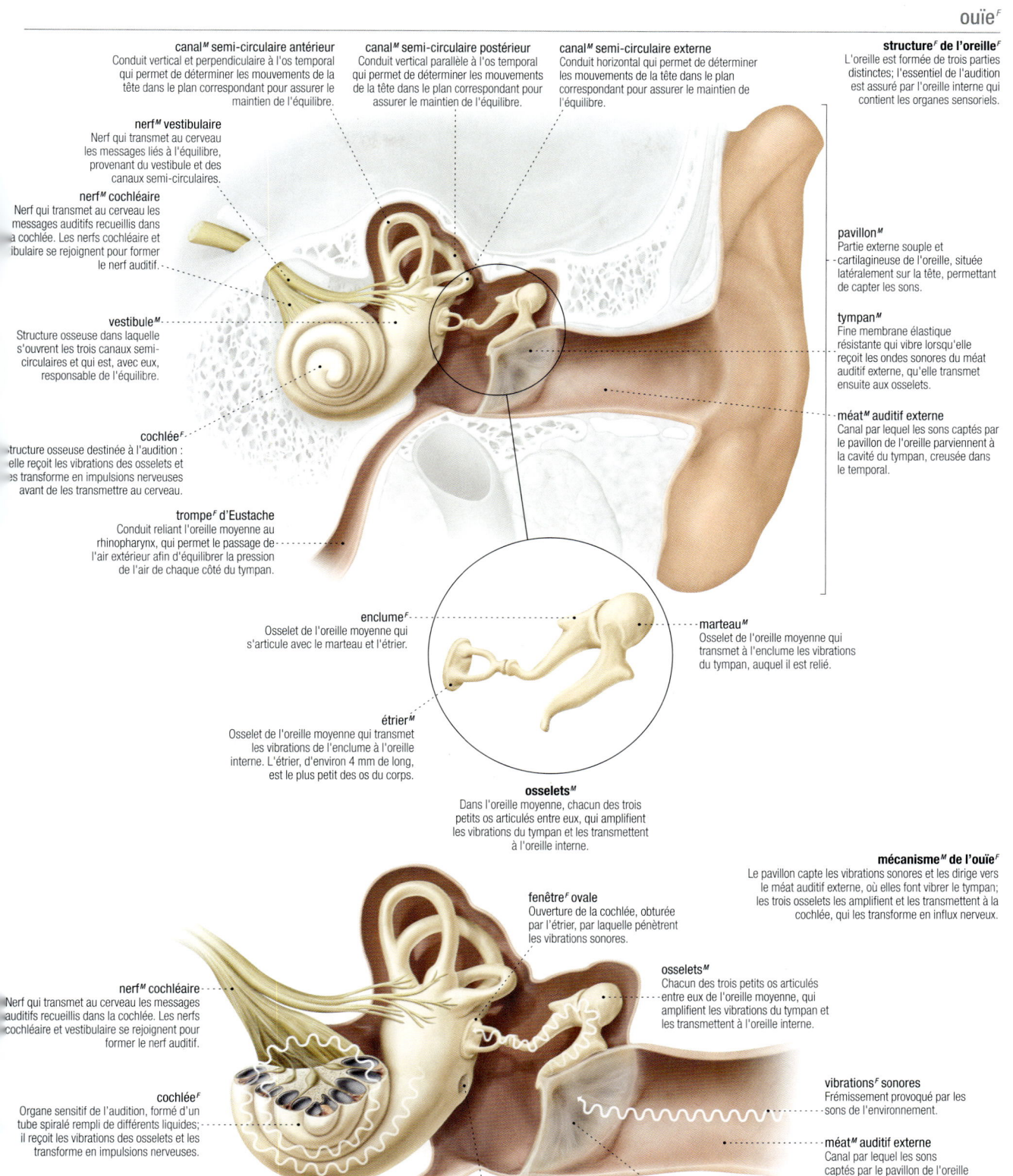

ouïe

structure de l'oreille
L'oreille est formée de trois parties distinctes; l'essentiel de l'audition est assuré par l'oreille interne qui contient les organes sensoriels.

canal semi-circulaire antérieur
Conduit vertical et perpendiculaire à l'os temporal qui permet de déterminer les mouvements de la tête dans le plan correspondant pour assurer le maintien de l'équilibre.

canal semi-circulaire postérieur
Conduit vertical parallèle à l'os temporal qui permet de déterminer les mouvements de la tête dans le plan correspondant pour assurer le maintien de l'équilibre.

canal semi-circulaire externe
Conduit horizontal qui permet de déterminer les mouvements de la tête dans le plan correspondant pour assurer le maintien de l'équilibre.

nerf vestibulaire
Nerf qui transmet au cerveau les messages liés à l'équilibre, provenant du vestibule et des canaux semi-circulaires.

nerf cochléaire
Nerf qui transmet au cerveau les messages auditifs recueillis dans la cochlée. Les nerfs cochléaire et vestibulaire se rejoignent pour former le nerf auditif.

vestibule
Structure osseuse dans laquelle s'ouvrent les trois canaux semi-circulaires et qui est, avec eux, responsable de l'équilibre.

cochlée
Structure osseuse destinée à l'audition : elle reçoit les vibrations des osselets et les transforme en impulsions nerveuses avant de les transmettre au cerveau.

trompe d'Eustache
Conduit reliant l'oreille moyenne au rhinopharynx, qui permet le passage de l'air extérieur afin d'équilibrer la pression de l'air de chaque côté du tympan.

pavillon
Partie externe souple et cartilagineuse de l'oreille, située latéralement sur la tête, permettant de capter les sons.

tympan
Fine membrane élastique résistante qui vibre lorsqu'elle reçoit les ondes sonores du méat auditif externe, qu'elle transmet ensuite aux osselets.

méat auditif externe
Canal par lequel les sons captés par le pavillon de l'oreille parviennent à la cavité du tympan, creusée dans le temporal.

enclume
Osselet de l'oreille moyenne qui s'articule avec le marteau et l'étrier.

marteau
Osselet de l'oreille moyenne qui transmet à l'enclume les vibrations du tympan, auquel il est relié.

étrier
Osselet de l'oreille moyenne qui transmet les vibrations de l'enclume à l'oreille interne. L'étrier, d'environ 4 mm de long, est le plus petit des os du corps.

osselets
Dans l'oreille moyenne, chacun des trois petits os articulés entre eux, qui amplifient les vibrations du tympan et les transmettent à l'oreille interne.

mécanisme de l'ouïe
Le pavillon capte les vibrations sonores et les dirige vers le méat auditif externe, où elles font vibrer le tympan; les trois osselets les amplifient et les transmettent à la cochlée, qui les transforme en influx nerveux.

nerf cochléaire
Nerf qui transmet au cerveau les messages auditifs recueillis dans la cochlée. Les nerfs cochléaire et vestibulaire se rejoignent pour former le nerf auditif.

cochlée
Organe sensitif de l'audition, formé d'un tube spiralé rempli de différents liquides; il reçoit les vibrations des osselets et les transforme en impulsions nerveuses.

fenêtre ovale
Ouverture de la cochlée, obturée par l'étrier, par laquelle pénètrent les vibrations sonores.

osselets
Chacun des trois petits os articulés entre eux de l'oreille moyenne, qui amplifient les vibrations du tympan et les transmettent à l'oreille interne.

vibrations sonores
Frémissement provoqué par les sons de l'environnement.

fenêtre ronde
Orifice par lequel les vibrations sonores sortent de la cochlée.

tympan
Fine membrane élastique résistante qui vibre lorsqu'elle reçoit les ondes sonores du méat auditif externe, qu'elle transmet ensuite aux osselets.

méat auditif externe
Canal par lequel les sons captés par le pavillon de l'oreille parviennent à la cavité du tympan, creusée dans le temporal.

ÊTRE HUMAIN

organes des sens

toucherᴹ
Sens qui permet à la peau de percevoir des sensations (contact, chaleur, douleur, etc.) grâce à des récepteurs spécialisés diversement répartis à la surface du corps.

peauᶠ
Enveloppe externe protectrice du corps, composée de trois couches principales : l'épiderme, le derme et l'hypoderme.

cuticuleᶠ
Couche externe du poil, constituée de cellules riches en kératine qui se chevauchent comme les tuiles d'un toit.

tigeᶠ du poilᴹ
Partie externe du poil à l'extrémité effilée.

coucheᶠ cornée
Couche de l'épiderme constituée de cellules mortes riches en kératine (protéine protégeant la peau), éliminées au fur et à mesure de son renouvellement.

coucheᶠ granuleuse
Couche de l'épiderme dont les cellules contribuent à l'élaboration de la kératine, qui imperméabilise la peau.

coucheᶠ épineuse
Couche de l'épiderme constituée des cellules provenant de la couche basale et qui continuent à se diviser pour former la couche granuleuse.

coucheᶠ basale
Couche profonde de l'épiderme dont les cellules se divisent et migrent vers la surface pour former les couches supérieures, assurant ainsi le renouvellement de l'épiderme.

sébumᴹ
Substance grasse et jaunâtre, produite par les glandes sébacées, qui lubrifie la peau et participe à sa protection.

glandeᶠ sébacée
Glande exocrine, souvent associée à un follicule pileux, excrétant du sébum à la surface de la peau.

corpusculeᴹ de Ruffini
Récepteur tactile situé dans le derme des régions pileuses et dans les capsules articulaires, sensible aux pressions fortes et continues et à la chaleur.

racineᶠ du poilᴹ
Partie du poil contenue dans la peau.

bulbeᴹ
Extrémité renflée du follicule à partir de laquelle se développe le poil.

squameᶠ
Petit fragment d'épiderme constitué de cellules mortes, qui détache de la couche cornée.

épidermeᴹ
Couche superficielle de la peau qui recouvre et protège le derme. Elle contient des protéines qui imperméabilisent la peau et bloquent les rayons ultraviolets.

corpusculeᴹ de Meissner
Récepteur tactile situé dans la partie supérieure du derme de la peau des régions sensibles (mains, pieds, lèvres et organes génitaux), sensible au contact léger.

dermeᴹ
Couche intermédiaire de la peau, renfermant des récepteurs tactiles et assurant la nutrition et le soutien de l'épiderme.

bulbeᴹ de Krause
Récepteur tactile situé dans le derme, sensible au toucher précis et au froid.

hypodermeᴹ
Couche profonde de la peau, richement innervée et vascularisée, qui permet notamment d'amortir les chocs.

tissuᴹ conjonctif
Tissu richement innervé et vascularisé, notamment constitué de fibres de collagène et d'élastine qui confèrent à la peau son élasticité et sa résistance.

muscleᴹ arrecteur
Muscle relié à un follicule pileux dont la contraction redresse le poil sous l'effet du froid ou de la peur.

tissuᴹ adipeux
Tissu renfermant de nombreuses cellules de graisse, qui assure l'isolation thermique de l'organisme et sert de réserve d'énergie.

folliculeᴹ pileux
Enveloppe dans laquelle le poil se développe, à l'intérieur du derme.

corpusculeᴹ de Pacini
Récepteur tactile situé dans le derme profond, sensible aux vibrations et aux pressions fortes et continues.

fibreᶠ nerveuse
Structure formée par la gaine de myéline et l'axone du neurone, le long de laquelle sont véhiculées les informations sensorielles.

ÊTRE HUMAIN

organes des sens

toucher^M

main^F
Extrémité du membre supérieur ayant une fonction tactile et préhensile, le pouce étant opposable aux autres doigts.

paume^F
Partie interne de la main correspondant au métacarpe, entre le poignet et les phalanges proximales des doigts.

majeur^M
Troisième et plus long doigt de la main, d'où son nom.

annulaire^M
Quatrième doigt de la main. On y glisse bagues et anneaux, d'où son nom.

index^M
Deuxième doigt de la main, il sert à montrer, d'où son nom.

auriculaire^M
Dernier et plus petit doigt de la main.

pouce^M
Premier doigt de la main, court et robuste, formé de deux phalanges, mobile pour s'opposer aux autres doigts et ainsi permettre la préhension.

lunule^F
Partie blanchâtre entre la racine et le corps de l'ongle qui correspond à la partie antérieure visible de la matrice.

doigt^M
Prolongement de la main formé de différents os articulés (phalanges), dont l'extrémité est recouverte par un ongle.

ongle^M
Lame dure et cornée qui recouvre et protège le dos de la phalange distale. Il a également une fonction préhensile et croît continuellement.

dos^M
Partie extérieure de la main correspondant au métacarpe, entre le poignet et les phalanges proximales des doigts.

poignet^M
Articulation de la main (carpe) avec l'avant-bras (radius).

ÊTRE HUMAIN

coupe^F d'un doigt^M
Doigt : prolongement de la main formé de différents os articulés (phalanges), dont l'extrémité est recouverte par un ongle.

racine^F de l'ongle^M
Base de l'ongle, implantée dans la matrice et protégée par un repli de peau (cuticule).

lunule^F
Partie blanchâtre entre la racine et le corps de l'ongle qui correspond à la partie antérieure visible de la matrice.

corps^M de l'ongle^M
Partie centrale rosée de l'ongle qui adhère au lit.

bord^M libre
Extrémité blanchâtre de l'ongle qui excède le bout du doigt.

matrice^F de l'ongle^M
Partie de l'épiderme à partir de laquelle croît l'ongle.

lit^M de l'ongle^M
Partie du doigt sur laquelle repose l'ongle, qui contient de nombreux vaisseaux sanguins et assure ainsi sa nutrition.

phalange^F distale
Dernière phalange du doigt, portant l'ongle.

hypoderme^M
Couche profonde de la peau, richement innervée et vascularisée, qui permet notamment d'amortir les chocs.

derme^M
Couche intermédiaire de la peau renfermant des récepteurs tactiles et assurant la nutrition et le soutien de l'épiderme.

épiderme^M
Couche superficielle de la peau qui recouvre et protège le derme. Elle contient des protéines qui imperméabilisent la peau et bloquent les rayons ultraviolets.

pulpe^F
Extrémité charnue de la face interne du doigt.

vue[F]

Sens par lequel les stimulations lumineuses perçues par les yeux sont interprétées en perceptions conscientes de la couleur, de la forme, de la distance et de la vitesse des objets.

œil[M]
Organe de la vision servant à percevoir les formes, les distances, les couleurs et les mouvements.

paupière[F] supérieure
Fine membrane musculaire mobile qui descend du bord supérieur de l'œil. Les paupières protègent l'œil, répartissent les larmes et évacuent les déchets.

cil[M]
Chacun des poils du bord libre de la paupière, empêchant les poussières et autres particules de se déposer sur l'œil.

pupille[F]
Orifice central de l'œil, dont l'ouverture varie pour régler la quantité de lumière qui entre dans l'œil. La pupille se contracte sous l'effet de la lumière.

caroncule[F] lacrymale
Petite masse rougeâtre située à l'angle interne de l'œil et formée par un repli de la conjonctive.

iris[M]
Partie centrale colorée du globe oculaire composée de muscles, dont la dilatation ou la contraction déterminent l'ouverture de la pupille.

paupière[F] inférieure
Mince membrane musculaire translucide et mobile, se soulevant à partir du bord inférieur de l'œil pour le protéger et le nettoyer.

sclérotique[F]
Membrane opaque, fibreuse et résistante, recouverte par la conjonctive, qui enveloppe le globe oculaire et assure la protection de ses structures internes.

globe[M] oculaire
Contenu dans une cavité osseuse (orbite) et mû par six muscles, cet organe complexe capte les signaux lumineux et les transmet au cerveau pour former des images.

muscle[M] droit supérieur
Muscle qui permet le mouvement du globe oculaire vers le haut.

choroïde[F]
Membrane richement vascularisée située entre la sclérotique et la rétine, à laquelle elle apporte des substances nutritives et de l'oxygène.

chambre[F] postérieure
Cavité de l'œil qui entoure le cristallin et qui contient l'humeur aqueuse.

sclérotique[F]
Membrane opaque, fibreuse et résistante, recouverte par la conjonctive, qui enveloppe le globe oculaire et assure la protection de ses structures internes.

chambre[F] antérieure
Cavité de l'œil comprise entre la cornée, l'iris et le cristallin, qui contient l'humeur aqueuse.

macula[F]
Petite zone située au centre de la rétine, à proximité de la papille, où l'acuité visuelle est la meilleure.

cornée[F]
Membrane fibreuse transparente qui prolonge la sclérotique et dont la forme courbe lui permet de faire converger les rayons lumineux vers l'intérieur de l'œil.

nerf[M] optique
Nerf formé par la réunion de fibres nerveuses de la rétine, qui acheminent les informations visuelles vers le cerveau, où elles seront interprétées.

cristallin[M]
Disque fibreux, flexible et transparent situé derrière l'iris, qui agit comme une lentille de forme variable déviant les rayons lumineux.

papille[F]
Région de la rétine dépourvue de photorécepteurs, où se rassemblent les vaisseaux sanguins et les fibres nerveuses composant le nerf optique.

pupille[F]
Orifice central de l'œil, dont l'ouverture varie pour régler la quantité de lumière qui entre dans l'œil. La pupille se contracte sous l'effet de la lumière.

corps[M] vitré
Masse gélatineuse transparente (environ 90 % du volume de l'œil) qui permet de maintenir une pression intraoculaire constante afin que l'œil garde sa forme.

humeur[F] aqueuse
Liquide transparent contenu dans les chambres antérieure et postérieure, qui permet de nourrir l'iris et de maintenir la pression et la forme de l'œil.

rétine[F]
Membrane interne du fond de l'œil, tapissée de cellules nerveuses sensibles à la lumière (photorécepteurs) qui transforment celle-ci en impulsion électrique qu'elle achemine au nerf optique.

iris[M]
Partie centrale colorée du globe oculaire composée de muscles, dont la dilatation ou la contraction déterminent l'ouverture de la pupille.

ligament[M] suspenseur
Tissu fibreux reliant le corps ciliaire au cristallin, qu'il maintient en place à l'intérieur du globe oculaire.

bâtonnet[M]
Photorécepteur qui agit en lumière faible et est responsable de la vision nocturne (en noir et blanc).

conjonctive[F]
Fine muqueuse transparente qui recouvre la sclérotique et la face interne de la paupière, et facilite leur glissement, d'où la grande mobilité du globe oculaire.

corps[M] ciliaire
Tissu musculaire qui sécrète l'humeur aqueuse et dont les muscles permettent de modifier la forme du cristallin pour adapter de près ou de loin la vision.

cône[M]
Photorécepteur qui agit en pleine lumière et est responsable de la perception des couleurs particulières. Il en existe trois types : rouge-jaune; vert; bleu-violet.

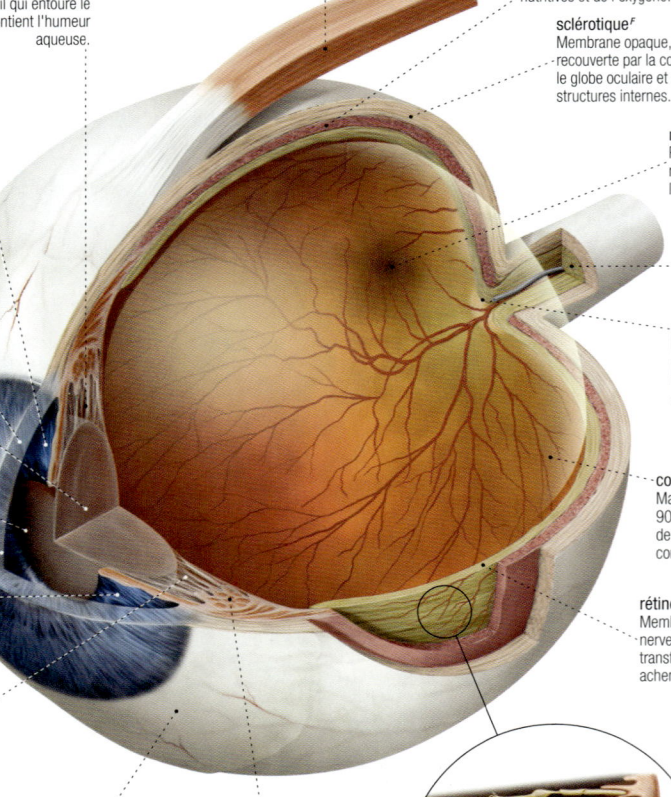

organes des sens

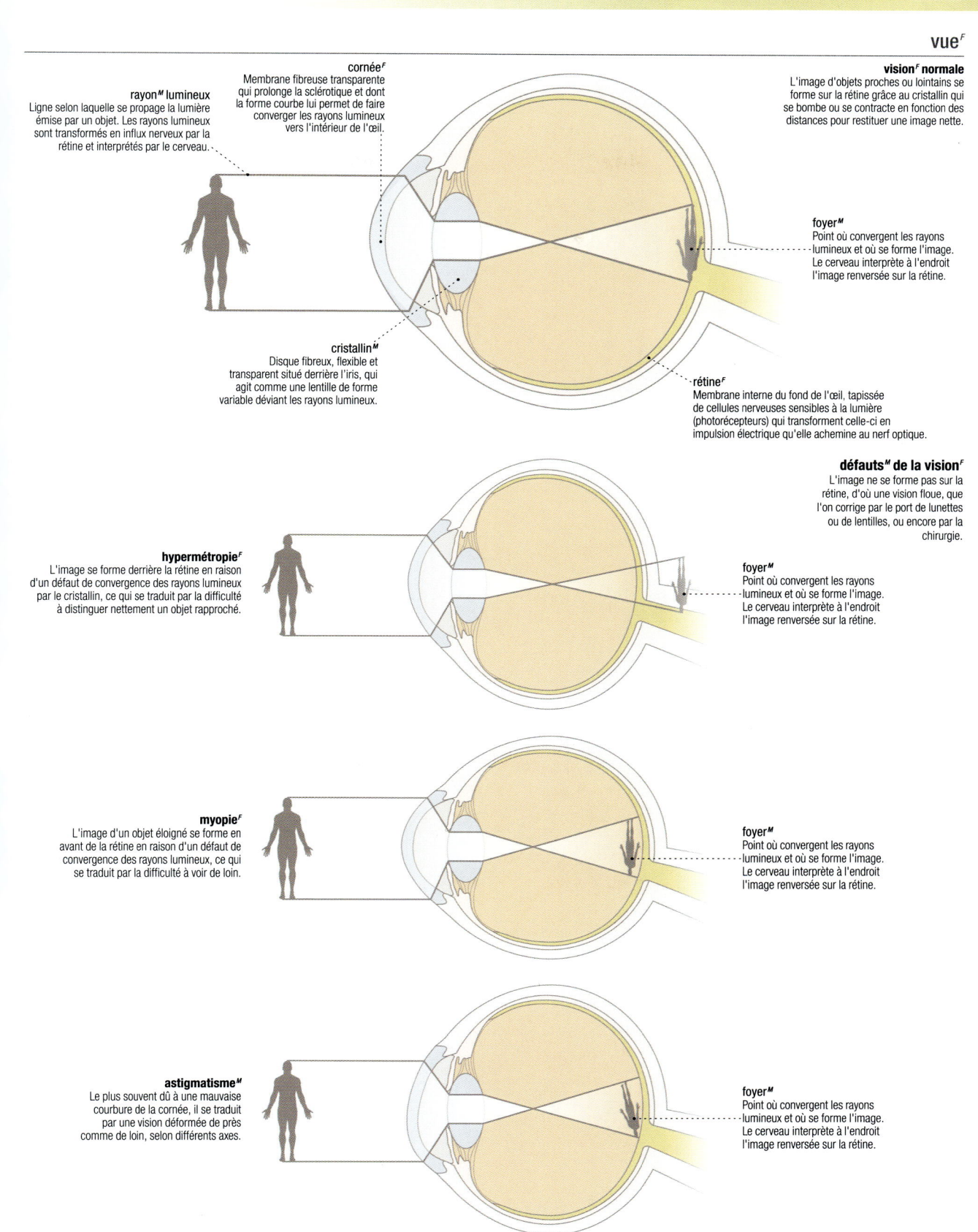

vue^F

rayon^M lumineux
Ligne selon laquelle se propage la lumière émise par un objet. Les rayons lumineux sont transformés en influx nerveux par la rétine et interprétés par le cerveau.

cornée^F
Membrane fibreuse transparente qui prolonge la sclérotique et dont la forme courbe lui permet de faire converger les rayons lumineux vers l'intérieur de l'œil.

vision^F normale
L'image d'objets proches ou lointains se forme sur la rétine grâce au cristallin qui se bombe ou se contracte en fonction des distances pour restituer une image nette.

foyer^M
Point où convergent les rayons lumineux et où se forme l'image. Le cerveau interprète à l'endroit l'image renversée sur la rétine.

cristallin^M
Disque fibreux, flexible et transparent situé derrière l'iris, qui agit comme une lentille de forme variable déviant les rayons lumineux.

rétine^F
Membrane interne du fond de l'œil, tapissée de cellules nerveuses sensibles à la lumière (photorécepteurs) qui transforment celle-ci en impulsion électrique qu'elle achemine au nerf optique.

défauts^M de la vision^F
L'image ne se forme pas sur la rétine, d'où une vision floue, que l'on corrige par le port de lunettes ou de lentilles, ou encore par la chirurgie.

hypermétropie^F
L'image se forme derrière la rétine en raison d'un défaut de convergence des rayons lumineux par le cristallin, ce qui se traduit par la difficulté à distinguer nettement un objet rapproché.

foyer^M
Point où convergent les rayons lumineux et où se forme l'image. Le cerveau interprète à l'endroit l'image renversée sur la rétine.

myopie^F
L'image d'un objet éloigné se forme en avant de la rétine en raison d'un défaut de convergence des rayons lumineux, ce qui se traduit par la difficulté à voir de loin.

foyer^M
Point où convergent les rayons lumineux et où se forme l'image. Le cerveau interprète à l'endroit l'image renversée sur la rétine.

astigmatisme^M
Le plus souvent dû à une mauvaise courbure de la cornée, il se traduit par une vision déformée de près comme de loin, selon différents axes.

foyer^M
Point où convergent les rayons lumineux et où se forme l'image. Le cerveau interprète à l'endroit l'image renversée sur la rétine.

ÊTRE HUMAIN

ALIMENTATION ET CUISINE

APPROVISIONNEMENT   242

Les aliments consommés par l'humain proviennent principalement de la culture, de l'élevage, de la chasse et de la pêche.

ALIMENTS D'ORIGINE VÉGÉTALE   244

Aliments issus des végétaux. Ils comprennent principalement les fruits, les légumes, les céréales et les fines herbes.

ALIMENTS D'ORIGINE ANIMALE   265

Aliments issus des animaux d'élevage, de la chasse et de la pêche.

ALIMENTS TRANSFORMÉS   277

Les aliments d'origine végétale et animale servent de base à la confection d'un grand nombre de produits, consommables tels quels ou avec peu de préparation.

COMMERCE DES ALIMENTS   288

Les aliments de base ou transformés sont vendus tels quels dans les marchés et supermachés, ou servis sous forme de repas dans les restaurants.

CUISINE   296

Pièce où l'on prépare les repas.

COUVERT   297

Ensemble des ustensiles de table, couteau, fourchette et cuiller, auxquels peuvent s'ajouter d'autres ustensiles selon la composition du menu.

ÉQUIPEMENT DE CUISINE   306

Ensemble des ustensiles et appareils servant à la préparation des plats cuisinés.

approvisionnement

origine^F des aliments^M

Les aliments peuvent être cueillis tels quels dans la nature, chassés ou pêchés; ils proviennent également des cultures à grande échelle ou des animaux d'élevage.

ALIMENTATION ET CUISINE

élevage^M
Action de garder en enclos, de nourrir et d'abattre des animaux en vue de consommer leur viande.

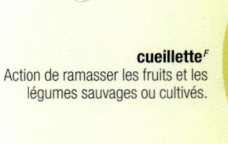

cueillette^F
Action de ramasser les fruits et les légumes sauvages ou cultivés.

chasse^F
Action de tuer les animaux sauvages en vue de consommer leur viande.

culture^F
Action de planter et de récolter les plantes fourragères ou potagères en vue de les consommer.

pêche^F
Action de ramasser à la ligne ou au filet les animaux de mer (poissons, mollusques, crustacés) en vue de les consommer.

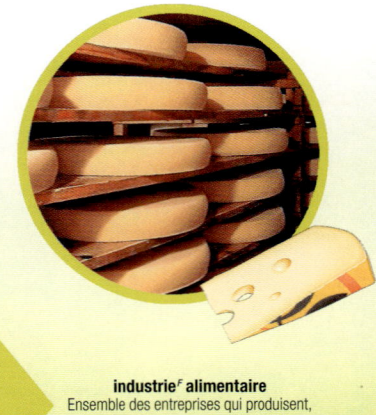

industrie^F alimentaire
Ensemble des entreprises qui produisent, transforment et commercialisent des produits alimentaires variés.

supermarché^M
Magasin de grande surface, en libre-service, où sont vendus des produits alimentaires ainsi que divers articles de consommation courante.

approvisionnement

ferme^F

Ensemble formé par les bâtiments d'habitation et d'exploitation d'un domaine agricole.

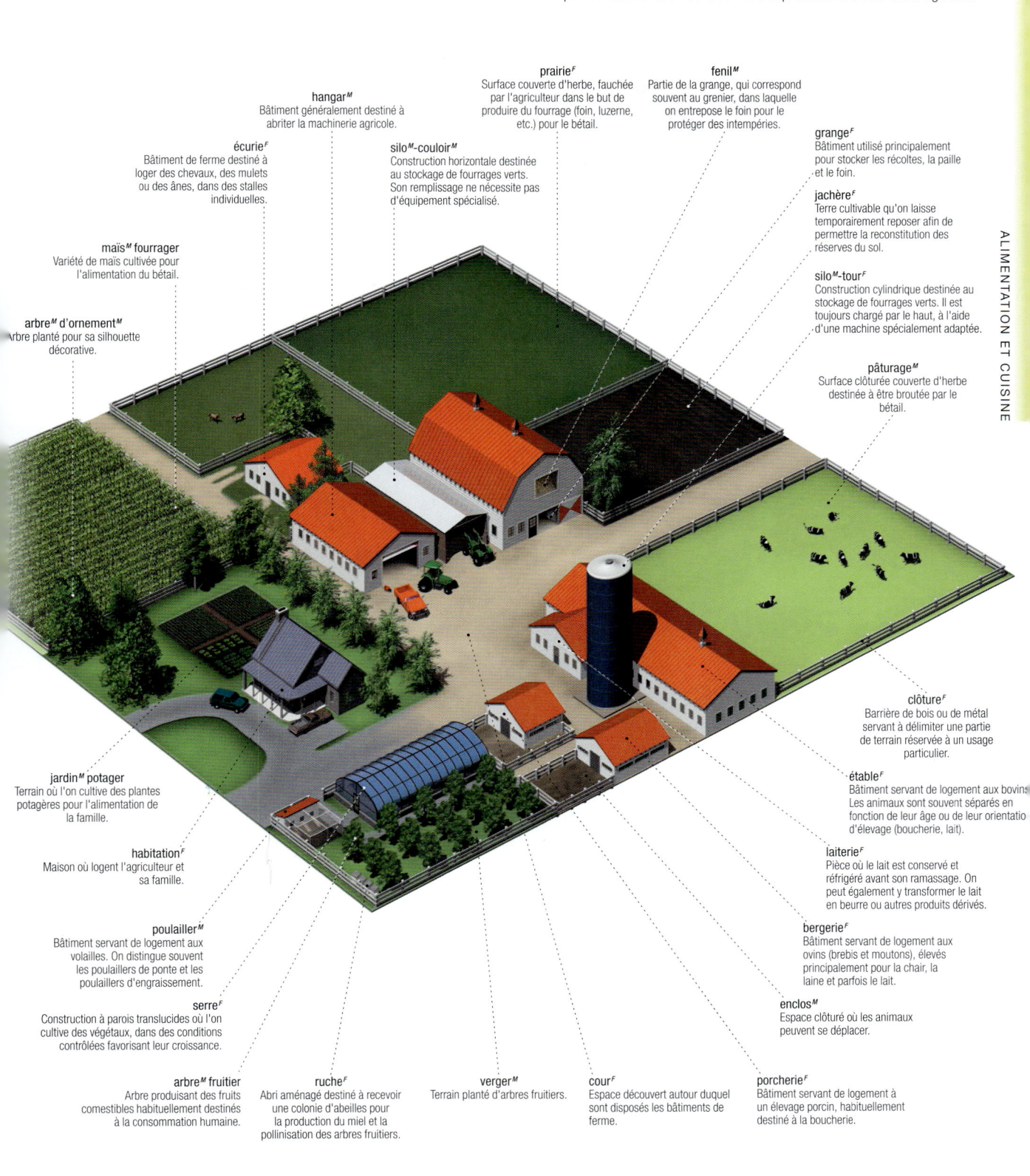

prairie^F
Surface couverte d'herbe, fauchée par l'agriculteur dans le but de produire du fourrage (foin, luzerne, etc.) pour le bétail.

hangar^M
Bâtiment généralement destiné à abriter la machinerie agricole.

fenil^M
Partie de la grange, qui correspond souvent au grenier, dans laquelle on entrepose le foin pour le protéger des intempéries.

écurie^F
Bâtiment de ferme destiné à loger des chevaux, des mulets ou des ânes, dans des stalles individuelles.

silo^M-couloir^M
Construction horizontale destinée au stockage de fourrages verts. Son remplissage ne nécessite pas d'équipement spécialisé.

grange^F
Bâtiment utilisé principalement pour stocker les récoltes, la paille et le foin.

jachère^F
Terre cultivable qu'on laisse temporairement reposer afin de permettre la reconstitution des réserves du sol.

maïs^M fourrager
Variété de maïs cultivée pour l'alimentation du bétail.

silo^M-tour^F
Construction cylindrique destinée au stockage de fourrages verts. Il est toujours chargé par le haut, à l'aide d'une machine spécialement adaptée.

arbre^M d'ornement^M
Arbre planté pour sa silhouette décorative.

pâturage^M
Surface clôturée couverte d'herbe destinée à être broutée par le bétail.

ALIMENTATION ET CUISINE

jardin^M potager
Terrain où l'on cultive des plantes potagères pour l'alimentation de la famille.

clôture^F
Barrière de bois ou de métal servant à délimiter une partie de terrain réservée à un usage particulier.

habitation^F
Maison où logent l'agriculteur et sa famille.

étable^F
Bâtiment servant de logement aux bovins. Les animaux sont souvent séparés en fonction de leur âge ou de leur orientation d'élevage (boucherie, lait).

poulailler^M
Bâtiment servant de logement aux volailles. On distingue souvent les poulaillers de ponte et les poulaillers d'engraissement.

laiterie^F
Pièce où le lait est conservé et réfrigéré avant son ramassage. On peut également y transformer le lait en beurre ou autres produits dérivés.

serre^F
Construction à parois translucides où l'on cultive des végétaux, dans des conditions contrôlées favorisant leur croissance.

bergerie^F
Bâtiment servant de logement aux ovins (brebis et moutons), élevés principalement pour la chair, la laine et parfois le lait.

enclos^M
Espace clôturé où les animaux peuvent se déplacer.

arbre^M fruitier
Arbre produisant des fruits comestibles habituellement destinés à la consommation humaine.

ruche^F
Abri aménagé destiné à recevoir une colonie d'abeilles pour la production du miel et la pollinisation des arbres fruitiers.

verger^M
Terrain planté d'arbres fruitiers.

cour^F
Espace découvert autour duquel sont disposés les bâtiments de ferme.

porcherie^F
Bâtiment servant de logement à un élevage porcin, habituellement destiné à la boucherie.

aliments d'origine végétale

champignons^M

Végétaux des lieux frais et humides dont les espèces comestibles sont surtout utilisées comme condiment ou accompagnement dans une grande variété de mets.

truffe^F
Champignon souterrain, difficile à trouver et perçu comme un aliment de prestige. On l'associe spécialement au gibier et à la volaille.

oreille^F**-de-Judas**^M
Champignon à texture gélatineuse, qu'on mange notamment dans les soupes ou avec les légumes dans la cuisine asiatique.

oronge^F **vraie**
Consommée crue ou cuite, elle est bien connue depuis l'Antiquité. À ne pas confondre avec la fausse oronge, d'aspect semblable, mais vénéneuse.

lactaire^M **délicieux**
Champignon qui laisse écouler un lait orangé lorsqu'on le casse. On l'utilise notamment en sauce piquante, entre autres en Espagne et dans le midi de la France.

collybie^F **à pied**^M **velouté**
Champignon à long pied, à chair molle et résistante. On le mange cru, en salade, ou cuit, dans les soupes ou les plats asiatiques.

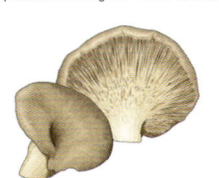

pleurote^M **en forme**^F **d'huître**^F
Il pousse sur les arbres ou le bois mort. Sa chair blanche et tendre est appréciée notamment dans les sauces, où il peut remplacer le champignon de couche.

champignon^M **de couche**^F
Champignon le plus cultivé et le plus consommé. On le mange cru, en salade ou en trempette, ou encore cuit, notamment dans les sauces et sur la pizza.

russule^F **verdoyante**
Sa chair blanche et cassante dégage une odeur de noisette. On la consomme crue ou cuite, de préférence grillée.

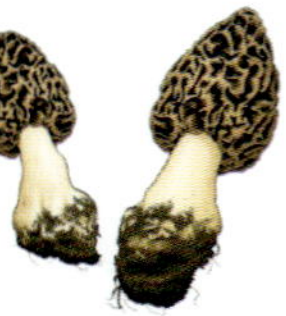

morille^F
La chair est mince et parfumée, plus savoureuse si le spécimen est foncé. On la consomme bien cuite pour éliminer la substance toxique.

cèpe^F
Champignon trapu pouvant atteindre 25 cm de hauteur ou de diamètre, dont la saveur rappelle la noisette. On le mange cru ou cuit, souvent dans les soupes ou les plats sautés.

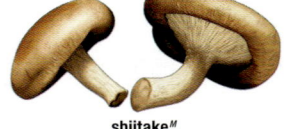

shiitake^M
Champignon largement cultivé au Japon, pour la consommation (mets cuits à l'asiatique, sauces) ou pour un usage thérapeutique.

chanterelle^F **commune**
Agréablement parfumée, elle est fort appréciée des gourmets. Elle accompagne le plus souvent la viande et les omelettes.

portobello^F
Grand champignon commercialisé pour sa chaire ferme, croquante et sucrée. On le sert farci en entrée, comme accompagnement ou dans les sauces et plats mijotés.

champignon^M **café**
Champignon dont la chair croquante a plus de goût que celle du champignon de Paris. On le consomme cru, grillé ou en ragoût.

algues^F

Végétaux généralement marins utilisés en cuisine comme légume ou comme supplément alimentaire. Les Japonais en sont les plus grands producteurs et consommateurs.

aramé^M
Plus doux et moins croustillant que l'hijiki, il est utilisé principalement dans les salades et soupes, ou servi comme légume d'accompagnement, souvent frit.

wakamé^M
Algue marine riche en calcium, à texture et à saveur délicates. Son utilisation est variée; elle accompagne notamment très bien les légumineuses.

kombu^M
Consommé depuis l'Antiquité, il se vend sous forme de grands rubans noirâtres. Il sert surtout à préparer des bouillons, ou encore une sorte de thé.

spiruline^F
Cyanobactérie d'eau douce, riche en éléments nutritifs (protéines, fer, magnésium), consommée surtout comme supplément alimentaire.

mousse^F **d'Irlande**^F
Abondante dans l'Atlantique Nord, elle n'est comestible qu'après cuisson. On en tire aussi le carragheen, substance utilisée pour épaissir certaines préparations.

hijiki^M
Les brindilles séchées augmentent de volume lorsqu'on les trempe et prennent la forme de nouilles noires un peu croustillantes, souvent servies comme légume.

laitue^F **de mer**^F
Elle a l'apparence et la saveur des feuilles de laitue. Tendre, elle se mange crue dans les salades, ou encore cuite dans les soupes.

agar-agar^M
Lanières translucides, tirées d'algues rouges, qu'on fait fondre pour obtenir une gelée pouvant remplacer la gélatine dans plusieurs recettes.

nori^M
Algue de couleur pourpre qui devient noire en séchant. Généralement vendue en minces feuilles séchées, elle sert notamment à confectionner les sushis.

rhodyménie^M **palmé**
Riche en fer, il est consommé depuis longtemps par des peuples côtiers d'Europe. Il a une texture douce et une saveur prononcée, et est utilisé surtout dans les soupes et salades.

aliments d'origine végétale   245

légumes^M bulbes^M

Légumes dont on consomme surtout les bulbes, organes souterrains où sont stockées les réserves nutritives de la plante.

châtaigne^F d'eau^F
Bulbe aquatique d'une plante de Chine, elle occupe une place importante dans la cuisine asiatique. Sa chair est blanche et croustillante.

échalote^F
La saveur de l'échalote est plus subtile que celle de l'oignon ou de la ciboule. On la consomme crue ou cuite, souvent comme condiment dans des sauces.

ail^M
Le bulbe ou « tête d'ail » est formé de caïeux nommés gousses. Le germe au centre rendrait l'ail indigeste.

ciboule^F
Elle n'a pas de bulbe développé, contrairement à l'oignon vert. La partie verte assaisonne divers mets et la blanche s'utilise comme l'oignon.

oignon^M vert
Oignon doux cueilli avant maturité, généralement vendu en bottes avec sa tige. On le mange souvent cru en salade ou cuit dans les sautés.

ciboulette^F
C'est le plus petit membre de la famille de l'oignon. On consomme la tige, surtout pour assaisonner diverses préparations chaudes ou froides.

poireau^M
La partie blanche est la plus utilisée, mais la verte parfume aussi potages et plats mijotés. On l'associe à la pomme de terre dans un potage froid, la vichyssoise.

oignon^M à mariner
Petit oignon blanc cueilli avant maturité, qui sert le plus souvent à faire des marinades ou encore des plats mijotés comme le bœuf bourguignon.

oignon^M blanc
Doux et sucré, il est largement utilisé comme condiment. On le déguste souvent cru, ou encore frit, en rondelles.

oignon^M rouge
Le plus sucré des oignons, il se déguste souvent cru, en salade ou en sandwich.

oignon^M jaune
Le plus courant des oignons. Largement utilisé comme condiment, autant cuit que cru, il est aussi l'élément essentiel de la soupe à l'oignon.

ALIMENTATION ET CUISINE

légumes^M tubercules^M

Tubercules consommés comme légumes, qui consistent en des tiges souterraines contenant les réserves nutritives de la plante.

jicama^M
La chair est juteuse, croquante et sucrée. Cru, on le mange en salade, trempette ou hors-d'œuvre; cuit, il ajoute une note croquante à divers mets.

taro^M
Aliment de base de certains pays tropicaux, à la chair farineuse et sucrée. Il doit être consommé cuit pour en éliminer la toxine.

crosne^M
D'un goût légèrement sucré, il est surtout consommé en Asie. Il est utilisé et apprêté comme la pomme de terre.

manioc^M
La variété douce est consommée comme la pomme de terre, alors que la variété amère permet d'obtenir le tapioca.

malanga^M
Aliment de base dans les Antilles, où on l'utilise notamment râpé pour préparer des beignets frits appelés acras. Sa saveur prononcée rappelle la noisette.

pomme^F de terre^F
Le plus connu des tubercules. On la consomme surtout comme légume d'accompagnement, qu'elle soit cuite à la vapeur, frite ou en purée.

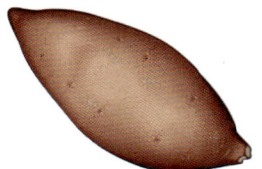

patate^F
Plus sucrée que la pomme de terre, à laquelle elle n'est toutefois pas apparentée. Elle est cultivée dans les régions tropicales et consommée bouillie, cuite au four ou comme croustille.

topinambour^M
Il se consomme cru, cuit ou mariné. La chair est croquante, juteuse et sucrée.

igname^F
Aliment de base dans plusieurs pays, notamment en Amérique du Sud et dans les Antilles, elle se consomme cuite et est apprêtée comme la pomme de terre.

aliments d'origine végétale

légumes^M feuilles^F

Feuilles de plantes potagères consommées comme légumes.

chicorée^F frisée
Les feuilles très dentelées, plutôt amères, sont le plus souvent consommées crues en salade.

laitue^F asperge^F
Issue d'un croisement entre la laitue et le céleri, elle est surtout connue en Orient. Les tiges sont consommées crues ou cuites.

chicorée^F de Trévise
Chicorée à feuilles rouges originaire du nord de l'Italie, dont la saveur est plutôt amère. Elle est souvent associée à d'autres laitues.

laitue^F iceberg^M
Laitue la plus commercialisée en Amérique du Nord. À l'origine, on la recouvrait de glace pour le transport, d'où son nom.

romaine^F
Laitue aux feuilles fermes et cassantes, utilisée notamment pour préparer la salade César.

scarole^F
Les feuilles sont moins amères que celles de la chicorée frisée, dont elle est voisine. On la consomme surtout crue, en salade.

laitue^F pommée
Les larges feuilles tendres, qui se séparent facilement, forment une boule non compacte. La laitue Boston en est une variété connue.

laitue^F frisée
Laitue aux feuilles tendres, frisées et ondulées. Comme les autres laitues, on la mange surtout crue, en salade ou en sandwich.

chou^M cavalier^M
Les feuilles épaisses ont une forte saveur et les côtes centrales sont coriaces. Il se consomme cuit ou cru, à la manière de l'épinard.

chou^M frisé
Les feuilles fibreuses, très frisées, sont coriaces et de saveur prononcée. On le consomme presque toujours cuit.

pak-choï^M
Les tiges de ce chou chinois sont juteuses et croustillantes. On l'ajoute aux soupes, au riz et dans les plats à la chinoise.

pe-tsaï^M
Ce chou chinois est croquant et rafraîchissant. On le consomme surtout cuit.

chou^M de Bruxelles
Le plus petit des choux est habituellement consommé cuit et entier, comme légume d'accompagnement.

chou^M marin
On consomme les feuilles et les tiges larges et charnues, qu'on apprête comme l'asperge.

chou^M laitue^F
Les feuilles de ce voisin du chou frisé, de couleurs variées, décorent notamment salades, soupes, riz ou plateaux de service.

aliments d'origine végétale

légumes feuilles

chou de Milan
Chou pommé dont les feuilles sont plutôt souples; on l'utilise notamment pour préparer le chou farci.

chou pommé vert
Haché finement, il est l'ingrédient principal de la salade de chou. On l'ajoute aussi aux soupes et préparations mijotées.

chou pommé rouge
De goût plus doux que celui des autres choux pommés, il est habituellement consommé cru, en salade, finement haché.

chou pommé blanc
Après fermentation, il donne la choucroute. Il est aussi utilisé cuit, surtout dans les préparations mijotées.

épinard
Il est le légume des préparations dites « à la florentine ». On le mange aussi bien cru, en salade, que cuit, souvent en accompagnement ou en farce.

roquette
Elle est notamment consommée dans le sud de la France et en Italie. Crue ou cuite, elle possède une saveur très prononcée.

mâche
Appelée aussi doucette, elle est très tendre, de saveur douce, et surtout utilisée crue, en salade.

pissenlit
Les feuilles de cette plante familière peuvent être consommées crues, en salade. Cuites, on les apprête comme l'épinard.

cresson alénois
Vendu en bottes, il est cueilli très jeune. Ses toutes petites feuilles possèdent une saveur piquante qui aromatise notamment salades, sandwichs et sauces.

ortie
On l'apprête un peu comme l'épinard. Les feuilles, de saveur plus ou moins piquante, perdent leur caractère irritant dès qu'elles sont cuisinées ou séchées.

cresson de fontaine
On le consomme habituellement cru. Les fines feuilles, tendres et juteuses, apportent un délicat goût moutardé aux salades.

pourpier
On consomme autant les tiges que les feuilles, tendres et charnues. Il a une saveur légèrement acide et piquante.

oseille
Sa saveur rappelle le citron. Elle accompagne traditionnellement le poisson et le veau, et on en fait un potage, une purée ou une sauce.

feuille de vigne
Associée à la cuisine méditerranéenne, elle sert à préparer les dolmas (feuilles de vigne farcies) et à garnir assiettes de fruits et salades.

endive
Aliment recherché, dont les feuilles croquantes sont légèrement amères. On sert ce légume cru, en salade, ou cuit : l'endive gratinée au jambon est une recette classique.

ALIMENTATION ET CUISINE

aliments d'origine végétale

légumes^M fruits^M

Fruits de plantes potagères consommés comme légumes.

tomate^F cerise^F
Petite tomate mesurant de 2 à 3 cm, de couleur jaune, orangée ou rouge; on la consomme habituellement fraîche, notamment dans les salades.

olive^F
Non comestible crue, l'olive subit un traitement afin d'en diminuer l'amertume pour être ensuite mise en saumure et parfois dans l'huile.

piment^M
La saveur piquante ou brûlante peut être atténuée en le coupant et en supprimant les graines.

gombo^M
Légume qui renferme une substance utile pour épaissir les soupes et ragoûts; il fait partie de nombreux plats à la créole.

tomatille^F
Baie cueillie verte, qui entre dans la préparation de sauces et qui est l'un des ingrédients de base de la cuisine mexicaine.

tomate^F italienne
Tomate de forme oblongue, moins juteuse et plus ferme que la tomate commune. On l'utilise notamment pour préparer des sauces.

tomate^F
Originaire d'Amérique centrale, ce fruit est largement cultivé et est un ingrédient essentiel de nombreuses cuisines. La chair est molle et juteuse.

tomate^F en grappe^F
Tomate caractérisée par un goût sucré et une longue durée de conservation.

avocat^M
Fruit de l'avocatier à la pulpe verdâtre onctueuse, il se consomme cru, en salade ou en purée.

poivron^M jaune
Piment doux cueilli à maturité. Il a un goût sucré et est très parfumé; on l'utilise souvent en salade.

poivron^M rouge
Piment doux cueilli à maturité. Il est très sucré et contient plus de vitamine C que le poivron vert.

poivron^M vert
Piment doux cueilli avant pleine maturité. Il est typique des préparations à la mexicaine ou à la portugaise.

concombre^M
Apparenté aux courges et aux melons, il se consomme généralement cru et comporte des graines.

concombre^M sans pépins^M
Variété européenne cultivée exclusivement en serre, sans pollinisation.

cornichon^M
Cueilli encore jeune, il est souvent confit dans du vinaigre et consommé comme condiment, ou encore cru, en salade.

margose^F
Légume trop amer pour être consommé cru. Les cuisines asiatiques l'incorporent dans les potages ou le cuisent à la vapeur.

melon^M d'hiver^M chinois
La chair ferme et savoureuse s'incorpore souvent aux potages ou accompagne les mets épicés.

aubergine^F
Légume à la chair jaunâtre et spongieuse que l'on fait parfois dégorger afin d'en diminuer l'amertume.

ALIMENTATION ET CUISINE

aliments d'origine végétale

légumes^M fruits^M

courges^F d'été^M

Courges cueillies tôt en saison, dont la chair est relativement tendre. Leur peau et leurs graines sont comestibles.

courge^F à cou^M droit
Courge résultant d'une amélioration génétique de la courge à cou tors, dont elle ne possède pas le mince cou crochu. On la consomme crue ou cuite.

courge^F à cou^M tors
La peau, tendre et comestible, est couverte de petites bosses. On la consomme crue ou cuite, de préférence jeune.

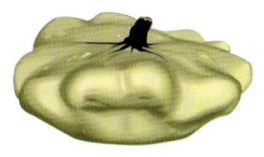

pâtisson^M
La peau devient blanche et dure lorsqu'elle est très mûre. La saveur de la chair ferme rappelle celle de l'artichaut.

courgette^F
Petite courge à chair blanchâtre cueillie avant maturité; elle est un ingrédient indispensable de la ratatouille.

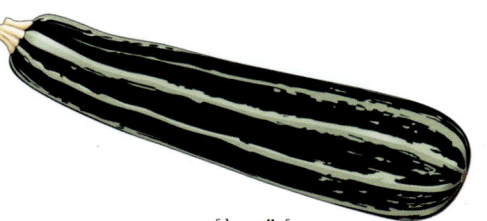

courge^F à moelle^F
Courge de grande taille (environ 30 cm); on peut la farcir, la cuire au four, la gratiner et la préparer en confiture et en chutney.

chayote^F
Courge cultivée principalement dans les pays tropicaux et utilisée notamment dans la cuisine créole. Le noyau central est comestible après cuisson.

courges^F d'hiver^M

Courges plus fibreuses et plus sucrées que les courges d'été, et dont la peau n'est pas comestible. Les graines séchées sont nourrissantes telles quelles ou dans les plats mijotés.

citrouille^F
On la reconnaît à son pédoncule dur et fibreux. Sa chair est utilisée dans les potages et desserts, surtout en Amérique du Nord. Les graines séchées sont aussi comestibles.

courge^F spaghetti^M
Elle tire son nom du fait que sa chair cuite ressemble à du spaghetti, qu'elle peut d'ailleurs remplacer dans la plupart des recettes.

courgeron^M
S'il est cueilli à maturité, sa peau est lisse et dure, teintée d'orangé. La chair, fine et peu fibreuse, a un goût de poivre et de noisette.

potiron^M
Courge à la peau jaune, verte ou orangée. On la distingue de la citrouille par son pédoncule tendre et renflé à son point d'attache.

ALIMENTATION ET CUISINE

249

aliments d'origine végétale

légumes^M tiges^F

Plantes potagères dont on consomme les tiges comme légumes. Dans certains cas, leurs feuilles sont également comestibles.

asperge^F
Souvent perçue comme un produit de luxe, elle est cueillie avant maturité. On la sert chaude ou froide, mais toujours cuite.

pointe^F
Extrémité supérieure du turion, généralement la partie la plus appréciée de l'asperge en cuisine.

bette^F à carde^F
Parente de la betterave dont on consomme les cardes, qui s'apprêtent comme le céleri ou l'asperge, et les feuilles, souvent comparées à celles de l'épinard.

feuille^F
Partie de la bette naissant sur une carde, mince et aplatie. Elle se déguste cuite ou crue, particulièrement dans les salades.

turion^M
Jeune pousse de l'asperge, issue d'une tige souterraine, qui constitue sa partie comestible. Sa base, dure, est le plus souvent coupée avant la cuisson.

botte^F
Ensemble de turions d'asperges serrés et ficelés. Les asperges sont généralement vendues sous cette forme.

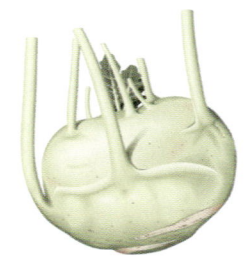

chou^M-rave^F
Légume notamment consommé en Europe centrale et de l'Est. On utilise la tige renflée crue ou cuite, en l'apprêtant comme le navet, ou les feuilles, qui ont un goût de chou.

fenouil^M
Le bulbe est consommé comme légume, alors que les feuilles et les graines aromatisent diverses préparations. On l'associe surtout à la cuisine italienne.

carde^F
Long pétiole charnu de la bette, tendre et croustillant, de couleur blanchâtre ou rouge selon les variétés.

pousse^F de bambou^M
Très populaire dans la cuisine asiatique, elle n'est comestible qu'après cuisson. Elle est un ingrédient essentiel du sukiyaki, un plat japonais typique.

tige^F
Partie du fenouil surmontant le bulbe, qui porte de petites feuilles plumeuses de couleur foncée utilisées traditionnellement pour assaisonner le poisson.

cardon^M
Parent de l'artichaut dont la saveur rappelle celle du céleri. On le consomme chaud ou froid, apprêté comme l'asperge.

céleri^M
L'un des légumes tiges les plus connus et les plus populaires, il est souvent servi cru, en trempette. Les feuilles et les graines parfument aussi divers plats.

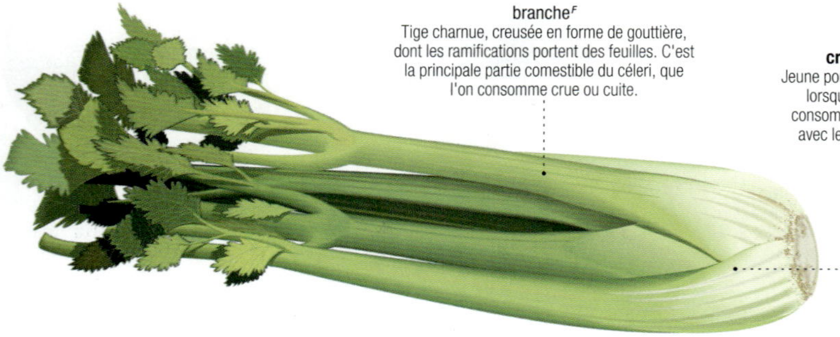

bulbe^M
Partie charnue et comestible du fenouil, formée par les bases dilatées des tiges, qui s'imbriquent les unes dans les autres.

branche^F
Tige charnue, creusée en forme de gouttière, dont les ramifications portent des feuilles. C'est la principale partie comestible du céleri, que l'on consomme crue ou cuite.

crosse^F de fougère^F
Jeune pousse de fougère, comestible lorsqu'elle est enroulée; on la consomme notamment en salade, avec les pâtes ou les omelettes.

rhubarbe^F
Les tiges sont souvent cuites pour faire des confitures, des compotes ou des tartes; les feuilles sont toxiques.

pied^M
Groupe de branches feuillées réunies à leur base. Les branches se détachent facilement de la base et sont ensuite sectionnées de la longueur désirée.

aliments d'origine végétale 251

légumes^M racines^F

Racines charnues de plantes potagères consommées comme légumes.

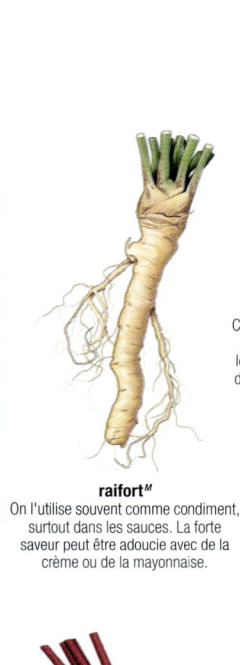

salsifis^M
Légume dont la saveur, douce et sucrée, rappelle celle de l'huître. Les jeunes feuilles sont également comestibles.

carotte^F
On la consomme de multiples façons, nature, en salade, en jus, dans les desserts ou comme légume d'accompagnement.

radis^M **noir**
Consommé notamment en Europe de l'Est, il est moins juteux que le radis rouge. Il est cuit ou mis à dégorger pour atténuer sa saveur piquante.

radis^M
Légume juteux et croquant, qui se mange surtout cru, en hors-d'œuvre ou en salade. Il est aussi consommé cuit ou mariné, surtout en Asie.

scorsonère^F
La chair de couleur crème est moins fibreuse et plus savoureuse que celle du salsifis. On l'incorpore notamment aux soupes et ragoûts.

raifort^M
On l'utilise souvent comme condiment, surtout dans les sauces. La forte saveur peut être adoucie avec de la crème ou de la mayonnaise.

radis^M **oriental**
La chair de saveur plutôt douce, les feuilles et les graines germées sont apprêtées de diverses façons. Au Japon, il accompagne le sashimi.

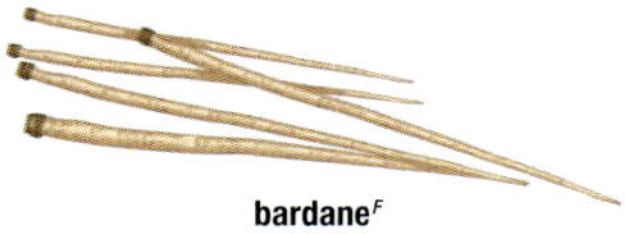

bardane^F
Racine d'une plante déterrée avant l'apparition de la tige florale; on l'utilise comme légume ou assaisonnement.

panais^M
La chair jaunâtre de ce légume a une saveur rappelant la noisette et une texture semblable à celle du navet. On le consomme cru ou cuit.

betterave^F
La chair généralement rouge contient un jus qui tache facilement. On la mange crue, au vinaigre ou cuite, notamment dans le bortsch, potage d'Europe orientale.

navet^M
Souvent confondu avec le rutabaga, ce légume à chair blanche est consommé cru ou cuit, en purée ou en ragoût.

céleri^M**-rave**^F
Variété de céleri à la saveur légèrement piquante. Cru, assaisonné de mayonnaise moutardée, il donne le classique céleri en rémoulade.

rutabaga^M
Il est plus gros et de saveur plus prononcée que le navet. Il s'en distingue aussi par sa chair généralement jaune et par la partie saillante de son sommet.

ALIMENTATION ET CUISINE

légumes^M fleurs^F

Fleurs ou boutons floraux de plantes potagères consommés comme légumes.

chou^M**-fleur**^F
La tête, blanche ou pourpre, est formée de bourgeons consommés avant l'éclosion, crus ou cuits.

brocoli^M
Originaire d'Italie, il est souvent vert, mais parfois blanc ou pourpre. On consomme surtout les bourgeons floraux, mais aussi la tige et quelques feuilles.

gai lon^M
Légume dont les feuilles et les tiges sont consommées crues ou cuites, à la manière du brocoli. Il est aussi appelé brocoli chinois.

brocoli^M **italien**
On consomme les tiges, les feuilles et les fleurs. De saveur légèrement amère, il s'apprête comme le brocoli.

artichaut^M
Apprécié surtout pour son cœur charnu et tendre, il est souvent servi avec une vinaigrette. On consomme également les feuilles qui entourent le cœur.

aliments d'origine végétale

légumineuses^F

Fruits en forme de gousse dont on consomme surtout les graines fraîches, séchées ou germées. Séchées, elles nécessitent souvent un trempage préalable à la cuisson.

légumineuses^F diverses

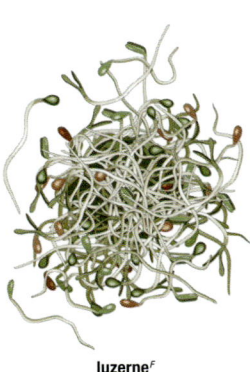

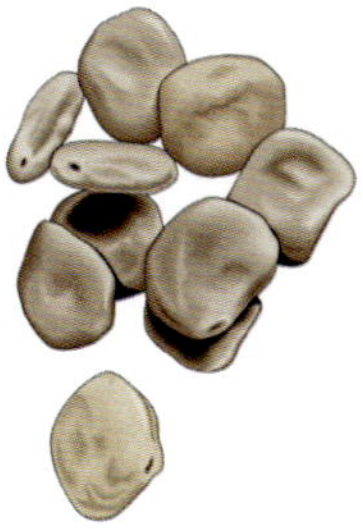

lupin^M
Graine riche en protéines servie nature ou arrosée de jus de citron, mais après préparation.

arachide^F
Amuse-gueule très populaire, dont on tire aussi un beurre, une huile végétale et, dans certains pays, une sauce piquante accompagnant divers plats.

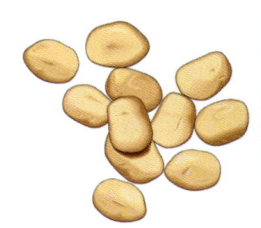

luzerne^F
Les graines germées sont souvent ajoutées crues aux salades et sandwichs, ou à divers plats cuisinés.

lentille^F
Elle sert de base à des soupes nourrissantes. On en fait aussi une purée permettant de préparer des croquettes. En Inde, elle est souvent associée au riz.

fève^F
Farineuse, de saveur prononcée, elle est classiquement apprêtée en purée, mais aussi consommée entière, ajoutée aux soupes et plats mijotés.

pois^M
Les graines, de forme arrondie, sont appelées « petits pois » lorsqu'elles sont fraîches et « pois secs » lorsqu'elles sont séchées.

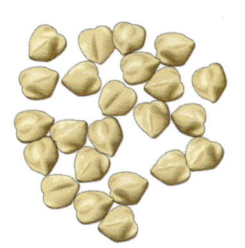

doliques^M
Fruits d'une plante voisine du haricot. Les graines sont de forme ovoïde, plus ou moins allongées.

pois^M **chiche**
À la base de l'hoummos et des falafels, et un des éléments du couscous; il fait aussi partie de plusieurs plats du sud de la France, dont l'estouffade.

pois^M **cassé**
Graine de pois séchée et fendue en deux, qui est habituellement réduite en purée. On l'utilise dans les soupes et potages.

dolique^M **à œil**^M **noir**
La graine présente une tache foncée lui donnant l'aspect d'un œil. Il est notamment typique de la cuisine du sud des États-Unis.

dolique^M **d'Égypte**^F
On le reconnaît à sa partie proéminente, de couleur blanche. Il peut notamment être mis à germer ou moulu en une farine.

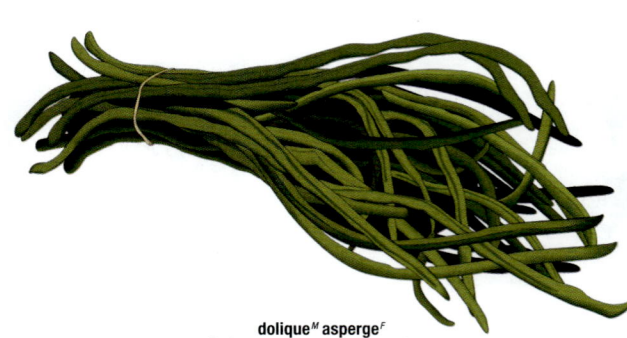

petit pois^M
On le consomme frais, surgelé ou en conserve. Il fait partie de la macédoine et des préparations dites à la jardinière.

pois^M **mange-tout**^M
On le consomme frais avec la gousse sucrée et croquante, d'où son nom. Il est souvent utilisé dans les préparations à la chinoise.

dolique^M **asperge**^F
On le consomme principalement frais, en entier, comme le haricot vert, mais il est moins juteux et moins sucré. Les gousses peuvent mesurer jusqu'à 1 m.

ALIMENTATION ET CUISINE

aliments d'origine végétale

légumineuses^F

haricots^M
Graines habituellement ovales ou réniformes provenant de diverses plantes grimpantes ou d'arbustes. Avant maturité, les gousses sont souvent comestibles.

haricot^M vert
La gousse verte cueillie avant maturité sert généralement de légume d'accompagnement, parfois nappée de sauce ou de beurre.

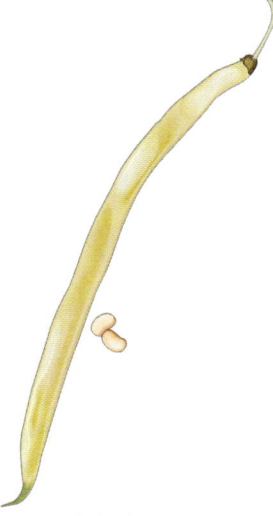

haricot^M jaune
Il est un peu plus juteux que le haricot vert. On le consomme parfois cru, mais le plus souvent cuit comme légume d'accompagnement.

haricot^M romain
Il ressemble au haricot pinto, bien qu'il soit souvent plus gros et plus foncé. Il absorbe la saveur des aliments avec lesquels il cuit.

haricot^M pinto
À la cuisson, il prend une coloration rosée. Il est consommé en purée ou pilé, ou encore entier dans les soupes, ragoûts et salades.

haricot^M d'Espagne^F
On utilise les graines fraîches ou séchées, qu'on prépare comme le haricot rouge. On le consomme habituellement en salade.

haricot^M adzuki
De saveur délicate, il est souvent servi avec le riz. Les Asiatiques en font également une pâte sucrée utilisée dans plusieurs plats.

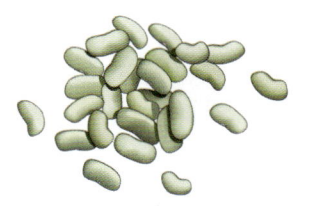

flageolet^M
Mince légumineuse vert pâle à la texture crémeuse; en France, elle accompagne traditionnellement le gigot d'agneau.

haricot^M mungo
En Asie, d'où il est originaire, il est transformé en purée ou en farine; en Occident, on le consomme surtout germé.

haricot^M de Lima
De saveur douce et de texture farineuse, il est habituellement de couleur verte ou crème. Réduit en purée, il peut remplacer la pomme de terre.

haricot^M noir
On le consomme surtout en Amérique latine; dans la cuisine mexicaine, on l'utilise notamment avec les burritos et les enchiladas.

haricot^M mungo à grain^M noir
Il est à la base d'une sauce noire bien connue de la cuisine asiatique. En Inde, on l'utilise avec du riz pour préparer une galette et une purée épicée.

haricot^M rouge
L'un des plus connus, il entre dans la composition du chili con carne, d'origine mexicaine. Comme il garde bien sa forme, on le met souvent en conserve.

ALIMENTATION ET CUISINE

fruits^M

Végétaux généralement sucrés, consommés surtout au petit déjeuner, en collation ou au dessert, et très utilisés en pâtisserie et en confiserie.

baies^F
Petits fruits charnus qui contiennent une ou plusieurs graines généralement comestibles. Lorsqu'ils sont groupés en grappe, chaque fruit est appelé « grain ».

groseille^F à grappes^F ; gadelle^F
Petite baie rouge ou blanche qu'on consomme le plus souvent cuite à cause de sa saveur aigre. Son jus peut remplacer le vinaigre dans la vinaigrette.

cassis^M
Groseille noire surtout utilisée pour fabriquer des coulis, des gelées, des vins et des liqueurs, dont la crème de cassis, avec laquelle on prépare le kir.

groseille^F à maquereau^M
Plus grosse que la groseille à grappes, elle est surtout utilisée en Europe. Les Anglais en font une sauce aigre-douce qui accompagne le maquereau.

raisin^M
Fruit de la vigne et ingrédient de base du vin. On le consomme partout dans le monde, nature, cuit, sec ou en jus.

myrtille^F d'Amérique^F ; bleuet^M
Fruit originaire d'Amérique du Nord et peu répandu ailleurs. On le mange surtout nature ou incorporé à des desserts. Le bleuet nain est le plus sucré.

myrtille^F
Originaire d'Europe et d'Asie, elle ressemble au bleuet mais provient d'une espèce différente. Son utilisation est identique à celle du bleuet.

airelle^F
Proche de la canneberge, cette petite baie acide et légèrement amère est rarement consommée crue; elle sert plutôt à préparer sauces, confitures et desserts.

Goji^M
Baie sucrée originaire d'Asie, qu'on consomme généralement séchée ou sous forme de jus.

alkékenge^M ; cerise^F de terre^F
Baie recouverte d'une fine membrane non comestible. Peu sucrée et légèrement acide, elle est riche en pectine; on la cuisine souvent en confiture ou en gelée.

canneberge^F ; atoca^M
Petit fruit acide dont on fait surtout des desserts, des sauces et du jus. En Amérique du Nord, elle accompagne traditionnellement la dinde.

framboise^F
Généralement rouge, elle est parfois d'une autre couleur. Un peu acide et très parfumée, elle est souvent consommée en confiture, en coulis et dans divers desserts.

mûre^F
Fruit d'une ronce de la famille du framboisier, à ne pas confondre avec le fruit du mûrier, un arbre haut de plusieurs mètres. On l'utilise comme la framboise.

fraise^F
Sauvage ou cultivée, on la consomme crue ou cuite, en confiture, dans les desserts ou les salades de fruits.

fruits^M à noyau^M
Fruits dont la chair plus ou moins juteuse entoure un noyau dur, généralement non comestible.

abricot^M
La chair orangée peut être farineuse si le fruit est cueilli avant maturité. Il est souvent consommé séché ou confit. L'amande du noyau contient une substance toxique.

prune^F
De taille et de couleur variables, elle est consommée crue ou cuite; on en fait une sauce aigre-douce et des confitures. La prune déshydratée est appelée pruneau.

pêche^F
Sa peau duveteuse recouvre une chair juteuse et parfumée. Elle est notamment consommée nature, en jus ou dans divers desserts, dont la classique pêche Melba.

nectarine^F
On la distingue de la pêche par sa peau lisse plus colorée et par sa chair plus savoureuse. Comme la pêche, on l'utilise nature ou dans certains desserts.

cerise^F
Souvent cuite ou confite, elle est utilisée dans les tartes et les gâteaux ou pour garnir les cocktails et les desserts. Certaines variétés sont consommées crues.

datte^F
Très riche en sucre, elle est souvent vendue déshydratée et, en Amérique du Nord, surtout associée à des mets sucrés (carrés, muffins, gâteaux).

aliments d'origine végétale

fruitsᴹ

fruitsᴹ secs
Souvent appelés « noix », ces fruits possèdent généralement une enveloppe dure et sèche, la coque, qui renferme une amande comestible.

noixᶠ de macadamiaᴹ
Utilisée en confiserie, elle s'intègre également bien à divers légumes, caris, salades et desserts.

noixᶠ de ginkgoᴹ
Très utilisée dans la cuisine japonaise, cette noix peu connue en Occident est généralement consommée telle quelle ou cuite à l'orientale.

pistacheᶠ
Son amande verdâtre, recouverte d'une pellicule brune, est très utilisée dans les cuisines méditerranéenne et orientale ainsi qu'en pâtisserie et en confiserie.

pignonᴹ
Graine comestible contenue dans les cônes de certaines espèces de pins. Il est souvent utilisé en cuisine et en pâtisserie.

noixᶠ de colaᴹ
Elle sert à préparer des boissons, dont le Coca-Cola™; elle contient des stimulants, dont l'action est moindre que le café.

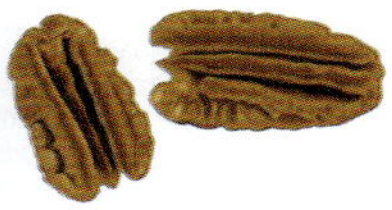

noixᶠ de pacaneᶠ
D'origine nord-américaine, elle entre dans la préparation de certains mets salés et de plusieurs desserts, dont la traditionnelle tarte aux pacanes.

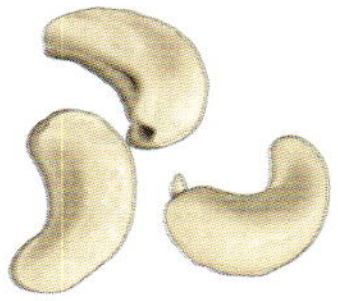

noixᶠ de cajouᴹ
Fruit de l'anacardier, elle est toujours vendue écalée. Sa coque est entourée d'une enveloppe comestible, charnue et juteuse, la « pomme d'acajou ».

amandeᶠ
On la consomme crue, blanchie ou rôtie dans une variété de plats sucrés et salés. Elle est très utilisée en pâtisserie (souvent sous forme de pâte) et en confiserie. L'essence d'amande parfume l'amaretto et divers aliments.

noisetteᶠ
On la consomme crue ou rôtie, ou on la transforme en pâte ou en beurre. En confiserie, elle est souvent associée au chocolat.

noixᶠ
Consommée crue ou rôtie, la noix sert d'amuse-gueule ou est ajoutée à divers desserts, salades, sauces ou plats principaux.

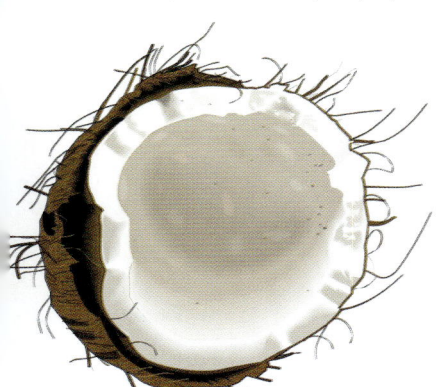

noixᶠ de cocoᴹ
La chair blanchâtre, ou coprah, entoure une cavité qui renferme une eau rafraîchissante à ne pas confondre avec le lait de coco, obtenu en broyant la chair.

marronᴹ
En cuisine, désigne le fruit du châtaignier. Il est associé au gibier et à la volaille dans la tradition européenne. En purée, c'est l'ingrédient de base d'un dessert appelé mont-blanc.

faîneᶠ
Fruit du hêtre commun, dont la saveur, plus prononcée lorsqu'elle est rôtie, rappelle la noisette. On en tire notamment une huile alimentaire.

noixᶠ du Brésilᴹ
Elle est souvent servie en amuse-gueule. On l'utilise aussi en confiserie, surtout enrobée de chocolat.

fruitsᴹ à pépinsᴹ
Fruits dont la chair recouvre une partie centrale non comestible, le cœur, qui renferme un certain nombre de graines appelées pépins.

poireᶠ
Elle est d'utilisation presque aussi variée que la pomme. On en fait notamment une eau-de-vie. On la cueille avant maturité pour éviter que sa chair ne soit granuleuse.

coingᴹ
Fruit du cognassier, un arbre des climats chauds. Il est non comestible cru. On en fait traditionnellement des confitures et des gelées.

pommeᶠ
On en connaît 7 500 variétés. On la mange nature ou on la transforme en jus, en cidre, en gelée, en compote ou en desserts (tarte, strudel).

nèfleᶠ du Japonᴹ
La peau mince, parfois couverte d'un léger duvet, enveloppe une chair juteuse, un peu aigre; on la consomme crue ou cuite, et on en fait fréquemment des conserves.

ALIMENTATION ET CUISINE

fruits^M

agrumes^M
Fruits plutôt acides, riches en vitamine C, composés de plusieurs quartiers et recouverts d'une écorce dont la couche extérieure est appelée zeste.

clémentine^F
Agrume résultant d'un croisement entre la mandarine et l'orange amère; la chair est légèrement moins parfumée que celle de la mandarine.

kumquat^M
Petit agrume de 2 à 5 cm de long qu'on peut manger tel quel, avec son écorce tendre et sucrée. Il devient plus savoureux après avoir été légèrement pétri.

lime^F
Très parfumée, elle s'utilise comme le citron. Elle est un ingrédient essentiel du ceviche, un plat de poisson cru mariné.

tangerine^F
Agrume résultant d'un croisement entre la mandarine et l'orange amère; on la consomme souvent telle quelle.

citron^M
Agrume très acide qu'on utilise notamment pour parfumer d'ver préparations et aviver la saveur aliments. C'est aussi l'ingrédien base de la limonade.

orange^F
Très commercialisée, elle est souvent consommée nature ou en jus, ou utilisée pour cuisiner des sauces et des marmelades. On en tire de l'essence alimentaire et une huile essentielle.

orange^F **sanguine**
Agrume à chair presque rouge, habituellement dépourvue de pépins. Elle est sucrée, juteuse et très parfumée.

mandarine^F
Semblable à une petite orange un peu aplatie, elle est moins acide que la plupart des agrumes et se consomme souvent telle quelle. Son écorce se pèle aisément.

bergamote^F
La chair verdâtre n'est pas comestible; on utilise plutôt son zeste et l'huile essentielle tirée de son écorce, qui aromatise notamment le thé Earl Grey.

pomelo^M
Agrume connu en Occident sous le nom de pamplemousse. Le pomelo rose est plus sucré et moins amer que le pomelo blanc, dont la chair est jaune.

pamplemousse^M
Agrume très estimé dans plusieurs pays asiatiques, mais dont la commercialisation est récente en Occident. Moins juteux que le pomelo, il est souvent consommé nature, et sa pelure peut être cuisinée ou confite.

cédrat^M
Agrume très cultivé en Méditerranée (Corse et Israël, surtout). Ce fruit à la chair peu juteuse est surtout disponible confit et rarement vendu frais.

aliments d'origine végétale

fruits^M

melons^M
Fruits de la même famille que le concombre et la courge. Tendres, rafraîchissants, juteux et sucrés, ils sont surtout consommés nature.

cantaloup^M
Melon à chair orangée qu'on reconnaît à ses côtes plus ou moins marquées et rugueuses. La variété la plus cultivée est le charentais.

melon^M **Casaba**
La chair blanchâtre et crémeuse, souvent moins parfumée que celle des autres melons, peut être rehaussée par du jus de citron ou de lime.

melon^M **miel**^M
Il doit son nom à sa chair très sucrée, de couleur verte. L'écorce, lisse et ferme, devient jaune crème en mûrissant.

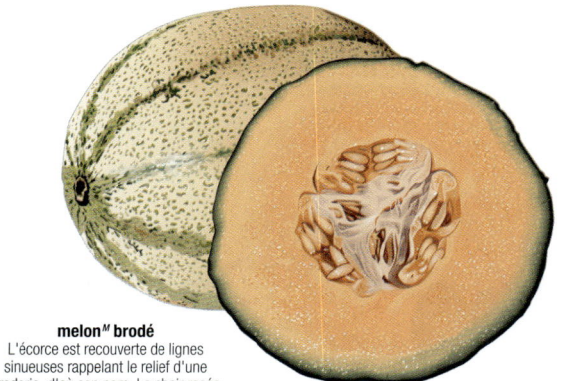

melon^M **brodé**
L'écorce est recouverte de lignes sinueuses rappelant le relief d'une broderie, d'où son nom. La chair rosée ou orangée est très savoureuse.

melon^M **d'Espagne**^F
Melon à chair sucrée blanchâtre, teintée de rose près de la cavité centrale. Lorsqu'il est mûr, il devient très parfumé.

pastèque^F; **melon**^M **d'eau**^F
Melon dont la teneur en eau est très élevée. On le consomme le plus souvent nature, en tranches.

melon^M **d'Ogen**
Petit melon rond dont l'écorce est dure, lisse et côtelée. La chair très juteuse est rose foncé ou vert pâle.

ALIMENTATION ET CUISINE

aliments d'origine végétale

fruits^M

fruits^M tropicaux
Fruits variés, généralement d'origine exotique, plus ou moins commercialisés dans les pays occidentaux.

banane^F plantain^M
Elle n'est pas comestible crue. On l'utilise surtout comme légume, cuite à l'eau, au gril ou frite. C'est un ingrédient de base des cuisines africaine et antillaise.

banane^F
On la consomme telle quelle, sautée, frite ou flambée au rhum. Elle sert de garniture aux coupes glacées; on l'incorpore également aux muffins et gâteaux.

longane^M
Fruit à noyau, voisin du litchi, dont la chair translucide de couleur blanchâtre est juteuse et sucrée. On le consomme souvent nature, pelé et dénoyauté.

tamarillo^M
La peau non comestible abrite une chair ferme et acidulée. On le mange cru s'il est très mûr, sinon on le cuit souvent comme légume.

fruit^M de la Passion^F
La peau non comestible, plissée lorsqu'il est mûr, entoure une pulpe gélatineuse très aromatique. Souvent servi nature, il parfume aussi punchs et cocktails.

melon^M à cornes^F
La chair verte contient des graines tendres et comestibles semblables à celles du concombre. On le transforme souvent en jus après l'avoir pelé.

mangoustan^M
La peau non comestible, qui durcit en vieillissant, abrite une chair blanche, juteuse et sucrée, divisée en quartiers. On le consomme tel quel, comme une orange.

kiwi^M
La chair verte, juteuse et acidulée est riche en vitamine C. On ne consomme généralement pas la peau duveteuse, bien qu'elle soit comestible.

grenade^F
On consomme les petites baies très juteuses contenues dans les membranes du fruit. On en fait un sirop, la grenadine, utilisé pour préparer boissons et desserts.

chérimole^F
La peau n'est pas comestible, tout comme les graines que contient la chair légèrement granuleuse. On la consomme souvent à la cuiller, arrosée de jus d'orange.

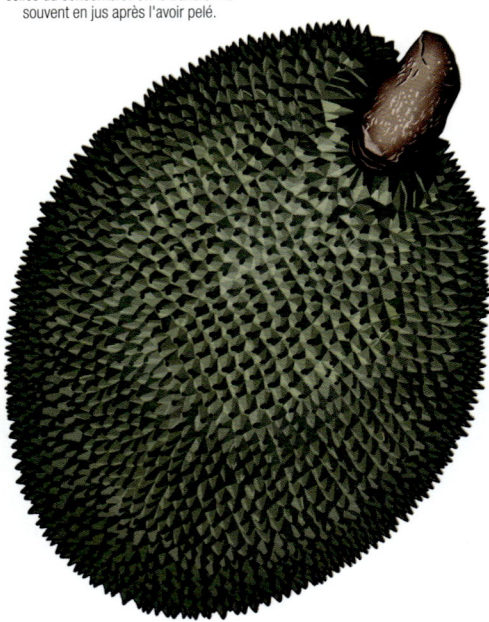

jaque^M
De taille imposante, il contient des graines comestibles qu'on fait bouillir ou rôtir. La chair farineuse s'utilise comme fruit et comme légume, crue ou cuite.

ananas^M
On consomme la chair seulement, nature, cuite ou réduite en jus. En Amérique du Nord, on l'associe classiquement au jambon.

ALIMENTATION ET CUISINE

aliments d'origine végétale

fruits^M

jaboticaba^M
Fruit peu connu hors du Brésil. On le mange tel quel comme le raisin ou on en fait gelées, confitures, jus et vins. La chair translucide est blanchâtre ou rosâtre.

litchi^M
La chair translucide, juteuse et croquante, est plus parfumée que celle du longane. On le consomme frais, en conserve ou séché.

figue^F
Il en existe plusieurs variétés, dont la noire, la verte et la violette. On la consomme souvent nature, mais également cuite, fraîche ou séchée.

jujube^M
Fruit peu juteux à noyau qu'on consomme frais ou séché, nature ou cuit, à la manière de la datte. Le jus est utilisé en confiserie.

sapotille^F
La chair est sucrée et juteuse, parfumée et légèrement granuleuse. On la consomme crue ou cuite.

goyave^F
Répandu en Amérique du Sud, ce fruit à la chair parfumée et légèrement acidulée se consomme cru ou cuit, avec ou sans la peau et les graines.

ramboutan^M
La coque, recouverte de pointes tendres, se fend facilement, dévoilant une chair semblable à celle du litchi mais moins parfumée. On le consomme nature, en conserve ou en confiture.

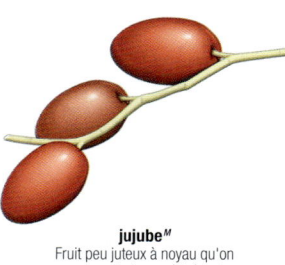

kaki^M
Fruit national du Japon. On le consomme souvent nature à la cuiller ou, dans le cas de la variété fuyu, en le croquant comme une pomme.

figue^F **de Barbarie**
Fruit d'une variété de cactus. On la débarrasse des épines et de la peau avant d'en consommer la chair, nature ou arrosée de jus de citron ou de lime.

carambole^F
La fine peau comestible abrite une chair croquante et acidulée. Ce fruit se consomme cru ou cuit, comme fruit et comme légume.

pomme^F **poire**^F
Fruit préféré des Asiatiques, qu'on consomme surtout nature. La chair est douce et juteuse comme celle de la poire, et croquante comme celle de la pomme.

mangue^F
Fruit à noyau aplati se consommant de préférence sans la peau, irritante pour la bouche. On l'utilise le plus souvent mûre, mais parfois verte, comme légume.

durian^M
Fruit volumineux qui dégage à maturité une odeur désagréable. La chair douce et crémeuse se consomme souvent nature, et les graines s'utilisent comme les noix.

papaye^F
La chair juteuse, généralement orangée, contient des graines comestibles de saveur piquante et est consommée comme le melon. Verte, elle se consomme comme les courges d'hiver.

pepino^M
La chair orangée ou jaunâtre est légèrement farineuse. Avant maturité, il est souvent cuit et apprêté comme une courge; à maturité, on le sert comme le melon.

feijoa^M
La chair est sucrée et parfumée, d'une texture légèrement granuleuse. Une fois pelé, il se consomme cru ou cuit, nature ou incorporé à divers desserts.

ALIMENTATION ET CUISINE

épices^F

Substances végétales, souvent d'origine exotique, utilisées surtout pour leur saveur et leur piquant, et avec lesquelles on relève le goût d'une préparation.

baie^F de genièvre^M
Fruit du genévrier, au parfum résineux et à la saveur légèrement amère. Élément essentiel du gin, elle parfume aussi marinades, choucroute, viandes et pâtés.

clou^M de girofle^M
Bouton floral séché du giroflier qui, entier, est souvent associé au jambon ou aux oignons des plats mijotés. Moulu, il aromatise notamment le pain d'épices.

piment^M de la Jamaïque^F
Aussi nommé « toute-épice », il aromatise les mets salés ou sucrés, et certaines liqueurs.

moutarde^F blanche
Les graines, plus grosses et de saveur moins piquante que celles de la moutarde noire, servent notamment à préparer la moutarde américaine.

moutarde^F noire
Les graines, de saveur riche et piquante, contiennent une forte proportion d'huile essentielle. On les utilise entières, moulues ou en condiment.

poivre^M noir
Le plus piquant et le plus aromatique des poivres, il provient de petites baies cueillies à moitié mûres, puis mises à sécher.

poivre^M blanc
Petites baies cueillies très mûres et ensuite séchées, débarrassées de leur écorce. Il est plus doux que le poivre noir.

poivre^M rose
Baie déshydratée, de saveur délicate, parfumée et légèrement piquante. Bien qu'elle ne provienne pas du poivrier, elle s'utilise comme le poivre.

poivre^M vert
Petites baies cueillies encore vertes, généralement mises à sécher ou conservées dans la saumure ou le vinaigre. Il est peu piquant mais très parfumé.

noix^F de muscade^F
La saveur, qui se marie bien avec les produits laitiers, s'estompe vite une fois la noix moulue. Son enveloppe rouge, le macis, s'utilise aussi comme épice.

carvi^M
Épice de saveur âcre et piquante, dont l'arôme se développe dans les plats mijotés. On l'utilise surtout en Europe de l'Est, en Inde et dans les pays arabes.

cardamome^F
La gousse est verte, brune ou blanche, selon qu'elle a été séchée au soleil, au four ou blanchie. Sa fine saveur poivrée aromatise notamment le curry indien.

cannelle^F
Écorce séchée du cannelier, vendue en bâtonnet, en poudre ou en huile essentielle. Elle est souvent associée aux friandises, mets sucrés et boissons chaudes.

safran^M
La plus coûteuse des épices, en réalité le stigmate de la fleur de crocus, cueilli à la main et séché. Il est indispensable à la paella et à la bouillabaisse.

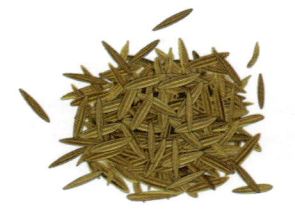

cumin^M
L'odeur du cumin est forte et sa saveur, chaude et légèrement amère. Il est surtout utilisé dans les cuisines de tradition arabe, indienne et mexicaine.

curry^M
À la base de la cuisine indienne, ce mélange d'épices est plus ou moins piquant selon la quantité de poivre ou de piment utilisée.

curcuma^M
Semblable au gingembre, il est réduit en poudre après cuisson. Il est notamment ajouté aux currys et chutneys indiens, et il colore la moutarde américaine.

fenugrec^M
Une fois grillées, les graines ont un arrière-goût aigre-doux. On les u[tilise] dans la cuisine indienne et, germ[ées], en salade.

aliments d'origine végétale

épices^F

piment^M Jalapeño
Piment relativement doux d'origine mexicaine, vendu frais, séché ou mariné. Il devient rouge lorsqu'il est mûr.

piment^M oiseau^M
Petit piment très fort, parfois appelé « piment enragé ». Pour en atténuer le goût brûlant, on retire les graines et les membranes intérieures.

piment^M broyé
Piments séchés et broyés, qui donnent un goût fort et piquant à diverses préparations. Ils sont notamment appréciés dans les plats de pâtes.

piment^M séché
Les petits piments séchés sont habituellement plus forts que les gros, dont on peut relever la saveur en les faisant griller à sec avant de les utiliser.

piment^M de Cayenne
Poudre de piments rouges séchés utilisée notamment pour préparer la sauce Tabasco®. Une pincée suffit pour aromatiser tout un plat tant la saveur est brûlante.

poivre^M moulu
L'une des épices les plus utilisées en cuisine, obtenue par la mouture du poivre en grains ; il perd toutefois son arôme plus vite que ce dernier.

ajowan^M
Très aromatique, son goût rappelle celui du thym. On l'incorpore notamment aux féculents, légumineuses et galettes indiennes.

asa-fœtida^F
Résine séchée de deux espèces de fenouil géant. L'odeur désagréable disparaît à la cuisson. Elle parfume légumes, poissons et sauces indiennes.

garam masala^M
Mélange d'épices indien dont il existe une infinité de variantes pouvant rassembler jusqu'à 12 ingrédients. Il assaisonne les pilafs et des plats de viandes.

mélange^M d'épices^F cajun
Mélange à saveur piquante constitué de sel, de poivre de Cayenne et de paprika qui aromatise notamment les ragoûts et les mets de la cuisine cajun.

épices^F à marinade^F
Mélange d'épices de composition variable qu'on ajoute aux conserves de fruits et de légumes, aux chutneys et aux vinaigres.

cinq-épices^M chinois
Mélange de cinq épices moulues utilisé en cuisine chinoise ; il comprend l'anis étoilé, le clou de girofle, le fenouil, la cannelle chinoise et le poivre de Sichuan.

assaisonnement^M au chili^M
Mélange d'épices de piments déshydratés moulus, dont la force varie selon les piments employés. Il parfume et colore le riz, les pâtes alimentaires et les plats mijotés.

paprika^M
utilisée dans la cuisine hongroise, cette poudre de poivrons et de piments rouges déshydratés, plus ou moins brûlante, parfume et colore de nombreux aliments, dont les œufs et pommes de terre.

ras-el-hanout^M
Mélange d'épices maghrébin très parfumé pouvant contenir jusqu'à 50 ingrédients, dont des fleurs séchées. Il accompagne gibier, couscous, riz et tajines.

sumac^M
Baies séchées, parfois moulues, dont le goût acidulé rappelle le citron. Il est très apprécié au Moyen-Orient, notamment dans les salades et les plats de poissons.

graines^F de pavot^M
Leur saveur de noisette, qui s'accroît à la cuisson, est appréciée notamment dans les pains, gâteaux et pâtisseries. On en extrait aussi une huile comestible.

gingembre^M
Aliment de base de la cuisine asiatique et accompagnement classique du sushi. On l'utilise aussi moulu, notamment dans les pains et biscuits.

ALIMENTATION ET CUISINE

261

fines herbes^F

Plantes aromatiques, fraîches ou séchées, utilisées seules ou en mélange pour relever le goût d'une préparation. Elles sont également consommées sous forme d'infusions.

aneth^M
Apprécié pour ses feuilles et ses graines, il parfume notamment vinaigres et cornichons, ainsi que le saumon et le hareng.

anis^M
Herbe très utilisée en confiserie (réglisse) et en liquoristerie (pastis). On consomme les feuilles ou les graines, qui aromatisent autant les mets salés que sucrés.

laurier^M
Les feuilles s'utilisent généralement séchées, avec parcimonie. Élément du bouquet garni, il aromatise les plats mijotés.

origan^M
Variété sauvage de la marjolaine, de saveur un peu plus prononcée. Très utilisé dans la cuisine méditerranéenne, il aromatise notamment les mets à la tomate.

estragon^M
De saveur anisée, un peu amère et poivrée, il assaisonne bien les aliments fades. Souvent associé au poulet, il est indispensable à la sauce béarnaise.

basilic^M
Herbe par excellence pour relever les tomates et les pâtes alimentaires, c'est aussi l'assaisonnement de base du pistou et du pesto italien.

sauge^F
De saveur piquante, elle aromatise une multitude de préparations. Souvent associée au porc, au canard et à l'oie, elle accompagne le veau dans la cuisine italienne.

thym^M
L'un des composants du bouquet garni, avec le persil et le laurier; il résiste bien à la cuisson, ce qui en fait une herbe de choix pour les plats mijotés.

menthe^F
Elle donne une saveur fraîche à de nombreux mets sucrés ou salés, dont l'agneau. Son huile essentielle aromatise aussi friandises, liqueurs et produits divers.

persil^M
Le persil plat, aux feuilles lisses, est moins amer et plus parfumé que le persil frisé. Il aromatise de nombreuses préparations, dont le taboulé.

cerfeuil^M
Herbe délicate et raffinée, qu'on utilise comme le persil. Le cerfeuil entre dans la composition d'un mélange classique avec l'estragon, la ciboulette et le persil.

coriandre^F
On consomme les feuilles, qui s'utilisent comme le persil, et également les graines, dont l'odeur est musquée et citronnée. Les racines peuvent remplacer l'ail.

romarin^M
D'une saveur piquante et parfumée assez prononcée, il est très apprécié dans le sud de la France et en Italie, notamment dans les sauces, marinades et viandes rôties.

hysope^F
Les feuilles, fortement aromatiques, parfument notamment salades, soupes, ragoûts et plats de fruits, ainsi que certaines liqueurs (chartreuse, bénédictine).

bourrache^F
Elle assaisonne notamment le yaourt, le fromage à la crème ou la vinaigrette. Les jeunes feuilles sont utilisées en salade.

livèche^F
Elle ressemble au céleri, mais de saveur plus prononcée. Elle est fréquemment servie avec la pomme de terre, en plus de parfumer ragoûts, sauces et salades.

sarriette^F
Son arôme, qui rappelle le thym, rehausse très bien les légumineuses, les viandes et les farces. Elle parfume également le vinaigre et les fromages de chèvre.

mélisse^F
Les feuilles dégagent une odeur de citron. Très prisée dans la cuisine asiatique, elle accompagne bien les aliments âcres.

aliments d'origine végétale

céréales^F

Plantes souvent cultivées à grande échelle dont les grains sont, depuis des siècles, à la base de l'alimentation humaine et de certains animaux domestiques.

riz^M
Aliment de base consommé partout dans le monde, que ce soit en accompagnement, en plats sucrés et salés (risotto, paella) ou sous forme de produits dérivés (nouilles, saké).

riz^M **sauvage**
Plante aquatique d'Amérique du Nord dont les grains sont riches en protéines. Parfois mélangé à d'autres riz, il a une saveur prononcée de noisette.

épeautre^M
Variété de blé à grains petits et bruns qui, une fois décortiqués, peuvent être utilisés comme le riz.

blé^M
Céréale cultivée pour son grain, qui a une grande importance dans l'alimentation humaine; il sert notamment à fabriquer la farine, le pain et les semoules.

avoine^F
C'est l'élément de base du gruau. On s'en sert aussi pour préparer carrés aux dattes, croustades, muffins, biscuits et galettes.

seigle^M
On en tire une farine qui, mélangée à de la farine de blé, permet de faire du pain. Il entre aussi dans la composition de boissons alcoolisées (whisky, bière).

millet^M
Céréale de saveur prononcée dont on fait notamment des galettes et des bouillies. Moulu, le millet germé enrichit des aliments comme les pains et muffins.

maïs^M
Plante originaire d'Amérique. On l'utilise comme légume, on le fait éclater, on le moud en farine; on en tire aussi une fécule, un sirop et une huile alimentaire.

orge^F
L'orge est mondée ou perlée selon la façon dont le grain est décortiqué. On l'ajoute aux soupes et ragoûts, et on en fait du malt pour les brasseries.

sarrasin^M
On le consomme sous forme de soupe et de porridge. On en fait aussi une farine, traditionnellement associée aux crêpes et aux galettes.

quinoa^M
Les grains doivent être rincés soigneusement avant d'être consommés. Cet aliment riche en protéines peut être cuit comme du riz ou broyé en farine.

amarante^F
Les grains très nutritifs, de saveur légèrement épicée, se consomment tels quels après cuisson, sont mis à germer ou moulus en farine.

triticale^M
Céréale issue d'un croisement entre le blé et le seigle. On en fait notamment des pâtes alimentaires et des crêpes.

ALIMENTATION ET CUISINE

aliments d'origine végétale

café^M et infusions^F

Boissons aromatiques extraites de grains moulus (café) ou de plantes séchées (thé, tisanes) sous l'action d'eau bouillante.

tisanes^F
Infusions de feuilles, de fleurs ou de fruits aromatiques séchés auxquelles on attribue souvent des vertus apaisantes, digestives, toniques ou curatives.

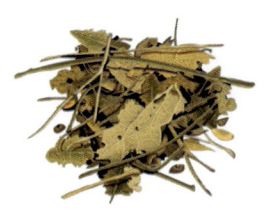

tilleul^M
Arbre dont les feuilles et les fleurs séchées permettent de préparer des tisanes aux propriétés calmantes, sédatives et adoucissantes.

camomille^F
On attribue aux tisanes préparées à partir des fleurs et des feuilles de cette plante des propriétés digestives et calmantes.

verveine^F
Les tisanes à base de cette plante originaire d'Europe auraient des propriétés digestives et sédatives.

menthe^F
Les tisanes de menthe auraient des propriétés digestives, ainsi qu'une action stimulante et tonique.

café^M
Les grains du caféier permettent de préparer une boisson très populaire, consommée chaude ou froide (café glacé) et reconnue pour son action stimulante.

grains^M de café^M verts
Les grains verts peuvent se conserver plusieurs années, alors que les grains torréfiés perdent rapidement leur saveur.

grains^M de café^M torréfiés
La torréfaction des grains (rôtissage à sec et à haute température) accentue la saveur et l'arôme du café.

café^M moulu
Grains de café torréfiés puis moulus. Les grains moulus non réfrigérés perdent leur arôme en moins d'une semaine.

thé^M
Infusion préparée à partir des feuilles séchées du théier; il constitue, chaud ou glacé, la boisson la plus consommée dans le monde après l'eau.

thé^M vert
Produit sans fermentation, il est plus astringent que le thé noir.

thé^M noir
Produit à partir de feuilles de thé fermentées puis séchées, il représente plus de 98 % de la production mondiale.

thé^M oolong
Thé à demi fermenté qui possède une saveur plus prononcée que celle du thé vert, mais plus délicate que celle du thé noir.

aliments d'origine animale

mollusques^M

Animaux invertébrés au corps mou, généralement marins. Certains d'entre eux, les coquillages, sont recouverts d'une coquille et souvent vendus vivants.

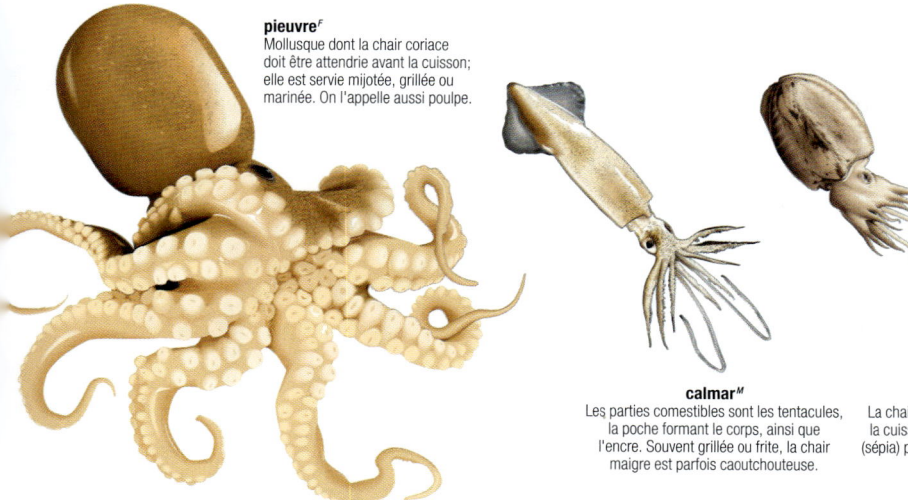

pieuvre^F
Mollusque dont la chair coriace doit être attendrie avant la cuisson; elle est servie mijotée, grillée ou marinée. On l'appelle aussi poulpe.

calmar^M
Les parties comestibles sont les tentacules, la poche formant le corps, ainsi que l'encre. Souvent grillée ou frite, la chair maigre est parfois caoutchouteuse.

seiche^F
La chair très ferme doit être battue avant la cuisson. On peut en récupérer l'encre (sépia) pour colorer certaines préparations.

pétoncle^M
On consomme la noix (muscle qui ouvre et ferme les valves), et parfois le corail (partie orangée). Consommé cru ou cuit, il s'apprête de multiples façons.

palourde^F
Mollusque à coquille très dure, que l'on consomme cru ou cuit. On en fait notamment une soupe (chaudrée), typique de la Nouvelle-Angleterre.

mye^F
Gros mollusque bivalve à coquille fine, surtout récolté dans l'Atlantique. Voisin de la palourde, il peut remplacer cette dernière dans les recettes.

ormeau^M
On en consomme le muscle appelé « pied », servi cru ou cuit. Il faut battre l'ormeau avant la cuisson.

coquille^F **Saint-Jacques**
Mollusque apparenté au pétoncle, dont la chair a une saveur fine. La coquille, qui tolère bien la chaleur, est aussi utilisée comme plat de cuisson.

escargot^M
L'escargot est souvent commercialisé en conserve, surgelé ou cuisiné. Servi dans un beurre à l'ail, il constitue une entrée classique.

patelle^F
Mollusque recouvert d'une coquille unique. On consomme la patelle crue, avec du jus de citron ou de la vinaigrette, ou encore grillée, avec du beurre.

bigorneau^M
La chair ressemble à celle de l'escargot, qu'il peut remplacer dans la plupart des recettes. On le consomme toujours cuit, chaud ou froid.

praire^F
De la même famille que la palourde, elle est servie crue, avec ou sans citron, mais également cuite, en potage ou farcie comme la moule.

coque^F
Mollusque plus ferme et de saveur plus prononcée que les huîtres ou les moules.

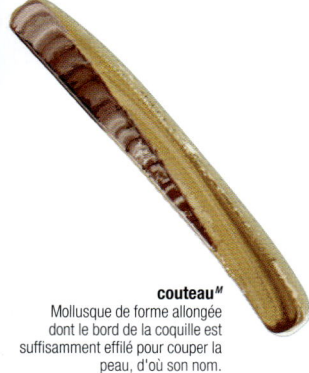

couteau^M
Mollusque de forme allongée dont le bord de la coquille est suffisamment effilé pour couper la peau, d'où son nom.

huître^F **plate**
Huître plus rare que l'huître creuse et dont la valve inférieure est tout à fait plate. La variété belon est notamment recherchée.

huître^F **creuse du Pacifique**^M
Juteuse et dodue, elle possède une valve inférieure bombée. Comme toutes les huîtres, on la consomme souvent crue, nature ou avec du jus de citron.

moule^F
Les moules fraîches sont en général pochées dans un bouillon ou cuites à la vapeur le temps qu'elles s'ouvrent; il faut alors jeter celles qui sont demeurées fermées.

buccin^M
Mollusque semblable à un gros bigorneau. La cuisson exige une certaine attention, car la chair trop cuite devient coriace. On le déguste souvent arrosé de jus de citron.

ALIMENTATION ET CUISINE

aliments d'origine animale

crustacés^M

Animaux aquatiques invertébrés dont le corps est recouvert d'une carapace. Ils sont vendus vivants, surgelés (crus ou cuits) ou en conserve.

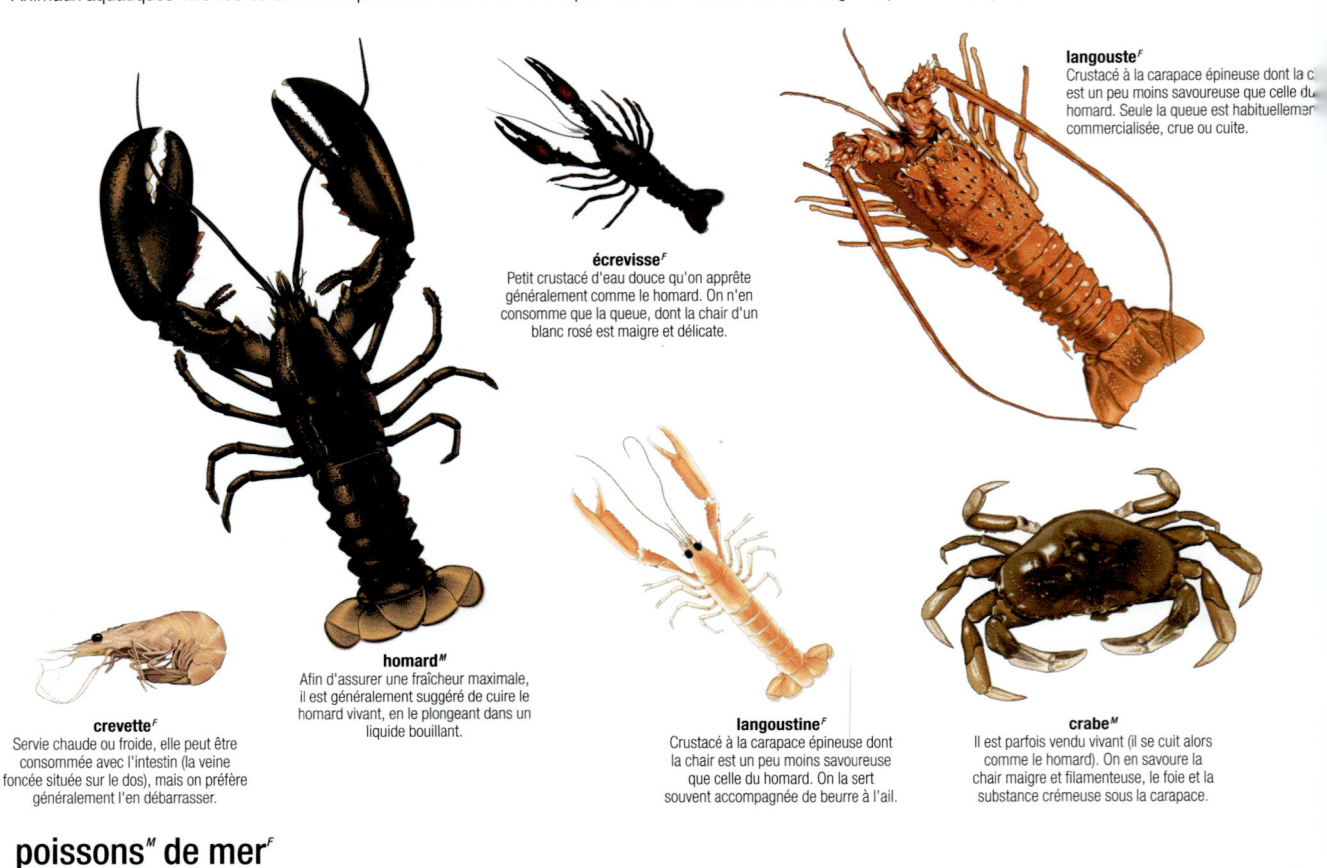

langouste^F
Crustacé à la carapace épineuse dont la c[hair] est un peu moins savoureuse que celle du homard. Seule la queue est habituellemen[t] commercialisée, crue ou cuite.

écrevisse^F
Petit crustacé d'eau douce qu'on apprête généralement comme le homard. On n'en consomme que la queue, dont la chair d'un blanc rosé est maigre et délicate.

crevette^F
Servie chaude ou froide, elle peut être consommée avec l'intestin (la veine foncée située sur le dos), mais on préfère généralement l'en débarrasser.

homard^M
Afin d'assurer une fraîcheur maximale, il est généralement suggéré de cuire le homard vivant, en le plongeant dans un liquide bouillant.

langoustine^F
Crustacé à la carapace épineuse dont la chair est un peu moins savoureuse que celle du homard. On la sert souvent accompagnée de beurre à l'ail.

crabe^M
Il est parfois vendu vivant (il se cuit alors comme le homard). On en savoure la chair maigre et filamenteuse, le foie et la substance crémeuse sous la carapace.

poissons^M de mer^F

Poissons vivant généralement en eau salée.

raie^F
La chair rosée ou blanchâtre, dépour[vue] d'arêtes, doit être suffisamment cuite[s] pour éviter qu'elle ne soit visqueuse e[t] gélatineuse. On consomme surtout le[s] ailes (nageoires pectorales).

grande roussette^F
Requin de la Méditerranée et de l'Atlantique, dont la chair gagne à être cuite très fraîche, accompagnée d'une sauce relevée.

émissole^F
Requin de la Méditerranée, de l'Atlantique et du Pacifique. La chair blanche a une odeur d'ammoniaque qui disparaît à la cuisson.

esturgeon^M
De taille imposante, ce poisson de mer ou d'eau douce est recherché pour sa chair plutôt ferme et pour ses œufs, qui constituent le véritable caviar.

aliments d'origine animale

poissons^M de mer^F

anchois^M
Fort apprécié des peuples méditerranéens, ce poisson très périssable est souvent conservé dans la saumure, l'huile ou le sel, et vendu en bocaux ou en boîtes de conserve.

sardine^F
Apparentée au hareng, elle est souvent mise en conserve (à l'huile, à la tomate ou au vin blanc) et consommée telle quelle, avec du jus de citron et du pain.

hareng^M
L'un des poissons les plus pêchés dans le monde. Il est vendu frais, mais aussi en conserve, mariné, salé et fumé. Il remplace le maquereau dans la plupart des recettes.

éperlan^M
On consomme la chair plutôt grasse, qui a une odeur de concombre, mais aussi la tête, les arêtes, la queue et les œufs. On le cuit simplement vidé, à la poêle.

dorade^F
La chair blanche, fine et maigre, s'apprête de toutes les manières. Elle est notamment servie fumée, en sashimi ou en ceviche.

rouget^M **barbet**^M ; *rouget*^M
Malgré ses nombreuses arêtes, il est très recherché, notamment dans le sud de la France, pour sa saveur particulièrement fine.

alose^F
La chair tendre, plutôt grasse, est souvent apprêtée avec des ingrédients acides (oseille, rhubarbe). Les arêtes sont plus faciles à éviter chez la femelle.

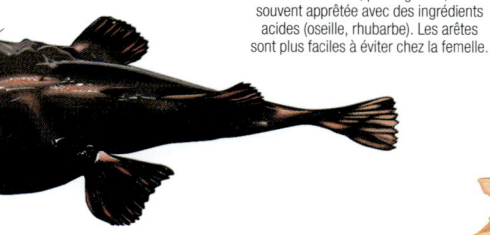

maquereau^M
La chair plutôt grasse se dégrade rapidement si elle n'est pas consommée sans délai. On le sert traditionnellement avec une sauce aux groseilles.

baudroie^F
Souvent appelée « lotte », elle est souvent servie froide, arrosée de vinaigrette. On n'en consomme que la queue, dont la chair est comparée à celle du homard.

grondin^M
Relativement peu charnu, il est souvent cuisiné en soupe, dans la bouillabaisse et la matelote. Il est aussi consommé cuit au four, poché, frit ou fumé.

tassergal^M
Poisson à chair maigre qu'on consomme souvent grillé, braisé ou poché. Il s'apprête comme le maquereau.

mahi mahi^M
Poisson tropical à chair maigre et ferme, qu'on consomme poêlé, poché, cuit au four ou à la vapeur.

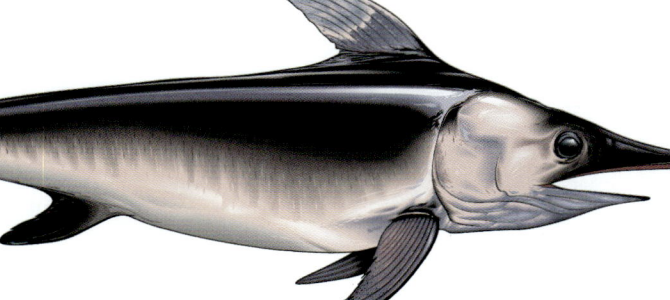

espadon^M
Poisson dont la chair devient plus digeste si elle est pochée avant d'être apprêtée. La queue et les ailerons sont également comestibles.

ALIMENTATION ET CUISINE

aliments d'origine animale

poissons^M de mer^F

sole^F
Souvent confondue avec la plie, elle vit uniquement près des côtes européennes. L'espèce la plus recherchée est la sole commune ou sole de Douvres.

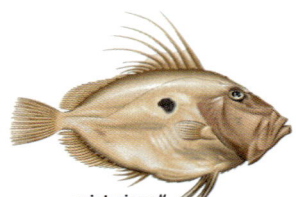

saint-pierre^M
Poisson généralement apprêté comme la sole et le turbot. La chair plutôt ferme contient des arêtes gélatineuses qui donnent un fumet particulier.

plie^F **commune**
Abondante près des côtes européennes, elle est souvent vendue en filets, sa chair contenant beaucoup d'arêtes. C'est l'un des poissons du « fish and chips ».

merlan^M
Poisson de la même famille que la morue. La chair, délicate et très digeste, s'émiette facilement. On le cuit souvent en papillote ou dans un court-bouillon.

sébaste^M
On le consomme cru, cuit ou fumé. Il est préférable de laisser la peau s'il est cuit au court-bouillon ou au gril, la chair floconneuse risquant moins de se défaire.

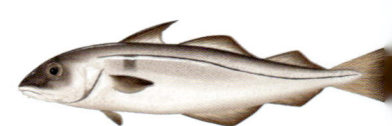

églefin^M
Poisson apparenté à la morue, dont la chair est cependant plus fragile et plus douce. En France, l'églefin fumé porte le nom de « haddock ».

bar^M **commun**
La chair maigre et ferme, qui résiste bien à la cuisson, contient peu d'arêtes.

saumon^M **de l'Atlantique**^M
Seule espèce de saumon vivant dans l'Atlantique, reconnu pour sa chair rose, mi-grasse et très parfumée. Il est commercialisé frais, congelé ou fumé.

lieu^M **noir ; goberge**^F
Il est notamment utilisé pour préparer le surimi, une pâte servant à fabriquer des imitations de fruits de mer.

saumon^M **du Pacifique**^M
Le saumon royal (ou chinook), très recherché, possède la chair la plus grasse; les autres espèces, maigres ou mi-grasses, sont souvent destinées à la conserve.

thon^M
Souvent mis en conserve dans l'huile ou dans l'eau, il est essentiel au vitello tonnato italien et entre dans la préparation de salades, de sushis et de sashimis.

morue^F **de l'Atlantique**^M
Très pêchée près des côtes canadiennes et américaines, elle est souvent séchée ou salée. On tire de son foie une huile riche en vitamine D.

flétan^M
C'est le plus grand des poissons plats. On l'apprête notamment au vin ou avec du beurre d'anchois. La chair maigre et floconneuse contient peu d'arêtes.

turbot^M
L'un des poissons de mer les plus fins, dont la chair est blanche et maigre. Vendu entier ou en filets, il est généralement poché ou grillé.

aliments d'origine animale

poissonsᴹ d'eauᶠ douce

Poissons vivant généralement en eau non salée (lacs, rivières, étangs, etc.).

anguilleᶠ
Très appréciée en Europe et au Japon, sa chair est fine, ferme et grasse. On la débarrasse de l'excédent de gras en la dépouillant.

percheᶠ **truitée ; *achigan*ᴹ**
Rarement commercialisé, ce poisson de pêche sportive présente une chair maigre et floconneuse qui s'accommode de tous les modes de cuissons.

percheᶠ **;** ***perchaude*ᶠ**
Apparentée au sandre, elle est souvent pochée, cuite à l'étuvée ou à la meunière. La chair renferme beaucoup d'arêtes.

truiteᶠ
Poisson principalement d'eau douce dont la chair mi-grasse, très fine et parfumée est servie fumée. La truite arc-en-ciel est l'espèce la plus souvent élevée en captivité.

carpeᶠ
Les espèces sauvages ont souvent un goût de vase, qui disparaît après un trempage dans de l'eau vinaigrée. La langue et les lèvres sont notamment très recherchées.

sandreᴹ **;** ***doré*ᴹ**
Poisson d'eau douce dont la chair maigre, ferme et délicate supporte tous les modes de cuissons. On l'apprête entier ou en filet, comme la perche ou le brochet.

tilapiaᴹ
Poisson d'eau douce à chair mi-grasse, ferme et rosée, à saveur douce et légèrement sucrée. On le consomme habituellement poêlé.

ombleᴹ **de fontaine**ᶠ
Originaire d'Amérique du Nord, ce poisson apparenté à la truite est reconnu pour sa chair délicate, qu'il est conseillé d'apprêter simplement.

brochetᴹ
La chair a parfois un goût de vase qui disparaît si on la met à tremper. Comme il contient de nombreuses arêtes, on le cuisine souvent en pâté ou en quenelle.

ALIMENTATION ET CUISINE

aliments d'origine animale

modes[M] de présentation[F] du poisson[M]

Le poissonnier coupe ou prépare le poisson en morceaux utilisables pour la cuisson.

poisson[M] salé
Poisson qui a été séché puis recouvert de sel pour le conserver. On le consomme tel quel ou apprêté en amuse-gueule.

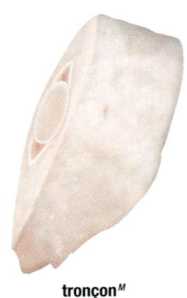

tronçon[M]
Section en longueur d'un gros poisson.

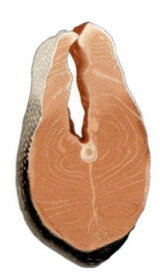

darne[F]
Tranche épaisse d'un gros poisson, taillée transversalement.

filet[M]
Chair d'un poisson rond ou plat, levée de chaque côté du squelette.

poisson[M] fumé
Poisson traité pour la conservation par fumage au chaudron ou au fumoir. Il peut ensuite être réfrigéré ou congelé.

poisson[M] mariné
Poisson cru recouvert de jus d'agrume ou d'huile assaisonnée avant d'être grillé ou consommé tel quel.

plateau[M] de fruits[M] de mer[F]
Assiette composée d'un assortiment de poissons, de crustacés et de mollusques comestibles.

poisson[M] en conserve[F]
Petit poisson de mer habituellement salé et mis dans l'huile ou l'eau pour le conserver. On le mange apprêté en amuse-gueule, en salade ou en sandwich.

œufs[M]

Aliments provenant de la ponte des volatiles femelles, généralement de la poule. On les consomme sous plusieurs formes : à la coque, en omelette, brouillés, etc.

œuf[M] de caille[F]
Très populaire en Chine et au Japon, il est généralement consommé cuit dur, souvent en amuse-gueule. Il est aussi utilisé à des fins décoratives.

œuf[M] de faisane[F]
Plus petit et plus arrondi que l'œuf de poule, il est assez difficile à trouver sur le marché. On le consomme souvent cuit dur, dans les salades ou aspics.

œuf[M] d'oie[F]
Relativement gros, il pèse entre 250 et 300 grammes. Il est plutôt rare dans le commerce.

œuf[M] d'autruche[F]
Le plus gros de tous les œufs, il peut peser jusqu'à 2 kilos. Un œuf d'autruche permet de préparer une omelette pouvant nourrir une dizaine de personnes.

œuf[M] de cane[F]
Utilisé dans la cuisine asiatique, il possède un goût plus prononcé que l'œuf de poule. Il doit être bouilli au moins 15 minutes pour détruire les bactéries qu'il contient.

œuf[M] de poule[F]
De loin le plus consommé, il est cuit, employé tel quel ou incorporé à d'autres préparations. Utilisé seul, le mot « œuf » désigne l'œuf de poule.

aliments d'origine animale 271

viande^F

Chair des animaux de boucherie, consommée comme aliment. On distingue habituellement les viandes rouges (bœuf, agneau) des viandes blanches (veau, porc).

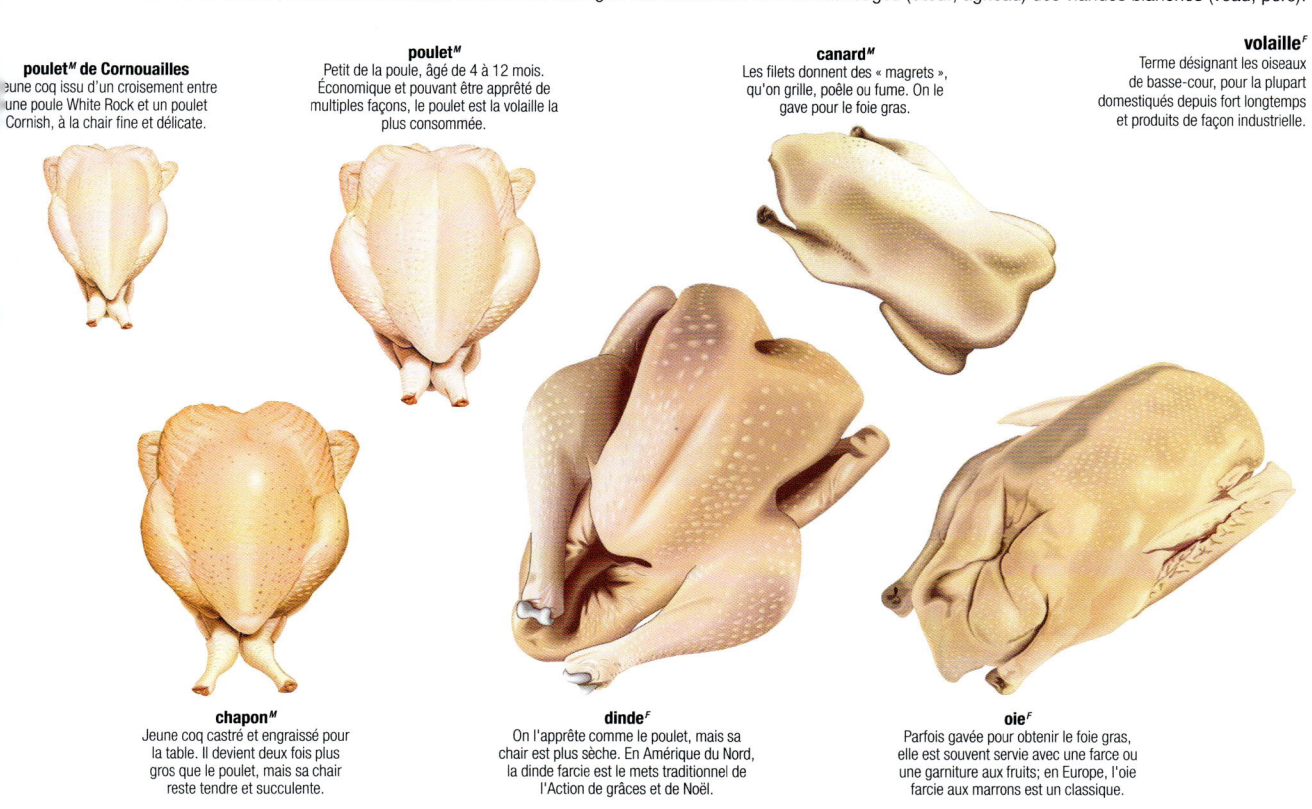

poulet^M de Cornouailles
Jeune coq issu d'un croisement entre une poule White Rock et un poulet Cornish, à la chair fine et délicate.

poulet^M
Petit de la poule, âgé de 4 à 12 mois. Économique et pouvant être apprêté de multiples façons, le poulet est la volaille la plus consommée.

canard^M
Les filets donnent des « magrets », qu'on grille, poêle ou fume. On le gave pour le foie gras.

volaille^F
Terme désignant les oiseaux de basse-cour, pour la plupart domestiqués depuis fort longtemps et produits de façon industrielle.

chapon^M
Jeune coq castré et engraissé pour la table. Il devient deux fois plus gros que le poulet, mais sa chair reste tendre et succulente.

dinde^F
On l'apprête comme le poulet, mais sa chair est plus sèche. En Amérique du Nord, la dinde farcie est le mets traditionnel de l'Action de grâces et de Noël.

oie^F
Parfois gavée pour obtenir le foie gras, elle est souvent servie avec une farce ou une garniture aux fruits; en Europe, l'oie farcie aux marrons est un classique.

ALIMENTATION ET CUISINE

lièvre^M
La chair foncée a un goût plus prononcé que celle du lapin. Jeune, il se cuisine rôti ou sauté; plus vieux, il est mariné et préparé en civet, terrine ou pâté.

lapin^M
La viande du lapin sauvage a une saveur plus forte que celle du lapin domestique, semblable au poulet. On l'apprête souvent avec une sauce à la moutarde.

gibier^M
Ensemble des animaux sauvages comestibles dont la chasse est autorisée. On distingue le gibier à poil, de grande ou de petite taille, et le gibier à plume.

caille^F
Petit oiseau qu'on consomme rôti, braisé, cuit en casserole ou grillé. Elle est souvent servie avec des sauces aux fruits.

perdrix^F
La chair de la perdrix contient peu de gras et s'assèche rapidement à la cuisson. La viande du perdreau est plus tendre que celle de la perdrix adulte.

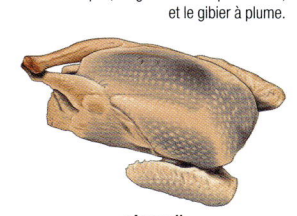

pigeon^M
Consommé depuis les temps anciens, il est souvent rôti, sauté ou grillé, ou encore braisé s'il est adulte. On l'accompagne traditionnellement de petits pois.

pintade^F
De la taille d'un petit poulet, elle est plus savoureuse jeune, lorsqu'elle pèse moins d'un kilo. Sa chair est légèrement musquée.

faisan^M
Le jeune faisan est souvent rôti et agrémenté d'une farce humide. Âgé, il devient plus sec et moins tendre; on peut alors le préparer en pâté ou en terrine.

aliments d'origine animale

viande^F

découpe^F du bœuf^M
Carcasse des grands bovins, divisée en quartiers puis en pièces de viande prêtes à cuisiner.

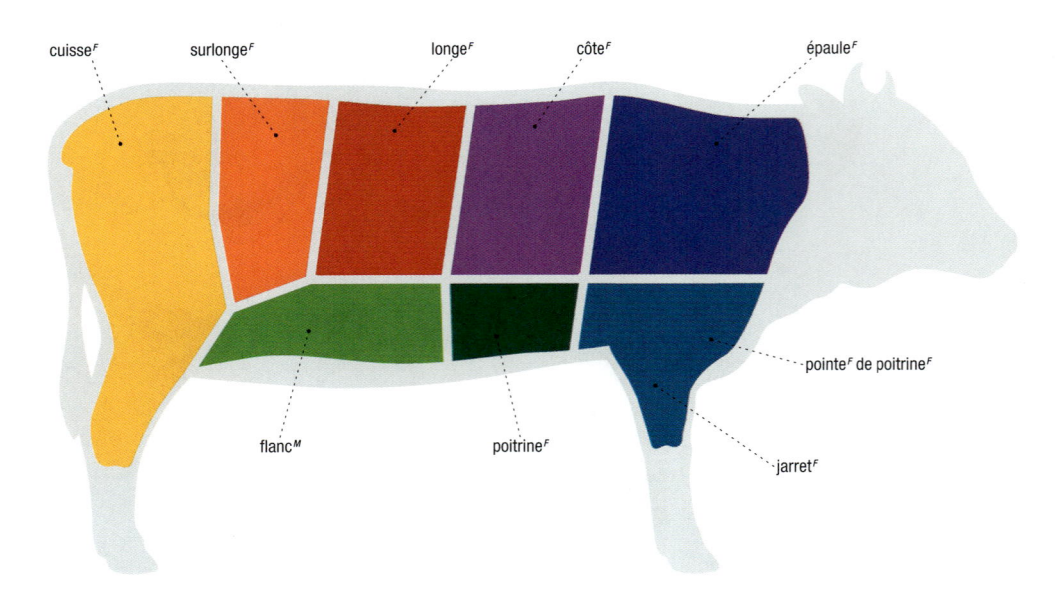

Labels sur la silhouette du bœuf :
- cuisse^F
- surlonge^F
- longe^F
- côte^F
- épaule^F
- pointe^F de poitrine^F
- flanc^M
- poitrine^F
- jarret^F

exemples^M de pièces^F
La saveur et la tendreté de la viande de bœuf sont très variables selon la provenance des pièces.

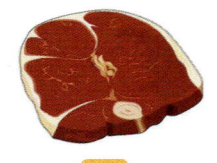

bifteck^M de ronde^F
Tranche plutôt mince provenant de la cuisse, généralement destinée à être grillée.

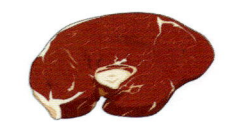

bifteck^M de surlonge^F
Tranche plutôt mince, prélevée dans le dos, généralement destinée à être grillée.

bifteck^M d'aloyau^M
Tranche relativement épaisse et tendre provenant de la longe, destinée à être grillée ou sautée.

châteaubriand^M
Tranche de filet de bœuf coupée dans le cœur du filet.

rôti^M de filet^M
Pièce prélevée le long de la colonne vertébrale, réputée pour sa tendreté.

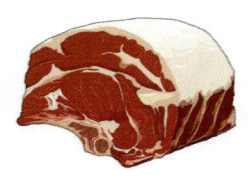

rôti^M de côtes^F
Pièce de viande à rôtir, prélevée dans la région du thorax. Il est tendre et savoureux.

côtes^F levées de dos^M
Formées de morceaux de côtes prélevés sur le dos et des muscles s'y rattachant, elles sont souvent servies avec une sauce aigre-douce.

rôti^M de côtes^F croisées
Pièce de viande à rôtir provenant de l'épaule.

bavette^F
Pièce ayant beaucoup de saveur provenant de la région abdominale (flanc), de texture filandreuse. On la prépare habituellement grillée ou sautée.

tendron^M
Tranche prélevée dans la poitrine, généralement préparée grillée.

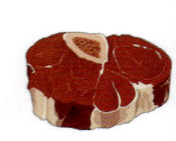

jarret^M
Pièce plutôt ferme provenant d'u section de la patte avant ou arriè du bœuf. On l'utilise surtout dan les plats mijotés.

ALIMENTATION ET CUISINE

aliments d'origine animale

viande^F

découpe^F du veau^M
Carcasse du petit de la vache de moins d'un an, divisée en quartiers puis en pièces de viande prêtes à cuisiner.

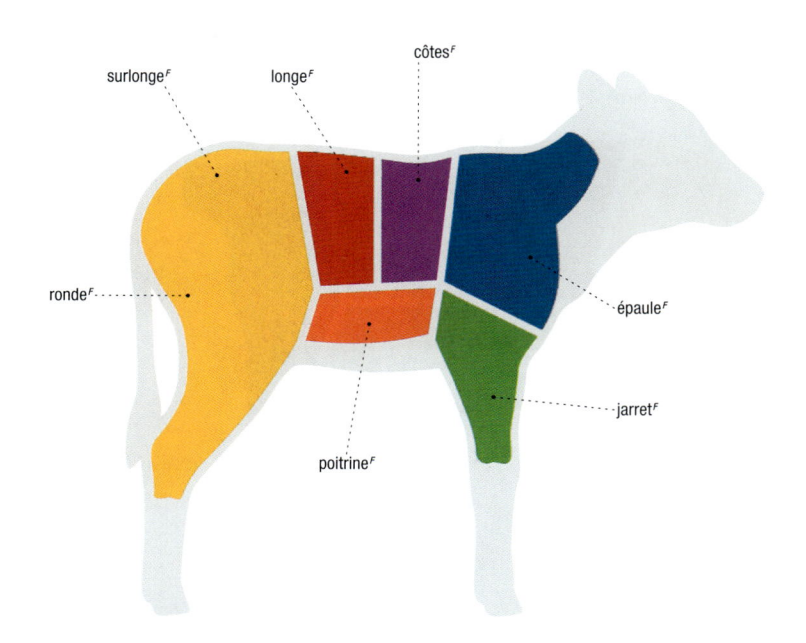

surlonge^F
longe^F
côtes^F
ronde^F
épaule^F
jarret^F
poitrine^F

ALIMENTATION ET CUISINE

exemples^M de pièces^F
Le veau fournit une viande tendre et délicate, de couleur presque blanche à rosée.

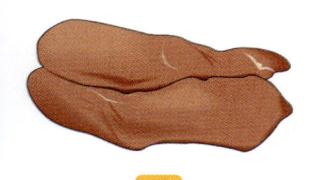

escalope^F
Mince tranche de viande blanche coupée de biais.

tranche^F de ronde^F
Tranche provenant de la partie supérieure de la cuisse, destinée à être grillée ou sautée.

côte^F de longe^F
Tranche provenant des côtes inférieures, qu'on prépare grillée.

côtelette^F de côte^F
Tranche provenant des côtes supérieures, qu'on prépare grillée.

rôti^M de palette^F
Pièce de viande à rôtir prélevée dans l'épaule et non désossée.

rôti^M d'épaule^F désossé
Pièce de viande à rôtir prélevée dans l'épaule, et séparée de l'os.

poitrine^F
Pièce de viande à rôtir prélevée dans la partie inférieure du thorax.

jarret^M
Pièce provenant d'une section de la patte avant ou arrière du veau. Coupé en rouelles, il permet notamment de préparer l'osso buco italien.

aliments d'origine animale

viande^F

découpe^F de l'agneau^M
Carcasse du petit de la brebis de moins d'un an, divisée en quartiers puis en pièces prêtes à cuisiner.

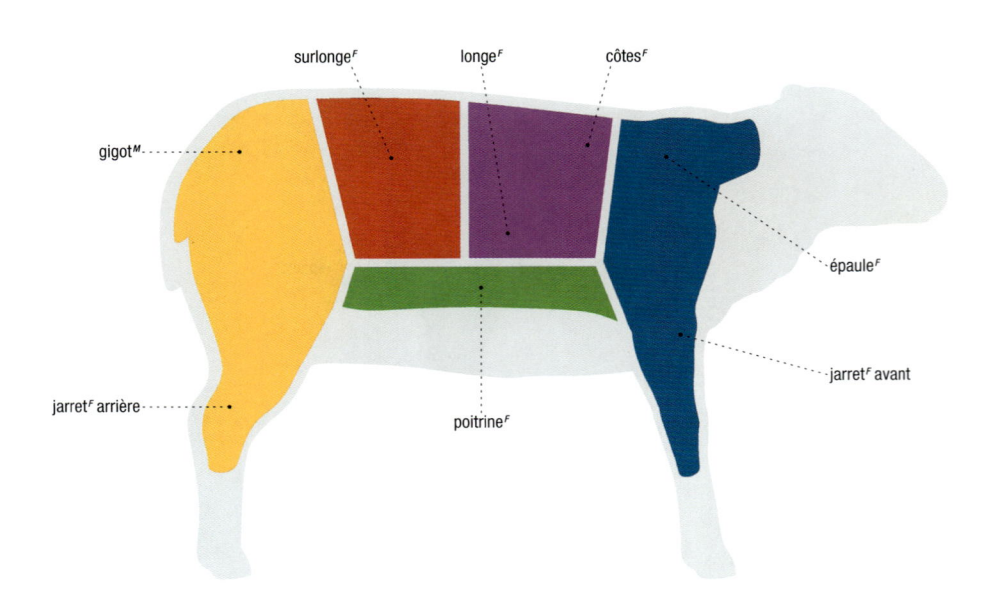

- surlonge^F
- longe^F
- côtes^F
- gigot^M
- épaule^F
- jarret^F avant
- jarret^F arrière
- poitrine^F

exemples^M de pièces^F
L'agneau de lait a un goût plus fin que celui de l'agneau adulte. Il est très prisé au Moyen-Orient.

gigot^M à la française
Pièce de viande à rôtir provenant de la cuisse. C'est un plat de Pâques traditionnel dans certains pays.

tranche^F de surlonge^F ; bifteck^M de surlonge^M
Tranche de viande d'agneau non désossée, qu'on prépare habituellement grillée.

côtelette^F de côte^F
Pièce composée d'un os du thorax et des muscles qui y sont attachés ; on la consomme généralement grillée.

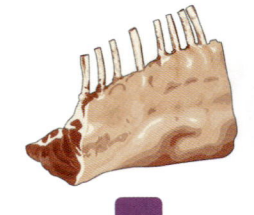

carré^M
Pièce non désossée provenant de la longe, destinée à être rôtie.

jarret^M
Section de la patte avant ou arrière de l'agneau, souvent servie braisée.

rôti^M d'épaule^F désossé
Pièce désossée provenant de l'épaule, destinée à être rôtie.

poitrine^F roulée
Pièce désossée provenant de la longe.

aliments d'origine animale

275

viande^F

découpe^F du porc^M
Carcasse du porc, divisée en quartiers puis en pièces prêtes à cuisiner.

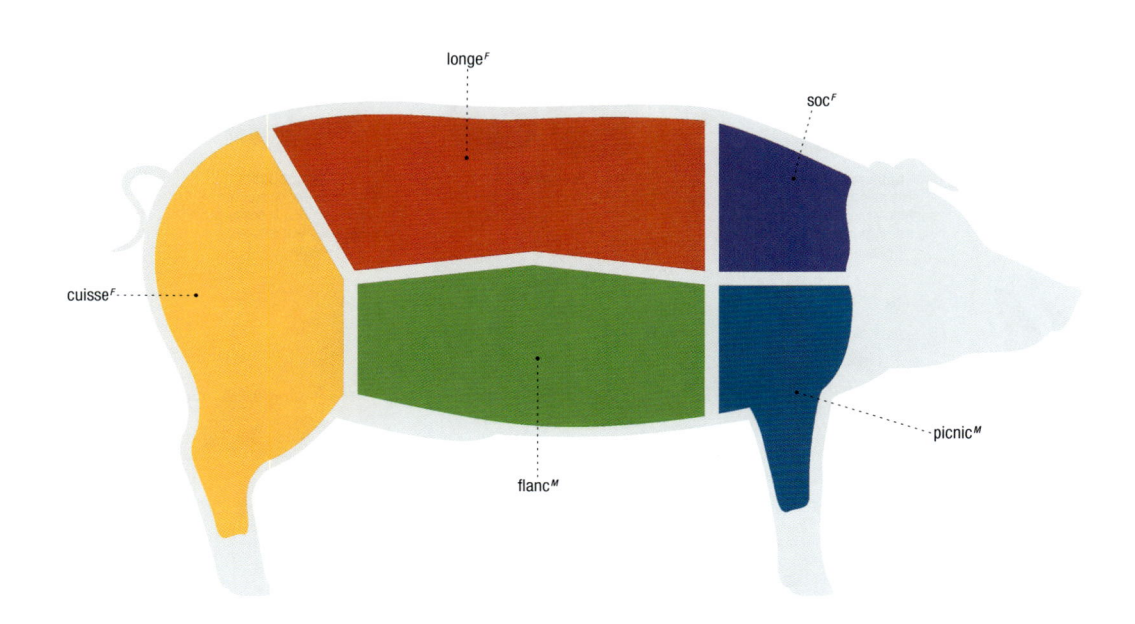

longe^F

soc^F

cuisse^F

picnic^M

flanc^M

ALIMENTATION ET CUISINE

exemples^M de pièces^F
Les parties les plus tendres viennent de la longe (dos); le flanc (ventre), la cuisse (fesse) et l'épaule fournissent des pièces moins tendres.

jambon^M fumé
Morceau tiré de la cuisse du porc, traité pour la conservation par fumage. Il est vendu tel quel, désossé ou en tranches, et est apprêté de multiples façons.

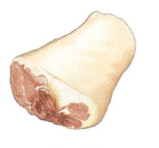

jarret^M
Aussi appelé « jambonneau », il provient d'une section de la patte avant ou arrière du porc. Il entre dans la préparation du traditionnel ragoût de pattes.

côtelette^F
Pièce composée d'un os du thorax et des muscles qui y sont attachés; certaines, comme la côtelette papillon, sont toutefois vendues désossées.

filet^M
Pièce provenant du dos du porc, habituellement rôtie ou farcie et grillée.

rôti^M de soc^M ; rôti^M de palette^F
Pièce tirée de l'épaule de porc, habituellement cuite au four.

travers^M ; côtes^F levées
Pièce formée de morceaux de côtes prélevés sur le flanc et des muscles s'y rattachant. La cuisine chinoise d'Amérique du Nord l'associe à une sauce aigre-douce.

rôti^M picnic fumé
Pièce provenant de l'épaule du porc, fumée par le boucher. On l'utilise généralement en sandwich ou grillée.

aliments d'origine animale

viande^F

modes^M de présentation^F de la viande^F
Le boucher coupe ou prépare la viande en morceaux utilisables pour la cuisson.

viande^F hachée
Pièce de viande passée au moulin pour la couper en morceaux mous. On en fait des boulettes ou on l'incorpore à diverses préparations.

boulettes^F de viande^F
Petites rondelles confectionnées à partir de viande hachée et d'épices; on les incorpore notamment aux sauces et aux ragoûts.

médaillons^M
Tranches de viande de forme ronde ou ovale, plus ou moins épaisses.

tournedos^M
Tranche de filet de bœuf coupée dans la queue ou la pointe du filet et généralement entourée d'une barde de lard.

grenadin^M
Tranche de veau ronde ou ovale, taillée dans le filet, la noix ou la sous-noix.

aiguillette^F
Tranche étroite et longue de bœuf ou de volaille.

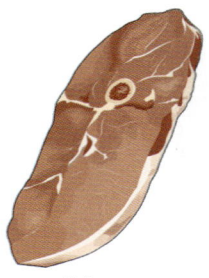

rouelle^F
Tranche épaisse, de forme ronde, composée de l'os et de la viande qui l'entoure.

paupiette^F
Tranche mince roulée autour d'une farce (hachis d'herbes, de légumes et de viande), qu'on fait pocher ou cuire à la vapeur ou au four.

tranche^F
Morceau de viande sans forme spécifique, plutôt mince.

cubes^M
Morceaux de viande coupés en petits carrés, utilisés notamment pour préparer des brochettes ou des ragoûts.

abats^M
Parties comestibles d'un animal de boucherie, autres que la viande.

moelle^F
Substance molle et grasse située au centre des os. Elle accompagne notamment le bœuf grillé et les cardons, et elle ajoute de la saveur aux soupes.

ris^M
Nom donné au thymus du veau, de l'agneau ou du chevreau. Le ris de veau est particulièrement recherché.

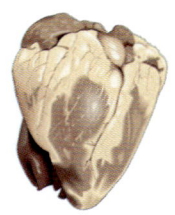

cœur^M
Cuisiné en ragoût et en casserole, il est aussi sauté, grillé, braisé ou mijoté. Les cœurs de veau, d'agneau et de poulet sont les plus recherchés.

foie^M
On consomme le foie des animaux de boucherie, de la volaille, du gibier et de certains poissons (morue). Il a une teneur élevée en fer.

langue^F
Elle est recouverte d'une peau épaisse qui s'enlève facilement après la cuisson. La langue de veau est la plus tendre.

rognons^M
Nom donné aux reins d'un animal de boucherie, plus tendres chez les animaux jeunes comme le veau. Leur préparation est délicate si on veut éviter un arrière-goût désagréable.

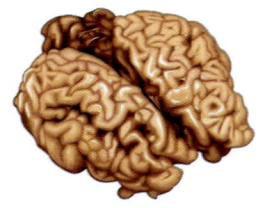

cervelle^F
Les plus recherchées sont celles de l'agneau, du mouton et du veau. On les sert en salade, en gratins, en croquettes, sous forme de farces ou de sauces.

tripes^F
Nom donné à l'estomac des ruminants, accommodé pour être consommé. Les tripes sont à la base de plusieurs plats régionaux, dont les tripes à la mode de Caen.

ALIMENTATION ET CUISINE

aliments transformés

charcuterie^F

Produit fabriqué à partir de viande ou d'abats de divers animaux, souvent du porc. Il en existe de nombreuses variétés, à consommer avec ou sans cuisson préalable.

mortadelle^F
Gros saucisson italien à base de viande et de gras, ainsi que de grains de poivre et de pistache.

saucisson^M kielbasa
D'origine polonaise, il est fait de porc et de bœuf hachés, assaisonnés d'ail et d'épices.

salami^M de Gênes
Saucisson sec italien, préparé à partir d'un mélange de porc, de veau et de gras. On le sert souvent en tranches fines, comme hors-d'œuvre.

foie^M gras
Foie de l'oie ou du canard, hypertrophié par gavage. Considéré comme un mets gastronomique, il est vendu cru ou prêt à consommer.

rillettes^F
Toujours servies froides, elles sont faites de viande, souvent de porc ou d'oie, cuite dans de la graisse jusqu'à ce que la viande se défasse.

salami^M allemand
Salami à base de bœuf et de porc finement hachés. On le sert en général tranché, comme hors-d'œuvre, mais aussi sur la pizza, en canapés et en sandwichs.

boudin^M
Préparation de charcuterie cuite, à base de sang et de gras de porc ou d'autres animaux, assaisonnée d'oignon et d'épices, puis fourrée dans un boyau.

boudin^M blanc
Préparation de charcuterie cuite, fourrée dans un boyau de porc, composée de viande blanche, de graisse, de lait, d'œufs et d'amidon, assaisonnée d'oignon et d'épices.

pepperoni^M
Saucisson sec italien plus ou moins épicé, très populaire sur la pizza. On l'ajoute aussi, en petits cubes, à certains plats pour leur donner de la saveur.

chorizo^M
Saucisson demi-sec espagnol relevé de piment rouge, disponible en plusieurs variétés plus ou moins épicées. Il entre notamment dans la préparation de la paella.

saucisse^F de Toulouse
Saucisse crue d'origine française à base de porc haché et de poivre. Elle entre notamment dans la préparation du cassoulet.

merguez^F
Petite saucisse crue très épicée à base d'agneau, de bœuf ou de mouton. Populaire en Afrique du Nord et en Espagne, on la consomme en général frite ou grillée.

andouillette^F
Charcuterie cuite à base de tube digestif de porc ou de veau. On la consomme grillée ou poêlée, accompagnée de moutarde.

chipolata^F
Saucisse crue de porc ou de porc et bœuf, assaisonnée notamment de clou de girofle. Elle est souvent poêlée ou grillée.

saucisse^F de Francfort
Saucisse fumée précuite d'origine allemande, préparée à partir d'une fine pâte de viande de porc. Elle connaît plusieurs variantes, dont la saucisse à hot-dog américaine.

pancetta^F
Lard roulé, parfois épicé, provenant d'Italie. La pancetta est essentielle aux pâtes alla carbonara, en plus d'agrémenter sauces, soupes et plats de viande.

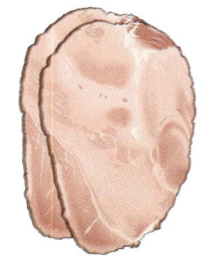

jambon^M cuit
Viande de porc salée et cuite, généralement servie en tranches minces. On le consomme chaud ou froid, notamment en sandwichs, en canapés et en croque-monsieur.

prosciutto^M
Jambon cru séché originaire de la région de Parme, en Italie. Tranché finement, on le consomme souvent avec du melon ou des figues.

bacon^M canadien
Morceau de viande salée, généralement fumée, provenant de la longe de porc. Il est souvent consommé avec des œufs : on l'ajoute notamment aux quiches et aux omelettes.

bacon^M américain
Flanc de porc salé et fumé, coupé en fines tranches. En Amérique du Nord, il est traditionnellement servi au petit déjeuner, avec des œufs.

ALIMENTATION ET CUISINE

aliments transformés

produits^M céréaliers

Céréales ayant subi diverses transformations visant à préparer des produits moulus (farine, semoule), non moulus (riz) ou fabriqués (pain, pâtes, nouilles).

farine^F et semoule^F
Produits obtenus par la mouture de grains de céréales, la semoule étant en général moins fine et plus granuleuse. Utilisés seuls, ces mots sont associés au blé.

semoule^F
Farine granulée tirée du blé dur avec laquelle on prépare les pâtes alimentaires. La semoule très fine s'utilise aussi comme céréale (crème de blé).

farine^F tout usage^M
Farine composée de blé dur et de blé tendre moulus. On l'utilise de façon variée, notamment pour lier les sauces ou pour faire le pain et les pâtisseries.

farine^F de blé^M complet ; farine^F de blé^M entier
Produit de la mouture du grain entier, dont elle garde toutes les valeurs nutritives. Le son (enveloppe du grain) lui confère sa couleur brunâtre.

farine^F non blanchie
Non blanchie artificiellement, elle provient, comme les farines blanches, de grains de blé moulus et débarrassés du son et du germe.

farine^F de maïs^M
On l'incorpore notamment aux crêpes, gâteaux, muffins ou pains. Pour obtenir des préparations qui lèvent, on doit la combiner à de la farine de blé.

germe^M de blé^M
Embryon du grain de blé, riche en matières grasses, en vitamines et en protéines. On en fait une huile ou on l'ajoute aux céréales, pains, muffins et pâtisseries.

couscous^M
Semoule de blé dur roulée en grains servant à préparer le plat du même nom, d'origine maghrébine. Il est traditionnellement cuit à la vapeur d'un bouillon.

boulgour^M
Grain de blé entier dont on a enlevé le son. Cette céréale au goût de noisette, cuisinée par réhydratation ou par cuisson, entre notamment dans la composition du taboulé.

farine^F de sarrasin^M
Elle est dépourvue de gluten et ne lève pas à la cuisson; on en fait notamment des nouilles, des galettes, des gâteaux, des biscuits et des fars bretons.

farine^F d'avoine^F
Elle ne lève pas à la cuisson, on doit donc la combiner à de la farine de blé pour préparer pains et autres aliments levés. Ces produits sont plutôt massifs.

pain^M
Aliment à base de farine, d'eau et de sel; il contient souvent un ferment (levain ou levure) qui le fait gonfler.

pain^M naan
Pain tendre, doux et léger qu'on consomme nature ou farci. La pâte contient du yaourt, qui participe à la fermentation.

pain^M chapati
Pain plat légèrement boursouflé et croustillant, qu'on mange chaud avec des légumes et du riz ou qu'on utilise comme cuiller pour prendre des aliments.

tortilla^F
Galette de pain non levé faite de farine de maïs ou de blé, à la base de nombreux plats latino-américains. On la consomme nature, roulée autour d'une garniture, ou cuite.

pain^M pita
Pain plat, originaire du Proche-Orient, dont la croûte forme une pochette pouvant être farcie d'aliments chauds ou froids.

pain^M azyme
Pain sans levain, léger et croustillant, principalement consommé lors de la pâque juive. Il se conserve longtemps.

pain^M de seigle^M danois
Souvent additionné de mélasse, il est généralement plus léger et plus sucré que le pain de seigle allemand.

pain^M de campagne^F
La croûte épaisse, souvent farinée, recouvre une mie de saveur légèrement acidulée. D'usage varié, il se conserve longtemps sans rassir.

pain^M noir russe
Préparé à partir d'un mélange de farine de blé et de seigle, il possède une croûte fine mais résistante. Il accompagne bien les soupes et ragoûts.

aliments transformés 279

produits^M céréaliers

pain^M parisien
Long pain croustillant semblable à une grosse baguette. Il se conserve un peu plus longtemps que la baguette.

baguette^F
Pain français typique, léger et croustillant, qui accompagne aussi bien les plats principaux que les fromages et pâtés. Ce pain doit être consommé très frais.

baguette^F épi^M
Baguette préparée de manière à ce qu'on puisse facilement la rompre en morceaux avec les mains.

bagel^M
Pain en forme d'anneau traditionnellement parsemé de graines de sésame. On le sert le plus souvent chaud, avec du fromage à la crème.

pain^M de seigle^M noir
Fabriqué à partir de farine de seigle, ce pain très dense au goût prononcé accompagne notamment les fruits de mer et les aliments fumés.

pain^M tchallah
Pain léger et moelleux, légèrement sucré, traditionnellement servi pour le sabbat et les fêtes juives. La tresse est sa forme la plus courante.

croissant^M
Petit pain de pâte levée ou feuilletée souvent consommé comme pâtisserie, nature ou fourré. On l'utilise aussi pour préparer hors-d'œuvre et sandwichs.

pain^M de maïs^M
Pain à base de farine de maïs qui présente une mie de couleur dorée. Il est notamment typique du sud des États-Unis.

pain^M complet
Fabriqué à partir de farine de blé complet, il est très nutritif et apporte davantage de minéraux et de protéines que le pain blanc.

pain^M multicéréales
Il contient généralement 80 % de farine blanche, de farine de blé entier ou d'un mélange des deux, à laquelle on ajoute d'autres céréales (avoine, seigle, etc.).

pain^M de seigle^M allemand
Pain dense de couleur sombre, au goût fort et acidulé. Fabriqué à partir de farine de seigle et de blé, il a une longue durée de conservation.

pain^M brioché
Pain gras et sucré, fabriqué avec des œufs et du lait.

pain^M de mie^F
Pain à croûte mince et à mie moelleuse et très blanche. On le consomme principalement tranché, en sandwich.

pain^M irlandais
Pain marqué d'une entaille en croix; on utilise de la levure chimique, ce qui lui donne une consistance proche de celle d'un gâteau.

pain^M grec
Pain rond dont la croûte dorée est parfois recouverte de graines de sésame. Il en existe plusieurs variantes, dont le pain aux olives.

chapelure^F
Produit culinaire à base de pain séché et émietté, utilisé pour paner, épaissir une sauce ou saupoudrer un plat à gratiner.

pain^M blanc
Pain fabriqué à partir de farine blanche, qu'on trouve sous différentes formes, grosseurs et textures. Il est moins nutritif que le pain complet.

cracker^M de seigle^M
Pain plat, mince et croustillant, à base de farine de seigle, qu'on consomme notamment avec le fromage.

cracker^M
Pain plat, mince et croustillant, qu'on consomme notamment avec le fromage.

pâte^F phyllo^F
Pâte souple d'origine grecque, aussi mince qu'une feuille, qui sert à préparer plusieurs hors-d'œuvre et pâtisseries, dont les baklavas.

ALIMENTATION ET CUISINE

produits^M laitiers

Aliments résultant de la transformation du lait naturel. De consommation courante dans les pays occidentaux, ils sont réputés pour leur richesse en calcium.

crème^F
Produit obtenu par écrémage du lait, vendu selon sa teneur en matière grasse. Elle est très utilisée en cuisine, telle quelle ou fouettée.

yaourt^M ; yogourt^M
Substance de consistance plus ou moins ferme obtenue par la fermentation du lait sous l'action d'une culture bactérienne. On peut le consommer tel quel ou le cuisiner.

ghee^M
Beurre clarifié d'origine orientale, traditionnellement préparé à partir de lait de bufflonne. Il est très populaire en Inde et dans les pays arabes.

beurre^M
Substance grasse et onctueuse obtenue par le barattage de la crème. On l'utilise pour la cuisson ou comme ingrédient de diverses sauces, pâtisseries et crèmes.

crème^F épaisse ; crème^F à fouetter
La plus riche en matière grasse (au moins 30 %). On la consomme souvent fouettée, pour décorer ou confectionner divers desserts, dont les choux à la crème.

crème^F aigre ; crème^F sure
Crème de consistance plutôt ferme, obtenue par fermentation sous l'action de bactéries. Elle peut servir d'assaisonnement ou d'accompagnement.

lait^M
Liquide blanc riche en matières nutritives, sécrété par les femelles de quelques mammifères domestiques et utilisé comme aliment. Employé seul, ce mot désigne le lait de vache.

états^M du lait^M
Le lait est présenté sous différentes formes pour la consommation.

lait^M de vache^F
Lait le plus couramment consommé, généralement commercialisé pasteurisé. On s'en sert comme boisson ou on le cuisine (potages, sauces, desserts, etc.).

lait^M homogénéisé
Lait traité pour que les matières grasses restent en suspension sans remonter à la surface. Il peut être entier, partiellement écrémé ou écrémé.

lait^M de chèvre^F
Plus blanc et de saveur plus prononcée que le lait de vache, il est également plus digeste.

babeurre^M
Liquide aigrelet se séparant de la crème lors de la fabrication du beurre. Celui disponible sur le marché s'obtient en ajoutant une culture bactérienne au lait.

lait^M concentré
Lait dont on a fait évaporer sous vide une bonne partie de l'eau qu'il contient. Riche en matières grasses, il sert surtout à confectionner des desserts.

lait^M en poudre^F
Lait entièrement déshydraté, qui se conserve jusqu'à un an sans réfrigération si le contenant n'est pas entamé.

fromages^M de chèvre^F
Fromages de saveur plutôt prononcée, fabriqués à partir de lait de chèvre, parfois mélangé à du lait de vache. Ils sont souvent lisses et humides.

fromages^M frais
Fromages non affinés, qui contiennent jusqu'à 80 % d'eau. Lisses, de saveur douce ou légèrement acidulée, ils doivent être consommés rapidement.

chèvre^M frais
Fromage frais, sans croûte, qui possède une saveur douce et aigrelette. Il est parfois aromatisé de fines herbes.

féta^F
Fromage blanc à pâte molle affiné en saumure, fait avec du lait de brebis, de chèvre ou de vache.

cottage^M
Fromage faible en gras, qui se distingue par sa texture en grains. Il se tartine bien, et on peut l'ajouter aux salades, desserts et sauces.

mozzarella^F
Fromage d'origine italienne, plus ferme que les autres fromages frais. C'est le fromage à pizza par excellence.

ricotta^F
Fromage à texture granuleuse dont la pâte est souple et humide. On l'utilise notamment dans les plats farcis et les desserts de la cuisine italienne.

crottin^M de Chavignol
Fromage à pâte molle d'origine française, recouvert d'une croûte tachetée de moisissures. On le consomme frais ou séché (il prend alors une saveur corsée).

fromage^M à la crème^F
Fromage onctueux et malléable fabriqué avec de la crème, parfois mélangée au lait. On l'utilise comme tartinade ou pour préparer des desserts (gâteau au fromage).

aliments transformés 281

produits^M laitiers

fromages^M à pâte^F pressée
Fromages affinés dont la pâte, cuite et pressée, est en général ferme et compacte. Souvent ornés d'une croûte dure, ils contiennent moins de 35 % d'humidité.

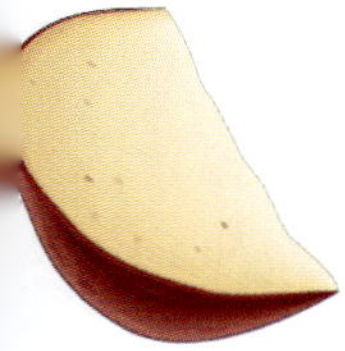

édam^M
Fromage au lait de vache originaire d'Edam, en Hollande, habituellement recouvert de paraffine rouge.

emmenthal^M
Reconnu pour ses gros trous caractéristiques, ce fromage suisse à saveur douce est notamment consommé dans les gratins et les fondues.

romano^M
Originaire de Rome, ce fromage à pâte sèche et granuleuse s'utilise souvent râpé. Il est à base de lait de vache, de brebis ou de chèvre, ou d'un mélange de ceux-ci.

raclette^F
Fromage originaire du canton suisse du Valais, fabriqué spécialement pour être utilisé dans le plat traditionnel du même nom.

gouda^M
Fromage gras au lait de vache, originaire de Gouda en Hollande, habituellement recouvert de paraffine jaune. La pâte plutôt ferme est parsemée de petits trous.

cheddar^M
Fromage gras au lait de vache, originaire d'Angleterre. Il a une saveur douce devenant plus piquante en vieillissant.

gruyère^M
Fromage suisse à petits trous nommés « yeux », de saveur mi-sucrée. Il est très utilisé en cuisine, que ce soit tel quel, râpé ou fondu.

jarlsberg^M
Fromage norvégien dont la pâte, parsemée de gros trous, possède un goût de noisette typique.

oka^M
Fromage de lait de vache à pâte ferme, à odeur relevée et à croûte orangée, fabriqué à l'origine par les moines trappistes d'Oka, au Québec.

parmesan^M
Fromage italien à odeur forte et à texture granuleuse, vendu en meule ou râpé, souvent utilisé comme assaisonnement, notamment dans les plats de pâtes.

fromages^M à pâte^F persillée
Ils sont aussi appelés « fromages bleus » à cause des moisissures dont leur pâte est ensemencée. Ils ont un goût poivré et piquant, et une texture habituellement friable.

roquefort^M
Le plus connu des bleus, originaire de Roquefort, en France. Fabriqué à partir de lait de brebis, il se marie bien avec les poires, la crème et le beurre.

stilton^M
Fromage anglais de texture ferme mais crémeuse. Il est souvent accompagné de crackers et de porto.

bleu^M **danois**
Originaire du Danemark, il a un goût piquant et une texture crémeuse. Il renferme jusqu'à 60 % de matière grasse.

gorgonzola^M
Fromage d'origine italienne, qu'on reconnaît à sa croûte rugueuse, de couleur grise marquée de rouge.

fromages^M à pâte^F molle
Fromages affinés mais non pressés et non cuits, dont la pâte est crémeuse ou moelleuse. Leur croûte, plus ou moins veloutée, est souvent comestible.

pont-l'évêque^M
Fromage à pâte souple mais non coulante, qui dégage une odeur forte. Il tire son nom de la ville de Normandie d'où il provient.

coulommiers^M
Originaire de la région parisienne, il est semblable au brie, mais plus petit. Il contient entre 45 et 50 % de matière grasse.

camembert^M
Doux et onctueux, le plus célèbre des fromages de France est plus petit et de texture légèrement plus ferme que le brie.

brie^M
Originaire de la région de Brie, près de Paris, il est l'un des fromages français les plus connus. Il en existe plusieurs sortes, dont le brie de Meaux.

munster^M
Fromage à odeur puissante et pénétrante originaire d'Alsace. Sa croûte lisse et humide recouvre une pâte onctueuse.

ALIMENTATION ET CUISINE

pâtes^F alimentaires

Préparations à base de semoule de blé dur et d'eau, façonnées de diverses façons et séchées. On les achète habituellement prêtes à cuire.

rigatoni^M
Pâtes tubulaires d'assez grand diamètre pouvant être utilisées avec tous les types de sauces, qu'elles retiennent facilement.

ravioli^M
Pâtes farcies de viande, de légumes ou de fromage, dont l'un des apprêts classiques est une sauce aux tomates saupoudrée de parmesan râpé.

conchiglie^F
En forme de petites coquilles, elles peuvent être nappées de sauce, ou encore ajoutées aux soupes et aux salades de pâtes.

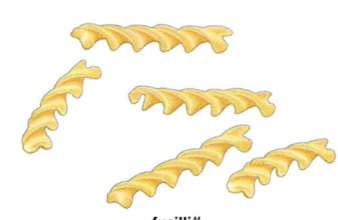

fusilli^M
Pâtes en forme de spirale, plus petites et plus allongées que les rotinis, qu'elles peuvent remplacer dans la plupart des recettes.

spaghetti^M
L'une des pâtes les plus connues et les plus utilisées, traditionnellement servie avec une sauce aux tomates ou à la viande.

ditali^M
Pâtes en forme de courts cylindres, semblables à de gros macaronis, consommées notamment dans les bouillons et les soupes aux légumes.

rotini^M
Pâtes dont la forme spiralée retient bien les sauces à base de viande, de fromage ou de légumes. Elles sont également consommées en salade.

tortellini^M
Pâtes farcies de viande ou de fromage et parfois colorées à la tomate ou à l'épinard, souvent servies avec une sauce aux tomates ou à la crème.

spaghettini^M
Pâtes plus fines que les spaghettis, mais plus grosses que les cheveux d'ange et les vermicelles. Elles sont souvent présentées avec des sauces délicates.

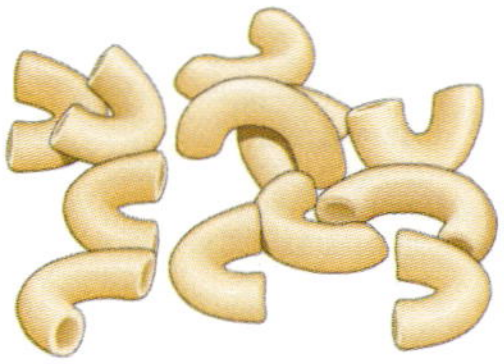

coudes^M
Parfois servis en salade, ces macaronis sont également appréciés avec une sauce aux tomates ou au fromage.

penne^F
Pâtes cylindriques aux extrémités coupées en biseau, souvent servies avec une sauce aux tomates épicée (penne all'arrabiata).

cannelloni^M
Pâtes tubulaires d'assez grande taille, généralement farcies de viande ou de fromage, nappées de sauce aux tomates et gratinées.

lasagne^F
Larges rubans, parfois verts (aux épinards), qu'on dispose en couches alternées avec une garniture pour créer le plat du même nom.

gnocchi^M
Pâtes à base de semoule, d'œufs et de fromage, souvent de pommes de terre. Ils sont généralement gratinés et servis en entrée.

tagliatelle^F **aux épinards**^M
Pâtes à base d'œufs et d'épinards, en forme de rubans plats, traditionnellement servies avec une sauce à la viande.

fettucine^M
Pâtes moins larges et plus épaisses que les tagliatelles, qu'on sert souvent nappées d'une sauce alfredo.

aliments transformés

nouilles^F asiatiques

Pâtes alimentaires essentielles à la cuisine asiatique, généralement regroupées selon les ingrédients qui les composent : blé, riz, sarrasin ou haricots mungo.

nouilles^F soba
Nouilles préparées à partir de farine de sarrasin, très répandues au Japon, où on les sert souvent froides, avec une sauce soja.

nouilles^F somen
Fines nouilles de blé japonaises de couleur blanchâtre, souvent utilisées en salade ou dans les soupes.

nouilles^F udon
Nouilles de blé japonaises, plus épaisses que les nouilles somen. Elles sont notamment incorporées aux soupes, aux salades et aux plats sautés.

galettes^F de riz^M
Minces feuilles semi-transparentes à base de farine de riz, utilisées en Asie pour préparer les rouleaux de printemps et impériaux.

nouilles^F de riz^M
Larges rubans préparés à partir de farine de riz et d'eau. On les incorpore souvent aux soupes.

nouilles^F de haricots^M mungo
Nouilles transparentes à base de farine de haricots mungo. Avant de les ajouter à une préparation, on doit les mettre à tremper dans de l'eau chaude ou tiède.

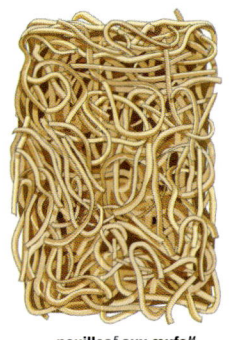

nouilles^F aux œufs^M
Nouilles de blé auxquelles on ajoute des œufs. Cuites à l'eau bouillante puis frites, elles entrent dans la préparation du chow mein.

vermicelles^M de riz^M
Fines nouilles de riz qui, frites dans l'huile, forment un nid qui reçoit la garniture de certains plats asiatiques.

pâtes^F won-ton
Fines feuilles de pâte de blé que l'on farcit de viande, de fruits de mer ou de légumes ; elles sont l'ingrédient essentiel de la soupe won-ton.

nouilles^F ramen
Nouilles aux œufs épaisses, droites ou ondulées, dont la cuisson est rapide. Elles sont généralement servies dans un bouillon avec de la viande et des légumes.

ALIMENTATION ET CUISINE

riz^M

Les appellations commerciales du riz varient selon la forme des grains et selon le traitement qu'il a subi avant d'être commercialisé.

riz^M blanc
Riz décortiqué, c'est-à-dire dont on a enlevé le son et le germe. Il est souvent enrichi pour compenser la perte d'éléments nutritifs.

riz^M complet
Riz non décortiqué, qui a conservé le son et le germe des grains, riche en éléments nutritifs. Sa saveur est plus prononcée que celle du riz blanc.

riz^M étuvé
Plus nourrissant que le riz blanc, il a subi un traitement à la vapeur avant d'être décortiqué afin de conserver les vitamines et minéraux des grains.

riz^M basmati
Variété de riz à grains fins originaire de l'Inde, reconnue pour sa légèreté et son parfum.

aliments transformés

produits^M du soja^M ; *produits^M du soya^M*

Aliments divers fabriqués à partir des fèves de soja.

huile^F de soja^M ; *huile^F de soya^M*
Huile jaunâtre, légère et onctueuse, extraite de la graine des fèves de soja. On l'utilise comme assaisonnement, sans la chauffer.

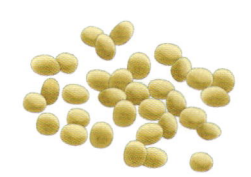

graines^F de soja^M ; *graines^F de soya^M*
On en extrait un lait, utilisé notamment pour faire le tofu, ainsi qu'une huile végétale. C'est l'ingrédient de base de la sauce soja.

jus^M de soja^M ; *boisson^F au soya^M*
Liquide obtenu à partir des graines de fèves de soja broyées et mélangées à de l'eau. On le consomme nature ou aromatisé.

germes^M de soja^M ; *germes^M de soya^M*
Ils sont prêts à manger après une germination de quelques jours, crus ou légèrement cuits. Ils sont caractéristiques de la cuisine chinoise.

tofu^M
Produit d'origine asiatique, riche en protéines, à base du lait de fèves de soja; il absorbe la saveur des aliments avec lesquels il est préparé.

huiles^F et matières^F grasses

Corps gras d'origine animale ou végétale, sous forme solide ou liquide, généralement utilisés pour cuire, assaisonner, lier ou conserver des aliments.

huile^F de maïs^M
Huile relativement inodore et sans saveur, utilisée autant pour la cuisson et la friture que comme assaisonnement.

huile^F d'olive^F
Extraite de la pulpe des olives, elle est très utilisée dans les cuisines méditerranéennes, autant pour la cuisson que comme assaisonnement.

huile^F de tournesol^M
De saveur délicate, elle est souvent utilisée pour la confection de margarines ou comme assaisonnement. Elle convient également aux fritures douces.

huile^F d'arachide^F
Huile très résistante à la chaleur, de saveur peu prononcée, qui convient aussi bien aux fritures qu'aux salades.

huile^F de sésame^M
Très utilisée dans la cuisine orientale, elle se distingue par un goût riche et délicat de noisette grillée. Elle supporte mal les hautes températures.

saindoux^M
Substance obtenue en faisant fondre lentement la graisse du porc. On l'utilise pour la cuisson longue de certains ragoûts, pour la friture et en pâtisserie.

lard^M
Graisse de porc. Le lard gras donne le saindoux, alors que le lard maigre, formé de couches alternées de viande et de graisse, fournit les lardons et le bacon.

margarine^F
Corps gras utilisé comme substitut au beurre, généralement préparé à partir d'huiles végétales et de lait écrémé.

aliments transformés   285

sucre^M

Substance alimentaire de saveur douce tirée de certains végétaux. Les sucres extraits de la canne à sucre ou de la betterave sucrière sont les plus répandus.

sucre^M granulé
Sucre le plus couramment utilisé en cuisine. Il s'agit d'un sucre blanc, c'est-à-dire complètement raffiné, présenté en petits cristaux.

sucre^M glace^F
Sucre blanc réduit en poudre auquel on ajoute environ 3 % d'amidon de maïs ou de blé pour éviter qu'il ne prenne en pain. Il sert surtout à glacer ou à décorer.

sucre^M semoule^F
Sucre obtenu après broyage et tamisage du sucre cristallisé blanc. On l'utilise principalement en pâtisserie.

mélasse^F
Liquide dense et visqueux, résidu du traitement de la canne à sucre pour en extraire le sucre. On l'utilise pour préparer rhum, bonbons, galettes et tartes.

sirop^M de maïs^M
Sirop sucré de consistance épaisse, largement utilisé en confiserie et en pâtisserie.

sucre^M vanillé
Sucre semoule auquel on a ajouté des gousses de vanille pour l'aromatiser. On l'utilise principalement en pâtisserie.

cassonade^F
Sucre formé de fins cristaux de sucre peu raffinés contenant encore de la mélasse. Son goût est plus prononcé que celui du sucre blanc.

miel^M
Substance fabriquée par les abeilles à partir du nectar des fleurs. La couleur et la saveur varient selon l'origine du nectar.

sirop^M d'érable^M
Sucre obtenu par la réduction de la sève de l'érable à sucre. On l'utilise pour préparer divers desserts, arroser les crêpes ou cuire les œufs et le jambon.

sucre^M candi
Sucre blanc ou brun présenté sous forme de très gros cristaux, qui sert notamment à sucrer les fruits à l'eau-de-vie.

ALIMENTATION ET CUISINE

chocolat^M

Pâte homogène à base de cacao et de sucre, très utilisée en confiserie et en pâtisserie, et souvent consommée nature, sous forme de tablette ou de barre.

chocolat^M noir
Il contient généralement entre 35 et 85 % de pâte de cacao. On le consomme nature ou intégré à une préparation culinaire.

chocolat^M au lait^M
Chocolat à base de pâte et de beurre de cacao mélangés à du lait en poudre. On ne peut l'utiliser en cuisine, les solides du lait qu'il contient brûlant à la cuisson.

chocolat^M blanc
Pâte préparée à partir de beurre de cacao et de sucre, auxquels on ajoute du lait concentré ou en poudre. Comme il ne contient pas de cacao, il n'est pas considéré comme du véritable chocolat.

cacao^M
Ingrédient de base du chocolat. Le broyage des fèves du cacaoyer permet d'obtenir la pâte de cacao, de laquelle on tire le beurre et la poudre de cacao.

condiments^M

Ingrédients, naturels ou préparés, utilisés en cuisine pour relever le goût d'un mets ou lui servir d'accompagnement.

miso^M
Pâte fermentée et salée, à base de soja ou de céréales (riz ou orge), utilisée principalement pour assaisonner divers plats.

câpres^F
Bouton floral du câprier, confit dans le vinaigre, saumuré ou conservé dans le vin. On l'utilise notamment pour relever les mayonnaises ou salades.

pâte^F de tamarin^M
Faite à partir de fruits du tamarinier, cette pâte légèrement acide sert à la fois d'aliment et de condiment dans la cuisine asiatique.

sauce^F Tabasco®^M
Sauce d'origine louisianaise préparée à partir de piments rouges écrasés. Elle est très piquante : quelques gouttes assaisonnent tout un plat.

sauce^F Worcestershire
Sauce anglaise composée de vinaigre, de tamarin, d'ail et d'anchois. Sa forte saveur relève cocktails, sauces, soupes et plats divers.

extrait^M de vanille^F
Substance aromatique très utilisée en pâtisserie, souvent composée de produits artificiels moins agréables au goût que la vraie vanille, plus coûteuse.

concentré^M de tomate^F
Coulis de tomate dont on a poursuivi l'évaporation jusqu'à obtenir une pâte épaisse. Il est utilisé pour la préparation de sauces et de ragoûts.

coulis^M de tomate^F
Purée de tomate de consistance plus ou moins épaisse qui, chaude ou froide, sert souvent de sauce.

hoummos^M
Condiment libanais à base de pois chiches réduits en purée et d'huile de sésame, le plus souvent servi avec les hors-d'œuvre ou les crudités.

tahini^M
Pâte épaisse et crémeuse à saveur de noisette, faite de graines de sésame moulues. Elle condimente les sauces et accompagne brochettes, pain, fruits et légumes.

sauce^F hoisin
Sauce épaisse et épicée à base de haricots de soja, d'épices et d'ail. Elle accompagne le canard de Pékin, agrémente les braisés et sert de marinade.

sauce^F soja^M ; sauce^F soya^M
Condiment de base de la cuisine asiatique, cette sauce très salée, préparée à partir de haricots de soja, s'utilise comme assaisonnement, trempette ou marinade.

relish^F
Condiment se présentant sous forme de purée aigre-douce, à base de fruits acides et de légumes (cornichons, oignons et choux-fleurs) mijotés dans du vinaigre et des épices.

moutarde^F en poudre^F
On peut l'ajouter à un corps gras, l'utiliser comme assaisonnement ou la délayer dans l'eau pour en faire une pâte semblable à la moutarde condiment.

moutarde^F de Dijon
Moutarde forte originaire de Dijon, en France. Elle accompagne les viandes et entre dans la confection de sauces, mayonnaises et vinaigrettes.

moutarde^F allemande
Plus ou moins forte et légèrement sucrée, elle accompagne notamment les saucisses et la charcuterie.

moutarde^F anglaise
Moutarde très forte, vendue préparée ou en poudre, qui accompagne traditionnellement rosbif et jambon.

moutarde^F américaine
Très douce, elle accompagne souvent hot-dogs et hamburgers en Amérique du Nord. Sa couleur vive provient du curcuma qu'elle contient.

moutarde^F à l'ancienne
Moutarde douce au goût épicé originaire de Meaux, en France. Elle est préparée à partir de graines grossièrement concassées, d'où sa texture granuleuse.

aliments transformés

condiments^M

ketchup^M
Purée de tomates plus ou moins épicée dont les recettes sont multiples. On l'utilise comme condiment ou assaisonnement, notamment en Grande-Bretagne et en Amérique du Nord.

sauce^F **aux prunes**^F
Sauce aigre-douce chinoise qui accompagne surtout la nourriture frite ou grillée. Elle se marie bien avec la viande de porc et le canard rôti.

chutney^M **à la mangue**^F
Marmelade épaisse de saveur aigre-douce, d'origine indienne, préparée à partir de mangues, de sucre et de vinaigre. Il sert d'accompagnement à plusieurs plats.

harissa^F
Purée à base de piments bien connue au Moyen-Orient et en Afrique du Nord, où elle relève notamment le couscous. On l'utilise telle quelle ou délayée dans un bouillon.

sambal œlek^M
Sauce indonésienne au goût très piquant, préparée à partir de piments. Elle sert d'assaisonnement, de condiment ou de sauce à hors-d'œuvre.

sauce^F **chili**
Sauce à base de tomates assaisonnées, utilisée notamment pour badigeonner viandes et volailles.

wasabi^M
Condiment très piquant, préparé à partir de la racine d'une plante asiatique, qui agrémente plusieurs plats de viande et de poisson japonais (sushis, sashimis).

sel^M **fin**
Toujours raffiné, c'est le condiment de table habituel. Il est également utilisé dans la plupart des préparations culinaires.

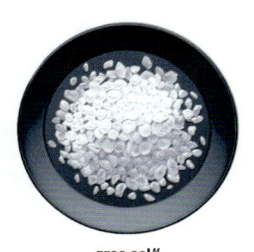

gros sel^M
On utilise ce sel plus ou moins raffiné dans certaines préparations culinaires ou pour faire dégorger des légumes et conserver des aliments.

sel^M **marin**
Souvent grisâtre, il est extrait de l'eau de mer par évaporation, contrairement au sel gemme, plutôt blanchâtre, qui provient du sous-sol terrestre.

vinaigre^M **balsamique blanc**
Vinaigre de vin blanc et moût de raisin vieilli, utilisé comme condiment pour les salades ou les fruits de mer.

vinaigre^M **de malt**^M
Obtenu à partir de jus d'orge germée, il est beaucoup trop fort pour les vinaigrettes; il sert surtout à préparer les légumes au vinaigre et les chutneys.

vinaigre^M **de riz**^M
Très apprécié dans la cuisine asiatique, il provient du vin de riz fermenté. La version japonaise est douce, alors que la chinoise possède un goût plus piquant.

vinaigre^M **balsamique**
Vinaigre réputé, peu acide, fabriqué avec du raisin blanc sucré qui vieillit dans des fûts de bois. On l'utilise en salade ou sur les aliments chauds.

vinaigre^M **de cidre**^M
Vinaigre au goût trop prononcé pour convenir aux salades. On l'utilise surtout pour déglacer ou accompagner poisson, crustacés et coquillages.

vinaigre^M **de vin**^M
Le vinaigre de vin blanc, habituellement servi avec les poissons et crustacés, est moins parfumé que le rouge, qui peut relever le goût des aliments un peu fades.

vinaigre^M **blanc**
Provenant habituellement du vin, il est utilisé comme condiment (vinaigrette, mayonnaise, moutarde) ou pour la conservation (marinades, conserves).

ALIMENTATION ET CUISINE

commerce des aliments

supermarché[M]

Magasin de grande surface, en libre-service, où sont vendus des produits alimentaires ainsi que divers articles d'achat courant.

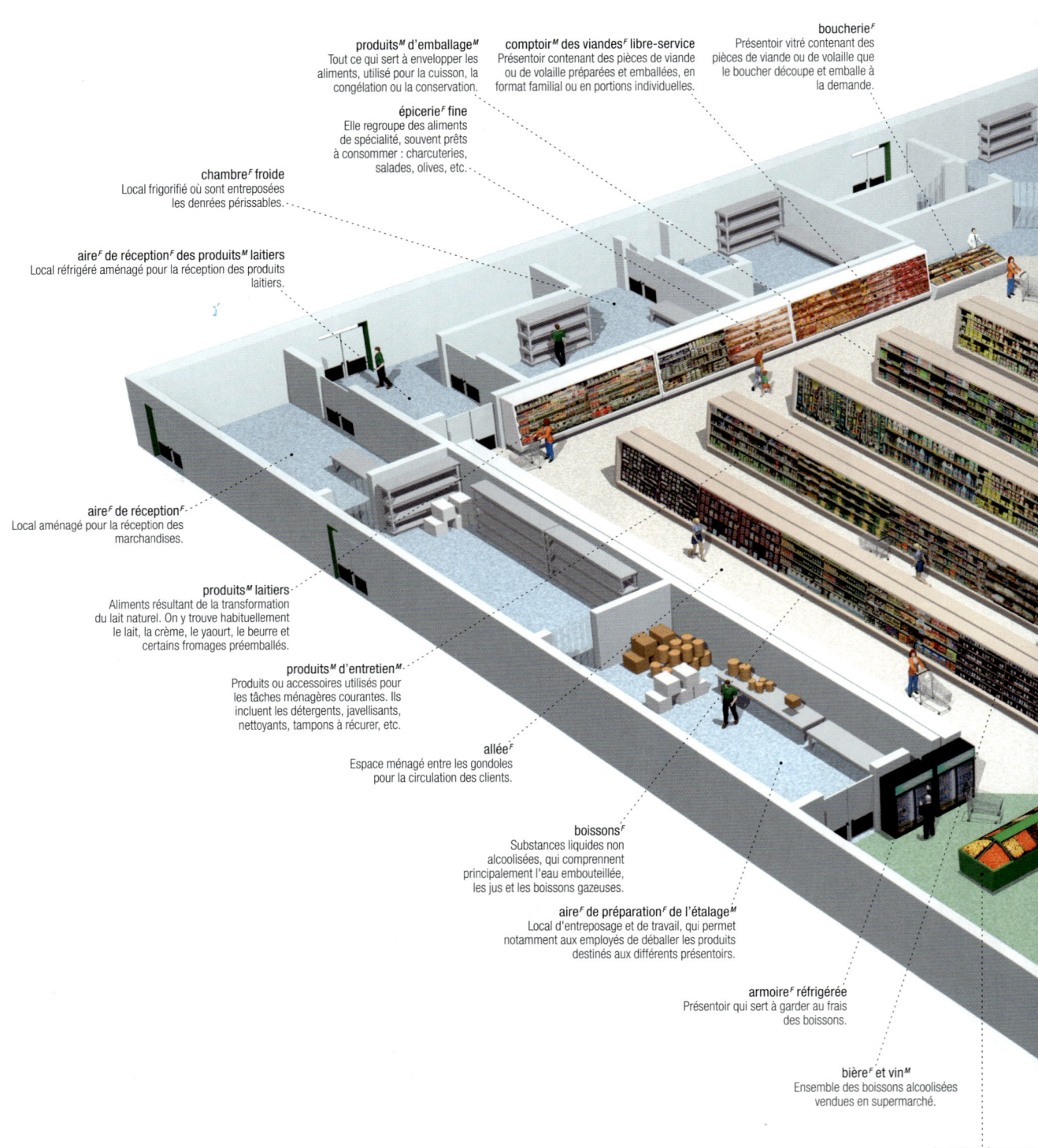

produits[M] d'emballage[M]
Tout ce qui sert à envelopper les aliments, utilisé pour la cuisson, la congélation ou la conservation.

comptoir[M] des viandes[F] libre-service
Présentoir contenant des pièces de viande ou de volaille préparées et emballées, en format familial ou en portions individuelles.

boucherie[F]
Présentoir vitré contenant des pièces de viande ou de volaille que le boucher découpe et emballe à la demande.

épicerie[F] fine
Elle regroupe des aliments de spécialité, souvent prêts à consommer : charcuteries, salades, olives, etc.

chambre[F] froide
Local frigorifié où sont entreposées les denrées périssables.

aire[F] de réception[F] des produits[M] laitiers
Local réfrigéré aménagé pour la réception des produits laitiers.

aire[F] de réception[F]
Local aménagé pour la réception des marchandises.

produits[M] laitiers
Aliments résultant de la transformation du lait naturel. On y trouve habituellement le lait, la crème, le yaourt, le beurre et certains fromages préemballés.

produits[M] d'entretien[M]
Produits ou accessoires utilisés pour les tâches ménagères courantes. Ils incluent les détergents, javellisants, nettoyants, tampons à récurer, etc.

allée[F]
Espace ménagé entre les gondoles pour la circulation des clients.

boissons[F]
Substances liquides non alcoolisées, qui comprennent principalement l'eau embouteillée, les jus et les boissons gazeuses.

aire[F] de préparation[F] de l'étalage[M]
Local d'entreposage et de travail, qui permet notamment aux employés de déballer les produits destinés aux différents présentoirs.

armoire[F] réfrigérée
Présentoir qui sert à garder au frais des boissons.

bière[F] et vin[M]
Ensemble des boissons alcoolisées vendues en supermarché.

fruits[M] et légumes[M]
Produits végétaux utilisés comm[e] aliments. Ils sont présentés en v[rac] ou en paquets préemballés.

ALIMENTATION ET CUISINE

commerce des aliments

supermarché

ALIMENTATION ET CUISINE

chambre froide
Local frigorifié où sont entreposées les denrées périssables.

poissonnerie
Section où sont vendus les poissons et fruits de mer présentés en comptoir libre-service ou préparés, à la demande, par le poissonnier.

gondole
Long meuble pourvu d'étagères, utilisé pour la présentation des produits en libre-service.

aliments prêts-à-servir
Aliments préparés et présentés de façon à pouvoir être facilement et rapidement prêts à consommer.

comptoir des fromages
Présentoir vitré contenant une variété de fromages entiers que le préposé coupe et emballe à la demande.

entreposage des produits congelés
Local frigorifié où sont entreposés les aliments congelés.

aliments congelés
Aliments divers conservés à très basse température dans le but d'en préserver le plus longtemps possible l'intégrité et les qualités nutritionnelles.

produits de traiteur
Aliments divers, parfois en portions individuelles, préparés sur place ou par une entreprise spécialisée, et souvent prêts à consommer tels quels.

boulangerie
Section où sont vendus le pain, les pâtisseries ainsi que les autres produits de boulangerie, cuits sur place ou non.

produits pour animaux familiers
Produits destinés à l'alimentation ou aux soins des animaux de compagnie.

parapharmacie et cosmétiques
Ensemble des médicaments sans ordonnance et des produits non médicamenteux d'hygiène personnelle, de soins du corps et de soins de beauté.

caisses
Comptoirs munis d'une caisse enregistreuse, situés à la sortie, permettant aux clients d'effectuer le paiement des achats.

caisse
Comptoir muni d'une caisse enregistreuse, situé à la sortie, permettant aux clients d'effectuer le paiement des achats.

caisse enregistreuse
Machine qui enregistre les détails de chaque article et calcule le montant total de la vente. La somme encaissée est ensuite déposée dans le tiroir-caisse.

caissière
Employée qui enregistre les achats, reçoit le paiement et rend la monnaie si nécessaire.

terminal de paiement électronique
Appareil permettant au client d'utiliser une carte de débit ou de crédit afin de payer ses achats.

chariots
Paniers à roulettes destinés au transport de produits choisis jusqu'aux caisses, puis à l'aire de stationnement.

sacs à provisions
Contenants de papier ou de plastique souple servant à rassembler et à transporter les achats des clients.

tête de gondole
Extrémité d'une gondole, utilisée pour mettre en valeur certains articles en promotion ou dont on souhaite augmenter les ventes.

lecteur optique
Appareil permettant de lire les codes-barres des articles et d'en afficher automatiquement le prix à l'écran de la caisse enregistreuse.

conserves
Aliments préparés, présentés en boîtes ou bocaux hermétiques, soumis à un traitement permettant d'assurer leur conservation pendant une longue période.

aide de caisse
Employé dont la tâche consiste principalement à emballer les achats du client et, parfois, à les transporter jusqu'à son véhicule.

commerce des aliments

restaurant^M

Établissement où, contre paiement, on peut prendre un repas préparé à la cuisine et servi par un personnel. La qualité et le prix d'un restaurant varient selon le menu.

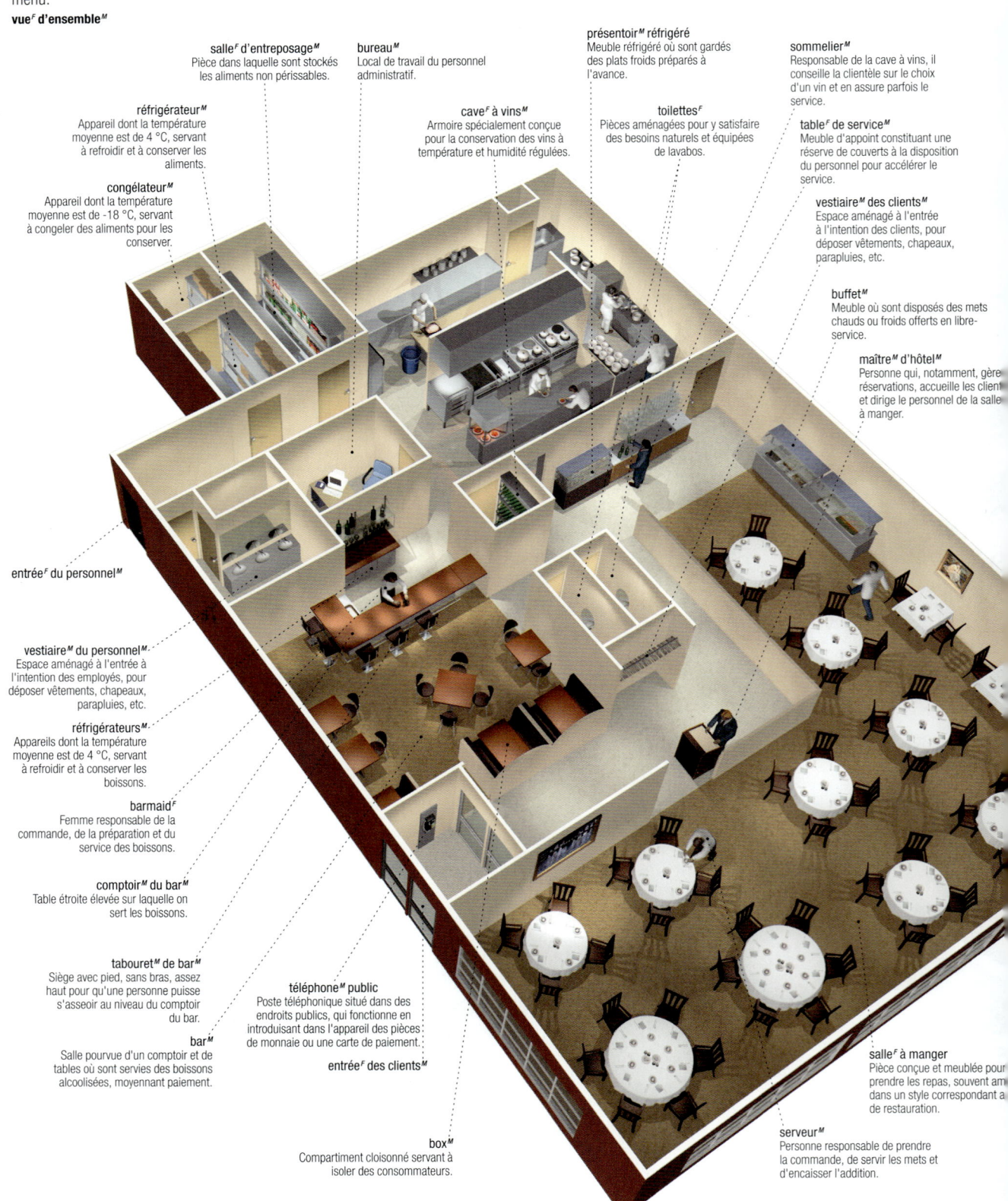

vue^F d'ensemble^M

salle^F d'entreposage^M
Pièce dans laquelle sont stockés les aliments non périssables.

bureau^M
Local de travail du personnel administratif.

présentoir^M réfrigéré
Meuble réfrigéré où sont gardés des plats froids préparés à l'avance.

sommelier^M
Responsable de la cave à vins, il conseille la clientèle sur le choix d'un vin et en assure parfois le service.

réfrigérateur^M
Appareil dont la température moyenne est de 4 °C, servant à refroidir et à conserver les aliments.

cave^F à vins^M
Armoire spécialement conçue pour la conservation des vins à température et humidité régulées.

toilettes^F
Pièces aménagées pour y satisfaire des besoins naturels et équipées de lavabos.

table^F de service^M
Meuble d'appoint constituant une réserve de couverts à la disposition du personnel pour accélérer le service.

congélateur^M
Appareil dont la température moyenne est de -18 °C, servant à congeler des aliments pour les conserver.

vestiaire^M des clients^M
Espace aménagé à l'entrée à l'intention des clients, pour déposer vêtements, chapeaux, parapluies, etc.

buffet^M
Meuble où sont disposés des mets chauds ou froids offerts en libre-service.

maître^M d'hôtel^M
Personne qui, notamment, gère réservations, accueille les clients et dirige le personnel de la salle à manger.

ALIMENTATION ET CUISINE

entrée^F du personnel^M

vestiaire^M du personnel^M
Espace aménagé à l'entrée à l'intention des employés, pour déposer vêtements, chapeaux, parapluies, etc.

réfrigérateurs^M
Appareils dont la température moyenne est de 4 °C, servant à refroidir et à conserver les boissons.

barmaid^F
Femme responsable de la commande, de la préparation et du service des boissons.

comptoir^M du bar^M
Table étroite élevée sur laquelle on sert les boissons.

tabouret^M de bar^M
Siège avec pied, sans bras, assez haut pour qu'une personne puisse s'asseoir au niveau du comptoir du bar.

bar^M
Salle pourvue d'un comptoir et de tables où sont servies des boissons alcoolisées, moyennant paiement.

téléphone^M public
Poste téléphonique situé dans des endroits publics, qui fonctionne en introduisant dans l'appareil des pièces de monnaie ou une carte de paiement.

entrée^F des clients^M

box^M
Compartiment cloisonné servant à isoler des consommateurs.

salle^F à manger^M
Pièce conçue et meublée pour prendre les repas, souvent aménagée dans un style correspondant au type de restauration.

serveur^M
Personne responsable de prendre la commande, de servir les mets et d'encaisser l'addition.

commerce des aliments

restaurant^M

cuisine^F
Pièce où l'on prépare les repas, sous la responsabilité du chef, assisté d'un personnel spécialisé (brigade).

hotte^F
Appareil de ventilation qui expulse ou recycle l'air chargé de vapeurs et d'odeurs de cuisson.

évier^M à batterie^F de cuisine^F
Évier dans lequel on lave les ustensiles et récipients utilisés pour la préparation et la cuisson des aliments.

lave-vaisselle^M
Appareil conçu pour laver et sécher la vaisselle automatiquement.

chef^M de partie^F
Personne responsable de la préparation des différents éléments d'un menu; le personnel spécialisé (saucier, rôtisseur, pâtissier, etc.) est sous ses ordres.

produits^M de nettoyage^M
Armoire dans laquelle sont rangés les produits de nettoyage.

plongeur^M
Personne chargée du lavage de la vaisselle et du matériel utilisé par les cuisiniers.

plan^M de travail^M
Surface plane conçue notamment pour la préparation des aliments et des plats.

évier^M de prérinçage^M
Évier dans lequel on rince la vaisselle avant de la placer dans le lave-vaisselle.

machine^F à glaçons^M
Appareil alimenté en eau qui fabrique et distribue des glaçons.

table^F pour la vaisselle^F sale

ALIMENTATION ET CUISINE

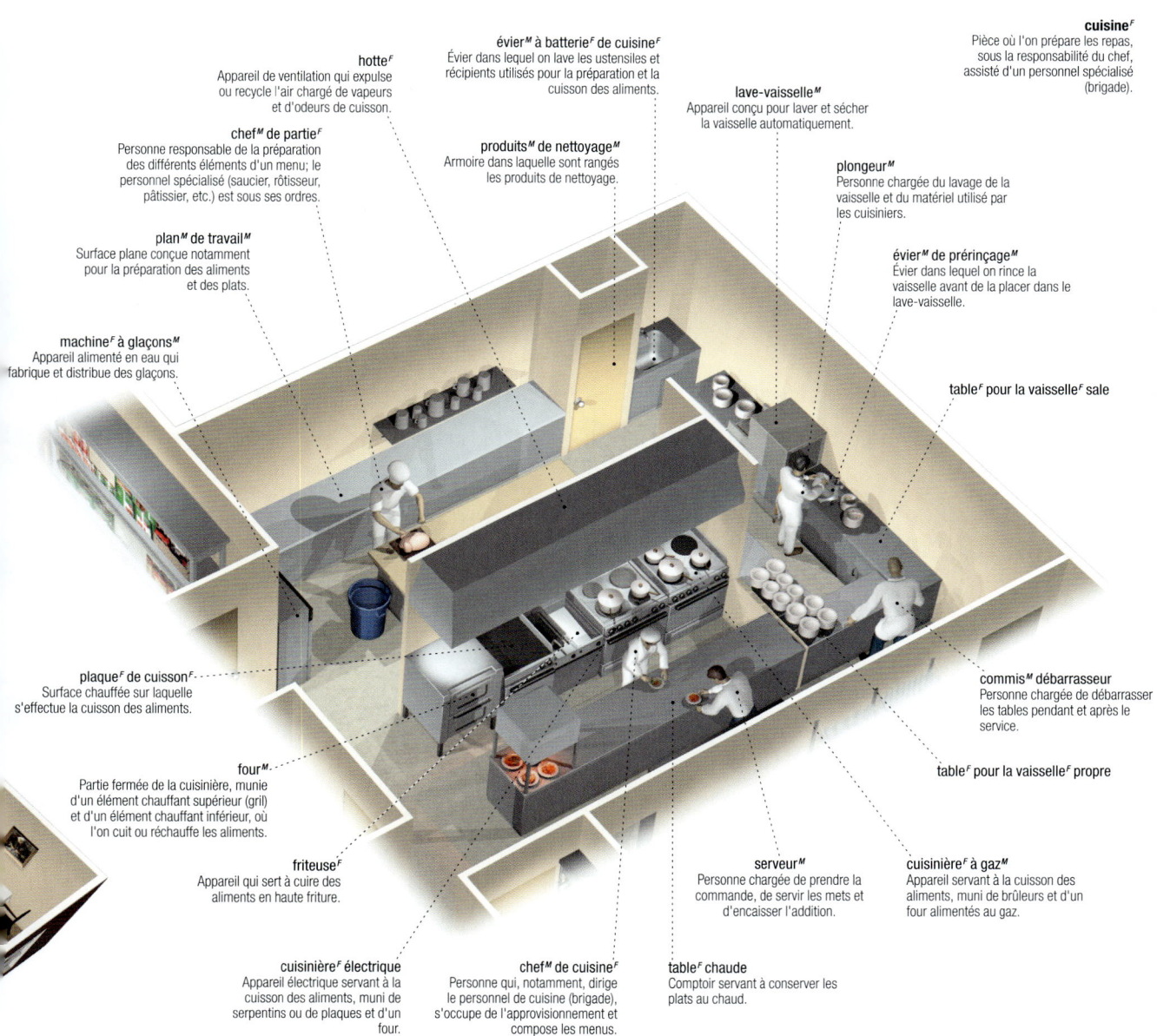

plaque^F de cuisson^F
Surface chauffée sur laquelle s'effectue la cuisson des aliments.

commis^M débarrasseur^M
Personne chargée de débarrasser les tables pendant et après le service.

four^M
Partie fermée de la cuisinière, munie d'un élément chauffant supérieur (gril) et d'un élément chauffant inférieur, où l'on cuit ou réchauffe les aliments.

table^F pour la vaisselle^F propre

friteuse^F
Appareil qui sert à cuire des aliments en haute friture.

serveur^M
Personne chargée de prendre la commande, de servir les mets et d'encaisser l'addition.

cuisinière^F à gaz^M
Appareil servant à la cuisson des aliments, muni de brûleurs et d'un four alimentés au gaz.

cuisinière^F électrique
Appareil électrique servant à la cuisson des aliments, muni de serpentins ou de plaques et d'un four.

chef^M de cuisine^F
Personne qui, notamment, dirige le personnel de cuisine (brigade), s'occupe de l'approvisionnement et compose les menus.

table^F chaude
Comptoir servant à conserver les plats au chaud.

menu^M
Liste détaillée des mets servis dans un restaurant.

carte^F des vins^M
Liste détaillée des vins et boissons diverses servis dans un restaurant.

addition^F
Note indiquant la somme des dépenses effectuées par un client dans un restaurant.

commerce des aliments

restaurant^M libre-service

Établissement de restauration où de nombreux meubles et comptoirs mettent à la disposition des clients tous les éléments pour composer un repas.

vue^F d'ensemble^M

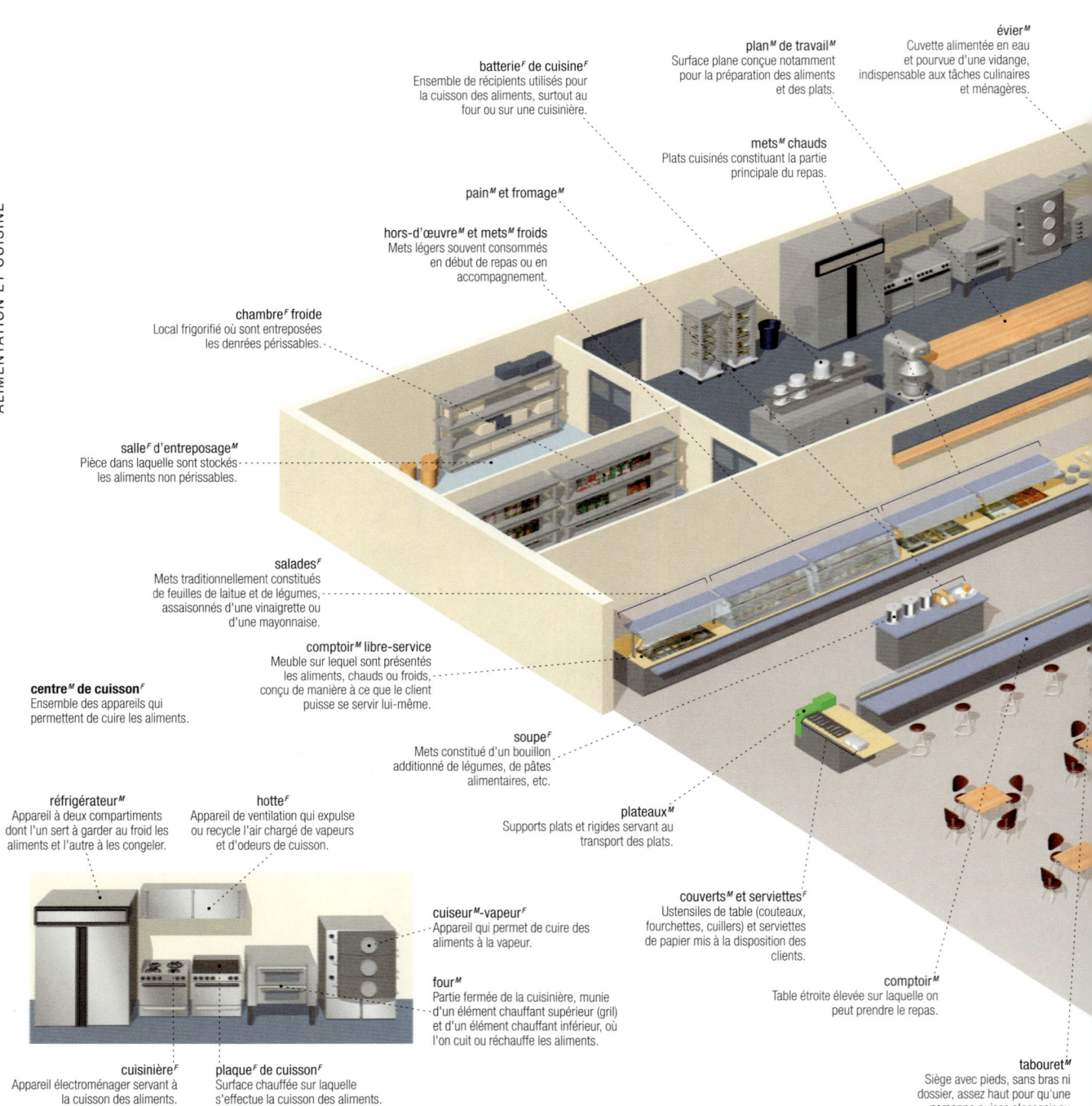

ALIMENTATION ET CUISINE

batterie^F de cuisine^F
Ensemble de récipients utilisés pour la cuisson des aliments, surtout au four ou sur une cuisinière.

plan^M de travail^M
Surface plane conçue notamment pour la préparation des aliments et des plats.

évier^M
Cuvette alimentée en eau et pourvue d'une vidange, indispensable aux tâches culinaires et ménagères.

mets^M chauds
Plats cuisinés constituant la partie principale du repas.

pain^M et fromage^M

hors-d'œuvre^M et mets^M froids
Mets légers souvent consommés en début de repas ou en accompagnement.

chambre^F froide
Local frigorifié où sont entreposées les denrées périssables.

salle^F d'entreposage^M
Pièce dans laquelle sont stockés les aliments non périssables.

salades^F
Mets traditionnellement constitués de feuilles de laitue et de légumes, assaisonnés d'une vinaigrette ou d'une mayonnaise.

comptoir^M libre-service
Meuble sur lequel sont présentés les aliments, chauds ou froids, conçu de manière à ce que le client puisse se servir lui-même.

centre^M de cuisson^F
Ensemble des appareils qui permettent de cuire les aliments.

soupe^F
Mets constitué d'un bouillon additionné de légumes, de pâtes alimentaires, etc.

plateaux^M
Supports plats et rigides servant au transport des plats.

réfrigérateur^M
Appareil à deux compartiments dont l'un sert à garder au froid les aliments et l'autre à les congeler.

hotte^F
Appareil de ventilation qui expulse ou recycle l'air chargé de vapeurs et d'odeurs de cuisson.

cuiseur^M-vapeur^F
Appareil qui permet de cuire des aliments à la vapeur.

couverts^M et serviettes^F
Ustensiles de table (couteaux, fourchettes, cuillers) et serviettes de papier mis à la disposition des clients.

four^M
Partie fermée de la cuisinière, munie d'un élément chauffant supérieur (gril) et d'un élément chauffant inférieur, où l'on cuit ou réchauffe les aliments.

comptoir^M
Table étroite élevée sur laquelle on peut prendre le repas.

cuisinière^F
Appareil électroménager servant à la cuisson des aliments.

plaque^F de cuisson^F
Surface chauffée sur laquelle s'effectue la cuisson des aliments.

tabouret^M
Siège avec pieds, sans bras ni dossier, assez haut pour qu'une personne puisse s'asseoir au niveau du comptoir.

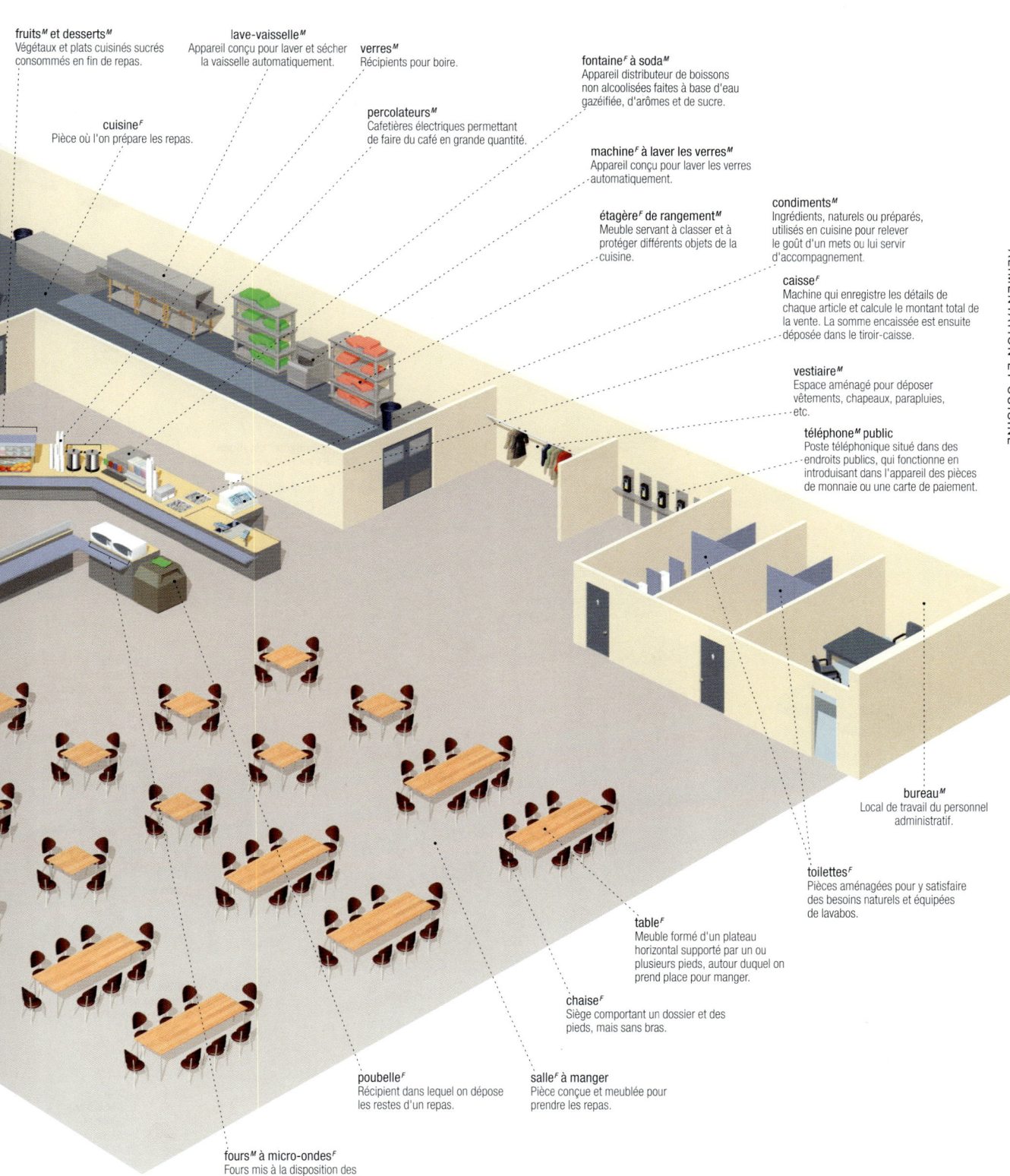

commerce des aliments

restaurant^M libre-service

fruits^M et desserts^M
Végétaux et plats cuisinés sucrés consommés en fin de repas.

lave-vaisselle^M
Appareil conçu pour laver et sécher la vaisselle automatiquement.

verres^M
Récipients pour boire.

fontaine^F à soda^M
Appareil distributeur de boissons non alcoolisées faites à base d'eau gazéifiée, d'arômes et de sucre.

cuisine^F
Pièce où l'on prépare les repas.

percolateurs^M
Cafetières électriques permettant de faire du café en grande quantité.

machine^F à laver les verres^M
Appareil conçu pour laver les verres automatiquement.

étagère^F de rangement^M
Meuble servant à classer et à protéger différents objets de la cuisine.

condiments^M
Ingrédients, naturels ou préparés, utilisés en cuisine pour relever le goût d'un mets ou lui servir d'accompagnement.

caisse^F
Machine qui enregistre les détails de chaque article et calcule le montant total de la vente. La somme encaissée est ensuite déposée dans le tiroir-caisse.

vestiaire^M
Espace aménagé pour déposer vêtements, chapeaux, parapluies, etc.

téléphone^M public
Poste téléphonique situé dans des endroits publics, qui fonctionne en introduisant dans l'appareil des pièces de monnaie ou une carte de paiement.

ALIMENTATION ET CUISINE

bureau^M
Local de travail du personnel administratif.

toilettes^F
Pièces aménagées pour y satisfaire des besoins naturels et équipées de lavabos.

table^F
Meuble formé d'un plateau horizontal supporté par un ou plusieurs pieds, autour duquel on prend place pour manger.

chaise^F
Siège comportant un dossier et des pieds, mais sans bras.

poubelle^F
Récipient dans lequel on dépose les restes d'un repas.

salle^F à manger
Pièce conçue et meublée pour prendre les repas.

fours^M à micro-ondes^F
Fours mis à la disposition des clients pour réchauffer leurs plats.

commerce des aliments

présentation^F des aliments^M

Moyens de conditionnement utilisés pour offrir les aliments tout en assurant leur fraîcheur.

papier^M
Matériau en feuille mince utilisé principalement pour emballer, cuire ou conserver les aliments.

papier^M **sulfurisé**
Papier imperméable aux graisses et supportant la chaleur. On l'utilise surtout en pâtisserie et pour la cuisson en papillote.

papier^M **aluminium**^M
Feuille très mince d'aluminium utilisée pour emballer, cuire, réfrigérer et congeler les aliments.

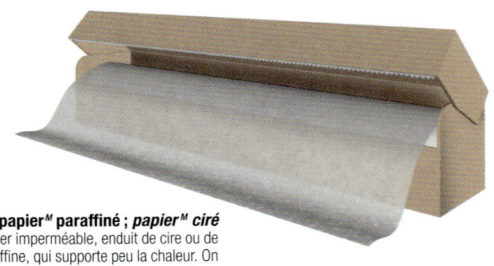

papier^M **paraffiné** ; *papier*^M *ciré*
Papier imperméable, enduit de cire ou de paraffine, qui supporte peu la chaleur. On l'utilise notamment en cuisine pour protéger le plan de travail.

pellicule^F **plastique**
Pellicule transparente adhérente utilisée pour envelopper des aliments ou couvrir des contenants.

contenant^M
Récipient destiné à présenter, transporter ou conserver les aliments.

opercule^M **thermoscellé**
Pellicule qui, scellée par la chaleur, ferme hermétiquement un contenant.

sachet^M
Sac de petites dimensions.

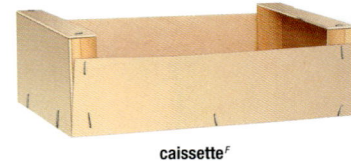

caissette^F
Petite caisse de bois ou de carton généralement destinée au transport et à la commercialisation de fruits.

boîte^F **alimentaire en plastique**^M
Contenant dans lequel on dépose des aliments pour les transporter ou les conserver.

pot^M
Contenant de taille variable dont on se sert pour commercialiser des produits cuisinés.

sac^M**-filet**^M
Sac à mailles permettant aux fruits et légumes de respirer.

boîtes^F **alimentaires**
Boîtes hermétiques dans lesquelles on conserve des aliments secs.

cageot^M
Boîte sans couvercle, faite de lattes de bois, utilisée pour le transport de divers produits alimentaires (surtout les fruits et les légumes).

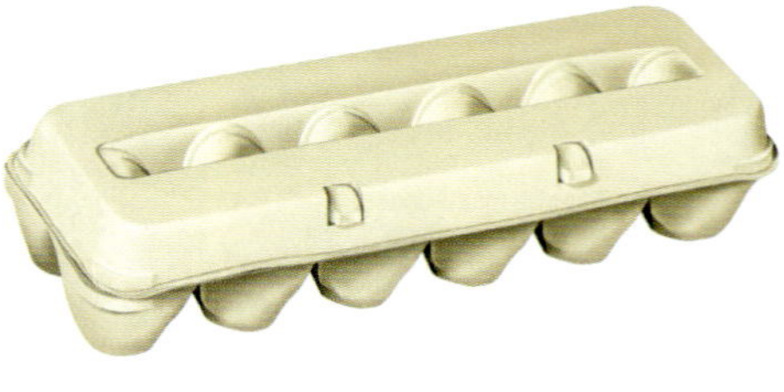

boîte^F **à œufs**^M
Récipient rigide, généralement en carton ou en matière plastique, de six ou douze alvéoles destinées à recevoir des œufs.

ALIMENTATION ET CUISINE

commerce des aliments

présentation des aliments

sac à collation
Sac en plastique mince, transparent et refermable prévu pour contenir une petite quantité d'aliments divers (crudités, noix, etc.).

sac à sandwich
Sac en plastique mince, transparent et refermable prévu pour contenir un sandwich.

sac à légumes
Sac en plastique mince, transparent et refermable prévu pour conserver une quantité d'aliments plus importante que le sac à collation (légumes, fruits, etc.).

sac de congélation
Sac utilisé pour la congélation des aliments. Il se ferme hermétiquement.

boîte de conserve
Récipient métallique hermétique dans lequel on conserve un aliment cuisiné.

bouteille en verre
Récipient à goulot étroit, de forme allongée, qui contient des boissons (eau minérale, vin, etc.) ou des aliments liquides (des sauces, par exemple).

capsule à vis
Bouchon fileté pouvant être vissé sur le goulot de la bouteille.

paquet
Ensemble d'aliments ou d'objets de même nature réunis dans un emballage unique.

bocal à conserve
Pot en verre muni d'un couvercle en deux parties, servant à conserver les aliments préalablement cuits.

tube
Emballage cylindrique souple, aplati à sa base, qui contient une pâte que l'on extrait par pression des doigts.

pack
Ensemble de produits réunis en un emballage conçu pour en faciliter l'achat et le transport.

onglet
Petite pièce métallique que l'on soulève avec l'ongle et le doigt pour ouvrir la cannette.

briquette
Petite boîte de portion individuelle dans laquelle le jus peut être conservé longtemps.

cannette
Petite boîte cylindrique en aluminium qui contient notamment de la bière et des boissons gazeuses.

paille
Tige creuse de plastique permettant d'aspirer un liquide.

pignon
Partie supérieure du carton, fermée par des rabats, dont l'une des extrémités se transforme en bec verseur.

godet de beurre
Contenant d'une seule portion qui accompagne le service du pain dans les restaurants.

sachet de thé
Petit sac filtre rempli de feuilles de thé broyées, qu'on fait infuser en théière ou directement dans une tasse individuelle.

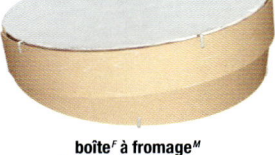

boîte à fromage
Petit contenant cylindrique, généralement en bois ou en carton, dans lequel on conserve une meule de fromage enveloppée de papier.

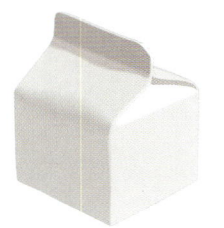

carton
Boîte imperméabilisée pour la vente d'aliments liquides, comme le lait et les jus. Contenance : un ou deux litres.

berlingot
Petite boîte imperméabilisée qui contient habituellement du lait ou de la crème. Contenance : 250 ou 500 ml.

godet de lait/crème
Contenant d'une seule portion qui accompagne le service du café.

barquette
Petit récipient moulé, rigide et léger, utilisé pour vendre, congeler ou réchauffer les aliments.

brique
Boîte dans laquelle le lait, le jus et autres boissons peuvent être conservés longtemps.

ALIMENTATION ET CUISINE

cuisine^F : vue^F d'ensemble^M

Pièce où l'on prépare les repas.

distributeur^M de glaçons^M
Appareil alimenté en eau qui fabrique et distribue des glaçons.

congélateur^M
Appareil servant à congeler des aliments pour les conserver.

plan^M de travail^M
Surface plane conçue notamment pour la préparation des aliments et des plats.

hotte^F
Appareil de ventilation qui expulse ou recycle l'air chargé de vapeurs et d'odeurs de cuisson.

tiroir^M
Compartiment coulissant emboîté dans un meuble.

réfrigérateur^M
Appareil servant à refroidir et à conserver les aliments.

évier^M
Cuvette alimentée en eau et pourvue d'une vidange, indispensable aux tâches culinaires et ménagères.

table^F de cuisson^F
Surface de la cuisinière sur laquelle sont disposés les éléments de cuisson.

armoire^F supérieure
Meuble de rangement, habituellement muni de tablettes, situé au-dessus du plan de travail.

garde-manger^M
Meuble dans lequel sont rangés les aliments ne nécessitant pas de conservation par le froid.

ALIMENTATION ET CUISINE

porte^F-fenêtre^F
Fenêtre de plain-pied dont un panneau coulissant sert de porte.

four^M
Partie fermée de la cuisinière, munie d'un élément chauffant supérieur (gril) et d'un élément chauffant inférieur, où l'on cuit ou réchauffe les aliments.

coin^M-repas^M
Espace aménagé dans une cuisine pour prendre le repas.

four^M à micro-ondes^F
Appareil dans lequel le rayonnement d'ondes de haute fréquence permet de chauffer ou de cuire rapidement les aliments.

lave-vaisselle^M
Appareil conçu pour laver et sécher la vaisselle automatiquement.

armoire^F inférieure
Meuble de rangement, habituellement muni de tablettes, situé sous le plan de travail.

îlot^M
Table d'appoint pour la préparation des aliments.

tabouret^M
Siège avec pieds, sans bras ni dossier, de hauteur variable.

couvert

verres^M

Récipients pour boire. En cuisine, certains servent de mesure de capacité.

verre^M à liqueur^F
Verre à pied de très petit format permettant la dégustation de liqueurs à forte teneur en alcool.

verre^M à porto^M
Petit verre à pied, de forme arrondie, utilisé pour le service du porto et des vins de dessert.

coupe^F à mousseux^M
Verre à pied, plus large que haut, utilisé pour servir le champagne et les vins mousseux.

verre^M à cognac^M
Verre à pied court, dont le ventre arrondi permet de réchauffer le cognac et le bord rétréci d'en concentrer l'arôme.

verre^M à vin^M d'Alsace^F
Verre à long pied, en général vert, destiné aux vins blancs d'Alsace.

verre^M à bourgogne^M
Verre à pied dont le col large assure une oxygénation maximale du vin. Il est destiné principalement aux vins de Bourgogne.

verre^M à bordeaux^M
Verre à pied, en forme de tulipe, principalement destiné aux vins de Bordeaux. Légèrement refermé au sommet, il favorise la concentration des arômes.

verre^M à vin^M blanc
Verre à pied, plutôt étroit, destiné aux vins blancs en général.

verre^M à eau^F
Verre à pied de grande capacité, dans lequel on boit de l'eau à table. Il est plus haut et plus large que les verres à vin.

verre^M à cocktail^M
Verre à pied, de forme conique, utilisé pour présenter certains cocktails. Lors du service, le verre peut notamment être givré ou décoré d'un fruit.

verre^M à gin^M
Verre droit, haut et étroit, dans lequel on sert des alcools comme le gin, souvent avec des glaçons, parfois allongés d'eau, de soda, etc.

verre^M à whisky^M
Verre droit à fond épais, court et de grand diamètre, principalement utilisé pour servir le whisky.

flûte^F à champagne^M
Verre à pied, long et très étroit, destiné au champagne et aux mousseux. Le vin y conserve son pétillement, car les bulles de gaz se libèrent plus lentement.

chope^F à bière^F
Grand gobelet cylindrique pourvu d'une poignée, dans lequel on sert de la bière. Elle est généralement en verre épais, en céramique ou en grès.

carafon^M
Petite carafe utilisée dans les restaurants pour le service du vin.

carafe^F
Récipient de verre ou de cristal à base large et à col étroit pour le service de l'eau ou du vin.

ALIMENTATION ET CUISINE

couteau[M]

Élément du couvert composé d'une lame tranchante et d'un manche. Il sert à découper les aliments en bouchées.

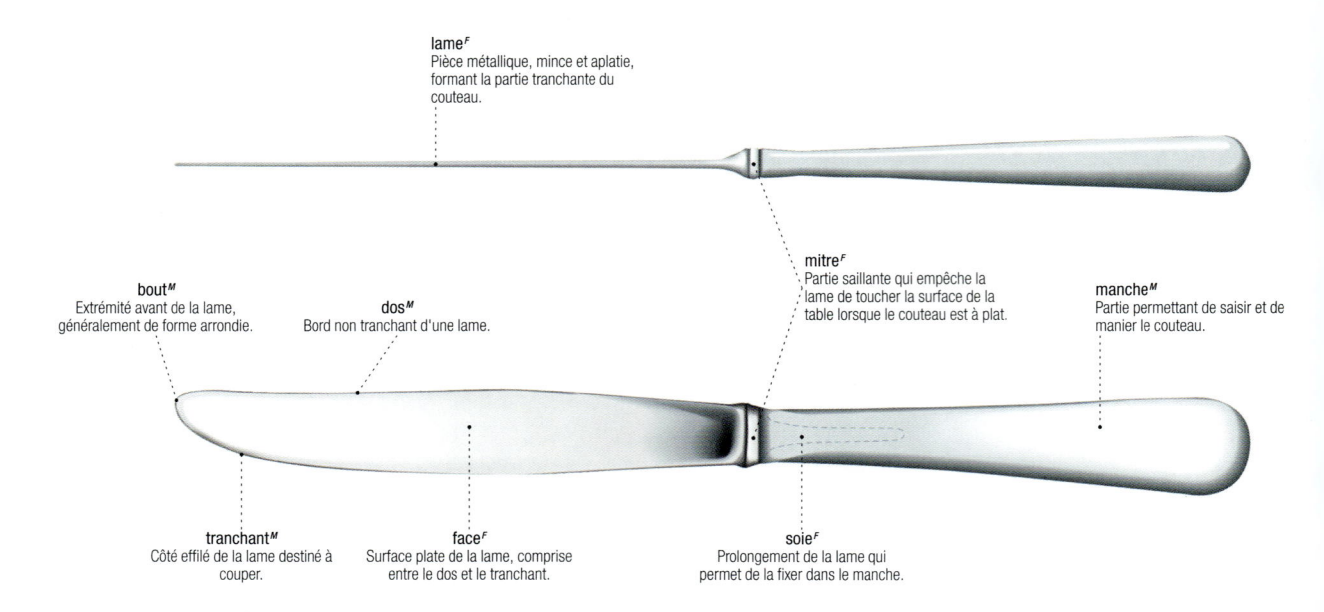

lame[F]
Pièce métallique, mince et aplatie, formant la partie tranchante du couteau.

bout[M]
Extrémité avant de la lame, généralement de forme arrondie.

dos[M]
Bord non tranchant d'une lame.

mitre[F]
Partie saillante qui empêche la lame de toucher la surface de la table lorsque le couteau est à plat.

manche[M]
Partie permettant de saisir et de manier le couteau.

tranchant[M]
Côté effilé de la lame destiné à couper.

face[F]
Surface plate de la lame, comprise entre le dos et le tranchant.

soie[F]
Prolongement de la lame qui permet de la fixer dans le manche.

exemples[M] de couteaux[M]
Il existe une grande variété de couteaux destinés à des usages particuliers.

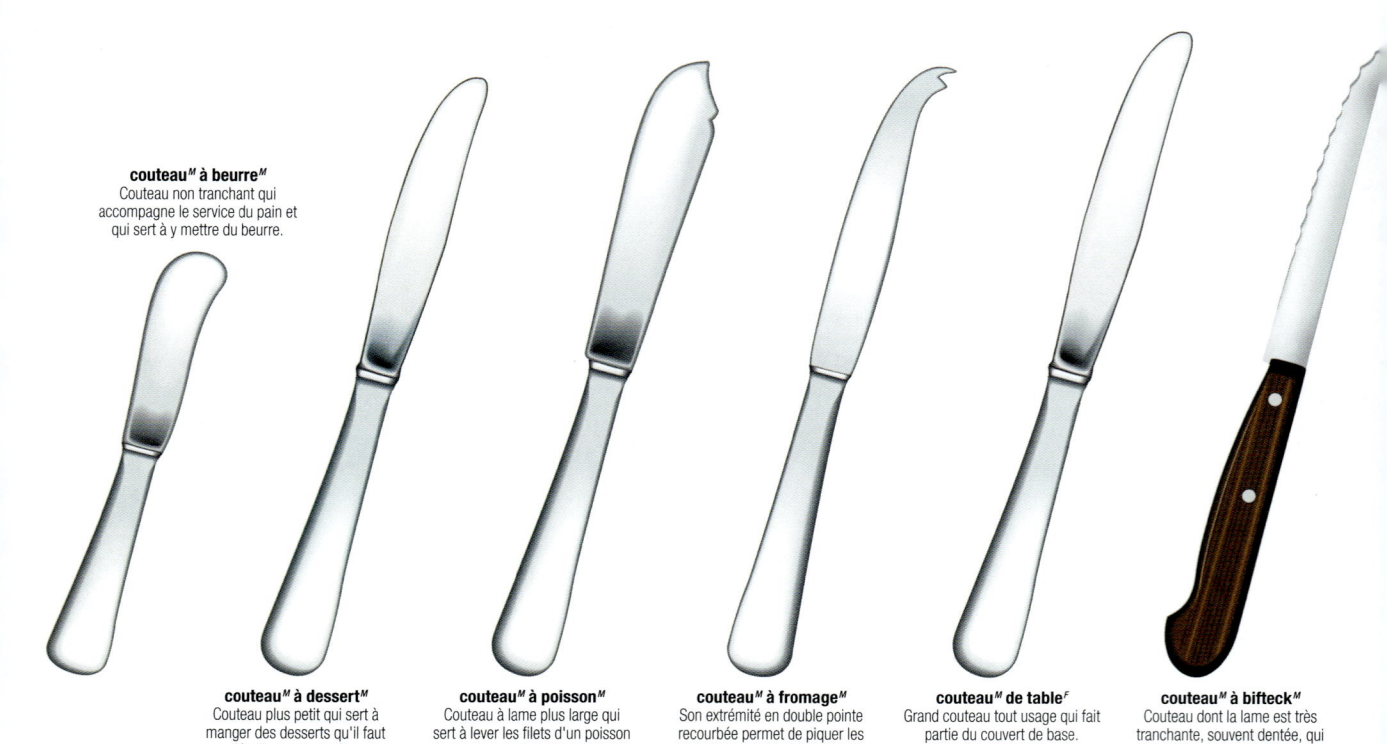

couteau[M] **à beurre**[M]
Couteau non tranchant qui accompagne le service du pain et qui sert à y mettre du beurre.

couteau[M] **à dessert**[M]
Couteau plus petit qui sert à manger des desserts qu'il faut détailler en bouchées.

couteau[M] **à poisson**[M]
Couteau à lame plus large qui sert à lever les filets d'un poisson servi entier.

couteau[M] **à fromage**[M]
Son extrémité en double pointe recourbée permet de piquer les portions de fromage.

couteau[M] **de table**[F]
Grand couteau tout usage qui fait partie du couvert de base.

couteau[M] **à bifteck**[M]
Couteau dont la lame est très tranchante, souvent dentée, qui sert au service des viandes fermes.

couvert

cuiller[F]

Ustensile composé d'un manche et d'une partie creuse qui sert à consommer des aliments liquides ou peu consistants.

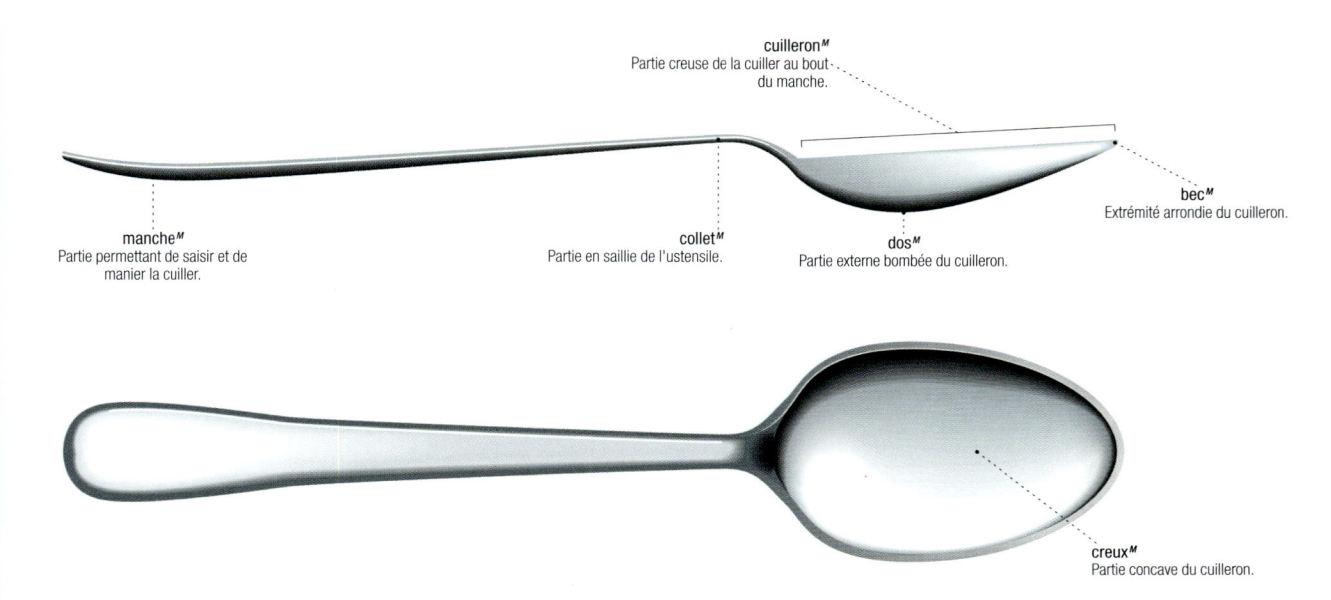

cuilleron[M]
Partie creuse de la cuiller au bout du manche.

bec[M]
Extrémité arrondie du cuilleron.

manche[M]
Partie permettant de saisir et de manier la cuiller.

collet[M]
Partie en saillie de l'ustensile.

dos[M]
Partie externe bombée du cuilleron.

creux[M]
Partie concave du cuilleron.

ALIMENTATION ET CUISINE

exemples[M] **de cuillers**[F]
Il existe une grande variété de cuillers destinées à des usages particuliers.

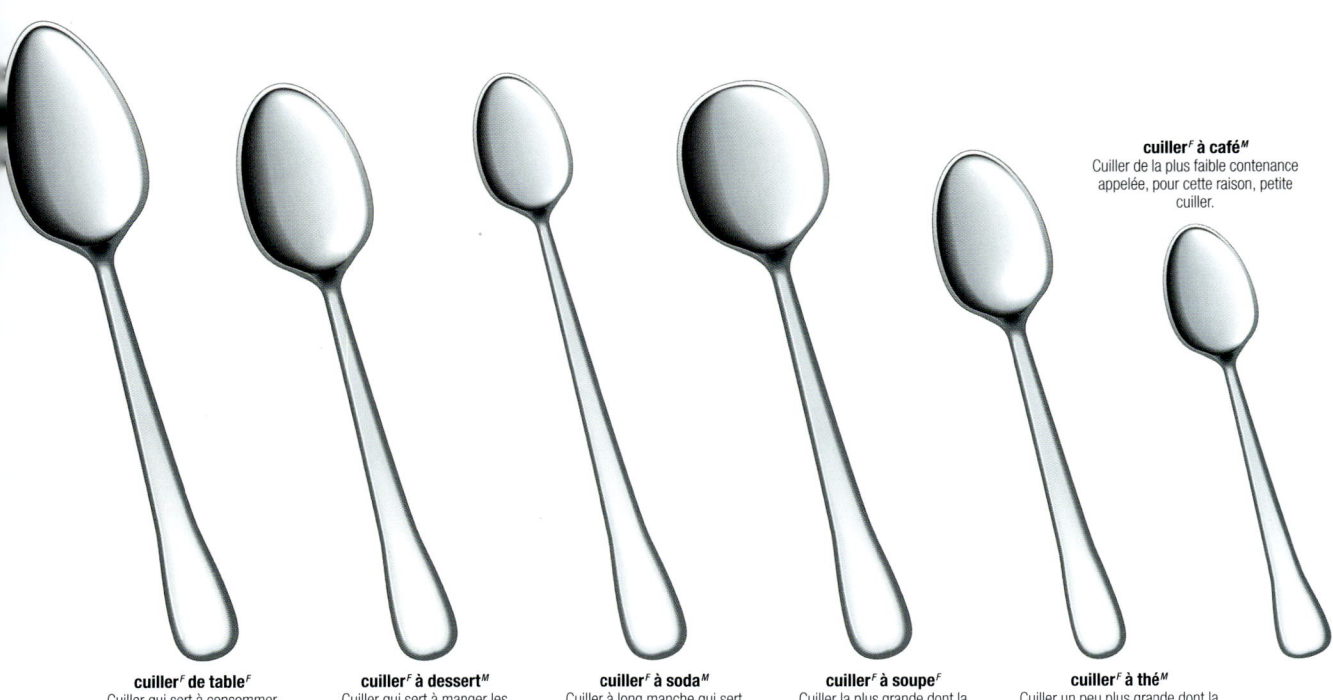

cuiller[F] **à café**[M]
Cuiller de la plus faible contenance appelée, pour cette raison, petite cuiller.

cuiller[F] **de table**[F]
Cuiller qui sert à consommer les aliments liquides ou peu consistants. Elle fait partie du couvert de base.

cuiller[F] **à dessert**[M]
Cuiller qui sert à manger les desserts liquides ou de faible consistance.

cuiller[F] **à soda**[M]
Cuiller à long manche qui sert à mélanger les boissons ou à consommer les desserts servis en coupe.

cuiller[F] **à soupe**[F]
Cuiller la plus grande dont la capacité est de 15 ml.

cuiller[F] **à thé**[M]
Cuiller un peu plus grande dont la capacité est de 5 ml.

couvert

fourchette[F]

Ustensile à dents dont on se sert pour piquer les aliments et les porter à sa bouche.

dos[M]
Partie bombée reliant le manche aux dents.

manche[M]
Partie permettant de saisir et de manier la fourchette.

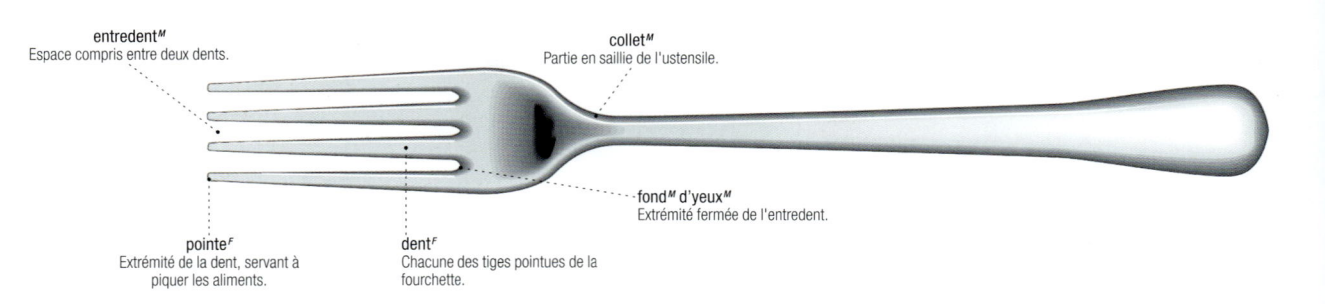

entredent[M]
Espace compris entre deux dents.

collet[M]
Partie en saillie de l'ustensile.

pointe[F]
Extrémité de la dent, servant à piquer les aliments.

dent[F]
Chacune des tiges pointues de la fourchette.

fond[M] **d'yeux**[M]
Extrémité fermée de l'entredent.

ALIMENTATION ET CUISINE

---

exemples[M] **de fourchettes**[F]
Il existe une grande variété de fourchettes destinées à la consommation d'aliments particuliers.

fourchette[F] **à huîtres**[F]
Fourchette dont on se sert surtout pour détacher la chair d'un mollusque de la coquille.

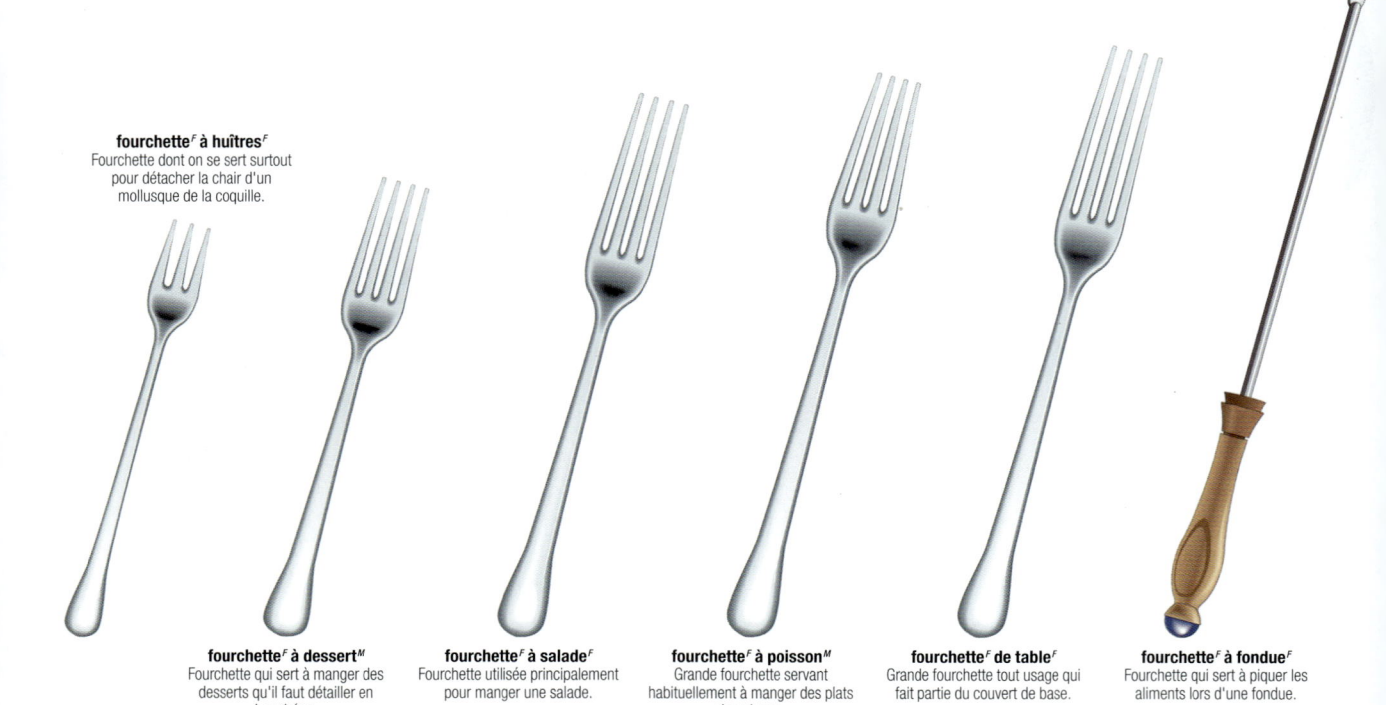

fourchette[F] **à dessert**[M]
Fourchette qui sert à manger des desserts qu'il faut détailler en bouchées.

fourchette[F] **à salade**[F]
Fourchette utilisée principalement pour manger une salade.

fourchette[F] **à poisson**[M]
Grande fourchette servant habituellement à manger des plats de poisson.

fourchette[F] **de table**[F]
Grande fourchette tout usage qui fait partie du couvert de base.

fourchette[F] **à fondue**[F]
Fourchette qui sert à piquer les aliments lors d'une fondue.

couvert

accessoires^M du couvert^M
Pièces diverses complétant le couvert de base.

serviette^F de table^F
Pièce de tissu ou de papier servant à s'essuyer les lèvres ou les doigts et à protéger les vêtements lorsqu'elle est déposée sur les genoux.

rond^M de serviette^F
Anneau dans lequel on place une serviette de table pour les convives.

porte-couteau^M
Petit support de forme et de matière variables destiné à recevoir le couteau utilisé pendant un repas.

ALIMENTATION ET CUISINE

vaisselle^F
Récipients de tailles, de formes et de matières variées destinés à présenter et consommer les aliments.

chope^F à café^M
Grande tasse pour le service du café au lait.

tasse^F à thé^M
Tasse de plus grande contenance pour le service du thé.

tasse^F à café^M
Tasse de faible contenance pour le service du café.

pichet^M
Récipient à anse et à bec utilisé notamment pour servir l'eau et le jus.

théière^F
Récipient pour l'infusion et le service du thé.

crémier^M
Petit pot pour le service de la crème à table.

sucrier^M
Petit pot pour le service du sucre à table.

couvert

vaisselle[F]

salière[F]
Petit récipient pour le service du sel à table, souvent apparié avec la poivrière.

poivrière[F]
Petit récipient pour le service du poivre à table, souvent apparié avec la salière.

ramequin[M]
Petit récipient utilisé pour la cuisson au four et le service à table en portions individuelles.

saucière[F]
Récipient pour le service à table de la sauce d'un plat.

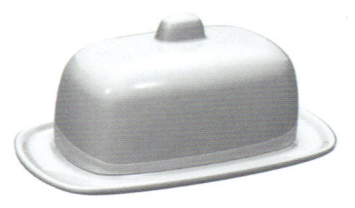

beurrier[M]
Récipient plat couvert pour mettre du beurre à la disposition des convives.

bol[M]
Récipient individuel hémisphérique profond destiné au service des potages et des soupes.

assiette[F] **à dessert**[M]
Assiette plate de petit diamètre utilisée pour servir des desserts.

soucoupe[F]
Petite assiette peu profonde sur laquelle on dépose une tasse pour la servir.

assiette[F] **à salade**[F]
Assiette plate dans laquelle on sert habituellement une salade ou une entrée.

assiette[F] **plate**
Pièce de vaisselle individuelle de grand diamètre, plate ou peu profonde, généralement destinée à contenir la nourriture solide.

assiette[F] **creuse**
Récipient individuel hémisphérique moins profond destiné au service des potages et des soupes.

ALIMENTATION ET CUISINE

couvert 303

vaisselle^F

légumier^M
Grand récipient pour apporter à table les légumes d'accompagnement.

baguettes^F
Ustensiles en forme de bâton effilé, traditionnellement en bambou, utilisés en Asie pour saisir les aliments solides.

ensemble^M **à sushi**^M
Ensemble comprenant des baguettes et deux plateaux dans lesquels on sert des morceaux de sushi et divers condiments.

bol^M **à riz**^M
Petit récipient utilisé pour servir le riz en accompagnement d'un plat principal.

ravier^M
Plat de service divisé en compartiments utilisé pour présenter plusieurs aliments de même famille.

plat^M **à escargots**^M
Récipient muni de creux pour le service des escargots. On le nomme également escargotière.

soupière^F
Grand bol muni d'un couvercle dont on se sert pour apporter et servir une soupe à table.

bol^M **à salade**^F
Petit récipient individuel dans lequel on sert la salade.

saladier^M
Récipient plus ou moins profond qui sert à touiller et à servir la salade.

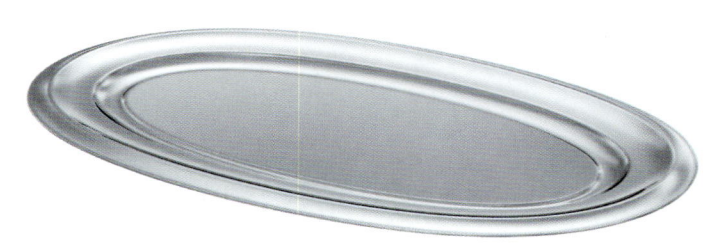

plat^M **ovale**
Grande assiette ovale utilisée pour présenter et servir divers aliments solides : pièces de viande, rôtis, grillades, omelettes, etc.

plat^M **à poisson**^M
Grande assiette ovale dans laquelle on sert un poisson cuit entier.

plateau^M **à fromages**^M
Assiette sur laquelle on dispose les morceaux de fromage pour les servir.

ALIMENTATION ET CUISINE

couvert

table^F dressée

Disposition de la vaisselle, des ustensiles, des verres et des accessoires sur une table en vue d'un repas. Elle varie en fonction des régions et des cultures.

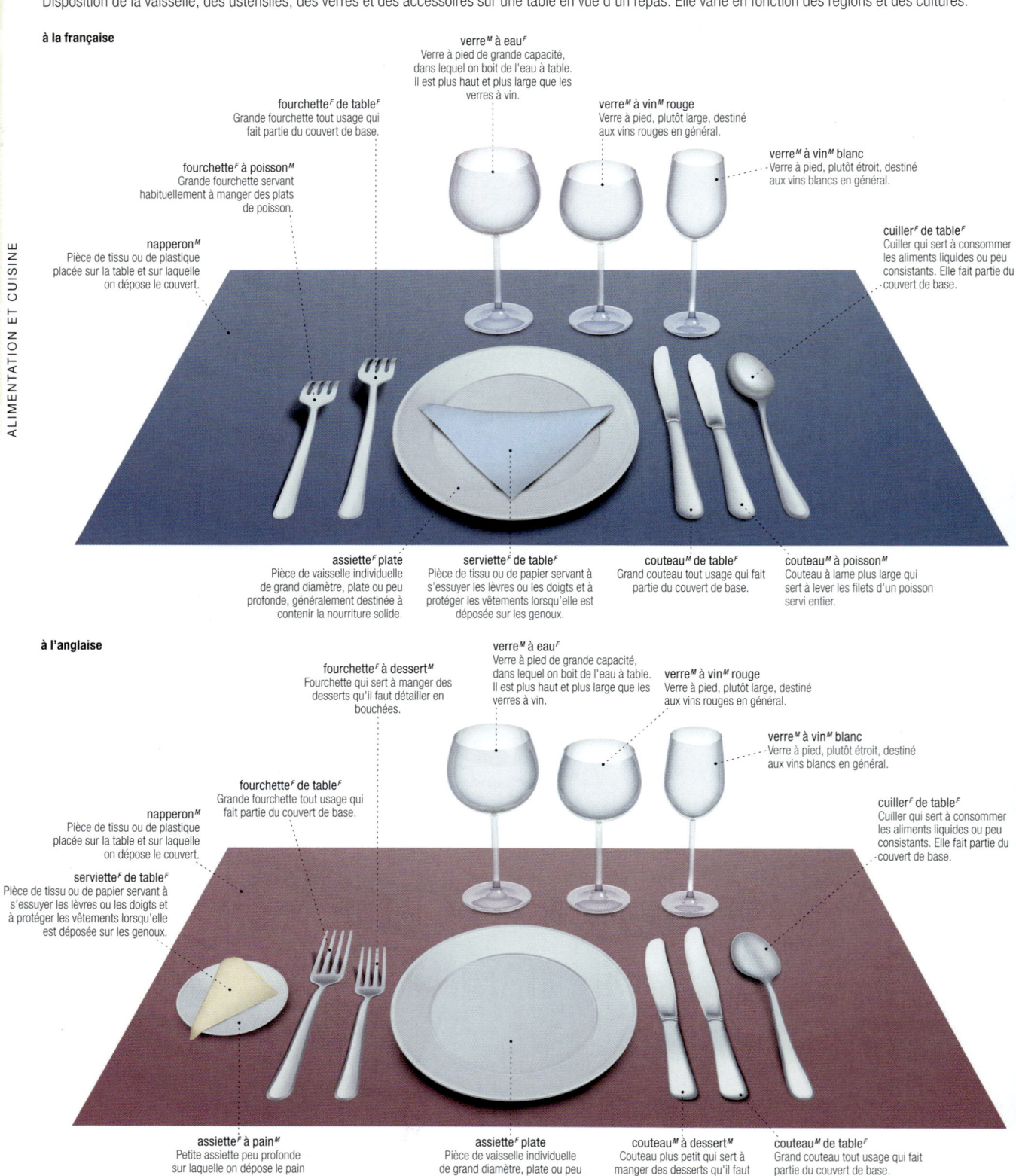

à la française

verre^M à eau^F
Verre à pied de grande capacité, dans lequel on boit de l'eau à table. Il est plus haut et plus large que les verres à vin.

fourchette^F de table^F
Grande fourchette tout usage qui fait partie du couvert de base.

verre^M à vin^M rouge
Verre à pied, plutôt large, destiné aux vins rouges en général.

fourchette^F à poisson^M
Grande fourchette servant habituellement à manger des plats de poisson.

verre^M à vin^M blanc
Verre à pied, plutôt étroit, destiné aux vins blancs en général.

napperon^M
Pièce de tissu ou de plastique placée sur la table et sur laquelle on dépose le couvert.

cuiller^F de table^F
Cuiller qui sert à consommer les aliments liquides ou peu consistants. Elle fait partie du couvert de base.

assiette^F plate
Pièce de vaisselle individuelle de grand diamètre, plate ou peu profonde, généralement destinée à contenir la nourriture solide.

serviette^F de table^F
Pièce de tissu ou de papier servant à s'essuyer les lèvres ou les doigts et à protéger les vêtements lorsqu'elle est déposée sur les genoux.

couteau^M de table^F
Grand couteau tout usage qui fait partie du couvert de base.

couteau^M à poisson^M
Couteau à lame plus large qui sert à lever les filets d'un poisson servi entier.

à l'anglaise

fourchette^F à dessert^M
Fourchette qui sert à manger des desserts qu'il faut détailler en bouchées.

verre^M à eau^F
Verre à pied de grande capacité, dans lequel on boit de l'eau à table. Il est plus haut et plus large que les verres à vin.

verre^M à vin^M rouge
Verre à pied, plutôt large, destiné aux vins rouges en général.

fourchette^F de table^F
Grande fourchette tout usage qui fait partie du couvert de base.

verre^M à vin^M blanc
Verre à pied, plutôt étroit, destiné aux vins blancs en général.

napperon^M
Pièce de tissu ou de plastique placée sur la table et sur laquelle on dépose le couvert.

cuiller^F de table^F
Cuiller qui sert à consommer les aliments liquides ou peu consistants. Elle fait partie du couvert de base.

serviette^F de table^F
Pièce de tissu ou de papier servant à s'essuyer les lèvres ou les doigts et à protéger les vêtements lorsqu'elle est déposée sur les genoux.

assiette^F à pain^M
Petite assiette peu profonde sur laquelle on dépose le pain accompagnant un repas.

assiette^F plate
Pièce de vaisselle individuelle de grand diamètre, plate ou peu profonde, généralement destinée à contenir la nourriture solide.

couteau^M à dessert^M
Couteau plus petit qui sert à manger des desserts qu'il faut détailler en bouchées.

couteau^M de table^F
Grand couteau tout usage qui fait partie du couvert de base.

ALIMENTATION ET CUISINE

couvert 305

table^F dressée

à l'américaine

verre^M à eau^M
Verre à pied de grande capacité, dans lequel on boit de l'eau à table. Il est plus haut et plus large que les verres à vin.

verre^M à vin^M rouge
Verre à pied, plutôt large, destiné aux vins rouges en général.

verre^M à vin^M blanc
Verre à pied, plutôt étroit, destiné aux vins blancs en général.

assiette^F à pain^M
Petite assiette peu profonde sur laquelle on dépose le pain accompagnant un repas.

napperon^M
Pièce de tissu ou de plastique placée sur la table et sur laquelle on dépose le couvert.

serviette^F de table^F
Pièce de tissu ou de papier servant à essuyer les lèvres ou les doigts et à protéger les vêtements lorsqu'elle est déposée sur les genoux.

cuiller^F de table^F
Cuiller qui sert à consommer les aliments liquides ou peu consistants. Elle fait partie du couvert de base.

fourchette^F de table^F
Grande fourchette tout usage qui fait partie du couvert de base.

fourchette^F à dessert^M
Fourchette qui sert à manger des desserts qu'il faut détailler en bouchées.

assiette^F plate
Pièce de vaisselle individuelle de grand diamètre, plate ou peu profonde, généralement destinée à contenir la nourriture solide.

couteau^M à dessert^M
Couteau plus petit qui sert à manger des desserts qu'il faut détailler en bouchées.

couteau^M de table^F
Grand couteau tout usage qui fait partie du couvert de base.

ALIMENTATION ET CUISINE

à la chinoise

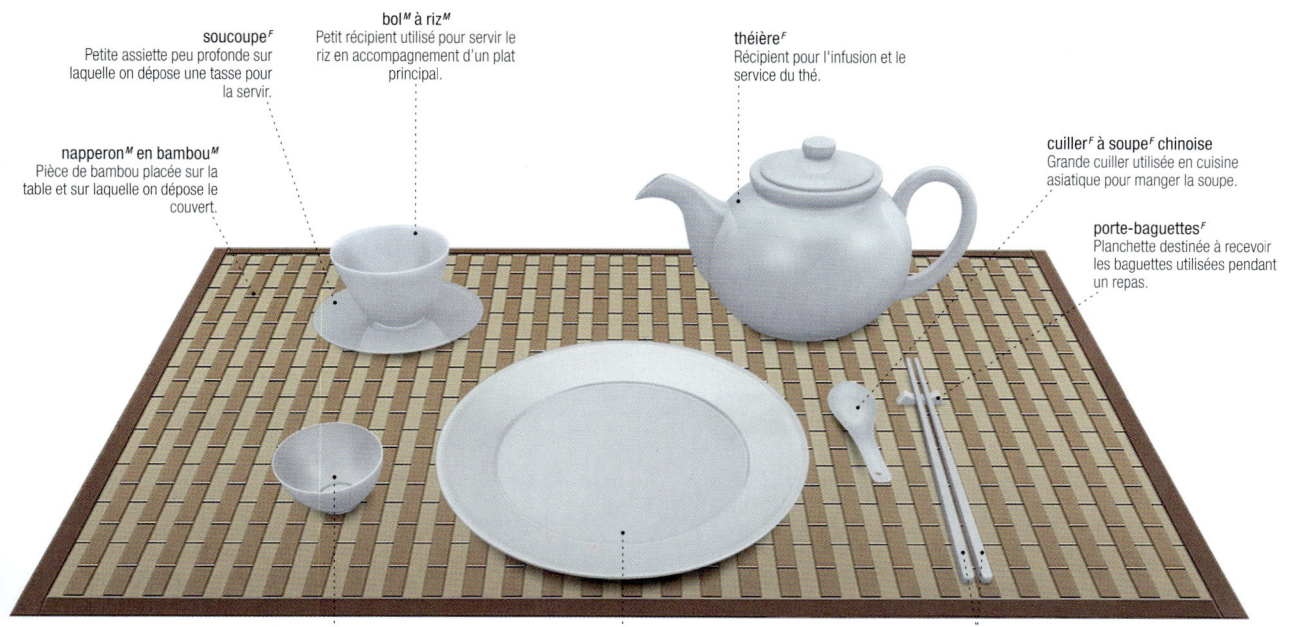

soucoupe^F
Petite assiette peu profonde sur laquelle on dépose une tasse pour la servir.

bol^M à riz^M
Petit récipient utilisé pour servir le riz en accompagnement d'un plat principal.

théière^F
Récipient pour l'infusion et le service du thé.

napperon^M en bambou^M
Pièce de bambou placée sur la table et sur laquelle on dépose le couvert.

cuiller^F à soupe^F chinoise
Grande cuiller utilisée en cuisine asiatique pour manger la soupe.

porte-baguettes^F
Planchette destinée à recevoir les baguettes utilisées pendant un repas.

tasse^F à thé^M
Petite tasse pour le service du thé.

assiette^F plate
Pièce de vaisselle individuelle de grand diamètre, plate ou peu profonde, généralement destinée à contenir la nourriture solide.

baguettes^F
Ustensiles en forme de bâton effilé, traditionnellement en bambou, utilisés en Asie pour saisir les aliments solides.

équipement de cuisine

ustensiles^M de cuisine^F

Accessoires ou appareils de mécanisme simple utilisés pour la préparation des aliments.

couteau^M de cuisine^F
Les couteaux de cuisine sont destinés à la préparation des aliments : couper, trancher, désosser, parer.

mitre^F — Partie saillante qui empêche la lame de toucher la surface de la table lorsque le couteau est à plat.

demi-manche^M — Plaquette latérale du manche du couteau, de part et d'autre de la soie.

pointe^F — Extrémité avant de la lame.

dos^M — Bord non tranchant d'une lame.

soie^F — Prolongement de la lame qui permet de la fixer dans le manche.

talon^M — Partie amincie de la mitre qui termine le bas de la lame.

tranchant^M — Côté effilé de la lame destiné à couper.

lame^F — Pièce métallique, mince et aplatie, formant la partie tranchante du couteau.

épaulement^M — Partie métallique de la largeur du manche, entre la lame et la soie.

rivet^M — Courte tige cylindrique servant à assembler le manche du couteau.

exemples^M de couteaux^M de cuisine^F
La forme et la taille des couteaux de cuisine varient selon leur fonction et le type d'aliment auquel ils sont destinés.

couteau^M **de chef**^M — Couteau qui couvre une large gamme d'utilisations, allant de la coupe de gros morceaux de viande au hachage des fines herbes.

couperet^M — Lourd couteau dont la lame épaisse et rigide permet de casser les os.

couteau^M **à pain**^M — Couteau denté qui sert à trancher le pain frais.

couteau^M **à découper** — Couteau à lame fine, utilisé pour couper en portions une pièce de viande cuite.

couteau^M **à jambon**^M — Couteau à lame alvéolée servant à trancher un jambon cuit entier.

couteau^M **d'office**^M — Version miniature du couteau de chef, utilisé pour éplucher, gratter et trancher les aliments de petite taille.

couteau^M **à filets**^M **de sole**^F — Couteau à lame longue et pointue qui sert à lever les filets de poisson.

couteau^M **à désosser** — Petit couteau à lame effilée, pointue à l'extrémité, servant à détacher la chair des os.

couteau^M **à pamplemousse**^M — Couteau qui sert à détacher la pulpe d'un agrume.

couteau^M **à huîtres**^F — Couteau à double tranchant, muni d'une garde, qui permet d'ouvrir la coquille en coupant les muscles adducteurs.

couteau^M **à zester** — Couteau dont la lame recourbée, terminée par cinq œillets à bords tranchants, permet de lever de minces lanières sur le zeste d'un agrume.

ALIMENTATION ET CUISINE

équipement de cuisine   307

ustensiles^M de cuisine^F

pour ouvrir
Instruments permettant de retirer des couvercles, des capsules ou des bouchons afin d'accéder au contenu d'un récipient.

tire-bouchon^M à levier^M
Instrument muni d'une vis et d'ailettes qui remontent lorsqu'on enfonce la vis et qui fonctionnent comme leviers pour ouvrir la bouteille.

tire-bouchon^M de sommelier^M
Instrument composé d'une vis et d'un levier qui permet d'ouvrir une bouteille de vin en tirant, d'une lame pour couper l'enrobage du goulot et d'un décapsuleur.

décapsuleur^M
Instrument qui sert à détacher les capsules des bouteilles.

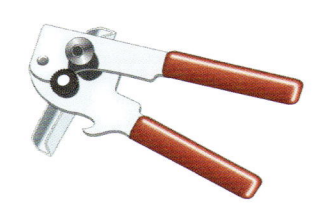

ouvre-boîtes^M
Appareil servant à ouvrir les boîtes de conserve en coupant le bord intérieur du couvercle.

ALIMENTATION ET CUISINE

pour broyer et râper
Instruments utilisés pour réduire des aliments en fines parcelles, en copeaux, en poudre, en purée, etc.

casse-noix^M
Ce dont on se sert pour accéder à l'amande d'une noix en cassant la coque.

mortier^M
Récipient hémisphérique en marbre, en porcelaine ou en bois dans lequel on broie certains aliments à l'aide d'un pilon.

pilon^M
Instrument, généralement lourd, composé d'une tête prolongée d'un manche court, notamment utilisé pour broyer des graines, des ingrédients secs et de l'ail.

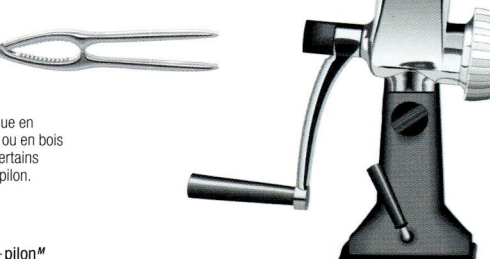

hachoir^M
Instrument destiné à hacher la viande; il est muni d'un couteau et de grilles interchangeables dont la taille des orifices détermine la finesse du hachis.

presse-ail^M
Ustensile utilisé pour écraser finement une gousse d'ail.

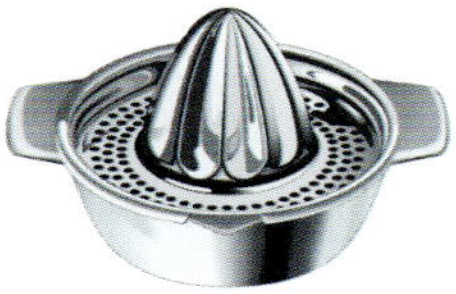

presse-agrumes^M
Ustensile utilisé pour extraire le jus d'un agrume, le plus souvent d'un citron ou d'une orange.

moulin^M à café^M manuel
Appareil qui, à l'aide d'un couteau rotatif actionné par une manivelle, réduit en poudre les grains de café ou d'autres ingrédients, par exemple des épices.

râpe^F à muscade^F
Petite râpe conique utilisée pour réduire en poudre des noix de muscade.

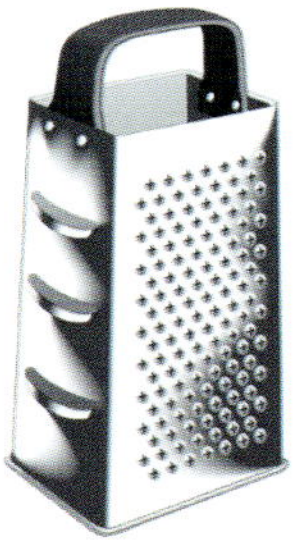

râpe^F
Instrument qui sert à réduire en fines parcelles ou en poudre des aliments comme les légumes, le fromage, les noix, etc.

moulin^M à poivre^M
Instrument destiné à broyer le poivre en grains.

râpe^F à fromage^M cylindrique
Instrument servant à réduire le fromage en fines parcelles au contact d'un tambour denté rotatif.

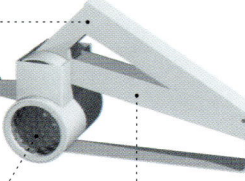

poussoir^M
Partie articulée de la poignée dont on presse le morceau de fromage contre le tambour.

manivelle^F
Levier coudé permettant d'imprimer un mouvement rotatif au tambour.

tambour^M
Partie cylindrique de l'ustensile où se râpe le fromage.

poignée^F
Partie permettant de saisir la râpe et d'exercer une pression sur le poussoir.

machine^F à faire les pâtes^F
Instrument qui déroule et coupe la pâte de différentes manières grâce à des lames amovibles.

moulin^M à légumes^M
Instrument qui sert à réduire les légumes et les fruits cuits en purée plus ou moins fine selon la grille utilisée.

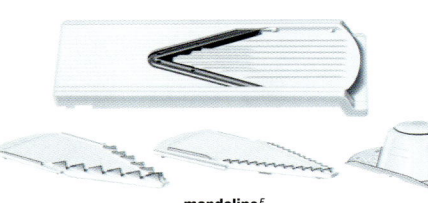

mandoline^F
Instrument composé d'une lame tranchante interchangeable insérée dans un support servant à couper les légumes de différentes manières selon la forme de la lame.

équipement de cuisine

ustensiles^M de cuisine^F

pour mesurer
Instruments permettant de mesurer le volume ou le poids d'un ingrédient, la température d'un aliment ou le temps de cuisson d'une préparation.

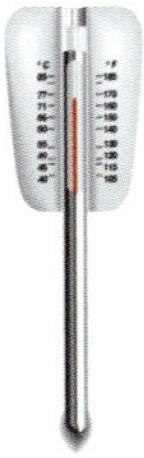

tasse^F à mesurer
Récipient gradué, muni d'un bec verseur, qui sert à mesurer des liquides.

thermomètre^M à viande^F
Thermomètre qu'on pique dans une pièce à rôtir pour vérifier la progression de la cuisson.

thermomètre^M à sucre^M
Thermomètre qu'on plonge dans le sucre liquide chaud pour en mesurer avec précision le degré de cuisson.

thermomètre^M à mesure^F instantanée
Thermomètre numérique que l'on pique dans la pièce et qui en indique instantanément la température interne.

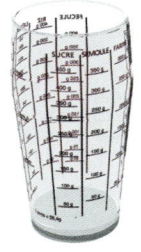

verre^M à mesurer
Récipient gradué qui sert à mesurer des quantités d'aliments secs ou liquides.

cuillers^F doseuses
Cuillers dont le cuilleron correspond à une quantité précise d'un ingrédient et qui servent de mesure en cuisine.

sablier^M
Appareil de mesure du temps composé de deux ampoules de verre dont l'une est remplie de sable qui s'écoule dans l'autre en un temps précis.

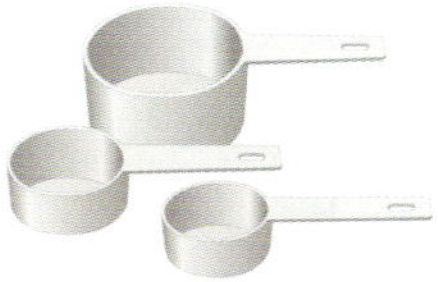

mesures^F
Récipients qui servent à mesurer une quantité précise d'un ingrédient.

minuteur^M
Appareil servant à programmer une durée; le temps écoulé, une sonnerie se fait entendre.

thermomètre^M de four^M
Thermomètre que l'on place dans le four d'une cuisinière pour en vérifier la température.

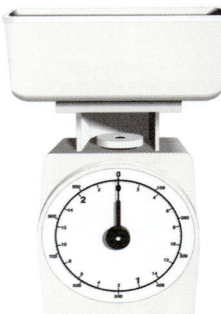

balance^F de cuisine^F
Instrument qui sert à peser des aliments secs (farine, sucre, riz, etc.).

pour passer et égoutter
Instruments servant à filtrer un aliment sec ou liquide, ou encore à débarrasser un aliment du liquide ayant servi à le laver, le blanchir, le cuire ou le frire.

passoire^F fine
Instrument qui sert à tamiser des ingrédients secs ou à filtrer des liquides.

chinois^M
Fine passoire conique utilisée pour filtrer un bouillon, une sauce ou réduire une préparation en une purée.

mousseline^F
Linge fin, à tissage peu serré, au travers duquel on passe des potages et des sauces pour leur donner de la finesse, du velouté.

entonnoir^M
Instrument conique se terminant par un tube servant à verser un liquide dans un récipient à petit goulot.

passoire^F
Instrument qui sert à égoutter les aliments.

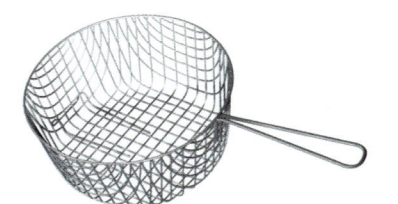

panier^M à friture^F
Récipient en fil métallique conçu pour mettre des aliments à frire et les égoutter une fois cuits.

tamis^M
Passoire formée d'une toile de nylon, d'acier ou de soie tendue sur un cadre de bois qui sert à passer les aliments secs ou liquides.

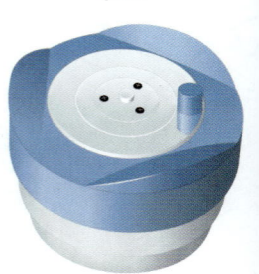

essoreuse^F à salade^F
Appareil qui, par force centrifuge, débarrasse les feuilles de laitue de l'eau de lavage.

ALIMENTATION ET CUISINE

équipement de cuisine 309

ustensiles^M de cuisine^F

ustensiles^M divers

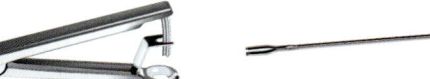

dénoyauteur^M
Sorte de pince dont on se sert pour retirer les noyaux des olives ou des cerises sans abîmer la pulpe.

aiguille^F **à piquer**
Ustensile qui sert à enfoncer dans une pièce de viande des lanières de lard, de jambon, de truffe.

vide-pomme^M
Ustensile qui sert à enlever le cœur des pommes ou des poires.

cuiller^F **parisienne**
Cuiller qui sert à prélever des morceaux en forme de petites boules dans la chair d'un fruit ou d'un légume.

aiguille^F **à brider**
Ustensile servant à introduire des brides de ficelle au travers d'une volaille ou à ficeler un rôti.

cisaille^F **à volaille**^F
Ustensile utilisé pour découper en morceaux une volaille.

ciseaux^M **de cuisine**^F
Ustensile à usages variés : parer les viandes et les légumes, couper les fines herbes, etc.

pince^F **à escargots**^M
Ustensile dont on se sert pour tenir la coquille afin d'en retirer l'escargot.

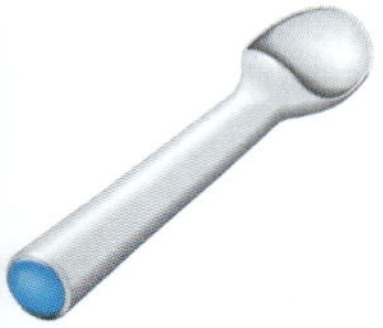

cuiller^F **à glace**^F ; *cuiller*^F *à crème*^F *glacée*
Cuiller utilisée pour prélever une portion de glace ou de crème glacée dans un contenant.

boule^F **à thé**^M
Boule dans laquelle on insère les feuilles de thé séchées pour les infuser.

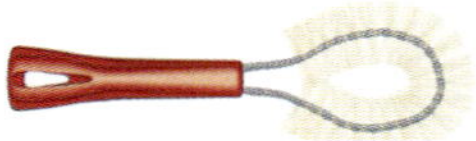

brosse^F **à légumes**^M
Ustensile utilisé pour nettoyer certains légumes, telle la pomme de terre.

coupe-œuf^M
Instrument composé de fils d'acier tendus qui permettent de couper un œuf cuit dur en tranches.

cuiller^F **à goûter**
Cuiller de bois munie de deux cuillerons réunis par un sillon peu profond, servant à prélever et à goûter une préparation liquide.

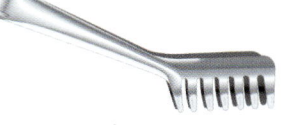

pince^F **à spaghettis**^M
Ustensile dont l'extrémité des branches permet de saisir les pâtes longues.

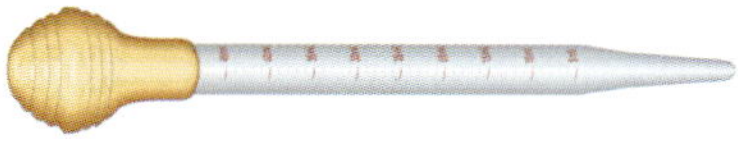

poire^F **à jus**^M
Ustensile composé d'un tube gradué et d'une poire en caoutchouc qui permet d'aspirer le liquide de cuisson pour en arroser la viande.

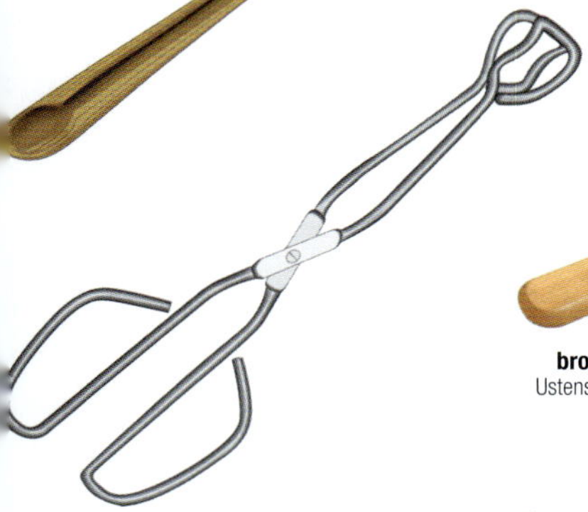

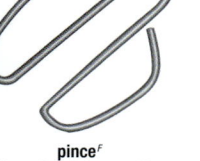

brosse^F **à champignon**^M
Ustensile utilisé pour nettoyer les champignons.

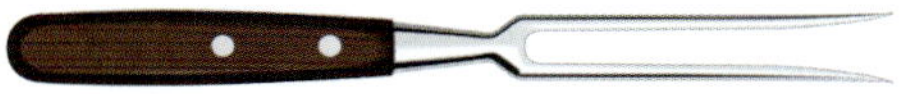

fourchette^F **à découper**
Fourchette dont on se sert pour maintenir une pièce de viande lorsqu'on la découpe en portions.

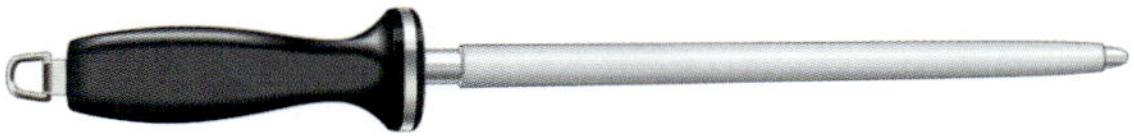

pince^F
Ustensile utilisé pour saisir, retourner et servir des aliments.

fusil^M
Tige d'acier cylindrique, striée de fines rayures, qui sert à rectifier le tranchant d'un couteau.

roulette^F **à pizza**^F
Ustensile constitué d'une roulette biseautée et tranchante destinée à découper la pizza en pointes.

pierre^F **à affûter**
Pierre abrasive servant à aiguiser le tranchant d'un couteau.

planche^F **à découper**
Pièce de plastique ou de bois qui sert à découper les aliments.

éplucheur^M
Ustensile permettant de peler fruits et légumes; sa lame pivotante épouse le contour de l'aliment.

coquilleur^M **à beurre**^M
Ustensile dont l'extrémité arrondie et striée permet de racler le beurre froid pour former des coquilles.

rainure^F
Sillon permettant de recueillir les jus de cuisson.

ALIMENTATION ET CUISINE

équipement de cuisine

ustensiles^M de cuisine^F

pour la pâtisserie^F
Pâtisserie : ensemble des gâteaux, biscuits et autres aliments, généralement sucrés, préparés à partir d'une pâte cuite.

piston^M à décorer
Sorte de seringue, munie de douilles interchangeables, dans laquelle on introduit un glaçage pour décorer les pâtisseries et les desserts moulés.

roulette^F de pâtissier^M
Ustensile dont on se sert pour couper la pâte. La roulette cannelée lui donne un effet de dentelle.

pinceau^M à pâtisserie^F
Ustensile dont l'extrémité munie de poils en soie ou en nylon sert à badigeonner, à lustrer, à dorer une pâtisserie ou à graisser un plat.

batteur^M à œufs^M
Ustensile mécanique, composé de deux fouets actionnés par une manivelle, qui sert à battre des ingrédients liquides ou semi-liquides.

fouet^M
Ustensile composé d'un ensemble de fils d'acier recourbés et croisés servant à mêler, à battre ou à fouetter des ingrédients liquides ou semi-liquides.

poche^F à douilles^F
Sac imperméable auquel s'adaptent des douilles interchangeables. Il sert à décorer plats, pâtisseries et desserts moulés ou à façonner une pâtisserie.

saupoudreuse^F
Récipient à couvercle perforé qui sert notamment à fariner, à poudrer de sucre ou à parsemer de fromage râpé une préparation.

tamis^M à farine^F
Ustensile servant à passer la farine. Il est muni d'une poignée à ressort ou d'une manivelle qui agite la farine et lui donne plus de légèreté.

plaque^F à pâtisserie^F
Ustensile rectangulaire à petit rebord, généralement en tôle, qui sert à cuire au four biscuits, gâteaux et autres pâtisseries qui ne requièrent pas de moule.

bols^M à mélanger
Récipient rond, de taille variable, dont on se sert pour préparer ou mélanger des ingrédients, des aliments.

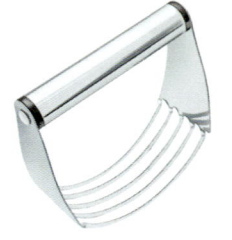

mélangeur^M à pâtisserie^F
Ustensile utilisé pour mélanger une matière grasse avec de la farine.

emporte-pièces^M
Pièce métallique évidée qui sert à découper une pâte en lui donnant une forme qu'elle conservera en cuisant.

rouleau^M à pâtisserie^F
Cylindre de bois qui roule librement entre deux poignées latérales et dont on se sert pour abaisser une pâte.

moule^M à soufflé^M
Récipient de porcelaine dont le bord élevé contient un soufflé pendant qu'il lève en cuisant.

ALIMENTATION ET CUISINE

équipement de cuisine 311

ustensiles^M de cuisine^F

moule^M à gâteau^M
Récipient métallique à bord plus ou moins élevé pour permettre à un gâteau de lever sans déborder.

moule^M à tarte^F
Récipient métallique utilisé pour façonner une abaisse et cuire une tarte au four.

moule^M à fond^M amovible
Récipient métallique dont le fond, et parfois la paroi, se défont pour dégager la pièce cuite.

moule^M à quiche^F
Récipient métallique dont le bord est festonné pour enjoliver à la cuisson l'abaisse d'une quiche.

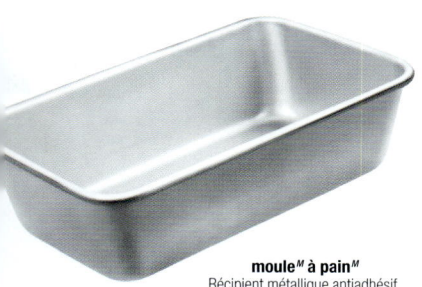

moule^M à pain^M
Récipient métallique antiadhésif, habituellement rectangulaire, dont la profondeur permet au pain de lever sans déborder.

moule^M à charlotte^F
Récipient métallique profond, en forme de seau, utilisé pour cuire un entremets sucré cerclé de biscuits.

moule^M à muffins^M
Récipient à alvéoles qui sert à cuire les muffins et à leur donner leur forme.

ALIMENTATION ET CUISINE

jeu^M d'ustensiles^M de cuisine^F
Principaux ustensiles de cuisine, souvent de même style, présentés sur un support.

écumoire^F
Grande cuiller ronde perforée, légèrement concave, qui sert à écumer un bouillon, une sauce, ou à retirer les aliments de leur liquide de cuisson.

cuiller^F à égoutter
Grande cuiller allongée perforée, légèrement concave, qui sert à retirer les petits aliments de leur liquide de cuisson.

spatule^F
Longue lame de largeur variable, qui sert à retourner les aliments en cours de cuisson.

pelle^F
Ustensile qui sert à retirer un aliment en fin de cuisson sans le briser.

louche^F
Ustensile à cuilleron profond et à grand manche servant à transvaser un aliment liquide ou semi-liquide.

pilon^M
Ustensile utilisé pour réduire en purée, manuellement, des légumes ou des fruits cuits.

batterie^F de cuisine^F

Ensemble de récipients utilisés pour la cuisson des aliments, surtout au four ou sur une cuisinière.

couvercle^M
Pièce mobile couvrant le wok lors de la cuisson.

wok^M
Ustensile de cuisson, emprunté à la cuisine chinoise, qui permet une cuisson rapide des aliments dans très peu de corps gras.

grille^F
Treillis en forme de demi-lune servant à égoutter ou à réserver les aliments.

tajine^M
Récipient de terre cuite vernissée, muni d'un couvercle conique hermétique, dans lequel on cuit, au Maghreb, le plat du même nom.

wok^M
Grande poêle dont la forme conique permet de cuire les aliments au centre, où l'intensité de chaleur est la plus grande.

collier^M
Socle métallique utilisé pour maintenir le wok en équilibre au-dessus du brûleur ou de la plaque chauffante.

service^M à fondue^F
Ustensile conçu pour apprêter et servir des fondues : à la viande, au fromage ou au chocolat.

poissonnière^F
Récipient de forme allongée muni d'une grille et d'un couvercle qui permet de cuire un poisson entier.

grille^F
Plaque perforée munie de crochets permettant de la soulever pour égoutter et retirer le poisson en fin de cuisson.

caquelon^M
Récipient muni d'une ou de deux poignées latérales, dont on se sert pour la cuisson d'une fondue.

support^M
Structure métallique destinée à soutenir le caquelon et le réchaud.

couvercle^M
Pièce mobile couvrant la poissonnière lors de la cuisson.

lèchefrite^F
Plat rectangulaire, légèrement creux, servant à rôtir une viande au four ou à recueillir le jus de cuisson des viandes.

réchaud^M
Récipient contenant un combustible pour maintenir la chaleur du caquelon durant le service d'une fondue.

terrine^F
Récipient dont le couvercle est percé pour laisser s'échapper la vapeur, conçu pour la cuisson de préparations avec ou sans gelée.

autocuiseur^M
Marmite munie d'un couvercle vissé hermétiquement, conçue pour cuire des aliments plus rapidement à la vapeur et sous pression.

plats^M à rôtir
Ustensile à bords mi-hauts, de grande contenance, qui sert à faire rôtir une viande au four.

régulateur^M de pression^F
Dispositif destiné à maintenir la pression à une valeur constante.

soupape^F
Dispositif qui bloque l'échappement de la vapeur lorsque la marmite est sous pression.

équipement de cuisine 313

batterie^F de cuisine^F

faitout^M
Marmite demi-haute utilisée pour faire cuire des aliments dans un liquide.

marmite^F
Récipient utilisé pour faire cuire, en grande quantité, des aliments dans un liquide.

couscoussier^M
Double récipient dans lequel la vapeur du bouillon, où cuisent les aliments de la partie inférieure, cuit et parfume la semoule dans la partie supérieure.

poêle^F **à frire**
Ustensile qui sert à faire frire, sauter ou revenir des aliments.

cocotte^F **en fonte**^F
Récipient rond ou ovale servant le plus souvent à cuire les aliments à feu doux.

cuit-vapeur^M
Ustensile composé de deux casseroles. Celle du dessous contient l'eau bouillante dont la vapeur cuit les aliments que contient celle du dessus.

sauteuse^F
Récipient analogue à une poêle, mais à bord droit, qui sert à cuire des aliments à feu vif dans un corps gras.

pocheuse^F
Ustensile pour pocher les œufs en les plaçant dans les alvéoles d'un plateau suspendu au-dessus d'un liquide chaud.

poêle^F **à crêpes**^F
Poêle ronde à fond ample dont le bord peu élevé permet à la spatule de décoller et de retourner aisément la crêpe.

poêlon^M
Ustensile à bords plus élevés qu'une poêle, qui sert à la cuisson des plats mijotés ou braisés.

diable^M
Ustensile en terre poreuse, formé de deux poêlons s'emboîtant parfaitement, pour cuire les aliments à l'étuvée.

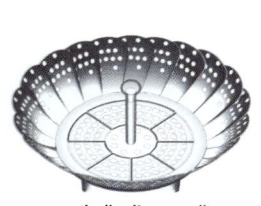

panier^M **cuit-vapeur**^M
Récipient perforé que l'on insère dans une casserole, au-dessus du niveau du liquide, pour cuire des aliments à la vapeur.

bain-marie^M
Ustensile composé de deux casseroles. La casserole inférieure contient l'eau bouillante qui cuit ou chauffe les aliments de la casserole supérieure.

casserole^F
Récipient bas qui sert généralement à faire chauffer un liquide ou à cuire des aliments dans un liquide.

plaque^F **à pizza**^F
Assiette à petit rebord, généralement en tôle antiadhésive, qui sert à cuire la pizza au four.

ALIMENTATION ET CUISINE

// équipement de cuisine

petits appareils^M électroménagers

Appareils de petite dimension fonctionnant à l'électricité et destinés à la préparation d'aliments et de plats cuisinés.

pour mélanger et battre
Appareils permettant d'incorporer plusieurs éléments les uns aux autres, de remuer ou de travailler un élément pour en modifier l'aspect.

mélangeur^M à main^F
Appareil électrique dont le bloc-moteur est façonné en poignée. Moins puissant que le mélangeur, il sert à combiner des liquides et à broyer des aliments mous.

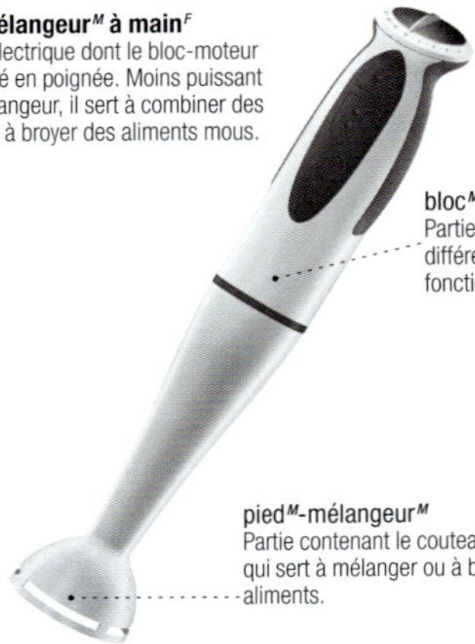

bloc^M-moteur^M
Partie contenant le moteur et les différents circuits qui permettent le fonctionnement de l'appareil.

pied^M-mélangeur^M
Partie contenant le couteau rotatif qui sert à mélanger ou à broyer des aliments.

éjecteur^M de fouets^M
Bouton sur lequel on presse pour retirer les fouets.

sélecteur^M de vitesse^F
Dispositif servant à sélectionner la vitesse de rotation des fouets.

fouet^M
Instrument qui sert à battre ou à mélanger les aliments. Les fouets sont insérés dans des roues dentées qui tournent en sens inverse.

batteur^M à main^F
Appareil électrique composé de deux fouets et d'un bloc-moteur, utilisé pour battre ou mélanger des aliments liquides ou semi-liquides.

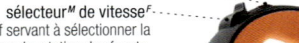

poignée^F
Partie permettant de saisir et de manier le batteur à main.

talon^M d'appui^M
Pièce sur laquelle repose le batteur lorsqu'il n'est pas en marche.

mélangeur^M
Appareil électrique, composé d'un bloc-moteur surmonté d'un récipient, servant à mélanger, à broyer ou à réduire en purée des aliments crus ou cuits.

bouchon^M
Pièce destinée à fermer le récipient hermétiquement.

récipient^M
Vase de verre dans lequel on met les aliments ou les ingrédients.

couteau^M
Couteau-hélice qui, en tournant, sert à mélanger ou à broyer des aliments.

touches^F de commande^F
Boutons permettant de choisir différentes fonctions, dont la vitesse du couteau.

bloc^M-moteur^M
Partie contenant le moteur et les différents circuits qui permettent le fonctionnement de l'appareil.

tête^F basculante
Le bloc-moteur est mobile autour d'un axe, permettant de plonger les fouets dans le bol ou de les en retirer.

fouet^M
Instrument qui sert à battre ou à mélanger les aliments. Les fouets sont insérés dans des roues dentées qui tournent en sens inverse.

bol^M
Récipient rond, de taille variable, dont on se sert pour mélanger les aliments.

plateau^M tournant
Support permettant le mouvement circulaire du bol pour battre ou mélanger uniformément la préparation.

batteur^M sur socle^M
Appareil électrique, fait d'un bloc-moteur puissant muni de deux fouets et d'un socle, utilisé pour battre ou mélanger des aliments liquides ou semi-liquides.

éjecteur^M de fouets^M
Bouton sur lequel on presse pour retirer les fouets.

commande^F de vitesse^F
Dispositif servant à sélection vitesse de rotation des fouets

socle^M
Base soutenant le bol et la tête basculante.

fouets^M
Instruments qui servent à mélanger, à battre ou à pétrir les aliments liquides ou semi-liquides.

fouet^M quatre pales^F
Fouet tout usage permettant de mélanger, de battre ou de fouetter divers ingrédients.

fouet^M en spirale^F
Fouet utilisé principalement pour mélanger et pétrir une pâte de faible consistance.

fouet^M à fil^M
Fouet servant à mélanger, émulsionner ou battre divers ingrédients, ou encore à introduire de l'air dans une préparation.

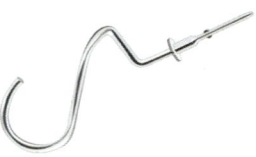

crochet^M pétrisseur
Fouet servant à mélanger et pétrir une pâte.

équipement de cuisine

petits appareils^M électroménagers

pour couper
Appareils utilisés principalement pour diviser un élément en petites parties ou en portions.

robot^M de cuisine^F
Appareil électrique constitué d'un bloc-moteur, d'un couteau et d'un jeu de disques servant à couper, hacher, émincer, râper, mélanger, pétrir, etc.

entonnoir^M
Conduit dans lequel on insère les aliments.

couvercle^M
Pièce mobile couvrant le bol.

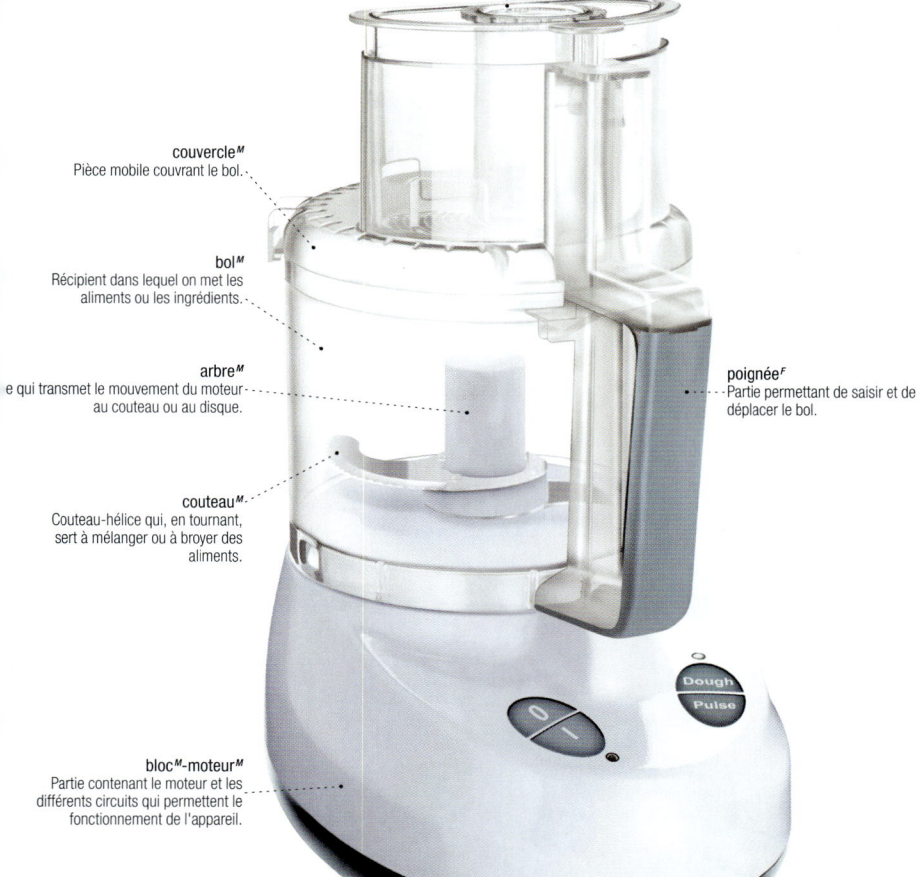

disques^M
Lames qui remplacent le couteau pour râper ou émincer les aliments.

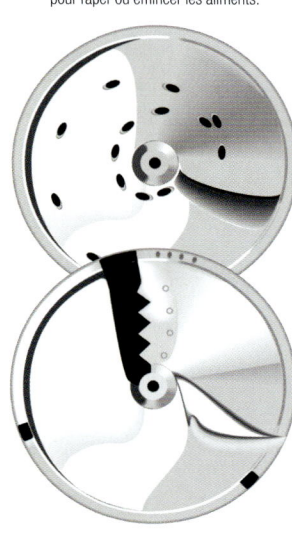

bol^M
Récipient dans lequel on met les aliments ou les ingrédients.

arbre^M
e qui transmet le mouvement du moteur au couteau ou au disque.

poignée^F
Partie permettant de saisir et de déplacer le bol.

couteau^M
Couteau-hélice qui, en tournant, sert à mélanger ou à broyer des aliments.

bloc^M-moteur^M
Partie contenant le moteur et les différents circuits qui permettent le fonctionnement de l'appareil.

ALIMENTATION ET CUISINE

couteau^M électrique
Appareil électrique qui actionne le mouvement de va-et-vient d'une lame pour couper plus aisément une pièce de viande.

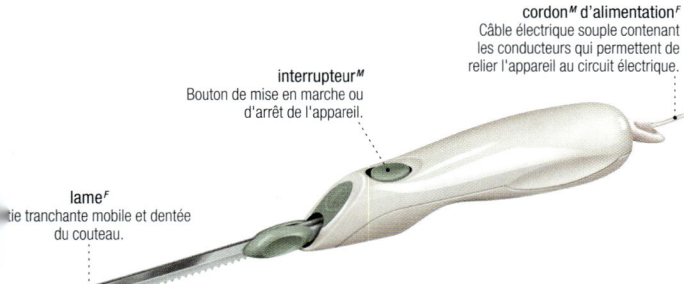

pour presser
Appareil qui permet d'exercer une pression sur un fruit (notamment les agrumes) afin d'en extraire le liquide qu'il contient.

presse-agrumes^M
Appareil électrique conçu pour extraire le jus des agrumes.

toupie^F
Instrument sur lequel on pose le demi-fruit et qui le racle en tournant.

cordon^M d'alimentation^F
Câble électrique souple contenant les conducteurs qui permettent de relier l'appareil au circuit électrique.

passoire^F
Partie du presse-agrumes qui retient les noyaux et la pulpe.

interrupteur^M
Bouton de mise en marche ou d'arrêt de l'appareil.

bol^M verseur
Récipient qui recueille le jus et qui permet de le verser.

lame^F
tie tranchante mobile et dentée du couteau.

bloc^M-moteur^M
Partie contenant le moteur et les différents circuits qui permettent le fonctionnement de l'appareil.

315

équipement de cuisine

petits appareils^M électroménagers

pour cuire
Appareils exposant un aliment cru à une source de chaleur afin de le cuire.

four^M à micro-ondes^F
Appareil dans lequel le rayonnement d'ondes de haute fréquence permet de chauffer ou de cuire rapidement les aliments.

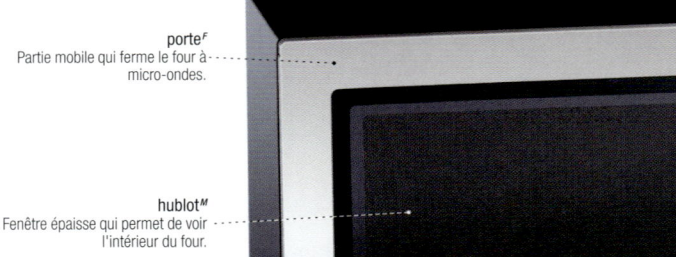

porte^F
Partie mobile qui ferme le four à micro-ondes.

hublot^M
Fenêtre épaisse qui permet de voir l'intérieur du four.

horloge^F programmatrice
Elle affiche l'heure ou la durée programmée de fonctionnement du four.

tableau^M de commande^F
Panneau où sont rassemblées les touches de programmation.

loquet^M
Dispositif sur lequel on appuie pour ouvrir la porte.

gaufrier^M-gril^M
Appareil composé de deux plaques alvéolées placées devant des éléments chauffants, qui sert à cuire les gaufres ou à griller un aliment.

poignée^F
Partie permettant de soulever ou d'abaisser le couvercle.

couvercle^M
Partie mobile qui permet de fermer le gaufrier-gril.

plaque^F
Surface de cuisson alvéolée qui, insérée dans le couvercle, se soulève et s'abaisse.

charnière^F
Attache articulée qui permet de soulever et d'abaisser le couvercle.

plaque^F
Surface de cuisson alvéolée sur laquelle on dépose la pâte à gaufres ou l'aliment à griller.

sélecteur^M de température^F
Dispositif qui permet de régler la température des plaques.

guide^M
Treillis métallique qui tient le pain en place.

grille-pain^M
Appareil dont les éléments chauffants grillent des tranches de pain.

fente^F
Ouverture dans laquelle s'insère la tranche de pain.

manette^F
Dispositif à ressort permettant d'abaisser le chariot contenant les tranches de pain.

thermostat^M
Dispositif qui permet de sélectionner la température de cuisson.

friteuse^F
Récipient muni d'un élément chauffant qui sert à amener un corps gras à une température élevée pour cuire des aliments en haute friture.

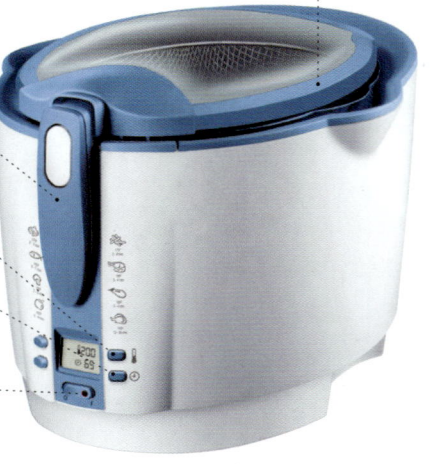

couvercle^M
Pièce mobile couvrant la friteuse lors de la cuisson.

thermostat^M
Dispositif qui permet de sélectionner la température de cuisson.

mini-four^M
Petit appareil servant à faire chauffer ou griller divers aliments.

poignée^F
Pièce qui sert à baisser ou à relever le panier.

thermostat^M
Dispositif qui permet de régler la température du corps gras.

minuterie^F
Dispositif qui permet de régler le temps de cuisson.

voyant^M
Signal lumineux indiquant que la température désirée est atteinte.

minuterie^F
Dispositif réglable permettant l'arrêt automatique de l'appareil après une durée prédéterminée.

ALIMENTATION ET CUISINE

équipement de cuisine

petits appareils électroménagers

mijoteuse
Appareil constitué d'un pot amovible placé à l'intérieur d'une base chauffante, servant à faire cuire des aliments lentement, à feu doux.

couvercle
Partie mobile qui permet de fermer le pot.

pot amovible
dans laquelle cuisent les aliments.

poignée
permettant de soulever la mijoteuse.

panneau de commande
ositif permettant de choisir la rature et la durée de cuisson.

cuit-vapeur électrique
Appareil électrique composé de plusieurs bols posés sur une base contenant de l'eau qui permet de cuire séparément des aliments à la vapeur.

couvercle
Pièce mobile couvrant le cuit-vapeur lors de la cuisson.

plateau poisson
Plateau troué sur lequel est déposé le poisson pour le faire cuire.

bols de cuisson
Récipients dont le fond perforé permet de cuire à la vapeur des aliments.

base chauffante
Socle contenant les éléments chauffants permettant la cuisson des aliments placés dans le pot amovible.

récupérateur à jus
Récipient troué qui reçoit le liquide de l'aliment cuit au-dessus.

base
Socle qui contient un élément chauffant permettant de porter l'eau à ébullition.

voyant
Signal lumineux qui indique que l'élément chauffant est branché.

indicateur de niveau d'eau
Dispositif qui permet de connaître le niveau d'eau dans le réservoir de l'appareil.

minuterie
Dispositif qui permet de régler le temps de cuisson.

robot boulanger
Appareil électrique qui sert à faire lever et cuire une pâte à pain.

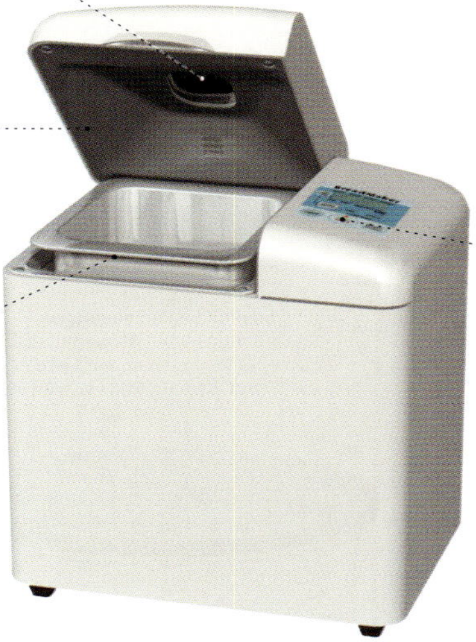

hublot
Fenêtre épaisse qui permet de voir la pâte à pain dans le moule.

couvercle
Partie mobile qui permet de fermer le robot boulanger.

moule à pain
t dans lequel on dépose la qui, cuite, donnera le pain.

tableau de commande
Panneau où sont rassemblées les touches de programmation.

raclette-gril
Appareil muni d'éléments chauffants intérieurs, dont on se sert pour fondre des fromages ou pour griller viandes et légumes d'accompagnement.

surface de cuisson
Plaque antiadhésive à nervures posée sur des éléments chauffants pour griller des aliments.

poêlon
Petit ustensile antiadhésif de faible profondeur, qui sert à cuire des portions individuelles d'aliments.

socle
Base soutenant le raclette-gril, qui contient des éléments chauffants permettant de cuire les aliments.

gril électrique
Appareil électrique, composé d'une surface de cuisson, qui sert à griller les aliments.

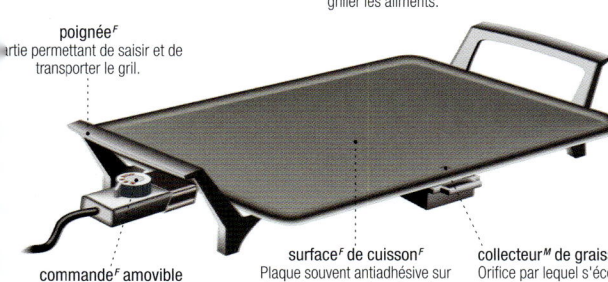

poignée
tie permettant de saisir et de transporter le gril.

commande amovible
Dispositif qui permet de régler la température du gril et qui peut s'en séparer.

surface de cuisson
Plaque souvent antiadhésive sur laquelle on place les aliments.

collecteur de graisse
Orifice par lequel s'écoule le jus de cuisson.

gril barbecue
Appareil électrique, composé d'une grille métallique et d'un élément chauffant, qui sert à cuire les aliments.

poignée isolante
Partie permettant de saisir et de transporter le gril sans se brûler.

bac ramasse-jus
Récipient dans lequel s'écoule le jus de cuisson.

surface de cuisson
Plaque formée d'une grille servant à cuire les aliments.

thermostat
Dispositif qui permet de sélectionner la température de cuisson.

ALIMENTATION ET CUISINE

équipement de cuisine

petits appareils[M] électroménagers

appareils[M] divers

bouilloire[F]
Récipient pourvu d'un élément chauffant utilisé pour amener de l'eau à son point d'ébullition.

bec[M] verseur
Petite avancée en pointe qui sert à verser le liquide en ébullition.

poignée[F]
Partie permettant de saisir et de transporter la bouilloire.

corps[M]
Partie de la bouilloire contenant l'eau à faire bouillir.

interrupteur[M]
Bouton de mise en marche ou d'arrêt de l'appareil.

socle[M]
Base soutenant la bouilloire, qui contient un élément chauffant permettant de porter l'eau à ébullition.

voyant[M]
Signal lumineux qui indique que l'appareil est en marche.

centrifugeuse[F]
Appareil qui utilise la force centrifuge pour extraire le jus des légumes et des fruits, à l'exception des agrumes qui sont pressés.

poussoir[M]
Instrument qui sert à pousser les fruits ou légumes à l'intérieur de l'appareil.

entonnoir[M]
Conduit dans lequel on insère les fruits ou les légumes pour extraire le jus.

couvercle[M]
Pièce mobile couvrant la centrifugeuse lors de l'extraction du jus.

passoire[F]
Instrument qui sert à ne laisser passer que le jus du fruit ou du légume.

pichet[M]
Récipient dans lequel le jus est recueilli.

bloc[M]-moteur[M]
Partie contenant le moteur et différents circuits qui permettent le fonctionnement de l'appareil.

ouvre-boîtes[M]
Appareil servant à ouvrir les boîtes de conserve en coupant le bord intérieur du couvercle.

levier[M] de perçage[M]
Dispositif relié à la lame sur lequel on appuie pour la faire pénétrer dans le couvercle.

lame[F] de coupe[F]
Couteau qui détache le couvercle de la boîte de conserve.

aimant[M] de retenue[F]
Pièce qui retient le couvercle détaché de la boîte de conserve.

molette[F] d'entraînement[M]
Dispositif denté qui permet la rotation de la boîte de conserve pour en découper le couvercle.

moulin[M] à café[M] électrique
Appareil qui, à l'aide d'un couteau rotatif actionné automatiquement, réduit en poudre les grains de café ou d'autres ingrédients, par exemple des épices.

couvercle[M]
Pièce mobile couvrant le moulin à café lors de la mouture.

récipient[M] pour les grains[M] de café[M]
Contenant dans lequel sont déposés les grains de café à moudre.

couteau[M]
Instrument qui permet de moudre les grains de café ou d'autres ingrédients.

commande[F] de la mouture[F]
Dispositif de réglage permettant de choisir la taille et la durée de la mouture.

sorbetière[F]
Appareil constitué d'un seau isotherme dans lequel tournent des pales, qui sert à fabriquer les sorbets et la glace ou crème glacée.

couvercle[M]
Pièce mobile couvrant le seau isotherme lors de la préparation des aliments.

bloc[M]-moteur[M]
Partie contenant le moteur et les différents circuits qui permettent le fonctionnement de l'appareil.

minuterie[F]
Dispositif réglable permettant l'arrêt automatique de l'appareil après une durée prédéterminée.

seau[M] isotherme
Récipient conçu pour garder son contenu froid.

poignée[F]
Partie permettant de saisir et de transporter la sorbetière.

bloc[M]-moteur[M]
Partie contenant le moteur et les différents circuits qui permettent le fonctionnement de l'appareil.

récipient[M] pour le café[M] moulu
Contenant dans lequel sont recueillis les grains de café moulus.

ALIMENTATION ET CUISINE

équipement de cuisine

petits appareils électroménagers

cafetière napolitaine
Cafetière qu'on pose sur le feu pour chauffer l'eau et qu'on retourne ensuite afin que celle-ci s'écoule à travers la mouture dans le récipient de service.

cafetières
Appareils électriques qui permettent l'infusion du café. Les différents modèles donnent au café un goût particulier.

cafetière filtre
Cafetière électrique dans laquelle de l'eau chaude s'écoule dans un filtre de papier contenant la mouture pour former le café dans la verseuse.

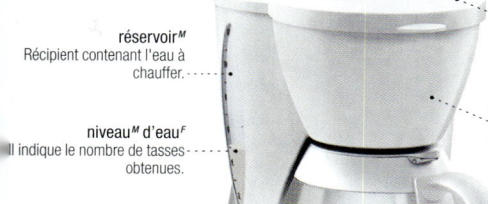

réservoir
Récipient contenant l'eau à chauffer.

niveau d'eau
Il indique le nombre de tasses obtenues.

voyant
Signal lumineux qui indique que l'appareil est en marche.

interrupteur
Bouton de mise en marche ou d'arrêt de l'appareil.

couvercle
Pièce mobile qui donne accès au réservoir et sous laquelle se fixe le panier.

panier
Récipient amovible dans lequel on insère le filtre contenant la mouture.

verseuse
Récipient muni d'un bec dans lequel le café est recueilli et qui sert à le verser.

plaque chauffante
Plateau qui permet de conserver le café au chaud.

cafetière à infusion
Cafetière dans laquelle le café se fait par un double passage de l'eau à travers la mouture.

tulipe
Récipient où l'infusion monte, pour redescendre ensuite dans le ballon quand l'intensité de la chaleur diminue.

machine à espresso
Cafetière électrique dans laquelle l'eau chaude passe sous haute pression à travers la mouture.

interrupteur
Bouton de mise en marche ou d'arrêt de l'appareil.

presse-café
Instrument utilisé pour tasser la mouture dans le filtre.

cuvette ramasse-gouttes
Récipient dans lequel s'écoule l'excédent de liquide.

manette vapeur
Instrument qui sert à régler le débit de la vapeur dans la buse.

porte-filtre
Pièce amovible munie d'un manche dans laquelle le filtre métallique contenant la mouture est inséré.

réservoir d'eau
Récipient dans lequel l'eau est emmagasinée avant d'être aspirée pour être chauffée.

buse vapeur
Instrument qui éjecte la vapeur pour faire mousser le lait.

tige
Conduit par lequel l'eau chaude monte.

ballon
Récipient dont l'eau en ébullition monte sous pression dans la tulipe en passant à travers la mouture, puis qui recueille le café pour le servir.

percolateur
Cafetière électrique dans laquelle l'eau chaude monte à travers un tube pour se répandre sur une mouture à plusieurs reprises.

cafetière à piston
Cafetière dans laquelle on introduit une mouture et de l'eau chaude. Une fois le café infusé, on presse le piston pour pousser la mouture au fond.

cafetière espresso
Cafetière dans laquelle la vapeur d'eau chaude du récipient inférieur est forcée à travers une mouture avant d'atteindre la partie supérieure.

bec verseur
Partie tubulaire qui sert à verser le café.

voyant
Signal lumineux qui indique que l'appareil est en marche.

ALIMENTATION ET CUISINE

320

MAISON

Bâtiment construit pour servir d'habitation et plus ou moins bien équipé pour rendre aux personnes la vie agréable et sécuritaire.

EMPLACEMENT 322
Disposition d'une maison et de son entourage sur le terrain qu'elle occupe.

ÉLÉMENTS D'UNE MAISON 325

STRUCTURE D'UNE MAISON 328

CHAUFFAGE 336
Le chauffage d'un bâtiment est assuré par différents appareils alimentés au bois, au gaz, à l'huile, au charbon ou à l'électricité.

CONDITIONNEMENT DE L'AIR 342
Réglage et maintien de la température et du degré d'humidité de l'air d'une maison.

PLOMBERIE 344
Ensemble des tuyaux et des installations qui permettent la distribution et l'évacuation de l'eau dans une maison.

ÉLECTRICITÉ 354
Ensemble de tous les éléments qui permettent d'utiliser cette forme d'énergie dans une habitation.

AMEUBLEMENT DE LA MAISON 360
Ensemble des meubles, électroménagers, parures et appareils d'éclairage qui garnissent une habitation.

extérieur^M d'une maison^F

Vue d'ensemble du site d'une maison et des éléments de sa structure externe.

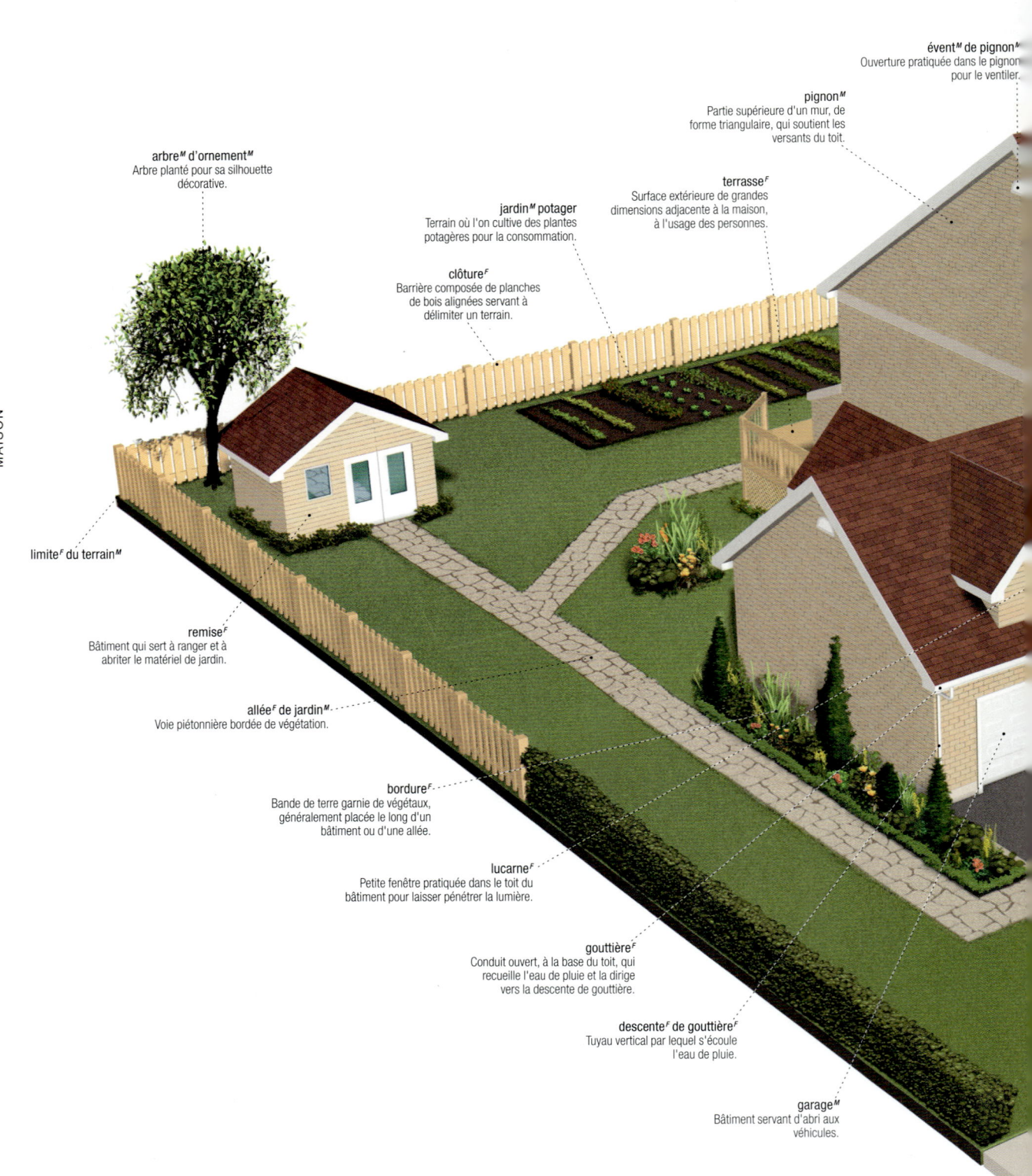

évent^M de pignon^M
Ouverture pratiquée dans le pignon pour le ventiler.

pignon^M
Partie supérieure d'un mur, de forme triangulaire, qui soutient les versants du toit.

arbre^M d'ornement^M
Arbre planté pour sa silhouette décorative.

jardin^M potager
Terrain où l'on cultive des plantes potagères pour la consommation.

terrasse^F
Surface extérieure de grandes dimensions adjacente à la maison, à l'usage des personnes.

clôture^F
Barrière composée de planches de bois alignées servant à délimiter un terrain.

limite^F du terrain^M

remise^F
Bâtiment qui sert à ranger et à abriter le matériel de jardin.

allée^F de jardin^M
Voie piétonnière bordée de végétation.

bordure^F
Bande de terre garnie de végétaux, généralement placée le long d'un bâtiment ou d'une allée.

lucarne^F
Petite fenêtre pratiquée dans le toit du bâtiment pour laisser pénétrer la lumière.

gouttière^F
Conduit ouvert, à la base du toit, qui recueille l'eau de pluie et la dirige vers la descente de gouttière.

descente^F de gouttière^F
Tuyau vertical par lequel s'écoule l'eau de pluie.

garage^M
Bâtiment servant d'abri aux véhicules.

emplacement 323

extérieur^M d'une maison^F

lucarne^M
Fenêtre en saillie sur le toit qui sert à éclairer et à ventiler la pièce en dessous.

paratonnerre^M
Tige métallique fixée au toit qui sert à protéger la maison de la foudre qu'elle dirige à la terre.

mitron^M
Pièce protectrice placée sur l'extrémité supérieure de la cheminée, qui empêche l'introduction de pluie ou de petits animaux.

cheminée^F
Partie du conduit de chauffage qui s'élève au-dessus du toit et qui laisse échapper la fumée.

toit^M
Couverture de la maison reposant sur la charpente et servant à la protéger des intempéries.

corniche^F
Avancée du toit ayant pour fonction de protéger le mur de la pluie.

perron^M
Escalier extérieur se terminant par une plateforme qui mène à l'entrée d'une habitation.

fenêtre^F de sous-sol^M
Ouverture pratiquée dans le mur du plus bas étage pour laisser pénétrer l'air et la lumière.

haie^F
Plantation d'arbustes alignés servant à délimiter un terrain.

pelouse^F
Terrain couvert d'herbe courte et dense tondue régulièrement.

massif^M
Ensemble de végétaux plantés de manière décorative.

trottoir^M
Voie réservée aux piétons le long d'une rue.

porche^M
Section couverte de l'entrée d'une habitation qui protège la porte et les personnes des intempéries.

entrée^F de garage^M
Terrain souvent pavé servant de chemin ou de stationnement aux véhicules.

MAISON

emplacement

piscine^F

Bassin artificiel conçu pour la baignade ou la natation.

spa^M
Petit bassin muni de jets d'eau et d'air, et dont l'eau est maintenue à température élevée.

piscine^F hors sol^M
Piscine dont le bassin est déposé sur le sol.

plateforme^F
Structure surélevée permettant l'accès à la piscine.

enrouleur^M de bâche^F
Dispositif cylindrique muni d'une manivelle servant à enrouler la bâche.

filtre^M
Dispositif servant à débarrasser l'eau des impuretés qu'elle contient.

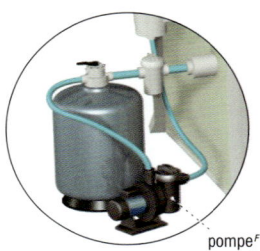

pompe^F
Appareil qui aspire l'eau et l'achemine au filtre, avant de la retourner dans la piscine.

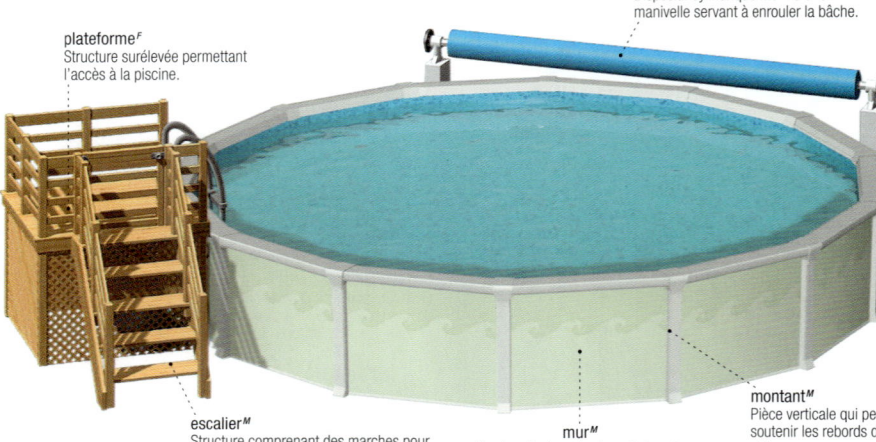

escalier^M
Structure comprenant des marches pour monter sur la plateforme et en descendre.

mur^M
Paroi verticale qui entoure le bassin d'eau.

montant^M
Pièce verticale qui permet de soutenir les rebords de la piscine et les murs.

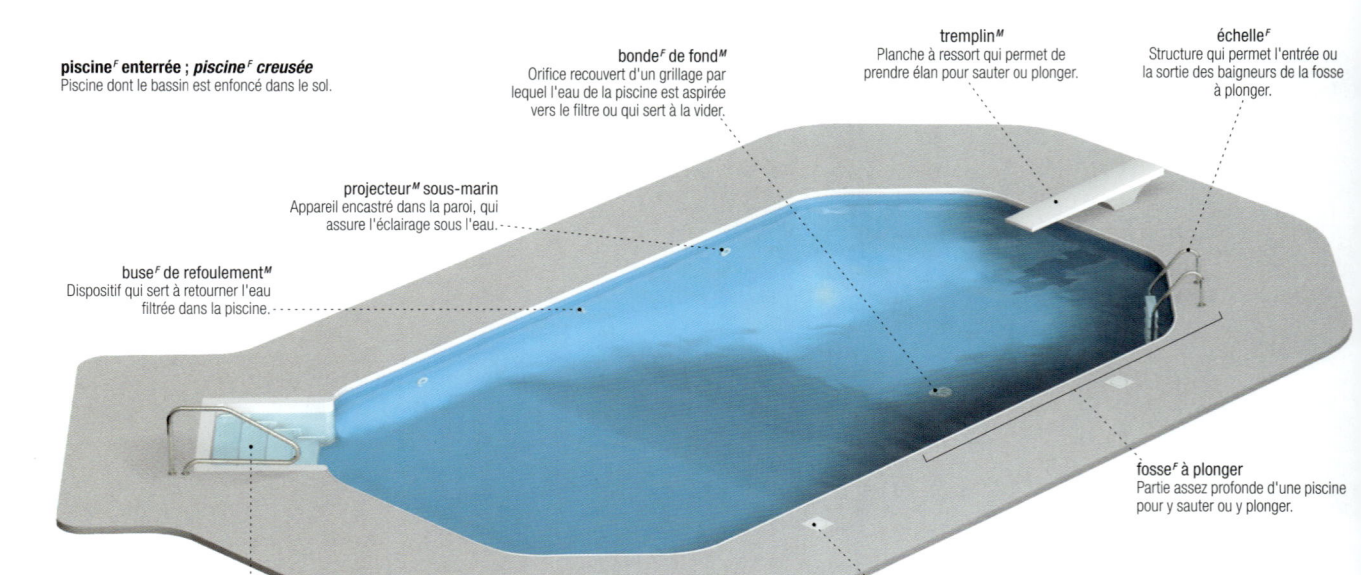

piscine^F enterrée ; piscine^F creusée
Piscine dont le bassin est enfoncé dans le sol.

bonde^F de fond^M
Orifice recouvert d'un grillage par lequel l'eau de la piscine est aspirée vers le filtre ou qui sert à la vider.

tremplin^M
Planche à ressort qui permet de prendre élan pour sauter ou plonger.

échelle^F
Structure qui permet l'entrée ou la sortie des baigneurs de la fosse à plonger.

projecteur^M sous-marin
Appareil encastré dans la paroi, qui assure l'éclairage sous l'eau.

buse^F de refoulement^M
Dispositif qui sert à retourner l'eau filtrée dans la piscine.

fosse^F à plonger
Partie assez profonde d'une piscine pour y sauter ou y plonger.

escalier^M
Ensemble de marches permettant l'accès à la partie peu profonde de la piscine.

skimmer^M ; écumeur^M de surface^F
Dispositif servant à filtrer les impuretés se trouvant à la surface de l'eau.

éléments d'une maison

porte[F] extérieure

Porte qui permet d'entrer dans une maison et d'en sortir; elle est constituée d'une partie mobile, le vantail, et d'un encadrement structurel et décoratif.

corniche[F]
Moulure décorative en saillie qui couronne l'entablement et permet de protéger de la pluie les parties sous-jacentes.

entablement[M]
Couronnement horizontal décoratif au-dessus de la porte.

linteau[M]
Pièce de charpente horizontale qui ferme la partie supérieure de l'ouverture d'une porte.

traverse[F] supérieure
Pièce de bois horizontale située au haut du vantail.

chambranle[M]
Bordure de la charpente d'une porte de part et d'autre de l'ouverture.

panneau[M]
Surface plane, souvent en creux, délimitée par une moulure.

petit montant[M]
Pièce de bois verticale qui relie les traverses supérieure et intermédiaire.

montant[M] de la serrure[F]
Partie verticale de la porte sur laquelle se fixent la serrure et la poignée.

traverse[F] intermédiaire
Pièce de bois horizontale située au centre du vantail.

serrure[F]
Dispositif fixé à une porte qui permet de la verrouiller et que l'on manœuvre à l'aide d'une clé.

frise[F]
Panneau long et étroit, placé horizontalement.

poignée[F] de porte[F]
Instrument fixé au vantail, qui permet de l'ouvrir.

montant[M] de ferrage[M]
Partie verticale de la porte sur laquelle se fixent les gonds.

gond[M]
Pièce métallique cylindrique et coudée qui sert de support au vantail et lui permet de pivoter.

jet[M] d'eau[F]
Dispositif en saillie et en pente qui permet le ruissellement de l'eau vers l'extérieur.

traverse[F] inférieure
Pièce de bois horizontale située au bas du vantail.

seuil[M]
Surface formant la partie inférieure de l'ouverture de la porte.

MAISON

éléments d'une maison

serrure[F]

Dispositif fixé à une porte qui permet de la verrouiller et que l'on manœuvre à l'aide d'une clé.

vue[F] d'ensemble[M]

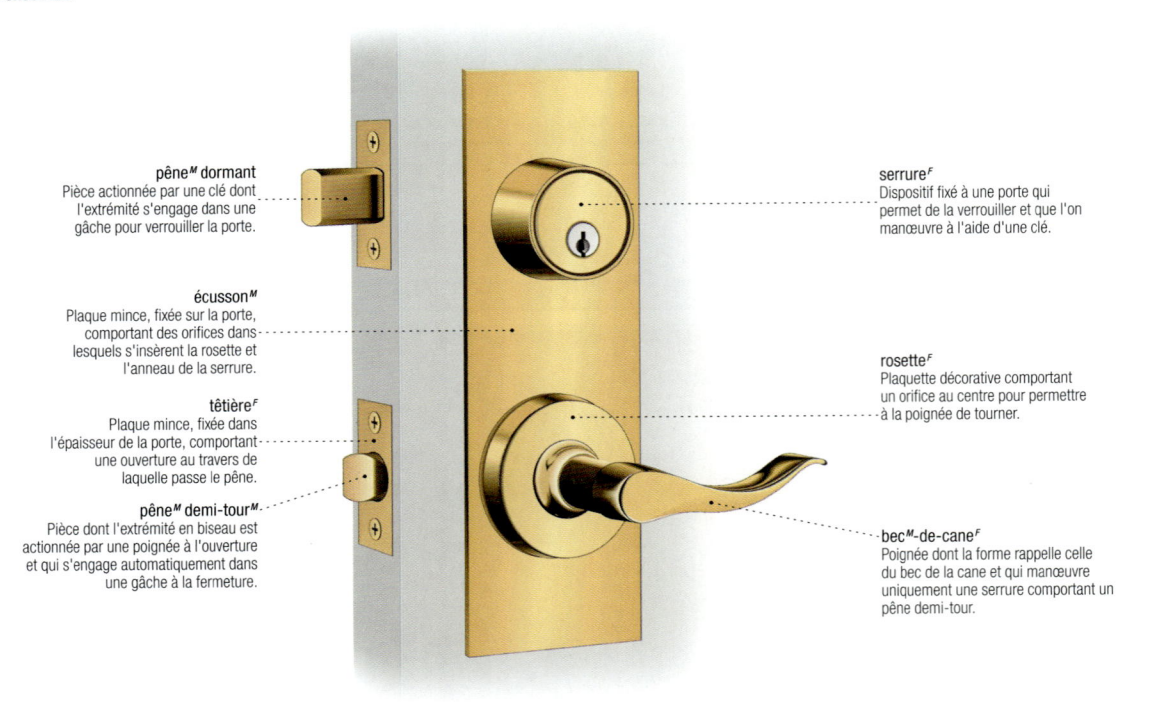

pêne[M] dormant
Pièce actionnée par une clé dont l'extrémité s'engage dans une gâche pour verrouiller la porte.

écusson[M]
Plaque mince, fixée sur la porte, comportant des orifices dans lesquels s'insèrent la rosette et l'anneau de la serrure.

têtière[F]
Plaque mince, fixée dans l'épaisseur de la porte, comportant une ouverture au travers de laquelle passe le pêne.

pêne[M] demi-tour[M]
Pièce dont l'extrémité en biseau est actionnée par une poignée à l'ouverture et qui s'engage automatiquement dans une gâche à la fermeture.

serrure[F]
Dispositif fixé à une porte qui permet de la verrouiller et que l'on manœuvre à l'aide d'une clé.

rosette[F]
Plaquette décorative comportant un orifice au centre pour permettre à la poignée de tourner.

bec[M]-de-cane[F]
Poignée dont la forme rappelle celle du bec de la cane et qui manœuvre uniquement une serrure comportant un pêne demi-tour.

serrure[F] tubulaire

Serrure dont les boutons actionnent un pêne demi-tour se verrouillant par un poussoir, utilisée sur les portes intérieures.

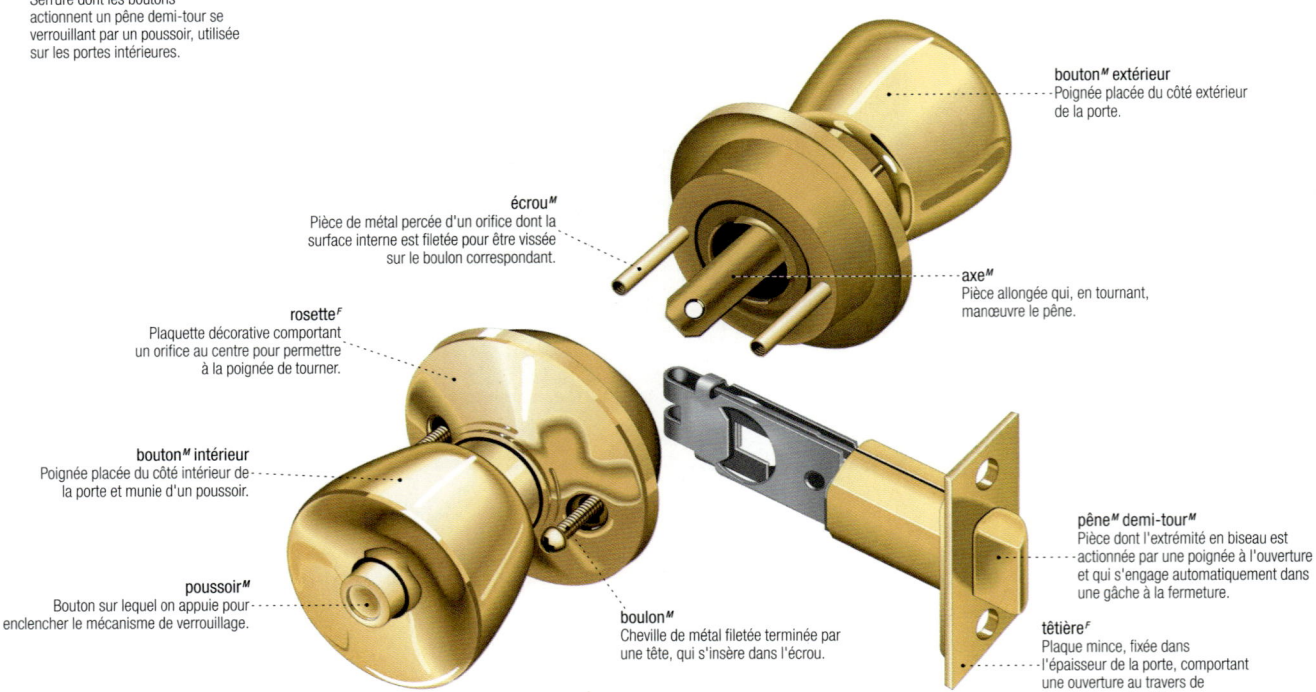

bouton[M] extérieur
Poignée placée du côté extérieur de la porte.

écrou[M]
Pièce de métal percée d'un orifice dont la surface interne est filetée pour être vissée sur le boulon correspondant.

axe[M]
Pièce allongée qui, en tournant, manœuvre le pêne.

rosette[F]
Plaquette décorative comportant un orifice au centre pour permettre à la poignée de tourner.

bouton[M] intérieur
Poignée placée du côté intérieur de la porte et munie d'un poussoir.

poussoir[M]
Bouton sur lequel on appuie pour enclencher le mécanisme de verrouillage.

boulon[M]
Cheville de métal filetée terminée par une tête, qui s'insère dans l'écrou.

pêne[M] demi-tour[M]
Pièce dont l'extrémité en biseau est actionnée par une poignée à l'ouverture et qui s'engage automatiquement dans une gâche à la fermeture.

têtière[F]
Plaque mince, fixée dans l'épaisseur de la porte, comportant une ouverture au travers de laquelle passe le pêne.

éléments d'une maison

serrure^F

ressort^M
Pièce de métal élastique qui, en maintenant une pression sur la clavette, empêche le rotor de tourner si la clé n'a pas le bon profil.

barillet^M
Cylindre enfermant le mécanisme de la serrure.

stator^M
Partie fixe du mécanisme d'une serrure qui réagit au profil de la clé pour faire tourner le rotor.

serrure^F **à mortaiser**
Serrure encastrée dans une porte dont le pêne dormant verrouille une porte avec une plus grande sécurité. Elle est surtout utilisée sur les portes extérieures.

clé^F
Pièce métallique dont le profil unique permet d'actionner une serrure.

clavette^F
Pièce de métal qui, s'ajustant au profil de la clé par la pression du ressort, permet d'actionner le rotor.

rotor^M
Pièce mobile du mécanisme d'une serrure qu'une clé unique peut faire tourner pour actionner le pêne.

logement^M **du barillet**^M
Partie évidée d'une serrure où s'insère le mécanisme de verrouillage.

entrée^F **de clé**^F
Orifice qui épouse la forme de la clé et par lequel elle s'insère dans le rotor.

gâche^F
Pièce de métal fixée au cadre de la porte, munie d'une ouverture donnant sur un orifice dans lequel s'insère le pêne.

pêne^M **dormant**
Pièce actionnée par une clé dont l'extrémité s'engage dans une gâche pour verrouiller la porte.

têtière^F
Plaque mince, fixée dans l'épaisseur de la porte, comportant une ouverture au travers de laquelle passe le pêne.

anneau^M
Pièce cylindrique saillante de la porte dans laquelle on insère la clé.

MAISON

fenêtre^F

Baie munie d'un vitrage ménagée dans un mur pour laisser pénétrer l'air et la lumière.

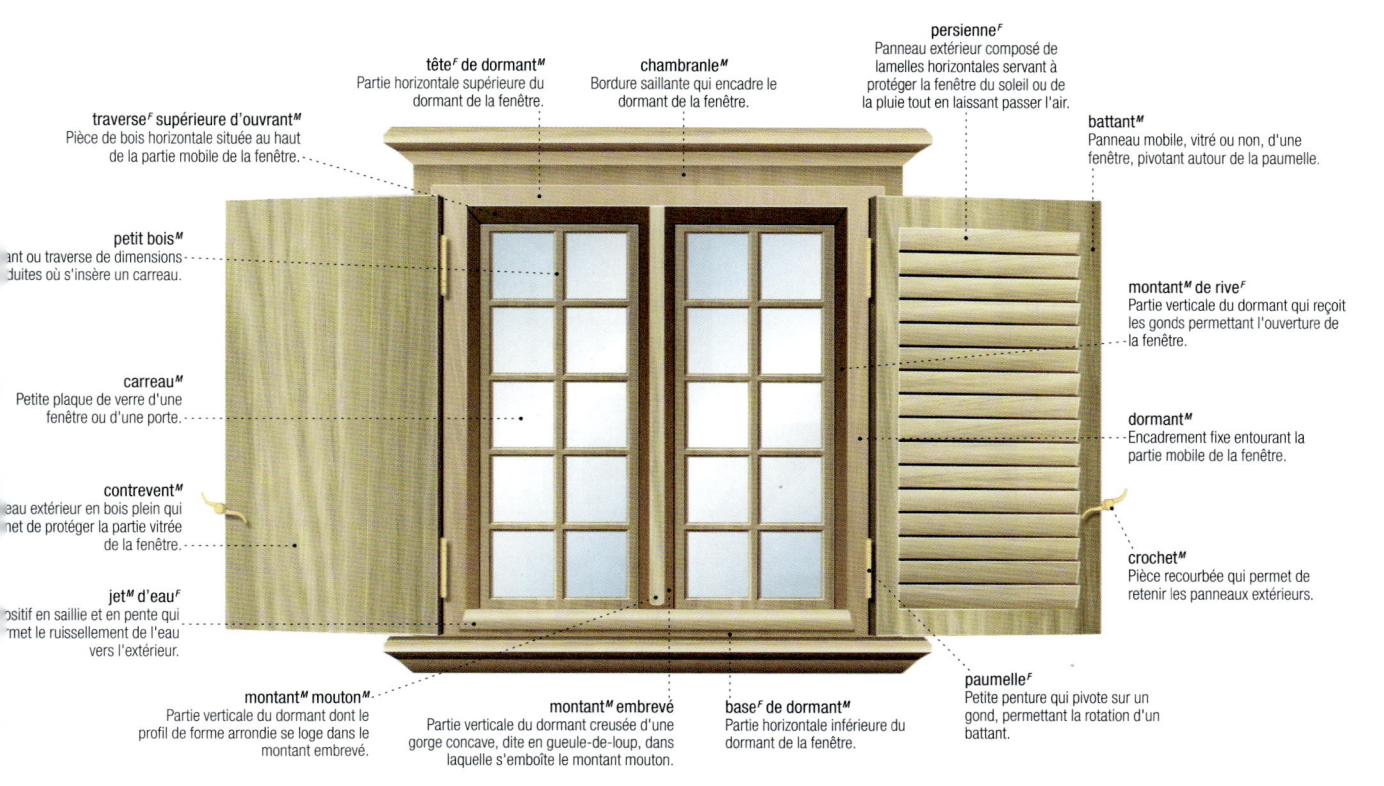

tête^F **de dormant**^M
Partie horizontale supérieure du dormant de la fenêtre.

chambranle^M
Bordure saillante qui encadre le dormant de la fenêtre.

persienne^F
Panneau extérieur composé de lamelles horizontales servant à protéger la fenêtre du soleil ou de la pluie tout en laissant passer l'air.

battant^M
Panneau mobile, vitré ou non, d'une fenêtre, pivotant autour de la paumelle.

traverse^F **supérieure d'ouvrant**^M
Pièce de bois horizontale située au haut de la partie mobile de la fenêtre.

petit bois^M
ant ou traverse de dimensions duites où s'insère un carreau.

montant^M **de rive**^F
Partie verticale du dormant qui reçoit les gonds permettant l'ouverture de la fenêtre.

carreau^M
Petite plaque de verre d'une fenêtre ou d'une porte.

dormant^M
Encadrement fixe entourant la partie mobile de la fenêtre.

contrevent^M
eau extérieur en bois plein qui met de protéger la partie vitrée de la fenêtre.

crochet^M
Pièce recourbée qui permet de retenir les panneaux extérieurs.

jet^M **d'eau**^F
ositif en saillie et en pente qui met le ruissellement de l'eau vers l'extérieur.

montant^M **mouton**^M
Partie verticale du dormant dont le profil de forme arrondie se loge dans le montant embrevé.

montant^M **embrevé**
Partie verticale du dormant creusée d'une gorge concave, dite en gueule-de-loup, dans laquelle s'emboîte le montant mouton.

base^F **de dormant**^M
Partie horizontale inférieure du dormant de la fenêtre.

paumelle^F
Petite penture qui pivote sur un gond, permettant la rotation d'un battant.

structure d'une maison

plan^M du terrain^M
Représentation graphique du terrain en projection horizontale.

remise^F
Bâtiment qui sert à ranger et à abriter le matériel de jardin.

terrasse^F
Surface extérieure de grande dimension adjacente à la maison, à l'usage des personnes.

garage^M
Bâtiment servant d'abri aux véhicules.

maison^F
Bâtiment construit pour servir d'habitation et plus ou moins bien équipé pour rendre aux personnes la vie agréable et sécuritaire.

entrée^F **de garage**^M
Terrain souvent pavé servant de chemin ou de stationnement aux véhicules.

principales pièces^F d'une maison^F

élévation^F
Représentation de la projection, sur un plan vertical, de la maison.

jardin^M
Terrain autour d'une maison.

garage^M
Bâtiment servant d'abri aux véhicules.

remise^F
Bâtiment qui sert à ranger et à abriter le matériel de jardin.

mezzanine^F
Niveau intermédiaire créé da pièce haute de plafond, acce par un escalier intérieur.

étage^M
Partie de la maison délimitée un plancher et un plafond, si au-dessus du rez-de-chauss

rez-de-chaussée^M
Partie de la maison dont le plancher est le plus près du du sol.

sous-sol^M
Partie de la maison, souterrain partiellement souterraine, sit sous le rez-de-chaussée.

structure d'une maison

principales pièces^F d'une maison^F

rez-de-chaussée^M
Partie de la maison dont le plancher est le plus près du niveau du sol.

coin^M**-repas**^M
Espace aménagé dans une cuisine pour prendre le repas.

cuisine^F
Pièce où l'on prépare les repas.

verrière^F
Grande surface vitrée formant parois et toiture.

porte^F**-fenêtre**^F
Fenêtre de plain-pied dont un panneau coulissant sert de porte.

garde-manger^M
Meuble dans lequel sont rangés les aliments ne nécessitant pas de conservation par le froid.

vaisselier^M
Meuble comportant des tablettes servant à ranger de la vaisselle.

salle^F **à manger**
Pièce conçue et meublée pour prendre les repas ou recevoir à manger.

cheminée^F
Dispositif maçonné décoratif aménagé pour y faire du feu.

salle^F **de séjour**^M
dans laquelle on peut faire entes activités comme lire, regarder la télévision, etc.

buanderie^F
Pièce où on fait la lessive.

toilettes^F
Petite pièce aménagée pour y satisfaire des besoins naturels et équipée d'un lavabo.

rampe^F
Ensemble des barreaux et de la main courante bordant l'escalier ou le palier du côté du vide.

escalier^M
Élément de structure permettant la circulation entre les niveaux d'une habitation, d'un édifice.

hall^M **d'entrée**^F
Pièce de grandes dimensions qui sert d'accès aux autres pièces de la maison.

vestiaire^M
Espace aménagé pour déposer vêtements, chapeaux, parapluies, etc.

vestibule^M
Pièce d'entrée de la maison.

entrée^F **principale**

perron^M
Escalier extérieur se terminant par une plateforme qui mène à l'entrée d'une habitation.

salon^M
Pièce conçue et meublée pour recevoir des visiteurs.

MAISON

structure d'une maison

principales pièces^F d'une maison^F

étage^M
Partie de la maison délimitée par un plancher et un plafond, située au-dessus du rez-de-chaussée.

palier^M
Plateforme au sommet d'une volée d'escalier, donnant accès aux pièces de l'étage.

chambre^F
Pièce où l'on dort.

baignoire^F
Appareil sanitaire en forme de cuve allongée dans laquelle on prend des bains.

garde-robe^F
Placard dans lequel on range des vêtements.

chambre^F
Pièce où l'on dort.

salle^F **de bains**^M
Pièce aménagée pour la toilette du corps, équipée d'eau courante et d'installations sanitaires.

w.-c.^M ; *toilette*^F
Appareil sanitaire utilisé pour la satisfaction des besoins naturels comprenant une cuvette et une chasse d'eau.

penderie^F
Grand placard servant à ranger les vêtements et dans lequel on peut se déplacer.

escalier^M
Élément de structure permettant la circulation entre les niveaux d'une habitation, d'un édifice.

MAISON

garde-robe^F
Placard dans lequel on range des vêtements.

garde-fou^M
Balustrade à hauteur d'appui longeant une pièce du côté du vide.

rampe^F
Ensemble des barreaux et de la main courante bordant l'escalier ou le palier du côté du vide.

cage^F **d'escalier**^M
Espace aménagé pour recevoir un escalier.

salle^F **de bains**^M
Pièce aménagée pour la toilette du corps, équipée d'eau courante et d'installations sanitaires.

douche^F
Installation sanitaire qui permet de laver le corps par l'action d'un jet d'eau.

fenêtre^F
Baie munie d'un vitrage ménagée dans un mur pour laisser pénétrer l'air et la lumière.

porte^F**-fenêtre**^F
Fenêtre de plain-pied dont un panneau sert de porte.

balcon^M
Plateforme entourée d'une balustrade, en saillie sur la façade d'une maison, qui communique avec une pièce par une porte ou une porte-fenêtre.

chambre^F **principale**
La plus grande des pièces où l'on dort.

structure d'une maison

principales pièces^F d'une maison^F

mezzanine^F
Niveau intermédiaire créé dans une pièce haute de plafond, accessible par un escalier intérieur.

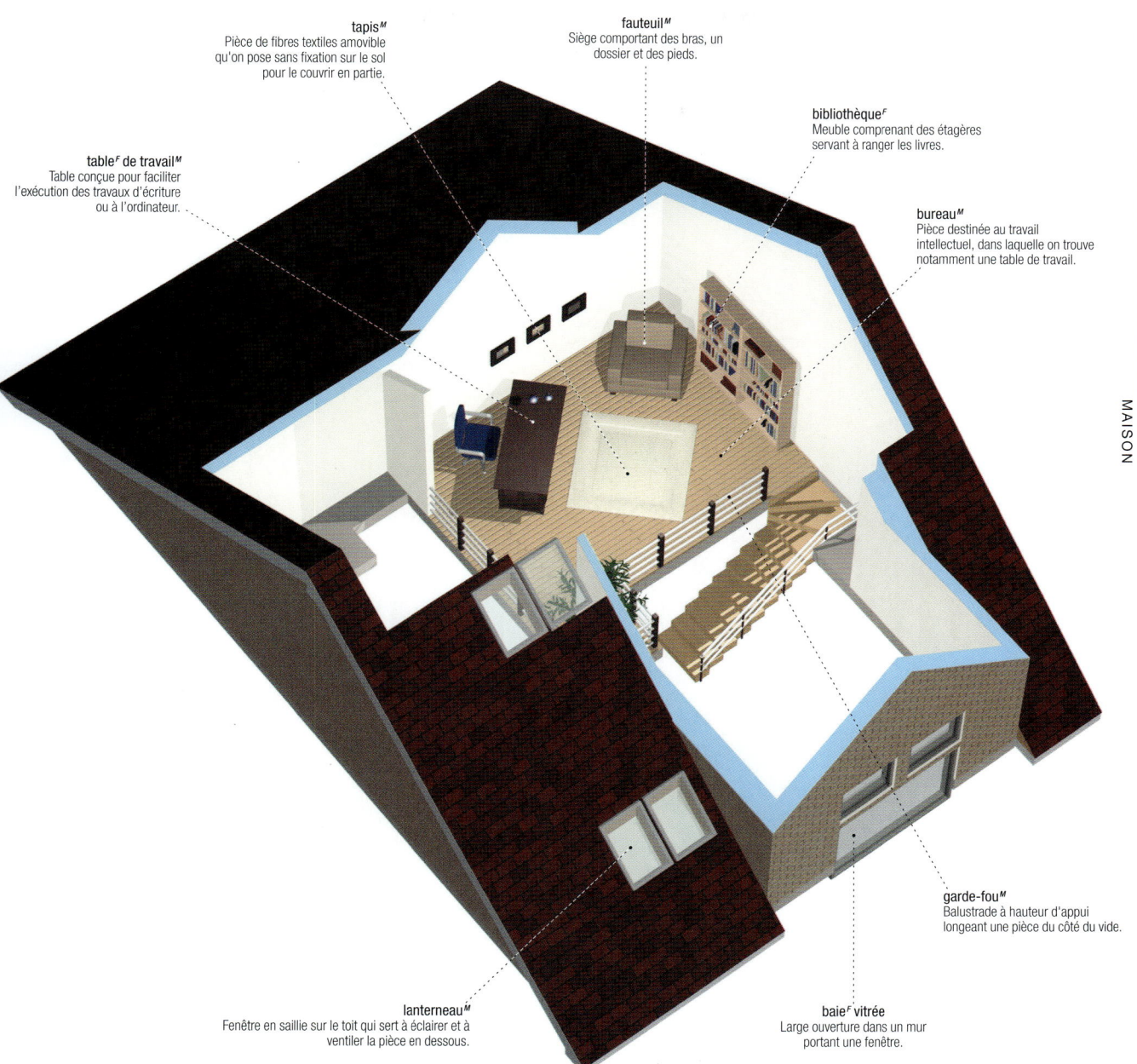

tapis^M
Pièce de fibres textiles amovible qu'on pose sans fixation sur le sol pour le couvrir en partie.

fauteuil^M
Siège comportant des bras, un dossier et des pieds.

bibliothèque^F
Meuble comprenant des étagères servant à ranger les livres.

table^F **de travail**^M
Table conçue pour faciliter l'exécution des travaux d'écriture ou à l'ordinateur.

bureau^M
Pièce destinée au travail intellectuel, dans laquelle on trouve notamment une table de travail.

garde-fou^M
Balustrade à hauteur d'appui longeant une pièce du côté du vide.

lanterneau^M
Fenêtre en saillie sur le toit qui sert à éclairer et à ventiler la pièce en dessous.

baie^F **vitrée**
Large ouverture dans un mur portant une fenêtre.

MAISON

structure d'une maison

charpente^F

Assemblage de pièces qui constitue la structure porteuse d'un bâtiment et qui lui fournit sa stabilité.

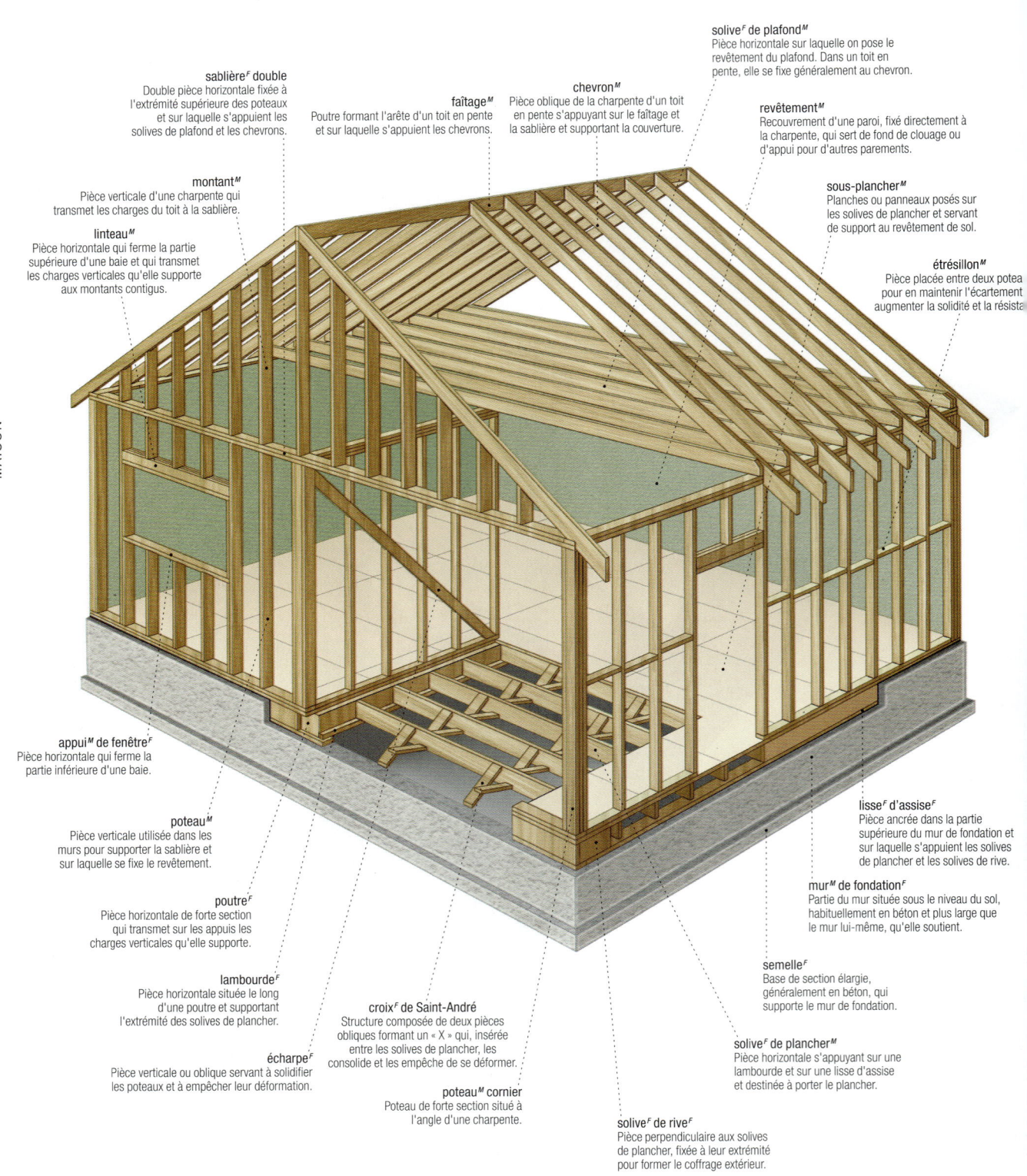

solive^F de plafond^M
Pièce horizontale sur laquelle on pose le revêtement du plafond. Dans un toit en pente, elle se fixe généralement au chevron.

sablière^F double
Double pièce horizontale fixée à l'extrémité supérieure des poteaux et sur laquelle s'appuient les solives de plafond et les chevrons.

faîtage^M
Poutre formant l'arête d'un toit en pente et sur laquelle s'appuient les chevrons.

chevron^M
Pièce oblique de la charpente d'un toit en pente s'appuyant sur le faîtage et la sablière et supportant la couverture.

revêtement^M
Recouvrement d'une paroi, fixé directement à la charpente, qui sert de fond de clouage ou d'appui pour d'autres parements.

montant^M
Pièce verticale d'une charpente qui transmet les charges du toit à la sablière.

sous-plancher^M
Planches ou panneaux posés sur les solives de plancher et servant de support au revêtement de sol.

linteau^M
Pièce horizontale qui ferme la partie supérieure d'une baie et qui transmet les charges verticales qu'elle supporte aux montants contigus.

étrésillon^M
Pièce placée entre deux poteaux pour en maintenir l'écartement, augmenter la solidité et la résistance.

appui^M de fenêtre^F
Pièce horizontale qui ferme la partie inférieure d'une baie.

lisse^F d'assise
Pièce ancrée dans la partie supérieure du mur de fondation et sur laquelle s'appuient les solives de plancher et les solives de rive.

poteau^M
Pièce verticale utilisée dans les murs pour supporter la sablière et sur laquelle se fixe le revêtement.

mur^M de fondation^F
Partie du mur située sous le niveau du sol, habituellement en béton et plus large que le mur lui-même, qu'elle soutient.

poutre^F
Pièce horizontale de forte section qui transmet sur les appuis les charges verticales qu'elle supporte.

semelle^F
Base de section élargie, généralement en béton, qui supporte le mur de fondation.

lambourde^F
Pièce horizontale située le long d'une poutre et supportant l'extrémité des solives de plancher.

croix^F de Saint-André
Structure composée de deux pièces obliques formant un « X », qui, insérée entre les solives de plancher, les consolide et les empêche de se déformer.

solive^F de plancher^M
Pièce horizontale s'appuyant sur une lambourde et sur une lisse d'assise et destinée à porter le plancher.

écharpe^F
Pièce verticale ou oblique servant à solidifier les poteaux et à empêcher leur déformation.

poteau^M cornier
Poteau de forte section situé à l'angle d'une charpente.

solive^F de rive^F
Pièce perpendiculaire aux solives de plancher, fixée à leur extrémité pour former le coffrage extérieur.

structure d'une maison

ferme^F de toit^M

Assemblage de pièces composant une structure triangulaire formant la charpente d'un toit incliné. Elle sert à supporter la couverture.

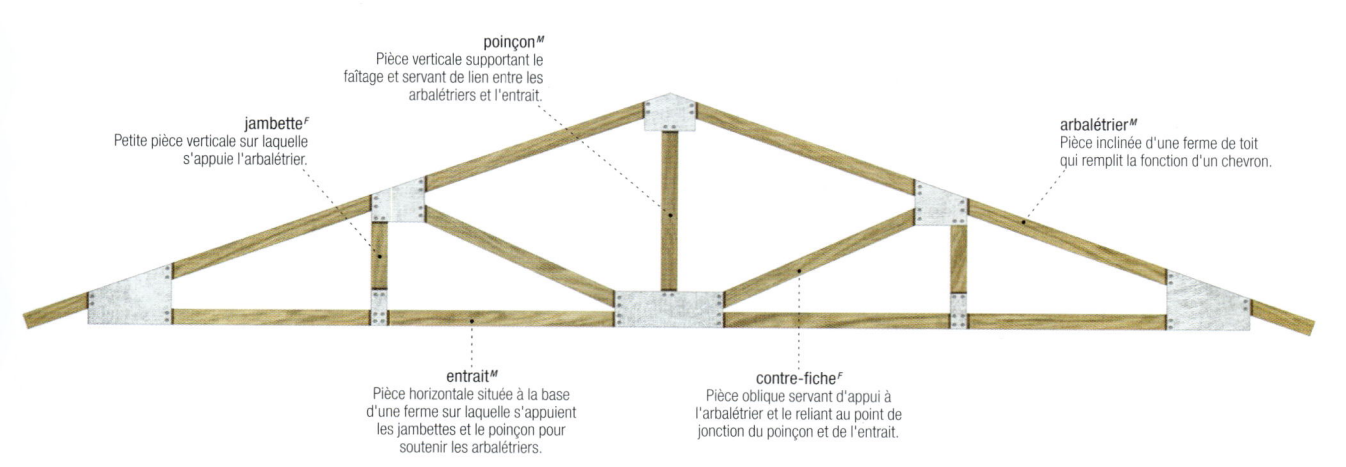

poinçon^M
Pièce verticale supportant le faîtage et servant de lien entre les arbalétriers et l'entrait.

jambette^F
Petite pièce verticale sur laquelle s'appuie l'arbalétrier.

arbalétrier^M
Pièce inclinée d'une ferme de toit qui remplit la fonction d'un chevron.

entrait^M
Pièce horizontale située à la base d'une ferme sur laquelle s'appuient les jambettes et le poinçon pour soutenir les arbalétriers.

contre-fiche^F
Pièce oblique servant d'appui à l'arbalétrier et le reliant au point de jonction du poinçon et de l'entrait.

fondations^F

Ouvrage de béton ou de maçonnerie, situé sous le sol, qui supporte les charges d'un bâtiment et les transmet au sol, lui assurant ainsi sa stabilité.

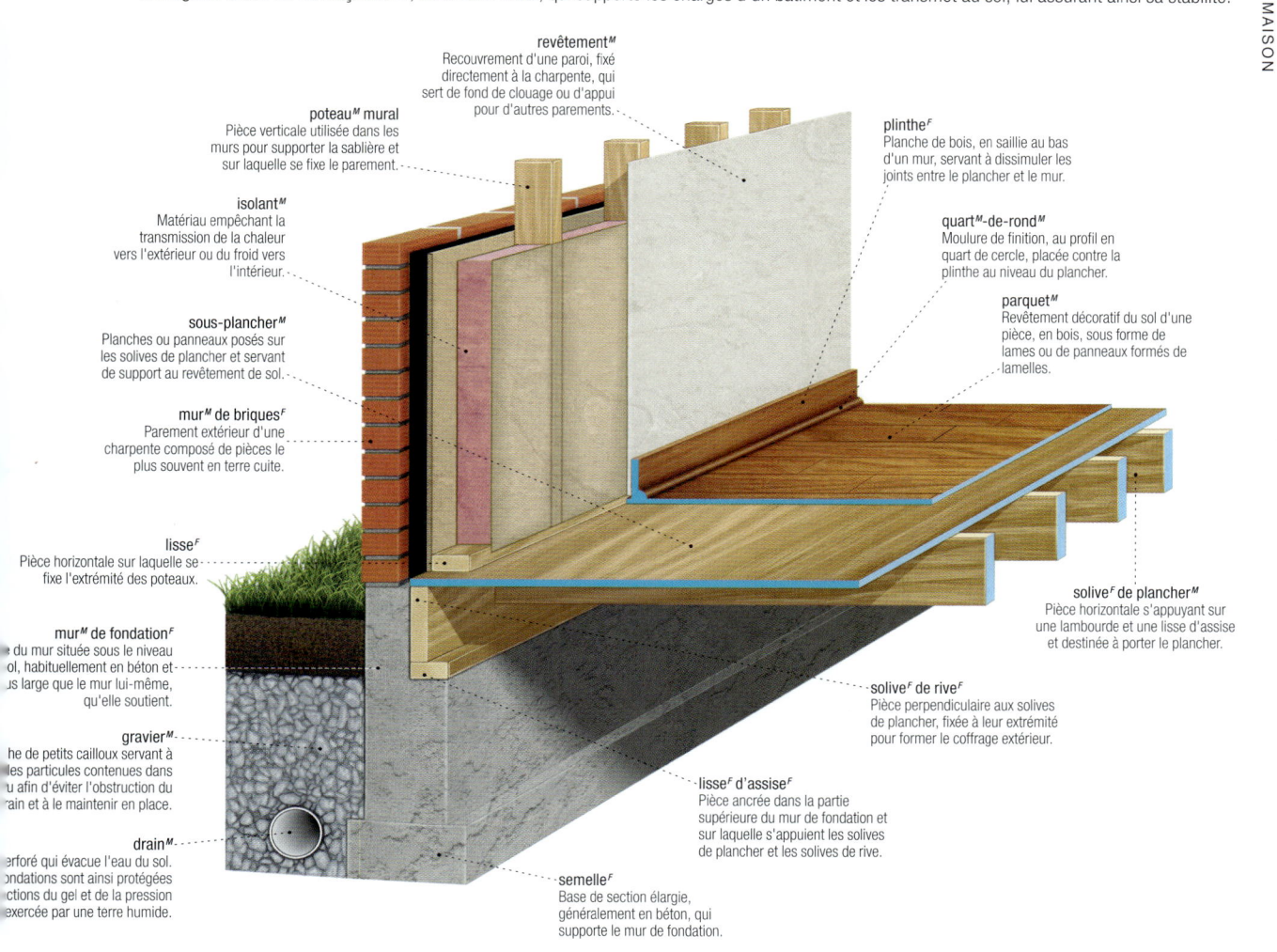

revêtement^M
Recouvrement d'une paroi, fixé directement à la charpente, qui sert de fond de clouage ou d'appui pour d'autres parements.

poteau^M mural
Pièce verticale utilisée dans les murs pour supporter la sablière et sur laquelle se fixe le parement.

plinthe^F
Planche de bois, en saillie au bas d'un mur, servant à dissimuler les joints entre le plancher et le mur.

isolant^M
Matériau empêchant la transmission de la chaleur vers l'extérieur ou du froid vers l'intérieur.

quart^M-de-rond^M
Moulure de finition, au profil en quart de cercle, placée contre la plinthe au niveau du plancher.

sous-plancher^M
Planches ou panneaux posés sur les solives de plancher et servant de support au revêtement de sol.

parquet^M
Revêtement décoratif du sol d'une pièce, en bois, sous forme de lames ou de panneaux formés de lamelles.

mur^M de briques^F
Parement extérieur d'une charpente composé de pièces le plus souvent en terre cuite.

lisse^F
Pièce horizontale sur laquelle se fixe l'extrémité des poteaux.

solive^F de plancher^M
Pièce horizontale s'appuyant sur une lambourde et une lisse d'assise et destinée à porter le plancher.

mur^M de fondation^F
Partie du mur située sous le niveau du sol, habituellement en béton et plus large que le mur lui-même, qu'elle soutient.

solive^F de rive^F
Pièce perpendiculaire aux solives de plancher, fixée à leur extrémité pour former le coffrage extérieur.

gravier^M
Couche de petits cailloux servant à filtrer les particules contenues dans l'eau afin d'éviter l'obstruction du drain et à le maintenir en place.

lisse^F d'assise^F
Pièce ancrée dans la partie supérieure du mur de fondation et sur laquelle s'appuient les solives de plancher et les solives de rive.

drain^M
Tuyau perforé qui évacue l'eau du sol. Les fondations sont ainsi protégées des actions du gel et de la pression exercée par une terre humide.

semelle^F
Base de section élargie, généralement en béton, qui supporte le mur de fondation.

MAISON

structure d'une maison

parquet^M
Revêtement décoratif du sol d'une pièce, en bois, sous forme de lames ou de panneaux formés de lamelles.

parquet^M sur chape^F de ciment^M
Parquet dont le support de pose est une couche de ciment.

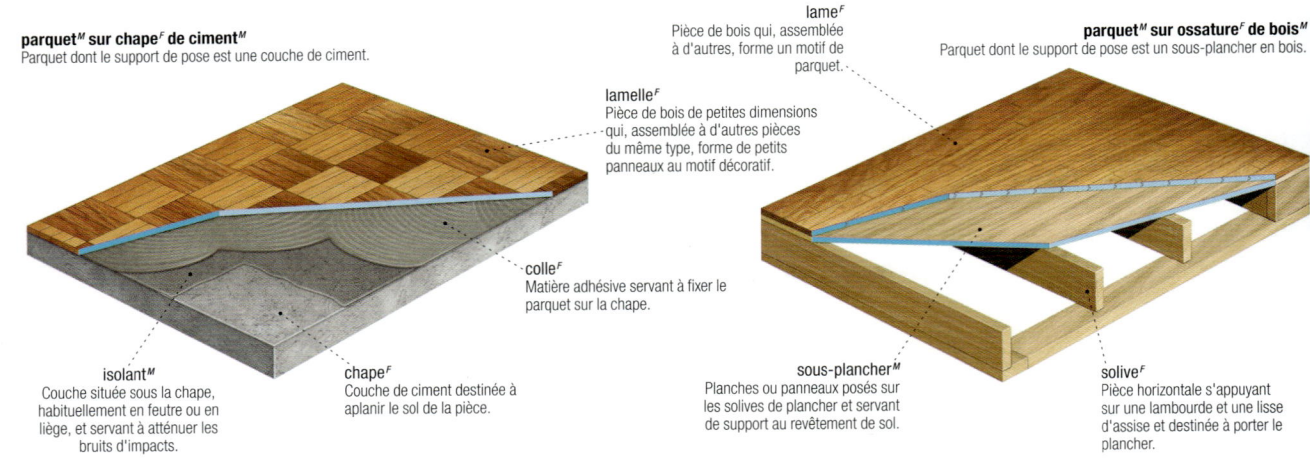

lame^F
Pièce de bois qui, assemblée à d'autres, forme un motif de parquet.

lamelle^F
Pièce de bois de petites dimensions qui, assemblée à d'autres pièces du même type, forme de petits panneaux au motif décoratif.

parquet^M sur ossature^F de bois^M
Parquet dont le support de pose est un sous-plancher en bois.

colle^F
Matière adhésive servant à fixer le parquet sur la chape.

isolant^M
Couche située sous la chape, habituellement en feutre ou en liège, et servant à atténuer les bruits d'impacts.

chape^F
Couche de ciment destinée à aplanir le sol de la pièce.

sous-plancher^M
Planches ou panneaux posés sur les solives de plancher et servant de support au revêtement de sol.

solive^F
Pièce horizontale s'appuyant sur une lambourde et une lisse d'assise et destinée à porter le plancher.

arrangements^M des parquets^M
Les lames et les panneaux de lamelles d'un parquet sont agencés de manière à créer un motif esthétique particulier.

parquet^M à coupe^F perdue
Parquet dont les lames, de longueur différente, sont disposées parallèlement, leurs joints étant répartis de manière aléatoire.

parquet^M à coupe^F de pierre^F
Parquet dont les lames, de même longueur, sont disposées parallèlement, leurs joints étant décalés d'une demi-lame d'une rangée à l'autre.

parquet^M à bâtons^M rompus
Parquet dont les lames, rectangulaires et de même longueur, sont posées l'une contre l'autre pour former entre elles un angle de 45°.

parquet^M en chevrons^M
Parquet dont les lames, de même longueur, sont jointes entre elles par une coupe de 45° à 60°.

parquet^M mosaïque^F
Parquet dont les panneaux de lamelles, de forme carrée, sont assemblés en damier.

parquet^M en vannerie^F
Parquet dont les panneaux de lamelles produisent un effet de tressage.

parquet^M d'Arenberg
Parquet formé d'un cadre et de différentes figures géométriques, qui rappelle le motif du parquet du château d'Arenberg, en Belgique.

parquet^M Chantilly
Parquet formé d'un cadre et de compartiments disposés à angle droit par rapport au cadre, qui rappelle le motif du parquet du château de Chantilly, en France.

parquet^M Versailles
Parquet formé d'un cadre et de compartiments disposés en diagonale rapport au cadre, qui rappelle le motif parquet du château de Versailles, en Fra

revêtements^M de sol^M textiles
Les revêtements de sol textiles, tapis ou moquette, sont confortables, décoratifs et réduisent les bruits d'impacts.

tapis^M
Pièce de fibres textiles amovible qu'on pose sans fixation sur le sol pour le couvrir en partie.

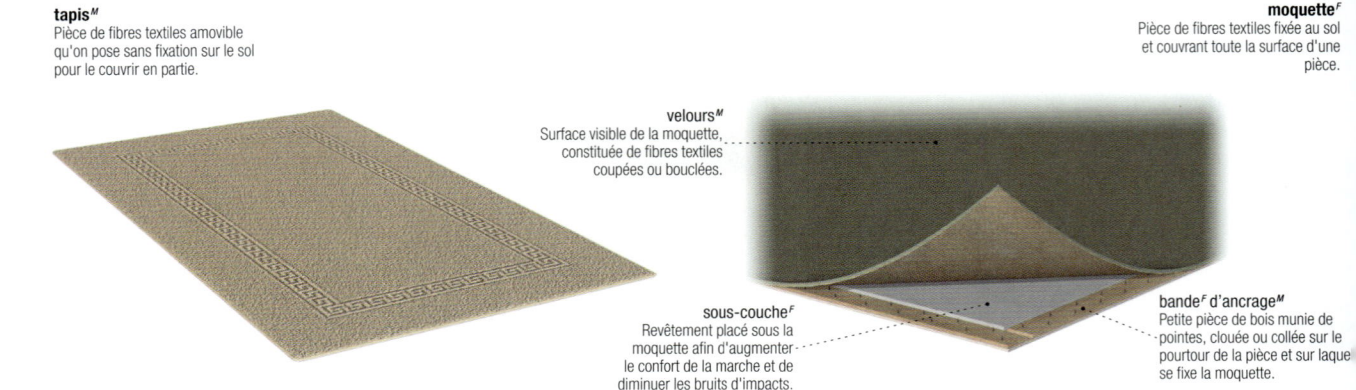

moquette^F
Pièce de fibres textiles fixée au sol et couvrant toute la surface d'une pièce.

velours^M
Surface visible de la moquette, constituée de fibres textiles coupées ou bouclées.

sous-couche^F
Revêtement placé sous la moquette afin d'augmenter le confort de la marche et de diminuer les bruits d'impacts.

bande^F d'ancrage^M
Petite pièce de bois munie de pointes, clouée ou collée sur le pourtour de la pièce et sur laquel se fixe la moquette.

structure d'une maison

escalier^M

Élément de structure permettant la circulation entre les niveaux d'une habitation, d'un édifice.

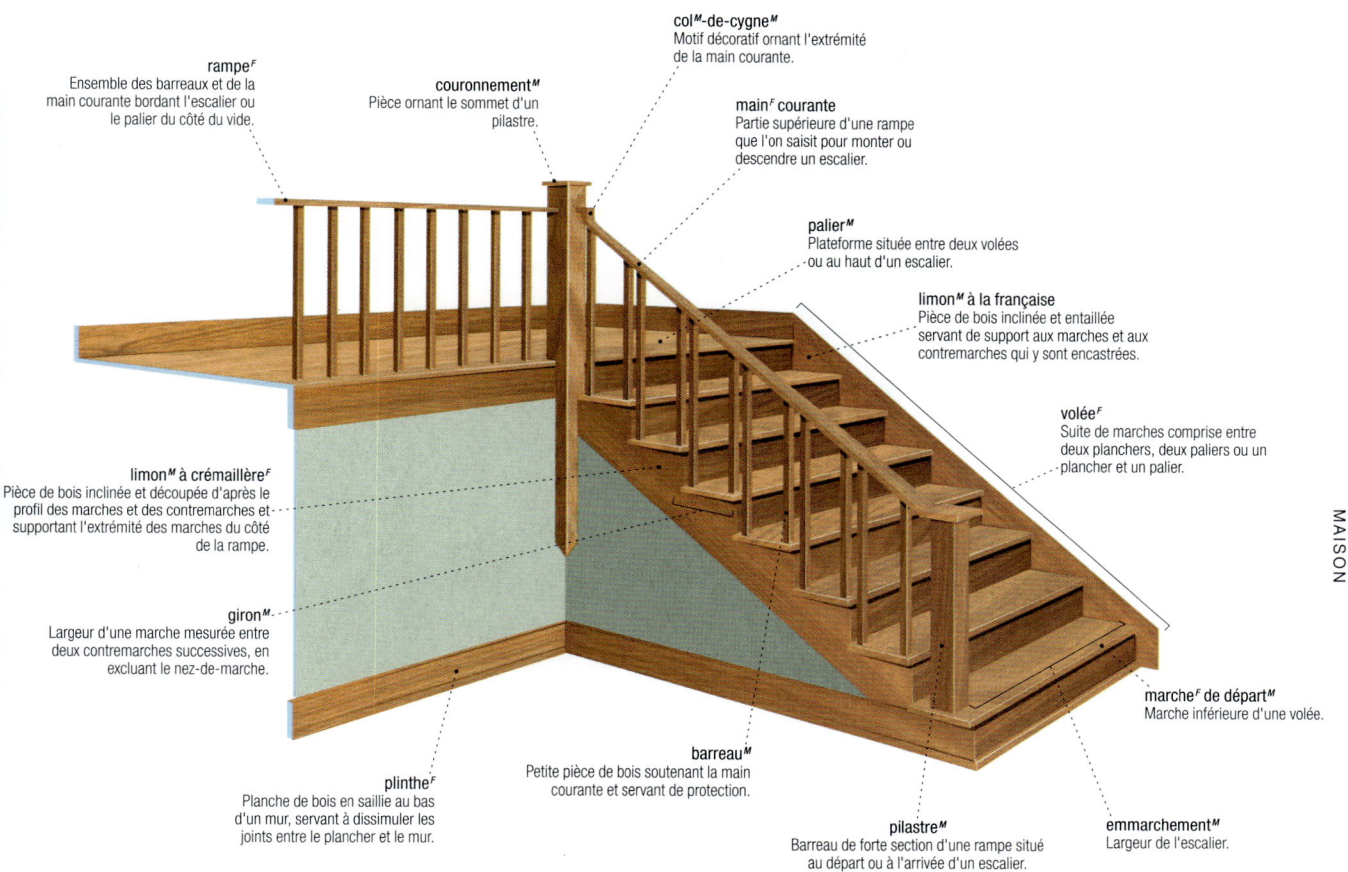

rampe^F
Ensemble des barreaux et de la main courante bordant l'escalier ou le palier du côté du vide.

couronnement^M
Pièce ornant le sommet d'un pilastre.

col^M**-de-cygne**^M
Motif décoratif ornant l'extrémité de la main courante.

main^F **courante**
Partie supérieure d'une rampe que l'on saisit pour monter ou descendre un escalier.

palier^M
Plateforme située entre deux volées ou au haut d'un escalier.

limon^M **à la française**
Pièce de bois inclinée et entaillée servant de support aux marches et aux contremarches qui y sont encastrées.

volée^F
Suite de marches comprise entre deux planchers, deux paliers ou un plancher et un palier.

limon^M **à crémaillère**^F
Pièce de bois inclinée et découpée d'après le profil des marches et des contremarches et supportant l'extrémité des marches du côté de la rampe.

giron^M
Largeur d'une marche mesurée entre deux contremarches successives, en excluant le nez-de-marche.

plinthe^F
Planche de bois en saillie au bas d'un mur, servant à dissimuler les joints entre le plancher et le mur.

barreau^M
Petite pièce de bois soutenant la main courante et servant de protection.

pilastre^M
Barreau de forte section d'une rampe situé au départ ou à l'arrivée d'un escalier.

marche^F **de départ**^M
Marche inférieure d'une volée.

emmarchement^M
Largeur de l'escalier.

MAISON

marche^F
Partie d'un escalier formée d'une marche et d'une contremarche.

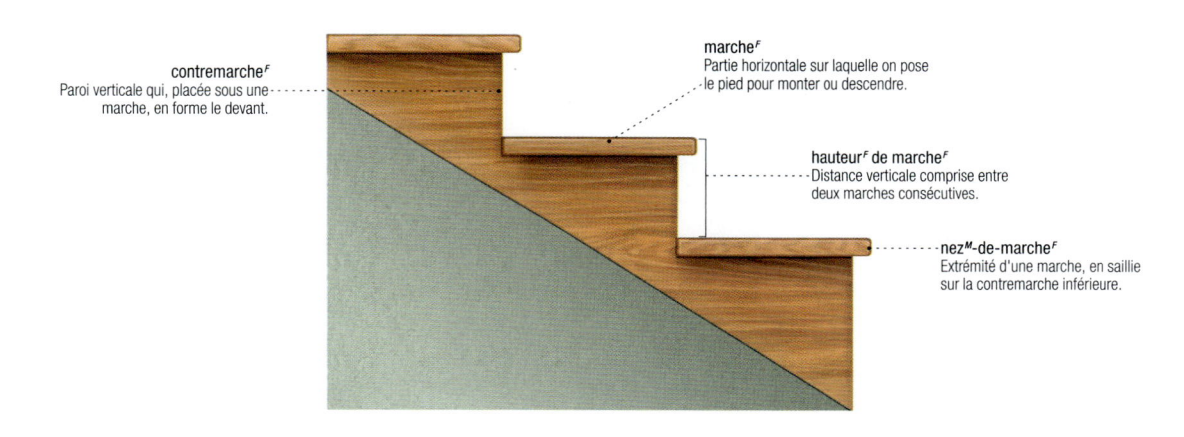

contremarche^F
Paroi verticale qui, placée sous une marche, en forme le devant.

marche^F
Partie horizontale sur laquelle on pose le pied pour monter ou descendre.

hauteur^F **de marche**^F
Distance verticale comprise entre deux marches consécutives.

nez^M**-de-marche**^F
Extrémité d'une marche, en saillie sur la contremarche inférieure.

chauffage au bois

Production de chaleur par combustion du bois. De nos jours, le chauffage au bois est surtout utilisé comme chauffage d'appoint.

cheminée à foyer ouvert
Ouvrage de maçonnerie surmonté d'un conduit et ouvert sur le devant. La chaleur est émise par combustion du bois et par réflexion sur les parois de l'âtre.

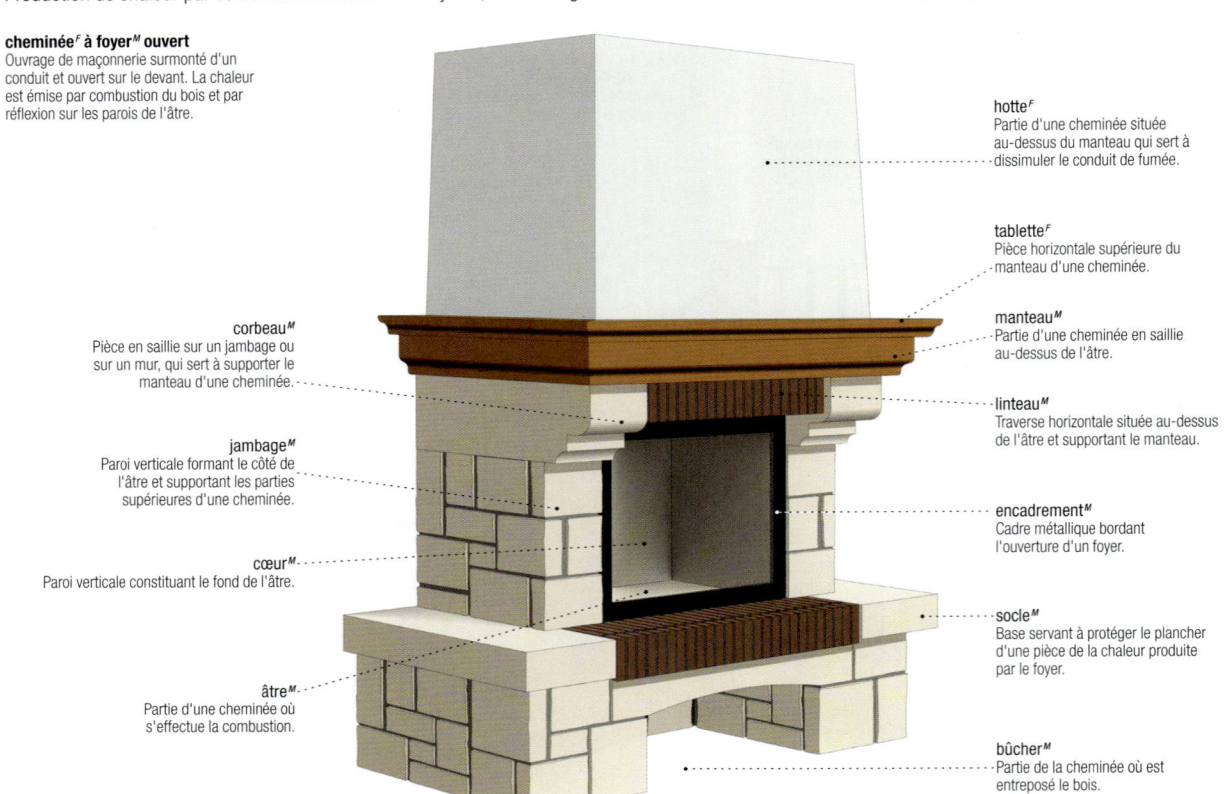

hotte
Partie d'une cheminée située au-dessus du manteau qui sert à dissimuler le conduit de fumée.

tablette
Pièce horizontale supérieure du manteau d'une cheminée.

corbeau
Pièce en saillie sur un jambage ou sur un mur, qui sert à supporter le manteau d'une cheminée.

manteau
Partie d'une cheminée en saillie au-dessus de l'âtre.

linteau
Traverse horizontale située au-dessus de l'âtre et supportant le manteau.

jambage
Paroi verticale formant le côté de l'âtre et supportant les parties supérieures d'une cheminée.

encadrement
Cadre métallique bordant l'ouverture d'un foyer.

cœur
Paroi verticale constituant le fond de l'âtre.

socle
Base servant à protéger le plancher d'une pièce de la chaleur produite par le foyer.

âtre
Partie d'une cheminée où s'effectue la combustion.

bûcher
Partie de la cheminée où est entreposé le bois.

poêle à combustion lente
Appareil de chauffage à foyer fermé où la quantité d'air qui pénètre dans la chambre de combustion est contrôlée de manière à ralentir la combustion.

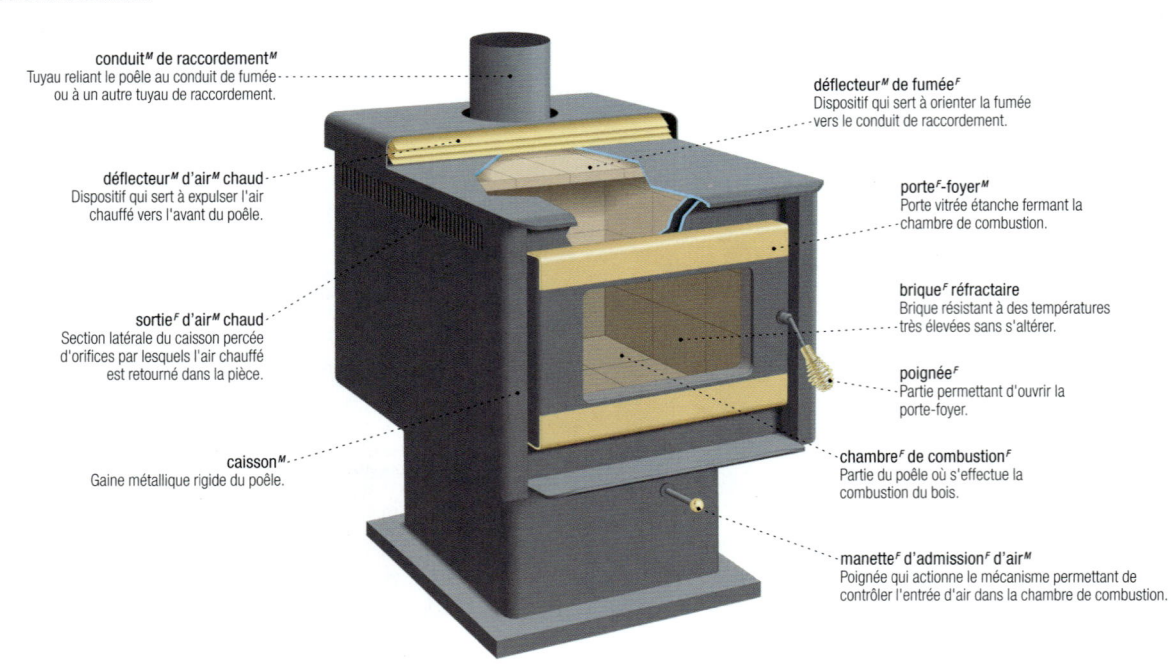

conduit de raccordement
Tuyau reliant le poêle au conduit de fumée ou à un autre tuyau de raccordement.

déflecteur de fumée
Dispositif qui sert à orienter la fumée vers le conduit de raccordement.

déflecteur d'air chaud
Dispositif qui sert à expulser l'air chauffé vers l'avant du poêle.

porte-foyer
Porte vitrée étanche fermant la chambre de combustion.

sortie d'air chaud
Section latérale du caisson percée d'orifices par lesquels l'air chauffé est retourné dans la pièce.

brique réfractaire
Brique résistant à des températures très élevées sans s'altérer.

poignée
Partie permettant d'ouvrir la porte-foyer.

caisson
Gaine métallique rigide du poêle.

chambre de combustion
Partie du poêle où s'effectue la combustion du bois.

manette d'admission d'air
Poignée qui actionne le mécanisme permettant de contrôler l'entrée d'air dans la chambre de combustion.

chauffage au bois

cheminéeF
Conduit par lequel s'évacuent la fumée ou les gaz de combustion d'un appareil de chauffage tout en assurant la circulation de l'air.

mitreF
Pièce coiffant l'extrémité d'une cheminée et servant à la protéger du vent ou de la pluie.

toitM
Couverture de la maison reposant sur la charpente et servant à la protéger des intempéries.

colletM
Pièce protégeant l'étanchéité du solin du ruissellement de l'eau sur le conduit.

solinM
Pièce située à la jonction de la partie extérieure de la cheminée et du toit et assurant l'étanchéité.

plafondM
Surface horizontale constituant la partie supérieure d'une pièce.

collierM **coupe-feu**
Pièce placée autour d'une section du conduit afin de protéger de la chaleur les matériaux combustibles du plancher, du plafond ou du toit.

sectionF **de conduit**M
Les tuyaux formant le conduit de cheminée sont vissés, soudés, emboîtés ou assemblés avec des colliers.

collierM **coupe-feu**M
Pièce placée autour d'une section de conduit afin de protéger de la chaleur les matériaux combustibles du plancher, du plafond ou du toit.

plancherM
Surface horizontale formant le sol d'une pièce.

téM **de base**F
Tuyau de raccordement en forme de « T » reliant l'appareil de chauffage au conduit de cheminée.

accessoiresM **de foyer**M
Outils utilisés pour saisir et déplacer le combustible, aviver le feu et recueillir les cendres.

tisonnierM
Outil utilisé pour remuer les braises et les tisons afin d'attiser le feu.

pinceF
Outil utilisé pour saisir et déplacer les bûches et les braises.

pelleF
Outil utilisé pour recueillir les cendres.

balaiM
Outil utilisé pour nettoyer l'âtre et pousser les cendres dans la pelle.

chenetsM
Supports métalliques situés dans l'âtre, sur lesquels on pose les bûches pour permettre à l'air de circuler durant la combustion.

porte-bûchesM
Panier dans lequel on transporte et entrepose les bûches près de la cheminée.

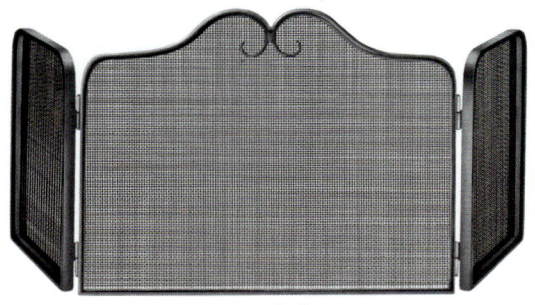

pare-feuM
Écran placé devant l'ouverture d'un foyer pour protéger le plancher des étincelles.

MAISON

chauffage

installation^F à air^M chaud pulsé

Système dans lequel le chauffage est assuré par de l'air chaud poussé par un ventilateur.

schéma^M d'une installation^F
Dans ce type d'installation, l'air est chauffé dans un générateur et propulsé par un ventilateur à travers un réseau de conduits vers les pièces de l'habitation.

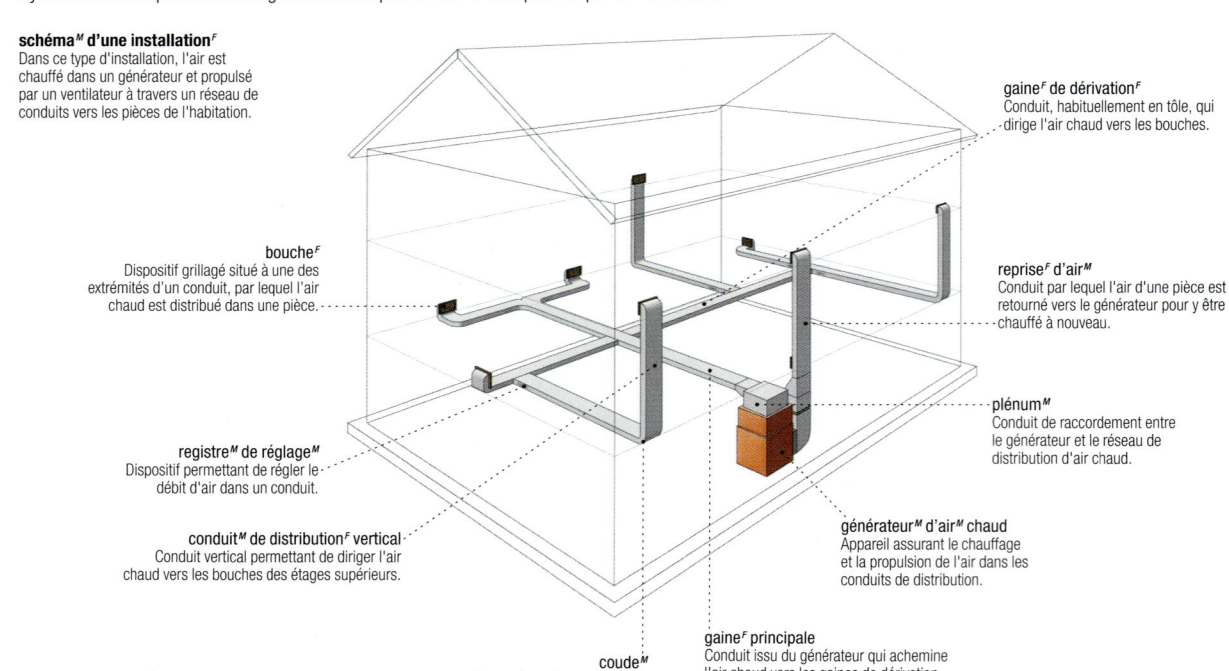

gaine^F de dérivation^F
Conduit, habituellement en tôle, qui dirige l'air chaud vers les bouches.

bouche^F
Dispositif grillagé situé à une des extrémités d'un conduit, par lequel l'air chaud est distribué dans une pièce.

reprise^F d'air^M
Conduit par lequel l'air d'une pièce est retourné vers le générateur pour y être chauffé à nouveau.

plénum^M
Conduit de raccordement entre le générateur et le réseau de distribution d'air chaud.

registre^M de réglage^M
Dispositif permettant de régler le débit d'air dans un conduit.

générateur^M d'air^M chaud
Appareil assurant le chauffage et la propulsion de l'air dans les conduits de distribution.

conduit^M de distribution^F vertical
Conduit vertical permettant de diriger l'air chaud vers les bouches des étages supérieurs.

gaine^F principale
Conduit issu du générateur qui achemine l'air chaud vers les gaines de dérivation.

coude^M
Raccordement ou partie d'un conduit qui permet de modifier la direction de l'air chaud.

générateur^M d'air^M chaud électrique
Appareil alimenté à l'électricité assurant le chauffage et la propulsion de l'air dans les conduits de distribution.

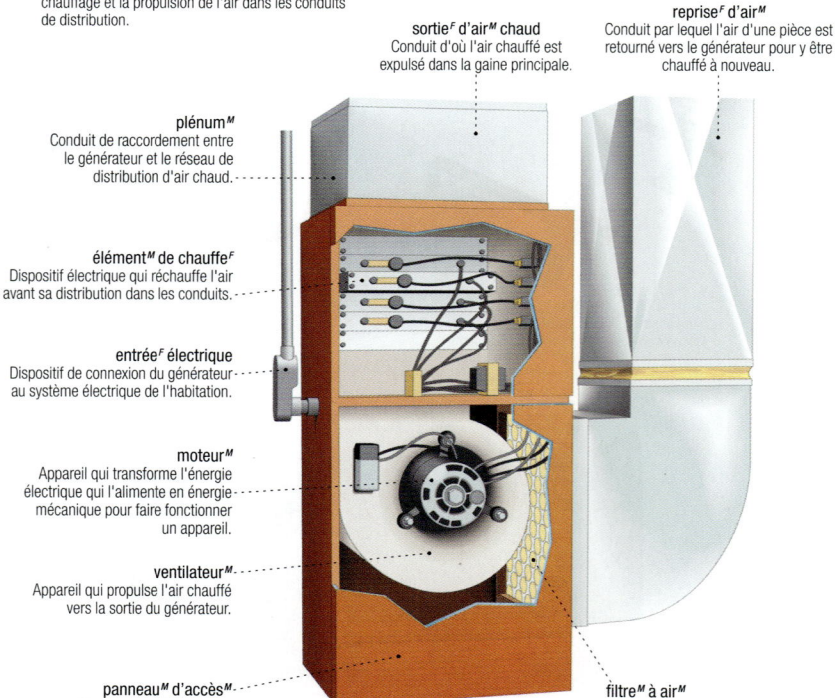

sortie^F d'air^M chaud
Conduit d'où l'air chauffé est expulsé dans la gaine principale.

reprise^F d'air^M
Conduit par lequel l'air d'une pièce est retourné vers le générateur pour y être chauffé à nouveau.

types^M de bouches^F
Les bouches sont situées à l'une des extrémités des conduits et ménagées au bas d'un mur, près d'un plafond ou dans un plancher.

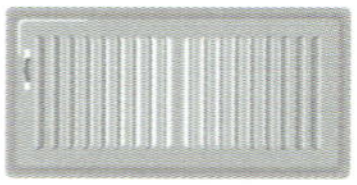

plénum^M
Conduit de raccordement entre le générateur et le réseau de distribution d'air chaud.

élément^M de chauffe^F
Dispositif électrique qui réchauffe l'air avant sa distribution dans les conduits.

entrée^F électrique
Dispositif de connexion du générateur au système électrique de l'habitation.

moteur^M
Appareil qui transforme l'énergie électrique qui l'alimente en énergie mécanique pour faire fonctionner un appareil.

ventilateur^M
Appareil qui propulse l'air chauffé vers la sortie du générateur.

panneau^M d'accès^M
Panneau amovible permettant d'accéder aux composantes du générateur.

filtre^M à air^M
Appareil qui permet de retenir les poussières en suspension dans l'air extrait de l'habitation.

bouche^F de soufflage^M
Bouche orientable située à une des extrémités d'un conduit de distribution, par laquelle l'air chaud est distribué dans une pièce.

bouche^F d'extraction^F
Bouche située à une des extrémités d'un conduit de reprise d'air, par laquelle l'air d'une pièce est retourné vers le générateur.

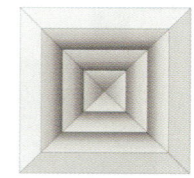

bouche^F à induction^F
Bouche située à une des extrémités d'un conduit, par laquelle l'air d'une pièce est aspiré pour être mélangé à l'air chaud propulsé.

chauffage 339

installation[F] à eau[F] chaude

Système dans lequel le chauffage est assuré par de l'eau chaude circulant dans des radiateurs.

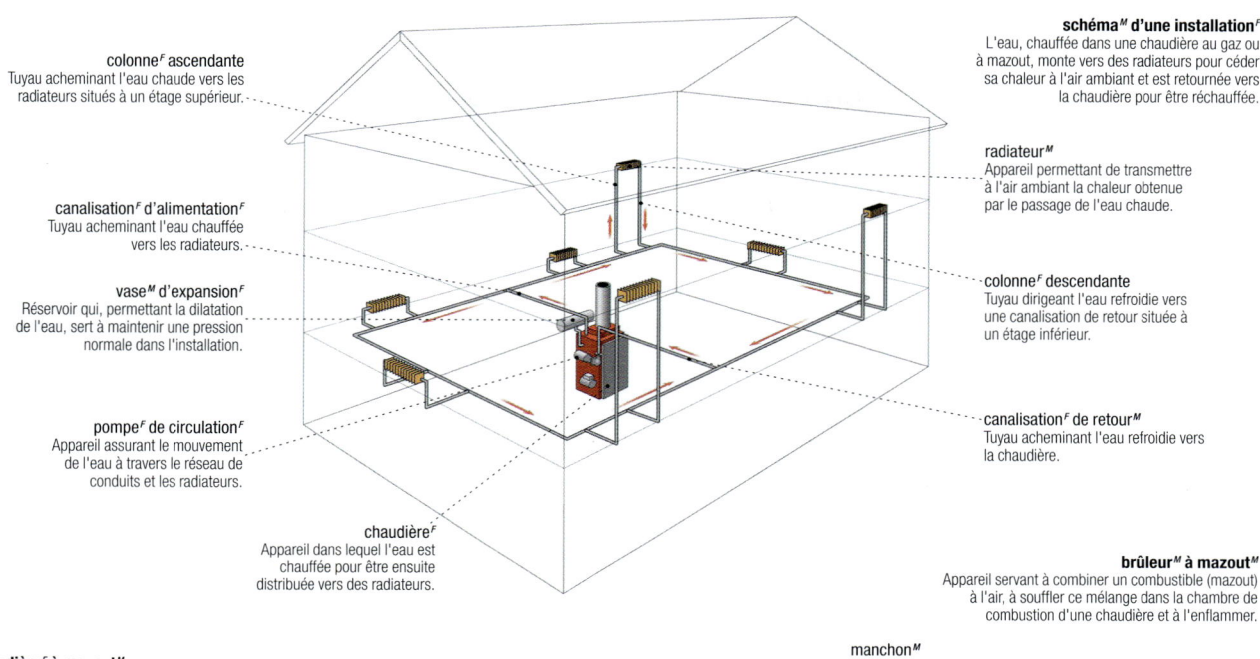

colonne[F] ascendante
Tuyau acheminant l'eau chaude vers les radiateurs situés à un étage supérieur.

canalisation[F] d'alimentation[F]
Tuyau acheminant l'eau chauffée vers les radiateurs.

vase[M] d'expansion[F]
Réservoir qui, permettant la dilatation de l'eau, sert à maintenir une pression normale dans l'installation.

pompe[F] de circulation[F]
Appareil assurant le mouvement de l'eau à travers le réseau de conduits et les radiateurs.

chaudière[F]
Appareil dans lequel l'eau est chauffée pour être ensuite distribuée vers des radiateurs.

schéma[M] d'une installation[F]
L'eau, chauffée dans une chaudière au gaz ou à mazout, monte vers des radiateurs pour céder sa chaleur à l'air ambiant et est retournée vers la chaudière pour être réchauffée.

radiateur[M]
Appareil permettant de transmettre à l'air ambiant la chaleur obtenue par le passage de l'eau chaude.

colonne[F] descendante
Tuyau dirigeant l'eau refroidie vers une canalisation de retour située à un étage inférieur.

canalisation[F] de retour[M]
Tuyau acheminant l'eau refroidie vers la chaudière.

brûleur[M] à mazout[M]
Appareil servant à combiner un combustible (mazout) à l'air, à souffler ce mélange dans la chambre de combustion d'une chaudière et à l'enflammer.

MAISON

chaudière[F] à mazout[M]
Appareil comprenant un brûleur à mazout dans lequel l'eau est chauffée pour être ensuite distribuée vers des radiateurs.

cheminée[F]
Conduit par lequel sont évacués les gaz de combustion.

soupape[F] de sûreté[F]
Dispositif permettant de diminuer la pression en évacuant le trop-plein d'eau ou de vapeur.

caisson[M]
Gaine métallique rigide de la chaudière.

isolant[M]
Matériau recouvrant les parois de la chaudière afin de réduire les pertes de chaleur.

aquastat[M]
Appareil permettant de régler la température de l'eau.

élément[M] de chauffe[F]
Conduit dans lequel est chauffée l'eau.

échangeur[M] de chaleur[F]
Ensemble de tubes permettant de transférer à l'eau la chaleur de la combustion.

regard[M]
Hublot permettant de voir à l'intérieur de la chambre de combustion.

chambre[F] de combustion[F]
Partie d'une chaudière où a lieu la combustion du mélange air-mazout introduit par le brûleur.

manchon[M]
Pièce cylindrique recouvrant le gicleur et les électrodes d'allumage et permettant de relier le brûleur à la chambre de combustion.

brûleur[M]
Appareil servant à combiner un combustible à l'air, à souffler et à enflammer ce mélange dans la chambre de combustion d'une chaudière.

gicleur[M]
Tube par lequel passe le mazout pour être pulvérisé en fines gouttelettes mélangées à l'air à sa sortie.

électrode[F] d'allumage[M]
L'allumage du mélange mazout-air est assuré par une étincelle électrique jaillissant entre deux électrodes.

canalisation[F] d'alimentation[F]
Conduit par lequel le mazout est injecté dans le brûleur, vers le gicleur.

pompe[F]
Appareil qui aspire le mazout, le comprime et le dirige vers le gicleur.

manchon[M]
Pièce cylindrique recouvrant le gicleur et les électrodes d'allumage et permettant de relier le brûleur à la chambre de combustion.

transformateur[M]
Dispositif qui permet de modifier le courant électrique en haut voltage afin de produire l'étincelle entre les deux électrodes.

contrôle[M] thermique
Dispositif qui, détectant les variations de température, sert de commande de mise en marche ou d'arrêt automatique du brûleur.

moteur[M] électrique
Appareil qui transforme l'énergie électrique qui l'alimente en énergie mécanique pour faire fonctionner un appareil.

ventilateur[M]
Appareil qui dirige l'air vers la sortie du brûleur pour le mélanger aux gouttelettes de mazout.

arrivée[F] du mazout[M]
Conduit par lequel le mazout est acheminé vers la pompe.

grille[F] d'habillage[M]
Revêtement décoratif d'un radiateur.

purgeur[M]
Dispositif permettant d'évacuer l'air qui s'accumule parfois au sommet d'un radiateur.

colonne[F] de radiateur[M]
Tube vertical dans lequel circule l'eau.

sortie[F] d'eau[F] chaude
Dispositif permettant d'évacuer l'eau contenue dans un radiateur.

radiateur[M] à colonnes[F]
Appareil permettant de transmettre à l'air ambiant la chaleur obtenue par le passage de l'eau chaude à travers un réseau de tubes verticaux.

valve[F] de réglage[M]
Dispositif permettant de régler la quantité d'eau circulant dans un radiateur.

chauffage

installation^F à eau^F chaude

chaudière^F à gaz^M
Appareil comprenant un brûleur à gaz dans lequel l'eau est chauffée pour être ensuite distribuée vers des radiateurs.

conduit^M d'évacuation^F
Conduit par lequel sont évacués les gaz de combustion.

vase^M d'expansion^F
Réservoir qui, permettant la dilatation de l'eau, sert à maintenir une pression normale dans la chaudière.

échangeur^M de chaleur^F à plaques^F
Ensemble de plaques métalliques ondulées dans lequel l'eau est chauffée.

raccords^M de gaz^M et hydrauliques^F
Conduits permettant l'entrée du gaz et de l'eau dans la chaudière.

brûleur^M
Appareil servant à combiner un combustible (gaz naturel) à l'air, à souffler et à enflammer ce mélange dans la chambre de combustion d'une chaudière.

échangeur^M de chaleur^F
Ensemble de tubes permettant de transférer à l'eau la chaleur de la combustion.

turbine^F d'air^M de combustion^F
Dispositif qui pousse l'air dans la chaudière.

pompe^F de circulation^F
Appareil assurant la circulation de l'eau dans la chaudière.

régulation^F numérique de la chaudière^F
Panneau où sont assemblés les boutons de fonctionnement de la chaudière.

brûleur^M à gaz^M
Appareil servant à combiner un combustible (gaz naturel) à l'air, à souffler ce mélange dans la chambre de combustion d'une chaudière et à l'enflammer.

chauffage^M d'appoint^M

Ensemble des appareils utilisés en complément d'un système de chauffage central.

convecteur^M
Appareil dans lequel l'air pénètre en partie basse, est chauffé à l'intérieur et diffusé par le grillage supérieur par convection.

grillage^M
Grille par laquelle l'air chauffé se diffuse dans la pièce.

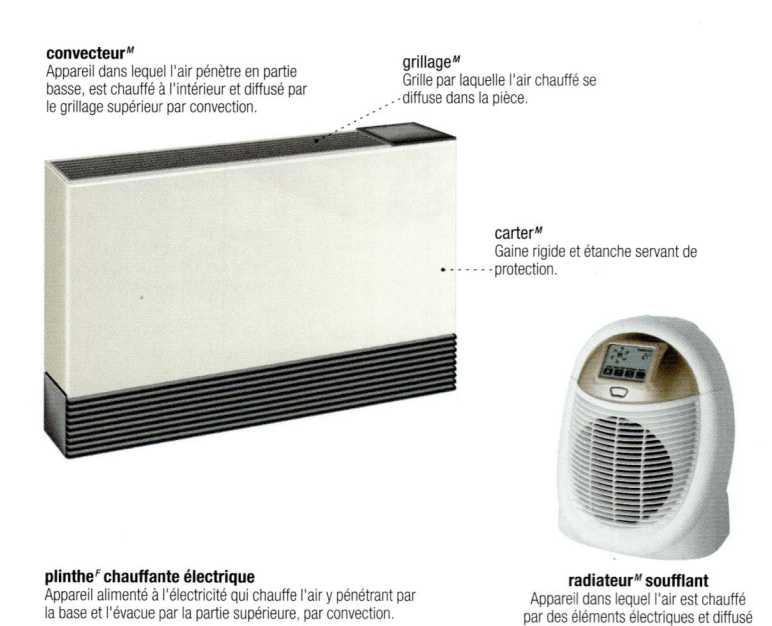

carter^M
Gaine rigide et étanche servant de protection.

radiateur^M rayonnant
Appareil dont la chaleur est produite par un élément chauffant et diffusée sous forme de rayons de lumière.

plinthe^F chauffante électrique
Appareil alimenté à l'électricité qui chauffe l'air y pénétrant par la base et l'évacue par la partie supérieure, par convection.

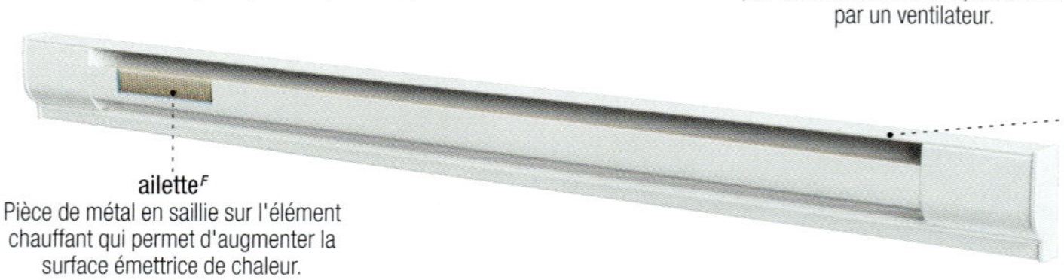

radiateur^M soufflant
Appareil dans lequel l'air est chauffé par des éléments électriques et diffusé par un ventilateur.

déflecteur^M
Dispositif qui sert à orienter l'air chauffé vers la pièce.

ailette^F
Pièce de métal en saillie sur l'élément chauffant qui permet d'augmenter la surface émettrice de chaleur.

radiateur^M bain^M d'huile^F
Appareil composé de tubes dans lesquels circule une huile chauffée par des éléments électriques.

chauffage 341

pompe^F à chaleur^F

Appareil d'échange de chaleur entre deux milieux de température inégale, qui sert à chauffer ou à réfrigérer une maison selon le réglage du circuit.

contrôleur^M de fonctionnement^M
Dispositif électronique permettant le réglage de divers paramètres de la pompe à chaleur.

ventilateur^M
Appareil dont les pales aspirent l'air extérieur (cycle de chauffage) ou expulsent l'air intérieur (cycle de refroidissement).

disjoncteur^M
Dispositif d'interruption automatique du courant électrique en cas de surcharge.

gaine^F de distribution^F
Conduit à partir duquel circule dans la maison l'air soufflé, chaud (cycle de chauffage) ou froid (cycle de refroidissement).

grille^F de ventilateur^M
Panneau ajouré permettant l'entrée ou la sortie d'air.

enceinte^F en acier^M
Boîtier métallique renfermant les composants du module extérieur.

thermostat^M
Dispositif qui, détectant les variations de température, sert de commande de mise en marche ou d'arrêt automatique de l'appareil.

humidificateur^M
Appareil servant à augmenter le taux d'humidité de l'air distribué dans la maison.

gaine^F de reprise^F
Conduit de retour de l'air vicié.

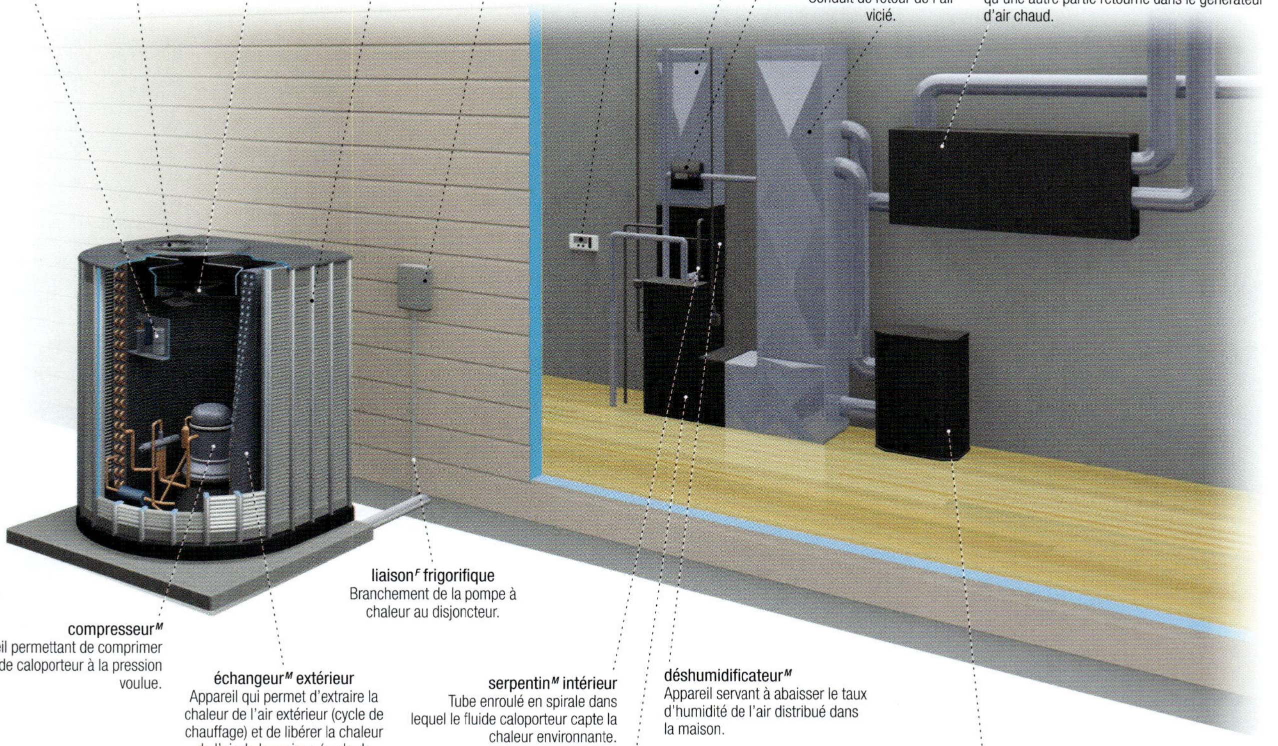

ventilateur^M-récupérateur^M d'énergie^F
Appareil dirigeant directement vers l'extérieur une partie de l'air vicié qu'il aspire, tandis qu'une autre partie retourne dans le générateur d'air chaud.

compresseur^M
Appareil permettant de comprimer un fluide caloporteur à la pression voulue.

liaison^F frigorifique
Branchement de la pompe à chaleur au disjoncteur.

échangeur^M extérieur
Appareil qui permet d'extraire la chaleur de l'air extérieur (cycle de chauffage) et de libérer la chaleur de l'air de la maison (cycle de refroidissement).

serpentin^M intérieur
Tube enroulé en spirale dans lequel le fluide caloporteur capte la chaleur environnante.

déshumidificateur^M
Appareil servant à abaisser le taux d'humidité de l'air distribué dans la maison.

module^M extérieur
Partie de la pompe dans laquelle, selon le réglage, l'air extérieur est capté (cycle de chauffage) ou celui de l'intérieur rafraîchi (cycle de refroidissement).

générateur^M d'air^M chaud
Appareil assurant le chauffage ou la climatisation par la propulsion de l'air dans les conduits de distribution de la maison.

système^M de filtration^F
Dispositif qui permet de retenir les poussières en suspension dans l'air.

module^M intérieur
Partie de la pompe dans laquelle, selon le réglage, l'air chaud de l'extérieur est introduit dans la maison (cycle de chauffage) et l'air chaud de la maison est expulsé vers l'extérieur (cycle de refroidissement).

MAISON

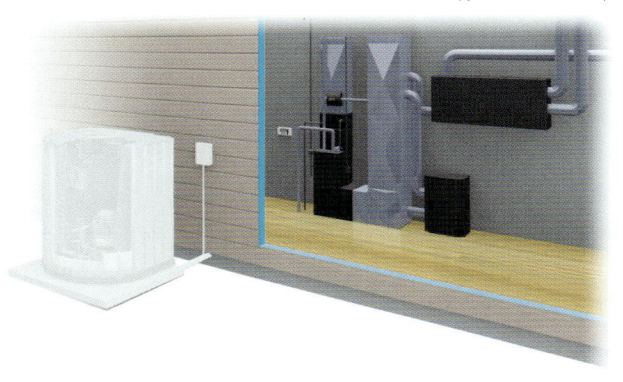

conditionnement de l'air

dispositifs^M de contrôle^M

Appareils servant à régler la température ambiante.

thermostat^M programmable
Dispositif électronique qui permet de maintenir la température de la maison ou d'une pièce à un certain degré et de régler celui-ci selon un horaire préétabli.

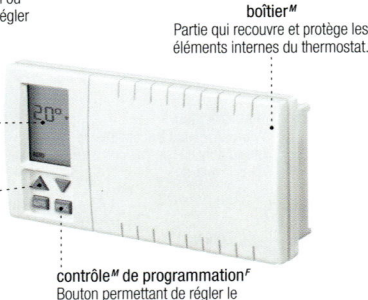

afficheur^M
Écran présentant les données numériques (heure et température).

touche^F de déplacement^M
Bouton permettant de modifier la température de la maison selon l'heure.

boîtier^M
Partie qui recouvre et protège les éléments internes du thermostat.

contrôle^M de programmation^F
Bouton permettant de régler le thermostat selon l'horaire choisi.

couvercle^M
Plaque qui recouvre et protège les éléments internes du thermostat.

réglage^M de la température^F
Bouton qui permet de sélectionner la température que l'on souhaite atteindre.

température^F ambiante
Un thermomètre intégré indique la température de la pièce où se trouve le thermostat.

thermostat^M d'ambiance^M
Dispositif qui, détectant les variations de température, sert de commande de mise en marche ou d'arrêt automatique du chauffage d'une pièce ou d'une habitation.

température^F désirée
Température que l'on souhaite atteindre.

aiguille^F
Tige métallique reliée au thermomètre qui indique la température ambiante.

appareils^M de conditionnement^M de l'air^M

Dispositifs destinés à rafraîchir, à filtrer, à humidifier ou à déshumidifier l'air ambiant afin d'assurer un certain confort dans une maison.

déshumidificateur^M
Appareil servant à abaisser le taux d'humidité de l'air d'une pièce en le refroidissant.

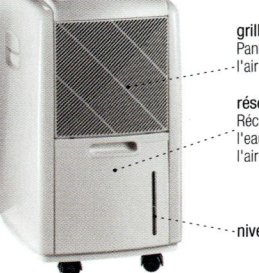

hygrostat^M
Dispositif qui, détectant les variations du taux d'humidité, sert de commande de mise en marche ou d'arrêt automatique de l'appareil.

grille^F
Panneau ajouré par lequel pénètre l'air de la pièce.

réservoir^M
Récipient dans lequel s'égoutte l'eau de condensation prélevée de l'air refroidi.

niveau^M d'eau^F

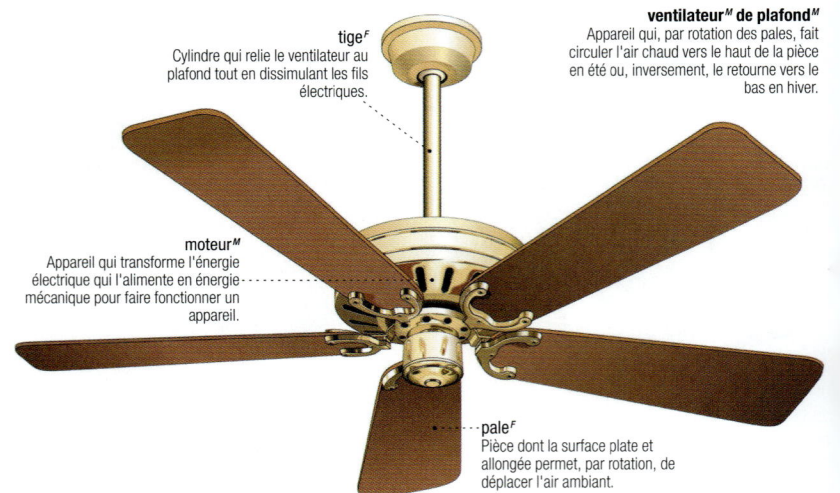

tige^F
Cylindre qui relie le ventilateur au plafond tout en dissimulant les fils électriques.

moteur^M
Appareil qui transforme l'énergie électrique qui l'alimente en énergie mécanique pour faire fonctionner un appareil.

pale^F
Pièce dont la surface plate et allongée permet, par rotation, de déplacer l'air ambiant.

ventilateur^M de plafond^M
Appareil qui, par rotation des pales, fait circuler l'air chaud vers le haut de la pièce en été ou, inversement, le retourne vers le bas en hiver.

purificateur^M d'air^M
Appareil qui aspire l'air d'une pièce pour le filtrer en le débarrassant de ses impuretés avant de l'y retourner.

hygromètre^M
Appareil servant à mesurer le taux d'humidité de l'air d'une pièce.

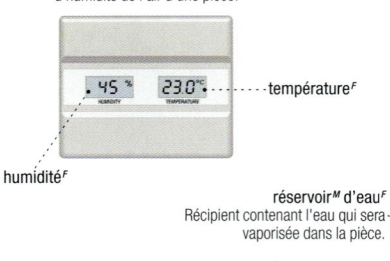

température^F

humidité^F

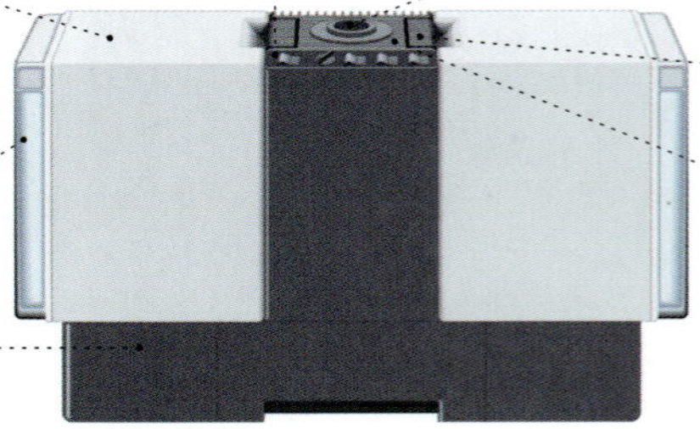

panneau^M de commande^F
Panneau où sont rassemblés les boutons de fonctionnement de l'humidificateur.

réservoir^M d'eau^F
Récipient contenant l'eau qui sera vaporisée dans la pièce.

niveau^M d'eau^F

plateau^M

humidificateur^M portatif
Appareil servant à augmenter le taux d'humidité de l'air d'une pièce.

vaporiseur^M
Appareil permettant le contact de l'air avec de l'eau finement pulvérisée avant qu'il soit soufflé dans la pièce.

filtre^M à air^M
Appareil qui permet de retenir les poussières en suspension dans l'air.

grille^F de vaporisation^F
Panneau ajouré par lequel l'air humidifié est diffusé.

conditionnement de l'air

appareils de conditionnement de l'air

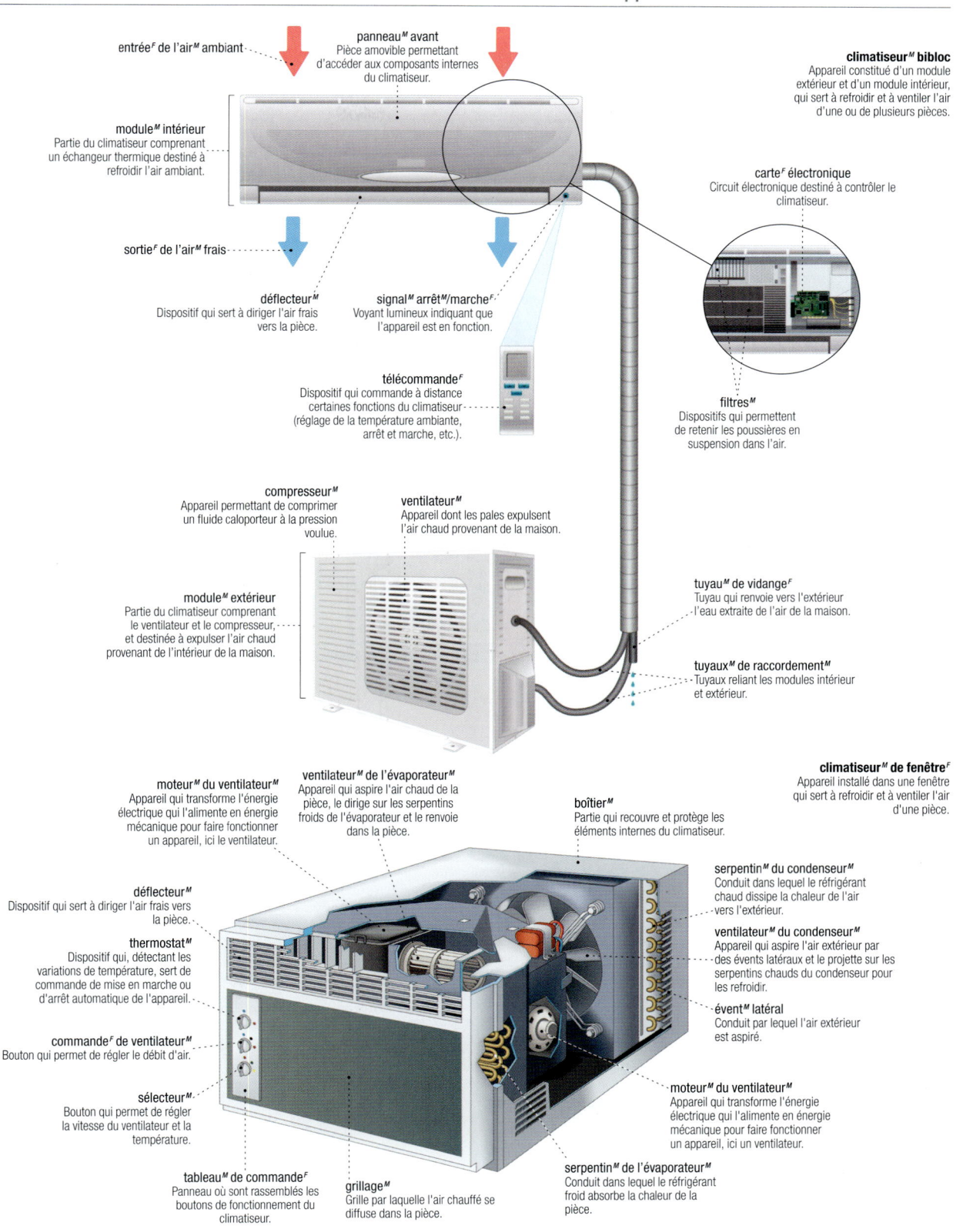

entrée de l'air ambiant

panneau avant
Pièce amovible permettant d'accéder aux composants internes du climatiseur.

climatiseur bibloc
Appareil constitué d'un module extérieur et d'un module intérieur, qui sert à refroidir et à ventiler l'air d'une ou de plusieurs pièces.

module intérieur
Partie du climatiseur comprenant un échangeur thermique destiné à refroidir l'air ambiant.

carte électronique
Circuit électronique destiné à contrôler le climatiseur.

sortie de l'air frais

déflecteur
Dispositif qui sert à diriger l'air frais vers la pièce.

signal arrêt/marche
Voyant lumineux indiquant que l'appareil est en fonction.

télécommande
Dispositif qui commande à distance certaines fonctions du climatiseur (réglage de la température ambiante, arrêt et marche, etc.).

filtres
Dispositifs qui permettent de retenir les poussières en suspension dans l'air.

compresseur
Appareil permettant de comprimer un fluide caloporteur à la pression voulue.

ventilateur
Appareil dont les pales expulsent l'air chaud provenant de la maison.

module extérieur
Partie du climatiseur comprenant le ventilateur et le compresseur, et destinée à expulser l'air chaud provenant de l'intérieur de la maison.

tuyau de vidange
Tuyau qui renvoie vers l'extérieur l'eau extraite de l'air de la maison.

tuyaux de raccordement
Tuyaux reliant les modules intérieur et extérieur.

moteur du ventilateur
Appareil qui transforme l'énergie électrique qui l'alimente en énergie mécanique pour faire fonctionner un appareil, ici le ventilateur.

ventilateur de l'évaporateur
Appareil qui aspire l'air chaud de la pièce, le dirige sur les serpentins froids de l'évaporateur et le renvoie dans la pièce.

boîtier
Partie qui recouvre et protège les éléments internes du climatiseur.

climatiseur de fenêtre
Appareil installé dans une fenêtre qui sert à refroidir et à ventiler l'air d'une pièce.

déflecteur
Dispositif qui sert à diriger l'air frais vers la pièce.

serpentin du condenseur
Conduit dans lequel le réfrigérant chaud dissipe la chaleur de l'air vers l'extérieur.

thermostat
Dispositif qui, détectant les variations de température, sert de commande de mise en marche ou d'arrêt automatique de l'appareil.

ventilateur du condenseur
Appareil qui aspire l'air extérieur par des évents latéraux et le projette sur les serpentins chauds du condenseur pour les refroidir.

commande de ventilateur
Bouton qui permet de régler le débit d'air.

évent latéral
Conduit par lequel l'air extérieur est aspiré.

sélecteur
Bouton qui permet de régler la vitesse du ventilateur et la température.

moteur du ventilateur
Appareil qui transforme l'énergie électrique qui l'alimente en énergie mécanique pour faire fonctionner un appareil, ici un ventilateur.

tableau de commande
Panneau où sont rassemblés les boutons de fonctionnement du climatiseur.

grillage
Grille par laquelle l'air chauffé se diffuse dans la pièce.

serpentin de l'évaporateur
Conduit dans lequel le réfrigérant froid absorbe la chaleur de la pièce.

MAISON

circuit^M de plomberie^F

Dans une maison, quatre circuits permettent à l'eau de circuler : distribution d'eau froide et d'eau chaude, ventilation des tuyaux et évacuation des eaux usées.

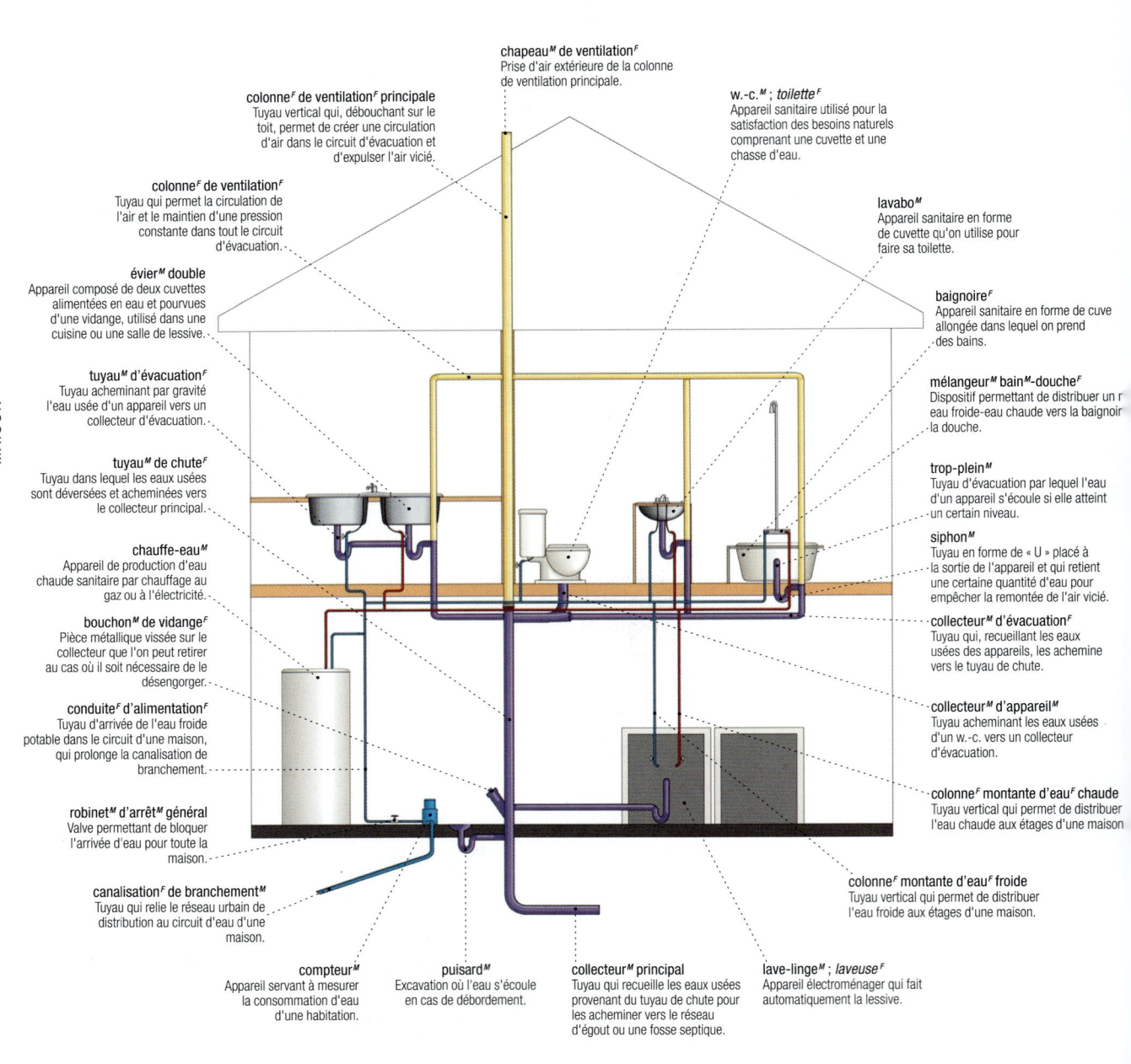

chapeau^M de ventilation^F
Prise d'air extérieure de la colonne de ventilation principale.

colonne^F de ventilation^F principale
Tuyau vertical qui, débouchant sur le toit, permet de créer une circulation d'air dans le circuit d'évacuation et d'expulser l'air vicié.

w.-c.^M ; toilette^F
Appareil sanitaire utilisé pour la satisfaction des besoins naturels comprenant une cuvette et une chasse d'eau.

colonne^F de ventilation^F
Tuyau qui permet la circulation de l'air et le maintien d'une pression constante dans tout le circuit d'évacuation.

lavabo^M
Appareil sanitaire en forme de cuvette qu'on utilise pour faire sa toilette.

évier^M double
Appareil composé de deux cuvettes alimentées en eau et pourvues d'une vidange, utilisé dans une cuisine ou une salle de lessive.

baignoire^F
Appareil sanitaire en forme de cuve allongée dans lequel on prend des bains.

tuyau^M d'évacuation^F
Tuyau acheminant par gravité l'eau usée d'un appareil vers un collecteur d'évacuation.

mélangeur^M bain^M-douche^F
Dispositif permettant de distribuer un mélange eau froide-eau chaude vers la baignoire ou la douche.

tuyau^M de chute^F
Tuyau dans lequel les eaux usées sont déversées et acheminées vers le collecteur principal.

trop-plein^M
Tuyau d'évacuation par lequel l'eau d'un appareil s'écoule si elle atteint un certain niveau.

chauffe-eau^M
Appareil de production d'eau chaude sanitaire par chauffage au gaz ou à l'électricité.

siphon^M
Tuyau en forme de « U » placé à la sortie de l'appareil et qui retient une certaine quantité d'eau pour empêcher la remontée de l'air vicié.

bouchon^M de vidange^F
Pièce métallique vissée sur le collecteur que l'on peut retirer au cas où il soit nécessaire de le désengorger.

collecteur^M d'évacuation^F
Tuyau qui, recueillant les eaux usées des appareils, les achemine vers le tuyau de chute.

conduite^F d'alimentation^F
Tuyau d'arrivée de l'eau froide potable dans le circuit d'une maison, qui prolonge la canalisation de branchement.

collecteur^M d'appareil^M
Tuyau acheminant les eaux usées d'un w.-c. vers un collecteur d'évacuation.

robinet^M d'arrêt^M général
Valve permettant de bloquer l'arrivée d'eau pour toute la maison.

colonne^F montante d'eau^F chaude
Tuyau vertical qui permet de distribuer l'eau chaude aux étages d'une maison.

canalisation^F de branchement^M
Tuyau qui relie le réseau urbain de distribution au circuit d'eau d'une maison.

colonne^F montante d'eau^F froide
Tuyau vertical qui permet de distribuer l'eau froide aux étages d'une maison.

compteur^M
Appareil servant à mesurer la consommation d'eau d'une habitation.

puisard^M
Excavation où l'eau s'écoule en cas de débordement.

collecteur^M principal
Tuyau qui recueille les eaux usées provenant du tuyau de chute pour les acheminer vers le réseau d'égout ou une fosse septique.

lave-linge^M ; laveuse^F
Appareil électroménager qui fait automatiquement la lessive.

MAISON

circuit^M de ventilation^F
Ensemble de tuyaux qui, reliés les uns aux autres, permettent la circulation de l'air dans le circuit.

circuit^M d'évacuation^F
Ensemble de tuyaux qui, reliés les uns aux autres, permettent le rejet des eaux usées dans le collecteur principal.

circuit^M d'eau^F froide
Ensemble de tuyaux qui, reliés les uns aux autres, permettent la distribution d'eau froide potable.

circuit^M d'eau^F chaude
Ensemble de tuyaux qui, reliés les uns aux autres, permettent la distribution d'eau chaude à partir d'un chauffe-eau.

pompe^F de puisard^M

Appareil qui absorbe l'eau d'une excavation pratiquée dans le sol pour l'évacuer vers un égout ou une fosse septique.

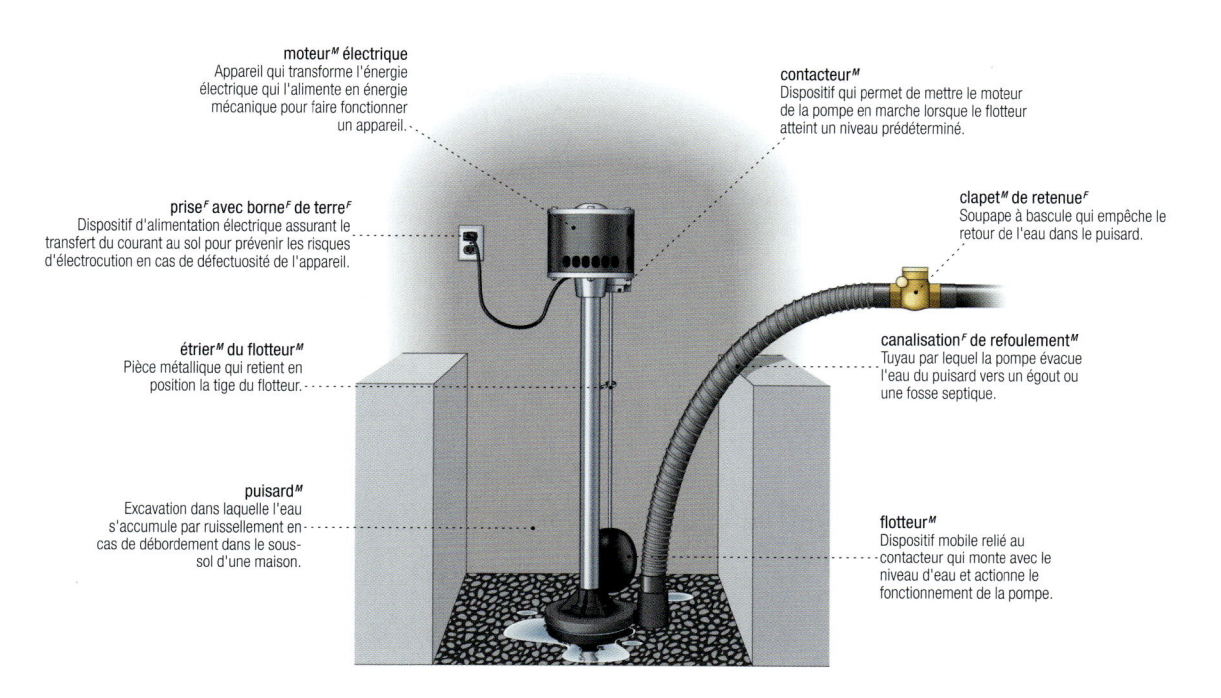

moteur^M électrique
Appareil qui transforme l'énergie électrique qui l'alimente en énergie mécanique pour faire fonctionner un appareil.

contacteur^M
Dispositif qui permet de mettre le moteur de la pompe en marche lorsque le flotteur atteint un niveau prédéterminé.

prise^F avec borne^F de terre^F
Dispositif d'alimentation électrique assurant le transfert du courant au sol pour prévenir les risques d'électrocution en cas de défectuosité de l'appareil.

clapet^M de retenue^F
Soupape à bascule qui empêche le retour de l'eau dans le puisard.

étrier^M du flotteur^M
Pièce métallique qui retient en position la tige du flotteur.

canalisation^F de refoulement^M
Tuyau par lequel la pompe évacue l'eau du puisard vers un égout ou une fosse septique.

puisard^M
Excavation dans laquelle l'eau s'accumule par ruissellement en cas de débordement dans le sous-sol d'une maison.

flotteur^M
Dispositif mobile relié au contacteur qui monte avec le niveau d'eau et actionne le fonctionnement de la pompe.

fosse^F septique

Système souterrain où s'effectuent le traitement et l'évacuation des eaux usées.

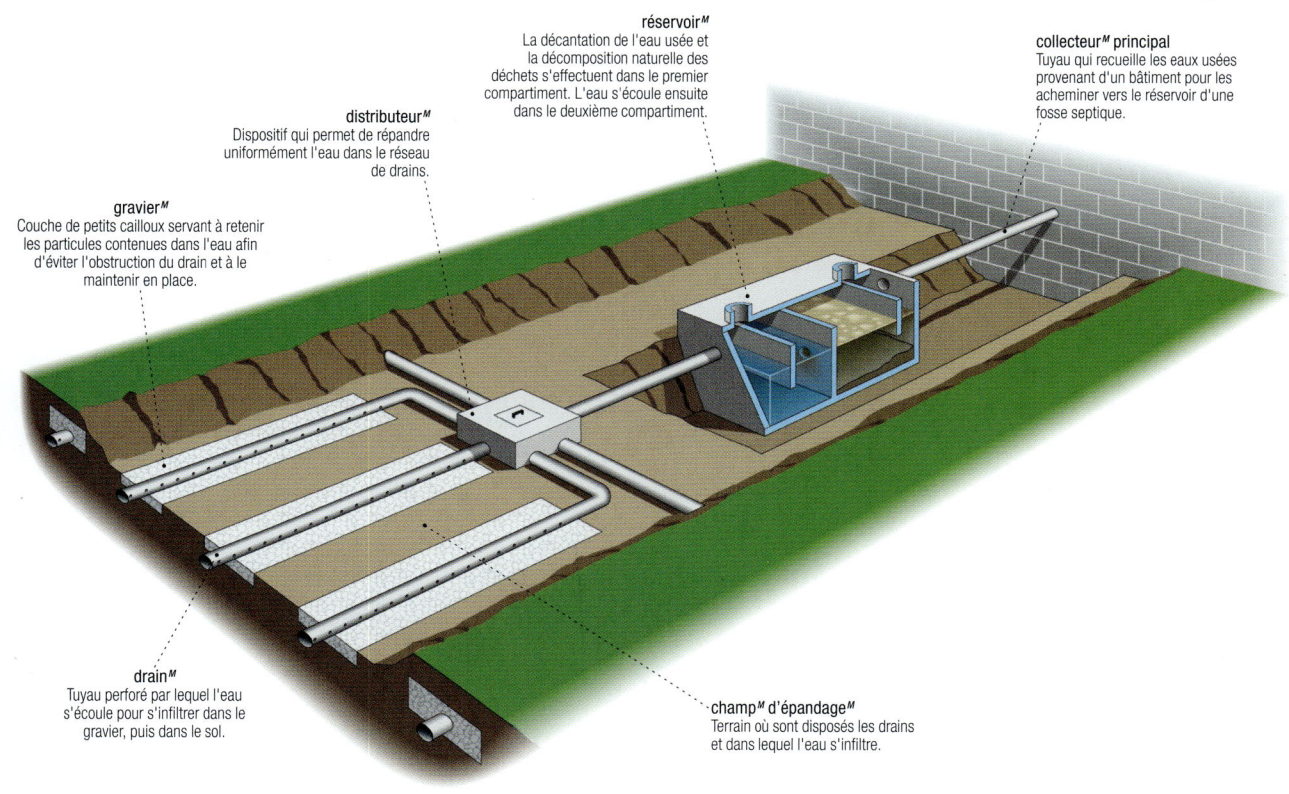

réservoir^M
La décantation de l'eau usée et la décomposition naturelle des déchets s'effectuent dans le premier compartiment. L'eau s'écoule ensuite dans le deuxième compartiment.

collecteur^M principal
Tuyau qui recueille les eaux usées provenant d'un bâtiment pour les acheminer vers le réservoir d'une fosse septique.

distributeur^M
Dispositif qui permet de répandre uniformément l'eau dans le réseau de drains.

gravier^M
Couche de petits cailloux servant à retenir les particules contenues dans l'eau afin d'éviter l'obstruction du drain et à le maintenir en place.

drain^M
Tuyau perforé par lequel l'eau s'écoule pour s'infiltrer dans le gravier, puis dans le sol.

champ^M d'épandage^M
Terrain où sont disposés les drains et dans lequel l'eau s'infiltre.

plomberie

salle^F de bains^M

Pièce aménagée pour la toilette du corps, équipée d'eau courante et d'installations sanitaires.

MAISON

flexible^M
Tuyau souple qui permet de déplacer la pomme de douche.

pomme^F de douche^F
Accessoire percé d'orifices par lesquels l'eau s'écoule sous pression.

douchette^F
Poignée mobile munie d'une pomme de douche, notamment utilisée pour le rinçage des cheveux.

trop-plein^M
Tuyau d'évacuation par lequel l'eau d'un appareil s'écoule si elle atteint un certain niveau.

porte^F coulissante
Porte dont le ou les vantaux se déplacent horizontalement le long d'une rainure.

cabine^F de douche^F
Espace clos dans lequel une installation sanitaire permet de laver le corps par l'action d'un jet d'eau.

robinet^M
Dispositif destiné à permettre ou à interrompre l'écoulement de l'eau chaude ou de l'eau froide de même qu'à en régler le débit.

miroir^M
Surface de verre polie qui réfléchit la lumière et renvoie les images.

porte-rouleau^M
Support destiné à recevoir un rouleau de papier hygiénique.

banquette^F
Plateforme menant à la baignoire.

lavabo^M
Appareil sanitaire en forme de cuvette qu'on utilise pour faire sa toilette.

porte-serviettes^M
Support destiné à recevoir une serviette à main.

réservoir^M de chasse^F d'eau^F
Cuve dans laquelle est emmagasinée la réserve d'eau utilisée pour éliminer le contenu de la cuvette du w.-c.

bidet^M
Appareil sanitaire bas en forme de cuvette qu'on utilise pour faire la toilette des parties intimes.

baignoire^F
Appareil sanitaire en forme de cuve allongée dans laquelle on prend des bains.

coiffeuse^F
Meuble pour les soins de beauté, muni d'un miroir et comportant habituellement des tiroirs.

w.-c.^M ; toilette^F
Appareil sanitaire utilisé pour la satisfaction des besoins naturels comprenant une cuvette et une chasse d'eau.

couvercle^M
Pièce mobile couvrant l'ouverture de la cuvette.

plomberie

347

w.-c.^M ; *toilette*^F

Appareil sanitaire utilisé pour la satisfaction des besoins naturels comprenant une cuvette et une chasse d'eau.

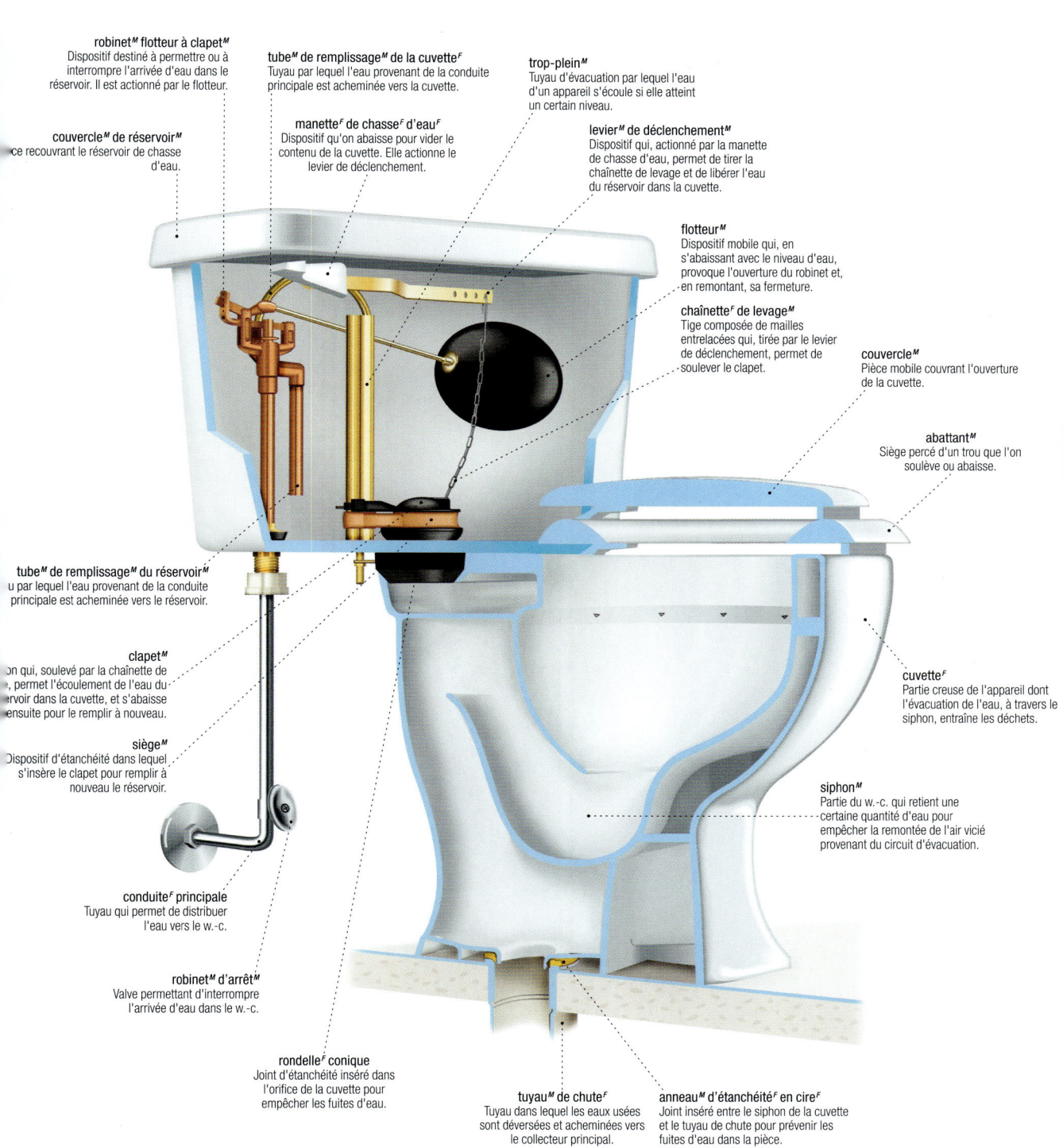

robinet^M flotteur à clapet^M
Dispositif destiné à permettre ou à interrompre l'arrivée d'eau dans le réservoir. Il est actionné par le flotteur.

tube^M de remplissage^M de la cuvette^F
Tuyau par lequel l'eau provenant de la conduite principale est acheminée vers la cuvette.

trop-plein^M
Tuyau d'évacuation par lequel l'eau d'un appareil s'écoule si elle atteint un certain niveau.

couvercle^M de réservoir^M
Pièce recouvrant le réservoir de chasse d'eau.

manette^F de chasse^F d'eau^F
Dispositif qu'on abaisse pour vider le contenu de la cuvette. Elle actionne le levier de déclenchement.

levier^M de déclenchement^M
Dispositif qui, actionné par la manette de chasse d'eau, permet de tirer la chaînette de levage et de libérer l'eau du réservoir dans la cuvette.

flotteur^M
Dispositif mobile qui, en s'abaissant avec le niveau d'eau, provoque l'ouverture du robinet et, en remontant, sa fermeture.

chaînette^F de levage^M
Tige composée de mailles entrelacées qui, tirée par le levier de déclenchement, permet de soulever le clapet.

couvercle^M
Pièce mobile couvrant l'ouverture de la cuvette.

abattant^M
Siège percé d'un trou que l'on soulève ou abaisse.

MAISON

tube^M de remplissage^M du réservoir^M
Tuyau par lequel l'eau provenant de la conduite principale est acheminée vers le réservoir.

clapet^M
Bouchon qui, soulevé par la chaînette de levage, permet l'écoulement de l'eau du réservoir dans la cuvette, et s'abaisse ensuite pour le remplir à nouveau.

siège^M
Dispositif d'étanchéité dans lequel s'insère le clapet pour remplir à nouveau le réservoir.

cuvette^F
Partie creuse de l'appareil dont l'évacuation de l'eau, à travers le siphon, entraîne les déchets.

siphon^M
Partie du w.-c. qui retient une certaine quantité d'eau pour empêcher la remontée de l'air vicié provenant du circuit d'évacuation.

conduite^F principale
Tuyau qui permet de distribuer l'eau vers le w.-c.

robinet^M d'arrêt^M
Valve permettant d'interrompre l'arrivée d'eau dans le w.-c.

rondelle^F conique
Joint d'étanchéité inséré dans l'orifice de la cuvette pour empêcher les fuites d'eau.

tuyau^M de chute^F
Tuyau dans lequel les eaux usées sont déversées et acheminées vers le collecteur principal.

anneau^M d'étanchéité^F en cire^F
Joint inséré entre le siphon de la cuvette et le tuyau de chute pour prévenir les fuites d'eau dans la pièce.

plomberie

chauffe-eau^M

Appareil de production d'eau chaude sanitaire par chauffage au gaz ou à l'électricité.

chauffe-eau^M électrique

tuyau^M d'eau^F froide
Tuyau d'arrivée de l'eau froide dans la cuve.

tuyau^M d'eau^F chaude
Tuyau de sortie de l'eau chaude par entraînement dans le circuit d'eau chaude.

anode^F
Électrode enrobée de magnésium servant à protéger la cuve des effets corrosifs de l'eau.

soupape^F de sûreté^F
Dispositif permettant de diminuer la pression à l'intérieur de la cuve en évacuant le trop-plein d'eau chaude.

coupe-circuit^M limiteur^M de température^F
Dispositif qui interrompt le passage du courant électrique dès que la température de l'eau excède une valeur déterminée.

thermostat^M supérieur
Dispositif qui, détectant les variations de température, sert de commande de mise en marche ou d'arrêt automatique de l'élément chauffant supérieur.

élément^M chauffant supérieur
Résistance électrique enrobée, immergée dans la partie supérieure de la cuve, servant à chauffer l'eau.

panneau^M d'accès^M
Couvercle qui recouvre et protège le thermostat et le coupe-circuit.

cuve^F
Réservoir isolé, habituellement cylindrique, émaillé ou vitrifié, dans lequel est emmagasinée l'eau à chauffer.

isolant^M
Matériau placé entre la cuve et les parois du chauffe-eau afin de réduire les pertes de chaleur.

câble^M électrique
Entrée de la connexion du chauffe-eau au circuit de la maison.

trop-plein^M
Tuyau par lequel l'eau s'échappe en cas de surpression.

thermostat^M inférieur
Dispositif qui, détectant les variations de température, sert de commande de mise en marche ou d'arrêt automatique de l'élément chauffant inférieur.

élément^M chauffant inférieur
Résistance électrique enrobée, immergée dans la partie inférieure de la cuve, servant à chauffer l'eau.

robinet^M de vidange^F
Dispositif servant à vider le réservoir du liquide qu'il contient.

MAISON

plomberie

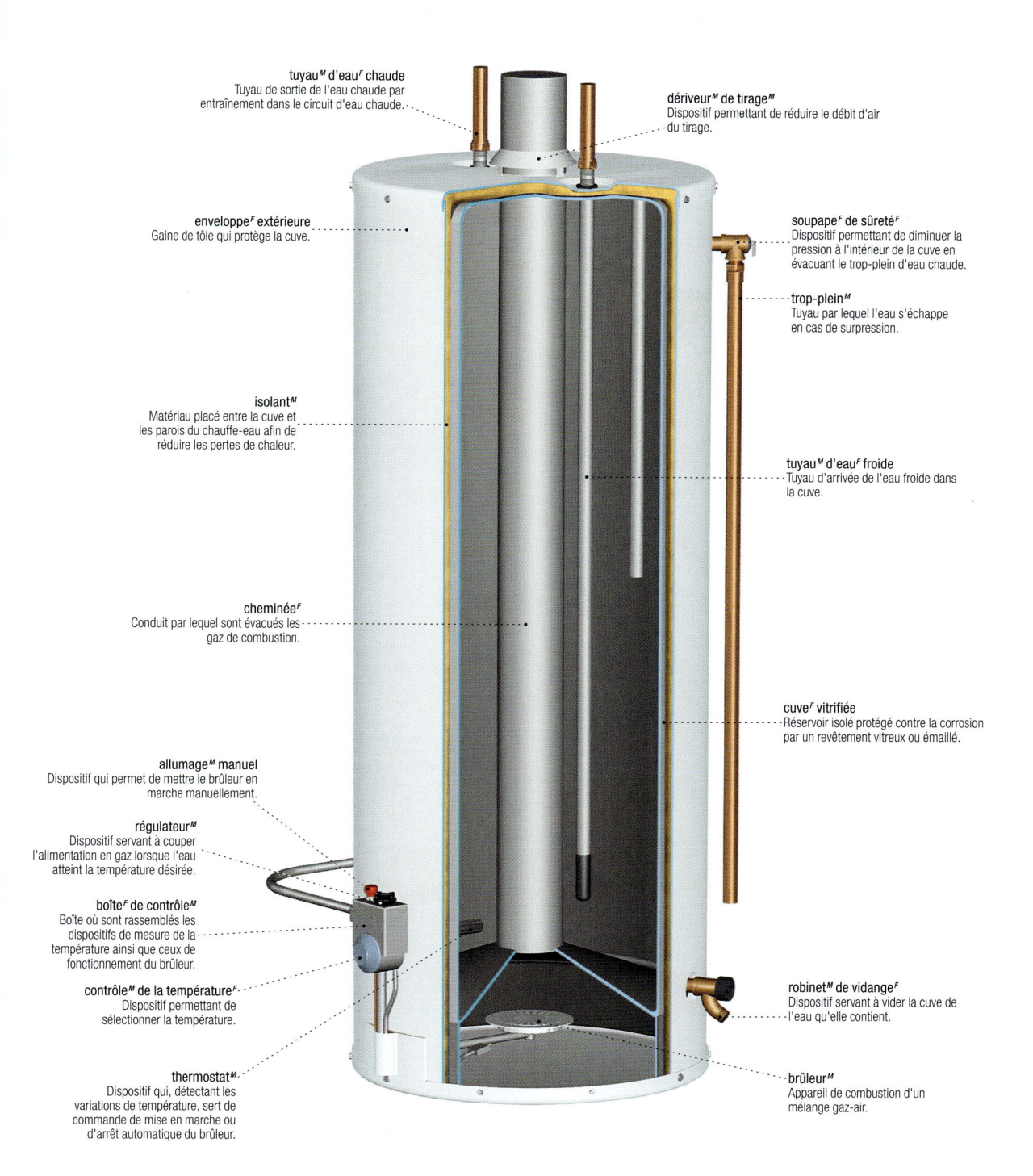

chauffe-eau[M]

chauffe-eau[M] au gaz[M]

tuyau[M] d'eau[F] chaude
Tuyau de sortie de l'eau chaude par entraînement dans le circuit d'eau chaude.

dériveur[M] de tirage[M]
Dispositif permettant de réduire le débit d'air du tirage.

enveloppe[F] extérieure
Gaine de tôle qui protège la cuve.

soupape[F] de sûreté[F]
Dispositif permettant de diminuer la pression à l'intérieur de la cuve en évacuant le trop-plein d'eau chaude.

trop-plein[M]
Tuyau par lequel l'eau s'échappe en cas de surpression.

isolant[M]
Matériau placé entre la cuve et les parois du chauffe-eau afin de réduire les pertes de chaleur.

tuyau[M] d'eau[F] froide
Tuyau d'arrivée de l'eau froide dans la cuve.

cheminée[F]
Conduit par lequel sont évacués les gaz de combustion.

cuve[F] vitrifiée
Réservoir isolé protégé contre la corrosion par un revêtement vitreux ou émaillé.

allumage[M] manuel
Dispositif qui permet de mettre le brûleur en marche manuellement.

régulateur[M]
Dispositif servant à couper l'alimentation en gaz lorsque l'eau atteint la température désirée.

boîte[F] de contrôle[M]
Boîte où sont rassemblés les dispositifs de mesure de la température ainsi que ceux de fonctionnement du brûleur.

contrôle[M] de la température[F]
Dispositif permettant de sélectionner la température.

robinet[M] de vidange[F]
Dispositif servant à vider la cuve de l'eau qu'elle contient.

thermostat[M]
Dispositif qui, détectant les variations de température, sert de commande de mise en marche ou d'arrêt automatique du brûleur.

brûleur[M]
Appareil de combustion d'un mélange gaz-air.

MAISON

robinet^M et mitigeurs^M

Le robinet commande l'écoulement d'eau chaude ou d'eau froide, tandis que le mitigeur sert à la fois de robinet et de mélangeur d'eau chaude et d'eau froide.

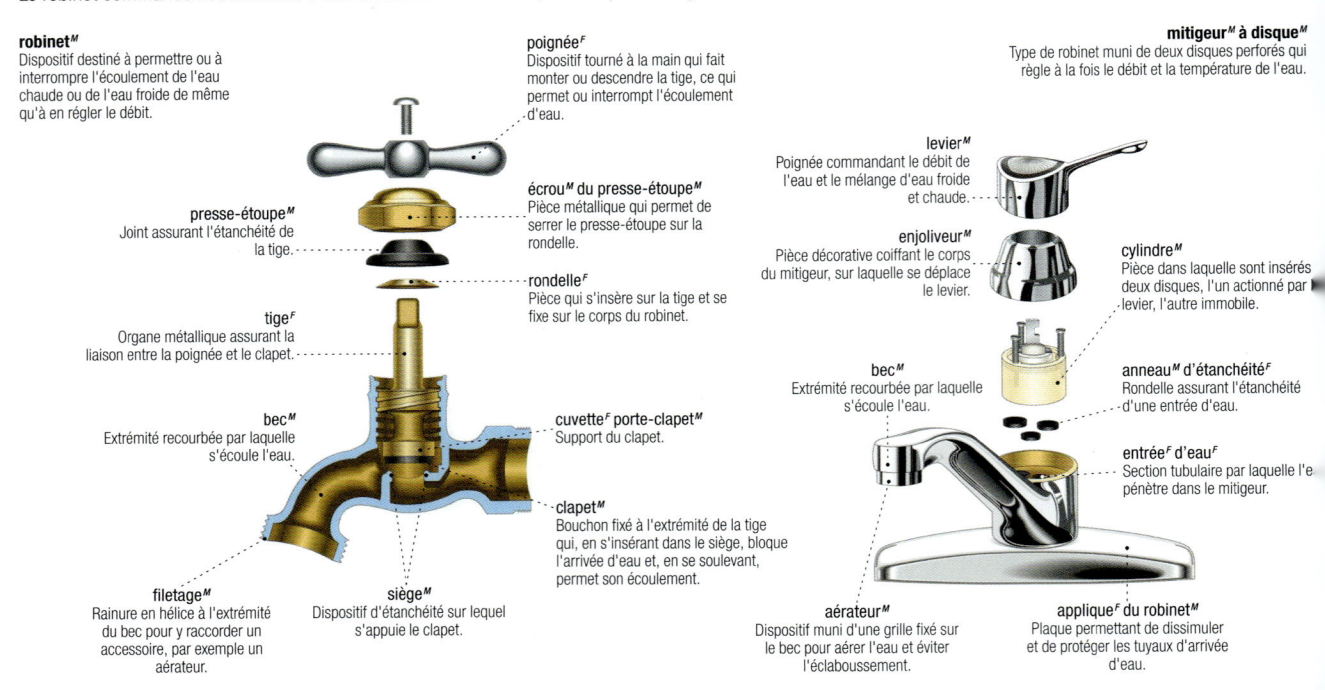

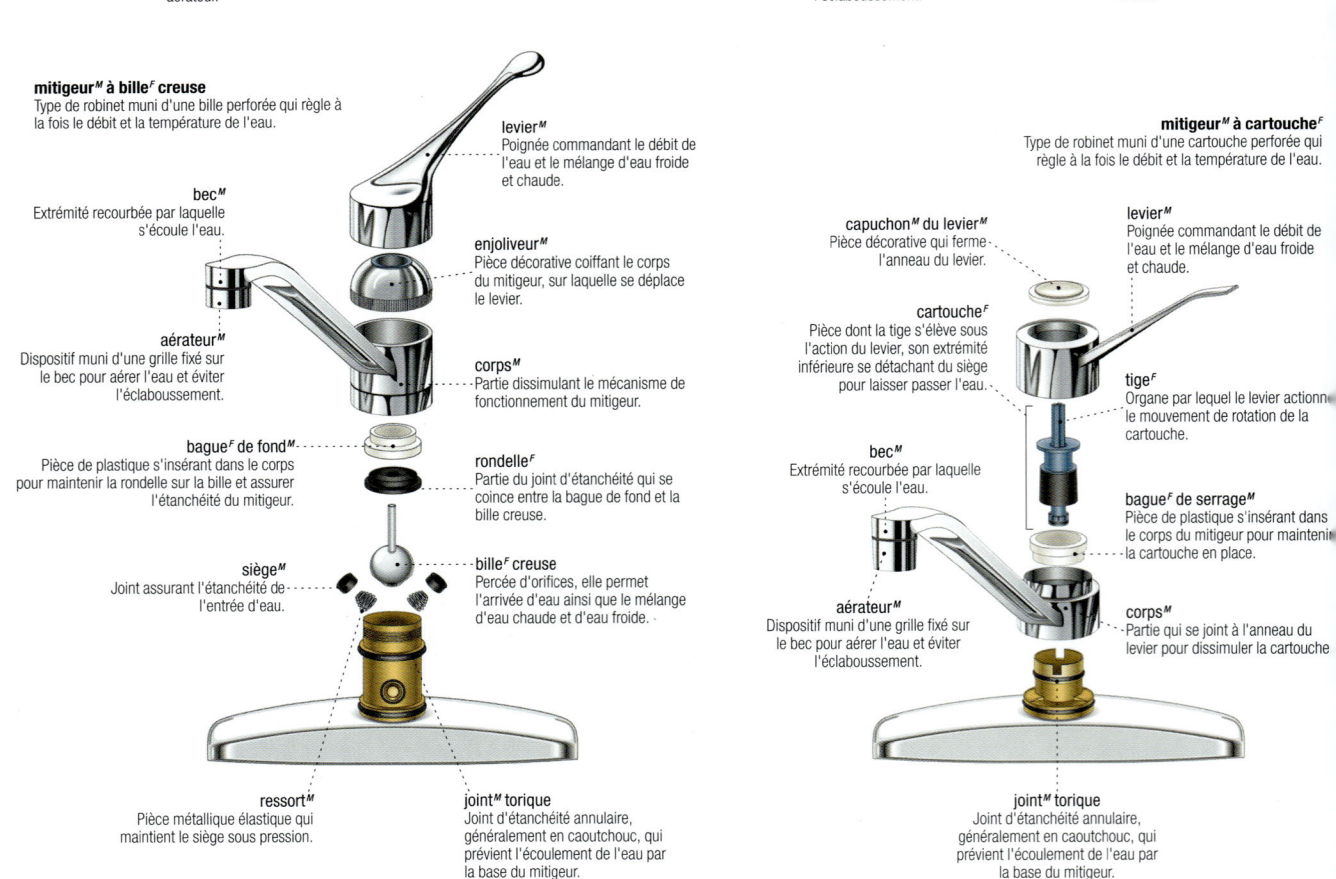

robinet^M
Dispositif destiné à permettre ou à interrompre l'écoulement de l'eau chaude ou de l'eau froide de même qu'à en régler le débit.

poignée^F
Dispositif tourné à la main qui fait monter ou descendre la tige, ce qui permet ou interrompt l'écoulement d'eau.

mitigeur^M à disque^M
Type de robinet muni de deux disques perforés qui règle à la fois le débit et la température de l'eau.

levier^M
Poignée commandant le débit de l'eau et le mélange d'eau froide et chaude.

écrou^M du presse-étoupe^M
Pièce métallique qui permet de serrer le presse-étoupe sur la rondelle.

presse-étoupe^M
Joint assurant l'étanchéité de la tige.

enjoliveur^M
Pièce décorative coiffant le corps du mitigeur, sur laquelle se déplace le levier.

cylindre^M
Pièce dans laquelle sont insérés deux disques, l'un actionné par levier, l'autre immobile.

rondelle^F
Pièce qui s'insère sur la tige et se fixe sur le corps du robinet.

tige^F
Organe métallique assurant la liaison entre la poignée et le clapet.

bec^M
Extrémité recourbée par laquelle s'écoule l'eau.

anneau^M d'étanchéité^F
Rondelle assurant l'étanchéité d'une entrée d'eau.

bec^M
Extrémité recourbée par laquelle s'écoule l'eau.

cuvette^F porte-clapet^M
Support du clapet.

entrée^F d'eau^F
Section tubulaire par laquelle l'eau pénètre dans le mitigeur.

clapet^M
Bouchon fixé à l'extrémité de la tige qui, en s'insérant dans le siège, bloque l'arrivée d'eau et, en se soulevant, permet son écoulement.

filetage^M
Rainure en hélice à l'extrémité du bec pour y raccorder un accessoire, par exemple un aérateur.

siège^M
Dispositif d'étanchéité sur lequel s'appuie le clapet.

aérateur^M
Dispositif muni d'une grille fixé sur le bec pour aérer l'eau et éviter l'éclaboussement.

applique^F du robinet^M
Plaque permettant de dissimuler et de protéger les tuyaux d'arrivée d'eau.

mitigeur^M à bille^F creuse
Type de robinet muni d'une bille perforée qui règle à la fois le débit et la température de l'eau.

levier^M
Poignée commandant le débit de l'eau et le mélange d'eau froide et chaude.

mitigeur^M à cartouche^F
Type de robinet muni d'une cartouche perforée qui règle à la fois le débit et la température de l'eau.

bec^M
Extrémité recourbée par laquelle s'écoule l'eau.

capuchon^M du levier^M
Pièce décorative qui ferme l'anneau du levier.

levier^M
Poignée commandant le débit de l'eau et le mélange d'eau froide et chaude.

enjoliveur^M
Pièce décorative coiffant le corps du mitigeur, sur laquelle se déplace le levier.

cartouche^F
Pièce dont la tige s'élève sous l'action du levier, son extrémité inférieure se détachant du siège pour laisser passer l'eau.

aérateur^M
Dispositif muni d'une grille fixé sur le bec pour aérer l'eau et éviter l'éclaboussement.

corps^M
Partie dissimulant le mécanisme de fonctionnement du mitigeur.

tige^F
Organe par lequel le levier actionne le mouvement de rotation de la cartouche.

bague^F de fond^M
Pièce de plastique s'insérant dans le corps pour maintenir la rondelle sur la bille et assurer l'étanchéité du mitigeur.

rondelle^F
Partie du joint d'étanchéité qui se coince entre la bague de fond et la bille creuse.

bec^M
Extrémité recourbée par laquelle s'écoule l'eau.

bague^F de serrage^M
Pièce de plastique s'insérant dans le corps du mitigeur pour maintenir la cartouche en place.

siège^M
Joint assurant l'étanchéité de l'entrée d'eau.

bille^F creuse
Percée d'orifices, elle permet l'arrivée d'eau ainsi que le mélange d'eau chaude et d'eau froide.

aérateur^M
Dispositif muni d'une grille fixé sur le bec pour aérer l'eau et éviter l'éclaboussement.

corps^M
Partie qui se joint à l'anneau du levier pour dissimuler la cartouche.

ressort^M
Pièce métallique élastique qui maintient le siège sous pression.

joint^M torique
Joint d'étanchéité annulaire, généralement en caoutchouc, qui prévient l'écoulement de l'eau par la base du mitigeur.

joint^M torique
Joint d'étanchéité annulaire, généralement en caoutchouc, qui prévient l'écoulement de l'eau par la base du mitigeur.

plomberie 351

adaptateurs^M et raccords^M

Les adaptateurs sont utilisés pour l'assemblage d'éléments faits de matériaux différents, tandis que les raccords sont utilisés pour l'assemblage d'éléments de même nature.

exemples^M d'adaptateurs^M
Les adaptateurs permettent l'assemblage de tuyaux de nature différente.

plastique^M et acier^M
Les tuyaux sont assemblés par raccord à compression ou par collage pour le plastique d'un côté, et par manchon fileté pour l'acier de l'autre.

plastique^M et cuivre^M
Les tuyaux sont assemblés par raccord union ou par raccord à compression.

cuivre^M et acier^M
Les tuyaux sont assemblés par raccord union ou par raccord à compression du côté cuivre et par manchon fileté du côté acier.

exemples^M de raccords^M
Les raccords permettent l'assemblage de deux ou de plusieurs tuyaux, d'un tuyau et d'un appareil ou encore d'un tuyau et d'une pièce servant à le fermer.

coude^M de renvoi^M
Raccord qui permet l'assemblage de deux tuyaux afin que la canalisation puisse contourner un obstacle.

té^M
Raccord qui permet l'assemblage de trois tuyaux dont l'un est perpendiculaire aux deux autres.

culotte^F
Raccord qui permet l'assemblage de trois tuyaux dont l'un est oblique.

siphon^M
Tuyau en forme de « U » placé à la sortie de l'appareil qui retient une certaine quantité d'eau pour empêcher la remontée de l'air vicié.

bouchon^M femelle
Bouchon inséré sur l'extrémité d'un tuyau pour le fermer.

coude^M à 180°
Raccord qui permet l'assemblage de deux tuyaux afin que la canalisation effectue un retour sur elle-même.

bouchon^M femelle à visser
Bouchon vissé sur l'extrémité d'un tuyau à filetage mâle pour le fermer.

coude^M à 90°
Raccord qui permet l'assemblage de deux tuyaux pour effectuer un changement de direction.

coude^M à 45°
Raccord qui permet l'assemblage de deux tuyaux pour effectuer un changement de direction selon un angle de 45°.

manchon^M
Raccord fileté comportant deux extrémités femelles, utilisé pour l'assemblage de deux tuyaux de même diamètre.

réduction^F mâle-femelle hexagonale
Raccord à tête hexagonale. Il permet l'assemblage de deux tuyaux de diamètre différent, l'un vissé sur la partie mâle et l'autre dans la partie femelle.

réduction^F mâle-femelle
Raccord qui permet l'assemblage de deux tuyaux de diamètre différent. Le plus gros se visse sur la partie mâle et le plus petit dans la partie femelle.

mamelon^M double
Raccord fileté comportant deux extrémités mâles, utilisé pour l'assemblage de deux tuyaux de même diamètre.

raccord^M de réduction^F
Raccord qui permet l'assemblage de deux tuyaux de diamètre différent afin de réduire le diamètre d'une canalisation.

bouchon^M mâle sans bourrelet^M
Bouchon vissé dans l'extrémité d'un tuyau à filetage femelle pour le fermer.

raccords^M mécaniques
Assemblages de tuyaux au moyen d'écrous et de pièces métalliques filetées dont l'étanchéité est assurée par serrage ou insertion d'un joint.

raccord^M union^F
Il est formé d'un raccord mâle serré par un écrou dans un raccord femelle. L'étanchéité est assurée par une rondelle de fibre serrée entre l'extrémité des tubes.

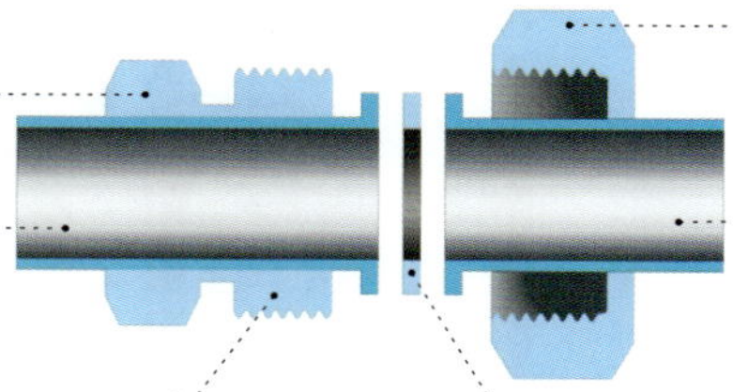

écrou^M de serrage^M
Pièce qui permet de visser le raccord mâle dans le raccord femelle.

raccord^M femelle
Il est fileté à l'intérieur pour permettre au raccord mâle de s'y visser.

tube^M A

tube^M B

raccord^M mâle
Il est fileté à l'extérieur pour lui permettre de s'insérer dans le raccord femelle.

rondelle^F de fibre^F
Joint d'étanchéité serré entre les deux tubes.

raccord^M à compression^F
Pièce filetée dans laquelle sont insérés deux tubes, et dont l'étanchéité est assurée par le serrage d'une garniture sur ces derniers par l'action d'un écrou.

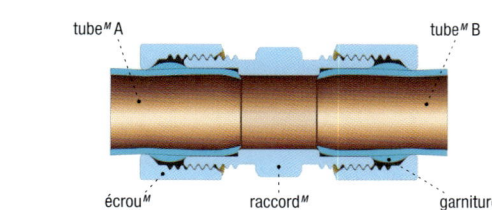

raccord^M à collet^M repoussé
Pièce filetée sur laquelle deux tubes, évasés à leur extrémité, sont serrés par un écrou.

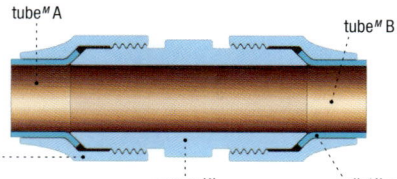

tube^M A

tube^M B

tube^M A

tube^M B

écrou^M
Pièce métallique qui permet de serrer l'extrémité du tube sur le raccord.

écrou^M
Pièce métallique qui se visse sur le raccord et permet de serrer la garniture sur le tube.

raccord^M
Pièce filetée permettant l'assemblage de deux tubes.

garniture^F
Joint de métal ou de caoutchouc compressé sur le tube pour assurer l'étanchéité du raccord.

raccord^M
Pièce filetée permettant l'assemblage de deux tubes.

collet^M repoussé
Extrémité évasée d'un tube.

MAISON

plomberie

exemples^M de branchement^M

Branchement : manière dont un appareil est raccordé au circuit de plomberie d'une maison.

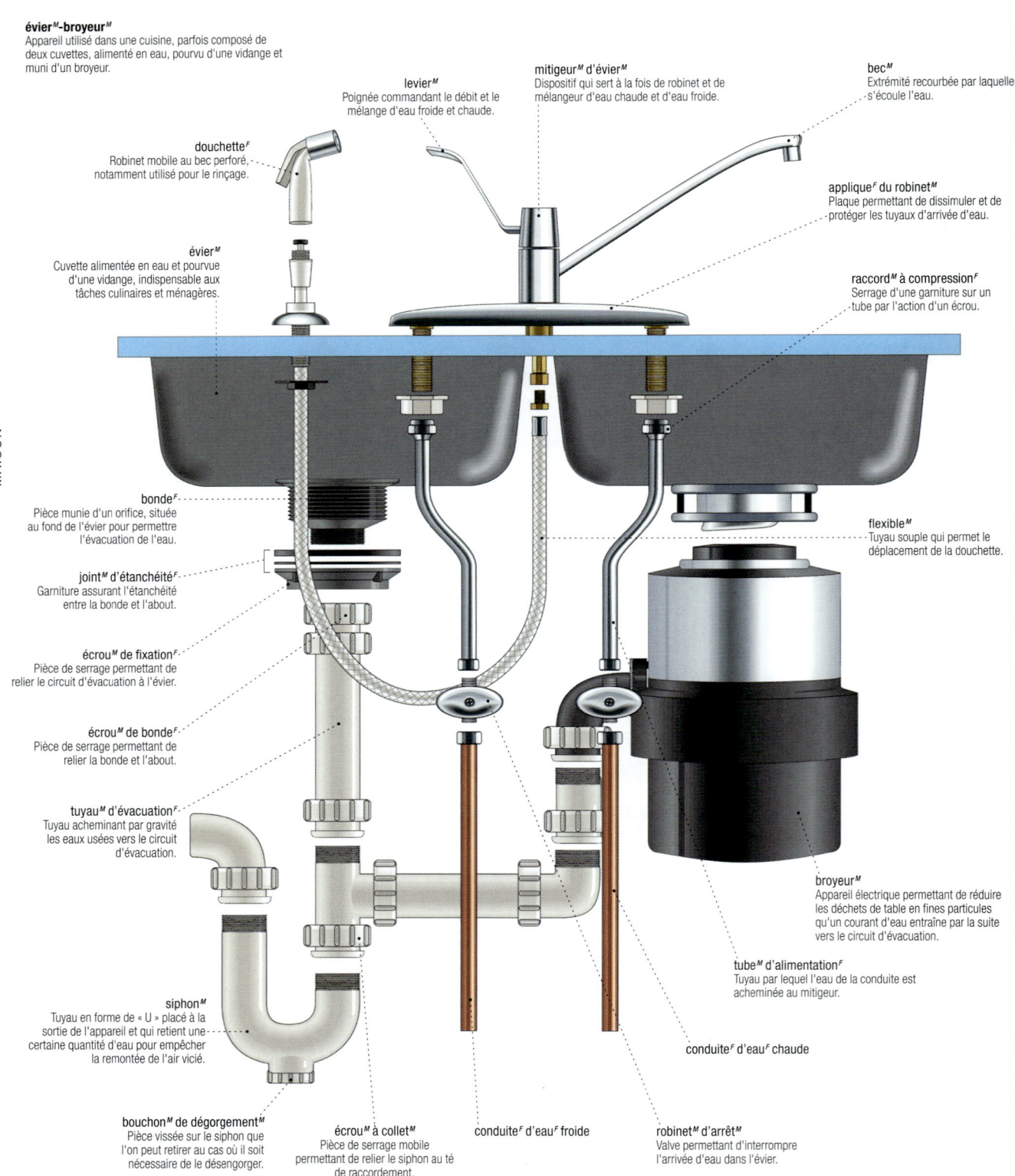

évier^M-broyeur^M
Appareil utilisé dans une cuisine, parfois composé de deux cuvettes, alimenté en eau, pourvu d'une vidange et muni d'un broyeur.

levier^M
Poignée commandant le débit et le mélange d'eau froide et chaude.

mitigeur^M d'évier^M
Dispositif qui sert à la fois de robinet et de mélangeur d'eau chaude et d'eau froide.

bec^M
Extrémité recourbée par laquelle s'écoule l'eau.

douchette^F
Robinet mobile au bec perforé, notamment utilisé pour le rinçage.

applique^F du robinet^M
Plaque permettant de dissimuler et de protéger les tuyaux d'arrivée d'eau.

évier^M
Cuvette alimentée en eau et pourvue d'une vidange, indispensable aux tâches culinaires et ménagères.

raccord^M à compression^F
Serrage d'une garniture sur un tube par l'action d'un écrou.

bonde^F
Pièce munie d'un orifice, située au fond de l'évier pour permettre l'évacuation de l'eau.

flexible^M
Tuyau souple qui permet le déplacement de la douchette.

joint^M d'étanchéité^F
Garniture assurant l'étanchéité entre la bonde et l'about.

écrou^M de fixation^F
Pièce de serrage permettant de relier le circuit d'évacuation à l'évier.

écrou^M de bonde^F
Pièce de serrage permettant de relier la bonde et l'about.

tuyau^M d'évacuation^F
Tuyau acheminant par gravité les eaux usées vers le circuit d'évacuation.

broyeur^M
Appareil électrique permettant de réduire les déchets de table en fines particules qu'un courant d'eau entraîne par la suite vers le circuit d'évacuation.

tube^M d'alimentation^F
Tuyau par lequel l'eau de la conduite est acheminée au mitigeur.

siphon^M
Tuyau en forme de « U » placé à la sortie de l'appareil et qui retient une certaine quantité d'eau pour empêcher la remontée de l'air vicié.

conduite^F d'eau^F chaude

bouchon^M de dégorgement^M
Pièce vissée sur le siphon que l'on peut retirer au cas où il soit nécessaire de le désengorger.

écrou^M à collet^M
Pièce de serrage mobile permettant de relier le siphon au té de raccordement.

conduite^F d'eau^F froide

robinet^M d'arrêt^M
Valve permettant d'interrompre l'arrivée d'eau dans l'évier.

plomberie | 353

exemples^M de branchement^M

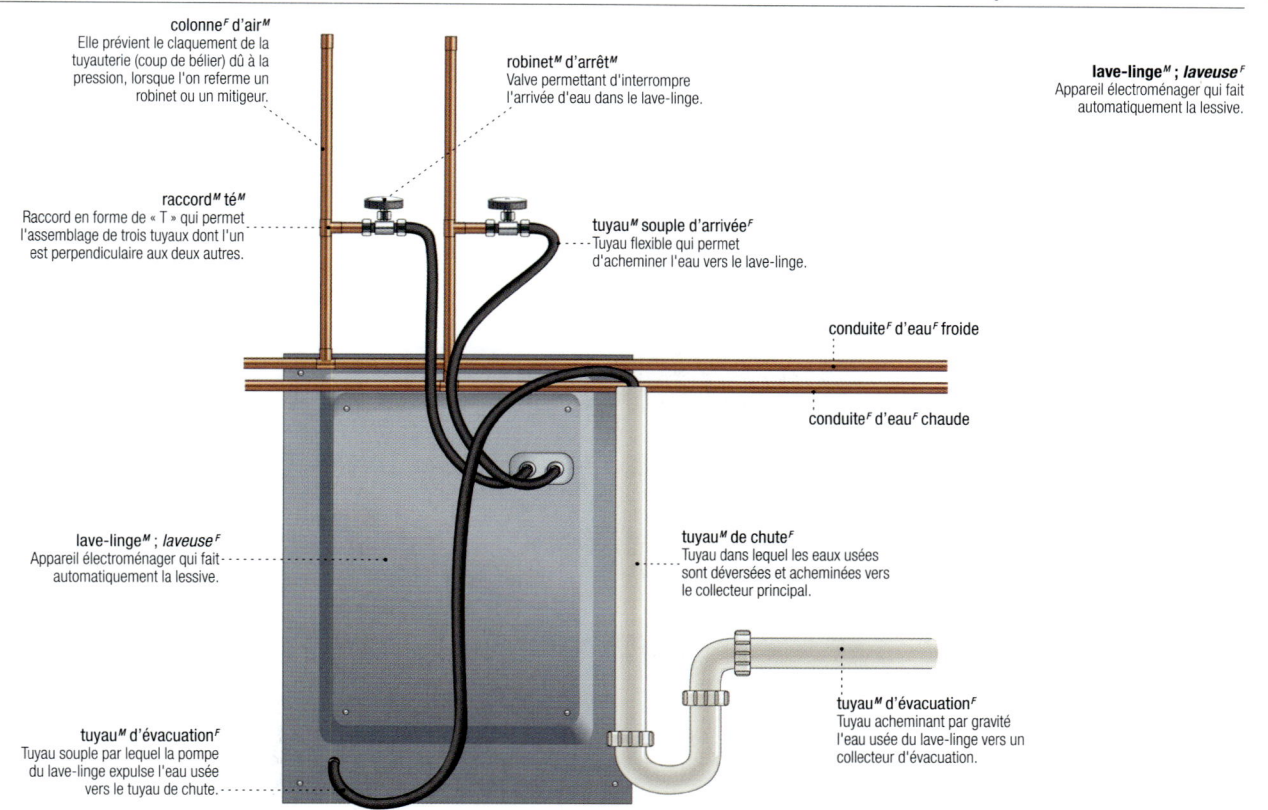

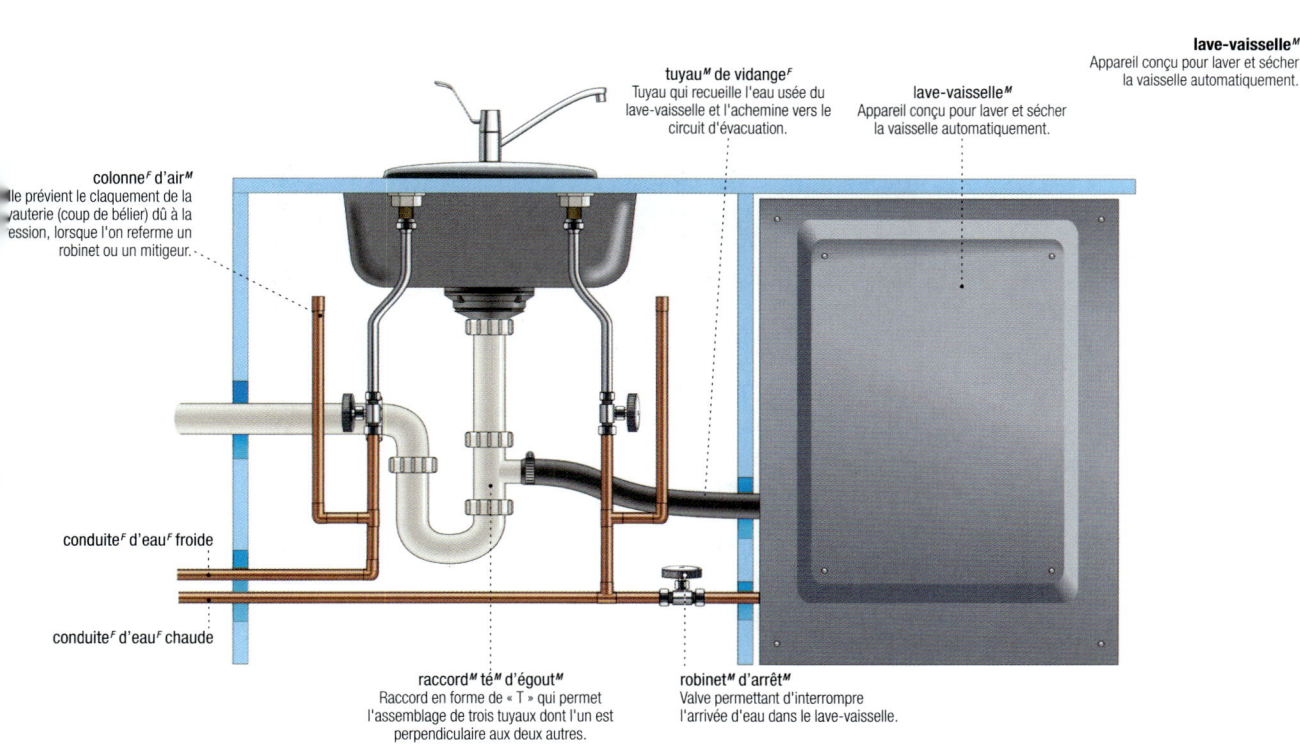

colonne^F d'air^M
Elle prévient le claquement de la tuyauterie (coup de bélier) dû à la pression, lorsque l'on referme un robinet ou un mitigeur.

robinet^M d'arrêt^M
Valve permettant d'interrompre l'arrivée d'eau dans le lave-linge.

lave-linge^M ; laveuse^F
Appareil électroménager qui fait automatiquement la lessive.

raccord^M té^M
Raccord en forme de « T » qui permet l'assemblage de trois tuyaux dont l'un est perpendiculaire aux deux autres.

tuyau^M souple d'arrivée^F
Tuyau flexible qui permet d'acheminer l'eau vers le lave-linge.

conduite^F d'eau^F froide

conduite^F d'eau^F chaude

lave-linge^M ; laveuse^F
Appareil électroménager qui fait automatiquement la lessive.

tuyau^M de chute^F
Tuyau dans lequel les eaux usées sont déversées et acheminées vers le collecteur principal.

tuyau^M d'évacuation^F
Tuyau souple par lequel la pompe du lave-linge expulse l'eau usée vers le tuyau de chute.

tuyau^M d'évacuation^F
Tuyau acheminant par gravité l'eau usée du lave-linge vers un collecteur d'évacuation.

tuyau^M de vidange^F
Tuyau qui recueille l'eau usée du lave-vaisselle et l'achemine vers le circuit d'évacuation.

lave-vaisselle^M
Appareil conçu pour laver et sécher la vaisselle automatiquement.

lave-vaisselle^M
Appareil conçu pour laver et sécher la vaisselle automatiquement.

colonne^F d'air^M
Elle prévient le claquement de la tuyauterie (coup de bélier) dû à la pression, lorsque l'on referme un robinet ou un mitigeur.

conduite^F d'eau^F froide

conduite^F d'eau^F chaude

raccord^M té^M d'égout^M
Raccord en forme de « T » qui permet l'assemblage de trois tuyaux dont l'un est perpendiculaire aux deux autres.

robinet^M d'arrêt^M
Valve permettant d'interrompre l'arrivée d'eau dans le lave-vaisselle.

MAISON

panneau de distribution

Ensemble de dispositifs qui assurent la jonction entre le réseau public d'électricité et les circuits électriques d'une habitation.

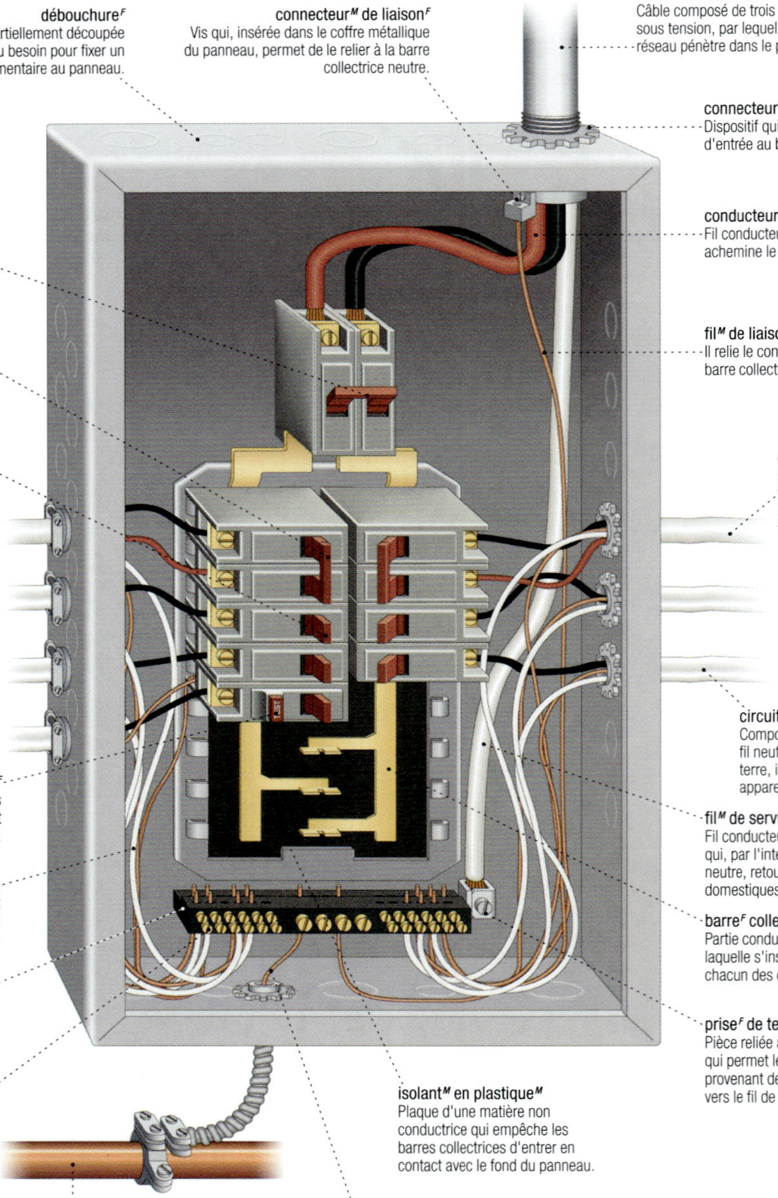

débouchure
Pièce métallique partiellement découpée que l'on enlève au besoin pour fixer un câble supplémentaire au panneau.

connecteur de liaison
Vis qui, insérée dans le coffre métallique du panneau, permet de le relier à la barre collectrice neutre.

câble d'alimentation à 240 V
Câble composé de trois fils, un neutre et deux sous tension, par lequel le courant électrique du réseau pénètre dans le panneau de distribution.

connecteur de conduit d'entrée
Dispositif qui permet de visser le conduit d'entrée au boîtier du panneau.

disjoncteur principal
Dispositif commandant l'alimentation en électricité des barres collectrices. Il permet de couper le courant de tous les circuits de l'habitation.

conducteur d'alimentation
Fil conducteur sous tension qui achemine le courant électrique.

disjoncteur bipolaire
Dispositif de protection d'un circuit à 240 V qui, en cas de surcharge, se déclenche et met le circuit hors tension.

fil de liaison
Il relie le connecteur de liaison à la barre collectrice neutre.

disjoncteur unipolaire
Dispositif de protection d'un circuit à 120 V qui, en cas de surcharge, se déclenche et met le circuit hors tension.

circuit à 240 V
Composé de deux fils de phase, fil neutre et d'un fil de mise à il permet d'alimenter un appar forte consommation d'électric

circuit à 120 V
Composé d'un fil de phase, d'un fil neutre et d'un fil de mise à la terre, il permet d'alimenter un petit appareil ou un luminaire.

disjoncteur de fuite de terre
Dispositif permettant de réduire le risque de décharges électriques dans un endroit humide en cas de fuite de courant accidentelle vers la terre.

fil de service neutre
Fil conducteur non chargé électriquement qui, par l'intermédiaire de la barre collectri neutre, retourne le courant des circuits domestiques au réseau de distribution.

fil neutre
Fil conducteur non chargé électriquement qui permet le retour du courant au panneau de distribution, puis au réseau.

barre collectrice
Partie conductrice du panneau sur laquelle s'insèrent les disjoncteurs de chacun des circuits.

barre collectrice neutre
Elle reçoit le courant des fils neutres et des fils de mise à la terre des différents circuits et l'achemine vers le fil de service neutre et la prise de terre.

prise de terre
Pièce reliée à la barre collectrice neutre qui permet le transfert du courant provenant des fils neutres des circuits vers le fil de service neutre.

borne
Partie de la barre collectrice neutre sur laquelle se raccordent un fil neutre et le fil de mise à la terre d'un circuit.

isolant en plastique
Plaque d'une matière non conductrice qui empêche les barres collectrices d'entrer en contact avec le fond du panneau.

fil de terre
Fil qui transfère le courant de la barre collectrice neutre à la prise de terre en cas de court-circuit.

prise de terre
Conducteur métallique sur lequel est fixé le fil de terre pour mettre à la terre l'ensemble du circuit.

électricité

355

panneau^M de distribution^F

exemples^M de fusibles^M
Fusibles : appareils de connexion électrique conçus pour interrompre, par la fusion d'un de ses éléments, le passage du courant en cas de surcharge d'un circuit.

fusible^M-cartouche^F
D'une capacité maximale de 60 ampères, il protège un circuit à 240 V.

fusible^M à culot^M
D'une capacité maximale de 30 ampères, il se visse comme une ampoule et protège un circuit à 120 V.

fusible^M-cartouche^F à lames^F
D'une capacité de 60 à 600 ampères, il protège un circuit électrique principal.

compteur^M d'électricité^F
Appareil servant à mesurer la consommation d'électricité d'une habitation.

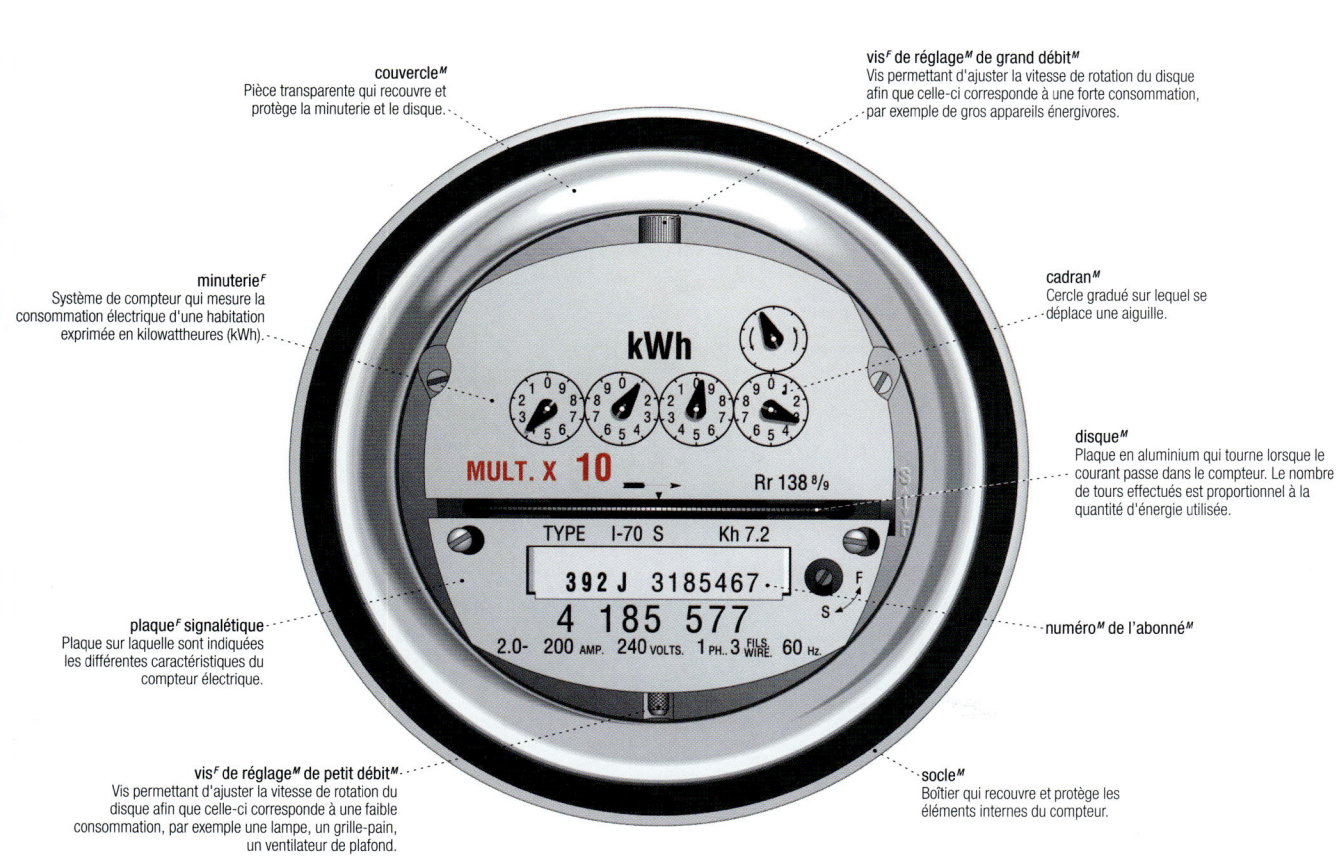

MAISON

couvercle^M
Pièce transparente qui recouvre et protège la minuterie et le disque.

vis^F de réglage^M de grand débit^M
Vis permettant d'ajuster la vitesse de rotation du disque afin que celle-ci corresponde à une forte consommation, par exemple de gros appareils énergivores.

minuterie^F
Système de compteur qui mesure la consommation électrique d'une habitation exprimée en kilowattheures (kWh).

cadran^M
Cercle gradué sur lequel se déplace une aiguille.

disque^M
Plaque en aluminium qui tourne lorsque le courant passe dans le compteur. Le nombre de tours effectués est proportionnel à la quantité d'énergie utilisée.

plaque^F signalétique
Plaque sur laquelle sont indiquées les différentes caractéristiques du compteur électrique.

numéro^M de l'abonné^M

vis^F de réglage^M de petit débit^M
Vis permettant d'ajuster la vitesse de rotation du disque afin que celle-ci corresponde à une faible consommation, par exemple une lampe, un grille-pain, un ventilateur de plafond.

socle^M
Boîtier qui recouvre et protège les éléments internes du compteur.

branchement^M au réseau^M

Ensemble des équipements et conducteurs qui permettent le raccordement d'une installation électrique d'un abonné à un réseau public de distribution.

réseau^M aérien
Ensemble des installations urbaines de distribution d'électricité situées au-dessus du sol.

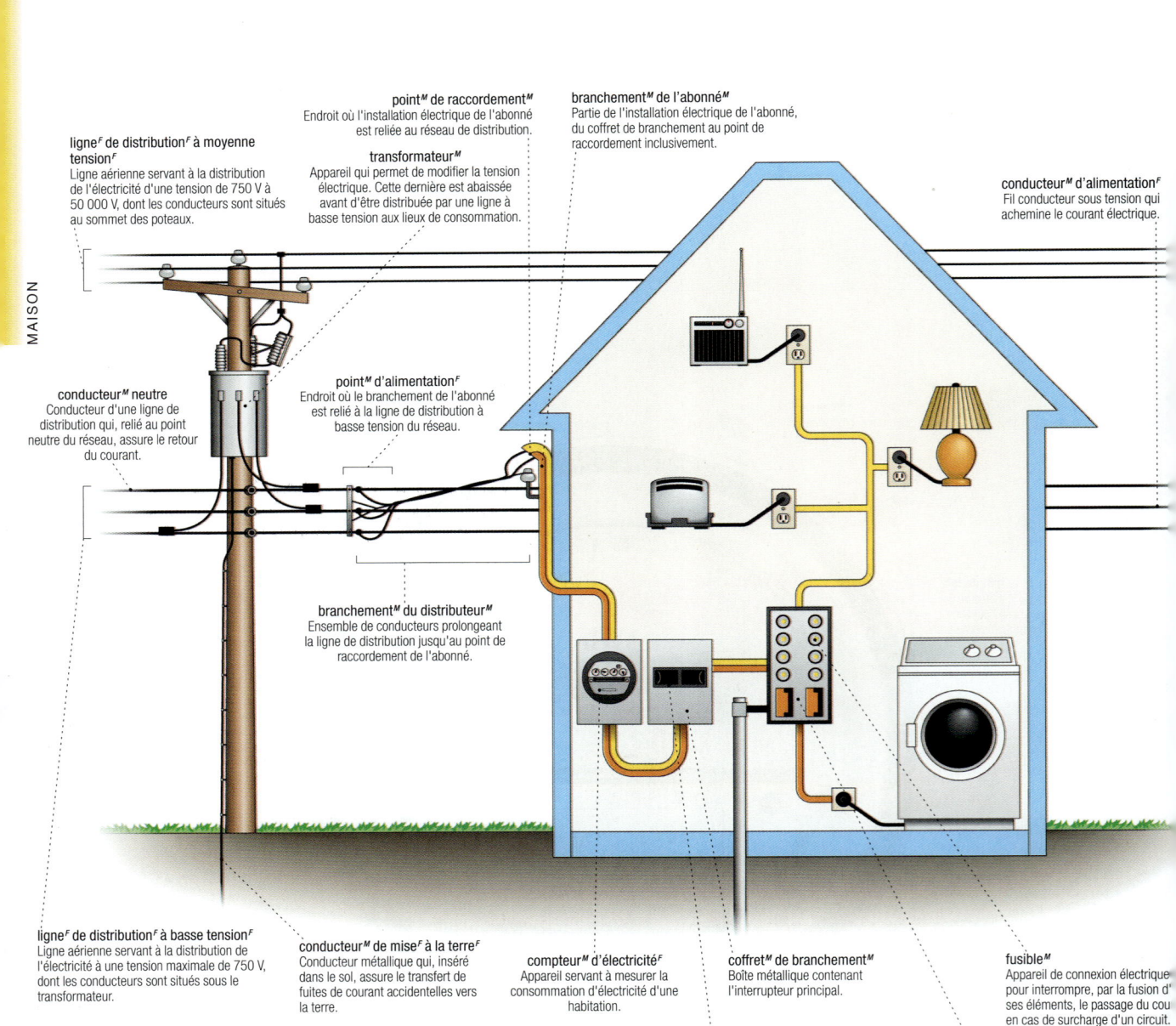

point^M de raccordement^M
Endroit où l'installation électrique de l'abonné est reliée au réseau de distribution.

branchement^M de l'abonné^M
Partie de l'installation électrique de l'abonné, du coffret de branchement au point de raccordement inclusivement.

ligne^F de distribution^F à moyenne tension^F
Ligne aérienne servant à la distribution de l'électricité d'une tension de 750 V à 50 000 V, dont les conducteurs sont situés au sommet des poteaux.

transformateur^M
Appareil qui permet de modifier la tension électrique. Cette dernière est abaissée avant d'être distribuée par une ligne à basse tension aux lieux de consommation.

conducteur^M d'alimentation^F
Fil conducteur sous tension qui achemine le courant électrique.

conducteur^M neutre
Conducteur d'une ligne de distribution qui, relié au point neutre du réseau, assure le retour du courant.

point^M d'alimentation^F
Endroit où le branchement de l'abonné est relié à la ligne de distribution à basse tension du réseau.

branchement^M du distributeur^M
Ensemble de conducteurs prolongeant la ligne de distribution jusqu'au point de raccordement de l'abonné.

ligne^F de distribution^F à basse tension^F
Ligne aérienne servant à la distribution de l'électricité à une tension maximale de 750 V, dont les conducteurs sont situés sous le transformateur.

conducteur^M de mise^F à la terre^F
Conducteur métallique qui, inséré dans le sol, assure le transfert de fuites de courant accidentelles vers la terre.

compteur^M d'électricité^F
Appareil servant à mesurer la consommation d'électricité d'une habitation.

coffret^M de branchement^M
Boîte métallique contenant l'interrupteur principal.

fusible^M
Appareil de connexion électrique pour interrompre, par la fusion d'un de ses éléments, le passage du courant en cas de surcharge d'un circuit.

interrupteur^M principal
Dispositif permettant de couper le courant d'une habitation.

panneau^M de distribution^F
Ensemble de dispositifs qui assurent la jonction entre le réseau public d'électricité et les circuits électriques d'une habitation.

MAISON

électricité 357

branchement^M au réseau^M

réseau^M souterrain
Ensemble des installations urbaines de distribution d'électricité situées sous la surface du sol.

armoire^F de protection^F et de sectionnement^M
Appareil sur socle contenant divers dispositifs servant à protéger le réseau ou à isoler une section ou un appareil du reste du réseau.

borne^F de raccordement^M
Structure surmontée d'un lampadaire et servant au raccordement des branchements destinés aux abonnés.

transformateur^M sur socle^M
Appareil qui permet d'abaisser la tension de l'électricité avant sa distribution aux lieux de consommation.

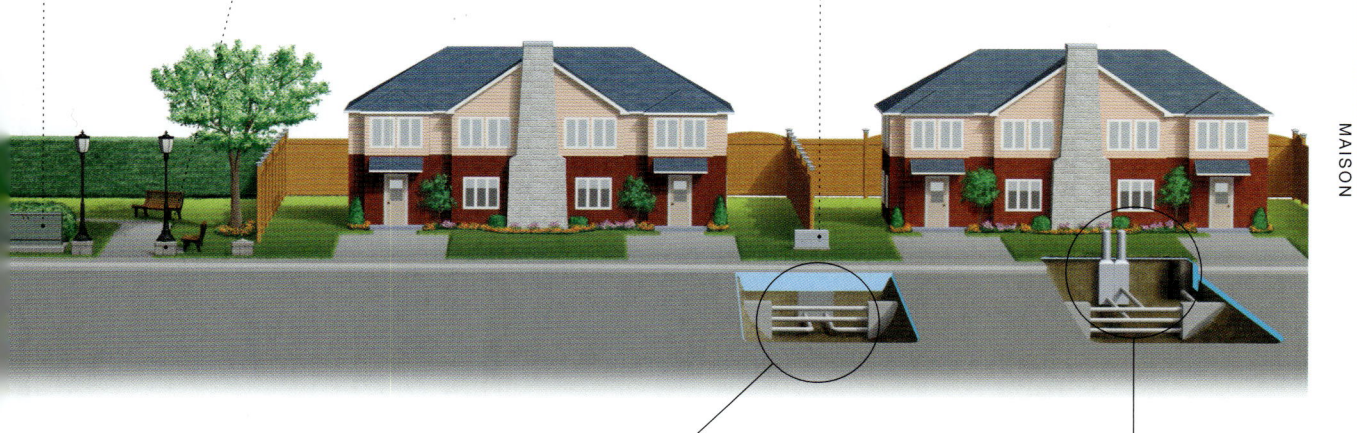

MAISON

borne^F de raccordement^M commune
Structure qui permet d'accéder aux équipements de distribution des entreprises de télécommunications (téléphone, câble, etc.).

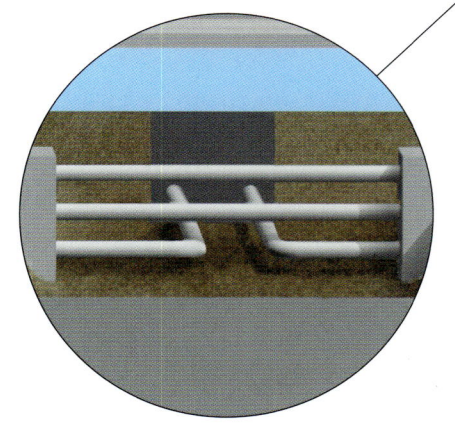

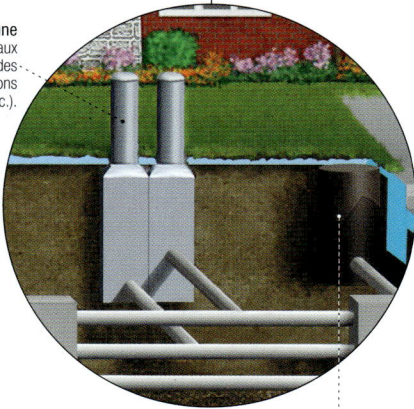

canalisations^F souterraines
Ensemble de conduits dans lesquels sont placés les câbles électriques ou de télécommunications.

puits^M de raccordement^M
Ouvrage souterrain en béton pourvu d'un couvercle amovible, qui permet l'accès aux équipements souterrains.

dispositifs^M de contact^M

Éléments qui permettent de relier un appareil à un circuit électrique.

fiche^F européenne
Pièce terminale d'un câble électrique munie de broches que l'on insère dans les alvéoles d'une prise de courant pour établir le contact.

étrier^M
Pièce métallique servant à fixer le câble d'un appareil sur la fiche.

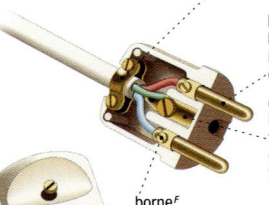

broche^F
Pièce métallique cylindrique qui, insérée dans l'alvéole d'une prise, établit le contact électrique.

contact^M de terre
Dispositif relié au fil de mise à la terre d'un circuit, qui permet de diriger le courant vers la prise de terre en cas de court-circuit.

borne^F
Pièce sur laquelle se raccordent les conducteurs d'un câble électrique.

couvercle^M
Pièce recouvrant les éléments internes de la fiche.

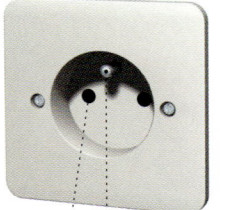

prise^F de courant^M européenne
Dispositif muni d'alvéoles relié à un circuit électrique qui transmet le courant à un appareil électrique lorsqu'une fiche y est insérée.

alvéole^F
Logement destiné à recevoir la broche d'une fiche et à établir un contact électrique.

contact^M de terre
Dispositif relié au fil de mise à la terre d'un circuit, qui permet de diriger le courant vers la prise de terre en cas de court-circuit.

prise^F de courant^M américaine
Dispositif muni de fentes relié à un circuit électrique qui transmet le courant à un appareil électrique lorsqu'une fiche y est insérée.

fiche^F américaine
Pièce terminale d'un câble électrique munie de lames que l'on insère dans une prise de courant pour établir le contact.

lame^F
Pièce métallique plate qui s'insère dans la fente d'une prise pour établir le contact électrique.

contact^M de terre
Dispositif relié au fil de mise à la terre d'un circuit, qui dirige le courant vers la prise de terre en cas de court-circuit.

plaque^F de commutateur^M
Plaque protectrice recouvrant une prise de courant, un commutateur ou, ici, un interrupteur.

éléments^M d'une douille^F de lampe^F
Douille : ensemble composé d'une douille, de ses éléments protecteurs et d'un interrupteur.

capuchon^M
Élément fixé sur l'enveloppe et recouvrant l'extrémité supérieure d'une douille de lampe.

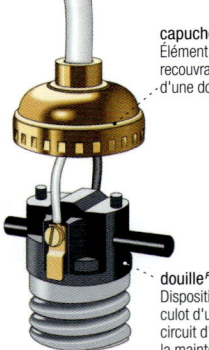

douille^F
Dispositif dans lequel s'insère le culot d'une lampe pour la relier au circuit d'alimentation électrique et la maintenir en place.

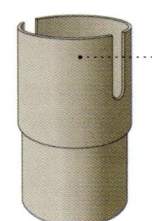

gaine^F isolante
Élément qui protège l'enveloppe de la chaleur.

enveloppe^F
Élément décoratif recouvrant la douille et la gaine isolante.

adaptateur^M de fiche^F
Accessoire électrique qui permet d'adapter une fiche à une prise de configuration différente.

culot^M à vis^F
Culot doté d'un pas de vis pour se fixer dans la douille correspondante.

culot^M à baïonnette^F
Culot doté de deux courtes tiges métalliques pour se fixer dans la douille correspondante.

interrupteur^M
Dispositif permettant d'établir ou d'interrompre le courant dans un circuit électrique.

douille^F de lampe^F
Ensemble composé d'une douille, de ses éléments protecteurs et d'un interrupteur.

gradateur^M
Interrupteur qui permet de faire varier l'intensité lumineuse d'une installation d'éclairage.

boîte^F d'encastrement^M
Boîte où se logent les connexions électriques afin de protéger l'élément de la charpente sur laquelle elle est fixée.

électricité   359

éclairage[M]

Ensemble des dispositifs qui permettent de diffuser la lumière dans une habitation.

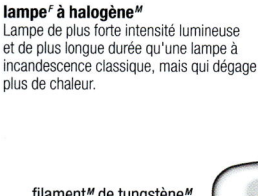

lampe[F] à halogène[M]
Lampe de plus forte intensité lumineuse et de plus longue durée qu'une lampe à incandescence classique, mais qui dégage plus de chaleur.

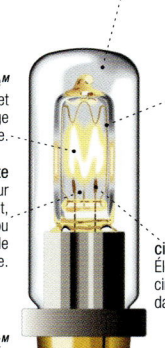

ampoule[F]
Enveloppe de verre, étanche aux gaz, dans laquelle est inséré le corps lumineux d'une lampe.

filament[M]
Fil métallique très mince, généralement en tungstène, qui émet des rayons lumineux au passage d'un courant électrique.

lampe[F] à incandescence[F]
Lampe dans laquelle un filament chauffé par un courant électrique produit des rayons lumineux.

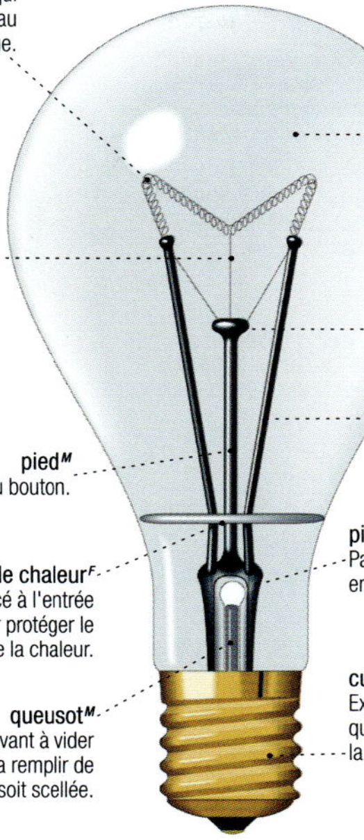

filament[M] de tungstène[M]
Fil métallique très mince qui émet des rayons lumineux au passage d'un courant électrique.

support[M] du filament[M]
Fil métallique portant le filament.

support[M]
Fil métallique portant le filament.

gaz[M] inerte
Gaz inséré dans l'ampoule pour ralentir l'évaporation du filament.

gaz[M] inerte
Gaz inséré dans l'ampoule pour ralentir l'évaporation du filament, auquel est ajouté de l'iode ou du brome se combinant avec le tungstène à haute température.

bouton[M]
Extrémité du pied sur laquelle se fixent les supports du filament.

circuit[M] électrique
Élément de la lampe qui permet la circulation du courant électrique dans le filament de tungstène.

entrée[F] de courant[M]
Conducteur électrique qui achemine le courant au filament.

pied[M]
Support du bouton.

culot[M]
Extrémité métallique de l'ampoule qui s'insère dans une douille pour la relier au circuit électrique.

déflecteur[M] de chaleur[F]
Disque métallique placé à l'entrée du col d'une lampe pour protéger le pincement et le culot de la chaleur.

pincement[M]
Partie dans laquelle sont fixées les entrées de courant.

plot[M]
Pièce métallique permettant d'établir le contact électrique entre le culot d'une ampoule et la douille.

queusot[M]
Tube de verre servant à vider l'ampoule de son air et à la remplir de gaz inerte avant qu'elle ne soit scellée.

culot[M]
Extrémité métallique de l'ampoule qui s'insère dans une douille pour la relier au circuit électrique.

tube[M] fluorescent
Tube dans lequel le courant électrique produit un rayonnement ultraviolet transformé en lumière visible par une couche de substance fluorescente.

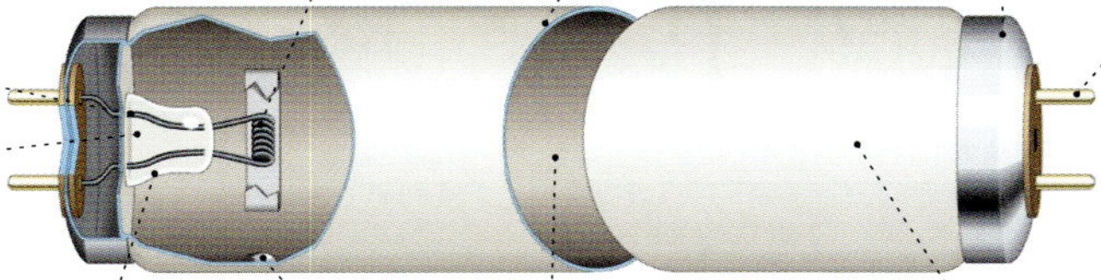

électrode[F]
Chacun des dispositifs placés à l'extrémité du tube entre lesquels jaillit une décharge électrique.

couche[F] fluorescente
Revêtement interne du tube composé de particules de phosphore transformant les rayons ultraviolets en lumière visible.

culot[M] à broches[F]
Extrémité du tube munie de deux broches qui, en s'insérant dans une douille, relie le tube au circuit électrique.

mini lampe[F] à halogène[M]
Lampe à halogène de petit format dont le culot est remplacé par des broches.

entrée[F] de courant[M]
Conducteur électrique qui achemine le courant au filament.

broche[F]
Pièce métallique cylindrique qui, insérée dans la douille correspondante, établit le contact électrique.

queusot[M]
Tube de verre servant à vider l'ampoule de son air et à la remplir de gaz inerte avant qu'elle ne soit scellée.

broche[F]
Pièce métallique cylindrique qui, insérée dans la douille correspondante, établit le contact électrique.

pincement[M]
Partie dans laquelle sont fixées les entrées de courant.

mercure[M]
Une petite quantité de mercure vaporisé, ajoutée au gaz, émet un rayonnement ultraviolet sous l'action de la décharge électrique.

gaz[M]
Le tube est rempli d'un gaz inerte sous faible pression additionné de mercure.

tube[M]
Long cylindre de verre qui enferme les éléments de ce type d'ampoule et diffuse la lumière.

lampe[F] fluocompacte
Lampe fluorescente dont le tube est replié. Elle consomme moins d'électricité que la lampe à incandescence.

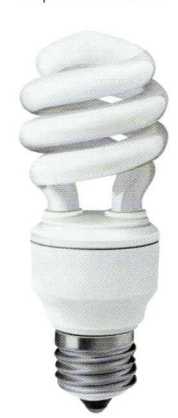

lampe[F] à DEL
Lampe fonctionnant avec une diode électroluminescente (DEL); elle émet une lumière généralement blanche et consomme peu d'électricité.

diode[F] électroluminescente (DEL)
Tube émettant de la lumière grâce à l'action d'un courant électrique circulant dans un seul sens.

culot[M]
Extrémité métallique de l'ampoule qui s'insère dans une douille pour la relier au circuit électrique.

ampoule[F]
Enveloppe de verre étanche dans laquelle est insérée la diode électroluminescente.

MAISON

ameublement de la maison

fauteuilᴹ
Siège comportant des bras, un dossier et des pieds.

partiesᶠ d'un fauteuilᴹ

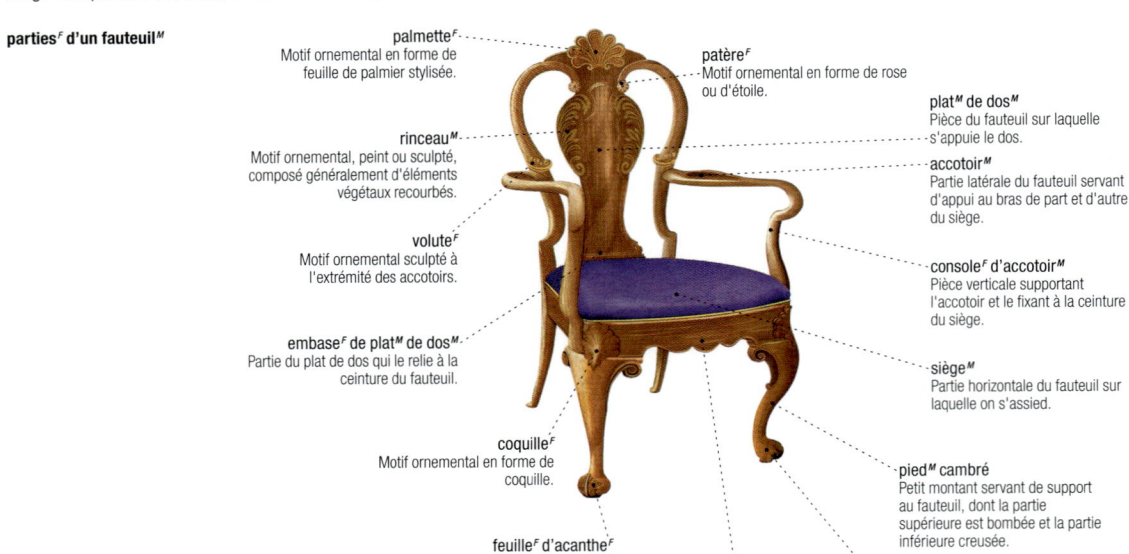

palmetteᶠ
Motif ornemental en forme de feuille de palmier stylisée.

patèreᶠ
Motif ornemental en forme de rose ou d'étoile.

rinceauᴹ
Motif ornemental, peint ou sculpté, composé généralement d'éléments végétaux recourbés.

platᴹ de dosᴹ
Pièce du fauteuil sur laquelle s'appuie le dos.

accotoirᴹ
Partie latérale du fauteuil servant d'appui au bras de part et d'autre du siège.

voluteᶠ
Motif ornemental sculpté à l'extrémité des accotoirs.

consoleᶠ d'accotoirᴹ
Pièce verticale supportant l'accotoir et le fixant à la ceinture du siège.

embaseᶠ de platᴹ de dosᴹ
Partie du plat de dos qui le relie à la ceinture du fauteuil.

siègeᴹ
Partie horizontale du fauteuil sur laquelle on s'assied.

coquilleᶠ
Motif ornemental en forme de coquille.

piedᴹ cambré
Petit montant servant de support au fauteuil, dont la partie supérieure est bombée et la partie inférieure creusée.

feuilleᶠ d'acantheᶠ
Motif ornemental caractérisé par la succession de feuilles sculptées dont le sommet s'arrondit en relief.

ceintureᶠ
Pièce de bois entourant et supportant le siège et dans laquelle s'ajustent les pieds.

voluteᶠ
Extrémité sculptée et décorative du pied du fauteuil.

exemplesᴹ de fauteuilsᴹ

fauteuilᴹ Wassily
Fauteuil à armature tubulaire métallique, dont le dossier et le siège sont en cuir.

fauteuilᴹ metteurᴹ en scèneᶠ
Fauteuil en bois dont le dossier et le siège de toile se plient verticalement par le milieu.

cabrioletᴹ
Fauteuil en bois du 18ᵉ siècle à dossier incurvé, dont les accotoirs sont courbés vers l'extérieur.

berceuseᶠ
Fauteuil muni de patins courbes, sur lequel on peut se balancer.

fauteuilᴹ-litᴹ
Fauteuil rembourré comprenant des coussins reliés qui se déplient pour former un lit.

fauteuilᴹ clubᴹ
Fauteuil rembourré large et profond, généralement en cuir.

bergèreᶠ
Fauteuil rembourré dont le siège est garni d'un coussin.

fauteuilᴹ Voltaire
Fauteuil individuel rembourré dont le dossier est haut et légèrement incliné; il possède aussi des pieds cambrés.

fauteuilᴹ crapaudᴹ
Fauteuil individuel rembourré, évasé et bas.

méridienneᶠ
Canapé muni d'un dossier irrégulier reliant deux chevets de hauteur inégale.

causeuseᶠ
Canapé où deux personnes peuvent s'asseoir.

canapéᴹ
Long fauteuil rembourré où plusieurs personnes peuvent s'asseoir.

canapéᴹ capitonné
Canapé à rembourrage piqué dont les accotoirs sont de même hauteur que le dossier.

récamierᴹ
Long fauteuil sur lequel on peut s'allonger, muni d'un chevet et d'un dossier rembourrés, celui-ci ne couvrant qu'une partie de la longueur du siège.

ameublement de la maison

chaise^F

Siège comportant un dossier et des pieds, mais sans bras.

parties^F d'une chaise^F

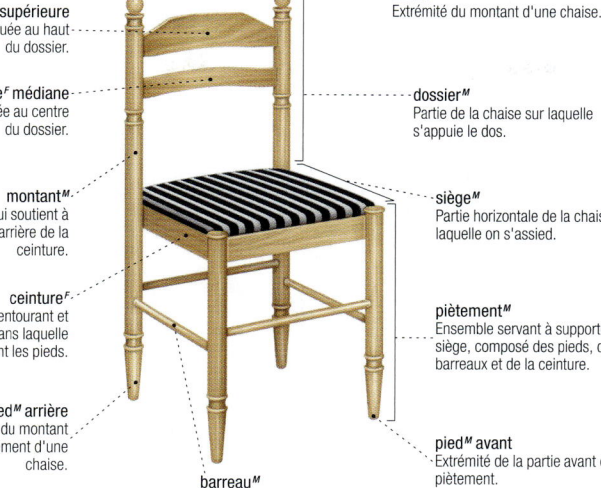

traverse^F supérieure
Pièce horizontale située au haut du dossier.

oreille^F
Extrémité du montant d'une chaise.

traverse^F médiane
Pièce horizontale située au centre du dossier.

dossier^M
Partie de la chaise sur laquelle s'appuie le dos.

montant^M
Partie d'une chaise qui soutient à la fois le dossier et l'arrière de la ceinture.

siège^M
Partie horizontale de la chaise sur laquelle on s'assied.

ceinture^F
Pièce en bois entourant et supportant le siège dans laquelle s'emboîtent les pieds.

piètement^M
Ensemble servant à supporter le siège, composé des pieds, des barreaux et de la ceinture.

pied^M arrière
Extrémité inférieure du montant qui complète le piètement d'une chaise.

pied^M avant
Extrémité de la partie avant du piètement.

barreau^M
Pièce horizontale reliant deux pieds de chaise.

exemples^M de chaises^F

chaise^F Windsor
Chaise en bois à dossier arrondi muni de barreaux verticaux.

chaise^F berçante
Chaise munie de patins courbes, sur laquelle on peut se balancer.

chaise^F longue
Chaise pliable sur laquelle on peut s'allonger.

chaises^F empilables
Chaises conçues pour être emboîtées les unes dans les autres pour le rangement.

chaise^F pliante
Chaise dont le siège et les pieds se replient pour le rangement ou pour en faciliter le déplacement.

sièges^M

Meubles conçus pour s'asseoir.

tabouret^M
Siège avec pieds, sans bras ni dossier, de hauteur variable.

tabouret^M-bar^M
Siège avec pieds, sans bras ni dossier, assez haut pour qu'une personne puisse s'asseoir au niveau du comptoir d'un bar.

fauteuil^M-sac^M
Siège composé d'un sac rembourré, qui épouse la forme du corps lorsqu'on s'y assied.

pouf^M
Siège bas et rembourré, sans bras ni dossier.

banc^M-coffre^M
Siège long et étroit, non rembourré, sous lequel on trouve un bac de rangement.

banc^M
Siège long et étroit, non rembourré, avec ou sans dossier, sur lequel plusieurs personnes peuvent s'asseoir.

banquette^F
Banc dont le siège est rembourré.

chaise^F-escabeau^M
Chaise dont la partie inférieure est escamotable et se déplie pour former un marchepied.

MAISON

ameublement de la maison

table[F]

Meuble formé d'un plateau horizontal supporté par un ou plusieurs pieds.

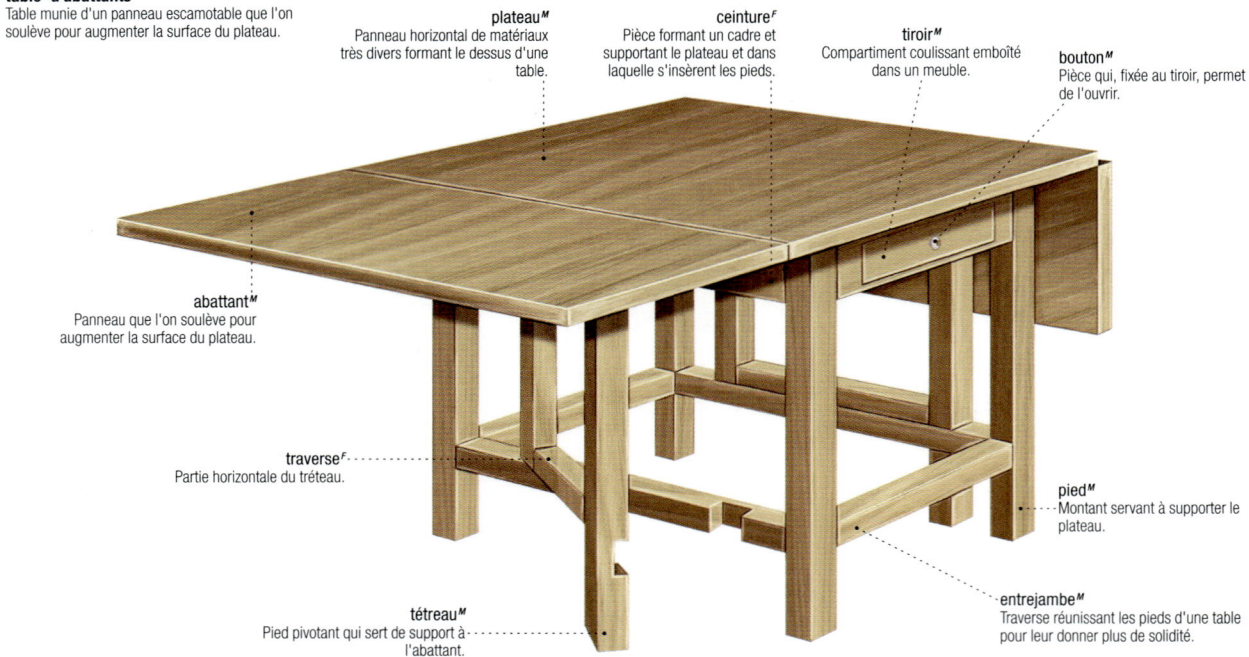

table[F] à abattants[M]
Table munie d'un panneau escamotable que l'on soulève pour augmenter la surface du plateau.

plateau[M]
Panneau horizontal de matériaux très divers formant le dessus d'une table.

ceinture[F]
Pièce formant un cadre et supportant le plateau et dans laquelle s'insèrent les pieds.

tiroir[M]
Compartiment coulissant emboîté dans un meuble.

bouton[M]
Pièce qui, fixée au tiroir, permet de l'ouvrir.

abattant[M]
Panneau que l'on soulève pour augmenter la surface du plateau.

traverse[F]
Partie horizontale du tréteau.

pied[M]
Montant servant à supporter le plateau.

tétreau[M]
Pied pivotant qui sert de support à l'abattant.

entrejambe[M]
Traverse réunissant les pieds d'une table pour leur donner plus de solidité.

exemples[M] de tables[F]

plateau[M]
Panneau horizontal de matériaux très divers formant le dessus d'une table.

tables[F] gigognes
Ensemble de tables de hauteurs différentes conçues pour s'emboîter les unes dans les autres.

desserte[F]
Meuble destiné à recevoir les plats et les couverts au moment de desservir la table.

table[F] à rallonges[F]
Table à laquelle on peut ajouter une ou des rallonges pour augmenter la surface du plateau.

rallonge[F]
Panneau que l'on insère à l'extrémité du plateau ou entre ses deux demi-parties pour en augmenter la surface.

table[F] basse
Table dont le plateau est peu élevé; elle est généralement utilisée dans les salons ou salles de séjour.

ameublement de la maison

lit^M

Meuble sur lequel on s'allonge pour se reposer ou dormir.

parties^F d'un lit^M

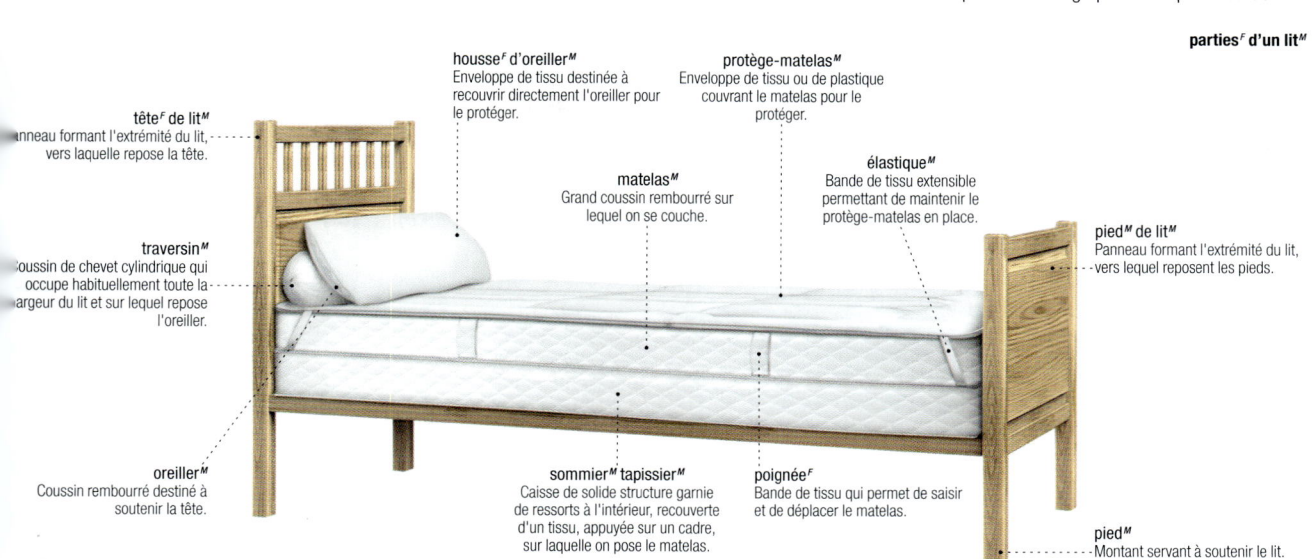

tête^F de lit^M
Panneau formant l'extrémité du lit, vers laquelle repose la tête.

housse^F d'oreiller^M
Enveloppe de tissu destinée à recouvrir directement l'oreiller pour le protéger.

protège-matelas^M
Enveloppe de tissu ou de plastique couvrant le matelas pour le protéger.

matelas^M
Grand coussin rembourré sur lequel on se couche.

élastique^M
Bande de tissu extensible permettant de maintenir le protège-matelas en place.

pied^M de lit^M
Panneau formant l'extrémité du lit, vers lequel reposent les pieds.

traversin^M
Coussin de chevet cylindrique qui occupe habituellement toute la largeur du lit et sur lequel repose l'oreiller.

oreiller^M
Coussin rembourré destiné à soutenir la tête.

sommier^M tapissier^M
Caisse de solide structure garnie de ressorts à l'intérieur, recouverte d'un tissu, appuyée sur un cadre, sur laquelle on pose le matelas.

poignée^F
Bande de tissu qui permet de saisir et de déplacer le matelas.

pied^M
Montant servant à soutenir le lit.

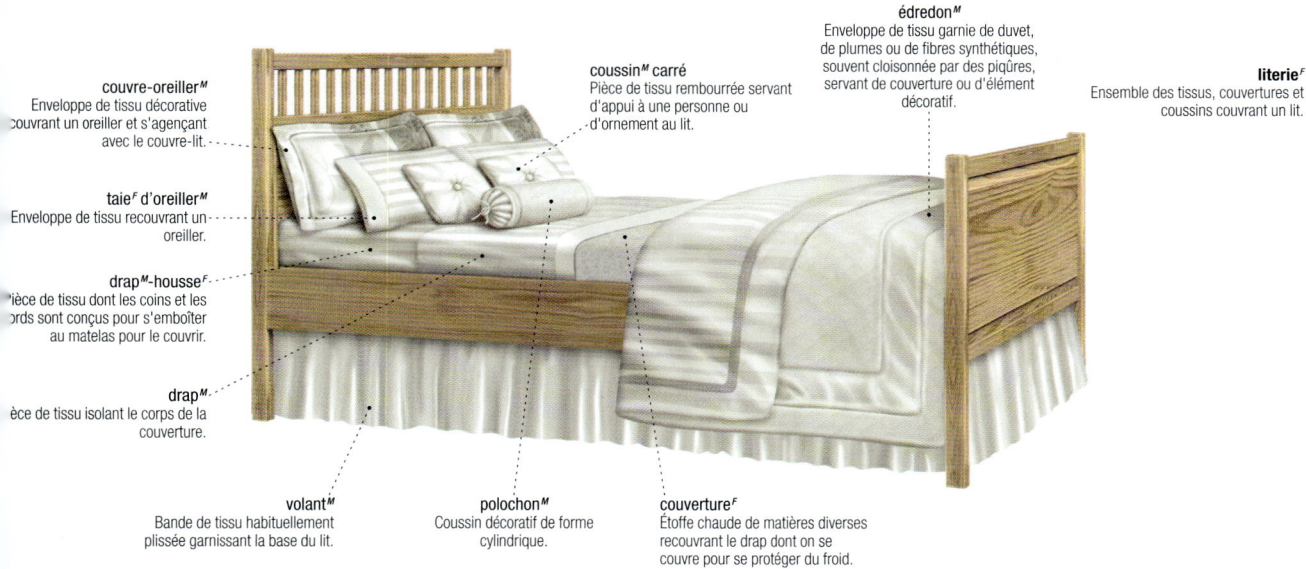

couvre-oreiller^M
Enveloppe de tissu décorative couvrant un oreiller et s'agençant avec le couvre-lit.

coussin^M carré
Pièce de tissu rembourrée servant d'appui à une personne ou d'ornement au lit.

édredon^M
Enveloppe de tissu garnie de duvet, de plumes ou de fibres synthétiques, souvent cloisonnée par des piqûres, servant de couverture ou d'élément décoratif.

literie^F
Ensemble des tissus, couvertures et coussins couvrant un lit.

taie^F d'oreiller^M
Enveloppe de tissu recouvrant un oreiller.

drap^M-housse^F
Pièce de tissu dont les coins et les bords sont conçus pour s'emboîter au matelas pour le couvrir.

drap^M
Pièce de tissu isolant le corps de la couverture.

volant^M
Bande de tissu habituellement plissée garnissant la base du lit.

polochon^M
Coussin décoratif de forme cylindrique.

couverture^F
Étoffe chaude de matières diverses recouvrant le drap dont on se couvre pour se protéger du froid.

canapé^M convertible
Canapé qui peut être transformé en lit.

futon^M
Matelas de coton d'inspiration japonaise.

cadre^M
Base pliante formant la structure du meuble.

MAISON

meubles de rangement

Meubles servant à classer, à maintenir en place ou à protéger divers objets.

armoire
Meuble haut et fermé par des vantaux, muni de tablettes, servant à ranger le linge, les vêtements, les provisions, etc.

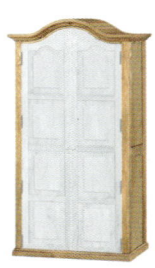

bâti
Ensemble des montants et traverses constituant la structure d'une armoire.

vantail
Chacune des parties mobiles d'une armoire, agissant comme porte.

corniche
Ensemble des moulures en saillie qui couronne le sommet d'une armoire.

panneau de vantail
Surface sculptée ou peinte délimitée par une moulure.

montant de ferrage
Pièce verticale du bâti sur laquelle se fixent les gonds.

montant de bâti
Pièce de bois formant les côtés du bâti.

gond
Pièce métallique cylindrique et coudée qui sert de support au vantail et lui permet de pivoter.

frise
Moulure décorative au haut corniche.

traverse supérieure
Pièce de bois horizontale sit haut du bâti.

traverse
Section plate du vantail entre motifs décoratifs en relief.

poignée
Pièce qui permet d'ouvrir et fermer la porte.

soubassement
Partie inférieure du bâti.

traverse inférieure
Pièce de bois horizontale située au bas du bâti.

casier
Compartiment dans lequel on range divers objets.

abattant
Panneau qui ferme la partie supérieure du secrétaire et que l'on abaisse pour former une table à écrire.

secrétaire
Meuble où l'on range des articles de bureau et la correspondance et qui comprend un panneau se rabattant à l'horizontale pour servir de table à écrire.

coffre
Meuble bas en forme de caisse fermé par un couvercle.

commode
Meuble de chambre à coucher muni de tiroirs, servant au rangement des vêtements et souvent surmonté d'un miroir.

ameublement de la maison

meubles^M de rangement^M

penderie^F
Partie d'une armoire munie d'une tringle pour suspendre les vêtements.

tablette^F
Planche horizontale sur laquelle on range des vêtements.

coiffeuse^F
Meuble surmonté d'un miroir devant lequel une personne peut se coiffer, se maquiller, etc.

table^F **de chevet**^M
Petit meuble placé à la tête du lit, pouvant comporter un ou plusieurs tiroirs.

cellier^M
Meuble destiné à la conservation des vins, dont la température interne est réglable.

armoire^F**-penderie**^F
Meuble dont une partie est munie de tablettes et de tiroirs pour ranger les vêtements et l'autre d'une tringle pour les suspendre.

tiroir^M
Compartiment coulissant emboîté dans un meuble.

encoignure^F
Meuble conçu pour prendre place dans l'angle formé par deux murs.

chiffonnier^M
Meuble étroit et haut muni de tiroirs superposés pour le rangement des accessoires et des vêtements.

vitrine^F
Meuble vitré où l'on expose des objets de collection, des bibelots.

bar^M
Meuble où l'on range ce qui sert à la préparation et au service des boissons et cocktails.

buffet^M
Meuble de salle à manger ou de cuisine servant au rangement de la vaisselle, de l'argenterie ou du linge de table.

buffet^M**-vaisselier**^M
Meuble comportant un buffet en partie basse et une étagère servant à exposer la vaisselle en partie haute.

MAISON

meubles^M d'enfants^M

Meubles conçus et adaptés pour les enfants en bas âge.

lit^M pliant
Lit qui se referme, habituellement utilisé lors des déplacements.

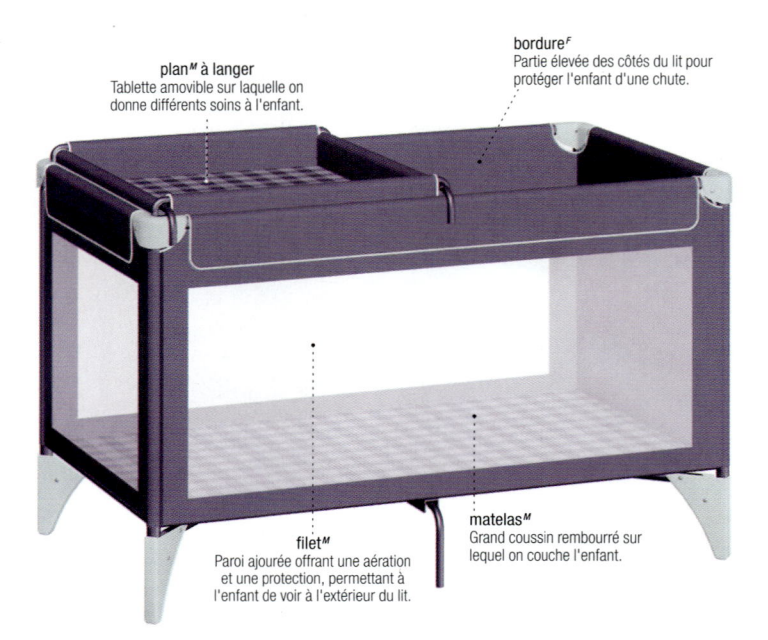

plan^M à langer
Tablette amovible sur laquelle on donne différents soins à l'enfant.

bordure^F
Partie élevée des côtés du lit pour protéger l'enfant d'une chute.

filet^M
Paroi ajourée offrant une aération et une protection, permettant à l'enfant de voir à l'extérieur du lit.

matelas^M
Grand coussin rembourré sur lequel on couche l'enfant.

rehausseur^M
Siège qui, posé sur une chaise, surélève l'enfant pour lui permettre d'être assis au niveau de la table.

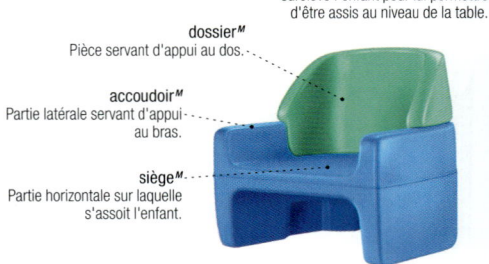

dossier^M
Pièce servant d'appui au dos.

accoudoir^M
Partie latérale servant d'appui au bras.

siège^M
Partie horizontale sur laquelle s'assoit l'enfant.

matelas^M à langer
Coussin matelassé sur lequel on dépose le bébé afin de changer sa couche.

table^F à langer
Meuble muni d'espaces de rangement et d'un plan à langer.

chaise^F haute
Siège élevé, fermé sur le devant par un plateau amovible, dans lequel s'assoit un jeune enfant pour le repas.

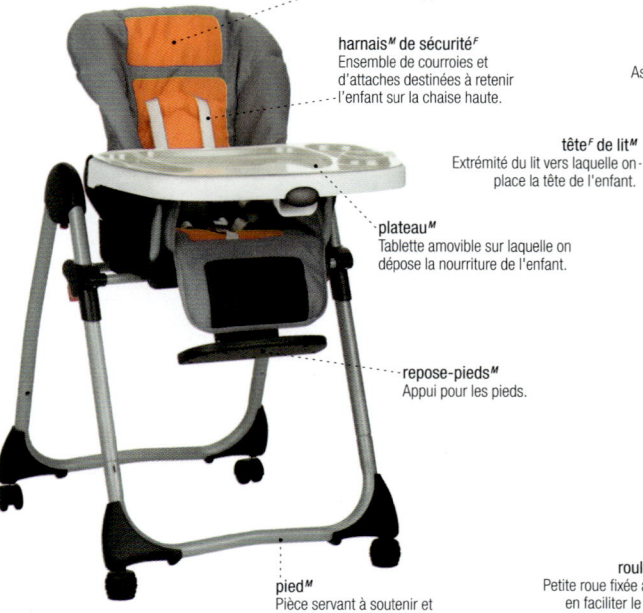

dossier^M
Pièce servant d'appui au dos.

harnais^M de sécurité^F
Ensemble de courroies et d'attaches destinées à retenir l'enfant sur la chaise haute.

tête^F de lit^M
Extrémité du lit vers laquelle on place la tête de l'enfant.

plateau^M
Tablette amovible sur laquelle on dépose la nourriture de l'enfant.

repose-pieds^M
Appui pour les pieds.

pied^M
Pièce servant à soutenir et stabiliser la chaise.

barrière^F
Assemblage de barreaux qui ferme un côté du lit.

barreau^M
Pièce verticale de la barrière formant les côtés du lit.

lit^M à barreaux^M
Lit d'enfant profond entouré de barreaux, dont l'un des côtés s'abaisse, garni d'un matelas qui se fixe à hauteur variable.

roulette^F
Petite roue fixée au pied du lit pour en faciliter le déplacement.

tiroir^M
Compartiment coulissant emboîté dans un lit.

matelas^M
Grand coussin rembourré sur lequel on couche l'enfant.

ameublement de la maison

parures^F de fenêtre^F
Ensemble des éléments qui servent à habiller une fenêtre.

tringles^F
Tiges de formes et de matériaux divers sur lesquelles coulisse un rideau.

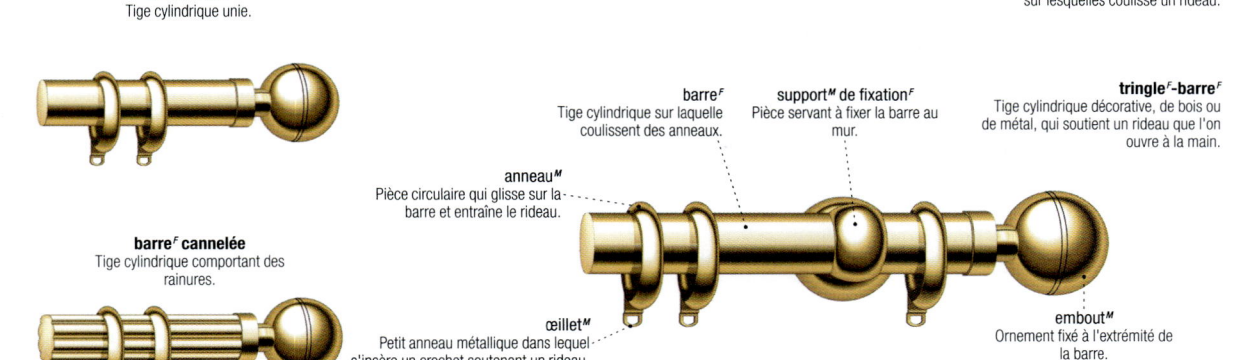

barre^F **lisse**
Tige cylindrique unie.

barre^F
Tige cylindrique sur laquelle coulissent des anneaux.

support^M **de fixation**^F
Pièce servant à fixer la barre au mur.

tringle^F**-barre**^F
Tige cylindrique décorative, de bois ou de métal, qui soutient un rideau que l'on ouvre à la main.

anneau^M
Pièce circulaire qui glisse sur la barre et entraîne le rideau.

barre^F **cannelée**
Tige cylindrique comportant des rainures.

œillet^M
Petit anneau métallique dans lequel s'insère un crochet soutenant un rideau.

embout^M
Ornement fixé à l'extrémité de la barre.

tringle^F **simple**
Tige métallique rectangulaire dont une des parties s'emboîte dans l'autre pour permettre d'en modifier la longueur.

tringle^F **double**
Tringle composée de deux tringles simples, utilisée pour suspendre deux rideaux devant une même fenêtre.

MAISON

support^M **mural**
Pièce servant à fixer la tringle au mur.

tringle^F**-rail**^M
Tige métallique rectangulaire munie d'un rail sur lequel se déplacent les chariots qui soutiennent un rideau.

galet^M
Petite roue de métal qui entraîne le rideau le long du rail.

support^M **de plafond**^M
Pièce servant à fixer la tringle au plafond.

rail^M
Profilé métallique dans lequel glissent les galets.

butoir^M
Pièce métallique servant à fermer les extrémités du rail.

bride^F **de raccord**^M
Pièce métallique qui permet l'assemblage de deux sections de rail.

agrafe^F
Crochet sur lequel se fixe la tête d'un rideau.

pince^F
Instrument composé de deux branches articulées qui servent à saisir le rideau pour le suspendre.

anneau^M
Pièce circulaire dans laquelle on passe le crochet qui soutient le rideau.

chariot^M
Pièce composée d'un galet pour déplacer le rideau le long du rail et d'un dispositif d'accrochage pour soutenir le rideau.

tringle^F **extensible**
Tige métallique rectangulaire qui s'adapte exactement à la largeur d'une fenêtre et sur laquelle se déplacent des chariots actionnés par un cordon de tirage.

support^M **d'extrémité**^F

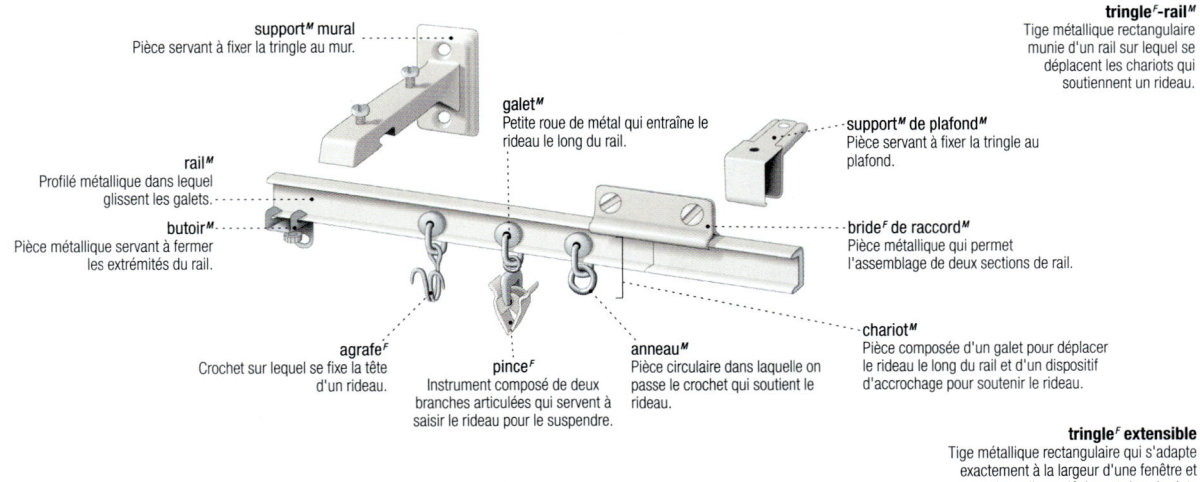

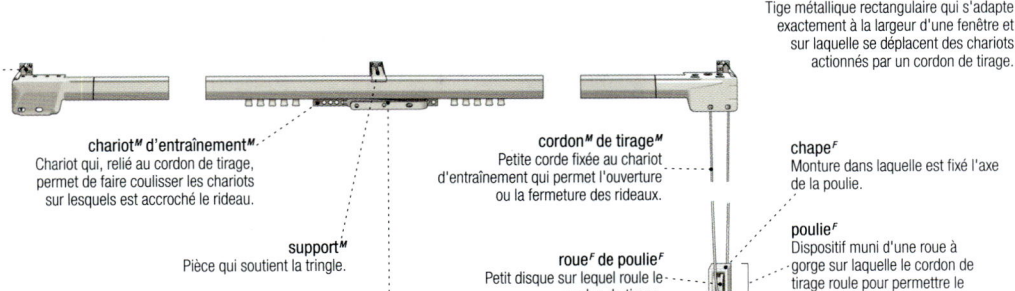

chariot^M **d'entraînement**^M
Chariot qui, relié au cordon de tirage, permet de faire coulisser les chariots sur lesquels est accroché le rideau.

cordon^M **de tirage**^M
Petite corde fixée au chariot d'entraînement qui permet l'ouverture ou la fermeture des rideaux.

chape^F
Monture dans laquelle est fixé l'axe de la poulie.

support^M
Pièce qui soutient la tringle.

roue^F **de poulie**^F
Petit disque sur lequel roule le cordon de tirage.

poulie^F
Dispositif muni d'une roue à gorge sur laquelle le cordon de tirage roule pour permettre le déplacement des chariots.

chariot^M **de croisement**^M
Chariot d'entraînement qui permet de fermer les deux panneaux d'un rideau l'un sur l'autre.

gaine^F **du ressort**^M
Enveloppe protégeant le ressort qui maintient le cordon et la poulie sous tension.

fixation^F
Pièce servant à fixer solidement la gaine du ressort au mur ou au plancher.

ameublement de la maison

parures de fenêtre

rideau de vitrage
Rideau placé devant une fenêtre, fixé de différentes manières, en combinaison ou séparément.

cantonnière
Bande de tissu plissée ou froncée servant à masquer la tringle d'un rideau.

rideau bonne femme
Rideau relevé sur le côté par une embrasse, habituellement bordé d'un volant.

embrasse
Bande de tissu ou cordon servant à relever et à soutenir un rideau.

rideau brise-bise
Rideau dont la tringle est située à mi-hauteur de la fenêtre pour laisser pénétrer la lumière tout en préservant l'intimité.

volant
Bande de tissu froncée ou plissée qui borde un rideau pour former une garniture.

rideau
Rideau d'apparat placé devant une fenêtre, souvent composé de plusieurs rideaux superposés.

bandeau
Bande de tissu fixée sur une toile raide ou un carton qui recouvre et masque la tringle d'un rideau.

double rideau
Rideau couvrant un autre rideau.

rideau
Pièce de tissu décoratif coulissant devant une fenêtre pour tamiser ou intercepter la lumière et préserver l'intimité.

patère à embrasse
Pièce fixée au mur sur laquelle on accroche l'embrasse.

cordelière
Cordon tressé servant d'embrasse.

gland
Ornement de l'extrémité d'une cordelière.

voilage
Rideau de tissu léger qui permet de tamiser la lumière pénétrant dans la pièce.

ameublement de la maison

parures^F de fenêtre^F

exemples^M de rideaux^M
Les différents types de rideaux servent à créer une ambiance particulière dans une pièce.

rideaux^M croisés
Rideau dont les côtés relevés forment un croisement.

rideau^M coulissé
Rideau qui se plisse sur deux tringles grâce à des gaines situées au haut et au bas du tissu.

rideau^M flottant
Rideau suspendu à une seule tringle et retombant en plis souples.

rideau^M ballon^M
Rideau qui se remonte comme un store, formant des plis bouffants par fronçage.

exemples^M de têtes^F
Têtes : parties décoratives plissées, froncées ou drapées au haut du rideau.

tête^F à œillets^M
Tête comportant des trous de taille variable dans lesquels passe une tringle.

tête^F à passants^M
Tête surmontée d'anneaux de tissu dans lesquels passe une tringle.

cantonnière^F drapée
Bande de tissu placée devant le rideau pour masquer la tringle, disposée de manière à former des plis amples.

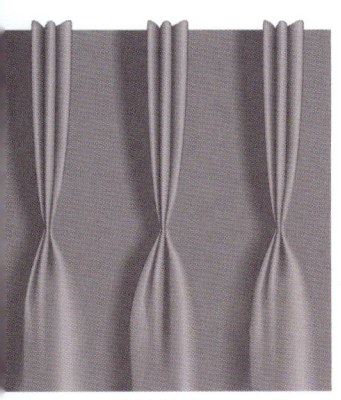

tête^F plissée
Tête formée de plis espacés à intervalles réguliers.

fronçage^M tuyauté
Tête dont les petits plis verticaux en forme de tuyaux sont créés par le resserrement de deux fils passés dans le tissu.

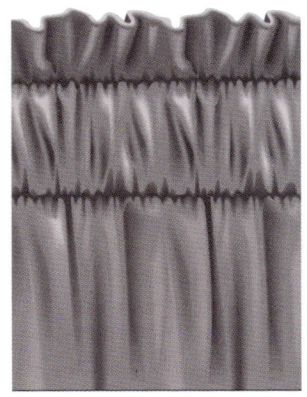

tête^F froncée
Tête formée de plis créés par le resserrement de cordons insérés dans un ruban.

MAISON

parures de fenêtre

exemples de plis
Plis : repli du tissu sur lui-même et servant à donner de l'ampleur à un rideau.

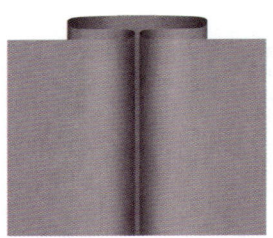

pli creux
Pli formé par deux pliures dont les arêtes se font face et se touchent bord à bord sur l'endroit du tissu, formant ainsi un creux dans le tissu.

pli rond
Pli formé de deux plis se faisant face sur l'envers du tissu.

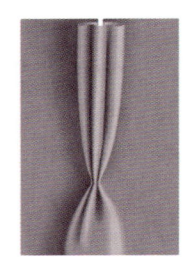

pli pincé
Pli formé d'un groupe de trois plis, dont la base est cousue pour les maintenir assemblés.

volets d'intérieur
Panneaux de bois décoratifs placés devant une fenêtre, composés de lames horizontales mobiles qui permettent de régler l'entrée de lumière.

panneau
Surface plane munie de lames orientables, qui se ferme afin de recouvrir la fenêtre.

lame
Chacune des languettes plates et minces qui peuvent être orientées afin de régler l'entrée de lumière.

stores
Dispositifs s'enroulant ou se repliant, servant à tamiser ou intercepter la lumière et à préserver l'intimité.

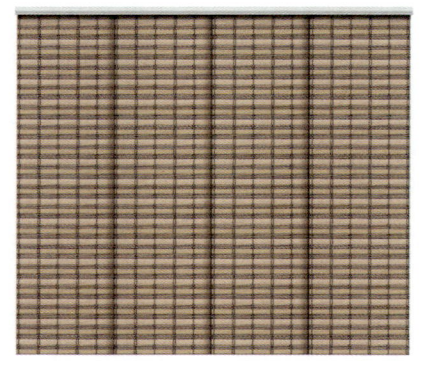

store japonais
Store constitué de panneaux coulissants traditionnellement faits de bambou tressé.

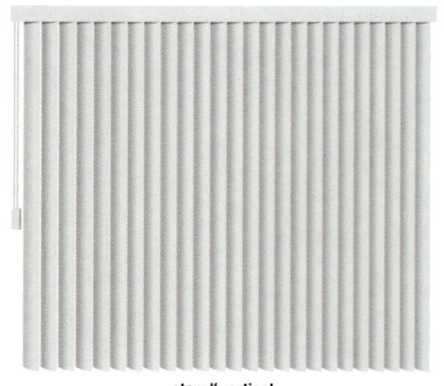

store vertical
Store dont les lames orientables sont placées à la verticale.

ameublement de la maison

paruresF de fenêtreF

storeM à enroulementM automatique
Store muni d'un rouleau comportant un mécanisme à ressort qui entraîne l'enroulement de la toile.

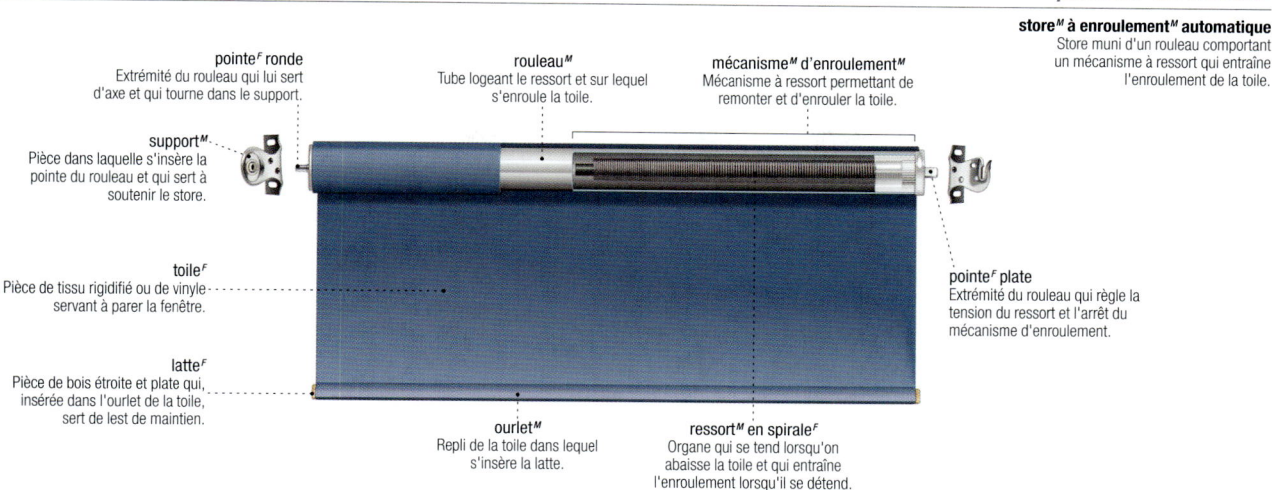

pointeF ronde
Extrémité du rouleau qui lui sert d'axe et qui tourne dans le support.

rouleauM
Tube logeant le ressort et sur lequel s'enroule la toile.

mécanismeM d'enroulementM
Mécanisme à ressort permettant de remonter et d'enrouler la toile.

supportM
Pièce dans laquelle s'insère la pointe du rouleau et qui sert à soutenir le store.

toileF
Pièce de tissu rigidifié ou de vinyle servant à parer la fenêtre.

pointeF plate
Extrémité du rouleau qui règle la tension du ressort et l'arrêt du mécanisme d'enroulement.

latteF
Pièce de bois étroite et plate qui, insérée dans l'ourlet de la toile, sert de lest de maintien.

ourletM
Repli de la toile dans lequel s'insère la latte.

ressortM en spiraleF
Organe qui se tend lorsqu'on abaisse la toile et qui entraîne l'enroulement lorsqu'il se détend.

storeM vénitien
Store à lames horizontales orientables comportant un mécanisme permettant d'en régler la hauteur et l'orientation.

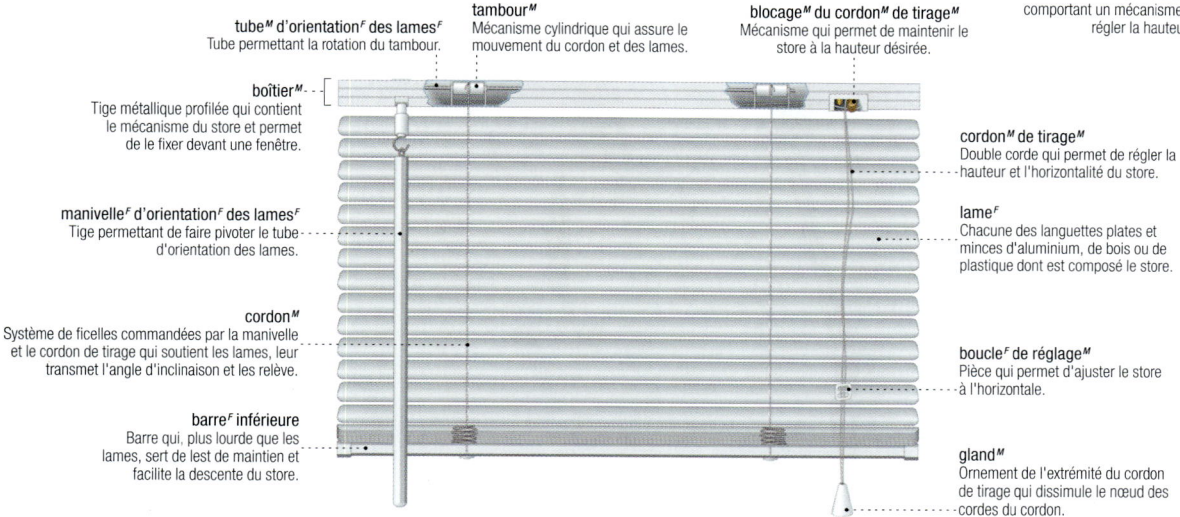

tubeM d'orientationF des lamesF
Tube permettant la rotation du tambour.

tambourM
Mécanisme cylindrique qui assure le mouvement du cordon et des lames.

blocageM du cordonM de tirageM
Mécanisme qui permet de maintenir le store à la hauteur désirée.

boîtierM
Tige métallique profilée qui contient le mécanisme du store et permet de le fixer devant une fenêtre.

cordonM de tirageM
Double corde qui permet de régler la hauteur et l'horizontalité du store.

manivelleF d'orientationF des lamesF
Tige permettant de faire pivoter le tube d'orientation des lames.

lameF
Chacune des languettes plates et minces d'aluminium, de bois ou de plastique dont est composé le store.

cordonM
Système de ficelles commandées par la manivelle et le cordon de tirage qui soutient les lames, leur transmet l'angle d'inclinaison et les relève.

boucleF de réglageM
Pièce qui permet d'ajuster le store à l'horizontale.

barreF inférieure
Barre qui, plus lourde que les lames, sert de lest de maintien et facilite la descente du store.

glandM
Ornement de l'extrémité du cordon de tirage qui dissimule le nœud des cordes du cordon.

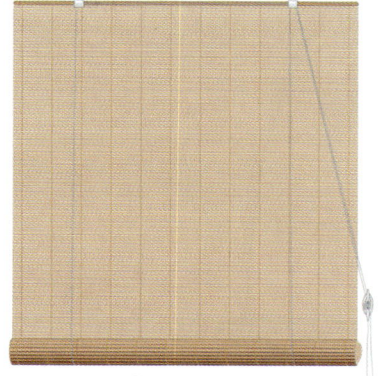

storeM à enroulementM manuel
Store à lamelles non orientables qui s'enroule par un système de cordes et de poulies.

storeM bateauM ; storeM romain
Store qui, lorsqu'on le remonte, forme des plis superposés grâce à des cordons coulissant dans des anneaux sur l'envers du tissu.

MAISON

ameublement de la maison

luminaires^M

Appareils fixes ou mobiles conçus et utilisés pour diffuser la lumière électrique.

spot^M à pince^F
Petit projecteur portatif à faisceau lumineux concentré que l'on fixe à un meuble par une pince.

lampe^F liseuse
Petit luminaire que l'on fixe au plat d'un livre ou à la tête d'un lit pour lire.

plafonnier^M
Luminaire fixé directement au plafond.

suspension^F
Luminaire conçu pour être suspendu au plafond.

lampe^F d'architecte^M
Luminaire orientable habituellement fixé sur le bord d'une table de travail par un support de fixation.

interrupteur^M
Bouton de mise en marche ou d'arrêt de l'appareil.

lampe^F de table^F
Luminaire mobile à pied court que l'on pose sur un meuble.

abat-jour^M
Écran translucide qui permet de diriger la lumière de la lampe tout en en atténuant l'éclat.

bras^M
Tige mobile articulée permettant d'orienter l'abat-jour.

pied^M
Base décorative d'une lampe, de matières et de formes diverses, qui soutient la douille tout en masquant les fils de raccordement.

ressort^M
Enroulement métallique élastique qui permet de modifier et de maintenir la position des deux sections du bras.

support^M de fixation^F
Mécanisme en forme de serre-joint qui permet de fixer la lampe sur le bord de la table de travail.

lampe^F de bureau^M halogène
Lampe de bureau munie d'une lampe de plus forte intensité lumineuse et de plus longue durée qu'une lampe classique, mais qui dégage plus de chaleur.

bras^M
Tige mobile articulée permettant d'orienter l'abat-jour.

socle^M
Support plus ou moins lourd qui assure la stabilité de la lampe.

lampe^F de bureau^M
Luminaire portatif muni d'un écran opaque qui dirige et diffuse la lumière sur la table de travail.

socle^M
Support plat de la lampe qui en assure la stabilité.

lampadaire^M
Luminaire mobile, haut sur pied, que l'on pose sur le sol.

ameublement de la maison

luminaires^M

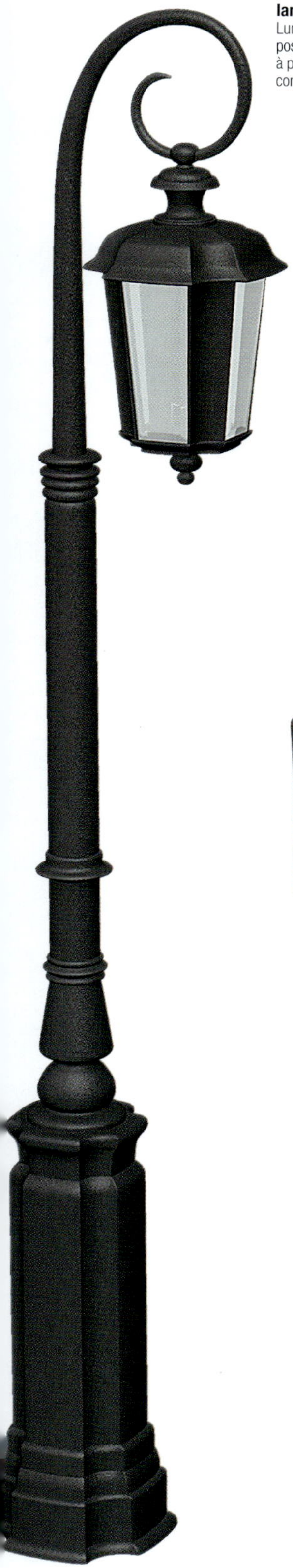

lanterne^F de pied^M
Luminaire d'extérieur haut sur pied, posé sur le sol, constitué d'une boîte à parois translucides ou transparentes contenant une source lumineuse.

lustre^M
Luminaire suspendu au plafond et comportant plusieurs lampes.

coupelle^F
Petite coupe décorative placée à la base de la douille.

pendeloque^F
Ornement de cristal suspendu aux coupelles.

fût^M
Monture servant de support aux branches d'un lustre.

pampille^F
Ensemble décoratif de pendeloques disposé en guirlande.

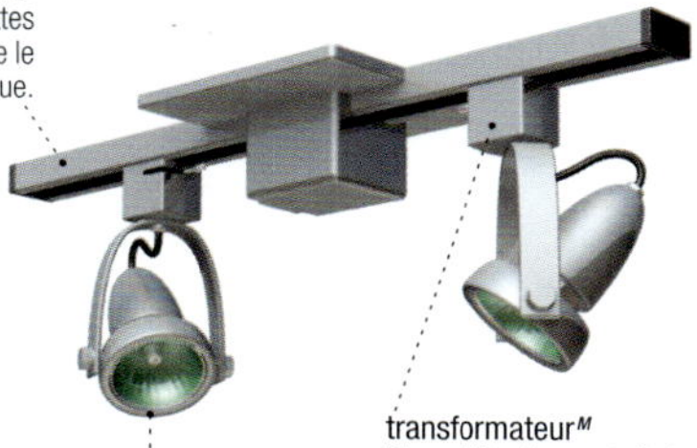

rail^M d'éclairage^M
Dispositif fixé au plafond qui permet la fixation et l'alimentation électrique de spots.

gouttière^F
Partie du rail pourvue de deux languettes métalliques dans lesquelles circule le courant électrique.

spot^M
Petit projecteur orientable à faisceau lumineux concentré.

transformateur^M
Dispositif qui permet d'adapter le courant électrique du rail aux caractéristiques du spot.

lanterne^F murale
Luminaire d'extérieur fixé au mur, constitué d'une boîte à parois translucides ou transparentes contenant une source lumineuse.

applique^F
Luminaire d'intérieur fixé sur une paroi.

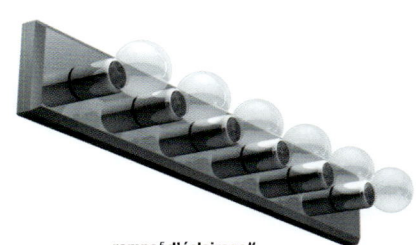

rampe^F d'éclairage^M
Dispositif constitué d'une suite de lampes fixées sur un même support.

applique^F orientable
Luminaire d'intérieur muni d'un bras mobile articulé, fixé sur une paroi.

MAISON

ameublement de la maison

appareils^M électroménagers

Ensemble des appareils ménagers qui fonctionnent à l'électricité.

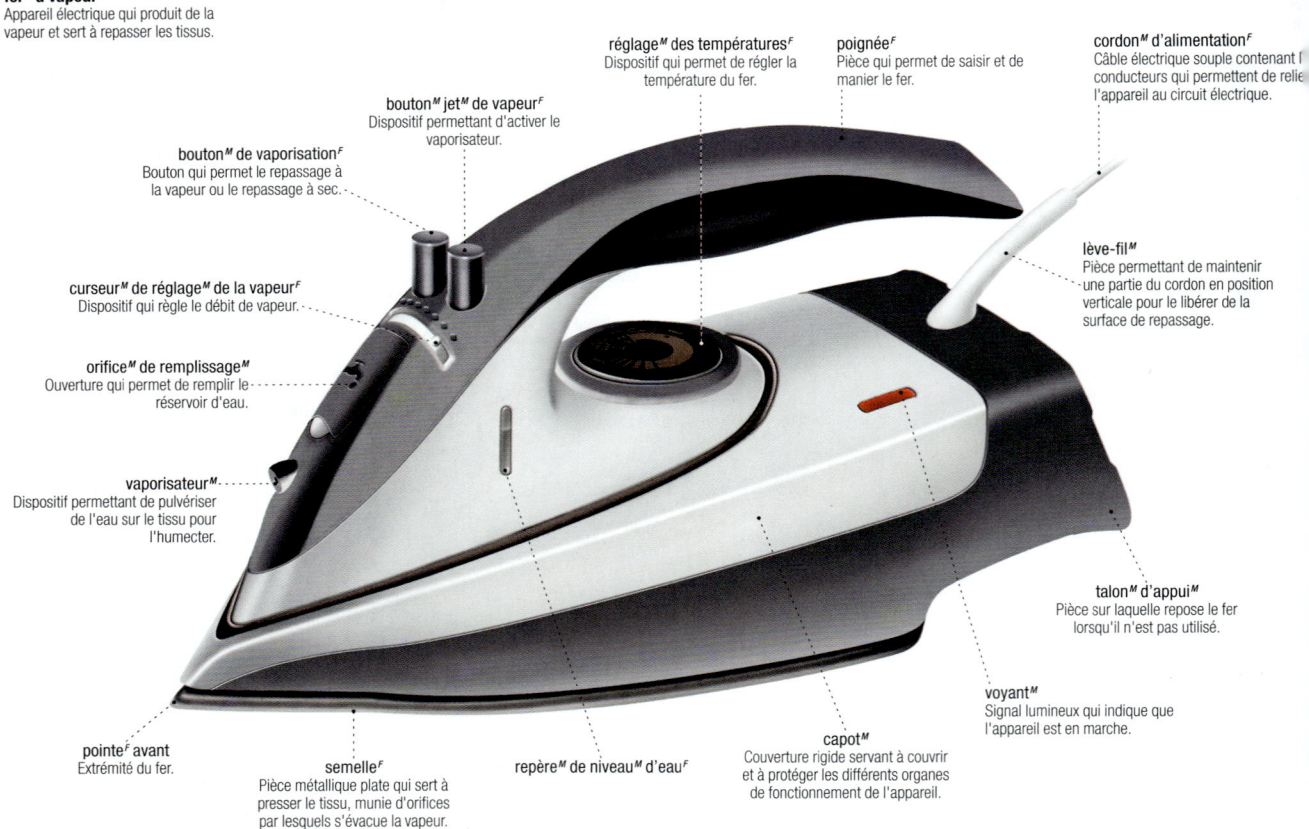

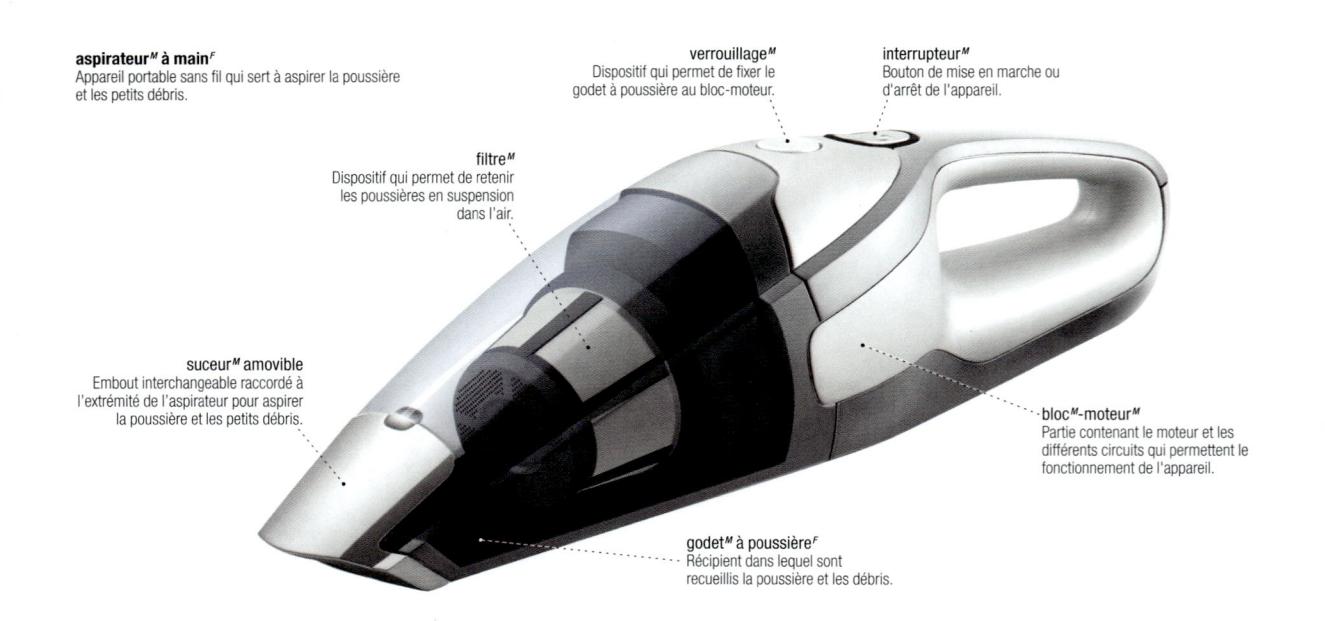

fer^M à vapeur^F
Appareil électrique qui produit de la vapeur et sert à repasser les tissus.

réglage^M des températures^F
Dispositif qui permet de régler la température du fer.

poignée^F
Pièce qui permet de saisir et de manier le fer.

cordon^M d'alimentation^F
Câble électrique souple contenant l conducteurs qui permettent de relie l'appareil au circuit électrique.

bouton^M jet^M de vapeur^F
Dispositif permettant d'activer le vaporisateur.

bouton^M de vaporisation^F
Bouton qui permet le repassage à la vapeur ou le repassage à sec.

lève-fil^M
Pièce permettant de maintenir une partie du cordon en position verticale pour le libérer de la surface de repassage.

curseur^M de réglage^M de la vapeur^F
Dispositif qui règle le débit de vapeur.

orifice^M de remplissage^M
Ouverture qui permet de remplir le réservoir d'eau.

vaporisateur^M
Dispositif permettant de pulvériser de l'eau sur le tissu pour l'humecter.

talon^M d'appui^M
Pièce sur laquelle repose le fer lorsqu'il n'est pas utilisé.

voyant^M
Signal lumineux qui indique que l'appareil est en marche.

pointe^F avant
Extrémité du fer.

semelle^F
Pièce métallique plate qui sert à presser le tissu, munie d'orifices par lesquels s'évacue la vapeur.

repère^M de niveau^M d'eau^F

capot^M
Couverture rigide servant à couvrir et à protéger les différents organes de fonctionnement de l'appareil.

---

aspirateur^M à main^F
Appareil portable sans fil qui sert à aspirer la poussière et les petits débris.

verrouillage^M
Dispositif qui permet de fixer le godet à poussière au bloc-moteur.

interrupteur^M
Bouton de mise en marche ou d'arrêt de l'appareil.

filtre^M
Dispositif qui permet de retenir les poussières en suspension dans l'air.

suceur^M amovible
Embout interchangeable raccordé à l'extrémité de l'aspirateur pour aspirer la poussière et les petits débris.

bloc^M-moteur^M
Partie contenant le moteur et les différents circuits qui permettent le fonctionnement de l'appareil.

godet^M à poussière^F
Récipient dans lequel sont recueillis la poussière et les débris.

ameublement de la maison

appareils^M électroménagers

aspirateur^M-balai^M
Appareil électrique monobloc qui aspire la poussière et les petits débris, qu'on dirige à l'aide d'un manche en forme de poignée.

réglage^M de la puissance^F
Dispositif permettant de sélectionner la puissance d'aspiration.

système^M de verrouillage^M
Dispositif permettant de fixer le tuyau flexible au tube droit.

aspirateur^M-traîneau^M
Appareil électrique sur roulettes qui aspire la poussière et les petits débris, muni d'un tuyau flexible.

support^M de câble^M
Dispositif permettant de retenir le câble électrique en place.

manche^M
Partie permettant de saisir et de manier l'aspirateur.

tuyau^M flexible
Tuyau souple sur lequel se raccordent le tube droit et les accessoires et qui augmente la maniabilité de l'appareil.

tube^M droit
Conduit cylindrique rigide permettant de déplacer le suceur à tapis et planchers et les autres accessoires.

interrupteur^M
Bouton de mise en marche ou d'arrêt de l'appareil.

rallonge^F
Conduit cylindrique que l'on insère à l'extrémité du tube droit pour en augmenter la longueur.

pare-chocs^M
Garniture servant à protéger les meubles en cas de heurt avec l'aspirateur.

compartiment^M de sac^M
Espace où se loge le sac qui recueille la poussière et les petits débris.

variateur^M de puissance^F
Dispositif permettant de sélectionner la puissance d'aspiration.

capot^M
Couverture rigide servant à couvrir et à protéger les différents organes de fonctionnement de l'appareil.

sélecteur^M de hauteur^F
Dispositif qui règle la hauteur de la brosse selon l'épaisseur de la surface à nettoyer.

grille^F de ventilation^F
Panneau ajouré par lequel l'air aspiré, débarrassé de la poussière et des petits débris, est évacué.

suceur^M pour tapis^M et sols^M durs
Embout conçu pour aspirer la poussière et les petits débris d'un tapis, d'une moquette ou d'un plancher.

suceur^M à tapis^M et planchers^M
Embout conçu pour aspirer la poussière et les petits débris d'un tapis, d'une moquette ou d'un plancher.

poignée^F
Partie permettant de saisir et de transporter le traîneau de l'aspirateur.

interrupteur^M
Bouton de mise en marche ou d'arrêt de l'appareil.

roulette^F
Petite roue permettant de facilement déplacer l'aspirateur.

accessoires^M d'aspirateur^M
Il existe plusieurs types d'embouts adaptés aux différentes surfaces à nettoyer.

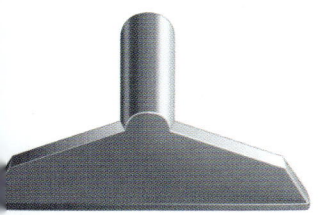

suceur^M triangulaire à tissus^M
Accessoire qui permet d'aspirer la poussière et les petits débris sur des tissus.

brosse^F à épousseter
Accessoire qui sert à dépoussiérer diverses surfaces.

suceur^M plat
Accessoire qui permet d'aspirer la poussière et les petits débris dans les endroits difficiles d'accès.

brosse^F à planchers^M
Accessoire muni de poils pour éviter de rayer le plancher en passant l'aspirateur.

MAISON

ameublement de la maison

appareils^M électroménagers

hotte^F
Appareil de ventilation qui expulse ou recycle l'air chargé de vapeurs et d'odeurs de cuisson.

filtre^M
Appareil servant à capter la graisse de cuisson.

horloge^F programmatrice
Mécanisme d'horlogerie à fonctions multiples : affichage de l'heure, mesure de la durée de cuisson, démarrage du four à une heure convenue, etc.

élément^M de cuisson^F
Élément chauffant sur lequel s'effectue la cuisson.

surface^F de cuisson^F
Surface de la cuisinière munie d'éléments de cuisson.

cuisinière^F électrique
Appareil électrique servant à la cuisson des aliments, muni de serpentins ou de plaques et d'un four.

tableau^M de commande^F
Panneau où sont rassemblées les touches de programmation.

rebord^M
Partie en saillie de la surface de cuisson qui en borde les côtés.

bouton^M de commande^F
Organe qui permet d'établir ou d'interrompre le contact électrique et de régler l'intensité de la chaleur des éléments de cuisson.

four^M
Partie fermée de la cuisinière, munie d'un élément chauffant supérieur (gril) et d'un élément chauffant inférieur, où l'on cuit ou réchauffe les aliments.

poignée^F
Pièce qui permet d'ouvrir ou de fermer la porte du four.

hublot^M
Fenêtre épaisse qui permet de voir l'intérieur du four.

grille^F
Treillis métallique réglable en hauteur, servant de support aux ustensiles de cuisson.

tiroir^M
Compartiment coulissant emboîté à la base de la cuisinière, servant au rangement d'ustensiles divers.

cuisinière^F à gaz^M
Appareil servant à la cuisson des aliments, muni de brûleurs et d'un four alimentés au gaz.

brûleur^M
Appareil qui produit une flamme pour la cuisson des aliments.

grille^F
Treillis métallique qui soutient les ustensiles de cuisson au-dessus des brûleurs.

robinets^M
Dispositifs qui permettent ou interrompent l'arrivée du gaz et qui en règlent le débit.

table^F de travail^M
Surface de la cuisinière sur laquelle sont disposés les brûleurs.

tableau^M de commande^F
Panneau où sont rassemblés les boutons de commande des brûleurs et du four.

four^M
Partie fermée de la cuisinière, munie d'un élément chauffant supérieur (gril) et d'un élément chauffant inférieur, où l'on cuit ou réchauffe les aliments.

poignée^F
Pièce qui permet d'ouvrir ou de fermer la porte du four.

grille^F
Treillis métallique réglable en hauteur, servant de support aux ustensiles de cuisson.

hublot^M
Fenêtre épaisse qui permet de voir l'intérieur du four.

porte^F
Pièce mobile qui ferme le four.

MAISON

ameublement de la maison

appareils^M électroménagers

congélateur^M coffre^M
Appareil horizontal de fort volume servant à conserver des aliments à très basse température (-18 °C).

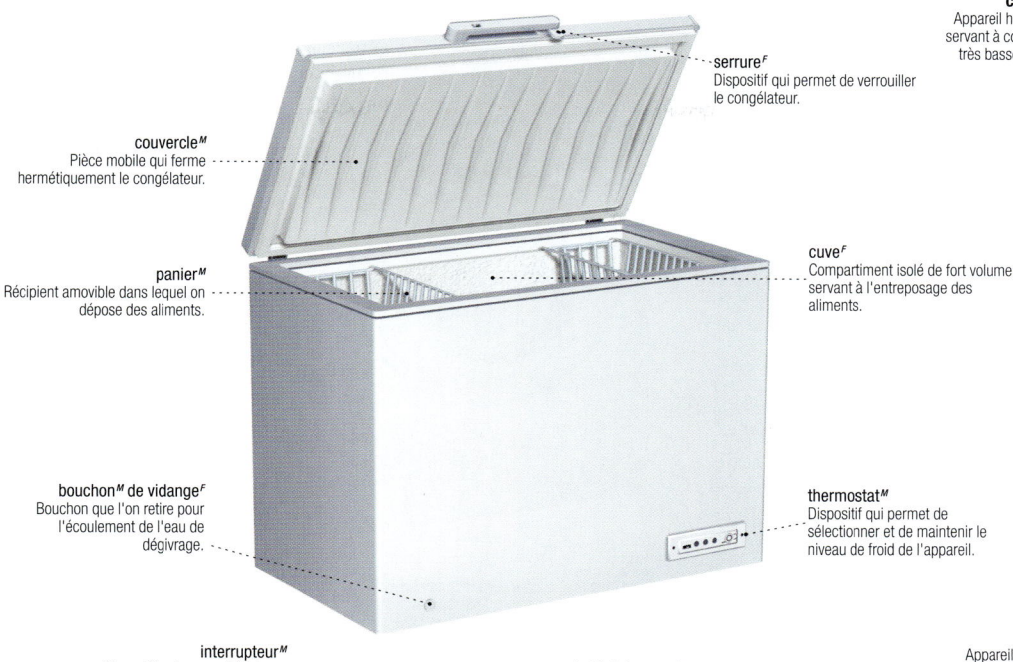

serrure^F
Dispositif qui permet de verrouiller le congélateur.

couvercle^M
Pièce mobile qui ferme hermétiquement le congélateur.

panier^M
Récipient amovible dans lequel on dépose des aliments.

cuve^F
Compartiment isolé de fort volume servant à l'entreposage des aliments.

bouchon^M de vidange^F
Bouchon que l'on retire pour l'écoulement de l'eau de dégivrage.

thermostat^M
Dispositif qui permet de sélectionner et de maintenir le niveau de froid de l'appareil.

interrupteur^M
Dispositif qui assure l'éclairage du réfrigérateur à l'ouverture de la porte.

butée^F de porte^F
Pièce qui bloque la porte à une certaine ouverture.

réfrigérateur^M
Appareil à deux compartiments dont l'un sert à garder au froid les aliments et l'autre à les congeler.

clayette^F
Support amovible réglable en hauteur.

joint^M magnétique
Joint de caoutchouc assurant l'étanchéité des portes.

poignée^F
Pièce qui permet d'ouvrir ou de fermer la porte du réfrigérateur.

casier^M à beurre^M
Compartiment muni d'une porte abattante dans lequel on range le beurre.

distributeur^M d'eau^F
Appareil qui fournit automatiquement de l'eau ou des glaçons.

crémaillère^F
Pièce munie d'encoches dans lesquelles se fixe une clayette.

congélateur^M
Compartiment servant à congeler les aliments.

réfrigérateur^M
Compartiment servant à conserver les aliments au froid.

porte^F étagère^F
Porte munie de tablettes et de compartiments disposés en étages.

bac^M à viande^F
Compartiment dans lequel on range la viande.

barre^F de retenue^F
Pièce servant à maintenir les aliments en place à l'ouverture ou à la fermeture de la porte.

bac^M à légumes^M
Compartiment où règne une température optimale pour la conservation des légumes et des fruits.

casier^M laitier
Compartiment dans lequel on range les produits laitiers en boîte.

MAISON

377

ameublement de la maison

appareils^M électroménagers

lave-linge^M à chargement^M frontal ; *laveuse^F à chargement^M frontal*
Appareil électroménager qui fait automatiquement la lessive, et dont la cuve s'ouvre par une porte placée sur la partie avant de l'appareil.

programmateur^M
Dispositif qui commande automatiquement le cycle de lavage sélectionné.

tableau^M de commande^F
Panneau où sont rassemblées les touches de programmation.

sélecteur^M de niveau^M d'eau^F
Touche permettant de régler la quantité d'eau dans le lave-linge.

porte^F
Pièce mobile qui ferme la cuve du lave-linge.

sélecteur^M de température^F
Touche permettant de régler la température de l'eau de lavage.

mécanisme^M d'un lave-linge^M à chargement^M vertical ; *mécanisme^M d'une laveuse^F à chargement^M vertical*
Appareil électroménager qui fait automatiquement la lessive, et dont la cuve s'ouvre par un couvercle placé sur le dessus de l'appareil.

dosseret^M
Partie verticale prolongeant le dos du lave-linge et sur laquelle se trouvent les différentes commandes de l'appareil.

couvercle^M
Pièce mobile qui permet de fermer la cuve du lave-linge.

agitateur^M
Dispositif assurant le brassage de la lessive.

panier^M de lavage^M
Tambour perforé dans lequel on dépose la lessive.

carrosserie^F
Gaine de tôle émaillée couvrant et protégeant les différents organes de l'appareil.

filtre^M à charpie^F
Appareil servant à retenir les résidus de fibres des tissus.

cuve^F
Récipient à parois résistantes dans lequel l'eau est introduite.

transmission^F
Appareil qui permet de faire tourner à différentes vitesses l'agitateur et le panier de lavage.

bras^M de suspension^F
Chacune des tiges métalliques soutenant la cuve.

ressort^M de suspension^F
Organe métallique élastique fixé au bras de suspension qui permet de réduire les vibrations de la cuve.

tuyau^M d'évacuation^F
Tuyau souple par lequel la pompe du lave-linge expulse l'eau usée vers le circuit d'évacuation de l'habitation.

moteur^M
Appareil qui transforme l'énergie électrique qui l'alimente en énergie mécanique pour faire fonctionner un appareil.

tuyau^M de vidange^F
Tuyau par lequel la pompe du lave-linge vide l'eau de la cuve.

convertisseur^M de couple^M
Mécanisme qui commande et modifie les mouvements de l'agitateur et du panier de lavage.

pompe^F
Appareil qui permet d'évacuer l'eau usée de la cuve et de la refouler vers le tuyau d'évacuation.

courroie^F d'entraînement^M
Dispositif qui, par un système de poulies, transmet l'énergie mécanique du moteur à la transmission du lave-linge.

pied^M de nivellement^M
Pièce réglable servant de support à l'appareil et permettant de le mettre à niveau.

ameublement de la maison

appareils^M électroménagers

sèche-linge^M ; *sécheuse*^F
Appareil qui effectue automatiquement le séchage de la lessive.

programmateur^M
Dispositif qui commande automatiquement le cycle de séchage sélectionné.

tableau^M **de commande**^F
Panneau où sont rassemblées les touches de programmation.

interrupteur^M **de démarrage**^M
Bouton de mise en marche de l'appareil.

sélecteur^M **de température**^F
Touche permettant de régler la température de séchage.

porte^F
Pièce mobile qui ferme la cuve du sèche-linge.

mécanisme^M **d'un sèche-linge**^M ; *mécanisme*^M *d'une sécheuse*^F

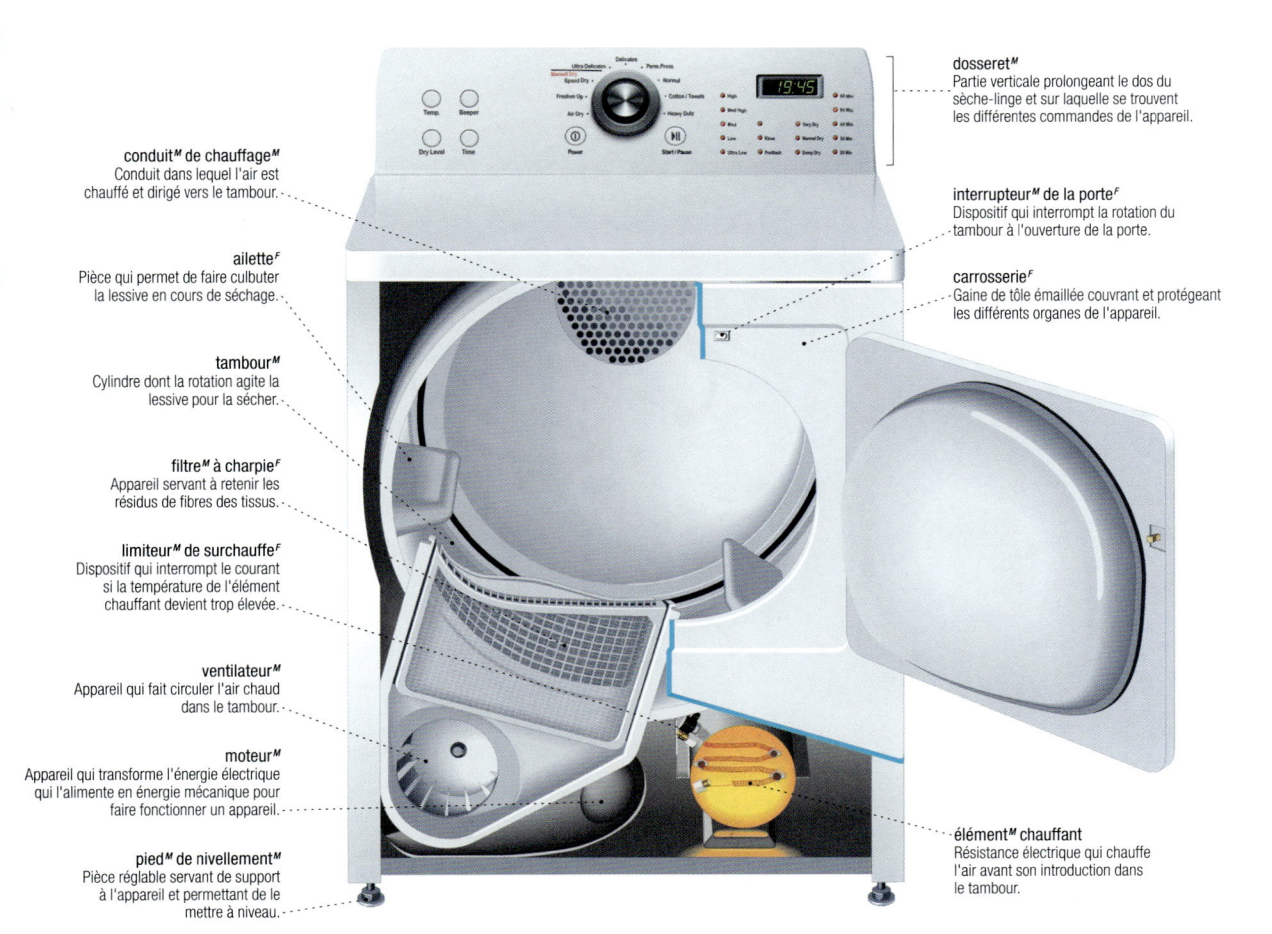

conduit^M **de chauffage**^M
Conduit dans lequel l'air est chauffé et dirigé vers le tambour.

ailette^F
Pièce qui permet de faire culbuter la lessive en cours de séchage.

tambour^M
Cylindre dont la rotation agite la lessive pour la sécher.

filtre^M **à charpie**^F
Appareil servant à retenir les résidus de fibres des tissus.

limiteur^M **de surchauffe**^F
Dispositif qui interrompt le courant si la température de l'élément chauffant devient trop élevée.

ventilateur^M
Appareil qui fait circuler l'air chaud dans le tambour.

moteur^M
Appareil qui transforme l'énergie électrique qui l'alimente en énergie mécanique pour faire fonctionner un appareil.

pied^M **de nivellement**^M
Pièce réglable servant de support à l'appareil et permettant de le mettre à niveau.

interrupteur^M **de la porte**^F
Dispositif qui interrompt la rotation du tambour à l'ouverture de la porte.

carrosserie^F
Gaine de tôle émaillée couvrant et protégeant les différents organes de l'appareil.

dosseret^M
Partie verticale prolongeant le dos du sèche-linge et sur laquelle se trouvent les différentes commandes de l'appareil.

élément^M **chauffant**
Résistance électrique qui chauffe l'air avant son introduction dans le tambour.

MAISON

380 ameublement de la maison

appareils[M] électroménagers

lave-vaisselle[M] : tableau[M] de commande[F]
Lave-vaisselle : appareil conçu pour laver et sécher la vaisselle automatiquement.

boutons[M] de commande[F]
Boutons permettant de sélectionner le cycle de lavage.

voyant[M]
Signal lumineux qui indique que l'appareil est en marche.

grille[F] d'aération[F]
Sortie du conduit qui évacue l'air chargé de vapeurs durant le séchage.

poignée[F]
Pièce qui permet d'ouvrir ou de fermer la porte.

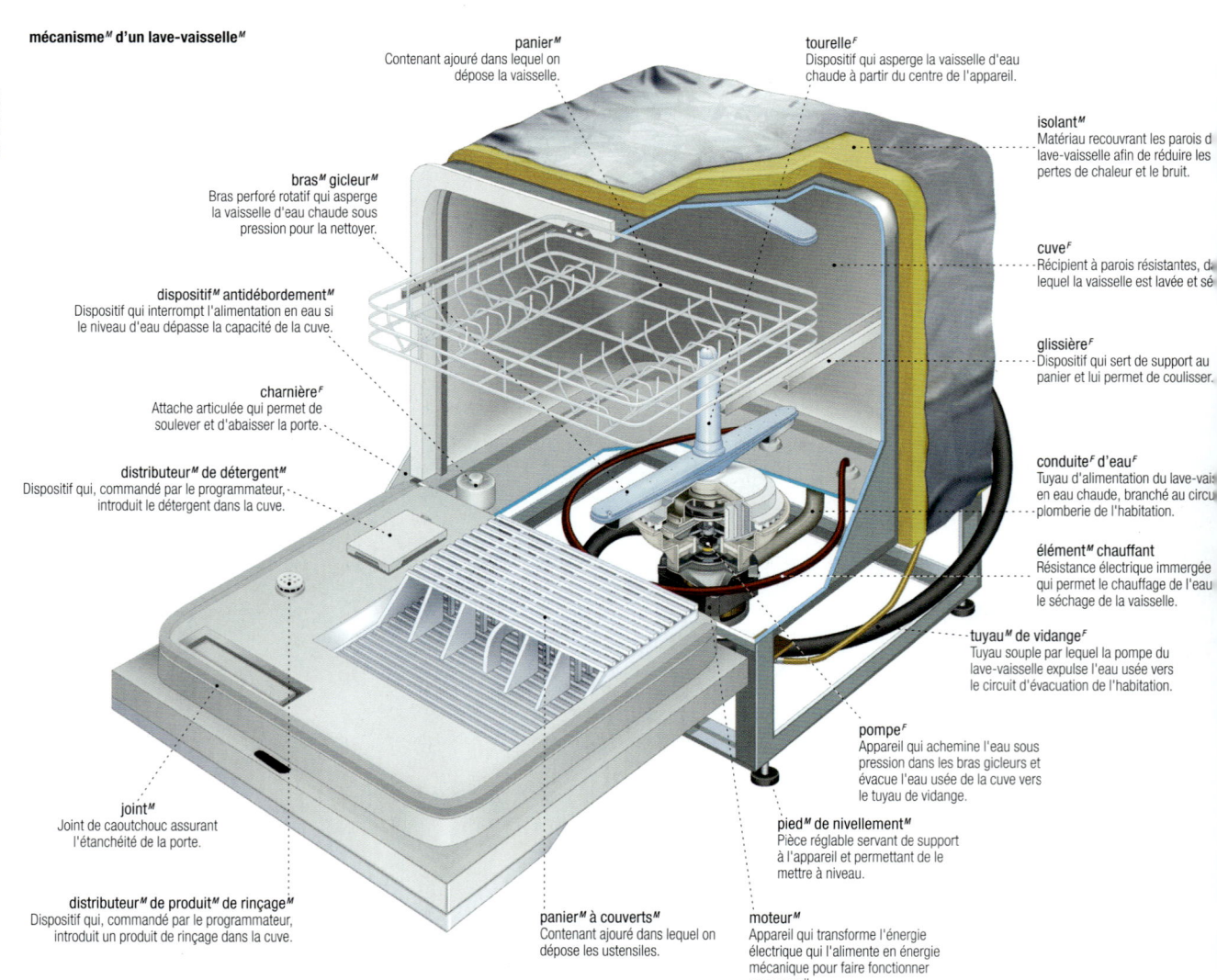

mécanisme[M] d'un lave-vaisselle[M]

panier[M]
Contenant ajouré dans lequel on dépose la vaisselle.

tourelle[F]
Dispositif qui asperge la vaisselle d'eau chaude à partir du centre de l'appareil.

isolant[M]
Matériau recouvrant les parois du lave-vaisselle afin de réduire les pertes de chaleur et le bruit.

bras[M] gicleur[M]
Bras perforé rotatif qui asperge la vaisselle d'eau chaude sous pression pour la nettoyer.

cuve[F]
Récipient à parois résistantes, dans lequel la vaisselle est lavée et séchée.

dispositif[M] antidébordement[M]
Dispositif qui interrompt l'alimentation en eau si le niveau d'eau dépasse la capacité de la cuve.

glissière[F]
Dispositif qui sert de support au panier et lui permet de coulisser.

charnière[F]
Attache articulée qui permet de soulever et d'abaisser la porte.

conduite[F] d'eau[F]
Tuyau d'alimentation du lave-vaisselle en eau chaude, branché au circuit de plomberie de l'habitation.

distributeur[M] de détergent[M]
Dispositif qui, commandé par le programmateur, introduit le détergent dans la cuve.

élément[M] chauffant
Résistance électrique immergée qui permet le chauffage de l'eau et le séchage de la vaisselle.

tuyau[M] de vidange[F]
Tuyau souple par lequel la pompe du lave-vaisselle expulse l'eau usée vers le circuit d'évacuation de l'habitation.

pompe[F]
Appareil qui achemine l'eau sous pression dans les bras gicleurs et évacue l'eau usée de la cuve vers le tuyau de vidange.

joint[M]
Joint de caoutchouc assurant l'étanchéité de la porte.

pied[M] de nivellement[M]
Pièce réglable servant de support à l'appareil et permettant de le mettre à niveau.

distributeur[M] de produit[M] de rinçage[M]
Dispositif qui, commandé par le programmateur, introduit un produit de rinçage dans la cuve.

panier[M] à couverts[M]
Contenant ajouré dans lequel on dépose les ustensiles.

moteur[M]
Appareil qui transforme l'énergie électrique qui l'alimente en énergie mécanique pour faire fonctionner un appareil.

ameublement de la maison

articles^M ménagers
Ensemble des objets qui servent au nettoyage d'une habitation.

torchon^M
Morceau de toile utilisé pour essuyer la vaisselle, les meubles, etc.

plumeau^M
Instrument muni de fibres fixées à un manche, servant à balayer la poussière et les petits débris.

balai^M
Instrument muni de fibres fixées à un manche, servant à ramasser la poussière et les petits débris.

balai^M **à franges**^F ; **vadrouille**^F
Instrument muni de bandelettes de tissu fixées à un manche, servant à laver les planchers.

brosse^F
Ustensile muni de fibres fixées sur une monture, utilisé pour frotter et nettoyer.

éponge^F **à récurer**
Objet dont l'une des surfaces est abrasive, pour nettoyer ou récurer, et l'autre, spongieuse, pour essuyer des objets ou des surfaces.

monture^F
Support rigide sur lequel sont fixées les fibres.

fibres^F
Filaments textiles plus ou moins rigides qui permettent de frotter et de nettoyer.

manche^M
Partie permettant de saisir et de manier le balai.

MAISON

poubelle^F
Récipient dans lequel on dépose les ordures ménagères.

pelle^F **à poussière**^F ; **porte-poussière**^M
Instrument utilisé pour recueillir la poussière et les petits débris.

fibres^F
Filaments textiles plus ou moins rigides qui permettent de frotter et de nettoyer.

couvercle^M
Pièce amovible qui ferme la poubelle.

poignée^F
Pièce qui permet de saisir et de transporter la poubelle.

seau^M
Récipient servant à transporter l'eau utile aux travaux ménagers.

bec^M **verseur**
Partie du rebord du seau en forme de pointe pour faciliter le versement de l'eau.

gants^M **en caoutchouc**^M
Gants imperméables qui protègent les mains des produits corrosifs.

anse^F
Partie recourbée en forme de demi-cercle, servant de poignée.

BRICOLAGE ET JARDINAGE

Ensemble des travaux de construction, d'installation, de réparation, d'entretien et d'aménagement effectués à la maison sans l'intervention d'un professionnel.

MATÉRIAUX 384
Éléments destinés à être assemblés pour former la structure d'une construction.

MENUISERIE 387
Activité ayant pour objet le travail du bois pour la fabrication de meubles ou d'ouvrages d'aménagement et de revêtement.

PLOMBERIE ET MAÇONNERIE 402
La plomberie a pour objet les tuyaux et installations sanitaires d'un bâtiment; la maçonnerie touche les ouvrages ou revêtements de briques, de pierres ou de béton.

ÉLECTRICITÉ 404
Discipline ayant pour objet les câblages et dispositifs électriques d'un bâtiment.

SOUDAGE 406
Opération consistant à unir deux pièces par la fusion de leurs bords ou par la fusion d'un métal d'apport (soudure) placé sur le joint.

PEINTURE D'ENTRETIEN 408
Activité ayant principalement pour objet l'application de peinture, de teinture ou de vernis sur une surface.

ÉCHELLES ET ESCABEAUX 409
Dispositifs mobiles, en bois ou en métal, qui comportent des échelons ou des marches permettant d'atteindre des points plus ou moins élevés.

JARDIN D'AGRÉMENT 410
Terrain privé réservé à la culture de plantes ornementales, à la promenade et à la détente.

MATÉRIEL DE JARDINAGE 411
Outils servant à l'aménagement et à l'entretien d'un jardin d'agrément ou d'un jardin potager.

ENLÈVEMENT DE LA NEIGE 421
Activité visant à déplacer la neige afin de libérer un passage.

matériaux^M de base^F

Éléments destinés à être assemblés pour former la structure d'une construction.

brique^F
Bloc de terre cuite compressée, disposé en rangées à l'aide d'un mortier pour former divers ouvrages de maçonnerie : murs, cloisons, cheminées, etc.

brique^F pleine
Brique de petite dimension, non perforée, qui sert notamment à bâtir ou à recouvrir diverses parois verticales.

brique^F perforée
Petite brique comportant des perforations verticales, dont la dimension n'excède généralement pas 40 % de la brique.

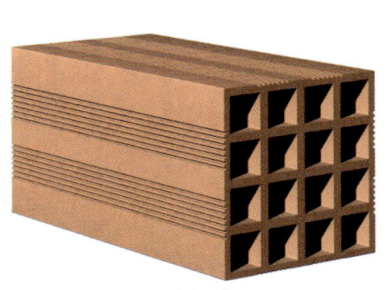

brique^F creuse
Brique de grande dimension comportant une série d'alvéoles horizontales représentant en général plus de 40 % de la brique.

brique^F plâtrière
Brique creuse habituellement maçonnée à l'aide de plâtre, utilisée pour construire ou doubler des cloisons.

mur^M de briques^F
Ouvrage de maçonnerie formé de briques disposées en rangées et maintenues en place par un mortier.

mortier^M
Mélange de fins granulats (cailloux, gravier, sable), d'eau et d'un liant (ciment ou chaux) servant à solidariser les éléments d'une maçonnerie ou à enduire celle-ci une fois complétée.

mortier^M
Mélange de fins granulats (cailloux, gravier, sable), d'eau et d'un liant (ciment ou chaux) servant à solidariser les éléments d'une maçonnerie ou à enduire celle-ci une fois complétée.

brique^F réfractaire
Brique résistant à des températures très élevées sans s'altérer.

pierre^F
Bloc de matière minérale, de forme irrégulière, utilisé pour effectuer des ouvrages de maçonnerie ou de revêtement.

dalle^F de pierre^F
Pierre plate de forme irrégulière, destinée au revêtement du sol ou d'un mur.

moellon^M
Petit bloc de pierre brute ou grossièrement taillée, généralement assemblé à l'aide de mortier pour édifier un mur.

pierre^F de taille^F
Pierre taillée régulièrement afin de pouvoir être appareillée sans joint ou avec des joints très minces.

mur^M de pierres^F
Ouvrage de maçonnerie formé de pierres maintenues en place par un mortier.

béton^M et acier^M
Le béton est un matériau composé de granulats et d'eau, qui forme après durcissement dans un moule des pièces résistantes à la compression; l'acier est un métal à base de fer et de carbone.

bloc^M de béton^M
Élément de béton, plein ou évidé, utilisé essentiellement pour réaliser des travaux de maçonnerie, en remplacement de la brique.

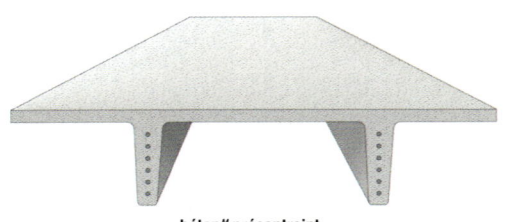

béton^M précontraint
Béton dont les armatures sont tendues avant le coulage, ce qui crée un matériau plus résistant et plus durable permettant de faire des pièces de grande portée.

béton^M armé
Béton renforcé par des tiges d'acier appelées armatures, souvent utilisé dans la fabrication des éléments porteurs d'une construction.

acier^M
Métal à base de fer et de carbone, très résistant, qu'on utilise fréquemment dans la structure des ouvrages.

matériaux 385

matériaux^M de revêtement^M

Matériaux qui recouvrent une surface, en général dans le but de la protéger ou de la décorer.

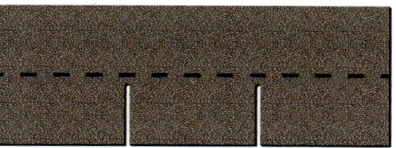

bardeau^M d'asphalte^M
Matériau de recouvrement pour toiture, formé d'une armature (fibre de verre, feutre) enrobée de bitume et couverte de fins granulats.

bardeau^M
Petite planche de bois employée pour recouvrir les toits, ou encore les murs particulièrement exposés aux intempéries.

lattis^M métallique à losanges^M
Treillis de métal qui sert d'armature ou de support pour la pose de plâtre ou d'autres enduits.

papier^M goudronné
Papier généralement agrafé directement sur le toit ou les murs extérieurs, sous le revêtement, afin d'en améliorer l'imperméabilité.

tuile^F
Plaque rigide, généralement faite de terre cuite moulée, qui sert de matériau de couverture pour les toits.

carreau^M de plâtre^M
Élément en plâtre moulé de faible dimension, plein ou alvéolé, dont les côtés comportent des rainures et que l'on emploie pour le montage et le doublage de cloisons.

carreau^M
Élément plat de forme régulière et de petite dimension, fabriqué à partir de matériaux divers, utilisé pour couvrir les planchers ou les murs.

plaque^F de plâtre^M
Panneau de grande dimension formé d'une couche de plâtre recouverte d'un carton, habituellement utilisé comme matériau de finition des cloisons d'une habitation.

matériaux^M d'isolation^F

Matériaux empêchant la transmission de la chaleur vers l'extérieur ou du froid vers l'intérieur d'une construction, d'un conduit.

isolant^M en ruban^M métallique
Matériau d'isolation thermique habituellement utilisé pour bloquer les fuites d'air dans les portes extérieures.

isolant^M en vinyle^M
Matériau d'isolation thermique sous forme de planche tubulaire, habituellement utilisé pour bloquer les fuites d'air dans les portes extérieures.

isolant^M en ruban^M
Matériau d'isolation thermique sous forme de languettes flexibles à enrouler autour d'un conduit.

isolant^M en coquille^F
Matériau d'isolation thermique sous forme de cylindre flexible, employé autour d'un conduit.

isolant^M en vrac^M
Matériau d'isolation thermique sous forme de particules, employé dans les murs et l'entretoit de certaines maisons.

isolant^M en caoutchouc^M-mousse^F
Matériau d'isolation thermique sous forme de cordon flexible, utilisé autour des fenêtres et des portes.

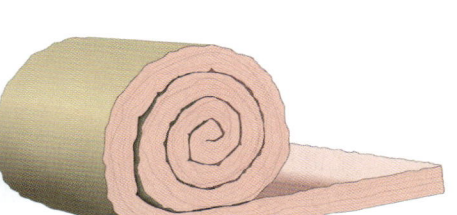

isolant^M en rouleau^M
Matériau d'isolation thermique sous forme de bande continue de fibre de verre ou de laine minérale, utilisé pour les cavités murales et l'entretoit.

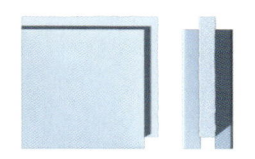

isolant^M en panneau^M
Matériau d'isolation thermique sous forme de panneau rigide de fibre de verre ou de mousse plastique, habituellement utilisé pour les murs des maisons.

isolant^M moussé
Matériau d'isolation thermique sous forme de liquide vaporisé, qui prend de l'expansion et durcit rapidement.

BRICOLAGE ET JARDINAGE

bois^M

Substance compacte, plus ou moins dure, qui forme le tronc, les branches et les racines des arbres. Chaque espèce d'arbre fournit une essence de bois distincte.

coupe^F d'une bille^F
Bille : pièce de bois de forme cylindrique obtenue par le sectionnement du tronc d'un arbre (grume).

planche^F
Pièce de bois plane de moins de 5 cm d'épaisseur, utilisée en menuiserie, qui provient de la coupe en longueur d'une bille de bois.

bille^F
Pièce de bois de forme cylindrique obtenue par le sectionnement du tronc d'un arbre (grume).

planche^F
Pièce de bois plane de moins de 5 cm d'épaisseur, utilisée en menuiserie, qui provient de la coupe en longueur d'une bille de bois.

parement^M
Surface d'une pièce de bois soigneusement finie pour constituer la face visible d'un ouvrage de menuiserie.

fil^M
Direction et agencement des fibres du bois. Un fil droit et régulier donne un bois facile à travailler.

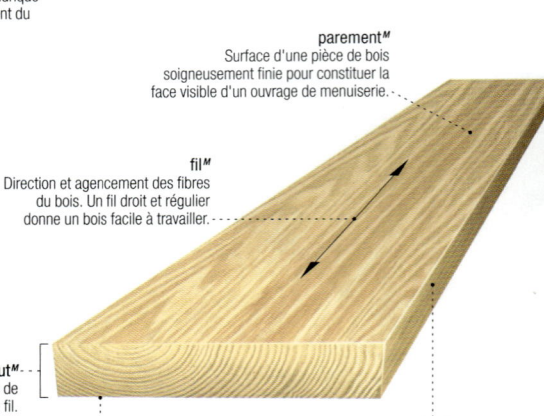

bois^M de bout^M
Surface de coupe d'une pièce de bois dans le sens contraire du fil.

contreparement^M
Surface d'une pièce de bois destinée à ne pas être vue.

rive^F
Chacune des deux faces longitudinales de la planche, qui correspond à son épaisseur.

dosse^F
Première ou dernière coupe d'une bille de bois, qui en garde l'écorce et l'arrondi.

dérivés^M du bois^M

Matériaux obtenus par la transformation d'une bille, ou encore par l'assemblage ou l'agglomération de divers éléments de bois.

pli^M
Chacune des minces plaques de bois (placage) d'épaisseur égale utilisée pour fabriquer le contreplaqué.

contreplaqué^M
Panneau formé d'au moins cinq plis collés les uns sur les autres de manière à ce que les fils des plis en contact soient de sens contraire.

panneau^M à âme^F lattée
Panneau formé de deux plis extérieurs recouvrant une partie centrale (âme), constituée de larges lattes collées côte à côte.

placage^M déroulé
Mince feuille obtenue par le taillage d'une bille de bois maintenue en rotation contre un couteau au moyen d'une dérouleuse (tour).

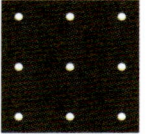

panneau^M à âme^F lamellée
Panneau formé de deux plis extérieurs recouvrant une partie centrale (âme), constituée de lattes étroites, ou lamelles, collées côte à côte.

panneau^M de copeaux^M
Panneau constitué de fragments de bois (copeaux) mélangés à une colle, puis agglomérés par pressage à haute température.

panneau^M de fibres^F
Plaque lisse et homogène formée par le pressage à haute température de minuscules fibres de bois imprégnées de résine.

panneau^M de fibres^F perforé
Plaque lisse et trouée formée par le pressage à haute température de minuscules fibres de bois imprégnées de résine.

panneau^M de particules^F
Panneau constitué de sciures de bois mélangées à une colle, puis agglomérées par pressage à haute température.

panneau^M de particules^F lamifié
Panneau de particules revêtu d'un parement dont la couche surface, en mélamine, est dure, lisse et facilement lavable.

menuiserie 387

accessoires^M
Objets divers d'emploi courant en menuiserie.

boîte^F à outils^M
Contenant rigide, muni d'un couvercle et d'un plateau, qui permet de ranger et de transporter des outils.

poignée^F
Partie permettant de saisir et de manier la boîte.

couvercle^M
Pièce mobile qui sert à fermer la boîte.

plateau^M
Plaque rigide et amovible, divisée en compartiments qui servent généralement à ranger la quincaillerie ou les petits outils.

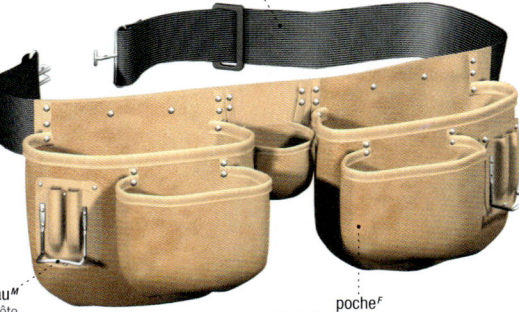

ceinture^F
Bande pourvue d'une boucle que l'on fixe autour de la taille pour maintenir la ceinture porte-outils.

ceinture^F porte-outils^M
Bande portée à la taille, munie de poches et d'accessoires destinés à recevoir les outils et instruments qui doivent demeurer à portée de main.

porte-marteau^M
Étrier métallique recevant la tête du marteau.

poche^F
Partie formant un contenant destiné à contenir des outils.

instruments^M de traçage^M et de mesure^F
Outils servant de guide pour tracer diverses lignes ou vérifier des données.

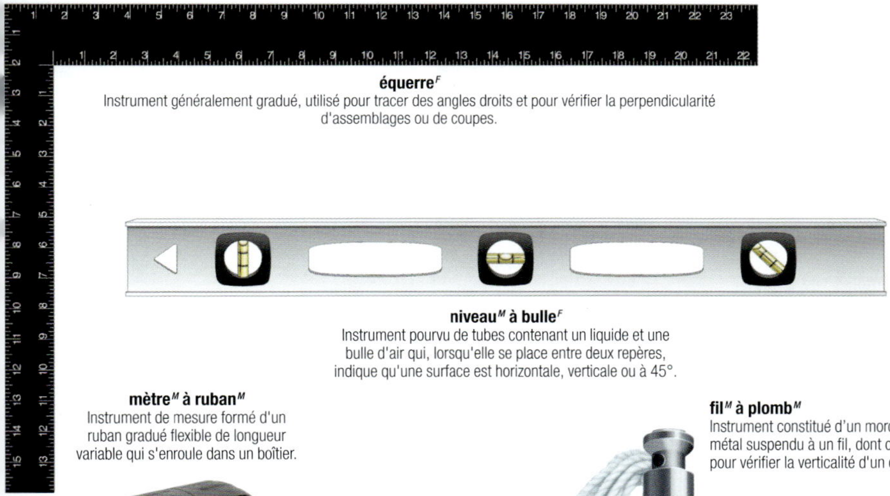

équerre^F
Instrument généralement gradué, utilisé pour tracer des angles droits et pour vérifier la perpendicularité d'assemblages ou de coupes.

fausse-équerre^F
Instrument dont les branches mobiles servent à mesurer ou à tracer des angles quelconques.

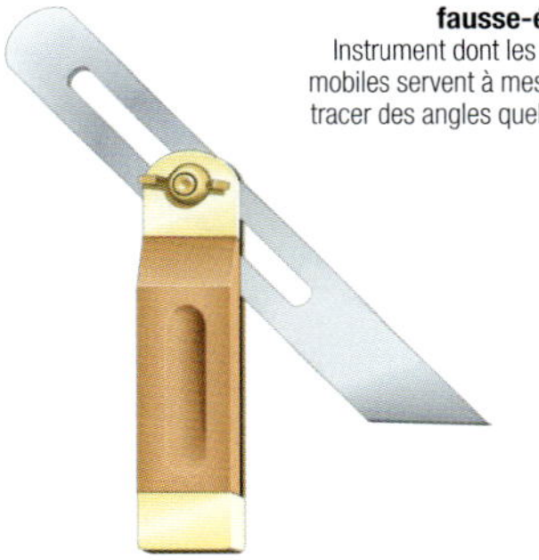

niveau^M à bulle^F
Instrument pourvu de tubes contenant un liquide et une bulle d'air qui, lorsqu'elle se place entre deux repères, indique qu'une surface est horizontale, verticale ou à 45°.

mètre^M à ruban^M
Instrument de mesure formé d'un ruban gradué flexible de longueur variable qui s'enroule dans un boîtier.

fil^M à plomb^M
Instrument constitué d'un morceau de métal suspendu à un fil, dont on se sert pour vérifier la verticalité d'un ouvrage.

cordeau^M à tracer
Instrument constitué d'un cordeau qui s'enroule dans un boîtier rempli de poudre de craie, utilisé pour tracer de longues lignes droites.

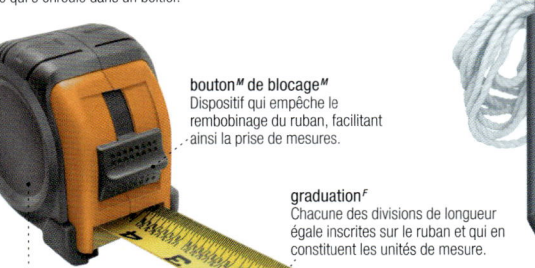

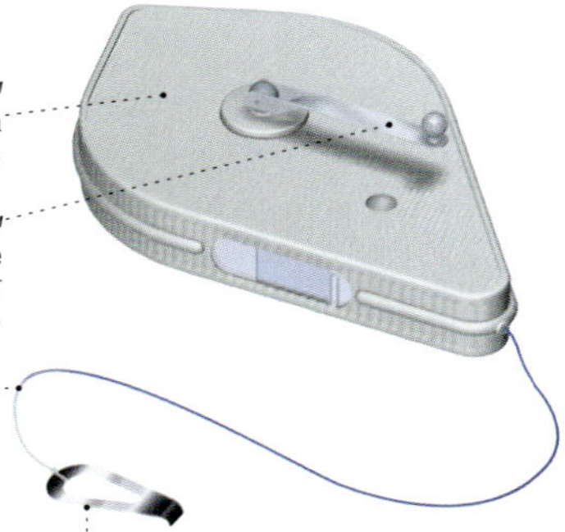

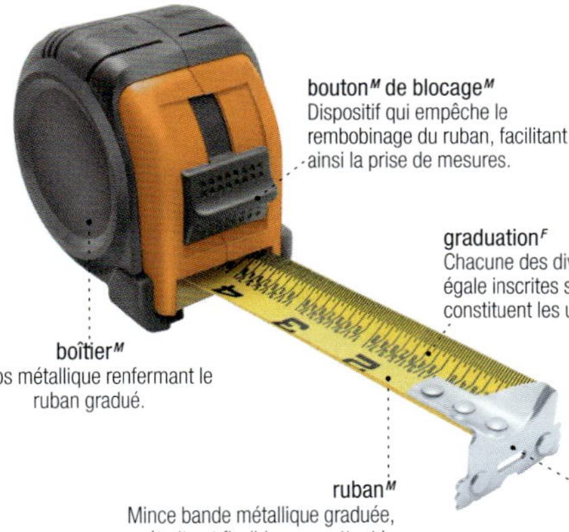

bouton^M de blocage^M
Dispositif qui empêche le rembobinage du ruban, facilitant ainsi la prise de mesures.

graduation^F
Chacune des divisions de longueur égale inscrites sur le ruban et qui en constituent les unités de mesure.

boîtier^M
Corps métallique renfermant le ruban gradué.

boîtier^M
Corps métallique renfermant la poudre de craie et le cordeau.

manivelle^F d'enroulement^M
Poignée servant à rembobiner le cordeau à l'intérieur du boîtier contenant la poudre de craie.

cordeau^M
Ficelle couverte de craie que l'on tend entre deux points afin de marquer une ligne droite.

ruban^M
Mince bande métallique graduée, étroite et flexible, permettant la mesure de longueurs.

crochet^M
Extrémité métallique recourbée du ruban permettant de le fixer sur une pièce, facilitant ainsi son déroulement.

crochet^M
Extrémité métallique recourbée du cordeau permettant de le fixer sur une pièce, facilitant ainsi son déroulement.

BRICOLAGE ET JARDINAGE

menuiserie

outils^M pour clouer

Outils qui permettent de fixer ou d'assembler des matériaux à l'aide de clous.

marteau^M de charpentier^M
Marteau à panne fendue très utilisé en construction, autant pour planter que pour arracher les clous.

arrache-clou^M
Panne fendue qui permet d'extraire des clous tordus ou partiellement enfoncés.

manche^M
Partie permettant de saisir et de manier l'outil.

joue^F
Chacune des parties latérales de la tête du marteau, situées entre l'arrache-clou et la tête de frappe.

marteau^M de menuisier^M
Marteau dont la panne effilée est idéale pour commencer à planter les petits clous; une fois qu'ils sont engagés, on poursuit le clouage avec la tête de frappe.

œil^M
Partie creuse de la tête du marteau où s'insère l'extrémité du manche.

tête^F de frappe^F
Surface plane avec laquelle on percute un clou pour le faire pénétrer dans un matériau.

panne^F ronde
Partie bombée située à l'opposé de la tête de frappe.

marteau^M à panne^F ronde
Marteau possédant une panne de forme sphérique souvent employée pour rabattre les rivets ou travailler les métaux.

chasse-clou^M
Outil employé pour faire pénétrer complètement la tête des clous dans le bois, sans en endommager la surface.

tête^F
Extrémité de frappe d'un maillet.

maillet^M
Marteau à grosse tête, souvent en bois ou en caoutchouc, utilisé pour frapper directement sur des matériaux, ou encore sur des outils d'entaillage.

levier^M plat
Outil servant à la fois d'arrache-clou et de levier, notamment pour enlever des moulures ou défaire des assemblages cloués.

clou^M
Pièce métallique de forme allongée, généralement munie d'une tête et d'une pointe, utilisée pour fixer ou assembler divers matériaux.

exemples^M de clous^M

tête^F
Surface aplatie sur laquelle on frappe pour enfoncer le clou.

semence^F
Petit clou à tête large souvent employé pour fixer des tapis, des tissus ou d'autres matériaux en feuilles minces.

tige^F
Partie mince et allongée située entre la tête et la pointe, dont la longueur, le diamètre et la forme varient selon le type de clou.

clou^M à tige^F spiralée
Clou qui tourne comme une vis lorsqu'on l'enfonce. Résistant à l'arrachement, il a aussi la propriété de réduire les craquements.

clou^M à maçonnerie^F
Clou fait d'acier durci, qui s'enfonce dans les ouvrages de maçonnerie sans casser ni plier.

clou^M commun
Clou robuste à tête large, employé pour les ouvrages généraux de menuiserie et de charpenterie.

clou^M à tête^F homme^M; clou^M à finir
Clou dont la tête, à peine plus large que la tige, peut facilement être enfoncée et dissimulée. Il est idéal pour les ouvrages de finition et les moulures.

clou^M coupé
Clou dont la tige et la pointe plates réduisent l'éclatement des fibres, notamment lors de la fixation de lames de parquet.

pointe^F
Extrémité pointue dont la fonction est de faciliter la pénétration du clou dans le bois ou un autre matériau.

BRICOLAGE ET JARDINAGE

menuiserie 389

outils[M] pour clouer

moteur[M]
Appareil qui transforme l'énergie électrique qui l'alimente en énergie mécanique pour faire fonctionner un appareil.

loquet[M] **de dégagement**[M]
Dispositif qui permet de dégager le chargeur.

cloueuse[F] **sans fil**[M]
Outil électrique portatif qui permet d'enfoncer automatiquement des clous dans une surface.

déclencheur[M] **par contact**[M]
Dispositif qui commande la sortie du clou.

interrupteur[M] **à gâchette**[F]
Appareil mécanique de connexion permettant de mettre en marche ou d'arrêter l'outil par une simple pression du doigt.

chargeur[M]
Magasin contenant les clous en bande.

clous[M] **en bande**[F]
Ensemble de clous destinés à être chargés dans une cloueuse.

bloc[M]**-piles**[F]
Appareil capable d'emmagasiner de l'énergie chimique pendant la charge et de la transformer en énergie électrique.

agrafeuse[F] **électrique**
Outil électrique portatif qui permet d'enfoncer automatiquement des agrafes dans une surface.

cordon[M] **d'alimentation**[F]
Câble électrique souple contenant les conducteurs qui permettent de relier l'appareil au circuit électrique.

agrafes[F] **en bande**[F]
Ensemble de pièces de métal destinées à être chargées dans une agrafeuse pour fixer divers matériaux.

interrupteur[M] **à gâchette**[F]
Appareil mécanique de connexion permettant de mettre en marche ou d'arrêter l'outil par une simple pression du doigt.

chargeur[M]
Magasin contenant les agrafes.

BRICOLAGE ET JARDINAGE

menuiserie

outils^M pour visser

Outils qui permettent de fixer ou d'assembler des pièces ou des matériaux à l'aide de vis.

tournevis^M
Outil à main utilisé pour serrer et desserrer une vis ou un boulon en lui imprimant un mouvement de rotation.

pointe^F
Extrémité de la lame ou de l'embout, qui s'adapte au creux de la vis ou du boulon.

lame^F
Partie mince et aplatie formant l'extrémité de la tige.

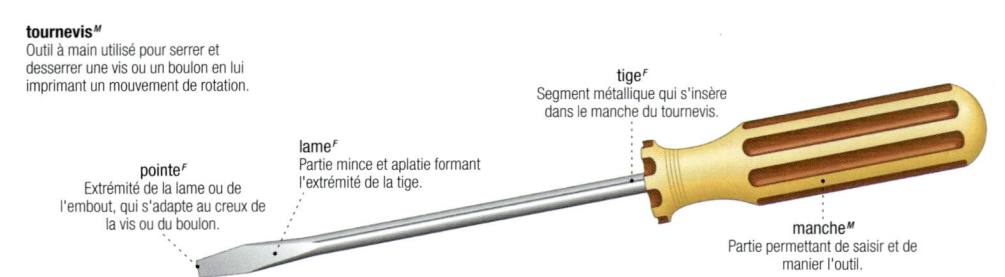

tige^F
Segment métallique qui s'insère dans le manche du tournevis.

manche^M
Partie permettant de saisir et de manier l'outil.

exemples^M de pointes^F
Pointe : extrémité de la lame ou de l'embout, qui s'adapte au creux de la vis ou du boulon.

pointe^F carrée
Pointe dont la taille de l'extrémité s'adapte à celle d'une vis à tête creuse.

pointe^F cruciforme
Pointe dont le double filet croisé s'adapte à la tête d'une vis cruciforme.

pointe^F plate
Pointe qui s'adapte à la fente d'une vis.

tournevis^M à spirale^F
Tournevis à embouts interchangeables pourvu d'un mécanisme permettant de visser ou de dévisser une pièce par une simple poussée de la poignée.

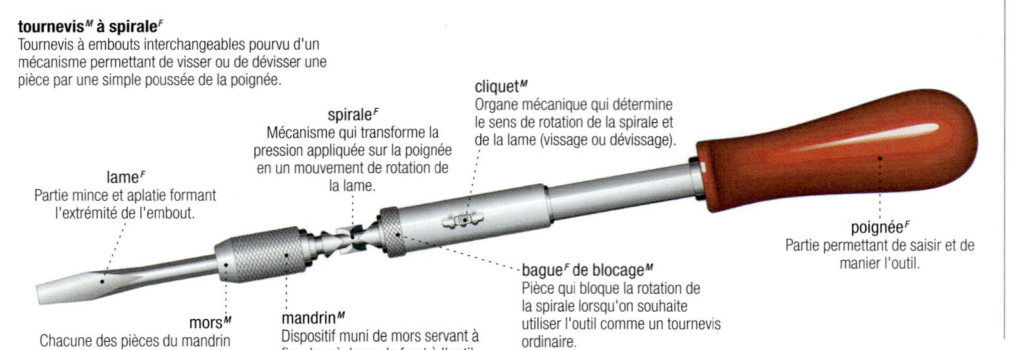

lame^F
Partie mince et aplatie formant l'extrémité de l'embout.

spirale^F
Mécanisme qui transforme la pression appliquée sur la poignée en un mouvement de rotation de la lame.

cliquet^M
Organe mécanique qui détermine le sens de rotation de la spirale et de la lame (vissage ou dévissage).

poignée^F
Partie permettant de saisir et de manier l'outil.

bague^F de blocage^M
Pièce qui bloque la rotation de la spirale lorsqu'on souhaite utiliser l'outil comme un tournevis ordinaire.

mors^M
Chacune des pièces du mandrin qui se referment sur l'outil pour le maintenir solidement en place.

mandrin^M
Dispositif muni de mors servant à fixer la mèche ou le foret à l'outil.

tournevis^M sans fil^M
Tournevis à embouts interchangeables, doté d'une batterie, permettant le serrage ou le desserrage automatique de vis ou de boulons.

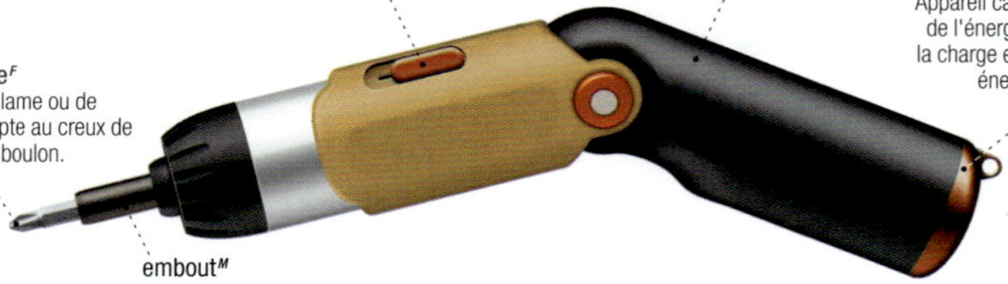

pointe^F
Extrémité de la lame ou de l'embout, qui s'adapte au creux de la vis ou du boulon.

inverseur^M de marche^F
Interrupteur grâce auquel on sélectionne le sens de rotation de l'embout (vissage ou dévissage).

poignée^F
Partie permettant de saisir et de manier l'outil.

batterie^F
Appareil capable d'emmagasiner de l'énergie chimique pendant la charge et de la transformer en énergie électrique.

embout^M
Tige amovible à laquelle le moteur imprime un mouvement de rotation qui permet le vissage ou le dévissage d'une pièce.

ailette^F à ressort^M
Le ressort sous l'ailette lui permet de se replier le long du boulon lorsqu'on la passe au travers d'un trou pratiqué dans une paroi, puis de s'ouvrir derrière celle-ci comme écrou.

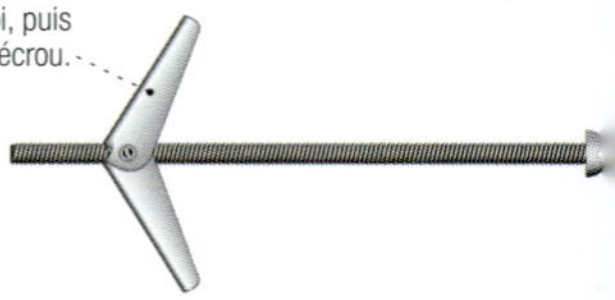

boulon^M à ailettes^F
Pièce composée d'un boulon muni d'ailettes qui se déploient derrière une cloison creuse afin d'assurer une fixation solide.

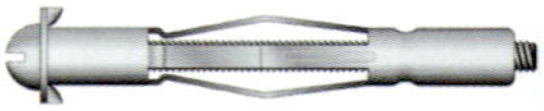

boulon^M à gaine^F d'expansion^F
Pièce formée d'un boulon logé dans un fourreau déformable qui, lorsqu'on serre le boulon, s'aplatit contre l'intérieur d'une cloison creuse.

vis^F
Pièce métallique, formée d'une tête et d'une tige partiellement ou totalement filetée, utilisée pour assurer des fixations et des assemblages.

tête^F
Extrémité élargie de la vis, dont le profil et la forme du creux varient.

fente^F
Encoche pratiquée dans la tête, qui permet l'insertion d'une pointe de tournevis de forme correspondante.

fût^M
Partie non filetée de la tige d'une vis.

filet^M
Saillie hélicoïdale à la surface de la tige, destinée à s'enfoncer en tournant dans un matériau solide.

exemples^M de têtes^F
Tête : extrémité élargie de la vis, dont le profil et la forme du creux varient.

tête^F plate
Tête fendue qui affleure la surface du bois ou s'y enfonce complètement.

tête^F ronde
Tête fendue de forme arrondie dont la base est plate pour coller à la surface de bois ou de métal.

tête^F à sens^M unique
Tête fendue à laquelle on a retiré deux quarts opposés afin que la vis ne puisse être tournée que dans un sens, rendant le dévissage très difficile.

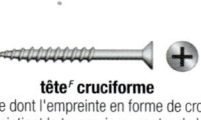

tête^F cruciforme
Tête dont l'empreinte en forme de croix maintient le tournevis au centre de la tête, ce qui permet une prise très ferme.

tête^F creuse
Tête pourvue d'une cavité de forme carrée, de taille variable.

tête^F bombée
Tête fendue surmontée d'une partie sphérique décorative qui ne s'enfonce pas sous la surface du bois.

BRICOLAGE ET JARDINAGE

menuiserie | 391

outils pour scier

Outils qui permettent de couper divers matériaux.

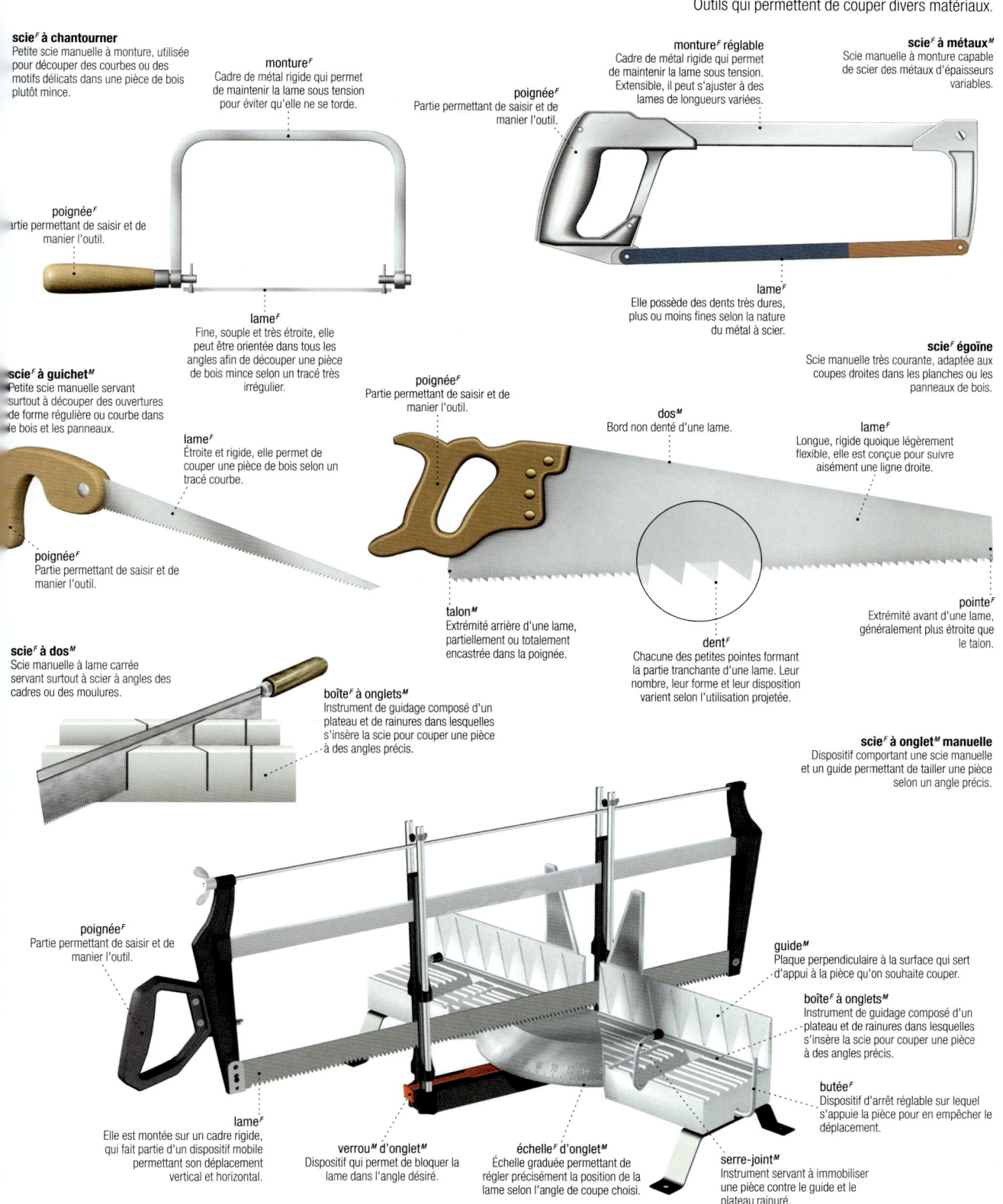

scie à chantourner
Petite scie manuelle à monture, utilisée pour découper des courbes ou des motifs délicats dans une pièce de bois plutôt mince.

monture
Cadre de métal rigide qui permet de maintenir la lame sous tension pour éviter qu'elle ne se torde.

monture réglable
Cadre de métal rigide qui permet de maintenir la lame sous tension. Extensible, il peut s'ajuster à des lames de longueurs variées.

poignée
Partie permettant de saisir et de manier l'outil.

scie à métaux
Scie manuelle à monture capable de scier des métaux d'épaisseurs variables.

poignée
Partie permettant de saisir et de manier l'outil.

lame
Fine, souple et très étroite, elle peut être orientée dans tous les angles afin de découper une pièce de bois mince selon un tracé très irrégulier.

lame
Elle possède des dents très dures, plus ou moins fines selon la nature du métal à scier.

scie à guichet
Petite scie manuelle servant surtout à découper des ouvertures de forme régulière ou courbe dans le bois et les panneaux.

poignée
Partie permettant de saisir et de manier l'outil.

dos
Bord non denté d'une lame.

scie égoïne
Scie manuelle très courante, adaptée aux coupes droites dans les planches ou les panneaux de bois.

lame
Étroite et rigide, elle permet de couper une pièce de bois selon un tracé courbe.

lame
Longue, rigide quoique légèrement flexible, elle est conçue pour suivre aisément une ligne droite.

poignée
Partie permettant de saisir et de manier l'outil.

talon
Extrémité arrière d'une lame, partiellement ou totalement encastrée dans la poignée.

dent
Chacune des petites pointes formant la partie tranchante d'une lame. Leur nombre, leur forme et leur disposition varient selon l'utilisation projetée.

pointe
Extrémité avant d'une lame, généralement plus étroite que le talon.

scie à dos
Scie manuelle à lame carrée servant surtout à scier à angles des cadres ou des moulures.

boîte à onglets
Instrument de guidage composé d'un plateau et de rainures dans lesquelles s'insère la scie pour couper une pièce à des angles précis.

scie à onglet manuelle
Dispositif comportant une scie manuelle et un guide permettant de tailler une pièce selon un angle précis.

poignée
Partie permettant de saisir et de manier l'outil.

guide
Plaque perpendiculaire à la surface qui sert d'appui à la pièce qu'on souhaite couper.

boîte à onglets
Instrument de guidage composé d'un plateau et de rainures dans lesquelles s'insère la scie pour couper une pièce à des angles précis.

butée
Dispositif d'arrêt réglable sur lequel s'appuie la pièce pour en empêcher le déplacement.

lame
Elle est montée sur un cadre rigide, qui fait partie d'un dispositif mobile permettant son déplacement vertical et horizontal.

verrou d'onglet
Dispositif qui permet de bloquer la lame dans l'angle désiré.

échelle d'onglet
Échelle graduée permettant de régler précisément la position de la lame selon l'angle de coupe choisi.

serre-joint
Instrument servant à immobiliser une pièce contre le guide et le plateau rainuré.

BRICOLAGE ET JARDINAGE

menuiserie

outils pour scier

scie circulaire
Scie électrique portative, pourvue d'une lame circulaire, utilisée pour réaliser des coupes droites dans divers matériaux.

poignée
Partie permettant de saisir et de manier l'outil. Pour une maîtrise optimale, il convient de placer une main sur la poignée et l'autre sur le bouton-guide.

interrupteur à gâchette
Appareil mécanique de connexion permettant de mettre en marche ou d'arrêter l'outil par une simple pression du doigt.

protège-lame supérieur
Gaine fixe recouvrant la partie supérieure de la lame afin d'empêcher la projection de sciure ainsi que tout contact accidentel avec les mains.

échelle de profondeur
Échelle graduée permettant de régler la hauteur de la lame sous la semelle, ce qui détermine la profondeur de coupe.

lame
Disque métallique de faible épaisseur, muni de dents, qui, par rotation, permet de couper des pièces de bois ou de métal.

moteur
Appareil qui transforme l'énergie électrique qui l'alimente en énergie mécanique pour faire fonctionner un appareil.

levier du protège-lame inférieur
Dispositif qui permet de lever manuellement le protège-lame inférieur.

inclinaison de la semelle
Dispositif qui règle le degré d'inclinaison de la semelle par rapport à la lame, ce qui permet d'effectuer des coupes droites ou en biseau.

protège-lame inférieur
Gaine escamotable recouvrant la partie inférieure de la lame, qui se relève progressivement avec l'avance de la coupe.

bouton-guide
Poignée destinée principalement à faciliter le guidage de l'outil lors du sciage.

écrou de la lame
Pièce assurant la fixation de la lame sur son axe de rotation.

blocage de l'inclinaison
Mécanisme qui bloque la lame selon le degré d'inclinaison choisi, soit entre 45 et 90°.

guide parallèle
Pièce mobile, perpendiculaire à la surface qui maintient la largeur de coupe lors du sciage d'une pièce de bois dans le sens de la longueur.

semelle
Plaque de support de l'outil, qui s'appuie sur la surface de la pièce à scier.

lame de scie circulaire
Disque métallique amovible de faible épaisseur, adaptable à divers types de scies circulaires.

scie à onglet électrique
Système formé d'une scie circulaire et d'un dispositif de guidage permettant de tailler une pièce selon un angle précis.

poignée
Partie permettant de saisir et de manier l'outil.

dent
Chacune des petites pointes formant la partie tranchante d'une lame. Leur nombre, leur forme et leur disposition varient selon l'utilisation projetée.

buse d'aspiration
Conduit d'éjection des sciures, auquel on peut généralement fixer un sac de collecte.

protège-lame
Dispositif recouvrant la lame afin d'empêcher la projection de sciure ainsi que tout contact accidentel avec les mains.

pointe
Extrémité de la dent dont la composit métallique varie selon la nature du matériau à couper.

guide
Plaque perpendiculaire à la surface qui sert d'appui à la pièce qu'on souhaite couper.

lame
Disque métallique de faible épaisseur, muni de dents, qui, par rotation, permet de couper des pièces de bois ou de métal.

poignée de blocage d'onglet
Elle permet, une fois le verrou d'onglet dégagé, de pivoter la table pour choisir l'angle de coupe.

table
Plateau circulaire pivotant, muni d'une fente de trait de scie, auquel est rattachée la structure supportant la lame.

échelle d'onglet
Échelle graduée permettant de régler précisément la position de la lame selon l'angle de coupe choisi.

verrou d'onglet
Dispositif qui permet de bloquer la ta et la lame dans la position désirée.

BRICOLAGE ET JARDINAGE

menuiserie

outils pour scier

sélecteur de vitesse
Dispositif permettant de régler le rythme de va-et-vient de la lame.

bouton de verrouillage de l'interrupteur
Dispositif qui bloque l'interrupteur en position enfoncée pour assurer une marche continue lors de découpes longues ou complexes.

scie sauteuse
Scie électrique portative dont la lame décrit un mouvement alternatif vertical, utilisée pour effectuer des découpes droites ou courbes dans divers matériaux.

interrupteur à gâchette
Appareil mécanique de connexion permettant de mettre en marche ou d'arrêter l'outil par une simple pression du doigt.

poignée
Partie permettant de saisir et de manier l'outil.

sélecteur d'inclinaison de la lame
Dispositif qui règle le mouvement pendulaire de la lame. Un mouvement pendulaire faible ou nul procure une meilleure finition, mais un sciage moins rapide.

déflecteur de copeaux
Couvercle de protection qui empêche la sciure et les éclats de dévier vers l'utilisateur ou vers la ligne de coupe.

lame
Elle décrit un mouvement de va-et-vient vertical, auquel peut s'ajouter un mouvement pendulaire, d'avant en arrière, qui augmente l'efficacité du sciage.

semelle
Plaque de support de l'outil, qui s'appuie sur la surface de la pièce à scier. Elle est inclinable afin de permettre les coupes en biseau.

cordon d'alimentation
Câble électrique souple contenant les conducteurs qui permettent de relier l'appareil au circuit électrique.

protège-lame
Dispositif recouvrant la lame afin d'empêcher la projection de sciure ainsi que tout contact accidentel avec les mains.

lame
Disque métallique de faible épaisseur, muni de dents, qui, par rotation, permet de couper des pièces de bois ou de métal.

scie circulaire à table
Ensemble formé d'une table, d'une scie circulaire et d'accessoires de guidage, qui permet les coupes droites ou obliques de pièces de grande dimension.

table
Surface plane qui soutient la pièce à scier ainsi que les accessoires de guidage.

rainure du guide à onglet
Entaille pratiquée dans la table, qui sert à emboîter et à faire coulisser le guide à onglet.

guide parallèle
Pièce mobile, perpendiculaire à la surface qui maintient la largeur de coupe lors du sciage d'une pièce de bois dans le sens de la longueur.

rallonge de la table
Partie ajoutée qui augmente la surface de travail formée par la table.

glissière du guide
Pièce ajourée dont le mouvement le long d'une rainure entraîne le guide parallèle à la mesure exacte désirée.

guide à onglet
Barre mobile permettant, lors d'une coupe transversale, de positionner une pièce selon un angle précis (entre 45 et 90°), puis de la guider vers la lame.

blocage de la lame
Vis qui verrouille la position de la lame après réglage en hauteur et en inclinaison.

blocage du guide
Poignée de verrouillage utilisée pour immobiliser le guide parallèle à l'endroit voulu sur la table.

rainure du guide parallèle
Entaille servant à emboîter et à faire coulisser la glissière du guide parallèle.

interrupteur
Bouton de mise en marche ou d'arrêt de l'appareil.

hauteur et inclinaison de la lame
Volant de réglage de la hauteur de la lame et dispositif d'inclinaison de la lame se déplaçant le long d'un indicateur d'angle (entre 0 et 45°).

règle du guide parallèle
Échelle graduée indiquant la distance entre le guide parallèle et la lame, donc la largeur de coupe.

BRICOLAGE ET JARDINAGE

menuiserie

outils^M pour percer

Outils permettant de faire des trous dans divers matériaux.

perceuse^F-visseuse^F sans fil^M
Outil électrique portatif muni d'une batterie qui permet à la fois le perçage de trous et le vissage ou le dévissage de vis ou de boulons.

bague^F de réglage^M du couple^M de serrage^M
Pièce annulaire qui règle la puissance de torsion générée par l'outil. Le vissage nécessite un couple de serrage moins élevé que le perçage.

sélecteur^M de vitesse^F de rotation^F
Dispositif permettant de régler la vitesse de rotation du mandrin.

embout^M de vissage^M
Outil amovible qui s'insère dans le mandrin et permet le vissage ou le dévissage d'une vis.

mandrin^M autoserrant
Mandrin dont une bague de réglage assure automatiquement la force du serrage des mors sur la queue de l'outil.

interrupteur^M à gâchette^F
Appareil mécanique de connexion permettant de mettre en marche ou d'arrêter l'outil par une simple pression du doigt.

inverseur^M de marche^F
Interrupteur grâce auquel on sélectionne le sens de rotation de l'embout (vissage ou dévissage).

batterie^F
Appareil capable d'emmagasiner de l'énergie chimique pendant la charge et de la transformer en énergie électrique.

chargeur^M
Appareil électrique dans lequel s'insère la batterie de l'outil afin d'en permettre la recharge.

exemples^M de mèches^F et de forets^M
La mèche comporte une pointe de centrage, alors que le foret se termine par un cône à arêtes coupantes. Ils sont destinés l'un et l'autre à percer divers matériaux.

mèche^F hélicoïdale
Mèche au corps parcouru d'une goujure spiralée; elle perce des trous droits et uniformes, très pratiques pour insérer des goujons.

queue^F
Partie supérieure de la mèche, sur laquelle s'exerce la pression des mors du mandrin.

goujure^F
Rainure pratiquée dans le corps mèche, qui permet, lors du perç d'évacuer les débris hors du tr

corps^M
Partie comprise entre la queue et la pointe de centrage.

listel^M
Surface plate située entre les goujures du corps.

lèvre^F
Arête coupante formant la bordure du listel.

pointe^F de centrage^M
Extrémité pointue filetée qui permet de centrer la mèche au milieu du trou et de commencer à l'enfoncer dans la surface du matériau.

mèche^F hélicoïdale à âme^F centrale
Mèche formée d'une tige centrale entourée d'une torsade; elle est très résistante et spécialement adaptée au perçage de trous profonds.

perceuse^F électrique
Outil électrique portatif qui, grâce à la rotation plus ou moins rapide de forets ou de mèches, sert à percer des trous dans divers matériaux.

mors^M
Chacune des pièces du mandrin qui se referment sur l'outil pour le maintenir solidement en place.

mandrin^M
Dispositif muni de mors servant à fixer la mèche ou le foret à l'outil.

boîtier^M
Boîte renfermant et protégeant le moteur.

butée^F de profondeur^F
Dispositif permettant de déterminer la profondeur atteinte par le foret ou la mèche.

plaque^F d'instructions^F
Plaque qui fournit certaines mises en garde visant à éviter les blessures causées par une mauvaise utilisation de l'outil.

poignée^F-pistolet^M
Partie dont la forme rappelle la crosse d'un pistolet, destinée à saisir l'outil tout en permettant au poignet de demeurer droit.

blocage^M de l'interrupteur^M
Dispositif qui bloque l'interrupteur en position enfoncée pour assurer une marche continue lors d'une utilisation prolongée.

interrupteur^M à gâchette^F
Appareil mécanique de connexion permettant de mettre en marche ou d'arrêter l'outil par une simple pression du doigt.

poignée^F auxiliaire
Poignée tubulaire qui assure une meilleure prise et améliore la stabilité de l'outil lors du perçage.

manchon^M de cordon^M
Enveloppe protectrice qui entoure le cordon afin d'en atténuer les torsions et d'en prévenir l'usure.

cordon^M d'alimentation^F
Câble électrique souple contenant les conducteurs qui permettent de relier l'appareil au circuit électrique.

clé^F de mandrin^M
Pièce servant à serrer ou desserrer les mors du mandrin.

queue^F
Partie supérieure de la mèche, laquelle s'exerce la pression de mors du mandrin.

torsade^F
Saillie en spirale située autour de la tige de la mèche, qui permet, lors du perçage, d'évacuer les débris hors du trou.

pointe^F de centrage^M
Extrémité pointue filetée qui permet de centrer la mèche au milieu du trou et de commencer à l'enfoncer dans la surface du matériau.

traçoir^M
Lèvre de coupe qui trace le cor du trou en détachant les copea qu'elle repousse ensuite vers l torsade pour les évacuer.

mèche^F à centre^M plat
Mèche conçue pour les trous peu profonds et de grand diamètre; elle possède une longue pointe de centrage permettant un positionnement précis au centre du trou.

mèche^F hélicoïdale à double torsa
Mèche constituée de deux torsades oppos elle permet l'évacuation rapide des débris du trou de perçage.

foret^M de maçonnerie^F
Foret dont la pointe en carbure de tungstène, dure et résistante, est conçue pour le perçage de matériaux comme la brique, le béton, la pierre, etc.

foret^M hélicoïdal
Le type de foret le plus commun, généralement utilisé pour percer des trous dans le métal ou dans le bois.

BRICOLAGE ET JARDINAGE

menuiserie

395

outils pour percer

manivelle
Poignée dont la rotation entraîne celle de la roue d'engrenage, qui transmet ensuite le mouvement au pignon et au mandrin.

chignole ; perceuse à main
Outil manuel à engrenage, principalement utilisé pour le perçage de trous dans le bois, le métal tendre et le plastique.

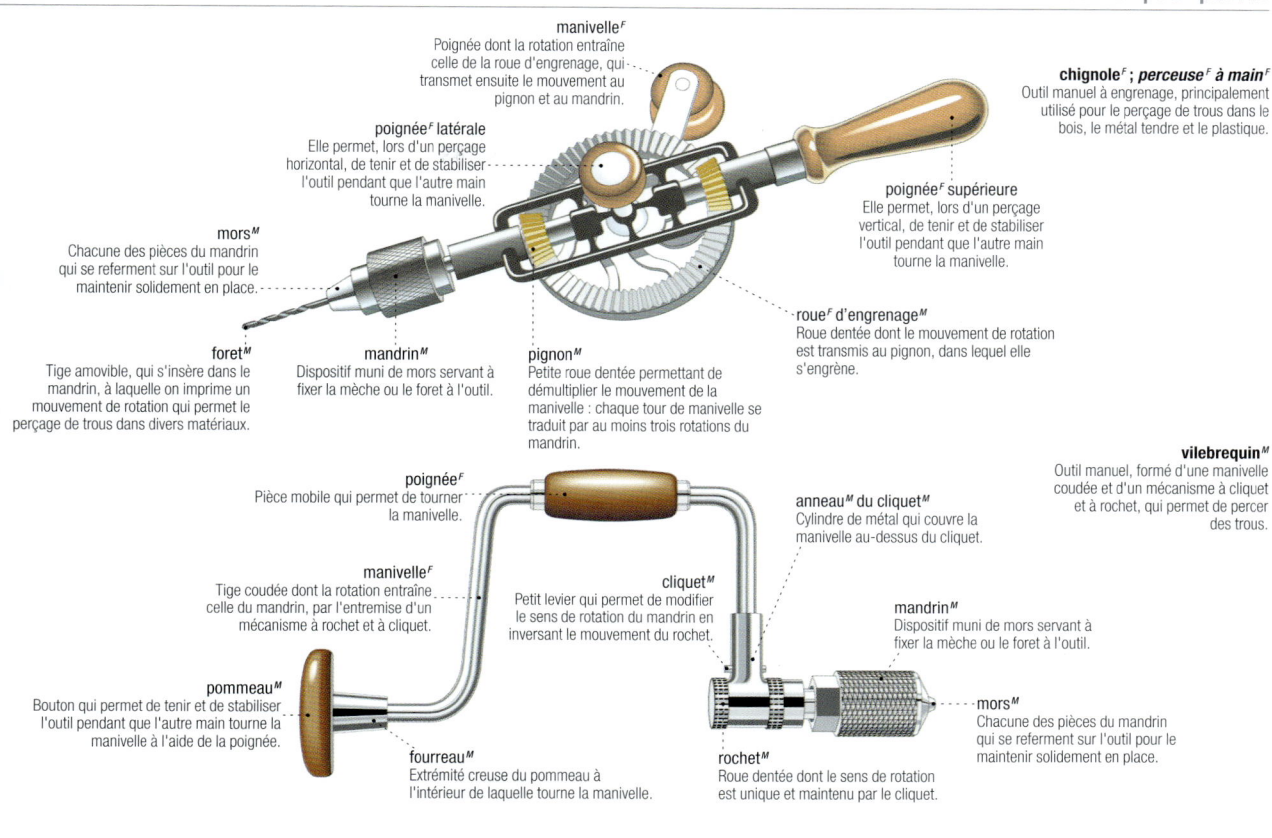

poignée latérale
Elle permet, lors d'un perçage horizontal, de tenir et de stabiliser l'outil pendant que l'autre main tourne la manivelle.

poignée supérieure
Elle permet, lors d'un perçage vertical, de tenir et de stabiliser l'outil pendant que l'autre main tourne la manivelle.

mors
Chacune des pièces du mandrin qui se referment sur l'outil pour le maintenir solidement en place.

foret
Tige amovible, qui s'insère dans le mandrin, à laquelle on imprime un mouvement de rotation qui permet le perçage de trous dans divers matériaux.

mandrin
Dispositif muni de mors servant à fixer la mèche ou le foret à l'outil.

pignon
Petite roue dentée permettant de démultiplier le mouvement de la manivelle : chaque tour de manivelle se traduit par au moins trois rotations du mandrin.

roue d'engrenage
Roue dentée dont le mouvement de rotation est transmis au pignon, dans lequel elle s'engrène.

vilebrequin
Outil manuel, formé d'une manivelle coudée et d'un mécanisme à cliquet et à rochet, qui permet de percer des trous.

poignée
Pièce mobile qui permet de tourner la manivelle.

anneau du cliquet
Cylindre de métal qui couvre la manivelle au-dessus du cliquet.

manivelle
Tige coudée dont la rotation entraîne celle du mandrin, par l'entremise d'un mécanisme à rochet et à cliquet.

cliquet
Petit levier qui permet de modifier le sens de rotation du mandrin en inversant le mouvement du rochet.

mandrin
Dispositif muni de mors servant à fixer la mèche ou le foret à l'outil.

pommeau
Bouton qui permet de tenir et de stabiliser l'outil pendant que l'autre main tourne la manivelle à l'aide de la poignée.

fourreau
Extrémité creuse du pommeau à l'intérieur de laquelle tourne la manivelle.

rochet
Roue dentée dont le sens de rotation est unique et maintenu par le cliquet.

mors
Chacune des pièces du mandrin qui se referment sur l'outil pour le maintenir solidement en place.

perceuse à colonne
Ensemble formé d'une perceuse électrique et d'un plateau montés sur une colonne, qui permet le perçage en série de trous d'une profondeur déterminée.

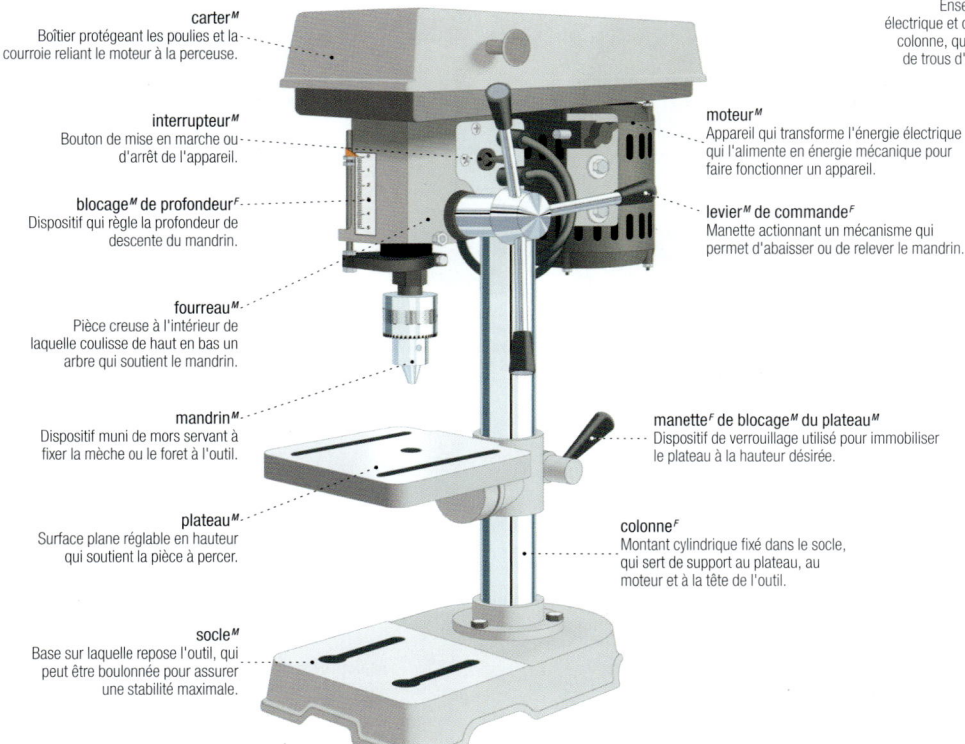

carter
Boîtier protégeant les poulies et la courroie reliant le moteur à la perceuse.

interrupteur
Bouton de mise en marche ou d'arrêt de l'appareil.

blocage de profondeur
Dispositif qui règle la profondeur de descente du mandrin.

moteur
Appareil qui transforme l'énergie électrique qui l'alimente en énergie mécanique pour faire fonctionner un appareil.

levier de commande
Manette actionnant un mécanisme qui permet d'abaisser ou de relever le mandrin.

fourreau
Pièce creuse à l'intérieur de laquelle coulisse de haut en bas un arbre qui soutient le mandrin.

mandrin
Dispositif muni de mors servant à fixer la mèche ou le foret à l'outil.

manette de blocage du plateau
Dispositif de verrouillage utilisé pour immobiliser le plateau à la hauteur désirée.

plateau
Surface plane réglable en hauteur qui soutient la pièce à percer.

colonne
Montant cylindrique fixé dans le socle, qui sert de support au plateau, au moteur et à la tête de l'outil.

socle
Base sur laquelle repose l'outil, qui peut être boulonnée pour assurer une stabilité maximale.

BRICOLAGE ET JARDINAGE

menuiserie

outils^M pour façonner

Outils utilisés pour aiguiser, polir, poncer ou aplanir une surface.

ponceuse^F excentrique
Outil électrique portatif dont le disque abrasif est animé d'un double mouvement (rotatif et excentrique) permettant le ponçage de finition de diverses surfaces.

bouton^M de blocage^M
Dispositif qui bloque l'interrupteur en position enfoncée pour assurer une marche continue lors d'une utilisation prolongée.

meuleuse^F d'angle^M
Outil électrique portatif utilisé pour aiguiser, polir, façonner, etc.

boîtier^M
Boîte renfermant et protégeant le moteur.

poignée^F
Partie permettant de saisir et de manier l'outil.

meule^F
Disque abrasif plus ou moins rigide, monté sur l'arbre d'une meuleuse, dont les grains varient selon la tâche (aiguiser, polir, façonner, etc.).

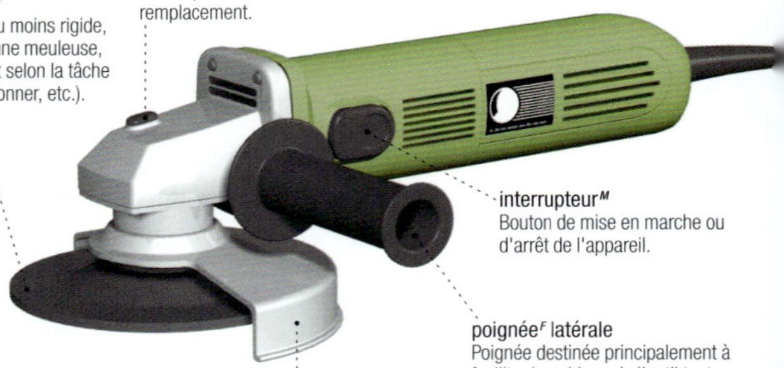

bouton^M de blocage^M de l'arbre^M
Dispositif qui empêche la rotation de l'arbre portant la meule afin d'en faciliter le remplacement.

interrupteur^M
Bouton de mise en marche ou d'arrêt de l'appareil.

interrupteur^M à gâchette^F
Appareil mécanique de connexion permettant de mettre en marche ou d'arrêter l'outil par une simple pression du doigt.

boîte^F à poussière^F
Récipient qui recueille la poussière aspirée par des orifices du plateau de ponçage, vis-à-vis les perforations du disque abrasif.

poignée^F latérale
Poignée destinée principalement à faciliter le guidage de l'outil tout en lui assurant une stabilité accrue.

plateau^M de ponçage^M
Semelle sur laquelle est fixé le disque abrasif. Généralement constitué d'un matériau souple, il permet le ponçage de surfaces planes ou courbes.

disque^M abrasif
Papier à poncer, généralement perforé et autoadhésif, qui correspond au plateau de la ponceuse.

carter^M de meule^F
Enveloppe métallique recouvrant partiellement la meule afin d'empêcher tout contact accidentel ou, en cas de rupture, la projection de fragments vers l'utilisateur.

ponceuse^F à bande^F
Outil électrique portatif dont la bande abrasive permet de lisser diverses surfaces.

interrupteur^M à gâchette^F
Appareil mécanique de connexion permettant de mettre en marche ou d'arrêter l'outil par une simple pression du doigt.

poignée^F arrière
Partie permettant de saisir et de manier l'outil.

sac^M à poussière^F
Récipient qui recueille les débris de ponçage.

poignée^F avant
Poignée destinée principalement à faciliter le guidage de l'outil tout en lui assurant une stabilité accrue.

manchon^M du cordon^M
Enveloppe protectrice qui entoure le cordon afin d'en atténuer les torsions et d'en prévenir l'usure.

cordon^M d'alimentation^F
Câble électrique souple contenant les conducteurs qui permettent de relier l'appareil au circuit électrique.

petite poulie^F
Roue sur laquelle passe la courroie portant la bande abrasive.

grande poulie^F
Roue sur laquelle passe la courroie portant la bande abrasive.

bande^F abrasive
Papier à poncer placé sur la courroie d'une ponceuse.

courroie^F crantée
Dispositif d'entraînement de la bande abrasive.

levier^M de dégagement^M de la tension^F
Dispositif permettant de diminuer la tension de la bande abrasive pour en faciliter le remplacement.

matériel^M de façonnage^M
Papier ou disque rigide abrasif utilisé pour aiguiser, polir, poncer ou aplanir diverses surfaces.

meule^F
Disque abrasif plus ou moins rigide, monté sur l'arbre d'une meuleuse, dont les grains varient selon la tâche (aiguiser, polir, façonner, etc.).

disque^M abrasif
Papier à poncer, généralement perforé et autoadhésif, qui correspond au plateau de la ponceuse.

papier^M de verre^M
Papier abrasif généralement recouvert de poudre de verre, qu'on utilise seul ou monté sur un outil pour effectuer des travaux de ponçage.

bande^F abrasive
Papier à poncer placé sur la courroie d'une ponceuse.

BRICOLAGE ET JARDINAGE

menuiserie 397

outils^M pour façonner

varlope^F
Long rabot qui permet d'aplanir des pièces de bois de grande dimension sans dévier sur les bosses ou dans les creux.

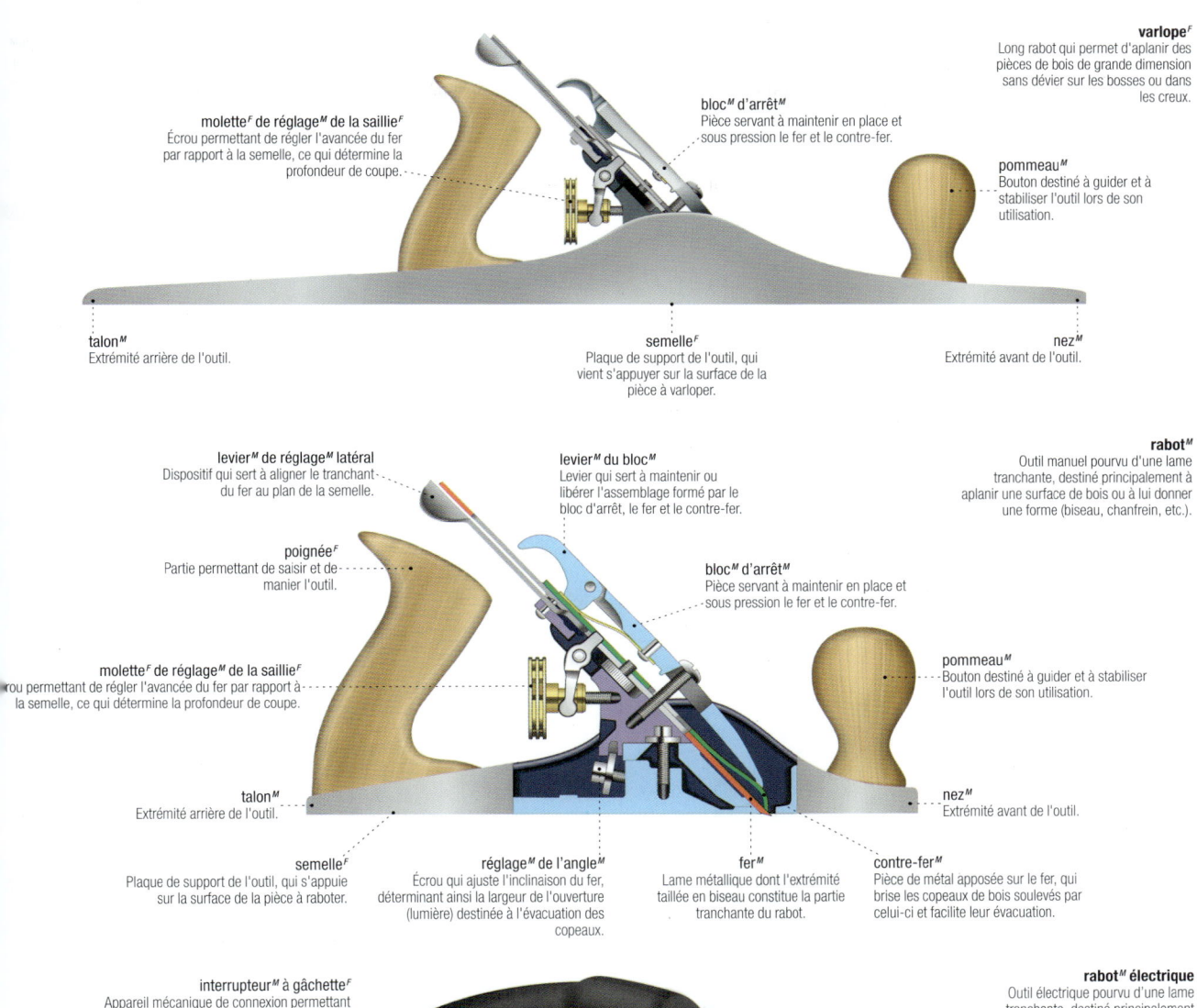

molette^F de réglage^M de la saillie^F
Écrou permettant de régler l'avancée du fer par rapport à la semelle, ce qui détermine la profondeur de coupe.

bloc^M d'arrêt^M
Pièce servant à maintenir en place et sous pression le fer et le contre-fer.

pommeau^M
Bouton destiné à guider et à stabiliser l'outil lors de son utilisation.

talon^M
Extrémité arrière de l'outil.

semelle^F
Plaque de support de l'outil, qui vient s'appuyer sur la surface de la pièce à varloper.

nez^M
Extrémité avant de l'outil.

rabot^M
Outil manuel pourvu d'une lame tranchante, destiné principalement à aplanir une surface de bois ou à lui donner une forme (biseau, chanfrein, etc.).

levier^M de réglage^M latéral
Dispositif qui sert à aligner le tranchant du fer au plan de la semelle.

levier^M du bloc^M
Levier qui sert à maintenir ou libérer l'assemblage formé par le bloc d'arrêt, le fer et le contre-fer.

poignée^F
Partie permettant de saisir et de manier l'outil.

bloc^M d'arrêt^M
Pièce servant à maintenir en place et sous pression le fer et le contre-fer.

molette^F de réglage^M de la saillie^F
Écrou permettant de régler l'avancée du fer par rapport à la semelle, ce qui détermine la profondeur de coupe.

pommeau^M
Bouton destiné à guider et à stabiliser l'outil lors de son utilisation.

talon^M
Extrémité arrière de l'outil.

nez^M
Extrémité avant de l'outil.

semelle^F
Plaque de support de l'outil, qui s'appuie sur la surface de la pièce à raboter.

réglage^M de l'angle^M
Écrou qui ajuste l'inclinaison du fer, déterminant ainsi la largeur de l'ouverture (lumière) destinée à l'évacuation des copeaux.

fer^M
Lame métallique dont l'extrémité taillée en biseau constitue la partie tranchante du rabot.

contre-fer^M
Pièce de métal apposée sur le fer, qui brise les copeaux de bois soulevés par celui-ci et facilite leur évacuation.

rabot^M électrique
Outil électrique pourvu d'une lame tranchante, destiné principalement à aplanir une surface de bois ou à lui donner une forme (biseau, chanfrein, etc.).

interrupteur^M à gâchette^F
Appareil mécanique de connexion permettant de mettre en marche ou d'arrêter l'outil par une simple pression du doigt.

évacuation^F des copeaux^M
Dispositif par lequel les brins de bois sont éliminés.

poignée^F de guidage^M
Poignée destinée principalement à faciliter le guidage de l'outil tout en lui assurant une stabilité accrue.

capot^M de courroie^F
Dispositif recouvrant le mécanisme d'entraînement de la lame.

semelle^F
Plaque de support de l'outil, qui s'appuie sur la surface de la pièce à raboter.

BRICOLAGE ET JARDINAGE

menuiserie

outils^M pour façonner

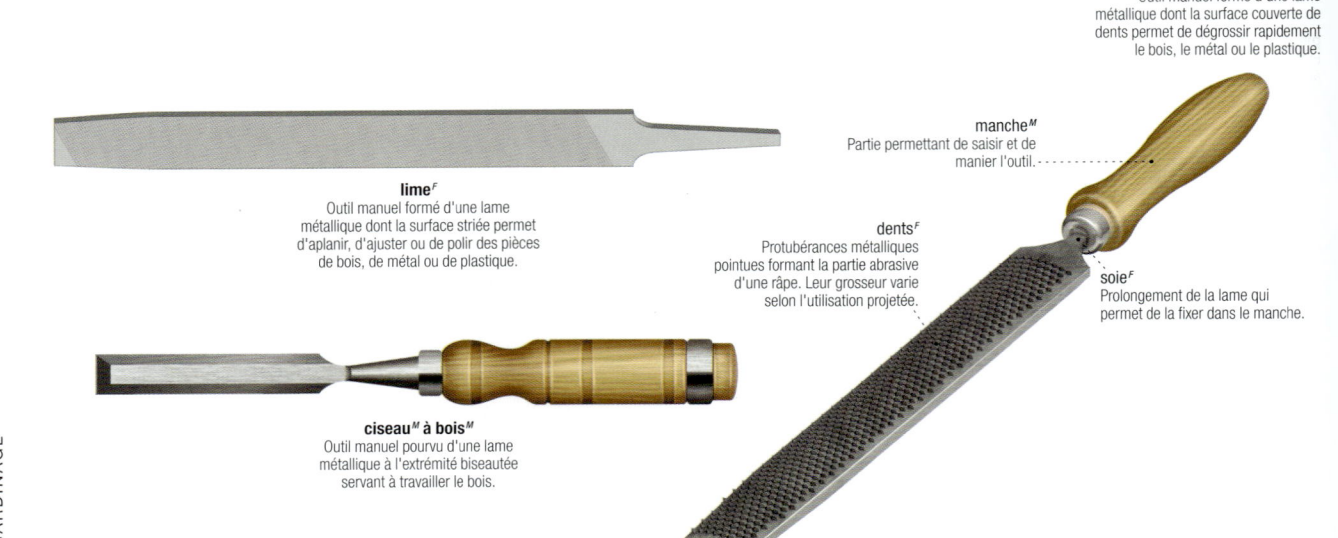

râpe^F
Outil manuel formé d'une lame métallique dont la surface couverte de dents permet de dégrossir rapidement le bois, le métal ou le plastique.

lime^F
Outil manuel formé d'une lame métallique dont la surface striée permet d'aplanir, d'ajuster ou de polir des pièces de bois, de métal ou de plastique.

manche^M
Partie permettant de saisir et de manier l'outil.

dents^F
Protubérances métalliques pointues formant la partie abrasive d'une râpe. Leur grosseur varie selon l'utilisation projetée.

soie^F
Prolongement de la lame qui permet de la fixer dans le manche.

ciseau^M à bois^M
Outil manuel pourvu d'une lame métallique à l'extrémité biseautée servant à travailler le bois.

défonceuse^F ; toupie^F
Outil électrique portatif qui permet, grâce à la rotation de fraises, de façonner notamment des moulures, des rainures et des pièces d'assemblage en bois.

réglage^M de profondeur^F
Dispositif qui règle la profondeur verticale maximale de la fraise, ce qui détermine la profondeur de fraisage.

cordon^M d'alimentation^F
Câble électrique souple contenant les conducteurs qui permettent de relier l'appareil au circuit électrique.

moteur^M
Appareil qui transforme l'énergie électrique qui l'alimente en énergie mécanique pour faire fonctionner un appareil.

interrupteur^M
Bouton de mise en marche ou d'arrêt de l'appareil.

poignée^F de guidage^M
Chacune des deux poignées qui permettent de tenir et de manier l'outil.

écrou^M du porte-outil^M
Pièce annulaire permettant de serrer ou de desserrer le porte-outil.

porte-outil^M
Dispositif muni de mors servant à fixer la fraise à la défonceuse.

semelle^F
Plaque de support de l'outil, qui s'appuie sur la surface de la pièce à façonner.

exemples^M de fraises^F
Fraises : outils amovibles munis d'arêtes ou de parties abrasives auxquels une défonceuse imprime un mouvement de rotation pour façonner un ouvrage.

fraise^F à quart^M-de-rond^M
Fraise qui permet, selon la façon dont elle est positionnée, d'arrondir l'arête d'une pièce de bois ou de réaliser une moulure convexe avec épaulement.

fraise^F à feuillure^F
Fraise qui taille le bord d'une pièce de bois à angle droit, notamment pour réaliser des encadrements et divers joints d'ébénisterie.

fraise^F à gorge^F
Fraise que l'on utilise habituellement pour creuser dans le bois des rainures en forme de demi-cercle.

fraise^F à queue^F d'aronde^F
Fraise qui creuse des rainures dont la forme rappelle une queue d'hirondelle, souvent utilisées dans l'assemblage des tiroirs.

fraise^F à congé^M
Fraise qui sert notamment à façonner des moulures concaves ou à tailler les pièces formant les joints d'articulation d'une table à abattants.

fraise^F à chanfrein^M
Fraise qui permet de tailler les arêtes d'une pièce de bois à 45° afin de réaliser des bords décoratifs ou des joints.

BRICOLAGE ET JARDINAGE

menuiserie 399

outils pour serrer

Outils qui permettent de saisir, de tourner ou de compresser diverses pièces.

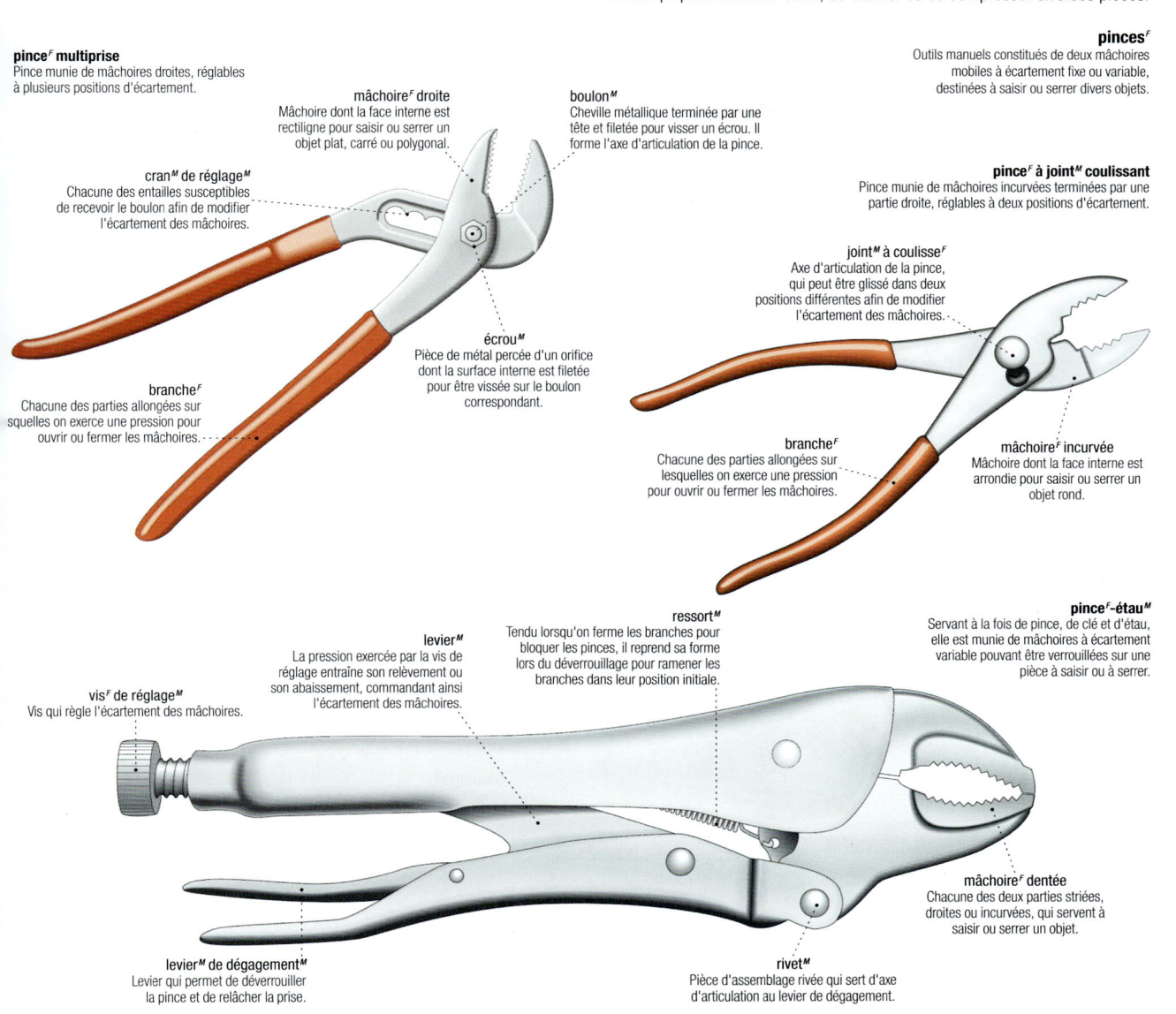

pinces
Outils manuels constitués de deux mâchoires mobiles à écartement fixe ou variable, destinées à saisir ou serrer divers objets.

pince multiprise
Pince munie de mâchoires droites, réglables à plusieurs positions d'écartement.

mâchoire droite
Mâchoire dont la face interne est rectiligne pour saisir ou serrer un objet plat, carré ou polygonal.

boulon
Cheville métallique terminée par une tête et filetée pour visser un écrou. Il forme l'axe d'articulation de la pince.

cran de réglage
Chacune des entailles susceptibles de recevoir le boulon afin de modifier l'écartement des mâchoires.

pince à joint coulissant
Pince munie de mâchoires incurvées terminées par une partie droite, réglables à deux positions d'écartement.

joint à coulisse
Axe d'articulation de la pince, qui peut être glissé dans deux positions différentes afin de modifier l'écartement des mâchoires.

écrou
Pièce de métal percée d'un orifice dont la surface interne est filetée pour être vissée sur le boulon correspondant.

branche
Chacune des parties allongées sur lesquelles on exerce une pression pour ouvrir ou fermer les mâchoires.

branche
Chacune des parties allongées sur lesquelles on exerce une pression pour ouvrir ou fermer les mâchoires.

mâchoire incurvée
Mâchoire dont la face interne est arrondie pour saisir ou serrer un objet rond.

pince-étau
Servant à la fois de pince, de clé et d'étau, elle est munie de mâchoires à écartement variable pouvant être verrouillées sur une pièce à saisir ou à serrer.

levier
La pression exercée par la vis de réglage entraîne son relèvement ou son abaissement, commandant ainsi l'écartement des mâchoires.

ressort
Tendu lorsqu'on ferme les branches pour bloquer les pinces, il reprend sa forme lors du déverrouillage pour ramener les branches dans leur position initiale.

vis de réglage
Vis qui règle l'écartement des mâchoires.

levier de dégagement
Levier qui permet de déverrouiller la pince et de relâcher la prise.

rivet
Pièce d'assemblage rivée qui sert d'axe d'articulation au levier de dégagement.

mâchoire dentée
Chacune des deux parties striées, droites ou incurvées, qui servent à saisir ou serrer un objet.

BRICOLAGE ET JARDINAGE

rondelles
Pièces annulaires qu'on intercale entre un écrou ou un boulon et une pièce à serrer afin de répartir l'effort de serrage.

rondelle à denture intérieure
Rondelle pourvue de protubérances intérieures qui permettent d'accroître la puissance de serrage d'un écrou et d'en empêcher le desserrage.

rondelle à denture extérieure
Rondelle pourvue de protubérances extérieures qui permettent d'accroître la puissance de serrage d'un écrou et d'en empêcher le desserrage.

rondelle à ressort
Rondelle de forme légèrement spiroïdale, qui agit comme un ressort pour empêcher le desserrage des écrous.

rondelle plate
Placée sous un écrou ou sous la tête d'un boulon, elle permet de répartir la pression tout en protégeant la surface de la pièce à serrer.

menuiserie

outils pour serrer

clés
Outils manuels à ouverture fixe ou variable, utilisés pour serrer ou desserrer des boulons et des écrous ainsi que pour monter ou démonter certaines pièces.

mâchoire fixe
Branche supérieure de la fourche, qui constitue le prolongement du manche de l'outil.

mâchoire mobile
Branche inférieure de la fourche, dont l'écartement permet à l'outil de s'adapter à la taille de la pièce à saisir.

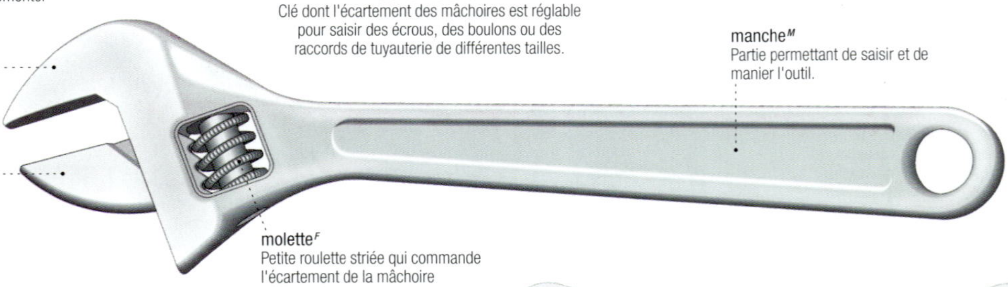

clé à molette
Clé dont l'écartement des mâchoires est réglable pour saisir des écrous, des boulons ou des raccords de tuyauterie de différentes tailles.

manche
Partie permettant de saisir et de manier l'outil.

molette
Petite roulette striée qui commande l'écartement de la mâchoire mobile.

clé polygonale à têtes fendues
Clé formée de deux têtes polygonales ouvertes, principalement conçue pour serrer des raccords de tuyauterie.

clé polygonale à cliquet
Clé dont les anneaux sont munis d'un dispositif (cliquet), qui limite la rotation de la pièce à un seul sens, et d'un rochet, qui permet de revenir en arrière sans lâcher prise.

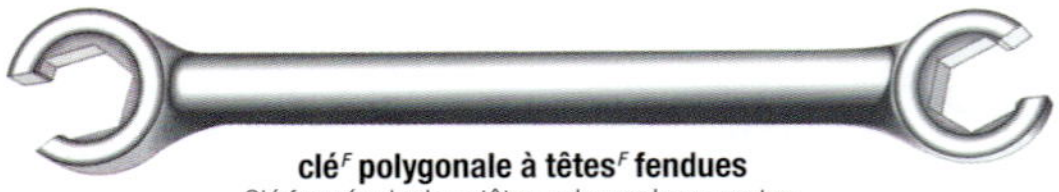

clé polygonale
Clé généralement coudée comportant deux anneaux polygonaux de tailles différentes, qui procurent une prise plus précise sur l'écrou que la clé à fourches.

clé à fourches
Clé munie de deux ouvertures de tailles différentes, formées de mâchoires parallèles.

clé mixte
Clé qui comprend une extrémité à fourche et une extrémité à tête polygonale, toutes deux d'ouverture égale.

clé à douille à cliquet
Clé munie d'un dispositif à rochet et cliquet : le cliquet fixe le sens de la rotation, le rochet permet au levier de reprendre prise sur la douille.

jeu de douilles
Ensemble formé de cylindres creux de différentes tailles et de différents profils intérieurs qui s'ajustent sur une clé à douille à cliquet.

boulons
Chevilles métalliques terminées par une tête et filetées pour visser un écrou afin d'assurer, par serrage, des fixations et des assemblages.

boulon
Cheville métallique terminée par une tête et filetée pour visser un écrou afin d'assurer, par serrage, des fixations et des assemblages.

écrou
Pièce de métal percée d'un orifice dont la surface interne est filetée pour être vissée sur le boulon correspondant.

tête
Extrémité élargie du boulon, de formes et de tailles diverses.

écrous
Pièces de métal percées d'un orifice dont la surface interne est filetée pour visser sur le boulon correspondant.

écrou hexagonal
Écrou le plus commun, à six pans permettant le serrage à la clé.

écrou borgne
Écrou surmonté d'une calotte creuse destinée à couvrir et à protéger l'extrémité filetée du boulon.

écrou à oreilles
Écrou qui comporte deux parties saillantes permettant de le visser ou de le dévisser manuellement.

boulon à épaulement
Boulon dont la tête comporte une section de plus faible diamètre pour concentrer la pression de serrage.

tige filetée
Partie allongée dont la surface est pourvue d'une saillie hélicoïdale permettant le vissage d'un écrou correspondant.

épaulement
Saillie cylindrique non filetée, qui sert d'appui lors du serrage.

menuiserie 401

outils^M pour serrer

étau^M
Presse formée de deux mors, fixée sur un plan de travail et destinée à serrer une ou plusieurs pièces.

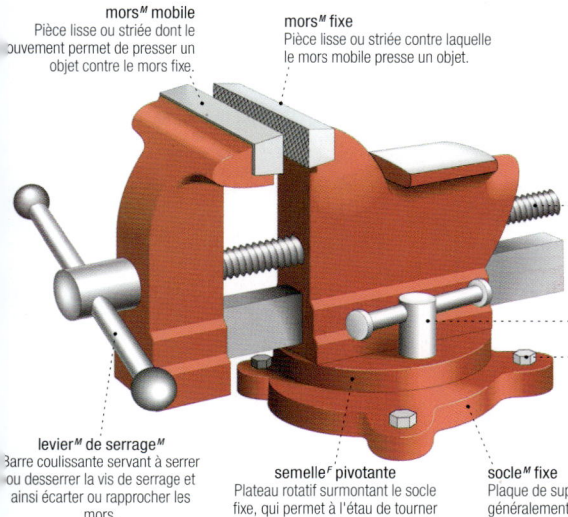

mors^M mobile
Pièce lisse ou striée dont le mouvement permet de presser un objet contre le mors fixe.

mors^M fixe
Pièce lisse ou striée contre laquelle le mors mobile presse un objet.

vis^F de serrage^M
Tige filetée dont la rotation, commandée par le levier de serrage, rapproche ou écarte le mors mobile de la pièce à serrer.

blocage^M du pivot^M
Barre coulissante servant à immobiliser par serrage la semelle pivotante dans la position désirée.

boulon^M
Cheville métallique terminée par une tête et filetée pour visser un écrou afin d'assurer la fixation de l'étau sur un plan de travail.

levier^M de serrage^M
Barre coulissante servant à serrer ou desserrer la vis de serrage et ainsi écarter ou rapprocher les mors.

semelle^F pivotante
Plateau rotatif surmontant le socle fixe, qui permet à l'étau de tourner sur 360°.

socle^M fixe
Plaque de support de l'outil, généralement boulonnée sur un établi ou une surface de travail.

serre-joint^M
Outil portatif à monture en C, destiné à immobiliser une ou plusieurs pièces à travailler.

mors^M fixe
Pièce lisse ou striée contre laquelle le mors mobile presse un objet.

mors^M mobile
Pièce lisse ou striée dont le mouvement permet de presser un objet contre le mors fixe.

rotule^F
Extrémité de la vis de serrage, conçue pour pivoter afin de s'ajuster aux objets de forme irrégulière.

gorge^F
Ouverture formée par la monture.

vis^F de serrage^M
Tige filetée dont la rotation, commandée par le levier de serrage, rapproche ou écarte le mors mobile de la pièce à serrer.

monture^F
Cadre de métal rigide en forme de C, dont l'une des extrémités se termine par le mors fixe, alors que l'autre est percée d'un trou recevant la vis de serrage.

levier^M de serrage^M
Barre coulissante servant à serrer ou desserrer la vis de serrage et ainsi écarter ou rapprocher les mors.

BRICOLAGE ET JARDINAGE

---

serre-joint^M à tuyau^M
Presse de grande dimension constituée d'un tuyau métallique servant de support à une mâchoire et un sabot.

levier^M de serrage^M
Barre coulissante servant à serrer ou desserrer la vis de serrage et ainsi écarter ou rapprocher la mâchoire du sabot.

vis^F de serrage^M
Tige filetée dont la rotation, commandée par le levier de serrage, rapproche ou écarte la mâchoire de la pièce à serrer.

mâchoire^F
Pièce mobile destinée à presser un ou plusieurs objets contre le sabot.

tuyau^M
Cylindre creux, de longueur variable, le long duquel coulissent la mâchoire et le sabot.

sabot^M
Mâchoire mobile dont le déplacement le long du tuyau permet d'ajuster rapidement l'outil à la longueur de l'ouvrage à serrer.

levier^M de blocage^M
Manette permettant d'immobiliser le sabot à l'endroit désiré sur le tuyau.

cale^F
Pièce amovible qui s'insère dans l'un des orifices du plateau pour immobiliser un objet sous la pression des mâchoires.

mâchoires^F
Parties du plateau qui s'approchent ou s'écartent afin de serrer un ou plusieurs objets.

établi^M étau^M
Petite table de travail, généralement pliable, dont le plateau est formé de deux mâchoires réglables permettant le serrage d'une ou de plusieurs pièces.

plateau^M
Grande surface plane, constituée de deux mâchoires formant un étau, qui soutient les pièces à travailler ainsi que divers outils et accessoires.

manivelle^F
Poignée servant à régler l'écartement des mâchoires. Les deux extrémités des mâchoires peuvent être ajustées indépendamment pour serrer des pièces en angle.

appui-pieds^M
Dispositif sur lequel on pose les pieds.

plomberie et maçonnerie

outils[F] de plomberie[F]

Outils qui permettent la mise en place, l'entretien ou la réparation des tuyaux et des installations sanitaires d'un bâtiment.

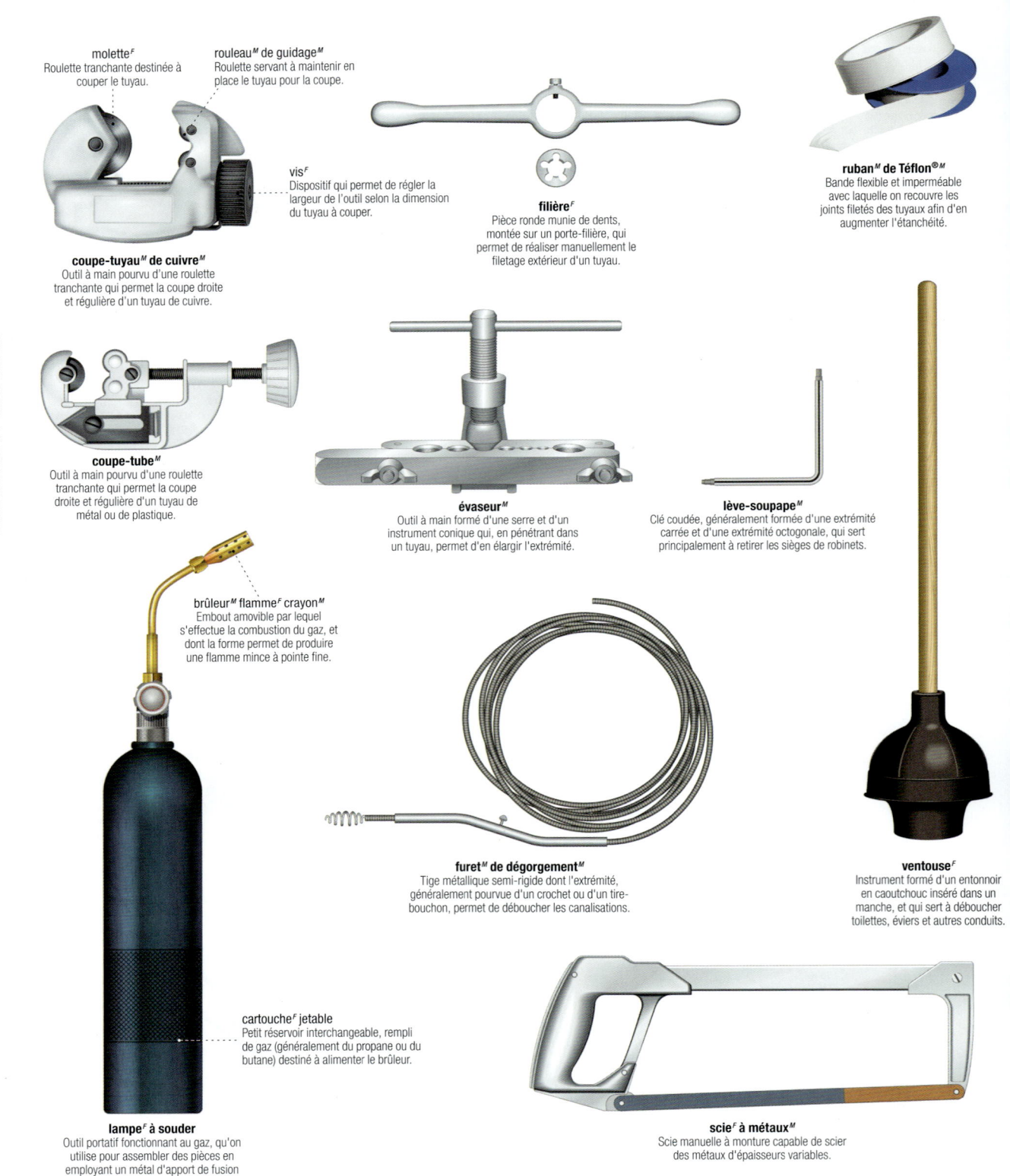

molette[F]
Roulette tranchante destinée à couper le tuyau.

rouleau[M] de guidage[M]
Roulette servant à maintenir en place le tuyau pour la coupe.

vis[F]
Dispositif qui permet de régler la largeur de l'outil selon la dimension du tuyau à couper.

coupe-tuyau[M] de cuivre[M]
Outil à main pourvu d'une roulette tranchante qui permet la coupe droite et régulière d'un tuyau de cuivre.

filière[F]
Pièce ronde munie de dents, montée sur un porte-filière, qui permet de réaliser manuellement le filetage extérieur d'un tuyau.

ruban[M] de Téflon®[M]
Bande flexible et imperméable avec laquelle on recouvre les joints filetés des tuyaux afin d'en augmenter l'étanchéité.

coupe-tube[M]
Outil à main pourvu d'une roulette tranchante qui permet la coupe droite et régulière d'un tuyau de métal ou de plastique.

évaseur[M]
Outil à main formé d'une serre et d'un instrument conique qui, en pénétrant dans un tuyau, permet d'en élargir l'extrémité.

lève-soupape[M]
Clé coudée, généralement formée d'une extrémité carrée et d'une extrémité octogonale, qui sert principalement à retirer les sièges de robinets.

brûleur[M] flamme[F] crayon[M]
Embout amovible par lequel s'effectue la combustion du gaz, et dont la forme permet de produire une flamme mince à pointe fine.

furet[M] de dégorgement[M]
Tige métallique semi-rigide dont l'extrémité, généralement pourvue d'un crochet ou d'un tire-bouchon, permet de déboucher les canalisations.

ventouse[F]
Instrument formé d'un entonnoir en caoutchouc inséré dans un manche, et qui sert à déboucher toilettes, éviers et autres conduits.

cartouche[F] jetable
Petit réservoir interchangeable, rempli de gaz (généralement du propane ou du butane) destiné à alimenter le brûleur.

lampe[F] à souder
Outil portatif fonctionnant au gaz, qu'on utilise pour assembler des pièces en employant un métal d'apport de fusion basse, par exemple le plomb.

scie[F] à métaux[M]
Scie manuelle à monture capable de scier des métaux d'épaisseurs variables.

BRICOLAGE ET JARDINAGE

plomberie et maçonnerie 403

outils^M de plomberie^F

clés^F
Outils manuels à ouverture fixe ou variable, utilisés pour serrer ou desserrer des boulons et des écrous ainsi que pour monter ou démonter certaines pièces.

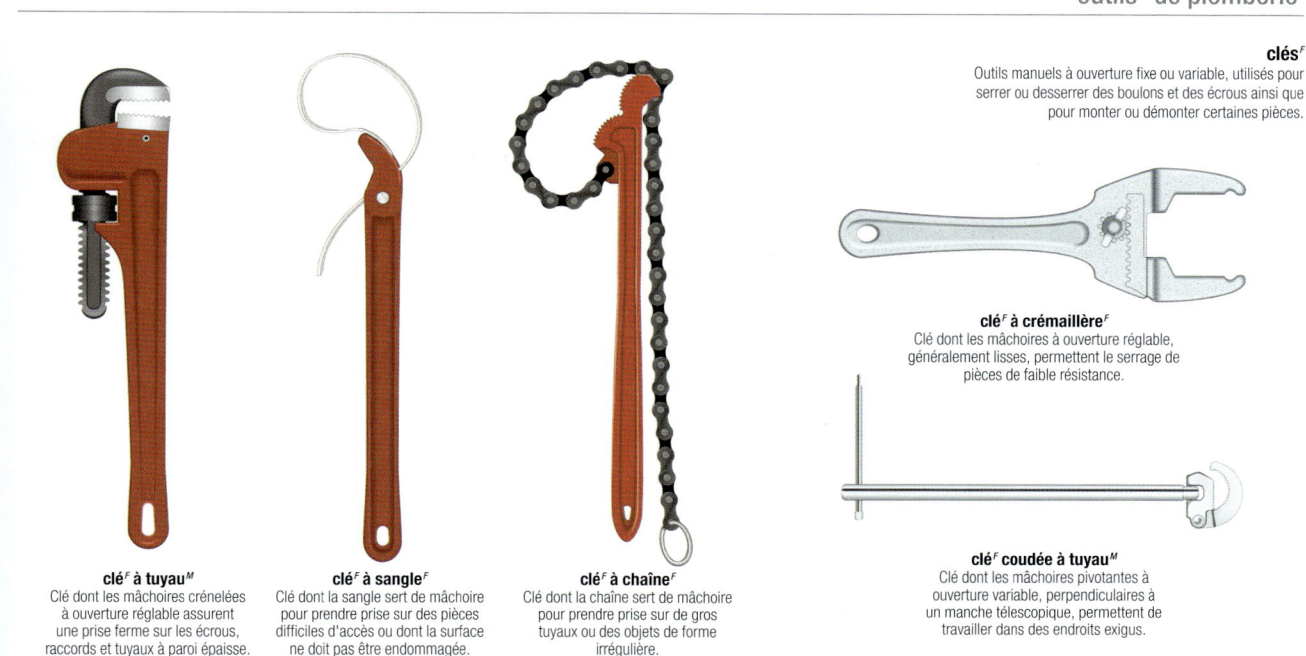

clé^F **à crémaillère**^F
Clé dont les mâchoires à ouverture réglable, généralement lisses, permettent le serrage de pièces de faible résistance.

clé^F **à tuyau**^M
Clé dont les mâchoires crénelées à ouverture réglable assurent une prise ferme sur les écrous, raccords et tuyaux à paroi épaisse.

clé^F **à sangle**^F
Clé dont la sangle sert de mâchoire pour prendre prise sur des pièces difficiles d'accès ou dont la surface ne doit pas être endommagée.

clé^F **à chaîne**^F
Clé dont la chaîne sert de mâchoire pour prendre prise sur de gros tuyaux ou des objets de forme irrégulière.

clé^F **coudée à tuyau**^M
Clé dont les mâchoires pivotantes à ouverture variable, perpendiculaires à un manche télescopique, permettent de travailler dans des endroits exigus.

outils^M de maçonnerie^F

Outils servant à la construction et à la réparation d'ouvrages ou de revêtements de briques, de pierres ou de blocs de béton.

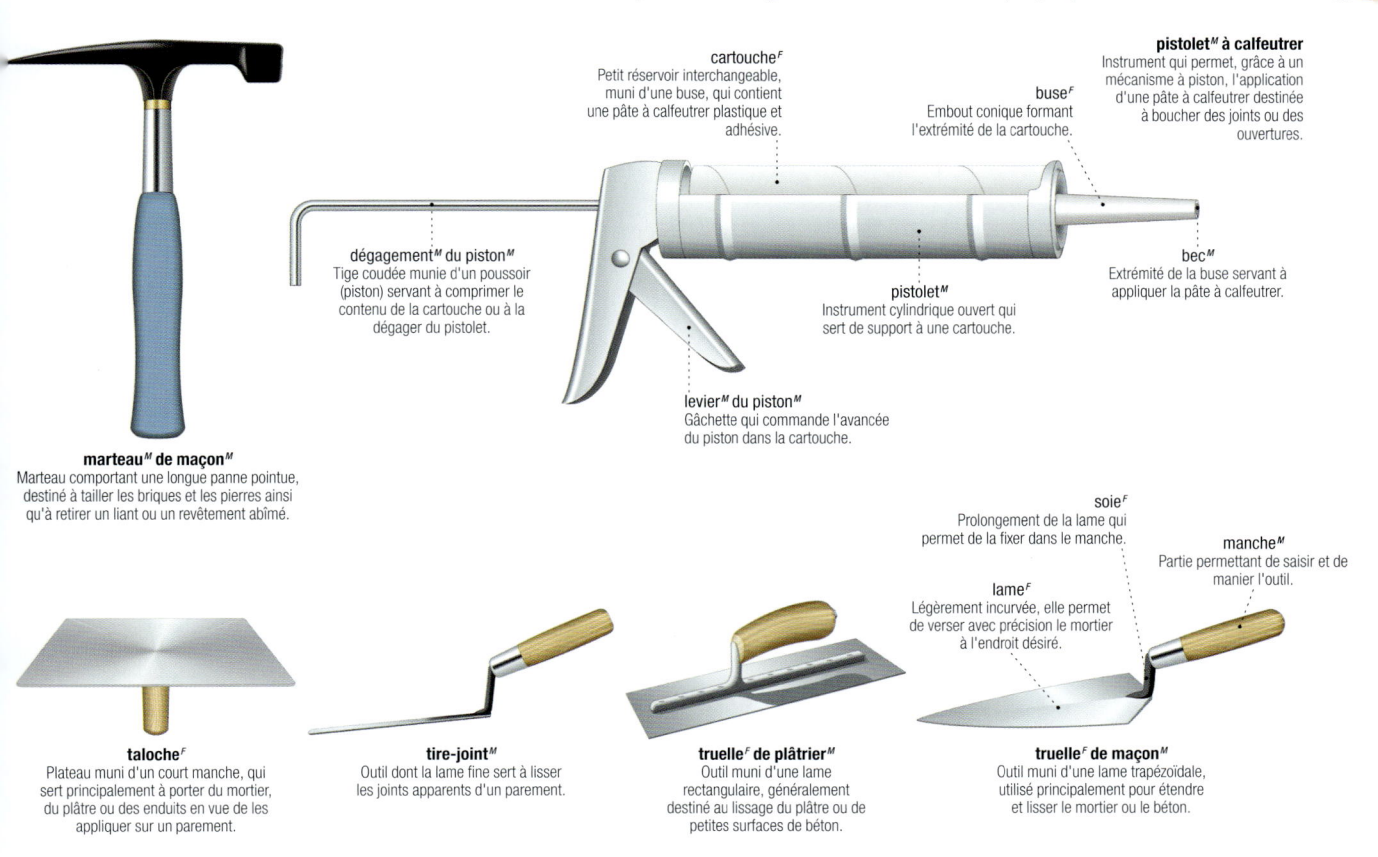

cartouche^F
Petit réservoir interchangeable, muni d'une buse, qui contient une pâte à calfeutrer plastique et adhésive.

buse^F
Embout conique formant l'extrémité de la cartouche.

pistolet^M **à calfeutrer**
Instrument qui permet, grâce à un mécanisme à piston, l'application d'une pâte à calfeutrer destinée à boucher des joints ou des ouvertures.

dégagement^M **du piston**^M
Tige coudée munie d'un poussoir (piston) servant à comprimer le contenu de la cartouche ou à la dégager du pistolet.

pistolet^M
Instrument cylindrique ouvert qui sert de support à une cartouche.

bec^M
Extrémité de la buse servant à appliquer la pâte à calfeutrer.

levier^M **du piston**^M
Gâchette qui commande l'avancée du piston dans la cartouche.

marteau^M **de maçon**^M
Marteau comportant une longue panne pointue, destiné à tailler les briques et les pierres ainsi qu'à retirer un liant ou un revêtement abîmé.

soie^F
Prolongement de la lame qui permet de la fixer dans le manche.

manche^M
Partie permettant de saisir et de manier l'outil.

lame^F
Légèrement incurvée, elle permet de verser avec précision le mortier à l'endroit désiré.

taloche^F
Plateau muni d'un court manche, qui sert principalement à porter du mortier, du plâtre ou des enduits en vue de les appliquer sur un parement.

tire-joint^M
Outil dont la lame fine sert à lisser les joints apparents d'un parement.

truelle^F **de plâtrier**^M
Outil muni d'une lame rectangulaire, généralement destinée au lissage du plâtre ou de petites surfaces de béton.

truelle^F **de maçon**^M
Outil muni d'une lame trapézoïdale, utilisé principalement pour étendre et lisser le mortier ou le béton.

BRICOLAGE ET JARDINAGE

outils d'électricien

Outils servant à l'installation, à l'entretien et à la réparation des câblages et des dispositifs électriques d'un lieu ou d'un bâtiment.

multimètre
Appareil conçu pour mesurer la résistance d'un conducteur, la tension entre deux points et l'intensité d'un courant, notamment.

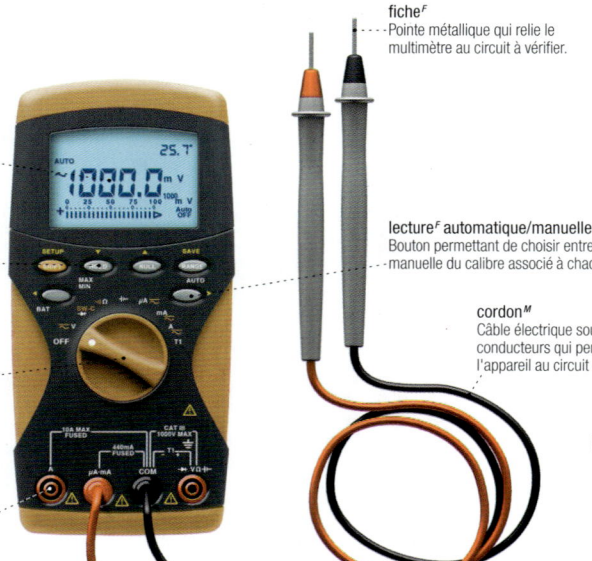

afficheur
Écran présentant la lecture prise par l'appareil.

mémorisation des données
Fonction permettant de conserver certaines lectures en mémoire.

commutateur
Dispositif permettant de sélectionner la fonction désirée et le calibre approprié à la mesure à effectuer.

borne d'entrée
Chacune des prises susceptibles de recevoir le cordon d'une fiche.

fiche
Pointe métallique qui relie le multimètre au circuit à vérifier.

lecture automatique/manuelle
Bouton permettant de choisir entre une sélection automatique ou manuelle du calibre associé à chaque fonction.

cordon
Câble électrique souple contenant les conducteurs qui permettent de relier l'appareil au circuit électrique.

vérificateur de tension
Tournevis utilisé pour détecter la présence de courant électrique dans les appareils, dispositifs ou circuits de basse tension.

lame isolée
Pointe métallique qui relie le vérificateur de tension au circuit à vérifier.

manche isolant
Partie destinée à saisir l'outil, fabriquée à partir d'un matériau qui empêche le passage du courant électrique.

lampe au néon
Petit tube qui s'allume lorsque la lame est en contact avec un conducteur sous tension.

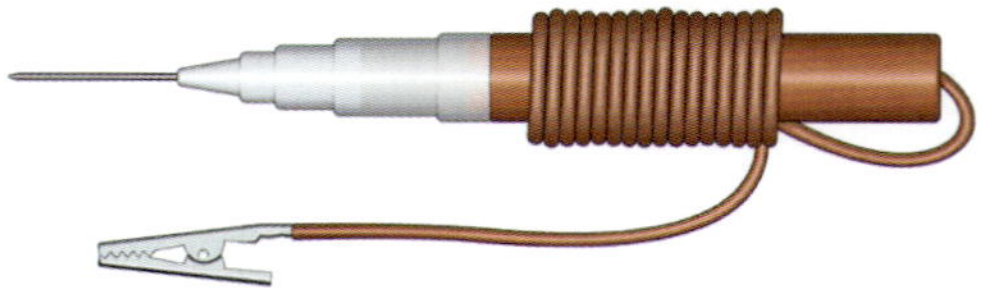

vérificateur de continuité
Instrument servant à détecter les courts-circuits et les circuits ouverts, ou encore à vérifier l'état des fusibles.

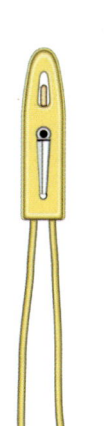

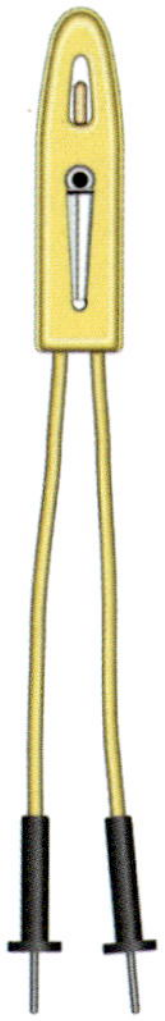

vérificateur de prise de courant
Instrument qui permet de déceler certaines anomalies des prises de courant : défaut de mise à la terre, fils inversés ou débranchés, etc.

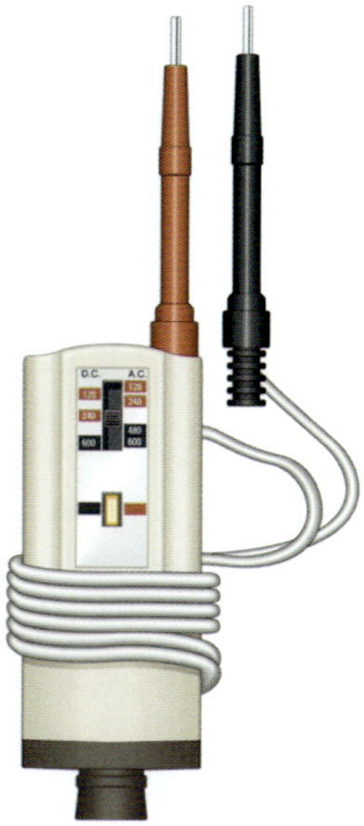

vérificateur de circuit
Instrument utilisé pour détecter la présence de courant électrique dans les appareils, dispositifs ou circuits de basse tension.

vérificateur de haute tension
Instrument utilisé pour détecter la présence de courant électrique dans les appareils, dispositifs ou circuits de haute tension.

baladeuse
Lampe électrique portative protégée par un grillage et pourvue d'un long cordon permettant de la déplacer.

crochet
Extrémité métallique recourbée permettant de suspendre la baladeuse.

réflecteur
Demi-sphère métallique qui concentre et oriente la lumière d'une ampoule.

lampe
Enveloppe de verre, étanche aux gaz, dans laquelle est inséré un corps lumineux.

grillage de protection
Treillis métallique protégeant l'ampoule lors de la manipulation de la baladeuse.

prise de courant
Dispositif relié à un circuit électrique qui transmet le courant à un appareil électrique lorsque sa fiche y est insérée.

manche
Partie permettant de saisir et de manier l'outil.

cordon d'alimentation
Câble électrique souple contenant les conducteurs qui permettent de relier l'appareil au circuit électrique.

électricité

outils d'électricien

pince à fusible
Pince isolante conçue pour manipuler des fusibles à cartouche.

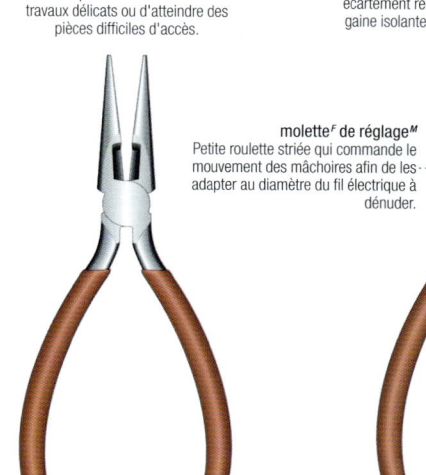

pince à long bec
Pince pourvue de mâchoires longues et étroites permettant d'effectuer des travaux délicats ou d'atteindre des pièces difficiles d'accès.

pince à dénuder
Pince munie de mâchoires tranchantes à écartement réglable qui permettent de retirer la gaine isolante d'un câble ou d'un fil électrique.

molette de réglage
Petite roulette striée qui commande le mouvement des mâchoires afin de les adapter au diamètre du fil électrique à dénuder.

pince d'électricien
Pince munie de mâchoires droites qui procurent une prise puissante; elle comporte aussi un coupe-fil et une mâchoire pour tirer un câble de traction.

mâchoire
Chacune des deux parties droites striées qui s'approchent ou s'écartent afin de saisir, serrer, tordre ou couper un câble, un fil ou tout autre objet.

coupe-fil
Partie munie de deux arêtes tranchantes permettant de sectionner un fil électrique.

pivot
Axe d'articulation de la pince, qui permet aux mâchoires de s'écarter ou de se fermer.

manche isolant
Chacune des deux parties allongées de la pince, recouvertes d'un matériau qui empêche le passage du courant électrique.

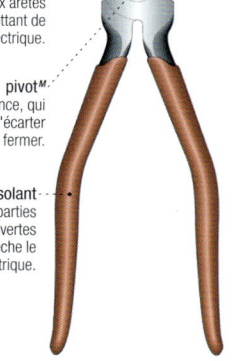

couteau d'électricien
Couteau à lame recourbée qui sert principalement à inciser la gaine d'un câble électrique non métallique.

dénudeur de fil
Outil dont les ouvertures de divers diamètres servent à dénuder un câble ou un fil électrique non métallique.

capuchon de connexion
Pièce creuse à l'intérieur de laquelle on raccorde les conducteurs de fils électriques à relier.

pince universelle
Pince munie de mâchoires droites, utilisée notamment pour saisir, couper et dénuder des fils électriques.

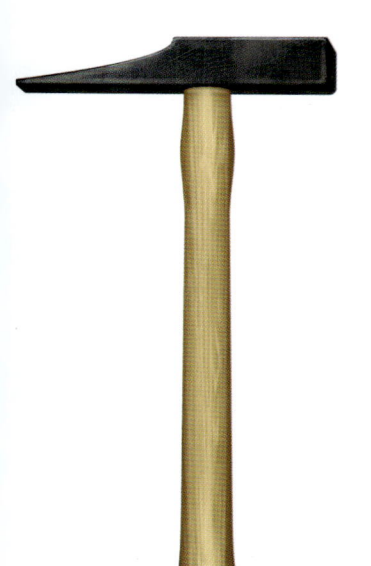

pivot
Axe d'articulation de la pince, qui permet aux mâchoires de s'écarter ou de se fermer.

coupe-fil
Arête tranchante permettant de sectionner un fil électrique.

dénude-fil
Encoche coupante de la pince, de différents diamètres, dans laquelle on serre l'extrémité d'un câble ou d'un fil électrique pour le dénuder.

marteau d'électricien
Marteau muni d'une tête allongée et d'une panne très effilée, qui permet de fixer de petites pièces et de clouer dans des endroits exigus.

câble de traction
Fil métallique terminé par un crochet, principalement utilisé pour faire passer des câbles électriques dans les cloisons.

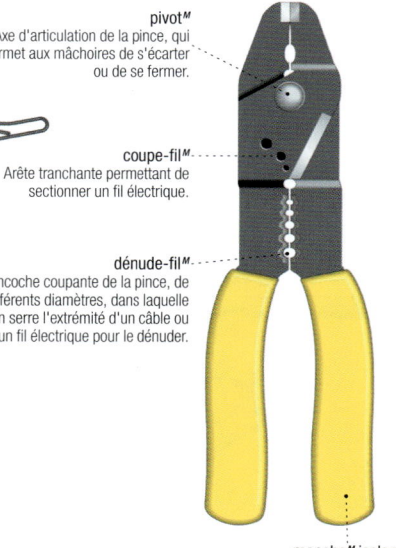

manche isolant
Chacune des deux parties allongées de la pince, recouvertes d'un matériau qui empêche le passage du courant électrique.

BRICOLAGE ET JARDINAGE

matérielᴹ de soudageᴹ

Ensemble des outils permettant d'unir deux pièces par fusion de leurs bords ou d'un métal d'apport (soudage), ou de découper des pièces métalliques au moyen d'un jet de gaz enflammé (coupage).

pistoletᴹ à souder
Outil électrique de puissance plus élevée que le fer à souder, qu'on utilise pour assembler des pièces en employant un métal d'apport de fusion basse, par exemple le plomb.

panneᶠ
Pièce métallique formant l'extrémité du pistolet, avec laquelle on chauffe une soudure.

élémentᴹ chauffant
Résistance électrique permettant de chauffer rapidement la panne.

boîtierᴹ
Boîte renfermant et protégeant le mécanisme de l'appareil.

interrupteurᴹ
Bouton de mise en marche ou d'arrêt de l'appareil.

poignéeᶠ-pistoletᴹ
Partie dont la forme rappelle la crosse d'un pistolet, destinée à saisir l'outil tout en permettant au poignet de demeurer droit.

équipementᴹ de protectionᶠ
Ensemble des pièces destinées à protéger le soudeur des étincelles et des rayons lumineux nocifs émis lors du soudage.

lunettesᶠ
Pièce offrant une protection oculaire frontale et latérale.

ferᴹ à souder
Outil électrique muni d'une panne avec laquelle on chauffe une soudure afin d'assembler des pièces soumises à de faibles contraintes mécaniques.

cordonᴹ d'alimentationᶠ
Câble électrique souple contenant les conducteurs qui permettent de relier l'appareil au circuit électrique.

écranᴹ de soudeurᴹ
Panneau mobile qui empêche le passage des étincelles et des rayons lumineux nocifs émis lors du soudage.

casqueᴹ
Pièce de vêtement rigide couvrant tout le visage, retenue par un harnais derrière la tête et permettant de voir à travers la lunette.

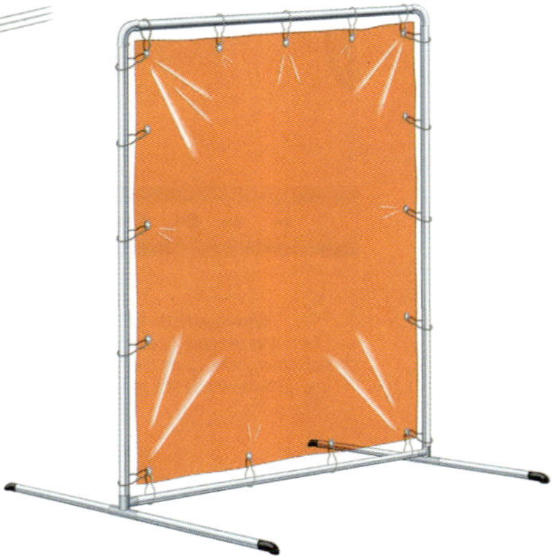

soudureᶠ
Ruban métallique qui, par fusion sur un joint, permet d'unir deux pièces.

aiguillesᶠ de nettoyageᴹ
Fines tiges métalliques de dimensions variables utilisées pour curer l'intérieur d'une buse, d'une tête ou d'un brûleur.

briquetᴹ
Instrument permettant de produire une étincelle destinée à allumer le gaz émis par une buse, une tête ou un brûleur.

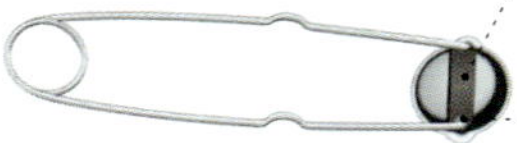

frottoirᴹ
Surface abrasive sur laquelle on frotte la pierre pour produire une étincelle.

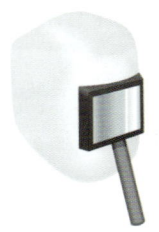

écranᴹ à mainᶠ
Pièce de vêtement rigide couvrant tout le visage, retenue d'une main et permettant de voir à travers la lunette.

pierreᶠ
Petite roche qu'on frotte contre une surface abrasive afin de provoquer une étincelle.

soudageᴹ à l'arcᴹ
Procédé de soudage dans lequel la chaleur nécessaire à la fusion est fournie par un arc électrique se produisant entre une électrode et la pièce à souder.

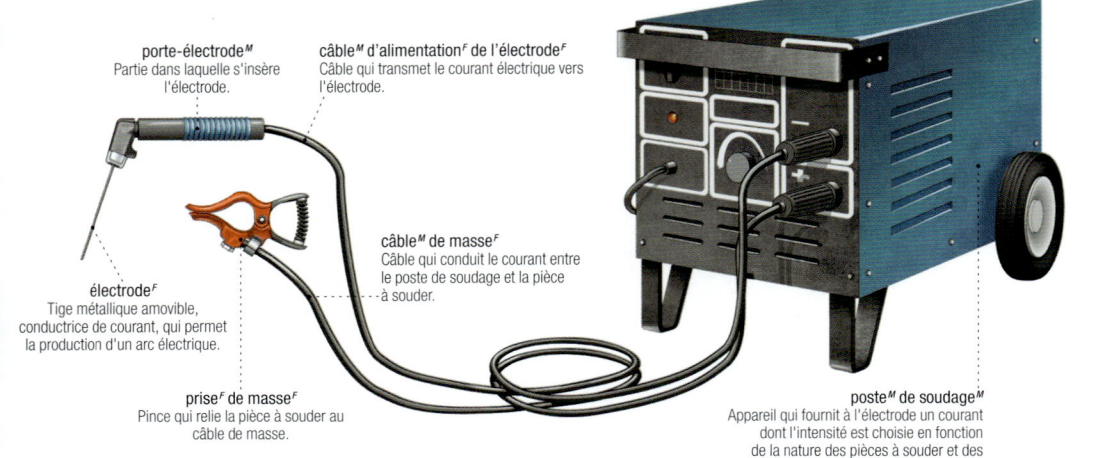

porte-électrodeᴹ
Partie dans laquelle s'insère l'électrode.

câbleᴹ d'alimentationᶠ de l'électrodeᶠ
Câble qui transmet le courant électrique vers l'électrode.

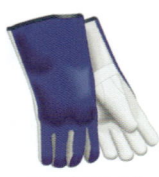

gantᴹ à crispinᴹ
Pièce de vêtement à l'épreuve du feu destinée à couvrir la main et le poignet s'adaptant à la forme des doigts.

électrodeᶠ
Tige métallique amovible, conductrice de courant, qui permet la production d'un arc électrique.

câbleᴹ de masseᶠ
Câble qui conduit le courant entre le poste de soudage et la pièce à souder.

priseᶠ de masseᶠ
Pince qui relie la pièce à souder au câble de masse.

posteᴹ de soudageᴹ
Appareil qui fournit à l'électrode un courant dont l'intensité est choisie en fonction de la nature des pièces à souder et des caractéristiques de l'électrode.

moufleᶠ ; mitaineᶠ
Pièce de vêtement à l'épreuve du feu destinée à couvrir entièrement la main et le poignet tout en laissant le pouce indépendant.

soudage

matériel de soudage

manche
Tube rigide qui contient les conduits des gaz de soudage et qui permet de manipuler aisément le chalumeau.

chalumeau soudeur
Instrument utilisé pour unir des pièces métalliques de même nature par l'action d'une flamme produite par la combustion d'un gaz.

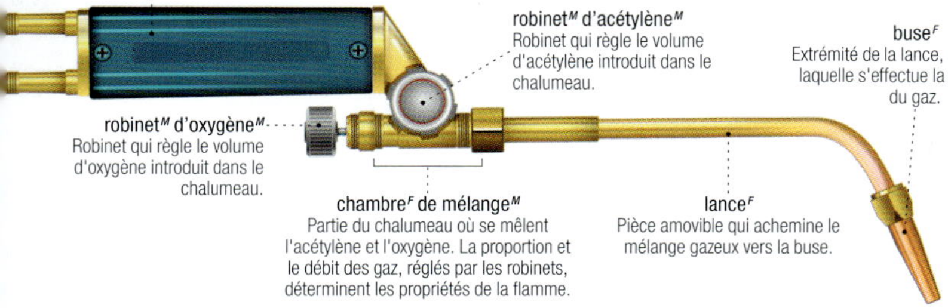

robinet d'acétylène
Robinet qui règle le volume d'acétylène introduit dans le chalumeau.

buse
Extrémité de la lance, à la sortie de laquelle s'effectue la combustion du gaz.

régulateur de pression (oxygène)
Dispositif placé à la sortie de la bouteille d'oxygène, qui abaisse et stabilise la pression du gaz se dirigeant vers le chalumeau.

robinet d'oxygène
Robinet qui règle le volume d'oxygène introduit dans le chalumeau.

chambre de mélange
Partie du chalumeau où se mêlent l'acétylène et l'oxygène. La proportion et le débit des gaz, réglés par les robinets, déterminent les propriétés de la flamme.

lance
Pièce amovible qui achemine le mélange gazeux vers la buse.

manomètre basse pression
Appareil à cadran dont l'aiguille indique la pression d'utilisation de l'oxygène à la sortie du régulateur de pression.

manomètre haute pression
Appareil à cadran dont l'aiguille indique la pression de l'oxygène dans la bouteille.

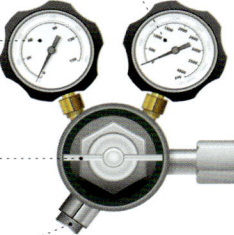

chalumeau coupeur
Instrument utilisé pour découper des métaux comme l'acier grâce à une flamme de très haute température produite par la combustion de l'acétylène.

vis de réglage
Vis permettant de régler la pression de l'oxygène à la sortie du régulateur, ce qui correspond à la pression de l'oxygène à l'entrée du chalumeau.

raccord de tuyau
Pièce permettant de relier un tuyau au régulateur de pression.

écrou uni
Pièce filetée destinée à accoupler deux tuyaux en les fixant par l'extérieur.

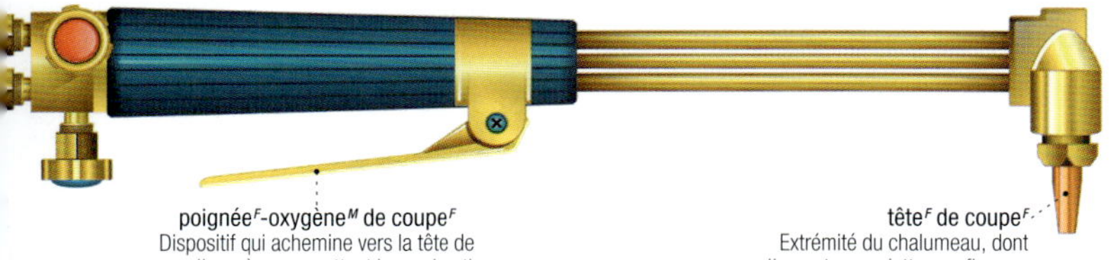

poignée-oxygène de coupe
Dispositif qui achemine vers la tête de coupe l'oxygène permettant la combustion du gaz de coupe.

tête de coupe
Extrémité du chalumeau, dont l'ouverture projette une flamme concentrée sur la surface à découper.

soudage et coupage oxyacétylénique
Procédé dans lequel la chaleur nécessaire au soudage ou au découpage est fournie par la combustion, à l'extrémité d'un chalumeau, d'un mélange d'acétylène et d'oxygène.

BRICOLAGE ET JARDINAGE

lampe à souder
Outil portatif fonctionnant au gaz, qu'on utilise pour assembler des pièces en employant un métal d'apport de fusion basse, par exemple le plomb.

brûleur flamme crayon
Embout amovible par lequel s'effectue la combustion du gaz, et dont la forme permet de produire une flamme mince à pointe fine.

chariot
Support sur roues qui permet de fixer et de déplacer de façon sécuritaire les bouteilles de gaz.

régulateurs de pression
Dispositifs placés à la sortie de chacune des bouteilles, qui abaissent et stabilisent la pression du gaz se dirigeant vers le chalumeau.

tuyau
Tube flexible qui conduit le gaz de la bouteille vers le chalumeau.

brûleur bec plat
Embout amovible qui produit une flamme large pour atteindre une plus grande surface.

bouteille d'acétylène
La combustion de l'acétylène atteint de hautes températures (plus de 2 000 °C), d'où son utilisation dans le travail des aciers et métaux qui exigent un chauffage rapide et élevé.

bouteille d'oxygène
L'oxygène sert à augmenter l'intensité de la combustion de l'acétylène et à oxyder le métal.

cartouche jetable
Petit réservoir interchangeable, rempli de gaz (généralement du propane ou du butane) destiné à alimenter le brûleur.

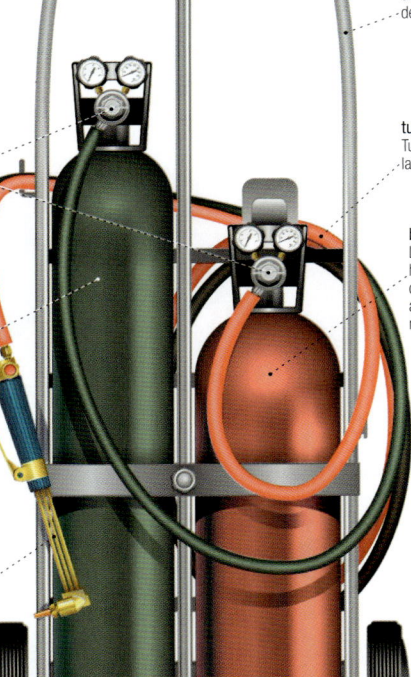

chalumeau coupeur
Instrument utilisé pour découper des métaux comme l'acier grâce à une flamme de très haute température produite par la combustion de l'acétylène.

matériel^M de peinture^F

Ensemble des outils permettant l'application de peinture, de teinture ou de vernis sur une surface.

pistolet^M à peinture^F
Appareil pneumatique qui permet de pulvériser de la peinture sur une surface, assurant ainsi une finition lisse et uniforme.

buse^F à fluide^M
Orifice qui permet un débit de peinture plus ou moins important selon la position d'une pièce conique (pointeau).

bouchon^M d'air^M
Pièce qui dirige l'air comprimé vers la sortie de la buse; l'air entre alors en contact avec le jet de peinture, entraînant sa pulvérisation.

gâchette^F
Dispositif qui commande simultanément l'alimentation en air et en peinture.

orifice^M d'aération^F
Ouverture par laquelle l'air pénètre dans le godet pour y maintenir la pression atmosphérique.

soupape^F de réglage^M du fluide^M
Pièce mobile dont l'ouverture, contrôlée par une vis, détermine le volume d'air poussé dans le bouchon, ce qui définit la taille et la forme du jet de peinture.

réglage^M du pointeau^M du fluide^M
Vis permettant de régler le déplacement maximal, commandé par la gâchette, d'un pointeau qui détermine la quantité de peinture émise par la buse à fluide.

soupape^F à air^M
Pièce mobile dont l'ouverture, commandée par la gâchette, permet l'admission d'air comprimé dans le pistolet.

corps^M du pistolet^M
Poignée permettant de saisir et de manier le pistolet.

raccord^M d'arrivée^F d'air^M
Pièce filetée destinée à recevoir un tuyau souple, relié à un compresseur, qui permet à l'air comprimé de pénétrer dans le corps du pistolet.

godet^M
Récipient contenant la peinture, relié au pistolet par un tube dans lequel se crée une zone de basse pression provoquant l'aspiration du liquide.

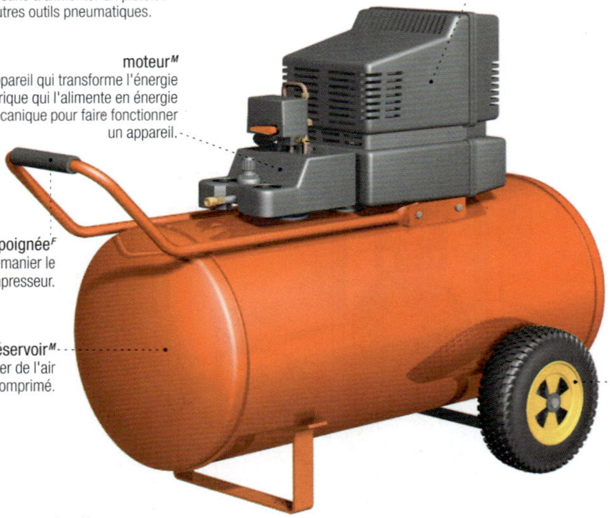

pompe^F
Appareil qui aspire l'air ambiant et le refoule sous pression dans le réservoir.

pinceau^M
Assemblage de soies naturelles ou synthétiques fixées à un manche, servant à étendre de la peinture, du vernis ou de la teinture sur un support.

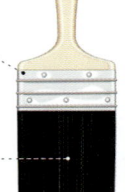

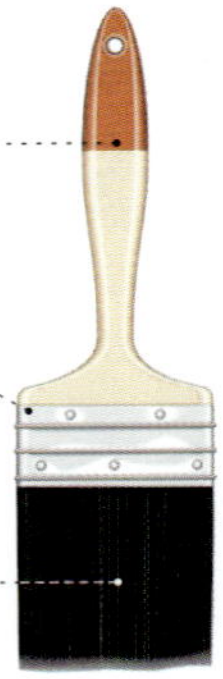

manche^M
Partie permettant de saisir et de manier l'outil.

virole^F
Pièce métallique qui enserre l'extrémité du manche pour maintenir les soies solidement en place.

soies^F
Assemblage de poils raides, faits à partir de matière naturelle ou synthétique, qu'on imprègne de peinture, de vernis ou de teinture pour l'appliquer.

grattoir^M
Instrument muni d'une lame qui permet le décapage d'une surface peinte ou vernie.

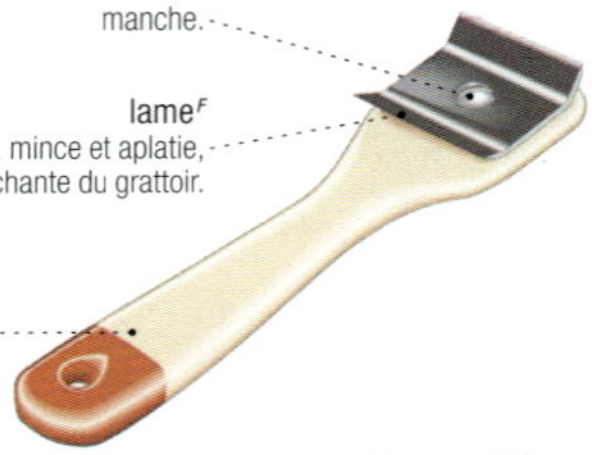

bouton^M moleté
Boulon de fixation de la lame sur le manche.

lame^F
Pièce métallique, mince et aplatie, formant la partie tranchante du grattoir.

manche^M
Partie permettant de saisir et de manier l'outil.

compresseur^M d'air^M
Machine permettant de comprimer et de stocker de l'air destiné à alimenter un pistolet à peinture ou d'autres outils pneumatiques.

moteur^M
Appareil qui transforme l'énergie électrique qui l'alimente en énergie mécanique pour faire fonctionner un appareil.

poignée^F
Partie permettant de manier le compresseur.

réservoir^M
Contenant servant à stocker de l'air comprimé.

décapeur^M thermique
Appareil électrique soufflant de l'air très chaud destiné principalement à ramollir la peinture ou le vernis et en faciliter le grattage.

buse^F
Extrémité de l'outil par laquelle sort un jet d'air chaud poussé par un ventilateur. Il est généralement possible d'y fixer divers accessoires.

roue^F
Organe circulaire qui tourne autour d'un axe et qui permet de déplacer un appareil.

interrupteur^M
Bouton de mise en marche ou d'arrêt de l'appareil.

rouleau^M
Instrument muni d'un manchon amovible qui permet d'étendre uniformément de la peinture sur une grande surface.

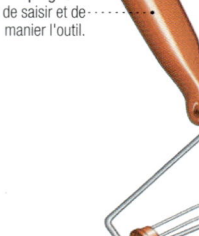

bac^M
Récipient utilisé avec un rouleau, formé d'une partie creuse contenant la peinture et d'un plateau nervuré permettant d'enrober le manchon d'une quantité convenable de peinture.

poignée^F
Partie permettant de saisir et de manier l'outil.

armature^F
Structure métallique pivotante qui s'insère dans un manchon et lui sert de support.

manchon^M
Pièce cylindrique amovible, recouverte de fibres naturelles synthétiques adaptées à la nature du produit à appliquer.

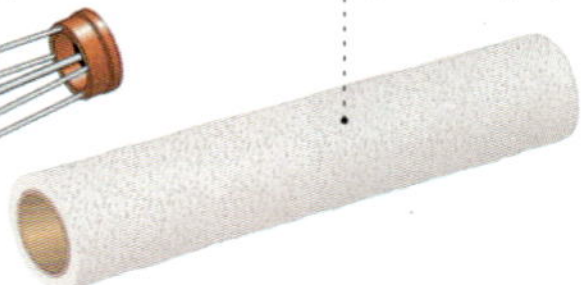

échelles et escabeaux   409

échelles

Dispositifs mobiles, en bois ou en métal, qui comportent des échelons ou des marches permettant d'atteindre des points plus ou moins élevés.

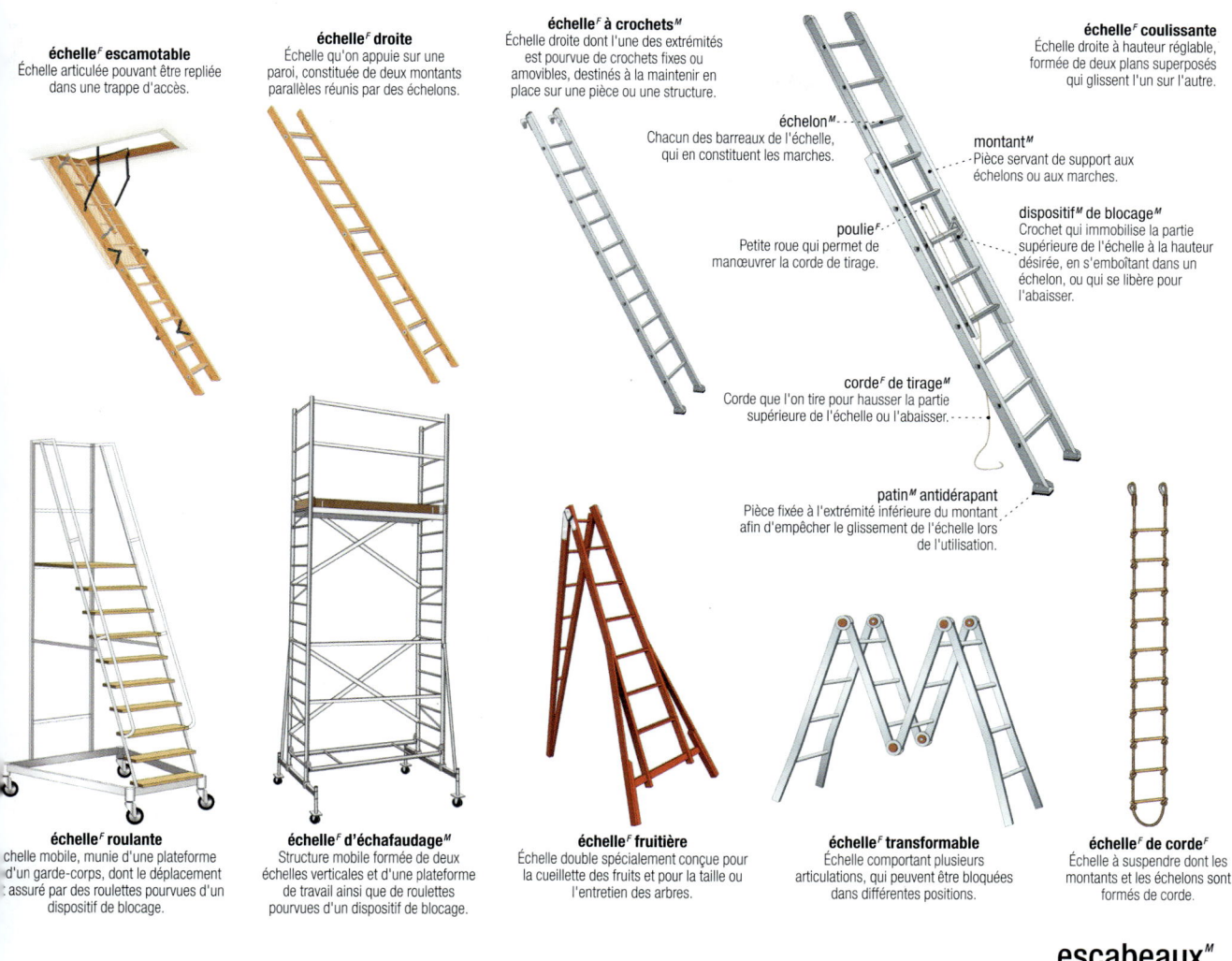

échelle escamotable
Échelle articulée pouvant être repliée dans une trappe d'accès.

échelle droite
Échelle qu'on appuie sur une paroi, constituée de deux montants parallèles réunis par des échelons.

échelle à crochets
Échelle droite dont l'une des extrémités est pourvue de crochets fixes ou amovibles, destinés à la maintenir en place sur une pièce ou une structure.

échelon
Chacun des barreaux de l'échelle, qui en constituent les marches.

poulie
Petite roue qui permet de manœuvrer la corde de tirage.

échelle coulissante
Échelle droite à hauteur réglable, formée de deux plans superposés qui glissent l'un sur l'autre.

montant
Pièce servant de support aux échelons ou aux marches.

dispositif de blocage
Crochet qui immobilise la partie supérieure de l'échelle à la hauteur désirée, en s'emboîtant dans un échelon, ou qui se libère pour l'abaisser.

corde de tirage
Corde que l'on tire pour hausser la partie supérieure de l'échelle ou l'abaisser.

patin antidérapant
Pièce fixée à l'extrémité inférieure du montant afin d'empêcher le glissement de l'échelle lors de l'utilisation.

échelle roulante
Échelle mobile, munie d'une plateforme et d'un garde-corps, dont le déplacement est assuré par des roulettes pourvues d'un dispositif de blocage.

échelle d'échafaudage
Structure mobile formée de deux échelles verticales et d'une plateforme de travail ainsi que de roulettes pourvues d'un dispositif de blocage.

échelle fruitière
Échelle double spécialement conçue pour la cueillette des fruits et pour la taille ou l'entretien des arbres.

échelle transformable
Échelle comportant plusieurs articulations, qui peuvent être bloquées dans différentes positions.

échelle de corde
Échelle à suspendre dont les montants et les échelons sont formés de corde.

escabeaux

Dispositifs mobiles, en bois ou en métal, qui comportent des marches permettant d'atteindre des points relativement peu élevés.

escabeau
Petite échelle, habituellement pliante, qui comporte généralement de trois à six marches.

tablette porte-outil
Surface plane pliable sur laquelle on peut poser des outils.

entretoise
Traverse pliable, destinée à maintenir l'écartement entre des montants opposés et à en assurer la stabilité.

plateau
Sommet plat d'un escabeau sur lequel on peut poser des objets.

marche
Surface plate et étroite sur laquelle s'appuient les pieds pour monter, descendre ou s'immobiliser.

marchepied
Petit escabeau d'intérieur, généralement pliant, qui comporte un petit nombre de marches.

garde-corps
Pièce servant de point d'appui et de barrière de protection.

tablette
Surface plate pliable sur laquelle on peut poser des objets.

piètement
Ensemble des pièces supportant les marches et la plateforme d'un marchepied.

plateforme
Marche plus large qui permet de se tenir debout en toute sécurité.

embout
Pièce de caoutchouc fixée aux extrémités du piètement afin d'empêcher le glissement lors de l'utilisation.

marche
Surface plate et étroite sur laquelle s'appuient les pieds pour monter, descendre ou s'immobiliser.

tabouret-escabeau
Tabouret muni de marches généralement repliables sous le siège.

BRICOLAGE ET JARDINAGE

/ jardin d'agrément

jardin^M
Terrain réservé à la culture de plantes ornementales, à la promenade et à la détente.

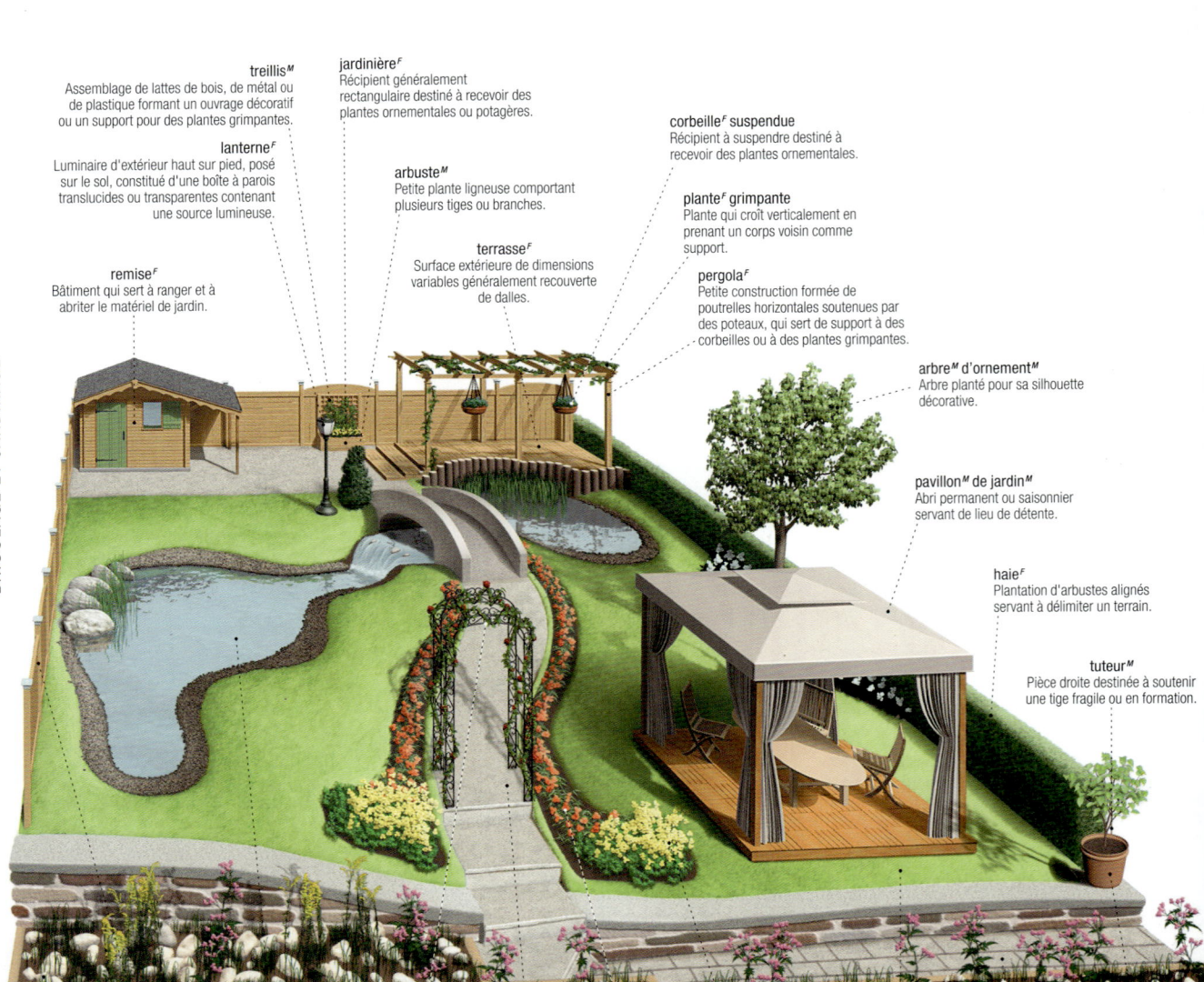

treillis^M
Assemblage de lattes de bois, de métal ou de plastique formant un ouvrage décoratif ou un support pour des plantes grimpantes.

jardinière^F
Récipient généralement rectangulaire destiné à recevoir des plantes ornementales ou potagères.

corbeille^F suspendue
Récipient à suspendre destiné à recevoir des plantes ornementales.

lanterne^F
Luminaire d'extérieur haut sur pied, posé sur le sol, constitué d'une boîte à parois translucides ou transparentes contenant une source lumineuse.

arbuste^M
Petite plante ligneuse comportant plusieurs tiges ou branches.

plante^F grimpante
Plante qui croît verticalement en prenant un corps voisin comme support.

terrasse^F
Surface extérieure de dimensions variables généralement recouverte de dalles.

remise^F
Bâtiment qui sert à ranger et à abriter le matériel de jardin.

pergola^F
Petite construction formée de poutrelles horizontales soutenues par des poteaux, qui sert de support à des corbeilles ou à des plantes grimpantes.

arbre^M d'ornement^M
Arbre planté pour sa silhouette décorative.

pavillon^M de jardin^M
Abri permanent ou saisonnier servant de lieu de détente.

haie^F
Plantation d'arbustes alignés servant à délimiter un terrain.

tuteur^M
Pièce droite destinée à soutenir une tige fragile ou en formation.

clôture^F
Barrière composée de planches de bois ou de matière plastique alignées servant à délimiter un terrain.

arceau^M
Portique décoratif dont le sommet présente une forme arrondie.

plate-bande^F
Bande de terre de faible largeur garnie de végétaux, le plus souvent de fleurs.

gazon^M
Herbe courte et dense tondue régulièrement.

bac^M à plantes^F
Récipient généralement cylindrique destiné à recevoir des plantes ornementales ou potagères.

rocaille^F
Surface de terre parsemée de pierres ornementales entre lesquelles poussent des végétaux.

bassin^M
Petit plan d'eau, généralement artificiel, aménagé à des fins ornementales.

allée^F
Voie bordée de végétation.

massif^M de fleurs^F
Ensemble de fleurs plantées de manière décorative.

dalle^F
Plaque de pierre, de marbre ou de ciment pour le recouvrement du sol.

BRICOLAGE ET JARDINAGE

matériel de jardinage

équipement divers

souffleur^M de feuilles^F
Appareil qui projette un jet d'air servant à déplacer des feuilles mortes ou divers débris.

bouchon^M du réservoir^M à carburant^M
Pièce cylindrique fermant l'orifice de remplissage du réservoir contenant le carburant.

filtre^M à air^M
Dispositif qui débarrasse l'air admis dans le moteur des poussières qu'il contient.

harnais^M
Ensemble de courroies permettant de porter le souffleur sur son dos.

bouton^M d'arrêt^M
Bouton qui permet d'arrêter instantanément le moteur.

moteur^M
Appareil qui transforme en énergie mécanique la combustion d'un mélange air-carburant.

gâchette^F d'accélérateur^M
Appareil mécanique de connexion permettant de choisir la vitesse de marche de l'outil par une simple pression des doigts.

tuyaux^M de soufflage^M
Conduits par lesquels sort le jet d'air.

poignée^F
Partie permettant de saisir et de manier l'outil.

tuyau^M flexible
Conduit non rigide qui permet de diriger le tuyau de soufflage dans la direction souhaitée.

poignée^F de démarrage^M
Poignée reliée à un câble qui permet, lorsqu'on le tire, de mettre le moteur en marche.

bougie^F d'allumage^M
Dispositif électrique qui produit l'étincelle nécessaire pour enflammer le mélange air/essence dans le cylindre du moteur.

silencieux^M/pare-étincelles^F
Dispositif servant à réduire le bruit émis par le moteur et à empêcher la projection d'étincelles.

tarière^F motorisée
Machine qui permet de creuser rapidement dans le sol des trous de dimensions variables, grâce à une mèche rotative.

mancheron^M
Chacun des bras permettant de guider la tarière et la mèche.

mèche^F de tarière^F
Pièce rotative amovible, formée d'une tige torsadée qui permet de creuser un trou.

brouette^F
Petit chariot manuel à une roue, avec lequel on transporte des matériaux, des outils, de la terre, des débris, etc.

caisse^F
Récipient destiné à recevoir une charge.

bac^M à compost^M
Récipient qui favorise la décomposition des déchets organiques provenant du jardin ou de la cuisine afin d'en faire un engrais (compost).

brancard^M
Chacun des bras permettant de soulever et de mouvoir la brouette.

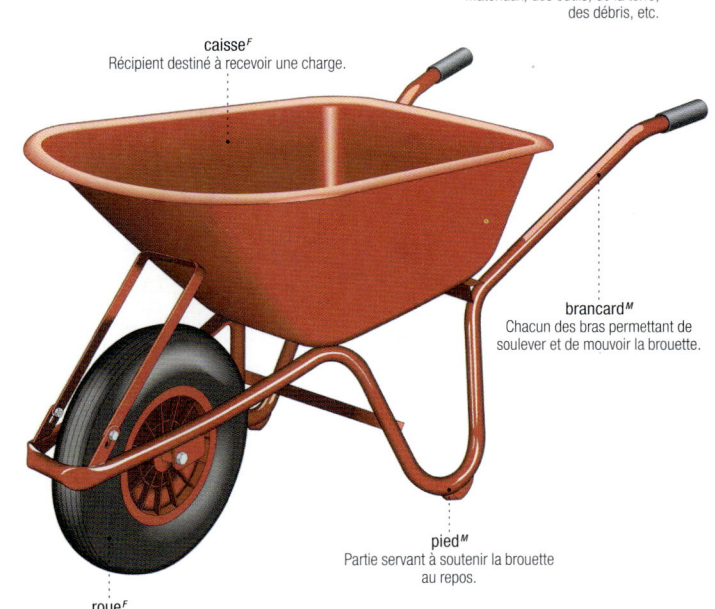

pied^M
Partie servant à soutenir la brouette au repos.

roue^F
Organe circulaire qui tourne autour d'un axe et qui permet de déplacer la brouette.

BRICOLAGE ET JARDINAGE

412 | matériel de jardinage

outils^M pour remuer la terre^F

Outils utilisés principalement pour retourner, ameublir, désherber ou niveler la terre.

pelle^F
Outil dont la lame permet de creuser des trous et de manipuler divers matériaux (terre, sable, compost, etc.).

bêche^F
Outil pourvu d'une lame plate ou légèrement concave, qui sert principalement à retourner la terre.

fourche^F **à bêcher**
Outil pourvu de dents métalliques qui facilitent le retournement de terre dure, pierreuse ou traversée de racines.

coupe-bordures^M
Outil pourvu d'une lame semi-circulaire destinée à découper le gazon, notamment le long d'une allée, d'une terrasse ou d'une plate-bande.

sarcloir^M
Outil muni de griffes conçues principalement pour ameublir et désherber la terre.

serfouette^F
Outil pourvu d'une lame, qui sert de houe, et de dents, utilisées notamment pour tracer des sillons.

binette^F
Outil dont la lame permet d'ameublir, de désherber et d'aérer la terre, ou encore d'en modifier le relief au pied d'une plante.

ratissoire^F
Outil dont la lame, plus inclinée que celle de la binette, peut ameublir, désherber et aérer la terre. On l'utilise aussi pour récolter des légumes souterrains.

BRICOLAGE ET JARDINAGE

matériel de jardinage | 413

outils^M pour remuer la terre^F

pioche^F
Outil dont le fer, pourvu d'une extrémité pointue et d'une extrémité tranchante, permet de remuer une terre dure ou pierreuse.

houe^F
Outil dont la lame épaisse et robuste, fixée directement sur le manche, sert notamment à ameublir et désherber une terre compacte.

râteau^M
Outil pourvu de dents, perpendiculaires au manche, qui permettent de niveler la terre, d'enlever de petites pierres ou de ramasser des débris.

croc^M **à défricher**
Outil muni de dents recourbées, utilisé pour manipuler le fumier et le compost, arracher des légumes souterrains, ameublir ou désherber la terre.

motoculteur^M
Machine motorisée qui, grâce à la rotation de dents, peut retourner et ameublir la terre, ou encore y mélanger des substances fertilisantes.

mancheron^M
Chacun des bras permettant de guider le motoculteur.

levier^M **d'embrayage**^M
Levier qui commande le déplacement du motoculteur et la rotation des dents.

châssis^M
Structure métallique du motoculteur.

marche^F **avant/marche**^F **arrière**
Dispositif permettant de sélectionner le sens de déplacement du motoculteur.

démarreur^M **manuel**
Dispositif qui, actionné à la main par un câble, permet de mettre le moteur en marche.

moteur^M
Appareil qui transforme en énergie mécanique la combustion d'un mélange air-carburant.

dent^F
Chacune des pièces tranchantes, reliées à un axe rotatif, qui pénètrent dans la terre afin de l'ameublir.

BRICOLAGE ET JARDINAGE

outils pour arroser

Outils utilisés principalement pour asperger de l'eau ou des produits de traitement sur divers végétaux.

dévidoir sur roues
Dévidoir monté sur un chariot, qui facilite le transport et le rangement d'un tuyau d'arrosage.

tuyau d'arrosage
Conduit circulaire, souple ou semi-rigide, qui achemine l'eau d'un robinet vers une lance, un pistolet, un arroseur, etc.

manivelle
Poignée servant à enrouler le tuyau d'arrosage sur le dévidoir.

dévidoir
Bobine qui permet d'enrouler et de dérouler rapidement un tuyau d'arrosage.

raccord de robinet
Pièce filetée destinée à recevoir un tuyau de branchement relié à un robinet.

embout d'arrosage
Instrument amovible, fixé à l'extrémité d'un tuyau d'arrosage, qui permet de régler la forme et le débit du jet d'eau.

tuyau perforé
Tuyau percé de petits orifices par lesquels s'écoule l'eau. Déposé sur le sol, il permet l'arrosage en profondeur de surfaces étendues.

vaporisateur
Petit pulvérisateur destiné principalement à l'arrosage du feuillage des plantes et des semis.

pulvérisateur
Appareil constitué d'un réservoir et d'une lance qui déverse en fines gouttelettes, sur les plantes ou sur le sol, de l'eau ou des produits de traitement.

arrosoir
Récipient muni d'un long goulot, terminé ou non par une pomme, avec lequel on asperge les plantes d'eau ou de produits de traitement.

pomme
Pièce amovible perforée, qui permet de verser un liquide sous forme de pluie.

anse
Partie recourbée en forme de demi-cercle, servant de poignée.

matériel de jardinage

outils pour arroser

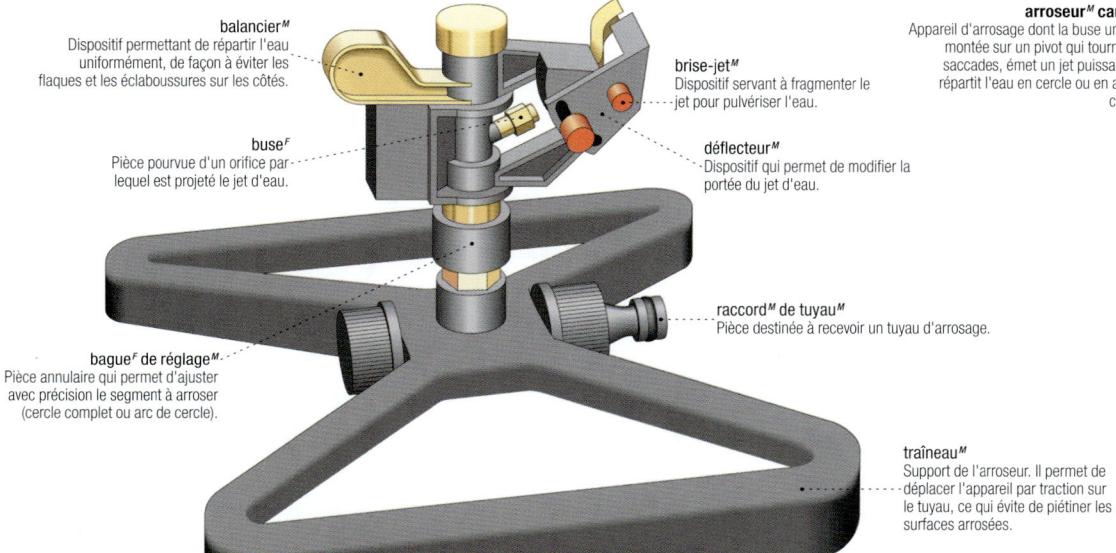

pistolet d'arrosage
Embout d'arrosage actionné au moyen d'un interrupteur d'écoulement à gâchette.

lance d'arrosage
Embout d'arrosage utilisé principalement pour asperger d'eau les plantes suspendues.

pistolet arrosoir
Pistolet d'arrosage dont la tête élargie, percée de petits trous, permet d'asperger d'eau sous forme de pluie les fleurs et les plantes fragiles.

arroseur rotatif
Appareil d'arrosage muni de bras rotatifs qui répartissent l'eau sous forme de cercle complet.

bras
Chacune des pièces de distribution d'eau fixées autour du pivot de l'arroseur.

arroseur oscillant
Appareil comportant une barre à buses multiples dont le mouvement d'avant à arrière arrose d'un éventail d'eau de larges surfaces.

arroseur canon
Appareil d'arrosage dont la buse unique, montée sur un pivot qui tourne par saccades, émet un jet puissant qui répartit l'eau en cercle ou en arc de cercle.

balancier
Dispositif permettant de répartir l'eau uniformément, de façon à éviter les flaques et les éclaboussures sur les côtés.

brise-jet
Dispositif servant à fragmenter le jet pour pulvériser l'eau.

buse
Pièce pourvue d'un orifice par lequel est projeté le jet d'eau.

déflecteur
Dispositif qui permet de modifier la portée du jet d'eau.

raccord de tuyau
Pièce destinée à recevoir un tuyau d'arrosage.

bague de réglage
Pièce annulaire qui permet d'ajuster avec précision le segment à arroser (cercle complet ou arc de cercle).

traîneau
Support de l'arroseur. Il permet de déplacer l'appareil par traction sur le tuyau, ce qui évite de piétiner les surfaces arrosées.

BRICOLAGE ET JARDINAGE

outils^M pour couper

Outils manuels ou motorisés utilisés notamment pour tailler des végétaux, couper des branches ou de l'herbe.

ébrancheur^M
Sécateur à longs manches, qu'on utilise pour sectionner des branches de taille moyenne.

cisaille^F à haies^F
Outil formé de deux lames, articulées à la manière de ciseaux, qui sert à tailler les haies, les bordures ou les plantes vivaces.

hache^F
Outil pourvu d'une lame épaisse, fixée à l'extrémité d'un manche, qu'on utilise notamment pour abattre un petit arbre ou fendre du bois.

scie^F d'élagage^M
Scie à main pourvue d'une lame droite ou légèrement incurvée, utilisée pour couper des branches de taille relativement importante.

sécateur^M
Outil semblable à de gros ciseaux, qu'on emploie surtout pour couper des tiges ou des petites branches.

greffoir^M
Petit couteau à lame pointue, très acérée, conçu pour effectuer les incisions de greffes.

faucille^F
Outil muni d'une lame en forme de croissant, fixée à un court manche, avec lequel on coupe l'herbe dans les zones inaccessibles à une tondeuse.

échenilloir^M-élagueur^M
Sécateur monté sur une longue perche, dont la lame coupante, actionnée par une corde, permet de tailler des branches difficilement accessibles.

serpette^F
Petite serpe destinée à tailler des petites branches ou à effectuer divers travaux de coupe légère.

faux^F
Outil formé d'une lame incurvée, reliée à un long manche à deux poignées, avec lequel on coupe l'herbe haute ou située dans une zone inaccessible à la tondeuse.

serpe^F
Outil dont la lame puissante, terminée en crochet, permet notamment de couper des branches ou des broussailles.

matériel de jardinage 417

outils pour couper

taille-haies
Outil électrique portatif, muni d'une lame dentée, qui permet de tailler les haies ou les bordures.

cordon d'alimentation
Câble électrique souple contenant les conducteurs qui permettent de relier l'appareil au circuit électrique.

bouclier
Pièce destinée à empêcher tout contact accidentel avec la lame ainsi que la projection de débris vers l'utilisateur.

dent
Chacune des petites pointes formant la partie tranchante de la lame. Leur espacement détermine la qualité de la finition.

gâchette
Appareil mécanique de connexion permettant de maintenir ou d'interrompre la marche de l'outil par une simple pression des doigts.

moteur électrique
Appareil qui transforme l'énergie électrique qui l'alimente en énergie mécanique pour faire fonctionner un appareil.

lame
Pièce métallique de faible épaisseur qui, par un mouvement de va-et-vient des dents, permet de tailler des végétaux.

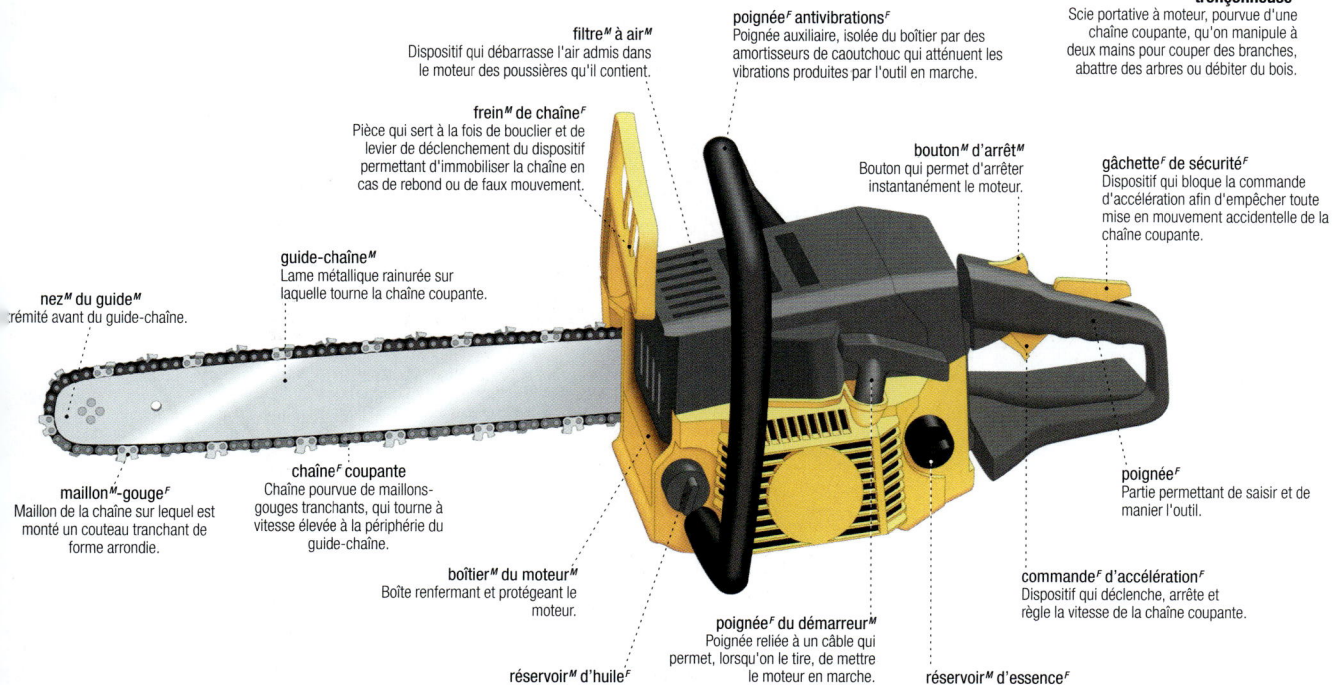

tronçonneuse
Scie portative à moteur, pourvue d'une chaîne coupante, qu'on manipule à deux mains pour couper des branches, abattre des arbres ou débiter du bois.

filtre à air
Dispositif qui débarrasse l'air admis dans le moteur des poussières qu'il contient.

poignée antivibrations
Poignée auxiliaire, isolée du boîtier par des amortisseurs de caoutchouc qui atténuent les vibrations produites par l'outil en marche.

frein de chaîne
Pièce qui sert à la fois de bouclier et de levier de déclenchement du dispositif permettant d'immobiliser la chaîne en cas de rebond ou de faux mouvement.

bouton d'arrêt
Bouton qui permet d'arrêter instantanément le moteur.

gâchette de sécurité
Dispositif qui bloque la commande d'accélération afin d'empêcher toute mise en mouvement accidentelle de la chaîne coupante.

guide-chaîne
Lame métallique rainurée sur laquelle tourne la chaîne coupante.

nez du guide
Extrémité avant du guide-chaîne.

maillon-gouge
Maillon de la chaîne sur lequel est monté un couteau tranchant de forme arrondie.

chaîne coupante
Chaîne pourvue de maillons-gouges tranchants, qui tourne à vitesse élevée à la périphérie du guide-chaîne.

boîtier du moteur
Boîte renfermant et protégeant le moteur.

poignée du démarreur
Poignée reliée à un câble qui permet, lorsqu'on le tire, de mettre le moteur en marche.

réservoir d'huile
Réservoir contenant l'huile destinée à lubrifier certaines pièces de l'outil, dont la chaîne coupante.

réservoir d'essence
Réservoir contenant le carburant destiné à alimenter le moteur.

poignée
Partie permettant de saisir et de manier l'outil.

commande d'accélération
Dispositif qui déclenche, arrête et règle la vitesse de la chaîne coupante.

BRICOLAGE ET JARDINAGE

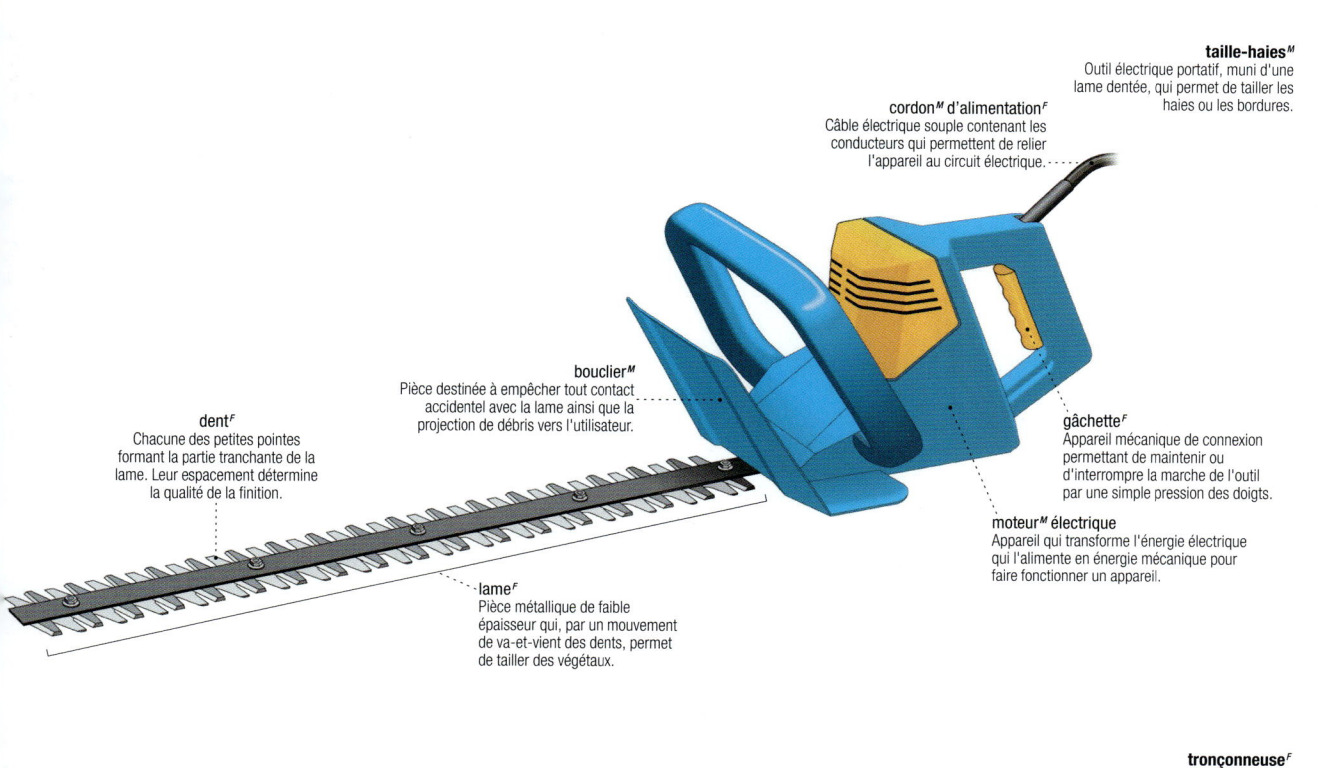

matériel de jardinage

jeu[M] de petits outils[M]

Instruments utilisés pour travailler la terre dans les espaces restreints : plates-bandes, petits massifs, bacs, corbeilles, etc.

griffe[F] à fleurs[F]
Outil pourvu de dents recourbées à angle droit, qu'on utilise généralement pour ameublir, aérer ou désherber la terre.

transplantoir[M]
Petite pelle utilisée pour creuser un trou de plantation ou prélever un plant en motte.

tire-racine[M]
Outil comportant une lame étroite permettant d'extirper les mauvaises herbes à racines profondes.

fourche[F] à fleurs[F]
Outil pourvu de dents droites et plus ou moins aplaties, qu'on utilise principalement pour ameublir la terre.

gants[M] de jardinage[M]
Pièce de vêtement destinée à recouvrir les mains pour les protéger lors des travaux de jardinage.

outils[M] pour semer et planter

Outils utilisés principalement pour mettre des graines en terre ou épandre des engrais.

épandeur[M]
Petit chariot manuel dont le réservoir est muni d'un mécanisme de distribution qui permet de disperser uniformément des graines ou des engrais sur une surface.

semoir[M] à main[F]
Petite pelle pourvue d'un dispositif de distribution qui permet de semer des graines sans les manipuler directement.

plantoir[M] à bulbes[M]
Outil dont le godet cylindrique permet de retirer une carotte de terre, formant ainsi un trou destiné à recevoir des bulbes ou des jeunes plants.

plantoir[M]
Outil dont la pointe permet de creuser dans la terre un trou de petite dimension destiné à recevoir des graines ou des bulbes.

tuteur[M]
Pièce droite destinée à soutenir une tige fragile ou en formation.

cordeau[M]
Corde qui, tendue entre deux piquets, sert de guide pour tracer des sillons droits, tailler une bordure ou une haie, ou délimiter les sections d'un potager.

BRICOLAGE ET JARDINAGE

matériel de jardinage 419

soins^M de la pelouse^F

Outils manuels ou motorisés utilisés pour tondre ou entretenir une surface gazonnée.

taille-bordures^M
Outil à moteur portatif, muni d'un fil de nylon tournant à grande vitesse, utilisé pour couper l'herbe dans les endroits inaccessibles à une tondeuse.

cordon^M **d'alimentation**^F
Câble électrique souple contenant les conducteurs qui permettent de relier l'appareil au circuit électrique.

moteur^M **électrique**
Appareil qui transforme l'énergie électrique qui l'alimente en énergie mécanique pour faire fonctionner un appareil.

carter^M **de sécurité**^F
Pièce destinée à empêcher tout contact accidentel avec le fil de nylon ainsi que la projection de débris vers l'utilisateur.

fil^M **de nylon**^M
Brin de nylon dont la rotation à grande vitesse permet la coupe de l'herbe.

poignée^F **de sécurité**^F
Levier qui commande à la fois la rotation de la lame et le mouvement des roues.

démarreur^M **manuel**
Dispositif qui, actionné à la main par un câble, permet de mettre le moteur en marche.

bac^M **de ramassage**^M
Récipient amovible qui recueille l'herbe coupée.

bouchon^M **de remplissage**^M
Pièce cylindrique fermant l'orifice de remplissage d'un réservoir.

déflecteur^M
Pièce qui dévie l'herbe coupée vers le bac de ramassage.

carter^M
Pièce qui supporte et recouvre une lame rotative destinée à couper l'herbe.

tondeuse^F **mécanique**
Outil à main pourvu d'un cylindre de coupe rotatif, utilisé pour tondre de l'herbe sur une surface réduite.

lame^F
Chacune des pièces métalliques de forme hélicoïdale qui constituent le cylindre de coupe.

cylindre^M **de coupe**^F
Pièce formée de plusieurs lames dont la rotation, provoquée par le déplacement de la tondeuse, permet de rabattre l'herbe contre une lame tranchante fixe.

tondeuse^F **à moteur**^M
Appareil à moteur qui, grâce à la rotation d'une lame horizontale, permet de couper l'herbe sur des surfaces importantes.

guidon^M
Barre permettant de mouvoir et de guider la tondeuse.

sélecteur^M **de régime**^M
Dispositif permettant de régler la vitesse de rotation de la lame et du déplacement de la tondeuse.

câble^M **d'accélération**^F
Câble qui relie le sélecteur de régime au moteur.

moteur^M
Appareil qui transforme en énergie mécanique la combustion d'un mélange air-carburant.

BRICOLAGE ET JARDINAGE

420   **matériel de jardinage**

soins^M de la pelouse^F

rouleau^M
Outil constitué d'un cylindre creux, rempli d'eau ou de sable, qu'on roule sur le sol afin de le tasser et de l'égaliser.

aérateur^M **à gazon**^M
Rouleau muni de pointes permettant de piquer le gazon pour l'aérer et améliorer la pénétration de l'eau, des fertilisants, etc.

balai^M **à feuilles**^F
Instrument muni de dents souples, disposées en éventail, utilisé pour ramasser les feuilles mortes, l'herbe coupée ou divers petits débris sur le gazon.

BRICOLAGE ET JARDINAGE

tondeuse^F **autoportée**
Petit véhicule motorisé sur lequel est fixé un plateau de coupe permettant de tondre le gazon sur de grandes surfaces.

siège^M
Pièce sur laquelle on s'assoit pour conduire le véhicule.

clé^F **de contact**^M
Pièce qui, insérée dans un commutateur, permet de mettre en marche ou d'arrêter le moteur.

volant^M
Organe circulaire qui permet au conducteur d'orienter les roues directrices.

pédale^F **de frein**^M
Levier sur lequel le conducteur exerce une pression du pied pour actionner le système de freinage.

levier^M **de relevage**^M **du plateau**^M **de coupe**^F
Levier servant à ajuster la hauteur du plateau de coupe.

régulateur^M **de vitesse**^F
Dispositif qui permet de sélectionner la vitesse de déplacement du véhicule.

capot^M
Partie abattante de la carrosserie qui recouvre et protège le moteur.

roue^F **arrière**
Organe circulaire qui tourne autour d'un axe sur lequel repose un appareil, ici l'arrière du véhicule; la roue arrière est motrice.

phare^M
Projecteur placé à l'avant du véhicule, servant à éclairer de celui-ci.

pédale^F **de marche**^F **avant**
Levier qui, maintenu enfoncé, permet au véhicule d'avancer.

pédale^F **de marche**^F **arrière**
Levier qui, maintenu enfoncé, permet au véhicule de reculer.

déflecteur^M
Pièce qui projette latéralement l'herbe coupée.

plateau^M **de coupe**^F
Structure mobile qui supporte et recouvre une ou plusieurs lames rotatives destinées à couper l'herbe.

roue^F **de jauge**^F
Petite roue ajustable qui suit le relief du terrain afin d'assurer une coupe uniforme sur les surfaces inégales.

roue^F **avant**
Organe circulaire qui tourne autour d'un axe sur lequel repose un appareil, ici l'avant du véhicule; la roue avant guide la tondeuse.

enlèvement de la neige 421

matérielᴹ de déneigementᴹ
Outils permettant de soulever et de déplacer la neige.

pelleꜰ-traîneauᴹ
Outil à main dont la lame aux bords relevés permet de déplacer une grande quantité de neige.

grattoirᴹ à neigeꜰ
Outil à main dont la lame permet de pousser la neige.

pelleꜰ-grattoirᴹ
Outil à main dont la lame est conçue pour soulever ou pousser la neige.

pelleꜰ à neigeꜰ
Outil à main dont la lame permet de soulever et de déplacer la neige.

BRICOLAGE ET JARDINAGE

levierᴹ de vitessesꜰ
Manette permettant de choisir la vitesse d'entraînement des roues.

commandeꜰ de directionꜰ du conduitᴹ d'éjectionꜰ
Dispositif permettant de choisir l'orientation du conduit d'éjection de la neige.

commandeꜰ de la tarièreꜰ
Levier qui commande la rotation de la tarière.

fraiseꜰ à neigeꜰ ; souffleuseꜰ à neigeꜰ
Appareil à moteur permettant de projeter la neige à distance en vue de dégager un passage.

commandeꜰ de la transmissionꜰ
Levier qui commande l'embrayage de l'appareil.

phareᴹ
Projecteur placé à l'avant de l'appareil, servant à éclairer devant celui-ci.

moteurᴹ
Appareil qui transforme en énergie mécanique la combustion d'un mélange air-carburant.

conduitᴹ d'éjectionꜰ
Canalisation par laquelle la neige ramassée par la tarière est projetée.

coupe-glaceᴹ
Outil à main dont la lame est conçue pour briser la glace au sol.

roueꜰ
Organe circulaire qui tourne autour d'un axe et qui permet de déplacer un appareil.

outilᴹ de dégagementᴹ du conduitᴹ d'éjectionꜰ
Dispositif utilisé pour libérer le contenu du conduit d'éjection.

turbineꜰ
Dispositif qui transmet l'énergie du moteur à un arbre afin de permettre la rotation de la tarière.

déglaçantᴹ
Substance qu'on répand sur le sol pour faire fondre la glace.

patinᴹ
Lame métallique permettant à l'avant de la fraise de glisser sur la neige.

tarièreꜰ
Dispositif formé d'une mèche rotative qui permet de recueillir rapidement la neige et de la diriger vers le conduit d'éjection.

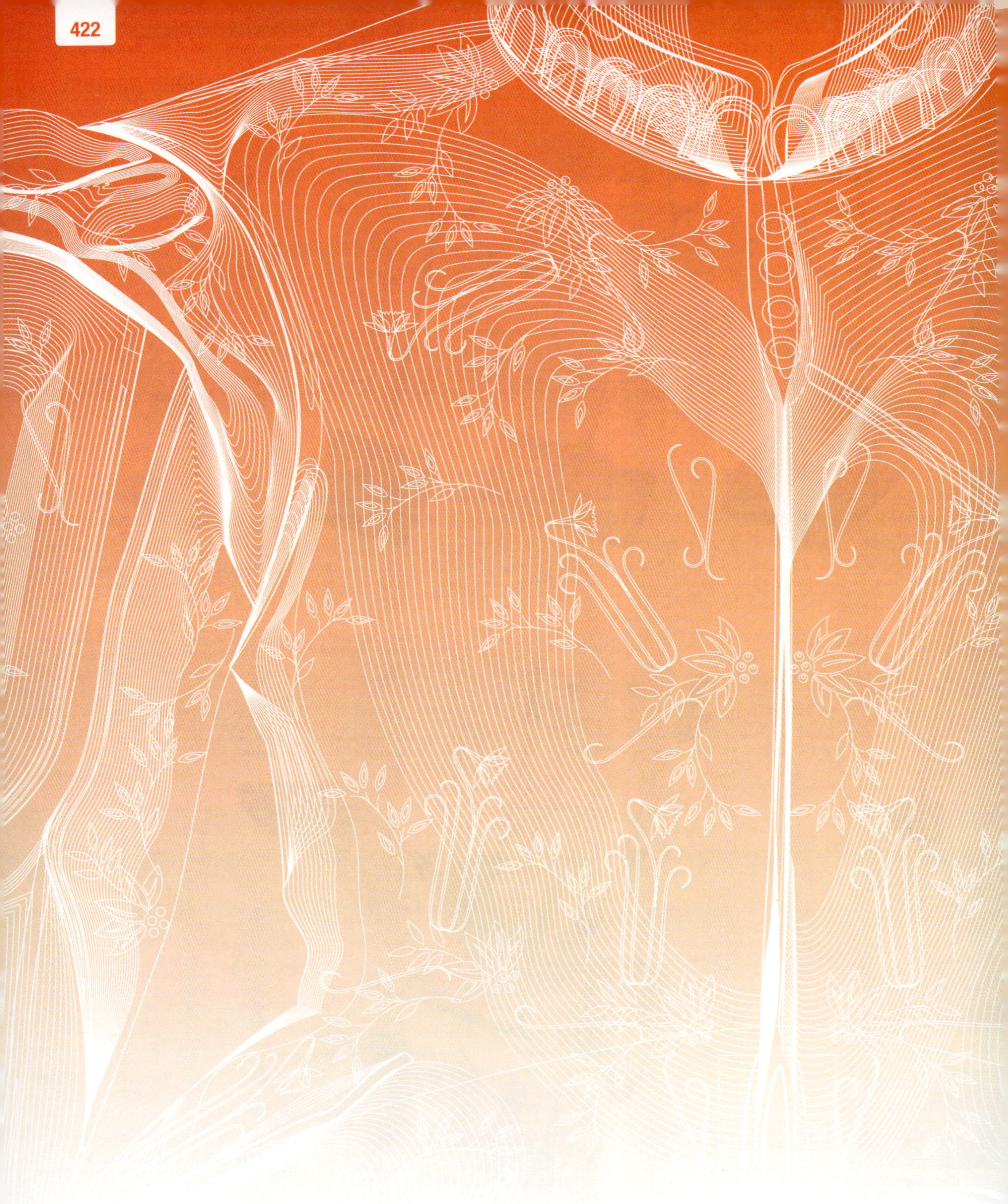

VÊTEMENTS

Tout objet qui couvre le corps pour le protéger, le dissimuler, le parer.

TEXTILES 424
Matériaux composés de fibres tissées ou tricotées.

VÊTEMENTS HISTORIQUES 426
Vêtements portés au cours des diverses époques de l'histoire humaine.

VÊTEMENTS D'HOMME 430

VÊTEMENTS UNISEXES 437
Vêtements portés indifféremment par les personnes des deux sexes.

VÊTEMENTS DE FEMME 438

VÊTEMENTS SPÉCIALISÉS 448
Vêtements conçus pour une catégorie spécifique d'usagers ou portés pour pratiquer une activité particulière.

DESIGN ET FINITION 452
Manière dont le vêtement est taillé, assemblé et habillé de pièces ajoutées.

COIFFURE 457
Partie de l'habillement qui sert à couvrir, protéger ou orner la tête.

CHAUSSURES 459
Articles d'habillement qui protègent et soutiennent le pied en couvrant plus ou moins la cheville et la jambe.

ACCESSOIRES D'UNE TOILETTE 464
Pièces qui complètent les vêtements et parures portés pour une occasion particulière.

fibres^F

Matières filamenteuses souples, de forme allongée, qui entrent dans la composition des tissus.

fibres^F naturelles
Fibres d'origine animale ou végétale.

coton^M
Fibre de cellulose provenant du cotonnier, qui donne un tissu doux et confortable, facile d'entretien.

lin^M
Fibre de cellulose de la plante de lin; elle donne un tissu frais et absorbant, mais qui se froisse assez facilement.

chanvre^M
Fibre de cellulose du chanvre, qui entre surtout dans la fabrication de cordages.

jute^M
Fibre de cellulose de la jute; elle donne un tissu robuste et de texture grossière qui permet notamment de fabriquer des toiles.

soie^F
Filament produit par le ver à soie lorsqu'il tisse son cocon; il donne une étoffe légère, brillante et très douce.

laine^F
Fibre provenant de la toison de certains animaux (chèvre, mouton, alpaga, lama, etc.); elle procure une bonne isolation thermique.

fibres^F synthétiques
Fibres créées industriellement.

polyester^M
Fibre synthétique qui donne un tissu résistant et confortable, d'entretien facile.

viscose^F
Fibre qui permet notamment de fabriquer la rayonne, un tissu dont la texture rappelle la soie.

nylon^M
Polymère utilisé comme fibre textile; résistant et élastique, il permet notamment de fabriquer des bas, des chaussettes ou des maillots de bain.

acrylique^M
Fibre synthétique produite par polymérisation; elle donne un tissu souple et brillant.

lycra^M ; élasthanne^M
Fibre synthétique très élastique, utilisée notamment pour confectionner des sous-vêtements et des vêtements de sport.

tissus^M

Matériaux souples obtenus par l'assemblage régulier de fibres tricotées ou tissées, utilisés principalement pour confectionner des vêtements.

flanelle^F
Tissu doux au toucher, légèrement duveteux, utilisé notamment pour confectionner des vêtements de nuit ou des draps.

denim^M
Tissu robuste utilisé pour confectionner les jeans.

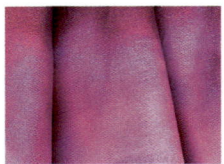

satin^M
Tissu d'apparence lustrée et brillante, utilisé notamment pour confectionner des sous-vêtements ou des doublures.

serge^F
Tissu qui présente de fines lignes obliques; on en fait notamment des uniformes, des complets, des tailleurs.

tulle^M
Tissu léger et transparent présentant des mailles; on en fait notamment des costumes spécialisés (ballet) et des voiles.

velours^M
Tissu très doux au toucher utilisé tant dans le domaine de l'ameublement que dans la confection de vêtements.

tweed^M
Tissu généralement fait de laine tissée, qui permet notamment de confectionner des manteaux ou des costumes.

textiles

symboles d'entretien des tissus

La plupart des vêtements comportent des symboles sur une étiquette, indiquant l'entretien suggéré du tissu selon ses caractéristiques propres.

lavage
Opération visant à nettoyer un vêtement par l'action de l'eau et de produits nettoyants.

- ne pas laver
- laver à la main à l'eau tiède
- laver à la machine à l'eau tiède avec agitation réduite
- laver à la machine à l'eau chaude avec agitation réduite
- laver à la machine à l'eau chaude avec agitation normale
- laver à la machine à l'eau très chaude avec agitation normale
- ne pas utiliser de chlorure décolorant
- utiliser un chlorure décolorant suivant les indications

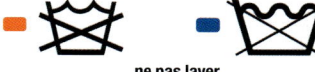

séchage
Opération visant à faire sécher les vêtements préalablement lavés.

- suspendre pour sécher
- sécher à plat
- ne pas sécher par culbutage
- sécher par culbutage à moyenne température
- sécher par culbutage à basse température
- suspendre pour sécher sans essorer

repassage
Action de presser des vêtements à l'aide d'un fer à vapeur.

- ne pas repasser
- repasser à basse température
- repasser à moyenne température
- repasser à haute température

symboles américains

symboles européens

VÊTEMENTS

exemples de costumes anciens

Pièces d'un habillement propre à une époque, un pays, une condition, une circonstance.

péplos M
Dans l'Antiquité, pièce rectangulaire en laine repliée sur le torse et fixée sur les épaules, portée par les femmes grecques.

fibule F
Dans l'Antiquité, épingle ou attache de métal servant à fermer les vêtements.

repli M
Partie de tissu rabattue par-dessus la ceinture pour le faire bouffer.

shenti F
Vêtement égyptien constitué d'un morceau d'étoffe porté autour des reins.

toge F
Très longue pièce en laine dans laquelle les Romains se drapaient en cachant l'épaule et le bras gauches, de manière à laisser le bras droit libre.

sinus M
Partie de la toge qui descend de l'épaule gauche sous le bras droit en formant des plis soigneusement étagés.

bande F **de pourpre** F
Dans la Rome antique, la bande de pourpre était portée par les magistrats et les enfants jusqu'à l'âge de 16 ans.

stola F
Chez les Romains, robe longue et ample, avec ou sans manches, portée par les femmes, fixée au corps par une ceinture.

palla F
Longue pièce rectangulaire, pliée en deux dans le sens de la longueur, qui servait de manteau aux femmes romaines.

chlamyde F
Dans l'Antiquité, pièce en laine rectangulaire, fixée sur une épaule et portée à même la peau ou sur le chiton par les soldats.

chiton M
Tunique portée par les hommes et les femmes grecs dans l'Antiquité, composée de deux pièces de lin rectangulaires, cousues en forme de tube ceinturé à la taille.

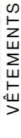

vêtements historiques

exemples de costumes anciens

poche verticale
Poche coupée dans le droit fil du tissu.

manche flottante
Manche caractérisée par un long pan tombant du coude parfois jusqu'aux chevilles.

mancheron
Demi-manche couvrant le haut du bras et prolongée par une autre demi-manche de formes variées.

manche
Partie du vêtement qui enveloppe le bras et dont la forme et la longueur varient.

frange
Bande de tissu d'où pendent des fils et servant à orner la bordure des vêtements.

cotardie
Au 14ᵉ siècle, la cotardie est un type de surcot décolleté et ajusté, avec de longues manches ouvertes aux coudes.

vertugadin
Jupon en forme de cloche porté aux 16ᵉ et 17ᵉ siècles, qui contenait des arceaux rigides donnant une forme évasée à la jupe.

robe à crinoline
Au 20ᵉ siècle, robe portée sur plusieurs jupons dont un jupon bouffant en crin.

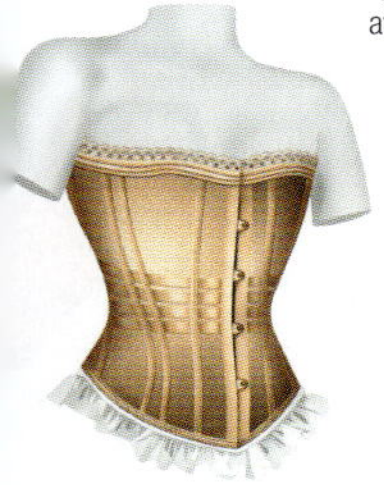

corset
Sous-vêtement moulant et baleiné, apparu au 18ᵉ siècle, que les dames ont sous la robe pour souligner la taille et maintenir le ventre.

jupon
À partir du 16ᵉ siècle, le jupon est une courte jupe portée sous les autres jupes et, à la fin des 18ᵉ et 19ᵉ siècles, une jupe sur laquelle s'ouvre la robe.

châle
À la mode depuis le 19ᵉ siècle, le châle est une pièce d'étoffe carrée, rectangulaire ou triangulaire dont les femmes se couvrent les épaules.

caraco
Corsage à manches, cintré, boutonné à l'avant, coupé à la hauteur des hanches et apparu dans la deuxième moitié du 18ᵉ siècle.

engageante
Manchette de dentelles en entonnoir, qui comporte deux ou trois volants.

pièce d'estomac
Triangle décoratif porté sous le corsage de la robe.

tournure
Jupon qui comporte au dos une armature métallique semi-sphérique pour soutenir et éloigner la jupe du corps.

surcot
Pièce portée sur une tunique par les hommes et les femmes du 13ᵉ au 15ᵉ siècle. Celui des femmes est très long et les emmanchures sont échancrées et souvent garnies de fourrure.

robe à paniers
Robe, apparue au milieu du 18ᵉ siècle, portée sur un jupon garni de deux armatures pour la faire bouffer sur les hanches.

robe à tournure
Robe apparue vers 1870, portée sur une tournure qui donne au dos de sa jupe une forme proéminente.

VÊTEMENTS

vêtements historiques

exemples^M de costumes^M anciens

costume^M avec frac^M
Ensemble comprenant une culotte courte, un frac et un gilet.

frac^M
Au 19e siècle, veste sans poches qui se prolonge dans le dos par deux longs pans étroits.

gilet^M
Porté depuis la fin du 18e siècle, le gilet est collant, sans manches et boutonné sur le devant, fait de belle étoffe, tandis que le dos est en doublure.

culotte^F
Pantalon collant, descendant aux genoux, apparu dans la seconde moitié du 17e siècle.

costume^M avec justaucorps^M
Ensemble comprenant une culotte courte, un justaucorps et une veste.

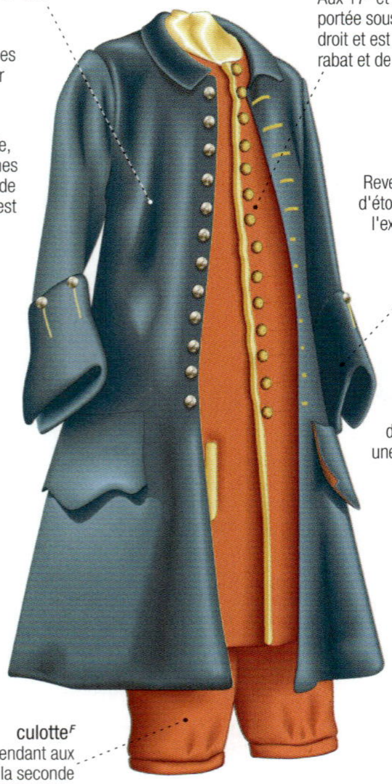

justaucorps^M
Vêtement masculin long, près du corps et légèrement évasé au bas, d'abord utilisé comme costume militaire, puis à partir de 1670 comme costume civil.

veste^F
Aux 17e et 18e siècles, la veste est portée sous le justaucorps. Elle tombe droit et est pourvue de deux poches à rabat et de manches collantes.

parement^M
Revers de manche ou bande d'étoffe rajoutée et repliée sur l'extrémité d'une manche.

culotte^F
Pantalon collant, descendant aux genoux, apparu dans la seconde moitié du 17e siècle.

cape^F
Manteau très ample, de longueur variable, dépourvu de manches et d'emmanchures, qui couvre le corps et les bras et peut comporter un capuchon et des passe-bras.

jaquette^F
Du 14e au 16e siècle, vêtement masculin dérivé du pourpoint, rembourré et ajusté par une ceinture formant des plis à la taille et dont les manches sont gonflantes aux épaules.

houppelande^F
Ample et long vêtement de cérémonie (manteau d'homme ou robe de femme) de la fin du 14e au début du 15e siècle.

pourpoint^M
Vêtement porté par les hommes du 14e au 17e siècle. Il est étroit, ceinturé, pourvu de manches et rembourré.

costume^M avec pourpoint^M
Ensemble comprenant un haut-de-chausse et un pourpoint.

aileron^M
Pièce de tissu ajoutée à l'emmanchure, qui accentue la largeur de la carrure.

haut-de-chausse^M
Pantalon issu du raccourcissement des braies et ancêtre de la culotte, porté du 16e au 17e siècle. Il est bouffant et fermé au-dessus du genou.

manche^F pendante
Manche longue, fendue au niveau du coude pour laisser passer le bras.

braies^F
Pantalon caractéristique de l'habillement gaulois, ample, retenu à la taille par une ceinture et serré aux chevilles par des lanières.

vêtements historiques

429

exemples de costumes anciens

soulier à talon
Au 17ᵉ siècle, chaussure à talon comportant une grande languette ornée d'un nœud ou d'une boucle.

sabot
Chaussure taillée dans une pièce de bois.

tricorne
Chapeau masculin au bord replié en trois cornes et à la calotte relativement plate, porté au 17ᵉ et au 18ᵉ siècle.

bicorne
Chapeau masculin au bord replié en deux cornes, qui remplace le tricorne après la Révolution française.

guêtre
Enveloppe couvrant le dessus de la chaussure et le bas de la jambe, maintenue par un sous-pied et fermée sur le côté par des boutons ou des crochets.

soulier à la poulaine
Chaussure caractérisée par l'allongement démesuré de la pointe, à la mode entre la fin du 14ᵉ et la fin du 15ᵉ siècle.

collerette
Pièce de tissu fin plissée ou froncée qui garnit l'encolure d'une robe et dont la forme a beaucoup varié d'une époque à l'autre.

fraise
Collerette plissée et rigide, portée par les hommes et les femmes à la fin du 16ᵉ et jusqu'au début du 17ᵉ siècle.

hennin
Au 15ᵉ siècle, coiffure de femme haute et cylindrique, recouverte d'un tissu précieux, d'où pendait un voile transparent plus ou moins long.

exemples de vêtements traditionnels

Vêtements caractéristiques de différentes régions depuis plusieurs générations.

fez
Calotte en laine blanche ou rouge, généralement pourvue d'un gland, qui a longtemps été la coiffure traditionnelle des Turcs.

boubou
Vêtement ample formé d'une pièce de tissu pliée en deux, porté en Afrique noire par les hommes et les femmes.

cafetan
Vêtement oriental ample et long, souvent richement orné, porté par les hommes comme tenue d'apparat.

hidjab
Foulard porté sur la tête par les femmes musulmanes.

turban
Coiffure orientale, portée par les hommes, faite d'une bande de tissu enroulée autour de la tête recouverte préalablement d'une calotte de tissu.

pagne
Morceau d'étoffe ou de matière végétale tressée, porté autour des reins par certains peuples d'Amérique du Sud, d'Afrique et d'Océanie.

kippa
Petit bonnet rond couvrant le dessus de la tête, porté par les hommes de religion juive.

mocassin
Chaussure sans attache d'origine amérindienne, plate et très souple, caractérisée par un plateau qui épouse le cou-de-pied.

kimono
Longue tunique d'origine japonaise, à manches longues, croisée sur le devant et maintenue par une ceinture.

qipao
Robe d'origine chinoise constituée d'une seule pièce et pourvue d'un col scindé.

sari
Longue bande d'étoffe portée traditionnellement par les femmes indiennes.

sombrero
Chapeau à larges bords porté dans certains pays hispanophones.

VÊTEMENTS

veston^M et veste^F

Vêtement à manches, ouvert sur le devant, tombant aux hanches et qui se porte sur une chemise, un gilet, un tricot, etc. La veste d'un costume est un veston.

veston^M croisé
Veston dont les devants ferment en se superposant et qui comporte un double boutonnage vertical.

veston^M croisé : dos^M

col^M
Pièce rapportée d'un vêtement qui sert à finir ou à orner l'encolure.

revers^M à cran^M aigu
Revers dont l'angle formé par sa rencontre avec le col est très petit.

doublure^F
Étoffe souple coupée d'après le même patron que le vêtement à l'intérieur duquel elle est fixée. Elle sert à le soutenir, à le garnir, à en dissimuler les coutures ou à le rendre plus chaud.

pochette^F
Petite poche de garniture située à gauche du revers d'une veste et qui reçoit le mouchoir, également appelé pochette.

fente^F latérale
Ouverture verticale aux bords superposés, pratiquée sur les côtés au bas du dos d'un veston pour lui donner de l'ampleur.

gilet^M
Vêtement court, qui se porte sur une chemise et sous une veste. Il est sans manches, boutonné sur le devant, avec une profonde encolure en V et le dos en tissu de doublure.

encolure^F en V^M
Partie échancrée du vêtement qui entoure le cou et forme un « V » sur la poitrine.

manche^F
Partie du vêtement qui enveloppe le bras et dont la forme et la longueur varient.

rabat^M
Pièce tombante d'étoffe ou d'une autre matière, cousue à la partie supérieure de l'ouverture d'une poche pour la dissimuler.

doublure^F
Étoffe souple coupée d'après le même patron que le vêtement à l'intérieur duquel elle est fixée. Elle sert à le soutenir, à le garnir, à en dissimuler les coutures ou à le rendre plus chaud.

poche^F-ticket^M
Poche peu large placée au-dessus de la poche du côté droit de la veste, ou parfois dans la doublure, du côté gauche, au niveau de la taille.

poche^F plaquée
Poche de formes et de dimensions variables, constituée d'une pièce d'étoffe cousue sur la face extérieure du vêtement.

devant^M
Partie du gilet qui couvre le torse.

patte^F
Étroite bande de tissu qui sert à garnir l'ouverture d'une poche, fixée au vêtement sur trois côtés.

veste^F droite
Veste qui n'est ni cintrée ni évasée.

poche^F gilet^M
Poche dont l'ouverture est une fente pratiquée dans le vêtement et qui est bordée d'une patte.

découpe^F
Couture décorative assemblant deux pièces découpées d'un vêtement, de façon à lui donner une ligne particulière.

doublure^F
Étoffe souple coupée d'après le même patron que le vêtement à l'intérieur duquel elle est fixée. Elle sert à le soutenir, à le garnir, à en dissimuler les coutures ou à le rendre plus chaud.

cran^M
Angle que forment le col et le revers en se rencontrant.

tirant^M de réglage^M
Patte qui sert à resserrer un vêtement à la taille, au moyen d'une boucle fixée au vêtement lui-même ou à une autre patte lui faisant face.

revers^M
Partie du vêtement rabattue sur la poitrine, qui prolonge le col.

pochette^F
Petit mouchoir fin qui orne la poche supérieure d'une veste ou d'un veston.

veste^F droite : dos^M

devant^M
Partie antérieure de la veste qui couvre le torse.

manche^F
Partie du vêtement qui enveloppe le bras et dont la forme et la longueur varient.

dos^M
Partie de la veste qui couvre l'arrière du torse.

poche^F tiroir^M
Poche pratiquée dans le vêtement, dont le rabat peut être porté au dehors ou à l'intérieur de la poche.

fente^F médiane
Ouverture verticale aux bords superposés, située au bas de la veste et en prolongement de la couture du milieu du dos dont elle augmente l'ampleur.

vêtements d'homme

431

chemise^F

Vêtement couvrant le torse, comportant un col, un empiècement dans le dos, des pans et un boutonnage sur toute la longueur de devant.

exemples^M de cols^M
Col : pièce rapportée d'un vêtement qui sert à finir ou à orner l'encolure.

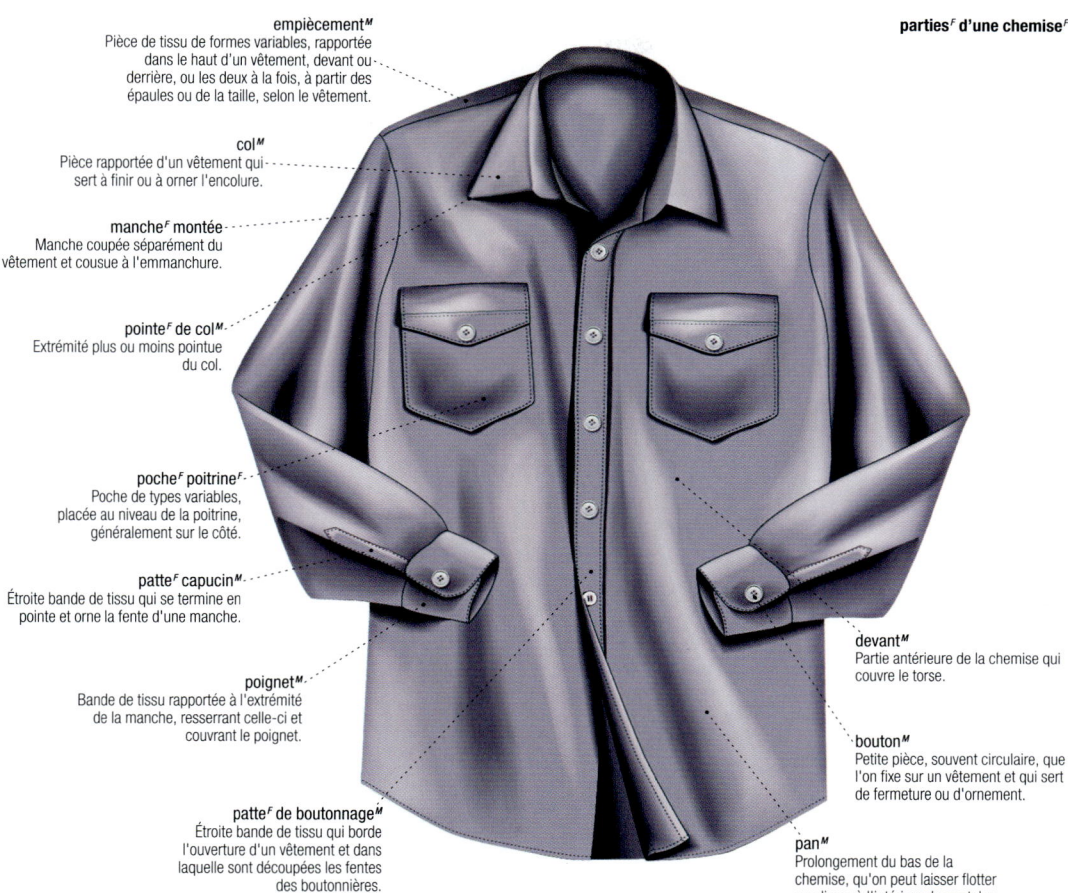

empiècement^M
Pièce de tissu de formes variables, rapportée dans le haut d'un vêtement, devant ou derrière, ou les deux à la fois, à partir des épaules ou de la taille, selon le vêtement.

col^M
Pièce rapportée d'un vêtement qui sert à finir ou à orner l'encolure.

manche^F montée
Manche coupée séparément du vêtement et cousue à l'emmanchure.

pointe^F de col^M
Extrémité plus ou moins pointue du col.

col^M à pointes^F boutonnées
Col dont les pointes, dirigées vers le bas, sont boutonnées sur le devant de la chemise.

poche^F poitrine^F
Poche de types variables, placée au niveau de la poitrine, généralement sur le côté.

patte^F capucin^M
Étroite bande de tissu qui se termine en pointe et orne la fente d'une manche.

poignet^M
Bande de tissu rapportée à l'extrémité de la manche, resserrant celle-ci et couvrant le poignet.

col^M italien
Col dont les pointes sont très écartées.

patte^F de boutonnage^M
Étroite bande de tissu qui borde l'ouverture d'un vêtement et dans laquelle sont découpées les fentes des boutonnières.

parties^F d'une chemise^F

devant^M
Partie antérieure de la chemise qui couvre le torse.

bouton^M
Petite pièce, souvent circulaire, que l'on fixe sur un vêtement et qui sert de fermeture ou d'ornement.

pan^M
Prolongement du bas de la chemise, qu'on peut laisser flotter ou glisser à l'intérieur du pantalon.

VÊTEMENTS

ascot^F
Large cravate rétrécie à la partie qui entoure le cou par des plis parallèles cousus. Elle se noue lâchement et se porte à l'intérieur d'un col de chemise ouvert.

nœud^M papillon^M
Cravate courte qui consiste en un nœud au centre et deux ailes de part et d'autre.

accessoires^M
Pièces de tissu servant à orner une chemise.

cravate^F
Bande d'étoffe longue et étroite, qui se noue sous le col de chemise et dont le pan avant, généralement plus large que l'autre, orne la chemise.

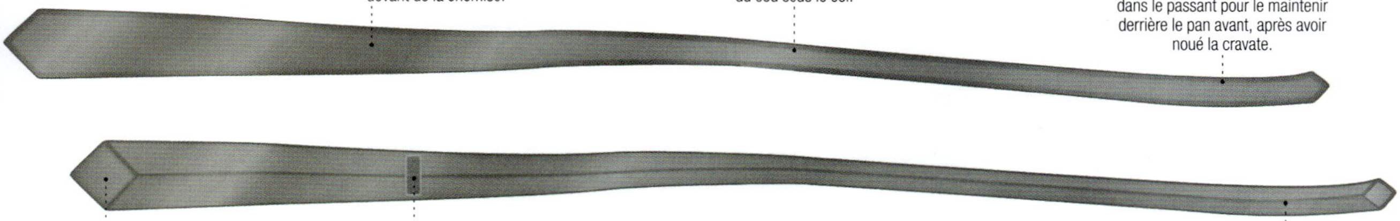

pan^M avant
Pan le plus large, qui sert à orner le devant de la chemise.

tour^M de cou^M
Partie de la cravate qui fait le tour du cou sous le col.

pan^M arrière
Pan le plus étroit, que l'on coulisse dans le passant pour le maintenir derrière le pan avant, après avoir noué la cravate.

doublure^F
Étoffe fixée à l'intérieur de la cravate pour en augmenter la tenue.

passant^M
Anneau plat, placé derrière le pan avant et dans lequel on passe le pan arrière pour le maintenir.

couture^F médiane
Couture faite sur toute la longueur de la cravate, au milieu de l'envers.

vêtements d'homme

pantalon^M

Vêtement couvrant le bas du corps, de la taille ou des hanches jusqu'aux chevilles, en habillant chaque jambe séparément.

parties^F d'un pantalon^M

patte^F boutonnée
Bande de tissu qui prolonge la ceinture montée et qui sert à la fermer.

pli^M plat
Pli formé par une simple pliure verticale orientée dans un même sens et d'égale largeur.

braguette^F
Ouverture verticale placée au milieu du devant du pantalon, qui se ferme par un boutonnage ou une glissière généralement dissimulés sous le bord replié de l'ouverture.

pli^M
Marque qui reste visible à l'endroit de la pliure faite par le repassage.

revers^M
Extrémité de la jambe du pantalon repliée sur l'endroit.

ceinture^F
Bande de matières variables, souvent pourvue d'une boucle, que l'on fixe autour de la taille pour ajuster, maintenir ou orner un vêtement.

croûte^F de cuir^M
Face lisse d'une pièce de cuir.

passant^M
Fine bande d'étoffe fixée verticalement sur la taille du pantalon et dans laquelle on glisse une ceinture pour la maintenir en place.

poche^F cavalière
Poche avant du pantalon, souvent oblique ou incurvée, dont l'ouverture est pratiquée à même le vêtement ou est prise dans une découpe.

ceinture^F montée
Bande de tissu cousue à la taille du pantalon et qui sert à le border et à le maintenir autour de la taille.

poche^F-revolver^M
Poche de types divers située à l'arrière du pantalon.

bretelles^F
Bandes étroites, souvent élastiques, de longueur réglable, qui se croisent dans le dos, passent sur les épaules et s'attachent au pantalon pour le retenir.

bande^F élastique
Bande étroite de matière extensible et résistante.

coulisse^F
Anneau plat fixé à une extrémité de la bande élastique, que l'on fait glisser pour ajuster la longueur de la bande.

patte^F
Bande, généralement de cuir, qui sert à boutonner la bande élastique au pantalon.

boutonnière^F
Petite fente pratiquée dans un vêtement et dans laquelle on passe un bouton.

pince^F
Système d'attache composé de deux branches articulées, qui peut remplacer la patte d'une bretelle.

pointe^F
Extrémité de la ceinture que l'on passe dans la boucle.

cran^M
Perforation de la ceinture dans laquelle passe l'ardillon.

ardillon^M
Pointe métallique qui pivote autour de l'axe de la boucle et que l'on engage dans un cran pour retenir la ceinture.

boucle^F
Fermeture constituée d'un anneau qui permet d'assujettir les deux extrémités d'une ceinture.

passant^M
Anneau plat, fixé près de la boucle, généralement de la même matière que la ceinture, dans lequel on glisse l'extrémité de la ceinture.

vêtements d'homme

pantalon

exemples de pantalons

jean
Pantalon en toile résistante généralement bleue, aux coutures apparentes et dont les poches sont souvent renforcées par des rivets.

pantalon convertible
Pantalon long se transformant en bermuda lorsqu'on retire la partie du bas, retenue par une fermeture à glissière.

bermuda
Short long s'arrêtant au-dessus des genoux.

short
Pantalon très court qui ne couvre que le haut des cuisses.

knickers
Pantalon aux jambes bouffantes resserrées au-dessous des genoux ou aux mollets.

chaussette

Vêtement en divers tissus extensibles, qui sert à couvrir le pied et une partie de la jambe. Chaque longueur de chaussette porte un nom différent.

exemples de chaussettes

parties d'une chaussette

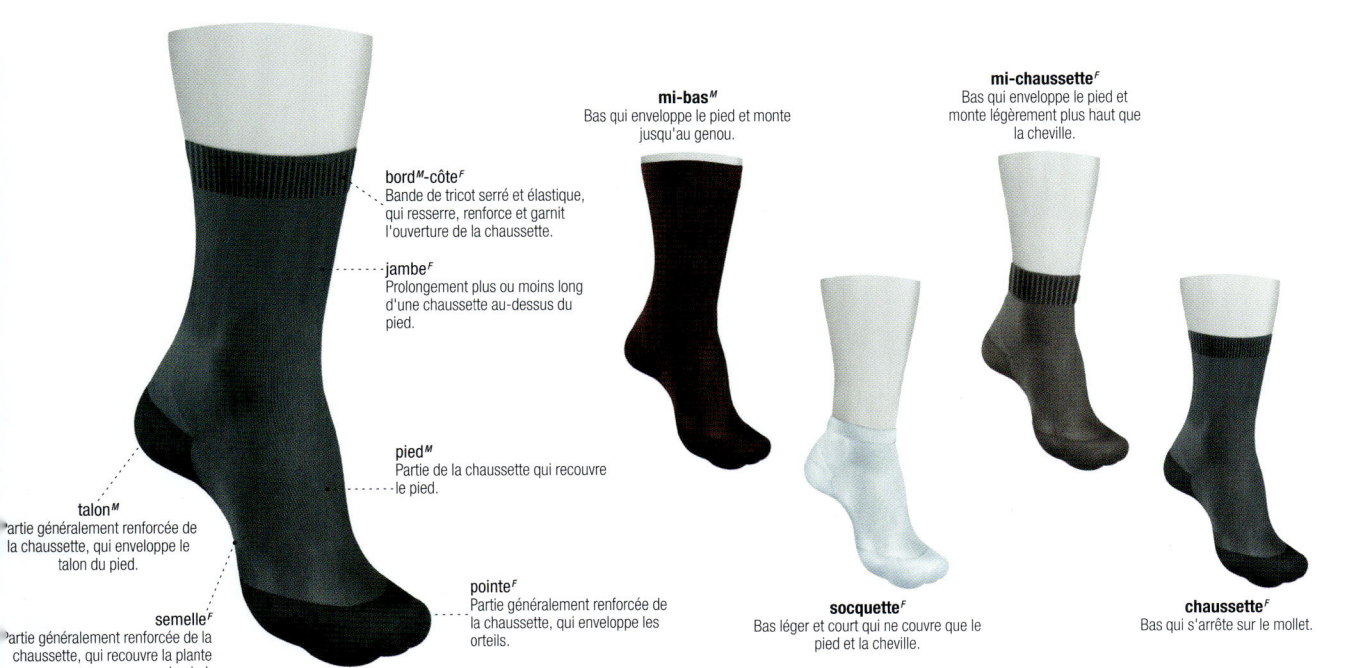

bord-côte
Bande de tricot serré et élastique, qui resserre, renforce et garnit l'ouverture de la chaussette.

jambe
Prolongement plus ou moins long d'une chaussette au-dessus du pied.

pied
Partie de la chaussette qui recouvre le pied.

pointe
Partie généralement renforcée de la chaussette, qui enveloppe les orteils.

talon
Partie généralement renforcée de la chaussette, qui enveloppe le talon du pied.

semelle
Partie généralement renforcée de la chaussette, qui recouvre la plante du pied.

mi-bas
Bas qui enveloppe le pied et monte jusqu'au genou.

mi-chaussette
Bas qui enveloppe le pied et monte légèrement plus haut que la cheville.

socquette
Bas léger et court qui ne couvre que le pied et la cheville.

chaussette
Bas qui s'arrête sur le mollet.

VÊTEMENTS

sous-vêtements^M

Vêtements que l'on porte à même la peau sous d'autres vêtements.

maillot^M de corps^M
Sous-vêtement dépourvu de manches, dont l'encolure et les emmanchures sont très échancrées et qui moule le torse.

encolure^F
Partie du vêtement plus ou moins échancrée, qui entoure le cou.

emmanchure^F
Ouverture pratiquée dans un vêtement, faite pour passer le bras ou y adapter une manche.

combinaison^F
Sous-vêtement chaud qui réunit un maillot de corps à manches longues et un caleçon long, qui se boutonne sur toute la longueur.

slip^M
Caleçon abrégé sans jambes, pourvu d'élastiques à la ceinture et aux cuisses ainsi que d'une braguette.

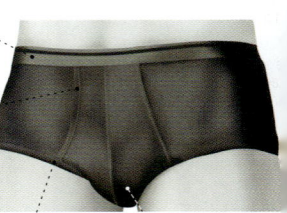

ceinture^F élastique
Bande de tissu élastique qui s'ajuste parfaitement autour des hanches pour maintenir le vêtement.

braguette^F
Ouverture du slip, sur le devant.

jambe^F élastique
Ouverture bordée d'un élastique pour être parfaitement ajustée à la cuisse.

entrejambe^M
Partie du slip située entre les jambes.

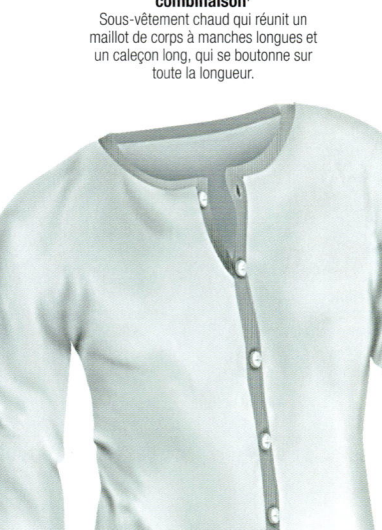

caleçon^M long
Sous-vêtement couvrant les jambes, pourvu d'une ceinture et resserré aux chevilles par de fines côtes.

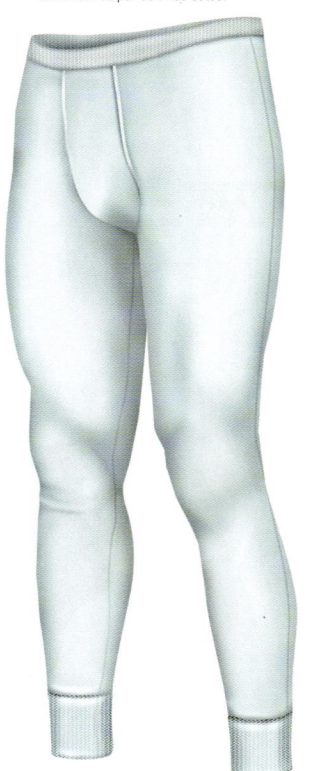

minislip^M
Slip moulant, à taille basse, très échancré sur les cuisses.

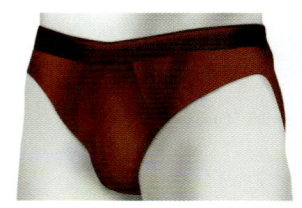

caleçon^M
Sous-vêtement couvrant le haut des cuisses, maintenu à la taille par une ceinture élastique.

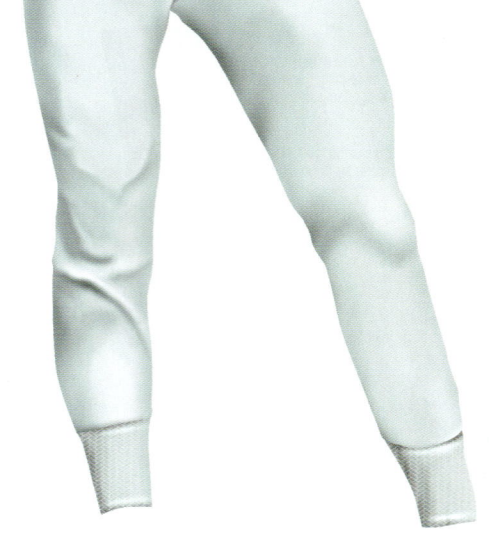

vêtements d'homme

435

manteaux^M et blousons^M

Vêtements d'extérieur, fermés sur le devant, qu'on met par-dessus d'autres vêtements pour se protéger du froid et des intempéries.

imperméable^M
Manteau, parfois muni d'un capuchon, qui protège de la pluie grâce à la qualité de la matière ou à la suite d'un traitement d'imperméabilisation.

pardessus^M
Manteau de tissu épais, de fourrure ou de cuir, qui descend au-dessous des genoux.

col^M
rapportée d'un vêtement qui t à finir ou à orner l'encolure.

manche^F **raglan**
se prolongeant sur l'épaule, ée devant et derrière par une re oblique qui va du creux de l'emmanchure à l'encolure.

revers^M **cranté**
s formant un angle à l'endroit de sa rencontre avec le col.

patte^F
Étroite bande d'étoffe posée horizontalement au bas de la manche, qui sert à la garnir.

poche^F **raglan**
Poche coupée en biais, dont verture est garnie d'une large patte sur son bord extérieur.

boutonnière^F
Petite fente pratiquée dans un ent et dans laquelle on passe un bouton.

pan^M
ongement du manteau qu'on laisse flotter.

revers^M **cranté**
Revers formant un angle à l'endroit de sa rencontre avec le col.

poche^F **poitrine**^F
Poche de types variables, placée au niveau de la poitrine, généralement sur le côté.

pince^F **de taille**^F
Pli cousu dont la largeur diminue de bas en haut, fait sur l'envers de l'étoffe pour réduire l'ampleur de la taille.

poche^F **à rabat**^M
Poche dont l'ouverture est dissimulée par une pièce cousue d'un seul côté et tombant sur le haut de la poche.

trench^M
Imperméable caractérisé par un double boutonnage, une ceinture, des bavolets, un col à revers, des grandes poches et des pattes sur les épaules et les manches.

patte^F **d'épaule**^F
Patte placée sur l'épaule, qui sert de garniture inspirée par le costume militaire, parfois fixée par un bouton.

paletot^M
Manteau fait d'une belle étoffe, de fourrure ou de cuir, pourvu d'un double boutonnage et de poches extérieures, qui s'arrête au-dessus du genou.

col^M **transformable**
Col conçu de manière à pouvoir le porter de différentes façons.

manche^F **raglan**
Manche se prolongeant sur l'épaule, fixée devant et derrière par une couture oblique qui va du creux de l'emmanchure à l'encolure.

bavolet^M
Empiècement décollé appliqué sur le devant et le dos, qui sert de garniture tout en protégeant du vent et de la pluie.

passant^M
Fine bande d'étoffe fixée verticalement sur la manche et dans laquelle on glisse la patte de serrage pour la maintenir en place.

double boutonnage^M
Système de fermeture constitué de eux rangées de boutons parallèles.

ceinture^F
ande de matières variées, souvent pourvue d'une boucle, que l'on fixe autour de la taille pour ajuster, maintenir ou orner un vêtement.

passant^M
Anneau plat, fixé près de la boucle, généralement de la même matière que la ceinture, dans lequel on glisse l'extrémité de la ceinture.

boucle^F **de ceinture**^F
Fermeture constituée d'un anneau qui permet d'assujettir les deux extrémités d'une ceinture.

patte^F **de serrage**^M
Étroite bande d'étoffe posée horizontalement au bas de la manche, servant à en réduire l'ampleur.

poche^F **raglan**
Poche coupée en biais, dont l'ouverture est garnie d'une large patte sur son bord extérieur.

VÊTEMENTS

vêtements d'homme

manteaux^M et blousons^M

parka^F ; parka^M
Paletot sport imperméable, souvent matelassé ou fourré, pourvu de grandes poches, d'une fermeture à glissière et parfois d'un capuchon.

patte^F à boutons^M-pression^F
Bande de tissu bordant l'ouverture d'un vêtement et qui se ferme par une succession de boutons-pression.

fermeture^F à glissière^F
Fermeture faite de deux rubans bordés de dents s'emboîtant les unes dans les autres à l'aide d'un curseur.

canadienne^F
Manteau trois-quarts croisé et ceinturé, généralement en tissu imperméable, en cuir ou en daim. Il comporte une doublure et un large col de mouton ainsi que des poches plaquées à rabat.

duffle-coat^M ; canadienne^F
Manteau sport à capuchon, s'arrêtant à mi-cuisses. Fait d'un épais tissu de laine, il se caractérise par son empiècement et un système de fermeture à brandebourgs.

capuchon^M
Coiffure fixée à l'encolure du vêtement et que l'on rabat sur la tête pour la protéger du froid, de la pluie ou de la neige.

empiècement^M
Pièce de tissu de formes variables, rapportée dans le haut d'un vêtement, devant ou derrière, ou les deux à la fois, à partir des épaules ou de la taille, selon le vêtement.

poche^F à rabat^M
Poche dont l'ouverture est dissimulée par une pièce cousue d'un seul côté et tombant sur le haut de la poche.

brandebourg^M
Tresses de tissu ornemental fermant un vêtement. L'une sert de boutonnière où s'engage une bûchette fixée à l'autre.

bûchette^F
Bouton de bois en forme de petite bûche.

blouson^M court
Sorte de veste ample s'arrêtant à la taille où elle est resserrée de façon à blouser. Souvent faite de cuir ou de tissu imperméable, elle comporte des poignets aux manches.

blouson^M long
Blouson, en cuir ou en tissu imperméable, qui descend sous la taille.

bouton^M-pression^F
Pièce de fermeture composée d'un disque perforé et d'un disque à bouton qui s'emboîtent par simple pression.

ceinture^F montée
Ourlet fait au bas du vêtement pour le border et recevoir un cordon permettant de l'ajuster autour des hanches.

poche^F repose-bras^M
Poche coupée sur le devant du vêtement, au-dessus de la taille, et dans laquelle on entre la main pour la protéger du froid et reposer le bras.

ceinture^F élastique
Bande de tissu élastique qui s'ajuste parfaitement autour de la taille pour maintenir le vêtement.

cordon^M coulissant
Petite corde que l'on glisse dans la ceinture montée et qui sert à ajuster le blouson autour des hanches.

vêtements unisexes

tricots^M

Vêtements couvrant le torse, confectionnés manuellement ou mécaniquement, dans une matière textile disposée en mailles plus ou moins serrées.

gilet^M de laine^F
Tricot de laine qui s'arrête aux hanches, caractérisé par un boutonnage au milieu du devant, une encolure en V et des bords-côtes à la base et aux poignets.

bride^F de suspension^F
Petit arceau fixé à l'intérieur d'un vêtement au niveau de la nuque et qui sert à le suspendre.

encolure^F en V^M
Partie échancrée du vêtement qui entoure le cou et forme un V sur la poitrine.

bouton^M
Petite pièce, souvent circulaire, que l'on fixe sur un vêtement et qui sert de fermeture ou d'ornement.

bord^M-côte^F
Bande de tricot serré et élastique, qui resserre, renforce et garnit la manche ou le bas d'un vêtement.

poche^F passepoilée
Poche dont l'ouverture est garnie et renforcée par un ou deux minces rubans cousus.

patte^F polo^M
Étroite bande de tissu qui borde l'ouverture du polo et dans laquelle sont découpées quelques boutonnières.

débardeur^M
Tricot sans manches, généralement échancré à l'encolure et aux entournures, destiné à être porté sur un autre vêtement.

polo^M
Tricot généralement à manches courtes, avec un col pointu rabattu, qui se ferme souvent par une patte s'arrêtant à mi-buste.

col^M roulé
Tricot pourvu d'un col montant formé d'un bord-côte replié sur lui-même, généralement près du cou et dépourvu de fermeture.

ras-de-cou^M
Tricot dont l'encolure ronde s'ajuste très près du cou.

cardigan^M
Tricot fin à manches longues qui s'arrête aux hanches, caractérisé par un boutonnage sur le devant, une encolure ras-de-cou et des bords-côtes à la base et aux poignets.

VÊTEMENTS

robes^F

Vêtements composés d'un corsage, pourvu ou non de manches ou de col, prolongé par une jupe de longueur variable.

robe^F fourreau^M
Robe non ceinturée, très étroite, qui moule le corps.

robe^F princesse^F
Robe non ceinturée, au corsage ajusté et à jupe ample ou droite, dont la coupe met la silhouette en valeur.

robe^F-manteau^M
Robe dont la coupe s'inspire de celle du manteau. Elle se ferme sur toute la longueur de devant et peut être doublée.

robe^F tube^M
Robe non cintrée sans manches, avec encolure plus ou moins près du cou et sans col.

robe^F de cocktail^M
Robe courte à épaules dégagées.

robe^F chemisier^M
Robe dont le corsage rappelle la chemise d'homme, qui comporte généralement une ceinture et un boutonnage sur toute la longueur de devant.

robe^F taille^F basse
Robe dont la taille se trouve à hauteur des hanches.

robe^F trapèze^M
Robe dont le corsage est près du corps et la jupe de plus en plus évasée, sans ceinture.

robe^F bain^M-de-soleil^M
Robe très décolletée, à bretelles fines, qui laisse le dos et les épaules nus.

robe^F enveloppe^F
Robe ouverte de haut en bas, que l'on ferme en rabattant un côté sur l'autre et que l'on maintient par une ceinture.

robe^F tunique^F
Robe en deux pièces : l'une est une jupe droite plus ou moins longue, l'autre est un corsage droit qui tombe sur la première et descend parfois aux genoux.

chasuble^F
Robe sans manches, largement échancrée à l'encolure et aux emmanchures, qui se porte sur un corsage ou un tricot.

vêtements de femme

jupes^F

Vêtements qui, montés sur un ruban intérieur ou une ceinture apparente, enserrent la taille et descendent plus ou moins bas sur les jambes.

jupe^F à volants^M étagés
Jupe à laquelle sont cousues, en rangs superposés, plusieurs bandes horizontales de tissu dont l'extrémité libre retombe en faisant des plis.

jupe^F-culotte^F
Vêtement dont l'ampleur lui donne l'apparence d'une jupe en dissimulant l'entrejambe dont il est pourvu.

jupe^F à empiècement^M
Jupe comportant une pièce rapportée, de la taille aux hanches.

jupe^F froncée
Jupe plissée à la taille, qui tombe en larges plis.

jupe^F fourreau^M
Jupe resserrée à la taille, qui moule les hanches et les jambes.

jupe^F-short^M
Short ample recouvert d'un panneau avant qui le fait ressembler à une jupe.

jupe^F droite
Jupe resserrée à la taille, qui moule les hanches et tombe droit.

jupe^F à lés^M
Jupe évasée, faite de plusieurs panneaux d'étoffe cousus à la verticale.

kilt^M
Jupe portefeuille, plissée, faite de lainage à carreaux. Le panneau qui se rabat sur le devant est généralement effilé et attaché par une épingle ou un bouton.

paréo^M
Jupe de plage de longueur variable, faite d'une pièce d'étoffe que l'on drape autour de la taille.

jupe^F portefeuille^M
Jupe comportant un panneau qui se rabat devant ou, parfois, derrière et se boutonne sur le côté.

VÊTEMENTS

vêtements de femme

corsages^M

Vêtements féminins qui couvrent le torse et se portent directement sur les sous-vêtements. Ils sont de formes très variées et faits de tissus de toutes sortes.

corsage^M-culotte^F
Corsage moulant, en tissu extensible, dont le bas se termine en slip.

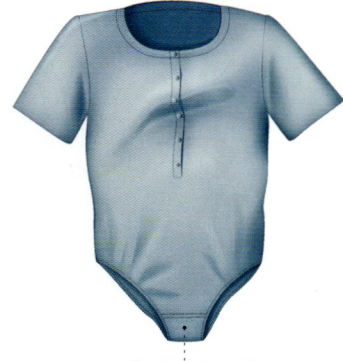

marinière^F
Corsage droit et ample, qui s'arrête au-dessus des hanches, sans ouverture sur le devant, pourvu d'un col marin.

débardeur^M ; camisole^F
Corsage à petites bretelles dont l'encolure est plus ou moins échancrée.

patte^F d'entrejambe^M
Partie du slip située entre les jambes. Elle est parfois détachable pour permettre d'enfiler le corsage par la tête.

fronce^F
Petit pli serré, non aplati et non cousu, obtenu en coulissant un fil dans le tissu.

empiècement^M
Pièce de tissu de forme variable, rapportée dans le haut d'un vêtement, devant ou derrière, ou les deux à la fois, à partir des épaules ou de la taille, selon le vêtement.

chemisier^M classique
Corsage boutonné sur le devant, pourvu d'un col et de manches longues resserrées aux poignets, qui descend jusqu'aux hanches.

tablier^M-blouse^F
Long corsage en tissu léger, souple, non ajusté, souvent boutonné dans le dos, que l'on porte généralement sur d'autres vêtements pour les protéger.

liquette^F
Chemisier ample, qui descend à mi-cuisses et qui se porte généralement par-dessus la jupe ou le pantalon.

tunique^F
Corsage droit, ample, assez long pour descendre sous la taille.

cache-cœur^M
Corsage dont les devants se croisent en formant une encolure en V et sont munis de liens se nouant sur la taille, dans le dos ou à la hanche.

polo^M
Tricot généralement à manches courtes, avec un col pointu rabattu, qui se ferme souvent par une patte s'arrêtant à mi-buste.

casaque^F
Tunique droite à manches longues qui s'enfile souvent par la tête. Resserrée à la taille par une ceinture ou un lien, elle retombe sur la jupe ou le pantalon.

vêtements de femme

441

pantalons^M

Vêtements couvrant le bas du corps, en habillant chaque jambe séparément.

knicker^M
Pantalon aux jambes bouffantes resserrées au-dessous des genoux ou aux mollets.

corsaire^M
Pantalon moulant qui s'arrête à mi-mollets, fendu à partir du genou, sur le côté extérieur de la jambe, où il peut se fermer de diverses façons.

bermuda^M
Short long s'arrêtant au-dessus des genoux.

short^M
Pantalon très court qui ne couvre que le haut des cuisses.

fuseau^M
Pantalon généralement extensible, dont les jambes, qui vont en se rétrécissant jusqu'à la cheville, se terminent par un sous-pied.

jean^M
Pantalon en toile résistante généralement bleue, aux coutures apparentes et dont les poches sont souvent renforcées par des rivets.

salopette^F
Pantalon prolongé par une pièce couvrant la poitrine et pourvue de bretelles.

combinaison^F-**pantalon**^M
Vêtement regroupant en une seule pièce un pantalon et un corsage, avec ou sans manches, se fermant sur le devant.

sous-pied^M
Bande de tissu extensible, qu'on passe sous le pied pour maintenir le pantalon tendu.

pantalon^M **pattes**^F **d'éléphant**^M
Pantalon qui suit de près la ligne de la jambe aux genoux, puis qui s'évase jusqu'aux chevilles.

pantalon^M **cargo**^M
Pantalon ample pourvu de poches apposées sur les jambes.

pantalon^M **capri**
Pantalon coupé sous le genou.

pantalon^M-**cigarette**^F
Pantalon qui suit de près la ligne de la jambe, des hanches aux chevilles.

VÊTEMENTS

vestes^F et pulls^M

Exemples de vêtements couvrant le buste et portés par-dessus d'autres vêtements, servant de protection contre le froid ou de simple ornement.

boléro^M
Petite veste uniquement décorative, avec ou sans manches, dépourvue de col et de revers, qui s'arrête au-dessus de la taille et ne ferme pas.

saharienne^F
Veste-chemise d'été en toile, à manches longues ou courtes, pourvue d'une ceinture et de quatre poches.

poche^F soufflet^M
Poche plaquée dont l'ampleur est augmentée par une base et des côtés pliants, ou encore par un pli creux ou rond au centre de la poche.

spencer^M
Veste ajustée non ceinturée, qui s'arrête à la taille, pourvue de manches longues et souvent d'un col à revers.

cardigan^M
Tricot fin à manches longues qui s'arrête aux hanches, caractérisé par un boutonnage sur le devant, une encolure ras-de-cou et des bords-côtes à la base et aux poignets.

ras-de-cou^M
Tricot dont l'encolure ronde s'ajuste très près du cou.

tandem^M
Ensemble comprenant un pull, souvent à encolure ras-de-cou, et un cardigan, ou un gilet, assortis.

pull^M
Tricot pourvu de manches longues et généralement d'une encolure ras-de-cou ou en V, resserré aux poignets et aux hanches par un bord-côte.

gilet^M
Vêtement court, qui se porte sur un chemisier et sous une veste. Il est sans manches, boutonné sur le devant, avec une profonde encolure en V et le dos en tissu de doublure.

blazer^M
Veste souvent de couleur bleu marine, qui couvre les hanches, caractérisée par un col cranté, de longs et larges revers et des poches plaquées.

manteaux^M

Vêtements fermés sur le devant, descendant au moins sous les hanches, qu'on met par-dessus les autres vêtements pour se protéger du froid et des intempéries.

redingote^F
Manteau ajusté à la taille et évasé dans le bas.

parka^F ; parka^M
Paletot sport imperméable, souvent matelassé ou fourré, pourvu de grandes poches, d'une fermeture à glissière et parfois d'un capuchon.

duffle-coat^M ; canadienne^F
Manteau sport à capuchon, s'arrêtant à mi-cuisses. Fait d'un épais tissu de laine, il se caractérise par son empiècement et un système de fermeture à brandebourgs.

capuchon^M
Coiffure fixée à l'encolure du vêtement et que l'on rabat sur la tête pour la protéger du froid, de la pluie ou de la neige.

fermeture^F à glissière^F
Fermeture faite de deux rubans bordés de dents s'emboîtant les unes dans les autres à l'aide d'un curseur.

vêtements de femme

manteaux^M

tailleur^M
Ensemble composé d'une jupe et d'une veste à manches longues réalisées dans un même tissu de bonne tenue.

veste^F
Vêtement à manches, fermé sur le devant par un simple ou double boutonnage, parfois cintré et tombant aux hanches.

raglan^M
Manteau plutôt ample, caractérisé par des manches et des poches raglan.

manche^F **raglan**
Manche se prolongeant sur l'épaule, fixée devant et derrière par une couture oblique qui va du creux de l'emmanchure à l'encolure.

boutonnage^M **sous patte**
Fermeture dissimulée sous une patte, composée d'une rangée de boutons retenus par des boutonnières.

veste^F
Vêtement à manches, fermé sur le devant par un simple ou double boutonnage, parfois cintré et tombant aux hanches.

jupe^F
Vêtement qui, monté sur un ruban intérieur ou une ceinture apparente, enserre la taille et couvre plus ou moins les jambes.

poche^F **raglan**
Poche coupée en biais, dont l'ouverture est garnie d'une large patte sur son bord extérieur.

poncho^M
Sorte de cape faite d'une pièce d'étoffe rectangulaire percée au centre pour y passer la tête.

paletot^M
Manteau s'inspirant plus ou moins du paletot masculin, mais dont le style varie davantage selon la mode. Il est plus court que le vêtement qu'il recouvre avec lequel il peut former un ensemble.

col^M **tailleur**^M
Col dont la pliure couvre la nuque et dont les revers forment un V en se croisant sur la poitrine.

caban^M
Longue veste en tissu épais, caractérisée par un double boutonnage, un col tailleur et des poches repose-bras.

poche^F **repose-bras**^M
Poche coupée sur le devant du vêtement, en haut de la taille, et dans laquelle on entre la main pour la protéger du froid et reposer le bras.

fausse poche^F
Garniture (patte, rabat, passepoil) simulant une poche.

manteau^M
Vêtement d'extérieur en tissu épais, pourvu de manches longues, qui descend jusqu'aux mollets et se ferme sur le devant de différentes manières.

pèlerine^F
Manteau pourvu d'une courte pèlerine.

pèlerine^F
Collet tombant sur les épaules et la poitrine.

cape^F
Manteau très ample, de longueur variable, dépourvu de manches et d'emmanchures, qui couvre le corps et les bras et peut comporter un capuchon et des passe-bras.

poche^F **prise dans une couture**^F
Poche dont l'ouverture est faite dans la couture latérale d'un vêtement.

passe-bras^M
Fente latérale par laquelle on peut passer le bras pour lui donner une certaine liberté de mouvement.

VÊTEMENTS

sous-vêtements^M

Vêtements que l'on porte à même la peau sous d'autres vêtements.

combiné^M
Sous-vêtement de maintien réunissant une gaine et un soutien-gorge.

caraco^M ; **camisole**^F
Sous-vêtement court, à encolure dégagée, généralement à bretelles, dont la partie couvrant la poitrine peut avoir la forme d'un soutien-gorge.

teddy^M ; **combinaison**^F-**culotte**^F
Vêtement réunissant une camisole et une culotte.

body^M ; **combiné**^M-**slip**^M
Sous-vêtement réunissant en une seule pièce un corsage et une culotte.

combiné^M-**culotte**^F
Sous-vêtement réunissant une gaine, un soutien-gorge et une culotte.

découpe^F **princesse**^F
Couture décorative qui va de l'épaule ou de l'emmanchure jusqu'à l'ourlet du vêtement, de façon à mettre la silhouette en valeur.

jupon^M
Sous-vêtement consistant en une jupe de tissu léger maintenue à la taille par une ceinture élastique et faisant office de doublure.

fond^M **de robe**^F
Sous-vêtement pourvu de larges bretelles non réglables, que l'on porte sous une robe transparente.

combinaison^F-**jupon**^M
Sous-vêtement pourvu d'étroites bretelles réglables, dont la partie couvrant la poitrine a généralement la forme d'un soutien-gorge.

vêtements de femme

445

sous-vêtements^M

bustier^M
Soutien-gorge sans bretelles, dont la basque se prolonge jusqu'à la taille. Ses bonnets sont préformés et pourvus d'armatures et de baleines.

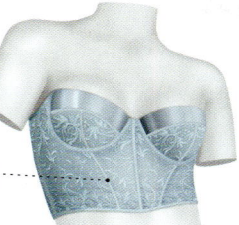

soutien-gorge^M **balconnet**^M
Soutien-gorge dont les bonnets laissent découvert le haut de la poitrine et dont les bretelles sont décalées au bord de l'épaule.

armature^F
Arc de cercle rigide qui borde et renforce la partie inférieure de chaque bonnet.

baleine^F
Lame de métal ou de plastique étroite et souple, glissée dans un vêtement pour en assurer la rigidité.

slip^M
Sous-vêtement à taille basse, échancré sur les cuisses et moulant.

jarretelle^F
Bande élastique fixée à la gaine, au porte-jarretelles, etc., pourvue d'un système d'attaches permettant de maintenir le bas tendu.

bas^M
Vêtement féminin fait de tricot plus ou moins fin, qui enveloppe le pied et la jambe jusque sur la cuisse.

bretelle^F
Étroite bande de tissu, souvent ajustable, qui relie le devant et le dos d'un vêtement pour le retenir sur l'épaule.

bonnet^M
Partie principale d'un soutien-gorge qui enferme et soutient chaque sein.

basque^F
Bande de tissu extensible de largeur variable, située à la base du soutien-gorge, qui relie les bonnets et se ferme par des agrafes.

guêpière^F
Sorte de petit corset, à soutien-gorge et porte-jarretelles incorporés, servant à affiner la taille.

plastron^M
Renfort abdominal qui aplatit le ventre.

soutien-gorge^M
Sous-vêtement comportant deux bonnets, des bretelles et une basque, destiné à soutenir la poitrine.

soutien-gorge^M **corbeille**^F
Soutien-gorge très décolleté dont les bonnets se prolongent en pointes vers les bretelles.

gaine^F
Sous-vêtement en tissu élastique, pourvu d'un plastron abdominal, destiné à galber la taille et les hanches.

culotte^F
Sous-vêtement retenu à la taille par un élastique et qui descend plus ou moins bas sur les hanches.

gaine^F-**culotte**^F
Gaine formant une culotte avec ou sans jambes et qui comporte souvent des jarretelles amovibles.

corset^M
Sous-vêtement de tissu résistant, pourvu de baleines et souvent de jarretelles, destiné à galber la taille et les hanches.

porte-jarretelles^M
Étroite ceinture qui s'ajuste autour des hanches et pourvue de jarretelles.

string^M
Sous-vêtement formé d'une pièce de tissu destinée à cacher le pubis, et maintenue par des ficelles.

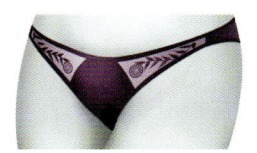

tanga^M
Sous-vêtement formé d'une pièce de tissu découvrant une partie des fesses; il est légèrement plus couvrant que le string.

VÊTEMENTS

bas^M

Vêtement en divers tissus extensibles, qui sert à couvrir le pied et la jambe. Chaque longueur de bas porte un nom différent.

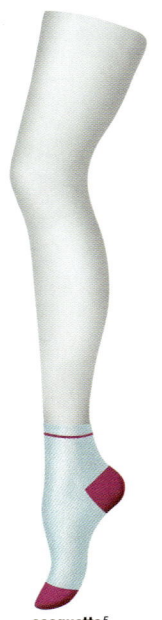

socquette^F
Bas léger et court, qui ne couvre que le pied et la cheville.

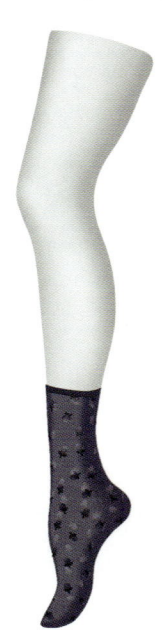

mi-chaussette^F
Bas qui enveloppe le pied et monte légèrement plus haut que la cheville.

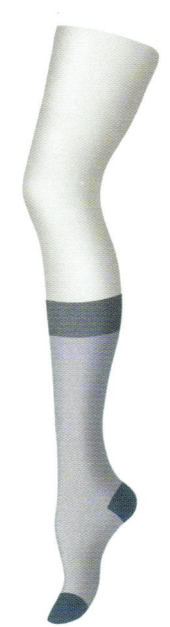

chaussette^F
Bas qui s'arrête sur le mollet.

mi-bas^M
Bas qui enveloppe le pied et monte jusqu'au genou.

bas^M **résille**^F
Bas fait de filet extensible.

bas^M**-cuissarde**^F
Bas qui s'arrête un peu au-dessus du genou.

bas^M
Vêtement féminin fait de tricot plus ou moins fin, qui enveloppe le pied et la jambe jusque sur la cuisse.

collant^M
Vêtement associant en une seule pièce deux bas prolongés par une culotte, renforcée ou non, retenue à la taille par une ceinture élastique.

vêtements de femme

446

VÊTEMENTS

vêtements de femme

447

vêtements[M] de nuit[F]

Vêtements d'intérieur, dont certains se portent pour dormir.

peignoir[M]
Vêtement ample, de forme droite, pourvu d'une ceinture, généralement en tissu éponge, que l'on met en sortant du bain ou de la douche.

chemise[F] **de nuit**[F]
Robe longue, ample et échancrée, souvent à bretelles, qui se porte à même la peau.

nuisette[F]
Chemise de nuit courte, s'arrêtant en haut des cuisses, portée avec une culotte assortie.

pyjama[M]
Ensemble ample et léger, composé d'une veste ou d'une tunique et d'un pantalon à ceinture élastique ou coulissante.

déshabillé[M]
Vêtement féminin léger et élégant, de ligne floue, généralement long et décolleté, souvent assorti d'une chemise de nuit du même tissu.

VÊTEMENTS

vêtements^M d'enfant^M

Vêtements portés par les bébés et les enfants d'environ 3 à 12 ans.

grenouillère^F
Vêtement d'une seule pièce décolleté et sans manches pourvu de jambes avec pieds.

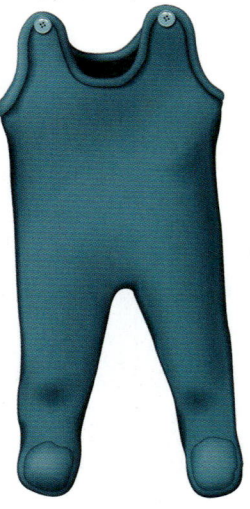

capuche^F
Partie du vêtement qui se rabat sur la tête.

body^M ; cache-couche^M
Combinaison dont la partie inférieure est munie de boutons-pression facilitant les changements de couche.

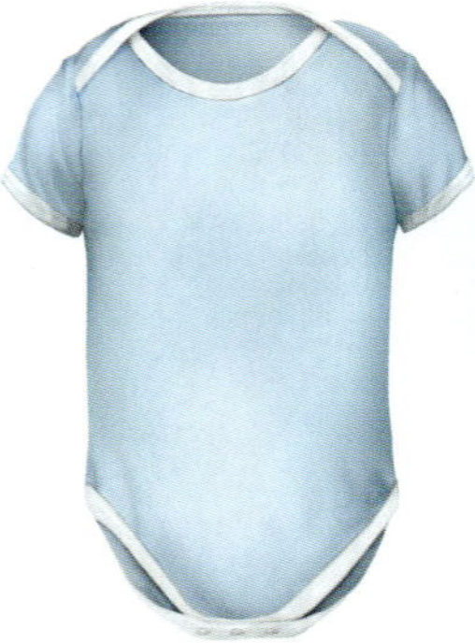

biais^M
Bande de tissu servant à dissimuler une couture ou à garnir le bord d'un vêtement.

cape^F de bain^M
Linge absorbant dont l'un des coins est pourvu d'une capuche, qu'on enroule autour du bébé au sortir du bain.

chaussons^M
Pièces de vêtement souples recouvrant les pieds.

moufles^F ; mitaines^F
Pièces de vêtement recouvrant les mains.

bonnet^M de nouveau-né^M
Coiffure extensible portée par les bébés pour protéger leur tête du froid.

salopette^F à dos^M montant
Pantalon prolongé par deux pièces pourvues de bretelles : l'une couvre la poitrine, l'autre le dos.

nid^M d'ange^M
Sorte de manteau enveloppant à capuchon, formant sac, avec ou sans manches, fermé par une glissière devant.

bretelle^F réglable
Bande de tissu dont on peut faire varier la longueur, qui passe sur l'épaule et relie le devant et le dos d'un vêtement pour le retenir.

combinaison^F de nuit^F ; dormeuse^F
Vêtement de nuit pour très jeune enfant, ouvert de bas en haut par des boutons-pression.

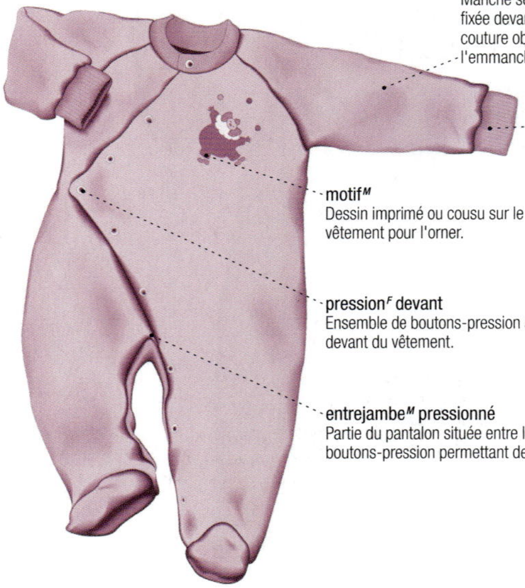

manche^F raglan
Manche se prolongeant sur l'épaule, fixée devant et derrière par une couture oblique qui va du creux de l'emmanchure à l'encolure.

bavette^F
Partie supérieure de la salopette, qui remonte de la taille sur la poitrine.

bord^M-côte^F
Bande de tricot serré et élastique, qui resserre, renforce et garnit la manche ou le bas d'un vêtement.

motif^M
Dessin imprimé ou cousu sur le vêtement pour l'orner.

poche^F plaquée
Poche de formes et de dimensions variables, constituée d'une pièce d'étoffe cousue sur la face extérieure du vêtement.

pression^F devant
Ensemble de boutons-pression alignés sur le devant du vêtement.

surpiqûre^F
Succession de points apparents, qui servent à orner le vêtement tout en le consolidant.

entrejambe^M pressionné
Partie du pantalon située entre les deux jambes et pourvue de boutons-pression permettant de l'enfiler plus facilement.

entrejambe^M pressionné
Partie du pantalon située entre les deux jambes et pourvue de boutons-pression permettant de l'enfiler plus facilement.

vêtements spécialisés

vêtements d'enfant

bavoir
Linge absorbant que l'on noue autour du cou de l'enfant pour protéger ses vêtements de la salive ou des aliments.

couche jetable
Couche à usage unique qui dispose généralement d'élastiques aux cuisses et qui laisse à l'enfant une grande liberté de mouvement.

attache repositionnable
Système de fermeture formé de deux pièces pouvant être décollées et recollées plusieurs fois.

couche
Pièce de vêtement de tissu absorbant utilisée comme culotte pour les bébés.

élastique antifuite
Élastique servant à refermer l'ouverture de la couche sur la cuisse, évitant les fuites de liquides.

revêtement imperméable
Matériau qui ne laisse pas passer les liquides.

gigoteuse
Vêtement de nuit pour bébé, constitué d'une poche de tissu attachée aux épaules par des bretelles.

barboteuse
Combinaison de jour faite d'une blouse à manches courtes ou d'une bavette à bretelles se prolongeant en une culotte bouffante avec fermeture à l'entrejambe.

brassière ; camisole
Chemise de bébé à manches longues servant de vêtement de dessous ou de dessus selon son épaisseur, caractérisée par sa croisure aux épaules permettant à l'encolure de s'agrandir pour l'enfiler.

salopette à bretelles croisées
Pantalon prolongé par une pièce couvrant la poitrine et pourvu de bretelles qui se croisent dans le dos.

bretelle boutonnée
Étroite bande de tissu qui passe sur l'épaule et relie le devant et le dos d'un vêtement auxquels elle est attachée par des boutons.

bavette
Partie supérieure de la salopette, qui remonte de la taille sur la poitrine.

pyjama
Ensemble ample et léger, composé d'une veste ou d'une tunique et d'un pantalon à ceinture élastique ou coulissante.

habit de neige
Vêtement d'hiver consistant en une salopette et un manteau épais.

capuchon
Coiffure fixée à l'encolure du vêtement et que l'on rabat sur la tête pour la protéger du froid, de la pluie ou de la neige.

salopette
Pantalon épais et imperméable prolongé par une pièce couvrant la poitrine et pourvue de bretelles.

VÊTEMENTS

vêtements^M de sport^M

Vêtements portés pour pratiquer une activité sportive.

chaussure^F de sport^M
Chaussure en toile et caoutchouc ou en cuir, solide mais légère et souple, que l'on porte pour le sport ou la détente.

tirant^M
Bande de tissu repliée en boucle et fixée à la tige de la chaussure afin de faciliter l'introduction du pied.

doublure^F
Revêtement de tissu ou de cuir, qui protège et garnit l'intérieur de la chaussure.

aile^F de quartier^M
Prolongement du quartier, de chaque côté de la chaussure.

œillet^M
Petit trou cerclé de métal dans lequel on passe le lacet.

languette^F
Pièce qui prolonge la claque et protège le pied des frottements contre le système de fermeture. On la soulève pour introduire le pied dans la chaussure.

contrefort^M
Pièce servant à renforcer l'arrière de la chaussure et à maintenir le talon en place.

col^M
Bande de tissu ou de cuir qui borde la doublure.

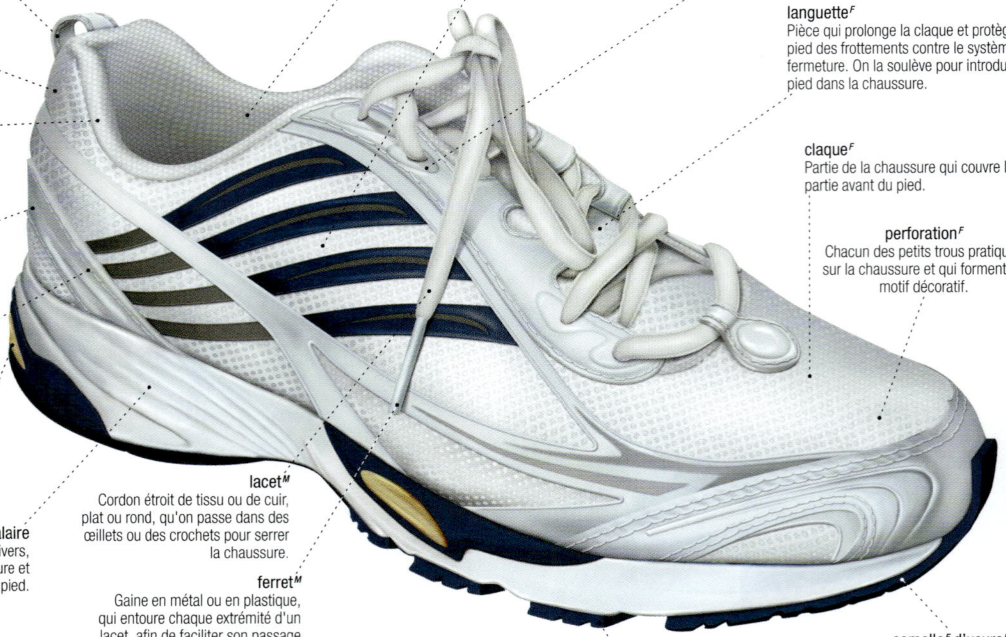

quartier^M
Partie arrière de la chaussure, qui enveloppe le talon du pied et se prolonge sur le cou-de-pied pour en assurer la fermeture.

surpiqûre^F
Succession de points de couture apparents, servant à orner la chaussure tout en la consolidant.

talon^M
Pièce rigide placée sous la chaussure pour relever l'arrière du pied.

semelle^F intercalaire
Semelle de matériaux divers, superposée à la semelle d'usure et s'étendant sous tout le pied.

lacet^M
Cordon étroit de tissu ou de cuir, plat ou rond, qu'on passe dans des œillets ou des crochets pour serrer la chaussure.

ferret^M
Gaine en métal ou en plastique, qui entoure chaque extrémité d'un lacet, afin de faciliter son passage dans les œillets.

claque^F
Partie de la chaussure qui couvre la partie avant du pied.

perforation^F
Chacun des petits trous pratiqués sur la chaussure et qui forment un motif décoratif.

crampon^M
Bourrelet de caoutchouc moulé dans la semelle d'usure pour lui donner une meilleure adhérence.

semelle^F d'usure^F
Pièce résistante en caoutchouc ou en cuir, qui forme le dessous de la chaussure, en contact avec le sol.

T-shirt^M
Maillot à manches courtes, en forme de T, traditionnellement fait de coton.

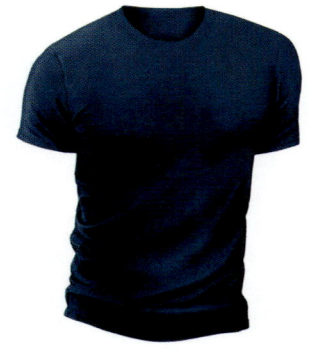

débardeur^M
Maillot court, plutôt moulant, dépourvu de manches et de col et très échancré.

maillot^M de bain^M
Vêtement de femme, moulant, presque toujours extensible, porté pour la baignade. Il peut être d'une seule pièce ou composé d'une culotte et d'un soutien-gorge (bikini).

bonnet^M de bain^M
Coiffure destinée à maintenir les cheveux du nageur en place et à les protéger contre les effets du chlore.

sandale^F
Chaussure légère découvrant différentes parties du pied, principalement le talon, souvent réduite à une semelle retenue au pied par des lanières diversement assemblées.

short^M boxeur^M
Culotte très courte qui ne couvre que le haut des cuisses, plissée à la taille par une ceinture élastique et pourvue d'un slip intérieur.

cuissard^M
Vêtement moulant recouvrant les cuisses, porté principalement pour la pratique du vélo.

slip^M de bain^M
Caleçon abrégé, à taille basse, très échancré sur les cuisses, moulant et presque toujours extensible, porté par les hommes pour la baignade.

botte^F de randonnée^F
Chaussure de marche robuste, à semelle épaisse antidérapante, maintenue à la cheville et sur le cou-de-pied par des lacets que l'on passe dans des crochets.

vêtements spécialisés

vêtements[M] de sport

survêtement[M]
Ensemble généralement fait de jersey molletonné, composé d'un blouson ou d'un pull et d'un pantalon, que les sportifs mettent par-dessus leur tenue et qui sert aussi de vêtement de détente.

anorak[M]
Veste de sport imperméable, pourvue d'un capuchon coulissé, de manches longues resserrées aux poignets et d'un lacet de serrage à la base.

pull[M] **molletonné**
Pull ample en molleton, pourvu de manches longues et généralement d'une encolure ras-de-cou, souvent resserré aux poignets et aux hanches par un bord-côte.

veste[F] **polaire**
Vêtement à manches en tissu polaire, fermé sur le devant; chaud et léger, il est d'épaisseur variable selon le degré d'isolation procuré.

pantalon[M] **molletonné**
Pantalon en molleton resserré à la taille, souvent par un cordon coulissant, et parfois aux chevilles par un bord-côte.

pantalon[M]
Vêtement couvrant le bas du corps, généralement fait d'un tissu imperméable et respirant.

blouson[M] **molletonné**
Pull molletonné, souvent porté comme haut de survêtement, pourvu d'un capuchon à lacet de serrage et de poches manchon.

VÊTEMENTS

poches^F

Parties d'un vêtement formant contenant, constituées d'une pièce de tissu cousue sur le vêtement ou insérée à l'intérieur de celui-ci.

poche^F soufflet^M
Poche plaquée dont l'ampleur est augmentée par une base et des côtés pliants, ou encore par un pli creux ou rond au centre de la poche.

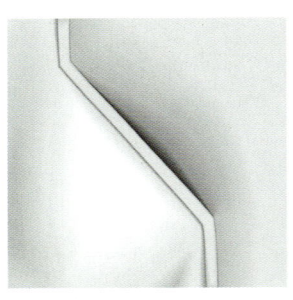

poche^F prise dans une découpe^F
Poche dont l'ouverture est située le long d'une couture décorative donnant au vêtement une ligne particulière.

poche^F passepoilée
Poche dont l'ouverture est garnie et renforcée par un ou deux minces rubans cousus.

poche^F prise dans une couture^F
Poche dont l'ouverture est faite dans la couture latérale d'un vêtement.

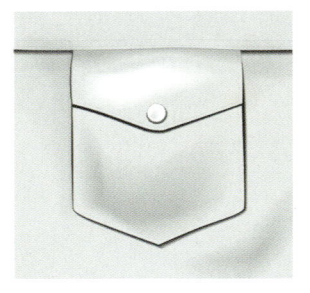

poche^F à rabat^M
Poche dont l'ouverture est dissimulée par une pièce cousue d'un seul côté et tombant sur le haut de la poche.

poche^F raglan
Poche coupée en biais, dont l'ouverture est garnie d'une large patte sur son bord extérieur.

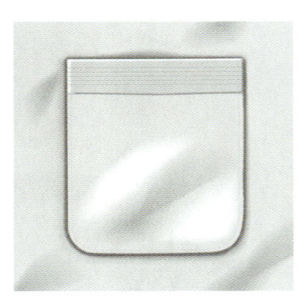

poche^F plaquée
Poche de formes et de dimensions variables, constituée d'une pièce d'étoffe cousue sur la face extérieure du vêtement.

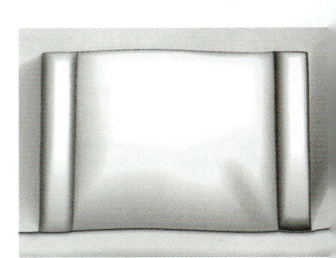

poche^F manchon^M
Poche plaquée, ouverte verticalement sur un ou deux côtés, située sur le devant du vêtement et servant à protéger les mains du froid.

manches^F

Parties du vêtement qui enveloppent le bras et dont la forme et la longueur varient.

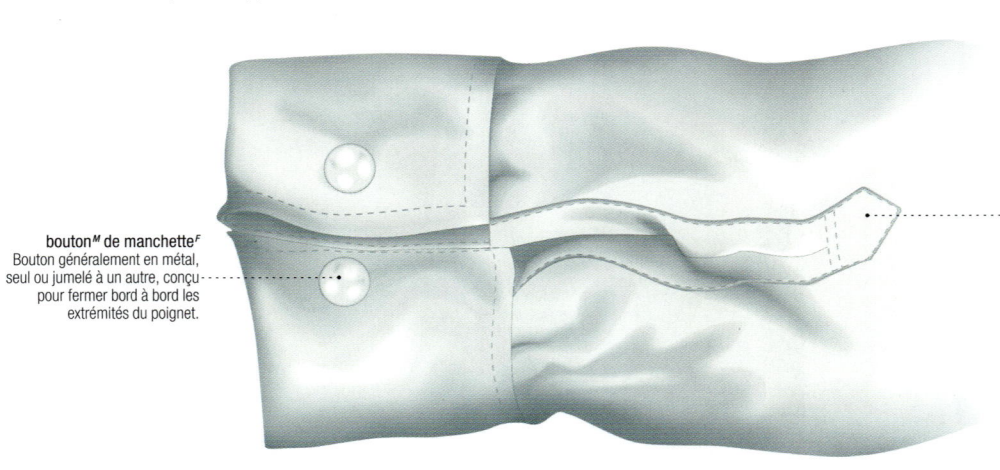

patte^F capucin^M
Étroite bande de tissu qui se termine en pointe et orne la fente d'une manche.

bouton^M de manchette^F
Bouton généralement en métal, seul ou jumelé à un autre, conçu pour fermer bord à bord les extrémités du poignet.

poignet^M mousquetaire^M
Partie resserrée d'une manche de chemise ou de chemisier, constituée d'une large bande de tissu repliée sur elle-même et attachée bord à bord par des boutons de manchettes.

design et finition

manches^F

manche^F ballon^M
...e très courte dont l'aspect gonflé
...obtenu grâce à des plis faits à
...anchure et au bas. Elle est bordée
...ne bande étroite ou un élastique.

manche^F gigot^M
Manche étroite du coude au poignet et ample
du coude à l'épaule où elle est plissée.

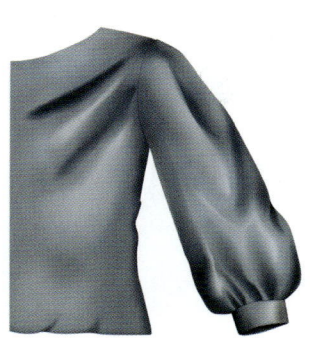

manche^F bouffante
Manche longue dont l'ampleur est obtenue
grâce à des plis faits au bas et souvent à
l'emmanchure. Elle est bordée par une bande
étroite ou un élastique.

manche^F trois-quarts
Manche qui couvre partiellement
l'avant-bras.

manche^F chauve-souris^F
...e à large emmanchure descendant
...que jusqu'à la taille, qui se rétrécit
...aduellement jusqu'au poignet.

mancheron^M
Petite manche qui moule la rondeur
de l'épaule et tombe droit ou
s'évase sur le haut du bras.

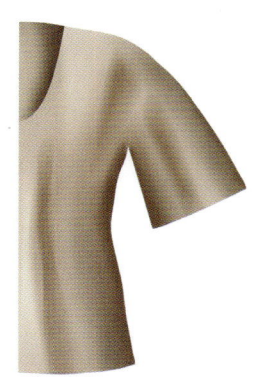

manche^F kimono^M
Manche très ample, qui ne comporte
pas de couture à l'emmanchure.

manche^F marteau^M
Manche qui se prolonge par une bande
recouvrant l'épaule jusqu'à l'encolure.

manche^F raglan
...nche se prolongeant sur l'épaule,
...xée devant et derrière par une
...ture oblique qui va du creux de
...l'emmanchure à l'encolure.

manche^F chemisier^M
Manche à poignet mousquetaire
assez ample et légèrement plissée
dans le bas, où elle est souvent
ornée d'une patte capucin.

manche^F pagode^F
Manche évasée du coude jusqu'au poignet.

manche^F tailleur^M
Manche longue composée de deux
pièces coupées de façon à épouser
la forme arquée du bras.

VÊTEMENTS

plis^M

Parties d'un vêtement rabattues sur elles-mêmes et qui forment une double épaisseur.

pli^M plat
Pli formé par une simple pliure verticale orientée dans un même sens et d'égale largeur.

pli^M surpiqué
Pli fait dans le prolongement d'une succession de points apparents, qui servent d'ornement.

plissé^M accordéon
Série de plis debout, étroits et de largeur uniforme, exécutés dans le droit fil du tissu.

pli^M creux
Pli formé par deux pliures dont les arêtes se font face et se touchent bord à bord sur l'endroit du tissu, formant ainsi un creux dans le tissu.

pli^M d'aisance^F
Pli arrière creux ou plat que l'on exécute dans le bas d'une jupe droite, pour faciliter les mouvements.

cols^M

Pièces rapportées d'un vêtement qui servent à finir ou à orner l'encolure.

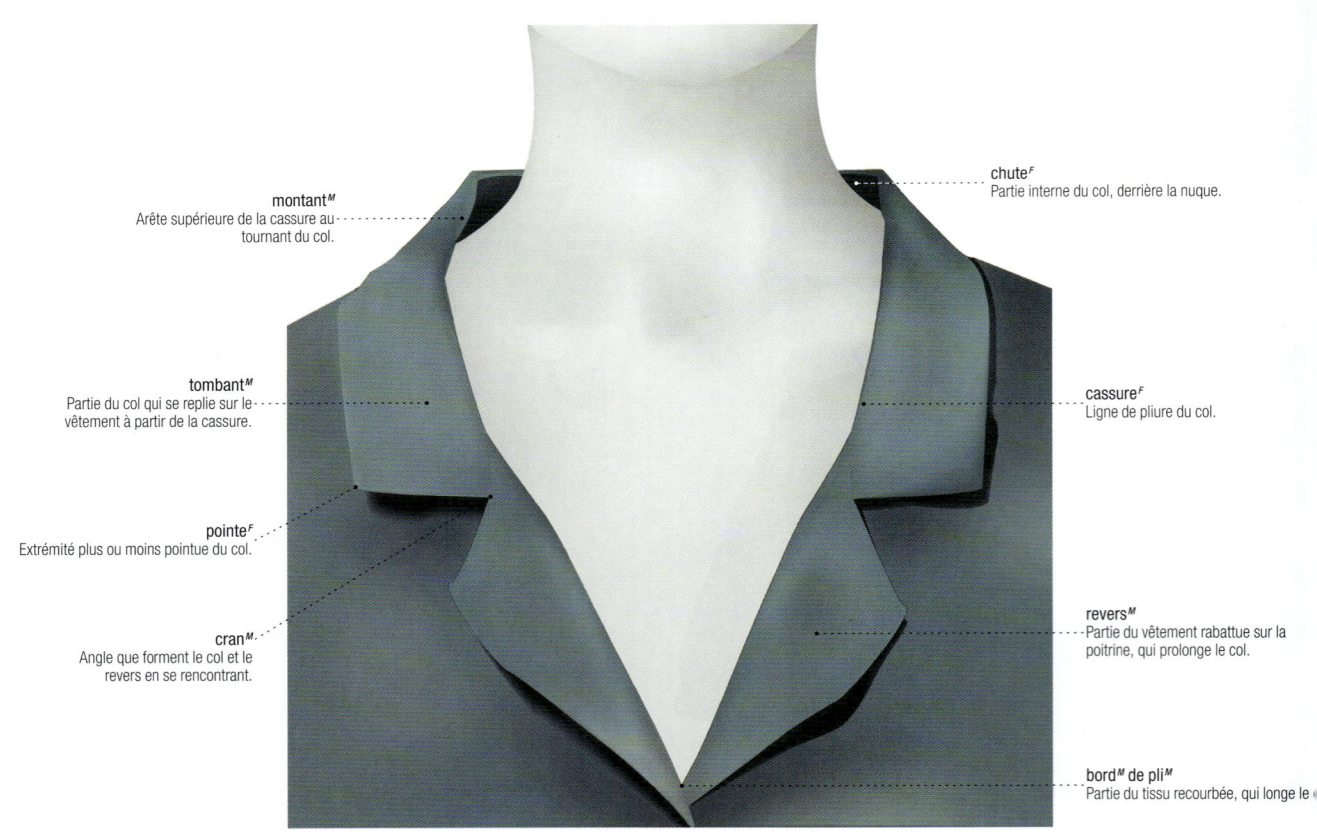

montant^M
Arête supérieure de la cassure au tournant du col.

tombant^M
Partie du col qui se replie sur le vêtement à partir de la cassure.

pointe^F
Extrémité plus ou moins pointue du col.

cran^M
Angle que forment le col et le revers en se rencontrant.

chute^F
Partie interne du col, derrière la nuque.

cassure^F
Ligne de pliure du col.

revers^M
Partie du vêtement rabattue sur la poitrine, qui prolonge le col.

bord^M de pli^M
Partie du tissu recourbée, qui longe le

parties^F d'un col^M

design et finition

cols^M

exemples^M de cols^M

collerette^F
Pièce de tissu fin plissée ou froncée qui garnit l'encolure d'une robe et dont la forme a beaucoup varié d'une époque à l'autre.

col^M berthe^F
Col fait d'une bande en tissu de largeur variable, posée en bordure d'un décolleté ou d'une encolure ras-de-cou.

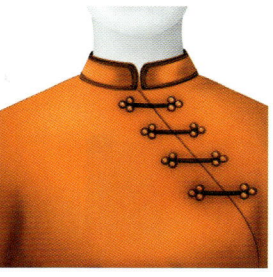

col^M chinois
Col officier dont les extrémités arrondies dans le haut se rapprochent davantage vers l'encolure de manière à former un V.

col^M banane^F
Col rabattu caractérisé par des pointes longues et assez larges, arrondies aux extrémités.

col^M châle^M
Col rabattu, à larges et longs revers arrondis, plus ou moins croisés sur le devant.

col^M Claudine
Col plat, de largeur uniforme, aux extrémités arrondies, cousu à une encolure plus ou moins ouverte.

col^M chemisier^M
Col cousu à une encolure, rabattu suivant une ligne de pliure plus haute dans le dos que par-devant, pourvu d'extrémités arrondies ou pointues.

col^M tailleur^M
Col dont la pliure couvre la nuque et dont les revers forment un V en se croisant sur la poitrine.

col^M cravate^F
Col formé d'une longue bande de tissu souple, cousue à une encolure ras-de-cou et qui se noue sur le devant de différentes façons.

jabot^M
Ornement fait d'une ou deux pièces de tissu fin, souple et plissé, fixé à la base de l'encolure et qui s'étale sur la poitrine.

col^M marin^M
Col carré dans le dos, prolongé sur la poitrine par de larges revers, fixé sur une encolure en V souvent garnie d'une pièce d'étoffe qui cache le décolleté (modestie).

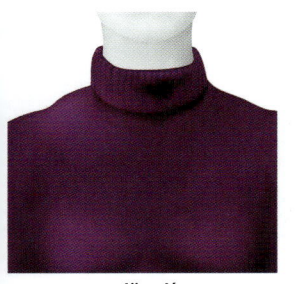

col^M roulé
Col montant replié sur lui-même, généralement près du cou et dépourvu de fermeture.

col^M cagoule^F
Col roulé assez grand pour se rabattre sur la tête en formant une sorte de cagoule qui encadre le visage.

col^M polo^M
Col pointu rabattu, cousu sur une encolure se fermant par une patte de boutonnage qui s'arrête à mi-buste.

col^M officier^M
Col fait d'une bande de tissu étroite s'élevant autour d'une encolure ras-de-cou, dont les extrémités se rejoignent bord à bord, mais ne s'attachent pas.

VÊTEMENTS

encolures^F

Parties d'un vêtement situées près du cou, de formes et de tailles variées.

encolure^F bateau^M
Encolure qui s'effile en pointes sur les épaules.

encolure^F ras-de-cou^M
Encolure ronde s'ajustant très près du cou.

encolure^F drapée
Encolure comportant des plis souples que l'on peut disposer de différentes façons.

décolletés^M

Parties d'un vêtement qui dégagent le cou et, plus ou moins, les épaules et la poitrine.

décolleté^M en V^M
Décolleté en pointe dont les bords se rejoignent au milieu de la poitrine.

décolleté^M carré
Décolleté dont l'encolure carrée dégage le haut de la poitrine.

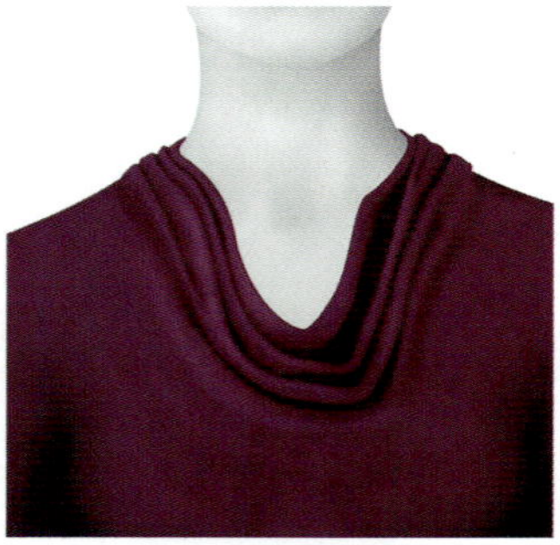

décolleté^M drapé
Décolleté comportant un agencement de plis et de replis souples formés par le tissu du corsage.

décolleté^M plongeant
Décolleté généralement en pointe, qui descend très bas sur le devant ou dans le dos.

décolleté^M en cœur^M
Décolleté dont la forme rappelle celle de la partie supérieure d'un cœur.

coiffure 457

coiffures^F d'homme^M

Pièces de vêtement servant à couvrir, à protéger ou à orner la tête des hommes.

chapeau^M de feutre^M
Chapeau souple à calotte enfoncée, ornée d'un large ruban, moulée d'une seule pièce et entourée d'un bord de largeur uniforme.

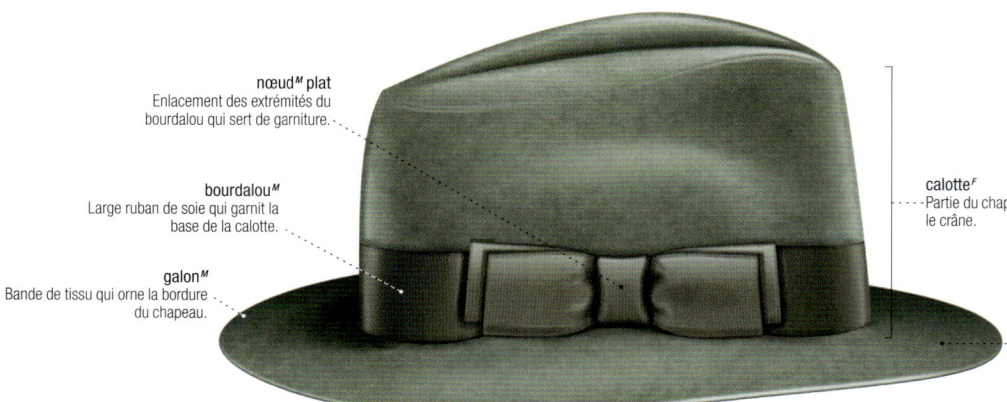

nœud^M plat
Enlacement des extrémités du bourdalou qui sert de garniture.

bourdalou^M
Large ruban de soie qui garnit la base de la calotte.

galon^M
Bande de tissu qui orne la bordure du chapeau.

calotte^F
Partie du chapeau qui emboîte le crâne.

bord^M
Partie du chapeau qui entoure la base de la calotte.

canotier^M
Coiffure de paille rigide, à bord plat et de largeur uniforme, à calotte ovale entourée d'un ruban, portée dès la fin du 19e siècle.

calotte^F
Petit bonnet rond, qui couvre uniquement le sommet de la tête.

casquette^F
Coiffure apparue à la fin du 19e siècle, sans bord et comportant une visière et une calotte plate, plus ou moins souple.

calot^M
Coiffure de forme allongée, sans bord, à calotte souple et pliante, qui se porte sur le front et épouse bien la forme de la tête.

haut-de-forme^M
Coiffure de soie rigide, à calotte haute, cylindrique et entourée d'un ruban, à bord étroit et relevé sur les côtés, portée dès la fin du 18e siècle.

chapska^M
Chapeau de fourrure, d'origine polonaise, comportant des rabats pour les oreilles, que l'on peut relever et nouer sur la tête.

casquette^F norvégienne
Casquette épaisse, souple, pourvue d'une visière et de cache-oreilles, qu'on porte pour se protéger du froid.

melon^M
Coiffure surtout masculine apparue à la fin du 19e siècle, en feutre rigide, à calotte ronde et bombée, et à bord étroit relevé.

panama^M
Coiffure de la fin du 19e et du début du 20e siècle, souple, tressée avec les feuilles du latanier, comportant une calotte enfoncée entourée d'un ruban.

cache-oreilles^M abattant
Rabat qui couvre la nuque et les oreilles pour les protéger du froid et qu'on peut relever et maintenir sur le dessus de la tête.

visière^F
Partie qui avance au-dessus des yeux pour les protéger.

VÊTEMENTS

coiffures^F de femme^F

Pièces de vêtement servant à couvrir, à protéger ou à orner la tête des femmes.

cloche^F
Chapeau des années 1920 et 1930, dont la calotte cylindrique à bord étroit emboîte la tête.

capeline^F
Coiffure à la mode dès le début du 20ᵉ siècle, en paille ou en matière légère, à grand bord souple et de largeur uniforme.

tambourin^M
Petite toque basse, ronde ou ovale, qu'on porte posée ou emboîtée sur la tête.

toque^F
Coiffure d'étoffe ou de fourrure sans bord, à calotte cylindrique et à fond plat, qui emboîte la tête.

turban^M
Coiffure formée d'une longue bande de tissu drapée autour de la tête de façon à l'emboîter tout en dégageant le front.

bob^M
Coiffure en tissu souple et léger qui se porte sur le front et emboîte bien la tête; le bord peut se porter baissé pour ombrer le visage.

calotte^F
Partie du chapeau qui emboîte le crâne.

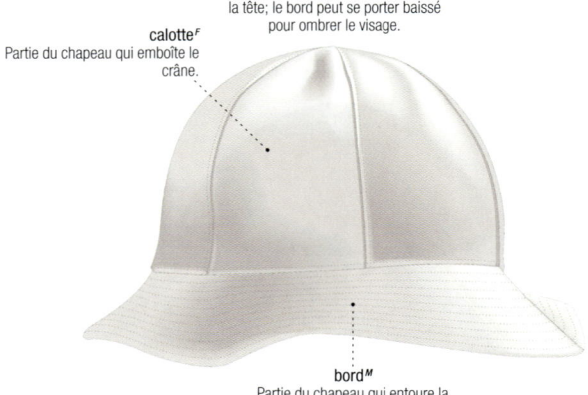

suroît^M
Coiffure imperméable, dont le bord, étroit sur le front, s'élargit en descendant sur la nuque pour la protéger des intempéries.

bord^M
Partie du chapeau qui entoure la base de la calotte.

coiffures^F unisexes

Coiffures portées indifféremment par les personnes des deux sexes.

casquette^F
Coiffure sans bord comportant une visière et une calotte plate, plus ou moins souple.

bonnet^M **à pompon**^M; **tuque**^F
Coiffure de laine ou de matière synthétique faite d'une pièce tubulaire repliée formant une double épaisseur, et dont les extrémités sont cousues et souvent ornées d'un pompon.

passe-montagne^M
Vêtement composé d'un bonnet et d'un cache-cou, laissant le visage à découvert.

cagoule^F
Vêtement composé d'un bonnet et d'un cache cou, laissant seulement les yeux à découvert.

béret^M
Coiffure souple, à calotte ronde et plate, parfois bouffante, sans bord, qui emboîte la tête par un simple rebord ourlé ou par une bande droite.

VÊTEMENTS

chaussures^F d'homme^M

Pièces portées par les hommes, qui protègent et soutiennent le pied en couvrant plus ou moins la cheville et la jambe.

parties^F d'une chaussure^F

glissoir^M
Partie de la doublure qui sert, selon le type de chaussure, à faciliter l'introduction du pied dans la chaussure ou à retenir le talon dans celle-ci.

revers^M
Bande de tissu ou de cuir à l'intérieur de la chaussure, en bordure de la doublure.

quartier^M
Partie arrière de la chaussure, qui enveloppe le talon du pied et se prolonge sur le cou-de-pied pour en assurer la fermeture.

talonnette^F de dessus^M
Pièce rapportée ou simulée du quartier, qui entoure le talon du pied.

talon^M
Pièce rigide placée sous la chaussure pour relever l'arrière du pied.

bonbout^M
Fine pièce généralement de cuir ou de caoutchouc, placée sous le talon pour le préserver de l'usure.

aile^F de quartier^M
Prolongement du quartier, de chaque côté de la chaussure.

doublure^F
Revêtement de tissu ou de cuir, qui protège et garnit l'intérieur de la chaussure.

languette^F
Pièce qui prolonge la claque et protège le pied des frottements contre le système de fermeture. On la soulève pour introduire le pied dans la chaussure.

lacet^M
Cordon étroit de tissu ou de cuir, plat ou rond, qu'on passe dans des œillets ou des crochets pour serrer la chaussure.

claque^F
Partie de la chaussure qui couvre la partie avant du pied.

surpiqûre^F
Succession de points de couture apparents, servant à orner la chaussure tout en la consolidant.

perforation^F
Chacun des petits trous pratiqués sur la chaussure, qui forment un motif décoratif.

cambrure^F
Partie arquée de la chaussure, qui soutient la voûte plantaire.

ferret^M
Gaine en métal ou en plastique, qui entoure chaque extrémité d'un lacet afin de faciliter son passage dans les œillets.

garant^M
Pièce rapportée placée sur les ailes de quartiers afin de renforcer la chaussure et qui porte les attaches.

œillet^M
Petit trou cerclé de métal dans lequel on passe le lacet.

trépointe^F
Mince bande servant à assembler le semellage à la partie de la chaussure qui entoure le pied.

bout^M fleuri
Partie de la chaussure qui recouvre les orteils et comporte des perforations formant un motif décoratif de forme plus ou moins conventionnelle.

semelle^F d'usure^F
Pièce résistante en caoutchouc ou en cuir, qui forme le dessous de la chaussure, en contact avec le sol.

exemples^M de chaussures^F

bottillon^M
Chaussure couvrant la cheville, souvent doublée de fourrure.

richelieu^M
Chaussure dont l'extrémité avant des ailes de quartiers est fixée à la claque, de sorte que seul le haut du laçage s'ouvre pour laisser entrer le pied.

derby^M
Chaussure dont les ailes de quartiers peuvent s'écarter largement pour chausser le pied plus facilement.

botte^F de cowboy^M
Chaussure à bout habituellement pointu qui monte jusqu'au mollet et dont le cuir est habituellement décoré de motifs variés.

chukka^M
Chaussure à hauteur de cheville faite de daim ou de cuir léger non doublé et fermée par un laçage qui ne comporte que deux ou trois paires d'œillets.

claque^F
Couvre-chaussure en caoutchouc plus ou moins mince, qui protège la chaussure de la boue et de l'eau.

brodequin^M de travail^M ; botte^F de travail^M
Chaussure robuste à semelle épaisse antidérapante, qui monte sur la cheville et se ferme par un laçage.

VÊTEMENTS

chaussures^F de femme^F

Pièces portées par les femmes, qui protègent et soutiennent le pied en couvrant plus ou moins la cheville et la jambe.

exemples^M de chaussures^F

salomé^M
Chaussure à talon dérivée du Charles IX, dont la claque se prolonge sur le cou-de-pied par une lanière au bout de laquelle passe une bride.

escarpin^M
Chaussure sobre à talon, à semelle très mince, fine et légère, sans système de fermeture, qui laisse le cou-de-pied découvert.

bride^F
Courroie qui traverse le dessus du soulier pour le retenir au pied.

Charles IX^M
Chaussure à talon caractérisée par une bride qui traverse le cou-de-pied et s'attache par une boucle ou un bouton au quartier.

talon^M
Pièce rigide placée sous la chaussure pour relever l'arrière du pied.

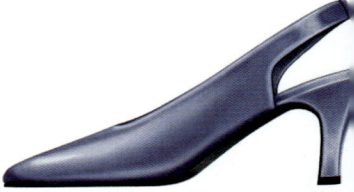

escarpin^M-sandale^F
Escarpin muni d'une bride arrière et dont le bout peut être ouvert.

cuissarde^F
Botte qui monte jusqu'à la cuisse et la couvre plus ou moins.

trotteur^M
Chaussure de ville confortable, habituellement lacée, à talon plat, commode pour la marche.

bottine^F
Chaussure ajustée montant jusqu'au-dessus de la cheville, lacée ou boutonnée.

chaussures^F de femme^F

botte^F
Chaussure qui monte au moins jusqu'au mollet.

espadrille^F
Chaussure de toile, caractérisée par une semelle en corde tressée, que l'on fixe au pied avec un lacet serré autour de la cheville.

socque^M
Mule sans bout, dont la semelle épaisse est généralement faite de bois et retenue au pied par une large bride.

ballerine^F
Chaussure souple et légère, sans doublure, resserrée par un fin lacet, parfois pourvue d'un mince talon, qui laisse apparaître le cou-de-pied jusqu'à la base des orteils.

sandale^F
Chaussure légère découvrant différentes parties du pied, principalement le talon, souvent réduite à une semelle retenue au pied par des lanières diversement assemblées.

exemples^M de talons^M
Talon : pièce rigide placée sous la chaussure pour relever l'arrière du pied.

talon^M **aiguille**
Talon très haut et effilé vers le bas.

talon^M **chiquet**
Talon très plat constitué d'une lamelle de cuir ou d'un autre matériau.

talon^M **compensé**
Talon haut qui se prolonge sous la cambrure du soulier.

talon^M **bobine**
Talon haut dont les parties supérieure et inférieure sont évasées.

talon^M **plat**
Talon bas dont les bords supérieur et inférieur sont parallèles.

VÊTEMENTS

chaussures^F unisexes

Chaussures portées indifféremment par les personnes des deux sexes.

mule^F
Chaussure plate, légère, généralement d'intérieur, qui ne comporte qu'une claque et laisse ainsi le talon découvert.

tennis^M
Chaussure plate en toile, à semelle de caoutchouc, souple et antidérapante, renforcée par un bout également en caoutchouc.

nu-pied^M
Sandale constituée d'une semelle plate retenue au pied par de fines lanières et souvent à l'aide d'un passe-orteil.

tong^M
Nu-pied dont la semelle n'est tenue que par deux lanières en forme de Y et passant entre les deux premiers orteils.

sandalette^F
Chaussure sport plate et légère, dont la claque ajourée se prolonge par une languette dans laquelle on glisse une bride attachée sur le côté par une boucle.

loafer^M ; flâneur^M
Sorte de mocassin habillé, à talon plat.

mocassin^M
Chaussure sport sans attache, plate et très souple, aux coutures formant des arêtes, caractérisée par un plateau cousu à la claque qui épouse le cou-de-pied.

botte^F de pluie^F
Chaussure montant au mollet, fabriquée en matériau imperméable (traditionnellement en caoutchouc).

brodequin^M de randonnée^F
Chaussure de marche robuste, à semelle épaisse antidérapante, maintenue à la cheville et sur le cou-de-pied par des lacets que l'on passe dans des crochets.

chaussures 463

accessoires

Objets utilisés pour l'entretien et le rangement des chaussures, ou pour en améliorer le confort.

nécessaire à chaussures
Coffret ou étui où l'on range divers objets utiles à l'entretien des chaussures.

cireur
Appareil électrique muni de brosses interchangeables, servant à cirer ou à lustrer une chaussure.

peau de chamois
Peau souple et veloutée, utilisée pour lustrer les chaussures en cuir.

étui
Coffret permettant de ranger les accessoires d'entretien des chaussures.

brosse à chaussure
Objet constitué d'un assemblage de poils, crins ou fibres synthétiques fixés à une monture, généralement en bois, utilisé pour dépoussiérer les chaussures.

chausse-pied
Languette incurvée que l'on place à l'arrière de la chaussure pour faciliter l'entrée du pied.

semelle
Pièce amovible placée à l'intérieur de la chaussure pour adapter une chaussure trop large, absorber la transpiration du pied ou le préserver de l'humidité.

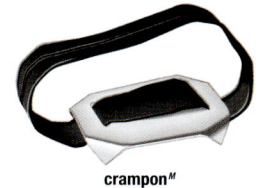

boîte de cirage
Boîte contenant une composition à base de cire, que l'on applique sur le cuir pour le rendre brillant.

porte-chaussures
Dispositif constitué d'une ou plusieurs rangées de poches ou de crochets, qui sert à ranger les chaussures.

crampon
Pièce métallique garnie de pointes effilées, que l'on fixe sous la chaussure au moyen d'une courroie afin de marcher sans déraper sur la neige dure ou sur la glace.

embauchoir
Instrument de bois ou de plastique, que l'on place dans la chaussure pour lui redonner ou lui conserver sa forme.

tire-botte
Planchette présentant une entaille dans laquelle on emboîte le talon de la botte pour la retirer.

VÊTEMENTS

accessoires d'une toilette

gants^M

Pièces de l'habillement qui enveloppent la main au moins jusqu'au poignet et qui comportent des séparations pour les doigts.

gants^M d'homme^M

dos^M d'un gant^M

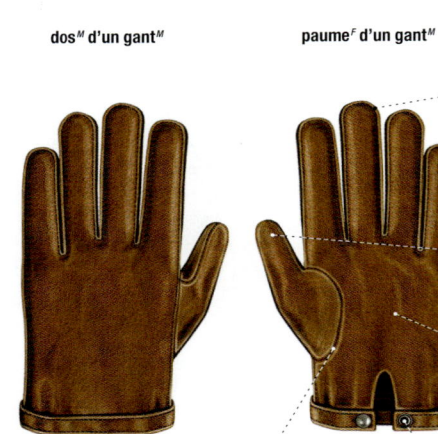

paume^F d'un gant^M

fourchette^F
Petite bande de cuir cousue à l'entredoigt pour former la partie latérale des doigts.

doigt^M
Partie du gant qui enveloppe chacun des doigts.

pouce^M
Partie d'un gant ou d'une moufle qui enveloppe le pouce.

paume^F
Partie du gant qui couvre le creux de la main.

fenêtre^F
Ouverture pratiquée au niveau de la jointure des doigts.

perforation^F
Chacun des petits trous pratiqués sur le dos des doigts.

couture^F d'assemblage^M
Ensemble des points qui relient deux pièces du gant.

bouton^M-pression^F
Pièce de fermeture composée d'un disque perforé et d'un disque à bouton qui s'emboîtent par simple pression.

gant^M de conduite^F
Gant court et souple, généralement en peau, présentant une échancrure, des fenêtres et des perforations, qui laissent à la main une grande liberté de mouvement.

moufle^F ; mitaine^F
Gant comportant seulement une séparation pour le pouce, offrant une meilleure protection contre le froid tout en permettant à la main de saisir les objets.

gants^M de femme^F

gant^M à crispin^M
Gant auquel on a ajouté, au niveau du poignet, une sorte de manchette, plus ou moins évasée, de matières diverses souvent ornementée.

gant^M long
Gant dont le rebras monte au-dessus du coude.

mitaine^F
Gant souvent habillé, généralement long ou mi-long, très ajusté au bras, qui ne couvre que la première phalange des doigts.

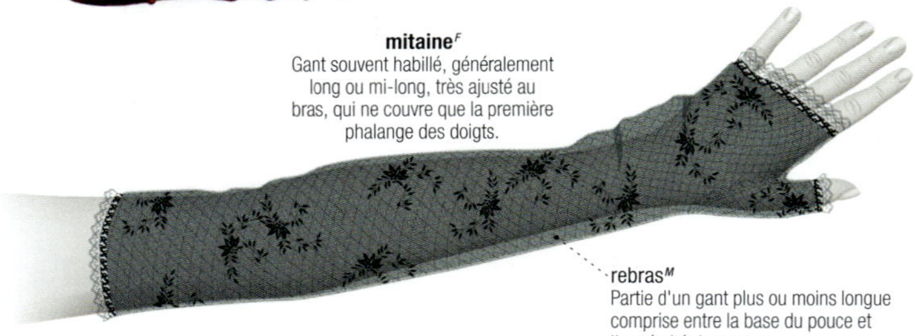

moufle^F ; mitaine^F
Gant comportant seulement une séparation pour le pouce, offrant une meilleure protection contre le froid tout en permettant à la main de saisir les objets.

gant^M court
Gant ne couvrant que la main ou se prolongeant légèrement sur le poignet.

rebras^M
Partie d'un gant plus ou moins longue comprise entre la base du pouce et l'extrémité du gant.

gant^M saxe
Gant sobre, sans aucune garniture, à rebras évasé qui couvre le poignet.

accessoires d'une toilette

accessoires^M **divers**

Pièces de vêtement à vocation ornementale ou destinées à protéger du froid certaines parties du corps.

plume^F
Pièce recouvrant le corps des oiseaux ou matériau léger ressemblant à une plume d'oiseau, utilisé pour confectionner ou orner des vêtements.

écharpe^F ; *foulard*^M
Bande d'étoffe tissée ou tricotée portée autour du cou et sur les épaules pour protéger du froid.

boa^M
Bande d'étoffe ornementale constituée de plumes ou d'un autre matériau léger, portée autour du cou et sur les épaules.

frange^F
Ornement formé de fils pendant d'une bande de tissu.

châle^M
Pièce d'étoffe carrée, rectangulaire ou triangulaire dont les femmes se couvrent les épaules.

serre-tête^M
Pièce flexible qui permet de maintenir les oreillettes en place.

oreillette^F
Coquille doublée recouvrant les oreilles.

cache-cou^M
Bande d'étoffe tissée ou tricotée portée autour du cou par temps froid.

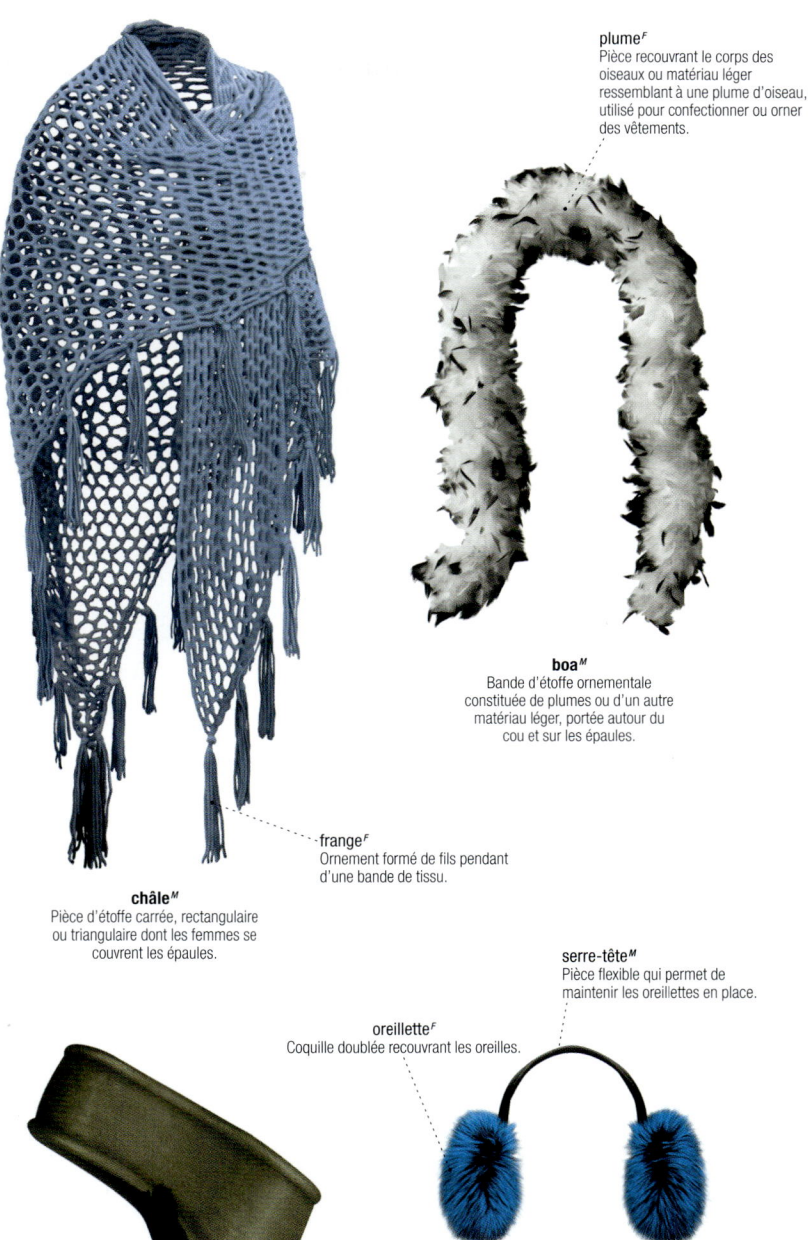

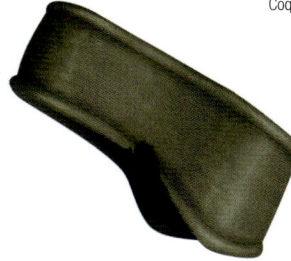

bandeau^M
Bande de tissu doublé qui fait le tour de la tête en couvrant les oreilles.

cache-oreilles^M
Pièce de vêtement formée de deux oreillettes destinées à protéger les oreilles du froid.

VÊTEMENTS

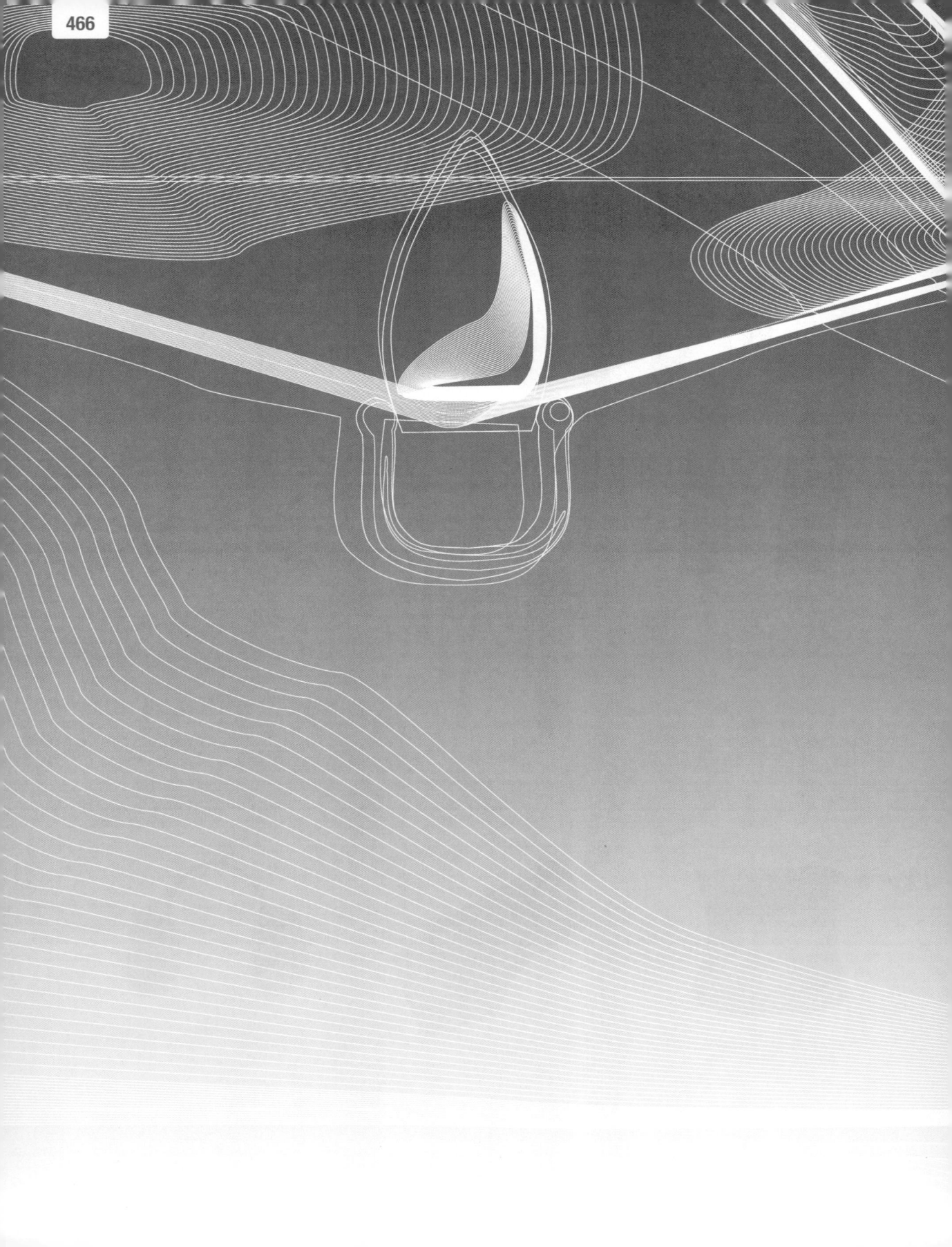

PARURE ET OBJETS PERSONNELS

PARURE   468

Ensemble de bijoux et d'objets assortis destinés à embellir une personne.

OBJETS PERSONNELS   479

Ensemble d'objets et d'accessoires utilisés couramment par une personne et qui lui sont propres.

parure

bijouterie^F
Ensemble des objets ouvragés, précieux par la matière (or, argent, pierres, etc.) et le travail et qui servent d'ornement.

boucles^F d'oreille^F
Bijoux qu'on porte au lobe de l'oreille.

boucles^F d'oreille^F à pince^F
Boucles d'oreille fixées au lobe par une pince à ressort.

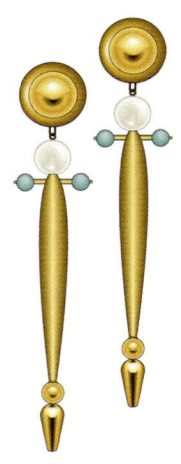

boucles^F d'oreille^F à tige^F
Boucles d'oreille comportant une tige que l'on passe dans le lobe percé et à laquelle on fixe un fermoir.

pendants^M d'oreille^F
Boucles d'oreille dont l'élément décoratif, de taille et de longueur variables, est suspendu à l'oreille.

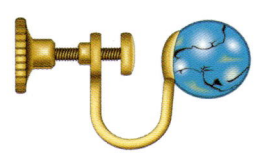

boucles^F d'oreille^F à vis^F
Boucles d'oreille fixées au lobe par une petite vis placée derrière l'oreille.

anneaux^M
Boucles d'oreille en forme d'anneau, comportant une tige qu'on passe dans le lobe percé et qu'on emboîte dans l'anneau.

colliers^M
Bijoux portés autour du cou, constitués d'un cercle d'or ou d'argent, de pierres précieuses serties ou non attachées en cercle, ou de perles enfilées sur un fil.

sautoir^M
Collier de perles de plus de 1 m de long, qu'on peut passer plusieurs fois autour du cou et nouer sur la poitrine.

sautoir^M, longueur^F opéra^M
Collier de perles d'une longueur d'environ 80 cm, qui tombe sur la poitrine.

collier^M de perles^F, longueur^F matinée^F
Collier de perles d'une longueur d'environ 50 cm, qui tombe au-dessus de la poitrine.

collier^M de soirée^F
Collier de perles comportant trois rangées ou plus.

collier^M-de-chien^M
Ras-de-cou constitué d'un ruban auquel est fixé un élément décoratif.

ras-de-cou^M
Collier de perles qui comporte parfois plusieurs rangées et qu'on porte à la base du cou.

pendentif^M
Bijou qu'on suspend à une chaîne ou un collier.

médaillon^M
Pendentif, généralement de forme circulaire ou ovale, qui s'ouvre pour y loger un souvenir d'un être cher.

PARURE ET OBJETS PERSONNELS

parure

bijouterie

taille d'un diamant
La taille la plus courante pour un diamant est la taille brillant. Elle comporte 58 facettes réparties en deux faces séparées par un rondiste.

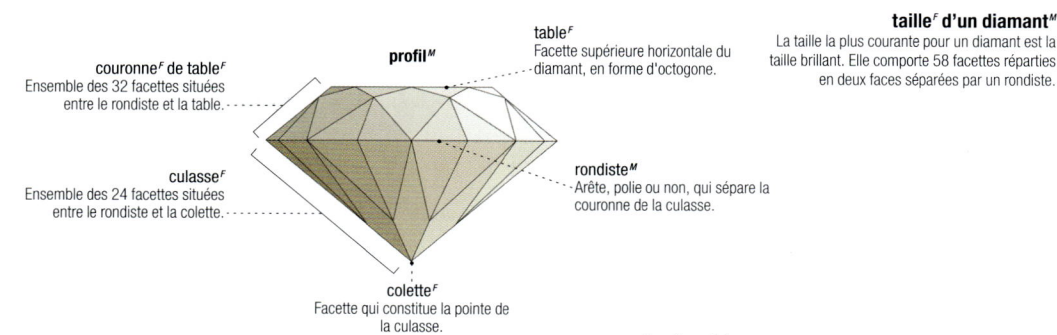

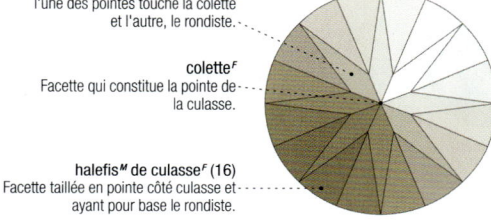

profil

table — Facette supérieure horizontale du diamant, en forme d'octogone.

couronne de table — Ensemble des 32 facettes situées entre le rondiste et la table.

culasse — Ensemble des 24 facettes situées entre le rondiste et la colette.

rondiste — Arête, polie ou non, qui sépare la couronne de la culasse.

colette — Facette qui constitue la pointe de la culasse.

face inférieure

pavillon (8) — Facette taillée côté culasse et dont l'une des pointes touche la colette et l'autre, le rondiste.

colette — Facette qui constitue la pointe de la culasse.

halefis de culasse (16) — Facette taillée en pointe côté culasse et ayant pour base le rondiste.

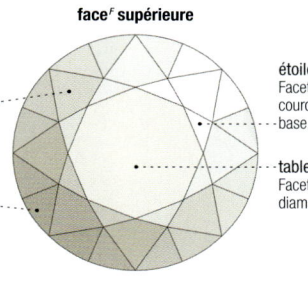

face supérieure

bezel (8) — Facette taillée côté couronne, dont le sommet touche la table, la pointe et le rondiste.

halefis de table (16) — Facette triangulaire, taillée côté couronne, dont la base touche le rondiste.

étoile (8) — Facette triangulaire, taillée côté couronne et ayant la table pour base.

table — Facette supérieure horizontale du diamant, en forme d'octogone.

taille des pierres
La taille de la pierre consiste à répartir des facettes de façon à ce que la pierre capte mieux la lumière.

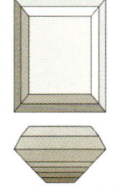

taille en escalier — Taille dont le rondiste, carré ou rectangulaire, est bordé de rangées de facettes rectangulaires parallèles plus nombreuses côté culasse que côté couronne.

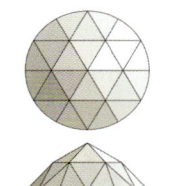

taille en rose — Taille comportant une base plate et un dôme formé de facettes triangulaires dont le nombre est un multiple de trois.

taille en table — Forme de taille en escalier la plus simple : le rondiste, de forme rectangulaire aux angles parfois arrondis, est bordé de chaque côté d'une rangée de facettes.

taille cabochon — Taille appropriée aux pierres opaques, dépourvue de facettes, comportant un côté plan et un côté convexe ou deux côtés convexes.

taille en poire — Taille brillant dont le rondiste est étiré vers le haut.

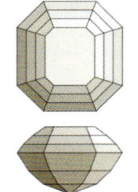

taille émeraude — Taille en escalier, classique de l'émeraude, comportant une table rectangulaire à angles coupés et un rondiste de même forme à angles parfois coupés.

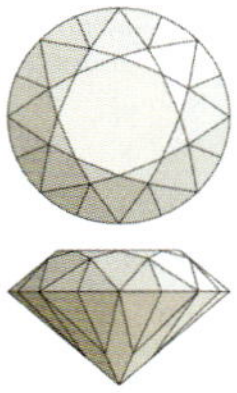

taille brillant — Taille d'un diamant dont la couronne comporte 32 facettes, la culasse 24, une table octogonale et une colette.

taille huit facettes — Taille souvent utilisée pour les petits diamants, dont la couronne comporte huit facettes, la culasse huit, une table octogonale et une colette.

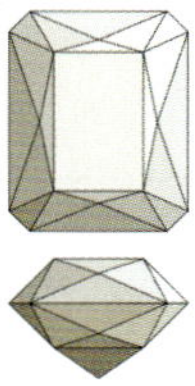

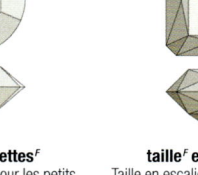

taille en ciseaux — Taille en escalier dont les facettes sont triangulaires.

taille en goutte — Taille étirée, sans couronne ni culasse, entièrement recouverte de facettes triangulaires, appropriée aux pierres destinées à être montées en pendentif.

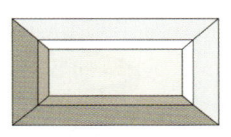

taille baguette — Taille en escalier dont la table et le rondiste sont des rectangles allongés.

taille française — Taille dont la table et le rondiste sont carrés et les facettes triangulaires.

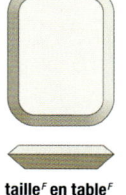

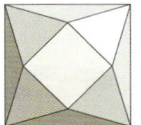

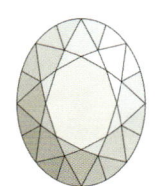

taille ovale — Taille brillant dont le rondiste est de forme ovale.

taille marquise — Taille brillant dont le rondiste est en forme de fuseau à deux pointes.

PARURE ET OBJETS PERSONNELS

bijouterie

pierres fines
Pierres, autres que les pierres précieuses, dont la beauté et la dureté permettent l'emploi en bijouterie.

améthyste
Pierre dont la couleur varie du mauve pâle au violet plus profond.

lapis-lazuli
Pierre opaque de couleur bleu foncé, généralement tachetée, dont l'authenticité est garantie par des points brillants.

aigue-marine
Pierre dont la gamme de couleurs s'étend du bleu pâle presque blanc au bleu ciel légèrement foncé.

topaze
Pierre dont la gamme de couleurs est large : jaune-orange (la plus répandue), vert (la plus rare), rose (la plus recherchée), bleu, brun, incolore.

tourmaline
Pierre généralement multicolore, présentant la gamme de couleurs la plus riche, du rouge au bleu, en passant par le rose et le vert.

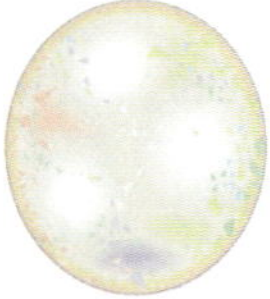

opale
Pierre opaque, fragile, d'un blanc laiteux ou de couleur très sombre, qui renvoie des reflets rappelant les couleurs de l'arc-en-ciel.

turquoise
Pierre opaque de couleur bleu clair avec des nuances de vert, souvent traversée de veines brunes, grises ou noires.

grenat
Pierre dont la gamme de couleurs s'étend du vert au rouge sombre en passant par le jaune.

pierres précieuses
Au nombre de quatre, ces pierres tiennent leur grande valeur de leur rareté, leur éclat et leur dureté.

émeraude
Pierre dont la couleur varie du vert-jaune au vert-bleu. On juge la valeur d'une émeraude sur sa couleur plus que sur sa pureté.

saphir
Pierre de couleur bleue, rose, orange, jaune, verte, violette ou même incolore. La couleur la plus recherchée est le bleu violacé.

diamant
Pierre la plus dure, elle est incolore mais existe aussi en bleu, jaune, rose. C'est la pierre précieuse la plus prestigieuse.

rubis
Pierre précieuse la plus rare. Elle est très dure et sa couleur varie du rouge clair presque rose à un rouge violacé (couleur la plus recherchée).

bagues
Bijoux, parfois symboliques, portés au doigt.

sertissure
Partie du chaton qui entoure la pierre et la retient.

griffe
Petit crochet métallique rabattu sur la pierre pour la maintenir en place.

chaton
Tête de la bague, unique ou multiple, dans laquelle une pierre est maintenue par des griffes.

pierre
Minéral façonné qui, par sa beauté, sa dureté et sa rareté, a une certaine valeur. Il en existe trois groupes : les pierres précieuses, fines et synthétiques.

parties d'une bague

jonc
Bague dépourvue de chaton, dont l'anneau est de largeur uniforme.

bague de finissant
Bague portée par un étudiant diplômé, sur laquelle sont gravés l'insigne de son école et la date de remise du diplôme.

chevalière
Bague dont le dessus s'élargit en plateau orné d'initiales ou d'armoiries gravées.

bague de fiançailles
Bague souvent ornée d'une pierre, portée à l'annulaire gauche par une femme fiancée.

alliance
Bague généralement composée d'un anneau de métal précieux ou de deux anneaux entrelacés, portée à l'annulaire gauche par une personne mariée.

bague solitaire
Bague ornée d'un seul diamant généralement taillé en brillant.

parure 471

bijouterie

bracelets
Bijoux flexibles ou rigides qui se portent au poignet, au bras ou parfois à la cheville.

gourmette
Bracelet fait de mailles aplaties et pourvu d'un système de fermeture.

bracelet tubulaire
Bracelet rigide, en forme d'anneau, dans lequel on passe la main.

gourmette d'identité
Gourmette munie d'une plaque sur laquelle est généralement gravé un prénom.

épingles
Bijoux servant à attacher un vêtement tout en l'ornant.

pince à cravate
Bijou en forme de pince que l'on attache à mi-hauteur d'une cravate afin de la maintenir à la chemise.

épingle à cravate
Bijou comportant une courte tige pointue, garnie d'une tête à une de ses extrémités, permettant d'attacher les deux pans d'une cravate.

tige pour col
Bijou comportant une tige sur laquelle sont fixées deux épingles à fermoir, permettant de maintenir en place chaque pointe d'un col de chemise.

broche épingle
Bijou comportant une tige pointue, garnie d'une tête à une de ses extrémités, habituellement porté par les femmes au revers de leur manteau.

broche
Bijou habituellement porté par les femmes, consistant en une épingle à fermoir ornementée, servant à attacher un châle, un col ou à garnir un corsage.

breloques
Petits bijoux de fantaisie suspendus à une chaîne, une gourmette, etc.

plaque d'identité
Breloque en forme de plaque sur laquelle est généralement gravé un nom.

corne
Breloque en forme de corne.

fer à cheval
Breloque en forme de fer à cheval. On dit qu'il porte bonheur.

PARURE ET OBJETS PERSONNELS

manucure[F]

Ensemble des soins esthétiques donnés aux mains, tout particulièrement aux ongles.

trousse[F] de manucure[F]
Ensemble des instruments nécessaires au soin des ongles.

coupe-cuticules[M]
Lame dont l'une des extrémités, concave pour s'adapter à la forme de l'ongle, est tranchante et sert à tailler la peau qui borde l'ongle (cuticule).

gratte-ongles[M]
Lame coupée en biseau également employée pour contenir la peau du bord de l'ongle.

lime[F] à ongles[M]
Lame de métal striée servant à raccourcir et arrondir les ongles.

ciseaux[M] à ongles[M]
Ciseaux aux tranchants courts, plats ou légèrement courbés, utilisés pour couper les ongles des mains ou des pieds.

pince[F] à cuticules[F]
Pince à mors courts et bombés, servant à couper les cuticules.

repousse-chair[M]
Instrument en forme de spatule, qui sert à limiter l'avancée de la peau du bord de l'ongle sur sa surface.

pince[F] à épiler
Pince fine servant à arracher les poils.

étui[M]
Enveloppe, le plus souvent rigide, dont la disposition est adaptée aux objets qu'elle doit contenir.

fermeture[F] à glissière[F]
Fermeture faite de deux rubans bordés de dents s'emboîtant les unes dans les autres à l'aide d'un curseur.

ciseaux[M] à cuticules[F]
Ciseaux servant à couper les cuticules, dont les lames fines, droites ou recourbées, peuvent atteindre le coin des ongles.

bride[F]
Bande de cuir ou de tissu parfois élastique, servant à retenir chaque instrument.

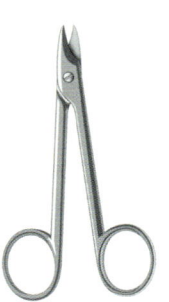

ciseaux[M] de pédicure[F]
Ciseaux pourvus de longues branches permettant de couper les ongles de pieds.

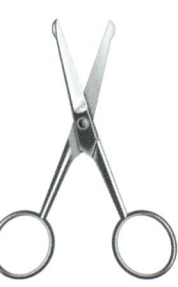

ciseaux[M] de sûreté[F]
Ciseaux servant à couper les ongles et qui, grâce à leurs bouts arrondis, sont plus sécuritaires.

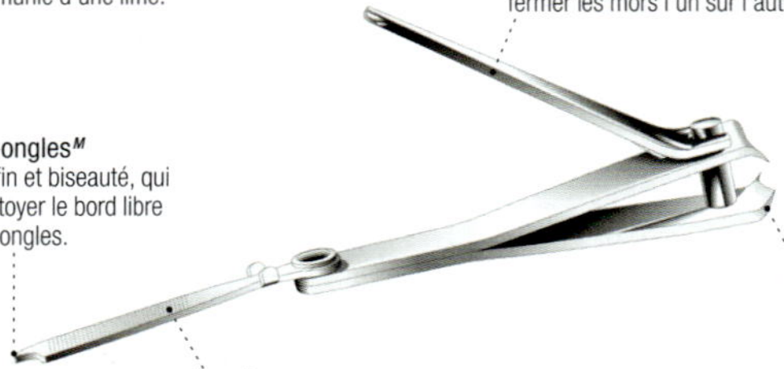

coupe-ongles[M]
Petite pince aux mors arrondis, servant à couper les ongles et souvent munie d'une lime.

cure-ongles[M]
Lame au bout fin et biseauté, qui permet de nettoyer le bord libre des ongles.

lime[F]
Lame de métal striée servant à raccourcir et arrondir les ongles.

levier[M]
Tige fixée à un point d'appui, sur laquelle on exerce une pression pour fermer les mors l'un sur l'autre.

polissoir[M] d'ongles[M]
Instrument en forme de navette, qui permet d'égaliser et de polir la surface des ongles.

peau[F] de chamois[M]
Peau souple et veloutée, qui permet de polir les ongles.

mors[M]
Mâchoires tranchantes du coupe-ongles.

crayon[M] blanchisseur d'ongles[M]
Crayon qu'on passe sous l'ongle pour en blanchir le bord libre.

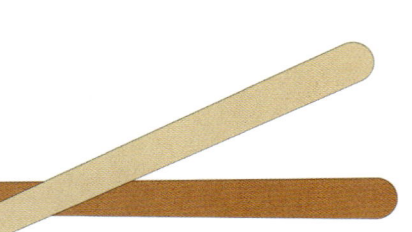

limes[F]-émeri[M]
Lime en carton dont une face, au grain plus gros, sert à raccourcir l'ongle et dont l'autre, au grain plus fin, permet d'éviter que les ongles accrochent.

vernis[M] à ongles[M]
Produit que l'on applique sur les ongles et qui, une fois séché, laisse une pellicule décorative transparente ou colorée.

dissolvant[M] de vernis[M] à ongles[M]
Produit utilisé pour enlever le vernis appliqué sur les ongles.

parure 473

maquillage^M

Ensemble des produits de beauté destinés à mettre les traits du visage en valeur et à en dissimuler les imperfections.

maquillage^M du visage^M
Ensemble des produits appliqués sur la peau du visage.

poudrier^M
Petit coffret plat renfermant un récipient contenant de la poudre pressée, une houppette et un miroir.

pinceau^M pour fard^M à joues^F
Pinceau à poils souples, doux, de forme effilée et arrondie, plus petit et plus précis que le pinceau à poudre libre, servant à prélever et à appliquer le fard à joues.

poudre^F pressée
Poudre crémeuse compacte, qui sert à retoucher le teint dans la journée et qui se présente généralement dans un poudrier.

fard^M à joues^F en poudre^F
Produit en poudre qu'on applique sur les pommettes et les joues pour accentuer les lignes du visage et rehausser l'éclat du teint.

houppette^F
Petit tampon rond, souvent de coton, utilisé pour appliquer la poudre libre ou pressée.

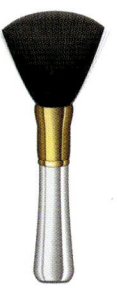

pinceau^M pour poudre^F libre
Gros pinceau à poils souples, doux et de forme arrondie, servant à prélever et à appliquer la poudre libre.

fond^M de teint^M liquide
Produit liquide qu'on applique sur le visage et le cou pour unifier la couleur de la peau.

poudre^F libre
Poudre très fine qui unifie et matifie le teint, garantit la tenue du fond de teint et sert de base pour le fard à joues.

éponge^F synthétique
Éponge qui permet d'étaler le fond de teint de façon uniforme.

pinceau^M éventail^M
Pinceau très plat et très mince servant à balayer le surplus de poudre libre.

maquillage^M des yeux^M
Ensemble des produits appliqués sur les paupières, les cils ou les sourcils.

brosse^F-peigne^M pour cils^M et sourcils^M
La brosse permet d'ordonner les sourcils tandis que le peigne sert à séparer les cils après l'application du mascara.

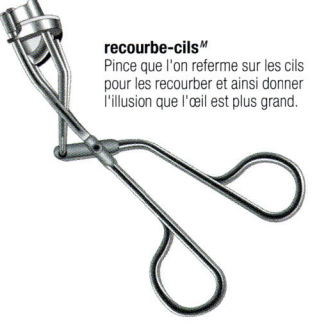

recourbe-cils^M
Pince que l'on referme sur les cils pour les recourber et ainsi donner l'illusion que l'œil est plus grand.

cache-cernes^M
Crème appliquée sous les yeux pour camoufler la coloration foncée.

crayon^M à sourcils^M
Crayon fin qui permet de souligner ou de modifier la forme des sourcils.

eye-liner^M liquide ; *ligneur^M*
Produit liquide, de couleur foncée, qu'on applique à la base des cils avec un pinceau très fin et en pointe pour mettre l'œil en valeur.

brosse^F à mascara^M
Petite brosse servant à répartir le mascara sur les cils.

applicateur^M-mousse^F
Pinceau à embout en mousse servant à appliquer et estomper le fard à paupières.

mascara^M liquide
Produit liquide qu'on applique avec une brosse sur les cils pour les allonger, les épaissir ou modifier leur couleur.

mascara^M en pain^M
Produit crémeux compact, que l'on applique avec une brosse sur les cils pour les allonger, les épaissir ou en modifier la couleur.

ombre^F à paupières^F
Produit qui se présente le plus souvent sous forme de poudre pressée et qu'on applique sur les paupières pour les colorer.

PARURE ET OBJETS PERSONNELS

maquillage

maquillage des lèvres
Ensemble des produits appliqués sur les lèvres.

crayon contour des lèvres
Crayon qui sert à redessiner ou souligner le contour des lèvres.

rouge à lèvres
Produit gras, qui se présente en bâton ou en crayon et qu'on applique sur les lèvres pour les colorer.

brillant à lèvres
Produit contenant des particules réfléchissantes, qu'on applique sur les lèvres pour leur donner un éclat particulier.

pinceau à lèvres
Pinceau très fin aux poils courts et rigides, servant à tracer le contour des lèvres puis à appliquer le rouge à lèvres à l'intérieur du trait.

soins du corps
Ensemble des moyens mis en œuvre pour entretenir l'hygiène et l'esthétique du corps.

coton hydrophile
Coton absorbant blanchi dont on a éliminé les substances grasses et résineuses, utilisé pour divers soins d'hygiène.

coton-tige
Bâtonnet dont les extrémités sont munies d'un morceau de coton hydrophile, utilisé notamment pour nettoyer les oreilles.

bouchon
Pièce qui se loge dans le goulot de la bouteille ou se visse sur celui-ci pour la fermer.

eau de toilette
Solution odorante plus diluée dans un mélange d'eau et d'alcool que l'eau de parfum.

déodorant
Produit qu'on applique sur les aisselles et qui supprime ou atténue les odeurs de transpiration.

flacon
Petite bouteille, souvent en verre.

eau de parfum
Solution odorante diluée dans un mélange d'eau et d'alcool, plus concentrée et tenace que l'eau de toilette.

tampon démaquillant
Petite pièce de matière souple servant à retirer le maquillage.

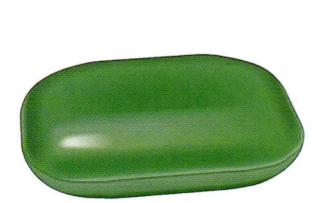

savon de toilette
Produit à base de matière grasse, parfumé, employé pour laver le corps.

exfoliant
Crème nettoyante contenant des petits grains permettant de déloger les particules de peau morte.

sels de bain
Sels minéraux utilisés pour parfumer et adoucir l'eau du bain.

hydratant
Crème utilisée pour réhumidifier la peau.

colorant capillaire
Produit appliqué sur les cheveux pour les teindre.

parure | 475

soins^M du corps^M

shampooing^M
Produit utilisé pour laver les cheveux et le cuir chevelu.

revitalisant^M capillaire
Produit qu'on applique sur les cheveux après le shampooing, pour les fortifier, en améliorer l'apparence et faciliter le coiffage.

gel^M pour la douche^F
Produit à base de matière soluble, parfumé, employé pour laver le corps.

bain^M moussant
Produit qu'on verse dans la baignoire sous l'eau du robinet, qui développe une mousse abondante, parfume et colore l'eau du bain.

baume^M pour les lèvres^F
Produit gras qui se présente généralement en bâton et qu'on applique sur les lèvres pour les hydrater.

drap^M de bain^M
Grande serviette de toilette qui sert à essuyer le corps après le bain ou la douche.

serviette^F de toilette^F
Pièce de linge, généralement en tissu éponge, qui sert à essuyer une partie du corps après la toilette.

brosse^F pour le bain^M
Brosse aux poils relativement doux et souples, avec laquelle on se frotte le corps lors du bain ou de la douche.

éponge^F de mer^F
Matière issue du squelette séché d'un animal marin, particulièrement douce, souple et absorbante, utilisée pour la toilette.

brosse^F pour le dos^M
Brosse de bain dont le manche est suffisamment long pour frotter tout le dos.

gant^M de toilette^F
Poche généralement faite de tissu éponge, dans laquelle on enfile la main pour laver le corps ou une partie du corps.

débarbouillette^F
Petite serviette carrée, généralement en tissu éponge, qui sert à laver le visage.

gant^M de crin^M
Gant râpeux avec lequel on frictionne le corps pour exfolier la peau et activer la circulation sanguine.

éponge^F végétale
Matière issue d'un végétal desséché, particulièrement douce, souple et absorbante, utilisée pour la toilette.

PARURE ET OBJETS PERSONNELS

coiffure^F

Ensemble des appareils et accessoires destinés au soin et à l'arrangement des cheveux.

brosses^F à cheveux^M
Instruments consistant en une monture portant des filaments plus ou moins souples, qui servent à démêler et à coiffer les cheveux.

brosse^F pneumatique
Brosse, pourvue de poils montés sur un support de caoutchouc souple, utilisée pour démêler les cheveux mouillés.

brosse^F ronde
Brosse dont les poils répartis autour de la monture permettent de donner une courbure souple aux cheveux.

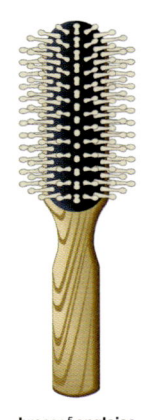

brosse^F anglaise
Brosse dont les poils, montés sur une base arrondie, se terminent par un bout rond qui masse le cuir chevelu. Elle sert à démêler et placer les cheveux.

brosse^F-araignée^F
Brosse aux poils très espacés et à la monture dentelée, utilisée lors du séchage pour démêler les cheveux et les placer de façon à obtenir un effet naturel.

peignes^M
Instruments à dents plus ou moins fines et serrées, qui servent à démêler et à coiffer les cheveux.

peigne^M afro
Peigne pourvu de longues dents écartées, permettant de démêler et d'arranger les cheveux frisés sans défaire les boucles.

peigne^M à crêper
Peigne à tige pourvu de dents de trois longueurs différentes, permettant de rebrousser les cheveux pour leur donner du volume.

peigne^M à tige^F
Peigne pourvu de petites dents rapprochées servant à placer les cheveux.

peigne^M de coiffeur^M
Peigne pourvu, d'un côté, de grosses dents écartées servant à démêler et, de l'autre côté, de petites dents rapprochées servant à placer les cheveux.

combiné^M 2 dans 1
Peigne qui réunit un peigne à crêper et un peigne afro.

démêloir^M
Peigne à dents larges et écartées, permettant de démêler les cheveux sans les casser.

bigoudi^M
Instrument autour duquel on enroule une mèche de cheveux pour la boucler.

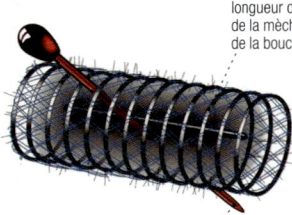

rouleau^M
Cylindre dont le diamètre et la longueur dépendent de la longueur de la mèche enroulée et de la taille de la boucle qu'on veut obtenir.

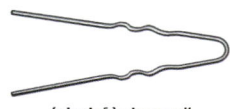

épingle^F à cheveux^M
Tige recourbée dont les branches sont ouvertes et qui permet de retenir une masse de cheveux sans les serrer, par exemple en chignon.

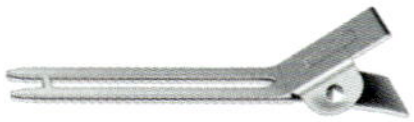

pince^F à cheveux^M
Tige recourbée dont les branches sont serrées l'une contre l'autre et qui permet de retenir une mèche de cheveux en la serrant.

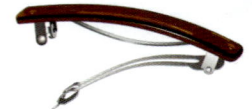

épingle^F à bigoudi^M
Épingle qu'on pique à travers le rouleau pour tenir enroulée la mèche de cheveux.

pince^F à boucles^F de cheveux^M
Pince en plastique dont les dents s'emboîtent et qui permet de retenir une boucle de cheveux.

pince^F de mise^F en plis^M
Pince en métal, aux mâchoires allongées, qui sert à écarter les cheveux sur lesquels on ne travaille pas lors de la mise en forme de la chevelure.

barrette^F
Pince à cheveux munie d'un fermoir, qui sert de garniture tout en retenant une mèche ou la chevelure entière.

parure — 477

coiffure^F

ciseaux^M
Instruments formés de deux branches mobiles croisées, tranchantes sur la face interne, servant à couper (ici, les cheveux).

ciseaux^M de coiffeur^M
Ciseaux à lames droites qui servent à raccourcir les cheveux.

tranchant^M
Côté effilé de la lame destiné à couper.

lame^F
Partie mince, effilée et plate, dont le mouvement permet de couper les cheveux.

pivot^M
Axe d'articulation des ciseaux, qui permet aux lames de s'écarter ou de se fermer.

anneau^M
Extrémité de la branche dans laquelle on passe les doigts pour actionner les lames.

amortisseur^M
Renflement des anneaux qui absorbe le choc du contact entre eux.

branche^F
Chacune des parties allongées qu'on actionne pour ouvrir ou fermer les lames.

ciseaux^M sculpteurs
Ciseaux qui servent à raccourcir les cheveux tout en réduisant leur épaisseur au moyen d'une lame inférieure droite et d'une lame supérieure dentée.

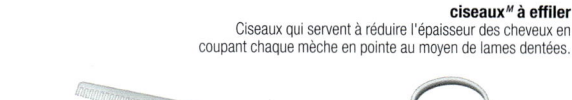

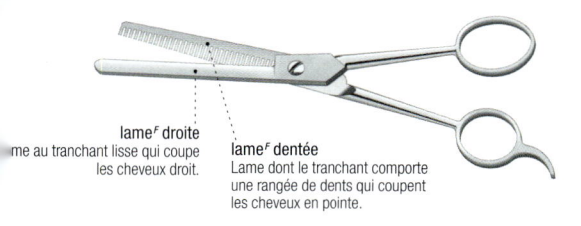

ciseaux^M à effiler
Ciseaux qui servent à réduire l'épaisseur des cheveux en coupant chaque mèche en pointe au moyen de lames dentées.

lame^F droite
me au tranchant lisse qui coupe les cheveux droit.

lame^F dentée
Lame dont le tranchant comporte une rangée de dents qui coupent les cheveux en pointe.

dent^F
Chacune des saillies tranchantes de la lame.

accessoires^M divers

sèche-cheveux^M
Appareil électrique qui souffle de l'air chaud pour sécher les cheveux.

grille^F de sortie^F d'air^M
Grille à travers laquelle est soufflé l'air chaud. Elle protège de tout contact avec l'élément chauffant intérieur.

grille^F d'entrée^F d'air^M
Grille à travers laquelle l'air est aspiré et qui empêche que des cheveux ou d'autres particules pénètrent dans le corps de l'appareil.

boîtier^M
Partie qui recouvre et protège le mécanisme du sèche-cheveux.

boutons^M de réglage^M
Touches permettant de régler la température et la puissance du jet d'air.

poignée^F
Partie permettant de saisir et de manier l'appareil.

diffuseur^M
Pièce qui s'emboîte sur le corps du sèche-cheveux et dirige l'air qui en sort.

manchon^M du cordon^M
Enveloppe protectrice qui entoure le cordon afin d'en atténuer les torsions et d'en prévenir l'usure.

PARURE ET OBJETS PERSONNELS

coiffure[F]

miroir[M] lumineux
Miroir muni d'un dispositif d'éclairage et de panneaux pivotants permettant de s'observer sous divers angles.

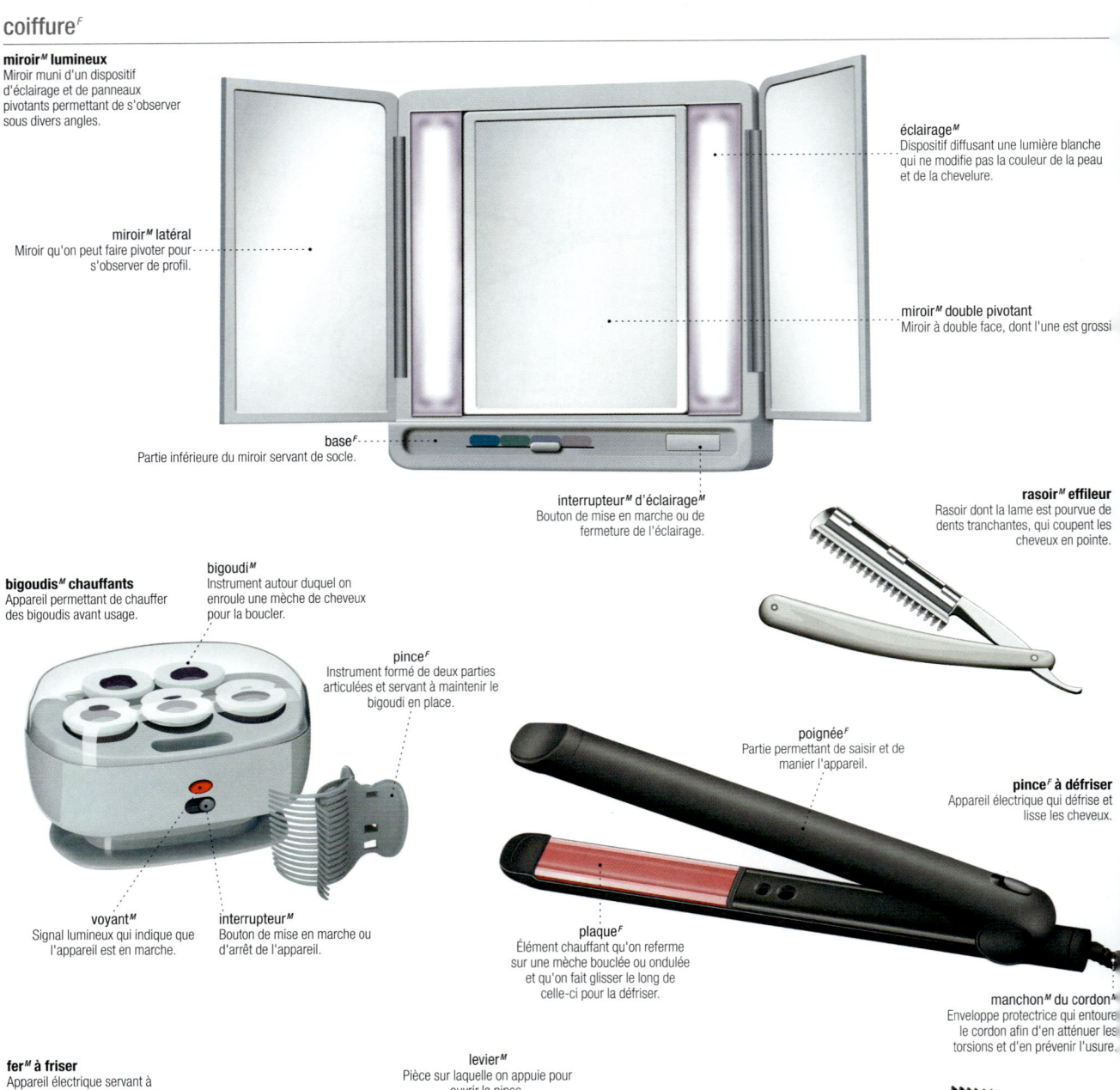

éclairage[M]
Dispositif diffusant une lumière blanche qui ne modifie pas la couleur de la peau et de la chevelure.

miroir[M] latéral
Miroir qu'on peut faire pivoter pour s'observer de profil.

miroir[M] double pivotant
Miroir à double face, dont l'une est grossi.

base[F]
Partie inférieure du miroir servant de socle.

interrupteur[M] d'éclairage[M]
Bouton de mise en marche ou de fermeture de l'éclairage.

rasoir[M] effileur
Rasoir dont la lame est pourvue de dents tranchantes, qui coupent les cheveux en pointe.

bigoudis[M] chauffants
Appareil permettant de chauffer des bigoudis avant usage.

bigoudi[M]
Instrument autour duquel on enroule une mèche de cheveux pour la boucler.

pince[F]
Instrument formé de deux parties articulées et servant à maintenir le bigoudi en place.

poignée[F]
Partie permettant de saisir et de manier l'appareil.

pince[F] à défriser
Appareil électrique qui défrise et lisse les cheveux.

voyant[M]
Signal lumineux qui indique que l'appareil est en marche.

interrupteur[M]
Bouton de mise en marche ou d'arrêt de l'appareil.

plaque[F]
Élément chauffant qu'on referme sur une mèche bouclée ou ondulée et qu'on fait glisser le long de celle-ci pour la défriser.

manchon[M] du cordon[M]
Enveloppe protectrice qui entoure le cordon afin d'en atténuer les torsions et d'en prévenir l'usure.

fer[M] à friser
Appareil électrique servant à boucler les cheveux.

levier[M]
Pièce sur laquelle on appuie pour ouvrir la pince.

interrupteur[M]
Bouton de mise en marche ou d'arrêt de l'appareil.

embout[M] isolant
Extrémité du tube qui reste froide et sur laquelle on peut poser les doigts pour manipuler l'appareil.

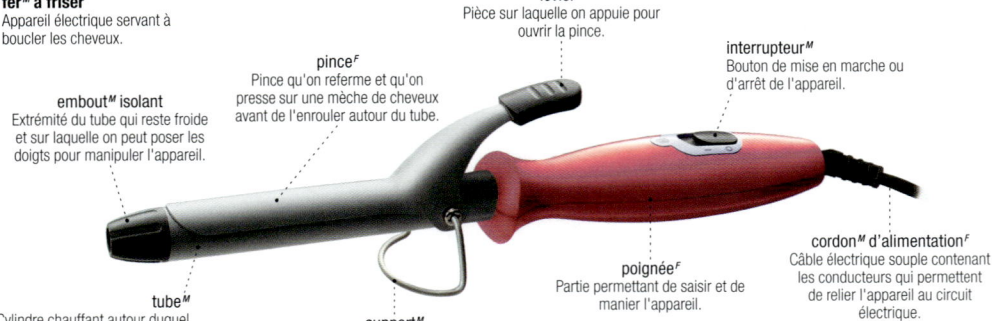

pince[F]
Pince qu'on referme et qu'on presse sur une mèche de cheveux avant de l'enrouler autour du tube.

tube[M]
Cylindre chauffant autour duquel on enroule une mèche de cheveux.

support[M]
Pièce permettant de poser l'appareil sur une surface même si le tube est chaud.

poignée[F]
Partie permettant de saisir et de manier l'appareil.

cordon[M] d'alimentation[F]
Câble électrique souple contenant les conducteurs qui permettent de relier l'appareil au circuit électrique.

tondeuse[F]
Appareil électrique servant à couper la barbe ou les cheveux très courts, dont la tête mobile permet de choisir la longueur de la coupe.

objets personnels 479

rasage^M

Ensemble des appareils et accessoires utilisés pour couper la barbe au ras de la peau.

rasoir^M électrique
Rasoir dont les lames sont actionnées par un moteur.

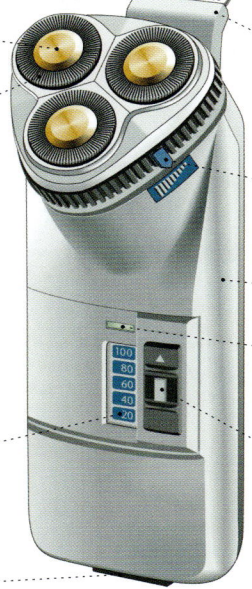

tête^F flottante
Support auquel sont reliées des lames, qui pivote en suivant les contours du visage afin d'assurer un rasage uniforme.

tondeuse^F
Accessoire rétractable, pourvu de deux lames dentées dont le va-et-vient permet de tailler la moustache et les favoris.

grille^F
Grille qui protège la peau du contact avec les lames et qui oriente les poils pour en faciliter la coupe.

sélecteur^M de coupe^F
Dispositif qui permet de régler la hauteur des têtes de rasage.

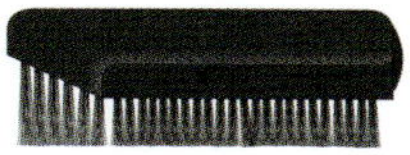

brosse^F de nettoyage^M
Brosse servant à nettoyer les lames et l'intérieur des têtes de rasage.

boîtier^M
Boîte renfermant et protégeant le mécanisme de l'appareil.

voyant^M de charge^F
Voyant lumineux qui indique que la recharge du rasoir est en cours ou complétée.

indicateur^M de charge^F
Témoin indiquant la quantité d'énergie encore disponible.

interrupteur^M
Bouton de mise en marche ou d'arrêt de l'appareil.

prise^F de charge^F
Prise qui sert à brancher l'appareil afin de l'alimenter en électricité ou de charger la batterie.

mousse^F à raser
Produit qu'on applique sur la barbe pour ramollir les poils avant le rasage et faciliter le glissement de la lame.

cordon^M d'alimentation^F
Câble électrique souple contenant les conducteurs qui permettent de relier l'appareil au circuit électrique.

soie^F
Partie du blaireau généralement faite de poils de porc, plus rarement de poils de l'animal du même nom.

rasoir^M à manche^M
Rasoir utilisé traditionnellement par le barbier, constitué d'une lame très effilée articulée à un manche.

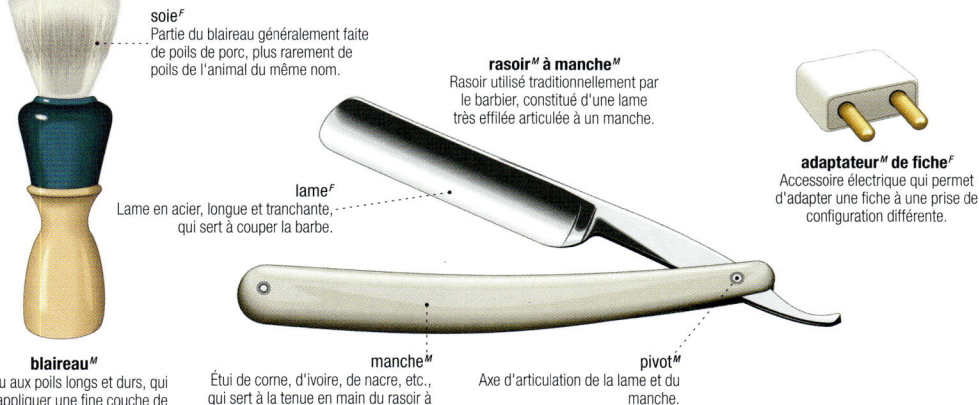

adaptateur^M de fiche^F
Accessoire électrique qui permet d'adapter une fiche à une prise de configuration différente.

lame^F à double tranchant^M
Lame jetable dont les deux côtés sont tranchants, ce qui permet de doubler la durée d'utilisation.

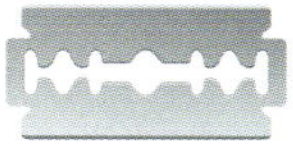

lame^F
Lame en acier, longue et tranchante, qui sert à couper la barbe.

distributeur^M de lames^F
Petite boîte métallique contenant des lames de rechange.

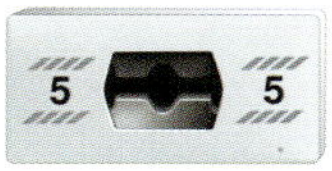

blaireau^M
Pinceau aux poils longs et durs, qui sert à appliquer une fine couche de crème à raser sur le visage.

manche^M
Étui de corne, d'ivoire, de nacre, etc., qui sert à la tenue en main du rasoir à l'utilisation et dans lequel on loge la lame au repos.

pivot^M
Axe d'articulation de la lame et du manche.

rasoir^M à tranchant^M multiple
Rasoir à main en métal, pourvu de plusieurs lames superposées qu'on remplace au besoin.

rasoir^M jetable
Rasoir en plastique, pourvu d'une ou plusieurs lames superposées, qu'on jette après quelques utilisations.

tête^F
Extrémité du rasoir dans laquelle se visse le manche et qui tient en place la lame.

anneau^M
Anneau permettant de modifier l'angle de la lame.

après-rasage^M
Lotion qu'on applique sur le visage pour apaiser et parfumer la peau après le rasage.

bol^M à raser
Récipient dans lequel on fait mousser la crème de rasage avant de l'appliquer sur la barbe.

manche^M
Partie du rasoir qui sert à la tenue en main pendant son utilisation.

PARURE ET OBJETS PERSONNELS

lunettes^F

Verres enchâssés dans une monture qu'on place devant les yeux pour corriger la vue ou les protéger de l'éclat du soleil.

parties^F des lunettes^F

verre^M
Lentille transparente à laquelle on donne des caractéristiques optiques adaptées aux besoins d'une personne et qu'on taille en fonction de la monture.

monture^F
Armature des lunettes permettant de fixer les verres et de les maintenir en place devant les yeux.

coude^M
Partie de la branche qui s'appuie sur l'oreille et où s'amorce la cambrure vers l'arrière.

pont^M
Partie de la monture qui joint les deux cercles d'un verre et sert souvent d'appui sur le nez.

barre^F
Élément qui suit la ligne des sourcils et relie les deux cercles.

branche^F
Tige articulée sur le côté du cercle, dont l'extrémité se replie derrière les oreilles pour maintenir les verres devant les yeux.

tenon^M
Élément fixé sur le côté du cercle qui permet d'articuler la branche à la monture.

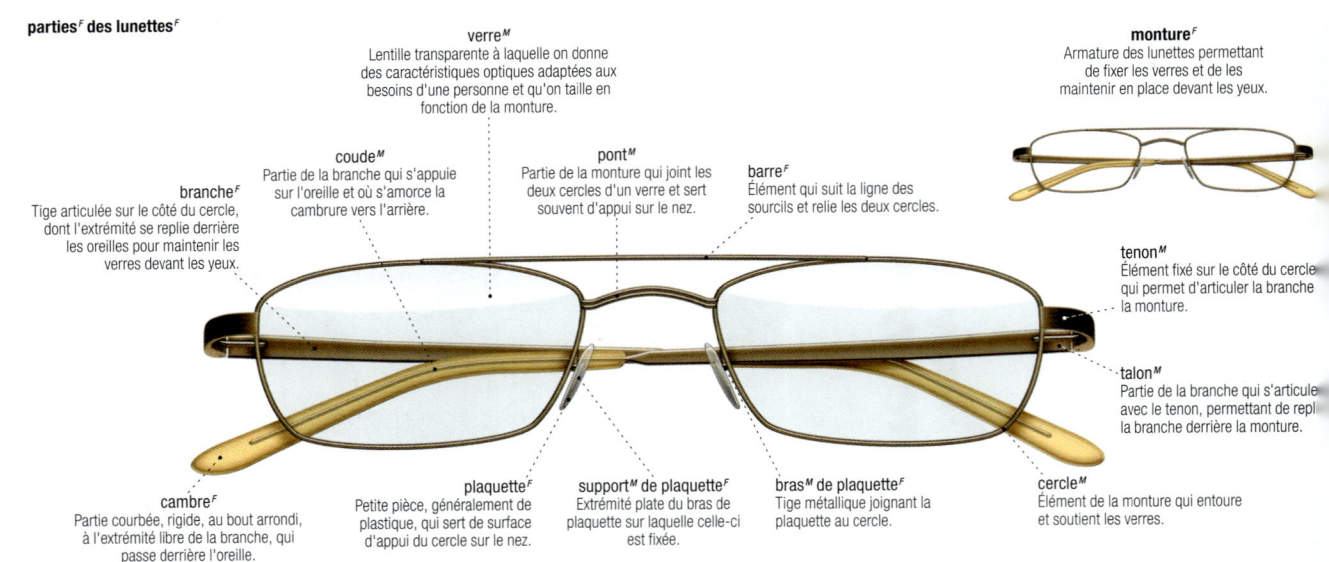

talon^M
Partie de la branche qui s'articule avec le tenon, permettant de replier la branche derrière la monture.

cambre^M
Partie courbée, rigide, au bout arrondi, à l'extrémité libre de la branche, qui passe derrière l'oreille.

plaquette^F
Petite pièce, généralement de plastique, qui sert de surface d'appui du cercle sur le nez.

support^M de plaquette^F
Extrémité plate du bras de plaquette sur laquelle celle-ci est fixée.

bras^M de plaquette^F
Tige métallique joignant la plaquette au cercle.

cercle^M
Élément de la monture qui entoure et soutient les verres.

accessoires^M de lunettes^F

clip^M solaire
Lentilles amovibles filtrant le rayonnement solaire, qu'on peut fixer à la monture des lunettes.

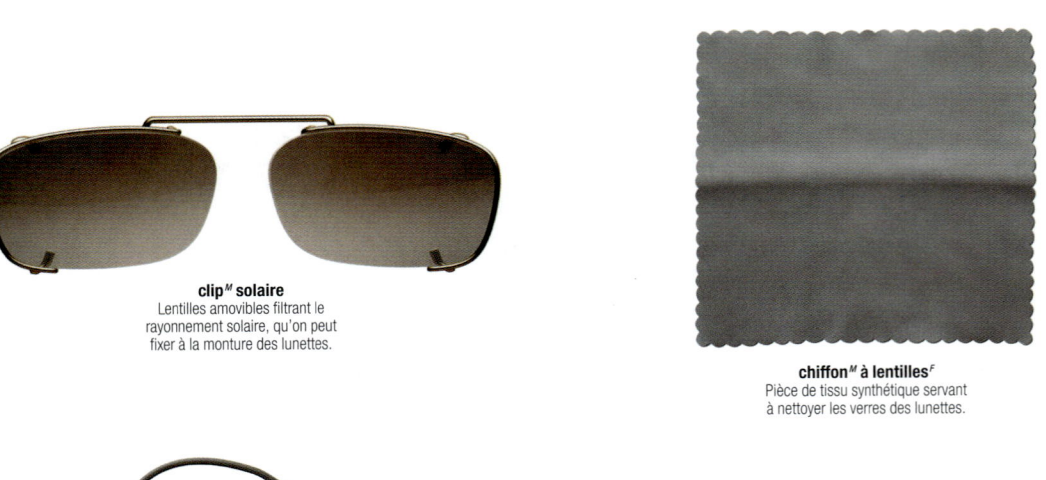

chiffon^M à lentilles^F
Pièce de tissu synthétique servant à nettoyer les verres des lunettes.

cordon^M à lunettes^F
Petite corde qui permet de garder les lunettes autour du cou, à portée de mains.

étui^M à lunettes^F rigide
Boîtier dont la forme est adaptée à celle des lunettes et qui permet de les transporter et de les protéger.

objets personnels 481

lunettes^F

exemples^M de lunettes^F
Les lunettes ont différentes formes selon les époques et selon leur fonction (corriger la vue de près ou de loin, protéger les yeux, grossir, etc.).

demi-lune^F
Lunettes composées de demi-verres permettant de voir de près avec les verres et de voir de loin sans eux, en regardant par-dessus ceux-ci.

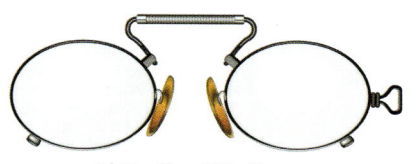

face-à-main^M
Lunettes qu'on tient devant les yeux grâce à une tige fixée sur le côté d'un des cercles.

bésicles^F **à pont**^M **élastique**
Lunettes dont la monture se serre sur le nez grâce à un pont muni d'un ressort.

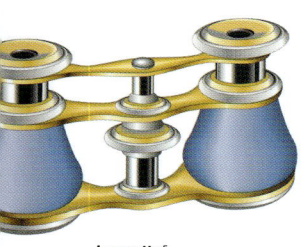

lorgnette^F
Instrument d'optique grossissant qu'on place devant les yeux pour regarder des objets relativement peu éloignés, au théâtre par exemple.

monocle^M
Verre unique qu'on loge sous l'arcade sourcilière.

binocle^M
Face-à-main dont les verres se replient l'un sur l'autre et se logent dans le manche qui sert aussi d'étui.

lunettes^F **de soleil**^M
Lunettes pourvues de verres filtrant le rayonnement solaire afin de protéger les yeux.

lentilles^F de contact^M

Prothèses optiques transparentes placées sur la cornée pour corriger les défauts de la vision.

lentille^F **jetable**
Lentille souple dont la durée de vie varie de 1 à 30 jours.

lentille^F **souple**
Lentille très fine qui épouse parfaitement la forme de l'œil et dont la durée de vie varie de 1 à 2 ans.

lentille^F **rigide**
Lentille plus épaisse que la lentille souple, dont la durée d'utilisation varie de 2 à 10 ans.

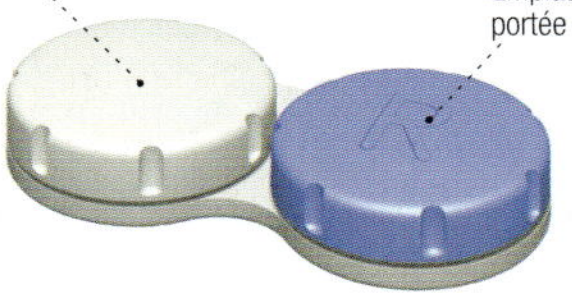

solution^F **multifonctions**
Produit assurant à la fois le nettoyage, le rinçage, la désinfection et la conservation des lentilles.

logement^M **gauche**
Emplacement réservé à la lentille portée sur l'œil gauche.

logement^M **droit**
Emplacement réservé à la lentille portée sur l'œil droit.

étui^M **à lentilles**^F
Contenant dans lequel on conserve les lentilles en les trempant dans une solution multifonctions.

gouttes^F **ophtalmiques lubrifiantes**
Produit qu'on applique goutte à goutte sur les yeux, sans nécessairement retirer les lentilles, afin de les humidifier.

PARURE ET OBJETS PERSONNELS

objets personnels

hygiène^F dentaire

Soins de la bouche et particulièrement des dents, comprenant le brossage, l'utilisation du fil dentaire et le bain de bouche.

brosse^F à dents^F manuelle
Instrument utilisé pour nettoyer les dents par un mouvement de va-et-vient de la main.

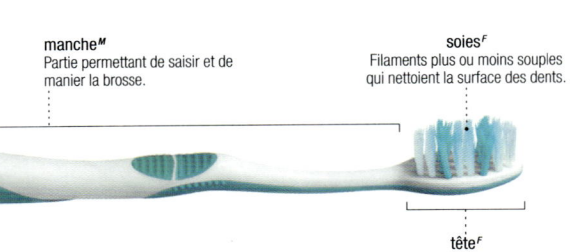

manche^M
Partie permettant de saisir et de manier la brosse.

soies^F
Filaments plus ou moins souples qui nettoient la surface des dents.

tête^F
Partie de la brosse où s'insèrent les poils.

fil^M dentaire
Fil souple, résistant et souvent ciré, utilisé pour nettoyer les interstices des dents.

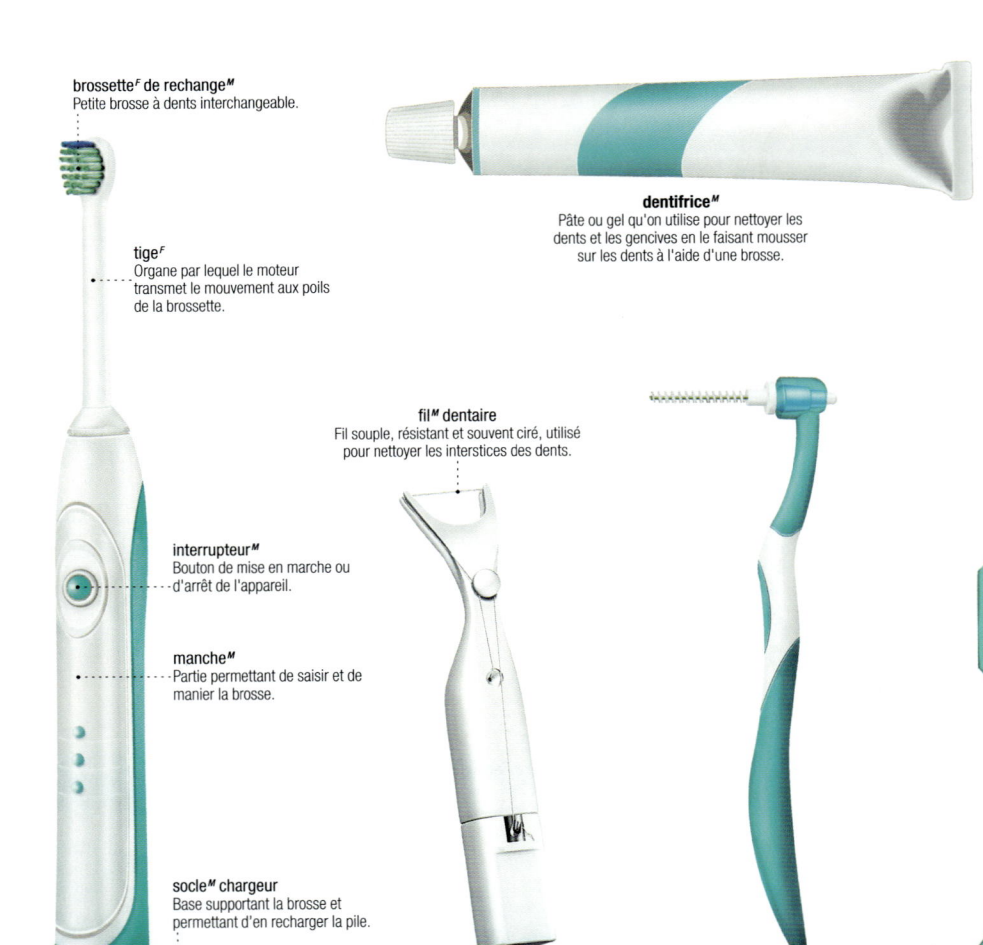

brossette^F de rechange^M
Petite brosse à dents interchangeable.

tige^F
Organe par lequel le moteur transmet le mouvement aux poils de la brossette.

dentifrice^M
Pâte ou gel qu'on utilise pour nettoyer les dents et les gencives en le faisant mousser sur les dents à l'aide d'une brosse.

fil^M dentaire
Fil souple, résistant et souvent ciré, utilisé pour nettoyer les interstices des dents.

interrupteur^M
Bouton de mise en marche ou d'arrêt de l'appareil.

manche^M
Partie permettant de saisir et de manier la brosse.

socle^M chargeur
Base supportant la brosse et permettant d'en recharger la pile.

porte-fil^M dentaire
Instrument sur lequel est tendu un fil dentaire facilitant ainsi son utilisation.

brossette^F interdentaire
Petite brosse utilisée pour nettoyer entre les dents.

brosse^F à dents^F électrique
Appareil utilisé pour nettoyer les dents par un mouvement rotatif ou de va-et-vient induit par un moteur électrique.

eau^F dentifrice^M ; rince-bouche^M
Liquide avec lequel on se gargarise pour rincer la bouche et rafraîchir l'haleine.

PARURE ET OBJETS PERSONNELS

objets personnels

articles^M de fumeur^M

Ensemble d'objets utilisés pour fumer du tabac à la pipe ou sous forme de cigares ou de cigarettes.

pipe^F
Instrument constitué d'un fourneau qu'on bourre de tabac et d'un tuyau par lequel on aspire la fumée.

talon^M — Partie inférieure de la tête faisant saillie et par laquelle on tient la pipe.

tige^F — Partie de la tête, solidaire du fourneau, qui sert de conduit.

lentille^F — Extrémité large et plate du tuyau qu'on tient entre les dents.

tuyau^M — Partie de la pipe, le plus souvent en caoutchouc dur, qui s'emboîte dans la tige et sert de conduit.

tête^F — Partie de la pipe, le plus souvent en bois, dans laquelle est creusé le fourneau.

tenon^M — Saillie découpée dans le tuyau permettant de l'adapter à la tête.

trou^M de l'embout^M — Extrémité du conduit qui permet à la fumée de se diffuser dans la bouche.

système^M filtre^M — Petit tube en aluminium, inséré entre la tige et le tuyau, destiné à retenir une partie des substances toxiques de la fumée.

coupe^F d'une pipe^F

fourneau^M — Partie de la pipe dans laquelle brûle le tabac.

mortaise^F — Entaille pratiquée dans la tête permettant d'y adapter le tenon du tuyau.

briquet^M à gaz^M
Instrument contenant du butane liquéfié, parfois mélangé à du propane, qui permet de l'enflammer par l'étincelle produite par frottement.

molette^F — Roue crantée qui produit des étincelles en frottant sur une pierre, ce qui permet d'enflammer le jet gazeux.

réservoir^M — Cylindrique creuse contenant du butane liquéfié.

couvercle^M — Tête à ressort dont la fermeture permet d'éteindre la flamme.

molette^F de réglage^M de la flamme^F — Molette qui règle le jet gazeux s'échappant du réservoir, ce qui permet d'augmenter ou de diminuer la flamme.

tabac^M — Produit fait de feuilles séchées issues d'une plante riche en nicotine, préparé pour être fumé sous forme de cigares ou de cigarettes.

cape^F — Feuille de tabac fine et de très bonne qualité, enroulée en spirale autour du cigare pour lui servir d'enveloppe.

bague^F — Anneau de papier, qui entoure le cigare et peut porter le nom ou la marque du fabricant ou servir de signe fiscal.

cigare^M
Rouleau fait de fragments de feuilles de tabac enveloppés dans une grande feuille de qualité.

tripe^F — Intérieur du cigare composé de feuilles de tabac, de deux à quatre types différents, hachées plus ou moins finement.

pied^M — Extrémité du cigare destinée à être allumée. Le pied peut être fermé et, dans ce cas, il est nécessaire de le couper avant de l'allumer.

corps^M — Partie principale du cigare formée par les feuilles de tabac hachées et la feuille qui les enveloppe.

tête^F — Extrémité du cigare destinée à être portée à la bouche et qu'il faut inciser avant d'allumer le cigare.

pochette^F d'allumettes^F
Étui fermé par un rabat, qui contient des allumettes disposées en rangées fixées à la pochette.

grand rabat^M — Rabat qui se glisse sous le petit rabat pour fermer la pochette.

tige^F — Corps de l'allumette, généralement en carton ou en bois.

petit rabat^M — Rabat sous lequel sont fixées les allumettes.

tête^F — Extrémité de l'allumette enduite d'un composé chimique qui s'enflamme par frottement contre une autre surface.

cigarette^F
Petit rouleau de tabac haché, enveloppé dans un papier fin et souvent muni d'un filtre à son extrémité, destiné à être fumé.

papier^M — Papier très mince qui enveloppe le tabac.

bout^M-filtre^M — Embout placé côté bouche, destiné à retenir une partie des substances toxiques de la fumée.

tabac^M — Produit fait de feuilles séchées issues d'une plante riche en nicotine, préparé pour être fumé sous forme de cigares ou de cigarettes.

couture^F — Ligne selon laquelle le papier de cigarette est collé le long de celle-ci.

boîte^F d'allumettes^F
Boîte rectangulaire ou carrée, au couvercle coulissant, qui contient des allumettes en vrac.

allumette^F de sûreté^F — Petite tige dont la tête s'enflamme uniquement lorsqu'on la frotte à une surface particulière, ce qui permet d'éviter de l'allumer accidentellement.

mégot^M — Reste non consumé de cigare ou de cigarette.

cendrier^M
Récipient dans lequel les fumeurs vident leur pipe ou déposent les cendres et les restes de leur cigare ou cigarette.

cendre^F — Résidu résultant de la combustion du tabac.

PARURE ET OBJETS PERSONNELS

objets personnels

articles^M de maroquinerie^F

Objets personnels faits de cuir ou de matériaux de substitution du cuir.

mallette^F porte-documents^M
Petite valise rigide et plate, de présentation sobre et d'exécution soignée, destinée à transporter des documents.

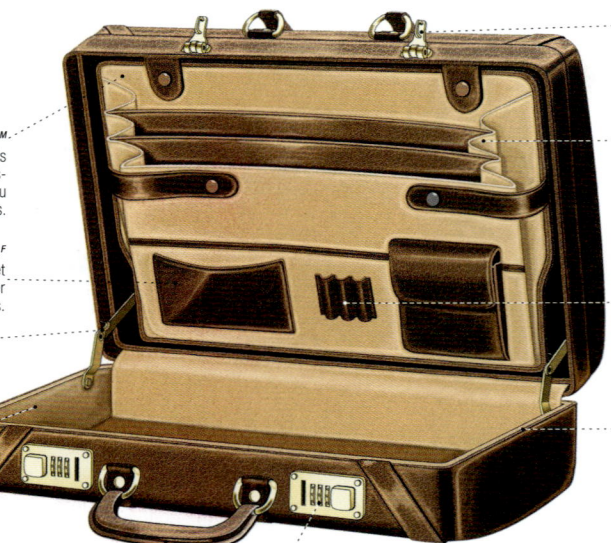

séparation^F-classeur^M
Panneau servant à isoler les effets personnels, retenu par des boutons-pression ou des agrafes et pourvu de compartiments et de poches.

pochette^F
Petite poche souple, plate et rectangulaire, destinée à grouper des objets similaires.

charnière^F
Assemblage métallique constitué de deux pièces symétriques articulées autour d'un axe, permettant d'ouvrir et de fermer la mallette.

doublure^F
Revêtement de tissu ou de cuir, qui protège et garnit l'intérieur de la mallette.

fermoir^M
Dispositif en métal (attache, agrafe, etc.) qui sert à tenir un objet fermé.

classeur^M à soufflets^M
Jeu de poches superposées, destinées à contenir des documents.

porte-stylo^M
Pièce de cuir ou de tissu en forme de demi-tube dans laquelle on glisse un stylo.

cadre^M
Pièce métallique rectangulaire, sur laquelle est montée la coque et qui porte les charnières, les serrures et la poignée.

porte-documents^M à soufflet^M
Serviette pourvue d'une poignée dont les bords peuvent s'écarter pour y placer plus de documents ou de livres.

poignée^F
Partie permettant de saisir et de porter la mallette.

serrure^F à combinaison^F
Serrure dont l'ouverture est commandée par une combinaison de chiffres.

poignée^F rentrante
Poignée rétractable, rigide et plate, qui glisse à travers deux fentes à l'intérieur d'un porte-documents.

poche^F extérieure
Compartiment plat incorporé sur le devant du porte-documents et fermé par une fermeture à glissière.

serrure^F à clé^F
Serrure dont l'ouverture est commandée par une clé.

soufflet^M
Pièce cousue au fond et sur le côté d'un sac de façon à lui donner plus d'ampleur.

serviette^F
Sac rectangulaire, à compartiments, servant à transporter des documents, des dossiers, des livres, etc.

patte^F
Pièce étroite munie d'un système de fermeture, qui prolonge un rabat ou passe par-dessus l'ouverture d'un objet afin de le fermer.

portefeuille^M chéquier^M
Article pourvu de compartiments de tailles diverses, destiné à contenir des papiers d'identité, des cartes, des billets, de la monnaie, un stylo et un chéquier.

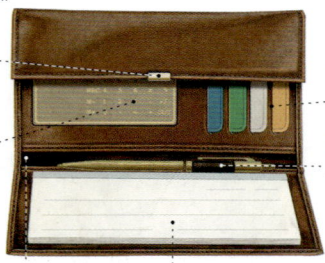

grébiche^F
Pièce métallique servant à renforcer le bord ou le coin de certains articles.

calculette^F
Petit appareil électronique à alimentation autonome, qui permet d'effectuer automatiquement des opérations numériques.

poche^F secrète
Poche dont l'ouverture est dissimulée.

chéquier^M
Carnet contenant des formules de chèques.

porte-cartes^M
Ensemble de poches juxtaposées, dans lesquelles on glisse diverses cartes.

porte-stylo^M
Pièce de cuir ou de tissu en forme de demi-tube dans laquelle on glisse un stylo.

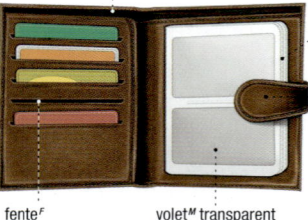

poche^F américaine
Compartiment plat entre le dos et l'intérieur d'un portefeuille ou d'un porte-cartes, dans lequel on range des billets de banque.

fente^F
Ouverture étroite et longue, dans laquelle on glisse une carte et qui permet d'en laisser dépasser une partie pour la reconnaître aisément.

porte-cartes^M
Article servant à contenir, classer et protéger des pièces d'identité et diverses cartes tout en les rendant aisément visibles.

feuillets^M
Compartiment mobile d'un porte-cartes, généralement divisé en plusieurs volets.

patte^F
Pièce étroite munie d'un système de fermeture, qui prolonge un rabat ou passe par-dessus l'ouverture d'un objet afin de le fermer.

volet^M transparent
Partie d'un feuillet dans laquelle on glisse un document (pièce d'identité, cartes diverses, etc.) et qui permet d'en voir les faces tout en le protégeant.

PARURE ET OBJETS PERSONNELS

objets personnels 485

articles^M de maroquinerie^F

portefeuille^M
Article pourvu de compartiments de dimensions diverses, destiné à contenir des papiers d'identité, des cartes, des billets de banque et de la monnaie.

porte-coupures^M
Étui qui se plie en deux, disposant de plusieurs séparations et où l'on range uniquement des billets de banque.

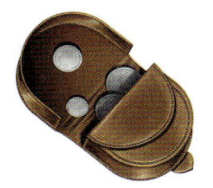

porte-monnaie^M
Petit étui de formes diverses, destiné à contenir des pièces de monnaie et tenant généralement dans la poche.

porte-clés^M
Étui renfermant plusieurs clés, destiné à protéger le vêtement ou le sac du frottement avec celles-ci.

bourse^F **à monnaie**^F
Petit sac souple, pourvu d'une fermeture à glissière ou d'un fermoir, dans lequel on range des pièces de monnaie et parfois des billets.

porte-passeport^M
Étui généralement divisé en plusieurs compartiments dont un est adapté à la forme du passeport et permet de le protéger.

étui^M **à lunettes**^F
Enveloppe, relativement rigide, dont la forme est adaptée à celle des lunettes et qui permet de les transporter et de les protéger.

porte-chéquier^M
Étui servant à protéger un chéquier des manipulations et des frottements dans la poche ou le sac.

porte-documents^M **plat**
Serviette de faible épaisseur ne comportant qu'un seul compartiment.

écritoire^F
Article pouvant contenir ce qui est nécessaire à la correspondance (papier, stylo, etc.) et présentant une surface rigide pour écrire.

PARURE ET OBJETS PERSONNELS

objets personnels

sacs^M à main^F

Accessoires en forme de poche, relativement souples et légers, qu'on porte à la main, sous le bras ou sur l'épaule et qui servent à transporter divers objets.

sac^M seau^M
Sac souple, de forme cylindrique et à fond plat, disposant d'un seul compartiment et qui peut être pourvu de poignées ou d'une bandoulière.

lacet^M de serrage^M
Cordon étroit de tissu ou de cuir, plat ou rond, qu'on passe dans des œillets et qui permet de fermer le sac.

œillet^M
Petit trou cerclé de métal dans lequel on passe le lacet.

poignée^F
Partie permettant de saisir et de transporter le sac.

rabat^M
Pièce parfois munie d'une fermeture, conçue pour se replier sur l'ouverture de l'objet et ainsi le fermer.

fermoir^M
Dispositif en métal (attache, agrafe, etc.) qui sert à tenir un objet fermé.

serrure^F
Mécanisme assurant le verrouillage d'un objet par son propriétaire, au moyen d'une clé ou d'une combinaison.

sac^M cartable^M
Sac solide, muni d'une poignée et parfois de bretelles, qui concilie la fonction d'un sac à main et d'une serviette.

poche^F frontale
Compartiment plat apposé sur le devant du sac.

sac^M fourre-tout^M
Sac assez grand, résistant et de style simple, sans séparations ni poches.

sac^M à provisions^F
Grand sac résistant, muni de poignées, utilisé pour faire les courses.

sac^M boîte^F
Sac rigide pourvu d'une ou deux poignées.

balluchon^M
Sac souple, de forme cylindrique, disposant d'un seul compartiment, qui se ferme par un lacet de serrage et est pourvu d'une bandoulière.

sac^M messager^M
Petite valise souple à bandoulière, munie de plusieurs compartiments et poches.

sac^M marin^M
Grand balluchon, généralement pourvu d'un fond en cuir, dont la bandoulière est fixée sur le côté, dans le sens de la longueur.

PARURE ET OBJETS PERSONNELS

objets personnels 487

sacs^M à main^F

pochette^F de sécurité^F
Petite poche souple et plate destinée à être portée sous les vêtements pour camoufler argent, passeport et autres documents.

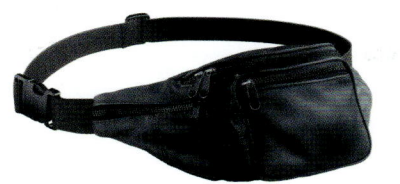

sac^M banane^F
Petit sac souple et léger qu'on porte à la taille.

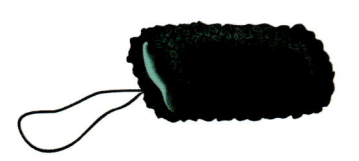

manchon^M
Petit sac léger et plat, pourvu d'un cordon permettant de le tenir à la main et dans lequel on ne transporte que de menus objets.

soufflet^M
Pièce cousue au fond et sur le côté d'un sac de façon à lui donner plus d'ampleur.

sac^M accordéon^M
Sac fait de poches souples juxtaposées, pourvues de soufflets, souvent munies de fermetures à glissière, l'ensemble étant fermé par un rabat.

cabas^M
Sac à provisions de grande contenance.

pochette^F d'homme^M
Petit sac utilisé par les hommes, de style sobre, généralement rectangulaire, pourvu d'une poignée et parfois d'une bandoulière.

PARURE ET OBJETS PERSONNELS

sac^M polochon^M
Sac de forme cylindrique, généralement pourvu d'une fermeture à glissière sur toute sa longueur et de deux poignées symétriques ou d'une bandoulière.

bandoulière^F
Longue courroie, souvent réglable au moyen d'une boucle, permettant de porter le sac sur l'épaule ou en diagonale sur la poitrine.

boucle^F
Fermeture constituée d'un anneau, qui permet d'assujettir les deux extrémités d'une bandoulière.

sac^M à bandoulière^F
Sac pourvu d'une bandoulière dont on peut ajuster la longueur et qui se ferme au moyen d'un rabat ou d'une fermeture à glissière.

sac^M besace^F
Sac dont le fond consiste en une bande qui remonte sur les côtés jusqu'à la fermeture, chaque côté formant un bec prolongé par la bandoulière.

objets personnels

bagages^M

Ensemble des valises, coffres, sacs, etc. servant à contenir et à protéger les effets qu'on emporte lors d'un voyage.

bagage^M à main^F
Sac de voyage qu'on peut emporter avec soi dans la cabine d'un avion, car ses dimensions respectent les limites fixées par les transporteurs.

poignée^F
Partie permettant de saisir et de transporter le sac.

bandoulière^F
Longue courroie, souvent réglable au moyen d'une boucle, permettant de porter le sac sur l'épaule ou en diagonale sur la poitrine.

poche^F extérieure
Compartiment plat incorporé sur le devant du bagage et fermé par une fermeture à glissière.

trousse^F de toilette^F
Étui comportant plusieurs compartiments, destiné à contenir des articles de toilette, des cosmétiques, des bijoux, etc.

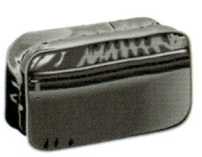

sac^M fourre-tout^M
Sac de voyage léger et souple, disposant d'un seul compartiment.

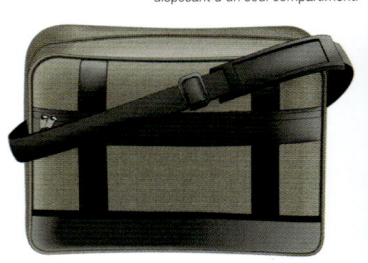

housse^F à vêtements^M
Enveloppe souple qui sert à recouvrir et à protéger des vêtements, qu'on suspend au moyen d'un cintre intégré.

porte-adresse^M
Petit étui transparent, dans lequel on glisse une étiquette portant le nom et l'adresse du propriétaire de la valise à laquelle il est fixé.

valise^F pullman^M
Bagage à main rectangulaire, de grandes dimensions, souvent muni de roulettes permettant de le transporter plus aisément.

poignée^F
Partie qui permet de saisir et de transporter la valise.

cadre^M
Pièce métallique rectangulaire qui porte les charnières, les serrures et la poignée.

dragonne^F
Lanière fixée à la valise, qu'on passe au poignet pour tirer la valise en la faisant rouler.

fermeture^F à glissière^F
Fermeture faite de deux rubans bordés de dents s'emboîtant les unes dans les autres à l'aide d'un curseur.

garniture^F
Pièces de diverses matières destinées à renforcer la base d'une valise.

roulette^F
Petite roue fixée sous la valise, qui permet de la déplacer sans la porter.

malle^F
Bagage rigide et solide, de grandes dimensions, dans lequel on transporte des objets.

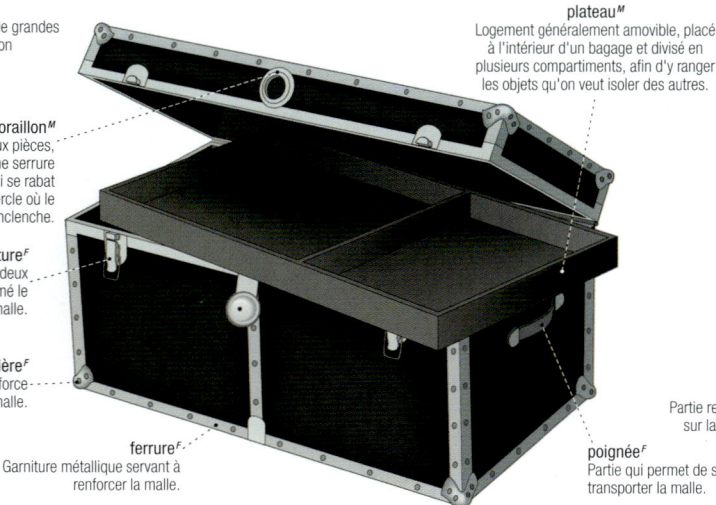

moraillon^M
Fermeture composée de deux pièces, une tige mobile pourvue d'une serrure fixée à la paroi de la malle, qui se rabat sur un anneau fixé sur le couvercle où le pêne de la serrure s'enclenche.

crampon^M de fermeture^F
Accessoire métallique en deux pièces permettant de tenir fermé le couvercle d'une malle.

cantonnière^F
Garniture métallique qui renforce les coins d'une malle.

ferrure^F
Garniture métallique servant à renforcer la malle.

plateau^M
Logement généralement amovible, placé à l'intérieur d'un bagage et divisé en plusieurs compartiments, afin d'y ranger les objets qu'on veut isoler des autres.

poignée^F
Partie qui permet de saisir et de transporter la malle.

porte-bagages^M
Support à roulettes sur lequel on peut déposer des valises pour les transporter et qu'on tire par une poignée.

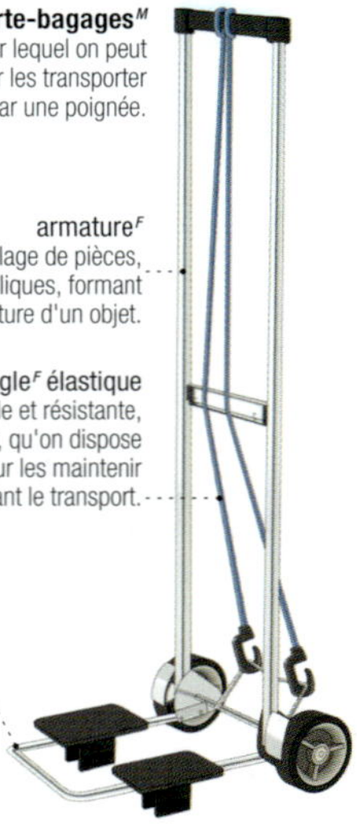

armature^F
Assemblage de pièces, généralement métalliques, formant l'ossature d'un objet.

sangle^F élastique
Bande extensible et résistante, pourvue d'un crochet, qu'on dispose autour des bagages pour les maintenir en place pendant le transport.

béquille^F
Partie repliable du porte-bagages, sur laquelle on pose les valises.

PARURE ET OBJETS PERSONNELS

objets personnels

bagages^M

sac^M à vêtements^M
Grand sac plat pour transporter les vêtements sans trop les froisser.

poignée^F escamotable
Poignée rétractable qui permet de tirer ou de pousser facilement le sac.

poignée^F de transport^M
Pièce permettant de saisir et de transporter le sac.

sac^M à dos^M
Sac de voyage ou de randonnée qui se porte sur le dos.

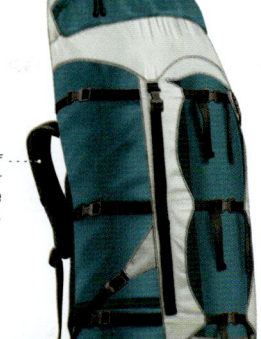

bretelle^F
Bande de tissu dont on peut faire varier la longueur et qui passe sur l'épaule pour porter le sac sur le dos.

ceinture^F
Pièce de tissu qui s'ajuste et se boucle autour des hanches, permettant de mieux répartir la charge du sac.

pochette^F avant
Compartiment plat apposé sur le devant du sac.

poignée^F escamotable
Poignée rétractable qui permet de tirer ou de pousser facilement la valise.

valise^F verticale
Bagage rectangulaire de dimension variable, muni de roulettes et d'une poignée escamotable qui en facilite le transport.

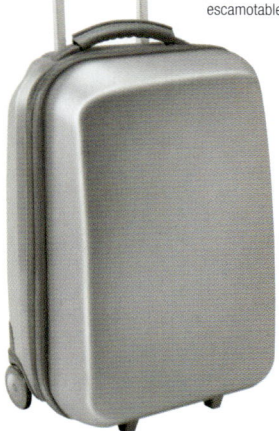

valise^F fin^F de semaine^F
Bagage à main rectangulaire, de petites dimensions, utilisé pour des voyages de courte durée.

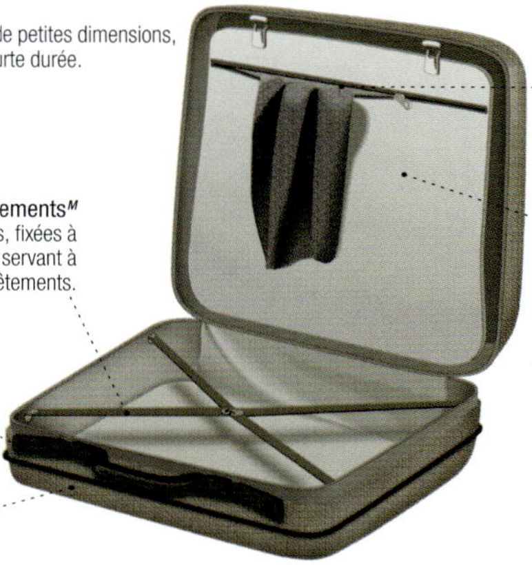

poche^F intérieure
Compartiment plat incorporé dans la doublure intérieure de la valise.

sangle^F serre-vêtements^M
Bandes de tissu élastiques, fixées à l'intérieur d'un bagage et servant à maintenir à plat les vêtements.

panneau^M de séparation^F
Panneau permettant d'isoler les papiers des effets personnels, retenu par des boutons-pression ou des agrafes et parfois pourvu d'une poche.

serrure^F
Dispositif fixé au bagage qui permet de le verrouiller.

coque^F
Élément en métal léger ou en plastique, constitué des deux [parties] principales d'une valise qui [se] referment l'une sur l'autre.

mallette^F d'ordinateur^M portable
Petite valise à compartiments qui permet de transporter un ordinateur portable et ses accessoires ainsi qu'un certain nombre de documents papier.

compartiment^M pour ordinateur^M

compartiment^M pour documents^M

sac^M de sport^M
Grand sac souple utilisé pour transporter des pièces volumineuses, des vêtements et de l'équipement divers.

bandoulière^F
[Lo]ngue courroie, souvent réglable [au m]oyen d'une boucle, permettant [de] porter un objet sur l'épaule ou en diagonale sur la poitrine.

PARURE ET OBJETS PERSONNELS

parapluie^M et canne^F

La forme, la matière et le prix de ces objets personnels varient à l'infini selon les cultures, les époques et les fabricants.

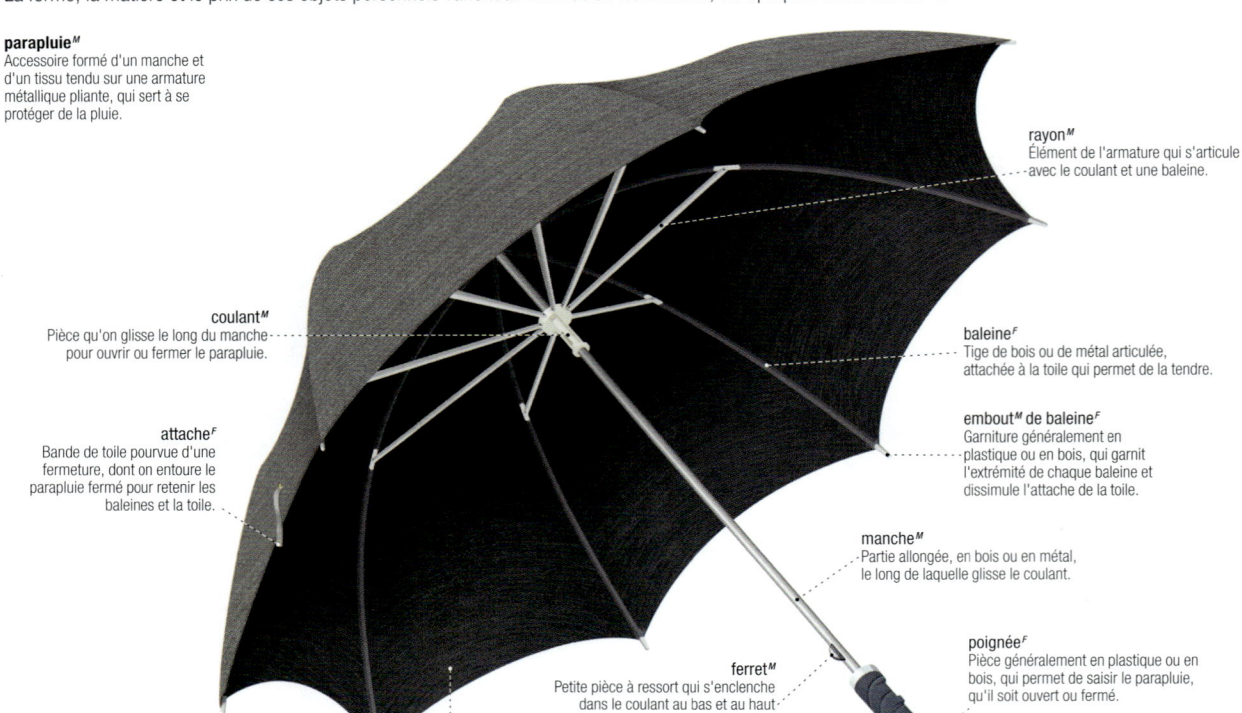

parapluie^M
Accessoire formé d'un manche et d'un tissu tendu sur une armature métallique pliante, qui sert à se protéger de la pluie.

coulant^M
Pièce qu'on glisse le long du manche pour ouvrir ou fermer le parapluie.

attache^F
Bande de toile pourvue d'une fermeture, dont on entoure le parapluie fermé pour retenir les baleines et la toile.

rayon^M
Élément de l'armature qui s'articule avec le coulant et une baleine.

baleine^F
Tige de bois ou de métal articulée, attachée à la toile qui permet de la tendre.

embout^M **de baleine**^F
Garniture généralement en plastique ou en bois, qui garnit l'extrémité de chaque baleine et dissimule l'attache de la toile.

manche^M
Partie allongée, en bois ou en métal, le long de laquelle glisse le coulant.

ferret^M
Petite pièce à ressort qui s'enclenche dans le coulant au bas et au haut du manche pour le retenir et ainsi maintenir le parapluie ouvert ou fermé.

poignée^F
Pièce généralement en plastique ou en bois, qui permet de saisir le parapluie, qu'il soit ouvert ou fermé.

toile^F
Tissu imperméable, souvent en nylon.

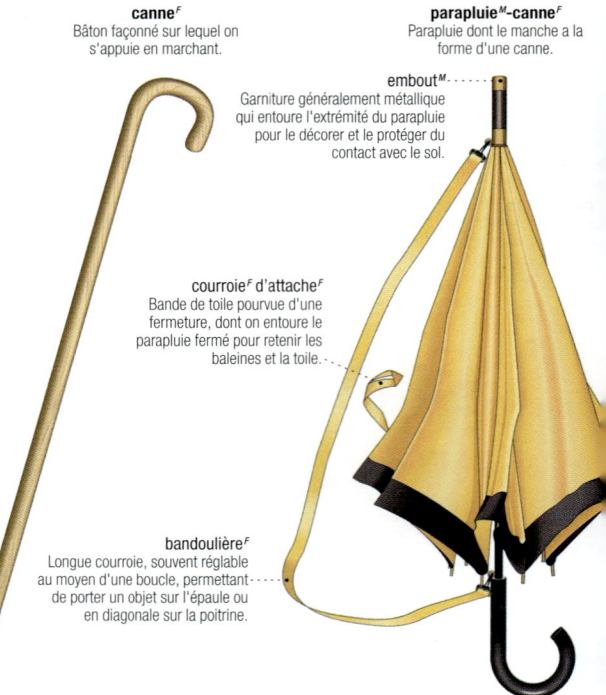

porte-parapluies^M
Accessoire ou meuble de formes diverses où l'on range les parapluies et les cannes.

parapluie^M **télescopique**
Parapluie qui, une fois fermé, est de dimension réduite, grâce au manche qui s'emboîte et aux baleines articulées repliables sur elles-mêmes.

poussoir^M **d'ouverture**^F
Bouton sur lequel on appuie pour déclencher le mécanisme d'ouverture du parapluie.

fourreau^M
Étui allongé dans lequel on glisse le parapluie lorsqu'il est fermé, afin d'en protéger la toile.

canne^F
Bâton façonné sur lequel on s'appuie en marchant.

parapluie^M**-canne**^F
Parapluie dont le manche a la forme d'une canne.

embout^M
Garniture généralement métallique qui entoure l'extrémité du parapluie pour le décorer et le protéger du contact avec le sol.

courroie^F **d'attache**^F
Bande de toile pourvue d'une fermeture, dont on entoure le parapluie fermé pour retenir les baleines et la toile.

bandoulière^F
Longue courroie, souvent réglable au moyen d'une boucle, permettant de porter un objet sur l'épaule ou en diagonale sur la poitrine.

objets personnels

491

soin[M] des enfants[M]

Ensemble d'accessoires conçus et adaptés pour le transport, l'alimentation et l'hygiène des jeunes enfants.

siège[M] d'auto[F] pour bébé[M]
Fauteuil rembourré portable adapté à la taille d'un bébé, qu'on fixe sur une base installée dans un véhicule.

poignée[F] de transport[M]
Pièce permettant de saisir et de transporter le siège.

pare-soleil[M]
Petit toit rétractable servant à protéger l'enfant du soleil.

porte-bébé[M] souple
Harnais permettant de porter un nouveau-né contre le ventre.

écharpe[F] porte-bébé[M]
Longue bande de tissu enveloppante permettant de porter un nourrisson de différentes façons.

base[F] pour le véhicule[M]
Structure robuste fixée sur la banquette arrière du véhicule, et qui reçoit le siège d'auto pour bébé.

harnais[M]
Ensemble de courroies et d'attaches permettant de retenir l'enfant dans le siège.

poussette[F]
Siège monté sur roues conçu pour déplacer de jeunes enfants.

porte-bébé[M] à armature[F] rigide
Équipement constitué d'un siège relié à des bretelles permettant à un adulte de porter un enfant sur son dos.

pare-soleil[M]
Petit toit rétractable servant à protéger l'enfant du soleil.

poignée[F]
Partie permettant de saisir et de manier la poussette.

pare-soleil[M]
Petit toit rétractable servant à protéger l'enfant du soleil.

appui-tête[M]
Pièce qui protège et soutient la tête de l'enfant.

bretelle[F]
Bande de tissu dont on peut faire varier la longueur, qui passe sur l'épaule pour porter le sac sur le dos.

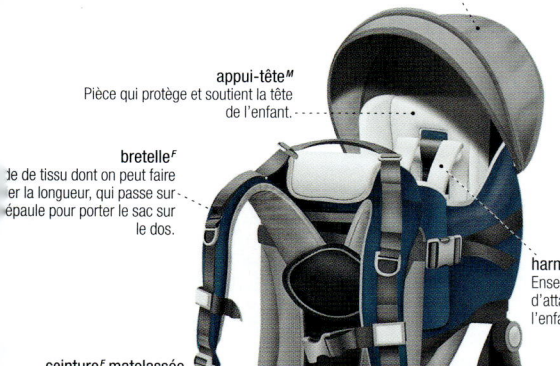

harnais[M]
Ensemble de courroies et d'attaches permettant de retenir l'enfant dans le siège.

harnais[M] pour l'enfant[M]
Ensemble de courroies et d'attaches permettant de retenir l'enfant dans le siège.

ceinture[F] matelassée
Pièce de tissu qui s'ajuste et se boucle autour des hanches, permettant de mieux répartir la charge du sac.

support[M] pliant
Armature métallique qui permet de déposer le porte-bébé sur le sol.

panier[M] de rangement[M]
Compartiment dans lequel on peut déposer divers objets.

PARURE ET OBJETS PERSONNELS

objets personnels

soin^M des enfants^M

tétine^F
Pièce de caoutchouc ou de silicone qui permet au nourrisson de téter le contenu du biberon.

bague^F
Pièce qui permet de fixer la tétine sur la bouteille.

bouteille^F
Contenant en verre ou en plastique dans lequel on verse le lait ou un autre liquide.

sucette^F ; *suce*^F
Pièce de caoutchouc ou de silicone que le bébé peut téter.

biberon^M
Bouteille en plastique ou en verre surmontée d'une tétine, avec laquelle on fait boire un nourrisson.

capuchon^M
Pièce recouvrant la tétine et la bague du biberon.

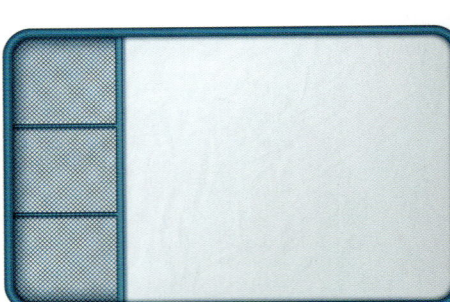

matelas^M **à langer portable**
Coussin imperméable sur lequel on dépose le bébé afin de changer sa couche.

pare-jet^M
Dispositif empêchant le jet d'urine de sortir de la cuvette de la toilette.

attache-sucette^M ; *porte-suce*^M
Cordon muni d'une pince qui permet de fixer une sucette au vêtement du nourrisson.

sac^M **à langer**
Sac destiné à contenir les objets requis pour l'alimentation et l'hygiène d'un bébé.

réducteur^M **de siège**^M **de toilette**^F
Petit siège s'insérant sur le siège d'une toilette pour en faciliter l'usage par les jeunes enfants.

chaise^F **percée** ; *petit pot*^M
Siège pourvu d'une ouverture et d'un récipient pour recueillir les besoins naturels.

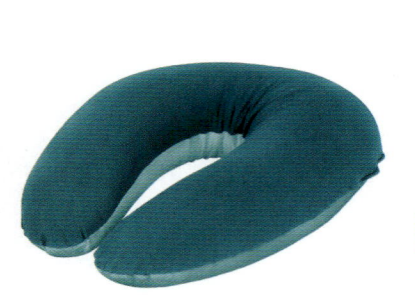

coussin^M **d'allaitement**^M
Coussin sur lequel on dépose l'enfant pour faciliter l'allaitement maternel.

moïse^M
Petit lit d'enfant portable, traditionnellement fabriqué en osier.

objets personnels   493

soinᴹ des animauxᴹ domestiques

Ensemble d'accessoires destinés au transport, à l'alimentation et à l'hygiène des animaux de compagnie.

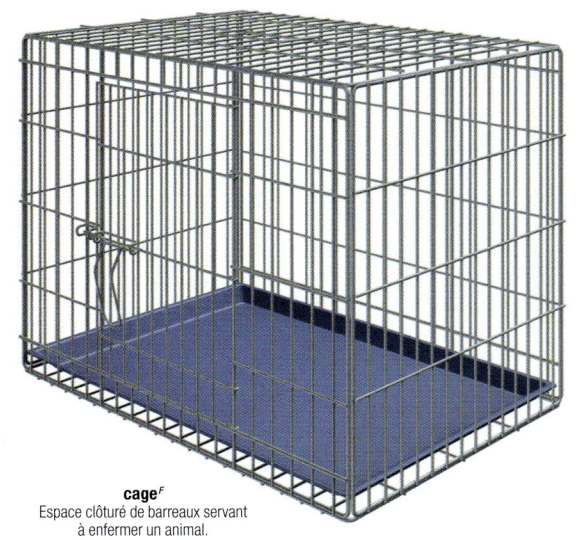

muselièreᶠ
Assemblage de courroies servant à maintenir le museau de l'animal fermé.

laisseᶠ
Cordon en matériau flexible fixé au collier d'un animal et servant à le retenir.

brosseᶠ **double**
Brosse munie de soies rigides d'un côté et de soies plus souples de l'autre.

coupe-griffesᴹ
Instrument servant à tailler les griffes d'un animal.

médailleᶠ
Petite pièce métallique fixée au collier, sur laquelle on peut graver des renseignements sur l'identité de l'animal.

collierᴹ
Courroie en chaîne ou en matériau souple que l'on place autour du cou de l'animal.

cageᶠ
Espace clôturé de barreaux servant à enfermer un animal.

cageᶠ **de transport**ᴹ
Compartiment muni de barreaux et d'une poignée utilisé pour transporter de petits animaux.

bacᴹ
Récipient qui contient la litière.

pelleᶠ
Outil conçu pour recueillir les excréments agglomérés dans la litière.

bolᴹ
Contenant à nourriture ou à eau.

bacᴹ **à litière**ᶠ
Contenant destiné à recevoir la litière d'un chat.

litièreᶠ
Ensemble de particules absorbantes destinées à recevoir les besoins naturels du chat.

litᴹ
Pièce matelassée permettant à l'animal de se reposer.

PARURE ET OBJETS PERSONNELS

objets personnels

soin^M des animaux^M domestiques

cage^F à oiseau^M
Pièce constituée d'un bac surmonté d'un grillage métallique, dans laquelle vit un oiseau.

miroir^M
Surface de verre polie qui réfléchit la lumière et renvoie les images.

abreuvoir^M
Petit distributeur d'eau.

juchoir^M ; perchoir^M
Support sur lequel l'oiseau peut se poser.

auget^M
Contenant dans lequel on dépose la nourriture de l'oiseau.

cage^F pour rongeur^M
Pièce constituée d'un bac surmonté d'un grillage métallique, dans laquelle vit un petit animal (rat, hamster, souris, etc.).

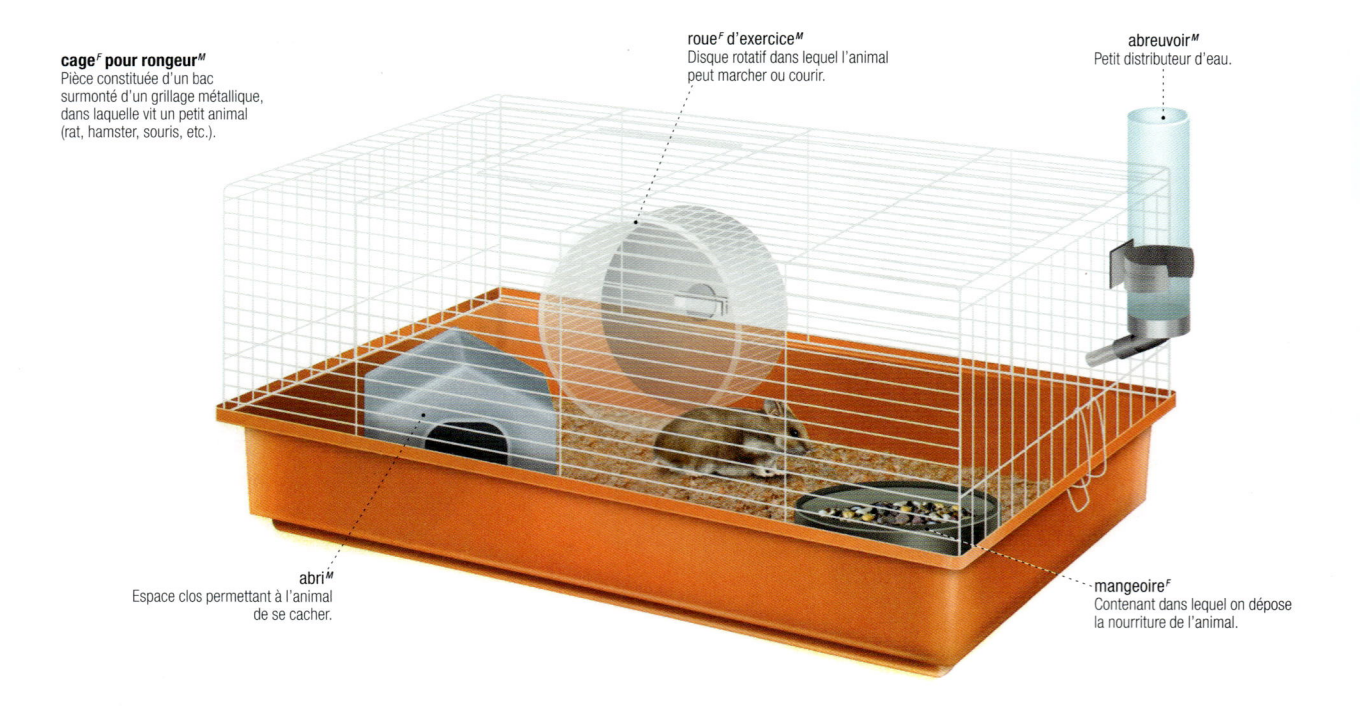

roue^F d'exercice^M
Disque rotatif dans lequel l'animal peut marcher ou courir.

abreuvoir^M
Petit distributeur d'eau.

abri^M
Espace clos permettant à l'animal de se cacher.

mangeoire^F
Contenant dans lequel on dépose la nourriture de l'animal.

PARURE ET OBJETS PERSONNELS

objets personnels 495

soin^M des animaux^M domestiques

lampe^F chauffante
Appareil permettant à la fois d'éclairer l'intérieur du terrarium et d'en réchauffer l'air.

terrarium^M
Contenant en verre servant d'abri aux reptiles domestiques.

thermomètre^M-hygromètre^M
Instrument permettant de régler la température et le taux d'humidité à l'intérieur du terrarium.

bol^M à eau^F ou à nourriture^F
Contenant dans lequel on dépose la nourriture ou l'eau.

couvercle^M
Pièce mobile couvrant l'aquarium.

aquarium^M
Contenant de verre rempli d'eau qui sert d'abri aux poissons domestiques.

système^M d'éclairage^M
Appareil permettant de diffuser la lumière dans l'aquarium.

thermomètre^M
Instrument qui permet de régler la température de l'eau.

pompe^F à air^M
Petit moteur produisant des bulles d'air destinées à oxygéner l'eau de l'aquarium.

arrière-plan^M
Dessin représentant le fond marin.

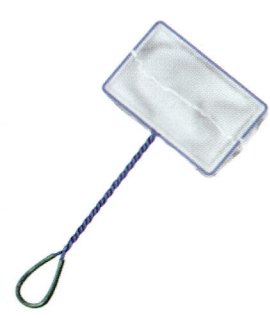

épuisette^F
Filet monté sur un cadre fixé à l'extrémité d'un manche, servant à sortir un poisson de l'eau.

support^M
Base sur laquelle on dépose l'aquarium.

PARURE ET OBJETS PERSONNELS

496

ARTS ET ARCHITECTURE

ARCHITECTURE ANTIQUE — 498
Ensemble des édifices et constructions typiques des civilisations de l'Antiquité (approximativement de 3 000 av. J-C au 5ᵉ siècle de notre ère).

ARCHITECTURE MILITAIRE — 504
Ensemble des édifices et constructions à vocation militaire.

ARCHITECTURE OCCIDENTALE — 506
Ensemble des édifices et constructions typiques des régions d'Europe et d'Amérique du Nord, du Moyen Âge à aujourd'hui.

ARCHITECTURE ASIATIQUE ET PRÉ-COLOMBIENNE — 513
Ensemble des constructions et édifices construits par les différents peuples d'Asie et d'Amérique (avant la colonisation européenne).

ÉLÉMENTS D'ARCHITECTURE — 514
Ensemble des composants servant à la construction des édifices.

HABITATION — 520
Ensemble des constructions destinées à protéger l'être humain des intempéries.

BEAUX-ARTS — 522
Arts qui regroupent notamment les domaines de la peinture, du dessin et de la sculpture.

ARTS GRAPHIQUES — 532
Ensemble des techniques et des procédés utilisés pour la réalisation d'un imprimé.

ARTS DE LA SCÈNE — 540
Ensemble des arts des domaines du spectacle : théâtre, cinéma, danse, opéra, etc.

MUSIQUE — 545
Art de combiner les sons de manière à produire une impression harmonieuse.

ARTISANAT — 565
Ensemble des activités manuelles de nature artistique qu'une personne exécute pour son propre compte et son propre plaisir.

architecture antique

pyramide^F

Construction à base carrée et à quatre faces triangulaires qui servait de tombeau aux pharaons dans l'Ancienne Égypte, représentée ici par celle de Khéops.

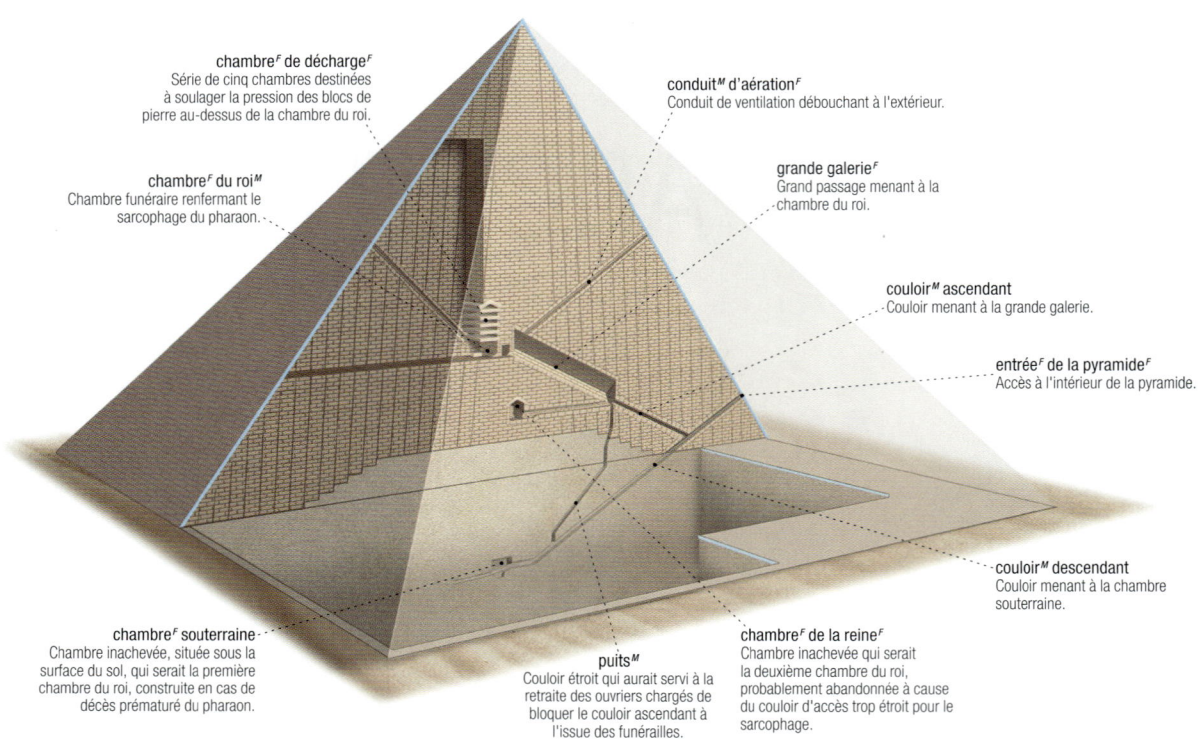

chambre^F de décharge^F
Série de cinq chambres destinées à soulager la pression des blocs de pierre au-dessus de la chambre du roi.

conduit^M d'aération^F
Conduit de ventilation débouchant à l'extérieur.

chambre^F du roi^M
Chambre funéraire renfermant le sarcophage du pharaon.

grande galerie^F
Grand passage menant à la chambre du roi.

couloir^M ascendant
Couloir menant à la grande galerie.

entrée^F de la pyramide^F
Accès à l'intérieur de la pyramide.

couloir^M descendant
Couloir menant à la chambre souterraine.

chambre^F souterraine
Chambre inachevée, située sous la surface du sol, qui serait la première chambre du roi, construite en cas de décès prématuré du pharaon.

puits^M
Couloir étroit qui aurait servi à la retraite des ouvriers chargés de bloquer le couloir ascendant à l'issue des funérailles.

chambre^F de la reine^F
Chambre inachevée qui serait la deuxième chambre du roi, probablement abandonnée à cause du couloir d'accès trop étroit pour le sarcophage.

théâtre^M grec

Édifice à ciel ouvert, souvent construit à flanc de colline, où avaient lieu les représentations théâtrales dans l'Antiquité.

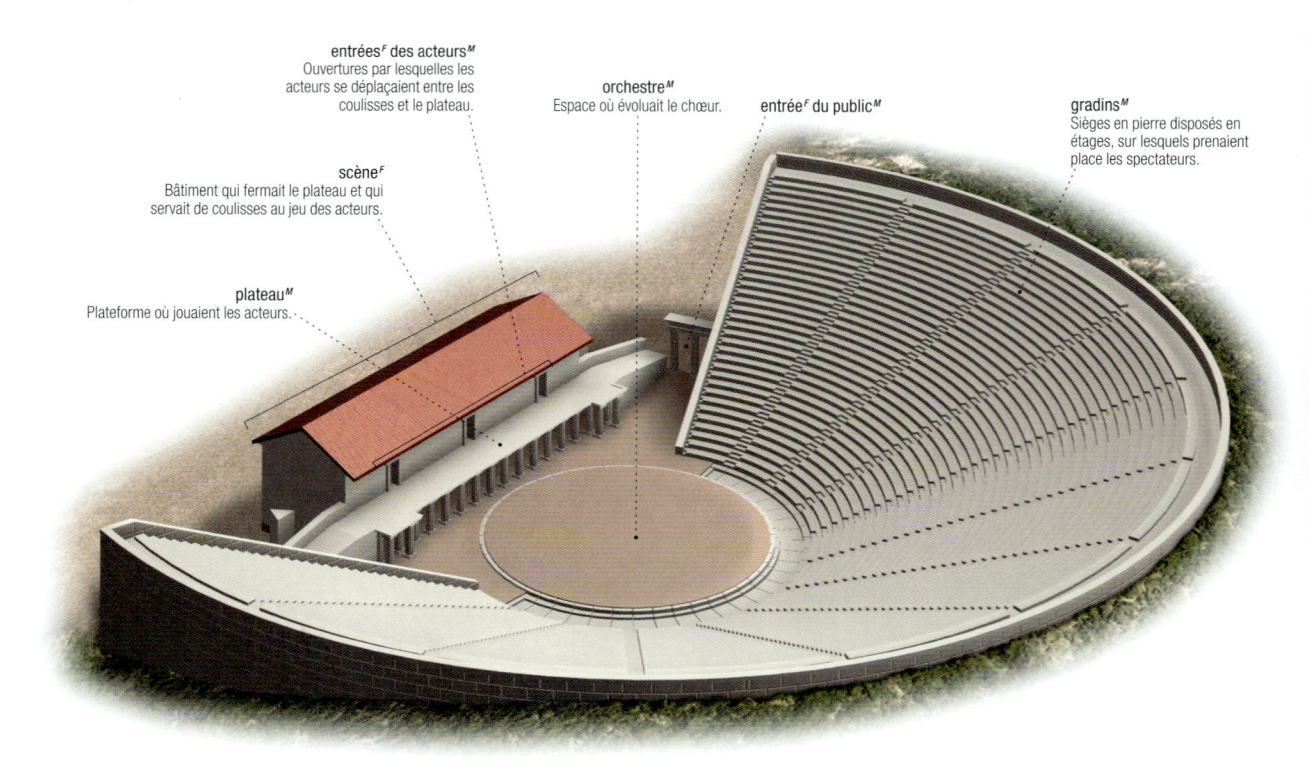

entrées^F des acteurs^M
Ouvertures par lesquelles les acteurs se déplaçaient entre les coulisses et le plateau.

orchestre^M
Espace où évoluait le chœur.

entrée^F du public^M

gradins^M
Sièges en pierre disposés en étages, sur lesquels prenaient place les spectateurs.

scène^F
Bâtiment qui fermait le plateau et qui servait de coulisses au jeu des acteurs.

plateau^M
Plateforme où jouaient les acteurs.

architecture antique

temple^M grec

Édifice qui, dans l'Antiquité, était dédié à une divinité et renfermait une statue la représentant.

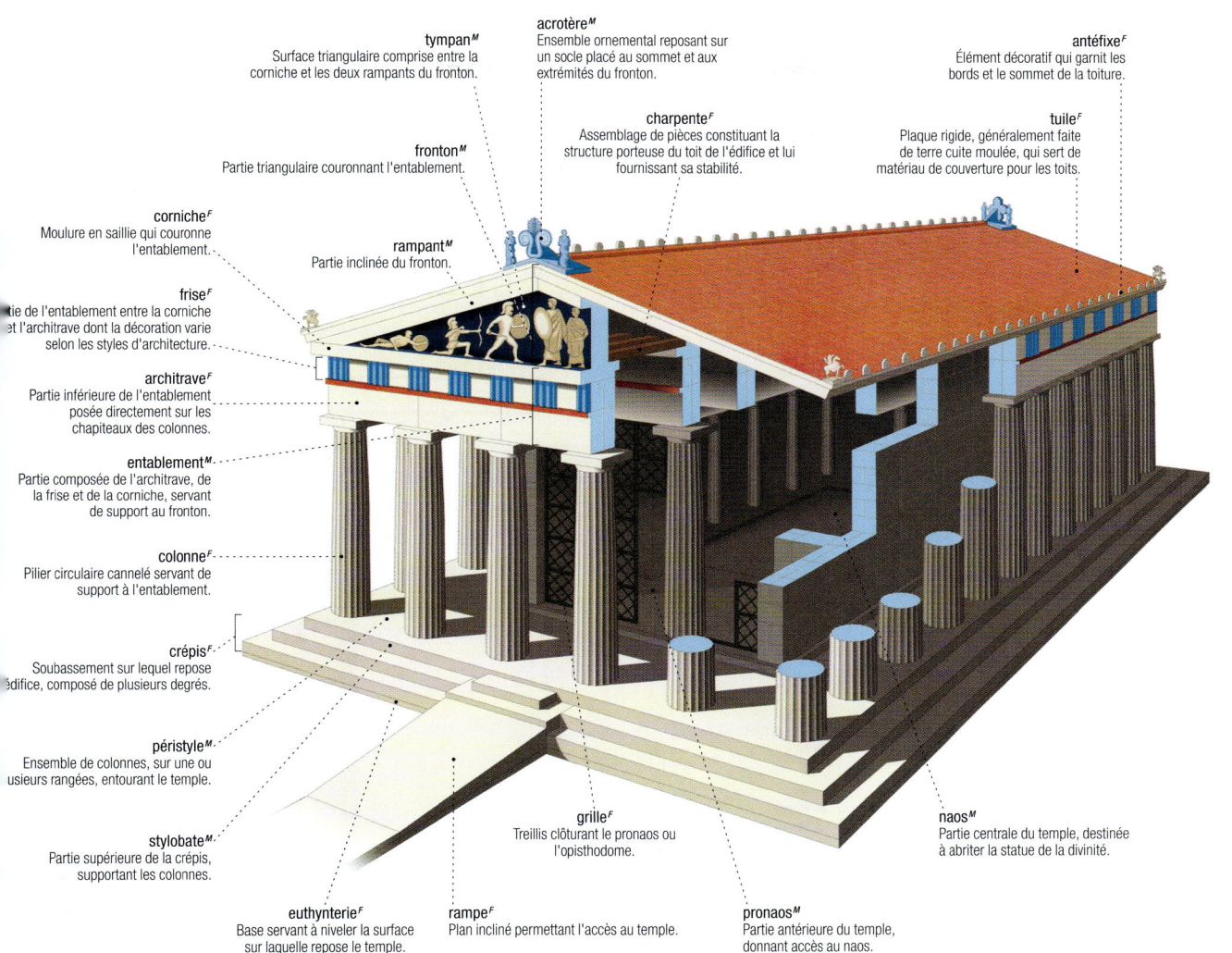

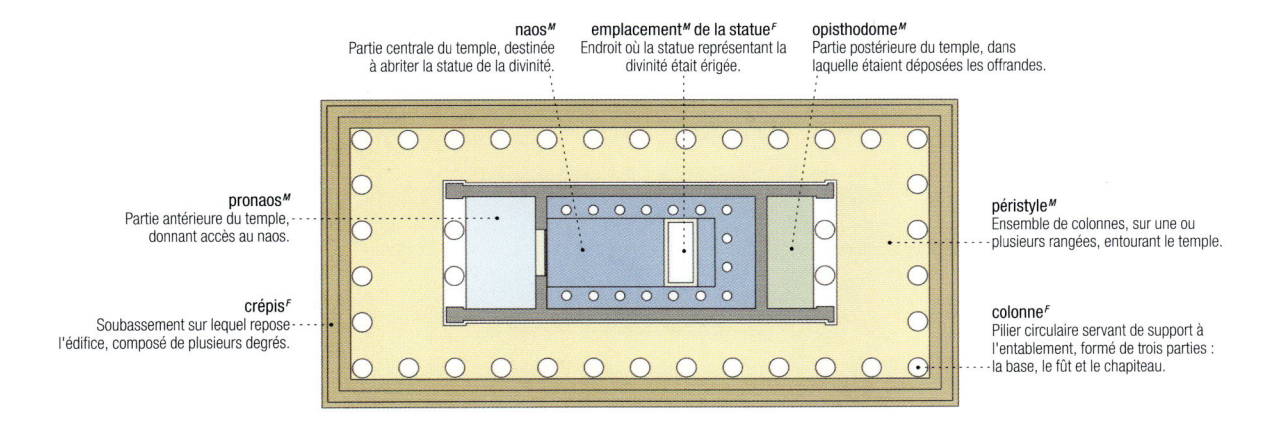

tympan^M
Surface triangulaire comprise entre la corniche et les deux rampants du fronton.

acrotère^M
Ensemble ornemental reposant sur un socle placé au sommet et aux extrémités du fronton.

antéfixe^F
Élément décoratif qui garnit les bords et le sommet de la toiture.

charpente^F
Assemblage de pièces constituant la structure porteuse du toit de l'édifice et lui fournissant sa stabilité.

tuile^F
Plaque rigide, généralement faite de terre cuite moulée, qui sert de matériau de couverture pour les toits.

fronton^M
Partie triangulaire couronnant l'entablement.

corniche^F
Moulure en saillie qui couronne l'entablement.

rampant^M
Partie inclinée du fronton.

frise^F
Partie de l'entablement entre la corniche et l'architrave dont la décoration varie selon les styles d'architecture.

architrave^F
Partie inférieure de l'entablement posée directement sur les chapiteaux des colonnes.

entablement^M
Partie composée de l'architrave, de la frise et de la corniche, servant de support au fronton.

colonne^F
Pilier circulaire cannelé servant de support à l'entablement.

crépis^F
Soubassement sur lequel repose l'édifice, composé de plusieurs degrés.

péristyle^M
Ensemble de colonnes, sur une ou plusieurs rangées, entourant le temple.

stylobate^M
Partie supérieure de la crépis, supportant les colonnes.

euthynterie^F
Base servant à niveler la surface sur laquelle repose le temple.

rampe^F
Plan incliné permettant l'accès au temple.

grille^F
Treillis clôturant le pronaos ou l'opisthodome.

pronaos^M
Partie antérieure du temple, donnant accès au naos.

naos^M
Partie centrale du temple, destinée à abriter la statue de la divinité.

ARTS ET ARCHITECTURE

plan^M d'un temple^M grec

naos^M
Partie centrale du temple, destinée à abriter la statue de la divinité.

emplacement^M de la statue^F
Endroit où la statue représentant la divinité était érigée.

opisthodome^M
Partie postérieure du temple, dans laquelle étaient déposées les offrandes.

pronaos^M
Partie antérieure du temple, donnant accès au naos.

péristyle^M
Ensemble de colonnes, sur une ou plusieurs rangées, entourant le temple.

crépis^F
Soubassement sur lequel repose l'édifice, composé de plusieurs degrés.

colonne^F
Pilier circulaire servant de support à l'entablement, formé de trois parties : la base, le fût et le chapiteau.

architecture antique

styles^M d'architecture^F

Les styles d'architecture de la Grèce antique, ou ordres, se distinguent par des règles de proportion de la colonne, de l'entablement et du fronton d'un édifice.

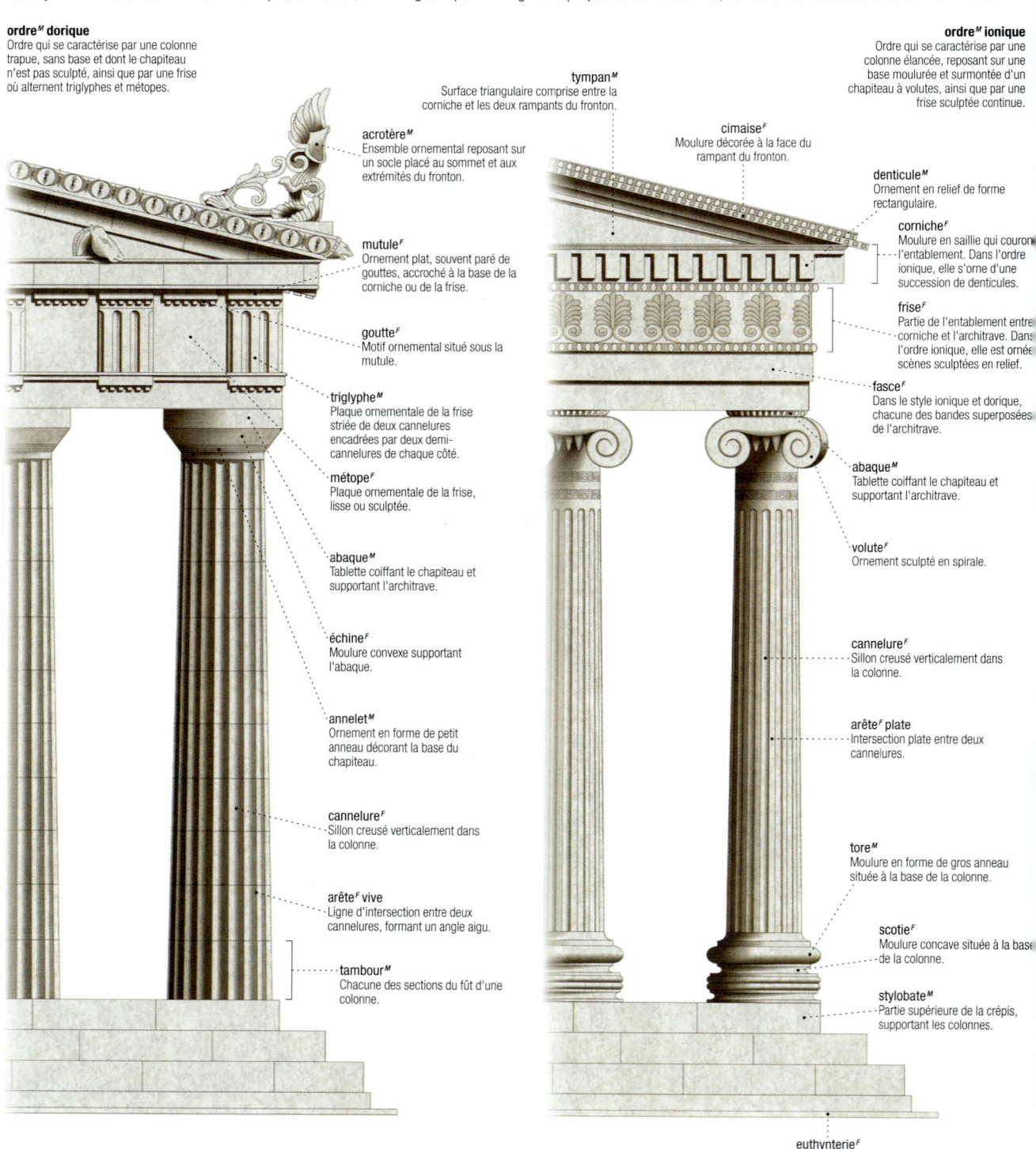

ordre^M dorique
Ordre qui se caractérise par une colonne trapue, sans base et dont le chapiteau n'est pas sculpté, ainsi que par une frise où alternent triglyphes et métopes.

ordre^M ionique
Ordre qui se caractérise par une colonne élancée, reposant sur une base moulurée et surmontée d'un chapiteau à volutes, ainsi que par une frise sculptée continue.

tympan^M — Surface triangulaire comprise entre la corniche et les deux rampants du fronton.

acrotère^M — Ensemble ornemental reposant sur un socle placé au sommet et aux extrémités du fronton.

cimaise^F — Moulure décorée à la face du rampant du fronton.

denticule^M — Ornement en relief de forme rectangulaire.

mutule^F — Ornement plat, souvent paré de gouttes, accroché à la base de la corniche ou de la frise.

corniche^F — Moulure en saillie qui couronne l'entablement. Dans l'ordre ionique, elle s'orne d'une succession de denticules.

goutte^F — Motif ornemental situé sous la mutule.

frise^F — Partie de l'entablement entre corniche et l'architrave. Dans l'ordre ionique, elle est ornée de scènes sculptées en relief.

triglyphe^M — Plaque ornementale de la frise striée de deux cannelures encadrées par deux demi-cannelures de chaque côté.

fasce^F — Dans le style ionique et dorique, chacune des bandes superposées de l'architrave.

métope^F — Plaque ornementale de la frise, lisse ou sculptée.

abaque^M — Tablette coiffant le chapiteau et supportant l'architrave.

abaque^M — Tablette coiffant le chapiteau et supportant l'architrave.

volute^F — Ornement sculpté en spirale.

échine^F — Moulure convexe supportant l'abaque.

cannelure^F — Sillon creusé verticalement dans la colonne.

annelet^M — Ornement en forme de petit anneau décorant la base du chapiteau.

arête^F plate — Intersection plate entre deux cannelures.

cannelure^F — Sillon creusé verticalement dans la colonne.

tore^M — Moulure en forme de gros anneau située à la base de la colonne.

arête^F vive — Ligne d'intersection entre deux cannelures, formant un angle aigu.

scotie^F — Moulure concave située à la base de la colonne.

tambour^M — Chacune des sections du fût d'une colonne.

stylobate^M — Partie supérieure de la crépis, supportant les colonnes.

euthynterie^F — Base servant à niveler la surface sur laquelle repose le temple.

ARTS ET ARCHITECTURE

architecture antique

styles^M d'architecture^F

ordre^M corinthien
Ordre qui se caractérise surtout par son chapiteau orné de feuilles d'acanthe.

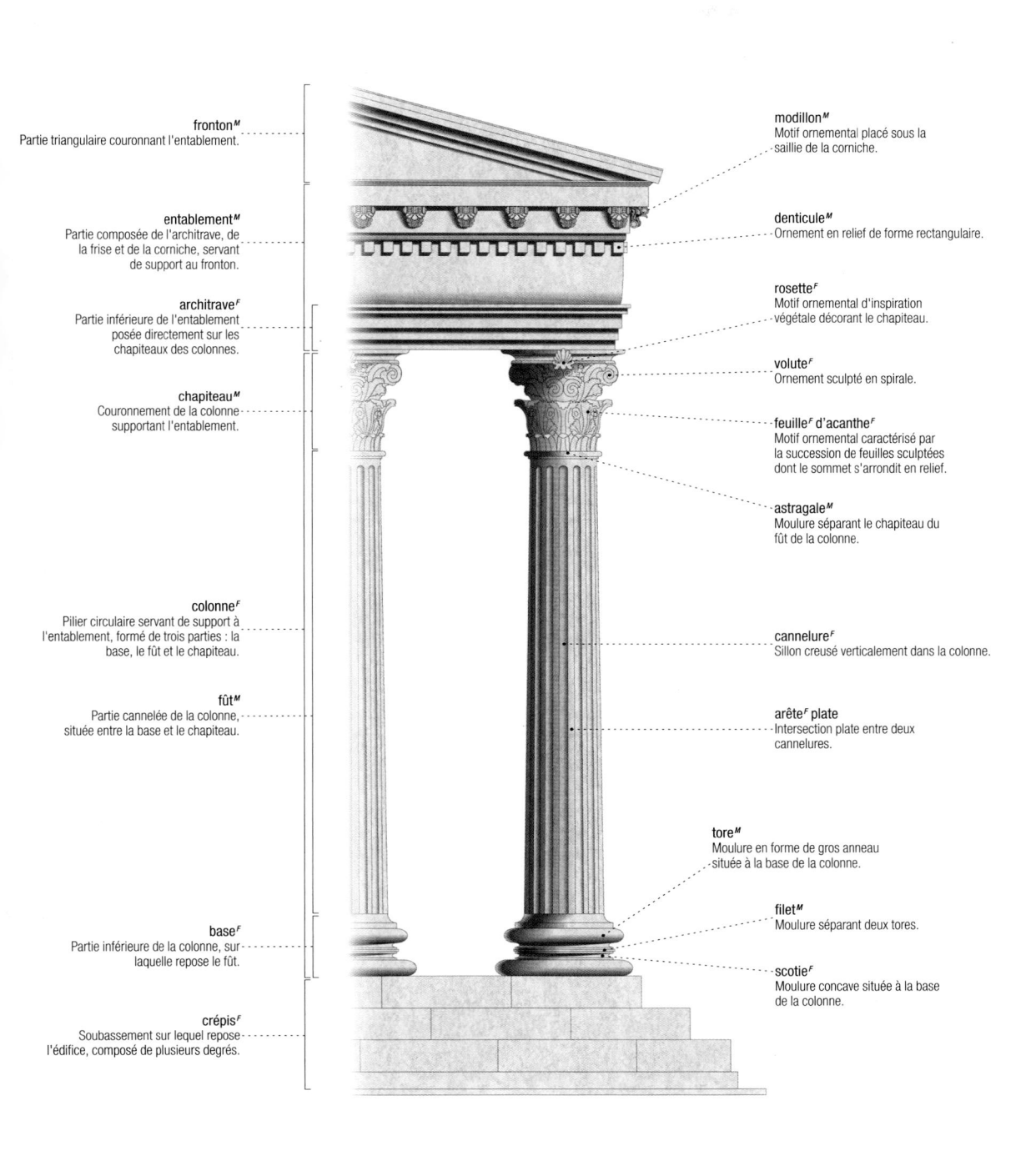

fronton^M
Partie triangulaire couronnant l'entablement.

entablement^M
Partie composée de l'architrave, de la frise et de la corniche, servant de support au fronton.

architrave^F
Partie inférieure de l'entablement posée directement sur les chapiteaux des colonnes.

chapiteau^M
Couronnement de la colonne supportant l'entablement.

colonne^F
Pilier circulaire servant de support à l'entablement, formé de trois parties : la base, le fût et le chapiteau.

fût^M
Partie cannelée de la colonne, située entre la base et le chapiteau.

base^F
Partie inférieure de la colonne, sur laquelle repose le fût.

crépis^F
Soubassement sur lequel repose l'édifice, composé de plusieurs degrés.

modillon^M
Motif ornemental placé sous la saillie de la corniche.

denticule^M
Ornement en relief de forme rectangulaire.

rosette^F
Motif ornemental d'inspiration végétale décorant le chapiteau.

volute^F
Ornement sculpté en spirale.

feuille^F d'acanthe^F
Motif ornemental caractérisé par la succession de feuilles sculptées dont le sommet s'arrondit en relief.

astragale^M
Moulure séparant le chapiteau du fût de la colonne.

cannelure^F
Sillon creusé verticalement dans la colonne.

arête^F plate
Intersection plate entre deux cannelures.

tore^M
Moulure en forme de gros anneau située à la base de la colonne.

filet^M
Moulure séparant deux tores.

scotie^F
Moulure concave située à la base de la colonne.

ARTS ET ARCHITECTURE

architecture antique

maison^F romaine

La vie familiale des riches romains s'écoulait dans des maisons spacieuses et luxueuses dont les pièces étaient disposées autour d'espaces à ciel ouvert.

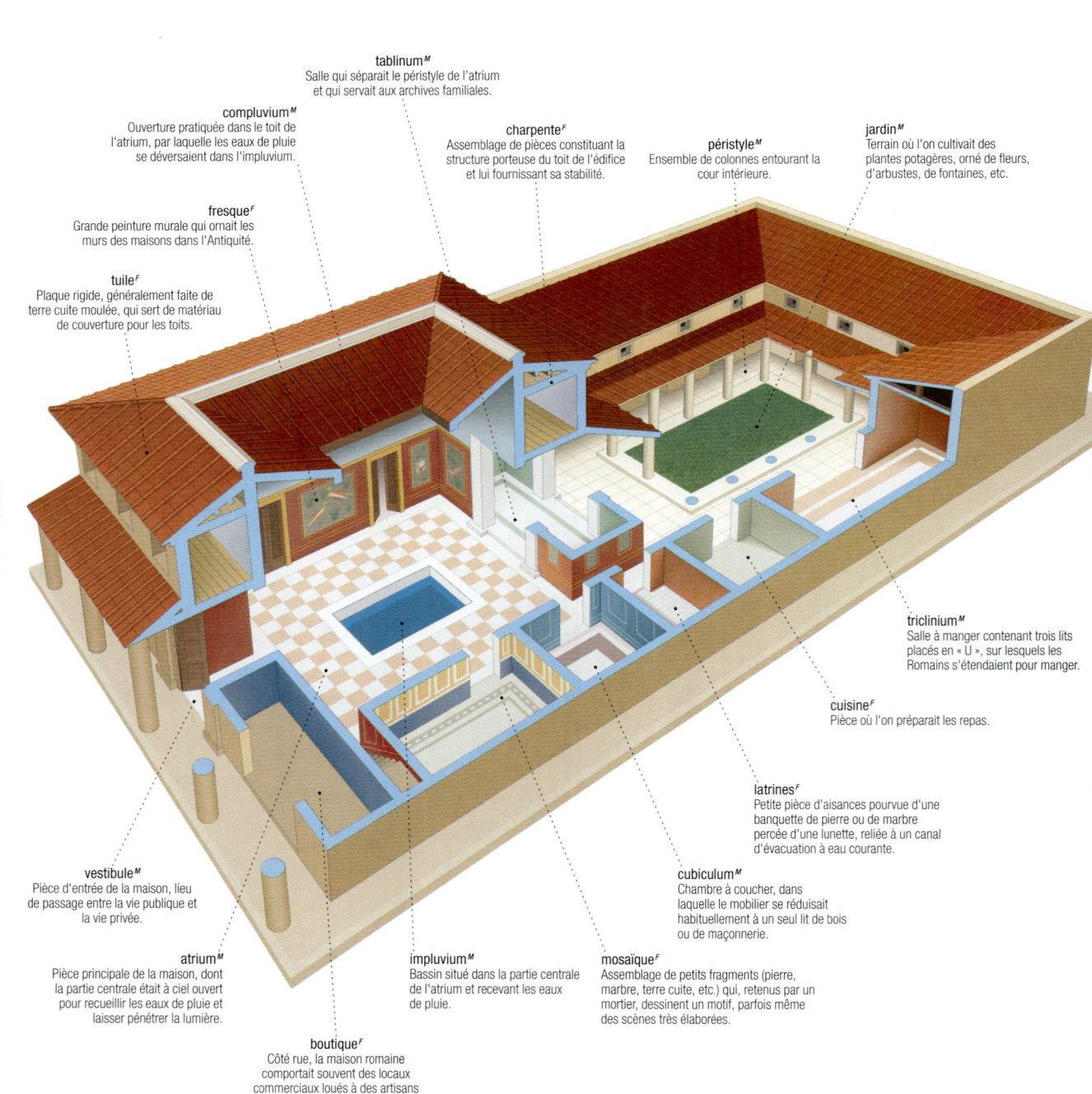

tablinum^M
Salle qui séparait le péristyle de l'atrium et qui servait aux archives familiales.

compluvium^M
Ouverture pratiquée dans le toit de l'atrium, par laquelle les eaux de pluie se déversaient dans l'impluvium.

charpente^F
Assemblage de pièces constituant la structure porteuse du toit de l'édifice et lui fournissant sa stabilité.

péristyle^M
Ensemble de colonnes entourant la cour intérieure.

jardin^M
Terrain où l'on cultivait des plantes potagères, orné de fleurs, d'arbustes, de fontaines, etc.

fresque^F
Grande peinture murale qui ornait les murs des maisons dans l'Antiquité.

tuile^F
Plaque rigide, généralement faite de terre cuite moulée, qui sert de matériau de couverture pour les toits.

triclinium^M
Salle à manger contenant trois lits placés en « U », sur lesquels les Romains s'étendaient pour manger.

cuisine^F
Pièce où l'on préparait les repas.

latrines^F
Petite pièce d'aisances pourvue d'une banquette de pierre ou de marbre percée d'une lunette, reliée à un canal d'évacuation à eau courante.

cubiculum^M
Chambre à coucher, dans laquelle le mobilier se réduisait habituellement à un seul lit de bois ou de maçonnerie.

vestibule^M
Pièce d'entrée de la maison, lieu de passage entre la vie publique et la vie privée.

atrium^M
Pièce principale de la maison, dont la partie centrale était à ciel ouvert pour recueillir les eaux de pluie et laisser pénétrer la lumière.

impluvium^M
Bassin situé dans la partie centrale de l'atrium et recevant les eaux de pluie.

mosaïque^F
Assemblage de petits fragments (pierre, marbre, terre cuite, etc.) qui, retenus par un mortier, dessinent un motif, parfois même des scènes très élaborées.

boutique^F
Côté rue, la maison romaine comportait souvent des locaux commerciaux loués à des artisans ou des commerçants.

ARTS ET ARCHITECTURE

architecture antique 503

amphithéâtre^M romain

Édifice de forme ovale ou ronde, composé d'une arène entourée de gradins et destiné principalement aux combats de gladiateurs.

pilastre^M corinthien
Saillie rectangulaire d'un mur, munie d'une base et surmontée d'un chapiteau orné de feuilles d'acanthe.

mât^M
Poteau de bois permettant d'étendre et de soutenir le velarium.

gradins^M
Sièges en pierre disposés en étages, sur lesquels les spectateurs prenaient place.

velarium^M
Toile qu'on étendait au-dessus des gradins pour protéger les spectateurs du soleil et de la pluie.

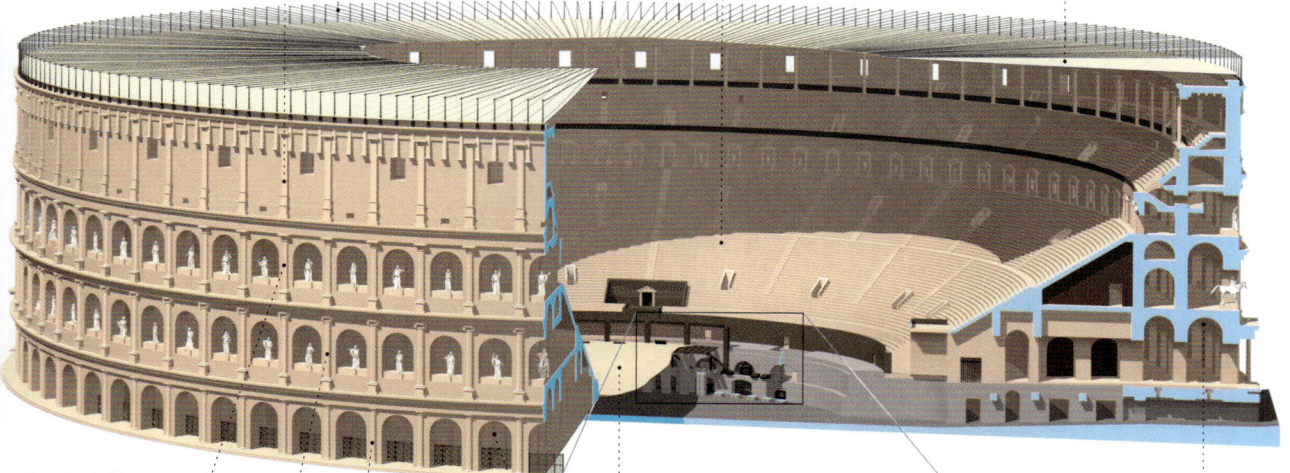

colonne^F corinthienne engagée
Colonne élancée, reposant sur une base moulurée et surmontée d'un chapiteau à feuilles d'acanthe, partiellement intégrée dans un mur.

colonne^F ionique engagée
Colonne élancée, reposant sur une base moulurée et surmontée d'un chapiteau à volutes, partiellement intégrée dans un mur.

colonne^F dorique engagée
Colonne trapue, sans base et dont le chapiteau n'est pas sculpté, partiellement intégrée dans un mur.

arène^F
Plancher de bois recouvert de sable sur lequel combattaient les gladiateurs.

arcade^F
Ouverture créée par un arc reposant sur deux montants.

voûte^F en berceau^M
Ouvrage de maçonnerie en arc de cercle reposant sur des montants.

sous-sol^M
Partie située sous l'arène, aménagée pour y accéder et pour recevoir les prisonniers, les gladiateurs et les animaux.

ascenseur^M
Dispositif qui, par un système de contrepoids, permettait de hisser les animaux au niveau de l'arène.

cage^F
Espace clôturé de barreaux, servant à enfermer et à transporter les animaux.

trappe^F
Ouverture à abattant par laquelle les gladiateurs et les animaux accédaient à l'arène.

arène^F
Plancher de bois recouvert de sable sur lequel combattaient les gladiateurs.

rampe^F
Passage incliné permettant d'atteindre un autre niveau.

cellule^F
Local muni de barreaux dans lequel les prisonniers condamnés aux jeux du cirque étaient enfermés.

ARTS ET ARCHITECTURE

architecture militaire

château^M fort

Habitation seigneuriale médiévale fortifiée, destinée à la protéger des assaillants.

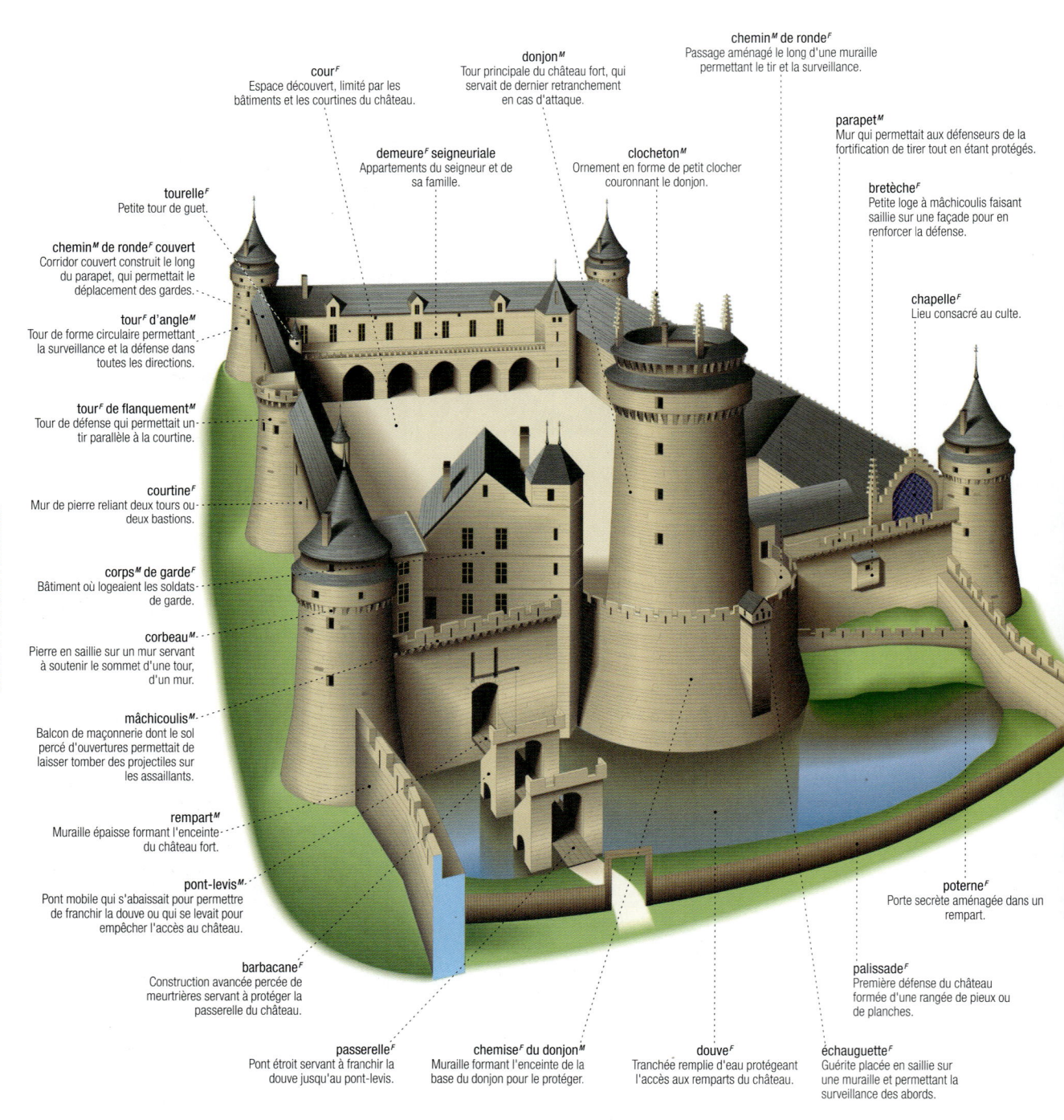

cour^F
Espace découvert, limité par les bâtiments et les courtines du château.

donjon^M
Tour principale du château fort, qui servait de dernier retranchement en cas d'attaque.

chemin^M **de ronde**^F
Passage aménagé le long d'une muraille permettant le tir et la surveillance.

demeure^F **seigneuriale**
Appartements du seigneur et de sa famille.

clocheton^M
Ornement en forme de petit clocher couronnant le donjon.

parapet^M
Mur qui permettait aux défenseurs de la fortification de tirer tout en étant protégés.

tourelle^F
Petite tour de guet.

bretèche^F
Petite loge à mâchicoulis faisant saillie sur une façade pour en renforcer la défense.

chemin^M **de ronde**^F **couvert**
Corridor couvert construit le long du parapet, qui permettait le déplacement des gardes.

chapelle^F
Lieu consacré au culte.

tour^F **d'angle**^M
Tour de forme circulaire permettant la surveillance et la défense dans toutes les directions.

tour^F **de flanquement**^M
Tour de défense qui permettait un tir parallèle à la courtine.

courtine^F
Mur de pierre reliant deux tours ou deux bastions.

corps^M **de garde**^F
Bâtiment où logeaient les soldats de garde.

corbeau^M
Pierre en saillie sur un mur servant à soutenir le sommet d'une tour, d'un mur.

mâchicoulis^M
Balcon de maçonnerie dont le sol percé d'ouvertures permettait de laisser tomber des projectiles sur les assaillants.

rempart^M
Muraille épaisse formant l'enceinte du château fort.

pont-levis^M
Pont mobile qui s'abaissait pour permettre de franchir la douve ou qui se levait pour empêcher l'accès au château.

poterne^F
Porte secrète aménagée dans un rempart.

barbacane^F
Construction avancée percée de meurtrières servant à protéger la passerelle du château.

palissade^F
Première défense du château formée d'une rangée de pieux ou de planches.

passerelle^F
Pont étroit servant à franchir la douve jusqu'au pont-levis.

chemise^F **du donjon**^M
Muraille formant l'enceinte de la base du donjon pour le protéger.

douve^F
Tranchée remplie d'eau protégeant l'accès aux remparts du château.

échauguette^F
Guérite placée en saillie sur une muraille et permettant la surveillance des abords.

ARTS ET ARCHITECTURE

architecture militaire

fortification à la Vauban

Ouvrage de défense militaire en forme d'étoile, élaboré par l'ingénieur français Vauban au 17e siècle.

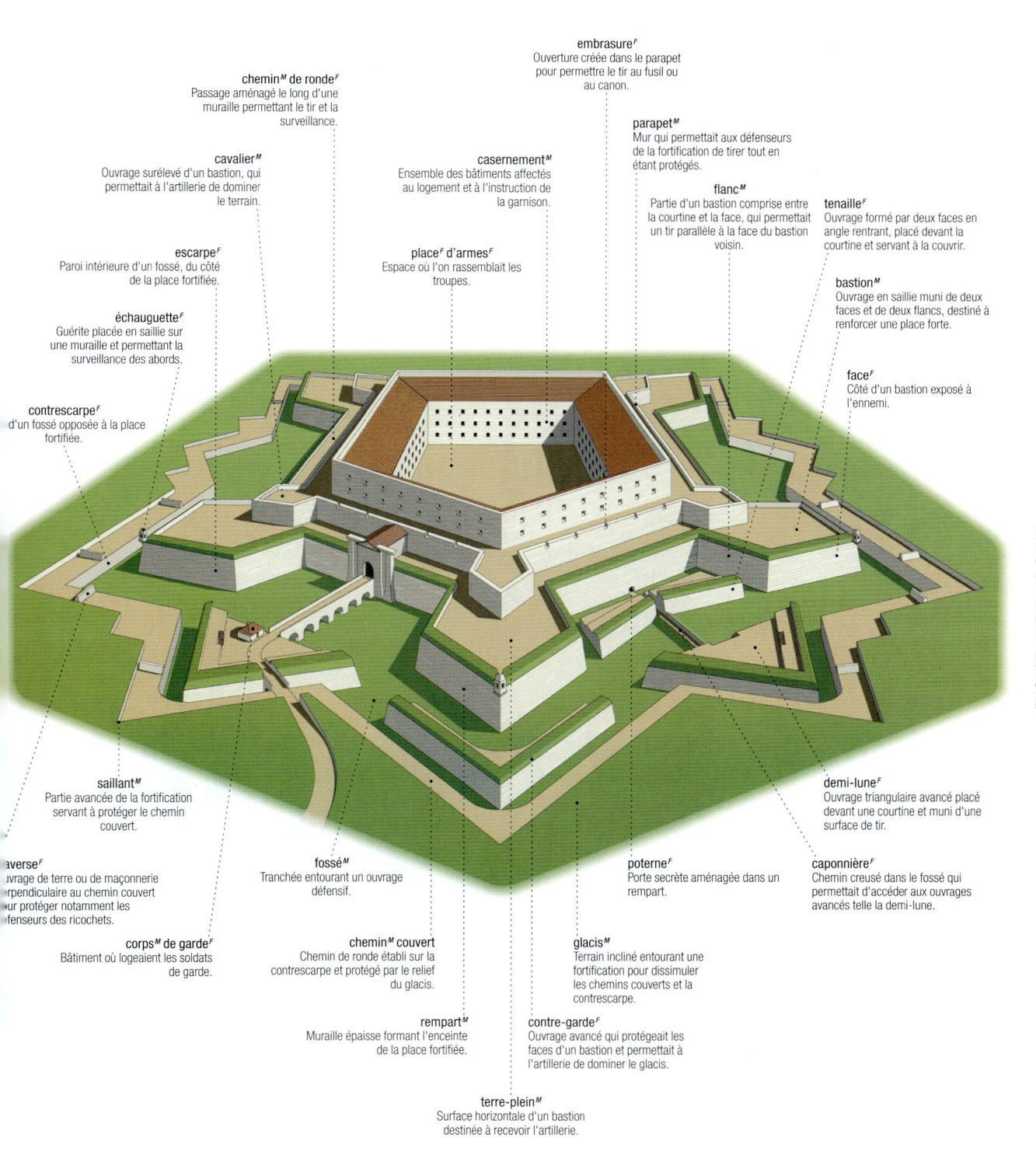

embrasure F
Ouverture créée dans le parapet pour permettre le tir au fusil ou au canon.

chemin M **de ronde** F
Passage aménagé le long d'une muraille permettant le tir et la surveillance.

parapet M
Mur qui permettait aux défenseurs de la fortification de tirer tout en étant protégés.

cavalier M
Ouvrage surélevé d'un bastion, qui permettait à l'artillerie de dominer le terrain.

casernement M
Ensemble des bâtiments affectés au logement et à l'instruction de la garnison.

flanc M
Partie d'un bastion comprise entre la courtine et la face, qui permettait un tir parallèle à la face du bastion voisin.

tenaille F
Ouvrage formé par deux faces en angle rentrant, placé devant la courtine et servant à la couvrir.

escarpe F
Paroi intérieure d'un fossé, du côté de la place fortifiée.

place F **d'armes** F
Espace où l'on rassemblait les troupes.

bastion M
Ouvrage en saillie muni de deux faces et de deux flancs, destiné à renforcer une place forte.

échauguette F
Guérite placée en saillie sur une muraille et permettant la surveillance des abords.

face F
Côté d'un bastion exposé à l'ennemi.

contrescarpe F
d'un fossé opposée à la place fortifiée.

saillant M
Partie avancée de la fortification servant à protéger le chemin couvert.

demi-lune F
Ouvrage triangulaire avancé placé devant une courtine et muni d'une surface de tir.

traverse F
Ouvrage de terre ou de maçonnerie perpendiculaire au chemin couvert pour protéger notamment les défenseurs des ricochets.

fossé M
Tranchée entourant un ouvrage défensif.

poterne F
Porte secrète aménagée dans un rempart.

caponnière F
Chemin creusé dans le fossé qui permettait d'accéder aux ouvrages avancés telle la demi-lune.

corps M **de garde** F
Bâtiment où logeaient les soldats de garde.

chemin M **couvert**
Chemin de ronde établi sur la contrescarpe et protégé par le relief du glacis.

glacis M
Terrain incliné entourant une fortification pour dissimuler les chemins couverts et la contrescarpe.

rempart M
Muraille épaisse formant l'enceinte de la place fortifiée.

contre-garde F
Ouvrage avancé qui protégeait les faces d'un bastion et permettait à l'artillerie de dominer le glacis.

terre-plein M
Surface horizontale d'un bastion destinée à recevoir l'artillerie.

ARTS ET ARCHITECTURE

cathédrale gothique

Le style architectural de la cathédrale médiévale (12ᵉ au 14ᵉ siècle) se caractérise principalement par une voûte sur croisée d'ogives.

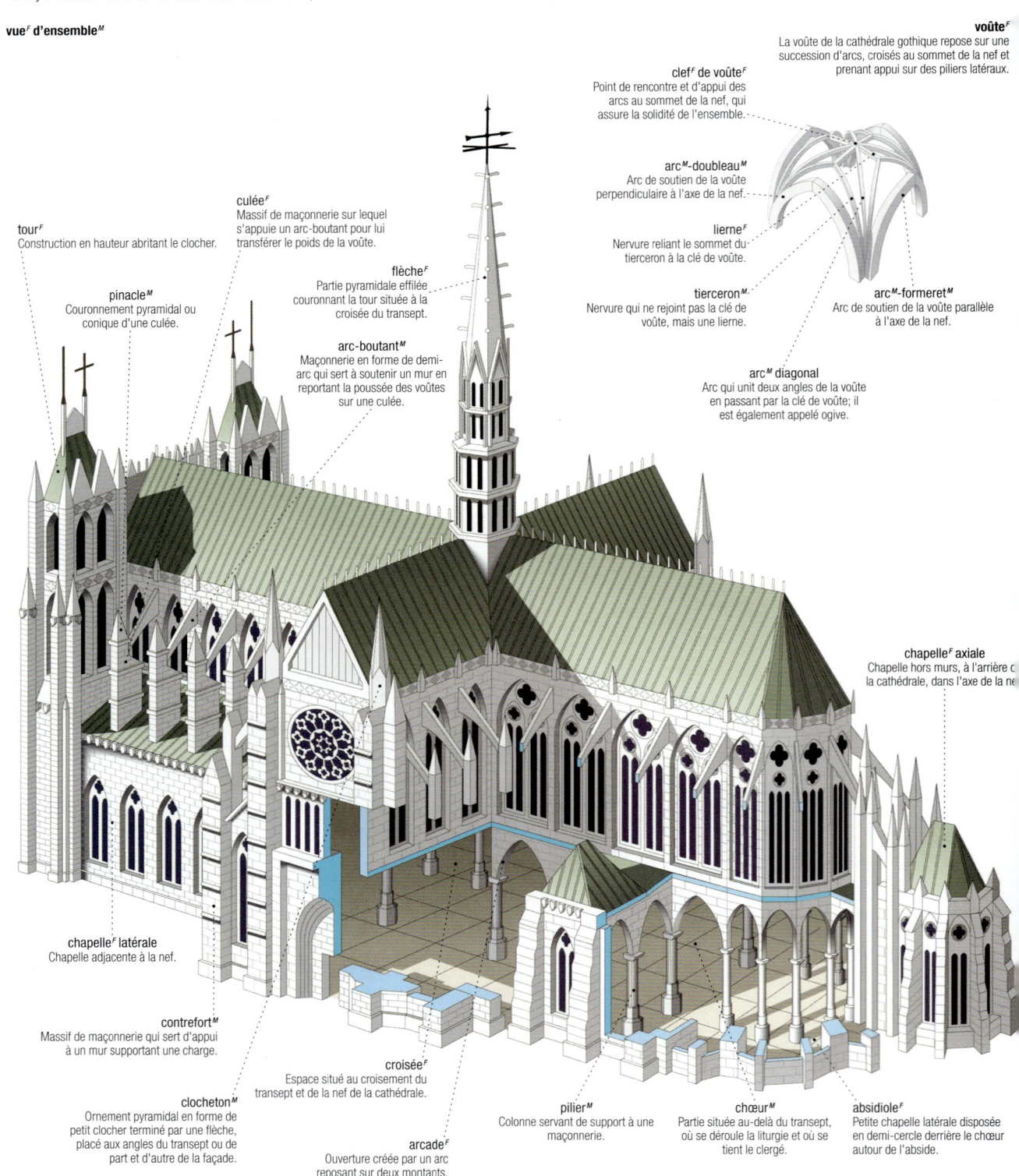

vue d'ensemble

voûte
La voûte de la cathédrale gothique repose sur une succession d'arcs, croisés au sommet de la nef et prenant appui sur des piliers latéraux.

clef de voûte
Point de rencontre et d'appui des arcs au sommet de la nef, qui assure la solidité de l'ensemble.

arc-doubleau
Arc de soutien de la voûte perpendiculaire à l'axe de la nef.

lierne
Nervure reliant le sommet du tierceron à la clé de voûte.

tierceron
Nervure qui ne rejoint pas la clé de voûte, mais une lierne.

arc-formeret
Arc de soutien de la voûte parallèle à l'axe de la nef.

arc diagonal
Arc qui unit deux angles de la voûte en passant par la clé de voûte; il est également appelé ogive.

tour
Construction en hauteur abritant le clocher.

culée
Massif de maçonnerie sur lequel s'appuie un arc-boutant pour lui transférer le poids de la voûte.

pinacle
Couronnement pyramidal ou conique d'une culée.

flèche
Partie pyramidale effilée couronnant la tour située à la croisée du transept.

arc-boutant
Maçonnerie en forme de demi-arc qui sert à soutenir un mur en reportant la poussée des voûtes sur une culée.

chapelle axiale
Chapelle hors murs, à l'arrière de la cathédrale, dans l'axe de la nef.

chapelle latérale
Chapelle adjacente à la nef.

contrefort
Massif de maçonnerie qui sert d'appui à un mur supportant une charge.

clocheton
Ornement pyramidal en forme de petit clocher terminé par une flèche, placé aux angles du transept ou de part et d'autre de la façade.

croisée
Espace situé au croisement du transept et de la nef de la cathédrale.

arcade
Ouverture créée par un arc reposant sur deux montants.

pilier
Colonne servant de support à une maçonnerie.

chœur
Partie située au-delà du transept, où se déroule la liturgie et où se tient le clergé.

absidiole
Petite chapelle latérale disposée en demi-cercle derrière le chœur autour de l'abside.

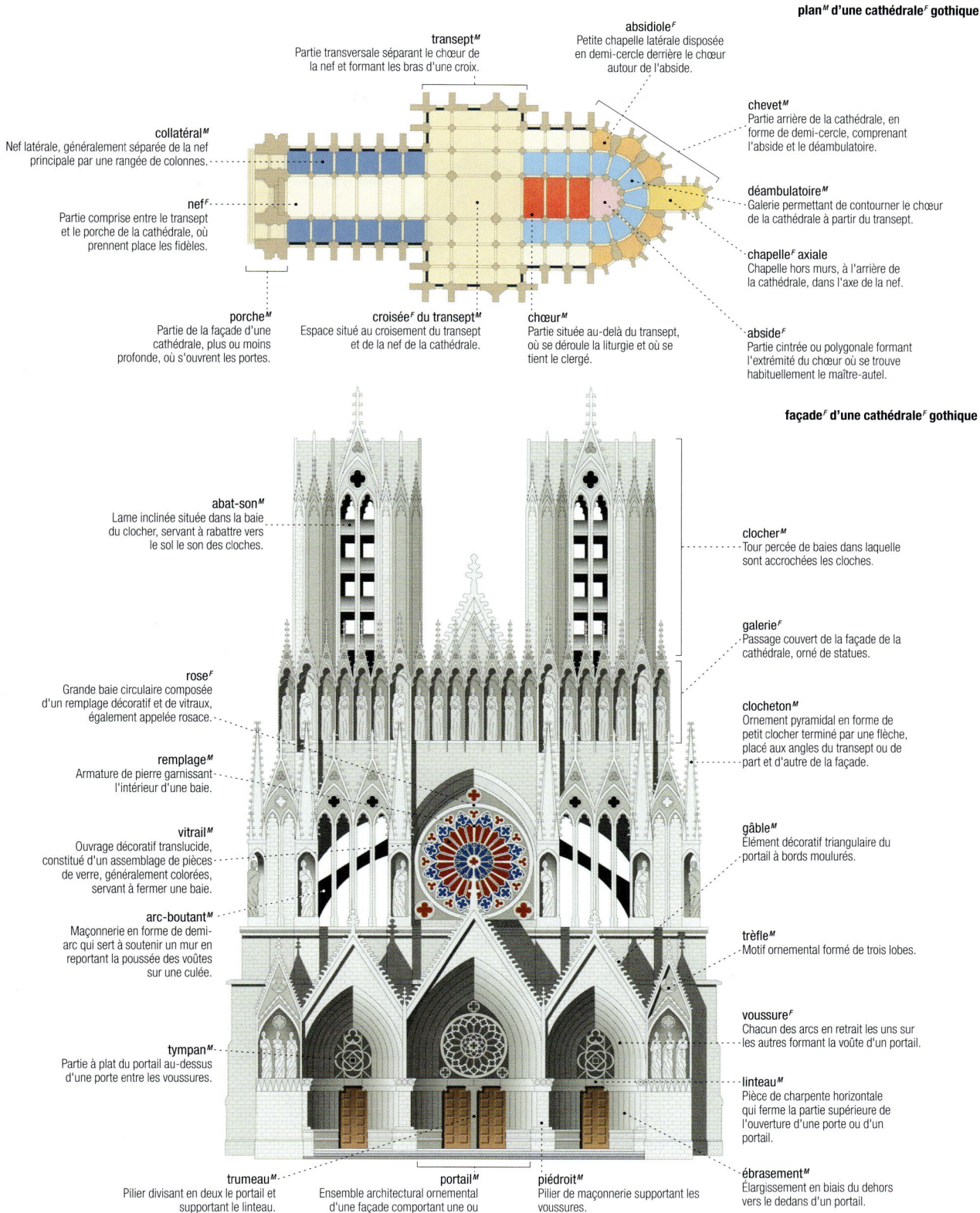

architecture occidentale

cathédrale gothique

plan d'une cathédrale gothique

transept
Partie transversale séparant le chœur de la nef et formant les bras d'une croix.

absidiole
Petite chapelle latérale disposée en demi-cercle derrière le chœur autour de l'abside.

collatéral
Nef latérale, généralement séparée de la nef principale par une rangée de colonnes.

chevet
Partie arrière de la cathédrale, en forme de demi-cercle, comprenant l'abside et le déambulatoire.

nef
Partie comprise entre le transept et le porche de la cathédrale, où prennent place les fidèles.

déambulatoire
Galerie permettant de contourner le chœur de la cathédrale à partir du transept.

chapelle axiale
Chapelle hors murs, à l'arrière de la cathédrale, dans l'axe de la nef.

porche
Partie de la façade d'une cathédrale, plus ou moins profonde, où s'ouvrent les portes.

croisée du transept
Espace situé au croisement du transept et de la nef de la cathédrale.

chœur
Partie située au-delà du transept, où se déroule la liturgie et où se tient le clergé.

abside
Partie cintrée ou polygonale formant l'extrémité du chœur où se trouve habituellement le maître-autel.

façade d'une cathédrale gothique

abat-son
Lame inclinée située dans la baie du clocher, servant à rabattre vers le sol le son des cloches.

clocher
Tour percée de baies dans laquelle sont accrochées les cloches.

rose
Grande baie circulaire composée d'un remplage décoratif et de vitraux, également appelée rosace.

galerie
Passage couvert de la façade de la cathédrale, orné de statues.

clocheton
Ornement pyramidal en forme de petit clocher terminé par une flèche, placé aux angles du transept ou de part et d'autre de la façade.

remplage
Armature de pierre garnissant l'intérieur d'une baie.

vitrail
Ouvrage décoratif translucide, constitué d'un assemblage de pièces de verre, généralement colorées, servant à fermer une baie.

gâble
Élément décoratif triangulaire du portail à bords moulurés.

arc-boutant
Maçonnerie en forme de demi-arc qui sert à soutenir un mur en reportant la poussée des voûtes sur une culée.

trèfle
Motif ornemental formé de trois lobes.

voussure
Chacun des arcs en retrait les uns sur les autres formant la voûte d'un portail.

tympan
Partie à plat du portail au-dessus d'une porte entre les voussures.

linteau
Pièce de charpente horizontale qui ferme la partie supérieure de l'ouverture d'une porte ou d'un portail.

trumeau
Pilier divisant en deux le portail et supportant le linteau.

portail
Ensemble architectural ornemental d'une façade comportant une ou plusieurs portes.

piédroit
Pilier de maçonnerie supportant les voussures.

ébrasement
Élargissement en biais du dehors vers le dedans d'un portail.

ARTS ET ARCHITECTURE

architecture occidentale

église romane

Le style architectural roman a vu le jour en Europe au cours du Moyen Âge. Il est notamment caractérisé par une structure massive et la présence d'arcs en plein cintre et de colonnes cylindriques.

façade d'une église romane

baie géminée
Fenêtre constituée de deux parties jumelles séparées par une colonnette.

colonnette
Petite colonne de pierre ou de marbre portant un arc.

transept
Partie transversale de la nef construite selon un plan en croix.

fenêtre en plein cintre
Fenêtre dont la partie supérieure est en forme de demi-cercle.

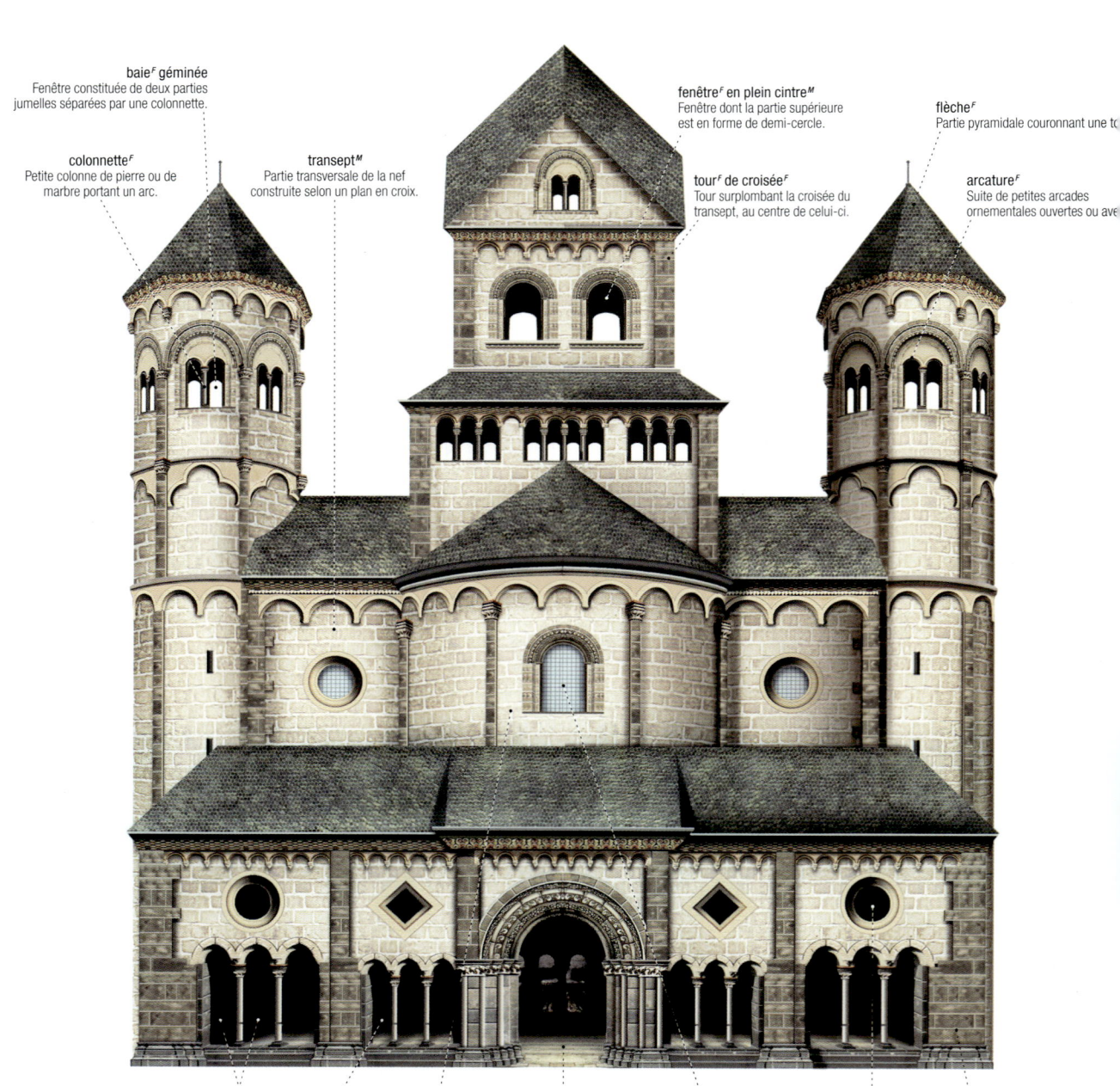

tour de croisée
Tour surplombant la croisée du transept, au centre de celui-ci.

flèche
Partie pyramidale couronnant une tour.

arcature
Suite de petites arcades ornementales ouvertes ou aveugles.

arcades ouvertes
Ouvertures sous un arc, qui percent toute l'épaisseur du mur dans lequel elles sont érigées.

abside
Partie polygonale ou semi-circulaire formant l'extrémité du chœur de l'église.

acarde aveugle
Ouverture sous un arc, qui est fermée par un mur de pierres.

dosseret
Élément structural placé à l'extérieur d'un mur pour le soutenir.

portique
Long passage ouvert, dont le toit est supporté par une colonnade.

porche
Partie couverte en saillie située à l'entrée de l'église, menant à une porte ou à un accès ouvert.

oculus
Petite ouverture de forme circulaire, munie ou non d'un panneau vitré.

architecture occidentale

villa^F Renaissance

L'architecture Renaissance, à partir du 14e siècle, revient aux caractéristiques de l'architecture antique romaine et grecque (utilisation de colonnes, symétrie et régularité).

façade^F d'une villa^F Renaissance

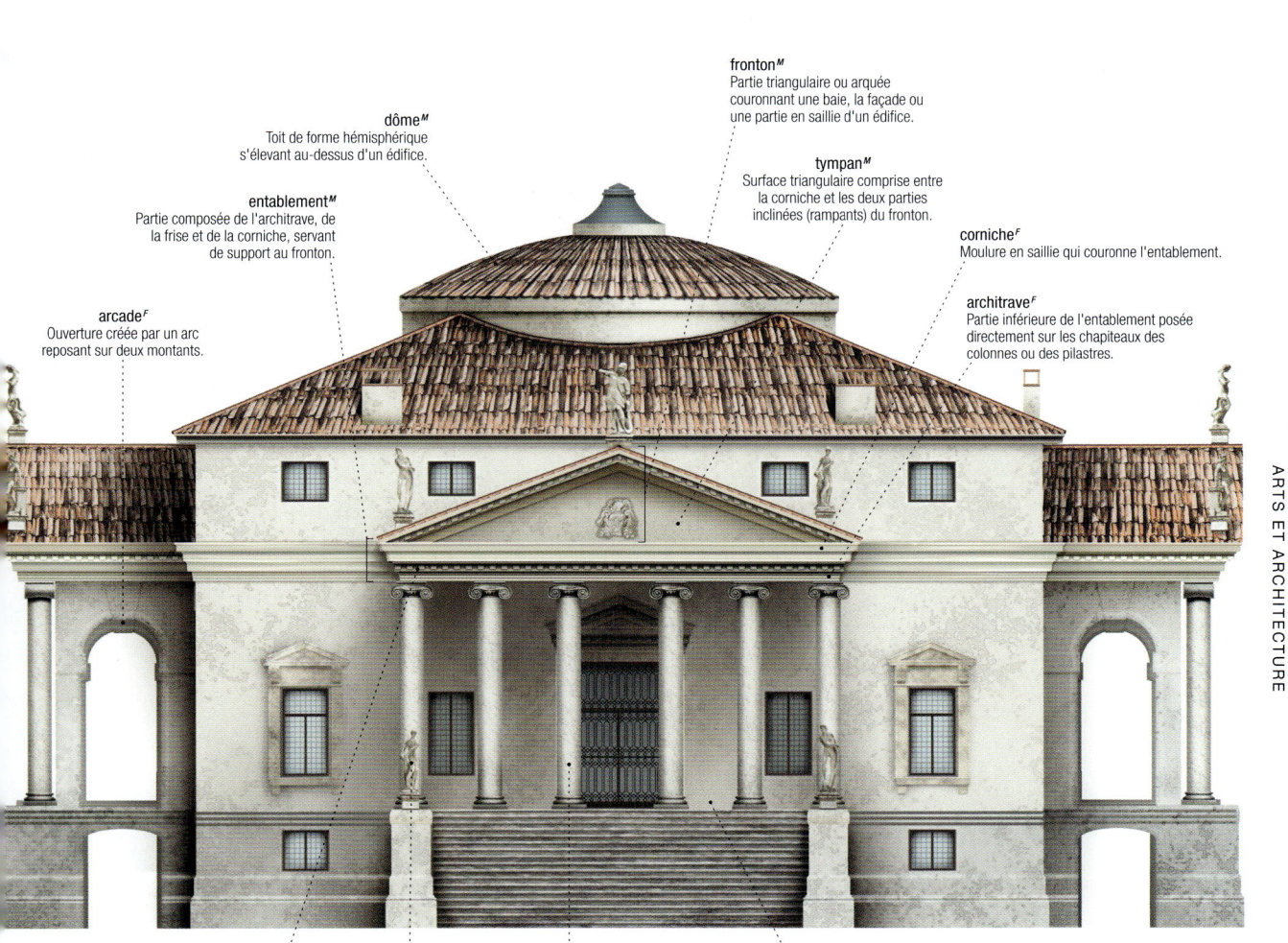

fronton^M : Partie triangulaire ou arquée couronnant une baie, la façade ou une partie en saillie d'un édifice.

dôme^M : Toit de forme hémisphérique s'élevant au-dessus d'un édifice.

tympan^M : Surface triangulaire comprise entre la corniche et les deux parties inclinées (rampants) du fronton.

entablement^M : Partie composée de l'architrave, de la frise et de la corniche, servant de support au fronton.

corniche^F : Moulure en saillie qui couronne l'entablement.

architrave^F : Partie inférieure de l'entablement posée directement sur les chapiteaux des colonnes ou des pilastres.

arcade^F : Ouverture créée par un arc reposant sur deux montants.

frise^F : Partie de l'entablement entre la corniche et l'architrave, dont la décoration varie selon les styles d'architecture.

sculpture^F : Œuvre façonnée dans un matériau auquel on impose une forme déterminée.

colonne^F ionique : Pilier circulaire cannelé et élancé reposant sur une base moulurée et surmontée d'un chapiteau à volutes.

portique^M : Galerie ouverte reliée à l'entrée de la structure principale, dotée d'un toit soutenu par des colonnes.

ARTS ET ARCHITECTURE

architecture occidentale

église^F baroque

L'architecture baroque, qu'on observe surtout du 16ᵉ au 18ᵉ siècle, est caractérisée par une certaine opulence et l'usage de nombreux éléments décoratifs.

façade^F d'une église^F baroque

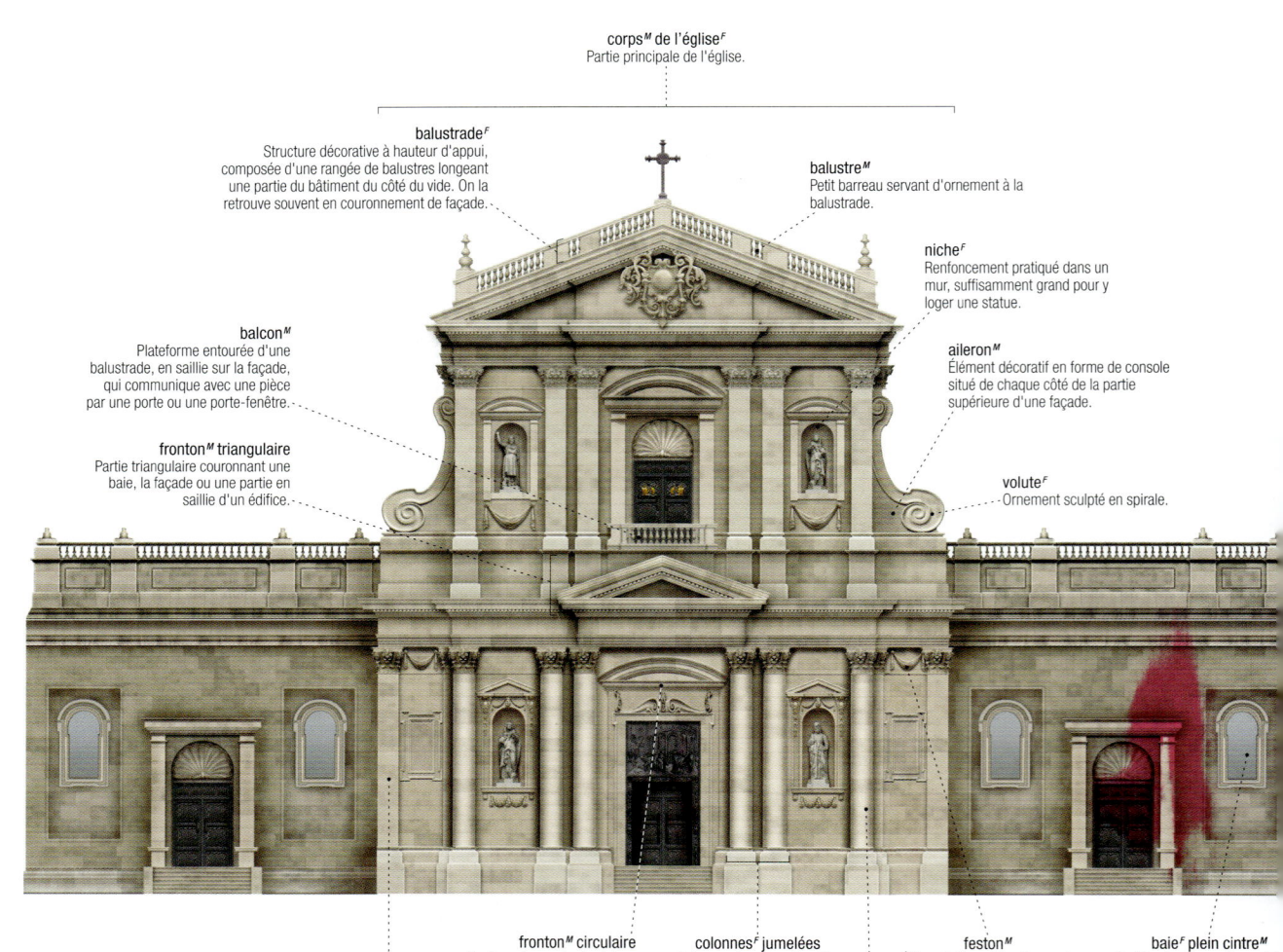

ARTS ET ARCHITECTURE

corps^M de l'église^F
Partie principale de l'église.

balustrade^F
Structure décorative à hauteur d'appui, composée d'une rangée de balustres longeant une partie du bâtiment du côté du vide. On la retrouve souvent en couronnement de façade.

balustre^M
Petit barreau servant d'ornement à la balustrade.

niche^F
Renfoncement pratiqué dans un mur, suffisamment grand pour y loger une statue.

balcon^M
Plateforme entourée d'une balustrade, en saillie sur la façade, qui communique avec une pièce par une porte ou une porte-fenêtre.

aileron^M
Élément décoratif en forme de console situé de chaque côté de la partie supérieure d'une façade.

fronton^M triangulaire
Partie triangulaire couronnant une baie, la façade ou une partie en saillie d'un édifice.

volute^F
Ornement sculpté en spirale.

fronton^M circulaire
Partie en forme de demi-lune couronnant une baie, la façade ou une partie en saillie d'un édifice.

colonnes^F jumelées
Colonnes de même diamètre placées côte à côte.

feston^M
Élément décoratif en forme de guirlande.

baie^F plein cintre^M
Fenêtre dont la partie supéri... est en forme de demi-cerc...

pilastre^M
Saillie rectangulaire d'un mur, munie d'une base et surmontée d'un chapiteau décoré.

colonne^F en saillie^F
Pilier circulaire, muni d'une base et surmonté d'un chapiteau décoré, partiellement intégré dans un mur.

architecture occidentale

édifice^M art^M déco

Style architectural des années 1920 et 1930, caractérisé par l'utilisation du béton, ainsi que des formes géométriques et à angle droit. Le style paquebot, qui reprend des éléments inspirés de l'univers nautique, s'y est ajouté tardivement.

façade^F d'un édifice^M art^M déco

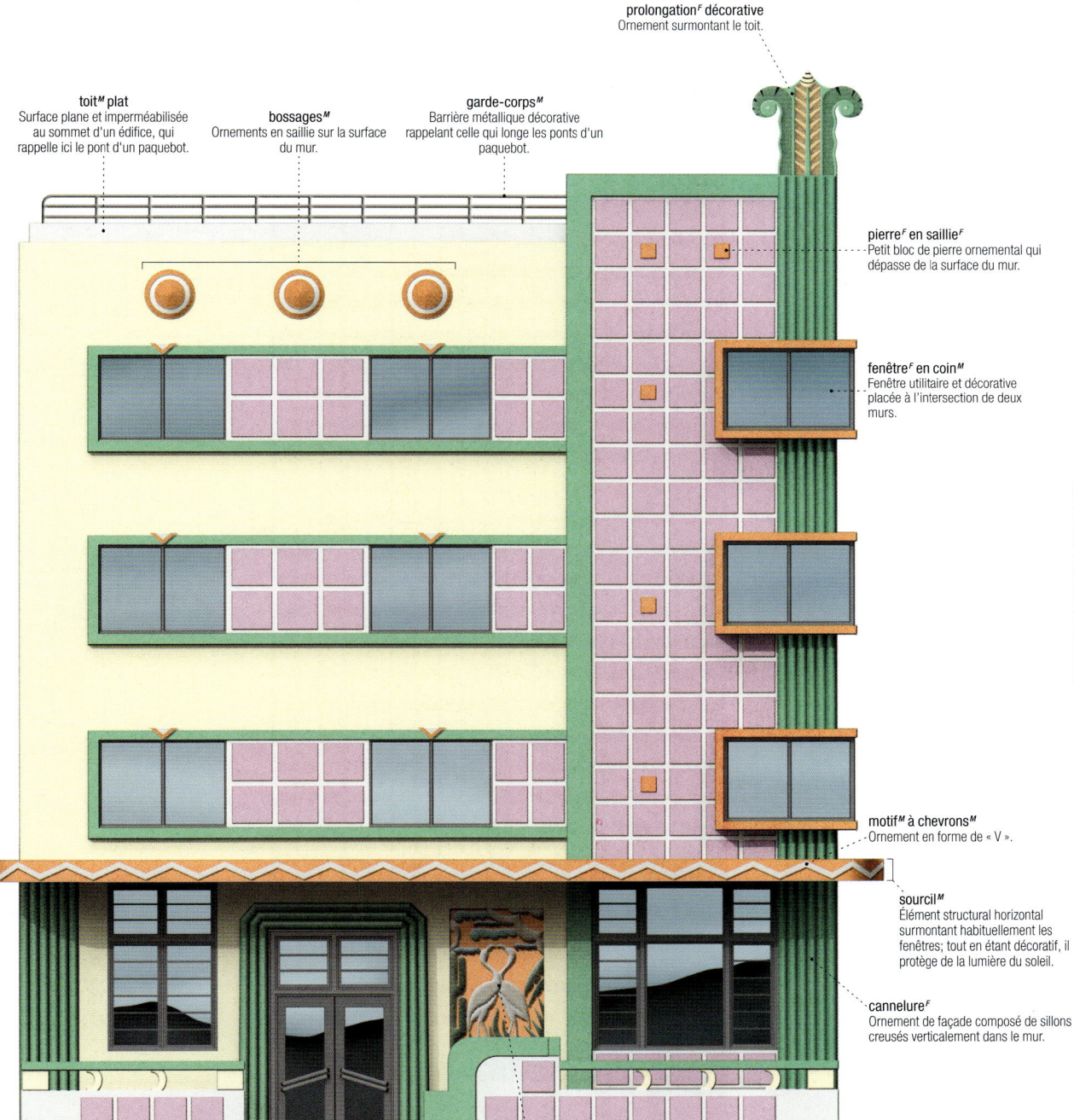

prolongation^F décorative
Ornement surmontant le toit.

toit^M plat
Surface plane et imperméabilisée au sommet d'un édifice, qui rappelle ici le pont d'un paquebot.

bossages^M
Ornements en saillie sur la surface du mur.

garde-corps^M
Barrière métallique décorative rappelant celle qui longe les ponts d'un paquebot.

pierre^F en saillie^F
Petit bloc de pierre ornemental qui dépasse de la surface du mur.

fenêtre^F en coin^M
Fenêtre utilitaire et décorative placée à l'intersection de deux murs.

motif^M à chevrons^M
Ornement en forme de « V ».

sourcil^M
Élément structural horizontal surmontant habituellement les fenêtres; tout en étant décoratif, il protège de la lumière du soleil.

cannelure^F
Ornement de façade composé de sillons creusés verticalement dans le mur.

motif^M de faune^F tropicale
Ornement représentant des animaux des régions chaudes.

ARTS ET ARCHITECTURE

architecture occidentale

gratte-ciel^M de style^M international

Le style international du 20e siècle se caractérise par des surfaces lisses dépourvues d'ornements, une profusion de lignes droites et une utilisation étendue du verre.

façade^F d'un gratte-ciel^M de style^M international

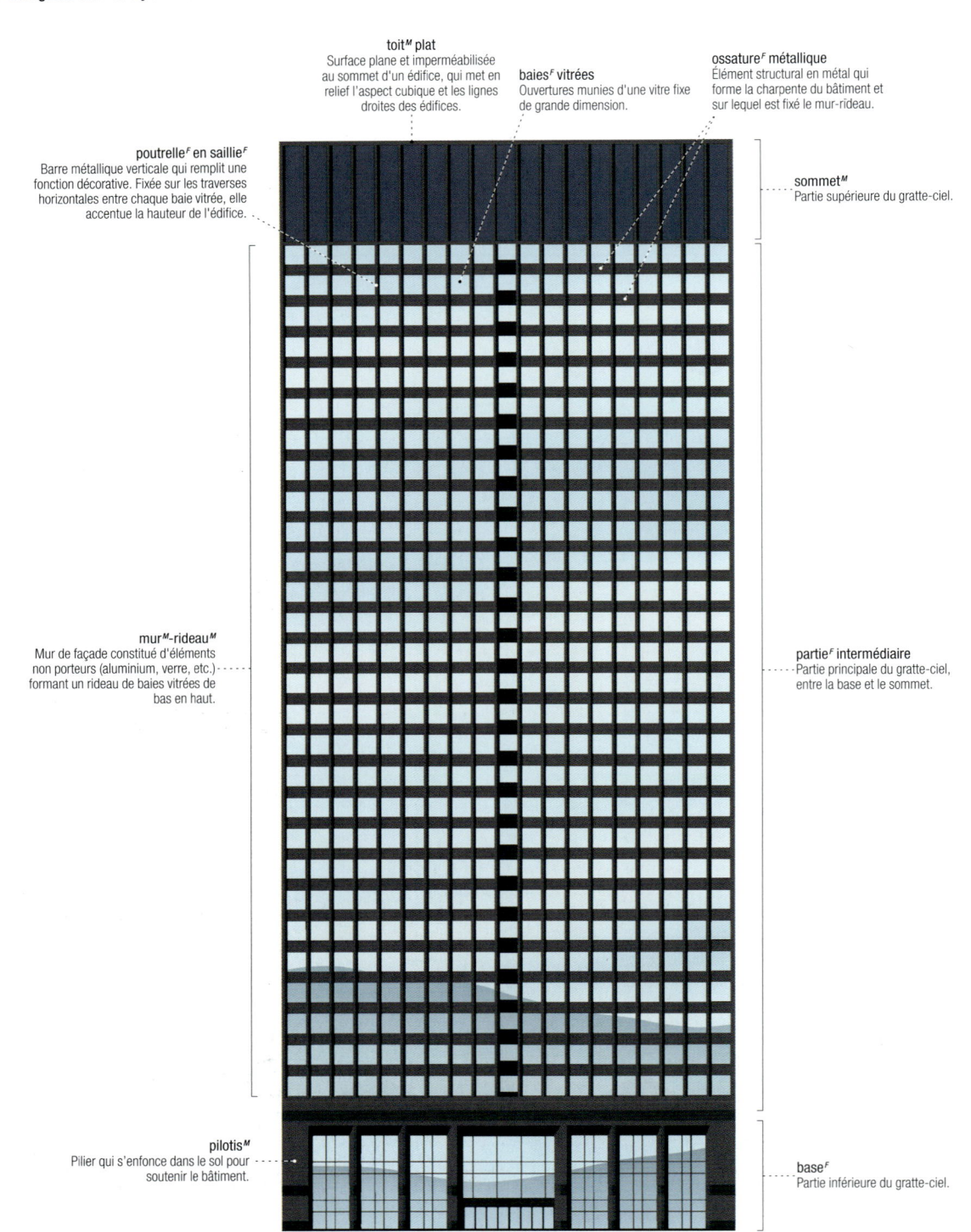

toit^M plat
Surface plane et imperméabilisée au sommet d'un édifice, qui met en relief l'aspect cubique et les lignes droites des édifices.

baies^F vitrées
Ouvertures munies d'une vitre fixe de grande dimension.

ossature^F métallique
Élément structural en métal qui forme la charpente du bâtiment et sur lequel est fixé le mur-rideau.

poutrelle^F en saillie^F
Barre métallique verticale qui remplit une fonction décorative. Fixée sur les traverses horizontales entre chaque baie vitrée, elle accentue la hauteur de l'édifice.

sommet^M
Partie supérieure du gratte-ciel.

mur^M-rideau^M
Mur de façade constitué d'éléments non porteurs (aluminium, verre, etc.) formant un rideau de baies vitrées de bas en haut.

partie^F intermédiaire
Partie principale du gratte-ciel, entre la base et le sommet.

pilotis^M
Pilier qui s'enfonce dans le sol pour soutenir le bâtiment.

base^F
Partie inférieure du gratte-ciel.

ARTS ET ARCHITECTURE

architecture asiatique et pré-colombienne   513

pagode^F

Lieu de culte bouddhiste d'Extrême-Orient, habituellement composé d'une suite de toits étagés.

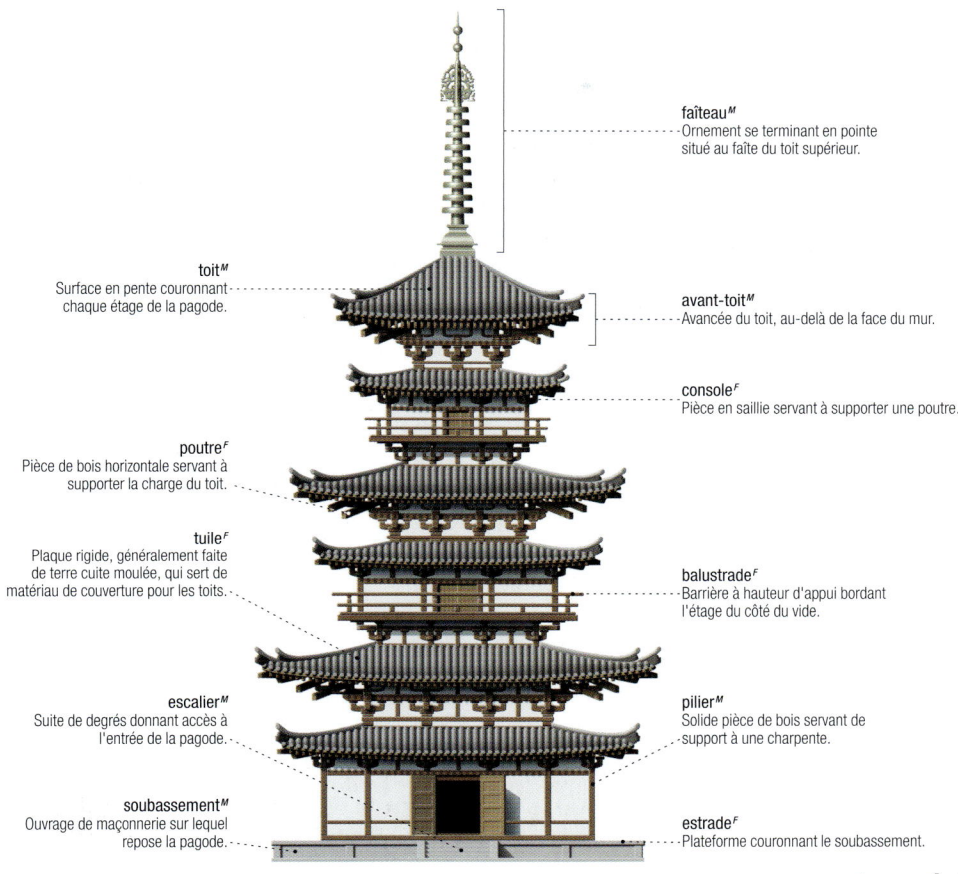

faîteau^M
Ornement se terminant en pointe situé au faîte du toit supérieur.

toit^M
Surface en pente couronnant chaque étage de la pagode.

avant-toit^M
Avancée du toit, au-delà de la face du mur.

console^F
Pièce en saillie servant à supporter une poutre.

poutre^F
Pièce de bois horizontale servant à supporter la charge du toit.

tuile^F
Plaque rigide, généralement faite de terre cuite moulée, qui sert de matériau de couverture pour les toits.

balustrade^F
Barrière à hauteur d'appui bordant l'étage du côté du vide.

escalier^M
Suite de degrés donnant accès à l'entrée de la pagode.

pilier^M
Solide pièce de bois servant de support à une charpente.

soubassement^M
Ouvrage de maçonnerie sur lequel repose la pagode.

estrade^F
Plateforme couronnant le soubassement.

ARTS ET ARCHITECTURE

temple^M aztèque

Dans le Mexique précolombien, édifice religieux en forme de pyramide comportant un ou plusieurs temples.

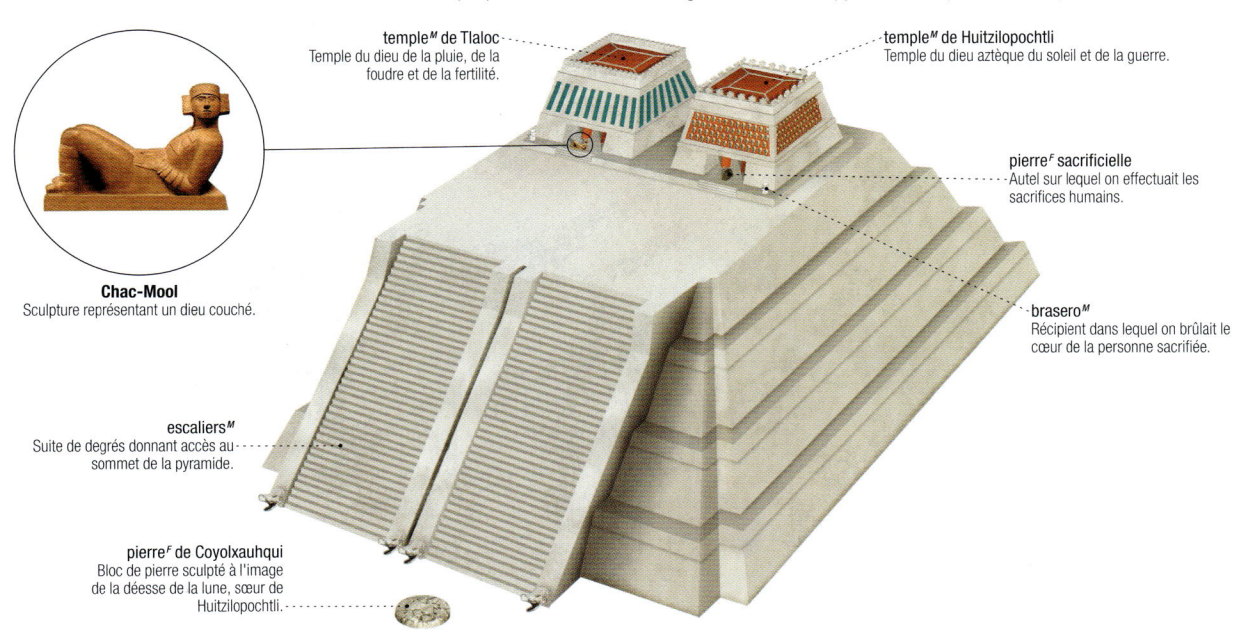

temple^M **de Tlaloc**
Temple du dieu de la pluie, de la foudre et de la fertilité.

temple^M **de Huitzilopochtli**
Temple du dieu aztèque du soleil et de la guerre.

pierre^F **sacrificielle**
Autel sur lequel on effectuait les sacrifices humains.

Chac-Mool
Sculpture représentant un dieu couché.

brasero^M
Récipient dans lequel on brûlait le cœur de la personne sacrifiée.

escaliers^M
Suite de degrés donnant accès au sommet de la pyramide.

pierre^F **de Coyolxauhqui**
Bloc de pierre sculpté à l'image de la lune, sœur de Huitzilopochtli.

éléments d'architecture

exemples d'arcs

Arcs : constructions de forme courbe prenant appui à leurs deux extrémités sur des piédroits.

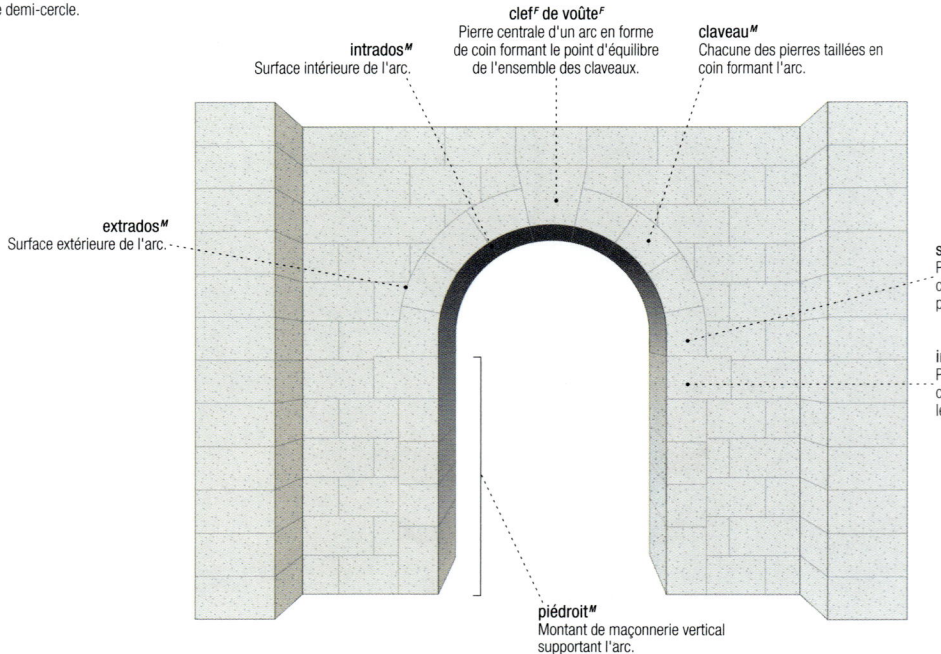

arc en plein cintre
Arc en forme de demi-cercle.

extrados
Surface extérieure de l'arc.

intrados
Surface intérieure de l'arc.

clef de voûte
Pierre centrale d'un arc en forme de coin formant le point d'équilibre de l'ensemble des claveaux.

claveau
Chacune des pierres taillées en coin formant l'arc.

sommier
Pierre constituant le premier claveau de l'arc, posé sur le piédroit.

imposte
Pierre légèrement saillante couronnant le piédroit et soutenant le sommier et les claveaux.

piédroit
Montant de maçonnerie vertical supportant l'arc.

arc en ogive
Arc formant un angle aigu, caractéristique de la voûte gothique.

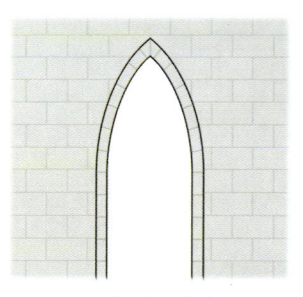

arc en lancette
Arc en ogive dont la portée, ou distance séparant les deux piédroits, est réduite.

arc en accolade
Arc composé de deux courbes symétriques alternativement convexes et concaves.

arc en fer à cheval
Arc dont les extrémités excèdent le demi-cercle, caractéristique de l'architecture arabe.

arc surbaissé
Arc moins haut que large dont la courbe est de forme elliptique.

arc surhaussé
Arc en forme de demi-cercle, plus élevé que le plein cintre.

arc Tudor
Arc en ogive aplati, caractéristique du style architectural florissant au 16e siècle en Angleterre.

arc trilobé
Arc composé de trois lobes.

éléments d'architecture

exemples^M de portes^F

Portes : structures mobiles servant à fermer une baie, composées d'une partie mobile, le vantail, et d'un encadrement.

porte^F à tambour^M manuelle
Porte rotative composée de trois ou quatre vantaux vitrés pivotant autour d'un axe vertical par poussée manuelle, à la manière d'un tourniquet.

couronne^F
Anneau métallique formant la partie supérieure du sas où se loge le rail de guidage des vantaux.

vantail^M
Chacune des sections verticales du tambour.

détecteur^M de mouvement^M
Dispositif qui décèle la présence d'une personne, réglé pour déclencher l'ouverture ou la fermeture des vantaux.

porte^F coulissante automatique
Porte commandée par un détecteur de mouvement qui fait coulisser les vantaux le long d'une rainure.

sas^M
Espace intermédiaire entre deux locaux ou entre un local et l'extérieur, où se loge la porte.

barre^F de poussée^F
Pièce horizontale sur laquelle on appuie pour déplacer le tambour.

compartiment^M
Partie délimitée par deux vantaux où une ou plusieurs personnes pénètrent et actionnent la rotation de la porte.

lanière^F
Chacune des bandes de plastique souples qui se chevauchent pour fermer la baie et s'écartent pour laisser passer une personne.

vantail^M
Partie mobile de la porte.

porte^F classique
Porte constituée d'un vantail qui s'ouvre ou se ferme en pivotant autour de gonds.

porte^F pliante
Porte coulissante dont le vantail est composé de deux panneaux articulés se repliant l'un sur l'autre à l'ouverture.

porte^F à lanières^F
Porte constituée de bandes de plastique souples permettant une circulation aisée entre deux pièces.

porte^F coupe-feu^M
Porte ignifuge retardant la propagation des flammes et de la fumée lors d'un incendie.

porte^F accordéon^M
Porte coulissante dont le vantail est composé de panneaux articulés se repliant les uns sur les autres à l'ouverture.

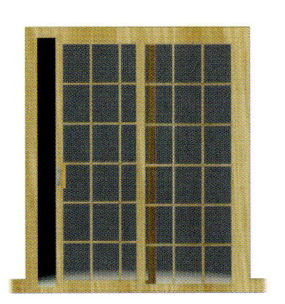

porte^F coulissante
Porte dont le ou les vantaux se déplacent horizontalement le long d'une rainure.

porte^F de garage^M sectionnelle
Porte dont le vantail est composé de panneaux horizontaux articulés coulissant le long de rails pour se loger au plafond du garage.

porte^F de garage^M basculante
Porte constituée d'un vantail qui glisse vers le plafond du garage.

ARTS ET ARCHITECTURE

exemples de toits

Toits : couvertures d'un bâtiment reposant sur la charpente et le protégeant des intempéries.

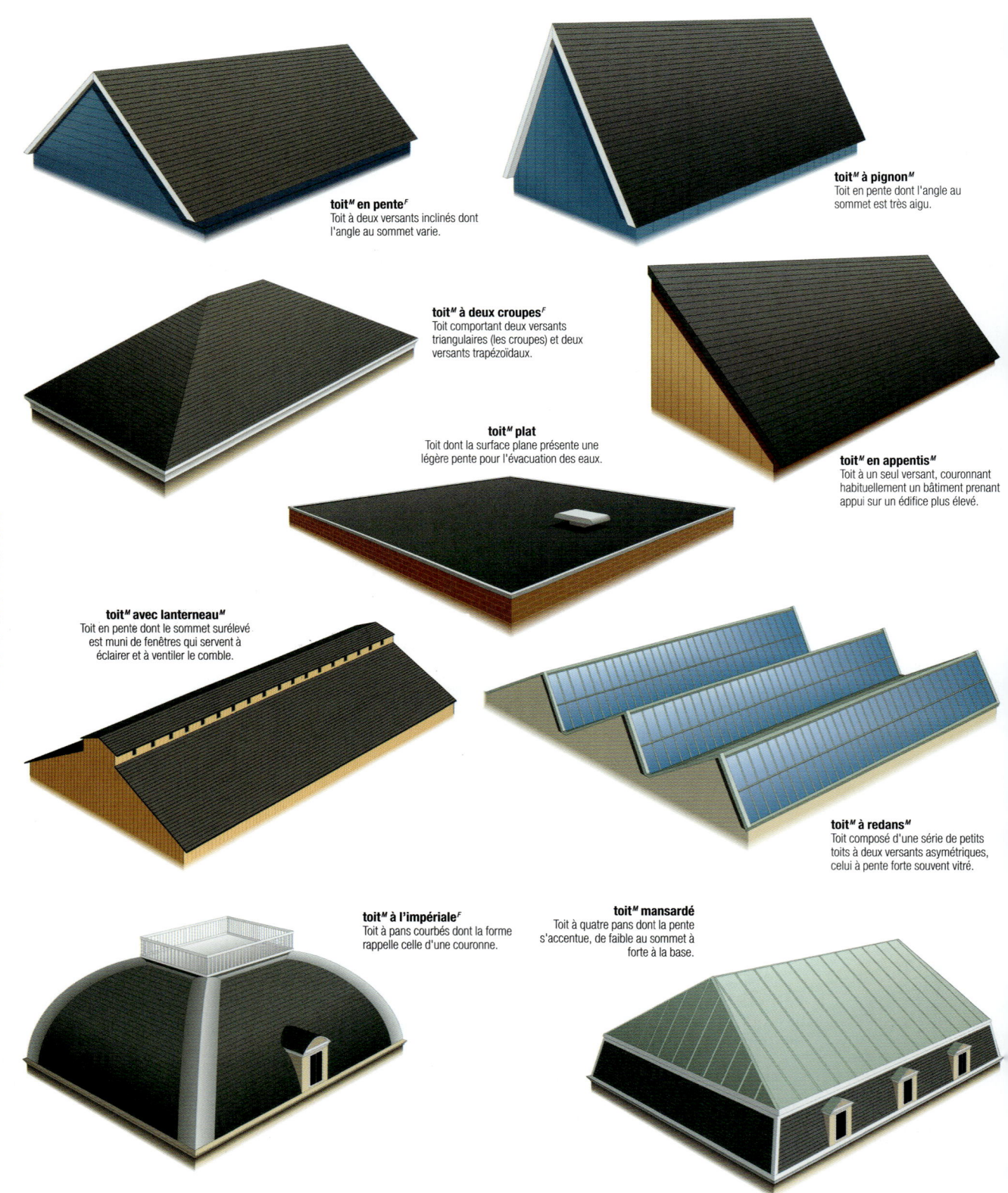

toit en pente
Toit à deux versants inclinés dont l'angle au sommet varie.

toit à pignon
Toit en pente dont l'angle au sommet est très aigu.

toit à deux croupes
Toit comportant deux versants triangulaires (les croupes) et deux versants trapézoïdaux.

toit plat
Toit dont la surface plane présente une légère pente pour l'évacuation des eaux.

toit en appentis
Toit à un seul versant, couronnant habituellement un bâtiment prenant appui sur un édifice plus élevé.

toit avec lanterneau
Toit en pente dont le sommet surélevé est muni de fenêtres qui servent à éclairer et à ventiler le comble.

toit à redans
Toit composé d'une série de petits toits à deux versants asymétriques, celui à pente forte souvent vitré.

toit à l'impériale
Toit à pans courbés dont la forme rappelle celle d'une couronne.

toit mansardé
Toit à quatre pans dont la pente s'accentue, de faible au sommet à forte à la base.

éléments d'architecture

exemples^M de toits^M

toit^M en poivrière^F
Toit de forme conique couronnant généralement une tourelle.

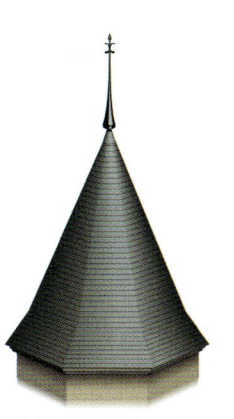

toit^M à tourelle^F à pans^M
Toit à plusieurs pans dont la pente diminue de forte au sommet à faible à la base.

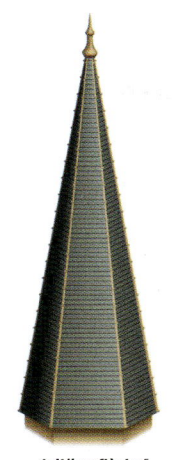

toit^M en flèche^F
Toit de forme pyramidale ou conique, couronnant généralement une tour ou un clocher.

toit^M en cloche^F
Toit de forme arrondie dont la forme rappelle une cloche.

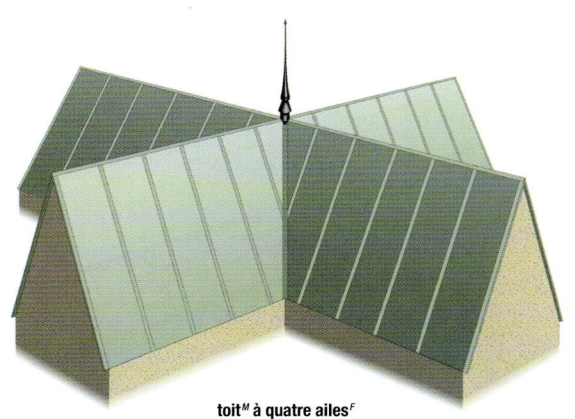

toit^M à quatre ailes^F
Toit formé par le croisement de deux toits à pignon.

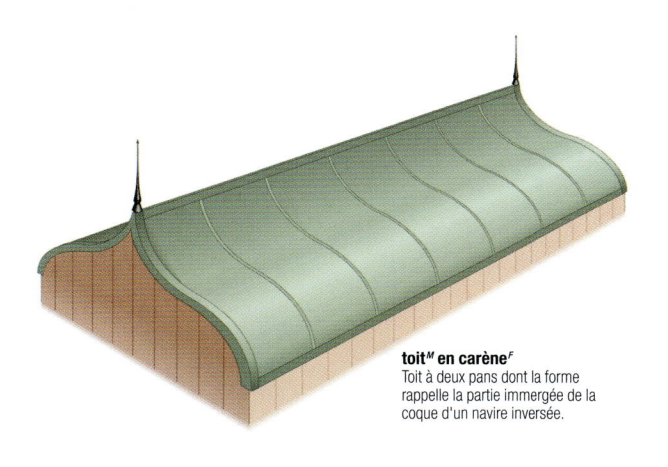

toit^M en carène^F
Toit à deux pans dont la forme rappelle la partie immergée de la coque d'un navire inversée.

toit^M en dôme^M
Toit recouvrant une coupole de grandes dimensions, qui s'élève parfois au-dessus du reste du toit.

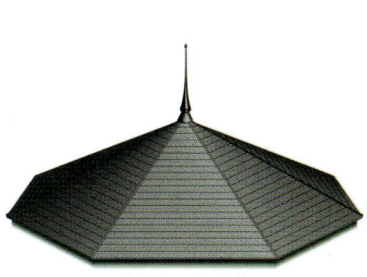

toit^M en rotonde^F
Toit à plusieurs pans triangulaires dont la base devient ainsi polygonale.

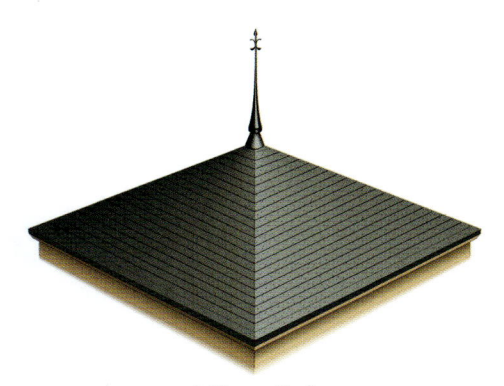

toit^M en pavillon^M
Toit à quatre pans triangulaires formant une pyramide.

ARTS ET ARCHITECTURE

exemples de fenêtres

Fenêtres : baies munies d'un vitrage ménagées dans un mur pour laisser pénétrer l'air et la lumière.

fenêtre en accordéon
Fenêtre coulissante dont le vantail est composé d'une série de panneaux articulés se repliant les uns sur les autres à l'ouverture.

fenêtre à la française
Fenêtre à un ou deux vantaux ouvrant vers l'intérieur et pivotant verticalement le long d'un montant de rive.

fenêtre à l'anglaise
Fenêtre à un ou deux vantaux ouvrant vers l'extérieur et pivotant verticalement le long d'un montant de rive.

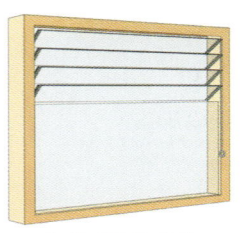

fenêtre à jalousies
Fenêtre ouvrant par rotation de lames autour d'un axe horizontal.

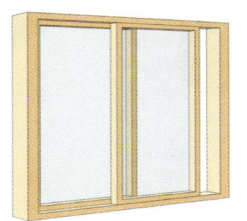

fenêtre coulissante
Fenêtre dont le ou les vantaux se déplacent horizontalement le long d'une rainure.

fenêtre à guillotine
Fenêtre à un ou à plusieurs vantaux superposés coulissant verticalement.

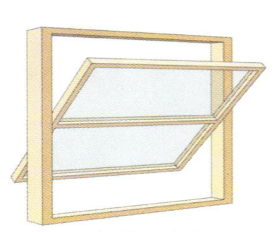

fenêtre basculante
Fenêtre ouvrant par rotation du vantail autour d'un axe horizontal situé à mi-hauteur.

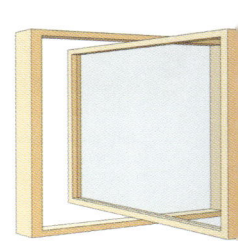

fenêtre pivotante
Fenêtre ouvrant par rotation du vantail autour d'un axe vertical situé à mi-largeur.

escalier mécanique

Installation constituée de marches articulées sur une chaîne sans fin tournant de façon continue, pour permettre la circulation entre deux niveaux d'un édifice.

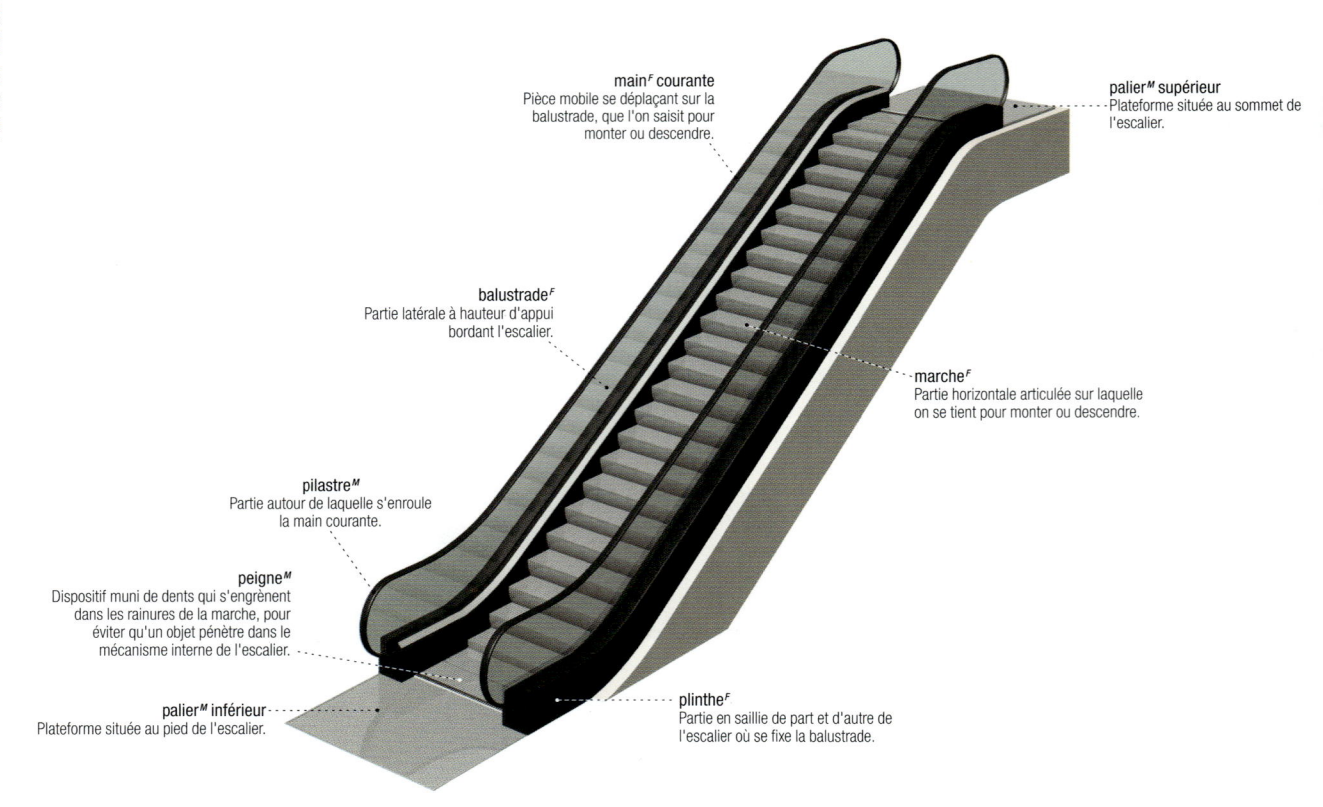

main courante
Pièce mobile se déplaçant sur la balustrade, que l'on saisit pour monter ou descendre.

palier supérieur
Plateforme située au sommet de l'escalier.

balustrade
Partie latérale à hauteur d'appui bordant l'escalier.

marche
Partie horizontale articulée sur laquelle on se tient pour monter ou descendre.

pilastre
Partie autour de laquelle s'enroule la main courante.

peigne
Dispositif muni de dents qui s'engrènent dans les rainures de la marche, pour éviter qu'un objet pénètre dans le mécanisme interne de l'escalier.

palier inférieur
Plateforme située au pied de l'escalier.

plinthe
Partie en saillie de part et d'autre de l'escalier où se fixe la balustrade.

éléments d'architecture

ascenseur^M

Appareil mécanique muni d'une cabine servant au transport automatique de passagers entre différents niveaux d'un édifice.

mécanisme^M de l'ascenseur^M

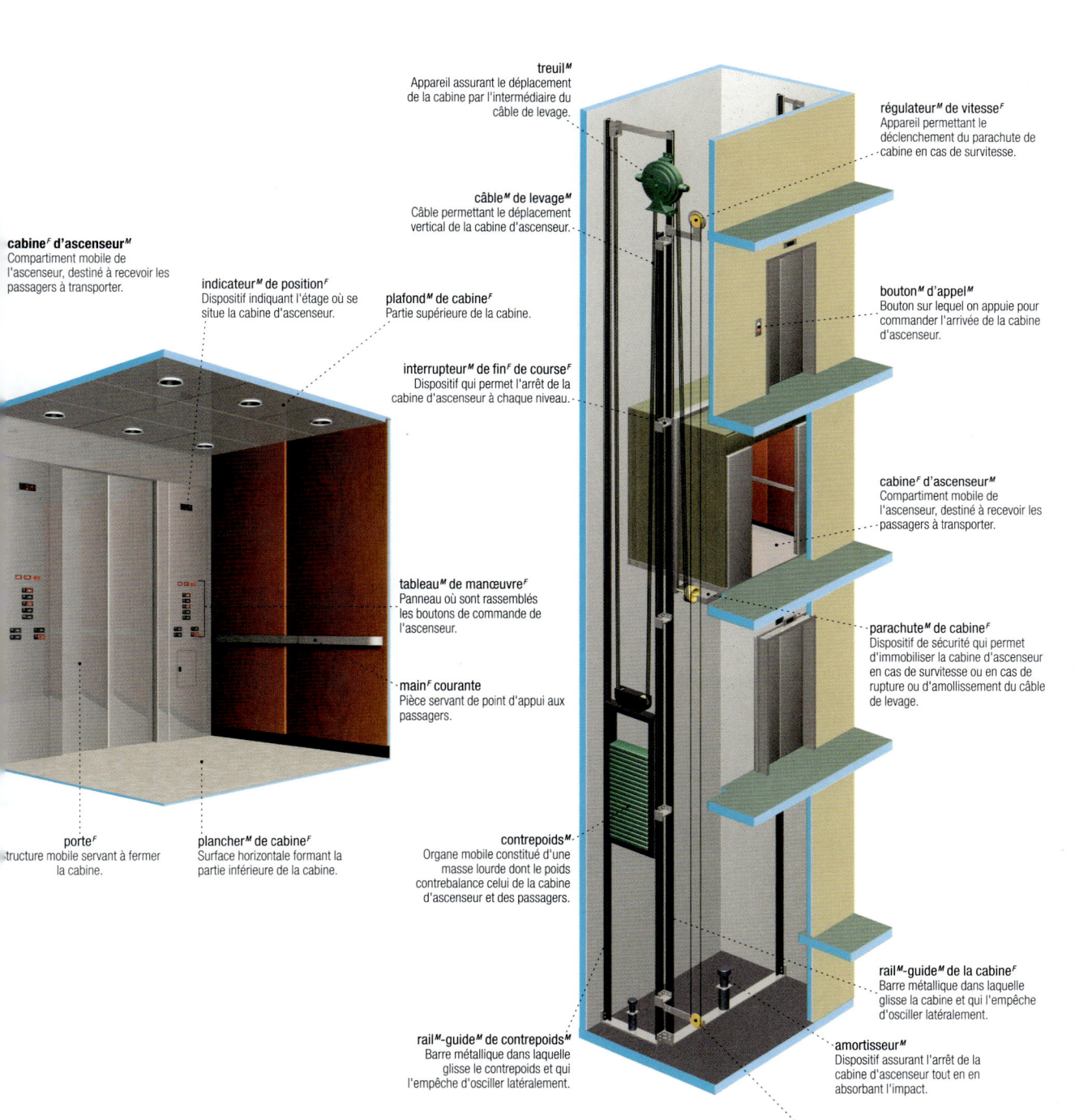

treuil^M
Appareil assurant le déplacement de la cabine par l'intermédiaire du câble de levage.

régulateur^M de vitesse^F
Appareil permettant le déclenchement du parachute de cabine en cas de survitesse.

câble^M de levage^M
Câble permettant le déplacement vertical de la cabine d'ascenseur.

cabine^F d'ascenseur^M
Compartiment mobile de l'ascenseur, destiné à recevoir les passagers à transporter.

indicateur^M de position^F
Dispositif indiquant l'étage où se situe la cabine d'ascenseur.

plafond^M de cabine^F
Partie supérieure de la cabine.

bouton^M d'appel^M
Bouton sur lequel on appuie pour commander l'arrivée de la cabine d'ascenseur.

interrupteur^M de fin^F de course^F
Dispositif qui permet l'arrêt de la cabine d'ascenseur à chaque niveau.

cabine^F d'ascenseur^M
Compartiment mobile de l'ascenseur, destiné à recevoir les passagers à transporter.

tableau^M de manœuvre^F
Panneau où sont rassemblés les boutons de commande de l'ascenseur.

parachute^M de cabine^F
Dispositif de sécurité qui permet d'immobiliser la cabine d'ascenseur en cas de survitesse ou en cas de rupture ou d'amollissement du câble de levage.

main^F courante
Pièce servant de point d'appui aux passagers.

porte^F
Structure mobile servant à fermer la cabine.

plancher^M de cabine^F
Surface horizontale formant la partie inférieure de la cabine.

contrepoids^M
Organe mobile constitué d'une masse lourde dont le poids contrebalance celui de la cabine d'ascenseur et des passagers.

rail^M-guide^M de la cabine^F
Barre métallique dans laquelle glisse la cabine et qui l'empêche d'osciller latéralement.

rail^M-guide^M de contrepoids^M
Barre métallique dans laquelle glisse le contrepoids et qui l'empêche d'osciller latéralement.

amortisseur^M
Dispositif assurant l'arrêt de la cabine d'ascenseur tout en en absorbant l'impact.

poulie^F de tension^F du régulateur^M
Dispositif servant à maintenir tendu le câble du régulateur de vitesse.

ARTS ET ARCHITECTURE

maisons^F traditionnelles

Habitations, actuelles ou anciennes, caractéristiques d'une culture.

igloo^M
Habitation inuite en forme de coupole, faite de blocs de neige ou de glace.

hutte^F
Habitation rudimentaire faite de branches d'arbres ou de paille.

yourte^F
Habitation démontable des peuples nomades du centre et du nord de l'Asie, composée d'une armature de bois recouverte de feutre.

wigwam^M
Habitation des autochtones d'Amérique du Nord de forme ronde ou ovale, faite de perches recouvertes d'écorce, de nattes ou de peaux.

case^F
Habitation des pays africains, généralement faite de paille et d'argile et couronnée d'une toiture de paille.

isba^F
Habitation de divers pays du nord de l'Europe et surtout de la Russie, faite de bois de sapin.

tipi^M
Habitation des autochtones des plaines d'Amérique du Nord de forme conique, constituée de perches recouvertes de peaux.

maison^F sur pilotis^M
Habitation édifiée sur l'eau ou en terrain humide, soutenue par des pieux.

poutre^F
Pièce horizontale de forte section qui transmet le poids du toit sur des appuis.

maison^F en adobe^M
Habitation des pays d'Amérique latine, faite de briques d'argile et de paille séchées au soleil.

échelle^F
Dispositif mobile en bois qui comporte des échelons permettant d'atteindre le toit.

ARTS ET ARCHITECTURE

habitation

maisons^F de ville^F

Types d'habitations que l'on trouve dans les grandes agglomérations.

maison^F à étage^M
Maison unifamiliale qui comprend deux niveaux d'habitation, le rez-de-chaussée et l'étage.

maison^F de plain-pied^M
Maison unifamiliale qui comprend un seul niveau d'habitation, le rez-de-chaussée.

maison^F jumelée
Maison unifamiliale séparée d'une autre par un mur mitoyen.

maisons^F en rangée^F
Maisons plus ou moins de même style et de même hauteur séparées les unes des autres par des murs mitoyens.

appartements^M en copropriété^F
Ensemble de logements appartenant à des propriétaires distincts qui partagent les frais d'entretien de l'immeuble.

tour^F d'habitation^F
Immeuble à logements multiples construit en hauteur.

ARTS ET ARCHITECTURE

beaux-arts

musée^M

Établissement où sont conservées et exposées des œuvres d'art.

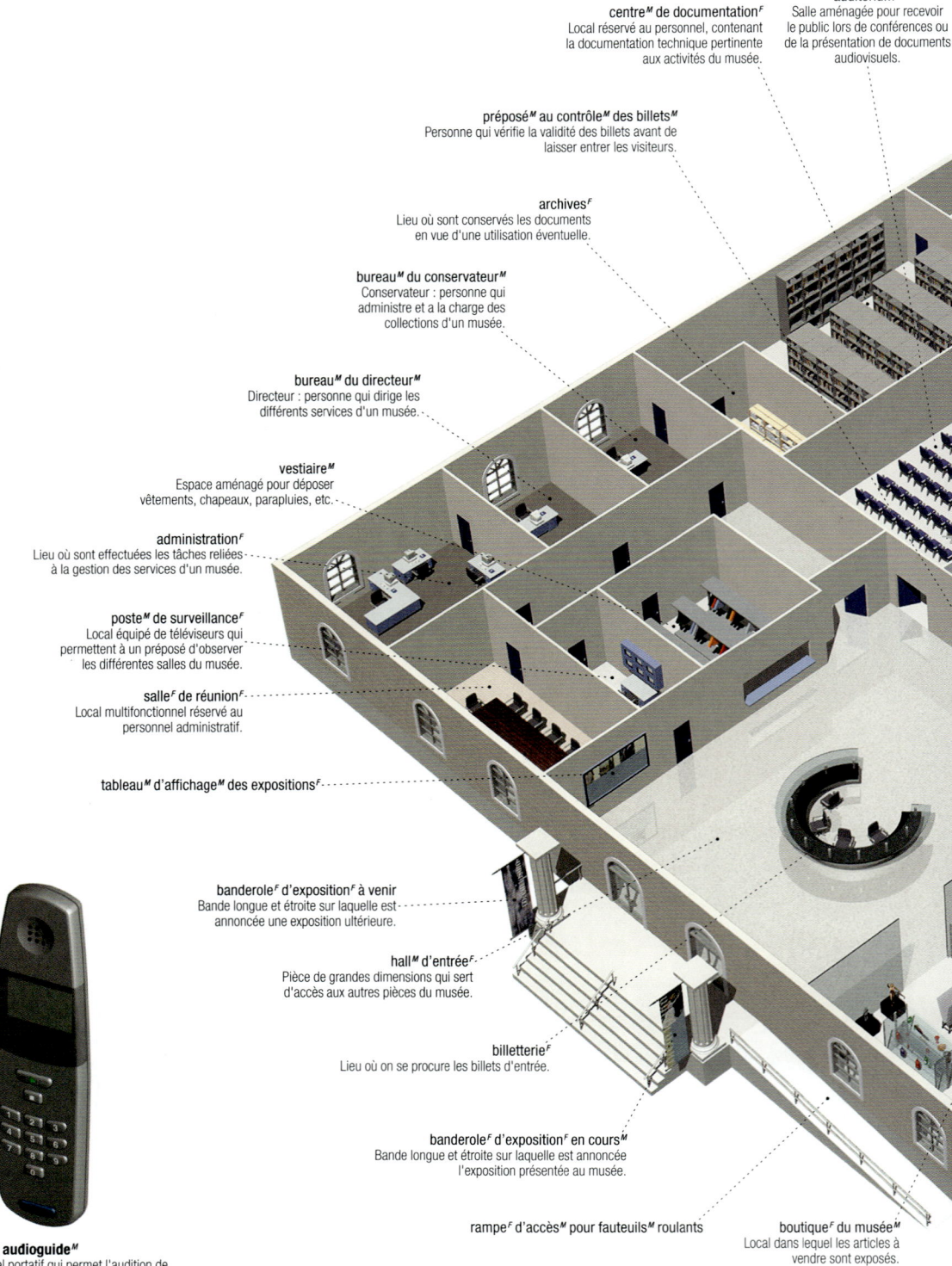

vue^F d'ensemble^M

centre^M de documentation^F
Local réservé au personnel, contenant la documentation technique pertinente aux activités du musée.

auditorium^M
Salle aménagée pour recevoir le public lors de conférences ou de la présentation de documents audiovisuels.

préposé^M au contrôle^M des billets^M
Personne qui vérifie la validité des billets avant de laisser entrer les visiteurs.

archives^F
Lieu où sont conservés les documents en vue d'une utilisation éventuelle.

bureau^M du conservateur^M
Conservateur : personne qui administre et a la charge des collections d'un musée.

bureau^M du directeur^M
Directeur : personne qui dirige les différents services d'un musée.

vestiaire^M
Espace aménagé pour déposer vêtements, chapeaux, parapluies, etc.

administration^F
Lieu où sont effectuées les tâches reliées à la gestion des services d'un musée.

poste^M de surveillance^F
Local équipé de téléviseurs qui permettent à un préposé d'observer les différentes salles du musée.

salle^F de réunion^F
Local multifonctionnel réservé au personnel administratif.

tableau^M d'affichage^M des expositions^F

banderole^F d'exposition^F à venir
Bande longue et étroite sur laquelle est annoncée une exposition ultérieure.

hall^M d'entrée^F
Pièce de grandes dimensions qui sert d'accès aux autres pièces du musée.

billetterie^F
Lieu où on se procure les billets d'entrée.

banderole^F d'exposition^F en cours^M
Bande longue et étroite sur laquelle est annoncée l'exposition présentée au musée.

rampe^F d'accès^M pour fauteuils^M roulants

boutique^F du musée^M
Local dans lequel les articles à vendre sont exposés.

audioguide^M
Appareil individuel portatif qui permet l'audition de commentaires sur les œuvres d'art exposées dans la langue de l'usager.

ARTS ET ARCHITECTURE

beaux-arts 523

musée^M

quai^M de déchargement^M
Installation qui permet la manipulation des caisses contenant le matériel d'une exposition.

aire^F de réception^F
Local aménagé pour la réception des œuvres d'art.

laboratoire^M de conservation^F
Lieu aménagé pour l'entretien ou la restauration des œuvres d'art.

caméra^F de surveillance^F
Appareil qui transmet une image de la salle où il se trouve au poste de surveillance et qui sert de protection contre le vol ou le vandalisme.

sculpture^F
Œuvre façonnée dans un matériau auquel on impose une forme déterminée.

bornes^F interactives
Ordinateurs interactifs, munis d'un écran tactile ou d'un clavier, qui fournissent différentes informations et sollicitent la participation du visiteur.

installation^F
Œuvre à trois dimensions composée d'éléments disposés dans un ordre précis conformément à l'intention de l'artiste.

salles^F d'expositions^F temporaires
Salles où se succèdent les expositions de courte durée consacrées à un artiste ou à un thème.

tableau^M
Œuvre picturale habituellement réalisée sur une toile tendue sur un châssis et encadrée.

salle^F de projection^F
Espace provisoire où sont présentés des documents audiovisuels consacrés à l'artiste ou au thème d'une exposition.

salles^F d'expositions^F permanentes
Salles où le musée présente des œuvres de sa collection durant une longue période.

toilettes^F
Pièces aménagées pour y satisfaire les besoins naturels et équipées de lavabos.

bibliothèque^F
Lieu où sont classés des livres, des périodiques, des documents audio, etc., pour consultation et prêt.

cadre^M
Bordure rigide qui entoure et protège un tableau, une gravure, et qui peut être accrochée au mur.

tableau^M
Œuvre picturale habituellement réalisée sur une toile tendue sur un châssis et encadrée.

cartel^M
Feuille cartonnée sur laquelle sont indiquées les informations relatives à une œuvre d'art.

ARTS ET ARCHITECTURE

beaux-arts

peinture^F et dessin^M

Arts qui permettent la représentation ou la suggestion du visible ou de l'imaginaire sur une surface, à l'aide de moyens graphiques et de couleurs.

matériel^M de dessin^M
Ensemble des matériaux, des instruments et des accessoires utilisés pour créer un dessin.

sanguine^F
Bâtonnet d'hématite (oxyde de fer) utilisé pour faire un croquis sur papier, dessin que l'on peut ensuite reporter sur la pierre.

feutre^M
Crayon dont la pointe en feutre est imprégnée d'encre, et qui peut se présenter en différentes couleurs.

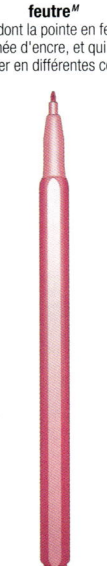

encre^F
Préparation liquide, noire ou colorée, utilisée pour écrire ou dessiner.

crayon^M Conté
Bâtonnet de graphite moulé à partir d'un mélange de pigments, de carbone, de noir de fumée, de liant, de cire et de plastifiants.

estompe^F
Petite tige faite de papier, de peau ou de coton roulé, terminée en pointes, utilisée pour étendre le crayon ou le pastel sur un dessin afin de produire les ombres.

marqueur^M
Feutre de couleur à pointe en biseau de taille variable.

fusain^M
Bâtonnet de charbon de bois utilisé pour le dessin et dont le trait s'efface aisément.

plume^F
Instrument muni d'une pointe in contenant une petite quantité d et utilisé pour le dessin.

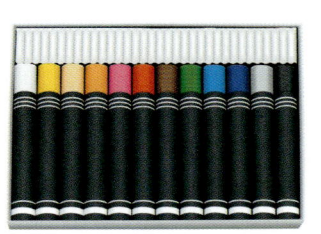

pastels^M gras
Mélange de pigments et de cire auquel on ajoute parfois des substances huileuses, façonné en bâtonnets.

crayons^M de cire^F
Bâtonnets composés de pigments moulés avec de la cire.

pastels^M secs
Mélange de poudre de pigments agglutinée à un liant à base de gomme, façonné en bâtonnets et séché.

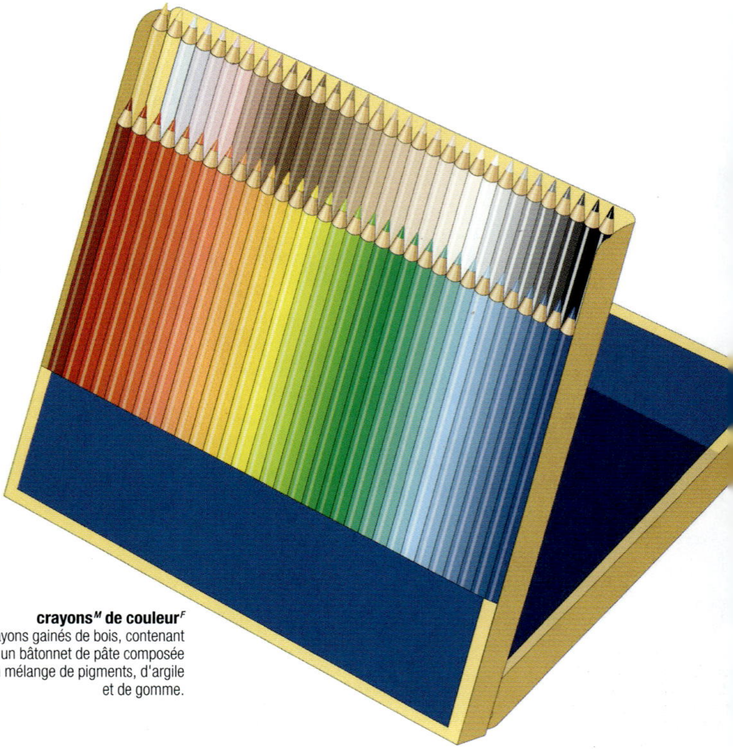

crayons^M de couleur^F
Crayons gainés de bois, contenant un bâtonnet de pâte composée d'un mélange de pigments, d'argile et de gomme.

ARTS ET ARCHITECTURE

beaux-arts

peinture^F et dessin^M

palette^F avec godet^M
Plateau percé d'un trou pour y passer le pouce et muni d'un godet, sur lequel le peintre dispose et mélange ses couleurs.

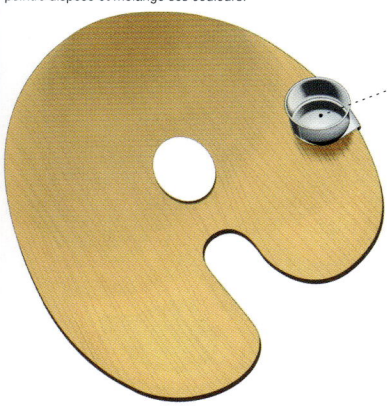

godet^M
Petit récipient métallique fixé à la palette contenant de l'huile ou de l'essence pour diluer les couleurs.

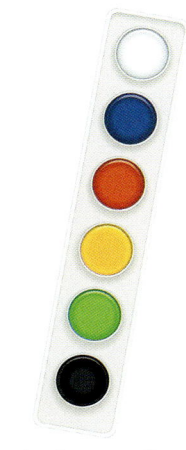

matériel^M de peinture^F
Ensemble des matériaux, des instruments et des accessoires utilisés pour créer une peinture.

palette^F à alvéoles^F
Plateau percé d'un trou pour y passer le pouce et muni de creux contenant des couleurs à mélanger.

couleur^F à l'huile^F
Pigments contenus dans un tube, mélangés à de l'huile et dilués par l'artiste avec de l'huile ou des essences pour en préparer l'application.

tube^M d'aquarelle^F/gouache^F
Tube contenant de l'aquarelle ou de la gouache sous forme de pâte.

pastilles^F d'aquarelle^F/gouache^F
Petits disques d'aquarelle ou de gouache solidifiée insérés dans des alvéoles pour éviter que les couleurs ne se mélangent.

couteau^M à palette^F
Instrument muni d'une lame plate et flexible, utilisé pour mélanger les couleurs, les étendre sur la toile ou racler la palette.

brosse^F éventail^M
Brosse utilisée pour superposer les couleurs sur le support et créer ainsi des dégradés.

pinceau^M
emblage de soies naturelles ou thétiques fixées à un manche, vant à étendre de la peinture, vernis ou de la teinture sur un support.

pinceau^M à sumi-e^M
Assemblage de soies fixées à un manche en bambou, utilisé pour peindre à l'encre de Chine.

brosse^F
Assemblage de soies naturelles ou synthétiques fixées à un manche, surtout utilisé pour la peinture à l'huile sur grande surface.

couteau^M à peindre
Instrument doté d'une lame en forme de truelle, utilisé pour mélanger les couleurs, les étendre sur la toile ou les en retirer.

ARTS ET ARCHITECTURE

beaux-arts

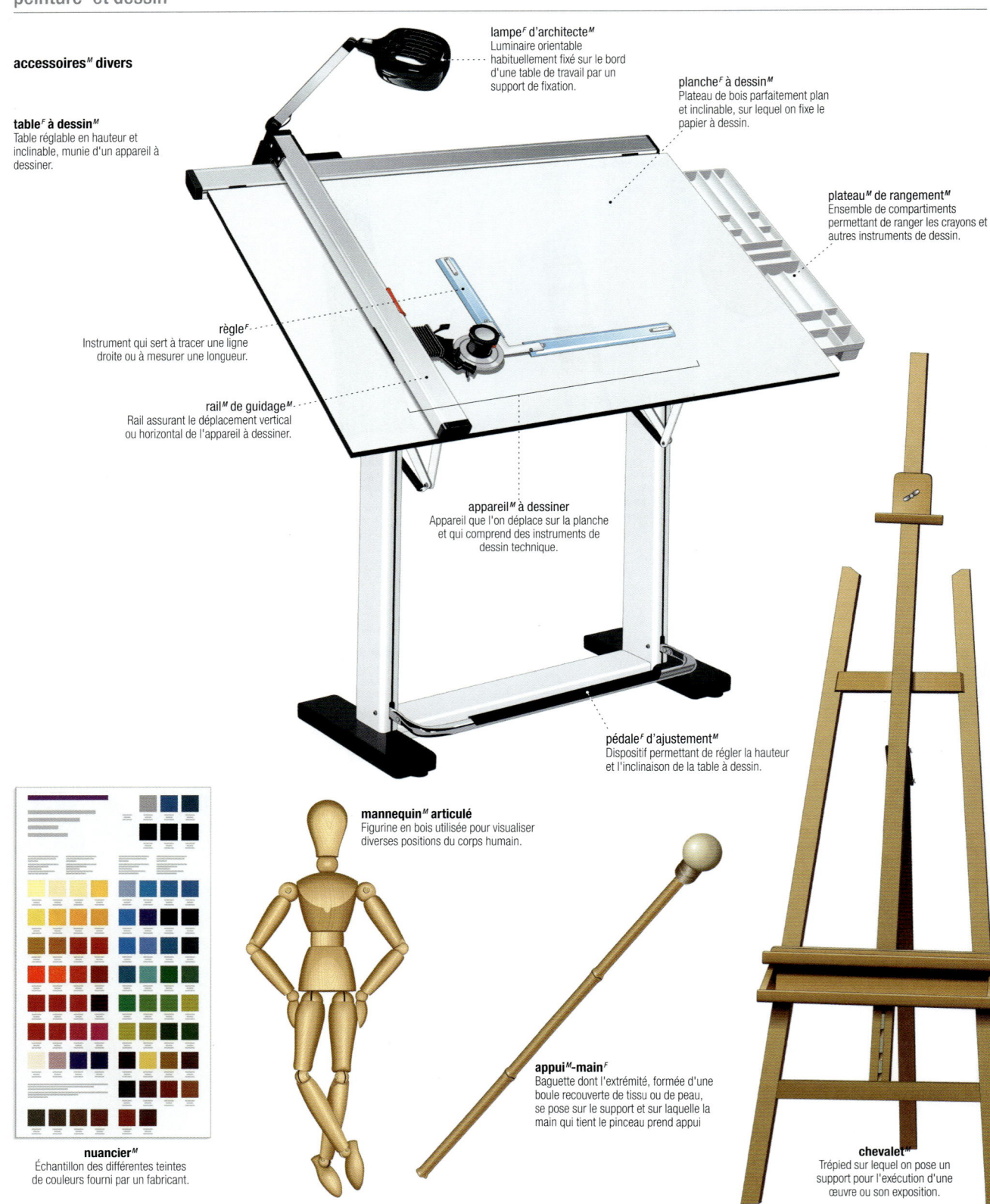

peintureᶠ et dessinᴹ

accessoiresᴹ divers

tableᶠ à dessinᴹ
Table réglable en hauteur et inclinable, munie d'un appareil à dessiner.

lampeᶠ d'architecteᴹ
Luminaire orientable habituellement fixé sur le bord d'une table de travail par un support de fixation.

plancheᶠ à dessinᴹ
Plateau de bois parfaitement plan et inclinable, sur lequel on fixe le papier à dessin.

plateauᴹ de rangementᴹ
Ensemble de compartiments permettant de ranger les crayons et autres instruments de dessin.

règleᶠ
Instrument qui sert à tracer une ligne droite ou à mesurer une longueur.

railᴹ de guidageᴹ
Rail assurant le déplacement vertical ou horizontal de l'appareil à dessiner.

appareilᴹ à dessiner
Appareil que l'on déplace sur la planche et qui comprend des instruments de dessin technique.

pédaleᶠ d'ajustementᴹ
Dispositif permettant de régler la hauteur et l'inclinaison de la table à dessin.

nuancierᴹ
Échantillon des différentes teintes de couleurs fourni par un fabricant.

mannequinᴹ articulé
Figurine en bois utilisée pour visualiser diverses positions du corps humain.

appuiᴹ-mainᶠ
Baguette dont l'extrémité, formée d'une boule recouverte de tissu ou de peau, se pose sur le support et sur laquelle la main qui tient le pinceau prend appui.

chevaletᴹ
Trépied sur lequel on pose un support pour l'exécution d'une œuvre ou son exposition.

ARTS ET ARCHITECTURE

beaux-arts

peinture^F et dessin^M

aérographe^M
Appareil qui sert à pulvériser de la peinture ou de l'encre sous la pression d'air comprimé.

gâchette^F
Dispositif qui, pressé, commande l'arrivée d'air et qui, glissé vers l'arrière, déplace l'aiguille pour ouvrir plus ou moins la buse.

couvercle^M
Partie qui recouvre le godet.

godet^M à couleur^F
Récipient contenant la peinture dont une certaine quantité est entraînée par le passage de l'air selon la position de l'aiguille.

couronne^F
Capuchon de la buse.

flexible^M d'air^M
Tuyau souple d'arrivée d'air.

coupe^F d'un aérographe^M

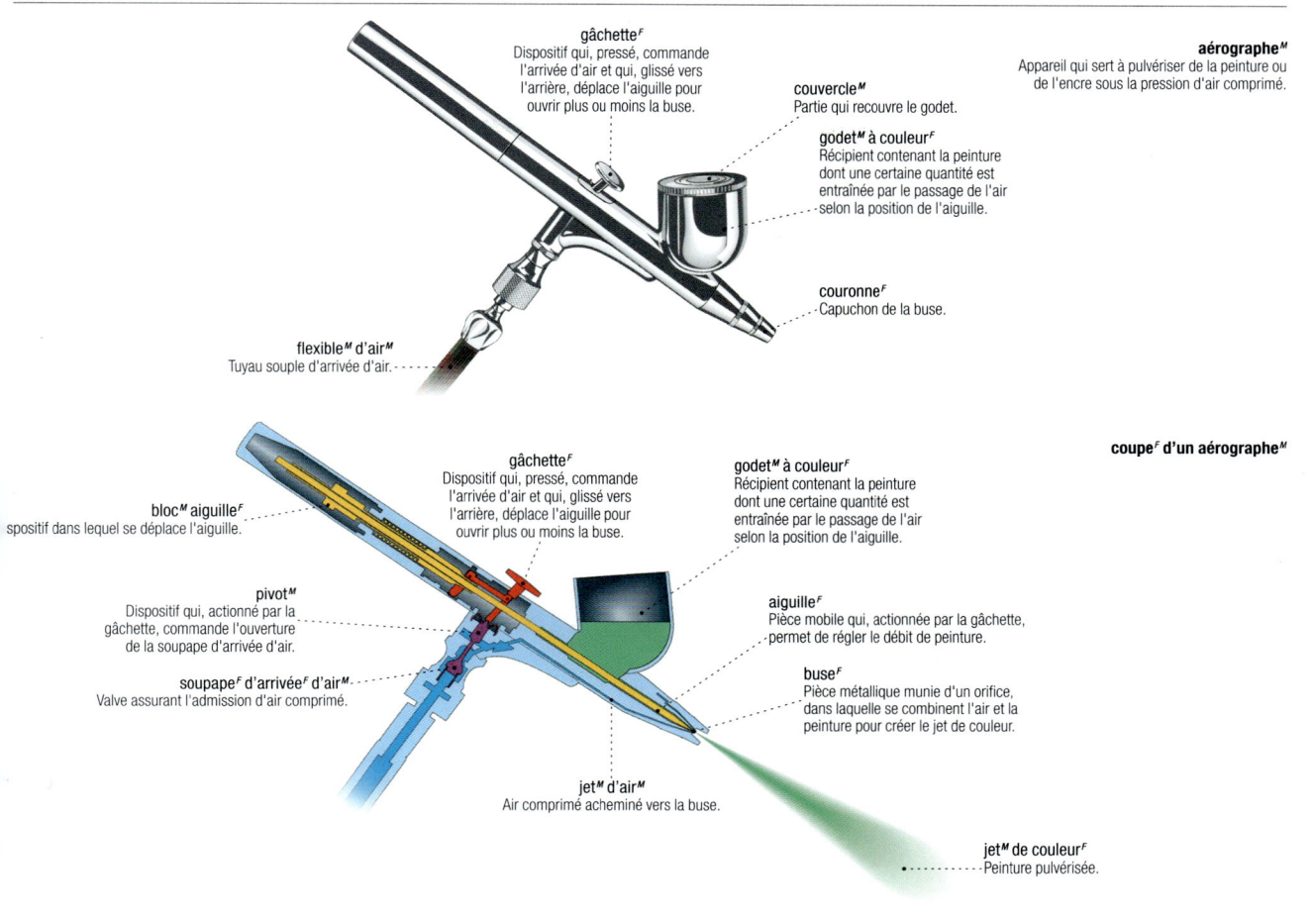

bloc^M aiguille^F
Dispositif dans lequel se déplace l'aiguille.

pivot^M
Dispositif qui, actionné par la gâchette, commande l'ouverture de la soupape d'arrivée d'air.

soupape^F d'arrivée^F d'air^M
Valve assurant l'admission d'air comprimé.

gâchette^F
Dispositif qui, pressé, commande l'arrivée d'air et qui, glissé vers l'arrière, déplace l'aiguille pour ouvrir plus ou moins la buse.

godet^M à couleur^F
Récipient contenant la peinture dont une certaine quantité est entraînée par le passage de l'air selon la position de l'aiguille.

aiguille^F
Pièce mobile qui, actionnée par la gâchette, permet de régler le débit de peinture.

buse^F
Pièce métallique munie d'un orifice, dans laquelle se combinent l'air et la peinture pour créer le jet de couleur.

jet^M d'air^M
Air comprimé acheminé vers la buse.

jet^M de couleur^F
Peinture pulvérisée.

liquides^M d'appoint^M
Les liquides d'appoint sont utilisés pour apprêter une couleur ou pour protéger une œuvre d'art.

térébenthine^F
Essence obtenue par distillation de résines végétales, servant surtout de diluant pour la peinture à l'huile.

fixatif^M
Solution transparente, en liquide ou en aérosol, appliquée sur les traits de fusain, de craie, de pastel et de crayon pour éviter qu'ils ne s'altèrent.

vernis^M
Préparation non pigmentée qui, appliquée sur une surface, forme une pellicule protectrice.

huile^F de lin^M
Huile tirée de la graine de lin, servant de liant pour permettre aux pigments d'adhérer au support.

ARTS ET ARCHITECTURE

beaux-arts

peinture^F et dessin^M

cercle^M des couleurs^F
Représentation de la combinaison des couleurs du spectre sur un cercle.

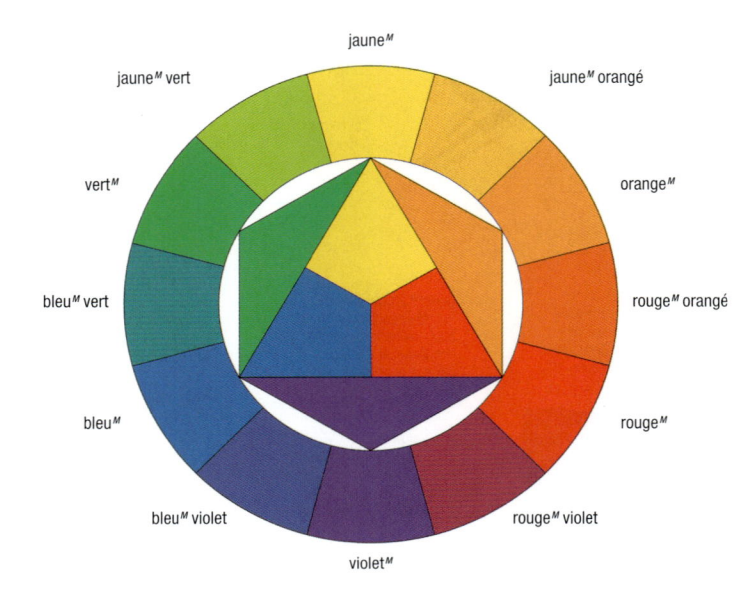

- jaune^M
- jaune^M orangé
- orangé^M
- rouge^M orangé
- rouge^M
- rouge^M violet
- violet^M
- bleu^M violet
- bleu^M
- bleu^M vert
- vert^M
- jaune^M vert

couleurs^F primaires
Couleurs qui ne peuvent pas être obtenues par mélange d'autres couleurs.

couleurs^F secondaires
Couleurs obtenues par le mélange, en proportions égales, de couleurs primaires.

couleurs^F tertiaires
Couleurs obtenues par le mélange, en proportions égales, d'une couleur primaire et d'une couleur secondaire.

principales techniques^F
Procédés utilisés pour réaliser un dessin ou une peinture.

gouache^F
Mélange de pigments grossièrement broyés additionnés de craie et agglutinés à un liant soluble dans l'eau qui, dilué, permet de créer un effet d'opacité.

aquarelle^F
Mélange de poudre de pigments agglutinée à un liant soluble dans l'eau qui, dilué, permet de créer un effet de transparence.

peinture^F à l'huile^F
Technique qui, selon la composition de la peinture, permet d'obtenir un aspect opaque ou transparent, mat ou brillant.

dessin^M au fusain^M
Technique souvent utilisée pour le croquis, permettant de créer des tons allant des noirs les plus profonds aux gris les plus légers.

dessin^M à l'encre^F
Technique surtout employée avec une plume pour créer des traits et précis.

dessin^M au crayon^M de cire^F
Technique surtout utilisée par les enfants, qui permet de créer un trait précis et d'aspect brillant associé à la couleur.

dessin^M au crayon^M de couleur^F
Technique permettant de créer un trait précis associé à la couleur et de superposer des couleurs pour obtenir de nouvelles nuances.

dessin^M au pastel^M gras
Technique qui fournit un trait d'aspect brillant, semblable à celui de la peinture à l'huile.

dessin^M au pastel^M sec
Technique qui, par son trait poudreux, permet de créer un aspect velouté.

dessin^M au feutre^M
Technique qui permet de produire des traits précis et des dégradés de couleurs.

ARTS ET ARCHITECTURE

beaux-arts 529

peinture et dessin

principaux supports
Matériaux sur lesquels peuvent être réalisés des peintures, des dessins ou des gravures.

panneau
Planche de bois servant de support rigide à une peinture.

toile
Pièce de tissu recouverte d'un apprêt, tendue sur un châssis, et servant de support à une peinture.

carton
Feuille d'une certaine rigidité, constituée de plusieurs couches de pâte à papier et servant de support pour le dessin ou la peinture.

papier
Substances végétales réduites en pâte étendue et séchée en feuille mince, servant de support à un dessin, à une peinture ou une gravure.

peinture : exemples de styles
Les différents styles ou mouvements de la peinture sont caractérisés par des techniques picturales ou des principes esthétiques particuliers.

baroque
Style préconisant l'utilisation de couleurs chaudes et vives, laissant libre cours à la sensibilité et l'exubérance. Le mouvement y occupe généralement une place importante.

classicisme
Style caractérisé par des représentations visant le réalisme des formes et des compositions; les sujets sont généralement nobles, souvent inspirés de la mythologie ou de l'Antiquité.

ARTS ET ARCHITECTURE

beaux-arts

peinture^F et dessin^M

peinture^F : exemples^M de styles^M

impressionnisme^M
Style par lequel les artistes représentent leurs impressions plutôt que la réalité du paysage en jouant avec les couleurs et la transformation de la nature extérieure.

expressionnisme^M
Style mettant en scène des représentations déformées et stylisées de la réalité dans le but de provoquer une réaction émotionnelle. Les couleurs utilisées sont souvent agressives.

cubisme^M
Style dans lequel les objets sont décomposés en couleurs et en éléments géométriques simples.

art^M abstrait
Style représentant uniquement des formes et des couleurs, et non des objets du monde réel.

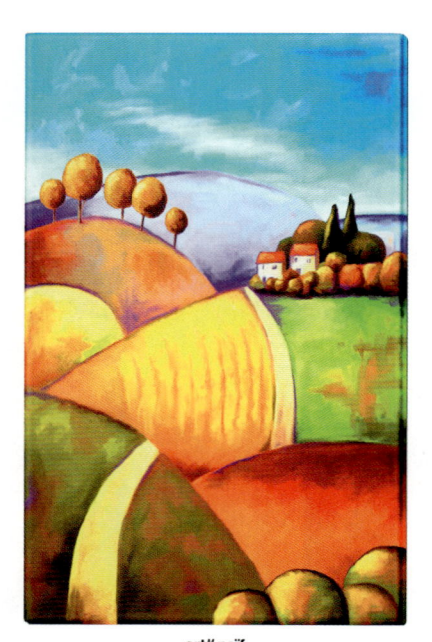

art^M naïf
Style caractérisé par l'utilisation de couleurs vives et d'effets de perspective erronés.

réalisme^M
Style cherchant à représenter de manière objective des scènes de la vie quotidienne.

beaux-arts

sculpture sur bois

Art qui consiste à façonner une pièce de bois pour représenter ou suggérer un objet.

étapes
Phases d'élaboration d'une sculpture sur bois.

traçage
Opération consistant à dessiner la pièce à tailler sur un bloc de bois.

dégrossissage
Opération consistant à dégager les contours rudimentaires d'une pièce.

sculpture
Opération consistant à façonner la pièce, en affinant le dégrossissage.

finition
Opération consistant à soigner les détails et à polir la surface d'une pièce afin qu'il ne subsiste aucune trace du travail des outils.

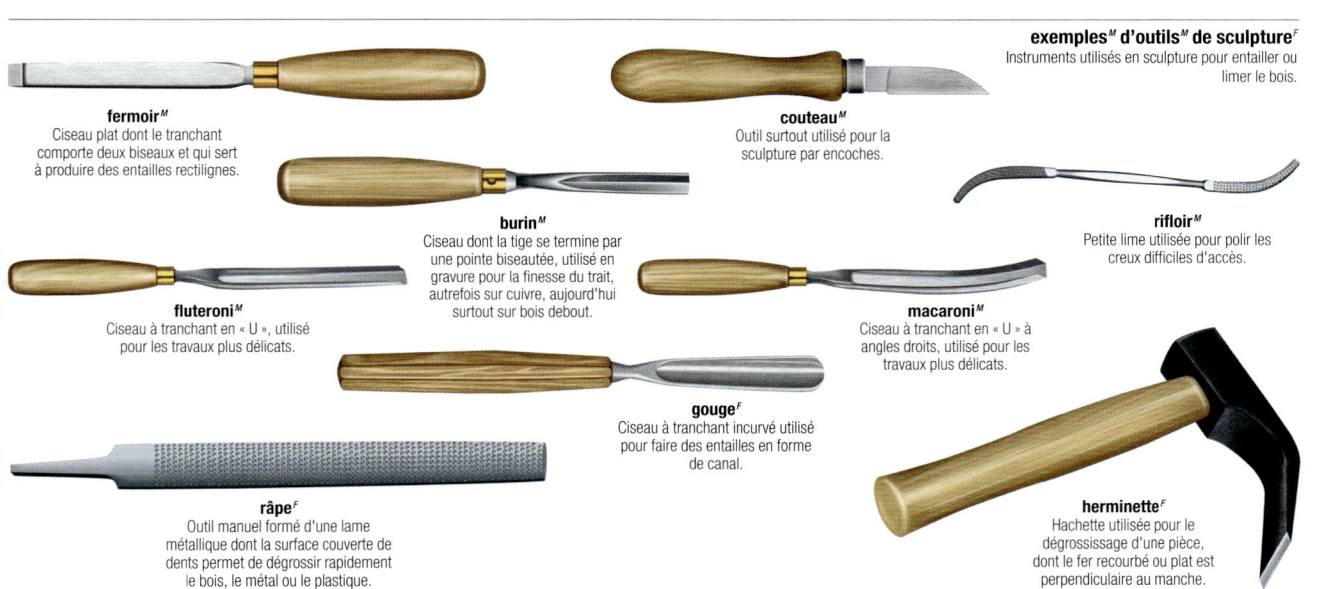

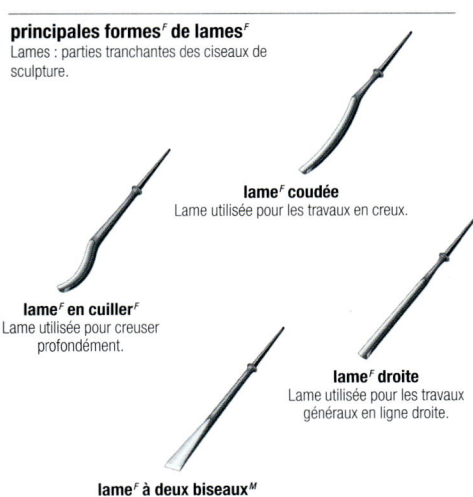

exemples d'outils de sculpture
Instruments utilisés en sculpture pour entailler ou limer le bois.

fermoir
Ciseau plat dont le tranchant comporte deux biseaux et qui sert à produire des entailles rectilignes.

couteau
Outil surtout utilisé pour la sculpture par encoches.

burin
Ciseau dont la tige se termine par une pointe biseautée, utilisé en gravure pour la finesse du trait, autrefois sur cuivre, aujourd'hui surtout sur bois debout.

rifloir
Petite lime utilisée pour polir les creux difficiles d'accès.

fluteroni
Ciseau à tranchant en « U », utilisé pour les travaux plus délicats.

macaroni
Ciseau à tranchant en « U » à angles droits, utilisé pour les travaux plus délicats.

gouge
Ciseau à tranchant incurvé utilisé pour faire des entailles en forme de canal.

râpe
Outil manuel formé d'une lame métallique dont la surface couverte de dents permet de dégrossir rapidement le bois, le métal ou le plastique.

herminette
Hachette utilisée pour le dégrossissage d'une pièce, dont le fer recourbé ou plat est perpendiculaire au manche.

principales formes de lames
Lames : parties tranchantes des ciseaux de sculpture.

lame coudée
Lame utilisée pour les travaux en creux.

lame en cuiller
Lame utilisée pour creuser profondément.

lame droite
Lame utilisée pour les travaux généraux en ligne droite.

lame à deux biseaux
Lame utilisée pour exécuter des entailles rectilignes.

accessoires de sculpture

queue-de-cochon
Instrument fileté qui permet de fixer une pièce de bois à sculpter sur une sellette.

sellette
Petit escabeau surmonté d'un plateau sur lequel le sculpteur pose et fixe la pièce à façonner.

poinçon et fond
Le poinçon, tige métallique sur laquelle on frappe, sert à sculpter des motifs sur une pièce de bois (fond).

maillet
Marteau servant à frapper le manche d'un outil coupant pour l'enfoncer dans le bois.

ARTS ET ARCHITECTURE

532 arts graphiques

impression^F
Reproduction de caractères ou d'illustrations par transfert d'un modèle sur un support, en général du papier, le plus souvent à l'aide d'encre.

impression^F en relief^M
Procédé qui consiste à imprimer une image qui, à partir d'un modèle en saillie recouvert d'une pellicule d'encre, est transférée sur un support par pression.

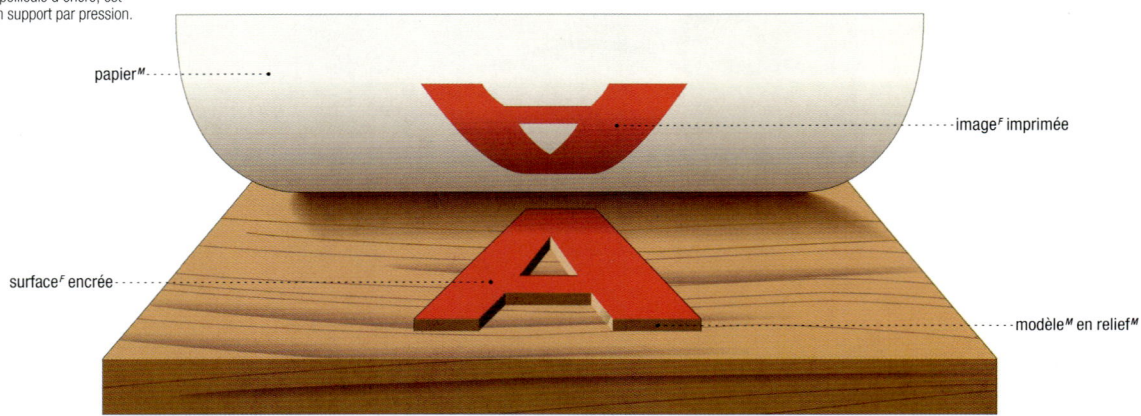

papier^M
image^F imprimée
surface^F encrée
modèle^M en relief^M

impression^F en creux^M
Procédé qui consiste à imprimer une image qui, à partir d'un modèle en creux rempli d'encre, est transférée sur un support par pression.

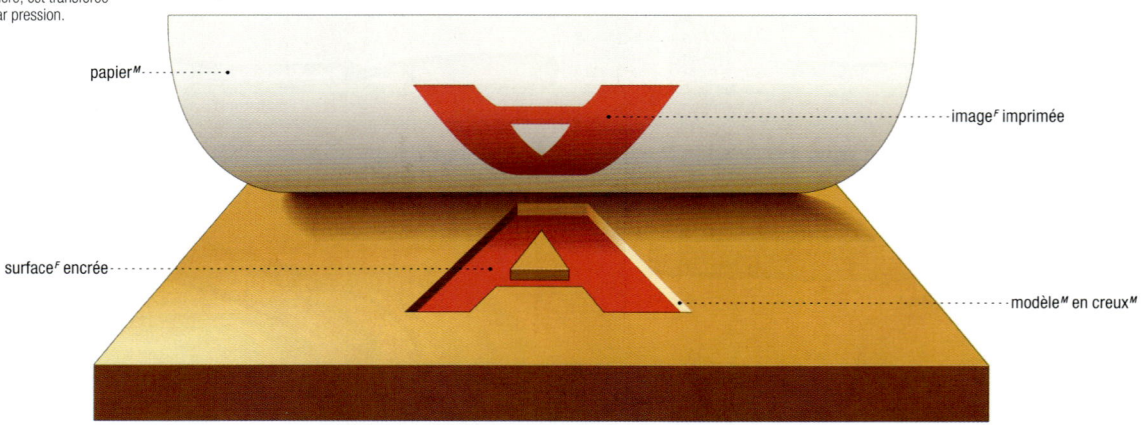

papier^M
image^F imprimée
surface^F encrée
modèle^M en creux^M

impression^F à plat^M
Procédé qui consiste à imprimer une image à partir d'un modèle situé sur le même plan que les parties non imprimantes, protégées de l'encre par humidification.

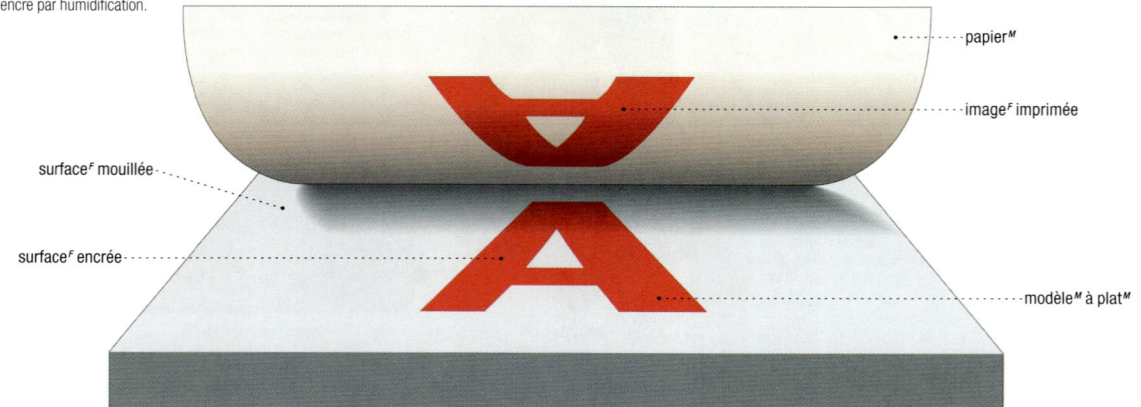

papier^M
image^F imprimée
surface^F mouillée
surface^F encrée
modèle^M à plat^M

ARTS ET ARCHITECTURE

arts graphiques

gravure^F en relief^M

Technique qui consiste à façonner un modèle en saillie sur une planche de bois.

matériel^M
Ensemble des matériaux, des instruments et des dispositifs utilisés pour graver et imprimer.

burin^M
Ciseau dont la tige se termine par une pointe biseautée, utilisé en gravure pour la finesse du trait, autrefois sur cuivre, aujourd'hui surtout sur bois debout.

maillet^M
Marteau servant à frapper le manche d'un outil tranchant pour l'enfoncer dans le bois.

gouge^F creuse
Ciseau à tranchant en « U » utilisé pour enlever les parties qui doivent créer un blanc de grande importance.

gouge^F en V^M
Ciseau à tranchant en « V », utilisé pour creuser des rainures à fond angulaire et pour enlever les parties qui doivent créer un blanc de moindre taille.

ciseau^M
Outil à tranchant biseauté plat, utilisé pour la gravure sur bois de fil, servant à enlever les parties qui doivent créer un blanc autour du modèle et à aplanir le fond.

canif^M
Outil utilisé pour la gravure sur bois de fil, servant à dégager le modèle en le cernant d'une incision.

encre^F
Préparation noire ou colorée, utilisée pour imprimer.

spatule^F
Instrument muni d'une lame plate et flexible, utilisé pour étendre l'encre ou pour racler le marbre.

marbre^M
Plaque sur laquelle on étend de l'encre pour permettre une répartition uniforme sur le rouleau.

encre^F
Préparation noire ou colorée, utilisée pour imprimer.

rouleau^M d'encrage^M
Instrument servant à étendre l'encre sur le modèle en relief.

baren^M
Instrument servant à exercer une pression sur le revers du papier pour permettre à l'encre d'y adhérer.

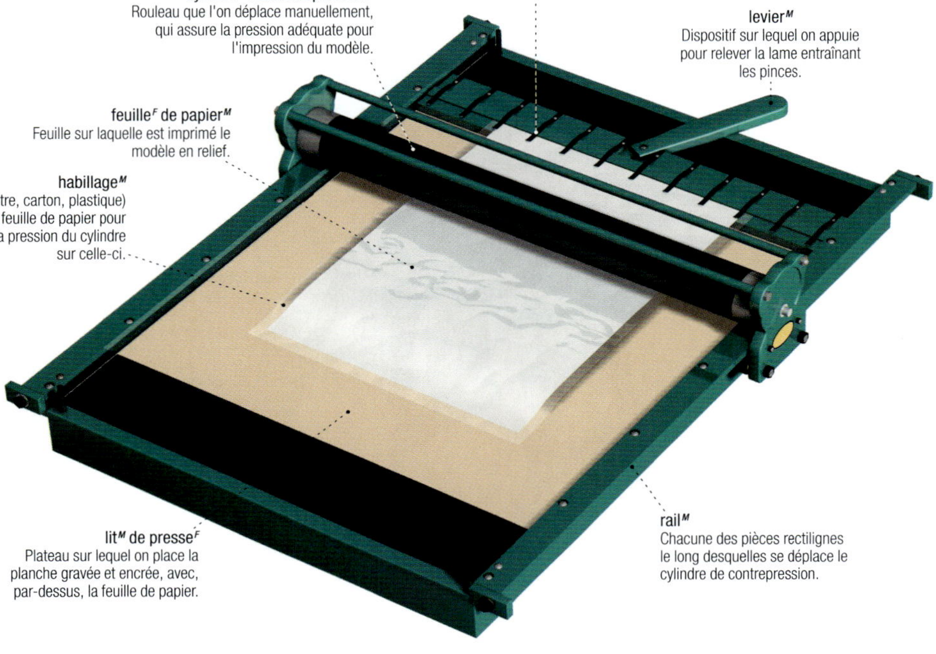

pince^F de repérage^M
Chacune des pièces métalliques montées sur une lame, qui permettent de coincer et de maintenir le papier en position sous le cylindre.

presse^F à épreuves^F
Presse d'impression à lit fixe muni d'un cylindre que l'on déplace sur une planche de bois gravée et encrée recouverte d'une feuille de papier.

cylindre^M de contrepression^F
Rouleau que l'on déplace manuellement, qui assure la pression adéquate pour l'impression du modèle.

levier^M
Dispositif sur lequel on appuie pour relever la lame entraînant les pinces.

gravure^F sur bois^M de fil^M
Technique qui consiste à tailler la pièce de bois dans le sens des fibres.

feuille^F de papier^M
Feuille sur laquelle est imprimé le modèle en relief.

habillage^M
Matériau (feutre, carton, plastique) recouvrant la feuille de papier pour améliorer la pression du cylindre sur celle-ci.

gravure^F sur bois^M debout
Technique qui consiste à tailler la pièce de bois dans le sens contraire des fibres.

lit^M de presse^F
Plateau sur lequel on place la planche gravée et encrée, avec, par-dessus, la feuille de papier.

rail^M
Chacune des pièces rectilignes le long desquelles se déplace le cylindre de contrepression.

ARTS ET ARCHITECTURE

arts graphiques

gravure^F en creux^M

Technique qui consiste à tracer le modèle à reproduire en creusant les traits qui le composent dans la surface du support, généralement une plaque de cuivre.

matériel^M
Ensemble des matériaux, des instruments et des dispositifs utilisés pour graver et imprimer.

pinceau^M
Assemblage de soies naturelles ou synthétiques fixées à un manche, servant à étendre de la peinture, du vernis ou de la teinture sur un support.

berceau^M
Instrument dont la lame d'acier biseautée, épaisse et arrondie, portant sur le côté une rangée de rainures verticales, permet de donner du grain à la surface de cuivre d'une manière uniforme.

roulette^F
Instrument constitué d'une molette d'acier munie de plusieurs rangées d'aspérités régulières faisant des traits grenus.

pointe^F **à graver**
Tige d'acier utilisée pour graver un modèle dans le cuivre, en entamant la plaque ou le vernis qui la recouvre.

brunissoir^M
Instrument utilisé pour rectifier les tailles et écraser les irrégularités du métal.

plaque^F **de cuivre**^M
Le cuivre est le métal le plus souvent utilisé en gravure grâce à sa résistance, à sa souplesse pour la taille et à sa réaction aux produits chimiques.

rat^M **de cave**^F
Mèche recouverte de cire servant à enfumer la plaque.

étau^M
Instrument permettant de saisir et de manier la plaque lors de l'enfumage.

ébarboir^M
Outil à lame triangulaire pointue servant à enlever les barbes, minces lamelles de cuivre restant sur les arêtes du sillon creusé dans la plaque par la pointe sèche.

enfumoir^M
Instrument servant à enfumer le vernis pour noircir la plaque, permettant ainsi de rendre le modèle plus visible lors de la gravure.

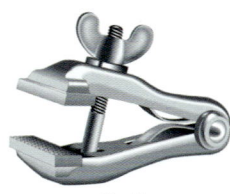

tampon^M
Instrument formé d'un manche inséré dans une bourre de coton enveloppée de soie, servant à étendre le vernis sur la plaque.

tarlatane^F
Mousseline servant à essuyer le surplus d'encre sur la surface de la plaque.

presse^F **à taille-douce**^F
Dispositif muni de deux cylindres entre lesquels sont pressés une planche gravée encrée et un papier pour l'impression.

vis^F **de pression**^F
Dispositif permettant de régler la pression exercée par les cylindres.

lange^M
Pièce épaisse de tissu que l'on place au-dessus du papier avant de le mettre sous la presse, pour amortir et répartir la pression.

table^F
Plateau se déplaçant entre les deux cylindres, supportant la planche gravée et le papier.

cylindre^M **supérieur**
Rouleau situé au-dessus de la table qui exerce, avec le rouleau inférieur, la pression requise pour une bonne impression du modèle.

cylindre^M **inférieur**
Rouleau situé au-dessous de la table qui exerce, avec le rouleau supérieur, la pression requise pour une bonne impression du modèle.

moulinet^M
Levier qui actionne les cylindres de la presse.

pierre^F **à aiguiser**
Pierre servant à affûter les outils.

rouleau^M **à vernir**
Instrument servant à étendre sur le support le vernis qui empêchera l'encre d'y adhérer, ne laissant encré que le modèle à reproduire.

arts graphiques

lithographie^F

Technique d'impression à plat à partir d'un modèle tracé avec un corps gras sur une pierre calcaire humidifiée. Le corps gras retient l'encre, l'eau la repousse.

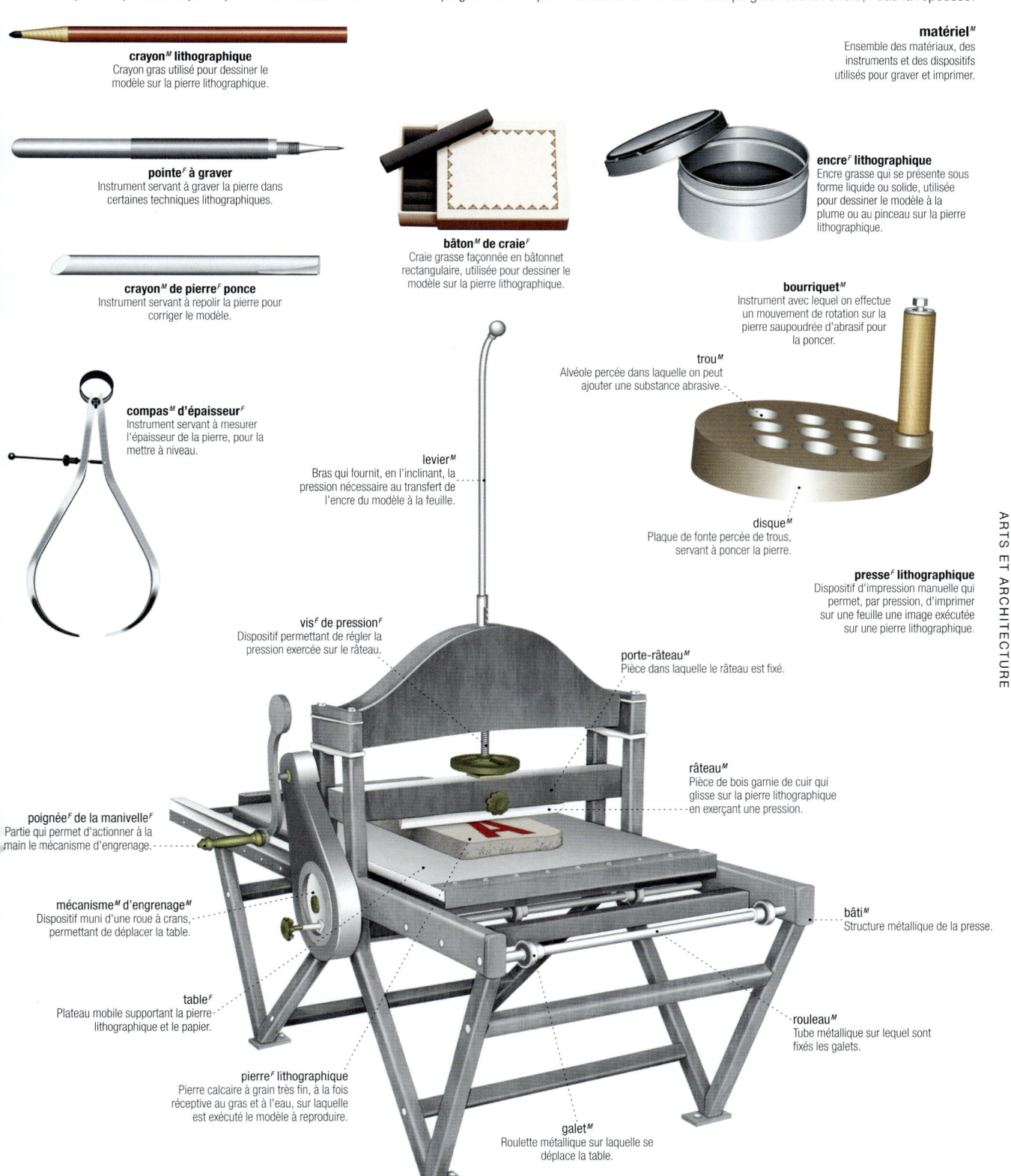

crayon^M lithographique
Crayon gras utilisé pour dessiner le modèle sur la pierre lithographique.

pointe^F à graver
Instrument servant à graver la pierre dans certaines techniques lithographiques.

crayon^M de pierre^F ponce
Instrument servant à repolir la pierre pour corriger le modèle.

matériel^M
Ensemble des matériaux, des instruments et des dispositifs utilisés pour graver et imprimer.

bâton^M de craie^F
Craie grasse façonnée en bâtonnet rectangulaire, utilisée pour dessiner le modèle sur la pierre lithographique.

encre^F lithographique
Encre grasse qui se présente sous forme liquide ou solide, utilisée pour dessiner le modèle à la plume ou au pinceau sur la pierre lithographique.

bourriquet^M
Instrument avec lequel on effectue un mouvement de rotation sur la pierre saupoudrée d'abrasif pour la poncer.

trou^M
Alvéole percée dans laquelle on peut ajouter une substance abrasive.

compas^M d'épaisseur^F
Instrument servant à mesurer l'épaisseur de la pierre, pour la mettre à niveau.

levier^M
Bras qui fournit, en l'inclinant, la pression nécessaire au transfert de l'encre du modèle à la feuille.

disque^M
Plaque de fonte percée de trous, servant à poncer la pierre.

presse^F lithographique
Dispositif d'impression manuelle qui permet, par pression, d'imprimer sur une feuille une image exécutée sur une pierre lithographique.

vis^F de pression^F
Dispositif permettant de régler la pression exercée sur le râteau.

porte-râteau^M
Pièce dans laquelle le râteau est fixé.

râteau^M
Pièce de bois garnie de cuir qui glisse sur la pierre lithographique en exerçant une pression.

poignée^F de la manivelle^F
Partie qui permet d'actionner à la main le mécanisme d'engrenage.

mécanisme^M d'engrenage^M
Dispositif muni d'une roue à crans, permettant de déplacer la table.

bâti^M
Structure métallique de la presse.

table^F
Plateau mobile supportant la pierre lithographique et le papier.

rouleau^M
Tube métallique sur lequel sont fixés les galets.

pierre^F lithographique
Pierre calcaire à grain très fin, à la fois réceptive au gras et à l'eau, sur laquelle est exécuté le modèle à reproduire.

galet^M
Roulette métallique sur laquelle se déplace la table.

ARTS ET ARCHITECTURE

arts graphiques

sérigraphie^F

Technique d'impression qui consiste à reporter une image, par transfert d'encre à travers un écran en tissu, sur un support (papier, tissu, verre, etc.). Cette technique s'apparente à celle du pochoir.

matériel^M
Ensemble des matériaux, des instruments et des dispositifs utilisés en sérigraphie.

émulsion^F **photosensible**
Mélange semi-liquide, lié au sensibilisateur, qui durcit une fois exposé à la lumière. Il empêche alors l'encre de traverser l'écran autour de la zone à imprimer.

typon^M
Motif noir reproduit sur un transparent, qu'on pose sur la vitre de la table d'exposition entre la lumière et l'écran. Sur l'écran, l'émulsion reste souple là où le typon bloque la lumière.

racle^F **d'impression**
Outil muni d'une lame en caoutchouc, utilisé pour presser l'encre à travers l'écran en tissu.

encre^F **sérigraphique**
Mélange liquide coloré et épais qui est appliqué sur la zone à imprimer.

carrousel^M **d'impression** te
Dispositif qui permet l'impression d'un m plusieurs couleurs sur du tissu, générale un t-shirt. Les écrans font la rotation auto jeannettes fixées au pla

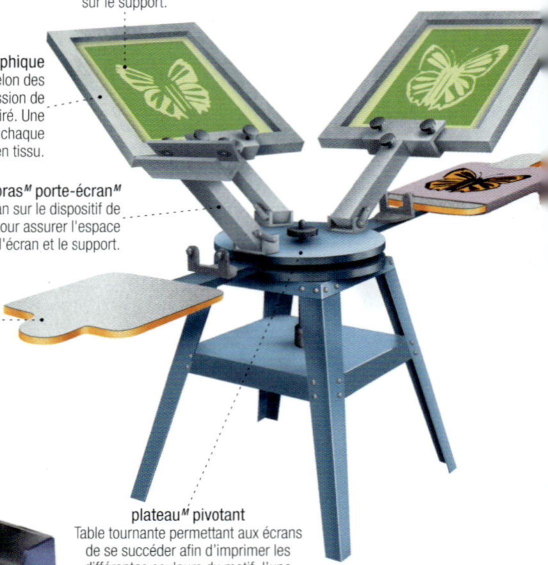

sensibilisateur^M
Composé chimique qui rend l'émulsion davantage sensible à la lumière.

modèle^M
Motif reproduit sur le typon, qui est transféré sur l'écran puis imprimé sur le support.

écran^M **sérigraphique**
Instrument réutilisable constitué d'un écran en tissu supporté par un cadre rigide.

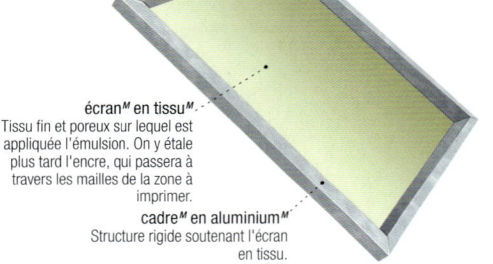

écran^M **sérigraphique**
Chaque cadre doit être fixé selon des repères précis afin que l'impression de l'encre se fasse à l'endroit désiré. Une seule couleur est appliquée sur chaque écran en tissu.

bras^M **porte-écran**^M
Tige robuste fixant l'écran sur le dispositif de positionnement. Le bras est réglé pour assurer l'espace optimal entre l'écran et le support.

écran^M **en tissu**^M
Tissu fin et poreux sur lequel est appliquée l'émulsion. On y étale plus tard l'encre, qui passera à travers les mailles de la zone à imprimer.

jeannette^F **amovible ; tablette**^F
Plateau adhésif sur lequel on place le support.

cadre^M **en aluminium**^M
Structure rigide soutenant l'écran en tissu.

raclette^F **creuse**
Petit réservoir allongé servant à appliquer l'émulsion sur les deux côtés de l'écran. Le mélange doit ensuite sécher quelques heures à l'obscurité.

table^F **d'impression**^F **à base**^F **aspirante**
Dispositif qui permet d'imprimer un motif sur un support léger (papier, carton, etc.) maintenu en place au moyen d'un système d'aspiration.

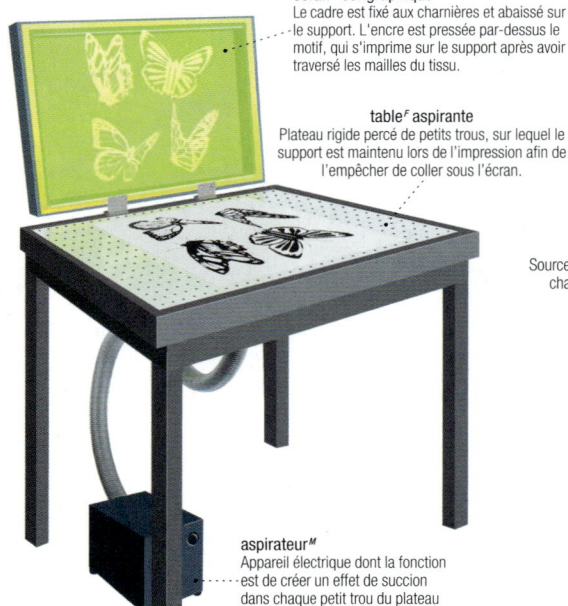

plateau^M **pivotant**
Table tournante permettant aux écrans de se succéder afin d'imprimer les différentes couleurs du motif, l'une après l'autre sur le même support qui reste fixe.

table^F **d'exposition**^F
Dispositif permettant le transfert du motif sur l'écran sérigraphique. Sous l'effet de la lumière, l'émulsion durcit, sauf dans la zone obstruée par le typon.

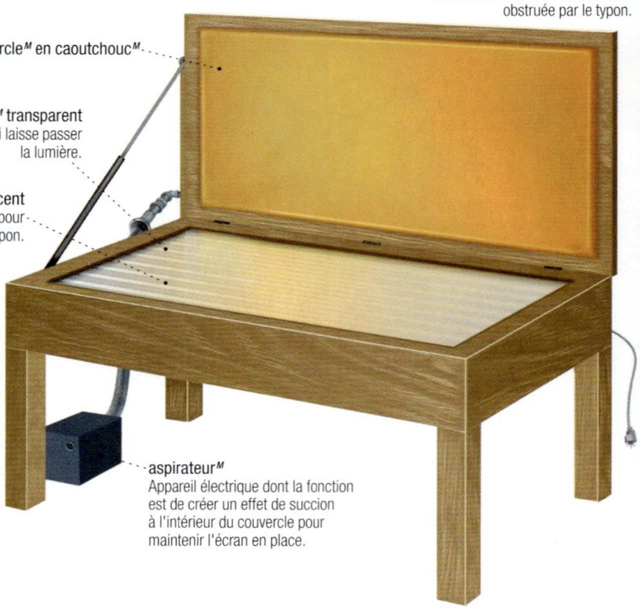

écran^M **sérigraphique**
Le cadre est fixé aux charnières et abaissé sur le support. L'encre est pressée par-dessus le motif, qui s'imprime sur le support après avoir traversé les mailles du tissu.

couvercle^M **en caoutchouc**^M

table^F **aspirante**
Plateau rigide percé de petits trous, sur lequel le support est maintenu lors de l'impression afin de l'empêcher de coller sous l'écran.

verre^M **transparent**
Surface plane qui laisse passer la lumière.

tube^M **fluorescent**
Source lumineuse utilisée pour chauffer l'écran et le typon.

aspirateur^M
Appareil électrique dont la fonction est de créer un effet de succion dans chaque petit trou du plateau pour maintenir le support en place.

aspirateur^M
Appareil électrique dont la fonction est de créer un effet de succion à l'intérieur du couvercle pour maintenir l'écran en place.

arts graphiques

reliure^F d'art^M

Ensemble des opérations manuelles requises pour assembler les feuillets d'un livre et lui ajouter une couverture attrayante et solide.

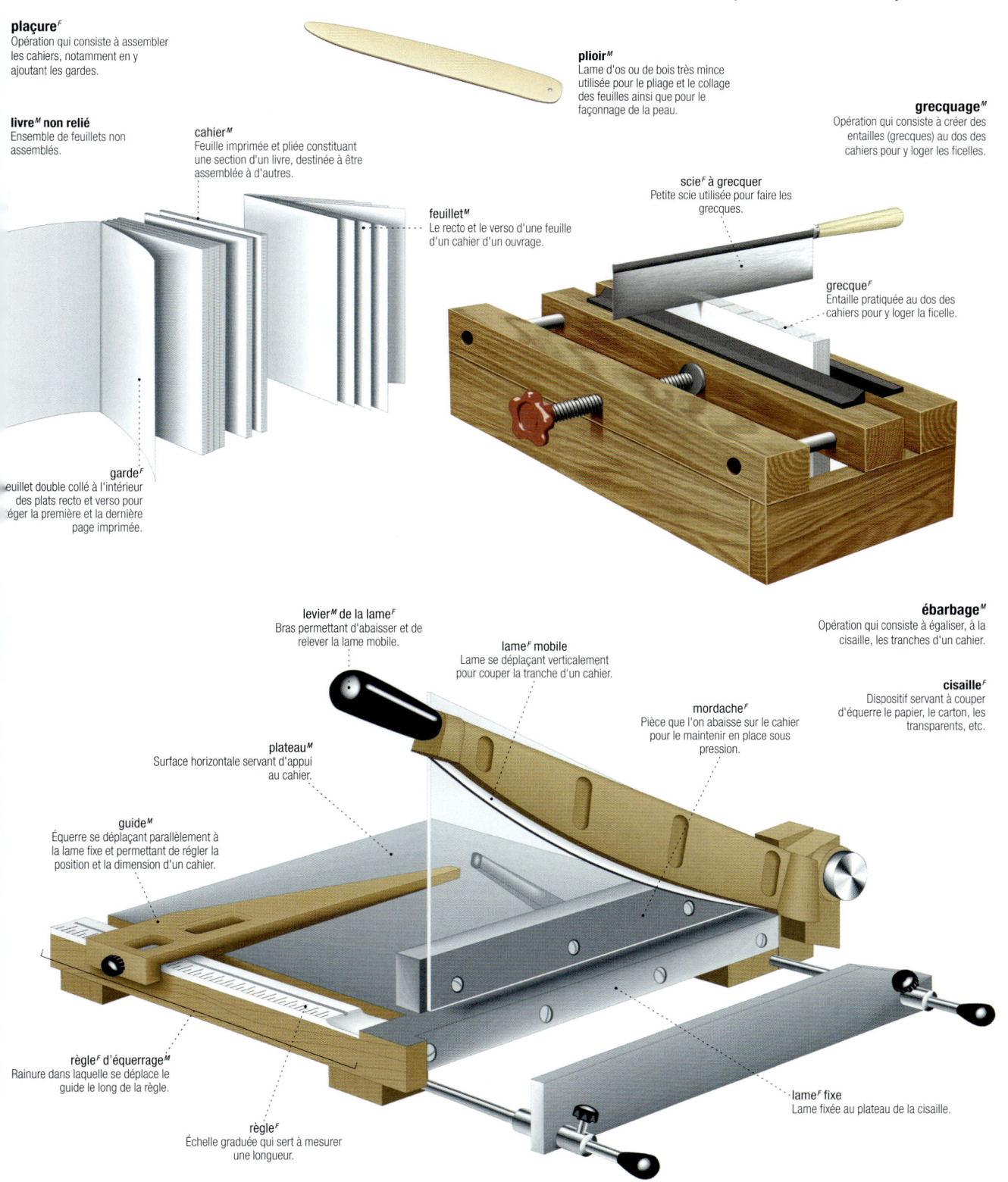

plaçure^F
Opération qui consiste à assembler les cahiers, notamment en y ajoutant les gardes.

plioir^M
Lame d'os ou de bois très mince utilisée pour le pliage et le collage des feuilles ainsi que pour le façonnage de la peau.

grecquage^M
Opération qui consiste à créer des entailles (grecques) au dos des cahiers pour y loger les ficelles.

livre^M **non relié**
Ensemble de feuillets non assemblés.

cahier^M
Feuille imprimée et pliée constituant une section d'un livre, destinée à être assemblée à d'autres.

feuillet^M
Le recto et le verso d'une feuille d'un cahier d'un ouvrage.

scie^F **à grecquer**
Petite scie utilisée pour faire les grecques.

grecque^F
Entaille pratiquée au dos des cahiers pour y loger la ficelle.

garde^F
Feuillet double collé à l'intérieur des plats recto et verso pour protéger la première et la dernière page imprimée.

levier^M **de la lame**^F
Bras permettant d'abaisser et de relever la lame mobile.

lame^F **mobile**
Lame se déplaçant verticalement pour couper la tranche d'un cahier.

mordache^F
Pièce que l'on abaisse sur le cahier pour le maintenir en place sous pression.

ébarbage^M
Opération qui consiste à égaliser, à la cisaille, les tranches d'un cahier.

cisaille^F
Dispositif servant à couper d'équerre le papier, le carton, les transparents, etc.

plateau^M
Surface horizontale servant d'appui au cahier.

guide^M
Équerre se déplaçant parallèlement à la lame fixe et permettant de régler la position et la dimension d'un cahier.

règle^F **d'équerrage**^M
Rainure dans laquelle se déplace le guide le long de la règle.

règle^F
Échelle graduée qui sert à mesurer une longueur.

lame^F **fixe**
Lame fixée au plateau de la cisaille.

ARTS ET ARCHITECTURE

reliure^F d'art^M

couture^F
Opération qui consiste à lier entre eux les cahiers d'un ouvrage au moyen de ficelles.

cousoir^M
Métier en bois servant à coudre les cahiers d'un ouvrage.

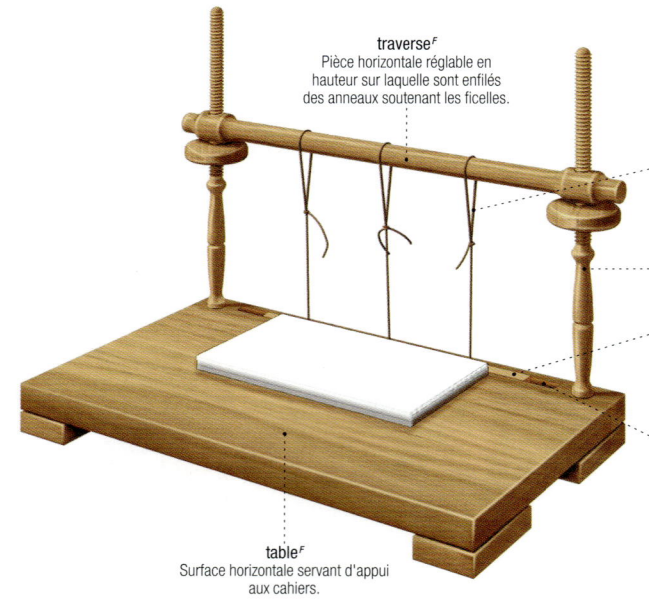

traverse^F
Pièce horizontale réglable en hauteur sur laquelle sont enfilés des anneaux soutenant les ficelles.

ficelle^F
Fil utilisé pour la couture des cahiers, que l'on insère dans une grecque.

montant^M
Chacune des pièces de bois verticales filetées qui, lorsqu'on les tourne, permettent de régler la hauteur de la traverse.

templet^M
Petite pièce de bois mobile qui, posée dans la fente, permet d'immobiliser les ficelles.

fente^F
Ouverture dans laquelle sont coincées les ficelles.

mise^F **en presse**^F
Opération qui consiste à exercer une pression sur un ouvrage en cours de fabrication pour aplanir les cahiers et les rendre plus compacts.

table^F
Surface horizontale servant d'appui aux cahiers.

endossure^F
Opération qui consiste à créer les mors, saillies parallèles le long du livre, qui servent de charnière entre le dos et les plats de la reliure.

presse^F **à percussion**^F
Machine manuelle servant à presser des ouvrages en cours de fabrication.

étau^M **à endosser**
Presse permettant de serrer un ouvrage pour façonner les mors.

dos^M **du livre**^M
Partie constituée par le fond des cahiers d'un ouvrage.

ais^M **ferré**
Bord métallique de l'étau sur lequel le fond d'un cahier est rabattu par le marteau pour créer les mors.

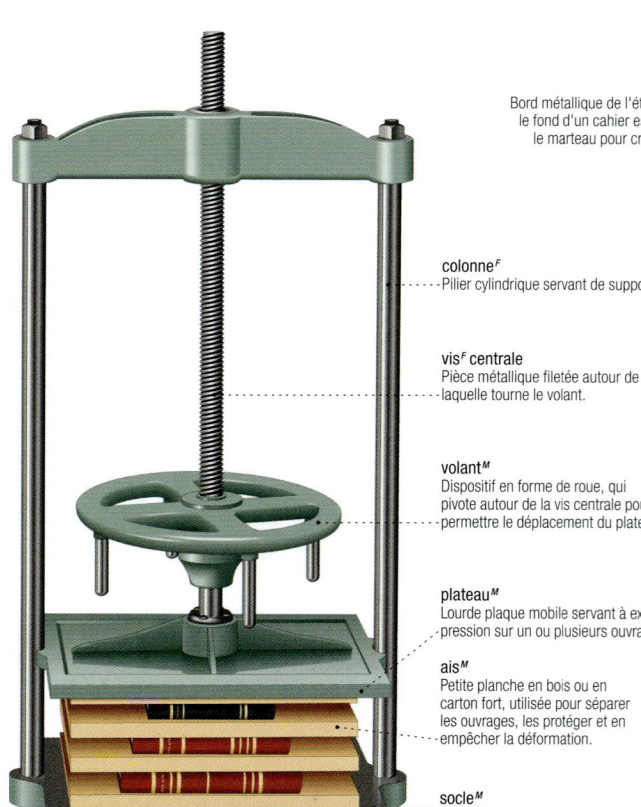

colonne^F
Pilier cylindrique servant de support.

vis^F **centrale**
Pièce métallique filetée autour de laquelle tourne le volant.

volant^M
Dispositif en forme de roue, qui pivote autour de la vis centrale pour permettre le déplacement du plateau.

plateau^M
Lourde plaque mobile servant à exercer une pression sur un ou plusieurs ouvrages.

ais^M
Petite planche en bois ou en carton fort, utilisée pour séparer les ouvrages, les protéger et en empêcher la déformation.

marteau^M **à endosser**
Outil utilisé pour rabattre le fond des cahiers afin de donner une forme en éventail au dos d'un ouvrage.

panne^F
Partie effilée avec laquelle on couche le fond des cahiers.

platine^F
Partie légèrement bombée avec laquelle on frappe le fond des cahiers pour le rabattre sur les ais ferrés.

socle^M
Plaque de support de la presse.

manche^M
Partie permettant de saisir et de manier le marteau.

arts graphiques

reliure^F d'art^M

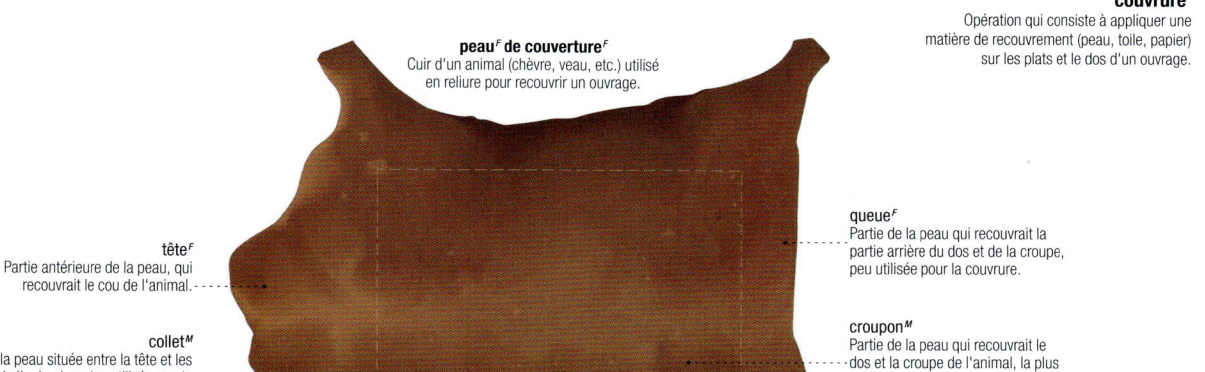

couvrure^F
Opération qui consiste à appliquer une matière de recouvrement (peau, toile, papier) sur les plats et le dos d'un ouvrage.

peau^F **de couverture**^F
Cuir d'un animal (chèvre, veau, etc.) utilisé en reliure pour recouvrir un ouvrage.

tête^F
Partie antérieure de la peau, qui recouvrait le cou de l'animal.

queue^F
Partie de la peau qui recouvrait la partie arrière du dos et de la croupe, peu utilisée pour la couvrure.

collet^M
Partie de la peau située entre la tête et les épaules de l'animal, moins utilisée que le croupon pour la couvrure, notamment à cause de son aspect veiné.

croupon^M
Partie de la peau qui recouvrait le dos et la croupe de l'animal, la plus utilisée pour la couvrure à cause de son épaisseur et de sa souplesse.

flanc^M
Partie de la peau qui recouvrait le ventre de l'animal, moins utilisée que le croupon pour la couvrure parce qu'elle se déforme facilement.

patte^F
Partie de la peau qui recouvrait le haut des pattes de l'animal, peu utilisée pour la couvrure.

livre^M **relié**
Ouvrage dont les cahiers sont cousus et recouverts d'une couverture rigide habillée de peau, de toile ou de papier.

coiffe^F
Partie de la matière de recouvrement rabattue en tête et en queue du dos.

chasse^F
Partie des plats qui déborde des tranches.

tranche^F **de tête**^F
Surface, parfois dorée, formée par l'épaisseur du haut des cahiers d'un livre.

tranchefile^F
Broderie ornant et consolidant les extrémités du dos du livre, en tête et en queue.

coin^M
Angle d'un plat parfois recouvert d'une peau ou d'une toile d'une autre teinte que celle du plat.

mors^M
Charnière de la couverture entre le dos et le plat d'une reliure.

garde^F **volante**
Celui des deux feuillets d'une garde n'étant pas collé à l'intérieur du plat.

dos^M
Partie de la reliure réunissant les plats, opposée à la tranche de gouttière.

plat^M **verso**^M
Carton constituant la face arrière de la couverture.

nerf^M
Saillie horizontale sur le dos de la reliure, moulée sur une bande de cuir ou de carton.

tranche^F **de gouttière**^F
Surface, parfois dorée, formée par l'épaisseur des bords libres des cahiers d'un livre.

plat^M **recto**^M
Carton constituant la face de la couverture.

tranche^F **de queue**^F
Surface, parfois dorée, formée par l'épaisseur du bas des cahiers d'un livre.

ARTS ET ARCHITECTURE

arts de la scène

salle^F de spectacle^M

Établissement aménagé pour la présentation de pièces de théâtre, de spectacles, de danse, de concerts, etc.

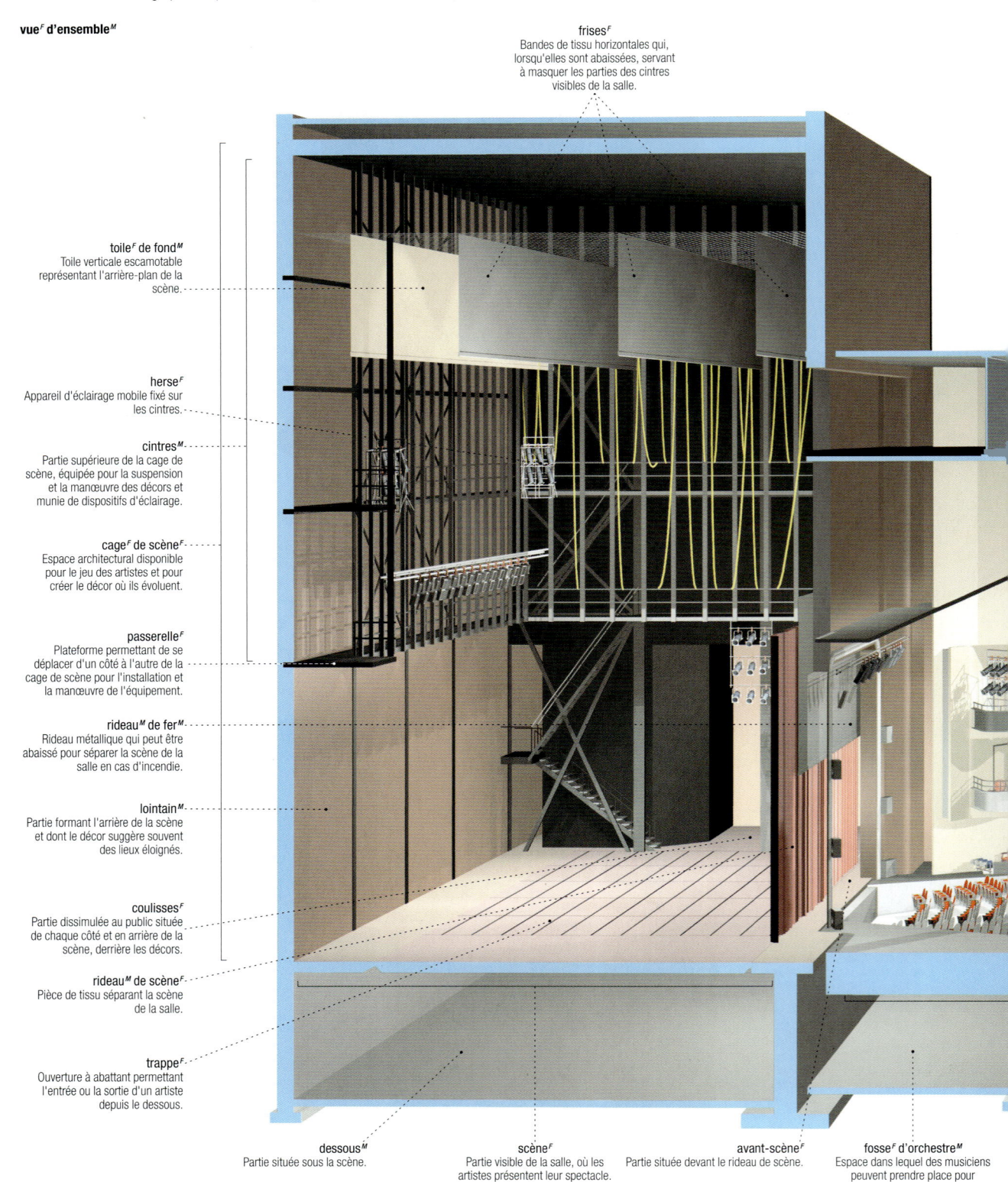

vue^F d'ensemble^M

frises^F
Bandes de tissu horizontales qui, lorsqu'elles sont abaissées, servant à masquer les parties des cintres visibles de la salle.

toile^F de fond^M
Toile verticale escamotable représentant l'arrière-plan de la scène.

herse^F
Appareil d'éclairage mobile fixé sur les cintres.

cintres^M
Partie supérieure de la cage de scène, équipée pour la suspension et la manœuvre des décors et munie de dispositifs d'éclairage.

cage^F de scène^F
Espace architectural disponible pour le jeu des artistes et pour créer le décor où ils évoluent.

passerelle^F
Plateforme permettant de se déplacer d'un côté à l'autre de la cage de scène pour l'installation et la manœuvre de l'équipement.

rideau^M de fer^M
Rideau métallique qui peut être abaissé pour séparer la scène de la salle en cas d'incendie.

lointain^M
Partie formant l'arrière de la scène et dont le décor suggère souvent des lieux éloignés.

coulisses^F
Partie dissimulée au public située de chaque côté et en arrière de la scène, derrière les décors.

rideau^M de scène^F
Pièce de tissu séparant la scène de la salle.

trappe^F
Ouverture à abattant permettant l'entrée ou la sortie d'un artiste depuis le dessous.

dessous^M
Partie située sous la scène.

scène^F
Partie visible de la salle, où les artistes présentent leur spectacle.

avant-scène^F
Partie située devant le rideau de scène.

fosse^F d'orchestre^M
Espace dans lequel des musiciens peuvent prendre place pour accompagner les acteurs sur scène.

ARTS ET ARCHITECTURE

arts de la scène 541

salle^F de spectacle^M

scène^F
Partie visible de la salle, où les artistes présentent leur spectacle.

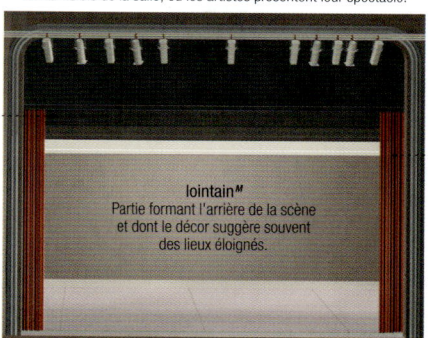

rampe^F
Rangée de projecteurs disposés le long de l'avant-scène.

frise^F
Bande de tissu horizontale servant à masquer les parties des cintres visibles de la salle.

lointain^M
Partie formant l'arrière de la scène et dont le décor suggère souvent des lieux éloignés.

rideau^M de scène^F
Pièce de tissu séparant la scène de la salle.

projecteurs^M
Appareils à faisceau lumineux concentré et de forte intensité.

plafond^M acoustique
Paroi supérieure faite de matériaux permettant une bonne propagation du son dans la salle.

régie^F
Local aménagé pour la commande du son, de l'éclairage et des projections.

côté^M jardin
Côté gauche de la scène, pour le public.

côté^M cour^F
Côté droit de la scène, pour le public.

bar^M
Salle pourvue d'un comptoir et de tables où sont servies des boissons alcoolisées, moyennant paiement.

parterre^M
Partie de la salle située au rez-de-chaussée.

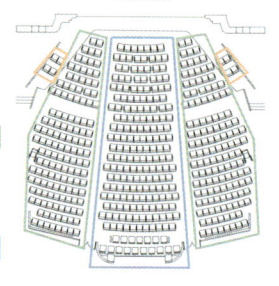

côté^M

centre^M

loge^F
Petite pièce cloisonnée où quelques personnes peuvent prendre place.

corbeille^F
Partie de la salle située au-dessus du parterre.

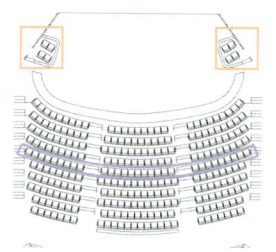

rangée^F
Série de fauteuils à la même distance de la scène.

foyers^M
Lieux où se rend le public avant le spectacle et durant l'entracte.

escalier^M
Élément de structure permettant la circulation entre les niveaux d'une habitation, d'un édifice.

balcon^M
Partie de la salle située au-dessus de la corbeille.

salle^F
Partie de la salle de spectacle aménagée pour recevoir le public durant une représentation.

loge^F d'artiste^M
Pièce dans laquelle les artistes se changent, se maquillent et se coiffent.

fauteuil^M
Siège sur lequel on s'assoit pour la représentation.

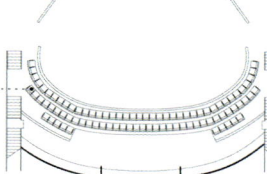

ARTS ET ARCHITECTURE

arts de la scène

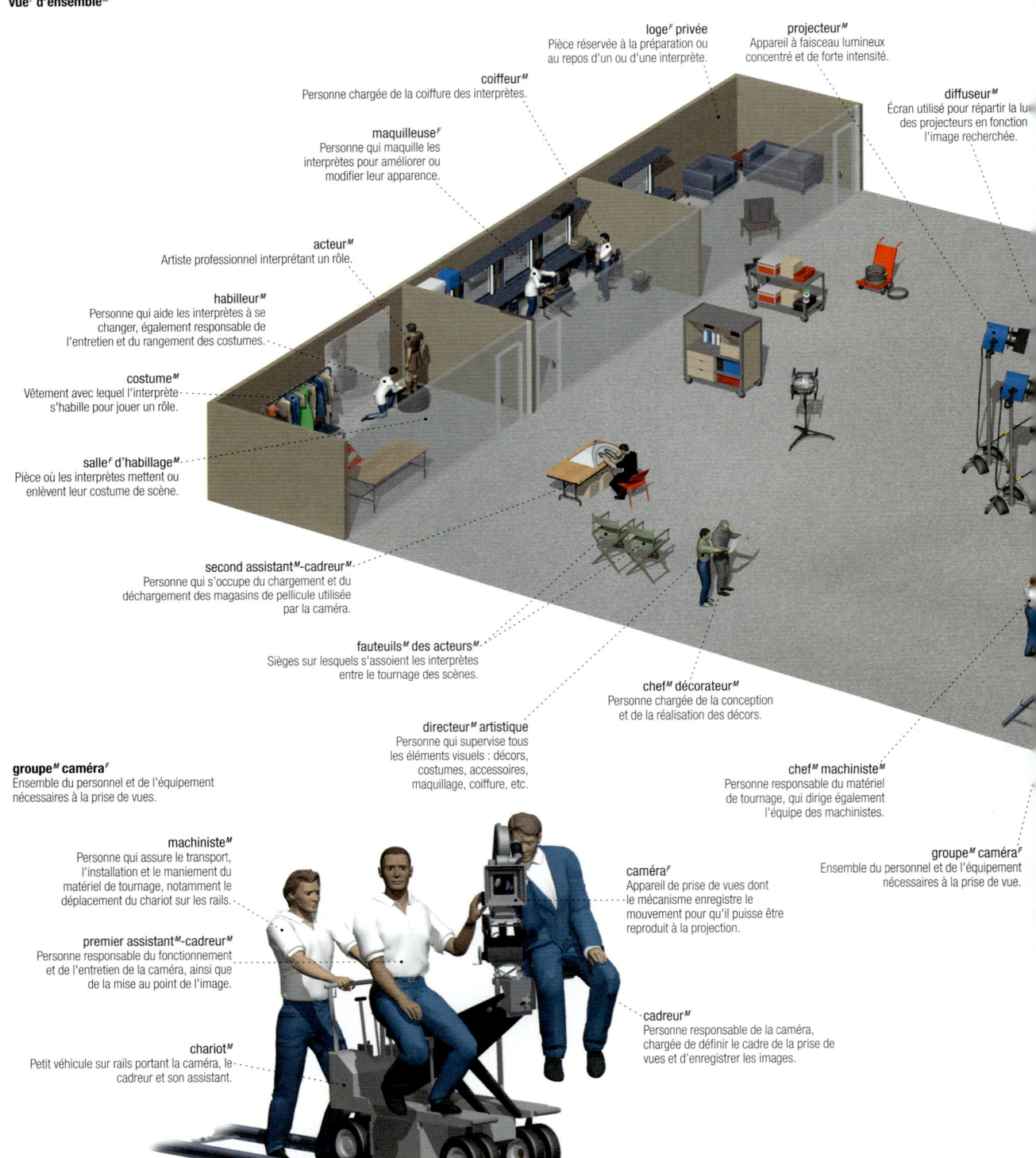

plateau^M de tournage^M

Ensemble des décors, du matériel et du personnel nécessaires à la prise de vues d'un film ou d'une émission de télévision.

vue^F d'ensemble^M

loge^F privée
Pièce réservée à la préparation ou au repos d'un ou d'une interprète.

coiffeur^M
Personne chargée de la coiffure des interprètes.

projecteur^M
Appareil à faisceau lumineux concentré et de forte intensité.

maquilleuse^F
Personne qui maquille les interprètes pour améliorer ou modifier leur apparence.

diffuseur^M
Écran utilisé pour répartir la lumière des projecteurs en fonction de l'image recherchée.

acteur^M
Artiste professionnel interprétant un rôle.

habilleur^M
Personne qui aide les interprètes à se changer, également responsable de l'entretien et du rangement des costumes.

costume^M
Vêtement avec lequel l'interprète s'habille pour jouer un rôle.

salle^F d'habillage^M
Pièce où les interprètes mettent ou enlèvent leur costume de scène.

second assistant^M-cadreur^M
Personne qui s'occupe du chargement et du déchargement des magasins de pellicule utilisée par la caméra.

fauteuils^M des acteurs^M
Sièges sur lesquels s'assoient les interprètes entre le tournage des scènes.

chef^M décorateur^M
Personne chargée de la conception et de la réalisation des décors.

directeur^M artistique
Personne qui supervise tous les éléments visuels : décors, costumes, accessoires, maquillage, coiffure, etc.

chef^M machiniste^M
Personne responsable du matériel de tournage, qui dirige également l'équipe des machinistes.

groupe^M caméra^F
Ensemble du personnel et de l'équipement nécessaires à la prise de vues.

machiniste^M
Personne qui assure le transport, l'installation et le maniement du matériel de tournage, notamment le déplacement du chariot sur les rails.

premier assistant^M-cadreur^M
Personne responsable du fonctionnement et de l'entretien de la caméra, ainsi que de la mise au point de l'image.

caméra^F
Appareil de prise de vues dont le mécanisme enregistre le mouvement pour qu'il puisse être reproduit à la projection.

groupe^M caméra^F
Ensemble du personnel et de l'équipement nécessaires à la prise de vue.

cadreur^M
Personne responsable de la caméra, chargée de définir le cadre de la prise de vues et d'enregistrer les images.

chariot^M
Petit véhicule sur rails portant la caméra, le cadreur et son assistant.

rails^M de travelling^M
Rails guidant le chariot lorsque la caméra se déplace pour suivre l'action (travelling).

ARTS ET ARCHITECTURE

arts de la scène

plateau^M de tournage^M

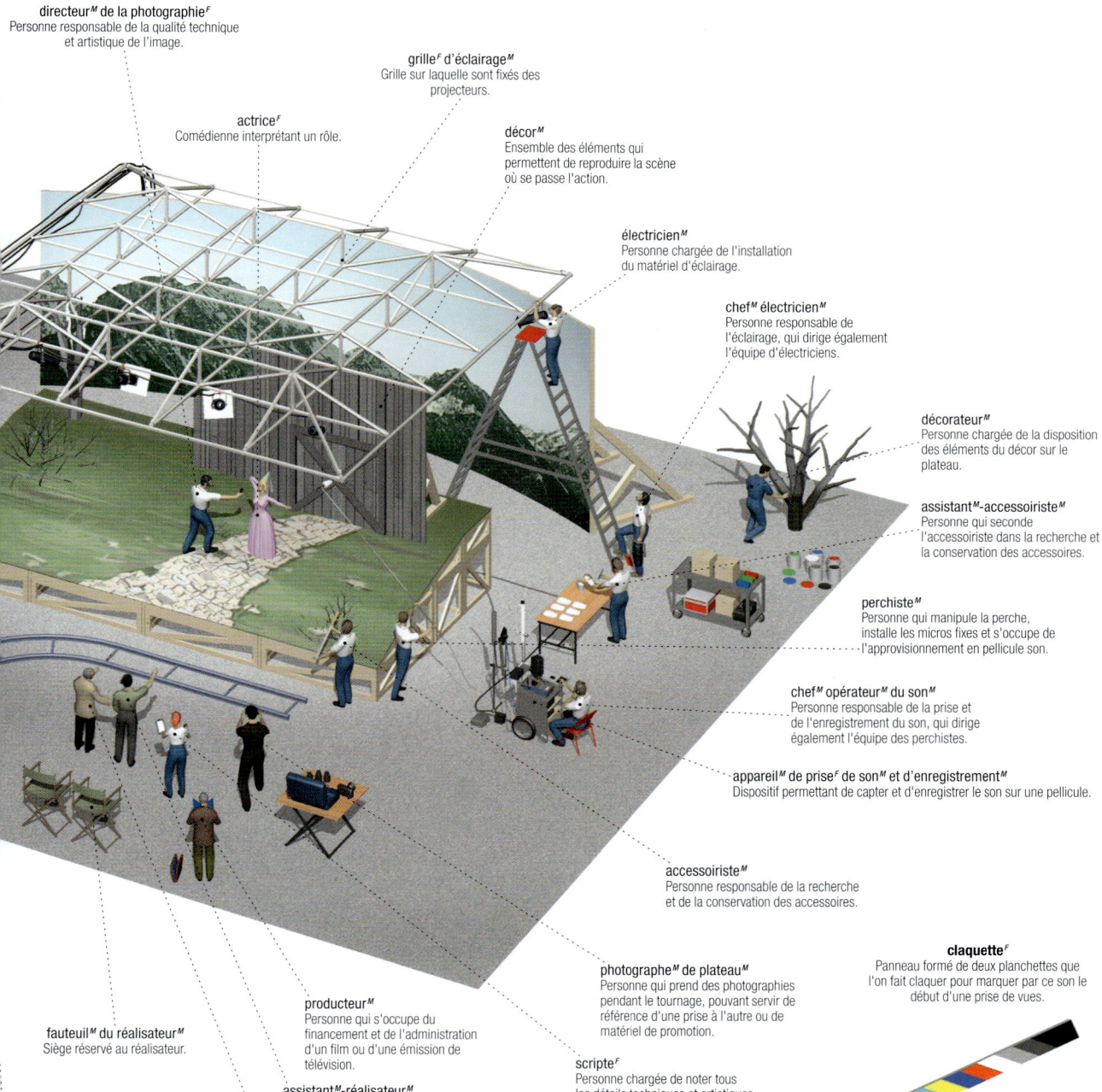

directeur^M de la photographie^F
Personne responsable de la qualité technique et artistique de l'image.

actrice^F
Comédienne interprétant un rôle.

grille^F d'éclairage^M
Grille sur laquelle sont fixés des projecteurs.

décor^M
Ensemble des éléments qui permettent de reproduire la scène où se passe l'action.

électricien^M
Personne chargée de l'installation du matériel d'éclairage.

chef^M électricien^M
Personne responsable de l'éclairage, qui dirige également l'équipe d'électriciens.

décorateur^M
Personne chargée de la disposition des éléments du décor sur le plateau.

assistant^M-accessoiriste^M
Personne qui seconde l'accessoiriste dans la recherche et la conservation des accessoires.

perchiste^M
Personne qui manipule la perche, installe les micros fixes et s'occupe de l'approvisionnement en pellicule son.

chef^M opérateur^M du son^M
Personne responsable de la prise et de l'enregistrement du son, qui dirige également l'équipe des perchistes.

appareil^M de prise^F de son^M et d'enregistrement^M
Dispositif permettant de capter et d'enregistrer le son sur une pellicule.

accessoiriste^M
Personne responsable de la recherche et de la conservation des accessoires.

photographe^M de plateau^M
Personne qui prend des photographies pendant le tournage, pouvant servir de référence d'une prise à l'autre ou de matériel de promotion.

claquette^F
Panneau formé de deux planchettes que l'on fait claquer pour marquer par ce son le début d'une prise de vues.

scripte^F
Personne chargée de noter tous les détails techniques et artistiques des prises de vues afin d'en assurer la continuité.

fauteuil^M du réalisateur^M
Siège réservé au réalisateur.

producteur^M
Personne qui s'occupe du financement et de l'administration d'un film ou d'une émission de télévision.

assistant^M-réalisateur^M
Collaborateur direct du réalisateur, chargé de préparer le tournage et de veiller à ce que tout se fasse conformément aux directives de ce dernier.

moniteurs^M de contrôle^M du réalisateur^M
Écrans de visualisation permettant de vérifier la qualité de la prise de vues.

réalisateur^M
Personne qui assure la direction technique et artistique du tournage d'un film ou d'une émission de télévision.

code^M temporel
Dispositif indiquant l'heure, la minute, la seconde et le numéro d'image, servant au repérage des séquences au montage.

00:58:55:29

ARTS ET ARCHITECTURE

cinéma^M

Établissement comportant des salles destinées à la projection de films.

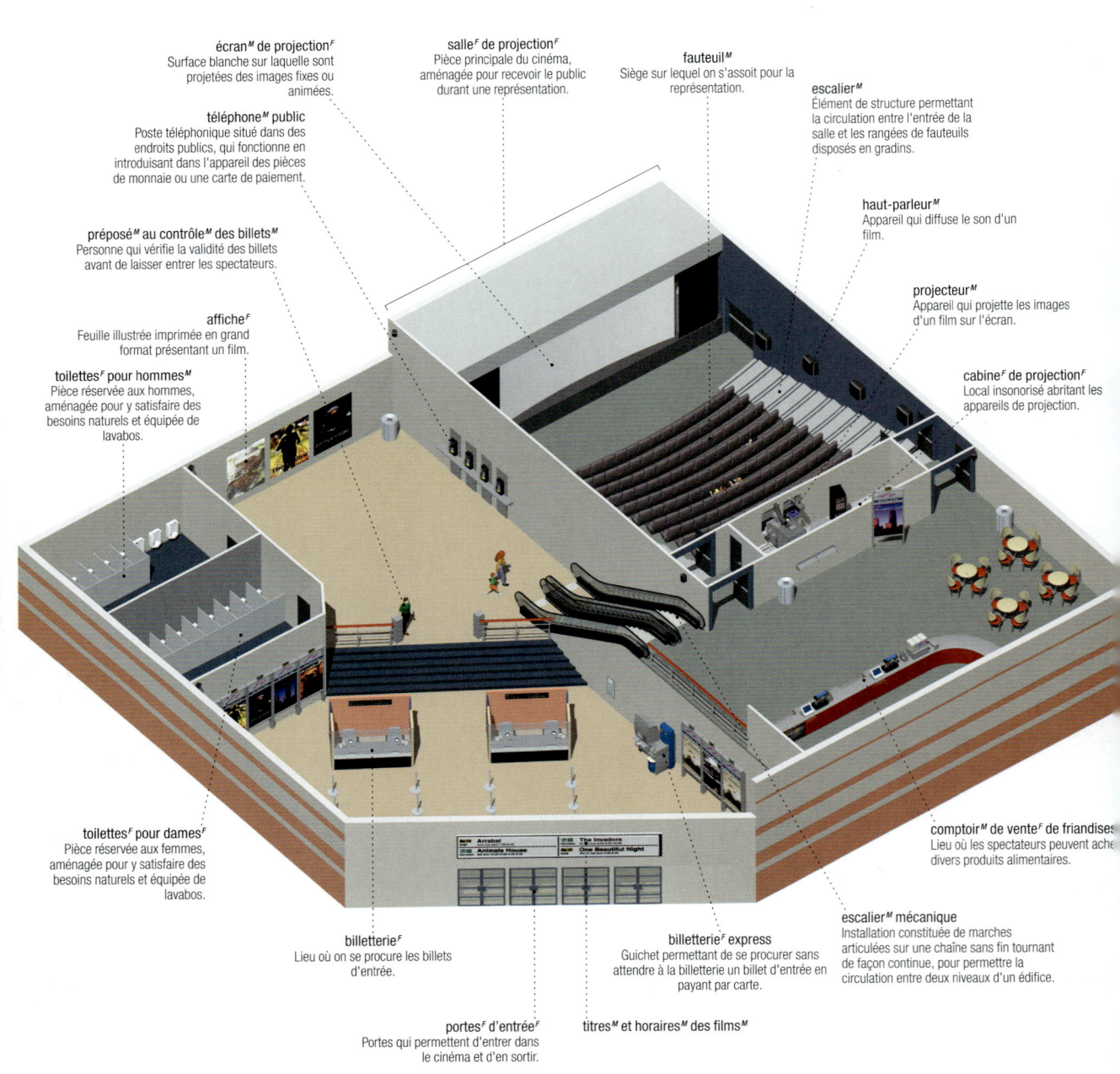

écran^M de projection^F
Surface blanche sur laquelle sont projetées des images fixes ou animées.

salle^F de projection^F
Pièce principale du cinéma, aménagée pour recevoir le public durant une représentation.

fauteuil^M
Siège sur lequel on s'assoit pour la représentation.

escalier^M
Élément de structure permettant la circulation entre l'entrée de la salle et les rangées de fauteuils disposés en gradins.

téléphone^M public
Poste téléphonique situé dans des endroits publics, qui fonctionne en introduisant dans l'appareil des pièces de monnaie ou une carte de paiement.

haut-parleur^M
Appareil qui diffuse le son d'un film.

projecteur^M
Appareil qui projette les images d'un film sur l'écran.

préposé^M au contrôle^M des billets^M
Personne qui vérifie la validité des billets avant de laisser entrer les spectateurs.

cabine^F de projection^F
Local insonorisé abritant les appareils de projection.

affiche^F
Feuille illustrée imprimée en grand format présentant un film.

toilettes^F pour hommes^M
Pièce réservée aux hommes, aménagée pour y satisfaire des besoins naturels et équipée de lavabos.

toilettes^F pour dames^F
Pièce réservée aux femmes, aménagée pour y satisfaire des besoins naturels et équipée de lavabos.

comptoir^M de vente^F de friandises^F
Lieu où les spectateurs peuvent acheter divers produits alimentaires.

billetterie^F
Lieu où on se procure les billets d'entrée.

billetterie^F express
Guichet permettant de se procurer sans attendre à la billetterie un billet d'entrée en payant par carte.

escalier^M mécanique
Installation constituée de marches articulées sur une chaîne sans fin tournant de façon continue, pour permettre la circulation entre deux niveaux d'un édifice.

portes^F d'entrée^F
Portes qui permettent d'entrer dans le cinéma et d'en sortir.

titres^M et horaires^M des films^M

orchestre^M symphonique

Formation composée de plusieurs musiciens sous la direction d'un chef et comprenant diverses catégories d'instruments selon l'œuvre musicale à exécuter.

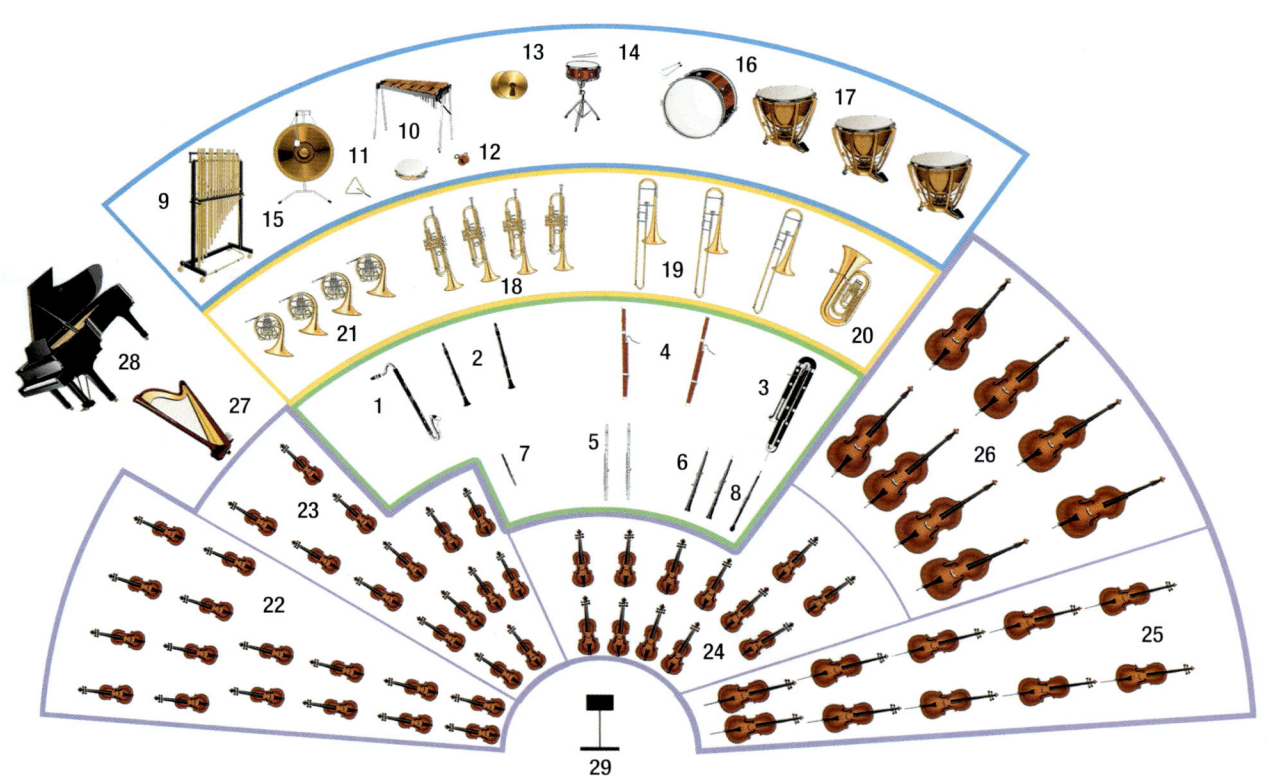

ARTS ET ARCHITECTURE

ille^F des bois^M
mble des instruments à vent
qués, du moins à l'origine, en bois.

arinette^F basse
arinette à tuyau recourbé
onnant une octave plus bas que la
arinette ordinaire.

arinettes^F
struments à anche simple dont
tuyau cylindrique percé de trous
ertains fermés par des clés) se
rmine par un pavillon évasé.

ontrebasson^M
strument à vent, à anche double,
rmé de plusieurs tuyaux et
onnant une octave plus bas que
basson.

assons^M
struments formés d'un tuyau de
ois conique percé de trous (certains
t dont l'anche double est insérée
ans une embouchure recourbée.

ûtes^F
struments à embouchure latérale
ont le tuyau est percé de trous
ertains fermés par des clés.

autbois^M
struments à anche double dont le
yau conique percé de trous (certains
rmés par des clés) se termine par
n pavillon légèrement évasé.

7 piccolo^M
Petite flûte traversière sonnant une octave plus haut que la flûte traversière ordinaire.

8 cor^M anglais
Hautbois alto qui se termine par un pavillon en boule.

instruments^M à percussion^F
Instruments que l'on frappe directement avec les mains ou à l'aide de baguettes, de maillochés, etc., pour produire un son.

9 carillon^M tubulaire
Série de tubes métalliques disposés verticalement en ordre de grandeur que l'on frappe, dans le haut, à l'aide de petits marteaux.

10 xylophone^M
Instrument formé de lames de bois posées sur des tubes de résonance, disposées en ordre croissant sur deux rangées et sur lesquelles on frappe avec des maillochés.

11 triangle^M
Instrument formé d'une tige d'acier recourbée pour former un triangle ouvert à un angle, sur laquelle on frappe à l'aide d'une baguette métallique.

12 castagnettes^F
Instrument composé de deux pièces de bois en forme de coquille que l'on frappe l'une contre l'autre avec les doigts d'une main.

13 cymbales^F
Instrument formé de deux disques de métal que l'on frappe l'un contre l'autre.

14 caisse^F claire
Tambour plat formé de deux membranes. La membrane inférieure est traversée de cordes métalliques qui, tendues, permettent de produire un cliquetis.

15 gong^M
Instrument composé d'un large disque de métal dont on frappe la partie centrale bombée à l'aide d'une mailloche.

16 grosse caisse^F
Tambour de grande dimension que l'on dresse sur un support à la verticale et que l'on frappe à l'aide d'une mailloche actionnée par une pédale.

17 timbales^F
Instruments formés d'un bassin en cuivre de forme hémisphérique ou parabolique recouvert d'une membrane tendue sur laquelle on frappe à l'aide de maillochés.

famille^F des cuivres^M
Ensemble des instruments à vent fabriqués en métal et dont l'embouchure est en forme de coupe.

18 trompettes^F
Instruments formés d'un tuyau cylindrique replié sur lui-même et terminé par un pavillon évasé, muni de pistons.

19 trombones^M
Instruments formés d'un tuyau recourbé muni d'une coulisse permettant d'allonger le tuyau pour produire des sons dont la hauteur varie par demi-tons.

20 tuba^M
Instrument muni de pistons, le plus grave de la famille des cuivres, formé d'un tuyau conique replié sur lui-même et terminé par un pavillon tourné vers le haut.

21 cors^M d'harmonie^F
Instruments formés d'un tuyau conique enroulé sur lui-même, muni de pistons et terminé par un pavillon évasé.

27 harpe^F
Instrument à cordes pincées, d'inégales longueurs, fixées à un cadre triangulaire.

28 piano^M
Instrument à cordes frappées par des marteaux actionnés par les touches d'un clavier.

famille^F du violon^M
Ensemble des instruments à cordes frottées à l'aide d'un archet.

22 premiers violons^M
Groupe de violons jouant la mélodie.

23 seconds violons^M
Groupe de violons en appui aux premiers violons.

24 altos^M
Instruments à quatre cordes semblables au violon, mais joués une quinte plus grave que ce dernier.

25 violoncelles^M
Instruments à quatre cordes que l'on pose entre les jambes pour en jouer, environ deux fois plus gros que le violon et d'une octave plus grave que l'alto.

26 contrebasses^F
Instruments à quatre ou cinq cordes, les plus volumineux et les plus graves de la famille du violon, tenus à la verticale.

29 pupitre^M du chef^M d'orchestre^M
Petite estrade du haut de laquelle le chef dirige le jeu de musiciens.

musique

exemples de groupes instrumentaux

Groupes instrumentaux : ensembles de deux ou de plusieurs instruments, donc de musiciens, dont la composition dépend de l'œuvre musicale à exécuter.

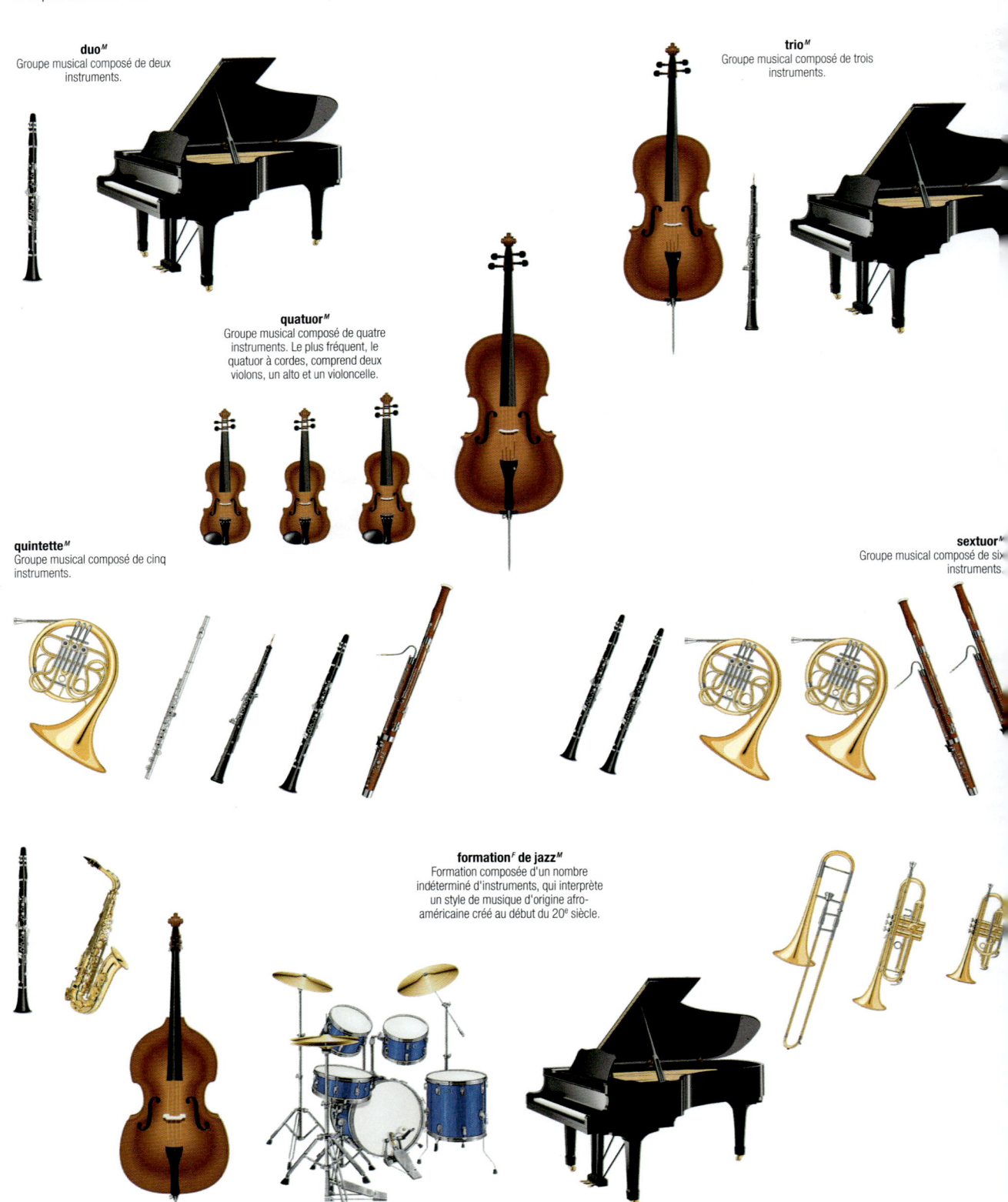

duo
Groupe musical composé de deux instruments.

trio
Groupe musical composé de trois instruments.

quatuor
Groupe musical composé de quatre instruments. Le plus fréquent, le quatuor à cordes, comprend deux violons, un alto et un violoncelle.

quintette
Groupe musical composé de cinq instruments.

sextuor
Groupe musical composé de six instruments.

formation de jazz
Formation composée d'un nombre indéterminé d'instruments, qui interprète un style de musique d'origine afro-américaine créé au début du 20ᵉ siècle.

musique 547

instruments^M à cordes^F

Instruments dont le son, amplifié par une caisse de résonance, est produit par la vibration de cordes pincées ou frottées, tendues sur un manche.

archet^M
Baguette de bois sur laquelle est tendue une mèche de crins, servant à faire vibrer par frottement les cordes d'un instrument.

pointe^F
Partie sur laquelle se fixe la mèche à son extrémité supérieure.

cheville^F
Pièce de bois ou de métal servant à enrouler l'extrémité d'une corde afin d'en régler la tension et obtenir ainsi la note exacte.

volute^F
Extrémité décorative du chevillier en forme de spirale.

violon^M
Instrument à quatre cordes, que l'on frotte avec un archet et que le musicien tient entre l'épaule et le menton.

tête^F
Extrémité supérieure de l'archet.

chevillier^M
Extrémité d'un instrument à cordes, où s'insèrent les chevilles.

sillet^M
Petite pièce collée sur le haut du manche, qui permet de séparer les cordes et de les hausser entre le chevillier et le chevalet.

baguette^F
Mince tige flexible sur laquelle est tendue la mèche.

manche^M
Pièce longiligne généralement d'érable sur laquelle sont tendues les cordes.

touche^F
Point sur lequel l'instrumentiste pose le doigt pour régler la longueur vibrante d'une corde et déterminer ainsi la hauteur d'une note.

table^F d'harmonie^F
Face supérieure de l'instrument, légèrement bombée et percée de deux orifices, qui reçoit les vibrations du chevalet et les transmet à la caisse de résonance.

mèche^F
Partie de l'archet composée de crins de cheval qu'on frotte sur les cordes pour les faire vibrer.

corde^F
Corde en boyau ou en métal dont les vibrations sont transmises au chevalet lorsqu'on la frotte à l'aide d'un archet.

filet^M
Bande de bois ornant le bord de la table d'harmonie et du fond de la caisse de résonance.

poignée^F
Partie par laquelle on tient l'archet pour l'utiliser.

échancrure^F
Chacune des encoches latérales de l'instrument en forme de C inversé.

éclisse^F
Chacune des minces planches de bois formant les parois latérales de l'instrument.

talon^M
Extrémité inférieure de l'archet.

chevalet^M
Pièce de bois sur laquelle les cordes sont tendues, servant à transmettre leurs vibrations à la table d'harmonie.

ouïe^F
Chacune des ouvertures servant à libérer le son provenant de la caisse de résonance.

hausse^F
Pièce coulissante sur laquelle se fixe l'extrémité inférieure de la mèche et dont le déplacement ajuste la tension de celle-ci.

cordier^M
Pièce de bois sur laquelle sont attachées les cordes à leur extrémité inférieure.

vis^F
Pièce filetée qui permet de déplacer la hausse.

mentonnière^F
Plaquette de bois ou de plastique légèrement concave sur laquelle s'appuie le menton pour coincer le violon contre l'épaule.

bouton^M
Bouton d'ébène qui, par une attache, maintient le cordier sur la caisse de résonance.

contrebasse^F
Instrument à quatre ou cinq cordes, plus volumineux et le plus grave de la famille du violon, tenu à la verticale.

violoncelle^M
Instrument à quatre cordes que l'on pose entre les jambes pour en jouer, environ deux fois plus gros que le violon et d'une octave plus grave que l'alto.

famille^F du violon^M
Ensemble des instruments à cordes frottées à l'aide d'un archet.

alto^M
Instrument à quatre cordes un peu plus grand que le violon, mais joué une quinte plus grave que ce dernier.

violon^M
Instrument à quatre cordes, que l'on frotte avec un archet et que le musicien tient entre l'épaule et le menton.

ARTS ET ARCHITECTURE

musique

instruments^M à cordes^F

harpe^F
Instrument à cordes pincées, d'inégale longueur, fixées à un cadre triangulaire.

chapiteau^M
Couronnement de la colonne.

cheville^F
Pièce de bois ou de métal servant à enrouler l'extrémité d'une corde afin d'en régler la tension et obtenir ainsi la note exacte.

console^F
Partie supérieure de la harpe, sur laquelle sont fixées les chevilles et qui contient un mécanisme pour modifier les cordes d'un demi-ton.

corde^F
Corde en boyau, en nylon ou en métal dont les vibrations sont transmises à la table d'harmonie.

crosse^F
Section recourbée du cadre de la harpe.

table^F d'harmonie^F
Face supérieure de la caisse de résonance, sur laquelle sont transmises les vibrations des cordes.

colonne^F
Montant réunissant la caisse de résonance à la console, qui contient des tiges d'acier reliant les pédales au mécanisme situé dans la console.

caisse^F de résonance^F
Partie creuse de l'instrument servant à amplifier les vibrations sonores produites par les cordes.

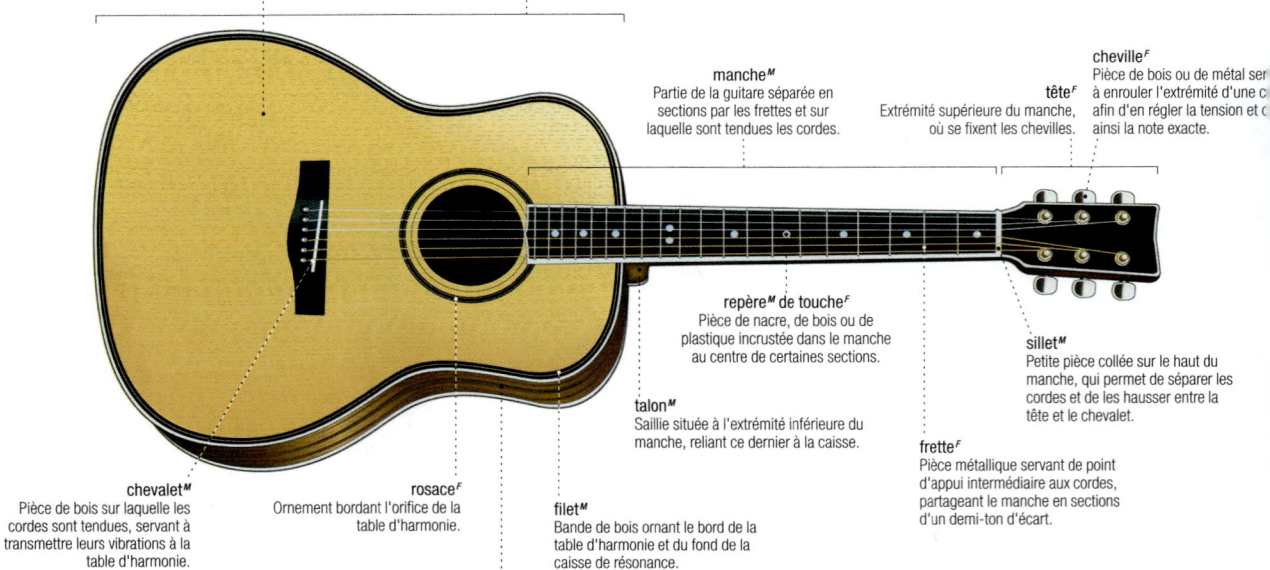

pédale^F
Dispositif permettant d'élever ou d'abaisser la corde d'un demi-ton ou d'un ton.

cuvette^F
Socle sur lequel se rejoignent la caisse de résonance et la colonne.

pied^M
Chacune des pièces sur lesquelles repose la harpe.

guitare^F acoustique
Instrument à cordes pincées dont la caisse creuse sert à amplifier les vibrations produites par les cordes.

table^F d'harmonie^F
Face supérieure de l'instrument, qui reçoit les vibrations du chevalet et les transmet à la caisse de résonance.

caisse^F de résonance^F
Partie creuse de l'instrument servant à amplifier les vibrations sonores produites par les cordes.

manche^M
Partie de la guitare séparée en sections par les frettes et sur laquelle sont tendues les cordes.

tête^F
Extrémité supérieure du manche, où se fixent les chevilles.

cheville^F
Pièce de bois ou de métal ser à enrouler l'extrémité d'une c afin d'en régler la tension et c ainsi la note exacte.

repère^M de touche^F
Pièce de nacre, de bois ou de plastique incrustée dans le manche au centre de certaines sections.

sillet^M
Petite pièce collée sur le haut du manche, qui permet de séparer les cordes et de les hausser entre la tête et le chevalet.

talon^M
Saillie située à l'extrémité inférieure du manche, reliant ce dernier à la caisse.

frette^F
Pièce métallique servant de point d'appui intermédiaire aux cordes, partageant le manche en sections d'un demi-ton d'écart.

chevalet^M
Pièce de bois sur laquelle les cordes sont tendues, servant à transmettre leurs vibrations à la table d'harmonie.

rosace^F
Ornement bordant l'orifice de la table d'harmonie.

filet^M
Bande de bois ornant le bord de la table d'harmonie et du fond de la caisse de résonance.

éclisse^F
Chacune des minces planches de bois formant les parois latérales de l'instrument.

ARTS ET ARCHITECTURE

musique 549

instruments^M à cordes^F

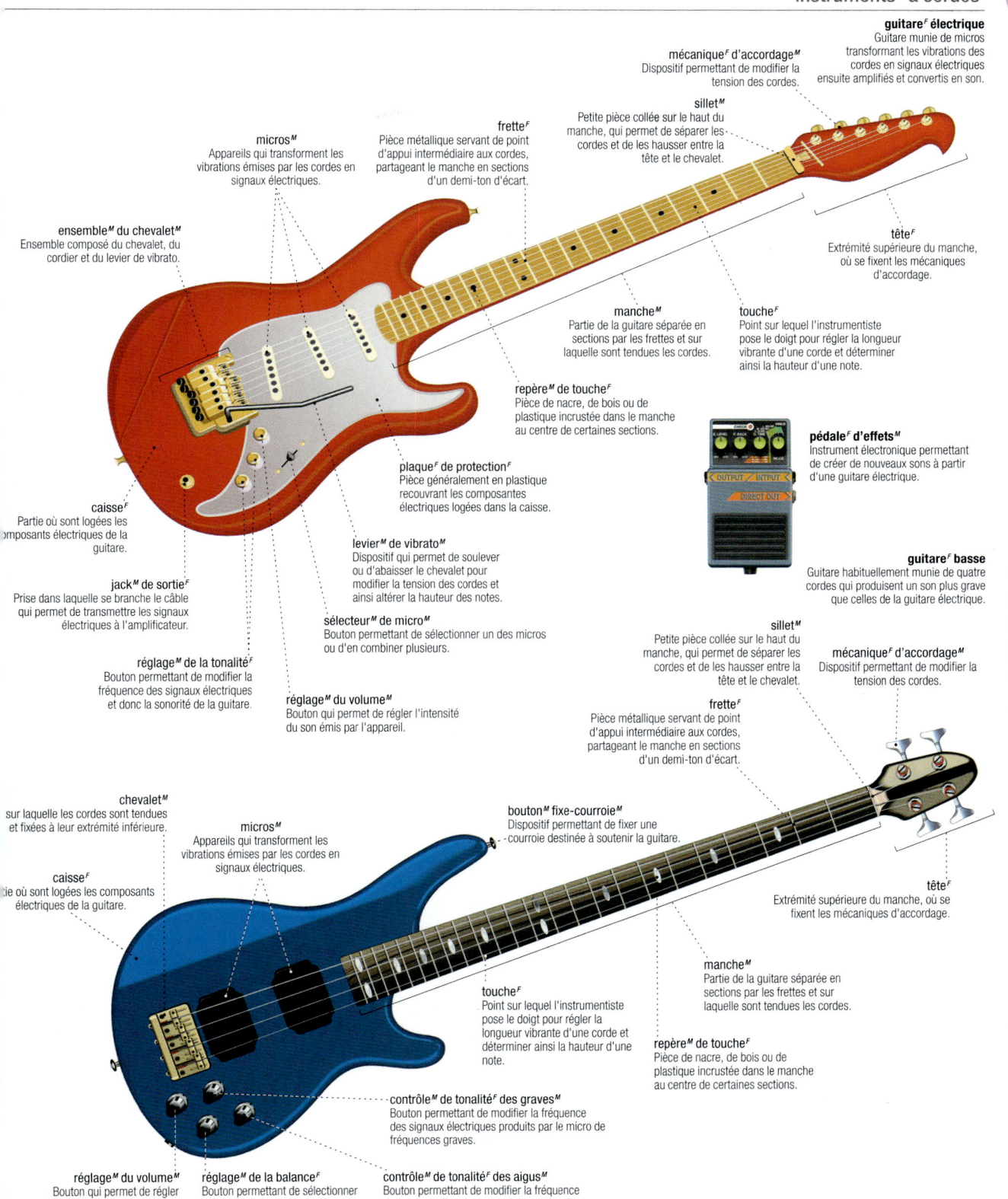

guitare^F électrique
Guitare munie de micros transformant les vibrations des cordes en signaux électriques ensuite amplifiés et convertis en son.

mécanique^F d'accordage^M
Dispositif permettant de modifier la tension des cordes.

sillet^M
Petite pièce collée sur le haut du manche, qui permet de séparer les cordes et de les hausser entre la tête et le chevalet.

micros^M
Appareils qui transforment les vibrations émises par les cordes en signaux électriques.

frette^F
Pièce métallique servant de point d'appui intermédiaire aux cordes, partageant le manche en sections d'un demi-ton d'écart.

tête^F
Extrémité supérieure du manche, où se fixent les mécaniques d'accordage.

ensemble^M du chevalet^M
Ensemble composé du chevalet, du cordier et du levier de vibrato.

manche^M
Partie de la guitare séparée en sections par les frettes et sur laquelle sont tendues les cordes.

touche^F
Point sur lequel l'instrumentiste pose le doigt pour régler la longueur vibrante d'une corde et déterminer ainsi la hauteur d'une note.

repère^M de touche^F
Pièce de nacre, de bois ou de plastique incrustée dans le manche au centre de certaines sections.

pédale^F d'effets^M
Instrument électronique permettant de créer de nouveaux sons à partir d'une guitare électrique.

plaque^F de protection^F
Pièce généralement en plastique recouvrant les composantes électriques logées dans la caisse.

caisse^F
Partie où sont logées les composants électriques de la guitare.

levier^M de vibrato^M
Dispositif qui permet de soulever ou d'abaisser le chevalet pour modifier la tension des cordes et ainsi altérer la hauteur des notes.

jack^M de sortie^F
Prise dans laquelle se branche le câble qui permet de transmettre les signaux électriques à l'amplificateur.

sélecteur^M de micro^M
Bouton permettant de sélectionner un des micros ou d'en combiner plusieurs.

guitare^F basse
Guitare habituellement munie de quatre cordes qui produisent un son plus grave que celles de la guitare électrique.

sillet^M
Petite pièce collée sur le haut du manche, qui permet de séparer les cordes et de les hausser entre la tête et le chevalet.

mécanique^F d'accordage^M
Dispositif permettant de modifier la tension des cordes.

réglage^M de la tonalité^F
Bouton permettant de modifier la fréquence des signaux électriques et donc la sonorité de la guitare.

réglage^M du volume^M
Bouton qui permet de régler l'intensité du son émis par l'appareil.

frette^F
Pièce métallique servant de point d'appui intermédiaire aux cordes, partageant le manche en sections d'un demi-ton d'écart.

chevalet^M
sur laquelle les cordes sont tendues et fixées à leur extrémité inférieure.

micros^M
Appareils qui transforment les vibrations émises par les cordes en signaux électriques.

bouton^M fixe-courroie^M
Dispositif permettant de fixer une courroie destinée à soutenir la guitare.

caisse^F
tie où sont logées les composants électriques de la guitare.

tête^F
Extrémité supérieure du manche, où se fixent les mécaniques d'accordage.

manche^M
Partie de la guitare séparée en sections par les frettes et sur laquelle sont tendues les cordes.

touche^F
Point sur lequel l'instrumentiste pose le doigt pour régler la longueur vibrante d'une corde et déterminer ainsi la hauteur d'une note.

repère^M de touche^F
Pièce de nacre, de bois ou de plastique incrustée dans le manche au centre de certaines sections.

contrôle^M de tonalité^F des graves^M
Bouton permettant de modifier la fréquence des signaux électriques produits par le micro de fréquences graves.

réglage^M du volume^M
Bouton qui permet de régler l'intensité du son émis par l'appareil.

réglage^M de la balance^F
Bouton permettant de sélectionner un des micros ou de combiner les deux.

contrôle^M de tonalité^F des aigus^M
Bouton permettant de modifier la fréquence des signaux électriques produits par le micro de fréquences aiguës.

ARTS ET ARCHITECTURE

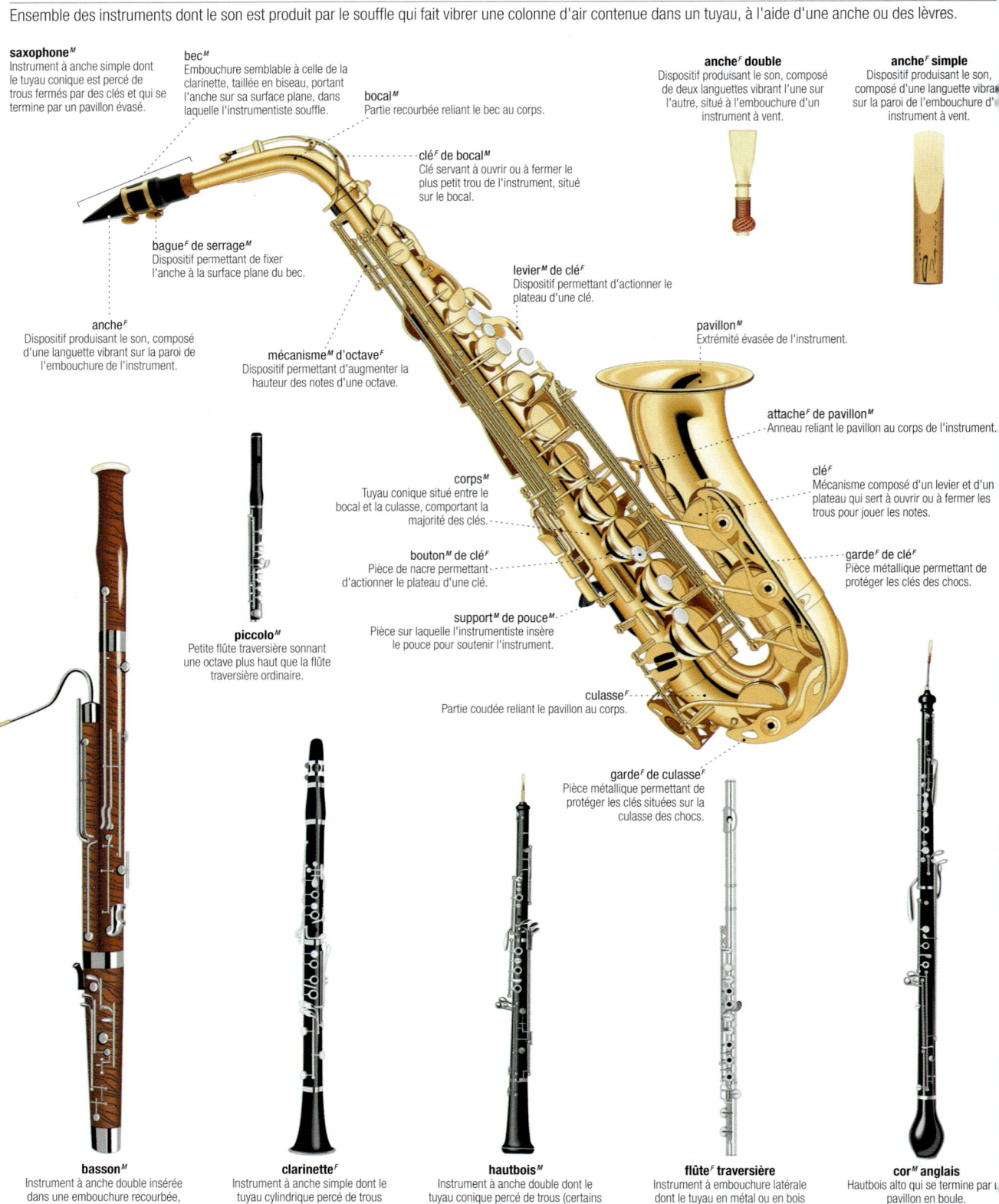

musique

instruments^M à vent^M

Ensemble des instruments dont le son est produit par le souffle qui fait vibrer une colonne d'air contenue dans un tuyau, à l'aide d'une anche ou des lèvres.

saxophone^M
Instrument à anche simple dont le tuyau conique est percé de trous fermés par des clés et qui se termine par un pavillon évasé.

bec^M
Embouchure semblable à celle de la clarinette, taillée en biseau, portant l'anche sur sa surface plane, dans laquelle l'instrumentiste souffle.

bocal^M
Partie recourbée reliant le bec au corps.

clé^F de bocal^M
Clé servant à ouvrir ou à fermer le plus petit trou de l'instrument, situé sur le bocal.

anche^F double
Dispositif produisant le son, composé de deux languettes vibrant l'une sur l'autre, situé à l'embouchure d'un instrument à vent.

anche^F simple
Dispositif produisant le son, composé d'une languette vibrant sur la paroi de l'embouchure d'un instrument à vent.

bague^F de serrage^M
Dispositif permettant de fixer l'anche à la surface plane du bec.

levier^M de clé^F
Dispositif permettant d'actionner le plateau d'une clé.

anche^F
Dispositif produisant le son, composé d'une languette vibrant sur la paroi de l'embouchure de l'instrument.

mécanisme^M d'octave^F
Dispositif permettant d'augmenter la hauteur des notes d'une octave.

pavillon^M
Extrémité évasée de l'instrument.

attache^F de pavillon^M
Anneau reliant le pavillon au corps de l'instrument.

corps^M
Tuyau conique situé entre le bocal et la culasse, comportant la majorité des clés.

clé^F
Mécanisme composé d'un levier et d'un plateau qui sert à ouvrir ou à fermer les trous pour jouer les notes.

bouton^M de clé^F
Pièce de nacre permettant d'actionner le plateau d'une clé.

garde^F de clé^F
Pièce métallique permettant de protéger les clés des chocs.

support^M de pouce^M
Pièce sur laquelle l'instrumentiste insère le pouce pour soutenir l'instrument.

piccolo^M
Petite flûte traversière sonnant une octave plus haut que la flûte traversière ordinaire.

culasse^F
Partie coudée reliant le pavillon au corps.

garde^F de culasse^F
Pièce métallique permettant de protéger les clés situées sur la culasse des chocs.

basson^M
Instrument à anche double insérée dans une embouchure recourbée, formé d'un tuyau en bois recourbé sur lui-même.

clarinette^F
Instrument à anche simple dont le tuyau cylindrique percé de trous (certains fermés par des clés) se termine par un pavillon évasé.

hautbois^M
Instrument à anche double dont le tuyau conique percé de trous (certains fermés par des clés) se termine par un pavillon légèrement évasé.

flûte^F traversière
Instrument à embouchure latérale dont le tuyau en métal ou en bois percé de trous (certains fermés par des clés) se tient à l'horizontale.

cor^M anglais
Hautbois alto qui se termine par un pavillon en boule.

ARTS ET ARCHITECTURE

musique 551

instruments^M à vent^M

bouton^M de piston^M
Pièce souvent incrustée de nacre sur laquelle on appuie pour actionner les pistons.

crochet^M de petit doigt^M
Pièce servant de support au petit doigt de la main droite.

pavillon^M
Extrémité évasée de l'instrument.

trompette^F
Instrument formé d'un tuyau cylindrique replié sur lui-même et terminé par un pavillon évasé, muni de pistons.

boisseau^M d'embouchure^F
Extrémité du tuyau dans laquelle se fixe l'embouchure.

branche^F d'embouchure^F
Partie du tuyau située entre le boisseau d'embouchure et la coulisse d'accord.

bague^F
Pièce permettant d'allonger la coulisse du troisième piston pour accorder certaines notes pendant le jeu.

embouchure^F
Pièce en forme de petite coupe sur laquelle l'instrumentiste pose les lèvres pour souffler dans l'instrument et moduler le son.

coulisse^F d'accord^M
Dispositif mobile permettant d'accorder l'instrument.

coulisse^F du premier piston^M
Tuyau recourbé permettant, lorsque le premier piston est abaissé, de jouer des notes d'un ton plus grave que celles produites sans piston.

coulisse^F du troisième piston^M
Tuyau recourbé permettant, lorsque le troisième piston est abaissé, de jouer des notes de trois demi-tons plus graves que celles produites sans piston.

soupape^F d'évacuation^F
Dispositif permettant de chasser l'humidité contenue dans l'instrument.

crochet^M de pouce^M
Pièce dans laquelle s'insère le pouce, permettant d'allonger la coulisse du premier piston pour accorder certaines notes pendant le jeu.

piston^M
Dispositif permettant d'allonger la colonne d'air du tuyau en libérant les coulisses, pour produire différentes notes.

corps^M de piston^M
Tuyau cylindrique dans lequel s'insère un piston.

coulisse^F du deuxième piston^M
Tuyau recourbé permettant, lorsque le deuxième piston est abaissé, de jouer des notes d'un demi-ton plus grave que celles produites sans piston.

sourdine^F
Dispositif inséré dans le pavillon pour amortir le son.

cornet^M à pistons^M
Instrument muni de pistons, formé d'un tuyau conique replié sur lui-même et plus court que celui de la trompette.

cor^M d'harmonie^F
Instrument muni de pistons, formé d'un tuyau conique enroulé sur lui-même et terminé par un pavillon évasé.

clairon^M
Instrument formé d'un tuyau conique, sans pistons et sans clés, servant essentiellement aux sonneries militaires.

tuba^M
Instrument muni de pistons, le plus grave de la famille des cuivres, formé d'un tuyau conique replié sur lui-même et terminé par un pavillon tourné vers le haut.

saxhorn^M
Instrument muni de pistons et joué une quinte plus grave que le cornet à pistons, formé d'un tuyau conique replié sur lui-même et terminé par un large pavillon.

trombone^M
Instrument plus grave que la trompette, formé d'un tuyau recourbé muni d'une coulisse permettant d'allonger le tuyau pour produire des sons dont la hauteur varie par demi-tons.

ARTS ET ARCHITECTURE

instruments^M à clavier^M

Instruments comportant un ensemble de touches sur lesquelles on appuie pour frapper ou pincer des cordes et produire un son.

piano^M droit
Instrument à cordes frappées par des marteaux actionnés par les touches d'un clavier, dont la table d'harmonie et les cordes sont disposées verticalement.

feutre^M d'étouffoir^M
Bande d'étoffe qui s'insère entre les cordes et les têtes de marteaux lorsqu'on appuie sur la pédale de sourdine, pour diminuer l'intensité du son.

barre^F de pression^F
Barre métallique sous laquelle passent les cordes, délimitant, en partie supérieure, la section des cordes qui vibre.

sommier^M
Partie dans laquelle sont fixées les chevilles d'accord.

barre^F de repos^M des marteaux^M
Pièce garnie de feutre sur laquelle le manche du marteau s'appuie lors de sa retombée.

marteau^M
Pièce de bois dont l'extrémité recouverte de feutre (tête) frappe la ou les cordes pour les mettre en vibration.

cheville^F d'accord^M
Pièce de bois ou de métal servant à enrouler l'extrémité d'une corde afin d'en régler la tension et d'obtenir ainsi la note exacte.

touche^F
Levier blanc ou noir basculant sous la pression des doigts et provoquant, par l'intermédiaire d'un mécanisme, le heurt du marteau sur une ou plusieurs cordes.

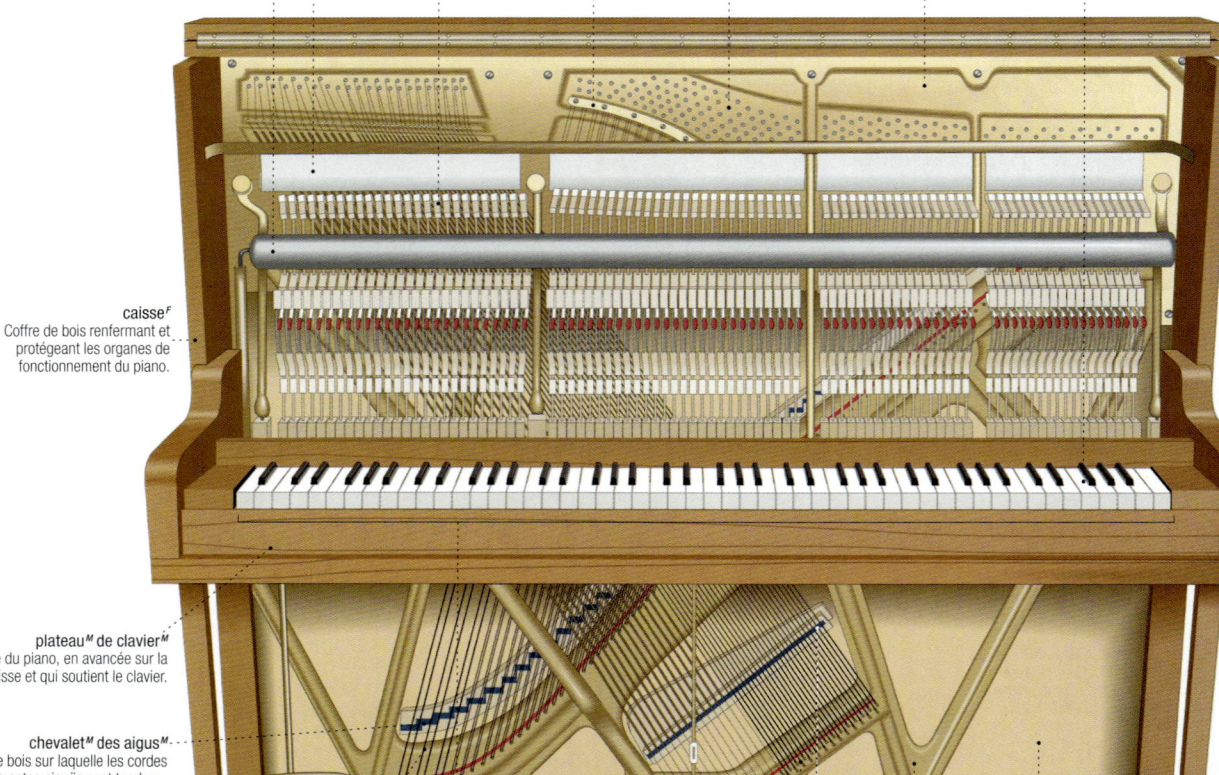

caisse^F
Coffre de bois renfermant et protégeant les organes de fonctionnement du piano.

plateau^M de clavier^M
Partie du piano, en avancée sur la caisse et qui soutient le clavier.

chevalet^M des aigus^M
Pièce de bois sur laquelle les cordes des notes aiguës sont tendues, servant à transmettre leurs vibrations à la table d'harmonie.

tringle^F de pédale^F
Pièce de bois permettant de relier la pédale au mécanisme.

cordes^F
Fils métalliques tendus entre deux points fixes dont la vibration, provoquée par le choc des marteaux, produit une note.

clavier^M
Ensemble des touches du piano (52 blanches et 36 noires).

pédale^F douce
Dans le piano droit, elle rapproche les marteaux des cordes pour réduire la force de frappe; dans le piano à queue, elle réduit leur frappe à une section de la corde.

pédale^F de sourdine^F
Dans le piano droit, elle abaisse le feutre d'étouffoir; dans le piano à queue, elle prolonge les notes jouées au moment de l'appuyer (pédale de prolongation).

pédale^F forte
Pédale qui permet d'augmenter la durée de résonance des cordes en maintenant levés les étouffoirs.

table^F d'harmonie^F
Surface plane servant à amplifier les vibrations des cordes transmises par les chevalets.

cadre^M métallique
Châssis métallique supportant la tension des cordes.

chevalet^M des basses^F
Pièce de bois sur laquelle les cordes des notes graves sont tendues, servant à transmettre leurs vibrations à la table d'harmonie.

pointe^F d'attache^F
Pièce fixée au cadre métallique, sur laquelle est attachée la corde à son extrémité inférieure.

musique 553

instruments^M à clavier^M

corde^F
Les cordes sont : simples et en cuivre dans le grave, doubles et en acier dans le moyen, triples et en acier (mais plus fines que celles du moyen) dans l'aigu.

étouffoir^M
Pièce de bois garnie de feutre qui, lorsque la touche est relâchée, se pose sur la ou les cordes pour en arrêter la vibration.

barre^F d'étouffoir^M
Pièce garnie de feutre sur laquelle la tige de l'étouffoir s'appuie lorsque celui-ci quitte la corde pour qu'elle vibre.

noix^F
Pièce qui, poussée par le levier d'échappement, permet de diriger le marteau vers la ou les cordes.

lame^F d'étouffoir^M
Tige munie d'un ressort qui permet de ramener l'étouffoir contre la corde lorsque la touche est relâchée.

levier^M d'échappement^M
Tige mobile qui transmet le mouvement du chevalet à la noix et qui permet au marteau de revenir en arrière dès qu'il a frappé la ou les cordes.

bouton^M d'échappement^M
Dispositif permettant de retirer le levier d'échappement avant que le marteau ne percute la ou les cordes.

ressort^M d'échappement^M
Dispositif permettant au levier d'échappement de reprendre sa position sous la noix lorsque la touche est relâchée.

feutre^M
Tête du marteau recouverte de feutre, qui frappe la ou les cordes pour les mettre en vibration.

marteau^M
Pièce de bois dont l'extrémité recouverte de feutre (tête) frappe la ou les cordes pour les mettre en vibration.

barre^F de repos^M des marteaux^M
Pièce garnie de feutre sur laquelle le manche du marteau s'appuie lors de sa retombée.

manche^M
Tige sur laquelle est fixé le marteau.

attrape^F
Tige métallique dont la tête en bois garnie de feutre amortit le retour de la contre-attrape pour empêcher le marteau de rebondir en revenant vers l'arrière.

contre-attrape^F
Pièce qui sert à retenir le marteau à mi-chemin de sa retombée pour permettre une répétition de notes plus rapide.

lanière^F
Pièce de cuir qui relie la contre-attrape à une tige de métal fixée au chevalet pour tirer le marteau vers l'arrière en relâchant la touche.

mécanique^F du piano^M droit
Ensemble des éléments qui transmettent au marteau l'énergie appliquée sur la touche pour faire vibrer les cordes.

touche^F
Levier blanc ou noir basculant sous la pression des doigts et provoquant, par l'intermédiaire d'un mécanisme, le heurt du marteau sur une ou plusieurs cordes.

pilote^M
Vis permettant de régler et de transmettre le mouvement de la touche au chevalet lorsqu'elle est enfoncée.

chevalet^M
Pièce mobile transmettant le mouvement au levier d'échappement.

pointe^F
Pièce sur laquelle bascule la touche.

ARTS ET ARCHITECTURE

exemples^M d'instruments^M à clavier^M

piano^M quart-de-queue^M
Piano à queue mesurant entre 1,65 m et 1,75 m.

piano^M à queue^F de concert^M
Piano dont le mécanisme, placé horizontalement, permet au pianiste une plus grande maîtrise du son. Il mesure entre 2,50 m et 2,70 m.

piano^M demi-queue^M
Piano à queue mesurant entre 1,80 m et 2,10 m.

clavecin^M
Instrument à cordes pincées, comportant un ou plusieurs claviers.

musique

instruments^M à clavier^M

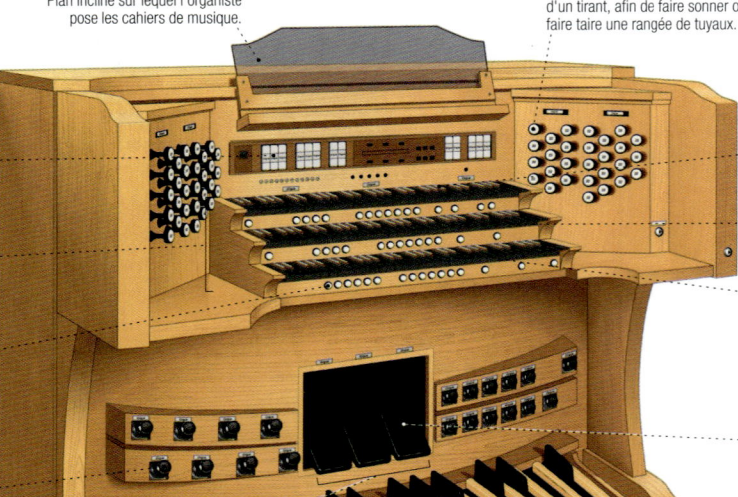

console^F d'orgue^M
Meuble comportant les mécanismes de commande pour le jeu de l'organiste (claviers, pédales, boutons de registre, etc.).

pupitre^M
Plan incliné sur lequel l'organiste pose les cahiers de musique.

bouton^M de registre^M
Dispositif permettant d'actionner un registre coulissant, par l'intermédiaire d'un tirant, afin de faire sonner ou de faire taire une rangée de tuyaux.

clavier^M de récit^M
Clavier actionnant un ensemble de tuyaux enfermés dans un meuble de bois (boîte expressive) muni de volets mobiles actionnés par une pédale d'expression pour varier l'intensité sonore.

domino^M d'accouplement^M
Plaquette actionnant le mécanisme permettant de réunir deux ou plusieurs claviers.

clavier^M de positif^M
Clavier actionnant un ensemble de tuyaux placés à l'avant de l'orgue dont les timbres sont plus doux que ceux du grand orgue.

claviers^M manuels^M
Chacun des ensembles de touches manœuvrées par les mains de l'organiste, commandant un ou plusieurs tuyaux de la même note.

clavier^M de grand orgue^M
Ensemble de touches composant le clavier principal, commandant les jeux les plus importants.

bouton^M de combinaisons^F
Mécanisme actionné à la main, permettant de préparer les registres d'un clavier à l'avance et de ne les faire sonner que lorsque le bouton est poussé.

pédale^F crescendo^M
Mécanisme permettant d'actionner au pied certaines combinaisons de registres et d'en augmenter le nombre jusqu'au {tutti} (totalité des registres).

pédale^F de combinaisons^F
Mécanisme actionné au pied, permettant de préparer les registres à l'avance et de ne les faire sonner que lorsque la pédale est enfoncée.

touche^F de pédalier^M
Levier que l'on abaisse à l'aide du pied pour laisser passer l'air et produire un son.

pédales^F d'expression^F
Mécanismes servant à ouvrir et à fermer les volets de la boîte expressive, abritant les tuyaux d'un ou de plusieurs claviers, pour modifier l'intensité du son.

pédalier^M
Ensemble de touches manœuvrées par les pieds de l'organiste.

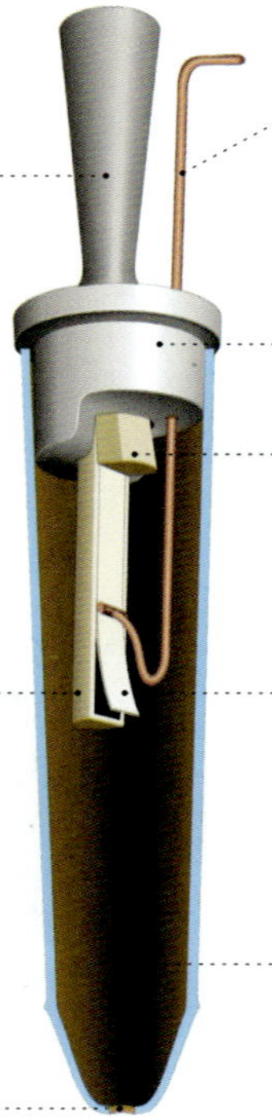

tuyau^M à anche^F
Tuyau dans lequel le son est produit par la vibration d'une languette sur la face ouverte d'une gouttière.

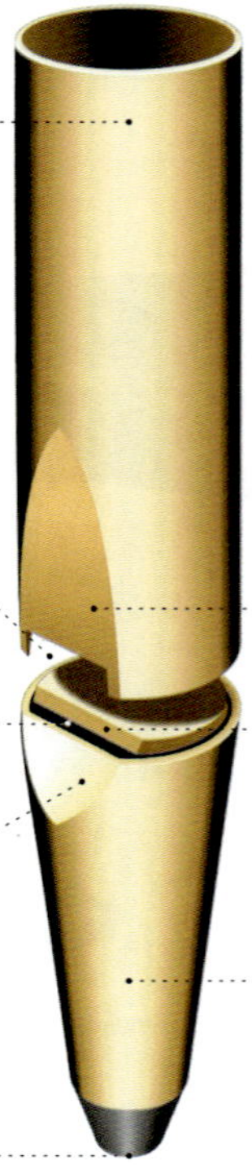

tuyau^M à bouche^F
Tuyau dont la vibration est provoquée par le passage de l'air sous pression dans un orifice horizontal étroit, la bouche.

rasette^F
Tige métallique permettant de modifier la longueur de la partie vibrante de l'anche pour accorder le tuyau.

corps^M
Partie supérieure du tuyau, délimitant la colonne d'air mise en vibration et servant de résonateur.

pavillon^M
Corps de résonance amplifiant les vibrations de l'anche.

noyau^M
Dispositif mobile inséré dans le pied du tuyau, dont l'extrémité inférieure enserre l'anche.

coin^M
Pièce de bois fixant la languette à la gouttière à son extrémité supérieure.

lèvre^F supérieure
Partie aplatie sur laquelle se brise l'air sortant de la lumière, permettant de mettre en vibration la colonne d'air contenue dans le corps.

bouche^F
Ouverture horizontale située en façade du tuyau entre le corps et le pied, par laquelle s'échappe l'air pour produire le son.

anche^F
Dispositif creux (gouttière) dont une des faces, sur laquelle vibre la languette, est ouverte.

languette^F
Petite feuille de métal mobile dont l'amplitude des vibrations sur la face ouverte de la gouttière détermine la hauteur du son.

lumière^F
Fente étroite par laquelle sort l'air provenant du pied après avoir heurté le biseau.

biseau^M
Plaque métallique sur laquelle se brise l'air avant de sortir par la lumière.

lèvre^F inférieure
Partie aplatie du pied, qui force le passage de l'air sur le biseau.

pied^M
Partie inférieure conique du tuyau, par laquelle pénètre l'air et qui se fixe dans la chape.

orifice^M du pied^M
Ouverture par laquelle l'air provenant de la soufflerie entre dans le tuyau.

pied^M
Partie inférieure conique du tuyau, par laquelle pénètre l'air et qui se fixe dans la chape.

orifice^M du pied^M
Ouverture par laquelle l'air provenant de la soufflerie entre dans le tuyau.

ARTS ET ARCHITECTURE

musique

instruments^M à clavier^M

faux sommier^M
Planche percée d'orifices dans lesquels s'insèrent les tuyaux et qui permet de les maintenir en position verticale.

tuyau^M
Tube dans lequel le son est produit par vibration d'une anche (tuyau à anche) ou par friction d'air au niveau d'une ouverture (tuyau à bouche).

mécanisme^M de l'orgue^M
Ensemble des dispositifs situés entre les touches d'un clavier et les tuyaux qui, combinés, permettent à l'orgue de fonctionner.

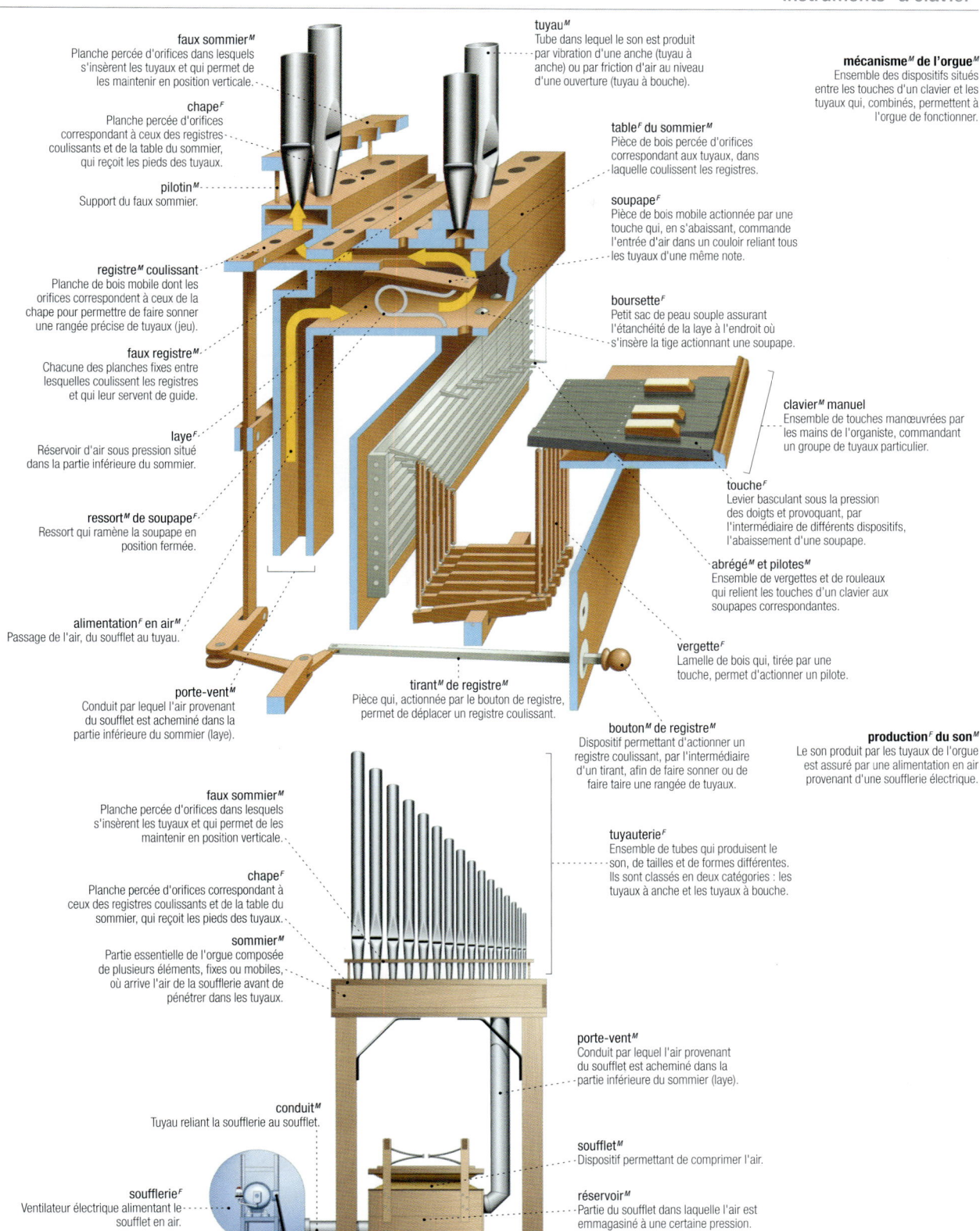

chape^F
Planche percée d'orifices correspondant à ceux des registres coulissants et de la table du sommier, qui reçoit les pieds des tuyaux.

table^F du sommier^M
Pièce de bois percée d'orifices correspondant aux tuyaux, dans laquelle coulissent les registres.

pilotin^M
Support du faux sommier.

soupape^F
Pièce de bois mobile actionnée par une touche qui, en s'abaissant, commande l'entrée d'air dans un couloir reliant tous les tuyaux d'une même note.

registre^M coulissant
Planche de bois mobile dont les orifices correspondent à ceux de la chape pour permettre de faire sonner une rangée précise de tuyaux (jeu).

boursette^F
Petit sac de peau souple assurant l'étanchéité de la laye à l'endroit où s'insère la tige actionnant une soupape.

faux registre^M
Chacune des planches fixes entre lesquelles coulissent les registres et qui leur servent de guide.

clavier^M manuel
Ensemble de touches manœuvrées par les mains de l'organiste, commandant un groupe de tuyaux particulier.

laye^F
Réservoir d'air sous pression situé dans la partie inférieure du sommier.

touche^F
Levier basculant sous la pression des doigts et provoquant, par l'intermédiaire de différents dispositifs, l'abaissement d'une soupape.

ressort^M de soupape^F
Ressort qui ramène la soupape en position fermée.

abrégé^M et pilotes^M
Ensemble de vergettes et de rouleaux qui relient les touches d'un clavier aux soupapes correspondantes.

vergette^F
Lamelle de bois qui, tirée par une touche, permet d'actionner un pilote.

alimentation^F en air^M
Passage de l'air, du soufflet au tuyau.

porte-vent^M
Conduit par lequel l'air provenant du soufflet est acheminé dans la partie inférieure du sommier (laye).

tirant^M de registre^M
Pièce qui, actionnée par le bouton de registre, permet de déplacer un registre coulissant.

bouton^M de registre^M
Dispositif permettant d'actionner un registre coulissant, par l'intermédiaire d'un tirant, afin de faire sonner ou de faire taire une rangée de tuyaux.

production^F du son^M
Le son produit par les tuyaux de l'orgue est assuré par une alimentation en air provenant d'une soufflerie électrique.

faux sommier^M
Planche percée d'orifices dans lesquels s'insèrent les tuyaux et qui permet de les maintenir en position verticale.

tuyauterie^F
Ensemble de tubes qui produisent le son, de tailles et de formes différentes. Ils sont classés en deux catégories : les tuyaux à anche et les tuyaux à bouche.

chape^F
Planche percée d'orifices correspondant à ceux des registres coulissants et de la table du sommier, qui reçoit les pieds des tuyaux.

sommier^M
Partie essentielle de l'orgue composée de plusieurs éléments, fixes ou mobiles, où arrive l'air de la soufflerie avant de pénétrer dans les tuyaux.

porte-vent^M
Conduit par lequel l'air provenant du soufflet est acheminé dans la partie inférieure du sommier (laye).

conduit^M
Tuyau reliant la soufflerie au soufflet.

soufflet^M
Dispositif permettant de comprimer l'air.

soufflerie^F
Ventilateur électrique alimentant le soufflet en air.

réservoir^M
Partie du soufflet dans laquelle l'air est emmagasiné à une certaine pression.

ARTS ET ARCHITECTURE

instruments^M à percussion^F

Ensemble des instruments que l'on frappe directement avec les mains ou à l'aide de baguettes, de mailloches, etc., pour produire un son.

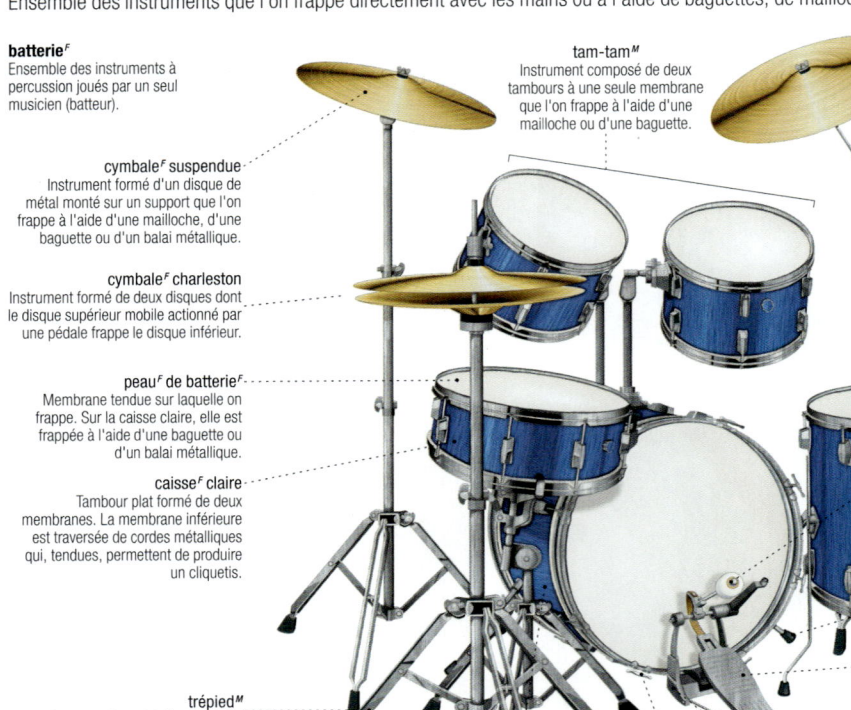

batterie^F
Ensemble des instruments à percussion joués par un seul musicien (batteur).

tam-tam^M
Instrument composé de deux tambours à une seule membrane que l'on frappe à l'aide d'une mailloche ou d'une baguette.

cymbale^F **suspendue**
Instrument formé d'un disque de métal monté sur un support que l'on frappe à l'aide d'une mailloche, d'une baguette ou d'un balai métallique.

cymbale^F **charleston**
Instrument formé de deux disques dont le disque supérieur mobile actionné par une pédale frappe le disque inférieur.

mailloche^F
Baguette métallique dont l'extrémité (en feutre, en liège, en peau, etc.) sert à frapper la membrane de la grosse caisse.

peau^F **de batterie**^F
Membrane tendue sur laquelle on frappe. Sur la caisse claire, elle est frappée à l'aide d'une baguette ou d'un balai métallique.

caisse^F **roulante**
Tambour à sonorité sourde que l'on à l'aide d'une mailloche ou d'une ba

caisse^F **claire**
Tambour plat formé de deux membranes. La membrane inférieure est traversée de cordes métalliques qui, tendues, permettent de produire un cliquetis.

éperon^M
Tige métallique fixée à la base de la caisse qui, déployée, permet d'assurer sa stabilité.

pédale^F
Dispositif permettant d'actionner la mailloche pour frapper la membrane

pied^M
Pièce servant à soutenir la caisse, recouverte de caoutchouc pour empêcher le glissement sur le sol.

trépied^M
Support très stable à trois pieds.

grosse caisse^F
Tambour de grande dimension que l'on dresse sur un support à la verticale et que l'on frappe à l'aide d'une mailloche actionnée par une pédale.

vis^F **de tension**^F
Dispositif permettant de modifier la tension de la membrane.

support^M
Dispositif sur lequel reposent la grosse caisse et la pédale.

timbale^F
Instrument formé d'un bassin en cuivre de forme hémisphérique ou parabolique recouvert d'une membrane tendue sur laquelle on frappe à l'aide de mailloches.

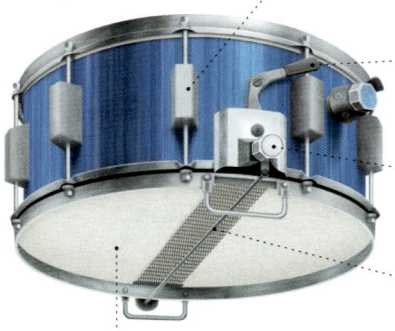

cercle^M **de serrage**^M
Pièce métallique qui permet de tendre la membrane sur le fût pour régler la sonorité de l'instrument.

caisse^F **claire**
Tambour plat formé de deux membranes. La membrane inférieure est traversée de cordes métalliques qui, tendues, permettent de produire une sorte de cliquetis.

tirant^M
Pièce métallique qui, reliée à la tringle de tension, permet de varier la tension de la membrane pour en modifier la tonalité.

peau^F **de batterie**^F
Membrane sur laquelle on frappe à l'aide de mailloches.

manomètre^M **d'accord**^M
Dispositif indiquant la hauteur du son permettant un accord précis de l'inst

attache^F
Dispositif permettant de maintenir sur la caisse les cercles métalliques servant à tendre les membranes.

tringle^F **de tension**^F
Dispositif permettant de rapprocher ou d'éloigner les cordes de timbre de la peau de timbre.

fût^M
Bassin en cuivre de forme hémisphérique ou parabolique servant de caisse de résonance.

tendeur^M **de timbre**^M
Vis permettant de modifier la tension et la sonorité des cordes de timbre.

châssis^M
Dispositif métallique à plusieurs branches supportant le fût.

cordes^F **de timbre**^M
Cordes métalliques qui vibrent sur la peau de timbre lorsqu'on frappe la peau de batterie, produisant une sorte de cliquetis.

tringle^F **de tension**^F
Baguette métallique reliant la couronne aux tirants.

peau^F **de timbre**^M
Membrane sur laquelle sont tendues les cordes de timbre.

roulette^F
Petite roue facilitant le transport de l'instrument.

pied^M
Support de la timbale.

couronne^F
Dispositif que la pédale fait monter ou descendre et qui modifie la position des tirants.

pédale^F
Dispositif qui actionne la couronne p modifier la tension de la membrane e varier la tonalité de l'instrument.

musique

instruments^M à percussion^F

grelots^M
Ensemble de pièces métalliques creuses dans lesquelles se déplace une bille d'acier, reliées par un ruban et servant d'accompagnement.

clochettes^F
Ensemble de petites cloches reliées par un ruban, servant d'accompagnement.

sistre^M
Instrument composé d'un cadre muni de barres transversales sur lesquelles sont enfilés des disques métalliques qui s'entrechoquent lorsqu'on l'agite.

castagnettes^F
Instrument composé de deux pièces de bois en forme de coquille que l'on frappe l'une contre l'autre avec les doigts de la même main.

cymbales^F
Instrument formé de deux disques de métal que l'on frappe l'un contre l'autre.

tambour^M **de basque**^M
Instrument composé d'un cercle de bois recouvert d'une membrane et muni de petites cymbales. Il peut être frappé, frotté ou agité.

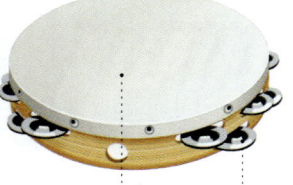

triangle^M
Instrument formé d'une tige d'acier recourbée pour former un triangle ouvert à un angle, sur laquelle on frappe à l'aide d'un battant.

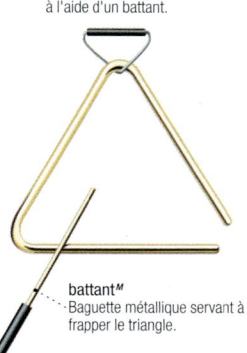

bongo^M
Instrument composé de deux petits tambours reliés l'un à l'autre, sur lesquels on frappe habituellement des mains.

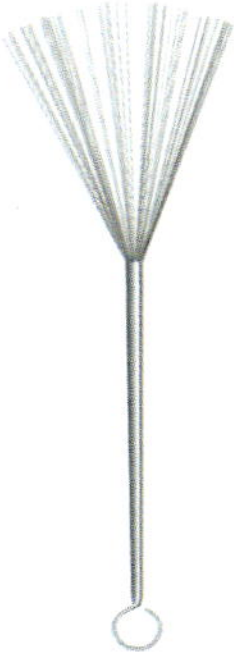

peau^F
Membrane que l'on frappe avec la paume ou le pouce.

cymbalette^F
Petite cymbale s'entrechoquant contre une autre lorsque le tambour est agité.

battant^M
Baguette métallique servant à frapper le triangle.

balai^M **métallique**
Instrument constitué de fils d'acier très fins servant à frotter une cymbale ou la peau de batterie d'une caisse claire.

carillon^M **tubulaire**
Série de tubes métalliques disposés verticalement en ordre de grandeur que l'on frappe, dans le haut, à l'aide de petits marteaux.

gong^M
Instrument composé d'un large disque de métal dont on frappe la partie centrale bombée à l'aide d'une mailloche.

xylophone^M
Instrument formé de lames de bois posées sur des tubes de résonance, disposées en ordre croissant sur deux rangées et sur lesquelles on frappe avec des mailloches.

baguettes^F
Bâtons de bois munis d'une tête en forme d'olive, servant à frapper un instrument à percussion.

tube^M **de résonance**^F
Tube métallique servant à amplifier le son.

châssis^M
Structure supportant les lames et les tubes de résonance.

lame^F
Languette de bois sur laquelle on frappe avec des mailloches.

mailloches^F
Baguettes de bois ou de métal dont l'extrémité (en feutre, en peau, en caoutchouc, etc.) sert à frapper un instrument.

ARTS ET ARCHITECTURE

musique^F électronique

Musique produite par des instruments conçus pour imiter, transformer ou produire des sons à partir de signaux électriques et de données numériques.

synthétiseur^M
Instrument pouvant imiter plusieurs instruments de musique ou créer de nouveaux sons à partir de signaux électriques.

contrôle^M du séquenceur^M
Boutons permettant de sélectionner différentes reproductions d'un motif mélodique ou rythmique selon une sélection préenregistrée.

afficheur^M
Écran présentant des indications sur les réglages de l'appareil ou sur les opérations effectuées.

sélecteur^M de programme^M
Bouton permettant de sélectionner un des paramètres de l'instrument (programmation des voix, contrôle du séquenceur, etc.).

programmation^F des voix^F
Boutons permettant de créer ou de modifier un son.

contrôle^M du volume^M
Bouton permettant de régler la puissance du signal sonore émis.

fonctions^F système^M
Boutons permettant de sélectionner une des fonctions principales de l'appareil ainsi que des sons d'instruments de musique mémorisés.

lecteur^M de CD/DVD-ROM^M
Appareil qui lit, à l'aide d'un faisceau laser, les données enregistrées sur un disque compact ou sur un disque numérique polyvalent.

modulation^F de la hauteur^F et du timbre^M du son^M
Manette permettant de modifier la fréquence de vibration ou la qualité d'un son.

clavier^M
Ensemble des touches permettant de jouer une mélodie selon les timbres disponibles sur l'instrument.

port^M USB
Connecteur permettant de raccorder une clé ou un câble USB au synthétiseur.

piano^M électronique
Piano permettant de reproduire le son d'un piano acoustique, transformé en données numériques. Il peut également reproduire le son d'autres instruments.

pupitre^M
Plan incliné sur lequel le musicien pose les cahiers de musique.

sélecteur^M de rythme^M
Boutons permettant de choisir un rythme (disco, rock, samba, etc.).

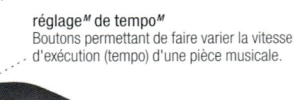

réglage^M de tempo^M
Boutons permettant de faire varier la vitesse d'exécution (tempo) d'une pièce musicale.

réglage^M du volume^M
Bouton permettant de déterminer la puissance du signal sonore émis.

caisse^F de batterie^F électronique
Dispositif sur lequel on frappe avec des baguettes, permettant de reproduire un son percussif par émission d'un signal électrique converti en données MIDI.

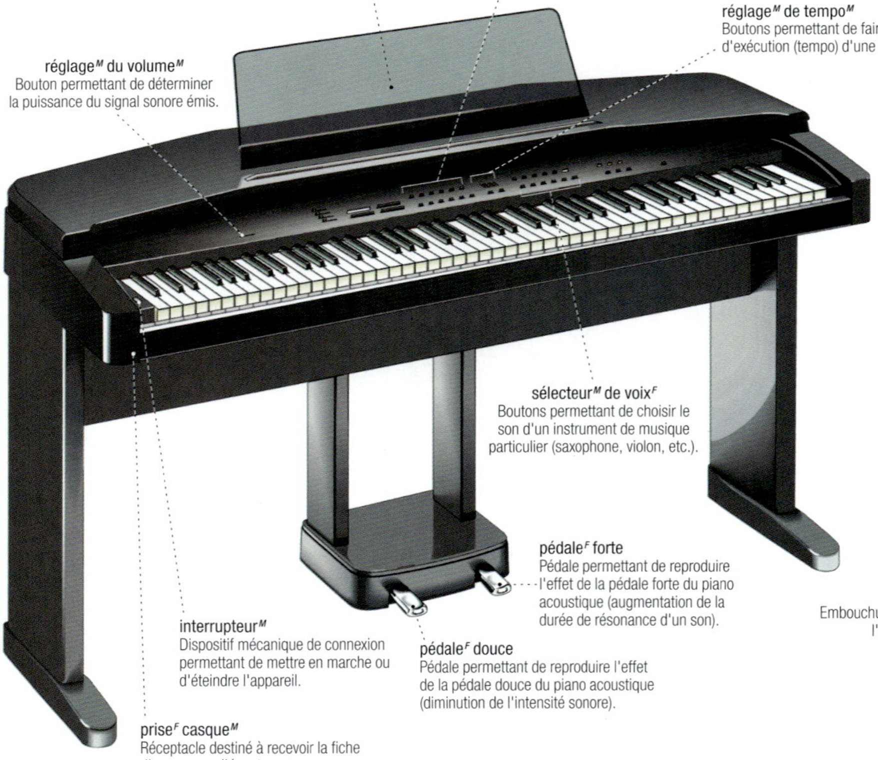

sélecteur^M de voix^F
Boutons permettant de choisir le son d'un instrument de musique particulier (saxophone, violon, etc.).

contrôleur^M à vent^M de synthétiseur^M
Instrument relié à un synthétiseur, permettant de reproduire un son continu par émission d'un signal électrique converti en données MIDI.

pédale^F forte
Pédale permettant de reproduire l'effet de la pédale forte du piano acoustique (augmentation de la durée de résonance d'un son).

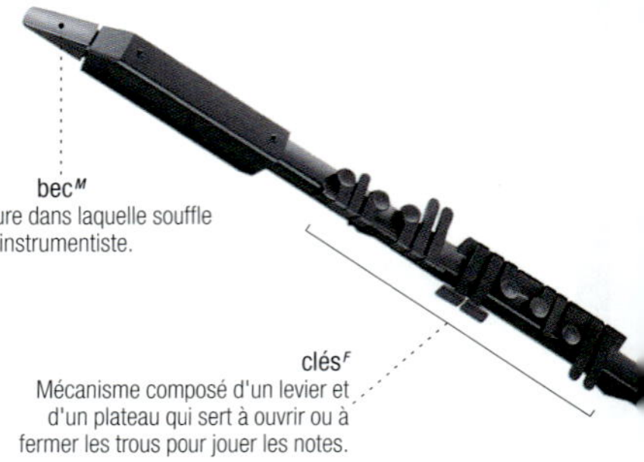

bec^M
Embouchure dans laquelle souffle l'instrumentiste.

interrupteur^M
Dispositif mécanique de connexion permettant de mettre en marche ou d'éteindre l'appareil.

pédale^F douce
Pédale permettant de reproduire l'effet de la pédale douce du piano acoustique (diminution de l'intensité sonore).

prise^F casque^M
Réceptacle destiné à recevoir la fiche d'un casque d'écoute.

clés^F
Mécanisme composé d'un levier et d'un plateau qui sert à ouvrir ou à fermer les trous pour jouer les notes.

musique 559

musique^F électronique

accessoires^M et appareils^M de mixage^M
Le mixage est un procédé permettant de superposer deux ou plusieurs sources sonores, habituellement des pièces de musique.

boîte^F à rythmes^M
Appareil qui reproduit ou simule des sons et des rythmes d'instruments de percussion déjà programmés, mais qui permet aussi à l'utilisateur de créer ses propres structures rythmiques.

amplificateur^M
Appareil qui permet d'augmenter la puissance du signal sonore émis par un instrument.

prise^F d'entrée^F
Réceptacle permettant de raccorder un instrument de musique à l'amplificateur.

prise^F casque^M
Réceptacle destiné à recevoir la fiche d'un casque d'écoute.

séquenceur^M
Appareil qui permet d'enregistrer, de lire et de modifier les données MIDI, données numériques utilisées pour créer de la musique électronique.

haut-parleur^M
Appareil intégré permettant la reproduction du son.

expandeur^M
Synthétiseur qui permet de produire des sons à partir des données numériques transmises par un clavier, un séquenceur ou un ordinateur.

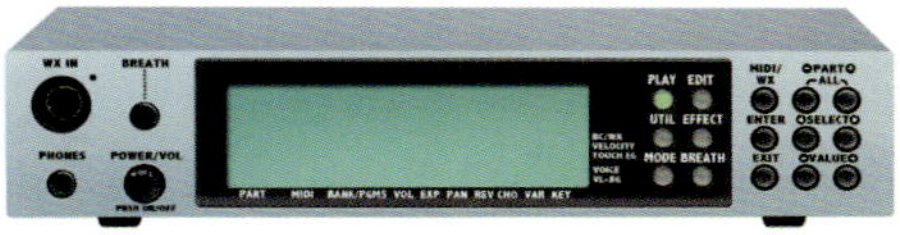

platine^F vinyle USB ; tourne-disque^M USB
Appareil électronique qui permet la lecture et la numérisation de sons enregistrés sur un disque vinyle.

câble^M pour interface^F numérique d'instruments^M de musique^F (MIDI)
Dispositif permettant de relier deux appareils MIDI. L'interface MIDI permet le transfert de données numériques et de signaux électriques.

bras^M de lecture
Pièce mobile, de forme allongée, qui porte la tête de lecture et permet son déplacement à la surface du disque.

échantillonneur^M
Appareil permettant de numériser et de stocker des sons à partir d'enregistrements de différentes sources acoustiques et de les reconvertir en signaux sonores.

commande^F de vitesse^F de rotation^F
Dispositif permettant de choisir la vitesse de rotation du plateau (45 ou 33 1/3 tours par minute).

plateau^M
Pièce rotative qui porte le disque lors de la lecture.

potentiomètre^M de vitesse^F de lecture^F
Curseur permettant de modifier rapidement la vitesse et le tempo d'une pièce.

console^F de mixage^M portative
Appareil constitué de deux canaux de transmission permettant de travailler simultanément sur deux pièces musicales distinctes au moyen de commandes disposées de façon symétrique de chaque côté.

manette^F
Petite poignée servant de souris, qui permet entre autres de charger une liste de chansons sans quitter les autres commandes de la console.

molette^F de scratch^M
Roulette qui peut être basculée, imitant les mouvements de va-et-vient avec la main sur un disque vinyle en marche.

touche^F point^M de repère^M
Bouton permettant de retourner au dernier point de repère inséré dans un morceau et déjà gardé en mémoire.

touche^F lecture^F/pause^F
Bouton permettant de démarrer ou d'arrêter momentanément la lecture d'une pièce.

prise^F casque^M
Réceptacle destiné à recevoir la fiche d'un casque d'écoute.

prise^F microphone^M
Réceptacle destiné à recevoir la fiche d'un microphone; le DJ peut ainsi parler à son auditoire par-dessus la musique.

réglage^M du volume^M
Bouton qui permet d'ajuster l'intensité du son émis par l'appareil.

réglage^M du volume^M
Bouton qui permet d'ajuster l'intensité du son émis par l'appareil.

fondu^M enchaîné du signal^M audio
Curseur permettant de passer graduellement du morceau transmis par un canal à celui transmis par l'autre.

bouton^M de pré-écoute^F
Commande permettant au DJ de préparer le morceau suivant en même temps qu'il présente au public un autre contenu musical.

ARTS ET ARCHITECTURE

instruments^M traditionnels

Ensemble des instruments, actuels ou anciens, caractéristiques d'une culture, d'une époque, d'un style de musique.

accordéon^M
Instrument à vent composé de claviers et d'un soufflet qui, actionné manuellement, permet de faire vibrer des anches qui produisent le son.

fermeture^F du soufflet^M
Pièce permettant de maintenir le soufflet en position fermée.

registre^M des basses^F
Touche permettant de modifier la qualité des sons graves.

harmonica^M
Instrument composé de petits tuyaux à anches libres logées dans un cadre le joueur fait vibrer par le souffle ou l'aspiration.

registre^M des aigus^M
Touche permettant de modifier la qualité des sons à fréquence élevée.

clavier^M chant^M
Ensemble des touches permettant de jouer la mélodie.

bouton^M
Dispositif sur lequel on appuie pour laisser passer l'air provenant du soufflet afin de faire vibrer les anches du clavier d'accompagnement.

touche^F
Levier blanc ou noir sur lequel on appuie pour laisser passer l'air provenant du soufflet et ainsi permettre de faire vibrer les anches, qui produisent le son.

clavier^M accompagnement^M
Ensemble des touches servant de complément harmonique au clavier chant.

grille^F
Dispositif permettant le passage de l'air et du son.

soufflet^M
Organe à ventilation alternée qui permet de contrôler la pression d'air et de faire vibrer les anches.

cithare^F
Instrument plat à cordes sans manche associé à la musique de l'Autriche ou de l'Allemagne.

didgeridoo^M
Instrument à vent fabriqué à l'origine par les aborigènes australiens. Il est habituellement constitué d'un tronc d'arbre creusé sur toute sa longueur.

cornemuse^F
Instrument à vent souvent associé à la culture écossaise, composé d'un soufflet en forme de sac gonflé à la bouche et de plusieurs tuyaux sonores.

bourdon^M
Tuyau produisant une note basse constante accompagnant la mélodie du chalumeau.

touche^F
Partie de l'instrument, munie ou non de frettes, sur laquelle l'instrumentiste pose les doigts de la main gauche pour raccourcir les cordes.

tuyau^M d'insufflation
Tube muni d'un clapet, dans lequel souffle le joueur pour remplir le sac d'air.

caisse^F de résonance^F
Partie creuse de l'instrument servant à amplifier les vibrations sonores produites par les cordes.

monture^F
Chacun des tubes fixés au sac dans lesquels sont insérés les tuyaux sonores et le tuyau d'insufflation, servant également à protéger les anches.

cordes^F d'accompagnement^M
Cordes à sons fixes que l'on pince avec les doigts de la main droite.

cordes^F de mélodie^F
Cordes dont on fait varier la longueur et que l'on gratte à l'aide d'un onglet porté au pouce droit pour créer la mélodie.

banjo^M
Instrument à cordes d'origine afro-américaine qui fut très populaire au début du jazz.

sac^M
Réservoir d'air permettant d'alimenter le chalumeau et les bourdons par compression.

chalumeau^M
Tuyau percé de trous permettant de jouer la mélodie.

caisse^F circulaire
Caisse de résonance formée d'une membrane tendue sur un cercle de bois, servant à amplifier les vibrations sonores produites par les cordes.

ARTS ET ARCHITECTURE

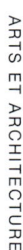

musique

instruments[M] traditionnels

kora[F]
Instrument à cordes pincées employé en Afrique pour les célébrations et les rituels.

manche[M]
Partie allongée de l'instrument sur laquelle sont tendues les cordes.

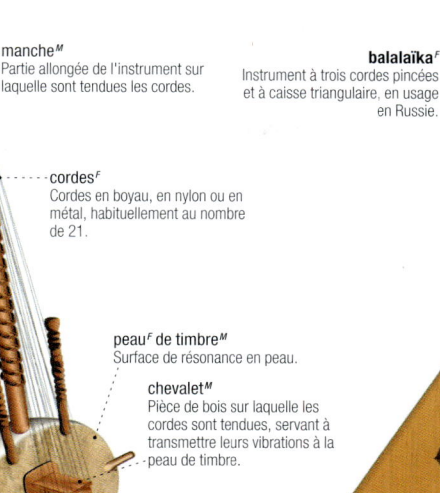

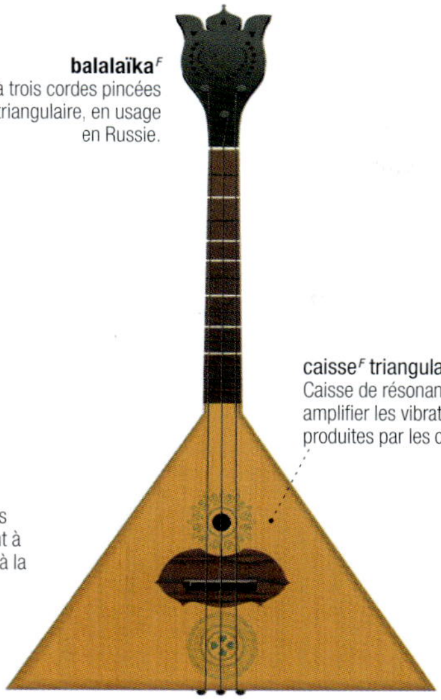

balalaïka[F]
Instrument à trois cordes pincées et à caisse triangulaire, en usage en Russie.

mandoline[F]
Instrument à cordes doubles pincées et à caisse bombée, originaire d'Italie.

attache[F] **d'accordage**[M]
Chacun des anneaux sur lesquels sont attachées les cordes à leur extrémité supérieure et qui permettent d'en régler le son.

cordes[F]
Cordes en boyau, en nylon ou en métal, habituellement au nombre de 21.

support[M] **de main**[F]
Pièce de bois servant de point d'appui à la main lors du jeu.

peau[F] **de timbre**[M]
Surface de résonance en peau.

caisse[F] **triangulaire**
Caisse de résonance servant à amplifier les vibrations sonores produites par les cordes.

caisse[F] **de résonance**[F]
Demi-calebasse recouverte de peau, servant à amplifier les vibrations sonores produites par les cordes.

chevalet[M]
Pièce de bois sur laquelle les cordes sont tendues, servant à transmettre leurs vibrations à la peau de timbre.

cordier[M]
Pièce de bois sur laquelle sont attachées les cordes à leur extrémité inférieure.

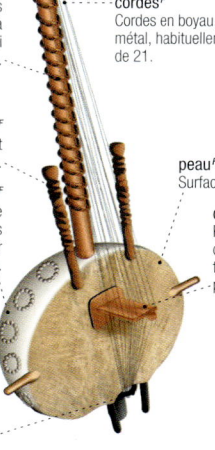

erhu[M]
Violon chinois à deux cordes, constitué d'une caisse de résonance hexagonale en bois dont l'avant est recouvert de peau de python.

crécelle[F]
Instrument composé d'une partie rotative dans laquelle des lames, en bois ou en métal, sont mises en vibration par les dents de la partie crantée du manche.

caisse[F] **bombée**
Caisse de résonance en forme de demi-poire servant à amplifier les vibrations sonores produites par les cordes.

mailloche[F]
Baguette recourbée servant à frapper la peau du tambour d'aisselle.

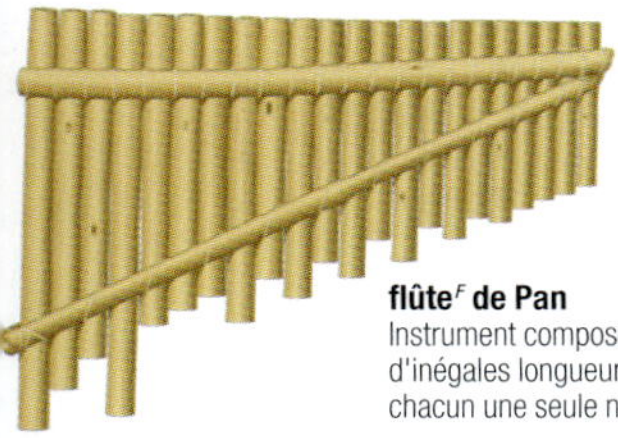

guimbarde[F]
Instrument composé d'une lame flexible, fixée sur un cadre appuyé entre les dents, dont la vibration est modulée et amplifiée par la bouche du joueur.

archet[M]
Baguette en roseau sur laquelle sont tendues des cordes en soie ou en nylon, servant à faire vibrer par frottement les cordes de l'erhu.

lame[F]
Languette flexible fixée au cadre, que l'on fait vibrer du doigt.

flûte[F] **de Pan**
Instrument composé de tuyaux d'inégales longueurs produisant chacun une seule note.

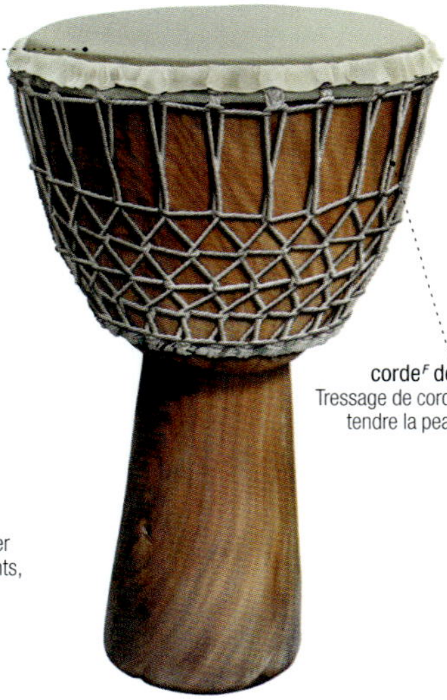

djembé[M]
Grand tambour en forme de calice employé en Afrique pour les célébrations et les rituels.

cadre[M]
Tige de métal ou de bambou courbée, appuyée contre les lèvres.

lyre[F]
Instrument à cordes pincées en usage dans l'Antiquité.

peau[F] **de batterie**[F]
Peau tendue de chèvre ou d'antilope sur laquelle on frappe avec les mains.

tambour[M] **d'aisselle**[F]
Tambour d'Afrique de l'Ouest qui se joue coincé sous l'aisselle et dont la forme en sablier permet de modifier la sonorité par pression du bras sur les cordes de tension.

traverse[F]
Pièce de bois horizontale soutenue par les montants, sur laquelle les cordes sont tendues.

caisse[F] **de résonance**[F]
Partie creuse de l'instrument de forme conique servant à amplifier les vibrations sonores produites par le frappement des mains.

montant[M]
Chacune des pièces de bois reliant la caisse de résonance à la traverse.

corde[F] **de tension**[F]
Tressage de cordes permettant de tendre la peau de batterie.

caisse[F] **de résonance**[F]
Partie creuse de l'instrument de forme variable servant à amplifier les vibrations sonores produites par les cordes.

médiator[M]
Accessoire servant à faire vibrer les cordes de certains instruments, aussi appelé plectre.

ARTS ET ARCHITECTURE

notation^F musicale

Ensemble de signes qui, placés sur une portée, représentent les sons et les silences ainsi que leur valeur, leur hauteur, leur durée, leur rythme, etc.

portée^F
Support formé de cinq lignes et de quatre interlignes pour l'écriture et la lecture de la musique : le grave est en bas, l'aigu en haut, le déroulement de la durée va de gauche à droite.

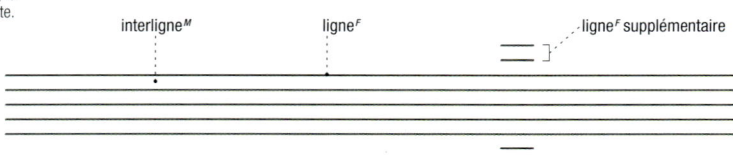

interligne^M ligne^F ligne^F supplémentaire

clés^F
Signes placés en début de portée dont le nom indique la hauteur de la note placée sur la ligne de référence choisie.

clé^F de sol^M
Clé indiquant que la 2e ligne de la portée correspond à la note sol. Elle est utilisée pour noter le médium et l'aigu.

clé^F de fa^M
Clé indiquant que la 4e ligne de la portée correspond à la note fa. Elle est utilisée pour noter le médium et le grave.

clé^F d'ut^M
Clé indiquant que la ligne choisie (1re, 3e ou 4e) correspond à un do.

mesures^F
Sections de la partition d'égale durée dont la composition en temps est précisée par un symbole en forme de fraction ou par une lettre, un C barré (2/2) ou un C (4/4).

mesure^F à deux temps^M
Symbole dont le chiffre du haut indique que la mesure comprend deux unités de temps et le chiffre du bas, que chaque unité vaut une blanche.

mesure^F à trois temps^M
Symbole dont le chiffre du haut indique que la mesure comprend trois unités de temps et le chiffre du bas, que chaque unité vaut une noire.

mesure^F à quatre temps^M
Symbole dont le chiffre du haut indique que la mesure comprend quatre unités de temps et le chiffre du bas, que chaque unité vaut une noire.

barre^F de reprise^F
Signe indiquant qu'une section ou une partie d'une section de la partition doit être de nouveau exécutée.

barre^F de mesure^F
Ligne verticale traversant les lignes de la portée pour indiquer le début et la fin d'une mesure.

intervalles^M
Écarts sonores entre deux notes successives (intervalle mélodique) ou simultanées (intervalle harmonique).

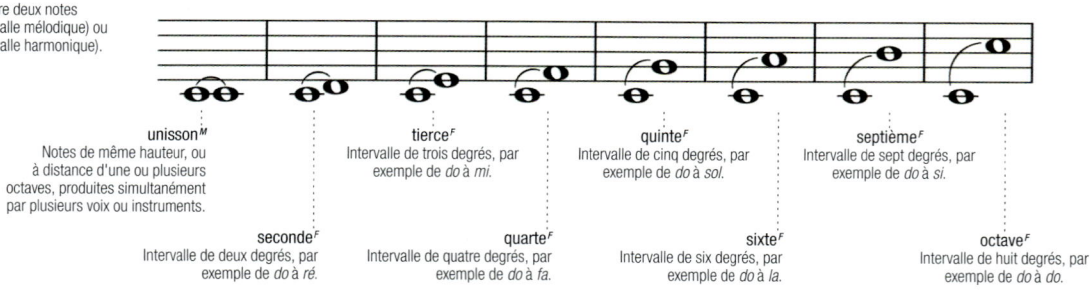

unisson^M
Notes de même hauteur, ou à distance d'une ou plusieurs octaves, produites simultanément par plusieurs voix ou instruments.

seconde^F
Intervalle de deux degrés, par exemple de do à ré.

tierce^F
Intervalle de trois degrés, par exemple de do à mi.

quarte^F
Intervalle de quatre degrés, par exemple de do à fa.

quinte^F
Intervalle de cinq degrés, par exemple de do à sol.

sixte^F
Intervalle de six degrés, par exemple de do à la.

septième^F
Intervalle de sept degrés, par exemple de do à si.

octave^F
Intervalle de huit degrés, par exemple de do à do.

gamme^F
La gamme diatonique est composée de huit notes, dont deux demi-tons entre mi et fa, et si et do. La gamme chromatique est composée de 13 sons, tous en demi-tons.

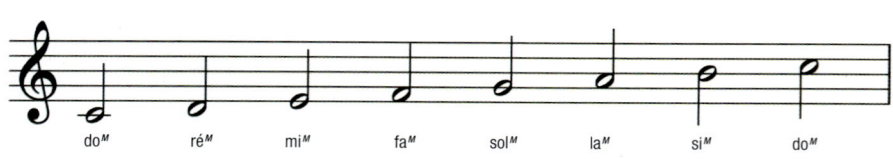

do^M ré^M mi^M fa^M sol^M la^M si^M do^M

notation musicale

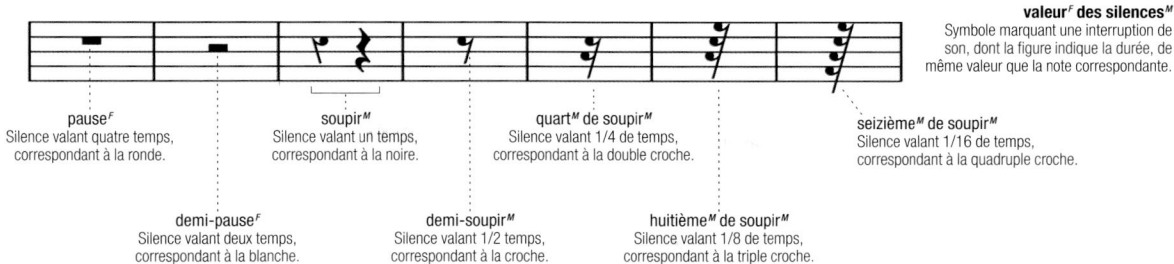

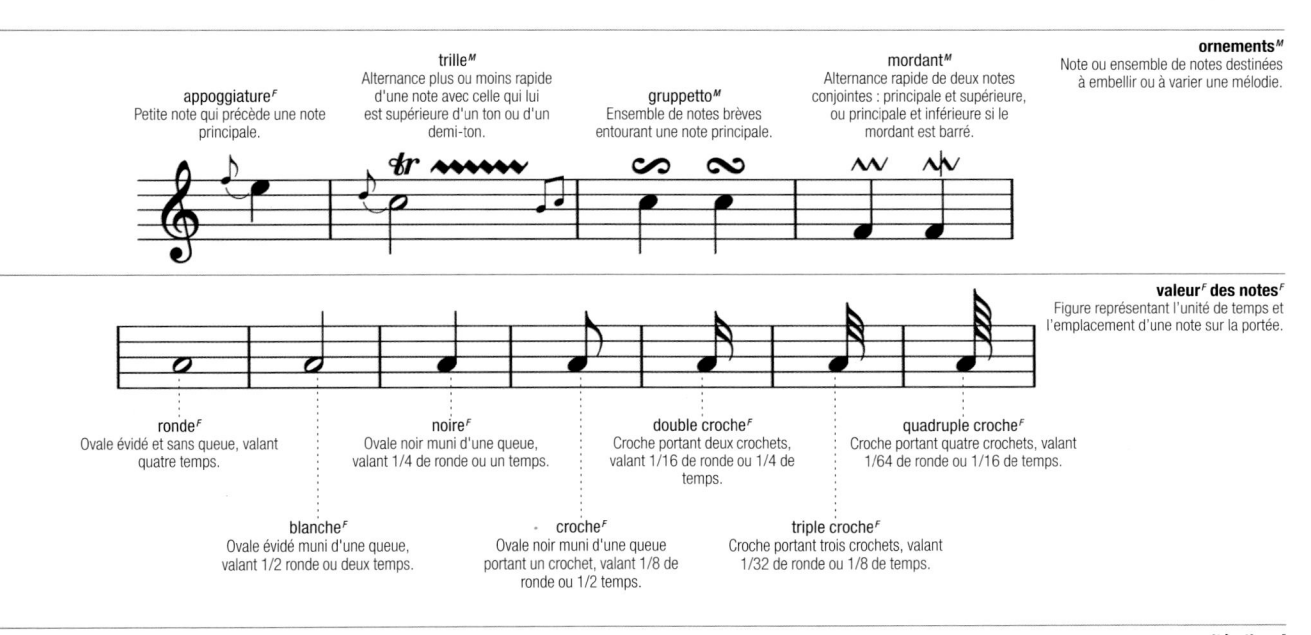

valeur des silences
Symbole marquant une interruption de son, dont la figure indique la durée, de même valeur que la note correspondante.

pause
Silence valant quatre temps, correspondant à la ronde.

soupir
Silence valant un temps, correspondant à la noire.

quart de soupir
Silence valant 1/4 de temps, correspondant à la double croche.

seizième de soupir
Silence valant 1/16 de temps, correspondant à la quadruple croche.

demi-pause
Silence valant deux temps, correspondant à la blanche.

demi-soupir
Silence valant 1/2 temps, correspondant à la croche.

huitième de soupir
Silence valant 1/8 de temps, correspondant à la triple croche.

ornements
Note ou ensemble de notes destinées à embellir ou à varier une mélodie.

appoggiature
Petite note qui précède une note principale.

trille
Alternance plus ou moins rapide d'une note avec celle qui lui est supérieure d'un ton ou d'un demi-ton.

gruppetto
Ensemble de notes brèves entourant une note principale.

mordant
Alternance rapide de deux notes conjointes : principale et supérieure, ou principale et inférieure si le mordant est barré.

valeur des notes
Figure représentant l'unité de temps et l'emplacement d'une note sur la portée.

ronde
Ovale évidé et sans queue, valant quatre temps.

noire
Ovale noir muni d'une queue, valant 1/4 de ronde ou un temps.

double croche
Croche portant deux crochets, valant 1/16 de ronde ou 1/4 de temps.

quadruple croche
Croche portant quatre crochets, valant 1/64 de ronde ou 1/16 de temps.

blanche
Ovale évidé muni d'une queue, valant 1/2 ronde ou deux temps.

croche
Ovale noir muni d'une queue portant un crochet, valant 1/8 de ronde ou 1/2 temps.

triple croche
Croche portant trois crochets, valant 1/32 de ronde ou 1/8 de temps.

altérations
Signes qui modifient la hauteur de la note à laquelle ils sont affectés.

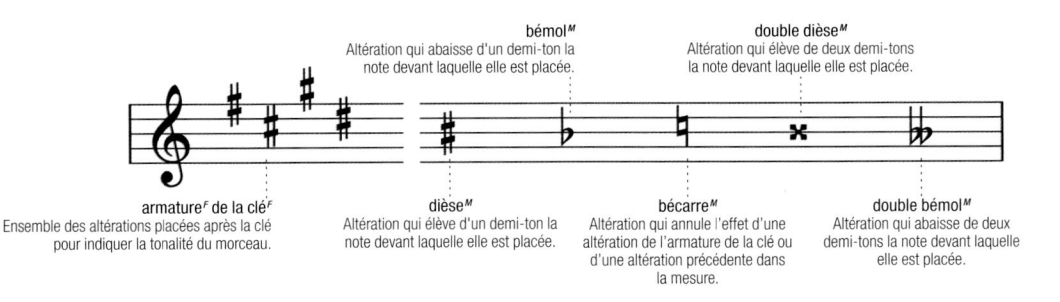

bémol
Altération qui abaisse d'un demi-ton la note devant laquelle elle est placée.

double dièse
Altération qui élève de deux demi-tons la note devant laquelle elle est placée.

armature de la clé
Ensemble des altérations placées après la clé pour indiquer la tonalité du morceau.

dièse
Altération qui élève d'un demi-ton la note devant laquelle elle est placée.

bécarre
Altération qui annule l'effet d'une altération de l'armature de la clé ou d'une altération précédente dans la mesure.

double bémol
Altération qui abaisse de deux demi-tons la note devant laquelle elle est placée.

autres signes
Signes qui indiquent la manière d'exécuter une note ou un ensemble de notes.

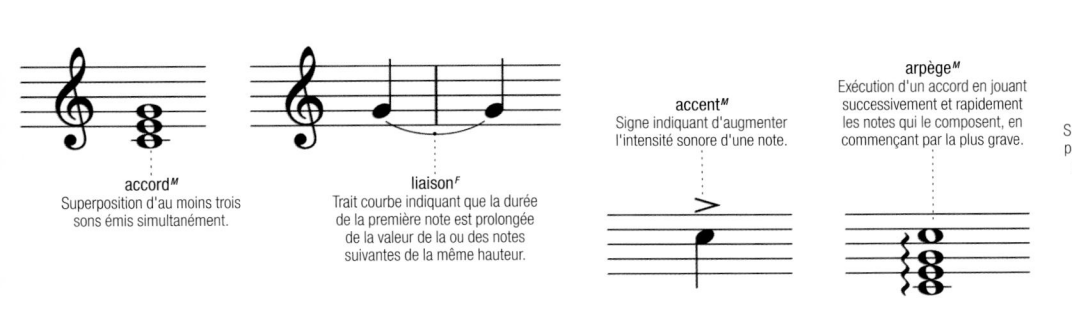

accord
Superposition d'au moins trois sons émis simultanément.

liaison
Trait courbe indiquant que la durée de la première note est prolongée de la valeur de la ou des notes suivantes de la même hauteur.

accent
Signe indiquant d'augmenter l'intensité sonore d'une note.

arpège
Exécution d'un accord en jouant successivement et rapidement les notes qui le composent, en commençant par la plus grave.

point d'orgue
Signe indiquant que la durée d'une note peut être prolongée à volonté. Placé sur un silence, il se nomme point d'arrêt.

ARTS ET ARCHITECTURE

accessoires de musique

Instruments utiles aux musiciens pour marquer la mesure d'un morceau (tempo), accorder leurs instruments ou soutenir leurs cahiers de musique.

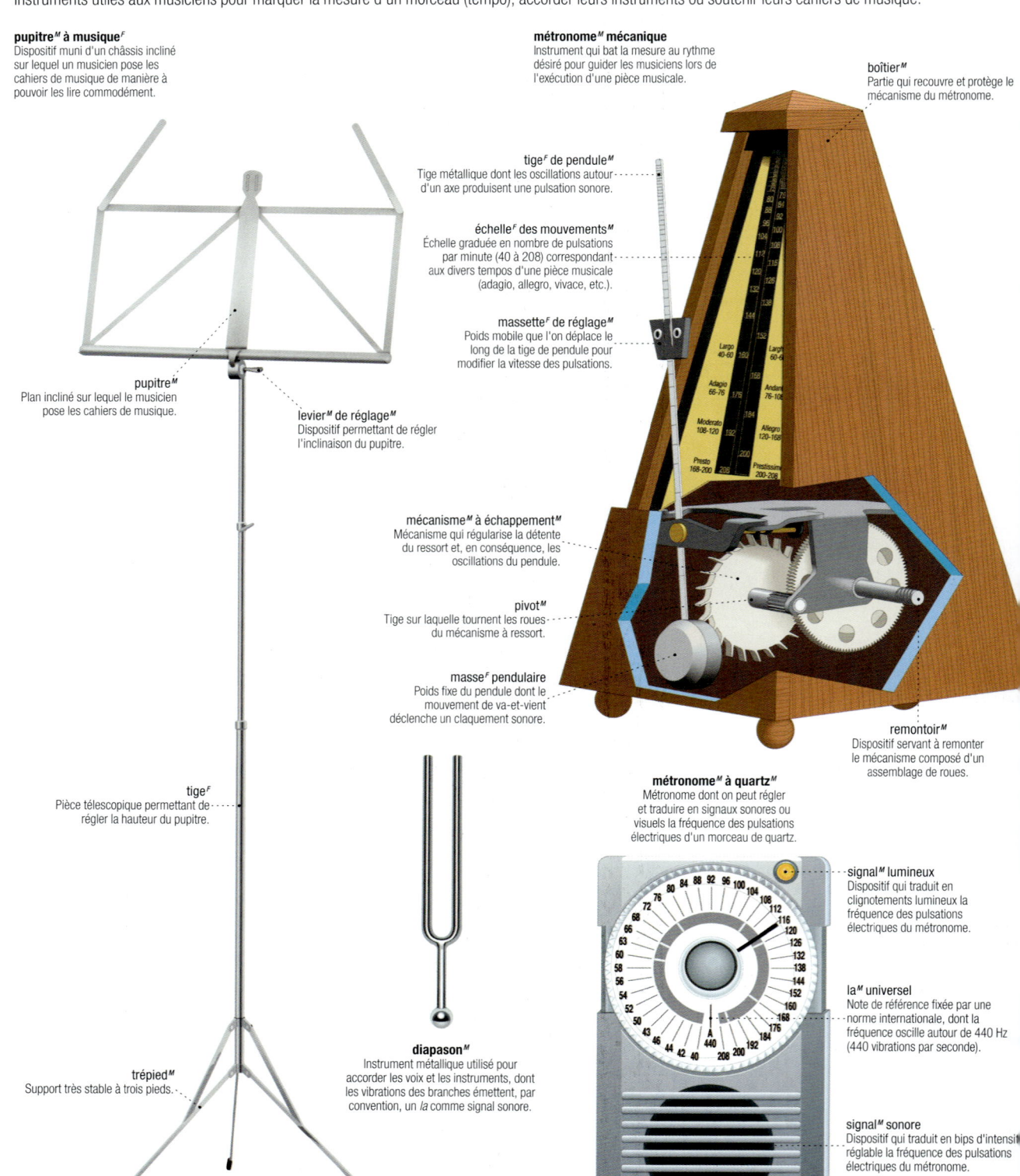

pupitre à musique
Dispositif muni d'un châssis incliné sur lequel un musicien pose les cahiers de musique de manière à pouvoir les lire commodément.

métronome mécanique
Instrument qui bat la mesure au rythme désiré pour guider les musiciens lors de l'exécution d'une pièce musicale.

boîtier
Partie qui recouvre et protège le mécanisme du métronome.

tige de pendule
Tige métallique dont les oscillations autour d'un axe produisent une pulsation sonore.

échelle des mouvements
Échelle graduée en nombre de pulsations par minute (40 à 208) correspondant aux divers tempos d'une pièce musicale (adagio, allegro, vivace, etc.).

massette de réglage
Poids mobile que l'on déplace le long de la tige de pendule pour modifier la vitesse des pulsations.

pupitre
Plan incliné sur lequel le musicien pose les cahiers de musique.

levier de réglage
Dispositif permettant de régler l'inclinaison du pupitre.

mécanisme à échappement
Mécanisme qui régularise la détente du ressort et, en conséquence, les oscillations du pendule.

pivot
Tige sur laquelle tournent les roues du mécanisme à ressort.

masse pendulaire
Poids fixe du pendule dont le mouvement de va-et-vient déclenche un claquement sonore.

remontoir
Dispositif servant à remonter le mécanisme composé d'un assemblage de roues.

tige
Pièce télescopique permettant de régler la hauteur du pupitre.

métronome à quartz
Métronome dont on peut régler et traduire en signaux sonores ou visuels la fréquence des pulsations électriques d'un morceau de quartz.

signal lumineux
Dispositif qui traduit en clignotements lumineux la fréquence des pulsations électriques du métronome.

la universel
Note de référence fixée par une norme internationale, dont la fréquence oscille autour de 440 Hz (440 vibrations par seconde).

trépied
Support très stable à trois pieds.

diapason
Instrument métallique utilisé pour accorder les voix et les instruments, dont les vibrations des branches émettent, par convention, un *la* comme signal sonore.

signal sonore
Dispositif qui traduit en bips d'intensité réglable la fréquence des pulsations électriques du métronome.

artisanat

broderie

Art de réaliser des motifs sur un tissu à l'aide de points effectués avec du fil et une aiguille.

cheville
Pièce servant à immobiliser les barres horizontales sur lesquelles sont fixées les coutisses, pour tendre le tissu verticalement.

métier à broder
Cadre sur lequel le tissu à broder est tendu, utilisé pour les ouvrages de grandes dimensions.

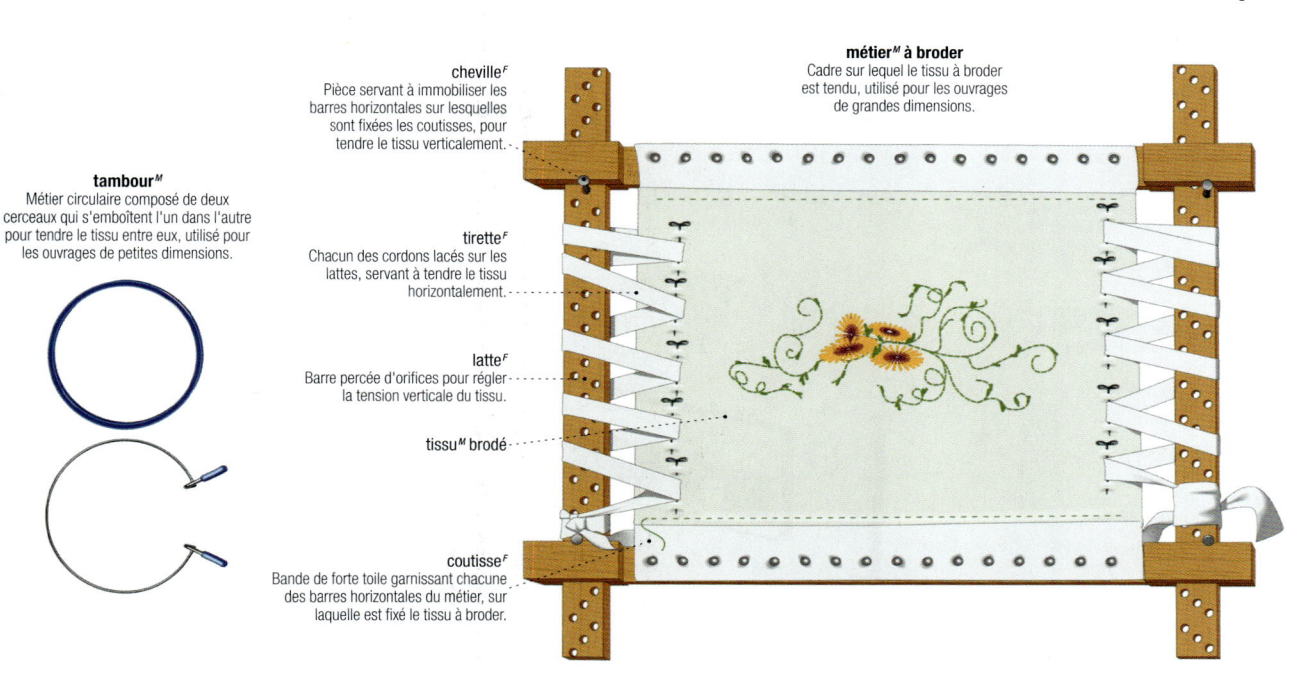

tambour
Métier circulaire composé de deux cerceaux qui s'emboîtent l'un dans l'autre pour tendre le tissu entre eux, utilisé pour les ouvrages de petites dimensions.

tirette
Chacun des cordons lacés sur les lattes, servant à tendre le tissu horizontalement.

latte
Barre percée d'orifices pour régler la tension verticale du tissu.

tissu brodé

coutisse
Bande de forte toile garnissant chacune des barres horizontales du métier, sur laquelle est fixé le tissu à broder.

points de broderie
Il existe plus d'une centaine de points en broderie, réunis en différentes catégories.

points croisés
Points formés de points droits inclinés qui se succèdent en se touchant et en changeant d'orientation.

points couchés
Points utilisés pour remplir un motif et donner du relief.

points bouclés
Points formant une boucle ouverte ou fermée.

points plats
Points généralement utilisés pour remplir un motif.

points noués
Points effectués par enroulement de fil autour de l'aiguille.

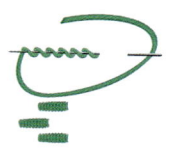

point de chevron
Point composé de points droits inclinés qui se touchent au haut et au bas de deux lignes parallèles.

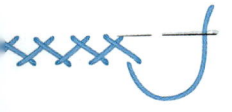

point d'Orient
Des points verticaux sont traversés de lignes horizontales retenues par des points isolés décalés d'une rangée à l'autre.

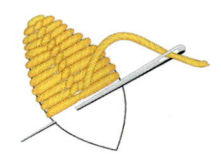

point de chaînette
Point créé en formant des boucles fermées qui se succèdent comme les maillons d'une chaîne.

point passé empiétant
Point créé par des rangées de points longs et courts qui se chevauchent les uns sur les autres pour couvrir la surface.

point de poste
Point créé en enroulant le fil plusieurs fois autour de l'aiguille et en repiquant l'aiguille un peu plus loin pour laisser un trait de fil.

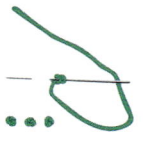

point de chausson
Point composé de points droits inclinés entrecroisés en suivant le tracé de deux lignes parallèles.

point roumain
Un point forme le fond de la broderie sur toute la largeur du tracé et un point biaisé ou vertical le recouvre au centre.

point d'épine
Point créé en formant des boucles ouvertes successives, enchaînées ou non.

point d'arête
Point oblique disposé alternativement à gauche et à droite d'un axe imaginaire.

point de nœud
Point créé en enroulant deux ou trois fois le fil autour de l'aiguille et en repiquant très près du point de départ pour créer un petit amas de fil.

ARTS ET ARCHITECTURE

couture^F

Opération qui consiste à lier deux choses entre elles à l'aide d'un fil et d'une aiguille.

machine^F à coudre
Appareil permettant d'assembler deux pièces de tissu par une suite de points effectués avec du fil et une aiguille.

guide-fil^M
Dispositif permettant de diriger le fil lors de l'enfilage.

bras^M
Partie reliant la tête à la colonne, renfermant une partie du mécanisme d'entraînement de l'aiguille.

broche^F porte-bobine^M
Pivot sur lequel se fixe la bobine du fil supérieur.

releveur^M de fil^M
Levier dans lequel le fil supérieur est inséré avant d'être relié à l'aiguille, servant à en régler la tension.

réglage^M de largeur^F de point^M
Mécanisme permettant de déterminer la largeur du point.

bobineur^M
Dispositif sur lequel on insère la canette pour la remplir. On y transfère le fil de la bobine située sur la broche porte-bobine.

volant^M
Roulette permettant de lever ou d'abaisser manuellement l'aigui[lle]

réglage^M de pression^F
Mécanisme permettant de déterminer la pression qu'exerce le pied-de-biche sur le tissu.

positionneur^M
Dispositif permettant de sélectionner l'emplacement de l'aiguille (à gauch[e], au centre ou à droite).

règle-point^M
Roulette permettant de déterminer la longueur du point. Les chiffres indiqu[ent] la longueur en millimètre.

sélecteur^M de points^M
Dispositif permettant de choisir u[n] modèle de point.

tête^F
Partie verticale complétant le mécanisme d'entraînement de l'aiguille, d'où sort le pied presseur.

bouton^M de point^M arrière
Dispositif qui permet de coudr[e] marche arrière.

ARTS ET ARCHITECTURE

colonne^F
Partie verticale supportant le b[ras] renfermant une partie du méc[anisme] d'entraînement de l'aiguille.

aiguille^F
Pièce métallique permettant de passer le fil à travers le tissu pour former un point.

plateau^M
Surface sur laquelle on déplace les pièces de tissu.

interrupteur^M moteur^M/éclairage^M
Bouton permettant de mettre en marche d'arrêter l'appareil ainsi que d'allumer ou d'éteindre la lampe de couture.

pied^M-de-biche^F
Extrémité articulée du pied presseur comportant deux branches entre lesquelles passe l'aiguille.

plaque^F-glissière^F
Plaque coulissante donnant accès aux organes inférieurs de formation du point.

bloc^M-tension^F
Ensemble des organes permettant de régler la tension du fil supérieur.

canette^F
Bobine sur laquelle est enroulé le fil inférieur.

plaque^F à aiguille^F
Pièce métallique comportant un orifice pour le passage de l'aiguille et deux fentes d'où sortent les griffes d'entraînement du tissu.

prise^F de raccordement^M
Dispositif permettant de relier la pédale de contrôle de la vitesse à la machine à coudre.

commande^F au pied^M
Mécanisme actionné au pied, qui commande le moteur électrique de la machine à coudre.

boîte^F à canette^F
Boîtier placé sous la plaque à aiguille, dans lequel s'insère la canette.

canette^F
Bobine sur laquelle est enroulé le fil inférieur.

contrôle^M de la vitesse^F
Pédale permettant de régler la vitesse du moteur électrique de la machine. Plus la pression du pied est forte, plus la vitesse augmente.

verrou^M
Dispositif dans lequel s'insère la canette, permettant de régler la tension du fil inférieur.

crochet^M
Organe inférieur fixe dans lequel s'insère le verrou.

artisanat

couture^F

bloc^M-tension^F
Ensemble des organes permettant de régler la tension du fil supérieur.

aiguille^F
Pièce métallique permettant de passer le fil à travers le tissu pour former un point.

barre^F à aiguille^F
Tige cylindrique supportant le pince-aiguille à son extrémité inférieure, qui entraîne le mouvement de va-et-vient de l'aiguille.

pied^M presseur
Partie de la machine à coudre qui maintient le tissu à plat contre les griffes d'entraînement pendant la couture.

ressort^M compensateur de fil^M
Dispositif permettant de maintenir le fil supérieur entre les disques de tension.

talon^M
Partie supérieure de l'aiguille, qui s'insère dans le pince-aiguille.

guide-fil^M
Dispositif permettant de diriger le fil vers le chas de l'aiguille.

barre^F de pied^M presseur
Tige cylindrique terminée par le pied presseur.

guide-fil^M
Dispositif permettant de diriger le fil vers le disque de tension.

rainure^F
Entaille pratiquée dans l'aiguille pour guider le fil.

pince-aiguille^M
Dispositif dans lequel est inséré le talon de l'aiguille.

vis^F de pince-aiguille^M
Dispositif permettant de fixer le talon de l'aiguille dans le pince-aiguille.

tige^F
Partie de l'aiguille délimitée par le talon et le chas.

coupe-fil^M
Fente dans laquelle on insère les fils pour les couper après la couture.

chas^M
Trou pratiqué au bas de l'aiguille pour recevoir le fil.

griffe^F d'entraînement^M
Chacune des pièces métalliques pointues qui déplacent le tissu pendant que se forment les points.

aiguille^F
Pièce métallique permettant de passer le fil à travers le tissu pour former un point.

pointe^F
Extrémité inférieure de l'aiguille, servant à piquer le tissu.

disque^M de tension^F
Chacun des dispositifs entre lesquels passe le fil lors de l'enfilage.

indicateur^M de tension^F
Cadran gradué marquant la tension à laquelle le fil supérieur est réglé.

plaque^F-glissière^F
Plaque coulissante donnant accès aux organes inférieurs de formation du point.

canette^F
Bobine sur laquelle est enroulé le fil inférieur.

pied^M-de-biche^F
Extrémité articulée du pied presseur, comportant deux branches entre lesquelles passe l'aiguille.

attaches^F
Accessoires servant à attacher ou à fermer un vêtement.

fermeture^F à glissière^F
Fermeture faite de deux rubans bordés de dents s'emboîtant les unes dans les autres à l'aide d'un curseur.

côté^M femelle

côté^M mâle

dent^F
Chacune des pièces métalliques qui s'engrènent à l'aide d'un curseur.

épingle^F de sûreté^F
Tige métallique qui, recourbée, forme un ressort et dont l'extrémité pointue de la branche mobile est maintenue par un crochet.

bouton^M à tige^F
Bouton muni d'un anneau métallique à travers lequel le fil est passé pour le fixer à un tissu.

curseur^M
Dispositif coulissant permettant d'assembler ou de séparer les deux rangées de dents de la fermeture à glissière.

bouton^M-pression^F
Pièce de fermeture composée d'un disque perforé et d'un disque à bouton qui s'emboîtent par simple pression.

tirette^F
Pièce métallique servant à déplacer le curseur.

crochet^M
Pièce recourbée s'insérant dans une porte ou dans une bride pour attacher ou fermer un vêtement.

agrafes^F
Attaches formées d'un crochet métallique inséré dans une porte ou une bride.

ruban^M
Bande de tissu sur laquelle sont fixées les dents, cousue de part et d'autre de l'échancrure d'un tissu.

porte^F
Anneau en forme de fer à cheval dans lequel s'insère le crochet de l'agrafe.

butée^F
Dispositif métallique permettant de bloquer le curseur à l'extrémité inférieure de la fermeture à glissière.

boutons^M à trous^M
Boutons à deux ou à quatre trous à travers lesquels le fil est passé pour les fixer à un tissu.

bride^F
Pièce dans laquelle s'insère le crochet de l'agrafe.

boucle^F
Extrémité recourbée de la porte qui permet de la fixer sur une pièce de tissu.

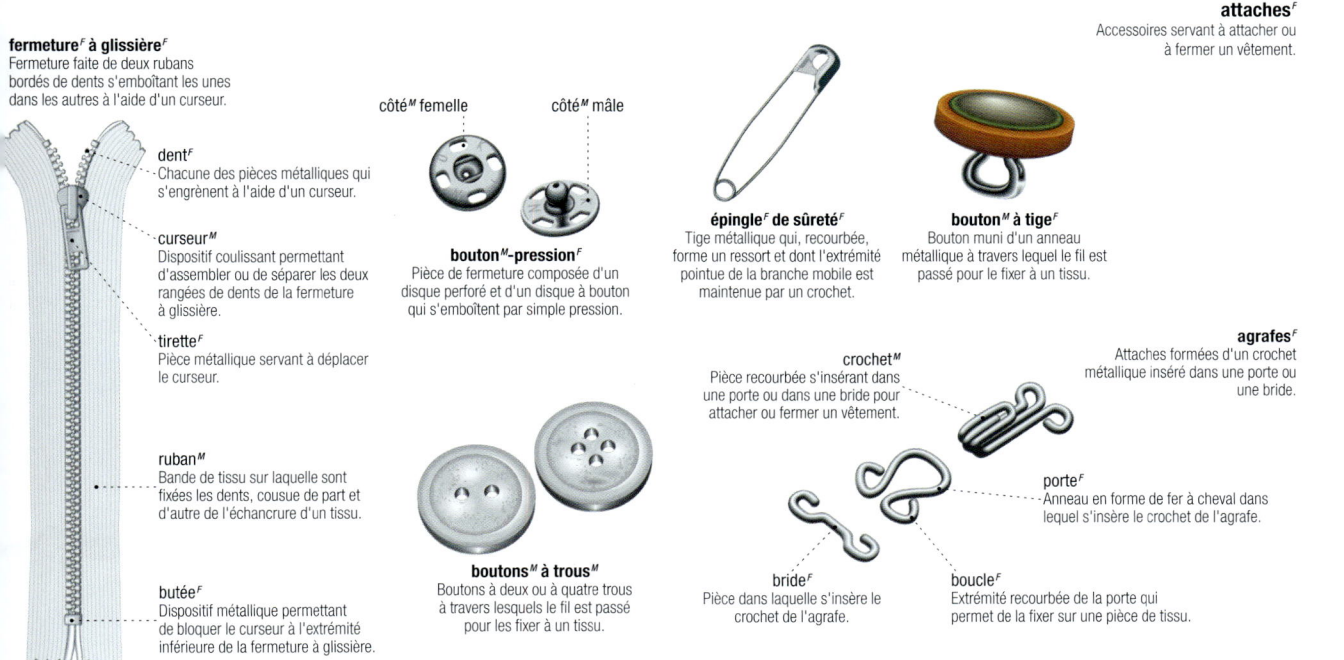

ARTS ET ARCHITECTURE

artisanat

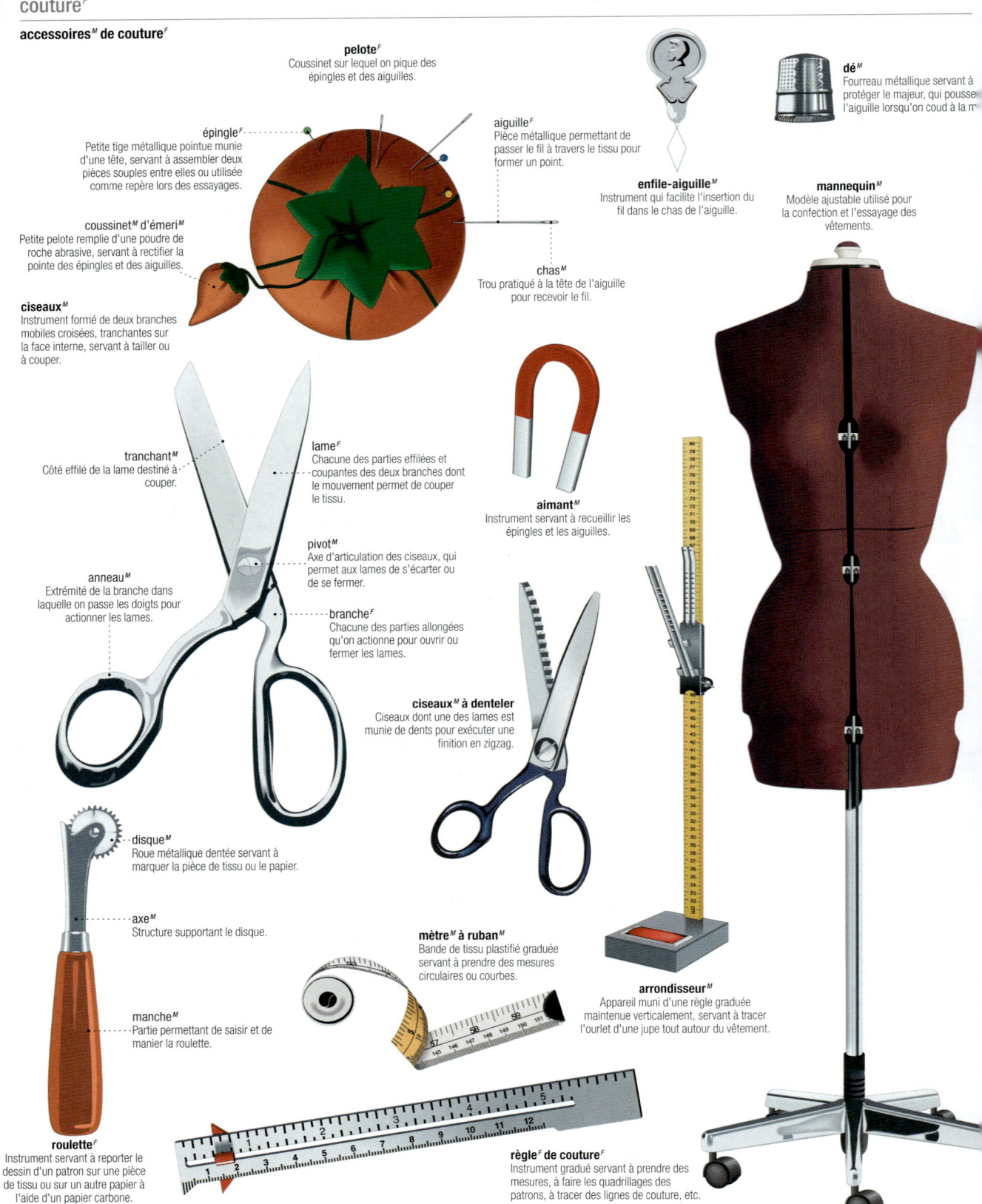

couture[F]

accessoires[M] de couture[F]

pelote[F]
Coussinet sur lequel on pique des épingles et des aiguilles.

dé[M]
Fourreau métallique servant à protéger le majeur, qui pousse l'aiguille lorsqu'on coud à la m[...]

épingle[F]
Petite tige métallique pointue munie d'une tête, servant à assembler deux pièces souples entre elles ou utilisée comme repère lors des essayages.

aiguille[F]
Pièce métallique permettant de passer le fil à travers le tissu pour former un point.

enfile-aiguille[M]
Instrument qui facilite l'insertion du fil dans le chas de l'aiguille.

mannequin[M]
Modèle ajustable utilisé pour la confection et l'essayage des vêtements.

coussinet[M] d'émeri[M]
Petite pelote remplie d'une poudre de roche abrasive, servant à rectifier la pointe des épingles et des aiguilles.

chas[M]
Trou pratiqué à la tête de l'aiguille pour recevoir le fil.

ciseaux[M]
Instrument formé de deux branches mobiles croisées, tranchantes sur la face interne, servant à tailler ou à couper.

tranchant[M]
Côté effilé de la lame destiné à couper.

lame[F]
Chacune des parties effilées et coupantes des deux branches dont le mouvement permet de couper le tissu.

aimant[M]
Instrument servant à recueillir les épingles et les aiguilles.

pivot[M]
Axe d'articulation des ciseaux, qui permet aux lames de s'écarter ou de se fermer.

anneau[M]
Extrémité de la branche dans laquelle on passe les doigts pour actionner les lames.

branche[F]
Chacune des parties allongées qu'on actionne pour ouvrir ou fermer les lames.

ciseaux[M] à denteler
Ciseaux dont une des lames est munie de dents pour exécuter une finition en zigzag.

disque[M]
Roue métallique dentée servant à marquer la pièce de tissu ou le papier.

axe[M]
Structure supportant le disque.

mètre[M] à ruban[M]
Bande de tissu plastifié graduée servant à prendre des mesures circulaires ou courbes.

manche[M]
Partie permettant de saisir et de manier la roulette.

arrondisseur[M]
Appareil muni d'une règle graduée maintenue verticalement, servant à tracer l'ourlet d'une jupe tout autour du vêtement.

roulette[F]
Instrument servant à reporter le dessin d'un patron sur une pièce de tissu ou sur un autre papier à l'aide d'un papier carbone.

règle[F] de couture[F]
Instrument gradué servant à prendre des mesures, à faire les quadrillages des patrons, à tracer des lignes de couture, etc.

artisanat

coutureF

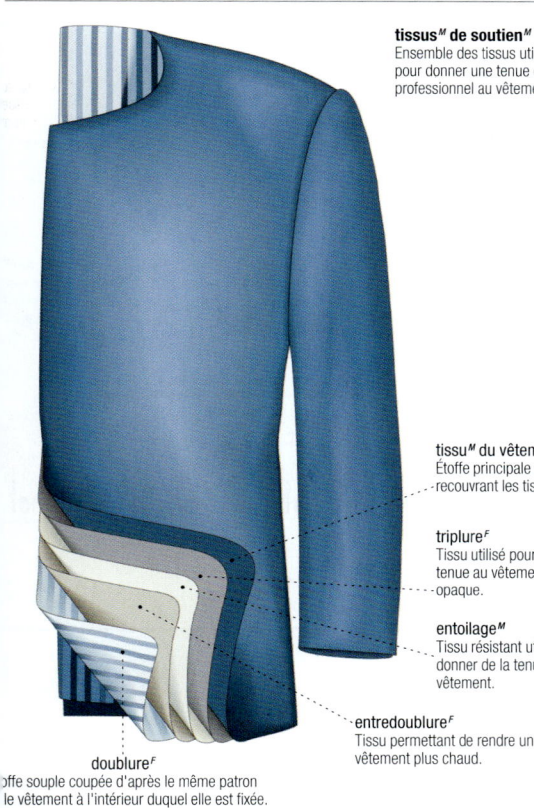

tissusM **de soutien**M
Ensemble des tissus utilisés pour donner une tenue et un fini professionnel au vêtement.

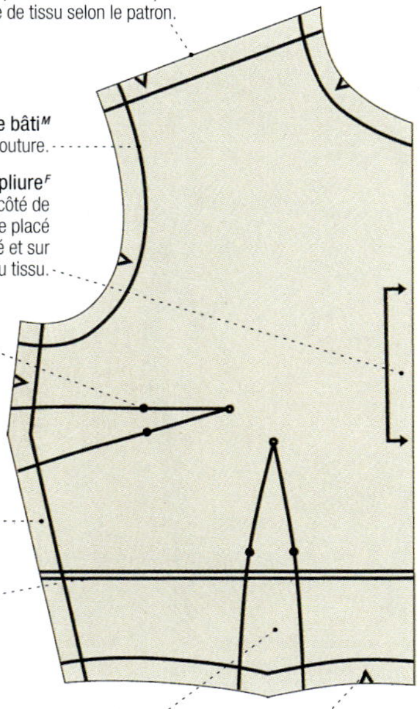

patronM
Modèle en papier à l'aide duquel on taille dans un tissu les différentes pièces d'un vêtement.

ligneF **de coupe**F
Tracé indiquant l'endroit où couper la pièce de tissu selon le patron.

ligneF **de bâti**M
Tracé indiquant l'endroit où se fait une couture.

pliureF
Symbole indiquant que ce côté de la pièce de patron doit être placé directement sur le bord plié et sur le droit fil du tissu.

pointM **de repère**M
Marque d'assemblage indiquant un endroit où il faut porter une attention particulière.

tissuM **du vêtement**M
Étoffe principale du vêtement, recouvrant les tissus de soutien.

triplureF
Tissu utilisé pour donner de la tenue au vêtement et le rendre plus opaque.

rentréM
Distance entre la ligne de bâti et la ligne de coupe, créant un repli de tissu sur l'envers du vêtement une fois qu'il est cousu.

entoilageM
Tissu résistant utilisé pour donner de la tenue et du corps au vêtement.

ligneF **de modification**F
Ligne double indiquant l'endroit où ajuster la longueur de la pièce de tissu au goût de la personne.

entredoublureF
Tissu permettant de rendre un vêtement plus chaud.

pinceF
Symbole indiquant l'emplacement et l'ampleur d'un pli formé sur l'envers du tissu pour ajuster le vêtement plus près du corps.

cranM
Symbole permettant l'assemblage précis des pièces à joindre.

doublureF
Étoffe souple coupée d'après le même patron que le vêtement à l'intérieur duquel elle est fixée. Sert à le soutenir, à le garnir, à en dissimuler les coutures ou à le rendre plus chaud.

structureF **du tissu**M
Manière dont les fils de l'étoffe sont assemblés lors du tissage.

biaisM
Sens d'un tissu, correspondant à la diagonale par rapport aux fils de chaîne et de trame.

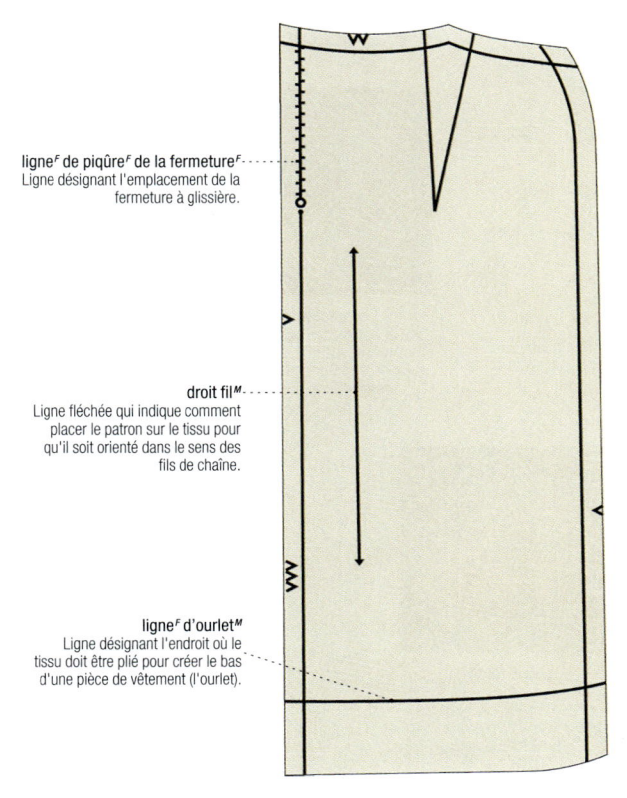

ligneF **de piqûre**F **de la fermeture**F
Ligne désignant l'emplacement de la fermeture à glissière.

lisièreF
Bordure de finition d'une pièce de tissu, tissée plus serrée que la pièce qu'elle borde et parallèle à la chaîne.

droit filM
Ligne fléchée qui indique comment placer le patron sur le tissu pour qu'il soit orienté dans le sens des fils de chaîne.

trameF
Ensemble de fils passés au travers des fils de chaîne d'une lisière à l'autre, représentant la largeur du tissu.

ligneF **d'ourlet**M
Ligne désignant l'endroit où le tissu doit être plié pour créer le bas d'une pièce de vêtement (l'ourlet).

chaîneF
Ensemble de fils parallèles régulièrement espacés, disposés dans le sens de la longueur du tissu.

ARTS ET ARCHITECTURE

tricot^M

Formation d'une étoffe par entrelacement de mailles à l'aide d'aiguilles.

aiguille^F à tricoter
Tige cylindrique rigide employée par paire pour tricoter un ouvrage plat.

tête^F
Pièce permettant de retenir les mailles en les empêchant de glisser hors de la tige.

tige^F
Partie mince et allongée située entre la tête et la pointe, dont la longueur et le diamètre varient en fonction du tricot à réaliser.

pointe^F
Extrémité effilée permettant à l'aiguille de s'insérer facilement dans les mailles.

bec^M
Extrémité recourbée permettant de saisir un fil.

méplat^M
Partie plane permettant de manier le crochet.

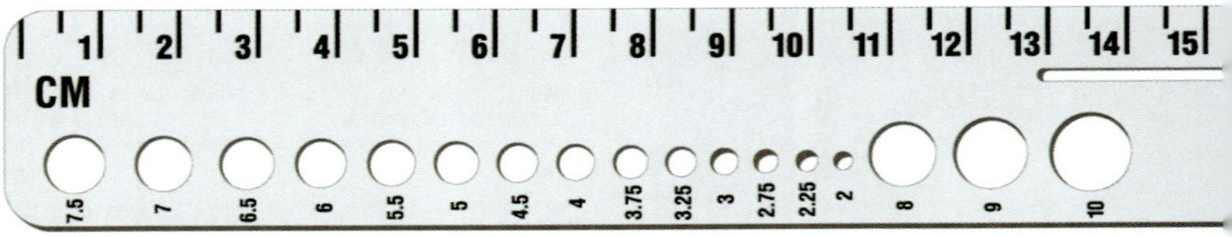

crochet^M
Instrument utilisé pour rattraper une maille perdue, faire les finitions, exécuter certaines coutures, etc.

aiguille^F circulaire
Aiguille servant à tricoter en rond des pièces sans couture ou des ouvrages plats comportant un grand nombre de mailles.

mailles^F de montage^M
Boucles constituant le point de départ d'un ouvrage.

jauge^F à aiguilles^F
Instrument servant à mesurer le diamètre des aiguilles et à prendre la mesure du travail en cours.

points^M de tricot^M

Disposition, sur un ou plusieurs rangs, de groupes de mailles travaillées de façon à former un motif ou un relief qui se répète régulièrement.

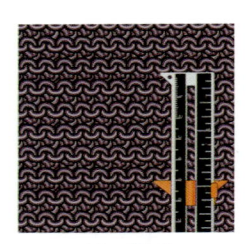

échantillon^M
Carré d'essai dans lequel est calculé le nombre de mailles et de rangs sur une surface de 5 cm², afin d'établir une correspondance avec un patron.

point^M de jersey^M
Point obtenu en alternant un rang endroit et un rang envers.

point^M mousse^F
Point obtenu par une suite de mailles endroit sur tous les rangs.

point^M de riz^M
Point obtenu en alternant, sur un rang, une maille endroit et une maille envers et en inversant l'ordre sur le rang suivant.

point^M de côtes^F
Point obtenu en alternant, sur un rang, des mailles endroit et des mailles envers et en répétant le même ordre sur les rangs suivants.

point^M de damier^M
Point obtenu en faisant alterner des carrés composés de mailles endroit avec des carrés composés de mailles envers.

point^M de torsades^F
Point obtenu par inversement de mailles sur un rang, pour former un croisement.

artisanat 571

tricot^M

machine^F à tricoter
Appareil permettant d'effectuer mécaniquement un tricot.

fonture^F et chariots^M
Pièce métallique rainurée dans laquelle s'insèrent les aiguilles et sur laquelle coulissent les chariots pour réaliser un tricot.

poignée^F de chariot^M
Partie permettant de saisir et de manier le chariot.

cadran^M de tension^F
Disque gradué permettant de déterminer la taille de la maille.

affichage^M du numéro^M de rang^M
Écran indiquant le numéro du prochain rang à tricoter.

compte-rangs^M
Dispositif indiquant le nombre de rangs tricotés.

mémoire^F des patrons^M
Touches servant à la mémorisation des motifs.

boîte^F d'accessoires^M
Espace aménagé pour loger les aiguilles, les poussoirs d'aiguilles, les fixations, etc.

chariot^M
Appareil servant à entraîner le chariot avant, à déterminer la taille de la maille, le type de point, etc.

rainure^F
Chacune des entailles d'où émerge le talon des aiguilles pour les déplacer manuellement ou à l'aide du chariot.

glissière^F
Pièce métallique rainurée sur laquelle coulisse le chariot, permettant de le guider.

touches^F de variation^F
Touches permettant de changer la forme d'un motif.

touche^F de correction^F
Touche sur laquelle on appuie pour détricoter.

commencement^M du patron^M
Touche sur laquelle on appuie pour reprendre un motif à partir du premier rang.

affichage^M de la couleur^F
Écran sur lequel est indiqué un chiffre correspondant à une couleur.

fonture^F
Pièce métallique rainurée dans laquelle s'insèrent les aiguilles pour former un rang selon le point de tricot à réaliser.

rail^M
Pièce rectiligne le long de laquelle se déplace le chariot.

chariot^M à dentelle^F
Appareil utilisé pour le tricot de la dentelle.

chariot^M avant
Appareil qui se déplace sur les aiguilles pour les avancer ou les reculer selon le point de tricot à réaliser.

commande^F du chariot^M
Bouton permettant de choisir le type de point, de sélectionner les aiguilles et de dégager le chariot de la fonture.

bouton^M d'assemblage^M
Bouton permettant de relier le chariot et le chariot avant.

boutons^M de contrôle^M du point^M
Boutons permettant de déterminer un type de point (point de riz, point de jersey, point mousse, etc.).

brosse^F de tissage^M
Brosse servant au nettoyage des aiguilles.

noix^F
Partie dans laquelle s'insère le fil.

levier^M de tissage^M
Dispositif que l'on soulève pour mettre la machine en mode tissage.

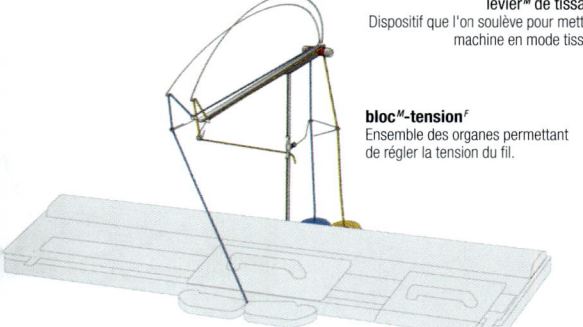

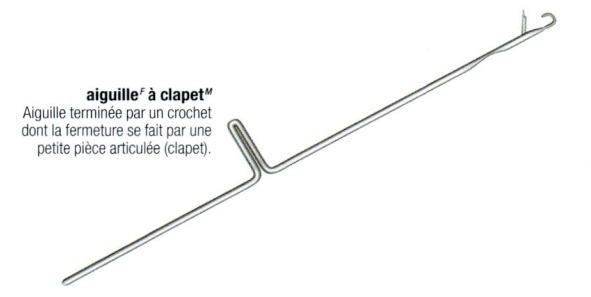

bloc^M-tension^F
Ensemble des organes permettant de régler la tension du fil.

aiguille^F à clapet^M
Aiguille terminée par un crochet dont la fermeture se fait par une petite pièce articulée (clapet).

ARTS ET ARCHITECTURE

572 artisanat

tissage^M

Entrecroisement de fils (chaîne et trame) à angle droit de manière à former une étoffe.

métier^M de basse lisse^F
Métier sur lequel les fils de chaîne sont disposés à l'horizontale.

vue^F d'ensemble^M

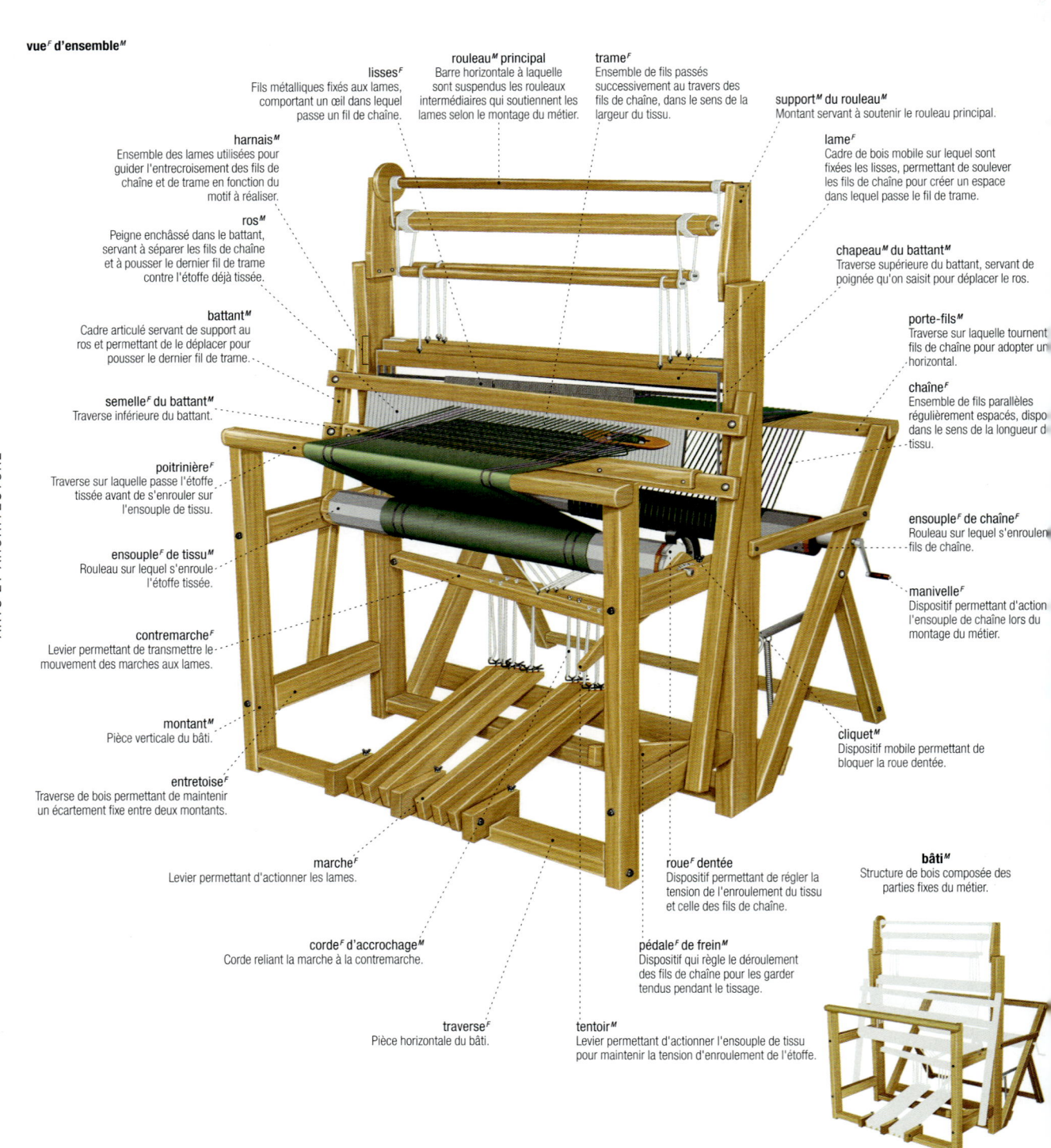

lisses^F
Fils métalliques fixés aux lames, comportant un œil dans lequel passe un fil de chaîne.

rouleau^M principal
Barre horizontale à laquelle sont suspendus les rouleaux intermédiaires qui soutiennent les lames selon le montage du métier.

trame^F
Ensemble de fils passés successivement au travers des fils de chaîne, dans le sens de la largeur du tissu.

support^M du rouleau^M
Montant servant à soutenir le rouleau principal.

harnais^M
Ensemble des lames utilisées pour guider l'entrecroisement des fils de chaîne et de trame en fonction du motif à réaliser.

lame^F
Cadre de bois mobile sur lequel sont fixées les lisses, permettant de soulever les fils de chaîne pour créer un espace dans lequel passe le fil de trame.

ros^M
Peigne enchâssé dans le battant, servant à séparer les fils de chaîne et à pousser le dernier fil de trame contre l'étoffe déjà tissée.

chapeau^M du battant^M
Traverse supérieure du battant, servant de poignée qu'on saisit pour déplacer le ros.

battant^M
Cadre articulé servant de support au ros et permettant de le déplacer pour pousser le dernier fil de trame.

porte-fils^M
Traverse sur laquelle tournent les fils de chaîne pour adopter un horizontal.

semelle^F du battant^M
Traverse inférieure du battant.

chaîne^F
Ensemble de fils parallèles régulièrement espacés, disposés dans le sens de la longueur du tissu.

poitrinière^F
Traverse sur laquelle passe l'étoffe tissée avant de s'enrouler sur l'ensouple de tissu.

ensouple^F de chaîne^F
Rouleau sur lequel s'enroulent les fils de chaîne.

ensouple^F de tissu^M
Rouleau sur lequel s'enroule l'étoffe tissée.

manivelle^F
Dispositif permettant d'actionner l'ensouple de chaîne lors du montage du métier.

contremarche^F
Levier permettant de transmettre le mouvement des marches aux lames.

montant^M
Pièce verticale du bâti.

cliquet^M
Dispositif mobile permettant de bloquer la roue dentée.

entretoise^F
Traverse de bois permettant de maintenir un écartement fixe entre deux montants.

bâti^M
Structure de bois composée des parties fixes du métier.

marche^F
Levier permettant d'actionner les lames.

roue^F dentée
Dispositif permettant de régler la tension de l'enroulement du tissu et celle des fils de chaîne.

corde^F d'accrochage^M
Corde reliant la marche à la contremarche.

pédale^F de frein^M
Dispositif qui règle le déroulement des fils de chaîne pour les garder tendus pendant le tissage.

traverse^F
Pièce horizontale du bâti.

tentoir^M
Levier permettant d'actionner l'ensouple de tissu pour maintenir la tension d'enroulement de l'étoffe.

ARTS ET ARCHITECTURE

artisanat

tissageᴹ

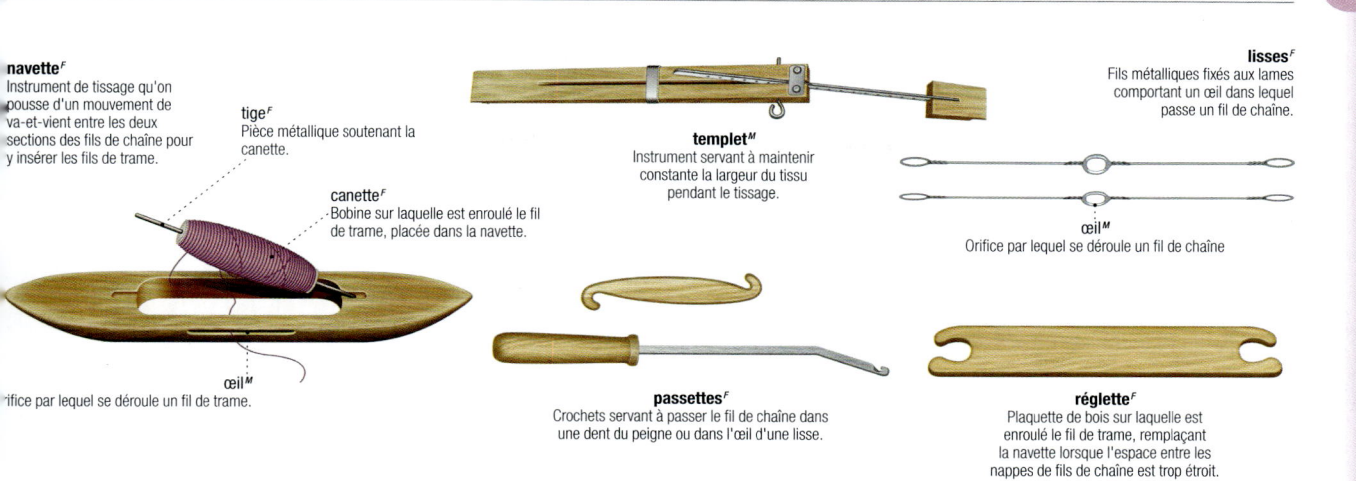

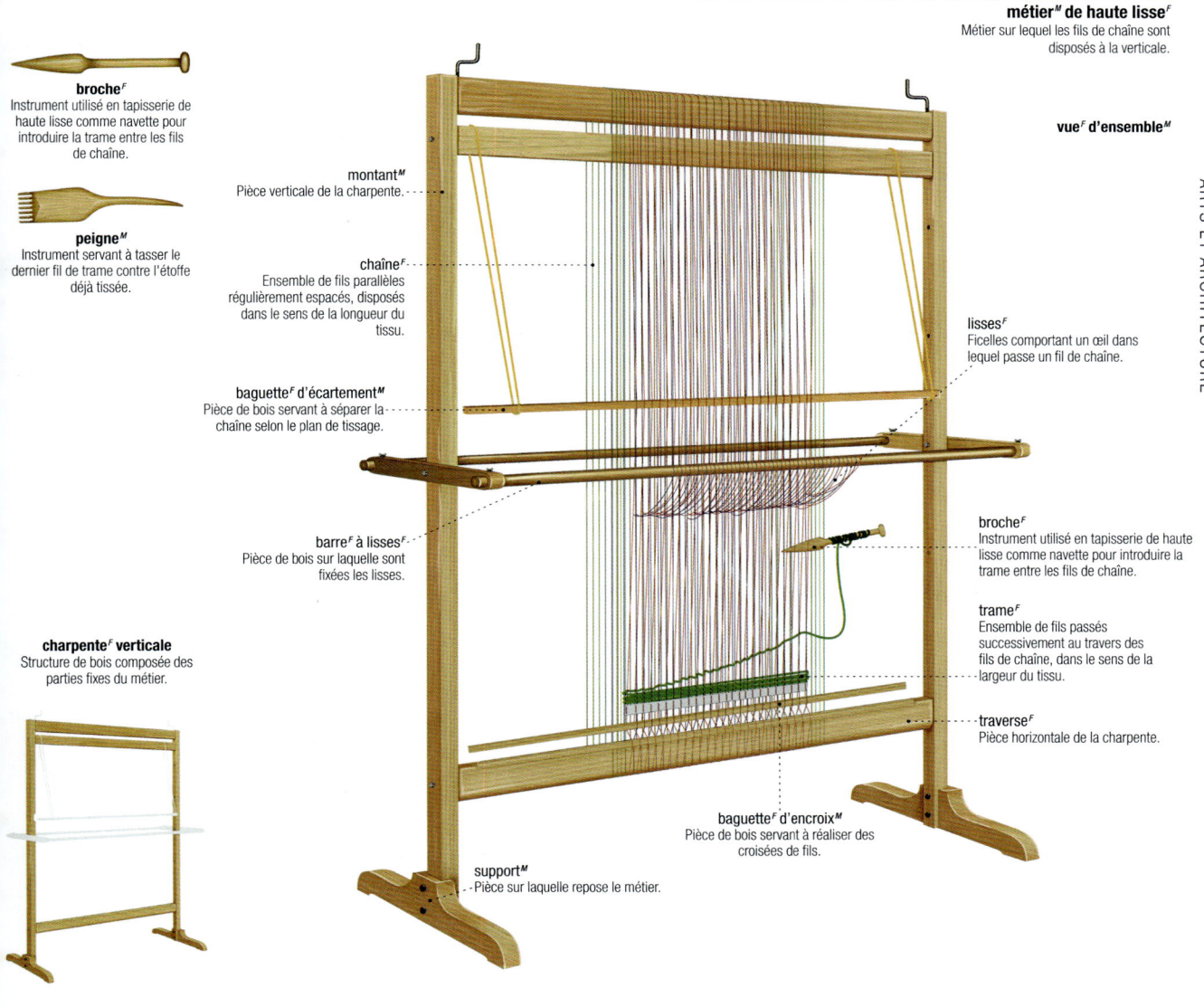

navetteᶠ
Instrument de tissage qu'on pousse d'un mouvement de va-et-vient entre les deux sections des fils de chaîne pour y insérer les fils de trame.

tigeᶠ
Pièce métallique soutenant la canette.

canetteᶠ
Bobine sur laquelle est enroulé le fil de trame, placée dans la navette.

templetᴹ
Instrument servant à maintenir constante la largeur du tissu pendant le tissage.

lissesᶠ
Fils métalliques fixés aux lames comportant un œil dans lequel passe un fil de chaîne.

œilᴹ
Orifice par lequel se déroule un fil de chaîne

œilᴹ
Orifice par lequel se déroule un fil de trame.

passettesᶠ
Crochets servant à passer le fil de chaîne dans une dent du peigne ou dans l'œil d'une lisse.

régletteᶠ
Plaquette de bois sur laquelle est enroulé le fil de trame, remplaçant la navette lorsque l'espace entre les nappes de fils de chaîne est trop étroit.

métierᴹ **de haute lisse**ᶠ
Métier sur lequel les fils de chaîne sont disposés à la verticale.

vueᶠ **d'ensemble**ᴹ

brocheᶠ
Instrument utilisé en tapisserie de haute lisse comme navette pour introduire la trame entre les fils de chaîne.

peigneᴹ
Instrument servant à tasser le dernier fil de trame contre l'étoffe déjà tissée.

montantᴹ
Pièce verticale de la charpente.

chaîneᶠ
Ensemble de fils parallèles régulièrement espacés, disposés dans le sens de la longueur du tissu.

lissesᶠ
Ficelles comportant un œil dans lequel passe un fil de chaîne.

baguetteᶠ **d'écartement**ᴹ
Pièce de bois servant à séparer la chaîne selon le plan de tissage.

barreᶠ **à lisses**ᶠ
Pièce de bois sur laquelle sont fixées les lisses.

brocheᶠ
Instrument utilisé en tapisserie de haute lisse comme navette pour introduire la trame entre les fils de chaîne.

trameᶠ
Ensemble de fils passés successivement au travers des fils de chaîne, dans le sens de la largeur du tissu.

charpenteᶠ **verticale**
Structure de bois composée des parties fixes du métier.

traverseᶠ
Pièce horizontale de la charpente.

baguetteᶠ **d'encroix**ᴹ
Pièce de bois servant à réaliser des croisées de fils.

supportᴹ
Pièce sur laquelle repose le métier.

ARTS ET ARCHITECTURE

artisanat

tissage^M

accessoires^M de tissage^M

canetière^F
Appareil servant à enrouler le fil de trame sur une canette.

fuseau^M
Broche sur laquelle est insérée la canette destinée à recevoir le fil de trame.

vis^F sans fin^F
Dispositif fileté provoquant la rotation au fuseau.

roue^F d'engrenage^M
Roue dentée dont le mouvement de rotation est transmis à la vis sans fin, dans laquelle elle s'engrène.

dévidoir^M
Appareil composé de baguettes articulées sur lequel on démêle des fils de chaîne ou de trame pour les dérouler avec plus de facilité par la suite.

bobinoir^M
Appareil servant à enrouler le fil sur une bobine.

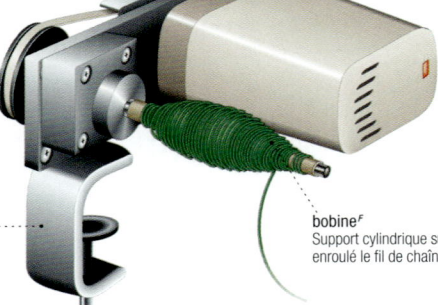

roue^F d'entraînement^M
Dispositif qui, mû par un moteur électrique, permet de faire tourner le fuseau sur lequel est insérée la bobine.

serre-joint^M
Outil à monture en « C » destiné à fixer le bobinoir à une table.

bobine^F
Support cylindrique sur lequel est enroulé le fil de chaîne.

ourdissoir^M
Appareil sur lequel on dispose les fils de chaîne en écheveaux parallèles pour les enrouler plus facilement sur l'ensouple de chaîne.

cheville^F
Pièce de bois permettant une croisée de fils.

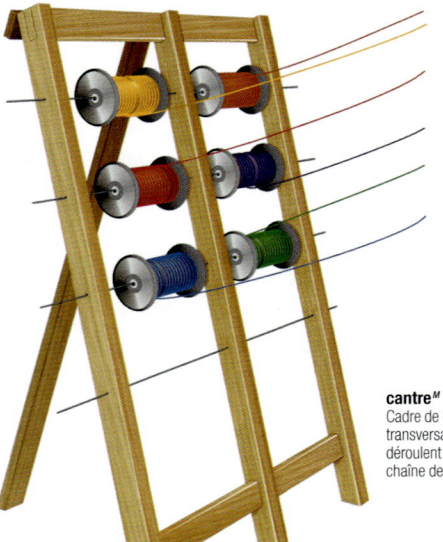

cantre^M
Cadre de bois muni de tiges transversales sur lesquelles se déroulent les bobines de fil de chaîne de différentes couleurs.

artisanat

tissage^M

schéma^M du principe^M du tissage^M
En tissage domestique, la chaîne se sépare en deux ou plusieurs sections entre lesquelles s'insère la trame. En tissage industriel, le même principe se complexifie.

fil^M de trame^F
Ensemble de fils passés au travers des fils de chaîne, dans le sens de la largeur du tissu.

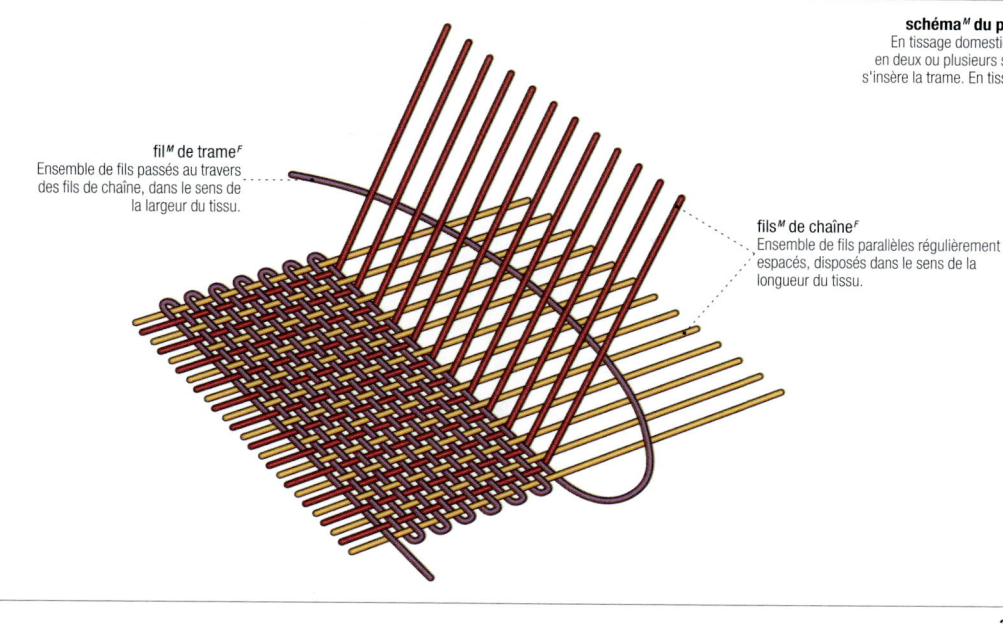

fils^M de chaîne^F
Ensemble de fils parallèles régulièrement espacés, disposés dans le sens de la longueur du tissu.

armures^F de base^F
Modes principaux d'entrecroisements de fils (armatures).

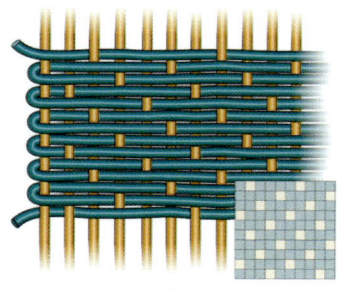

satin^M
Entrecroisement très espacé, formant une surface lisse. Ici, le fil de trame passe sur quatre fils de chaîne, puis sous un.

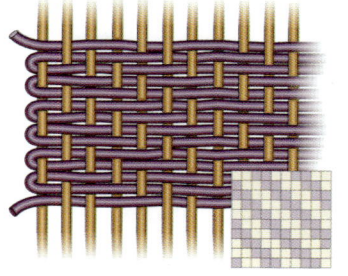

sergé^M
Croisement formant des lignes obliques dans le tissu. Ici, le fil de trame passe sur deux fils de chaîne, puis sous deux, en décalant d'un fil sur chaque rangée.

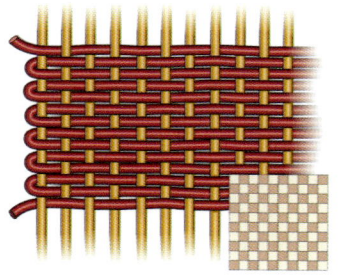

toile^F
Croisement formant un quadrillé dans le tissu. Le fil de trame passe successivement sur et sous un fil de chaîne, en décalant d'un fil sur chaque rangée.

autres techniques^F

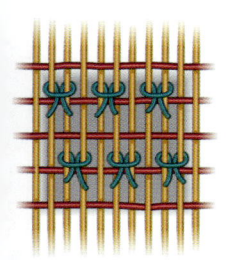

nœud^M
Brin de laine s'enroulant sur deux fils de chaîne et dont les extrémités forment le velours d'un tapis.

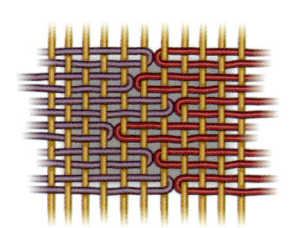

hachure^F
Technique servant à mélanger des couleurs. Un fil de trame pénètre dans une zone de couleur différente, croise un fil de chaîne et revient dans sa propre zone.

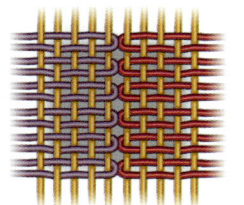

fente^F
Espace situé dans une zone de changement de couleur. Les fils de trame croisent des fils de chaîne adjacents, puis reviennent dans leur zone respective.

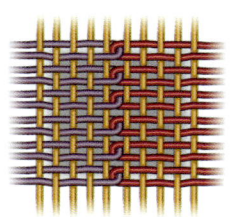

croisement^M
Zone de changement de couleur. Deux fils de trame de couleurs différentes se croisent entre eux, puis reviennent dans leur zone respective.

ARTS ET ARCHITECTURE

artisanat

poterie^F

Art de fabriquer des objets à l'aide de pâte d'argile façonnée à la main et cuite dans un four.

tournage^M
Procédé permettant de façonner à la main la pâte d'argile pour créer un objet à l'aide d'un tour.

pâte^F d'argile^F
Matériau contenant des grains fins de silice, d'aluminium et d'autres minéraux, de consistance souple lorsqu'il est humide.

tour^M à pied^M
Appareil actionné au pied, servant à donner une forme à la pâte d'argile en lui imprimant un mouvement de rotation.

rondeau^M
Disque posé sur la girelle du tour, permettant de retirer aisément les pièces façonnées.

girelle^F
Plateau tournant actionné par le volant sur lequel est placée la pièce en cours d'exécution.

siège^M
Partie sur laquelle s'assoit le potier.

axe^M
Arbre métallique reliant le volant à la girelle, permettant de lui transmettre le mouvement de rotation.

appui^M-pied^M
Pièce horizontale sur laquelle le potier peut poser les pieds.

volant^M
Plateau actionné au pied, permettant de faire tourner ou d'arrêter la girelle ainsi que de régler sa vitesse de rotation.

outils^M de poterie^F

patte^F de coq^M
Support sur lequel est posé un objet lors de l'enfournement pour que la chaleur circule tout autour.

fil^M à couper la pâte^F
Outil servant à découper les blocs d'argile et à détacher du tour les pièces terminées.

ébauchoirs^M
Outils de bois servant à décorer et à lisser l'argile.

pige^F
Outil servant à percer l'argile et à y graver des motifs.

tournette^F
Plateau tournant actionné à la main, utilisé pour des opérations ne demandant pas une vitesse de rotation continue, notamment la pose du décor d'une pièce tournée.

couteau^M de potier^M
Outil servant à couper et à creuser l'argile.

estèques^F
Outils de bois, de métal ou de plastique servant à lisser la surface externe de l'objet lors du tournage.

mirette^F
Outil servant à creuser et à créer des motifs dans l'argile encore malléable.

montre^F
Petite pyramide de céramique dont le point de fusion est connu et qui sert à constater la température de la chambre de cuisson.

artisanat

poterie^F

galettage^M
Dans ce procédé, l'argile est aplatie au rouleau, puis découpée en plaques assemblées ensuite pour former des objets à la main, sans l'emploi du tour.

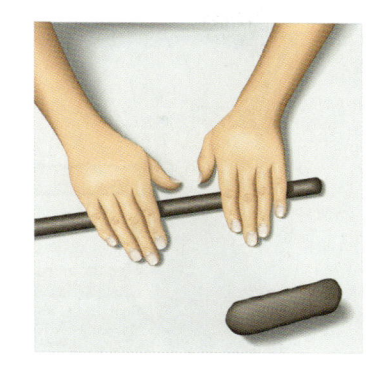

colombinage^M
Dans ce procédé, de longs boudins d'argile sont superposés par collage pour confectionner des pièces sans l'emploi du tour.

cuisson^F
Opération par laquelle l'argile est durcie par la chaleur.

four^M électrique
Appareil dont la chaleur est produite par radiation, utilisé pour la cuisson de l'argile.

couvercle^M
Plaque qui ferme la chambre de cuisson.

brique^F réfractaire
Brique résistant à des températures très élevées sans s'altérer.

cale^F de couvercle^M
Dispositif permettant de maintenir le couvercle ouvert.

élément^M
Résistance électrique qui s'échauffe au passage du courant et dégage la chaleur pour cuire l'argile par radiation.

charnière^F
Attache articulée qui permet de soulever ou d'abaisser le couvercle.

chambre^F de cuisson^F
Compartiment tapissé de briques réfractaires dans lequel sont placées les pièces à cuire.

évent^M
Orifice par lequel s'échappe la vapeur dégagée par l'argile humide lors de la cuisson.

contrôle^M de température^F
Bouton servant à sélectionner la température de cuisson.

mode^M manuel/automatique
Bouton permettant de sélectionner le mode manuel ou automatique.

voyant^M
Signal lumineux indiquant que la température désirée est atteinte.

minuterie^F
Dispositif qui permet de régler le temps de cuisson.

entrée^F d'électricité^F
Dispositif d'entrée et de réglage du courant électrique.

câble^M de raccordement^M
Cordon souple contenant les conducteurs qui permettent de relier l'appareil au circuit électrique.

ARTS ET ARCHITECTURE

dentelle^F aux fuseaux^M

Tissu ajouré créé par entrelacement de fils placés sur des fuseaux, à l'aide d'un carreau sur lequel est fixé un modèle à reproduire.

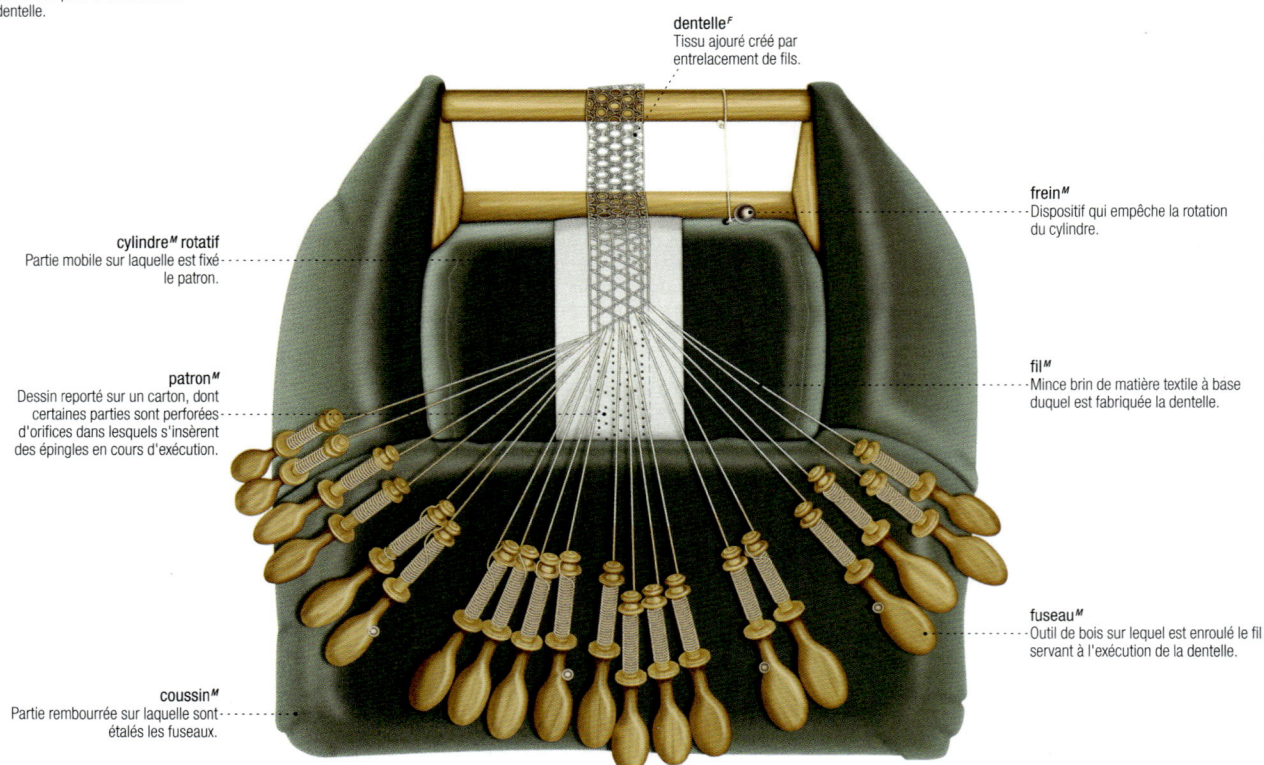

carreau^M
Métier utilisé pour la confection de la dentelle.

dentelle^F
Tissu ajouré créé par entrelacement de fils.

frein^M
Dispositif qui empêche la rotation du cylindre.

cylindre^M rotatif
Partie mobile sur laquelle est fixé le patron.

patron^M
Dessin reporté sur un carton, dont certaines parties sont perforées d'orifices dans lesquels s'insèrent des épingles en cours d'exécution.

fil^M
Mince brin de matière textile à base duquel est fabriquée la dentelle.

fuseau^M
Outil de bois sur lequel est enroulé le fil servant à l'exécution de la dentelle.

coussin^M
Partie rembourrée sur laquelle sont étalés les fuseaux.

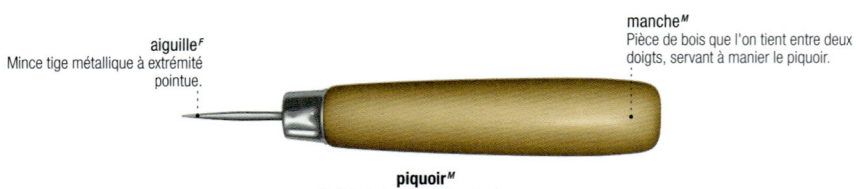

aiguille^F
Mince tige métallique à extrémité pointue.

manche^M
Pièce de bois que l'on tient entre deux doigts, servant à manier le piquoir.

piquoir^M
Outil de bois sur lequel est fixée une aiguille, servant à perforer le patron pour l'insertion des épingles.

tête^F
Extrémité du fuseau, sur est insérée la boucle d'arrêt du fil.

bobine^F
Tige sur laquelle est enroulé le fil.

manche^M
Pièce de bois que l'on tient entre deux doigts, servant à manier le fuseau.

fuseau^M
Outil de bois sur lequel est enroulé le fil, servant à l'exécution de la dentelle.

artisanat

vitrail[M]

Technique visant à assembler des pièces de verre coloré dans le but de créer un motif décoratif. La technique au plomb, la plus ancienne, associe le verre et le plomb.

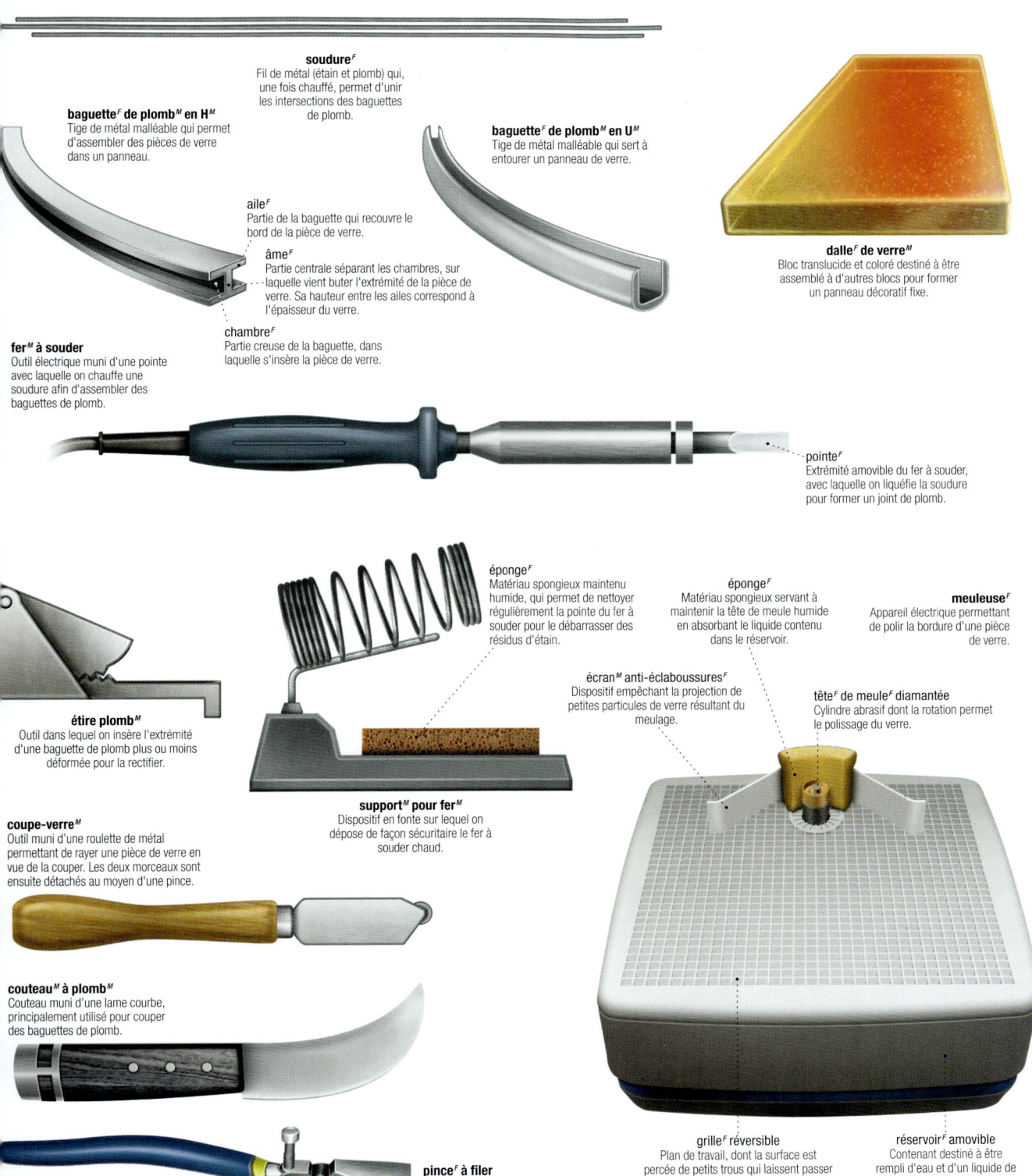

soudure[F]
Fil de métal (étain et plomb) qui, une fois chauffé, permet d'unir les intersections des baguettes de plomb.

baguette[F] de plomb[M] en H[M]
Tige de métal malléable qui permet d'assembler des pièces de verre dans un panneau.

baguette[F] de plomb[M] en U[M]
Tige de métal malléable qui sert à entourer un panneau de verre.

aile[F]
Partie de la baguette qui recouvre le bord de la pièce de verre.

âme[F]
Partie centrale séparant les chambres, sur laquelle vient buter l'extrémité de la pièce de verre. Sa hauteur entre les ailes correspond à l'épaisseur du verre.

chambre[F]
Partie creuse de la baguette, dans laquelle s'insère la pièce de verre.

dalle[F] de verre[M]
Bloc translucide et coloré destiné à être assemblé à d'autres blocs pour former un panneau décoratif fixe.

fer[M] à souder
Outil électrique muni d'une pointe avec laquelle on chauffe une soudure afin d'assembler des baguettes de plomb.

pointe[F]
Extrémité amovible du fer à souder, avec laquelle on liquéfie la soudure pour former un joint de plomb.

étire plomb[M]
Outil dans lequel on insère l'extrémité d'une baguette de plomb plus ou moins déformée pour la rectifier.

éponge[F]
Matériau spongieux maintenu humide, qui permet de nettoyer régulièrement la pointe du fer à souder pour le débarrasser des résidus d'étain.

éponge[F]
Matériau spongieux servant à maintenir la tête de meule humide en absorbant le liquide contenu dans le réservoir.

meuleuse[F]
Appareil électrique permettant de polir la bordure d'une pièce de verre.

écran[M] anti-éclaboussures[F]
Dispositif empêchant la projection de petites particules de verre résultant du meulage.

tête[F] de meule[F] diamantée
Cylindre abrasif dont la rotation permet le polissage du verre.

support[M] pour fer[M]
Dispositif en fonte sur lequel on dépose de façon sécuritaire le fer à souder chaud.

coupe-verre[M]
Outil muni d'une roulette de métal permettant de rayer une pièce de verre en vue de la couper. Les deux morceaux sont ensuite détachés au moyen d'une pince.

couteau[M] à plomb[M]
Couteau muni d'une lame courbe, principalement utilisé pour couper des baguettes de plomb.

pince[F] à filer
Outil utilisé pour étirer une baguette de plomb qui s'était déformée. Une molette de réglage permet de l'ajuster à l'épaisseur de la baguette.

grille[F] réversible
Plan de travail, dont la surface est percée de petits trous qui laissent passer la poussière de verre.

réservoir[M] amovible
Contenant destiné à être rempli d'eau et d'un liquide de refroidissement.

ARTS ET ARCHITECTURE

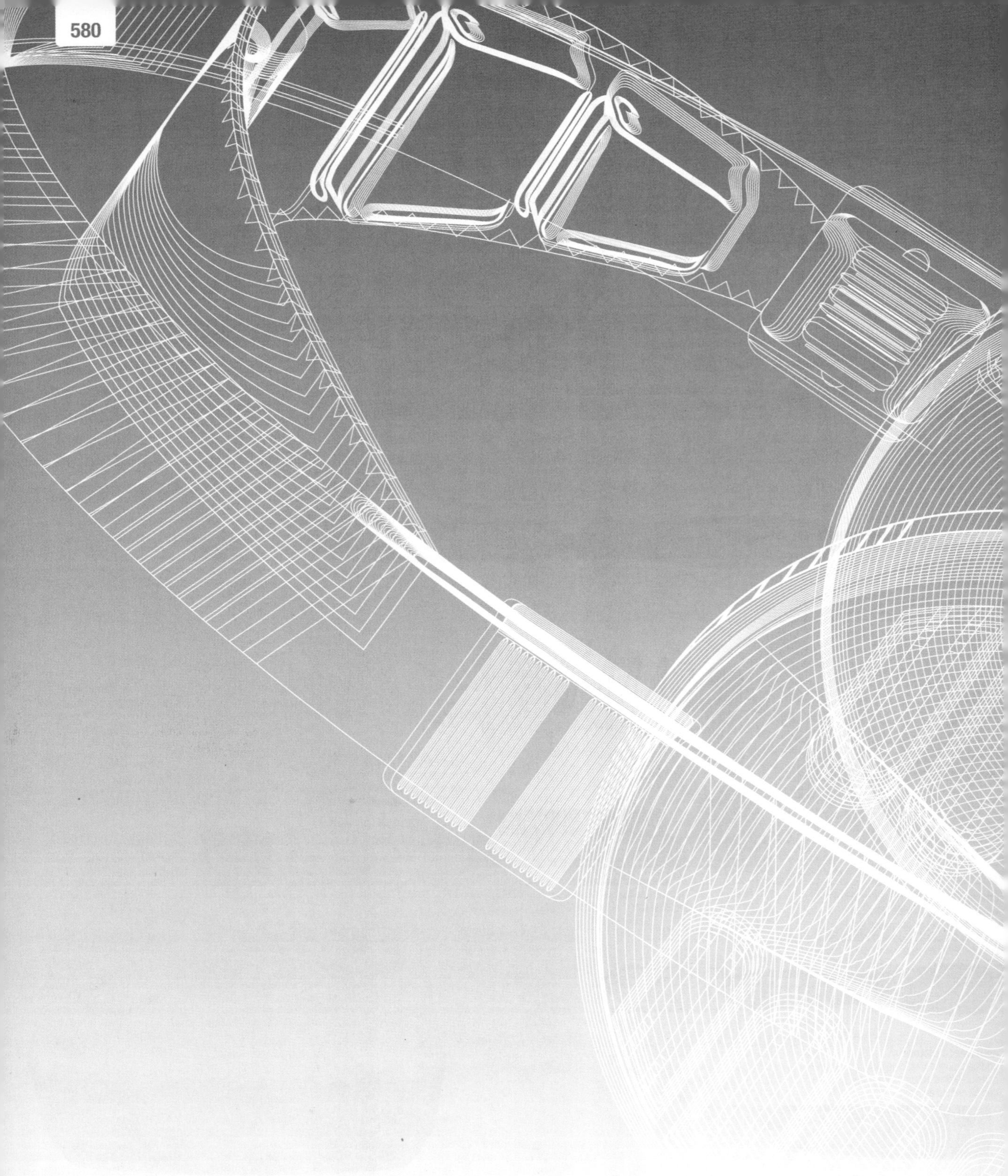

COMMUNICATIONS

Ensemble des signaux sonores et visuels qu'utilise l'être humain pour transmettre des messages, directement ou par l'entremise de canaux et d'appareils.

LANGUES DU MONDE 582
Il existerait plus de 6 000 langues dans le monde, dont seulement 250 seraient parlées par plus d'un million de personnes.

COMMUNICATION ÉCRITE 584
Ensemble des moyens de communication basés sur l'écriture.

PHOTOGRAPHIE 591
Procédé permettant de fixer, grâce à l'action de la lumière, une image sur une surface sensible.

TÉLÉCOMMUNICATIONS 602
Transmission à distance de données (images, son, données informatiques, etc.) par l'entremise d'ondes électromagnétiques ou de câbles.

RADIO 604
Production et diffusion d'émissions sonores au contenu divers (informations, reportages, musique, tribunes, etc.) et destinées au grand public.

TÉLÉVISION 605
Production et diffusion d'émissions visuelles au contenu divers (informations, reportages, divertissement, feuilletons, etc.) et destinées au grand public.

CHAÎNE STÉRÉO 614
Système de reproduction du son, qui comprend notamment un syntoniseur, des appareils de lecture, un amplificateur et des enceintes acoustiques.

COMMUNICATION SANS FIL 621
Transmission de messages vocaux ou alphanumériques par ondes radio, à l'aide de petits appareils munis d'une antenne d'émission ou de réception.

TÉLÉPHONIE 622
Transmission de données ou de messages vocaux, sonores ou visuels, entre des interlocuteurs reliés à un réseau téléphonique.

grandes familles[F] de langues[F]

On regroupe par familles les langues qui présentent des analogies phonétiques, grammaticales et lexicales, ou encore une parenté historique.

répartition[F] géographique

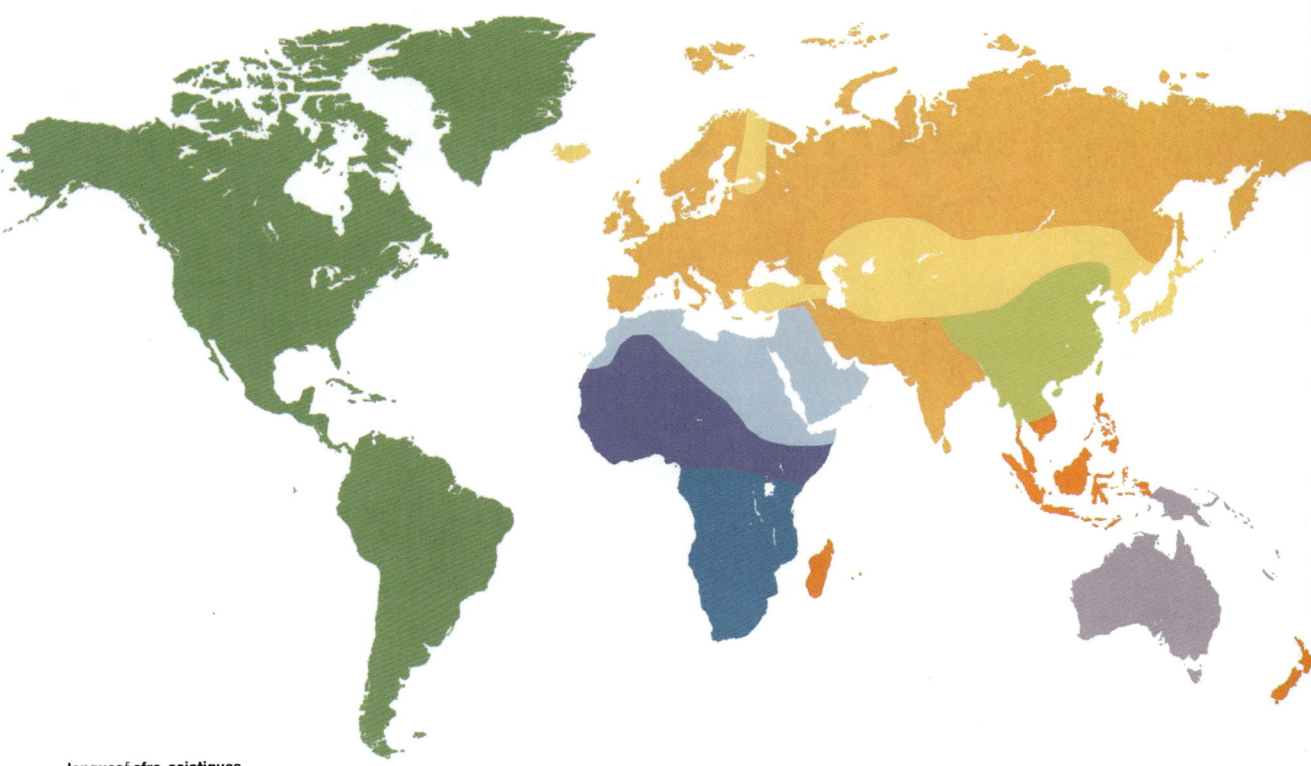

langues[F] afro-asiatiques
Famille regroupant quelque 120 langues vivantes, et plusieurs langues mortes associées à des civilisations importantes (égyptien, babylonien, phénicien).

arabe[M]
Langue du Coran, c'est aussi la langue afro-asiatique comptant le plus de locuteurs, principalement concentrés en Afrique du Nord et au Moyen-Orient.

hébreu[M]
Associé à la religion et au peuple juifs, il constitue l'une des langues officielles de l'État d'Israël.

araméen[M]
Utilisé dans tout le Moyen-Orient pendant l'Antiquité, il demeure parlé dans quelques régions de la Turquie, de la Syrie et de l'Irak.

amharique[M]
Langue parlée principalement en Éthiopie, où elle bénéficie du statut de langue officielle.

berbère[M]
Langue du peuple berbère, présent dans le nord de l'Afrique (principalement au Maroc et en Algérie).

haoussa[M]
L'une des langues les plus répandues en Afrique de l'Ouest, principalement utilisée au Niger et au Nigeria.

langues[F] d'Afrique[F] centrale
Famille regroupant quelque 900 langues, parlées principalement dans le centre et l'ouest de l'Afrique.

peul[M]
Langue parlée dans les régions occidentales de l'Afrique, notamment au Sénégal, en Guinée, au Nigeria et au Cameroun.

wolof[M]
Langue présente à l'ouest du continent africain, notamment au Sénégal et en Gambie.

bambara[M]
Langue parlée au Mali et dans certains pays voisins (Sénégal, Guinée, Côte d'Ivoire, etc.).

yoruba[M]
Langue parlée notamment au Nigeria, au Bénin et au Togo.

langues[F] bantoues
Famille comprenant plus de 400 langues parlées dans la moitié sud du continent africain.

swahili[M]
Langue bantoue comptant le plus grand nombre de locuteurs, surtout concentrés dans le sud-est de l'Afrique (Kenya, Tanzanie, Ouganda, etc.).

kirundi[M]
Langue nationale du Burundi, très proche du kinyarwanda.

kinyarwanda[M]
Langue parlée principalement au Rwanda.

lingala[M]
Langue parlée notamment au Congo, en République démocratique du Congo et en République centrafricaine.

zoulou[M]
Langue représentée en Afrique du Sud et dans quelques pays voisins (Swaziland, Mozambique, etc.).

langues[F] sino-tibétaines
Famille de langues du sud-est asiatique, dont les locuteurs représentent environ le quart de la population mondiale.

chinois[M]
Ensemble de dialectes partageant un même système d'écriture idéographique. Le plus important d'entre eux, le mandarin, est la langue la plus parlée dans le monde.

thaï[M]
Langue principalement utilisée en Thaïlande, où elle constitue la langue officielle, et dans certaines régions du Laos et de la Birmanie, notamment.

vietnamien[M]
Langue parlée surtout au Vietnam, qu'on écrit habituellement à l'aide d'un alphabet romanisé appelé « quôc ngu ».

birman[M]
Langue parlée principalement en Birmanie où elle a le statut de langue officielle.

tibétain[M]
Langue parlée au Tibet et dans certaines régions du Népal et du Bhoutan; on l'écrit à l'aide d'un alphabet d'origine indienne.

grandes familles de langues

langues indo-européennes
Groupe de langues (plus de 200) qui ont en commun une même langue d'origine, déduite par la grammaire historique comparée des langues d'aujourd'hui. Le latin et le grec ancien en font partie.

langues romanes
Ensemble de langues européennes issues du latin, dont certaines se sont répandues dans le monde.

français
Langue de la France et des pays périphériques, introduite en Amérique, en Afrique et en Asie par la colonisation française et belge.

espagnol
Langue de l'Espagne, introduite par les Espagnols dans la plus grande partie de l'Amérique et dans un pays d'Afrique noire (Guinée équatoriale).

catalan
Langue officielle de la Catalogne, de Valence et d'Andorre, aussi parlée dans le sud de la France.

portugais
Langue du Portugal, introduite au Brésil par les Portugais, en Afrique et en Asie par la colonisation.

italien
Langue nationale de l'Italie et d'un canton de la Suisse (Tessin).

roumain
Langue nationale de la Roumanie.

langues ouralo-altaïques
Famille formée d'une centaine de langues, présentes en Asie centrale et de l'Est, au Moyen-Orient ainsi que dans le nord et le centre de l'Europe.

japonais
Langue parlée dans l'ensemble de l'archipel nippon, qui s'écrit en utilisant les idéogrammes chinois ou une écriture syllabique.

coréen
Langue parlée principalement en Corée, dont le lexique comporte de nombreux mots d'origine chinoise.

mongol
Langue officielle de la Mongolie, parlée aussi par certaines communautés de Chine et de Russie, notamment.

turc
Langue officielle de la Turquie, transcrite à l'aide de l'alphabet latin.

hongrois
Langue parlée en Hongrie.

finnois
L'une des langues officielles de la Finlande, avec le suédois.

langues germaniques
Ensemble de langues issues d'un dialecte de l'indo-européen primitif, langue aujourd'hui disparue, qu'on déduit des similitudes que ces langues présentent entre elles.

anglais
Langue de l'Angleterre, diffusée par l'expansion de l'Empire britannique en Amérique du Nord, en Inde, en Asie, en Océanie ainsi qu'en Afrique de l'Est et du Sud.

allemand
Langue nationale de l'Allemagne, de l'Autriche et de la plus grande partie de la Suisse.

néerlandais
Langue utilisée surtout aux Pays-Bas et dans la communauté flamande de Belgique.

danois
Langue scandinave principalement parlée au Danemark.

suédois
Langue scandinave principalement parlée en Suède et en Finlande.

norvégien
Langue scandinave principalement parlée en Norvège.

islandais
Langue nationale de l'Islande, caractérisée par une très grande stabilité depuis le Moyen Âge.

yiddish
Langue des Juifs ashkénazes d'Europe, issue de la fusion entre l'hébreu et divers éléments linguistiques allemands et slaves.

langues malayo-polynésiennes
Famille regroupant quelque 850 langues, réparties dans une vaste zone comprenant Madagascar ainsi qu'une partie du sud-est asiatique et du Pacifique.

indonésien
Langue nationale de l'Indonésie, très proche du malais.

tagalog
Langue parlée principalement aux Philippines, où elle a le statut de langue officielle.

malgache
Langue utilisée surtout à Madagascar, mais aussi aux Comores et à la Réunion.

samoan
Langue parlée en Polynésie, dans l'archipel des Samoa (Pacifique central).

langues celtiques
Répandues en Europe occidentale au cours de l'Antiquité, elles ont peu à peu décliné, ne subsistant aujourd'hui que dans quelques régions.

breton
Langue parlée dans l'ouest de la Bretagne (France).

gallois
L'une des langues officielles du pays de Galles (Royaume-Uni).

écossais
Langue proche de l'irlandais, parlée principalement en Écosse (Royaume-Uni).

irlandais
L'une des langues officielles de la République d'Irlande, également parlée en Irlande du Nord (Royaume-Uni).

langues isolées
Quelques langues indo-européennes modernes ne peuvent être classées dans aucun sous-groupe.

grec
Langue nationale de la Grèce, directement dérivée du grec ancien, dont l'origine remonte à plusieurs siècles avant notre ère.

albanais
Langue principalement parlée en Albanie et dans certaines régions voisines.

arménien
Langue très ancienne parlée dans la région du Caucase, principalement en Arménie.

tahitien
Langue parlée en Polynésie française.

hawaïen
Langue principalement parlée à Hawaï (États-Unis).

maori
L'une des langues officielles de la Nouvelle-Zélande.

langues slaves
Groupe linguistique concentré en Europe de l'Est et en Russie, issu d'un slave commun disparu, mais déduit de la grande parenté observée entre les langues actuelles.

tchèque
Langue nationale de la République tchèque, apparentée au slovaque.

slovaque
Langue nationale de la Slovaquie. Tout comme le tchèque, il s'écrit à l'aide de l'alphabet latin.

polonais
Langue nationale de la Pologne, relativement proche du tchèque et du slovaque.

russe
Langue nationale de la Russie, également répandue dans les États de l'ex-URSS. Il est transcrit à l'aide de l'alphabet cyrillique.

ukrainien
Langue apparentée au russe, parlée principalement en Ukraine et dans certains États voisins.

bulgare
Langue nationale de la Bulgarie, écrite au moyen de l'alphabet cyrillique. Il est apparenté au slovène et au serbo-croate.

slovène
Parlé principalement en Slovénie, on l'écrit avec l'alphabet latin.

serbe et croate
Les Serbes et les Monténégrins utilisent généralement l'alphabet cyrillique, alors que les Croates et les Bosniaques optent pour l'alphabet latin.

langues d'Océanie
Ensemble de langues parlées en Océanie, qui ont généralement peu de liens établis entre elles ou avec les autres familles.

mélanésien
Langue parlée en Mélanésie, ensemble d'archipels du Pacifique Sud comprenant notamment la Nouvelle-Guinée, Vanuatu, les îles Fidji et la Nouvelle-Calédonie.

langues papoues
Il existerait plus de 800 langues et dialectes papous, surtout parlés dans l'île de la Nouvelle-Guinée.

langues aborigènes d'Australie
On compterait quelques centaines de langues associées aux peuples autochtones d'Australie, dont plusieurs sont maintenant peu utilisées ou disparues.

langues indo-iraniennes
Présentes en Asie et au Moyen-Orient, elles forment, parmi les langues indo-européennes, le groupe le plus important du point de vue numérique.

persan
Langue parlée principalement en Iran et en Afghanistan, et qui s'écrit au moyen d'un alphabet arabe.

ourdou
Langue parlée principalement au Pakistan et dans le nord de l'Inde. Très proche du hindi, il s'écrit toutefois avec l'alphabet arabe.

hindi
Langue indienne comptant le plus grand nombre de locuteurs. On l'écrit avec l'alphabet devanagari, propre à plusieurs langues issues du sanskrit.

langues amérindiennes
Quelques centaines de langues sont associées aux peuples autochtones d'Amérique, dont plusieurs sont aujourd'hui peu utilisées ou disparues.

inuktitut
Langue du peuple inuit, établi en Alaska, dans le nord du Canada et au Groenland.

cri
Langue algonquine associée aux Cris, la communauté amérindienne la plus nombreuse du Canada, présente de l'Alberta au Labrador.

montagnais
Langue algonquine associée aux Montagnais, établis dans l'est du Canada, principalement au Québec (nord du Saint-Laurent) et au Labrador.

navaho
Langue autochtone du sud-ouest des États-Unis (Arizona, Nouveau-Mexique), parlée par le peuple navaho.

nahuatl
Langue de l'empire aztèque, largement parlée encore aujourd'hui dans certaines régions du sud du Mexique.

maya
Langue de l'empire maya, utilisée dans certaines régions du sud du Mexique, notamment dans le Yucatán.

quechua
Langue de l'empire inca, qui constitue de nos jours la langue amérindienne comptant le plus de locuteurs. On le parle au Pérou, en Équateur, en Bolivie, etc.

aymara
Langue parlée principalement en Bolivie et au Pérou.

guarani
Langue bénéficiant d'un statut officiel au Paraguay. Il est aussi parlé dans certaines régions de l'Argentine et de la Bolivie, notamment.

communication écrite

écriture^F

Ensemble de caractères graphiques conventionnels utilisés pour représenter, sur des supports variés (papier, écran numérique, etc.), les sons de la langue parlée.

instruments^M d'écriture^F traditionnels
Outils et supports utilisés dans le passé ou dans certaines régions pour rédiger des documents écrits.

plume^F d'oie^F
Au Moyen Âge, grande plume dont le tube (calamus) taillé en pointe était trempé dans l'encre pour écrire.

plume^F métallique romaine
Plume métallique mise au point par les Romains dans l'Antiquité. Elle constitue l'ancêtre de la plume métallique moderne, apparue au 19e siècle.

crayon^M en plomb^M
Crayon fabriqué à partir de plomb, terminé par un renflement décoratif. Utilisé à partir du Moyen Âge, il a ensuite été remplacé par le crayon à mine de graphite.

plume^F creuse de roseau^M
Instrument qui servait, de l'Antiquité au Moyen Âge, à l'écriture sur le papyrus et le parchemin. Il demeure l'instrument traditionnel de la calligraphie arabe.

stylet^M
Instrument métallique pointu utilisé par les Grecs de l'Antiquité pour graver des plaquettes de cire. L'extrémité aplatie permettait d'effacer les textes.

pinceau^M
Assemblage de soies naturelles ou synthétiques fixées à un manche, trempé dans l'encre pour écrire. Il est utilisé en calligraphie chinoise depuis 4 000 ans.

calame^M
Petit roseau taillé en pointe qui servait à tracer des hiéroglyphes sur des plaquettes d'argile ou à les écrire à l'encre sur des papyrus.

papyrus^M
Fine feuille fabriquée à partir de la plante du même nom et utilisée en Égypte pour écrire.

tablette^F de cire^F
Surface de bois aux côtés surélevés sur laquelle on coulait une couche de cire. Dans l'Antiquité, on y traçait et effaçait des caractères à l'aide d'un stylet.

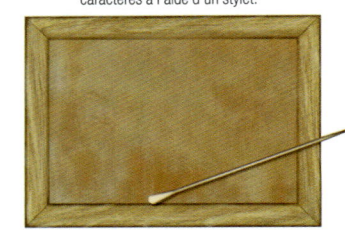

papier^M de riz^M
Feuille pour écrire, légèrement translucide, traditionnellement fabriquée à partir de la plante du riz. On l'utilise depuis des siècles en Chine, au Japon et en Corée.

instruments^M d'écriture^F modernes
Outils et supports utilisés à notre époque pour rédiger des documents écrits.

cartouche^F
Petit réservoir contenant de l'encre et terminé par une pointe d'écriture.

joint^M
Pièce servant de point de raccordement entre les parties inférieure et supérieure du stylo.

agrafe^F
Lame métallique recourbée servant à fixer le stylo-bille à une poche.

stylo^M-bille^F
Instrument inventé au début du 20e siècle, dont la pointe d'écriture renferme une petite bille rotative.

pointe^F
Extrémité dans laquelle est logée une bille destinée à déposer l'encre de la cartouche sur une surface d'écriture.

ressort^M
Pièce de métal élastique qui se tend lorsque la recharge est poussée vers le bas et qui entraîne la rétraction de cette dernière lorsqu'elle se détend.

dispositif^M de poussée^F
Partie saillante destinée à immobiliser le tube de poussée en position enfoncée ou rétractée.

tube^M de poussée^F
Pièce entraînée par le bouton-poussoir, qui permet, par la pression qu'elle exerce sur la recharge, de sortir ou de rentrer la pointe d'écriture.

bouton^M-poussoir^M
Bouton qui commande le mécanisme d'avancée ou de de la cartouche.

coupe^F de la pointe^F

bille^F
Petite sphère métallique logée dans la pointe du stylo et qui, en tournant, dépose sur la surface d'écriture l'encre de la cartouche.

encre^F
Préparation liquide, noire ou colorée, utilisée pour écrire.

recharge^F
Cartouche d'encre de rechange qu'on insère dans le corps d'un stylo-bille.

communication écrite

écriture[F]

stylo[M]-plume[F]
Instrument constitué d'une plume métallique rattachée à un corps contenant une réserve d'encre, généralement sous forme de cartouche.

capuchon[M]
Embout dévissable qui recouvre la plume lorsqu'elle n'est pas utilisée.

plume[F]
Pointe d'écriture incurvée pourvue d'un dispositif d'alimentation.

corps[M]
Partie qui supporte la plume et qui contient la réserve d'encre qui l'alimente.

évent[M]
Ouverture par laquelle l'air pénètre dans la plume pour y maintenir la pression atmosphérique.

marqueur[M]
Feutre de couleur à pointe en biseau de taille variable.

crayon[M]
Instrument formé d'une gaine de bois tendre pouvant être taillée facilement et comportant une mine de graphite.

porte-mine[M]
Instrument formé d'un tube à l'intérieur duquel on insère une mine de crayon très fine, qu'on fait avancer grâce à un bouton-poussoir.

plume[F] métallique
Pointe incurvée, montée sur un manche, que l'on trempe dans un encrier pour écrire.

surligneur[M]
Feutre de couleur à encre transparente, qui permet de marquer une partie de texte qu'on souhaite mettre en valeur.

feuille[F] de papier[M]
Surface mince et plane, généralement de couleur blanchâtre, fabriquée à partir de fibres végétales ou de textiles.

exemples[M] de systèmes[M] d'écriture[F]
Système d'écriture : ensemble codifié de caractères et de symboles utilisé par une communauté pour communiquer par écrit.

abcd

caractères[M] latins
Système d'écriture basé sur un alphabet inspiré de lettres d'origine romaine. Il sert à écrire la plupart des langues d'Europe de l'Ouest.

ات ب ا

caractères[M] arabes
Système d'écriture servant à écrire la langue arabe et certaines autres langues (persan, kurde, etc.). Ces caractères sont lus de droite à gauche.

אבגד

caractères[M] hébreux
Système d'écriture qui sert principalement à écrire l'hébreu. Ces caractères sont lus de droite à gauche.

абвг

caractères[M] cyrilliques
Système d'écriture servant à écrire de nombreuses langues slaves (dont le russe) et d'autres langues parlées sur le territoire de l'ex-URSS.

汉字

sinogrammes[M]
Système d'écriture de la langue chinoise, formé de plusieurs milliers d'idéogrammes.

αβγδ

caractères[M] grecs
Système d'écriture basé sur le plus ancien alphabet connu, qui sert principalement à écrire la langue grecque. Les lettres sont également utilisées comme symboles dans le langage scientifique.

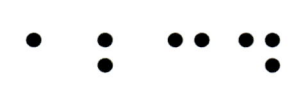

· ∶ ⋯

braille[M]
Système d'écriture formé de points surélevés sur le papier, qui sont interprétés par les personnes non voyantes à l'aide de leurs doigts.

COMMUNICATIONS

communication écrite

typographie[F]

Terme désignant, de façon générale, la représentation graphique des caractères imprimés sur un support, qu'on ait ou non recours au procédé de typographie.

caractères[M] d'une police[F]
Les caractères typographiques, qui composent les différentes polices, se divisent en deux familles principales, soit les caractères avec et sans empattements.

caractères[M] sans empattement[M]
Lettres ou chiffres dont l'extrémité des traits ne présente aucun élargissement.

caractères[M] avec empattements[M]
Lettres ou chiffres dont l'extrémité des traits présente un élargissement.

abcdefghijklmnopqrstuvwxyz 0123456789
        lettres[F]   chiffres[M]

abcdefghijklmnopqrstuvwxyz 012345678

forme[F] des caractères[M]
Les caractères, qu'ils soient imprimés en capitales, en petites capitales ou en bas de casse, peuvent être droits (romain) ou inclinés (italique).

ABCDEF — capitale[F]
Lettre majuscule, principalement utilisée au début d'une phrase ou d'un nom propre.

ABCDEF — petite capitale[F]
Capitale de la même hauteur que le bas de casse. Elle sert notamment à écrire les sigles et les siècles.

abcdef — bas[M] de casse[F]
Lettre minuscule, qui constitue la forme non marquée d'un caractère, tant dans l'écriture que dans l'imprimerie.

abcdef — italique[M]
Caractère incliné vers la droite. On l'emploie notamment pour identifier les titres, les citations et les mots de langues étrangères.

graisse[F]
Épaisseur relative des traits d'un caractère. Les types « normal » et « gras » sont les plus utilisés.

a — maigre
a — demi-gras
a — extra-gras

a — extra-maigre
a — normal
a — gras
a — noir

chasse[F]
Largeur relative d'un caractère.

a — serré
a — étroit
a — normal
a — large
a — étendu

interlignage[M]
Espace vertical séparant deux lignes de caractères, et dont la valeur exacte est proportionnelle à la taille de ceux-ci.

Lorem ipsum dolor sit amet, consectetuer adipiscing elit, sed
    interligne[M] simple

Lorem ipsum dolor sit amet, consectetuer adipiscing elit, sed
    interligne[M] 1,5

Lorem ipsum dolor sit amet, consectetuer adipiscing elit, sed
    interligne[M] double

position[F] d'un caractère[M]
Les caractères d'un texte sont, à l'exception des indices et des exposants, généralement alignés sur une ligne de base horizontale.

H_2SO_4 — indice[M]
Petit caractère placé sous la ligne de base, à la droite d'un autre caractère. Il est surtout utilisé dans les formules chimiques et mathématiques.

XXe — exposant[M]
Petit caractère placé en haut et à droite d'un autre caractère. Il figure dans certaines abréviations et peut également signaler un renvoi.

communication écrite

signes[M] et symboles[M]
Caractères conventionnels représentant une chose ou un concept.

signes[M] diacritiques
Signes qu'on adjoint à une lettre, généralement pour en modifier la prononciation.

à accent[M] grave

é accent[M] aigu

ç cédille[F]

ü tréma[M]

â accent[M] circonflexe

ñ tilde[M]

symboles[M] divers
Les symboles sont des signes conventionnels permettant de désigner, de façon concise, une chose, un être, un concept, etc.

® marque[F] déposée
Symbole attestant que le mot qui précède est une marque de commerce ayant fait l'objet d'un dépôt légal.

© copyright[M]
Symbole attestant l'existence d'un droit d'auteur, qu'on inscrit au début d'un ouvrage pour en empêcher l'exploitation ou la reproduction sans autorisation.

& esperluette[F]
Symbole représentant le mot « et », surtout utilisé dans les raisons sociales.

@ arobas[M]
Symbole utilisé dans la messagerie électronique comme séparateur entre le nom d'utilisateur et le nom du serveur.

* astérisque[M]
Symbole utilisé notamment pour signaler une note ou un renvoi.

signes[M] de ponctuation[F]
Ensemble des signes conventionnels qui permettent de diviser un texte afin d'en améliorer l'intelligibilité.

— tiret[M]
Signe utilisé notamment pour intercaler une explication dans une phrase ou indiquer un changement d'interlocuteur dans un dialogue.

- trait[M] d'union[F]
Signe utilisé principalement pour relier les éléments d'un mot composé.

. point[M]
Signe marquant la fin d'une phrase ou d'une abréviation.

; point[M]-virgule[F]
Signe séparant deux propositions reliées ou différents éléments d'une énumération.

, virgule[F]
Signe séparant divers éléments d'une phrase, ou encore les parties entière et décimale d'un nombre.

... points[M] de suspension[F]
Signe utilisé pour indiquer une énumération inachevée ou une pensée incomplète.

: deux-points[M]
Signe annonçant une citation, un exemple, une énumération, etc.

's apostrophe[F]
Signe qui indique la suppression d'une voyelle ou, dans certaines langues comme l'anglais, la marque de la possession.

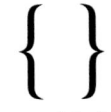

{ } accolades[F]
Signe utilisé notamment pour réunir divers éléments d'une énumération.

( ) parenthèses[F]
Signes utilisés par paire pour intercaler dans une phrase un élément explicatif, une précision, etc.

[ ] crochets[M]
Signes utilisés par paire, notamment pour intercaler une précision dans une phrase.

/ barre[F] oblique
Signe utilisé notamment dans l'écriture des fractions et de certaines abréviations.

! point[M] d'exclamation[F]
Signe marquant la fin d'une phrase exclamative.

? point[M] d'interrogation[F]
Signe marquant la fin d'une phrase interrogative.

' ' guillemets[M] simples
Signes utilisés par paire. En français, ils peuvent indiquer une signification ou un concept, ou être placés dans une citation déjà guillemetée.

" " guillemets[M] anglais
Signes utilisés par paire. Ils ont la forme de virgules orientées vers le haut ou vers le bas.

« » guillemets[M] français
Signes utilisés par paire pour isoler un mot ou un groupe de mots (une citation, notamment). En français, ils ont la forme de chevrons.

COMMUNICATIONS

réseau^M postal public

Ensemble des infrastructures permettant au service postal national de livrer à son destinataire le courrier qui lui est confié.

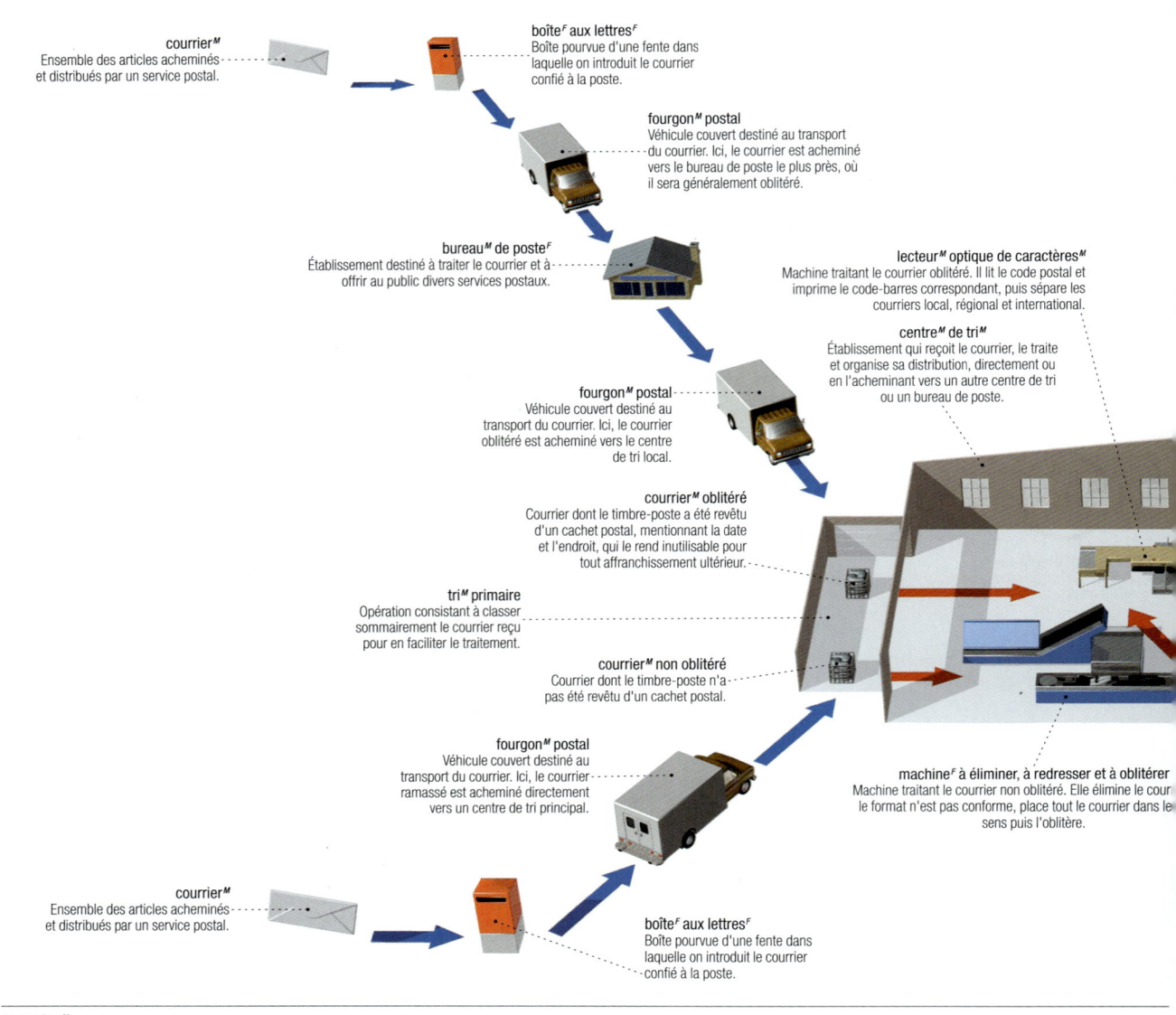

courrier^M
Ensemble des articles acheminés et distribués par un service postal.

boîte^F aux lettres^F
Boîte pourvue d'une fente dans laquelle on introduit le courrier confié à la poste.

fourgon^M postal
Véhicule couvert destiné au transport du courrier. Ici, le courrier est acheminé vers le bureau de poste le plus près, où il sera généralement oblitéré.

bureau^M de poste^F
Établissement destiné à traiter le courrier et à offrir au public divers services postaux.

lecteur^M optique de caractères^M
Machine traitant le courrier oblitéré. Il lit le code postal et imprime le code-barres correspondant, puis sépare les courriers local, régional et international.

centre^M de tri^M
Établissement qui reçoit le courrier, le traite et organise sa distribution, directement ou en l'acheminant vers un autre centre de tri ou un bureau de poste.

fourgon^M postal
Véhicule couvert destiné au transport du courrier. Ici, le courrier oblitéré est acheminé vers le centre de tri local.

courrier^M oblitéré
Courrier dont le timbre-poste a été revêtu d'un cachet postal, mentionnant la date et l'endroit, qui le rend inutilisable pour tout affranchissement ultérieur.

tri^M primaire
Opération consistant à classer sommairement le courrier reçu pour en faciliter le traitement.

courrier^M non oblitéré
Courrier dont le timbre-poste n'a pas été revêtu d'un cachet postal.

fourgon^M postal
Véhicule couvert destiné au transport du courrier. Ici, le courrier ramassé est acheminé directement vers un centre de tri principal.

machine^F à éliminer, à redresser et à oblitérer
Machine traitant le courrier non oblitéré. Elle élimine le cour[rier dont] le format n'est pas conforme, place tout le courrier dans le [même] sens puis l'oblitère.

courrier^M
Ensemble des articles acheminés et distribués par un service postal.

boîte^F aux lettres^F
Boîte pourvue d'une fente dans laquelle on introduit le courrier confié à la poste.

---

courrier^M
Ensemble des articles acheminés et distribués par un service postal.

timbre^M-poste^F
Petite vignette adhésive de différentes valeurs, émise par un service postal et destinée à affranchir le courrier.

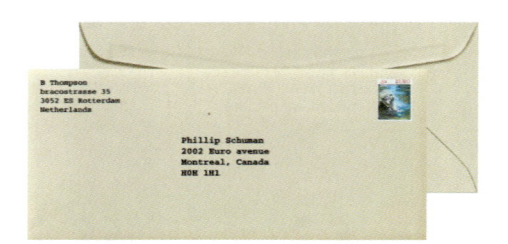

lettre^F
Message écrit inséré dans une enveloppe et adressé à un destinataire.

carte^F postale
Photographie ou illustration imprimée sur un carton souple, au dos de laquelle on peut écrire et adresser un message.

communication écrite 589

réseau^M postal public

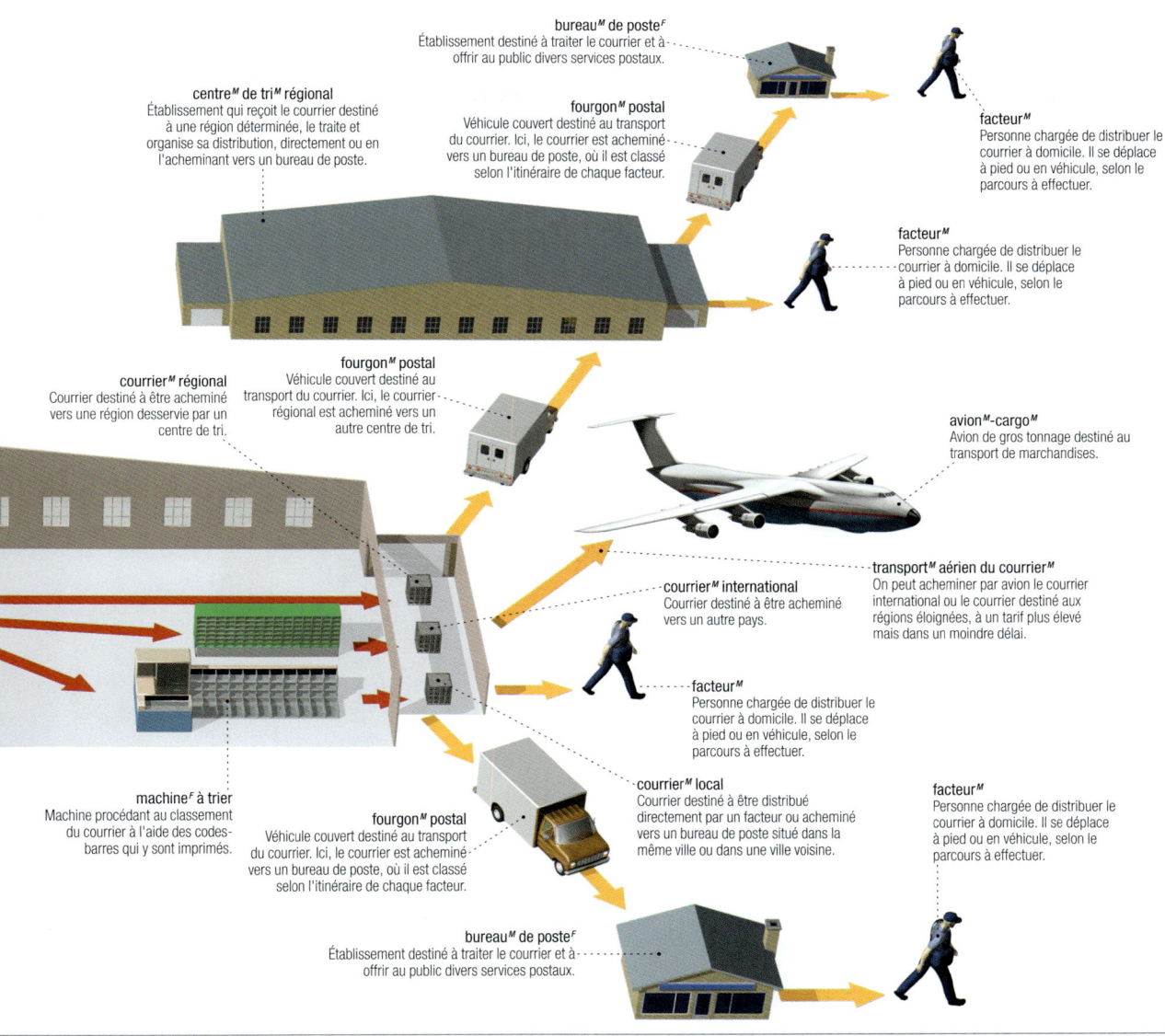

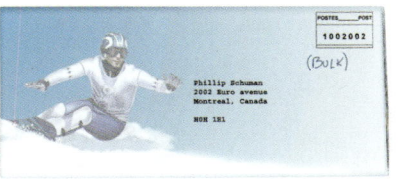

centre^M de tri^M régional
Établissement qui reçoit le courrier destiné à une région déterminée, le traite et organise sa distribution, directement ou en l'acheminant vers un bureau de poste.

bureau^M de poste^F
Établissement destiné à traiter le courrier et à offrir au public divers services postaux.

fourgon^M postal
Véhicule couvert destiné au transport du courrier. Ici, le courrier est acheminé vers un bureau de poste, où il est classé selon l'itinéraire de chaque facteur.

facteur^M
Personne chargée de distribuer le courrier à domicile. Il se déplace à pied ou en véhicule, selon le parcours à effectuer.

facteur^M
Personne chargée de distribuer le courrier à domicile. Il se déplace à pied ou en véhicule, selon le parcours à effectuer.

courrier^M régional
Courrier destiné à être acheminé vers une région desservie par un centre de tri.

fourgon^M postal
Véhicule couvert destiné au transport du courrier. Ici, le courrier régional est acheminé vers un autre centre de tri.

avion^M-cargo^M
Avion de gros tonnage destiné au transport de marchandises.

transport^M aérien du courrier^M
On peut acheminer par avion le courrier international ou le courrier destiné aux régions éloignées, à un tarif plus élevé mais dans un moindre délai.

courrier^M international
Courrier destiné à être acheminé vers un autre pays.

facteur^M
Personne chargée de distribuer le courrier à domicile. Il se déplace à pied ou en véhicule, selon le parcours à effectuer.

machine^F à trier
Machine procédant au classement du courrier à l'aide des codes-barres qui y sont imprimés.

fourgon^M postal
Véhicule couvert destiné au transport du courrier. Ici, le courrier est acheminé vers un bureau de poste, où il est classé selon l'itinéraire de chaque facteur.

courrier^M local
Courrier destiné à être distribué directement par un facteur ou acheminé vers un bureau de poste situé dans la même ville ou dans une ville voisine.

facteur^M
Personne chargée de distribuer le courrier à domicile. Il se déplace à pied ou en véhicule, selon le parcours à effectuer.

bureau^M de poste^F
Établissement destiné à traiter le courrier et à offrir au public divers services postaux.

COMMUNICATIONS

courrier^M

colis^M postal
Paquet destiné à être expédié par la poste.

envoi^M en nombre^M
Courrier formé d'un grand nombre de lettres postées en un seul envoi par un même expéditeur, généralement affranchi à un coût inférieur au tarif habituel.

mandat^M-poste^F
Titre émis par un service postal, qui constate la remise par un expéditeur d'une somme à verser à un destinataire se trouvant en un autre lieu.

journal[M]

Publication généralement quotidienne dont la fonction principale est de relater et commenter l'actualité sociale, politique, artistique, sportive, etc.

mise[F] en page[F]
Disposition des différents éléments constituant une page de journal.

manchette[F]
Partie supérieure de la première page, où figurent notamment le titre du journal, le numéro et la date.

cahier[M]
Ensemble de pages consacrées à un sujet : arts, sports, tourisme, finance, économie, etc.

article[M]
Texte formant un tout, qui présente habituellement une information, une explication ou un commentaire.

supplément[M] littéraire
Publication additionnelle traitant de littérature, insérée dans le journal, qui paraît régulièrement ou à l'occasion.

tabloïd[M]
Publication dont le format correspond à environ la moitié du format traditionnel d'un journal.

supplément[M] en couleurs[F]
Publication additionnelle, insérée dans le journal, qui paraît régulièrement ou à l'occasion. Il est imprimé en couleurs, souvent sur papier glacé.

chroniques[F]
Articles publiés périodiquement, qui présentent des informations sur un sujet donné.

éditorial[M]
Article de fond qui reflète le point de vue collectif de l'équipe de rédaction du journal.

chapeau[M]
Court texte placé en tête d'un article afin de le présenter ou de le résumer.

courrier[M] des lecteurs
Rubrique dans laquelle sont publiées des lettres d'opinion, envoyées par des lecteurs, sur des sujets d'intérêt général.

filet[M]
Ligne d'épaisseur variable destinée à séparer les colonnes, les articles ou divers éléments graphiques.

interview[F]
Article résumant les propos recueillis par un journaliste lors d'un entretien avec une personnalité ou avec le témoin d'un événement.

annonce[F] publicitaire
Message payé par un annonceur, qui transmet aux lecteurs des informations sur un commerce, un produit ou service.

colonne[F]
Chacune des sections verticales d'une page, séparées par un blanc ou un filet.

ours[M]
Espace où figurent généralement l'adresse du journal, la liste des principaux collaborateurs, les conditions d'abonnement, etc.

caricature[F]
Dessin humoristique ou satirique, souvent complété par une légende, qui illustre un fait d'actualité.

magazine[M]
Publication périodique, en général abondamment illustrée, qui traite de sujets divers, spécialisés ou non, s'adressant au grand public.

sommaire[M]
Bref résumé du contenu du journal, généralement sous forme de table des matières.

nécrologie[F]
Rubrique regroupant les avis et anniversaires de décès ainsi que des remerciements de toutes sortes.

une[F]
Première page du journal.

titre[M] du journal[M]
Nom du journal, présenté avec un graphisme particulier.

tribune[F]
Zone située immédiatement sous la manchette, où apparaît le titre principal, imprimé en gros caractères.

photographie[F] à la une[F]
Photographie, souvent de grand format, illustrant l'article principal de la première page du journal.

légende[F]
Court texte explicatif qui accompagne une photographie, une image, une illustration.

surtitre[M]
Courte indication surmontant le titre, qui permet de situer l'article ou d'en faire ressortir certains aspects importants.

titre[M]
Mot ou groupe de mots, imprimé en gros caractères, qui présente un article.

sous-titre[M]
Courte indication placée sous le titre et destinée à le compléter.

intertitre[M]
Titre secondaire qui sépare et présente les diverses parties d'un article.

faits[M] divers
Rubrique dans laquelle on trouve le récit d'événements variés sans réelle portée générale : accidents, catastrophes naturelles, crimes, etc.

brèves[F]
Courts textes d'information, dépourvus de titre.

chronique[F]
Article publié périodiquement, qui présente les commentaires d'un même auteur (journaliste ou personnalité) sur un sujet de son choix.

grille[F] des programmes[M] de télévision

critique[F] gastronomique
Article dans lequel un journaliste fait part de son appréciation d'un restaurant.

crédit[M] photographique
Mention obligatoire du nom du photographe et du propriétaire de la photographie utilisée pour illustrer un article ou une publication.

petites annonces[F]
Brèves annonces présentées par des particuliers, groupées par catégories en fonction des biens et des services offerts ou demandés.

photographie 591

appareils^M photographiques argentiques

Appareils composés principalement d'une chambre noire et d'un système optique qui permet d'impressionner une image sur une pellicule (film) sensible à la lumière.

appareil^M jetable
Petit appareil simple et léger contenant un film et destiné à ne servir qu'une seule fois.

appareil^M à télémètre^M couplé
Appareil photographique dont le viseur, indépendant de l'objectif, est muni d'un système de mesure des distances (télémètre) permettant d'effectuer la mise au point.

appareil^M reflex 6 X 6 mono-objectif^M
Appareil reflex de moyen format, à objectifs interchangeables, qui produit, sur un film en rouleau, des images de 6 cm sur 6 cm.

appareil^M à visée^F reflex mono-objectif^M
Appareil photographique dont l'objectif interchangeable sert à la prise de vue et à la visée, par l'intermédiaire d'un miroir incliné escamotable (reflex).

Polaroid®^M
Appareil à développement instantané. Une fois la photo prise, le film exposé est éjecté de l'appareil et se développe automatiquement en quelques minutes.

chambre^F photographique
Appareil de grand format, composé de deux blocs coulissants reliés par un soufflet extensible, dispositif qui permet de vérifier et de corriger au besoin la perspective et le foyer.

COMMUNICATIONS

pellicules^F argentiques

Supports minces, souples et transparents, recouverts de produits sensibles à la lumière qui permettent l'impression d'images dans un appareil argentique.

film^M-pack^M
Petite boîte rigide contenant un certain nombre de pellicules en feuilles qui se présentent successivement en position d'utilisation, par exemple dans un appareil Polaroid®.

rouleau^M de pellicule^F
Bande de film de plusieurs poses enroulée sur une bobine, utilisée dans des appareils photographiques de moyen format.

cassette^F de pellicule^F
Petit contenant étanche à la lumière, dans lequel est enroulé un film de plusieurs poses, destiné à être chargé dans un appareil photographique.

diapositive^F
Phototype positif (dont les luminosités correspondent à celles de l'original), sur support transparent, généralement destiné à être projeté sur un écran.

photographie

appareil^M à visée^F reflex argentique

Appareil reflex dans lequel l'image est fixée sur une pellicule (film) sensible à la lumière.

vue^F avant

correction^F d'exposition^F
Bouton qui permet, en mode d'exposition automatique, de sous-exposer ou de surexposer délibérément la scène.

griffe^F porte-accessoires^M
Dispositif qui permet de fixer un accessoire (généralement un flash) sur l'appareil.

contact^M électrique
Organe conducteur qui relie les circuits électroniques de l'appareil à l'accessoire monté sur la griffe.

écran^M de contrôle^M
Écran à cristaux liquides affichant les différents réglages de l'appareil.

mode^M d'acquisition^F
Bouton permettant de choisir entre le mode vue par vue (une photo à la fois) ou le mode rafale (plusieurs photos consécutives).

sélecteur^M de fonctions^F
Roulette servant à ajuster les différents paramètres d'un mode.

mode^M d'exposition^F
Bouton qui permet de choisir entre un réglage automatique, semi-automatique ou manuel de la quantité de lumière qui impressionne le film.

commutateur marche^F/arrêt^M
Bouton de mise en marche ou d'arrêt de l'appareil.

surimpression^F
Bouton utilisé pour effectuer des expositions multiples (superposition de plusieurs images sur une même vue).

déclencheur^M
Bouton qui commande l'ouverture du rideau d'obturateur et, par conséquent, la prise de vue.

sensibilité^F
Bouton servant à préciser le degré de réactivité du film à la lumière, généralement exprimé en indice ISO.

témoin^M du retardateur^M
Témoin signalant l'activation du retardateur, un dispositif qui repousse le déclenchement pour permettre notamment au photographe de figurer sur l'image.

prise^F de télécommande^F
Dispositif susceptible de recevoir un câble permettant de déclencher l'appareil à distance.

boîtier^M
Corps rigide et résistant de l'appareil, contenant son mécanisme et protégeant le film de la lumière.

vérification^F de la profondeur^F de champ^M
Bouton qui, enfoncé, ferme le diaphragme et permet d'observer dans le viseur les zones qui seront nettes sur la photo.

déverrouillage^M de l'objectif^M
Bouton permettant de détacher l'objectif du boîtier.

mode^M de mise^F au point^M
Bouton qui permet généralement de choisir entre un ajustement automatique ou manuel de la mise au point, opération destinée à assurer la netteté de l'image.

objectif^M
Système optique formé d'un ensemble de lentilles fixées dans une monture, qui permet la formation d'une image nette sur le film.

COMMUNICATIONS

appareils^M numériques non reflex

Appareils composés principalement d'une chambre noire et d'un système optique qui permet d'impressionner une image sur un capteur sensible à la lumière.

appareil^M ultracompact
Appareil de très petit format, généralement entièrement automatique.

appareil^M compact
Appareil de petit format, d'utilisation simple.

photographie

appareil^M à visée^F reflex numérique

Appareil reflex comportant un capteur et un microprocesseur, qui enregistre et stocke les images sous forme numérique sur une carte mémoire.

vue^F arrière

viseur^M
Dispositif permettant de visualiser l'image de la scène à photographier afin de la cadrer et d'en régler la netteté.

touche^F de sélection^F des menus^M
Bouton destiné à afficher sur l'écran de contrôle les menus qui permettent d'effectuer les différents réglages de l'appareil.

déclencheur^M
Bouton qui commande l'ouverture du rideau d'obturateur et, par conséquent, la prise de vue.

touche^F d'affichage^M des réglages^M
Bouton permettant d'afficher à l'écran les informations sur les réglages de l'appareil.

sélecteur^M de mode^M
Molette permettant d'ajuster divers réglages pour la prise de photo.

interrupteur^M
Bouton de mise en marche ou d'arrêt de l'appareil.

touche^F d'agrandissement^M
Touche permettant d'agrandir une image particulière.

œillet^M d'attache^F
Petit anneau dans lequel on enfile une courroie facilitant le transport de l'appareil.

couvercle^M
Pièce qui recouvre l'emplacement de la carte mémoire.

prises^F vidéo et numérique
Dispositifs servant à relier l'appareil à un téléviseur ou à un ordinateur.

sélecteur^M quadridirectionnel
Bouton qui sert principalement à effectuer des sélections dans les différents menus ou à faire défiler les images enregistrées.

écran^M
Surface d'affichage permettant de visualiser des données textuelles (menus, options), des images ou des vidéos.

carte^F mémoire^F
Carte rigide amovible utilisée comme support de stockage pour enregistrer les photographies prises par l'appareil.

prise^F de télécommande^F
Dispositif susceptible de recevoir un câble permettant de déclencher l'appareil à distance.

bouton^M d'éjection^F
Bouton permettant de faire sortir une carte mémoire insérée dans l'appareil.

touche^F de saut^M d'images^F
Bouton permettant de sauter une ou plusieurs images lors de la visualisation des images enregistrées.

touche^F d'affichage^F
Bouton permettant d'afficher les photos enregistrées.

touche^F d'effacement^F
Bouton servant à effacer de la mémoire une image enregistrée.

touche^F de visualisation^F des images^F
Bouton permettant d'afficher les images enregistrées.

principales fonctions^F

qualité^F d'enregistrement^M des images^F
Fonction permettant de régler le format des images et leur résolution (exprimée en millions de pixels).

sensibilité^F
Bouton servant à préciser le degré de réactivité du film à la lumière, ou la sensibilité du capteur, exprimé en indice ISO ou ASA.

vitesse^F d'obturation^F
Nombre indiquant l'intervalle de temps durant lequel le capteur doit être exposé à la lumière, généralement mesuré en fraction de seconde.

mode^M de mesure^F
Méthode d'évaluation de l'intensité de la lumière reçue et réfléchie par un sujet afin de déterminer l'exposition requise.

ouverture^F
Nombre indiquant l'ouverture du diaphragme, mesurée par un nombre f (un nombre f élevé correspond à une petite ouverture).

compteur^M de vues^F/retardateur^M
Affichage du nombre de poses restantes ou du temps avant la prise d'une photo commandée par le retardateur.

balance^F des blancs^M
Correction des couleurs en fonction de la lumière ambiante (lumière du jour, éclairage fluorescent ou au tungstène, etc.).

mode^M d'acquisition^F
Fonction permettant de choisir entre le mode vue par vue (une photo à la fois) ou le mode rafale (plusieurs photos consécutives).

noir et blanc
Fonction permettant d'enregistrer une image en n'utilisant que le blanc, le noir et les tons de gris.

état^M de charge^F des piles^F
Indicateur qui affiche le niveau d'énergie des piles alimentant l'appareil.

anti-yeux^M rouges
Dispositif qui permet d'atténuer le phénomène des yeux rouges en émettant un petit éclair avant l'éclair principal du flash.

correction^F d'exposition^F au flash^M
Dispositif servant à diminuer ou augmenter délibérément l'intensité du flash.

correction^F d'exposition^F
Nombre qui représente la modification apportée aux données d'exposition lorsqu'on souhaite sous-exposer ou surexposer délibérément la scène.

prise^F de vue^F en fourchette^F
Procédé qui consiste à photographier plusieurs fois une même scène en faisant varier l'indice d'exposition ou la balance des blancs.

autofocus^M
Fonction de mise au point automatique afin d'assurer la netteté de l'image.

COMMUNICATIONS

photographie

appareil^M à visée^F reflex numérique

cadrage^M
Le photographe détermine d'abord la scène à photographier à l'aide de l'oculaire ou de l'écran situé à l'arrière de l'appareil.

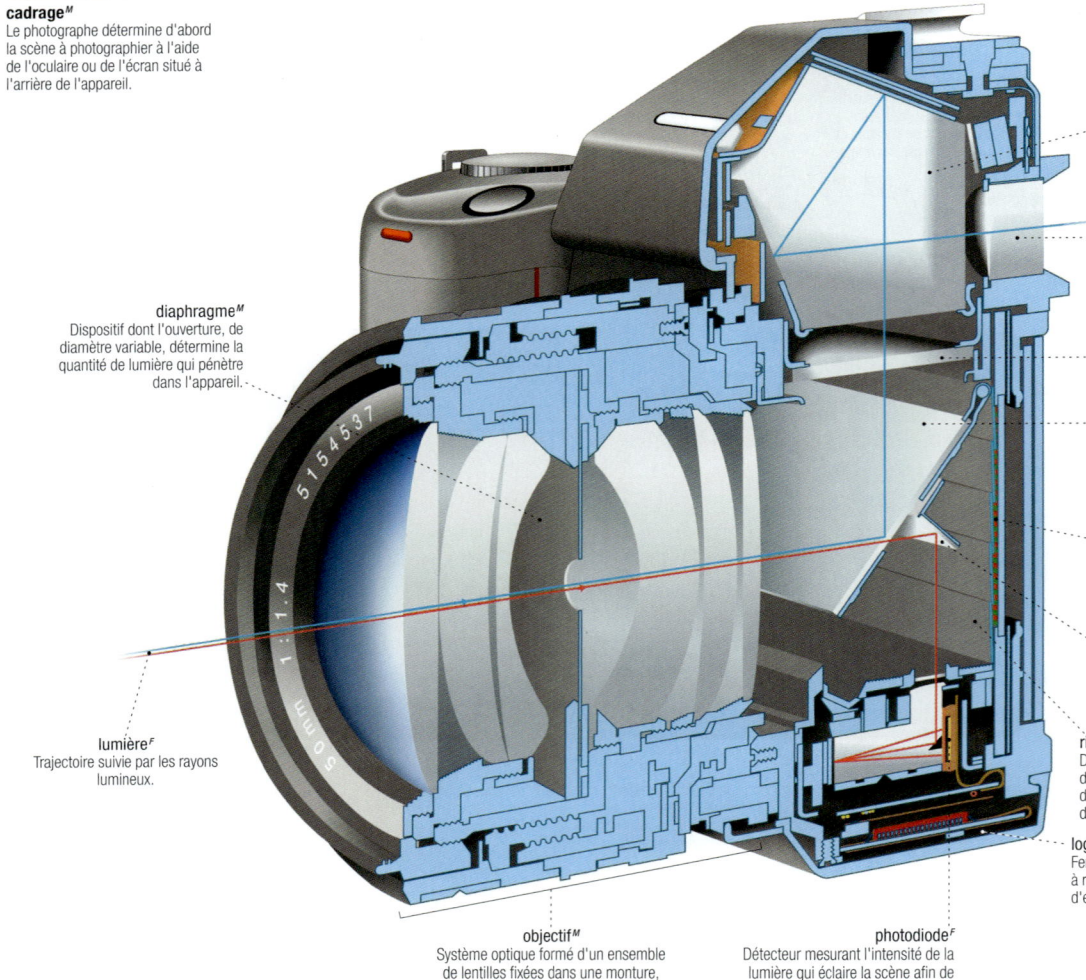

prisme^M pentagonal
Bloc de verre à cinq faces qui dévi[e] les rayons lumineux vers l'oculaire permettant ainsi de redresser l'ima[ge] inversée formée sur le verre de vis[ée].

oculaire^M
Lentille, ou système de lentilles devant laquelle on place l'œil p[our] observer l'image issue de l'obj[ectif].

diaphragme^M
Dispositif dont l'ouverture, de diamètre variable, détermine la quantité de lumière qui pénètre dans l'appareil.

verre^M de visée^F
Plaque de verre dépoli où se forme l'image donnée par l'objectif, alors [in]versée.

miroir^M reflex
Miroir qui intercepte la lumière et l[a] redirige vers le verre de visée.

capteur^M
Dispositif électronique qui transfor[me] la lumière en signaux électriques analogiques destinés à être stocké[s] sur un support numérique.

miroir^M secondaire
Miroir qui dirige vers la photodiode une partie de la lumière provenant de l'objectif, à travers le centre du miroir reflex.

lumière^F
Trajectoire suivie par les rayons lumineux.

rideau^M d'obturateur^M
Dispositif opaque dont l'ouverture, d'une durée déterminée par la vitesse d'obturation choisie, permet à la lumi[ère] d'impressionner le capteur.

logement^M de la carte^F mémoire^F
Fente recouverte d'un couvercle et des[tinée] à recevoir une carte mémoire, qui perm[et] d'enregistrer les images prises par l'ap[pareil].

objectif^M
Système optique formé d'un ensemble de lentilles fixées dans une monture, qui permet la formation d'une image nette sur le capteur.

photodiode^F
Détecteur mesurant l'intensité de la lumière qui éclaire la scène afin de déterminer l'exposition requise (vitesse d'obturation et ouverture du diaphragme).

COMMUNICATIONS

cartes^F mémoire^F

Cartes rigides amovibles utilisées comme supports de stockage pour enregistrer les photographies prises par un appareil numérique.

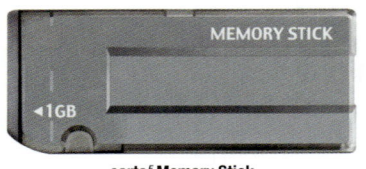

carte^F Memory Stick
Carte mémoire flash dont le boîtier est de forme rectangulaire. Elle a été créée en 2000.

carte^F xD Picture
Carte mémoire flash de très petit format, conçue en 2002.

carte^F Secure Digital
Carte mémoire flash de petit format, qui inclut notamment un mécanisme de protection des droits d'auteur. Elle a été mise au point en 2000.

carte^F flash compacte
Carte constituée d'une mémoire flash contenue dans un boîtier de forme presque carrée. Elle est le plus ancien format de carte mémoire.

photographie 595

appareil^M à visée^F reflex numérique

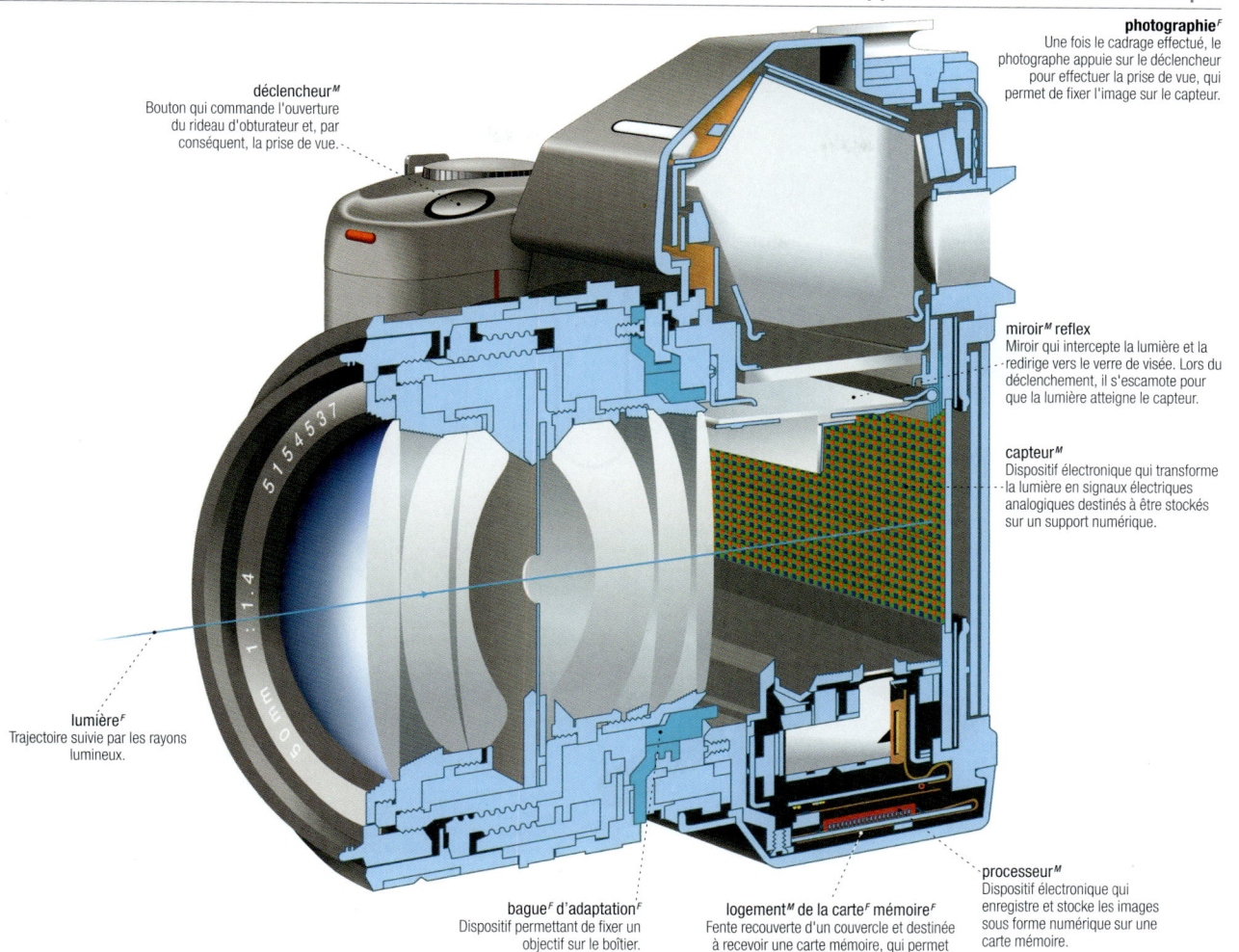

photographie^F
Une fois le cadrage effectué, le photographe appuie sur le déclencheur pour effectuer la prise de vue, qui permet de fixer l'image sur le capteur.

déclencheur^M
Bouton qui commande l'ouverture du rideau d'obturateur et, par conséquent, la prise de vue.

miroir^M reflex
Miroir qui intercepte la lumière et la redirige vers le verre de visée. Lors du déclenchement, il s'escamote pour que la lumière atteigne le capteur.

capteur^M
Dispositif électronique qui transforme la lumière en signaux électriques analogiques destinés à être stockés sur un support numérique.

lumière^F
Trajectoire suivie par les rayons lumineux.

bague^F d'adaptation^F
Dispositif permettant de fixer un objectif sur le boîtier.

logement^M de la carte^F mémoire^F
Fente recouverte d'un couvercle et destinée à recevoir une carte mémoire, qui permet d'enregistrer les images prises par l'appareil.

processeur^M
Dispositif électronique qui enregistre et stocke les images sous forme numérique sur une carte mémoire.

piles^F

Appareils qui transforment de l'énergie chimique en énergie électrique destinée à alimenter un autre appareil.

pile^F
Pile de forme cylindrique parfois rechargeable et offerte en plusieurs formats.

bloc^M-piles^F
Groupe de piles, souvent rechargeables, alimentant certains types d'appareils.

pile^F bouton^M
Pile ronde, de petit format, qui alimente certains types d'appareils ou d'accessoires.

COMMUNICATIONS

photographie

accessoires^M photographiques

Instruments complémentaires qui améliorent ou modifient le mode d'utilisation d'un appareil photographique.

boîtier^M étanche
Contenant rigide conçu pour protéger un appareil photo de l'eau ou des intempéries. Il permet notamment des prises de vue sous-marines.

déclencheur^M souple
Câble flexible muni d'une gâchette permettant d'actionner à faible distance le déclencheur d'un appareil photographique, réduisant ainsi les risques de le déplacer.

flash^M électronique
Appareil muni d'une lampe produisant un éclair bref et intense, destiné à compenser un éclairage insuffisant.

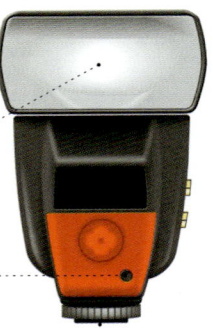

réflecteur^M
Pièce qui concentre et oriente la lumière de la lampe vers le sujet à photographier.

cellule^F photoélectrique
Détecteur mesurant l'intensité de la lumière ambiante afin de régler la quantité de lumière émise par le flash.

trépied^M
Support ajustable sur lequel on fixe un appareil photographique ou une caméra pour en assurer la stabilité et en maintenir la hauteur ou le cadrage de prise de vue.

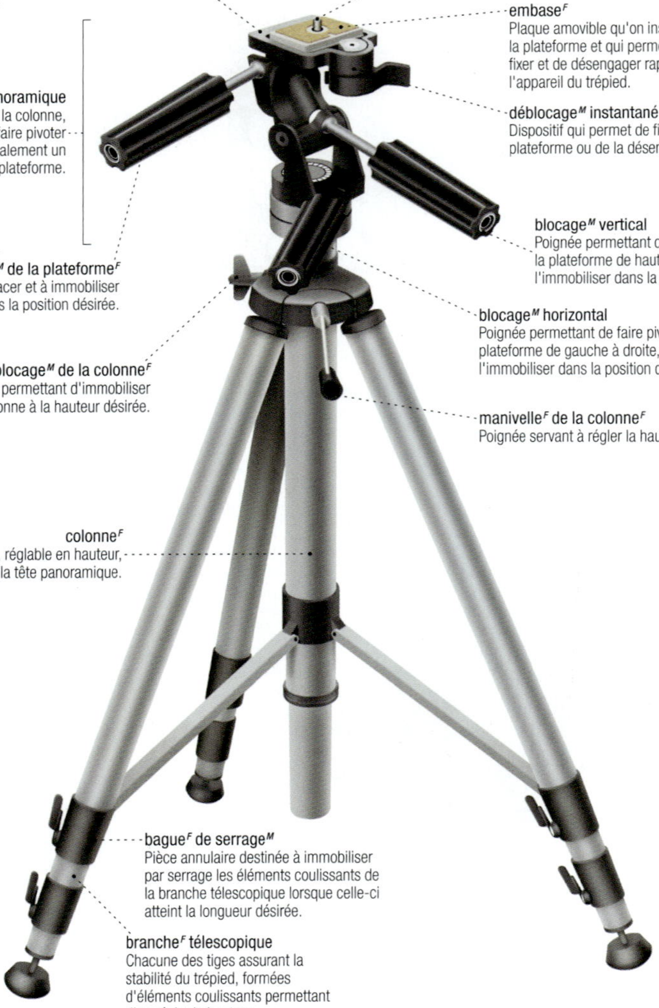

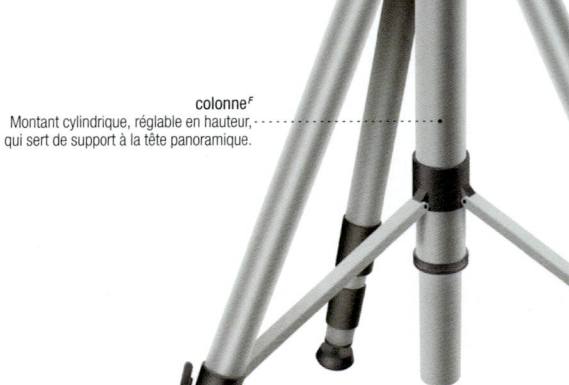

plateforme^F
Plaque qui supporte l'embase et l'appareil qui y est fixé.

vis^F de fixation^F
Vis permettant de fixer l'embase sous un appareil photographique ou une caméra.

pied^M de fixation^F
Dispositif qui permet de fixer le flash sur la griffe porte-accessoires d'un appareil photographique.

embase^F
Plaque amovible qu'on insère sur la plateforme et qui permet de fixer et de désengager rapidement l'appareil du trépied.

tête^F panoramique
Dispositif surmontant la colonne, qui permet de faire pivoter horizontalement ou verticalement un appareil installé sur sa plateforme.

déblocage^M instantané
Dispositif qui permet de fixer l'embase sur la plateforme ou de la désengager de celle-ci.

blocage^M vertical
Poignée permettant de faire basculer la plateforme de haut en bas, puis de l'immobiliser dans la position désirée.

blocage^M de la plateforme^F
Poignée destinée à placer et à immobiliser la plateforme dans la position désirée.

blocage^M horizontal
Poignée permettant de faire pivoter la plateforme de gauche à droite, puis de l'immobiliser dans la position désirée.

blocage^M de la colonne^F
Dispositif permettant d'immobiliser la colonne à la hauteur désirée.

manivelle^F de la colonne^F
Poignée servant à régler la hauteur de la colonne.

sac^M de transport^M
Sac à compartiments conçu pour contenir et protéger un appareil photo et ses accessoires.

colonne^F
Montant cylindrique, réglable en hauteur, qui sert de support à la tête panoramique.

bague^F de serrage^M
Pièce annulaire destinée à immobiliser par serrage les éléments coulissants de la branche télescopique lorsque celle-ci atteint la longueur désirée.

branche^F télescopique
Chacune des tiges assurant la stabilité du trépied, formées d'éléments coulissants permettant d'en régler la hauteur.

cadre^M photo^F numérique
Appareil électronique comportant un écran permettant d'afficher des photographies numériques.

COMMUNICATIONS

photographie

accessoires^M photographiques

diffuseur^M
Demi-sphère translucide permettant de mesurer l'intensité de la lumière reçue par le sujet à photographier (lumière incidente).

échelle^F de lecture^F de la luminosité^F
Échelle graduée qui représente l'intensité de la lumière reçue ou réfléchie par un sujet.

posemètre^M photoélectrique
Appareil muni de cellules sensibles mesurant l'intensité de la lumière reçue ou réfléchie par un sujet afin de déterminer l'exposition requise pour une photo.

aiguille^F
Tige métallique qui indique la luminosité mesurée par les cellules sensibles du posemètre.

échelle^F d'ouverture^F
Échelle graduée qui indique l'ouverture du diaphragme, mesurée par un nombre f (un nombre élevé indique une petite ouverture).

échelle^F de correction^F d'exposition^F
Échelle graduée qui représente la modification apportée aux données d'exposition lorsqu'on souhaite sous-exposer ou surexposer délibérément la scène.

échelle^F cadence^F images^F/seconde^F
Échelle graduée qui représente la vitesse de déroulement d'un film cinématographique, exprimée en images par seconde.

échelle^F des temps^M d'exposition^F
Échelle graduée qui indique l'intervalle de temps durant lequel la surface sensible doit être exposée à la lumière, déterminé par la vitesse d'obturation.

disque^M de réglage^M
Pièce rotative qui sert à régler la sensibilité.

échelle^F de sensibilité^F
Échelle graduée qui indique le degré de réactivité du film à la lumière ou la sensibilité du capteur, exprimé en indice ISO ou ASA.

échelle^F d'indice^M d'exposition^F
Échelle graduée représentant la quantité de lumière que doit recevoir la surface sensible.

lumisphère^M
Demi-sphère translucide permettant de mesurer l'intensité de la lumière reçue par le sujet à photographier (lumière incidente).

posemètre^M numérique
Posemètre photoélectrique qui permet de mesurer, à l'aide d'un oculaire, la luminosité de points précis de la scène à photographier.

écran^M
Surface d'affichage permettant de visualiser des données textuelles.

objectif^M
Système optique formé d'un ensemble de lentilles fixées dans une monture, qui permet la formation d'une image dans un oculaire.

réglage^M sur demi-teinte^F
Touche permettant de déterminer l'exposition requise d'après la luminosité moyenne d'une scène.

rappel^M de mémoire^F
Touche permettant d'afficher les données conservées en mémoire.

molette^F de sélection^F
Roulette servant à choisir un réglage ou une opération à effectuer.

interrupteur^M
Dispositif mécanique de connexion permettant de mettre en marche ou d'éteindre l'appareil.

sensibilité^F
Boutons servant à préciser le degré de réactivité du film à la lumière ou la sensibilité du capteur, exprimé en indice ISO ou ASA.

sélection^F de mode^M
Touche permettant de choisir divers réglages ou options.

annulation^F de mémoire^F
Touche permettant d'effacer les données conservées en mémoire.

prise^F de synchronisation^F du flash^M
Port permettant de relier le posemètre à un flash afin de régler la lumière émise par le flash avec la vitesse d'obturation.

COMMUNICATIONS

objectifs^M

Chaque objectif se caractérise par une distance focale (entre le centre optique et le film ou le capteur), une ouverture (rapport entre le diamètre de la lentille et la focale) et un angle de champ (largeur de la scène captée).

objectif^M normal
Objectif produisant une image proche de celle perçue par l'œil humain.

bague^F de mise^F au point^M
Anneau de réglage qui permet d'obtenir une image nette du sujet.

échelle^F de profondeur^F de champ^M
Échelle indiquant la zone de netteté autour du sujet sur la photographie, qui dépend de l'ouverture du diaphragme et de la distance séparant l'objectif du sujet.

échelle^F d'ouverture^F de diaphragme^M
Échelle graduée permettant de régler le diamètre de l'ouverture du diaphragme, mesuré par un nombre f (un nombre f élevé indique une petite ouverture).

lentille^F
Chacun des disques optiques transparents que traverse la lumière de la scène observée, qui se corrigent l'un l'autre pour augmenter la qualité de l'image.

échelle^F des distances^F
Échelle qui indique, une fois la mise au point effectuée, la distance séparant l'objectif du sujet.

monture^F baïonnette^F
Dispositif qui permet de fixer l'objectif sur le boîtier d'un appareil photographique, par emboîtement et rotation d'ergots dans des rainures.

objectif^M zoom^M
Objectif à focale variable, qui permet de modifier le champ de vision couvert sans changer d'objectif.

accessoires^M de l'objectif^M
Ensemble des pièces pouvant être fixées sur un objectif afin de modifier sa focale ou de corriger l'image qu'il projette sur le film ou le capteur.

capuchon^M d'objectif^M
Pièce qui recouvre et protège l'objectif lorsqu'il n'est pas utilisé.

parasoleil^M
Dispositif conique qui réduit l'effet d'une trop forte lumière ambiante pour améliorer le contraste de l'image.

objectif^M macro
Objectif conçu principalement pour photographier de près les objets de faible dimension.

objectif^M grand-angulaire
Objectif à courte focale, qui couvre un champ de vision plus large que l'objectif normal tout en procurant une profondeur de champ importante.

filtre^M de couleur^F
Verre coloré qui modifie les caractéristiques de la lumière atteignant le film.

lentille^F de macrophotographie^F
Lentille permettant de modifier la focale de l'objectif pour photographier de très près.

téléobjectif^M
Objectif à longue focale qui permet de grossir l'image d'un sujet lointain, en réduisant toutefois le champ de vision et la profondeur de champ.

filtre^M de polarisation^F
Verre utilisé pour réduire les reflets provenant de surfaces non métalliques (eau, verre, asphalte, etc.).

objectif^M
Système optique formé d'un ensemble de lentilles fixées dans une monture, qui permet la formation d'une image nette sur le film ou le capteur.

multiplicateur^M de focale^F
Élément qu'on intercale entre l'appareil et l'objectif pour augmenter la focale de ce dernier, ce qui permet de grossir l'image d'un sujet lointain.

objectif^M super-grand-angle^M
Objectif à courte focale, qui couvre un champ de vision très large et accentue l'effet de perspective.

hypergone^M
Objectif à très courte focale, qui couvre un champ de vision d'au moins 180 degrés et avec lequel on obtient des images circulaires.

COMMUNICATIONS

photographie 599

gestion^F des photos^F numériques

Les photos numérisées peuvent être retouchées, stockées sur divers supports ou reproduites sur papier à l'aide d'une imprimante.

traitement^M des photos^F
Divers logiciels spécialisés permettent de retoucher les photos, de les classer ou de les intégrer à d'autres documents.

éditeur^M d'images^F
Logiciel permettant de modifier des images numériques (recadrage, retouche des couleurs, ajout d'effets spéciaux, etc.).

logiciel^M de stockage^M
Logiciel utilisé pour enregistrer et classer les photos.

logiciel^M de mise^F en page^F
Logiciel permettant de préparer divers documents imprimés comportant du texte, des images et des graphiques.

lecteur^M de disque^M compact
Appareil qui lit, à l'aide d'un faisceau laser, les données enregistrées sur un disque compact.

source^F des images^F
Les images sont stockées sur différents supports, comme la clé USB, la carte mémoire de l'appareil photographique, le disque compact ou le DVD.

disque^M compact
Support d'enregistrement numérique à formats multiples (vidéo, audio, etc.) dont la capacité de stockage est variable.

port^M USB
Connecteur permettant de raccorder simultanément plusieurs périphériques compatibles avec la norme USB.

clé^F USB
Petit boîtier amovible renfermant une mémoire flash, qui permet le transfert, le transport et le stockage de données.

câble^M USB
Câble conducteur permettant de relier deux appareils munis de ports USB.

ordinateur^M
Appareil compact de traitement de l'information, formé d'une unité centrale connectée à un écran, à un clavier et à divers autres périphériques.

lecteur^M de carte^F mémoire^F
Appareil autonome, relié à un ordinateur par un câble USB ou un connecteur, qui lit et enregistre des données sur une carte mémoire.

carte^F mémoire^F
Carte rigide amovible utilisée comme support de stockage pour enregistrer les photographies prises par l'appareil.

appareil^M photo numérique
Appareil composé principalement d'une chambre noire et d'un système optique qui permet d'impressionner une image sur un capteur sensible à la lumière.

câble^M USB
Câble conducteur permettant de relier deux appareils munis de ports USB.

impression^F d'images^F
Processus par lequel les images stockées sont reproduites sur support papier.

impression^F d'un album^M
Processus par lequel les images stockées sont reproduites et regroupées sur support papier relié.

imprimante^F
Périphérique de sortie permettant de reproduire sur papier les caractères, images ou graphiques transmis par un ordinateur.

COMMUNICATIONS

traitement des pellicules argentiques

Plusieurs étapes sont nécessaires afin de reproduire sur papier les images imprimées sur les pellicules argentiques exposées.

matériel de chambre noire
Matériel requis pour traiter les films et tirer des photographies dans une pièce obscurcie.

agrandisseur
Appareil qui projette l'image d'un négatif noir et blanc, généralement agrandie, sur un papier photographique sensible à la lumière.

colonne
Montant à crémaillère, fixé sur le plateau, qui soutient la boîte à lumière et permet d'en régler la hauteur.

boîte à lumière
Boîtier qui renferme une source lumineuse destinée à éclairer le négatif.

ouverture de la boîte à lumière
Dispositif qui permet de soulever la boîte à lumière pour insérer le porte-négatif dans l'agrandisseur.

minuterie
Dispositif à cadran phosphorescent qui permet de mesurer le temps nécessaire aux diverses opérations de traitement.

porte-négatif
Dispositif formé de deux plaques opaques qui maintiennent le négatif à plat entre la source lumineuse et l'objectif d'un agrandisseur.

fenêtre
Ouverture encadrant l'image à agrandir afin de réduire les risques de lumière parasite sur le plateau.

réglage en hauteur
Dispositif permettant de régler la hauteur de la boîte à lumière sur la colonne.

soufflet
Pièce étanche à la lumière, de longueur variable, qui permet d'effectuer la mise au point de l'image sur le papier photographique.

porte-négatif
Dispositif formé de deux plaques opaques qui maintiennent le négatif à plat entre la source lumineuse et l'objectif d'un agrandisseur.

négatif
Image visible et fixe résultant du traitement d'un film exposé et dont les luminosités représentent l'inverse de celles du sujet photographié.

cuve de développement
Contenant étanche à la lumière, utilisé pour effectuer les différentes étapes du traitement d'un film exposé pour obtenir un négatif.

capuchon
Fermeture amovible et étanche du couvercle, qui permet d'agiter les produits de développement dans la cuve.

objectif d'agrandissement
Système optique formé d'un ensemble de lentilles, fixées dans une monture, qui transmettent au papier photographique une image agrandie du négatif placé dans l'appareil.

couvercle
Fermeture de la cuve étanche à la lumière, mais pourvue d'une ouverture pour y introduire ou en retirer les produits de développement.

filtre rouge inactinique
Filtre coloré qu'on glisse sous l'objectif lorsque l'on fait le cadrage et la mise au point d'une image en noir et blanc directement sur le papier photographique, sans l'exposer.

éclairage inactinique
Lampe émettant un rayonnement lumineux sans action sur une surface sensible donnée (film ou papier photographique).

spirale
Bobine sur laquelle on enroule le film afin de l'empêcher de se coller sur lui-même, ce qui assure la répartition uniforme des produits de traitement.

échelle de hauteur
Échelle graduée indiquant la distance entre le plateau et l'objectif, ce qui détermine le rapport d'agrandissement du négatif.

cuve
Récipient destiné à recevoir la spirale et le produit (révélateur, bain d'arrêt, fixateur) correspondant à chacune des étapes du traitement.

plateau
Plaque de support de l'appareil, sur laquelle on place un margeur contenant du papier photographique.

bains de développement
Bacs utilisés pour les différentes étapes du traitement, en noir et blanc, d'un papier photographique exposé pour obtenir une épreuve.

bain de révélateur
Bac contenant un produit qui rend visible l'image portée par un papier photographique préalablement exposé à la lumière.

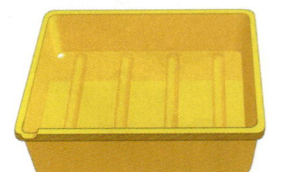

bain d'arrêt
Bac contenant un produit qui interrompt l'action du révélateur.

bain de fixation
Bac contenant un produit qui fige l'image révélée en rendant le papier photographique inaltérable à la lumière.

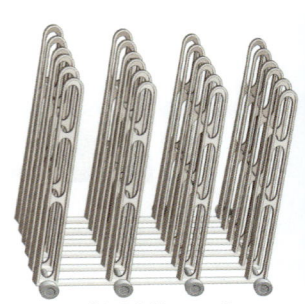

séchoir d'épreuves
Support destiné à recevoir les épreuves, après leur passage dans la laveuse, afin de permettre l'évaporation de l'eau qui les imprègne.

photographie 601

visionnement^M des diapositives^F

Diapositive : image visible et fixe, sur support transparent, généralement destinée à être projetée sur un écran.

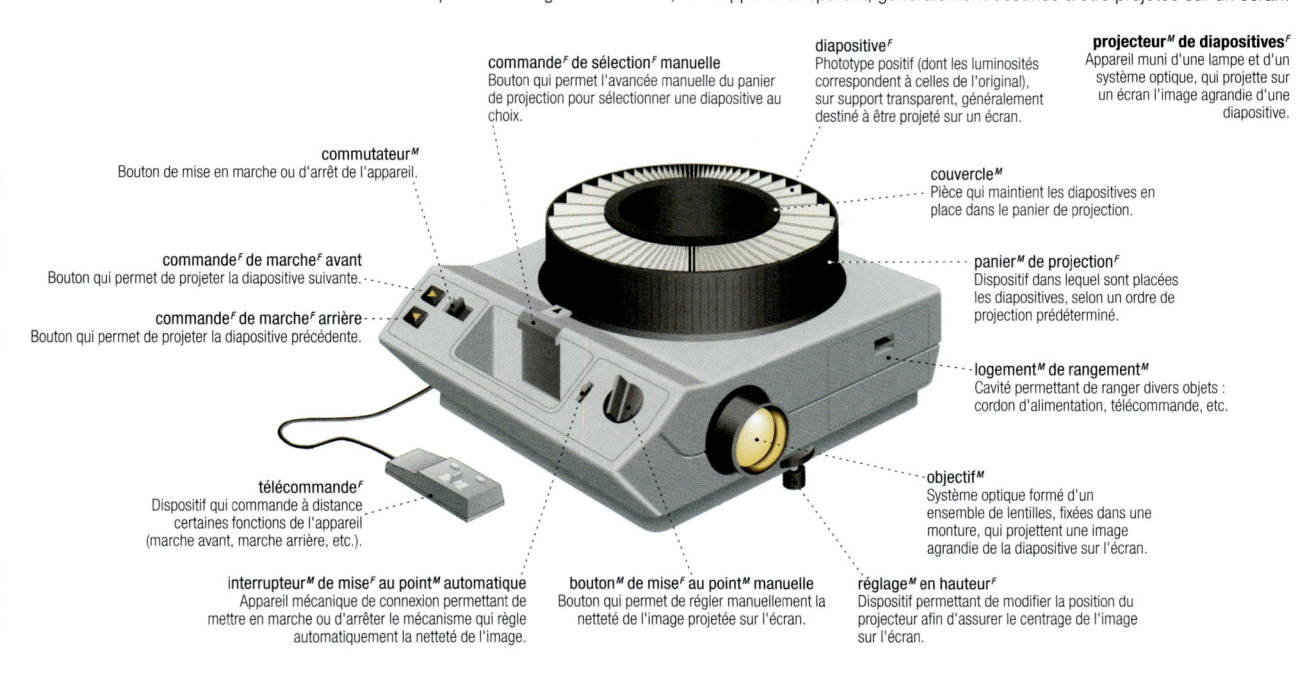

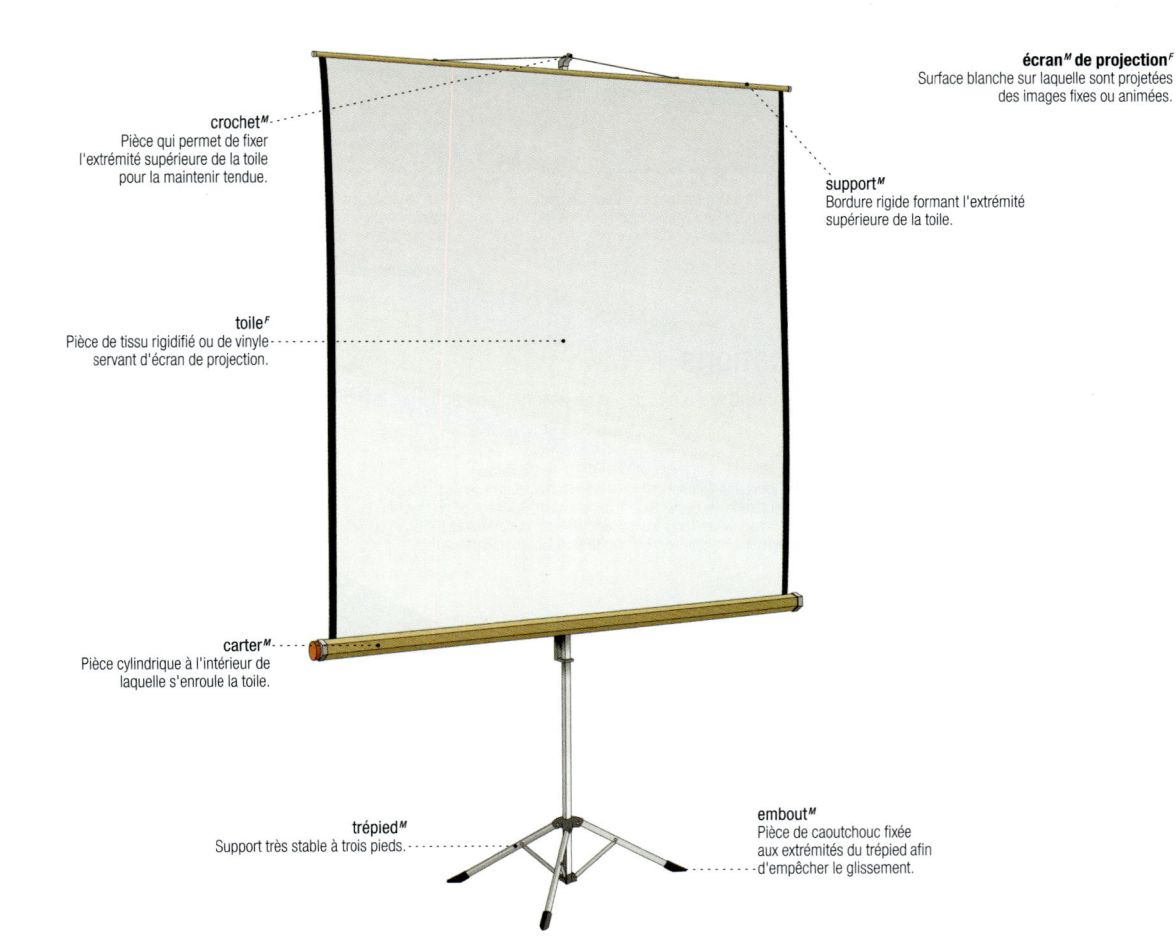

commande^F de sélection^F manuelle
Bouton qui permet l'avancée manuelle du panier de projection pour sélectionner une diapositive au choix.

diapositive^F
Phototype positif (dont les luminosités correspondent à celles de l'original), sur support transparent, généralement destiné à être projeté sur un écran.

projecteur^M de diapositives^F
Appareil muni d'une lampe et d'un système optique, qui projette sur un écran l'image agrandie d'une diapositive.

commutateur^M
Bouton de mise en marche ou d'arrêt de l'appareil.

couvercle^M
Pièce qui maintient les diapositives en place dans le panier de projection.

commande^F de marche^F avant
Bouton qui permet de projeter la diapositive suivante.

panier^M de projection^F
Dispositif dans lequel sont placées les diapositives, selon un ordre de projection prédéterminé.

commande^F de marche^F arrière
Bouton qui permet de projeter la diapositive précédente.

logement^M de rangement^M
Cavité permettant de ranger divers objets : cordon d'alimentation, télécommande, etc.

télécommande^F
Dispositif qui commande à distance certaines fonctions de l'appareil (marche avant, marche arrière, etc.).

objectif^M
Système optique formé d'un ensemble de lentilles, fixées dans une monture, qui projettent une image agrandie de la diapositive sur l'écran.

interrupteur^M de mise^F au point^M automatique
Appareil mécanique de connexion permettant de mettre en marche ou d'arrêter le mécanisme qui règle automatiquement la netteté de l'image.

bouton^M de mise^F au point^M manuelle
Bouton qui permet de régler manuellement la netteté de l'image projetée sur l'écran.

réglage^M en hauteur^F
Dispositif permettant de modifier la position du projecteur afin d'assurer le centrage de l'image sur l'écran.

écran^M de projection^F
Surface blanche sur laquelle sont projetées des images fixes ou animées.

crochet^M
Pièce qui permet de fixer l'extrémité supérieure de la toile pour la maintenir tendue.

support^M
Bordure rigide formant l'extrémité supérieure de la toile.

toile^F
Pièce de tissu rigidifié ou de vinyle servant d'écran de projection.

carter^M
Pièce cylindrique à l'intérieur de laquelle s'enroule la toile.

trépied^M
Support très stable à trois pieds.

embout^M
Pièce de caoutchouc fixée aux extrémités du trépied afin d'empêcher le glissement.

COMMUNICATIONS

télécommunications

télédiffusion[F] par satellite[M]

Transmission de signaux télévisuels (images et son) à l'intention du public, par l'entremise d'ondes radio relayées par des satellites.

réseau[M] de télédiffusion[F]
Ensemble des équipements nécessaires à la transmission des signaux télévisuels.

satellite[M]
Engin spatial mis en orbite géostationnaire (à 36 000 km d'altitude) pour assurer la transmission de signaux sonores et visuels sous forme d'ondes radio.

car[M] de reportage[M]
Véhicule équipé d'une régie, qui permet de transmettre en direct ou non des reportages ou des émissions effectués à l'extérieur des studios de télévision.

antenne[F] parabolique d'émission[F]/réception[F]
Dispositif doté d'un réflecteur en forme de coupe qui émet et reçoit des ondes radio.

réseau[M] privé
Ensemble des installations privées destinées à la production et à la diffusion d'émissions de télé ou de radio sur une bande de fréquences donnée.

station[F]-relais[M]
Installation qui reçoit les signaux provenant d'une tour d'émission, les amplifie, puis les achemine vers un autre récepteur.

antenne[F] domestique
Petite antenne de réception utilisée par un usager pour capter les ondes radio émises par une tour d'émission ou une station-relais.

transmission[F] hertzienne
Les ondes hertziennes (ou ondes radio) sont des ondes électromagnétiques de basses fréquences; le spectre des ondes radio est divisé en bandes réservées à des usages spécifiques (radio, télé, etc.).

station[F] locale
Station de télévision généralement rattachée à un réseau national ou privé.

réseau[M] national
Ensemble des installations publiques destinées à la production et à la diffusion d'émissions de télé ou de radio sur une bande de fréquences donnée.

câblodistributeur[M]
Entreprise spécialisée dans la transmission de signaux télévisuels à des clients par l'intermédiaire d'un réseau de câbles.

transmission[F] par câble[M] aérien
Les signaux peuvent être acheminés vers le client par un réseau de câbles suspendus.

tour[F] d'émission[F]
Installation destinée à transmettre des ondes radio vers un récepteur. La tour d'émission assure la diffusion régionale des programmes télévisés.

réception[F] directe
Les ondes radio sont émises par un satellite et captées directement par l'antenne parabolique d'un usager.

satellites[M] de télécommunications[F]

Engins spatiaux mis en orbite géostationnaire (à 36 000 km d'altitude) pour assurer la réception et la diffusion à distance de signaux sous forme d'ondes radio.

Eutelsat[M]
Famille de satellites européens lancés pour la transmission des signaux de télévision et de téléphonie ainsi que les communications d'affaires.

antenne[F] d'émission[F]/réception[F]
Antenne permettant au satellite de capter les ondes radio émises depuis la Terre pour les rediriger vers des stations au sol.

réflecteurs[M] solaires
Écrans protecteurs destinés à réfléchir les rayons du Soleil afin de protéger les équipements du satellite en réduisant la chaleur à laquelle ils sont soumis.

module[M] de communication[F]
Partie du satellite qui reçoit les signaux captés par l'antenne, les amplifie et les achemine vers l'antenne d'émission.

panneau[M] solaire
Dispositif d'alimentation permettant de convertir l'énergie solaire en énergie électrique directement utilisable.

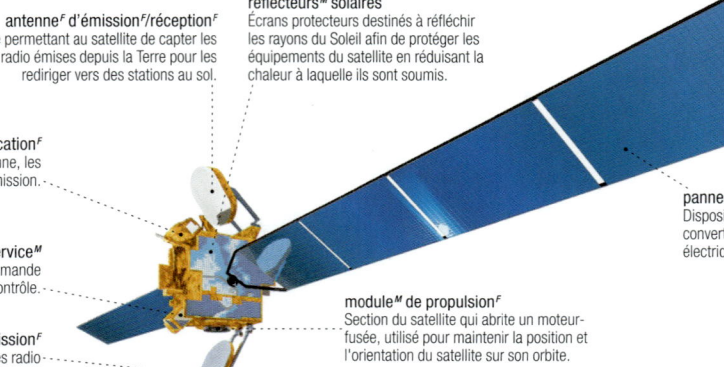

module[M] de service[M]
Section du satellite qui abrite les systèmes de commande et de contrôle.

module[M] de propulsion[F]
Section du satellite qui abrite un moteur-fusée, utilisé pour maintenir la position et l'orientation du satellite sur son orbite.

antenne[F] d'émission[F]
Antenne permettant au satellite de diffuser les ondes radio vers une station terrestre.

COMMUNICATIONS

télécommunications par satellite

Transmission de données (images, son, données informatiques, etc.) par l'entremise d'ondes radio relayées par des satellites.

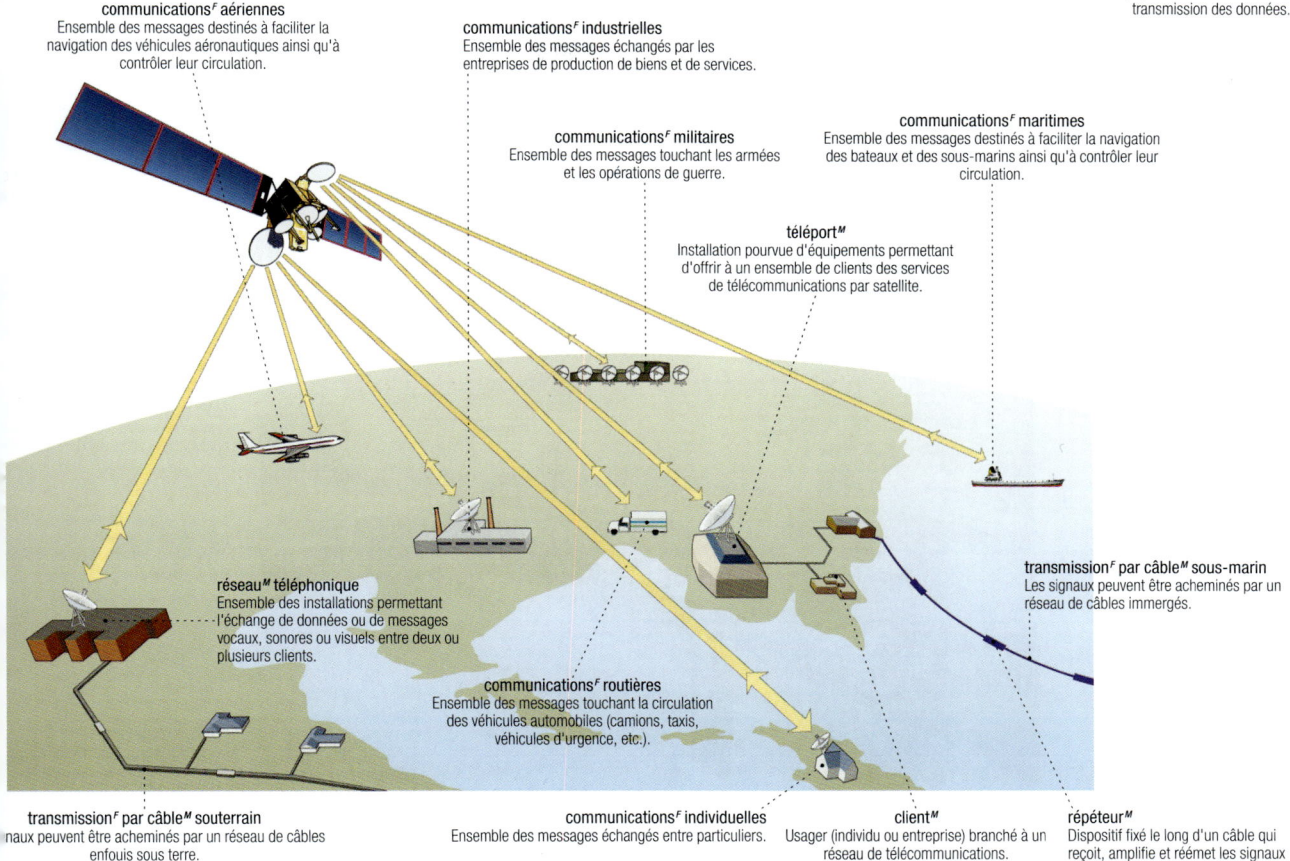

communications aériennes
Ensemble des messages destinés à faciliter la navigation des véhicules aéronautiques ainsi qu'à contrôler leur circulation.

communications industrielles
Ensemble des messages échangés par les entreprises de production de biens et de services.

communications militaires
Ensemble des messages touchant les armées et les opérations de guerre.

communications maritimes
Ensemble des messages destinés à faciliter la navigation des bateaux et des sous-marins ainsi qu'à contrôler leur circulation.

réseau de télécommunications
Ensemble des équipements nécessaires à la transmission des données.

téléport
Installation pourvue d'équipements permettant d'offrir à un ensemble de clients des services de télécommunications par satellite.

réseau téléphonique
Ensemble des installations permettant l'échange de données ou de messages vocaux, sonores ou visuels entre deux ou plusieurs clients.

communications routières
Ensemble des messages touchant la circulation des véhicules automobiles (camions, taxis, véhicules d'urgence, etc.).

transmission par câble sous-marin
Les signaux peuvent être acheminés par un réseau de câbles immergés.

transmission par câble souterrain
naux peuvent être acheminés par un réseau de câbles enfouis sous terre.

communications individuelles
Ensemble des messages échangés entre particuliers.

client
Usager (individu ou entreprise) branché à un réseau de télécommunications.

répéteur
Dispositif fixé le long d'un câble qui reçoit, amplifie et réémet les signaux afin d'en assurer la transmission sur de longues distances.

satellites de télécommunications

Anik
Famille de satellites canadiens. Anik A1, lancé en 1972, fut l'un des premiers satellites nationaux de télécommunications.

Intelsat
Premier réseau de satellites de télécommunications internationales, mis en œuvre à partir de 1965 pour assurer les échanges téléphoniques et de signaux télé d'un bout à l'autre de la Terre.

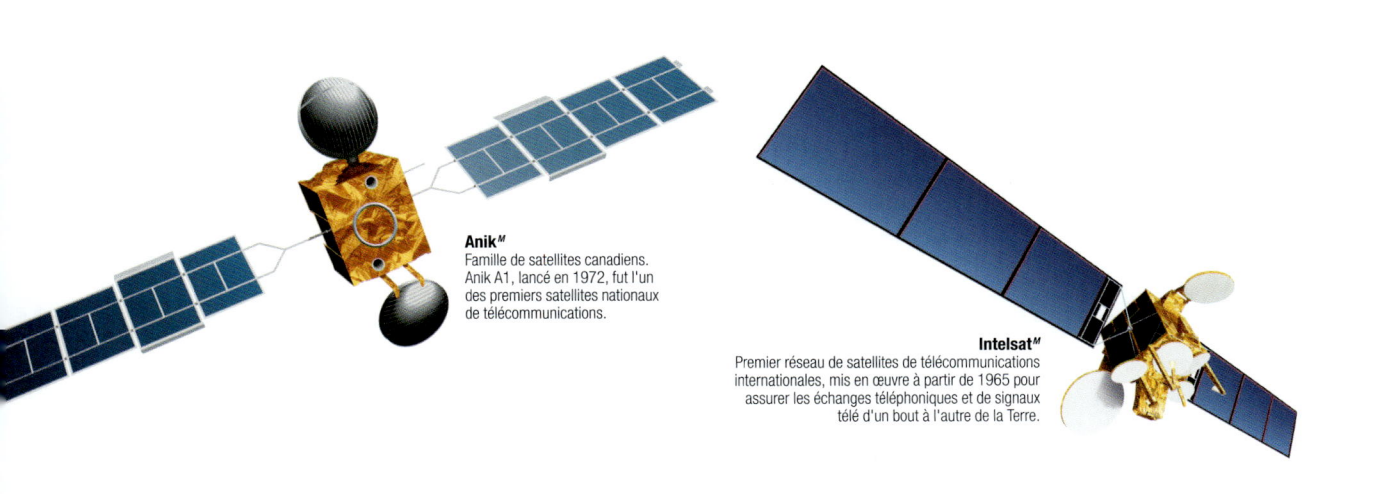

studio^M et régie^F

Local où sont produites, enregistrées ou diffusées des émissions sonores, divisé en deux salles séparées par une baie vitrée.

interphone^M
Téléphone muni d'un haut-parleur, sur lequel sont branchés des écouteurs; il permet la communication entre la régie et l'animateur se trouvant dans le studio.

fenêtre^F **acoustique**
Baie à triple vitrage permettant d'isoler le son dans chacun des locaux.

chronomètre^M **électronique**
Instrument qui permet de mesurer des intervalles de temps en minutes, secondes et fractions de seconde; l'animateur peut ainsi visualiser le temps restant à une entrevue, à une chronique, etc.

haut-parleur^M **de contrôle**^M
Appareil qui reproduit le son de l'émission en cours, ce qui permet d'en vérifier la qualité.

vumètres^M
Dispositifs numériques permettant le contrôle visuel du niveau des signaux sonores.

microphone^M
Appareil qui transforme en impulsions électriques les sons à transmettre ou à enregistrer.

horloge^F **de production**^F
Horloge qui permet de gérer la durée d'une émission.

voyant^M **de mise**^F **en ondes**^F
Lampe indiquant qu'une émission est en cours de production.

casque^M **d'écoute**^F
Dispositif d'écoute qui permet à l'animateur et aux chroniqueurs de recevoir des informations du réalisateur sans déranger le déroulement de l'émission.

poste^M **de travail**^M **avec système**^M
Équipement informatique muni d'un lo de production multimédia permettant numériser et de gérer le contenu audi des émissions (reportages, musique, publicité, etc.).

animateur^M
Personne qui mène les entrevues avec les invités, assure le lien entre les différentes parties de l'émission et, de concert avec le réalisateur, voit à ce que l'horaire soit respecté.

bâti^M **de fiches**^F **de raccordement**^M
Armoire contenant un appareil utilisé p brancher les câbles de divers équipem

chroniqueur^M
Personne qui traite régulièrement d'un sujet (actualité, littérature, sport, etc.) durant une émission.

platine^F **vinyle ; tourne-disque**^M
Appareil qui lit, à l'aide d'un bras mun d'une tête de lecture, les sons enregis sur un disque.

chronomètre^M **de production**^F
Appareil utilisé par le réalisateur et son adjoint afin de programmer le temps alloué à une entrevue, à une chronique, etc. Le temps apparaîtra sur l'écran du chronomètre de l'animateur.

bâtis^M **d'équipement**^M
Armoires dans lesquelles on range des appareils et des documents audiovisuels.

adjoint^M **à la réalisation**^F
Personne qui assiste le réalisateur dans toutes ses tâches et qui peut le remplacer si nécessaire.

réalisateur^M
Personne qui coordonne la réunion de production et gère la mise en ondes en assurant la direction technique et le contrôle de la qualité d'une émission.

potentiomètre^M
Instrument muni d'un curseur se déplaçant dans une glissière rectiligne, qui permet au technicien de régler le niveau du son.

pupitre^M **de son**^M
Console regroupant tous les instruments destinés à la commande, au réglage et au mixage du son.

interphone^M **de production**^F
Appareil de téléphonie de courte distance permettant au réalisateur de transmettre à tout moment des informations à l'animateur durant une émission.

microphones^M et accessoires^M

Microphone : appareil qui transforme en impulsions électriques les sons à transmettre ou à enregistrer.

microphone^M **dynamique**
Appareil qui transforme en impulsions électriques les sons à transmettre ou à enregistrer, grâce à une bobine mobile se déplaçant dans un champ magnétique.

oreillette^F
Dispositif composé d'un petit écouteur et d'un microphone miniature, qu'on branche dans un émetteur de poche; il permet le partage d'informations entre le plateau et la régie.

micro^M**-cravate**^F
Microphone miniature branché un émetteur portatif, qu'on fixe le vêtement des personnes ré sur un plateau.

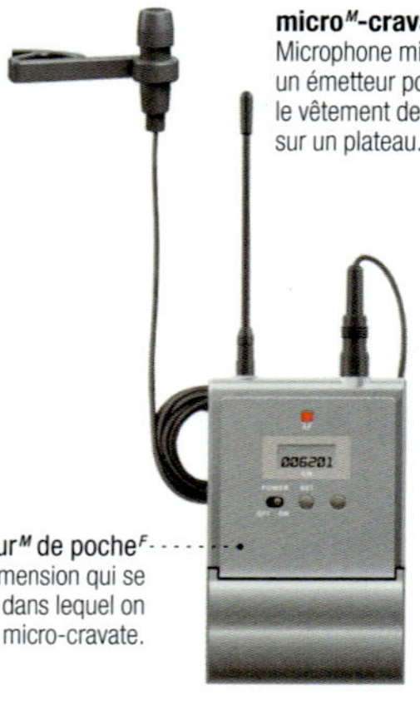

bonnette^F **anti-vent ; mousse**^F **anti-vent**
Capuchon en mousse couvrant le treillis du micro afin d'empêcher la distorsion du son par le mouvement d'air provoqué par une personne qui parle ou chante.

treillis^M **de protection**^F
Grillage qui recouvre et protège le microphone, tout en atténuant le souffle de l'orateur ou du vent.

boîtier^M

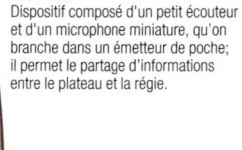

émetteur^M **de poche**^F
Appareil de petite dimension qui se porte à la ceinture, dans lequel on branche le micro-cravate.

télévision

production^F des émissions^F

Ensemble des installations et des équipement permettant la création, l'enregistrement et la diffusion d'émissions télévisées.

plateau^M et régies^F
Un studio de télévision est formé d'un plateau de tournage et de trois régies, qui renferment diverses installations de commande, de transmission, de contrôle et d'enregistrement.

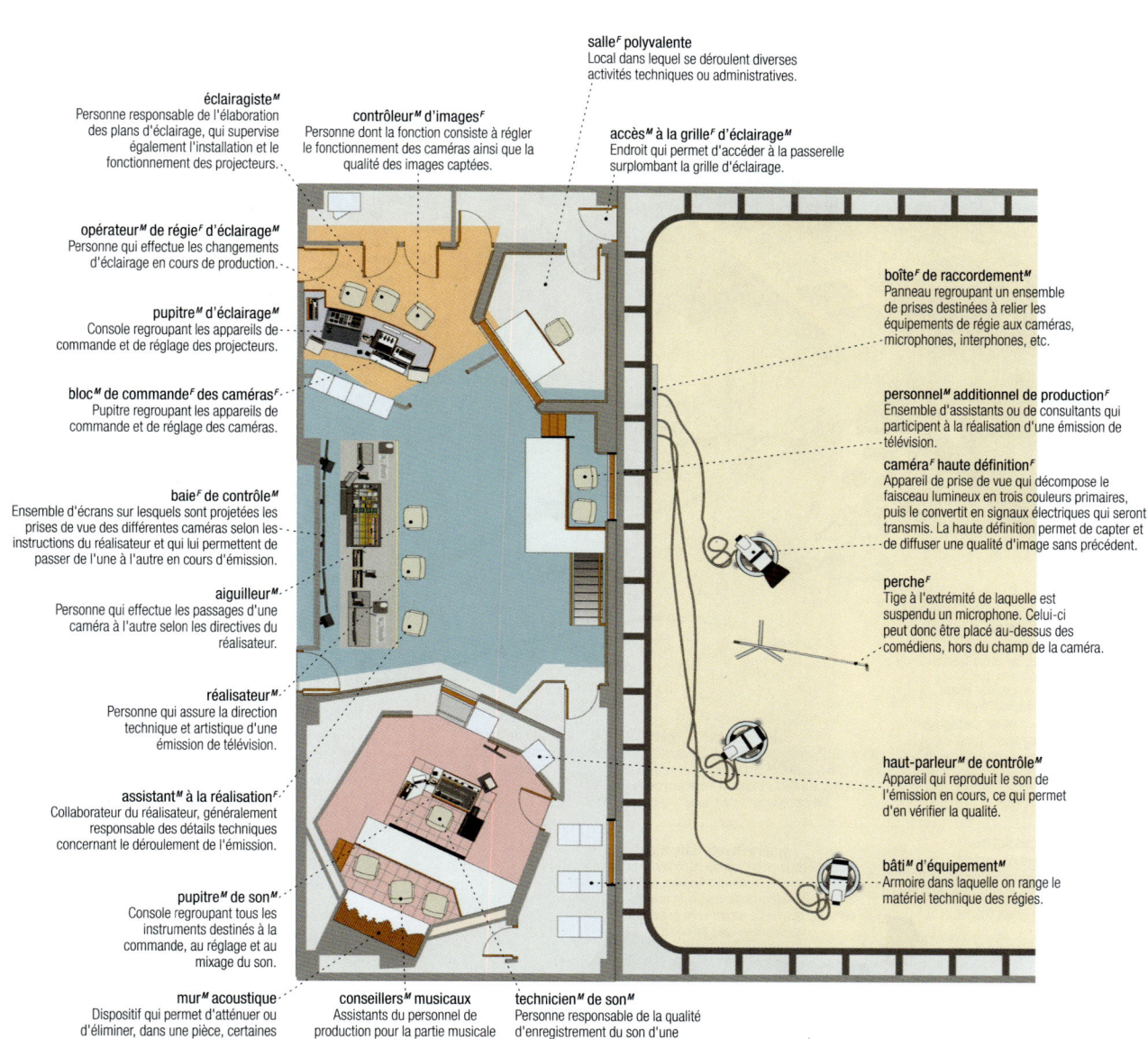

salle^F polyvalente
Local dans lequel se déroulent diverses activités techniques ou administratives.

éclairagiste^M
Personne responsable de l'élaboration des plans d'éclairage, qui supervise également l'installation et le fonctionnement des projecteurs.

contrôleur^M d'images^F
Personne dont la fonction consiste à régler le fonctionnement des caméras ainsi que la qualité des images captées.

accès^M à la grille^F d'éclairage^M
Endroit qui permet d'accéder à la passerelle surplombant la grille d'éclairage.

opérateur^M de régie^F d'éclairage^M
Personne qui effectue les changements d'éclairage en cours de production.

pupitre^M d'éclairage^M
Console regroupant les appareils de commande et de réglage des projecteurs.

bloc^M de commande^F des caméras^F
Pupitre regroupant les appareils de commande et de réglage des caméras.

baie^F de contrôle^F
Ensemble d'écrans sur lesquels sont projetées les prises de vue des différentes caméras selon les instructions du réalisateur et qui lui permettent de passer de l'une à l'autre en cours d'émission.

aiguilleur^M
Personne qui effectue les passages d'une caméra à l'autre selon les directives du réalisateur.

réalisateur^M
Personne qui assure la direction technique et artistique d'une émission de télévision.

assistant^M à la réalisation^F
Collaborateur du réalisateur, généralement responsable des détails techniques concernant le déroulement de l'émission.

pupitre^M de son^M
Console regroupant tous les instruments destinés à la commande, au réglage et au mixage du son.

mur^M acoustique^M
Dispositif qui permet d'atténuer ou d'éliminer, dans une pièce, certaines fréquences graves.

conseillers^M musicaux^M
Assistants du personnel de production pour la partie musicale de l'émission.

technicien^M de son^M
Personne responsable de la qualité d'enregistrement du son d'une émission.

boîte^F de raccordement^M
Panneau regroupant un ensemble de prises destinées à relier les équipements de régie aux caméras, microphones, interphones, etc.

personnel^M additionnel de production^F
Ensemble d'assistants ou de consultants qui participent à la réalisation d'une émission de télévision.

caméra^F haute définition^F
Appareil de prise de vue qui décompose le faisceau lumineux en trois couleurs primaires, puis le convertit en signaux électriques qui seront transmis. La haute définition permet de capter et de diffuser une qualité d'image sans précédent.

perche^F
Tige à l'extrémité de laquelle est suspendu un microphone. Celui-ci peut donc être placé au-dessus des comédiens, hors du champ de la caméra.

haut-parleur^M de contrôle^M
Appareil qui reproduit le son de l'émission en cours, ce qui permet d'en vérifier la qualité.

bâti^M d'équipement^M
Armoire dans laquelle on range le matériel technique des régies.

COMMUNICATIONS

---

régie^F du son^M
Section aménagée pour le contrôle et le réglage de la prise de son.

régie^F de production^F
Section aménagée pour la sélection et la composition des images à diffuser ou à enregistrer. On y coordonne aussi les activités des autres régies et du plateau.

régie^F de l'image^F et d'éclairage^M
Section aménagée pour le contrôle de la prise de vue et de l'éclairage.

plateau^M
Local insonorisé ou non, conçu pour la prise de son et la prise de vue d'émissions de télévision.

télévision

production^F des émissions^F

plateau^M
Local insonorisé ou non, conçu pour la prise de son et la prise de vue d'émissions de télévision.

pantographe^M
Support extensible et réglable sur lequel on suspend un projecteur.

gril^M
Grille sur laquelle sont fixés des projecteurs.

projecteur^M d'ambiance^F
Projecteur de haute intensité produisant une luminosité colorée et uniforme, utilisé par exemple pour simuler l'effet du soleil derrière une fenêtre.

projecteur^M asservi
Projecteur dirigé à partir du pupitre d'éclairage, dont le fonctionnement (position, couleur et forme du faisceau lumineux) peut être programmé à l'avance ou effectué en direct.

projecteur^M à miroir^M
Projecteur muni d'un miroir pivotant ayant un effet sur le rayon lumineux, et dont la position est réglée à partir du pupitre d'éclairage.

perche^F
Tige à l'extrémité de laquelle est suspendu un microphone. Celui-ci peut donc être placé au-dessus des comédiens, hors du champ de la caméra.

projecteur^M fixe
Projecteur muni d'un anneau métallique par lequel il est suspendu, et dont le faisceau lumineux reste immobile.

cyclorama^M
Toile de fond fixe ou amovible, entoure le décor d'une émission. Il permet de réaliser différents effets ou trucages visuels.

boîte^F à lumière^F
Dispositif permettant de tamiser la lumière.

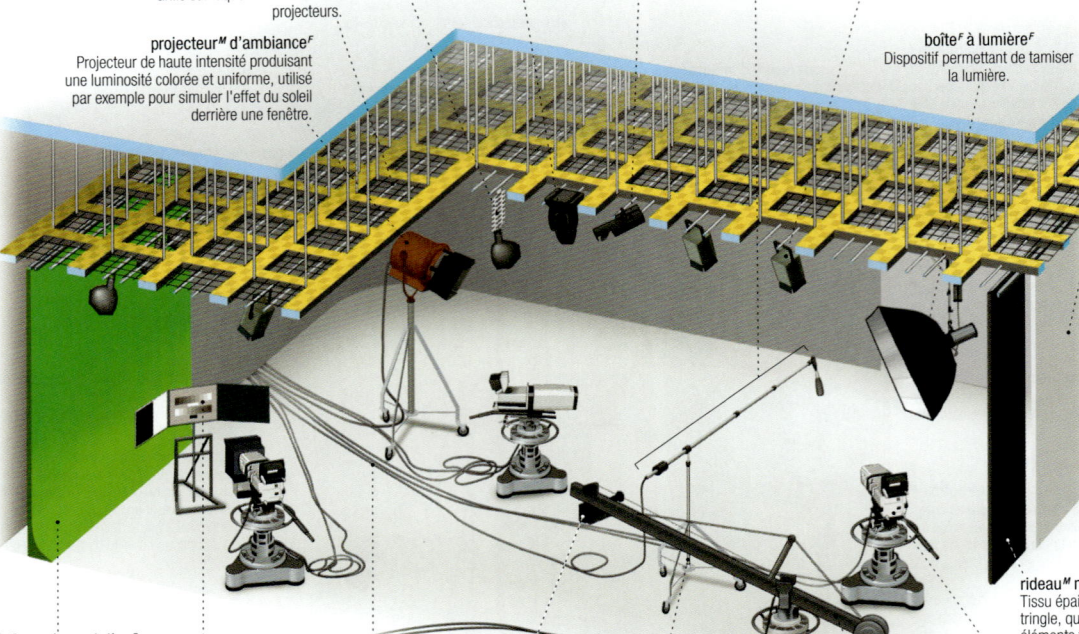

rideau^M noir
Tissu épais plissé glissant sur une tringle, qui sert à masquer certains éléments techniques ou à permettre le passage des membres de l'équipe durant une émission.

caméra^F haute définition^F
Appareil de prise de vue qui décompose le faisceau lumineux en trois couleurs primaires, puis le convertit en signaux électriques qui seront transmis. La haute définition permet de capter et de diffuser une qualité d'image sans précédent.

toile^F pour incrustation^F
Tissu vert (couleur lumineuse), placé comme fond de scène, servant à créer l'illusion, grâce au montage, que deux objets se côtoient sur une même image alors qu'ils sont filmés séparément.

mire^F de réglage^F
Image servant à calibrer et à effectuer divers réglages de la caméra.

câbles^M

caméra^F grand-angle^M
Appareil de prise de vue auquel est ajoutée une lentille qui permet un cadrage plus large de la scène à filmer même si les objets ou les personnages sont rapprochés.

trépied^M de perche^F
Support très stable à trois côtés, sur roulettes.

grue^F de caméra^F
Appareil articulé et mobile qui permet un mouvement rapide de la caméra ou des prises de vue en hauteur sans obliger le caméraman à grimper sur une plateforme.

caméras^F et accessoires^M
Sur le plateau de télévision, on trouve une grande variété de caméras (de type plus traditionnel, caméra à épaule, grand angle, etc.) et d'accessoires (grue, chariot, etc.).

caméra^F haute définition^F
Appareil de prise de vue qui décompose le faisceau lumineux en trois couleurs primaires, puis le convertit en signaux électriques qui seront transmis. La haute définition permet de capter et de diffuser une qualité d'image sans précédent.

viseur^M de caméra^F
Dispositif permettant de visualiser l'image de la scène filmée afin de la cadrer et d'en régler la netteté.

trépied^M de caméra^F
Support très stable à trois côtés, sur roues.

télésouffleur^M
Écran sur lequel défile le texte d'un présentateur, conçu pour qu'il puisse lire sans quitter la caméra des yeux.

texte^M déroulant
Texte affiché de façon continue sur le télésouffleur. Le texte lu disparaît vers le haut et le texte qui suit apparaît en dessous.

télévision

production^F des émissions^F

régie^F de production^F
Section aménagée pour la sélection et la composition des images à diffuser ou à enregistrer. On y coordonne aussi les activités des autres régies et du plateau.

haut-parleur^M de contrôle^M
Appareil qui reproduit le son de l'émission en cours, ce qui permet d'en vérifier la qualité.

écran^M de contrôle^M
Écran qui permet de visualiser une image avant de la diffuser ou de l'enregistrer, afin d'en assurer la qualité.

horloge^F de production^F
Horloge qui permet de gérer la durée d'une émission.

écran^M d'épreuve^F
Écran qui permet de tester un effet visuel avant de le diffuser ou de l'enregistrer.

baie^F de contrôle^M
Ensemble d'écrans sur lesquels sont projetées les prises de vue des caméras selon les instructions du réalisateur et qui permettent de passer de l'une à l'autre en cours d'émission.

microphone^M d'interphone^M
Microphone permettant au réalisateur, à son assistant ou à un technicien de transmettre des directives au personnel des autres régies ou du plateau.

interphone^M
Téléphone muni d'un haut-parleur, permet la communication entre la régie de production et différents lieux (plateau, coulisses, etc.).

écran^M du truqueur^M numérique
Écran permettant de visualiser les effets spéciaux préparés à l'aide du truqueur numérique.

pupitre^M de régie^F
Ensemble des appareils techniques de la régie de production.

console^F numérique
Appareil servant à composer et à transmettre des images, à effectuer divers effets de transition entre les images et à les garder en mémoire.

écrans^M témoins^M
Écrans affichant les images captées par les caméras de plateau ou provenant de diverses autres sources (magnétoscope, télécinéma, etc.).

pupitre^M d'aiguillage^M
Ensemble des appareils techniques (console numérique, ordinateurs, etc.) utilisés par l'aiguilleur pour assurer la qualité du son et de l'image.

COMMUNICATIONS

caméras^F et accessoires^M

caméra^F à l'épaule^F
Appareil de prise de vue qui permet au caméraman de se déplacer facilement, et qui est utilisé pour filmer de près les animateurs et les comédiens.

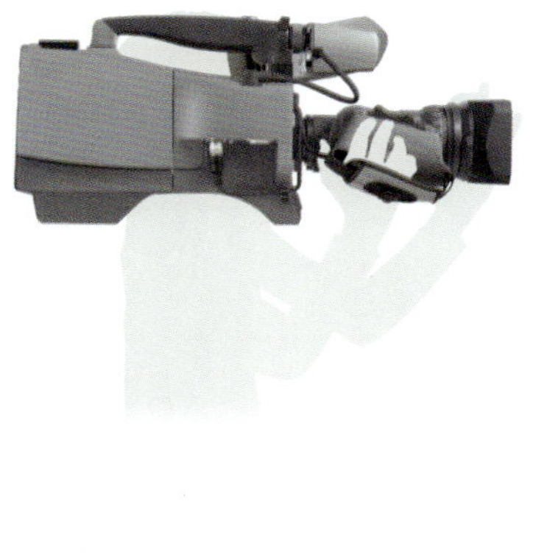

harnais^M stabilisateur
Système de sangles qui permet à un caméraman de transporter une caméra fixée à un support tout en assurant une stabilité et une qualité des prises de vue.

télévision

production^F des émissions^F

car^M de reportage^M
Véhicule équipé d'une régie, qui permet de transmettre en direct ou non des émissions ou des reportages effectués à l'extérieur des studios de télévision.

antenne^F à micro-ondes^F
Appareil qui émet des ondes électromagnétiques de fréquence un peu plus élevée que les ondes radio et porteuses de signaux télévisuels.

régie^F du son^M
Section aménagée pour le contrôle et le réglage de la prise de son.

régie^F de production^F
Section aménagée pour la sélection et la composition des images à diffuser ou à enregistrer. On y coordonne aussi les activités des autres régies et du lieu de tournage.

régie^F de l'image^F
Section aménagée pour le contrôle et le réglage de la prise de vue.

haut-parleur^M de contrôle^M
Appareil qui reproduit le son de l'émission en cours, ce qui permet d'en vérifier la qualité.

baie^F de contrôle^M
Ensemble d'écrans sur lesquels sont projetées les prises de vue des différentes caméras selon les instructions du réalisateur et qui lui permettent de passer de l'une à l'autre en cours d'émission.

contrôleur^M d'images^F
Personne dont la fonction consiste à régler le fonctionnement des caméras ainsi que la qualité des images captées.

bâti^M d'équipement^M
Armoire dans laquelle on range le matériel technique du car de reportage.

écran^M d'épreuve^F
Écran qui permet de tester un effet visuel avant de le diffuser ou de l'enregistrer.

bloc^M de commande^F de caméra^F
Pupitre regroupant les appareils de commande et de réglage des caméras.

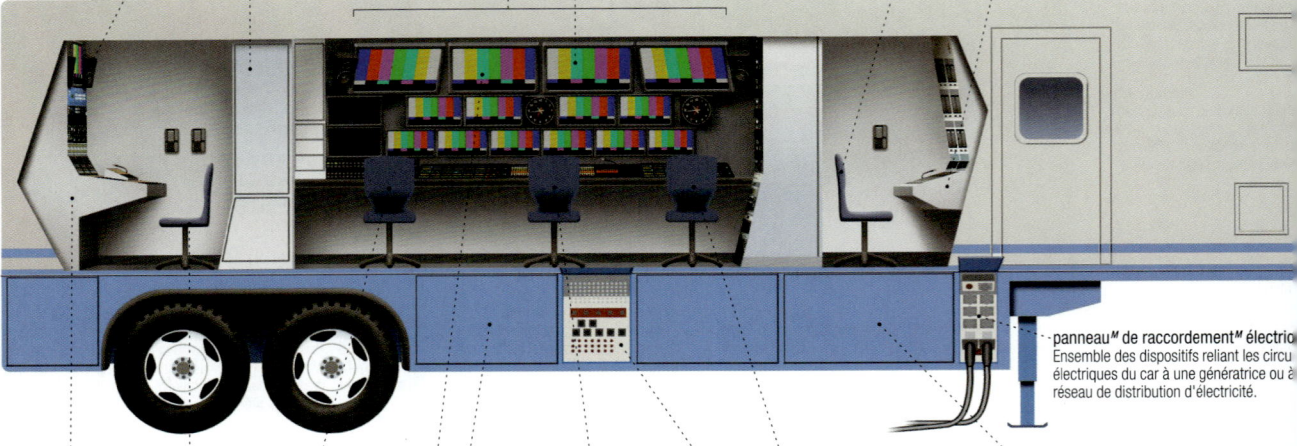

panneau^M de raccordement^M électrique
Ensemble des dispositifs reliant les circuits électriques du car à une génératrice ou au réseau de distribution d'électricité.

pupitre^M de son^M
Console regroupant tous les appareils destinés à la commande, au réglage et au mixage du son.

technicien^M de son^M
Personne responsable de la qualité d'enregistrement du son d'une émission.

réalisateur^M
Personne qui assure la direction technique et artistique du tournage d'une émission de télévision.

écran^M de contrôle^M
Écran qui permet de visualiser une image avant de la diffuser ou de l'enregistrer, afin d'en assurer la qualité.

aiguilleur^M
Personne qui effectue les passages d'une caméra à l'autre selon les directives du réalisateur.

soute^F des bobines^F de câbles^M
Compartiment destiné au stockage des câbles de caméras et d'éclairage.

directeur^M technique
Personne responsable de tous les éléments techniques d'une production (son, images, etc.).

panneau^M de raccordement^M vidéo
Ensemble des dispositifs reliant les câbles de caméras aux équipements de régie.

soute^F d'équipement^M technique
Compartiment destiné au stockage du matériel nécessaire à la production d'une émission (caméras, batteries, etc.).

COMMUNICATIONS

télévision

réception^F des émissions^F

Ensemble des appareils permettant la reproduction des éléments sonores et visuels des programmes diffusés par une station de télévision ou enregistrés sur un disque ou une cassette.

télévision^F analogique
Ensemble des techniques, des équipements et des installations permettant la transmission à distance de programmes télévisés sous forme de signaux analogiques.

téléviseur^M à tube^M cathodique
Téléviseur à écran bombé ou plat, qui reproduit les images à l'aide d'un tube-image projetant des faisceaux d'électrons.

interrupteur^M
Appareil mécanique de connexion permettant de mettre en marche ou d'éteindre l'appareil.

coffret^M
einte rectangulaire abritant les osants internes du téléviseur.

boutons^M de réglage^M
Touches permettant de modifier divers paramètres (luminosité de l'écran, volume, etc.).

écran^M
ace sur laquelle se forment les images de télévision.

capteur^M de télécommande^F
Dispositif recevant les signaux infrarouges émis par une télécommande, qui permettent d'actionner à distance certaines fonctions de l'appareil.

canon^M à électrons^M
Dispositif qui émet des faisceaux d'électrons en direction de l'écran. Trois faisceaux sont produits, soit un pour chaque couleur primaire (rouge, vert, bleu).

grille^F
Électrode munie d'ouvertures qui permettent le passage des électrons. Elle contribue à régler l'intensité des faisceaux dirigés vers l'écran.

faisceau^M rouge
Faisceau d'électrons destiné à frapper les parties sensibles de l'écran conçues pour émettre de la lumière rouge.

ube^M-image^F
ube de verre dans lequel on a fait le ide, qui convertit des signaux vidéo n faisceaux d'électrons permettant a production d'images sur l'écran.

cône^M
Partie arrière évasée du tube-image.

masque^M de sélection^F des couleurs^F
Plaque métallique perforée qui dirige chaque faisceau d'électrons vers les parties sensibles de l'écran correspondant à sa couleur.

canon^M à électrons^M
Dispositif qui émet des faisceaux d'électrons en direction de l'écran. Trois faisceaux sont produits, soit un pour chaque couleur primaire (rouge, vert, bleu).

faisceau^M vert
Faisceau d'électrons destiné à frapper les parties sensibles de l'écran conçues pour émettre de la lumière verte.

faisceau^M bleu
Faisceau d'électrons destiné à frapper les parties sensibles de l'écran conçues pour émettre de la lumière bleue.

champ^M magnétique
Zone où se manifestent les propriétés magnétiques d'un aimant. Il contrôle la direction des faisceaux d'électrons pour permettre le balayage complet de l'écran.

culot^M
Extrémité du tube-image, qui assure la connexion aux circuits extérieurs.

convertisseur^M numérique/analogique
Appareil qui transforme les signaux numériques en signaux analogiques utilisables par un appareil de réception (un téléviseur, notamment).

col^M
Partie étroite du tube-image, qui contient le canon à électrons.

vitre^F protectrice
Partie avant du tube-image, qui recouvre l'écran.

faisceau^M d'électrons^M
Ensemble de particules à charge négative se propageant dans la même direction, dont l'intensité varie en fonction du signal vidéo reçu.

écran^M
Surface sur laquelle se forment les images, couverte de points sensibles émettant de la lumière rouge, verte ou bleue lorsqu'ils sont frappés par des électrons.

COMMUNICATIONS

télévision

réception[F] des émissions[F]

télévision[F] numérique
Ensemble des techniques, des équipements et des installations permettant la transmission à distance de programmes télévisés sous forme de signaux numériques.

téléviseur[M] à cristaux[M] liquides
Téléviseur à écran plat et mince, qui reproduit les images en utilisant le reflet de la lumière sur des cristaux liquides.

écran[M]
Surface sur laquelle se forment les images de télévision.

téléviseur[M] à plasma[M]
Téléviseur à écran plat et mince, qui reproduit les images en utilisant la lumière émise par un mélange gazeux.

haut-parleur[M]
Appareil intégré permettant la reproduction du son.

boutons[M] de réglage[M]
Touches permettant de modifier divers paramètres (luminosité de l'écran, volume, etc.).

interrupteur[M]
Appareil mécanique de connexion permettant de mettre en marche ou d'éteindre l'appareil.

récepteur[M]/enregistreur[M] numérique
Appareil qui décode des signaux télévisuels numérisés, transmis par satellite ou par câble, et qui les achemine vers un téléviseur; il permet aussi la sauvegarde de programmes télévisés.

reprise[F] instantanée
Bouton permettant de visualiser de nouveau les dernières scènes diffusées.

recul[M] rapide
Bouton permettant de faire défiler rapidement l'enregistrement dans le sens inverse de la lecture.

arrêt[M]
Bouton commandant l'interruption de la lecture ou de l'enregistrement.

avance[F] rapide
Bouton commandant l'avancée rapide de l'enregistrement.

reprise[F] de la diffusion[F] en cours
Bouton permettant de retourner à l'émission diffusée.

interrupteur[M]
Appareil mécanique de connexion permettant de mettre en marche ou d'éteindre l'appareil.

afficheur[M]
Écran présentant des indications sur les réglages de l'appareil ou sur les opérations effectuées.

enregistrement[M]
Bouton permettant de lancer l'enregistrement d'une émission.

touches[F] de fonctions[F]
Boutons commandant divers réglages de l'appareil.

télécommande[F]
Dispositif qui commande à distance certaines fonctions du terminal (mise en marche ou arrêt, sélection de programmes, etc.).

visionnement[M] télé[F]/DVD[M]
Bouton permettant de passer de la télévision à la lecture d'un DVD.

antenne[F] parabolique de réception[F]
Dispositif doté d'un réflecteur de forme parabolique, qui reçoit des ondes radio provenant d'un satellite de télécommunications.

lecteur[M] de DVD[M] portatif
Appareil de petit format qui lit, à l'aide d'un faisceau laser, les images et les sons enregistrés sur un disque numérique polyvalent (DVD).

réflecteur[M]
Surface qui collecte les ondes et les fait converger vers le bloc convertisseur.

bloc[M] convertisseur[M]
Appareil qui recueille les ondes, les amplifie, puis les transforme en signaux utilisables par un récepteur (un terminal numérique, par exemple).

mât[M]
Tube qui soutient l'antenne et permet de la fixer sur un support.

COMMUNICATIONS

télévision

réception des émissions

télécommande
Dispositif qui commande à distance certaines fonctions d'un téléviseur, d'un magnétoscope, d'un lecteur de DVD vidéo ou d'autres appareils électroniques.

afficheur
Écran présentant des indications sur les réglages de l'appareil ou sur les opérations effectuées.

touche de navigation
Bouton qui sert principalement à se déplacer dans les différents menus de la télécommande.

menu
Bouton permettant d'accéder directement au menu principal de la télécommande.

changement de piste/lecture rapide
Boutons utilisés pour passer à la plage suivante ou précédente, ou encore pour commander la reproduction accélérée du son ou de l'image vers l'avant ou vers l'arrière.

sélection
Bouton servant à choisir un réglage ou une opération à effectuer.

pause/arrêt sur l'image
Touche qui permet d'arrêter momentanément la lecture, de façon à obtenir à l'écran une image fixe.

arrêt
Touche permettant d'interrompre la lecture ou l'enregistrement.

lecture
Touche permettant de démarrer la lecture d'une bande, d'un disque ou d'un fichier.

réglage du volume
Bouton qui permet de régler l'intensité du son émis par l'appareil.

recherche des canaux
Touches permettant de changer de canal.

sélection des canaux
Touches numériques permettant de choisir directement le canal désiré.

sourdine
Bouton permettant de rendre le son inaudible.

touches de fonctions
Touches permettant d'activer diverses options d'affichage ou de régler certains paramètres.

interrupteur
Appareil mécanique de connexion permettant de mettre en marche ou d'éteindre un des appareils reliés à la télécommande.

cassette vidéo
Boîtier rigide contenant une bande magnétique sur laquelle peuvent être enregistrés des images et des sons.

bande magnétique
Ruban souple, dont la face est revêtue d'une substance magnétique, utilisé comme support d'enregistrement.

bobine
Pièce cylindrique qui permet l'enroulement ou le déroulement de la bande magnétique.

afficheur
Écran présentant des indications sur les réglages de l'appareil ou sur les opérations effectuées.

magnétoscope
Appareil qui lit ou enregistre des signaux visuels et sonores sur la bande magnétique d'une cassette vidéo.

logement de la cassette
Cavité destinée à recevoir une cassette vidéo.

interrupteur
Appareil mécanique de connexion permettant de mettre en marche ou d'éteindre l'appareil.

disque numérique polyvalent (DVD)
Support d'enregistrement numérique à formats multiples (vidéo, audio, multimédia, etc.) dont la capacité de stockage est supérieure à celle du disque compact.

interrupteur
Appareil mécanique de connexion permettant de mettre en marche ou d'éteindre l'appareil.

afficheur
Écran présentant des indications sur les réglages de l'appareil ou sur les opérations effectuées.

enregistrement
Bouton permettant de lancer l'enregistrement d'une émission.

enregistreur de DVD vidéo
Appareil qui permet de lire ou d'enregistrer des données sur un DVD vidéo.

lecture
Bouton permettant de démarrer la lecture d'un DVD.

arrêt
Bouton commandant l'interruption de la lecture ou de l'enregistrement.

sélection des canaux
Touches numériques permettant de choisir directement le canal désiré.

plateau de chargement
Partie de l'appareil dans laquelle on insère le disque pour la lecture ou l'enregistrement.

contrôle du plateau
Bouton servant à ouvrir ou à fermer le plateau de chargement.

pause/arrêt sur l'image
Touche qui permet d'arrêter momentanément le disque en cours de lecture, de façon à obtenir à l'écran une image fixe.

changement de piste/lecture rapide
Boutons utilisés pour passer à la scène suivante ou précédente, ou encore pour commander la reproduction accélérée de l'image vers l'avant ou vers l'arrière.

COMMUNICATIONS

télévision

réception^F des émissions^F

cinéma^M maison^F
Ensemble audiovisuel permettant de recréer à domicile les effets sonores et visuels d'une salle de cinéma.

enceinte^F ambiophonique
Chacune des petites enceintes placées autour de la salle, qui reproduisent les sons d'ambiance.

enceinte^F principale
Chacune des deux enceintes placées de part et d'autre du téléviseur, qui reproduisent la plupart des sons et la musique.

téléviseur^M grand écran^M
Téléviseur muni d'un écran dont le rapport largeur/hauteur respecte le format de présentation des salles de cinéma.

enceinte^F centrale
Enceinte placée entre les deux enceintes principales, qui reproduit les dialogues ainsi que certains effets sonores.

enceintes^F d'extrêmes graves^M
Enceintes de grande dimension conçues pour reproduire de très basses fréquences.

caméscopes^M

Caméras vidéo portatives qui enregistrent les sons et les images sur divers supports.

caméscope^M DVD^M
Caméra vidéo portative qui enregistre les sons et les images en format numérique directement sur un disque numérique polyvalent (DVD).

caméscope^M à disque^M dur
Caméra vidéo portative qui enregistre les sons et les images en format numérique sur un disque dur interne.

cassette^F mini-DV
Cassette vidéo numérique sur laquelle peuvent être enregistrés des images et des sons.

télévision

caméscopes[M]

viseur[F] électronique
Petit moniteur vidéo permettant de visualiser l'image de la scène filmée afin de la cadrer et d'en régler la netteté.

commande[F] du zoom[M]
Bouton servant à ajuster le zoom pour obtenir une vue éloignée ou rapprochée du sujet filmé.

mode[M] d'enregistrement[M]
Bouton permettant de sélectionner un support d'enregistrement (cassette ou carte mémoire).

caméscope[M] mini-DV : vue[F] avant
Caméra vidéo portative qui enregistre les sons et les images en format numérique sur une cassette mini-DV.

touche[F] photo[F]
Bouton permettant d'enregistrer une image fixe sur une carte mémoire.

objectif[M] zoom[M]
Objectif qui permet de modifier le champ de vision couvert afin d'obtenir une vue rapprochée ou éloignée du sujet filmé sans déplacer le caméscope.

commutateur[M] alimentation[F]/fonction[F]
Bouton de mise en marche ou d'arrêt du caméscope, qui permet également d'en sélectionner le mode de fonctionnement (caméra, lecture, recharge de la pile, etc.).

lampe[F]
Appareil produisant un faisceau de lumière destiné à éclairer le sujet filmé.

microphone[M]
Appareil qui transforme en impulsions électriques les sons à transmettre ou à enregistrer.

dragonne[F]
Courroie réglable permettant de porter le caméscope.

couvre-prises[M]
Couvercle qui recouvre les différentes prises d'entrée ou de sortie du caméscope (microphone, audio/vidéo, DV).

commandes[F] de la bande[F] vidéo
Boutons qui contrôlent le visionnement des images enregistrées.

touche[F] de mise[F] au point[M]
Bouton qui permet d'ajuster automatiquement ou manuellement la netteté de l'image.

caméscope[M] mini-DV : vue[F] arrière

touche[F] de prise[F] de vues[F] nocturne
Bouton qui active ou désactive la fonction permettant de filmer dans l'obscurité.

écran[M]
Surface d'affichage permettant de visualiser des données textuelles (menus, options), des images ou des vidéos.

oculaire[M]
Lentille, ou système de lentilles, devant laquelle on place l'œil pour observer l'image issue de l'objectif.

touche[F] d'enregistrement[M]
Bouton permettant de démarrer ou d'arrêter l'enregistrement d'images et de sons.

pile[F] rechargeable
Appareil capable d'emmagasiner de l'énergie chimique pendant la charge et de la transformer en énergie électrique.

haut-parleur[M]
Appareil intégré permettant la reproduction du son.

logement[M] de la carte[F] mémoire[F]
Fente recouverte d'un couvercle et destinée à recevoir une carte mémoire, qui permet d'enregistrer les images fixes prises par le caméscope.

touche[F] de rétroéclairage[M]
Bouton utilisé pour accroître le contraste de l'écran à cristaux liquides afin d'en améliorer la lisibilité.

touche[F] écran[M] large/code[M] de données[F]
Bouton servant à activer l'enregistrement en format écran large ou à insérer diverses données sur l'image filmée (date, heure, etc.).

touche[F] de menu[M]
Bouton qui commande l'affichage des menus, utilisés pour modifier des réglages ou accéder aux options du caméscope.

COMMUNICATIONS

éléments^M d'une chaîne^F stéréo

Ensemble des appareils et accessoires permettant la reproduction du son.

ampli^M-syntoniseur : vue^F avant
Appareil combinant les fonctions de syntoniseur (réception de signaux radio) et d'amplificateur (augmentation de la puissance du signal sonore).

commutateur^M veille^F/en fonction^F
Touche de mise en marche ou d'arrêt de l'appareil, qui permet également sa mise en veille (état d'attente réduisant la consommation d'énergie en période d'inactivité).

touches^F de sélection^F d'entrée^F
Boutons permettant de choisir la source des signaux introduits dans l'appareil (syntoniseur, lecteur de disque compact ou de DVD, baladeur numérique).

afficheur^M
Écran présentant des indications sur les réglages de l'appareil ou sur les opérations effectuées.

sélecteurs^M de contrôle^F
Touches permettant de sélectionner divers réglages de reproduction du son.

sélecteur^M d'entrée^F
Touche permettant de choisir l'appareil qui reproduira les sons ou les images.

prise^F casque^M
Réceptacle destiné à recevoir la fiche d'un casque d'écoute.

touches^F de mode^M d'écoute^F
Boutons utilisés pour choisir le mode de reproduction du son (monophonique, stéréophonique, ambiophonique, etc.).

commandes^F de l'image^F
Boutons permettant divers réglages de l'image lorsque l'ampli-syntoniseur est relié à un téléviseur.

réglage^M du volume^M
Bouton qui permet de régler l'intensité du son émis par l'appareil.

ampli^M-syntoniseur : vue^F arrière

connecteur^M HDMI
Prise permettant de raccorder un périphérique compatible avec la norme HDMI.

entrée^F audio numérique coaxiale
Prise de raccordement permettant de recevoir un câble coaxial numérique.

connecteur^M RS
Prise permettant de raccorder un périphérique compatible avec la norme RS.

prises^F d'entrée^F/de sortie^F audio/vidéo
Prises de raccordement permettant le transfert de signaux audio et vidéo entre l'ampli-syntoniseur et les différents appareils de lecture ou d'enregistrement.

bornes^F de raccordement^M des antennes^F AM et FM
Prises permettant de relier les antennes de réception AM et FM à l'ampli-syntoniseur.

prise^F d'alimentation^F s
Réceptacle destiné à rece câble d'alimentation, qui p branché dans une prise de

prise^F d'entrée^F/de sortie^F audio numérique optique
Prise de raccordement d'un récepteur ou d'un amplificateur à l'aide d'un câble audio numérique optique.

prises^F d'entrée^F audio
Prises de raccordement permettant le transfert de signaux audio entre l'ampli-syntoniseur et les différents appareils de lecture.

bornes^F de raccordement^M des enceintes^F
Prises permettant de relier les enceintes acoustiques à l'ampli-syntoniseur.

prises^F de sortie^F multi-canaux
Prises de raccordement permettant remixer les sons.

COMMUNICATIONS

chaîne stéréo

chaîne stéréo 615

éléments^M d'une chaîne^F stéréo

disque^M compact
Support d'enregistrement numérique à formats multiples (vidéo, audio, etc.) dont la capacité de stockage est variable.

bande^F d'identification^F technique
Surface sur laquelle est gravé le code d'identification du disque.

lecture^F du disque^M compact
Lors de la lecture, un capteur analyse les variations d'un faisceau laser réfléchi par la surface du disque pour recréer le signal sonore d'origine.

objectif^M
Système optique formé d'un ensemble de lentilles, fixées dans une monture, qui focalise le faisceau laser vers la section devant être lue.

aspérité^F
Chacune des petites protubérances, plus ou moins longues, qui assurent la codification des données sur la surface du disque.

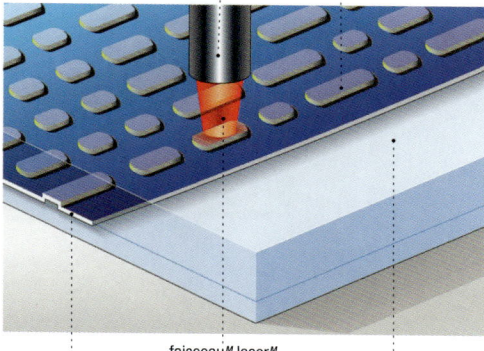

surface^F pressée
Surface qui contient l'enregistrement, codé sur une piste en spirale imprimée sur le disque par pressage.

début^M de lecture^F
La piste contenue sur la surface pressée, formée d'une suite de creux et d'aspérités, est lue de l'intérieur vers l'extérieur par un faisceau laser.

faisceau^M laser^M
Rayon lumineux très concentré qui balaie la surface du disque; les creux et les aspérités déterminent la façon dont il est réfléchi.

couche^F d'aluminium^M
La surface du disque est recouverte d'une mince couche d'aluminium, qui permet la réflexion du faisceau laser vers un capteur.

surface^F de résine^F
Pellicule transparente qui recouvre et protège la couche d'aluminium.

lecture^F aléatoire
Bouton commandant la lecture des pistes dans un ordre choisi au hasard par l'appareil.

lecteur^M de disque^M compact
Appareil qui lit, à l'aide d'un faisceau laser, les sons enregistrés sur un disque compact.

interrupteur^M
Appareil mécanique de connexion permettant de mettre en marche ou d'éteindre l'appareil.

touches^F numériques
Boutons commandant la lecture de l'un des disques insérés dans le lecteur.

touche^F de répétition^F
Bouton permettant de répéter la lecture d'une piste, d'un disque ou de tous les disques.

changement^M de piste^F/lecture^F rapide
Boutons utilisés pour passer à la plage suivante ou précédente, ou encore pour commander la reproduction accélérée du son vers l'avant ou vers l'arrière.

arrêt^M
Bouton permettant d'interrompre la lecture d'un disque.

pause^F
Bouton permettant d'arrêter momentanément la lecture d'un disque.

lecture^F
Bouton commandant la lecture d'un disque.

changement^M de disque^M
Bouton utilisé pour passer au disque suivant.

prise^F casque^M
Réceptacle de la fiche d'un casque d'écoute.

logement^M du plateau^M
Compartiment qui contient le plateau sur lequel on insère les disques pour la lecture.

afficheur^M
Écran présentant des indications sur les réglages de l'appareil ou sur les opérations effectuées.

contrôle^M du plateau^M
Bouton servant à ouvrir ou à fermer le plateau.

COMMUNICATIONS

chaîne stéréo

éléments d'une chaîne stéréo

cassetteF
Boîtier rigide contenant une bande magnétique sur laquelle peuvent être enregistrés des sons.

bobineF **réceptrice**
Pièce cylindrique sur laquelle s'enroule la bande magnétique.

boîtierM
Structure rigide qui recouvre et protège la bande magnétique.

bandeF **magnétique**
Ruban souple, dont la face est revêtue d'une substance magnétique, utilisé comme support d'enregistrement.

galetM
Bobine destinée à guider la bande magnétique.

fenêtreF **de lecture**F
Ouverture permettant à la bande magnétique de défiler devant la tête de lecture d'une platine cassette.

guide-bandeM
Pièce qui maintient et guide la bande magnétique devant la fenêtre de lecture.

platineF **cassette**F
Appareil qui lit et enregistre des sons sur la bande magnétique d'une cassette.

lectureF
Touche permettant de démarrer la lecture d'une bande.

compteurM
Dispositif qui indique la durée d'une séquence enregistrée sur la bande.

avanceF **rapide**
Touche qui commande l'avancée rapide de la bande d'une cassette.

boutonM **d'éjection**F
Touche qui déclenche le mécanisme qui expulse la cassette du logement de lecture.

boutonM **de remise**F **à zéro**M
Touche ramenant le compteur à zéro.

sélecteurM **de bandes**F
Ensemble de boutons servant à préciser le type de bande magnétique utilisé (normal, chrome ou métal).

indicateurM **de niveau**M
Dispositif qui indique l'intensité des signaux lus ou enregistrés.

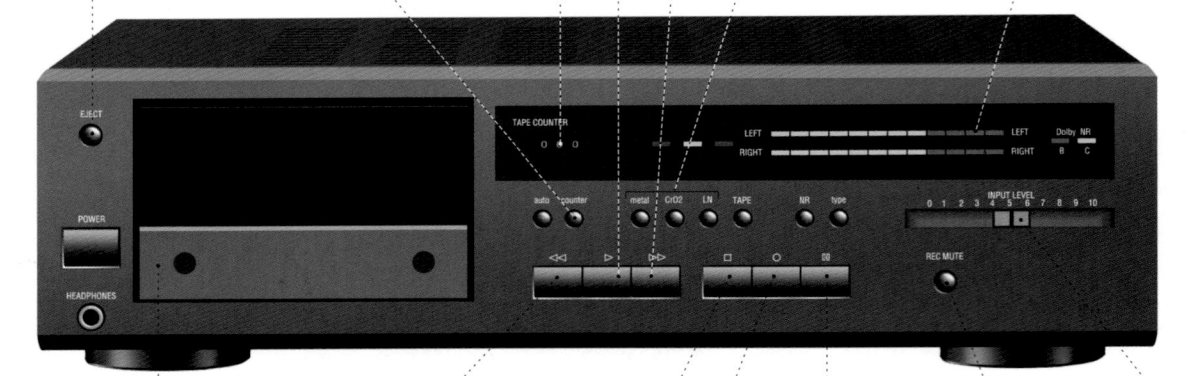

logementM **de cassette**F
Compartiment destiné à recevoir une cassette pour lecture.

rebobinageM
Touche qui commande le rebobinage de la bande d'une cassette.

arrêtM
Touche permettant d'interrompre la lecture, l'enregistrement, le rebobinage ou l'avance rapide d'une bande.

enregistrementM
Touche permettant de démarrer le mécanisme d'enregistrement de sons sur la bande.

pauseF
Touche qui permet de suspendre momentanément la lecture ou l'enregistrement.

interrupteurM **d'accord**M
Bouton permettant d'enregistrer une section vierge au début d'une plage ou entre deux plages.

réglageM **de niveau**M **d'enregistrement**M
Dispositif servant à modifier l'intensité des signaux sonores enregistrés.

chaîne stéréo 617

éléments d'une chaîne stéréo

disque
Support circulaire, généralement en matière plastique, sur lequel sont enregistrés des sons.

sillon de départ
Partie du sillon concentrique qui marque le début du disque.

plage de séparation
Partie vierge du sillon concentrique destinée à séparer deux surfaces gravées.

sillon de sortie
Partie du sillon concentrique qui marque la fin de la dernière surface gravée.

sillon concentrique
Piste en forme de spirale gravée à la surface du disque, parcourue de l'extérieur vers l'intérieur par la tête de lecture de la platine vinyle.

trou central
Orifice circulaire du disque permettant de l'insérer sur l'axe du plateau.

étiquette
Inscription fixée au centre du disque, qui fournit des renseignements sur le contenu de l'enregistrement.

surface gravée
Partie du sillon concentrique qui contient un enregistrement. Les côtés du sillon sont marqués de bosses et de creux qui font vibrer une pointe de lecture.

contrepoids
Pièce permettant de régler la force d'appui de la tête de lecture sur le sillon du disque.

platine vinyle ; *tourne-disque*
Appareil qui lit, à l'aide d'un bras muni d'une tête de lecture, les sons enregistrés sur un disque.

couvercle
Structure mobile qui recouvre et protège la platine ou le disque en cours de lecture.

compensateur de poussée latérale
Dispositif permettant de réduire les effets de la force centripète, qui entraîne le bras de lecture vers le centre du disque.

charnière
Attache articulée qui permet de soulever et d'abaisser le couvercle.

relève-bras
Levier permettant de soulever le bras de lecture.

couvre-plateau
Revêtement du plateau, antidérapant et anti-égratignures, généralement constitué de feutre ou de caoutchouc.

repose-bras
Pièce qui supporte le bras de lecture au repos.

plateau
Pièce rotative qui porte le disque lors de la lecture.

bras de lecture
Pièce mobile, de forme allongée, qui porte la tête de lecture et permet son déplacement à la surface du disque.

contre-platine
Plaque de support du plateau, généralement reliée au socle par une suspension élastique.

tête de lecture
Pièce formée d'une cartouche magnétique et d'une coquille de support, fixée à l'extrémité du bras de lecture.

sélecteur de vitesse
Dispositif permettant de choisir la vitesse de rotation du plateau (45 ou 33 1/3 tours par minute).

axe
Pièce cylindrique servant de pivot au plateau et au disque.

cartouche
Dispositif qui transforme en impulsions électriques les vibrations d'une pointe de lecture parcourant le sillon d'un disque.

socle
Structure qui soutient tous les composants de la platine vinyle.

COMMUNICATIONS

chaîne stéréo

éléments^M d'une chaîne^F stéréo

casque^M d'écoute^F
Appareil de reproduction du son formé de deux écouteurs montés sur un serre-tête.

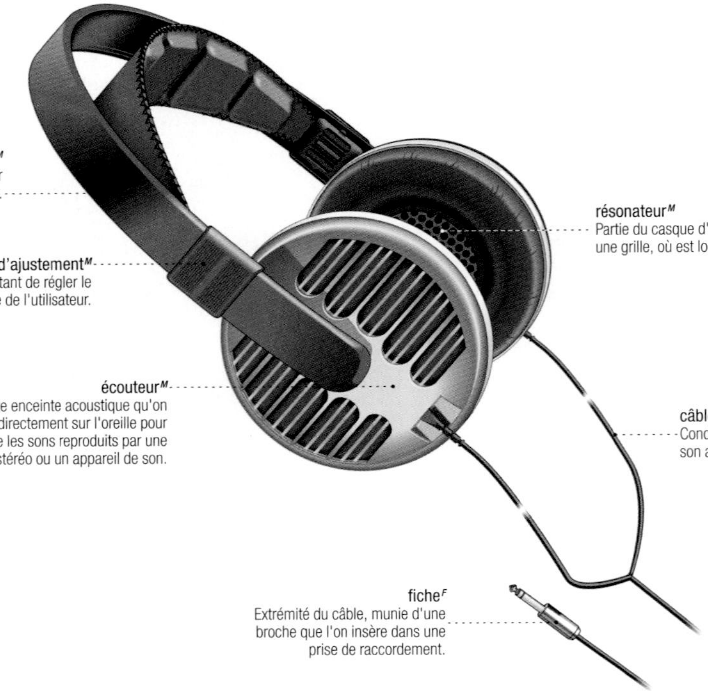

serre-tête^M
Pièce flexible qui permet de maintenir les écouteurs sur les oreilles.

glissière^F d'ajustement^M
Dispositif permettant de régler le serre-tête à la taille de l'utilisateur.

écouteur^M
Petite enceinte acoustique qu'on place directement sur l'oreille pour entendre les sons reproduits par une chaîne stéréo ou un appareil de son.

résonateur^M
Partie du casque d'écoute, fermée par une grille, où est logé un haut-parleur.

câble^M de raccordement^M
Conduit électrique qui transmet le son au casque d'écoute.

fiche^F
Extrémité du câble, munie d'une broche que l'on insère dans une prise de raccordement.

enceinte^F acoustique
Boîtier renfermant un ou plusieurs haut-parleurs, qui convertissent en ondes sonores les impulsions électriques transmises par un amplificateur.

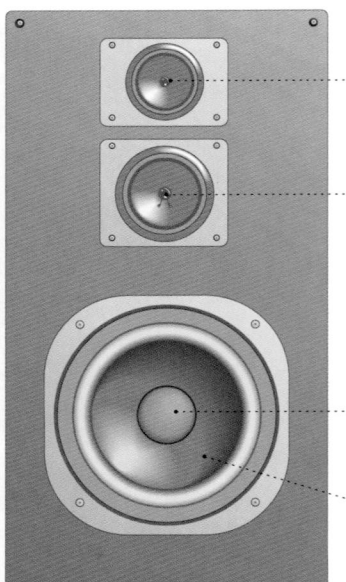

canal^M droit

canal^M gauche

haut-parleur^M d'aigus^M
Haut-parleur conçu pour reproduire les fréquences élevées du signal sonore.

haut-parleur^M de médiums^M
Haut-parleur conçu pour reproduire les fréquences moyennes du signal sonore.

treillis^M
Mince grillage de tissu ou de métal qui recouvre et protège les haut-parleurs.

haut-parleur^M de graves^M
Haut-parleur conçu pour reproduire les fréquences basses du signal sonore.

membrane^F
Pièce flexible, de forme conique, dont les vibrations entraînent la production d'ondes sonores dans l'air.

chaîne stéréo 619

minichaîne^F stéréo

Système de reproduction du son dont les composantes (ampli-syntoniseur, enceintes acoustiques, appareils de lecture, etc.) sont de petite taille.

station^F d'accueil^M pour baladeur^M numérique
Socle permettant d'insérer un baladeur numérique afin de transmettre les pièces qui y sont stockées vers la minichaîne.

ampli^M-syntoniseur^M
Appareil combinant les fonctions de syntoniseur (réception de signaux radio) et d'amplificateur (augmentation de la puissance du signal sonore).

enceinte^F acoustique
Boîtier renfermant un ou plusieurs haut-parleurs, qui convertissent en ondes sonores les impulsions électriques transmises par un amplificateur.

port^M USB
Connecteur permettant de raccorder simultanément plusieurs périphériques compatibles avec la norme USB.

lecteur^M de disque^M compact
Appareil qui lit, à l'aide d'un faisceau laser, les sons enregistrés sur un disque compact.

appareils^M de son^M portatifs

Petits appareils de reproduction du son fonctionnant de manière autonome et pouvant être transportés facilement d'un endroit à l'autre.

radio^F-réveil^M
Radio portable intégrant un réveil électronique, muni d'un dispositif d'alarme (sonnerie ou station de radio) dont on peut régler l'heure de déclenchement.

antenne^F télescopique
Antenne de réception FM, formée de sections que l'on déploie en hauteur.

poignée^F
Pièce qui permet de saisir et de transporter la radio.

radio^F portable
Appareil qui permet la réception des signaux transmis par des stations de radio.

interrupteur^M
Appareil mécanique de connexion permettant de mettre en marche ou d'éteindre l'appareil.

affichage^M des stations^F
Écran qui indique la fréquence de radiodiffusion de la station syntonisée ainsi que divers autres renseignements.

contrôle^M de tonalité^F des sons^M graves
Bouton permettant d'ajuster le niveau relatif des sons de basses fréquences.

sélecteurs^M de fréquence^F
Boutons servant à sélectionner la bande AM ou FM.

contrôle^M de tonalité^F des sons^M aigus
Bouton permettant d'ajuster le niveau relatif des sons de hautes fréquences.

afficheur^M
Écran présentant des indications sur les réglages de l'appareil ou sur les opérations effectuées.

écouteurs^M
Petites enceintes acoustiques qu'on place directement dans les oreilles pour entendre les sons transmis par le baladeur.

sélecteur^M de stations^F
Bouton permettant de choisir une fréquence de radiodiffusion.

réglage^M du volume^M
Bouton qui permet de régler l'intensité du son émis par l'appareil.

bouton^M de présélection^F de station^F
Bouton permettant de syntoniser une station conservée en mémoire.

baladeur^M pour disque^M compact
Lecteur portatif de disque compact.

COMMUNICATIONS

chaîne stéréo

appareils^M de son^M portatifs

baladeur^M numérique
Lecteur portatif de fichiers numériques audio ou multimédias. Certains modèles permettent ainsi de visualiser des photos ou des vidéos, de jouer à des jeux vidéo, etc.

cordon^M
Câble souple reliant les écouteurs au baladeur.

touches^F numériques
Boutons correspondant à des chiffres, qui permettent d'entrer directement le numéro d'une station ou d'appeler une station conservée en mémoire.

écran^M
Surface d'affichage présentant des indications sur les réglages de l'appareil ou sur les opérations effectuées.

récepteur^M de radio^F par satellite^M
Appareil qui permet la réception de signaux provenant de stations de radio et transmis par satellite sur un large territoire.

écran^M
Surface d'affichage permettant de visualiser des données textuelles (menus, options, listes de pièces), des images ou des vidéos.

fiche^F
Extrémité du cordon, munie d'une broche que l'on insère dans la prise d'écouteurs du baladeur.

touche^F menu^M
Bouton commandant l'affichage des menus principaux, qui permettent de sélectionner les réglages ou les opérations à effectuer.

touche^F mémoire^F
Bouton servant à enregistrer les informations reliées au programme courant (nom de l'artiste, titre de la pièce, etc.).

touche^F précédent/retour^M rapide
Bouton utilisé pour revenir à la pièce précédente ou reproduire le son en accéléré vers l'arrière.

touche^F suivant/avance^F rapide
Bouton utilisé pour passer à la pièce suivante ou reproduire le son en accéléré vers l'avant.

touche^F de sélection^F
Bouton servant à choisir un réglage ou une opération à effectuer.

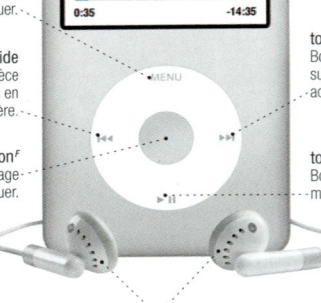

touche^F lecture^F/pause^F
Bouton permettant de démarrer ou d'arrêter momentanément la lecture d'une pièce.

touche^F de préréglage^M
Bouton utilisé pour conserver une station en mémoire.

touche^F de menu^M
Bouton utilisé pour accéder aux différentes options de l'appareil.

touches^F de catégories^F
Boutons servant à naviguer entre les différents regroupements thématiques de stations (rock, jazz, classique, sports, par exemple).

touche^F d'affichage^M
Bouton permettant de sélectionner les éléments présentés à l'écran (nom de l'artiste, titre de la pièce, durée, etc.).

sélecteur^M de stations^F
Dispositif utilisé pour choisir une station ou pour parcourir les menus affichés à l'écran.

écouteurs^M
Petites enceintes acoustiques qu'on place directement dans les oreilles pour entendre les sons transmis par le baladeur.

minichaîne^F portative
Appareil qui combine dans le même boîtier un poste de radio, un lecteur de disque compact et des haut-parleurs.

afficheur^M
Écran présentant des indications sur les réglages de l'appareil ou sur les opérations effectuées.

antenne^F
Dispositif qui reçoit des ondes radio émises par une station.

lecteur^M de disque^M compact
Appareil qui lit, à l'aide d'un faisceau laser, les sons enregistrés sur un disque compact.

poignée^F
Partie qui permet de saisir et de transporter la minichaîne.

interrupteur^M
Appareil mécanique de connexion permettant de mettre en marche ou d'éteindre l'appareil.

contrôles^M du lecteur^M de disque^M compact
Boutons qui commandent la lecture d'un disque compact. Ils comprennent les boutons de lecture, d'arrêt, de pause et de changement de piste.

haut-parleur^M
Appareil intégré permettant la reproduction du son.

sélecteur^M de stations^F
Bouton permettant de choisir une fréquence de radiodiffusion.

port^M USB
Connecteur permettant de raccorder simultanément plusieurs périphériques compatibles avec la norme USB.

prise^F casque^M
Réceptacle destiné à recevoir la fiche d'un casque d'écoute.

COMMUNICATIONS

communication sans fil 621

talkie-walkie[M]

Poste de radio émetteur-récepteur portatif servant à transmettre la voix sur de courtes distances.

réglage[M] du volume[M]
Bouton qui permet de régler l'intensité du son émis par l'appareil.

afficheur[M]
Écran présentant des indications sur les réglages de l'appareil ou sur les opérations effectuées.

antenne[F]
Dispositif qui émet et reçoit des ondes radio.

touche[F] d'appel[M]
Bouton utilisé pour signaler à un autre utilisateur qu'on souhaite communiquer avec lui.

touche[F] de luminosité[F]
Bouton qui permet d'illuminer l'afficheur, améliorant ainsi la lisibilité des données lorsque la lumière est insuffisante.

interrupteur[M]
Appareil mécanique de connexion permettant de mettre en marche ou d'éteindre l'appareil.

touche[F] de défilement[M]
Bouton qui permet d'ajuster le volume du haut-parleur ou de modifier les réglages de l'appareil.

microphone[M]
Appareil qui transforme en impulsions électriques les sons à transmettre ou à enregistrer.

touche[F] de menu[M]
Bouton utilisé pour afficher les menus, qui permettent de sélectionner les réglages ou les opérations à effectuer.

touche[F] de verrouillage[M]
Bouton qui désactive les touches de menu et de défilement afin d'empêcher toute modification accidentelle des réglages de l'appareil.

touche[F] de contrôle[M]
Bouton servant à vérifier, avant la transmission, si le canal d'émission ou de réception sélectionné est libre.

haut-parleur[M]
Appareil intégré permettant la reproduction du son.

interrupteur[M] d'émission[F]
Bouton qui, maintenu enfoncé, permet la transmission de messages vocaux vers un autre poste et qui, relâché, permet de recevoir des messages.

téléavertisseur[M] numérique

Appareil portatif qui permet de recevoir des messages numériques (généralement le numéro de téléphone d'une personne à rappeler).

afficheur[M]
Écran présentant des indications sur les réglages de l'appareil ou sur les opérations effectuées.

pince[F] de ceinture[F]
Attache servant à fixer le téléavertisseur à la ceinture.

touche[F] de lecture[F]
Bouton principalement utilisé pour afficher les messages reçus.

touche[F] de menu[M]
Bouton utilisé pour afficher les menus, qui permettent de sélectionner les réglages ou les opérations à effectuer.

touche[F] de sélection[F]
Bouton servant à choisir un réglage ou une opération à effectuer.

poste[M] CB[F]

Poste émetteur-récepteur, souvent installé à bord d'un véhicule, qui permet la transmission de la voix sur les fréquences réservées à la bande publique.

interrupteur[M] d'émission[F]
Bouton qui, maintenu enfoncé, permet la transmission de messages vocaux vers un autre poste CB et qui, relâché, permet de recevoir des messages.

microphone[M]
Appareil qui transforme en impulsions électriques les sons à transmettre ou à enregistrer.

prise[F] microphone[M]
Réceptacle destiné à recevoir la fiche d'un cordon de microphone.

afficheur[M]
Écran indiquant le canal utilisé.

cordon[M]
Câble souple reliant le microphone au poste CB.

sélecteur[M] de canaux[M]
Bouton servant à choisir un canal de fréquence pour l'émission ou la réception de messages vocaux.

COMMUNICATIONS

téléphone[M] portable

Petit appareil téléphonique qui permet la transmission de messages vocaux, textuels ou visuels par l'entremise d'ondes radio.

téléphone[M] portable : vue[F] intérieure
Petit appareil téléphonique qui permet la transmission de messages vocaux, textuels ou visuels par l'entremise d'ondes radio.

écran[M]
Surface d'affichage permettant de visualiser des données textuelles, des images ou des vidéos.

touche[F] de navigation[F]
Bouton qui sert principalement à se déplacer dans les menus et répertoires de l'appareil.

touche[F] d'appel[M]
Bouton utilisé pour faire un appel ou pour répondre à un appel.

clavier[M] alphanumérique
Ensemble de touches correspondant à des lettres, des chiffres et des symboles, qui servent à composer un numéro, un message ou à accéder à des fonctions.

microphone[M]
Appareil qui transforme en impulsions électriques les sons à transmettre ou à enregistrer.

récepteur[M]
Petit haut-parleur permettant la reproduction de la voix, destiné à être placé sur l'oreille.

touche[F] de menu[M]
Bouton permettant d'accéder directement au menu principal de l'appareil.

touche[F] programmable
Bouton commandant une fonction préalablement définie par l'utilisateur.

touche[F] appareil[M] photo
Bouton permettant d'accéder aux fonctions de l'appareil photo intégré au téléphone.

touche[F] de fin[F] d'appel[M]/interrupteur[M]
Bouton utilisé pour terminer une liaison téléphonique, ainsi que pour mettre en marche ou arrêter le téléphone.

téléphone[M] portable : vue[F] extérieure

antenne[F]
Dispositif qui émet et reçoit des ondes radio.

afficheur[M]
Écran présentant des indications sur les réglages de l'appareil ou sur les opérations effectuées.

objectif[M]
Lentille qui permet la formation d'images sur le capteur de l'appareil photo intégré.

oreillette[F] sans fil[M]
Accessoire qui permet d'utiliser un téléphone portable sans le tenir en main.

contour[M] d'oreille[F]
Dispositif qui permet de retenir l'oreillette sur l'oreille.

touche[F] d'appel[M]
Bouton utilisé pour faire un appel ou pour répondre à un appel.

écouteur[M]
Petit haut-parleur permettant la reproduction de la voix, destiné à être placé directement dans l'oreille.

---

station[F] d'accueil[M]
Socle permettant de recharger la pile d'un téléphone portable ou de synchroniser les données qu'il contient avec un ordinateur.

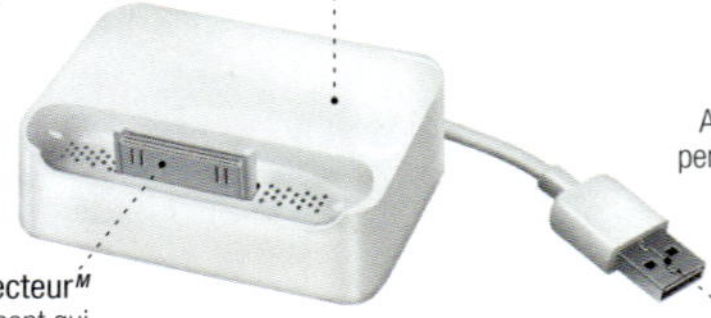

connecteur[M]
Organe de branchement qui permet de relier le téléphone à la station d'accueil.

chargeur[M] de pile[F]
Appareil permettant l'accumulation de courant électrique dans une pile.

connecteur[M] USB
Organe de branchement qui permet de relier la station d'accueil au port USB d'un autre appareil (un ordinateur, par exemple).

écouteur[M]
Petit haut-parleur permettant la reproduction de la voix, destiné à être placé sur l'oreille.

interrupteur[M]
Appareil mécanique de connexion permettant de mettre en marche ou d'éteindre l'appareil.

téléphone[M] multifonction à clavier[M]
Appareil permettant la transmission de messages vocaux, textuels ou visuels, ainsi que la gestion et le traitement de données diverses. Il est muni d'un clavier complet de petit format.

clavier[M] coulissant
Partie constituée d'un ensemble de touches correspondant à des lettres, des chiffres et des symboles, qui peut être glissée derrière l'appareil.

écran[M] tactile
Écran sensible à la pression et aux mouvements du doigt.

---

téléphone[M] multifonction à écran[M] tactile : vue[F] de face[F]
Appareil permettant la transmission de messages vocaux, textuels ou visuels, ainsi que la gestion et le traitement de données diverses. Il est muni d'un écran tactile.

interrupteur[M]
Appareil mécanique de connexion permettant de mettre en marche ou d'éteindre l'appareil.

touche[F] de volume[M]
Bouton qui permet de régler l'intensité du son émis par l'appareil.

icône[F] d'application[F]
Représentation graphique qui permet, lorsqu'elle est activée, de démarrer un logiciel d'application.

touche[F] d'appel[M]
Bouton utilisé pour faire un appel ou pour répondre à un appel.

écouteur[M]
Petit haut-parleur permettant la reproduction de la voix, destiné à être placé sur l'oreille.

touche[F] marche[F]/veille[F]
Touche de mise en marche ou d'arrêt de l'appareil, qui permet également sa mise en veille (état d'attente réduisant la consommation d'énergie en période d'inactivité).

écran[M] tactile
Écran sensible à la pression et aux mouvements du doigt.

touche[F] de menu[M]
Bouton permettant d'accéder directement au menu principal de l'appareil.

touche[F] de fin[F] d'appel[M]
Touche utilisée pour terminer une liaison téléphonique.

téléphone[M] multifonction à écran[M] tactile : vue[F] de dos[M]

haut-parleur[M]
Appareil intégré permettant la reproduction du son.

objectif[M]
Lentille qui permet la formation d'images sur le capteur de l'appareil photo intégré.

microphone[M]
Appareil qui transforme en impulsions électriques les sons à transmettre ou à enregistrer.

// téléphonie

exemples^M de postes^M téléphoniques

La forme et la fonction des téléphones évoluent sans cesse : à la transmission de la voix s'ajoute aujourd'hui la transmission de données informatiques.

récepteur^M
Petit haut-parleur permettant la reproduction de la voix, destiné à être placé sur l'oreille.

afficheur^M
Écran présentant des indications sur les réglages de l'appareil ou sur les opérations effectuées.

poste^M téléphonique à mémoire^F
Appareil qui permet la transmission de la voix à distance, par l'entremise d'un réseau téléphonique; il comporte des touches servant à composer un numéro, à accéder à des fonctions ou à des numéros préprogrammés.

combiné^M
Partie mobile du poste téléphonique, qui comprend le récepteur et le microphone.

voyant^M de mise^F en circuit^M
Témoin lumineux indiquant que le téléphone est utilisé.

commande^F de volume^M du récepteur^M
Touche permettant de régler l'intensité du son émis par le récepteur.

microphone^M
Appareil qui transforme en impulsions électriques les sons à transmettre ou à enregistrer.

réglage^M de l'afficheur^M
Bouton utilisé pour modifier les paramètres de l'afficheur.

commande^F de volume^M de la sonnerie^F
Bouton qui permet de régler l'intensité du son émis par l'appareil.

cordon^M de combiné^M
Câble souple reliant le combiné au téléphone.

clavier^M
Ensemble de touches correspondant à des lettres, des chiffres et des symboles, qui servent à composer un texte, un numéro ou à accéder à des fonctions.

commande^F mémoire^F
Bouton qui permet de composer automatiquement un numéro de téléphone conservé en mémoire.

sélecteurs^M de fonctions^F
Boutons qui commandent différentes fonctions de l'appareil : recomposition du dernier numéro, mise en attente, liaison, etc.

répertoire^M téléphonique
Liste de noms et de numéros de téléphone fréquemment utilisés.

index^M de composition^F automatique
Liste des noms ou numéros de téléphone correspondant à chacune des commandes mémoire.

téléphone^M sans fil^M
Appareil dont le combiné, muni d'une antenne, est relié à une base par ondes radio.

réseau^M de postes^M sans fil^M
Ensemble formé d'un ou de plusieurs postes secondaires reliés par ondes radio à un poste principal branché au réseau téléphonique extérieur.

combiné^M
Partie mobile du poste téléphonique, qui comprend le récepteur et le microphone.

antenne^F
Dispositif qui émet et reçoit des ondes radio.

poste^M principal
Appareil relié au réseau téléphonique.

poste^M secondaire
Appareil relié au poste principal par ondes radio.

base^F
Socle permettant de recharger la pile du combiné.

COMMUNICATIONS

623

téléphonie

exemples^M de postes^M téléphoniques

téléphone^M Internet^M
Appareil permettant d'effectuer des appels téléphoniques par l'entremise du réseau Internet.

écran^M
Surface d'affichage permettant de visualiser des données textuelles, des images ou des vidéos.

touche^F d'appel^M
Touche utilisée pour signaler à un autre utilisateur qu'on souhaite communiquer avec lui, ou pour répondre à un appel.

touche^F de navigation^F
Bouton qui sert principalement à se déplacer dans les menus et répertoires de l'appareil.

écouteur^M
Petit haut-parleur permettant la reproduction de la voix, destiné à être placé sur l'oreille.

touche^F de fin^F d'appel^M/interrupteur^M
Bouton utilisé pour terminer une liaison téléphonique, ainsi que pour mettre en marche ou arrêter le téléphone.

clavier^M alphanumérique
Ensemble de touches correspondant à des lettres, des chiffres et des symboles, qui servent à composer un numéro, un message ou à accéder à des fonctions.

microphone^M
Appareil qui transforme en impulsions électriques les sons à transmettre ou à enregistrer.

caméra^F Web^M
Caméra numérique miniature qui permet, par l'entremise d'Internet, de diffuser des images vidéo en temps réel ou d'effectuer des visioconférences.

écran^M tactile
Écran sensible à la pression et aux mouvements du doigt.

touches^F d'appel^M
Touches utilisées pour signaler à un autre utilisateur qu'on souhaite communiquer avec lui, pour répondre ou mettre fin à un appel.

haut-parleur^M
Appareil intégré permettant la reproduction du son.

visiophone^M
Appareil téléphonique permettant la transmission de la voix et d'images par l'entremise d'un réseau informatique.

téléphone^M public
Poste téléphonique situé dans des endroits publics, qui fonctionne en introduisant dans l'appareil des pièces de monnaie ou une carte de paiement.

fente^F à monnaie^F
Ouverture permettant d'introduire des pièces de monnaie dans l'appareil pour payer la communication.

contrôle^M du volume^M
Bouton qui permet de régler l'intensité du son émis par l'appareil.

écran^M
Afficheur à cristaux liquides présentant divers renseignements (numéro composé, solde d'une carte prépayée, etc.).

appel^M suivant
Bouton utilisé pour effectuer une autre communication téléphonique sans raccrocher le combiné.

choix^M de la langue^F d'affichage^M

clavier^M
Ensemble de touches correspondant à des lettres, des chiffres et des symboles, qui servent à composer un numéro ou à accéder à des fonctions.

lecteur^M de carte^F
Dispositif permettant de lire une carte de paiement (carte de crédit, carte d'appel ou carte prépayée).

combiné^M
Partie mobile du poste téléphonique, qui comprend le récepteur et le microphone.

touche^F de sélection^F et de navigation^F
Bouton qui sert à se déplacer dans les menus et répertoires de l'appareil ou à choisir un réglage ou une opération à effectuer.

poste^M à clavier^M
Appareil qui comporte des touches alphanumériques servant à composer un numéro ou à accéder à des fonctions.

pupitre^M dirigeur
Appareil qui permet de répartir les appels à l'intérieur du réseau téléphonique interne d'une organisation.

cordon^M à gaine^F métallique
Câble semi-rigide reliant le combiné au téléphone.

sébile^F de remboursement^M
Petite cavité servant à restituer la monnaie.

téléphonie 625

exemples^M de postes^M téléphoniques

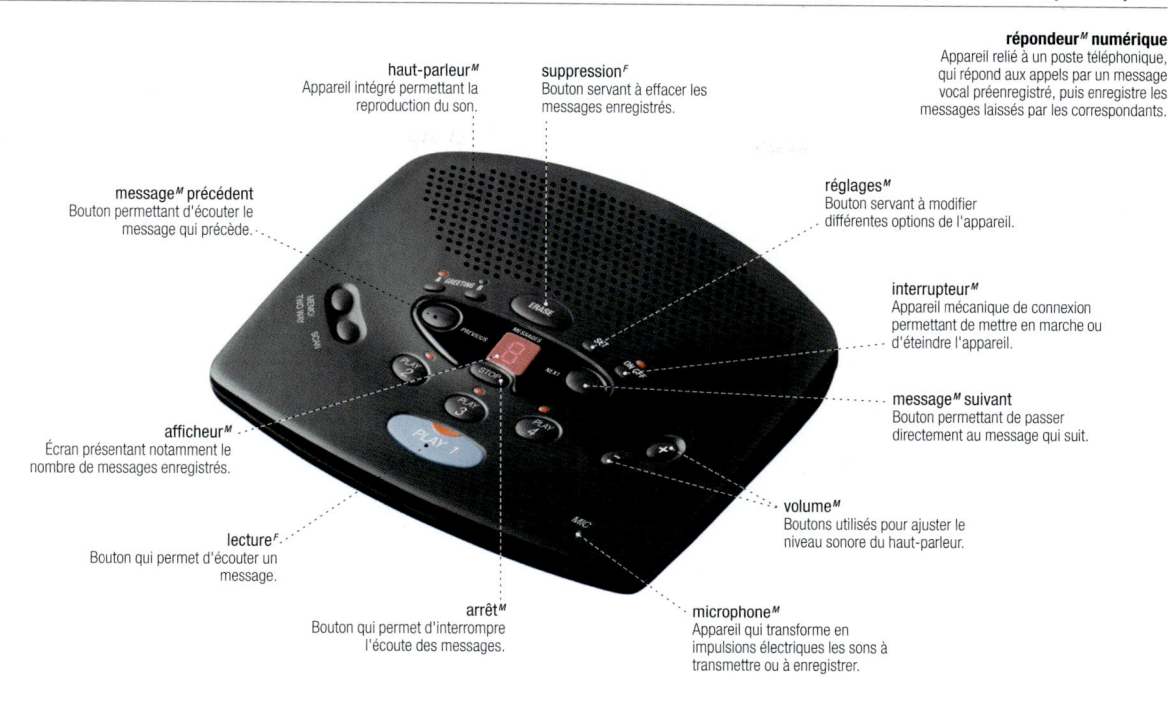

répondeur^M numérique
Appareil relié à un poste téléphonique, qui répond aux appels par un message vocal préenregistré, puis enregistre les messages laissés par les correspondants.

haut-parleur^M
Appareil intégré permettant la reproduction du son.

suppression^F
Bouton servant à effacer les messages enregistrés.

message^M précédent
Bouton permettant d'écouter le message qui précède.

réglages^M
Bouton servant à modifier différentes options de l'appareil.

interrupteur^M
Appareil mécanique de connexion permettant de mettre en marche ou d'éteindre l'appareil.

afficheur^M
Écran présentant notamment le nombre de messages enregistrés.

message^M suivant
Bouton permettant de passer directement au message qui suit.

lecture^F
Bouton qui permet d'écouter un message.

volume^M
Boutons utilisés pour ajuster le niveau sonore du haut-parleur.

arrêt^M
Bouton qui permet d'interrompre l'écoute des messages.

microphone^M
Appareil qui transforme en impulsions électriques les sons à transmettre ou à enregistrer.

télécopieur^M
Appareil qui convertit en impulsions électriques les données graphiques d'un document écrit afin de les transmettre par l'entremise d'un réseau téléphonique.

alimenteur^M automatique de documents^M
ositif qui permet d'expédier à la suite un document composé d'un grand nombre de pages.

afficheur^M
Écran présentant des indications sur les réglages de l'appareil ou sur les opérations effectuées.

clavier^M numérique
Ensemble de touches correspondant à des lettres, des chiffres et des symboles, qui servent à composer un numéro ou à accéder à des fonctions.

panneau^M de commande^F
Ensemble de boutons permettant d'exécuter différentes opérations : composition automatique, transmission par lots ou différée, etc.

touche^F de mise^F en marche^F
Touche qui active les commandes sélectionnées.

bac^M de sortie^F des documents^M
Plateau permettant de récupérer le document reçu par télécopie.

couvercle^M avant
Pièce qui recouvre l'emplacement de la cartouche d'encre.

bac^M d'alimentation^F
Petit tiroir contenant des feuilles de papier vierge qui seront entraînées une à une lors de l'impression des documents reçus.

fente^F d'introduction^F manuelle
Dispositif dans lequel on place soi-même une ou quelques feuilles à expédier.

COMMUNICATIONS

BUREAUTIQUE

Ensemble des techniques de l'électronique, de l'informatique et des télécommunications appliquées aux activités de bureau.

ÉQUIPEMENT INFORMATIQUE 628

Ensemble des appareils permettant l'utilisation de logiciels et d'applications reliés aux ordinateurs et à ses périphériques.

RÉSEAUTIQUE 640

Ensemble des techniques et des équipements reliés aux réseaux informatiques, qui permettent le partage de données et de ressources entre plusieurs ordinateurs.

BUREAU 644

Lieu de travail des employés d'une organisation. Il peut réunir, selon le cas, du personnel administratif, de direction ou de production.

ordinateur[M] tout-en-un

Ordinateur dont les composants principaux sont intégrés dans un boîtier unique.

vue[F] avant

écran[M]
Surface d'affichage permettant la représentation visuelle de données graphiques ou textuelles fournies par un ordinateur.

boîtier[M]
Enceinte rectangulaire abritant les composants principaux de l'ordinateur : écran, unité centrale, connecteurs et certains périphériques.

pied[M]
Partie supportant l'écran.

vue[F] de profil[M]

vue[F] arrière

lecteur[M] de CD/DVD-ROM[M]
Appareil qui lit, à l'aide d'un faisceau laser, les données enregistrées sur un disque compact ou sur un disque numérique polyvalent.

port[M] vidéo
Connecteur utilisé principalement pour relier l'ordinateur à un écran externe.

ports[M] USB
Connecteurs permettant de raccorder simultanément plusieurs périphériques compatibles avec la norme USB.

port[M] d'entrée[F] audio
Connecteur permettant le transfert de signaux audio entre l'ordinateur et un appareil de prise du son (microphone).

port[M] de sortie[F] audio
Connecteur permettant le transfert de signaux audio entre l'ordinateur et un appareil de reproduction du son (casque d'écoute, haut-parleur, etc.).

lecteur[M] de carte[F] mémoire[F]
Appareil qui lit et enregistre des données sur une carte mémoire.

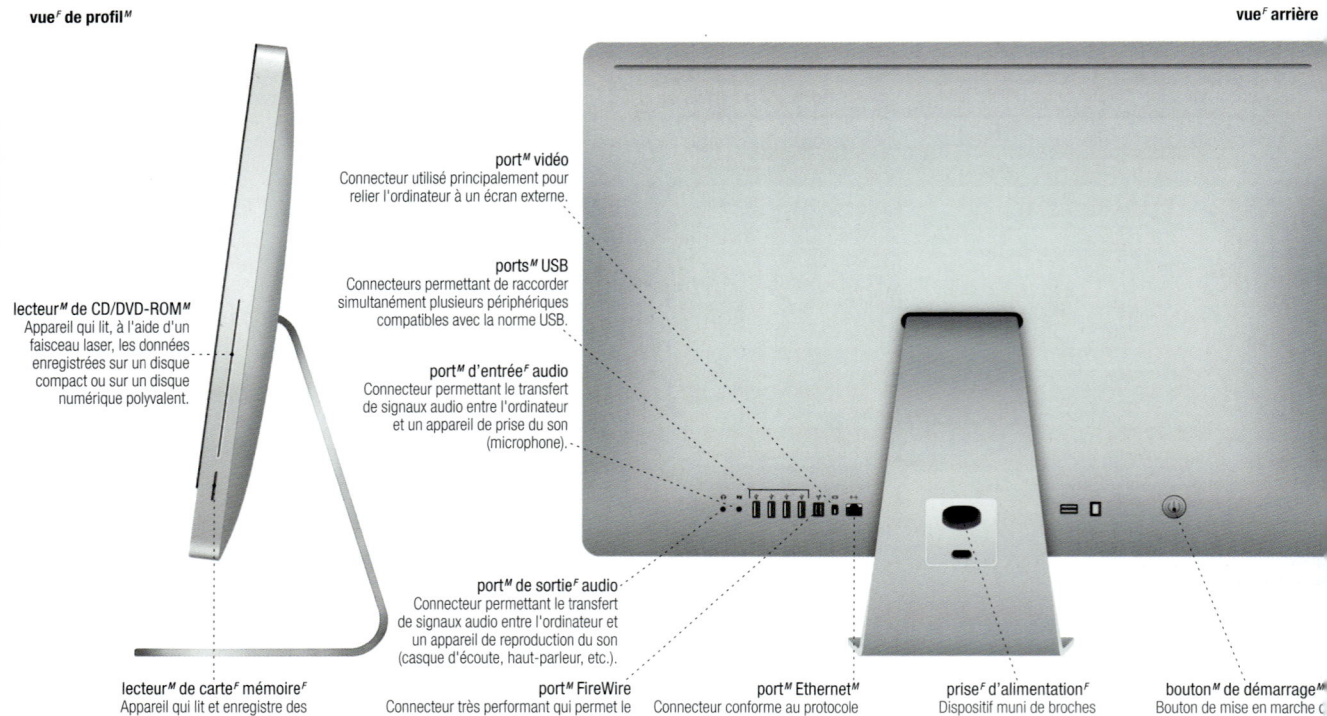

port[M] FireWire
Connecteur très performant qui permet le raccordement de périphériques à débit élevé (caméscope, appareil photo numérique, etc.) conforme à la norme FireWire.

port[M] Ethernet[M]
Connecteur conforme au protocole Ethernet, utilisé pour relier l'ordinateur à un réseau local ou à un autre ordinateur, pour le partage de fichiers.

prise[F] d'alimentation[F]
Dispositif muni de broches métalliques permettant le raccordement de l'ordinateur au circuit électrique par un câble d'alimentation.

bouton[M] de démarrage[M]
Bouton de mise en marche ou d'arrêt de l'appareil.

équipement informatique

ordinateur^M à boîtier^M tour^F

Ordinateur dont les principaux composants sont rassemblés dans un boîtier tour séparé de l'écran.

écran^M
Surface d'affichage permettant la représentation visuelle de données graphiques ou textuelles fournies par un ordinateur.

boutons^M **de réglage**^{M}
Touches permettant de modifier les réglages de l'écran (luminosité, contraste, etc.).

interrupteur^M
Bouton de mise en marche ou d'arrêt de l'appareil.

voyant^M
Témoin lumineux indiquant que l'appareil est en marche.

boîtier^F **tour**^{F} **: vue**^{F} **arrière**

boîtier^F **tour**^{F} **: vue**^{F} **avant**
Boîtier tour : enceinte rectangulaire, plus haute que large, qui abrite les composants nécessaires au fonctionnement d'un micro-ordinateur ainsi que des périphériques.

prise^F **d'alimentation**^{F}
Dispositif muni de broches métalliques permettant le raccordement de l'ordinateur au circuit électrique par un câble d'alimentation.

port^M **clavier**^{M}
Connecteur de forme circulaire permettant de relier l'ordinateur à un clavier.

lecteur^M **de CD/DVD-ROM**^{M}
Appareil qui lit, à l'aide d'un faisceau laser, les données enregistrées sur un disque compact ou sur un disque numérique polyvalent.

bouton^M **d'éjection**^{F} **du CD/DVD-ROM**^{M}
Bouton servant à ouvrir le plateau du lecteur de CD/DVD-ROM afin de récupérer le disque inséré.

ventilateur^M **du bloc**^{M} **d'alimentation**^{F}
Appareil qui propulse de l'air pour refroidir les composantes internes du bloc d'alimentation.

port^M **souris**^{F}
Connecteur de forme circulaire permettant de relier l'ordinateur à une souris.

obturateur^M **de baie**^{F}
Panneau de dimensions standards recouvrant un compartiment inutilisé qui permet d'ajouter un équipement électronique.

ventilateur^M **du boîtier**^{M}
Appareil qui propulse de l'air pour refroidir les composantes internes du boîtier.

lecteur^M **de carte**^{F} **mémoire**^{F}
Appareil qui lit et enregistre des données sur une carte mémoire.

bouton^M **de réinitialisation**^{F}
Bouton utilisé pour redémarrer l'appareil en cas de blocage du système.

port^M **parallèle**
Connecteur qui sert généralement à relier l'ordinateur à une imprimante. Plus rapide que le port série, il permet l'échange de données par groupe de huit bits.

port^M **série**^{F}
Connecteur permettant de relier l'ordinateur à divers périphériques (modem externe, p. ex.). Plus lent que le port parallèle, il échange un seul bit à la fois.

bouton^M **de démarrage**^{M}
Bouton de mise en marche ou d'arrêt de l'appareil.

port^M **vidéo**
Connecteur reliant l'écran à la carte vidéo de l'ordinateur. Cette dernière, insérée dans le boîtier, contrôle l'affichage des textes et des graphiques.

port^M **USB**
Connecteur permettant de raccorder simultanément plusieurs périphériques compatibles avec la norme USB. Il est plus rapide que les ports série et parallèle.

port^M **USB**
Connecteur permettant de raccorder simultanément plusieurs périphériques compatibles avec la norme USB. Il est plus rapide que les ports série et parallèle.

port^M **réseau**^{M}
Connecteur servant à relier l'ordinateur à un réseau informatique.

prise^F **audio**
Dispositif de connexion permettant de relier l'ordinateur à divers appareils de prise et de reproduction du son (microphone, haut-parleurs, etc.).

port^M **jeux**^{M}**/MIDI**
Connecteur utilisé pour relier l'ordinateur à un dispositif de jeu (un manche à balai, par exemple) ou à un instrument de musique électronique.

BUREAUTIQUE

… équipement informatique

ordinateur^M portable

Micro-ordinateur de format réduit, pourvu d'un écran et d'un clavier intégrés, qui fonctionne de manière autonome grâce à une batterie interne.

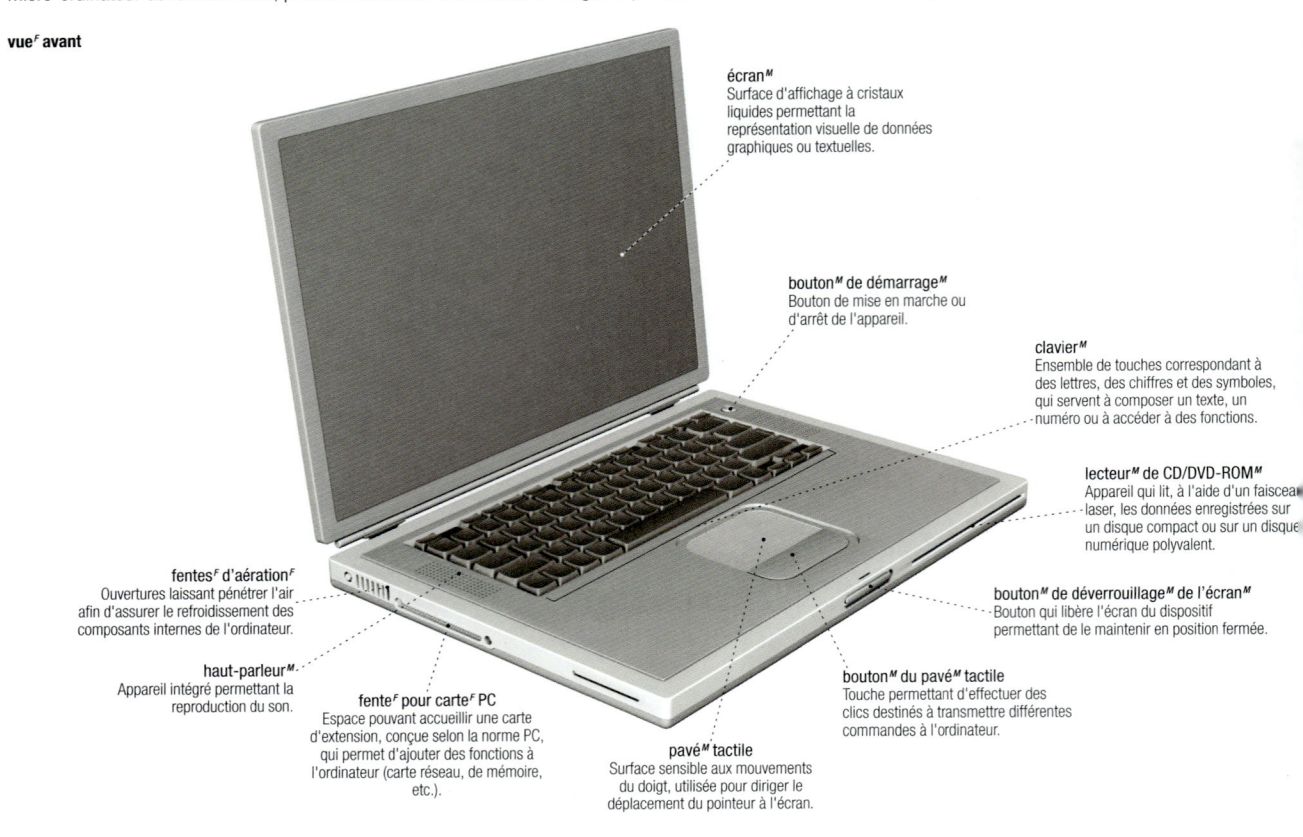

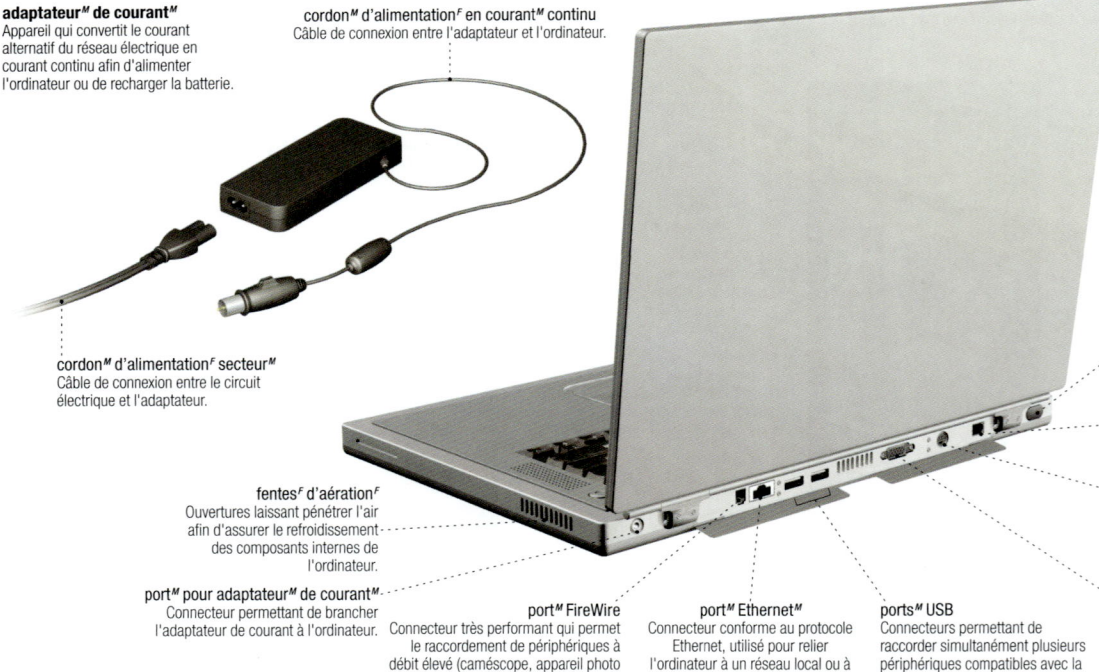

vue^F avant

écran^M
Surface d'affichage à cristaux liquides permettant la représentation visuelle de données graphiques ou textuelles.

bouton^M de démarrage^M
Bouton de mise en marche ou d'arrêt de l'appareil.

clavier^M
Ensemble de touches correspondant à des lettres, des chiffres et des symboles, qui servent à composer un texte, un numéro ou à accéder à des fonctions.

lecteur^M de CD/DVD-ROM^M
Appareil qui lit, à l'aide d'un faisceau laser, les données enregistrées sur un disque compact ou sur un disque numérique polyvalent.

fentes^F d'aération^F
Ouvertures laissant pénétrer l'air afin d'assurer le refroidissement des composants internes de l'ordinateur.

haut-parleur^M
Appareil intégré permettant la reproduction du son.

fente^F pour carte^F PC
Espace pouvant accueillir une carte d'extension, conçue selon la norme PC, qui permet d'ajouter des fonctions à l'ordinateur (carte réseau, de mémoire, etc.).

bouton^M de déverrouillage^M de l'écran^M
Bouton qui libère l'écran du dispositif permettant de le maintenir en position fermée.

bouton^M du pavé^M tactile
Touche permettant d'effectuer des clics destinés à transmettre différentes commandes à l'ordinateur.

pavé^M tactile
Surface sensible aux mouvements du doigt, utilisée pour diriger le déplacement du pointeur à l'écran.

vue^F arrière

adaptateur^M de courant^M
Appareil qui convertit le courant alternatif du réseau électrique en courant continu afin d'alimenter l'ordinateur ou de recharger la batterie.

cordon^M d'alimentation^F en courant^M continu
Câble de connexion entre l'adaptateur et l'ordinateur.

cordon^M d'alimentation^F secteur^M
Câble de connexion entre le circuit électrique et l'adaptateur.

port^M infrarouge
Dispositif utilisé pour échanger données, par signaux infrarouges avec un appareil pourvu d'un po semblable (émetteur-récepteur d'accès réseau, ordinateur, imprimante, etc.).

port^M modem^M interne
Connecteur permettant de relie modem interne de l'ordinateur à ligne téléphonique.

sortie^F S-Video
Connecteur servant à relier l'ordinateur à un périphérique de sortie vidéo (téléviseur, vidéoprojecteur, magnétoscope

fentes^F d'aération^F
Ouvertures laissant pénétrer l'air afin d'assurer le refroidissement des composants internes de l'ordinateur.

port^M pour adaptateur^M de courant^M
Connecteur permettant de brancher l'adaptateur de courant à l'ordinateur.

port^M FireWire
Connecteur très performant qui permet le raccordement de périphériques à débit élevé (caméscope, appareil photo numérique, etc.) conforme à la norme FireWire.

port^M Ethernet^M
Connecteur conforme au protocole Ethernet, utilisé pour relier l'ordinateur à un réseau local ou à un autre ordinateur, pour le partage de fichiers.

ports^M USB
Connecteurs permettant de raccorder simultanément plusieurs périphériques compatibles avec la norme USB.

port^M vidéo
Connecteur utilisé principaleme pour relier l'ordinateur à un écra externe.

BUREAUTIQUE

équipement informatique

périphériques^M de connexion^F

Appareils électroniques permettant l'échange d'information entre des ordinateurs.

carte^F réseau^M sans fil^M
Carte d'extension pourvue d'une antenne intégrée qui relie par ondes radio un ordinateur à un émetteur-récepteur d'accès réseau.

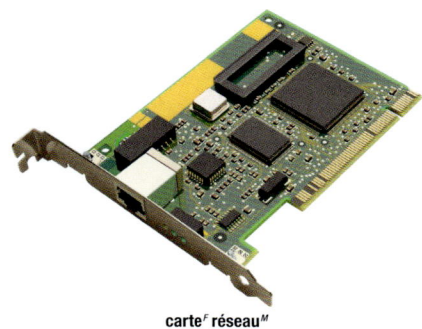

carte^F réseau^M
Carte d'extension permettant de relier un ordinateur à un réseau informatique.

clé^F Internet^M
Appareil muni d'un connecteur USB, qui permet de relier un ordinateur ou un téléphone portable au réseau Internet.

émetteur^M-récepteur^M d'accès^M réseau^M
Appareil assurant le lien entre un réseau informatique câblé et un ordinateur muni d'une carte réseau sans fil.

modem^M
Appareil qui convertit des signaux numériques en signaux analogiques, et vice versa, ce qui permet à des ordinateurs de communiquer par ligne téléphonique.

BUREAUTIQUE

câbles^M de branchement^M

Gaines protectrices recouvrant un ou plusieurs fils, généralement isolés, qui assurent la transmission de l'information entre deux ordinateurs ou équipements.

câble^M coaxial
Câble renfermant deux conducteurs concentriques isolés qui transmettent des signaux sous forme d'impulsions électriques sans perte de qualité.

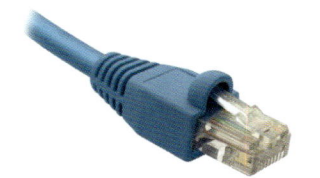

câble^M à paire^F torsadée
Câble contenant une ou plusieurs paires, formées de deux fils enroulés l'un sur l'autre, qui transmettent des signaux sous forme d'impulsions électriques.

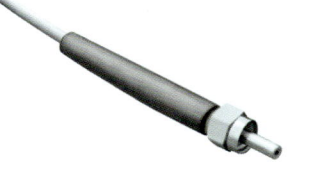

câble^M à fibres^F optiques
Câble renfermant de minces fils de verre, ou fibres optiques, qui transmettent à haute vitesse des signaux sous forme d'impulsions lumineuses.

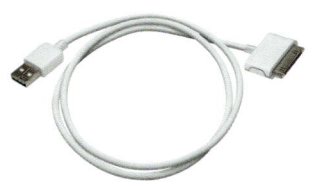

câble^M USB
Câble conducteur permettant de relier deux appareils munis de ports USB.

périphériques^M d'entrée^F

Appareils électroniques servant à transmettre des données ou des commandes à un ordinateur.

clavier^M et pictogrammes^M
Le clavier comporte un ensemble de touches correspondant à des caractères ou à des fonctions, ces dernières étant représentées par des pictogrammes.

touches^F de fonction^F
Touches commandant diverses opérations programmées, qui varient selon le logiciel en cours d'utilisation.

touches^F Internet^M
Touches commandant les principales opérations effectuées par un navigateur Internet (page précédente, page suivante, arrêter, rechercher, démarrage).

touche^F de courriel^M
Touche qui permet de lancer automatiquement un logiciel de courrier électronique.

échappement^M
Annulation d'une opération en cours ou sortie d'une situation donnée.

touche^F d'échappement^M
Touche permettant d'annuler une opération en cours ou de sortir d'une situation donnée.

tabulation^F à gauche
Déplacement du curseur jusqu'au champ ou à la marque de tabulation qui précède.

touche^F de tabulation^F
Touche qui commande le déplacement du curseur jusqu'au champ ou à la marque de tabulation qui suit ou qui précède.

tabulation^F à droite
Déplacement du curseur jusqu'au champ ou à la marque de tabulation qui suit.

touche^F de verrouillage^M des majuscules^F
Touche qui active ou désactive la saisie continue des lettres en capitales.

touche^F majuscule^F
Touche permettant de produire la majuscule correspondant à une lettre ou encore le second caractère associé à une touche.

verrouillage^M des majuscules^F
Activation ou désactivation de la saisie continue des lettres en capitales.

touche^F de contrôle^F
Touche qui, utilisée conjointement avec une autre touche, permet d'exécuter au clavier une commande sans passer par le menu déroulant.

touche^F de démarrage^M
Touche qui active le menu Démarrer (propre aux systèmes d'exploitation Windows®).

alternative^F : sélection^F du niveau^M 3
Pour produire le troisième caractère ou la troisième fonction associés à une touche, il faut appuyer sur la touche alternative, puis sur celle du caractère ou de la fonction désirés.

touche^F alternative^F
Touche qui, utilisée conjointement avec une autre touche, permet de produire le caractère ou d'exécuter la fonction qui lui est associée.

majuscule^F : sélection^F du niveau^M 2
Pour produire le deuxième caractère ou la deuxième fonction associés à une touche, il faut appuyer sur la touche majuscule, puis sur celle du caractère ou de la fonction désirés.

repose-poignets^M détachable
Accessoire ergonomique rigide ou moelleux, fixé au bas du clavier, sur lequel on appuie les poignets lors de la frappe.

contrôle^M : sélection^F de groupe^M
Symbole associé à la touche de contrôle qui permet d'exécuter au clavier une commande sans passer par le menu déroulant.

barre^F d'espacement^M
Touche permettant l'insertion d'un blanc entre deux mots ou caractères.

pavé^M alphanumérique
Ensemble de touches correspondant à des lettres, des chiffres, des symboles et des fonctions qui servent à générer des caractères ou à commander des opérations.

contrôle^M
Autre symbole associé à la touche de contrôle.

alternative
Autre symbole associé à la touche alternative.

espace^F
Insertion d'un blanc entre deux mots ou caractères.

espace^F insécable
Insertion d'une espace permettant de garder deux caractères ou suites de caractères consécutifs sur la même ligne.

curseur^M vers la gauche^F
Déplacement du curseur d'une espace vers la gauche.

équipement informatique 633

périphériques^M d'entrée^F

touche^F d'impression^F de l'écran^M/d'appel^M système^M
Touche qui commande l'impression d'une copie des informations affichées à l'écran ou qui, associée à d'autres touches, permet notamment de débloquer le système.

touche^F d'effacement^M
Touche qui commande la suppression du caractère situé immédiatement à la gauche du curseur.

voyants^M
Témoins lumineux indiquant l'activation des fonctions de verrouillage des majuscules, de verrouillage numérique et d'arrêt du défilement.

touche^F d'arrêt^M du défilement^M
Touche qui active ou désactive le mode défilement, qui permet le déplacement horizontal ou vertical du contenu d'une fenêtre à l'aide des touches fléchées.

touche^F de pause^F/d'interruption^F
Touche commandant la suspension momentanée ou l'arrêt de l'opération en cours.

touche^F d'insertion^F
Touche qui active ou désactive le mode refrappe, qui permet de remplacer les caractères existants par de nouveaux caractères au fur et à mesure de la saisie.

touche^F début^M
Touche qui permet le déplacement du curseur au début d'une ligne ou d'un document.

touche^F de verrouillage^M numérique
Touche qui active ou désactive le pavé numérique.

touche^F page^F précédente
Touche permettant l'affichage de la page-écran qui précède.

touche^F page^F suivante
Touche permettant l'affichage de la page-écran qui suit.

touche^F de retour^M
Touche servant à confirmer l'exécution d'une commande ou, lors de la saisie de données numériques, à déplacer le curseur au début de la ligne qui suit.

touche^F fin^F
Touche qui permet le déplacement du curseur à la fin d'une ligne ou d'un document.

pavé^M numérique
Ensemble de touches correspondant à des chiffres, des opérateurs mathématiques et des fonctions, disposées de façon à accélérer la saisie de données numériques.

touche^F de suppression^F
Touche qui commande l'effacement d'un objet sélectionné ou du caractère situé immédiatement à la droite du curseur.

touches^F de déplacement^M du curseur^M
Touches qui commandent le mouvement du curseur à l'écran.

pause^F
Suspension momentanée de l'opération en cours.

interruption^F
Arrêt de l'opération en cours.

verrouillage^M numérique
Activation ou désactivation du pavé numérique.

défilement^M
Activation ou désactivation du mode défilement, qui permet le déplacement horizontal ou vertical du contenu d'une fenêtre à l'aide des touches fléchées.

insertion^F
Activation ou désactivation du mode refrappe, qui permet de remplacer les caractères existants par de nouveaux caractères au fur et à mesure de la saisie.

suppression^F
Effacement d'un objet sélectionné ou du caractère situé immédiatement à la droite du curseur.

début^M
Déplacement du curseur au début d'une ligne ou d'un document.

fin^F
Déplacement du curseur à la fin d'une ligne ou d'un document.

page^F précédente
Affichage de la page-écran qui précède.

touche^F de retour^M
Touche servant à confirmer l'exécution d'une commande ou, lors de la saisie de données numériques, à déplacer le curseur au début de la ligne qui suit.

effacement^M arrière
Autre symbole associé à la touche d'effacement qui commande la suppression du caractère situé immédiatement à la gauche du curseur.

impression^F de l'écran^M
Impression d'une copie des informations affichées à l'écran.

page^F suivante
Affichage de la page-écran qui suit.

curseur^M vers la droite^F
Déplacement du curseur d'une espace vers la droite.

curseur^M vers le haut^M
Déplacement du curseur d'une espace vers le haut.

curseur^M vers le bas^M
Déplacement du curseur d'une espace vers le bas.

retour^M
Déplacement du curseur au début de la ligne qui suit. La touche de retour est aussi associée à la fonction de validation (confirmer l'exécution d'une commande).

BUREAUTIQUE

équipement informatique

périphériques[F] d'entrée[F]

souris[F] sans fil[M]
Souris mécanique ou optique reliée à un ordinateur par signaux infrarouges, laser ou radio.

roulette[F] de défilement[M]
Molette permettant le déroulement vertical du contenu d'une fenêtre, sans qu'il soit nécessaire d'utiliser la barre de défilement.

interrupteur[M]
Bouton de mise en marche ou d'arrêt de l'appareil.

souris[F] laser[M]
Souris dans laquelle la bille située sous l'appareil est remplacée par un système de capteur laser ne comportant aucune pièce mobile.

bouton[M] de contrôle[M]
Bouton qui permet de transmettre différentes commandes à l'ordinateur.

voyant[M] de charge[F] des piles[F]
Témoin lumineux indiquant l'état de la pile.

boutons[M] suivant/précédent
Touche qui permet le défilement accéléré ou automatique du contenu vers l'avant ou vers l'arrière.

capteur[M] laser[M]
Dispositif qui mesure les déplacements de la souris en analysant les rayons laser réfléchis par la surface d'appui.

boule[F]
Dispositif pourvu d'une sphère mobile, montée sur la face supérieure du boîtier, qui permet de diriger le mouvement du pointeur à l'écran.

tapis[M] de souris[F]
Surface lisse antidérapante sur laquelle on déplace une souris.

manche[M] à balai[M]
Dispositif utilisé dans les jeux vidéo pour diriger le mouvement d'un objet ou d'un personnage et pour transmettre différentes commandes.

manche[M] rotatif
Levier de commande dont la rotation autour d'un axe vertical permet de modifier la vue, de faire tourner un objet ou un personnage, etc.

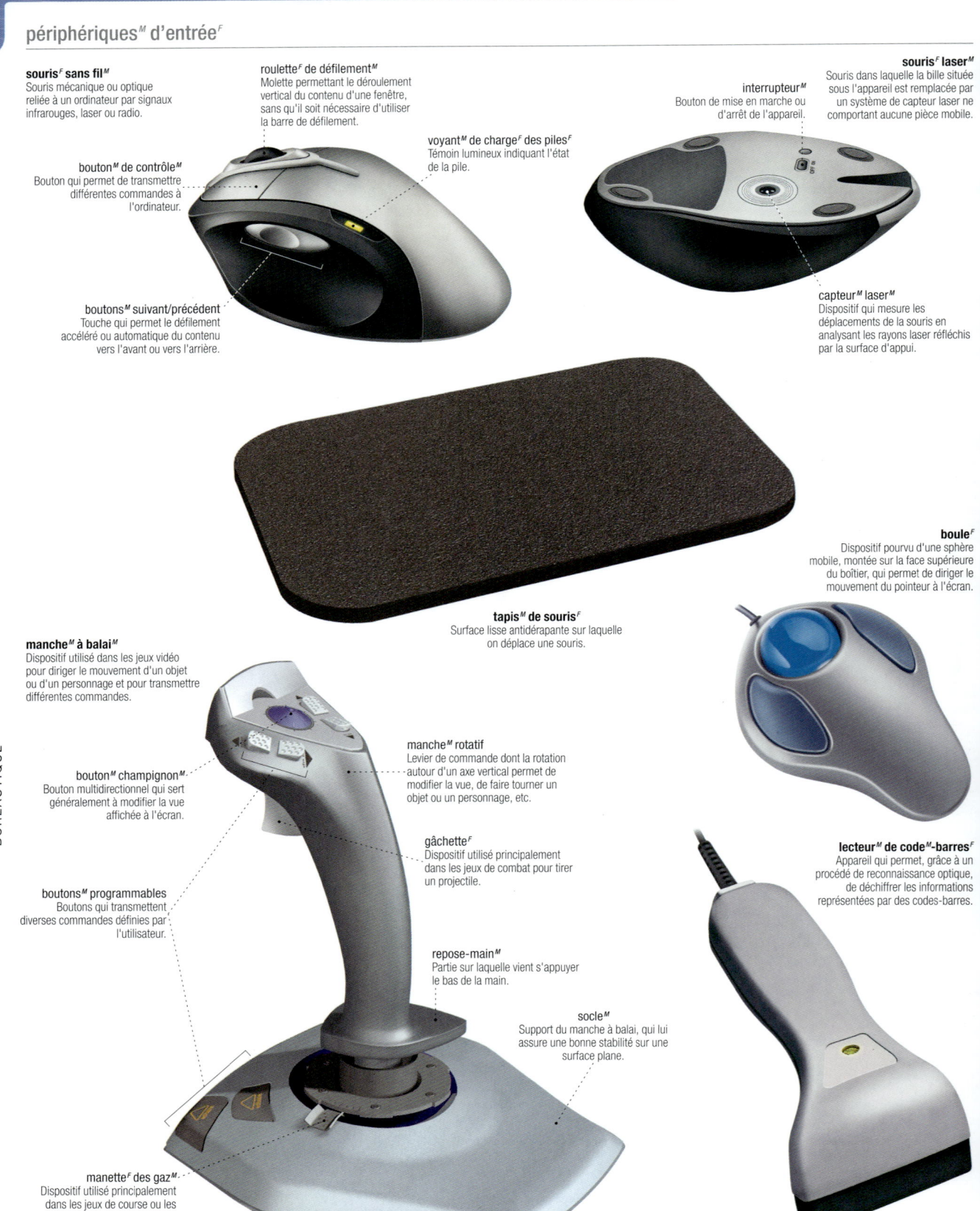

bouton[M] champignon[M]
Bouton multidirectionnel qui sert généralement à modifier la vue affichée à l'écran.

gâchette[F]
Dispositif utilisé principalement dans les jeux de combat pour tirer un projectile.

lecteur[M] de code[M]-barres[F]
Appareil qui permet, grâce à un procédé de reconnaissance optique, de déchiffrer les informations représentées par des codes-barres.

boutons[M] programmables
Boutons qui transmettent diverses commandes définies par l'utilisateur.

repose-main[M]
Partie sur laquelle vient s'appuyer le bas de la main.

socle[M]
Support du manche à balai, qui lui assure une bonne stabilité sur une surface plane.

manette[F] des gaz[M]
Dispositif utilisé principalement dans les jeux de course ou les simulateurs de vol pour contrôler la vitesse, la poussée, etc.

BUREAUTIQUE

équipement informatique 635

périphériques^M d'entrée^F

tablette^F graphique
Dispositif de saisie muni d'un écran tactile sur lequel on écrit, dessine ou pointe directement à l'aide d'un stylet.

porte-stylet^M
Dispositif qui permet de ranger le stylet lorsqu'il n'est pas utilisé.

microphone^M
Appareil qui transforme en impulsions électriques les sons à transmettre ou à enregistrer.

tête^F
Petit boîtier contenant les composants internes du microphone.

stylet^M
Pièce en forme de crayon qui permet de saisir des données alphanumériques, de créer et retoucher des images ou de sélectionner une option sur l'écran tactile.

caméra^F Web^M
Caméra numérique qui permet, par l'entremise d'Internet, de diffuser des images vidéo en temps réel ou d'effectuer des visioconférences.

voyant^M
Témoin lumineux indiquant que l'appareil est en marche.

microphone^M
Appareil qui transforme en impulsions électriques les sons à transmettre ou à enregistrer.

socle^M
Support du microphone, qui lui assure une bonne stabilité sur une surface plane.

objectif^M
Système optique formé d'un ensemble de lentilles, fixées dans une monture, qui transmettent à un capteur l'image de la scène filmée.

câble^M
Cordon souple contenant les conducteurs qui permettent de relier la caméra à l'ordinateur.

base^F
Support de la caméra, habituellement fixé au-dessus de l'écran d'un ordinateur.

couvercle^M
Pièce mobile qui recouvre la vitre de numérisation.

scanneur^M ; *numériseur*^M
Appareil qui convertit en données numériques les informations graphiques ou textuelles d'un document.

vitre^F de numérisation^F
Plaque en verre sur laquelle on dépose le document à reproduire.

BUREAUTIQUE

périphériques^M de sortie^F

Appareils électroniques permettant de visualiser ou d'imprimer les résultats du traitement des données effectué par un ordinateur.

vidéoprojecteur^M
Appareil qui projette sur un écran les images transmises par un ordinateur, un lecteur de DVD, un caméscope, un magnétoscope, etc.

panneau^M **de contrôle**^M
Tableau où sont rassemblés les boutons de fonctionnement du vidéoprojecteur.

interrupteur^M
Bouton de mise en marche ou d'arrêt de l'appareil.

panneau^M **de connexions**^F
Ensemble de prises permettant de relier le vidéoprojecteur à différents appareils vidéo (lecteur de DVD, caméscope, magnétoscope, etc.).

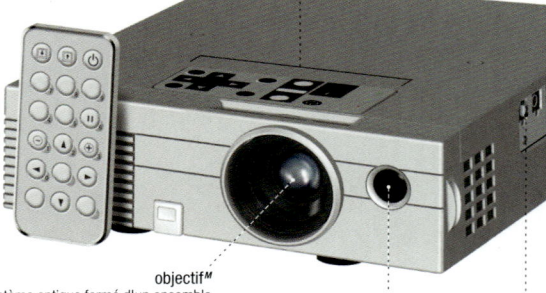

imprimante^F **matricielle**
Imprimante munie d'une tête d'impression mobile, formée d'un ensemble de petites aiguilles qui viennent frapper le papier à travers un ruban encreur.

objectif^M
Système optique formé d'un ensemble de lentilles, fixées dans une monture, qui transmettent des images vidéo agrandies vers un écran de projection.

capteur^M **infrarouge**^M
Dispositif recevant les signaux infrarouges émis par une télécommande, qui permettent d'actionner à distance certaines fonctions du vidéoprojecteur.

entrée^F **informatique**
Connecteur servant à relier le vidéoprojecteur à un ordinateur.

port^M **souris**^F
Connecteur permettant de relier le vidéoprojecteur à une souris, ou encore au port souris d'un ordinateur.

traceur^M
Imprimante conçue pour l'impression de documents (plans, diagrammes, dessins techniques) sur des feuilles de grande dimension.

équipement informatique

périphériques^M de sortie^F

cartouche^F d'encre^F
Contenant amovible, rempli d'encre liquide, destiné à être installé dans une imprimante à jet d'encre.

cartouche^F d'encre^F en poudre^F
Contenant amovible, rempli d'encre sèche réduite en fines particules, destiné à être installé dans une imprimante laser.

imprimante^F laser^M
Imprimante dans laquelle l'encre en poudre d'une cartouche est projetée sur un cylindre rotatif par l'action d'un faisceau laser, puis fixée sur le papier par des rouleaux chauffants.

plateau^M de sortie^F
Support destiné à recueillir le papier à sa sortie de l'imprimante.

panneau^M avant
Plaque rigide recouvrant la cartouche d'encre de l'imprimante.

panneau^M de commande^F
Tableau regroupant les boutons de fonctionnement de l'imprimante.

fentes^F d'aération^F
Ouvertures laissant pénétrer l'air afin d'assurer le refroidissement des composants internes de l'imprimante.

guide-papier^M
Dispositif mobile servant à ajuster latéralement la position du papier.

bac^M d'alimentation^F
Petit tiroir contenant des feuilles de papier vierge de format standard qui seront entraînées une à une lors de l'impression.

écran^M
Surface d'affichage permettant la représentation visuelle de données graphiques ou textuelles.

couvercle^M
Pièce mobile qui recouvre la vitre d'exposition.

plateau^M d'alimentation^F en papier^M
Partie contenant des feuilles de papier vierge qui seront entraînées une à une lors de l'impression.

imprimante^F à jet^M d'encre^F
Imprimante munie d'une tête d'impression mobile qui pulvérise de minuscules gouttelettes d'encre sur le papier pour reproduire des caractères ou des images; elle intègre aussi parfois les fonctions d'un scanneur.

panneau^M de contrôle^M
Tableau regroupant les boutons de fonctionnement de l'imprimante.

vitre^F d'exposition^F
Plaque en verre sur laquelle on dépose la feuille à reproduire.

lecteur^M de carte^F mémoire^F
Appareil qui lit et enregistre des données sur une carte mémoire.

port^M USB
Connecteur permettant de raccorder simultanément plusieurs périphériques compatibles avec la norme USB.

plateau^M de sortie^F
Support destiné à recueillir le papier à sa sortie de l'imprimante.

BUREAUTIQUE

périphériques^M de stockage^M

Appareils électroniques permettant d'enregistrer ou de conserver des données sur un support magnétique ou optique.

disque^M dur externe
Appareil autonome, relié par câble à un ordinateur, qui lit et enregistre des données sur un disque dur fixé à l'intérieur de son boîtier.

moteur^M de guides^M
Appareil qui transforme l'énergie électrique qui l'alimente en énergie mécanique permettant de déplacer les guides selon les instructions de l'ordinateur.

disque^M dur interne
Appareil intégré à un ordinateur, qui lit et enregistre des données sur un disque dur fixé à l'intérieur de son boîtier.

guide^M
Bras mobile qui porte la tête de lecture/écriture et permet son déplacement à la surface du disque.

port^M USB
Connecteur permettant de raccorder simultanément plusieurs périphériques compatibles avec la norme USB.

tête^F de lecture^F/écriture^F
Dispositif qui permet d'extraire les données stockées sur un disque ou d'y inscrire de nouvelles données.

graveur^M de DVD^M
Appareil qui lit et enregistre des données sur un disque compact inscriptible ou réinscriptible, ainsi que sur un DVD inscriptible ou réinscriptible.

disque^M
Support magnétique rigide, fixé sur un axe central, dont la surface est divisée en pistes et en secteurs sur lesquels sont inscrites des données.

moteur^M de disques^M
Appareil qui transforme l'énergie électrique qui l'alimente en énergie mécanique permettant la rotation des disques à plusieurs milliers de tours par minute.

lecteur^M de carte^F mémoire^F
Appareil autonome, relié à un ordinateur par un câble ou un connecteur USB, qui lit et enregistre des données sur une carte mémoire.

connecteur^M USB
Organe de branchement permettant de relier la clé au port USB d'un ordinateur.

clé^F USB
Petit boîtier amovible renfermant une mémoire flash, qui permet le transfert, le transport et le stockage de données.

plateau^M de chargement^M
Partie de l'appareil dans laquelle on insère le disque pour la lecture.

DVD^M réinscriptible
Support d'enregistrement numérique sur lequel des données peuvent être gravées et effacées plusieurs fois.

périphériques^M de protection^F

Dispositifs servant à protéger les appareils informatiques de toute surtension de l'alimentation électrique.

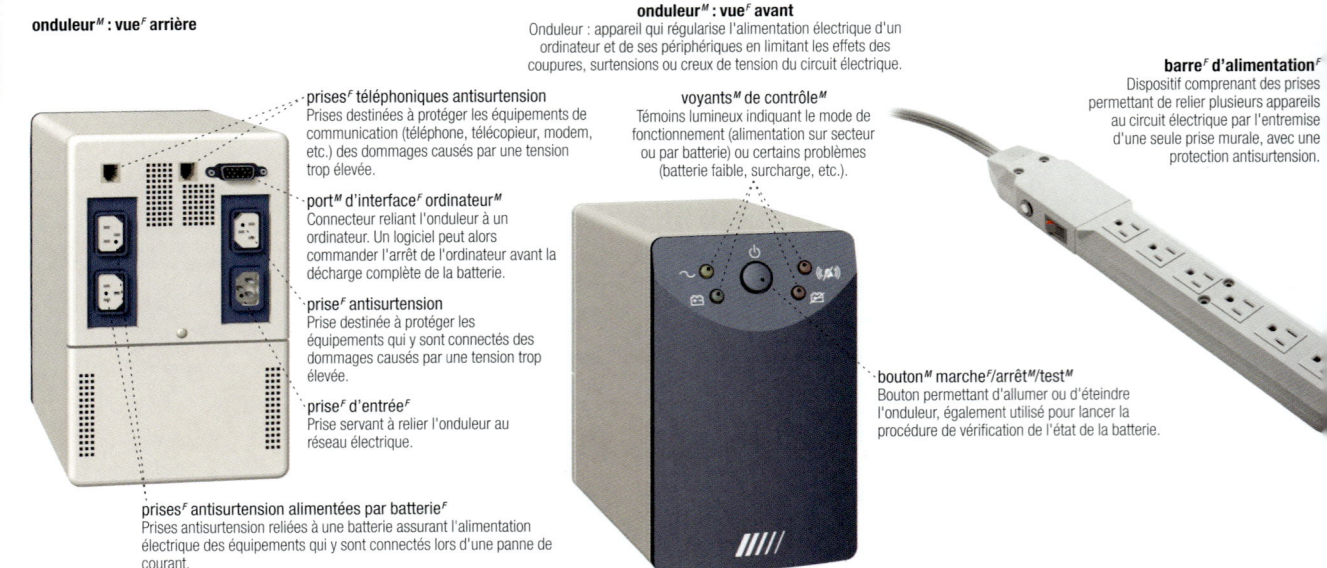

onduleur^M : vue^F arrière

onduleur^M : vue^F avant
Onduleur : appareil qui régularise l'alimentation électrique d'un ordinateur et de ses périphériques en limitant les effets des coupures, surtensions ou creux de tension du circuit électrique.

barre^F d'alimentation^F
Dispositif comprenant des prises permettant de relier plusieurs appareils au circuit électrique par l'entremise d'une seule prise murale, avec une protection antisurtension.

prises^F téléphoniques antisurtension
Prises destinées à protéger les équipements de communication (téléphone, télécopieur, modem, etc.) des dommages causés par une tension trop élevée.

voyants^M de contrôle^M
Témoins lumineux indiquant le mode de fonctionnement (alimentation sur secteur ou par batterie) ou certains problèmes (batterie faible, surcharge, etc.).

port^M d'interface^F ordinateur^M
Connecteur reliant l'onduleur à un ordinateur. Un logiciel peut alors commander l'arrêt de l'ordinateur avant la décharge complète de la batterie.

prise^F antisurtension
Prise destinée à protéger les équipements qui y sont connectés des dommages causés par une tension trop élevée.

prise^F d'entrée^F
Prise servant à relier l'onduleur au réseau électrique.

bouton^M marche^F/arrêt^M/test^M
Bouton permettant d'allumer ou d'éteindre l'onduleur, également utilisé pour lancer la procédure de vérification de l'état de la batterie.

prises^F antisurtension alimentées par batterie^F
Prises antisurtension reliées à une batterie assurant l'alimentation électrique des équipements qui y sont connectés lors d'une panne de courant.

équipement informatique | 639

outils^M informatiques divers

Appareils électroniques permettant la gestion et l'affichage de diverses données numériques (textes, images, sons, vidéos).

vidéoprojecteur^M
Appareil qui projette sur un écran les images transmises par un ordinateur.

tableau^M blanc interactif
Dispositif constitué d'un grand écran tactile sur lequel sont projetées, à l'aide d'un vidéoprojecteur, les images affichées à l'écran d'un ordinateur.

écran^M tactile
Écran sensible à la pression et aux mouvements du doigt.

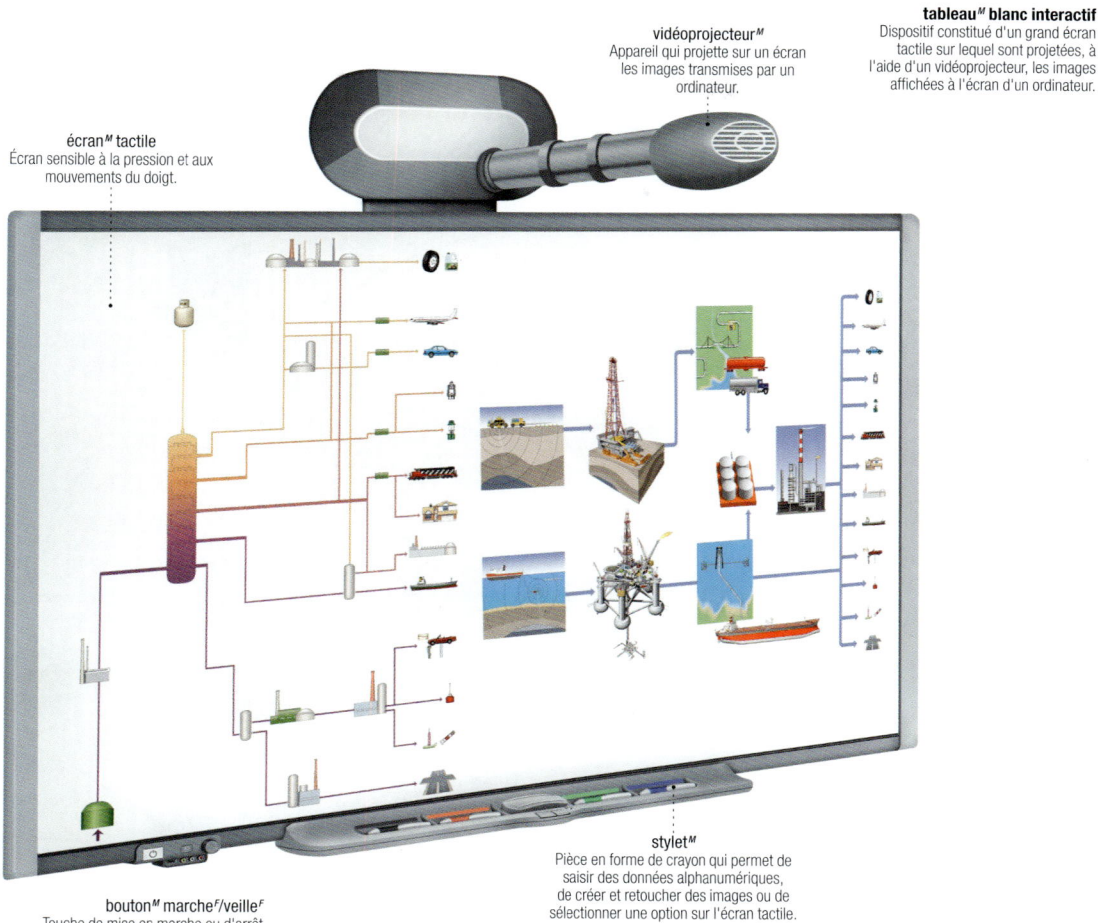

stylet^M
Pièce en forme de crayon qui permet de saisir des données alphanumériques, de créer et retoucher des images ou de sélectionner une option sur l'écran tactile.

tablette^F numérique
Petit ordinateur mince et plat utilisé pour les tâches de gestion personnelle, le visionnement de contenu multimédia, les loisirs (jeux) et l'information (livres, applications diverses).

bouton^M marche^F/veille^F
Touche de mise en marche ou d'arrêt de l'appareil, qui permet également sa mise en veille (état d'attente réduisant la consommation d'énergie en période d'inactivité).

lecteur^M de livres^M numériques
Petit ordinateur portable en forme de livre, utilisé pour télécharger, stocker et lire des publications en version électronique.

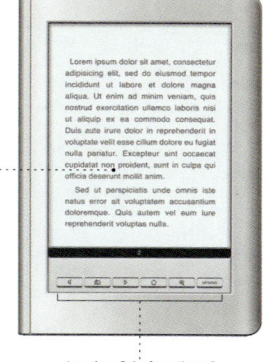

bouton^M de sourdine^F
Touche permettant de rendre le son inaudible.

boutons^M de volume^M
Touches permettant de régler l'intensité du son émis par l'appareil.

écran^M tactile
Écran sensible à la pression et aux mouvements du doigt.

écran^M tactile
Écran sensible à la pression et aux mouvements du doigt.

bouton^M principal
Touche permettant d'accéder au menu principal de la tablette.

touches^F de fonctions^F
Touches commandant diverses opérations (page suivante, page précédente, retour, etc.).

BUREAUTIQUE

réseautique

exemples^M de réseaux^M

Les réseaux peuvent notamment être classés en fonction de leur taille (réseau local ou étendu) ou de leur topologie (anneau, bus, étoile, etc.).

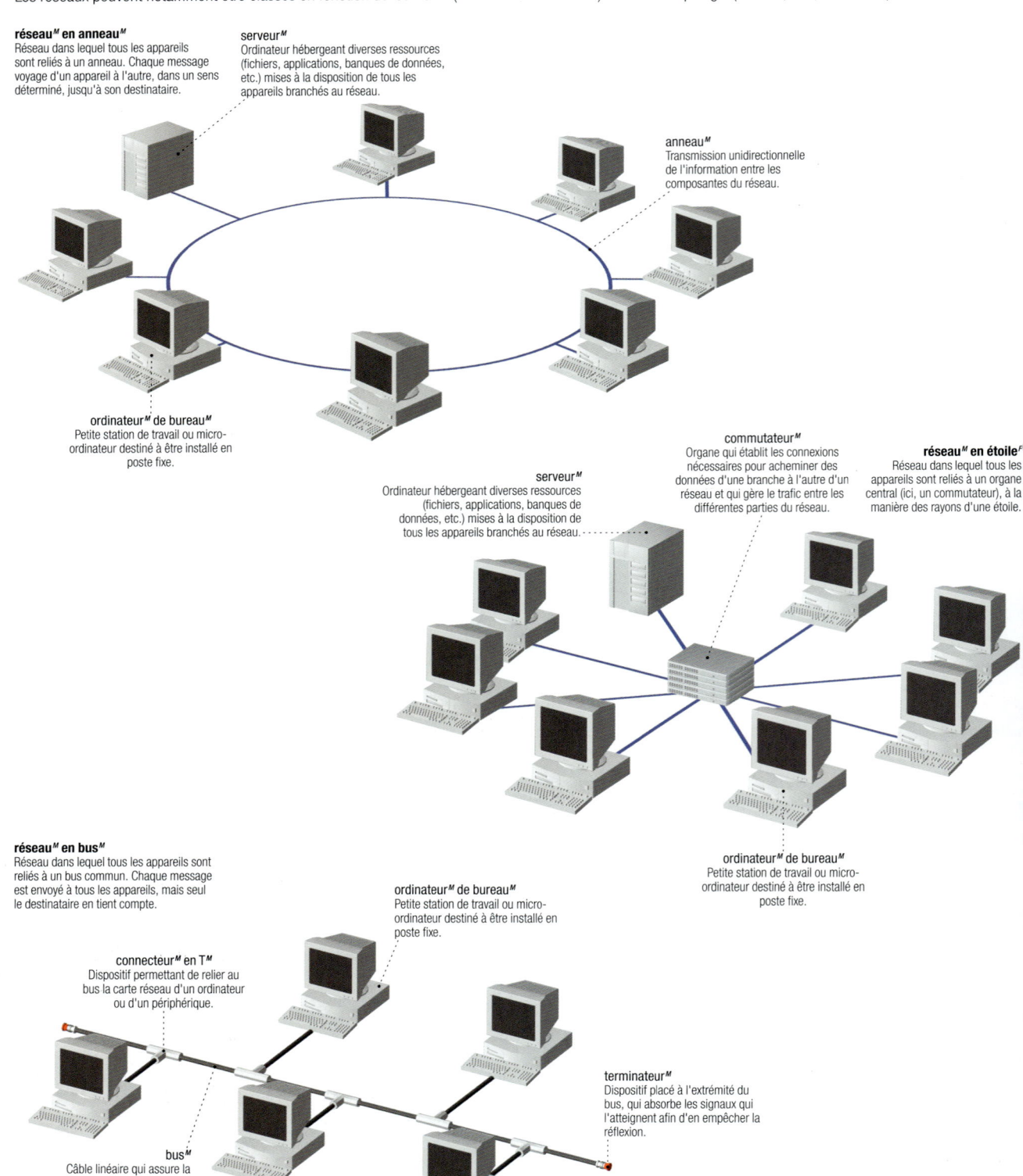

réseau^M en anneau^M
Réseau dans lequel tous les appareils sont reliés à un anneau. Chaque message voyage d'un appareil à l'autre, dans un sens déterminé, jusqu'à son destinataire.

serveur^M
Ordinateur hébergeant diverses ressources (fichiers, applications, banques de données, etc.) mises à la disposition de tous les appareils branchés au réseau.

anneau^M
Transmission unidirectionnelle de l'information entre les composantes du réseau.

ordinateur^M de bureau^M
Petite station de travail ou micro-ordinateur destiné à être installé en poste fixe.

serveur^M
Ordinateur hébergeant diverses ressources (fichiers, applications, banques de données, etc.) mises à la disposition de tous les appareils branchés au réseau.

commutateur^M
Organe qui établit les connexions nécessaires pour acheminer des données d'une branche à l'autre d'un réseau et qui gère le trafic entre les différentes parties du réseau.

réseau^M en étoile^F
Réseau dans lequel tous les appareils sont reliés à un organe central (ici, un commutateur), à la manière des rayons d'une étoile.

ordinateur^M de bureau^M
Petite station de travail ou micro-ordinateur destiné à être installé en poste fixe.

réseau^M en bus^M
Réseau dans lequel tous les appareils sont reliés à un bus commun. Chaque message est envoyé à tous les appareils, mais seul le destinataire en tient compte.

ordinateur^M de bureau^M
Petite station de travail ou micro-ordinateur destiné à être installé en poste fixe.

connecteur^M en T^M
Dispositif permettant de relier au bus la carte réseau d'un ordinateur ou d'un périphérique.

terminateur^M
Dispositif placé à l'extrémité du bus, qui absorbe les signaux qui l'atteignent afin d'en empêcher la réflexion.

bus^M
Câble linéaire qui assure la transmission de l'information, de façon bidirectionnelle, entre les composantes du réseau.

BUREAUTIQUE

réseautique 641

exemples^M de réseaux^M

réseau^M étendu
Réseau privé ou public couvrant une distance importante (une région, un pays) et regroupant généralement plusieurs réseaux locaux.

commutateur^M
Organe qui établit les connexions nécessaires pour acheminer des données d'une branche à l'autre d'un réseau et qui gère le trafic entre les différentes parties du réseau.

ordinateur^M de bureau^M
Petite station de travail ou micro-ordinateur destiné à être installé en poste fixe.

serveur^M
Ordinateur hébergeant diverses ressources (fichiers, applications, banques de données, etc.) mises à la disposition de tous les appareils branchés au réseau.

onduleur^M
Appareil qui régularise l'alimentation électrique d'un ordinateur et de ses périphériques en limitant les effets des coupures, surtensions ou creux de tension du circuit électrique.

routeurs^M
Dispositifs d'interconnexion qui assurent la transmission de données entre deux ou plusieurs réseaux en déterminant pour elles le chemin le plus approprié.

ligne^F téléphonique/câblée/satellite^M
Liaison établie entre des appareils éloignés, par l'entremise d'un réseau téléphonique, d'un réseau de câblodistribution ou d'un satellite de télécommunications.

serveur^M de fichiers^M
Serveur hébergeant un ensemble de fichiers de données mis à la disposition de tous les ordinateurs branchés au réseau.

ligne^F dédiée
Liaison téléphonique ou câblée de communication réservée à un usage ou un utilisateur particulier.

ordinateur^M portable
Micro-ordinateur de format réduit, pourvu d'un écran et d'un clavier intégrés, qui fonctionne de manière autonome grâce à une batterie interne.

pare-feu^M
Dispositif qui contrôle les informations circulant entre un réseau public (comme Internet) et un réseau privé, et interdit tout accès non autorisé à ce dernier.

commutateur^M
Organe qui établit les connexions nécessaires pour acheminer des données d'une branche à l'autre d'un réseau et qui gère le trafic entre les différentes parties du réseau.

Internet^M
Réseau mondial regroupant des milliers de réseaux de tailles diverses, publics et privés, reliés par un ensemble de protocoles de communication standardisés.

modem^M
Appareil qui convertit des signaux numériques en signaux analogiques, et vice versa, ce qui permet à des ordinateurs de communiquer par ligne téléphonique.

passerelle^F
Dispositif d'interconnexion qui permet le raccordement de réseaux de types différents.

dorsale^F
Artère principale d'un réseau, caractérisée par un débit élevé, qui assure la transmission des données entre les réseaux secondaires.

imprimante^F
Périphérique de sortie permettant de reproduire sur papier les caractères, images ou graphiques transmis par un ordinateur.

concentrateur^M
Organe qui reçoit tous les messages émis par les appareils qui y sont reliés, puis en assure la redistribution à l'ensemble des usagers.

unité^F de sauvegarde^F
Périphérique de stockage destiné à copier des données sur un support amovible afin d'en permettre la restauration en cas de perte.

pont^M
Dispositif d'interconnexion qui permet le raccordement de réseaux similaires.

BUREAUTIQUE

réseautique

Internet^M

Réseau mondial regroupant des milliers de réseaux de tailles diverses, publics ou privés, reliés par un ensemble de protocoles de communication standardisés.

adresse^F URL^F (localisateur^M universel de ressources^F)
Ensemble de données qui permettent d'accéder à une ressource hébergée par un serveur du réseau Internet (une page Web, par exemple).

protocole^M de communication^F
Partie de l'adresse URL précisant le langage utilisé pour échanger des données. Le protocole HTTP, qui permet le transfert de pages Web, est le plus connu.

nom^M de domaine^M
Partie de l'adresse URL qui désigne spécifiquement le serveur hôte. Il doit être enregistré auprès d'un bureau d'enregistrement de domaines.

format^M du fichier^M
Groupe de lettres précisant la façon dont les données d'un fichier sont codées. Par exemple, les documents Web sont généralement enregistrés en format HTML.

`http://www.un.org/aboutun/index.html`

double barre^F oblique

domaine^M de second niveau^M
Partie du nom de domaine correspondant au nom du serveur.

fichier^M
Partie de l'adresse URL précisant le nom de l'unité d'information (fichier) correspondant à la ressource choisie.

serveur^M
Partie de l'adresse URL identifiant le type de serveur. Le plus connu est le serveur Web (www) qui, comme son nom l'indique, abrite des sites Web.

domaine^M de premier niveau^M
Partie du nom de domaine correspondant au pays d'origine ou à la catégorie d'organisation (gouvernement, commerce, éducation, etc.).

répertoire^M
Partie de l'adresse URL qui indique l'emplacement de la ressource sur le serveur.

navigateur^M
Logiciel qui permet de chercher et de consulter des sites Internet.

adresse^F URL^F (localisateur^M universel de ressources^F)
Ensemble de données qui permettent d'accéder à une ressource hébergée par un serveur du réseau Internet (une page Web, par exemple).

station^F-relais^M à micro-ondes^F
Installation qui reçoit des signaux émis sous forme de micro-ondes, les amplifie, puis les achemine vers un autre récepteur.

ligne^F sous-marine
Liaison établie entre des appareils éloignés, par l'entremise de câbles immergés.

ligne^F téléphonique
Liaison par câble établie entre deux appareils éloignés, à l'intérieur d'un réseau téléphonique.

hyperliens^M
Éléments d'une page Web (mots, images ou icônes) qui permettent, lorsqu'ils sont activés, d'accéder directement à une autre page reliée.

ordinateur^M de bureau^M
Petite station de travail ou micro-ordinateur destiné à être installé en poste fixe.

navigateur^M
Logiciel qui permet de chercher et de consulter des sites Internet.

logiciel^M de courrier^M électronique
Logiciel permettant de composer, d'envoyer et de recevoir des messages par l'entremise du réseau Internet.

fournisseur^M de services^M Internet^M
Entreprise reliée de façon permanente à Internet, qui permet à des particuliers ou à des organisations d'accéder aux divers services du réseau.

ligne^F dédiée
Liaison téléphonique ou câble de communication réservée à usage ou un utilisateur particul

internaute^F
Personne qui utilise le réseau Internet.

modem^M
Appareil qui convertit des signaux numériques en signaux analogiques, et vice versa, ce qui permet à des ordinateurs de communiquer par ligne téléphonique.

serveur^M d'
Serveur de commun qui permet aux abo se connecter à dista réseau I

serveur^M
Ordinateur hébergeant diverses ressources (fichiers, applications, banques de données, etc.) mises à la disposition de tous les appareils branchés au réseau.

réseautique   643

utilisations^F d'Internet^M

Plusieurs catégories d'usagers utilisent les outils et ressources d'Internet pour communiquer, s'informer, se divertir, faire des achats, gérer des fonds, etc.

organisme^M de santé^F
Le réseau Internet favorise les échanges entre chercheurs, professionnels de la santé et patients.

organisation^F gouvernementale
Grâce à Internet, les ministères et organismes publics peuvent communiquer facilement avec d'autres organisations ou avec les citoyens qu'ils desservent.

entreprise^F
Internet facilite les échanges entre le personnel d'une même entreprise, entre deux ou plusieurs entreprises, ou encore entre une entreprise, ses clients et ses fournisseurs.

industrie^F
Une entreprise de production peut communiquer, grâce à Internet, avec des fournisseurs, des clients, des organismes de normalisation, etc.

établissement^M d'enseignement^M
Le réseau Internet procure de nombreuses possibilités de recherche et d'échange aux professeurs, aux chercheurs ainsi qu'aux étudiants.

organisme^M culturel
Le réseau Internet permet au public de connaître les programmes proposés par les organismes culturels d'une ville ou d'une région.

usager^M domestique
Toute personne peut obtenir un accès à domicile au réseau Internet par l'entremise d'un fournisseur de services Internet.

entreprise^F de distribution^F/vente^F
Une entreprise spécialisée dans la commercialisation de produits peut, par l'entremise d'Internet, entrer en contact avec des fournisseurs ou des clients.

satellite^M de télécommunications^F
Satellite conçu et mis en orbite géostationnaire pour assurer la réception et la transmission à distance de signaux sous forme d'ondes radio.

station^F terrestre de télécommunications^F
Installation permettant de transmettre des ondes radio vers un satellite ou de recevoir des ondes radio émises par celui-ci.

routeur^M
Dispositif d'interconnexion qui assure la transmission de données entre deux ou plusieurs réseaux en déterminant pour elles le chemin le plus approprié.

serveur^M
Ordinateur hébergeant diverses ressources (fichiers, applications, banques de données, etc.) mises à la disposition de tous les appareils branchés au réseau.

courrier^M électronique
Service permettant l'échange de messages entre les utilisateurs d'un réseau informatique.

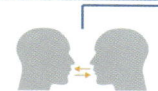

clavardage^M
Activité permettant à deux ou plusieurs internautes de converser par écrit, en temps réel.

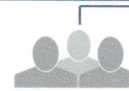

forum^M
Service permettant à un groupe de personnes de discuter d'idées, d'opinions ou de sujets divers en direct ou en différé.

blogue^M
Site Web prenant la forme d'un journal personnel, où un internaute fait part de ses opinions ou impressions par l'entremise de notes ou de courts articles.

BUREAUTIQUE

banque^F de données^F
Ensemble structuré d'informations relatives à un même sujet et pouvant être consultées directement par plusieurs utilisateurs.

diffusion^F d'information^F
Transmission de renseignements concernant un organisme, un événement, un produit ou un sujet, généralement par la création ou la mise à jour d'un site Web.

recherche^F
Localisation d'informations sur un sujet donné, généralement à l'aide d'un moteur de recherche, afin d'y retrouver des renseignements utiles.

ligne^F câblée
Liaison par câble établie entre deux appareils éloignés, à l'intérieur d'un réseau de câblodistribution.

jeux^M en ligne^F
Jeux vidéo accessibles par Internet, qui permettent à l'utilisateur de jouer à distance en mode solo ou en mode multijoueurs.

commerce^M électronique
Vente ou promotion de produits et de services par l'entremise du réseau Internet.

transactions^F financières
Opérations concernant le financement et la gestion de fonds. Il est ainsi possible d'effectuer en ligne une demande de crédit, un transfert de fonds, etc.

modem^M-câble^M
Modem permettant de relier un ordinateur à Internet par l'entremise d'une ligne câblée.

visiophonie^F
Transmission de la voix et d'images par l'entremise d'un réseau informatique.

téléphonie^F
Transmission de la voix par l'entremise d'un réseau informatique.

baladodiffusion^F
Service permettant le téléchargement automatique de documents audio ou vidéo destinés à être transférés vers un baladeur numérique pour une écoute ultérieure.

bureau

organisation[F] d'un bureau[M]
Aménagement typique des locaux d'une organisation.

débarras[M]
Endroit où l'on remise des objets.

salle[F] de courrier[M]
Pièce aménagée pour le traitement du courrier entrant et sortant.

tableau[M] d'affichage[M] ; babillard[M]
Panneau accroché à un mur, sur lequel on épingle des messages, des annonces, des notes, etc.

distributeur[M] d'eau[F]
Appareil constitué d'un boîtier, qui renferme un système de réfrigération et parfois de chauffage ainsi que des robinets de distribution, sur lequel on pose un contenant d'eau.

cloison[F] mobile
Paroi légère, généralement sur pieds, qui sert à délimiter différents espaces de travail.

salle[F] de reprographie[F]
Pièce où sont regroupés les appareils de reproduction des documents (généralement des photocopieurs).

comptabilité[F]
Personnel responsable de la tenue des livres de comptes, dans lesquels sont consignées les informations financières de l'organisation.

poste[M] de travail[M]
Espace conçu et aménagé pour l'accomplissement d'un ensemble défini de tâches par un ou plusieurs employés.

bureau[M] du directeur[M] de production[F]
Le directeur de production est chargé de planifier et de gérer la production de biens ou de services dans l'organisation.

soutien[M] informatique
Personnel chargé de fournir le matériel et les services nécessaires à l'utilisation de produits ou de systèmes informatiques.

bureau[M] du directeur[M] du personnel[M]
Le directeur du personnel est responsable de la gestion des employés de l'organisation.

cafétéria[F]
Pièce où les employés prennent leurs repas.

secrétaire[M] de direction[F]
Personne qui seconde le directeur général dans les tâches administratives (correspondance, gestion des appels, des rendez-vous, etc.).

bureau[M] du directeur[M] général
Le directeur général est responsable de la gestion quotidienne de l'organisation, conformément aux directives du conseil d'administration.

coin[M] cuisine[F]
Partie de la cafétéria aménagée pour la préparation des repas. Il comporte généralement un réfrigérateur, un four à micro-ondes, une cafetière, etc.

toilettes[F] pour hommes[M]
Pièce réservée aux hommes, aménagée pour y satisfaire des besoins naturels et équipée de lavabos.

toilettes[F] pour dames[F]
Pièce réservée aux femmes, aménagée pour y satisfaire des besoins naturels et équipée de lavabos.

secrétaire[M] du président[M]
Personne qui seconde le président dans les tâches administratives (correspondance, gestion des appels et des rendez-vous, etc.).

vestiaire[M]
Espace aménagé pour déposer vêtements, chapeaux, parapluies, etc.

bureau[M] du président[M]
Le président dirige le conseil d'administration, qui détermine les grandes orientations de l'organisation.

escalier[M]
Élément de structure permettant la circulation entre les niveaux d'une habitation, d'un édifice.

archives[F]
Lieu où sont conservés les documents en vue d'une utilisation éventuelle.

ascenseur[M]
Appareil mécanique muni d'une cabine servant au transport automatique de passagers entre différents niveaux d'un édifice.

salle[F] de conférences[F]
Pièce permettant la tenue de réunions de travail entre employés ou avec des visiteurs.

hall[M] d'entrée[F]
Pièce de grande dimension qui sert d'accès aux autres pièces du bureau.

salle[F] d'attente[F]
Espace permettant aux visiteurs d'attendre les personnes qu'ils doivent rencontrer.

réception[F]
Personnel affecté à l'accueil des visiteurs.

BUREAUTIQUE

bureau 645

mobilier^M de bureau^M

Ensemble des meubles d'un bureau, destinés principalement au classement, au rangement ou au travail.

meubles^M de classement^M
Meubles qui facilitent le rangement de documents par catégories ou selon un ordre déterminé.

classeur^M à clapets^M
Meuble formé de compartiments recouverts par des portes basculantes, conçu pour le rangement de dossiers suspendus.

caisson^M
Petit meuble à tiroirs, sur roulettes ou sur pieds, généralement placé sous un bureau ou une table.

classeur^M mobile
Petit meuble sur roulettes servant à ranger des dossiers suspendus.

patère^F
Support ou ensemble de supports fixés à un mur et utilisés pour suspendre des vêtements, des chapeaux, des parapluies, etc.

cloison^F mobile
Paroi légère, généralement sur pieds, qui sert à délimiter différents espaces de travail.

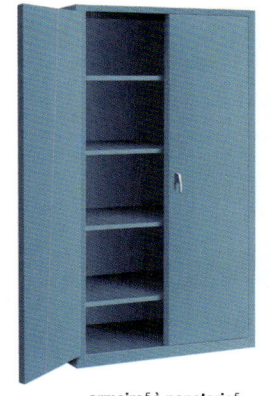

meubles^M de rangement^M
Meubles servant à classer, à maintenir en place ou à protéger divers objets.

présentoir^M à revues^F
Meuble à tablettes obliques, généralement rabattables, permettant d'étaler et de ranger des livres, des périodiques, des brochures, etc.

porte-manteau^M
Petite colonne sur pieds pourvue de crochets sur lesquels on suspend des vêtements, des chapeaux, des parapluies, etc.

armoire^F à papeterie^F
Grand meuble à tablettes, fermé par des portes, servant à ranger des articles de bureau, des objets d'usage courant, etc.

bahut^M
Meuble long et bas, pourvu de tiroirs ou de compartiments, qui permet le rangement d'objets divers.

vestiaire^M de bureau^M
Structure sur pieds ou sur roulettes comportant une tringle pour suspendre des vêtements.

armoire^F-vestiaire^M
Grand meuble fermé par des portes, muni d'une tringle pour suspendre des vêtements et d'une tablette pour ranger divers objets.

BUREAUTIQUE

mobilier^M de bureau^M

meubles^M de travail^M
Meubles conçus pour faciliter l'exécution de travaux d'écriture, de travaux à l'ordinateur ou à la machine à écrire, etc.

retour^M
Plan de travail secondaire, qui peut notamment recevoir une machine à écrire ou un ordinateur.

bureau^M
Meuble à deux plans de travail perpendiculaires, équipé d'un ou de plusieurs caissons de rangement intégrés.

sous-main^M
Accessoire sur lequel on pose le papier pour écrire afin de protéger la surface d'un bureau.

chaise^F dactylo^M
Chaise rembourrée, sur roulettes, dont la hauteur et l'inclinaison du dossier sont réglables.

fauteuil^M pivotant à bascule^F
Fauteuil conçu à la fois pour tourner horizontalement autour d'un axe et basculer d'avant en arrière.

bureau^M d'ordinateur^M
Meuble de travail conçu pour recevoir les principales composantes d'un ordinateur (boîtier, écran, clavier, etc.).

table^F d'imprimante^F
Table conçue pour recevoir une imprimante et ses accessoires.

tablette^F coulissante
Petit plateau rétractable sur lequel on place le clavier et la souris.

tablette^F pour unité^F centrale
Petit plateau sur roulettes sur lequel on place le boîtier de l'ordinateur.

tablette^F
Planche horizontale sur laquelle on range divers accessoires (le papier supplémentaire, par exemple).

repose-pieds^M
Dispositif ergonomique réglable servant d'appui pour les pieds sous le bureau de travail.

bureau^M de direction^F
Bureau comportant un large plan de travail et équipé de deux caissons de rangement intégrés.

siège^M assis à genoux^M
Chaise rembourrée sur roulettes, sans dossier, sur laquelle on pose les genoux pour s'asseoir.

bureau | 647

photocopieur^M

Appareil qui permet, par l'action d'un dispositif photographique, de reproduire des textes et des images.

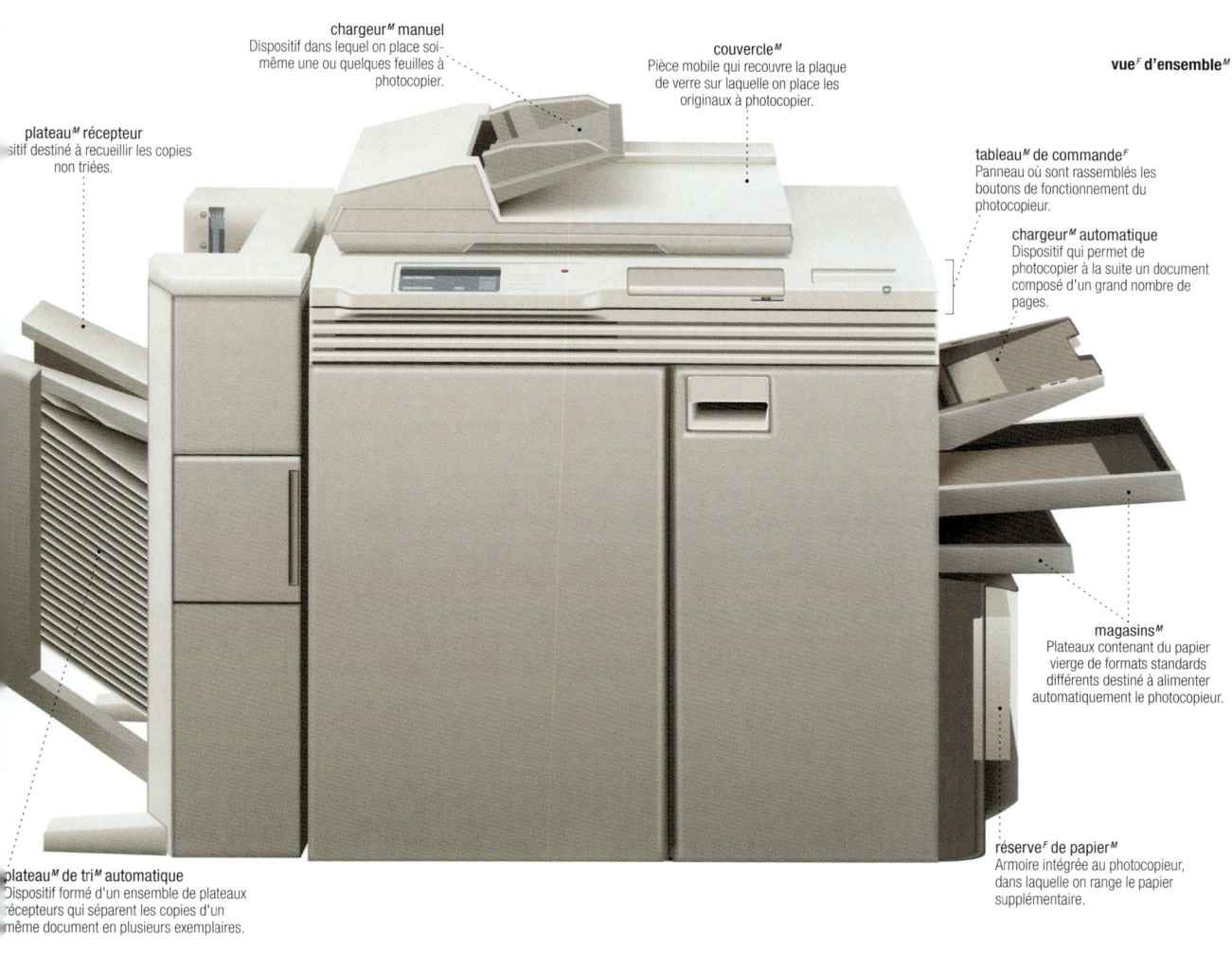

vue^F d'ensemble^M

chargeur^M manuel
Dispositif dans lequel on place soi-même une ou quelques feuilles à photocopier.

couvercle^M
Pièce mobile qui recouvre la plaque de verre sur laquelle on place les originaux à photocopier.

plateau^M récepteur
ositif destiné à recueillir les copies non triées.

tableau^M de commande^F
Panneau où sont rassemblés les boutons de fonctionnement du photocopieur.

chargeur^M automatique
Dispositif qui permet de photocopier à la suite un document composé d'un grand nombre de pages.

magasins^M
Plateaux contenant du papier vierge de formats standards différents destiné à alimenter automatiquement le photocopieur.

réserve^F de papier^M
Armoire intégrée au photocopieur, dans laquelle on range le papier supplémentaire.

plateau^M de tri^M automatique
Dispositif formé d'un ensemble de plateaux récepteurs qui séparent les copies d'un même document en plusieurs exemplaires.

BUREAUTIQUE

réduction^F/agrandissement^M
Fonction servant à régler le rapport de reproduction, ce qui permet d'obtenir une copie de dimensions inférieures ou supérieures à celles de l'original.

afficheur^M
Écran présentant divers renseignements (réglages de l'appareil, opérations effectuées, instructions ou messages).

remise^F à zéro^M
Bouton utilisé pour annuler tous les réglages sélectionnés et revenir aux valeurs par défaut.

tableau^M de commande^F
Panneau où sont rassemblés les boutons de fonctionnement du photocopieur.

mode^M de sortie^F des copies^F
ction permettant de sélectionner le nent appliqué aux copies à la sortie de pareil (triage, agrafage, pliage, etc.).

contrôle^M de la couleur^F
Bouton servant à choisir la couleur de la copie.

nombre^M de copies^F

contrôle^F de la photocopie^F
Ensemble de boutons utilisés pour modifier certaines caractéristiques de la copie (création d'une bordure blanche ou d'une marge, par exemple).

contrôle^M du contraste^M
Fonction permettant le réglage automatique ou manuel du degré de noircissement (densité) de la copie.

impression^F
Bouton qui commande l'exécution d'une ou plusieurs copies en fonction des réglages sélectionnés.

arrêt^M d'impression^F
Bouton qui commande l'arrêt des copies ou l'effacement du nombre de copies inscrit sur l'écran d'affichage.

copie^F recto^M/verso^M
Bouton permettant de choisir le mode de présentation des copies : impression sur un côté (recto seulement) ou sur deux côtés (recto verso).

superposition^F d'originaux^M
Fonction permettant de combiner deux originaux sur une seule copie.

articles^M de bureau^M

Appareils, instruments ou accessoires nécessaires à l'accomplissement des tâches de bureau.

machine^F à écrire électronique
Appareil à clavier permettant de préparer des documents écrits, qui possède certaines fonctions de traitement de texte ainsi qu'une mémoire intégrée.

capot^M
Couvert basculant sous lequel se trouve habituellement la cartouche d'encre.

support^M-papier^M
Pièce rabattable qui maintient le papier en position verticale.

tête^F d'impression^F
Dispositif mobile dont les caractères en relief sont projetés sur un ruban encreur et ainsi imprimés sur le papier.

levier^M de dégagement^M du presse-papier^M
Dispositif qui permet de soulever ou d'abaisser le presse-papier.

presse-papier^M
Pièce destinée à maintenir le papier contre le cylindre.

levier^M de dégagement^M du papier^M
Dispositif qui commande le relâchement de la pression exercée par le cylindre sur le papier pour le dégager ou le déplacer.

échelle^F d'espacement^M
Échelle graduée représentant les différents pas d'impression disponibles, qui correspondent au nombre de caractères par unité de longueur.

cylindre^M
Rouleau de caoutchouc sur lequel passe le papier lors de l'impression.

bouton^M d'interligne^M variable
Molette qui commande la rotation cylindre, permettant ainsi le déplace du papier vers le haut ou vers le b

dégagement^M du margeur^M
Touche permettant l'impression de caractères au-delà de la limite d'une marge.

tabulateur^M
Touche qui commande le déplacement de la tête d'impression ou du curseur jusqu'à la marque de tabulation qui suit.

retrait^M
Touche servant à déplacer provisoirement la marge gauche, de façon à permettre le décalage d'une ligne ou d'un paragraphe.

correction^F de caractères^M
Touche qui commande l'effacement du caractère situé vis-à-vis de la tête d'impressic du curseur.

tabulateur^M décimal
Touche permettant d'aligner des colonnes de nombres sur une marque de tabulation décimale préalablement insérée.

positionnement^M du papier^M
Touche permettant de déplace automatiquement le papier ve haut ou vers le bas.

commande^F de marge^F
Touche qui permet de régler la limite des marges gauche et d

centrage^M
Touche permettant de centrer automatiquement un texte entre deux marges ou deux marques de tabulation.

contrôle^M de tabulation^F
Touche qui permet d'insérer ou de supprimer une marque de tabulation (standard ou décimale).

correcteur^M orthographique
Touche qui active ou désactive la vérification automatique de l'orthographe en cours de frappe.

affichage^M du texte^M
Écran à cristaux liquides présentant le texte saisi ainsi que diverses indications sur les réglages de l'appareil ou les opérations effectuées.

validation^F
Touche servant à confirmer l'exécution d'une commande ou la sélection d'un réglage.

texte^M
Touche qui permet de stocker des textes en mémoire, puis d'en commander l'affichage en vue d'une modification ou d'une impression.

code^M
Touche qui, utilisée conjointement avec une autre touche, permet l'exécution de diverses commandes programmées.

repositionnement^M
Touche permettant de replacer automatiquement la tête d'impression ou le curseur sur la dernière position de frappe avant l'exécution d'une correction.

touche^F fixe-majuscules^F
Touche qui active ou désactive la saisie continue des lettres en capitales.

touche^F majuscule^F
Touche permettant de produire la majuscule correspondant à une lettre ou encore le second caractère associé à une touche.

barre^F d'espacement^M
Touche permettant l'insertion d'un blanc entre deux mots ou caractères.

retour^M de chariot^M
Touche servant à déplacer la tête d'impression ou le curseur au début de la ligne qui suit.

mode^M
Touche qui, utilisée conjointement avec une autre touche, permet la sélection d'un réglage (pas d'impression, interligne, type de ruban, etc.).

correction^F de mots^M
Touche qui commande l'effacement du mot situé immédiatement à la gauche de la tête d'impression ou du curseur.

bureau

articles^M de bureau^M
pour compter

rappel^M de la mémoire^F/effacement^M de la mémoire^F
Touche permettant d'afficher ou d'effacer les données conservées en mémoire.

effacement^M partiel
Touche commandant la suppression du dernier nombre saisi.

mise^F sous tension^F/effacement^M total
Touche de mise en marche ou d'arrêt de la calculatrice, qui en commande également la remise à zéro.

touche^F numérique
Touche permettant de saisir un chiffre.

soustraction^F
Touche utilisée pour déterminer la différence entre deux nombres.

décimale^F
Touche commandant l'insertion d'un signe décimal, destiné à séparer les parties entière et fractionnaire d'un nombre.

inverseur^M de signe^M
Touche utilisée pour modifier le signe (plus ou moins) du nombre affiché.

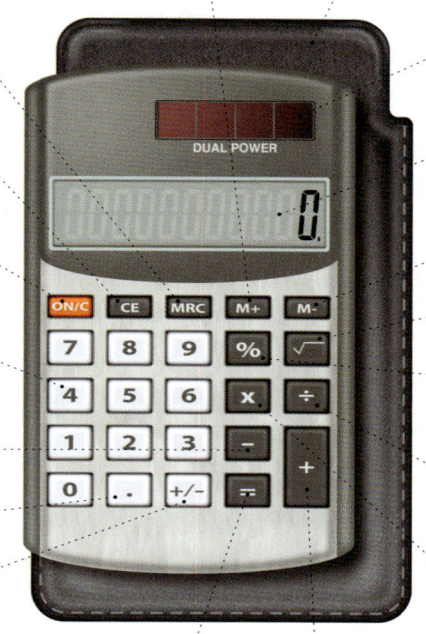

addition^F en mémoire^F
Touche qui permet de conserver en mémoire le nombre affiché.

étui^M
Enveloppe qui permet de protéger et de transporter la calculatrice.

alimentation^F solaire
Dispositif transformant la lumière du soleil en courant électrique pour faire fonctionner la calculatrice.

afficheur^M
Écran présentant le dernier nombre saisi ou le résultat des opérations effectuées.

soustraction^F en mémoire^F
Touche servant à effacer de la mémoire le nombre affiché.

racine^F carrée
Touche permettant d'extraire la racine carrée d'un nombre. Celle-ci correspond au nombre qui, multiplié par lui-même, donne le nombre initial.

pourcentage^M
Touche utilisée pour obtenir la forme décimale du nombre affiché, en le divisant par 100, ce qui permet notamment le calcul de pourcentages.

division^F
Touche utilisée pour déterminer le quotient de deux nombres.

multiplication^F
Touche permettant d'effectuer le produit de deux nombres.

calculatrice^F de poche^F
Calculatrice de petit format, à alimentation autonome, qui permet d'effectuer des opérations mathématiques simples.

résultat^M
Touche commandant l'affichage du résultat des opérations effectuées.

addition^F
Touche permettant d'effectuer la somme de deux nombres.

calculatrice^F graphique
Calculatrice conçue pour exécuter les opérations mathématiques propres aux sciences et aux techniques, et pour convertir des données en graphiques.

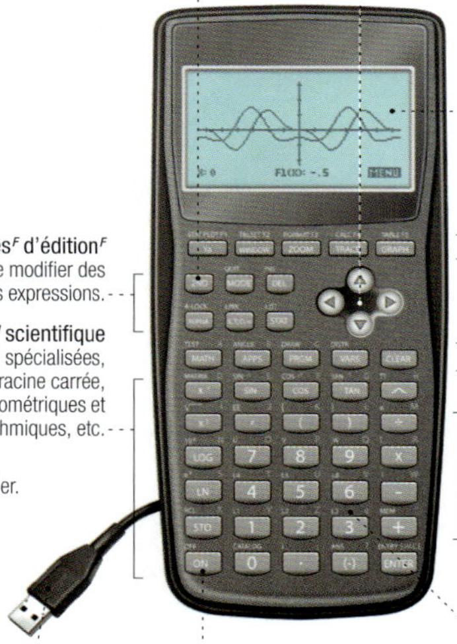

calculatrice^F à imprimante^F
Calculatrice de bureau, munie d'une imprimante intégrée, principalement utilisée dans le commerce ou l'administration.

écran^M rétroéclairé
Écran illuminé par l'arrière afin d'améliorer le contraste de l'affichage.

imprimante^F
Dispositif permettant de reproduire sur papier les données transmises par la calculatrice.

accès^M au second niveau^M d'opérations^F
Touche permettant de sélectionner la seconde fonction commandée par une touche.

touches^F de déplacement^M du curseur^M
Touches qui commandent le mouvement du curseur à l'écran.

sélecteur^M de décimale^F
Dispositif permettant de régler le nombre de chiffres composant la partie fractionnaire du nombre.

touche^F multifonctionnelle
Touche facilitant l'exécution de certains calculs financiers (marges, prix de vente, coûts, etc.).

touches^F d'édition^F
Touche permettant de modifier des valeurs ou des expressions.

touches^F de calcul^F scientifique
Opérations de calcul spécialisées, qui comprennent la racine carrée, les calculs trigonométriques et logarithmiques, etc.

commande^F d'insertion^F du papier^M
Touche qui commande l'avancée du papier.

afficheur^M
Écran présentant le problème à résoudre et sa solution, ou le graphique correspondant aux données saisies.

touches^F graphiques
Touches utilisées pour convertir les coordonnées affichées en graphiques.

touches^F de fonctions^F avancées
Touches permettant d'accéder à des menus de fonctions spécialisées (ajout d'applications, calculs financiers, etc.).

touche^F de double zéro^M
Touche correspondant à deux fois le nombre zéro; elle permet d'accélérer la saisie de nombres à plusieurs chiffres.

touche^F plus^M-égalité^F
Touche commandant l'affichage du résultat des opérations effectuées. Dans certains cas, elle permet également d'effectuer des calculs répétés.

non-addition^F/total^M partiel
Touche permettant d'imprimer des nombres à exclure des calculs (codes, dates, etc.) ou d'obtenir le résultat d'un sous-ensemble d'opérations.

câble^M USB
Câble conducteur permettant de relier deux appareils munis de ports USB.

premier niveau^M d'opérations^F
Ensemble des fonctions commandées directement par les touches de la calculatrice.

opérations^F de base^F
Opérations de calcul fondamentales, qui comprennent l'addition, la soustraction, la multiplication et la division.

second niveau^M d'opérations^F
Ensemble des fonctions supplémentaires inscrites au-dessus des touches qui sont accessibles grâce à la touche d'accès au second niveau d'opérations.

BUREAUTIQUE

bureau

articles^M de bureau^M

pour l'emploi^M du temps^M et la prise^F de notes^F

calendrier^M-mémorandum^M
Bloc formé de feuillets détachables datés sur lesquels on peut inscrire des rendez-vous, des choses à faire, etc.

bloc^M-éphéméride^F
Ensemble de feuillets datés réunis sur un support à anneaux, sur lesquels on peut inscrire des rendez-vous, des choses à faire, etc.

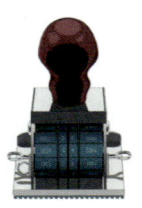

agenda^M
Carnet daté dans lequel on note des rendez-vous, des choses à faire, etc.

timbre^M dateur
Instrument formé de bandes mobiles sur lesquelles sont gravées en relief des séries de chiffres et de lettres permettant d'imprimer une date.

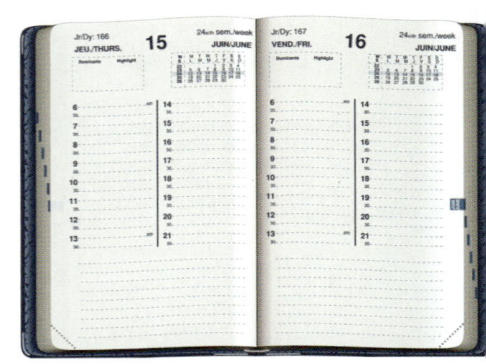

écran^M
Surface d'affichage à cristaux liquides présentant divers renseignements (date, heure, réglages de l'appareil, etc.).

pointeuse^F
Appareil permettant l'impression, sur une carte de pointage, des heures d'arrivée et de départ des employés.

bloc^M-notes^F
Ensemble de feuillets détachables généralement utilisé pour prendre des notes.

feuillet^M adhésif
Petite feuille de papier dont le dos est muni d'une bande autocollante permettant de la fixer temporairement.

reliure^F spirale^F
Cahier formé d'un ensemble de feuilles perforées maintenues en place par un fil de fer ou de plastique enroulé en spirale.

planchette^F à pince^F
Plaque rigide pourvue d'une pince à ressort sous laquelle on insère des feuilles, généralement pour prendre des notes.

carte^F de pointage^M
Carte sur laquelle sont ins quotidiennement les heures et de départ d'un employé, permet de calculer précisé temps de travail.

BUREAUTIQUE

bureau 651

articles^M de bureau^M
pour la correspondance^F

enveloppe^F matelassée
Enveloppe doublée intérieurement d'une feuille de plastique à bulles d'air destinée à protéger le contenu de l'humidité et des chocs.

patte^F autocollante
Rabat enduit d'une substance adhésive, qui permet de fermer l'enveloppe par simple contact.

coupe-papier^M
Petit couteau utilisé pour ouvrir des enveloppes ou couper des feuilles de papier.

bloc^M-sténo^F
Ensemble de feuillets lignés maintenus en place au moyen d'une spirale, employé à l'origine par les secrétaires pour prendre la dictée en sténo.

bulles^F d'air^M
Petites poches d'air formant un matelas de protection pour le contenu de l'enveloppe.

numéroteur^M
Instrument formé de bandes mobiles sur lesquelles sont gravées en relief des séries de chiffres permettant d'imprimer des numéros.

doigtier^M
Fourreau de caoutchouc destiné à recouvrir un doigt. Il permet notamment de tourner des pages plus facilement ou d'accélérer le tri de feuilles ou de billets de banque.

pèse-lettres^M
Balance utilisée pour déterminer le poids d'une lettre ou d'un colis.

parapheur^M
Registre formé de feuilles de papier buvard entre lesquelles sont insérés des documents devant être présentés à la signature d'un responsable.

mouilleur^M
Dispositif servant à humecter les timbres-poste et les étiquettes.

porte-timbres^M
Support destiné à recevoir des timbres caoutchouc, des timbres dateurs, des numéroteurs, etc.

tampon^M encreur
Coussinet imbibé d'encre sur lequel on applique un timbre de caoutchouc pour imprimer une marque.

timbre^M caoutchouc^M
Instrument formé d'une bande de caoutchouc gravée en relief qui, une fois encrée, permet d'imprimer une marque sur un objet ou un document.

fichier^M rotatif
Dispositif supportant un ensemble de fiches qu'on consulte en les faisant tourner autour d'un axe.

machine^F à affranchir
Machine servant à imprimer, sur une enveloppe ou une étiquette, une marque d'affranchissement destinée à remplacer le timbre-poste.

papier^M buvard^M
Papier qui absorbe les liquides. Il permet ici d'absorber le surplus d'encre sur les documents fraîchement signés.

répertoire^M téléphonique
Cahier permettant de consigner et de classer par ordre alphabétique les noms, adresses et numéros de téléphone fréquemment utilisés.

module^M d'affranchissement^M
Unité regroupant les boutons de commande de la machine et assurant l'impression de la marque d'affranchissement qui correspond au prix du transport de l'envoi.

boîte^F à courrier^M
Contenant généralement formé de plusieurs compartiments, qui sert à gérer le courrier entrant ou sortant.

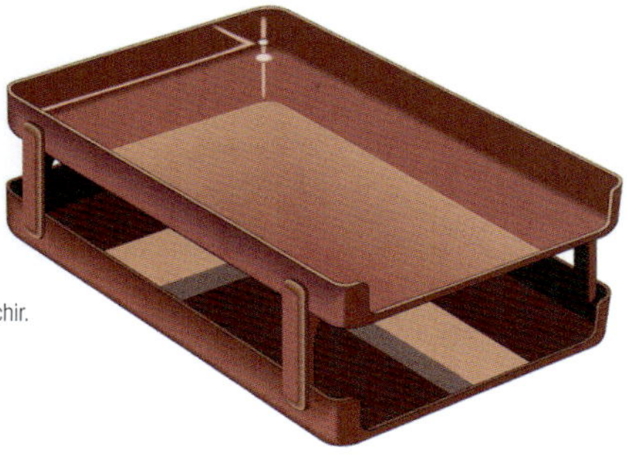

plateau^M d'alimentation^F
Dispositif sur lequel on place les enveloppes à affranchir.

base^F
Support de la machine à affranchir.

BUREAUTIQUE

bureau

articles^M de bureau^M

pour le classement^M

onglet^M à fenêtre^F
Onglet comportant une ouverture dans laquelle on insère une étiquette d'identification.

étiquettes^F autocollantes
Petits morceaux de papier destinés à identifier des objets, dont l'une des surfaces est enduite d'un adhésif permettant de les coller sans les humecter.

onglet^M
Pièce de métal ou de plastique destinée à être fixée à un guide de classement, une chemise ou un dossier afin de les repérer rapidement.

fiches^F
Feuilles cartonnées de dimension variable servant à consigner des renseignements sur un sujet donné.

protège-document^M
Enveloppe de plastique transparente dans laquelle on insère des documents pour les protéger.

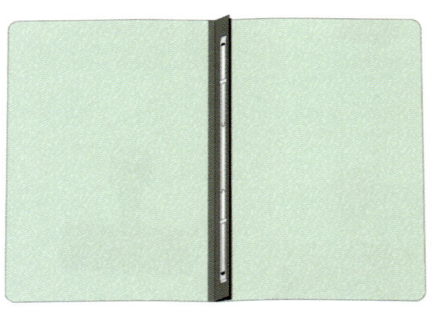

reliure^F à glissière^F
Reliure comportant une tige souple, munie de deux bagues à glissière, qui permet de maintenir en place et de classer des feuilles perforées.

feuillets^M intercalaires
Feuilles cartonnées munies d'un onglet latéral, qui permettent de séparer des groupes de pages à l'intérieur d'une reliure.

chemise^F
Carton rigide plié en deux dans lequel on insère des documents appartenant à un même sujet.

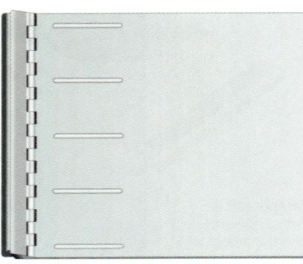

reliure^F à ressort^M
Reliure dans laquelle les feuilles sont maintenues en place grâce à la pression exercée par des ressorts.

reliure^F à pince^F
Reliure munie d'une pince à ressort qui permet de maintenir en place et de classer des feuilles.

dossier^M suspendu
Chemise pourvue de tringles métalliques permettant de la suspendre dans le tiroir d'un meuble de classement.

guides^M de classement^M
Feuilles cartonnées munies à la tête d'un onglet, qui permettent de séparer des groupes de documents ou de chemises dans le tiroir d'un meuble de classement.

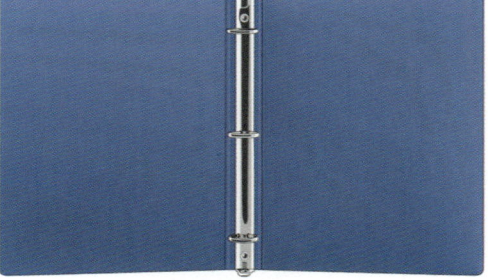

classeur^M ; reliure^F à anneaux^M
Reliure rigide munie d'anneaux permettant de maintenir et de classer des feuilles perforées.

pochette^F d'information^F
Chemise pourvue de rabats destinés à maintenir en place des documents descriptifs, souvent remis à des participants ou des journalistes à l'occasion d'une rencontre.

reliure^F à vis^F
Reliure pourvue de deux tiges, insérées dans une charnière, qui permettent de maintenir en place et de classer des feuilles perforées.

BUREAUTIQUE

bureau | 653

articles^M de bureau^M

tiroir^M de fichier^M
Petite caisse encastrée dans un meuble, conçue pour le rangement et le classement de fiches.

planchette^F à arches^F
Plaque rigide pourvue de deux arches métalliques dans lesquelles on insère des feuilles perforées.

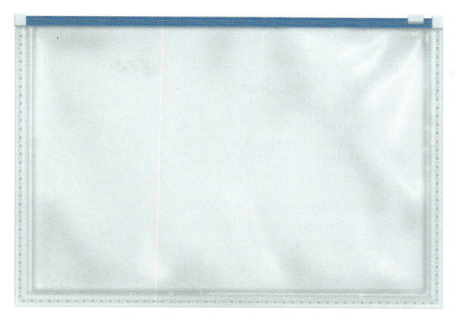

enveloppe^F avec fermeture^F à glissière^F
Pochette de plastique munie d'un système de fermeture hermétique, qui permet de ranger des documents à transporter.

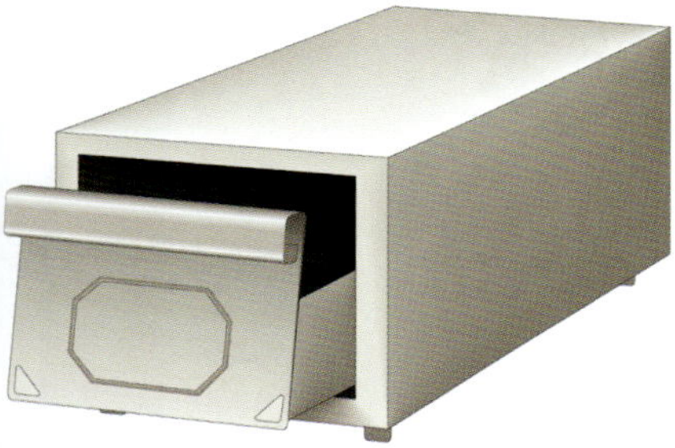

fichier^M
Petite boîte à tiroir conçue pour le rangement et le classement de fiches.

pochette^F de transport^M
Chemise refermable qui permet de ranger des documents à transporter.

compresseur^M
Plaque mobile destinée à maintenir les fiches en position verticale.

porte-étiquette^M
Pièce comportant une ouverture dans laquelle on insère une étiquette d'identification.

tringle^F métallique
Tige cylindrique le long de laquelle se déplace le compresseur.

reliure^F à anneaux^M plastiques
Cahier formé d'un ensemble de feuilles perforées maintenues en place par les dents d'une bande de plastique.

pochette^F de classement^M
Chemise compartimentée, généralement extensible, qui permet de ranger des documents par catégories.

boîte^F-classeur^M
Petite boîte de carton ouverte, généralement utilisée pour ranger des périodiques, des catalogues, des brochures, etc.

pince^F à étiqueter
Instrument qui permet d'imprimer des caractères en relief sur un ruban autocollant.

BUREAUTIQUE

bureau

articles de bureau

articles divers

guide-bande^M
Pièce servant de repère visuel pour l'application du ruban adhésif sur une zone précise.

trombones^M
Petites attaches constituées d'un fil métallique replié sur lui-même, qui permettent de retenir quelques feuilles, quelques fiches, etc.

punaises^F
Petits clous à pointe courte qui s'enfoncent par simple pression du doigt, utilisés pour fixer des feuilles de papier, de carton ou des affiches sur une surface.

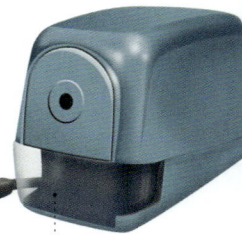

taille-crayon^M **électrique**
Instrument de bureau qui permet d'aiguiser des crayons, par rotation d'une lame commandée automatiquement.

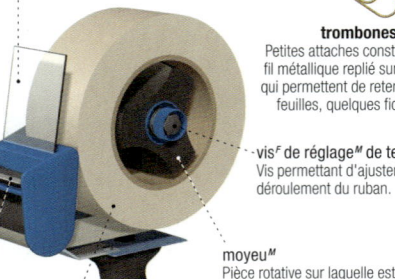

dévidoir^M **pistolet**^M
Instrument qui permet de dérouler, d'appliquer et de couper du ruban adhésif en rouleau à l'aide d'une seule main.

vis^F **de réglage**^M **de tension**^F
Vis permettant d'ajuster la vitesse de déroulement du ruban.

lame^F
Pièce métallique, mince et aplatie, qui permet de couper le ruban adhésif à la longueur voulue.

moyeu^M
Pièce rotative sur laquelle est monté le rouleau de ruban adhésif.

taille-crayon^M
Instrument portatif qui permet d'aiguiser des crayons, par rotation dans une cavité conique munie d'une lame.

réceptacle^M
Récipient qui recueille les copeaux résultant de l'aiguisage des crayons.

ruban^M **adhésif**
Bande de plastique dont l'un des côtés est enduit d'une substance adhérente.

poignée^F
Partie qui permet de saisir et de manier le dévidoir.

distributeur^M **de trombones**^M
Petite boîte contenant des trombones, qui sont distribués petit à petit par l'entremise d'une ouverture aimantée.

gomme^F
Petit bloc de caoutchouc permettant d'effacer le crayon et certains types d'encres.

tube^M **de mines**^F
Petit contenant rempli de mines de rechange pour un crayon porte-mine.

attaches^F **parisiennes**
Petites attaches formées de deux pattes que l'on écarte pour assembler des feuilles de papier, de carton, etc.

aimant^M
Matériau produisant un champ magnétique. Il attire les trombones vers le haut et les maintient en place autour de l'ouverture.

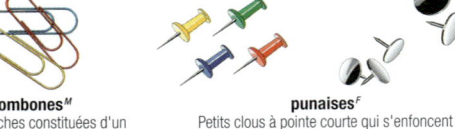

pince-notes^M
Instrument composé de deux branches articulées, serrées l'une contre l'autre, qui permettent de retenir des feuilles, des fiches, etc.

stylo^M **correcteur**
Crayon contenant une substance liquide permettant de masquer des caractères imprimés ou manuscrits afin de les modifier.

bâtonnet^M **de colle**^F
Tube contenant un petit bâton de matière adhésive solide destinée à être appliquée sur une surface.

dévidoir^M **de ruban**^M **adhésif**
Accessoire destiné à faciliter le déroulement et la coupe du ruban adhésif en rouleau.

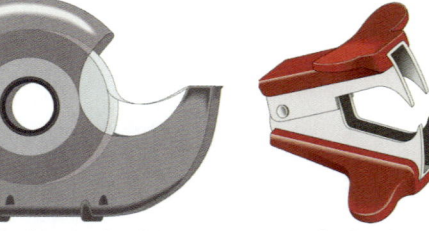

dégrafeuse^F
Instrument qui sert à retirer les agrafes reliant des feuilles de papier.

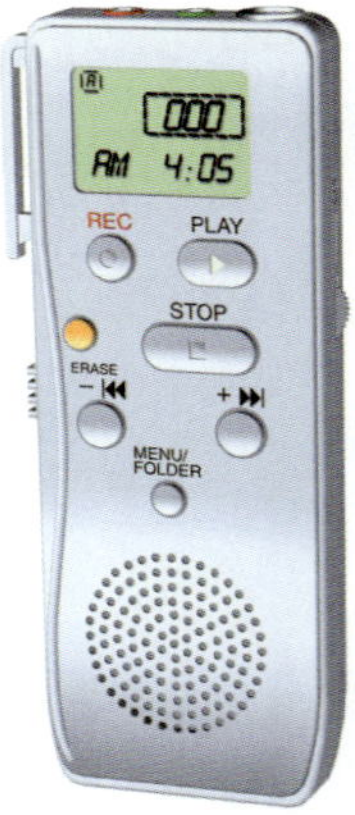

enregistreur^M **numérique**
Appareil portatif servant à enregistrer des messages vocaux sous forme numérique.

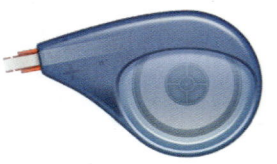

taille-crayon^M
Instrument de bureau qui permet d'aiguiser des crayons, par rotation d'une lame commandée par une manivelle.

pique-notes^M
Support formé d'une tige pointue sur laquelle on enfile des notes, des factures, des billets, etc.

ruban^M **correcteur**
Ruban adhésif conçu pour masquer des caractères imprimés ou manuscrits et en permettre la modification.

agrafes^F
Pièces de métal, destinées à être chargées dans une agrafeuse, qui permettent de relier des feuilles de papier.

agrafeuse^F
Instrument utilisé pour assembler deux ou plusieurs feuilles au moyen d'agrafes.

BUREAUTIQUE

bureau 655

articles^M de bureau^M

rétroprojecteur^M
Appareil qui projette sur un écran, généralement placé derrière l'utilisateur, l'image agrandie d'un document imprimé sur un support transparent.

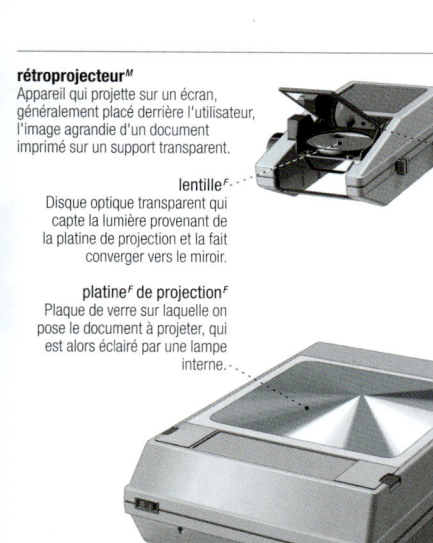

lentille^F
Disque optique transparent qui capte la lumière provenant de la platine de projection et la fait converger vers le miroir.

platine^F **de projection**^F
Plaque de verre sur laquelle on pose le document à projeter, qui est alors éclairé par une lampe interne.

tête^F **de projection**^F
Pièce mobile supportant la lentille et le miroir. Une bague de mise au point permet d'en modifier la position, assurant ainsi la netteté de l'image sur l'écran.

miroir^M
Surface de verre polie qui dirige vers un écran de projection la lumière transmise par la lentille.

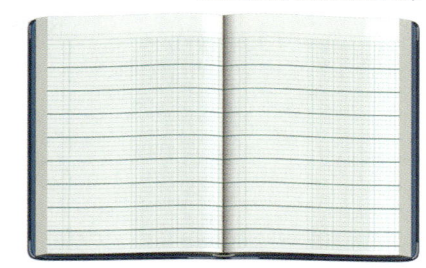

tête^F **de coupe**^F
Bloc muni d'une ouverture permettant d'introduire le papier ainsi que d'un dispositif de coupe assurant la destruction des documents.

corbeille^F **à papier**^M
Panier destiné à recueillir les documents déchiquetés.

destructeur^M **de documents**^M ; *déchiqueteuse*^F
Appareil qui permet de réduire des documents papier en fragments illisibles.

registre^M **de comptabilité**^F
Livre à colonnes dans lequel sont consignées les informations financières d'une organisation (ventes, achats, encaissements, décaissements, etc.).

corbeille^F **à papier**^M
Panier dans lequel on jette les objets inutiles.

tableau^M **d'affichage**^M ; *babillard*^M
Panneau accroché à un mur, sur lequel on épingle des messages, des annonces, des notes, etc.

serre-livres^M
Objets destinés à maintenir des reliures ou des livres serrés les uns contre les autres.

négatoscope^M
Écran lumineux utilisé pour examiner, par transparence, des négatifs, des diapositives, des transparents, des dessins, etc.

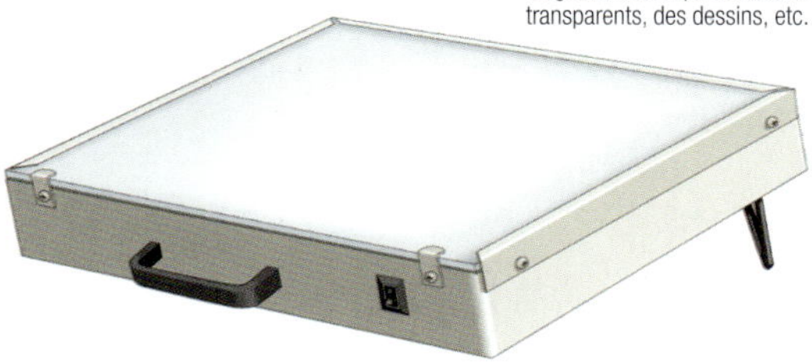

surface^F **d'affichage**^M
Panneau de liège sur lequel on peut fixer des documents à l'aide de punaises.

perforatrice^F
Instrument permettant de percer des trous dans des feuilles de papier.

rabat^M
Pièce articulée conçue pour se replier sur l'ouverture de la caisse et ainsi la fermer.

caisse^F **américaine**
Boîte à rabats formée d'une seule pièce de carton rigide, destinée à recevoir divers objets à entreposer ou à expédier.

cisaille^F
Dispositif servant à couper d'équerre le papier, le carton, les transparents, etc.

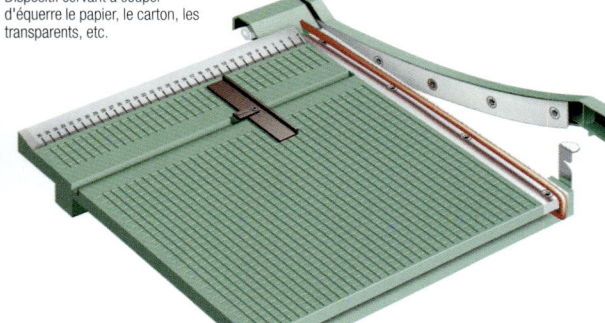

poignée^F **découpée**
Cavité permettant de saisir et de transporter la caisse plus facilement.

BUREAUTIQUE

TRANSPORT ET MACHINERIE

TRANSPORT ROUTIER   658
Ensemble des moyens et des installations qui permettent le transport par véhicules motorisés de voyageurs ou de marchandises.

TRANSPORT ROUTIER AUTOMOBILE   668
Ensemble des moyens et des installations qui permettent le transport par voitures, camions, autobus ou motos de voyageurs ou de marchandises.

TRANSPORT ROUTIER CYCLISTE   698
Ensemble des moyens et des installations qui permettent le transport de personnes ou de bagages par bicyclette.

TRANSPORT FERROVIAIRE   703
Ensemble des moyens et des installations qui permettent le transport par train de voyageurs ou de marchandises.

TRANSPORT FERROVIAIRE URBAIN   714
Ensemble des moyens et des installations qui permettent le transport par train (métro, tramway) de voyageurs à l'intérieur d'une agglomération.

TRANSPORT MARITIME   718
Ensemble des moyens et des installations qui permettent le transport par bateau de voyageurs ou de marchandises.

TRANSPORT AÉRIEN   740
Ensemble des appareils et des installations qui permettent le transport par aéronef de voyageurs ou de marchandises.

MANUTENTION   754
Ensemble des appareils et des équipements utilisés pour la manipulation de lourdes charges.

MACHINERIE LOURDE   758
Ensemble des gros équipements utilisés pour la réalisation de travaux d'envergure qui consistent à creuser, à remuer et à déplacer de la terre ou des matériaux.

systèmeᴹ routier

Ensemble des ouvrages permettant la circulation sur voie carrossable.

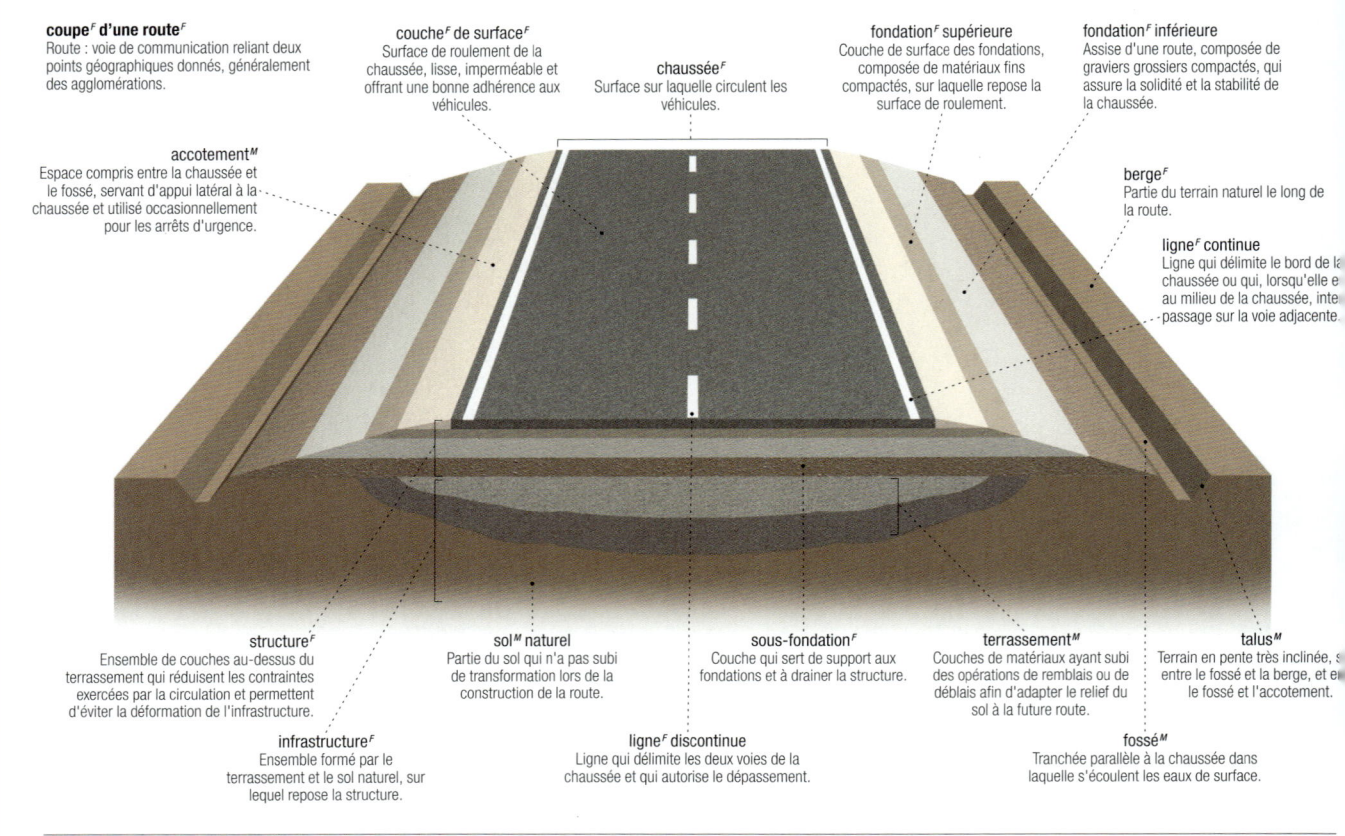

coupeᶠ d'une routeᶠ
Route : voie de communication reliant deux points géographiques donnés, généralement des agglomérations.

coucheᶠ de surfaceᶠ
Surface de roulement de la chaussée, lisse, imperméable et offrant une bonne adhérence aux véhicules.

chausséeᶠ
Surface sur laquelle circulent les véhicules.

fondationᶠ supérieure
Couche de surface des fondations, composée de matériaux fins compactés, sur laquelle repose la surface de roulement.

fondationᶠ inférieure
Assise d'une route, composée de graviers grossiers compactés, qui assure la solidité et la stabilité de la chaussée.

accotementᴹ
Espace compris entre la chaussée et le fossé, servant d'appui latéral à la chaussée et utilisé occasionnellement pour les arrêts d'urgence.

bergeᶠ
Partie du terrain naturel le long de la route.

ligneᶠ continue
Ligne qui délimite le bord de la chaussée ou qui, lorsqu'elle est au milieu de la chaussée, interdit le passage sur la voie adjacente.

structureᶠ
Ensemble de couches au-dessus du terrassement qui réduisent les contraintes exercées par la circulation et permettent d'éviter la déformation de l'infrastructure.

solᴹ naturel
Partie du sol qui n'a pas subi de transformation lors de la construction de la route.

sous-fondationᶠ
Couche qui sert de support aux fondations et à drainer la structure.

terrassementᴹ
Couches de matériaux ayant subi des opérations de remblais ou de déblais afin d'adapter le relief du sol à la future route.

talusᴹ
Terrain en pente très inclinée, entre le fossé et la berge, et entre le fossé et l'accotement.

infrastructureᶠ
Ensemble formé par le terrassement et le sol naturel, sur lequel repose la structure.

ligneᶠ discontinue
Ligne qui délimite les deux voies de la chaussée et qui autorise le dépassement.

fosséᴹ
Tranchée parallèle à la chaussée dans laquelle s'écoulent les eaux de surface.

exemplesᴹ d'échangeursᴹ

Échangeur : dispositif de raccordement de plusieurs routes ou autoroutes permettant d'éviter tout croisement entre celles-ci.

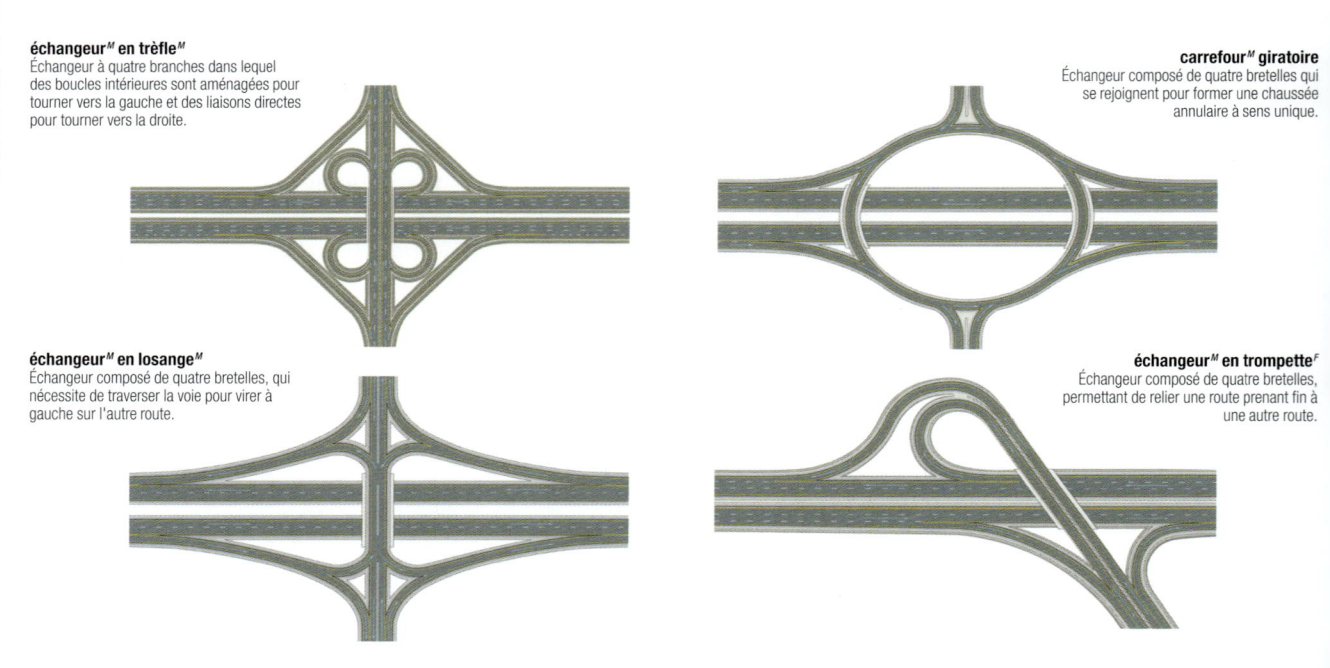

échangeurᴹ en trèfleᴹ
Échangeur à quatre branches dans lequel des boucles intérieures sont aménagées pour tourner vers la gauche et des liaisons directes pour tourner vers la droite.

carrefourᴹ giratoire
Échangeur composé de quatre bretelles qui se rejoignent pour former une chaussée annulaire à sens unique.

échangeurᴹ en losangeᴹ
Échangeur composé de quatre bretelles, qui nécessite de traverser la voie pour virer à gauche sur l'autre route.

échangeurᴹ en trompetteᴹ
Échangeur composé de quatre bretelles, permettant de relier une route prenant fin à une autre route.

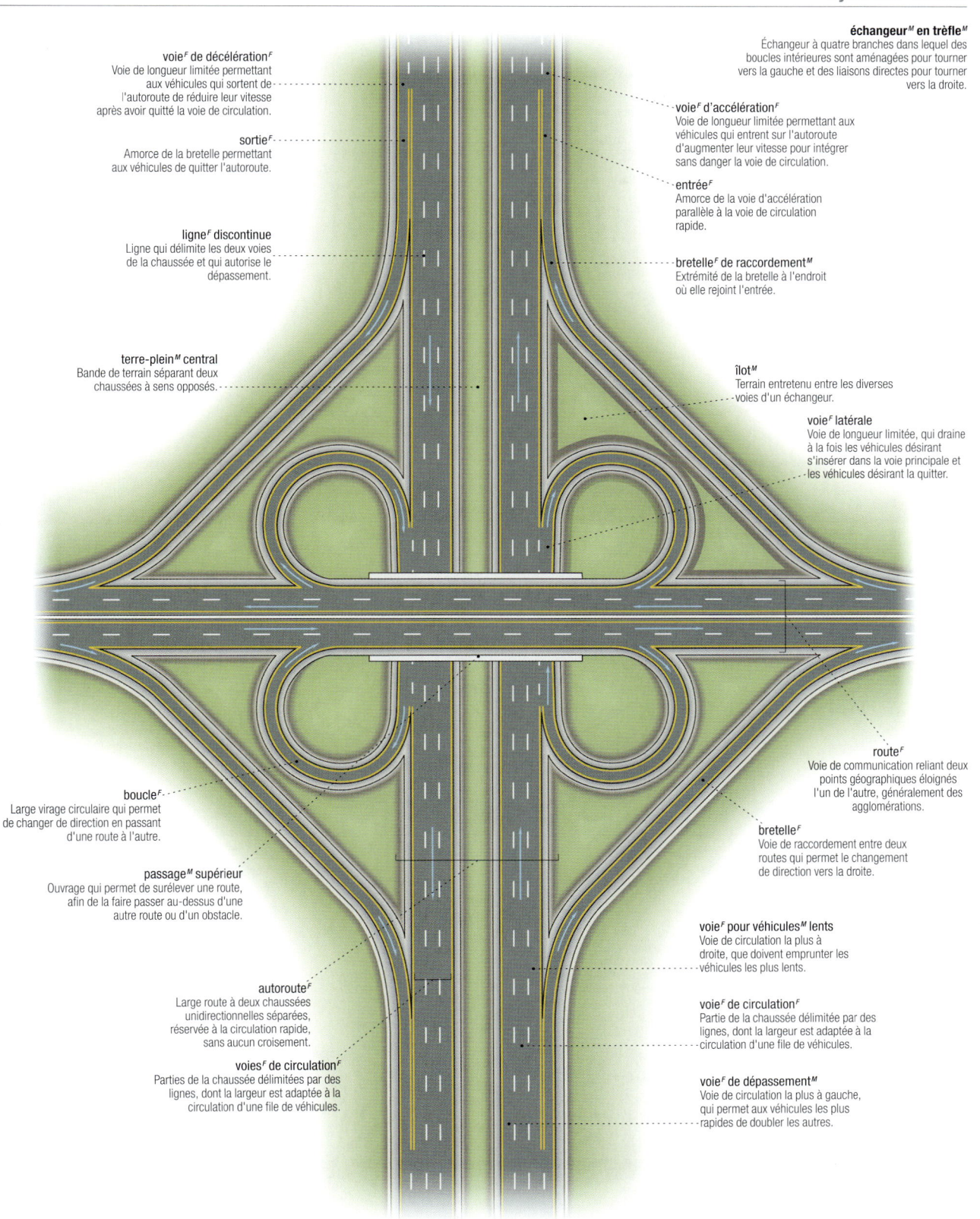

transport routier

système^M routier

voie^F de décélération^F
Voie de longueur limitée permettant aux véhicules qui sortent de l'autoroute de réduire leur vitesse après avoir quitté la voie de circulation.

sortie^F
Amorce de la bretelle permettant aux véhicules de quitter l'autoroute.

ligne^F discontinue
Ligne qui délimite les deux voies de la chaussée et qui autorise le dépassement.

terre-plein^M central
Bande de terrain séparant deux chaussées à sens opposés.

boucle^F
Large virage circulaire qui permet de changer de direction en passant d'une route à l'autre.

passage^M supérieur
Ouvrage qui permet de surélever une route, afin de la faire passer au-dessus d'une autre route ou d'un obstacle.

autoroute^F
Large route à deux chaussées unidirectionnelles séparées, réservée à la circulation rapide, sans aucun croisement.

voies^F de circulation^F
Parties de la chaussée délimitées par des lignes, dont la largeur est adaptée à la circulation d'une file de véhicules.

échangeur^M en trèfle^M
Échangeur à quatre branches dans lequel des boucles intérieures sont aménagées pour tourner vers la gauche et des liaisons directes pour tourner vers la droite.

voie^F d'accélération^F
Voie de longueur limitée permettant aux véhicules qui entrent sur l'autoroute d'augmenter leur vitesse pour intégrer sans danger la voie de circulation.

entrée^F
Amorce de la voie d'accélération parallèle à la voie de circulation rapide.

bretelle^F de raccordement^M
Extrémité de la bretelle à l'endroit où elle rejoint l'entrée.

îlot^M
Terrain entretenu entre les diverses voies d'un échangeur.

voie^F latérale
Voie de longueur limitée, qui draine à la fois les véhicules désirant s'insérer dans la voie principale et les véhicules désirant la quitter.

route^F
Voie de communication reliant deux points géographiques éloignés l'un de l'autre, généralement des agglomérations.

bretelle^F
Voie de raccordement entre deux routes qui permet le changement de direction vers la droite.

voie^F pour véhicules^M lents
Voie de circulation la plus à droite, que doivent emprunter les véhicules les plus lents.

voie^F de circulation^F
Partie de la chaussée délimitée par des lignes, dont la largeur est adaptée à la circulation d'une file de véhicules.

voie^F de dépassement^M
Voie de circulation la plus à gauche, qui permet aux véhicules les plus rapides de doubler les autres.

TRANSPORT ET MACHINERIE

transport routier

ponts^M fixes

Ouvrages permettant à une voie de circulation de franchir un obstacle (rivière, gorge, route, etc.).

pont^M à poutre^F
Pont dont le tablier est composé d'une ou de plusieurs poutres soutenues au-dessus du vide par des piles.

passage^M supérieur
Ouvrage qui permet de surélever une route, afin de la faire passer au-dessus d'une autre route ou d'un obstacle.

poutre^F continue
Pièce porteuse allongée qui prend appui sur les culées et les piles.

garde-corps^M
Barrière à hauteur de poitrine, de chaque côté du tablier, pour empêcher les personnes ou les véhicules de tomber dans le vide.

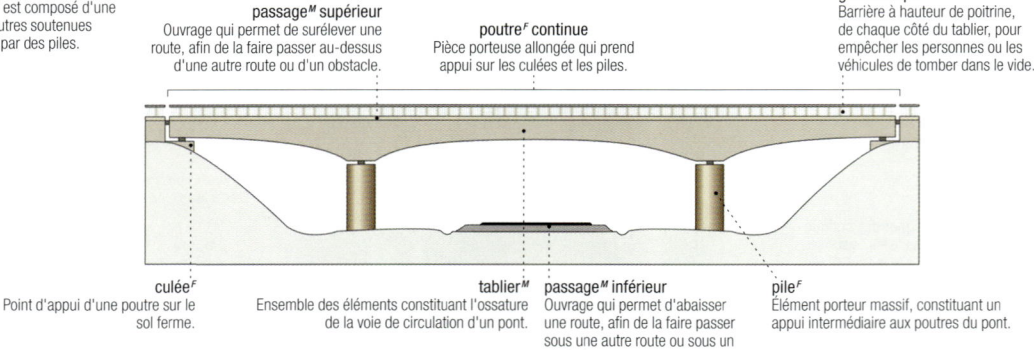

culée^F
Point d'appui d'une poutre sur le sol ferme.

tablier^M
Ensemble des éléments constituant l'ossature de la voie de circulation d'un pont.

passage^M inférieur
Ouvrage qui permet d'abaisser une route, afin de la faire passer sous une autre route ou sous un obstacle.

pile^F
Élément porteur massif, constituant un appui intermédiaire aux poutres du pont.

exemples^M de ponts^M à poutre^F
Selon la longueur de la chaussée au-dessus de l'obstacle, le pont peut comporter une ou plusieurs poutres.

viaduc^M
Pont constitué de plusieurs poutres, qui franchit une vallée à grande hauteur.

pont^M à poutres^F indépendantes
Pont dont le tablier est constitué de plusieurs poutres juxtaposées, disposant d'un appui à chacune de leurs extrémités.

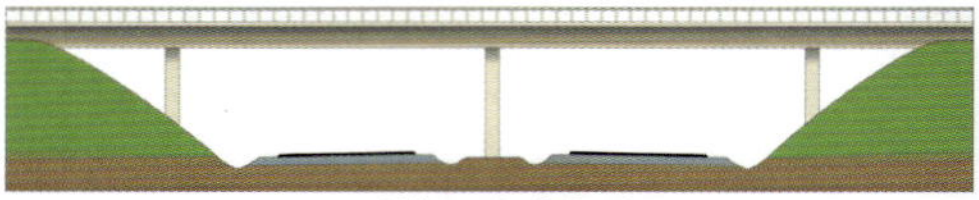

pont^M à poutre^F simple
Pont dont le tablier est constitué d'une seule poutre continue.

pont^M suspendu à câble^M porteur
Pont dont le long tablier est suspendu à des câbles porteurs prenant appui sur des pylônes et ancrés dans la terre à chaque extrémité du pont.

tablier^M
Ensemble des éléments constituant l'ossature de la voie de circulation d'un pont.

câble^M porteur
Élément flexible, très résistant, formé par l'assemblage de fils d'acier, qui porte le poids du tablier.

suspente^F
Câble ou tige métallique reliant le câble porteur au tablier pour le soutenir.

pylône^M
Structure élevée, en métal ou en béton armé, qui supporte des câbles.

rampe^F d'accès^M
Voie permettant d'accéder au pont.

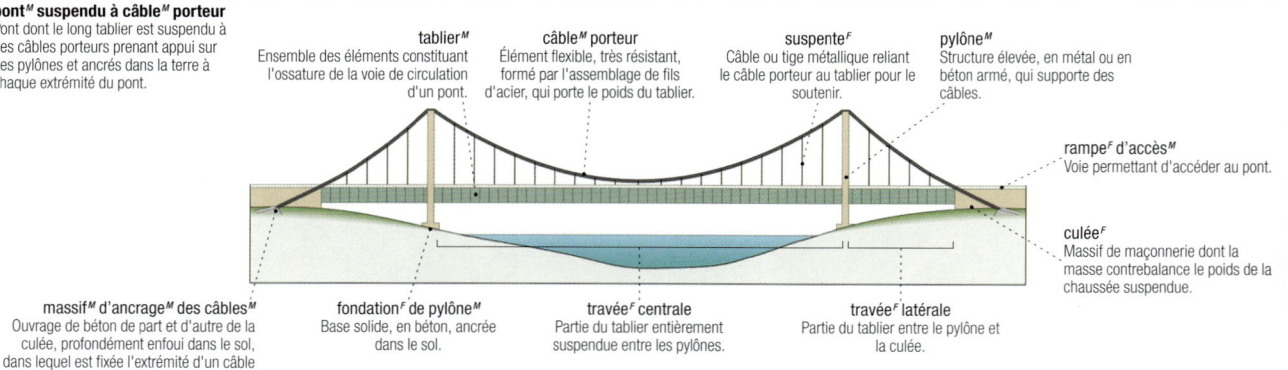

culée^F
Massif de maçonnerie dont la masse contrebalance le poids de la chaussée suspendue.

massif^M d'ancrage^M des câbles^M
Ouvrage de béton de part et d'autre de la culée, profondément enfoui dans le sol, dans lequel est fixée l'extrémité d'un câble porteur.

fondation^F de pylône^M
Base solide, en béton, ancrée dans le sol.

travée^F centrale
Partie du tablier entièrement suspendue entre les pylônes.

travée^F latérale
Partie du tablier entre le pylône et la culée.

pont^M cantilever
Pont dont les deux poutres principales se prolongent en porte-à-faux et soutiennent une poutre suspendue de portée réduite.

poutre^F cantilever
Poutre à armature complexe de part et d'autre d'un pilier central dont une extrémité s'appuie sur le sol et l'autre soutient une poutre suspendue.

poutre^F suspendue
Courte poutre centrale reposant sur l'extrémité des deux poutres cantilever.

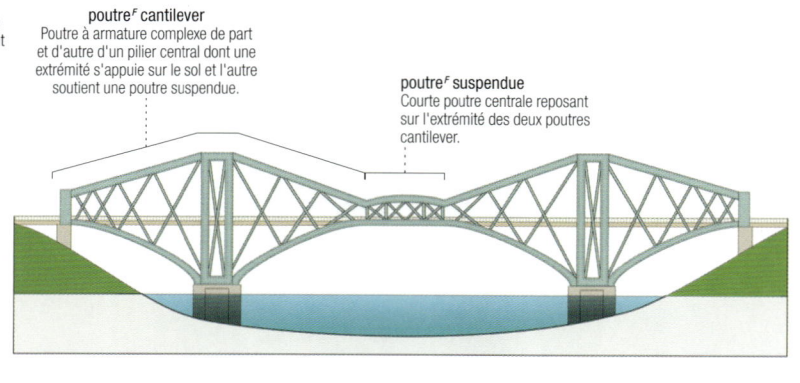

TRANSPORT ET MACHINERIE

transport routier

ponts^F fixes

arc^M métallique à treillis^M
Poutre arquée constituée de deux membrures assemblées par un réseau triangulé de tiges.

arche^F
Structure à arc métallique, soutenant le tablier dont elle transfère le poids sur les culées.

membrure^F supérieure
Poutre d'acier longitudinale supérieure de l'arc métallique.

pont^M en arc^M
Pont dont le tablier est soutenu par des suspentes accrochées à une arche qui exerce une poussée oblique sur ses appuis latéraux.

portique^M
Partie du tablier du pont, au-dessus de la terre ferme, posée sur des poteaux.

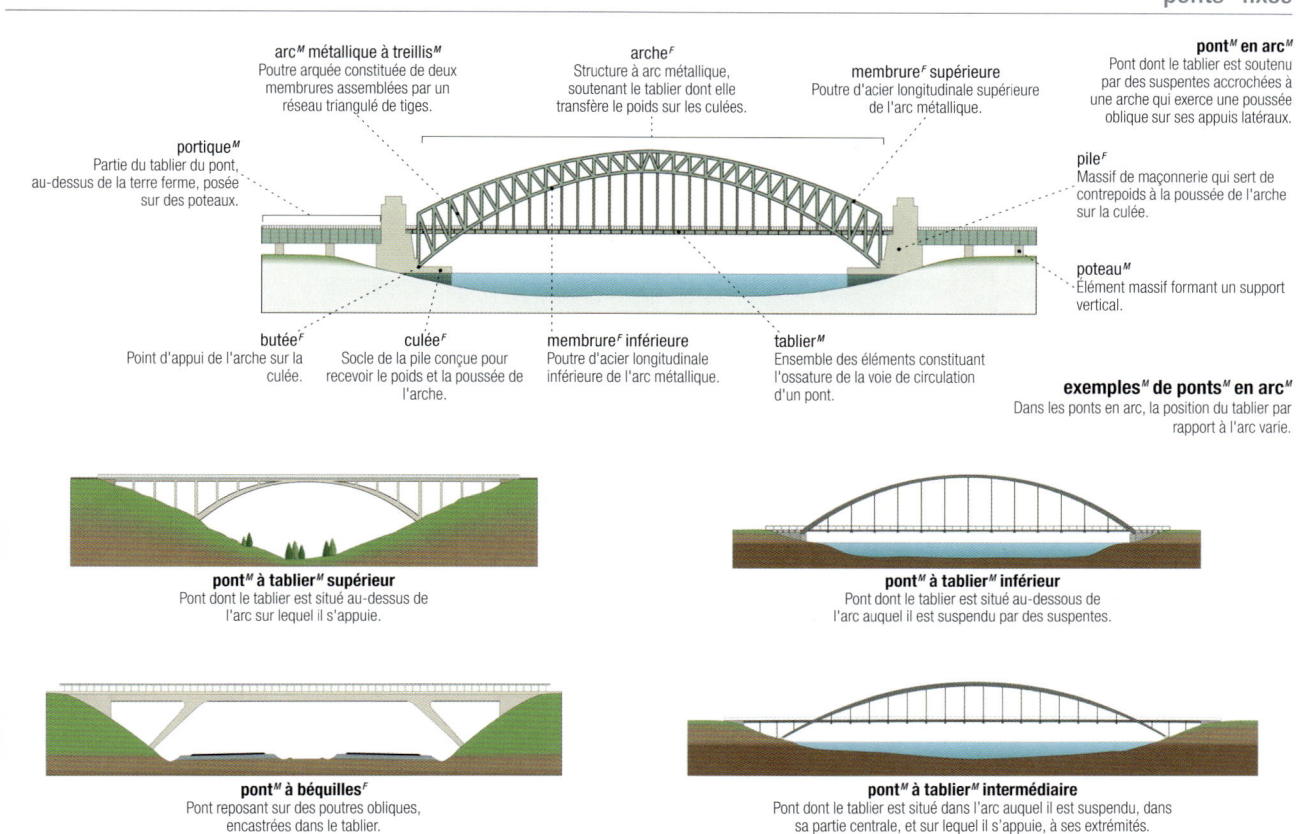

pile^F
Massif de maçonnerie qui sert de contrepoids à la poussée de l'arche sur la culée.

poteau^M
Élément massif formant un support vertical.

butée^F
Point d'appui de l'arche sur la culée.

culée^F
Socle de la pile conçue pour recevoir le poids et la poussée de l'arche.

membrure^F inférieure
Poutre d'acier longitudinale inférieure de l'arc métallique.

tablier^M
Ensemble des éléments constituant l'ossature de la voie de circulation d'un pont.

exemples^M de ponts^M en arc^M
Dans les ponts en arc, la position du tablier par rapport à l'arc varie.

pont^M à tablier^M supérieur
Pont dont le tablier est situé au-dessus de l'arc sur lequel il s'appuie.

pont^M à tablier^M inférieur
Pont dont le tablier est situé au-dessous de l'arc auquel il est suspendu par des suspentes.

pont^M à béquilles^F
Pont reposant sur des poutres obliques, encastrées dans le tablier.

pont^M à tablier^M intermédiaire
Pont dont le tablier est situé dans l'arc auquel il est suspendu, dans sa partie centrale, et sur lequel il s'appuie, à ses extrémités.

exemples^M d'arcs^M
La conception de l'arc varie selon la manière dont il absorbe et transmet le poids de la chaussée à ses points d'appui.

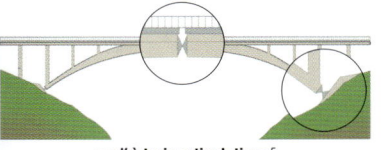

arc^M à trois articulations^F
Arc disposant de trois dispositifs à rotules : un à chacune de ses extrémités et un à son centre.

arc^M à deux articulations^F
Arc dont chacune des extrémités repose sur une culée par l'intermédiaire d'un dispositif à rotule.

arc^M encastré
Arc sans articulations, encastré dans chacun de ses appuis.

ponts^M suspendus à haubans^M
Ponts dont le tablier, soutenu en plusieurs points par des haubans, prend appui sur un ou plusieurs pylônes.

ancrage^M des haubans^M
Dispositif par lequel une extrémité du hauban est fixée au pylône et l'autre extrémité au tablier.

haubans^M
Câbles généralement métalliques reliés par une extrémité au haut d'un pylône et soutenant par l'autre extrémité le tablier.

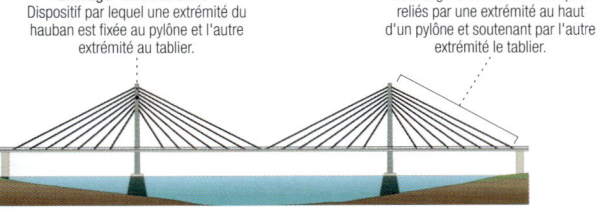

haubans^M en éventail^M
Pont pour lequel la distance des points d'ancrage des haubans sur le pylône est inférieure à la distance des points d'ancrage sur le tablier.

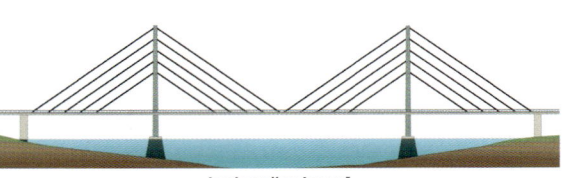

haubans^M en harpe^F
Pont dont les haubans sont parallèles.

TRANSPORT ET MACHINERIE

ponts[M] mobiles

Ponts dont le tablier peut se déplacer pour libérer la voie de communication qu'ils traversent ou qui sont construits temporairement en attente d'un ouvrage permanent.

pont[M] tournant
Pont dont le tablier pivote autour d'un axe vertical.

plaque[F] tournante
Structure mécanique mobile posée sur une pile qui permet le pivotement du tablier.

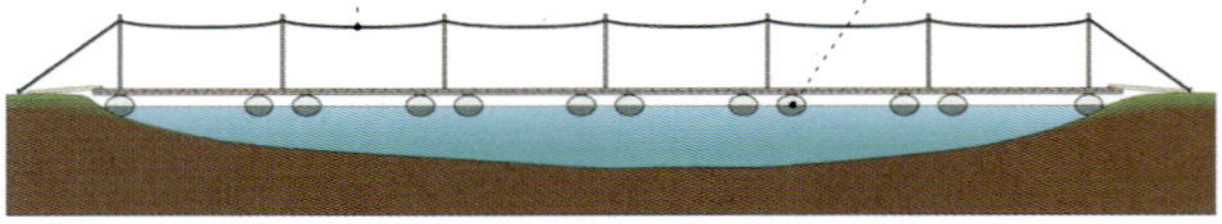

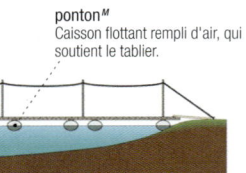

garde-corps[M]
Barrière à hauteur de poitrine, de chaque côté du tablier, pour empêcher les personnes ou les véhicules de tomber dans le vide.

ponton[M]
Caisson flottant rempli d'air, qui soutient le tablier.

contrepoids[M]
Masse de béton ou de fonte, qui équilibre le poids du tablier et facilite son soulèvement.

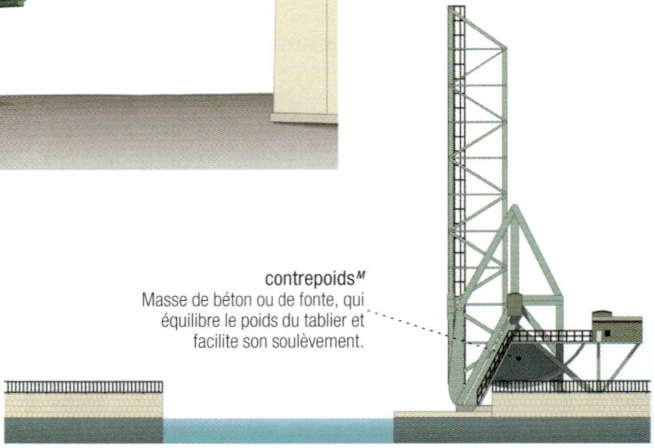

pont[M] basculant à simple volée[F]
Pont dont le tablier se relève grâce à un mécanisme à contrepoids.

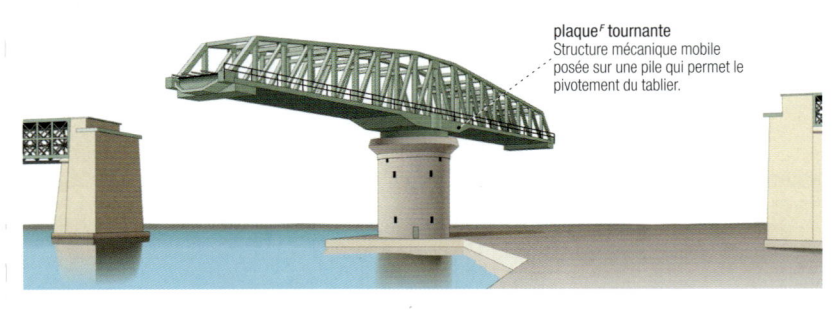

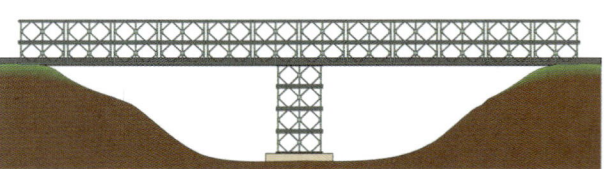

pont[M] flottant
Pont dont le tablier repose sur des pontons qu'on peut désolidariser pour l'ouvrir.

pont[M] Bailey
Pont en acier, souvent provisoire, dont les composants standardisés à treillis permettent un assemblage rapide.

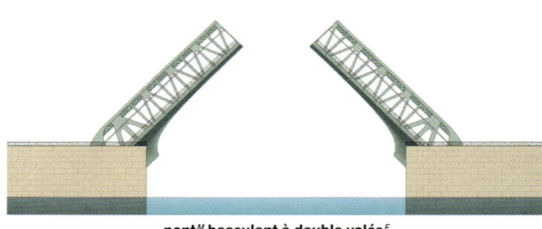

pont[M] basculant à double volée[F]
Pont dont le tablier est composé de deux poutres qui se rejoignent au milieu du pont et pivotent chacune autour d'un axe vertical placé à chaque culée.

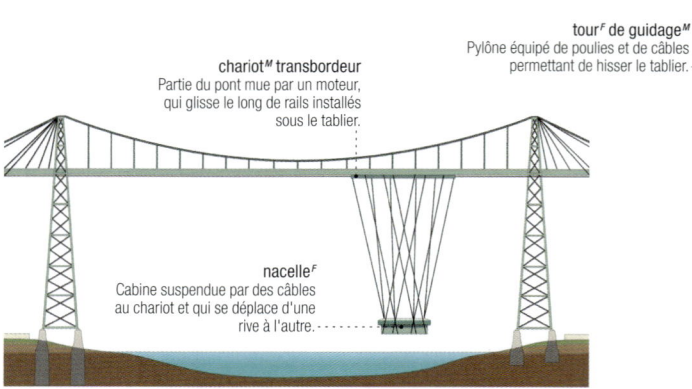

chariot[M] transbordeur
Partie du pont mue par un moteur, qui glisse le long de rails installés sous le tablier.

tour[F] de guidage[M]
Pylône équipé de poulies et de câbles permettant de hisser le tablier.

travée[F] levante
Tablier suspendu à chaque extrémité par des câbles qui le hissent le long des tours de guidage.

nacelle[F]
Cabine suspendue par des câbles au chariot et qui se déplace d'une rive à l'autre.

pont[M] transbordeur
Pont au tablier très élevé auquel est suspendue une nacelle mobile pour le transport de piétons ou de véhicules.

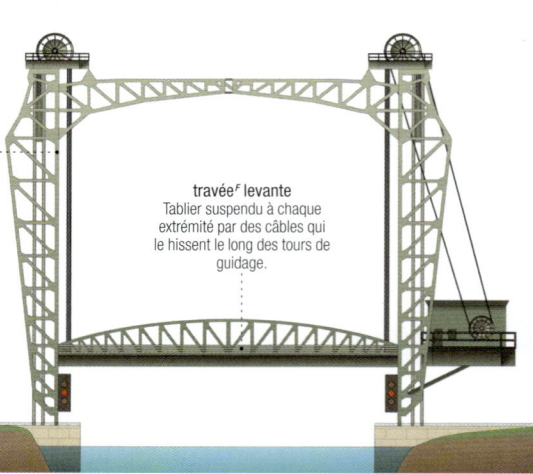

pont[M] levant
Pont dont le tablier se soulève par un système de câbles.

transport routier

tunnel^M routier

Galerie souterraine permettant le passage d'une route sous un obstacle (cours d'eau, élévation de terrain, etc.).

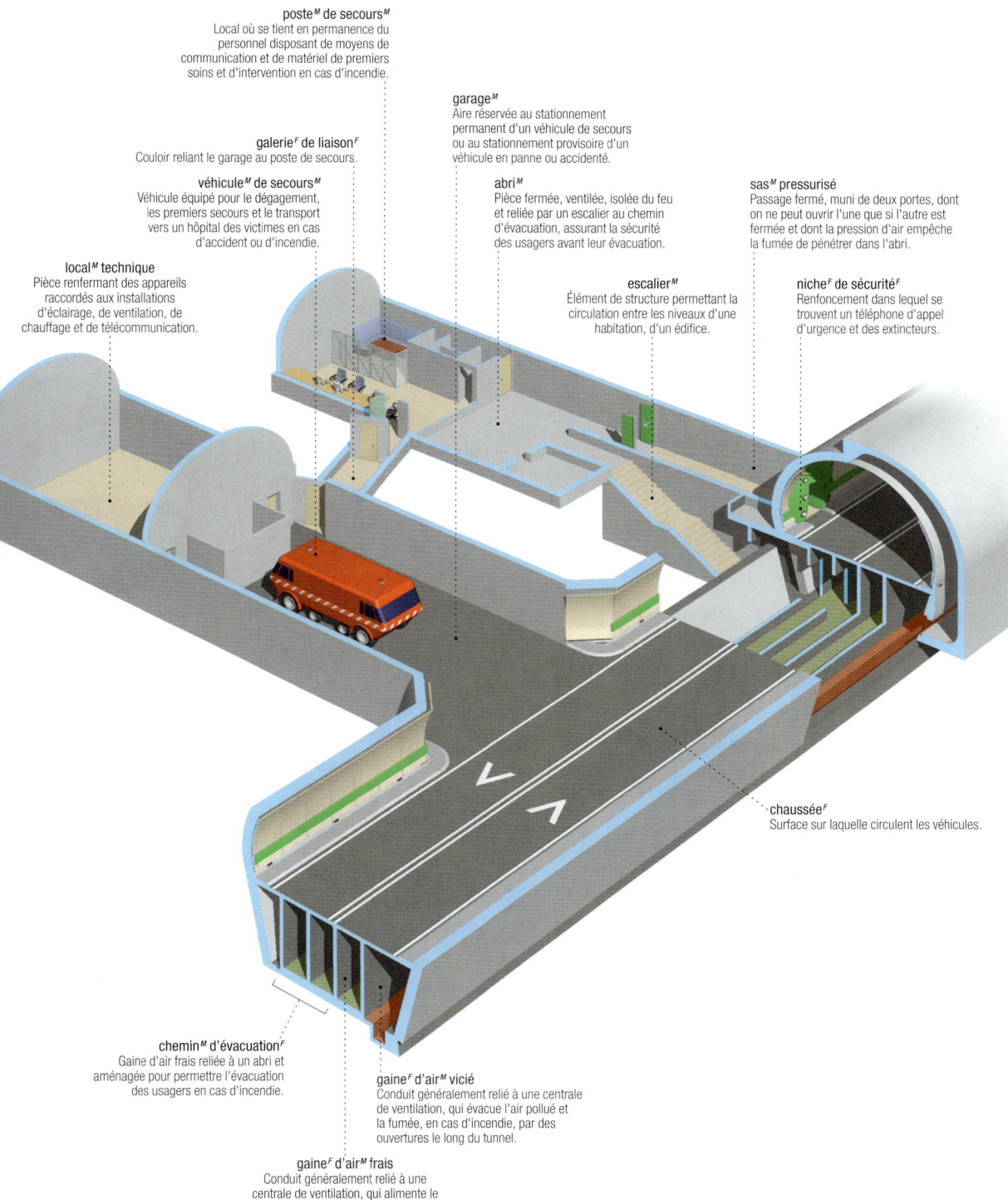

poste^M de secours^M
Local où se tient en permanence du personnel disposant de moyens de communication et de matériel de premiers soins et d'intervention en cas d'incendie.

galerie^F de liaison^F
Couloir reliant le garage au poste de secours.

véhicule^M de secours^M
Véhicule équipé pour le dégagement, les premiers secours et le transport vers un hôpital des victimes en cas d'accident ou d'incendie.

garage^M
Aire réservée au stationnement permanent d'un véhicule de secours ou au stationnement provisoire d'un véhicule en panne ou accidenté.

abri^M
Pièce fermée, ventilée, isolée du feu et reliée par un escalier au chemin d'évacuation, assurant la sécurité des usagers avant leur évacuation.

sas^M pressurisé
Passage fermé, muni de deux portes, dont on ne peut ouvrir l'une que si l'autre est fermée et dont la pression d'air empêche la fumée de pénétrer dans l'abri.

local^M technique
Pièce renfermant des appareils raccordés aux installations d'éclairage, de ventilation, de chauffage et de télécommunication.

escalier^M
Élément de structure permettant la circulation entre les niveaux d'une habitation, d'un édifice.

niche^F de sécurité^F
Renfoncement dans lequel se trouvent un téléphone d'appel d'urgence et des extincteurs.

chaussée^F
Surface sur laquelle circulent les véhicules.

chemin^M d'évacuation^F
Gaine d'air frais reliée à un abri et aménagée pour permettre l'évacuation des usagers en cas d'incendie.

gaine^F d'air^M vicié
Conduit généralement relié à une centrale de ventilation, qui évacue l'air pollué et la fumée, en cas d'incendie, par des ouvertures le long du tunnel.

gaine^F d'air^M frais
Conduit généralement relié à une centrale de ventilation, qui alimente le tunnel en air frais par des ouvertures sur les bas-côtés de la chaussée.

TRANSPORT ET MACHINERIE

signalisation[F] routière

Ensemble des panneaux, feux, marques sur la chaussée, etc., visant à assurer la sécurité des usagers de la route et à accroître l'efficacité de la circulation.

principaux panneaux[M] internationaux
Panneaux utilisés par les pays ayant adhéré à la Convention internationale de Vienne qui garantit une certaine uniformité internationale des symboles routiers.

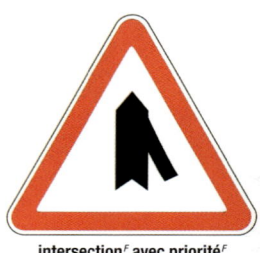

virage[M] à droite[F]

double virage[M]

chaussée[F] rétrécie

arrêt[M] à l'intersection[F]

accès[M] interdit

interdiction[F] de faire demi-tour[M]

interdiction[F] de dépasser

direction[F] obligatoire

direction[F] obligatoire

direction[F] obligatoire

directions[F] obligatoires

voie[F] à sens[M] unique

circulation[F] dans les deux sens[M]

cédez le passage[M]

intersection[F] avec priorité[F]

transport routier

signalisation^F routière

chutes^F de pierres^F

limitation^F de hauteur^F

signalisation^F lumineuse

zone^F scolaire

passage^M pour piétons^M

travaux^M

chaussée^F glissante

passage^M à niveau^M

passage^M d'animaux^M sauvages

descente^F dangereuse

chaussée^F cahoteuse

accès^M interdit aux piétons^M

accès^M interdit aux bicyclettes^F

accès^M interdit aux motos^F

accès^M interdit aux camions^M

TRANSPORT ET MACHINERIE

transport routier

signalisation[F] routière

principaux panneaux[M] nord-américains
Panneaux utilisés au Canada et aux États-Unis, s'inspirant plus ou moins des panneaux préconisés par la Convention internationale de Vienne de 1968.

arrêt[M] à l'intersection[F]

accès[M] interdit

cédez le passage[M]

accès[M] interdit aux motos[F]

accès[M] interdit aux piétons[M]

accès[M] interdit aux bicyclettes[F]

accès[M] interdit aux camions[M]

directions[F] obligatoires

direction[F] obligatoire

direction[F] obligatoire

direction[F] obligatoire

interdiction[F] de faire demi-tour[M]

interdiction[F] de dépasser

voie[F] à sens[M] unique

circulation[F] dans les deux sens[M]

TRANSPORT ET MACHINERIE

transport routier

signalisation routière

double virage	intersection avec priorité	virage à droite
chaussée rétrécie	chaussée glissante	passage d'animaux sauvages	travaux
chaussée cahoteuse	descente dangereuse	chutes de pierres	passage à niveau
limitation de hauteur	signalisation lumineuse	zone scolaire	passage pour piétons

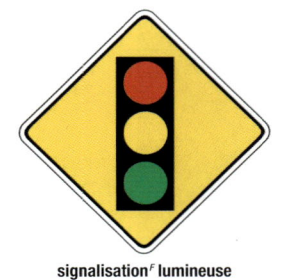

TRANSPORT ET MACHINERIE

transport routier automobile

station^F-service^M

Établissement commercial comportant un ou plusieurs distributeurs d'essence et assurant généralement l'entretien courant des véhicules.

vue^F d'ensemble^M

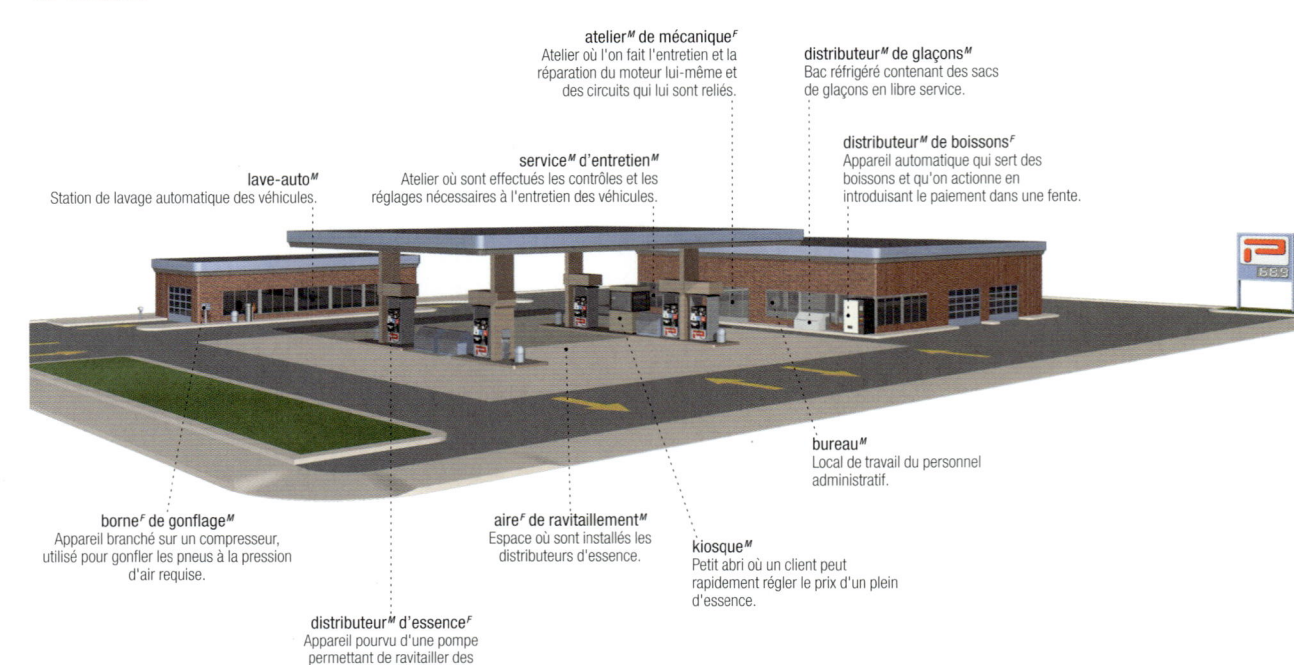

atelier^M de mécanique^F
Atelier où l'on fait l'entretien et la réparation du moteur lui-même et des circuits qui lui sont reliés.

distributeur^M de glaçons^M
Bac réfrigéré contenant des sacs de glaçons en libre service.

service^M d'entretien^M
Atelier où sont effectués les contrôles et les réglages nécessaires à l'entretien des véhicules.

distributeur^M de boissons^F
Appareil automatique qui sert des boissons et qu'on actionne en introduisant le paiement dans une fente.

lave-auto^M
Station de lavage automatique des véhicules.

bureau^M
Local de travail du personnel administratif.

borne^F de gonflage^M
Appareil branché sur un compresseur, utilisé pour gonfler les pneus à la pression d'air requise.

aire^F de ravitaillement^M
Espace où sont installés les distributeurs d'essence.

kiosque^M
Petit abri où un client peut rapidement régler le prix d'un plein d'essence.

distributeur^M d'essence^F
Appareil pourvu d'une pompe permettant de ravitailler des véhicules en essence.

distributeur^M d'essence^F

Appareil pourvu d'une pompe permettant de ravitailler des véhicules en essence.

écran^M
Surface sur laquelle s'affichent des instructions guidant l'usager lors du paiement par carte.

fente^F du lecteur^M de carte^F
La carte est insérée dans un appareil qui vérifie le numéro d'identification personnelle (NIP) du client avant qu'il ne puisse effectuer une transaction.

clavier^M alphanumérique
Ensemble de touches permettant d'entrer des nombres, des caractères et d'autres types d'informations.

sortie^F des tickets^M
Fente par laquelle est remis à l'usager le justificatif du paiement par carte bancaire.

type^M de carburant^M
Choix de carburants disponibles (carburant diesel, essence, etc.) et prix de chacun par unité de volume (litre ou gallon).

mode^M d'emploi^M
Ensemble des instructions expliquant la marche à suivre pour utiliser le distributeur d'essence.

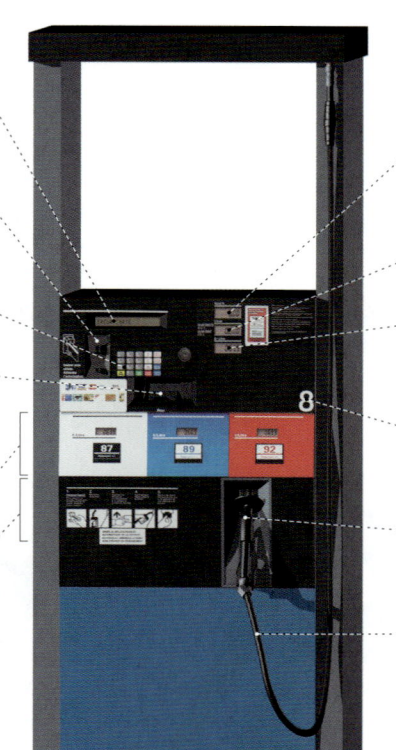

afficheur^M totaliseur
Écran affichant le prix total correspondant au volume de carburant distribué.

afficheur^M volume^M
Écran affichant, en gallons ou en litres, le volume d'essence distribué.

afficheur^M prix^M
Écran affichant le prix du carburant choisi par unité de volume (litre ou gallon).

numéro^M de la pompe^F

pistolet^M de distribution^F
Robinet en forme de pistolet placé à l'extrémité du flexible de distribution et utilisé pour verser l'essence dans le réservoir du véhicule.

flexible^M de distribution^F
Tuyau souple relié à la pompe et assurant le débit du carburant.

transport routier automobile

automobile^F

Véhicule à moteur pourvu de quatre roues, aménagé pour le transport d'un petit nombre de personnes ainsi que d'objets de faible encombrement.

exemples^M de voitures^F
Le profilé des carrosseries de voitures change selon les constructeurs et les années autour de modèles types variant peu.

limousine^F
Berline de luxe spacieuse, comportant plus de quatre portières, dans laquelle l'espace réservé aux passagers est séparé de celui du chauffeur.

voiture^F micro-compacte
Automobile de taille très réduite, comportant deux sièges et un coffre intégré à l'habitacle, destinée à la circulation et au stationnement dans les grandes agglomérations.

cabriolet^M ; décapotable^F
Automobile comportant deux ou quatre portières, dont le toit, souple ou rigide, est escamotable.

voiture^F sport^M
Automobile d'allure aérodynamique comportant deux portières, un petit coffre séparé de l'habitacle et, parfois, deux sièges arrière étroits.

coupé^M
Automobile qui comporte deux portières, un coffre séparé de l'habitacle et quatre places.

fourgonnette^F
Automobile comportant trois rangées de sièges, dont la dernière est rabattable afin d'agrandir le coffre intégré à l'habitacle.

trois-portes^F
Automobile comportant deux portières et un hayon, des sièges avant rabattables, donnant accès aux places arrière, et un coffre intégré à l'habitacle.

berline^F
Automobile comportant quatre portières et un coffre séparé de l'habitacle.

break^M ; familiale^F
Automobile comportant quatre portières, un grand coffre intégré à l'habitacle et des sièges arrière rabattables permettant d'agrandir le coffre.

multisegment^M
Automobile qui combine des caractéristiques de différentes catégories de véhicules (berline, fourgonnette, familiale, utilitaire sport).

cinq-portes^F
Automobile comportant quatre portières et un hayon, ainsi que des sièges arrière habituellement rabattables donnant accès au coffre intégré à l'habitacle.

camionnette^F
Automobile comportant un plateau découvert et fermé par un panneau pour le transport de matériaux.

véhicule^M utilitaire sport^M (VUS)
Automobile conçue pour rouler sur tout type de chaussée ou sur terrain accidenté, pourvue d'un habitacle spacieux et d'espaces de rangement importants.

véhicule^M tout-terrain^M
Automobile compacte conçue pour rouler sur tout type de chaussée ou sur terrain accidenté.

TRANSPORT ET MACHINERIE

automobile[F]

carrosserie[F]
Structure de l'automobile conçue pour loger et protéger les éléments mécaniques, les passagers et les marchandises.

pare-brise[M]
Vitre avant de verre et de plastique, qui protège le conducteur et les passagers des intempéries tout en leur assurant une bonne visibilité.

rétroviseur[M] **extérieur**
Miroir fixé à l'extérieur de l'habitacle, qui permet au conducteur de voir derrière et sur les côtés du véhicule sans se retourner.

essuie-glace[M]
Petit balai de caoutchouc, généralement monté par paire, actionné par un moteur et servant à nettoyer le pare-brise.

auvent[M]
Partie transversale de la carrosserie placée entre le capot et le pare-brise qui permet à l'air de pénétrer dans l'habitacle.

gicleur[M] **de lave-glace**[M]
Dispositif projetant du liquide sur le pare-brise afin de le nettoyer.

capot[M]
Partie abattante de la carrosserie qui recouvre et protège le moteur.

calandre[F]
Grille de plastique ou de métal placée à l'avant du véhicule, qui protège le radiateur et sert de garniture.

moulure[F] **de pare-chocs**[M]
Garniture de métal ou de plastique ornant le pare-chocs avant et arrière.

phare[M]
Projecteur placé à l'avant du véhicule, servant à éclairer devant celui-ci.

carénage[M] **avant**
Élément extérieur à la carrosserie, placé sous le pare-chocs, qui diminue la résistance à l'air.

aile[F]
Élément de la carrosserie formant autour des roues une enveloppe profilée et aérodynamique.

transport routier automobile

automobile[F]

montant[M] latéral
Pilier vertical de sécurité placé entre les deux portières, reliant la partie supérieure de la carrosserie à la partie inférieure.

antenne[F]
Dispositif qui reçoit des ondes radio émises par une station.

toit[M] ouvrant
Partie mobile du pavillon, qui s'ouvre au-dessus des places avant pour faire circuler l'air à l'intérieur de l'habitacle.

pavillon[M]
Élément extérieur à surface légèrement galbée formant le toit du véhicule.

gouttière[F]
Petit canal ouvert qui retient l'eau de pluie du pavillon et la dirige vers l'arrière pour qu'elle s'égoutte.

glace[F] de custode[F]
Petite glace située sur la partie latérale de la carrosserie dans le prolongement des glaces latérales.

coffre[M]
Espace fermé placé à l'arrière du véhicule, ou plus rarement à l'avant, aménagé pour le rangement et le transport d'objets de faible encombrement.

accès[M] au réservoir[M] à essence[F]
Trappe qui dissimule l'ouverture du réservoir d'essence fermé par un bouchon.

bavette[F] garde-boue[M]
Pièce de caoutchouc ou de plastique fixée derrière les roues arrière pour éviter les projections.

enjoliveur[M]
Pièce de métal ou de plastique ornementale qui dissimule le moyeu d'une roue.

pneu[M]
Organe circulaire déformable en caoutchouc, fixé autour de la roue et gonflé d'air, qui absorbe les irrégularités du sol et assure la liaison entre la chaussée et le véhicule.

glace[F]
Vitre latérale qu'on peut abaisser, qui protège des intempéries tout en laissant une bonne visibilité.

serrure[F]
Dispositif logé dans la portière, qui sert à la verrouiller et qu'on manœuvre à l'aide d'une clé ou d'un bouton.

poignée[F]
Élément permettant d'actionner le mécanisme d'ouverture de la portière.

portière[F]
Panneau mobile, pourvu d'une poignée, fixé à la carrosserie par des charnières ou un système de coulissement, qui donne accès à l'habitacle.

baguette[F] de flanc[M]
Pièce métallique ou de plastique, fixée le long des portières pour les protéger des faibles chocs.

TRANSPORT ET MACHINERIE

automobile^F

principaux organes^M des systèmes^M automobiles
Un véhicule est constitué de pièces mécaniques élémentaires et de dispositifs formant des ensembles remplissant chacun une fonction déterminée.

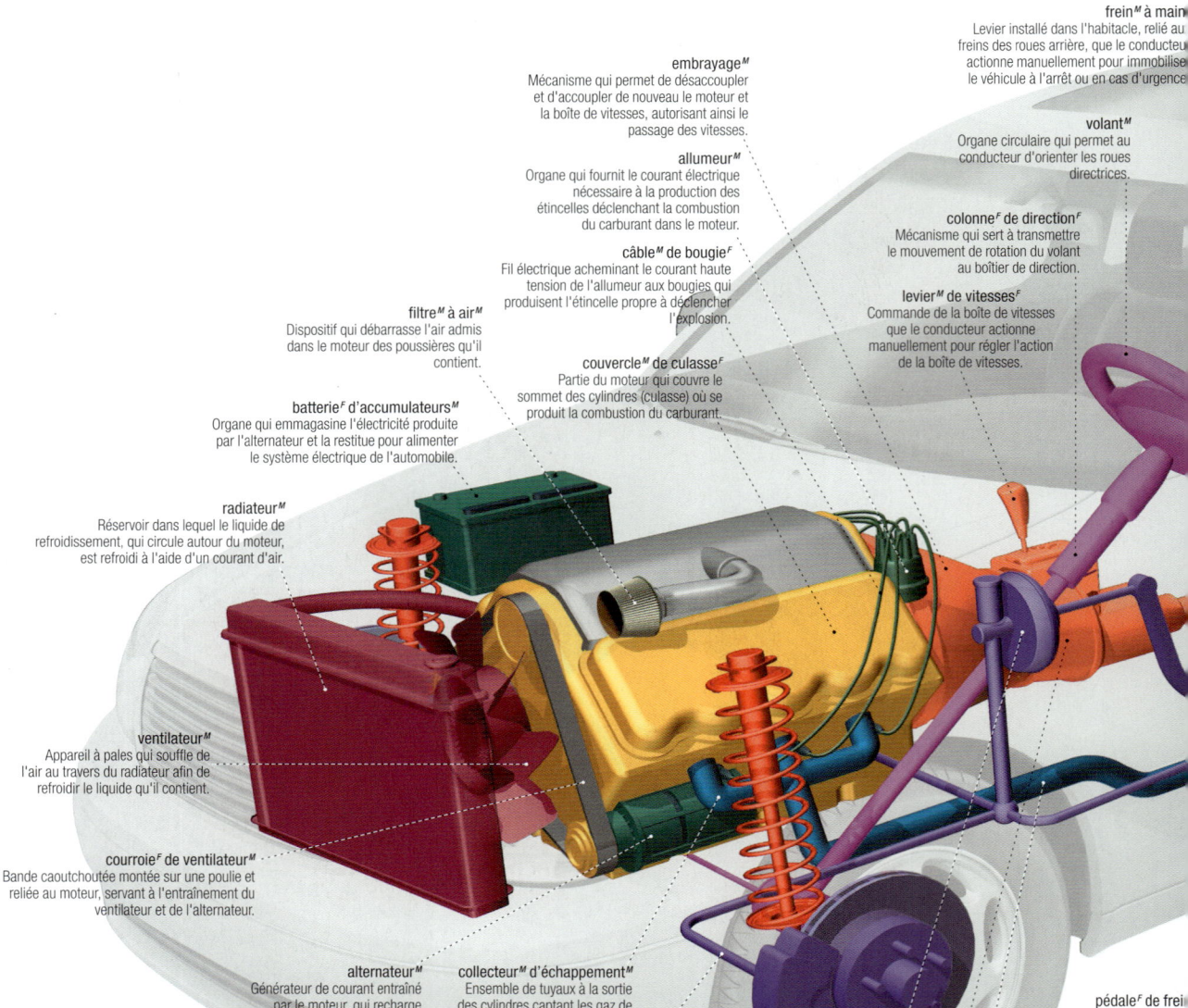

frein^M à main^M
Levier installé dans l'habitacle, relié aux freins des roues arrière, que le conducteur actionne manuellement pour immobiliser le véhicule à l'arrêt ou en cas d'urgence.

embrayage^M
Mécanisme qui permet de désaccoupler et d'accoupler de nouveau le moteur et la boîte de vitesses, autorisant ainsi le passage des vitesses.

volant^M
Organe circulaire qui permet au conducteur d'orienter les roues directrices.

allumeur^M
Organe qui fournit le courant électrique nécessaire à la production des étincelles déclenchant la combustion du carburant dans le moteur.

colonne^F de direction^F
Mécanisme qui sert à transmettre le mouvement de rotation du volant au boîtier de direction.

câble^M de bougie^F
Fil électrique acheminant le courant haute tension de l'allumeur aux bougies qui produisent l'étincelle propre à déclencher l'explosion.

levier^M de vitesses^F
Commande de la boîte de vitesses que le conducteur actionne manuellement pour régler l'action de la boîte de vitesses.

filtre^M à air^M
Dispositif qui débarrasse l'air admis dans le moteur des poussières qu'il contient.

couvercle^M de culasse^F
Partie du moteur qui couvre le sommet des cylindres (culasse) où se produit la combustion du carburant.

batterie^F d'accumulateurs^M
Organe qui emmagasine l'électricité produite par l'alternateur et la restitue pour alimenter le système électrique de l'automobile.

radiateur^M
Réservoir dans lequel le liquide de refroidissement, qui circule autour du moteur, est refroidi à l'aide d'un courant d'air.

ventilateur^M
Appareil à pales qui souffle de l'air au travers du radiateur afin de refroidir le liquide qu'il contient.

courroie^F de ventilateur^M
Bande caoutchoutée montée sur une poulie et reliée au moteur, servant à l'entraînement du ventilateur et de l'alternateur.

alternateur^M
Générateur de courant entraîné par le moteur, qui recharge la batterie pour alimenter le système électrique.

collecteur^M d'échappement^M
Ensemble de tuyaux à la sortie des cylindres captant les gaz de combustion pour les acheminer vers le tuyau d'échappement.

pédale^F de frein^M
Levier sur lequel le conducteur exerce une pression du pied pour actionner le système de freinage.

circuit^M de freinage^M
Ensemble de conduits dans lesquels circule un liquide qui actionne les freins lorsqu'il est mis sous pression par la pédale.

frein^M à disque^M
Dispositif de freinage composé d'un disque lié à la roue, sur lequel le frottement des plaquettes permet de ralentir la rotation de la roue.

tuyau^M d'échappement^M
Conduit tubulaire qui achemine les gaz de combustion du collecteur au convertisseur catalytique.

servofrein^M
Mécanisme amplifiant la force appliquée par le conducteur sur la pédale de frein.

boîte^F de vitesses^F
Organe qui modifie le rapport entre la vitesse de rotation du moteur et celle des roues en marche avant ou qui inverse le sens de rotation en marche arrière.

transport routier automobile

automobile

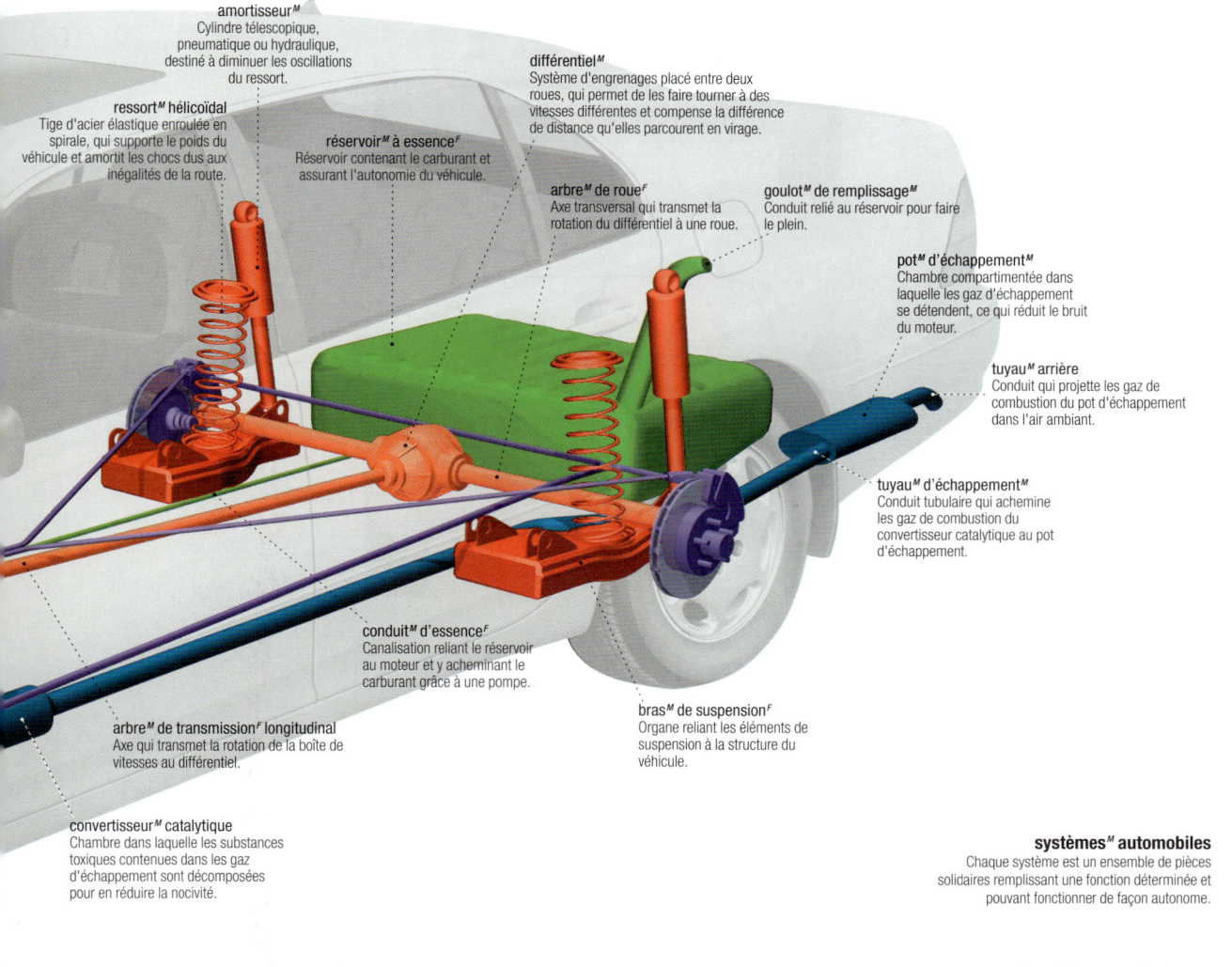

amortisseur
Cylindre télescopique, pneumatique ou hydraulique, destiné à diminuer les oscillations du ressort.

différentiel
Système d'engrenages placé entre deux roues, qui permet de les faire tourner à des vitesses différentes et compense la différence de distance qu'elles parcourent en virage.

ressort hélicoïdal
Tige d'acier élastique enroulée en spirale, qui supporte le poids du véhicule et amortit les chocs dus aux inégalités de la route.

réservoir à essence
Réservoir contenant le carburant et assurant l'autonomie du véhicule.

arbre de roue
Axe transversal qui transmet la rotation du différentiel à une roue.

goulot de remplissage
Conduit relié au réservoir pour faire le plein.

pot d'échappement
Chambre compartimentée dans laquelle les gaz d'échappement se détendent, ce qui réduit le bruit du moteur.

tuyau arrière
Conduit qui projette les gaz de combustion du pot d'échappement dans l'air ambiant.

tuyau d'échappement
Conduit tubulaire qui achemine les gaz de combustion du convertisseur catalytique au pot d'échappement.

conduit d'essence
Canalisation reliant le réservoir au moteur et y acheminant le carburant grâce à une pompe.

arbre de transmission longitudinal
Axe qui transmet la rotation de la boîte de vitesses au différentiel.

bras de suspension
Organe reliant les éléments de suspension à la structure du véhicule.

convertisseur catalytique
Chambre dans laquelle les substances toxiques contenues dans les gaz d'échappement sont décomposées pour en réduire la nocivité.

systèmes automobiles
Chaque système est un ensemble de pièces solidaires remplissant une fonction déterminée et pouvant fonctionner de façon autonome.

système de transmission
Ensemble des organes qui transmettent aux roues le mouvement produit par le moteur.

système de direction
Ensemble des organes servant à orienter les roues avant pour guider le déplacement du véhicule.

système de suspension
Ensemble des organes qui relient les roues à la structure du véhicule, réduisent les chocs dus aux inégalités de la chaussée et améliorent la tenue de route.

système électrique
Ensemble des organes qui fournissent le courant nécessaire au démarrage du véhicule et au fonctionnement des accessoires électriques.

moteur à essence
Moteur dans lequel un mélange air/essence est comprimé et enflammé afin de produire une explosion dont l'énergie est transformée en énergie mécanique.

système de freinage
Ensemble des organes servant à réduire la vitesse du véhicule, éventuellement jusqu'à l'arrêt, et à le maintenir en place lorsqu'il est en stationnement.

système d'alimentation en essence
Ensemble des organes qui acheminent le carburant au moteur.

système d'échappement
Ensemble des organes destinés à expulser les gaz brûlés du moteur dans l'air ambiant.

système de refroidissement
Ensemble des organes ayant pour rôle d'éviter l'élévation excessive de la température du moteur.

TRANSPORT ET MACHINERIE

automobileF

feuxM avant
Ensemble des dispositifs lumineux réglementaires placés à l'avant d'un véhicule et servant à l'éclairage ou à la signalisation.

feuM de routeF
Projecteur qui éclaire la route sur une grande distance (100 m), utilisé hors des agglomérations.

feuM de croisementM
Projecteur qui éclaire la route à une distance réduite (30 m), utilisé en substitution du feu de route pour ne pas éblouir les usagers qui viennent en sens inverse.

feuM antibrouillardM
Projecteur dont le faisceau lumineux est dirigé vers la chaussée et illumine les bas-côtés de manière à éclairer la route en cas de brouillard.

feuM clignotantM
Dispositif émettant une lumière intermittente, servant à signaler le changement de direction du véhicule ou le danger qu'il constitue momentanément pour les autres usagers.

feuM de positionF
Feu de couleur qui sert à délimiter la largeur du véhicule.

feuxM arrière
Ensemble des dispositifs lumineux réglementaires placés à l'arrière d'un véhicule et servant à la signalisation.

feuM clignotantM
Dispositif émettant une lumière intermittente, servant à signaler le changement de direction du véhicule ou le danger qu'il constitue momentanément pour les autres usagers.

feuM de freinageM
Feu qui s'allume automatiquement lorsque le conducteur appuie sur la pédale de frein, afin d'avertir les automobilistes qui le suivent.

feuM de plaqueF
Dispositif d'éclairage de la plaque d'immatriculation d'un véhicule, la rendant lisible dans l'obscurité.

feuM de freinageM
Feu qui s'allume automatiquement lorsque le conducteur appuie sur la pédale de frein, afin d'avertir les automobilistes qui le suivent.

feuM de reculM
Feu de couleur blanche qui s'allume automatiquement lorsque le conducteur enclenche la marche arrière afin d'avertir les automobilistes ou les piétons.

feuM rouge arrière
Feu qui s'allume automatiquement lorsque les feux avant sont allumés et qui rend le véhicule visible de l'arrière à une distance de 150 m.

feuM de positionF
Feu de couleur qui sert à délimiter la largeur du véhicule.

portièreF
Panneau mobile, pourvu d'une poignée, fixé à la carrosserie par des charnières ou un système de coulissement, qui donne accès à l'habitacle.

poignéeF intérieure
Dispositif qui sert à ouvrir la portière de l'intérieur du véhicule.

poignéeF de maintienM
Poignée qui permet au passager de tirer la portière vers lui afin de la fermer.

commandeF du rétroviseurM
Manette permettant de régler de l'intérieur la position du rétroviseur extérieur.

manivelleF de lève-glaceM
Manivelle placée à portée de main, qu'on tourne dans un sens ou dans l'autre pour actionner le mécanisme qui monte ou descend la glace.

charnièreF
Dispositif articulé qui soutient la portière et lui permet de pivoter lors de son ouverture et de sa fermeture.

vide-pochesM
Compartiment ouvert, aménagé au bas de la portière, où l'on peut déposer de menus objets.

glaceF
Vitre latérale qu'on peut abaisser, qui protège des intempéries tout en procurant une bonne visibilité.

boutonM de verrouillageM
Extrémité visible de la tige actionnant la serrure, qu'on soulève ou qu'on abaisse pour déverrouiller ou verrouiller la portière.

appuiM-brasM
Support fixé à la portière, sur lequel on peut poser l'avant-bras.

serrureF
Dispositif logé dans la portière, qui sert à la verrouiller et qu'on manœuvre à l'aide d'une clé ou d'un bouton.

panneauM de garnitureF
Élément recouvert de tissus, de plastique ou de cuir, qui garnit la face intérieure de la portière.

caissonM de portièreF
Structure métallique de la portière, qui sert à absorber les chocs en cas d'impact et qui renferme le système de fermeture et la glace, lorsqu'elle est baissée.

** transport routier automobile** 675

automobile[F]

siège[M]-baquet[M] : vue[F] de face[F]
Siège baquet : siège rembourré et réglable, qui emboîte le corps de son occupant de façon à le retenir dans les virages et à lui garantir plus de confort.

siège[M]-baquet[M] : vue[F] de profil[M]

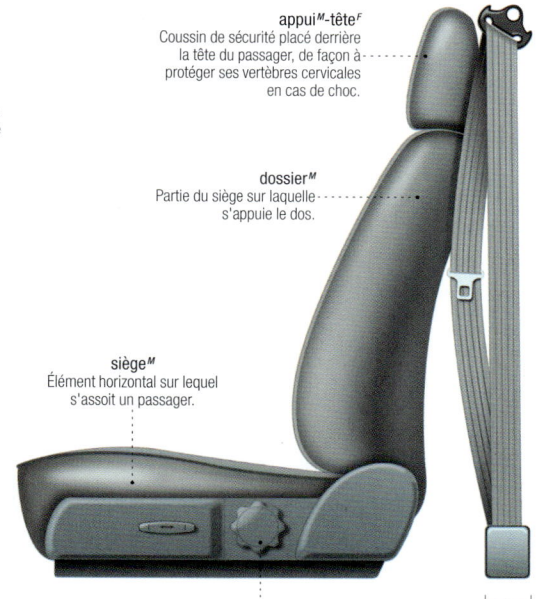

baudrier[M]
Ceinture qui passe en diagonale devant le thorax du passager, de l'épaule jusqu'à la hanche.

appui[M]-tête[F]
Coussin de sécurité placé derrière la tête du passager, de façon à protéger ses vertèbres cervicales en cas de choc.

dossier[M]
Partie du siège sur laquelle s'appuie le dos.

siège[M]
Élément horizontal sur lequel s'assoit un passager.

rail[M] de glissement[M]
Pièce métallique le long de laquelle le siège se déplace vers l'avant et vers l'arrière.

manette[F] de glissement[M]
Levier permettant d'approcher ou d'éloigner le siège du tableau de bord, en fonction de la taille du passager.

commande[F] de dossier[M]
Dispositif de réglage du siège, permettant de modifier l'angle du dossier jusqu'à la position allongée.

ceinture[F] de sécurité[F]
Dispositif de sécurité pourvu de courroies coulissantes, qui maintiennent le passager sur son siège en cas d'accident.

appui[M]-bras[M]
Support rabattable, installé au milieu de la banquette, sur lequel on peut poser l'avant-bras.

banquette[F] arrière
Siège à plusieurs places installé à l'arrière de l'habitacle et occupant toute sa largeur.

sangle[F]
Courroie centrale de la banquette arrière, qui ceinture le bassin du passager et retient uniquement la partie inférieure du corps en cas de choc.

boucle[F]
Fermeture qui permet de maintenir la ceinture autour du passager et qu'on peut débloquer par une simple pression du doigt.

banquette[F]
Élément horizontal sur lequel on s'assoit, regroupant plusieurs places.

TRANSPORT ET MACHINERIE

transport routier automobile

automobile^F

tableau^M de bord^M
Élément d'habillage qui comporte les instruments de bord, les commandes manuelles, les rangements et autres accessoires.

rétroviseur^M
Miroir fixé sur le pare-brise, que le conducteur oriente de façon à voir les véhicules qui le suivent.

miroir^M de courtoisie^F
Petit miroir intégré à la face interne du pare-soleil.

commande^F d'essuie-glace^M
Dispositif électrique permettant de mettre en marche les essuie-glaces, d'en régler la vitesse et de faire gicler le liquide lave-glace.

ordinateur^M de bord^M
Ordinateur intégré au véhicule, qui fournit des informations sur l'état des principaux organes et assiste le conducteur dans les tâches liées à la conduite.

pare-soleil^M
Panneau mobile que le passager rabat sur la partie supérieure du pare-brise ou de la glace latérale pour éviter l'éblouissement par le soleil.

régulateur^M de vitesse^F
Dispositif permettant au conducteur de maintenir la vitesse de croisière du véhicule.

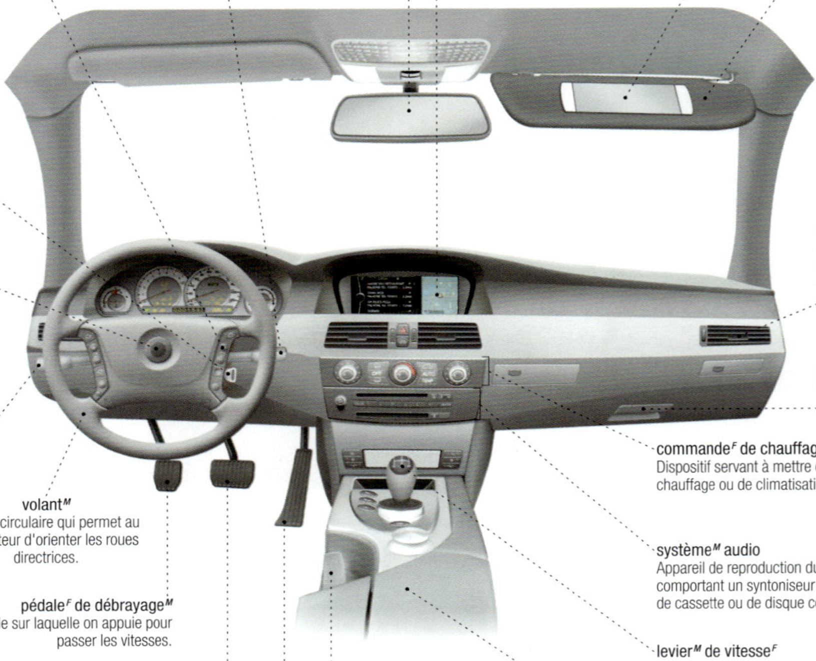

commutateur^M d'allumage^M
Interrupteur actionné par une clé de contact, qui permet le passage ou la rupture du courant de la batterie au démarreur électrique.

avertisseur^M
Dispositif qui émet un signal sonore, que le conducteur peut utiliser pour attirer l'attention d'un piéton ou d'un autre usager de la route.

bouche^F d'air^M
Ouverture généralement recouverte d'une grille orientable, qui permet de diffuser de l'air chaud ou froid dans l'habitacle.

boîte^F à gants^M
Petit compartiment de rangement pourvu d'une porte verrouillable.

commande^F de chauffage^M
Dispositif servant à mettre en marche le système de chauffage ou de climatisation et à en régler l'intensité.

volant^M
Organe circulaire qui permet au conducteur d'orienter les roues directrices.

pédale^F de débrayage^M
Pédale sur laquelle on appuie pour passer les vitesses.

système^M audio
Appareil de reproduction du son comportant un syntoniseur et un lecteur de cassette ou de disque compact.

levier^M de vitesse^F
Commande de la boîte de vitesses que le conducteur actionne manuellement pour passer les vitesses.

éclairage^M/clignotant^M
Manette à plusieurs positions qui commande les clignotants, les feux de croisement et les feux de route.

levier^M de frein^M à main^F
Levier relié aux freins des roues arrière, que le conducteur actionne manuellement pour immobiliser le véhicule à l'arrêt ou en cas d'urgence.

console^F centrale
Élément situé entre les sièges avant, qui sert de support à certains accessoires et dispositifs de commande, notamment le levier de frein à main et le levier de vitesse.

pédale^F de frein^M
Levier sur lequel le conducteur exerce une pression du pied pour actionner le système de freinage.

pédale^F d'accélérateur^M
Organe commandé avec le pied pour augmenter, maintenir ou ralentir la vitesse du véhicule.

système^M de retenue^F à sacs^M gonflables

Dispositif automatique de sécurité, pourvu de sacs gonflables qui, en cas d'impact, s'interposent instantanément entre les passagers et le tableau de bord.

sacs^M gonflables avant
Enveloppes souples, encastrées dans le tableau de bord ou le volant, qui se gonflent de gaz sous pression lorsqu'elles reçoivent le signal du détecteur de sécurité.

rideau^M gonflable latéral
Enveloppe souple, encastrée au-dessus des portières, qui se gonfle de gaz sous pression lorsqu'elle reçoit le signal du détecteur d'impact.

détecteur^M de sécurité^F
Appareil qui reçoit le signal du détecteur primaire et déclenche le déploiement des sacs gonflables. Il est réglé pour éviter leur ouverture accidentelle.

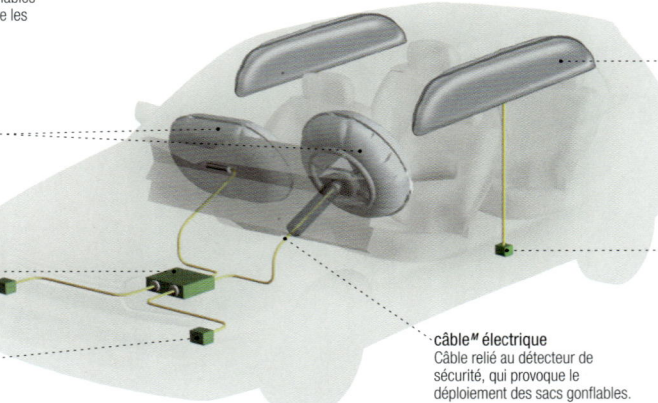

détecteur^M d'impact^M latéral
Appareil situé sur le côté du véhicule qui, en cas de collision, transmet au rideau gonflable l'impulsion qu'il a reçue.

détecteur^M d'impact^M primaire
Appareil situé à l'avant du véhicule, qui, en cas de collision, transmet au détecteur de sécurité l'impulsion qu'il a reçue.

câble^M électrique
Câble relié au détecteur de sécurité, qui provoque le déploiement des sacs gonflables.

TRANSPORT ET MACHINERIE

transport routier automobile

automobile

instruments de bord
Ensemble des cadrans et voyants lumineux placés à la vue du conducteur, afin de l'informer sur le fonctionnement du véhicule.

témoin de ceinture de sécurité
Voyant lumineux qui indique qu'une ou plusieurs ceintures n'ont pas été bouclées ou qu'elles sont mal bouclées.

témoin de charge
Voyant lumineux indiquant que la batterie est déchargée.

compteur kilométrique
Appareil aussi appelé odomètre, qui mesure en kilomètres ou en milles la distance totale parcourue par le véhicule depuis sa sortie d'usine.

totalisateur journalier
Appareil qui mesure en kilomètres ou en milles des distances partielles parcourues par le véhicule et qui peut être remis à zéro.

témoin d'ouverture de porte
Voyant lumineux indiquant qu'une ou plusieurs portières, le hayon ou le coffre sont ouverts ou mal fermés.

indicateur de vitesse
Cadran indiquant la vitesse à laquelle se déplace le véhicule en kilomètres ou en milles par heure.

tachymètre
Cadran indiquant la vitesse de rotation du moteur en tours par minute, aussi appelé compte-tours.

indicateur de niveau de carburant
Cadran dont l'aiguille est reliée à un flotteur placé dans le réservoir et qui indique le niveau de carburant encore disponible.

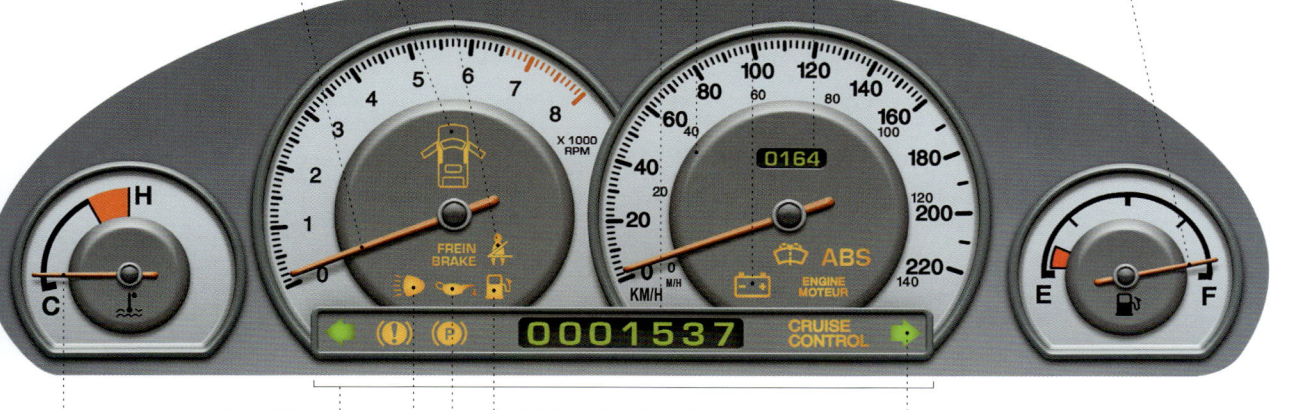

lampes témoins
Voyants lumineux qui, en s'allumant ou en s'éteignant, indiquent le bon ou le mauvais fonctionnement de divers organes du véhicule.

témoin de bas niveau de carburant
Voyant lumineux indiquant que le réservoir de carburant est presque vide.

témoin de clignotants
Voyant lumineux intermittent, souvent associé à un signal sonore, qui indique au conducteur qu'un feu clignotant est en fonction.

témoin des feux de route
Voyant lumineux indiquant que les feux de route sont utilisés.

témoin de niveau d'huile
Voyant lumineux indiquant que le niveau d'huile du moteur est inférieur au niveau minimal requis.

indicateur de température
Cadran indiquant la température du liquide de refroidissement du moteur.

---

essuie-glace
Petit balai de caoutchouc, généralement monté par paire, actionné par un moteur et servant à nettoyer le pare-brise.

balai d'essuie-glace
Pièce métallique, qui supporte la lame par l'intermédiaire d'un jeu de petites bielles.

articulation
Assemblage permettant au balai de pivoter au bout du bras afin de s'adapter à la courbure du pare-brise.

bras d'essuie-glace
Tige métallique animée d'un mouvement alternatif, qui exerce une pression uniforme sur le balai fixé à son extrémité.

lame
Mince tige de caoutchouc qui racle l'eau et la poussière sur le pare-brise.

ressort de tension
Ressort qui permet au bras d'exercer une pression sur le balai.

arbre cannelé
Pièce entraînée par un moteur dont elle transforme le mouvement rotatif en mouvement alternatif grâce à ses nervures longitudinales.

TRANSPORT ET MACHINERIE

transport routier automobile

automobile[F] électrique

Voiture propulsée par un moteur électrique dont l'énergie provient d'une batterie d'accumulateurs.

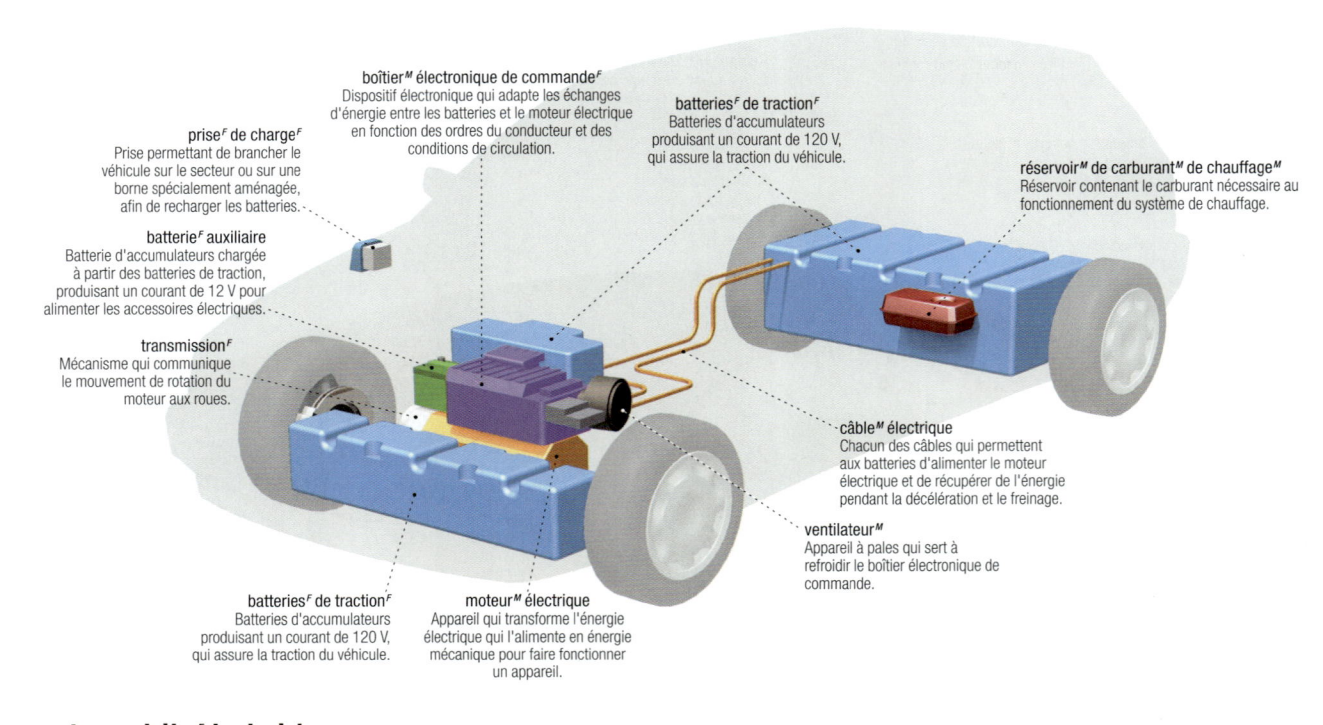

boîtier[M] électronique de commande[F]
Dispositif électronique qui adapte les échanges d'énergie entre les batteries et le moteur électrique en fonction des ordres du conducteur et des conditions de circulation.

batteries[F] de traction[F]
Batteries d'accumulateurs produisant un courant de 120 V, qui assure la traction du véhicule.

prise[F] de charge[F]
Prise permettant de brancher le véhicule sur le secteur ou sur une borne spécialement aménagée, afin de recharger les batteries.

réservoir[M] de carburant[M] de chauffage[M]
Réservoir contenant le carburant nécessaire au fonctionnement du système de chauffage.

batterie[F] auxiliaire
Batterie d'accumulateurs chargée à partir des batteries de traction, produisant un courant de 12 V pour alimenter les accessoires électriques.

transmission[F]
Mécanisme qui communique le mouvement de rotation du moteur aux roues.

câble[M] électrique
Chacun des câbles qui permettent aux batteries d'alimenter le moteur électrique et de récupérer de l'énergie pendant la décélération et le freinage.

ventilateur[M]
Appareil à pales qui sert à refroidir le boîtier électronique de commande.

batteries[F] de traction[F]
Batteries d'accumulateurs produisant un courant de 120 V, qui assure la traction du véhicule.

moteur[M] électrique
Appareil qui transforme l'énergie électrique qui l'alimente en énergie mécanique pour faire fonctionner un appareil.

automobile[F] hybride

Voiture propulsée par un moteur à combustion et par un moteur électrique réduisant la consommation d'essence et les émissions polluantes.

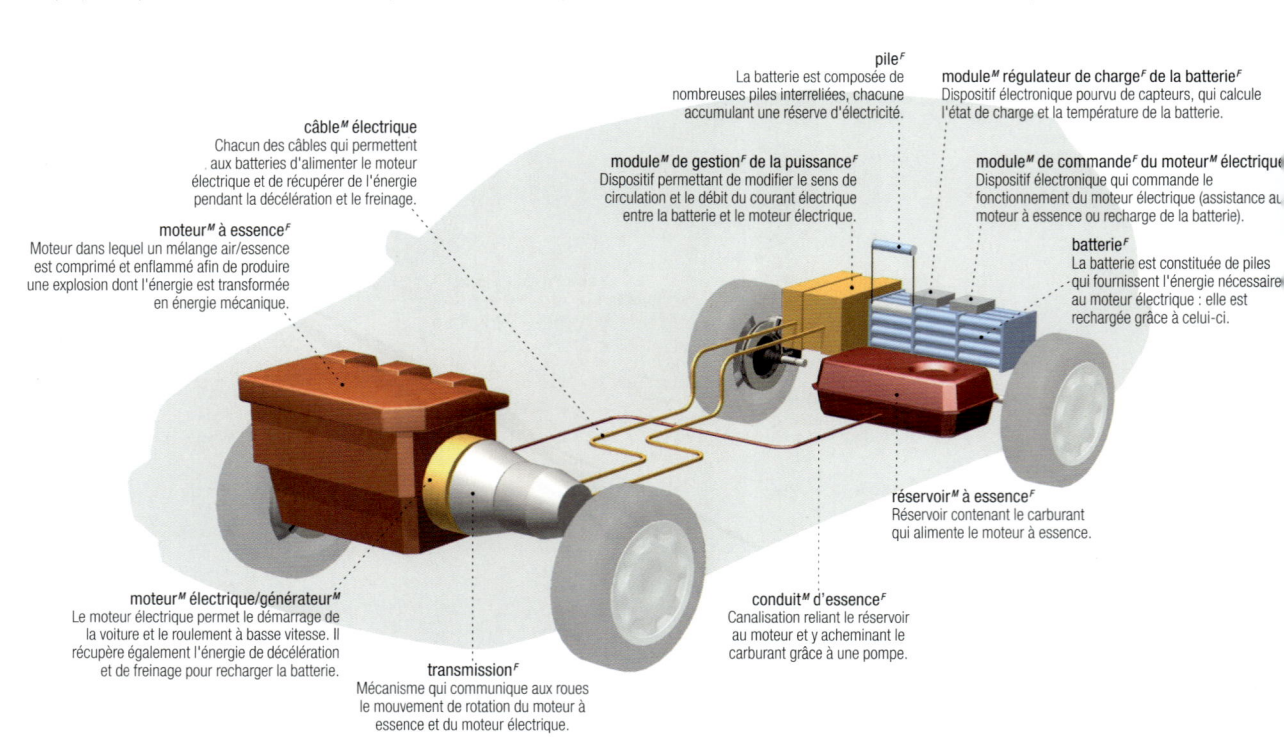

pile[F]
La batterie est composée de nombreuses piles interreliées, chacune accumulant une réserve d'électricité.

module[M] régulateur de charge[F] de la batterie[F]
Dispositif électronique pourvu de capteurs, qui calcule l'état de charge et la température de la batterie.

câble[M] électrique
Chacun des câbles qui permettent aux batteries d'alimenter le moteur électrique et de récupérer de l'énergie pendant la décélération et le freinage.

module[M] de gestion[F] de la puissance[F]
Dispositif permettant de modifier le sens de circulation et le débit du courant électrique entre la batterie et le moteur électrique.

module[M] de commande[F] du moteur[M] électrique
Dispositif électronique qui commande le fonctionnement du moteur électrique (assistance au moteur à essence ou recharge de la batterie).

moteur[M] à essence[F]
Moteur dans lequel un mélange air/essence est comprimé et enflammé afin de produire une explosion dont l'énergie est transformée en énergie mécanique.

batterie[F]
La batterie est constituée de piles qui fournissent l'énergie nécessaire au moteur électrique : elle est rechargée grâce à celui-ci.

réservoir[M] à essence[F]
Réservoir contenant le carburant qui alimente le moteur à essence.

moteur[M] électrique/générateur[M]
Le moteur électrique permet le démarrage de la voiture et le roulement à basse vitesse. Il récupère également l'énergie de décélération et de freinage pour recharger la batterie.

transmission[F]
Mécanisme qui communique aux roues le mouvement de rotation du moteur à essence et du moteur électrique.

conduit[M] d'essence[F]
Canalisation reliant le réservoir au moteur et y acheminant le carburant grâce à une pompe.

transport routier automobile

freins

Organes servant à ralentir ou à arrêter la rotation des roues d'un véhicule.

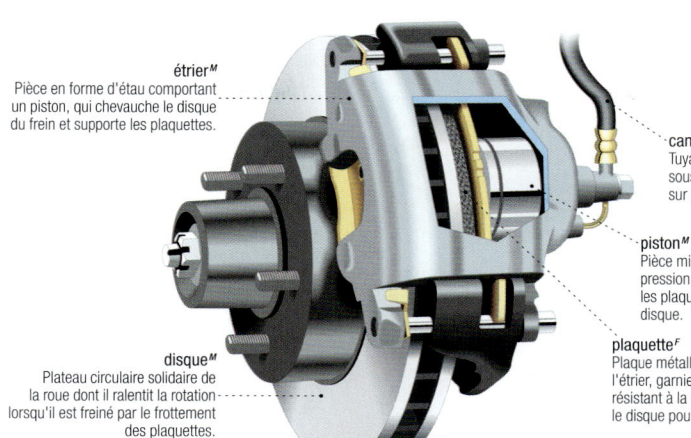

frein à disque
Dispositif de freinage composé d'un disque lié à la roue, sur lequel le frottement des plaquettes permet de ralentir la rotation de la roue.

étrier
Pièce en forme d'étau comportant un piston, qui chevauche le disque du frein et supporte les plaquettes.

canalisation
Tuyau acheminant le liquide de frein mis sous pression lorsque le conducteur appuie sur la pédale de frein.

piston
Pièce mise en mouvement par la pression hydraulique, qui pousse les plaquettes pour serrer le disque.

plaquette
Plaque métallique portée par l'étrier, garnie d'un matériau résistant à la chaleur, qui frotte sur le disque pour ralentir sa rotation.

disque
Plateau circulaire solidaire de la roue dont il ralentit la rotation lorsqu'il est freiné par le frottement des plaquettes.

point fixe
Axe qui sert de point d'ancrage au segment et lui permet de se déplacer sous l'action du piston.

segment
Pièce en forme de croissant, solidaire du point fixe, pourvue d'une garniture, qui vient frotter sur la face interne du tambour pour ralentir sa rotation.

frein à tambour
Dispositif de freinage comportant un tambour solidaire de la roue et des segments frottant sur le tambour afin de ralentir la rotation de la roue.

ressort de rappel
Ressort qui ramène le segment de frein à sa position initiale quand cesse la pression sur la pédale de frein.

cylindre de roue
Mécanisme comportant un cylindre et deux pistons, qui transforme la pression hydraulique issue du maître-cylindre en une force mécanique appliquée aux segments.

piston
Chacune des deux pièces qui, sous la pression hydraulique, coulissent dans le cylindre et poussent le segment contre le tambour.

plateau de frein
Pièce fixe servant au montage des segments, du cylindre et du point fixe.

goujon
Pièce servant à assembler et à solidariser le tambour et la roue.

garniture de frein
Bande de matériau fixée au segment, qui résiste à la chaleur et sert à augmenter la force de frottement sur le tambour.

tambour
Pièce solidaire de la roue dont elle ralentit la rotation lorsque les segments frottent sur sa bordure interne.

système de freinage antiblocage
Dispositif électronique qui régule la pression hydraulique dans le circuit de freinage, afin d'empêcher le blocage des roues.

réservoir de liquide de frein
Réservoir qui fournit au maître-cylindre le liquide permettant de transmettre aux freins l'effort exercé par le conducteur sur la pédale.

servofrein
Mécanisme amplifiant la force appliquée par le conducteur sur la pédale de frein.

module de commande électronique
Appareil qui, selon les signaux provenant des capteurs de vitesse, contrôle le modulateur de pression servant à moduler la pression hydraulique optimale.

maître-cylindre
Mécanisme groupant un cylindre et des pistons, qui transforme la force mécanique exercée sur la pédale de frein en une pression hydraulique transmise aux freins.

pédale de frein
Levier sur lequel le conducteur exerce une pression du pied pour actionner le système de freinage.

circuit capteurs
Ensemble des fils électriques qui transmettent les signaux des capteurs au module de commande.

groupe électropompe
Pompe entraînée par un moteur électrique, qui fait circuler le liquide de frein de l'accumulateur au maître-cylindre.

accumulateur
Appareil qui emmagasine provisoirement le liquide de freins hydrauliques, lorsque le modulateur baisse la pression.

capteur de vitesse de roue
Appareil qui détecte la vitesse de rotation d'une roue et transmet l'information au module de commande.

frein à disque
Dispositif de freinage composé d'un disque lié à la roue, sur lequel le frottement des plaquettes permet de ralentir la rotation de la roue.

circuit de freinage
Ensemble de conduits dans lesquels circule un liquide qui actionne les freins lorsqu'il est mis sous pression par la pédale.

modulateur de pression de freinage
Organe hydraulique muni de vannes électriques qui, en fonction des signaux reçus du module de commande, ajuste la pression dans chacun des cylindres de roues.

TRANSPORT ET MACHINERIE

types^M de moteurs^M

Moteurs : machines qui transforment la combustion d'un mélange air/carburant en énergie mécanique.

moteur^M à turbocompression^F
Moteur équipé d'un dispositif regroupant une turbine et un compresseur, lui permettant d'augmenter le volume d'admission d'air pour améliorer son rendement.

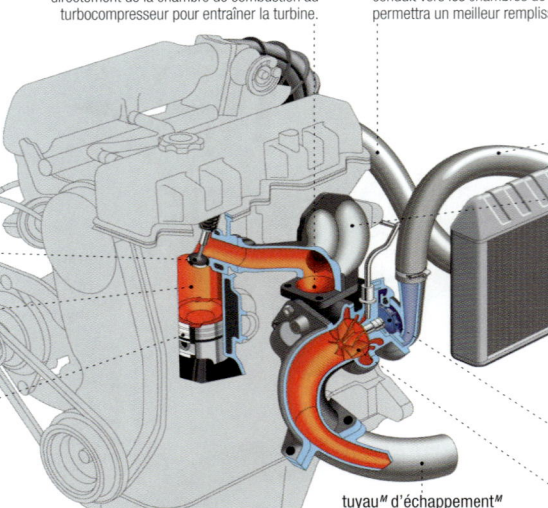

entrée^F des gaz^M d'échappement^M
Le flux de gaz d'échappement est acheminé directement de la chambre de combustion au turbocompresseur pour entraîner la turbine.

admission^F d'air^M refroidi
Après refroidissement, l'air est à nouveau conduit vers les chambres de combustion dont il permettra un meilleur remplissage.

sortie^F d'air^M chaud
En se comprimant, l'air subit une forte augmentation de température, ce qui peut diminuer son efficacité.

collecteur^M d'échappement^M
Ensemble de tuyaux à la sortie des cylindres captant les gaz d'échappement pour les acheminer vers le turbocompresseur.

soupape^F d'échappement^M
Pièce qui s'ouvre pour laisser échapper les gaz brûlés.

refroidisseur^M d'air^M
L'échangeur de chaleur est destiné à refroidir l'air comprimé avant son admission dans les cylindres.

chambre^F de combustion^F
Partie du cylindre dans laquelle se produisent l'allumage et la combustion du mélange air/carburant mis sous pression.

piston^M
Pièce métallique se déplaçant dans le cylindre et reliée à la bielle comprimant le mélange air/carburant, puis recevant la poussée des gaz brûlés.

turbine^F du compresseur^M
Pièce solidaire de la turbine d'entraînement, qui aspire l'air et le comprime grâce à sa grande vitesse de rotation.

tuyau^M d'échappement^M
Conduit tubulaire qui achemine les gaz d'échappement du turbocompresseur au pot d'échappement.

turbine^F d'entraînement^M
Pièce qui transforme l'énergie des gaz d'échappement en énergie de rotation pour actionner le compresseur.

cycle^M d'un moteur^M à quatre temps^M

Moteur à quatre temps : moteur à explosion dont le cycle (admission, compression, combustion et échappement) requiert deux allers-retours de piston.

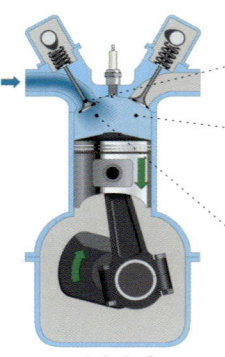

soupape^F d'admission^F
Pièce qui s'ouvre pour laisser entrer le mélange air/carburant dans le cylindre.

cylindre^M
Chambre fermée par deux soupapes, dans laquelle se meut un piston et où se produit la combustion du mélange air/carburant.

mélange^M air^M/carburant^M
Mélange préparé dans le carburateur, contenant une quantité de carburant proportionnelle à la quantité d'air admise.

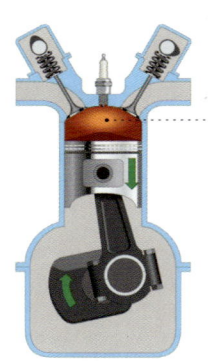

explosion^F
L'allumage du mélange air/carburant produit un important dégagement d'énergie qui pousse le piston vers le bas.

soupape^F d'échappement^M
Pièce qui s'ouvre pour laisser échapper les gaz brûlés.

admission^F
Phase durant laquelle la soupape d'admission s'ouvre, le piston descend et aspire le mélange air/carburant dans la chambre de combustion.

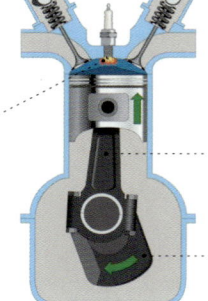

étincelle^F
Étincelle produite par le passage d'un courant électrique entre les deux électrodes de la bougie et destinée à enflammer le mélange air/carburant.

bielle^F
Tige articulée qui transmet l'effort de poussée du piston au vilebrequin sous la poussée des gaz d'explosion.

vilebrequin^M
Arbre formé d'une suite de manivelles, qui transforme le mouvement rectiligne alternatif de l'ensemble piston/bielle en un mouvement circulaire continu.

compression^F
Phase durant laquelle le piston monte pour comprimer le mélange air/carburant. Au sommet de la compression, la bougie produit une étincelle.

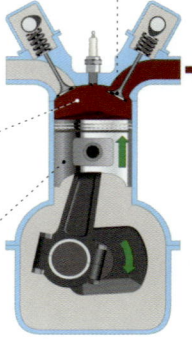

combustion^F
Phase durant laquelle la dilatation des gaz en combustion repousse le piston vers le bas entraînant la rotation du vilebrequin.

gaz^M brûlés
Mélange des gaz (monoxyde de carbone, oxyde d'azote et hydrocarbures imbrûlés) remplissant la chambre de combustion après l'explosion.

piston^M
Pièce métallique se déplaçant dans le cylindre et reliée à la bielle comprimant le mélange air/carburant, puis recevant la poussée des gaz brûlés.

échappement^M
Phase durant laquelle la soupape d'échappement s'ouvre, le piston remonte et expulse les gaz brûlés.

transport routier automobile

types de moteurs

cycle d'un moteur à deux temps
Moteur à deux temps : moteur à explosion dont le cycle (admission, compression, combustion et échappement) requiert un seul aller-retour de piston.

bougie d'allumage
Dispositif électrique qui produit, grâce à deux électrodes, l'étincelle nécessaire pour enflammer le mélange air/carburant dans le cylindre.

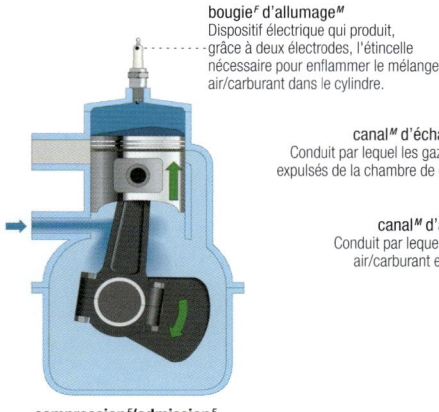

canal de transfert
Conduit qui permet le passage du mélange air/carburant du carter au cylindre.

canal d'échappement
Conduit par lequel les gaz brûlés sont expulsés de la chambre de combustion.

canal d'admission
Conduit par lequel le mélange air/carburant entre dans le carter.

carter
Enceinte fermée dans laquelle pénètre le mélange air/carburant et se déplace l'ensemble piston/bielle.

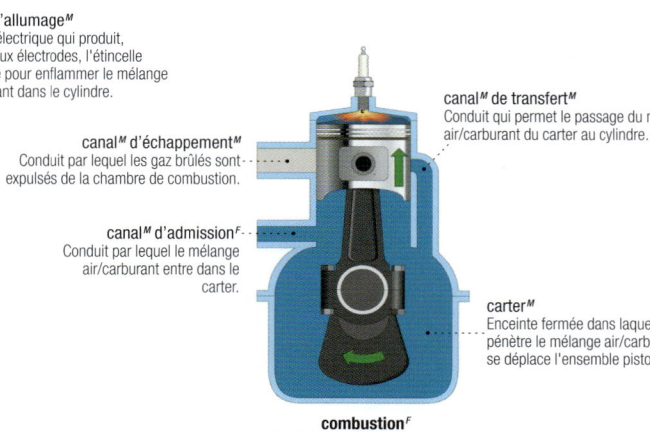

compression/admission
Début de la première phase durant laquelle le piston monte en aspirant le mélange air/carburant dans le carter et en comprimant le mélange admis dans le cylindre.

combustion
Fin de la première phase durant laquelle une étincelle enflamme le mélange air/carburant.

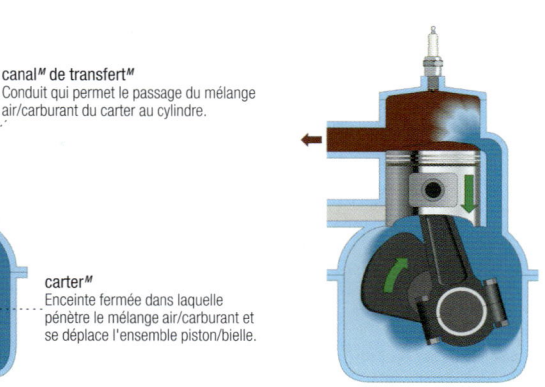

échappement
Deuxième phase durant laquelle le piston est refoulé par la dilatation des gaz brûlés, qui sont alors expulsés et remplacés par le mélange provenant du carter.

cycle d'un moteur rotatif
Moteur rotatif : moteur à explosion dans lequel la chambre de combustion est divisée par un rotor en trois parties tournantes de volumes inégaux.

tubulure d'admission
Canalisation par laquelle le mélange air/carburant pénètre dans le cylindre.

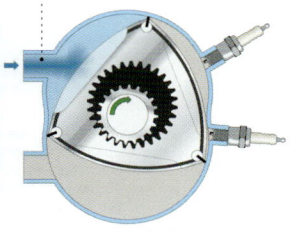

tubulure d'échappement
Tuyau par lequel les gaz brûlés sont expulsés du cylindre.

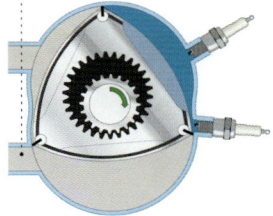

rotor
Piston triangulaire qui tourne de façon excentrique autour d'un axe et transmet directement le mouvement de rotation au vilebrequin.

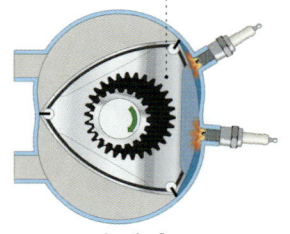

admission
Le mélange air/carburant pénètre dans le cylindre par la tubulure d'admission, le mouvement du rotor l'entraîne vers la chambre suivante.

compression
La rotation du rotor réduit le volume de la chambre et comprime le mélange.

combustion
Lorsque le niveau de compression est atteint, les bougies d'allumage produisent des étincelles qui enflamment le mélange air/carburant.

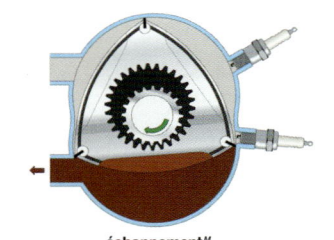

échappement
Au passage devant la tubulure d'échappement, les gaz brûlés sont expulsés par le rotor.

cycle d'un moteur diesel
Moteur diesel : moteur à explosion dans lequel l'air comprimé atteint un point d'échauffement qui suffit à enflammer le carburant injecté en fin de compression.

air
De l'air est admis dans la chambre de combustion.

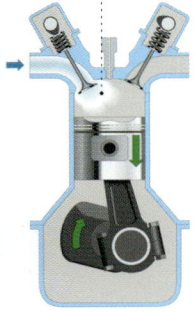

injection/explosion
Le carburant injecté à très haute pression dans l'air chaud s'enflamme instantanément.

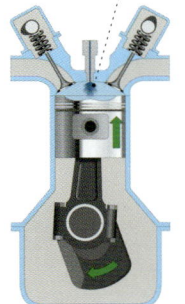

injecteur
Dispositif qui pulvérise le carburant dans la chambre de combustion.

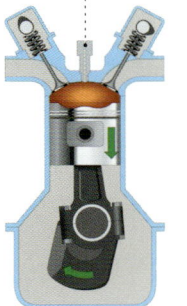

admission
Phase durant laquelle la soupape d'admission s'ouvre, le piston descend et aspire le mélange air/carburant dans la chambre de combustion.

compression
Phase durant laquelle le piston, en remontant, comprime l'air qui s'échauffe sous la pression.

combustion
Phase durant laquelle la dilatation des gaz en combustion repousse le piston vers le bas.

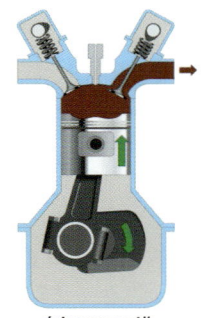

échappement
Phase durant laquelle le piston remonte et expulse les gaz brûlés vers la soupape d'échappement.

TRANSPORT ET MACHINERIE

transport routier automobile

types^M de moteurs^M

coupe^F d'un moteur^M à essence^F
Moteur à essence : moteur dans lequel un mélange air/essence est comprimé et enflammé afin de produire une explosion dont l'énergie est transformée en énergie mécanique.

arbre^M à cames^F
Axe entraîné par une courroie, une chaîne ou un engrenage relié au vilebrequin, qui commande l'ouverture et la fermeture des soupapes.

soupape^F d'admission^F
Pièce qui s'ouvre pour laisser entrer le mélange air/carburant dans le cylindre.

injecteur^M
Dispositif qui pulvérise le carburant dans la chambre de combustion.

allumeur^M
Organe qui fournit le courant électrique nécessaire à la production des étincelles déclenchant la combustion du carburant dans le moteur.

courroie^F de distribution^F
Courroie qui relie le vilebrequin à l'arbre à cames.

ressort^M de soupape^F
Ressort qui ramène la soupape en position fermée.

tubulure^F d'admission^F
Canalisation par laquelle le mélange air/carburant pénètre dans le cylindre.

culbuteur^M
Levier actionné par l'arbre à cames, qui entraîne les soupapes d'admission et d'échappement pour les ouvrir.

jupe^F de piston^M
Surface latérale d'un piston qui sert à le guider à l'intérieur du cylindre.

couvercle^M de culasse^F
Partie du moteur qui couvre le sommet des cylindres (culasse) où se produit la combustion du carburant.

chambre^F de combustion^F
Partie du cylindre dans laquelle se produisent l'allumage et la combustion du mélange air/carburant mis sous pression.

capsule^F à membrane^F
Dispositif relié à l'allumeur, permet de définir l'instant précis auquel doit se produire l'allumage en fonction de la vitesse de rotation du moteur.

segment^M
Anneau circulaire monté sur le piston pour assurer l'étanchéité de celui-ci avec le cylindre.

câble^M de bougie^F
Fil électrique acheminant le courant haute tension de l'allumeur aux bougies qui produisent l'étincelle propre à déclencher l'explosion.

bielle^F
Tige articulée qui transmet l'effort de poussée du piston au vilebrequin sous la poussée des gaz d'explosion.

bougie^F d'allumage^M
Dispositif électrique qui produit, grâce à deux électrodes, l'étincelle nécessaire pour enflammer le mélange air/carburant dans le cylindre.

alternateur^M
Générateur de courant entraîné par le moteur, qui recharge la batterie pour alimenter le système électrique.

collecteur^M d'échappement^M
Ensemble de tuyaux à la sortie des cylindres captant les gaz de combustion pour les acheminer vers le tuyau d'échappement.

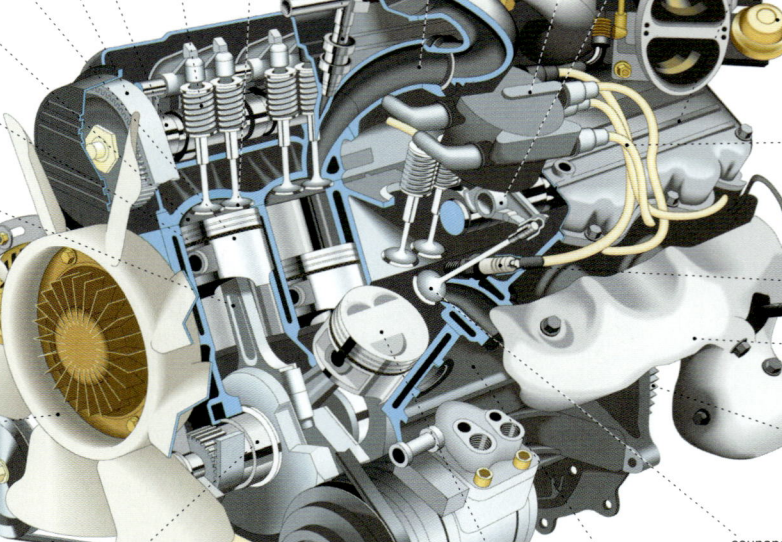

ventilateur^M
Appareil à pales qui souffle de l'air au travers du radiateur afin de refroidir le liquide qu'il contient.

volant^M
Disque relié au vilebrequin, qui l'énergie cinétique fournie lors de l'explosion pour réguler la rotation du vilebrequin pendant le reste du cycle.

poulie^F
Pièce fixée sur un arbre dont elle transmet le mouvement de rotation par l'intermédiaire d'une courroie.

soupape^F d'échappement^M
Pièce qui s'ouvre pour laisser échapper les gaz brûlés.

courroie^F de ventilateur^M
Bande caoutchoutée montée sur une poulie et reliée au moteur, servant à l'entraînement du ventilateur et de l'alternateur.

bloc^M-cylindres^M
Moulage principal du moteur, qui renferme les cylindres.

vilebrequin^M
Arbre formé d'une suite de manivelles, qui transforme le mouvement rectiligne alternatif de l'ensemble piston/bielle en un mouvement rotatif continu.

carter^M
Bac qui ferme le dessous du bloc-cylindres et sert de réservoir d'huile pour lubrifier les pièces mobiles du moteur.

piston^M
Pièce métallique se déplaçant dans le cylindre et reliée à la bielle comprimant le mélange air/carburant, puis recevant la poussée des gaz brûlés.

joint^M de carter^M
Garniture assurant l'étanchéité entre le carter et le bloc-cylindres.

bouchon^M de vidange^F d'huile^F
Bouchon qui ferme l'orifice placé au fond du carter et sert à évacuer l'huile usée.

compresseur^M du climatiseur^M
Élément du système de climatisation qui permet la circulation du refroidisseur, qui sert à refroidir l'air dans l'habitacle lorsque la température extérieure est élevée.

TRANSPORT ET MACHINERIE

transport routier automobile

radiateur[M]

Réservoir dans lequel le liquide de refroidissement, qui circule autour du moteur, est refroidi à l'aide d'un courant d'air.

bouchon[M] de remplissage[M]
Bouchon qui ferme l'orifice de remplissage du radiateur et qui régule la pression dans le circuit de refroidissement.

grille[F]
Grille placée sur la face avant du radiateur afin de le protéger des impacts.

ventilateur[M]
Appareil à pales qui souffle de l'air au travers du radiateur afin de refroidir le liquide qu'il contient.

moteur[M] électrique
Appareil qui transforme l'énergie électrique qui l'alimente en énergie mécanique pour faire fonctionner un appareil.

thermocontact[M]
Dispositif baignant dans le liquide de refroidissement, qui déclenche la mise en marche du ventilateur lorsque le liquide atteint une température déterminée.

durite[F] de radiateur[M]
Chacun des deux tuyaux de caoutchouc reliant les composantes du circuit de refroidissement entre elles.

bougie[F] d'allumage[M]

Dispositif électrique qui produit, grâce à deux électrodes, l'étincelle nécessaire pour enflammer le mélange air/essence dans le cylindre d'un moteur.

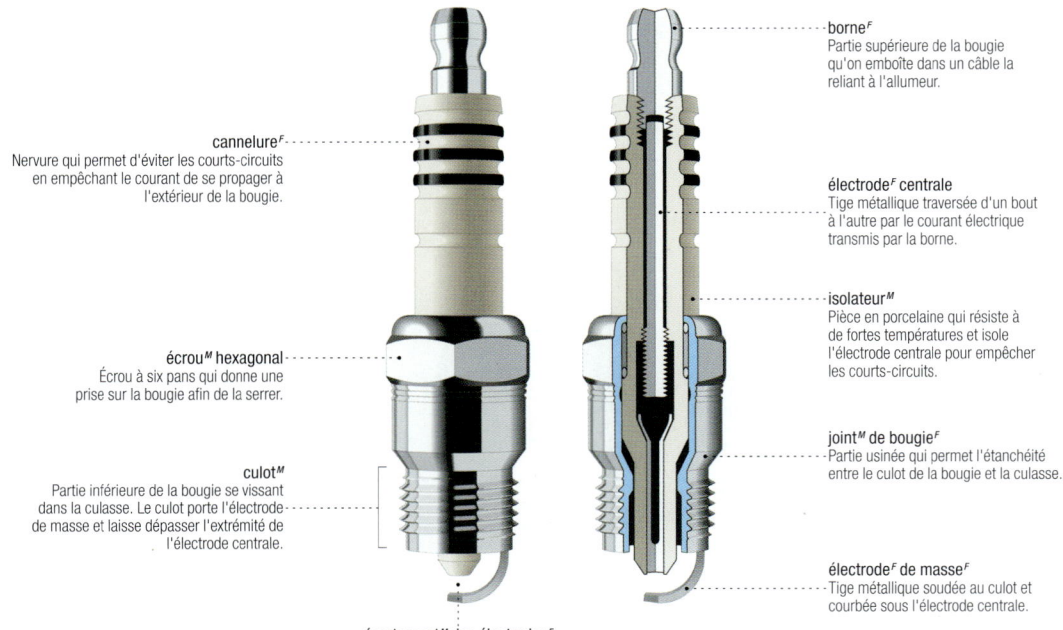

borne[F]
Partie supérieure de la bougie qu'on emboîte dans un câble la reliant à l'allumeur.

cannelure[F]
Nervure qui permet d'éviter les courts-circuits en empêchant le courant de se propager à l'extérieur de la bougie.

électrode[F] centrale
Tige métallique traversée d'un bout à l'autre par le courant électrique transmis par la borne.

isolateur[M]
Pièce en porcelaine qui résiste à de fortes températures et isole l'électrode centrale pour empêcher les courts-circuits.

écrou[M] hexagonal
Écrou à six pans qui donne une prise sur la bougie afin de la serrer.

joint[M] de bougie[F]
Partie usinée qui permet l'étanchéité entre le culot de la bougie et la culasse.

culot[M]
Partie inférieure de la bougie se vissant dans la culasse. Le culot porte l'électrode de masse et laisse dépasser l'extrémité de l'électrode centrale.

électrode[F] de masse[F]
Tige métallique soudée au culot et courbée sous l'électrode centrale.

écartement[M] des électrodes[F]
Intervalle entre deux électrodes dans lequel se produit l'étincelle.

TRANSPORT ET MACHINERIE

transport routier automobile

pneu^M

Organe circulaire déformable en caoutchouc, fixé autour de la roue et gonflé d'air, qui absorbe les irrégularités du sol et assure la liaison entre la chaussée et le véhicule.

parties^F d'un pneu^M

spécifications^F techniques
Code alphanumérique moulé sur le flanc du pneu, qui en indique les caractéristiques.

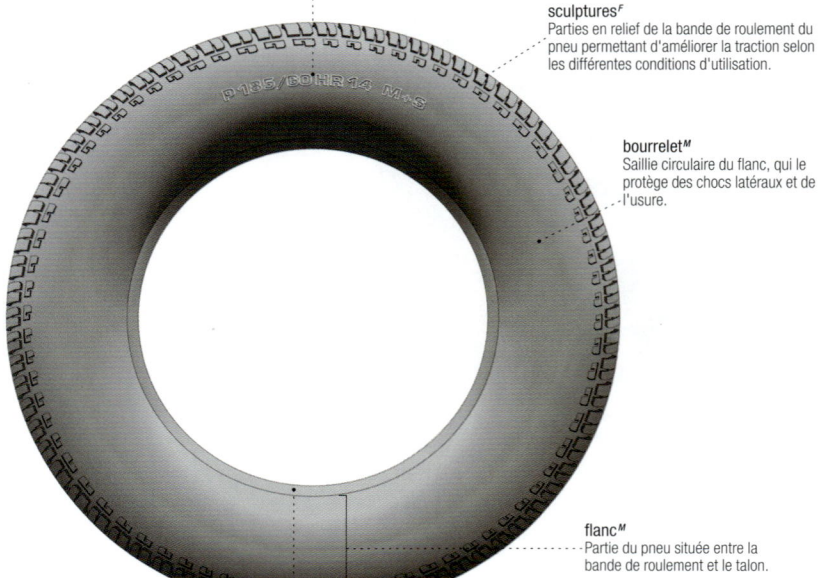

sculptures^F
Parties en relief de la bande de roulement du pneu permettant d'améliorer la traction selon les différentes conditions d'utilisation.

bourrelet^M
Saillie circulaire du flanc, qui le protège des chocs latéraux et de l'usure.

voile^M
Disque solidaire de la jante, qu'on fixe en son centre sur l'axe de la roue.

roue^F
Organe circulaire tournant autour d'un axe, destiné à supporter le poids du véhicule et à transmettre les efforts de propulsion, de direction et de freinage.

flanc^M
Partie du pneu située entre la bande de roulement et le talon.

talon^M
Partie du pneu renfermant une tringle rigide en acier qui permet de le maintenir sur la jante et d'en assurer l'étanchéité.

jante^F
Cercle métallique profilé constituant la circonférence de la roue et sur lequel est monté le pneu.

exemples^M de pneus^M

Selon les conditions et l'usage auxquels ils sont destinés, la construction des pneus (type de caoutchouc, sculptures, largeur, etc.) varie grandement.

pneu^M de performance^F
Pneu large qui supporte des températures particulièrement élevées et offre un niveau supérieur de tenue de route, d'adhérence et de réponse en virages.

pneu^M toutes saisons^F
Pneu conçu pour rouler sur chaussée sèche, mouillée et faiblement enneigée.

pneu^M d'hiver^M
Pneu caractérisé par des arêtes lui assurant une bonne adhérence sur chaussée enneigée ou glacée.

pneu^M autoroutier
Pneu conçu pour rouler sur chaussée sèche ou mouillée, mais non recommandé pour la neige ou la glace.

pneu^M à crampons^M
Pneu dont la bande de roulement pourvue de clous assure une bonne adhérence sur chaussée glacée.

transport routier automobile

pneu

pneu à carcasse radiale ceinturée
Pneu hybride qui consiste à ajouter sur les plis d'un pneu à carcasse radiale des ceintures dont les trames sont disposées en diagonale et se croisent.

bande de roulement
Partie sculptée du pneu qui entre en contact avec la chaussée.

sculptures
Parties en relief de la bande de roulement du pneu permettant d'améliorer la traction selon les différentes conditions d'utilisation.

bourrelet
Saillie circulaire du flanc, qui le protège des chocs latéraux et de l'usure.

ceinture
Couche de fils d'acier ou textiles ajoutée sous la bande de roulement pour la renforcer.

pli
Couche de fibres textiles revêtues de caoutchouc, dont la trame s'étend d'un talon à l'autre.

revêtement intérieur
Couche de caoutchouc recouvrant la surface intérieure d'un pneu, qui empêche les fuites d'air et l'éclatement du pneu à la suite d'une crevaison.

tringle
Enroulement de fils d'acier renforçant le talon d'un pneu.

flanc
Partie du pneu située entre la bande de roulement et le talon.

pneu à carcasse diagonale
Pneu pourvu de plis dont les trames se croisent et sont disposées en diagonale par rapport à la bande de roulement.

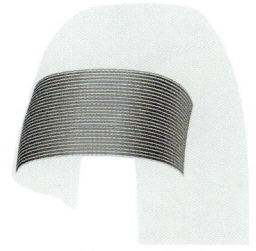

pneu à carcasse radiale
Pneu pourvu de plis dont les trames sont perpendiculaires à la bande de roulement.

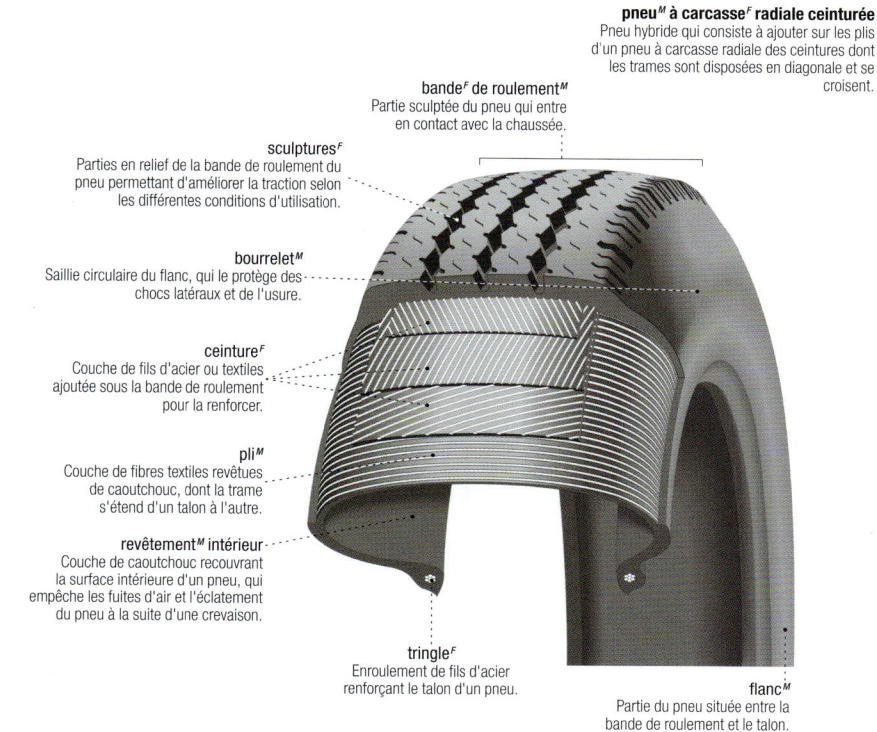

batterie d'accumulateurs

Organe qui emmagasine l'électricité produite par l'alternateur et la restitue pour alimenter le système électrique de l'automobile.

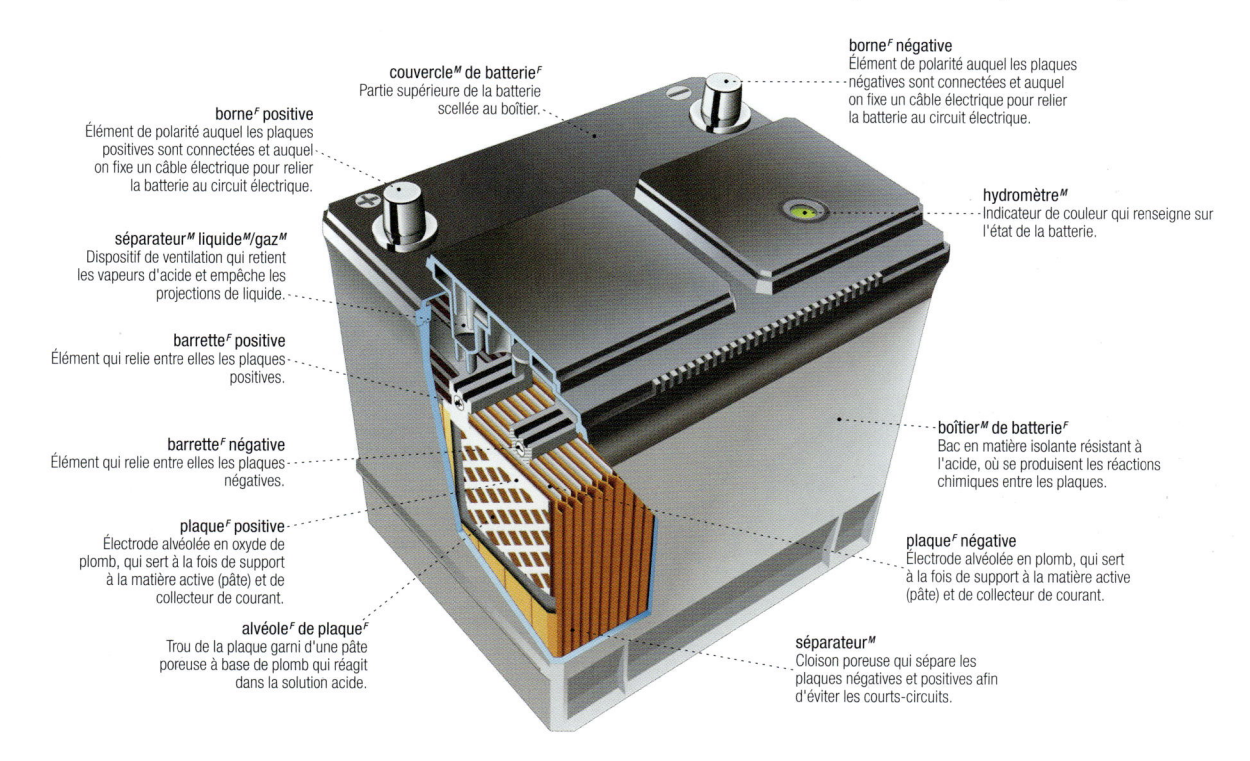

couvercle de batterie
Partie supérieure de la batterie scellée au boîtier.

borne négative
Élément de polarité auquel les plaques négatives sont connectées et auquel on fixe un câble électrique pour relier la batterie au circuit électrique.

borne positive
Élément de polarité auquel les plaques positives sont connectées et auquel on fixe un câble électrique pour relier la batterie au circuit électrique.

hydromètre
Indicateur de couleur qui renseigne sur l'état de la batterie.

séparateur liquide/gaz
Dispositif de ventilation qui retient les vapeurs d'acide et empêche les projections de liquide.

barrette positive
Élément qui relie entre elles les plaques positives.

barrette négative
Élément qui relie entre elles les plaques négatives.

boîtier de batterie
Bac en matière isolante résistant à l'acide, où se produisent les réactions chimiques entre les plaques.

plaque positive
Électrode alvéolée en oxyde de plomb, qui sert à la fois de support à la matière active (pâte) et de collecteur de courant.

plaque négative
Électrode alvéolée en plomb, qui sert à la fois de support à la matière active (pâte) et de collecteur de courant.

alvéole de plaque
Trou de la plaque garni d'une pâte poreuse à base de plomb qui réagit dans la solution acide.

séparateur
Cloison poreuse qui sépare les plaques négatives et positives afin d'éviter les courts-circuits.

TRANSPORT ET MACHINERIE

transport routier automobile

accessoires^M

Éléments secondaires d'un véhicule, qui concourent à son utilisation, son entretien, sa sécurité, etc.

boule^F d'attelage^M
Dispositif qui permet d'atteler une remorque ou une caravane à un véhicule.

ferrure^F d'attelage^M
Pièce fixée sous l'arrière du véhicule, dont une extrémité est munie d'une boule sur laquelle s'articule l'attache d'une remorque ou d'une caravane.

câbles^M de démarrage^M
Câbles pourvus de pinces crocodiles, par lesquels on relie une batterie d'appoint à la batterie déchargée d'un véhicule.

câble^M
Gaine protectrice recouvrant des fils conducteurs isolés qui transmettent le courant électrique.

pince^F noire
Une pince noire est fixée sur la borne négative de la batterie d'appoint; l'autre est fixée sur une partie métallique de l'autre véhicule.

tapis^M de plancher^M
Revêtement textile ou de caoutchouc, placé sous les pieds des passagers afin de protéger le plancher du véhicule.

pare-soleil^M
Écran qu'on place derrière le pare-brise d'un véhicule stationné, afin de protéger l'habitacle des rayons solaires.

pince^F rouge
Une pince rouge est fixée sur la borne positive de chaque batterie.

clé^F en croix^F
Clé utilisée pour le serrage ou le desserrage des écrous de roues, formée de deux tiges qui se croisent et dont chaque embout est de taille différente.

porte-skis^M
Support placé sur le toit du véhicule, sur lequel on peut fixer des skis pour les transporter.

balai^M à neige^F à grattoir^M
Petit balai dont une extrémité sert à retirer la neige accumulée sur le véhicule et l'autre extrémité à gratter la glace sur les vitres.

store^M à enroulement^M automatique
Store muni d'un rouleau comportant un mécanisme à ressort qui entraîne l'enroulement de la toile.

porte-vélos^M
Support placé à l'arrière du véhicule, sur lequel on peut fixer une ou plusieurs bicyclettes pour les transporter.

porte-bagages^M
Support fixé sur le toit, sur lequel on arrime les bagages à l'aide de courroies.

cric^M
Appareil actionné par une manivelle, qui permet de soulever un véhicule.

housse^F pour automobile^F
Enveloppe souple, qui sert à recouvrir et à protéger la carrosserie du véhicule du soleil, de la poussière et des intempéries.

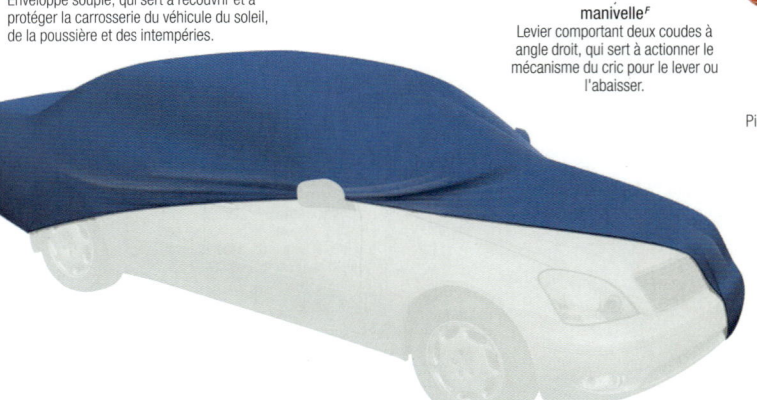

manivelle^F
Levier comportant deux coudes à angle droit, qui sert à actionner le mécanisme du cric pour le lever ou l'abaisser.

siège^M d'auto^F pour enfant^M
Fauteuil adapté à la taille d'un enfant, pourvu d'un harnais de sécurité pour le tenir assis et fixé à la banquette arrière par la ceinture de sécurité.

appuie-tête^M
Pièce qui retient la tête de l'enfant.

harnais^M
Ensemble de courroies et d'attaches permettant de retenir l'enfant dans le siège.

TRANSPORT ET MACHINERIE

caravane[F]

Véhicule motorisé ou tractable aménagé en logement.

aérateur[M] de toit[M]
Ouverture pratiquée dans le toit, pourvue d'un couvercle, permettant de renouveler l'air dans la caravane en stationnement.

aérateur[M] latéral
Grille placée sur le côté de la coque, permettant de renouveler l'air dans la caravane.

coque[F]
Bâti métallique rigide qui constitue le corps de la caravane.

pare-soleil[M]
Dispositif protégeant des rayons directs du soleil.

caravane[F] tractée
Remorque aménagée en logement, généralement tirée par une automobile.

glissière[F] d'auvent[M]
Rail dans lequel s'insère le bord d'un auvent afin de le déployer devant la caravane.

poignée[F] montoir[M]
Poignée verticale placée à hauteur d'épaules près de la porte, à laquelle on s'agrippe pour monter dans la caravane.

réservoir[M] de propane[M]
Bouteille contenant une réserve de gaz servant à alimenter la cuisinière et le système de chauffage de la caravane.

vérin[M] hydraulique
Dispositif composé d'un cylindre et d'un piston actionné par pression hydraulique, qui permet de déployer la béquille d'appui en tournant une manivelle.

prise[F] électrique
Dispositif qu'on relie au secteur par un cordon d'alimentation, qui transmet du courant électrique aux appareils installés dans la caravane.

béquille[F] d'appui[M]
Support télescopique de la tête d'attelage, qui soutient la caravane lorsqu'elle est en stationnement.

coffre[M] à bagages[M]
Compartiment où l'on range des objets encombrants, généralement accessible de l'intérieur et de l'extérieur de la caravane.

tête[F] d'attelage[M]
Dispositif placé à l'extrémité du timon, qui sert à assujettir la caravane à la boule d'attelage du véhicule la tractant.

marchepied[M] escamotable
Accessoire rabattable fixé au seuil de la porte, qui offre un appui intermédiaire pour monter dans la caravane ou en descendre.

timon[M]
Pièce de métal solidaire du châssis de la caravane, qui comporte une tête d'attelage et permet de relier la caravane au véhicule qui la tracte.

porte[F]
Ouverture comportant un vantail pivotant autour de gonds permettant d'entrer et de sortir de la caravane.

chaîne[F] de sûreté[F]
Partie du dispositif antivol fixé sur la tête d'attelage, qui empêche quiconque d'atteler ou de dételer la caravane.

raccord[M] de signalisation[F]
Fil électrique permettant de relier le système d'éclairage et de signalisation de la caravane à celui du véhicule qui la tracte.

toit[M]
Élément rigide qui ferme le dessus de la coque et protège les panneaux lorsqu'ils sont pliés.

porte[F] moustiquaire[F]
Porte équipée d'une toile métallique laissant passer l'air et la lumière tout en préservant des moustiques.

auvent[M]
Avancée en toile soutenue par une armature qui sert à ménager un espace extérieur à l'abri de la pluie et du soleil.

tente[F]-caravane[F]
Caravane constituée d'une section démontable qu'on déploie à l'arrêt et qu'on replie lors du déplacement pour réduire la prise au vent.

fenêtre[F]
Baie souple en toile, qui laisse pénétrer l'air et la lumière, soutenue par une armature lorsqu'elle est déployée.

lit[M]
Section soutenue par une armature qui sert de couchage lorsqu'elle est déployée.

coque[F]
Bâti métallique rigide qui constitue le corps de la caravane.

roue[F] de secours[M]
Roue supplémentaire destinée à remplacer une roue dont le pneu est crevé.

béquille[F] d'appoint[M]
Chacun des supports rétractables placés sous la caravane pour en assurer l'équilibre en stationnement.

porte-bagages[M]
Support fixé sur le toit, sur lequel on arrime les bagages à l'aide de courroies.

climatiseur[M]
Appareil qui refroidit et ventile l'air à l'intérieur de l'autocaravane lorsque la température extérieure est élevée.

autocaravane[F]
Véhicule motorisé aménagé en logement.

échelle[F]
Dispositif constitué de marchepieds et de montants, permettant d'accéder au toit du véhicule.

transport routier automobile

autobus[M]
Véhicule motorisé destiné au transport urbain ou interurbain de passagers debout ou en places assises.

autobus[M] scolaire
Véhicule motorisé destiné au transport d'écoliers et pourvu de dispositifs de sécurité spécifiques.

rétroviseur[M] extérieur
Miroir fixé à l'extérieur de l'habitacle, qui permet au conducteur de voir derrière et sur les côtés du véhicule sans se retourner.

rétroviseur[M] grand-angle[M]
Rétroviseur extérieur convexe qui offre un champ de vision plus large qu'un rétroviseur classique.

feux[M] intermittents
Feu clignotant rouge placé à l'avant et à l'arrière de l'autobus, que le chauffeur actionne à chaque arrêt pour signifier aux autres véhicules de s'immobiliser.

miroir[M] de traversée[F] avant
Miroir convexe permettant au chauffeur de voir l'avant de l'autobus.

bras[M] d'éloignement[M]
Tige pivotante déployée à chaque arrêt par le chauffeur afin que les écoliers restent dans son champ visuel en traversant devant l'autobus.

autocar[M]
Véhicule motorisé destiné au transport interurbain de passagers en places assises sur des trajets de moyenne et longue distances.

prise[F] d'air[M] du moteur[M]
Orifice par lequel l'air extérieur pénètre dans le moteur du véhicule.

porte[F]
Panneau mobile qui permet de monter dans l'autocar ou d'en descendre.

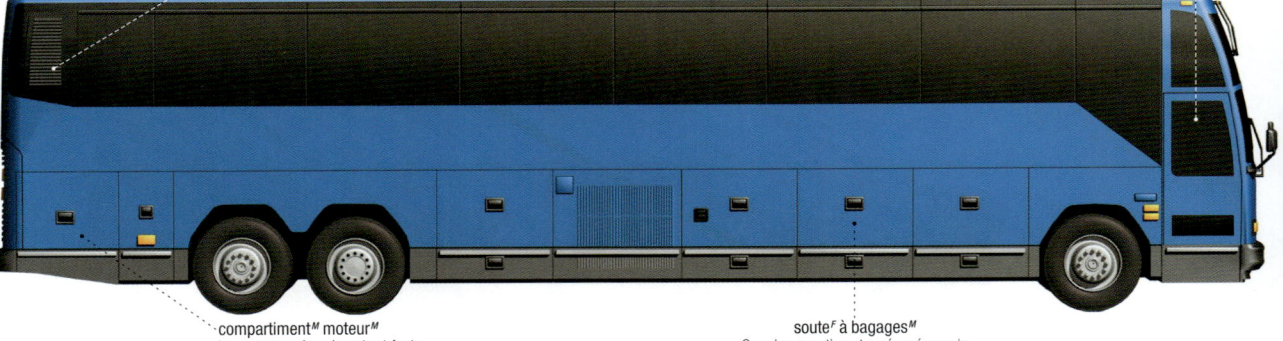

compartiment[M] moteur[M]
Logement aménagé sur le châssis du véhicule, destiné à recevoir le moteur, accessible par une porte.

soute[F] à bagages[M]
Grand compartiment aménagé sous le plancher du véhicule, pourvu de portes latérales, dans lequel les passagers déposent leurs bagages.

indicateur[M] de ligne[F]
Écran placé généralement à l'avant, à l'arrière ou sur le côté droit du véhicule, qui affiche le numéro de la ligne parcourue par l'autobus.

autobus[M]
Véhicule motorisé destiné au transport urbain de passagers debout ou en places assises.

prise[F] d'air[M]
Ouverture pratiquée dans le toit, pourvue d'un couvercle, permettant de renouveler l'air dans l'autobus.

porte[F] à deux vantaux[M]
Large porte divisée en deux parties mobiles, qui se rabattent chacune d'un côté pour permettre le passage de plusieurs personnes à la fois.

TRANSPORT ET MACHINERIE

transport routier automobile 689

autobus

autobus à impériale
Autobus pourvu de deux compartiments de passagers superposés, reliés par des escaliers.

impériale
Étage supérieur de l'autobus.

indicateur de ligne
Écran placé généralement à l'avant, à l'arrière ou sur le côté droit du véhicule, qui affiche le numéro de la ligne parcourue par l'autobus.

porte de l'élévateur
Panneau coulissant permettant le déploiement de l'élévateur.

rétroviseur
Miroir fixé à l'extérieur de l'habitacle, qui permet au conducteur de voir derrière et sur les côtés du véhicule sans se retourner.

autobus pour transport adapté
Véhicule motorisé destiné au transport urbain ou interurbain de passagers utilisant un fauteuil roulant.

barre de maintien
Barre d'appui pourvue d'une sangle retenant le fauteuil lors de la montée ou de la descente de la plateforme.

élévateur pour fauteuils roulants
Dispositif électrique de levage, qu'on déploie pour permettre à une personne en fauteuil roulant de monter dans l'autobus ou d'en descendre.

rétroviseur grand-angle
Rétroviseur extérieur convexe qui offre un champ de vision plus large qu'un rétroviseur classique.

plateforme
Pièce horizontale élévatrice qui reçoit le fauteuil. Elle est posée au sol en position basse et forme le seuil de la porte en position haute.

porte d'entrée
Porte divisée en deux parties mobiles qui se rabattent chacune d'un côté afin de permettre le passage d'une personne.

autobus articulé
Autobus pourvu de deux compartiments alignés, reliés par une section articulée.

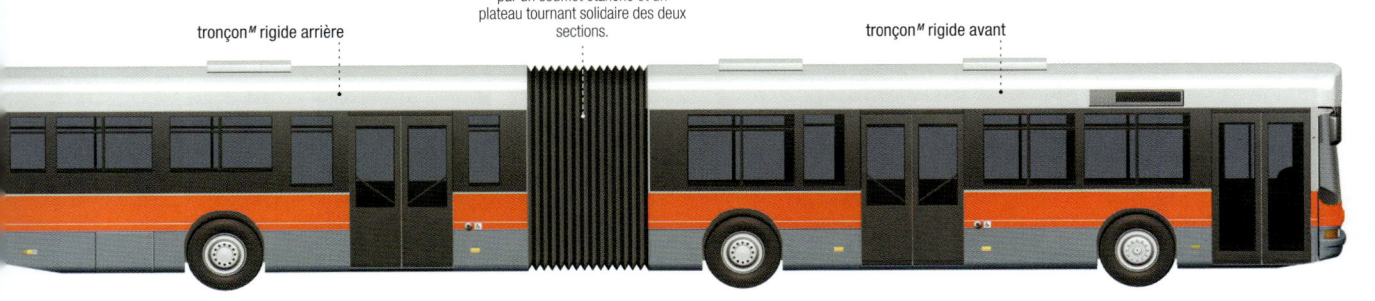

tronçon rigide arrière

section articulée
Partie qui relie les sections rigides par un soufflet étanche et un plateau tournant solidaire des deux sections.

tronçon rigide avant

TRANSPORT ET MACHINERIE

transport routier automobile

camionnage[M]

Transport de marchandises par camion.

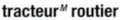

tracteur[M] routier
Véhicule motorisé équipé d'une sellette d'attelage lui permettant de tirer une semi-remorque dont il supporte une partie du poids.

cheminée[F] d'échappement[M]
Partie verticale supérieure du conduit servant à évacuer les gaz d'échappement du moteur.

pare-brise[M]
Vitre avant de verre et de plastique, qui protège le conducteur et les passagers des intempéries tout en leur assurant une bonne visibilité.

déflecteur[M]
Dispositif aérodynamique fixé sur le toit du tracteur pour réduire la résistance à l'air de la semi-remorque.

rétroviseur[M]
Miroir fixé à l'extérieur de l'habitacle, qui permet au conducteur de voir derrière et sur les côtés du véhicule sans se retourner.

avertisseur[M] pneumatique
Dispositif comportant deux trompes actionnées par compression d'air, servant à émettre un signal sonore, le plus souvent pour avertir d'un danger.

compartiment[M]-couchette[F]
Partie arrière de la cabine aménagée avec un lit ou deux lits superposés et des espaces de rangement.

feu[M] de gabarit[M]
Feu de couleur jaune à l'avant et rouge à l'arrière, qui sert à délimiter les dimensions du véhicule.

poignée[F] montoir[M]
Poignée verticale placée à hauteur d'épaules près de la portière, à laquelle on s'agrippe pour monter ou descendre de la cabine.

capot[M]
Partie abattante de la carrosserie qui recouvre et protège le moteur.

coffre[M] de rangement[M]
Compartiment où l'on range des objets encombrants, généralement accessible de l'intérieur et de l'extérieur de la cabine.

phare[M]
Projecteur placé à l'avant du véhicule, servant à éclairer devant celui-ci.

sellette[F] d'attelage[M]
Dispositif d'accouplement permettant de relier le tracteur à la semi-remorque et d'en soutenir la partie avant.

feu[M] antibrouillard
Projecteur dont le faisceau lumineux est dirigé vers la chaussée et illumine les bas-côtés de manière à éclairer la route en cas de brouillard.

calandre[F]
Grille de plastique ou de métal placée à l'avant du véhicule, qui protège le radiateur du véhicule et sert de garniture.

pare-chocs[M]
Élément déformable qui amortit partiellement les chocs pour protéger la carrosserie et les éléments du moteur des déformations.

marchepied[M]
Marche ou série de marches fixées à la carrosserie, servant à monter dans la cabine ou en descendre.

bavette[F] garde-boue[M]
Pièce de caoutchouc ou de plastique fixée derrière les roues arrière pour éviter les projections.

aile[F]
Partie de la carrosserie qui enveloppe la roue.

roue[F]
Organe circulaire tournant autour d'un axe, destiné à supporter le poids du véhicule et à transmettre les efforts de propulsion, de direction et de freinage.

pneu[M]
Organe circulaire déformable en caoutchouc, fixé autour de la roue et gonflé d'air, qui absorbe les irrégularités du sol et assure la liaison entre la chaussée et le véhicule.

réservoir[M] à carburant[M]
Réservoir contenant le carburant diesel assurant l'autonomie du véhicule.

bouchon[M] du réservoir[M]
Pièce vissée dans le goulot de remplissage du réservoir à carburant pour le fermer.

TRANSPORT ET MACHINERIE

train[M] routier
Ensemble de véhicules constitué d'un tracteur, d'une semi-remorque et d'une remorque.

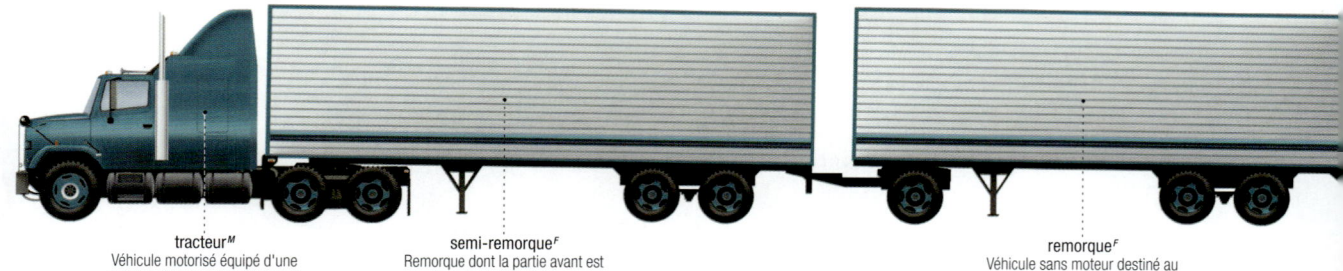

tracteur[M]
Véhicule motorisé équipé d'une sellette d'attelage lui permettant de tirer une semi-remorque dont il supporte une partie du poids.

semi-remorque[F]
Remorque dont la partie avant est munie d'un pivot d'attelage pour l'accoupler au tracteur.

remorque[F]
Véhicule sans moteur destiné au transport des marchandises et relié par une barre d'attelage à un véhicule qui le tracte.

transport routier automobile 691

camionnage

semi-remorque frigorifique
Semi-remorque pourvue d'un groupe frigorifique et d'une caisse isolée thermiquement, adaptée au transport de denrées périssables.

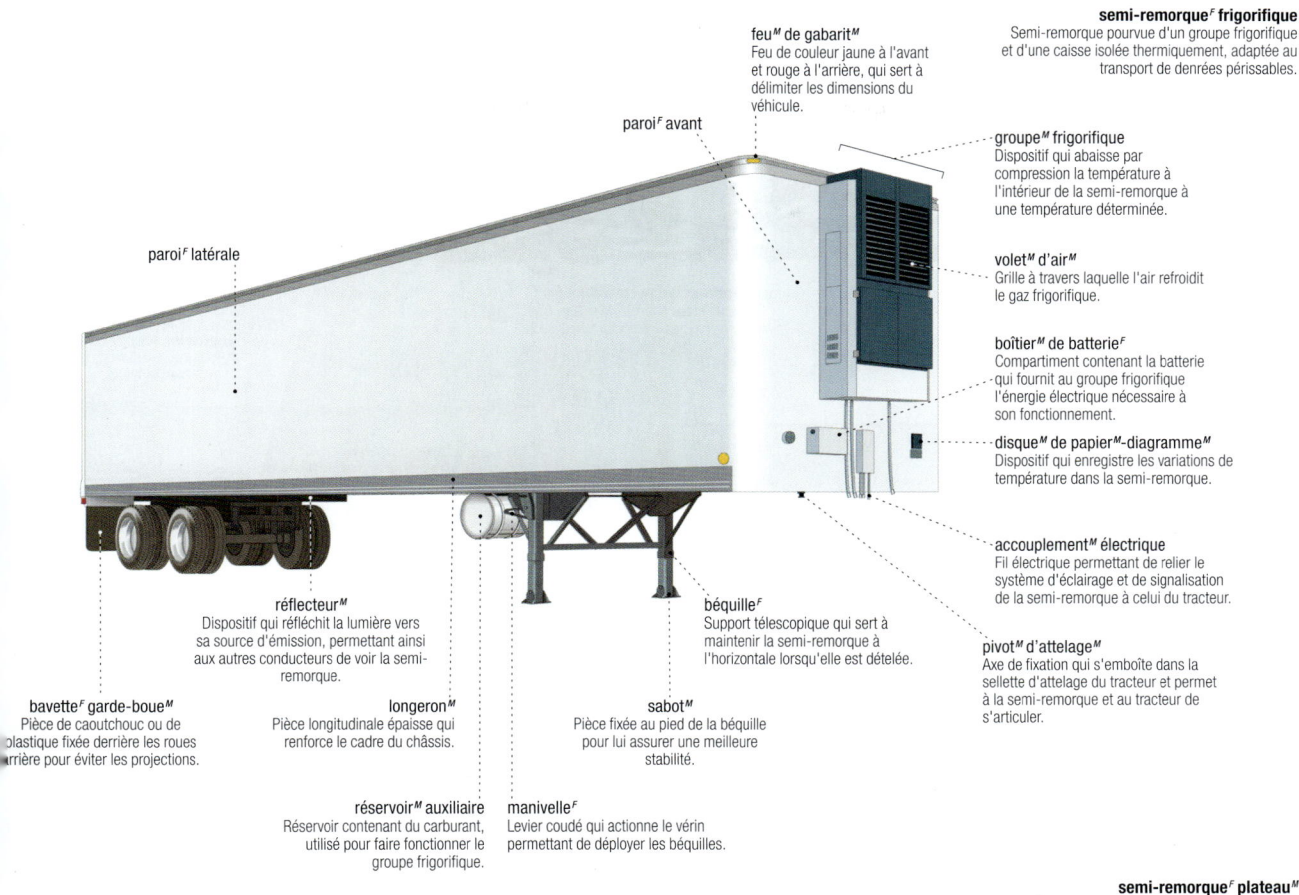

feu de gabarit
Feu de couleur jaune à l'avant et rouge à l'arrière, qui sert à délimiter les dimensions du véhicule.

paroi avant

groupe frigorifique
Dispositif qui abaisse par compression la température à l'intérieur de la semi-remorque à une température déterminée.

paroi latérale

volet d'air
Grille à travers laquelle l'air refroidit le gaz frigorifique.

boîtier de batterie
Compartiment contenant la batterie qui fournit au groupe frigorifique l'énergie électrique nécessaire à son fonctionnement.

disque de papier-diagramme
Dispositif qui enregistre les variations de température dans la semi-remorque.

accouplement électrique
Fil électrique permettant de relier le système d'éclairage et de signalisation de la semi-remorque à celui du tracteur.

réflecteur
Dispositif qui réfléchit la lumière vers sa source d'émission, permettant ainsi aux autres conducteurs de voir la semi-remorque.

béquille
Support télescopique qui sert à maintenir la semi-remorque à l'horizontale lorsqu'elle est dételée.

pivot d'attelage
Axe de fixation qui s'emboîte dans la sellette d'attelage du tracteur et permet à la semi-remorque et au tracteur de s'articuler.

bavette garde-boue
Pièce de caoutchouc ou de plastique fixée derrière les roues arrière pour éviter les projections.

longeron
Pièce longitudinale épaisse qui renforce le cadre du châssis.

sabot
Pièce fixée au pied de la béquille pour lui assurer une meilleure stabilité.

réservoir auxiliaire
Réservoir contenant du carburant, utilisé pour faire fonctionner le groupe frigorifique.

manivelle
Levier coudé qui actionne le vérin permettant de déployer les béquilles.

semi-remorque plateau
Semi-remorque constituée d'une plateforme autour de laquelle il est possible de fixer des panneaux (ridelles) amovibles.

paroi de bout
Panneau fixé à l'avant du plateau pour empêcher le déplacement de la marchandise vers l'avant.

gaine de rancher
Support placé sur le rebord latéral du plateau, qui sert à retenir le crochet d'une courroie ou dans lequel on loge un poteau auquel on fixe des ridelles.

plateau
Plancher de la semi-remorque qui sert de plan de chargement pour la marchandise.

feu rouge arrière
Feu qui s'allume automatiquement lorsque les feux avant sont allumés et qui rend le véhicule visible de l'arrière à une distance de 150 m.

clignotant
Dispositif émettant une lumière intermittente, servant à signaler le changement de direction du véhicule ou le danger qu'il constitue momentanément pour les autres usagers.

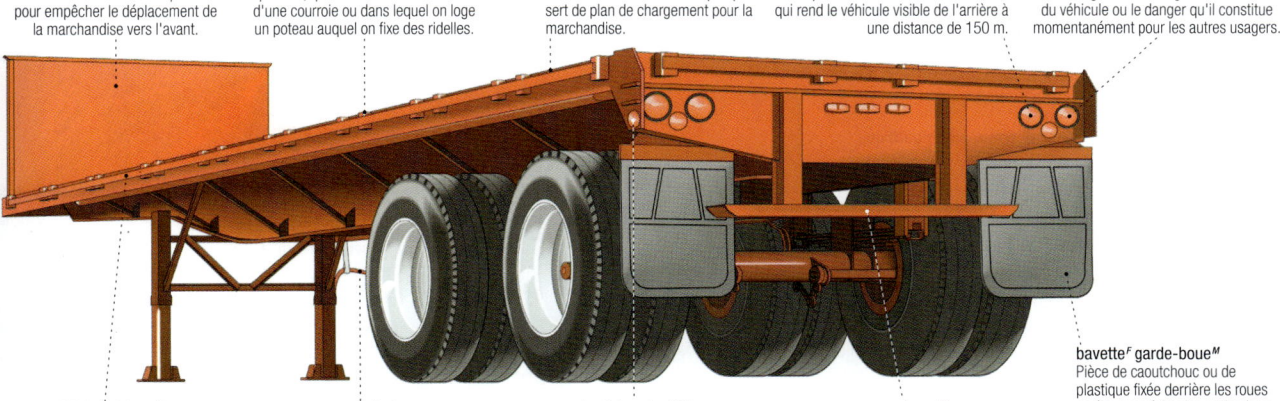

rail de guidage
Barre fixée sur les gaines de ranchers pour les protéger des chocs latéraux.

manivelle
Levier coudé qui actionne le vérin permettant de déployer les béquilles.

feu de gabarit
Feu de couleur jaune à l'avant et rouge à l'arrière, qui sert à délimiter les dimensions du véhicule.

pare-chocs
Élément déformable qui amortit partiellement les chocs pour protéger la carrosserie des déformations.

bavette garde-boue
Pièce de caoutchouc ou de plastique fixée derrière les roues arrière pour éviter les projections.

TRANSPORT ET MACHINERIE

transport routier automobile

camionnageᴹ

exemplesᴹ de semi-remorquesꜰ
Semi-remorques : remorques dont la partie avant est munie d'un pivot d'attelage pour les accoupler à un tracteur.

semi-remorqueꜰ porte-véhiculesᴹ
Semi-remorque pourvue de plusieurs plateformes inclinées, destinée au transport de véhicules.

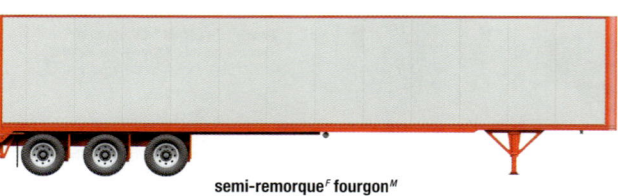

citerneꜰ
Cuve fermée, fractionnée en plusieurs compartiments de volumes différents.

semi-remorqueꜰ fourgonᴹ
Semi-remorque comportant une caisse fermée, rigide ou en tissu épais (bâche et rideaux coulissants).

semi-remorqueꜰ citerneꜰ
Semi-remorque destinée au transport en vrac de produits sous forme liquide, poudreuse ou gazeuse.

benneꜰ basculante
Caisse ouverte ou fermée, dont le soulèvement sous l'action d'un vérin permet le déchargement de matériaux en vrac.

semi-remorqueꜰ à copeauxᴹ
Semi-remorque conçue pour transporter du bois sous forme de copeaux.

semi-remorqueꜰ benneꜰ
Semi-remorque équipée d'une benne basculante, qui sert au transport en vrac.

verrouᴹ tournant
Dispositif de verrouillage s'emboîtant à la partie inférieure du conteneur pour l'assujettir à la semi-remorque.

semi-remorqueꜰ porte-conteneurᴹ
Semi-remorque dont la structure se limite à un châssis sur lequel on fixe des caisses de dimensions normalisées pour le transport de marchandises.

semi-remorqueꜰ frigorifique
Semi-remorque pourvue d'un groupe frigorifique et d'une caisse isolée thermiquement, adaptée au transport de denrées périssables.

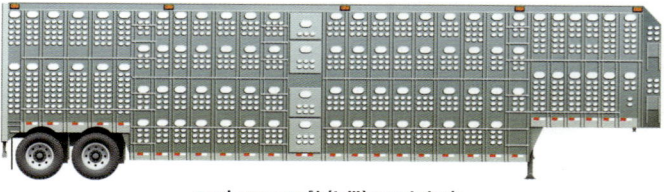

semi-remorqueꜰ à grumesꜰ
Semi-remorque munie de poteaux latéraux rabattables, destinée à transporter des troncs d'arbres.

semi-remorqueꜰ bétaillère surbaissée
Semi-remorque conçue pour le transport du bétail, comportant plusieurs compartiments ajourés.

semi-remorqueꜰ porte-enginsᴹ surbaissée
Semi-remorque servant au transport de machinerie lourde.

transport routier automobile

camionnage^M

exemples^M de camions^M
Camions : véhicules motorisés équipés pour transporter des marchandises ou assurer l'entretien et la sécurité.

trémie^F de chargement^M
Réservoir qui reçoit les sacs d'ordures et alimente au fur et à mesure la benne tasseuse.

benne^F tasseuse
Benne pourvue d'un système hydraulique qui comprime les ordures ménagères.

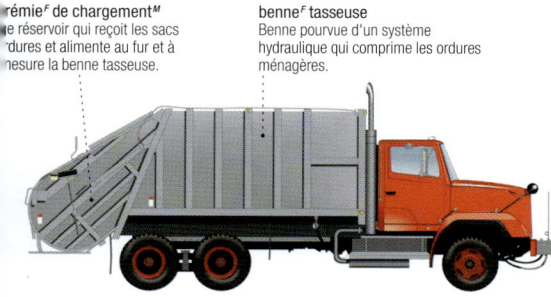

benne^F à ordures^F ; camion^M à ordures^F
Camion-benne destiné au ramassage des ordures ménagères.

camion^M porteur^M fourgon^M
Camion dont la caisse est rigide et fermée.

benne^F basculante
Caisse ouverte ou fermée, dont le soulèvement sous l'action d'un vérin permet le déchargement de matériaux en vrac.

camion^M-benne^F
Camion équipé d'une benne basculante, utilisé pour le transport en vrac.

camion^M de vidange^F
Camion équipé d'un réservoir, d'une pompe et d'un long tuyau, destiné à vider les fosses septiques ou autres canalisations.

bétonnière^F
Camion équipé d'une cuve rotative, destiné à transporter le béton frais qu'il déverse par une goulotte.

citerne^F
Cuve fermée, fractionnée en plusieurs compartiments de volumes différents.

camion^M-citerne^F
Camion destiné au transport en vrac de produits sous forme liquide, poudreuse ou gazeuse.

câble^M
Cordage résistant dont on fait varier la longueur pour manœuvrer la charge.

poutre^F de levage^M
Tige métallique épaisse et résistante que le vérin soulève.

dépanneuse^F
Camion servant à remorquer les véhicules en panne.

crochet^M
Pièce qu'on détache du dispositif de remorquage pour que les roues avant du véhicule remorqué y prennent place, puis qu'on rattache au dispositif pour le soulever.

vérin^M
Dispositif hydraulique constitué de bras télescopiques, permettant de soulever une lourde charge.

carrosserie^F amovible
Camion destiné à transporter des conteneurs qu'il peut charger et décharger à l'aide d'un bras mécanique.

dispositif^M de remorquage^M
Pièce relevable sur laquelle sont posées les roues avant du véhicule remorqué.

commandes^F du treuil^M
Dispositif de contrôle du moteur électrique, qui assure la rotation du tambour.

treuil^M
Appareil pourvu d'un câble d'acier enroulé sur un tambour, qui sert à tirer et à lever des charges lourdes, ici un véhicule en panne.

TRANSPORT ET MACHINERIE

transport routier automobile

moto^F

Véhicule motorisé à deux roues, dont la cylindrée du moteur est supérieure à 125 cc.

vue^F latérale

selle^F du passager^M
Siège individuel, généralement en cuir, surélevé par rapport à la selle du conducteur, sur lequel s'assoit le passager.

réservoir^M à essence^F
Réservoir contenant le carburant et assurant l'autonomie du véhicule.

feu^M arrière
Feu qui s'allume automatiquement lorsque les feux avant sont allumés et qui émet une lumière intense lorsque le pilote appuie sur la pédale de frein.

selle^F du conducteur^M
Siège individuel, généralement en cuir, sur lequel s'assoit le conducteur.

carénage^M
Chacun des éléments aérodynamiques qui enveloppent certains organes de la moto pour améliorer la pénétration dans l'air et le confort du pilote.

feu^M clignotant arrière
Dispositif émettant une lumière intermittente pour signaler le changement de direction du véhicule ou le danger qu'il constitue momentanément pour les autres usagers.

repose-pied^M du passager^M
Chacune des deux tiges métalliques fixées de chaque côté du cadre de la moto, sur lesquelles le passager pose les pieds.

cadre^M
Ensemble de tubes métalliques creux soudés entre eux pour former l'ossature de la moto.

pot^M d'échappement^M
Chambre compartimentée dans laquelle les gaz d'échappement se détendent, ce qui réduit le bruit du moteur.

pédale^F de frein^M arrière
Pédale reliée par un câble à l'étrier du frein arrière, que le conducteur actionne pour freiner la roue arrière.

carburateur
Organe du moteur qui se préparer le mélange air/carbura

béquille^F latérale
Support rabattable fixé sur le côté gauche de la moto pour la maintenir en position légèrement inclinée à l'arrêt.

transport routier automobile

moto^F

levier^M de frein^M avant
...vier relié par un câble à l'étrier du frein avant, que le pilote ...nne pour freiner la roue avant.

guidon^M
Dispositif composé de deux ...gnées reliées par une tige, qui ...met de guider la roue directrice de la moto.

pare-brise^M
Vitre avant de verre et de plastique, qui protège le motocycliste du vent et des intempéries.

rétroviseur^M
Miroir fixé sur le guidon, qui permet au motocycliste de voir derrière et sur les côtés du véhicule sans se retourner.

tableau^M de bord^M
Élément d'habillage qui comprend les instruments de bord et le commutateur d'allumage.

feu^M clignotant avant
Dispositif émettant une lumière intermittente pour signaler le changement de direction du véhicule ou le danger qu'il constitue momentanément pour les autres usagers.

phare^M
Projecteur placé à l'avant du véhicule, servant à éclairer devant celui-ci.

prise^F d'air^M
Ouverture faite dans la coquille pour permettre la circulation de l'air dans le casque évitant ainsi la formation de buée sur la visière.

moteur^M
Appareil qui transforme en énergie mécanique la combustion d'un mélange air/carburant.

fourche^F avant télescopique
Ensemble de deux éléments formés chacun de deux tubes coulissants renfermant un ressort, qui assure la direction, la suspension et l'amortissement de la roue avant.

garde-boue^M avant
Bande de métal incurvée qui recouvre le dessus de la roue avant, afin de protéger le motocycliste des éclaboussures.

étrier^M de frein^M
Pièce en forme d'étau comportant un piston, qui chevauche le disque du frein et supporte les plaquettes.

jante^F
Cercle métallique profilé constituant la circonférence de la roue et sur lequel est monté le pneu.

coquille^F
Surface extérieure en matière très résistante (thermoplastique ou matières composites) qui absorbe les chocs.

casque^M de moto^F intégral
Coiffure rigide recouvrant la tête, le visage et le cou pour les protéger en cas d'accident.

visière^F
Élément rabattable transparent, qui protège les yeux tout en assurant une bonne visibilité.

charnière^F de la visière^F
Attache articulée qui permet de soulever et d'abaisser la visière.

mentonnière^F
Partie de la coquille qui protège la mâchoire du motocycliste.

béquet^M
Élément aérodynamique ayant un intérêt esthétique, mais servant ...urtout à canaliser la dépression de l'air derrière la roue avant.

frein^M à disque^M
Dispositif de freinage composé d'un disque lié à la roue, sur lequel le frottement des plaquettes permet de ralentir la rotation de la roue.

TRANSPORT ET MACHINERIE

moto^F

tableau^M de bord^M
Élément d'habillage qui comprend les instruments de bord et le commutateur d'allumage.

témoin^M de niveau^M d'huile^F
Voyant lumineux indiquant que la pression d'huile dans le système de lubrification du moteur est inférieure au niveau minimal requis.

témoin^M des feux^M de route^F
Voyant lumineux indiquant que les feux de route sont utilisés.

témoin^M de clignotant^M
Voyant lumineux intermittent, souvent associé à un signal sonore, qui indique au conducteur qu'un feu clignotant est en fonction.

témoin^M de position^F neutre
Voyant lumineux indiquant qu'aucune vitesse n'est engagée, de sorte que la rotation du moteur n'est pas transmise aux roues.

témoin^M de bas niveau^M de carburant^M
Voyant lumineux indiquant que le réservoir de carburant est presque vide.

indicateur^M de vitesse^F
Cadran indiquant la vitesse à laquelle se déplace le véhicule en kilomètres ou en milles par heure.

tachymètre^M
Cadran indiquant la vitesse de rotation du moteur en tours par minute, aussi appelé compte-tours.

commutateur^M d'allumage^M
Interrupteur actionné par une clé de contact, qui permet le passage ou la rupture du courant de la batterie au démarreur électrique.

vue^F en plongée^F

rétroviseur^M
Miroir fixé sur le guidon, qui permet au motocycliste de voir derrière et sur les côtés du véhicule sans se retourner.

phare^M
Projecteur placé à l'avant du véhicule, servant à éclairer devant celui-ci.

feu^M clignotant avant
Dispositif émettant une lumière intermittente pour signaler le changement de direction du véhicule ou le danger qu'il constitue momentanément pour les autres usagers.

levier^M d'embrayage^M
Levier permettant de désolidariser, puis d'accoupler à nouveau le moteur et la boîte de vitesses, autorisant ainsi le passage des vitesses.

levier^M de frein^M avant
Levier relié par un câble à l'étrier du frein avant, que le pilote actionne pour freiner la roue avant.

inverseur^M route^F-croisement^M
Bouton qui permet de passer des phares de croisement aux phares de route, ou vice-versa.

manette^F d'accélérateur^M
Poignée d'accélération que le pilote fait tourner plus ou moins afin d'augmenter ou de réduire l'admission du mélange air/carburant dans le moteur et donc son régime.

avertisseur^M
Dispositif qui émet un signal sonore, que le conducteur peut utiliser pour attirer l'attention d'un piéton ou d'un autre usager de la route.

coupe-circuit^M d'urgence^F
Commutateur permettant d'arrêter le moteur instantanément en cas d'urgence.

bouchon^M du réservoir^M
Pièce vissée dans le goulot de remplissage du réservoir à carburant pour le fermer.

bouton^M de démarreur^M
Interrupteur permettant de lancer le démarreur et de mettre le moteur en marche.

sélecteur^M de vitesse^F
Pédale située sous le pied gauche du motocycliste, lui permettant de changer le rapport entre la vitesse de rotation du moteur et celle des roues.

carter^M d'embrayage^M
Boîtier fixe qui protège le mécanisme d'embrayage.

repose-pied^M du conducteur^M
Chacune des deux tiges métalliques rabattables fixées de chaque côté du cadre de la moto, sur lesquelles le conducteur pose les pieds.

pédale^F de frein^M arrière
Pédale reliée par un câble à l'étrier du frein arrière, que le pilote actionne pour freiner la roue arrière.

repose-pied^M du passager^M
Chacune des deux tiges métalliques fixées de chaque côté du cadre de la moto, sur lesquelles le passager pose les pieds.

feu^M clignotant arrière
Dispositif émettant une lumière intermittente pour signaler le changement de direction du véhicule ou le danger qu'il constitue momentanément pour les autres usagers.

pot^M d'échappement^M
Chambre compartimentée dans laquelle les gaz d'échappement se détendent, ce qui réduit le bruit du moteur.

feu^M arrière
Feu qui s'allume automatiquement lorsque les feux avant sont allumés et qui émet une lumière intense lorsque le pilote appuie sur la pédale de frein.

transport routier automobile 697

moto^F

scooter^M
Véhicule motorisé à deux roues de petit diamètre, garni de carénages, caractérisé par un cadre ouvert et un plancher plat.

selle^F
Siège, généralement en cuir, sur lequel s'assoit le pilote.

porte-bagages^M
Support placé à l'arrière du véhicule, sur lequel on fixe un ou on arrime des bagages à l'aide de courroies.

rétroviseur^M
Miroir fixé sur le guidon, qui permet au motocycliste de voir derrière et sur les côtés du véhicule sans se retourner.

tablier^M
Élément aérodynamique en tôle ou en plastique, qui garnit la colonne de direction et qui protège le conducteur du vent et des intempéries.

selle^F
Siège, généralement en cuir, sur lequel s'assoit le pilote.

exemples^M de motos^F

moto^F tout-terrain
Moto conçue pour rouler sur terrain accidenté (moteur haut perché, suspension allongée, échappement surélevé, pneus à crampons, etc.).

fourche^F télescopique
Ensemble de deux éléments formés chacun de deux tubes coulissants renfermant un ressort, qui assure la direction, la suspension et l'amortissement de la roue avant.

plancher^M
Surface large et plate sur laquelle le conducteur appuie les pieds.

pneu^M à crampons^M
Pneu dont la bande de roulement est pourvue de blocs de gomme qui assurent une meilleure traction sur terrain accidenté.

moto^F de tourisme^M
Moto conçue pour procurer un meilleur confort au conducteur et au passager (grand carénage, guidon allongé, repose-pied permettant d'allonger les jambes, etc.).

cyclomoteur^M
Véhicule conçu comme une bicyclette, mais muni d'un moteur dont la cylindrée n'excède pas 50 cc.

porte-bagages^M
Support placé à l'arrière du véhicule, sur lequel on fixe un ou on arrime des bagages à l'aide de courroies.

béquille^F latérale
Support rabattable fixé sur le côté gauche du cyclomoteur pour le maintenir à l'arrêt en position légèrement inclinée.

antenne^F
Dispositif qui reçoit des ondes radio émises par une station.

dossier^M
Pièce servant d'appui au dos.

coffre^M
Bagage généralement rigide et imperméable, fixé derrière la selle du passager, destiné à contenir des objets légers.

sacoche^F
Bagage généralement rigide et imperméable, fixé de chaque côté de la selle passager.

pare-brise^M
Vitre avant de verre et de plastique, qui protège le motocycliste du vent et des intempéries.

selle^F du passager^M
Siège individuel, généralement en cuir, surélevé par rapport à la selle du conducteur, sur lequel s'assoit le passager.

selle^F du conducteur^M
Siège individuel, en cuir, sur lequel s'assoit le conducteur.

quad^M

Véhicule tout-terrain à quatre roues, équipé d'un moteur de moto.

porte-bagages^M arrière
Support placé à l'arrière du véhicule, sur lequel on fixe un coffre ou on arrime des bagages à l'aide de courroies.

garde-boue^M arrière
Bande de métal incurvée qui recouvre le dessus de la roue arrière, afin de protéger le conducteur des éclaboussures.

pot^M d'échappement^M
Chambre compartimentée dans laquelle les gaz d'échappement se détendent, ce qui réduit le bruit du moteur.

selle^F
Siège, généralement en cuir, sur lequel s'assoit le conducteur.

réservoir^M à essence^F
Réservoir contenant le carburant et assurant l'autonomie du véhicule.

poignée^F
Chacun des éléments qui prolongent la colonne de direction et que manie le conducteur pour diriger le quad.

pare-chocs^M
Élément déformable qui amortit partiellement les chocs en cas de collision frontale.

amortisseur^M avant
Dispositif cylindrique fixé à la roue avant et couplé à un ressort, qui permet d'absorber les chocs dus aux inégalités du terrain.

sélecteur^M de vitesses^F
Pédale située sous le pied du conducteur, lui permettant de changer le rapport entre la vitesse de rotation du moteur et celle des roues.

TRANSPORT ET MACHINERIE

transport routier cycliste

bicyclette^F

Véhicule formé d'un cadre dont la roue avant, commandée par un guidon, est directrice et dont la roue arrière, motrice, est entraînée par un pédalier et une chaîne.

parties^F d'une bicyclette^F

tige^F de selle^F
Élément qui soutient et fixe la selle, qu'on insère plus ou moins profondément dans le tube de selle pour régler la hauteur du siège.

selle^F
Petit siège triangulaire fixé au cadre de la bicyclette.

pompe^F
Appareil qui refoule de l'air, conçu pour gonfler les chambres à air de pneus de bicyclettes.

réflecteur^M arrière
Dispositif généralement de couleur rouge qui réfléchit la lumière vers sa source d'émission, permettant ainsi aux autres usagers de la route de voir le cycliste.

tube^M horizontal
Partie horizontale du cadre, qui relie le tube de direction au tube de selle et qui assure la rigidité du cadre.

hauban^M
Chacun des deux tubes parallèles qui relient le haut du tube de selle au moyeu de la roue arrière.

tube^M de selle^F
Partie du cadre légèrement inclinée vers l'arrière, qui reçoit la tige de selle et rejoint le pédalier.

porte-bagages^M
Dispositif fixé à l'arrière de la bicyclette, destiné à porter des sacoches de chaque côté et des paquets sur le dessus.

frein^M arrière
Mécanisme actionné par un câble de frein, qui comporte deux patins mus par un étrier et des ressorts de rappel et qui serre la jante pour ralentir la roue arrière.

dynamo^F
Dispositif actionné par la roue arrière dont il transforme le mouvement de rotation en énergie électrique pour alimenter le projecteur et le feu arrière.

catadioptre^M
Dispositif qui réfléchit la lumière vers sa source d'émission, permettant ainsi aux autres usagers de la route de voir le cycliste.

garde-boue^M
Bande de métal incurvée qui recouvre en partie la roue de la bicyclette pour protéger le cycliste des éclaboussures.

dérailleur^M arrière
Mécanisme faisant passer la chaîne d'un pignon à un autre pour adapter l'effort du cycliste aux conditions du terrain et déterminer la distance parcourue en un tour de pédalier.

base^F
Chacun des deux tubes qui relient le pédalier au moyeu de la roue arrière.

chaîne^F
Suite de maillons métalliques s'engrenant dans les dents des plateaux et des pignons pour transmettre le mouvement de rotation du pédalier à la roue arrière.

dérailleur^M avant
Mécanisme faisant passer la chaîne d'un plateau à un autre pour adapter l'effort du cycliste aux conditions du terrain et déterminer la distance parcourue en un tour de pédalier.

pédale^F
Chacune des deux pièces fixées à l'extrémité des manivelles, sur lesquelles le cycliste appuie pour avancer.

cale-pied^M
Dispositif métallique fixé aux pédales, dans lequel s'emboîte le pied pour conserver une bonne position et gagner en puissance lors du coup de pédale.

TRANSPORT ET MACHINERIE

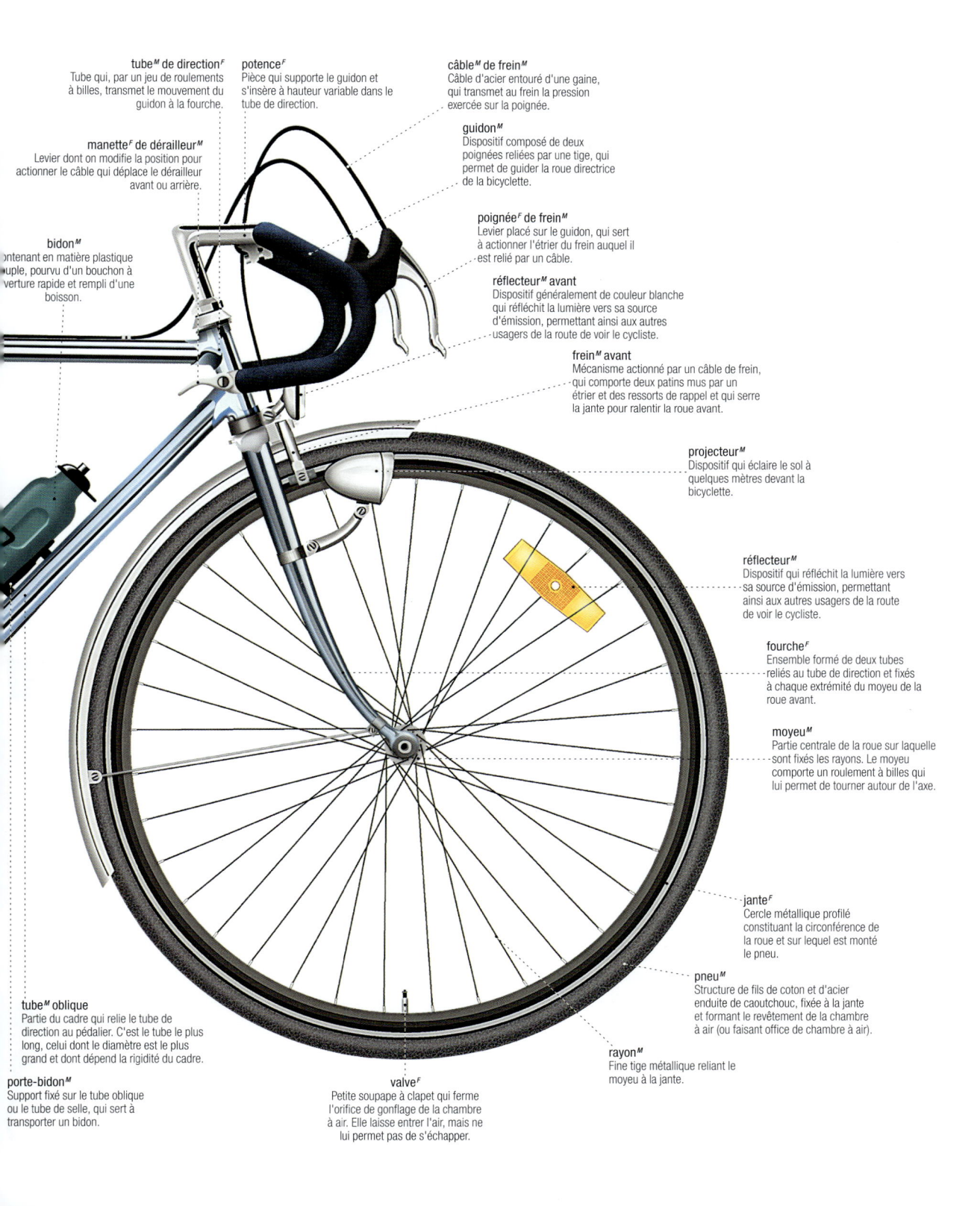

transport routier cycliste

bicyclette^F

tube^M de direction^F
Tube qui, par un jeu de roulements à billes, transmet le mouvement du guidon à la fourche.

potence^F
Pièce qui supporte le guidon et s'insère à hauteur variable dans le tube de direction.

câble^M de frein^M
Câble d'acier entouré d'une gaine, qui transmet au frein la pression exercée sur la poignée.

manette^F de dérailleur^M
Levier dont on modifie la position pour actionner le câble qui déplace le dérailleur avant ou arrière.

guidon^M
Dispositif composé de deux poignées reliées par une tige, qui permet de guider la roue directrice de la bicyclette.

poignée^F de frein^M
Levier placé sur le guidon, qui sert à actionner l'étrier du frein auquel il est relié par un câble.

bidon^M
Contenant en matière plastique souple, pourvu d'un bouchon à ouverture rapide et rempli d'une boisson.

réflecteur^M avant
Dispositif généralement de couleur blanche qui réfléchit la lumière vers sa source d'émission, permettant ainsi aux autres usagers de la route de voir le cycliste.

frein^M avant
Mécanisme actionné par un câble de frein, qui comporte deux patins mus par un étrier et des ressorts de rappel et qui serre la jante pour ralentir la roue avant.

projecteur^M
Dispositif qui éclaire le sol à quelques mètres devant la bicyclette.

réflecteur^M
Dispositif qui réfléchit la lumière vers sa source d'émission, permettant ainsi aux autres usagers de la route de voir le cycliste.

fourche^F
Ensemble formé de deux tubes reliés au tube de direction et fixés à chaque extrémité du moyeu de la roue avant.

moyeu^M
Partie centrale de la roue sur laquelle sont fixés les rayons. Le moyeu comporte un roulement à billes qui lui permet de tourner autour de l'axe.

jante^F
Cercle métallique profilé constituant la circonférence de la roue et sur lequel est monté le pneu.

pneu^M
Structure de fils de coton et d'acier enduite de caoutchouc, fixée à la jante et formant le revêtement de la chambre à air (ou faisant office de chambre à air).

rayon^M
Fine tige métallique reliant le moyeu à la jante.

tube^M oblique
Partie du cadre qui relie le tube de direction au pédalier. C'est le tube le plus long, celui dont le diamètre est le plus grand et dont dépend la rigidité du cadre.

porte-bidon^M
Support fixé sur le tube oblique ou le tube de selle, qui sert à transporter un bidon.

valve^F
Petite soupape à clapet qui ferme l'orifice de gonflage de la chambre à air. Elle laisse entrer l'air, mais ne lui permet pas de s'échapper.

TRANSPORT ET MACHINERIE

transport routier cycliste

bicycletteF

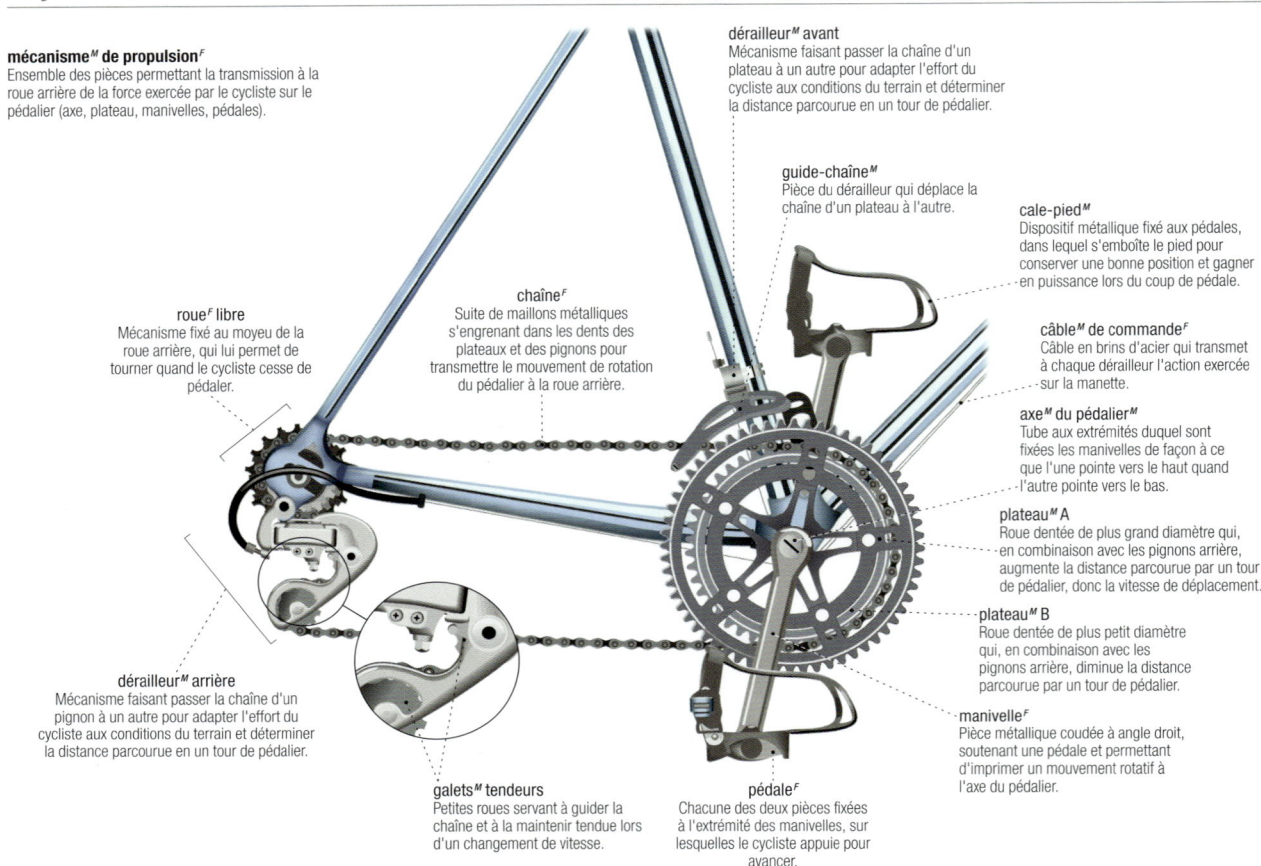

mécanismeM de propulsionF
Ensemble des pièces permettant la transmission à la roue arrière de la force exercée par le cycliste sur le pédalier (axe, plateau, manivelles, pédales).

dérailleurM avant
Mécanisme faisant passer la chaîne d'un plateau à un autre pour adapter l'effort du cycliste aux conditions du terrain et déterminer la distance parcourue en un tour de pédalier.

guide-chaîneM
Pièce du dérailleur qui déplace la chaîne d'un plateau à l'autre.

cale-piedM
Dispositif métallique fixé aux pédales, dans lequel s'emboîte le pied pour conserver une bonne position et gagner en puissance lors du coup de pédale.

roueF libre
Mécanisme fixé au moyeu de la roue arrière, qui lui permet de tourner quand le cycliste cesse de pédaler.

chaîneF
Suite de maillons métalliques s'engrenant dans les dents des plateaux et des pignons pour transmettre le mouvement de rotation du pédalier à la roue arrière.

câbleM de commandeF
Câble en brins d'acier qui transmet à chaque dérailleur l'action exercée sur la manette.

axeM du pédalierM
Tube aux extrémités duquel sont fixées les manivelles de façon à ce que l'une pointe vers le haut quand l'autre pointe vers le bas.

plateauM A
Roue dentée de plus grand diamètre qui, en combinaison avec les pignons arrière, augmente la distance parcourue par un tour de pédalier, donc la vitesse de déplacement.

plateauM B
Roue dentée de plus petit diamètre qui, en combinaison avec les pignons arrière, diminue la distance parcourue par un tour de pédalier.

dérailleurM arrière
Mécanisme faisant passer la chaîne d'un pignon à un autre pour adapter l'effort du cycliste aux conditions du terrain et déterminer la distance parcourue en un tour de pédalier.

manivelleF
Pièce métallique coudée à angle droit, soutenant une pédale et permettant d'imprimer un mouvement rotatif à l'axe du pédalier.

galetsM tendeurs
Petites roues servant à guider la chaîne et à la maintenir tendue lors d'un changement de vitesse.

pédaleF
Chacune des deux pièces fixées à l'extrémité des manivelles, sur lesquelles le cycliste appuie pour avancer.

accessoiresM

cadenasM
Système antivol formé de deux tiges métalliques emboîtées l'une dans l'autre et pourvu d'une serrure, qui permet d'attacher le vélo à un élément fixe.

siègeM de véloM pour enfantM
Siège fixé sur le cadre ou le porte-bagages à l'arrière du vélo, comportant des harnais et des repose-pieds, servant à transporter un enfant.

casqueM de protectionF
Coiffure rigide recouvrant la tête pour la protéger en cas d'accident.

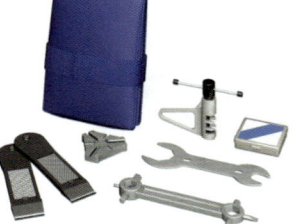

sacocheF
Sac pourvu d'un système de fixation permettant de l'accrocher au guidon ou sur le porte-bagages.

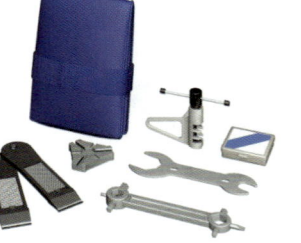

remorqueF de véloM pour enfantM
Véhicule sans moteur relié à un vélo par une barre d'attelage et destiné à transporter un ou deux enfants.

trousseF de dépannageM
Ensemble des outils utiles aux réglages et aux réparations les plus courants (réparation d'une chambre à air, resserrage des rayons, réglage des freins, etc.).

transport routier cycliste

bicyclette^F

exemples^M de bicyclettes^F

tricycle^M d'enfant^M
Cycle très stable à trois roues, pourvu d'un pédalier entraînant, selon les cas, la roue avant ou les deux roues arrière, destiné aux jeunes enfants.

demi-vélo^M
Bicyclette pour enfant à une seule roue, dont le cadre se prolonge par une barre d'attelage qu'on relie au vélo d'un adulte.

roue^F stabilisatrice
Petite roue fixée à l'arrière de la bicyclette pour en améliorer la stabilité lorsque l'enfant apprend à rouler à bicyclette.

bicyclette^F d'enfant^M
Bicyclette adaptée à la taille d'un enfant, parfois pourvue de roues stabilisatrices.

vélo^M cross^M
Bicyclette robuste aux dimensions réduites, destinée aux exercices d'acrobatie et aux compétitions sur pistes en terre bosselées.

bicyclette^F de course^F
Bicyclette pourvue de pneus étroits, d'un cadre léger, d'un guidon offrant une position aérodynamique au cycliste, etc., conçue pour la course sur route.

bicyclette^F tout-terrain
Bicyclette pourvue de larges roues à crampons, d'un cadre robuste, de nombreuses vitesses, de freins puissants, etc., pour rouler sur tout type de terrain.

TRANSPORT ET MACHINERIE

bicyclette^F

exemples^M de bicyclettes^F

panier^M arrière
Contenant fixé à l'arrière du tricycle et permettant de transporter divers objets.

tricycle^M d'adulte^M
Cycle très stable à trois roues, pourvu d'un pédalier entraînant, selon les cas, la roue avant ou les deux roues arrière.

vélo^M couché
Bicyclette conçue pour que le cycliste soit en position assise, légèrement incliné vers l'arrière, de façon à pédaler les jambes à l'horizontale.

bicyclette^F de ville^F
Bicyclette conçue en fonction du confort et de la sécurité du cycliste pour effectuer de courts déplacements sur voie urbaine.

batterie^F
Ensemble de piles qui fournissent l'énergie nécessaire au moteur électrique.

bicyclette^F électrique
Bicyclette munie d'un moteur électrique qui assiste le cycliste lors de ses déplacements.

bicyclette^F de tourisme^M
Bicyclette intermédiaire entre le vélo de course et le vélo de ville, conçue pour parcourir confortablement de longues distances.

tandem^M
Bicyclette à deux places. Les deux cyclistes pédalent simultanément, mais seule la personne à l'avant dirige le tandem.

TRANSPORT ET MACHINERIE

transport ferroviaire

gare^F

Ensemble des installations et des bâtiments nécessaires au trafic ferroviaire (passagers et marchandises) et à l'entretien de l'équipement.

gare^F de voyageurs^M
Bâtiment couvert, à la disposition du public, où arrivent ou d'où partent trains et voyageurs.

quai^M
Plateforme qui longe la voie pour permettre l'accès des voyageurs aux voitures ou pour faciliter le chargement et le déchargement des marchandises des wagons.

train^M de banlieue^F
Train local effectuant plusieurs trajets quotidiens pour relier le centre d'une agglomération et sa banlieue ou les villes avoisinantes.

grandes lignes^F
Voies ferrées sur lesquelles circulent des trains parcourant de longs trajets.

voie^F de banlieue^F
Voie ferrée reliant le centre d'une agglomération à sa banlieue et aux villes avoisinantes.

voie^F de service^M
Voie qui ne sert pas à la circulation des trains mais au garage, au triage, au chargement ou au déchargement, etc.

butoir^M
Dispositif placé à l'extrémité d'une voie, pourvu d'un tampon amortisseur, servant à arrêter un véhicule en fin de course.

passage^M à niveau^M
Croisement d'une voie ferrée et d'une route, aménagé avec ou sans dispositif de signalisation.

abri^M
Toit supporté par des montants, destiné à protéger des intempéries les voyageurs qui attendent sur le quai.

passerelle^F
Passage surélevé permettant aux voyageurs de passer d'un côté à l'autre de la voie ferrée.

signal^M de voie^F
Dispositif de signalisation pourvu de feux qui régissent la vitesse et l'espacement des trains.

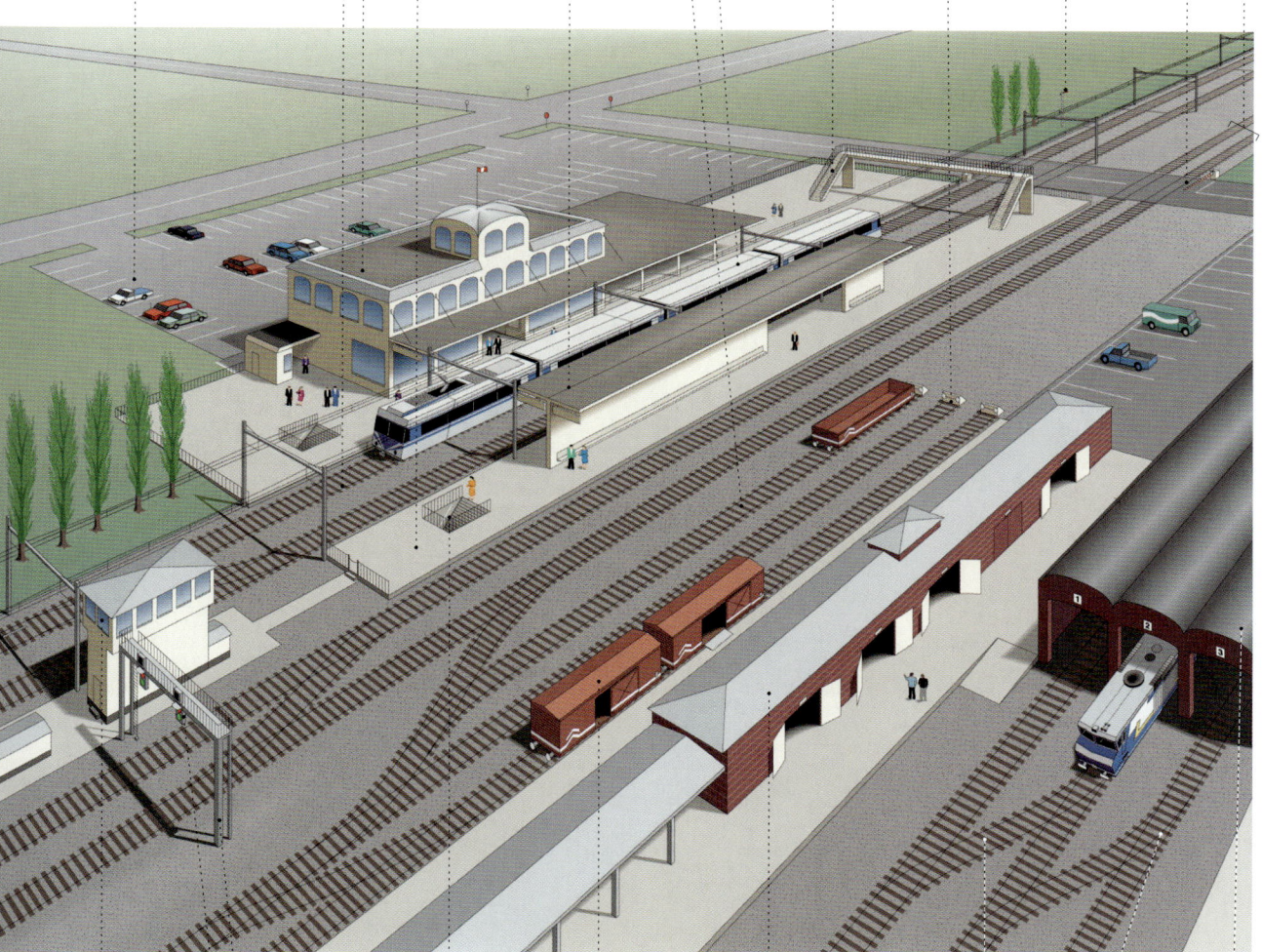

parc^M de stationnement^M; stationnement^M
Parc aménagé pour y garer des véhicules.

poste^M d'aiguillage^M
Bâtiment où sont rassemblés le personnel et les commandes qui servent à régler la circulation des trains et à les orienter sur les voies.

pylône^M
Support vertical d'une pièce horizontale (portique de signalisation, support de lignes électrifiées, etc.).

wagon^M
Véhicule tracté par une locomotive, adapté au transport de diverses marchandises.

bretelle^F
Voie qui permet le passage d'un train d'une voie ferrée à une autre.

aiguillage^M
Dispositif constitué par deux lames mobiles solidaires l'une de l'autre (aiguilles), permettant de diriger le train sur une autre voie.

portique^M de signalisation^F
Support enjambant plusieurs voies, sur lequel sont regroupés des dispositifs de signalisation (feux tricolores, panneau de limite de vitesse, etc.).

passage^M souterrain
Tunnel permettant aux personnes de passer d'un côté de la voie ferrée à l'autre.

gare^F de marchandises^F
Ensemble des installations ferroviaires et des bâtiments nécessaires au transport de marchandises.

atelier^M diesel^M
Bâtiment où sont entretenues les locomotives diesels et où elles sont ravitaillées en carburant.

TRANSPORT ET MACHINERIE

transport ferroviaire

gare^F de voyageurs^M

Bâtiment couvert, à la disposition du public, où arrivent et d'où partent trains et voyageurs.

locaux^M administratifs
Bureaux où travaille le personnel chargé de la gestion de la gare.

panneau^M indicateur
Panneau indiquant la destination et la composition des rames (types de voitures, numérotation des voitures, etc.).

chariot^M à bagages^M
Véhicule manuel à quatre roues, mis à la disposition du public pour transporter les bagages à l'intérieur de la gare.

consigne^F automatique
Ensemble de casiers métalliques où l'on peut déposer provisoirement des bagages moyennant paiement.

verrière^F
Grande surface vitrée formant parois et toiture.

structure^F métallique
Ensemble des éléments en métal constituant l'ossature du bâtiment et supportant un toit, ici en verre.

numéro^M de quai^M

train^M
Ensemble de voitures attelées les unes aux autres et remorquées sur les rails par une locomotive.

salle^F des pas^M perdus
Vaste hall à la disposition des voyageurs et du public autour duquel se trouvent les différents services de la gare (vente de billets, renseignements, commerces, etc.).

bordure^F de quai^M
Zone longeant le quai, généralement mise en évidence par une ligne de sécurité.

contrôleur^M
Personne chargée de vérifier chaque voyageur possède un titre de transport correspondant au trajet qu'il effectue.

enregistrement^M des bagages^M
Guichet où les voyageurs déposent leurs bagages afin de les faire acheminer dans le fourgon à bagages (dans le cas où le train dispose d'un tel wagon).

quai^M de gare^F
Plateforme qui longe la voie, permettant la circulation des voyageurs et l'accès au train.

affichage^M de l'heure^F de départ^M

voie^F ferrée
Chemin formé de rails parallèles mis bout à bout, sur lesquels roulent les trains.

service^M de colis^M
Guichet du service de messagerie où l'on dépose les plis et les colis qu'on veut expédier par le train.

destination^F
Nom de la dernière gare où s'arrêtera un train en fin de trajet.

tableau^M horaire
Grille indiquant les heures de départ et d'arrivée des trains, leur numéro et leur provenance ou leur destination.

accès^M aux quais^M
Espace menant aux quais, parfois réservé aux personnes détenant un titre de transport valide.

transport ferroviaire

705

types^M de voitures^F

Voitures : véhicules tractés par une locomotive, aménagés de diverses façons pour le transport des voyageurs en fonction des services qui leur sont offerts.

voiture^F classique
Voiture pourvue de deux rangées de banquettes ou de sièges pour le transport de voyageurs en position assise.

case^F à bagages^M
Espace se trouvant à l'entrée de la voiture, destiné au rangement des bagages volumineux lors du voyage.

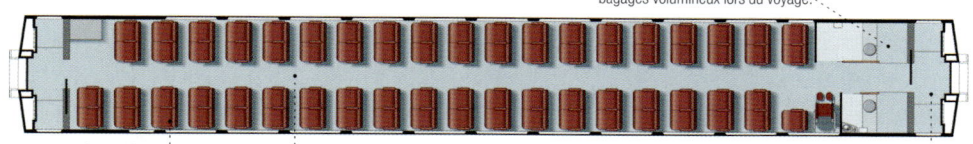

siège^M réglable
Siège dont on peut modifier l'inclinaison du dossier pour adopter une position assise ou à demi allongée.

couloir^M central
Allée située entre les deux rangées de banquettes ou de sièges permettant de traverser la voiture d'un bout à l'autre.

porte^F d'accès^M de plateforme^F
Porte souvent coulissante, au seuil de laquelle se trouvent des marches d'accès à la voiture.

plateforme^F
Compartiment d'entrée de la voiture.

voiture^F-lit^M
Voiture dont les compartiments sont aménagés en chambre.

couchette^F
Banquette escamotable ou non, aménagée dans un compartiment, de façon à pouvoir y dormir.

toilettes^F
Compartiment aménagé pour y satisfaire des besoins naturels et équipé d'un lavabo.

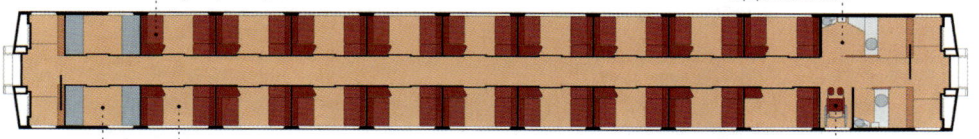

lingerie^F
Lieu où l'on range le linge nécessaire pendant le voyage (serviettes de toilette, draps, etc.).

chambre^F
Compartiment aménagé avec des couchettes.

fauteuil^M roulant
Emplacement pourvu d'un système d'immobilisation, réservé aux voyageurs en fauteuil roulant.

couloir^M d'intercommunication^F
Dispositif permettant d'articuler deux voitures et autorisant le passage des voyageurs de l'une à l'autre.

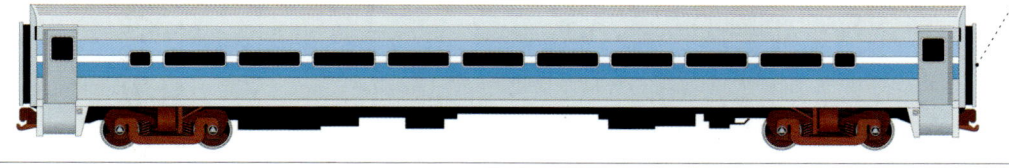

voiture^F restaurant^M
Voiture aménagée pour le service de repas pendant le voyage.

salle^F à manger
Partie de la voiture où les voyageurs consomment des repas ou des boissons.

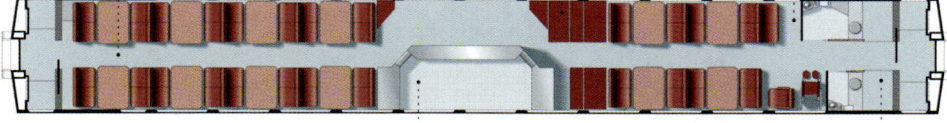

desserte^F
Table sur laquelle sont disposés la vaisselle utilisée pour les différents services et certains plats prêts à être servis.

rangement^M
Lieu où le personnel dispose du matériel nécessaire au service durant le voyage.

cuisine^F
Pièce où l'on prépare les repas.

vestiaire^M du personnel^M
Compartiment aménagé à l'entrée de la voiture, dans lequel le personnel peut déposer des vêtements ou autres objets personnels.

poignée^F montoir^M
Poignée verticale placée à hauteur d'épaules près de la porte, à laquelle on s'agrippe pour monter dans la voiture ou en descendre.

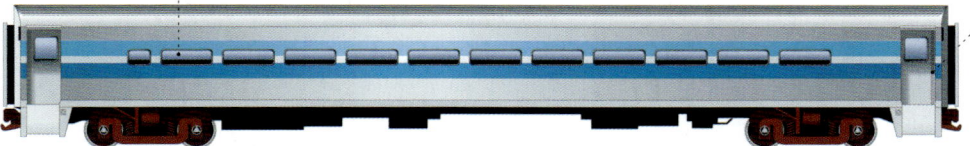

fenêtre^F panoramique
Large fenêtre offrant une vue d'ensemble du paysage.

TRANSPORT ET MACHINERIE

transport ferroviaire

locomotive^F diesel-électrique

Véhicule équipé d'un moteur diesel entraînant une génératrice qui, à son tour, alimente des moteurs électriques de traction.

coupe^F d'une locomotive^F

batterie^F
Appareil fournissant de l'électricité pour le démarrage du moteur et alimentant le système d'éclairage et divers autres circuits quand le moteur est éteint.

ventilateur^M des radiateurs^M
Appareil à pales qui souffle de l'air sur les radiateurs afin de refroidir le liquide qu'ils contiennent.

frein^M rhéostatique
Dispositif faisant travailler les moteurs de traction comme des génératrices et permettant de ralentir la vitesse de la locomotive.

compresseur^M d'air^M
Appareil qui fournit l'air comprimé nécessaire au fonctionnement des divers équipements pneumatiques, en particulier le système de freinage.

cabine^F de conduite^F
Compartiment de la locomotive où le conducteur dispose des instruments de conduite et d'où il peut surveiller la voie.

ventilateur^M
Appareil destiné à refroidir les moteurs de traction du bogie.

radiateur^M
Réservoir dans lequel le liquide de refroidissement, qui circule autour du moteur, est refroidi à l'aide d'un courant d'air.

soute^F à eau^F
Réservoir contenant l'eau circulant dans le circuit de refroidissement.

moteur^M diesel
Moteur à explosion dans lequel l'air est comprimé dans les cylindres au point que l'échauffement qui en résulte suffit à enflammer le carburant injecté en fin de compression.

avertisseur^M
Dispositif sonore que le conducteur actionne pour prévenir de l'arrivée du train.

filtre^M à air^M
Dispositif qui débarrasse l'air admis dans le moteur des poussières qu'il contient.

phare^M
Dispositif d'éclairage qui émet un faisceau lumineux dirigé vers la voie.

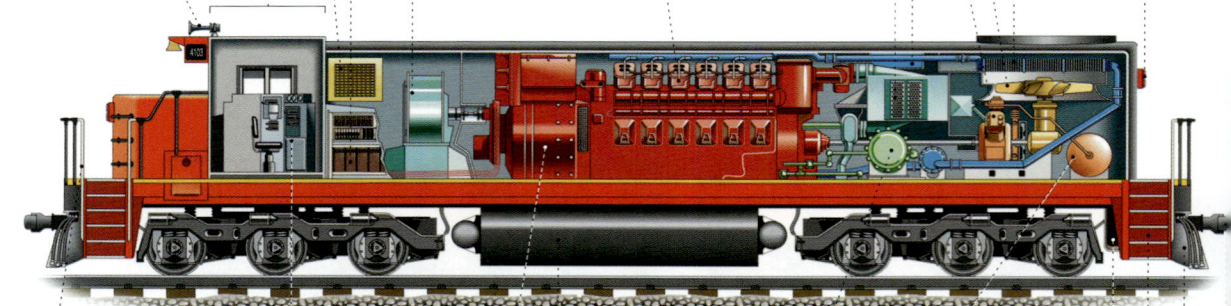

garde-corps^M
Rambarde de sécurité permettant d'éviter les chutes.

pupitre^M de conduite^F
Panneau comportant les instruments de conduite de la locomotive.

système^M de graissage^M
Dispositif faisant circuler de l'huile dans diverses parties du moteur pour faciliter le mouvement des pièces l'une sur l'autre.

sablière^F
Réservoir de sable permettant de déverser devant les roues une légère quantité de sable afin d'augmenter l'adhérence lors du démarrage ou du freinage.

génératrice^F principale
Générateur de courant entraîné par le moteur diesel, qui alimente les moteurs de traction couplés aux roues.

réservoir^M d'air^M comprimé
Réservoir où est stocké l'air comprimé fourni par le compresseur.

marchepied^M latéral
Échelle fixée au châssis, permettant de monter dans la locomotive ou d'en descendre.

bogie^M
Chariot à deux ou trois essieux, dont les roues sont guidées par les rails et sur lequel s'articule le châssis d'une locomotive ou d'un wagon.

réservoir^M à carburant^M
Réservoir contenant le carburant diesel assurant l'autonomie du véhicule.

chasse-pierres^M
Barre d'acier fixée au châssis, qui permet d'écarter de petits débris se trouvant sur la voie.

ressort^M de suspension^F
Pièce qui amortit les vibrations causées par le roulement des roues sur les rails.

tête^F d'attelage^M
Dispositif fixé aux deux extrémités d'une locomotive ou d'un wagon qui sert à accrocher un wagon ou une autre locomotive.

essieu^M
Pièce transversale, située sous un véhicule, passant dans le moyeu des roues sur lesquelles elle s'appuie.

boîte^F d'essieu^M
Pièce assurant la liaison entre le châssis et l'essieu.

châssis^M de bogie^M
Ossature du bogie qui supporte les essieux, la suspension, les freins et les moteurs de traction.

TRANSPORT ET MACHINERIE

transport ferroviaire   707

train^M à grande vitesse^F (T.G.V.)

Train de voyageurs à haute vitesse (entre 220 et 300 km/h), propulsé électriquement, constitué d'un nombre limité de voitures encadrées par deux motrices.

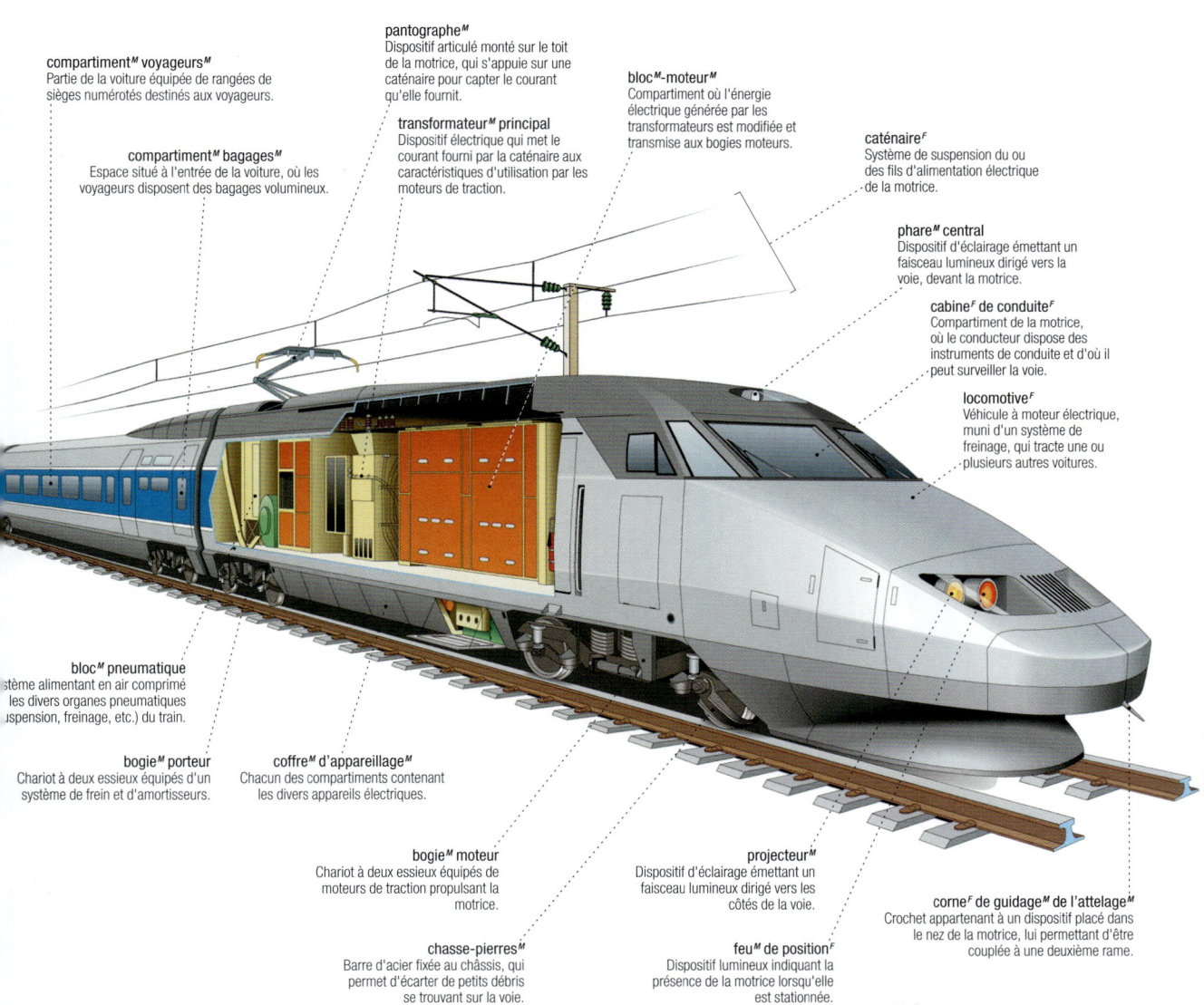

compartiment^M voyageurs^M
Partie de la voiture équipée de rangées de sièges numérotés destinés aux voyageurs.

compartiment^M bagages^M
Espace situé à l'entrée de la voiture, où les voyageurs disposent des bagages volumineux.

pantographe^M
Dispositif articulé monté sur le toit de la motrice, qui s'appuie sur une caténaire pour capter le courant qu'elle fournit.

transformateur^M principal
Dispositif électrique qui met le courant fourni par la caténaire aux caractéristiques d'utilisation par les moteurs de traction.

bloc^M-moteur^M
Compartiment où l'énergie électrique générée par les transformateurs est modifiée et transmise aux bogies moteurs.

caténaire^F
Système de suspension du ou des fils d'alimentation électrique de la motrice.

phare^M central
Dispositif d'éclairage émettant un faisceau lumineux dirigé vers la voie, devant la motrice.

cabine^F de conduite^F
Compartiment de la motrice, où le conducteur dispose des instruments de conduite et d'où il peut surveiller la voie.

locomotive^F
Véhicule à moteur électrique, muni d'un système de freinage, qui tracte une ou plusieurs autres voitures.

bloc^M pneumatique
Système alimentant en air comprimé les divers organes pneumatiques (suspension, freinage, etc.) du train.

bogie^M porteur
Chariot à deux essieux équipés d'un système de frein et d'amortisseurs.

coffre^M d'appareillage^M
Chacun des compartiments contenant les divers appareils électriques.

bogie^M moteur
Chariot à deux essieux équipés de moteurs de traction propulsant la motrice.

chasse-pierres^M
Barre d'acier fixée au châssis, qui permet d'écarter de petits débris se trouvant sur la voie.

projecteur^M
Dispositif d'éclairage émettant un faisceau lumineux dirigé vers les côtés de la voie.

feu^M de position^F
Dispositif lumineux indiquant la présence de la motrice lorsqu'elle est stationnée.

corne^F de guidage^M de l'attelage^M
Crochet appartenant à un dispositif placé dans le nez de la motrice, lui permettant d'être couplée à une deuxième rame.

TRANSPORT ET MACHINERIE

transport ferroviaire

gare^F de triage^M

Gare dont le rôle est de recevoir des trains de marchandises, d'en trier les wagons par destination pour former de nouveaux convois et de les expédier.

zone^F de lavage^M des wagons^M
Ensemble de voies où l'on nettoie les wagons avant de les remettre en circulation, afin d'enlever les résidus de produits transportés.

zone^F de réception^F
Ensemble de voies où les trains stationnent à leur arrivée à la gare et où les wagons sont dételés de la locomotive.

voie^F de tri^M secondaire
Voie où sont regroupés les wagons d'un convoi dont la destination est connue.

château^M d'eau^F
Ouvrage comportant un réservoir d'eau potable surélevé.

zone^F de triage^M
Ensemble de voies où les wagons sont rassemblés en fonction de leur destination pour former de nouveaux convois.

voie^F de sortie^F
Voie par laquelle les trains quittent la gare de triage.

atelier^M de réparation^F
Bâtiment destiné à l'entretien et à la réparation des locomotives et des wagons.

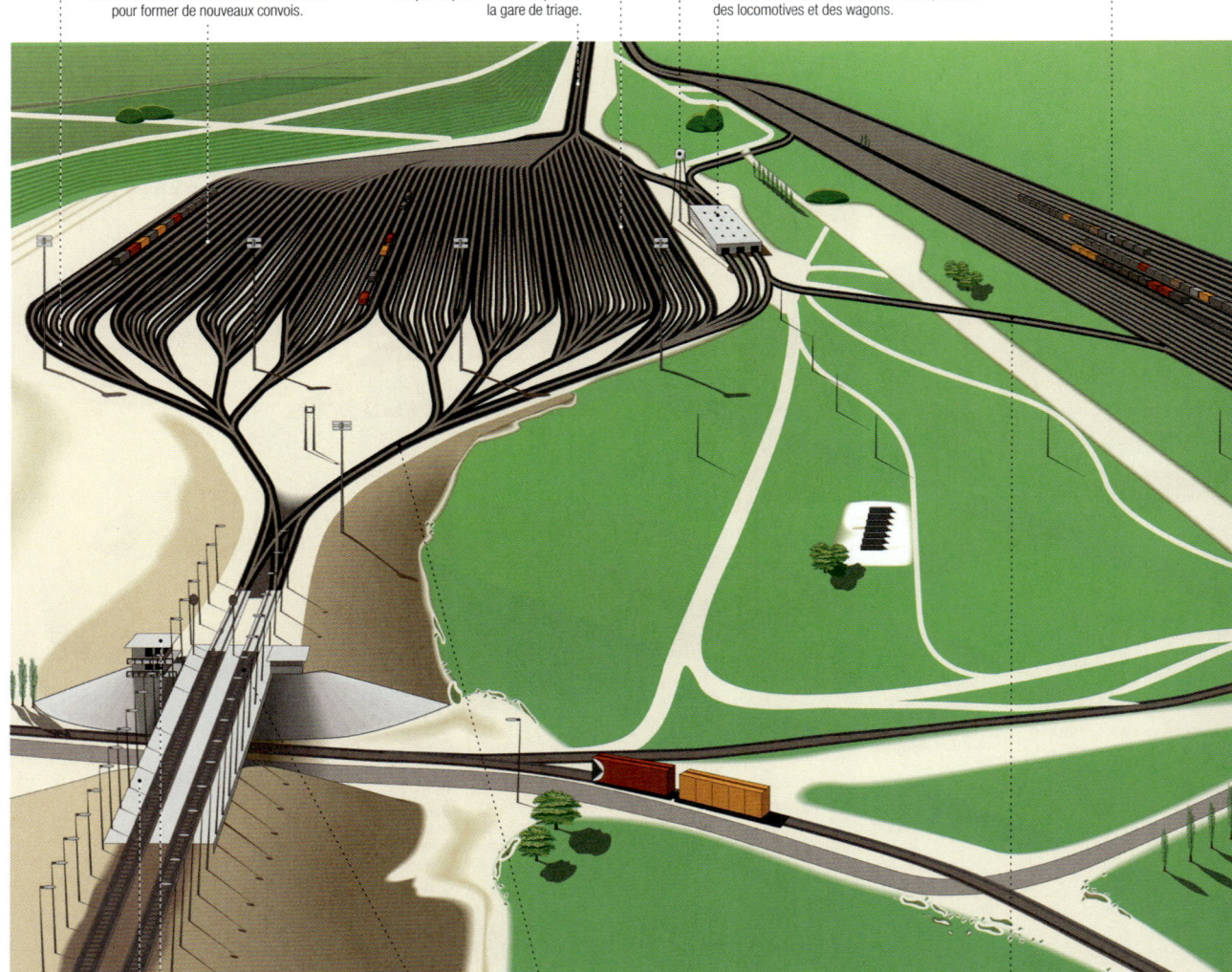

poste^M de débranchement^M
Local où est programmée la formation des convois et d'où sont aiguillés les wagons.

voie^F de tri^M primaire
Voie où on oriente les wagons vers les voies secondaires.

voie^F de circulation^F des locomotives^F
Voie menant les locomotives à l'atelier pour leur entretien.

butte^F de débranchement^M
Portion de voie aménagée en dos d'âne, que les trains gravissent poussés par une locomotive.

voie^F de butte^F
Voie qui sert à dételer les wagons qui seront ensuite répartis sur les différentes voies.

transport ferroviaire

wagon^M

Véhicule tracté par une locomotive, adapté au transport de diverses marchandises.

wagon^M couvert
Wagon pourvu d'une caisse étanche et de portes latérales coulissantes, servant au transport de marchandises qu'il faut protéger des intempéries ou du vol.

main^F courante
Barre transversale à laquelle on se tient pour passer d'un côté du wagon à l'autre lorsqu'il est attelé.

volant^M de frein^M à main^F
Volant servant à actionner manuellement les freins.

chapeau^M d'angle^M
Pièce métallique qui renforce et protège l'assemblage des arêtes du wagon.

porte-étiquette^M d'acheminement^M
Plaque qui porte une étiquette indiquant le contenu et la destination du wagon.

porte-étiquette^M
Plaque qui porte une étiquette identifiant des matières dangereuses.

marchepied^M en étrier^M
Support en forme de U, fixé sous le châssis du wagon, sur lequel on appuie le pied pour monter l'échelle.

échelle^F latérale
Échelle fixée sur le côté avant du wagon, qui donne accès à l'échelle de bout.

glissière^F
Pièce pourvue d'une rainure servant à guider la porte lorsqu'on l'ouvre ou qu'on la ferme.

butée^F de porte^F
Élément contre lequel s'appuie la porte lorsqu'on la ferme.

levier^M télescopique de dételage^M
Tige terminée par une poignée coudée, qui permet de déverrouiller l'attelage.

levier^M de verrouillage^M
Levier servant à bloquer la porte pour éviter qu'elle se déplace le long de la glissière.

levier^M de frein^M à main^F
Arbre métallique vertical dont une extrémité est reliée par une chaîne au volant de frein et à la timonerie, qui permet de serrer le frein à main.

carter^M d'engrenage^M de frein^M à main^F
Pièce qui enveloppe et protège une chaîne qui transmet le mouvement du volant au levier de frein à main.

attelage^M automatique
Dispositif fixé aux deux extrémités d'une locomotive ou d'un wagon, qui sert à y accrocher un wagon ou une autre locomotive.

échelle^F de bout^M
Échelle qui permet de monter à hauteur du châssis pour réaliser certaines manœuvres entre deux wagons (dételage, serrage du frein à main, etc.).

axe^M d'attelage^M
Pièce autour de laquelle pivote la mâchoire d'attelage pour s'ouvrir et permettre le dételage.

mâchoire^F d'attelage^M
Organe articulé qui s'emboîte dans la pièce homologue d'un wagon ou d'une locomotive.

TRANSPORT ET MACHINERIE

transport ferroviaire

wagon^M

exemples^M de wagons^M
La forme des wagons varie selon le type de marchandises transportées.

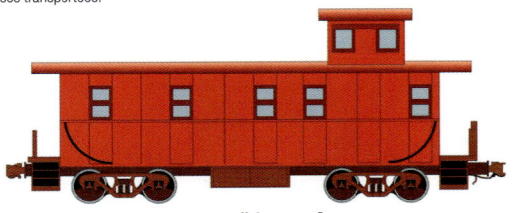

wagon^M de queue^F
Wagon généralement placé à l'arrière du train, servant au logement du personnel de service ainsi qu'au transport des provisions et d'outils divers.

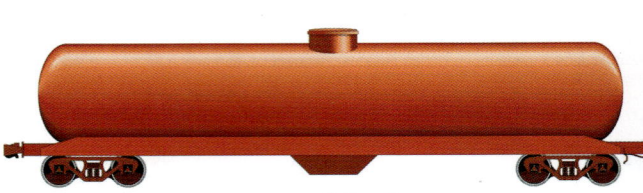

wagon^M-citerne^F
Wagon équipé d'un compartiment étanche destiné au transport de liquides ou de gaz.

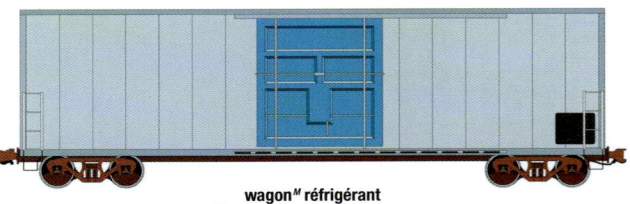

wagon^M réfrigérant
Wagon dont la caisse est conçue de telle sorte qu'on peut régler la température pour le transport de denrées périssables.

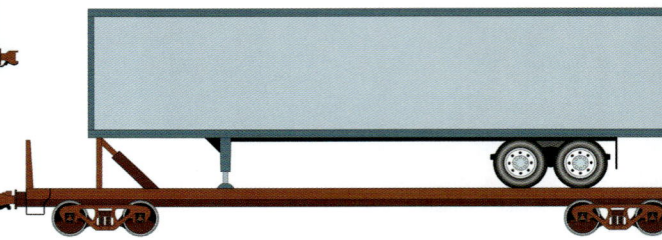

wagon^M intermodal
Wagon muni de dispositifs d'arrimage permettant le transport de semi-remorques.

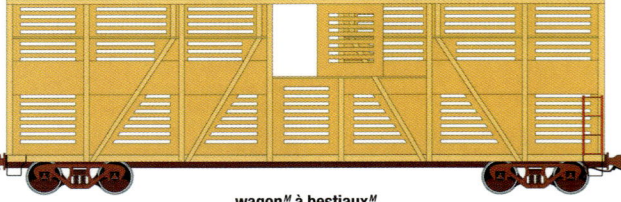

wagon^M à bestiaux^M
Wagon pourvu d'une caisse ajourée, parfois à deux étages, destiné au transport du bétail.

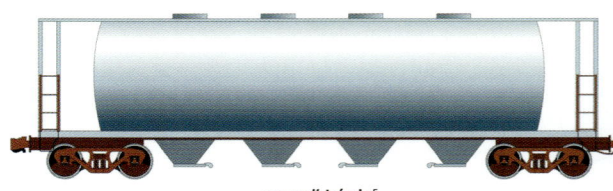

wagon^M-trémie^F
Wagon destiné au transport de marchandises en vrac, dont le déchargement se fait par des trappes aménagées à sa partie inférieure.

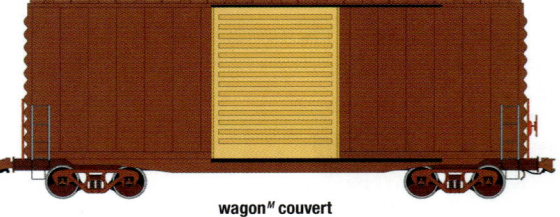

wagon^M couvert
Wagon pourvu d'une caisse étanche et de portes latérales coulissantes, servant au transport de marchandises qu'il faut protéger des intempéries ou du vol.

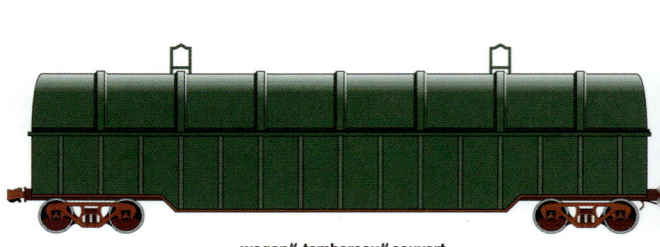

wagon^M-tombereau^M couvert
Wagon-tombereau comportant un toit métallique rétractable, destiné au transport de marchandises en vrac.

transport ferroviaire

wagon^M

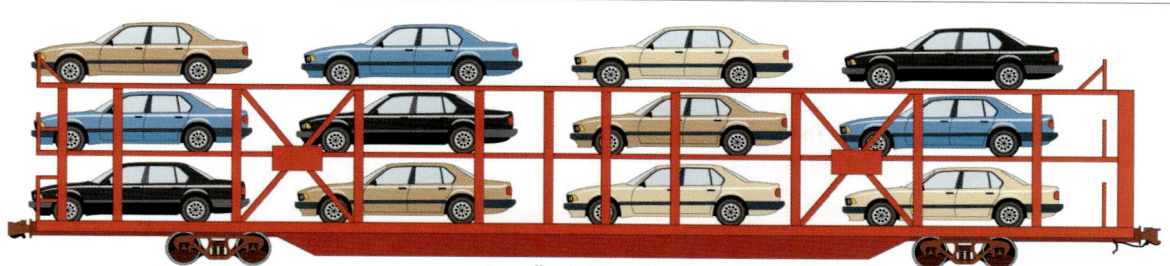

wagon^M porte-automobiles^M
Wagon à deux ou trois étages, aménagé pour le transport d'automobiles et pourvu des dispositifs d'attache appropriés.

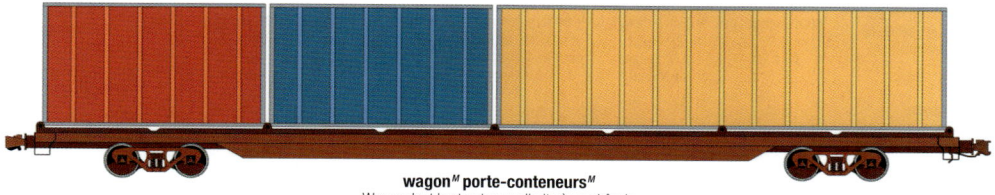

wagon^M porte-conteneurs^M
Wagon dont la structure se limite à un châssis sur lequel on fixe des caisses de dimensions normalisées pour le transport de marchandises.

wagon^M plat surbaissé
Wagon plat pourvu de deux bogies supplémentaires et d'un châssis abaissé, servant au transport d'équipements industriels lourds.

wagon^M-tombereau^M
Wagon sans toit fixe, destiné au transport de marchandises lourdes en vrac (ferraille, matériaux de construction, etc.).

wagon^M plat à parois^F de bout^M
Wagon plat dont le châssis est surmonté d'un panneau à l'avant et à l'arrière pour empêcher le déplacement de la marchandise (généralement des billes de bois).

wagon^M-trémie^F à minerai^M
Wagon-trémie de capacité relativement faible, généralement découvert et destiné au transport du minerai.

wagon^M plat
Wagon dont le châssis est recouvert d'un plancher, destiné au transport de canalisations, de bois et de machinerie lourde.

wagon^M à copeaux^M
Wagon-tombereau pourvu d'une caisse volumineuse, destiné au transport de copeaux de bois.

TRANSPORT ET MACHINERIE

voie^F ferrée

Chemin formé de rails parallèles mis bout à bout, sur lesquels roulent les trains.

joint^M de rail^M
Dispositif permettant de rendre solidaires les extrémités voisines de rails contigus.

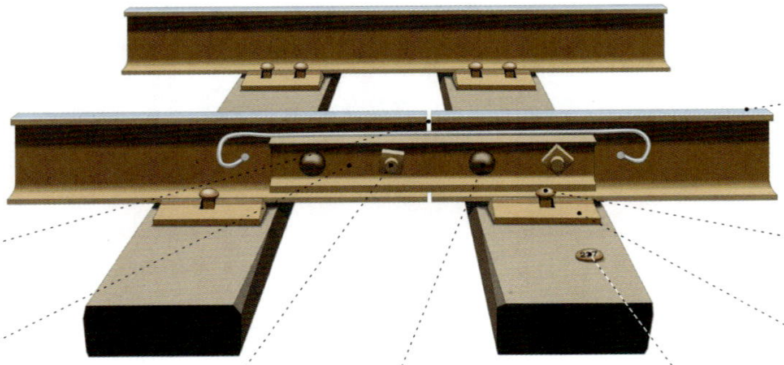

jeu^M de dilatation^F
Espace laissé entre deux rails contigus, leur permettant de se dilater sous l'effet de la chaleur.

éclisse^F
Plaque d'acier allongée, encastrée dans les deux faces de l'âme des rails pour les assembler bout à bout et assurer la continuité de la surface de roulement.

écrou^M
Pièce de métal percée d'un orifice dont la surface interne est filetée pour être vissée sur le boulon correspondant.

boulon^M d'éclisse^F
Ensemble constitué par une vis et un écrou qui, après serrage, permet de fixer une éclisse sur des rails.

clou^M millésimé
Clou fixé à une traverse et portant les deux derniers chiffres de l'année durant laquelle la traverse a été posée.

table^F de roulement^M
Surface du champignon du rail sur laquelle roulent les trains.

crampon^M
Clou dont la tête forme un crochet, utilisé pour fixer le patin du rail à la traverse.

selle^F de rail^M
Plaque métallique interposée entre le patin du rail et la traverse, destinée à mieux répartir la charge du train sur celle-ci.

aiguillage^M manœuvré à distance^F
Dispositif constitué par deux aiguilles actionnées à distance à partir d'un poste d'aiguillage, permettant de diriger un train sur une autre voie.

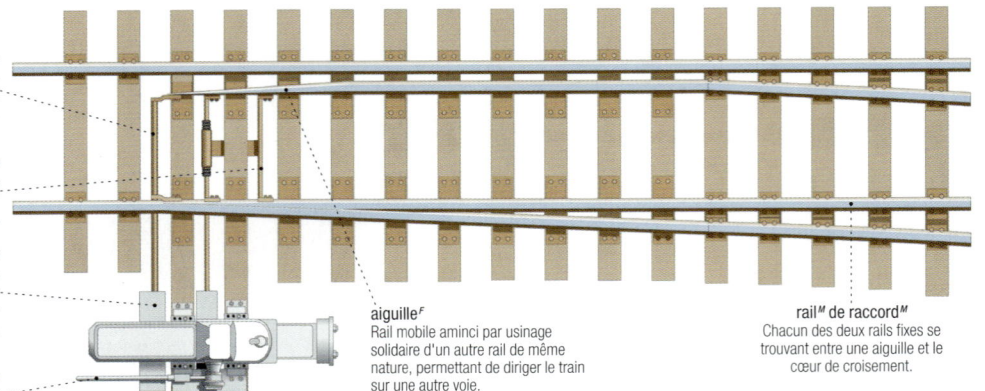

tringle^F de commande^F
Pièce métallique reliée au moteur d'aiguillage, servant à déplacer simultanément les aiguilles.

tringle^F d'écartement^M
Pièce de métal posée entre deux traverses, servant à maintenir l'écartement entre les deux aiguilles.

moteur^M d'aiguillage^M
Moteur qui, actionné à distance, permet de déplacer mécaniquement les aiguilles pour diriger un train sur une autre voie.

transmission^F funiculaire
Câbles reliant le moteur d'aiguillage à des leviers situés dans le poste d'aiguillage.

aiguille^F
Rail mobile aminci par usinage solidaire d'un autre rail de même nature, permettant de diriger le train sur une autre voie.

rail^M de raccord^M
Chacun des deux rails fixes se trouvant entre une aiguille et le cœur de croisement.

aiguillage^M manœuvré à pied^M d'œuvre^F
Dispositif constitué de deux aiguilles actionnées par l'intermédiaire d'un appareil placé près de la voie, permettant de diriger un train sur une autre voie.

signal^M de position^F d'aiguille^F
Dispositif constitué d'un bras qui s'abaisse ou se relève lorsqu'on actionne le levier de commande et qui sert à indiquer la position de l'aiguille.

levier^M de commande^F manuelle
Levier actionné par un agent pour changer la position des aiguilles.

contre-rail^M
Pièce métallique opposée au cœur de croisement, qui sert à maintenir le train sur les rails lorsque les roues passent sur le cœur.

aiguille^F
Rail mobile aminci par usinage solidaire d'un autre rail de même nature, permettant de diriger le train sur une autre voie.

tringle^F de commande^F
Pièce métallique reliée au levier de commande d'aiguillage, servant à déplacer simultanément les aiguilles.

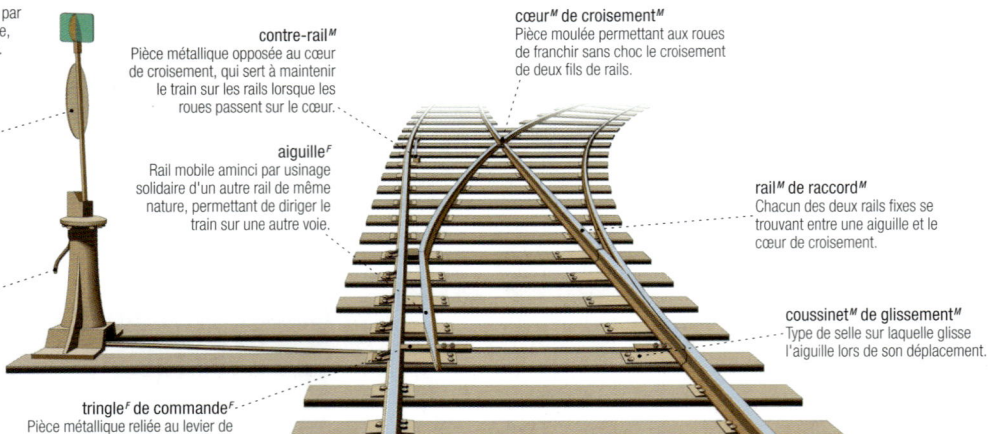

cœur^M de croisement^M
Pièce moulée permettant aux roues de franchir sans choc le croisement de deux fils de rails.

rail^M de raccord^M
Chacun des deux rails fixes se trouvant entre une aiguille et le cœur de croisement.

coussinet^M de glissement^M
Type de selle sur laquelle glisse l'aiguille lors de son déplacement.

transport ferroviaire 713

voie^F ferrée

assise^F d'une voie^F ferrée
Base sur laquelle repose une voie ferrée.

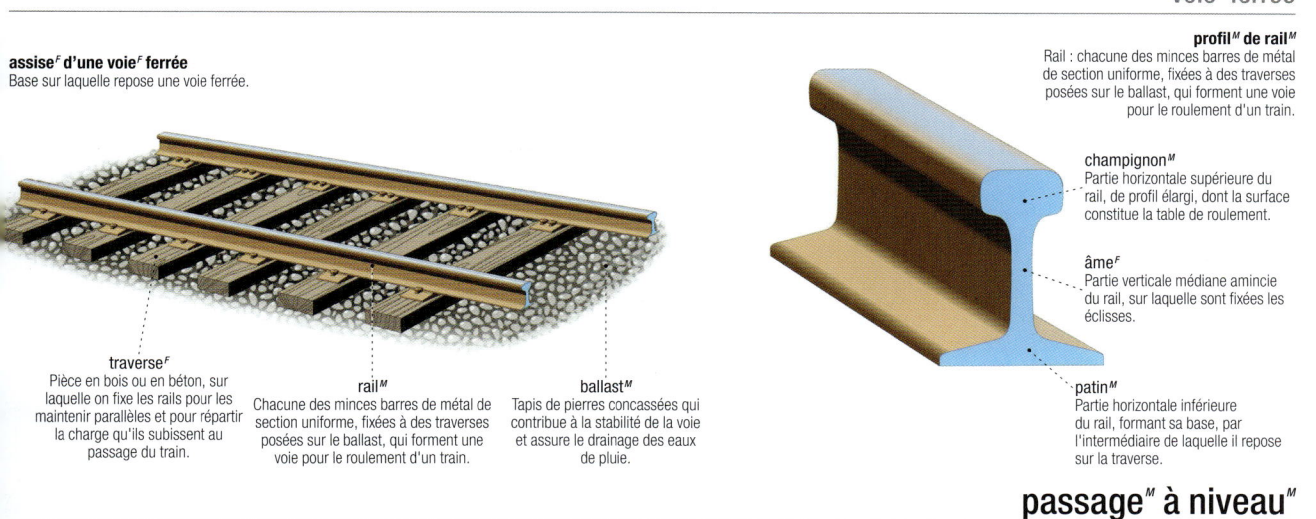

profil^M de rail^M
Rail : chacune des minces barres de métal de section uniforme, fixées à des traverses posées sur le ballast, qui forment une voie pour le roulement d'un train.

champignon^M
Partie horizontale supérieure du rail, de profil élargi, dont la surface constitue la table de roulement.

âme^F
Partie verticale médiane amincie du rail, sur laquelle sont fixées les éclisses.

traverse^F
Pièce en bois ou en béton, sur laquelle on fixe les rails pour les maintenir parallèles et pour répartir la charge qu'ils subissent au passage du train.

rail^M
Chacune des minces barres de métal de section uniforme, fixées à des traverses posées sur le ballast, qui forment une voie pour le roulement d'un train.

ballast^M
Tapis de pierres concassées qui contribue à la stabilité de la voie et assure le drainage des eaux de pluie.

patin^M
Partie horizontale inférieure du rail, formant sa base, par l'intermédiaire de laquelle il repose sur la traverse.

passage^M à niveau^M

Croisement d'une voie ferrée et d'une route, aménagé avec ou sans dispositif de signalisation.

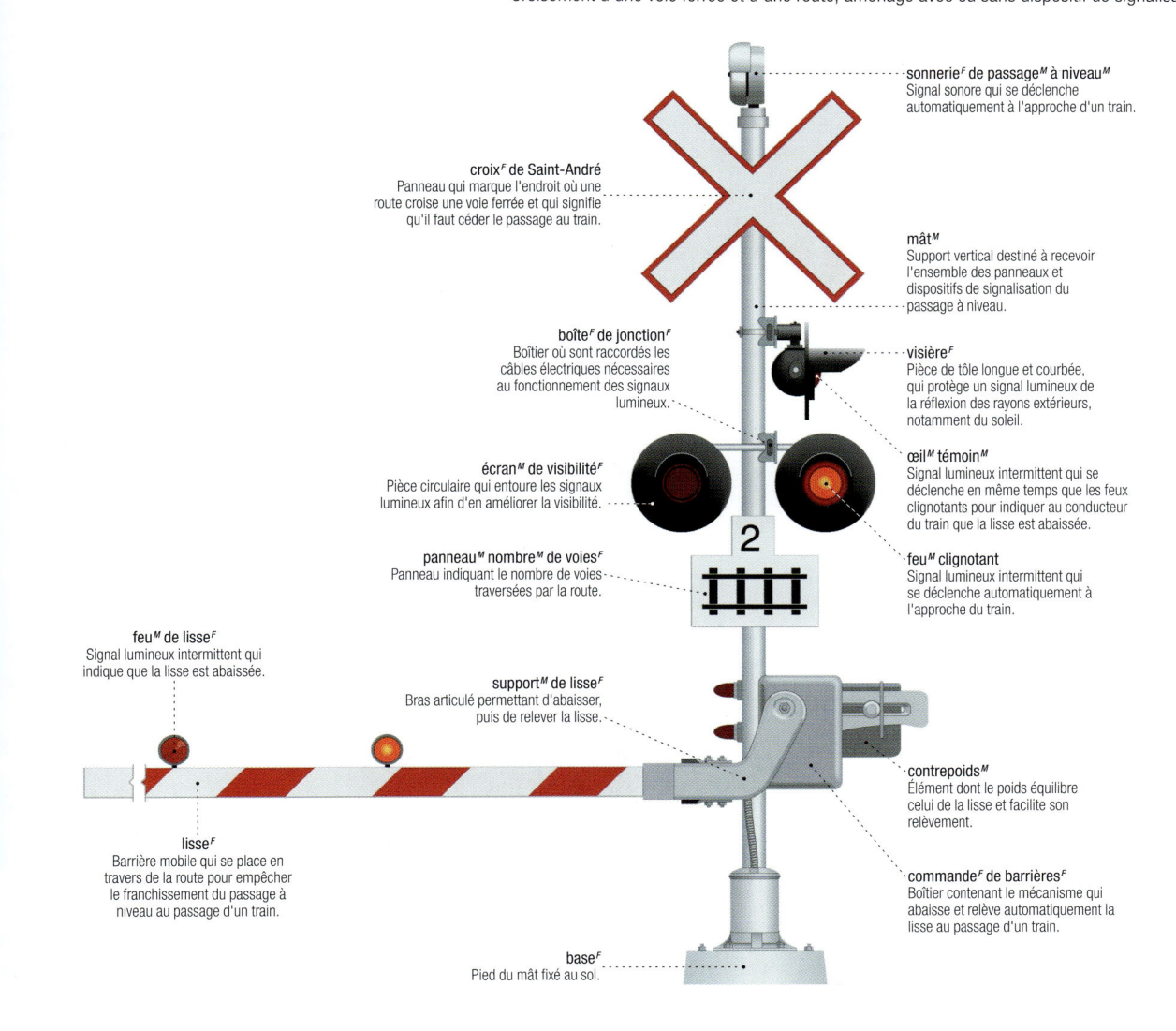

sonnerie^F de passage^M à niveau^M
Signal sonore qui se déclenche automatiquement à l'approche d'un train.

croix^F de Saint-André
Panneau qui marque l'endroit où une route croise une voie ferrée et qui signifie qu'il faut céder le passage au train.

mât^M
Support vertical destiné à recevoir l'ensemble des panneaux et dispositifs de signalisation du passage à niveau.

boîte^F de jonction^F
Boîtier où sont raccordés les câbles électriques nécessaires au fonctionnement des signaux lumineux.

visière^F
Pièce de tôle longue et courbée, qui protège un signal lumineux de la réflexion des rayons extérieurs, notamment du soleil.

écran^M de visibilité^F
Pièce circulaire qui entoure les signaux lumineux afin d'en améliorer la visibilité.

œil^M témoin^M
Signal lumineux intermittent qui se déclenche en même temps que les feux clignotants pour indiquer au conducteur du train que la lisse est abaissée.

panneau^M nombre^M de voies^F
Panneau indiquant le nombre de voies traversées par la route.

feu^M clignotant
Signal lumineux intermittent qui se déclenche automatiquement à l'approche du train.

feu^M de lisse^F
Signal lumineux intermittent qui indique que la lisse est abaissée.

support^M de lisse^F
Bras articulé permettant d'abaisser, puis de relever la lisse.

contrepoids^M
Élément dont le poids équilibre celui de la lisse et facilite son relèvement.

lisse^F
Barrière mobile qui se place en travers de la route pour empêcher le franchissement du passage à niveau au passage d'un train.

commande^F de barrières^F
Boîtier contenant le mécanisme qui abaisse et relève automatiquement la lisse au passage d'un train.

base^F
Pied du mât fixé au sol.

TRANSPORT ET MACHINERIE

chemin^M de fer^M métropolitain

Chemin de fer urbain, à traction électrique, circulant principalement en souterrain et destiné au transport des voyageurs avec une fréquence élevée de desserte.

station^F de métro^M
Ensemble des installations aménagées pour donner aux usagers un accès au métro en un lieu donné.

tunnel^M
Galerie souterraine à travers laquelle le métro se déplace d'une station à l'autre.

édicule^M
Petite construction édifiée sur la voie publique, qui sert d'entrée à la station de métro.

escalier^M mécanique
Installation constituée de marches articulées sur une chaîne sans fin tournant de façon continue, pour permettre la circulation entre deux niveaux d'un édifice.

enseigne^F extérieure
Panneau placé devant l'édicule pour rendre visible de loin l'entrée du métro.

mezzanine^F
Demi-étage accessible par des escaliers, servant de palier entre l'entrée de la station et les quais.

tourniquet^M de sortie^F
Dispositif qui autorise le passage, vers la sortie, d'une seule personne à la fois.

guichet^M de vente^F des billets^M
Comptoir protégé par une vitre, derrière lequel un agent vend des titres de transport et contrôle les entrées et sorties des usagers.

tourniquet^M d'accès^M
Dispositif automatique qui n'autorise le passage d'un usager qu'après introduction dans une fente d'un titre de transport.

escalier^M
Élément de structure permettant la circulation entre les niveaux d'une habitation, d'un édifice.

carte^F de ligne^F
Tableau indiquant l'itinéraire de la rame de métro, soit l'ensemble des stations qu'elle dessert.

nom^M de la station^F
Panneau indiquant le nom de la station, placé le long du quai et visible par les passagers se trouvant dans la rame.

panneau^M publicitaire
Emplacement loué à une société, comportant une affiche pour promouvoir des produits ou services.

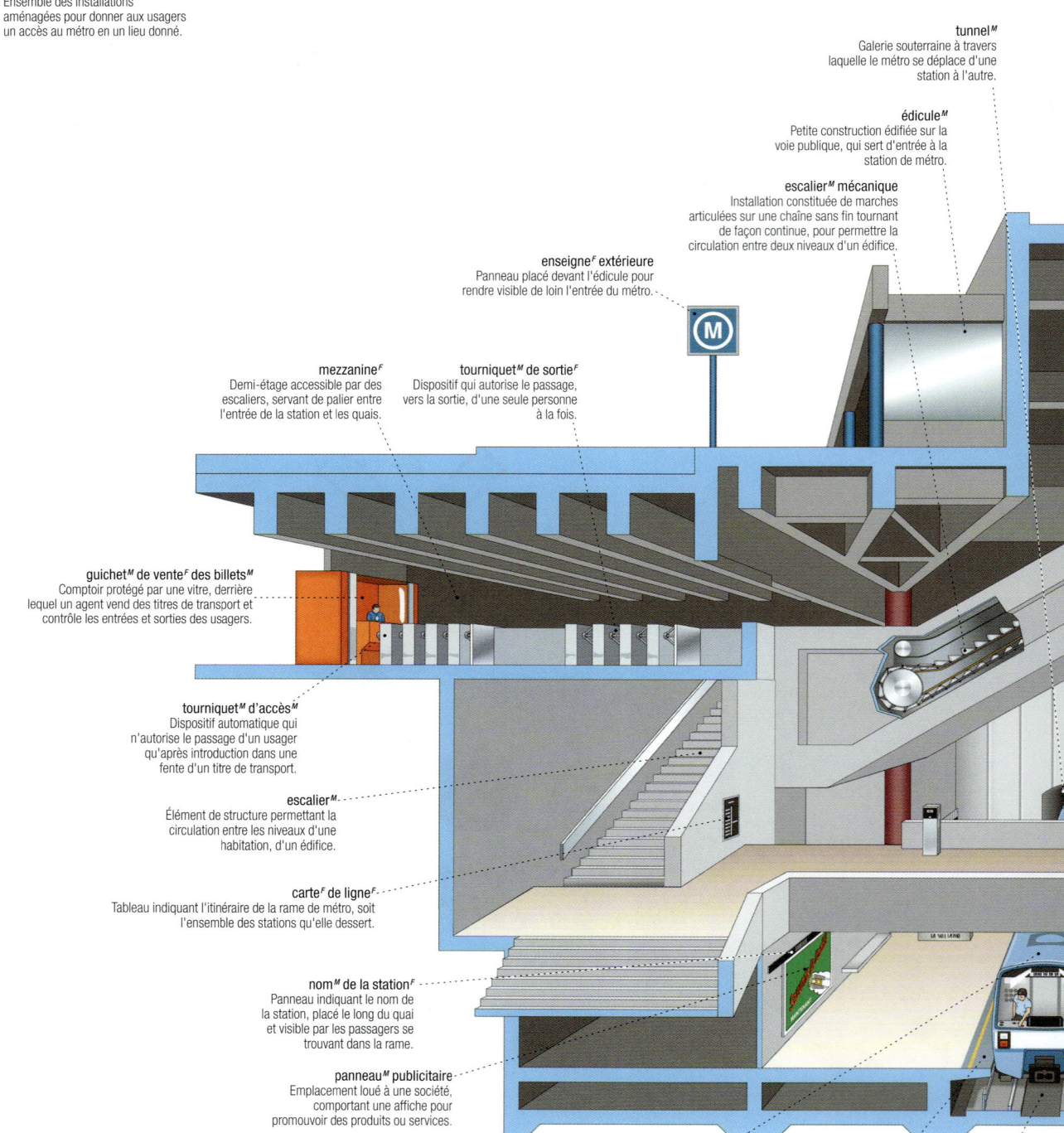

rame^F de métro^M
Ensemble des voitures entraînées par une motrice, qui forment un convoi desservant une ligne.

bordure^F de quai^M
Zone longeant le quai, généralement mise en évidence par une ligne de sécurité.

voie^F
Chemin formé de rails électri parallèles, sur lesquels roule les rames.

transport ferroviaire urbain

TRANSPORT ET MACHINERIE

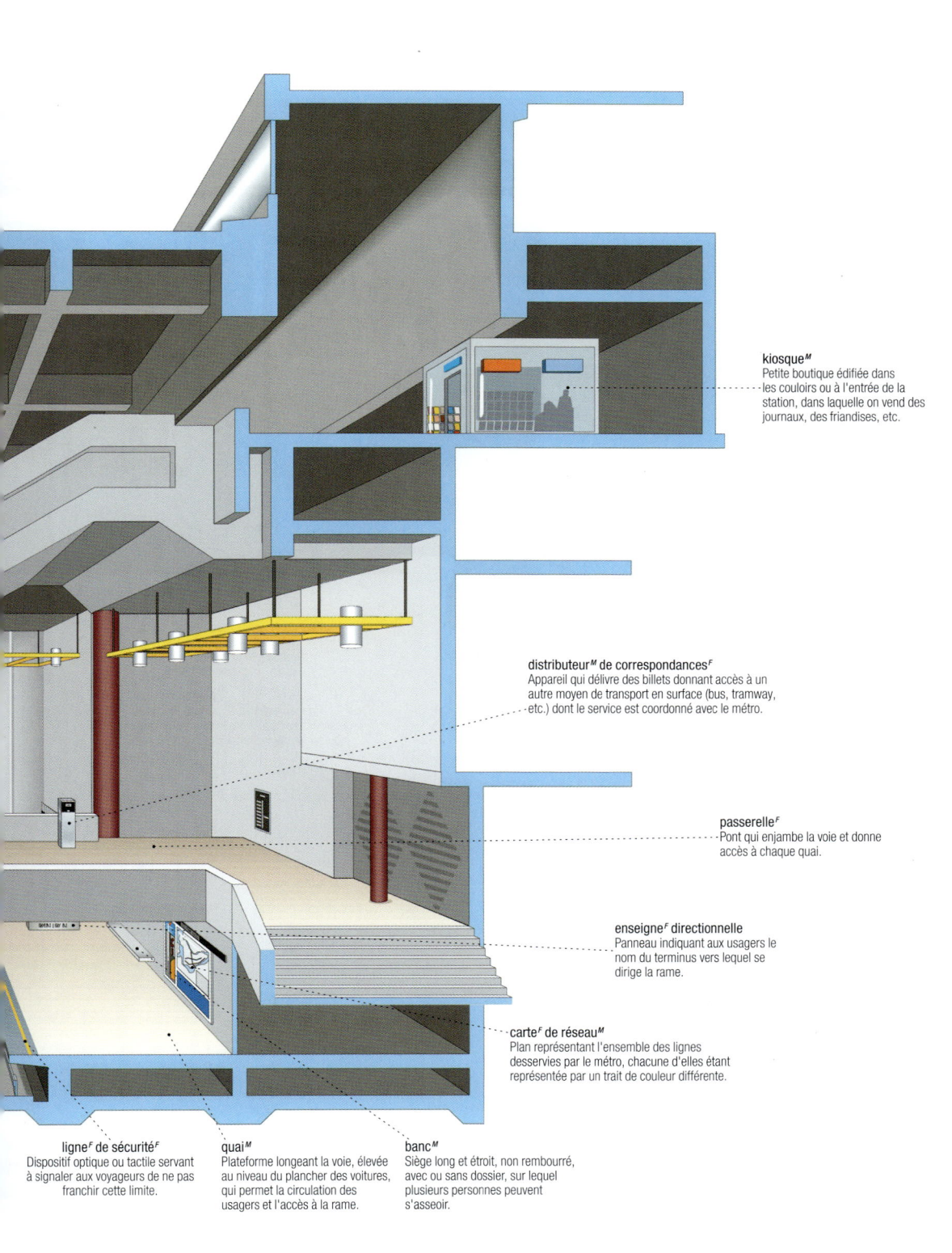

transport ferroviaire urbain

chemin^M de fer^M métropolitain

kiosque^M
Petite boutique édifiée dans les couloirs ou à l'entrée de la station, dans laquelle on vend des journaux, des friandises, etc.

distributeur^M de correspondances^F
Appareil qui délivre des billets donnant accès à un autre moyen de transport en surface (bus, tramway, etc.) dont le service est coordonné avec le métro.

passerelle^F
Pont qui enjambe la voie et donne accès à chaque quai.

enseigne^F directionnelle
Panneau indiquant aux usagers le nom du terminus vers lequel se dirige la rame.

carte^F de réseau^M
Plan représentant l'ensemble des lignes desservies par le métro, chacune d'elles étant représentée par un trait de couleur différente.

ligne^F de sécurité^F
Dispositif optique ou tactile servant à signaler aux voyageurs de ne pas franchir cette limite.

quai^M
Plateforme longeant la voie, élevée au niveau du plancher des voitures, qui permet la circulation des usagers et l'accès à la rame.

banc^M
Siège long et étroit, non rembourré, avec ou sans dossier, sur lequel plusieurs personnes peuvent s'asseoir.

TRANSPORT ET MACHINERIE

transport ferroviaire urbain

chemin^M de fer^M métropolitain

voiture^F
Véhicule circulant sur la piste et les rails du chemin de fer métropolitain, destiné au transport de passagers.

porte^F **latérale**
Porte coulissante qui s'ouvre à l'arrêt de la rame pour laisser monter et descendre les passagers.

grille^F **d'aération**^{F}
Dispositif à travers lequel l'air est renouvelé dans la voiture.

poste^M **de communication**^{F}
Téléphone à haut-parleur permettant de communiquer avec l'opérateur de la rame.

poignée^F
Dispositif fixé aux parois, auquel se retiennent les passagers debout pendant le trajet.

frein^M **d'urgence**^{F}
Dispositif mis à la disposition des usagers afin qu'ils demandent l'arrêt de la rame en cas d'urgence.

éclairage^M
Ensemble des dispositifs permettant de diffuser de la lumière dans la voiture.

pneumatique^M **de guidage**^{M}
Pneumatique monté horizontalement, qui guide le bogie en s'appuyant sur les barres de guidage.

pneumatique^M **porteur**
Pneumatique gonflé à l'azote, qui supporte le poids de la voiture et transmet l'effort de traction.

suspension^F
Dispositif qui amortit les vibrations causées par le roulement des roues sur la piste et les rails.

fenêtre^F
Baie munie d'un vitrage qui ne s'ouvre pas.

affiche^F **publicitaire**
Feuille imprimée placardée sur un emplacement loué à une société pour promouvoir ses produits ou services.

colonne^F
Barre située dans l'allée centrale, à laquelle se retiennent les passagers se trouvant debout pendant le trajet.

carte^F **de réseau**^{M}
Plan représentant l'ensemble des lignes desservies par le métro, chacune d'elles étant représentée par un trait de couleur différente.

siège^M **simple**
Siège pour une seule personne.

grille^F **de chauffage**^{M}
Dispositif à travers lequel de l'air chaud est soufflé dans la voiture pour y augmenter la température ambiante.

siège^M **doub**
Banquette comportant deux place

rame^F **de métro**^{M}
Ensemble des voitures entraînées par une motrice, qui forment un convoi desservant une ligne.

motrice^F
Véhicule à moteur électrique, muni d'un système de freinage, qui tracte une ou plusieurs autres voitures.

bogie^M
Chariot dont les roues, entraînées par un moteur, tractent la voiture.

remorque^F
Voiture dépourvue de moteur, tractée par une motrice.

motrice^F
Véhicule à moteur électrique, muni d'un système de freinage, qui tracte une ou plusieurs autres voitures.

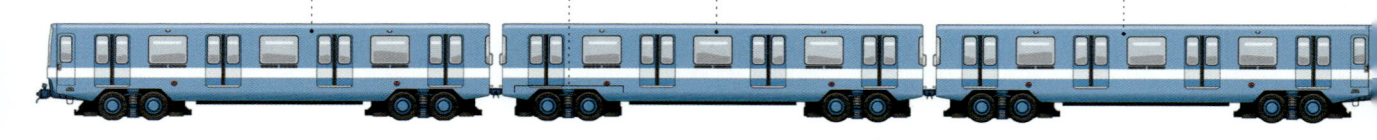

transport ferroviaire urbain

chemin^M de fer^M métropolitain

bogie^M et voie^F
Les bogies des métros les plus récents sont montés sur pneumatiques, ce qui améliore l'accélération et réduit les nuisances sonores et les trépidations.

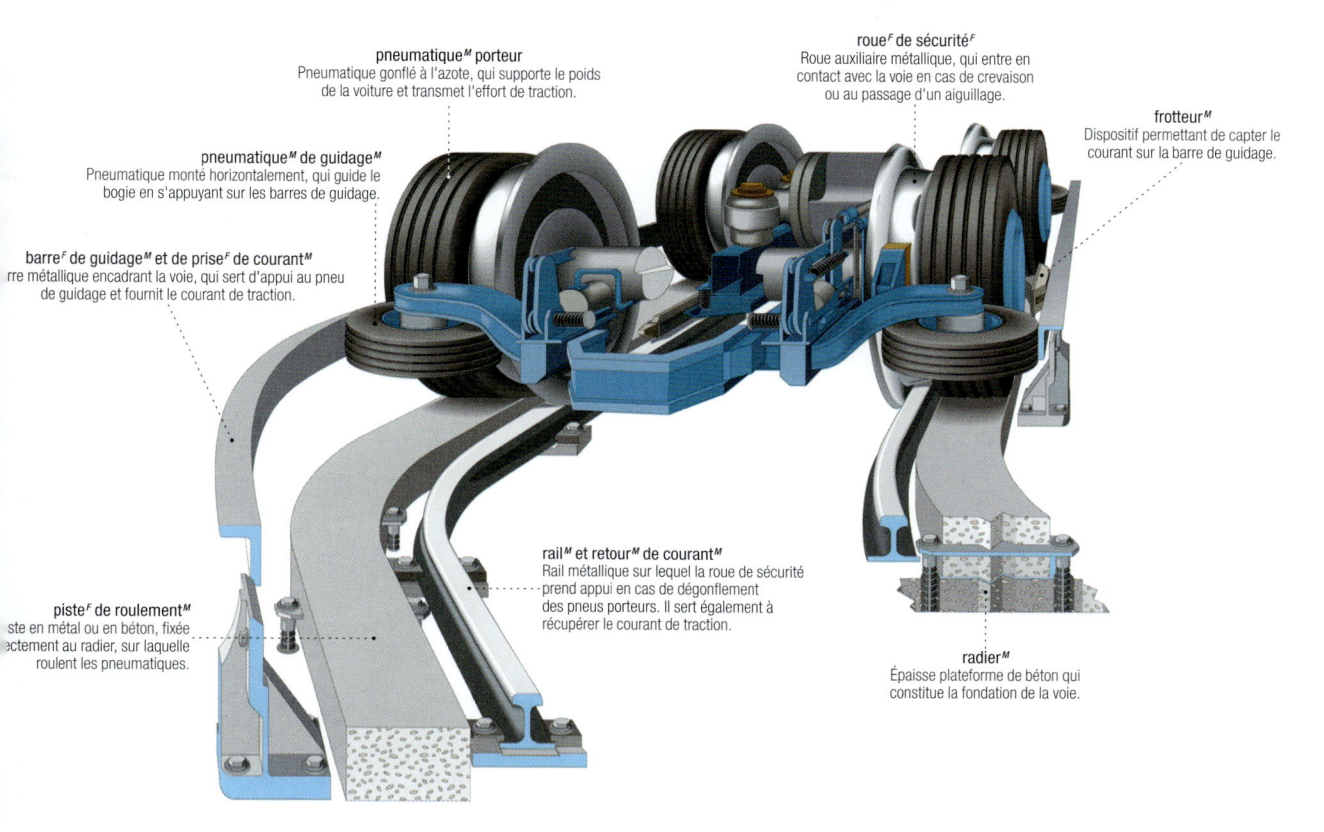

pneumatique^M porteur
Pneumatique gonflé à l'azote, qui supporte le poids de la voiture et transmet l'effort de traction.

roue^F de sécurité^F
Roue auxiliaire métallique, qui entre en contact avec la voie en cas de crevaison ou au passage d'un aiguillage.

frotteur^M
Dispositif permettant de capter le courant sur la barre de guidage.

pneumatique^M de guidage^M
Pneumatique monté horizontalement, qui guide le bogie en s'appuyant sur les barres de guidage.

barre^F de guidage^M et de prise^F de courant^M
Barre métallique encadrant la voie, qui sert d'appui au pneu de guidage et fournit le courant de traction.

rail^M et retour^M de courant^M
Rail métallique sur lequel la roue de sécurité prend appui en cas de dégonflement des pneus porteurs. Il sert également à récupérer le courant de traction.

piste^F de roulement^M
Piste en métal ou en béton, fixée directement au radier, sur laquelle roulent les pneumatiques.

radier^M
Épaisse plateforme de béton qui constitue la fondation de la voie.

TRANSPORT ET MACHINERIE

tramway^M

Véhicule à moteur électrique destiné au transport urbain de voyageurs et circulant sur des rails situés sur la voie publique ou en accotement de route.

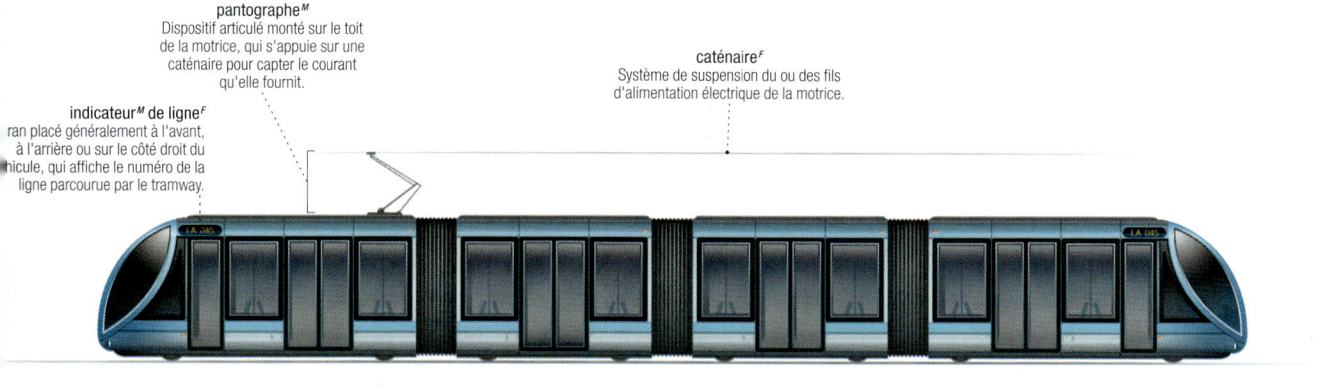

pantographe^M
Dispositif articulé monté sur le toit de la motrice, qui s'appuie sur une caténaire pour capter le courant qu'elle fournit.

caténaire^F
Système de suspension du ou des fils d'alimentation électrique de la motrice.

indicateur^M de ligne^F
Écran placé généralement à l'avant, à l'arrière ou sur le côté droit du véhicule, qui affiche le numéro de la ligne parcourue par le tramway.

port^M maritime

Site aménagé pour le ravitaillement et la réparation des bateaux, ainsi que pour charger ou décharger des marchandises, ou encore embarquer et débarquer des passagers.

écluse^F
Ouvrage comportant un sas dans lequel on ajuste le niveau de l'eau afin de faire circuler un bateau entre deux plans d'eau de niveaux différents.

bassin^M de radoub^M
Bassin qu'on assèche par pompage pour y inspecter, réparer, nettoyer ou peindre la coque d'un bateau.

grue^F à flèche^F
Grue pourvue d'un bras mobile, qui se déplace sur rails le long du quai et qui sert à charger et à décharger la marchandise.

porte^F
Dispositif étanche servant à fermer un bassin.

portique^M de chargement^M de conteneurs^M
Portique longeant le quai, équipé d'une poutre en porte-à-faux lui permettant de charger et décharger directement la marchandise du bateau.

hangar^M de transit^M
Entrepôt situé près du quai, destiné au stockage temporaire de marchandises.

terminal^M de vrac^M
Aire pourvue des installations et des équipements nécessaires au stockage, au triage et à la manutention des produits non emballés (minerais, charbon, etc.).

quai^M
Ouvrage servant à l'accostage des bateaux et aménagé pour l'embarquement et le débarquement de passagers ou de marchandises.

entrepôt^M frigorifique
Bâtiment isolé thermiquement et pourvu d'un système de refroidissement de la température permettant la conservation de denrées périssables.

phare^M
Tour élevée, équipée à son sommet d'une puissante source lumineuse, servant à guider les navires.

terminal^M pétrolier
Aire pourvue des installations et des équipements nécessaires au stockage et au pompage des produits pétroliers.

pétrolier^M
Navire pourvu de citernes pour le transport de produits pétroliers liquides.

transbordeur^M ; traversier^M
Navire conçu pour le transport de véhicules avec leur chargement et leurs passagers.

gare^F maritime
Ensemble d'installations servant à l'embarquement et au débarquement des voyageurs.

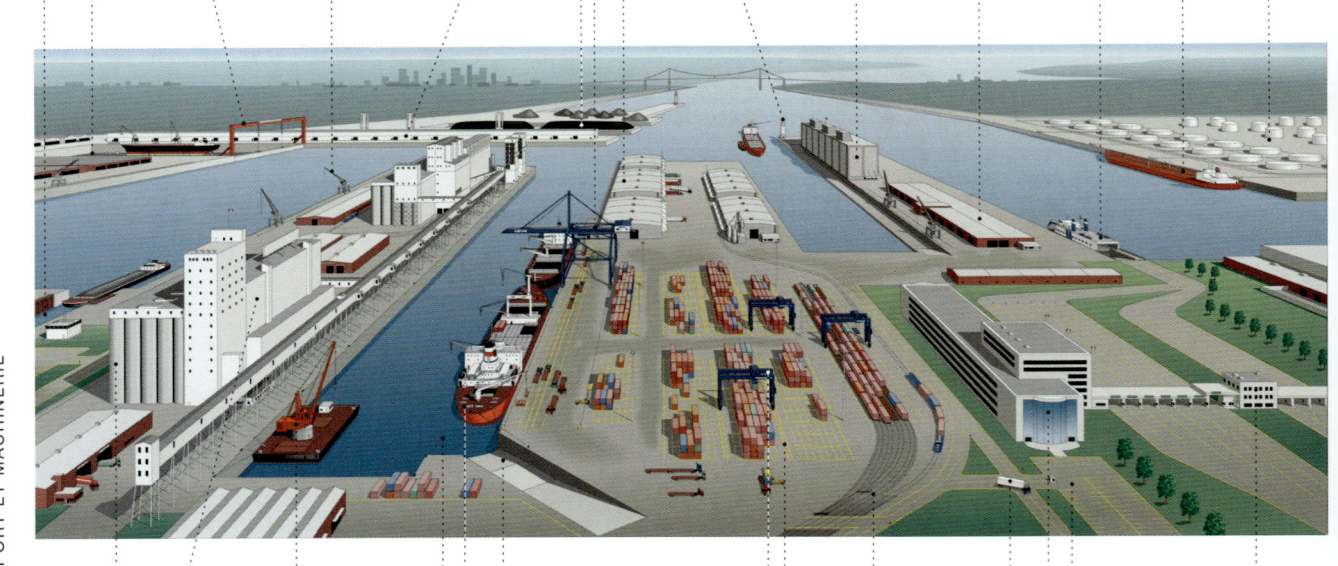

grue^F sur ponton^M
Grue à flèche placée sur une plateforme flottante lui permettant de se déplacer sur l'eau, souvent utilisée pour porter de lourdes charges.

terminal^M à céréales^F
Aire pourvue des installations et des équipements nécessaires au stockage, au triage et à la manutention des céréales.

silos^M
Réservoirs de forte capacité, généralement cylindriques, destinés au stockage de produits en vrac, notamment des céréales.

navire^M porte-conteneurs^M
Navire conçu pour le transport de marchandises en conteneurs, qu'on dispose en cale et sur le pont.

bassin^M
Vaste enceinte limitée par des quais où les bateaux effectuent les manœuvres nécessaires à l'accostage.

portique^M
Appareil de levage formé d'une poutre et de montants, se déplaçant sur des rails, conçu pour la manipulation des conteneurs.

rampe^F de quai^M
Plan incliné aménagé dans le quai pour atteindre le niveau du bassin.

terminal^M à conteneurs^M
Aire pourvue des installations et des équipements nécessaires au stockage, au triage et à la manutention des conteneurs.

voie^F ferrée bord^M à quai^M
Voie ferrée débouchant sur un quai, permettant de transborder les conteneurs directement d'un navire à un wagon ou inversement.

bureau^M des douanes^F
Édifice où est contrôlé le passage des marchandises importées exportées et où sont perçus droits relatifs à celles-ci.

parc^M de stationnement^M ; stationnement
Parc aménagé pour y garer des véhicules.

bâtiment^M administratif
Bâtiment où travaillent les employés chargés de la gestion des activités du port.

transport^M routier
Transport de marchandises réalisé par camions sur le réseau routier.

transport maritime

écluse[F]

Ouvrage comportant un sas dans lequel on ajuste le niveau de l'eau afin de faire circuler un bateau entre deux plans d'eau de niveaux différents.

parties[F] d'une écluse[F]

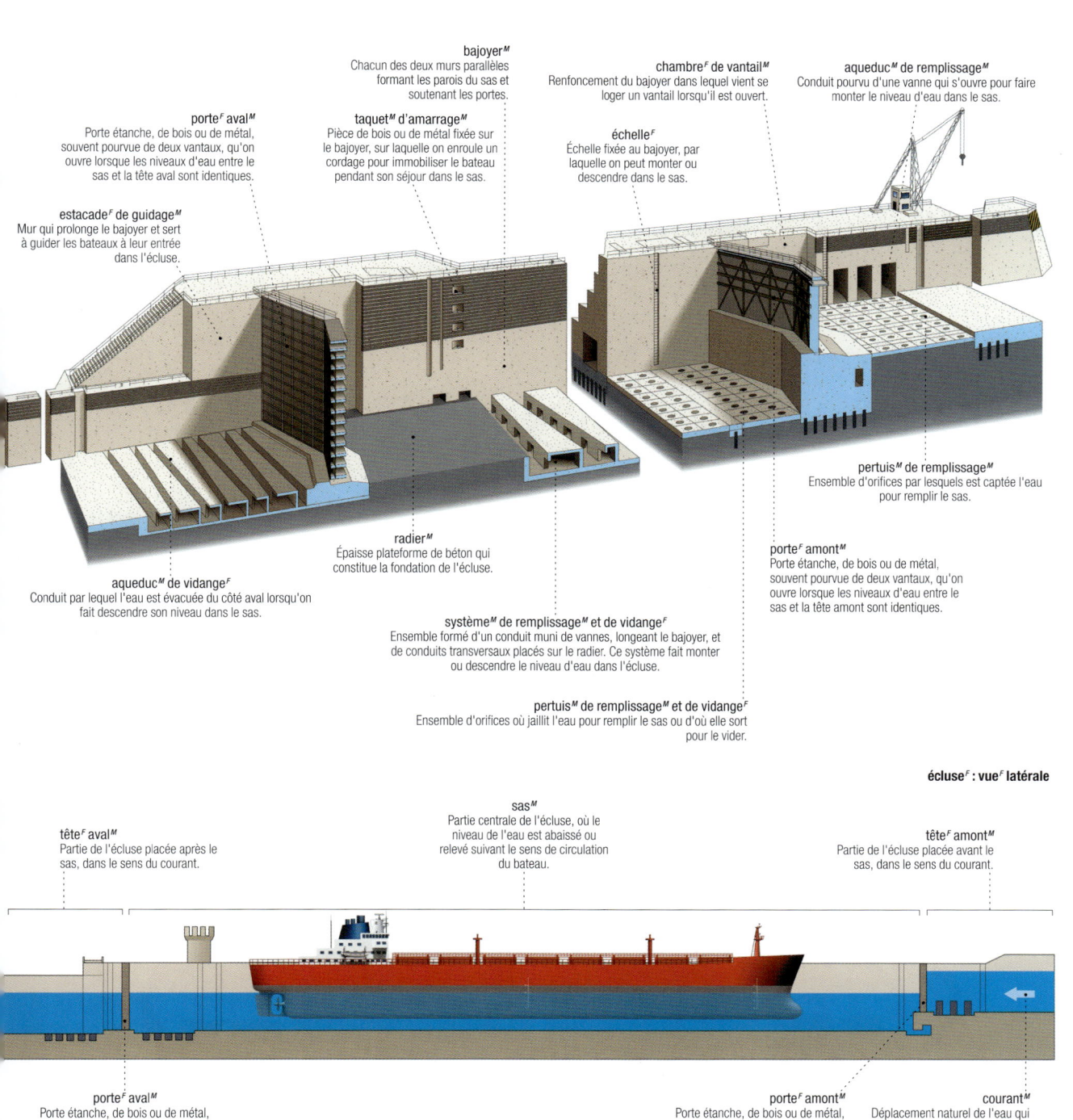

bajoyer[M]
Chacun des deux murs parallèles formant les parois du sas et soutenant les portes.

chambre[F] de vantail[M]
Renfoncement du bajoyer dans lequel vient se loger un vantail lorsqu'il est ouvert.

aqueduc[M] de remplissage[M]
Conduit pourvu d'une vanne qui s'ouvre pour faire monter le niveau d'eau dans le sas.

porte[F] aval[M]
Porte étanche, de bois ou de métal, souvent pourvue de deux vantaux, qu'on ouvre lorsque les niveaux d'eau entre le sas et la tête aval sont identiques.

taquet[M] d'amarrage[M]
Pièce de bois ou de métal fixée sur le bajoyer, sur laquelle on enroule un cordage pour immobiliser le bateau pendant son séjour dans le sas.

échelle[F]
Échelle fixée au bajoyer, par laquelle on peut monter ou descendre dans le sas.

estacade[F] de guidage[M]
Mur qui prolonge le bajoyer et sert à guider les bateaux à leur entrée dans l'écluse.

pertuis[M] de remplissage[M]
Ensemble d'orifices par lesquels est captée l'eau pour remplir le sas.

porte[F] amont[M]
Porte étanche, de bois ou de métal, souvent pourvue de deux vantaux, qu'on ouvre lorsque les niveaux d'eau entre le sas et la tête amont sont identiques.

aqueduc[M] de vidange[F]
Conduit par lequel l'eau est évacuée du côté aval lorsqu'on fait descendre son niveau dans le sas.

radier[M]
Épaisse plateforme de béton qui constitue la fondation de l'écluse.

système[M] de remplissage[M] et de vidange[F]
Ensemble formé d'un conduit muni de vannes, longeant le bajoyer, et de conduits transversaux placés sur le radier. Ce système fait monter ou descendre le niveau d'eau dans l'écluse.

pertuis[M] de remplissage[M] et de vidange[F]
Ensemble d'orifices où jaillit l'eau pour remplir le sas ou d'où elle sort pour le vider.

écluse[F] : vue[F] latérale

sas[M]
Partie centrale de l'écluse, où le niveau de l'eau est abaissé ou relevé suivant le sens de circulation du bateau.

tête[F] aval[M]
Partie de l'écluse placée après le sas, dans le sens du courant.

tête[F] amont[M]
Partie de l'écluse placée avant le sas, dans le sens du courant.

porte[F] aval[M]
Porte étanche, de bois ou de métal, souvent pourvue de deux vantaux, qu'on ouvre lorsque les niveaux d'eau entre le sas et la tête aval sont identiques.

porte[F] amont[M]
Porte étanche, de bois ou de métal, souvent pourvue de deux vantaux, qu'on ouvre lorsque les niveaux d'eau entre le sas et la tête amont sont identiques.

courant[M]
Déplacement naturel de l'eau qui s'écoule suivant la pente, du haut (amont) vers le bas (aval).

TRANSPORT ET MACHINERIE

embarcations anciennes

Au cours de l'histoire, la navigation a joué un rôle clé dans la découverte et la conquête de nouvelles terres ainsi que dans le développement du commerce.

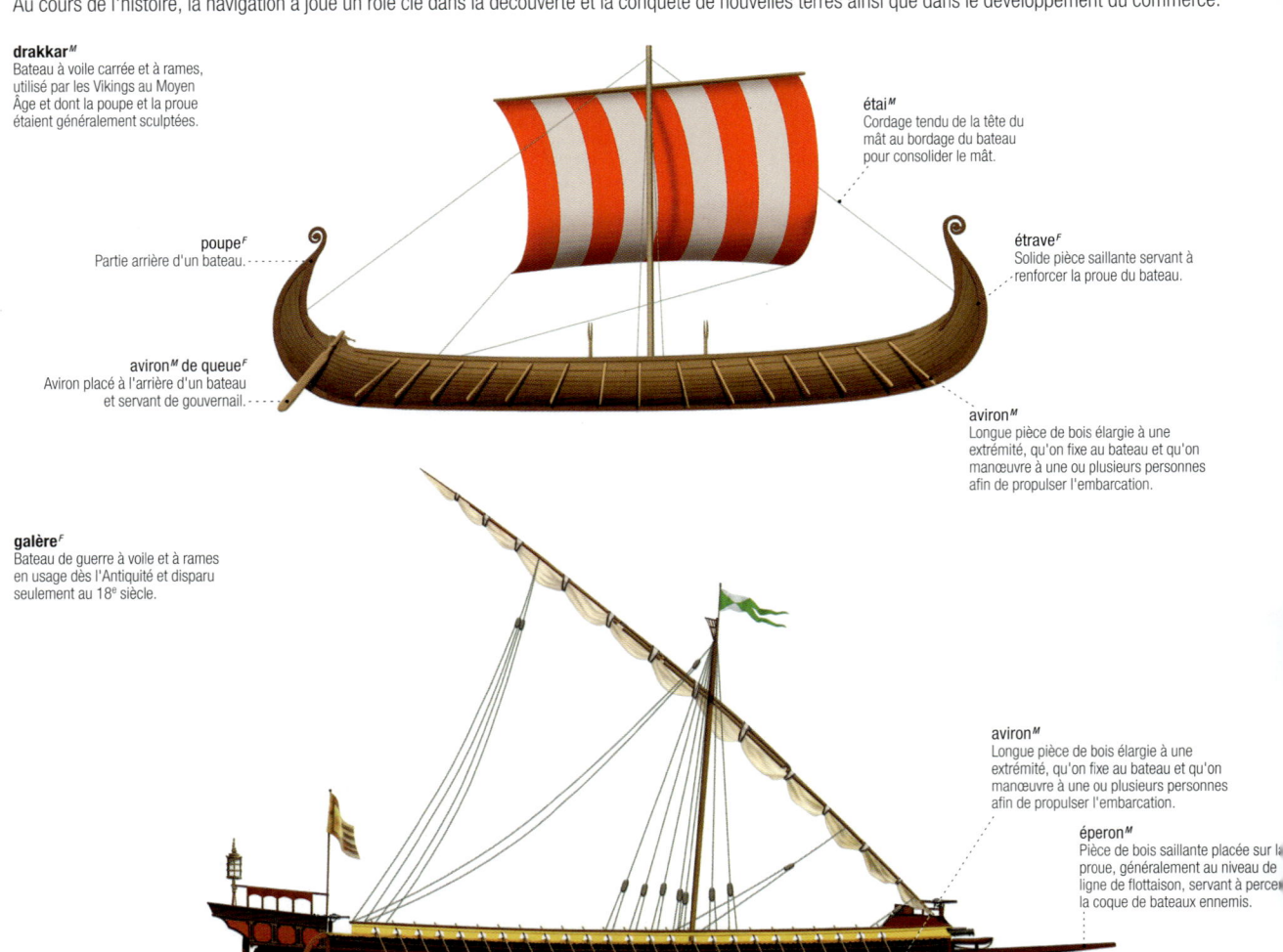

drakkar
Bateau à voile carrée et à rames, utilisé par les Vikings au Moyen Âge et dont la poupe et la proue étaient généralement sculptées.

poupe
Partie arrière d'un bateau.

étai
Cordage tendu de la tête du mât au bordage du bateau pour consolider le mât.

étrave
Solide pièce saillante servant à renforcer la proue du bateau.

aviron de queue
Aviron placé à l'arrière d'un bateau et servant de gouvernail.

aviron
Longue pièce de bois élargie à une extrémité, qu'on fixe au bateau et qu'on manœuvre à une ou plusieurs personnes afin de propulser l'embarcation.

galère
Bateau de guerre à voile et à rames en usage dès l'Antiquité et disparu seulement au 18e siècle.

aviron
Longue pièce de bois élargie à une extrémité, qu'on fixe au bateau et qu'on manœuvre à une ou plusieurs personnes afin de propulser l'embarcation.

éperon
Pièce de bois saillante placée sur la proue, généralement au niveau de ligne de flottaison, servant à percer la coque de bateaux ennemis.

trirème
Navire de guerre utilisé par les Romains, pourvu d'un éperon, d'une voile et de trois rangées de rames superposées.

figure de proue
Sculpture réalisée sur la proue des bateaux anciens, symbolisant une figure humaine, un dieu ou une créature fantastique.

aviron de queue
Aviron placé à l'arrière d'un bateau et servant de gouvernail.

aviron
Longue pièce de bois élargie à une extrémité, qu'on fixe au bateau et qu'on manœuvre à une ou plusieurs personnes afin de propulser l'embarcation.

éperon
Pièce de bois saillante placée sur la proue, généralement au niveau de la ligne de flottaison, servant à percer la coque de bateaux ennemis.

transport maritime   721

embarcations anciennes

bateauᴹ à vapeurᶠ à rouesᶠ latérales
Bateau en usage au 19ᵉ siècle, propulsé par une machine à vapeur faisant tourner deux roues à aubes.

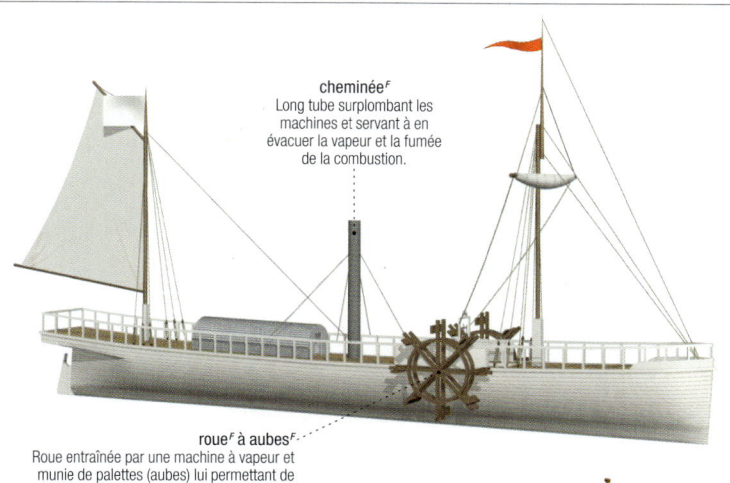

cheminéeᶠ
Long tube surplombant les machines et servant à en évacuer la vapeur et la fumée de la combustion.

roueᶠ à aubesᶠ
Roue entraînée par une machine à vapeur et munie de palettes (aubes) lui permettant de propulser le bateau sur l'eau.

caravelleᶠ
Navire rapide utilisé surtout aux 15ᵉ et 16ᵉ siècles pour des expéditions et disposant de trois ou quatre mâts.

galionᴹ
Grand navire de guerre à voiles utilisé par les Espagnols aux 17ᵉ et 18ᵉ siècles pour le commerce avec les colonies.

embarcations traditionnelles

Embarcations caractéristiques de diverses régions depuis plusieurs générations, utilisées comme moyen de transport, pour la pêche, le commerce ou le tourisme.

pirogueᶠ monoxyle
Embarcation légère d'Afrique et d'Océanie, faite d'une seule pièce de bois et propulsée à la pagaie ou à la voile.

brasᴹ de balancierᴹ
Chacune des tiges de bois qui relient le balancier à la coque.

coqueᶠ
Structure du bateau formant une enveloppe étanche.

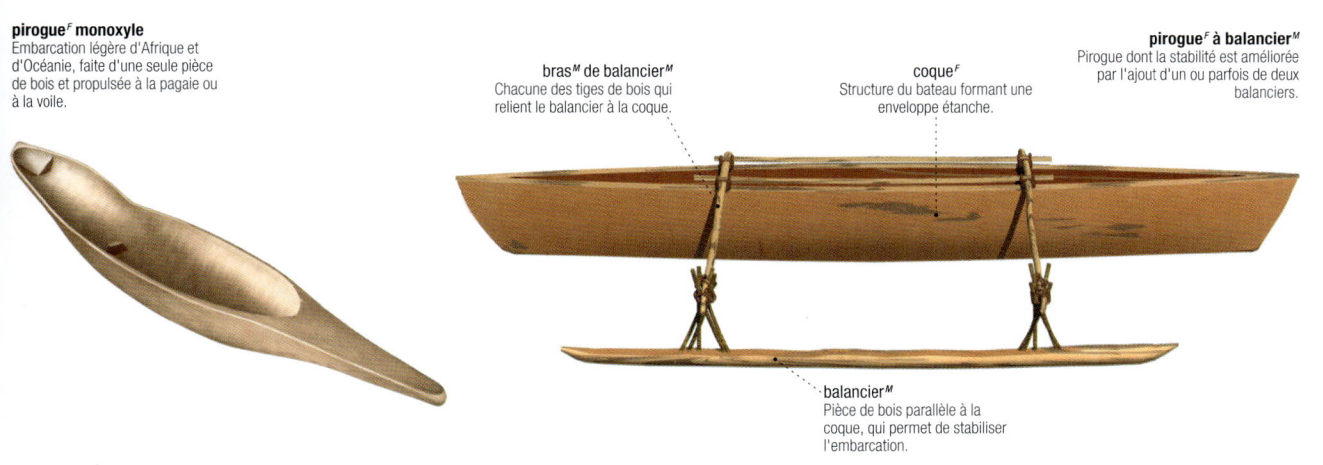

pirogueᶠ à balancierᴹ
Pirogue dont la stabilité est améliorée par l'ajout d'un ou parfois de deux balanciers.

balancierᴹ
Pièce de bois parallèle à la coque, qui permet de stabiliser l'embarcation.

TRANSPORT ET MACHINERIE

transport maritime

embarcations^F traditionnelles

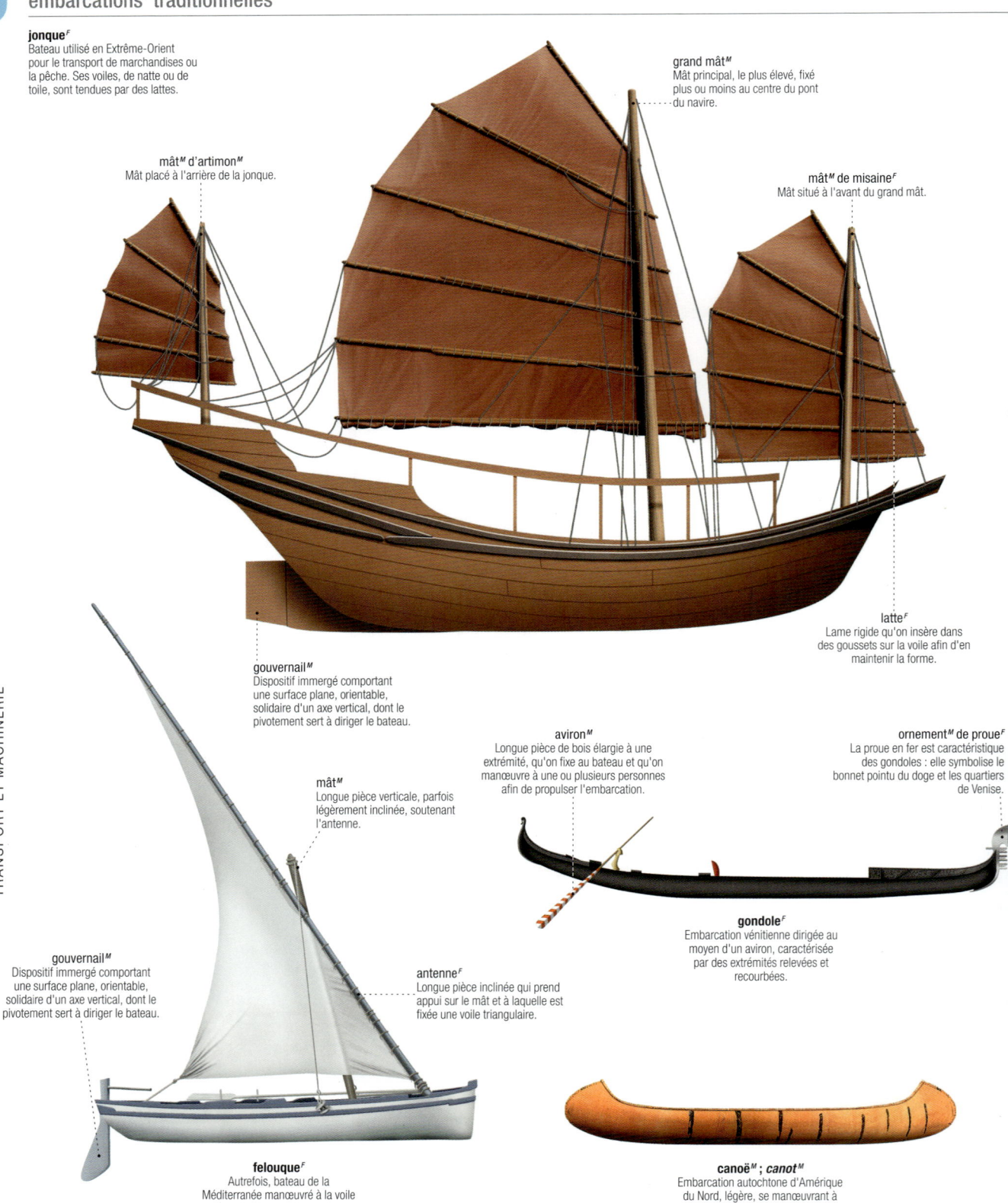

jonque^F
Bateau utilisé en Extrême-Orient pour le transport de marchandises ou la pêche. Ses voiles, de natte ou de toile, sont tendues par des lattes.

mât^M **d'artimon**^M
Mât placé à l'arrière de la jonque.

grand mât^M
Mât principal, le plus élevé, fixé plus ou moins au centre du pont du navire.

mât^M **de misaine**^F
Mât situé à l'avant du grand mât.

latte^F
Lame rigide qu'on insère dans des goussets sur la voile afin d'en maintenir la forme.

gouvernail^M
Dispositif immergé comportant une surface plane, orientable, solidaire d'un axe vertical, dont le pivotement sert à diriger le bateau.

mât^M
Longue pièce verticale, parfois légèrement inclinée, soutenant l'antenne.

aviron^M
Longue pièce de bois élargie à une extrémité, qu'on fixe au bateau et qu'on manœuvre à une ou plusieurs personnes afin de propulser l'embarcation.

ornement^M **de proue**^F
La proue en fer est caractéristique des gondoles : elle symbolise le bonnet pointu du doge et les quartiers de Venise.

gondole^F
Embarcation vénitienne dirigée au moyen d'un aviron, caractérisée par des extrémités relevées et recourbées.

gouvernail^M
Dispositif immergé comportant une surface plane, orientable, solidaire d'un axe vertical, dont le pivotement sert à diriger le bateau.

antenne^F
Longue pièce inclinée qui prend appui sur le mât et à laquelle est fixée une voile triangulaire.

felouque^F
Autrefois, bateau de la Méditerranée manœuvré à la voile ou à l'aviron, qui subsiste encore aujourd'hui sur le Nil.

canoë^M ; **canot**^M
Embarcation autochtone d'Amérique du Nord, légère, se manœuvrant à la pagaie et pouvant transporter des personnes et des charges.

TRANSPORT ET MACHINERIE

transport maritime

exemples^M de voiles^F

Voiles : assemblage de pièces de tissu résistant, montés sur un mât, formant une surface capable de faire avancer un bateau sous l'action du vent.

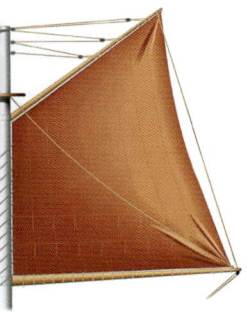

voile^F bermudienne
Voile triangulaire, aussi appelée voile Marconi, dont le plus grand côté est soutenu directement par un mât très allongé et la base par une pièce de bois, appelée bôme.

voile^F à corne^F
Voile trapézoïdale entièrement placée en arrière du mât, dont le bord supérieur est soutenu par une vergue oblique, appelée corne.

voile^F au tiers^M
Voile trapézoïdale soutenue par une vergue dont l'articulation au mât est placée au tiers de la voile et non au centre.

voile^F latine
Voile triangulaire soutenue par une longue vergue oblique, appelée antenne, hissée au mât par son milieu.

voile^F carrée
Voile trapézoïdale suspendue à une vergue hissée au mât par son milieu.

voile^F à livarde^F
Voile trapézoïdale entièrement placée en arrière du mât, maintenue en diagonale par une longue vergue, appelée livarde, articulée sur le bas du mât.

exemples^M de gréements^M

Gréements : ensemble des voiles de types différents qui caractérise les voiliers et les distingue les uns des autres.

cotre^M Marconi
Bateau de pêche à grand mât garni d'une voile à corne ou bermudienne et de deux focs, portant un petit mât supplémentaire derrière la barre de gouvernail.

ketch^M
Voilier de plaisance à deux mâts, soit un grand mât et un mât d'artimon placé en avant de la barre du gouvernail, ce qui le distingue du cotre.

goélette^F
Navire à deux mâts, soit un mât de misaine et un grand mât, garnis de voiles à cornes et de flèches, auxquelles s'ajoutent des focs et parfois une voile d'étai.

baleinière^F
Embarcation de pêche manœuvrée principalement à l'aviron, mais parfois munie d'une ou deux voiles au tiers dressées presque à la verticale, accompagnées d'un foc.

brigantin^M
Navire à deux mâts, de plus faible tonnage que le brick et de gréement différent.

brick^M
Navire à deux mâts, soit un mât de misaine et un grand mât, garnis de voiles carrées auxquelles s'ajoutent une brigantine sur le grand mât et trois focs sur un mât de beaupré.

TRANSPORT ET MACHINERIE

quatre-mâts^M barque^F

Voilier à quatre mâts garnis de voiles carrées, excepté le mât d'artimon qui porte une voile à corne.

haut^M d'un grand mât^M

fusée^F
Extrémité supérieure effilée d'un mât.

vergue^F
Longue pièce prenant appui sur un mât et servant à maintenir la bordure d'une voile.

marchepied^M
Cordage suspendu sous toute la longueur d'une vergue, sur lequel se déplacent les matelots pour manipuler les voiles.

mâture^F et gréement^M
Mâture : ensemble des mâts, vergues, cordages et autres équipements mobiles caractéristiques d'un voilier, qui soutiennent et manœuvrent le gréement.

grand mât^M arrière
Un des mâts principaux du navire, placé derrière le grand mât avant, entre le centre de gravité du navire et son gouvernail.

mât^M de misaine^F
Mât situé à l'avant du grand mât.

grand mât^M avant
Un des mâts principaux du navire, le plus proche du centre de gravité.

mât^M d'artimon^M
Mât placé à l'arrière du quatre-mâts barque.

martinet^M
Cordage qui sert à tenir plus ou moins appliquée la corne d'une voile.

corne^F
Vergue oblique prenant appui à l'arrière d'un mât et soutenant la partie supérieure d'une voile à corne.

balancine^F
Cordage qui relie deux vergues d'une voile et qui sert à les manœuvrer.

gui^M
Vergue horizontale articulée sur un mât, servant à tendre le bord inférieur d'une voile.

dunette^F
Construction établie au-dessus du pont arrière, sur toute sa largeur, abritant des compartiments généralement réservés aux officiers.

canot^M de sauvetage^M
Embarcation destinée à évacuer les personnes se trouvant sur le bateau en cas d'urgence.

bossoir^M
Potence débordant de la coque et servant à suspendre, hisser à bord ou mettre à l'eau une embarcation.

pavois^M
Partie de la coque qui dépasse le niveau du pont pour le protéger des vagues et servir de garde-corps.

parties^F d'un grand mât^M

mât^M de cacatois^M
Mât situé au-dessus du mât de perroquet et portant un cacatois.

mât^M de perroquet^M
Mât placé au-dessus du mât de hune et portant un perroquet.

ton^M de mât^M
Extrémité supérieure d'un mât, parfois doublée par la partie inférieure du mât qui la surmonte, où sont fixés les étais et les haubans.

mât^M de hune^F
Mât placé immédiatement au-dessus d'un bas-mât et portant un hunier.

hune^F
Plateforme située sur la partie supérieure d'un bas-mât et qui sert de relais au service du gréement supérieur.

bas-mât^M
Section inférieure d'un mât, solide et de gros diamètre, soutenant les sections supérieures.

galhauban^M
Long cordage tendu entre un mât et le pont afin d'assujettir et de soutenir le mât par le travers et vers l'arrière.

hauban^M
Gros cordage tendu entre un mât et le flanc du navire afin d'assujettir et de soutenir le mât latéralement.

bord^M
Chacun des deux côtés du navire.

mât^M de beaupré^M
Mât prolongeant l'étrave presque à l'horizontale, permettant d'ajouter des focs à l'avant du navire.

étai^M
Cordage tendu entre un mât et un autre point de la mâture, afin d'assujettir et de soutenir le mât par l'avant.

draille^F
Étai soutenant une voile d'étai ou un foc.

étrave^F
Solide pièce saillante servant à renforcer la proue du bateau.

martingale^F
Cordage qui sert à équilibrer vers le bas les efforts exercés par les étais et les drailles sur le mât de beaupré.

transport maritime

quatre-mâts^F barque^F

voilure^F
Ensemble des voiles d'un voilier, établies sur le mât de beaupré, le mât de misaine, les grands mâts et le mât d'artimon, mais aussi entre ces mâts.

voile^F d'étai^M de grand cacatois^M arrière
Voile triangulaire établie sur l'étai soutenant le mât de cacatois arrière.

voile^F d'étai^M de grand perroquet^M arrière
Voile triangulaire établie sur l'étai soutenant le mât de perroquet arrière.

grand cacatois^M avant
Petite voile carrée se trouvant au sommet du grand mât dont elle surmonte le grand perroquet.

grand-voile^F d'étai^M arrière
Voile triangulaire établie sur l'étai soutenant le mât de hune arrière.

grand perroquet^M volant avant
Voile carrée établie sous le grand cacatois avant.

voile^F d'étai^M de flèche^F
Voile triangulaire la plus élevée parmi les voiles établies entre le mât d'artimon et le grand mât arrière.

grand perroquet^M fixe avant
Voile carrée établie entre le grand perroquet volant avant et le grand hunier volant avant.

petit cacatois^M
Petite voile carrée se trouvant au sommet du mât de misaine dont elle surmonte le petit perroquet.

marquise^F
Voile triangulaire établie sous la voile d'étai de flèche.

grand hunier^M volant avant
Voile carrée établie entre le grand perroquet fixe avant et le grand hunier fixe avant.

petit perroquet^M volant
Voile carrée établie sous le petit cacatois.

bras^M de grand cacatois^M arrière
...age servant à faire pivoter autour du grand mât arrière la vergue soutenant le cacatois.

petit perroquet^M fixe
Voile carrée établie entre le petit perroquet volant et le petit hunier volant.

voile^F de flèche^F
Voile établie au-dessus d'une voile à corne, entre la corne et le haut du mât.

petit hunier^M volant
Voile carrée établie entre le petit perroquet fixe et le petit hunier fixe.

clinfoc^M
Voile d'étai triangulaire très légère, la plus en avant sur le mât de beaupré.

brigantine^F
...à corne du mât d'artimon.

écoute^F
Cordage passant par l'angle inférieur d'une voile et servant à l'orienter par rapport à la direction du vent.

grand-voile^F arrière
Voile carrée la plus basse portée par le grand mât arrière.

misaine^F
Voile carrée la plus basse portée par le mât de misaine.

grand foc^M
Voile d'étai triangulaire placée entre le clinfoc et le faux foc.

drisse^F
Cordage servant à hisser une voile ou une vergue.

grand-voile^F avant
Voile carrée la plus basse portée par le grand mât avant.

grand hunier^M fixe avant
Voile carrée établie au-dessus de la grand-voile avant.

faux foc^M
Voile d'étai triangulaire placée entre le grand foc et le petit foc.

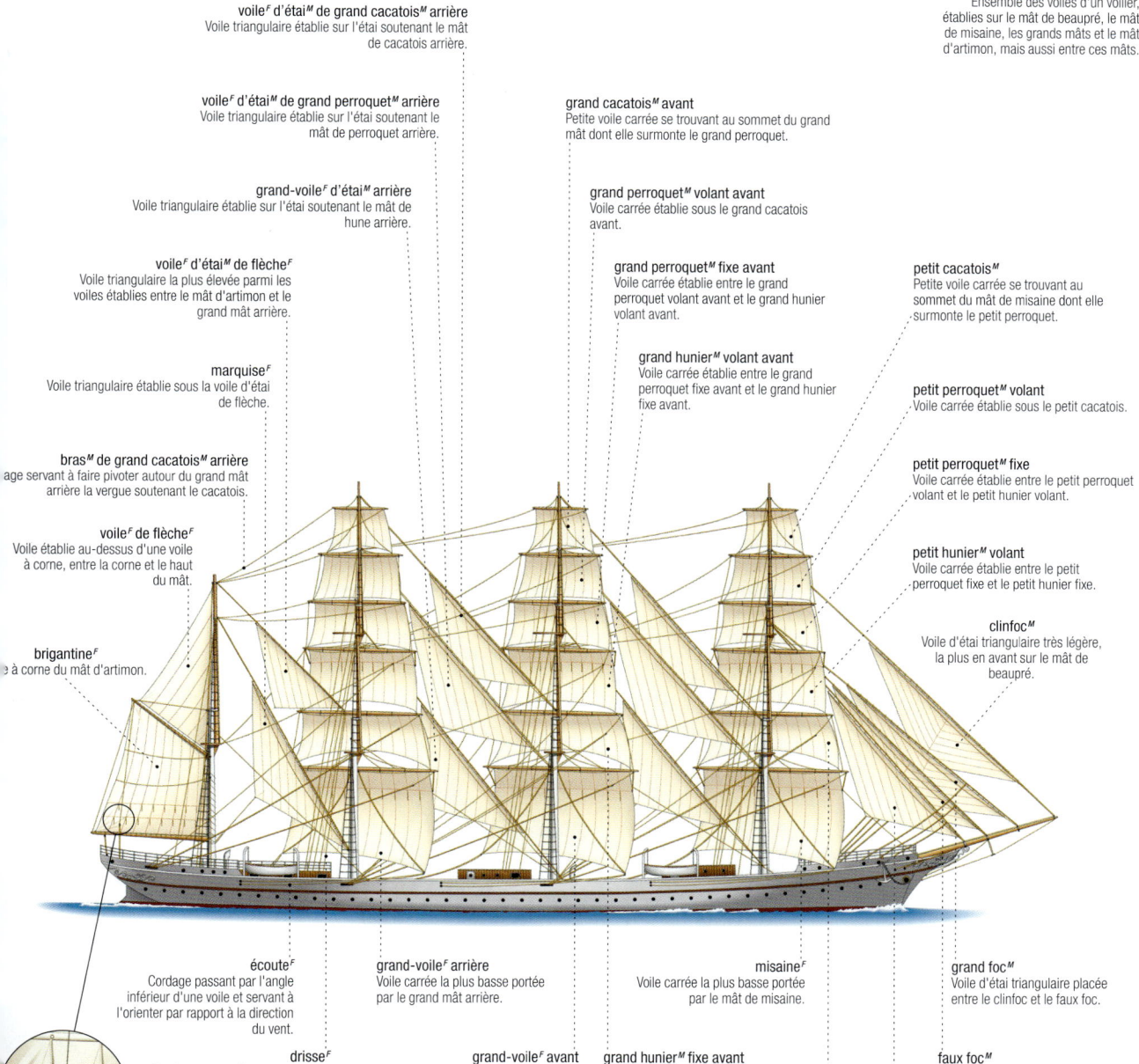

bande^F de ris^M
Renfort en toile horizontal, le long duquel on replie une partie de la voile pour en diminuer la surface.

petit hunier^M fixe
Voile carrée établie au-dessus de la misaine.

petit foc^M
Voile d'étai triangulaire très lourde, la plus en arrière sur le mât de beaupré.

garcette^F de ris^M
Court filin fixé tout au long de la bande de ris, de chaque côté de la voile, et servant à en attacher la partie repliée.

TRANSPORT ET MACHINERIE

exemples^M de bateaux^M et d'embarcations^F

Bateaux et embarcations : bâtiments flottants destinés à l'exploration sous-marine et au transport sur l'eau de passagers ou de marchandises.

navire^M de forage^M
Navire conçu pour les forages pétroliers en eau profonde (1 000 m et plus), plus mobile et moins stable que les plateformes.

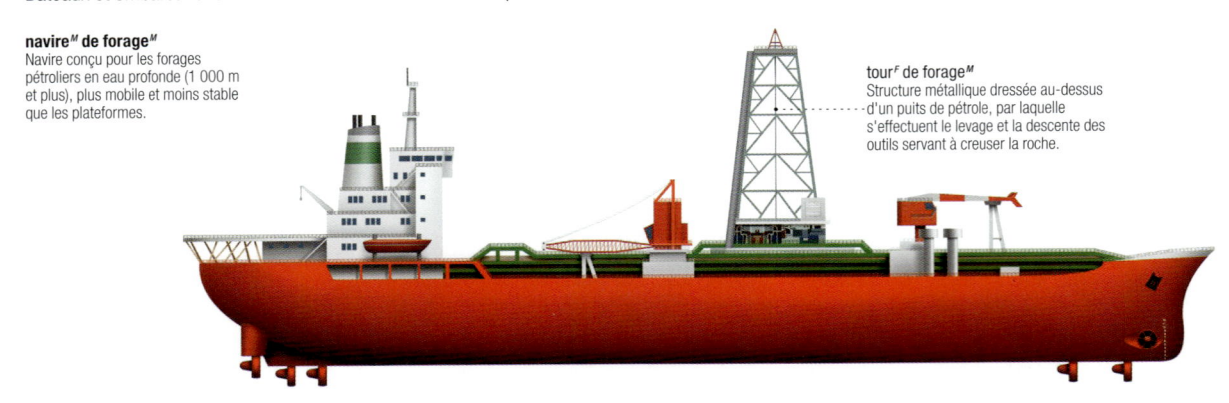

tour^F de forage^M
Structure métallique dressée au-dessus d'un puits de pétrole, par laquelle s'effectuent le levage et la descente des outils servant à creuser la roche.

vraquier^M
Navire conçu pour le transport de produits secs non conditionnés, tels que le grain, le charbon, le minerai, etc.

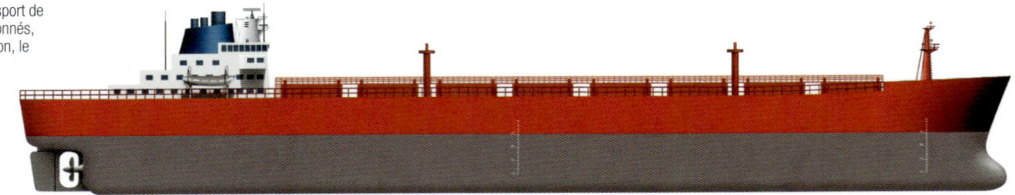

navire^M porte-conteneurs^M
Navire conçu pour le transport de marchandises en conteneurs, qu'on dispose en cale et sur le pont.

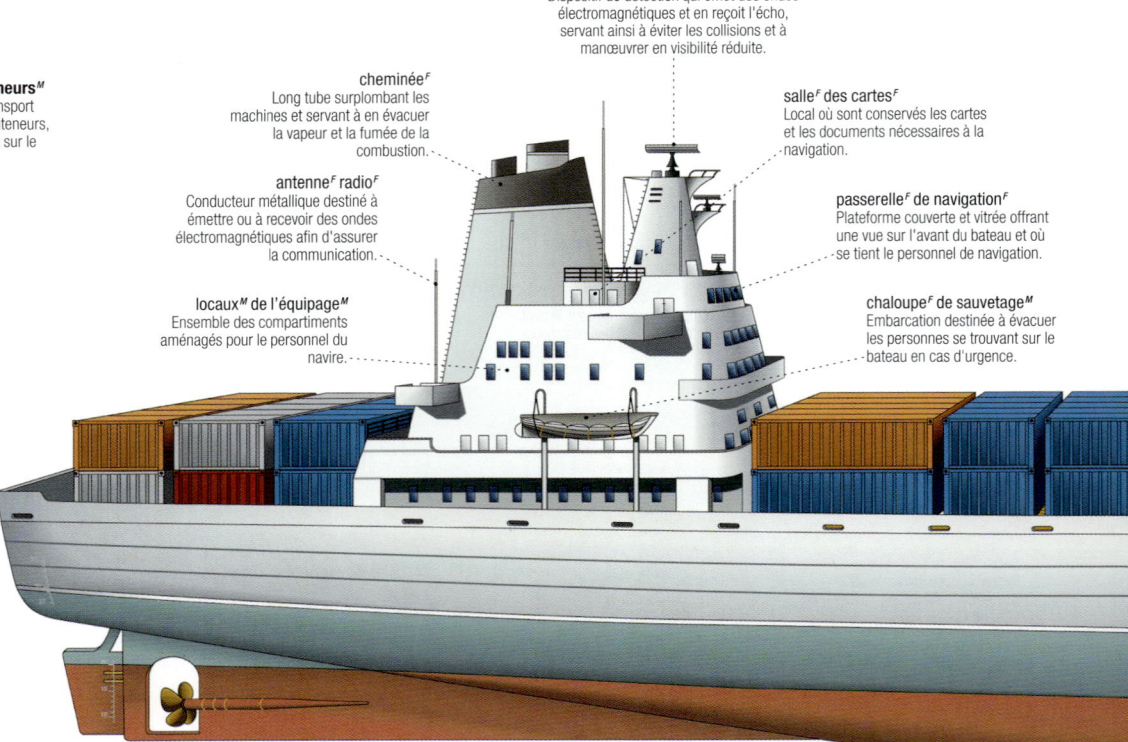

cheminée^F
Long tube surplombant les machines et servant à en évacuer la vapeur et la fumée de la combustion.

radar^M
Dispositif de détection qui émet des ondes électromagnétiques et en reçoit l'écho, servant ainsi à éviter les collisions et à manœuvrer en visibilité réduite.

salle^F des cartes^F
Local où sont conservés les cartes et les documents nécessaires à la navigation.

antenne^F radio^F
Conducteur métallique destiné à émettre ou à recevoir des ondes électromagnétiques afin d'assurer la communication.

passerelle^F de navigation^F
Plateforme couverte et vitrée offrant une vue sur l'avant du bateau et où se tient le personnel de navigation.

locaux^M de l'équipage^M
Ensemble des compartiments aménagés pour le personnel du navire.

chaloupe^F de sauvetage^M
Embarcation destinée à évacuer les personnes se trouvant sur le bateau en cas d'urgence.

transport maritime

exemples^M de bateaux^M et d'embarcations^F

tuyère^F
Pièce métallique qui entoure l'hélice pour améliorer son rendement en concentrant la poussée de l'air.

feu^M de navigation^F
Dispositif lumineux visible à grande distance, servant à signaler la présence de l'aéroglisseur.

radar^M
Dispositif de détection qui émet des ondes électromagnétiques et en reçoit l'écho, servant ainsi à éviter les collisions et à manœuvrer en visibilité réduite.

aéroglisseur^M
Véhicule à hélices qui se déplace sur l'eau (ou sur le sol) en glissant sur un coussin d'air de faible hauteur retenu par une jupe.

dérive^F aérienne
Pièce pivotante placée derrière le souffle des hélices et servant à diriger l'aéroglisseur.

hélice^F de propulsion^F
Dispositif constitué de pales solidaires d'un arbre, qui produit un mouvement d'air permettant de faire avancer l'aéroglisseur.

courroie^F de transmission^F
Anneau souple servant à transmettre le mouvement de rotation du moteur de propulsion aux hélices.

cabine^F des passagers^M
Compartiment où se tiennent les passagers durant le voyage.

prise^F d'air^M
Orifice extérieur du ventilateur.

cabine^F de pilotage^M
Compartiment offrant une vue sur l'avant de l'aéroglisseur et où se tiennent les pilotes.

porte^F avant
Porte donnant accès à la cabine des passagers.

soute^F à bagages^M
Compartiment où sont entreposés les bagages.

ventilateur^M de sustentation^F
Appareil servant à souffler de l'air sous l'aéroglisseur pour le maintenir à faible hauteur au-dessus de la surface.

entrée^F d'air^M du ventilateur^M
Conduit par lequel est admis l'air qui sera ensuite soufflé sous l'aéroglisseur par le ventilateur de sustentation.

jupe^F souple
Paroi en caoutchouc souple qui entoure le bord de la coque et retient l'air pour augmenter la pression sous l'aéroglisseur et ainsi le soulever.

arbre^M de transmission^F
Pièce qui transmet la rotation du moteur de propulsion aux hélices.

canot^M pneumatique de sauvetage^M
Embarcation gonflable destinée à évacuer les personnes se trouvant sur le bateau en cas d'urgence.

moteur^M diesel de sustentation^F
Appareil qui utilise l'énergie produite lors de la combustion d'un mélange air/carburant pour actionner le ventilateur de sustentation.

doigt^M de jupe^F
Extension souple et déformable de la jupe qui épouse les ondulations de la surface.

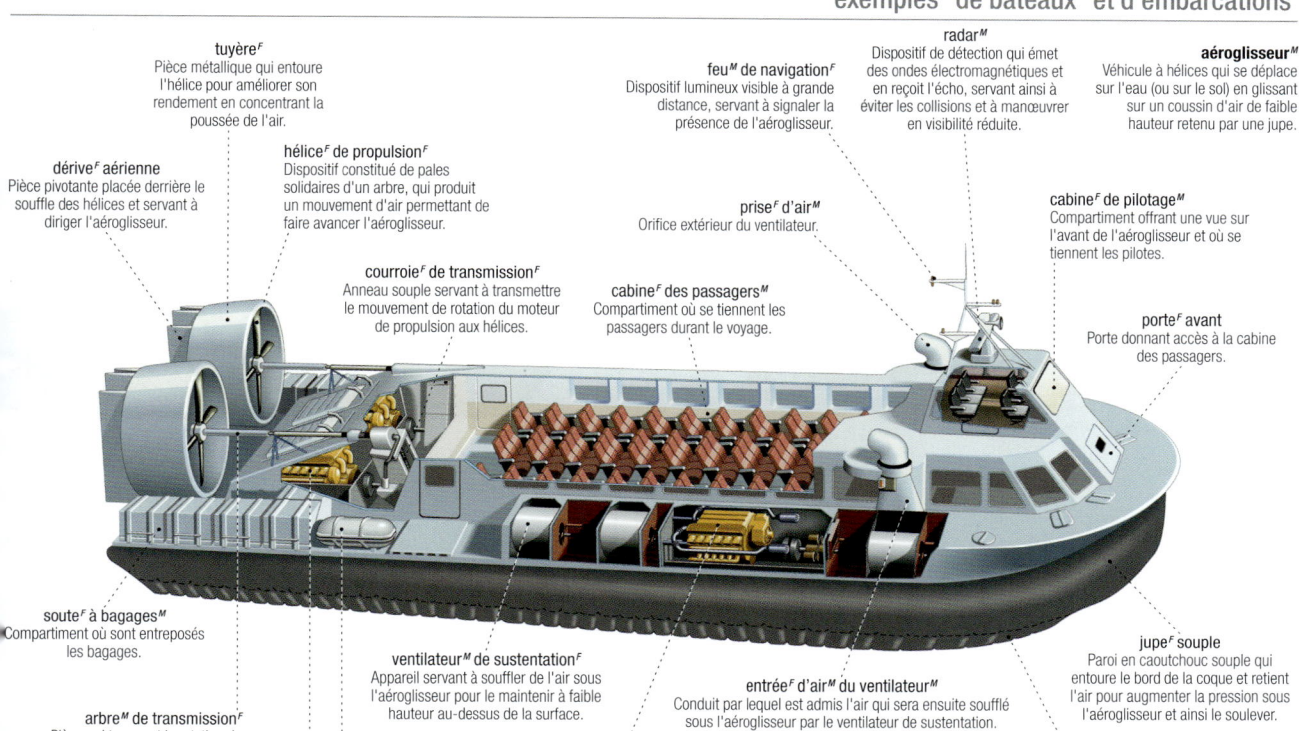

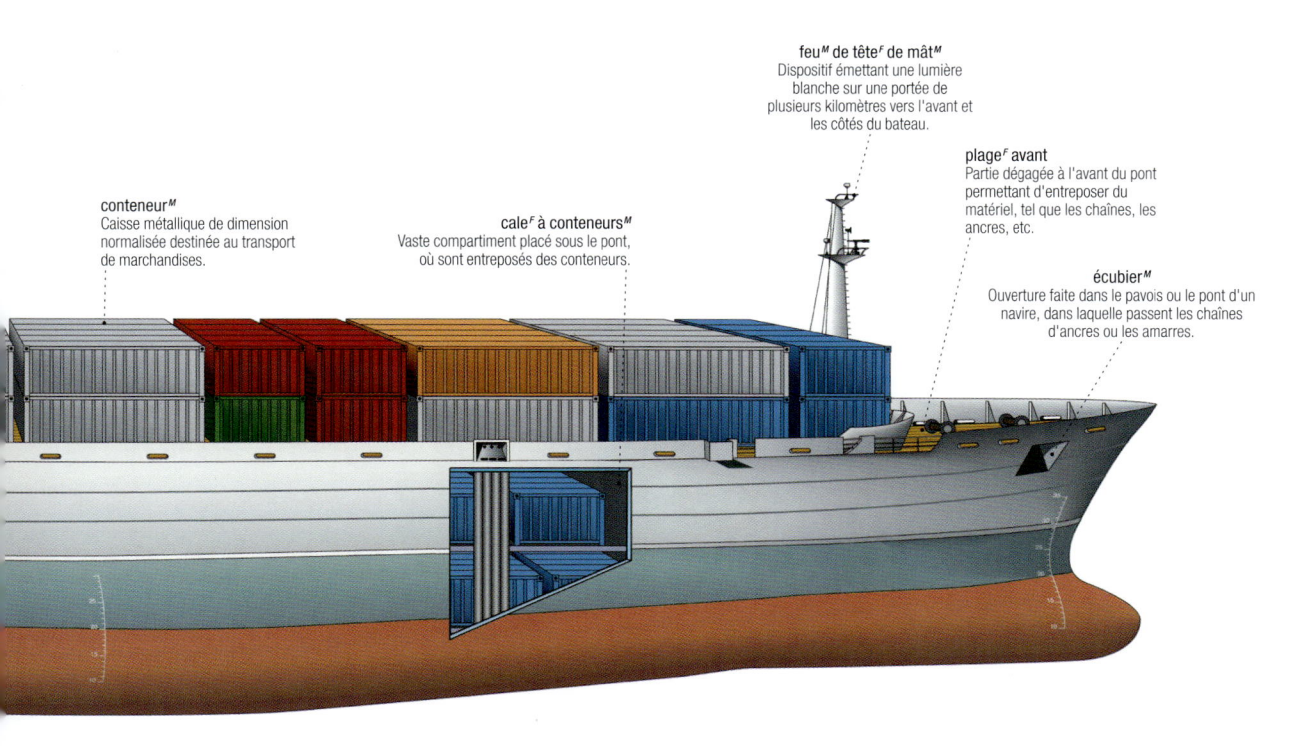

moteur^M diesel de propulsion^F
Appareil qui utilise l'énergie produite lors de la combustion d'un mélange air/carburant pour actionner les hélices de propulsion.

feu^M de tête^F de mât^M
Dispositif émettant une lumière blanche sur une portée de plusieurs kilomètres vers l'avant et les côtés du bateau.

plage^F avant
Partie dégagée à l'avant du pont permettant d'entreposer du matériel, tel que les chaînes, les ancres, etc.

conteneur^M
Caisse métallique de dimension normalisée destinée au transport de marchandises.

cale^F à conteneurs^M
Vaste compartiment placé sous le pont, où sont entreposés des conteneurs.

écubier^M
Ouverture faite dans le pavois ou le pont d'un navire, dans laquelle passent les chaînes d'ancres ou les amarres.

TRANSPORT ET MACHINERIE

transport maritime

exemples^M de bateaux^M et d'embarcations^F

chalutier^M
Bateau de pêche qui remorque un large filet (chalut) en forme d'entonnoir.

timonerie^F
Cabine abritant le pilote ainsi que les instruments et appareils de navigation.

remorqueur^M
Navire propulsé par des moteurs puissants, destiné à remorquer des bateaux ou des engins flottants pour les aider dans leurs manœuvres ou pour les secourir.

hélice^F
Dispositif constitué de pales solidaires d'un arbre, qui produit un mouvement dans l'eau permettant la propulsion du navire.

safran^M
Partie du gouvernail sur laquelle s'exerce la pression de l'eau et dont l'orientation commande la direction du bateau.

étrave^F
Partie renforcée de la proue du bateau qui écrase la glace sous son poids ou qui la repousse sur les bords pour ouvrir une voie.

hélice^F **d'étrave**^F
Hélice ayant pour rôle de tirer l'eau sous la couche de glace pour affaiblir son support et la rendre plus facile à briser ou à déplacer.

brise-glace^M
Navire conçu pour frayer un passage navigable dans les eaux prises ou encombrées par la glace.

hélice^F **arrière**
Hélice actionnée par un moteur puissant, qui sert à propulser le brise-glace.

pétrolier^M
Navire pourvu de citernes pour le transport de produits pétroliers liquides.

antenne^F **radio**^F
Conducteur métallique destiné à émettre ou à recevoir des ondes électromagnétiques afin d'assurer la communication.

séparateur^M
Dispositif servant à débarrasser le pétrole de l'eau que peuvent contenir les citernes.

rambarde^F
Garde-corps le long du pont d'un navire pour protéger l'équipage d'une chute à la mer.

mât^M **radar**^M
Mât portant un dispositif de détection des ondes électromagnétiques, servant à éviter les collisions et à manœuvrer en visibilité réduite.

guindeau^M
Treuil qui sert à la manœuvre des ancres.

salle^F **de contrôle**^M **des machines**^F
Compartiment renfermant les appareils qui permettent de surveiller le fonctionnement du bateau et de mettre en marche, d'arrêter et de régler les machines.

gouvernail^M
Dispositif immergé comportant une surface plane, orientable, solidaire d'un axe vertical, dont le pivotement sert à diriger le navire.

hélice^F
Dispositif constitué de pales solidaires d'un arbre, qui produit un mouvement dans l'eau permettant la propulsion du navire.

chambre^F **des pompes**^F
Compartiment qui renferme les pompes servant au chargement et au déchargement de la cargaison.

cloison^F **transversale**
Paroi qui divise la cale dans le sens de la largeur pour ainsi délimiter les citernes.

cloison^F **longitudinale**
Paroi qui divise la cale dans le sens de la longueur pour ainsi délimiter les citernes.

TRANSPORT ET MACHINERIE

transport maritime 729

exemples^M de bateaux^M et d'embarcations^F

hors-bord^M
Bateau de plaisance à moteur hors-bord, qui peut naviguer en mer ou sur plan d'eau et qui, contrairement au yacht, ne dispose pas de cabine habitable.

solarium^M
Partie du pont entourée par une main courante et conçue pour qu'on puisse s'y allonger.

yacht^M à moteur^M
Bateau de plaisance de taille et de puissance variable pouvant naviguer en mer ou sur plan d'eau, et pourvu d'une cabine habitable.

main^F courante
Barde servant d'appui aux passagers.

moteur^M hors-bord
Moteur amovible monté à l'extérieur de la poupe du bateau.

caravane^F flottante
Bateau de plaisance motorisé, destiné à la navigation fluviale et caractérisé par un long pont logeant une cabine habitable.

cabine^F de pilotage^M
Compartiment offrant une vue sur l'avant du bateau et comprenant les instruments de pilotage.

passavant^M
Sur le pont, passage latéral reliant l'avant et l'arrière du bateau.

timonerie^F
Cabine abritant le pilote ainsi que les instruments et appareils de navigation.

chaland^M
Grand navire à fond plat destiné au transport de marchandises sur les rivières et les canaux.

cale^F
Vaste compartiment où sont entreposées les marchandises.

bras^M de chargement^M
Dispositif permettant de charger et de décharger la marchandise du bateau.

mât^M de charge^F
Dispositif monté sur un pivot et pourvu de poulies, servant à manipuler des charges.

mât^M avant
Mât placé à l'avant du pont et soutenant les feux de navigation.

dégagement^M d'air^M des citernes^F
Dispositif par lequel est évacué l'air des citernes au moment du remplissage.

mâtereau^M
Petit mât de gros diamètre servant de support au mât de charge.

citerne^F
Chacune des cuves étanches qui fragmentent la cargaison liquide du pétrolier pour en réduire les risques de déplacement.

panneau^M de citerne^F
Couvercle étanche qui, lorsqu'il est ouvert, donne accès à une citerne.

bitte^F
Pièce cylindrique solidement fixée au pont, autour de laquelle on fixe les amarres.

canon^M à mousse^F
Dispositif sous pression qui produit une mousse servant à éteindre un début d'incendie.

pont^M principal
Surface horizontale qui ferme la coque. Elle protège la cargaison, sert de lieu de passage et de support pour les équipements.

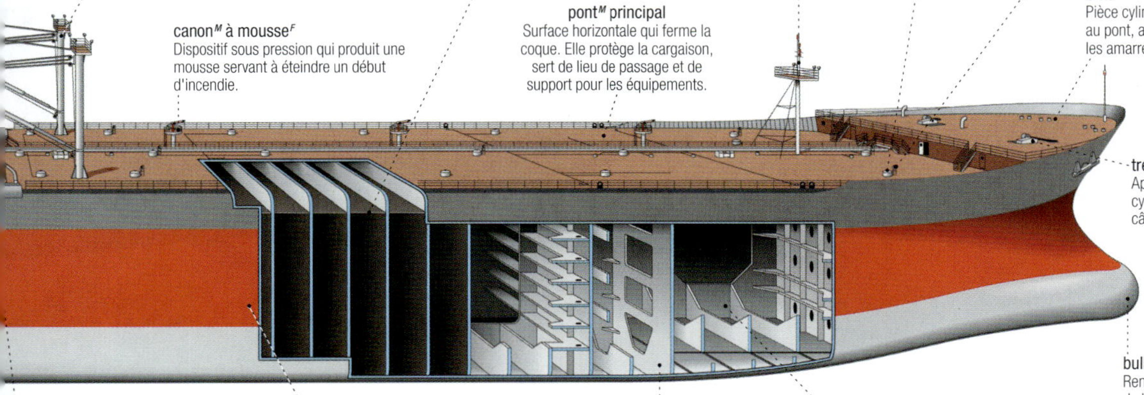

treuil^M d'amarrage^M
Appareil à moteur constitué d'un cylindre autour duquel s'enroule un câble d'amarrage.

bulbe^M d'étrave^F
Renflement de la partie inférieure de l'étrave servant à diminuer la résistance de l'eau sur la coque.

traverse^F de chargement^M
Chacun des gros tuyaux reliant entre eux les tuyaux longitudinaux permettant de remplir et de vider chaque citerne.

muraille^F
Partie verticale de la coque située au-dessus de la ligne de flottaison.

porque^F
Renfort métallique transversal de la coque.

carlingue^F centrale
Poutre métallique placée dans l'axe longitudinal du bateau, qui renforce la partie inférieure de la coque.

TRANSPORT ET MACHINERIE

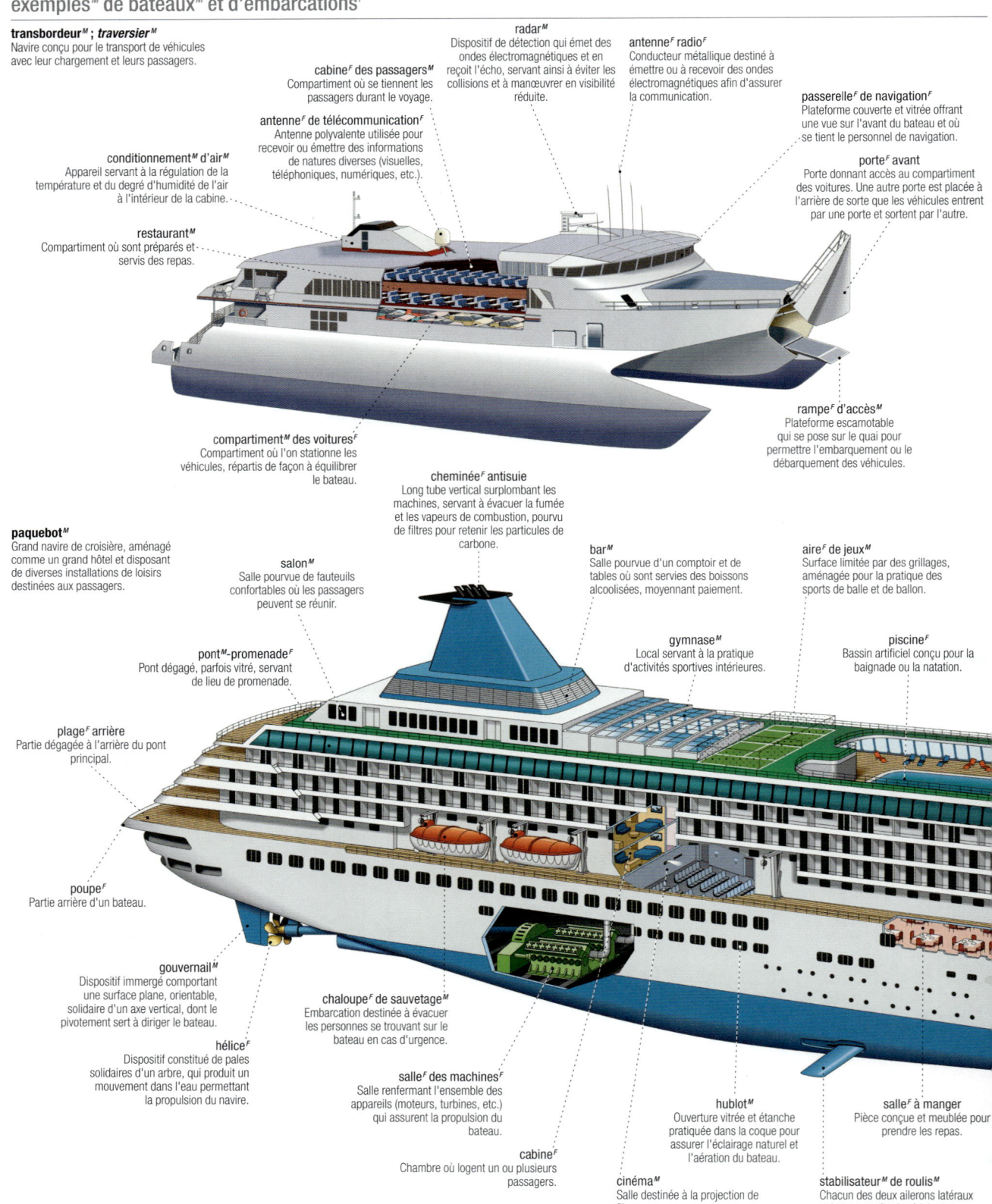

transport maritime

exemples^M de bateaux^M et d'embarcations^F

transbordeur^M ; traversier^M
Navire conçu pour le transport de véhicules avec leur chargement et leurs passagers.

cabine^F des passagers^M
Compartiment où se tiennent les passagers durant le voyage.

antenne^F de télécommunication^F
Antenne polyvalente utilisée pour recevoir ou émettre des informations de natures diverses (visuelles, téléphoniques, numériques, etc.).

conditionnement^M d'air^M
Appareil servant à la régulation de la température et du degré d'humidité de l'air à l'intérieur de la cabine.

restaurant^M
Compartiment où sont préparés et servis des repas.

radar^M
Dispositif de détection qui émet des ondes électromagnétiques et en reçoit l'écho, servant ainsi à éviter les collisions et à manœuvrer en visibilité réduite.

antenne^F radio^F
Conducteur métallique destiné à émettre ou à recevoir des ondes électromagnétiques afin d'assurer la communication.

passerelle^F de navigation^F
Plateforme couverte et vitrée offrant une vue sur l'avant du bateau et où se tient le personnel de navigation.

porte^F avant
Porte donnant accès au compartiment des voitures. Une autre porte est placée à l'arrière de sorte que les véhicules entrent par une porte et sortent par l'autre.

rampe^F d'accès^M
Plateforme escamotable qui se pose sur le quai pour permettre l'embarquement ou le débarquement des véhicules.

compartiment^M des voitures^F
Compartiment où l'on stationne les véhicules, répartis de façon à équilibrer le bateau.

cheminée^F antisuie
Long tube vertical surplombant les machines, servant à évacuer la fumée et les vapeurs de combustion, pourvu de filtres pour retenir les particules de carbone.

paquebot^M
Grand navire de croisière, aménagé comme un grand hôtel et disposant de diverses installations de loisirs destinées aux passagers.

salon^M
Salle pourvue de fauteuils confortables où les passagers peuvent se réunir.

bar^M
Salle pourvue d'un comptoir et de tables où sont servies des boissons alcoolisées, moyennant paiement.

aire^F de jeux^M
Surface limitée par des grillages, aménagée pour la pratique des sports de balle et de ballon.

pont^M-promenade^F
Pont dégagé, parfois vitré, servant de lieu de promenade.

gymnase^M
Local servant à la pratique d'activités sportives intérieures.

piscine^F
Bassin artificiel conçu pour la baignade ou la natation.

plage^F arrière
Partie dégagée à l'arrière du pont principal.

poupe^F
Partie arrière d'un bateau.

gouvernail^M
Dispositif immergé comportant une surface plane, orientable, solidaire d'un axe vertical, dont le pivotement sert à diriger le bateau.

hélice^F
Dispositif constitué de pales solidaires d'un arbre, qui produit un mouvement dans l'eau permettant la propulsion du navire.

chaloupe^F de sauvetage^M
Embarcation destinée à évacuer les personnes se trouvant sur le bateau en cas d'urgence.

salle^F des machines^F
Salle renfermant l'ensemble des appareils (moteurs, turbines, etc.) qui assurent la propulsion du bateau.

cabine^F
Chambre où logent un ou plusieurs passagers.

hublot^M
Ouverture vitrée et étanche pratiquée dans la coque pour assurer l'éclairage naturel et l'aération du bateau.

cinéma^M
Salle destinée à la projection de films.

salle^F à manger
Pièce conçue et meublée pour prendre les repas.

stabilisateur^M de roulis^M
Chacun des deux ailerons latéraux qui pivotent afin de réduire les oscillations du bateau sous l'effet de la houle.

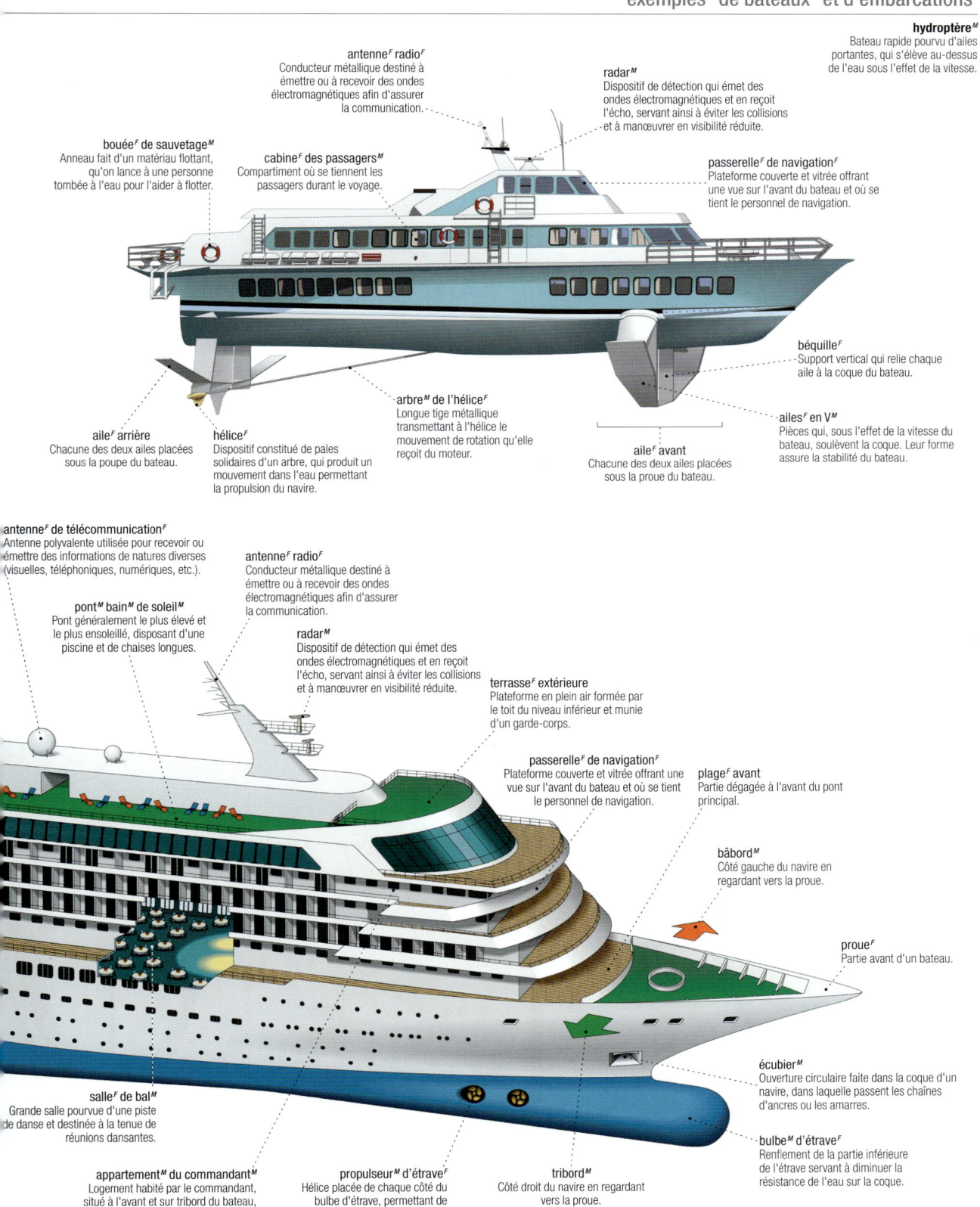

transport maritime

exemples de bateaux et d'embarcations

hydroptère
Bateau rapide pourvu d'ailes portantes, qui s'élève au-dessus de l'eau sous l'effet de la vitesse.

antenne radio
Conducteur métallique destiné à émettre ou à recevoir des ondes électromagnétiques afin d'assurer la communication.

radar
Dispositif de détection qui émet des ondes électromagnétiques et en reçoit l'écho, servant ainsi à éviter les collisions et à manœuvrer en visibilité réduite.

bouée de sauvetage
Anneau fait d'un matériau flottant, qu'on lance à une personne tombée à l'eau pour l'aider à flotter.

cabine des passagers
Compartiment où se tiennent les passagers durant le voyage.

passerelle de navigation
Plateforme couverte et vitrée offrant une vue sur l'avant du bateau et où se tient le personnel de navigation.

béquille
Support vertical qui relie chaque aile à la coque du bateau.

aile arrière
Chacune des deux ailes placées sous la poupe du bateau.

hélice
Dispositif constitué de pales solidaires d'un arbre, qui produit un mouvement dans l'eau permettant la propulsion du navire.

arbre de l'hélice
Longue tige métallique transmettant à l'hélice le mouvement de rotation qu'elle reçoit du moteur.

aile avant
Chacune des deux ailes placées sous la proue du bateau.

ailes en V
Pièces qui, sous l'effet de la vitesse du bateau, soulèvent la coque. Leur forme assure la stabilité du bateau.

antenne de télécommunication
Antenne polyvalente utilisée pour recevoir ou émettre des informations de natures diverses (visuelles, téléphoniques, numériques, etc.).

pont bain de soleil
Pont généralement le plus élevé et le plus ensoleillé, disposant d'une piscine et de chaises longues.

antenne radio
Conducteur métallique destiné à émettre ou à recevoir des ondes électromagnétiques afin d'assurer la communication.

radar
Dispositif de détection qui émet des ondes électromagnétiques et en reçoit l'écho, servant ainsi à éviter les collisions et à manœuvrer en visibilité réduite.

terrasse extérieure
Plateforme en plein air formée par le toit du niveau inférieur et munie d'un garde-corps.

passerelle de navigation
Plateforme couverte et vitrée offrant une vue sur l'avant du bateau et où se tient le personnel de navigation.

plage avant
Partie dégagée à l'avant du pont principal.

bâbord
Côté gauche du navire en regardant vers la proue.

proue
Partie avant d'un bateau.

écubier
Ouverture circulaire faite dans la coque d'un navire, dans laquelle passent les chaînes d'ancres ou les amarres.

salle de bal
Grande salle pourvue d'une piste de danse et destinée à la tenue de réunions dansantes.

appartement du commandant
Logement habité par le commandant, situé à l'avant et sur tribord du bateau, derrière la passerelle de navigation.

propulseur d'étrave
Hélice placée de chaque côté du bulbe d'étrave, permettant de manœuvrer le navire en vitesse réduite vers bâbord ou tribord.

tribord
Côté droit du navire en regardant vers la proue.

bulbe d'étrave
Renflement de la partie inférieure de l'étrave servant à diminuer la résistance de l'eau sur la coque.

TRANSPORT ET MACHINERIE

ancre^F

Pièce généralement faite en acier, qui s'accroche au fond afin d'immobiliser le bateau auquel elle est reliée par une chaîne ou un câble.

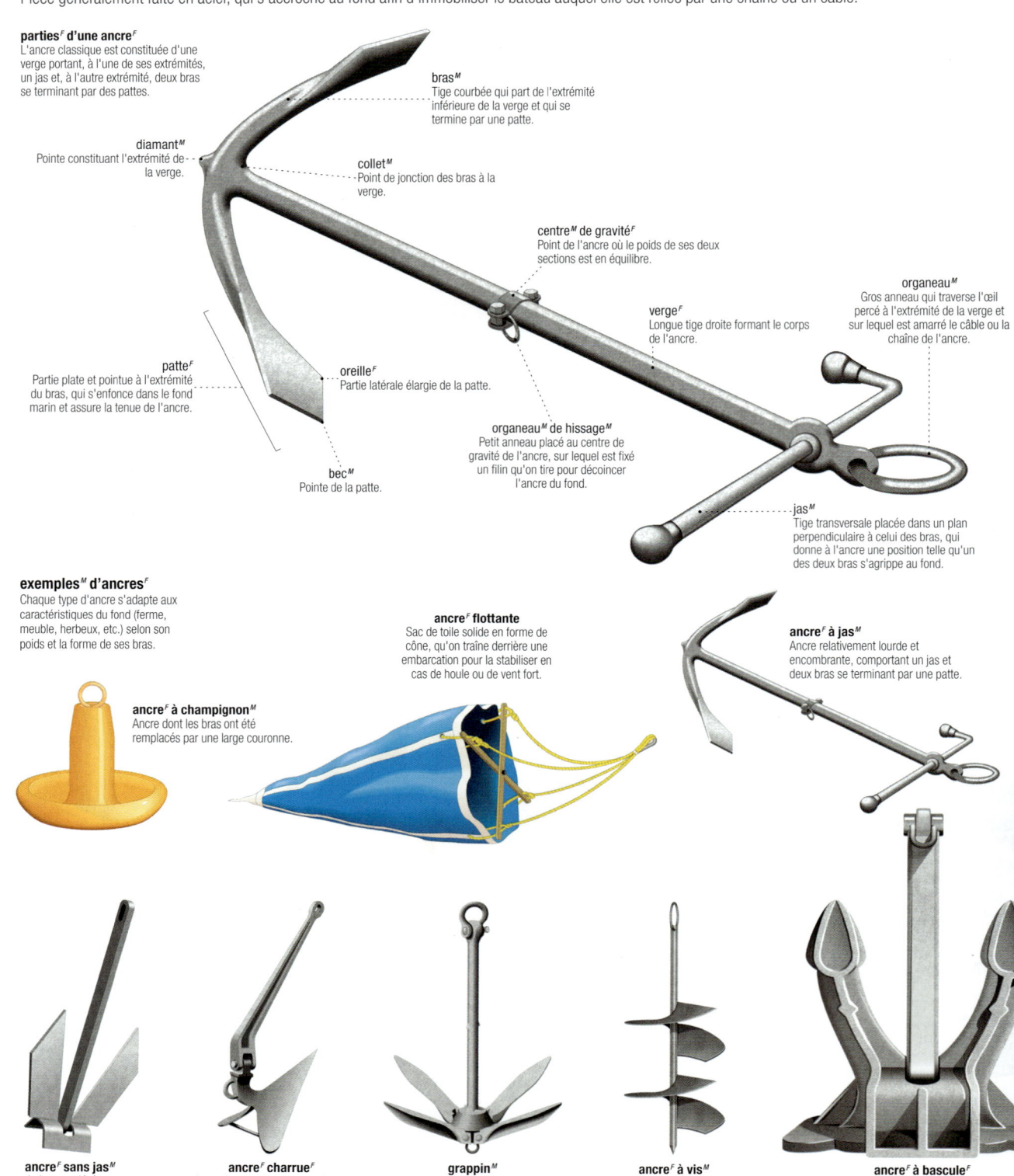

parties^F d'une ancre^F
L'ancre classique est constituée d'une verge portant, à l'une de ses extrémités, un jas et, à l'autre extrémité, deux bras se terminant par des pattes.

bras^M
Tige courbée qui part de l'extrémité inférieure de la verge et qui se termine par une patte.

diamant^M
Pointe constituant l'extrémité de la verge.

collet^M
Point de jonction des bras à la verge.

centre^M de gravité^F
Point de l'ancre où le poids de ses deux sections est en équilibre.

organeau^M
Gros anneau qui traverse l'œil percé à l'extrémité de la verge et sur lequel est amarré le câble ou la chaîne de l'ancre.

verge^F
Longue tige droite formant le corps de l'ancre.

patte^F
Partie plate et pointue à l'extrémité du bras, qui s'enfonce dans le fond marin et assure la tenue de l'ancre.

oreille^F
Partie latérale élargie de la patte.

organeau^M de hissage^M
Petit anneau placé au centre de gravité de l'ancre, sur lequel est fixé un filin qu'on tire pour décoincer l'ancre du fond.

bec^M
Pointe de la patte.

jas^M
Tige transversale placée dans un plan perpendiculaire à celui des bras, qui donne à l'ancre une position telle qu'un des deux bras s'agrippe au fond.

exemples^M d'ancres^F
Chaque type d'ancre s'adapte aux caractéristiques du fond (ferme, meuble, herbeux, etc.) selon son poids et la forme de ses bras.

ancre^F à champignon^M
Ancre dont les bras ont été remplacés par une large couronne.

ancre^F flottante
Sac de toile solide en forme de cône, qu'on traîne derrière une embarcation pour la stabiliser en cas de houle ou de vent fort.

ancre^F à jas^M
Ancre relativement lourde et encombrante, comportant un jas et deux bras se terminant par une patte.

ancre^F sans jas^M
Ancre relativement légère, pourvue de deux pattes pivotantes qui se replient sur la verge.

ancre^F charrue^F
Ancre dont l'unique bras en forme de soc est articulé à la verge au moyen d'une charnière.

grappin^M
Petite ancre disposant de quatre bras cruciformes parfois rabattables.

ancre^F à vis^M
Ancre de forme hélicoïdale qu'on enfonce dans le fond marin ou la berge à la manière d'une vis.

ancre^F à bascule^F
Ancre massive formée de deux bras articulés à la verge qui s'enfoncent dans le fond marin; on l'utilise pour immobiliser de gros navires.

transport maritime 733

équipement^M de sauvetage^M

Ensemble des instruments et du matériel utilisés pour signaler la présence d'une embarcation ou pour sauver des personnes de la noyade.

antenne^F
Conducteur métallique permettant d'émettre des ondes radio.

stroboscope^M
Lampe qui émet une lumière intermittente intense, grâce à deux électrodes produisant une décharge électrique dans un gaz.

balise^F **de détresse**^F
Appareil qui, en cas d'urgence, émet automatiquement un signal de détresse sous forme d'ondes radio indiquant sa position avec précision.

trompe^F
Pavillon amplifiant le son émis par une membrane au passage de l'air comprimé.

cartouche^F
Petit réservoir contenant de l'air comprimé.

avertisseur^M **de brume**^F
Instrument servant à émettre des signaux sonores réglementaires en cas de visibilité réduite pour indiquer la présence d'une embarcation.

boucle^F
Fermeture composée de deux éléments qui s'emboîtent l'un dans l'autre et qu'on ouvre par pression.

ceinture^F
Sangle dont on règle la longueur pour l'ajuster à la taille.

sangle^F **sous-cutale**
Sangle qu'on ajuste entre les jambes pour éviter que le gilet ne remonte.

gilet^M **de sauvetage**^M
Vêtement insubmersible sans manches, gonflable ou fait de mousse, qui permet à une personne tombée à l'eau de flotter.

radeau^M **de sauvetage**^M
Embarcation gonflable servant de refuge aux passagers d'un bateau en cas de naufrage.

tente^F
Toile se déployant automatiquement et servant d'abri contre le vent, les intempéries et les embruns.

échelle^F **d'accès**^M
Cordage formant des étriers et permettant de monter dans le radeau.

flotteur^M
Tube gonflable formant paroi, permettant au radeau de flotter.

dispositif^M **de gonflement**^M
Dispositif contenant de l'air sous pression, qui gonfle automatiquement les flotteurs lors de la mise à l'eau.

bouée^F **de sauvetage**^M
Anneau fait d'un matériau flottant, qu'on lance à une personne tombée à l'eau pour l'aider à flotter.

anneau^M
Cercle rigide insubmersible que la personne à l'eau place sous les bras.

filin^M
Cordage fin qu'on accroche à l'aide d'une gaffe pour hisser une personne hors de l'eau.

bande^F **rétroréfléchissante**
Bande qui réfléchit la lumière pour permettre de repérer plus facilement une personne tombée à l'eau.

manche^M
Partie allongée permettant de manier le crochet et d'atteindre des objets éloignés.

gaffe^F
Perche généralement télescopique, pourvue d'une pointe et d'un crochet pour manœuvrer un bateau aux abords du quai, accrocher un objet, sonder le fond, etc.

crochet^M
Bout recourbé qui permet d'accrocher un cordage ou de récupérer un objet à l'eau.

TRANSPORT ET MACHINERIE

appareils^M de navigation^F

Instruments utilisés sur un bateau pour définir sa position, déterminer un itinéraire et maintenir un cap.

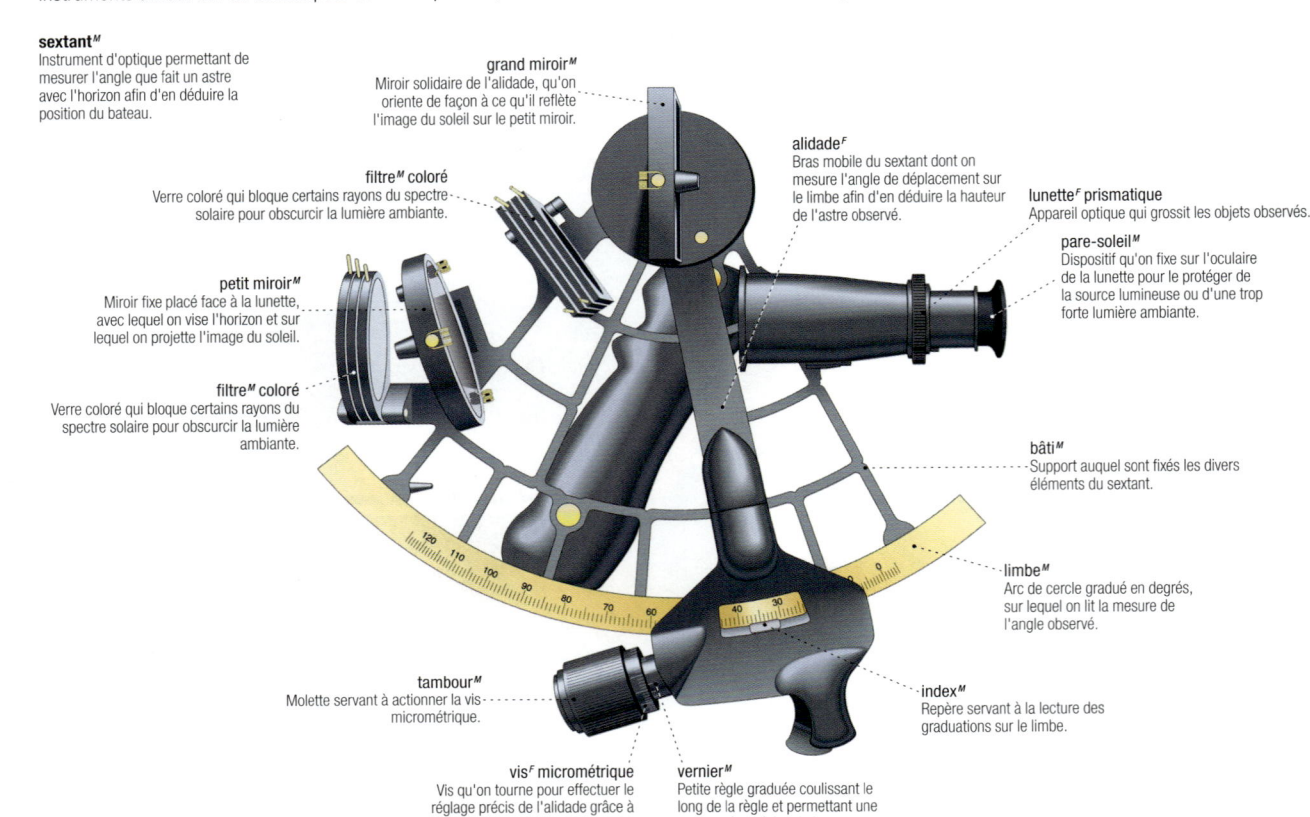

sextant^M
Instrument d'optique permettant de mesurer l'angle que fait un astre avec l'horizon afin d'en déduire la position du bateau.

grand miroir^M
Miroir solidaire de l'alidade, qu'on oriente de façon à ce qu'il reflète l'image du soleil sur le petit miroir.

alidade^F
Bras mobile du sextant dont on mesure l'angle de déplacement sur le limbe afin d'en déduire la hauteur de l'astre observé.

filtre^M coloré
Verre coloré qui bloque certains rayons du spectre solaire pour obscurcir la lumière ambiante.

lunette^F prismatique
Appareil optique qui grossit les objets observés.

pare-soleil^M
Dispositif qu'on fixe sur l'oculaire de la lunette pour le protéger de la source lumineuse ou d'une trop forte lumière ambiante.

petit miroir^M
Miroir fixe placé face à la lunette, avec lequel on vise l'horizon et sur lequel on projette l'image du soleil.

filtre^M coloré
Verre coloré qui bloque certains rayons du spectre solaire pour obscurcir la lumière ambiante.

bâti^M
Support auquel sont fixés les divers éléments du sextant.

limbe^M
Arc de cercle gradué en degrés, sur lequel on lit la mesure de l'angle observé.

tambour^M
Molette servant à actionner la vis micrométrique.

index^M
Repère servant à la lecture des graduations sur le limbe.

vis^F micrométrique
Vis qu'on tourne pour effectuer le réglage précis de l'alidade grâce à sa tête graduée en minutes.

vernier^M
Petite règle graduée coulissant le long de la règle et permettant une lecture très précise de la mesure.

compas^M magnétique liquide
Instrument pourvu d'aimants flottant sur un liquide et servant à indiquer le nord magnétique.

couvercle^M coulissant
Couvercle rabattable servant à protéger la glace des rayures entre les moments d'utilisation.

glace^F
Couvercle semi-sphérique, transparent et non déformant, qui ferme la cuvette contenant le liquide.

rose^F des vents^M
Disque mobile gradué de 0° à 360°, solidaire de deux aimants, indiquant les points cardinaux et les directions intermédiaires.

pivot^M
Axe autour duquel tourne la rose des vents.

cuvette^F
Boîtier étanche qui contient les éléments magnétiques immergés dans un liquide (huile ou alcool) permettant de limiter les oscillations.

transport maritime 735

appareils^M de navigation^F

radio^F maritime VHF
Appareil récepteur-émetteur à très haute fréquence qui permet la transmission de la voix.

combiné^M
Partie de la radio maritime comprenant le microphone et les principales touches de communication.

touches^F de sélection^F de canal^M
Boutons servant à choisir un canal de fréquence pour l'émission ou la réception des messages vocaux.

microphone^M
Appareil qui transforme en impulsions électriques les sons à transmettre.

touche^F de balayage^M
Bouton permettant de changer de canal automatiquement à une fréquence prédéterminée afin de recevoir les éventuels messages émis sur les canaux d'urgence.

touche^F de communication^F
Bouton qui, maintenu enfoncé, permet la transmission de messages vocaux.

haut-parleur^M
Appareil intégré permettant la reproduction de la voix.

afficheur^M
Surface d'affichage permettant la représentation visuelle de données textuelles.

touche^F de détresse^F
Bouton permettant de lancer automatiquement un appel à l'aide en cas d'urgence.

sonar^M
Appareil utilisant la réflexion des ondes sonores en milieu marin, principalement pour mesurer la profondeur de l'eau sous une embarcation.

traceur^M de route^F
Appareil qui utilise les signaux radioélectriques émis par un réseau de satellites pour représenter sur une carte la position d'un bateau et la route suivie.

écran^M
Surface d'affichage permettant la représentation visuelle de données graphiques ou textuelles.

écran^M
Surface d'affichage à cristaux liquides permettant la représentation visuelle de données graphiques ou textuelles.

antenne^F-récepteur^M GPS
Ensemble formé d'une antenne externe et d'un récepteur GPS, qui reçoit les ondes radioélectriques émises par les satellites et calcule la position du bateau.

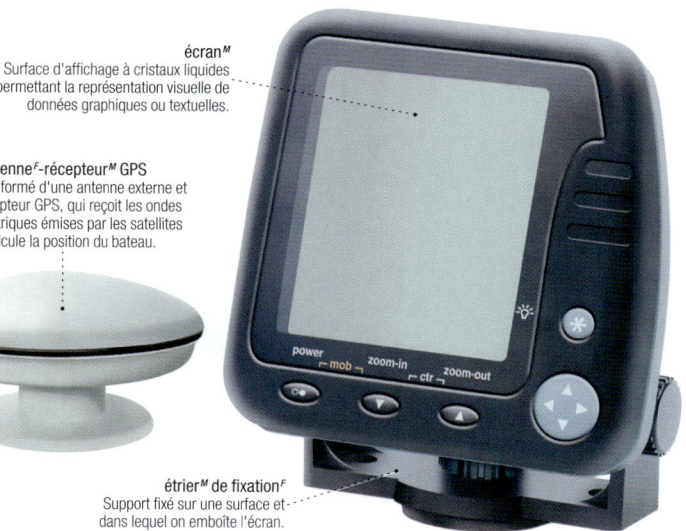

étrier^M de fixation^F
Support fixé sur une surface et dans lequel on emboîte l'écran.

TRANSPORT ET MACHINERIE

transport maritime

signalisation[F] maritime

Ensemble des balises, dispositifs lumineux, sonores et radioélectriques placés en mer, sur les côtes ou dans les cours d'eau et servant d'aide à la navigation.

phare[M]
Tour élevée, équipée à son sommet d'une puissante source lumineuse, servant à guider les navires.

lanterne[F] de phare[M]
Appareil optique d'éclairage fournissant un puissant faisceau lumineux codé.

coupole[F]
Partie supérieure du phare protégeant la lanterne et pourvue d'un paratonnerre.

capuchon[M] de ventilation[F]
Pièce permettant d'éviter un échauffement interne trop important de la lanterne.

lanterne[F] de phare[M]
Appareil optique d'éclairage fournissant un puissant faisceau lumineux codé.

lampe[F] à incandescence[F]
Lampe dans laquelle un filament chauffé par un courant électrique produit des rayons lumineux.

vitrage[M]
Ensemble des châssis garnis de vitres, qui forment une enceinte de protection autour de la lanterne et qui soutiennent la coupole.

anneau[M] dioptrique
Chacun des anneaux concentriques en verre qui entourent la lampe et réfractent les rayons lumineux de façon à les intensifier.

culot[M]
Extrémité métallique de l'ampoule qui s'insère dans une douille pour la relier au circuit électrique.

balcon[M] de veille[F]
Plateforme de faible largeur munie d'une rambarde et offrant une vue circulaire autour du phare.

boîtier[M]
Boîte renfermant et protégeant le mécanisme de l'appareil.

tour[F]
Ouvrage de maçonnerie formant le corps du phare, qui résiste aux vagues et aux vents les plus violents.

bouée[F] charpente[F]
Corps flottant dont la superstructure est en forme de pylône.

bouée[F] espar[M] bâbord[M] (région[F] B)
Corps flottant de forme tubulaire et allongée qu'un bateau doit laisser à gauche de sa proue sur une voie de navigation.

bouée[F] espar[M] tribord[M] (région[F]
Corps flottant de forme tubulaire et allo qu'un bateau doit laisser à droite de sa sur une voie de navigation.

TRANSPORT ET MACHINERIE

transport maritime 737

signalisation^F maritime

bouée^F conique
Corps flottant dont la superstructure a la forme d'un cône pointant vers le haut.

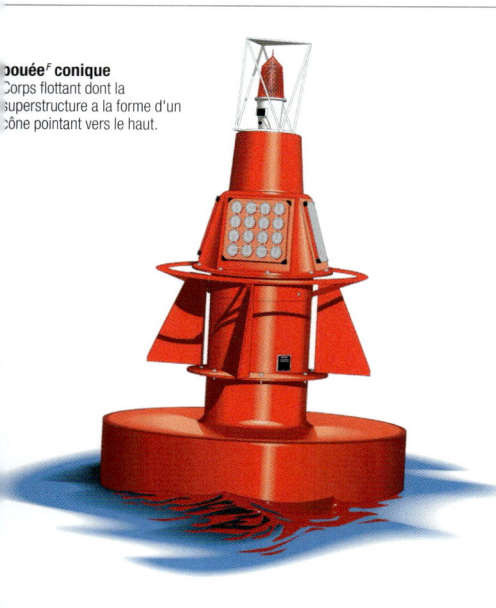

bouée^F à plan^M focal élevé
Corps flottant dont le feu est placé à un niveau particulièrement élevé au-dessus de la surface de l'eau.

feu^M
Dispositif émettant un signal lumineux codé servant d'aide à la navigation la nuit.

réflecteur^M radar^M
Élément métallique destiné à réfléchir les ondes radar émises par les bateaux afin qu'ils puissent repérer la bouée.

panneau^M photovoltaïque
Dispositif qui transforme l'énergie solaire en énergie électrique afin d'alimenter le feu de la bouée.

marque^F de jour^M
Aide à la navigation de couleur et de signification variables, visible uniquement de jour.

échelle^F
Ensemble de barreaux et de montants qui permet d'accéder aux éléments placés au sommet de la structure tubulaire.

structure^F tubulaire
Partie de la superstructure en forme de colonne, qui soutient et élève au-dessus de l'eau les marques de jour et de nuit.

surface^F de l'eau^F

bouée^F cylindrique
Corps flottant dont la superstructure est en forme de cylindre.

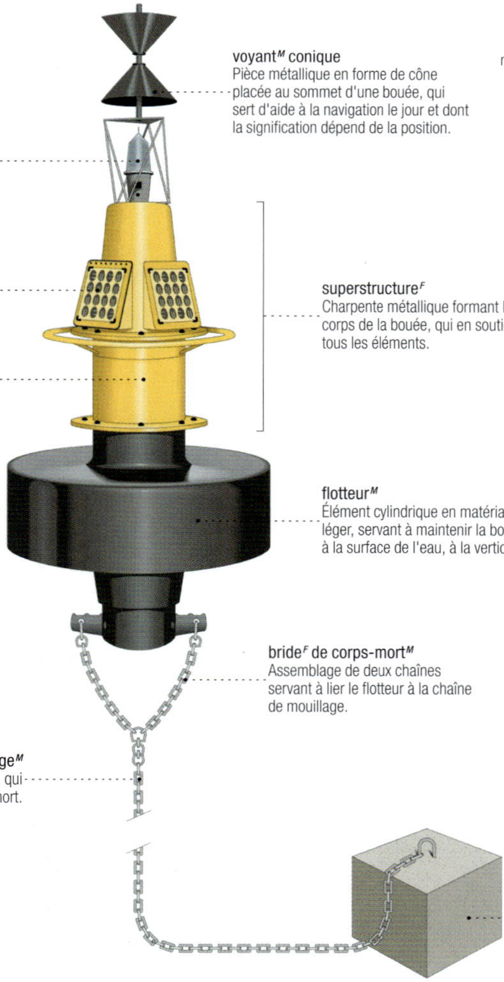

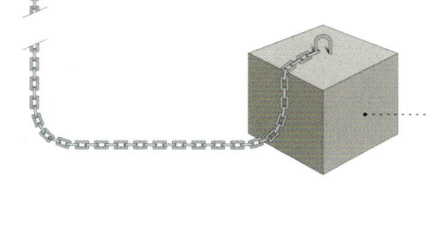

voyant^M conique
Pièce métallique en forme de cône placée au sommet d'une bouée, qui sert d'aide à la navigation le jour et dont la signification dépend de la position.

feu^M
Dispositif émettant un signal lumineux codé servant d'aide à la navigation la nuit.

panneau^M photovoltaïque
Dispositif qui transforme l'énergie solaire en énergie électrique afin d'alimenter le feu de la bouée.

superstructure^F
Charpente métallique formant le corps de la bouée, qui en soutient tous les éléments.

marque^F de jour^M
Aide à la navigation de couleur et de signification variables, visible uniquement de jour.

flotteur^M
Élément cylindrique en matériau léger, servant à maintenir la bouée à la surface de l'eau, à la verticale.

bride^F de corps-mort^M
Assemblage de deux chaînes servant à lier le flotteur à la chaîne de mouillage.

chaîne^F de mouillage^M
Longue chaîne très résistante, qui relie la bouée au corps-mort.

corps-mort^M
Objet lourd souvent en béton, qui repose au fond de l'eau et sert à maintenir en place la bouée à laquelle il est relié par une chaîne.

TRANSPORT ET MACHINERIE

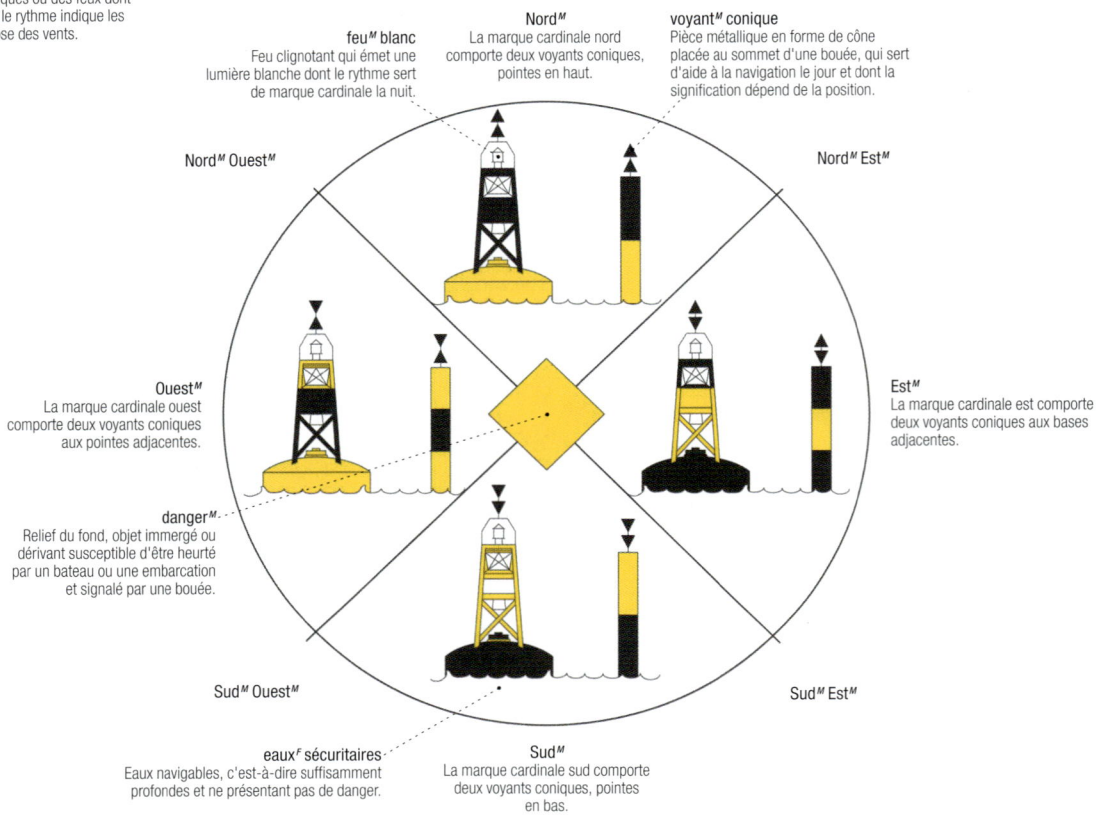

système de balisage maritime

Ensemble des bouées, balises, feux, etc., placés près des côtes, sur les côtes ou dans les cours d'eau pour guider la marche d'un navire ou d'une embarcation.

marques cardinales
Bouées de couleurs normalisées, portant des voyants coniques ou des feux dont la disposition ou le rythme indique les divisions de la rose des vents.

feu blanc — Feu clignotant qui émet une lumière blanche dont le rythme sert de marque cardinale la nuit.

Nord — La marque cardinale nord comporte deux voyants coniques, pointes en haut.

voyant conique — Pièce métallique en forme de cône placée au sommet d'une bouée, qui sert d'aide à la navigation le jour et dont la signification dépend de la position.

Nord Ouest

Nord Est

Ouest — La marque cardinale ouest comporte deux voyants coniques aux pointes adjacentes.

Est — La marque cardinale est comporte deux voyants coniques aux bases adjacentes.

danger — Relief du fond, objet immergé ou dérivant susceptible d'être heurté par un bateau ou une embarcation et signalé par une bouée.

Sud Ouest

Sud Est

eaux sécuritaires — Eaux navigables, c'est-à-dire suffisamment profondes et ne présentant pas de danger.

Sud — La marque cardinale sud comporte deux voyants coniques, pointes en bas.

régions de balisage
D'un endroit à l'autre du globe, la couleur des bouées indiquant le côté bâbord ou le côté tribord d'une voie de navigation n'est pas la même, mais inversée.

bâbord — Côté gauche du navire en regardant vers la proue.

tribord — Côté droit du navire en regardant vers la proue.

région A — La région A comprend l'Europe, l'Afrique et la majeure partie de l'Asie et de l'Océanie; les bouées de tribord sont vertes et les bouées de bâbord sont rouges.

région B — La région B comprend les Amériques, le Japon, la Corée et les Philippines; les bouées de tribord sont rouges et les bouées de bâbord sont vertes.

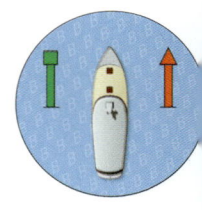

transport maritime

système de balisage maritime

rythme des marques de nuit
Des feux émettent des lumières intermittentes visibles de nuit. Leur fréquence et leur couleur permettent d'identifier l'émetteur et la signification du message.

lumière
La couleur et l'intensité de la lumière émise varient pendant la période en fonction du type de feu.

obscurité
Extinction du feu.

période
Durée comprise entre deux intervalles, durant laquelle le feu émet son signal.

intervalle
Durée comprise entre deux périodes, durant laquelle le feu n'émet pas de lumière.

marques de jour (région B)
Le système B associe les marques latérales et cardinales. À l'inverse du système A, les marques de tribord sont rouges et celles de bâbord sont vertes.

marque spéciale
Bouée indiquant une zone à règlement spécifique (zone d'exercices militaires, zone de pêche, etc.) ou la présence d'obstacles immergés (câbles, oléoducs, etc.).

bouée espar
Bouée tubulaire allongée, utilisée dans les ports ou les eaux sans marée.

marque de danger isolé
Bouée indiquant un danger isolé d'étendue limitée autour duquel les eaux sont navigables.

marque cardinale est
Bouée placée à l'est d'un danger, reconnaissable grâce à ses deux voyants coniques aux bases adjacentes.

feu
Fermeture faite de deux rubans bordés de dents s'emboîtant les unes dans les autres à l'aide d'un curseur.

marque cardinale ouest
Bouée placée à l'ouest d'un danger, reconnaissable grâce à ses deux voyants coniques dont les pointes se font face.

bâbord
Marque qu'un bateau doit laisser à gauche de sa proue sur une voie de navigation.

tribord
Marque qu'un bateau doit laisser à droite de sa proue sur une voie de navigation.

bouée conique
Corps flottant dont la superstructure a la forme d'un cône pointant vers le haut.

marque cardinale sud
Bouée placée au sud d'un danger, reconnaissable grâce à ses deux voyants coniques, pointes en bas.

marque latérale
Bouée indiquant, en fonction de sa couleur et de sa forme, les limites bâbord et tribord d'un chenal.

marque d'eaux sécuritaires
Bouée qui indique que les eaux sont navigables.

chenal principal
Voie de navigation balisée, la plus courte et la plus sûre, permettant l'accès à un port ou la navigation à proximité des côtes ou dans un cours d'eau.

chenal secondaire
Voie de navigation balisée, plus longue ou plus difficile que le chenal principal.

bouée charpente
Corps flottant dont la superstructure est en forme de pylône.

TRANSPORT ET MACHINERIE

ID
aéroport^M

Lieu comportant l'ensemble des installations techniques et commerciales nécessaires au trafic aérien.

vue^F extérieure

sortie^F de piste^F à grande vitesse^F
Voie qui relie la piste d'atterrissage à une voie de circulation et que les avions empruntent après l'atterrissage pour dégager la piste.

vigie^F
Local vitré situé au sommet de la tour de contrôle, où les contrôleurs effectuent la gestion des opérations aériennes (décollage, vol, atterrissage).

tour^F de contrôle^M
Bâtiment surplombé par la vigie, offrant une vue sur l'ensemble des pistes et des aérogares.

route^F d'accès^M
Partie du système routier qui dessert l'aérogare.

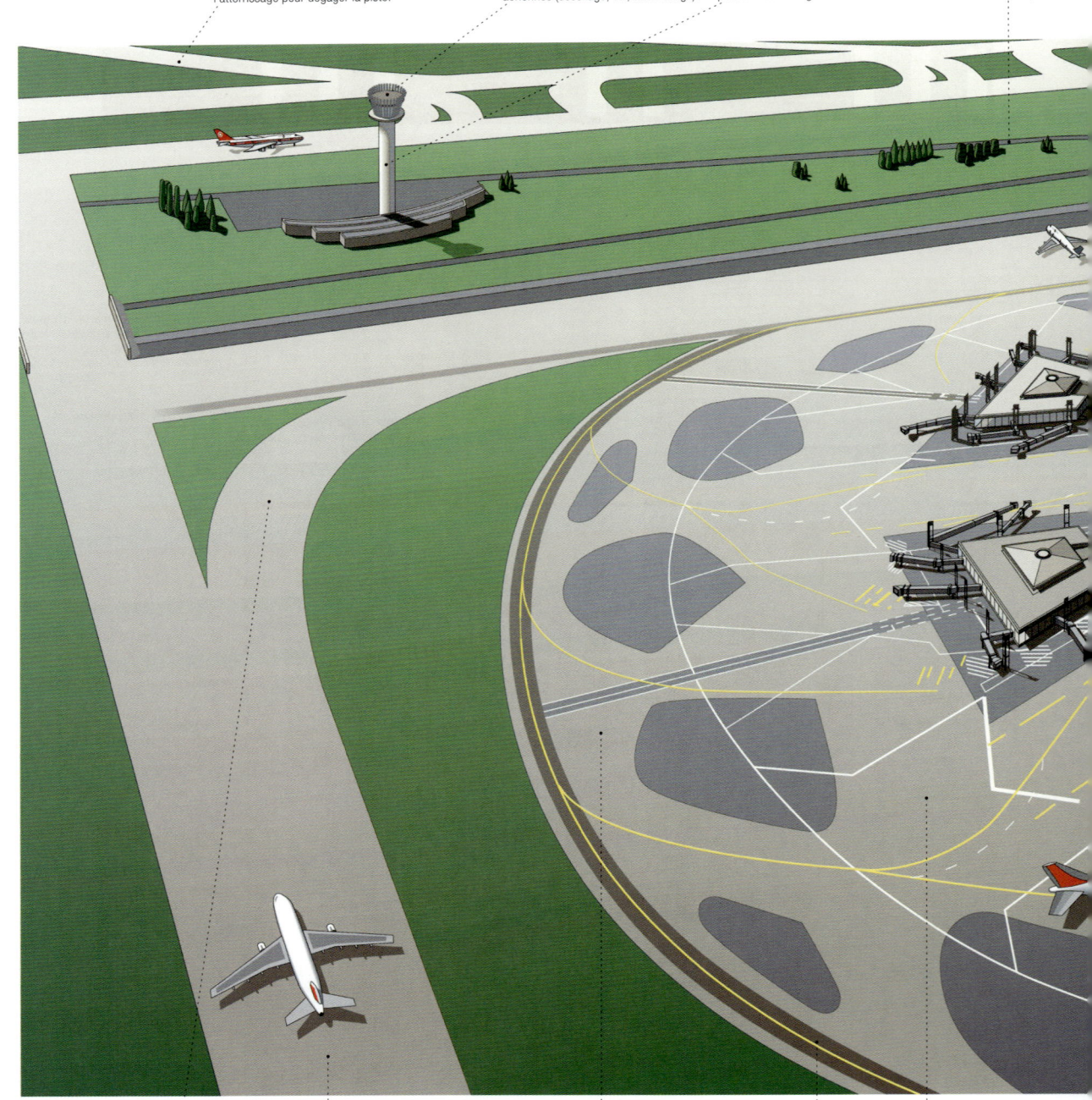

bretelle^F
Embranchement qui permet le virage vers la droite.

voie^F de circulation^F
Voie réservée aux avions pour gagner ou quitter l'aire de trafic.

aire^F de trafic^M
Voie réservée aux avions pour gagner ou quitter l'aire de manœuvre.

voie^F de service^M
Voie réservée à la circulation des véhicules de service aéroportuaire.

aire^F de manœuvre^F
Espace que traverse un avion pour gagner ou quitter un poste de stationnement.

transport aérien

aéroport^M

voie^F de circulation^F
Voie qu'empruntent les avions pour gagner ou quitter la piste de décollage ou d'atterrissage.

aérogare^F
Bâtiment où les passagers sont accueillis, où leurs bagages sont pris en charge ou récupérés et où les formalités de contrôle sont effectuées au départ et à l'arrivée.

hangar^M
Installation qui abrite le matériel d'entretien et de réparation des avions et qui peut recevoir un ou plusieurs aéronefs.

aire^F de stationnement^M
Aire où sont garés les avions entre les vols pour entretien ou révision.

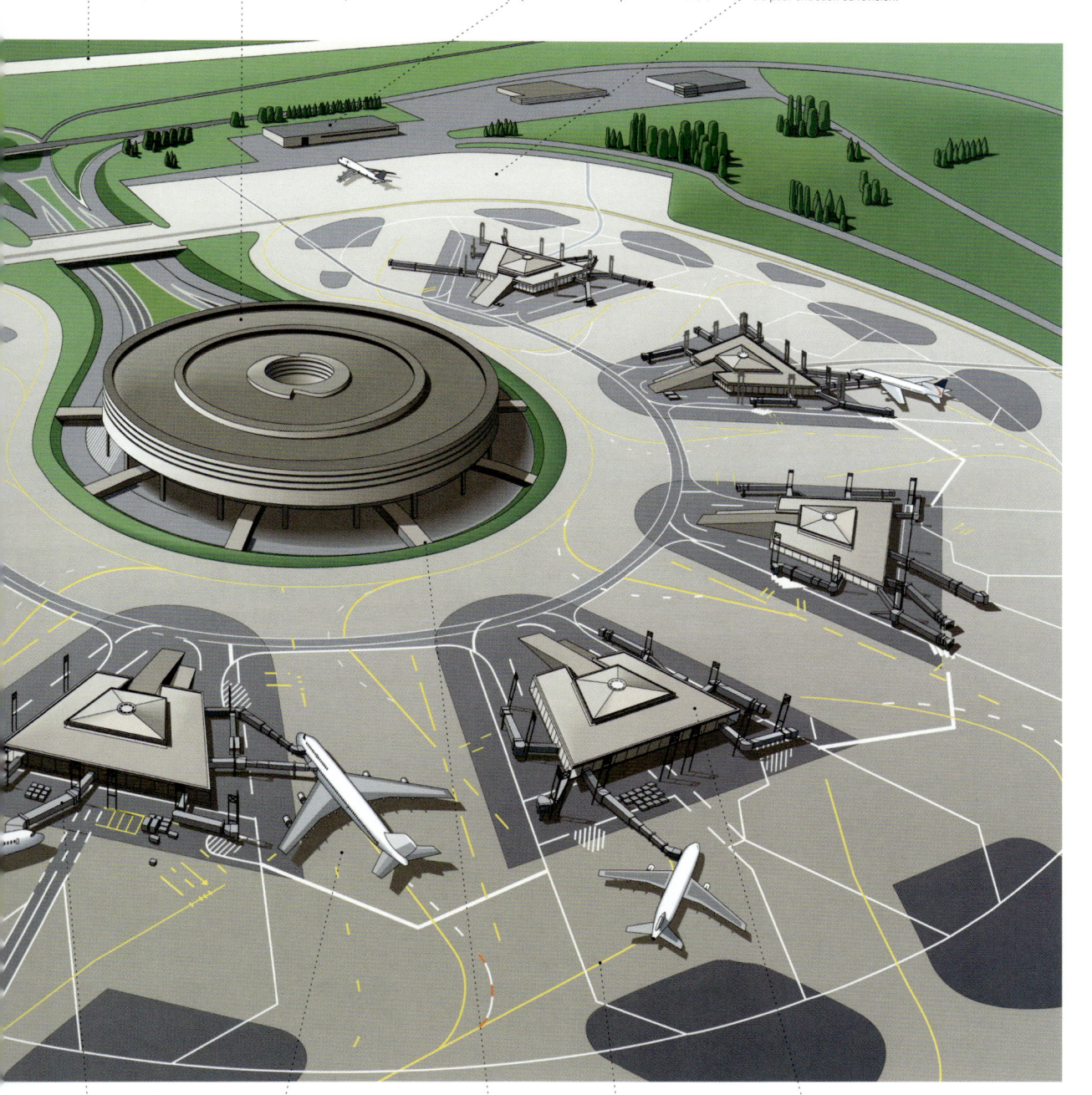

passerelle^M télescopique
Passerelle mobile qui permet l'accès direct de l'aérogare à l'avion.

aire^F de service^M
Espace autour d'un avion réservé aux véhicules de service et au personnel au sol intervenant au départ ou à l'arrivée d'un avion.

quai^M d'embarquement^M
Couloir souterrain permettant aux passagers de demeurer à l'abri entre l'aérogare principale et une aérogare satellite.

marque^F de circulation^F
Bande colorée tracée au sol pour indiquer aux avions le trajet à suivre sur l'aire de trafic ou de manœuvre.

aérogare^F satellite^M
Aérogare annexe servant à l'embarquement et au débarquement de passagers, reliée à l'aérogare principale par un couloir souterrain ou par des véhicules.

TRANSPORT ET MACHINERIE

transport aérien

aéroport^M

aérogare^F
Bâtiment où les passagers sont accueillis, où leurs bagages sont pris en charge ou récupérés et où les formalités de contrôle sont effectuées au départ et à l'arrivée.

borne^F d'enregistrement^M libre-service
Guichet permettant aux passagers d'imprimer eux-mêmes la carte d'embarquement et les étiquettes de bagages.

billetterie^F
Comptoir d'une compagnie aérienne ou d'une agence de voyages où l'on peut acheter un billet d'avion.

comptoir^M de renseignements^M
Comptoir où l'on se rend pour obtenir des informations relatives aux vols et aux correspondances avec d'autres moyens de transport.

zone^F de retrait^M des bagages^M
Zone où débouchent les tapis roulants et où les passagers peuvent récupérer leurs bagages.

porte^F automatique
Porte conçue pour s'ouvrir et se fermer automatiquement au passage d'une personne.

bureau^M de réservation^F de chambres^F d'hôtel^M
Bureau où l'on peut réserver une chambre d'hôtel à son arrivée à l'aérogare.

comptoir^M d'enregistrement^M
Comptoir où se tient un employé pour vérifier les billets, peser les bagages et délivrer les cartes d'embarquement aux passagers.

hall^M public
Vaste salle à l'entrée de l'aérogare, accessible aux voyageurs et aux personnes qui les accompagnent.

parc^M de stationnement^M ; stationnement^M
Parc aménagé pour y garer des véhicules.

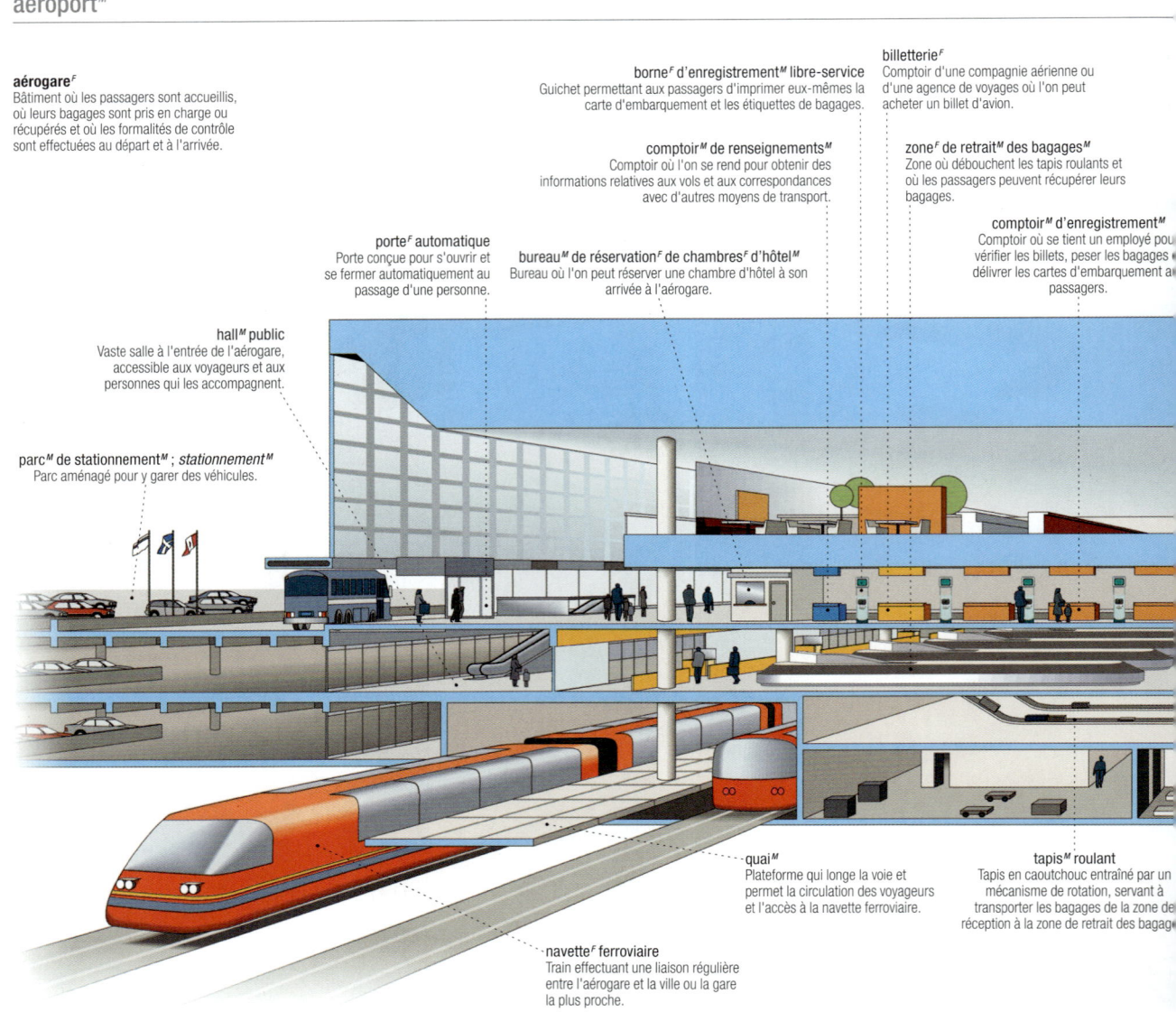

quai^M
Plateforme qui longe la voie et permet la circulation des voyageurs et l'accès à la navette ferroviaire.

tapis^M roulant
Tapis en caoutchouc entraîné par un mécanisme de rotation, servant à transporter les bagages de la zone de réception à la zone de retrait des bagages.

navette^F ferroviaire
Train effectuant une liaison régulière entre l'aérogare et la ville ou la gare la plus proche.

piste^F
Bande de terrain sur laquelle l'avion s'élance au décollage ou freine à l'atterrissage.

marque^F de point^M d'attente^F
Ligne indiquant l'emplacement où l'avion doit attendre l'autorisation de la tour de contrôle avant d'accéder à la piste pour décoller.

marques^F d'identification^F
Chiffre qui, multiplié par dix, donne l'orientation de la piste par rapport au nord magnétique.

marque^F d'axe^M de piste^F
Chacune des larges lignes blanches interrompues qui indiquent le milieu de la piste.

marques^F latérales de piste^F
Chacune des deux larges bandes blanches continues qui délimitent les bords de la piste.

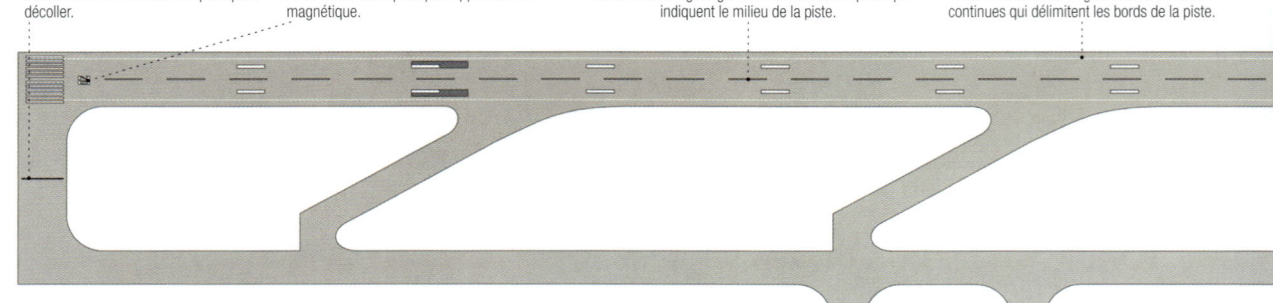

TRANSPORT ET MACHINERIE

transport aérien   743

aéroport^M

contrôle^M de sécurité^F
Passage obligatoire pour les voyageurs avant l'embarquement, où sont contrôlés les papiers d'identité et les bagages à main.

boutique^F hors taxe^F
Magasin situé près de la salle d'embarquement, où sont vendus des produits détaxés (parfum, alcool, maroquinerie, etc.).

terrasse^F
Plateforme accessible au public offrant une vue sur la piste et sur le hall des départs et des arrivées.

expédition^F du fret^M
Salle où les bagages et les marchandises sont contrôlés, triés et chargés sur des remorques tractées jusqu'à l'avion.

tableau^M d'affichage^M des vols^M
Tableau où sont affichés et mis à jour les horaires de départ et d'arrivée des avions ainsi que les numéros des portes d'embarquement.

contrôle^M des passeports^M
Guichet où les passagers doivent présenter leur passeport avant de pénétrer dans la salle d'embarquement ou de la quitter.

salle^F d'embarquement^M
Salle où patientent les passagers avant l'embarquement.

transbordeur^M
Véhicule pourvu d'une cabine à hauteur réglable, servant à transporter les passagers entre l'aérogare et l'avion.

contrôle^M douanier
Guichet où les passagers des vols internationaux présentent leur passeport à leur arrivée à l'aérogare et déclarent la marchandise importée.

réception^F du fret^M
Salle où les bagages et les marchandises débarqués de la soute sont déposés sur les tapis qui vont les mener à la zone de retrait des bagages.

sortie^F de piste^F
Chacune des voies reliant la piste à une voie de circulation, permettant aux avions qui atterrissent de quitter la piste le plus tôt possible.

marque^F d'aire^F de prise^F de contact^M
Paire de lignes tracées à chaque extrémité de la piste, qui signale la zone où les roues de l'avion doivent entrer en contact avec le sol à l'atterrissage.

marques^F de seuil^M de piste^F
Ensemble de lignes longitudinales tracées à chaque extrémité de la piste pour en signaler les limites.

marque^F de distance^F constante
Ensemble de lignes qui jalonnent la piste et dont l'écartement régulier permet au pilote d'évaluer les distances sur la piste.

TRANSPORT ET MACHINERIE

transport aérien

aéroport[M]

équipements[M] aéroportuaires
Ensemble du matériel servant à préparer un avion pour le prochain vol (nettoyage, vérification, plein de carburant, chargement, embarquement).

barre[F] de tractage[M]
Dispositif reliant le tracteur de piste au train avant de l'avion.

tracteur[M] de piste[F]
Véhicule très puissant qui tire ou pousse l'avion jusqu'à l'aire de manœuvre ou de stationnement.

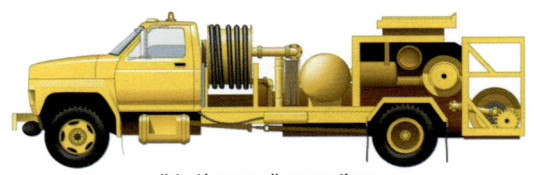

groupe[M] de démarrage[M] pneumatique
Véhicule équipé d'un dispositif d'alimentation pneumatique (compresseur d'air entraîné par une turbine à gaz), utilisé pour démarrer les réacteurs de l'avion.

camion[M] avitailleur
Camion qui pompe le carburant stocké dans des cuves souterraines pour remplir les réservoirs de l'avion.

groupe[M] électrogène
Véhicule équipé d'un transformateur qui fournit l'électricité nécessaire à l'avion lorsque son groupe auxiliaire est à l'arrêt.

groupe[M] de climatisation[F]
Camion équipé d'un dispositif qui assure le conditionnement de l'air (ventilation, refroidissement ou chauffage) lorsque le système de l'avion est à l'arrêt.

véhicule[M] de service[M] technique
Véhicule utilisé par le personnel d'entretien technique pour effectuer le travail sur un aéronef.

camion[M] vide-toilette[M]
Camion équipé pour la vidange et le nettoyage des toilettes de l'avion.

camion[M]-citerne[F] d'eau[F] potable
Camion servant à remplir les réservoirs d'eau potable de l'avion.

cale[F]
Objet qu'on place contre les roues du train d'atterrissage pour immobiliser l'avion au sol.

nacelle[F] élévatrice
Véhicule équipé d'une coque carénée, soulevée par un bras articulé, permettant aux techniciens d'accéder à des parties de l'avion hors d'atteinte.

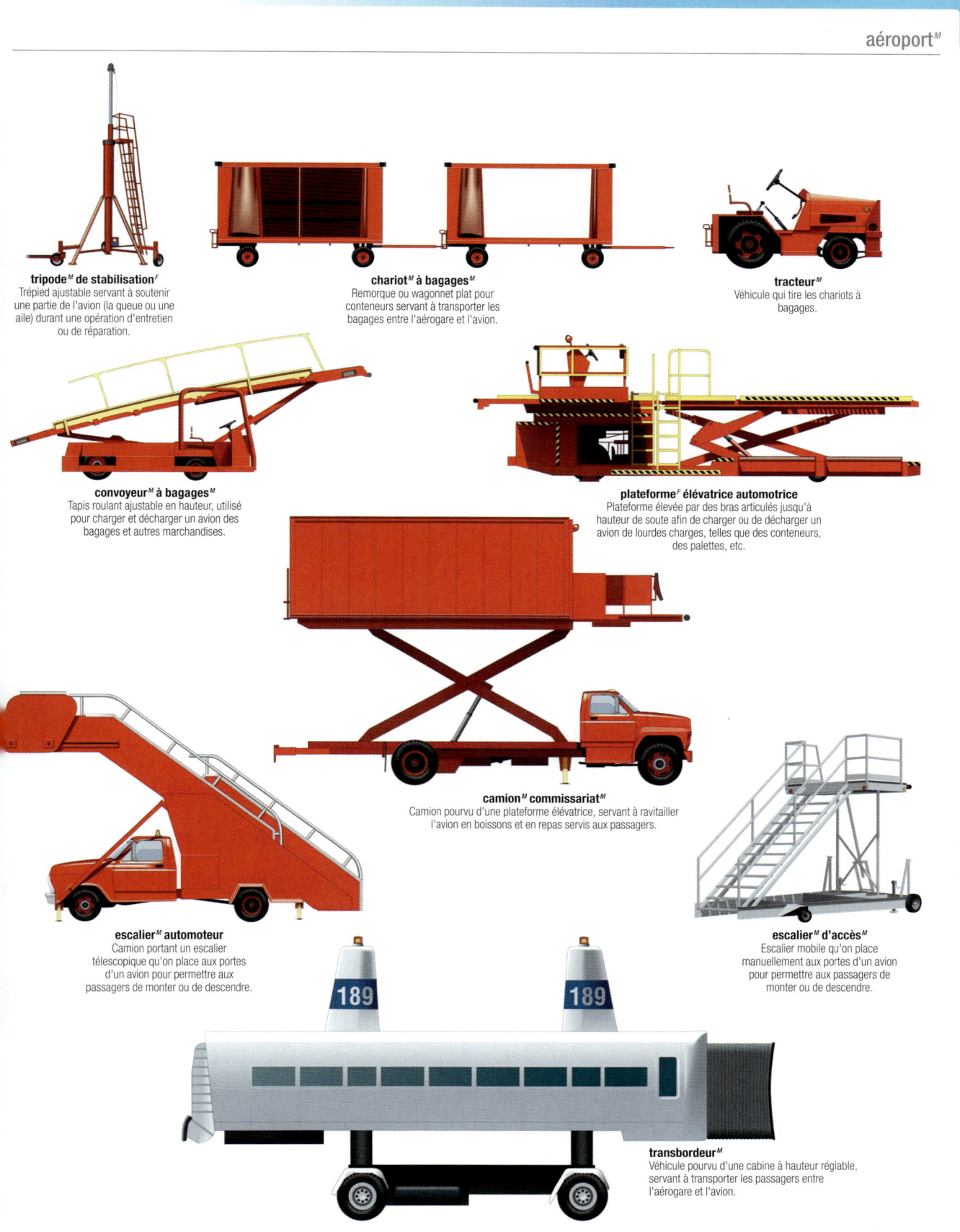

transport aérien

745

aéroport

tripode de stabilisation
Trépied ajustable servant à soutenir une partie de l'avion (la queue ou une aile) durant une opération d'entretien ou de réparation.

chariot à bagages
Remorque ou wagonnet plat pour conteneurs servant à transporter les bagages entre l'aérogare et l'avion.

tracteur
Véhicule qui tire les chariots à bagages.

convoyeur à bagages
Tapis roulant ajustable en hauteur, utilisé pour charger et décharger un avion des bagages et autres marchandises.

plateforme élévatrice automotrice
Plateforme élevée par des bras articulés jusqu'à hauteur de soute afin de charger ou de décharger un avion de lourdes charges, telles que des conteneurs, des palettes, etc.

camion commissariat
Camion pourvu d'une plateforme élévatrice, servant à ravitailler l'avion en boissons et en repas servis aux passagers.

escalier automoteur
Camion portant un escalier télescopique qu'on place aux portes d'un avion pour permettre aux passagers de monter ou de descendre.

escalier d'accès
Escalier mobile qu'on place manuellement aux portes d'un avion pour permettre aux passagers de monter ou de descendre.

transbordeur
Véhicule pourvu d'une cabine à hauteur réglable, servant à transporter les passagers entre l'aérogare et l'avion.

TRANSPORT ET MACHINERIE

avion^M long-courrier^M

Avion de transport de passagers et de marchandises, qui parcourt de très longues distances et vole à haute altitude (entre 10 000 et 12 000 m).

vue^F d'ensemble^M

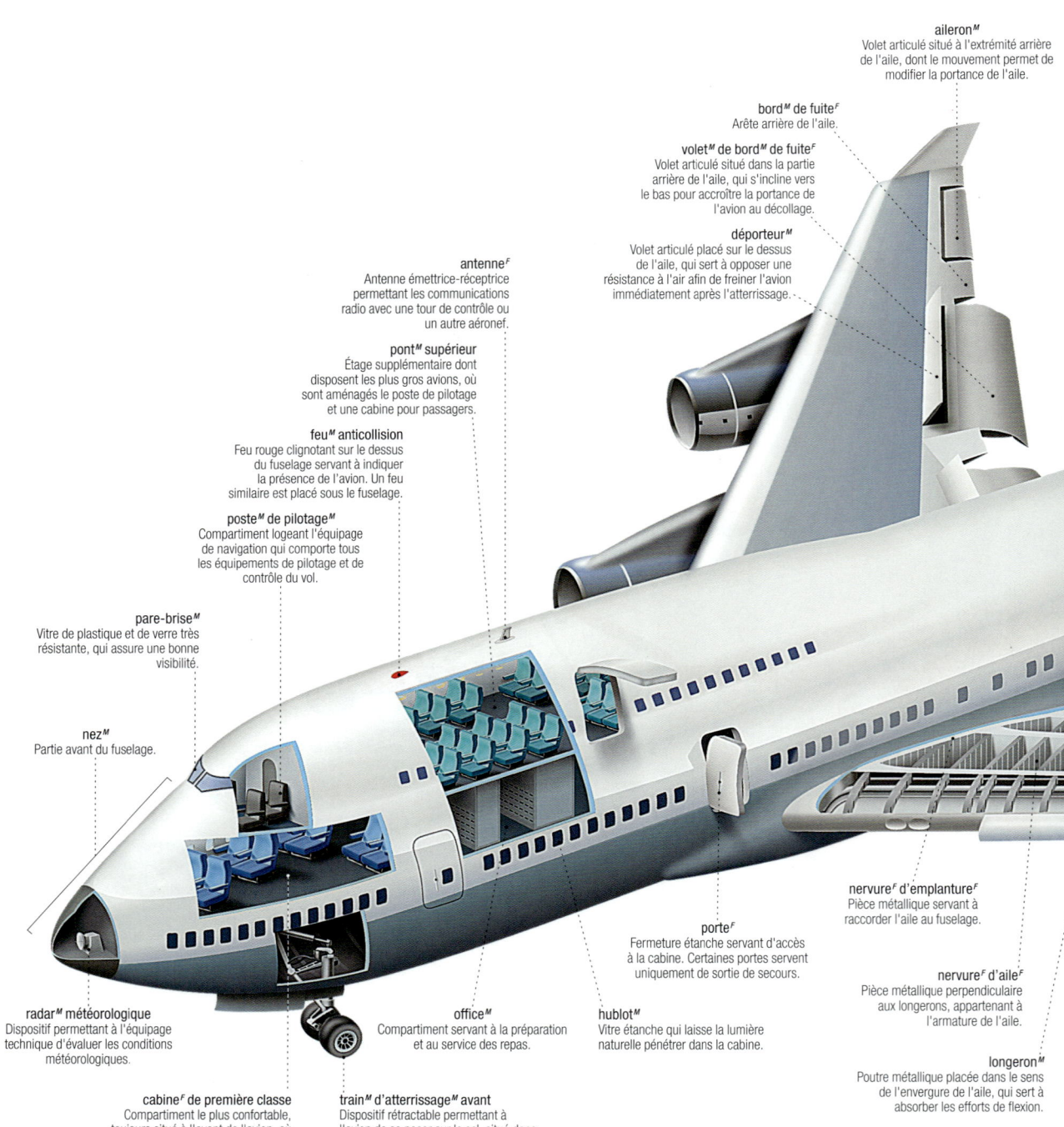

aileron^M
Volet articulé situé à l'extrémité arrière de l'aile, dont le mouvement permet de modifier la portance de l'aile.

bord^M de fuite^F
Arête arrière de l'aile.

volet^M de bord^M de fuite^F
Volet articulé situé dans la partie arrière de l'aile, qui s'incline vers le bas pour accroître la portance de l'avion au décollage.

déporteur^M
Volet articulé placé sur le dessus de l'aile, qui sert à opposer une résistance à l'air afin de freiner l'avion immédiatement après l'atterrissage.

antenne^F
Antenne émettrice-réceptrice permettant les communications radio avec une tour de contrôle ou un autre aéronef.

pont^M supérieur
Étage supplémentaire dont disposent les plus gros avions, où sont aménagés le poste de pilotage et une cabine pour passagers.

feu^M anticollision
Feu rouge clignotant sur le dessus du fuselage servant à indiquer la présence de l'avion. Un feu similaire est placé sous le fuselage.

poste^M de pilotage^M
Compartiment logeant l'équipage de navigation qui comporte tous les équipements de pilotage et de contrôle du vol.

pare-brise^M
Vitre de plastique et de verre très résistante, qui assure une bonne visibilité.

nez^M
Partie avant du fuselage.

nervure^F d'emplanture^F
Pièce métallique servant à raccorder l'aile au fuselage.

nervure^F d'aile^F
Pièce métallique perpendiculaire aux longerons, appartenant à l'armature de l'aile.

longeron^M
Poutre métallique placée dans le sens de l'envergure de l'aile, qui sert à absorber les efforts de flexion.

radar^M météorologique
Dispositif permettant à l'équipage technique d'évaluer les conditions météorologiques.

cabine^F de première classe
Compartiment le plus confortable, toujours situé à l'avant de l'avion, où les passagers jouissent d'un service particulier.

train^M d'atterrissage^M avant
Dispositif rétractable permettant à l'avion de se poser sur le sol, situé dans la partie antérieure de l'appareil.

office^M
Compartiment servant à la préparation et au service des repas.

porte^F
Fermeture étanche servant d'accès à la cabine. Certaines portes servent uniquement de sortie de secours.

hublot^M
Vitre étanche qui laisse la lumière naturelle pénétrer dans la cabine.

TRANSPORT ET MACHINERIE

transport aérien

transport aérien

avion^M long-courrier^M

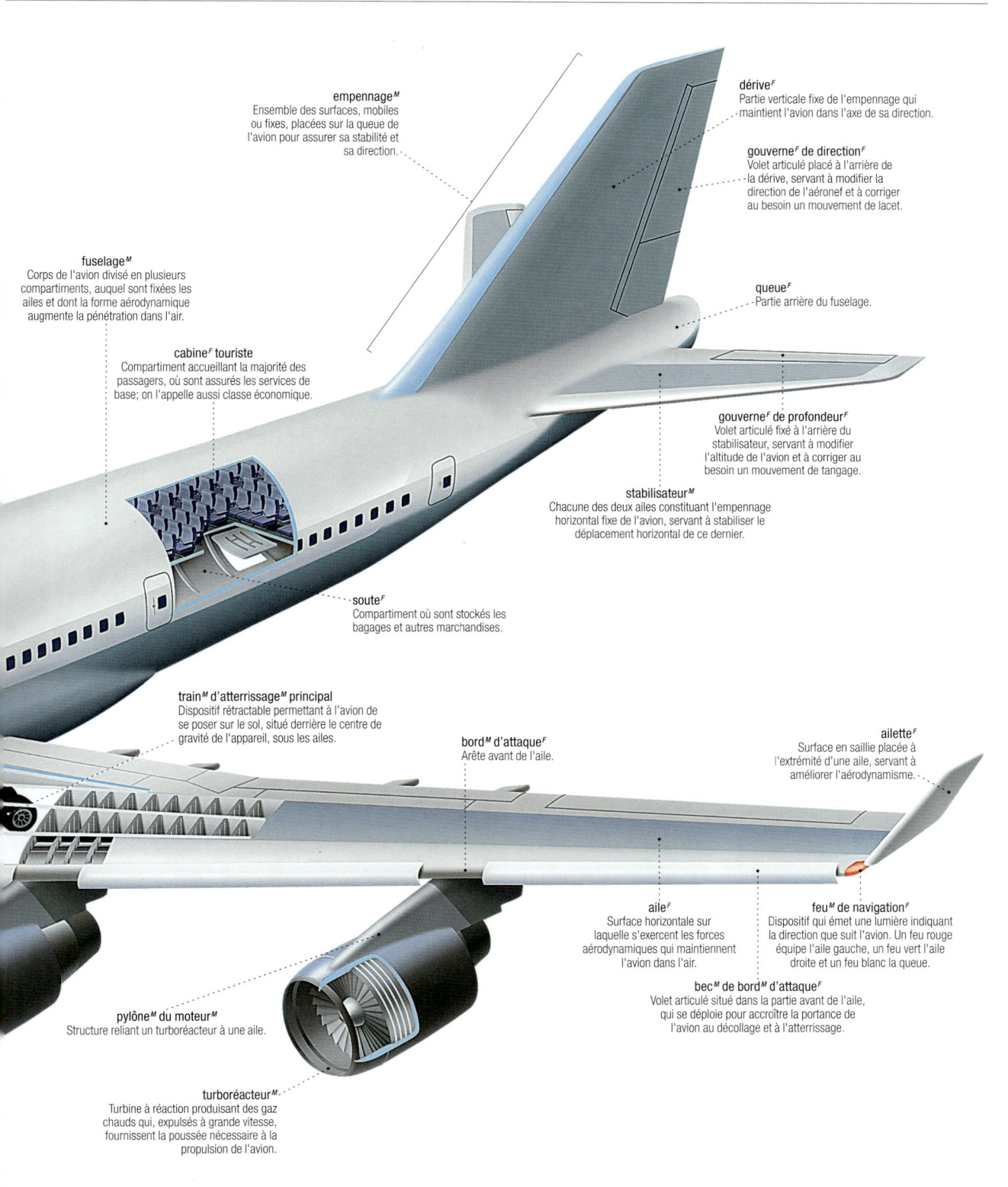

empennage^M
Ensemble des surfaces, mobiles ou fixes, placées sur la queue de l'avion pour assurer sa stabilité et sa direction.

dérive^F
Partie verticale fixe de l'empennage qui maintient l'avion dans l'axe de sa direction.

gouverne^F de direction^F
Volet articulé placé à l'arrière de la dérive, servant à modifier la direction de l'aéronef et à corriger au besoin un mouvement de lacet.

fuselage^M
Corps de l'avion divisé en plusieurs compartiments, auquel sont fixées les ailes et dont la forme aérodynamique augmente la pénétration dans l'air.

queue^F
Partie arrière du fuselage.

cabine^F touriste
Compartiment accueillant la majorité des passagers, où sont assurés les services de base; on l'appelle aussi classe économique.

gouverne^F de profondeur^F
Volet articulé fixé à l'arrière du stabilisateur, servant à modifier l'altitude de l'avion et à corriger au besoin un mouvement de tangage.

stabilisateur^M
Chacune des deux ailes constituant l'empennage horizontal fixe de l'avion, servant à stabiliser le déplacement horizontal de ce dernier.

soute^F
Compartiment où sont stockés les bagages et autres marchandises.

train^M d'atterrissage^M principal
Dispositif rétractable permettant à l'avion de se poser sur le sol, situé derrière le centre de gravité de l'appareil, sous les ailes.

bord^M d'attaque^F
Arête avant de l'aile.

ailette^F
Surface en saillie placée à l'extrémité d'une aile, servant à améliorer l'aérodynamisme.

aile^F
Surface horizontale sur laquelle s'exercent les forces aérodynamiques qui maintiennent l'avion dans l'air.

feu^M de navigation^F
Dispositif qui émet une lumière indiquant la direction que suit l'avion. Un feu rouge équipe l'aile gauche, un feu vert l'aile droite et un feu blanc la queue.

bec^M de bord^M d'attaque^F
Volet articulé situé dans la partie avant de l'aile, qui se déploie pour accroître la portance de l'avion au décollage et à l'atterrissage.

pylône^M du moteur^M
Structure reliant un turboréacteur à une aile.

turboréacteur^M
Turbine à réaction produisant des gaz chauds qui, expulsés à grande vitesse, fournissent la poussée nécessaire à la propulsion de l'avion.

TRANSPORT ET MACHINERIE

transport aérien

avion^M long-courrier^M

poste^M de pilotage^M
Compartiment où se tient le personnel de navigation qui dispose de tous les équipements de pilotage et de contrôle du vol.

commandes^F du pilote^M automatique
Ensemble des dispositifs permettant le pilotage et le maintien de la trajectoire de l'avion sans intervention de l'équipage.

haut-parleur^M
Appareil intégré qui reproduit les messages sonores, tels que des alarmes, destinés aux pilotes.

paramètres^M moteurs^M/alarmes^F
Écran qui permet de contrôler le fonctionnement des turboréacteurs et qui affiche les signaux d'alarme des systèmes défaillants.

levier^M du train^M d'atterrissage^M
Tige de commande servant à sortir ou à rentrer le train d'atterrissage.

éclairage^M
Dispositif diffusant de la lumière en direction d'une tablette sur laquelle chaque pilote pose ses cartes de navigation.

horizon^M de secours^M
Écran sur lequel est représentée la position de l'avion par rapport à l'horizon. Il sert en cas de défaillance de l'écran de pilotage.

pare-brise^M
Vitre de plastique et de verre très résistante, qui assure une bonne visibilité.

panneau^M de disjoncteurs^M
Panneau qui porte les interrupteurs servant à couper les circuits hydraulique, électrique et de carburant.

anémomètre^M de secours^M
Instrument servant à mesurer la vitesse de l'avion. Il sert en cas de défaillance de l'écran de pilotage.

altimètre^M de secours^M
Instrument servant à mesurer la distance de l'avion au sol. Il sert en cas de défaillance de l'écran de pilotage.

informations^F-navigation^F
Écran affichant la position de l'avion, le plan de vol et les conditions météorologiques.

informations^F-pilotage^M
Écran affichant les principaux paramètres nécessaires au pilotage (position de l'avion par rapport à l'horizon, vitesse, altitude et cap).

manche^M de commande^F
Organe de direction servant à incliner l'avion à droite ou à gauche et à le faire monter ou descendre.

volant^M de manche^M
Levier servant à actionner le manche de commande d'avant en arrière et de gauche à droite.

levier^M des aérofreins^M
Tige de commande servant à relever des volets placés sur les ailes afin de freiner l'avion immédiatement après l'atterrissage.

informations^F-systèmes^M de bord^M
Écran permettant de contrôler le fonctionnement des différents systèmes qui équipent l'avion (système de pressurisation, circuit électrique, hydraulique, etc.).

siège^M du commandant^M
Place de gauche occupée par le pilote responsable du vol et du personnel de bord.

siège^M du second-officier^M
Place de droite occupée par le pilote dont la fonction est de seconder le commandant.

manettes^F de poussée^F
Tiges de commande servant chacune à ajuster le régime de fonctionnement d'un réacteur et par conséquent sa poussée.

transpondeur^M
Appareil qui, couplé avec le pilote automatique, permet de régler la puissance des moteurs et de guider l'avion sur sa trajectoire.

panneaux^M de commandes^F radio^F
Panneaux permettant de sélectionner les fréquences radio sur lesquelles les pilotes veulent émettre ou recevoir.

pupitre^M de commande^F
Élément situé entre les deux sièges, qui sert de support à une partie des instruments de bord.

levier^M des volets^M
Tige de commande servant à actionner les becs de bord d'attaque et les volets de bord de fuite.

robinets^M de carburant^M
Boutons servant à ouvrir ou à fermer l'alimentation en carburant de chaque moteur.

ordinateur^M des données^F aérodynamiques
Appareil qui calcule les paramètres de vol (vitesse, altitude, etc.).

TRANSPORT ET MACHINERIE

transport aérien

avion^M long-courrier^M

stators^M intérieurs
Ensemble d'aubes fixes servant à redresser le flux d'air dévié lors de son passage dans les aubes du compresseur axial.

stators^M extérieurs
Ensemble d'aubes fixes servant à redresser le flux d'air dévié lors de son passage dans la soufflante.

soufflante^F
Sorte d'hélice qui aspire de l'air dans le turboréacteur.

arbre^M turbine^F-compresseur^M
Axe permettant de transmettre la rotation des turbines aux compresseurs.

diffuseur^M tubulaire
Conduit pourvu de plusieurs orifices de sortie, reliant le compresseur centrifuge et la chambre de combustion; il sert à orienter le flux et à ralentir l'air pour en augmenter la pression.

chambre^F de combustion^F annulaire
Enceinte qui comporte deux cylindres concentriques entourant l'arbre turbine-compresseur et où se produit la combustion.

canal^M de dérivation^F
Canal conduisant une partie du flux d'air aspiré par la soufflante qui contribue à la poussée du moteur.

turboréacteur^M à double flux^M
Moteur à réaction muni d'une soufflante et traversé par deux flux d'air : l'un passe par la chambre de combustion, l'autre la contourne.

aubage^M directeur de sortie^F
Pièce profilée servant à redresser les gaz d'échappement.

cône^M d'entrée^F
Pièce placée sur l'axe central de la soufflante, qui, par sa forme, conditionne le bon écoulement de l'air.

compresseur^M axial
Organe du moteur dans lequel l'air est comprimé puissamment par une série d'aubes pour accroître le rendement du réacteur et contribuer à diminuer la consommation de carburant.

point^M d'attache^F
Élément permettant de fixer le turboréacteur à l'avion.

relais^M d'accessoires^M
Dispositif servant à entraîner les différents accessoires, tels que l'alternateur, la pompe hydraulique, la pompe à carburant et la pompe à huile.

compresseur^M centrifuge
Organe du moteur qui utilise la force centrifuge pour comprimer l'air et l'acheminer à grande vitesse à la chambre de combustion par le diffuseur tubulaire.

régulateur^M de carburant^M
Dispositif servant à doser le débit de carburant injecté dans la chambre de combustion.

turbine^F du compresseur^M
Turbine actionnée par les gaz issus de la chambre de combustion, servant à entraîner le compresseur centrifuge et les accessoires.

turbine^F motrice
Turbine indépendante de la turbine du compresseur, actionnée par les gaz issus de la chambre de combustion, servant à entraîner le compresseur axial et la soufflante.

boîte^F d'allumage^M
Dispositif qui produit des impulsions électriques destinées à alimenter le système qui déclenche la combustion.

tuyère^F d'échappement^M
Ouverture par laquelle les gaz d'échappement sont évacués. La tuyère est généralement conique afin de concentrer les gaz et d'améliorer la poussée.

phases^F de fonctionnement^M
Quatre étapes principales permettant au turboréacteur de fournir la poussée nécessaire à la propulsion de l'avion.

admission^F d'air^M
Phase durant laquelle la soufflante aspire l'air dans le turboréacteur.

compression^F
Phase au cours de laquelle une partie de l'air qui traverse le turboréacteur est comprimée avant d'être acheminée dans la chambre de combustion.

combustion^F
Phase au cours de laquelle l'air comprimé pénètre dans la chambre de combustion où il est mélangé à du carburant, puis enflammé.

échappement^M
Phase au cours de laquelle l'air se dilate et provoque une poussée permettant d'actionner les turbines et de propulser le turboréacteur.

TRANSPORT ET MACHINERIE

749

transport aérien

exemples^M d'avions^M

Depuis le premier avion, Éole, en 1890, la forme des avions évolue constamment grâce aux progrès des connaissances en aéronautique et à l'augmentation de la puissance des moteurs.

hydravion^M à flotteurs^M
Avion conçu pour décoller de la surface d'un plan d'eau et pour s'y poser.

hélice^F tripale
Appareil de traction constitué de trois pales disposées autour d'un arbre actionné par un moteur.

aile^F haute
Aile fixée sur le dessus du fuselage.

aile^F supérieure
Aile fixée au-dessus du fuselage.

biplan^M
Avion dont les ailes se présentent sous forme de deux plans parallèles superposés.

flotteur^M
Chacune des pièces flottantes de forme allongée, fixées par paire sous le fuselage pour permettre à l'hydravion de se poser et de se déplacer sur l'eau.

voilure^F
Ensemble des surfaces (ailes) sur lesquelles s'exercent les forces aérodynamiques qui portent l'avion.

avion^M léger
Avion généralement monomoteur à deux ou quatre places, qui croise entre 150 et 250 km/h et qu'on utilise pour parcourir de courtes distances ou pour le loisir.

aile^F inférieure
Aile fixée à la partie inférieure du fuselage.

hauban^M
Élément rigide ou souple destiné à renforcer la voilure d'un avion en reliant les ailes au fuselage ou en reliant entre elles les ailes d'un biplan.

câble^M de l'antenne^F haute fréquence^F
Câble qui permet les communications radio de l'aéronef.

avion^M d'affaires^F
Avion qui dispose d'un nombre de places limité, généralement utilisé par les dirigeants d'entreprises pour leurs voyages d'affaires.

hélice^F bipale
Appareil de traction constitué de deux pales disposées autour d'un arbre actionné par un moteur.

verrière^F
Surface vitrée fermant l'habitacle.

avion^M à décollage^M et atterrissage^M verticaux
Avion, généralement de combat, capable de se déplacer à la verticale pour décoller et atterrir sur des pistes très courtes.

ailette^F
Surface en saillie placée à l'extrémité d'une aile, servant à améliorer l'aérodynamisme.

avion^M-citerne^F amphibie
Avion utilisé dans la lutte contre les incendies de forêt et pourvu de réservoirs d'eau de grande capacité.

tuyère^F orientable
Tuyère orientable vers le bas, permettant d'accroître la poussée verticale du réacteur lors des atterrissages et des décollages verticaux.

hélice^F tripale
Appareil de traction constitué de trois pales disposées autour d'un arbre actionné par un moteur.

compartiment^M de réservoirs^M d'eau^F
Le compartiment est pourvu d'une trappe permettant de remplir les réservoirs en rasant la surface d'un plan d'eau et de les vider en vol.

flotteur^M
Pièce flottante évitant à l'avion basculer dans l'eau pendant le remplissage.

TRANSPORT ET MACHINERIE

transport aérien   751

exemples d'avions

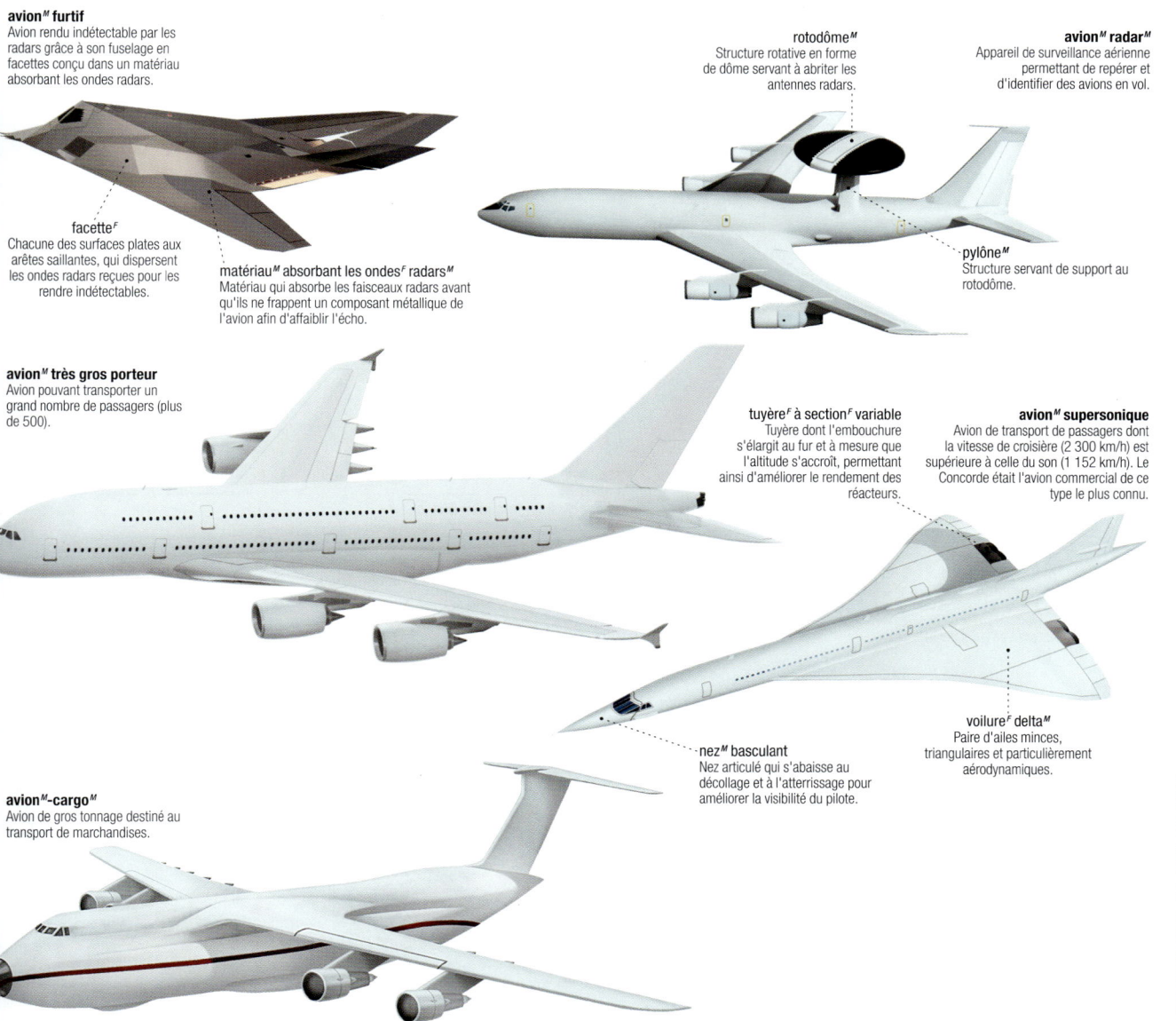

avion furtif
Avion rendu indétectable par les radars grâce à son fuselage en facettes conçu dans un matériau absorbant les ondes radars.

rotodôme
Structure rotative en forme de dôme servant à abriter les antennes radars.

avion radar
Appareil de surveillance aérienne permettant de repérer et d'identifier des avions en vol.

facette
Chacune des surfaces plates aux arêtes saillantes, qui dispersent les ondes radars reçues pour les rendre indétectables.

matériau absorbant les ondes radars
Matériau qui absorbe les faisceaux radars avant qu'ils ne frappent un composant métallique de l'avion afin d'affaiblir l'écho.

pylône
Structure servant de support au rotodôme.

avion très gros porteur
Avion pouvant transporter un grand nombre de passagers (plus de 500).

tuyère à section variable
Tuyère dont l'embouchure s'élargit au fur et à mesure que l'altitude s'accroît, permettant ainsi d'améliorer le rendement des réacteurs.

avion supersonique
Avion de transport de passagers dont la vitesse de croisière (2 300 km/h) est supérieure à celle du son (1 152 km/h). Le Concorde était l'avion commercial de ce type le plus connu.

nez basculant
Nez articulé qui s'abaisse au décollage et à l'atterrissage pour améliorer la visibilité du pilote.

voilure delta
Paire d'ailes minces, triangulaires et particulièrement aérodynamiques.

avion-cargo
Avion de gros tonnage destiné au transport de marchandises.

exemples d'empennages

Empennage : ensemble des surfaces, mobiles ou fixes, placées sur la queue de l'avion pour assurer en la stabilité et la direction.

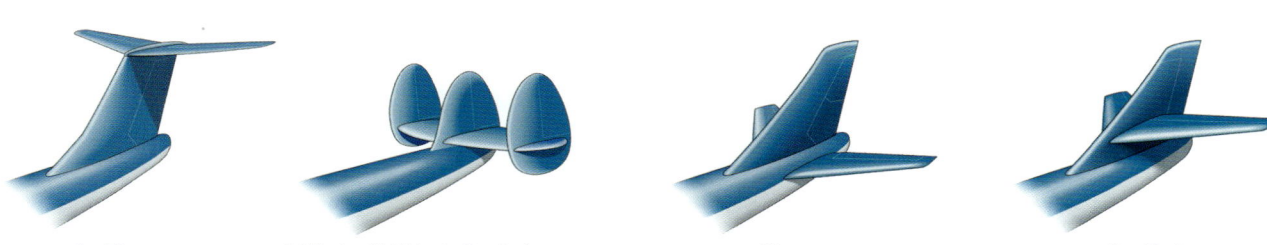

empennage en T
Empennage comportant deux éléments horizontaux fixés au sommet d'un élément vertical.

stabilisateur à triple plan vertical
Empennage comportant trois éléments verticaux fixés sur un élément horizontal.

empennage bas
Empennage comportant deux éléments horizontaux fixés sur la queue.

empennage surélevé
Empennage comportant deux éléments horizontaux fixés au milieu d'un élément vertical.

TRANSPORT ET MACHINERIE

exemples de voilures

Voilure : ensemble des surfaces (ailes) sur lesquelles s'exercent les forces aérodynamiques qui portent l'avion. D'une époque à l'autre et selon le type d'avion, la forme et la position des ailes par rapport au fuselage varient.

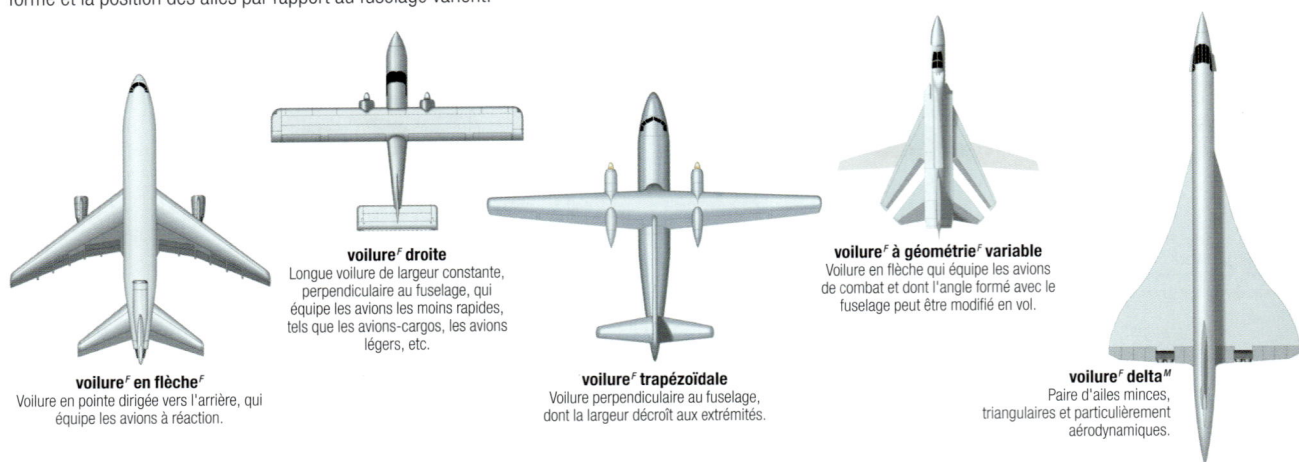

voilure en flèche
Voilure en pointe dirigée vers l'arrière, qui équipe les avions à réaction.

voilure droite
Longue voilure de largeur constante, perpendiculaire au fuselage, qui équipe les avions les moins rapides, tels que les avions-cargos, les avions légers, etc.

voilure trapézoïdale
Voilure perpendiculaire au fuselage, dont la largeur décroît aux extrémités.

voilure à géométrie variable
Voilure en flèche qui équipe les avions de combat et dont l'angle formé avec le fuselage peut être modifié en vol.

voilure delta
Paire d'ailes minces, triangulaires et particulièrement aérodynamiques.

mouvements de l'avion

Modifications que subissent la direction et la position de l'avion durant son vol et qu'il faut savoir corriger.

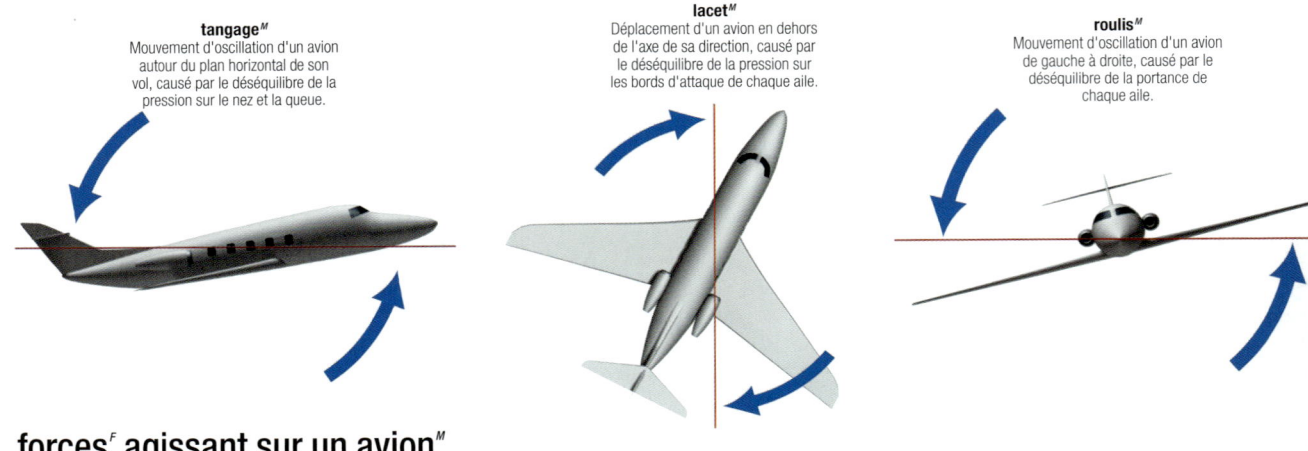

tangage
Mouvement d'oscillation d'un avion autour du plan horizontal de son vol, causé par le déséquilibre de la pression sur le nez et la queue.

lacet
Déplacement d'un avion en dehors de l'axe de sa direction, causé par le déséquilibre de la pression sur les bords d'attaque de chaque aile.

roulis
Mouvement d'oscillation d'un avion de gauche à droite, causé par le déséquilibre de la portance de chaque aile.

forces agissant sur un avion

Phénomènes physiques qui exercent une influence sur le déplacement de l'avion en vol.

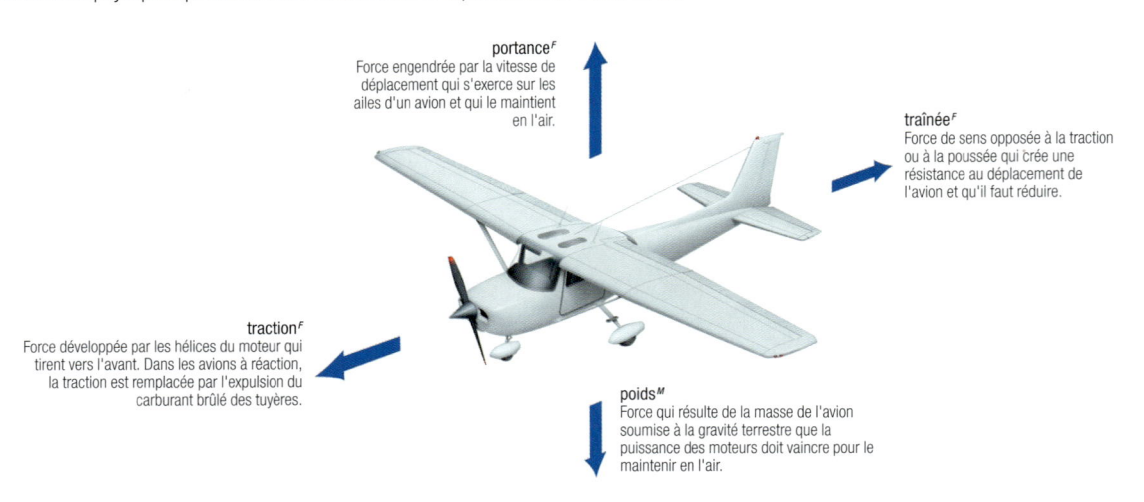

portance
Force engendrée par la vitesse de déplacement qui s'exerce sur les ailes d'un avion et qui le maintient en l'air.

traînée
Force de sens opposée à la traction ou à la poussée qui crée une résistance au déplacement de l'avion et qu'il faut réduire.

traction
Force développée par les hélices du moteur qui tirent vers l'avant. Dans les avions à réaction, la traction est remplacée par l'expulsion du carburant brûlé des tuyères.

poids
Force qui résulte de la masse de l'avion soumise à la gravité terrestre que la puissance des moteurs doit vaincre pour le maintenir en l'air.

transport aérien

hélicoptère[M]

Aéronef dont l'élément porteur et propulseur est un rotor à axe vertical.

pale[F] de rotor[M]
Chacune des pièces allongées et profilées du rotor principal, qui, selon leur orientation, soulèvent et propulsent l'hélicoptère.

moyeu[M] rotor[M]
Pièce centrale de la tête de rotor, qui assure la liaison entre l'arbre moteur et les pales.

arbre[M] moteur[M]
Pièce entraînée par le moteur dont elle transforme l'énergie en mouvement de rotation afin de le transmettre au moyeu.

manchon[M]
Partie du moyeu sur laquelle est fixée chaque pale.

tuyère[F]
Ouverture par laquelle les gaz d'échappement sont évacués.

feu[M] de position[F]
Dispositif lumineux visible à grande distance, servant à signaler la présence de l'hélicoptère.

dérive[F]
Plan vertical fixe monté sur la poutre de queue pour maintenir l'hélicoptère dans son axe de direction.

rotor[M] anticouple
Rotor à axe horizontal qui empêche l'hélicoptère de tourner sur lui-même sous l'effet du rotor principal.

béquille[F]
Support fixé à l'arrière de la poutre de queue afin de protéger cette poutre et le rotor anticouple en cas d'atterrissage trop cabré.

stabilisateur[M]
Chacun des deux plans horizontaux fixes montés sur la poutre de queue pour stabiliser le déplacement horizontal de l'hélicoptère.

tête[F] de rotor[M]
Ensemble mécanique tournant qui transmet aux pales la puissance et l'orientation nécessaires.

poutre[F] de queue[F]
Partie allongée de la structure de l'hélicoptère qui contient un arbre de transmission et soutient le rotor arrière, la dérive et les stabilisateurs.

poste[M] de pilotage[M]
Compartiment logeant le pilote où sont rassemblés tous les équipements de pilotage et de contrôle du vol.

entrée[F] d'air[M]
Orifice par lequel est admis l'air qui alimente le moteur de l'hélicoptère.

soute[F] à bagages[M]
Compartiment où sont entreposés les bagages.

antenne[F]
Antenne émettrice-réceptrice permettant les communications radio avec une tour de contrôle ou un autre aéronef.

réservoir[M] à carburant[M]
Réservoir contenant le carburant assurant l'autonomie de l'hélicoptère.

manche[M] à balai[M]
Levier de commande servant à changer l'inclinaison du rotor pour diriger l'hélicoptère dans la direction voulue.

patin[M]
Chacun des deux tubes cylindriques sur lesquels se pose l'hélicoptère à l'atterrissage ou au repos.

cabine[F]
Compartiment où sont logés les passagers.

hublot[M] d'atterrissage[M]
Fenêtre placée aux pieds du pilote pour lui permettre de voir le sol à l'atterrissage.

phare[M] d'atterrissage[M]
Dispositif émettant un faisceau lumineux vers le sol, utilisé de nuit pour guider l'hélicoptère lors de l'atterrissage.

marchepied[M]
Marche fixée au fuselage, servant à accéder à l'hélicoptère.

exemples[M] d'hélicoptères[M]

Grâce à leur capacité à décoller et atterrir à la verticale, les hélicoptères se révèlent plus efficaces que les avions dans certaines situations.

hélicoptère[M] de transport[M] tactique
Hélicoptère militaire armé, conçu pour le transport de troupes militaires, de petits véhicules de combat, de matériels divers, etc.

hélicoptère[M] bombardier[M] d'eau[F]
Hélicoptère pourvu d'un réservoir d'eau, utilisé dans la lutte contre les incendies de forêt.

réservoir[M] ventral
Réservoir rempli d'eau grâce à un long tuyau suspendu sous l'appareil et pourvu d'une trappe permettant de le vider en vol.

hélicoptère[M]-ambulance[F]
Hélicoptère conçu pour le transport de malades ou de blessés avec assistance médicale.

TRANSPORT ET MACHINERIE

équipement[M] usuel

Ensemble du matériel et des appareils utilisés pour le déplacement et l'empilage de marchandises dans un magasin ou un entrepôt.

chariot[M] élévateur
Chariot motorisé permettant de soulever et de déplacer des palettes pour les empiler ou les charger dans un camion.

mât[M]
Chacun des deux montants le long desquels le tablier glisse grâce à un système hydraulique.

toit[M] de protection[F]
Armature métallique protégeant la cabine et le conducteur des chutes accidentelles de marchandise.

tête[F] du vérin[M] de levage[M]
Poulie supérieure du vérin hydraulique permettant de soulever ou de baisser le tablier.

chaîne[F] de levage[M]
Chaîne conçue pour soulever ou abaisser le tablier le long des mâts.

levier[M] de manœuvre[F] du mât[M]
Levier que le conducteur actionne pour faire monter ou descendre le tablier le long des mâts.

système[M] hydraulique
Dispositif utilisant la pression d'un fluide pour actionner le tablier.

tablier[M]
Élément sur lequel sont fixés les bras de fourche et qui s'élève ou s'abaisse le long des mâts.

moteur[M]
Moteur électrique ou à explosion fournissant l'énergie nécessaire pour déplacer le chariot et mouvoir la fourche.

bras[M] de fourche[F]
Chacune des pièces coudées fixées au tablier, parfaitement symétriques et qui forment la fourche.

châssis[M]
Structure métallique du chariot élévateur.

fourche[F]
Ensemble formé par des bras, qui s'introduit dans les entrées d'une palette pour la soulever.

palettes[F]
Plateaux de chargement, généralement en bois, conçus pour laisser passer les fourches d'un chariot ou d'un gerbeur afin de manipuler des marchandises.

palette[F] à ailes[F]
Palette dont le ou les planchers débordent sur deux extrémités opposées.

plancher[M] supérieur
Surface plane horizontale, à éléments jointifs ou à claire-voie, sur laquelle repose la marchandise.

entrée[F]
Espace permettant l'introduction des bras de fourche entre les planchers.

entretoise[F]
Pièce d'écartement et de soutien réunissant les planchers tout en créant un espace suffisant pour le passage des bras de fourche.

palette[F]-caisse[F]
Palette comportant trois ou quatre parois verticales, utilisée pour la manutention de marchandises en vrac.

plancher[M] inférieur
Surface horizontale, pleine ou à claire-voie, fixée à l'entretoise et reposant sur le sol.

palette[F] à double face[F]
Palette parfois réversible, comportant un plancher supérieur et un plancher inférieur.

paroi[F]
Surface verticale pleine ou à claire-voie, repliable ou démontable, qui maintient en place la marchandise et résiste à la charge verticale lors de l'empilage.

palette[F] à simple face[F]
Palette non réversible comportant un seul plancher.

palette[F]
Partie qui supporte la charge, sert d'appui au sol et permet la manutention grâce à des appareils de levage.

support[M]
Pièce de soutien placée sous le plancher, servant à créer un espace suffisant pour le passage des bras de fourche.

demi-panneau[M]
Demi-paroi, parfois amovible, permettant de faciliter le chargement et le déchargement du contenu de la palette.

manutention 755

équipement^M usuel

gerbeur^M
Chariot muni d'une fourche qui permet d'empiler des charges à hauteur variable.

mât^M
Chacun des deux montants le long desquels le tablier glisse grâce à un système hydraulique.

diable^M
Petit chariot à bras muni d'une bavette qu'on glisse sous une charge pour la faire basculer contre le chariot, puis la déplacer.

levier^M de conduite^F
Grand levier relié à l'essieu directeur, qui permet au manutentionnaire d'orienter le déplacement du gerbeur.

vérin^M hydraulique
Dispositif utilisant la pression d'un fluide pour actionner le tablier.

levier^M de manœuvre^F du mât^M
Levier que le conducteur actionne pour faire monter ou descendre le tablier le long des mâts.

fourche^F
Ensemble formé par des bras, qui s'introduit dans les entrées d'une palette pour la soulever.

châssis^M
Structure métallique qui supporte les organes du gerbeur.

bandage^M de roue^F caoutchoutée
Organe circulaire fixé autour de la roue, qui absorbe les irrégularités du sol.

essieu^M directeur
Pièce orientable supportant deux roues, permettant au manutentionnaire de déplacer le gerbeur dans toutes les directions.

longeron^M stabilisateur
Pièce longitudinale placée parallèlement à la fourche, qui sert à équilibrer le gerbeur lorsqu'il soulève une charge et à éviter le basculement.

roulette^F
Organe circulaire tournant autour d'un axe, destiné à supporter une partie du poids du véhicule pour le stabiliser.

transpalette^F manuelle
Chariot à bras muni d'une fourche et d'un système hydraulique qui permet de soulever légèrement une palette pour la déplacer.

chariot^M à palette^F
Chariot à bras muni d'un cadre métallique abaissable, permettant de soulever légèrement et de déplacer une charge posée sur une plateforme.

chariot^M à plateau^M
Chariot à bras composé d'un cadre qui supporte un plancher sur lequel est posée la charge à déplacer.

TRANSPORT ET MACHINERIE

manutention

grues[F] et portique[M]

Appareils de levage permettant de soulever et de déplacer de très lourdes charges.

grue[F] à tour[F]
Grue utilisée sur les chantiers de construction, munie d'une flèche, généralement horizontale, montée au sommet d'une tour.

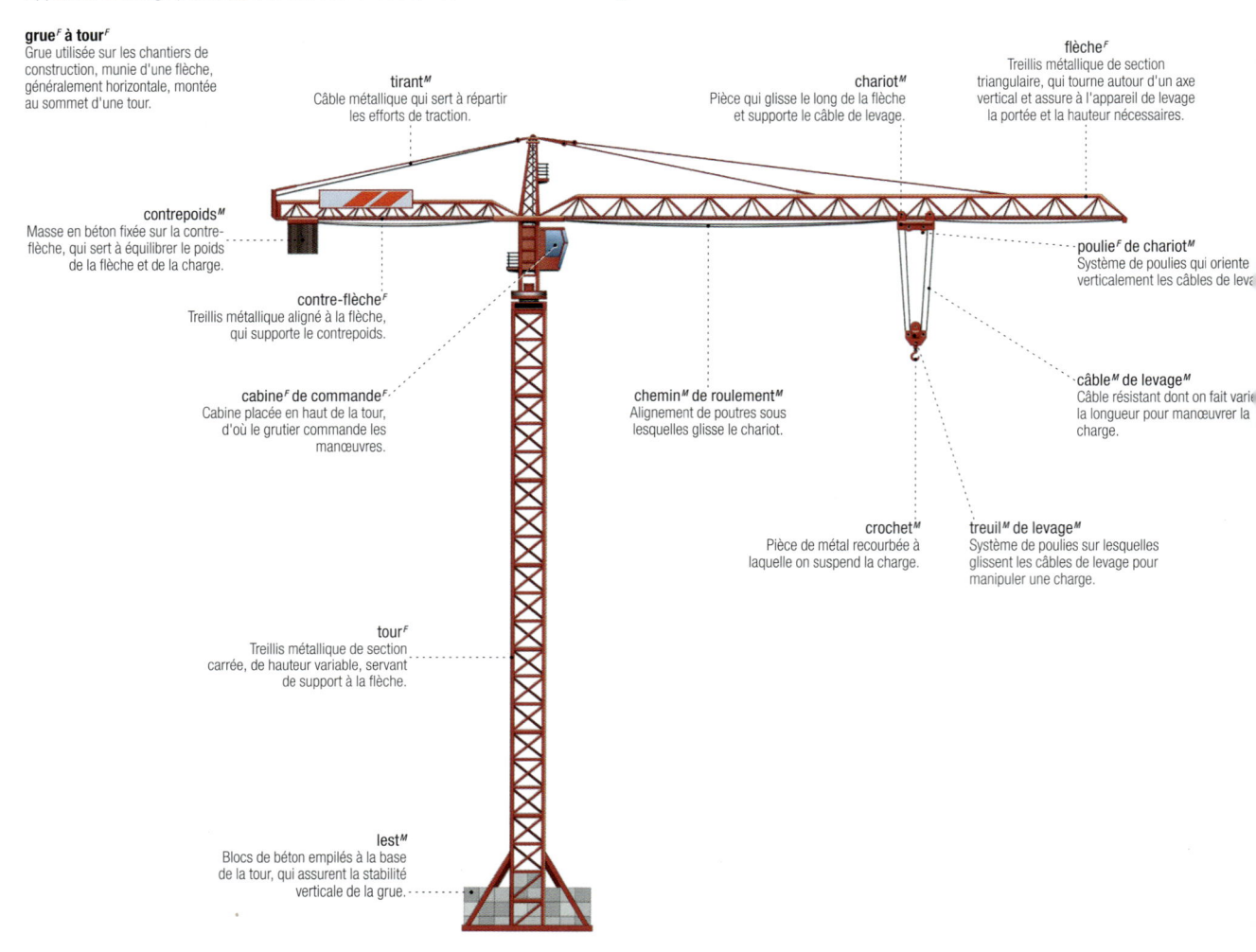

tirant[M]
Câble métallique qui sert à répartir les efforts de traction.

chariot[M]
Pièce qui glisse le long de la flèche et supporte le câble de levage.

flèche[F]
Treillis métallique de section triangulaire, qui tourne autour d'un axe vertical et assure à l'appareil de levage la portée et la hauteur nécessaires.

contrepoids[M]
Masse en béton fixée sur la contre-flèche, qui sert à équilibrer le poids de la flèche et de la charge.

poulie[F] de chariot[M]
Système de poulies qui oriente verticalement les câbles de levage.

contre-flèche[F]
Treillis métallique aligné à la flèche, qui supporte le contrepoids.

cabine[F] de commande[F]
Cabine placée en haut de la tour, d'où le grutier commande les manœuvres.

chemin[M] de roulement[M]
Alignement de poutres sous lesquelles glisse le chariot.

câble[M] de levage[M]
Câble résistant dont on fait varier la longueur pour manœuvrer la charge.

crochet[M]
Pièce de métal recourbée à laquelle on suspend la charge.

treuil[M] de levage[M]
Système de poulies sur lesquelles glissent les câbles de levage pour manipuler une charge.

tour[F]
Treillis métallique de section carrée, de hauteur variable, servant de support à la flèche.

lest[M]
Blocs de béton empilés à la base de la tour, qui assurent la stabilité verticale de la grue.

grue[F] sur porteur[M]
Grue télescopique mobile montée sur le châssis d'un camion porteur.

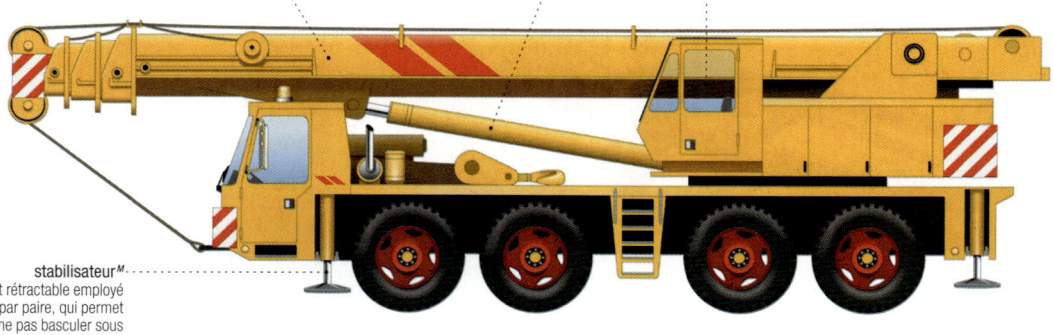

flèche[F] télescopique
Flèche dont les éléments s'emboîtent les uns dans les autres, ce qui permet d'en ajuster la hauteur et d'en faciliter le déplacement.

vérin[M] de dressage[M]
Dispositif hydraulique constitué de bras télescopiques, permettant de régler l'angle d'inclinaison de la flèche.

cabine[F] de commande[F]
Cabine fixée sur le châssis du camion, d'où le grutier commande les manœuvres.

stabilisateur[M]
Élément rétractable employé généralement par paire, qui permet au camion de ne pas basculer sous l'effet du poids de la charge.

manutention 757

gruesF et portiqueM

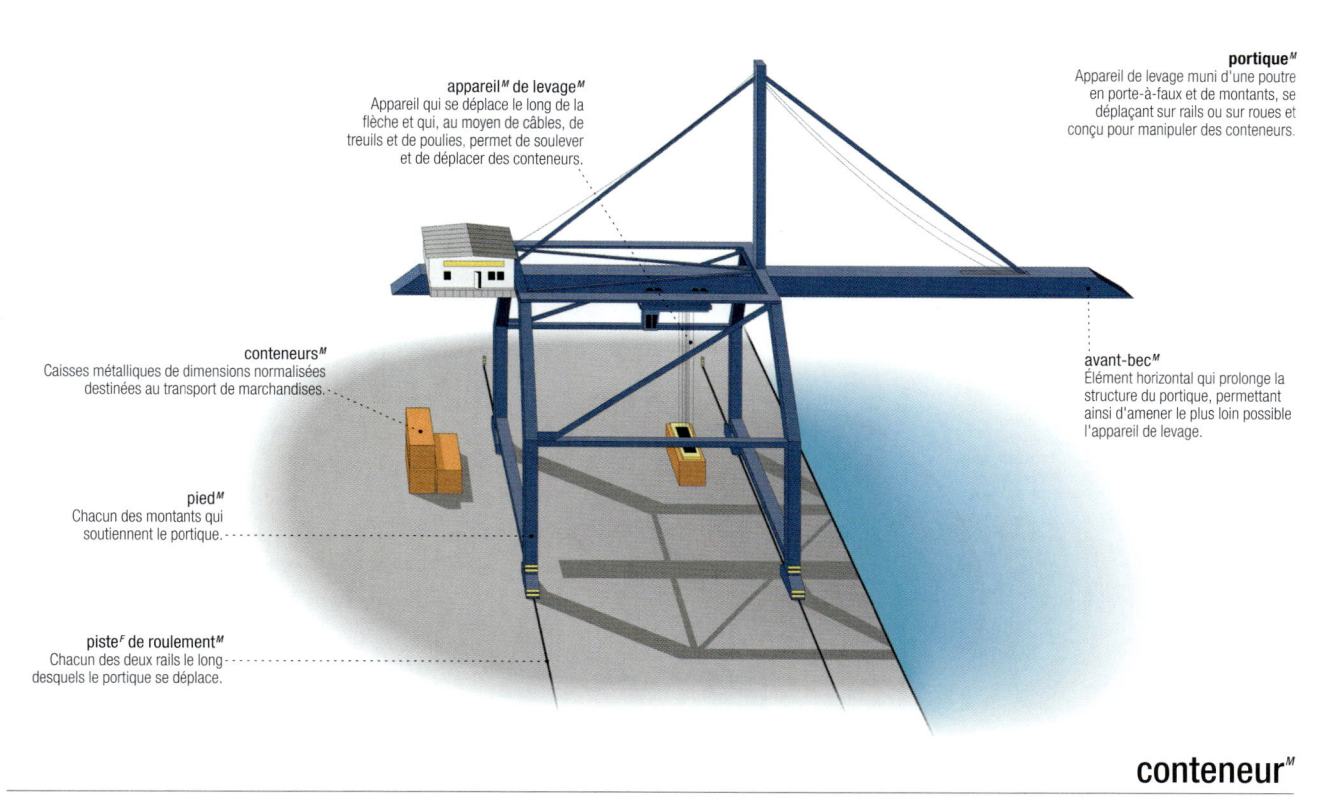

appareilM de levageM
Appareil qui se déplace le long de la flèche et qui, au moyen de câbles, de treuils et de poulies, permet de soulever et de déplacer des conteneurs.

portiqueM
Appareil de levage muni d'une poutre en porte-à-faux et de montants, se déplaçant sur rails ou sur roues et conçu pour manipuler des conteneurs.

conteneursM
Caisses métalliques de dimensions normalisées destinées au transport de marchandises.

avant-becM
Élément horizontal qui prolonge la structure du portique, permettant ainsi d'amener le plus loin possible l'appareil de levage.

piedM
Chacun des montants qui soutiennent le portique.

pisteF de roulementM
Chacun des deux rails le long desquels le portique se déplace.

conteneurM

Caisse métallique de dimensions normalisées destinée au transport de marchandises.

paroiF latérale
Panneau rigide formant les côtés du conteneur.

toitM
Élément rigide qui ferme le dessus du conteneur et en protège le contenu.

traverseF d'extrémitéF supérieure
Pièce métallique placée dans le sens de la largeur, qui fait partie du cadre supérieur du conteneur.

pièceF de coinM
Pièce métallique renforcée placée à un angle du conteneur pour le soulever à l'aide de crochets.

porteF d'extrémitéF
Large porte divisée en deux parties mobiles qui se rabattent chacune d'un côté pour permettre le passage des marchandises.

montantM d'angleM
Pièce métallique résistante, placée à l'intersection de deux parois, qui sert de colonne pour l'empilage de conteneurs.

passageM de fourcheF
Chacune des ouvertures pratiquées dans le plancher du conteneur, qui permettent le passage des fourches d'un chariot élévateur.

longeronM latéral inférieur
Pièce métallique longitudinale, qui fait partie du cadre inférieur du conteneur.

traverseF d'extrémitéF inférieure
Pièce métallique placée dans le sens de la largeur, qui fait partie du cadre inférieur du conteneur.

TRANSPORT ET MACHINERIE

machinerie lourde

bulldozer^M

Engin de terrassement servant à pousser des matériaux, constitué d'un tracteur à chenilles ou à roues, d'une lame et, souvent, d'une défonceuse.

vue^F d'ensemble^M

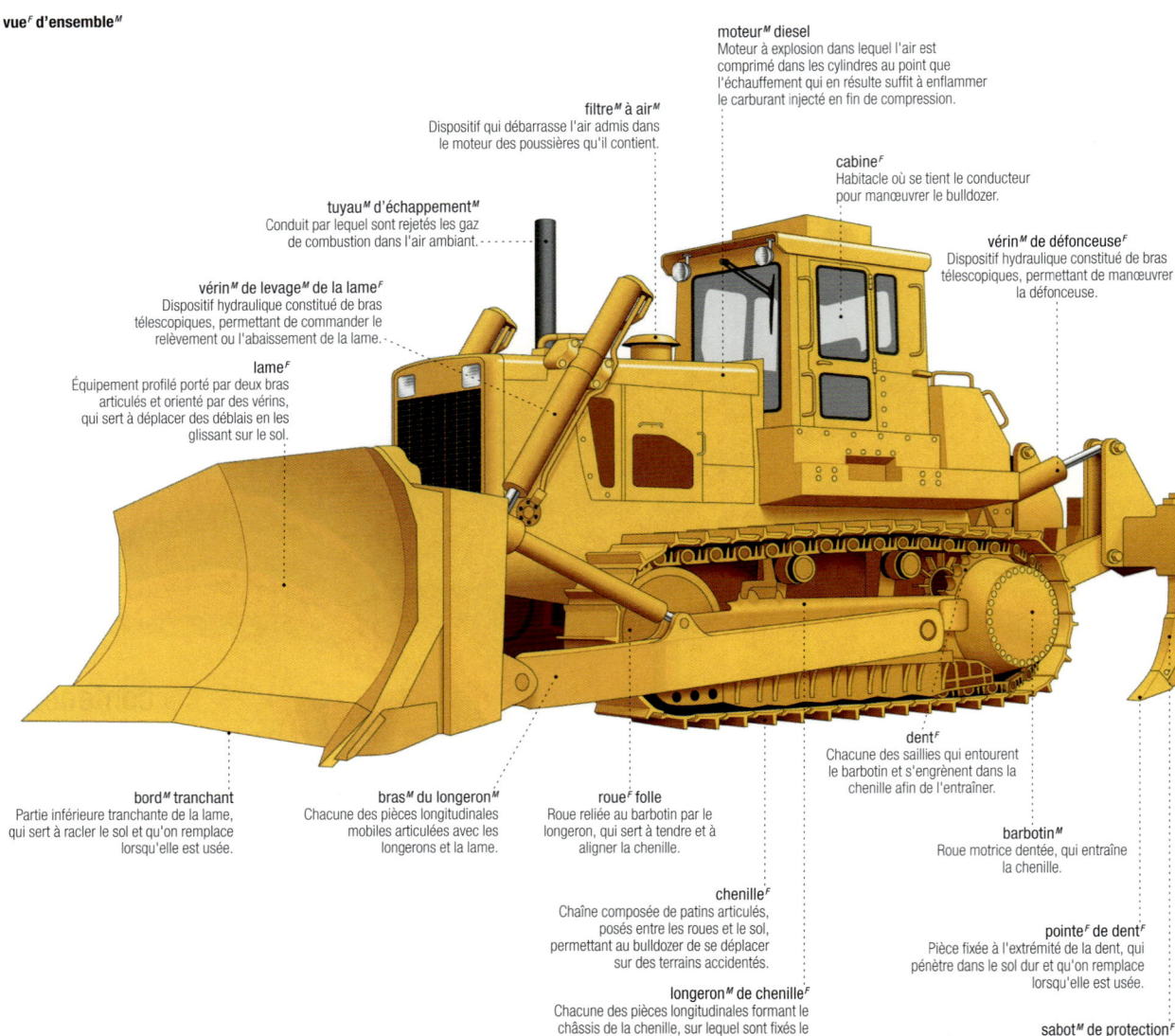

moteur^M diesel
Moteur à explosion dans lequel l'air est comprimé dans les cylindres au point que l'échauffement qui en résulte suffit à enflammer le carburant injecté en fin de compression.

filtre^M à air^M
Dispositif qui débarrasse l'air admis dans le moteur des poussières qu'il contient.

cabine^F
Habitacle où se tient le conducteur pour manœuvrer le bulldozer.

tuyau^M d'échappement^M
Conduit par lequel sont rejetés les gaz de combustion dans l'air ambiant.

vérin^M de défonceuse^F
Dispositif hydraulique constitué de bras télescopiques, permettant de manœuvrer la défonceuse.

vérin^M de levage^M de la lame^F
Dispositif hydraulique constitué de bras télescopiques, permettant de commander le relèvement ou l'abaissement de la lame.

lame^F
Équipement profilé porté par deux bras articulés et orienté par des vérins, qui sert à déplacer des déblais en les glissant sur le sol.

bord^M tranchant
Partie inférieure tranchante de la lame, qui sert à racler le sol et qu'on remplace lorsqu'elle est usée.

bras^M du longeron^M
Chacune des pièces longitudinales mobiles articulées avec les longerons et la lame.

roue^F folle
Roue reliée au barbotin par le longeron, qui sert à tendre et à aligner la chenille.

dent^F
Chacune des saillies qui entourent le barbotin et s'engrènent dans la chenille afin de l'entraîner.

barbotin^M
Roue motrice dentée, qui entraîne la chenille.

chenille^F
Chaîne composée de patins articulés, posés entre les roues et le sol, permettant au bulldozer de se déplacer sur des terrains accidentés.

pointe^F de dent^F
Pièce fixée à l'extrémité de la dent, qui pénètre dans le sol dur et qu'on remplace lorsqu'elle est usée.

longeron^M de chenille^F
Chacune des pièces longitudinales formant le châssis de la chenille, sur lequel sont fixés le barbotin et la roue folle.

sabot^M de protection^F
Pièce fixée sur le bord intérieur d'une dent, qui subit l'effort du travail et qu'on remplace lorsqu'elle est usée.

dent^F de défonceuse^F
Partie de la défonceuse qui fait saillie et qui s'enfonce dans le sol afin de le désagréger.

principales parties^F

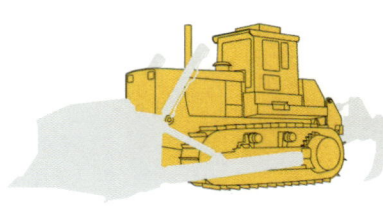

tracteur^M à chenilles^F
Engin sur lequel sont fixées une lame et une défonceuse, qui peut se déplacer sur terrain accidenté grâce à deux chenilles.

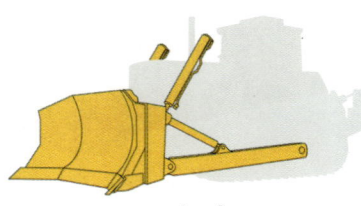

lame^F
Équipement profilé porté par deux bras articulés et orienté par des vérins, qui sert à déplacer des déblais en les glissant sur le sol.

défonceuse^F
Équipement monté à l'arrière du bouteur, formé d'un châssis qui porte une à trois dents servant à désagréger les sols durs.

TRANSPORT ET MACHINERIE

machinerie lourde

chargeuse^F-pelleteuse^F

Engin de terrassement constitué d'un tracteur, d'une pelleteuse et d'une chargeuse frontale.

vue^F d'ensemble^M

bras^M
Partie de la pelleteuse qui se déplace avec un mouvement de balancier pour éloigner ou rapprocher le godet du tracteur.

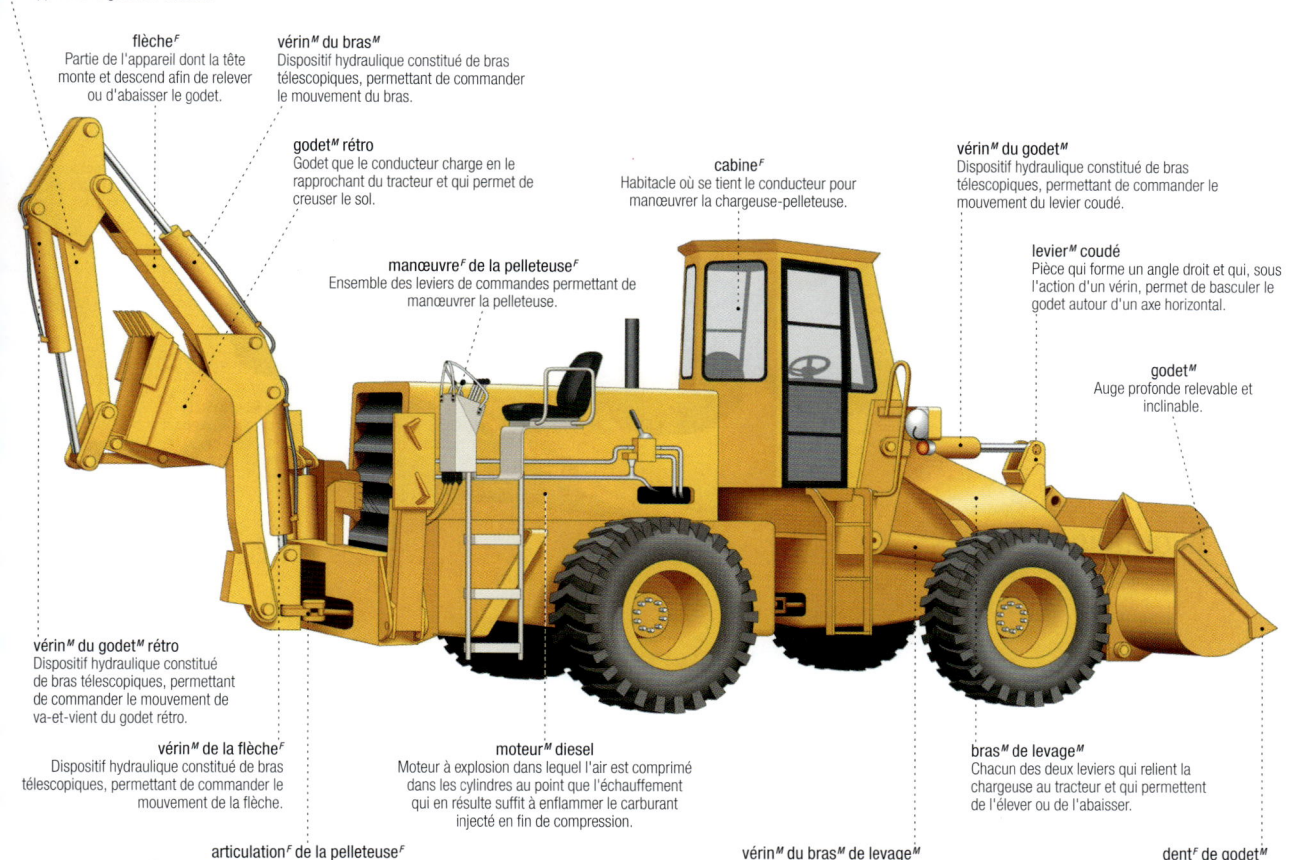

flèche^F
Partie de l'appareil dont la tête monte et descend afin de relever ou d'abaisser le godet.

vérin^M du bras^M
Dispositif hydraulique constitué de bras télescopiques, permettant de commander le mouvement du bras.

godet^M rétro
Godet que le conducteur charge en le rapprochant du tracteur et qui permet de creuser le sol.

cabine^F
Habitacle où se tient le conducteur pour manœuvrer la chargeuse-pelleteuse.

vérin^M du godet^M
Dispositif hydraulique constitué de bras télescopiques, permettant de commander le mouvement du levier coudé.

manœuvre^F de la pelleteuse^F
Ensemble des leviers de commandes permettant de manœuvrer la pelleteuse.

levier^M coudé
Pièce qui forme un angle droit et qui, sous l'action d'un vérin, permet de basculer le godet autour d'un axe horizontal.

godet^M
Auge profonde relevable et inclinable.

vérin^M du godet^M rétro
Dispositif hydraulique constitué de bras télescopiques, permettant de commander le mouvement de va-et-vient du godet rétro.

vérin^M de la flèche^F
Dispositif hydraulique constitué de bras télescopiques, permettant de commander le mouvement de la flèche.

articulation^F de la pelleteuse^F
Ensemble de pièces permettant à la pelleteuse de se déplacer autour d'un axe vertical afin de déporter le godet d'un côté ou de l'autre.

moteur^M diesel
Moteur à explosion dans lequel l'air est comprimé dans les cylindres au point que l'échauffement qui en résulte suffit à enflammer le carburant injecté en fin de compression.

vérin^M du bras^M de levage^M
Dispositif hydraulique constitué de bras télescopiques, permettant de commander la montée et la descente du bras de levage.

bras^M de levage^M
Chacun des deux leviers qui relient la chargeuse au tracteur et qui permettent de l'élever ou de l'abaisser.

dent^F de godet^M
Chacune des saillies longeant le rebord du godet, qui améliorent sa pénétration dans les matériaux à déplacer.

TRANSPORT ET MACHINERIE

principales parties^F

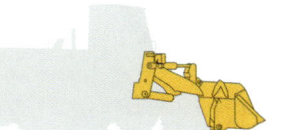

chargeuse^F frontale
Équipement constitué d'un godet et d'un bras de levage mis en mouvement par des vérins, qui sert à soulever des matériaux pour les déplacer ou les charger.

tracteur^M
Engin dont le châssis peut être articulé, sur lequel sont fixées une pelleteuse et une chargeuse.

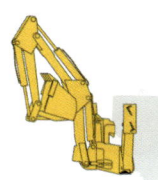

pelleteuse^F
Équipement constitué d'un godet, d'un bras et d'une flèche mis en mouvement par des vérins, qui sert à creuser le sol et à dégager les déblais.

décapeuse^F

Engin qui, grâce à une lame, racle le sol ou la chaussée et emmagasine les déblais dans une benne pour leur évacuation.

col^M-de-cygne^M
Arche servant d'attelage entre la benne et le tracteur.

vérin^M de direction^F
Chacun des deux vérins placés de chaque côté du col-de-cygne, qui servent à articuler la benne derrière le tracteur.

tracteur^M-remorqueur^M
Section de l'engin composée d'un puissant moteur diesel et d'une cabine de conduite et de manœuvre.

élévateur^M
Tapis pourvu de chaînes à palettes, qui pulvérise le matériau excavé et le disperse dans la benne et qui, en marche inverse, facilite le déchargement.

palonnier^M
Tube transversal soudé au col-de-cygne, qui supporte les deux brancards et qui permet de lever et de baisser la benne grâce à des vérins.

benne^F
Caisson ouvert à l'avant, muni d'une lame racleuse, qu'on charge et qu'on décharge en marche et qu'on relève pour le transport.

lame^F racleuse
Lame généralement dentée, montée sur l'avant du fond de la benne, qui permet de racler une épaisseur de matériaux sur une surface.

brancard^M
Chacun des deux longerons latéraux supportés par le palonnier et entre lesquels s'élève ou s'abaisse la benne.

pelle^F hydraulique

Engin constitué d'une tourelle pivotante munie d'un godet, utilisé pour déplacer divers matériaux.

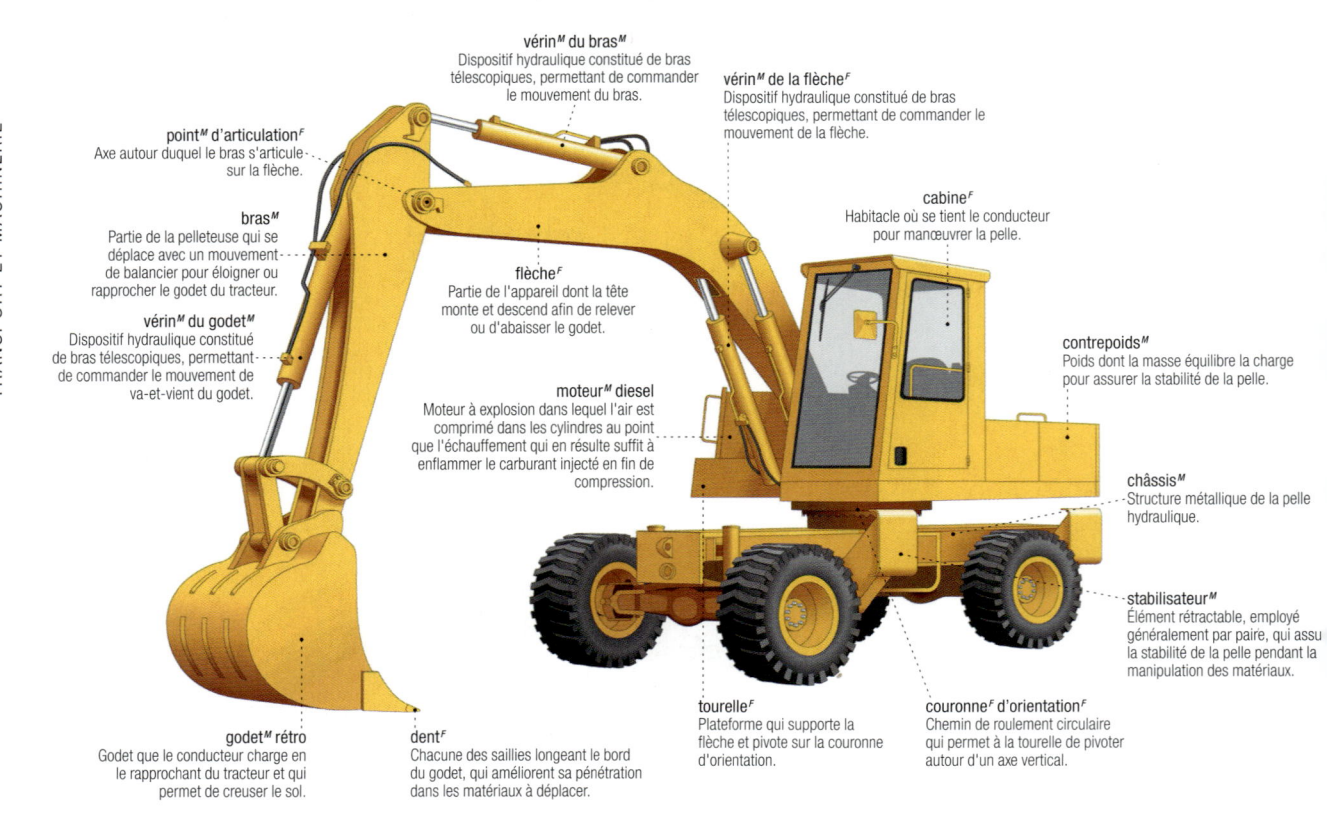

vérin^M du bras^M
Dispositif hydraulique constitué de bras télescopiques, permettant de commander le mouvement du bras.

vérin^M de la flèche^F
Dispositif hydraulique constitué de bras télescopiques, permettant de commander le mouvement de la flèche.

point^M d'articulation^F
Axe autour duquel le bras s'articule sur la flèche.

cabine^F
Habitacle où se tient le conducteur pour manœuvrer la pelle.

bras^M
Partie de la pelleteuse qui se déplace avec un mouvement de balancier pour éloigner ou rapprocher le godet du tracteur.

flèche^F
Partie de l'appareil dont la tête monte et descend afin de relever ou d'abaisser le godet.

vérin^M du godet^M
Dispositif hydraulique constitué de bras télescopiques, permettant de commander le mouvement de va-et-vient du godet.

contrepoids^M
Poids dont la masse équilibre la charge pour assurer la stabilité de la pelle.

moteur^M diesel
Moteur à explosion dans lequel l'air est comprimé dans les cylindres au point que l'échauffement qui en résulte suffit à enflammer le carburant injecté en fin de compression.

châssis^M
Structure métallique de la pelle hydraulique.

stabilisateur^M
Élément rétractable, employé généralement par paire, qui assure la stabilité de la pelle pendant la manipulation des matériaux.

godet^M rétro
Godet que le conducteur charge en le rapprochant du tracteur et qui permet de creuser le sol.

dent^F
Chacune des saillies longeant le bord du godet, qui améliorent sa pénétration dans les matériaux à déplacer.

tourelle^F
Plateforme qui supporte la flèche et pivote sur la couronne d'orientation.

couronne^F d'orientation^F
Chemin de roulement circulaire qui permet à la tourelle de pivoter autour d'un axe vertical.

machinerie lourde   761

niveleuse^F

Engin équipé d'une lame orientable placée entre ses deux essieux, servant principalement à niveler le sol ou à déblayer la chaussée.

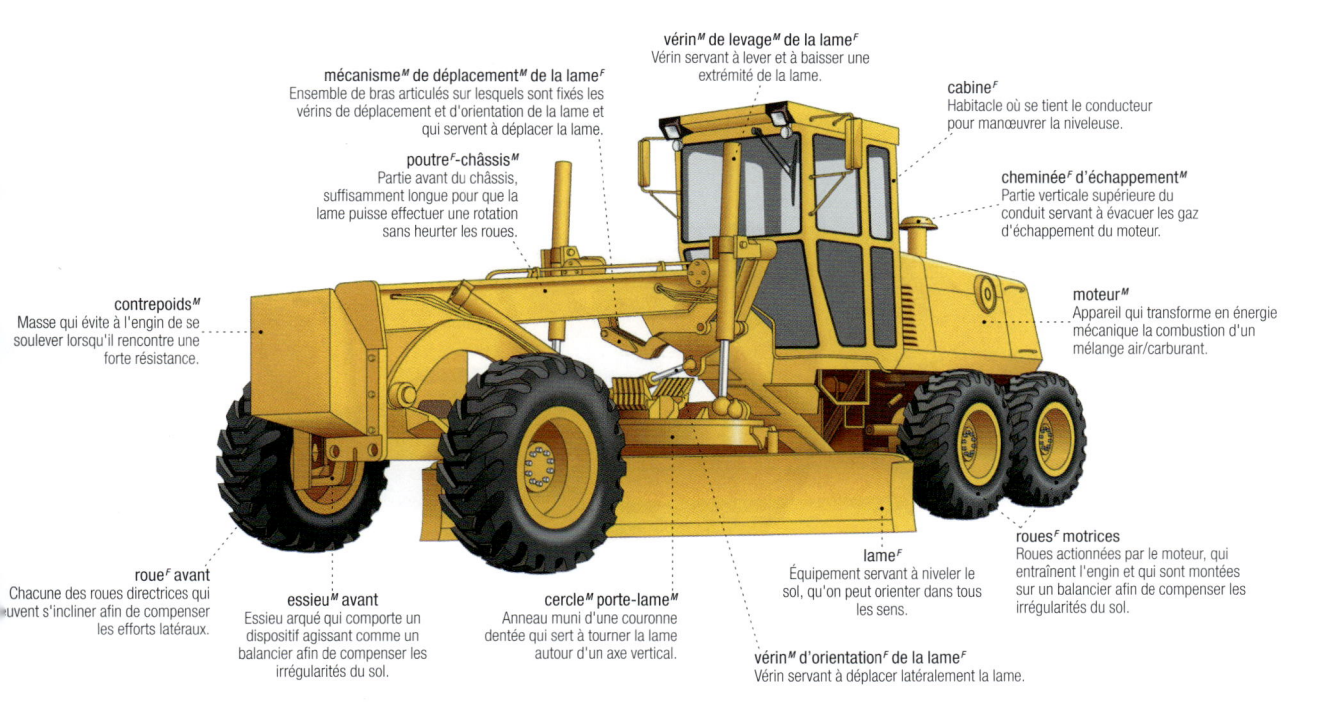

mécanisme^M de déplacement^M de la lame^F
Ensemble de bras articulés sur lesquels sont fixés les vérins de déplacement et d'orientation de la lame et qui servent à déplacer la lame.

vérin^M de levage^M de la lame^F
Vérin servant à lever et à baisser une extrémité de la lame.

cabine^F
Habitacle où se tient le conducteur pour manœuvrer la niveleuse.

poutre^F-châssis^M
Partie avant du châssis, suffisamment longue pour que la lame puisse effectuer une rotation sans heurter les roues.

cheminée^F d'échappement^M
Partie verticale supérieure du conduit servant à évacuer les gaz d'échappement du moteur.

contrepoids^M
Masse qui évite à l'engin de se soulever lorsqu'il rencontre une forte résistance.

moteur^M
Appareil qui transforme en énergie mécanique la combustion d'un mélange air/carburant.

roue^F avant
Chacune des roues directrices qui peuvent s'incliner afin de compenser les efforts latéraux.

essieu^M avant
Essieu arqué qui comporte un dispositif agissant comme un balancier afin de compenser les irrégularités du sol.

cercle^M porte-lame^F
Anneau muni d'une couronne dentée qui sert à tourner la lame autour d'un axe vertical.

lame^F
Équipement servant à niveler le sol, qu'on peut orienter dans tous les sens.

vérin^M d'orientation^F de la lame^F
Vérin servant à déplacer latéralement la lame.

roues^F motrices
Roues actionnées par le moteur, qui entraînent l'engin et qui sont montées sur un balancier afin de compenser les irrégularités du sol.

camion^M-benne^F

Camion équipé d'une benne basculante, utilisé pour le transport en vrac.

auvent^M
Surface métallique protégeant la cabine contre les chutes de matériaux lors des chargements.

nervure^F
Chacune des traverses soudées à l'extérieur des parois de la benne pour les renforcer.

cabine^F
Habitacle où se tient le conducteur pour manœuvrer le camion.

benne^F basculante
Caisse ouverte ou fermée, dont le soulèvement sous l'action d'un vérin permet le déchargement de matériaux en vrac.

moteur^M diesel
Moteur à explosion dans lequel l'air est comprimé dans les cylindres au point que l'échauffement qui en résulte suffit à enflammer le carburant injecté en fin de compression.

échelle^F
Dispositif constitué de marchepieds et de montants, permettant d'accéder à la cabine.

châssis^M
Structure métallique du camion-benne.

TRANSPORT ET MACHINERIE

machinerie lourde

finisseur^M ; *finisseuse^F*

Engin utilisé pour la construction de chaussées, qui répand et nivelle des enduits bitumineux (l'asphalte, par exemple).

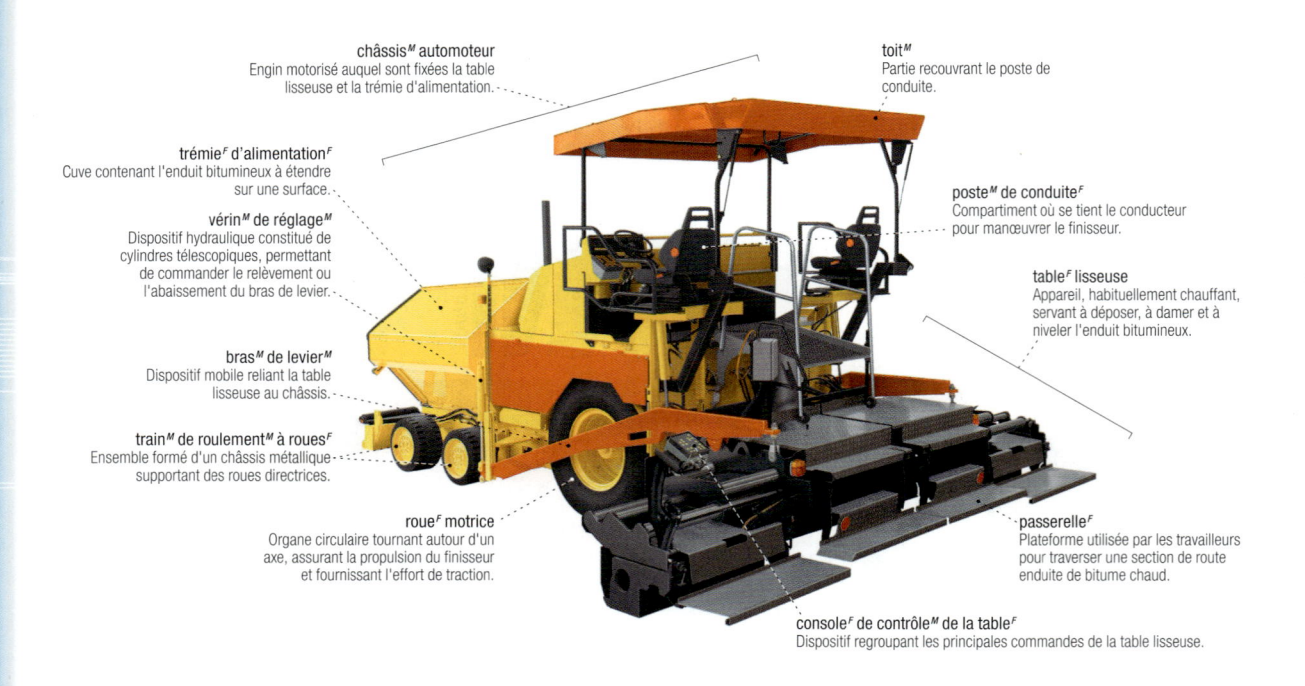

châssis^M automoteur
Engin motorisé auquel sont fixées la table lisseuse et la trémie d'alimentation.

toit^M
Partie recouvrant le poste de conduite.

trémie^F d'alimentation^F
Cuve contenant l'enduit bitumineux à étendre sur une surface.

poste^M de conduite^F
Compartiment où se tient le conducteur pour manœuvrer le finisseur.

vérin^M de réglage^M
Dispositif hydraulique constitué de cylindres télescopiques, permettant de commander le relèvement ou l'abaissement du bras de levier.

table^F lisseuse
Appareil, habituellement chauffant, servant à déposer, à damer et à niveler l'enduit bitumineux.

bras^M de levier^M
Dispositif mobile reliant la table lisseuse au châssis.

train^M de roulement^M à roues^F
Ensemble formé d'un châssis métallique supportant des roues directrices.

roue^F motrice
Organe circulaire tournant autour d'un axe, assurant la propulsion du finisseur et fournissant l'effort de traction.

passerelle^F
Plateforme utilisée par les travailleurs pour traverser une section de route enduite de bitume chaud.

console^F de contrôle^M de la table^F
Dispositif regroupant les principales commandes de la table lisseuse.

rouleau^M compacteur

Engin dont les roues sont remplacées par des tambours métalliques permettant le compactage du sol ou des enduits bitumineux.

cabine^F
Habitacle où se tient le conducteur pour manœuvrer le rouleau compacteur.

ventilateur^M du moteur^M
Appareil qui propulse de l'air pour refroidir le moteur.

réservoir^M à eau^F
Cuve contenant de l'eau destinée à refroidir l'enduit bitumineux compacté par le rouleau.

support^M de tambour^M
Bras articulé qui soutient le tambour et permet de l'élever ou de l'abaisser.

phare^M avant
Projecteur placé à l'avant du véhicule, servant à éclairer devant celui-ci.

tambour^M
Cylindre métallique rotatif qui permet d'aplanir et d'uniformiser les sols ou les enduits bitumineux.

échelle^F
Dispositif constitué de marchepieds permettant d'accéder à la cabine.

moteur^M hydraulique
Appareil qui transforme l'énergie d'un fluide sous pression en énergie mécanique pour faire tourner le tambour.

TRANSPORT ET MACHINERIE

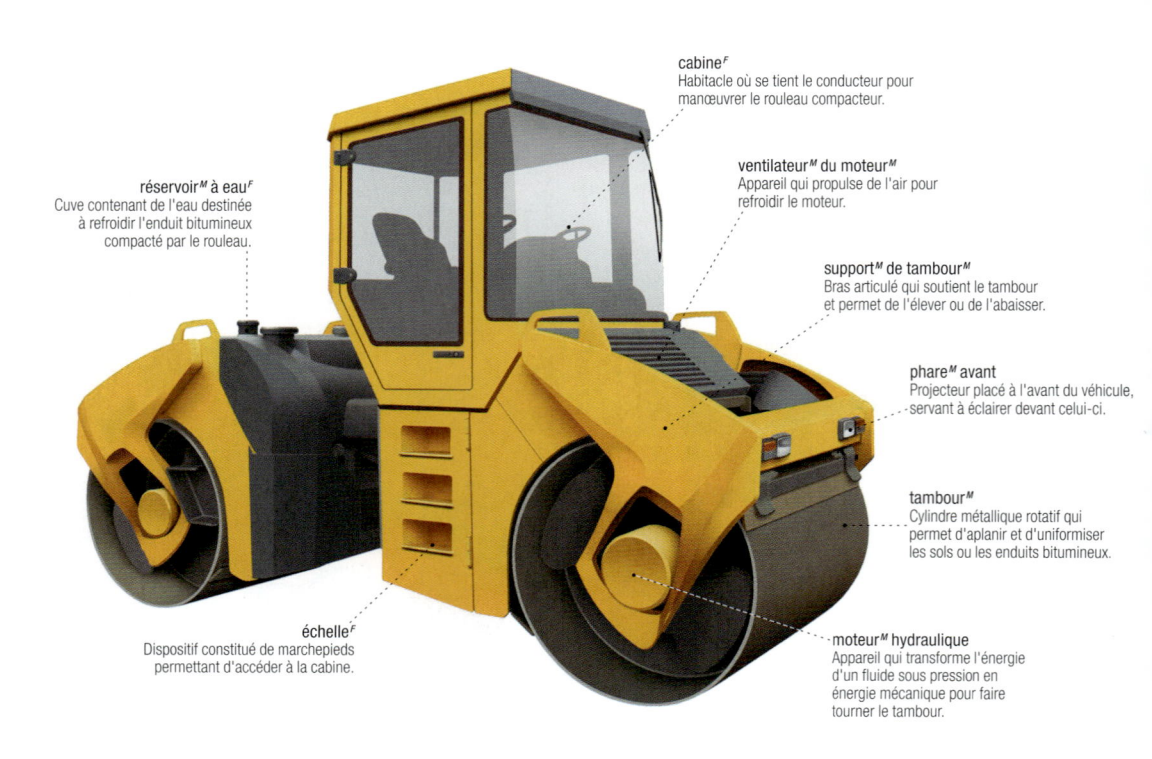

machinerie lourde　763

chasse-neige^M à soufflerie^F ; *souffleuse^F à neige^F*

Véhicule muni d'un dispositif qui aspire la neige de la chaussée pour la projeter à distance sur le sol ou dans un camion-benne.

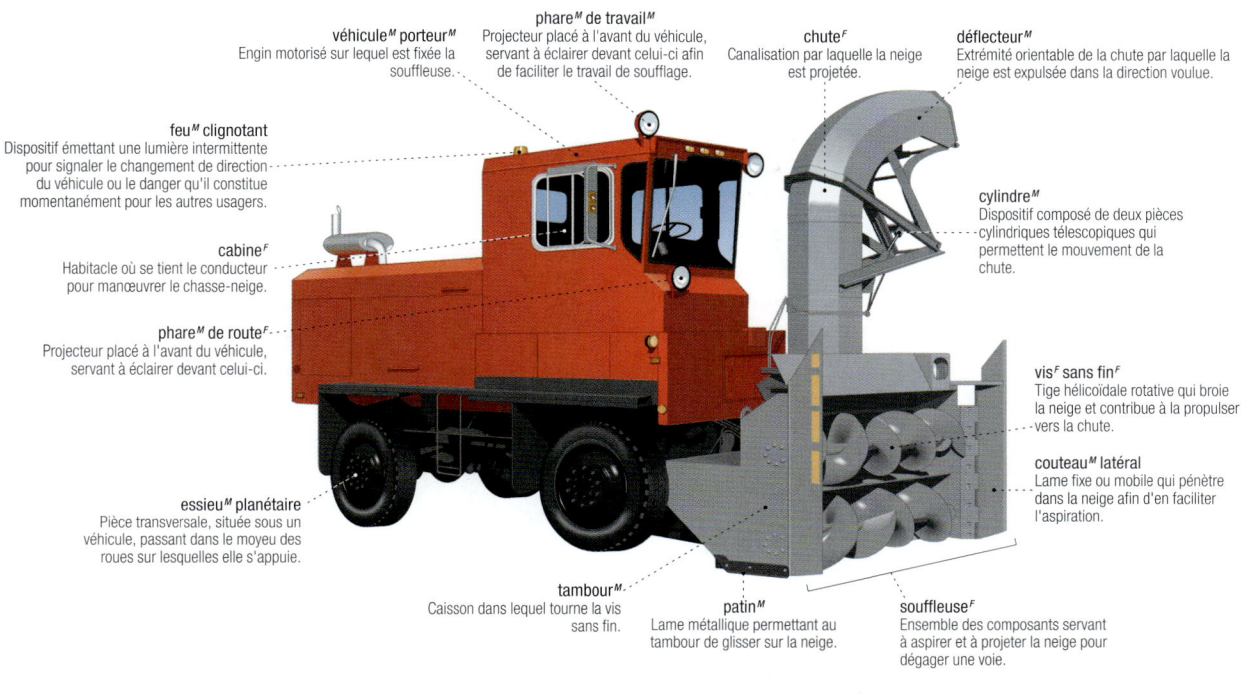

véhicule^M porteur^M
Engin motorisé sur lequel est fixée la souffleuse.

phare^M de travail^M
Projecteur placé à l'avant du véhicule, servant à éclairer devant celui-ci afin de faciliter le travail de soufflage.

chute^F
Canalisation par laquelle la neige est projetée.

déflecteur^M
Extrémité orientable de la chute par laquelle la neige est expulsée dans la direction voulue.

feu^M clignotant
Dispositif émettant une lumière intermittente pour signaler le changement de direction du véhicule ou le danger qu'il constitue momentanément pour les autres usagers.

cabine^F
Habitacle où se tient le conducteur pour manœuvrer le chasse-neige.

cylindre^M
Dispositif composé de deux pièces cylindriques télescopiques qui permettent le mouvement de la chute.

phare^M de route^M
Projecteur placé à l'avant du véhicule, servant à éclairer devant celui-ci.

vis^F sans fin^F
Tige hélicoïdale rotative qui broie la neige et contribue à la propulser vers la chute.

couteau^M latéral
Lame fixe ou mobile qui pénètre dans la neige afin d'en faciliter l'aspiration.

essieu^M planétaire
Pièce transversale, située sous un véhicule, passant dans le moyeu des roues sur lesquelles elle s'appuie.

tambour^M
Caisson dans lequel tourne la vis sans fin.

patin^M
Lame métallique permettant au tambour de glisser sur la neige.

souffleuse^F
Ensemble des composants servant à aspirer et à projeter la neige pour dégager une voie.

balayeuse^F

Véhicule destiné au nettoyage des artères urbaines, équipé d'un réceptacle à ordures, de brosses rotatives, d'un aspirateur et d'un dispositif d'arrosage.

cuve^F à déchets^M
Contenant qui reçoit les déchets ramassés par le balai central sur son passage.

réservoir^M d'eau^F
Cuve contenant l'eau destinée à être projetée sur la chaussée.

rétroviseur^M
Miroir fixé à l'extérieur de l'habitacle, qui permet au conducteur de voir derrière le véhicule et sur les côtés de celui-ci sans se retourner.

gyrophare^M
Lanterne rotative située sur le toit du véhicule et indiquant sa présence aux autres usagers de la route.

cabine^F
Habitacle où se tient le conducteur pour manœuvrer la balayeuse.

rétroviseur^M parabolique
Miroir extérieur convexe qui offre un champ de vision plus large qu'un rétroviseur classique.

miroir^M de balayage^M
Miroir fixé à l'extérieur de l'habitacle, qui permet au conducteur de voir sur les côtés du véhicule afin de s'approcher le plus possible du bord de la rue.

phare^M avant
Projecteur placé à l'avant du véhicule, servant à éclairer devant celui-ci.

rampe^F de lavage^M frontale
Système de canalisation projetant de l'eau à l'avant de la balayeuse.

balai^M central
Brosse rotative qui nettoie la chaussée.

canalisation^F d'arrosage^M
Tuyau fournissant l'eau nécessaire au balai pour nettoyer la chaussée.

balai^M de caniveau^M
Brosse rotative qui nettoie le bord de la chaussée.

marche^F d'accès^M
Marche fixée à la carrosserie, servant à monter dans la cabine ou à en descendre.

TRANSPORT ET MACHINERIE

machinerie lourde

tracteur^M agricole

Engin motorisé dont on se sert pour faire fonctionner des machines ou des outils de ferme.

vue^F avant

cheminée^F d'échappement^M
Partie verticale supérieure du conduit servant à évacuer les gaz d'échappement du moteur.

cabine^F de conduite^F
Habitacle où se tient le conducteur pour manœuvrer le tracteur et les outils ou machines agricoles.

phare^M
Projecteur placé à l'avant du véhicule, servant à éclairer devant celui-ci.

volant^M
Organe circulaire qui permet au conducteur d'orienter les roues directrices.

garde-boue^M
Partie de la carrosserie qui recouvre une partie de la roue du tracteur pour protéger des projections de boue.

jante^F
Cercle métallique profilé constituant la circonférence de la roue et sur lequel est monté le pneu.

sculpture^F
Partie en relief de la bande de roulement du pneu permettant d'améliorer la traction selon les différentes conditions d'utilisation.

roue^F motrice
Organe circulaire tournant autour d'un axe, assurant la propulsion du tracteur et fournissant l'effort de traction.

contrepoids^M
Poids dont la masse équilibre l'outil attelé au tracteur pour assurer sa stabilité.

moteur^M
Appareil qui transforme en énergie mécanique la combustion d'un mélange air/carburant.

marchepied^M
Marche ou série de marches fixées à la carrosserie, servant à monter dans la cabine ou en descendre.

roue^F avant
Organe circulaire tournant autour d'un axe, permettant de diriger le tracteur. Son diamètre est généralement inférieur à celui de la roue arrière.

vue^F arrière

phare^M
Projecteur placé à l'arrière du véhicule, pour éclairer les manœuvres qu'on y effectue.

barre^F de compression^F
Barre fixée à un outil attelé aux bras de traction pour l'empêcher de basculer vers le bas ou vers le haut.

phare^M arrière
Feu qui s'allume automatiquement lorsque les feux avant sont allumés et qui émet une lumière intense lorsque le conducteur appuie sur la pédale de frein.

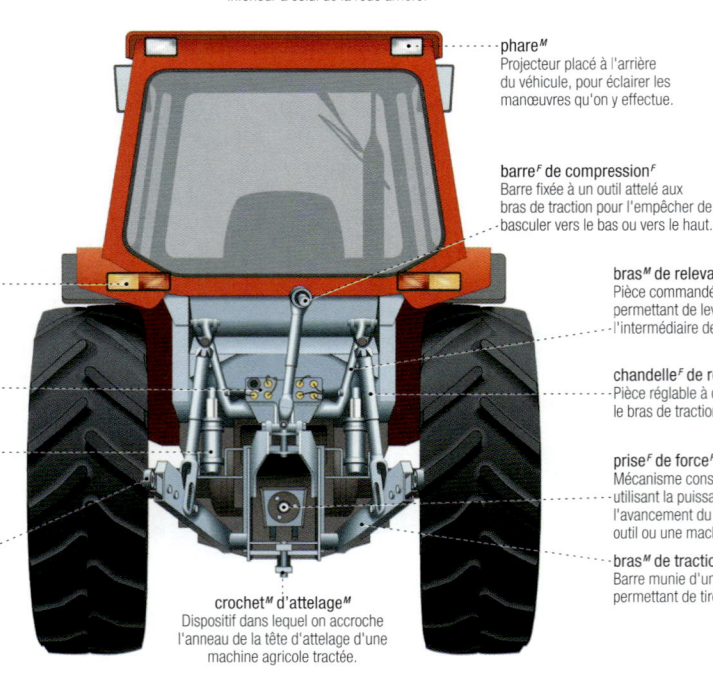

bras^M de relevage^M
Pièce commandée par le vérin hydraulique, permettant de lever ou d'abaisser un outil par l'intermédiaire de la chandelle et du bras de traction.

coupleur^M hydraulique
Dispositif dans lequel s'insèrent des conduits hydrauliques pour assurer la transmission de puissance à l'outil attelé.

chandelle^F de relevage^M
Pièce réglable à diverses positions qui relie le bras de traction au bras de relevage.

vérin^M hydraulique
Dispositif composé d'un cylindre et d'un piston actionné par pression hydraulique, qui commande les mouvements du bras de traction.

prise^F de force^F
Mécanisme constitué par un arbre cannelé, utilisant la puissance du moteur ou l'avancement du tracteur pour actionner un outil ou une machine tractée.

tête^F d'attelage^M
Dispositif de liaison entre l'outil et la barre de traction.

bras^M de traction^F
Barre munie d'une tête d'attelage permettant de tirer un outil attelé.

crochet^M d'attelage^M
Dispositif dans lequel on accroche l'anneau de la tête d'attelage d'une machine agricole tractée.

machinerie lourde

765

machinerie^F agricole

Ensemble des appareils mécanisés utilisés en agriculture.

age^M
Barre horizontale portant l'ensemble des pièces de la charrue et sur laquelle s'exerce la traction.

tête^F **d'attelage**^M
Dispositif qui sert à assujettir la charrue à soc au crochet d'attelage du tracteur.

charrue^F **à soc**^M
Appareil de labour destiné à découper et à retourner des bandes de terre.

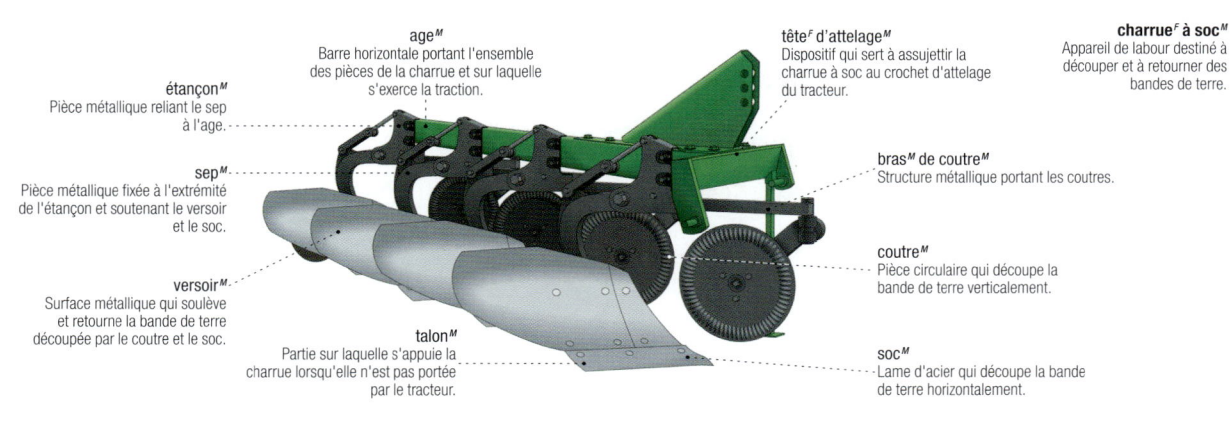

étançon^M
Pièce métallique reliant le sep à l'age.

sep^M
Pièce métallique fixée à l'extrémité de l'étançon et soutenant le versoir et le soc.

versoir^M
Surface métallique qui soulève et retourne la bande de terre découpée par le coutre et le soc.

bras^M **de coutre**^M
Structure métallique portant les coutres.

coutre^M
Pièce circulaire qui découpe la bande de terre verticalement.

talon^M
Partie sur laquelle s'appuie la charrue lorsqu'elle n'est pas portée par le tracteur.

soc^M
Lame d'acier qui découpe la bande de terre horizontalement.

bras^M
Structure métallique portant les disques.

châssis^M
Structure métallique du pulvériseur tandem.

ajustement^M **de la hauteur**^F
Manivelle permettant de régler la profondeur de pénétration dans le sol des trains de disques.

pulvériseur^M **tandem**
Appareil muni de quatre trains de disques disposés selon deux « V » opposés, qui sert à ameublir une terre déjà labourée et à éliminer les mauvaises herbes.

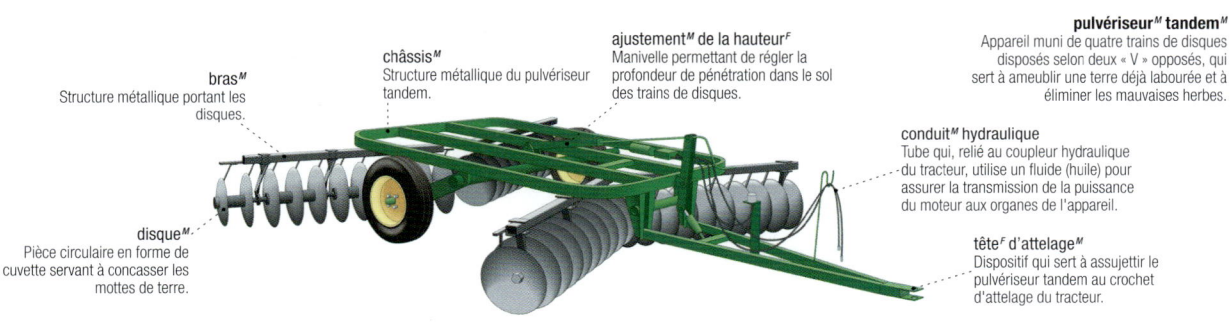

conduit^M **hydraulique**
Tube qui, relié au coupleur hydraulique du tracteur, utilise un fluide (huile) pour assurer la transmission de la puissance du moteur aux organes de l'appareil.

disque^M
Pièce circulaire en forme de cuvette servant à concasser les mottes de terre.

tête^F **d'attelage**^M
Dispositif qui sert à assujettir le pulvériseur tandem au crochet d'attelage du tracteur.

châssis^M
Structure métallique du cultivateur.

cultivateur^M
Appareil pourvu de dents, destiné au travail de la couche superficielle du sol. Il complète généralement l'action de la charrue.

houe^F **rotative**
Dispositif, commandé par la prise de force du tracteur, comportant des lames tournantes qui servent à aérer et à égaliser la surface de culture.

dent^F
Pointe recourbée qui pénètre dans la terre pour la travailler, en la déplaçant latéralement.

remorque^F
Véhicule sans moteur destiné au transport et à l'épandage du fumier.

épandeur^M **de fumier**^M
Appareil servant à éparpiller sur le sol, pour le fertiliser, un mélange de litières et de déjections animales décomposé par fermentation.

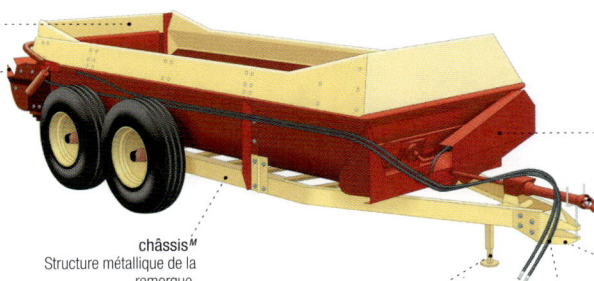

éparpilleur^M
Dispositif rotatif servant à disperser le fumier sur le sol.

entraînement^M **de la chaîne**^F
Courroie qui transmet le mouvement de rotation du cardan au fond mouvant de la remorque pour entraîner le fumier vers l'éparpilleur.

cardan^M
Dispositif qui permet d'accoupler l'arbre de la machine à la prise de force du tracteur pour lui transmettre l'énergie nécessaire à son fonctionnement.

châssis^M
Structure métallique de la remorque.

béquille^F **d'appui**^M
Support télescopique de la tête d'attelage, qui soutient la remorque lorsqu'elle est en stationnement.

conduit^M **hydraulique**
Tube qui, relié au coupleur hydraulique du tracteur, utilise un fluide (huile) pour assurer la transmission de la puissance du moteur aux organes de l'appareil.

tête^F **d'attelage**^M
Dispositif qui sert à assujettir l'épandeur de fumier au crochet d'attelage du tracteur.

TRANSPORT ET MACHINERIE

machinerie agricole

râteau^M
Appareil utilisé pour retourner le foin.

ajustement^M **de la hauteur**^F
Manivelle permettant de régler la hauteur des peignes.

châssis^M
Structure métallique du râteau.

peigne^M
Structure métallique portant les dents qui soulèvent et retournent le foin.

dent^F
Pointe recourbée dont l'extrémité racle le sol pour soulever le foin.

faucheuse^F-**conditionneuse**^F
Appareil qui sectionne sur pied les tiges du fourrage et les prépare aux opérations suivantes de la récolte (séchage sur champ et ramassage).

rabatteur^M
Organe qui plie les tiges vers les rouleaux conditionneurs.

timon^M
Pièce de métal qui comporte une tête d'attelage et permet de relier la faucheuse-conditionneuse au tracteur.

dent^F
Pointe recourbée permettant de soulever les tiges coupées.

rouleau^M **conditionneur**^M
Chacun des deux cylindres entre lesquels passent les tiges, servant à les écraser et à les plier pour ensuite les laisser sur le sol en les alignant.

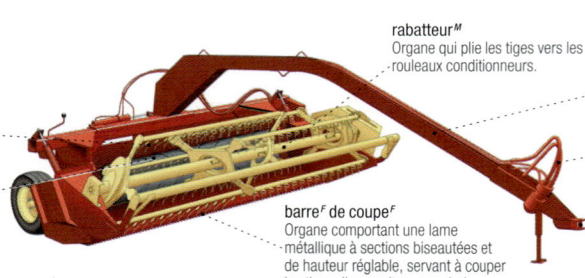

barre^F **de coupe**^F
Organe comportant une lame métallique à sections biseautées et de hauteur réglable, servant à couper les tiges d'une culture sur pied.

conduit^M **hydraulique**
Tube qui, relié au coupleur hydraulique du tracteur, utilise un fluide (huile) pour assurer la transmission de la puissance du moteur aux organes de l'appareil.

tête^F **d'attelage**^M
Dispositif qui sert à assujettir la faucheuse-conditionneuse au crochet d'attelage du tracteur.

ramasseuse^F-**presse**^F
Appareil qui permet de récolter le fourrage en le compressant sous forme de balles.

foulon^M
Dispositif mécanique qui pousse le foin ou la paille dans la presse en l'y comprimant fortement.

presse^F
Appareil servant à former des balles de foin ou de paille.

lieuse^F
Dispositif qui noue les balles de foin ou de paille à l'aide de ficelle ou de fil de fer.

timon^M
Pièce de métal qui comporte une tête d'attelage et qui permet de relier la ramasseuse-presse au tracteur.

cardan^M
Dispositif qui permet d'accoupler l'arbre de la machine à la prise de force du tracteur pour lui transmettre l'énergie nécessaire à son fonctionnement.

tête^F **d'attelage**^M
Dispositif qui sert à assujettir la ramasseuse-presse au crochet d'attelage du tracteur.

ramasseur^M
Organe rotatif permettant de soulever du sol l'herbe coupée (paille, fourrage, etc.) pour l'acheminer vers le foulon.

fourragère^F
Appareil qui permet de récolter les herbes (luzerne, trèfle, maïs, etc.) qui servent à nourrir le bétail.

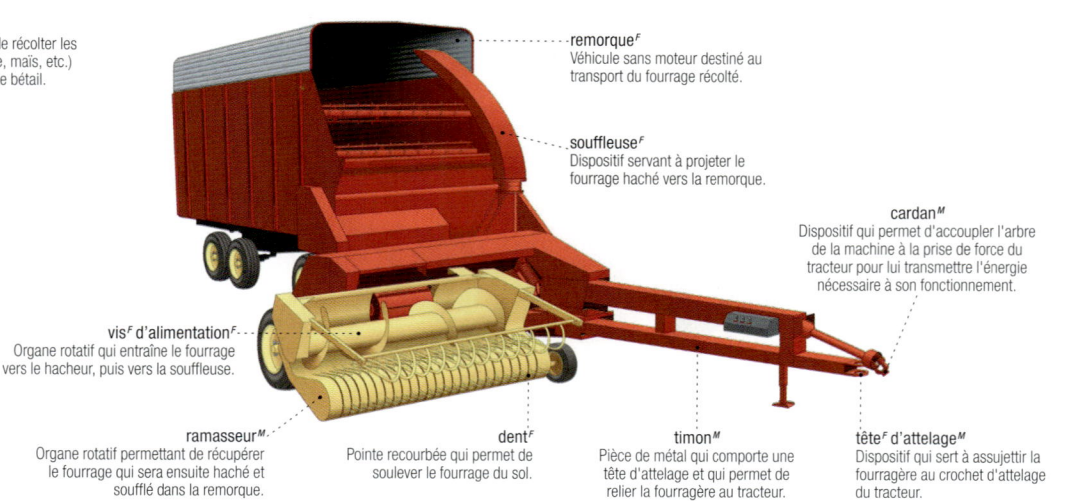

remorque^F
Véhicule sans moteur destiné au transport du fourrage récolté.

souffleuse^F
Dispositif servant à projeter le fourrage haché vers la remorque.

cardan^M
Dispositif qui permet d'accoupler l'arbre de la machine à la prise de force du tracteur pour lui transmettre l'énergie nécessaire à son fonctionnement.

vis^F **d'alimentation**^F
Organe rotatif qui entraîne le fourrage vers le hacheur, puis vers la souffleuse.

ramasseur^M
Organe rotatif permettant de récupérer le fourrage qui sera ensuite haché et soufflé dans la remorque.

dent^F
Pointe recourbée qui permet de soulever le fourrage du sol.

timon^M
Pièce de métal qui comporte une tête d'attelage et qui permet de relier la fourragère au tracteur.

tête^F **d'attelage**^M
Dispositif qui sert à assujettir la fourragère au crochet d'attelage du tracteur.

machinerie lourde

machinerie^F agricole

semoir^M en lignes^F
Machine agricole servant à distribuer et enfouir des graines dans le sol suivant des lignes régulières (sillons).

tube^M d'ensemencement^M
Tube permettant d'évacuer les graines prélevées à la base de la trémie pour les déposer dans un sillon.

trémie^F
Contenant le plus souvent en forme de pyramide renversée, destiné à recevoir les graines à semer.

chaîne^F d'entraînement^M
Organe de distribution permettant de régulariser le débit des graines dans le tube d'ensemencement.

coutre^M
Pièce circulaire qui découpe la bande de terre verticalement.

disque^M d'enterrage^M
Chacune des deux pièces circulaires permettant de refermer le sillon.

roue^F de pression^F
Roue permettant de tasser la terre pour assurer l'enfouissement des graines à une certaine profondeur.

levier^M d'écartement^M
Levier permettant de régler l'espacement entre les lignes de semis.

tuyau^M d'ensilage^M
Conduit qui propulse le fourrage vers le silo.

tuyau^M du ventilateur^M
Conduit permettant l'évacuation du fourrage vers le tuyau d'ensilage.

ventilateur^M
Appareil produisant un flux d'air pour refouler le fourrage dans le tuyau d'ensilage, jusqu'au silo.

table^F d'alimentation^F
Plateau rotatif permettant d'introduire le fourrage dans le ventilateur.

souffleuse^F de fourrage^M
Machine agricole destinée à la mise en silo des récoltes fourragères (herbe, blé, maïs, etc.).

barre^F de manœuvre^F
Tige permettant d'amener la souffleuse dans la position souhaitée.

trémie^F
Contenant dans lequel est déchargée la récolte fourragère venant d'un wagon, d'un camion ou d'une remorque d'ensilage.

---

cabine^F de conduite^F
Habitacle où se tient le conducteur pour manœuvrer la moissonneuse-batteuse.

élévateur^M à grain^M
Appareil pourvu d'un dispositif convoyeur qui achemine le grain récolté vers le réservoir.

réservoir^M à grain^M
Conteneur servant à stocker provisoirement le grain récolté.

moissonneuse^F-batteuse^F
Machine automotrice servant à récolter les plantes à grains, notamment les céréales, qui coupe, bat et sépare les grains de la paille.

vis^F d'alimentation^F
Double tige hélicoïdale rotative destinée à rassembler la récolte au centre du tablier pour l'introduire dans l'engreneur.

diviseur^M
Chacun des organes situés des deux côtés de la barre de coupe pour séparer la bande à couper du reste de la récolte.

tube^M de déchargement^M
Conduit pourvu d'un dispositif convoyeur permettant de déverser le grain du réservoir dans une remorque.

moteur^M
Appareil qui transforme en énergie mécanique la combustion d'un mélange air/carburant.

éparpilleur^M de paille^F
Dispositif à hélices servant à disperser la paille sur toute la largeur de la coupe à sa sortie de la moissonneuse-batteuse, afin d'en faciliter l'enfouissement.

batte^F
Chacune des barres dentées qui tournent autour de l'axe transversal du rabatteur.

dent^F
Chacune des pointes de la batte qui sont dirigées vers le sol pour rabattre les tiges des plantes.

engreneur^M
Organe généralement rotatif permettant de régulariser le flux de la récolte arrivant au batteur (le dispositif qui sépare les grains des épis).

rabatteur^M
Organe rotatif placé au-dessus de la barre de coupe, qui couche et maintient les tiges pour les pousser vers la vis d'alimentation.

barre^F de coupe^F
Organe comportant une lame métallique à sections biseautées et de hauteur réglable, servant à couper les tiges d'une culture sur pied.

tablier^M
Auge généralement en tôle destinée à recevoir la récolte coupée, qui sera acheminée vers un batteur par l'engreneur.

TRANSPORT ET MACHINERIE

768

ÉNERGIES

L'énergie représente une force permettant d'effectuer un travail. Elle est produite à partir de phénomènes naturels (soleil, vent, etc.) ou de matières premières (charbon, pétrole, eau, etc.).

GÉOTHERMIE 770
Source d'énergie renouvelable qui utilise la chaleur interne de la Terre.

ÉNERGIE FOSSILE 771
Source d'énergie non renouvelable produite à partir de matière organique telle que le charbon, le pétrole ou le gaz naturel.

HYDROÉLECTRICITÉ 785
Source d'énergie renouvelable et non polluante, l'hydroélectricité permet de produire environ 20 % de l'électricité consommée dans le monde.

ÉNERGIE NUCLÉAIRE 795
Grande quantité d'énergie libérée sous forme de chaleur lors d'une réaction nucléaire (fission de noyaux d'atomes) utilisable pour produire de l'électricité.

ÉNERGIE SOLAIRE 802
La captation du rayonnement solaire offre plusieurs applications, dont le chauffage par les capteurs solaires plans ou la production d'électricité par les circuits de photopiles ou les fours solaires.

ÉNERGIE ÉOLIENNE 806
Source d'énergie renouvelable, l'énergie éolienne utilise la force du vent et la transforme en énergie mécanique ou électrique.

production d'électricité par énergie géothermique

L'eau chaude contenue dans le sol près d'un volcan, d'un geyser ou d'une source thermale est amenée par forage dans un circuit pour en extraire la vapeur afin de produire de l'électricité.

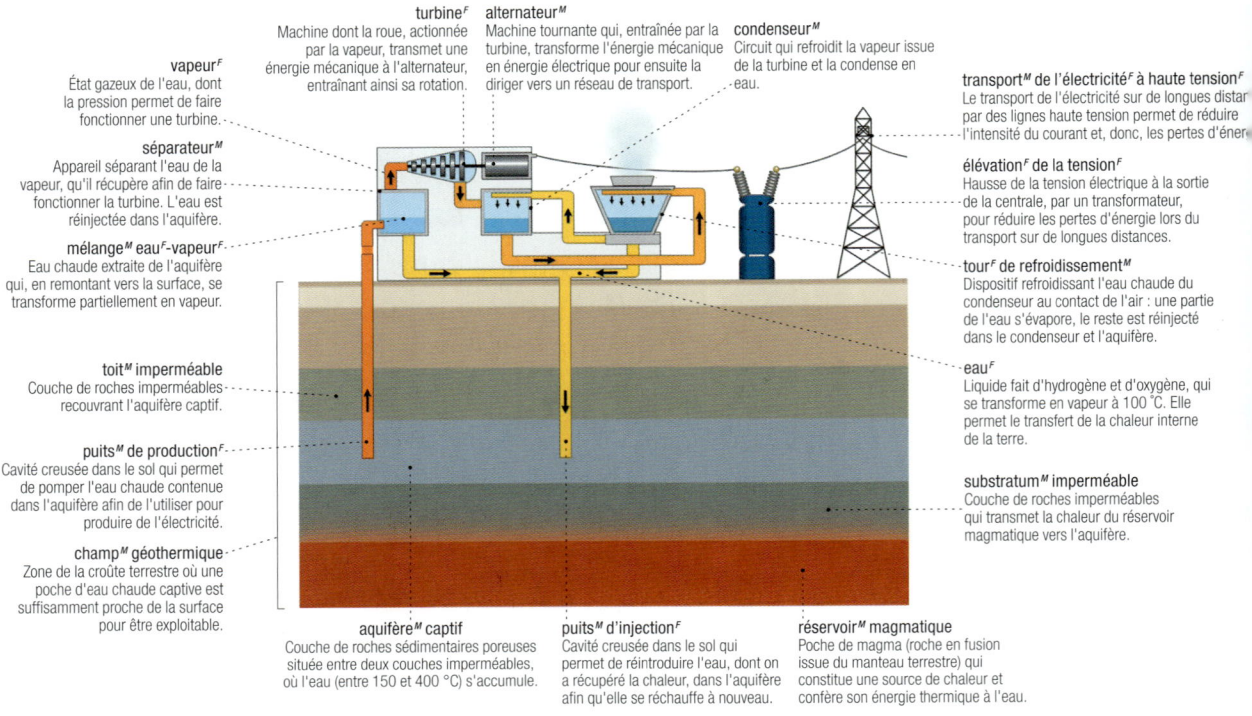

turbine
Machine dont la roue, actionnée par la vapeur, transmet une énergie mécanique à l'alternateur, entraînant ainsi sa rotation.

alternateur
Machine tournante qui, entraînée par la turbine, transforme l'énergie mécanique en énergie électrique pour ensuite la diriger vers un réseau de transport.

condenseur
Circuit qui refroidit la vapeur issue de la turbine et la condense en eau.

vapeur
État gazeux de l'eau, dont la pression permet de faire fonctionner une turbine.

séparateur
Appareil séparant l'eau de la vapeur, qu'il récupère afin de faire fonctionner la turbine. L'eau est réinjectée dans l'aquifère.

mélange eau-vapeur
Eau chaude extraite de l'aquifère qui, en remontant vers la surface, se transforme partiellement en vapeur.

toit imperméable
Couche de roches imperméables recouvrant l'aquifère captif.

puits de production
Cavité creusée dans le sol qui permet de pomper l'eau chaude contenue dans l'aquifère afin de l'utiliser pour produire de l'électricité.

champ géothermique
Zone de la croûte terrestre où une poche d'eau chaude captive est suffisamment proche de la surface pour être exploitable.

transport de l'électricité à haute tension
Le transport de l'électricité sur de longues distances par des lignes haute tension permet de réduire l'intensité du courant et, donc, les pertes d'énergie.

élévation de la tension
Hausse de la tension électrique à la sortie de la centrale, par un transformateur, pour réduire les pertes d'énergie lors du transport sur de longues distances.

tour de refroidissement
Dispositif refroidissant l'eau chaude du condenseur au contact de l'air : une partie de l'eau s'évapore, le reste est réinjecté dans le condenseur et l'aquifère.

eau
Liquide fait d'hydrogène et d'oxygène, qui se transforme en vapeur à 100 °C. Elle permet le transfert de la chaleur interne de la terre.

substratum imperméable
Couche de roches imperméables qui transmet la chaleur du réservoir magmatique vers l'aquifère.

aquifère captif
Couche de roches sédimentaires poreuses située entre deux couches imperméables, où l'eau (entre 150 et 400 °C) s'accumule.

puits d'injection
Cavité creusée dans le sol qui permet de réintroduire l'eau, dont on a récupéré la chaleur, dans l'aquifère afin qu'elle se réchauffe à nouveau.

réservoir magmatique
Poche de magma (roche en fusion issue du manteau terrestre) qui constitue une source de chaleur et confère son énergie thermique à l'eau.

maison géothermique

Habitation chauffée ou refroidie par un système utilisant l'énergie géothermique.

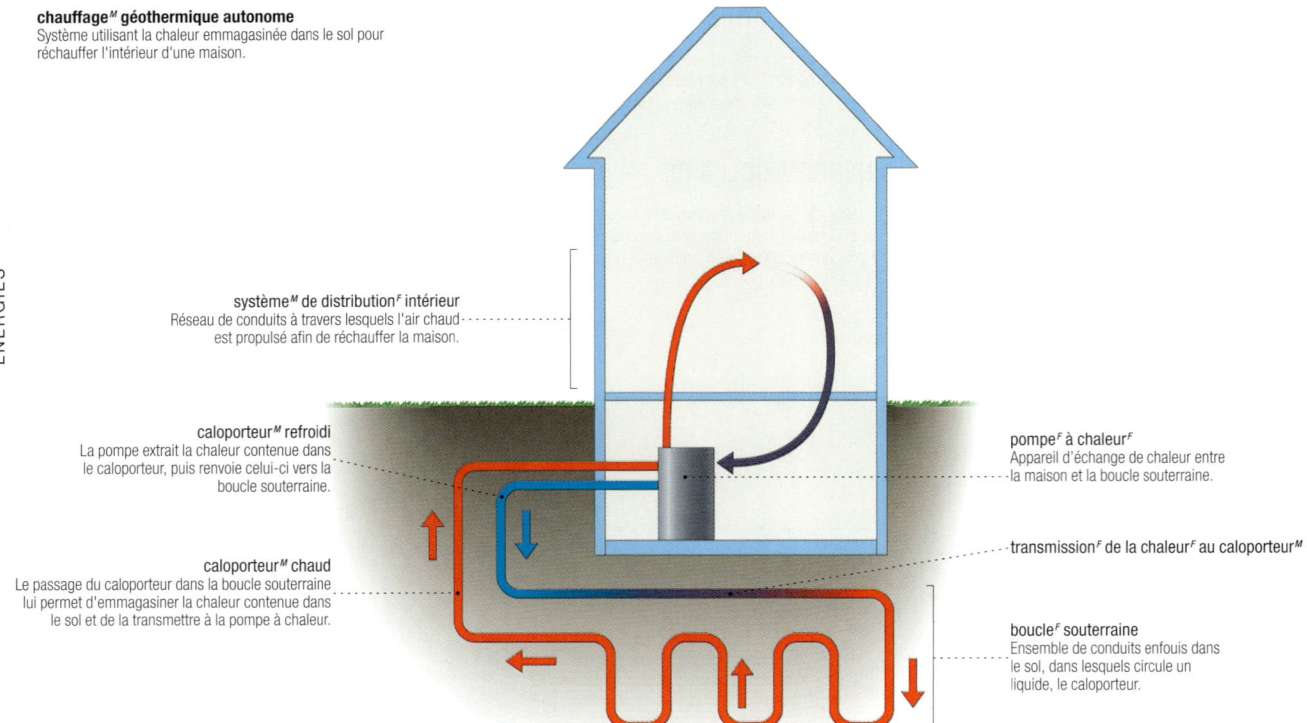

chauffage géothermique autonome
Système utilisant la chaleur emmagasinée dans le sol pour réchauffer l'intérieur d'une maison.

système de distribution intérieur
Réseau de conduits à travers lesquels l'air chaud est propulsé afin de réchauffer la maison.

caloporteur refroidi
La pompe extrait la chaleur contenue dans le caloporteur, puis renvoie celui-ci vers la boucle souterraine.

caloporteur chaud
Le passage du caloporteur dans la boucle souterraine lui permet d'emmagasiner la chaleur contenue dans le sol et de la transmettre à la pompe à chaleur.

pompe à chaleur
Appareil d'échange de chaleur entre la maison et la boucle souterraine.

transmission de la chaleur au caloporteur

boucle souterraine
Ensemble de conduits enfouis dans le sol, dans lesquels circule un liquide, le caloporteur.

énergie fossile

771

mine^F de charbon^M

Ensemble des installations souterraines ou à ciel ouvert aménagées autour d'un gisement de charbon en vue de son extraction.

convoyeur^M
sitif de manutention constitué tapis roulant (bande résistante soutenue par des rouleaux) ettant le transport du charbon extrait de la mine.

terril^M
Amas constitué de résidus de l'exploitation minière.

tranchée^F
Excavation pratiquée en longueur dans le sol jusqu'au toit de la couche en vue de l'extraction du minerai.

toit^M de la couche^F
Strate géologique qui recouvre la couche de minerai. Cette strate est de formation plus récente que le minerai.

carrière^F exploitée en chassant
Type d'exploitation surtout destiné aux gisements peu profonds et de grande taille, où l'on extrait le minerai en creusant une tranchée à partir de la surface du sol.

pelle^F mécanique
Engin de terrassement constitué d'une cabine mobile sur laquelle s'articule un bras muni d'un godet (pelle) servant à creuser et à manipuler des charges.

excavatrice^F à roue^F
Engin de terrassement constitué d'une roue munie de godets (pelles), servant à creuser la roche et à en extraire les matériaux pour les déverser sur un convoyeur.

morts-terrains^M
Partie du sol qui recouvre les couches de minerais et que l'on déplace pour atteindre le gisement.

front^M
Partie de la carrière en cours d'exploitation, de laquelle on extrait progressivement le minerai.

bulldozer^M
Engin de terrassement servant à pousser des matériaux, constitué d'un tracteur à chenilles ou à roues, d'une lame et, souvent, d'une défonceuse.

sauterelle^F
Appareil de manutention mobile, muni d'une bande transporteuse inclinable (convoyeur), qui permet notamment de monter des charges.

gradin^M
Chacun des niveaux de la carrière disposés en marches d'escalier, d'où s'effectue l'extraction du charbon ou du minerai.

terrain^M naturel
Surface du sol qui couvre le gisement.

carrière^F en entonnoir^M
Type d'exploitation destiné aux gisements peu profonds, où l'on extrait le minerai en creusant une succession de gradins à partir de la surface du sol.

front^M de taille^F
Surface verticale créée par le dynamitage du gisement pour l'extraction.

morts-terrains^M
Partie du sol qui recouvre les couches de minerais et que l'on déplace pour atteindre le gisement.

hauteur^F du gradin^M
Distance verticale comprise entre les plans horizontaux de deux gradins.

voie^F de transport^M
rastructure routière d'accès à rrière servant au transport du on vers l'usine de traitement.

cratère^M
Dépression constituant le fond de la carrière qui résulte de l'exploitation en gradins.

minerai^M
Combustible solide fossile de couleur noire contenant une grande proportion de carbone.

rampe^F
Voie de communication entre deux gradins, dont l'inclinaison permet le passage de véhicules motorisés pour évacuer le minerai extrait à chaque niveau.

ÉNERGIES

énergie fossile

mine^F de charbon^M

marteau^M perforateur à poussoir^M pneumatique
Machine-outil à percussion alimentée à l'air comprimé, servant à creuser des trous dans des roches dures. Le poussoir facilite le travail de l'ouvrier.

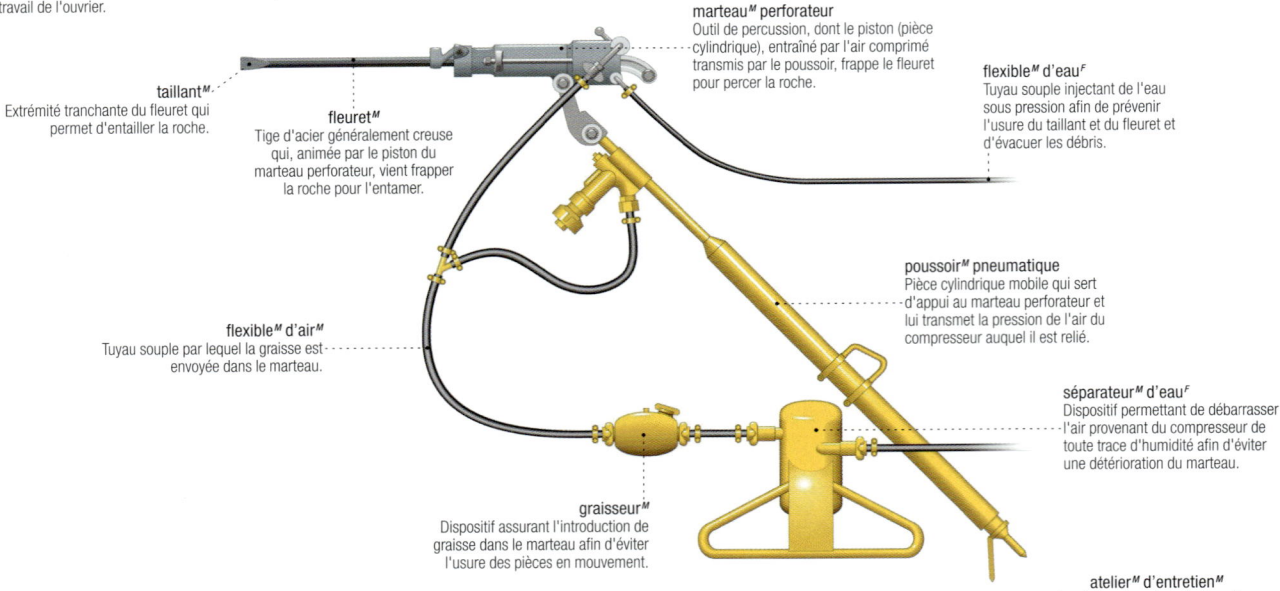

taillant^M
Extrémité tranchante du fleuret qui permet d'entailler la roche.

fleuret^M
Tige d'acier généralement creuse qui, animée par le piston du marteau perforateur, vient frapper la roche pour l'entamer.

marteau^M perforateur
Outil de percussion, dont le piston (pièce cylindrique), entraîné par l'air comprimé transmis par le poussoir, frappe le fleuret pour percer la roche.

flexible^M d'eau^F
Tuyau souple injectant de l'eau sous pression afin de prévenir l'usure du taillant et du fleuret et d'évacuer les débris.

flexible^M d'air^M
Tuyau souple par lequel la graisse est envoyée dans le marteau.

poussoir^M pneumatique
Pièce cylindrique mobile qui sert d'appui au marteau perforateur et lui transmet la pression de l'air du compresseur auquel il est relié.

séparateur^M d'eau^F
Dispositif permettant de débarrasser l'air provenant du compresseur de toute trace d'humidité afin d'éviter une détérioration du marteau.

graisseur^M
Dispositif assurant l'introduction de graisse dans le marteau afin d'éviter l'usure des pièces en mouvement.

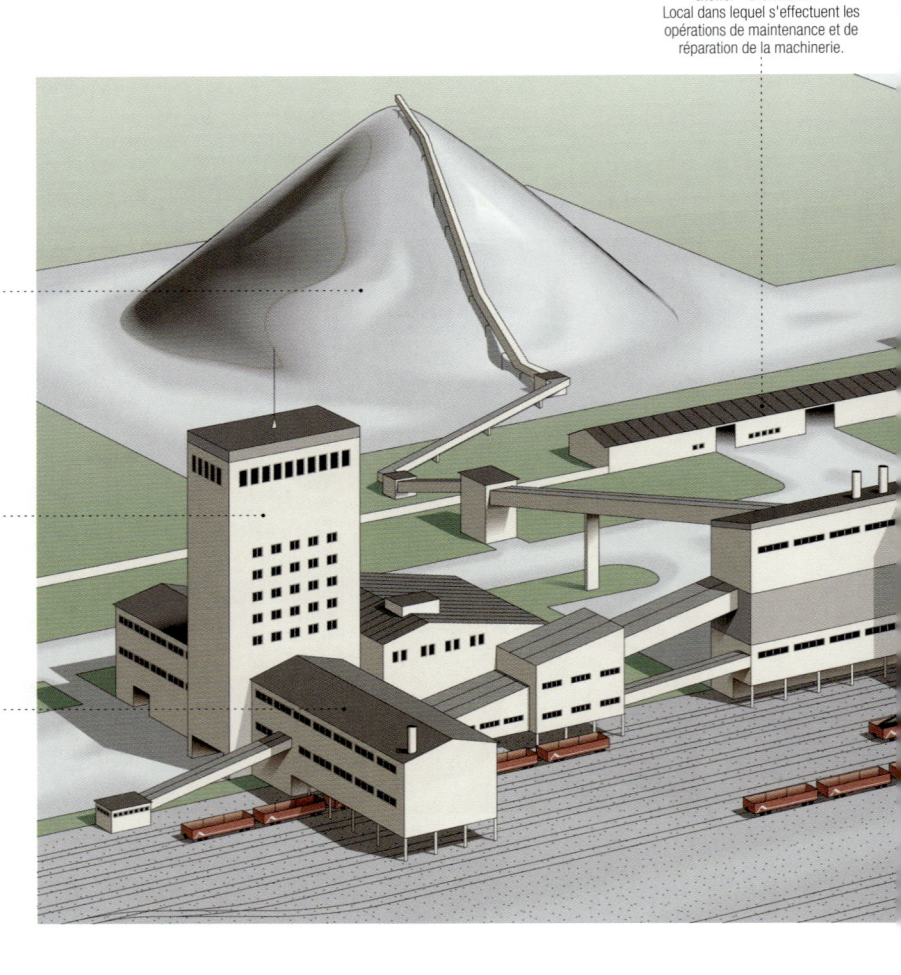

atelier^M d'entretien^M
Local dans lequel s'effectuent les opérations de maintenance et de réparation de la machinerie.

carreau^M de mine^F
Ensemble des installations de surface nécessaires à l'activité minière souterraine (machinerie d'extraction, dépôt de charbon, bureaux, etc.).

terril^M
Amas constitué de résidus de l'exploitation minière.

ventilateur^M principal
Dispositif assurant le renouvellement de l'air dans la mine : l'air entre par un puits et en ressort par un autre, aspiré par le ventilateur.

silo^M de chargement^M
Réservoir où est stocké le charbon préparé dans l'usine de traitement avant d'être chargé sur des wagons pour être transporté par voie ferrée vers une centrale.

énergie fossile

mine^F de charbon^M

levier^M de commande^F
Manette contrôlant le fonctionnement du marteau : l'actionnement du levier ouvre la soupape et permet ainsi l'entrée d'air dans le marteau.

soupape^F
Pièce mobile dont l'ouverture, commandée par le levier de commande, permet l'admission d'air comprimé dans le marteau.

raccordement^M du flexible^M
Dispositif d'assemblage dont la pièce métallique reçoit le tuyau flexible, permettant à l'air comprimé de pénétrer dans le marteau.

tuyau^M flexible
Conduit souple par lequel l'air comprimé, provenant du compresseur auquel il est relié, pénètre dans le marteau.

orifice^M d'échappement^M
Orifice par lequel est expulsé l'air comprimé du marteau pneumatique.

système^M de fixation^F
Dispositif par lequel l'outil est maintenu en place dans le porte-outil.

chevalement^M
Ouverture supérieure du puits assurant la liaison entre les installations de surface (ventilation, lavage, etc.) et les zones d'exploitation souterraines.

vestiaire^M des mineurs^M
Local équipé d'installations sanitaires (douches, toilettes), où les mineurs peuvent notamment changer de vêtements.

poignée^F
Chacun des éléments qui permettent à l'ouvrier de manier le marteau.

injecteur^M de lubrifiant^M
Dispositif assurant le graissage automatique des différentes pièces du marteau afin d'éviter leur usure.

silencieux^M
Dispositif destiné à atténuer le bruit dû à l'échappement de l'air du marteau.

porte-outil^M
Pièce du marteau dans laquelle est fixé l'outil.

outil^M
Tige cylindrique mise en mouvement par la pression de l'air comprimé du marteau afin de briser une surface dure.

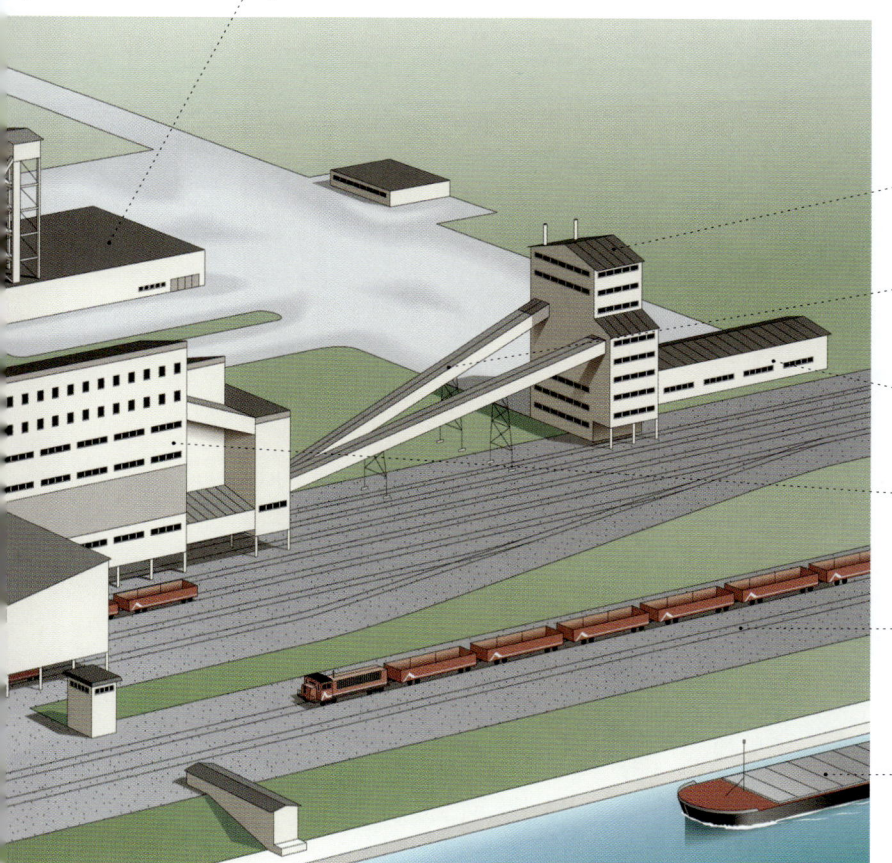

marteau^M pneumatique
Machine-outil à percussion alimentée à l'air comprimé qui, par l'intermédiaire d'un piston, agit sur un outil afin de briser une matière très dure (roche, béton, etc.).

tour^F d'extraction^F
Bâtiment qui renferme la machinerie des appareils élévateurs du puits (moteurs, câbles de levage, etc.), permettant la communication entre la surface et les galeries de la mine.

convoyeur^M
Dispositif de manutention constitué d'un tapis roulant (bande résistante soutenue par des rouleaux), permettant d'amener le charbon à l'usine de traitement.

salle^F du treuil^M
Local qui renferme le treuil (cylindre) sur lequel s'enroulent les câbles de levage, assurant ainsi le déplacement des ascenseurs et des skips dans le puits.

usine^F de traitement^M
Lieu où s'opère l'ensemble des activités de préparation du charbon extrait de la mine (concassage, lavage, etc.) en vue de sa commercialisation.

voie^F ferrée
Ensemble des chemins de roulement, constitués de deux rails parallèles, sur lesquels circulent les trains pour acheminer le charbon.

transport^M maritime
Moyen de transport par lequel les navires se déplacent sur l'eau pour acheminer le charbon.

ÉNERGIES

énergie fossile

mine de charbon

mine souterraine
Terrain dans lequel sont pratiquées des excavations (entre 10 et 3 500 m) pour extraire le charbon situé en profondeur en vue de son exploitation industrielle.

chevalement
Ouverture supérieure du puits assurant la liaison entre les installations de surface (ventilation, levage, etc.) et les zones d'exploitation souterraines.

puits vertical
Excavation pratiquée dans le sol perpendiculairement à la surface, qui dessert divers niveaux et sert notamment au transport du personnel, du matériel et du minerai.

ascenseur
Appareil mécanique élévateur muni d'une cabine servant au transport du charbon et du personnel entre différents niveaux.

cheminée
Galerie verticale ou inclinée servant au passage du minerai, du matériel, du personnel ou de l'air d'un niveau à l'autre de la mine.

travers-banc
Galerie horizontale coupant perpendiculairement la couche de minerai, qui assure la communication entre des galeries et contribue à la ventilation de la mine.

galerie de circulation
Passage réservé à la circulation du personnel dans la mine.

galerie en direction
Galerie creusée horizontalement selon la ligne de niveau de la couche de minerai. Il est aussi possible de la creuser dans le minerai selon un plan vertical.

front de taille
Cavité creusée latéralement dans la roche au fur et à mesure de l'extraction du charbon.

tour d'extraction
Bâtiment qui renferme la machinerie des appareils élévateurs du puits (moteurs, câbles de levage, etc.), permettant la communication entre la surface et les galeries de la mine.

puits d'extraction
Excavation verticale pratiquée dans le sol pour permettre l'évacuation du charbon de la mine par l'intermédiaire d'appareils élévateurs.

pilier
Masse de minerai non exploitée, laissée à intervalles réguliers dans une excavation (chambre) pour assurer la stabilité des couches supérieures.

chambre
Excavation résultant de l'extraction du minerai, dans laquelle des piliers soutiennent le toit.

niveau
Ensemble des galeries horizontales creusées à partir du puits, à la même profondeur. Les niveaux sont généralement établis à intervalles réguliers.

voie de tête
Galerie horizontale qui dessert un panneau à son niveau le plus élevé.

étage
Tranche d'exploitation comprise entre deux niveaux. L'exploitation de la mine s'opère généralement par étages pris dans l'ordre descendant.

skip
Élévateur constitué d'une benne mue par un treuil pour ramener à la surface le charbon ou le personnel.

cheminée à minerai
Galerie inclinée servant au passage du charbon à un niveau inférieur. Le charbon tombé au fond de la mine est en général concassé avant d'être remonté à la surface.

panneau
Bloc de formation rocheuse en cours d'exploitation, compris entre deux plans verticaux et horizontaux que délimitent diverses galeries.

recette
Palier situé autour du puits, à chaque niveau, où s'accumule le charbon avant son évacuation à la surface.

puisard
Fond du puits dans lequel s'accumule l'eau de ruissellement dans la mine avant d'être pompée vers la surface.

voie de fond
Galerie horizontale qui dessert un panneau à sa base.

descenderie
Galerie verticale ou inclinée creusée en descendant à l'intérieur de la mine, et non à partir de la surface, pour relier deux niveaux.

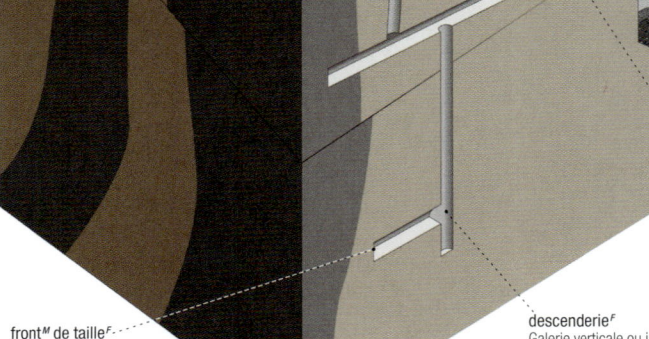

ÉNERGIES

énergie fossile

énergie thermique

Énergie produite par la transformation de l'eau en vapeur grâce à la chaleur dégagée par une combustion (pétrole, charbon, etc.) ou par une réaction nucléaire.

broyeur[M] Appareil destiné à réduire le charbon amené par le convoyeur en fragments plus ou moins fins.

cheminée[F] Conduit permettant d'évacuer les gaz dégagés par la combustion du charbon. Ces gaz sont au préalable partiellement épurés pour réduire le taux de pollution.

tour[F] **de refroidissement**[M] Dispositif refroidissant l'eau chauffée du condenseur au contact de l'air : une petite partie de cette eau s'évapore, le reste est réinjecté dans le condenseur.

production[F] **d'électricité**[F] **par énergie**[F] **thermique** La chaleur dégagée par les combustibles brûlés dans la centrale thermique permet de transformer l'eau en vapeur pour faire tourner un groupe turbo-alternateur et produire de l'électricité.

parc[M] **à charbon**[M] Zone où est stocké le charbon extrait d'une mine afin d'assurer l'approvisionnement continu de la centrale thermique.

transport[M] **de l'électricité**[F] **à haute tension**[F] Le transport de l'électricité sur de longues distances par des lignes haute tension permet de réduire l'intensité du courant et, donc, les pertes d'énergie.

abaissement[M] **de la tension**[F] Réduction de la tension électrique par un transformateur, afin d'augmenter l'intensité du courant et de desservir ainsi un plus grand nombre de consommateurs.

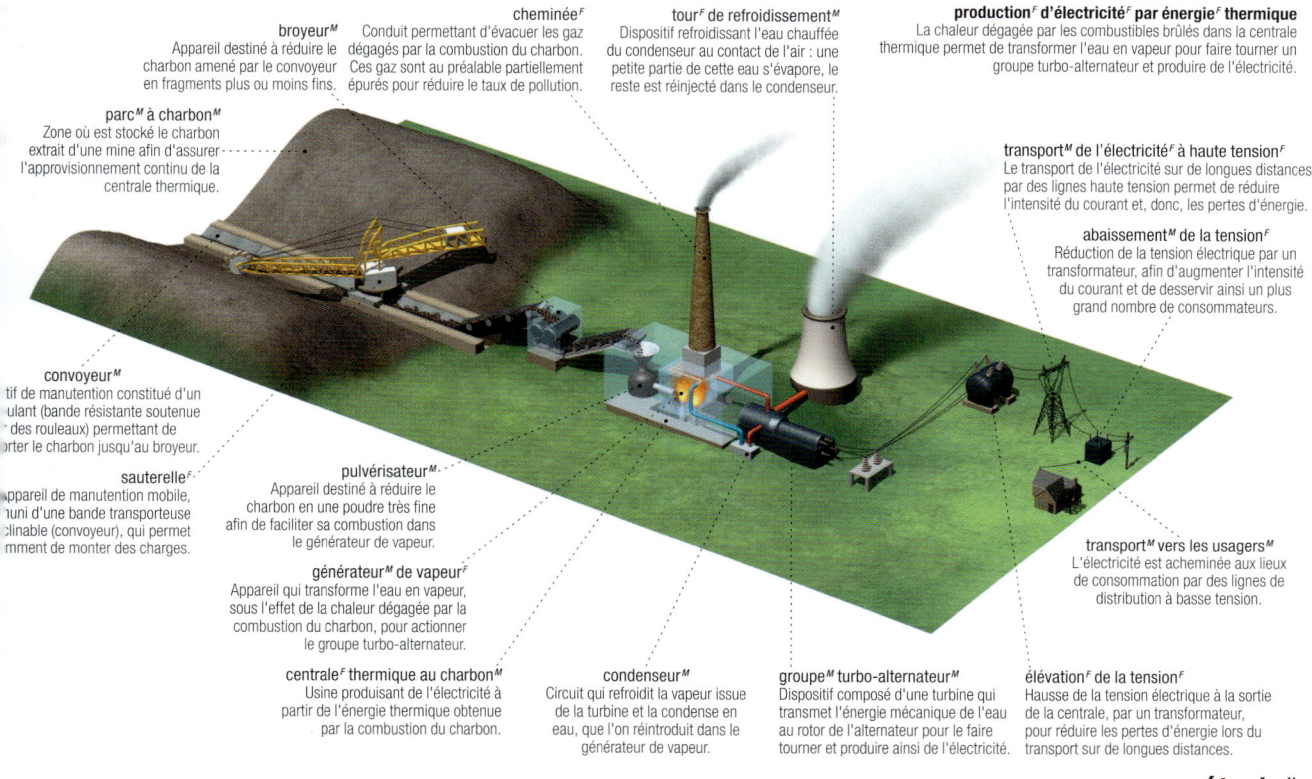

convoyeur[M] tif de manutention constitué d'un ulant (bande résistante soutenue des rouleaux) permettant de rter le charbon jusqu'au broyeur.

sauterelle[F] ppareil de manutention mobile, uni d'une bande transporteuse clinable (convoyeur), qui permet mment de monter des charges.

pulvérisateur[M] Appareil destiné à réduire le charbon en une poudre très fine afin de faciliter sa combustion dans le générateur de vapeur.

générateur[M] **de vapeur**[F] Appareil qui transforme l'eau en vapeur, sous l'effet de la chaleur dégagée par la combustion du charbon, pour actionner le groupe turbo-alternateur.

transport[M] **vers les usagers**[M] L'électricité est acheminée aux lieux de consommation par des lignes de distribution à basse tension.

centrale[F] **thermique au charbon**[M] Usine produisant de l'électricité à partir de l'énergie thermique obtenue par la combustion du charbon.

condenseur[M] Circuit qui refroidit la vapeur issue de la turbine et la condense en eau, que l'on réintroduit dans le générateur de vapeur.

groupe[M] **turbo-alternateur**[M] Dispositif composé d'une turbine qui transmet l'énergie mécanique de l'eau au rotor de l'alternateur pour le faire tourner et produire ainsi de l'électricité.

élévation[F] **de la tension**[F] Hausse de la tension électrique à la sortie de la centrale, par un transformateur, pour réduire les pertes d'énergie lors du transport sur de longues distances.

pétrole[M]

Liquide inflammable huileux plus ou moins visqueux que l'on utilise comme source d'énergie, constitué de divers hydrocarbures provenant de la décomposition sur des millions d'années de plantes et de végétaux.

prospection[F] **terrestre** Recherche d'éventuels gisements de pétrole par l'étude de la structure du sous-sol à l'aide d'un sismographe.

enregistrement[M] **sismographique** L'enregistrement s'effectue à l'aide d'un appareil (sismographe). L'analyse des échos des ondes de choc permet de déceler la présence de couches rocheuses susceptibles de retenir des poches de pétrole ou de gaz.

charge[F] **explosive** Quantité d'explosifs (substances capables de dégager en un temps très court des gaz à haute température) dont l'explosion provoque des ondes de choc.

prospection[F] **en mer**[F] L'ébranlement provoqué par l'explosion d'une charge dans la mer sert à déceler des gisements. La prospection en mer est plus difficile qu'à terre.

enregistrement[M] **sismographique** L'enregistrement s'effectue à l'aide d'un appareil (sismographe). L'analyse des échos des ondes de choc permet de déceler la présence de couches rocheuses susceptibles de retenir des poches de pétrole ou de gaz.

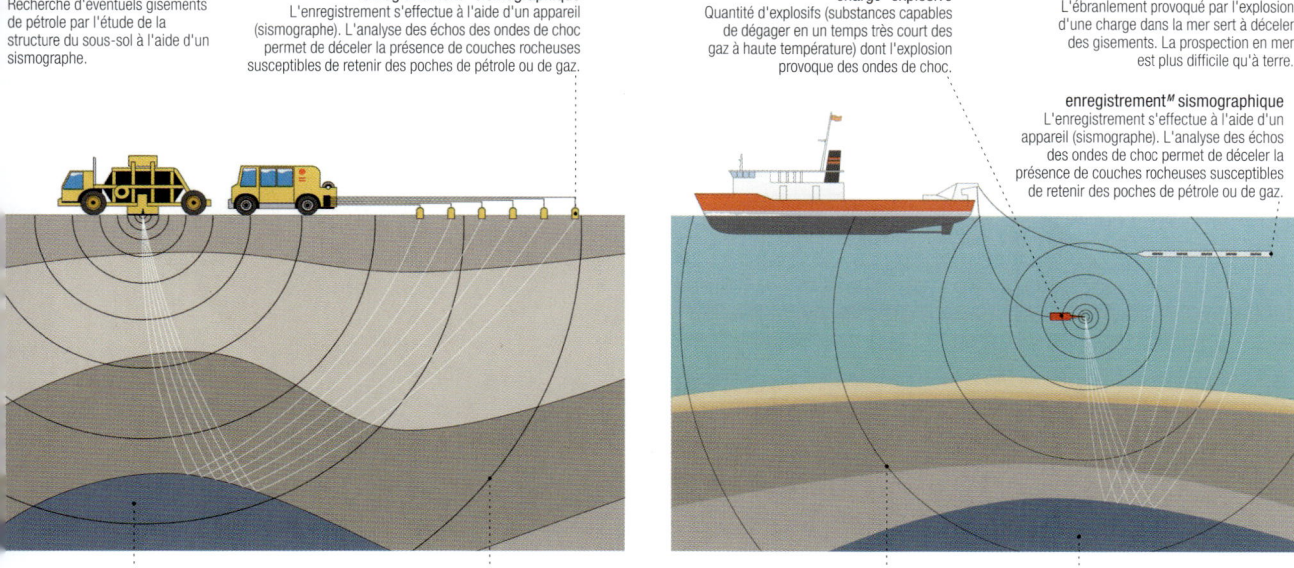

gisement[M] **de pétrole**[M] Ensemble de roches poreuses renfermant des réserves de pétrole exploitables.

onde[F] **de choc**[M] L'onde de choc se propage en renvoyant un écho variant selon la densité et la profondeur des couches composant le sous-sol, ce qui permet d'en déterminer la composition.

onde[F] **de choc**[M] L'onde de choc se propage en renvoyant un écho variant selon la densité et la profondeur des couches composant le sous-sol, ce qui permet d'en déterminer la composition.

gisement[M] **de pétrole**[M] Ensemble de roches poreuses renfermant des réserves de pétrole exploitables.

ÉNERGIES

énergie fossile

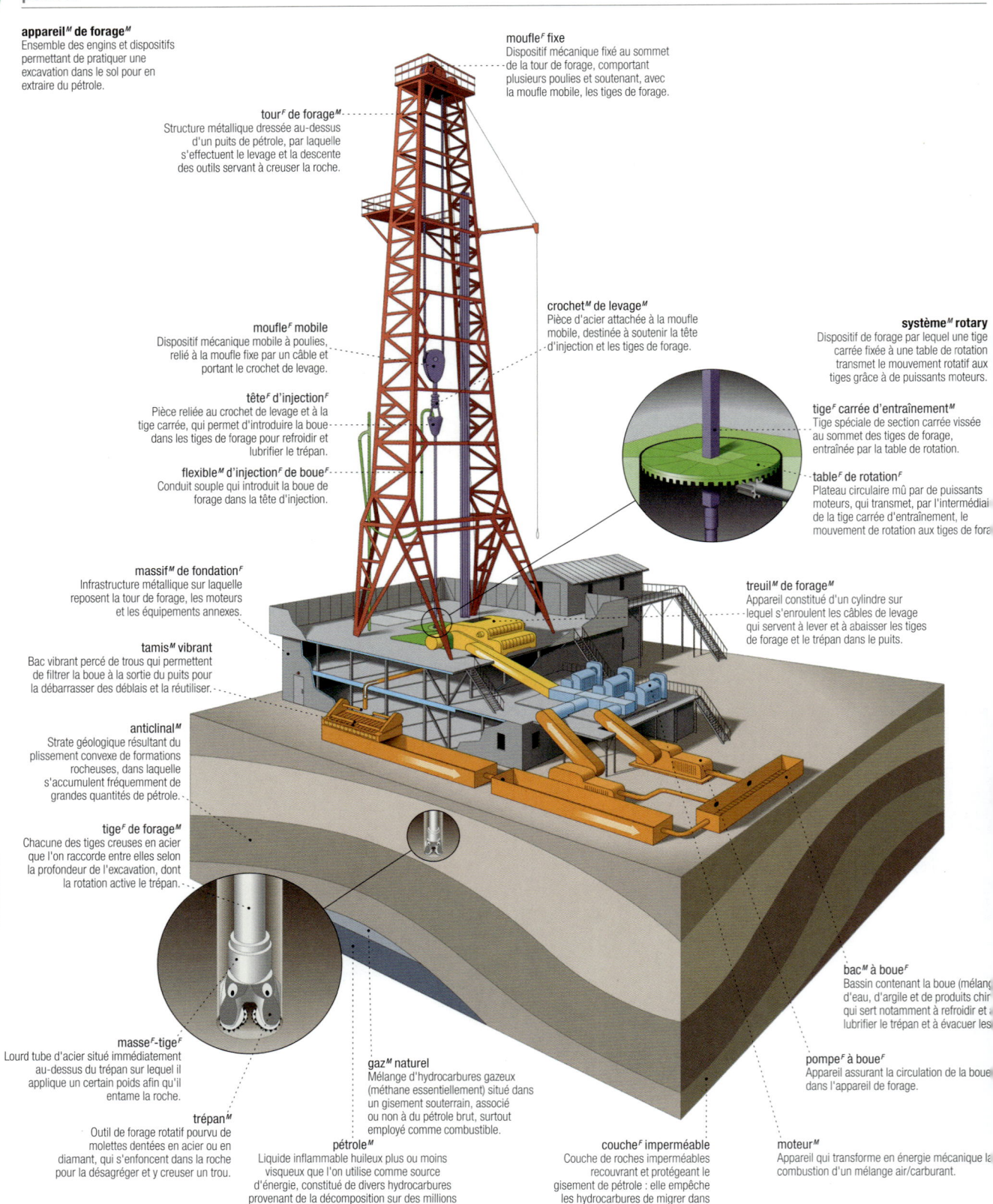

pétrole

appareil de forage
Ensemble des engins et dispositifs permettant de pratiquer une excavation dans le sol pour en extraire du pétrole.

moufle fixe
Dispositif mécanique fixé au sommet de la tour de forage, comportant plusieurs poulies et soutenant, avec la moufle mobile, les tiges de forage.

tour de forage
Structure métallique dressée au-dessus d'un puits de pétrole, par laquelle s'effectuent le levage et la descente des outils servant à creuser la roche.

crochet de levage
Pièce d'acier attachée à la moufle mobile, destinée à soutenir la tête d'injection et les tiges de forage.

système rotary
Dispositif de forage par lequel une tige carrée fixée à une table de rotation transmet le mouvement rotatif aux tiges grâce à de puissants moteurs.

moufle mobile
Dispositif mécanique mobile à poulies, relié à la moufle fixe par un câble et portant le crochet de levage.

tête d'injection
Pièce reliée au crochet de levage et à la tige carrée, qui permet d'introduire la boue dans les tiges de forage pour refroidir et lubrifier le trépan.

tige carrée d'entraînement
Tige spéciale de section carrée vissée au sommet des tiges de forage, entraînée par la table de rotation.

table de rotation
Plateau circulaire mû par de puissants moteurs, qui transmet, par l'intermédiaire de la tige carrée d'entraînement, le mouvement de rotation aux tiges de forage.

flexible d'injection de boue
Conduit souple qui introduit la boue de forage dans la tête d'injection.

massif de fondation
Infrastructure métallique sur laquelle reposent la tour de forage, les moteurs et les équipements annexes.

treuil de forage
Appareil constitué d'un cylindre sur lequel s'enroulent les câbles de levage qui servent à lever et à abaisser les tiges de forage et le trépan dans le puits.

tamis vibrant
Bac vibrant percé de trous qui permettent de filtrer la boue à la sortie du puits pour la débarrasser des déblais et la réutiliser.

anticlinal
Strate géologique résultant du plissement convexe de formations rocheuses, dans laquelle s'accumulent fréquemment de grandes quantités de pétrole.

tige de forage
Chacune des tiges creuses en acier que l'on raccorde entre elles selon la profondeur de l'excavation, dont la rotation active le trépan.

bac à boue
Bassin contenant la boue (mélange d'eau, d'argile et de produits chimiques) qui sert notamment à refroidir et lubrifier le trépan et à évacuer les déblais.

pompe à boue
Appareil assurant la circulation de la boue dans l'appareil de forage.

masse-tige
Lourd tube d'acier situé immédiatement au-dessus du trépan sur lequel il applique un certain poids afin qu'il entame la roche.

trépan
Outil de forage rotatif pourvu de molettes dentées en acier ou en diamant, qui s'enfoncent dans la roche pour la désagréger et y creuser un trou.

gaz naturel
Mélange d'hydrocarbures gazeux (méthane essentiellement) situé dans un gisement souterrain, associé ou non à du pétrole brut, surtout employé comme combustible.

pétrole
Liquide inflammable huileux plus ou moins visqueux que l'on utilise comme source d'énergie, constitué de divers hydrocarbures provenant de la décomposition sur des millions d'années de plantes et de végétaux.

couche imperméable
Couche de roches imperméables recouvrant et protégeant le gisement de pétrole : elle empêche les hydrocarbures de migrer dans d'autres roches.

moteur
Appareil qui transforme en énergie mécanique la combustion d'un mélange air/carburant.

énergie fossile

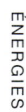

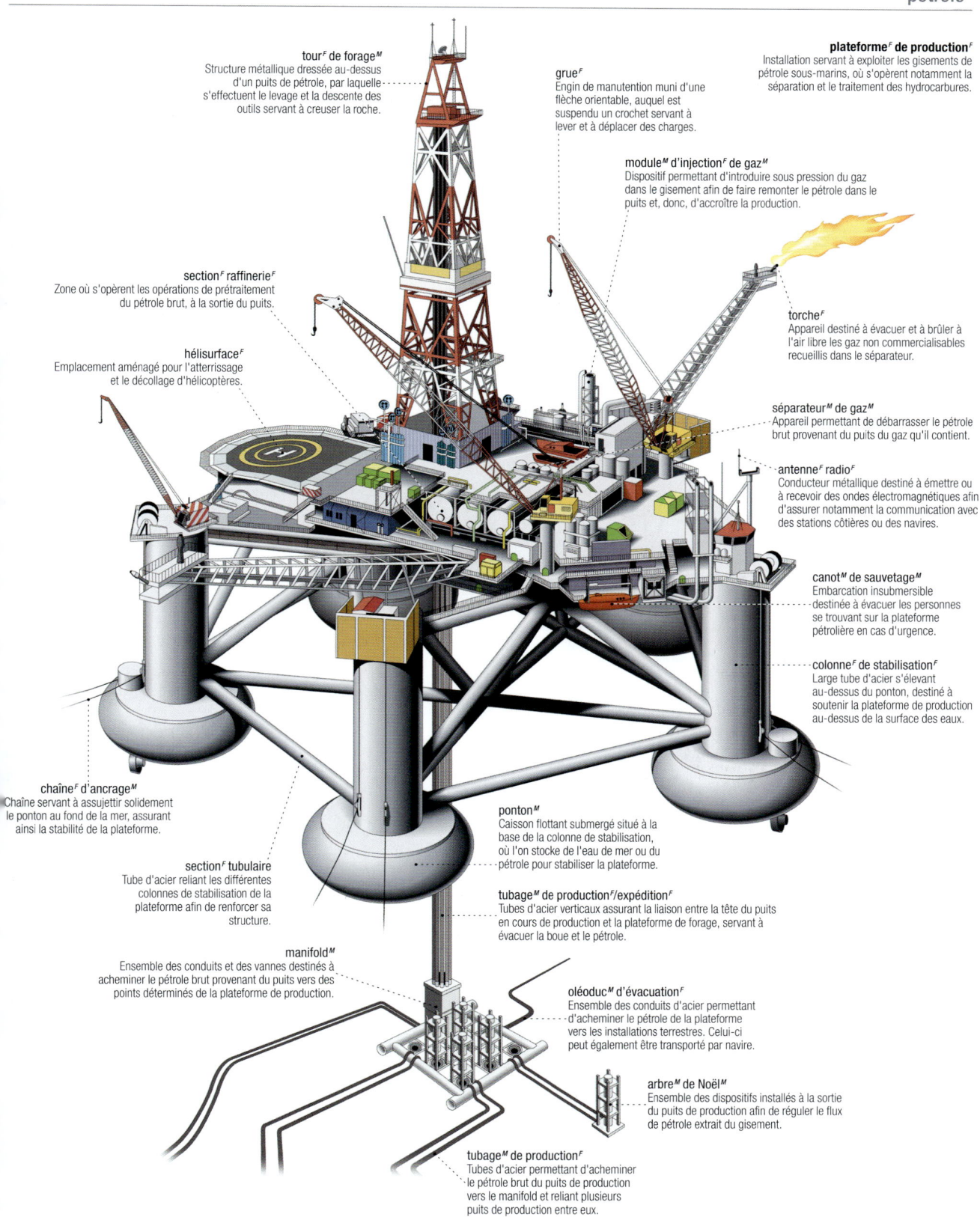

pétrole^M

tour^F de forage^M
Structure métallique dressée au-dessus d'un puits de pétrole, par laquelle s'effectuent le levage et la descente des outils servant à creuser la roche.

grue^F
Engin de manutention muni d'une flèche orientable, auquel est suspendu un crochet servant à lever et à déplacer des charges.

plateforme^F de production^F
Installation servant à exploiter les gisements de pétrole sous-marins, où s'opèrent notamment la séparation et le traitement des hydrocarbures.

module^M d'injection^F de gaz^M
Dispositif permettant d'introduire sous pression du gaz dans le gisement afin de faire remonter le pétrole dans le puits et, donc, d'accroître la production.

section^F raffinerie^F
Zone où s'opèrent les opérations de prétraitement du pétrole brut, à la sortie du puits.

torche^F
Appareil destiné à évacuer et à brûler à l'air libre les gaz non commercialisables recueillis dans le séparateur.

hélisurface^F
Emplacement aménagé pour l'atterrissage et le décollage d'hélicoptères.

séparateur^M de gaz^M
Appareil permettant de débarrasser le pétrole brut provenant du puits du gaz qu'il contient.

antenne^F radio^F
Conducteur métallique destiné à émettre ou à recevoir des ondes électromagnétiques afin d'assurer notamment la communication avec des stations côtières ou des navires.

canot^M de sauvetage^M
Embarcation insubmersible destinée à évacuer les personnes se trouvant sur la plateforme pétrolière en cas d'urgence.

colonne^F de stabilisation^F
Large tube d'acier s'élevant au-dessus du ponton, destiné à soutenir la plateforme de production au-dessus de la surface des eaux.

chaîne^F d'ancrage^M
Chaîne servant à assujettir solidement le ponton au fond de la mer, assurant ainsi la stabilité de la plateforme.

section^F tubulaire^F
Tube d'acier reliant les différentes colonnes de stabilisation de la plateforme afin de renforcer sa structure.

ponton^M
Caisson flottant submergé situé à la base de la colonne de stabilisation, où l'on stocke de l'eau de mer ou du pétrole pour stabiliser la plateforme.

tubage^M de production^F/expédition^F
Tubes d'acier verticaux assurant la liaison entre la tête du puits en cours de production et la plateforme de forage, servant à évacuer la boue et le pétrole.

manifold^M
Ensemble des conduits et des vannes destinés à acheminer le pétrole brut provenant du puits vers des points déterminés de la plateforme de production.

oléoduc^M d'évacuation^F
Ensemble des conduits d'acier permettant d'acheminer le pétrole de la plateforme vers les installations terrestres. Celui-ci peut également être transporté par navire.

arbre^M de Noël^M
Ensemble des dispositifs installés à la sortie du puits de production afin de réguler le flux de pétrole extrait du gisement.

tubage^M de production^F
Tubes d'acier permettant d'acheminer le pétrole brut du puits de production vers le manifold et reliant plusieurs puits de production entre eux.

ÉNERGIES

778   **énergie fossile**

pétrole^M

forage^M en mer^F
Il existe différentes structures d'extraction pétrolière installées en mer, selon la situation du gisement sous-marin et la profondeur de l'eau.

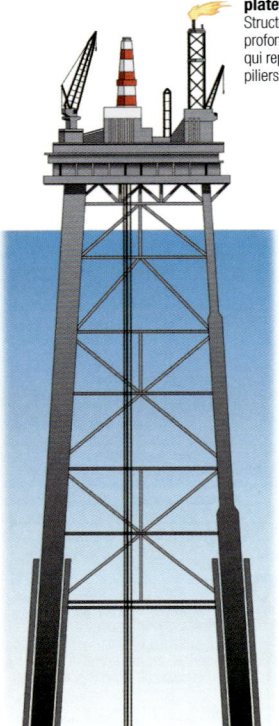

plateforme^F fixe
Structure généralement utilisée à des profondeurs moyennes (jusqu'à 400 m), qui repose sur le fond marin par des piliers profondément enfouis dans le sol.

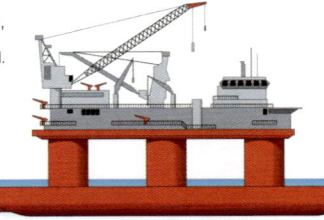

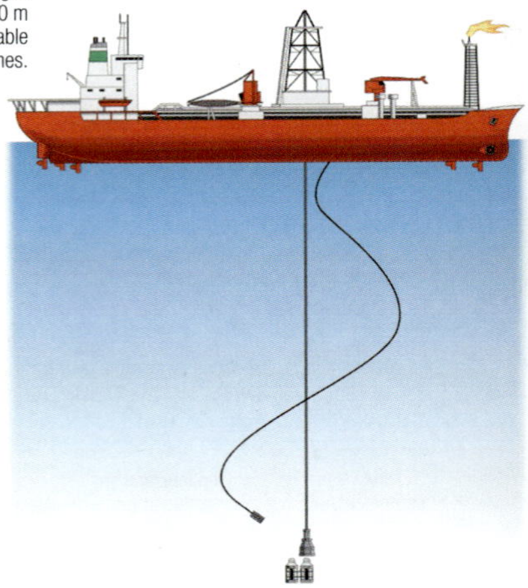

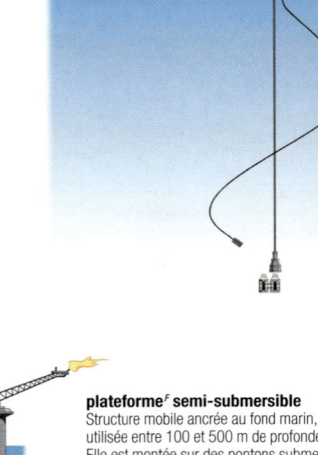

navire^M de forage^M
Bateau conçu pour les forages pétroliers en eau profonde (1 000 m et plus), plus mobile et moins stable que les plateformes.

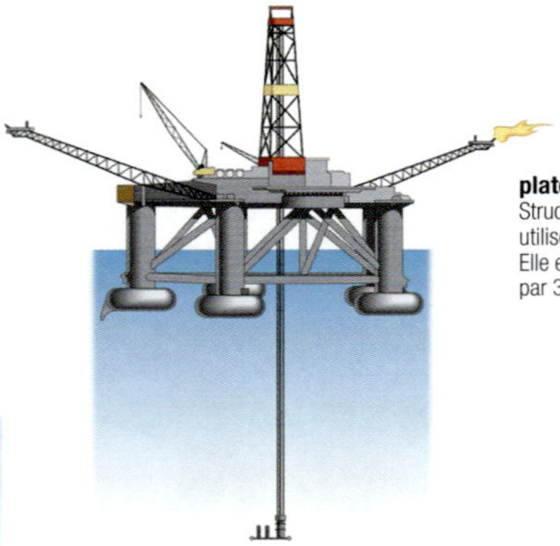

barge^F de service^M d'urgence^F
Structure flottante équipée de matériel spécialisé et destinée à assurer les opérations de secours sur les installations de forage.

plateforme^F semi-submersible
Structure mobile ancrée au fond marin, utilisée entre 100 et 500 m de profondeur. Elle est montée sur des pontons submergés par 30 m environ, assurant sa stabilité.

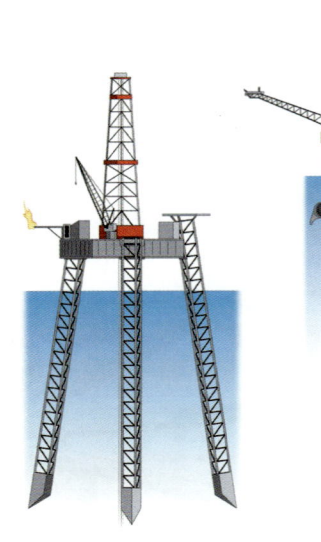

plateforme^F auto-élevatrice
Structure mobile utilisée en eau peu profonde (entre 20 et 100 m), hissée au-dessus du niveau de la mer par des piliers rétractables reposant sur le fond marin.

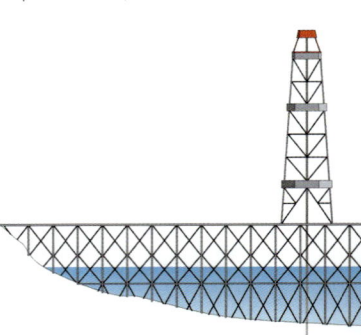

jetée^F
Structure fixée sur une installation qui s'avance dans la mer, utilisée pour des gisements terrestres se prolongeant au-delà de la côte (3 m de profondeur environ).

production^F de pétrole^M à partir de sables^M bitumineux
Extraction d'hydrocarbures à partir de gisements de sables bitumineux. Le bitume peut être extrait par des techniques de mine à ciel ouvert ou par des procédés in situ, qui font appel à l'injection de vapeur d'eau.

sable^M bitumineux
Minerai composé d'un grain de sable argileux entouré d'une couche d'eau et d'une pellicule de bitume.

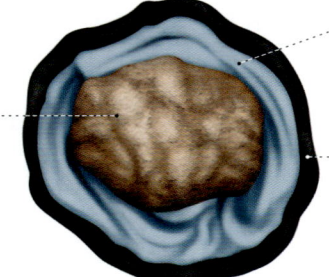

eau^F
Liquide fait d'hydrogène et d'oxygène, qui se transforme en vapeur à 100 °C.

grain^M de sable^M
Petit fragment de roches ou de minéraux.

bitume^M
Pétrole brut sous forme semi-solide.

énergie fossile

pétrole^M

extraction^F minière
Les sables bitumineux sont extraits du sol à l'aide d'équipements spécialisés, puis déversés sur un convoyeur.

réservoir^M de préparation^F de la boue^F
Cuve dans laquelle on ajoute de l'eau aux sables bitumineux pour en faciliter le pompage vers les installations d'extraction.

décanteur^M de séparation^F
Cuve dans laquelle la boue de sables bitumineux décante : une mousse de bitume remonte à la surface, alors que les sédiments (roches, argile, sable) se déposent au fond.

exploitation^F minière à ciel^M ouvert
Technique d'extraction qui consiste à creuser le sol à sa surface pour récupérer directement les sables bitumineux exploitables.

eau^F
Liquide fait d'hydrogène et d'oxygène, qui se transforme en vapeur à 100 °C.

mousse^F bitumineuse
Mélange de bitume, d'argile et d'eau. La mousse de bitume qui flotte à la surface du séparateur est écumée puis acheminée au réservoir de traitement.

séparateur^M primaire
Cuve dans laquelle on ajoute de l'eau afin de poursuivre l'extraction du bitume.

sables^M bitumineux
Minerais composés de grains de sable argileux entourés d'une couche d'eau et d'une pellicule de bitume.

concasseur^M
Appareil destiné à réduire les sables bitumineux en fragments plus ou moins fins.

usine^F de valorisation^F
Installation de traitement visant à diminuer la viscosité du bitume, puis à le purifier. Le pétrole brut résultant de la valorisation peut ensuite être acheminé vers une raffinerie.

réservoir^M de traitement^M de la mousse^F
Cuve dans laquelle on élimine les contaminants (eau et déchets solides) de la mousse afin d'obtenir un produit bitumineux propre.

sable^M
Ensemble de petits fragments de roches ou de minéraux retirés de la mousse bitumineuse lors des différentes étapes du procédé d'extraction.

eau^F recyclée
L'eau résultant du traitement des sables bitumineux est filtrée et parfois réutilisée dans le processus d'extraction.

stimulation^F cyclique par la vapeur^F d'eau^F
Technique d'extraction qui consiste à injecter de la vapeur d'eau dans un puits afin de chauffer le bitume, puis de pomper ce dernier vers la surface.

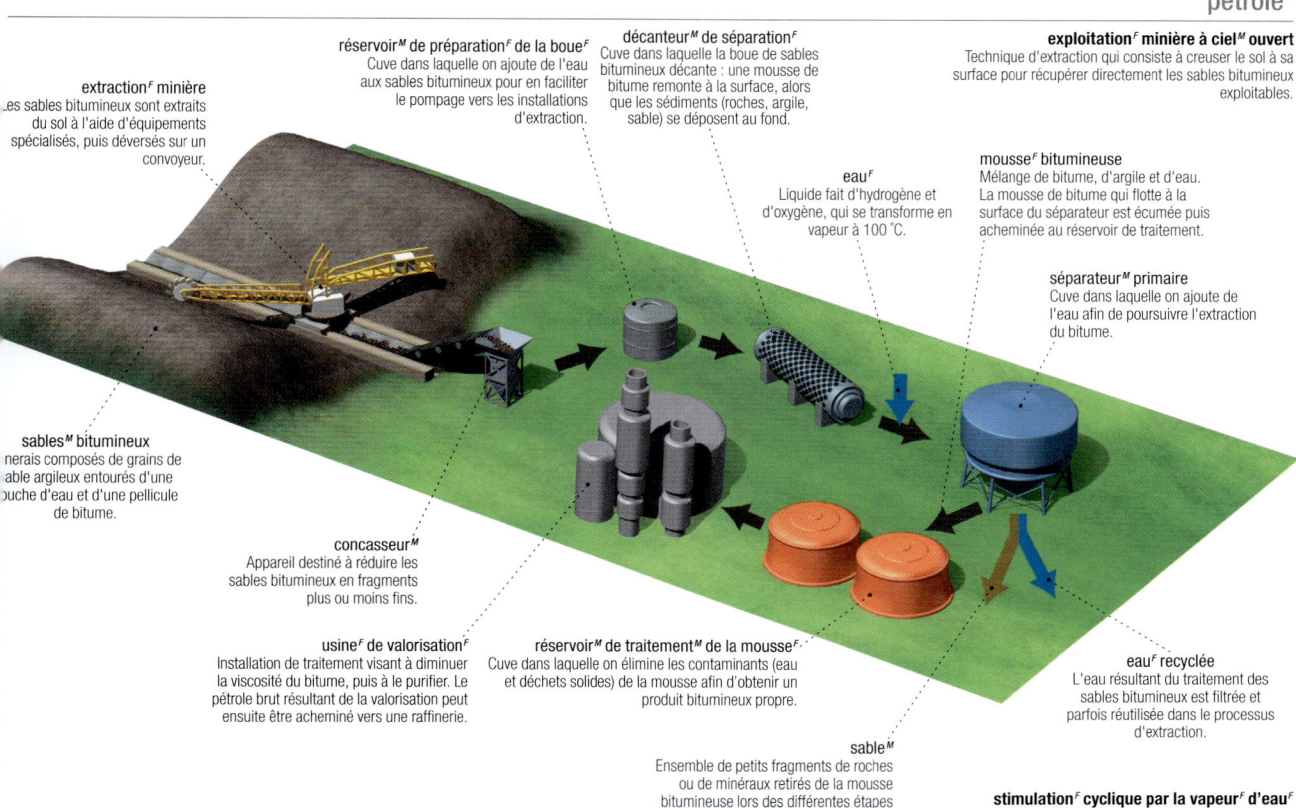

drainage^M par gravité^M au moyen^M de la vapeur^F
Technique d'extraction qui consiste à injecter de la vapeur d'eau dans un puits afin de chauffer le bitume, qui s'écoule ensuite vers un deuxième puits.

injection^F de vapeur^F
Première étape du procédé d'extraction, au cours de laquelle la vapeur d'eau est introduite dans le gisement.

phase^F d'attente^F
Deuxième étape du procédé d'extraction. La vapeur d'eau chauffe le bitume afin de diminuer sa viscosité.

pompage^M
Troisième étape du procédé d'extraction, qui vise à pomper le bitume chauffé vers la surface.

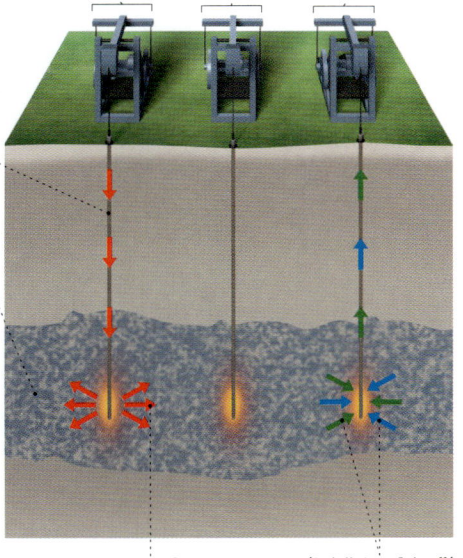

puits^M d'injection^F
Cavité creusée dans le sol qui permet d'introduire de la vapeur d'eau dans le gisement.

puits^M de production^F
Cavité creusée dans le sol qui permet de recueillir le bitume, puis de le pomper vers la surface.

installations^F de surface^F
Ensemble des équipements nécessaires à l'exploitation, au traitement et au stockage des hydrocarbures.

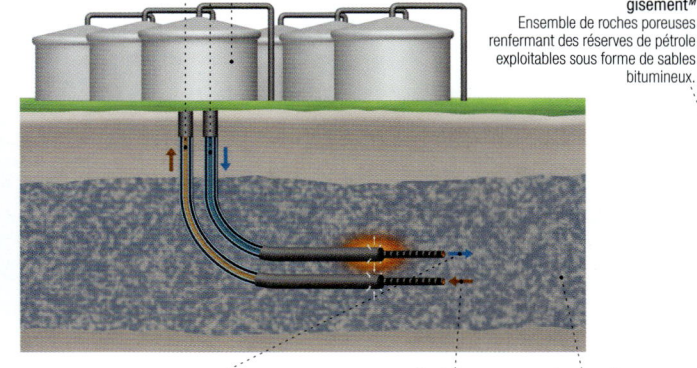

puits^M
Cavité creusée dans le sol qui permet à la fois d'introduire de la vapeur d'eau dans le gisement et de pomper le bitume vers la surface.

gisement^M
Ensemble de roches poreuses renfermant des réserves de pétrole exploitables sous forme de sables bitumineux.

vapeur^F
État gazeux de l'eau. La vapeur injectée chauffe le bitume, ce qui en réduit la viscosité.

pétrole^M
Huile minérale naturelle constituée de divers hydrocarbures. Le pétrole chauffé s'écoule par gravité vers le puits de production.

gisement^M
Ensemble de roches poreuses renfermant des réserves de pétrole exploitables sous forme de sables bitumineux.

vapeur^F
État gazeux de l'eau. La vapeur injectée chauffe le bitume, ce qui en réduit la viscosité.

pétrole^M et eau^F chauffés

ÉNERGIES

énergie fossile

pétrole^M

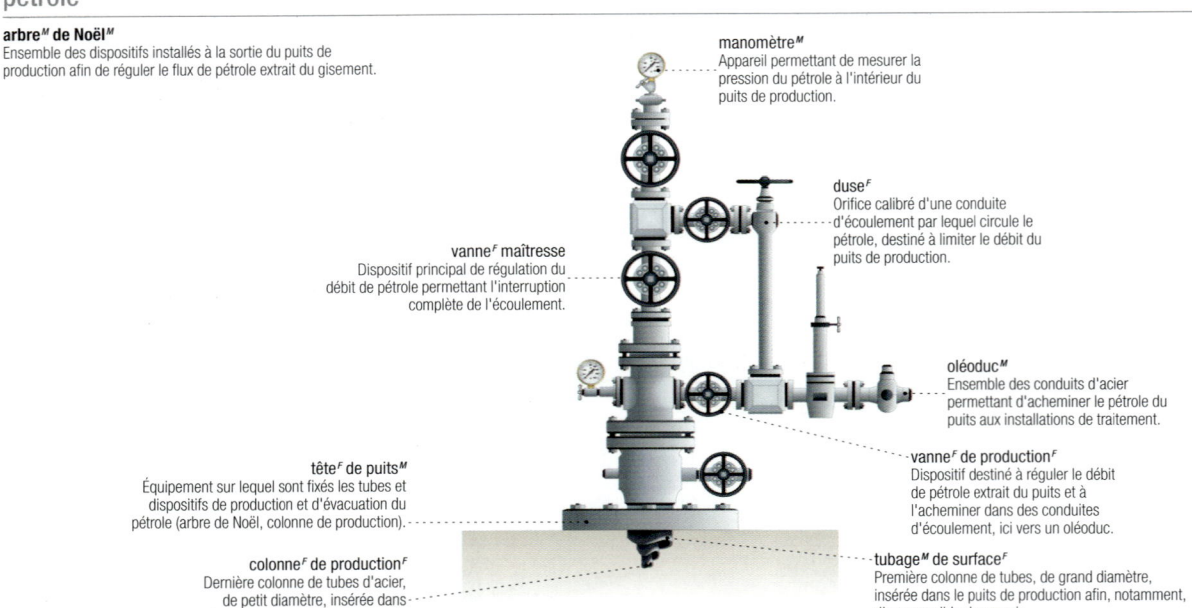

arbre^M de Noël^M
Ensemble des dispositifs installés à la sortie du puits de production afin de réguler le flux de pétrole extrait du gisement.

manomètre^M
Appareil permettant de mesurer la pression du pétrole à l'intérieur du puits de production.

duse^F
Orifice calibré d'une conduite d'écoulement par lequel circule le pétrole, destiné à limiter le débit du puits de production.

vanne^F maîtresse
Dispositif principal de régulation du débit de pétrole permettant l'interruption complète de l'écoulement.

oléoduc^M
Ensemble des conduits d'acier permettant d'acheminer le pétrole du puits aux installations de traitement.

tête^F de puits^M
Équipement sur lequel sont fixés les tubes et dispositifs de production et d'évacuation du pétrole (arbre de Noël, colonne de production).

vanne^F de production
Dispositif destiné à réguler le débit de pétrole extrait du puits et à l'acheminer dans des conduites d'écoulement, ici vers un oléoduc.

colonne^F de production
Dernière colonne de tubes d'acier, de petit diamètre, insérée dans le puits et servant à acheminer le pétrole vers la surface.

tubage^M de surface
Première colonne de tubes, de grand diamètre, insérée dans le puits de production afin, notamment, d'en consolider les parois.

réseau^M d'oléoducs^M
Conduite continue d'oléoducs enterrée, surélevée ou marine, pouvant atteindre des milliers de kilomètres (l'oléoduc transsibérien atteint, par exemple, 6 200 km).

puits^M sous-marin
Cavité creusée dans le sol marin en vue de l'exploitation des gisements pétroliers, dont certains équipements, tels que l'arbre de Noël, reposent sur le fond marin.

plateforme^F de production
Installation servant à exploiter les gisements de pétrole sous-marins, où s'opèrent notamment la séparation et le traitement des hydrocarbures.

tour^F de forage^M
Structure métallique dressée au-dessus d'un puits de pétrole, par laquelle s'effectuent le levage et la descente des outils servant à creuser la roche.

oléoduc^M sous-marin
Oléoduc installé sur le fond marin pour transporter vers la côte le pétrole extrait d'un gisement sous-marin.

arbre^M de Noël^M
Ensemble des dispositifs installés à la sortie du puits de production afin de réguler le flux de pétrole extrait du gisement.

station^F de pompage^M
Installation pourvue de pompes motorisées, située à intervalles réguliers le long d'un oléoduc et assurant la circulation du pétrole à l'intérieur de celui-ci.

réservoir^M tampon^M
Récipient de grande dimension destiné à stocker temporairement le pétrole brut avant qu'il soit de nouveau pompé dans l'oléoduc.

parc^M de stockage^M
Ensemble des installations (réservoirs, pompes, etc.) destinées à entreposer de grandes quantités de pétrole brut, qui sera par la suite acheminé vers une raffinerie.

oléoduc^M surélevé
Oléoduc disposé sur des supports au-dessus du sol afin de l'isoler, par exemple, de sols gelés, comme c'est le cas en Alaska.

station^F de pompage^M principale
Puissante station de pompage assurant le déplacement du pétrole dans l'oléoduc, grâce au maintien de la pression, jusqu'à la station de pompage suivante.

parc^M de stockage^M terminal
Ensemble des installations (réservoirs, pompes, etc.) auxquelles aboutit un oléoduc, destinées à recevoir le pétrole brut avant son traitement par la raffinerie.

oléoduc^M
Ensemble des conduits d'acier permettant d'acheminer le pétrole d'une installation de traitement à une autre.

station^F de pompage^M intermédiaire
Station de pompage destinée à renforcer l' de la station principale et à maintenir le dé pétrole dans le réseau d'oléoducs.

raffinerie^F
Usine où s'opère la transformation du pétrole brut (séparation, épuration, etc.) pour obtenir de nombreux produits finis (carburants, graisses, etc.).

énergie fossile

781

pétrole

soupape à pression et dépression
Pièce mobile servant à réguler la pression interne du réservoir, qui varie suivant les opérations de vidange et de remplissage ou la température.

gicleur
Dispositif permettant de vaporiser de l'eau sur le toit du réservoir afin de le refroidir lorsque la température s'élève.

trou d'homme
Ouverture arrondie pratiquée dans le réservoir et fermée par une plaque, permettant le passage d'un homme.

réservoirs
Récipients cylindriques couverts de grande dimension, généralement en acier, où l'on stocke des produits pétroliers liquides ou gazeux entre le raffinage et la vente.

réservoir à toit fixe
Réservoir destiné au stockage de produits lourds (carburant diesel, kérosène, asphalte, etc.). Le toit fixe assure l'étanchéité du réservoir.

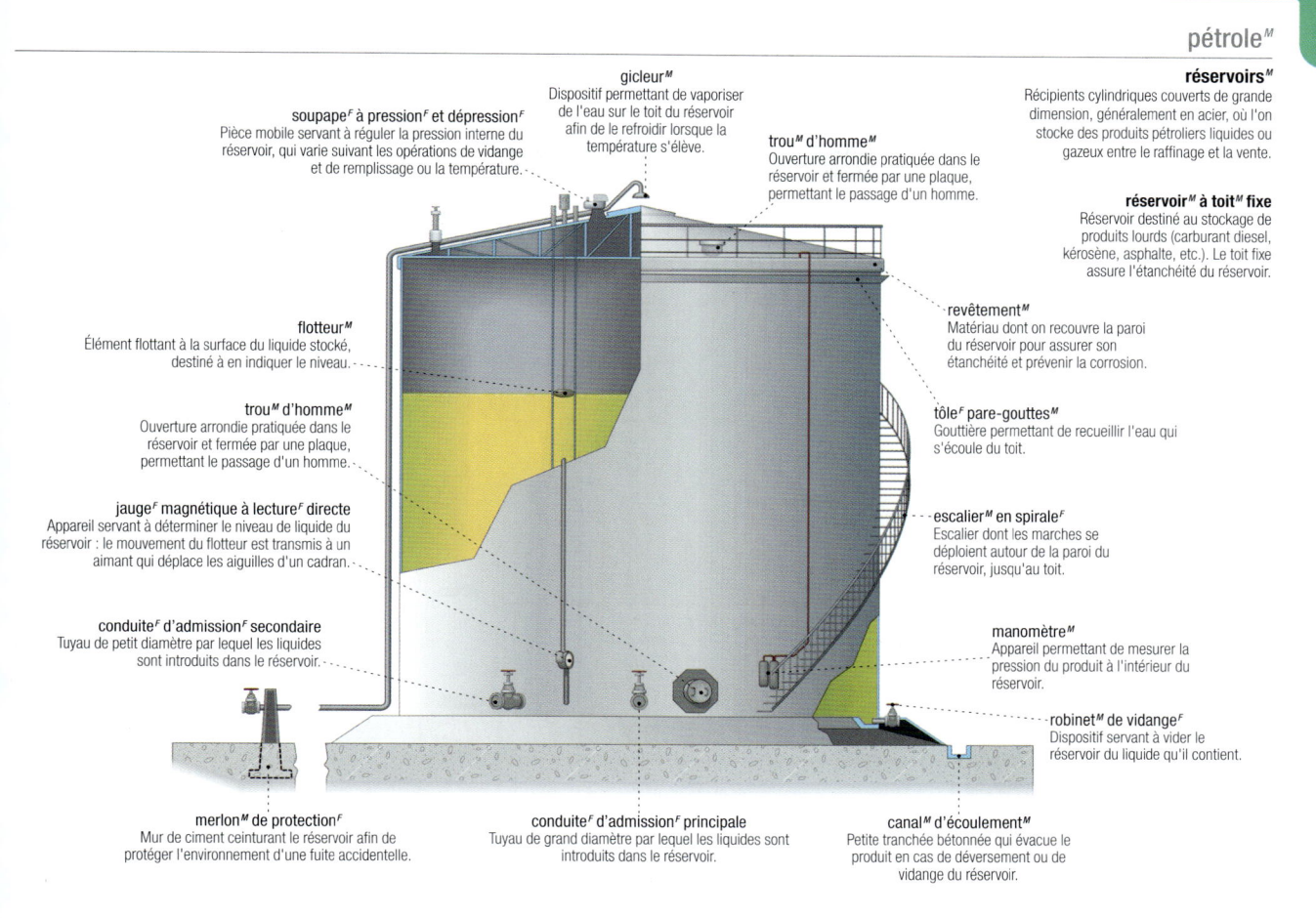

flotteur
Élément flottant à la surface du liquide stocké, destiné à en indiquer le niveau.

revêtement
Matériau dont on recouvre la paroi du réservoir pour assurer son étanchéité et prévenir la corrosion.

trou d'homme
Ouverture arrondie pratiquée dans le réservoir et fermée par une plaque, permettant le passage d'un homme.

tôle pare-gouttes
Gouttière permettant de recueillir l'eau qui s'écoule du toit.

jauge magnétique à lecture directe
Appareil servant à déterminer le niveau de liquide du réservoir : le mouvement du flotteur est transmis à un aimant qui déplace les aiguilles d'un cadran.

escalier en spirale
Escalier dont les marches se déploient autour de la paroi du réservoir, jusqu'au toit.

conduite d'admission secondaire
Tuyau de petit diamètre par lequel les liquides sont introduits dans le réservoir.

manomètre
Appareil permettant de mesurer la pression du produit à l'intérieur du réservoir.

robinet de vidange
Dispositif servant à vider le réservoir du liquide qu'il contient.

merlon de protection
Mur de ciment ceinturant le réservoir afin de protéger l'environnement d'une fuite accidentelle.

conduite d'admission principale
Tuyau de grand diamètre par lequel les liquides sont introduits dans le réservoir.

canal d'écoulement
Petite tranchée bétonnée qui évacue le produit en cas de déversement ou de vidange du réservoir.

conduite à la terre
Fil reliant le réservoir et son contenu à la terre afin de prévenir l'accumulation d'électricité statique et d'éviter tout risque d'inflammation.

escalier
Élément de structure permettant d'accéder au toit du réservoir.

réservoir à toit flottant
Réservoir dont le toit mobile s'appuie directement sur la surface du liquide pour réduire l'évaporation des hydrocarbures. Il est destiné au stockage des produits les plus volatils.

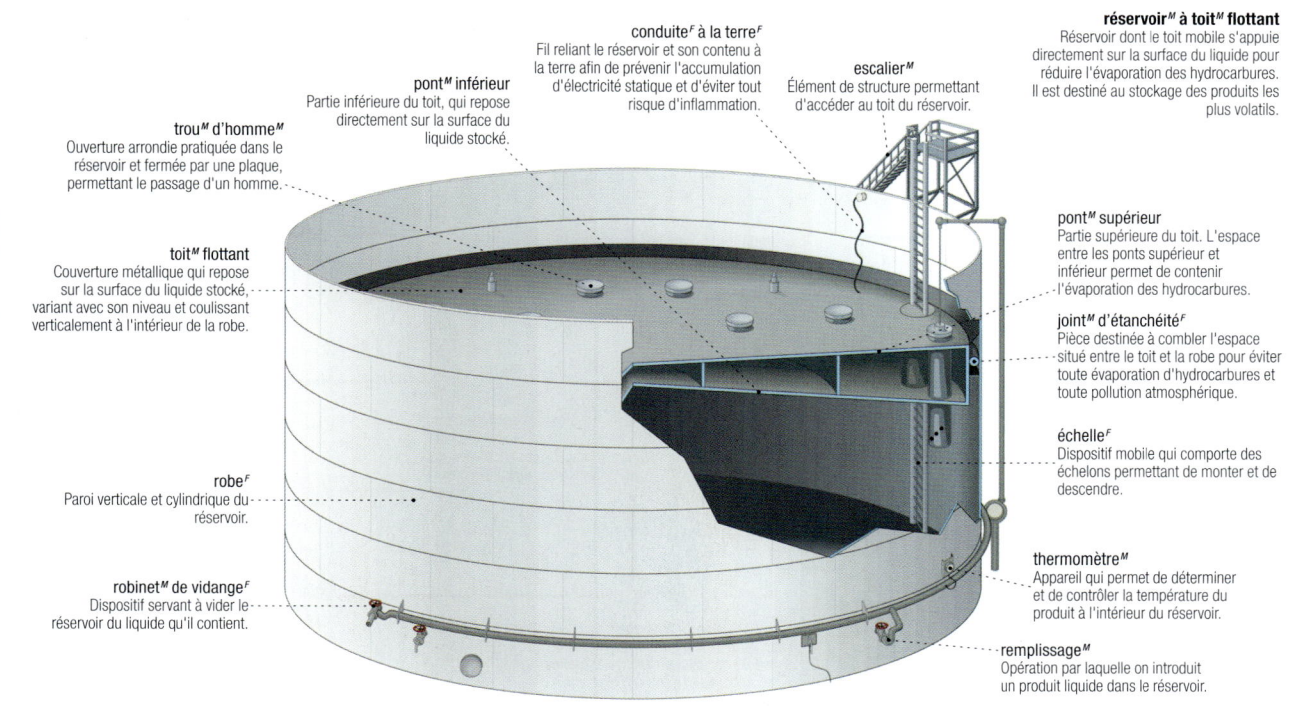

pont inférieur
Partie inférieure du toit, qui repose directement sur la surface du liquide stocké.

trou d'homme
Ouverture arrondie pratiquée dans le réservoir et fermée par une plaque, permettant le passage d'un homme.

pont supérieur
Partie supérieure du toit. L'espace entre les ponts supérieur et inférieur permet de contenir l'évaporation des hydrocarbures.

toit flottant
Couverture métallique qui repose sur la surface du liquide stocké, variant avec son niveau et coulissant verticalement à l'intérieur de la robe.

joint d'étanchéité
Pièce destinée à combler l'espace situé entre le toit et la robe pour éviter toute évaporation d'hydrocarbures et toute pollution atmosphérique.

échelle
Dispositif mobile qui comporte des échelons permettant de monter et de descendre.

robe
Paroi verticale et cylindrique du réservoir.

robinet de vidange
Dispositif servant à vider le réservoir du liquide qu'il contient.

thermomètre
Appareil qui permet de déterminer et de contrôler la température du produit à l'intérieur du réservoir.

remplissage
Opération par laquelle on introduit un produit liquide dans le réservoir.

ÉNERGIES

énergie fossile

pétrole

produits de la raffinerie
Grâce au raffinage du pétrole brut, on obtient des centaines de produits utiles.

usine pétrochimique
Usine permettant d'obtenir des produits chimiques commercialisables par le traitement des produits pétroliers de départ (pétrole brut et gaz naturel).

produits pétrochimiques
Produits chimiques fabriqués à partir des produits pétroliers de départ. On les retrouve dans les engrais, les détergents, les plastiques, etc.

gaz
Sous-produit (butane, propane) du raffinage du pétrole brut, utilisé comme combustible dans les installations domestiques ou comme carburant.

traitement chimique
Opération consistant à améliorer l'essence issue du pétrole brut, à l'aide d'additifs chimiques et en y mélangeant du kérosène, pour obtenir le carburéacteur.

carburéacteur
Carburant utilisé en aviation pour alimenter les moteurs à réaction.

refroidissement
Opération consistant à refroidir les vapeurs situées au sommet de la tour (condensation) afin de séparer les hydrocarbures, tels que le butane, le propane, etc.

réformeur catalytique
Usine de traitement des essences issues du pétrole brut permettant, grâce à la modification de leur structure moléculaire, d'augmenter leur indice d'octane.

essence
Carburant surtout utilisé dans l'industrie automobile pour alimenter les moteurs à combustion interne.

essence
Fraction légère résultant d'une première distillation du pétrole, essentiellement utilisée comme carburant.

kérosène
Combustible utilisé pour l'éclairage et le chauffage.

mazout léger
Combustible essentiellement utilisé dans les chaudières domestiques.

kérosène
Sous-produit du fractionnement du pétrole brut qui, après traitement chimique, fournira divers combustibles d'éclairage et de chauffage.

carburant diesel
Carburant essentiellement utilisé dans le domaine des transports pour alimenter les moteurs diesels.

tour de fractionnement
Colonne servant à séparer le pétrole brut en diverses fractions, selon leurs températures d'ébullition, les fractions légères se trouvant au sommet de la colonne.

essence lourde
Sous-produit du fractionnement du pétrole brut qui, après traitement chimique, fournira des carburants et des combustibles spécialisés.

mazout domestique
Combustible utilisé dans les installations de chauffage domestiques et les installations industrielles de faible puissance.

mazout lourd
Combustible utilisé dans des installations de chauffage de grande puissance et des centrales électriques. Il sert aussi à alimenter les gros moteurs diesels.

gazole
Sous-produit du fractionnement du pétrole brut dont on tire, après traitement, des carburants et des combustibles spécialisés.

diesel-navire
Carburant conçu spécialement pour navires.

tour de fractionnement
Colonne servant à séparer le gazole en diverses fractions, par vaporisation et condensation, afin d'obtenir divers carburants.

four tubulaire
Four pourvu de tubes permettant de chauffer le pétrole brut afin de le transformer partiellement en vapeur, avant qu'il pénètre dans la tour de fractionnement.

graisses
Substances pâteuses constituées d'minérale et de savon, utilisées dans l'industrie pour la lubrification de pièces mécaniques.

unité d'extraction par solvant
Usine permettant d'extraire, à l'aide d'un solvant, les impuretés des huiles de base issues de la distillation sous vide.

fond de tour
Résidu constitué de fractions lourdes non vaporisées, qui s'est accumulé à la base de la tour de fractionnement à la suite de la séparation des hydrocarbures.

huiles lubrifiantes
Substances visqueuses que l'on utilise essentiellement pour réduire les frottements entre deux surfaces en mouvement.

usine des lubrifiants
Usine où s'opère le traitement des huiles de base (extraction des paraffines, ajout d'additifs, etc.) afin d'obtenir différents lubrifiants.

distillation sous vide
Traitement destiné à séparer les résidus lourds du fond de tour à de basses températures d'ébullition.

paraffines
Substances insolubles dans l'eau, trouvant diverses applications : fabrication de bougies, d'emballages de produits pharmaceutiques, etc.

réservoir de brut
Récipient cylindrique couvert de fort volume, généralement en acier, où l'on stocke le pétrole brut pour maintenir un rythme de raffinage constant.

asphalte
Mélange de bitume et d'autres substances utilisé principalement pour le revêtement des chaussées.

pétrole brut
Huile minérale naturelle constituée de divers hydrocarbures, extraite d'un gisement et n'ayant subi aucune opération de raffinage.

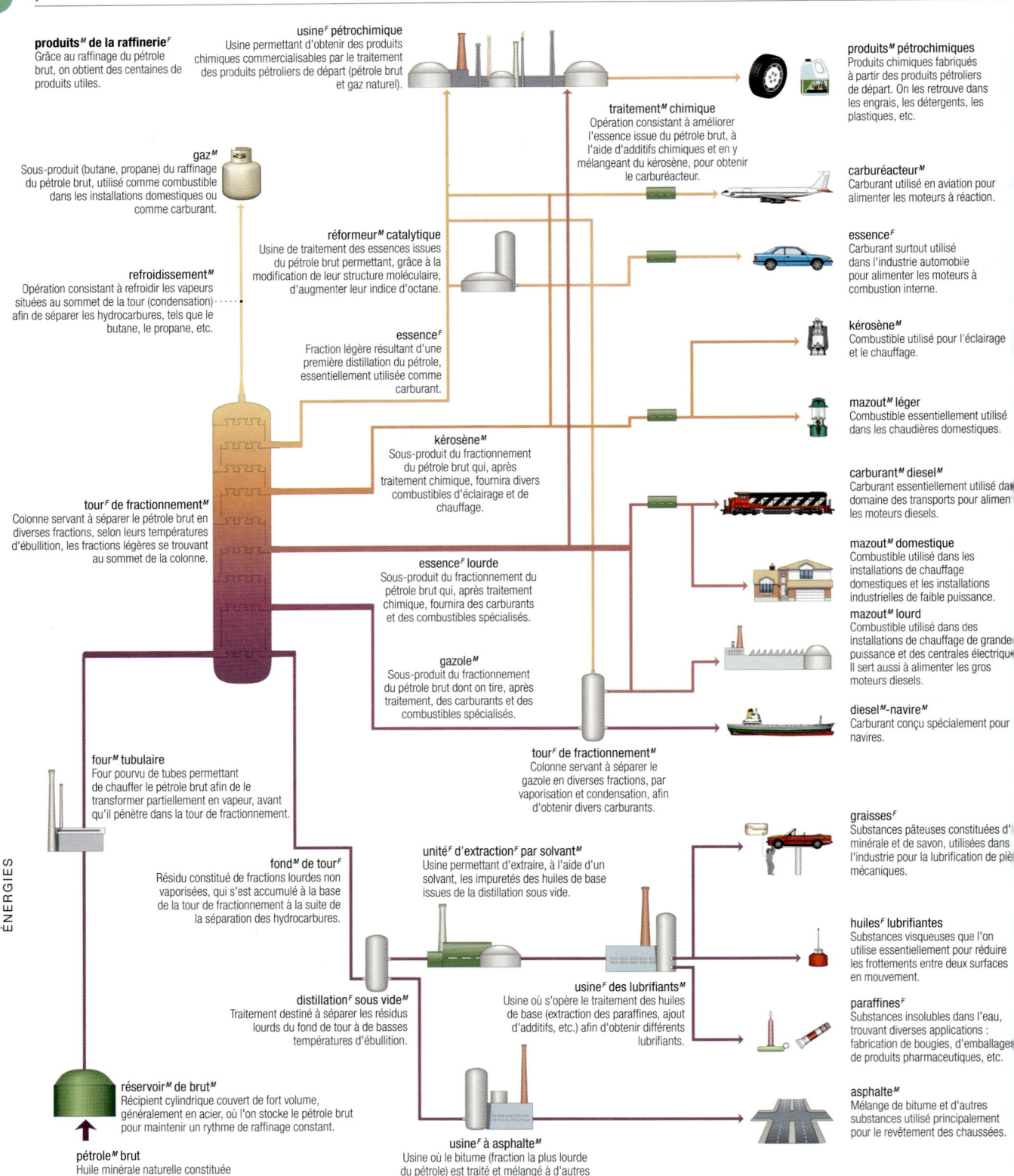

usine à asphalte
Usine où le bitume (fraction la plus lourde du pétrole) est traité et mélangé à d'autres substances afin d'obtenir l'asphalte.

ÉNERGIES

énergie fossile

gaz^M naturel

Mélange d'hydrocarbures gazeux (méthane essentiellement) situé dans un gisement souterrain, associé ou non à du pétrole brut, surtout employé comme combustible.

régulateur^M de pression^F
Dispositif permettant d'abaisser et de maintenir constante la pression du gaz qui pénètre dans un immeuble.

compteur^M de gaz^M
Appareil servant à mesurer la consommation de gaz d'un bâtiment.

réseau^M de gazoduc^M
Ensemble de gazoducs interconnectés qui permettent le transport et la distribution du gaz naturel.

robinet^M d'arrêt^M
Dispositif permettant l'interruption complète de l'alimentation en gaz en cas de fuite.

cadran^M
Dispositif indiquant la quantité de gaz consommé.

usine^F de traitement^M
Installation permettant le filtrage des impuretés (le soufre, notamment) contenues dans le gaz naturel.

injection^F de mercaptan^M
On ajoute au gaz du mercaptan (ou thiol), un liquide à forte odeur d'œuf pourri. Cette substance rend les fuites de gaz immédiatement détectables.

poste^M de détente^F
Installation dans laquelle on abaisse une seconde fois la pression du gaz dans les conduits avant sa distribution aux usagers.

poste^M de livraison^F
Installation généralement située à l'approche d'une ville, dans laquelle on abaisse la pression du gaz dans les conduits.

tour^F de forage^M
Structure métallique dressée au-dessus d'un puits de gaz naturel, par laquelle s'effectuent le levage et la descente des outils servant à creuser la roche.

usager^M domestique

puits^M
Cavité creusée dans le sol en vue de l'exploitation de gisements de gaz naturel.

pétrole^M
Liquide inflammable huileux plus ou moins visqueux que l'on utilise comme source d'énergie, constitué de divers hydrocarbures.

gaz^M naturel
Mélange d'hydrocarbures gazeux (méthane essentiellement) situé dans un gisement souterrain.

poste^M de compression^F
Installation placée à intervalles réguliers le long d'un gazoduc et destinée à maintenir la pression du gaz dans les conduits, assurant une vitesse de circulation constante.

compresseur^M
Appareil qui comprime le gaz afin de le réduire à l'état liquide en vue d'un entreposage. Le gaz occupe ainsi 600 fois moins d'espace.

usine^F de liquéfaction^F, stockage^M et gazéification^F
Installation dans laquelle le gaz peut être comprimé sous forme liquide en vue de l'entreposage, puis reconverti en gaz pour le transport.

gazoduc^M
Ensemble de conduits d'acier souterrains, sous-marins ou surélevés permettant d'acheminer le gaz naturel sur de grandes distances.

entreposage^M souterrain
Le gaz naturel peut être entreposé sous forme liquide dans des cavités rocheuses étanches.

réservoir^M d'entreposage^M extérieur
Récipient cylindrique couvert de grande dimension, où l'on stocke le gaz naturel sous forme gazeuse ou liquide.

extraction^F du gaz^M de schiste^M
Le gaz de schiste est du gaz naturel emprisonné dans une formation rocheuse sédimentaire (schiste); son extraction nécessite l'injection d'eau et de produits chimiques afin de fracturer la roche qui le contient.

tête^F de puits^M
Équipement sur lequel sont fixés les dispositifs de production et d'évacuation du gaz.

réservoir^M
Récipient cylindrique couvert de grande dimension, où l'on stocke le gaz naturel récolté.

puits^M
Cavité verticale puis horizontale creusée dans le sol, qui permet à la fois d'introduire un mélange liquide dans le gisement et de pomper le gaz vers la surface.

camion^M-pompe^F
Véhicule muni d'une citerne et d'une pompe. Il permet l'injection du mélange liquide dans le puits ou l'aspiration du gaz naturel libéré.

bassin^M de rétention^F
L'eau pompée est recueillie et entreposée dans un bassin spécialement aménagé. Elle est généralement traitée puis réutilisée dans le processus d'extraction.

schiste^M
Roche sédimentaire d'aspect feuilleté; dans certains cas, le schiste contient des matières organiques qui, en se dégradant, se transforment en hydrocarbures.

eau^F, sable^M et produits^M chimiques

gaz^M naturel et résidus^M
La fracturation permet de libérer le gaz naturel emprisonné dans le schiste; il peut ensuite être pompé vers la surface.

fracturation^F
Technique qui consiste à briser le schiste par l'injection d'eau, de sable et de produits chimiques à haute pression dans un puits.

ÉNERGIES

énergie fossile

carburants de remplacement

Sources d'énergie autres que les carburants traditionnels dérivés du pétrole, qui permettent généralement de réduire les émissions polluantes des véhicules motorisés.

production du biodiésel
Le biodiésel est fabriqué à partir de graisses animales ou végétales, par l'entremise d'un procédé chimique appelé transestérification.

huile végétale
Corps gras d'origine végétale. Le biodiésel peut par exemple être produit à partir d'huile de canola, de colza ou de soja.

graisse animale
Corps gras d'origine animale.

huile à friture recyclée
Corps gras liquide ayant servi à la cuisson d'aliments.

transestérification
Réaction chimique au cours de laquelle l'huile, mélangée à un alcool et à un catalyseur, se transforme en deux produits : la glycérine et l'ester méthylique (nom chimique du biodiésel).

prétraitement
Ensemble d'opérations visant à éliminer les impuretés dans la matière première.

méthanol
Alcool méthylique, utilisé dans la réaction de transestérification.

catalyseur
Substance utilisée pour augmenter la vitesse d'une réaction chimique.

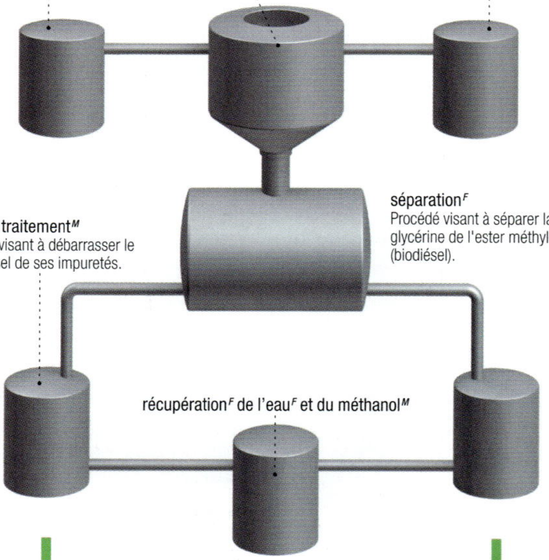

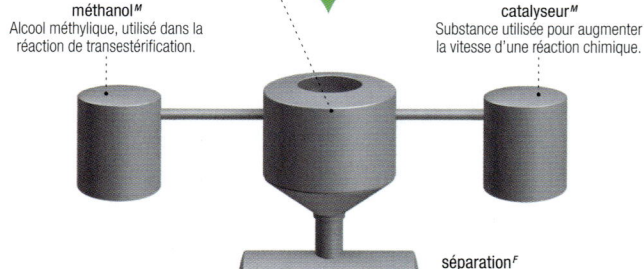

traitement
Procédé visant à débarrasser le biodiésel de ses impuretés.

séparation
Procédé visant à séparer la glycérine de l'ester méthylique (biodiésel).

récupération de l'eau et du méthanol

biodiésel
Carburant biodégradable et renouvelable fabriqué à partir de graisses animales ou végétales.

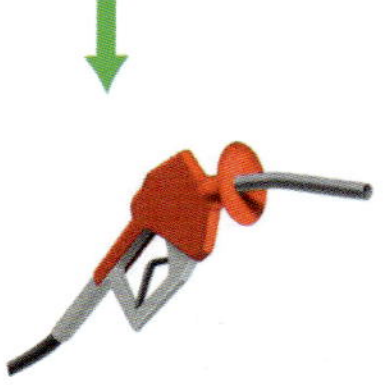

glycérine
Produit à base de glycérol, incolore et de consistance visqueuse, utilisé notamment dans l'industrie cosmétique (savons, crèmes).

production du bioéthanol
Le bioéthanol est obtenu par la fermentation des sucres contenus dans certaines plantes.

plantes sucrières
Végétaux produisant du saccharose, comme la canne à sucre et la betterave à sucre.

plantes céréalières
Végétaux produisant de l'amidon, comme le maïs, le blé, l'orge, le sorgho ou la pomme de terre.

biomasse cellulosique
Ensemble de résidus végétaux contenant de la cellulose (bois, herbes et parties non comestibles des plantes alimentaires).

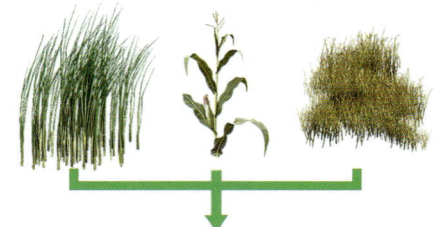

prétraitement
La matière première est d'abord séchée, puis broyée ou déchiquetée. Dans le cas des plantes céréalières, l'amidon est ensuite converti en glucose par un procédé appelé saccharification.

hydrolyse
Procédé par lequel les sucres complexes (cellulose) sont transformés en sucres simples (glucose). L'hydrolyse est utilisée principalement dans le cas de la biomasse cellulosique.

fermentation
Procédé visant la conversion de sucres en alcool sous l'action de levures. Le résultat est un éthanol très dilué, inutilisable tel quel.

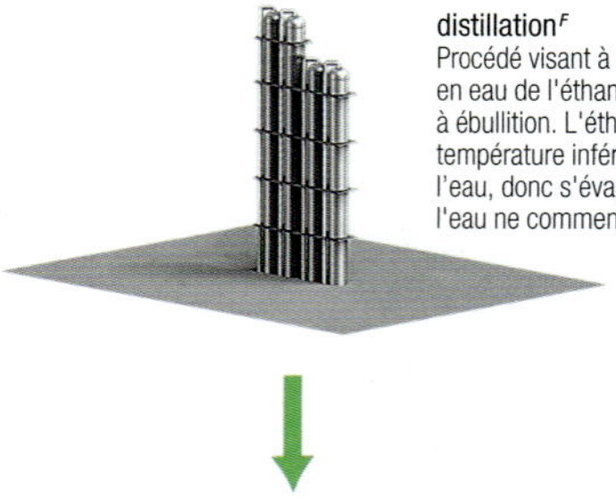

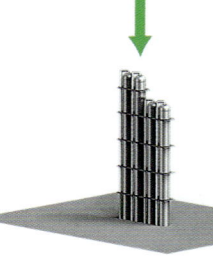

distillation
Procédé visant à réduire la teneur en eau de l'éthanol en le portant à ébullition. L'éthanol bout à une température inférieure à celle de l'eau, donc s'évapore avant que l'eau ne commence à bouillir.

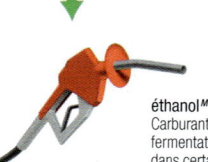

éthanol-carburant
Carburant obtenu par la fermentation des sucres contenus dans certaines plantes.

ÉNERGIES

hydroélectricité

complexe^M hydroélectrique

Ensemble des ouvrages de retenue et des installations utilisant la force motrice de l'eau pour produire de l'électricité.

vue^F extérieure

seuil^M de l'évacuateur^M
Crête en béton au-dessus de laquelle s'écoule le trop-plein du réservoir lorsque les vannes sont levées.

vanne^F
Panneau vertical mobile que l'on ouvre pour laisser passer le trop-plein d'eau du réservoir.

évacuateur^M
Ouvrage destiné à évacuer les excédents d'eau du réservoir lors de crues, pour éviter de submerger le barrage.

crête^F
Sommet du barrage, surplombant le niveau d'eau du réservoir de quelques mètres.

conduite^F forcée
Canalisation acheminant de l'eau sous pression jusqu'aux turbines de la centrale.

réservoir^M
Bassin résultant de la construction d'un barrage, permettant de retenir un volume d'eau important afin de régulariser les débits.

bief^M d'amont^M
Partie du réservoir qui précède immédiatement le barrage, d'où vient le courant.

portique^M
Appareil de levage en forme de pont, se déplaçant sur des rails.

galerie^F de dérivation^F
Conduite souterraine aménagée pour dériver l'eau lors de la construction.

coursier^M d'évacuateur^M
Surface inclinée le long de laquelle s'écoule l'eau évacuée.

mur^M bajoyer^M
Mur séparant les coursiers d'évacuateur, destiné à diriger l'écoulement de l'eau.

passe^F à billes^F
Ouvrage destiné à laisser passer le bois flottant de l'amont vers l'aval du barrage.

bief^M d'aval^M
Zone du cours d'eau où est évacuée l'eau turbinée.

centrale^F
Usine qui utilise une source d'énergie, ici de l'eau, pour la transformer en électricité.

salle^F des machines^F
Lieu abritant l'ensemble des groupes turbo-alternateurs permettant la production d'électricité.

salle^F de commande^F
Local où sont réunis les divers appareils de commande et de surveillance requis pour la production d'électricité.

traversée^F de transformateur^M
Dispositif qui permet le passage du conducteur à travers la paroi du transformateur et l'isole de cette dernière.

barrage^M
Ouvrage de retenue construit en travers d'un cours d'eau afin de constituer une réserve d'eau pour l'utiliser comme source d'énergie.

ÉNERGIES

hydroélectricité

complexe^M hydroélectrique

coupe^F d'une centrale^F hydroélectrique
Centrale hydroélectrique : usine produisant de l'électricité à partir de l'énergie de l'eau en mouvement.

vanne^F
Panneau vertical mobile permettant de contrôler le débit d'eau dans la conduite forcée.

transformateur^M
Appareil qui permet de modifier la tension électrique. Celle-ci est élevée à la sortie de la centrale afin d'acheminer le courant sur de longues distances.

disjoncteur^M
Dispositif d'interruption automatique du courant électrique en cas de surcharge.

traversée^F de transformateur^M
Dispositif qui permet le passage du conducteur à travers la paroi du transformateur et l'isole de cette dernière.

portique^M
Appareil de levage en forme de pont, se déplaçant sur des rails.

barre^F blindée
Gros conducteur en aluminium destiné à transmettre le courant électrique de l'alternateur vers le transformateur.

parafoudre^M
Dispositif qui sert à protéger l'installation électrique des surtensions provoquées par la foudre.

pont^M roulant
Appareil de levage se déplaçant sur des rails parallèles surélevés, servant à lever et à transporter de lourdes charges.

salle^F des machines^F
Lieu abritant l'ensemble des groupes turbo-alternateurs permettant la production d'électricité.

galerie^F de visite^F
Passage souterrain permettant l'accès aux différentes parties du barrage pour en assurer l'inspection et l'entretien.

portique^M
Appareil de levage en forme de pont, se déplaçant sur des rails.

bâche^F spirale
Conduite en forme de colimaçon qui permet de distribuer l'eau uniformément autour de la turbine pour la faire tourner sans heurt.

bief^M d'aval^M
Zone du cours d'eau où est évacuée l'eau turbinée.

vanne^F
Panneau vertical mobile permettant de contrôler le débit d'eau dans le canal de fuite.

prise^F d'eau^F
Ouvrage qui permet de diriger l'eau du bief d'amont dans la conduite forcée en vue de l'alimentation de la centrale.

aspirateur^M
Conduite à la base d'une turbine qui augmente le rendement de la roue en abaissant la pression de l'eau à sa sortie.

groupe^M turbo-alternateur^M
Dispositif composé d'une turbine qui transmet l'énergie mécanique de l'eau au rotor de l'alternateur pour le faire tourner et produire ainsi de l'électricité.

canal^M de fuite^F
Canalisation assurant l'évacuation de l'eau vers le bief d'aval, pour la ramener au cours d'eau.

grille^F
Assemblage de barreaux placé devant la prise d'eau pour retenir tout ce qui pourrait entraver le fonctionnement de la turbine.

conduite^F forcée
Canalisation acheminant de l'eau sous pression jusqu'aux turbines de la centrale.

réservoir^M
Bassin résultant de la construction d'un barrage, permettant de retenir un volume d'eau important afin de régulariser les débits.

ÉNERGIES

hydroélectricité

complexe^M hydroélectrique

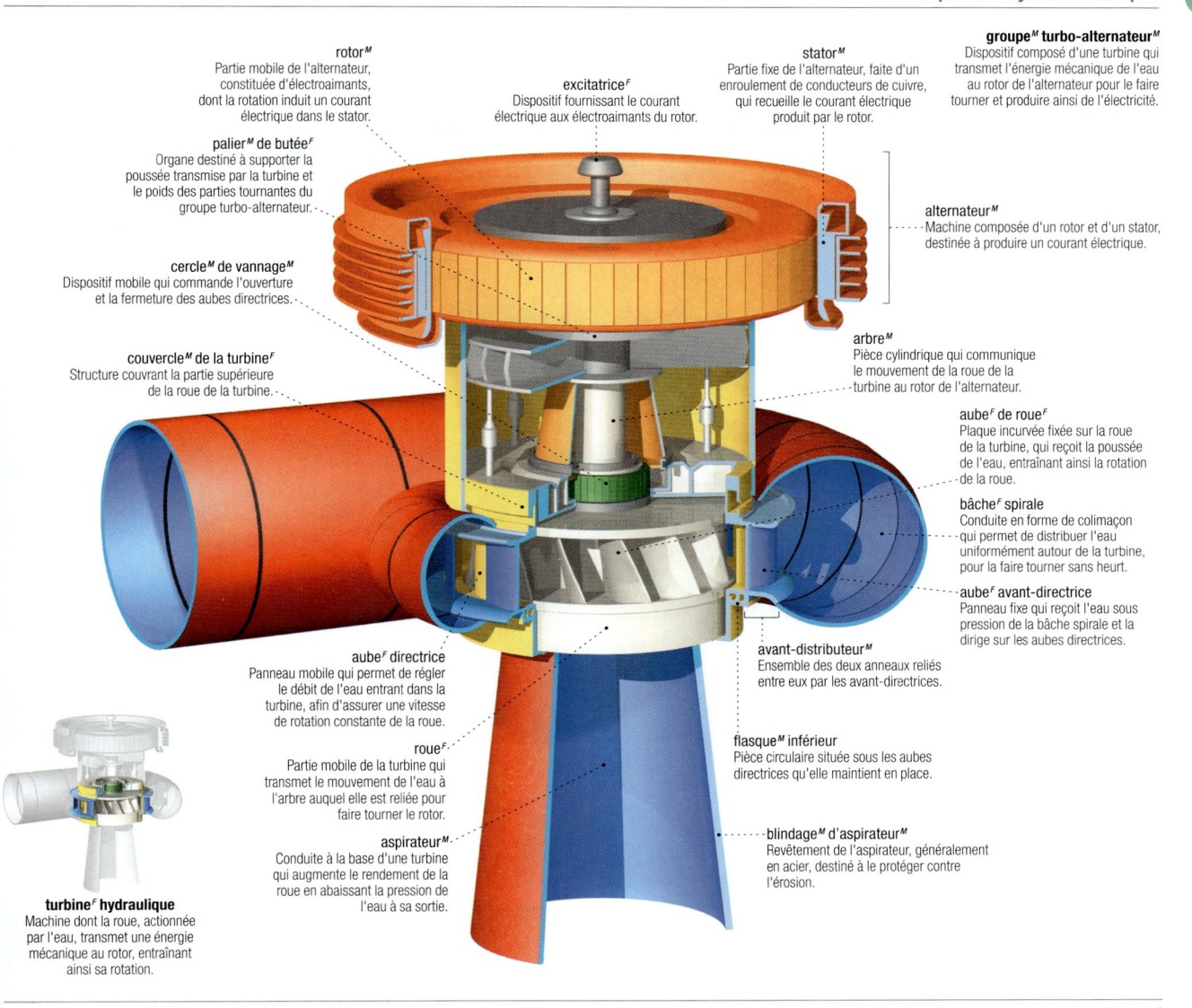

rotor^M
Partie mobile de l'alternateur, constituée d'électroaimants, dont la rotation induit un courant électrique dans le stator.

excitatrice^F
Dispositif fournissant le courant électrique aux électroaimants du rotor.

stator^M
Partie fixe de l'alternateur, faite d'un enroulement de conducteurs de cuivre, qui recueille le courant électrique produit par le rotor.

groupe^M turbo-alternateur^M
Dispositif composé d'une turbine qui transmet l'énergie mécanique de l'eau au rotor de l'alternateur pour le faire tourner et produire ainsi de l'électricité.

palier^M de butée^F
Organe destiné à supporter la poussée transmise par la turbine et le poids des parties tournantes du groupe turbo-alternateur.

alternateur^M
Machine composée d'un rotor et d'un stator, destinée à produire un courant électrique.

cercle^M de vannage^M
Dispositif mobile qui commande l'ouverture et la fermeture des aubes directrices.

arbre^M
Pièce cylindrique qui communique le mouvement de la roue de la turbine au rotor de l'alternateur.

couvercle^M de la turbine^F
Structure couvrant la partie supérieure de la roue de la turbine.

aube^F de roue^F
Plaque incurvée fixée sur la roue de la turbine, qui reçoit la poussée de l'eau, entraînant ainsi la rotation de la roue.

bâche^F spirale
Conduite en forme de colimaçon qui permet de distribuer l'eau uniformément autour de la turbine, pour la faire tourner sans heurt.

aube^F avant-directrice
Panneau fixe qui reçoit l'eau sous pression de la bâche spirale et la dirige sur les aubes directrices.

aube^F directrice
Panneau mobile qui permet de régler le débit de l'eau entrant dans la turbine, afin d'assurer une vitesse de rotation constante de la roue.

avant-distributeur^M
Ensemble des deux anneaux reliés entre eux par les avant-directrices.

roue^F
Partie mobile de la turbine qui transmet le mouvement de l'eau à l'arbre auquel elle est reliée pour faire tourner le rotor.

flasque^M inférieur
Pièce circulaire située sous les aubes directrices qu'elle maintient en place.

aspirateur^M
Conduite à la base d'une turbine qui augmente le rendement de la roue en abaissant la pression de l'eau à sa sortie.

blindage^M d'aspirateur^M
Revêtement de l'aspirateur, généralement en acier, destiné à le protéger contre l'érosion.

turbine^F hydraulique
Machine dont la roue, actionnée par l'eau, transmet une énergie mécanique au rotor, entraînant ainsi sa rotation.

roue^F Kaplan
Type de roue adapté aux basses chutes (généralement comprises entre 10 et 60 m) et aux variations de débit.

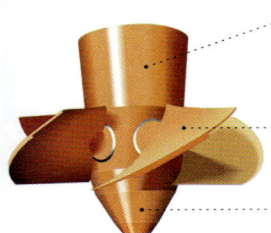

auget^M
Petit seau fixé autour de la roue de la turbine, dans lequel est injectée l'eau qui fait tourner la roue.

moyeu^M
Partie de la roue qui reçoit l'arbre et sur laquelle sont fixées les pales.

pale^F
Pièce mobile fixée sur le moyeu de la roue, sur laquelle agit la force motrice de l'eau pour la faire tourner.

ogive^F
Couvercle de la partie inférieure conique du moyeu.

roue^F Pelton
Type de roue adapté aux hautes chutes (généralement supérieures à 300 m) ainsi qu'aux faibles débits.

boulon^M d'accouplement^M
Élément constitué d'une vis et d'un écrou servant à fixer la roue au plateau de l'arbre afin de lui transmettre son mouvement.

couronne^F d'aubage^M
Disque portant l'ensemble des augets de la turbine qui actionnent la roue.

roues^F
Parties mobiles de la turbine qui transmettent le mouvement de l'eau à l'arbre auquel elles sont reliées pour faire tourner le rotor.

roue^F Francis
Type de roue le plus répandu, adapté aux chutes moyennes, généralement comprises entre 30 et 300 m.

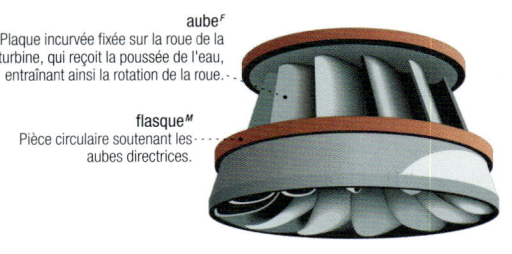

aube^F
Plaque incurvée fixée sur la roue de la turbine, qui reçoit la poussée de l'eau, entraînant ainsi la rotation de la roue.

flasque^M
Pièce circulaire soutenant les aubes directrices.

ÉNERGIES

complexe^M hydroélectrique

types^M de centrales^F
Les centrales hydroélectriques peuvent être alimentées directement par un cours d'eau ou par l'eau contenue dans un réservoir artificiel.

centrale^F au fil^M de l'eau^F
Centrale construite en travers d'un cours d'eau qui l'alimente directement. Sa puissance varie en fonction du débit du cours d'eau.

centrale^F
Usine qui utilise une source d'énergie, ici de l'eau, pour la transformer en électricité.

transformateur^M
Appareil qui permet de modifier la tension électrique. Celle-ci est élevée à la sortie de la centrale afin d'acheminer le courant sur de longues distances.

câble^M électrique à haute tension^F
Le transport de l'électricité sur de longues distances par des lignes à haute tension permet de réduire l'intensité du courant et, donc, les pertes d'énergie.

vanne^F
Panneau vertical mobile permettant de régler le débit d'eau.

barrage^M
Ouvrage de retenue construit en travers d'un cours d'eau afin de l'utiliser comme source d'énergie.

évacuateur^M
Ouvrage destiné à évacuer les excédents d'eau lors de crues, pour éviter de submerger le barrage.

centrale^F à réservoir^M
Centrale alimentée par l'eau d'un réservoir artificiel créé par la construction d'un barrage.

réservoir^M
Bassin résultant de la construction d'un barrage, permettant de retenir un volume d'eau important afin de régulariser les débits.

barrage^M
Ouvrage de retenue construit en travers d'un cours d'eau afin de constituer une réserve d'eau pour l'utiliser comme source d'énergie.

hydroélectricité

étapes de production de l'électricité

Dans une centrale hydroélectrique, l'eau est transformée en électricité, qui est acheminée aux consommateurs par un réseau de transport et de distribution.

transport^M de l'énergie^F à la tension^F de l'alternateur^M
L'énergie électrique produite par l'alternateur est transmise à un transformateur à la sortie de la centrale.

élévation^F de la tension^F
Hausse de la tension électrique à la sortie de la centrale, par un transformateur, pour réduire les pertes d'énergie lors du transport sur de longues distances.

intégration^F de l'électricité^F au réseau^M de transport^M
L'électricité produite est intégrée à l'ensemble du réseau.

abaissement^M de la tension^F
Avant d'intégrer l'électricité dans le réseau de distribution, on abaisse progressivement la tension jusqu'à 240 V.

hauteur^F de chute^F
Le barrage élève le niveau de l'eau, créant ainsi une dénivellation le long de la conduite forcée.

transport^M de l'électricité^F à haute tension^F
Le transport de l'électricité sur de longues distances par des lignes à haute tension permet de réduire l'intensité du courant et, donc, les pertes d'énergie.

transport^M vers les usagers^M
L'électricité est acheminée aux lieux de consommation par des lignes de distribution à basse tension.

provision^F d'eau^F
résultant de la construction [du] barrage, permettant de retenir [un] volume d'eau important.

eau^F sous pression^F
L'eau acquiert de l'énergie en [de]scendant la conduite forcée et [est] amenée à la turbine avec force.

conversion^F du travail^M mécanique en électricité^F
L'alternateur transforme l'énergie de l'eau en électricité.

production^F d'électricité^F par l'alternateur^M
L'alternateur produit de l'électricité par le mouvement du rotor dans le stator.

transmission^F du mouvement^M au rotor^M
Le mouvement de la turbine est transmis au rotor par l'arbre.

mouvement^M rotatif de la turbine^F
L'eau en mouvement exerce une pression sur les aubes de la turbine pour la faire tourner.

évacuation^F de l'eau^F turbinée
Après son passage dans la turbine, l'eau rejoint le cours d'eau.

ÉNERGIES

hydroélectricité

exemples de barrages

On distingue les barrages en maçonnerie ou en béton et les barrages en remblai, établis selon divers critères (nature du sol, forme de la vallée, matériau disponible, etc.).

barrage à contreforts
Surtout utilisé dans de larges vallées, il est formé d'un mur étanche qui s'appuie sur une série de contreforts transmettant la poussée de l'eau à la fondation.

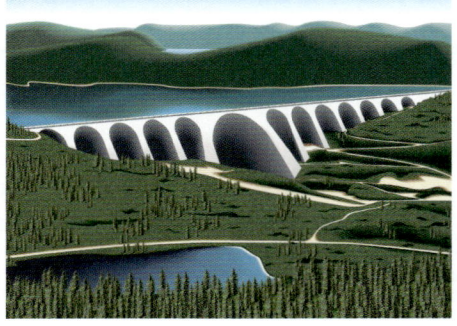

coupe d'un barrage à contreforts

réservoir
Bassin résultant de la construction d'un barrage, permettant de retenir un volume d'eau important afin de régulariser les débits.

contrefort
Massif de béton qui sert d'appui à un mur devant résister à la poussée de l'eau afin d'assurer la stabilité du barrage.

blocage
Massif de béton qui assure l'ancrage de la fondation dans le sol et empêche tout mouvement.

fondation
Ouvrage de béton qui supporte les charges du barrage et les transmet au sol, assurant ainsi sa stabilité.

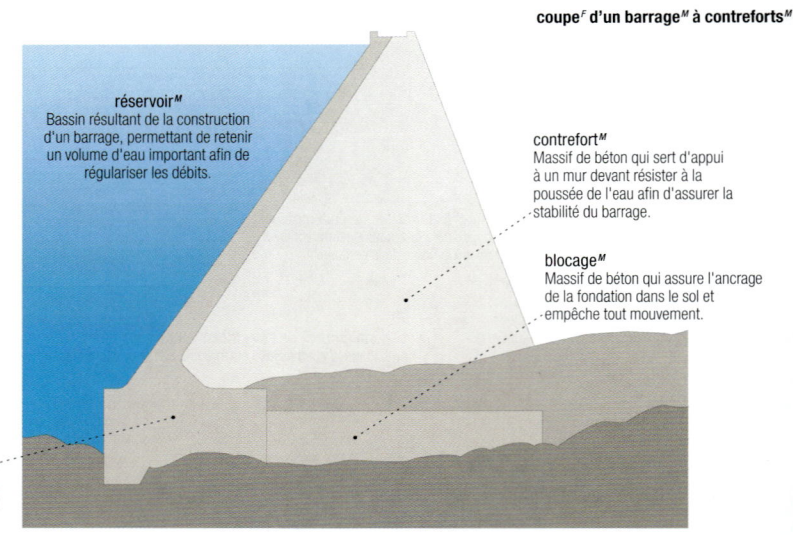

barrage en remblai
Formé par des amas de terre ou de roches, il est notamment utilisé lorsque le terrain de fondation ne permet pas la construction d'un barrage en béton.

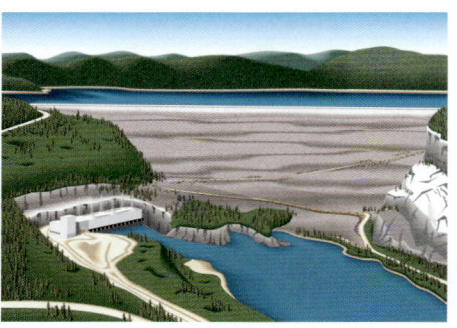

crête
Sommet du barrage, surplombant le niveau d'eau du réservoir de quelques mètres.

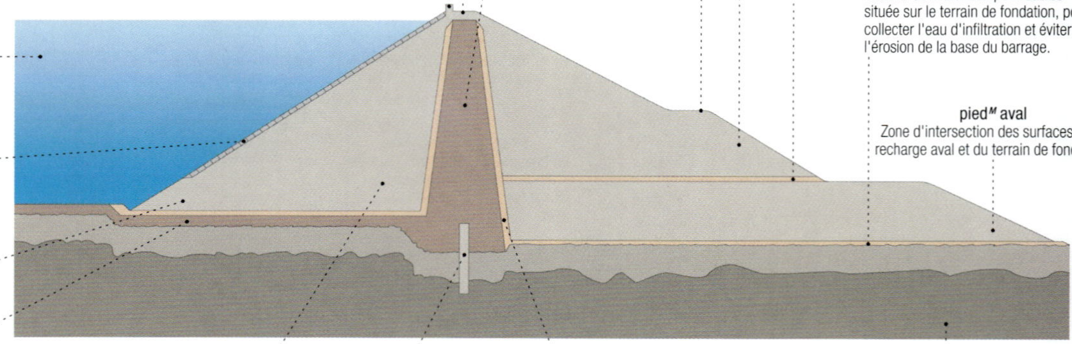

risberme
Rupture de pente horizontale en amont ou en aval qui assure la stabilité de la recharge.

recharge aval
Remblai de terre, dont la masse assure, avec la recharge amont, la stabilité de l'ouvrage.

mur de batillage
Muret situé au sommet de la recharge amont pour assurer la protection du barrage contre les vagues.

noyau d'argile
Partie centrale du barrage, le plus souvent constituée d'argile compactée, qui assure son étanchéité.

couche drainante
Couche de matériaux perméables qui permet de collecter l'eau d'infiltration. Elle est insérée dans des barrages de taille importante.

tapis drainant
Couche de matériaux perméables située sur le terrain de fondation, pour collecter l'eau d'infiltration et éviter l'érosion de la base du barrage.

coupe d'un barrage en remblai

réservoir
Bassin résultant de la construction d'un barrage, permettant de retenir un volume d'eau important afin de régulariser les débits.

perré
Couche de blocs rocheux ou de béton recouvrant la recharge amont afin de prévenir l'érosion.

pied amont
Zone d'intersection des surfaces de la recharge amont et du terrain de fondation.

tapis amont
Couche étanche constituée d'argile compactée qui repose sur le fond du réservoir et permet d'éviter les infiltrations.

recharge amont
Remblai de terre situé du côté du réservoir, dont la masse assure la stabilité du barrage.

parafouille
Zone du terrain de fondation reliée au noyau où sont injectés des matériaux imperméables afin de limiter les fuites d'eau et les infiltrations sous le barrage.

sable
Matériau granuleux inséré entre le noyau et la recharge afin de filtrer les particules entraînées par les écoulements d'eau et de lutter ainsi contre l'érosion.

pied aval
Zone d'intersection des surfaces recharge aval et du terrain de fondation.

terrain de fondation
Terrain naturel (rocheux, sableux, argileux, etc.) sur lequel est construit le barrage.

hydroélectricité 791

exemples de barrages

coupe d'un barrage-voûte

barrage-voûte
Sa courbure permet de transmettre la plus grande partie de la poussée de l'eau aux flancs de la vallée, généralement étroite, sur lesquels il prend appui.

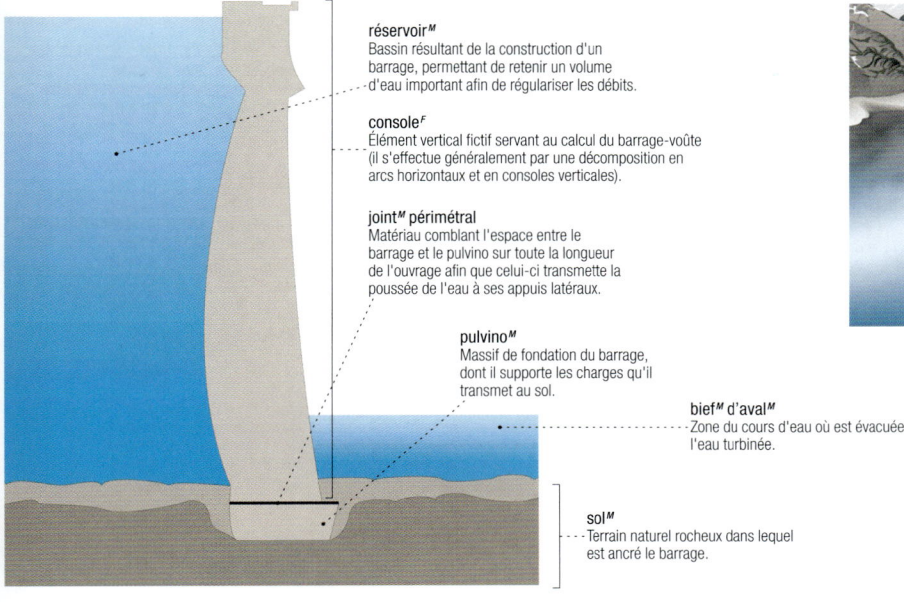

réservoir
Bassin résultant de la construction d'un barrage, permettant de retenir un volume d'eau important afin de régulariser les débits.

console
Élément vertical fictif servant au calcul du barrage-voûte (il s'effectue généralement par une décomposition en arcs horizontaux et en consoles verticales).

joint périmétral
Matériau comblant l'espace entre le barrage et le pulvino sur toute la longueur de l'ouvrage afin que celui-ci transmette la poussée de l'eau à ses appuis latéraux.

pulvino
Massif de fondation du barrage, dont il supporte les charges qu'il transmet au sol.

bief d'aval
Zone du cours d'eau où est évacuée l'eau turbinée.

sol
Terrain naturel rocheux dans lequel est ancré le barrage.

coupe d'un barrage-poids

barrage-poids
Il résiste à la poussée de l'eau par sa masse qui l'empêche de se renverser ou de glisser. Ce type de barrage sert en général à retenir d'importants volumes d'eau.

réservoir
Bassin résultant de la construction d'un barrage, permettant de retenir un volume d'eau important afin de régulariser les débits.

couronnement
Partie supérieure du barrage, comportant généralement une chaussée.

parement amont
Face du barrage située du côté du réservoir.

parement aval
Face généralement inclinée du barrage située du côté du bief aval.

bief d'aval
Zone du cours d'eau où est évacuée l'eau turbinée.

parafouille
Structure étanche prolongeant les fondations du barrage dans le sol afin de limiter les fuites d'eau et les infiltrations sous celui-ci.

ÉNERGIES

hydroélectricité

transport^M de l'électricité^F

L'électricité est acheminée par des lignes aériennes et souterraines. En raison de son coût élevé, le transport par lignes souterraines est surtout réservé aux villes.

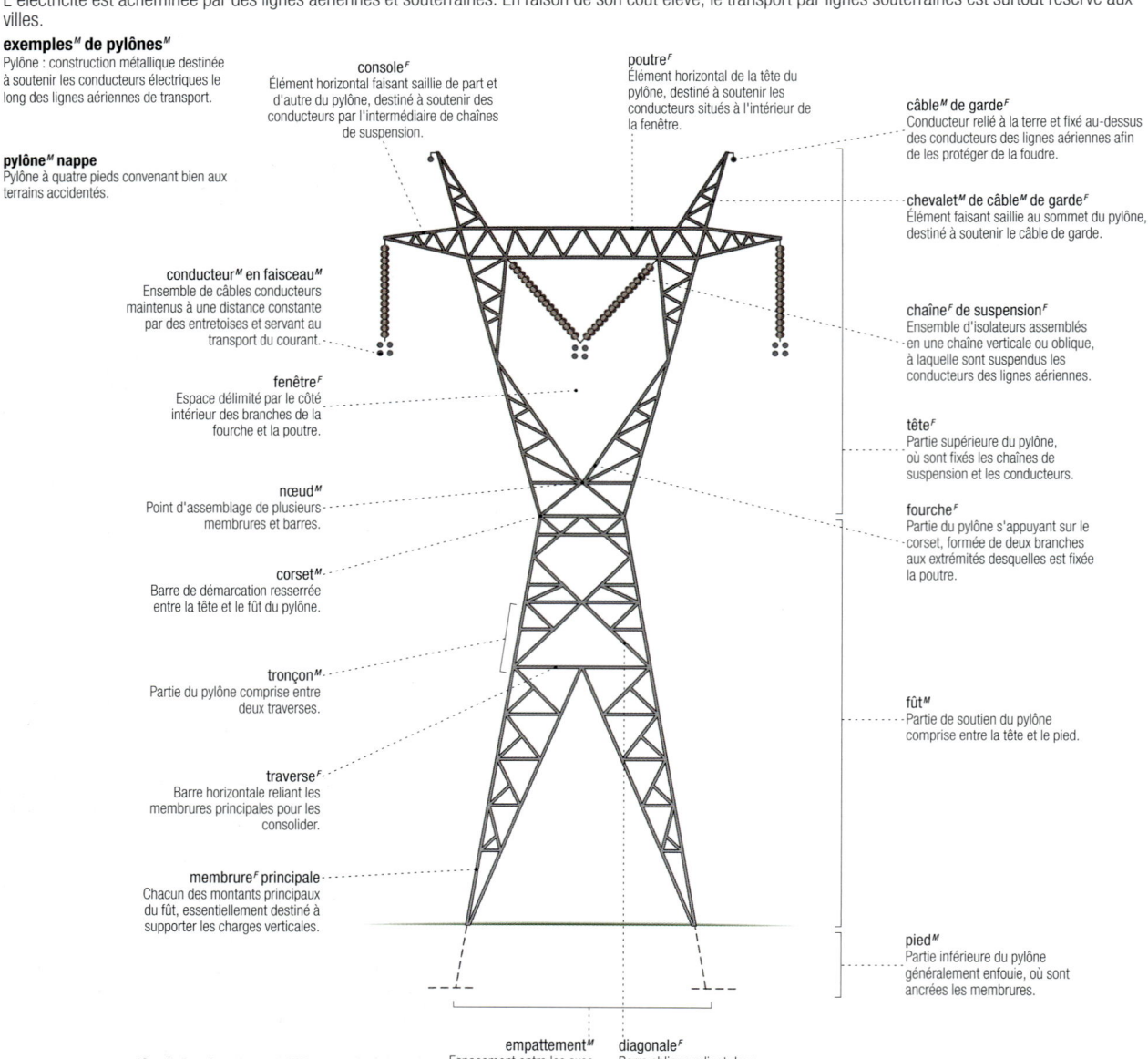

exemples^M de pylônes^M
Pylône : construction métallique destinée à soutenir les conducteurs électriques le long des lignes aériennes de transport.

pylône^M nappe
Pylône à quatre pieds convenant bien aux terrains accidentés.

console^F
Élément horizontal faisant saillie de part et d'autre du pylône, destiné à soutenir des conducteurs par l'intermédiaire de chaînes de suspension.

poutre^F
Élément horizontal de la tête du pylône, destiné à soutenir les conducteurs situés à l'intérieur de la fenêtre.

câble^M de garde^F
Conducteur relié à la terre et fixé au-dessus des conducteurs des lignes aériennes afin de les protéger de la foudre.

chevalet^M de câble^M de garde^F
Élément faisant saillie au sommet du pylône, destiné à soutenir le câble de garde.

conducteur^M en faisceau^M
Ensemble de câbles conducteurs maintenus à une distance constante par des entretoises et servant au transport du courant.

chaîne^F de suspension^F
Ensemble d'isolateurs assemblés en une chaîne verticale ou oblique, à laquelle sont suspendus les conducteurs des lignes aériennes.

fenêtre^F
Espace délimité par le côté intérieur des branches de la fourche et la poutre.

tête^F
Partie supérieure du pylône, où sont fixés les chaînes de suspension et les conducteurs.

nœud^M
Point d'assemblage de plusieurs membrures et barres.

fourche^F
Partie du pylône s'appuyant sur le corset, formée de deux branches aux extrémités desquelles est fixée la poutre.

corset^M
Barre de démarcation resserrée entre la tête et le fût du pylône.

tronçon^M
Partie du pylône comprise entre deux traverses.

fût^M
Partie de soutien du pylône comprise entre la tête et le pied.

traverse^F
Barre horizontale reliant les membrures principales pour les consolider.

membrure^F principale
Chacun des montants principaux du fût, essentiellement destiné à supporter les charges verticales.

pied^M
Partie inférieure du pylône généralement enfouie, où sont ancrées les membrures.

pylône^M classique
Pylône à quatre pieds occupant peu d'espace au sol.

empattement^M
Espacement entre les axes de fondation des membrures principales.

diagonale^F
Barre oblique reliant deux membrures principales ou une traverse à une membrure principale.

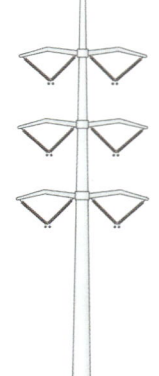

pylône^M tubulaire
Pylône constitué d'un seul montant vertical, moins massif que les autres types de pylônes. On l'utilise notamment en milieu urbain.

ÉNERGIES

hydroélectricité 793

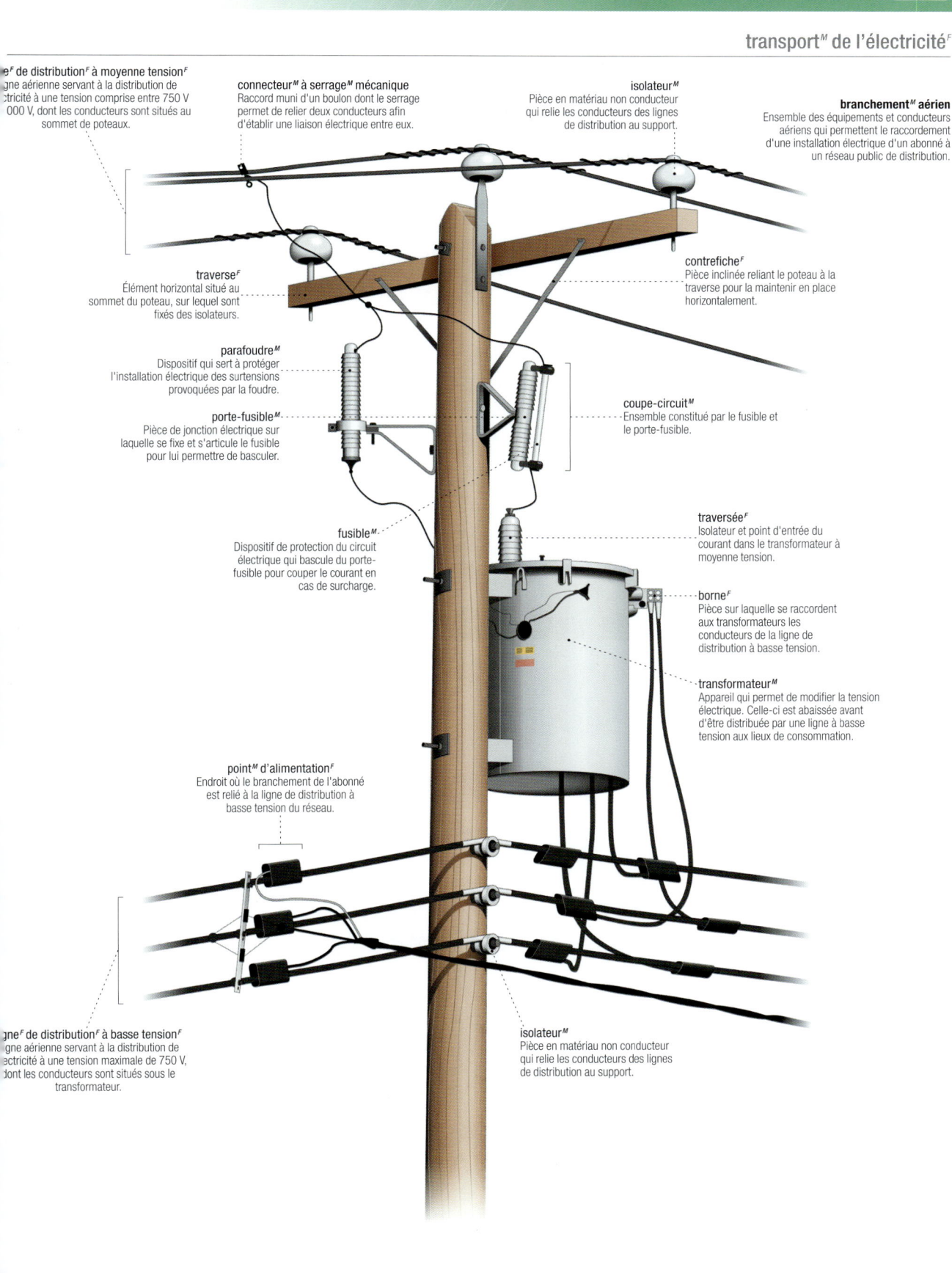

transport de l'électricité

ligne de distribution à moyenne tension
Ligne aérienne servant à la distribution de l'électricité à une tension comprise entre 750 V et 44 000 V, dont les conducteurs sont situés au sommet de poteaux.

connecteur à serrage mécanique
Raccord muni d'un boulon dont le serrage permet de relier deux conducteurs afin d'établir une liaison électrique entre eux.

isolateur
Pièce en matériau non conducteur qui relie les conducteurs des lignes de distribution au support.

branchement aérien
Ensemble des équipements et conducteurs aériens qui permettent le raccordement d'une installation électrique d'un abonné à un réseau public de distribution.

traverse
Élément horizontal situé au sommet du poteau, sur lequel sont fixés des isolateurs.

contrefiche
Pièce inclinée reliant le poteau à la traverse pour la maintenir en place horizontalement.

parafoudre
Dispositif qui sert à protéger l'installation électrique des surtensions provoquées par la foudre.

porte-fusible
Pièce de jonction électrique sur laquelle se fixe et s'articule le fusible pour lui permettre de basculer.

coupe-circuit
Ensemble constitué par le fusible et le porte-fusible.

fusible
Dispositif de protection du circuit électrique qui bascule du porte-fusible pour couper le courant en cas de surcharge.

traversée
Isolateur et point d'entrée du courant dans le transformateur à moyenne tension.

borne
Pièce sur laquelle se raccordent aux transformateurs les conducteurs de la ligne de distribution à basse tension.

transformateur
Appareil qui permet de modifier la tension électrique. Celle-ci est abaissée avant d'être distribuée par une ligne à basse tension aux lieux de consommation.

point d'alimentation
Endroit où le branchement de l'abonné est relié à la ligne de distribution à basse tension du réseau.

ligne de distribution à basse tension
Ligne aérienne servant à la distribution de l'électricité à une tension maximale de 750 V, dont les conducteurs sont situés sous le transformateur.

isolateur
Pièce en matériau non conducteur qui relie les conducteurs des lignes de distribution au support.

ÉNERGIES

hydroélectricité

usine maremotrice

Usine qui utilise l'énergie des marées (mouvement de flux et reflux de la mer) pour produire de l'énergie électrique.

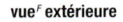

vue extérieure

digue morte
Partie du barrage essentiellement constituée de matériaux rocheux, construite entre l'usine et le barrage mobile afin d'isoler le bassin de la mer.

barrage mobile
Ouvrage muni de vannes servant à réguler le niveau du bassin par rapport au niveau de la mer.

rive
Bande de terre bordant la mer.

vanne
Panneau vertical mobile permettant de gérer le débit d'eau entre la mer et le bassin.

mer
Vaste étendue d'eau salée, moins profonde que l'océan et plus ou moins isolée à l'intérieur des terres.

usine
Partie du barrage où sont réunis des groupes bulbes actionnés par le flux et le reflux de la mer et produisant de l'électricité.

écluse
Ouvrage muni de portes et de vannes, construit entre la mer et le bassin pour permettre le passage des bateaux entre ces deux niveaux.

bâtiment administratif
Édifice contenant les bureaux du personnel d'administration des installations.

poste
Ensemble des appareils (transformateurs, commutateurs, etc.) servant à élever la tension de l'électricité et à l'acheminer au réseau.

bassin
Zone dans laquelle s'emmagasine l'eau lorsque la marée monte. Le bassin se vide lorsque la marée descend en passant par les conduites forcées.

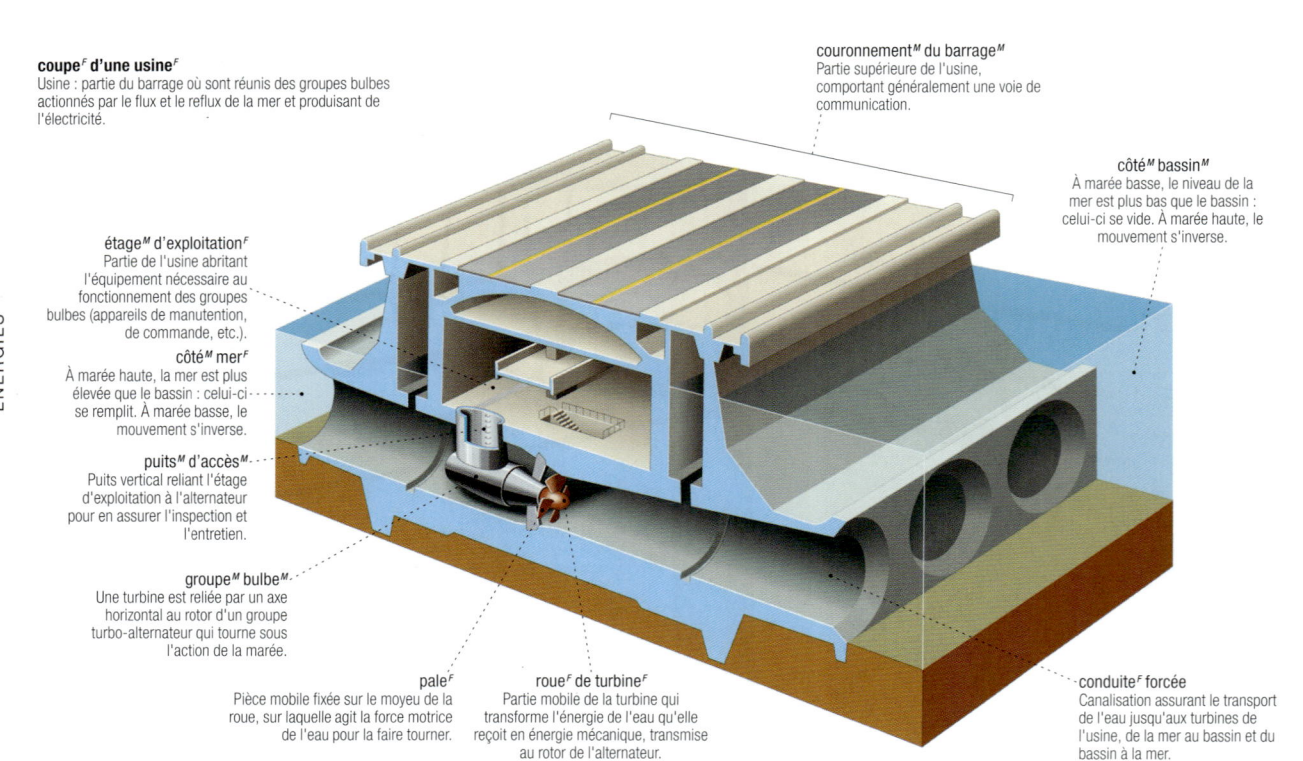

coupe d'une usine

Usine : partie du barrage où sont réunis des groupes bulbes actionnés par le flux et le reflux de la mer et produisant de l'électricité.

couronnement du barrage
Partie supérieure de l'usine, comportant généralement une voie de communication.

côté bassin
À marée basse, le niveau de la mer est plus bas que le bassin : celui-ci se vide. À marée haute, le mouvement s'inverse.

étage d'exploitation
Partie de l'usine abritant l'équipement nécessaire au fonctionnement des groupes bulbes (appareils de manutention, de commande, etc.).

côté mer
À marée haute, la mer est plus élevée que le bassin : celui-ci se remplit. À marée basse, le mouvement s'inverse.

puits d'accès
Puits vertical reliant l'étage d'exploitation à l'alternateur pour en assurer l'inspection et l'entretien.

groupe bulbe
Une turbine est reliée par un axe horizontal au rotor d'un groupe turbo-alternateur qui tourne sous l'action de la marée.

pale
Pièce mobile fixée sur le moyeu de la roue, sur laquelle agit la force motrice de l'eau pour la faire tourner.

roue de turbine
Partie mobile de la turbine qui transforme l'énergie de l'eau qu'elle reçoit en énergie mécanique, transmise au rotor de l'alternateur.

conduite forcée
Canalisation assurant le transport de l'eau jusqu'aux turbines de l'usine, de la mer au bassin et du bassin à la mer.

énergie nucléaire

production d'électricité par énergie nucléaire

Une réaction en chaîne de fission nucléaire est amorcée et contrôlée à l'intérieur du réacteur pour produire de l'électricité.

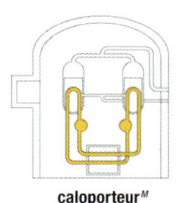

caloporteur
Liquide ou gaz (eau lourde, gaz carbonique, etc.) circulant à l'intérieur du réacteur, qui capte et transporte la chaleur libérée lors de la fission du combustible.

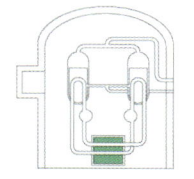

modérateur
Substance (eau ordinaire, eau lourde, graphite) qui ralentit les neutrons rapides émis lors d'une fission pour augmenter la probabilité de nouvelles collisions.

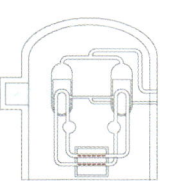

combustible
Matière placée au cœur du réacteur contenant des atomes lourds (uranium, plutonium) dont on extrait l'énergie par fission.

production de chaleur
Étape au cours de laquelle la chaleur produite par la fission des atomes permet la transformation en vapeur de l'eau contenue dans un générateur.

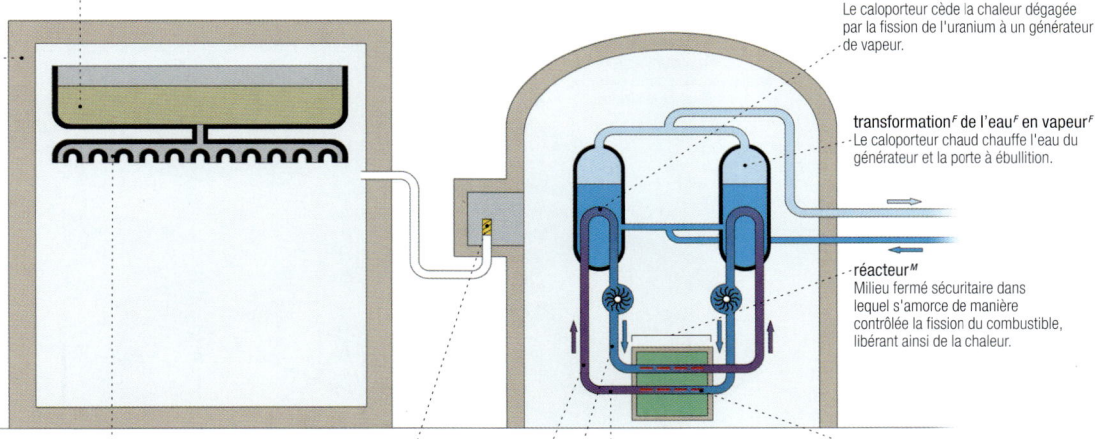

réservoir d'arrosage
Cuve contenant l'eau destinée à refroidir la vapeur radioactive dans le bâtiment du réacteur en cas d'accident afin d'éviter une montée de pression.

enceinte de confinement
Construction en béton destinée à recueillir les vapeurs radioactives contenues dans le bâtiment du réacteur en cas d'accident.

transmission de la chaleur à l'eau
Le caloporteur cède la chaleur dégagée par la fission de l'uranium à un générateur de vapeur.

transformation de l'eau en vapeur
Le caloporteur chaud chauffe l'eau du générateur et la porte à ébullition.

réacteur
Milieu fermé sécuritaire dans lequel s'amorce de manière contrôlée la fission du combustible, libérant ainsi de la chaleur.

gicleurs
Dispositifs qui libèrent de l'eau pour condenser la vapeur radioactive.

soupape de sûreté
Dispositif permettant de diminuer la pression à l'intérieur du bâtiment du réacteur en évacuant les vapeurs radioactives dans l'enceinte de confinement.

production de chaleur
La fission des atomes dégage une grande chaleur (entre 300 et 500 °C), transmise au caloporteur.

fission de l'uranium
Le noyau des atomes se fragmente en libérant des neutrons et en dégageant de l'énergie sous forme de chaleur.

caloporteur chaud
Le caloporteur extrait la chaleur du combustible et l'achemine vers un générateur de vapeur.

caloporteur refroidi
Après avoir cédé sa chaleur au générateur de vapeur, le caloporteur froid retourne vers le réacteur.

production d'électricité
Étape au cours de laquelle le mouvement de rotation d'une turbine entraînée par la vapeur d'eau permet de produire de l'électricité.

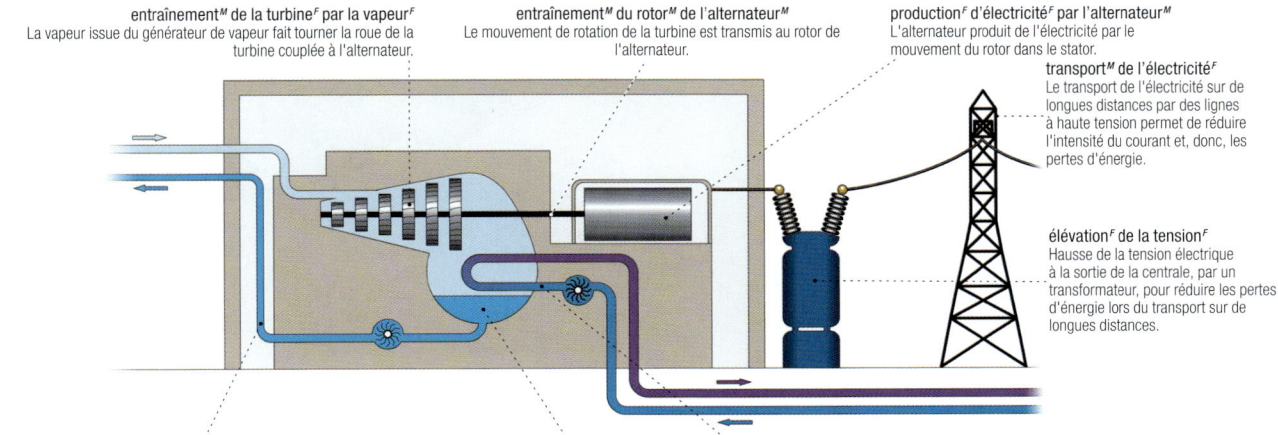

entraînement de la turbine par la vapeur
La vapeur issue du générateur de vapeur fait tourner la roue de la turbine couplée à l'alternateur.

entraînement du rotor de l'alternateur
Le mouvement de rotation de la turbine est transmis au rotor de l'alternateur.

production d'électricité par l'alternateur
L'alternateur produit de l'électricité par le mouvement du rotor dans le stator.

transport de l'électricité
Le transport de l'électricité sur de longues distances par des lignes à haute tension permet de réduire l'intensité du courant et, donc, les pertes d'énergie.

élévation de la tension
Hausse de la tension électrique à la sortie de la centrale, par un transformateur, pour réduire les pertes d'énergie lors du transport sur de longues distances.

retour de l'eau au générateur de vapeur
Après son passage dans la turbine, l'eau issue de la condensation de la vapeur retourne au générateur de vapeur.

condensation de la vapeur
À la sortie de la turbine, la vapeur se refroidit et se condense en eau.

refroidissement de la vapeur par l'eau
Le refroidissement de la vapeur issue de la turbine est assuré par l'eau d'un fleuve ou d'un lac.

ÉNERGIES

énergie nucléaire

centrale[F] nucléaire

Usine produisant de l'électricité à partir de l'énergie thermique obtenue par la fission d'atomes de combustible dans un réacteur.

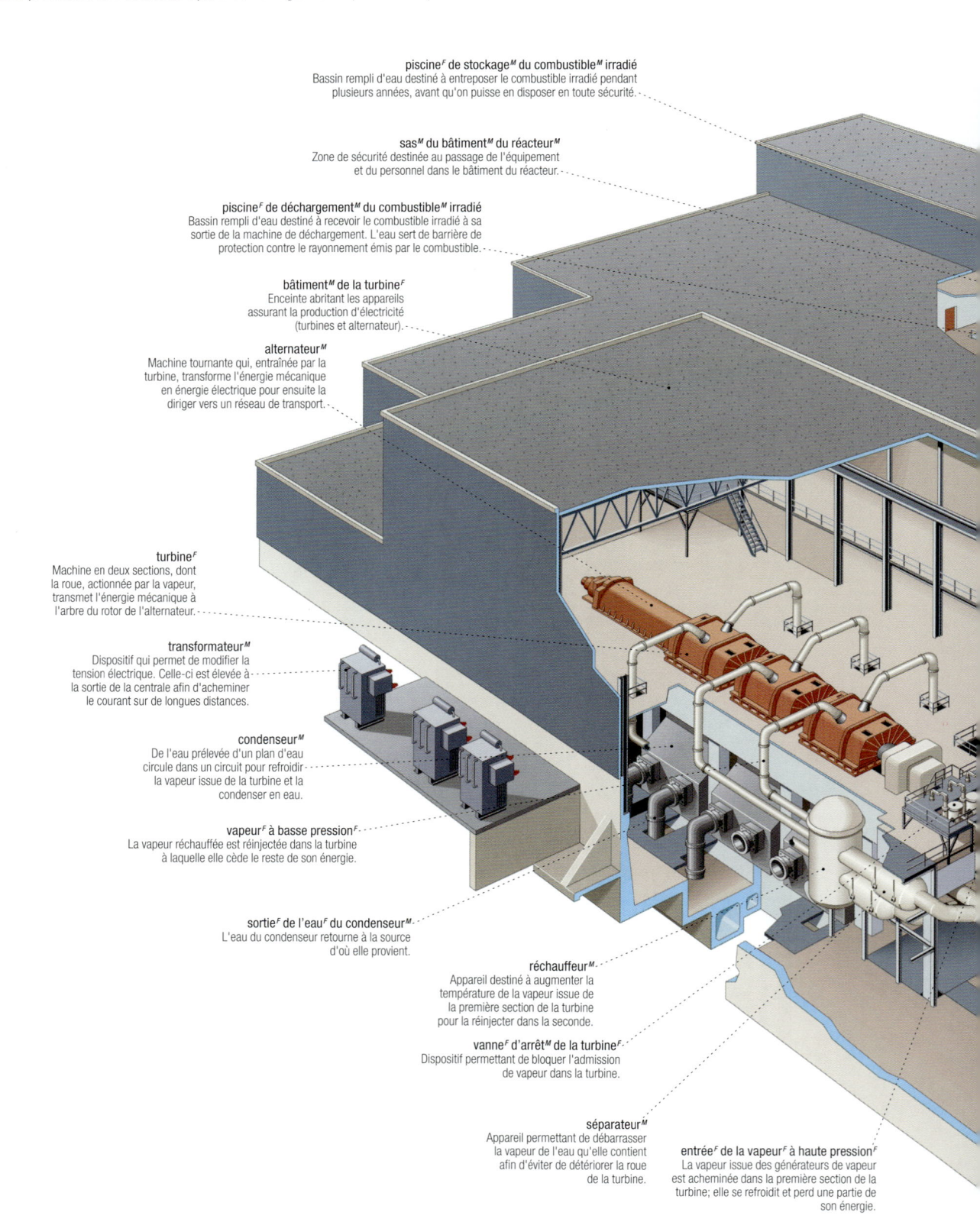

piscine[F] de stockage[M] du combustible[M] irradié
Bassin rempli d'eau destiné à entreposer le combustible irradié pendant plusieurs années, avant qu'on puisse en disposer en toute sécurité.

sas[M] du bâtiment[M] du réacteur[M]
Zone de sécurité destinée au passage de l'équipement et du personnel dans le bâtiment du réacteur.

piscine[F] de déchargement[M] du combustible[M] irradié
Bassin rempli d'eau destiné à recevoir le combustible irradié à sa sortie de la machine de déchargement. L'eau sert de barrière de protection contre le rayonnement émis par le combustible.

bâtiment[M] de la turbine[F]
Enceinte abritant les appareils assurant la production d'électricité (turbines et alternateur).

alternateur[M]
Machine tournante qui, entraînée par la turbine, transforme l'énergie mécanique en énergie électrique pour ensuite la diriger vers un réseau de transport.

turbine[F]
Machine en deux sections, dont la roue, actionnée par la vapeur, transmet l'énergie mécanique à l'arbre du rotor de l'alternateur.

transformateur[M]
Dispositif qui permet de modifier la tension électrique. Celle-ci est élevée à la sortie de la centrale afin d'acheminer le courant sur de longues distances.

condenseur[M]
De l'eau prélevée d'un plan d'eau circule dans un circuit pour refroidir la vapeur issue de la turbine et la condenser en eau.

vapeur[F] à basse pression[F]
La vapeur réchauffée est réinjectée dans la turbine à laquelle elle cède le reste de son énergie.

sortie[F] de l'eau[F] du condenseur[M]
L'eau du condenseur retourne à la source d'où elle provient.

réchauffeur[M]
Appareil destiné à augmenter la température de la vapeur issue de la première section de la turbine pour la réinjecter dans la seconde.

vanne[F] d'arrêt[M] de la turbine[F]
Dispositif permettant de bloquer l'admission de vapeur dans la turbine.

séparateur[M]
Appareil permettant de débarrasser la vapeur de l'eau qu'elle contient afin d'éviter de détériorer la roue de la turbine.

entrée[F] de la vapeur[F] à haute pression[F]
La vapeur issue des générateurs de vapeur est acheminée dans la première section de la turbine; elle se refroidit et perd une partie de son énergie.

ÉNERGIES

énergie nucléaire

centrale^f nucléaire

vanne^f d'arrosage^M
Dispositif permettant de libérer l'eau du réservoir d'arrosage dans le bâtiment du réacteur pour condenser la vapeur radioactive.

reconcentration^f de l'oxyde^M de deutérium^M
Dans les centrales qui utilisent l'eau lourde comme modérateur, un filtre retient les vapeurs d'eau (oxyde de deutérium) à la sortie de la cheminée.

bâtiment^M du réacteur^M
Construction en béton entourant la calandre, servant de barrière de protection contre la radioactivité.

réservoir^M d'arrosage^M
Cuve contenant l'eau destinée à refroidir la vapeur radioactive dans le bâtiment du réacteur en cas d'accident afin d'éviter une montée de pression.

refroidisseur^M de la salle^f des générateurs^M de vapeur^f
Système de climatisation qui contrôle la température de la salle des générateurs.

générateur^M de vapeur^f
Appareil qui transforme l'eau en vapeur, sous l'effet de la chaleur acheminée par le caloporteur, pour actionner la turbine.

pompe^f de caloportage^M
Appareil qui assure la circulation du fluide caloporteur entre le réacteur et le générateur de vapeur.

collecteur^M du réacteur^M
Tuyaux de gros diamètre destinés à recueillir le fluide caloporteur à l'entrée et à la sortie du réacteur.

réacteur^M
Milieu fermé sécuritaire dans lequel s'amorce de manière contrôlée la fission du combustible, libérant ainsi de la chaleur.

cuve^f du réacteur^M
Enceinte de sécurité qui isole le réacteur du reste du bâtiment.

machine^f à combustible^M
Cylindre commandé à distance destiné à assurer le chargement et le déchargement du réacteur.

salle^f de commande^f
Local abritant le personnel et l'ensemble des appareils qui assurent l'exploitation et la surveillance de la centrale.

tuyauterie^f de sortie^f de la vapeur^f des séparateurs^M
Ensemble des tuyaux destinés à acheminer la vapeur à la sortie des séparateurs.

collecteur^M de vapeur^f primaire
Appareil destiné à recueillir et à répartir la vapeur issue des générateurs de vapeur.

tuyauterie^f de vapeur^f primaire
Ensemble des tuyaux destinés à acheminer la vapeur à la sortie des générateurs de vapeur.

entrée^f de l'eau^f de refroidissement^M du condenseur^M
Canal par lequel l'eau d'un cours d'eau est pompée dans le condenseur.

sortie^f du reflux^M du condenseur^M
Canal par lequel l'eau de condensation de la vapeur de la turbine retourne au plan d'eau.

entrée^f du reflux^M du condenseur^M
Canal de saisie de l'eau requise par le circuit de condensation de la vapeur de la turbine.

sortie^f de l'eau^f de refroidissement^M du condenseur^M
Canal par lequel l'eau du condenseur est retournée au cours d'eau d'où elle provient.

ÉNERGIES

énergie nucléaire

séquence^F de manipulation^F du combustible^M

L'uranium est transformé en pastilles, réunies en grappes de combustible qui seront utilisées dans le réacteur, puis stockées dans des piscines.

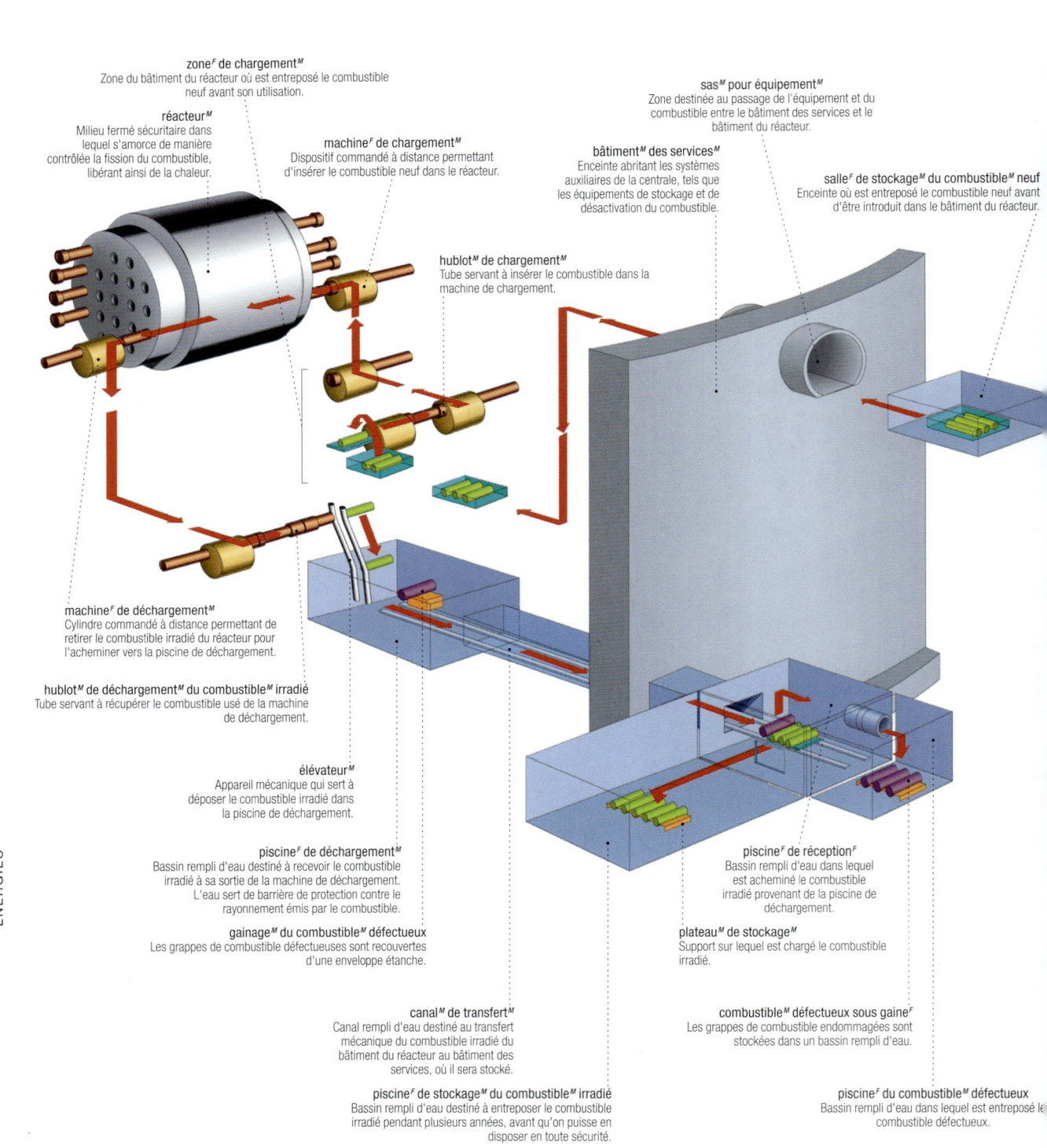

zone^F de chargement^M
Zone du bâtiment du réacteur où est entreposé le combustible neuf avant son utilisation.

réacteur^M
Milieu fermé sécuritaire dans lequel s'amorce de manière contrôlée la fission du combustible, libérant ainsi de la chaleur.

machine^F de chargement^M
Dispositif commandé à distance permettant d'insérer le combustible neuf dans le réacteur.

sas^M pour équipement^M
Zone destinée au passage de l'équipement et du combustible entre le bâtiment des services et le bâtiment du réacteur.

bâtiment^M des services^M
Enceinte abritant les systèmes auxiliaires de la centrale, tels que les équipements de stockage et de désactivation du combustible.

salle^F de stockage^M du combustible^M neuf
Enceinte où est entreposé le combustible neuf avant d'être introduit dans le bâtiment du réacteur.

hublot^M de chargement^M
Tube servant à insérer le combustible dans la machine de chargement.

machine^F de déchargement^M
Cylindre commandé à distance permettant de retirer le combustible irradié du réacteur pour l'acheminer vers la piscine de déchargement.

hublot^M de déchargement^M du combustible^M irradié
Tube servant à récupérer le combustible usé de la machine de déchargement.

élévateur^M
Appareil mécanique qui sert à déposer le combustible irradié dans la piscine de déchargement.

piscine^F de déchargement^M
Bassin rempli d'eau destiné à recevoir le combustible irradié à sa sortie de la machine de déchargement. L'eau sert de barrière de protection contre le rayonnement émis par le combustible.

gainage^M du combustible^M défectueux
Les grappes de combustible défectueuses sont recouvertes d'une enveloppe étanche.

piscine^F de réception^F
Bassin rempli d'eau dans lequel est acheminé le combustible irradié provenant de la piscine de déchargement.

plateau^M de stockage^M
Support sur lequel est chargé le combustible irradié.

canal^M de transfert^M
Canal rempli d'eau destiné au transfert mécanique du combustible irradié du bâtiment du réacteur au bâtiment des services, où il sera stocké.

combustible^M défectueux sous gaine^F
Les grappes de combustible endommagées sont stockées dans un bassin rempli d'eau.

piscine^F de stockage^M du combustible^M irradié
Bassin rempli d'eau destiné à entreposer le combustible irradié pendant plusieurs années, avant qu'on puisse en disposer en toute sécurité.

piscine^F du combustible^M défectueux
Bassin rempli d'eau dans lequel est entreposé le combustible défectueux.

ÉNERGIES

énergie nucléaire 799

grappe[F] de combustible[M]
Assemblage de crayons de combustible juxtaposés et montés en parallèle, destiné à être introduit dans le réacteur.

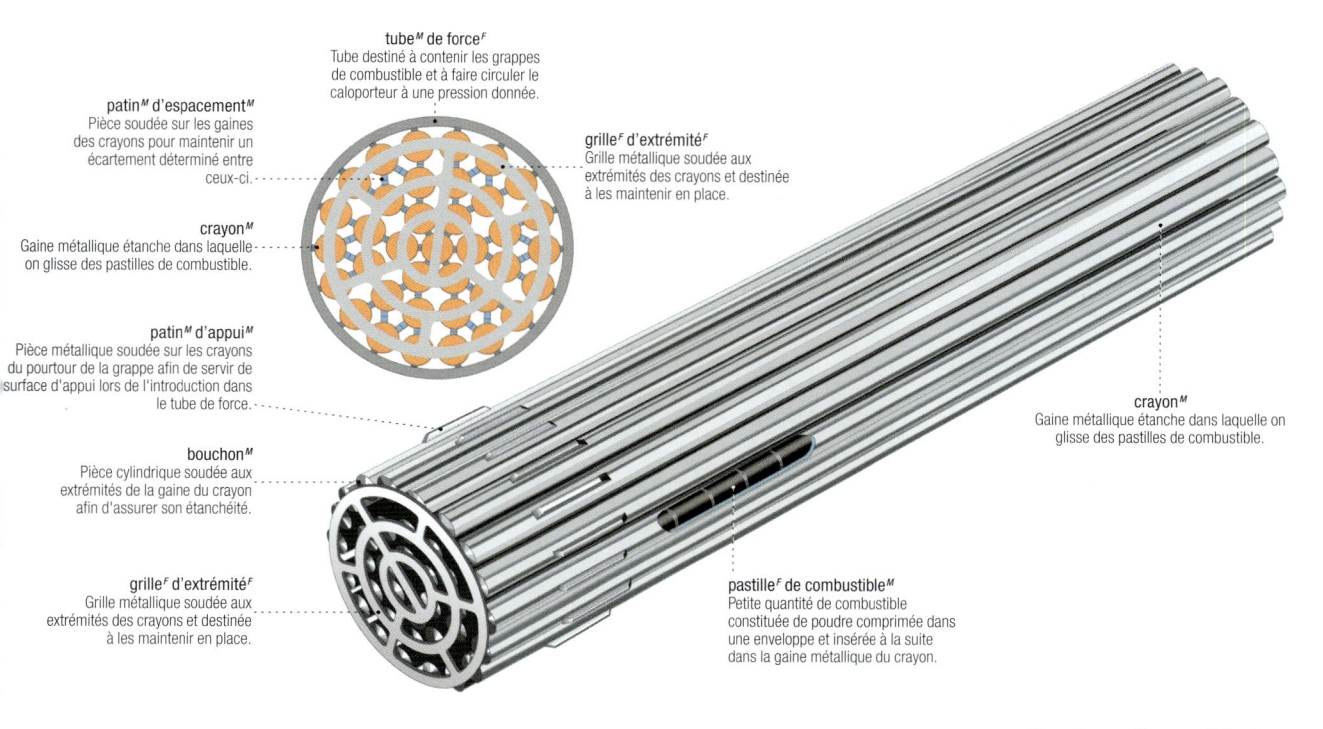

tube[M] de force[F]
Tube destiné à contenir les grappes de combustible et à faire circuler le caloporteur à une pression donnée.

patin[M] d'espacement[M]
Pièce soudée sur les gaines des crayons pour maintenir un écartement déterminé entre ceux-ci.

grille[F] d'extrémité[F]
Grille métallique soudée aux extrémités des crayons et destinée à les maintenir en place.

crayon[M]
Gaine métallique étanche dans laquelle on glisse des pastilles de combustible.

patin[M] d'appui[M]
Pièce métallique soudée sur les crayons du pourtour de la grappe afin de servir de surface d'appui lors de l'introduction dans le tube de force.

bouchon[M]
Pièce cylindrique soudée aux extrémités de la gaine du crayon afin d'assurer son étanchéité.

grille[F] d'extrémité[F]
Grille métallique soudée aux extrémités des crayons et destinée à les maintenir en place.

crayon[M]
Gaine métallique étanche dans laquelle on glisse des pastilles de combustible.

pastille[F] de combustible[M]
Petite quantité de combustible constituée de poudre comprimée dans une enveloppe et insérée à la suite dans la gaine métallique du crayon.

réacteur[M] nucléaire
Milieu fermé sécuritaire dans lequel s'amorce de manière contrôlée la fission du combustible, libérant ainsi de la chaleur.

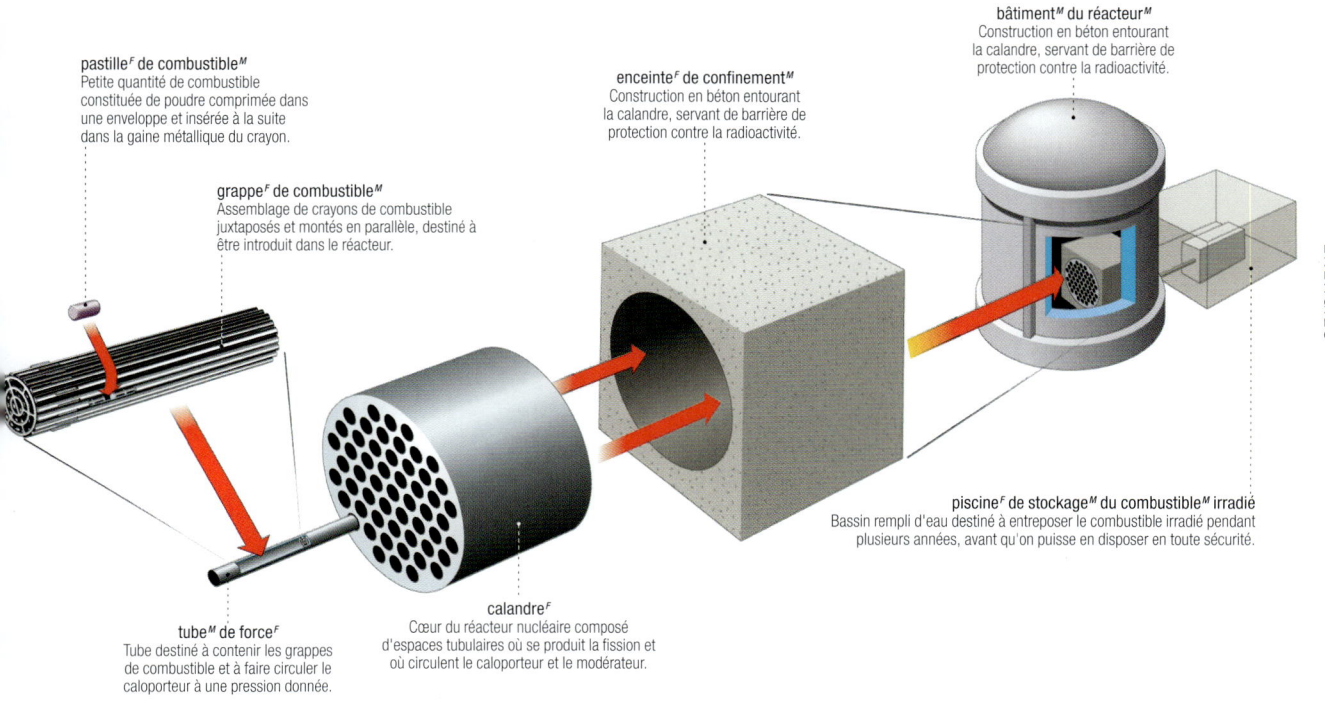

pastille[F] de combustible[M]
Petite quantité de combustible constituée de poudre comprimée dans une enveloppe et insérée à la suite dans la gaine métallique du crayon.

grappe[F] de combustible[M]
Assemblage de crayons de combustible juxtaposés et montés en parallèle, destiné à être introduit dans le réacteur.

enceinte[F] de confinement[M]
Construction en béton entourant la calandre, servant de barrière de protection contre la radioactivité.

bâtiment[M] du réacteur[M]
Construction en béton entourant la calandre, servant de barrière de protection contre la radioactivité.

piscine[F] de stockage[M] du combustible[M] irradié
Bassin rempli d'eau destiné à entreposer le combustible irradié pendant plusieurs années, avant qu'on puisse en disposer en toute sécurité.

tube[M] de force[F]
Tube destiné à contenir les grappes de combustible et à faire circuler le caloporteur à une pression donnée.

calandre[F]
Cœur du réacteur nucléaire composé d'espaces tubulaires où se produit la fission et où circulent le caloporteur et le modérateur.

ÉNERGIES

types de réacteurs

Les réacteurs nucléaires sont classés selon la nature du combustible, du modérateur et du fluide caloporteur utilisés.

réacteur au gaz carbonique

Il a surtout été développé au Royaume-Uni et en France, avant d'être supplanté par le réacteur à eau sous pression, plus performant et moins onéreux.

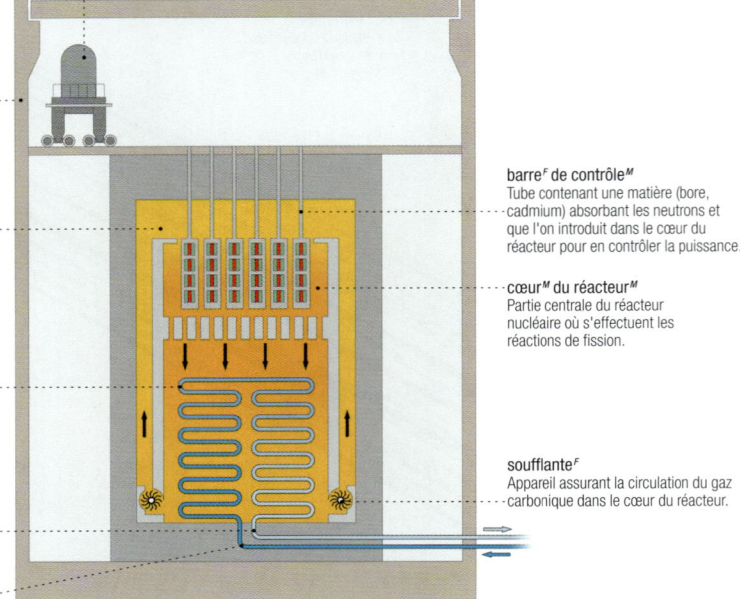

machine de chargement
Dispositif commandé à distance permettant d'insérer le combustible neuf dans le réacteur.

enceinte en béton
Construction en béton destinée à retenir les produits radioactifs en cas d'accident.

gaz carbonique de refroidissement
Gaz carbonique destiné à récupérer la chaleur issue du cœur du réacteur pour la transférer à l'échangeur de chaleur.

échangeur de chaleur
Système tubulaire plongé dans le gaz carbonique chaud dans lequel l'eau est transformée en vapeur pour faire tourner une turbine.

sortie de la vapeur
L'eau vaporisée par le gaz carbonique est acheminée vers la turbine pour produire de l'électricité.

alimentation en eau
Un circuit achemine l'eau du condenseur à l'échangeur de chaleur, où elle sera transformée en vapeur.

barre de contrôle
Tube contenant une matière (bore, cadmium) absorbant les neutrons et que l'on introduit dans le cœur du réacteur pour en contrôler la puissance.

cœur du réacteur
Partie centrale du réacteur nucléaire où s'effectuent les réactions de fission.

soufflante
Appareil assurant la circulation du gaz carbonique dans le cœur du réacteur.

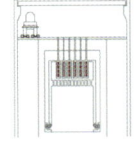

combustible : uranium naturel
Uranium naturel : combustible extrait de mines constitué d'un mélange de trois isotopes de l'uranium (uranium 234, 235 et 238).

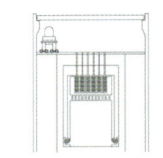

modérateur : graphite
Graphite : carbone cristallisé ayant la capacité de ralentir les neutrons.

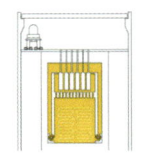

caloporteur : gaz carbonique
Gaz carbonique : gaz plus lourd que l'air résultant de la combustion du graphite.

réacteur à eau lourde

Ce type de réacteur, principalement utilisé au Canada, en Argentine et en Inde, présente l'avantage de ne pas nécessiter d'enrichissement du combustible.

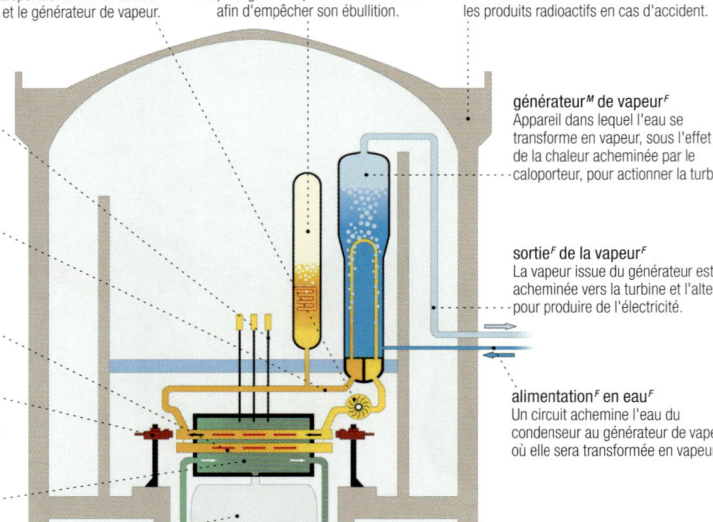

pompe
Appareil qui assure la circulation du fluide caloporteur entre le réacteur et le générateur de vapeur.

pressuriseur
Appareil destiné à maintenir l'eau de caloportage à une pression déterminée afin d'empêcher son ébullition.

enceinte en béton
Construction en béton destinée à retenir les produits radioactifs en cas d'accident.

barre de contrôle
Tube contenant une matière (bore, cadmium) absorbant les neutrons et que l'on introduit dans le cœur du réacteur pour en contrôler la puissance.

eau lourde sous pression
L'eau lourde, chauffée dans le cœur du réacteur, est maintenue sous pression afin d'éviter son ébullition.

combustible
Matière placée dans le cœur du réacteur contenant des atomes lourds (uranium, plutonium) dont on extrait l'énergie par fission.

machine de chargement
Dispositif commandé à distance permettant d'insérer le combustible neuf dans le réacteur.

cuve du modérateur
Récipient en acier contenant l'eau lourde froide du modérateur.

réservoir de sécurité
Récipient dans lequel s'écoule l'eau lourde froide du modérateur afin de stopper les réactions de fission en cas d'urgence.

générateur de vapeur
Appareil dans lequel l'eau se transforme en vapeur, sous l'effet de la chaleur acheminée par le caloporteur, pour actionner la turbine.

sortie de la vapeur
La vapeur issue du générateur est acheminée vers la turbine et l'alternateur pour produire de l'électricité.

alimentation en eau
Un circuit achemine l'eau du condenseur au générateur de vapeur, où elle sera transformée en vapeur.

eau lourde froide
Un système de pompage assure la circulation, le refroidissement et la purification de l'eau lourde autour de la cuve du modérateur.

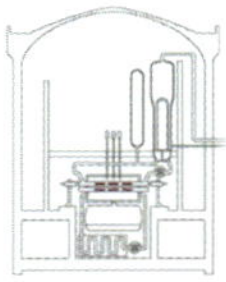

combustible : uranium naturel
Uranium naturel : combustible extrait de mines constitué d'un mélange de trois isotopes de l'uranium (uranium 234, 235 et 238).

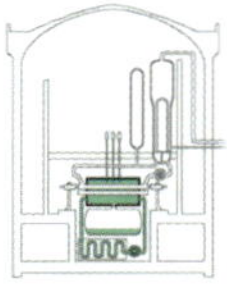

modérateur : eau lourde
Eau lourde : eau constituée d'hydrogène lourd (deutérium) et d'oxygène, ayant la capacité de ralentir les neutrons.

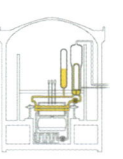

caloporteur : eau lourde sous pression
L'eau lourde est maintenue à une certaine pression afin d'empêcher son ébullition.

énergie nucléaire

types de réacteurs

combustible : uranium enrichi
Uranium enrichi : uranium préparé par traitement de l'uranium naturel, dont on augmente la quantité d'isotopes fissiles (uranium 235) qu'il contient.

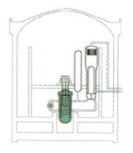

modérateur : eau naturelle
Eau naturelle : eau telle qu'on la trouve dans la nature.

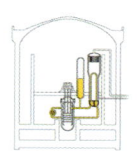

caloporteur : eau sous pression
Eau sous pression : eau naturelle maintenue à une certaine pression afin d'empêcher son ébullition.

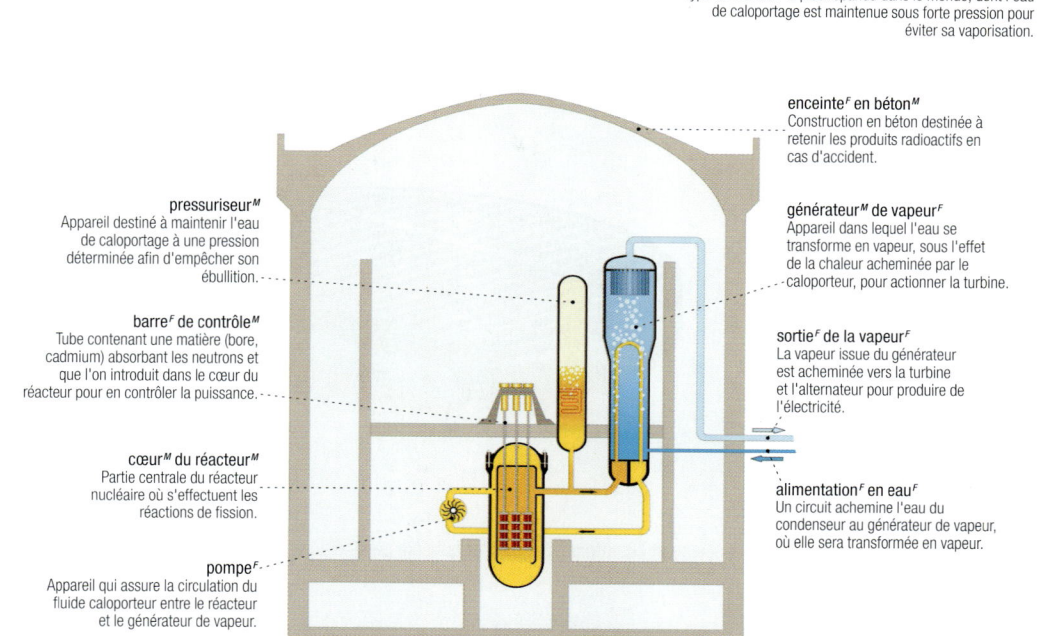

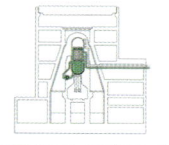

réacteur à eau sous pression
Type de réacteur le plus répandu dans le monde, dont l'eau de caloportage est maintenue sous forte pression pour éviter sa vaporisation.

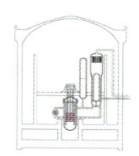

enceinte en béton
Construction en béton destinée à retenir les produits radioactifs en cas d'accident.

pressuriseur
Appareil destiné à maintenir l'eau de caloportage à une pression déterminée afin d'empêcher son ébullition.

générateur de vapeur
Appareil dans lequel l'eau se transforme en vapeur, sous l'effet de la chaleur acheminée par le caloporteur, pour actionner la turbine.

barre de contrôle
Tube contenant une matière (bore, cadmium) absorbant les neutrons et que l'on introduit dans le cœur du réacteur pour en contrôler la puissance.

sortie de la vapeur
La vapeur issue du générateur est acheminée vers la turbine et l'alternateur pour produire de l'électricité.

cœur du réacteur
Partie centrale du réacteur nucléaire où s'effectuent les réactions de fission.

pompe
Appareil qui assure la circulation du fluide caloporteur entre le réacteur et le générateur de vapeur.

alimentation en eau
Un circuit achemine l'eau du condenseur au générateur de vapeur, où elle sera transformée en vapeur.

---

combustible : uranium enrichi
Uranium enrichi : uranium préparé par traitement de l'uranium naturel, dont on augmente la quantité d'isotopes fissiles (uranium 235) qu'il contient.

modérateur : eau naturelle
Eau naturelle : eau telle qu'on la trouve dans la nature.

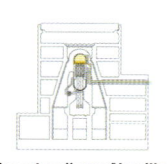

caloporteur : eau bouillante
bouillante : eau naturelle qui bout et se vaporise contact de la chaleur dégagée par le combustible.

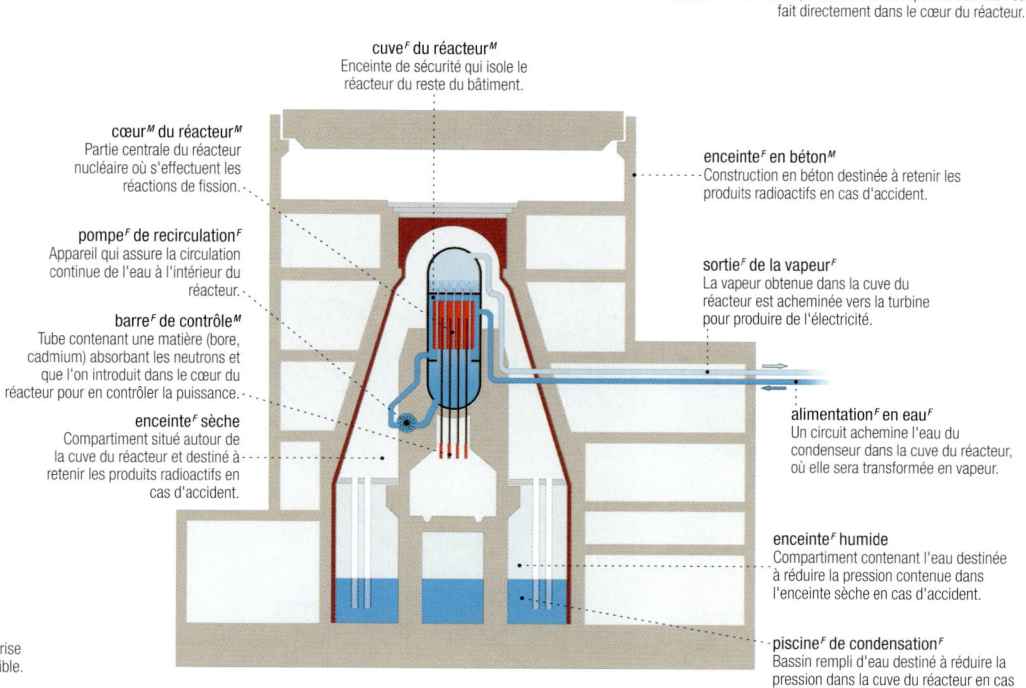

réacteur à eau bouillante
Deuxième type de réacteur le plus répandu, il est surtout utilisé aux États-Unis, en Suède et au Japon. L'ébullition se fait directement dans le cœur du réacteur.

cuve du réacteur
Enceinte de sécurité qui isole le réacteur du reste du bâtiment.

cœur du réacteur
Partie centrale du réacteur nucléaire où s'effectuent les réactions de fission.

pompe de recirculation
Appareil qui assure la circulation continue de l'eau à l'intérieur du réacteur.

barre de contrôle
Tube contenant une matière (bore, cadmium) absorbant les neutrons et que l'on introduit dans le cœur du réacteur pour en contrôler la puissance.

enceinte sèche
Compartiment situé autour de la cuve du réacteur et destiné à retenir les produits radioactifs en cas d'accident.

enceinte en béton
Construction en béton destinée à retenir les produits radioactifs en cas d'accident.

sortie de la vapeur
La vapeur obtenue dans la cuve du réacteur est acheminée vers la turbine pour produire de l'électricité.

alimentation en eau
Un circuit achemine l'eau du condenseur dans la cuve du réacteur, où elle sera transformée en vapeur.

enceinte humide
Compartiment contenant l'eau destinée à réduire la pression contenue dans l'enceinte sèche en cas d'accident.

piscine de condensation
Bassin rempli d'eau destiné à réduire la pression dans la cuve du réacteur en cas d'accident.

ÉNERGIES

énergie solaire

photopile^F
Dispositif permettant de convertir directement l'énergie solaire en énergie électrique (effet photovoltaïque).

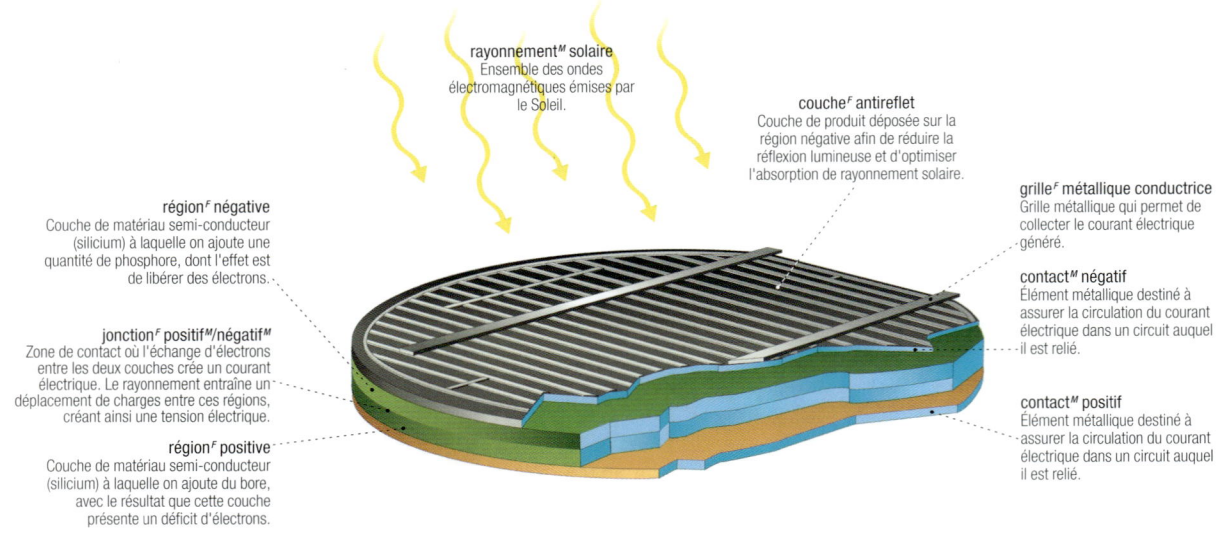

rayonnement^M solaire
Ensemble des ondes électromagnétiques émises par le Soleil.

couche^F antireflet
Couche de produit déposée sur la région négative afin de réduire la réflexion lumineuse et d'optimiser l'absorption de rayonnement solaire.

grille^F métallique conductrice
Grille métallique qui permet de collecter le courant électrique généré.

région^F négative
Couche de matériau semi-conducteur (silicium) à laquelle on ajoute une quantité de phosphore, dont l'effet est de libérer des électrons.

contact^M négatif
Élément métallique destiné à assurer la circulation du courant électrique dans un circuit auquel il est relié.

jonction^F positif^M/négatif^M
Zone de contact où l'échange d'électrons entre les deux couches crée un courant électrique. Le rayonnement entraîne un déplacement de charges entre ces régions, créant ainsi une tension électrique.

contact^M positif
Élément métallique destiné à assurer la circulation du courant électrique dans un circuit auquel il est relié.

région^F positive
Couche de matériau semi-conducteur (silicium) à laquelle on ajoute du bore, avec le résultat que cette couche présente un déficit d'électrons.

capteur^M solaire plan
Dispositif qui recueille le rayonnement solaire et chauffe un caloporteur qui sera destiné au chauffage de l'eau ou de locaux à des fins domestiques.

rayonnement^M solaire
Ensemble des ondes électromagnétiques émises par le Soleil.

sortie^F du caloporteur^M
Le caloporteur, qui sort du capteur à une température élevée (pouvant atteindre 80 °C environ), est stocké ou utilisé immédiatement.

vitrage^M
Couverture translucide (verre, fibre de verre, polycarbonate, etc.) qui laisse passer le rayonnement solaire et permet de piéger la chaleur produite dans le capteur.

coffre^M
Boîtier isolant du capteur, fermé par le vitrage.

tube^M de circulation^F
Tube contenant un fluide caloporteur (eau, air) qui permet de recueillir et de transporter la chaleur de la plaque absorbante.

plaque^F absorbante
Feuille métallique noire qui capte la chaleur du rayonnement solaire et la transfère au fluide caloporteur.

entrée^F du caloporteur^M
Le caloporteur froid s'écoule dans les tubes de circulation pour absorber l'énergie solaire piégée dans le capteur.

isolant^M
Matériau placé à la partie arrière du capteur afin de réduire les pertes de chaleur.

ÉNERGIES

énergie solaire

circuitᴹ de photopilesᶠ

Module de photopiles généralement composé de 36 cellules produisant chacune une tension de 0,5 V, qui sert à alimenter des appareils à basse tension.

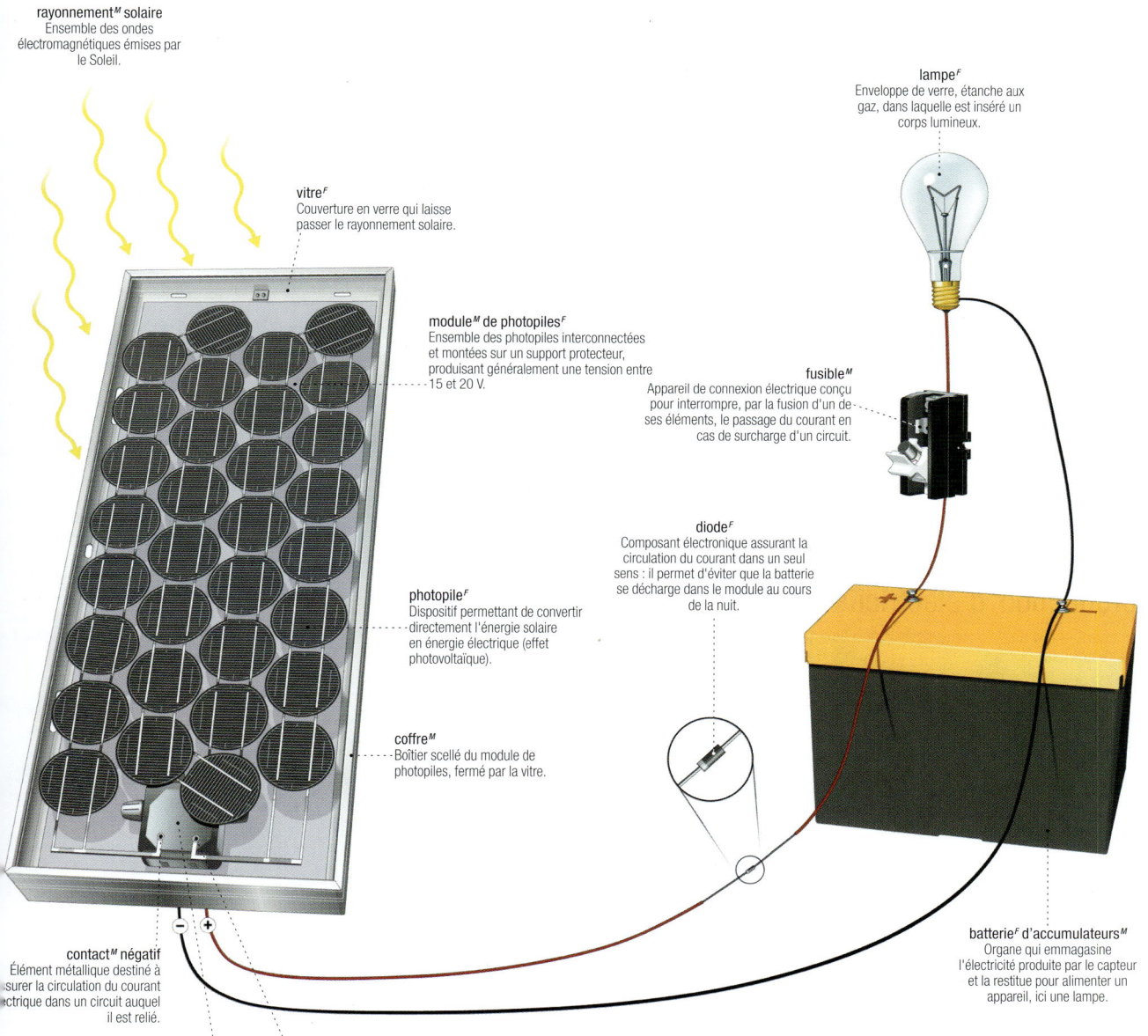

rayonnementᴹ solaire
Ensemble des ondes électromagnétiques émises par le Soleil.

lampeᶠ
Enveloppe de verre, étanche aux gaz, dans laquelle est inséré un corps lumineux.

vitreᶠ
Couverture en verre qui laisse passer le rayonnement solaire.

moduleᴹ de photopilesᶠ
Ensemble des photopiles interconnectées et montées sur un support protecteur, produisant généralement une tension entre 15 et 20 V.

fusibleᴹ
Appareil de connexion électrique conçu pour interrompre, par la fusion d'un de ses éléments, le passage du courant en cas de surcharge d'un circuit.

diodeᶠ
Composant électronique assurant la circulation du courant dans un seul sens : il permet d'éviter que la batterie se décharge dans le module au cours de la nuit.

photopileᶠ
Dispositif permettant de convertir directement l'énergie solaire en énergie électrique (effet photovoltaïque).

coffreᴹ
Boîtier scellé du module de photopiles, fermé par la vitre.

contactᴹ négatif
Élément métallique destiné à assurer la circulation du courant électrique dans un circuit auquel il est relié.

boîteᶠ électrique
Boîte dans laquelle les câbles électriques alimentant la batterie sont reliés aux contacts positif et négatif du capteur.

contactᴹ positif
Élément métallique destiné à assurer la circulation du courant électrique dans un circuit auquel il est relié.

batterieᶠ d'accumulateursᴹ
Organe qui emmagasine l'électricité produite par le capteur et la restitue pour alimenter un appareil, ici une lampe.

ÉNERGIES

804 énergie solaire

four^M solaire

Centrale concentrant le rayonnement solaire pour atteindre de très hautes températures (plus de 3 000 °C) en vue de la recherche portant sur l'élaboration de matériaux expérimentaux (matériaux pour l'astronautique, céramiques, etc.).

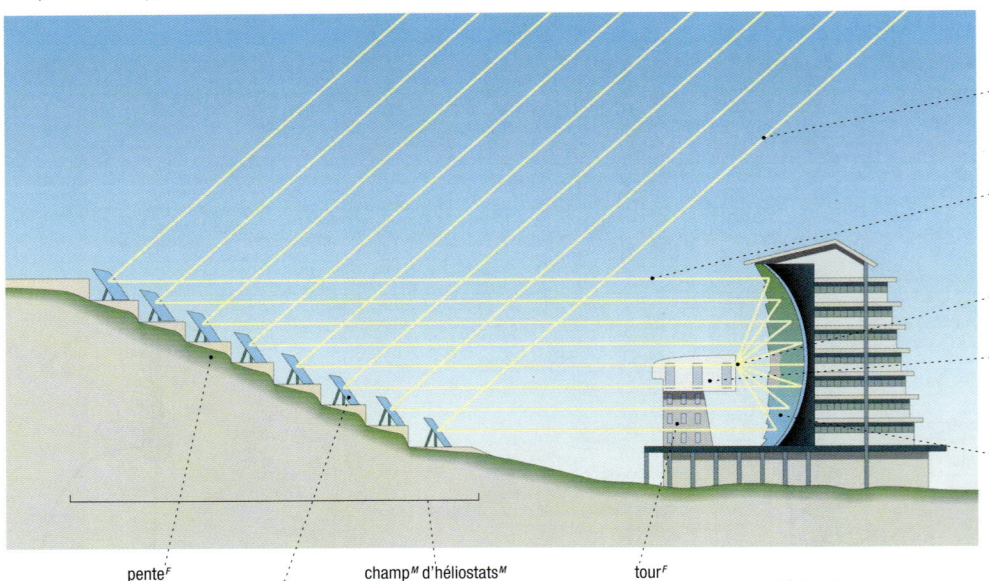

rayonnement^M solaire
Ensemble des ondes électromagnétiques émises par le Soleil.

rayon^M solaire réfléchi
Les rayons solaires qui atteignent les héliostats sont renvoyés vers le miroir parabolique.

foyer^M
Point vers lequel convergent les rayons solaires réfléchis par le miroir parabolique.

four^M
Permettant d'obtenir des températures atteignant plus de 3 000 °C, il est notamment utilisé pour le traitement l'élaboration de matériaux.

miroir^M parabolique
Miroir dont la forme incurvée permet de concentrer les rayons du Soleil en un seul point du four (le foyer).

pente^F
Les héliostats sont disposés sur un terrain incliné pour éviter les pertes d'énergie dues aux ombres et à l'interception par les miroirs voisins de rayons réfléchis.

champ^M d'héliostats^M
Héliostats : miroirs orientables télécommandés pour suivre la trajectoire du Soleil et concentrer le rayonnement solaire vers la chaudière située au sommet de la tour.

surface^F réfléchissante
Verre poli et métallisé qui reçoit le rayonnement solaire et le dirige vers le miroir parabolique.

tour^F
Construction au sommet de laquelle est situé le four qui permet de recueillir l'énergie lumineuse; elle atteint généralement 20 m de hauteur.

production^F d'électricité^F par énergie^F solaire

Le chauffage d'un caloporteur par action directe des rayons solaires permet de transformer de l'eau en vapeur pour faire tourner un turbo-alternateur et produire de l'électricité.

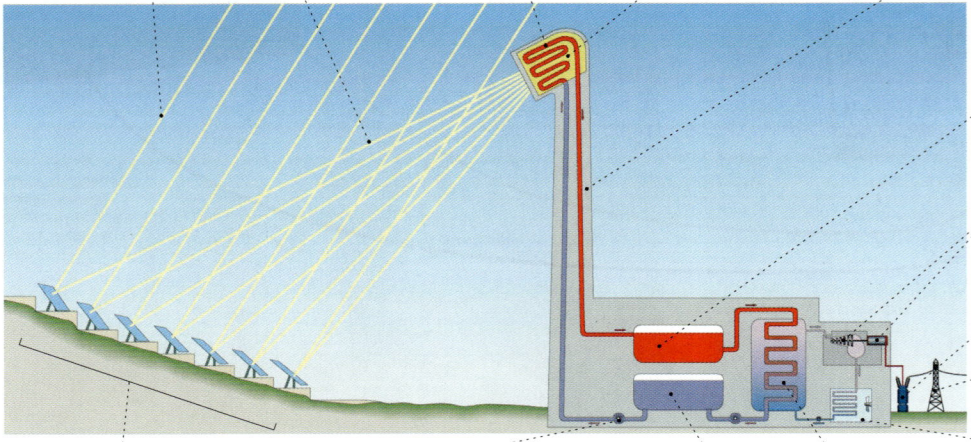

rayonnement^M solaire
Les ondes émises par le Soleil le sont sous forme de rayonnements lumineux (41 % dans la lumière visible, 52 % dans l'infrarouge et 7 % dans l'ultraviolet).

rayon^M solaire réfléchi
Les rayons solaires captés par les héliostats sont renvoyés vers la chaudière.

caloporteur^M
Fluide (par exemple, un mélange de sels fondus) qui capte et transporte la chaleur résultant de la concentration du rayonnement solaire vers la turbine.

chaudière^F
Enceinte dans laquelle la chaleur du rayonnement solaire concentré augmente la température du caloporteur.

tour^F
Construction au sommet de laquelle est située la chaudière qui permet de recueillir l'énergie lumineuse; elle peut atteindre 100 mètres de hauteur.

caloporteur^M chaud
Le caloporteur extrait la chaleur de la chaudière et l'achemine vers le générateur de vapeur et la turbine.

turbo-alternateur^M
Dispositif qui, sous l'action de la vapeur, transforme en électricité la force mécanique engendrée par la rotation d'une turbine.

transformateur^M
Dispositif qui permet de modifier la tension électrique. Celle-ci est élevée à la sortie de la centrale afin d'acheminer le courant sur de longues distances.

réseau^M de transport^M d'électricité^F
De la centrale aux consommateurs, un réseau de câbles transporte l'électricité de longues distances.

condenseur^M
Circuit qui refroidit la vapeur issue de la turbine et la condense en eau, que l'on réintroduit dans le générateur de vapeur.

champ^M d'héliostats^M
Héliostats : miroirs orientables télécommandés pour suivre la trajectoire du Soleil et concentrer le rayonnement solaire vers la chaudière située au sommet de la tour.

pompe^F
Appareil qui assure la circulation du fluide caloporteur refroidi vers la chaudière.

caloporteur^M refroidi
Après avoir cédé sa chaleur au générateur de vapeur, le caloporteur froid retourne vers la chaudière.

générateur^M de vapeur^F
Appareil qui transforme l'eau en vapeur, sous l'effet de la chaleur pour actionner le turbo-alternateur.

ÉNERGIES

énergie solaire

maison solaire

Habitation dont le chauffage et l'alimentation en eau chaude sont fournis en tout ou en partie par l'énergie solaire.

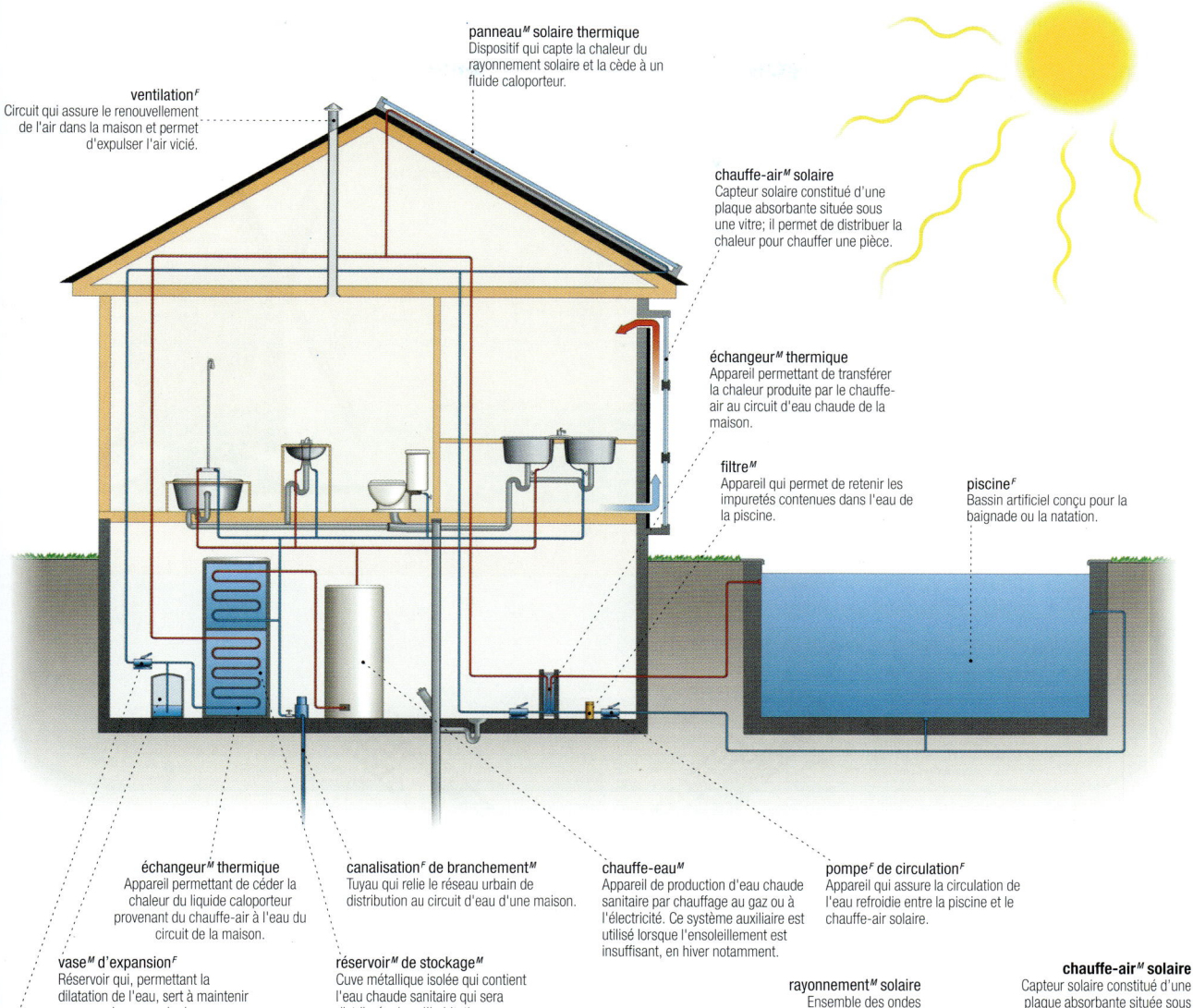

panneau solaire thermique
Dispositif qui capte la chaleur du rayonnement solaire et la cède à un fluide caloporteur.

ventilation
Circuit qui assure le renouvellement de l'air dans la maison et permet d'expulser l'air vicié.

chauffe-air solaire
Capteur solaire constitué d'une plaque absorbante située sous une vitre; il permet de distribuer la chaleur pour chauffer une pièce.

échangeur thermique
Appareil permettant de transférer la chaleur produite par le chauffe-air au circuit d'eau chaude de la maison.

filtre
Appareil qui permet de retenir les impuretés contenues dans l'eau de la piscine.

piscine
Bassin artificiel conçu pour la baignade ou la natation.

échangeur thermique
Appareil permettant de céder la chaleur du liquide caloporteur provenant du chauffe-air à l'eau du circuit de la maison.

canalisation de branchement
Tuyau qui relie le réseau urbain de distribution au circuit d'eau d'une maison.

chauffe-eau
Appareil de production d'eau chaude sanitaire par chauffage au gaz ou à l'électricité. Ce système auxiliaire est utilisé lorsque l'ensoleillement est insuffisant, en hiver notamment.

pompe de circulation
Appareil qui assure la circulation de l'eau refroidie entre la piscine et le chauffe-air solaire.

vase d'expansion
Réservoir qui, permettant la dilatation de l'eau, sert à maintenir une pression normale dans l'installation.

réservoir de stockage
Cuve métallique isolée qui contient l'eau chaude sanitaire qui sera distribuée dans l'habitation.

rayonnement solaire
Ensemble des ondes électromagnétiques émises par le Soleil.

chauffe-air solaire
Capteur solaire constitué d'une plaque absorbante située sous une vitre; il permet de distribuer la chaleur pour chauffer une pièce.

pompe de circulation
Appareil qui assure la circulation du caloporteur refroidi de l'échangeur de chaleur au chauffe-air solaire.

volet
Clapet servant à contrôler l'entrée de la chaleur dans la maison.

double vitrage
Chacune des deux plaques de verre placées devant le mur en béton qui laissent pénétrer le rayonnement solaire tout en retenant la chaleur.

air chaud
L'air réchauffé par le rayonnement solaire est introduit par convection à l'intérieur de la pièce.

surface absorbante
Surface du mur peinte en noir qui capte le rayonnement solaire et le convertit en chaleur.

intervalle d'air
Espace compris entre le mur et le vitrage, dans lequel circule l'air. Lorsque l'air s'échauffe au contact du mur, il remonte naturellement dans cet espace.

air frais
L'air frais de la maison est admis dans l'intervalle d'air en partie basse afin de se réchauffer au contact du mur.

mur en béton
Ouvrage de maçonnerie d'environ 40 cm d'épaisseur, dont la surface noire absorbe la chaleur du Soleil pour chauffer l'air.

ÉNERGIES

moulins^M à vent^M

Machines qui convertissent la force du vent en énergie mécanique et qui servaient autrefois à moudre des grains ou à pomper l'eau.

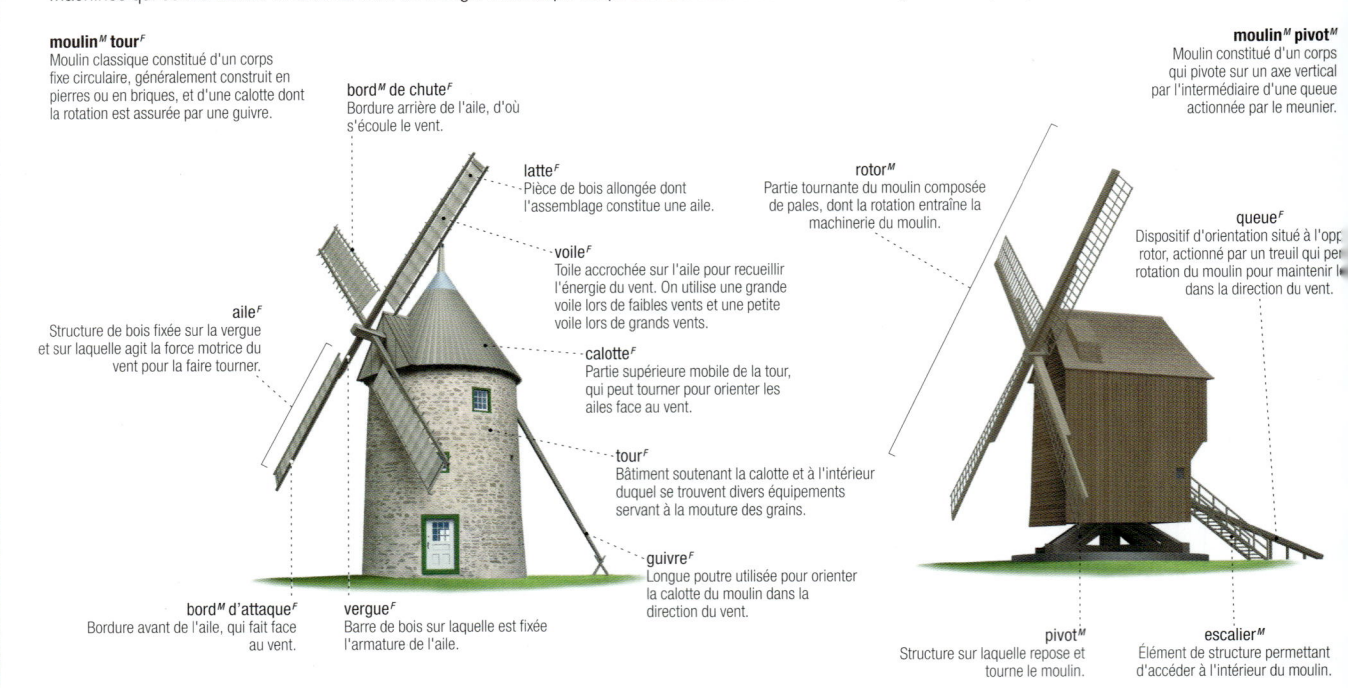

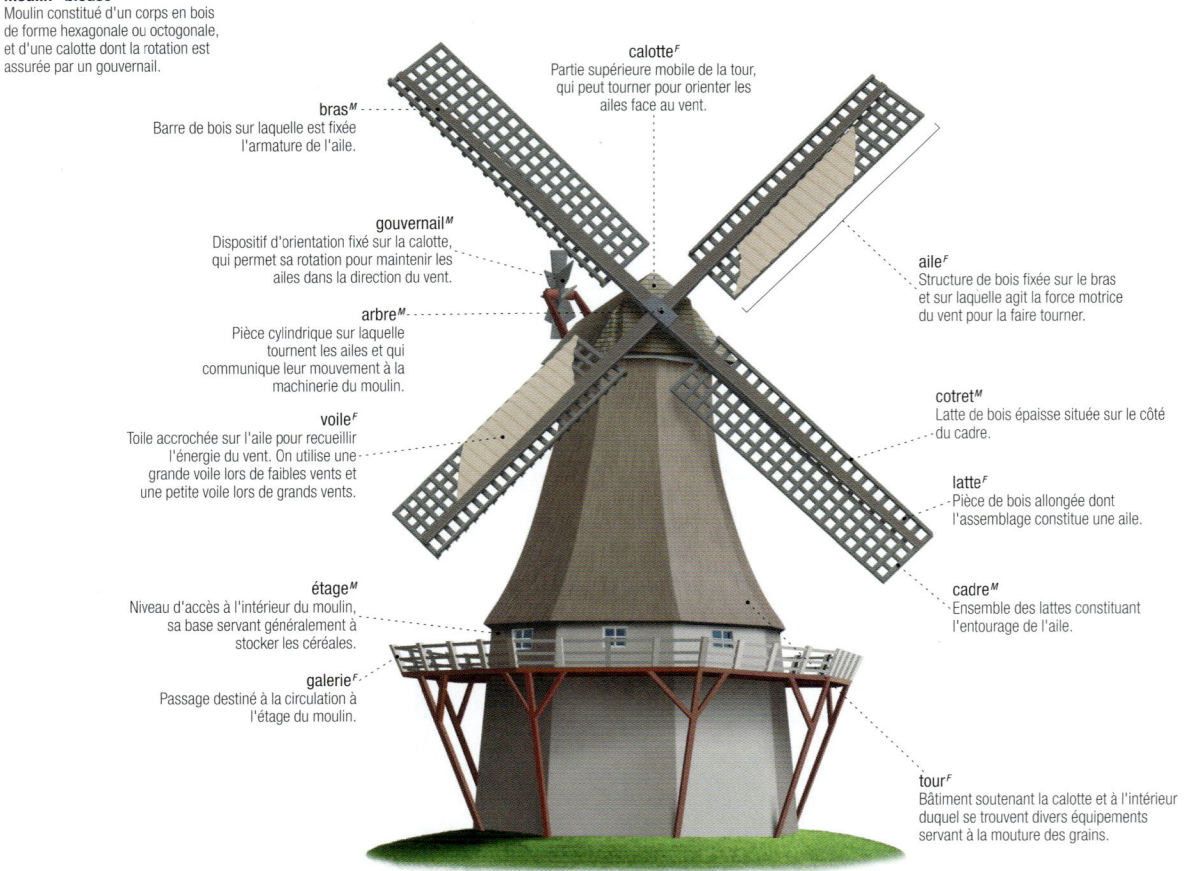

moulin^M tour^F
Moulin classique constitué d'un corps fixe circulaire, généralement construit en pierres ou en briques, et d'une calotte dont la rotation est assurée par une guivre.

bord^M de chute^F
Bordure arrière de l'aile, d'où s'écoule le vent.

latte^F
Pièce de bois allongée dont l'assemblage constitue une aile.

voile^F
Toile accrochée sur l'aile pour recueillir l'énergie du vent. On utilise une grande voile lors de faibles vents et une petite voile lors de grands vents.

calotte^F
Partie supérieure mobile de la tour, qui peut tourner pour orienter les ailes face au vent.

tour^F
Bâtiment soutenant la calotte et à l'intérieur duquel se trouvent divers équipements servant à la mouture des grains.

guivre^F
Longue poutre utilisée pour orienter la calotte du moulin dans la direction du vent.

aile^F
Structure de bois fixée sur la vergue et sur laquelle agit la force motrice du vent pour la faire tourner.

bord^M d'attaque^F
Bordure avant de l'aile, qui fait face au vent.

vergue^F
Barre de bois sur laquelle est fixée l'armature de l'aile.

moulin^M pivot^M
Moulin constitué d'un corps qui pivote sur un axe vertical par l'intermédiaire d'une queue actionnée par le meunier.

rotor^M
Partie tournante du moulin composée de pales, dont la rotation entraîne la machinerie du moulin.

queue^F
Dispositif d'orientation situé à l'opposé du rotor, actionné par un treuil qui permet la rotation du moulin pour maintenir les ailes dans la direction du vent.

pivot^M
Structure sur laquelle repose et tourne le moulin.

escalier^M
Élément de structure permettant d'accéder à l'intérieur du moulin.

moulin^M blouse^F
Moulin constitué d'un corps en bois de forme hexagonale ou octogonale, et d'une calotte dont la rotation est assurée par un gouvernail.

bras^M
Barre de bois sur laquelle est fixée l'armature de l'aile.

calotte^F
Partie supérieure mobile de la tour, qui peut tourner pour orienter les ailes face au vent.

gouvernail^M
Dispositif d'orientation fixé sur la calotte, qui permet sa rotation pour maintenir les ailes dans la direction du vent.

arbre^M
Pièce cylindrique sur laquelle tournent les ailes et qui communique leur mouvement à la machinerie du moulin.

voile^F
Toile accrochée sur l'aile pour recueillir l'énergie du vent. On utilise une grande voile lors de faibles vents et une petite voile lors de grands vents.

aile^F
Structure de bois fixée sur le bras et sur laquelle agit la force motrice du vent pour la faire tourner.

cotret^M
Latte de bois épaisse située sur le côté du cadre.

latte^F
Pièce de bois allongée dont l'assemblage constitue une aile.

cadre^M
Ensemble des lattes constituant l'entourage de l'aile.

étage^M
Niveau d'accès à l'intérieur du moulin, sa base servant généralement à stocker les céréales.

galerie^F
Passage destiné à la circulation à l'étage du moulin.

tour^F
Bâtiment soutenant la calotte et à l'intérieur duquel se trouvent divers équipements servant à la mouture des grains.

énergie éolienne   807

éoliennes^F et production^F d'électricité^F

Éolienne : machine qui capte l'énergie du vent et la transforme en énergie mécanique pour actionner un alternateur.

éolienne^F à axe^M horizontal
Éolienne dont l'axe s'oriente en fonction de la direction du vent; c'est le type d'éolienne le plus répandu.

pale^F
Pièce profilée fixée sur le moyeu, sur laquelle agit la force motrice du vent qui la fait tourner et entraîne ainsi le rotor.

nacelle^F
Structure métallique renfermant et protégeant les principaux éléments mécaniques de l'éolienne (boîte d'engrenage, alternateur, etc.).

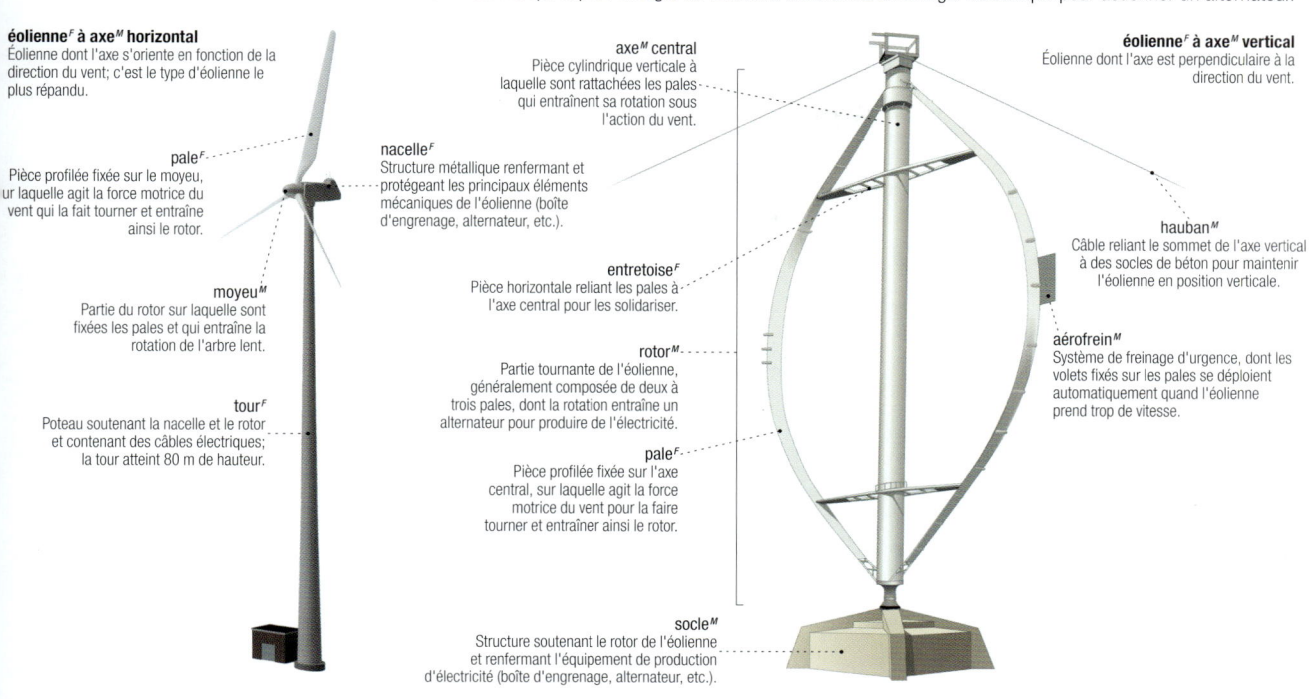

axe^M central
Pièce cylindrique verticale à laquelle sont rattachées les pales qui entraînent sa rotation sous l'action du vent.

éolienne^F à axe^M vertical
Éolienne dont l'axe est perpendiculaire à la direction du vent.

moyeu^M
Partie du rotor sur laquelle sont fixées les pales et qui entraîne la rotation de l'arbre lent.

entretoise^F
Pièce horizontale reliant les pales à l'axe central pour les solidariser.

hauban^M
Câble reliant le sommet de l'axe vertical à des socles de béton pour maintenir l'éolienne en position verticale.

rotor^M
Partie tournante de l'éolienne, généralement composée de deux à trois pales, dont la rotation entraîne un alternateur pour produire de l'électricité.

aérofrein^M
Système de freinage d'urgence, dont les volets fixés sur les pales se déploient automatiquement quand l'éolienne prend trop de vitesse.

tour^F
Poteau soutenant la nacelle et le rotor et contenant des câbles électriques; la tour atteint 80 m de hauteur.

pale^F
Pièce profilée fixée sur l'axe central, sur laquelle agit la force motrice du vent pour la faire tourner et entraîner ainsi le rotor.

socle^M
Structure soutenant le rotor de l'éolienne et renfermant l'équipement de production d'électricité (boîte d'engrenage, alternateur, etc.).

coupe^F de la nacelle^F
Nacelle : structure métallique renfermant et protégeant les principaux éléments mécaniques de l'éolienne (boîte d'engrenage, alternateur, etc.).

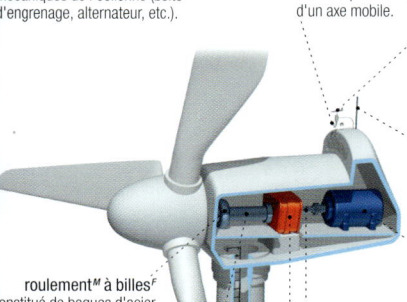

anémomètre^M
Instrument mesurant la vitesse du vent à l'aide de coupelles qui tournent plus ou moins vite autour d'un axe mobile.

production^F d'électricité^F par énergie^F éolienne
Une centrale éolienne est un ensemble d'éoliennes qui, mues par le vent, produisent de l'électricité et l'acheminent au réseau de transport et de distribution auquel elles sont reliées.

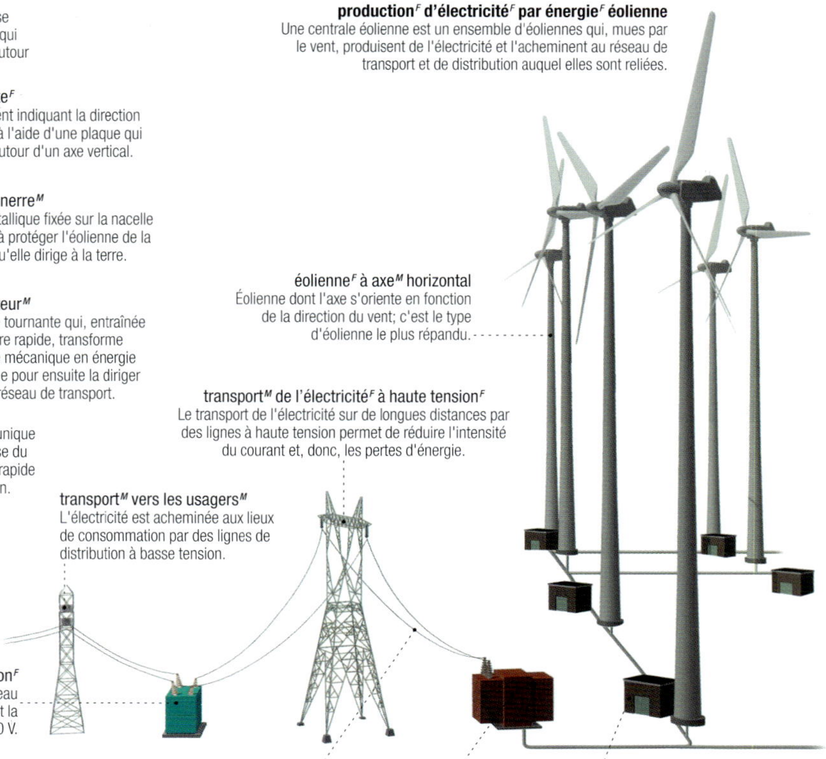

girouette^F
Instrument indiquant la direction du vent à l'aide d'une plaque qui tourne autour d'un axe vertical.

paratonnerre^M
Tige métallique fixée sur la nacelle qui sert à protéger l'éolienne de la foudre qu'elle dirige vers la terre.

alternateur^M
Machine tournante qui, entraînée par l'arbre rapide, transforme l'énergie mécanique en énergie électrique pour ensuite la diriger vers un réseau de transport.

éolienne^F à axe^M horizontal
Éolienne dont l'axe s'oriente en fonction de la direction du vent; c'est le type d'éolienne le plus répandu.

roulement^M à billes^F
constitué de bagues d'acier dans lesquelles sont insérées des billes d'acier, destiné à réduire les frictions lors de la rotation de l'arbre.

arbre^M rapide
Pièce cylindrique qui communique le mouvement à haute vitesse du rotor à l'alternateur. L'arbre rapide tourne environ à 1 500 tr/min.

transport^M de l'électricité^F à haute tension^F
Le transport de l'électricité sur de longues distances par des lignes à haute tension permet de réduire l'intensité du courant et, donc, les pertes d'énergie.

arbre^M lent
Pièce cylindrique qui communique le mouvement du moyeu du rotor à la boîte d'engrenage. L'arbre lent tourne généralement à 20 ou 30 tr/min.

transport^M vers les usagers^M
L'électricité est acheminée aux lieux de consommation par des lignes de distribution à basse tension.

boîte^F d'engrenage^M multiplicateur
Organe permettant d'augmenter la vitesse de rotation du rotor pour entraîner l'alternateur.

abaissement^M de la tension^F
Avant d'intégrer l'électricité dans le réseau domestique, on abaisse progressivement la tension jusqu'à 240 V.

intégration^F de l'électricité^F au réseau^M de transport^M
L'électricité produite est intégrée à l'ensemble du réseau.

seconde élévation de la tension^F

première élévation^F de la tension^F
Élévation de la tension : les transformateurs portent à haute tension l'électricité produite par l'alternateur pour réduire les pertes lors du transport.

ÉNERGIES

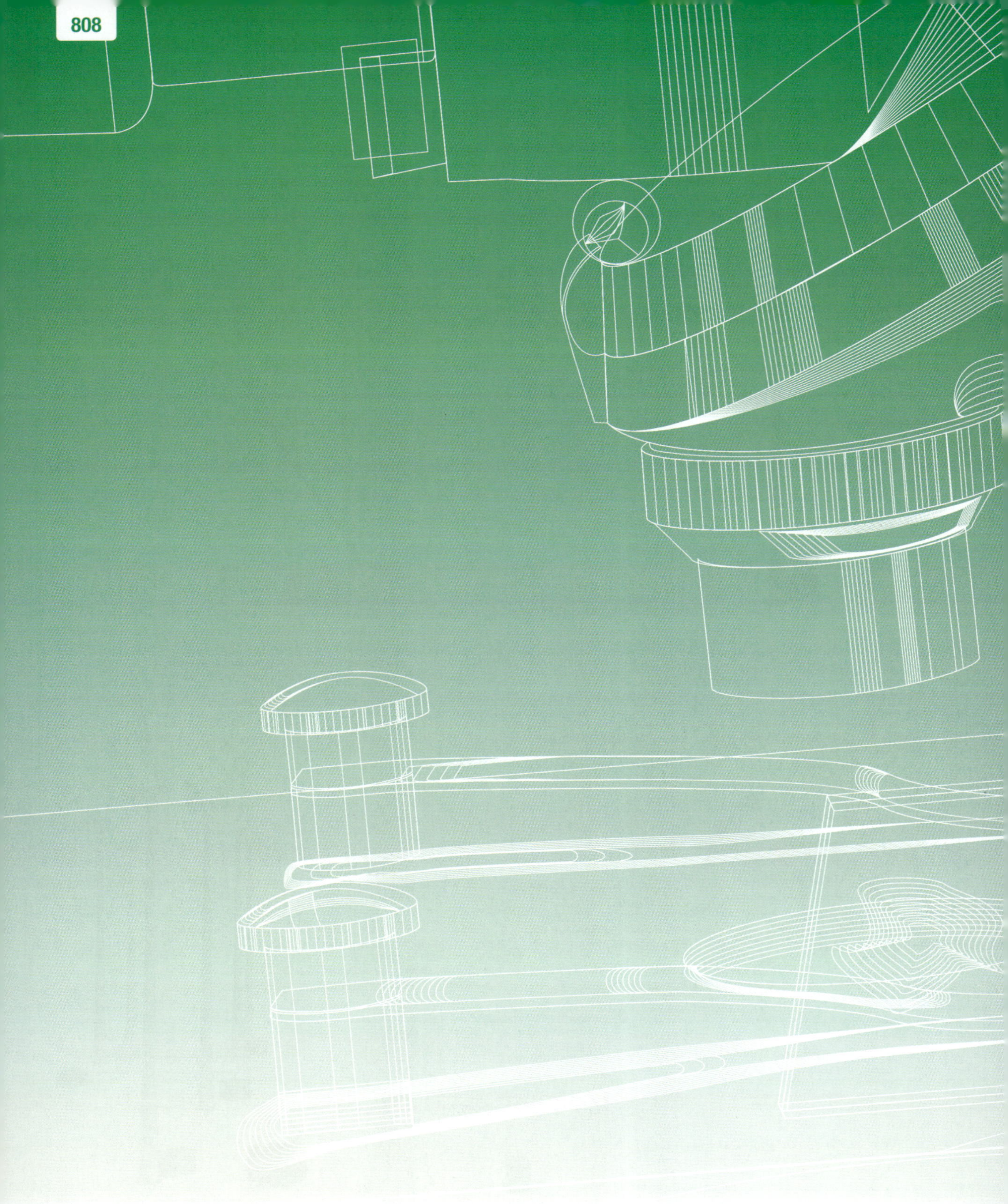

SCIENCE

L'activité scientifique a pour objet de dégager, à partir de l'observation des faits, un ensemble de connaissances souvent formulées sous forme de lois ou de règles.

CHIMIE 810

Science qui étudie la constitution des corps et leurs interactions; elle trouve de nombreuses applications (biochimie, électrochimie, chimie nucléaire, etc.).

PHYSIQUE : MÉCANIQUE 816

La mécanique traite de l'étude des forces et des mouvements. Un mécanisme se caractérise par deux forces : la force motrice (effort) et la force résistante (charge).

PHYSIQUE : ÉLECTRICITÉ ET MAGNÉTISME 817

L'électromagnétisme étudie les relations entre l'électricité et le magnétisme et trouve de nombreuses applications : moteurs, haut-parleurs, appareils de mesure, informatique, etc.

PHYSIQUE : OPTIQUE 821

Optique : science qui traite de la lumière et de la vision, trouvant diverses applications (lentilles, microscopes, lasers, fibre optique, etc.).

APPAREILS DE MESURE 827

Instruments qui permettent de déterminer différentes grandeurs : température, masse, hauteur, longueur, tension électrique, force mécanique, etc.

SYMBOLES SCIENTIFIQUES USUELS 834

Signes conventionnels uniformisés et adoptés pour simplifier l'écriture des chiffres, des formules et des équations dans les domaines scientifiques et techniques.

chimie

matière[F]

Toute substance qui possède une masse est composée d'atomes et occupe de l'espace. Toute la matière de l'Univers est essentiellement composée d'une centaine de types d'atomes.

atome[M]
Constituant élémentaire de la matière dont il conserve les propriétés chimiques, formé d'un noyau et d'un nuage d'électrons. Le nombre de protons du noyau distingue les atomes les uns des autres.

noyau[M]
Partie centrale de l'atome de charge électrique positive, constituée de protons et de neutrons, autour de laquelle gravitent les électrons.

quark[M] **d**
Le quark down (bas) est un des six types de quark (particule constitutive des protons et des neutrons) de charge électrique négative.

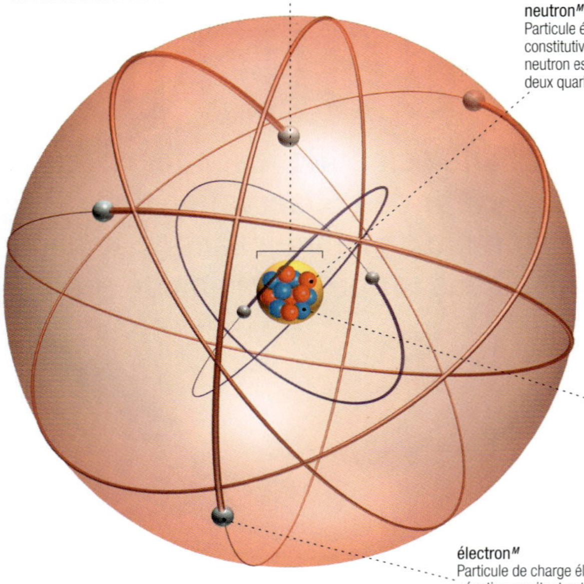

neutron[M]
Particule électriquement neutre constitutive du noyau d'un atome. Le neutron est formé d'un quark u et de deux quarks d.

quark[M] **u**
Le quark up (haut) est un des six types de quarks (particules constitutives des protons et des neutrons) de charge électrique positive.

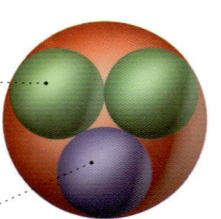

neutron[M]
Particule électriquement neutre constitutive du noyau d'un atome. Le neutron est formé d'un quark u et de deux quarks d.

proton[M]
Particule constitutive du noyau d'un atome de charge électrique positive. Le proton est formé de deux quarks u et d'un quark d.

proton[M]
Particule constitutive du noyau d'un atome de charge électrique positive. Le proton est formé de deux quarks u et d'un quark d.

molécule[F]
Matière formée par l'assemblage d'atomes, constituant la plus petite quantité d'un corps pur pouvant exister à l'état libre, comme l'eau, le gaz carbonique, etc.

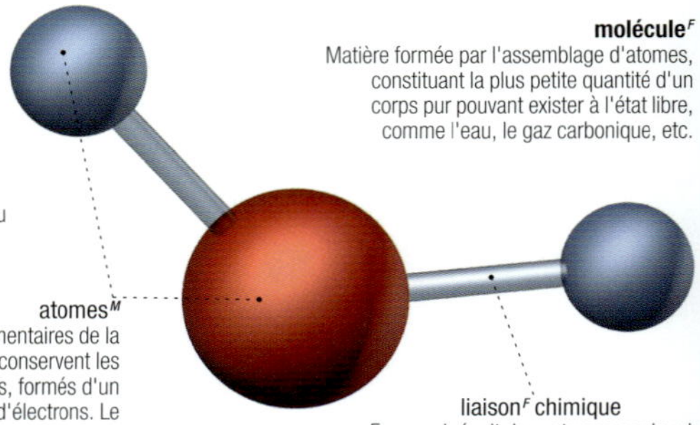

atomes[M]
Constituants élémentaires de la matière dont ils conservent les propriétés chimiques, formés d'un noyau et d'un nuage d'électrons. Le nombre de protons du noyau distingue les atomes les uns des autres.

électron[M]
Particule de charge électrique négative gravitant autour du noyau de l'atome.

liaison[F] **chimique**
Force qui réunit deux atomes par la mise en commun d'électrons (liaison covalent ou le transfert d'électrons (liaison ionique pour former une molécule).

états[M] de la matière[F]

La matière se présente sous trois états différents fondamentaux (solide, liquide et gazeux), selon la température et la pression auxquelles elle est soumise.

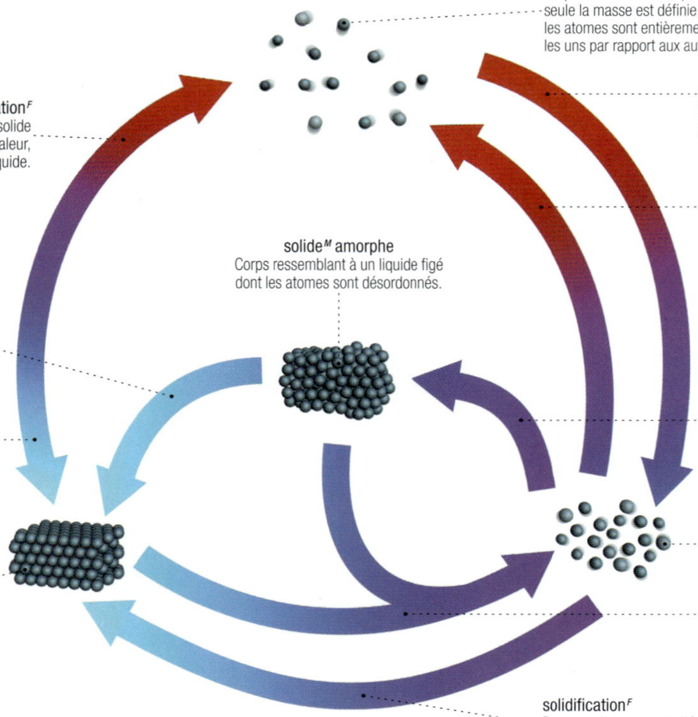

gaz[M]
Corps déformable et expansible dont seule la masse est définie, et dont les atomes sont entièrement mobiles les uns par rapport aux autres.

sublimation[F]
Passage direct d'un corps de l'état solide à l'état gazeux, sous l'effet de la chaleur, sans passer par l'état liquide.

condensation[F]
Passage de la matière de l'état gazeux à l'état solide, obtenu par refroidissement.

vaporisation[F]
Passage d'un corps de l'état liquide à l'état gazeux, sous l'effet de la chaleur.

solide[M] **amorphe**
Corps ressemblant à un liquide figé dont les atomes sont désordonnés.

cristallisation[F]
Passage d'un corps de l'état amorphe à l'état de cristaux, obtenu par refroidissement, et dont les atomes sont ordonnés.

surfusion[F]
État d'un corps qui reste liquide à une température inférieure à son point de solidification et dont les atomes sont désordonnés.

condensation[F]
Passage de la matière de l'état gazeux à l'état solide, obtenu par refroidissement.

liquide[M]
Corps possédant une masse et un volume définis mais de forme variable, dont les atomes sont relativement mobiles les uns par rapport aux autres.

solide[M]
Corps rigide possédant une masse, un volume et une forme définis, dont les atomes sont liés les uns aux autres et demeurent presque immobiles.

fusion[F]
Passage d'un corps de l'état solide à l'état liquide, sous l'effet de la chaleur.

solidification[F]
Passage d'un corps de l'état liquide à l'état solide, obtenu par refroidissement.

chimie

matière

fission nucléaire
Processus par lequel le noyau des atomes se fragmente (par exemple dans un réacteur nucléaire) en libérant des neutrons et en dégageant de l'énergie sous forme de chaleur.

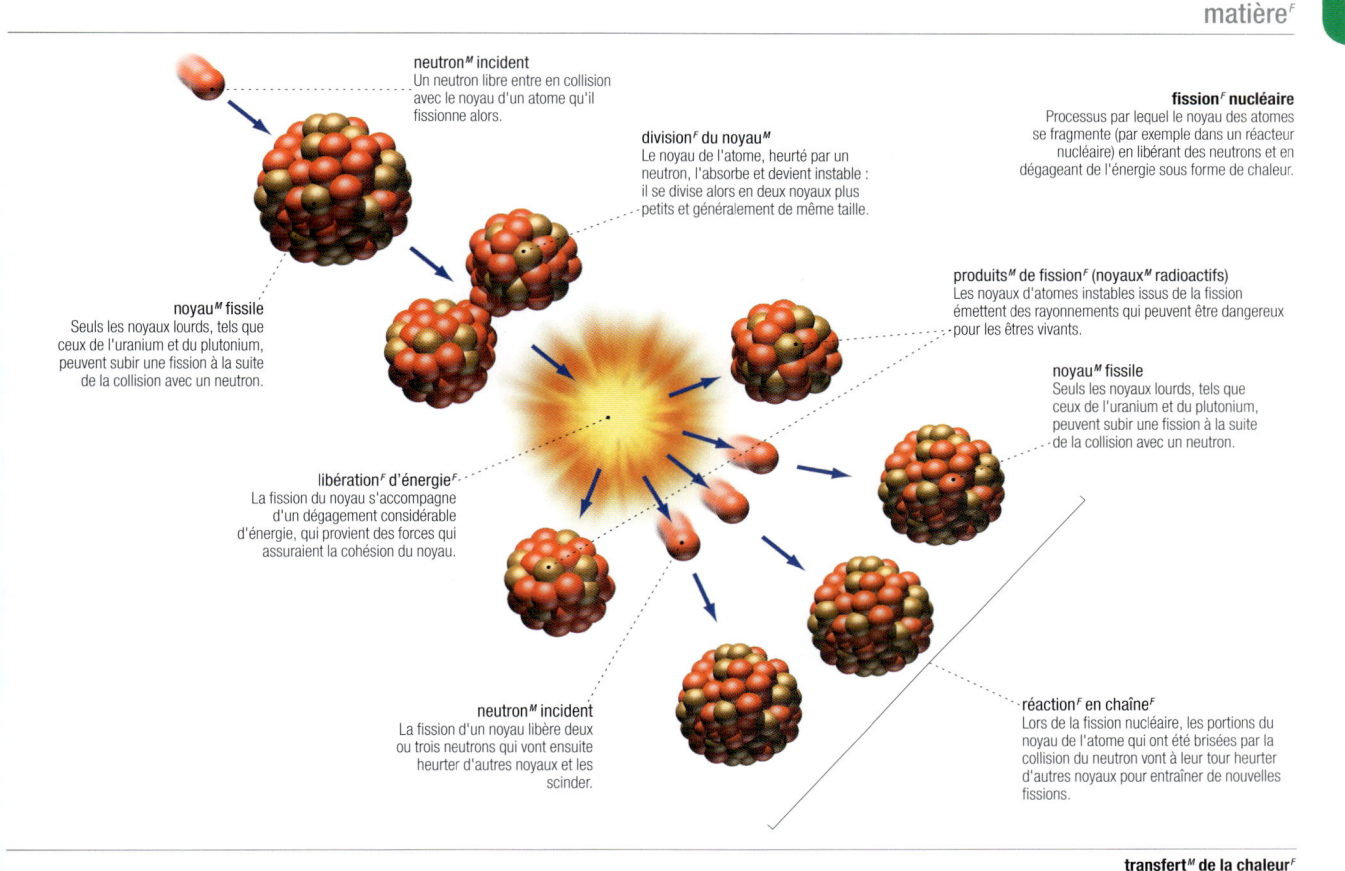

neutron incident
Un neutron libre entre en collision avec le noyau d'un atome qu'il fissionne alors.

division du noyau
Le noyau de l'atome, heurté par un neutron, l'absorbe et devient instable : il se divise alors en deux noyaux plus petits et généralement de même taille.

noyau fissile
Seuls les noyaux lourds, tels que ceux de l'uranium et du plutonium, peuvent subir une fission à la suite de la collision avec un neutron.

produits de fission (noyaux radioactifs)
Les noyaux d'atomes instables issus de la fission émettent des rayonnements qui peuvent être dangereux pour les êtres vivants.

noyau fissile
Seuls les noyaux lourds, tels que ceux de l'uranium et du plutonium, peuvent subir une fission à la suite de la collision avec un neutron.

libération d'énergie
La fission du noyau s'accompagne d'un dégagement considérable d'énergie, qui provient des forces qui assuraient la cohésion du noyau.

neutron incident
La fission d'un noyau libère deux ou trois neutrons qui vont ensuite heurter d'autres noyaux et les scinder.

réaction en chaîne
Lors de la fission nucléaire, les portions du noyau de l'atome qui ont été brisées par la collision du neutron vont à leur tour heurter d'autres noyaux pour entraîner de nouvelles fissions.

transfert de la chaleur
Il existe trois modes de transmission de la chaleur, liée à un mouvement de molécules : la conduction, la convection et le rayonnement.

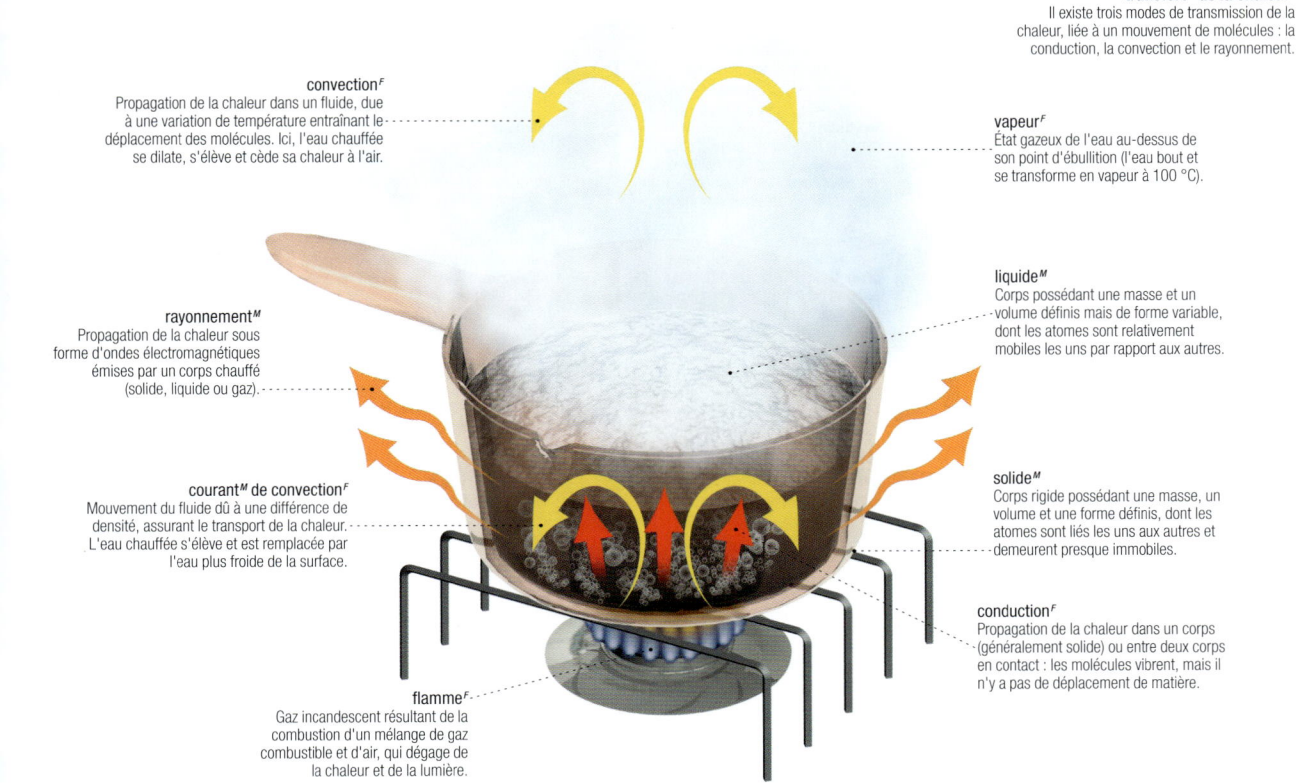

convection
Propagation de la chaleur dans un fluide, due à une variation de température entraînant le déplacement des molécules. Ici, l'eau chauffée se dilate, s'élève et cède sa chaleur à l'air.

vapeur
État gazeux de l'eau au-dessus de son point d'ébullition (l'eau bout et se transforme en vapeur à 100 °C).

rayonnement
Propagation de la chaleur sous forme d'ondes électromagnétiques émises par un corps chauffé (solide, liquide ou gaz).

liquide
Corps possédant une masse et un volume définis mais de forme variable, dont les atomes sont relativement mobiles les uns par rapport aux autres.

courant de convection
Mouvement du fluide dû à une différence de densité, assurant le transport de la chaleur. L'eau chauffée s'élève et est remplacée par l'eau plus froide de la surface.

solide
Corps rigide possédant une masse, un volume et une forme définis, dont les atomes sont liés les uns aux autres et demeurent presque immobiles.

conduction
Propagation de la chaleur dans un corps (généralement solide) ou entre deux corps en contact : les molécules vibrent, mais il n'y a pas de déplacement de matière.

flamme
Gaz incandescent résultant de la combustion d'un mélange de gaz combustible et d'air, qui dégage de la chaleur et de la lumière.

éléments chimiques

Il existe plus de 118 éléments chimiques, dont la plupart sont naturellement présents dans l'Univers, les autres étant créés artificiellement en laboratoire.

tableau périodique des éléments
Tableau classant les éléments chimiques connus, créé en 1869 par le savant russe Dmitri Mendeleïev. Les éléments y sont classés d'après leur poids atomique et forment des regroupements aux propriétés semblables.

numéro atomique
Numéro indiquant l'ordre d'un élément chimique dans le tableau périodique et correspondant au nombre de protons contenus dans son noyau.

symbole
Le nom de chaque élément chimique est représenté par une ou deux lettres dont la 1re est une majuscule (O pour oxygène, Cl pour chlore, etc.).

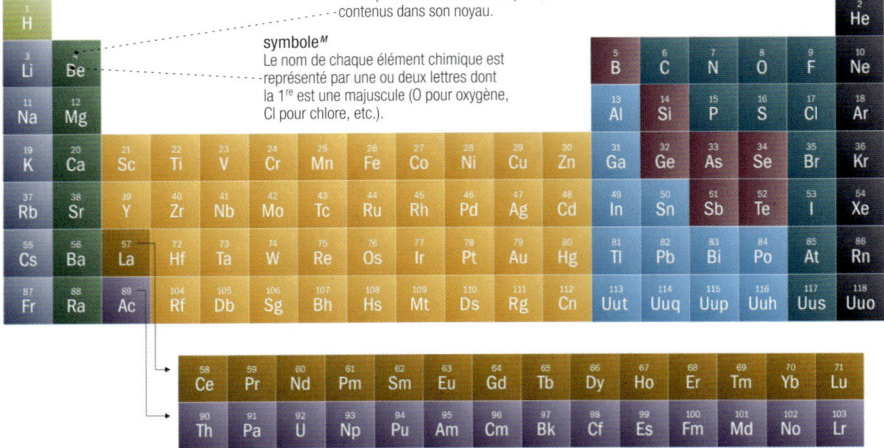

autres métaux
Ces éléments, qui n'entrent dans aucune autre catégorie de métaux, sont parfois appelés métaux post-transition.

aluminium (13 Al)
Métal léger, utilisé notamment dans l'aéronautique, l'automobile, le bâtiment, les câbles électriques, les ustensiles ménagers, l'emballage,

gallium (31 Ga)
Métal rare, utilisé notamment dans les thermomètres à haute température, les diodes électroluminescentes et écrans de télévision (couleur verte).

indium (49 In)
Métal très rare, notamment utilisé les moteurs de voitures de course, soudures, les appareils électroniques pour le revêtement du verre.

étain (50 Sn)
Métal servant notamment de revêtement anticorrosion pour le cuivre et l'acier entrant dans la préparation du bronze, des soudures et des pâtes dentifrices.

thallium (81 Tl)
Métal, notamment utilisé dans des détecteurs infrarouges et certains verres.

plomb (82 Pb)
Métal lourd et toxique, utilisé dans contre la corrosion, la protection contre radiations, les batteries d'accumulateurs, les peintures, le verre, etc.

bismuth (83 Bi)
Métal relativement rare, notamment utilisé dans des alliages, des produits cosmétiques et en médecine pour les ulcères gastriques et la diarrhée.

polonium (84 Po)
Métal très rare et radioactif, utilisé combustible dans les réacteurs nucléaires, qui émet des rayonnements beaucoup plus puissants que ceux de l'uranium.

ununtrium (113 Uut)
Élément radioactif artificiel produit en laboratoire en 2004 à partir du bismuth et du zinc.

ununquadium (114 Uuq)
Élément radioactif artificiel observé en laboratoire en 1998. Bien que classé parmi les métaux, il se comporterait comme un gaz rare.

ununpentium (115 Uup)
Élément radioactif artificiel produit en laboratoire en 2004 à partir du calcium et de l'américium.

ununhexium (116 Uuh)
Élément radioactif artificiel produit en laboratoire en 2000 à partir du calcium et du curium.

hydrogène
Élément gazeux le plus abondant dans l'Univers, entrant dans la composition de l'eau, notamment utilisé en pétrochimie et comme combustible pour les moteurs-fusées.

métaux alcalins
Généralement mous et argentés, très bons conducteurs électriques et thermiques, ils sont très réactifs avec des non-métaux et décomposent l'eau à froid.

lithium
Le plus léger de tous les métaux, notamment utilisé dans les alliages pour l'aéronautique et l'astronautique, et dans les piles électriques; les sels de lithium sont utilisés en médecine.

sodium
Métal, notamment utilisé pour l'éclairage routier, dans le sel de cuisine (chlorure de sodium), pour la fabrication du verre et de produits cosmétiques.

potassium
Métal léger très réactif, qui entre notamment dans la constitution d'engrais, la fabrication d'allumettes et dont les sels sont utilisés en médecine.

rubidium
Métal proche du potassium, mais beaucoup plus rare, utilisé dans la fabrication de cellules photoélectriques, de verres spéciaux, de lasers, etc.

césium
Métal rare, notamment utilisé dans les cellules photoélectriques, les horloges atomiques, les lampes à infrarouges et le traitement de certains cancers.

francium
Le plus lourd des métaux alcalins, très rare et radioactif, ayant une très courte durée de vie (environ 22 minutes).

métaux alcalino-terreux
Généralement argentés et malléables, bons conducteurs thermiques et électriques, ils réagissent facilement avec des non-métaux et avec l'eau.

béryllium
Métal peu répandu, notamment utilisé dans les alliages pour l'aéronautique et l'astronautique et comme modérateur de neutrons dans les réacteurs nucléaires.

magnésium
Métal nécessaire à la croissance et au métabolisme de la plupart des êtres vivants et qui entre dans la composition d'alliages d'aluminium.

calcium
Métal entrant dans la constitution du ciment, du plâtre et de certains alliages, constituant l'un des minéraux essentiels des os et des dents.

strontium
Métal relativement rare, notamment utilisé en pyrotechnie (feux d'artifice), pour la fabrication d'aimants et en médecine.

baryum
Métal relativement abondant, notamment utilisé dans les lubrifiants, en pyrotechnie (feux d'artifice), en peinture et en radiologie.

radium
Métal extrêmement radioactif présent en très faible quantité dans les minerais d'uranium, essentiellement utilisé en médecine pour le traitement du cancer.

semi-métaux (métalloïdes)
Éléments non métalliques, ternes et solides, disposant d'une certaine conductibilité électrique et thermique.

bore
Semi-métal, notamment utilisé comme absorbeur de neutrons dans les réacteurs nucléaires, comme combustible pour fusées et dans les détergents.

silicium
Élément le plus répandu sur terre après l'oxygène, surtout utilisé dans la fabrication de dispositifs électroniques en raison de ses propriétés semi-conductrices.

germanium
Semi-métal rare, notamment utilisé dans la fabrication de dispositifs électroniques et des équipements optiques (lentille de caméra, objectif de microscope).

arsenic
Semi-métal toxique, notamment utilisé dans la fabrication de semi-conducteurs et à très faible dose à des fins thérapeutiques.

sélénium
Semi-métal, notamment utilisé dans les cellules photoélectriques, les semi-conducteurs; c'est un oligo-élément indispensable à l'organisme.

antimoine
Semi-métal entrant dans la composition de nombreux alliages (surtout avec le plomb), notamment utilisés dans les caractères d'imprimerie et les semi-conducteurs.

tellure
Semi-métal rare, notamment utilisé dans la fabrication des détonateurs, des résistances électriques, du caoutchouc, des céramiques et du verre.

éléments chimiques

métaux de transition
Généralement moins réactifs que les métaux alcalins et alcalino-terreux, mais bons conducteurs électriques et thermiques, beaucoup de ces métaux forment des alliages importants.

21 Sc — scandium
Métal rare et très léger, utilisé dans la construction aérospatiale en raison de son point de fusion élevé (environ 1 500 °C).

22 Ti — titane
Métal utilisé dans de nombreux alliages pour la fabrication d'objets de précision et pour le revêtement de pièces légères en aéronautique et astronautique.

23 V — vanadium
Métal principalement utilisé dans des alliages auxquels il confère une grande résistance à la corrosion.

24 Cr — chrome
Métal brillant, utilisé comme revêtement anticorrosif et entrant dans la fabrication d'alliages durs et résistants; il donne sa couleur à l'émeraude et au rubis.

25 Mn — manganèse
Métal dur, surtout utilisé dans la fabrication d'aciers spéciaux et de piles électriques; c'est aussi un oligoélément indispensable à l'homme.

26 Fe — fer
Métal résistant, le plus utilisé dans le monde en raison de la variété de ses alliages (aciers, fontes); il participe au transport de l'oxygène dans le corps.

27 Co — cobalt
Métal résistant, utilisé dans des alliages (outils de coupe, aimants, etc.) et en radiothérapie; il sert de pigment pour obtenir une couleur bleue.

28 Ni — nickel
Métal dur résistant à la corrosion, utilisé dans la fabrication de pièces de monnaie, de couverts et comme revêtement protecteur d'autres métaux (fer, cuivre).

29 Cu — cuivre
Métal rouge-brun très bon conducteur thermique et électrique, principalement utilisé pour la fabrication de fils électriques et d'alliages (laiton, bronze, etc.).

30 Zn — zinc
Métal relativement abondant et résistant à la corrosion, qui entre notamment dans la fabrication d'alliages, de pneumatiques, de peintures, de pommades, de parfums, etc.

39 Y — yttrium
Métal rare, utilisé dans la fabrication d'alliages, de composants électroniques, de lasers, d'écrans de télévision (couleur rouge) et dans les réacteurs nucléaires.

40 Zr — zirconium
Métal utilisé dans des alliages pour l'industrie nucléaire (gaines de protection, barres de combustible, etc.) et en joaillerie (imitation du diamant).

41 Nb — niobium
Métal rare, notamment utilisé dans des alliages pour les avions à réaction, les missiles, les réacteurs nucléaires, les outils de coupe et les stimulateurs cardiaques.

42 Mo — molybdène
Métal dur, utilisé dans des alliages (avions, missiles, réacteurs nucléaires), dans les lampes électriques, les tubes électroniques, etc.

43 Tc — technétium
Métal radioactif (premier élément à avoir été produit artificiellement) qui assure la résistance à la corrosion de l'acier et est utilisé en imagerie médicale.

44 Ru — ruthénium
Métal rare, permettant de durcir le platine et le palladium, utilisé dans la fabrication de contacts électriques, de bougies d'allumage et en joaillerie.

45 Rh — rhodium
Métal rare résistant à la corrosion, permettant de durcir le platine et le palladium, notamment utilisé dans les pots catalytiques et en joaillerie.

46 Pd — palladium
Métal rare et précieux, notamment utilisé en dentisterie (prothèses dentaires), en joaillerie (or blanc) et dans les pots catalytiques.

47 Ag — argent
Métal précieux, meilleur conducteur thermique et électrique, notamment utilisé dans la fabrication de miroirs, de bijoux, de pièces de monnaie, etc.

48 Cd — cadmium
Métal notamment utilisé comme revêtement protecteur de l'acier, dans les batteries rechargeables, les réacteurs nucléaires (barres de contrôle), etc.

72 Hf — hafnium
Métal rare, utilisé dans les barres de contrôle des réacteurs nucléaires, les filaments des lampes à incandescence, les moteurs à réaction, etc.

73 Ta — tantale
Métal assez rare résistant bien à la chaleur, notamment utilisé dans les réacteurs nucléaires, les missiles, les condensateurs, etc.

74 W — tungstène
Métal résistant à de très hautes températures, utilisé dans les filaments de lampes à incandescence, les outils de coupe, etc.

75 Re — rhénium
Métal rare qui résiste bien à l'usure et à la corrosion, notamment utilisé dans les pointes de stylo et les filaments incandescents pour les fours.

76 Os — osmium
Métal rare souvent allié à l'iridium et au platine, surtout employé dans les pointes de stylo, les pivots, les roulements, les aiguilles de boussole et les bijoux.

77 Ir — iridium
Métal rare souvent allié au platine, notamment utilisé dans les contacts électriques et les bijoux.

78 Pt — platine
Métal très rare, surtout employé comme catalyseur en chimie (pétrochimie, vitamines, parfums), en joaillerie et pour la fabrication d'appareils de précision.

79 Au — or
Métal précieux (pépites, paillettes), utilisé comme monnaie (lingots), mais aussi en joaillerie, en dentisterie, en électronique, etc.

80 Hg — mercure
Métal rare toxique, utilisé dans les instruments de mesure (thermomètres, baromètres) et dans l'industrie électrique.

104 Rf — rutherfordium
Élément radioactif artificiel produit en laboratoire dans les années 1960, n'ayant que des applications en recherche scientifique.

105 Db — dubnium
Élément radioactif artificiel produit en laboratoire à la fin des années 1960.

106 Sg — seaborgium
Élément radioactif artificiel produit en laboratoire en 1974 à partir du californium et de l'oxygène.

107 Bh — bohrium
Élément radioactif artificiel produit en laboratoire en 1976 à partir du bismuth et du chrome.

108 Hs — hassium
Élément radioactif artificiel produit en laboratoire en 1984 à partir du plomb et du fer.

109 Mt — meitnérium
Élément radioactif artificiel produit en laboratoire en 1982 à partir du bismuth et du fer.

110 Ds — darmstadtium
Élément radioactif artificiel produit en laboratoire en 1994 à partir du nickel et du plomb.

111 Rg — roentgenium
Élément radioactif artificiel produit en laboratoire en 1994 à partir du bismuth et du nickel.

112 Cn — copernicium
Élément radioactif artificiel produit en laboratoire en 1996 à partir du plomb et du zinc.

non-métaux
Éléments non métalliques ternes et non malléables, pour la plupart gazeux ou solides, ayant généralement une mauvaise conductivité thermique et électrique.

6 C — carbone
Élément très répandu dans la nature, à l'état pur (diamant, graphite) ou combiné à d'autres corps (air, charbon, pétrole, etc.), présent dans les tissus animaux et végétaux.

7 N — azote
Gaz constituant environ 78 % de l'air atmosphérique, présent dans les tissus animaux et végétaux (protéines), dans les engrais, l'ammoniac, les explosifs, etc.

8 O — oxygène
Gaz (élément le plus abondant du globe terrestre) constituant environ 20 % de l'air atmosphérique, servant notamment à la respiration et à la fabrication de l'acier.

9 F — fluor
Gaz notamment employé pour l'enrichissement de l'uranium, les revêtements antiadhésifs, aussi présent dans les os et les dents.

15 P — phosphore
Solide surtout utilisé dans les engrais (phosphates), les allumettes et les feux d'artifice, également nécessaire à l'organisme humain.

16 S — soufre
Solide assez répandu dans la nature, utilisé dans les batteries, les engrais, la peinture, les explosifs, le caoutchouc, les produits pharmaceutiques, etc.

17 Cl — chlore
Gaz toxique abondant, utilisé pour le blanchiment des tissus et du papier, pour la désinfection de l'eau et dans divers produits (solvants, etc.).

35 Br — brome
Liquide très toxique principalement utilisé dans les gaz lacrymogènes, les colorants, les désinfectants, en photographie et dans les médicaments.

53 I — iode
Solide notamment utilisé en médecine, comme antiseptique et pour le traitement de l'hypothyroïdie, en photographie et dans les colorants; il est nécessaire à l'organisme humain.

85 At — astate
Élément radioactif existant en quantités infimes dans la nature, utilisé en médecine pour l'étude de la glande thyroïde et la détection de tumeurs cancéreuses.

117 Uus — ununseptium
Élément radioactif artificiel produit en laboratoire en 2010 à partir du calcium et du berkélium.

éléments chimiques

gaz rares
Famille d'éléments chimiques peu réactifs, également appelés gaz inertes.

hélium (2 He)
Gaz rare le plus léger et ininflammable, abondant dans les étoiles, notamment employé pour le gonflement d'aérostats (ballon, dirigeable, etc.).

argon (18 Ar)
Gaz rare le plus abondant de l'atmosphère, notamment utilisé dans les lampes à incandescence et pour la soudure (gaz de protection).

xénon (54 Xe)
Gaz le plus rare de l'atmosphère, essentiellement utilisé dans les tubes luminescents, les lampes éclair en photographie et dans les lasers.

ununoctium (118 Uuo)
Élément radioactif artificiel produit en laboratoire en 2002 à partir du calcium et du californium.

néon (10 Ne)
Gaz rare, principalement utilisé pour l'éclairage (enseignes publicitaires, tubes de télévisions, phares antibrouillard, etc.), mais aussi comme fluide réfrigérant.

krypton (36 Kr)
Gaz rare, surtout employé dans certaines lampes à incandescence et en photographie.

radon (86 Rn)
Gaz rare très radioactif, principalement employé en médecine (destruction de tumeurs cancéreuses) et comme agent de prévision sismique.

lanthanides (terres rares)
Éléments très réactifs contenus dans les minerais dits « terres rares » (monazite, xénotime, etc.), dont certains sont relativement abondants dans l'écorce terrestre.

lanthane (57 La)
Métal qui réagit avec l'eau en donnant de l'hydrogène, notamment utilisé dans l'alliage des pierres à briquet et les verres optiques.

prométhium (61 Pm)
Métal radioactif, principalement utilisé dans des piles spécialisées, les revêtements luminescents de montres et comme source de rayons X en médecine.

terbium (65 Tb)
Métal rare, surtout employé dans les lasers et les semi-conducteurs.

thulium (69 Tm)
Métal le moins répandu des lanthanides, utilisé comme source de rayons X dans les appareils portables et dans la fabrication de ferrites (céramiques magnétiques).

cérium (58 Ce)
Métal le plus commun du groupe des lanthanides, constituant principal de l'alliage des pierres à briquet (mischmétal).

samarium (62 Sm)
Métal radioactif peu répandu, surtout utilisé dans les verres optiques, les lasers, les réacteurs nucléaires (absorbeur de neutrons) et les aimants permanents.

dysprosium (66 Dy)
Métal très rare, notamment utilisé dans les aimants permanents, les lasers et les réacteurs nucléaires (absorbeur de neutrons).

ytterbium (70 Yb)
Métal principalement utilisé dans la fabrication d'aciers inoxydables, dans les lasers et comme source de radiation dans les appareils de radiologie portables.

praséodyme (59 Pr)
Métal notamment utilisé dans le verre des lunettes de protection, la coloration du verre, les alliages de pierres à briquet (mischmétal) et d'aimants permanents.

europium (63 Eu)
Métal le plus réactif du groupe des lanthanides, notamment utilisé dans les écrans de télévision (couleur rouge) et les réacteurs nucléaires (absorbeur de neutrons).

holmium (67 Ho)
Métal très rare dont les applications sont limitées : il est toutefois utilisé dans les lasers et pour la coloration du verre.

lutécium (71 Lu)
Métal très rare difficile à séparer, n'ayant pas de véritables applications industrielles : il peut toutefois servir catalyseur (craquage, hydrogénation).

néodyme (60 Nd)
Un des métaux rares les plus réactifs, principalement utilisé dans la fabrication de lasers, de verres de lunettes et dans les alliages d'aimants permanents.

gadolinium (64 Gd)
Métal souvent allié à l'acier chromé et notamment utilisé dans la fabrication d'aimants permanents, de têtes de lecture et de composants électroniques.

erbium (68 Er)
Métal essentiellement utilisé dans certains alliages (notamment avec le vanadium), les lasers, les verres absorbant l'infrarouge et pour la coloration de l'émail et du verre.

actinides
Éléments radioactifs abondant dans la nature (éléments 89 à 92) ou produits artificiellement (éléments 93 à 103), dont la plupart ne sont pas utilisés industriellement.

actinium (89 Ac)
Métal présent en petites quantités dans les minerais d'uranium, principalement utilisé comme source de neutrons dans les réacteurs nucléaires.

neptunium (93 Np)
Métal rare produit à partir de l'uranium, utilisé dans les instruments de détection de neutrons.

berkélium (97 Bk)
Métal produit en faibles quantités à partir de l'américium, n'ayant pas d'applications en dehors de la recherche scientifique.

mendélévium (101 Md)
Métal produit à partir de l'einsteinium et nommé en l'honneur du chimiste Mendeleïev (créateur de la classification des éléments).

thorium (90 Th)
Métal naturel, notamment utilisé dans les alliages, les cellules photoélectriques et la production d'uranium.

plutonium (94 Pu)
Métal produit à partir de l'uranium, surtout utilisé comme combustible dans les réacteurs nucléaires ainsi que dans les armes nucléaires.

californium (98 Cf)
Métal produit à partir du curium, notamment utilisé dans le traitement du cancer et dans certains appareils de mesure, tels que les jauges d'humidité.

nobélium (102 No)
Métal produit à partir du curium et nommé en l'honneur d'Alfred Nobel (inventeur de la dynamite et fondateur du prix Nobel).

protactinium (91 Pa)
Métal très rare, présent dans les minerais d'uranium, ayant peu d'applications en dehors de la recherche scientifique.

américium (95 Am)
Métal produit à partir du plutonium, principalement utilisé dans les détecteurs de fumée et en radiologie.

einsteinium (99 Es)
Métal découvert en 1952 dans les débris de la première explosion thermonucléaire dans le Pacifique, n'ayant pas d'applications en dehors de la recherche scientifique.

lawrencium (103 Lr)
Métal produit à partir du californium, n'ayant pas d'applications en dehors de la recherche scientifique.

uranium (92 U)
Métal naturel abondant, principalement utilisé comme combustible dans les réacteurs nucléaires ainsi que dans les armes nucléaires.

curium (96 Cm)
Métal produit en faibles quantités à partir du plutonium, notamment utilisé dans les générateurs thermoélectriques pour la propulsion d'engins spatiaux.

fermium (100 Fm)
Métal découvert en même temps que l'einsteinium, n'ayant pas d'applications en dehors de la recherche scientifique.

chimie

matériel de laboratoire

Ce matériel est extrêmement varié : instruments de mesure, contenants divers, source de chaleur, matériel d'expérimentation, quincaillerie de montage, etc.

éprouvette^F graduée
Tube gradué muni d'un bec verseur, permettant notamment de mesurer avec précision de petites quantités de liquides.

burette^F à robinet^M droit
Long tube gradué servant à mesurer des quantités très précises de liquides et muni d'un robinet qui permet d'en régler manuellement l'écoulement.

pipette^F sérologique
Fin tube gradué ouvert à ses deux extrémités, servant à prélever des quantités précises de liquides pour les transférer d'un contenant à un autre.

tige^F
Pièce métallique allongée sur laquelle on peut adapter divers dispositifs de laboratoire à l'aide de pinces.

noix^F de serrage^M
Pièce munie de vis destinée à assurer la fixation de la pince sur la tige du statif.

pince^F avec noix^F de serrage^M
Pièce fixée sur la tige du statif par une noix de serrage et qui comporte des branches qui se resserrent autour du matériel de laboratoire pour le maintenir en place.

socle^M
Base métallique massive du statif dans laquelle est fixée la tige verticale.

statif^M
Élément constitué d'un socle et d'une tige, servant de support à divers appareils de laboratoire, tels qu'une burette, un ballon, etc.

boîte^F de Pétri
Boîte plate et transparente servant à la culture de micro-organismes qui sont protégés de toute contamination par un couvercle.

tube^M à essai^M
Tube cylindrique servant à réaliser diverses expériences chimiques sur de petites quantités (il ne doit normalement pas être rempli plus qu'au tiers).

brûleur^M à gaz^M
Appareil alimenté au gaz qui produit une flamme destinée à chauffer les produits chimiques.

bouteille^F
Récipient de taille et de forme variables, à goulot généralement étroit, destiné à contenir des liquides.

pissette^F
Récipient souple sur lequel on exerce une légère pression pour produire un jet de liquide, notamment destiné à nettoyer le matériel (tube à essai, pipette, etc.).

ballon^M à fond^M rond
Récipient sphérique principalement utilisé pour porter des liquides à ébullition.

bécher^M
Récipient gradué muni d'un bec verseur, servant à effectuer des réactions (précipitation, électrolyse, etc.) et à mesurer des quantités approximatives de liquides.

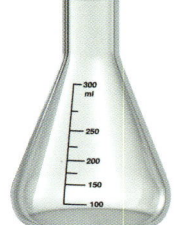

erlenmeyer^M
Récipient conique gradué d'usage très courant dans les laboratoires, pouvant être muni d'un bouchon et servant notamment à mélanger et à mesurer des liquides.

SCIENCE

physique : mécanique

engrenages^M

Mécanismes constitués de pièces dentées qui s'engrènent pour transmettre le mouvement de rotation des arbres sur lesquels elles sont calées.

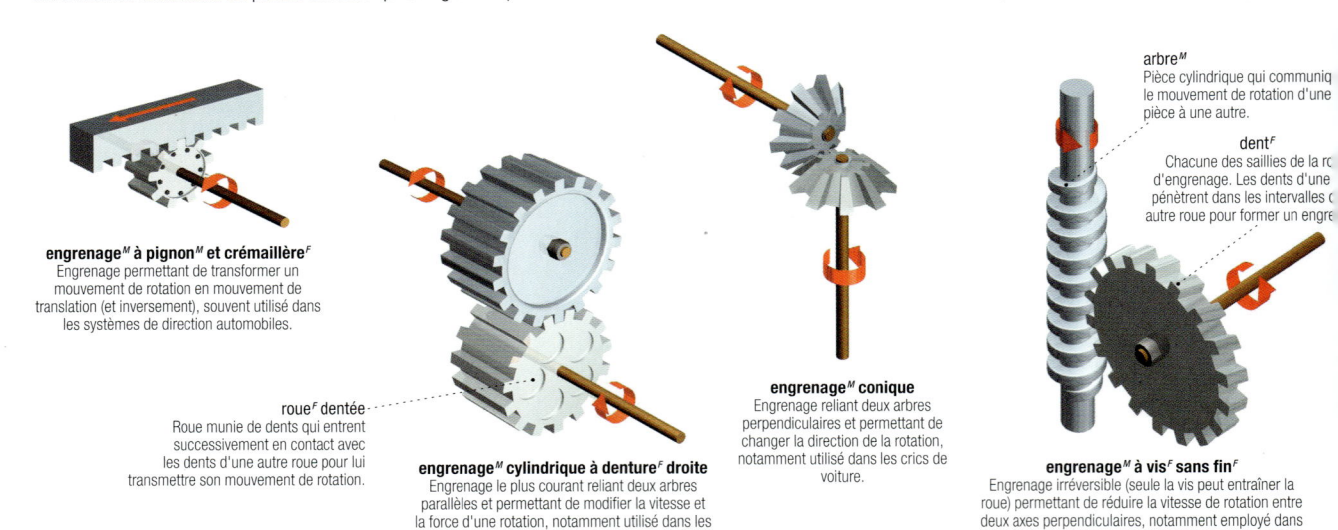

engrenage^M à pignon^M et crémaillère^F
Engrenage permettant de transformer un mouvement de rotation en mouvement de translation (et inversement), souvent utilisé dans les systèmes de direction automobiles.

roue^F dentée
Roue munie de dents qui entrent successivement en contact avec les dents d'une autre roue pour lui transmettre son mouvement de rotation.

engrenage^M cylindrique à denture^F droite
Engrenage le plus courant reliant deux arbres parallèles et permettant de modifier la vitesse et la force d'une rotation, notamment utilisé dans les boîtes de vitesses.

engrenage^M conique
Engrenage reliant deux arbres perpendiculaires et permettant de changer la direction de la rotation, notamment utilisé dans les crics de voiture.

arbre^M
Pièce cylindrique qui communique le mouvement de rotation d'une pièce à une autre.

dent^F
Chacune des saillies de la roue d'engrenage. Les dents d'une pénètrent dans les intervalles d'une autre roue pour former un engrenage.

engrenage^M à vis^F sans fin^F
Engrenage irréversible (seule la vis peut entraîner la roue) permettant de réduire la vitesse de rotation entre deux axes perpendiculaires, notamment employé dans l'industrie automobile (différentiel Torsen).

système^M à deux poulies^F

Système constitué de deux poulies sur lesquelles coulisse une corde et qui sert à lever une charge. L'usage de deux ou plusieurs poulies permet de démultiplier l'efficacité de l'effort à fournir.

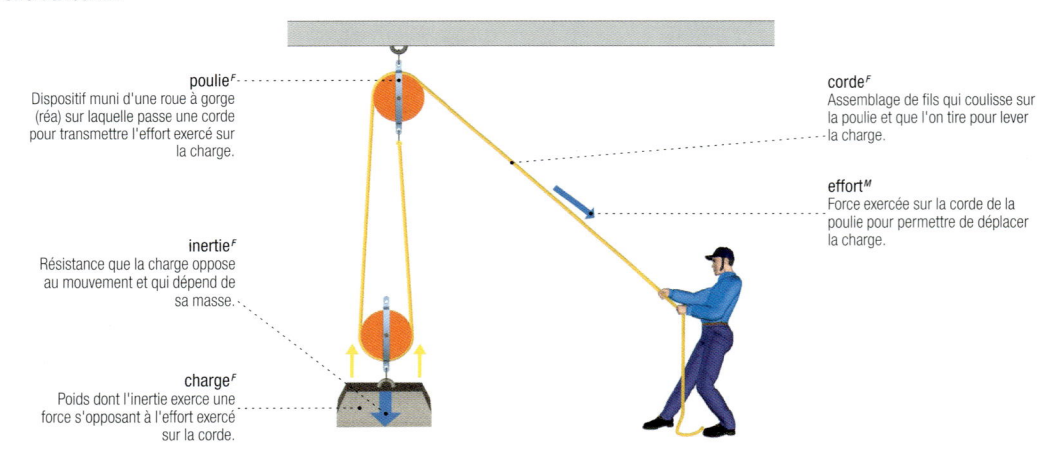

poulie^F
Dispositif muni d'une roue à gorge (réa) sur laquelle passe une corde pour transmettre l'effort exercé sur la charge.

inertie^F
Résistance que la charge oppose au mouvement et qui dépend de sa masse.

charge^F
Poids dont l'inertie exerce une force s'opposant à l'effort exercé sur la corde.

corde^F
Assemblage de fils qui coulisse sur la poulie et que l'on tire pour lever la charge.

effort^M
Force exercée sur la corde de la poulie pour permettre de déplacer la charge.

levier^M

Système constitué d'une barre pivotant autour d'un point d'appui pour lever une charge. La réduction de l'effort dépend de la position du pivot et de la longueur de la barre.

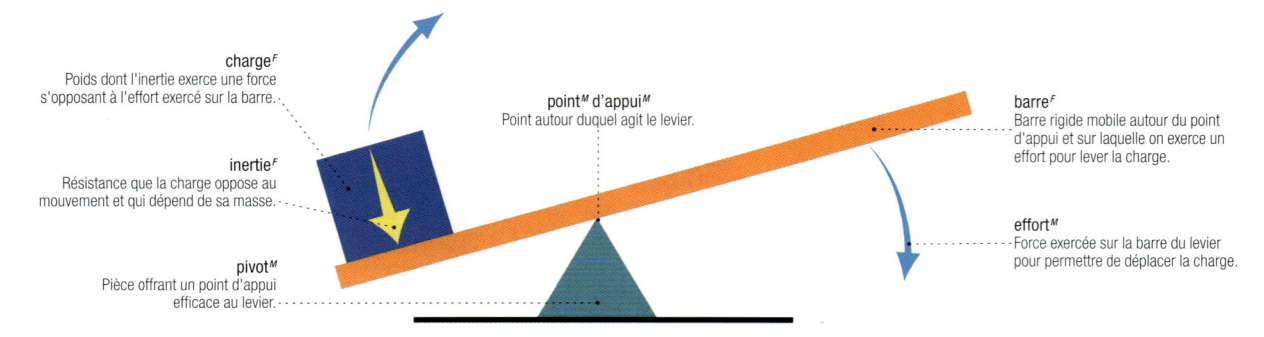

charge^F
Poids dont l'inertie exerce une force s'opposant à l'effort exercé sur la barre.

inertie^F
Résistance que la charge oppose au mouvement et qui dépend de sa masse.

pivot^M
Pièce offrant un point d'appui efficace au levier.

point^M d'appui^M
Point autour duquel agit le levier.

barre^F
Barre rigide mobile autour du point d'appui et sur laquelle on exerce un effort pour lever la charge.

effort^M
Force exercée sur la barre du levier pour permettre de déplacer la charge.

physique : électricité et magnétisme   817

magnétisme

Action exercée par des aimants, des champs et des phénomènes magnétiques. Le magnétisme se caractérise par les forces d'attraction ou de répulsion s'exerçant entre deux masses.

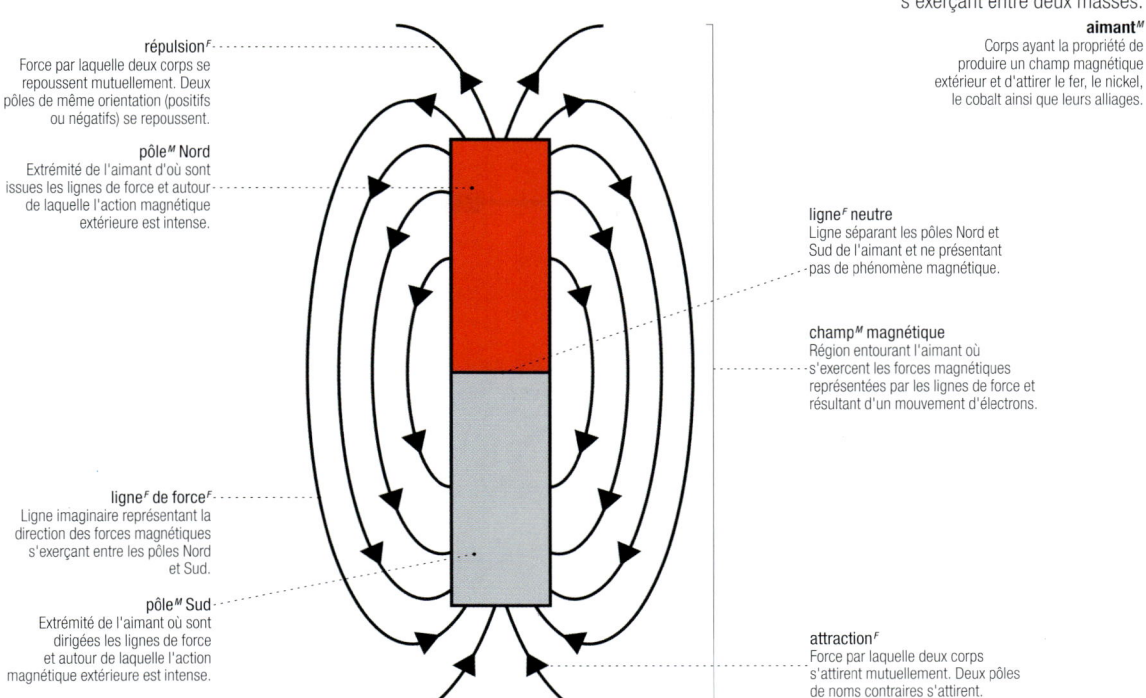

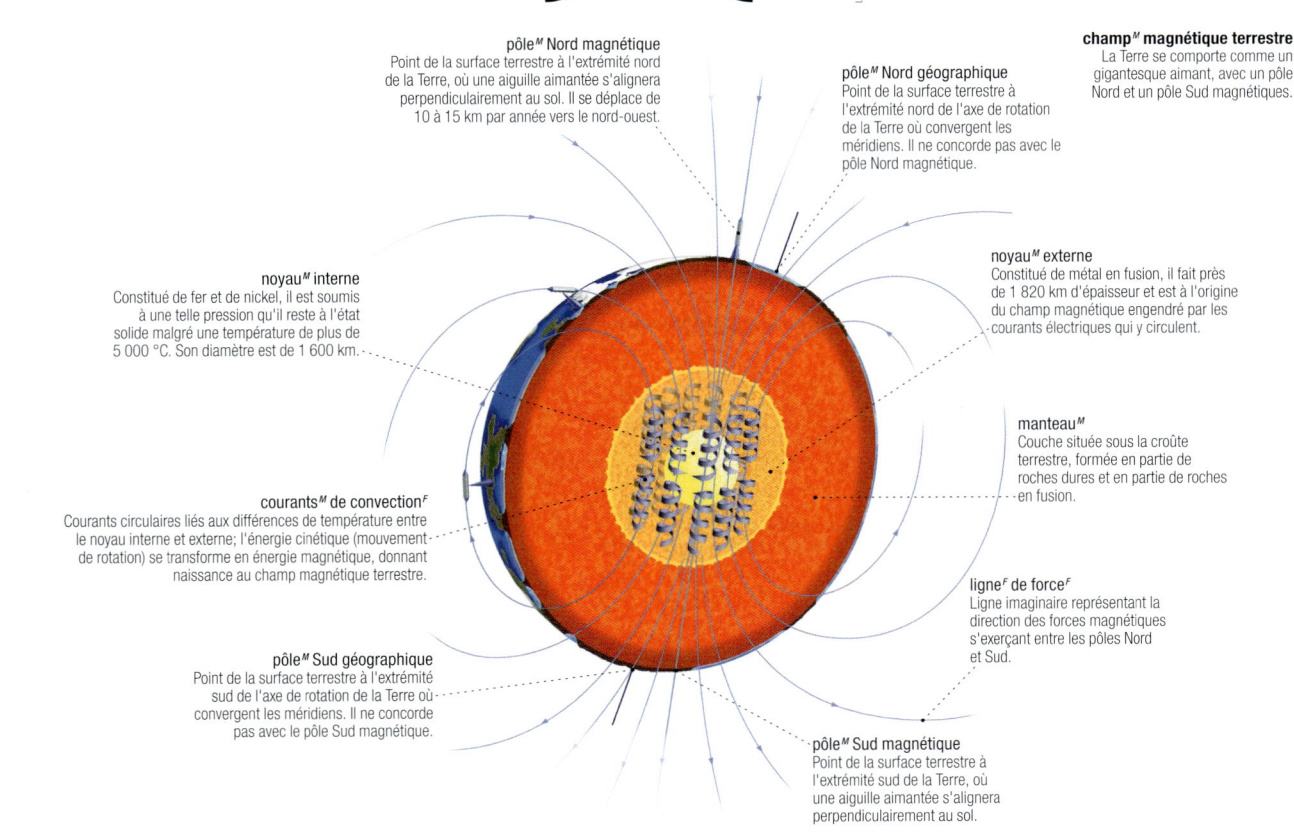

répulsion
Force par laquelle deux corps se repoussent mutuellement. Deux pôles de même orientation (positifs ou négatifs) se repoussent.

pôle Nord
Extrémité de l'aimant d'où sont issues les lignes de force et autour de laquelle l'action magnétique extérieure est intense.

aimant
Corps ayant la propriété de produire un champ magnétique extérieur et d'attirer le fer, le nickel, le cobalt ainsi que leurs alliages.

ligne neutre
Ligne séparant les pôles Nord et Sud de l'aimant et ne présentant pas de phénomène magnétique.

champ magnétique
Région entourant l'aimant où s'exercent les forces magnétiques représentées par les lignes de force et résultant d'un mouvement d'électrons.

ligne de force
Ligne imaginaire représentant la direction des forces magnétiques s'exerçant entre les pôles Nord et Sud.

pôle Sud
Extrémité de l'aimant où sont dirigées les lignes de force et autour de laquelle l'action magnétique extérieure est intense.

attraction
Force par laquelle deux corps s'attirent mutuellement. Deux pôles de noms contraires s'attirent.

pôle Nord magnétique
Point de la surface terrestre à l'extrémité nord de la Terre, où une aiguille aimantée s'alignera perpendiculairement au sol. Il se déplace de 10 à 15 km par année vers le nord-ouest.

pôle Nord géographique
Point de la surface terrestre à l'extrémité nord de l'axe de rotation de la Terre où convergent les méridiens. Il ne concorde pas avec le pôle Nord magnétique.

champ magnétique terrestre
La Terre se comporte comme un gigantesque aimant, avec un pôle Nord et un pôle Sud magnétiques.

noyau interne
Constitué de fer et de nickel, il est soumis à une telle pression qu'il reste à l'état solide malgré une température de plus de 5 000 °C. Son diamètre est de 1 600 km.

noyau externe
Constitué de métal en fusion, il fait près de 1 820 km d'épaisseur et est à l'origine du champ magnétique engendré par les courants électriques qui y circulent.

manteau
Couche située sous la croûte terrestre, formée en partie de roches dures et en partie de roches en fusion.

courants de convection
Courants circulaires liés aux différences de température entre le noyau interne et externe; l'énergie cinétique (mouvement de rotation) se transforme en énergie magnétique, donnant naissance au champ magnétique terrestre.

ligne de force
Ligne imaginaire représentant la direction des forces magnétiques s'exerçant entre les pôles Nord et Sud.

pôle Sud géographique
Point de la surface terrestre à l'extrémité sud de l'axe de rotation de la Terre où convergent les méridiens. Il ne concorde pas avec le pôle Sud magnétique.

pôle Sud magnétique
Point de la surface terrestre à l'extrémité sud de la Terre, où une aiguille aimantée s'alignera perpendiculairement au sol.

SCIENCE

physique : électricité et magnétisme

circuit électrique

Ensemble de conducteurs électriques reliés entre eux.

circuit^M en série^F

Circuit dans lequel le courant électrique ne peut emprunter qu'un seul trajet. Si l'un des éléments du circuit (ici, une lampe) grille ou est désactivé, les autres cessent aussi de fonctionner.

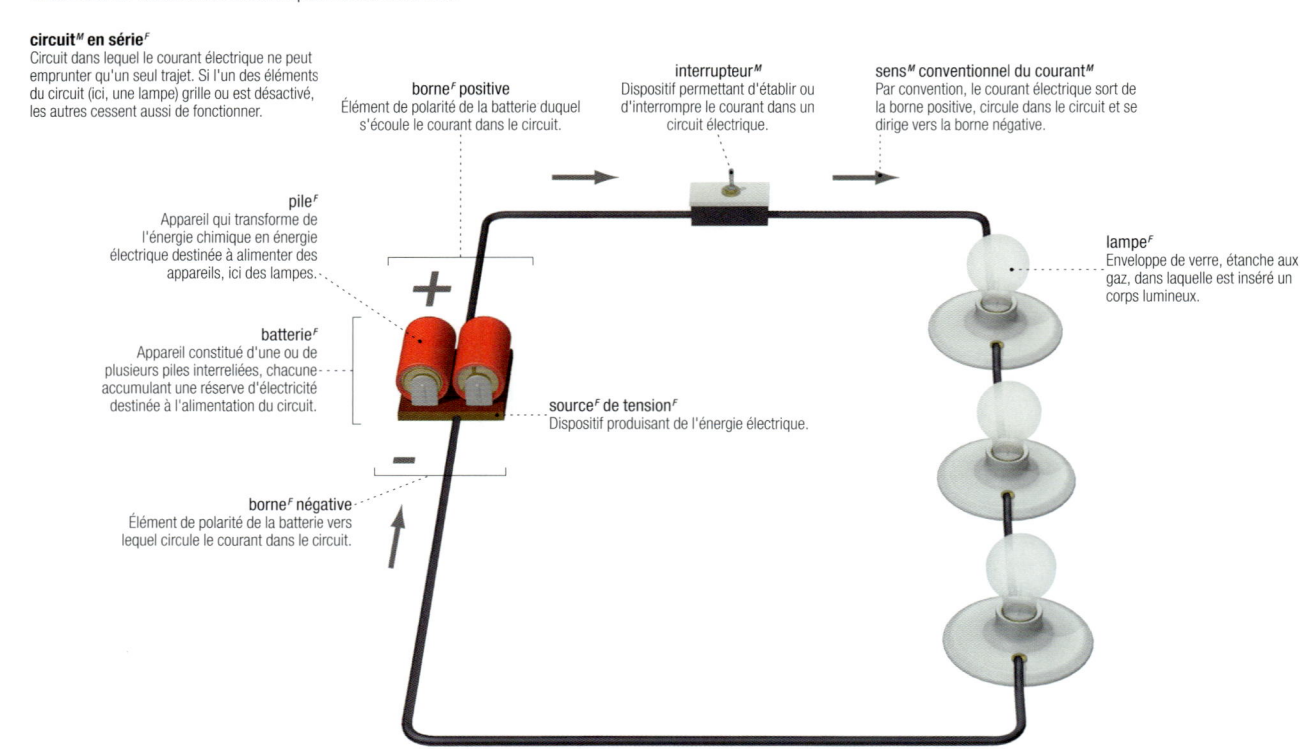

borne positive
Élément de polarité de la batterie duquel s'écoule le courant dans le circuit.

interrupteur
Dispositif permettant d'établir ou d'interrompre le courant dans un circuit électrique.

sens conventionnel du courant
Par convention, le courant électrique sort de la borne positive, circule dans le circuit et se dirige vers la borne négative.

pile
Appareil qui transforme de l'énergie chimique en énergie électrique destinée à alimenter des appareils, ici des lampes.

lampe
Enveloppe de verre, étanche aux gaz, dans laquelle est inséré un corps lumineux.

batterie
Appareil constitué d'une ou de plusieurs piles interreliées, chacune accumulant une réserve d'électricité destinée à l'alimentation du circuit.

source de tension
Dispositif produisant de l'énergie électrique.

borne négative
Élément de polarité de la batterie vers lequel circule le courant dans le circuit.

circuit^M en parallèle^M

Circuit électrique qui se divise en branches indépendantes dans lesquelles le courant peut circuler. Si l'un des éléments du circuit (ici, une lampe) est désactivé, les autres continuent de fonctionner.

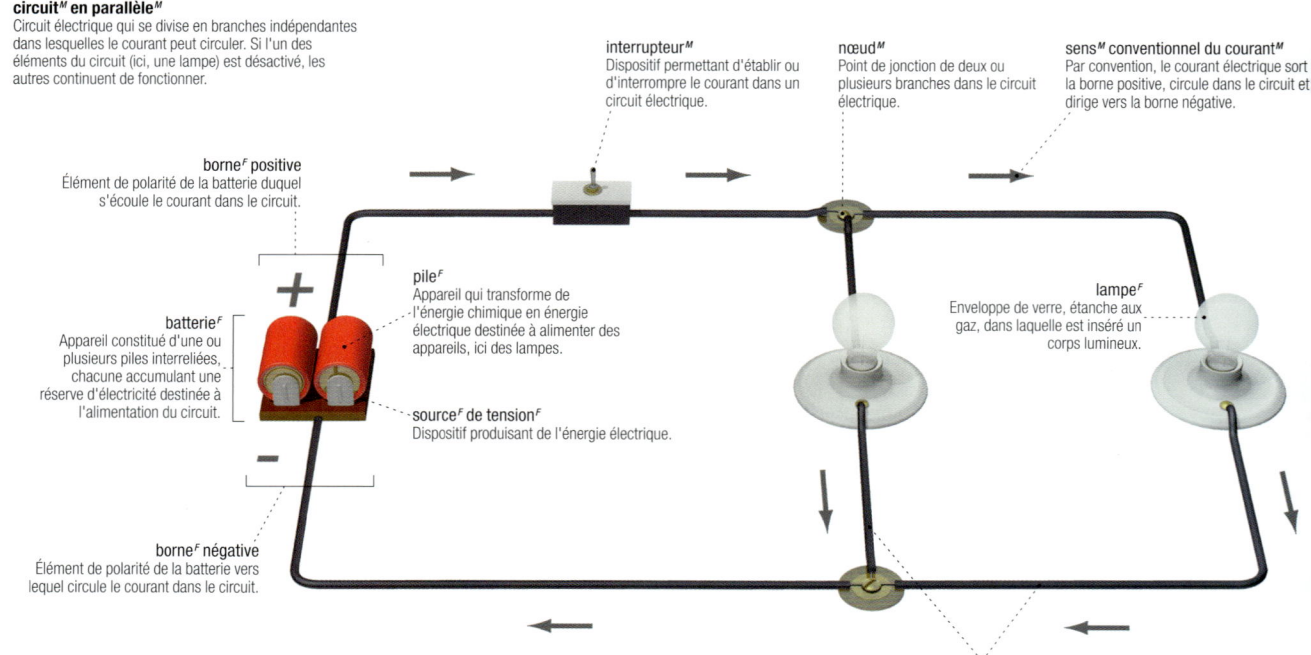

interrupteur
Dispositif permettant d'établir ou d'interrompre le courant dans un circuit électrique.

nœud
Point de jonction de deux ou plusieurs branches dans le circuit électrique.

sens conventionnel du courant
Par convention, le courant électrique sort la borne positive, circule dans le circuit et dirige vers la borne négative.

borne positive
Élément de polarité de la batterie duquel s'écoule le courant dans le circuit.

pile
Appareil qui transforme de l'énergie chimique en énergie électrique destinée à alimenter des appareils, ici des lampes.

lampe
Enveloppe de verre, étanche aux gaz, dans laquelle est inséré un corps lumineux.

batterie
Appareil constitué d'une ou plusieurs piles interreliées, chacune accumulant une réserve d'électricité destinée à l'alimentation du circuit.

source de tension
Dispositif produisant de l'énergie électrique.

borne négative
Élément de polarité de la batterie vers lequel circule le courant dans le circuit.

branches
Portions de circuit comprises entre deux nœuds consécutifs, constituant des circuits électriques indépendants.

physique : électricité et magnétisme

819

générateurs[M]

Appareils destinés à transformer une énergie mécanique (ici, un mouvement de rotation d'un arbre) en énergie électrique par déplacement d'une bobine à l'intérieur d'un aimant (induction électromagnétique).

induit[M]
Partie mobile de la dynamo comportant un bobinage, dont la rotation à l'intérieur de l'inducteur permet de produire un courant électrique.

dynamo[F]
Générateur de courant électrique continu, notamment utilisé sur les bicyclettes.

inducteur[M] à électroaimant[M]
Électroaimant fixe composé d'une barre de fer et de bobines qui, lorsqu'elles sont parcourues par un courant d'excitation, permettent de créer un champ magnétique.

arbre[M]
Pièce cylindrique destinée à transmettre un mouvement de rotation à l'induit de la dynamo.

hélice[F] de ventilation[F]
Dispositif constitué de pales assurant la circulation de l'air dans la dynamo pour permettre son refroidissement.

collecteur[M]
Ensemble de lames conductrices isolées les unes des autres et reliées au bobinage de l'induit, destiné à recueillir et à redresser le courant alternatif induit.

bobinage[M]
Fil conducteur enroulé sur le cylindre de l'induit, qui tourne dans le champ magnétique produit par l'inducteur pour créer un courant électrique.

balai[M]
Pièce conductrice qui frotte sur les lames du collecteur et est destinée à transmettre le courant continu produit par la dynamo à un circuit extérieur.

carcasse[F]
Enveloppe métallique de l'appareil à l'intérieur de laquelle est créé le champ magnétique.

alternateur[M]
Générateur de courant électrique alternatif, notamment employé dans l'industrie automobile (alimentation des organes électriques) et dans les centrales électriques.

enroulement[M] d'induit[M]
Fil conducteur porté par l'induit et devant lequel se déplace le rotor pour permettre la production d'un courant alternatif.

noyau[M] d'induit[M]
Cylindre fixe portant un enroulement, à l'intérieur duquel tourne le rotor et qui permet de produire un courant électrique.

rotor[M] à griffes[F]
Pièce cylindrique mobile comportant un enroulement inducteur placé entre deux couronnes à griffes (masses polaires), qui crée le champ magnétique tournant nécessaire au fonctionnement de l'alternateur.

hélice[F] de ventilation[F]
Dispositif constitué de pales assurant la circulation de l'air dans l'alternateur pour permettre son refroidissement.

balais[M]
Pièces conductrices qui frottent sur les bagues collectrices et sont destinées à transmettre le courant produit par l'alternateur à un circuit extérieur.

arbre[M]
Pièce cylindrique destinée à transmettre un mouvement de rotation au rotor à griffes.

bagues[F] collectrices
Anneaux conducteurs isolés et reliés au bobinage de l'inducteur, destinés à recueillir le courant alternatif induit.

enroulement[M] inducteur
Fil conducteur porté par le cylindre du rotor et qui, lorsqu'il est parcouru par un courant d'excitation, permet de créer un champ magnétique.

poulie[F] d'entraînement[M]
Organe mécanique assurant la rotation de l'arbre par l'intermédiaire d'une courroie reliée à un moteur.

carcasse[F]
Enveloppe métallique de l'appareil à l'intérieur de laquelle est créé le champ magnétique.

SCIENCE

physique : électricité et magnétisme

piles[F] sèches

Appareils qui transforment de l'énergie chimique en énergie électrique (courant continu), généralement non rechargeables et dont l'électrolyte est immobilisé.

pile[F] carbone[M]-zinc[M]
Pile délivrant une tension de 1,5 V, également appelée pile Leclanché, dont l'usage est extrêmement répandu (calculette, radio portative, réveil, etc.).

bouchon[M] de scellement[M]
Matériau destiné à assurer l'étanchéité de la pile.

borne[F] positive
Élément de polarité de la pile duquel circule le courant.

pile[F] alcaline manganèse[M]-zinc[M]
Pile très performante délivrant une tension de 1,5 V et ayant une durée de vie plus longue que la pile carbone-zinc, utilisée dans les lampes-torches, les baladeurs, les flashes, etc.

couvercle[M] supérieur
Couvercle métallique supérieur de la pile, au centre duquel est située la borne positive.

rondelle[F]
Petit disque placé sur le mélange dépolarisant pour le comprimer.

mélange[M] de zinc[M] et d'électrolyte[M] (anode[F])
Substance composée de zinc et d'électrolyte (hydroxyde de potassium), constituant l'électrode positive (anode) de la pile.

matériau[M] de scellement[M]
Matériau (nylon) destiné à assurer l'étanchéité de la pile.

séparateur[M] électrolytique
Papier poreux associé à une pâte chimique (chlorure d'ammonium) qui sépare les deux électrodes et laisse passer les électrons pour assurer la conduction de l'électricité.

collecteur[M] d'électrons[M]
Tige de zinc reliée au couvercle inférieur, destinée à recueillir les électrons de l'anode qui vont se déplacer vers la cathode.

gaine[F]
Enveloppe plastique protectrice de la pile.

chemise[F] en acier[M]
Enveloppe protectrice de la pile.

tige[F] de carbone[M] (cathode[F])
Tige de carbone insérée dans le mélange dépolarisant, constituant l'électrode négative (cathode) de la pile et destinée à recueillir les électrons provenant du circuit.

séparateur[M]
Papier poreux associé à une pâte chimique (hydroxyde de potassium) qui sépare les deux électrodes et laisse passer les électrons pour assurer la conduction de l'électricité.

mélange[M] dépolarisant
Substance (carbone et bioxyde de manganèse) qui permet d'améliorer la conductivité en s'opposant à la polarisation (force électromotrice ralentissant le courant).

mélange[M] au manganèse[M] (cathode[F])
Substance constituée de bioxyde de manganèse et de carbone, constituant l'électrode négative (cathode) de la pile.

boîte[F] en zinc[M] (anode[F])
Récipient en zinc constituant l'électrode positive (anode) de la pile.

bouchon[M] de scellement[M]
Matériau destiné à assurer l'étanchéité de la pile.

couvercle[M] inférieur
Couvercle métallique inférieur de la pile, au centre duquel est située la borne négative.

borne[F] négative
Élément de polarité de la pile vers lequel s'écoule le courant.

sens[M] de déplacement[M] des électrons[M]
Lorsqu'une réaction chimique se produit, les électrons se déplacent de la borne négative vers la borne positive et créent ainsi un courant électrique.

couvercle[M] inférieur
Couvercle métallique inférieur de la pile, au centre duquel est située la borne négative.

sens[M] de déplacement[M] des électrons[M]
Lorsqu'une réaction chimique se produit, les électrons se déplacent de la borne négative vers la borne positive et créent ainsi un courant électrique.

électronique[F]

Science qui étudie les modes d'utilisation du mouvement des électrons, aux applications variées : télécommunications, informatique, médecine, automatisme, etc.

carte[F] de circuit[M] imprimé
Support isolant, généralement en plastique, percé de trous destinés à recevoir des composants électroniques et à la surface duquel est gravé le circuit imprimé.

condensateur[M] céramique
Composant dont les deux plaques conductrices (argent, cuivre) séparées par un isolant (céramique) servent à emmagasiner de faibles charges électriques.

condensateurs[M] électrolytiques
Composants polarisés dont les deux plaques conductrices (aluminium, tantale) séparées par un isolant (électrolyte) servent à emmagasiner de fortes charges électriques.

circuit[M] intégré en boîtier[M]
Les circuits intégrés sont notamment utilisés dans les microprocesseurs, les appareils hi-fi, les calculatrices, les montres et les jeux électroniques.

condensateur[M] à film[M] plastique
Composant largement répandu, dont les deux plaques conductrices (aluminium, étain) séparées par un isolant (plastique) servent à emmagasiner des charges électriques.

circuit[M] intégré
Circuit électronique miniaturisé comportant de très nombreux composants (transistors, condensateurs, etc.), réalisé sur une plaquette semi-conductrice, en général du silicium.

capot[M]
Couvercle qui recouvre et protège le circuit intégré monté dans son boîtier.

fil[M]
Élément conducteur reliant les composants du circuit à une broche de connexion.

boîtier[M] à double rangée[F] de connexions[F]
Type de boîtier le plus couramment utilisé pour les circuits intégrés, portant le plus souvent entre huit et 48 broches, également réparties de chaque côté du boîtier.

circuit[M] intégré en boîtier[M]
Circuit électrique sous une enveloppe de plastique ou de céramique munie de broches pour le connecter à une carte de circuit imprimé.

circuit[M] imprimé
Ensemble des bandes métalliques conductrices gravées sur un support isolant (carte) pour relier les composants d'un circuit et assurer le passage du courant.

résistances[F]
Composants électroniques destinés à réguler la quantité de courant circulant dans un circuit.

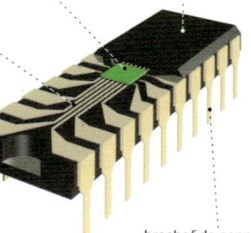

broche[F] de connexion[F]
Pièce métallique servant à connecter le boîtier du circuit intégré aux bandes métalliques du circuit imprimé sur lesquelles sera soudé.

physique : optique

spectre[M] électromagnétique

Ensemble des ondes électromagnétiques, classées par ordre croissant d'énergie (fréquence), qui se propagent à la vitesse de la lumière (300 000 km/s).

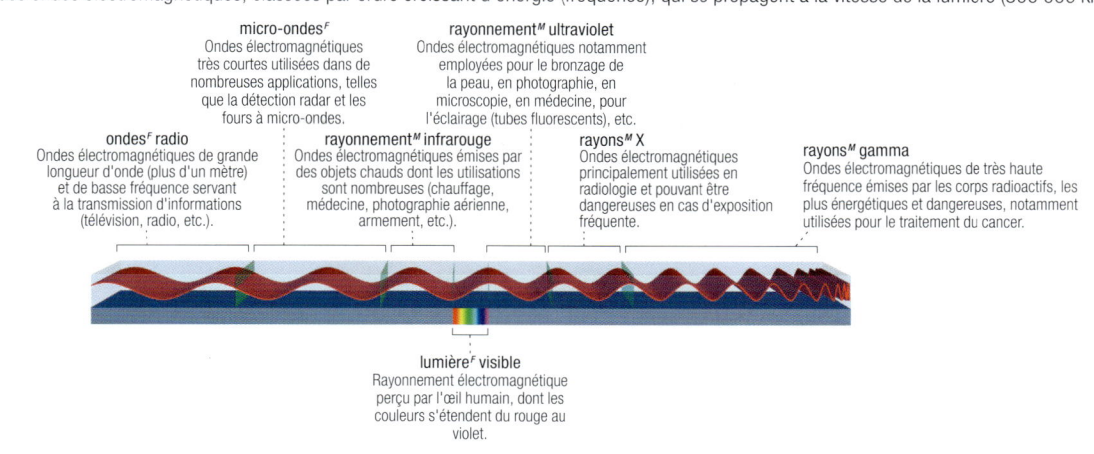

micro-ondes[F]
Ondes électromagnétiques très courtes utilisées dans de nombreuses applications, telles que la détection radar et les fours à micro-ondes.

rayonnement[M] ultraviolet
Ondes électromagnétiques notamment employées pour le bronzage de la peau, en photographie, en microscopie, en médecine, pour l'éclairage (tubes fluorescents), etc.

ondes[F] radio
Ondes électromagnétiques de grande longueur d'onde (plus d'un mètre) et de basse fréquence servant à la transmission d'informations (télévision, radio, etc.).

rayonnement[M] infrarouge
Ondes électromagnétiques émises par des objets chauds dont les utilisations sont nombreuses (chauffage, médecine, photographie aérienne, armement, etc.).

rayons[M] X
Ondes électromagnétiques principalement utilisées en radiologie et pouvant être dangereuses en cas d'exposition fréquente.

rayons[M] gamma
Ondes électromagnétiques de très haute fréquence émises par les corps radioactifs, les plus énergétiques et dangereuses, notamment utilisées pour le traitement du cancer.

lumière[F] visible
Rayonnement électromagnétique perçu par l'œil humain, dont les couleurs s'étendent du rouge au violet.

onde[F]

Oscillation due à une perturbation dont la propagation dans un milieu (ondes mécaniques) ou dans le vide (ondes électromagnétiques) assure un transport d'énergie.

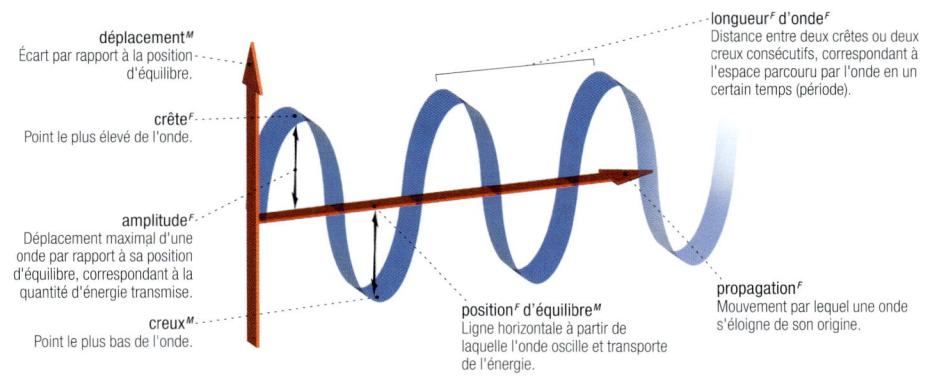

déplacement[M]
Écart par rapport à la position d'équilibre.

longueur[F] d'onde
Distance entre deux crêtes ou deux creux consécutifs, correspondant à l'espace parcouru par l'onde en un certain temps (période).

crête[F]
Point le plus élevé de l'onde.

amplitude[F]
Déplacement maximal d'une onde par rapport à sa position d'équilibre, correspondant à la quantité d'énergie transmise.

creux[M]
Point le plus bas de l'onde.

position[F] d'équilibre[M]
Ligne horizontale à partir de laquelle l'onde oscille et transporte de l'énergie.

propagation[F]
Mouvement par lequel une onde s'éloigne de son origine.

synthèse[F] des couleurs[F]

Technique de reproduction de couleurs consistant à combiner des radiations lumineuses ou à les soustraire pour obtenir une image colorée.

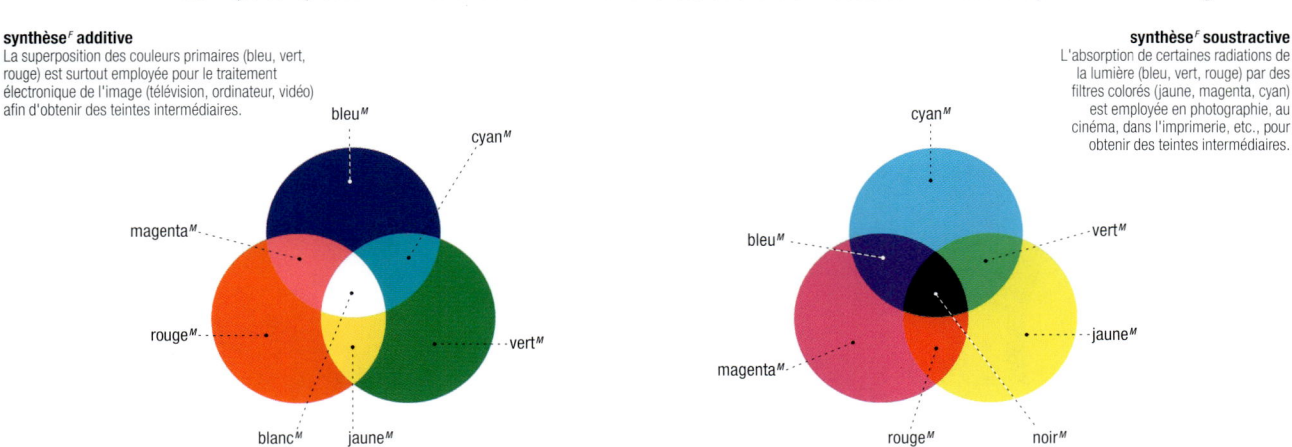

synthèse[F] additive
La superposition des couleurs primaires (bleu, vert, rouge) est surtout employée pour le traitement électronique de l'image (télévision, ordinateur, vidéo) afin d'obtenir des teintes intermédiaires.

bleu[M]
cyan[M]
magenta[M]
rouge[M]
vert[M]
blanc[M]
jaune[M]

synthèse[F] soustractive
L'absorption de certaines radiations de la lumière (bleu, vert, rouge) par des filtres colorés (jaune, magenta, cyan) est employée en photographie, au cinéma, dans l'imprimerie, etc., pour obtenir des teintes intermédiaires.

cyan[M]
bleu[M]
vert[M]
magenta[M]
jaune[M]
rouge[M]
noir[M]

trajectoire des ondes lumineuses

Les rayons lumineux qui se propagent dans l'espace peuvent être déviés lorsqu'ils frappent différentes surfaces ou traversent divers milieux.

réflexion de la lumière
Changement de direction de la lumière lorsqu'elle frappe un obstacle.

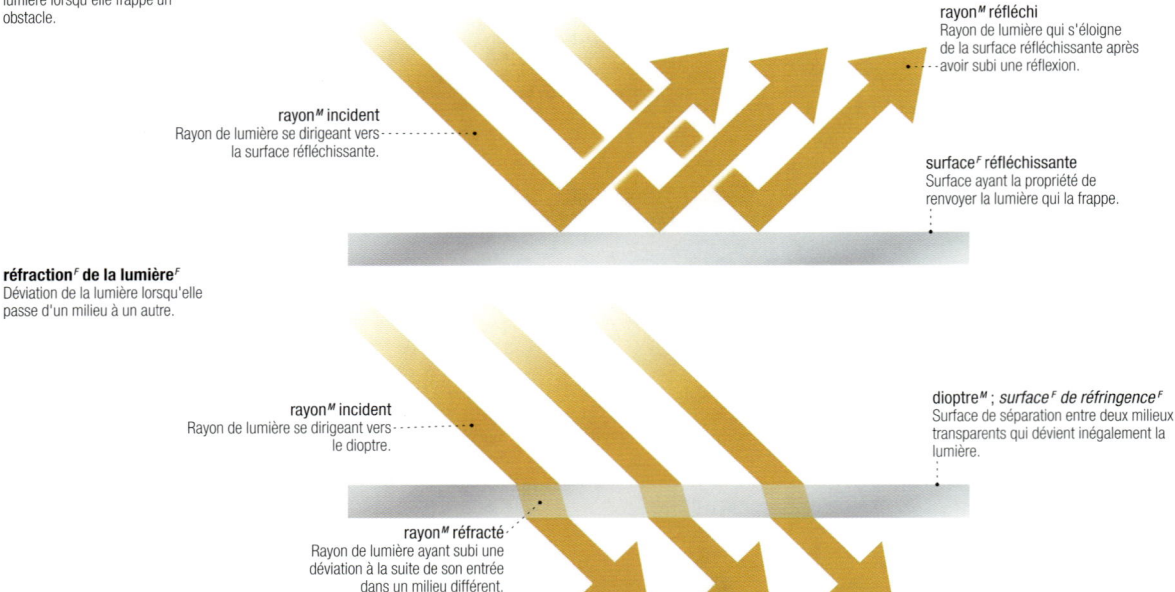

rayon réfléchi
Rayon de lumière qui s'éloigne de la surface réfléchissante après avoir subi une réflexion.

rayon incident
Rayon de lumière se dirigeant vers la surface réfléchissante.

surface réfléchissante
Surface ayant la propriété de renvoyer la lumière qui la frappe.

réfraction de la lumière
Déviation de la lumière lorsqu'elle passe d'un milieu à un autre.

rayon incident
Rayon de lumière se dirigeant vers le dioptre.

dioptre ; surface de réfringence
Surface de séparation entre deux milieux transparents qui dévient inégalement la lumière.

rayon réfracté
Rayon de lumière ayant subi une déviation à la suite de son entrée dans un milieu différent.

lentilles

Pièces de matériau transparent (en général du verre) faisant converger ou dévier les rayons lumineux pour former une image nette, utilisées dans les lunettes, microscopes, télescopes, caméras, etc.

lentilles convergentes
Plus épaisses au centre que sur les bords, elles permettent de concentrer les rayons lumineux parallèles provenant d'un objet en un même point.

lentille convexe
Lentille dont l'une des faces est bombée vers l'extérieur. Plus la lentille est bombée, plus elle fait converger les rayons lumineux.

lentille biconvexe
Lentille dont les deux faces sont bombées vers l'extérieur.

lentille plan-convexe
Lentille présentant une face plane et une face convexe (bombée vers l'extérieur).

ménisque convergent
Lentille dont la face concave (bombée à l'intérieur) est moins prononcée que la face convexe (bombée vers l'extérieur).

lentilles divergentes
Plus épaisses sur les bords qu'au centre, elles permettent de disperser les rayons lumineux parallèles provenant d'un objet.

lentille concave
Lentille dont l'une des faces est bombée à l'intérieur. Plus la lentille est bombée, plus elle fait diverger les rayons lumineux.

lentille biconcave
Lentille dont les deux faces sont bombées vers l'intérieur.

lentille plan-concave
Lentille présentant une face plane et une face concave (bombée vers l'intérieur).

ménisque divergent
Lentille dont la face concave (bombée vers l'intérieur) est plus prononcée que la face convexe (bombée vers l'extérieur).

physique : optique   823

miroir
Surface de verre polie qui réfléchit la lumière environnante.

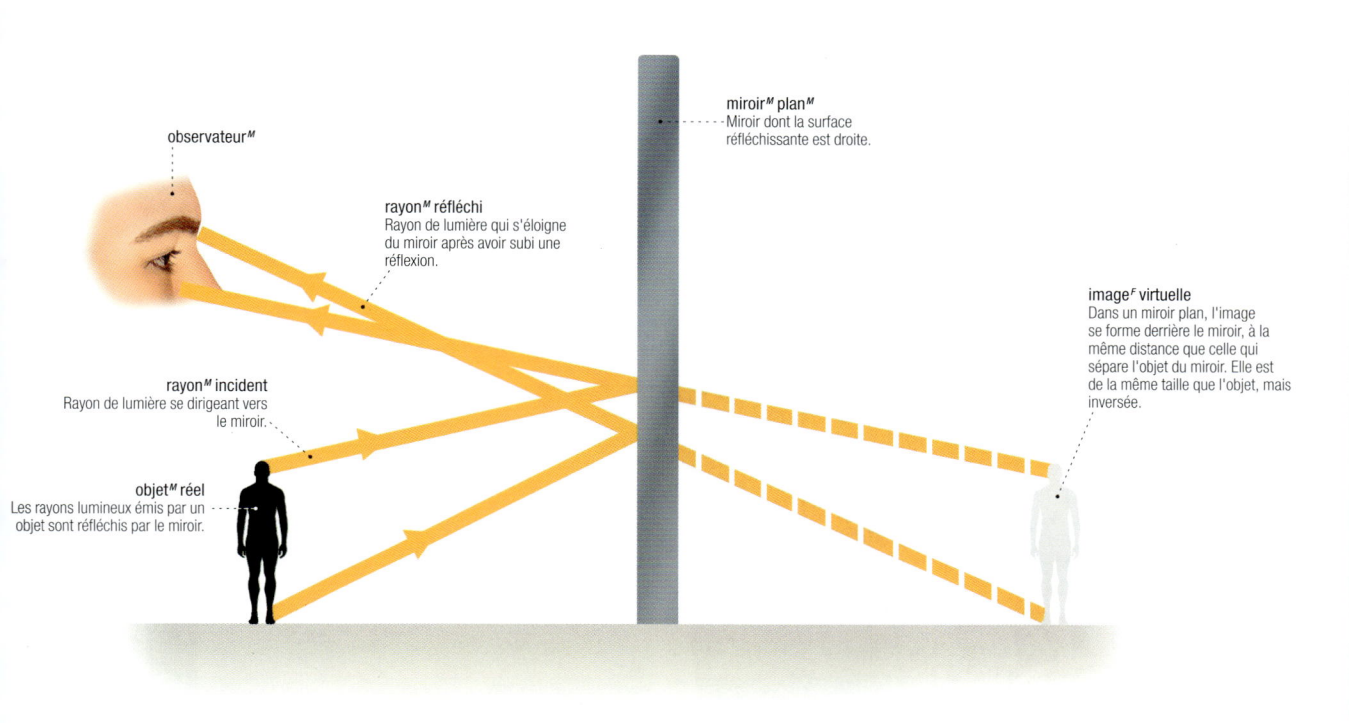

observateur

rayon réfléchi
Rayon de lumière qui s'éloigne du miroir après avoir subi une réflexion.

miroir plan
Miroir dont la surface réfléchissante est droite.

image virtuelle
Dans un miroir plan, l'image se forme derrière le miroir, à la même distance que celle qui sépare l'objet du miroir. Elle est de la même taille que l'objet, mais inversée.

rayon incident
Rayon de lumière se dirigeant vers le miroir.

objet réel
Les rayons lumineux émis par un objet sont réfléchis par le miroir.

appareils optiques
Instruments utilisant les propriétés de réflexion ou de réfraction de la lumière pour des applications diverses (examiner des objets éloignés, grossir des objets rapprochés, etc.).

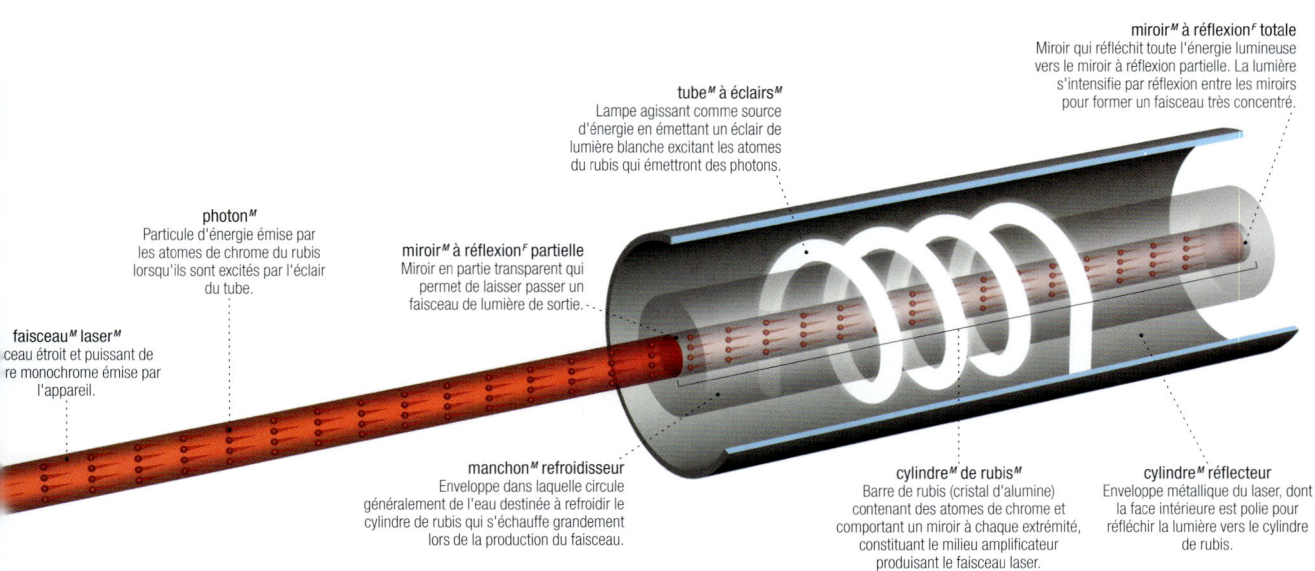

laser à rubis pulsé
Appareil produisant un mince et très intense faisceau d'ondes lumineuses colorées, aux applications diverses (fibre optique, usinage, chirurgie, etc.).

miroir à réflexion totale
Miroir qui réfléchit toute l'énergie lumineuse vers le miroir à réflexion partielle. La lumière s'intensifie par réflexion entre les miroirs pour former un faisceau très concentré.

tube à éclairs
Lampe agissant comme source d'énergie en émettant un éclair de lumière blanche excitant les atomes du rubis qui émettront des photons.

photon
Particule d'énergie émise par les atomes de chrome du rubis lorsqu'ils sont excités par l'éclair du tube.

miroir à réflexion partielle
Miroir en partie transparent qui permet de laisser passer un faisceau de lumière de sortie.

faisceau laser
ceau étroit et puissant de re monochrome émise par l'appareil.

manchon refroidisseur
Enveloppe dans laquelle circule généralement de l'eau destinée à refroidir le cylindre de rubis qui s'échauffe grandement lors de la production du faisceau.

cylindre de rubis
Barre de rubis (cristal d'alumine) contenant des atomes de chrome et comportant un miroir à chaque extrémité, constituant le milieu amplificateur produisant le faisceau laser.

cylindre réflecteur
Enveloppe métallique du laser, dont la face intérieure est polie pour réfléchir la lumière vers le cylindre de rubis.

SCIENCE

physique : optique

appareils optiques

jumelles à prismes
Instrument d'optique formé de deux lunettes identiques servant à la vision binoculaire d'objets proches ou éloignés avec un certain grossissement.

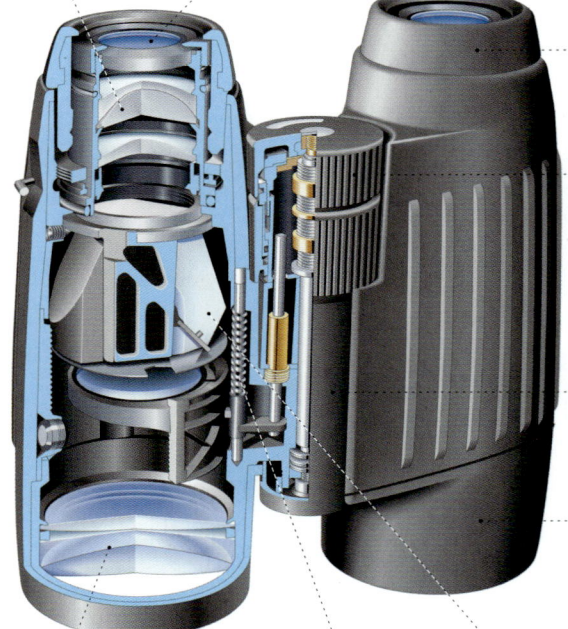

système de lentilles
Système optique formé d'un ensemble de lentilles, fixées dans une monture, que traverse la lumière pour transmettre à l'œil l'image grossie d'un objet.

oculaire
Lentille, ou système de lentilles, devant laquelle on place l'œil pour observer l'image issue de l'objectif.

bague de correction dioptrique
Bague placée sur chaque oculaire, destinée à corriger manuellement la différence d'acuité visuelle entre les deux yeux de l'utilisateur.

molette de mise au point
Bague de mise au point des deux lentilles objectifs, utilisée pour régler manuellement la netteté de l'image.

loupe
Lentille convergente destinée à donner une image grossie d'un objet.

pont
Partie de la monture qui joint les deux lunettes des jumelles.

tube
Corps cylindrique des lunettes des jumelles qui loge le système optique et au travers duquel se déplacent les rayons lumineux.

lentille objectif
Lentille qui capte la lumière de l'objet observé et la fait converger pour en former une image grossie et renversée.

charnière
Mécanisme permettant d'adapter l'écartement des oculaires à celui des yeux de l'utilisateur.

prisme de Porro
Système à deux prismes (blocs de verre à angle droit) équipant la plupart des jumelles, déviant les rayons lumineux vers l'oculaire pour redresser l'image inversée formée sur la lentille objectif.

lunette de visée
Instrument d'optique monté sur une arme à feu ou un instrument de mesure pour augmenter la précision du tir ou de la visée de l'appareil.

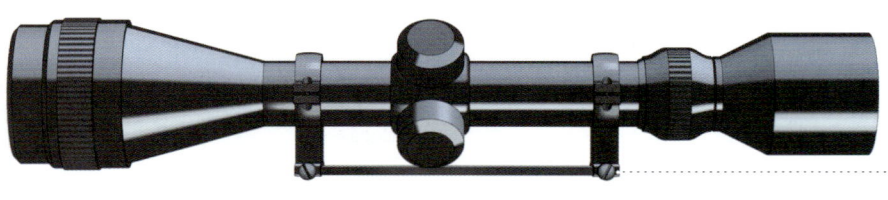

glissière de fixation
Dispositif permettant de monter la lunette de visée sur un appareil une arme à feu.

coupe d'une lunette de visée

réglage latéral
Bouton servant à positionner la lunette horizontalement afin d'éviter tout décalage entre la cible visée et le réticule.

réglage de hausse
Bouton servant à positionner la lunette verticalement afin d'éviter tout décalage entre la cible visée et le réticule.

lentilles de redressement
Système de lentilles destinées à retourner l'image inversée formée sur la lentille objectif.

lentille de champ
Lentille placée entre l'objectif et l'oculaire, permettant d'élargir le champ de vision.

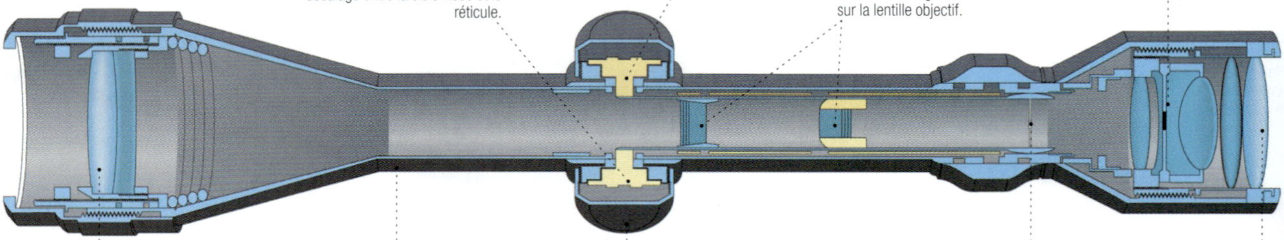

lentille objectif
Lentille qui capte la lumière de l'objet observé et la fait converger pour en former une image grossie et renversée.

tube
Corps cylindrique de la lunette de visée qui loge le système optique et au travers duquel se déplace la lumière.

capuchon de protection
Pièce qui recouvre et protège un bouton de réglage.

réticule
Système optique formé de fils fins disposés en croix matérialisant un point qui sert de repère à la visée d'un point précis.

oculaire
Lentille, ou système de lentilles, devant laquelle on place l'œil pour observer l'image issue de l'objectif.

SCIENCE

physique : optique 825

appareils^M optiques

microscopes^M
Instruments d'optique comportant un système de lentilles destinées à l'observation d'objets très petits ou d'organismes invisibles à l'œil nu, dont ils grossissent l'image.

microscope^M monoculaire
Microscope comportant un seul oculaire.

tourelle^F porte-objectif^M
Plaque tournante sur laquelle sont fixés des objectifs de puissance différente pour permettre leur utilisation successive lors d'une étude.

valet^M
Lame métallique sous pression servant à maintenir la lame porte-objet sur la platine.

objectif^M
Système de lentilles qui capte la lumière de l'objet observé et la fait converger pour former une image grossie et renversée de l'objet.

lame^F porte-objet^M
Fine plaque de verre sur laquelle est placé l'objet à étudier.

platine^F
Plaque métallique percée d'un orifice central sur laquelle sont disposés la lame porte-objet et les éléments qui en assurent le maintien.

condenseur^M
Système optique comportant généralement deux lentilles, qui concentre la lumière réfléchie par le miroir sur l'objet à étudier.

miroir^M
Surface de verre polie qui réfléchit la lumière environnante sur l'objet à étudier pour l'éclairer.

oculaire^M
Système de lentilles agissant comme une loupe, devant lequel on place l'œil et qui donne une image grossie de l'image issue de l'objectif.

tube^M porte-oculaire^M
Corps cylindrique qui loge l'oculaire du microscope, souvent formé de deux lentilles convergentes.

vis^F macrométrique
Dispositif permettant d'ajuster la distance entre l'objectif et l'objet à étudier pour effectuer une mise au point de moyenne précision.

vis^F micrométrique
Dispositif permettant d'ajuster la distance entre l'objectif et l'objet à étudier pour effectuer une mise au point de grande précision.

potence^F
Partie verticale du microscope dont il soutient les pièces (tube porte-oculaire, platine, etc.), comportant les mécanismes de mise au point.

pied^M
Support assurant la stabilité du microscope.

microscope^M binoculaire
Microscope comportant deux oculaires. Il permet l'observation avec les deux yeux, ce qui confère un certain relief à l'image et évite la fatigue de l'œil.

tube^M porte-oculaire^M
Corps cylindrique qui loge chacun des oculaires du microscope, souvent formé de deux lentilles convergentes.

corps^M
Enveloppe métallique logeant les deux oculaires du microscope et au travers de laquelle se déplacent les rayons lumineux.

oculaire^M
Système de lentilles agissant comme une loupe, devant lequel on place l'œil et qui donne une image grossie de l'image issue de l'objectif.

porte-tube^M
Partie supérieure de la potence qui soutient la tourelle porte-objectifs.

objectif^M
Système de lentilles qui capte la lumière de l'objet observé et la fait converger pour former une image grossie et renversée de l'objet.

valet^M
Lame métallique sous pression servant à maintenir la lame porte-objet sur la platine.

lame^F porte-objet^M
Fine plaque de verre sur laquelle est placé l'objet à étudier.

vis^F de réglage^M du condenseur^M
Vis permettant de centrer le faisceau de lumière du condenseur dans le champ de vision en le déplaçant dans un plan horizontal.

réglage^M du diaphragme^M
Dispositif comportant une ouverture de diamètre variable permettant de régler la quantité de lumière illuminant l'objet.

pied^M
Support assurant la stabilité du microscope.

lampe^F
Appareil alimenté en électricité produisant un faisceau de lumière destiné à éclairer l'objet étudié.

condenseur^M
Système optique comportant généralement deux lentilles, qui concentre la lumière émise par la lampe sur l'objet à étudier.

tourelle^F porte-objectif^M
Plaque tournante sur laquelle sont fixés des objectifs de puissance différente pour permettre leur utilisation successive lors d'une étude.

potence^F
Partie verticale du microscope dont il soutient les pièces (tube porte-oculaire, platine, etc.), comportant les mécanismes de mise au point.

chariot^M
Pièce mobile en hauteur comportant deux vis de guidage permettant de contrôler les déplacements de l'objet de gauche à droite et d'avant en arrière sur la platine.

platine^F
Plaque métallique percée d'un orifice central sur laquelle sont disposés la lame porte-objet et les éléments qui en assurent le maintien.

vis^F micrométrique
Dispositif permettant d'ajuster la distance entre l'objectif et l'objet à étudier pour effectuer une mise au point de grande précision.

vis^F macrométrique
Dispositif permettant d'ajuster la distance entre l'objectif et l'objet à étudier pour effectuer une mise au point de moyenne précision.

commande^F du chariot^M
Dispositif permettant d'élever ou d'abaisser le chariot.

réglage^M en hauteur^F du condenseur^M
Vis qui permet d'élever ou d'abaisser le condenseur.

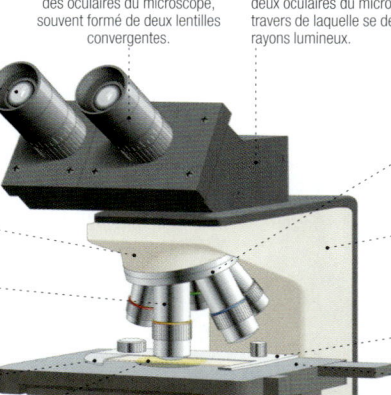

SCIENCE

physique : optique

appareils^M optiques

microscopes^M

coupe^F d'un microscope^M électronique
Microscope électronique : appareil utilisant un faisceau d'électrons plutôt que la lumière, ce qui permet un grossissement nettement supérieur à celui du microscope optique.

canalisation^F de pompage^M
Canalisation reliée à une pompe, par laquelle on effectue un vide suffisant dans le microscope pour permettre son fonctionnement.

condenseur^M
Système de lentilles magnétiques (électroaimants produisant un champ magnétique lorsqu'ils sont parcourus par un courant électrique) qui concentre le faisceau sur le spécimen à étudier.

commande^F de sélection^F de l'ouverture^F
Dispositif permettant de régler l'ouverture du diaphragme pour modifier le diamètre du faisceau.

diaphragme^M d'ouverture^F
Dispositif comportant une ouverture de diamètre variable permettant de réduire ou d'augmenter le diamètre du faisceau d'électrons.

porte-spécimen^M
Plaque métallique orientable (platine) sur laquelle est disposé le spécimen à examiner.

canon^M à électrons^M
Dispositif composé le plus souvent d'un filament de tungstène que l'on chauffe, produisant un intense faisceau d'électrons destiné à illuminer le spécimen.

faisceau^M d'électrons^M
Ensemble de particules de charge négative se propageant vers le spécimen.

alignement^M du faisceau^M dans l'axe^M
Une commande permet de positionner le faisceau d'électrons dans l'axe optique du microscope afin qu'il atteigne le spécimen.

concentration^F du faisceau^M
Les deux lentilles du condenseur font converger le faisceau d'électrons divergent émis par le canon.

lentilles^F de mise^F au point^M
Système de lentilles magnétiques (électroaimants) permettant de focaliser le faisceau d'électrons en un point du spécimen.

transmission^F de l'image^F
Le faisceau d'électrons explore la surface du spécimen, qui émet à son tour des électrons pour former une image point par point à l'écran.

chambre^F à vide^M
Partie du microscope dans laquelle on réduit la pression pour permettre le déplacement des électrons.

composantes^F d'un microscope^M électronique

réservoir^M d'azote^M liquide
Cuve contenant de l'azote destiné à refroidir le spectromètre.

spectromètre^M
Appareil permettant de déterminer la composition chimique d'un spécimen.

chambre^F d'observation^F
Partie du microscope dans laquelle on introduit un spécimen pour l'observer.

bâti^M de la pompe^F à vide^M
Compartiment à l'intérieur duquel se trouve la pompe à vide.

commande^F de positionnement^M du spécimen^M
Boutons permettant d'orienter précisément le spécimen par rapport à l'axe du faisceau d'électrons.

canon^M à électrons^M
Dispositif composé le plus souvent d'un filament de tungstène que l'on chauffe, produisant un intense faisceau d'électrons destiné à illuminer le spécimen.

écran^M de contrôle^M
Écran sur lequel on visualise l'image grossie et en relief du spécimen (à la suite du balayage de sa surface par le faisceau) et les données relatives au fonctionnement du microscope.

saisie^F des données^F
Un appareil permet de sauvegarder les données relatives à l'analyse microscopique sur différents supports (cassette vidéo, DVD, etc.).

tableau^M de commandes^F
Panneau où sont rassemblés les boutons de fonctionnement du microscope.

chambre^F photographique
Dispositif d'enregistrement photographique qui permet d'impressionner l'image du spécimen sur une surface sensible.

SCIENCE

appareils de mesure 827

mesure de la température

Température : grandeur physique correspondant au niveau de chaleur ou de froid, que l'on mesure à l'aide d'un thermomètre.

thermomètre^M
Instrument destiné à mesurer la température par l'intermédiaire d'une substance (généralement liquide ou gazeuse) contenue dans un tube gradué.

échelle^F **Fahrenheit**
Échelle de température utilisée dans certains pays anglo-saxons; le point de congélation de l'eau se situe à 32 °F et son point d'ébullition à 212 °F.

degrés^M **Fahrenheit**
Unités de mesure de la température dans l'échelle Fahrenheit.

colonne^F **d'alcool**^M
Quantité d'alcool contenue dans le tube en verre, dont la hauteur varie en fonction de la température.

réservoir^M **d'alcool**^M
Réservoir de verre contenant de l'alcool coloré (méthanol, éthanol) qui se dilate et s'élève dans le tube capillaire selon l'élévation de la température.

échelle^F **Celsius**
Échelle de température graduée de 0 (point de congélation de l'eau) à 100 (point d'ébullition de l'eau); autrefois appelée échelle centigrade.

degrés^M **Celsius**
Unité de mesure de la température dans l'échelle Celsius.

chambre^F **d'expansion**^F
Espace permettant de contenir le gaz du tube capillaire, repoussé par le mercure lorsqu'il s'élève dans celui-ci.

tube^M **capillaire**
Fin tube de verre dans lequel le niveau de mercure monte ou descend, en fonction de la température. Le tube du thermomètre à mercure est rempli de gaz.

graduation^F
Chacune des divisions (degrés) de longueur égale inscrites sur le thermomètre, et qui en constituent les unités de mesure.

colonne^F **de mercure**^M
Quantité de mercure contenue dans le tube capillaire, dont la hauteur varie en fonction de la température.

tige^F
Tube de verre contenant le tube capillaire.

étranglement^M
Resserrement qui empêche le mercure de redescendre spontanément dans le réservoir lorsque la température baisse (il faut secouer le thermomètre pour le faire redescendre).

réservoir^M **de mercure**^M
Réservoir de verre contenant du mercure (métal liquide) qui se dilate et s'élève dans le tube capillaire selon l'élévation de la température.

thermomètre^M **médical**
Thermomètre servant à mesurer la température du corps; il est gradué de 32 à 44 °C.

coupe^F **d'un thermomètre**^M **bimétallique**
Thermomètre bimétallique : thermomètre utilisant la différence de dilatation de deux métaux (en général, fer et laiton) pour mesurer des températures comprises entre 30 et 300 °C.

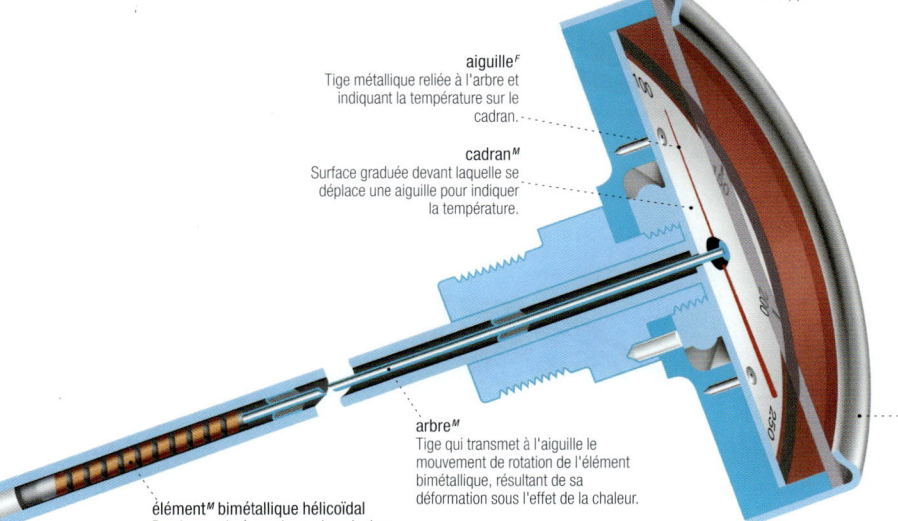

aiguille^F
Tige métallique reliée à l'arbre et indiquant la température sur le cadran.

cadran^M
Surface graduée devant laquelle se déplace une aiguille pour indiquer la température.

arbre^M
Tige qui transmet à l'aiguille le mouvement de rotation de l'élément bimétallique, résultant de sa déformation sous l'effet de la chaleur.

élément^M **bimétallique hélicoïdal**
Bande constituée par la soudure de deux métaux ayant un coefficient de dilatation différent, qui s'incurvent en fonction de la variation de la température.

boîtier^M
Boîte renfermant et protégeant le mécanisme de l'appareil.

SCIENCE

828   **appareils de mesure**

mesure^F du temps^M

Temps : grandeur physique correspondant à la durée d'un phénomène ou d'un événement, que l'on mesure à l'aide d'une montre, d'un chronomètre, etc.

chronomètre^M
Instrument qui permet de mesurer précisément des intervalles de temps en minutes, secondes et fractions de seconde.

anneau^M
Pièce circulaire permettant de tenir ou de suspendre le chronomètre.

aiguille^F des minutes^F
Tige métallique indiquant successivement les minutes sur un cadran gradué de 0 à 30 minutes.

poussoir^M de mise^F en marche^F
Bouton sur lequel on appuie pour démarrer le chronomètre et mesurer la durée d'un phénomène ou d'un événement.

poussoir^M de remise^F à zéro^M
Bouton sur lequel on appuie pour ramener chacune des aiguilles du chronomètre à zéro.

poussoir^M d'arrêt^M
Bouton sur lequel on appuie pour arrêter les aiguilles qui affichent alors une durée précise.

trotteuse^F
Tige métallique indiquant successivement chacune des 60 secondes de la minute en se déplaçant par petits sauts.

montre^F à affichage^M numérique
Montre sur laquelle l'affichage de l'heure se fait par des chiffres et des lettres paraissant sur un fond clair.

écran^M à cristaux^M liquides
Écran qui affiche des données alphanumériques en utilisant le reflet de la lumière sur des cristaux liquides.

aiguille^F des dixièmes^M de seconde^F
Tige métallique indiquant successivement chacune des 10 divisions de la seconde sur le cadran.

boîtier^M
Boîte renfermant et protégeant le mécanisme de l'appareil.

montre^F mécanique
Ensemble de roues dentées qui démultiplient la force transmise par un ressort en spirale pour faire tourner les aiguilles de la montre.

roue^F de champ^M
Roue transmettant son énergie à la roue petite moyenne.

roue^F petite moyenne
Roue recevant l'énergie de la roue de champ et entraînant la roue de centre.

montre^F à affichage^M analogique
Montre sur laquelle l'affichage de l'heure se fait par des aiguilles se déplaçant sur un cadran.

cadran^M
Surface graduée devant laquelle se déplacent des aiguilles pour indiquer l'heure.

rubis^M
Pierre très dure (autrefois en rubis, aujourd'hui en cristal de roche) sur laquelle repose l'axe de rotation d'une roue et permettant d'en réduire l'usure.

remontoir^M
Dispositif servant à remonter le mécanisme composé d'un assemblage de roues.

roue^F d'échappement^M
Dernière roue du rouage munie de dents particulières, qui assure le fonctionnement régulier et continu de la montre et contrôle le mouvement des autres roues.

cliquet^M
Petit levier qui s'engage entre les dents du rochet et l'empêche de tourner dans le sens contraire à son mouvement normal.

spiral^M
Ressort plat en spirale qui assure le mouvement des roues d'une montre pendant un certain temps.

rochet^M
Roue dentée dont le sens de rotation est unique et maintenu par le cliquet.

couronne^F
Bouton à crans relié au remontoir permettant de remonter la montre et de la remettre à l'heure manuellement.

roue^F de centre^M
Roue à laquelle sont reliées les aiguilles dont elle assure la rotation sur le cadran.

bracelet^M
Anneau de cuir, de tissu, de plastique ou de métal, muni d'un fermoir permettant de porter une montre au poignet.

cadran^M solaire
Surface verticale ou horizontale portant des divisions correspondant aux heures du jour, indiquées par l'ombre d'un style projetée par le Soleil.

style^M
Tige disposée dans l'axe de la Terre, dont l'ombre indique l'heure en se déplaçant sur le cadran solaire.

ombre^F
Zone sombre due à l'interception de la lumière du Soleil par le style et indiquant l'heure selon la position du Soleil.

cadran^M
Surface marquée de chiffres sur laquelle se déplace l'ombre du style pour indiquer approximativement l'heure du jour.

appareils de mesure

mesure^F du temps^M

horloge^F de parquet^M
Horloge actionnée par des poids et munie d'un pendule, logée dans une caisse haute et étroite reposant sur le sol.

caisse^F
Boîte généralement en bois renfermant et protégeant le mécanisme de l'horloge.

cadran^M des phases^F de la Lune^F
Surface divisée en 29 jours et demi sur laquelle est représentée une lune dont le déplacement indique les phases de la Lune (premier quartier, pleine Lune, dernier quartier, nouvelle Lune).

aiguille^F des heures^F
Tige métallique indiquant successivement chacune des 24 heures du jour sur le cadran.

aiguille^F des minutes^F
Tige métallique indiquant successivement chacune des 60 minutes de l'heure sur le cadran.

cadran^M
Surface graduée devant laquelle se déplacent des aiguilles pour indiquer l'heure.

poids^M
Corps pesant suspendu à la roue motrice dont la descente fournit l'énergie nécessaire au mécanisme de l'horloge.

pendule^M
Organe dont le balancement régulier règle la marche du mécanisme de l'horloge.

chaîne^F
Série d'anneaux entrelacés à laquelle est attaché un poids.

socle^M
Base soutenant l'horloge et assurant sa stabilité.

pignon^M
Petite roue dentée montée sur un arbre et transmettant le mouvement de rotation d'une roue à une autre.

ancre^F
Pièce en forme d'ancre de marine qui libère et retient les dents de la roue d'échappement, entretenant ainsi le mouvement de va-et-vient du pendule.

mécanisme^M de l'horloge^F à poids^M
Cette horloge est actionnée par un poids qui, en descendant, entraîne les aiguilles de l'horloge dans un mouvement de rotation par l'intermédiaire d'un rouage.

roue^F d'échappement^M
Dernière roue du rouage munie de dents spéciales, qui assure le fonctionnement régulier et continu de l'horloge et contrôle le mouvement des autres roues.

lame^F de suspension^F
Petite plaque rigide à laquelle est suspendu le pendule.

fourchette^F
Pièce actionnée par la roue d'échappement et dont les deux branches provoquent le mouvement du pendule.

arbre^M
Pièce cylindrique qui communique le mouvement de rotation d'une pièce à une autre.

roue^F de centre^M
Roue à laquelle sont reliées les aiguilles dont elle assure la rotation sur le cadran.

roue^F petite moyenne
Roue recevant l'énergie de la roue de centre et entraînant la roue d'échappement.

cliquet^M
Petit levier qui s'engage entre les dents du rochet et l'empêche de tourner dans le sens contraire à son mouvement normal.

aiguille^F des minutes^F
Tige métallique indiquant successivement chacune des 60 minutes de l'heure sur le cadran.

tige^F
Barre rigide à laquelle est fixée la lentille du pendule.

aiguille^F des heures^F
Tige métallique indiquant successivement chacune des 24 heures du jour sur le cadran.

lentille^F
Poids fixé à l'extrémité de la tige du pendule.

remontoir^M
Dispositif servant à remonter les poids qui entraîneront de nouveau le mécanisme de l'horloge.

roue^F motrice
Première roue du rouage qui transmet la force motrice du poids aux autres roues pour les faire tourner.

rochet^M
Roue dentée dont le sens de rotation est unique et maintenu par le cliquet.

poids^M
Corps pesant suspendu à la roue motrice dont la descente fournit l'énergie nécessaire au mécanisme de l'horloge.

tambour^M
Cylindre sur lequel s'enroule la corde ou la chaîne à laquelle le poids est fixé quand on remonte l'horloge.

SCIENCE

829

appareils de mesure

mesure^F de la masse^F

Masse : grandeur physique caractérisant une quantité de matière (masse), que l'on mesure à l'aide d'une balance.

balance^F à fléau^M
Balance qui sert à comparer la masse d'un corps avec celle d'un autre corps de masse connue (poids) en réalisant l'équilibre entre deux plateaux suspendus à une barre (fléau).

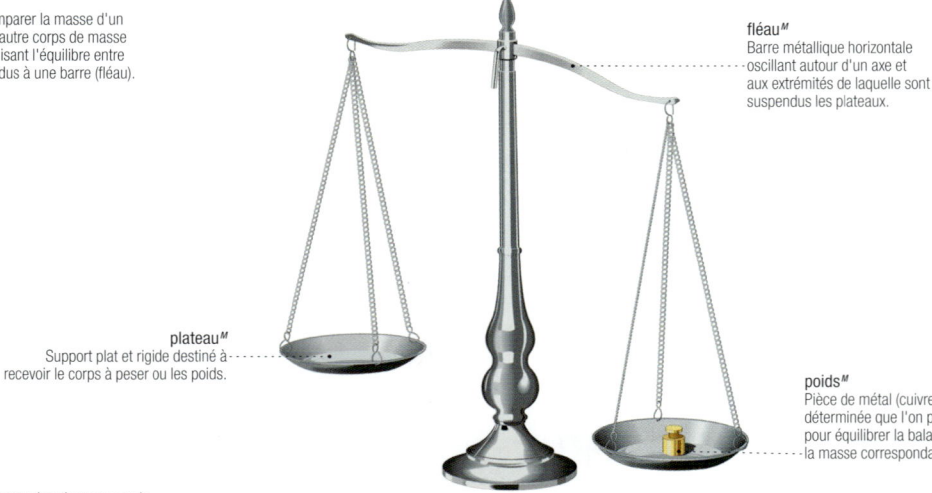

fléau^M
Barre métallique horizontale oscillant autour d'un axe et aux extrémités de laquelle sont suspendus les plateaux.

plateau^M
Support plat et rigide destiné à recevoir le corps à peser ou les poids.

poids^M
Pièce de métal (cuivre, fer, etc.) de masse déterminée que l'on place dans un plateau pour équilibrer la balance et évaluer ainsi la masse correspondante d'un corps.

balance^F romaine
Balance utilisée pour peser des charges, munie d'un fléau à bras inégaux (le plus court soutient le plateau et le plus long porte les curseurs destinés à établir l'équilibre).

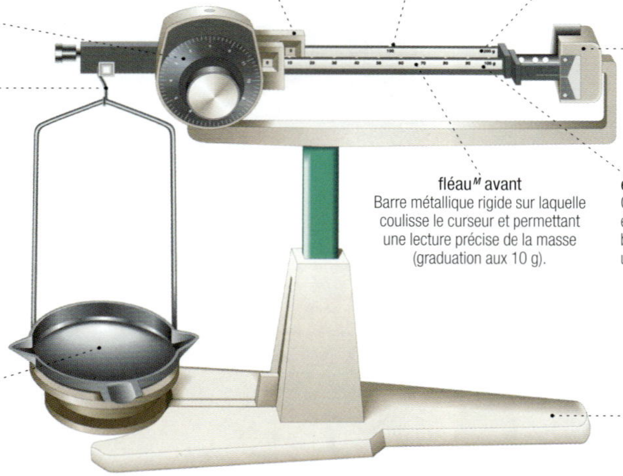

curseur^M
Chacune des pièces coulissantes que l'on déplace le long des fléaux jusqu'à ce que l'équilibre des deux masses soit atteint.

cran^M
Chacune des entailles destinées à recevoir un curseur pour permettre une lecture précise sur l'échelle graduée.

fléau^M arrière
Barre métallique rigide sur laquelle coulisse le curseur et permettant une lecture plus ou moins précise de la masse (graduation tous les 100 g).

vernier^M
Petit cadran gradué coulissant le long des fléaux et permettant une lecture très précise de la masse (graduation à 0,01 g près).

amortisseur^M magnétique
Dispositif constitué d'aimants permettant d'amoindrir les oscillations des fléaux dues au déplacement du curseur, assurant ainsi une lecture rapide de la masse.

crochet^M du plateau^M
Pièce recourbée à laquelle on suspend le plateau par l'intermédiaire de tiges rigides.

fléau^M avant
Barre métallique rigide sur laquelle coulisse le curseur et permettant une lecture précise de la masse (graduation aux 10 g).

échelle^F graduée
Chacune des divisions de longueur égale inscrites sur le fléau de la balance et qui en constituent les unités de mesure.

plateau^M
Support plat et rigide destiné à recevoir le corps à peser.

socle^M
Support qui assure la stabilité de la balance.

balance^F de Roberval
Balance fonctionnant selon le principe de la balance à fléau, dont les plateaux stabilisés par une tige reposent sur le fléau.

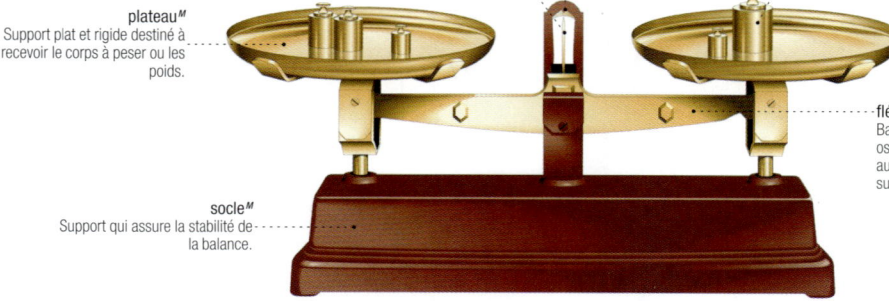

aiguille^F
Tige métallique indiquant la position d'équilibre sur le cadran lorsque le fléau est horizontal.

cadran^M
Surface graduée devant laquelle se déplace une aiguille pour indiquer la position d'équilibre entre les deux plateaux.

poids^M
Pièce de métal (cuivre, fer, etc.) de masse déterminée que l'on place dans un plateau pour équilibrer la balance et évaluer ainsi la masse correspondante d'un corps.

plateau^M
Support plat et rigide destiné à recevoir le corps à peser ou les poids.

fléau^M
Barre métallique horizontale oscillant autour d'un axe et aux extrémités de laquelle sont suspendus les plateaux.

socle^M
Support qui assure la stabilité de la balance.

appareils de mesure   831

mesureF de la masseF

pesonM
Balance comportant un crochet fixé à un ressort qui s'étire selon le poids de l'objet pesé.

anneauM
Pièce circulaire permettant de tenir ou de suspendre le peson.

indexM
Repère mobile relié au ressort, se déplaçant le long d'une échelle graduée pour indiquer le poids du corps pesé.

échelleF graduée
Chacune des divisions de longueur égale inscrites sur le peson et qui en constituent les unités de mesure.

crochetM
Pièce recourbée à laquelle on accroche le corps à peser.

poidsM
Écran à cristaux liquides indiquant le poids de l'article.

prixM à l'unitéF
Écran à cristaux liquides indiquant le prix d'une quantité de référence d'un article, au kg par exemple.

afficheurM
Chacun des trois écrans présentant diverses informations sous forme de chiffres (poids, prix à l'unité, prix total).

prixM à payer
Écran à cristaux liquides indiquant le prix de l'article pesé et, à la fin de la transaction, le prix total des achats.

balanceF électronique
Balance commerciale qui permet de peser et de mesurer le prix d'une quantité de marchandise en visualisant les éléments du calcul.

plateauM
Support plat et rigide destiné à recevoir les articles à peser.

touchesF de fonctionsF
Ensemble des touches du clavier commandant diverses opérations (saisie de données, calcul, impression d'étiquettes, etc.).

codeM des produitsM
Touche comportant un numéro correspondant au code attribué à un produit.

clavierM numérique
Ensemble de touches correspondant à des chiffres et des symboles, qui servent notamment à entrer le prix unitaire ou le code des articles.

étiquetteF
Ticket sur lequel sont imprimées différentes données, telles que le poids, le nombre et le prix des articles pesés, etc.

pèse-personneM
Balance utilisée pour peser une personne, pourvue d'un mécanisme à ressort qui se comprime proportionnellement au poids.

afficheurM
Écran indiquant le poids par des chiffres.

plateformeF
Support plat sur lequel on monte pour se peser.

balanceF de précisionF
Balance qui permet d'effectuer des pesées extrêmement précises, notamment utilisée en laboratoire.

cageF vitrée
Panneaux de verre destinés à protéger le plateau des courants d'air et des poussières qui pourraient fausser le résultat de la pesée.

porteF
Panneau coulissant permettant d'accéder facilement à l'intérieur de la cage vitrée.

plateauM
Support plat et rigide destiné à recevoir le spécimen.

visF calante
Vis permettant d'ajuster le niveau du socle de la balance sur un plan horizontal.

SCIENCE

appareils de mesure

mesure^F de la distance^F

Distance : intervalle séparant deux points dans l'espace.

podomètre^M
Appareil comptant le nombre de pas effectués par un piéton ou un coureur et permettant ainsi d'évaluer la distance parcourue.

bouton^M de remise^F à zéro^M
Touche ramenant le compteur à zéro.

odomètre^M
Instrument qui mesure une distance au sol en comptabilisant le nombre de tours effectués par une roue calibrée.

distance^F parcourue
Nombre de pas effectués par le piéton ou le coureur, convertis en kilomètres.

agrafe^F
Attache métallique permettant de fixer le podomètre à une ceinture ou un vêtement.

poignée^F-pistolet^M
Partie dont la forme rappelle la crosse d'un pistolet, destinée à saisir l'instrument tout en permettant au poignet de demeurer droit.

réglage^M du pas^M
Bouton permettant de régler la longueur moyenne du pas à la marche ou à la course.

boîtier^M
Boîte renfermant et protégeant le mécanisme de l'appareil.

roue^F de mesure^F
Organe circulaire qui tourne autour d'un axe et qui permet de déplacer l'appareil.

télémètre^M
Appareil qui mesure la distance séparant l'observateur d'un objet en utilisant la réflexion d'un rayon laser.

sortie^F du faisceau^M laser^M
Orifice par lequel est projeté le rayon laser qui servira à calculer la distance.

lentille^F de réception^F
Lentille qui reçoit le rayon laser réfléchi par la cible.

béquille^F
Support rabattable permettant de maintenir l'instrument en position légèrement inclinée à l'arrêt.

afficheur^M
Écran présentant des indications sur les réglages de l'appareil ou sur les opérations effectuées.

touche^F de mesure^F
Touche sur laquelle on appuie pour prendre une mesure.

interrupteur^M
Appareil mécanique de connexion permettant de mettre en marche ou d'éteindre l'appareil.

compteur^M
Dispositif qui mesure la distance d'un trajet en calculant le nombre de tours faits par la roue selon son calibrage.

mesure^F de l'épaisseur^F

Épaisseur : dimension correspondant à l'écart entre les surfaces d'un même corps.

pied^M à coulisse^F à vernier^M
Instrument de précision servant à mesurer l'épaisseur et le diamètre de pièces mécaniques.

corps^M
Pièce en forme de fer à cheval qui soutient la touche fixe et un appareil gradué sur lequel s'effectue la lecture de la mesure.

micromètre^M palmer^M
Instrument servant à mesurer l'épaisseur ou le diamètre de pièces relativement petites plus précisément qu'avec un pied à coulisse à vernier.

vis^F de blocage^M
Vis servant à bloquer le vernier et le bloc de pression dans leur position finale pour conserver la mesure obtenue.

bloc^M de pression^F
Pièce permettant de caler le vernier contre la pièce à mesurer.

touche^F fixe
Pièce cylindrique fixée sur le corps du micromètre et servant d'appui à la pièce à mesurer. Celle-ci est placée et serrée légèrement entre les deux touches.

vernier^M
Petite règle graduée coulissant le long de la règle et permettant une lecture très précise de la mesure.

règle^F
Instrument gradué terminé par un bec fixe qui sert à mesurer une épaisseur ou un diamètre.

bec^M fixe
Pièce effilée fixée à l'extrémité de la règle et servant d'appui à la pièce à mesurer. Celle-ci est placée et serrée légèrement entre les deux becs.

touche^F mobile
Extrémité cylindrique de la vis micrométrique.

graduation^F de la règle^F
Chacune des divisions inscrites sur le vernier et qui permettent une mesure précise au 1/10 ou au 1/50 de mm.

bague^F de blocage^M
Pièce annulaire servant à bloquer la vis micrométrique dans sa position finale pour conserver la mesure obtenue.

bec^M mobile
Pièce effilée fixée à l'extrémité du vernier que l'on fait coulisser sur la règle pour l'amener contre la pièce à mesurer.

graduation^F du vernier^M
Chacune des divisions de longueur égale inscrites sur le vernier et qui en constituent les unités de mesure.

molette^F d'ajustage^M
Petite roulette striée permettant de régler très précisément la position du bec mobile.

vis^F micrométrique
Vis entraînée par le bouton à friction qui déplace la touche mobile contre l'objet à mesurer.

bouton^M à friction^F
Pièce permettant d'arrêter l'avancée de la vis micrométrique lorsque la pression contre la pièce à mesurer est suffisante.

tambour^M
Pièce cylindrique graduée actionnée par la vis micrométrique qui mesure avec précision l'épaisseur.

appareils de mesure 833

mesure^F de la longueur^F

Longueur : dimension correspondant à l'étendue horizontale d'un élément, opposée à la largeur.

règle^F graduée
Instrument rigide ou semi-rigide qui sert à mesurer une longueur.

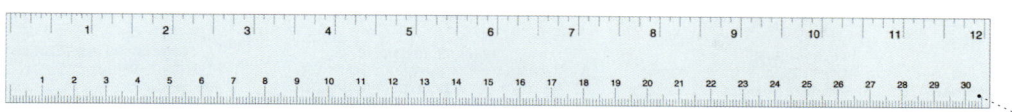

graduation^F
Chacune des divisions de longueur égale inscrites sur la règle et qui en constituent les unités de mesure.

mesure^F des angles^M

Angle : figure formée par deux lignes ou deux plans qui se coupent, que l'on mesure en degrés.

théodolite^M
Instrument de visée, notamment utilisé en astronomie, en géodésie et en navigation pour mesurer les angles horizontaux et verticaux.

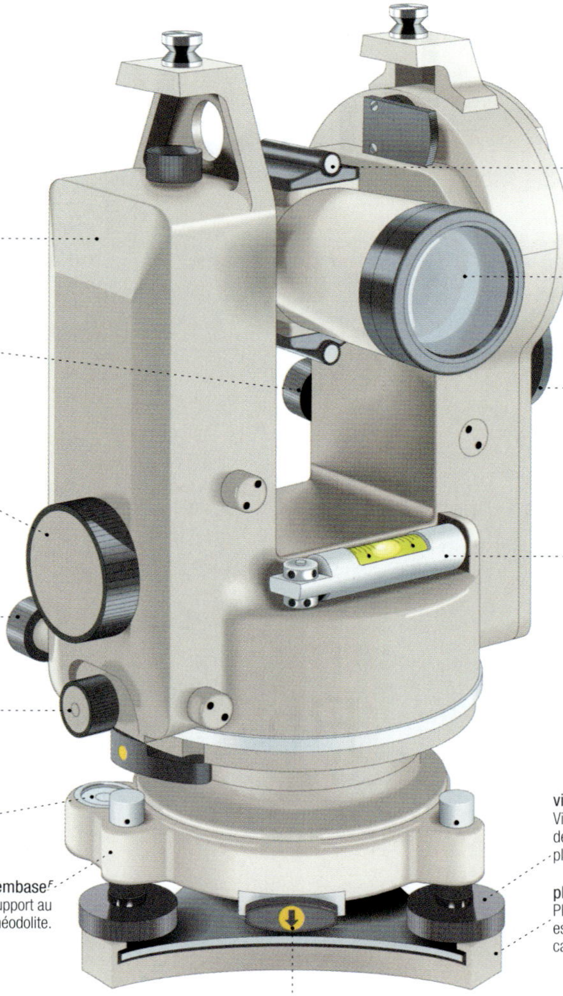

viseur^M
Dispositif optique pourvu d'un réticule permettant de diriger précisément la lunette vers la cible dont on veut mesurer les angles.

lunette^F
Instrument d'optique constitué de plusieurs lentilles, orientable dans les plans horizontal et vertical, et destiné à l'observation d'objets éloignés.

alidade^F
Partie mobile du théodolite qui tourne autour d'un axe vertical et sert à mesurer des angles par l'intermédiaire de la lunette.

ajustement^M de l'image^F du cercle^M vertical
Bouton servant à régler la netteté de l'image du cercle vertical (gradué de 0° à 360°) qui permet la lecture des angles dans l'axe vertical.

miroir^M d'éclairage^M
Surface de verre polie orientable permettant d'éclairer les cercles assurant la lecture des angles.

bouton^M de réglage^M du micromètre^M optique
Bouton servant à ajuster le micromètre qui permet une lecture très précise de la mesure sur les cercles.

nivelle^F d'alidade^F
Tube transparent enfermé dans une monture qui contient un liquide et une bulle d'air, servant à positionner l'alidade dans l'axe vertical.

ajustement^M de l'image^F du cercle^M horizontal
Bouton servant à régler la netteté de l'image du cercle horizontal (gradué de 0° à 360°) qui permet la lecture des angles dans l'axe horizontal.

blocage^M du pivotement^M
Bouton servant à bloquer l'alidade pour l'empêcher de tourner.

nivelle^F d'embase^F
Tube transparent enfermé dans une monture qui contient un liquide et une bulle d'air, servant à positionner l'embase dans l'axe horizontal.

vis^F calante
Vis permettant d'ajuster le niveau de l'embase du théodolite sur un plan horizontal.

embase^F
Plateforme servant de support au théodolite.

plaque^F de fixation^F
Plaque sur laquelle l'embase est fixée au moyen de trois vis calantes.

bouton^M de verrouillage^M de l'embase^F
Bouton permettant de fixer l'alidade sur l'embase ou de l'en détacher.

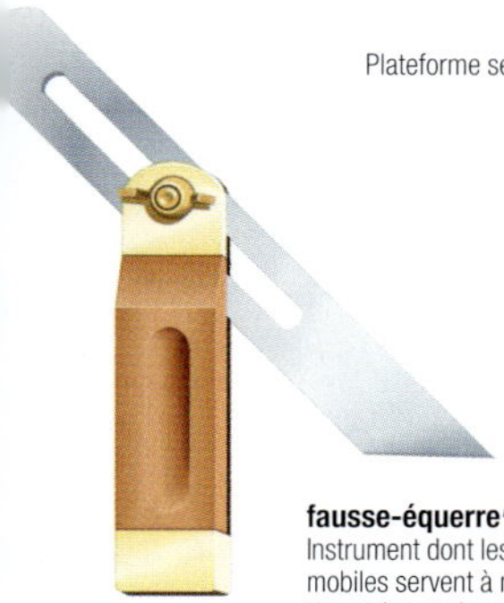

fausse-équerre^F
Instrument dont les branches mobiles servent à mesurer ou à tracer des angles quelconques.

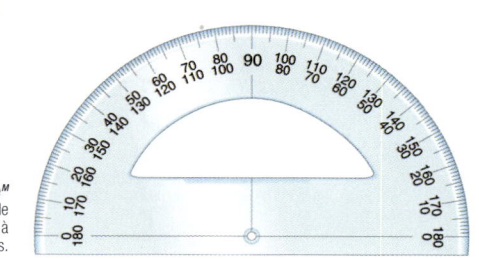

rapporteur^M d'angle^M
Instrument gradué en forme de demi-cercle servant à mesurer ou à construire (rapporter) des angles.

SCIENCE

chimie^F

Science qui étudie la constitution des corps et leurs interactions; les symboles de chimie permettent de simplifier l'écriture des éléments, des formules et des réactions chimiques.

négatif^M
Symbole indiquant le surplus d'électrons d'un atome et se traduisant par une charge électrique négative. L'atome de chlore forme, par exemple, un ion négatif noté Cl-.

positif^M
Symbole indiquant la perte d'électrons d'un atome et se traduisant par une charge électrique positive. L'atome de sodium forme, par exemple, un ion positif noté Na+.

réaction^F **réversible**
Réaction chimique qui peut s'effectuer dans les deux sens : les produits obtenus (réaction directe) réagissent entre eux pour reformer les réactifs de départ (réaction inverse).

direction^F **d'une réaction**^F
Une réaction chimique correspond à la transformation de réactifs en produits et est obtenue lors de la disparition d'un des réactifs. La flèche indique le sens de déroulement de cette réaction irréversible.

représentation^F **d'un composé**^M
Composé : corps formé de deux ou de plusieurs éléments chimiques.

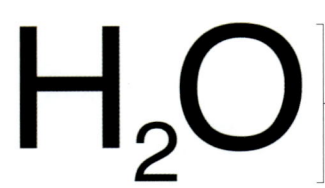

H_2O

formule^F **chimique**
Convention d'écriture permettant de décrire le nombre et le type d'atomes formant un composé chimique.

eau^F
Composé constitué de deux atomes d'hydrogène et d'un atome d'oxygène, d'où sa formule chimique.

nom^M **commun**
Dénomination sous laquelle est connu le composé, par opposition à sa formule chimique.

biologie^F

Science qui étudie les êtres vivants (humains, animaux et végétaux) du point de vue de leur structure, de leur fonctionnement, de leur reproduction, etc.

femelle^F
Symbole indiquant qu'un être est doté d'organes de reproduction femelles.

facteur^M **rhésus négatif**
Une personne dont les globules rouges ne possèdent pas de molécule rhésus (antigène) est de rhésus négatif. Le facteur rhésus joue un rôle important lors de la grossesse.

naissance^F
Symbole placé devant une date pour indiquer l'année de naissance d'une personne.

mâle^M
Symbole indiquant qu'un être est doté d'organes de reproduction mâles.

facteur^M **rhésus positif**
Une personne est de rhésus positif lorsque ses globules rouges portent une molécule rhésus (antigène). Le facteur rhésus est positif pour environ 85 % de la population.

mort^F
Symbole placé devant une date pour indiquer l'année de décès d'une personne.

symboles scientifiques usuels

système[M] international d'unités[F] (SI)

Système décimal établi par la 11e Conférence générale des poids et mesures (CGPM) en 1960 et utilisé dans de nombreux pays.

mesure[F] de la fréquence[F]
Fréquence : nombre de cycles d'un phénomène par unité de temps.

Hz
hertz[M]
Fréquence d'un phénomène périodique dont la période est de 1 seconde.

mesure[F] de la différence[F] de potentiel[M] électrique
Potentiel électrique : état électrique d'un point précis d'un circuit.

V
volt[M]
Différence de potentiel entre deux points d'un conducteur parcouru par un courant constant de 1 ampère lorsque la puissance entre ces points est de 1 watt.

mesure[F] de la charge[F] électrique
Charge électrique : quantité d'électricité transportée par un conducteur.

C
coulomb[M]
Quantité d'électricité transportée en 1 seconde par un courant de 1 ampère.

mesure[F] de l'énergie[F]
Énergie : aptitude d'un corps ou d'un système à fournir un travail.

J
joule[M]
Quantité d'énergie dégagée par une force de 1 newton lorsque son point d'application se déplace de 1 mètre dans le sens de cette force.

mesure[F] de la puissance[F]
Puissance : travail effectué par un corps ou un système par unité de temps.

W
watt[M]
Transfert d'une énergie de 1 joule pendant 1 seconde.

mesure[F] de la force[F]
Force : action qui s'exerce sur un corps. La force peut provoquer un mouvement ou une déformation.

N
newton[M]
Force qui communique à un corps ayant une masse de 1 kg une accélération de 1 m/s^2.

mesure[F] de la résistance[F] électrique
Résistance électrique : capacité d'un corps à s'opposer au passage d'un courant électrique.

Ω
ohm[M]
Résistance électrique entre deux points d'un conducteur dont la différence de potentiel entre eux est de 1 volt, parcouru par un courant de 1 ampère.

mesure[F] du courant[M] électrique
Courant électrique : mouvement de charges électriques dans la matière (conducteur) ou dans le vide.

A
ampère[M]
Écoulement d'un courant de 1 joule par seconde dans un conducteur.

mesure[F] de la longueur[F]
Longueur : dimension correspondant à l'étendue horizontale d'un élément.

m
mètre[M]
Distance parcourue dans le vide par la lumière durant 1/299 792 458 de seconde.

mesure[F] de la masse[F]
Masse : grandeur physique caractérisant une quantité de matière.

kg
kilogramme[M]
Masse d'un prototype de platine accepté comme référence internationale en 1889 et déposé au Bureau International des Poids et Mesures.

mesure[F] de la température[F] Celsius
Température : grandeur physique correspondant au niveau de chaleur ou de froid.

°C
degré[M] **Celsius**
Division en 100 parties égales de l'écart de température entre le point de congélation (0 °C) et d'ébullition (100 °C) de l'eau à pression atmosphérique normale.

mesure[F] de la température[F] thermodynamique
Température : grandeur physique correspondant au niveau de chaleur ou de froid.

K
kelvin[M]
Le zéro kelvin (zéro absolu) est égal à -273,16 degrés Celsius.

mesure[F] de la quantité[F] de matière[F]
Quantité de matière : quantité de substance d'un élément.

mol
mole[F]
Quantité de matière égale à la quantité d'atomes dans 0,012 kilogramme de carbone 12.

mesure[F] de la radioactivité[F]
Radioactivité : propriété de certains éléments d'émettre divers types de rayonnements à la suite d'un phénomène de désintégration atomique.

Bq
becquerel[M]
Radioactivité d'une substance où se produit une désintégration d'atome par seconde.

mesure[F] de la pression[F]
Pression : force exercée par un corps sur une surface.

Pa
pascal[M]
Pression uniforme exercée sur une surface plane de 1 m^2 avec une force de 1 newton.

mesure[F] de l'intensité[F] lumineuse
Intensité lumineuse : éclat d'une source de lumière.

cd
candela[F]
Intensité lumineuse équivalant à une puissance énergétique de 1/683 watt par stéradian (angle solide).

SCIENCE

symboles scientifiques usuels

chiffres^M romains

Lettres majuscules servant à représenter des nombres dans la Rome antique, encore employées de nos jours (cadrans d'horloges et de montres, numérotation de pages, etc.).

I — un^M : Lettre valant une unité.

V — cinq^M : Lettre valant 5 unités.

X — dix^M : Lettre valant 10 unités.

L — cinquante^M : Lettre valant 50 unités.

C — cent^M : Lettre valant 100 unités.

D — cinq cents^M : Lettre valant 500 unités.

M — mille^M : Lettre valant 1 000 unités.

VII = 7 — addition^F : La valeur d'une lettre placée à la droite d'une autre lettre de valeur supérieure ou égale s'ajoute à cette dernière.

IX = 9 — soustraction^F : La valeur d'une lettre placée à la gauche d'une autre lettre de valeur supérieure doit être retranchée à cette dernière.

MCMXLVII = 1947 — synthèse^F : Les nombres complexes se lisent de droite à gauche. On additionne la valeur du chiffre qui suit, sauf s'il est inférieur, ce qui est le signal d'une soustraction.

géométrie^F

Discipline mathématique qui étudie les relations entre les points, les droites, les courbes, les surfaces et les volumes.

° — degré^M : Symbole placé en exposant derrière un nombre pour indiquer l'ouverture d'un angle, la longueur d'un arc, ou devant une lettre majuscule pour identifier une échelle de mesure.

′ — minute^F : Symbole placé en exposant derrière un nombre indiquant combien de fractions de degré sur soixante compte une mesure.

″ — seconde^F : Symbole placé en exposant derrière un nombre indiquant combien de fractions de minute sur soixante compte une mesure.

π — pi^M : Nombre représentant le rapport constant de la circonférence d'un cercle à son diamètre, correspondant approximativement à 3,1416.

⊥ — perpendiculaire^F : Symbole indiquant qu'une droite en coupe une autre à angle droit.

∥ — parallèle^F : Symbole indiquant que deux droites se maintiennent constamment à la même distance l'une de l'autre.

∦ — non parallèle^F : Symbole indiquant que deux droites ne sont pas séparées l'une de l'autre par une distance constante.

∟ — angle^M droit : Angle formé de deux lignes ou deux plans perpendiculaires et mesurant 90°.

∡ — angle^M obtus : Angle compris entre 90° et 180°.

∠ — angle^M aigu : Angle plus petit que l'angle droit et donc inférieur à 90°.

mathématiques

Science qui étudie par raisonnement déductif les propriétés des êtres abstraits (nombres, figures, espaces, fonctions, etc.) et les relations qui existent entre eux.

− soustraction
Signe indiquant qu'un nombre doit être déduit d'un autre; le résultat est une différence.

+ addition
Signe indiquant qu'un nombre doit être ajouté à un autre; le résultat est une somme.

× multiplication
Signe indiquant qu'un nombre doit être multiplié par un autre; le résultat est un produit.

÷ division
Signe indiquant qu'un nombre (dividende) doit être divisé par un autre (diviseur); le résultat est un quotient.

= égale
Signe indiquant le résultat d'une opération.

≠ n'égale pas
Signe indiquant que le résultat d'une opération n'est pas proche de la valeur notée à droite.

≈ égale à peu près
Signe indiquant que le résultat d'une opération est proche de la valeur notée à droite.

∼ équivaut à
Signe binaire indiquant que la valeur de gauche est de même grandeur que celle de droite.

≡ est identique à
Signe binaire indiquant que le résultat de l'opération notée à gauche est de même valeur que celui de l'opération notée à droite.

≢ n'est pas identique à
Signe binaire indiquant que le résultat de l'opération notée à gauche n'est pas de même valeur que celui de l'opération notée à droite.

± plus ou moins
Signe indiquant que le chiffre qui suit indique un ordre de grandeur.

≤ égal ou plus petit que
Signe indiquant que le résultat d'une opération est égal ou inférieur au nombre qui suit.

< plus petit que
Signe indiquant que la valeur notée à gauche est inférieure au nombre qui suit.

≥ égal ou plus grand que
Signe indiquant que le résultat d'une opération est égal ou supérieur au nombre qui suit.

> plus grand que
Signe indiquant que la valeur notée à gauche est supérieure au nombre qui suit.

∅ ensemble vide
Signe indiquant qu'un ensemble n'a pas d'éléments.

∪ réunion
Signe binaire indiquant qu'un ensemble est composé de la totalité des éléments de deux ensembles.

∩ intersection
Signe binaire indiquant que deux ensembles M et N partagent des éléments communs.

⊂ inclusion
Signe binaire indiquant qu'un ensemble A noté à gauche est inclus dans l'ensemble B noté à droite.

% pourcentage
Signe indiquant que le nombre qui précède est une fraction de 100.

∈ appartenance
Signe binaire indiquant que l'élément noté à gauche fait partie de l'ensemble noté à droite.

∉ non-appartenance
Signe binaire indiquant que l'élément noté à gauche ne fait pas partie de l'ensemble noté à droite.

Σ sommation
Signe demandant de faire l'addition (la somme) de plusieurs valeurs.

√ racine carrée de
Signe indiquant de chercher le nombre qui, multiplié par lui-même, donnera comme résultat le nombre inscrit sous la barre.

½ fraction
Signe indiquant que le nombre à gauche de la barre oblique (numérateur) est une partie de celui sous la barre (dénominateur).

∞ infini
Symbole indiquant qu'une valeur n'a pas de limite supérieure.

∫ intégrale
Résultat du calcul intégral servant notamment à déterminer une aire et à résoudre une équation différentielle.

! factorielle
Produit de tous les nombres entiers positifs qui sont inférieurs ou égaux à un nombre donné. Par exemple, la factorielle de 4 est : 4! = 1×2×3×4 = 24.

symboles scientifiques usuels

représentations^F graphiques

Figures ou symboles conventionnels permettant de représenter un phénomène ou une réalité.

angles^M
Figures formées par deux lignes ou deux plans qui se coupent, que l'on mesure en degrés.

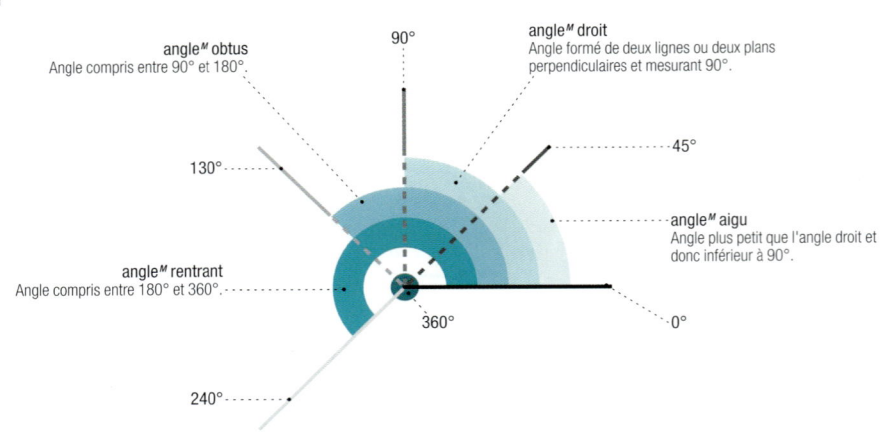

angle^M obtus
Angle compris entre 90° et 180°.

angle^M droit
Angle formé de deux lignes ou deux plans perpendiculaires et mesurant 90°.

angle^M aigu
Angle plus petit que l'angle droit et donc inférieur à 90°.

angle^M rentrant
Angle compris entre 180° et 360°.

90°, 130°, 45°, 0°, 360°, 240°

cercle^M
Surface plane fermée dont tous les points sont à égale distance d'un point fixe appelé centre.

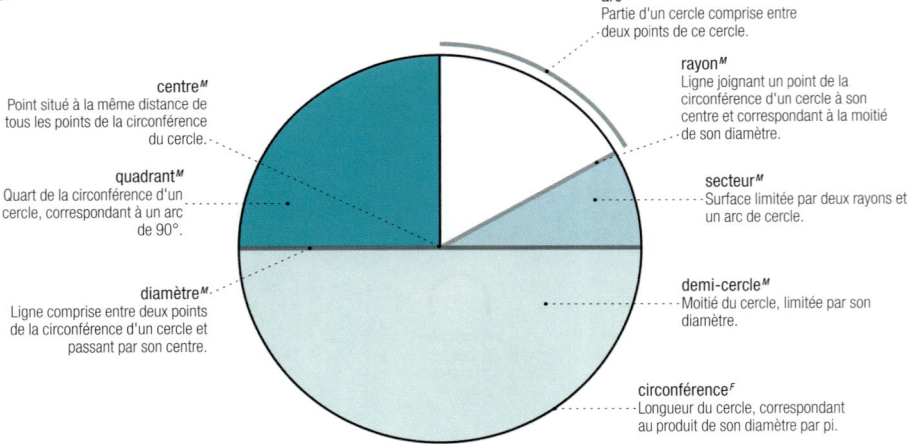

arc^M
Partie d'un cercle comprise entre deux points de ce cercle.

rayon^M
Ligne joignant un point de la circonférence d'un cercle à son centre et correspondant à la moitié de son diamètre.

centre^M
Point situé à la même distance de tous les points de la circonférence du cercle.

secteur^M
Surface limitée par deux rayons et un arc de cercle.

quadrant^M
Quart de la circonférence d'un cercle, correspondant à un arc de 90°.

demi-cercle^M
Moitié du cercle, limitée par son diamètre.

diamètre^M
Ligne comprise entre deux points de la circonférence d'un cercle et passant par son centre.

circonférence^F
Longueur du cercle, correspondant au produit de son diamètre par pi.

statistiques^F
Discipline mathématique qui étudie et calcule les probabilités, notamment par la cueillette et l'analyse de données.

axe^M des ordonnées^F
Axe vertical d'un graphique. Dans un graphique linéaire, on y indique généralement les variations de données.

graphique^M linéaire
Graphique qui présente, à l'aide d'une courbe ou d'une ligne brisée, l'évolution de données au cours d'une période de temps.

histogramme^M
Graphique formé d'une suite de colonnes dont la hauteur est proportionnelle à la quantité représentée.

graphique^M circulaire
Graphique qui présente l'importance proportionnelle de diverses données au moyen d'un cercle divisé en secteurs.

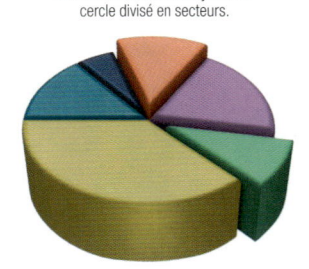

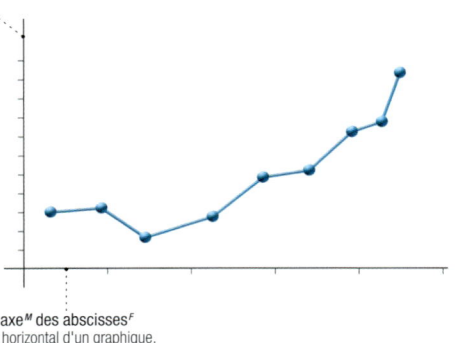

axe^M des abscisses^F
Axe horizontal d'un graphique. Dans un graphique linéaire, on y indique généralement le temps.

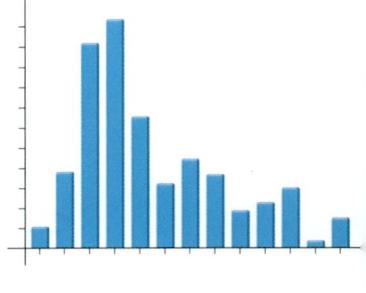

symboles scientifiques usuels 839

représentations^F graphiques

polygones^M
Figures géométriques planes à plusieurs côtés et à un nombre égal d'angles.

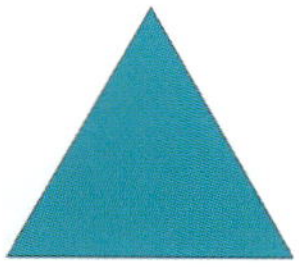

triangle^M
Polygone à trois côtés. Un triangle peut être isocèle (deux côtés égaux), équilatéral (trois côtés égaux) ou rectangle (deux côtés à angle droit).

carré^M
Quadrilatère dont les quatre côtés parallèles deux à deux sont égaux et se coupent à angle droit.

rectangle^M
Quadrilatère dont les côtés opposés sont égaux deux à deux et se coupent à angle droit. Un carré est une forme particulière de rectangle.

losange^M
Quadrilatère à quatre côtés égaux, sans se couper toujours à angle droit. Un carré est une forme particulière de losange.

trapèze^M
Quadrilatère dont deux côtés (bases) sont parallèles. Il peut être isocèle s'il a deux côtés non parallèles égaux et rectangle si deux de ses côtés forment un angle droit.

parallélogramme^M
Trapèze dont les côtés sont parallèles et égaux deux à deux sans se couper toujours à angle droit.

quadrilatère^M
Toute figure plane qui a quatre côtés et quatre angles.

pentagone^M **régulier**
Polygone à cinq (penta = cinq) côtés et angles égaux.

hexagone^M **régulier**
Polygone à six (hexa = six) côtés et angles égaux.

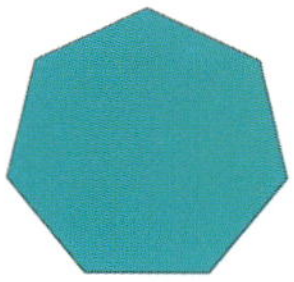

heptagone^M **régulier**
Polygone à sept (hepta = sept) côtés et angles égaux.

octogone^M **régulier**
Polygone à huit (octo = huit) côtés et angles égaux.

ennéagone^M **régulier**
Polygone à neuf (ennéa = neuf) côtés et angles égaux.

décagone^M **régulier**
Polygone à 10 (déca = dix) côtés et angles égaux.

hendécagone^M **régulier**
Polygone à 11 (hendéca = onze) côtés et angles égaux.

dodécagone^M **régulier**
Polygone à 12 (dodéca = douze) côtés et angles égaux.

volumes^M
Formes géométriques à trois dimensions délimitées par des surfaces.

hélice^F
Volume ou solide en forme de spirale tournant vers la gauche à un angle constant.

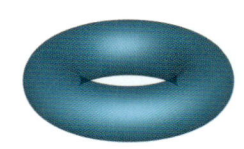

tore^M
Volume ou solide engendrés par la rotation d'un cercle à égale distance d'un centre de rotation.

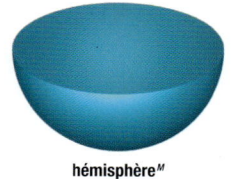

hémisphère^M
Demi-sphère coupée le long d'un diamètre.

sphère^F
Volume dont tous les points de la surface sont à la même distance du centre. Le solide ainsi délimité est une boule.

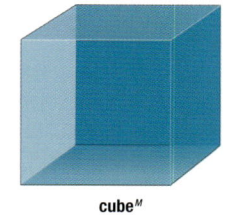

cube^M
Volume ou solide dont les six faces sont des carrés égaux et les six arêtes égales. Il possède huit sommets.

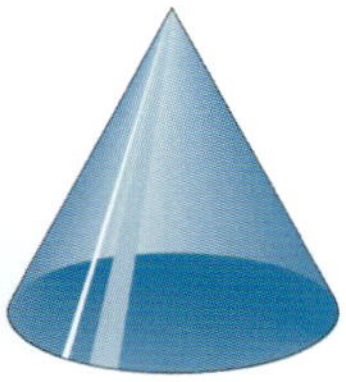

cône^M
Volume ou solide engendrés par la rotation d'une droite (génératrice) le long d'une ligne circulaire (directrice) à partir d'un point fixe (sommet).

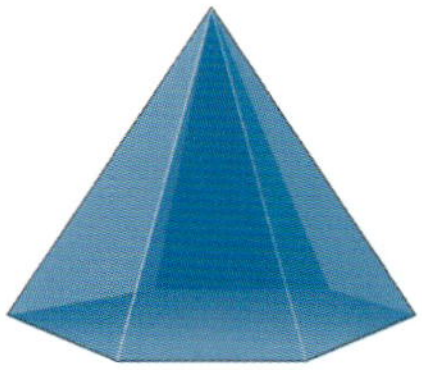

pyramide^F
Volume ou solide engendrés par les droites (arêtes) reliant les angles d'un polygone (base) à un sommet et dont les faces sont des triangles.

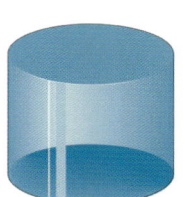

cylindre^M
Volume ou solide engendrés par la rotation d'une droite (génératrice) se déplaçant le long d'une ligne courbe (directrice).

parallélépipède^M
Volume ou solide à 6 faces (parallélogrammes) parallèles deux à deux.

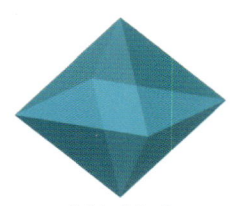

octaèdre^M **régulier**
Volume ou solide dont les 8 faces sont des triangles de surfaces égales. Il possède 6 sommets et 12 arêtes.

SCIENCE

SOCIÉTÉ

Regroupement et milieu de vie d'êtres humains, caractérisé par des institutions, une culture, le souci du bien commun et de la sécurité collective.

VILLE 842
Concentration en un seul lieu d'une population assez importante, dont les activités sont liées au commerce, à l'industrie et à l'administration.

ÉCONOMIE ET FINANCE 858
Ensemble des activités reliées à la gestion de biens et au domaine de l'argent.

JUSTICE 862
Pouvoir d'établir et de faire régner le droit dans une société.

ÉDUCATION 866
Art de former et d'instruire une personne.

RELIGION 870
Ensemble de croyances, de dogmes et de rituels définissant le rapport de l'être humain avec le sacré.

POLITIQUE 873
Art et pratique du gouvernement d'États ou de sociétés.

ARMES 883
Instruments ou dispositifs servant à attaquer ou à se défendre.

ARSENAL DE GUERRE 889
Ensemble des armes, des véhicules et des équipements utilisés lors des conflits armés.

SÉCURITÉ 900
Ensemble des mesures prises et des dispositifs utilisés pour assurer la protection des personnes et des biens.

SANTÉ 911
Ensemble des mesures prises et des dispositifs utilisés pour assurer le bien-être physiologique et psychologique des personnes.

FAMILLE 928
Ensemble de personnes réunies par un lien de parenté ou d'alliance.

ville

agglomération^F
Vaste concentration urbaine constituée d'une ville et de ses banlieues.

principales composantes^F

village^M
Agglomération rurale, moins populeuse qu'une ville.

route^F
Voie de communication reliant deux points géographiques éloignés l'un de l'autre, généralement des agglomérations.

terrain^M **de golf**^M
Espace aménagé dans un environnement naturel pour la pratique du golf, comportant un parcours composé de 9 ou de 18 trous.

aéroport^M
Lieu comportant l'ensemble des installations techniques et commerciales nécessaires au trafic aérien.

quartier^M **des affaires**^F
Partie d'une ville où sont situés la plupart des bâtiments dans lesquels se déroulent les activités économiques (sièges sociaux, bureaux, banques, etc.).

gare^F **de triage**^M
Gare dont le rôle est de recevoir des trains de marchandises, d'en trier les wagons par destination pour former de nouveaux convois et de les expédier.

usine^F
Établissement industriel destiné à la transformation de matières premières, à la fabrication de produits ou à la production d'énergie, à l'aide de machines.

gare^F
Ensemble des installations ferroviaires et des bâtiments nécessaires au transport de voyageurs et de marchandises par train.

entrepôt^M
Bâtiment utilisé pour le stockage de marchandises.

quai^M
Ouvrage servant à l'accostage des bateaux, aménagé pour l'embarquement et le débarquement des passagers et des marchandises.

parc^M **des expositions**^F
Lieu aménagé pour les salons et les foires (Salon de l'automobile, Salon du livre, Foire agricole, etc.).

parc^M **de stationnement**^M ; *stationnement*^M
Emplacement aménagé, hors voirie, pour le stationnement des véhicules.

terminal^M **à conteneurs**^M
Aire pourvue des installations et des équipements nécessaires au stockage, au triage et à la manutention des conteneurs.

SOCIÉTÉ

ville

agglomération

voie ferrée
Chemin formé de rails parallèles mis bout à bout, sur lesquels roulent les trains.

périphérique
Route à circulation rapide qui contourne le centre-ville et qui permet de détourner la circulation de celui-ci ou de relier entre eux des quartiers périphériques.

autoroute
Large route à deux chaussées unidirectionnelles séparées, réservée à la circulation rapide, sans aucun croisement.

décharge
Terrain utilisé pour le dépôt des déchets.

échangeur
Dispositif de raccordement de plusieurs routes ou autoroutes permettant d'éviter tout croisement entre celles-ci.

banlieue
Ensemble des villes qui entourent une grande ville dont elles sont dépendantes économiquement.

campagne
Ensemble des terrains et habitations situés hors d'une agglomération.

stade
Grand bâtiment, couvert ou non, entouré de tribunes, dans lequel est aménagé un terrain pour la pratique de l'athlétisme.

centre commercial
Ensemble couvert regroupant des magasins de détail, un ou plusieurs magasins de grande surface ainsi que divers services (banques, restaurants, etc.).

raffinerie
Usine où s'opère la transformation de certaines substances (sucre, pétrole, etc.).

centre-ville
Quartier central d'une ville, où se déroulent les principales activités culturelles, économiques et commerciales.

zone industrielle
Zone presque exclusivement réservée aux établissements industriels.

port
Lieu aménagé pour les activités maritimes.

principales zones

zone résidentielle
Zone presque exclusivement réservée à l'habitation.

zone commerciale
Zone presque exclusivement réservée aux commerces.

complexe sportif
Ensemble d'installations (bâtiments, terrains, etc.) aménagées pour la pratique des sports.

SOCIÉTÉ

844 ville

centre^M-ville^F

Quartier central d'une ville, où se déroulent les principales activités culturelles, économiques et commerciales.

vue^F d'ensemble^M

quartier^M des affaires^F
Partie d'une ville où sont situés la plupart des bâtiments dans lesquels se déroulent les activités économiques (sièges sociaux, bureaux, banques, etc.).

palais^M de justice^F
Établissement où siègent les tribunaux.

hôtel^M
Établissement aménagé pour loger des personnes, moyennant paiement.

hôtel^M de ville^F
Établissement où siège l'autorité municipale.

édifice^M à bureaux^M
Bâtiment comportant des locaux où s'exercent des activités professionnelles et administratives.

opéra^M
Établissement où l'on joue des œuvres théâtrales mises en musique avec accompagnement d'orchestre.

gare^F
Ensemble des installations ferroviaires et des bâtiments nécessaires au transport de voyageurs et de marchandises par train.

gare^F routière
Ensemble des installations et des bâtiments nécessaires au transport de voyageurs et de marchandises par autocar.

voie^F ferrée
Chemin formé de rails parallèles mis bout à bout, sur lesquels roulent les trains.

pavillon^M
Bâtiment formant l'une des parties de l'université (pavillon des arts, pavillon de musique, pavillon de droit, etc.).

université^F
Ensemble des pavillons ou des campus constituant un établissement d'enseignement supérieur.

salle^F de spectacle^M
Établissement aménagé pour la présentation de pièces de théâtre ou de spectacles divers (danse, musique, etc.).

rue^F commerçante
Rue où sont situés de nombreux commerces.

magasin^M
Établissement où on expose et vend des marchandises diverses.

bar^M
Salle pourvue d'un comptoir et de tables où sont servies des boissons alcoolisées, moyennant paiement.

banque^F
Établissement où s'effectuent diverses opérations financières.

café^M
Établissement où l'on sert des boissons (café, boissons alcoolisées, etc.) et des repas légers, moyennant paiement.

restaurant^M
Établissement où sont servis des repas, moyennant paiement.

station^F de métro^M
Ensemble des installations aménagées pour donner aux usagers un accès au métro en un lieu donné.

cinéma^M
Établissement comportant des salles destinées à la projection de films.

SOCIÉTÉ

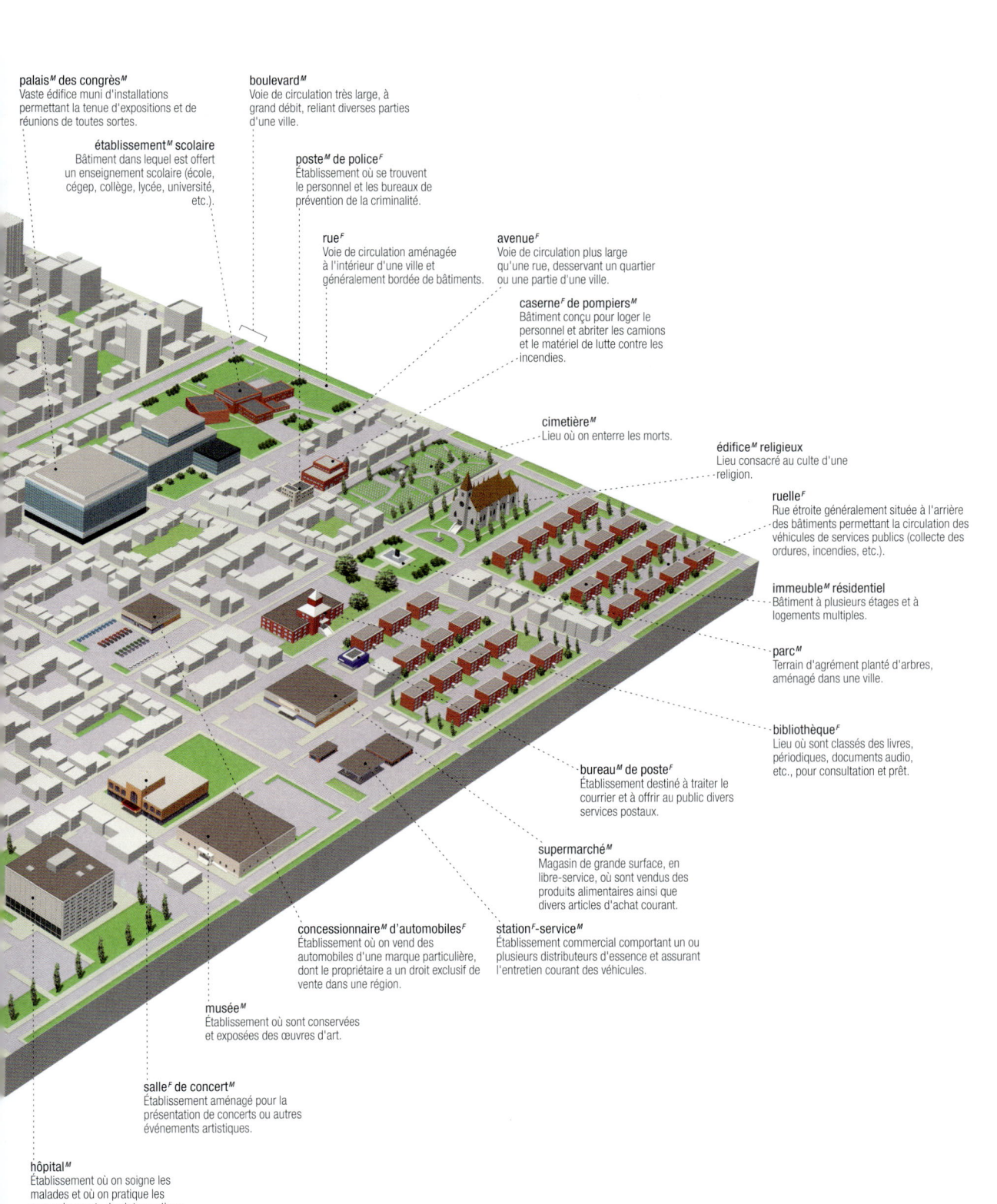

ville

centre^M-ville^F

palais^M des congrès^M
Vaste édifice muni d'installations permettant la tenue d'expositions et de réunions de toutes sortes.

établissement^M scolaire
Bâtiment dans lequel est offert un enseignement scolaire (école, cégep, collège, lycée, université, etc.).

boulevard^M
Voie de circulation très large, à grand débit, reliant diverses parties d'une ville.

poste^M de police^F
Établissement où se trouvent le personnel et les bureaux de prévention de la criminalité.

rue^F
Voie de circulation aménagée à l'intérieur d'une ville et généralement bordée de bâtiments.

avenue^F
Voie de circulation plus large qu'une rue, desservant un quartier ou une partie d'une ville.

caserne^F de pompiers^M
Bâtiment conçu pour loger le personnel et abriter les camions et le matériel de lutte contre les incendies.

cimetière^M
Lieu où on enterre les morts.

édifice^M religieux
Lieu consacré au culte d'une religion.

ruelle^F
Rue étroite généralement située à l'arrière des bâtiments permettant la circulation des véhicules de services publics (collecte des ordures, incendies, etc.).

immeuble^M résidentiel
Bâtiment à plusieurs étages et à logements multiples.

parc^M
Terrain d'agrément planté d'arbres, aménagé dans une ville.

bibliothèque^F
Lieu où sont classés des livres, périodiques, documents audio, etc., pour consultation et prêt.

bureau^M de poste^F
Établissement destiné à traiter le courrier et à offrir au public divers services postaux.

supermarché^M
Magasin de grande surface, en libre-service, où sont vendus des produits alimentaires ainsi que divers articles d'achat courant.

concessionnaire^M d'automobiles^F
Établissement où on vend des automobiles d'une marque particulière, dont le propriétaire a un droit exclusif de vente dans une région.

station^F-service^M
Établissement commercial comportant un ou plusieurs distributeurs d'essence et assurant l'entretien courant des véhicules.

musée^M
Établissement où sont conservées et exposées des œuvres d'art.

salle^F de concert^M
Établissement aménagé pour la présentation de concerts ou autres événements artistiques.

hôpital^M
Établissement où on soigne les malades et où on pratique les accouchements, les interventions chirurgicales, etc.

SOCIÉTÉ

ville

rue[F]

Voie de circulation aménagée à l'intérieur d'une ville et généralement bordée de bâtiments.

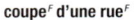

coupe[F] d'une rue[F]
Représentation du réseau de canalisations et de câbles enfouis sous la chaussée.

borne[F] d'incendie[M] ; borne[F]-fontaine[F]
Dispositif relié à une canalisation d'eau, auquel les pompiers raccordent leurs tuyaux pour alimenter leurs camions.

regard[M] d'égout[M]
Puits d'accès aux canalisations fermé par un couvercle amovible.

branchement[M] pluvial
Conduite reliant le tuyau de descente pluviale d'un bâtiment à l'égout.

barrière[F]
Clôture mobile placée en travers de la chaussée, du trottoir, etc., pour empêcher la circulation.

réverbère[M]
Appareil automatique servant à éclairer la voie publique.

terre-plein[M]
Plateforme ou terrain séparant deux voies à sens contraire.

chaussée[F]
Surface sur laquelle circulent les véhicules.

feux[M] de circulation[F]
Dispositif lumineux automatisé utilisé pour régler la circulation à certaines intersections.

trottoir[M]
Voie réservée aux piétons le long d'une rue.

bordure[F] de trottoir[M]
Ouvrage de maçonnerie longeant la chaussée et s'élevant au-dessus du niveau de celle-ci pour retenir les ea

passage[M] pour piétons[M]
Voie réservée à la circulation des pié indiquée par une marque tracée sur la chaussée, habituellement dans le prolongement des trottoirs aux inters

arrêt[M] d'autobus[M]
Endroit où s'arrête un autobus pour faire monter ou descendre les usage

abribus[M]
Lieu couvert servant d'abri aux usagers du transport public.

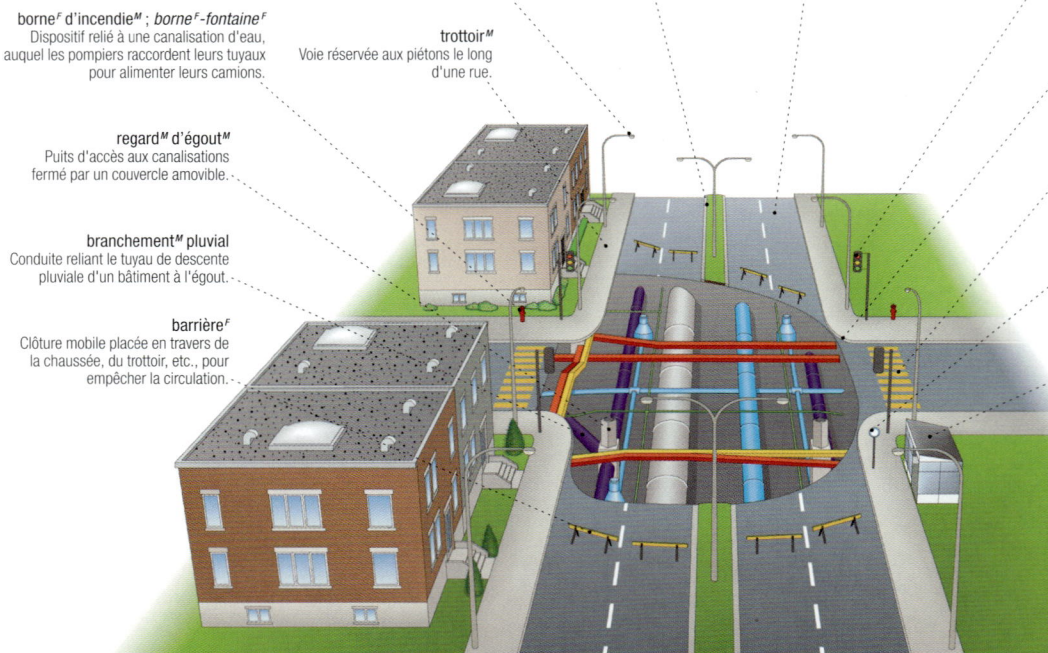

égout[M]
Tuyau qui recueille les eaux usées ou de ruissellement et les évacue vers l'égout collecteur.

conduite[F] d'eau[F] potable
Tuyau de très fort débit sur lequel sont branchés des tuyaux de distribution de plus faible débit.

égout[M] collecteur
Tuyau de gros diamètre recueillant les eaux usées et de ruissellement provenant des égouts pour les acheminer vers une station d'épuration.

conduite[F] de gaz[M]
Tuyau servant à acheminer le gaz vers les bâtiments et les résidences.

conduite[F] d'eau[F] potable
Tuyau servant à l'acheminement de l'eau potable vers les bâtiments et les résidences.

câble[M] électrique
Câble assurant la liaison entre un pos distribution d'électricité et les abonné

câble[M] téléphonique
Câble assurant la liaison entre un central téléphonique et les abonnés.

feux[M] de circulation[F]
Dispositif lumineux automatisé utilisé pour régler la circulation à certaines intersections.

feu[M] rouge
Le feu rouge indique que le passage est interdit.

feu[M] jaune
Le feu jaune indique qu'il faut ralentir et se préparer à arrêter à l'intersection.

feu[M] vert
Le feu vert indique que le passage est libre.

feu[M] pour piétons[M]
Dispositif lumineux automatisé utilisé pour régler la circulation des piétons à certaines intersections.

bouton[M] d'appel[M] pour piétons[M]
Commande manuelle utilisée pour permettre aux piétons d'obtenir le feu vert pour traverser une rue.

SOCIÉTÉ

ville 847

édifice^M à bureaux^M

Bâtiment comportant des locaux où s'exercent des activités professionnelles et administratives.

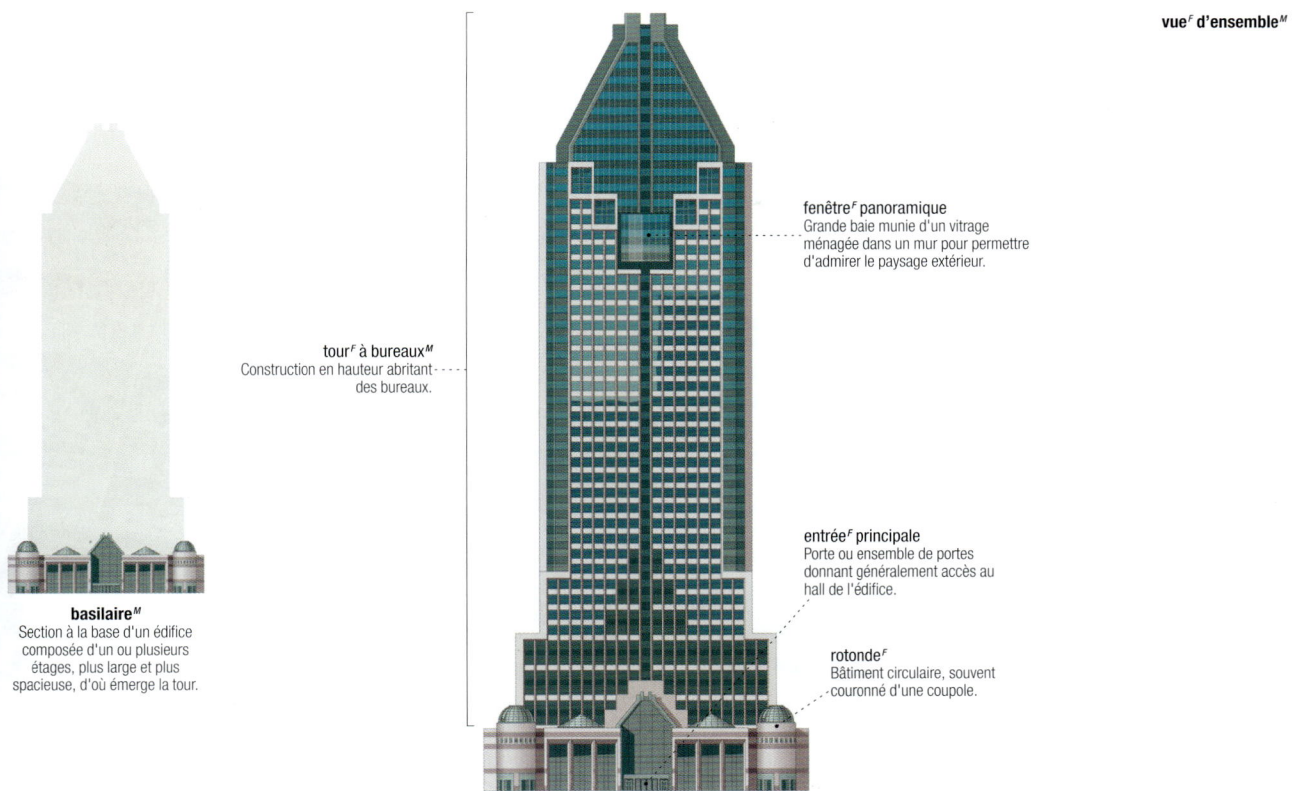

vue^F d'ensemble^M

fenêtre^F panoramique
Grande baie munie d'un vitrage ménagée dans un mur pour permettre d'admirer le paysage extérieur.

tour^F à bureaux^M
Construction en hauteur abritant des bureaux.

entrée^F principale
Porte ou ensemble de portes donnant généralement accès au hall de l'édifice.

rotonde^F
Bâtiment circulaire, souvent couronné d'une coupole.

basilaire^M
Section à la base d'un édifice composée d'un ou plusieurs étages, plus large et plus spacieuse, d'où émerge la tour.

basilaire^M et sous-sol^M

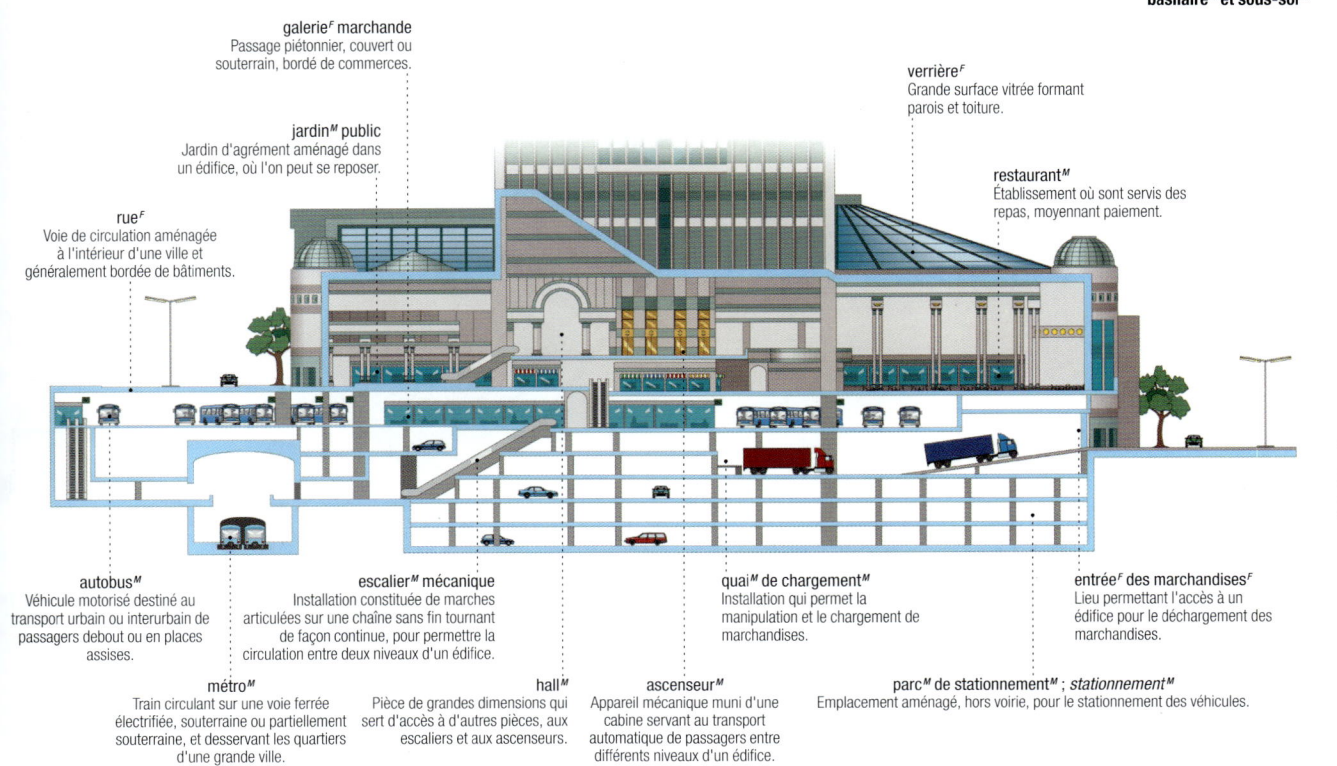

galerie^F marchande
Passage piétonnier, couvert ou souterrain, bordé de commerces.

jardin^M public
Jardin d'agrément aménagé dans un édifice, où l'on peut se reposer.

verrière^F
Grande surface vitrée formant parois et toiture.

restaurant^M
Établissement où sont servis des repas, moyennant paiement.

rue^F
Voie de circulation aménagée à l'intérieur d'une ville et généralement bordée de bâtiments.

autobus^M
Véhicule motorisé destiné au transport urbain ou interurbain de passagers debout ou en places assises.

métro^M
Train circulant sur une voie ferrée électrifiée, souterraine ou partiellement souterraine, et desservant les quartiers d'une grande ville.

escalier^M mécanique
Installation constituée de marches articulées sur une chaîne sans fin tournant de façon continue, pour permettre la circulation entre deux niveaux d'un édifice.

hall^M
Pièce de grandes dimensions qui sert d'accès à d'autres pièces, aux escaliers et aux ascenseurs.

quai^M de chargement^M
Installation qui permet la manipulation et le chargement de marchandises.

ascenseur^M
Appareil mécanique muni d'une cabine servant au transport automatique de passagers entre différents niveaux d'un édifice.

entrée^F des marchandises^F
Lieu permettant l'accès à un édifice pour le déchargement des marchandises.

parc^M de stationnement^M ; stationnement^M
Emplacement aménagé, hors voirie, pour le stationnement des véhicules.

SOCIÉTÉ

# centre^M commercial

Ensemble couvert regroupant des magasins de détail, un ou plusieurs magasins de grande surface ainsi que divers services (banques, restaurants, etc.).

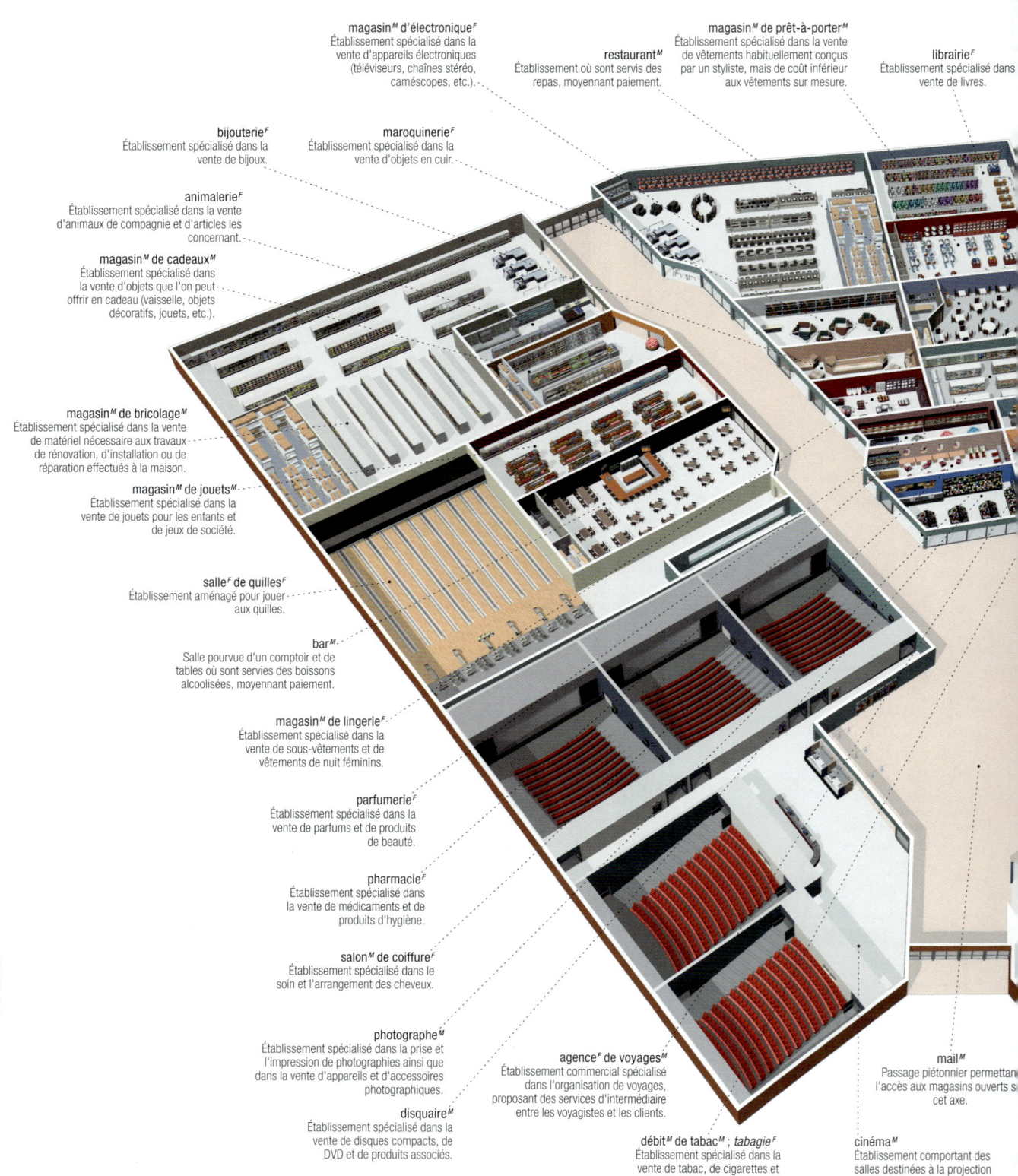

magasin^M d'électronique^F
Établissement spécialisé dans la vente d'appareils électroniques (téléviseurs, chaînes stéréo, caméscopes, etc.).

restaurant^M
Établissement où sont servis des repas, moyennant paiement.

magasin^M de prêt-à-porter^M
Établissement spécialisé dans la vente de vêtements habituellement conçus par un styliste, mais de coût inférieur aux vêtements sur mesure.

librairie^F
Établissement spécialisé dans la vente de livres.

bijouterie^F
Établissement spécialisé dans la vente de bijoux.

maroquinerie^F
Établissement spécialisé dans la vente d'objets en cuir.

animalerie^F
Établissement spécialisé dans la vente d'animaux de compagnie et d'articles les concernant.

magasin^M de cadeaux^M
Établissement spécialisé dans la vente d'objets que l'on peut offrir en cadeau (vaisselle, objets décoratifs, jouets, etc.).

magasin^M de bricolage^M
Établissement spécialisé dans la vente de matériel nécessaire aux travaux de rénovation, d'installation ou de réparation effectués à la maison.

magasin^M de jouets^M
Établissement spécialisé dans la vente de jouets pour les enfants et de jeux de société.

salle^F de quilles^F
Établissement aménagé pour jouer aux quilles.

bar^M
Salle pourvue d'un comptoir et de tables où sont servies des boissons alcoolisées, moyennant paiement.

magasin^M de lingerie^F
Établissement spécialisé dans la vente de sous-vêtements et de vêtements de nuit féminins.

parfumerie^F
Établissement spécialisé dans la vente de parfums et de produits de beauté.

pharmacie^F
Établissement spécialisé dans la vente de médicaments et de produits d'hygiène.

salon^M de coiffure^F
Établissement spécialisé dans le soin et l'arrangement des cheveux.

photographe^M
Établissement spécialisé dans la prise et l'impression de photographies ainsi que dans la vente d'appareils et d'accessoires photographiques.

disquaire^M
Établissement spécialisé dans la vente de disques compacts, de DVD et de produits associés.

agence^F de voyages^M
Établissement commercial spécialisé dans l'organisation de voyages, proposant des services d'intermédiaire entre les voyagistes et les clients.

débit^M de tabac^M ; *tabagie^F*
Établissement spécialisé dans la vente de tabac, de cigarettes et d'articles de fumeurs.

mail^M
Passage piétonnier permettant l'accès aux magasins ouverts sur cet axe.

cinéma^M
Établissement comportant des salles destinées à la projection de films.

ville

SOCIÉTÉ

ville

849

centre^M commercial

guichet^M automatique bancaire
Appareil qui permet d'effectuer diverses opérations bancaires à l'aide d'une carte de débit (retraits, dépôts, virements, paiements de factures, etc.).

banque^F
Établissement où s'effectuent diverses opérations financières.

pressing^M ; nettoyeur^M
Établissement spécialisé dans le nettoyage et le repassage des vêtements.

quai^M de déchargement^M
Installation qui permet la manipulation des caisses de marchandises.

opticien^M
Établissement spécialisé dans la vente de lunettes et de verres de contact.

magasin^M à rayons^M
Magasin de grande surface comportant des sections (rayons) spécialisées dans la vente de diverses catégories de produits (vêtements, papeterie, cosmétiques, etc.).

café^M
Établissement où l'on sert des boissons (café, boissons alcoolisées, etc.) et des repas légers, moyennant paiement.

halte^F-garderie^F
Établissement où on s'occupe des enfants pendant que les parents font leurs courses.

marchand^M de journaux^M
Établissement spécialisé dans la vente de journaux et de magazines.

fleuriste^M
Établissement spécialisé dans la vente de fleurs et de plantes ornementales.

supermarché^M
Magasin de grande surface, en libre-service, où sont vendus des produits alimentaires ainsi que divers articles d'achat courant.

reproduction^F de clés^F
Établissement spécialisé dans la confection et la vente de clés.

magasin^M de décoration^F
Établissement spécialisé dans la vente de meubles et d'accessoires de décoration intérieure.

cabine^F photographique
Petite pièce aménagée pour la prise automatisée de photographies.

point^M d'information^F
Kiosque où les clients peuvent obtenir des renseignements concernant la localisation des magasins et des services dans le centre commercial.

téléphone^M public
Poste téléphonique situé dans des endroits publics, qui fonctionne en introduisant dans l'appareil des pièces de monnaie ou une carte de paiement.

toilettes^F
Pièces aménagées pour y satisfaire des besoins naturels et équipées de lavabos.

bureau^M de poste^F
Établissement destiné à traiter le courrier et à offrir au public divers services postaux.

boulangerie^F-pâtisserie
Établissement spécialisé dans la vente du pain, des pâtisseries ainsi que des autres produits de boulangerie, cuits sur place ou non.

magasin^M de chaussures^F
Établissement spécialisé dans la vente de chaussures et d'accessoires qui leur sont associés.

restaurants^M-minute^F
Établissements où l'on sert des repas à prix modique et de façon rapide.

banc^M
Siège long et étroit, non rembourré, avec ou sans dossier, sur lequel plusieurs personnes peuvent s'asseoir.

magasin^M d'articles^M de sport^M
Établissement spécialisé dans la vente d'articles de sport (vêtements, appareils, accessoires, etc.).

SOCIÉTÉ

ville

magasin^M à rayons^M

Magasin de grande surface comportant des sections (rayons) spécialisées dans la vente de diverses catégories de produits (vêtements, papeterie, cosmétiques, etc.).

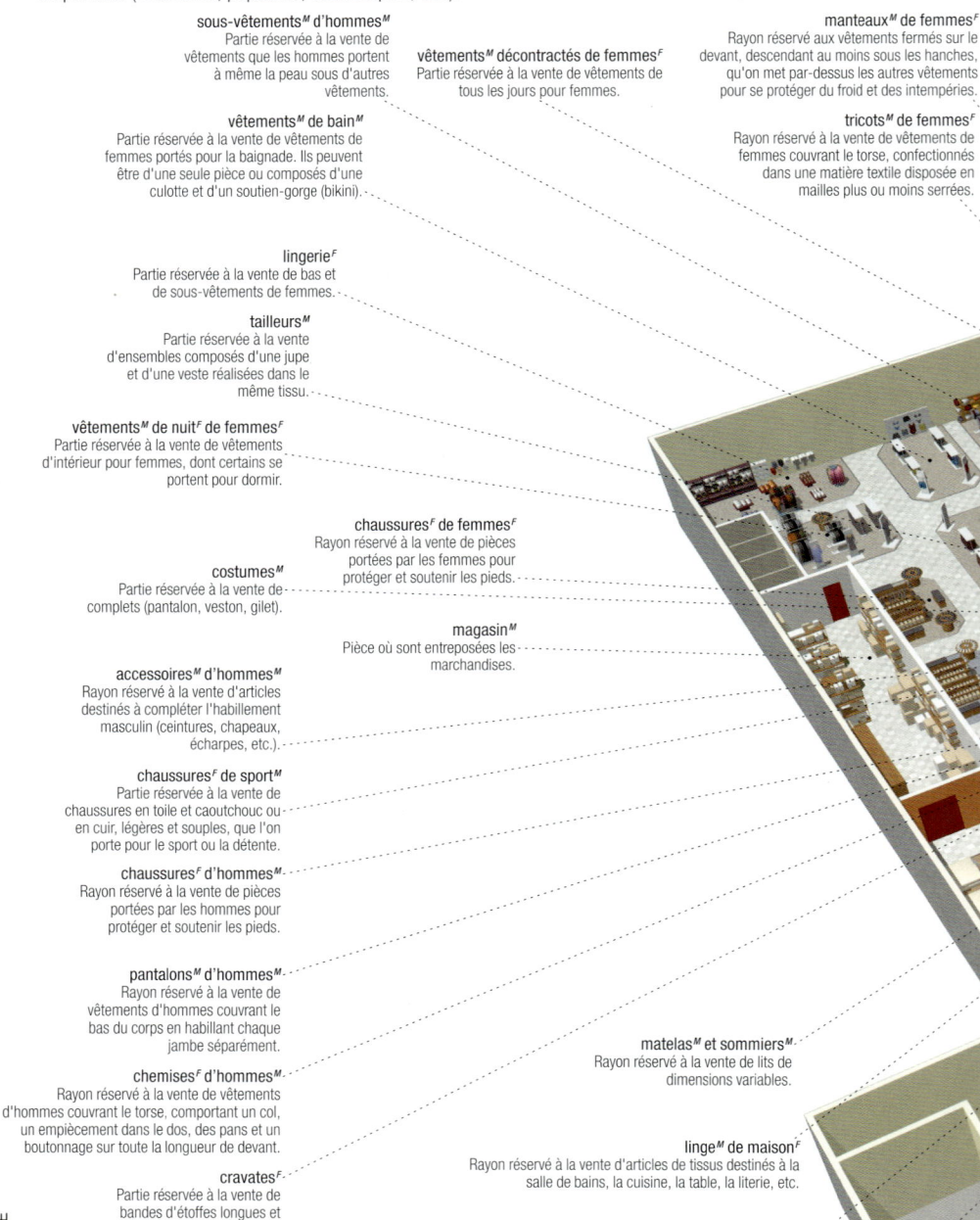

sous-vêtements^M d'hommes^M
Partie réservée à la vente de vêtements que les hommes portent à même la peau sous d'autres vêtements.

vêtements^M de bain^M
Partie réservée à la vente de vêtements de femmes portés pour la baignade. Ils peuvent être d'une seule pièce ou composés d'une culotte et d'un soutien-gorge (bikini).

lingerie^F
Partie réservée à la vente de bas et de sous-vêtements de femmes.

tailleurs^M
Partie réservée à la vente d'ensembles composés d'une jupe et d'une veste réalisées dans le même tissu.

vêtements^M de nuit^F de femmes^F
Partie réservée à la vente de vêtements d'intérieur pour femmes, dont certains se portent pour dormir.

costumes^M
Partie réservée à la vente de complets (pantalon, veston, gilet).

accessoires^M d'hommes^M
Rayon réservé à la vente d'articles destinés à compléter l'habillement masculin (ceintures, chapeaux, écharpes, etc.).

chaussures^F de sport^M
Partie réservée à la vente de chaussures en toile et caoutchouc ou en cuir, légères et souples, que l'on porte pour le sport ou la détente.

chaussures^F d'hommes^M
Rayon réservé à la vente de pièces portées par les hommes pour protéger et soutenir les pieds.

pantalons^M d'hommes^M
Rayon réservé à la vente de vêtements d'hommes couvrant le bas du corps en habillant chaque jambe séparément.

chemises^F d'hommes^M
Rayon réservé à la vente de vêtements d'hommes couvrant le torse, comportant un col, un empiècement dans le dos, des pans et un boutonnage sur toute la longueur de devant.

cravates^F
Partie réservée à la vente de bandes d'étoffes longues et étroites, qui se nouent sous le col de chemise et ornent celle-ci.

vêtements^M décontractés de femmes^F
Partie réservée à la vente de vêtements de tous les jours pour femmes.

manteaux^M de femmes^F
Rayon réservé aux vêtements fermés sur le devant, descendant au moins sous les hanches, qu'on met par-dessus les autres vêtements pour se protéger du froid et des intempéries.

tricots^M de femmes^F
Rayon réservé à la vente de vêtements de femmes couvrant le torse, confectionnés dans une matière textile disposée en mailles plus ou moins serrées.

chaussures^F de femmes^F
Rayon réservé à la vente de pièces portées par les femmes pour protéger et soutenir les pieds.

magasin^M
Pièce où sont entreposées les marchandises.

matelas^M et sommiers^M
Rayon réservé à la vente de lits de dimensions variables.

linge^M de maison^F
Rayon réservé à la vente d'articles de tissus destinés à la salle de bains, la cuisine, la table, la literie, etc.

matériel^M audiovisuel
Rayon réservé à la vente de chaînes stéréo, de caméscopes, de téléviseurs, etc.

aire^F de réception^F
Local aménagé pour la réception des marchandises.

quais^M de déchargement^M
Installations qui permettent la manipulation des caisses et des palettes de marchandises.

articles^M de cuisine^F
Rayon réservé à la vente d'ustensiles divers, d'articles pour la pâtisserie, de batteries de cuisine, etc.

cabine^F d'essayage^M
Espace mis à la disposition des clients pour permettre l'essayage de divers articles avant l'achat.

vêtements^M de sport^M de femmes^F
Rayon réservé à la vente de vêtements pour femmes destinés à la pratique d'une activité physique.

accessoires^M de décoration^F
Rayon réservé à la vente d'articles destinés à l'ornement d'une pièce, de la table, etc.

gros appareils^M électroménagers^M
Partie réservée à la vente d'appareils électroménagers pour la cuisine, la lessive (réfrigérateur, cuisinière, vaisselle, lave-linge, sèche-linge, etc.).

SOCIÉTÉ

ville 851

magasin^M à rayons^M

bagages^M
Rayon réservé à la vente d'accessoires en forme de poche servant à transporter divers objets, ou d'articles servant à contenir les effets qu'on emporte en voyage.

montres^F et bijoux^M
Rayon réservé à la vente de montres et d'objets ouvragés, précieux par la matière (or, argent, pierres, etc.) et le travail et qui servent d'ornement.

accessoires^M de femmes^F
Rayon réservé à la vente d'articles destinés à compléter l'habillement féminin (ceintures, chapeaux, écharpes, etc.).

cosmétiques^M
Rayon réservé à la vente des produits de beauté destinés à mettre les traits du visage en valeur et à en dissimuler les imperfections.

parfum^M
Rayon réservé à la vente de solutions odoriférantes diluées dans un mélange d'eau et d'alcool et d'eaux de toilette.

vêtements^M de nuit^F d'hommes^M
Partie réservée à la vente de vêtements d'intérieur pour hommes, dont certains se portent pour dormir.

vêtements^M de sport^M d'hommes^M
Rayon réservé à la vente de vêtements pour hommes destinés à la pratique d'une activité physique.

tricots^M d'hommes^M
Rayon réservé à la vente de vêtements d'hommes couvrant le torse, confectionnés dans une matière textile disposée en mailles plus ou moins serrées.

manteaux^M d'hommes^M
Rayon réservé aux vêtements d'extérieur, fermés sur le devant, qu'on met par-dessus d'autres vêtements pour se protéger du froid et des intempéries.

vêtements^M décontractés d'hommes^M
Partie réservée à la vente de vêtements de tous les jours pour hommes.

chaussures^F d'enfants^M
Rayon réservé à la vente de pièces portées par les enfants pour protéger et soutenir les pieds.

vêtements^M de filles^F
Rayon réservé à la vente de vêtements pour les filles de 2 à 17 ans environ.

vêtements^M de garçons^M
Rayon réservé à la vente de vêtements pour les garçons de 2 à 17 ans environ.

confiserie^F
Rayon réservé à la vente de sucreries et de chocolats.

vêtements^M de sport^M d'enfants^M
Rayon réservé à la vente de vêtements pour enfants destinés à la pratique d'une activité physique.

vêtements^M de bébés^M
Rayon réservé à la vente de vêtements destinés aux enfants de moins de 2 ans.

caisses^F
Machines qui enregistrent les détails de chaque article et calculent le montant total de la vente. La somme encaissée est ensuite déposée dans le tiroir-caisse.

vestibule^M
Pièce d'entrée du magasin à rayons.

jouets^M
Rayon réservé à la vente d'articles destinés à l'amusement des enfants.

cadeaux^M
Rayon réservé à la vente de cartes de souhaits, de papiers et d'emballages pour des choses à offrir à quelqu'un.

articles^M de salle^F de bains^M
Partie réservée à la vente d'accessoires destinés à l'équipement et à la décoration d'une salle de bains.

petits appareils^M électroménagers
Partie réservée à la vente d'appareils électroménagers d'appoint pour la cuisine et l'entretien (robot culinaire, grille-pain, aspirateur, fer à vapeur, etc.).

papeterie^F
Rayon réservé à la vente d'articles de bureau.

vaisselle^F, verres^M et couverts^M
Partie réservée à la vente d'ustensiles de cuisine utilisés pour boire et manger.

SOCIÉTÉ

palais^M des congrès^M

Vaste édifice muni d'installations permettant la tenue d'expositions et de réunions de toutes sortes.

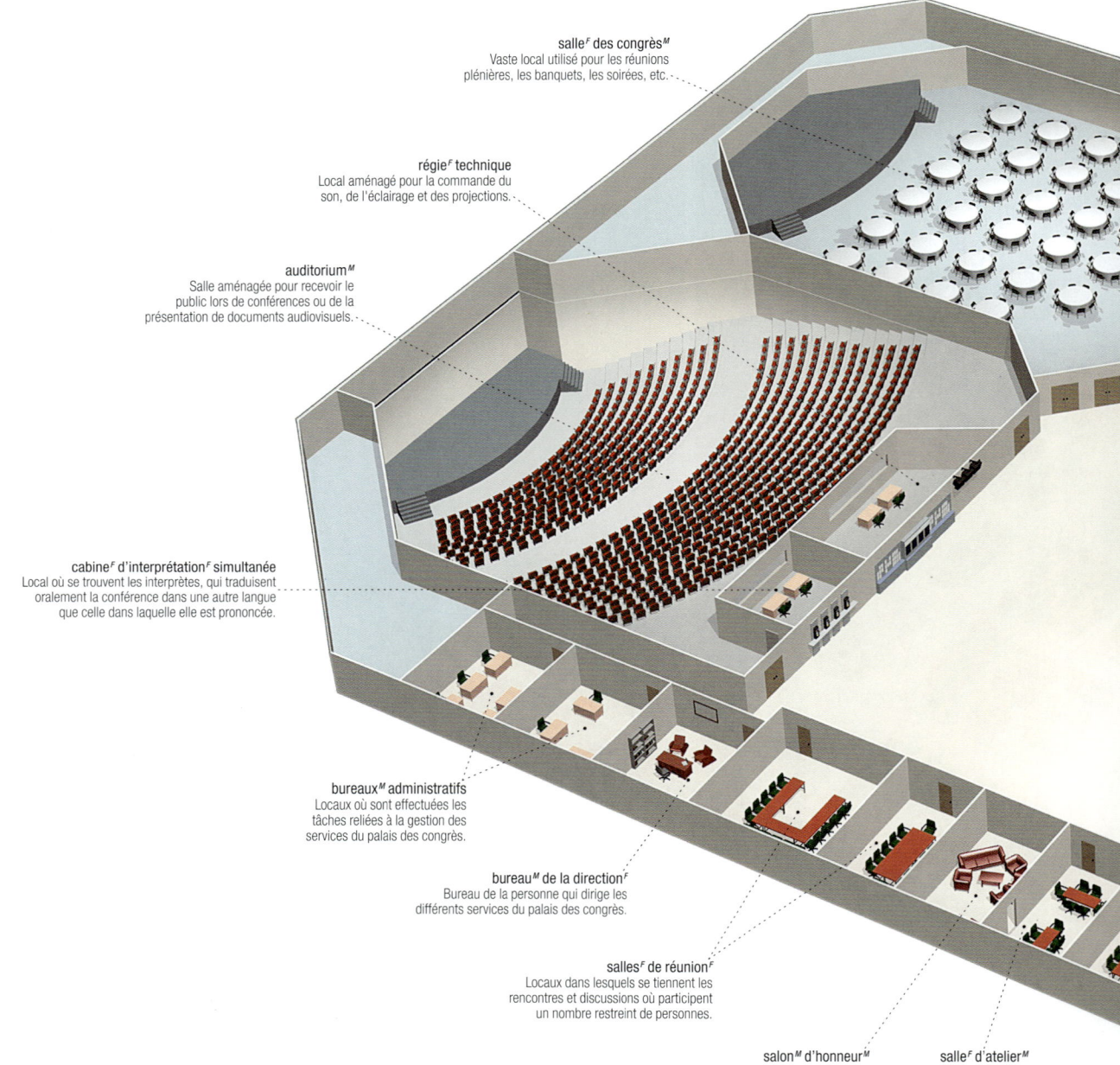

salle^F des congrès^M
Vaste local utilisé pour les réunions plénières, les banquets, les soirées, etc.

régie^F technique
Local aménagé pour la commande du son, de l'éclairage et des projections.

auditorium^M
Salle aménagée pour recevoir le public lors de conférences ou de la présentation de documents audiovisuels.

cabine^F d'interprétation^F simultanée
Local où se trouvent les interprètes, qui traduisent oralement la conférence dans une autre langue que celle dans laquelle elle est prononcée.

bureaux^M administratifs
Locaux où sont effectuées les tâches reliées à la gestion des services du palais des congrès.

bureau^M de la direction^F
Bureau de la personne qui dirige les différents services du palais des congrès.

salles^F de réunion^F
Locaux dans lesquels se tiennent les rencontres et discussions où participent un nombre restreint de personnes.

salon^M d'honneur^M
Local réservé aux invités de marque.

salle^F d'atelier^M
Local aménagé pour les séances de travail en petits groupes.

salle^F de conférences^F
Salle dont les dimensions permettent de recevoir un nombre plus ou moins grand de personnes.

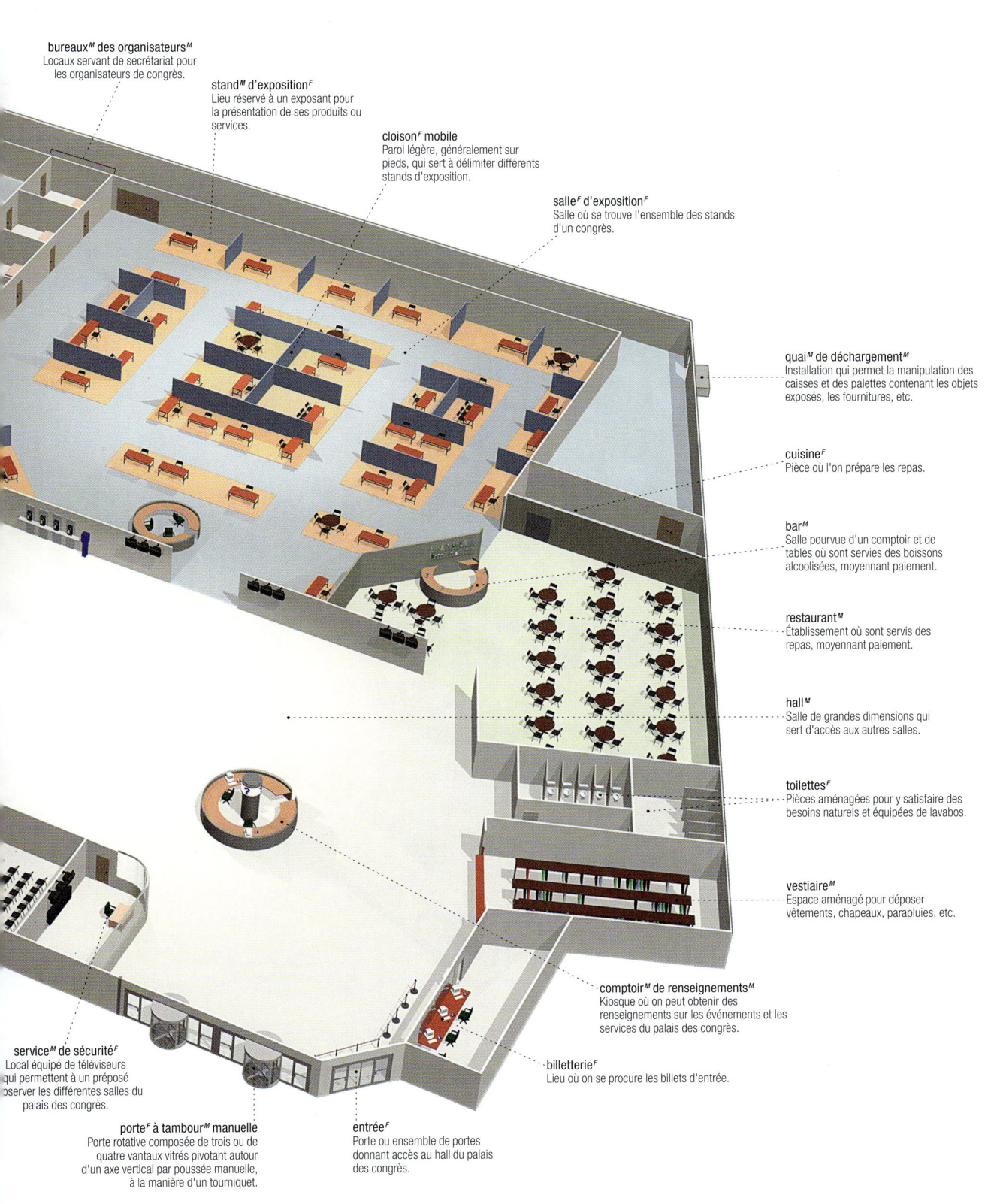

ville

palais^M des congrès^M

bureaux^M des organisateurs^M
Locaux servant de secrétariat pour les organisateurs de congrès.

stand^M d'exposition^F
Lieu réservé à un exposant pour la présentation de ses produits ou services.

cloison^F mobile
Paroi légère, généralement sur pieds, qui sert à délimiter différents stands d'exposition.

salle^F d'exposition^F
Salle où se trouve l'ensemble des stands d'un congrès.

quai^M de déchargement^M
Installation qui permet la manipulation des caisses et des palettes contenant les objets exposés, les fournitures, etc.

cuisine^F
Pièce où l'on prépare les repas.

bar^M
Salle pourvue d'un comptoir et de tables où sont servies des boissons alcoolisées, moyennant paiement.

restaurant^M
Établissement où sont servis des repas, moyennant paiement.

hall^M
Salle de grandes dimensions qui sert d'accès aux autres salles.

toilettes^F
Pièces aménagées pour y satisfaire des besoins naturels et équipées de lavabos.

vestiaire^M
Espace aménagé pour déposer vêtements, chapeaux, parapluies, etc.

comptoir^M de renseignements^M
Kiosque où on peut obtenir des renseignements sur les événements et les services du palais des congrès.

billetterie^F
Lieu où on se procure les billets d'entrée.

service^M de sécurité^F
Local équipé de téléviseurs qui permettent à un préposé observer les différentes salles du palais des congrès.

porte^F à tambour^M manuelle
Porte rotative composée de trois ou de quatre vantaux vitrés pivotant autour d'un axe vertical par poussée manuelle, à la manière d'un tourniquet.

entrée^F
Porte ou ensemble de portes donnant accès au hall du palais des congrès.

SOCIÉTÉ

ville

hôtel^M

Établissement aménagé pour loger des personnes, moyennant paiement.

niveau^M de la réception^F
Rez-de-chaussée de l'hôtel.

toilettes^F pour hommes^M
Pièce réservée aux hommes, aménagée pour y satisfaire des besoins naturels et équipée de lavabos.

salle^F de réunion^F
Local dans lequel se tiennent les rencontres et discussions où participent un nombre restreint de personnes.

salle^F à manger
Pièce conçue et meublée pour prendre les repas.

toilettes^F pour femmes^F
Pièce réservée aux femmes, aménagée pour y satisfaire des besoins naturels et équipée de lavabos.

local^M d'entretien^M
Pièce dans laquelle on range les produits de nettoyage et le matériel d'entretien ménager.

bureau^M
Local de travail du personnel administratif.

bar^M-salon^M
Pièce où sont servies des boissons alcoolisées, moyennant paiement, et où on peut s'asseoir dans des fauteuils autour de tables basses ou au comptoir.

cuisine^F
Pièce où l'on prépare les repas.

escalier^M
Élément de structure permettant la circulation entre les niveaux d'habitation, d'un édifice.

réserves^F alimentaires
Aliments stockés en prévision d'une utilisation ultérieure.

quai^M de déchargement^M
Installation qui permet la manipulation des caisses de marchandises.

ascenseur^M
Appareil mécanique muni d'une cabine servant au transport automatique de passagers entre différents niveaux d'un édifice.

buanderie^F
Pièce où on fait la lessive.

vestibule^M
Pièce d'entrée de l'hôtel.

lingerie^F
Pièce dans laquelle on range le linge (draps, serviettes, etc.).

hall^M
Pièce de grandes dimensions qui sert d'accès à d'autres pièces, aux escaliers et aux ascenseurs.

salon^M d'attente^F
Pièce aménagée pour attendre une personne, se reposer, patienter avant un départ, etc.

réception^F
Bureau affecté à l'accueil des clients. Les réceptionnistes effectuent les réservations, remettent les clés des chambres et établissent la note, etc.

SOCIÉTÉ

ville

hôtelᴹ

chambresᶠ d'hôtelᴹ
Pièces aménagées pour loger des personnes.

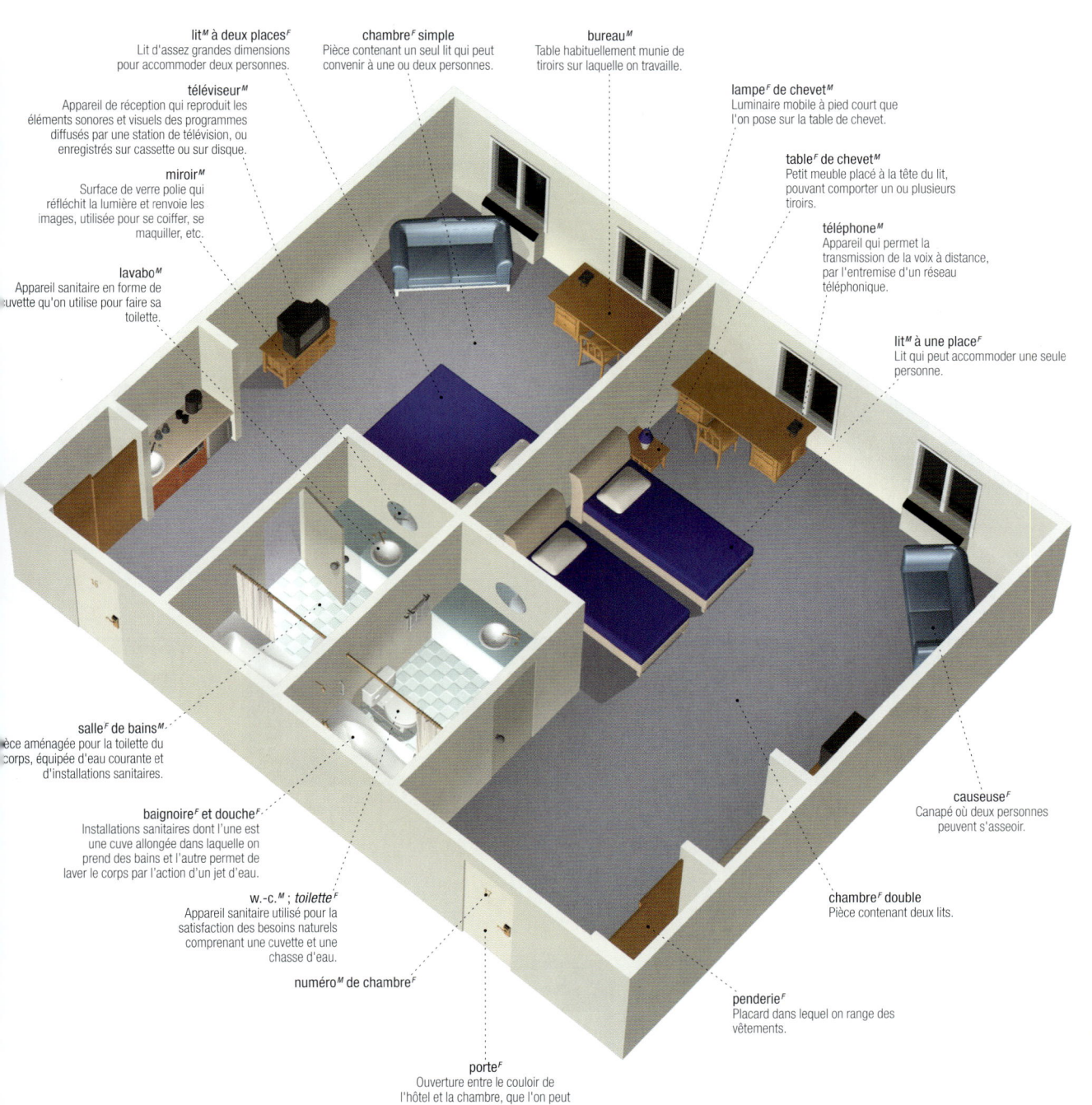

litᴹ à deux placesᶠ
Lit d'assez grandes dimensions pour accommoder deux personnes.

chambreᶠ simple
Pièce contenant un seul lit qui peut convenir à une ou deux personnes.

bureauᴹ
Table habituellement munie de tiroirs sur laquelle on travaille.

téléviseurᴹ
Appareil de réception qui reproduit les éléments sonores et visuels des programmes diffusés par une station de télévision, ou enregistrés sur cassette ou sur disque.

lampeᶠ de chevetᴹ
Luminaire mobile à pied court que l'on pose sur la table de chevet.

miroirᴹ
Surface de verre polie qui réfléchit la lumière et renvoie les images, utilisée pour se coiffer, se maquiller, etc.

tableᶠ de chevetᴹ
Petit meuble placé à la tête du lit, pouvant comporter un ou plusieurs tiroirs.

téléphoneᴹ
Appareil qui permet la transmission de la voix à distance, par l'entremise d'un réseau téléphonique.

lavaboᴹ
Appareil sanitaire en forme de cuvette qu'on utilise pour faire sa toilette.

litᴹ à une placeᶠ
Lit qui peut accommoder une seule personne.

salleᶠ de bainsᴹ
Pièce aménagée pour la toilette du corps, équipée d'eau courante et d'installations sanitaires.

baignoireᶠ et doucheᶠ
Installations sanitaires dont l'une est une cuve allongée dans laquelle on prend des bains et l'autre permet de laver le corps par l'action d'un jet d'eau.

causeuseᶠ
Canapé où deux personnes peuvent s'asseoir.

w.-c.ᴹ ; toiletteᶠ
Appareil sanitaire utilisé pour la satisfaction des besoins naturels comprenant une cuvette et une chasse d'eau.

chambreᶠ double
Pièce contenant deux lits.

numéroᴹ de chambreᶠ

penderieᶠ
Placard dans lequel on range des vêtements.

porteᶠ
Ouverture entre le couloir de l'hôtel et la chambre, que l'on peut verrouiller.

SOCIÉTÉ

855

ville

symboles^M d'usage^M courant

Ensemble des pictogrammes annonçant, dans un lieu public ou sur la route, un service offert ou une interdiction.

toilettes^F pour hommes^M

toilettes^F pour femmes^F

accès^M pour handicapés^M physiques

ne pas utiliser avec un fauteuil^M roula

pique-nique^M

pique-nique^M interdit

camping^M

camping^M interdit

casse-croûte^M

restaurant^M

station^F-service^M

caravaning^M

camping^M et caravaning^M

police^F

hôpital^M

premiers soins^M

pharmacie^F

extincteur^M d'incendie^M

ville

symboles^M d'usage^M courant

escalier^M mécanique  | escalier^M 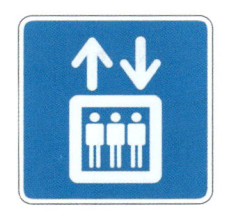 | ascenseur^M  | interdit aux chiens^M

location^F de voitures^F  | consigne^F automatique  | hébergement^M  | défense^F de fumer

autobus^M  | aéroport^M  | poste^F  | transport^M par taxi^M

téléphone^M  | renseignements^M  | renseignements^M  | articles^M perdus et retrouvés  | change^M

SOCIÉTÉ

858 économie et finance

succursale^F bancaire
Établissement où s'effectuent diverses opérations financières.

guichet^M automatique bancaire
Appareil qui permet d'effectuer diverses opérations bancaires à l'aide d'une carte de débit (retraits, dépôts, virements, paiements de factures, etc.).

touches^F d'opérations^F
Boutons permettant de sélectionner un des menus apparaissant à l'écran (choix du compte, retrait, dépôt, solde du compte, etc.).

fente^F de dépôt^M
Les dépôts d'argent et de chèques ainsi que les factures à payer sont mis dans une enveloppe et insérés dans cette fente au cours de l'opération.

écran^M
Afficheur présentant divers menus et indiquant les étapes à suivre pour l'exécution de la transaction.

fente^F du lecteur^M de carte^F
La carte est insérée dans un appareil qui vérifie le numéro d'identification personnelle (NIP) du client avant qu'il ne puisse effectuer une transaction.

fente^F de relevé^M d'opération^F
Un reçu sur lequel sont imprimées les informations relatives à la transaction est produit par l'appareil à la fin de l'opération.

aire^F d'attente^F
Espace aménagé pour les clients en attente d'un rendez-vous dans l'un des services de la banque.

services^M d'assurance^F
Bureaux dans lesquels le personnel de la banque reçoit les clients pour les informer sur les divers services d'assurance (automobile, voyage, habitation, etc.).

présentoir^M de brochures^F
Meuble sur lequel sont disposés les brochures et dépliants contenant des informations sur les services offerts par la banque.

bureau^M de formation^F professionnel
Local destiné aux personnes qui suivent u formation concernant les fonctions relative un métier de la banque.

services^M financiers
Bureaux dans lesquels le personnel de la banque reçoit les clients pour les informer sur les divers services financiers (hypothèques, placements, etc.).

clavier^M alphanumérique
Touches correspondant à des lettres et des chiffres, permettant à l'utilisateur de composer son numéro d'identification personnelle, le montant de la transaction, etc.

sortie^F des billets^M
L'appareil est muni d'un dispositif optique qui permet de calculer le nombre de billets émis en fonction du montant demandé.

fente^F de mise^F à jour^M du livret^M bancaire
À tout moment, un client peut imprimer le solde de son compte, avant ou après une transaction.

salle^F de conférences^F
Salle dont les dimensions permettent de recevoir un nombre plus ou moins grand de personnes.

reprographie^F
Espace où sont regroupés les appareils de reproduction des documents (généralement des photocopieurs).

comptoir^M de renseignements^M
Kiosque où les clients peuvent obtenir des informations concernant les services de la banque.

services^M de crédit^M
Bureaux dans lesquels le personnel de la banque reçoit les clients qui désirent obtenir un prêt.

accueil^M
Bureau affecté à la réception des clients.

salle^F de réunion^F
Local dans lequel se tiennent les rencontres et discussions où participent un nombre restreint de personnes.

grille^F de sécurité^F
Assemblage de barreaux coulissant ou pliant isolant les guichets automatiques de la banque en dehors des heures d'ouverture de celle-ci.

vestibule^M
Pièce d'entrée de la banque.

économie et finance

succursale^F bancaire

salon^M des employés^M
Pièce dans laquelle le personnel peut prendre ses repas et se reposer.

local^M d'entretien^M
Pièce dans laquelle on range les produits de nettoyage et le matériel d'entretien ménager.

vestiaire^M
Espace aménagé pour déposer vêtements, chapeaux, parapluies, etc.

service^M à la clientèle^F
Bureau dans lequel le personnel de la banque reçoit les clients pour l'ouverture de comptes, l'émission de cartes de débit, la remise de formulaires, etc.

toilettes^F
Pièce aménagée pour y satisfaire des besoins naturels et équipée de lavabos.

bureau^M du directeur^M
Le directeur est responsable de la gestion quotidienne de la succursale.

secrétariat^M
Pièce aménagée pour le personnel de soutien administratif.

coffret^M de sûreté^F
Compartiment loué à un client pour mettre ses objets de valeur et ses documents importants en lieu sûr.

chambre^F forte
Pièce blindée, à l'épreuve du feu, d'accès contrôlé, qui contient le coffre-fort de la banque et les coffrets de sûreté des clients.

coffre-fort^M
Coffre blindé, à l'épreuve du feu, dans lequel sont déposés l'argent de la banque et des documents importants.

isoloir^M
Petite pièce fermée où un client peut ouvrir son coffret de sûreté.

guichet^M
Comptoir où les caissiers de la banque servent les clients.

file^F d'attente^F
Emplacement destiné aux clients qui attendent de passer au guichet.

terminal^M de paiement^M électronique
Appareil permettant au client d'utiliser une carte de débit ou de crédit afin de payer ses achats.

voyant^M de mise^F sous tension^F/détection^F du papier^M
Signal lumineux allumé lorsque l'appareil est en marche et qui clignote lorsque le papier tire à sa fin.

relevé^M de transaction^F
Un reçu sur lequel sont imprimées les informations relatives à la transaction est produit par l'appareil à la fin de l'opération.

bouton^M d'alimentation^F papier^M
Bouton activant l'avancement manuel du papier lors de son installation.

écran^M
Afficheur présentant divers menus et indiquant les étapes à suivre pour l'exécution de la transaction.

guichet^M commercial
Comptoir réservé en priorité aux commerçants.

touches^F d'opérations^F
Boutons permettant de sélectionner un des menus apparaissant à l'écran (carte de débit, carte de crédit, etc.).

identification^F du compte^M
Boutons permettant de sélectionner le compte duquel sera tiré le paiement.

fente^F du lecteur^M de carte^F
La carte est insérée dans un appareil qui vérifie le numéro d'identification personnelle (NIP) du client avant qu'il ne puisse effectuer une transaction.

approvisionnement^M en numéraire^M
Pièce par laquelle les employés de la banque accèdent au dos des guichets automatiques pour les approvisionner en billets et collecter les dépôts et factures.

guichet^M automatique bancaire
Appareil qui permet d'effectuer diverses opérations bancaires à l'aide d'une carte de débit (retraits, dépôts, virements, paiements de factures, etc.).

touches^F de fonctions^F programmables
Boutons qui permettent de programmer l'appareil pour l'exécution de certaines fonctions.

guichet^M de nuit^F
Guichet conçu pour recevoir les dépôts des clients, généralement des commerçants, en dehors des heures d'ouverture de la banque.

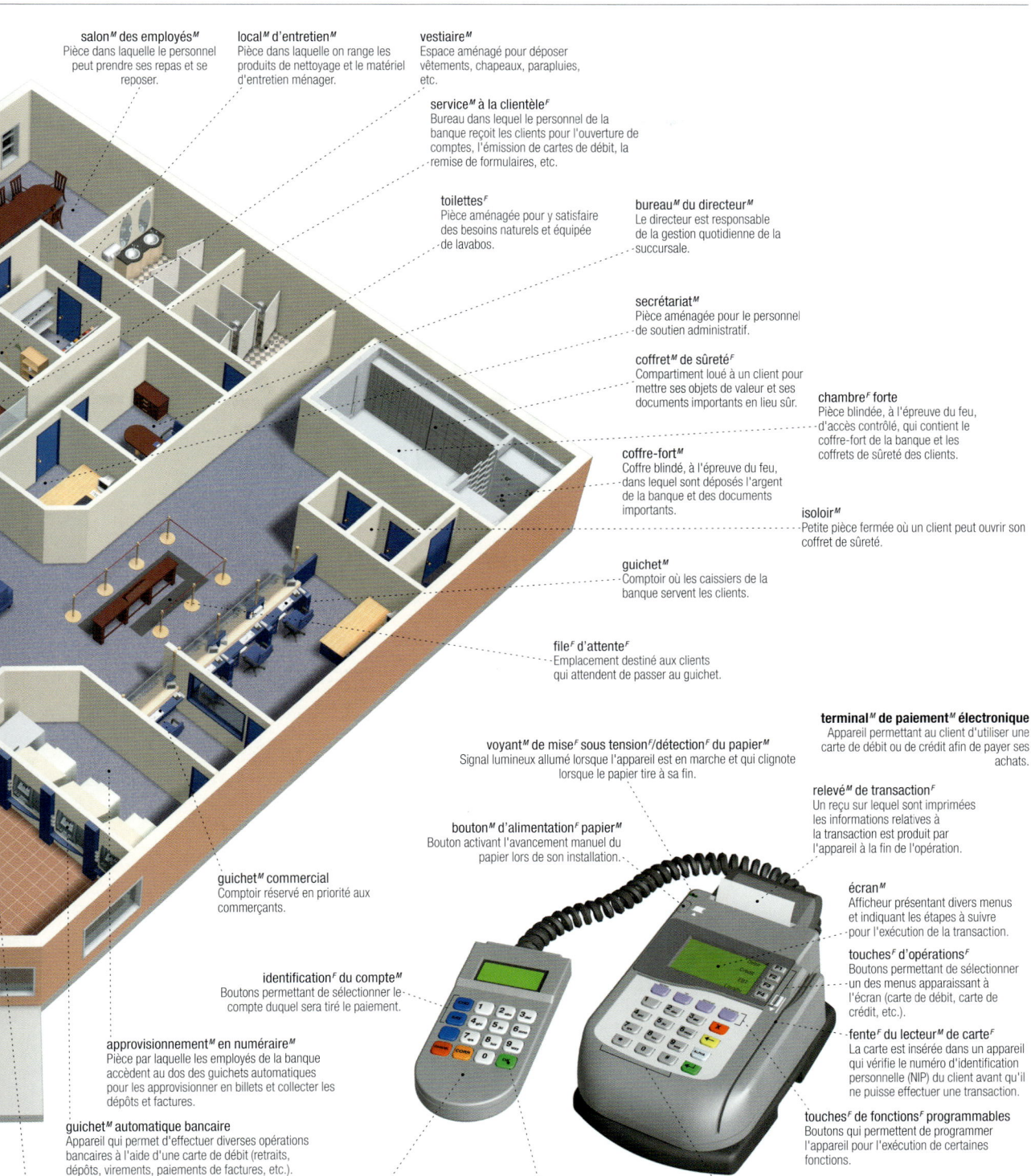

clavier^M d'identification^F personnelle
Petit clavier relié à un terminal de paiement électronique, sur lequel l'utilisateur compose son numéro d'identification personnelle et procède au paiement.

touche^F de confirmation^F
Bouton permettant au client d'autoriser la transaction.

clavier^M alphanumérique
Touches correspondant à des lettres, des chiffres et des symboles, permettant de composer le montant de l'achat, le numéro de carte, etc.

SOCIÉTÉ

859

exemples d'unités monétaires

Unité monétaire : nom attribué à la monnaie d'un pays ou d'un groupe de pays dont la valeur de référence est garantie par une autorité compétente, en général une banque centrale.

cent
Subdivision de certaines unités monétaires, par exemple du dollar, de la roupie, du shilling, etc.

euro
L'euro est la monnaie commune des pays faisant partie de l'Union européenne. Il a été introduit le 1er janvier 2002.

peso
Le peso est notamment utilisé au Chili, en Colombie, à Cuba, en République dominicaine, au Mexique, en Argentine et aux Philippines. Il dérive du peso d'or introduit en Espagne au 15e siècle.

livre
La livre est notamment utilisée en Grande-Bretagne, en Égypte et au Liban. Elle est l'unité monétaire la plus ancienne d'Europe.

dollar
Unité monétaire à système décimal utilisée dans certains pays anglo-saxons comme le Canada, les États-Unis, l'Australie, la Nouvelle-Zélande, etc.

roupie
La roupie est notamment utilisée en Inde, au Népal, au Pakistan, au Sri Lanka et aux Seychelles. Elle dérive de la rupî d'argent du 16e siècle.

nouveau shekel
Le nouveau shekel est utilisé en Israël. Il remplace le shekel depuis 1985.

yen
Le yen est utilisé au Japon. Le mot signifie « rond » ou « cercle » en japonais.

yuan
Le yuan est l'unité monétaire de la Chine.

monnaie et modes de paiement

Ensemble des instruments légaux de paiement émis par une banque.

pièce de monnaie : avers
La pièce est une monnaie de métal frappé, caractérisée par une valeur, un aspect, un poids et un diamètre particuliers.

tranche
Surface formée par l'épaisseur de la pièce. Elle peut être lisse, cannelée ou gravée.

millésime
Année d'émission de la pièce.

chèque
Écrit par lequel le propriétaire de fonds donne l'ordre à son institution bancaire de payer, à son profit ou à celui d'un tiers, une somme à prélever sur son compte.

pièce de monnaie : revers

valeur
La valeur d'une pièce est indiquée sur le revers.

couronne
Anneau légèrement en saillie marquant le rebord de la pièce.

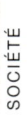

chèque de voyage
Chèque d'un montant déterminé émis par une banque que peut se procurer une personne pour régler ses dépenses en voyage.

économie et finance

monnaie^F et modes^M de paiement^M

ales^F de la banque^F émettrice

fil^M de sécurité^F
Afin d'empêcher la contrefaçon, une ligne sombre, visible par transparence, est insérée dans l'épaisseur du papier.

signature^F officielle
Le billet peut être signé par le gouverneur de la Banque (Canada), le président de la Banque (UE), le secrétaire du Trésor (É.-U.), etc.

bande^F métallisée holographique
Afin d'empêcher la contrefaçon, l'image apparaissant sur cette bande se modifie lorsque le billet est incliné.

effigie^F
Portrait d'une personne figurant sur un billet de banque ou une pièce de monnaie (premier ministre, président, roi, reine, etc.).

billet^M de banque^F : recto^M
Le billet de banque est une monnaie en papier créée par la banque centrale d'un pays ou d'une communauté économique.

numéro^M de série^F
Chaque billet est identifié par une combinaison unique de chiffres et de lettres.

filigrane^M
Afin d'empêcher la contrefaçon, une image, visible par transparence, est incorporée dans le papier.

encre^F à couleur^F changeante
Afin d'empêcher la contrefaçon, l'encre utilisée permet d'obtenir deux couleurs différentes, selon que le billet est à plat ou incliné.

numéro^M de série^F
Chaque billet est identifié par une combinaison unique de chiffres et de lettres.

billet^M de banque^F : verso^M

devise^F
Phrase ou sentence symbolisant un pays ou exprimant une pensée, une règle de vie.

valeur^F
La valeur d'un billet est indiquée au recto et au verso.

nom^M de la monnaie^F

carte^F de débit^M
Carte bancaire qui permet au titulaire d'effectuer des paiements électroniques, des opérations bancaires au guichet automatique ou des retraits au distributeur.

bande^F magnétique
Bande de plastique contenant les informations nécessaires à l'utilisation de la carte.

signature^F du titulaire^M

carte^F de crédit^M
Carte émise par une banque qui permet au titulaire d'effectuer un achat sans paiement immédiat.

puce^F
Microcircuit permettant d'échanger des informations avec un terminal avec ou sans contact.

numéro^M de carte^F
Numéro d'identification du titulaire de la carte et qui valide l'utilisation contre composition d'un numéro d'identification personnelle (NIP).

numéro^M de carte^F
Numéro d'identification du titulaire de la carte et qui valide l'utilisation contre signature ou composition d'un numéro d'identification personnelle (NIP).

nom^M du titulaire^M
Nom du détenteur de la carte de crédit.

date^F d'expiration^F
Date (mois et année) au-delà de laquelle la carte n'est plus valide.

SOCIÉTÉ

justice

tribunal^M

Endroit où se déroule un procès devant un juge, parfois devant un jury, pour déterminer si une personne accusée d'une infraction ou d'un crime est coupable ou innocente.

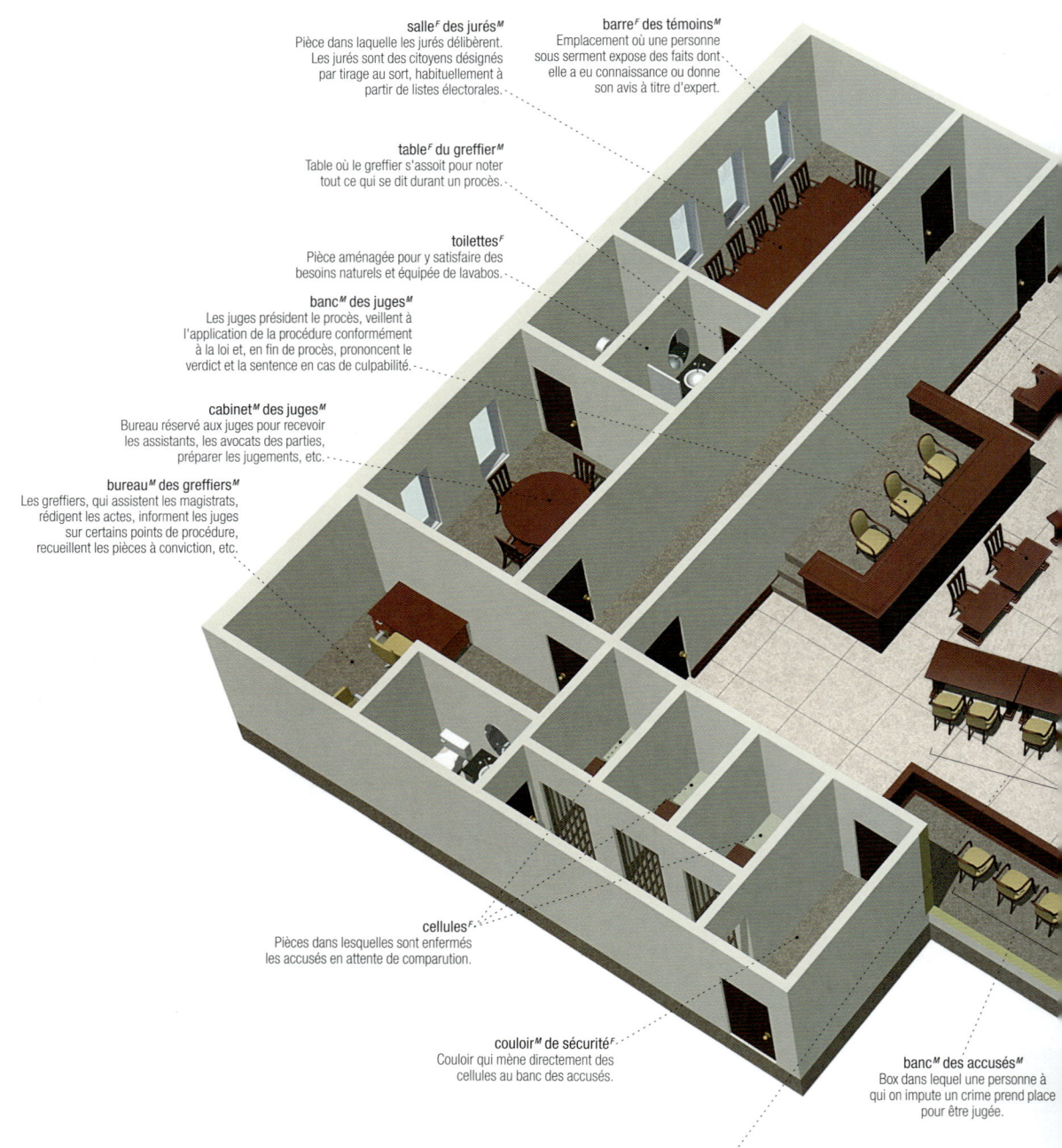

salle^F des jurés^M
Pièce dans laquelle les jurés délibèrent. Les jurés sont des citoyens désignés par tirage au sort, habituellement à partir de listes électorales.

barre^F des témoins^M
Emplacement où une personne sous serment expose des faits dont elle a eu connaissance ou donne son avis à titre d'expert.

table^F du greffier^M
Table où le greffier s'assoit pour noter tout ce qui se dit durant un procès.

toilettes^F
Pièce aménagée pour y satisfaire des besoins naturels et équipée de lavabos.

banc^M des juges^M
Les juges président le procès, veillent à l'application de la procédure conformément à la loi et, en fin de procès, prononcent le verdict et la sentence en cas de culpabilité.

cabinet^M des juges^M
Bureau réservé aux juges pour recevoir les assistants, les avocats des parties, préparer les jugements, etc.

bureau^M des greffiers^M
Les greffiers, qui assistent les magistrats, rédigent les actes, informent les juges sur certains points de procédure, recueillent les pièces à conviction, etc.

cellules^F
Pièces dans lesquelles sont enfermés les accusés en attente de comparution.

couloir^M de sécurité^F
Couloir qui mène directement des cellules au banc des accusés.

banc^M des accusés^M
Box dans lequel une personne à qui on impute un crime prend place pour être jugée.

banc^M des avocats^M de la défense^F
Les avocats de la défense conseillent et représentent l'accusé. Ils tentent de démontrer l'innocence de ce dernier.

SOCIÉTÉ

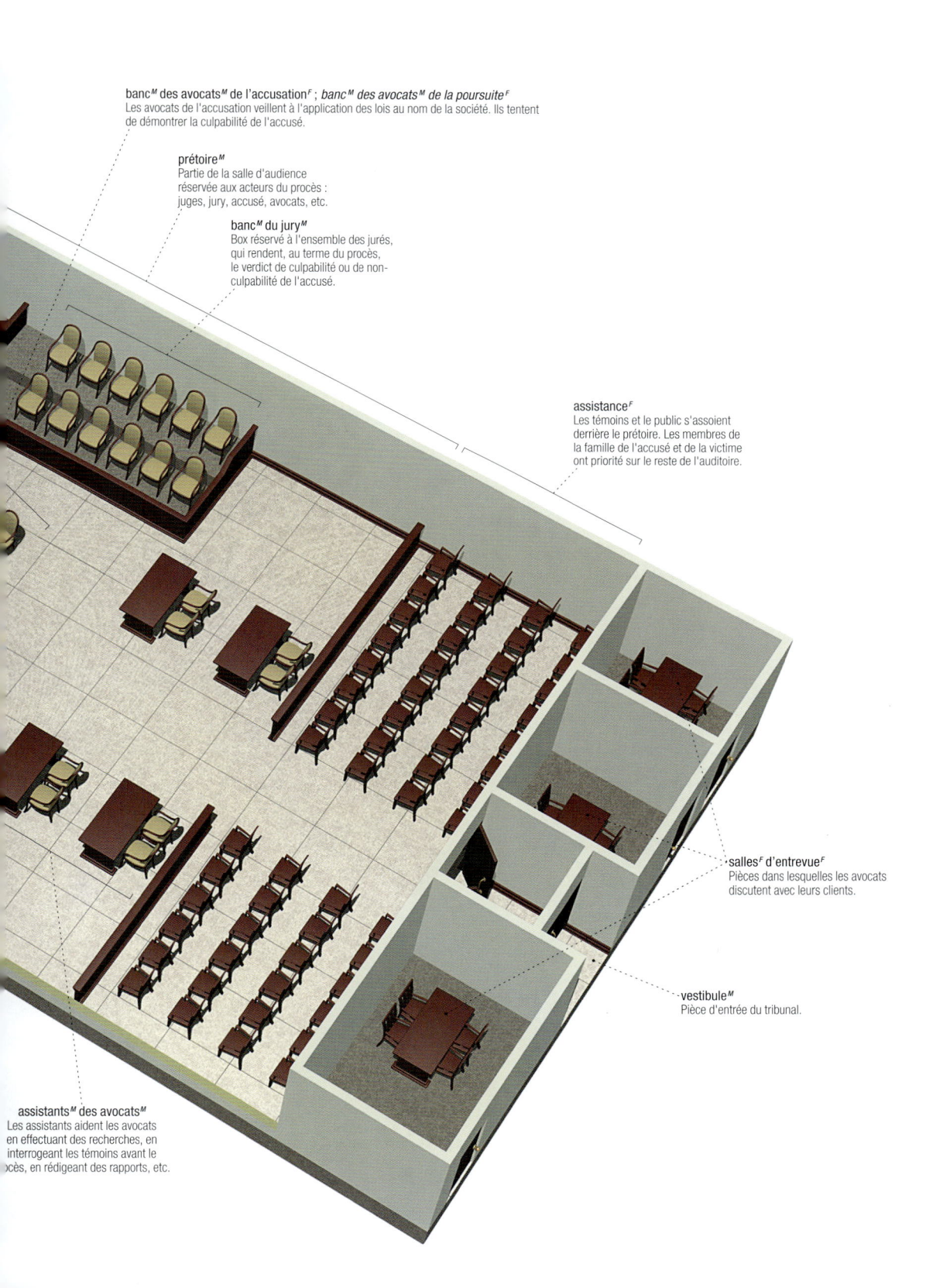

justice

863

tribunal^M

banc^M des avocats^M de l'accusation^F ; banc^M des avocats^M de la poursuite^F
Les avocats de l'accusation veillent à l'application des lois au nom de la société. Ils tentent de démontrer la culpabilité de l'accusé.

prétoire^M
Partie de la salle d'audience réservée aux acteurs du procès : juges, jury, accusé, avocats, etc.

banc^M du jury^M
Box réservé à l'ensemble des jurés, qui rendent, au terme du procès, le verdict de culpabilité ou de non-culpabilité de l'accusé.

assistance^F
Les témoins et le public s'assoient derrière le prétoire. Les membres de la famille de l'accusé et de la victime ont priorité sur le reste de l'auditoire.

salles^F d'entrevue^F
Pièces dans lesquelles les avocats discutent avec leurs clients.

vestibule^M
Pièce d'entrée du tribunal.

assistants^M des avocats^M
Les assistants aident les avocats en effectuant des recherches, en interrogeant les témoins avant le procès, en rédigeant des rapports, etc.

SOCIÉTÉ

prisonᶠ

Établissement de détention aménagé pour recevoir des personnes en instance de jugement ou condamnées à une peine privative de liberté.

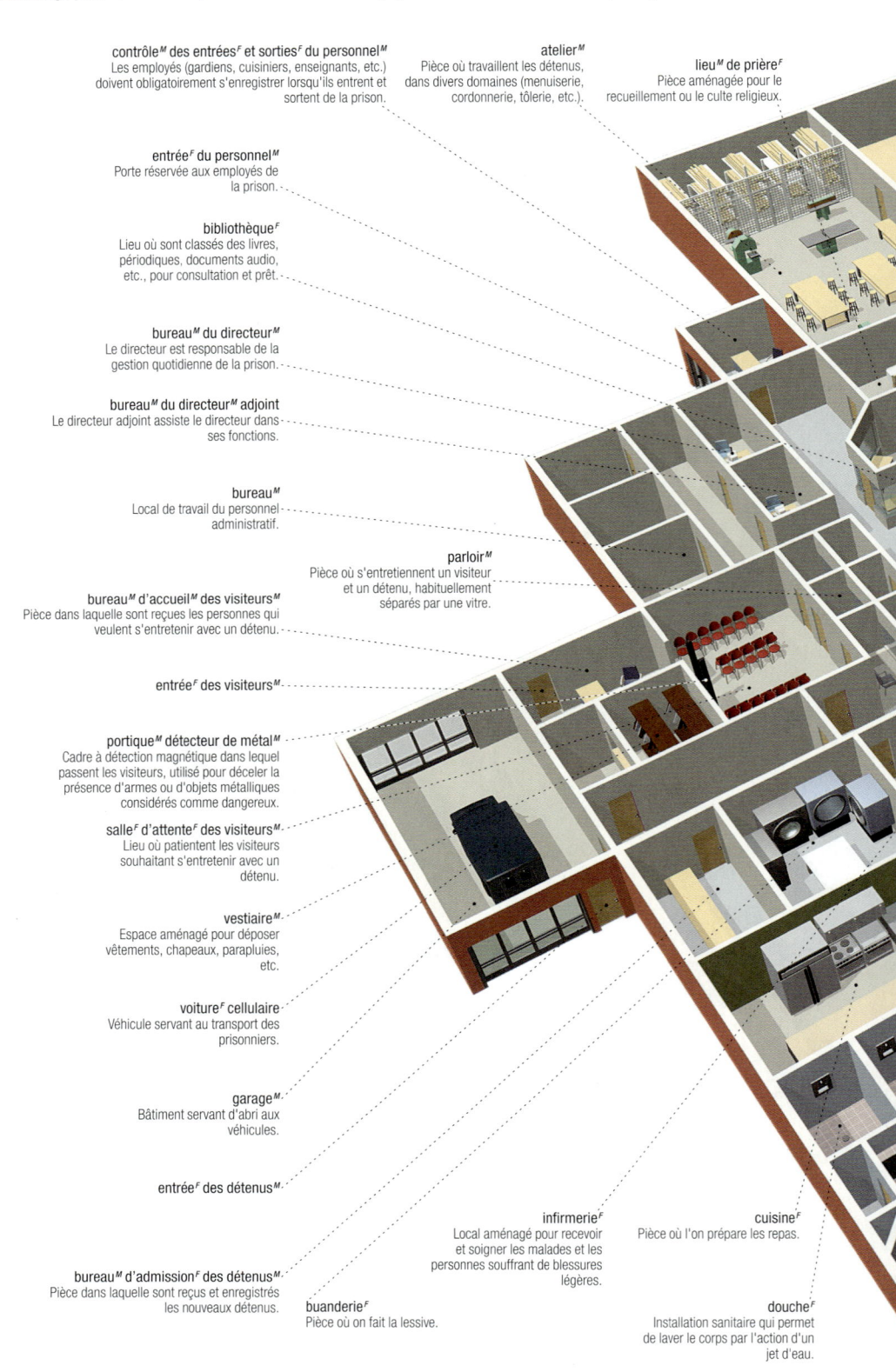

contrôleᶠ des entréesᶠ et sortiesᶠ du personnelᴹ
Les employés (gardiens, cuisiniers, enseignants, etc.) doivent obligatoirement s'enregistrer lorsqu'ils entrent et sortent de la prison.

atelierᴹ
Pièce où travaillent les détenus, dans divers domaines (menuiserie, cordonnerie, tôlerie, etc.).

lieuᴹ de prièreᶠ
Pièce aménagée pour le recueillement ou le culte religieux.

entréeᶠ du personnelᴹ
Porte réservée aux employés de la prison.

bibliothèqueᶠ
Lieu où sont classés des livres, périodiques, documents audio, etc., pour consultation et prêt.

bureauᴹ du directeurᴹ
Le directeur est responsable de la gestion quotidienne de la prison.

bureauᴹ du directeurᴹ adjoint
Le directeur adjoint assiste le directeur dans ses fonctions.

bureauᴹ
Local de travail du personnel administratif.

parloirᴹ
Pièce où s'entretiennent un visiteur et un détenu, habituellement séparés par une vitre.

bureauᴹ d'accueilᴹ des visiteursᴹ
Pièce dans laquelle sont reçues les personnes qui veulent s'entretenir avec un détenu.

entréeᶠ des visiteursᴹ

portiqueᴹ détecteur de métalᴹ
Cadre à détection magnétique dans lequel passent les visiteurs, utilisé pour déceler la présence d'armes ou d'objets métalliques considérés comme dangereux.

salleᶠ d'attenteᶠ des visiteursᴹ
Lieu où patientent les visiteurs souhaitant s'entretenir avec un détenu.

vestiaireᴹ
Espace aménagé pour déposer vêtements, chapeaux, parapluies, etc.

voitureᶠ cellulaire
Véhicule servant au transport des prisonniers.

garageᴹ
Bâtiment servant d'abri aux véhicules.

entréeᶠ des détenusᴹ

infirmerieᶠ
Local aménagé pour recevoir et soigner les malades et les personnes souffrant de blessures légères.

cuisineᶠ
Pièce où l'on prépare les repas.

bureauᴹ d'admissionᶠ des détenusᴹ
Pièce dans laquelle sont reçus et enregistrés les nouveaux détenus.

buanderieᶠ
Pièce où on fait la lessive.

doucheᶠ
Installation sanitaire qui permet de laver le corps par l'action d'un jet d'eau.

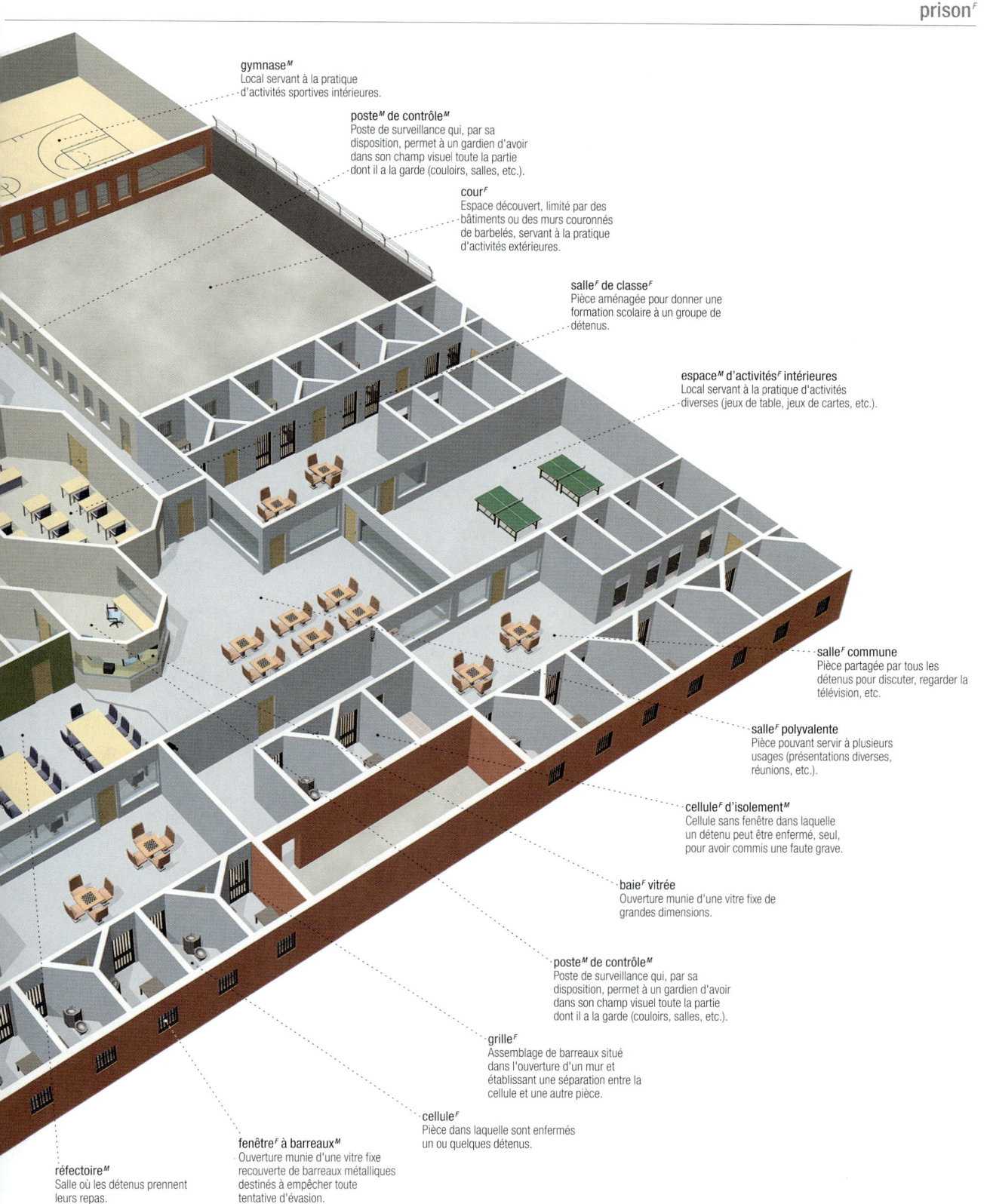

justice

prison^f

gymnase^M
Local servant à la pratique d'activités sportives intérieures.

poste^M de contrôle^M
Poste de surveillance qui, par sa disposition, permet à un gardien d'avoir dans son champ visuel toute la partie dont il a la garde (couloirs, salles, etc.).

cour^F
Espace découvert, limité par des bâtiments ou des murs couronnés de barbelés, servant à la pratique d'activités extérieures.

salle^F de classe^F
Pièce aménagée pour donner une formation scolaire à un groupe de détenus.

espace^M d'activités^F intérieures
Local servant à la pratique d'activités diverses (jeux de table, jeux de cartes, etc.).

salle^F commune
Pièce partagée par tous les détenus pour discuter, regarder la télévision, etc.

salle^F polyvalente
Pièce pouvant servir à plusieurs usages (présentations diverses, réunions, etc.).

cellule^F d'isolement^M
Cellule sans fenêtre dans laquelle un détenu peut être enfermé, seul, pour avoir commis une faute grave.

baie^F vitrée
Ouverture munie d'une vitre fixe de grandes dimensions.

poste^M de contrôle^M
Poste de surveillance qui, par sa disposition, permet à un gardien d'avoir dans son champ visuel toute la partie dont il a la garde (couloirs, salles, etc.).

grille^F
Assemblage de barreaux situé dans l'ouverture d'un mur et établissant une séparation entre la cellule et une autre pièce.

cellule^F
Pièce dans laquelle sont enfermés un ou quelques détenus.

fenêtre^F à barreaux^M
Ouverture munie d'une vitre fixe recouverte de barreaux métalliques destinés à empêcher toute tentative d'évasion.

réfectoire^M
Salle où les détenus prennent leurs repas.

SOCIÉTÉ

bibliothèque[F]

Lieu où sont classés des livres, périodiques, documents audio, etc., pour consultation et prêt.

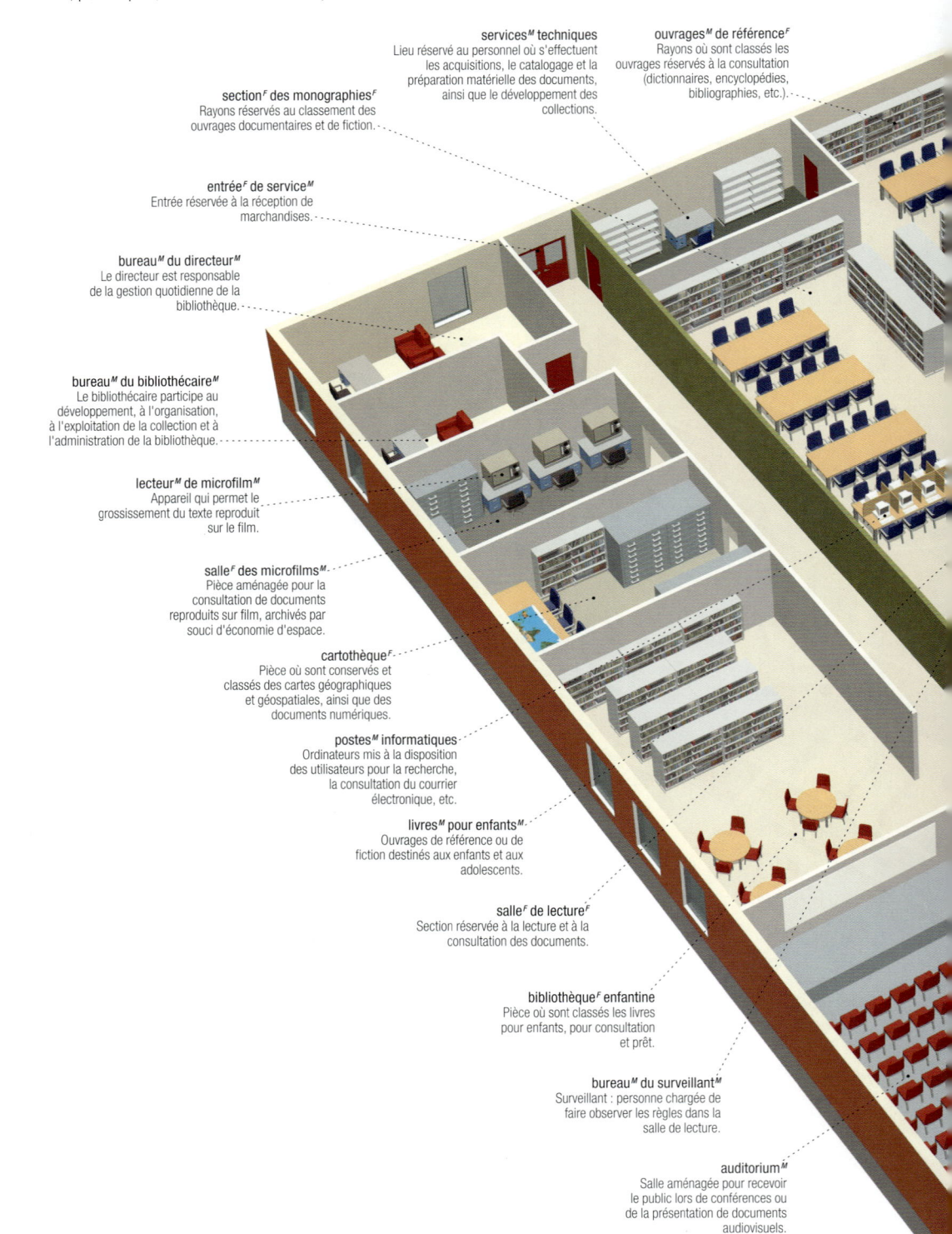

services[M] techniques
Lieu réservé au personnel où s'effectuent les acquisitions, le catalogage et la préparation matérielle des documents, ainsi que le développement des collections.

ouvrages[M] de référence[F]
Rayons où sont classés les ouvrages réservés à la consultation (dictionnaires, encyclopédies, bibliographies, etc.).

section[F] des monographies[F]
Rayons réservés au classement des ouvrages documentaires et de fiction.

entrée[F] de service[M]
Entrée réservée à la réception de marchandises.

bureau[M] du directeur[M]
Le directeur est responsable de la gestion quotidienne de la bibliothèque.

bureau[M] du bibliothécaire[M]
Le bibliothécaire participe au développement, à l'organisation, à l'exploitation de la collection et à l'administration de la bibliothèque.

lecteur[M] de microfilm[M]
Appareil qui permet le grossissement du texte reproduit sur le film.

salle[F] des microfilms[M]
Pièce aménagée pour la consultation de documents reproduits sur film, archivés par souci d'économie d'espace.

cartothèque[F]
Pièce où sont conservés et classés des cartes géographiques et géospatiales, ainsi que des documents numériques.

postes[M] informatiques
Ordinateurs mis à la disposition des utilisateurs pour la recherche, la consultation du courrier électronique, etc.

livres[M] pour enfants[M]
Ouvrages de référence ou de fiction destinés aux enfants et aux adolescents.

salle[F] de lecture[F]
Section réservée à la lecture et à la consultation des documents.

bibliothèque[F] enfantine
Pièce où sont classés les livres pour enfants, pour consultation et prêt.

bureau[M] du surveillant[M]
Surveillant : personne chargée de faire observer les règles dans la salle de lecture.

auditorium[M]
Salle aménagée pour recevoir le public lors de conférences ou de la présentation de documents audiovisuels.

éducation

bibliothèque^F

salle^F de référence^F
Section réservée à la consultation des ouvrages de référence.

phonothèque^F
Pièce où sont conservés et classés les documents audio (cassettes, disques compacts, etc.).

catalogue^M informatisé
Système informatique qui permet l'accès à la liste de tous les documents de la bibliothèque. La recherche se fait par différents index.

postes^M d'écoute^F
Compartiments munis d'appareils permettant l'écoute individuelle des documents audio.

photocopieur^M
Appareil qui permet, par l'action d'un dispositif photographique, de reproduire des textes et des images.

vidéothèque^F
Pièce où sont conservés et classés les documents audiovisuels (vidéocassettes et DVD).

chariot^M à livres^M
Meuble sur roulettes utilisé pour la manutention des documents.

salle^F de visionnement^M
Pièce aménagée pour la consultation de documents audiovisuels.

présentoir^M des nouveautés^F
Meuble sur lequel sont disposés les documents dont la bibliothèque vient de faire l'acquisition.

salle^F des périodiques^M
Pièce réservée à la consultation des publications paraissant à intervalles réguliers comme une revue, un journal, etc.

comptoir^M de retour^M des livres^M
Endroit où un usager peut rendre les documents empruntés à la bibliothèque.

présentoir^M des périodiques^M
Meuble sur lequel sont disposés les périodiques les plus récents.

bureau^M de l'agent^M de sécurité^F
Agent de sécurité : personne chargée de surveiller et de protéger les usagers et les documents de la bibliothèque.

comptoir^M de renseignements^M
Kiosque où les usagers peuvent obtenir des informations concernant la localisation des documents et des services de la bibliothèque.

comptoir^M de prêt^M
Endroit où un usager fait enregistrer les documents qu'il emprunte à la bibliothèque.

entrée^F principale
Porte ou ensemble de portes donnant accès à la bibliothèque.

toilettes^F
Pièces aménagées pour y satisfaire des besoins naturels et équipées de lavabos.

SOCIÉTÉ

école^F

Établissement d'enseignement. Le terme école est surtout employé pour désigner un établissement de niveau élémentaire ou secondaire.

vue^F d'ensemble^M

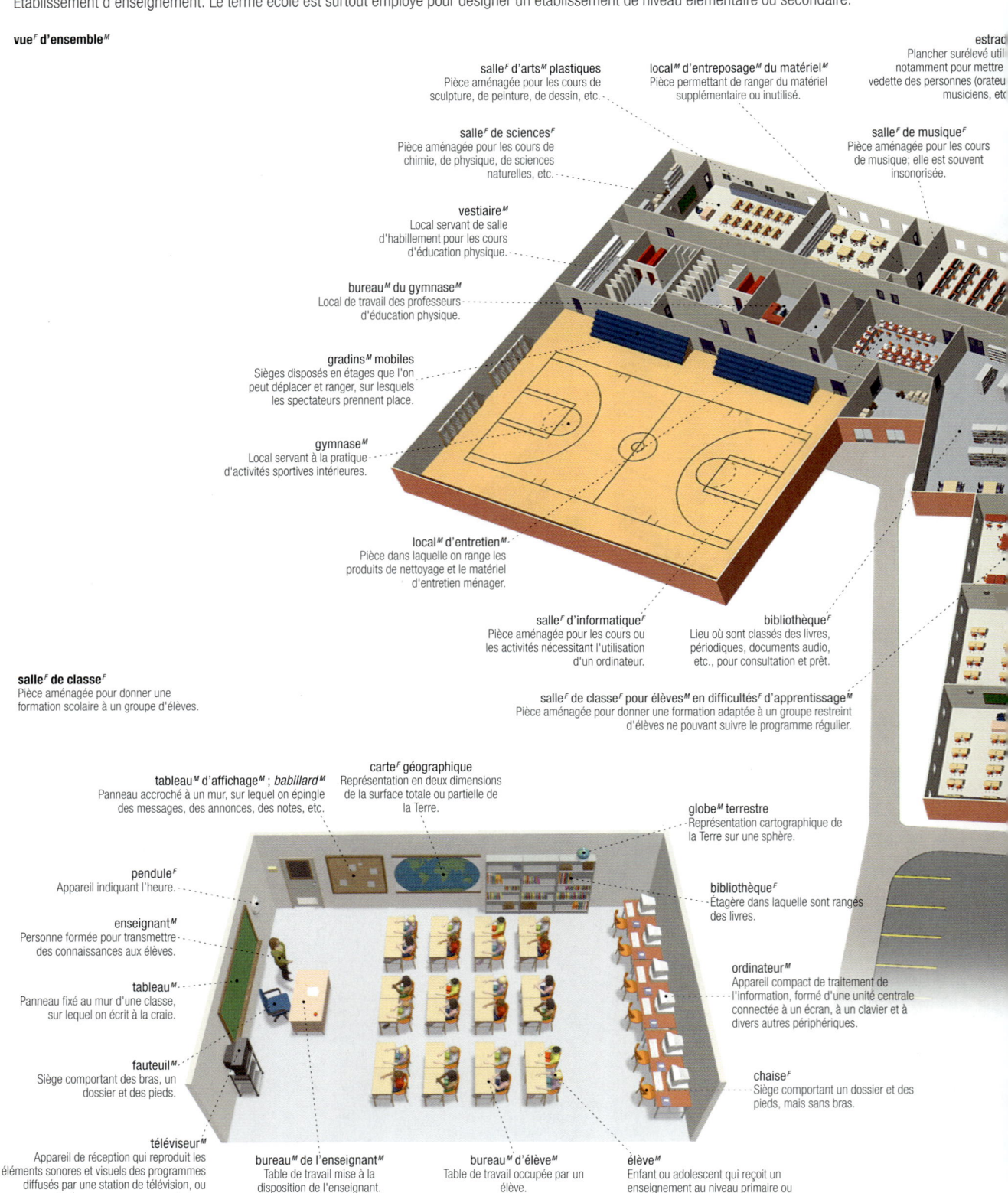

salle^F d'arts^M plastiques
Pièce aménagée pour les cours de sculpture, de peinture, de dessin, etc.

local^M d'entreposage^M du matériel^M
Pièce permettant de ranger du matériel supplémentaire ou inutilisé.

estrade
Plancher surélevé util notamment pour mettre vedette des personnes (orateu musiciens, et

salle^F de sciences^F
Pièce aménagée pour les cours de chimie, de physique, de sciences naturelles, etc.

salle^F de musique^F
Pièce aménagée pour les cours de musique; elle est souvent insonorisée.

vestiaire^M
Local servant de salle d'habillement pour les cours d'éducation physique.

bureau^M du gymnase^M
Local de travail des professeurs d'éducation physique.

gradins^M mobiles
Sièges disposés en étages que l'on peut déplacer et ranger, sur lesquels les spectateurs prennent place.

gymnase^M
Local servant à la pratique d'activités sportives intérieures.

local^M d'entretien^M
Pièce dans laquelle on range les produits de nettoyage et le matériel d'entretien ménager.

salle^F d'informatique^F
Pièce aménagée pour les cours ou les activités nécessitant l'utilisation d'un ordinateur.

bibliothèque^F
Lieu où sont classés des livres, périodiques, documents audio, etc., pour consultation et prêt.

salle^F de classe^F
Pièce aménagée pour donner une formation scolaire à un groupe d'élèves.

salle^F de classe^F pour élèves^M en difficultés^F d'apprentissage^M
Pièce aménagée pour donner une formation adaptée à un groupe restreint d'élèves ne pouvant suivre le programme régulier.

tableau^M d'affichage^M ; babillard^M
Panneau accroché à un mur, sur lequel on épingle des messages, des annonces, des notes, etc.

carte^F géographique
Représentation en deux dimensions de la surface totale ou partielle de la Terre.

globe^M terrestre
Représentation cartographique de la Terre sur une sphère.

pendule^F
Appareil indiquant l'heure.

bibliothèque^F
Étagère dans laquelle sont rangés des livres.

enseignant^M
Personne formée pour transmettre des connaissances aux élèves.

tableau^M
Panneau fixé au mur d'une classe, sur lequel on écrit à la craie.

ordinateur^M
Appareil compact de traitement de l'information, formé d'une unité centrale connectée à un écran, à un clavier et à divers autres périphériques.

fauteuil^M
Siège comportant des bras, un dossier et des pieds.

chaise^F
Siège comportant un dossier et des pieds, mais sans bras.

téléviseur^M
Appareil de réception qui reproduit les éléments sonores et visuels des programmes diffusés par une station de télévision, ou enregistrés sur cassette ou sur disque.

bureau^M de l'enseignant^M
Table de travail mise à la disposition de l'enseignant.

bureau^M d'élève^M
Table de travail occupée par un élève.

élève^M
Enfant ou adolescent qui reçoit un enseignement au niveau primaire ou secondaire.

éducation 869

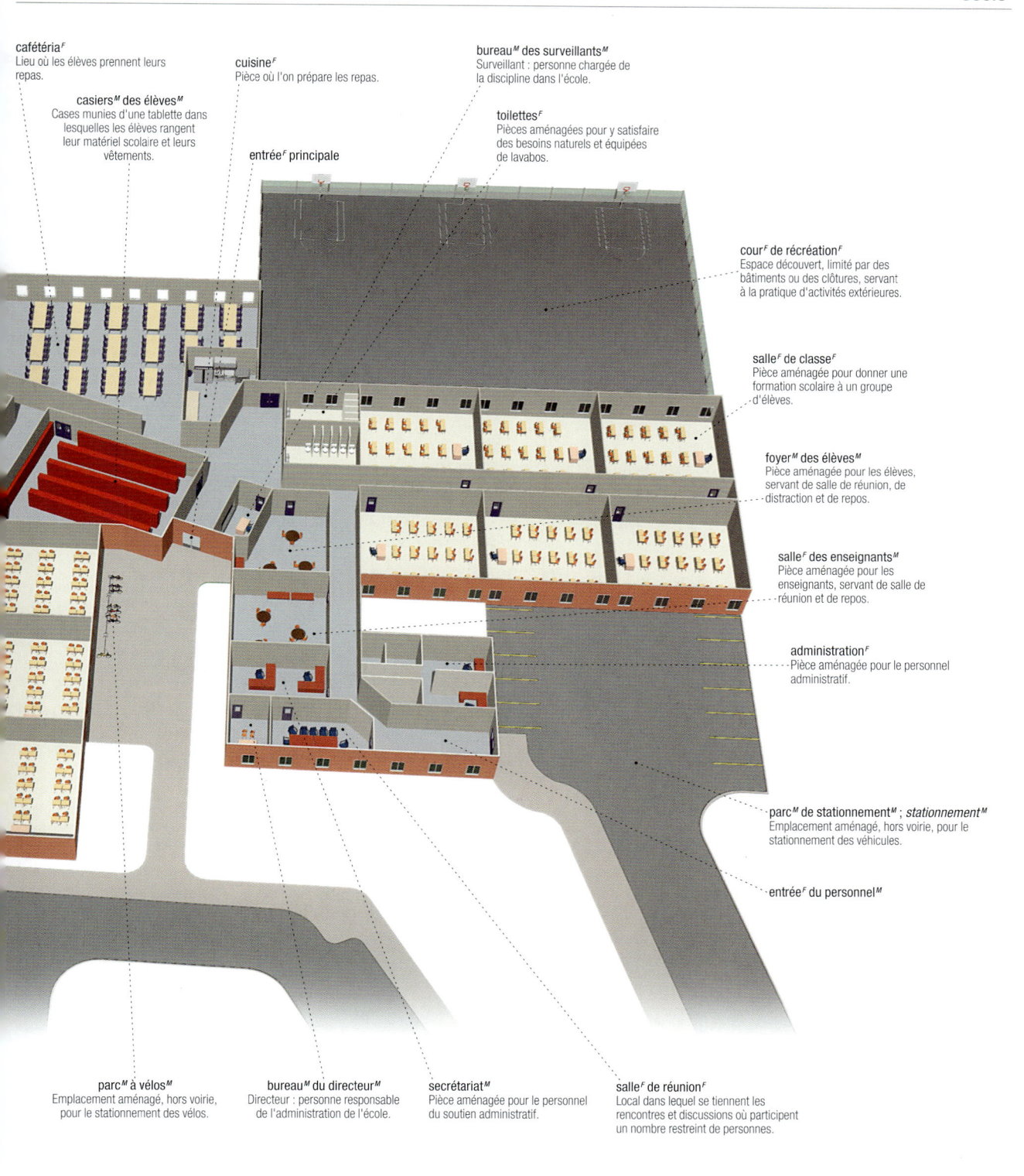

école^F

cafétéria^F
Lieu où les élèves prennent leurs repas.

casiers^M des élèves^M
Cases munies d'une tablette dans lesquelles les élèves rangent leur matériel scolaire et leurs vêtements.

cuisine^F
Pièce où l'on prépare les repas.

entrée^F principale

bureau^M des surveillants^M
Surveillant : personne chargée de la discipline dans l'école.

toilettes^F
Pièces aménagées pour y satisfaire des besoins naturels et équipées de lavabos.

cour^F de récréation^F
Espace découvert, limité par des bâtiments ou des clôtures, servant à la pratique d'activités extérieures.

salle^F de classe^F
Pièce aménagée pour donner une formation scolaire à un groupe d'élèves.

foyer^M des élèves^M
Pièce aménagée pour les élèves, servant de salle de réunion, de distraction et de repos.

salle^F des enseignants^M
Pièce aménagée pour les enseignants, servant de salle de réunion et de repos.

administration^F
Pièce aménagée pour le personnel administratif.

parc^M de stationnement^M ; *stationnement^M*
Emplacement aménagé, hors voirie, pour le stationnement des véhicules.

entrée^F du personnel^M

parc^M à vélos^M
Emplacement aménagé, hors voirie, pour le stationnement des vélos.

bureau^M du directeur^M
Directeur : personne responsable de l'administration de l'école.

secrétariat^M
Pièce aménagée pour le personnel du soutien administratif.

salle^F de réunion^F
Local dans lequel se tiennent les rencontres et discussions où participent un nombre restreint de personnes.

SOCIÉTÉ

chronologie des religions

L'origine des religions, marquée en général par une personne ou par un événement, est plus ou moins ancienne. Les différentes religions se superposent et se concurrencent tout au long de l'histoire.

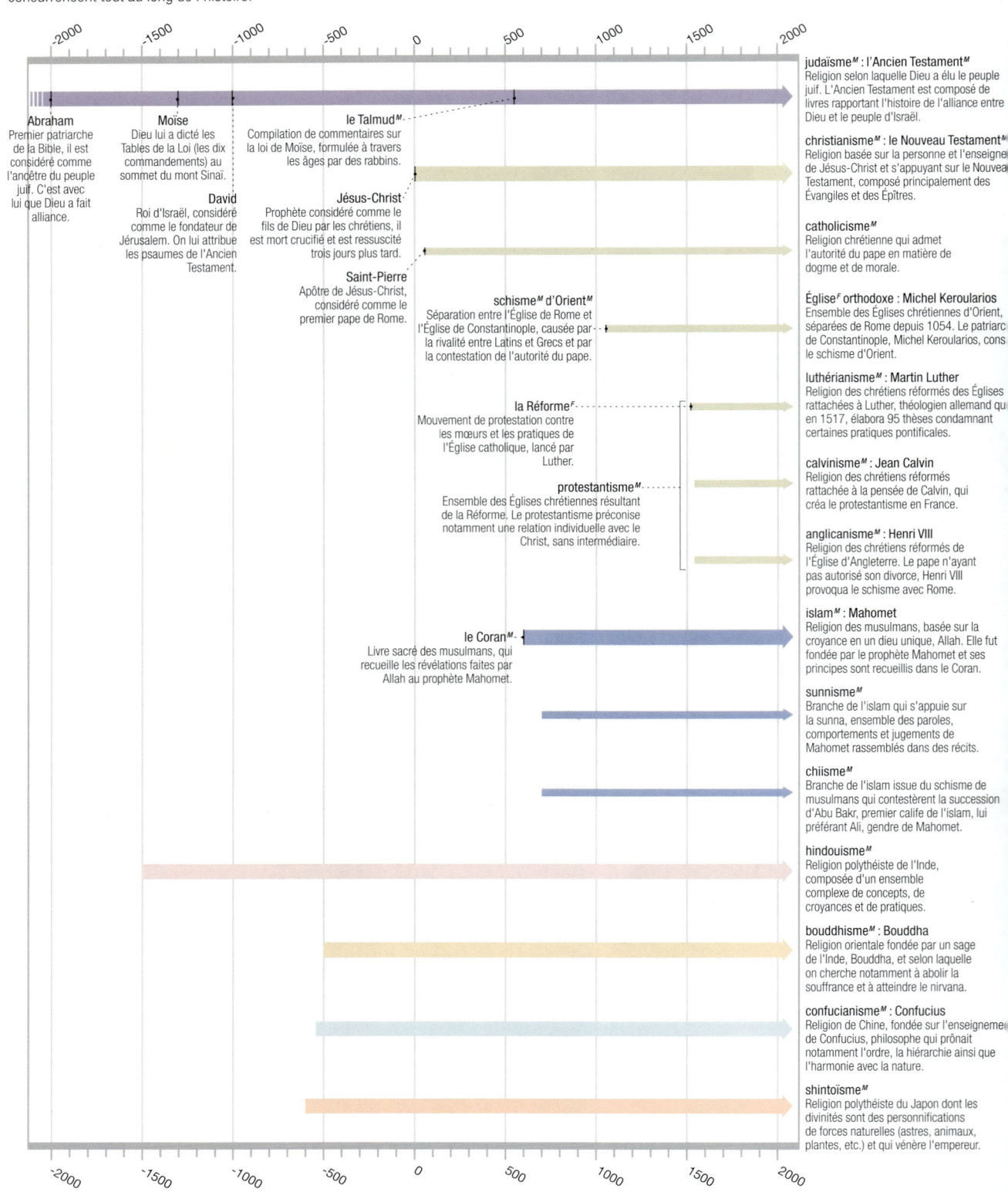

Abraham
Premier patriarche de la Bible, il est considéré comme l'ancêtre du peuple juif. C'est avec lui que Dieu a fait alliance.

Moïse
Dieu lui a dicté les Tables de la Loi (les dix commandements) au sommet du mont Sinaï.

David
Roi d'Israël, considéré comme le fondateur de Jérusalem. On lui attribue les psaumes de l'Ancien Testament.

le Talmud
Compilation de commentaires sur la loi de Moïse, formulée à travers les âges par des rabbins.

Jésus-Christ
Prophète considéré comme le fils de Dieu par les chrétiens, il est mort crucifié et est ressuscité trois jours plus tard.

Saint-Pierre
Apôtre de Jésus-Christ, considéré comme le premier pape de Rome.

schisme d'Orient
Séparation entre l'Église de Rome et l'Église de Constantinople, causée par la rivalité entre Latins et Grecs et par la contestation de l'autorité du pape.

la Réforme
Mouvement de protestation contre les mœurs et les pratiques de l'Église catholique, lancé par Luther.

protestantisme
Ensemble des Églises chrétiennes résultant de la Réforme. Le protestantisme préconise notamment une relation individuelle avec le Christ, sans intermédiaire.

le Coran
Livre sacré des musulmans, qui recueille les révélations faites par Allah au prophète Mahomet.

judaïsme : l'Ancien Testament
Religion selon laquelle Dieu a élu le peuple juif. L'Ancien Testament est composé de livres rapportant l'histoire de l'alliance entre Dieu et le peuple d'Israël.

christianisme : le Nouveau Testament
Religion basée sur la personne et l'enseignement de Jésus-Christ et s'appuyant sur le Nouveau Testament, composé principalement des Évangiles et des Épîtres.

catholicisme
Religion chrétienne qui admet l'autorité du pape en matière de dogme et de morale.

Église orthodoxe : Michel Keroularios
Ensemble des Églises chrétiennes d'Orient, séparées de Rome depuis 1054. Le patriarche de Constantinople, Michel Keroularios, consomma le schisme d'Orient.

luthérianisme : Martin Luther
Religion des chrétiens réformés des Églises rattachées à Luther, théologien allemand qui en 1517, élabora 95 thèses condamnant certaines pratiques pontificales.

calvinisme : Jean Calvin
Religion des chrétiens réformés rattachée à la pensée de Calvin, qui créa le protestantisme en France.

anglicanisme : Henri VIII
Religion des chrétiens réformés de l'Église d'Angleterre. Le pape n'ayant pas autorisé son divorce, Henri VIII provoqua le schisme avec Rome.

islam : Mahomet
Religion des musulmans, basée sur la croyance en un dieu unique, Allah. Elle fut fondée par le prophète Mahomet et ses principes sont recueillis dans le Coran.

sunnisme
Branche de l'islam qui s'appuie sur la sunna, ensemble des paroles, comportements et jugements de Mahomet rassemblés dans des récits.

chiisme
Branche de l'islam issue du schisme de musulmans qui contestèrent la succession d'Abu Bakr, premier calife de l'islam, lui préférant Ali, gendre de Mahomet.

hindouisme
Religion polythéiste de l'Inde, composée d'un ensemble complexe de concepts, de croyances et de pratiques.

bouddhisme : Bouddha
Religion orientale fondée par un sage de l'Inde, Bouddha, et selon laquelle on cherche notamment à abolir la souffrance et à atteindre le nirvana.

confucianisme : Confucius
Religion de Chine, fondée sur l'enseignement de Confucius, philosophe qui prônait notamment l'ordre, la hiérarchie ainsi que l'harmonie avec la nature.

shintoïsme
Religion polythéiste du Japon dont les divinités sont des personnifications de forces naturelles (astres, animaux, plantes, etc.) et qui vénère l'empereur.

SOCIÉTÉ

religion 871

église^F

Lieu consacré au culte dans la religion chrétienne.

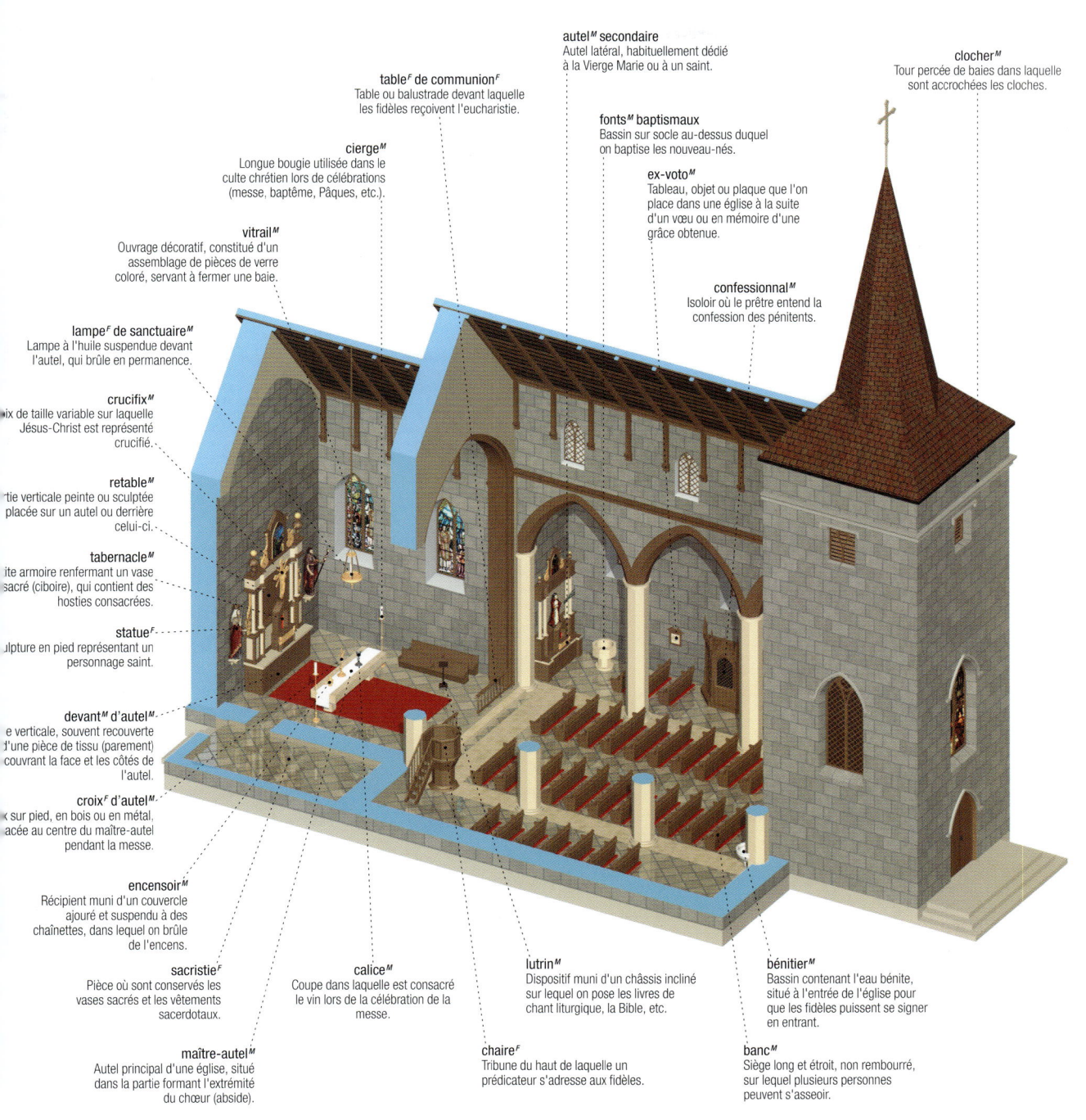

table^F de communion^F
Table ou balustrade devant laquelle les fidèles reçoivent l'eucharistie.

autel^M secondaire
Autel latéral, habituellement dédié à la Vierge Marie ou à un saint.

clocher^M
Tour percée de baies dans laquelle sont accrochées les cloches.

cierge^M
Longue bougie utilisée dans le culte chrétien lors de célébrations (messe, baptême, Pâques, etc.).

fonts^M baptismaux
Bassin sur socle au-dessus duquel on baptise les nouveau-nés.

ex-voto^M
Tableau, objet ou plaque que l'on place dans une église à la suite d'un vœu ou en mémoire d'une grâce obtenue.

vitrail^M
Ouvrage décoratif, constitué d'un assemblage de pièces de verre coloré, servant à fermer une baie.

confessionnal^M
Isoloir où le prêtre entend la confession des pénitents.

lampe^F de sanctuaire^M
Lampe à l'huile suspendue devant l'autel, qui brûle en permanence.

crucifix^M
Croix de taille variable sur laquelle Jésus-Christ est représenté crucifié.

retable^M
Partie verticale peinte ou sculptée placée sur un autel ou derrière celui-ci.

tabernacle^M
Petite armoire renfermant un vase sacré (ciboire), qui contient des hosties consacrées.

statue^F
Sculpture en pied représentant un personnage saint.

devant^M d'autel^M
Partie verticale, souvent recouverte d'une pièce de tissu (parement) couvrant la face et les côtés de l'autel.

croix^F d'autel^M
Croix sur pied, en bois ou en métal, placée au centre du maître-autel pendant la messe.

encensoir^M
Récipient muni d'un couvercle ajouré et suspendu à des chaînettes, dans lequel on brûle de l'encens.

sacristie^F
Pièce où sont conservés les vases sacrés et les vêtements sacerdotaux.

calice^M
Coupe dans laquelle est consacré le vin lors de la célébration de la messe.

lutrin^M
Dispositif muni d'un châssis incliné sur lequel on pose les livres de chant liturgique, la Bible, etc.

bénitier^M
Bassin contenant l'eau bénite, situé à l'entrée de l'église pour que les fidèles puissent se signer en entrant.

maître-autel^M
Autel principal d'une église, situé dans la partie formant l'extrémité du chœur (abside).

chaire^F
Tribune du haut de laquelle un prédicateur s'adresse aux fidèles.

banc^M
Siège long et étroit, non rembourré, sur lequel plusieurs personnes peuvent s'asseoir.

SOCIÉTÉ

religion

synagogue[F]

Lieu consacré au culte dans la religion juive.

menora[F]
Chandelier à sept branches, un des principaux objets de culte du judaïsme.

balcon[M]
Section réservée aux femmes. Dans les communautés réformées, toutefois, les hommes et les femmes s'assoient ensemble.

tableau[M] du souvenir[M]
Plaque sur laquelle sont inscrits les noms des défunts de la communauté.

étoile[F] de David
Emblème du judaïsme, composé d'une étoile à six branches formée de deux triangles inversés. Cette étoile était symbole du sceau du roi Salomon, fils de David.

les dix commandements[M]
Préceptes transmis par Dieu à Moïse, constituant les bases de la foi juive.

arche[F]
Armoire où sont conservés les rouleaux de la Torah.

siège[M] du rabbin[M]
Fauteuil du chef religieux de la communauté, qui dirige le culte.

table[F] de lecture[F]
Pupitre sur lequel sont placés les rouleaux de la Torah pour la lecture publique.

bimah[F]
Tribune d'où le rabbin dirige le culte.

lumière[F] perpétuelle
Lampe suspendue qui doit brûler en permanence, rappelant la menora du Temple (édifice qui fut élevé à Jérusalem) et symbolisant la présence éternelle de Dieu.

rouleaux[M] de la Torah[F]
Rouleaux de parchemin portant le texte du Pentateuque (cinq premiers livres de la Bible hébraïque) écrit à la main.

mosquée[F]

Lieu consacré au culte dans la religion islamique.

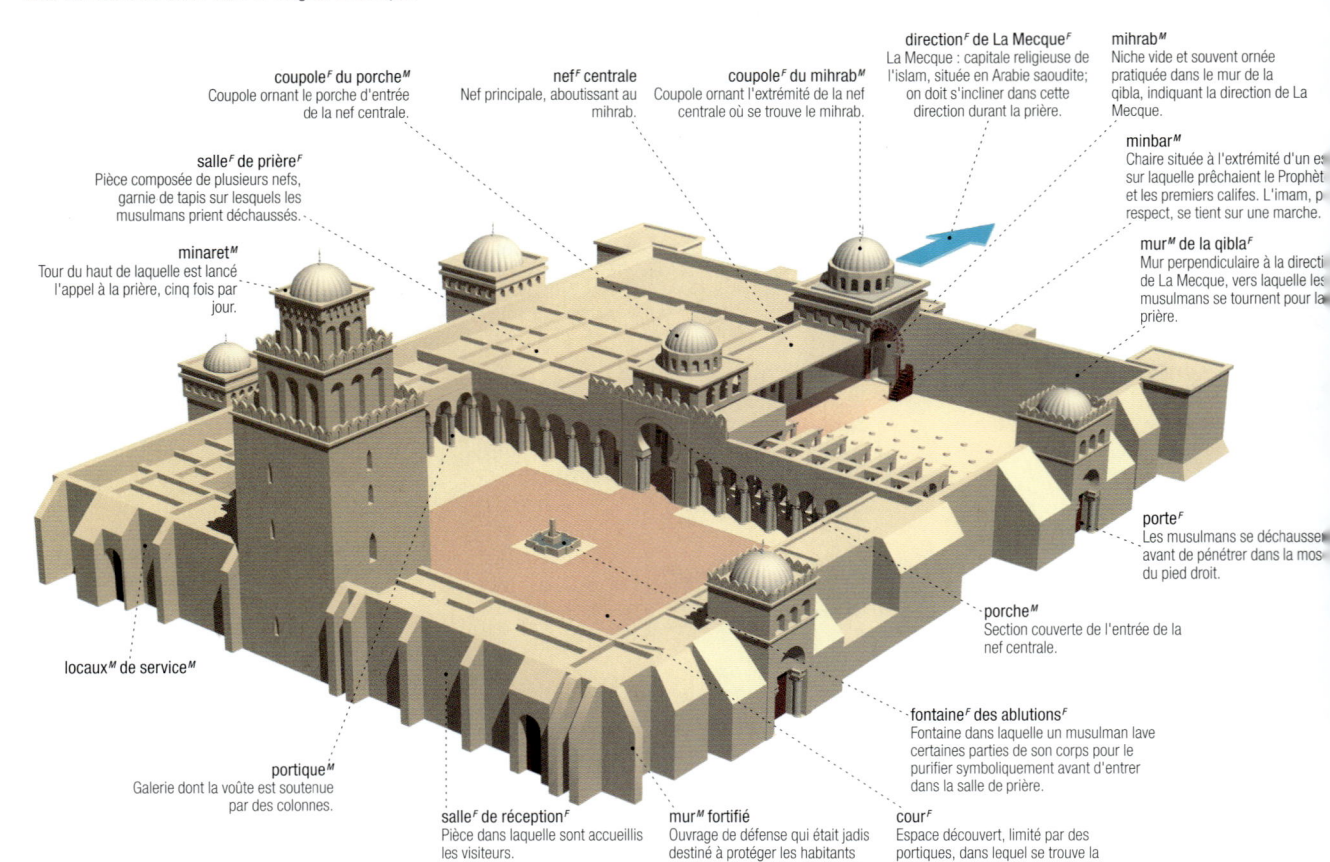

coupole[F] du porche[M]
Coupole ornant le porche d'entrée de la nef centrale.

nef[F] centrale
Nef principale, aboutissant au mihrab.

coupole[F] du mihrab[M]
Coupole ornant l'extrémité de la nef centrale où se trouve le mihrab.

direction[F] de La Mecque[F]
La Mecque : capitale religieuse de l'islam, située en Arabie saoudite; on doit s'incliner dans cette direction durant la prière.

mihrab[M]
Niche vide et souvent ornée pratiquée dans le mur de la qibla, indiquant la direction de La Mecque.

salle[F] de prière[F]
Pièce composée de plusieurs nefs, garnie de tapis sur lesquels les musulmans prient déchaussés.

minaret[M]
Tour du haut de laquelle est lancé l'appel à la prière, cinq fois par jour.

minbar[M]
Chaire située à l'extrémité d'un escalier sur laquelle prêchaient le Prophète et les premiers califes. L'imam, par respect, se tient sur une marche.

mur[M] de la qibla[F]
Mur perpendiculaire à la direction de La Mecque, vers laquelle les musulmans se tournent pour la prière.

porte[F]
Les musulmans se déchaussent avant de pénétrer dans la mosquée du pied droit.

porche[M]
Section couverte de l'entrée de la nef centrale.

locaux[M] de service[M]

portique[M]
Galerie dont la voûte est soutenue par des colonnes.

salle[F] de réception[F]
Pièce dans laquelle sont accueillis les visiteurs.

mur[M] fortifié
Ouvrage de défense qui était jadis destiné à protéger les habitants réfugiés dans la mosquée lors de conflits.

cour[F]
Espace découvert, limité par des portiques, dans lequel se trouve la fontaine des ablutions.

fontaine[F] des ablutions[F]
Fontaine dans laquelle un musulman lave certaines parties de son corps pour le purifier symboliquement avant d'entrer dans la salle de prière.

SOCIÉTÉ

politique

héraldique^F

Discipline ayant pour objet la connaissance et l'étude des objets et des emblèmes qui permettent de distinguer des collectivités ou des familles.

éléments^M d'un drapeau^M
Drapeau : pièce d'étoffe fixée à une hampe, portant l'emblème d'une nation, d'un groupe, etc.

pointe^F de hampe^F
Ornement formant la partie supérieure de la hampe.

emblème^M
Figure symbolique représentant une nation, un groupe, etc.

guindant^M
Partie du drapeau située du côté de la hampe.

battant^M
Partie du drapeau flottant librement.

cabillot^M
Cheville de bois ou de métal permettant de fixer la corde du drapeau sur la drisse de la hampe.

drisse^F
Cordage servant à hisser le drapeau.

hampe^F
Manche de bois ou de métal portant le drapeau.

manche^F à air^M
Tube d'étoffe ouvert aux deux extrémités, indiquant la direction et la force du vent.

banderole^F
Bande d'étoffe longue et étroite qui porte habituellement une devise.

base^F
Socle supportant la hampe.

formes^F de drapeaux^M

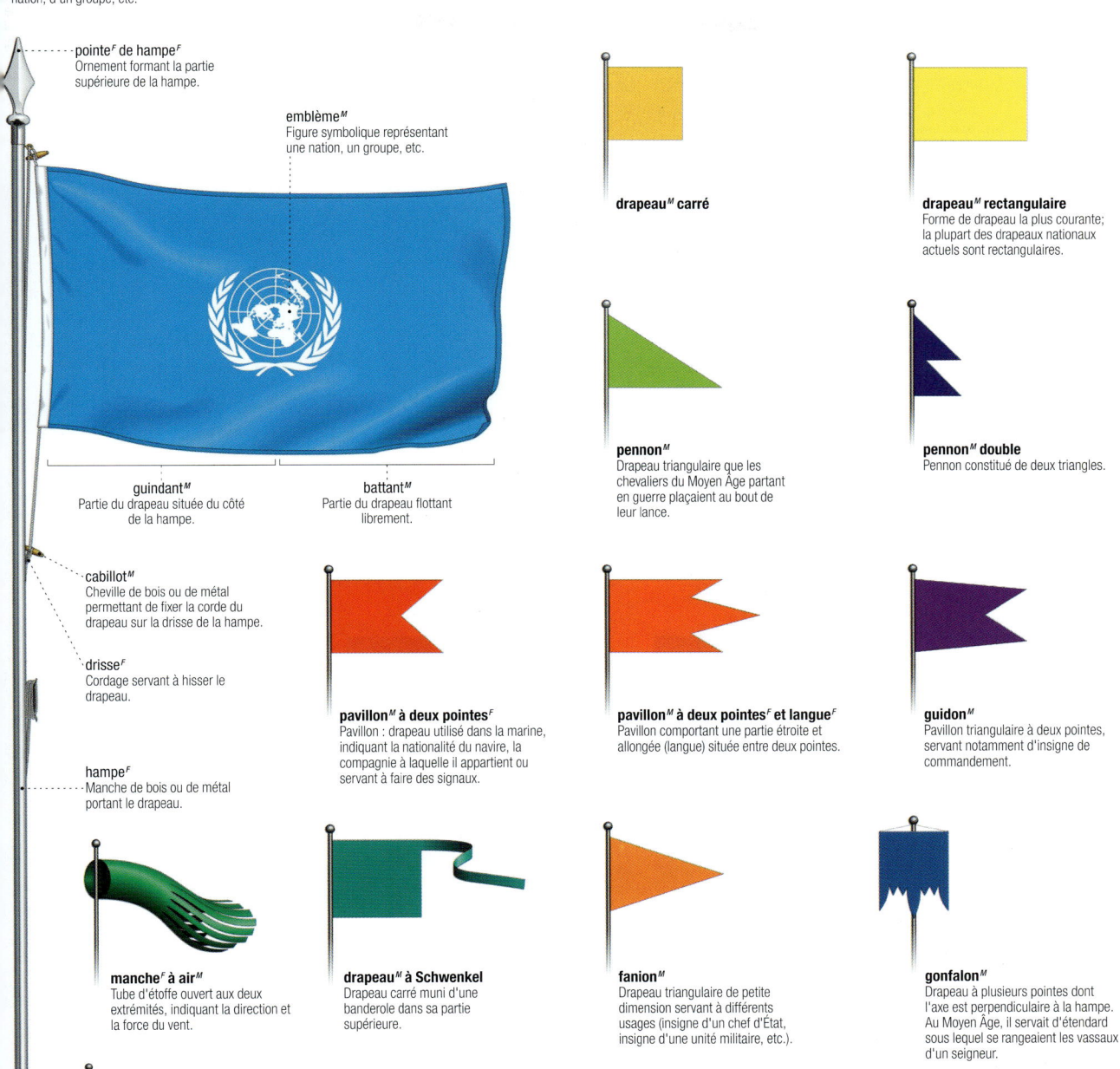

drapeau^M carré

drapeau^M rectangulaire
Forme de drapeau la plus courante; la plupart des drapeaux nationaux actuels sont rectangulaires.

pennon^M
Drapeau triangulaire que les chevaliers du Moyen Âge partant en guerre plaçaient au bout de leur lance.

pennon^M double
Pennon constitué de deux triangles.

pavillon^M à deux pointes^F
Pavillon : drapeau utilisé dans la marine, indiquant la nationalité du navire, la compagnie à laquelle il appartient ou servant à faire des signaux.

pavillon^M à deux pointes^F et langue^F
Pavillon comportant une partie étroite et allongée (langue) située entre deux pointes.

guidon^M
Pavillon triangulaire à deux pointes, servant notamment d'insigne de commandement.

drapeau^M à Schwenkel
Drapeau carré muni d'une banderole dans sa partie supérieure.

fanion^M
Drapeau triangulaire de petite dimension servant à différents usages (insigne d'un chef d'État, insigne d'une unité militaire, etc.).

gonfalon^M
Drapeau à plusieurs pointes dont l'axe est perpendiculaire à la hampe. Au Moyen Âge, il servait d'étendard sous lequel se rangeaient les vassaux d'un seigneur.

oriflamme^F
Bannière d'apparat à plusieurs pointes.

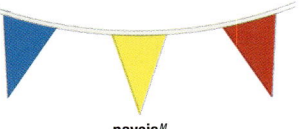

pavois^M
Ensemble de pavillons de différentes couleurs servant d'ornement de fête.

SOCIÉTÉ

politique

héraldique

divisions de l'écu

Écu : surface en forme de bouclier divisée en neuf branches (cantons), portant les figures des armoiries.

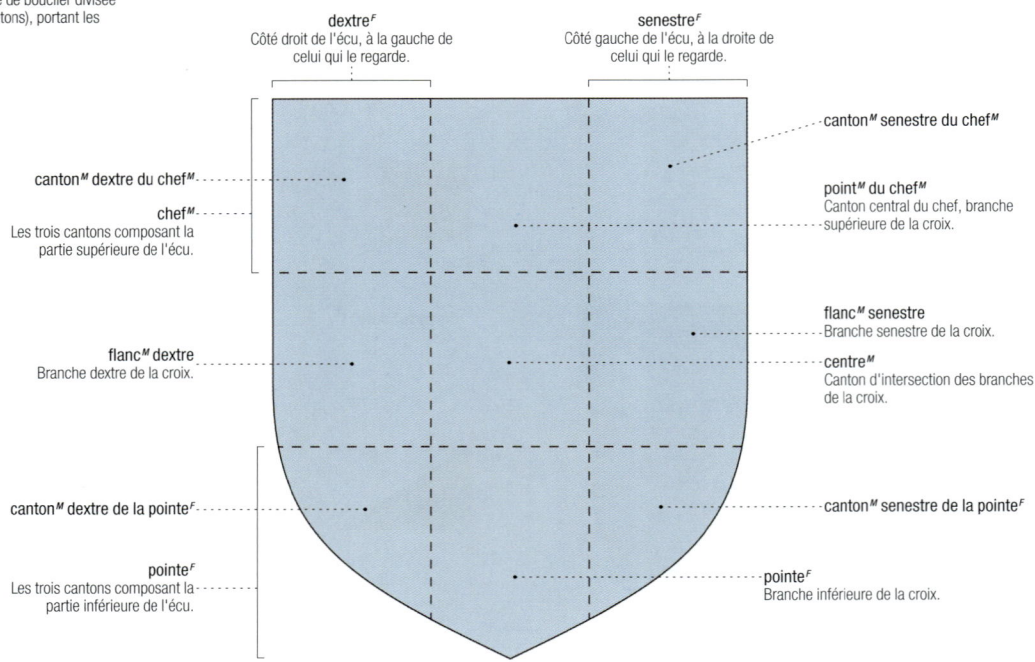

dextre
Côté droit de l'écu, à la gauche de celui qui le regarde.

senestre
Côté gauche de l'écu, à la droite de celui qui le regarde.

canton senestre du chef

canton dextre du chef

chef
Les trois cantons composant la partie supérieure de l'écu.

point du chef
Canton central du chef, branche supérieure de la croix.

flanc senestre
Branche senestre de la croix.

flanc dextre
Branche dextre de la croix.

centre
Canton d'intersection des branches de la croix.

canton dextre de la pointe

canton senestre de la pointe

pointe
Les trois cantons composant la partie inférieure de l'écu.

pointe
Branche inférieure de la croix.

exemples de partitions

Partitions : divisions de l'écu par des lignes, formant un nombre pair de sections.

coupé
Partage de l'écu en deux sections au moyen d'une ligne horizontale au centre.

parti
Partage de l'écu en deux sections au moyen d'une ligne verticale au centre.

tranché
Partage de l'écu en deux sections au moyen d'une ligne diagonale, du canton dextre du chef au canton senestre de la pointe.

écartelé
Partage de l'écu en deux sections : en haut, moitié gauche d'un coupé, en bas, moitié droite d'un parti.

exemples de pièces honorables

Pièces honorables : divisions de l'écu par des lignes, formant un nombre impair de sections.

chef
Figure couvrant le tiers supérieur de l'écu.

chevron
Figure en forme de « V » inversé depuis le canton dextre jusqu'au canton senestre de la pointe en passant par le milieu du point du chef.

pal
Figure couvrant la branche verticale de la croix.

croix
Figure couvrant les parties verticale et horizontale centrales de l'écu.

SOCIÉTÉ

politique

héraldique

exemples de métaux
Métaux : l'or, représenté par le jaune, et l'argent, représenté par le blanc.

argent
Lorsque l'écu est représenté en noir et blanc, il est désigné par une surface blanche.

or
Lorsque l'écu est représenté en noir et blanc, il est désigné par une surface pointillée.

exemples de fourrures
Fourrures : combinaisons d'émaux (métaux et couleurs) représentant de la fourrure.

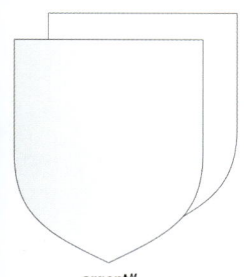

hermine
Fourrure représentée par un champ d'argent parsemé de mouchetures de couleur sable.

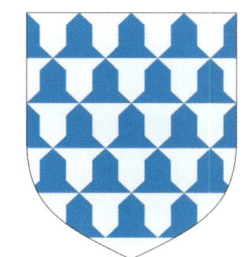

vair
Fourrure représentée par des cloches alternées d'argent et d'azur, disposées de manière à ce que la pointe d'une cloche azur touche la pointe d'une cloche argent.

exemples de meubles
Meuble : figure représentée sur l'écu.

lion passant
Le lion, animal le plus représenté en héraldique, symbolise notamment la force et le courage. Le lion passant est un lion qui marche.

fleur de lis
Motif notamment représenté sur les anciennes armoiries de France et sur celles du Québec.

aigle
Oiseau le plus représenté en héraldique, il symbolise notamment la puissance. Lorsque le bout de ses ailes tend vers le bas, on dit qu'il est au vol abaissé.

croissant
Croissant de lune dont les pointes (ou cornes) sont habituellement dirigées vers le chef de l'écu.

étoile
Étoile à cinq branches, pointe orientée vers le point du chef de l'écu.

exemples de couleurs
Couleurs : émaux autres que les métaux.

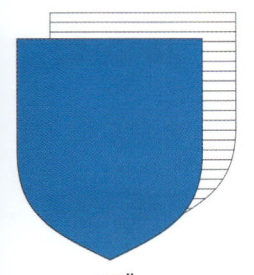

azur
De couleur bleue. Lorsque l'écu est représenté en noir et blanc, l'azur est désigné par une surface hachurée horizontalement.

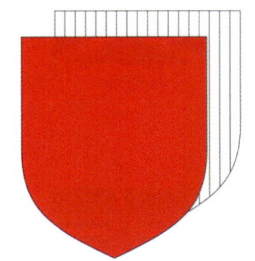

gueules
De couleur rouge. Lorsque l'écu est représenté en noir et blanc, le gueules est désigné par une surface hachurée verticalement.

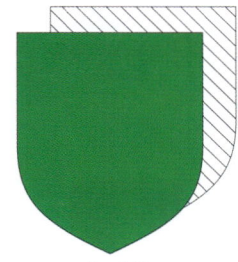

sinople
De couleur verte. Lorsque l'écu est représenté en noir et blanc, le sinople est désigné par une surface hachurée en diagonale, de gauche à droite.

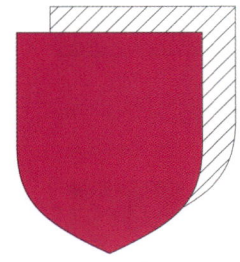

pourpre
De couleur violette. Lorsque l'écu est représenté en noir et blanc, le pourpre est désigné par une surface hachurée en diagonale, de droite à gauche.

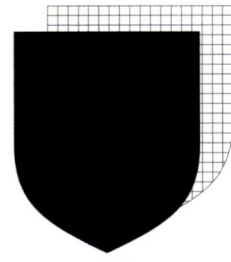

sable
De couleur noire. Lorsque l'écu est représenté en noir et blanc, le sable est désigné par une surface quadrillée ou noire.

SOCIÉTÉ

drapeaux^M des États^M membres de l'ONU

Les drapeaux illustrés sont ceux des 193 pays représentés officiellement à l'Organisation des Nations unies (ONU).

Amériques^F

1. Canada^M
2. États-Unis^M d'Amérique^F
3. Mexique^M
4. Honduras^M
5. Guatemala^M
6. Belize^M
7. El Salvador^M
8. Nicaragua^M
9. Costa Rica^M
10. Panama^M
11. Colombie^F
12. Venezuela^M
13. Guyana^F
14. Suriname^M
15. Équateur^M
16. Pérou^M
17. Brésil^M
18. Bolivie^F
19. Paraguay^M
20. Chili^M
21. Argentine^F
22. Uruguay^M

Antilles^F

23. Bahamas^F
24. Cuba^F
25. Jamaïque^F
26. Haïti^M
27. Saint-Kitts-et-Nevis^M
28. Antigua-et-Barbuda^F
29. Dominique^F
30. Sainte-Lucie^F

politique

drapeaux des États membres de l'ONU

| 31 Saint-Vincent-et-les Grenadines | 32 République dominicaine | 33 Barbade | 34 Grenade | 35 Trinité-et-Tobago |

Europe

| 36 Andorre | 37 Portugal | 38 Espagne | 39 Royaume-Uni de Grande-Bretagne et d'Irlande du Nord |

politique

drapeaux^M des États^M membres de l'ONU

40 France^F	41 Irlande^F	42 Belgique^F	43 Luxembourg^M	44 Pays-Bas^M
45 Allemagne^F	46 Liechtenstein^M	47 Suisse^F	48 Autriche^F	49 Italie^F
50 Saint-Marin^M	51 Bulgarie^F	52 Monaco^M	53 Malte^F	54 Chypre^F
55 Grèce^F	56 Albanie^F	57 Ex-République^F yougoslave de Macédoine^F	58 Serbie^F	59 Monténégro^M
60 Bosnie-Herzégovine^F	61 Croatie^F	62 Slovénie^F	63 Hongrie^F	64 Roumanie^F
65 Slovaquie^F	66 République^F tchèque	67 Pologne^F	68 Danemark^M	69 Islande^F
70 Norvège^F	71 Lituanie^F	72 Suède^F	73 Finlande^F	74 Estonie^F
75 Lettonie^F	76 Biélorussie^F	77 Ukraine^F	78 République^F de Moldova^F	79 Fédération^F de Russie^F

SOCIÉTÉ

politique 879

drapeaux^M des États^M membres de l'ONU

Afrique^F

80 Maroc^M	81 Algérie^F	82 Tunisie^F	83 Libye^F
84 Égypte^F	85 Cap-Vert^M	86 Mauritanie^F	87 Mali^M	88 Niger^M
89 Tchad^M	90 Soudan^M	91 République^F du Soudan^M du Sud^M	92 Érythrée^F	93 Djibouti^M
94 Éthiopie^F	95 Somalie^F	96 Sénégal^M	97 Gambie^F	98 Guinée-Bissau^F
99 Guinée^F	100 Sierra Leone^F	101 Liberia^M	102 Côte d'Ivoire^F	103 Burkina Faso^M
104 Ghana^M	105 Togo^M	106 Bénin^M	107 Nigeria^M	108 Cameroun^M
109 Guinée^F équatoriale	110 République^F centrafricaine	111 São Tomé-et-Príncipe^M	112 Gabon^M	113 Congo^M
114 République^F démocratique du Congo^M	115 Rwanda^M	116 Ouganda^M	117 Kenya^M	118 Burundi^M

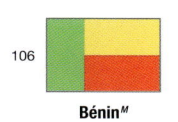

SOCIÉTÉ

drapeaux^M des États^M membres de l'ONU

#	Country
119	République^F-Unie de Tanzanie^F
120	Mozambique^M
121	Swaziland^M
122	Comores^F
123	Zambie^F
124	Madagascar^F
125	Seychelles^F
126	Maurice^F
127	Malawi^M
128	Zimbabwe^M
129	Angola^M
130	Namibie^F
131	Botswana^M
132	Lesotho^M
133	Afrique^F du Sud^M

Asie^F

#	Country
134	Turquie^F
135	Liban^M
136	République^F arabe syrienne
137	Israël^M
138	Jordanie^F
139	Iraq^M
140	Koweït^M
141	Arabie^F saoudite
142	Bahreïn^M
143	Yémen^M
144	Oman^M
145	Émirats^M arabes unis
146	Qatar^M
147	Géorgie^F
148	Arménie^F
149	Azerbaïdjan^M
150	Iran^M
151	Afghanistan^M
152	Kazakhstan^M
153	Turkménistan^M
154	Ouzbékistan^M
155	Kirghizistan^M
156	Tadjikistan^M
157	Pakistan^M
158	Maldives^F

politique 881

drapeaux^M des États^M membres de l'ONU

159 Inde^F	160 Sri Lanka^M	161 Népal^M	162 Chine^F	163 Mongolie^F
164 Bhoutan^M	165 Bangladesh^M	166 Myanmar^M	167 République^F démocratique populaire lao	168 Thaïlande^F
169 Viêtnam^M	170 Cambodge^M	171 Brunéi Darussalam^M	172 Malaisie^F	173 Timor^M oriental
174 Singapour^F	175 Indonésie^F	176 Japon^M	177 République^F populaire démocratique de Corée^F	178 République^F de Corée^F

Océanie^F

179 Philippines^F	180 Palaos^M	181 Micronésie^F	
182 Îles^F Marshall	183 Nauru^F	184 Kiribati^F	185 Tuvalu^M
186 Samoa^F	187 Tonga^F	188 Vanuatu^M	189 Fidji^F
190 Îles^F Salomon	191 Papouasie-Nouvelle-Guinée^F	192 Australie^F	193 Nouvelle-Zélande^F

SOCIÉTÉ

drapeaux des observateurs reconnus par l'ONU

Les drapeaux illustrés sont ceux d'États ou d'entités politiques non membres de l'Organisation des Nations unies (ONU), mais reconnus par celle-ci.

194 **îles Cook**

195 **Palestine**

196 **Nioué**

197 **État de la cité du Vatican**

drapeaux d'organisations internationales

Les drapeaux illustrés sont ceux d'organisations regroupant des gouvernements ou des membres privés de plusieurs États.

Organisation des Nations unies (ONU)
Organisation internationale fondée en 1945, qui vise principalement à maintenir la paix et la sécurité, ainsi qu'à promouvoir les droits de la personne. En 2011, elle comptait 193 pays membres.

Organisation des Nations unies pour l'éducation, la science et la culture (UNESCO)
Agence spécialisée de l'ONU mise sur pied en 1945. Elle est connue pour sa liste du patrimoine mondial, qui recense les biens culturels et naturels importants pour l'humanité.

Comité international olympique (CIO)
Organisation créée en 1894 par Pierre de Coubertin, qui chapeaute le mouvement olympique et les diverses fédérations sportives.

Union européenne (UE)
Association regroupant 27 États indépendants ayant délégué certaines compétences à des organes communs.

Commonwealth
Organisation regroupant 54 pays, pour la plupart d'anciens protectorats ou colonies britanniques.

Croix-Rouge
Regroupement d'organisations humanitaires dont l'origine remonte à 1863, qui offre principalement des services médicaux en zone de conflits ou à la suite de catastrophes naturelles.

Croissant-Rouge
Nom de la Croix-Rouge dans les pays musulmans, dont le symbole est un croissant de lune depuis 1876.

Organisation du Traité de l'Atlantique Nord (OTAN)
Alliance politique et militaire pour la paix et la sécurité, fondée en 1949. Il compte actuellement 28 États membres provenant d'Europe et d'Amérique du Nord.

Organisation internationale de la Francophonie
Organisation regroupant 75 États ou gouvernements ayant en commun l'usage de la langue française.

Ordre souverain militaire de Malte
Communauté religieuse catholique à vocation humanitaire fondée officiellement en 1961. Elle est issue de l'Ordre de Saint-Jean de Jérusalem, créé vers 1080 pour porter assistance médicale aux pèlerins en Terre sainte.

Union africaine
Institution, créée en 2002, qui vise la promotion de la démocratie et du développement en Afrique.

Ligue des États arabes
Organisation fondée en 1945 et regroupant 22 États arabophones provenant surtout du nord de l'Afrique et du Moyen-Orient.

Organisation de la coopération islamique
Institution mise sur pied en 1969 et regroupant 57 États dont au moins une partie de la population est de confession musulmane.

armes 883

armesᶠ de l'âgeᴹ de pierreᶠ

Armes utilisées dans la préhistoire (périodes paléolithique et néolithique), principalement pour la chasse.

hacheᶠ en pierreᶠ polie
Pierre dure façonnée grossièrement, qu'on fixait à un manche.

pointeᶠ de flècheᶠ en silexᴹ
Outil pointu destiné à être attaché à l'extrémité d'une flèche; il est fabriqué en silex, une roche dure à grain très fin.

couteauᴹ en silexᴹ
Pièce de silex taillée en lame, parfois montée sur un manche.

armesᶠ de l'époqueᶠ romaine

Armes de la période de l'Antiquité dominée par l'Empire romain (1ᵉʳ siècle av. J.-C. à 476).

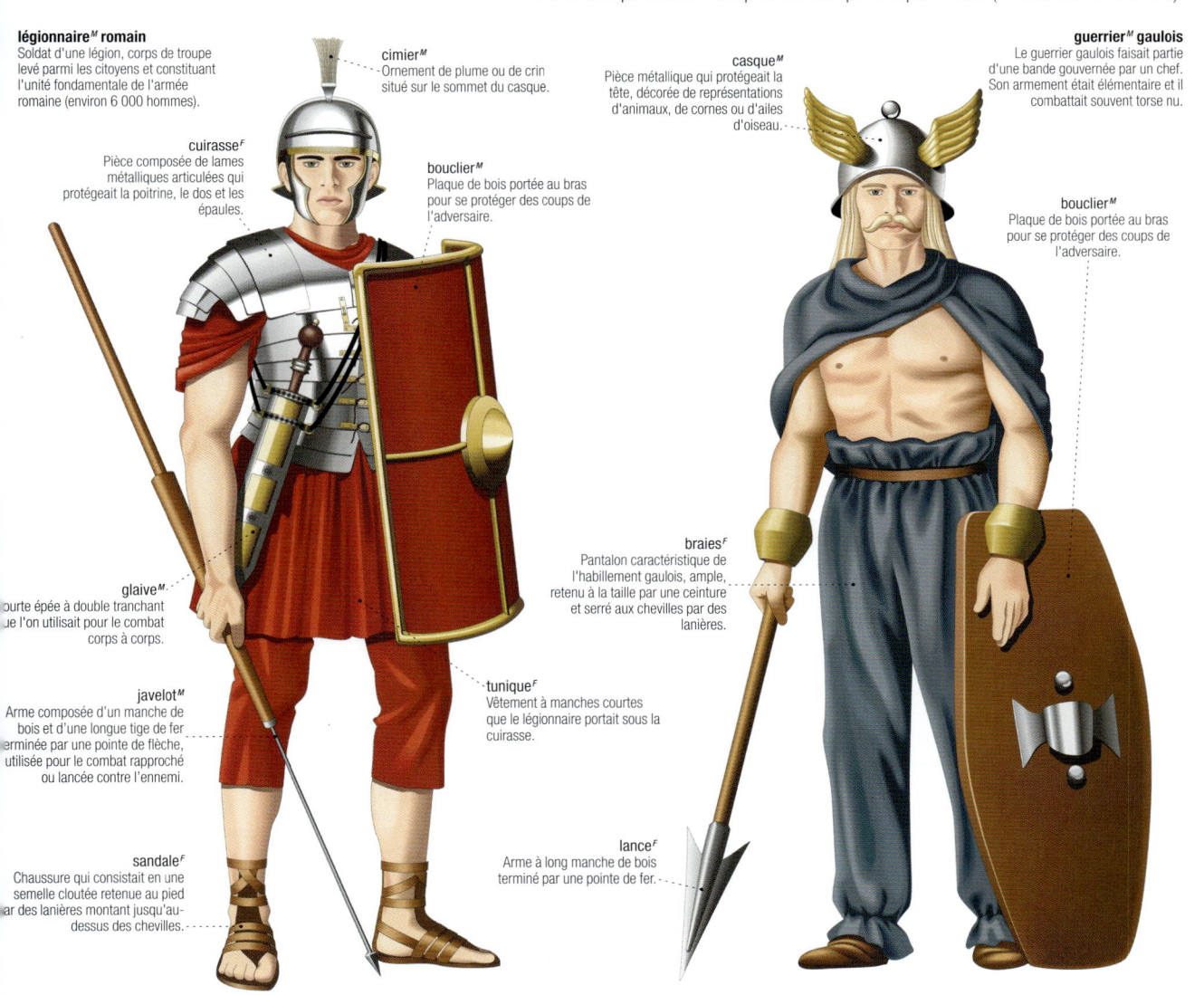

légionnaireᴹ romain
Soldat d'une légion, corps de troupe levé parmi les citoyens et constituant l'unité fondamentale de l'armée romaine (environ 6 000 hommes).

cimierᴹ
Ornement de plume ou de crin situé sur le sommet du casque.

casqueᴹ
Pièce métallique qui protégeait la tête, décorée de représentations d'animaux, de cornes ou d'ailes d'oiseau.

guerrierᴹ gaulois
Le guerrier gaulois faisait partie d'une bande gouvernée par un chef. Son armement était élémentaire et il combattait souvent torse nu.

cuirasseᶠ
Pièce composée de lames métalliques articulées qui protégeait la poitrine, le dos et les épaules.

bouclierᴹ
Plaque de bois portée au bras pour se protéger des coups de l'adversaire.

bouclierᴹ
Plaque de bois portée au bras pour se protéger des coups de l'adversaire.

glaiveᴹ
Courte épée à double tranchant que l'on utilisait pour le combat corps à corps.

braiesᶠ
Pantalon caractéristique de l'habillement gaulois, ample, retenu à la taille par une ceinture et serré aux chevilles par des lanières.

javelotᴹ
Arme composée d'un manche de bois et d'une longue tige de fer terminée par une pointe de flèche, utilisée pour le combat rapproché ou lancée contre l'ennemi.

tuniqueᶠ
Vêtement à manches courtes que le légionnaire portait sous la cuirasse.

sandaleᶠ
Chaussure qui consistait en une semelle cloutée retenue au pied par des lanières montant jusqu'au-dessus des chevilles.

lanceᶠ
Arme à long manche de bois terminé par une pointe de fer.

SOCIÉTÉ

armure^F

Assemblage de pièces métalliques moulées et articulées qui, au Moyen Âge, recouvraient le corps de l'homme d'armes pour le protéger.

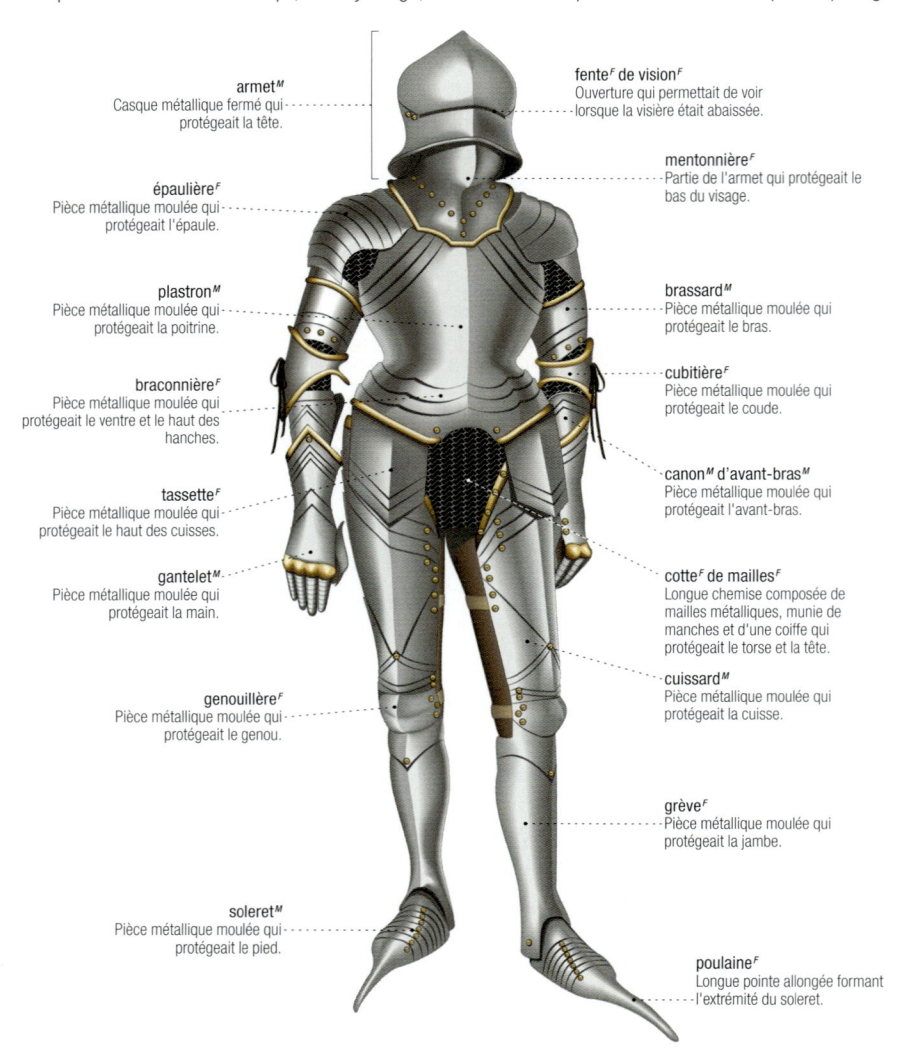

armet^M
Casque métallique fermé qui protégeait la tête.

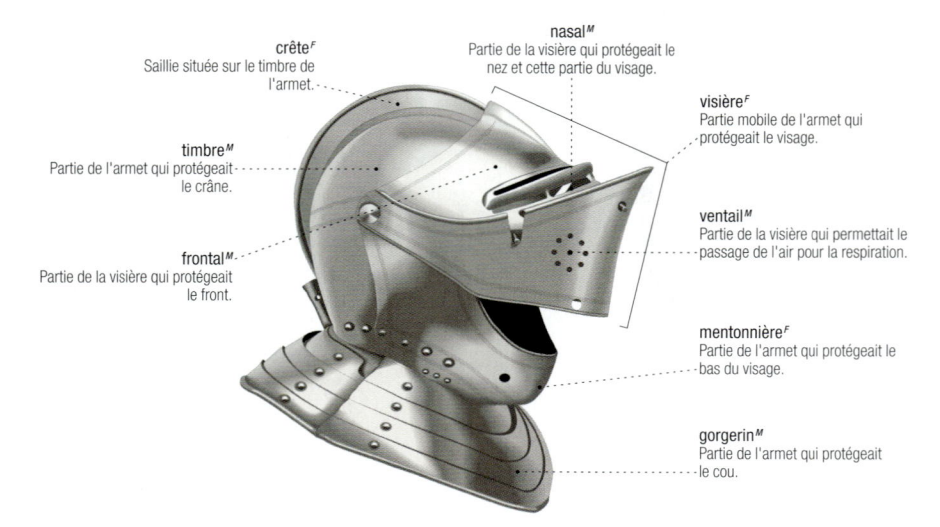

fente^F **de vision**^F
Ouverture qui permettait de voir lorsque la visière était abaissée.

mentonnière^F
Partie de l'armet qui protégeait le bas du visage.

épaulière^F
Pièce métallique moulée qui protégeait l'épaule.

brassard^M
Pièce métallique moulée qui protégeait le bras.

plastron^M
Pièce métallique moulée qui protégeait la poitrine.

cubitière^F
Pièce métallique moulée qui protégeait le coude.

braconnière^F
Pièce métallique moulée qui protégeait le ventre et le haut des hanches.

canon^M **d'avant-bras**^M
Pièce métallique moulée qui protégeait l'avant-bras.

tassette^F
Pièce métallique moulée qui protégeait le haut des cuisses.

cotte^F **de mailles**^F
Longue chemise composée de mailles métalliques, munie de manches et d'une coiffe qui protégeait le torse et la tête.

gantelet^M
Pièce métallique moulée qui protégeait la main.

cuissard^M
Pièce métallique moulée qui protégeait la cuisse.

genouillère^F
Pièce métallique moulée qui protégeait le genou.

grève^F
Pièce métallique moulée qui protégeait la jambe.

soleret^M
Pièce métallique moulée qui protégeait le pied.

poulaine^F
Longue pointe allongée formant l'extrémité du soleret.

armet^M
Casque métallique fermé qui protégeait la tête.

crête^F
Saillie située sur le timbre de l'armet.

nasal^M
Partie de la visière qui protégeait le nez et cette partie du visage.

visière^F
Partie mobile de l'armet qui protégeait le visage.

timbre^M
Partie de l'armet qui protégeait le crâne.

ventail^M
Partie de la visière qui permettait le passage de l'air pour la respiration.

frontal^M
Partie de la visière qui protégeait le front.

mentonnière^F
Partie de l'armet qui protégeait le bas du visage.

gorgerin^M
Partie de l'armet qui protégeait le cou.

armes 885

arcs^M et arbalète^F

Armes de chasse ou de guerre munies d'une corde que l'on tend pour lancer un trait (flèche, carreau, etc.).

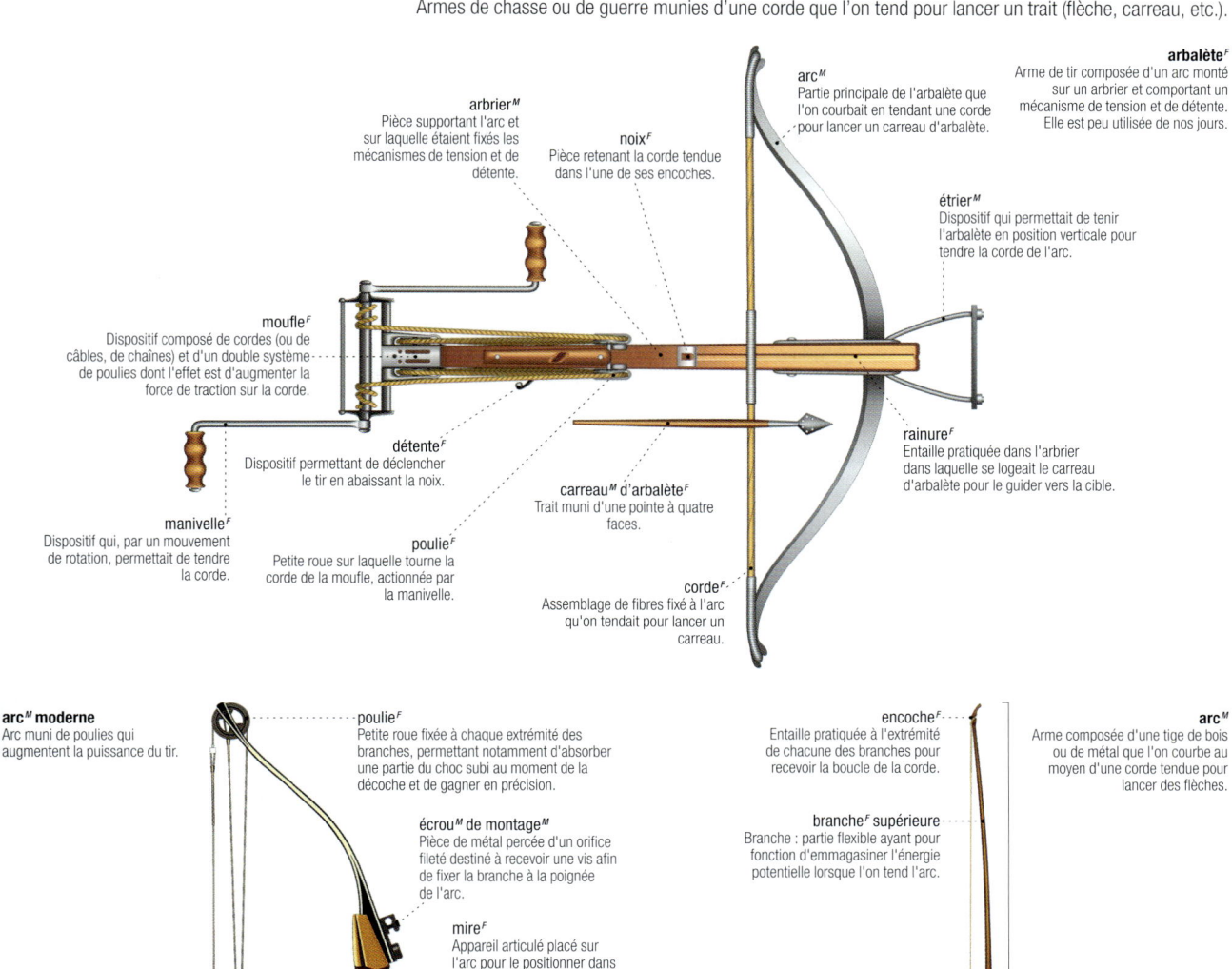

arc^M
Partie principale de l'arbalète que l'on courbait en tendant une corde pour lancer un carreau d'arbalète.

arbalète^F
Arme de tir composée d'un arc monté sur un arbrier et comportant un mécanisme de tension et de détente. Elle est peu utilisée de nos jours.

arbrier^M
Pièce supportant l'arc et sur laquelle étaient fixés les mécanismes de tension et de détente.

noix^F
Pièce retenant la corde tendue dans l'une de ses encoches.

étrier^M
Dispositif qui permettait de tenir l'arbalète en position verticale pour tendre la corde de l'arc.

moufle^F
Dispositif composé de cordes (ou de câbles, de chaînes) et d'un double système de poulies dont l'effet est d'augmenter la force de traction sur la corde.

détente^F
Dispositif permettant de déclencher le tir en abaissant la noix.

rainure^F
Entaille pratiquée dans l'arbrier dans laquelle se logeait le carreau d'arbalète pour le guider vers la cible.

manivelle^F
Dispositif qui, par un mouvement de rotation, permettait de tendre la corde.

poulie^F
Petite roue sur laquelle tourne la corde de la moufle, actionnée par la manivelle.

carreau^M **d'arbalète**^F
Trait muni d'une pointe à quatre faces.

corde^F
Assemblage de fibres fixé à l'arc qu'on tendait pour lancer un carreau.

arc^M **moderne**
Arc muni de poulies qui augmentent la puissance du tir.

poulie^F
Petite roue fixée à chaque extrémité des branches, permettant notamment d'absorber une partie du choc subi au moment de la décoche et de gagner en précision.

encoche^F
Entaille pratiquée à l'extrémité de chacune des branches pour recevoir la boucle de la corde.

arc^M
Arme composée d'une tige de bois ou de métal que l'on courbe au moyen d'une corde tendue pour lancer des flèches.

écrou^M **de montage**^M
Pièce de métal percée d'un orifice fileté destiné à recevoir une vis afin de fixer la branche à la poignée de l'arc.

branche^F **supérieure**
Branche : partie flexible ayant pour fonction d'emmagasiner l'énergie potentielle lorsque l'on tend l'arc.

mire^F
Appareil articulé placé sur l'arc pour le positionner dans l'alignement de la cible et augmenter la précision du tir.

point^M **d'encochage**^M
Repère sur la corde de l'arc où l'on place l'encoche de la flèche.

appui^M**-flèche**^F
Pièce sur laquelle repose le fût de la flèche lors de la fixation de l'encoche sur la corde.

poignée^F
Partie située entre les deux branches, par laquelle on tient l'arc.

dos^M
Face de l'arc opposée à la corde.

branche^F **inférieure**
Branche : partie flexible ayant pour fonction d'emmagasiner l'énergie potentielle lorsque l'on tend l'arc.

espaceur^M **de câbles**^M
Pièce servant à écarter les câbles de la corde afin qu'ils ne touchent pas la flèche lors de l'encochage et du tir.

poignée^F
Partie située entre les deux branches, par laquelle on tient et manie l'arc.

corde^F
Assemblage de fibres fixé à l'arc qu'on tend pour lancer une flèche.

branche^F
Partie flexible ayant pour fonction d'emmagasiner l'énergie potentielle lorsque l'on tend l'arc.

corde^F
Assemblage de fibres fixé à l'arc qu'on tend pour lancer une flèche.

câble^M
Assemblage de cordes en acier coulissant sur les poulies pour démultiplier la puissance de l'arc.

flèche^F
Trait lancé par un arc ou une arbalète, composé d'un fût, d'une pointe, d'un talon muni d'une encoche et d'un empennage.

SOCIÉTÉ

ID
armes^F blanches

Armes munies d'une lame d'acier plus ou moins longue, conçue pour percer ou trancher.

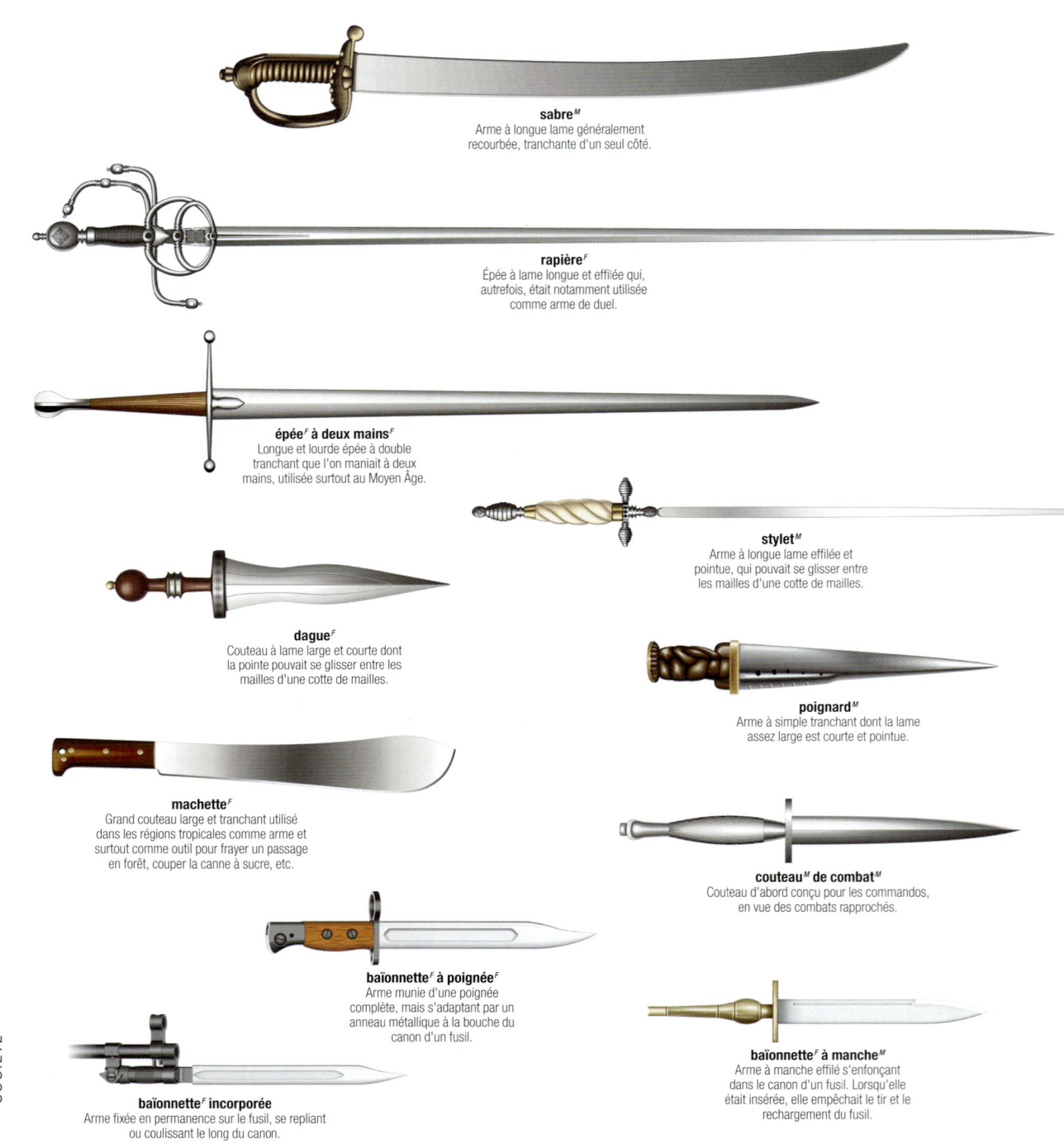

sabre^M
Arme à longue lame généralement recourbée, tranchante d'un seul côté.

rapière^F
Épée à lame longue et effilée qui, autrefois, était notamment utilisée comme arme de duel.

épée^F **à deux mains**^F
Longue et lourde épée à double tranchant que l'on maniait à deux mains, utilisée surtout au Moyen Âge.

stylet^M
Arme à longue lame effilée et pointue, qui pouvait se glisser entre les mailles d'une cotte de mailles.

dague^F
Couteau à lame large et courte dont la pointe pouvait se glisser entre les mailles d'une cotte de mailles.

poignard^M
Arme à simple tranchant dont la lame assez large est courte et pointue.

machette^F
Grand couteau large et tranchant utilisé dans les régions tropicales comme arme et surtout comme outil pour frayer un passage en forêt, couper la canne à sucre, etc.

couteau^M **de combat**^M
Couteau d'abord conçu pour les commandos, en vue des combats rapprochés.

baïonnette^F **à poignée**^F
Arme munie d'une poignée complète, mais s'adaptant par un anneau métallique à la bouche du canon d'un fusil.

baïonnette^F **à manche**^M
Arme à manche effilé s'enfonçant dans le canon d'un fusil. Lorsqu'elle était insérée, elle empêchait le tir et le rechargement du fusil.

baïonnette^F **incorporée**
Arme fixée en permanence sur le fusil, se repliant ou coulissant le long du canon.

baïonnette^F **à douille**^F
Arme munie d'une bague insérée sur le canon d'un fusil qui, même lorsqu'elle était en place, permettait le tir et le rechargement du fusil.

armes^F de chasse^F

Armes à feu utilisées pour abattre des animaux sauvages.

carabine^F (canon^M rayé)
Arme à feu portative tirant une seule balle : l'intérieur du canon est muni de rayures en relief qui impriment à la balle un mouvement de rotation pour augmenter la stabilité de sa trajectoire.

- **bloc^M de culasse^F** : Pièce mobile qui ferme la chambre dans laquelle sont insérées les cartouches.
- **lunette^F de visée^F** : Instrument d'optique monté sur la carabine pour augmenter la précision du tir.
- **canon^M** : Partie tubulaire qui guide la trajectoire du projectile.
- **chien^M** : Pièce provoquant le tir en heurtant le percuteur, qui lui-même frappe l'amorce de la cartouche pour faire exploser la charge de poudre.
- **hausse^F** : Appareil articulé et gradué situé à l'arrière du canon et utilisé pour le pointage par alignement sur le guidon.
- **guidon^M** : Pièce métallique fixée à l'avant du canon et utilisée pour le pointage.
- **plaque^F de couche^F** : Plaque de métal, de caoutchouc ou de plastique fixée à l'extrémité de la crosse pour la renforcer et la protéger.
- **bouche^F** : Orifice de sortie du projectile.
- **crosse^F** : Partie postérieure permettant de tenir l'arme dans la main et de la pointer.
- **levier^M** : Dispositif qui permet de dégager le bloc de culasse pour loger les cartouches dans la chambre et en éjecter les douilles vides.
- **pontet^M** : Pièce métallique cerclant et protégeant la détente.
- **détente^F** : Dispositif sur lequel le tireur appuie pour faire partir le coup.

fusil^M (canon^M lisse)
Arme à feu portative dont l'intérieur du canon ne comporte aucune aspérité, tirant plusieurs billes de plomb, de cuivre ou de nickel à la fois.

- **poignée^F** : Partie qui sert à saisir et à pointer l'arme.
- **chien^M** : Pièce provoquant le tir en heurtant le percuteur, qui lui-même frappe l'amorce de la cartouche pour faire exploser la charge de poudre.
- **bande^F ventilée** : Bande ajourée dont la fonction est de refroidir le canon de l'arme.
- **guidon^M** : Pièce métallique fixée à l'avant du canon et utilisée pour le pointage.
- **plaque^F de couche^F** : Plaque de métal, de caoutchouc ou de plastique fixée à l'extrémité de la crosse pour la renforcer et la protéger.
- **bloc^M de culasse^F** : Pièce mobile qui ferme la chambre dans laquelle sont insérées les cartouches.
- **fût^M** : Monture de bois sur laquelle est ajusté le canon du fusil.
- **canon^M** : Partie tubulaire qui guide la trajectoire du projectile.
- **bouche^F** : Orifice de sortie du projectile.
- **crosse^F** : Partie postérieure permettant de tenir l'arme dans la main et de la pointer.
- **pontet^M** : Pièce métallique cerclant et protégeant la détente.
- **détente^F** : Dispositif sur lequel le tireur appuie pour faire partir le coup.

cartouche^F (carabine^F)
Munition formée d'un projectile (balle), d'une charge propulsive (poudre) et d'une amorce réunis sous une enveloppe (douille).

- **pointe^F** : Extrémité de la balle dont la nature détermine le mode de pénétration dans la cible.
- **noyau^M** : Partie centrale de la balle, composée de plomb.
- **balle^F** : Projectile de la carabine projeté par l'explosion à haute vitesse et en ligne droite en se détachant de la douille.
- **chemise^F** : Revêtement métallique assurant la protection de la balle en passant dans le canon de l'arme.
- **douille^F** : Étui cylindrique contenant la charge propulsive et le projectile de la cartouche.
- **poudre^F** : Substance explosive permettant la propulsion du projectile.
- **amorce^F** : Pièce métallique remplie d'un composé chimique détonant qui permet d'allumer la charge de poudre.
- **culot^M** : Base métallique de la douille contenant l'amorce.

cartouche^F (fusil^M)
Munition formée de projectiles multiples (plombs), d'une charge propulsive (poudre) et d'une amorce réunis sous une enveloppe (douille).

- **sertissage^M** : Bords de la douille repliés pour fermer la cartouche et maintenir les plombs à l'intérieur.
- **plombs^M** : Petits projectiles sphériques du fusil projetés en éventail sous la poussée de la bourre. Ils peuvent être constitués de plomb, de cuivre ou de nickel.
- **douille^F de plastique^M** : Étui de plastique contenant la charge propulsive et les projectiles de la cartouche (plombs).
- **bourre^F** : Corps de feutre ou de plastique séparant les plombs de la poudre, dont le déplacement sous l'effet de l'explosion propulse les plombs à haute vitesse.
- **culot^M** : Base métallique de la douille contenant l'amorce.
- **amorce^F** : Pièce métallique remplie d'un composé chimique détonant qui permet d'allumer la charge de poudre.
- **poudre^F** : Substance explosive permettant la propulsion du projectile.

armes^F de poing^M

Armes à feu courtes et légères que l'on tient d'une seule main.

pistolet^M
Arme de poing, courte et légère, chargée par la crosse et que l'on tient avec une seule main.

chien^M
Pièce provoquant le tir en heurtant le percuteur, qui lui-même frappe l'amorce de la cartouche pour faire exploser la charge de poudre.

cran^M de mire^F
Encoche pratiquée dans la hausse de l'arme, servant au pointage par alignement sur le guidon.

canon^M
Partie tubulaire qui guide la trajectoire du projectile.

guidon^M
Pièce métallique fixée à l'avant du canon et utilisée pour le pointage.

glissière^F
Pièce mobile servant au chargement de l'arme. Elle recule lors du tir et fait monter une nouvelle cartouche dans la chambre du canon.

chargeur^M
Dispositif glissé dans la crosse du pistolet contenant des cartouches (de 7 à 17) qui s'introduisent automatiquement dans le canon du pistolet.

pontet^M
Pièce métallique cerclant et protégeant la détente.

détente^F
Dispositif sur lequel le tireur appuie pour faire partir le coup.

cartouche^F
Munition d'une arme formée d'un projectile (balle ou plomb), d'une charge propulsive (poudre) et d'une amorce réunis sous une enveloppe (douille).

semelle^F de chargeur^M
Partie inférieure du chargeur.

arrêtoir^M de chargeur^M
Dispositif servant à fixer le chargeur dans la crosse.

crosse^F
Partie postérieure permettant de tenir l'arme dans la main et de la pointer.

revolver^M
Pistolet muni d'un magasin cylindrique rotatif (barillet) contenant en général six cartouches.

barillet^M
Magasin cylindrique rotatif contenant les cartouches.

guidon^M
Pièce métallique fixée à l'avant du canon et utilisée pour le pointage.

chien^M
Pièce provoquant le tir en heurtant le percuteur, qui lui-même frappe l'amorce de la cartouche pour faire exploser la charge de poudre.

bouche^F
Orifice de sortie du projectile.

canon^M
Partie tubulaire qui guide la trajectoire du projectile.

crosse^F
Partie postérieure permettant de tenir l'arme dans la main et de la pointer.

pontet^M
Pièce métallique cerclant et protégeant la détente.

détente^F
Dispositif sur lequel le tireur appuie pour faire partir le coup.

cartouche^F de rechange^F
Munition de l'arme, qui contient deux sondes reliées à un mince fil qui s'accrochent aux vêtements de la personne visée.

pistolet^M à impulsion^F électrique
Arme conçue pour paralyser la personne visée en projetant sur elle deux petites sondes envoyant une décharge électrique.

détente^F
Dispositif sur lequel le tireur appuie pour libérer les sondes.

arsenal de guerre 889

armes à feu du 17ᵉ siècle

Armes portatives utilisées approximativement du 15ᵉ au 17ᵉ siècle; parmi celles-ci, l'arquebuse, qui a ensuite été remplacée par le mousquet.

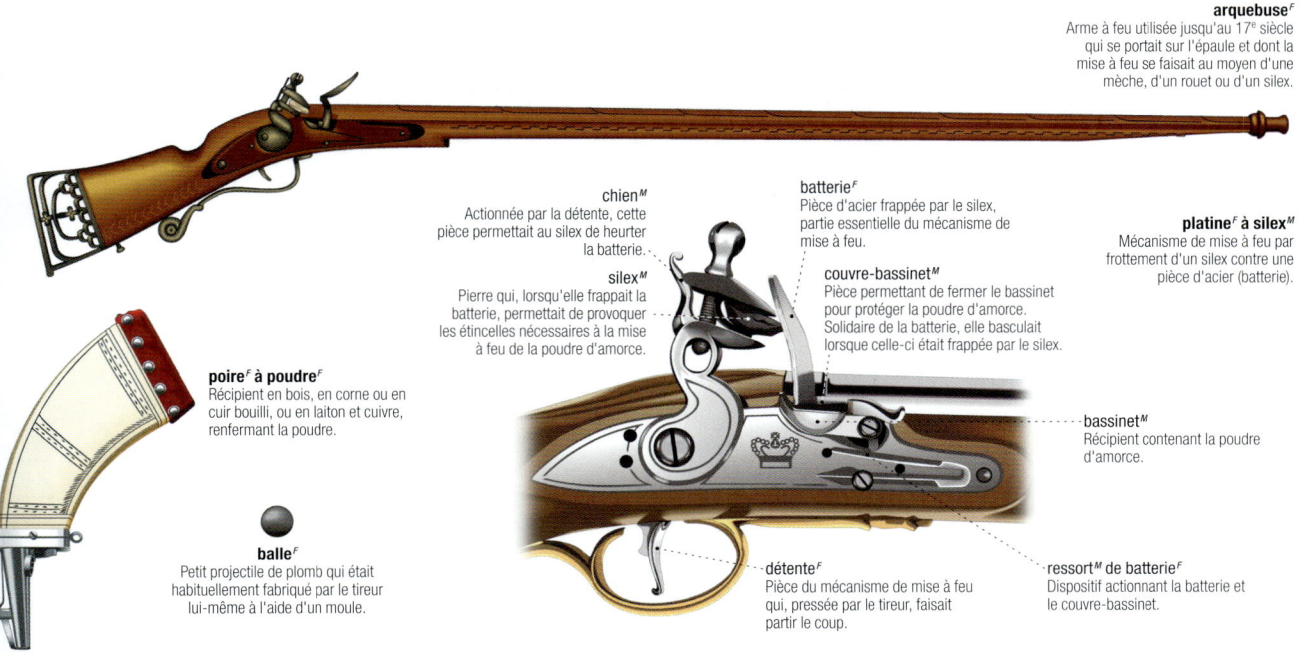

arquebuse
Arme à feu utilisée jusqu'au 17ᵉ siècle qui se portait sur l'épaule et dont la mise à feu se faisait au moyen d'une mèche, d'un rouet ou d'un silex.

chien
Actionnée par la détente, cette pièce permettait au silex de heurter la batterie.

batterie
Pièce d'acier frappée par le silex, partie essentielle du mécanisme de mise à feu.

platine à silex
Mécanisme de mise à feu par frottement d'un silex contre une pièce d'acier (batterie).

silex
Pierre qui, lorsqu'elle frappait la batterie, permettait de provoquer les étincelles nécessaires à la mise à feu de la poudre d'amorce.

couvre-bassinet
Pièce permettant de fermer le bassinet pour protéger la poudre d'amorce. Solidaire de la batterie, elle basculait lorsque celle-ci était frappée par le silex.

poire à poudre
Récipient en bois, en corne ou en cuir bouilli, ou en laiton et cuivre, renfermant la poudre.

bassinet
Récipient contenant la poudre d'amorce.

balle
Petit projectile de plomb qui était habituellement fabriqué par le tireur lui-même à l'aide d'un moule.

détente
Pièce du mécanisme de mise à feu qui, pressée par le tireur, faisait partir le coup.

ressort de batterie
Dispositif actionnant la batterie et le couvre-bassinet.

canon et mortier du 17ᵉ siècle

Armes à feu non portatives destinées au tir tendu (canon) et au tir courbe (mortier) d'un boulet.

projectiles
Corps lourds et solides lancés par les canons et les mortiers.

accessoires de mise à feu
Instruments utilisés pour le chargement d'un canon ou d'un mortier.

boulet
Projectile sphérique plein utilisé pour charger les canons, d'abord fabriqué en pierre, puis en fonte à partir du 16ᵉ siècle.

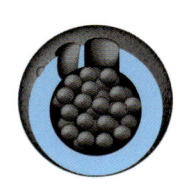

boulet creux
Projectile sphérique rempli de poudre et de mitraille qui explosait au point d'impact.

écouvillon
Instrument garni d'une brosse ou d'une peau, utilisé pour nettoyer l'âme de la bouche à feu après chaque tir.

boutefeu
Instrument muni d'une mèche, utilisé pour enflammer à distance la poudre d'amorce.

lanterne
Instrument utilisé pour mesurer et charger la poudre dans le canon.

refouloir
Instrument utilisé pour tasser la poudre, le projectile et la bourre, qui maintenait le tout en place au fond du canon.

grappe de raisin
Projectile composé de balles de plomb ou de fer qui se dispersaient à la sortie du canon.

boulet ramé
Projectile composé de boulets reliés entre eux par une barre de fer ou une chaîne, utilisé pour détruire la mâture d'un navire.

tire-bourre
Instrument utilisé pour enlever les débris de bourre, qui maintenait la poudre en place.

SOCIÉTÉ

arsenal de guerre

canon et mortier du 17e siècle

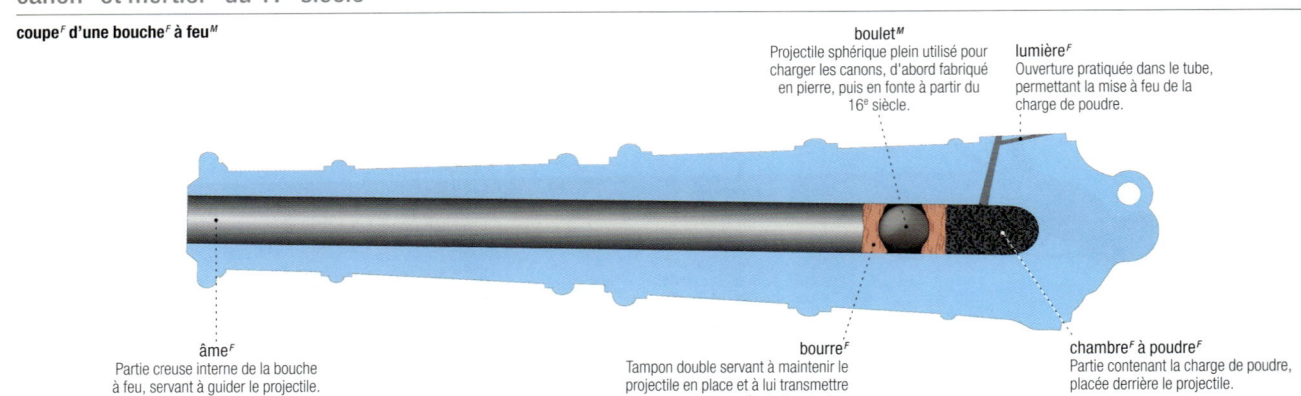

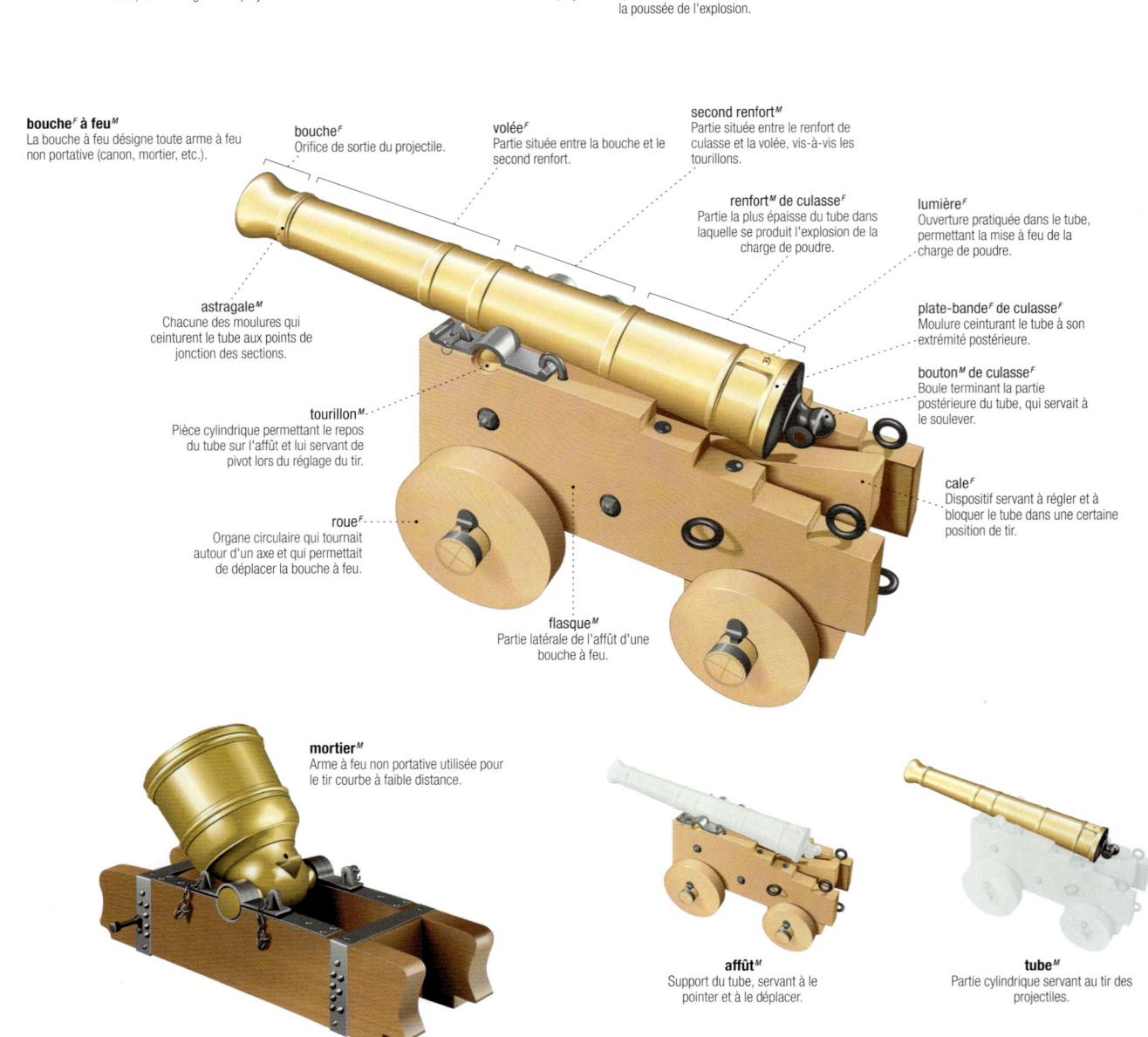

coupe d'une bouche à feu

boulet
Projectile sphérique plein utilisé pour charger les canons, d'abord fabriqué en pierre, puis en fonte à partir du 16e siècle.

lumière
Ouverture pratiquée dans le tube, permettant la mise à feu de la charge de poudre.

âme
Partie creuse interne de la bouche à feu, servant à guider le projectile.

bourre
Tampon double servant à maintenir le projectile en place et à lui transmettre la poussée de l'explosion.

chambre à poudre
Partie contenant la charge de poudre, placée derrière le projectile.

bouche à feu
La bouche à feu désigne toute arme à feu non portative (canon, mortier, etc.).

bouche
Orifice de sortie du projectile.

volée
Partie située entre la bouche et le second renfort.

second renfort
Partie située entre le renfort de culasse et la volée, vis-à-vis les tourillons.

renfort de culasse
Partie la plus épaisse du tube dans laquelle se produit l'explosion de la charge de poudre.

lumière
Ouverture pratiquée dans le tube, permettant la mise à feu de la charge de poudre.

plate-bande de culasse
Moulure ceinturant le tube à son extrémité postérieure.

astragale
Chacune des moulures qui ceinturent le tube aux points de jonction des sections.

bouton de culasse
Boule terminant la partie postérieure du tube, qui servait à le soulever.

tourillon
Pièce cylindrique permettant le repos du tube sur l'affût et lui servant de pivot lors du réglage du tir.

cale
Dispositif servant à régler et à bloquer le tube dans une certaine position de tir.

roue
Organe circulaire qui tournait autour d'un axe et qui permettait de déplacer la bouche à feu.

flasque
Partie latérale de l'affût d'une bouche à feu.

mortier
Arme à feu non portative utilisée pour le tir courbe à faible distance.

affût
Support du tube, servant à le pointer et à le déplacer.

tube
Partie cylindrique servant au tir des projectiles.

SOCIÉTÉ

arsenal de guerre

armes[F] d'assaut[M]

Armes individuelles, automatiques ou semi-automatiques, ayant une portée d'environ 300 m.

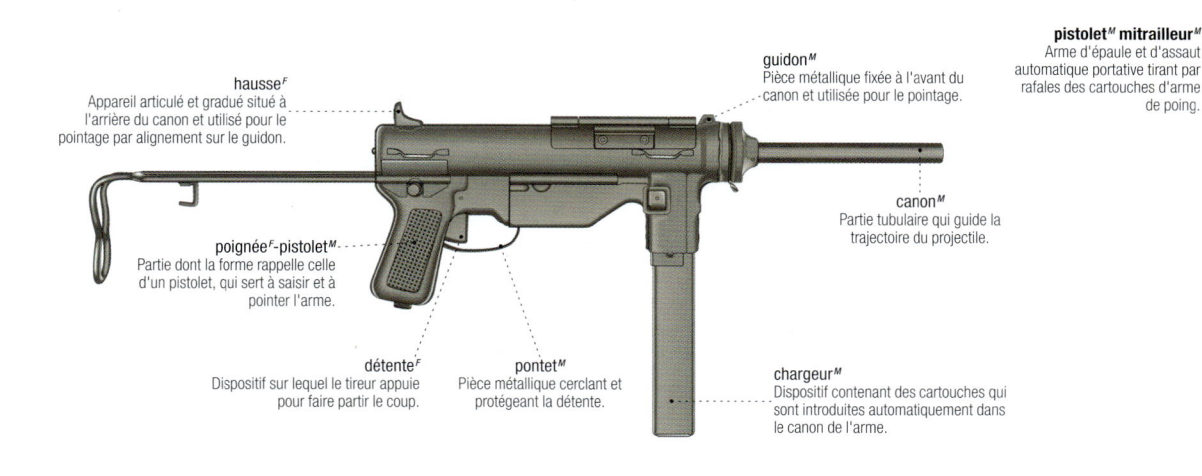

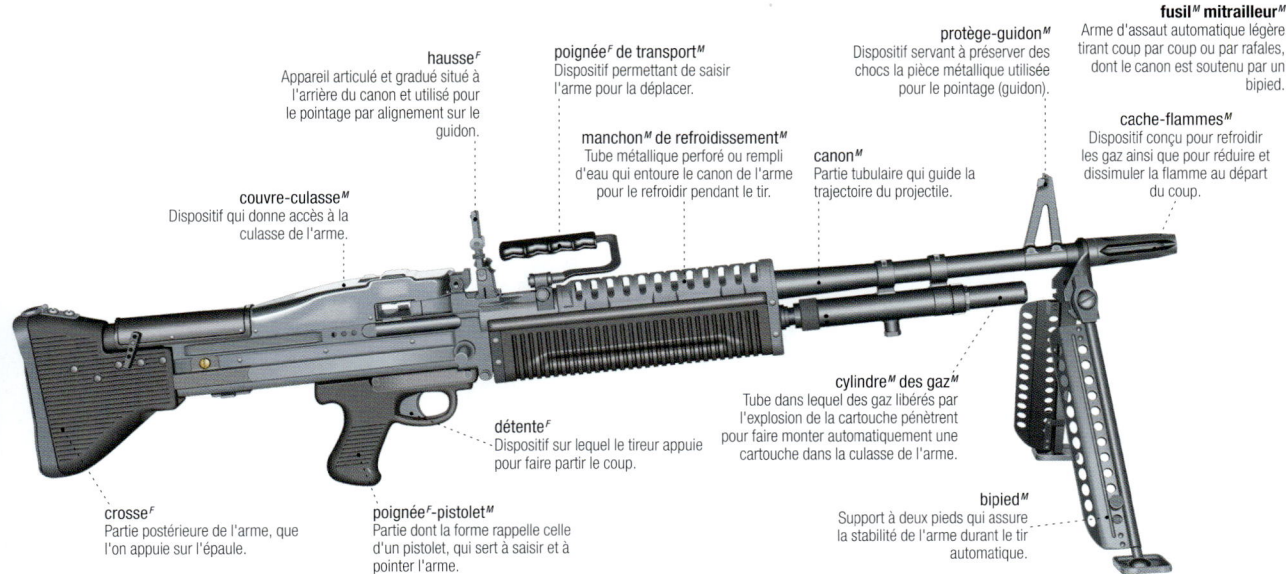

pistolet[M] mitrailleur[M]
Arme d'épaule et d'assaut automatique portative tirant par rafales des cartouches d'arme de poing.

hausse[F]
Appareil articulé et gradué situé à l'arrière du canon et utilisé pour le pointage par alignement sur le guidon.

guidon[M]
Pièce métallique fixée à l'avant du canon et utilisée pour le pointage.

canon[M]
Partie tubulaire qui guide la trajectoire du projectile.

poignée[F]-pistolet[M]
Partie dont la forme rappelle celle d'un pistolet, qui sert à saisir et à pointer l'arme.

détente[F]
Dispositif sur lequel le tireur appuie pour faire partir le coup.

pontet[M]
Pièce métallique cerclant et protégeant la détente.

chargeur[M]
Dispositif contenant des cartouches qui sont introduites automatiquement dans le canon de l'arme.

fusil[M] automatique
Arme d'épaule et d'assaut portative tirant des cartouches d'arme de guerre.

fenêtre[F] d'éjection[F]
Orifice servant à l'éjection des douilles vides.

hausse[F]
Appareil articulé et gradué situé à l'arrière du canon et utilisé pour le pointage par alignement sur le guidon.

canon[M]
Partie tubulaire qui guide la trajectoire du projectile.

protège-guidon[M]
Dispositif servant à préserver des chocs la pièce métallique utilisée pour le pointage (guidon).

garde-main[M]
Dispositif permettant de protéger la main du tireur de la chaleur du canon.

poignée[F]-pistolet[M]
Partie dont la forme rappelle celle d'un pistolet, qui sert à saisir et à pointer l'arme.

détente[F]
Dispositif sur lequel le tireur appuie pour faire partir le coup.

chargeur[M]
Dispositif contenant des cartouches qui sont introduites automatiquement dans le canon de l'arme.

fusil[M] mitrailleur[M]
Arme d'assaut automatique légère tirant coup par coup ou par rafales, dont le canon est soutenu par un bipied.

hausse[F]
Appareil articulé et gradué situé à l'arrière du canon et utilisé pour le pointage par alignement sur le guidon.

poignée[F] de transport[M]
Dispositif permettant de saisir l'arme pour la déplacer.

protège-guidon[M]
Dispositif servant à préserver des chocs la pièce métallique utilisée pour le pointage (guidon).

manchon[M] de refroidissement[M]
Tube métallique perforé ou rempli d'eau qui entoure le canon de l'arme pour le refroidir pendant le tir.

canon[M]
Partie tubulaire qui guide la trajectoire du projectile.

cache-flammes[M]
Dispositif conçu pour refroidir les gaz ainsi que pour réduire et dissimuler la flamme au départ du coup.

couvre-culasse[M]
Dispositif qui donne accès à la culasse de l'arme.

cylindre[M] des gaz[M]
Tube dans lequel des gaz libérés par l'explosion de la cartouche pénètrent pour faire monter automatiquement une cartouche dans la culasse de l'arme.

crosse[F]
Partie postérieure de l'arme, que l'on appuie sur l'épaule.

poignée[F]-pistolet[M]
Partie dont la forme rappelle celle d'un pistolet, qui sert à saisir et à pointer l'arme.

détente[F]
Dispositif sur lequel le tireur appuie pour faire partir le coup.

bipied[M]
Support à deux pieds qui assure la stabilité de l'arme durant le tir automatique.

SOCIÉTÉ

arsenal de guerre

armes^F mobiles

Armes portatives de fort calibre.

obusier^M moderne
Bouche à feu à tir tendu de projectiles de forme généralement cylindro-ogivale (obus). Sa taille se situe entre celles du canon et du mortier.

levier^M de manœuvre^F de la culasse^F
Levier permettant d'ouvrir et de fermer la culasse lors du chargement et du déchargement de l'obusier.

cylindre^M récupérateur
Cylindre hydraulique servant à ramener le canon en position de tir.

tête^F avant du cylindre^M récupérateur
Pièce amovible servant à vérifier et à remplir le fluide hydraulique du cylindre récupérateur.

culasse^F
Partie postérieure coulissante du canon de l'obusier, contenant le mécanisme de mise à feu de l'arme.

crémaillère^F de pointage^M
Dispositif composé d'un arc de cercle denté qu'une roue d'engrenage déplace pour régler la hauteur du tir.

glissoire^M de recul^M
Double anneau posé sur le berceau qui permet au canon de glisser vers l'arrière lors de l'explosion de la charge.

manchon^M de culasse^F
Enveloppe métallique renfermant la culasse.

arbre^M de mise^F à feu^F
Tige métallique servant à transmettre l'impulsion du cordon tire-feu à la détente pour la mise à feu de l'arme.

lunette^F
Anneau permettant de fixer l'obusier à un véhicule remorque.

berceau^M
Pièce sur laquelle est disposé le canon.

canon^M
Partie tubulaire qui guide la trajectoire du projectile.

barre^F d'attelage^M
Tige métallique supportant la lunette, servant à remorquer l'obusier ou à déplacer les bêches.

cercle^M de verrouillage^M
Pièce servant à verrouiller l'ensemble canon et système de recul.

affût^M
Support du canon posé sur la crosse, servant à le pointer et à le déplacer.

crosse^F
Support de l'affût servant à pointer l'obusier dans la direction du tir.

flotteur^M
Plaque métallique servant d'appui à la crosse lors du tir et empêchant les bêches de s'enfoncer trop profondément dans le sol.

poignée^F de soulèvement^M
Poignée permettant de lever la crosse pour déplacer l'obusier.

équilibreur^M
Système hydraulique ou à ressort servant à appliquer une force sur le berceau afin que l'ensemble canon et système de recul demeure en équilibre sur l'affût.

manivelle^F de pointage^M en hauteur^F
Dispositif permettant de régler l'angle de tir du mortier.

bêche^F
Plaque conique en général double, permettant d'ancrer l'arme dans le sol dans une position de tir.

cordon^M tire-feu^M
Dispositif permettant le tir du projectile.

mortier^M moderne
Arme portative à tir courbe chargée par la bouche et utilisée par l'infanterie.

bouche^F
Orifice de sortie du projectile.

appareil^M de pointage^M
Appareil permettant d'établir la ligne de tir.

manivelle^F de pointage^M en hauteur^F
Dispositif permettant de régler l'angle de tir du mortier.

tube^M
Partie cylindrique servant au tir des projectiles.

manivelle^F de pointage^M en direction^F
Dispositif permettant de régler l'orientation du mortier.

plaque^F de base^F
Dispositif qui empêche le tube de s'enfoncer dans le sol sous l'effet du recul.

bipied^M
Support à deux pieds qui assure avec la plaque de base la stabilité de l'arme durant le tir.

SOCIÉTÉ

arsenal de guerre

armes mobiles

bille de plomb
Masse de plomb dont le poids actionne le percuteur en le frappant.

ruban
Bande entourant la fusée. Lors du lancement de la grenade, le ruban se déroule et retire une goupille, qui libère la bille de plomb pour actionner le percuteur.

corps de la fusée
Enveloppe de bakélite® dont la base est filetée pour s'insérer dans la grenade.

ressort
Dispositif permettant de retenir ou de libérer le percuteur.

détonateur
Dispositif permettant de faire exploser la charge.

charge explosive
Substance chimique explosive insérée dans la grenade.

bouchon de fermeture
Vis de bakélite® fermant l'orifice par lequel le détonateur est introduit dans le corps de la grenade.

capuchon de sûreté
Dispositif permettant de retenir le ruban autour de la fusée; il est retiré lors du lancement de la grenade.

tête
Partie supérieure de la grenade qui loge le mécanisme qui déclenchera la mise à feu.

percuteur
Dispositif qui frappe l'amorce.

amorce
Pièce métallique remplie d'un composé chimique qui, frappée par le percuteur, crée une étincelle qui allume le détonateur.

corps en bakélite®
Enveloppe de plastique recouvrant la charge explosive et le détonateur.

bouchon de chargement
Dispositif fermant l'orifice par lequel la charge explosive est insérée.

grenade à main
Projectile léger lancé à la main, formé d'une enveloppe de métal ou de plastique renfermant une charge explosive et un dispositif de mise à feu.

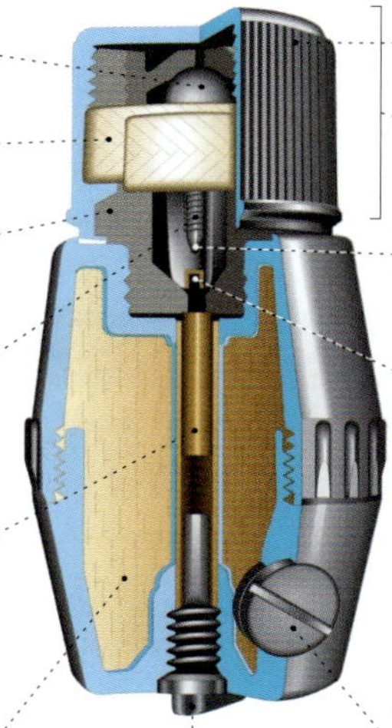

---

hausse
Appareil articulé et gradué situé à l'arrière du bazooka et utilisé pour le pointage par alignement sur le guidon.

ressort
Dispositif actionnant le mécanisme de mise à feu.

tube
Partie cylindrique servant au tir des projectiles.

guidon
Pièce métallique fixée à l'avant du canon et utilisée pour le pointage.

poignée avant
Partie servant à tenir l'arme par son extrémité antérieure.

épaulière
Partie qui appuie le bazooka sur l'épaule du tireur.

bazooka
Arme portative antichar lançant des projectiles autopropulsés (roquettes).

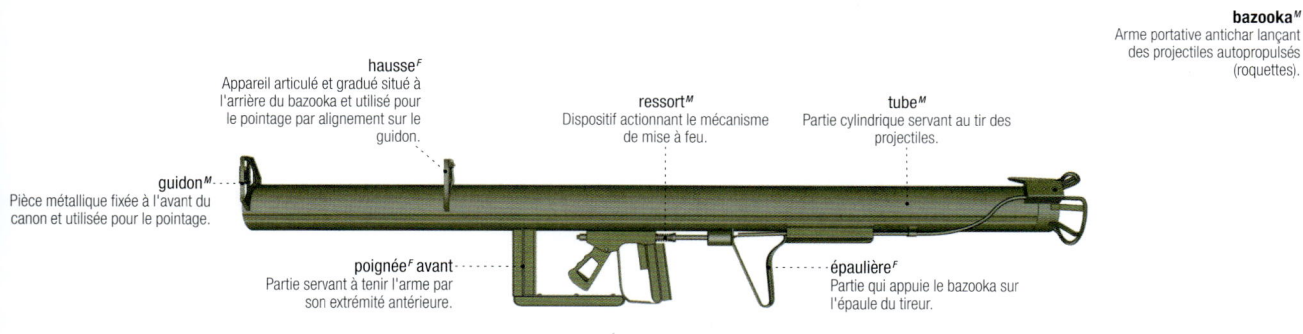

---

tube
Partie cylindrique servant au tir des projectiles.

épaulière
Partie qui appuie le canon sur l'épaule du tireur.

levier de fixation de venturi
Dispositif permettant de relier le venturi au tube.

canon sans recul
Arme portative fonctionnant par équilibre des poussées. Un projectile et un jet de gaz sont propulsés dans des directions opposées, empêchant le recul du canon.

venturi
Conduit d'échappement des gaz de l'explosion, dont la poussée vers l'avant équilibre la poussée vers l'arrière de celle-ci.

poignée avant
Partie servant à tenir l'arme par son extrémité antérieure et à la pointer dans une direction.

détente
Dispositif sur lequel le tireur appuie pour faire partir le coup.

levier d'armement
Dispositif permettant de mettre l'arme en position de tir.

mécanisme de tir
Dispositif qui déclenche le tir du projectile.

projectile antichar
Charge explosive lancée pour détruire les véhicules blindés.

SOCIÉTÉ

arsenal de guerre

missiles

Projectiles dotés d'un système d'autopropulsion et portant une charge destructrice.

structure d'un missile

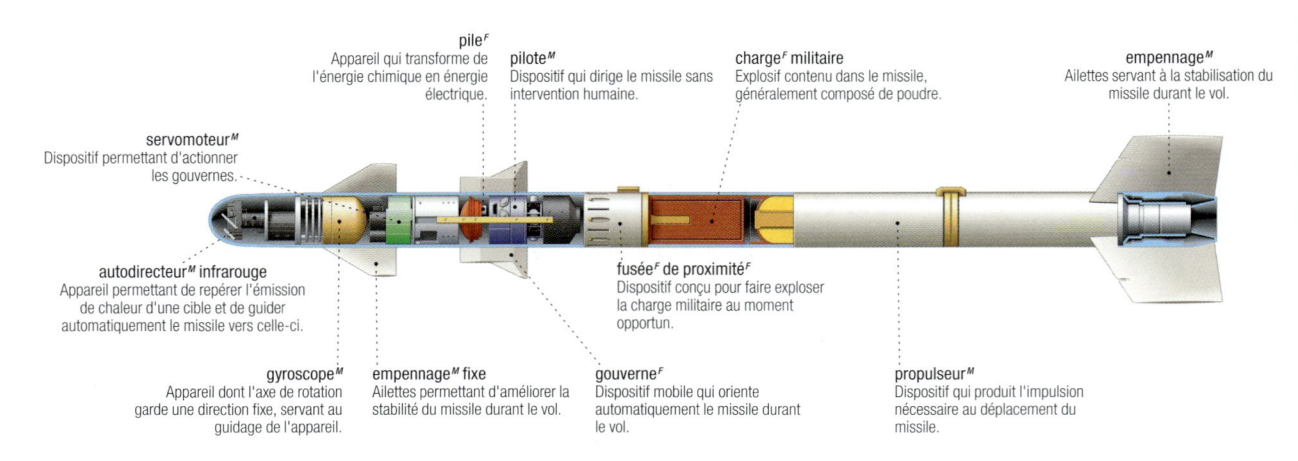

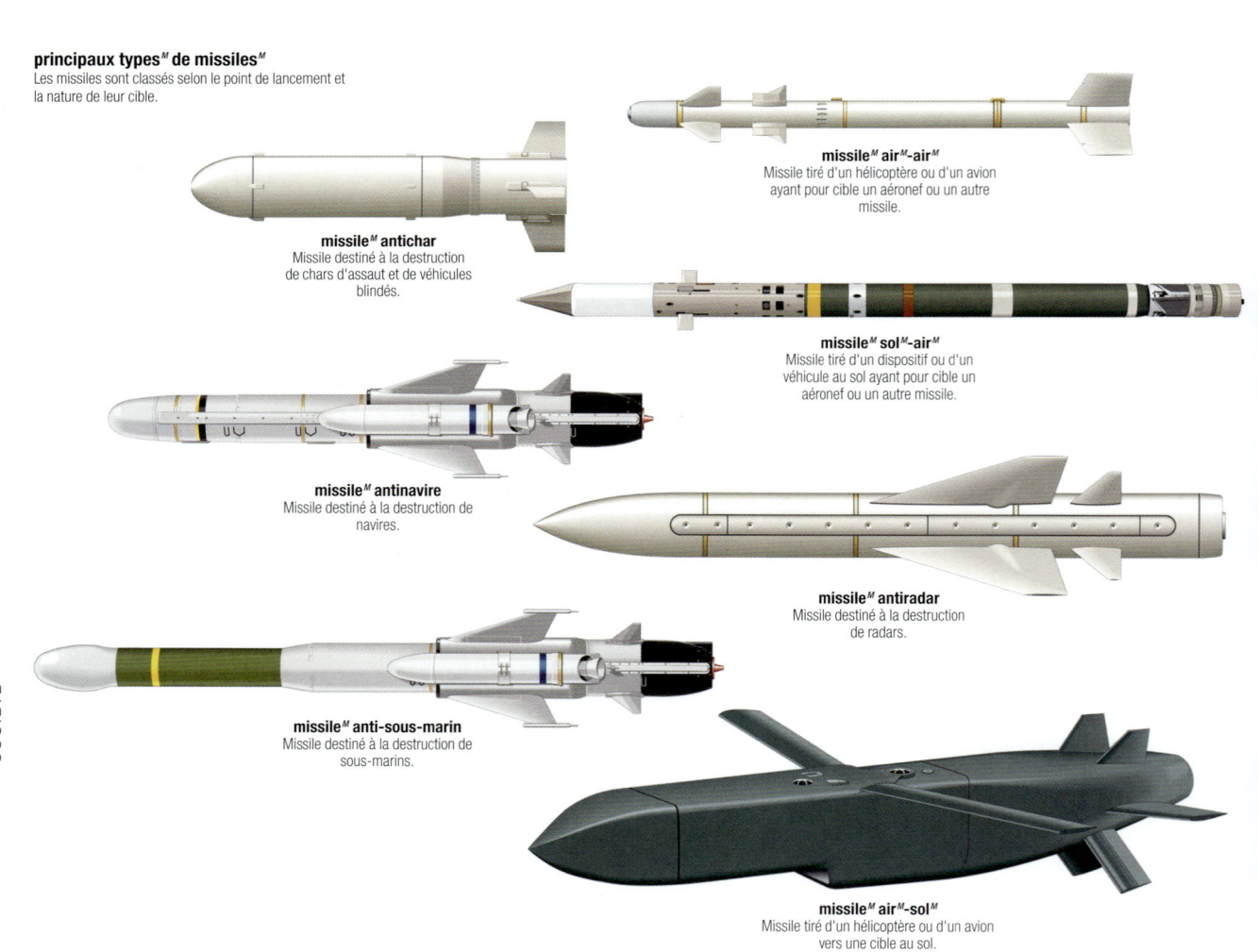

pile : Appareil qui transforme de l'énergie chimique en énergie électrique.

pilote : Dispositif qui dirige le missile sans intervention humaine.

charge militaire : Explosif contenu dans le missile, généralement composé de poudre.

empennage : Ailettes servant à la stabilisation du missile durant le vol.

servomoteur : Dispositif permettant d'actionner les gouvernes.

autodirecteur infrarouge : Appareil permettant de repérer l'émission de chaleur d'une cible et de guider automatiquement le missile vers celle-ci.

gyroscope : Appareil dont l'axe de rotation garde une direction fixe, servant au guidage de l'appareil.

empennage fixe : Ailettes permettant d'améliorer la stabilité du missile durant le vol.

fusée de proximité : Dispositif conçu pour faire exploser la charge militaire au moment opportun.

gouverne : Dispositif mobile qui oriente automatiquement le missile durant le vol.

propulseur : Dispositif qui produit l'impulsion nécessaire au déplacement du missile.

principaux types de missiles

Les missiles sont classés selon le point de lancement et la nature de leur cible.

missile antichar : Missile destiné à la destruction de chars d'assaut et de véhicules blindés.

missile air-air : Missile tiré d'un hélicoptère ou d'un avion ayant pour cible un aéronef ou un autre missile.

missile sol-air : Missile tiré d'un dispositif ou d'un véhicule au sol ayant pour cible un aéronef ou un autre missile.

missile antinavire : Missile destiné à la destruction de navires.

missile antiradar : Missile destiné à la destruction de radars.

missile anti-sous-marin : Missile destiné à la destruction de sous-marins.

missile air-sol : Missile tiré d'un hélicoptère ou d'un avion vers une cible au sol.

SOCIÉTÉ

arsenal de guerre

char^M d'assaut^M

Véhicule de combat blindé et armé, monté sur chenilles.

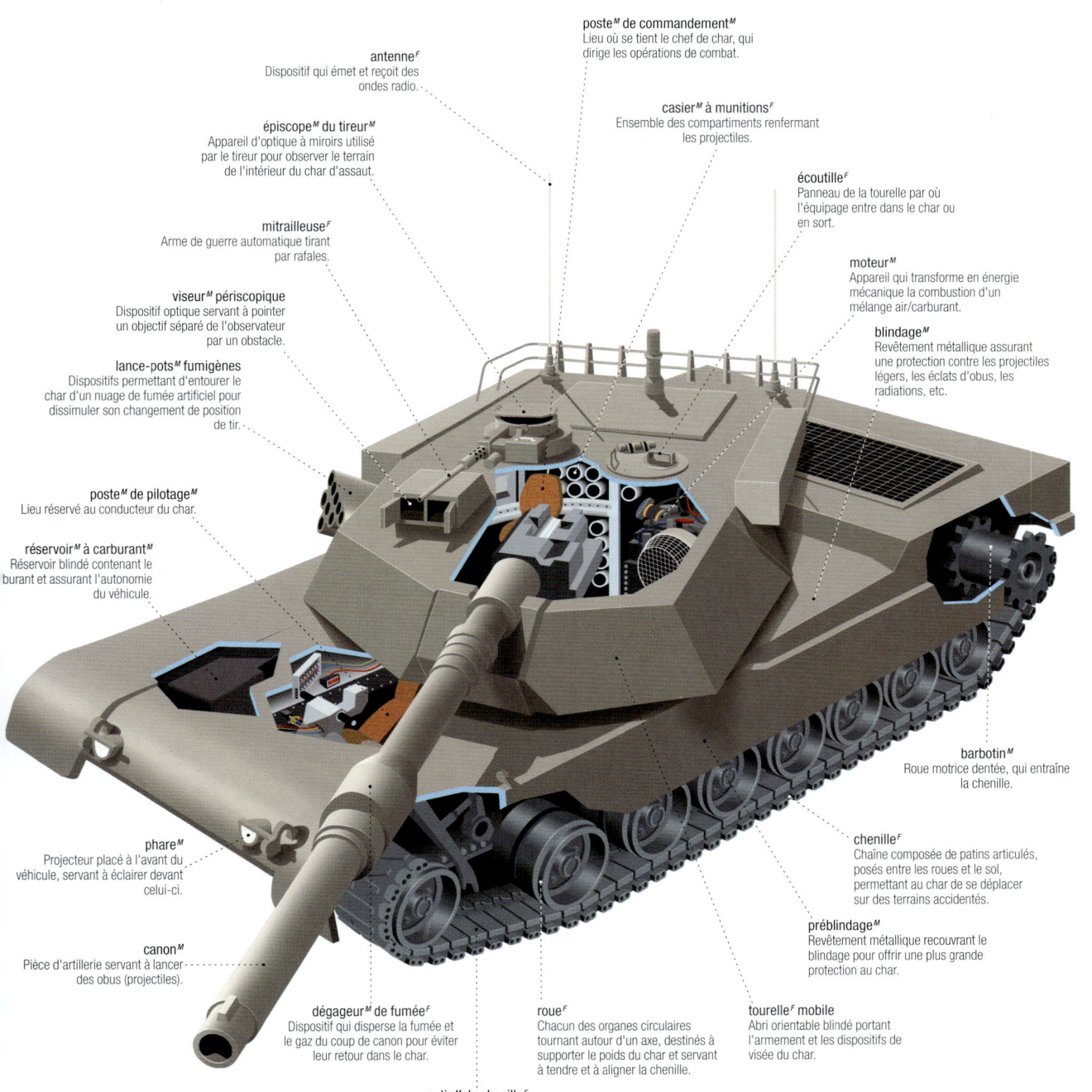

poste^M de commandement^M
Lieu où se tient le chef de char, qui dirige les opérations de combat.

antenne^F
Dispositif qui émet et reçoit des ondes radio.

casier^M à munitions^F
Ensemble des compartiments renfermant les projectiles.

épiscope^M du tireur^M
Appareil d'optique à miroirs utilisé par le tireur pour observer le terrain de l'intérieur du char d'assaut.

écoutille^F
Panneau de la tourelle par où l'équipage entre dans le char ou en sort.

mitrailleuse^F
Arme de guerre automatique tirant par rafales.

moteur^M
Appareil qui transforme en énergie mécanique la combustion d'un mélange air/carburant.

viseur^M périscopique
Dispositif optique servant à pointer un objectif séparé de l'observateur par un obstacle.

blindage^M
Revêtement métallique assurant une protection contre les projectiles légers, les éclats d'obus, les radiations, etc.

lance-pots^M fumigènes
Dispositifs permettant d'entourer le char d'un nuage de fumée artificiel pour dissimuler son changement de position de tir.

poste^M de pilotage^M
Lieu réservé au conducteur du char.

réservoir^M à carburant^M
Réservoir blindé contenant le burant et assurant l'autonomie du véhicule.

barbotin^M
Roue motrice dentée, qui entraîne la chenille.

chenille^F
Chaîne composée de patins articulés, posés entre les roues et le sol, permettant au char de se déplacer sur des terrains accidentés.

phare^M
Projecteur placé à l'avant du véhicule, servant à éclairer devant celui-ci.

préblindage^M
Revêtement métallique recouvrant le blindage pour offrir une plus grande protection au char.

canon^M
Pièce d'artillerie servant à lancer des obus (projectiles).

tourelle^F mobile
Abri orientable blindé portant l'armement et les dispositifs de visée du char.

dégageur^M de fumée^F
Dispositif qui disperse la fumée et le gaz du coup de canon pour éviter leur retour dans le char.

roue^F
Chacun des organes circulaires tournant autour d'un axe, destinés à supporter le poids du char et servant à tendre et à aligner la chenille.

patin^M de chenille^F
Chacune des pièces rigides articulées formant la chenille.

SOCIÉTÉ

arsenal de guerre

avion^M de combat^M

Avion militaire utilisé pour les attaques lors de conflits.

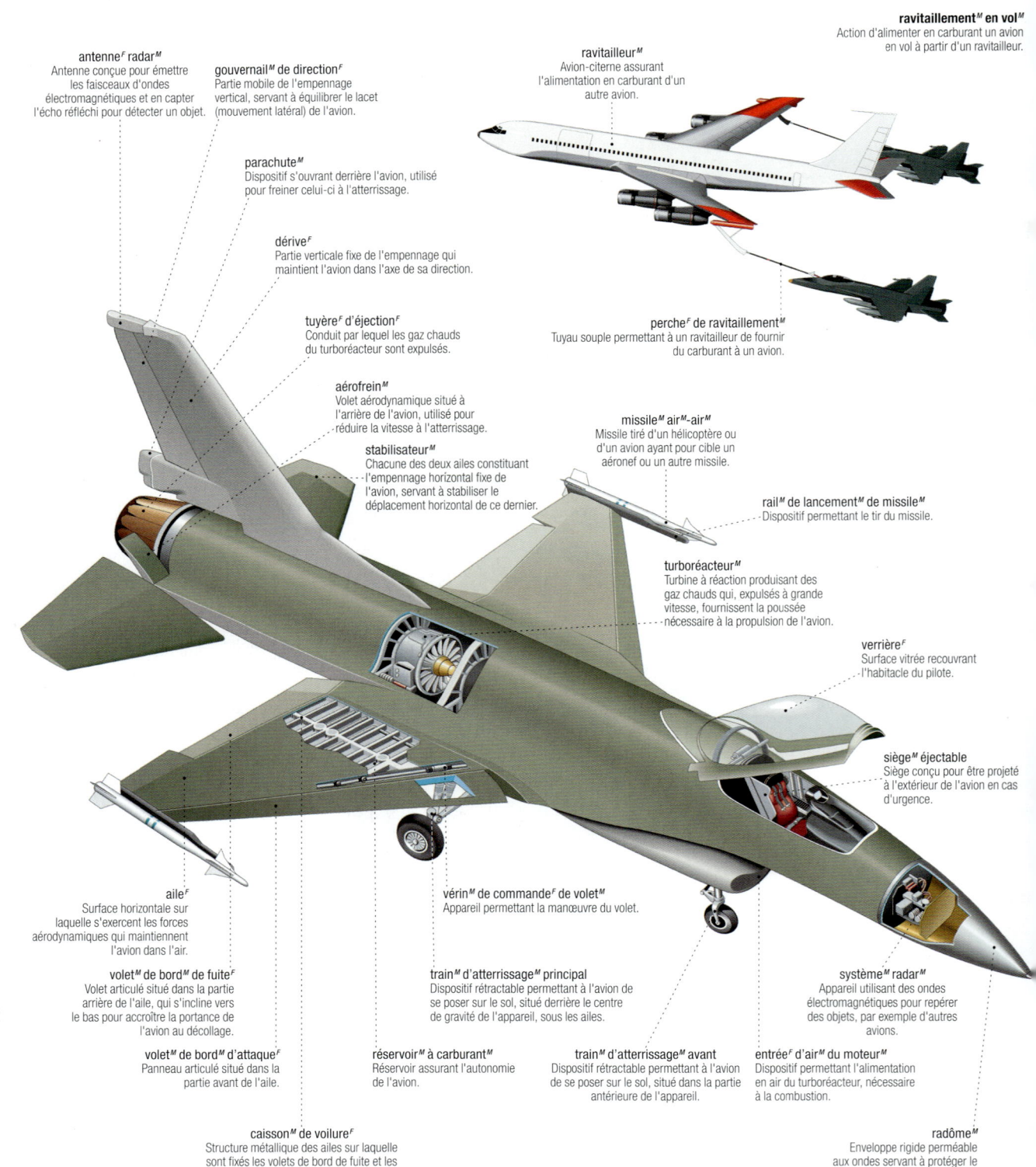

antenne^F radar^M
Antenne conçue pour émettre les faisceaux d'ondes électromagnétiques et en capter l'écho réfléchi pour détecter un objet.

gouvernail^M de direction^F
Partie mobile de l'empennage vertical, servant à équilibrer le lacet (mouvement latéral) de l'avion.

parachute^M
Dispositif s'ouvrant derrière l'avion, utilisé pour freiner celui-ci à l'atterrissage.

dérive^F
Partie verticale fixe de l'empennage qui maintient l'avion dans l'axe de sa direction.

tuyère^F d'éjection^F
Conduit par lequel les gaz chauds du turboréacteur sont expulsés.

aérofrein^M
Volet aérodynamique situé à l'arrière de l'avion, utilisé pour réduire la vitesse à l'atterrissage.

stabilisateur^M
Chacune des deux ailes constituant l'empennage horizontal fixe de l'avion, servant à stabiliser le déplacement horizontal de ce dernier.

ravitailleur^M
Avion-citerne assurant l'alimentation en carburant d'un autre avion.

ravitaillement^M en vol^M
Action d'alimenter en carburant un avion en vol à partir d'un ravitailleur.

perche^F de ravitaillement^M
Tuyau souple permettant à un ravitailleur de fournir du carburant à un avion.

missile^M air^M-air^M
Missile tiré d'un hélicoptère ou d'un avion ayant pour cible un aéronef ou un autre missile.

rail^M de lancement^M de missile^M
Dispositif permettant le tir du missile.

turboréacteur^M
Turbine à réaction produisant des gaz chauds qui, expulsés à grande vitesse, fournissent la poussée nécessaire à la propulsion de l'avion.

verrière^F
Surface vitrée recouvrant l'habitacle du pilote.

siège^M éjectable
Siège conçu pour être projeté à l'extérieur de l'avion en cas d'urgence.

aile^F
Surface horizontale sur laquelle s'exercent les forces aérodynamiques qui maintiennent l'avion dans l'air.

volet^M de bord^M de fuite^F
Volet articulé situé dans la partie arrière de l'aile, qui s'incline vers le bas pour accroître la portance de l'avion au décollage.

volet^M de bord^M d'attaque^F
Panneau articulé situé dans la partie avant de l'aile.

caisson^M de voilure^F
Structure métallique des ailes sur laquelle sont fixés les volets de bord de fuite et les volets de bord d'attaque.

vérin^M de commande^F de volet^M
Appareil permettant la manœuvre du volet.

train^M d'atterrissage^M principal
Dispositif rétractable permettant à l'avion de se poser sur le sol, situé derrière le centre de gravité de l'appareil, sous les ailes.

réservoir^M à carburant^M
Réservoir assurant l'autonomie de l'avion.

train^M d'atterrissage^M avant
Dispositif rétractable permettant à l'avion de se poser sur le sol, situé dans la partie antérieure de l'appareil.

entrée^F d'air^M du moteur^M
Dispositif permettant l'alimentation en air du turboréacteur, nécessaire à la combustion.

système^M radar^M
Appareil utilisant des ondes électromagnétiques pour repérer des objets, par exemple d'autres avions.

radôme^M
Enveloppe rigide perméable aux ondes servant à protéger le système radar.

SOCIÉTÉ

arsenal de guerre

navires^M de guerre^F

Bâtiments flottants pourvus d'équipements et d'armes lui permettant d'attaquer une cible ou de se défendre.

antenne^F
Dispositif qui émet et reçoit des ondes radio.

pont^M **d'envol**^M
Section de la plateforme d'où un avion s'envole du porte-avions.

radar^M **de surveillance**^F **aérienne**
Dispositif permettant de détecter la présence d'avions ennemis.

radar^M **d'appontage**^M
Dispositif permettant de diriger le pilote vers le pont en cas de visibilité réduite.

porte-avions^M
Navire de guerre aménagé pour le transport, le décollage et l'appontage d'avions de combat.

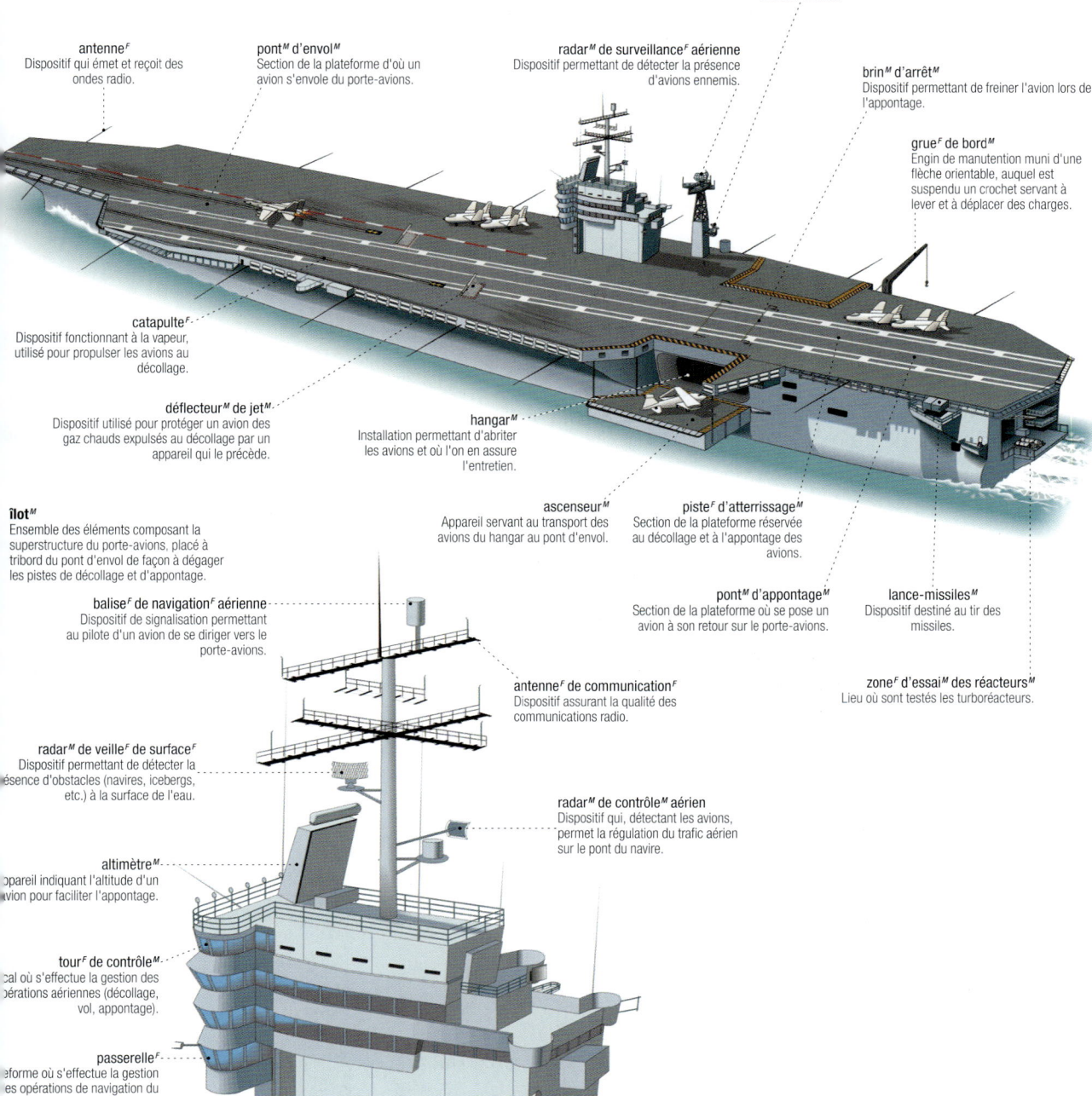

brin^M **d'arrêt**^M
Dispositif permettant de freiner l'avion lors de l'appontage.

grue^F **de bord**^M
Engin de manutention muni d'une flèche orientable, auquel est suspendu un crochet servant à lever et à déplacer des charges.

catapulte^F
Dispositif fonctionnant à la vapeur, utilisé pour propulser les avions au décollage.

déflecteur^M **de jet**^M
Dispositif utilisé pour protéger un avion des gaz chauds expulsés au décollage par un appareil qui le précède.

hangar^M
Installation permettant d'abriter les aviions et où l'on en assure l'entretien.

ascenseur^M
Appareil servant au transport des avions du hangar au pont d'envol.

piste^F **d'atterrissage**^M
Section de la plateforme réservée au décollage et à l'appontage des avions.

lance-missiles^M
Dispositif destiné au tir des missiles.

îlot^M
Ensemble des éléments composant la superstructure du porte-avions, placé à tribord du pont d'envol de façon à dégager les pistes de décollage et d'appontage.

pont^M **d'appontage**^M
Section de la plateforme où se pose un avion à son retour sur le porte-avions.

zone^F **d'essai**^M **des réacteurs**^M
Lieu où sont testés les turboréacteurs.

balise^F **de navigation**^F **aérienne**
Dispositif de signalisation permettant au pilote d'un avion de se diriger vers le porte-avions.

antenne^F **de communication**^F
Dispositif assurant la qualité des communications radio.

radar^M **de veille**^F **de surface**^F
Dispositif permettant de détecter la présence d'obstacles (navires, icebergs, etc.) à la surface de l'eau.

radar^M **de contrôle**^M **aérien**
Dispositif qui, détectant les avions, permet la régulation du trafic aérien sur le pont du navire.

altimètre^M
Appareil indiquant l'altitude d'un avion pour faciliter l'appontage.

tour^F **de contrôle**^M
Local où s'effectue la gestion des opérations aériennes (décollage, vol, appontage).

passerelle^F
Plateforme où s'effectue la gestion des opérations de navigation du porte-avions.

SOCIÉTÉ

arsenal de guerre

navires^M de guerre^F

frégate^F
Navire de guerre pouvant servir à la lutte antiaérienne, anti-sous-marine ou antinavire.

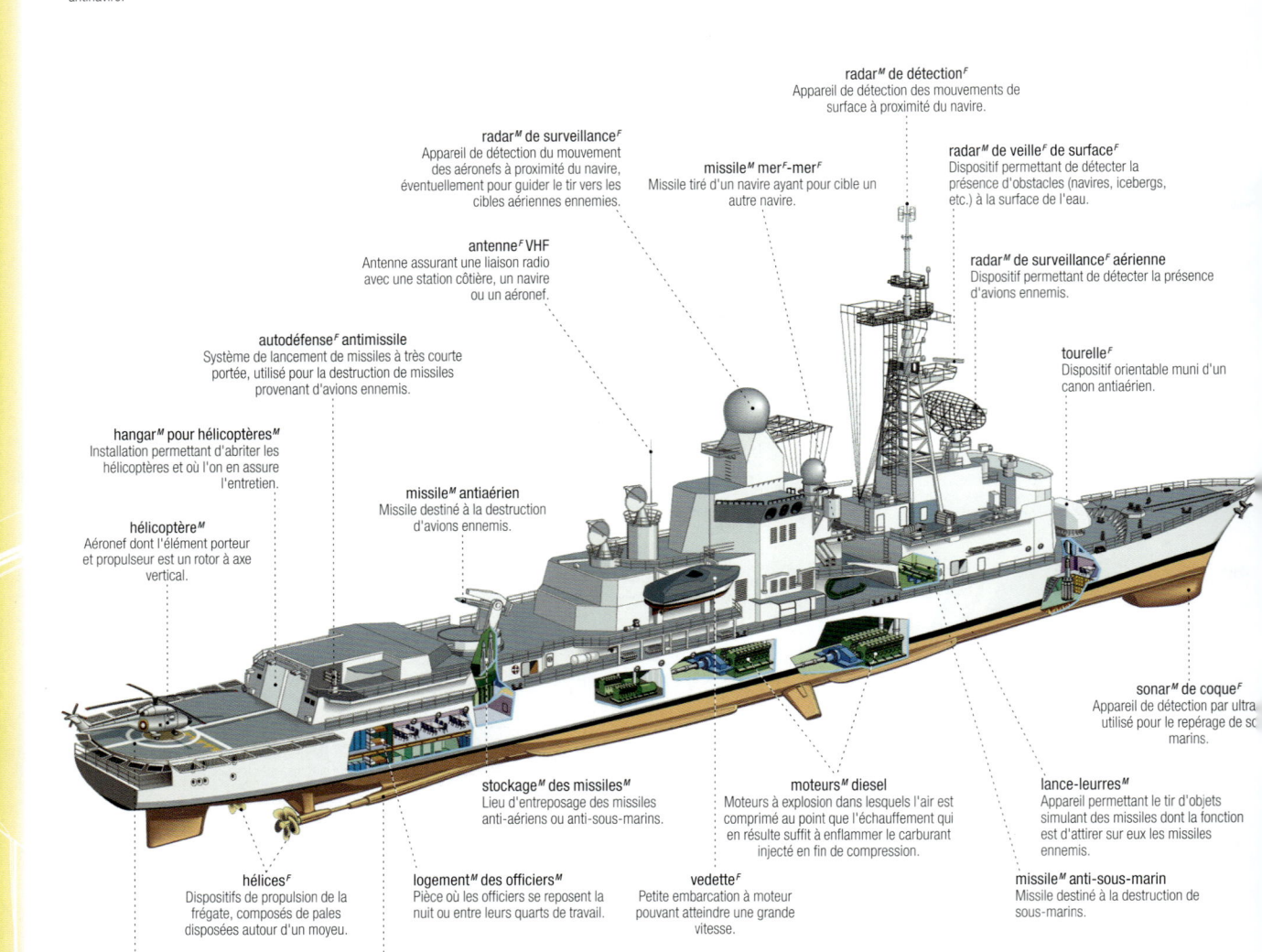

radar^M **de détection**^F
Appareil de détection des mouvements de surface à proximité du navire.

radar^M **de surveillance**^F
Appareil de détection du mouvement des aéronefs à proximité du navire, éventuellement pour guider le tir vers les cibles aériennes ennemies.

missile^M **mer**^F**-mer**^F
Missile tiré d'un navire ayant pour cible un autre navire.

radar^M **de veille**^F **de surface**^F
Dispositif permettant de détecter la présence d'obstacles (navires, icebergs, etc.) à la surface de l'eau.

antenne^F **VHF**
Antenne assurant une liaison radio avec une station côtière, un navire ou un aéronef.

radar^M **de surveillance**^F **aérienne**
Dispositif permettant de détecter la présence d'avions ennemis.

autodéfense^F **antimissile**
Système de lancement de missiles à très courte portée, utilisé pour la destruction de missiles provenant d'avions ennemis.

tourelle^F
Dispositif orientable muni d'un canon antiaérien.

hangar^M **pour hélicoptères**^M
Installation permettant d'abriter les hélicoptères et où l'on en assure l'entretien.

missile^M **antiaérien**
Missile destiné à la destruction d'avions ennemis.

hélicoptère^M
Aéronef dont l'élément porteur et propulseur est un rotor à axe vertical.

sonar^M **de coque**^F
Appareil de détection par ultra utilisé pour le repérage de s marins.

stockage^M **des missiles**^M
Lieu d'entreposage des missiles anti-aériens ou anti-sous-marins.

moteurs^M **diesel**
Moteurs à explosion dans lesquels l'air est comprimé au point que l'échauffement qui en résulte suffit à enflammer le carburant injecté en fin de compression.

lance-leurres^M
Appareil permettant le tir d'objets simulant des missiles dont la fonction est d'attirer sur eux les missiles ennemis.

hélices^F
Dispositifs de propulsion de la frégate, composés de pales disposées autour d'un moyeu.

logement^M **des officiers**^M
Pièce où les officiers se reposent la nuit ou entre leurs quarts de travail.

vedette^F
Petite embarcation à moteur pouvant atteindre une grande vitesse.

missile^M **anti-sous-marin**
Missile destiné à la destruction de sous-marins.

arbre^M
Appareil qui, entraîné par un moteur diesel, permet de transmettre le mouvement de rotation à l'hélice.

hélisurface^F
Emplacement aménagé pour l'appontage et le décollage d'hélicoptères.

SOCIÉTÉ

arsenal de guerre

navires^M de guerre^F

hélice^F
Dispositif constitué de pales solidaires d'un arbre, qui produit un mouvement dans l'eau permettant la propulsion du sous-marin.

sas^M **d'accès**^M **arrière**^F
Panneau qui permet le passage entre l'extérieur et la partie arrière du sous-marin.

sous-marin^M **nucléaire**
Navire de guerre circulant sous l'eau et fonctionnant à l'énergie nucléaire. Il peut demeurer sous l'eau pendant des mois sans remonter à la surface.

gouvernail^M **de direction**^F
Partie mobile permettant au sous-marin de maintenir le cap, de tourner à droite ou à gauche.

poste^M **de conduite**^F **de la propulsion**^F
Poste de commande des appareils permettant la propulsion du sous-marin.

kiosque^M
Superstructure du sous-marin, d'où émergent les périscopes et les antennes.

moteur^M **électrique auxiliaire**
Moteur qui relaie le moteur principal en cas de panne.

turbo-alternateur^M
Dispositif qui, sous l'action de la vapeur, transforme en électricité la force mécanique engendrée par la rotation d'une turbine.

générateur^M **de vapeur**^F
Appareil dans lequel l'eau se transforme en vapeur, sous l'effet de la chaleur acheminée par le caloporteur, pour actionner le turbo-alternateur.

gouvernail^M **de plongée**^F **avant**
Ailette orientable située à l'avant, participant à l'immersion ou à la remontée du sous-marin.

chambre^F **des torpilles**^F
Pièce renfermant les torpilles et les tubes lance-torpilles.

moteur^M **électrique principal**
Appareil qui actionne l'hélice, alimenté en électricité par le turbo-alternateur.

chambre^F **des machines**^F
Pièce renfermant les moteurs électriques.

compartiment^M **de la production**^F **d'électricité**^F
Pièce renfermant les appareils nécessaires à la production d'électricité.

réacteur^M
Dispositif dans lequel se produit la fission du combustible, libérant de la chaleur pour permettre l'évaporation de l'eau contenue dans le générateur de vapeur.

compartiment^M **du réacteur**^M
Pièce renfermant le réacteur.

torpille^F
Dispositif automobile contenant une charge explosive, conçu pour attaquer les navires et les sous-marins.

tube^M **lance-torpilles**^M
Dispositif logeant les torpilles pour le tir.

barre^F **de plongée**^F
Ailette orientable située à l'arrière, permettant l'immersion ou la remontée du sous-marin.

antenne^F **radar**^M
Antenne conçue pour émettre les faisceaux d'ondes électromagnétiques et en capter l'écho réfléchi pour détecter un objet.

périscope^M **d'attaque**^F
Appareil permettant d'examiner la surface de l'eau, dont l'extrémité discrète permet au sous-marin d'approcher l'ennemi sans être remarqué.

antenne^F **radio**^F
Conducteur métallique destiné à émettre ou à recevoir des ondes électromagnétiques afin d'assurer la communication.

kiosque^M
Superstructure du sous-marin, d'où émergent les périscopes et les antennes.

antenne^F **multifonction**
Dispositif qui émet et reçoit des ondes radio dans une très large gamme de fréquence.

périscope^M **de veille**^F
Appareil permettant d'examiner la surface de l'eau, dont l'extrémité élargie offre un grand champ de vision.

logement^M **des officiers**^M
Pièce où les officiers se reposent la nuit ou entre leurs quarts de travail.

poste^M **de commandement**^M
Pièce d'où sont dirigées les opérations de combat et les manœuvres de navigation du sous-marin.

salle^F **des ordinateurs**^M
Pièce dans laquelle sont traitées les données transmises au sous-marin par les radars, les sonars, etc.

cuisine^F
Pièce où l'on prépare les repas.

salle^F **à manger**
Pièce conçue et meublée pour prendre les repas.

SOCIÉTÉ

sécurité

prévention^F des incendies^M

Ensemble des moyens et instruments utilisés pour prévenir et combattre les incendies.

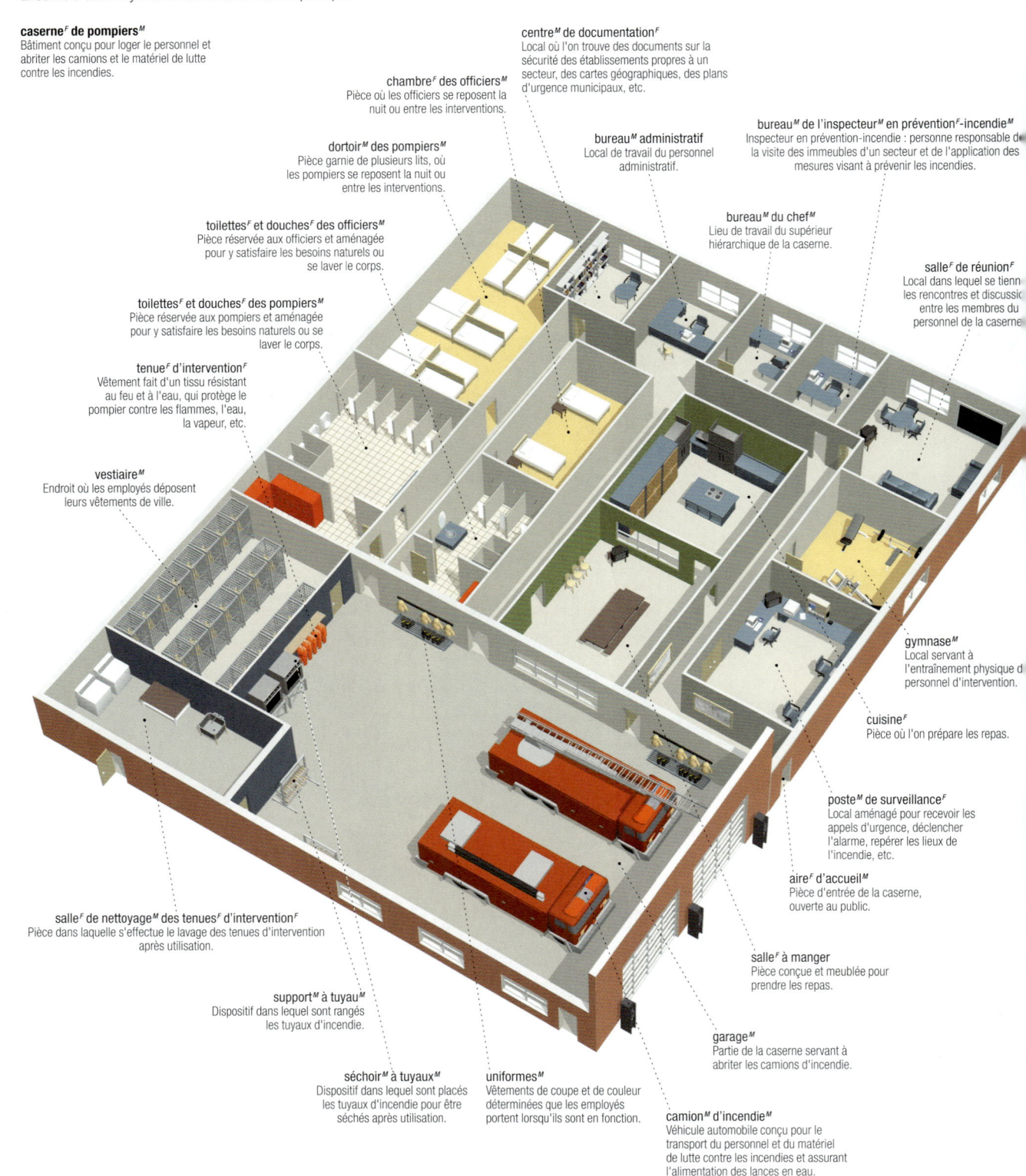

caserne^F de pompiers^M
Bâtiment conçu pour loger le personnel et abriter les camions et le matériel de lutte contre les incendies.

chambre^F des officiers^M
Pièce où les officiers se reposent la nuit ou entre les interventions.

centre^M de documentation^F
Local où l'on trouve des documents sur la sécurité des établissements propres à un secteur, des cartes géographiques, des plans d'urgence municipaux, etc.

dortoir^M des pompiers^M
Pièce garnie de plusieurs lits, où les pompiers se reposent la nuit ou entre les interventions.

bureau^M administratif
Local de travail du personnel administratif.

bureau^M de l'inspecteur^M en prévention^F-incendie^M
Inspecteur en prévention-incendie : personne responsable de la visite des immeubles d'un secteur et de l'application des mesures visant à prévenir les incendies.

toilettes^F et douches^F des officiers^M
Pièce réservée aux officiers et aménagée pour y satisfaire les besoins naturels ou se laver le corps.

bureau^M du chef^M
Lieu de travail du supérieur hiérarchique de la caserne.

salle^F de réunion^F
Local dans lequel se tiennent les rencontres et discussions entre les membres du personnel de la caserne.

toilettes^F et douches^F des pompiers^M
Pièce réservée aux pompiers et aménagée pour y satisfaire les besoins naturels ou se laver le corps.

tenue^F d'intervention^F
Vêtement fait d'un tissu résistant au feu et à l'eau, qui protège le pompier contre les flammes, l'eau, la vapeur, etc.

vestiaire^M
Endroit où les employés déposent leurs vêtements de ville.

gymnase^M
Local servant à l'entraînement physique du personnel d'intervention.

cuisine^F
Pièce où l'on prépare les repas.

poste^M de surveillance^F
Local aménagé pour recevoir les appels d'urgence, déclencher l'alarme, repérer les lieux de l'incendie, etc.

aire^F d'accueil^M
Pièce d'entrée de la caserne, ouverte au public.

salle^F de nettoyage^M des tenues^F d'intervention^F
Pièce dans laquelle s'effectue le lavage des tenues d'intervention après utilisation.

salle^F à manger
Pièce conçue et meublée pour prendre les repas.

support^M à tuyau^M
Dispositif dans lequel sont rangés les tuyaux d'incendie.

garage^M
Partie de la caserne servant à abriter les camions d'incendie.

séchoir^M à tuyaux^M
Dispositif dans lequel sont placés les tuyaux d'incendie pour être séchés après utilisation.

uniformes^M
Vêtements de coupe et de couleur déterminées que les employés portent lorsqu'ils sont en fonction.

camion^M d'incendie^M
Véhicule automobile conçu pour le transport du personnel et du matériel de lutte contre les incendies et assurant l'alimentation des lances en eau.

SOCIÉTÉ

sécurité 901

prévention^F des incendies^M

lampe^F portative
Luminaire conçu pour être porté par le pompier lors de ses déplacements.

projecteur^M
Appareil à faisceau lumineux concentré et de forte intensité.

sangle^F
Bande de cuir ou de tissu fixée au projecteur, pouvant être tendue ou portée en bandoulière.

pile^F
Appareil qui transforme de l'énergie chimique en énergie électrique.

casque^M de pompier^M
Coiffure conçue pour protéger la tête des chocs, des flammes et de l'eau.

masque^M complet
Masque qui recouvre l'ensemble du visage, protégeant ainsi les voies respiratoires et les yeux.

appareil^M de protection^F respiratoire
Dispositif qui empêche l'inhalation de gaz toxiques, de fumée, de poussières, etc.

tube^M d'alimentation^F en air^M
Conduit permettant d'acheminer l'air de la bouteille au masque.

robinet^M de réglage^M de débit^M
Appareil permettant de réduire la pression de l'air provenant de la bouteille et de régler le débit de l'air acheminé au masque.

avertisseur^M de détresse^F
Appareil qui émet un fort signal sonore pour permettre de repérer le pompier dans le brasier si celui-ci le déclenche ou s'il est immobile durant un certain temps.

tenue^F d'intervention^F
Vêtement fait d'un tissu résistant au feu et à l'eau, qui protège le pompier contre les flammes, l'eau, la vapeur, etc.

bande^F réfléchissante
Bande qui réfléchit la lumière pour permettre de repérer le pompier plus facilement dans des conditions de visibilité réduite.

casque^M de pompier^M
Coiffure conçue pour protéger la tête des chocs, des flammes et de l'eau.

visière^F
Partie mobile du casque qui protège le haut du visage.

jugulaire^F
Sangle permettant de maintenir le casque sur la tête.

protège-nuque^M
Tissu ignifuge permettant de protéger la nuque et les oreilles.

mentonnière^F
Tissu ignifuge permettant de protéger le bas du visage.

pompier^M
Personne chargée de combattre les incendies et les sinistres et qui intervient aussi dans des opérations de sauvetage.

bouteille^F d'air^M comprimé
Dispositif contenant de l'air diminué de volume par pression, permettant au pompier de respirer dans une atmosphère enfumée ou fortement contaminée.

botte^F de caoutchouc^M
Botte ignifuge et hydrofuge protégeant le pied des brûlures, des blessures, de l'eau, etc.

SOCIÉTÉ

sécurité

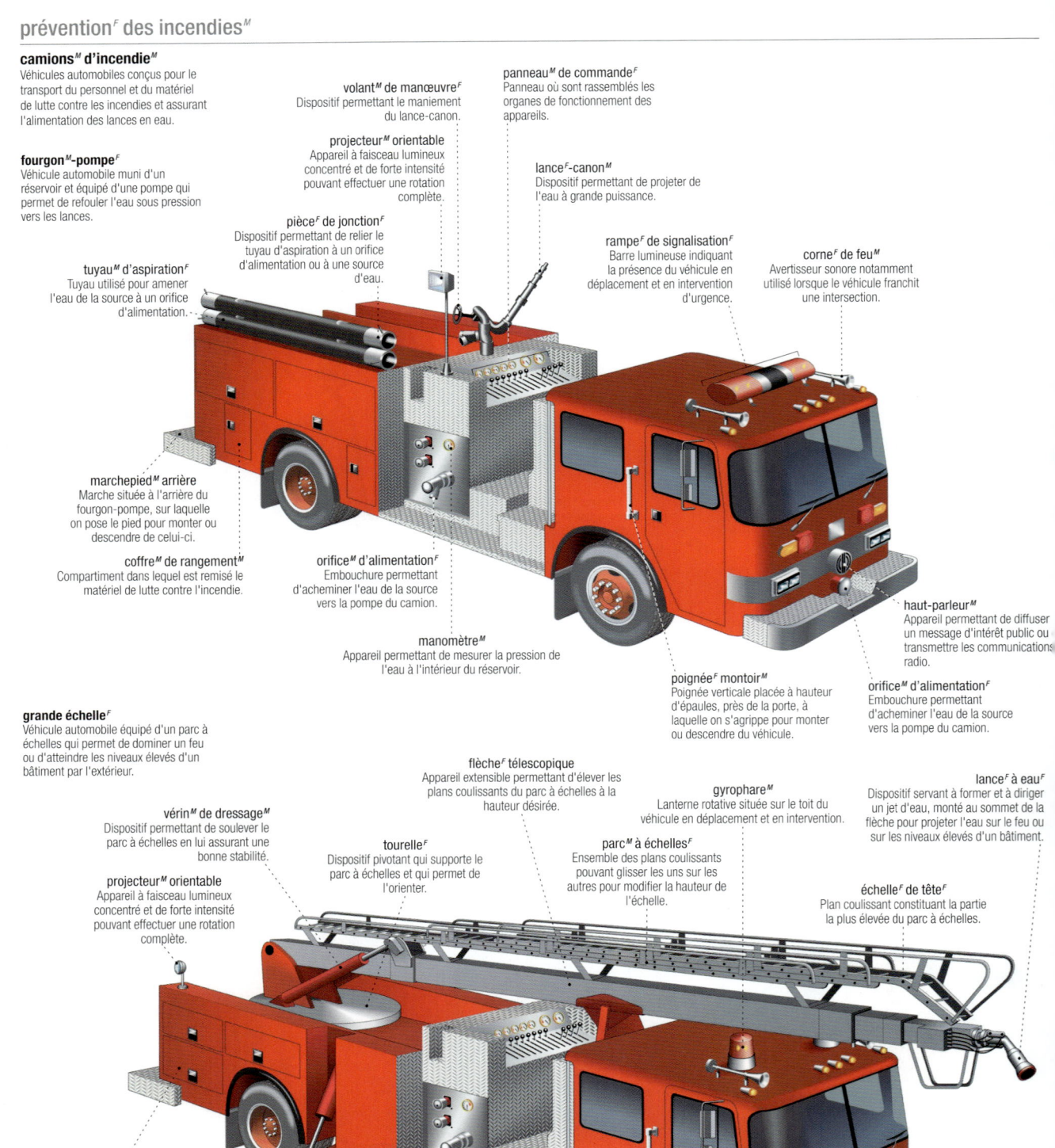

prévention[F] des incendies[M]

camions[M] d'incendie[M]
Véhicules automobiles conçus pour le transport du personnel et du matériel de lutte contre les incendies et assurant l'alimentation des lances en eau.

fourgon[M]-pompe[F]
Véhicule automobile muni d'un réservoir et équipé d'une pompe qui permet de refouler l'eau sous pression vers les lances.

tuyau[M] d'aspiration[F]
Tuyau utilisé pour amener l'eau de la source à un orifice d'alimentation.

marchepied[M] arrière
Marche située à l'arrière du fourgon-pompe, sur laquelle on pose le pied pour monter ou descendre de celui-ci.

coffre[M] de rangement[M]
Compartiment dans lequel est remisé le matériel de lutte contre l'incendie.

volant[M] de manœuvre[F]
Dispositif permettant le maniement du lance-canon.

projecteur[M] orientable
Appareil à faisceau lumineux concentré et de forte intensité pouvant effectuer une rotation complète.

pièce[F] de jonction[F]
Dispositif permettant de relier le tuyau d'aspiration à un orifice d'alimentation ou à une source d'eau.

orifice[M] d'alimentation[F]
Embouchure permettant d'acheminer l'eau de la source vers la pompe du camion.

manomètre[M]
Appareil permettant de mesurer la pression de l'eau à l'intérieur du réservoir.

panneau[M] de commande[F]
Panneau où sont rassemblés les organes de fonctionnement des appareils.

lance[F]-canon[M]
Dispositif permettant de projeter de l'eau à grande puissance.

rampe[F] de signalisation[F]
Barre lumineuse indiquant la présence du véhicule en déplacement et en intervention d'urgence.

poignée[F] montoir
Poignée verticale placée à hauteur d'épaules, près de la porte, à laquelle on s'agrippe pour monter ou descendre du véhicule.

corne[F] de feu[M]
Avertisseur sonore notamment utilisé lorsque le véhicule franchit une intersection.

haut-parleur[M]
Appareil permettant de diffuser un message d'intérêt public ou transmettre les communications radio.

orifice[M] d'alimentation[F]
Embouchure permettant d'acheminer l'eau de la source vers la pompe du camion.

grande échelle[F]
Véhicule automobile équipé d'un parc à échelles qui permet de dominer un feu ou d'atteindre les niveaux élevés d'un bâtiment par l'extérieur.

vérin[M] de dressage[M]
Dispositif permettant de soulever le parc à échelles en lui assurant une bonne stabilité.

projecteur[M] orientable
Appareil à faisceau lumineux concentré et de forte intensité pouvant effectuer une rotation complète.

flèche[F] télescopique
Appareil extensible permettant d'élever les plans coulissants du parc à échelles à la hauteur désirée.

tourelle[F]
Dispositif pivotant qui supporte le parc à échelles et qui permet de l'orienter.

parc[M] à échelles[F]
Ensemble des plans coulissants pouvant glisser les uns sur les autres pour modifier la hauteur de l'échelle.

gyrophare[M]
Lanterne rotative située sur le toit du véhicule en déplacement et en intervention.

lance[F] à eau[F]
Dispositif servant à former et à diriger un jet d'eau, monté au sommet de la flèche pour projeter l'eau sur le feu ou sur les niveaux élevés d'un bâtiment.

échelle[F] de tête[F]
Plan coulissant constituant la partie la plus élevée du parc à échelles.

coffre[M] de rangement[M]
Compartiment dans lequel est remisé le matériel de lutte contre l'incendie.

stabilisateur[M]
Dispositif servant à maintenir le véhicule dans une position stable lorsque les échelles sont déployées.

SOCIÉTÉ

sécurité 903

prévention des incendies

borne^F d'incendie^M ; borne^F-fontaine^F
Dispositif relié à une canalisation d'eau, auquel les pompiers raccordent leurs tuyaux pour alimenter leurs camions.

couvercle^M
Partie du détecteur qui dissimule le mécanisme de détection de la fumée.

bouton^M d'essai^M
Dispositif sur lequel on appuie pour vérifier le fonctionnement du signal sonore du détecteur.

base^F
Partie du détecteur fixée sur une surface et sur laquelle se visse le couvercle.

témoin^M lumineux
Dispositif qui indique que le détecteur est sous tension.

détecteur^M de fumée^F
Dispositif servant à déceler et à révéler par un puissant signal sonore la présence de fumée.

matériel^M de lutte^F contre les incendies^M

goupille^F
Dispositif de sécurité sur lequel on tire pour libérer la gâchette.

gâchette^F
Dispositif que l'on presse pour arroser le foyer d'incendie.

tuyau^M
Conduit souple permettant d'orienter la lance vers le foyer d'incendie.

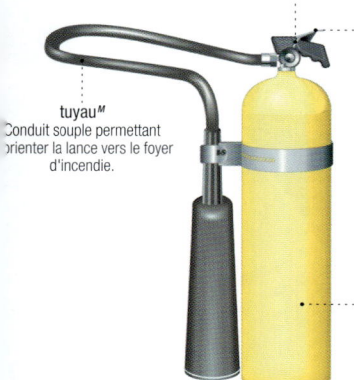

lance^F
Dispositif fixé à l'extrémité d'un tuyau de refoulement, servant à former et à diriger le jet d'eau.

courroie^F d'amarre^F
Courroie utilisée pour fixer un tuyau à une échelle, à un escalier de secours, etc.

réservoir^M
Récipient métallique contenant le liquide, la poudre ou le gaz sous pression, que l'on renouvelle périodiquement.

extincteur^M
Appareil portatif servant à éteindre un foyer d'incendie à l'aide d'un liquide, d'une poudre ou d'un gaz libéré sous pression.

pièce^F d'embranchement^M
Dispositif en forme de « Y » permettant de raccorder deux tuyaux à une sortie d'eau.

clé^F de barrage^M
Outil à évidement carré permettant la manœuvre des bornes et des bouches d'incendie.

tuyau^M de refoulement^M
Tuyau souple qui achemine l'eau de la source d'eau sous pression à la lance.

clé^F à percussion^F
Outil muni d'un pied-de-biche, servant à forcer des serrures, des cadenas, etc.

hache^F
Outil pourvu d'une lame tranchante et d'un pic fixés à l'extrémité d'un manche, servant à créer une ouverture, à forcer une porte ou une fenêtre, etc.

gaffe^F
Outil pourvu d'un croc et d'une pointe fixés à un long manche, servant à percer les murs et les plafonds, à effectuer des recherches dans l'eau, etc.

échelle^F à crochets^M
Échelle droite dont l'une des extrémités est pourvue de crochets fixes ou amovibles, destinés à la maintenir en place sur une pièce ou une structure.

SOCIÉTÉ

prévention^F de la criminalité^F

Ensemble des moyens utilisés pour prévenir la violence, la délinquance, les agressions, etc.

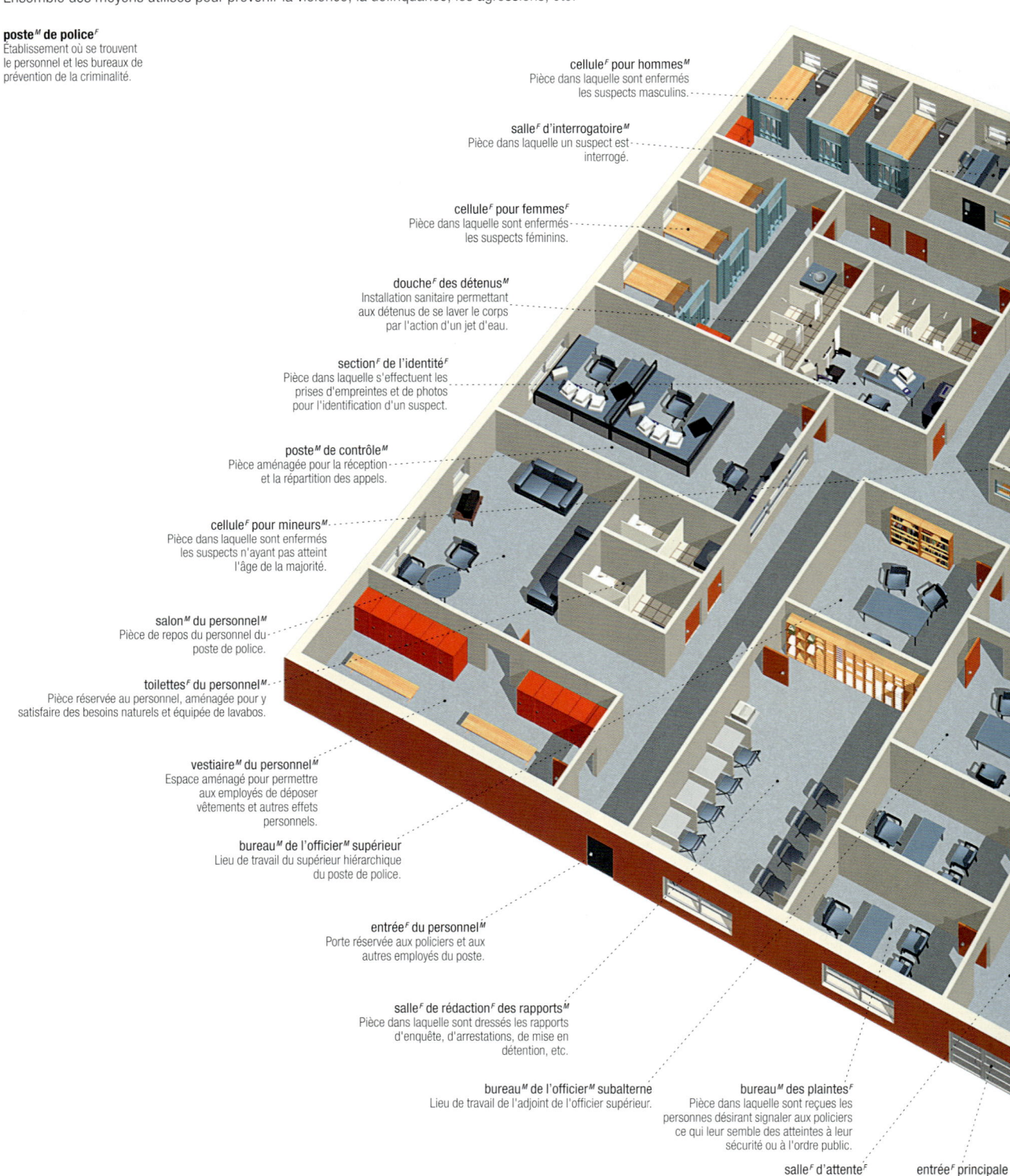

poste^M de police^F
Établissement où se trouvent le personnel et les bureaux de prévention de la criminalité.

cellule^F pour hommes^M
Pièce dans laquelle sont enfermés les suspects masculins.

salle^F d'interrogatoire^M
Pièce dans laquelle un suspect est interrogé.

cellule^F pour femmes^F
Pièce dans laquelle sont enfermés les suspects féminins.

douche^F des détenus^M
Installation sanitaire permettant aux détenus de se laver le corps par l'action d'un jet d'eau.

section^F de l'identité^F
Pièce dans laquelle s'effectuent les prises d'empreintes et de photos pour l'identification d'un suspect.

poste^M de contrôle^M
Pièce aménagée pour la réception et la répartition des appels.

cellule^F pour mineurs^M
Pièce dans laquelle sont enfermés les suspects n'ayant pas atteint l'âge de la majorité.

salon^M du personnel^M
Pièce de repos du personnel du poste de police.

toilettes^F du personnel^M
Pièce réservée au personnel, aménagée pour y satisfaire des besoins naturels et équipée de lavabos.

vestiaire^M du personnel^M
Espace aménagé pour permettre aux employés de déposer vêtements et autres effets personnels.

bureau^M de l'officier^M supérieur
Lieu de travail du supérieur hiérarchique du poste de police.

entrée^F du personnel^M
Porte réservée aux policiers et aux autres employés du poste.

salle^F de rédaction^F des rapports^M
Pièce dans laquelle sont dressés les rapports d'enquête, d'arrestations, de mise en détention, etc.

bureau^M de l'officier^M subalterne
Lieu de travail de l'adjoint de l'officier supérieur.

bureau^M des plaintes^F
Pièce dans laquelle sont reçues les personnes désirant signaler aux policiers ce qui leur semble des atteintes à leur sécurité ou à l'ordre public.

salle^F d'attente^F
Lieu où patientent les citoyens avant d'être reçus par un policier.

entrée^F principale
Porte accessible au public, donn[ant] sur le comptoir de renseigneme[nts] et la salle d'attente.

sécurité 905

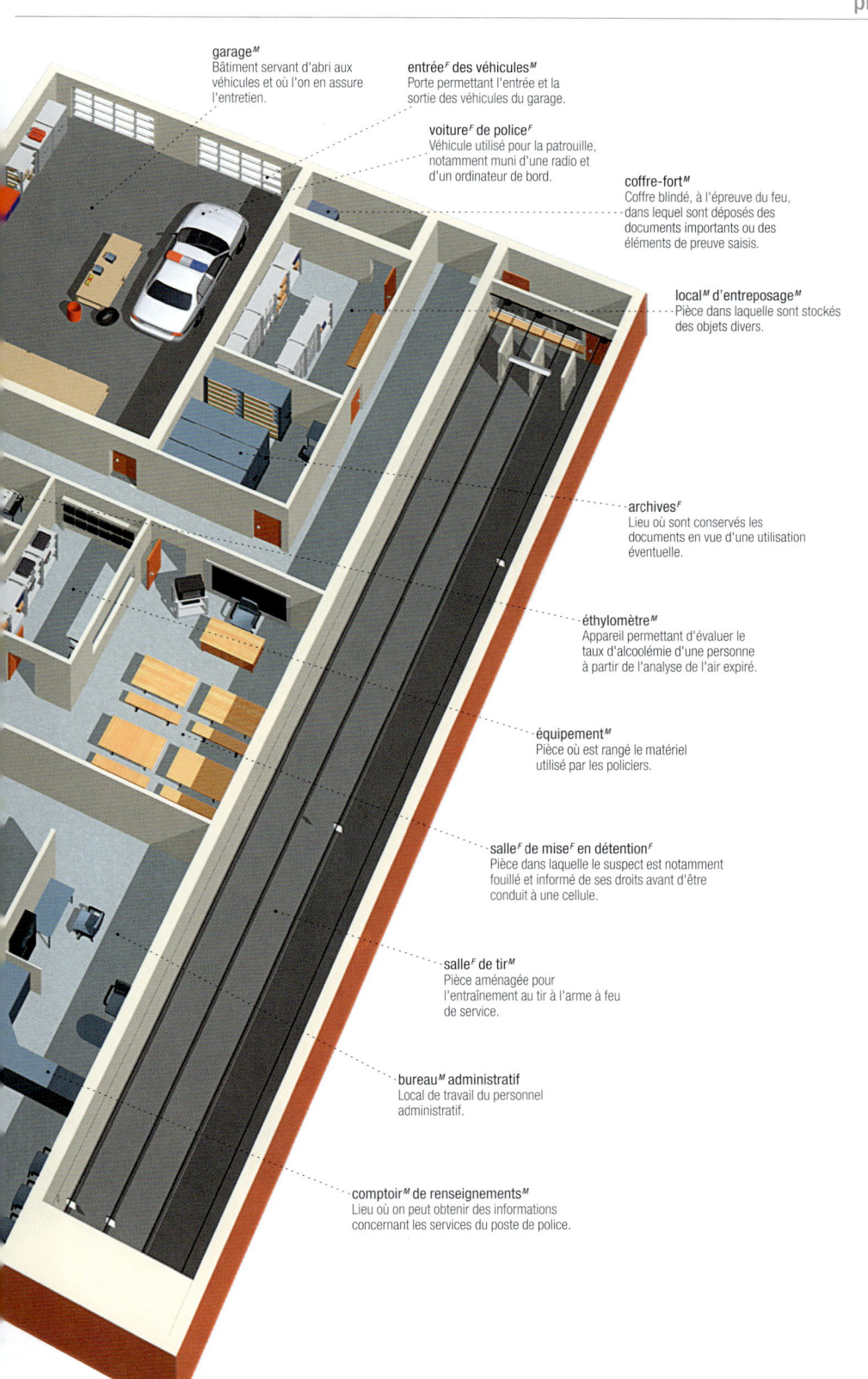

prévention^F de la criminalité^F

garage^M
Bâtiment servant d'abri aux véhicules et où l'on en assure l'entretien.

entrée^F **des véhicules**^{M}
Porte permettant l'entrée et la sortie des véhicules du garage.

voiture^F **de police**^{F}
Véhicule utilisé pour la patrouille, notamment muni d'une radio et d'un ordinateur de bord.

coffre-fort^M
Coffre blindé, à l'épreuve du feu, dans lequel sont déposés des documents importants ou des éléments de preuve saisis.

local^M **d'entreposage**^{M}
Pièce dans laquelle sont stockés des objets divers.

archives^F
Lieu où sont conservés les documents en vue d'une utilisation éventuelle.

éthylomètre^M
Appareil permettant d'évaluer le taux d'alcoolémie d'une personne à partir de l'analyse de l'air expiré.

équipement^M
Pièce où est rangé le matériel utilisé par les policiers.

salle^F **de mise**^{F} **en détention**^{F}
Pièce dans laquelle le suspect est notamment fouillé et informé de ses droits avant d'être conduit à une cellule.

salle^F **de tir**^{M}
Pièce aménagée pour l'entraînement au tir à l'arme à feu de service.

bureau^M **administratif**
Local de travail du personnel administratif.

comptoir^M **de renseignements**^{M}
Lieu où on peut obtenir des informations concernant les services du poste de police.

SOCIÉTÉ

sécurité

prévention^F de la criminalité^F

agent^M de police^F
Personne en uniforme chargée de faire appliquer les lois et les règlements et de veiller au maintien de l'ordre public.

casquette^F
Coiffure apparue à la fin du 19e siècle, sans bord et comportant une visière et une calotte plate, plus ou moins souple.

patte^F d'épaule^F
Patte placée sur l'épaule, qui sert de garniture inspirée par le costume militaire, parfois fixée par un bouton.

insigne^M d'identité^F
Insigne permettant d'identifier le nom de l'agent.

insigne^M
Symbole permettant d'identifier le corps de police de l'agent ainsi que le numéro de matricule.

insigne^M de grade^M
Insigne permettant d'identifier l'échelon hiérarchique de l'agent.

uniforme^M
Vêtement de coupe et de couleur déterminées que portent les agents de police en fonction.

ceinturon^M de service^M
Ceinture portant les accessoires de l'agent.

microphone^M
Appareil qui transforme en impulsions électriques les sons à transmettre ou à enregistrer.

étui^M pour gants^M de latex^M
Pochette dans laquelle sont rangés les gants utilisés comme protection pour saisir des éléments de preuve ou des objets contaminés, comme les seringues usagées.

étui^M à menottes^F
Pochette dans laquelle sont rangées les menottes (bracelets métalliques reliés par une chaîne).

pistolet^M
Arme de poing, courte et légère, chargée par la crosse et que l'on tient d'une seule main.

étui^M à vaporisateur^M de poivre^M
Pochette dans laquelle est rangé le vaporisateur (un atomiseur contenant un gaz irritant utilisé comme neutralisant pour maîtriser une personne ou contenir une foule).

étui^M à munitions^F
Pochette contenant les chargeurs du pistolet.

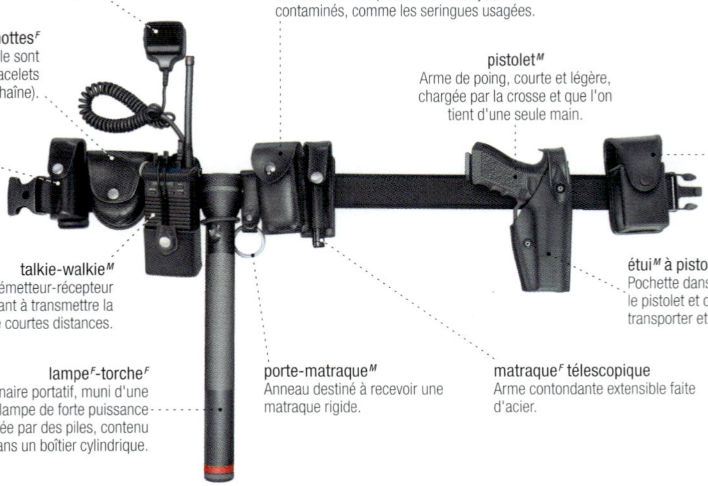

talkie-walkie^M
Poste de radio émetteur-récepteur portatif servant à transmettre la voix sur de courtes distances.

étui^M à pistolet^M
Pochette dans laquelle est rangé le pistolet et qui permet de le transporter et de le protéger.

lampe^F-torche^F
Luminaire portatif, muni d'une petite lampe de forte puissance alimentée par des piles, contenu dans un boîtier cylindrique.

porte-matraque^M
Anneau destiné à recevoir une matraque rigide.

matraque^F télescopique
Arme contondante extensible faite d'acier.

SOCIÉTÉ

sécurité

prévention^F de la criminalité^F

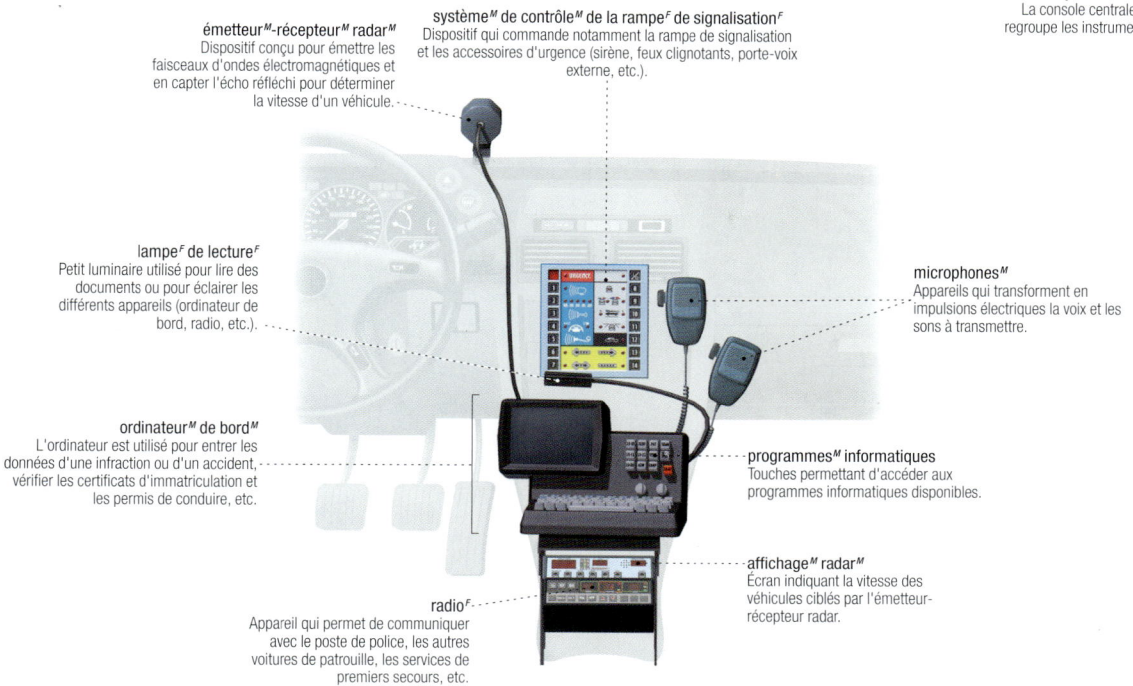

voiture^F de police^F : tableau^M de bord^M
La console centrale du tableau de bord regroupe les instruments nécessaires à la patrouille.

émetteur^M-récepteur^M radar^M
Dispositif conçu pour émettre les faisceaux d'ondes électromagnétiques et en capter l'écho réfléchi pour déterminer la vitesse d'un véhicule.

système^M de contrôle^M de la rampe^F de signalisation^F
Dispositif qui commande notamment la rampe de signalisation et les accessoires d'urgence (sirène, feux clignotants, porte-voix externe, etc.).

lampe^F de lecture^F
Petit luminaire utilisé pour lire des documents ou pour éclairer les différents appareils (ordinateur de bord, radio, etc.).

microphones^M
Appareils qui transforment en impulsions électriques la voix et les sons à transmettre.

ordinateur^M de bord^M
L'ordinateur est utilisé pour entrer les données d'une infraction ou d'un accident, vérifier les certificats d'immatriculation et les permis de conduire, etc.

programmes^M informatiques
Touches permettant d'accéder aux programmes informatiques disponibles.

affichage^M radar^M
Écran indiquant la vitesse des véhicules ciblés par l'émetteur-récepteur radar.

radio^F
Appareil qui permet de communiquer avec le poste de police, les autres voitures de patrouille, les services de premiers secours, etc.

rampe^F de signalisation^F
Barre lumineuse indiquant la présence du véhicule en déplacement et en intervention d'urgence.

antenne^F
Dispositif qui émet et reçoit des ondes radio.

éclairage^M de sécurité^F
Dispositif supplémentaire de signalisation activé lorsque le coffre de la voiture est ouvert et dissimule la rampe de signalisation.

voiture^F de police^F
Véhicule utilisé pour la patrouille, notamment muni d'une radio et d'un ordinateur de bord.

extincteur^M
Appareil portatif servant à éteindre un foyer d'incendie à l'aide d'un liquide, d'une poudre ou d'un gaz libéré sous pression.

ruban^M de bouclage^M
Ruban utilisé pour circonscrire un lieu d'accident, une scène de crime, etc.

cloison^F
Écran de sécurité séparant les sièges avant de la banquette arrière, où sont assises les personnes appréhendées.

fusée^F éclairante
Engin pyrotechnique servant de dispositif de signalisation ou d'éclairage sur le lieu d'une panne ou d'un accident.

bouée^F de sauvetage^M
Anneau fait d'un matériau flottant, qu'on lance à une personne tombée à l'eau pour l'aider à flotter.

trousse^F de secours^M
Boîte renfermant le matériel nécessaire à l'administration des premiers soins (pansements, médicaments, instruments, etc.).

boîte^F pour seringues^F usagées
Contenant utilisé pour la récupération des seringues souillées, jetées par les toxicomanes.

SOCIÉTÉ

protection[F] de l'ouïe[F]

Appareils réduisant la perception des bruits des lieux de travail ou des outils mécaniques.

serre-tête[M] antibruit
Paire de coquilles rigides reliées par un serre-tête et munies de coussinets souples.

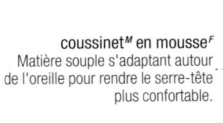

serre-tête[M]
Pièce flexible qui permet de maintenir les coquilles sur les oreilles.

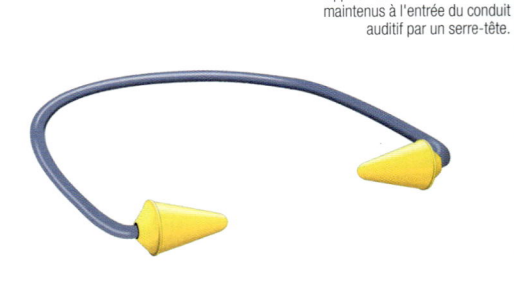

protège-tympan[M]
Appareil constitué de bouchons maintenus à l'entrée du conduit auditif par un serre-tête.

coussinet[M] en mousse[F]
Matière souple s'adaptant autour de l'oreille pour rendre le serre-tête plus confortable.

protection[F] des yeux[M]

Lunettes de sécurité protégeant les yeux contre les coups, les projections et la chaleur.

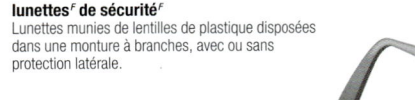

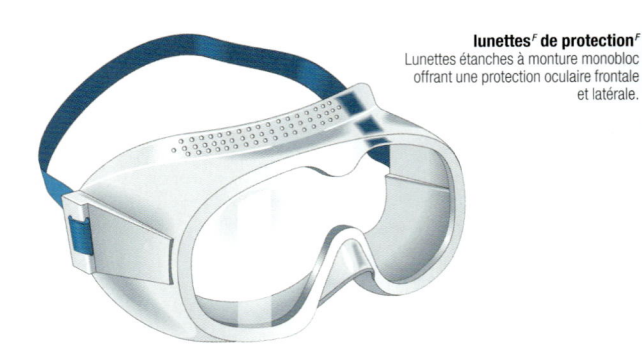

lunettes[F] de sécurité[F]
Lunettes munies de lentilles de plastique disposées dans une monture à branches, avec ou sans protection latérale.

lunettes[F] de protection[F]
Lunettes étanches à monture monobloc offrant une protection oculaire frontale et latérale.

protection[F] de la tête[F]

Casque de sécurité protégeant la tête des chutes d'objets divers et des coups.

casque[M] de sécurité[F] : vue[F] de face[F]
Casque de sécurité : coiffure rigide servant à protéger la tête.

nervure[F]
Élément saillant servant à renforcer le sommet du casque.

tour[M] de tête[F]
Bande entourant la tête au niveau de la base du crâne pour maintenir le casque en place.

casque[M] de sécurité[F] : vue[F] inférieure[F]

sangle[F] d'amortissement[M]
Courroie de tissu résistant placé au sommet intérieur du casque pour atténuer les chocs sur le crâne.

visière[F]
Partie qui avance au-dessus des yeux pour les protéger.

sangle[F] de nuque[F]
Courroie tendue au niveau de la nuque pour maintenir le casque en place.

sécurité

protection^F des voies^F respiratoires

Masques utilisés pour protéger les voies respiratoires de l'air pollué, des poussières, de la fumée, des produits chimiques volatils, etc.

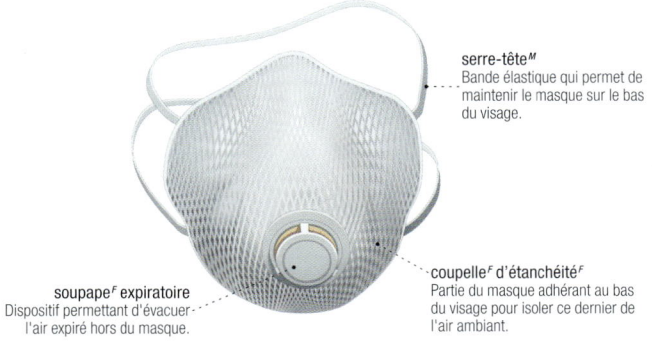

jupe^F de masque^M
Partie du masque adhérant au visage pour isoler ce dernier de l'air ambiant.

masque^M respiratoire
Masque qui filtre l'air vicié et qui recouvre entièrement le visage pour protéger le nez, la bouche et les yeux.

oculaire^M
Partie transparente du masque qui permet la vision.

cartouche^F
Dispositif filtrant l'air vicié par rétention des substances néfastes.

jeu^M de brides^F
Ensemble des courroies qui, fixées à l'arrière de la tête, permettent de maintenir le masque sur le visage.

soupape^F inspiratoire
Dispositif permettant à l'air d'entrer dans le masque et empêchant l'air expiré de ressortir par l'orifice d'admission.

couvre-filtre^M
Grillage protégeant le filtre de la cartouche.

soupape^F expiratoire
Dispositif permettant d'évacuer l'air expiré hors du masque.

masque^M bucco-nasal
Masque jetable qui couvre le nez et la bouche pour les protéger de la poussière ou d'autres particules.

serre-tête^M
Bande élastique qui permet de maintenir le masque sur le bas du visage.

soupape^F expiratoire
Dispositif permettant d'évacuer l'air expiré hors du masque.

coupelle^F d'étanchéité^F
Partie du masque adhérant au bas du visage pour isoler ce dernier de l'air ambiant.

protection^F des pieds^M

Chaussures ou accessoires utilisés pour protéger les pieds des chutes de matériaux, des sources de chaleur intense, des outils coupants, etc.

brodequin^M de sécurité^F ; botte^F de sécurité^F
Chaussure robuste à semelle isolante et antidérapante, montant sur la cheville et munie d'un embout de protection.

protège-orteils^M
Accessoire que l'on place sur une chaussure pour protéger le bout du pied.

embout^M de protection^F
Coquille métallique incorporée entre le dessus et la doublure du brodequin pour protéger les orteils.

SOCIÉTÉ

symboles[M] de sécurité[F]

Pictogrammes utilisés pour présenter un danger ou pour signaler l'obligation du port de matériel de sécurité.

matières[F] dangereuses
Pictogrammes signalant des matières qui, par leurs propriétés ou leurs réactions, présentent un danger pour la santé ou l'environnement.

matières[F] corrosives
Pictogramme signalant des matières pouvant endommager les tissus vivants ou détériorer d'autres corps, par exemple le métal.

haute tension[F]
Pictogramme signalant un danger d'électrocution.

matières[F] explosives
Pictogramme signalant des matières pouvant exploser par réaction chimique.

matières[F] inflammables
Pictogramme signalant des matières ayant la propriété de s'enflammer facilement.

matières[F] radioactives
Pictogramme signalant des matières pouvant émettre des radiations extrêmement nocives.

matières[F] toxiques
Pictogramme signalant des matières dont l'inhalation, l'ingestion ou l'absorption par la peau peut nuire à l'organisme.

protection[F]
Pictogrammes signalant l'obligation de porter des appareils servant à protéger certaines parties du corps.

protection[F] obligatoire des yeux[M]
Pictogramme signalant l'obligation du port de lunettes de sécurité.

protection[F] obligatoire de l'ouïe[F]
Pictogramme signalant l'obligation du port d'appareils réduisant la perception du bruit.

protection[F] obligatoire de la tête[F]
Pictogramme signalant l'obligation du port d'un casque de sécurité.

protection[F] obligatoire des mains[F]
Pictogramme signalant l'obligation du port de gants résistants.

protection[F] obligatoire des pieds[M]
Pictogramme signalant l'obligation du port de chaussures ou d'accessoires de sécurité.

protection[F] obligatoire des voies[F] respiratoires
Pictogramme signalant l'obligation du port d'un masque.

santé

ambulance[F]

Véhicule aménagé pour transporter les malades et les blessés vers les hôpitaux et leur administrer les premiers soins.

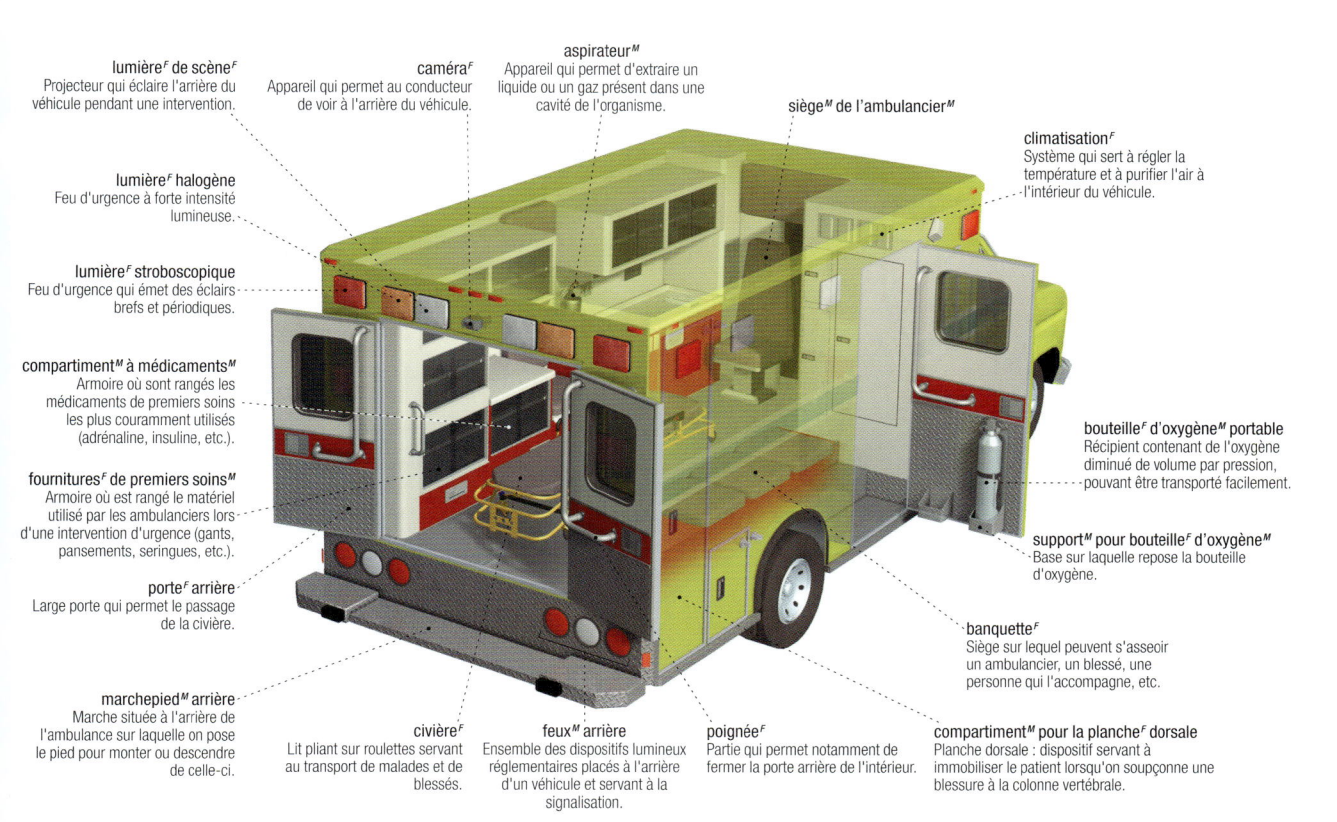

lumière[F] de scène[F]
Projecteur qui éclaire l'arrière du véhicule pendant une intervention.

caméra[F]
Appareil qui permet au conducteur de voir à l'arrière du véhicule.

aspirateur[M]
Appareil qui permet d'extraire un liquide ou un gaz présent dans une cavité de l'organisme.

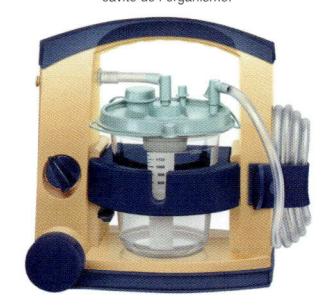

siège[M] de l'ambulancier[M]

climatisation[F]
Système qui sert à régler la température et à purifier l'air à l'intérieur du véhicule.

lumière[F] halogène
Feu d'urgence à forte intensité lumineuse.

lumière[F] stroboscopique
Feu d'urgence qui émet des éclairs brefs et périodiques.

compartiment[M] à médicaments[M]
Armoire où sont rangés les médicaments de premiers soins les plus couramment utilisés (adrénaline, insuline, etc.).

fournitures[F] de premiers soins[M]
Armoire où est rangé le matériel utilisé par les ambulanciers lors d'une intervention d'urgence (gants, pansements, seringues, etc.).

porte[F] arrière
Large porte qui permet le passage de la civière.

marchepied[M] arrière
Marche située à l'arrière de l'ambulance sur laquelle on pose le pied pour monter ou descendre de celle-ci.

civière[F]
Lit pliant sur roulettes servant au transport de malades et de blessés.

feux[M] arrière
Ensemble des dispositifs lumineux réglementaires placés à l'arrière d'un véhicule et servant à la signalisation.

poignée[F]
Partie qui permet notamment de fermer la porte arrière de l'intérieur.

bouteille[F] d'oxygène[M] portable
Récipient contenant de l'oxygène diminué de volume par pression, pouvant être transporté facilement.

support[M] pour bouteille[F] d'oxygène[M]
Base sur laquelle repose la bouteille d'oxygène.

banquette[F]
Siège sur lequel peuvent s'asseoir un ambulancier, un blessé, une personne qui l'accompagne, etc.

compartiment[M] pour la planche[F] dorsale
Planche dorsale : dispositif servant à immobiliser le patient lorsqu'on soupçonne une blessure à la colonne vertébrale.

matériel[M] médical

Ensemble des appareils, des équipements et des fournitures utilisés par les ambulanciers lors de leurs interventions, ou encore pour effectuer divers tests et examens médicaux.

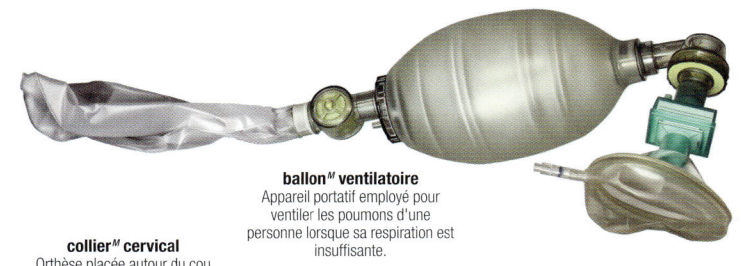

ballon[M] ventilatoire
Appareil portatif employé pour ventiler les poumons d'une personne lorsque sa respiration est insuffisante.

masque[M] à oxygène[M]
Appareil que l'on applique sur le nez et la bouche d'une personne pour l'aider à respirer en lui insufflant de l'oxygène.

canule[F] oropharyngée
Tube creux introduit dans la partie buccale du pharynx (oropharynx) pour empêcher la chute de la langue et permettre le passage de l'air.

collier[M] cervical
Orthèse placée autour du cou pour immobiliser partiellement la colonne vertébrale cervicale.

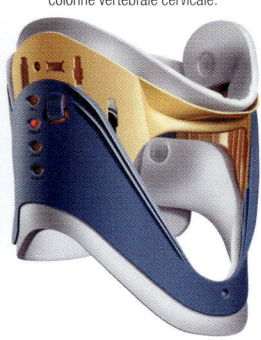

aspirateur[M]
Appareil qui permet d'extraire un liquide ou un gaz présent dans une cavité de l'organisme.

défibrillateur[M]
Appareil qui, à l'aide d'une brève mais puissante décharge électrique, permet de rétablir un rythme cardiaque normal à la suite d'un arrêt cardiaque.

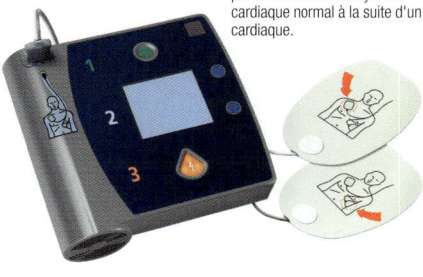

SOCIÉTÉ

matériel^M médical

stéthoscope^M
Instrument permettant de capter et d'amplifier les sons des pulsations cardiaques ou les bruits respiratoires.

tube^M **en Y**^M
Tube se divisant en deux branches vers chacune des oreilles de l'utilisateur.

récepteur^M **de son**^M
Dispositif recouvert d'une membrane permettant de capter et d'amplifier les sons, que l'on applique sur la région à examiner.

lame^F**-ressort**^M
Dispositif permettant d'écarter et de maintenir en place les branches du stéthoscope.

embout^M **auriculaire**
Pièce permettant de maintenir la branche dans l'entrée du conduit auditif pour entendre les sons et bruits.

tube^M **flexible**
Conduit souple fixé au récepteur pour conduire le son vers les oreilles de l'utilisateur.

branche^F
Chacune des tiges permettant de conduire les sons aux oreilles.

biseau^M
Extrémité de l'aiguille taillée obliquement.

aiguille^F
Tige métallique creuse terminée en biseau et munie d'un pavillon, utilisée pour les injections ou prélèvements, intraveineux ou sous-cutanés.

embout^M **Luer Lock**
Extrémité de la seringue en forme d'écrou, dans laquelle s'emboîte le pavillon de l'aiguille.

corps^M **de pompe**^F
Réservoir destiné à créer un vide et à aspirer ou injecter un liquide.

anneau^M **de retenue**^F
Point d'appui de l'index et du majeur pendant que le pouce enfonce le poussoir.

poussoir^M
Dispositif que l'on presse ou que l'on tire pour actionner le piston.

seringue^F
Instrument servant à injecter ou à prélever un liquide dans l'organisme.

pavillon^M
Pièce de plastique située à l'extrémité de l'aiguille, s'insérant dans l'embout.

bouchon^M
Pièce de caoutchouc reliée au piston qui, adhérant aux parois du corps de pompe, permet d'aspirer ou d'injecter le liquide.

graduation^F
Chacune des divisions inscrites sur la seringue, et qui en constituent les unités de mesure de volume.

piston^M
Tige cylindrique coulissant dans le corps de pompe dont le déplacement aspire ou pousse un liquide.

seringue^F **pour lavage**^M **de cavités**^F
Seringue de fort volume permettant de nettoyer une cavité de l'organisme en y introduisant une solution médicamentée.

système^M **de prélèvement**^M **sanguin**
Dispositif permettant de récolter un échantillon de sang afin d'effectuer diverses analyses de laboratoire.

aiguille^F
Tige métallique creuse terminée en biseau.

barillet^M
Pièce sur laquelle s'insèrent l'aiguille et le tube à prélèvement.

tube^M **à prélèvement**^M
Récipient de verre destiné à recevoir le sang prélevé.

pompe^F **à venin**^M
Dispositif qui permet d'aspirer les substances toxiques introduites dans le corps par une piqûre ou une morsure.

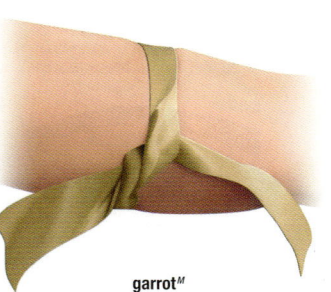

garrot^M
Lien permettant de serrer un membre; on l'utilise pour arrêter une hémorragie ou pour entraver la circulation sanguine avant un prélèvement sanguin.

autopiqueur^M
Petit appareil permettant de prélever une goutte de sang au bout d'un doigt.

santé

matériel médical

tensiomètre
Appareil composé d'un brassard et d'un manomètre, servant à mesurer la pression diastolique (dilatation du cœur) et la pression systolique (contraction du cœur).

tube à air
Conduit souple reliant le brassard au manomètre.

brassard pneumatique
Dispositif enroulé autour du bras, servant à comprimer l'artère brachiale. La pression artérielle est mesurée lorsque le brassard se dégonfle.

gant en latex
Mince gant de caoutchouc utilisé par le personnel médical comme protection contre l'infection ou la contagion.

manomètre
Appareil permettant de mesurer la pression (ou tension) artérielle.

afficheur
Écran indiquant les données mesurées (pression artérielle, pouls).

poire de gonflage
Petite pompe permettant de gonfler le brassard.

soupape d'évacuation
Valve permettant d'expulser l'air du brassard pour réduire la pression.

masque de chirurgie
Masque de tissu souple qui recouvre la bouche et le nez afin d'empêcher la transmission de micro-organismes.

civière
Lit pliant sur roulettes servant au transport de malades et de blessés.

brancard
Cadre de bois ou de métal recouvert de toile, servant au transport de malades et de blessés.

côté rétractable
Structure métallique escamotable fixée au cadre pour empêcher le patient de tomber de la civière.

sangles de retenue
Bandes de tissu fixées au cadre de la civière pour y maintenir le patient.

dossier inclinable
Partie du coussin sur lequel s'appuient la tête et le dos du patient; le dossier peut se relever ou s'abaisser au besoin.

matelas
Grand coussin rembourré sur lequel on couche le patient.

cadre
Structure métallique qui soutient le matelas.

poignée de transport
Partie permettant de saisir et de déplacer la civière.

roulette à frein
Petite roue permettant de déplacer aisément la civière, munie d'un dispositif de blocage.

SOCIÉTÉ

matériel médical

thermomètres
Instruments servant à mesurer la température corporelle; ils peuvent être auriculaires, buccaux, rectaux, etc.

thermomètre numérique
Thermomètre qui affiche la température en chiffres sur un écran à cristaux liquides.

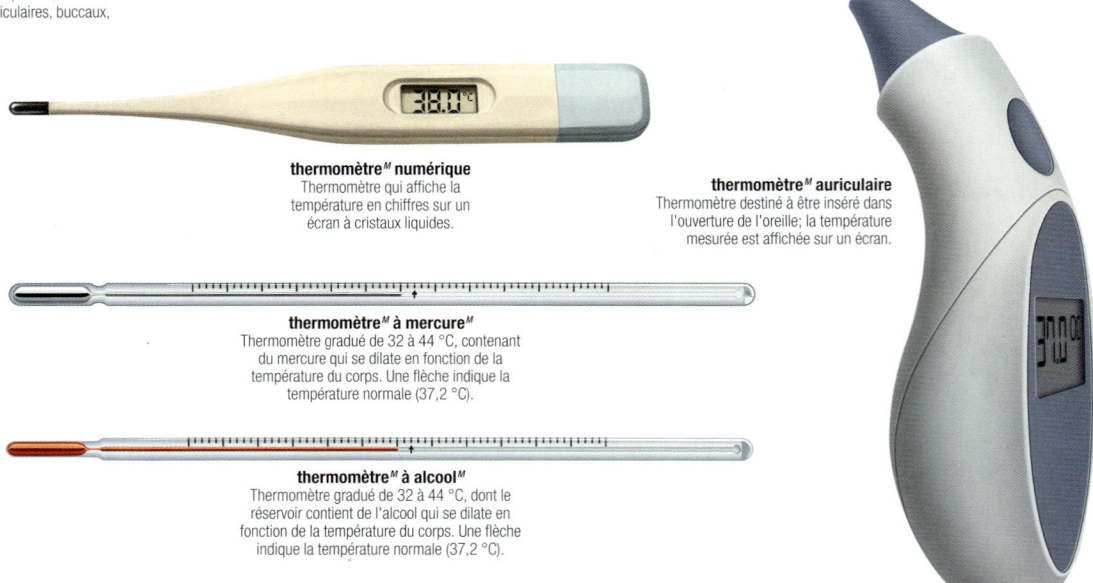

thermomètre auriculaire
Thermomètre destiné à être inséré dans l'ouverture de l'oreille; la température mesurée est affichée sur un écran.

thermomètre à mercure
Thermomètre gradué de 32 à 44 °C, contenant du mercure qui se dilate en fonction de la température du corps. Une flèche indique la température normale (37,2 °C).

thermomètre à alcool
Thermomètre gradué de 32 à 44 °C, dont le réservoir contient de l'alcool qui se dilate en fonction de la température du corps. Une flèche indique la température normale (37,2 °C).

formes pharmaceutiques des médicaments

Formes que prennent les médicaments commercialisés.

ampoule
Tube de verre renflé, scellé aux deux extrémités, contenant une dose précise d'un médicament ou d'un produit pharmaceutique liquide.

capsule
Globules à parois solubles s'emboîtant l'un dans l'autre, remplis d'un médicament ou d'un produit pharmaceutique.

gélule
Enveloppe de gélatine renfermant une dose d'un médicament ou d'un produit pharmaceutique.

comprimé
Pastille faite de poudre comprimée (amidon, cellulose) et contenant une dose d'un médicament ou d'un produit pharmaceutique.

timbre transdermique
Pièce adhésive destinée à être appliquée sur la peau, qui libère de façon graduelle un médicament ou un produit pharmaceutique.

sirop
Solution généralement aromatisée, additionnée d'un médicament ou d'un produit pharmaceutique à prendre par voie orale.

pulvérisateur nasal
Dispositif qui libère un médicament en aérosol dans les fosses nasales.

embout buccal
Partie de l'inhalateur-doseur qu'on insère dans la bouche pour administrer la dose de médicament.

capuchon
Pièce qui recouvre l'embout buccal lorsque l'inhalateur-doseur n'est pas utilisé.

auto-injecteur
Seringue à usage unique permettant d'injecter une dose précise de médicament (notamment l'adrénaline, pour les cas d'allergies graves).

inhalateur-doseur
Dispositif qui libère une dose précise d'un médicament en aérosol dans les voies respiratoires, employé principalement dans le traitement de l'asthme ou de la bronchite.

suppositoire
Présentation médicamenteuse sous forme solide destinée à être introduite dans le rectum.

onguent
Crème épaisse contenant un médicament ou un produit pharmaceutique, qu'on applique directement sur la peau.

santé

trousse^F de secours^M

Boîte renfermant le matériel nécessaire à l'administration des premiers soins (pansements, médicaments, instruments, etc.).

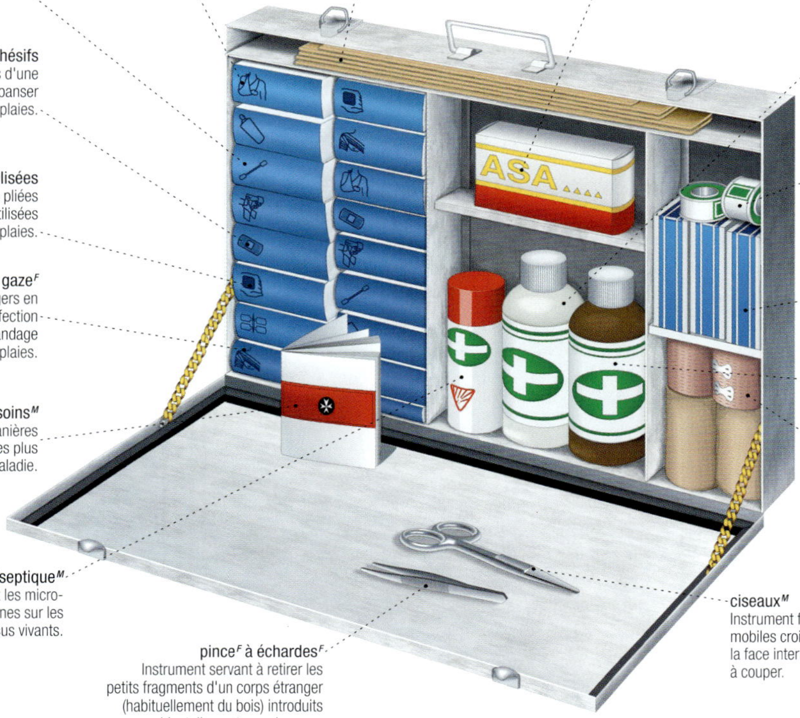

cotons^M-tiges^F
Bâtonnets dont les extrémités sont munies d'un morceau d'ouate, utilisés pour appliquer une substance médicamenteuse ou nettoyer les plaies.

pansements^M adhésifs
Bandes collantes munies d'une pièce de gaze, utilisées pour panser les plaies.

compresses^F stérilisées
Pièces de gaze aseptisées pliées en plusieurs épaisseurs, utilisées pour panser les plaies.

bandes^F de gaze^F
Tissus de coton très légers en bandes, utilisés pour la confection de compresses ou pour le bandage des plaies.

manuel^M de premiers soins^M
Brochure qui décrit les manières d'intervenir dans les cas les plus fréquents de blessures ou de maladie.

bandage^M triangulaire
Pièce de tissu en forme de triangle utilisé pour soutenir un membre.

attelles^F
Planchettes de bois, de métal, de plastique, etc., utilisées pour immobiliser un membre en cas de fracture, d'entorse ou de luxation.

acide^M acétylsalicylique
Comprimé administré pour combattre la douleur, la fièvre et l'inflammation.

alcool^M à 90°
Alcool utilisé pour nettoyer et désinfecter la peau saine ou les plaies.

ruban^M de tissu^M adhésif
Ruban collant qui permet de fixer les bandages, compresses, etc., sur une plaie.

coton^M hydrophile
Coton absorbant blanchi dont on a éliminé les substances grasses et résineuses, utilisé pour nettoyer les plaies.

eau^F oxygénée ; *peroxyde^M*
Antiseptique utilisé pour nettoyer et désinfecter les plaies.

bande^F de tissu^M élastique
Tissu extensible que l'on enroule autour d'un membre pour réduire l'œdème (enflure) ou pour fixer un bandage, une attelle, etc.

antiseptique^M
Substance détruisant les micro-organismes pathogènes sur les tissus vivants.

pince^F à échardes^F
Instrument servant à retirer les petits fragments d'un corps étranger (habituellement du bois) introduits accidentellement sous la peau.

ciseaux^M
Instrument formé de deux branches mobiles croisées, tranchantes sur la face interne, servant à tailler ou à couper.

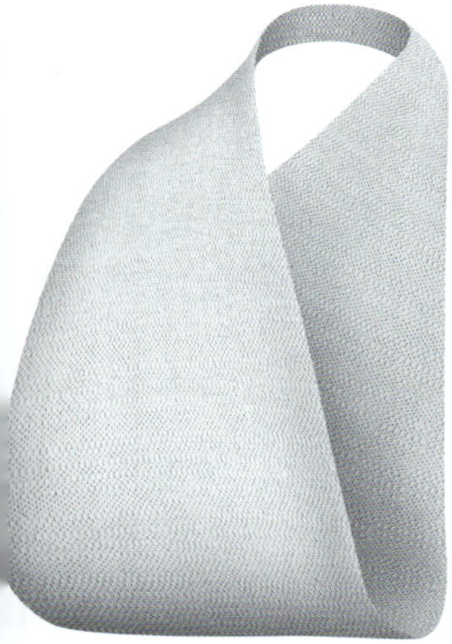

bandage^M triangulaire
Pièce de tissu en forme de triangle utilisé pour soutenir un membre.

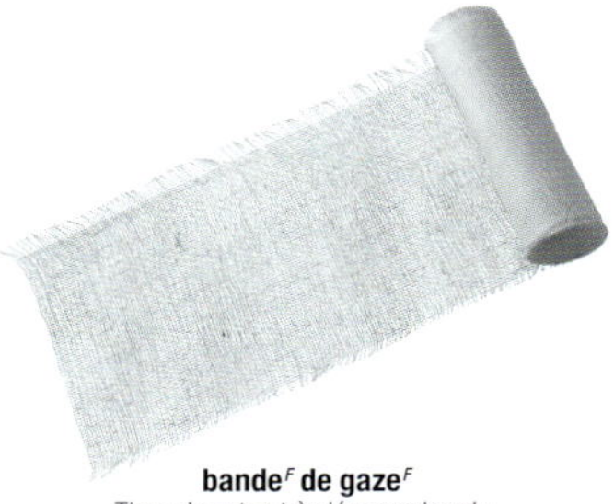

bande^F de gaze^F
Tissu de coton très léger en bande, utilisé pour la confection de compresses ou pour le bandage des plaies.

compresse^F stérilisée
Pièce de gaze aseptisée pliée en plusieurs épaisseurs, utilisée pour panser les plaies.

pansement^M adhésif
Bande collante munie d'une pièce de gaze, utilisée pour panser les plaies.

coton^M-tige^F
Bâtonnet dont les extrémités sont munies d'un morceau d'ouate, utilisé pour appliquer une substance médicamenteuse ou nettoyer les plaies.

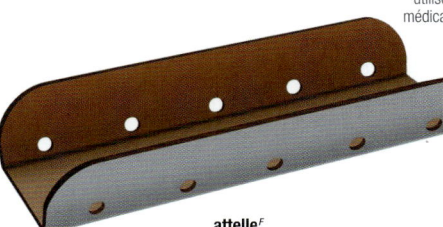

attelle^F
Planchette de bois, de métal, de plastique, etc., utilisée pour immobiliser un membre en cas de fracture, d'entorse ou de luxation.

coton^M hydrophile
Coton absorbant blanchi dont on a éliminé les substances grasses et résineuses, utilisé pour nettoyer les plaies.

SOCIÉTÉ

aides^F à la marche^F

Appareils servant d'appui pour faciliter les déplacements d'une personne.

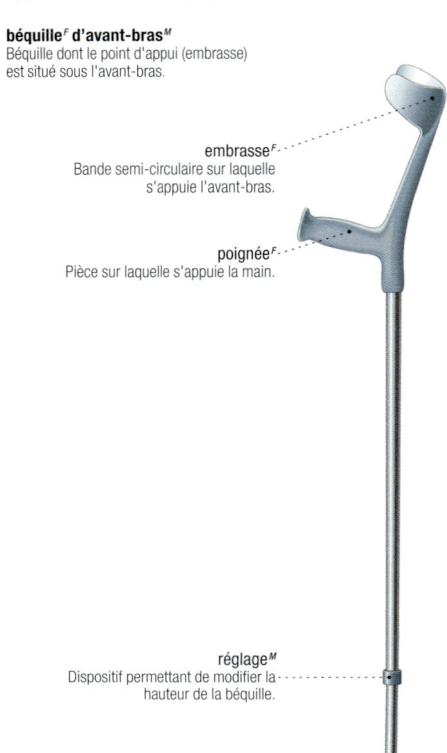

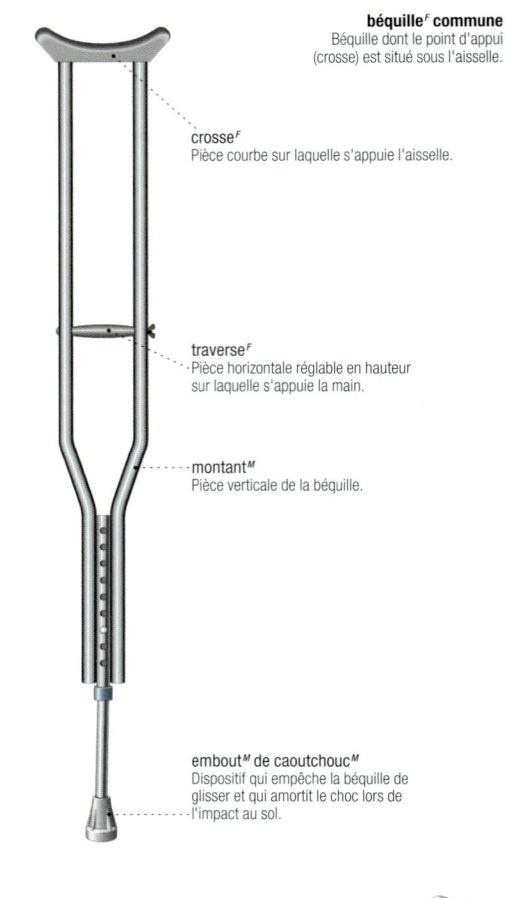

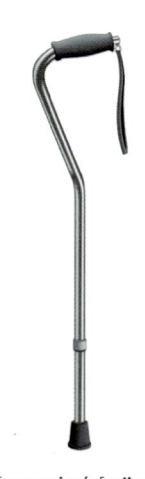

béquille^F d'avant-bras^M
Béquille dont le point d'appui (embrasse) est situé sous l'avant-bras.

embrasse^F
Bande semi-circulaire sur laquelle s'appuie l'avant-bras.

poignée^F
Pièce sur laquelle s'appuie la main.

réglage^M
Dispositif permettant de modifier la hauteur de la béquille.

béquille^F commune
Béquille dont le point d'appui (crosse) est situé sous l'aisselle.

crosse^F
Pièce courbe sur laquelle s'appuie l'aisselle.

traverse^F
Pièce horizontale réglable en hauteur sur laquelle s'appuie la main.

montant^M
Pièce verticale de la béquille.

embout^M de caoutchouc^M
Dispositif qui empêche la béquille de glisser et qui amortit le choc lors de l'impact au sol.

canne^F en C^M
Canne dont la poignée est courbée.

canne^F en T^M
Canne dont la poignée est droite.

canne^F avec poignée^F orthopédique
Canne à tige réglable dont la poignée ergonomique est conçue pour faciliter l'emploi de la canne.

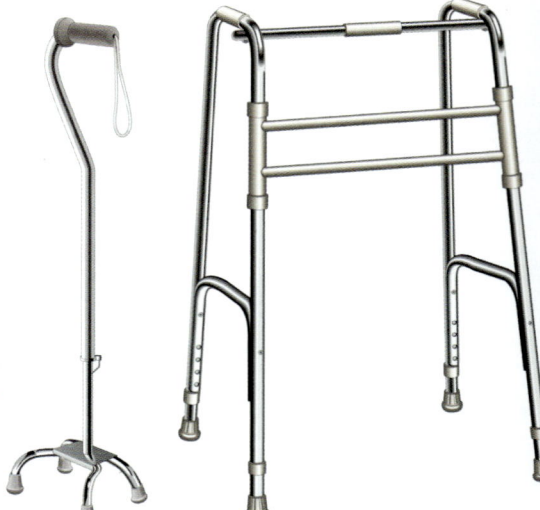

canne^F avec quadripode^M
Canne à tige réglable dont l'extrémité est munie de quatre pieds.

déambulateur^M
Support qui se déplace par glissement ou par soulèvement pour soutenir la marche des personnes affaiblies ou instables.

aides^F au déplacement^M

Dispositifs formés de sièges montés sur roues, motorisés ou non, facilitant le déplacement des personnes à mobilité réduite.

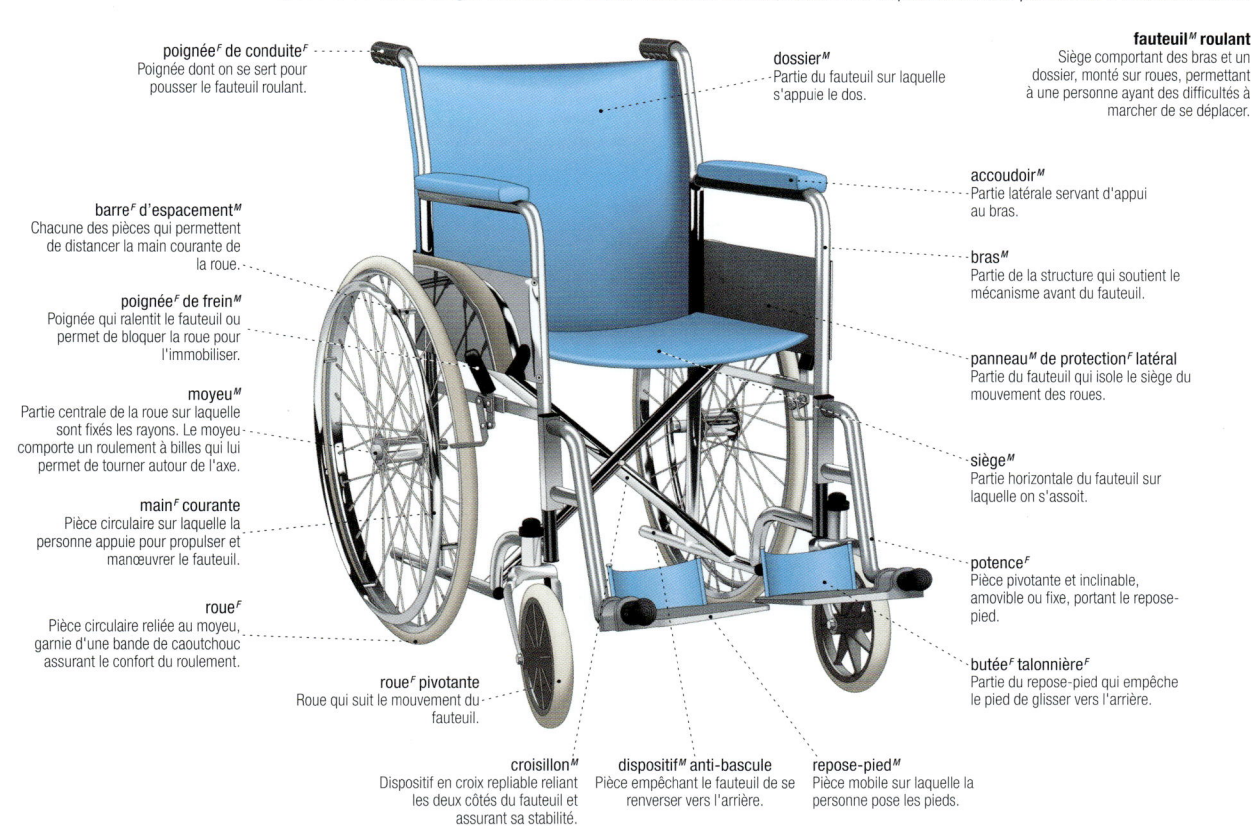

poignée^F de conduite^F
Poignée dont on se sert pour pousser le fauteuil roulant.

barre^F d'espacement^M
Chacune des pièces qui permettent de distancer la main courante de la roue.

poignée^F de frein^M
Poignée qui ralentit le fauteuil ou permet de bloquer la roue pour l'immobiliser.

moyeu^M
Partie centrale de la roue sur laquelle sont fixés les rayons. Le moyeu comporte un roulement à billes qui lui permet de tourner autour de l'axe.

main^F courante
Pièce circulaire sur laquelle la personne appuie pour propulser et manœuvrer le fauteuil.

roue^F
Pièce circulaire reliée au moyeu, garnie d'une bande de caoutchouc assurant le confort du roulement.

roue^F pivotante
Roue qui suit le mouvement du fauteuil.

croisillon^M
Dispositif en croix repliable reliant les deux côtés du fauteuil et assurant sa stabilité.

dispositif^M anti-bascule
Pièce empêchant le fauteuil de se renverser vers l'arrière.

repose-pied^M
Pièce mobile sur laquelle la personne pose les pieds.

dossier^M
Partie du fauteuil sur laquelle s'appuie le dos.

fauteuil^M roulant
Siège comportant des bras et un dossier, monté sur roues, permettant à une personne ayant des difficultés à marcher de se déplacer.

accoudoir^M
Partie latérale servant d'appui au bras.

bras^M
Partie de la structure qui soutient le mécanisme avant du fauteuil.

panneau^M de protection^F latéral
Partie du fauteuil qui isole le siège du mouvement des roues.

siège^M
Partie horizontale du fauteuil sur laquelle on s'assoit.

potence^F
Pièce pivotante et inclinable, amovible ou fixe, portant le repose-pied.

butée^F talonnière^F
Partie du repose-pied qui empêche le pied de glisser vers l'arrière.

quadriporteur^M
Petit véhicule motorisé à quatre roues permettant à une personne ayant des difficultés à marcher de se déplacer.

appuie-tête^M
Coussin de sécurité placé derrière la tête du conducteur.

siège^M
Pièce sur laquelle on s'assoit pour conduire le véhicule.

accoudoir^M
Partie servant d'appui au bras de part et d'autre du siège.

coffre^M à batterie^F
Caisson logeant la batterie destinée à alimenter le moteur électrique.

roue^F
Organe circulaire tournant autour d'un axe, permettant au quadriporteur d'avancer ou de reculer.

miroir^M
Surface de verre poli qui permet au conducteur de voir derrière et sur les côtés du véhicule sans se retourner.

console^F
Panneau regroupant les dispositifs de commande du quadriporteur.

guidon^M
Dispositif composé de deux poignées reliées par une tige, qui permet de diriger le quadriporteur.

feu^M clignotant
Dispositif émettant une lumière intermittente, servant à signaler le changement de direction du véhicule.

phare^M
Projecteur placé à l'avant du véhicule, servant à éclairer devant celui-ci.

pare-chocs^M avant
Élément déformable qui amortit partiellement les chocs pour protéger la carrosserie des déformations.

plancher^M
Surface large et plate sur laquelle le conducteur appuie les pieds.

santé

SOCIÉTÉ

santé

hôpital^M

Établissement où on soigne les malades et les blessés, et où on pratique les accouchements, les interventions chirurgicales, etc.

urgences^F ; *urgence*^F
Service où on accueille les blessés et les malades qui ont besoin de soins immédiats.

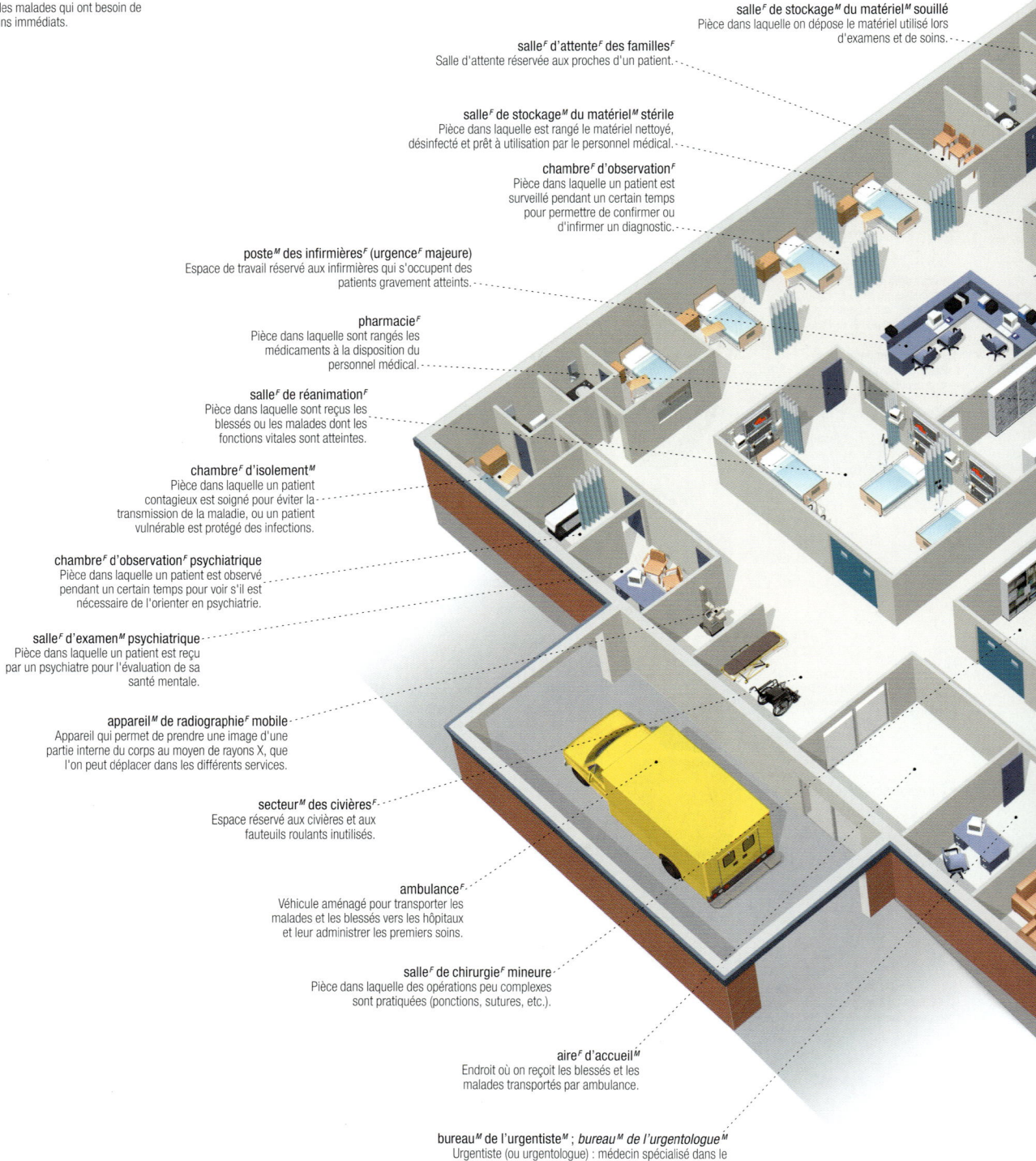

salle^F **de stockage**^M **du matériel**^M **souillé**
Pièce dans laquelle on dépose le matériel utilisé lors d'examens et de soins.

salle^F **d'attente des familles**^F
Salle d'attente réservée aux proches d'un patient.

salle^F **de stockage**^M **du matériel**^M **stérile**
Pièce dans laquelle est rangé le matériel nettoyé, désinfecté et prêt à utilisation par le personnel médical.

chambre^F **d'observation**^F
Pièce dans laquelle un patient est surveillé pendant un certain temps pour permettre de confirmer ou d'infirmer un diagnostic.

poste^M **des infirmières**^F **(urgence**^F **majeure)**
Espace de travail réservé aux infirmières qui s'occupent des patients gravement atteints.

pharmacie^F
Pièce dans laquelle sont rangés les médicaments à la disposition du personnel médical.

salle^F **de réanimation**^F
Pièce dans laquelle sont reçus les blessés ou les malades dont les fonctions vitales sont atteintes.

chambre^F **d'isolement**^M
Pièce dans laquelle un patient contagieux est soigné pour éviter la transmission de la maladie, ou un patient vulnérable est protégé des infections.

chambre^F **d'observation**^F **psychiatrique**
Pièce dans laquelle un patient est observé pendant un certain temps pour voir s'il est nécessaire de l'orienter en psychiatrie.

salle^F **d'examen**^M **psychiatrique**
Pièce dans laquelle un patient est reçu par un psychiatre pour l'évaluation de sa santé mentale.

appareil^M **de radiographie**^F **mobile**
Appareil qui permet de prendre une image d'une partie interne du corps au moyen de rayons X, que l'on peut déplacer dans les différents services.

secteur^M **des civières**^F
Espace réservé aux civières et aux fauteuils roulants inutilisés.

ambulance^F
Véhicule aménagé pour transporter les malades et les blessés vers les hôpitaux et leur administrer les premiers soins.

salle^F **de chirurgie**^F **mineure**
Pièce dans laquelle des opérations peu complexes sont pratiquées (ponctions, sutures, etc.).

aire^F **d'accueil**^M
Endroit où on reçoit les blessés et les malades transportés par ambulance.

bureau^M **de l'urgentiste**^M ; *bureau*^M *de l'urgentologue*^M
Urgentiste (ou urgentologue) : médecin spécialisé dans le traitement des patients admis au service des urgences.

SOCIÉTÉ

santé

hôpital^M

salle^F d'ophtalmologie^F et d'oto-rhino-laryngologie^F
Salle réservée à l'examen et aux soins des yeux, des oreilles, du nez et de la gorge.

salle^F de plâtre^M
Pièce dans laquelle on immobilise une partie du corps à l'aide de plâtre ou d'une attelle à la suite d'une fracture ou d'une luxation.

bureau^M de l'assistant^M social
Assistant social : professionnel qui offre des services de consultation aux patients et aux familles et les dirige vers les services externes.

salle^F d'examen^M gynécologique
Salle réservée à l'examen et aux soins des organes génitaux féminins.

salle^F d'examen^M et de soins^M
Pièce dans laquelle un médecin examine et traite un patient.

toilettes^F
Pièces aménagées pour y satisfaire des besoins naturels et équipées de lavabos.

distributeur^M de boissons^F
Appareil automatique qui sert des boissons et qu'on actionne en introduisant le paiement dans une fente.

téléphone^M public
Poste téléphonique situé dans des endroits publics, qui fonctionne en introduisant dans l'appareil des pièces de monnaie ou une carte de paiement.

poste^M des infirmières^F (urgence^F ambulatoire)
Espace de travail réservé aux infirmières qui s'occupent des patients qui ne nécessitent pas d'hospitalisation prolongée.

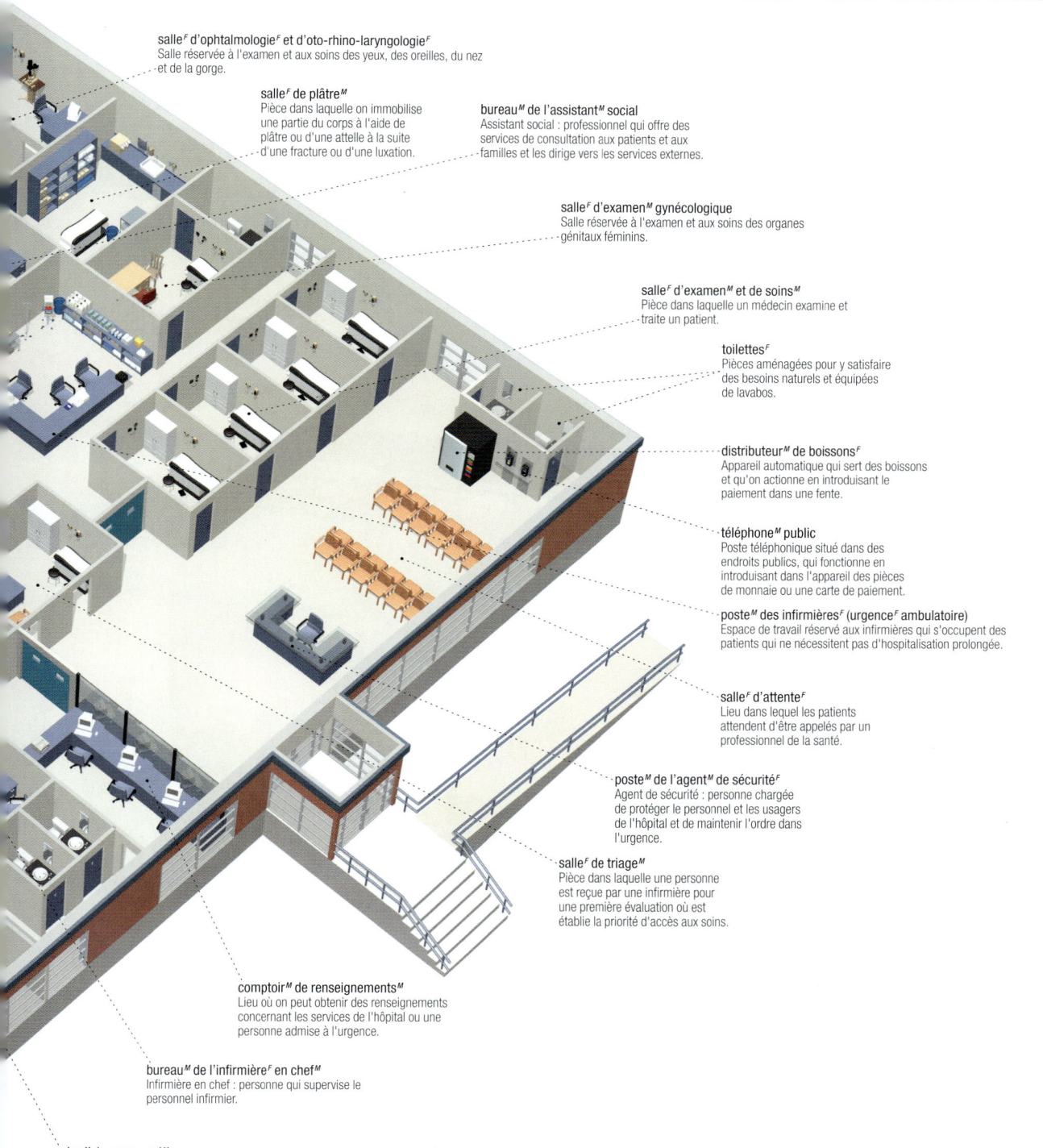

salle^F d'attente^F
Lieu dans lequel les patients attendent d'être appelés par un professionnel de la santé.

poste^M de l'agent^M de sécurité^F
Agent de sécurité : personne chargée de protéger le personnel et les usagers de l'hôpital et de maintenir l'ordre dans l'urgence.

salle^F de triage^M
Pièce dans laquelle une personne est reçue par une infirmière pour une première évaluation où est établie la priorité d'accès aux soins.

comptoir^M de renseignements^M
Lieu où on peut obtenir des renseignements concernant les services de l'hôpital ou une personne admise à l'urgence.

bureau^M de l'infirmière^F en chef^M
Infirmière en chef : personne qui supervise le personnel infirmier.

salon^M du personnel^M
Pièce dans laquelle les employés peuvent se reposer.

SOCIÉTÉ

santé

hôpital^M

chambre^F d'hôpital^M
Pièce destinée au séjour des patients. Elle peut être privée (un lit), semi-privée (deux lits) ou commune (plus de deux lits).

lampe^F de chevet^M
Luminaire orientable fixé au mur, placé à la tête du lit.

prise^F d'oxygène^M
Dispositif fournissant une arrivée d'oxygène dans la chambre d'un patient.

résidente^F
Diplômée en médecine qui effectue en milieu hospitalier un stage de durée variable, dernière étape de sa formation médicale.

pied^M à perfusion^F
Longue tige métallique munie d'un pied à roulettes et d'un crochet auquel est suspendu un sac de soluté injecté au patient de façon lente et continue par voie intraveineuse.

médecin^M
Titulaire d'un diplôme de docteur en médecine, il établit les diagnostics et prescrit les traitements et ordonnances.

table^F de chevet^M
Petit meuble placé à la tête du lit, pouvant comporter un ou plusieurs tiroirs.

patient^M
Personne soumise à un examen médical, à un traitement ou qui subit une intervention chirurgicale.

douche^F
Installation sanitaire qui permet de laver le corps par l'action d'un jet d'eau.

table^F de lit^M
Table munie de roulettes dont le plateau se place au-dessus du lit.

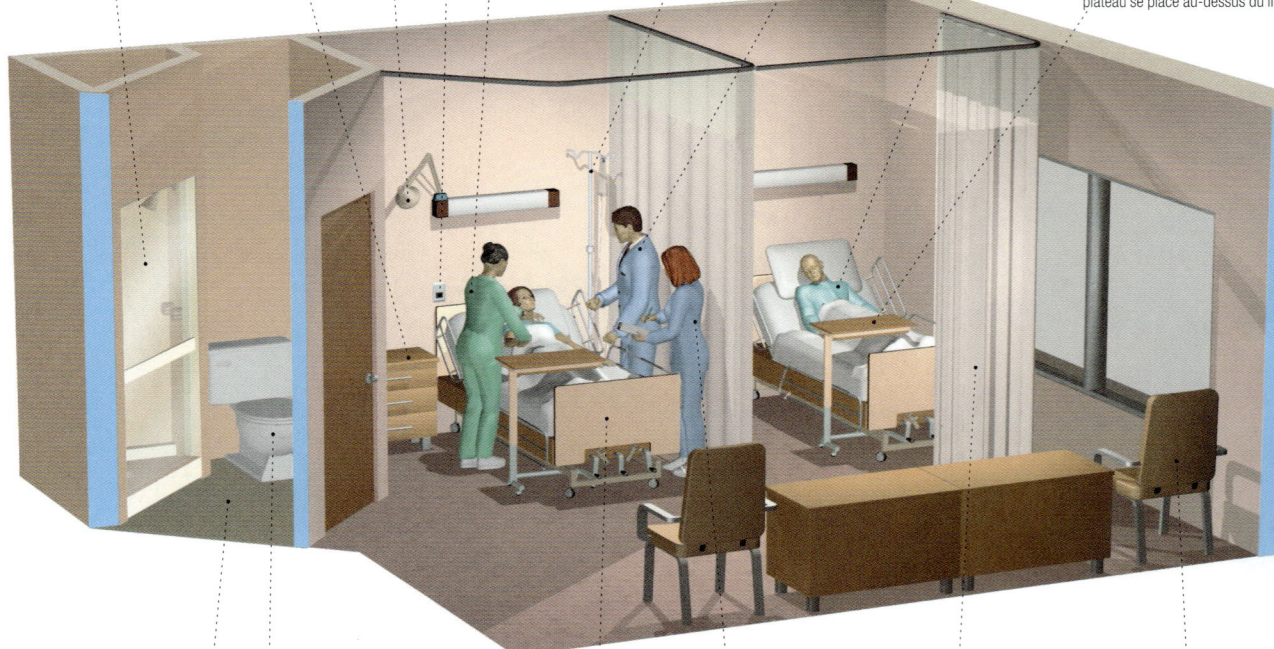

salle^F de bains^M
Pièce aménagée pour la toilette du corps, équipée d'eau courante et d'installations sanitaires.

lit^M d'hôpital^M
Lit à sommier articulé, muni de roulettes et de barreaux.

infirmière^F
Titulaire d'un diplôme en soins infirmiers, elle soigne les malades sous la direction des médecins.

rideau^M séparateur
Rideau permettant d'isoler un patient.

fauteuil^M de repos^M
Fauteuil dans lequel un patient ou un visiteur peut s'asseoir.

w.-c.^M ; toilette^F
Appareil sanitaire utilisé pour la satisfaction des besoins naturels, comprenant une cuvette et une chasse d'eau.

SOCIÉTÉ

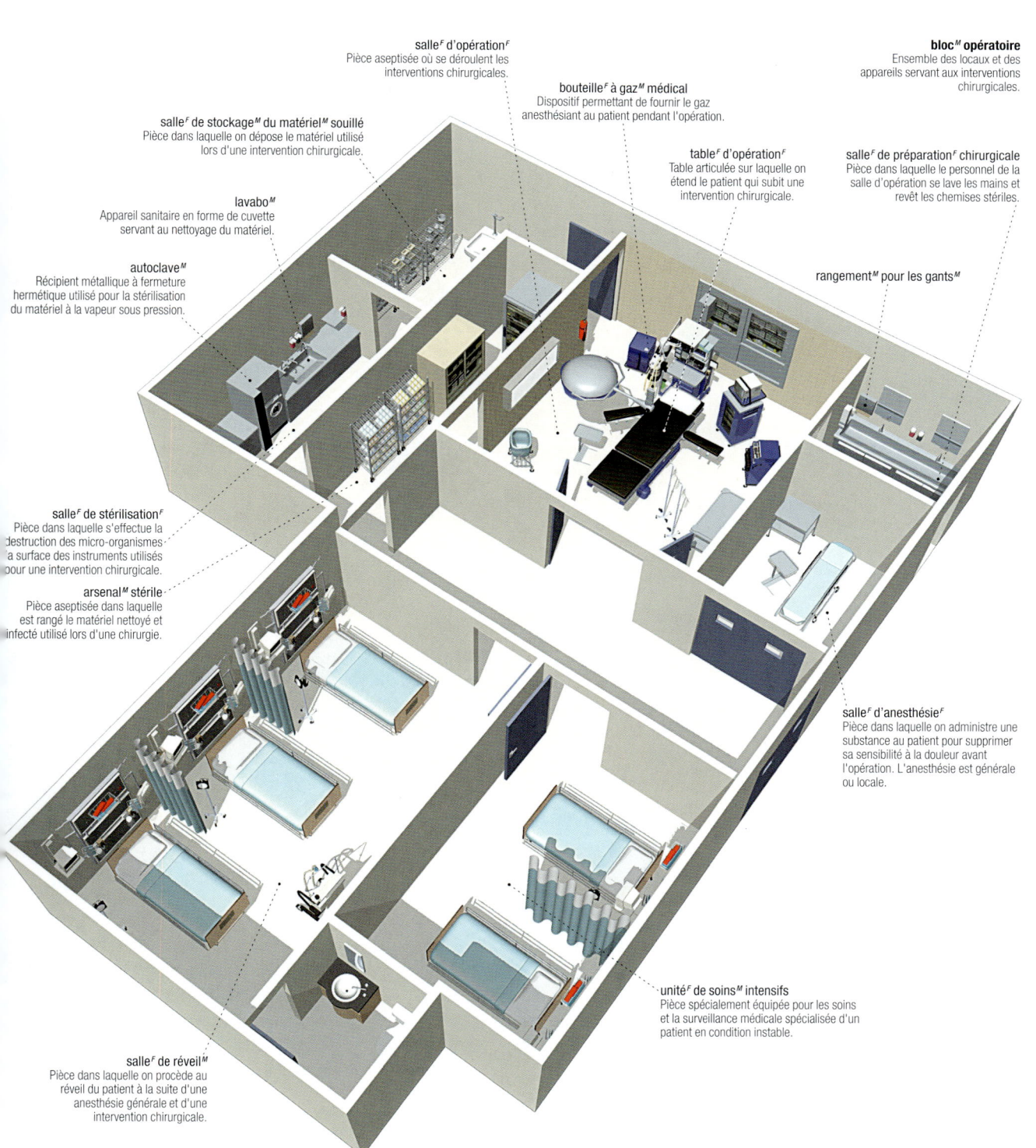

santé

hôpital^M

salle^F d'opération^F
Pièce aseptisée où se déroulent les interventions chirurgicales.

bouteille^F à gaz^M médical
Dispositif permettant de fournir le gaz anesthésiant au patient pendant l'opération.

bloc^M opératoire
Ensemble des locaux et des appareils servant aux interventions chirurgicales.

salle^F de stockage^M du matériel^M souillé
Pièce dans laquelle on dépose le matériel utilisé lors d'une intervention chirurgicale.

table^F d'opération^F
Table articulée sur laquelle on étend le patient qui subit une intervention chirurgicale.

salle^F de préparation^F chirurgicale
Pièce dans laquelle le personnel de la salle d'opération se lave les mains et revêt les chemises stériles.

lavabo^M
Appareil sanitaire en forme de cuvette servant au nettoyage du matériel.

rangement^M pour les gants^M

autoclave^M
Récipient métallique à fermeture hermétique utilisé pour la stérilisation du matériel à la vapeur sous pression.

salle^F de stérilisation^F
Pièce dans laquelle s'effectue la destruction des micro-organismes à la surface des instruments utilisés pour une intervention chirurgicale.

arsenal^M stérile
Pièce aseptisée dans laquelle est rangé le matériel nettoyé et infecté utilisé lors d'une chirurgie.

salle^F d'anesthésie^F
Pièce dans laquelle on administre une substance au patient pour supprimer sa sensibilité à la douleur avant l'opération. L'anesthésie est générale ou locale.

unité^F de soins^M intensifs
Pièce spécialement équipée pour les soins et la surveillance médicale spécialisée d'un patient en condition instable.

salle^F de réveil^M
Pièce dans laquelle on procède au réveil du patient à la suite d'une anesthésie générale et d'une intervention chirurgicale.

SOCIÉTÉ

922 santé

hôpital^M

unité^F de soins^M ambulatoires
Section d'un hôpital aménagée par spécialisation pour dispenser des soins et services à des personnes non hospitalisées capables de se déplacer pour les recevoir.

chambre^F d'observation^F
Pièce où un patient demeure sous surveillance pendant un certain temps à la suite d'une intervention chirurgicale mineure.

salle^F d'opération^F
Pièce où se déroulent les interventions chirurgicales mineures.

lavabo^M du chirurgien^M
Appareil sanitaire dans lequel le chirurgien se désinfecte les mains avant une intervention mineure.

salle^F de stérilisation^F
Pièce dans laquelle s'effectue la destruction des micro-organismes à la surface des instruments utilisés pour les soins des patients.

cabine^F de déshabillage^M
Endroit où le patient revêt une chemise d'hôpital.

salle^F de soins^M
Pièce dans laquelle un médecin dispense des soins à un patient.

laboratoire^M de pathologie^F
Pièce aménagée pour l'analyse des prélèvements.

salle^F de repos^M des infirmières^F
Pièce dans laquelle les infirmières peuvent se reposer.

salle^F de prélèvements^M
Pièce dans laquelle une infirmière prélève des échantillons de sang ou d'urine dans le but de procéder à leur analyse.

salle^F d'attente^F du centre^M de prélèvements^M
Lieu où patientent les personnes en attente d'un prélèvement.

archives^F médicales
Lieu où sont rangés les dossiers des patients en vue d'une utilisation éventuelle.

aire^F d'accueil^M
Bureau affecté à la réception des personnes.

entrée^F principale
Porte ou ensemble de portes donnant accès à l'aire d'accueil.

salle^F d'attente^F principale
Lieu où patientent les personnes en attente d'une consultation.

SOCIÉTÉ

santé

hôpital^M

salle^F d'attente^F secondaire
Lieu où patientent les personnes si la salle principale est bondée.

toilettes^F
Pièces aménagées pour y satisfaire des besoins naturels et équipées de lavabos.

services^M sociaux
Services offerts au patient et à sa famille pour les mettre en relation avec les services de soins à domicile.

salle^F d'examen^M
Pièce dans laquelle un médecin examine un patient.

vestiaire^M du personnel^M
Endroit où les employés déposent leurs vêtements de ville.

salle^F de rangement^M du matériel^M médical
Pièce dans laquelle est entreposé le matériel prêt à être utilisé par le personnel médical.

salle^F d'examen^M audiométrique
Pièce où est effectuée la mesure de l'acuité auditive d'une personne.

pharmacie^F
Pièce dans laquelle sont rangés les médicaments à la disposition du personnel médical.

SOCIÉTÉ

examens médicaux

Évaluations de l'état physique d'une personne à l'aide de divers appareils.

radiographie[F]
Technique d'imagerie médicale utilisant les rayons X pour reproduire une image en deux dimensions de l'intérieur du corps humain.

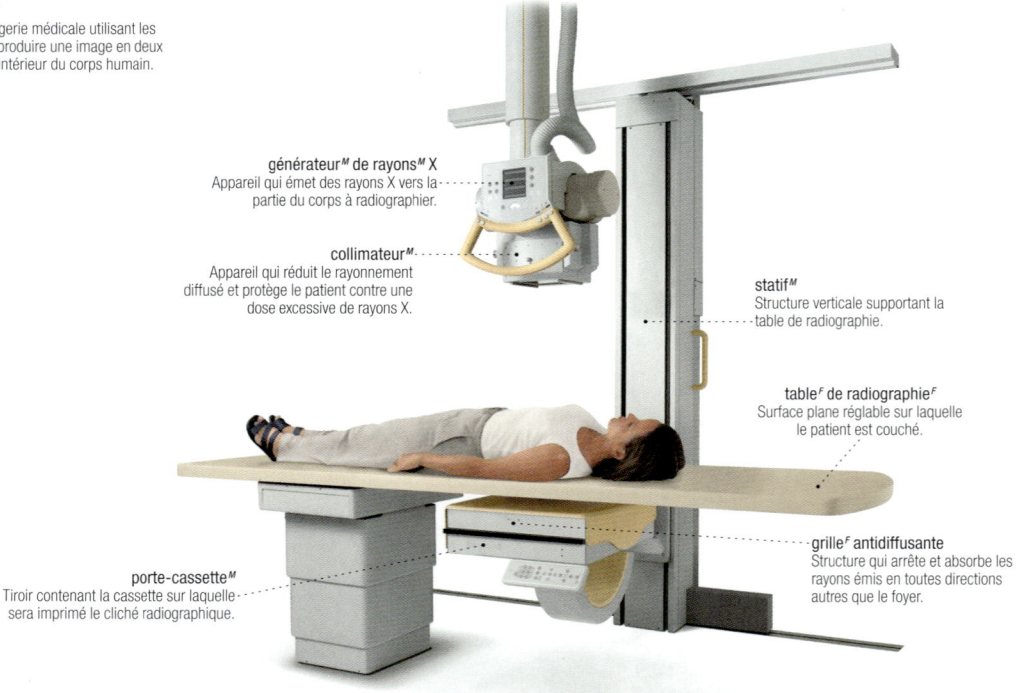

générateur[M] **de rayons**[M] **X**
Appareil qui émet des rayons X vers la partie du corps à radiographier.

collimateur[M]
Appareil qui réduit le rayonnement diffusé et protège le patient contre une dose excessive de rayons X.

statif[M]
Structure verticale supportant la table de radiographie.

table[F] **de radiographie**[F]
Surface plane réglable sur laquelle le patient est couché.

porte-cassette[M]
Tiroir contenant la cassette sur laquelle sera imprimé le cliché radiographique.

grille[F] **antidiffusante**
Structure qui arrête et absorbe les rayons émis en toutes directions autres que le foyer.

imagerie[F] **par résonance**[F] **magnétique (IRM)**
Technique d'imagerie médicale permettant d'obtenir une image en deux ou en trois dimensions des organes internes, en utilisant les propriétés magnétiques des atomes d'hydrogène composant le corps humain.

afficheur[M]
Écran présentant les données sur les réglages de l'appareil et les images obtenues lors de l'examen.

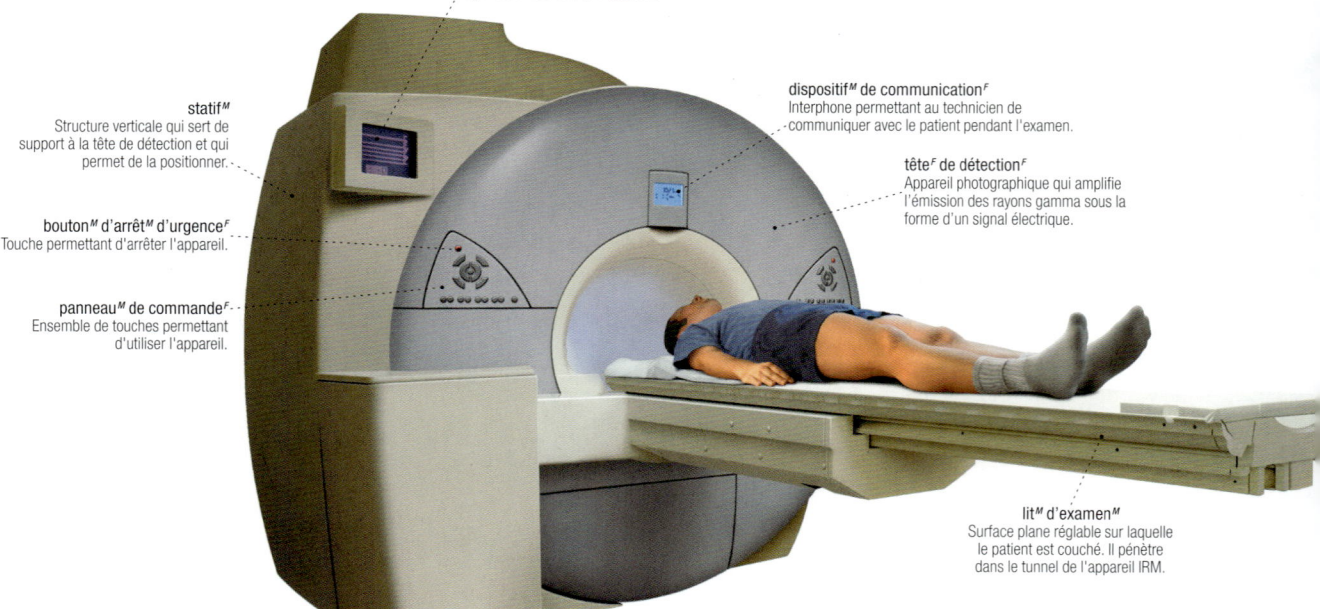

statif[M]
Structure verticale qui sert de support à la tête de détection et qui permet de la positionner.

dispositif[M] **de communication**[F]
Interphone permettant au technicien de communiquer avec le patient pendant l'examen.

tête[F] **de détection**[F]
Appareil photographique qui amplifie l'émission des rayons gamma sous la forme d'un signal électrique.

bouton[M] **d'arrêt**[M] **d'urgence**[F]
Touche permettant d'arrêter l'appareil.

panneau[M] **de commande**[F]
Ensemble de touches permettant d'utiliser l'appareil.

lit[M] **d'examen**[M]
Surface plane réglable sur laquelle le patient est couché. Il pénètre dans le tunnel de l'appareil IRM.

santé

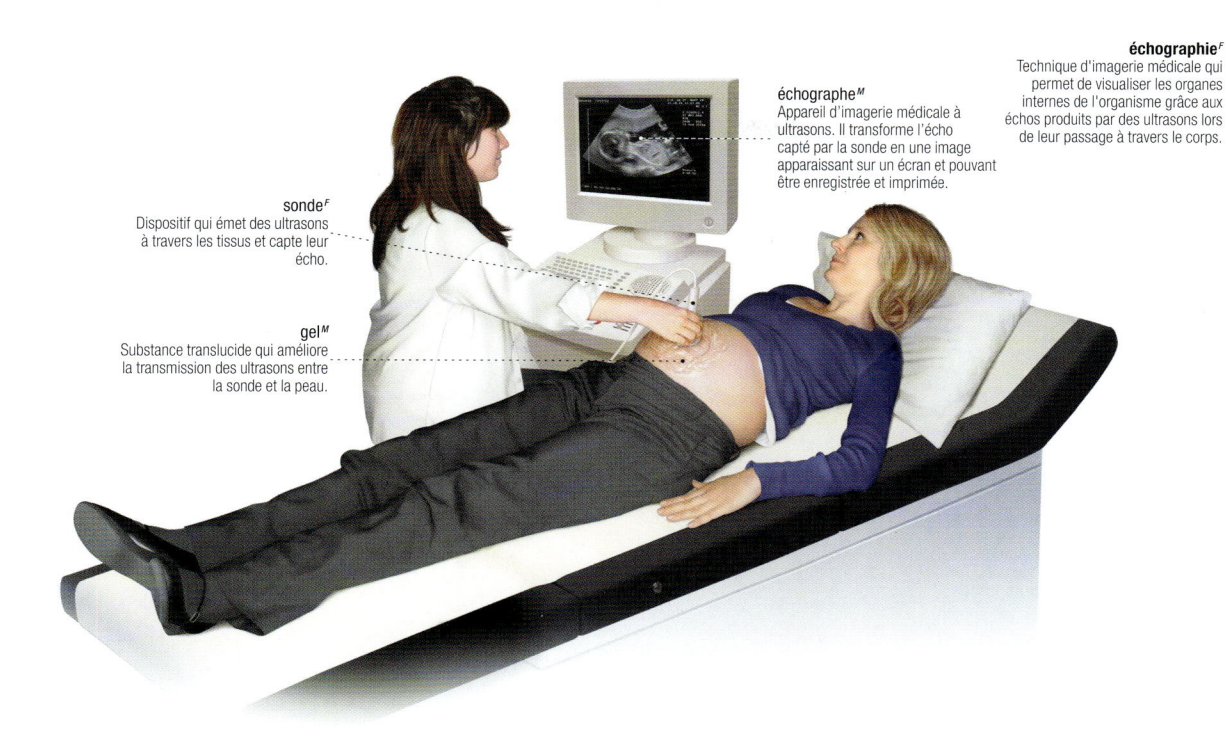

examens^M médicaux

échographie^F
Technique d'imagerie médicale qui permet de visualiser les organes internes de l'organisme grâce aux échos produits par des ultrasons lors de leur passage à travers le corps.

échographe^M
Appareil d'imagerie médicale à ultrasons. Il transforme l'écho capté par la sonde en une image apparaissant sur un écran et pouvant être enregistrée et imprimée.

sonde^F
Dispositif qui émet des ultrasons à travers les tissus et capte leur écho.

gel^M
Substance translucide qui améliore la transmission des ultrasons entre la sonde et la peau.

électrocardiographie^F d'effort^M
Examen permettant de mesurer l'activité électrique du cœur au cours d'un exercice physique soutenu.

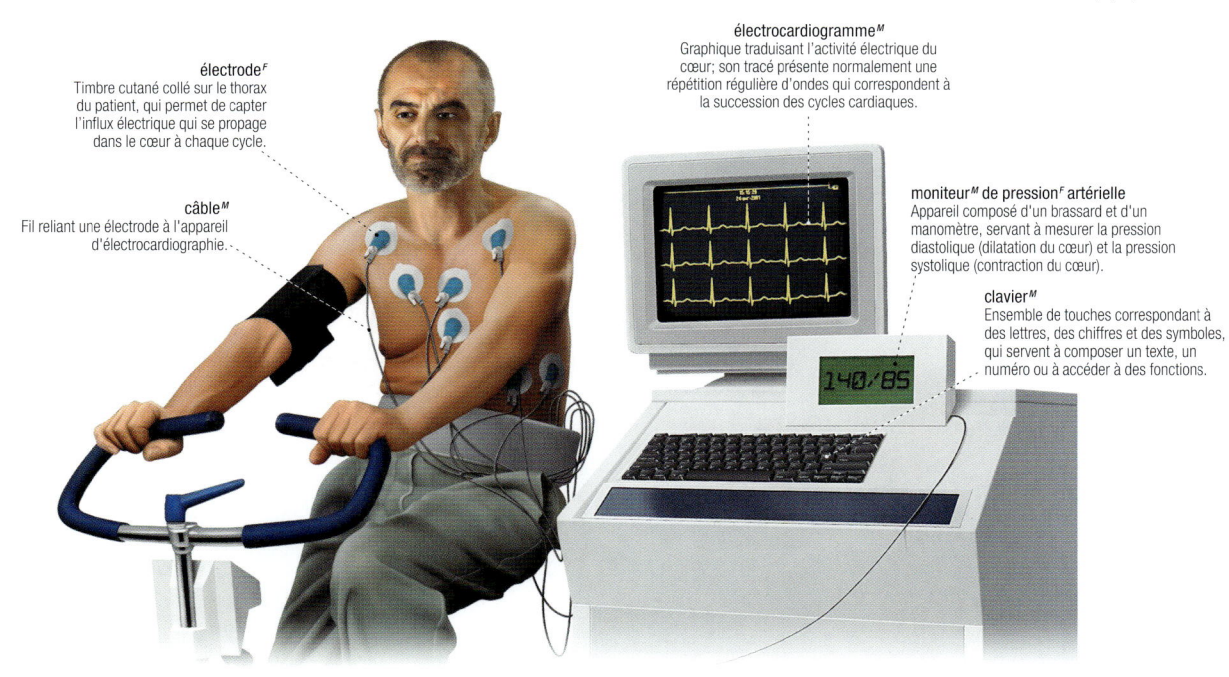

électrocardiogramme^M
Graphique traduisant l'activité électrique du cœur; son tracé présente normalement une répétition régulière d'ondes qui correspondent à la succession des cycles cardiaques.

électrode^F
Timbre cutané collé sur le thorax du patient, qui permet de capter l'influx électrique qui se propage dans le cœur à chaque cycle.

câble^M
Fil reliant une électrode à l'appareil d'électrocardiographie.

moniteur^M de pression^F artérielle
Appareil composé d'un brassard et d'un manomètre, servant à mesurer la pression diastolique (dilatation du cœur) et la pression systolique (contraction du cœur).

clavier^M
Ensemble de touches correspondant à des lettres, des chiffres et des symboles, qui servent à composer un texte, un numéro ou à accéder à des fonctions.

SOCIÉTÉ

santé

examens médicaux

endoscopie
Méthode d'exploration de l'intérieur d'un organe ou d'une cavité du corps à l'aide d'un endoscope.

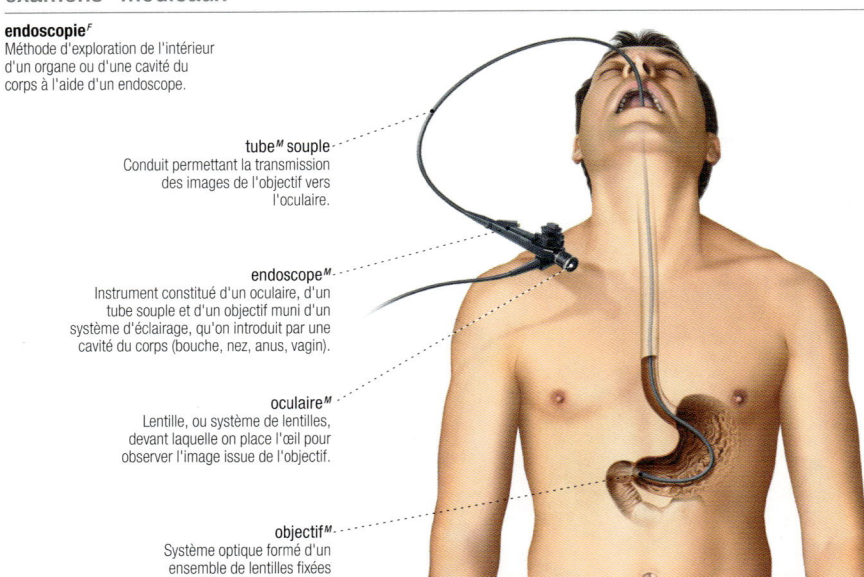

tube souple
Conduit permettant la transmission des images de l'objectif vers l'oculaire.

endoscope
Instrument constitué d'un oculaire, d'un tube souple et d'un objectif muni d'un système d'éclairage, qu'on introduit par une cavité du corps (bouche, nez, anus, vagin).

oculaire
Lentille, ou système de lentilles, devant laquelle on place l'œil pour observer l'image issue de l'objectif.

objectif
Système optique formé d'un ensemble de lentilles fixées dans une monture, qui permet la formation d'une image.

traitement médical

Intervention visant à améliorer la condition physique d'une personne.

radiothérapie
Traitement du cancer reposant sur l'administration de rayons ionisants susceptibles d'entraîner la mort des cellules malignes.

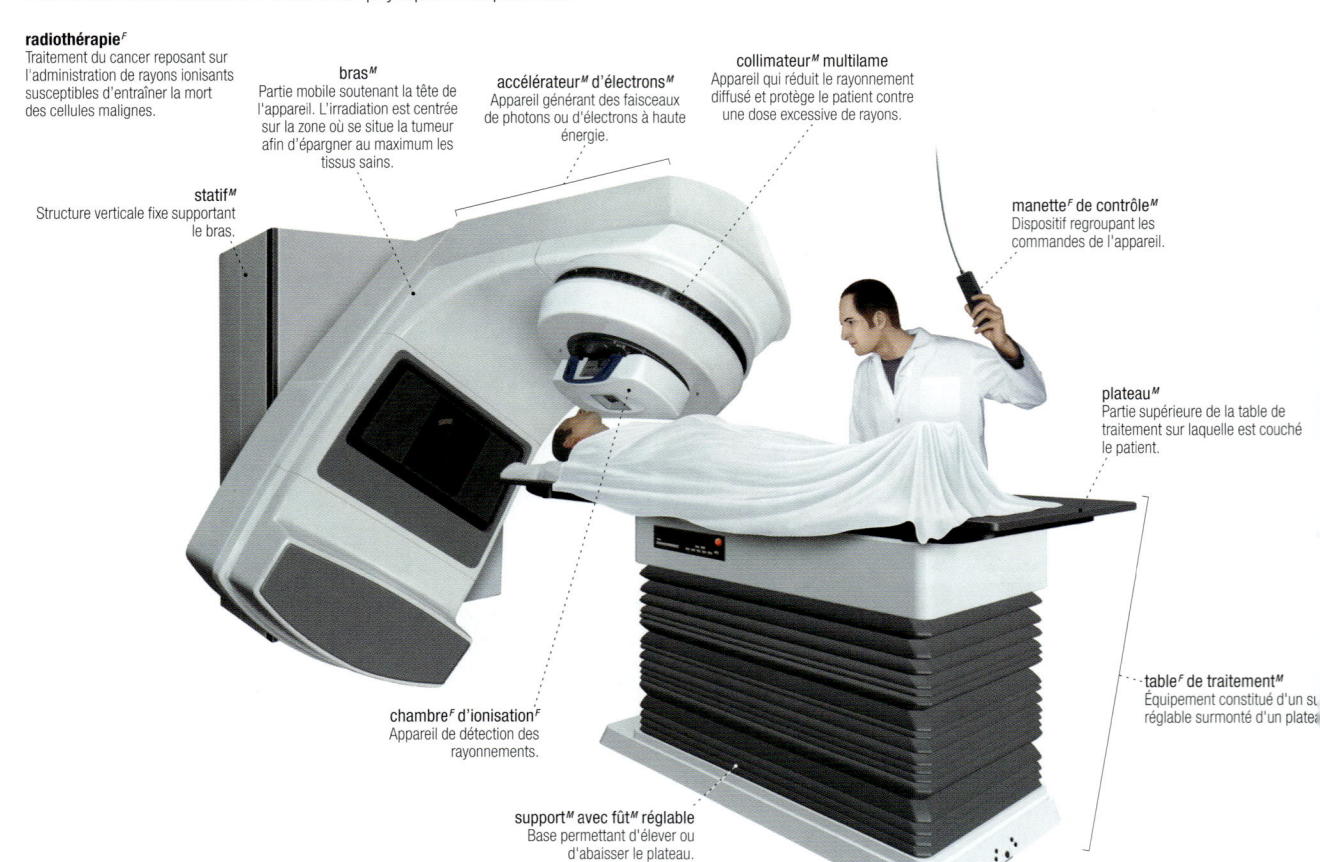

bras
Partie mobile soutenant la tête de l'appareil. L'irradiation est centrée sur la zone où se situe la tumeur afin d'épargner au maximum les tissus sains.

accélérateur d'électrons
Appareil générant des faisceaux de photons ou d'électrons à haute énergie.

collimateur multilame
Appareil qui réduit le rayonnement diffusé et protège le patient contre une dose excessive de rayons.

statif
Structure verticale fixe supportant le bras.

manette de contrôle
Dispositif regroupant les commandes de l'appareil.

plateau
Partie supérieure de la table de traitement sur laquelle est couché le patient.

chambre d'ionisation
Appareil de détection des rayonnements.

support avec fût réglable
Base permettant d'élever ou d'abaisser le plateau.

table de traitement
Équipement constitué d'un su réglable surmonté d'un platea

SOCIÉTÉ

santé

traitement médical

stimulateur cardiaque artificiel
Implant électronique qui envoie des impulsions électriques pour régulariser le rythme cardiaque lorsque le mécanisme naturel est défaillant.

boîtier[M]
Boîte contenant un système électronique qui analyse l'activité du cœur et génère des impulsions électriques; il fonctionne à l'aide d'une pile.

sonde[F]
Tube introduit dans les cavités droites du cœur, qui relie l'électrode au boîtier.

électrode[F]
Dispositif électrique qui surveille et règle le rythme cardiaque en transmettant au cœur les impulsions régulières générées par le boîtier.

dialyse[F]
Technique d'épuration du sang qui consiste à le pomper, à le filtrer grâce à une membrane artificielle située à l'extérieur du corps, puis à le réintroduire dans le système sanguin.

sang[M] **épuré**
Le sang, débarrassé de ses déchets et de l'excédent d'eau, est réinjecté dans le système sanguin du patient.

dialysat[M]
Liquide ayant la propriété d'absorber les substances toxiques du sang.

dialyseur[M]
Appareil médical destiné à purifier le sang d'un patient.

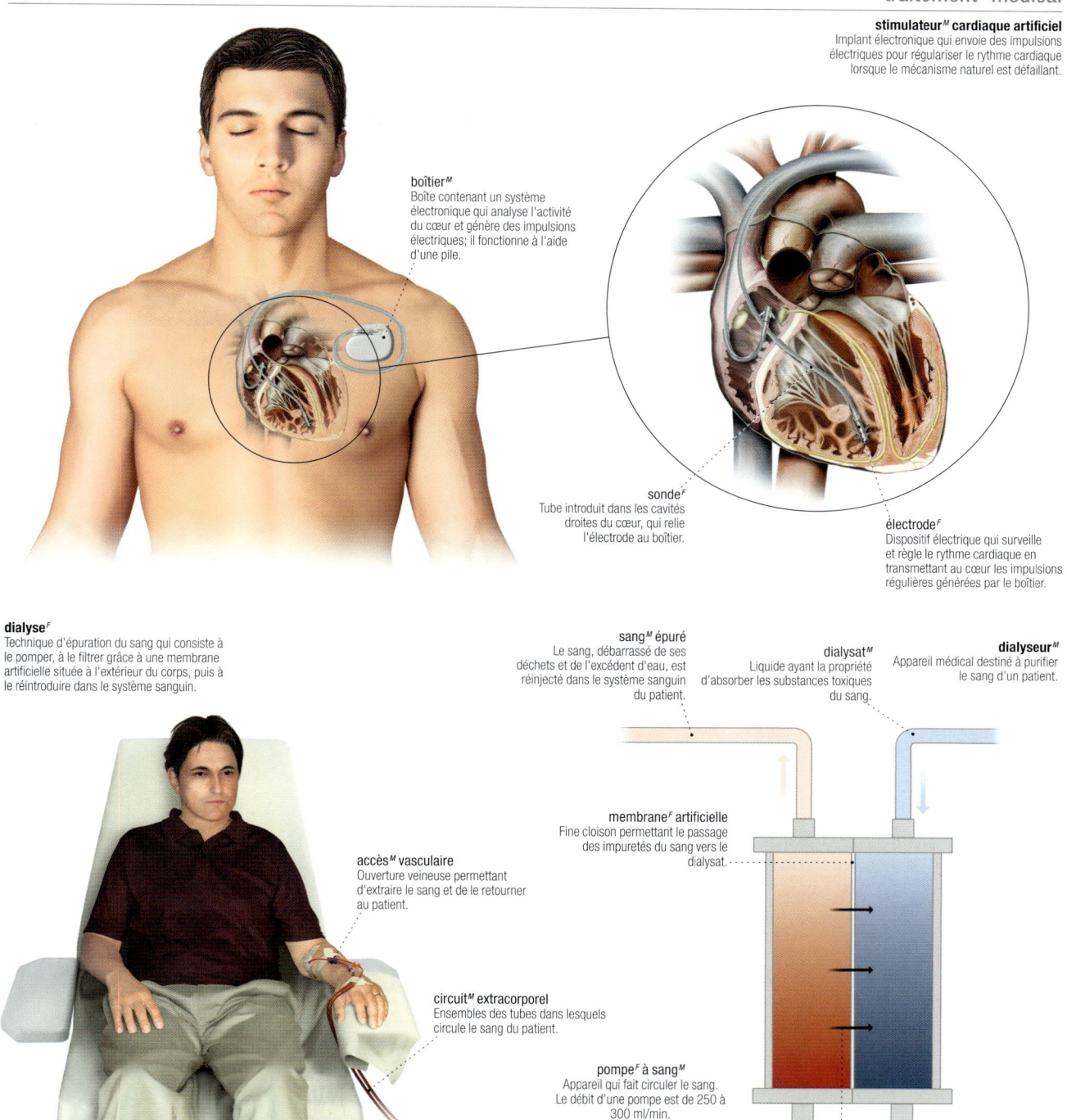

membrane[F] **artificielle**
Fine cloison permettant le passage des impuretés du sang vers le dialysat.

accès[M] **vasculaire**
Ouverture veineuse permettant d'extraire le sang et de le retourner au patient.

circuit[M] **extracorporel**
Ensembles des tubes dans lesquels circule le sang du patient.

pompe[F] **à sang**[M]
Appareil qui fait circuler le sang. Le débit d'une pompe est de 250 à 300 ml/min.

sang[M] **du patient**[M]
Le sang chargé des déchets de l'organisme est pompé vers le dialyseur.

impuretés[F] **du sang**[M]
Les déchets du sang traversent la membrane artificielle et sont absorbés par le dialysat.

dialysat[M] **usé**
Les impuretés du sang sont évacuées avec le dialysat.

SOCIÉTÉ

928 famille

liens^M de parenté^F
Relations entre les membres de générations différentes d'une même famille et leurs conjoints.

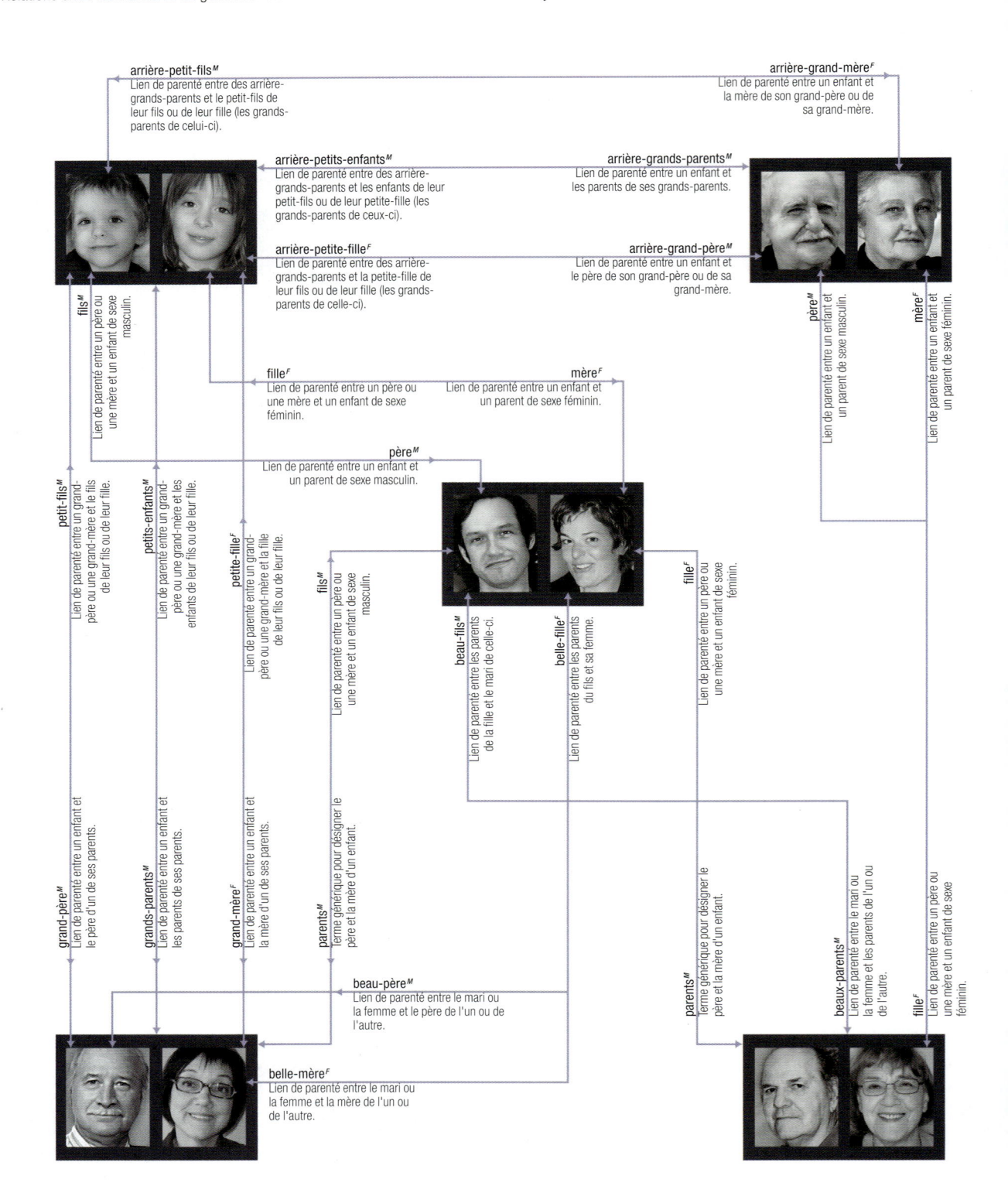

arrière-petit-fils^M Lien de parenté entre des arrière-grands-parents et le petit-fils de leur fils ou de leur fille (les grands-parents de celui-ci).

arrière-grand-mère^F Lien de parenté entre un enfant et la mère de son grand-père ou de sa grand-mère.

arrière-petits-enfants^M Lien de parenté entre des arrière-grands-parents et les enfants de leur petit-fils ou de leur petite-fille (les grands-parents de ceux-ci).

arrière-grands-parents^M Lien de parenté entre un enfant et les parents de ses grands-parents.

arrière-petite-fille^F Lien de parenté entre des arrière-grands-parents et la petite-fille de leur fils ou de leur fille (les grands-parents de celle-ci).

arrière-grand-père^M Lien de parenté entre un enfant et le père de son grand-père ou de sa grand-mère.

fils^M Lien de parenté entre un père ou une mère et un enfant de sexe masculin.

fille^F Lien de parenté entre un père ou une mère et un enfant de sexe féminin.

mère^F Lien de parenté entre un enfant et un parent de sexe féminin.

père^M Lien de parenté entre un enfant et un parent de sexe masculin.

mère^F Lien de parenté entre un enfant et un parent de sexe féminin.

père^M Lien de parenté entre un enfant et un parent de sexe masculin.

petit-fils^M Lien de parenté entre un grand-père ou une grand-mère et le fils de leur fils ou de leur fille.

petits-enfants^M Lien de parenté entre un grand-père ou une grand-mère et les enfants de leur fils ou de leur fille.

petite-fille^F Lien de parenté entre un grand-père ou une grand-mère et la fille de leur fils ou de leur fille.

fils^M Lien de parenté entre un père ou une mère et un enfant de sexe masculin.

beau-fils^M Lien de parenté entre les parents de la fille et le mari de celle-ci.

belle-fille^F Lien de parenté entre les parents du fils et sa femme.

fille^F Lien de parenté entre un père ou une mère et un enfant de sexe féminin.

grand-père^M Lien de parenté entre un enfant et le père d'un de ses parents.

grands-parents^M Lien de parenté entre un enfant et les parents de ses parents.

grand-mère^F Lien de parenté entre un enfant et la mère d'un de ses parents.

parents^M Terme générique pour désigner le père et la mère d'un enfant.

beau-père^M Lien de parenté entre le mari ou la femme et le père de l'un ou de l'autre.

parents^M Terme générique pour désigner le père et la mère d'un enfant.

beaux-parents^M Lien de parenté entre le mari ou la femme et les parents de l'un ou de l'autre.

fille^F Lien de parenté entre un père ou une mère et un enfant de sexe féminin.

belle-mère^F Lien de parenté entre le mari ou la femme et la mère de l'un ou de l'autre.

SOCIÉTÉ

famille 929

liens^M de parenté^F

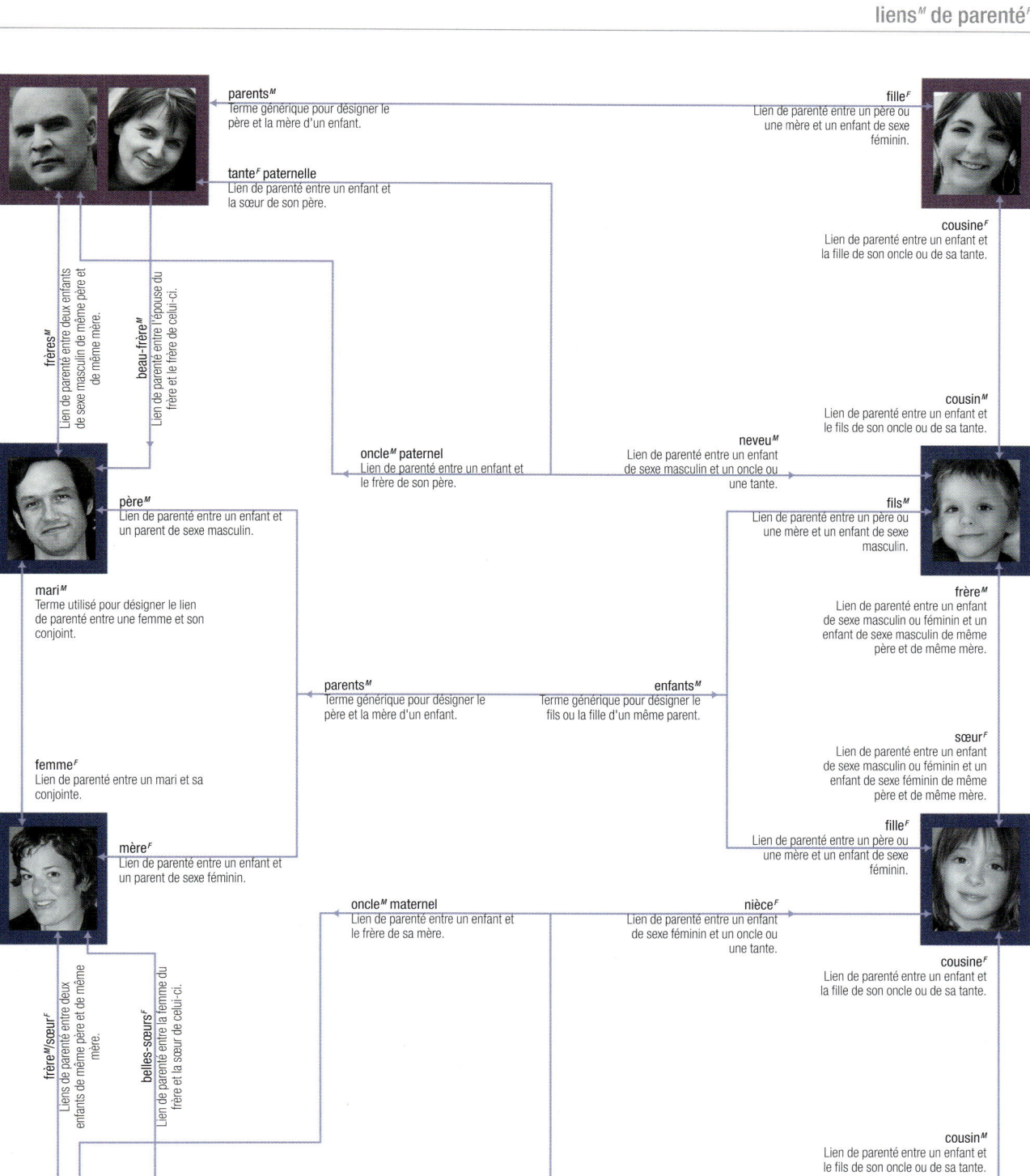

parents^M
Terme générique pour désigner le père et la mère d'un enfant.

fille^F
Lien de parenté entre un père ou une mère et un enfant de sexe féminin.

tante^F paternelle
Lien de parenté entre un enfant et la sœur de son père.

cousine^F
Lien de parenté entre un enfant et la fille de son oncle ou de sa tante.

frères^M
Lien de parenté entre deux enfants de sexe masculin de même père et de même mère.

beau-frère^M
Lien de parenté entre l'épouse du frère et le frère de celui-ci.

cousin^M
Lien de parenté entre un enfant et le fils de son oncle ou de sa tante.

oncle^M paternel
Lien de parenté entre un enfant et le frère de son père.

neveu^M
Lien de parenté entre un enfant de sexe masculin et un oncle ou une tante.

fils^M
Lien de parenté entre un père ou une mère et un enfant de sexe masculin.

père^M
Lien de parenté entre un enfant et un parent de sexe masculin.

frère^M
Lien de parenté entre un enfant de sexe masculin ou féminin et un enfant de sexe masculin de même père et de même mère.

mari^M
Terme utilisé pour désigner le lien de parenté entre une femme et son conjoint.

parents^M
Terme générique pour désigner le père et la mère d'un enfant.

enfants^M
Terme générique pour désigner le fils ou la fille d'un même parent.

sœur^F
Lien de parenté entre un enfant de sexe masculin ou féminin et un enfant de sexe féminin de même père et de même mère.

femme^F
Lien de parenté entre un mari et sa conjointe.

fille^F
Lien de parenté entre un père ou une mère et un enfant de sexe féminin.

mère^F
Lien de parenté entre un enfant et un parent de sexe féminin.

oncle^M maternel
Lien de parenté entre un enfant et le frère de sa mère.

nièce^F
Lien de parenté entre un enfant de sexe féminin et un oncle ou une tante.

cousine^F
Lien de parenté entre un enfant et la fille de son oncle ou de sa tante.

frère^M/sœur^F
Liens de parenté entre deux enfants de même père et de même mère.

belles-sœurs^F
Lien de parenté entre la femme du frère et la sœur de celui-ci.

cousin^M
Lien de parenté entre un enfant et le fils de son oncle ou de sa tante.

tante^F maternelle
Lien de parenté entre un enfant et la sœur de sa mère.

parents^M
Terme générique pour désigner le père et la mère d'un enfant.

fils^M
Lien de parenté entre un père ou une mère et un enfant de sexe masculin.

SOCIÉTÉ

INSTALLATIONS SPORTIVES 932
Ensemble des terrains et des installations destinés à la pratique des sports et à la tenue de compétitions.

ATHLÉTISME 934
Ce sport réunit une trentaine de disciplines : courses, marche, marathon, sauts, lancers, épreuves combinées (heptathlon, décathlon).

SPORTS DE BALLE ET DE BALLON 938
Sports individuels ou d'équipe qui se pratiquent en lançant ou en frappant une sphère solide ou remplie d'air.

SPORTS DE RAQUETTE 961
Ces sports opposent deux ou quatre personnes qui s'échangent une balle ou un volant avec des raquettes sur une aire de jeu définie.

SPORTS ET JEUX

Souvent exercées dans un but récréatif (plaisir, détente, santé), ces activités font aussi l'objet de compétitions, régies par des organismes officiels.

SPORTS GYMNIQUES 969
Destinés à assouplir et à développer le corps, les sports gymniques comprennent notamment la gymnastique rythmique, artistique, acrobatique et aquatique ainsi que le stretching.

SPORTS AQUATIQUES ET NAUTIQUES 974
Ensemble qui regroupe tous les sports et activités de loisir se pratiquant dans l'eau ou sur l'eau.

SPORTS DE COMBAT 990
Ensemble des sports dans lesquels deux adversaires, armés ou non, s'affrontent dans un combat.

SPORTS DE FORCE 999
Ensemble des sports qui consistent à développer la force musculaire ou l'apparence des muscles (haltérophilie, dynamophilie, culturisme).

SPORTS ÉQUESTRES 1002
Sports pratiqués par un cavalier se déplaçant à cheval. Ils comprennent des épreuves d'habileté, de vitesse, d'endurance, des jeux d'équipe, etc.

SPORTS DE PRÉCISION 1009
Sports dont l'objectif est d'atteindre une cible de diverses formes (poche, trou, cochonnet, quille, etc.) en utilisant divers moyens (arc, arme, queue de billard, boule, bâton, etc.).

CYCLISME 1020
Sport où l'athlète participe à une compétition à bicyclette.

SPORTS MOTORISÉS 1022
Ensemble des sports caractérisés par la conduite d'un véhicule motorisé : voiture de course, moto, motoneige, motomarine, etc.

SPORTS D'HIVER 1027
Ensemble des sports pratiqués sur la neige ou sur la glace.

SPORTS À ROULETTES 1044
Sports pratiqués à l'aide d'une planche ou de patins pourvus de petites roues. Ils regroupent des jeux d'équipe, des disciplines acrobatiques et de vitesse.

SPORTS AÉRIENS 1046
Sports ou activités de loisir pratiqués dans les airs, à l'aide d'équipements ou d'appareils spécialisés.

SPORTS DE MONTAGNE 1050
Ensemble qui regroupe les sports et activités de loisir reliés à l'escalade et à l'alpinisme.

LOISIRS DE PLEIN AIR 1052
Ensemble des activités de divertissement qui se déroulent à l'extérieur.

JEUX 1062
Activités de divertissement soumises à des règles déterminées et où interviennent les qualités intellectuelles, l'adresse et le hasard.

installations sportives

complexe^M sportif

Ensemble d'installations (bâtiments, terrains, etc.) aménagées pour la pratique des sports.

piscine^F
Bassin artificiel conçu pour la baignade ou la natation.

stade^M nautique
Lieu comportant des bassins aménagés pour les activités aquatiques (natation, plongeon, water-polo) et des locaux annexes (vestiaires, salle d'exercices, etc.).

bassin^M de plongeon^M
Bassin artificiel conçu pour les plongeons.

parcours^M de sports^M équestres
Parcours semé d'obstacles qu'un cheval et son cavalier doivent parcourir en un temps déterminé lors d'une épreuve hippique.

vélodrome^M
Piste de compétition cycliste dont les virages très relevés permettent aux concurrents d'atteindre une grande vitesse.

stade^M d'hiver^M ; aréna^M
Bâtiment renfermant une patinoire et des installations annexes (tribunes, vestiaires, etc.), principalement destiné à la pratique des sports de glace.

aire^F d'entraînement^M
Zone où se préparent les sportifs, au moyen de divers exercices, en vue des compétitions sportives.

stand^M de tir^M
Emplacement aménagé pour le tir de précision à la cible, au moyen d'armes à feu (fusil, carabine, pistolet).

stand^M de tir^M à l'arc^M
Emplacement aménagé pour le tir de précision à la cible, au moyen d'un arc.

courts^M de tennis^M
Terrains (terre battue, ciment, revêtement synthétique ou gazon) aménagés pour le tennis.

terrain^M de golf^M
Espace aménagé dans un environnement naturel pour la pratique du golf, comportant un parcours composé de 9 ou de 18 trous.

stade^M de baseball^M
Terrain recouvert de gazon naturel ou synthétique, réservé à la pratique du baseball.

tribune^F
Construction pourvue de gradins souvent partiellement couverts, permettant aux spectateurs d'assister à des épreuves sportives.

gymnase^M
Local servant à la pratique d'activités sportives intérieures.

palais^M des sports^M
Vaste bâtiment muni d'installations permettant notamment la tenue d'événements sportifs intérieurs.

stade^M
Grand bâtiment, couvert ou non, entouré de tribunes, dans lequel est aménagé un terrain pour la pratique de l'athlétisme.

aire^F de lancer^M et de saut^M
Zone aménagée pour les compétitions de lancers (disque, marteau, poids, javelot) et de sauts (en hauteur, en longueur, triple saut, à la perche).

piste^F d'athlétisme^M
Parcours ovale aménagé pour les courses (sprints, haies, relais, etc.).

port^M de plaisance^F
Port spécialement aménagé pour recevoir des bateaux destinés à l'agrément (voiliers de croisière, hors-bords, etc.).

terrain^M de hockey^M sur gazon^M
Terrain recouvert de gazon naturel ou synthétique, aménagé pour la pratique du hockey.

bassin^M de compétition^F
Bassin artificiel, de dimensions réglementaires, où se déroulent des compétitions nautiques (aviron, canoë, etc.).

terrain^M de football^M ; terrain^M de soccer^M
Terrain recouvert de gazon naturel ou synthétique, aménagé pour la pratique du football.

SPORTS ET JEUX

installations sportives 933

tableau^M indicateur

Surface présentant les informations relatives au déroulement d'une compétition sportive (temps, classement, résultats, etc.).

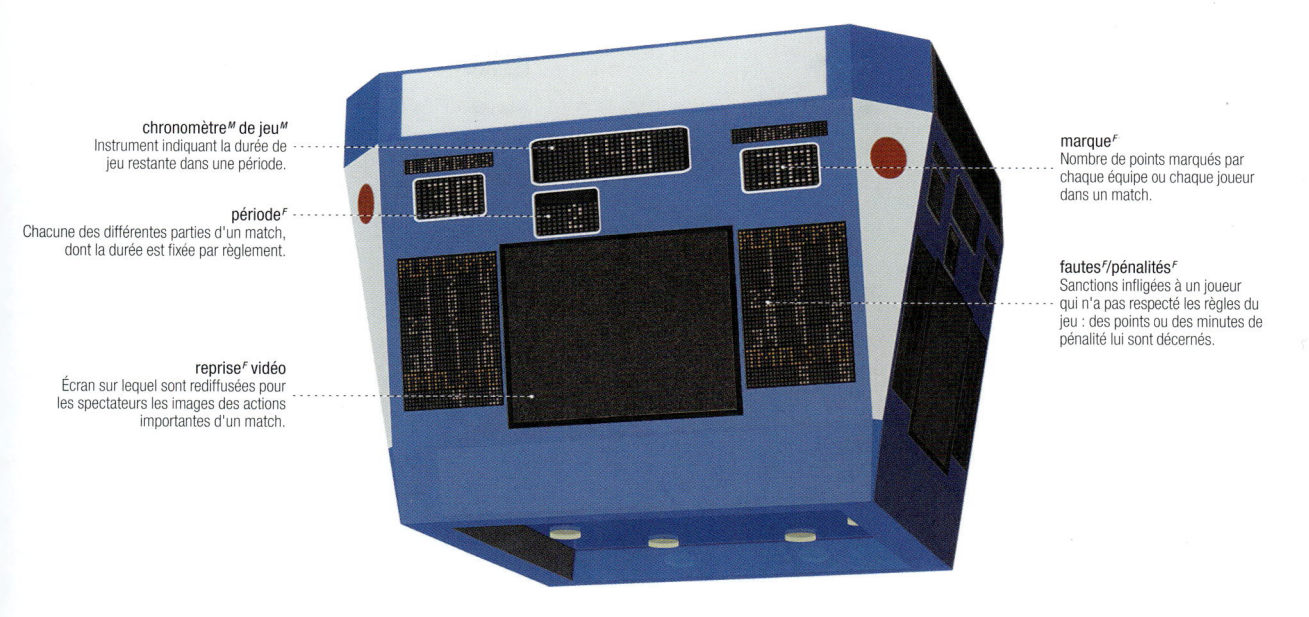

chronomètre^M de jeu^M
Instrument indiquant la durée de jeu restante dans une période.

période^F
Chacune des différentes parties d'un match, dont la durée est fixée par règlement.

reprise^F vidéo
Écran sur lequel sont rediffusées pour les spectateurs les images des actions importantes d'un match.

marque^F
Nombre de points marqués par chaque équipe ou chaque joueur dans un match.

fautes^F/pénalités^F
Sanctions infligées à un joueur qui n'a pas respecté les règles du jeu : des points ou des minutes de pénalité lui sont décernés.

compétition^F

Épreuve sportive opposant plusieurs joueurs ou équipes. Il peut s'agir d'un championnat, d'une coupe, d'un tournoi, d'un critérium, etc.

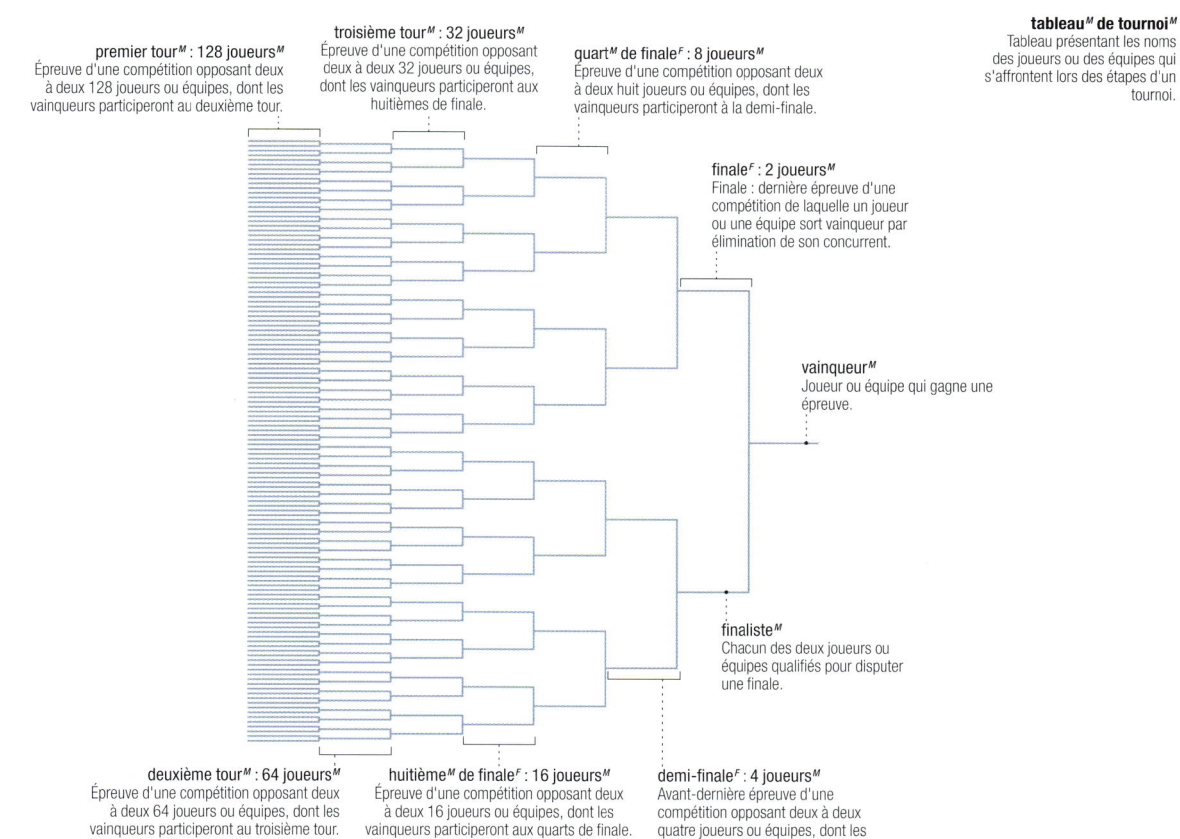

premier tour^M : 128 joueurs^M
Épreuve d'une compétition opposant deux à deux 128 joueurs ou équipes, dont les vainqueurs participeront au deuxième tour.

troisième tour^M : 32 joueurs^M
Épreuve d'une compétition opposant deux à deux 32 joueurs ou équipes, dont les vainqueurs participeront aux huitièmes de finale.

quart^M de finale^F : 8 joueurs^M
Épreuve d'une compétition opposant deux à deux huit joueurs ou équipes, dont les vainqueurs participeront à la demi-finale.

tableau^M de tournoi^M
Tableau présentant les noms des joueurs ou des équipes qui s'affrontent lors des étapes d'un tournoi.

finale^F : 2 joueurs^M
Finale : dernière épreuve d'une compétition de laquelle un joueur ou une équipe sort vainqueur par élimination de son concurrent.

vainqueur^M
Joueur ou équipe qui gagne une épreuve.

finaliste^M
Chacun des deux joueurs ou équipes qualifiés pour disputer une finale.

deuxième tour^M : 64 joueurs^M
Épreuve d'une compétition opposant deux à deux 64 joueurs ou équipes, dont les vainqueurs participeront au troisième tour.

huitième^M de finale^F : 16 joueurs^M
Épreuve d'une compétition opposant deux à deux 16 joueurs ou équipes, dont les vainqueurs participeront aux quarts de finale.

demi-finale^F : 4 joueurs^M
Avant-dernière épreuve d'une compétition opposant deux à deux quatre joueurs ou équipes, dont les vainqueurs participeront à la finale.

SPORTS ET JEUX

athlétisme

stade^M
Terrain aménagé pour la pratique des disciplines de l'athlétisme et la tenue de compétitions, souvent entouré de tribunes pour accueillir des spectateurs.

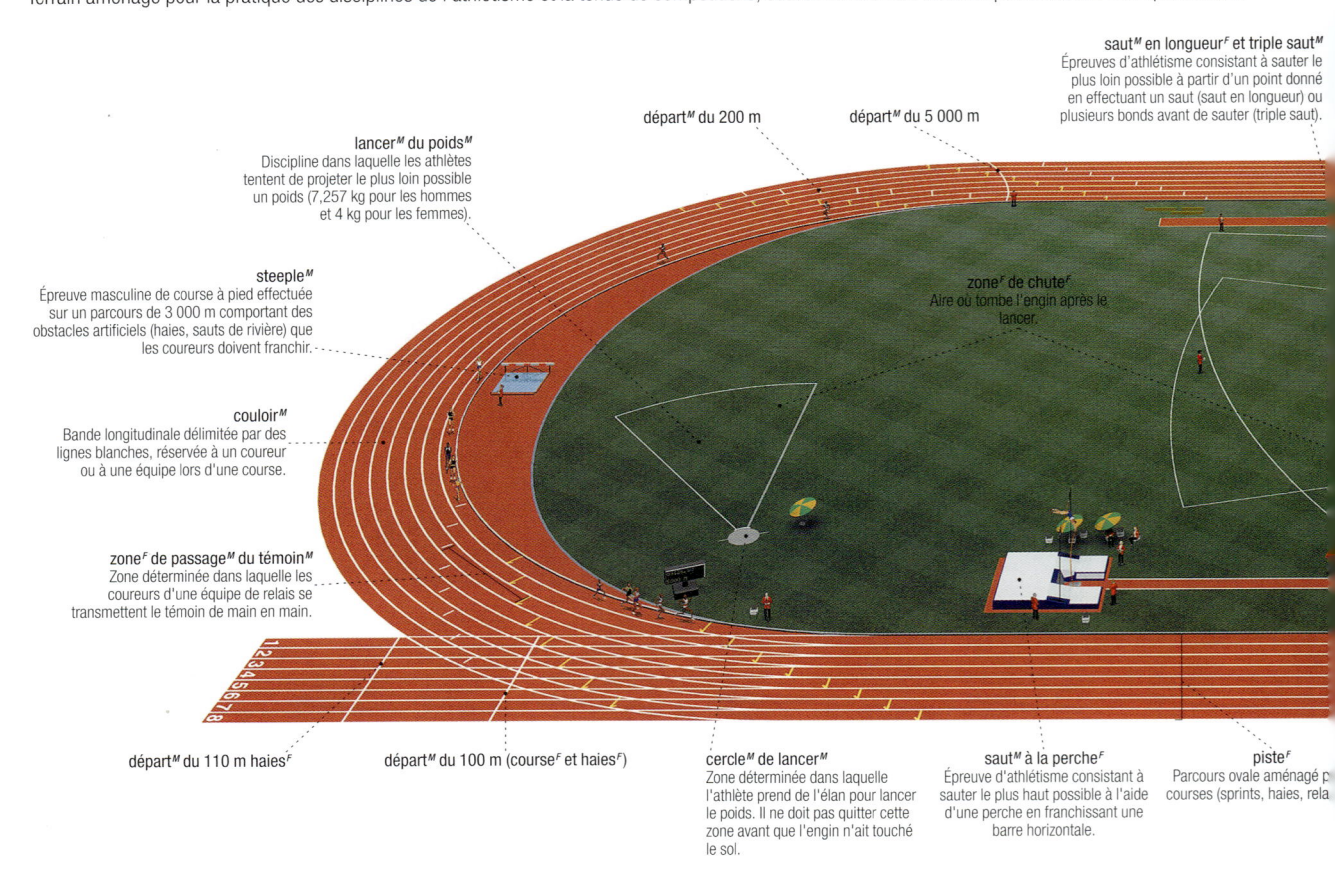

saut^M en longueur^F et triple saut^M
Épreuves d'athlétisme consistant à sauter le plus loin possible à partir d'un point donné en effectuant un saut (saut en longueur) ou plusieurs bonds avant de sauter (triple saut).

départ^M du 200 m

départ^M du 5 000 m

lancer^M du poids^M
Discipline dans laquelle les athlètes tentent de projeter le plus loin possible un poids (7,257 kg pour les hommes et 4 kg pour les femmes).

zone^F de chute^F
Aire où tombe l'engin après le lancer.

steeple^M
Épreuve masculine de course à pied effectuée sur un parcours de 3 000 m comportant des obstacles artificiels (haies, sauts de rivière) que les coureurs doivent franchir.

couloir^M
Bande longitudinale délimitée par des lignes blanches, réservée à un coureur ou à une équipe lors d'une course.

zone^F de passage^M du témoin^M
Zone déterminée dans laquelle les coureurs d'une équipe de relais se transmettent le témoin de main en main.

départ^M du 110 m haies^F

départ^M du 100 m (course^F et haies^F)

cercle^M de lancer^M
Zone déterminée dans laquelle l'athlète prend de l'élan pour lancer le poids. Il ne doit pas quitter cette zone avant que l'engin n'ait touché le sol.

saut^M à la perche^F
Épreuve d'athlétisme consistant à sauter le plus haut possible à l'aide d'une perche en franchissant une barre horizontale.

piste^F
Parcours ovale aménagé p[our] courses (sprints, haies, rela[is]).

équipement^M de course^F
Ensemble du matériel réglementaire (système de chronométrage, pistolet de départ, caméra, haies, etc.) utilisé dans les épreuves sportives.

pistolet^M de départ^M
Arme à feu avec laquelle un juge signale le départ d'une course en tirant des balles à blanc en l'air.

témoin^M
Petit bâton de bois ou de métal très léger que se transmettent les coureurs d'une même équipe lors d'une course de relais.

haie^F
Barrière constituant un obstacle dans certaines courses à pied. Elle est placée à intervalles réguliers sur le parcours et sa hauteur varie selon les épreuves.

haie^F de steeple^M
Haie que les coureurs doivent franchir dans les courses de steeple. Elle mesure 0,914 m de hauteur.

SPORTS ET JEUX

athlétisme

stade^M

lancer^M du disque^M et du marteau^M
Disciplines dans lesquelles les athlètes tentent de projeter un disque ou un marteau (2 kg pour les hommes et 1 kg pour les femmes) le plus loin possible.

cage^F
Grillage qui entoure le cercle de lancer et assure la protection des spectateurs, des concurrents et des officiels en cas de lancers manqués.

départ^M du 1 500 m

cercle^M de lancer^M
Zone déterminée dans laquelle l'athlète prend de l'élan pour lancer le disque ou le marteau. Il ne doit pas quitter cette zone avant que l'engin n'ait touché le sol.

tableau^M indicateur
Surface d'affichage présentant les informations relatives au déroulement d'une compétition sportive (temps, classement, résultats, etc.).

piste^F d'élan^M
Piste de course permettant à l'athlète de prendre de la vitesse pour lancer le javelot.

lancer^M du javelot^M
Discipline dans laquelle les athlètes tentent de projeter le plus loin possible un javelot (800 g pour les hommes et 600 g pour les femmes).

saut^M en hauteur^F
Épreuve d'athlétisme consistant à sauter le plus haut possible en franchissant une barre horizontale par la seule impulsion des jambes.

ligne^F d'arrivée^F
Ligne marquant la fin d'une course.

départ^M du 800 m

départ^M du 10 000 m et du relais^M 4 x 400 m

départ^M des 400 m (course^F, haies^F, relais^M)

maillot^M
Vêtement souple plus ou moins collant qui couvre le haut du corps de l'athlète.

dossard^M
Carré d'étoffe que les athlètes portent sur le dos et sur la poitrine et dont le numéro facilite leur identification.

short^M
Pantalon très court qui ne couvre que le haut des cuisses.

coureuse^F : bloc^M de départ^M
Bloc de départ : dispositif constitué de deux sabots réglables pour permettre aux coureurs de vitesse de se donner une impulsion lors d'un départ.

sabot^M
Pièce sur laquelle l'athlète appuie le pied et permettant d'en ajuster l'inclinaison.

chaussure^F de piste^F
Chaussure dont la semelle est munie de petites pointes assurant une bonne adhérence à la piste lors de la course.

ligne^F de départ^M
Ligne marquant le début d'une course.

cran^M
Chacune des entailles destinées à fixer les sabots.

ligne^F de couloir^M
Bande blanche délimitant les différents couloirs de la piste.

fixation^F
Pièce permettant de fixer le bloc de départ sur la piste.

crémaillère^F
Barre métallique munie de crans permettant de régler la position des blocs.

pointe^F
Pièce métallique fixée à la partie avant de la semelle pour éviter de glisser sur la piste et assurer ainsi une meilleure poussée.

bloc^M
Pièce sur laquelle le coureur appuie le pied pour se donner une impulsion au moment du départ d'une course.

embase^F
Pièce permettant de soutenir le sabot.

SPORTS ET JEUX

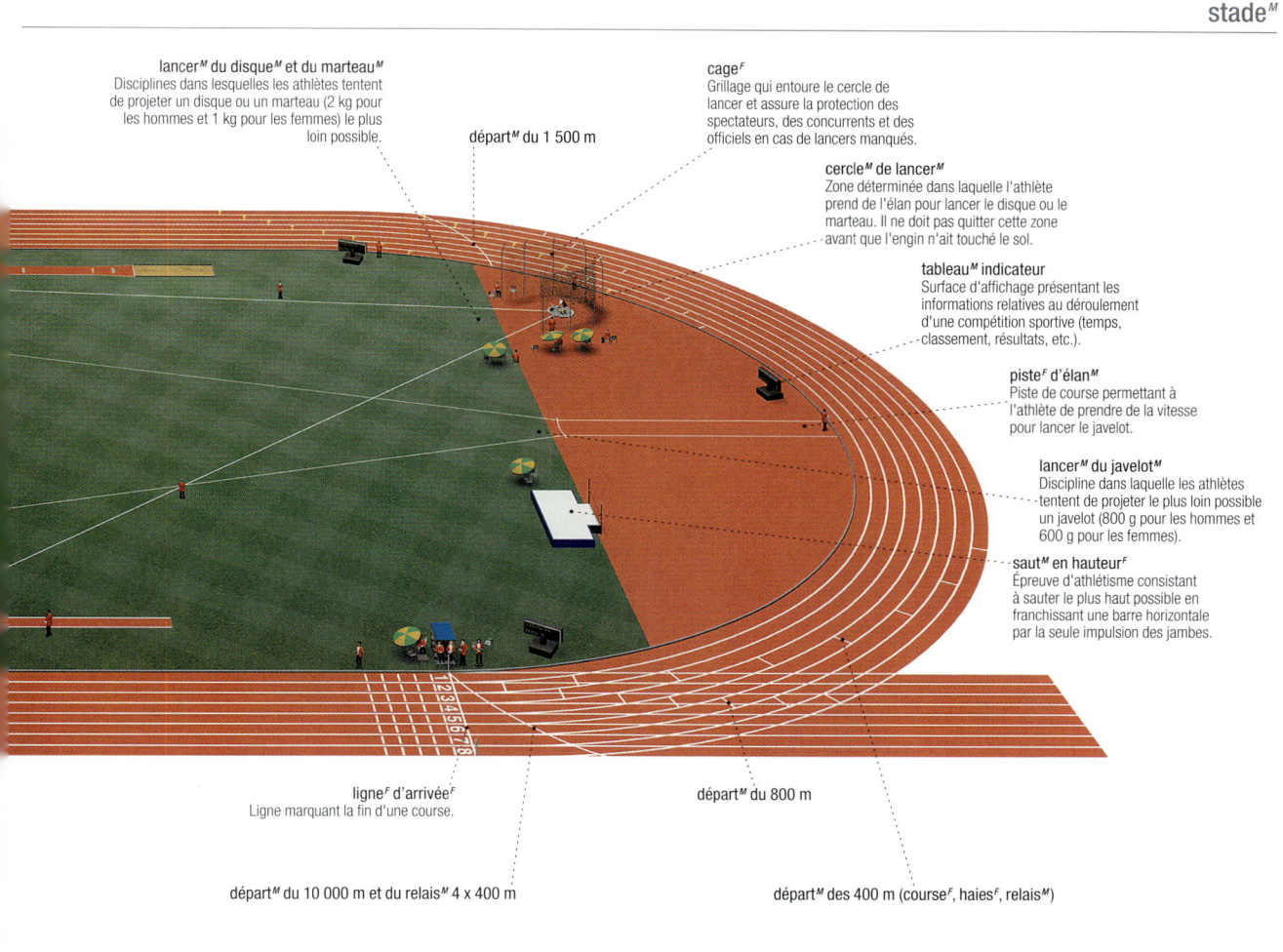

sauts^M

Épreuves consistant à sauter le plus haut ou le plus loin possible.

saut^M en hauteur^F
Épreuve d'athlétisme consistant à sauter le plus haut possible en franchissant une barre horizontale par la seule impulsion des jambes.

barre^F
Longue baguette horizontale que doit franchir l'athlète sans la faire tomber. Elle repose sur des supports fixés sur les montants.

montant^M
Poteau vertical de hauteur réglable soutenant la barre du saut en hauteur.

zone^F de chute^F
Aire matelassée où s'effectue la réception de l'athlète après le saut.

saut^M à la perche^F
Épreuve d'athlétisme consistant à sauter le plus haut possible à l'aide d'une perche en franchissant une barre horizontale.

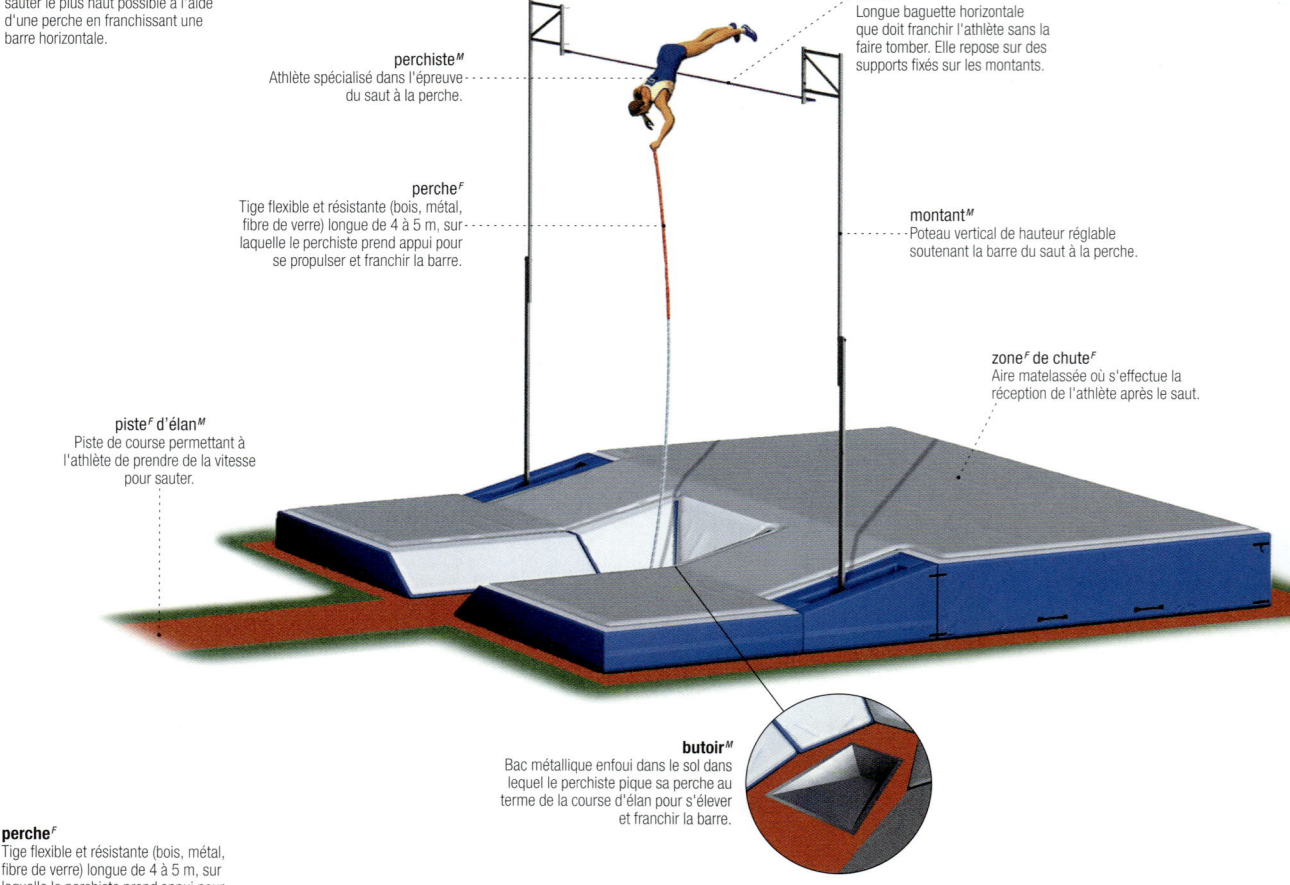

barre^F
Longue baguette horizontale que doit franchir l'athlète sans la faire tomber. Elle repose sur des supports fixés sur les montants.

perchiste^M
Athlète spécialisé dans l'épreuve du saut à la perche.

perche^F
Tige flexible et résistante (bois, métal, fibre de verre) longue de 4 à 5 m, sur laquelle le perchiste prend appui pour se propulser et franchir la barre.

montant^M
Poteau vertical de hauteur réglable soutenant la barre du saut à la perche.

zone^F de chute^F
Aire matelassée où s'effectue la réception de l'athlète après le saut.

piste^F d'élan^M
Piste de course permettant à l'athlète de prendre de la vitesse pour sauter.

butoir^M
Bac métallique enfoui dans le sol dans lequel le perchiste pique sa perche au terme de la course d'élan pour s'élever et franchir la barre.

perche^F
Tige flexible et résistante (bois, métal, fibre de verre) longue de 4 à 5 m, sur laquelle le perchiste prend appui pour se propulser et franchir la barre.

embout^M
Pièce de caoutchouc fixée à l'extrémité inférieure de la perche pour éviter qu'elle glisse dans le butoir.

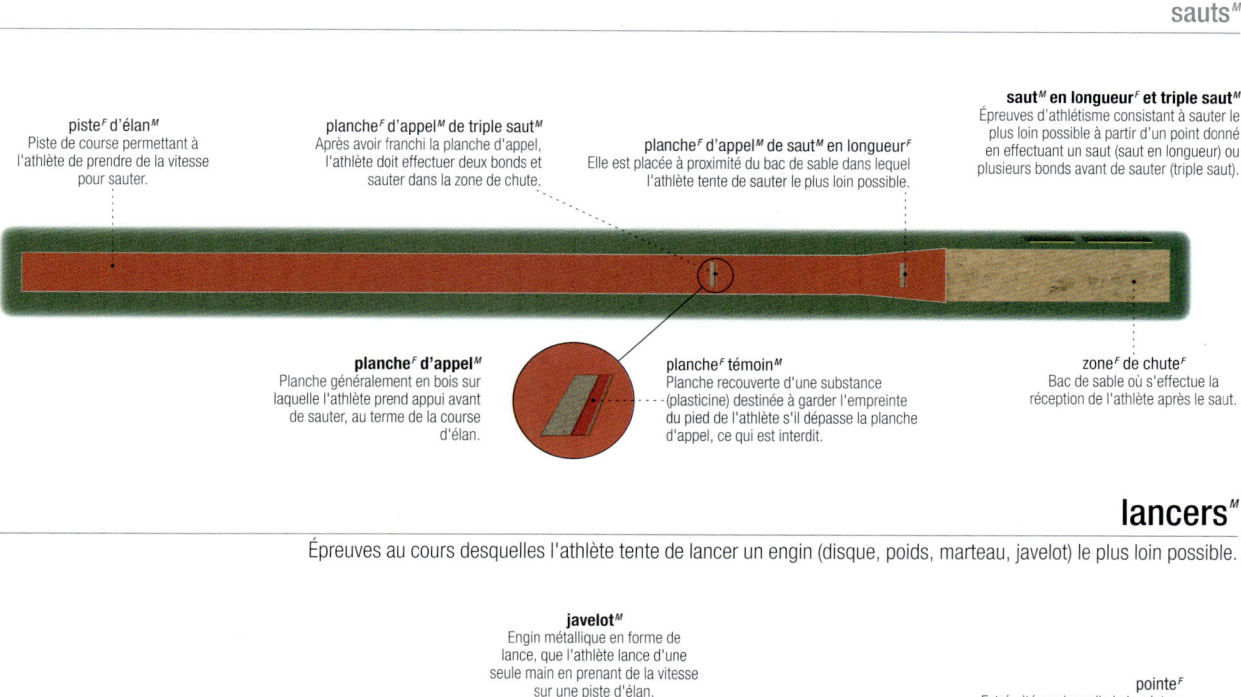

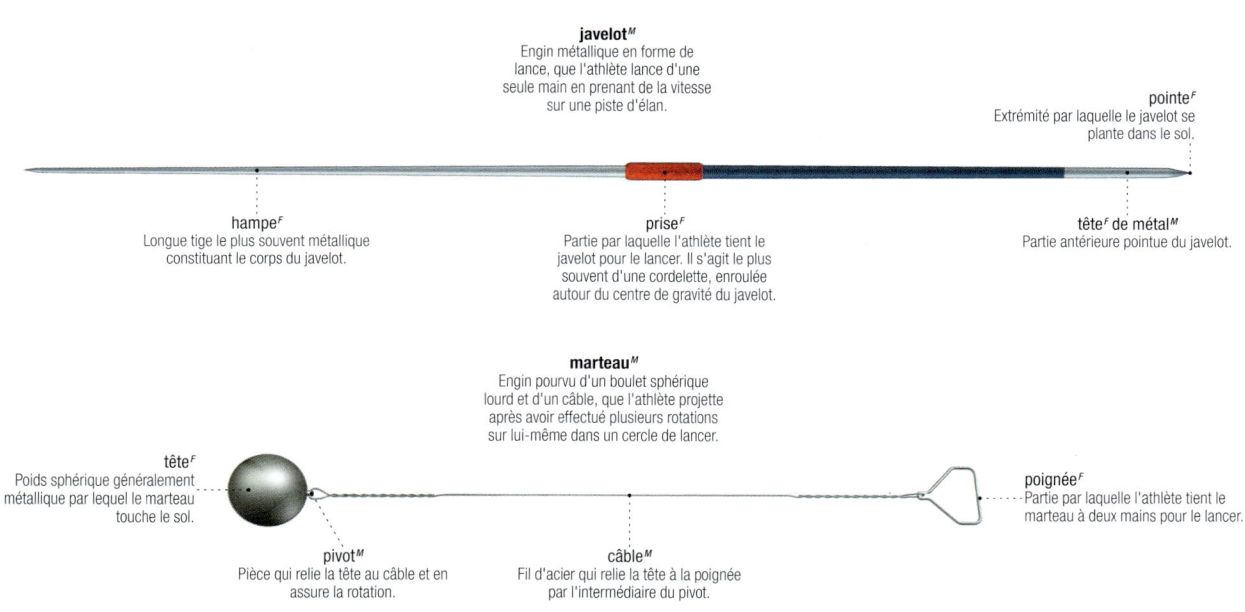

athlétisme   937

sauts[M]

piste[F] d'élan[M]
Piste de course permettant à l'athlète de prendre de la vitesse pour sauter.

planche[F] d'appel[M] de triple saut[M]
Après avoir franchi la planche d'appel, l'athlète doit effectuer deux bonds et sauter dans la zone de chute.

planche[F] d'appel[M] de saut[M] en longueur[F]
Elle est placée à proximité du bac de sable dans lequel l'athlète tente de sauter le plus loin possible.

saut[M] en longueur[F] et triple saut[M]
Épreuves d'athlétisme consistant à sauter le plus loin possible à partir d'un point donné en effectuant un saut (saut en longueur) ou plusieurs bonds avant de sauter (triple saut).

planche[F] d'appel[M]
Planche généralement en bois sur laquelle l'athlète prend appui avant de sauter, au terme de la course d'élan.

planche[F] témoin[M]
Planche recouverte d'une substance (plasticine) destinée à garder l'empreinte du pied de l'athlète s'il dépasse la planche d'appel, ce qui est interdit.

zone[F] de chute[F]
Bac de sable où s'effectue la réception de l'athlète après le saut.

lancers[M]

Épreuves au cours desquelles l'athlète tente de lancer un engin (disque, poids, marteau, javelot) le plus loin possible.

javelot[M]
Engin métallique en forme de lance, que l'athlète lance d'une seule main en prenant de la vitesse sur une piste d'élan.

pointe[F]
Extrémité par laquelle le javelot se plante dans le sol.

hampe[F]
Longue tige le plus souvent métallique constituant le corps du javelot.

prise[F]
Partie par laquelle l'athlète tient le javelot pour le lancer. Il s'agit le plus souvent d'une cordelette, enroulée autour du centre de gravité du javelot.

tête[F] de métal[M]
Partie antérieure pointue du javelot.

marteau[M]
Engin pourvu d'un boulet sphérique lourd et d'un câble, que l'athlète projette après avoir effectué plusieurs rotations sur lui-même dans un cercle de lancer.

tête[F]
Poids sphérique généralement métallique par lequel le marteau touche le sol.

pivot[M]
Pièce qui relie la tête au câble et en assure la rotation.

câble[M]
Fil d'acier qui relie la tête à la poignée par l'intermédiaire du pivot.

poignée[F]
Partie par laquelle l'athlète tient le marteau à deux mains pour le lancer.

poids[M]
Engin sphérique en métal (fer, laiton, etc.) que l'athlète lance d'une seule main en prenant de l'élan dans un cercle de lancer.

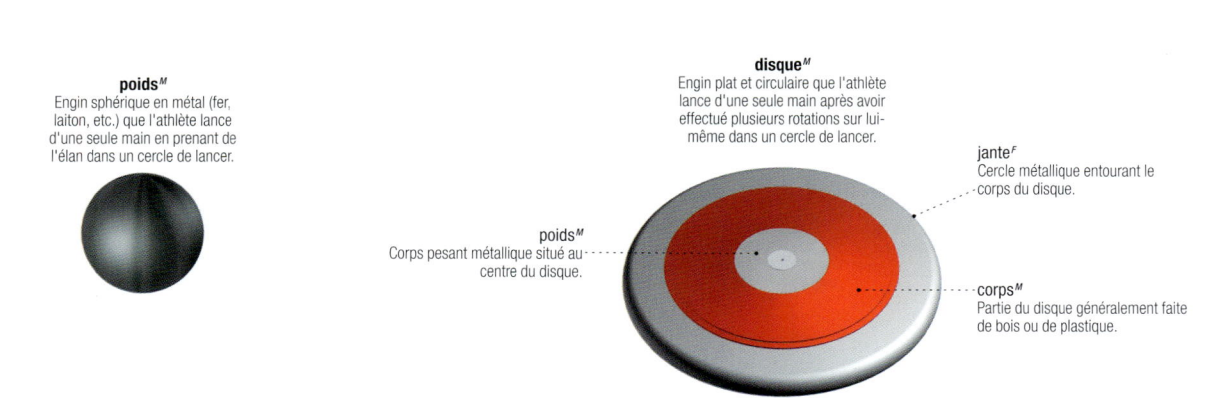

disque[M]
Engin plat et circulaire que l'athlète lance d'une seule main après avoir effectué plusieurs rotations sur lui-même dans un cercle de lancer.

poids[M]
Corps pesant métallique situé au centre du disque.

jante[F]
Cercle métallique entourant le corps du disque.

corps[M]
Partie du disque généralement faite de bois ou de plastique.

SPORTS ET JEUX

sports de balle et de ballon

baseball^M

Jeu d'extérieur opposant deux équipes de neuf joueurs qui tentent de marquer des points en frappant une balle avec un bâton, puis en courant d'un but à l'autre jusqu'au marbre.

position^F des joueurs^M
L'équipe en défensive déploie neuf joueurs sur le terrain, qui tentent d'empêcher l'équipe adverse de progresser vers les buts et de marquer des points.

voltigeur^M de gauche^F
Joueur couvrant le champ gauche.

voltigeur^M de centre^M
Joueur placé au champ centre. C'est le joueur couvrant le plus de terrain ; il tente de prévoir la frappe et coordonne les déplacements des voltigeurs.

arrêt-court^M
Joueur placé entre les joueurs de deuxième et troisième buts. Son rôle est d'attraper la balle frappée dans sa direction et de la relayer à un coéquipier selon la situation de jeu.

voltigeur^M de droite^F
Joueur couvrant le champ droit. Si un joueur défensif attrape une balle avant qu'elle ne touche le sol, le frappeur est alors retiré.

troisième-but^M
Joueur positionné près du troisième but. Doté d'un bras puissant, il est en mesure d'effectuer des relais directs au premier but lorsque la situation le commande.

deuxième-but^M
Joueur positionné près du deuxième but. Tous les joueurs défensifs peuvent retirer un coureur en le touchant, balle en main, avant qu'il n'atteigne le but vers lequel il se dirige.

receveur^M
Joueur placé derrière le marbre, qui attrape la balle envoyée par le lanceur et indique à celui-ci le type de lancer approprié pour déjouer le frappeur.

lanceur^M
Joueur qui envoie la balle vers le frappeur adverse. Il a recours à divers types de lancers pour déjouer le frappeur et l'empêcher de frapper la balle en lieu sûr.

premier-but^M
Joueur positionné près du premier but. Agile, il participe à la plupart des jeux défensifs ; un frappeur est retiré si ce joueur touche le coussin avant lui, balle en main.

cercle^M d'attente^F
Zone réservée au frappeur suivant. Les joueurs de l'équipe attaquante se succèdent au bâton jusqu'à ce que trois retraits aient été enregistrés.

terrain^M de baseball^M
Surface en forme de quart de cercle, recouverte de terre battue et de gazon naturel ou synthétique, sur laquelle se tient un match de baseball.

abri^M des joueurs^M
Espace demi-fermé où prennent place les joueurs en offensive, inactifs ou substituts, les instructeurs et le gérant.

troisième but^M
Coussin fixé au sol, que le joueur tente d'atteindre après avoir touché le deuxième but. S'il parvient ensuite au marbre sans être retiré, il marque un point.

ligne^F de démarcation^F
Chacune des deux lignes droites délimitant l'aire de jeu, tracées entre le marbre et la clôture du champ extérieur.

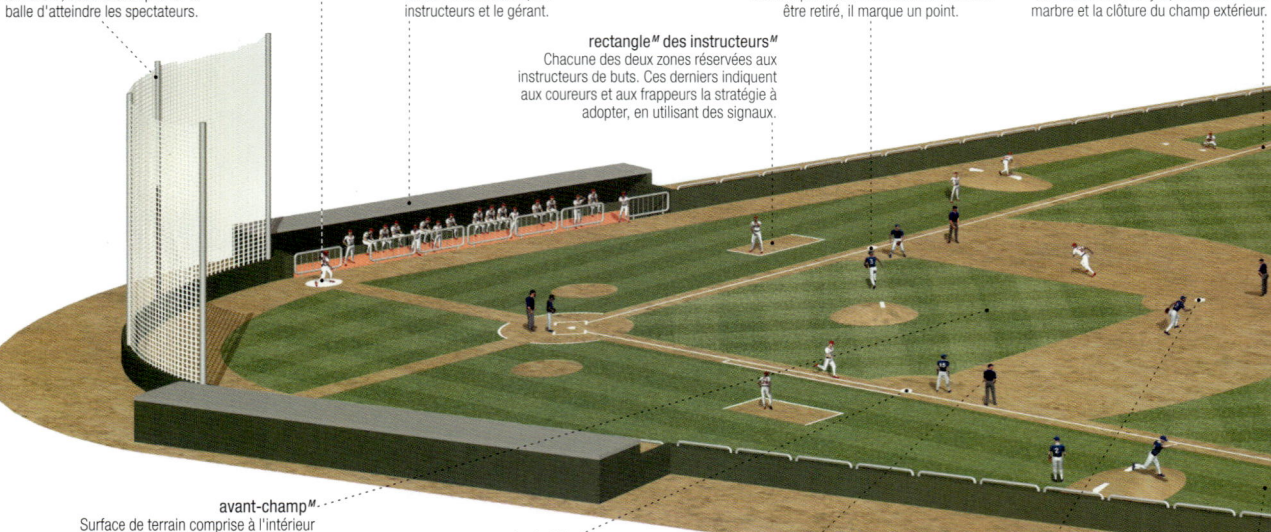

écran^M de protection^F
Grillage métallique situé derrière le marbre, destiné à empêcher la balle d'atteindre les spectateurs.

rectangle^M des instructeurs^M
Chacune des deux zones réservées aux instructeurs de buts. Ces derniers indiquent aux coureurs et aux frappeurs la stratégie à adopter, en utilisant des signaux.

avant-champ^M
Surface de terrain comprise à l'intérieur du périmètre délimité par les trois buts et le marbre et comprenant une zone de terre battue devant le champ extérieur.

premier but^M
Coussin fixé au sol, constituant la première étape qu'un joueur doit atteindre après avoir frappé la balle. Il peut s'y arrêter ou continuer vers les autres buts.

arbitre^M de but^M
Officiel qui signale un joueur retiré au but.

deuxième but^M
Coussin fixé au sol, que le joueur tente d'atteindre après avoir touché le premier but, directement à l'issue de sa frappe ou à la suite du coup d'un coéquipier.

enclos^M des lanceurs^M
Espace de réchauffement réservé aux lanceurs de relève.

sports de balle et de ballon

baseball^M

arbitre^M du marbre^M
Officiel qui juge chaque lancer et signale notamment un coureur retiré au marbre ou un frappeur retiré au bâton (lorsque trois prises sont comptées contre lui).

frappeur^M
Joueur qui se positionne pour frapper la balle. S'il réussit, il doit ensuite toucher successivement les trois buts et revenir au marbre pour marquer un point.

lanceur^M
Joueur qui envoie la balle vers le frappeur adverse. Il a recours à divers types de lancers pour déjouer le frappeur et l'empêcher de frapper la balle en lieu sûr.

lancer^M
Lorsque le frappeur est en position, le lanceur envoie la balle vers le marbre. Le frappeur juge alors le lancer, et peut tenter ou non de frapper la balle.

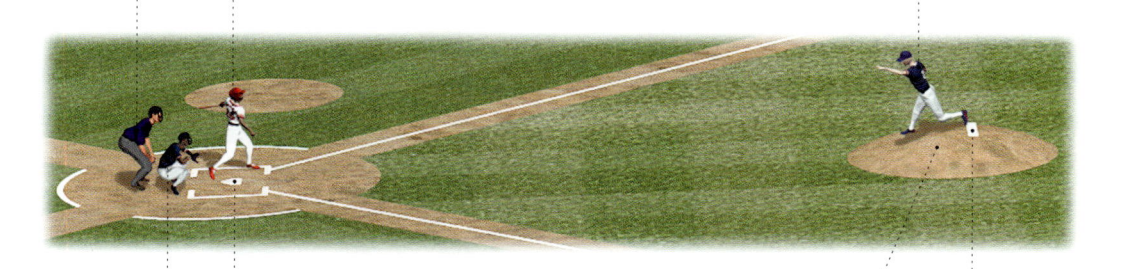

receveur^M
Joueur placé derrière le marbre, qui attrape la balle envoyée par le lanceur et indique à celui-ci le type de lancer approprié pour déjouer le frappeur.

marbre^M
Plaque de caoutchouc près de laquelle se place le frappeur pour recevoir les lancers. Il sert de repère au lanceur, la balle devant passer au-dessus dans une zone très précise que valide l'arbitre.

monticule^M
Petite butte de terre à partir de laquelle le lanceur envoie la balle vers le frappeur adverse. Il est relevé de 25,4 cm par rapport au marbre.

plaque^F du lanceur^M
Bande de caoutchouc fixée au sol, sur laquelle se positionne le lanceur pour effectuer un tir.

champ^M gauche
Partie du champ extérieur située derrière le troisième but, soit à la gauche du frappeur.

clôture^F du champ^M extérieur
Barrière délimitant le champ extérieur, soit la surface de terrain située entre les deux lignes de jeu et au-delà du champ intérieur.

champ^M centre^M
Partie du champ extérieur située derrière le deuxième but, soit directement face au frappeur.

champ^M droit
Partie du champ extérieur située derrière le premier but, soit à la droite du frappeur.

poteau^M de démarcation^F
Chacune des pièces verticales indiquant l'extrémité des lignes de jeu. Une balle frappée à l'extérieur des lignes de jeu est appelée fausse balle.

piste^F d'avertissement^M
Zone indiquant aux voltigeurs la proximité de la clôture. Un circuit est une balle frappée au-delà de la clôture, mais à l'intérieur des lignes de jeu.

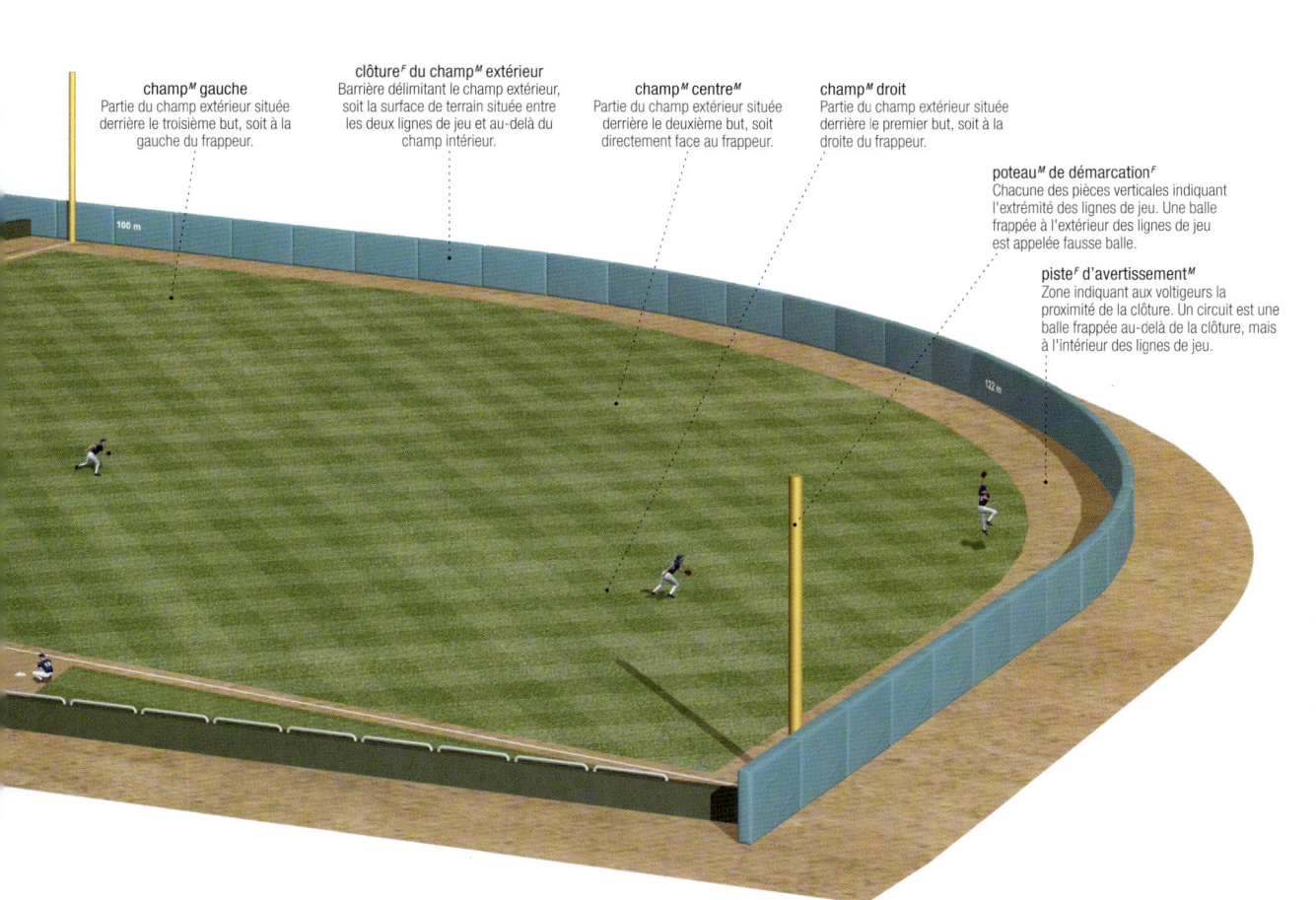

sports de balle et de ballon

baseball^M

balle^F de baseball^M
Sphère rigide d'environ 23 cm de circonférence, dont la partie externe est formée de deux pièces de cuir blanc cousues ensemble.

batte^F ; bâton^M
Pièce de bois ou d'aluminium avec laquelle le joueur frappe la balle. Il a une longueur maximale de 1,07 m.

casque^M de frappeur^M
Pièce d'équipement rigide destinée à protéger la tête de l'impact de la balle. Il comporte également une protection latérale pour l'oreille et la tempe.

frappeur^M
Joueur qui se positionne pour frapper la balle. Le bâton est tenu avec les doigts, les mains jointes le long du manche.

receveur^M
Joueur placé derrière le marbre, qui attrape la balle envoyée par le lanceur. Il porte un équipement le protégeant des balles, qui peuvent dépasser 150 km/h.

masque^M
Casque muni d'une grille, qui protège la tête et le visage du receveur.

maillot^M
Vêtement souple qui couvre le haut du corps, sur lequel sont imprimés l'emblème d'équipe, le nom et le numéro du joueur.

plastron^M
Gilet fortement matelassé qui protège le torse du receveur.

grille^F
Assemblage de barreaux entrecroisés, fixé à l'avant du masque, qui protège les yeux et le visage du receveur tout en lui assurant une bonne visibilité.

maillot^M de corps^M
Vêtement souple plus ou moins moulant, à manches courtes ou longues, que le joueur porte sous le maillot d'équipe.

protège-gorge^M
Pièce rigide fixée au masque, qui protège le cou et la gorge du receveur.

gant^M de frappeur^M
Pièce de cuir qui recouvre la main et le poignet, conçue pour assurer au frappeur une bonne prise sur le bâton.

pantalon^M
Vêtement souple et extensible couvrant le bas du corps, de la taille jusqu'au milieu ou au bas de la jambe.

gant^M de receveur^M
Gant dont la surface intérieure est pourvue d'un épais rembourrage permettant d'amortir le choc de la balle attrapée.

chaussette^F-étrier^M
Chaussette de couleur, dont l'extrémité inférieure est formée d'un élastique passant sous le pied, généralement portée sur une chaussette blanche.

chaussure^F à crampons^M
Chaussure dont la semelle est munie de petites pointes assurant une bonne adhérence au sol.

protège-orteils^M
Pièce d'équipement formée d'un moulage rigide de matière plastique qui protège l'extrémité avant du pied.

jambière^F
Pièce d'équipement formée d'un moulage rigide de matière plastique assurant la protection de la jambe.

genouillère^F
Pièce d'équipement formée d'un moulage rigide de matière plastique destiné à protéger le genou.

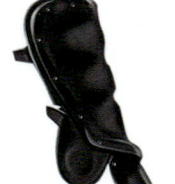

protège-cheville^M
Pièce d'équipement formée d'un moulage rigide de matière plastique destiné à protéger la cheville et le bas de la jambe de l'impact d'un ricochet de la balle sur le bâton.

sports de balle et de ballon

baseball

pommeau
Pièce circulaire formant l'extrémité du manche, qui permet à la main de ne pas glisser hors de celui-ci.

manche
Partie la plus fine du bâton, permettant au frappeur de le saisir et de le manier. Il peut être recouvert d'un matériau antidérapant.

écusson
Symbole représentant la marque ou le fabricant du bâton.

surface de frappe
Partie la plus large du bâton, avec laquelle le frappeur cogne sur la balle. Son diamètre ne peut excéder 7 cm.

batte de baseball ; bâton de baseball
Pièce de bois ou d'aluminium avec laquelle le joueur frappe la balle. Il a une longueur maximale de 1,07 m.

coupe d'une balle de baseball
La balle de baseball est fabriquée à partir d'un noyau de liège enveloppé de couches de caoutchouc et de fil enroulé, le tout recouvert d'une enveloppe de cuir.

balle de liège
Petite sphère de liège formant la partie centrale de la balle.

balle de fil
Fil de laine enroulé enveloppant la partie centrale de la balle.

enveloppe
Partie externe de la balle, formée de deux pièces de cuir blanc reliées par une couture.

couture
Ensemble des points qui relient les deux parties de l'enveloppe, traditionnellement réalisés avec du fil rouge.

panier
Partie du gant comprise entre le pouce et l'index, qui forme une petite poche dans laquelle la balle vient se loger.

patte
Chacune des bandes de cuir entrecroisées formant le panier.

pouce
Partie du gant qui enveloppe le pouce.

doigt
Partie du gant qui enveloppe chacun des doigts.

paume
Partie du gant qui couvre le creux de la main.

talon
Partie inférieure du gant.

lacet
Cordon étroit qu'on passe dans des œillets pour relier ou serrer les parties du gant.

gant de baseball
Gant en cuir rembourré avec lequel le joueur attrape la balle. La taille et la forme varient selon la position du joueur.

softball

Sport voisin du baseball, pratiqué sur un terrain de taille réduite. À la différence du baseball, le lanceur projette la balle au niveau de la taille et non par-dessus l'épaule.

gant de softball
Gant en cuir rembourré avec lequel le joueur attrape la balle. Adapté aux dimensions de la balle de softball, il est plus long et plus large que le gant de baseball.

batte de softball ; bâton de softball
Pièce d'aluminium avec laquelle le joueur frappe la balle. Il est habituellement plus long et plus léger que le bâton de baseball.

balle de softball
Sphère rigide d'environ 30 cm de circonférence, fabriquée selon le même principe qu'une balle de baseball.

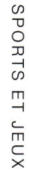

SPORTS ET JEUX

cricket[M]

Sport opposant deux équipes de 11 joueurs qui tentent de marquer des points en frappant une balle avec une batte, puis en courant entre deux guichets. Les équipes alternent phase offensive (à la batte) et défensive (au champ).

batteur[M]
Joueur qui se place pour frapper la balle. Comme tous les joueurs de cricket, il est traditionnellement vêtu de blanc ou de crème.

casque[M]
Pièce d'équipement rigide destinée à protéger la tête de l'impact de la balle.

masque[M]
Grille métallique fixée au casque, qui protège le visage du batteur.

batte[F]
Pièce formée d'un plat relié à un manche recouvert de caoutchouc, avec laquelle le batteur frappe la balle. Il a une longueur maximale de 96 cm.

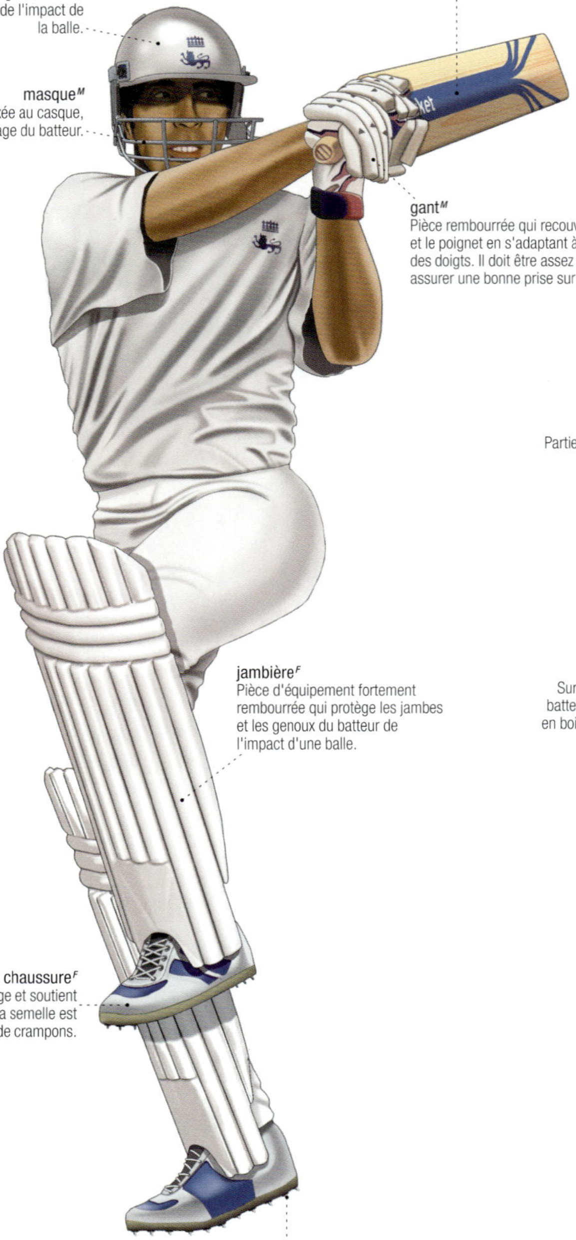

gant[M]
Pièce rembourrée qui recouvre la main et le poignet en s'adaptant à la forme des doigts. Il doit être assez souple pour assurer une bonne prise sur la batte.

jambière[F]
Pièce d'équipement fortement rembourrée qui protège les jambes et les genoux du batteur de l'impact d'une balle.

chaussure[F]
Soulier qui protège et soutient la cheville, dont la semelle est généralement munie de crampons.

crampon[M]
Chacune des petites pointes fixées sous la semelle afin d'assurer une bonne adhérence au sol lors de la frappe ou de la course.

balle[F] de cricket[M]
Sphère rigide d'environ 23 cm de circonférence, fabriquée à partir d'un noyau de liège enveloppé de fil enroulé et recouvert de pièces de cuir.

enveloppe[F]
Partie externe de la balle, formée de pièces de cuir rouge cousues.

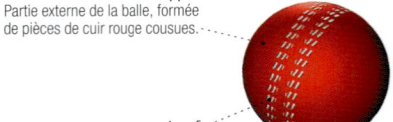

couture[F]
Ensemble des points qui relient les parties de l'enveloppe, traditionnellement réalisés avec du fil blanc.

batte[F]
Pièce formée d'un plat relié à un manche recouvert de caoutchouc, avec laquelle le batteur frappe la balle. Il a une longueur maximale de 96 cm.

manche[M]
Partie permettant de saisir et de manier la batte.

plat[M]
Surface plane avec laquelle le batteur cogne la balle. Fabriqué en bois de saule, il a une largeur maximale de 10,8 cm.

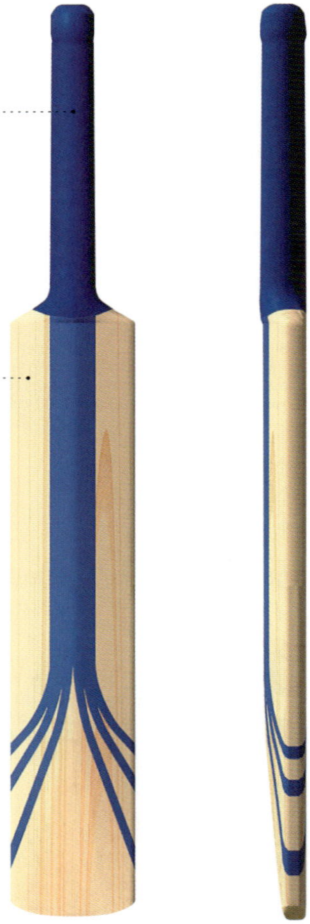

vue[F] de face[F]　　vue[F] de profil[M]

sports de balle et de ballon

943

cricket^M

position^F des joueurs^M
L'équipe en défensive, qui occupe le champ, doit attraper la balle frappée par le batteur, puis l'envoyer vers l'un des guichets pour le renverser.

livrée^F
Surface rectangulaire située au milieu du terrain, où s'affrontent le lanceur et les batteurs. Elle comporte deux guichets distants d'environ 20 m.

gardien^M de guichet^M
Joueur placé derrière le guichet de frappe. Seul joueur défensif autorisé à porter des gants, il tente d'attraper les balles manquées par le batteur.

écran^M
Surface rectangulaire placée derrière chaque guichet, minimisant toute source de distraction pour permettre au batteur de suivre le mouvement de la balle.

arbitre^M
Officiel responsable de l'application des règlements relatifs au lancer, placé derrière le guichet du lanceur.

lanceur^M
Joueur qui envoie la balle vers le batteur adverse. Il projette la balle sans plier le coude, généralement après une course de quelques mètres.

arbitre^M
Officiel responsable de l'application des règlements, positionné perpendiculairement au guichet de frappe. Il signale un batteur retiré, une infraction, etc.

guichet^M
Élément formé de piquets surmontés de barreaux amovibles. Le guichet est considéré comme renversé lorsqu'au moins un des barreaux est tombé.

barreau^M
Chacune des deux pièces horizontales reliant le sommet des piquets. En équilibre, ils tombent lorsque le guichet est touché par la balle.

piquet^M
Chacune des trois pièces verticales constituant le guichet. L'espace entre les piquets doit être inférieur au diamètre de la balle.

gardien^M de guichet^M
Joueur placé derrière le guichet de frappe. Seul joueur défensif autorisé à porter des gants, il tente d'attraper les balles manquées par le batteur.

ligne^F de retrait^M
Ligne perpendiculaire aux limites de retour, au centre de laquelle est planté le guichet.

livrée^F
Surface rectangulaire située au milieu du terrain, où s'affrontent le lanceur et les batteurs. Elle comporte deux guichets distants d'environ 20 m.

batteur^M
Joueur qui se place pour frapper la balle tout en protégeant le guichet. S'il réussit, il peut courir d'un guichet à l'autre, tout trajet complété avant le retour de la balle valant un point.

limite^F du batteur^M
Ligne tracée à 1,22 m du guichet. À l'issue d'une course, le batteur est sauf s'il touche le sol derrière cette ligne, avec la batte ou une partie du corps.

lanceur^M
Joueur qui envoie la balle vers le batteur adverse. Le batteur est retiré si la balle lancée renverse le guichet devant lequel il est positionné.

lancer^M
La balle, projetée à une vitesse pouvant atteindre 165 km/h, effectue généralement un rebond à une distance plus ou moins grande devant le batteur.

limite^F de retour^M
Chacune des deux lignes tracées de part et d'autre du guichet, qui délimitent latéralement l'espace dans lequel la balle doit être lancée ou frappée.

arbitre^M
Officiel responsable de l'application des règlements relatifs au lancer, placé derrière le guichet du lanceur.

guichet^M
Élément formé de piquets surmontés de barreaux amovibles. Un joueur défensif peut retirer un batteur en renversant le guichet avant qu'il n'ait complété sa course.

SPORTS ET JEUX

sports de balle et de ballon

hockey[M] sur gazon[M]

Sport opposant deux équipes de 11 joueurs qui tentent de marquer des buts dans le filet adverse en déplaçant une balle avec une crosse.

gardien[M] de but[M]
Joueur dont le rôle est d'empêcher la balle d'entrer dans le but. Il peut toucher la balle avec toutes les parties du corps, mais ne peut la prendre en main.

casque[M]
Pièce d'équipement rigide destinée à protéger la tête.

masque[M]
Grille fixée à l'avant du casque, qui protège le visage du gardien de but.

protège-coude[M]
Pièce d'équipement, portée sous le maillot, comportant une coquille rigide destinée à protéger le coude.

plastron[M]
Gilet fortement matelassé, porté sous le maillot, qui protège à la fois les épaules, le torse et le dos du gardien de but.

gant[M]
Pièce rembourrée qui recouvre la main et le poignet. Souple, il est conçu pour permettre au gardien de tenir et de manier aisément la crosse.

bloqueur[M]
Gant de mousse rigide, porté sur la main libre, qui comporte une face plate permettant au gardien de repousser la balle.

jambière[F]
Pièce d'équipement fortement rembourrée qui protège les jambes, les genoux et les cuisses du gardien de l'impact de la balle.

sabot[M]
Pièce fabriquée à partir de mousse rigide, qui recouvre la chaussure du gardien pour lui permettre de frapper la balle du pied.

crosse[F]
Bâton de bois ou de matériaux composites, qui comporte une face arrondie et une face plate, cette dernière étant utilisée pour manier la balle.

manche[M]
Partie permettant de saisir et de manier la crosse.

ruban[M] adhésif
Ruban de caoutchouc ou de plastique dont on recouvre le manche pour empêcher le glissement des mains.

balle[F] de hockey[M]
Sphère de plastique dur, traditionnellement blanche, d'environ 23 cm de circonférence et dont la surface est généralement alvéolée.

but[M]
Cage formée d'un filet monté sur une armature. Une équipe marque un point chaque fois qu'elle réussit à loger la balle dans le but adverse à partir du cercle d'envoi.

entraîneur[M]
Personne qui dirige l'équipe. Il détermine la stratégie à adopter et décide qui jouera et dans quelle circonstance.

ligne[F] de but[M]
Ligne délimitant la zone de jeu à chaque extrémité du terrain. La balle doit également la traverser dans le but pour qu'un point soit accordé.

cercle[M] d'envoi[M]
Zone semi-circulaire située devant le but. Un but est accordé si un attaquant qui se trouve dans le cercle d'envoi de l'adversaire touche la balle avant qu'elle n'entre dans le but.

ligne[F] des 23 m
Ligne qui détermine la position des joueurs lors d'une reprise en touche, selon qu'elle a lieu entre les lignes des 23 m ou entre une de celles-ci et la ligne de but.

tête[F]
Partie inférieure recourbée de la crosse, qui permet d'arrêter, de manier et de frapper la balle.

ligne[F] des 5 m
Ligne de reprise en touche pour un attaquant si un joueur défensif a poussé la balle derrière sa propre ligne de but.

ligne[F] de touche[F]
Ligne délimitant la zone de jeu de chaque côté du terrain. Lorsque la balle franchit cette ligne, elle est remise en jeu au même endroit par l'équipe adverse.

sports de balle et de ballon

945

hockey^M sur gazon^M

hockeyeur^M
Joueur de hockey sur gazon. Lors d'un match, il ne peut toucher volontairement la balle qu'avec sa crosse.

maillot^M
Vêtement souple qui couvre le haut du corps, sur lequel sont imprimés l'emblème d'équipe, le nom et le numéro du joueur.

crosse^F
Bâton de bois ou de matériaux composites, qui comporte une face arrondie et une face plate, cette dernière étant utilisée pour manier et frapper la balle.

short^M
Pantalon très court qui ne couvre que le haut des cuisses. Les hockeyeuses portent généralement le kilt.

protège-tibia^M
Pièce d'équipement formée d'un moulage rigide de matière plastique assurant la protection de la jambe du hockeyeur.

officiels^M
Personnes chargées notamment de chronométrer le temps de jeu, de vérifier les remplacements et de remplir la feuille de match.

chaussure^F
Soulier qui protège et soutient la cheville, dont la semelle est munie de crampons souples en plastique assurant une bonne adhérence au sol.

ailier^M **droit**
Joueur offensif placé à la droite de l'avant-centre, près de la ligne de touche. Il cherche principalement à déjouer les adversaires pour marquer des buts.

avant^M **droit**
Joueur placé à la droite de l'avant-centre. Véritable fabricant de jeu, il récupère les passes des défenseurs ou des demis pour créer des mouvements offensifs.

demi^M **centre**
Joueur placé au centre du terrain, devant les arrières. Pivot de l'équipe, il peut recevoir et passer la balle dans toutes les directions.

demi^M **droit**
Joueur placé à la droite du demi centre. Il tente généralement de reprendre la balle à l'adversaire pour relancer le jeu vers les ailiers ou les avants.

banc^M **des joueurs**^M
Espace où se tiennent les joueurs inactifs et les entraîneurs. Une équipe compte jusqu'à 16 joueurs, mais 11 seulement sont présents à la fois sur le terrain.

arrière^M **droit**
Joueur défensif placé derrière les demis, du côté droit du terrain. Il tente d'empêcher l'adversaire de créer des situations d'attaque et de marquer des buts.

terrain^M **de hockey**^M **sur gazon**^M
Surface recouverte de gazon naturel ou synthétique (55 x 91,4 m), sur laquelle a lieu un match de hockey sur gazon. Un match comporte deux périodes de 35 minutes.

gardien^M **de but**^M
Joueur dont le rôle est d'empêcher la balle d'entrer dans le but. Il peut toucher la balle avec toutes les parties du corps, mais ne peut la prendre en main.

drapeau^M **de coin**^M
Petit poteau surmonté d'un fanion, qui sert de repère visuel pour marquer l'intersection de la ligne de but et de la ligne de touche.

arbitre^M
Chacun des deux officiels responsables de l'application des règlements. Il peut sanctionner un joueur ayant commis une faute et accorder des tirs de pénalité.

arrière^M **gauche**
Joueur défensif placé derrière les demis, du côté gauche du terrain. Il tente d'empêcher l'adversaire de créer des situations d'attaque et de marquer des buts.

ailier^M **gauche**
Joueur offensif placé à la gauche de l'avant-centre, près de la ligne de touche. Il cherche principalement à déjouer les adversaires pour marquer des buts.

demi^M **gauche**
Joueur placé à la gauche du demi centre. Il tente généralement de reprendre la balle à l'adversaire pour relancer le jeu vers les ailiers ou les avants.

ligne^F **de centre**^M
ligne divisant le terrain en deux zones, soit une par équipe, et au centre de laquelle s'effectuent les mises en jeu au début d'une période ou après un but.

avant^M **gauche**
Joueur placé à la gauche de l'avant-centre. Véritable fabricant de jeu, il récupère les passes des défenseurs ou des demis pour créer des mouvements offensifs.

avant-centre^M
Joueur offensif placé au centre du terrain. Son rôle principal étant de marquer des buts, il tente de se positionner près du cercle d'envoi adverse.

SPORTS ET JEUX

sports de balle et de ballon

football^M ; *soccer*^M

Sport opposant deux équipes de 11 joueurs qui tentent d'envoyer un ballon dans le but adverse en le propulsant des pieds ou d'une autre partie du corps, sauf des bras ou des mains.

footballeur^M ; joueur^M de soccer^M
Joueur de football. Il peut toucher le ballon avec n'importe quelle partie du corps, à l'exception des bras et des mains.

maillot^M
Vêtement souple qui couvre le haut du corps, sur lequel sont imprimés l'emblème d'équipe, le nom et le numéro du joueur.

gants^M de gardien^M de but^M
Pièces qui recouvrent les mains et les poignets du gardien afin de les protéger et d'améliorer la prise sur le ballon.

short^M
Pantalon très court qui ne couvre que le haut des cuisses.

crampon^M interchangeable
Pointe amovible fixée sous la semelle. Il peut être remplacé par un crampon de taille différente pour adapter les chaussures à l'état du terrain.

chaussure^F de football^M ; chaussure^F de soccer^M
Chaussure de cuir, de caoutchouc mou ou de plastique, dont semelle est munie de crampons assurant une bonne adhérenc au sol.

protège-tibia^M
Pièce d'équipement formée d'un moulage rigide de matière plastique assurant la protection de la jambe du footballeur.

chaussette^F
Vêtement qui enveloppe le pied jusqu'au bas du genou. Elle doit recouvrir entièrement le protège-tibia.

ballon^M de football^M ; ballon^M de soccer^M
Sphère gonflée d'air, en cuir ou en matière synthétique, dont la circonférence varie entre 68 et 70 cm.

terrain^M de football^M ; terrain^M de soccer^M
Surface rectangulaire, recouverte de gazon naturel ou synthétique, sur laquelle a lieu un match de football. Un match se déroule en deux périodes de 45 minutes.

surface^F de but^M
Zone dans laquelle on effectue les coups de pied de but (dégagement du ballon avec le pied).

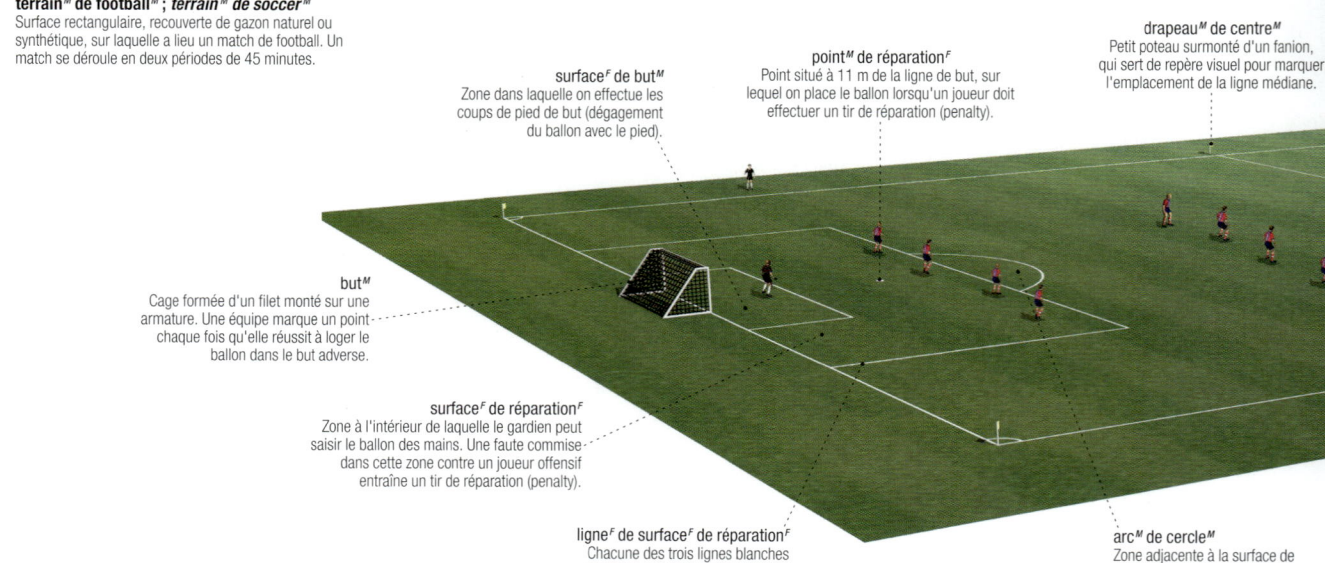

point^M de réparation^F
Point situé à 11 m de la ligne de but, sur lequel on place le ballon lorsqu'un joueur doit effectuer un tir de réparation (penalty).

drapeau^M de centre^M
Petit poteau surmonté d'un fanion, qui sert de repère visuel pour marquer l'emplacement de la ligne médiane.

but^M
Cage formée d'un filet monté sur une armature. Une équipe marque un point chaque fois qu'elle réussit à loger le ballon dans le but adverse.

surface^F de réparation^F
Zone à l'intérieur de laquelle le gardien peut saisir le ballon des mains. Une faute commise dans cette zone contre un joueur offensif entraîne un tir de réparation (penalty).

ligne^F de surface^F de réparation^F
Chacune des trois lignes blanches délimitant la surface de réparation.

arc^M de cercle^M
Zone adjacente à la surface de réparation. Lors d'un penalty, les joueurs doivent se placer à l'extérieur de cette zone et de la surface de réparation.

sports de balle et de ballon

947

football^M ; *soccer^M*

arrière^M gauche
Joueur défensif couvrant le côté gauche du terrain, chargé principalement de gêner ou de ralentir la progression d'un joueur adverse vers le but.

milieu^M offensif gauche
Joueur de centre occupant le côté gauche du terrain. Fabricant de jeux offensifs, il relaie fréquemment le ballon aux attaquants.

milieu^M défensif
Joueur de centre, qui tente notamment de reprendre le ballon à l'adversaire avant qu'il n'atteigne les défenseurs pour assurer une relance rapide de l'attaque.

position^F des joueurs^M
Divers schémas tactiques sont utilisés au football. L'un des plus connus est le 4-4-2, soit une formation à quatre défenseurs, quatre milieux et deux attaquants.

libero^M
Joueur d'arrière dont le rôle est de prévoir et de combler les lacunes des autres joueurs défensifs. Il n'a pas à surveiller étroitement un adversaire.

attaquant^M de soutien^M
Joueur offensif qui, en phase de jeu, se positionne généralement derrière l'attaquant de pointe. Mobile, il peut effectuer des passes précises et rapides.

gardien^M de but^M
Joueur dont le rôle est d'empêcher le ballon d'entrer dans le but. Il est le seul joueur autorisé à toucher le ballon avec les mains.

attaquant^M de pointe^F
Joueur offensif dont le rôle principal est de marquer des buts. Il joue en position avancée dans la zone adverse.

stoppeur^M
Joueur d'arrière, chargé notamment de surveiller un attaquant adverse afin de l'empêcher de se trouver en position de tirer au but.

arrière^M droit
Joueur défensif couvrant le côté droit du terrain, chargé principalement de gêner ou de ralentir la progression d'un joueur adverse vers le but.

milieu^M offensif droit
Joueur de centre occupant le côté droit du terrain. Fabricant de jeux offensifs, il relaie fréquemment le ballon aux attaquants.

milieu^M défensif
Joueur de centre, qui tente notamment de reprendre le ballon à l'adversaire avant qu'il n'atteigne les défenseurs pour assurer une relance rapide de l'attaque.

arbitre^M
Officiel responsable de l'application des règlements. Il contrôle le temps de jeu, signale les fautes et peut émettre un avertissement (carton jaune) ou exclure un joueur (carton rouge).

drapeau^M de coin^M
Petit poteau surmonté d'un fanion, qui sert de repère visuel pour marquer l'intersection de la ligne de but et de la ligne de touche.

centre^M
Point situé au centre de la ligne médiane, sur lequel on place le ballon lors du coup d'envoi (au début d'une période) ou d'un engagement (après un but).

surface^F de coin^M
Zone dans laquelle on place le ballon lors d'un coup de pied de coin (corner), accordé lorsque l'équipe en défense sort le ballon derrière sa ligne de but.

juge^M de touche^F
Officiel qui signale notamment les sorties de ballon, les hors-jeu et les fautes non remarquées par l'arbitre.

ligne^F de touche^F
Ligne délimitant la zone de jeu de chaque côté du terrain. Lorsque le ballon franchit cette ligne, il est remis en jeu au même endroit par l'équipe adverse.

ligne^F médiane
Ligne divisant le terrain en deux zones, soit une par équipe. Les équipes changent de moitié de terrain à la mi-temps.

cercle^M central
Cercle tracé au milieu du terrain. Lors d'une mise en jeu, seuls les joueurs de l'équipe possédant le ballon peuvent se trouver à l'intérieur du cercle.

banc^M des remplaçants^M
Espace où se tiennent les entraîneurs, le personnel technique et les remplaçants. Une équipe ne peut faire plus de trois substitutions de joueur par match.

SPORTS ET JEUX

sports de balle et de ballon

football^M ; *soccer^M*

techniques^F
Les joueurs doivent maîtriser diverses techniques permettant de récupérer le ballon, d'exécuter des passes entre coéquipiers ou des tirs au but.

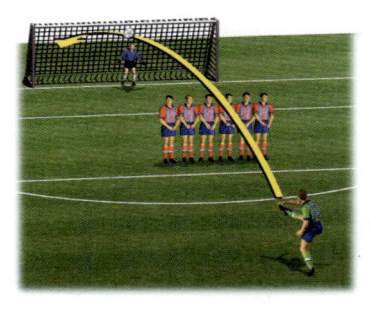

coup^M franc
Technique visant à envoyer le ballon directement vers le but adverse; il est accordé à la suite d'une faute commise à l'endroit d'un joueur.

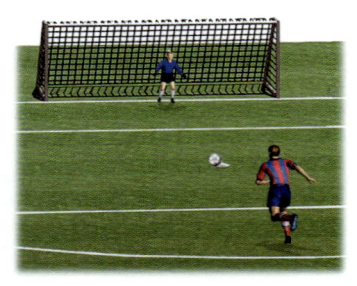

coup^M de pied^M de réparation^F
Coup franc direct tiré à partir du point de réparation, accordé à la suite d'une faute. On l'appelle aussi penalty.

dribble^M
Feinte de pieds qui permet de conserver la maîtrise du ballon et de déjouer un adversaire.

frappe^F de tête^F
Technique permettant au joueur de reprendre le ballon en l'air et de le rediriger avec sa tête.

tacle^M défensif
Geste au cours duquel le joueur tente d'enlever le ballon à l'attaquant adverse par une glissade, sans toucher l'adversaire.

crosse^F

Sport opposant deux équipes de 10 joueurs qui tentent de lancer une balle dans le but adverse à l'aide d'une crosse.

terrain^M de crosse^F
Surface rectangulaire (55 X 100 m), recouverte de gazon naturel ou synthétique, sur laquelle a lieu un match de crosse. La partie se divise en quarts de 25 min.

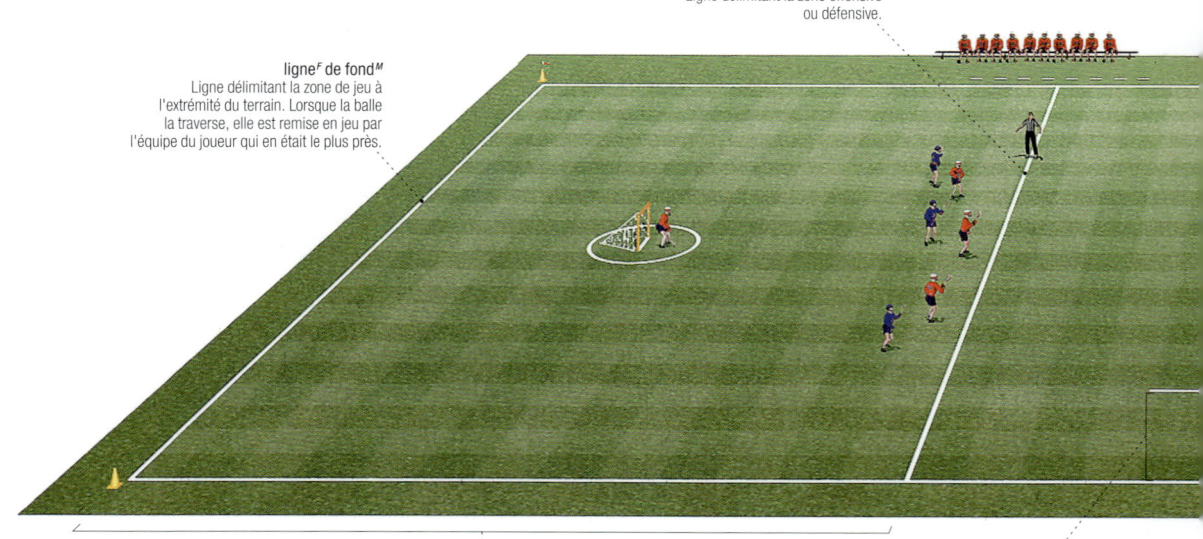

ligne^F de restriction^F
Ligne délimitant la zone offensive ou défensive.

ligne^F de fond^M
Ligne délimitant la zone de jeu à l'extrémité du terrain. Lorsque la balle la traverse, elle est remise en jeu par l'équipe du joueur qui en était le plus près.

zone^F défensive ou offensive
Aire de jeu comprise entre la ligne de fond et la ligne de restriction, qui comprend le but de son équipe (zone défensive) ou de l'adversaire (zone offensive).

zone^F d'ailier^M
Espace dans lequel doit se tenir un ailier lors de la mise au jeu.

sports de balle et de ballon 949

crosse[F]

techniques[F]
Les joueurs doivent maîtriser diverses techniques permettant de récupérer la balle, d'exécuter des passes entre coéquipiers ou des tirs au but.

mise[F] au jeu[M]
Le début de la partie se fait au coup de sifflet de l'arbitre, qui place la balle entre deux joueurs adversaires qui tentent de s'en emparer.

balle[F] de crosse[F]
Balle de caoutchouc dur, blanche ou orange, mesurant environ 20 cm de diamètre et pesant environ 142 g.

crosse[F]
Bâton en bois, en aluminium ou en plastique dont l'extrémité est pourvue d'une pochette qui permet d'attraper, de transporter et de passer la balle.

tête[F]
Partie de la crosse constituée du cadre et de la pochette.

pochette[F]
Filet de cuir, de lin ou de nylon permettant de recevoir ou de lancer la balle.

manche[M]
Partie permettant de saisir et de manier la crosse. Les attaquants ont une crosse plus courte que les défenseurs.

cadre[M]
Structure rigide portant la pochette. La crosse du gardien de but possède un cadre plus large que celle des autres joueurs.

récupération[F]
Technique par laquelle le joueur ramasse une balle au sol à l'aide de la pochette de sa crosse.

casque[M]
Pièce d'équipement rigide destinée à protéger la tête.

passe[F]
Technique permettant au joueur de lancer la balle qui se trouve dans la pochette de sa crosse vers un coéquipier.

officiels[M]
Personnes responsables du déroulement de la compétition (marqueurs, chronométreurs, officiel du banc des joueurs).

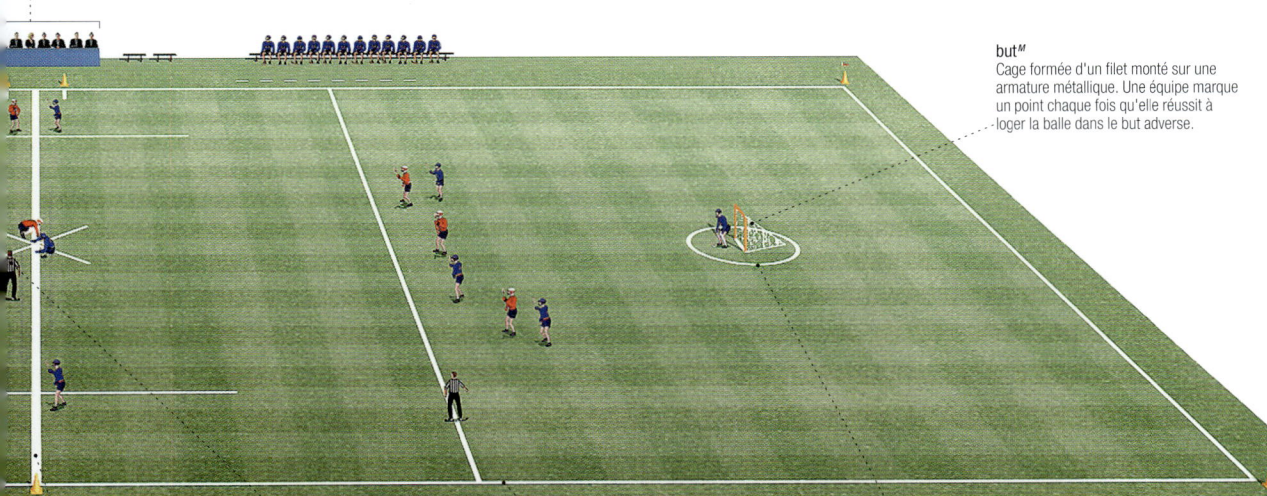

but[M]
Cage formée d'un filet monté sur une armature métallique. Une équipe marque un point chaque fois qu'elle réussit à loger la balle dans le but adverse.

ligne[F] centrale
Ligne divisant le terrain en deux zones, soit une par équipe, et au centre de laquelle s'effectuent les mises en jeu au début d'une période ou après un but.

arbitre[M] en chef[M]
Officiel responsable de l'application des règlements. Il s'assure du bon déroulement du match et tranche les points litigieux.

ligne[F] de côté[M]
Ligne délimitant la zone de jeu de chaque côté du terrain.

cage[F]
Zone circulaire entourant le but et réservée au gardien.

SPORTS ET JEUX

sports de balle et de ballon

rugby^M

Sport opposant deux équipes de 15 joueurs qui tentent de marquer des points en portant le ballon jusqu'à un en-but ou en le bottant entre les poteaux d'un but.

position^F des joueurs^M
Une équipe dispose de sept joueurs d'arrière et de huit joueurs d'avant. Organisés en trois lignes, les avants participent aux mêlées et aux remises en touche.

centre^M droit
Joueur d'arrière placé près de l'ailier droit. Excellent passeur, il peut affronter les centres adverses pour créer des déséquilibres dans leur défense.

arrière^M
Joueur positionné devant le but, qui représente la dernière ligne de défense face à un adversaire s'apprêtant à marquer un essai.

centre^M gauche
Joueur d'arrière placé près de l'ailier gauche. Excellent passeur, il peut affronter les centres adverses pour créer des déséquilibres dans leur défense.

demi^M d'ouverture^F
Joueur qui effectue la liaison entre le demi de mêlée et les joueurs des lignes arrière. Excellent stratège, il oriente les mouvements offensifs de son équipe.

demi^M de mêlée^F
Joueur qui effectue la liaison entre les lignes avant et arrière. Dans une mêlée, il doit récupérer le ballon, puis lancer l'attaque de son équipe.

ailier^M droit
Joueur d'arrière occupant le côté droit du terrain. Rapide et agile, il cherche à déjouer les adversaires pour marquer.

ailier^M gauche
Joueur d'arrière occupant le côté gauche du terrain. Rapide et agile, il cherche à déjouer les adversaires pour marquer.

aile^F droite
Joueur de troisième ligne placé à la droite du centre. Puissant et rapide, il joue à la fois un rôle offensif et défensif.

centre^M
Joueur de troisième ligne placé entre les ailes droite et gauche. En phase de jeu, il relaie notamment le ballon des lignes d'avant vers les demis.

troisième ligne^F
Groupe formé par le centre et les deux ailes, qui constitue la dernière ligne de joueurs dans une mêlée.

aile^F gauche
Joueur de troisième ligne placé à la gauche du centre. Puissant et rapide, il joue à la fois un rôle offensif et défensif.

deuxième ligne^F
Groupe formé par les deux avants. Elle a notamment pour tâche de soutenir la première ligne dans une mêlée.

avant^M gauche
Joueur de deuxième ligne placé du côté gauche du terrain. Il doit notamment récupérer le ballon lors des remises en touche et des regroupements.

première ligne^F
Groupe formé par le talonneur et les deux piliers. En contact direct avec l'adversaire dans une mêlée, elle empêche aussi la progression adverse en phase de jeu.

pilier^M gauche
Joueur d'avant placé à la gauche du talonneur. Dans une mêlée, il soutient le talonneur et pousse l'adversaire pour gagner du terrain.

pilier^M droit
Joueur d'avant placé à la droite du talonneur. Dans une mêlée, il soutient le talonneur et pousse l'adversaire pour gagner du terrain.

terrain^M de rugby^M
Surface rectangulaire, recouverte de gazon naturel ou synthétique, sur laquelle a lieu un match de rugby. Un match se déroule en deux périodes de 40 minutes.

avant^M droit
Joueur de deuxième ligne placé du côté droit du terrain. Il doit notamment récupérer le ballon lors des remises en touche et des regroupements.

talonneur^M
Joueur positionné entre les deux piliers. Dans une mêlée, il tente de gagner le ballon et de le pousser du pied vers ses coéquipiers derrière lui.

ligne^F des 10 m
Ligne parallèle à la ligne médiane, tracée à 10 m de celle-ci. Elle indique notamment la distance minimale que le ballon doit franchir lors du coup d'envoi.

drapeau^M
Petit poteau surmonté d'un fanion, placé à l'intersection de la ligne de touche et de la ligne de ballon mort, de but, des 22 m ou médiane, et qui sert de repère visuel aux limites du terrain.

ligne^F de but^M
Ligne marquant le début de la zone d'en-but.

but^M
Structure formée de deux poteaux reliés par une barre transversale. Une équipe peut marquer des points en bottant le ballon entre les poteaux du but adverse.

ligne^F de ballon^M mort
Ligne marquant la fin de la zone d'en-but.

ligne^F des 22 m
Ligne parallèle à la ligne de but, tracée à 22 m de celle-ci. Elle marque notamment l'endroit de remise en jeu du ballon lors d'un coup de pied de renvoi.

sports de balle et de ballon

rugbyᴹ

rugbymanᴹ
Joueur de rugby. Il peut être autorisé à porter certaines protections (protège-tibia, rembourrages d'épaules, etc.) fabriquées à partir de matières souples.

maillotᴹ
Vêtement souple qui couvre le haut du corps, sur lequel sont imprimés l'emblème d'équipe, le nom et le numéro du joueur.

ballonᴹ **de rugby**ᴹ
Enveloppe de cuir ou de matériau synthétique gonflée d'air. De forme ovoïde, il est joué à la main ou au pied, et peut être porté, passé latéralement ou botté.

shortᴹ
Pantalon très court qui ne couvre que le haut des cuisses.

chaussetteᶠ **haute**
Vêtement qui enveloppe le pied jusqu'au bas du genou.

mêléeᶠ **spontanée**
Phase de jeu survenant lorsque le ballon se trouve au sol et que des joueurs des deux équipes se lancent dessus pour tenter d'en prendre possession.

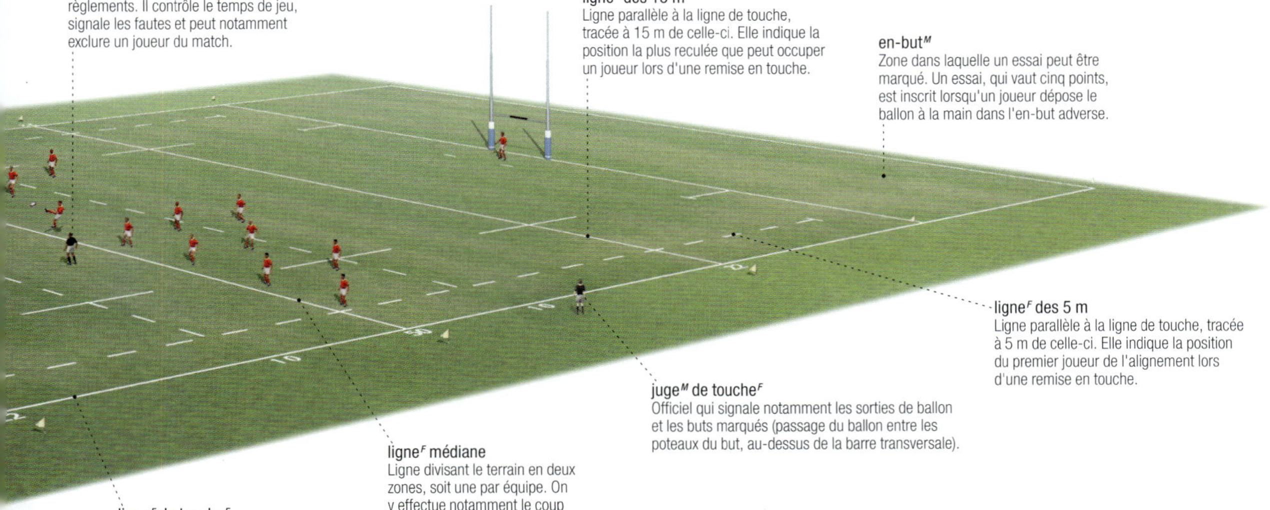

chaussureᶠ **à crampons**ᴹ
Chaussure dont la semelle est munie de petites pointes assurant une bonne adhérence au sol.

arbitreᴹ
Officiel responsable de l'application des règlements. Il contrôle le temps de jeu, signale les fautes et peut notamment exclure un joueur du match.

ligneᶠ **des 15 m**
Ligne parallèle à la ligne de touche, tracée à 15 m de celle-ci. Elle indique la position la plus reculée que peut occuper un joueur lors d'une remise en touche.

en-butᴹ
Zone dans laquelle un essai peut être marqué. Un essai, qui vaut cinq points, est inscrit lorsqu'un joueur dépose le ballon à la main dans l'en-but adverse.

ligneᶠ **des 5 m**
Ligne parallèle à la ligne de touche, tracée à 5 m de celle-ci. Elle indique la position du premier joueur de l'alignement lors d'une remise en touche.

jugeᴹ **de touche**ᶠ
Officiel qui signale notamment les sorties de ballon et les buts marqués (passage du ballon entre les poteaux du but, au-dessus de la barre transversale).

ligneᶠ **médiane**
Ligne divisant le terrain en deux zones, soit une par équipe. On y effectue notamment le coup d'envoi au début du match.

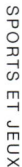

ligneᶠ **de touche**ᶠ
Ligne délimitant la zone de jeu de chaque côté du terrain. Lorsque le ballon franchit cette ligne, il est remis en jeu par une touche.

SPORTS ET JEUX

951

sports de balle et de ballon

football^M américain

Sport opposant deux équipes de 11 joueurs qui tentent de marquer des points en portant un ballon jusqu'à une zone de but ou en le bottant entre les poteaux d'un but.

mêlée^F : défense^F
La défense tente d'empêcher l'adversaire de progresser vers la zone de but en bloquant les jeux au sol (courses) ou en empêchant l'exécution des passes.

ailier^M défensif droit
Joueur placé à l'extérieur du plaqueur droit. Il exerce de la pression sur le quart-arrière adverse et tente d'empêcher toute tentative de course vers l'extérieur.

demi^M de coin^M droit
Joueur placé à l'extrémité droite de la formation. Très rapide, il couvre généralement le receveur éloigné de l'équipe adverse.

secondeur^M extérieur droit
Joueur placé près de la ligne de mêlée ou en retrait de celle-ci, du côté droit du terrain. Mobile et polyvalent, il est efficace contre la course ou la passe.

plaqueur^M droit
Joueur placé à la droite du secondeur intérieur. Puissant et résistant, il est particulièrement efficace pour bloquer les tentatives de courses.

demi^M de sûreté^F droit
Joueur placé derrière la ligne principale, du côté droit du terrain. On l'utilise surtout pour son habileté à couvrir la passe.

plaqueur^M gauche
Joueur placé à la gauche du secondeur intérieur. Puissant et résistant, il est particulièrement efficace pour bloquer les tentatives de courses.

secondeur^M intérieur
Joueur placé derrière la ligne principale. Rapide et imposant, il doit notamment enrayer toute tentative de course au centre du terrain.

secondeur^M extérieur gauche
Joueur placé près de la ligne de mêlée ou en retrait de celle-ci, du côté gauche du terrain. Mobile et polyvalent, il est efficace contre la course ou la passe.

ailier^M défensif gauche
Joueur placé à l'extérieur du plaqueur gauche. Il exerce de la pression sur le quart-arrière adverse et tente d'empêcher toute tentative de course vers l'extérieur.

terrain^M de football^M américain
Surface rectangulaire (53,3 X 120 verges), recouverte de gazon naturel ou synthétique, sur laquelle a lieu un match de football. Un match se déroule en quatre quarts de 15 min.

zone^F neutre
Espace correspondant à une longueur de ballon, qui sépare l'attaque et la défense le long de la ligne de mêlée. Elle ne peut être franchie avant la mise en jeu.

demi^M de coin^M gauche
Joueur placé à l'extrémité gauche de la formation. Très rapide, il couvre généralement le receveur éloigné de l'équipe adverse.

demi^M de sûreté^F gauche
Joueur placé derrière la ligne principale, du côté gauche du terrain. Excellent plaqueur, il a souvent pour tâche de bloquer les jeux au sol (courses).

trait^M de mise au jeu^M
Chacune des lignes hachurées destinées à marquer chaque verge. Les lignes et traits servent de repères pour identifier la ligne de mêlée lors de la reprise du jeu.

ligne^F de but^M
Ligne marquant le début de la zone de but.

ligne^F de centre^M
Ligne divisant le terrain en deux zones, soit une par équipe. Elle est située à 50 verges de chacune des lignes de but.

zone^F de but^M
Zone dans laquelle un touché (six points) est accordé lorsqu'un adversaire l'atteint en possession du ballon.

ligne^F de fond^M
Ligne marquant la limite arrière de la zone de but. La zone blanche derrière laquelle est placé le but est exclue de la surface de jeu.

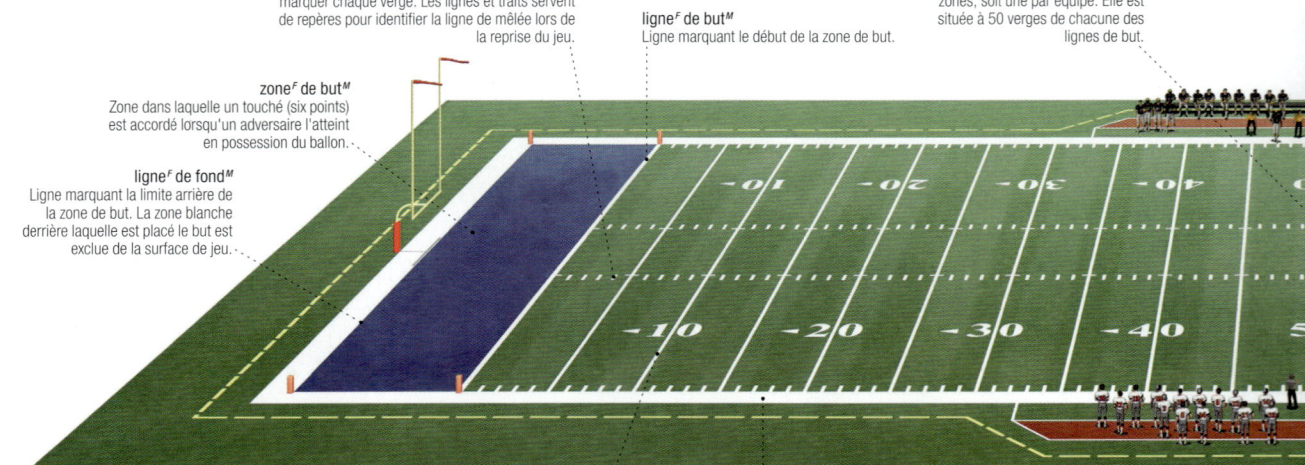

ligne^F des verges^F
Chacune des lignes pleines tracées à intervalles de cinq verges, qui servent de repères de distance par rapport à la ligne de but. Au début d'un match, le ballon est mis en jeu par un botté à partir de la ligne de 30 verges.

ligne^F de touche^F
Ligne délimitant la zone de jeu de chaque côté du terrain. Le jeu est arrêté lorsque le ballon ou le joueur qui le porte franchit cette ligne.

sports de balle et de ballon

953

football^M américain

quart-arrière^M
Joueur positionné derrière le centre. Meneur de l'attaque, il réunit ses coéquipiers entre deux séquences de jeu pour leur communiquer les directives tactiques.

garde^M gauche
Joueur positionné à la gauche du centre. Il doit bloquer la défense lors des jeux de passe ou de course.

bloqueur^M gauche
Joueur placé à l'extérieur du garde gauche. Il a pour tâche de bloquer la défense, notamment pour protéger le quart-arrière en situation de passe.

mêlée^F : attaque^F
L'attaque a la possession du ballon et dispose de quatre essais pour franchir 10 verges. Si elle réussit, on lui accorde d'autres essais; sinon, elle cède le ballon, habituellement par un botté de dégagement.

centre^M
Joueur occupant la position centrale sur la ligne offensive. Il met le ballon en jeu, généralement en le passant au quart-arrière.

centre arrière^M
Joueur placé derrière le quart-arrière. Il protège le quart-arrière en situation de passe, ou le demi offensif lorsque celui-ci porte le ballon.

garde^M droit
Joueur positionné à la droite du centre. Il doit bloquer la défense lors des jeux de passe ou de course.

demi^M offensif
Joueur placé derrière le centre arrière. Très rapide, il porte souvent le ballon lors des jeux au sol (courses).

bloqueur^M droit
Joueur placé à l'extérieur du garde droit. Il a pour tâche de bloquer la défense, notamment pour protéger le quart-arrière en situation de passe.

ailier^M rapproché
Joueur positionné à l'extérieur du bloqueur. Polyvalent, il peut bloquer les joueurs adverses ou recevoir les passes.

receveur^M éloigné
Chacun des deux joueurs placés aux extrémités de la formation d'attaque. Rapides et agiles, ils tentent de se démarquer de la défense pour capter les passes.

ligne^F de mêlée^F
Ligne imaginaire le long de laquelle l'attaque et la défense se font face avant la remise en jeu du ballon.

but^M
Structure formée de deux poteaux reliés par une barre transversale. Une équipe peut marquer des points en bottant le ballon entre les poteaux du but adverse.

juge^M de champ^M arrière
Officiel qui contrôle le nombre de joueurs en défense, surveille les receveurs de passe et chronomètre le temps écoulé entre chaque jeu.

juge^M de touche^F
Officiel dont la tâche principale consiste à surveiller les joueurs sortant hors des limites du terrain en possession du ballon.

juge^M de mêlée^F
Officiel dont les fonctions comprennent le chronométrage du match, le signalement des hors-jeu, la surveillance des bottés, etc.

arbitre^M en chef^M
Officiel responsable de l'application des règlements. Il s'assure du bon déroulement de la partie et supervise le travail des autres officiels.

poteau^M de but^M
Chacune des deux pièces verticales constituant le but, distantes d'environ 5,65 m.

banc^M des joueurs^M
Espace où se tiennent les joueurs inactifs et les entraîneurs. Les joueurs d'une équipe sont répartis en trois formations : attaque, défense et unités spéciales.

arbitre^M
Officiel chargé notamment d'examiner l'équipement des joueurs et de signaler les infractions près de la ligne de mêlée.

juge^M de ligne^F en chef^M
Officiel qui signale les hors-jeu et indique l'emplacement exact de remise en jeu du ballon lorsque ce dernier est sorti des limites du terrain.

SPORTS ET JEUX

sports de balle et de ballon

football américain

footballeur
Joueur de football américain ou canadien. L'équipement de protection qu'il porte varie en fonction du rôle et de la position occupée sur le terrain.

casque
Pièce d'équipement rigide destinée à protéger la tête. Il est doublé à l'intérieur de matériaux absorbants (mousse, cellules d'air).

jugulaire
Sangle permettant de maintenir le casque sur la tête.

masque
Grille métallique fixée au casque, qui protège le visage du footballeur.

numéro du joueur
Nombre identifiant un footballeur; différents intervalles de numéros permettent d'identifier les positions.

maillot
Vêtement souple qui couvre le haut du corps, sur lequel sont imprimés l'emblème d'équipe, le nom et le numéro du joueur.

bracelet
Bande de tissu portée autour du poignet. Utilisé par le quart-arrière, il comporte une petite fenêtre dans laquelle on peut insérer une carte aide-mémoire.

pantalon
Vêtement souple et extensible couvrant le bas du corps, de la taille jusqu'aux genoux. Il est pourvu de poches dans lesquelles on insère diverses protections.

brassard
Pièce d'équipement rembourrée qui protège le bras du footballeur.

cuissard
Pièce d'équipement rembourrée qui protège la cuisse. Elle est généralement insérée dans une poche cousue à l'intérieur du pantalon.

genouillère
Pièce d'équipement rembourrée destinée à protéger le genou. Elle est généralement insérée dans une poche cousue à l'intérieur du pantalon.

chaussette
Vêtement qui enveloppe le pied jusqu'au bas du genou.

chaussure à crampons
Chaussure dont la semelle est munie de petites pointes assurant une bonne adhérence au sol.

protecteur lombaire
Partie du protège-hanche qui recouvre le coccyx.

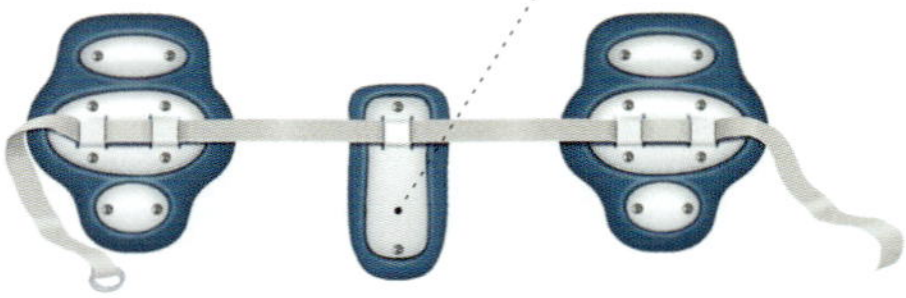

ballon de football
Enveloppe de cuir gonflée d'air, de forme ovoïde. Plus petit que le ballon de rugby, il comporte des lacets permettant d'en améliorer la prise.

protège-hanche
Pièce d'équipement formée de trois moulages rigides destinés à protéger les hanches et le coccyx.

équipement de protection
En raison de la rudesse des contacts et de la fréquence des chutes, les joueurs de football doivent porter un équipement de protection imposant.

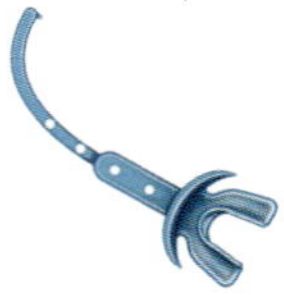

protège-dents
Appareil de protection des dents que le footballeur place entre les joues et les dents lors d'un match.

protège-cou
Pièce rembourrée destinée à protéger le cou du footballeur.

épaulière
Pièce formée d'un moulage rigide de matière plastique destiné à protéger l'épaule.

plastron
Gilet fortement matelassé qui protège à la fois le torse et le dos du footballeur.

protège-côtes
Corset rigide conçu pour protéger la partie inférieure de la cage thoracique.

coudière
Pièce d'équipement rembourrée destinée à protéger le coude.

protecteur d'avant-bras
Pièce d'équipement rembourrée conçue pour protéger l'avant-bras.

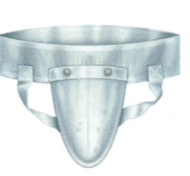

coquille
Pièce d'équipement formée d'un moulage rigide de matière plastique destiné à recouvrir les organes génitaux d'un joueur.

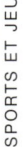

sports de balle et de ballon

football canadien

Sport voisin du football américain, qui oppose deux équipes de 12 joueurs. À la différence du football américain, l'attaque ne dispose que de trois essais pour franchir 10 verges.

ligne de centre
Ligne divisant le terrain en deux zones, soit une par équipe. Elle est située à 55 verges de chacune des lignes de but.

terrain de football canadien
Surface rectangulaire recouverte de gazon naturel ou synthétique. Il est plus long (150 verges) et plus large (65 verges) que le terrain de football américain.

ligne de but
Ligne marquant le début de la zone de but, et au-dessus de laquelle se trouvent les poteaux de but.

banc des joueurs
Espace où se tiennent les joueurs inactifs et les entraîneurs. Les joueurs d'une équipe sont répartis en trois formations : attaque, défense et unités spéciales.

zone de but
Zone dans laquelle un touché (six points) est accordé lorsqu'un adversaire l'atteint en possession du ballon.

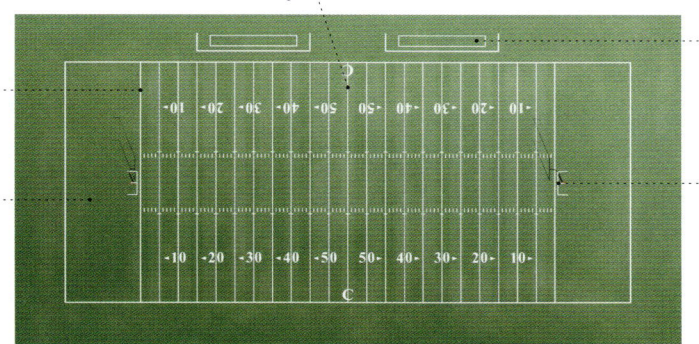

but
Structure formée de deux poteaux reliés par une barre transversale. Une équipe peut marquer des points en bottant le ballon entre les poteaux du but adverse.

netball

Sport essentiellement féminin opposant deux équipes de sept joueuses qui tentent de marquer des points en lançant un ballon à la main dans le panier du but adverse.

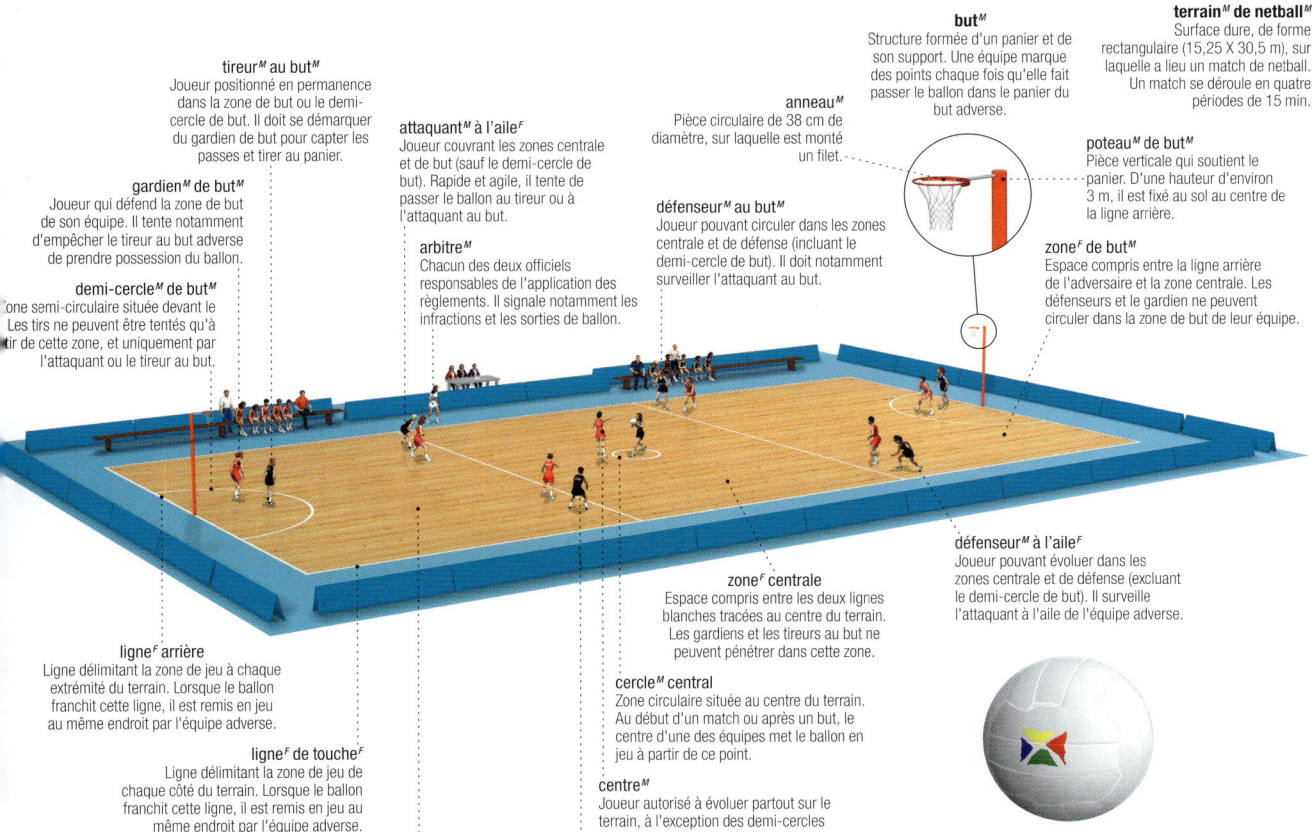

tireur au but
Joueur positionné en permanence dans la zone de but ou le demi-cercle de but. Il doit se démarquer du gardien de but pour capter les passes et tirer au panier.

attaquant à l'aile
Joueur couvrant les zones centrale et de but (sauf le demi-cercle de but). Rapide et agile, il tente de passer le ballon au tireur ou à l'attaquant au but.

but
Structure formée d'un panier et de son support. Une équipe marque des points chaque fois qu'elle fait passer le ballon dans le panier du but adverse.

terrain de netball
Surface dure, de forme rectangulaire (15,25 X 30,5 m), sur laquelle a lieu un match de netball. Un match se déroule en quatre périodes de 15 min.

anneau
Pièce circulaire de 38 cm de diamètre, sur laquelle est monté un filet.

poteau de but
Pièce verticale qui soutient le panier. D'une hauteur d'environ 3 m, il est fixé au sol au centre de la ligne arrière.

gardien de but
Joueur qui défend la zone de but de son équipe. Il tente notamment d'empêcher le tireur au but adverse de prendre possession du ballon.

défenseur au but
Joueur pouvant circuler dans les zones centrale et de défense (incluant le demi-cercle de but). Il doit notamment surveiller l'attaquant au but.

arbitre
Chacun des deux officiels responsables de l'application des règlements. Il signale notamment les infractions et les sorties de ballon.

zone de but
Espace compris entre la ligne arrière de l'adversaire et la zone centrale. Les défenseurs et le gardien ne peuvent circuler dans la zone de but de leur équipe.

demi-cercle de but
Zone semi-circulaire située devant le but. Les tirs ne peuvent être tentés qu'à partir de cette zone, et uniquement par l'attaquant ou le tireur au but.

ligne arrière
Ligne délimitant la zone de jeu à chaque extrémité du terrain. Lorsque le ballon franchit cette ligne, il est remis en jeu au même endroit par l'équipe adverse.

ligne de touche
Ligne délimitant la zone de jeu de chaque côté du terrain. Lorsque le ballon franchit cette ligne, il est remis en jeu au même endroit par l'équipe adverse.

zone de défense
Espace compris entre la ligne arrière de son équipe et la zone centrale. Les attaquants et le tireur ne peuvent circuler dans la zone de défense de leur équipe.

défenseur à l'aile
Joueur pouvant évoluer dans les zones centrale et de défense (excluant le demi-cercle de but). Il surveille l'attaquant à l'aile de l'équipe adverse.

zone centrale
Espace compris entre les deux lignes blanches tracées au centre du terrain. Les gardiens et les tireurs au but ne peuvent pénétrer dans cette zone.

cercle central
Zone circulaire située au centre du terrain. Au début d'un match ou après un but, le centre d'une des équipes met le ballon en jeu à partir de ce point.

centre
Joueur autorisé à évoluer partout sur le terrain, à l'exception des demi-cercles de but. Il est le lien entre les zones d'attaque et de défense de son équipe.

attaquant au but
Joueur évoluant dans les zones centrale et de but (incluant le demi-cercle de but). Il est l'un des deux joueurs autorisés à tirer au panier.

ballon de netball
Sphère gonflée d'air, généralement en cuir, d'une circonférence d'environ 70 cm. Les joueurs ne peuvent se déplacer avec le ballon ou rester en possession de celui-ci plus de trois secondes.

956 sports de balle et de ballon

basketball^M

Sport opposant deux équipes de cinq joueurs qui tentent de marquer des points en lançant un ballon à la main dans le panier du but adverse.

joueur^M de basketball^M
Membre d'une équipe de basketball. Il peut se déplacer avec le ballon en driblant, c'est-à-dire en faisant rebondir le ballon sur le sol d'une seule main.

maillot^M
Vêtement souple qui couvre le haut du corps, sur lequel sont imprimés l'emblème d'équipe, le nom et le numéro du joueur.

ballon^M de basket^M
Sphère formée de huit panneaux de cuir ou de matériau synthétique cousus autour d'une chambre à air. De couleur orangée, il a une circonférence d'environ 75 cm.

numéro^M du joueur^M
Nombre identifiant un joueur. Compris entre 4 et 15 lors des matches internationaux, il est inscrit au dos et sur le devant du maillot.

short^M
Pantalon très court qui ne couvre que le haut des cuisses.

chaussure^F
Bottillon qui protège et soutient la cheville, pourvu d'une semelle antidérapante.

marqueur^M
Officiel qui enregistre les points marqués et les fautes commises par chaque joueur sur la feuille de match.

terrain^M de basketball^M
Surface dure, de forme rectangulaire, sur laquelle a lieu un match de basketball. Les matches internationaux se déroulent en deux périodes de 20 min.

chronométreur^M des trente secondes^F
Officiel qui contrôle le temps de possession continue du ballon par une équipe (maximum de 30 secondes avant un tir au panier).

chronométreur^M
Officiel qui contrôle le temps de jeu. Il stoppe le chronomètre lors d'un arrêt de jeu et le remet en marche au moment opportun.

aide^M-arbitre^M
Officiel responsable de l'application des règlements. Il signale aussi les infractions commises en cours de match.

arbitre^M
Officiel responsable de l'application des règlements. Il effectue les mises au jeu et signale les infractions commises en cours de match.

ligne^F de touche^F
Ligne délimitant la zone de jeu de chaque côté du terrain. Lorsque le ballon franchit cette ligne, il est remis en jeu au même endroit par l'équipe adverse.

demi-cercle^M
Zone semi-circulaire dans laquelle un joueur doit se positionner pour effectuer un lancer franc. Un lancer franc réussi vaut un point.

cercle^M restrictif
Cercle entourant le cercle central. Les joueurs ne participant pas à la mise au jeu doivent se positionner à l'extérieur de celui-ci.

ligne^F médiane
Ligne divisant le terrain en deux zones, soit une par équipe. Lorsqu'une équipe prend possession du ballon, elle a 10 secondes pour l'emporter en zone adverse.

cercle^M central
Cercle tracé au milieu du terrain. On y effectue la mise au jeu au début d'une partie, entre deux joueurs qui tentent de pousser le ballon lancé en l'air vers leur équipe.

SPORTS ET JEUX

sports de balle et de ballon

basketball

arrière
Joueur qui assiste le meneur de jeu. Excellent tireur, il surveille généralement l'adversaire le plus dangereux.

meneur de jeu
Joueur qui donne le rythme et dirige l'équipe à l'attaque. Il est très habile pour contrôler et passer le ballon.

position des joueurs
Cinq joueurs de chaque équipe sont présents sur le terrain. Ils assument à la fois des fonctions offensives et défensives selon la situation de jeu.

pivot ; centre
Joueur dont la tâche consiste à protéger le panier des tirs rapprochés et à saisir le ballon au rebond. Il est souvent le joueur le plus grand de l'équipe.

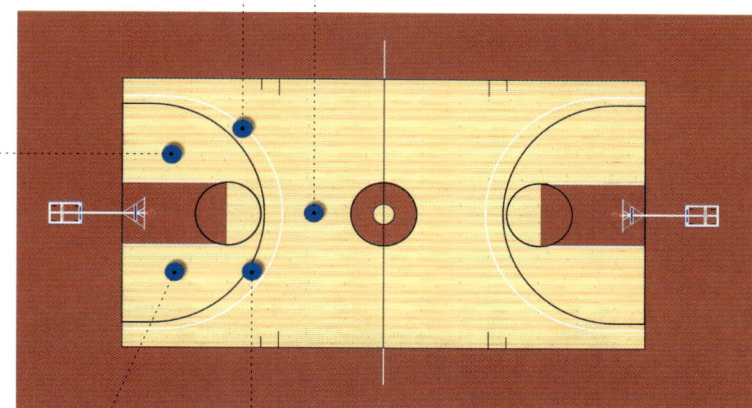

ailier fort
Joueur très mobile qui joue généralement face au panier et exécute les mêmes actions que le pivot.

ailier
Joueur couvrant le côté du terrain. Il possède des qualités offensives (tir, passe) et défensives.

panneau
Plaque rigide fixée derrière le panier. Il est généralement fait d'un matériau transparent pour permettre aux spectateurs situés derrière de suivre l'action.

but
Structure formée d'un panier et de son support. Une équipe marque des points chaque fois qu'elle fait passer le ballon dans le panier du but adverse.

anneau
Pièce circulaire de 45 cm de diamètre, sur laquelle est monté le filet. Maintenue à 3,05 m au-dessus du sol, elle est obligatoirement peinte en orange.

filet
Réseau de mailles souples fixé à l'anneau, qui ralentit momentanément le ballon lors de son passage dans le panier.

panier
Structure formée d'un filet monté sur un anneau métallique. Un tir au panier réussi vaut un, deux ou trois points selon l'endroit à partir duquel il est effectué.

entraîneur
Personne qui dirige l'équipe. Il détermine la stratégie à adopter et décide qui jouera et dans quelle circonstance.

support de panneau
Pièce horizontale qui maintient le panneau et le panier au-dessus du terrain.

entraîneur adjoint
Personne secondant l'entraîneur dans ses fonctions. Il peut remplacer ce dernier au besoin.

soigneur
Personne chargée de prodiguer des soins aux joueurs en cas de blessure.

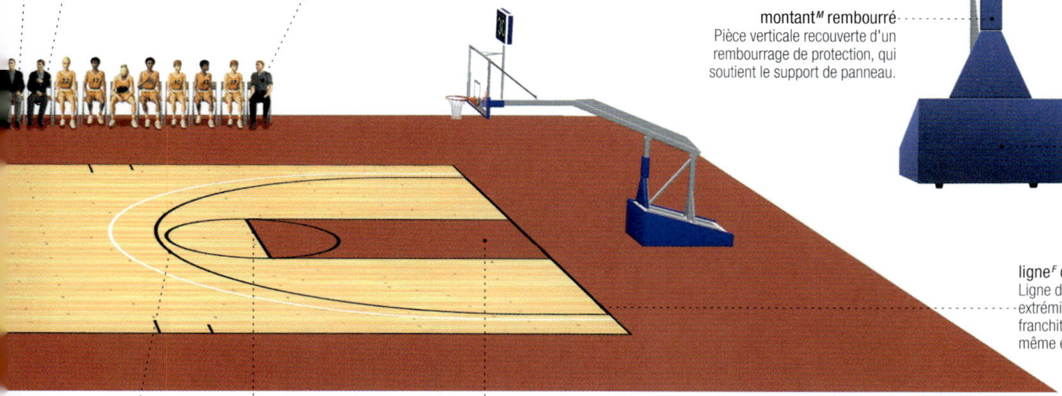

montant rembourré
Pièce verticale recouverte d'un rembourrage de protection, qui soutient le support de panneau.

socle rembourré
Base recouverte d'un rembourrage de protection, qui soutient le but et en assure la stabilité. Il doit être placé à au moins deux mètres de la ligne de fond.

ligne de fond
Ligne délimitant la zone de jeu à chaque extrémité du terrain. Lorsque le ballon franchit cette ligne, il est remis en jeu au même endroit par l'équipe adverse.

ligne des trois points
Ligne courbe située à une distance de 6,75 à 7,24 m en face du panier. Un panier tiré au-delà de cette ligne vaut trois points.

ligne de lancer franc
Ligne parallèle à la ligne de fond, derrière laquelle se place le tireur lors d'un lancer franc (tir accordé à la suite d'une faute).

zone réservée
Espace compris entre les lignes de fond et de lancer franc. Un joueur de l'équipe offensive ne peut s'y tenir plus de trois secondes consécutives.

SPORTS ET JEUX

sports de balle et de ballon

volleyball[M]

Sport opposant deux équipes de six joueurs qui tentent de faire tomber un ballon dans la zone adverse en le faisant passer par-dessus un filet avec les mains.

terrain[M] de volleyball[M]
Surface dure, de forme rectangulaire (9 x 18 m), sur laquelle a lieu un match de volleyball. Une partie est gagnée par la première équipe à remporter trois manches.

second arbitre[M]
Officiel qui signale notamment les fautes de filet ou les fautes se rapportant aux lignes d'attaque. Il donne son avis au premier arbitre en cas de besoin.

attaquant[M] gauche
Joueur positionné du côté gauche de la zone d'attaque. Il tente notamment d'exécuter des frappes d'attaque pour marquer des points.

ligne[F] de fond
Ligne délimitant la zone de jeu à chaque extrémité du terrain. Au début d'un échange, l'arrière droit se place derrière cette ligne pour effectuer le service.

libero[M]
Joueur spécialisé en défense et en réception de service. Il ne joue que comme arrière, contrairement à ses coéquipiers qui changent de position en cours de match.

arrière[M] gauche
Joueur positionné du côté gauche de la zone de défense. Il tente notamment de récupérer les ballons courts.

bande[F] blanche
Bande de toile dans laquelle passe un câble fixé à des poteaux et auquel est suspendu le filet.

zone[F] libre
Espace d'au moins trois mètres de largeur qui entoure la zone de jeu.

marqueur[M]
Officiel qui tient la feuille de match. Il contrôle également les interruptions de jeu et les rotations de joueurs.

antenne[F]
Chacune des deux tiges flexibles qui délimitent latéralement la zone du filet dans laquelle le ballon doit passer pour demeurer en jeu.

juge[M] de ligne[F]
Chacun des quatre officiels qui signalent, à l'aide d'un fanion rouge, les sorties de ballon, les fautes de service, les contacts avec les antennes, etc.

banc[M] des joueurs[M]
Espace où se tiennent les joueurs inactifs et les entraîneurs. Une équipe peut compter 12 joueurs, mais six seulement sont présents à la fois sur le terrain.

ligne[F] de côté
Ligne qui délimite latéralement la zone de jeu. Un échange prend fin lorsque le ballon tombe à l'extérieur des limites du terrain.

zone[F] de défense[F]
Espace compris entre la ligne d'attaque et la ligne de fond, généralement occupé par les joueurs d'arrière.

poteau[M]
Montant vertical servant à tendre le filet par l'intermédiaire de la bande blanche. La partie supérieure du filet se trouve à un peu plus de 2 m du sol.

premier arbitre[M]
Officiel responsable de l'application des règlements. Il dirige le jeu à partir d'une plateforme surélevée située à l'une des extrémités du filet.

arrière[M] centre
Joueur placé au centre de la zone de défense. Il doit principalement récupérer les ballons longs et les ballons déviés par un contre.

bande[F] verticale de côté[M]
Bande de toile blanche cousue verticalement à chacune des deux extrémités du filet.

ligne[F] d'attaque[F]
Ligne tracée à 3 m du filet. Les arrières doivent exécuter les frappes d'attaque (en direction de l'adversaire) derrière cette ligne.

filet[M]
Réseau de mailles tendu au milieu du terrain, délimitant deux parties égales et au-dessus duquel les joueurs s'échangent le ballon.

arrière[M] droit
Joueur positionné du côté droit de la zone de défense. Il tente notamment de récupérer les ballons courts.

attaquant[M] droit
Joueur positionné du côté droit de la zone d'attaque. Il tente notamment d'exécuter des frappes d'attaque pour marquer des points.

attaquant[M] central
Joueur couvrant le centre de la zone d'attaque. Il a pour principale tâche de contrer les attaques adverses.

zone[F] d'attaque[F]
Espace compris entre le filet et la ligne d'attaque, le plus souvent occupé par les joueurs d'avant.

ballon[M] de volleyball[M]
Sphère gonflée d'air, recouverte de cuir souple, dont la circonférence varie entre 65 et 67 cm. Il doit toujours être frappé, et non pas tenu ni lancé.

techniques[F]
Les joueurs doivent maîtriser diverses techniques permettant de récupérer le ballon, d'exécuter des passes entre coéquipiers ou des frappes d'attaque.

récupération[F]
Technique permettant de jouer un ballon éloigné. Le joueur se projette vers l'avant pour frapper le ballon à un ou deux bras.

manchette[F]
Technique consistant à joindre les mains, bras tendus, puis à frapper le ballon avec les avant-bras. Elle est notamment utilisée pour la réception des services.

service[M]
Technique utilisée pour mettre le ballon en jeu. Le serveur frappe le ballon d'une main, généralement au-dessus de la tête, afin de l'envoyer en zone adverse.

sports de balle et de ballon

volleyball^M

terrain^M de volleyball^M de plage^F
Surface rectangulaire, recouverte de sable, sur laquelle a lieu un match de volleyball de plage. Une partie est gagnée par la première équipe à remporter deux manches.

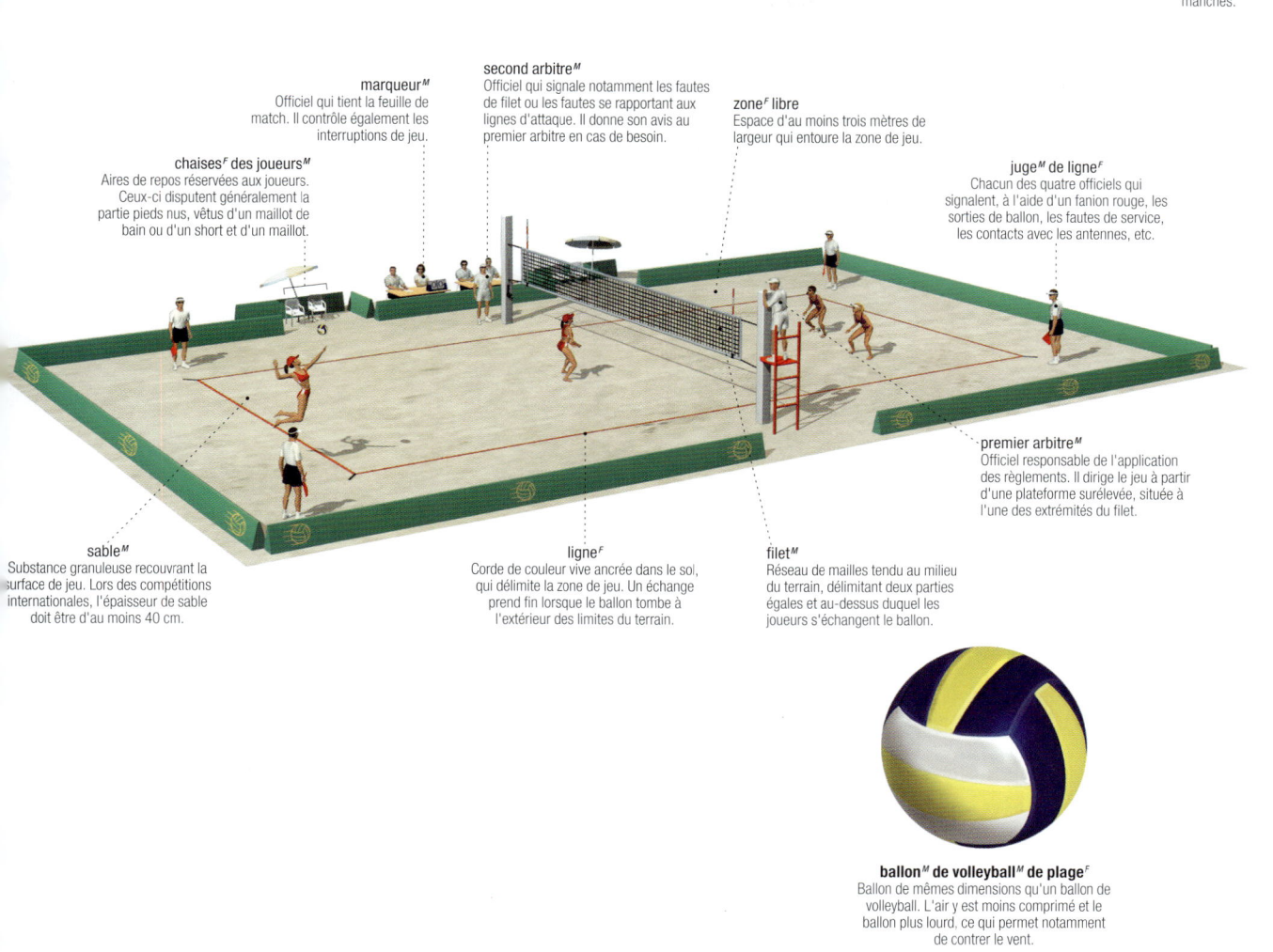

marqueur^M
Officiel qui tient la feuille de match. Il contrôle également les interruptions de jeu.

second arbitre^M
Officiel qui signale notamment les fautes de filet ou les fautes se rapportant aux lignes d'attaque. Il donne son avis au premier arbitre en cas de besoin.

zone^F libre
Espace d'au moins trois mètres de largeur qui entoure la zone de jeu.

chaises^F des joueurs^M
Aires de repos réservées aux joueurs. Ceux-ci disputent généralement la partie pieds nus, vêtus d'un maillot de bain ou d'un short et d'un maillot.

juge^M de ligne^F
Chacun des quatre officiels qui signalent, à l'aide d'un fanion rouge, les sorties de ballon, les fautes de service, les contacts avec les antennes, etc.

premier arbitre^M
Officiel responsable de l'application des règlements. Il dirige le jeu à partir d'une plateforme surélevée, située à l'une des extrémités du filet.

sable^M
Substance granuleuse recouvrant la surface de jeu. Lors des compétitions internationales, l'épaisseur de sable doit être d'au moins 40 cm.

ligne^F
Corde de couleur vive ancrée dans le sol, qui délimite la zone de jeu. Un échange prend fin lorsque le ballon tombe à l'extérieur des limites du terrain.

filet^M
Réseau de mailles tendu au milieu du terrain, délimitant deux parties égales et au-dessus duquel les joueurs s'échangent le ballon.

ballon^M de volleyball^M de plage^F
Ballon de mêmes dimensions qu'un ballon de volleyball. L'air y est moins comprimé et le ballon plus lourd, ce qui permet notamment de contrer le vent.

techniques^F

touche^F
Passe exécutée du bout des doigts, grâce à un mouvement de poussée des bras. Elle constitue un geste transitoire entre la réception et l'attaque.

smash^M
Geste offensif consistant à frapper le ballon avec la paume de la main, lorsque celui-ci se trouve au-dessus du filet.

contre^M
Geste défensif dans lequel un ou plusieurs joueurs de la ligne avant se placent près du filet et sautent, bras tendus, pour empêcher le ballon de le franchir.

sports de balle et de ballon

handball^M

Sport opposant deux équipes de sept joueurs qui tentent de marquer des points en lançant un ballon dans le but adverse.

position^F des joueurs^M
Chaque équipe déploie sept joueurs sur le terrain. Ces derniers ne peuvent faire plus de trois pas avec le ballon, ni tenir celui-ci plus de trois secondes.

avant-centre^M
Joueur placé au centre du terrain, entre les ailiers. En attaque, il tente notamment de se glisser dans la défense adverse pour y créer des brèches.

ailier^M gauche
Joueur occupant le côté gauche du terrain. Rapide et agile, il se déplace souvent vers le côté pour étirer la défense ou créer des occasions de tir.

ailier^M droit
Joueur occupant le côté droit du terrain. Rapide et agile, il se déplace souvent vers le côté pour étirer la défense ou créer des occasions de tir.

ballon^M de handball^M
Sphère gonflée d'air, généralement recouverte de cuir, d'une circonférence de 54 cm (femmes) à 60 cm (hommes). Il peut notamment être lancé, frappé du poing, driblé ou tenu en main.

arrière^M gauche
Joueur placé derrière les ailiers, du côté gauche du terrain. Excellent tireur, il surveille également le pivot ou l'arrière adverse en situation de défense.

arrière^M droit
Joueur placé derrière les ailiers, du côté droit du terrain. Excellent tireur, il surveille également le pivot ou l'arrière adverse en situation de défense.

demi-centre^M
Joueur positionné au centre du terrain, entre les arrières. Il dirige notamment le jeu de son équipe en attaque.

gardien^M de but^M
Joueur dont le rôle est d'empêcher le ballon d'entrer dans le but. Il est le seul joueur autorisé à toucher le ballon des pieds.

terrain^M de handball^M
Surface dure, de forme rectangulaire (20 X 40 m), sur laquelle a lieu un match de handball. Une partie comporte deux périodes de 30 min séparées par une pause de 10 min.

ligne^F de but^M
Ligne délimitant la zone de jeu à chaque extrémité du terrain. Le ballon doit également la traverser dans le but pour qu'un point soit accordé.

filet^M
Réseau de mailles souples fixé derrière les poteaux, qui permet de retenir le ballon dans le but.

arbitre^M de ligne^F de but^M
Officiel responsable de l'application des règlements, placé près de la ligne de but. Il signale les infractions et détermine la validité des buts.

chronométreur^M
Officiel qui contrôle le temps de jeu.

marqueur^M
Officiel qui contrôle le temps de jeu, l'entrée et la sortie des remplaçants ainsi que la durée des exclusions.

banc^M des joueurs^M
Espace où se tiennent les joueurs inactifs et les entraîneurs. Une équipe compte jusqu'à 12 joueurs, mais sept seulement sont présents à la fois sur le terrain.

but^M
Cage formée d'un filet monté sur une armature. Une équipe marque un point chaque fois qu'elle réussit à loger le ballon dans le but adverse.

marque^F des 7 m
Ligne parallèle à la ligne de but, tracée à 7 m de celle-ci. Un jet de 7 m (tir direct accordé à la suite d'une faute) doit être exécuté de derrière cette ligne.

arbitre^M de champ^M
Officiel responsable de l'application des règlements. Positionné au centre du terrain, il signale notamment les infractions commises par les joueurs.

ligne^F de touche^F
Ligne délimitant la zone de jeu de chaque côté du terrain. Lorsque le ballon franchit cette ligne, il est remis en jeu au même endroit par l'équipe adverse.

ligne^F de surface^F de but^M
Arc de cercle tracé à 6 m du but, qui délimite la surface de but.

ligne^F de jet^M franc
Arc de cercle tracé à 9 m du but. Lors d'un jet de 7 m, tous les joueurs (sauf le lanceur) doivent se tenir à l'extérieur de la zone délimitée par cette ligne.

ligne^F médiane
Ligne divisant le terrain en deux zones, soit une par équipe. On y effectue également la mise en jeu au début d'une période ou après un but.

surface^F de but^M
Zone semi-circulaire réservée au gardien de but. Un joueur en possession du ballon peut toutefois sauter au-dessus de cette surface au moment de tirer au but.

SPORTS ET JEUX

sports de raquette   961

tennis^M de table^F

Sport opposant deux ou quatre joueurs munis de raquettes qui se renvoient une balle de part et d'autre d'un filet divisant une table en deux parties.

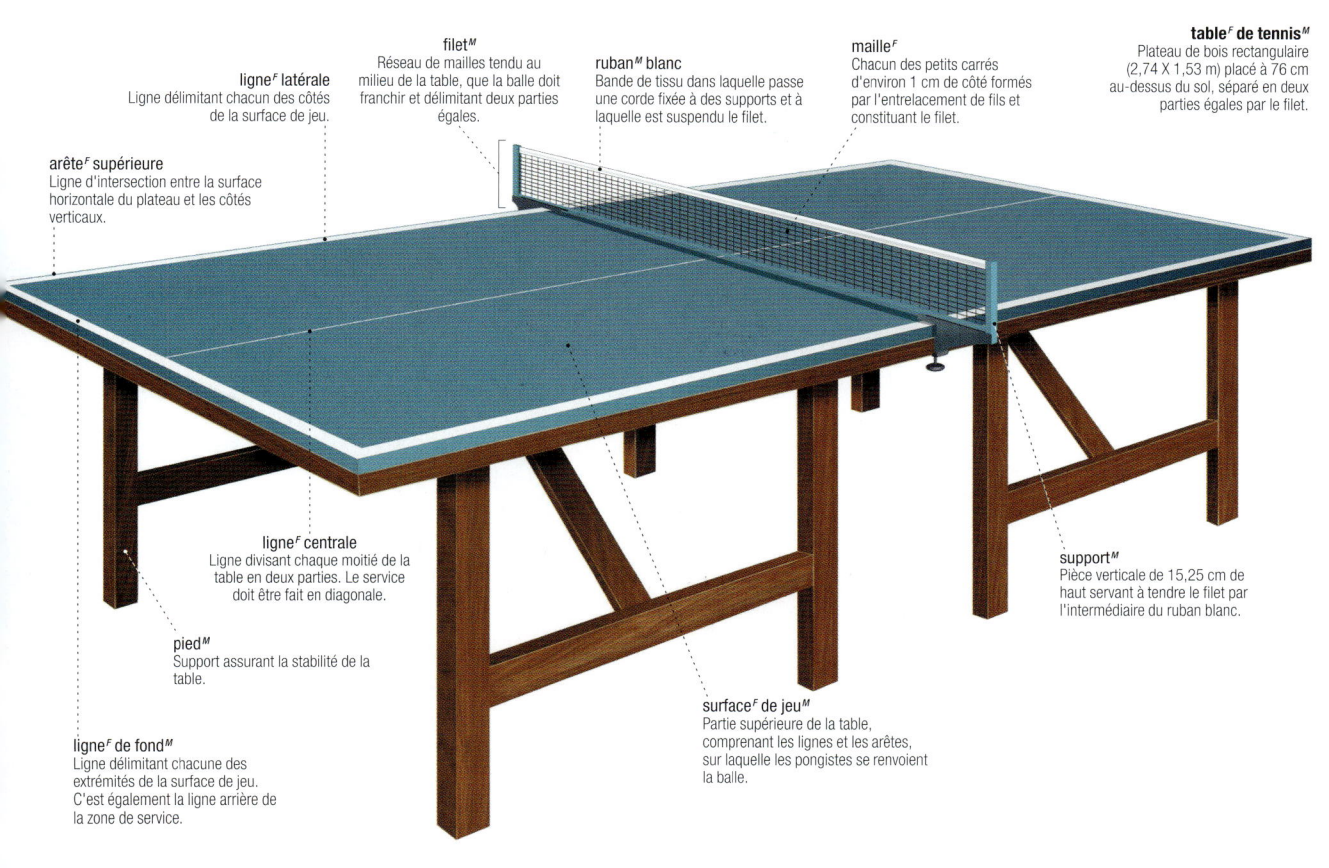

ligne^F latérale
Ligne délimitant chacun des côtés de la surface de jeu.

filet^M
Réseau de mailles tendu au milieu de la table, que la balle doit franchir et délimitant deux parties égales.

ruban^M blanc
Bande de tissu dans laquelle passe une corde fixée à des supports et à laquelle est suspendu le filet.

maille^F
Chacun des petits carrés d'environ 1 cm de côté formés par l'entrelacement de fils et constituant le filet.

table^F de tennis^M
Plateau de bois rectangulaire (2,74 X 1,53 m) placé à 76 cm au-dessus du sol, séparé en deux parties égales par le filet.

arête^F supérieure
Ligne d'intersection entre la surface horizontale du plateau et les côtés verticaux.

ligne^F centrale
Ligne divisant chaque moitié de la table en deux parties. Le service doit être fait en diagonale.

pied^M
Support assurant la stabilité de la table.

ligne^F de fond^M
Ligne délimitant chacune des extrémités de la surface de jeu. C'est également la ligne arrière de la zone de service.

surface^F de jeu^M
Partie supérieure de la table, comprenant les lignes et les arêtes, sur laquelle les pongistes se renvoient la balle.

support^M
Pièce verticale de 15,25 cm de haut servant à tendre le filet par l'intermédiaire du ruban blanc.

raquette^F de tennis^M de table^F
Instrument servant à frapper la balle, pouvant avoir une forme, des dimensions et un poids variables.

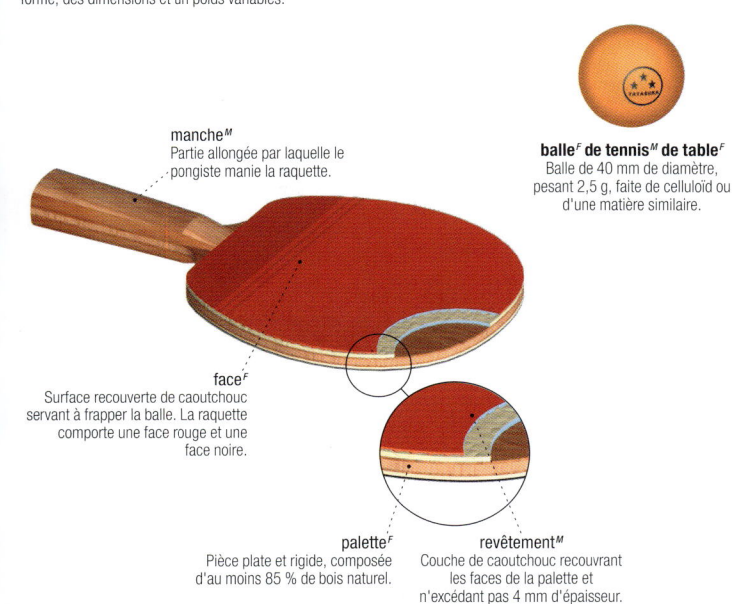

manche^M
Partie allongée par laquelle le pongiste manie la raquette.

face^F
Surface recouverte de caoutchouc servant à frapper la balle. La raquette comporte une face rouge et une face noire.

balle^F de tennis^M de table^F
Balle de 40 mm de diamètre, pesant 2,5 g, faite de celluloïd ou d'une matière similaire.

palette^F
Pièce plate et rigide, composée d'au moins 85 % de bois naturel.

revêtement^M
Couche de caoutchouc recouvrant les faces de la palette et n'excédant pas 4 mm d'épaisseur.

types^M de prises^F
Il existe deux principaux types de prises de raquette.

prise^F porte-plume^M
Type de prise originaire d'Asie adapté pour un jeu offensif, mais affaiblissant le revers : le pongiste utilise une seule face de la raquette.

prise^F classique
Type de prise le plus répandu permettant d'utiliser les deux faces de la raquette et de jouer en coup droit ou en revers.

SPORTS ET JEUX

sports de raquette

badminton(M)

Sport s'apparentant au tennis, opposant deux ou quatre joueurs munis de raquettes qui se renvoient un volant de part et d'autre d'un filet divisant un terrain en deux parties.

terrain(M) de badminton(M)
Court généralement aménagé en salle pour la pratique du badminton, revêtu d'une surface synthétique ou de bois dur pour permettre une bonne adhérence des chaussures.

juge(M) de service(M)
Officiel qui contrôle l'exécution du service (position du joueur, réception du volant dans la zone appropriée, etc.).

ligne(F) médiane
Ligne divisant chaque moitié de terrain en deux parties. Elle sépare les zones de service gauche et droite.

juge(M) de ligne(F)
Chacun des 10 officiels qui s'assurent que le volant est reçu dans les limites du terrain et informent l'arbitre de toute faute commise par les joueurs.

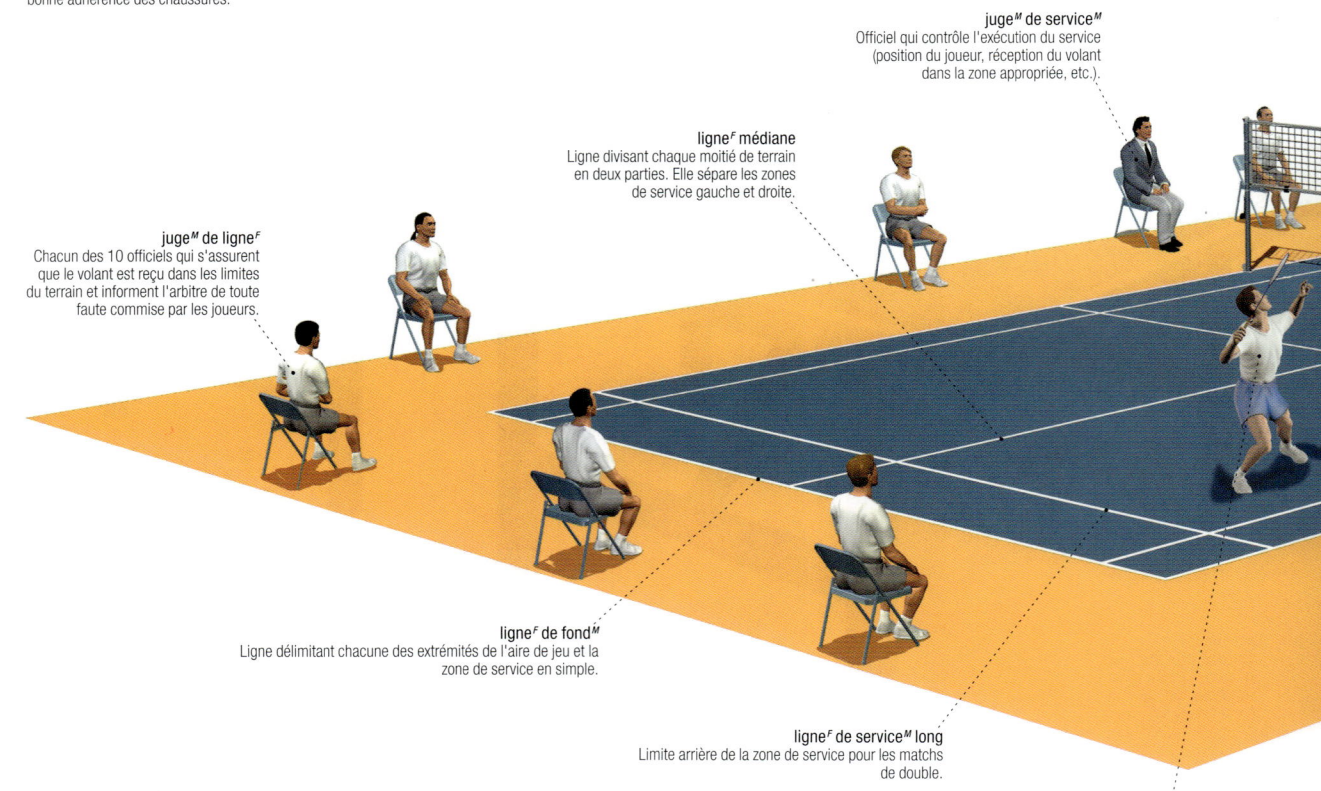

ligne(F) de fond(M)
Ligne délimitant chacune des extrémités de l'aire de jeu et la zone de service en simple.

ligne(F) de service(M) long
Limite arrière de la zone de service pour les matchs de double.

serveur(M)
Joueur qui met le volant en jeu. Au service, le serveur et le receveur sont diagonalement opposés.

raquette(F) de badminton(M)
Instrument servant à frapper le volant, plus léger (environ 100 g) et étroit qu'une raquette de tennis. Il est pourvu d'une tête de 30 cm de long environ et sa longueur maximale est de 68 cm.

cadre(M)
Armature de la raquette à laquelle est fixé le tamis.

tamis(M)
Surface de cordes synthétiques ou naturelles entrelacées avec laquelle le joueur frappe le volant.

poignée(F)
Partie du manche par laquelle le joueur manie la raquette.

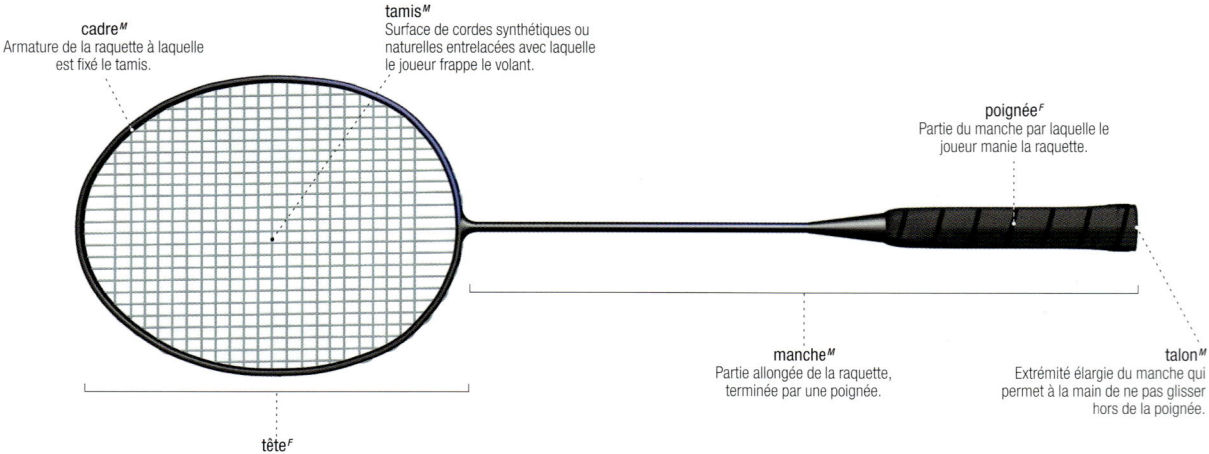

manche(M)
Partie allongée de la raquette, terminée par une poignée.

talon(M)
Extrémité élargie du manche qui permet à la main de ne pas glisser hors de la poignée.

tête(F)
Partie ovale de la raquette comprenant le cadre et le tamis.

SPORTS ET JEUX

sports de raquette

badmintonᴹ

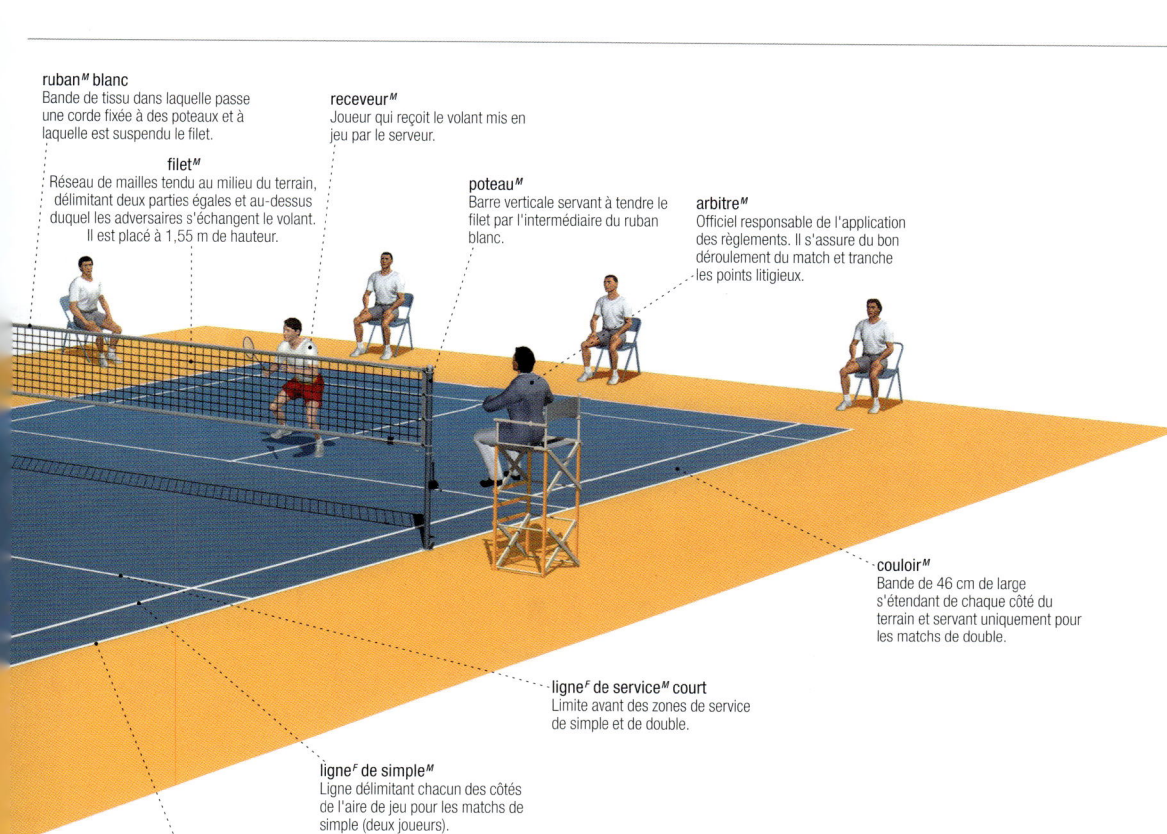

rubanᴹ blanc
Bande de tissu dans laquelle passe une corde fixée à des poteaux et à laquelle est suspendu le filet.

filetᴹ
Réseau de mailles tendu au milieu du terrain, délimitant deux parties égales et au-dessus duquel les adversaires s'échangent le volant. Il est placé à 1,55 m de hauteur.

receveurᴹ
Joueur qui reçoit le volant mis en jeu par le serveur.

poteauᴹ
Barre verticale servant à tendre le filet par l'intermédiaire du ruban blanc.

arbitreᴹ
Officiel responsable de l'application des règlements. Il s'assure du bon déroulement du match et tranche les points litigieux.

couloirᴹ
Bande de 46 cm de large s'étendant de chaque côté du terrain et servant uniquement pour les matchs de double.

ligneᶠ de serviceᴹ court
Limite avant des zones de service de simple et de double.

ligneᶠ de simpleᴹ
Ligne délimitant chacun des côtés de l'aire de jeu pour les matchs de simple (deux joueurs).

ligneᶠ de doubleᴹ
Ligne délimitant chacun des côtés de l'aire de jeu pour les matchs de double (deux équipes de deux joueurs).

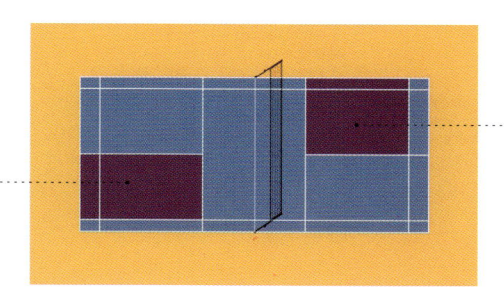

zonesᶠ de serviceᴹ
Zones dans lesquelles le serveur et le receveur doivent se trouver lors de la mise en jeu. Après le service, les joueurs se déplacent partout sur le terrain.

demi-courtᴹ de serviceᴹ en doubleᴹ
Zone à partir de laquelle le joueur doit servir lors des matchs de double. Le terrain de jeu de double mesure 13,4 m sur 6,1 m.

demi-courtᴹ de serviceᴹ en simpleᴹ
Zone à partir de laquelle le joueur doit servir lors des matchs de simple. Le terrain de jeu de simple mesure 13,4 m sur 5,18 m.

volantᴹ synthétique
Petit cône de plastique, plus résistant que le volant de plumes mais de même poids, généralement utilisé pour l'entraînement et pesant entre 4,74 et 5,5 g.

volantᴹ de plumesᶠ
Petite pièce de liège garnie de 14 à 16 plumes, utilisée en compétition.

empennageᴹ
Plumes ou matériaux synthétiques fixés à la tête du volant pour assurer sa stabilité et son aérodynamisme.

têteᶠ en liègeᴹ
Base arrondie du volant. Elle peut également être composée de matériaux synthétiques.

SPORTS ET JEUX

964 sports de raquette

racquetball^M

Sport pratiqué en salle opposant deux ou quatre joueurs munis de raquettes qui se renvoient une balle rebondissant sur toutes les surfaces du court.

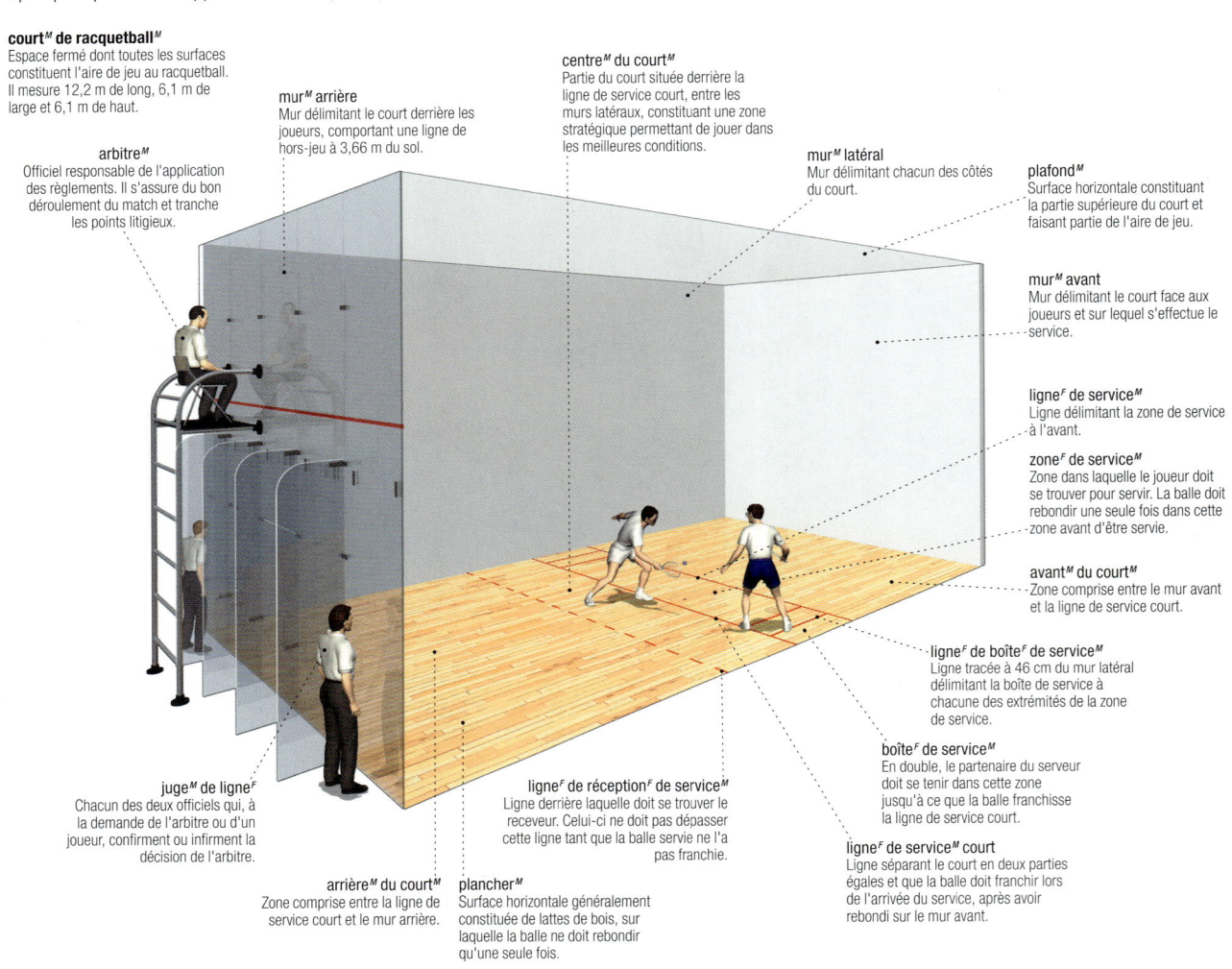

court^M de racquetball^M
Espace fermé dont toutes les surfaces constituent l'aire de jeu au racquetball. Il mesure 12,2 m de long, 6,1 m de large et 6,1 m de haut.

arbitre^M
Officiel responsable de l'application des règlements. Il s'assure du bon déroulement du match et tranche les points litigieux.

mur^M arrière
Mur délimitant le court derrière les joueurs, comportant une ligne de hors-jeu à 3,66 m du sol.

centre^M du court^M
Partie du court située derrière la ligne de service court, entre les murs latéraux, constituant une zone stratégique permettant de jouer dans les meilleures conditions.

mur^M latéral
Mur délimitant chacun des côtés du court.

plafond^M
Surface horizontale constituant la partie supérieure du court et faisant partie de l'aire de jeu.

mur^M avant
Mur délimitant le court face aux joueurs et sur lequel s'effectue le service.

ligne^F de service^M
Ligne délimitant la zone de service à l'avant.

zone^F de service^M
Zone dans laquelle le joueur doit se trouver pour servir. La balle doit rebondir une seule fois dans cette zone avant d'être servie.

avant^M du court^M
Zone comprise entre le mur avant et la ligne de service court.

ligne^F de boîte^F de service^M
Ligne tracée à 46 cm du mur latéral délimitant la boîte de service à chacune des extrémités de la zone de service.

boîte^F de service^M
En double, le partenaire du serveur doit se tenir dans cette zone jusqu'à ce que la balle franchisse la ligne de service court.

ligne^F de service^M court
Ligne séparant le court en deux parties égales et que la balle doit franchir lors de l'arrivée du service, après avoir rebondi sur le mur avant.

juge^M de ligne^F
Chacun des deux officiels qui, à la demande de l'arbitre ou d'un joueur, confirment ou infirment la décision de l'arbitre.

ligne^F de réception^F de service^M
Ligne derrière laquelle doit se trouver le receveur. Celui-ci ne doit pas dépasser cette ligne tant que la balle servie ne l'a pas franchie.

arrière^M du court^M
Zone comprise entre la ligne de service court et le mur arrière.

plancher^M
Surface horizontale généralement constituée de lattes de bois, sur laquelle la balle ne doit rebondir qu'une seule fois.

raquette^F de racquetball^M
Instrument servant à frapper la balle, pesant généralement entre 150 et 220 g, muni d'un manche court et d'une tête allongée. Sa longueur maximale est de 55,88 cm.

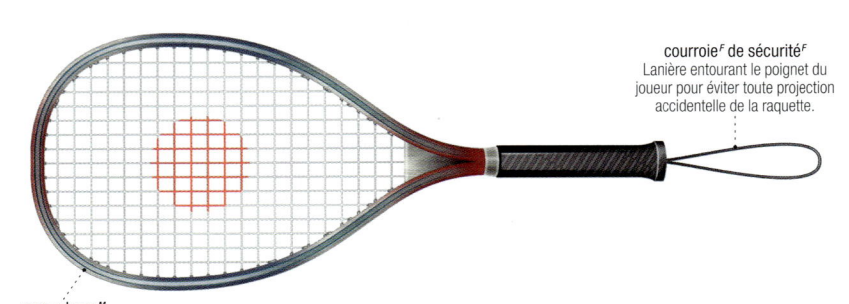

courroie^F de sécurité^F
Lanière entourant le poignet du joueur pour éviter toute projection accidentelle de la raquette.

pare-chocs^M
Bande constituée d'un matériau flexible entourant et protégeant le cadre de la raquette.

balle^F de racquetball^M
Balle de caoutchouc gonflée d'air comprimé, pesant environ 39 g. Les balles officielles doivent porter le sigle I.R.F. (International Racquetball Federation).

lunettes^F de protection^F
Lunettes conçues pour éviter toute blessure aux yeux. Leur port est obligatoire.

SPORTS ET JEUX

sports de raquette

squash

Sport voisin du racquetball, qui en diffère par les dimensions, par l'équipement et l'exclusion du plafond de l'aire de jeu, etc.

mur latéral
Mur délimitant chacun des côtés du court.

ligne latérale
Limite supérieure de l'aire de jeu joignant en diagonale, sur le mur latéral, la ligne du mur avant à celle du mur arrière.

plafond
Surface horizontale constituant la partie supérieure du court, mais exclue de l'aire de jeu.

court de squash
Terrain rectangulaire entouré de quatre murs, aménagé pour la pratique du squash. Le court de simple mesure 9,75 x 6,4 m et celui de double 9,75 x 7,62 m.

receveur
Joueur qui reçoit la balle mise en jeu par le serveur et qui doit la lui retourner.

limite hors-terrain
Ligne continue constituant la limite supérieure de l'aire de jeu.

arbitre
Officiel responsable de l'application des règlements. Il s'assure du bon déroulement du match et tranche les points litigieux.

mur avant
Mur délimitant le court face aux joueurs et sur lequel s'effectue le service.

ligne de service
Ligne au-dessus de laquelle la balle doit être servie. Le service est mauvais si la balle est envoyée sur ou au-dessous de cette ligne.

marqueur
Officiel assistant l'arbitre, chargé de contrôler le jeu, de signaler les fautes et d'annoncer le pointage.

plaque de tôle
Bande métallique surmontée d'une ligne horizontale constituant la limite inférieure de l'aire de jeu.

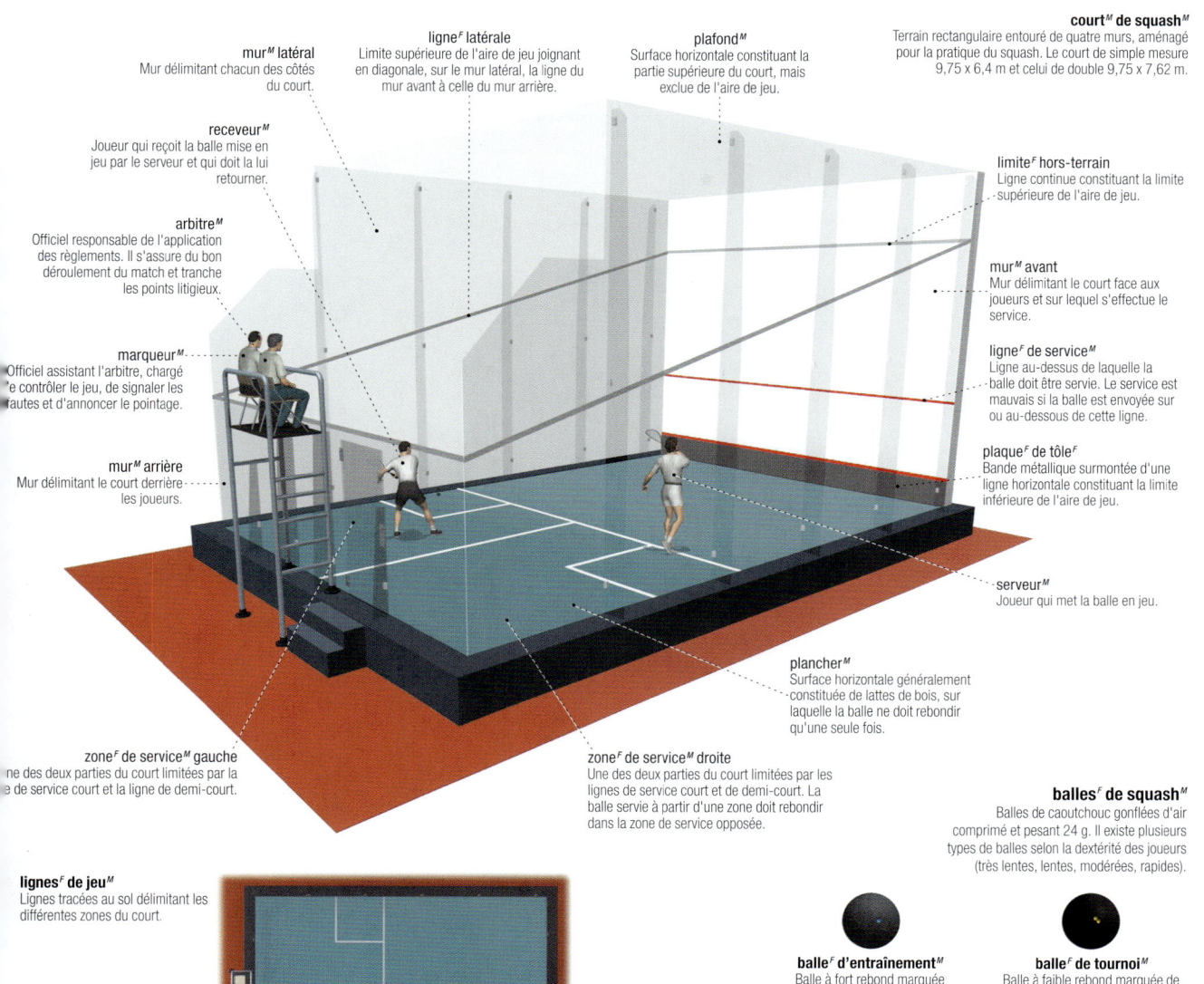

mur arrière
Mur délimitant le court derrière les joueurs.

serveur
Joueur qui met la balle en jeu.

plancher
Surface horizontale généralement constituée de lattes de bois, sur laquelle la balle ne doit rebondir qu'une seule fois.

zone de service gauche
Une des deux parties du court limitées par la ligne de service court et la ligne de demi-court.

zone de service droite
Une des deux parties du court limitées par les lignes de service court et de demi-court. La balle servie à partir d'une zone doit rebondir dans la zone de service opposée.

balles de squash
Balles de caoutchouc gonflées d'air comprimé et pesant 24 g. Il existe plusieurs types de balles selon la dextérité des joueurs (très lentes, lentes, modérées, rapides).

lignes de jeu
Lignes tracées au sol délimitant les différentes zones du court.

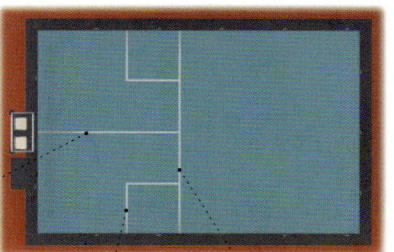

balle d'entraînement
Balle à fort rebond marquée d'un point bleu, utilisée par les débutants.

balle de tournoi
Balle à faible rebond marquée de deux points jaunes, utilisée en compétition.

ligne de demi-court
Ligne sur le sol séparant la partie du court comprise entre le mur arrière et la ligne de service court en deux parties égales (zones de service).

carré de service
Zone à partir de laquelle le joueur doit servir. Tant qu'il n'a pas frappé la balle, il doit demeurer en contact avec le sol dans le carré, sans toucher la ligne de service.

ligne de service court
Ligne s'étendant au sol sur toute la largeur du court. Le service est mauvais si le premier rebond de la balle sur le sol lors de l'arrivée du service se fait sur ou devant cette ligne.

raquette de squash
Instrument semblable à la raquette de racquetball, mais pourvu d'un manche plus long. Il pèse entre 160 et 225 g et sa longueur maximale est de 68,6 cm.

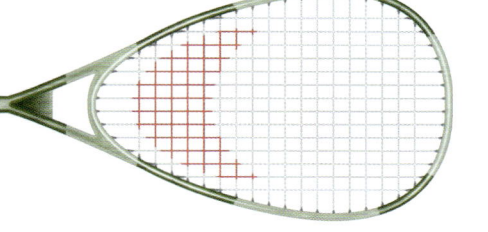

lunettes de protection
Lunettes conçues pour éviter toute blessure aux yeux. Le risque de blessure au squash étant faible mais réel, le port de ces lunettes est recommandé.

SPORTS ET JEUX

sports de raquette

tennis^M

Sport opposant deux ou quatre joueurs munis de raquettes qui se renvoient une balle de part et d'autre d'un filet divisant un court en deux parties.

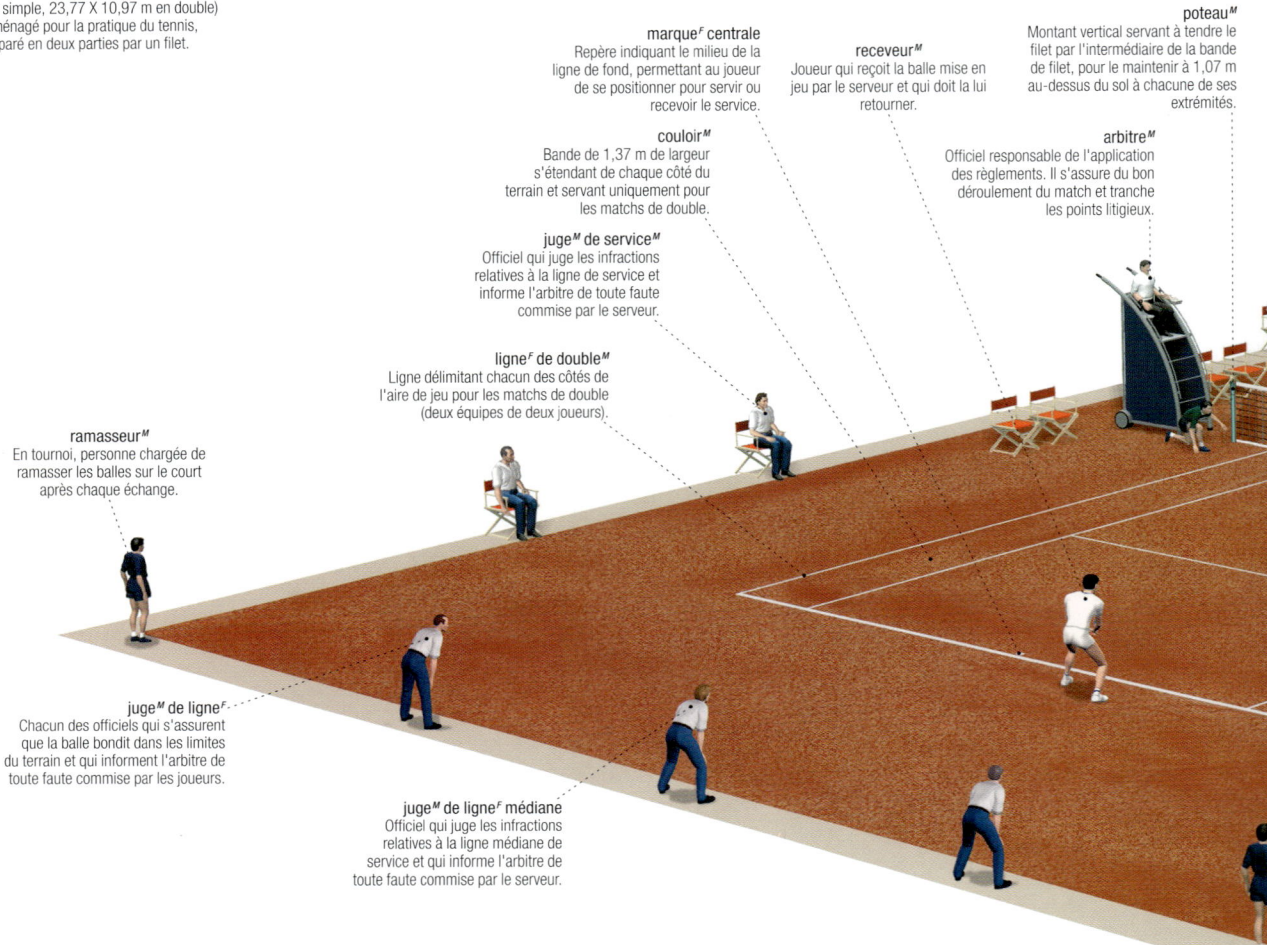

court^M de tennis^M
Terrain rectangulaire (23,77 X 8,23 m en simple, 23,77 X 10,97 m en double) aménagé pour la pratique du tennis, séparé en deux parties par un filet.

marque^F centrale
Repère indiquant le milieu de la ligne de fond, permettant au joueur de se positionner pour servir ou recevoir le service.

receveur^M
Joueur qui reçoit la balle mise en jeu par le serveur et qui doit la lui retourner.

poteau^M
Montant vertical servant à tendre le filet par l'intermédiaire de la bande de filet, pour le maintenir à 1,07 m au-dessus du sol à chacune de ses extrémités.

couloir^M
Bande de 1,37 m de largeur s'étendant de chaque côté du terrain et servant uniquement pour les matchs de double.

juge^M de service^M
Officiel qui juge les infractions relatives à la ligne de service et informe l'arbitre de toute faute commise par le serveur.

arbitre^M
Officiel responsable de l'application des règlements. Il s'assure du bon déroulement du match et tranche les points litigieux.

ligne^F de double^M
Ligne délimitant chacun des côtés de l'aire de jeu pour les matchs de double (deux équipes de deux joueurs).

ramasseur^M
En tournoi, personne chargée de ramasser les balles sur le court après chaque échange.

juge^M de ligne^F
Chacun des officiels qui s'assurent que la balle bondit dans les limites du terrain et qui informent l'arbitre de toute faute commise par les joueurs.

juge^M de ligne^F médiane
Officiel qui juge les infractions relatives à la ligne médiane de service et qui informe l'arbitre de toute faute commise par le serveur.

coups^M
À l'exception du service, tous les coups au tennis sont identifiés comme étant exécutés en coup droit ou en revers. Pour un droitier, tous les coups donnés à droite sont considérés comme des coups droits et à gauche comme des revers.

service^M
Coup frappé au-dessus de la tête, derrière la ligne de fond, pour mettre la balle en jeu. Le serveur dispose de deux essais pour l'envoyer dans la zone de service en diagonale.

demi-volée^F
Coup effectué immédiatement après le rebond de la balle, à une hauteur ne dépassant pas les genoux. Il se joue principalement en montant au filet.

volée^F
Coup effectué avant le rebond de la balle. Il se joue généralement au filet.

sports de raquette

tennis^M

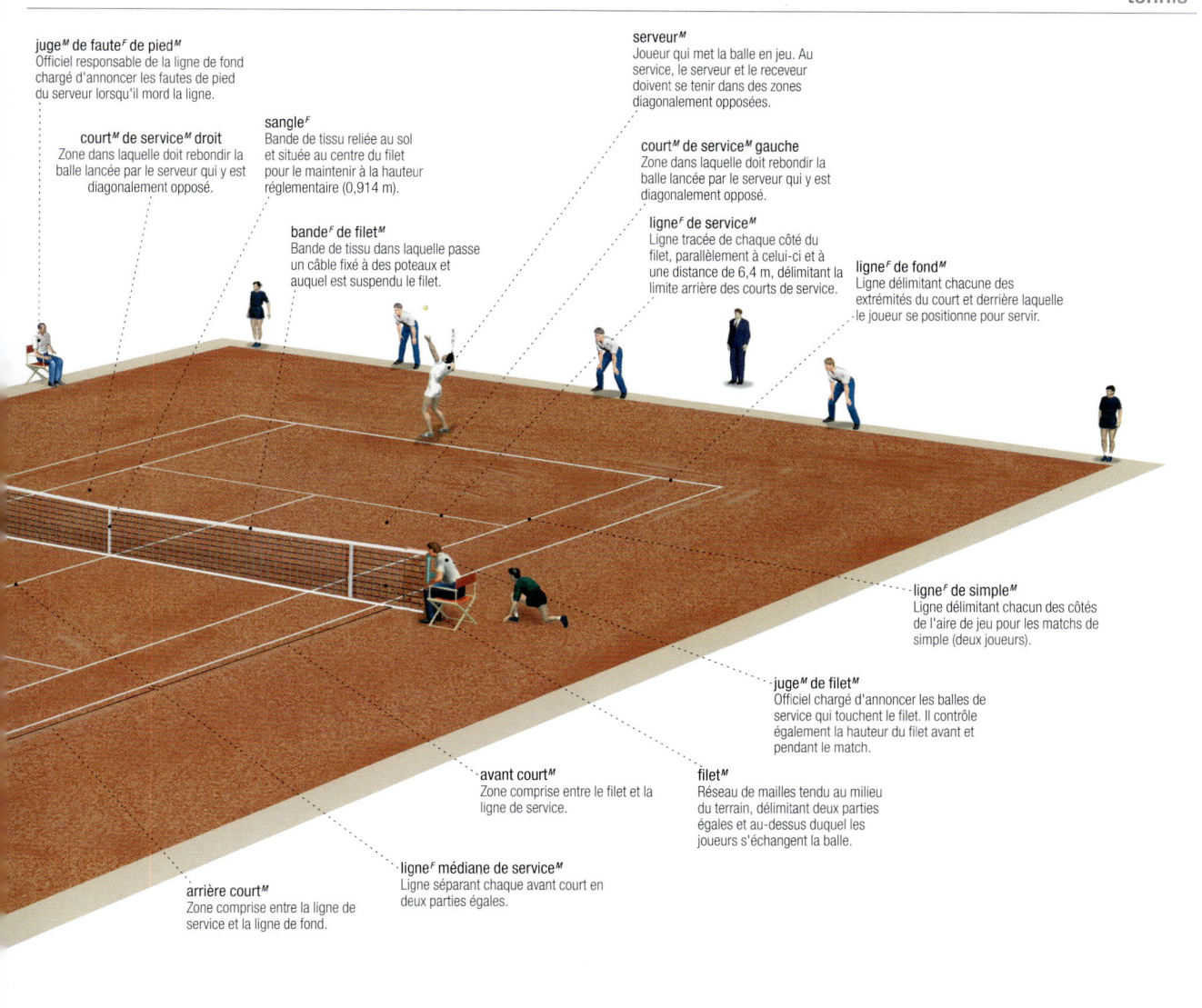

juge^M de faute^F de pied^M
Officiel responsable de la ligne de fond chargé d'annoncer les fautes de pied du serveur lorsqu'il mord la ligne.

court^M de service^M droit
Zone dans laquelle doit rebondir la balle lancée par le serveur qui y est diagonalement opposé.

sangle^F
Bande de tissu reliée au sol et située au centre du filet pour le maintenir à la hauteur réglementaire (0,914 m).

bande^F de filet^M
Bande de tissu dans laquelle passe un câble fixé à des poteaux et auquel est suspendu le filet.

serveur^M
Joueur qui met la balle en jeu. Au service, le serveur et le receveur doivent se tenir dans des zones diagonalement opposées.

court^M de service^M gauche
Zone dans laquelle doit rebondir la balle lancée par le serveur qui y est diagonalement opposé.

ligne^F de service^M
Ligne tracée de chaque côté du filet, parallèlement à celui-ci et à une distance de 6,4 m, délimitant la limite arrière des courts de service.

ligne^F de fond^M
Ligne délimitant chacune des extrémités du court et derrière laquelle le joueur se positionne pour servir.

ligne^F de simple^M
Ligne délimitant chacun des côtés de l'aire de jeu pour les matchs de simple (deux joueurs).

juge^M de filet^M
Officiel chargé d'annoncer les balles de service qui touchent le filet. Il contrôle également la hauteur du filet avant et pendant le match.

filet^M
Réseau de mailles tendu au milieu du terrain, délimitant deux parties égales et au-dessus duquel les joueurs s'échangent la balle.

avant court^M
Zone comprise entre le filet et la ligne de service.

arrière court^M
Zone comprise entre la ligne de service et la ligne de fond.

ligne^F médiane de service^M
Ligne séparant chaque avant court en deux parties égales.

coups^M

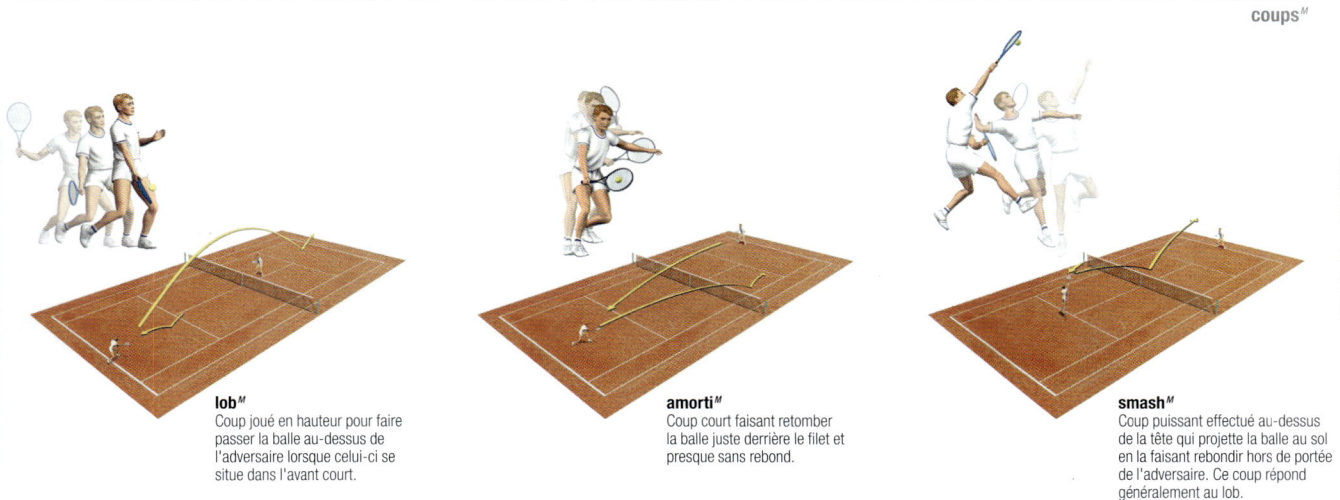

lob^M
Coup joué en hauteur pour faire passer la balle au-dessus de l'adversaire lorsque celui-ci se situe dans l'avant court.

amorti^M
Coup court faisant retomber la balle juste derrière le filet et presque sans rebond.

smash^M
Coup puissant effectué au-dessus de la tête qui projette la balle au sol en la faisant rebondir hors de portée de l'adversaire. Ce coup répond généralement au lob.

SPORTS ET JEUX

sports de raquette

tennis^M

raquette^F de tennis^M
Instrument servant à frapper la balle, pesant généralement entre 250 et 350 g, pourvu d'une tête ovale, et mesurant environ 70 cm de longueur.

cadre^M
Armature de la raquette à laquelle est fixé le tamis.

tamis^M
Surface de cordes synthétiques ou naturelles entrelacées avec laquelle le joueur frappe la balle.

tête^F
Partie ovale de la raquette comprenant le cadre et le tamis.

épaule^F
Base de la tête de la raquette qui la lie au cœur.

cœur^M
Partie qui joint la poignée à la tête de la raquette.

manche^M
Partie allongée de la raquette, terminée par une poignée.

poignée^F
Partie par laquelle le joueur manie la raquette.

talon^M
Extrémité élargie du manche qui permet à la main de ne pas glisser hors de la poignée.

balle^F de tennis^M
Balle de caoutchouc gonflée d'air comprimé et pesant environ 56 g, recouverte de feutre pour la rendre plus adhérente.

polo^M
Tricot généralement à manches courtes, avec un col pointu rabattu, qui se ferme souvent par une patte s'arrêtant à mi-buste.

joueuse^F de tennis^M
Athlète pratiquant le tennis. Les tournois féminins se disputent en trois manches, les tournois masculins en trois ou cinq.

jupette^F
Jupe très courte qui ne couvre que le haut des cuisses, portée par les femmes pour jouer au tennis.

serre-poignet^M
Bande de tissu portée autour du poignet, servant à éponger la transpiration du front et du visage.

chaussette^F
Vêtement qui enveloppe la cheville.

chaussure^F de tennis^M
Chaussure souple et légère à semelle antidérapante.

tableau^M d'affichage^M
Surface présentant diverses données sur l'épreuve en cours. Un match de tennis est divisé en manches, jeux et points.

manches^F précédentes

manche^F
Série de jeux. Un match de tennis se déroule en trois ou cinq manches (deux ou trois manches gagnantes).

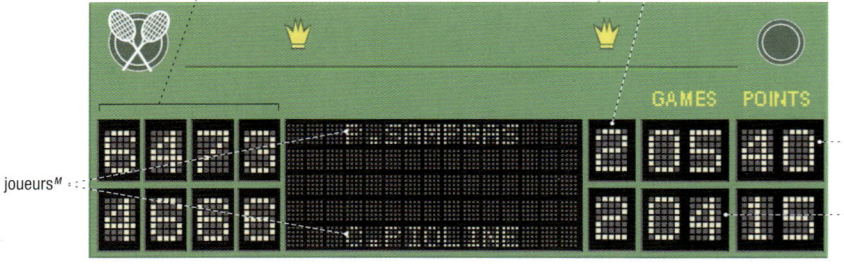

joueurs^M

points^M
Chacun des points composant un jeu : 15 (1er point), 30 (2e point), 40 (3e point), jeu (4e point). Le joueur remporte un jeu lorsqu'il marque quatre points ou deux consécutifs en cas d'égalité.

jeu^M
Série de quatre points. Le joueur remporte une manche lorsqu'il gagne six jeux, à condition qu'il dispose de deux jeux d'avance sur son adversaire.

surfaces^F de jeu^M
Le tennis se pratique sur diverses surfaces, à l'intérieur comme à l'extérieur. Selon la surface choisie, différentes stratégies de jeu sont adoptées.

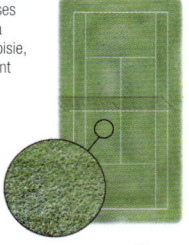

gazon^M
Surface de jeu très rapide favorisant le service et la volée, de moins en moins utilisée en raison du coût d'entretien élevé.

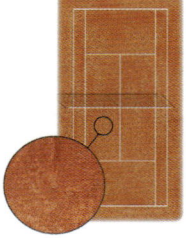

terre^F battue
Surface de jeu lente et confortable, favorisant les longs échanges, exigeant un entretien régulier mais peu coûteux.

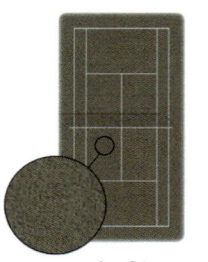

surface^F dure
Surface favorisant le rebond et les balles rapides, et entraînant l'usure rapide des chaussures et des balles.

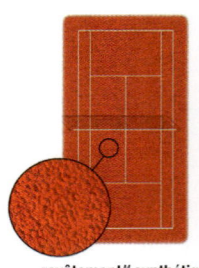

revêtement^M synthétique
Surface souple et élastique offrant un excellent rebond et réduisant risques de blessures.

SPORTS ET JEUX

sports gymniques

gymnastique[F]

Discipline sportive se pratiquant au sol ou avec des appareils (anneaux, barres, poutre, etc.).

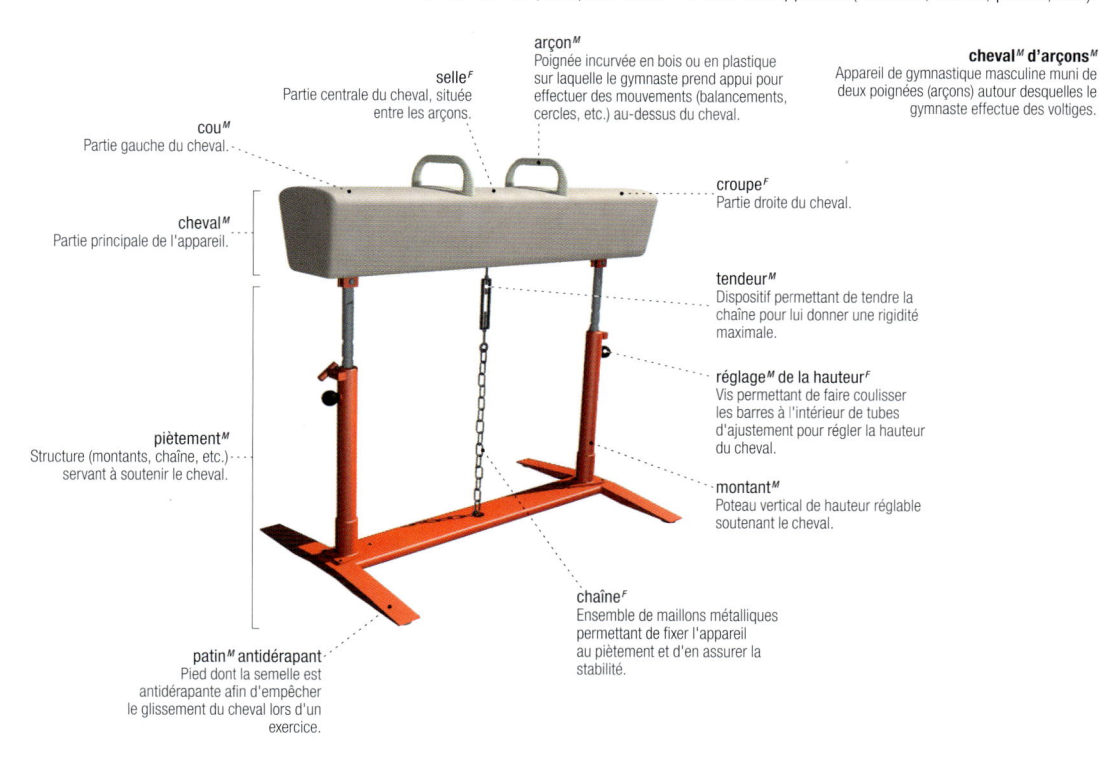

selle[F]
Partie centrale du cheval, située entre les arçons.

arçon[M]
Poignée incurvée en bois ou en plastique sur laquelle le gymnaste prend appui pour effectuer des mouvements (balancements, cercles, etc.) au-dessus du cheval.

cheval[M] d'arçons[M]
Appareil de gymnastique masculine muni de deux poignées (arçons) autour desquelles le gymnaste effectue des voltiges.

cou[M]
Partie gauche du cheval.

croupe[F]
Partie droite du cheval.

cheval[M]
Partie principale de l'appareil.

tendeur[M]
Dispositif permettant de tendre la chaîne pour lui donner une rigidité maximale.

réglage[M] de la hauteur[F]
Vis permettant de faire coulisser les barres à l'intérieur de tubes d'ajustement pour régler la hauteur du cheval.

piètement[M]
Structure (montants, chaîne, etc.) servant à soutenir le cheval.

montant[M]
Poteau vertical de hauteur réglable soutenant le cheval.

chaîne[F]
Ensemble de maillons métalliques permettant de fixer l'appareil au piètement et d'en assurer la stabilité.

patin[M] antidérapant
Pied dont la semelle est antidérapante afin d'empêcher le glissement du cheval lors d'un exercice.

poutre[F]
Appareil de gymnastique féminine constitué d'une longue pièce horizontale sur laquelle la gymnaste effectue des exercices d'équilibre statiques et dynamiques.

réglage[M] de la hauteur[F]
Manivelle permettant de relever ou d'abaisser les montants pour ajuster la hauteur de la poutre.

poutre[F]
Pièce rectangulaire de bois ou d'acier longue de 5 m et large de 10 cm, située à 1,20 m du sol, recouverte d'un revêtement antidérapant.

montant[M]
Poteau d'inclinaison réglable soutenant la poutre.

table[F] de saut[M]
Appareil de gymnastique mixte sur lequel le gymnaste, après une course d'élan, prend appui à deux mains pour effectuer un saut.

tremplin[M]
Planche dont l'élasticité est assurée par des ressorts, permettant au gymnaste de prendre une impulsion pour certains exercices (saut de cheval, entrée aux barres, etc.).

SPORTS ET JEUX

sports gymniques

gymnastique^F

podium^M des épreuves^F
Plateforme comportant le matériel et les appareils nécessaires au déroulement des épreuves de gymnastique.

tableau^M de classement^M général
Tableau sur lequel sont affichées les performances et les notes des gymnastes.

poutre^F
Appareil de gymnastique féminine constitué d'une longue pièce horizontale sur laquelle la gymnaste effectue des exercices d'équilibre statiques et dynamiques.

praticable^M pour exercices^M au sol^M
Tapis carré de 12 m de côté sur lequel le gymnaste effectue des exercices au sol.

barres^F asymétriques
Appareil de gymnastique féminine constitué de deux barres horizontales fixées à des hauteurs différentes servant à effectuer divers mouvements de voltige.

cheval^M d'arçons
Appareil de gymnastique masculine muni de deux poignées (arçons) autour desquelles le gymnaste effectue des voltiges.

juge^M de ligne^F
Officiel qui s'assure que les gymnastes au sol ne dépassent pas les limites du praticable.

juges^M
Officiels responsables de l'évaluation des performances aux barres asymétriques.

tapis^M de réception^F
Surface matelassée destinée à assurer l'équilibre à la réception et à amortir les chutes.

barre^F fixe
Appareil de gymnastique masculine constitué d'une barre horizontale fixée à des montants autour de laquelle évolue le gymnaste (rotations, lâchers de barre, etc.).

table^F de saut^M
Appareil de gymnastique mixte sur lequel le gymnaste, après une course d'élan, prend appui à deux mains pour effectuer un saut.

pistes^F d'élan^M
Pistes de 25 m de long faites de tapis de mousse permettant aux gymnastes d'acquérir la vitesse nécessaire à la réalisation de leurs exercices.

barres^F asymétriques
Appareil de gymnastique féminine constitué de deux barres horizontales fixées à des hauteurs différentes servant à effectuer divers mouvements de voltige.

barre^F supérieure
Barre de bois située à environ 2,4 m du sol.

portique^M
Cadre métallique constitué de deux montants verticaux et d'une barre horizontale à laquelle les anneaux sont suspendus par l'intermédiaire des câbles.

anneaux^M
Appareil de gymnastique masculine constitué de deux anneaux suspendus à des câbles fixés à un portique servant notamment à effectuer des exercices de suspension et d'appui.

câble^M
Cordage fait de fils métalliques tressés servant à relier l'anneau au portique.

barre^F inférieure
Barre de bois située à environ 1,6 m du sol.

tube^M d'ajustement^M
Partie du montant dans laquelle coulisse le tube vertical fixé à la barre horizontale pour en régler la hauteur.

câble^M de haubanage^M
Câble métallique fixé au sol assurant la stabilité des tubes d'un appareil de gymnastique élevé.

sangle^F
Bande généralement faite de cuir, servant à attacher l'anneau au câble.

anneau^M
Cercle de bois, de plastique ou d'acier auquel se suspend le gymnaste pour effectuer des exercices. Il est situé à 2,55 m du sol.

câble^M de haubanage^M
Câble métallique fixé au sol assurant la stabilité des tubes d'un appareil de gymnastique élevé.

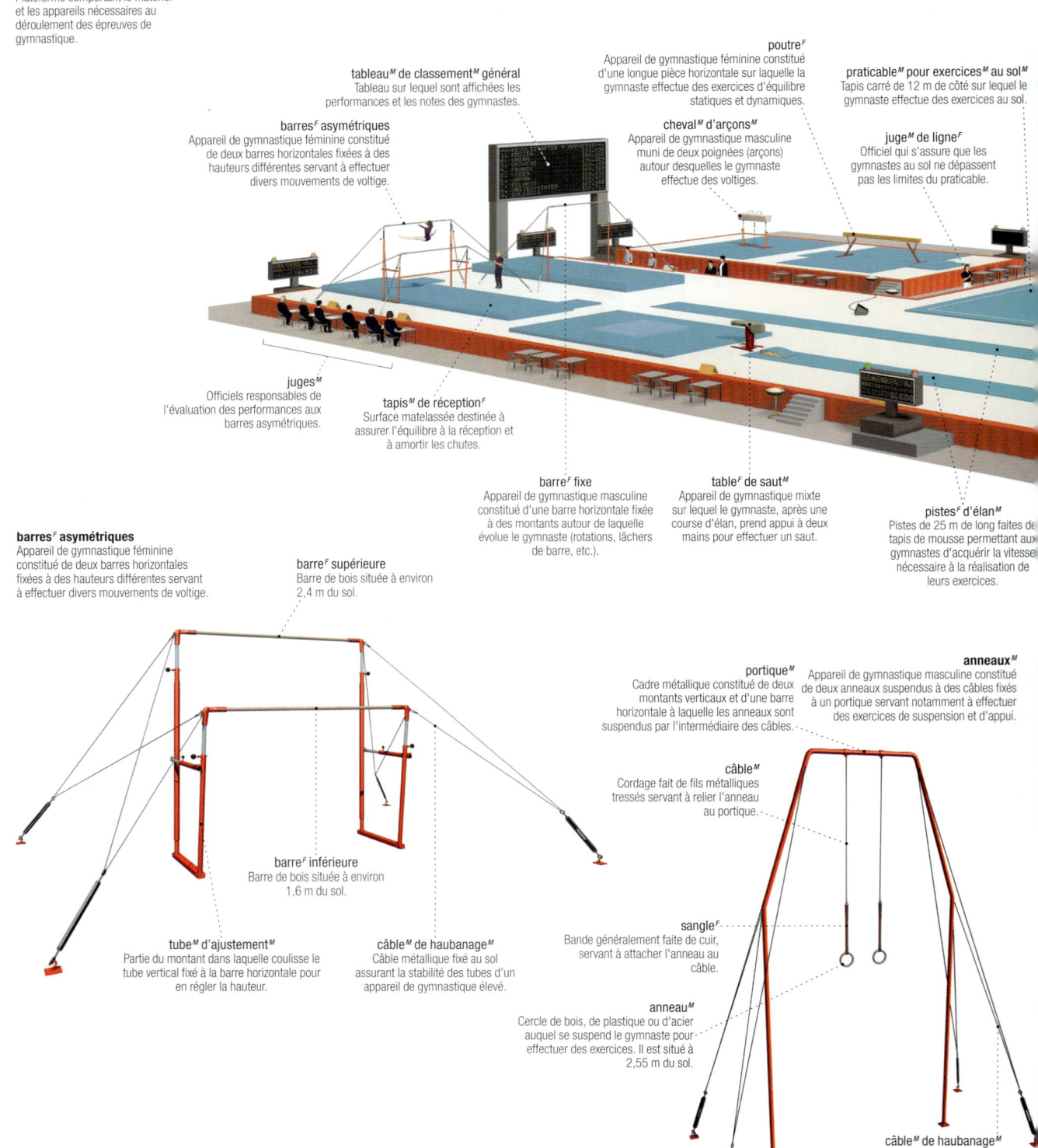

SPORTS ET JEUX

sports gymniques

gymnastique^F

tableau^M d'affichage^M
Tableau affichant les informations relatives au déroulement d'une compétition sportive (nom du gymnaste, nationalité, note).

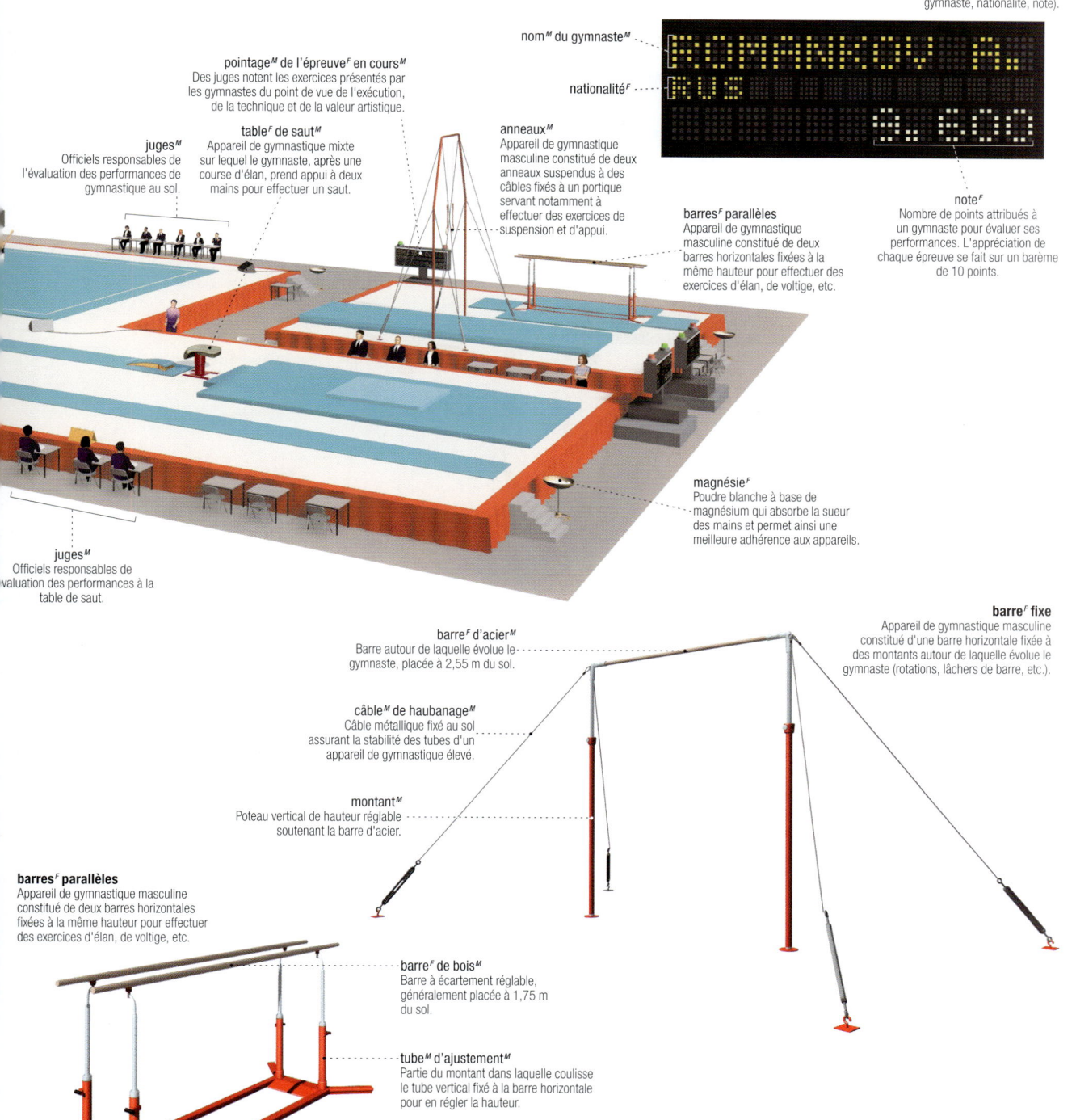

nom^M du gymnaste^M

nationalité^F

note^F
Nombre de points attribués à un gymnaste pour évaluer ses performances. L'appréciation de chaque épreuve se fait sur un barème de 10 points.

pointage^M de l'épreuve^F en cours^M
Des juges notent les exercices présentés par les gymnastes du point de vue de l'exécution, de la technique et de la valeur artistique.

juges^M
Officiels responsables de l'évaluation des performances de gymnastique au sol.

table^F de saut^M
Appareil de gymnastique mixte sur lequel le gymnaste, après une course d'élan, prend appui à deux mains pour effectuer un saut.

anneaux^M
Appareil de gymnastique masculine constitué de deux anneaux suspendus à des câbles fixés à un portique servant notamment à effectuer des exercices de suspension et d'appui.

barres^F parallèles
Appareil de gymnastique masculine constitué de deux barres horizontales fixées à la même hauteur pour effectuer des exercices d'élan, de voltige, etc.

magnésie^F
Poudre blanche à base de magnésium qui absorbe la sueur des mains et permet ainsi une meilleure adhérence aux appareils.

juges^M
Officiels responsables de l'évaluation des performances à la table de saut.

barre^F fixe
Appareil de gymnastique masculine constitué d'une barre horizontale fixée à des montants autour de laquelle évolue le gymnaste (rotations, lâchers de barre, etc.).

barre^F d'acier^M
Barre autour de laquelle évolue le gymnaste, placée à 2,55 m du sol.

câble^M de haubanage^M
Câble métallique fixé au sol assurant la stabilité des tubes d'un appareil de gymnastique élevé.

montant^M
Poteau vertical de hauteur réglable soutenant la barre d'acier.

barres^F parallèles
Appareil de gymnastique masculine constitué de deux barres horizontales fixées à la même hauteur pour effectuer des exercices d'élan, de voltige, etc.

barre^F de bois^M
Barre à écartement réglable, généralement placée à 1,75 m du sol.

tube^M d'ajustement^M
Partie du montant dans laquelle coulisse le tube vertical fixé à la barre horizontale pour en régler la hauteur.

base^F
Socle rigide sur lequel sont fixés les tubes d'ajustement soutenant les barres.

sports gymniques

gymnastique^F rythmique

Discipline féminine associant gymnastique et danse; elle demande notamment de la souplesse, de la force et de l'adresse (manipulation des engins).

praticable^M
Tapis carré de 12 m de côté sur lequel la gymnaste effectue des exercices au sol.

jury^M supérieur
Groupe formé du président du comité technique et de deux assistants, qui supervise la compétition et le travail des juges.

juge^M assistant
Officiel qui applique des déductions de notations, par exemple en cas de sortie du praticable.

juges^M de valeur^F artistique
Officiels (4) qui évaluent la composition de l'exercice : chorégraphie, rythme, harmonie, originalité, etc.

juges^M de difficultés^F
Officiels (4) qui évaluent la difficulté de l'exercice : mouvements exécutés, maniement spécifique des engins.

juges^M d'exécution^F
Officiels (4) qui évaluent la qualité d'exécution de l'exercice : fautes techniques, maîtrise des engins, coordination, expressivité, etc.

engins^M
La gymnastique rythmique se pratique avec cinq accessoires (engins), pour la plupart constitués de matériaux synthétiques.

massues^F
Engins que la gymnaste manipule dans une chorégraphie comprenant des rotations, des lancers, des mouvements asymétriques, etc.

corde^F
Engin de longueur proportionnelle à la taille de la gymnaste, permettant principalement de réaliser des sauts.

ruban^M
Bande que la gymnaste doit conserver constamment en mouvement en lui faisant dessiner des figures très précises (serpentins, spirales, cercles, etc.).

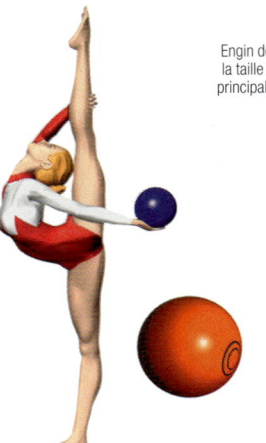

ballon^M
Sphère que la gymnaste doit manipuler afin de faire ressortir la souplesse et l'expression corporelle, ainsi que les contrastes entre la puissance des lancers et la douceur des réceptions.

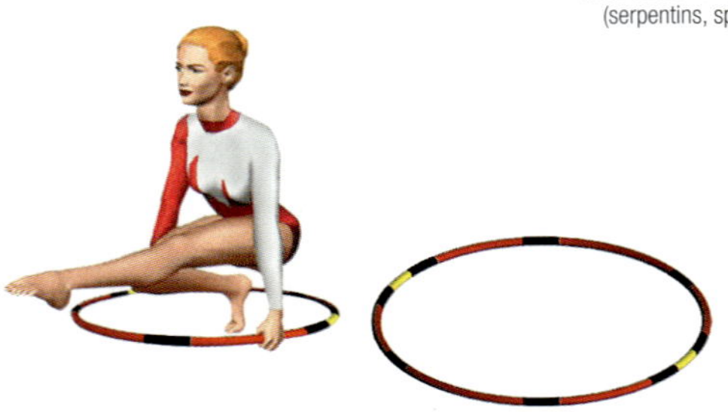

cerceau^M
Engin rigide permettant une grande variété de manipulations : rotations, lancers, roulés, passages au travers, etc.

sports gymniques

trampoline
Discipline consistant à effectuer des sauts ou des figures sur un engin constitué d'une toile tendue par des ressorts.

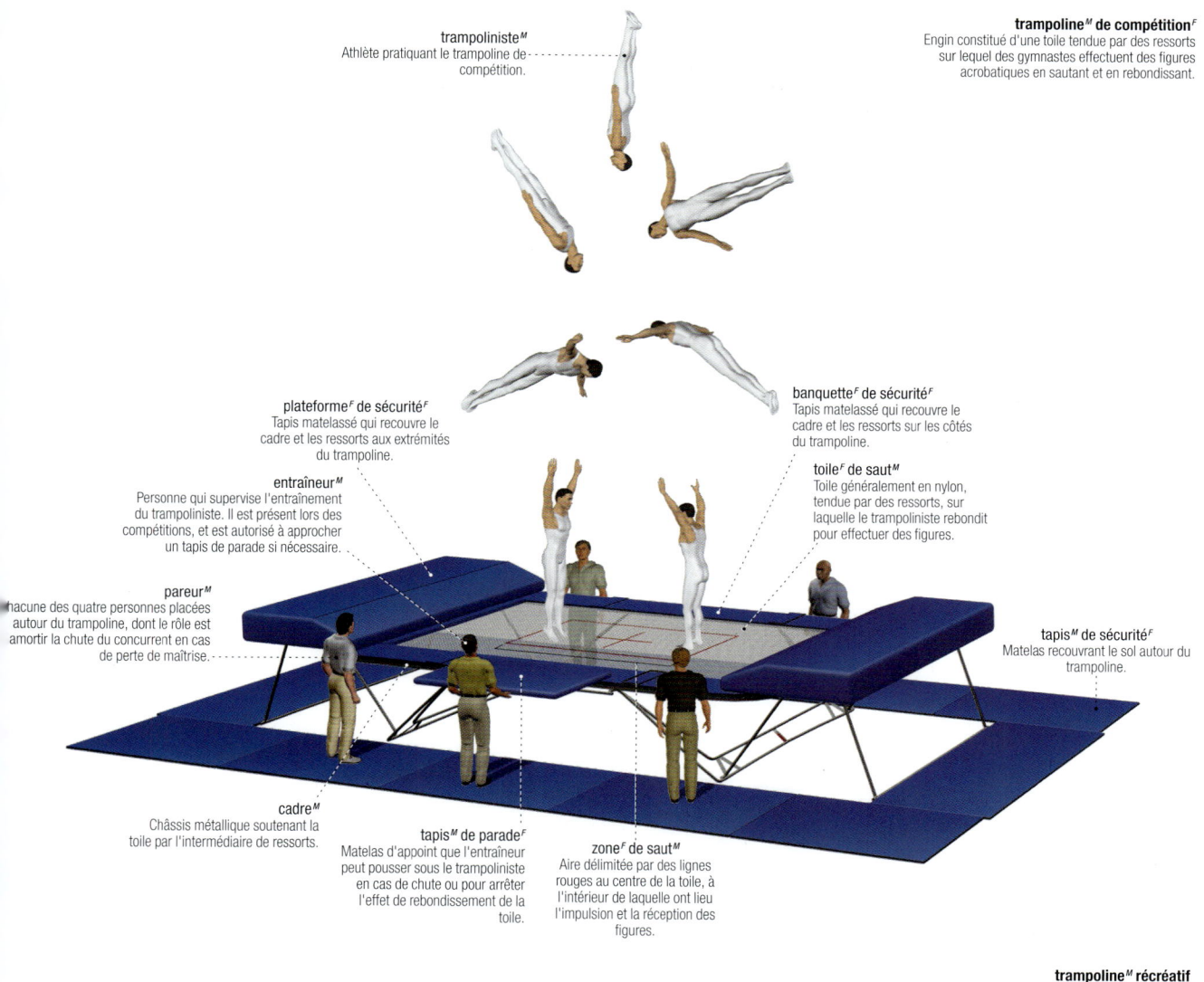

trampoliniste
Athlète pratiquant le trampoline de compétition.

trampoline de compétition
Engin constitué d'une toile tendue par des ressorts sur lequel des gymnastes effectuent des figures acrobatiques en sautant et en rebondissant.

plateforme de sécurité
Tapis matelassé qui recouvre le cadre et les ressorts aux extrémités du trampoline.

banquette de sécurité
Tapis matelassé qui recouvre le cadre et les ressorts sur les côtés du trampoline.

entraîneur
Personne qui supervise l'entraînement du trampoliniste. Il est présent lors des compétitions, et est autorisé à approcher un tapis de parade si nécessaire.

toile de saut
Toile généralement en nylon, tendue par des ressorts, sur laquelle le trampoliniste rebondit pour effectuer des figures.

pareur
Chacune des quatre personnes placées autour du trampoline, dont le rôle est d'amortir la chute du concurrent en cas de perte de maîtrise.

tapis de sécurité
Matelas recouvrant le sol autour du trampoline.

cadre
Châssis métallique soutenant la toile par l'intermédiaire de ressorts.

tapis de parade
Matelas d'appoint que l'entraîneur peut pousser sous le trampoliniste en cas de chute ou pour arrêter l'effet de rebondissement de la toile.

zone de saut
Aire délimitée par des lignes rouges au centre de la toile, à l'intérieur de laquelle ont lieu l'impulsion et la réception des figures.

trampoline récréatif
Engin constitué d'une toile tendue par des ressorts sur lequel on effectue des sauts.

filet de sécurité
Panneau souple entourant le trampoline afin d'empêcher les chutes.

barre de support
Chacun des montants qui soutiennent le filet de sécurité.

tapis
Toile suspendue par des ressorts sur laquelle on rebondit.

coussin
Tapis matelassé qui recouvre le cadre et les ressorts du trampoline.

pied
Structure métallique qui soutient le cadre du trampoline.

SPORTS ET JEUX

sports aquatiques et nautiques

water-polo[M]

Sport qui oppose, dans un bassin, deux équipes de sept joueurs qui tentent de marquer des points dans le but adverse à l'aide d'un ballon.

joueur[M] de water-polo[M]
Membre d'une équipe de water-polo. Durant une partie, il doit toujours se maintenir dans l'eau, sans toucher le fond ou prendre appui sur les côtés du bassin.

ballon[M] de water-polo[M]
Sphère imperméable, gonflée d'air, généralement de couleur jaune. Les joueurs (à l'exception du gardien) ne peuvent saisir le ballon à deux mains.

bonnet[M]
Coiffure souple munie de protège-oreilles, sur laquelle est inscrit le numéro du joueur. Chaque équipe porte des bonnets d'une couleur distincte.

barre[F] transversale
Pièce horizontale reliant les deux poteaux. La barre et les poteaux du but sont fabriqués en plastique, en métal ou en bois.

but[M]
Cage formée d'un filet monté sur une armature. Une équipe marque un point chaque fois qu'elle réussit à loger le ballon dans le but adverse.

filet[M]
Réseau de mailles souples fixé derrière les poteaux, qui permet de retenir le ballon dans le but.

base[F]
Flotteur destiné à maintenir le but à la surface de l'eau. Le but est également tenu en place par des câbles fixés aux rebords du bassin.

poteau[M]
Chacune des deux pièces formant le support vertical du but. Les poteaux sont situés à trois mètres l'un de l'autre.

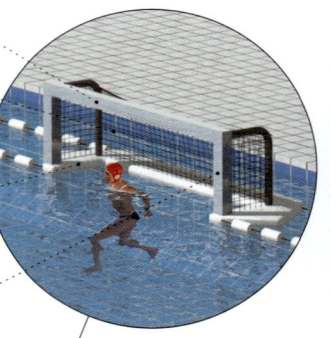

bassin[M] de water-polo[M]
Piscine dans laquelle se tient un match de water-polo. Un match comprend quatre périodes de sept minutes, entrecoupées de pauses de deux minutes.

chronométreurs[M]
Officiels qui contrôlent le temps de jeu, des exclusions, de possession continue du ballon (maximum de 35 s avant un tir au but), etc.

secrétaires[M]
Officiels qui rédigent le rapport de match (buts marqués, fautes, exclusions, etc.) et indiquent le retour au jeu des joueurs temporairement exclus.

banc[M] d'équipe[F]
Espace où prennent place les joueurs inactifs et les officiels d'équipe. Une équipe compte 13 joueurs, mais sept seulement sont présents simultanément dans l'eau.

juge[M] de but[M]
Officiel dont la fonction principale est d'indiquer la validité d'un but et de signaler les ballons sortis derrière la ligne de but (corners).

gardien[M] de but[M]
Joueur dont le rôle est d'empêcher le ballon d'entrer dans le but. Il porte un bonnet rouge.

entraîneur[M]
Personne qui dirige l'équipe. Il détermine la stratégie à adopter et décide qui jouera et dans quelle circonstance.

ligne[F] de but[M]
Ligne que le ballon doit traverser pour qu'un but soit accordé, et le long de laquelle s'alignent les joueurs avant la mise en jeu au début d'une période.

ligne[F] des 2 m
Repère rouge marquant la zone de hors-jeu. Un attaquant ne peut traverser cette ligne que s'il a le ballon ou que celui-ci l'a précédé.

arbitre[M]
Officiel responsable de l'application des règlements, il supervise la partie et signale les infractions par un coup de sifflet.

zone[F] d'entrée[F] des joueurs[M] expulsés
Espace où doivent se rendre les joueurs ayant commis une faute d'exclusion, qui entraîne une pénalité de 20 s.

ligne[F] des 5 m
Repère jaune marquant la zone de penalty.

ligne[F] médiane
Repère divisant le bassin en deux zones, soit une par équipe. Les équipes changent de zone après deux périodes de jeu.

sports aquatiques et nautiques   975

natation(F)

Sport consistant à nager sur une distance définie le plus rapidement possible, selon un des quatre types de nages reconnus.

types(M) de nages(F)
Quatre styles de base sont reconnus par la Fédération internationale de natation amateur (FINA) : la brasse, le papillon, le dos et la nage libre (crawl).

crawl(M)
Nage sur le ventre qui se distingue par un mouvement alterné des bras vers l'avant. Très rapide, il est généralement utilisé dans les épreuves de nage libre.

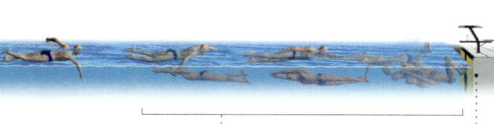

plongeon(M) de départ(M)
Saut permettant au nageur de s'élancer dans le bassin. Il exerce une poussée avec les jambes, amène son corps en extension puis entre dans l'eau tête première.

inspiration(F)
Action de faire entrer l'air dans les poumons. Pour inspirer, le nageur tourne légèrement la tête sur le côté, sans la soulever.

coup(M) de pied(M) de crawl(M)
Mouvement dans lequel les jambes, tendues, effectuent des battements alternés, de haut en bas.

expiration(F)
Expulsion de l'air inspiré. Le nageur expire lorsque le visage est sous l'eau.

virage(M)-culbute(F)
Mouvement permettant de faire demi-tour : le nageur se recroqueville, effectue une pirouette puis exerce une poussée des pieds contre le mur.

mur(M) de virage(M)
Paroi verticale que le nageur doit toucher avant de faire demi-tour. Lors du virage, l'athlète utilise le mur pour se propulser avec les pieds.

brasse(F)
Nage caractérisée par une suite de mouvements simultanés des bras (vers l'avant, vers l'extérieur et vers l'arrière), synchronisés avec le battement des jambes.

coup(M) de pied(M) de brasse(F)
Mouvement dans lequel le nageur fléchit les deux jambes puis les tend simultanément vers l'extérieur.

virage(M) de brasse(F)
Mouvement permettant de faire demi-tour : le nageur touche le mur avec les deux mains, pivote sur lui-même puis exerce une poussée des pieds contre le mur.

papillon(M)
Nage sur le ventre dans laquelle les deux bras sont lancés simultanément vers l'avant, puis ramenés en arrière.

coup(M) de pied(M) de papillon(M)
Mouvement vertical et simultané des jambes, qui complète une ondulation entamée à partir des membres supérieurs. Les jambes demeurent toujours rapprochées.

virage(M) de papillon(M)
Mouvement permettant de faire demi-tour : le nageur touche le mur avec les deux mains, pivote sur lui-même puis exerce une poussée des pieds contre le mur.

nage(F) sur le dos(M)
Nage caractérisée par une rotation alternée des bras vers l'arrière. Les jambes, tendues, effectuent en même temps un mouvement de battement alternatif.

départ(M) de dos(M)
Mouvement par lequel le nageur s'élance dans le bassin. Au signal, les mains lâchent les poignées du plot et les pieds exercent une poussée contre le mur.

virage(M)-culbute(F)
Mouvement permettant de faire demi-tour : le nageur arrive en position dorsale, effectue une pirouette puis exerce une poussée des pieds contre le mur.

976 sports aquatiques et nautiques

natation^F

plot^M de départ^M
Structure métallique surélevée à partir de laquelle le nageur plonge dans le bassin pour amorcer une course.

maillot^M de bain^M
Vêtement moulant, presque toujours extensible, porté pour la natation. Les matériaux utilisés visent à assurer un hydrodynamisme optimal.

bonnet^M
Coiffure destinée à maintenir les cheveux en place et à diminuer la résistance à l'eau. Il protège aussi les cheveux du nageur contre les effets du chlore.

plateforme^F
Planche rigide, munie d'une surface antidérapante, fixée au sommet du plot. Le nageur y prend position et, au signal du juge de départ, plonge dans le bassin.

lunettes^F de nage^F
Lunettes conçues pour protéger les yeux des substances irritantes et assurer une bonne vision dans l'eau.

poignée^F de départ^M (dos^M)
Pièce utilisée lors du départ des épreuves de nage sur le dos. Le nageur place les mains sur les poignées et les pieds en appui sur le mur pour se donner une impulsion.

juge^M arbitre^M
Personne responsable de l'application des règlements et du déroulement de la compétition. Il entérine les décisions des juges et tranche en cas de litige.

juge^M de départ^M
Officiel qui donne le signal de départ. Tout faux départ entraîne la disqualification du nageur fautif.

juge^M de nage^F
Chacun des quatre officiels qui vérifient la régularité des mouvements des nageurs selon le type de nage imposé.

corde^F de faux départ^M
Corde placée à 15 m du mur, qu'on fait tomber dans l'eau lorsqu'un faux départ est signalé afin d'indiquer aux nageurs de regagner le plot.

mur^M d'arrivée^F
Paroi verticale que le nageur doit toucher pour terminer une course. Il sert également de mur de virage lors des épreuves de plus de 100 m en bassin olympique.

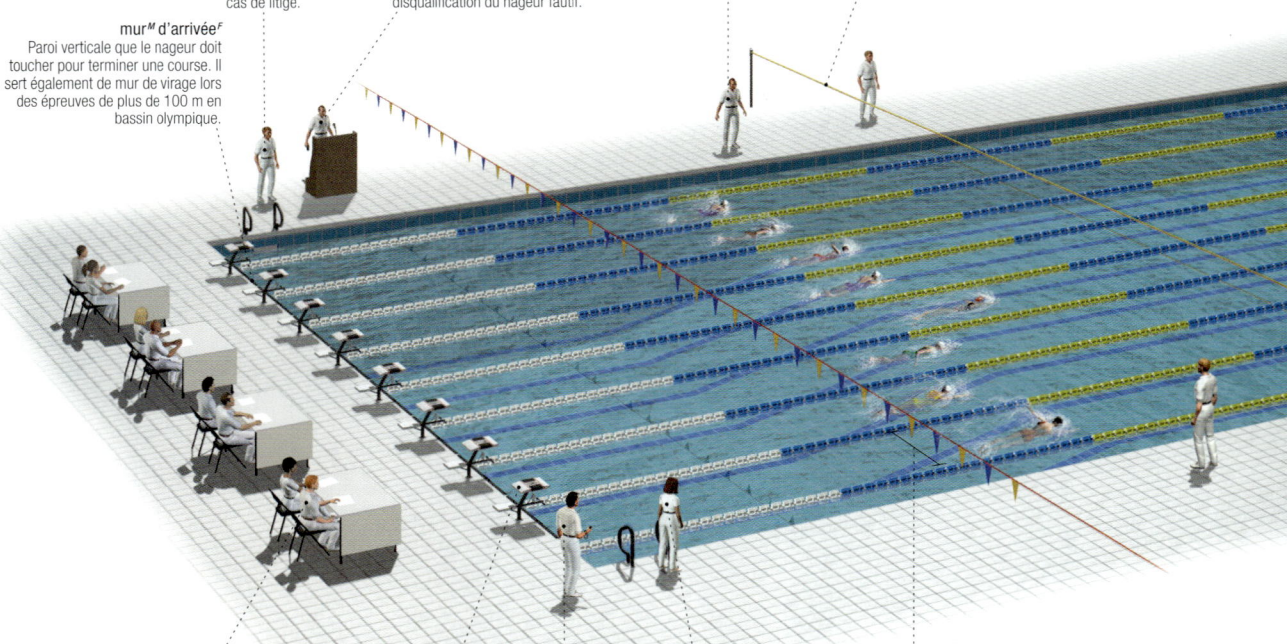

chronométreur^M de couloir^M
Officiel qui enregistre manuellement le temps d'arrivée du concurrent nageant dans le couloir qui lui est assigné.

plot^M de départ^M
Structure métallique surélevée à partir de laquelle le nageur plonge dans le bassin pour amorcer une course.

chronométreur^M en chef^M
Officiel qui recueille les temps enregistrés par les chronométreurs de couloir. Ces données sont utilisées en cas de défaillance du chronomètre automatique.

juge^M de classement^M
Officiel dont le rôle consiste à valider les temps enregistrés par le chronomètre électronique, après vérification avec les chronométreurs.

couloir^M
Chacune des bandes, numérotées de 1 à 8, réservées à un nageur lors d'une course. Le nageur ne peut en aucun cas changer de couloir pendant l'épreuve.

SPORTS ET JEUX

sports aquatiques et nautiques

natation[F]

épreuve[F]
Type de compétition en cours, établi en fonction de la distance à parcourir et du style de nage imposé.

couloir[M]
Numéro du couloir assigné à chaque athlète.

tableau[F] **indicateur**
Surface d'affichage présentant diverses données sur l'épreuve en cours.

chronomètre[M]
Temps écoulé depuis le début de la course.

pays[M] **d'origine**[F] **du concurrent**[M]

nom[M] **du concurrent**[M]

ordre[M] **d'arrivée**[F]
Classement des concurrents à la fin de la course, par ordre croissant de temps d'arrivée.

temps[M] **réalisé**
Durée totale de la course d'un concurrent, mesurée au centième de seconde.

repère[M] **de virage**[M] **de dos**[M]
Corde munie de petits drapeaux, placée à 5 m des murs d'arrivée et de virage, qui permet aux nageurs de dos d'évaluer la distance par rapport à ceux-ci.

mur[M] **latéral**
Paroi verticale formant le côté du bassin. Un espace d'au moins 50 cm doit être réservé entre le mur latéral et les cordes de couloir extérieures.

mur[M] **de virage**[M]
Paroi verticale que le nageur doit toucher avant de faire demi-tour. Lors du virage, l'athlète utilise le mur pour se propulser avec les pieds.

juges[M] **de virages**[M]
Officiels qui vérifient la régularité des virages. Dans les épreuves de 800 et 1 500 m, ils informent les nageurs du nombre de longueurs restant à effectuer.

bassin[M] **de compétition**[F]
Les épreuves, tant individuelles que par équipe, peuvent se dérouler dans une piscine d'une longueur de 25 m ou de 50 m (bassin olympique).

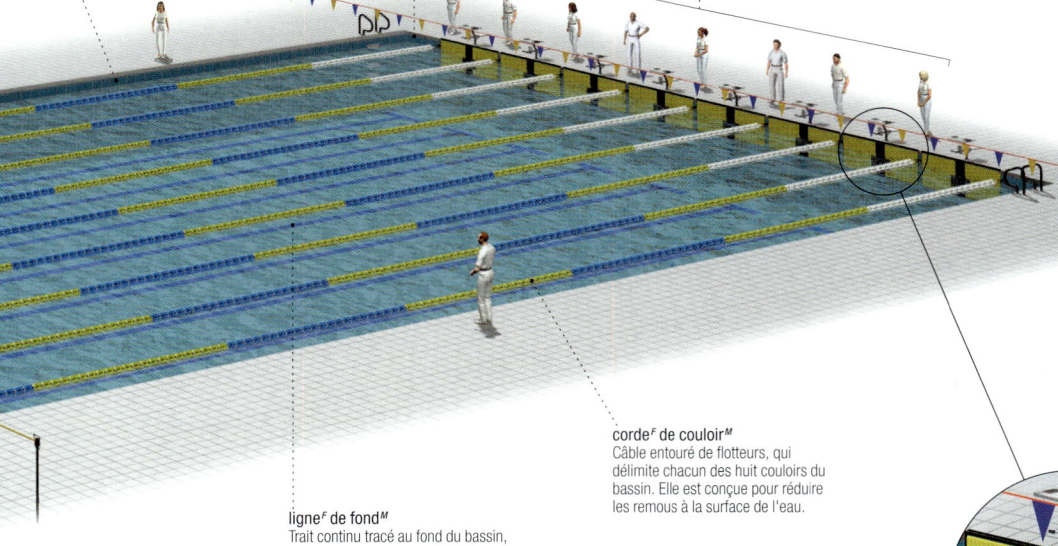

corde[F] **de couloir**[M]
Câble entouré de flotteurs, qui délimite chacun des huit couloirs du bassin. Elle est conçue pour réduire les remous à la surface de l'eau.

ligne[F] **de fond**[M]
Trait continu tracé au fond du bassin, au centre de chaque couloir. Elle sert de repère visuel pour le nageur.

chronomètre[M] **électronique automatique**
Appareil qui permet d'enregistrer automatiquement le temps d'arrivée du nageur. Il se déclenche au moment du départ et s'arrête au contact du panneau fixé au mur.

SPORTS ET JEUX

sports aquatiques et nautiques

plongeon(M)

Sport consistant à exécuter des sauts plus ou moins complexes dans l'eau, à partir d'une plateforme ou d'un tremplin.

positions(F) de départ(M)
Les plongeons sont amorcés avec ou sans course d'élan, dans l'une des positions reconnues par la Fédération internationale de natation amateur (FINA).

plongeon(M) renversé
Plongeon amorcé face à l'eau; l'athlète effectue ensuite une ou plusieurs rotations arrière.

plongeon(M) retourné
Plongeon amorcé le dos tourné vers l'eau; le plongeur effectue ensuite une ou plusieurs rotations vers l'avant.

plongeon(M) arrière
Plongeon amorcé le dos tourné vers l'eau; le concurrent exécute ensuite une ou plusieurs rotations arrière.

plongeon(M) avant
Plongeon amorcé face à l'eau, suivi d'une ou de plusieurs rotations vers l'avant.

plongeon(M) en équilibre(M)
Amorcé en appui sur les mains durant 5 secondes, ce type de plongeon est pratiqué sur une plateforme.

positions(F) de vol(M)
La position du corps entre le départ et l'entrée dans l'eau doit correspondre à l'une des trois positions autorisées par la FINA.

position(F) groupée
Position dans laquelle le corps est plié aux genoux et aux hanches, avec les genoux et les pieds serrés. Les mains sont placées sur les jambes.

position(F) droite
Position dans laquelle le corps ne doit être plié ni aux hanches ni aux genoux. La position des bras est libre (au-delà de la tête ou le long du corps).

position(F) carpée
Position dans laquelle le corps est plié aux hanches, mais les jambes demeurent allongées, sans flexion des genoux. La position des bras est libre.

plongeoir(M)
Ensemble des équipements (tremplins, plateformes et tour) permettant de plonger. Lors d'une épreuve, les plongeurs exécutent plusieurs sauts dont le pointage est cumulatif.

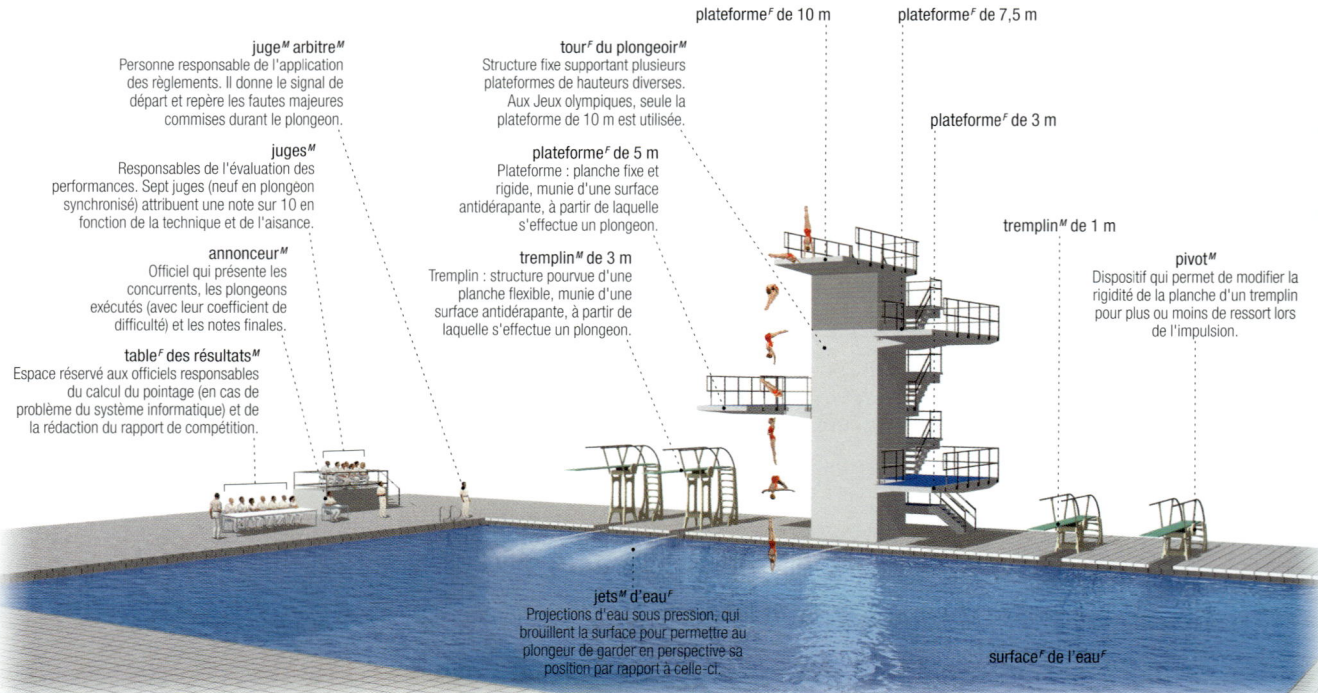

juge(M) arbitre(M)
Personne responsable de l'application des règlements. Il donne le signal de départ et repère les fautes majeures commises durant le plongeon.

juges(M)
Responsables de l'évaluation des performances. Sept juges (neuf en plongeon synchronisé) attribuent une note sur 10 en fonction de la technique et de l'aisance.

annonceur(M)
Officiel qui présente les concurrents, les plongeons exécutés (avec leur coefficient de difficulté) et les notes finales.

table(F) des résultats(M)
Espace réservé aux officiels responsables du calcul du pointage (en cas de problème du système informatique) et de la rédaction du rapport de compétition.

tour(F) du plongeoir(M)
Structure fixe supportant plusieurs plateformes de hauteurs diverses. Aux Jeux olympiques, seule la plateforme de 10 m est utilisée.

plateforme(F) de 5 m
Plateforme : planche fixe et rigide, munie d'une surface antidérapante, à partir de laquelle s'effectue un plongeon.

tremplin(M) de 3 m
Tremplin : structure pourvue d'une planche flexible, munie d'une surface antidérapante, à partir de laquelle s'effectue un plongeon.

plateforme(F) de 10 m

plateforme(F) de 7,5 m

plateforme(F) de 3 m

tremplin(M) de 1 m

pivot(M)
Dispositif qui permet de modifier la rigidité de la planche d'un tremplin pour plus ou moins de ressort lors de l'impulsion.

jets(M) d'eau(F)
Projections d'eau sous pression, qui brouillent la surface pour permettre au plongeur de garder en perspective sa position par rapport à celle-ci.

surface(F) de l'eau(F)

sports aquatiques et nautiques

plongeon

entrées dans l'eau
Le plongeur pénètre dans l'eau en position verticale, la tête première ou les pieds premiers, en tentant de provoquer un minimum d'éclaboussures.

entrée pieds premiers

entrée tête première

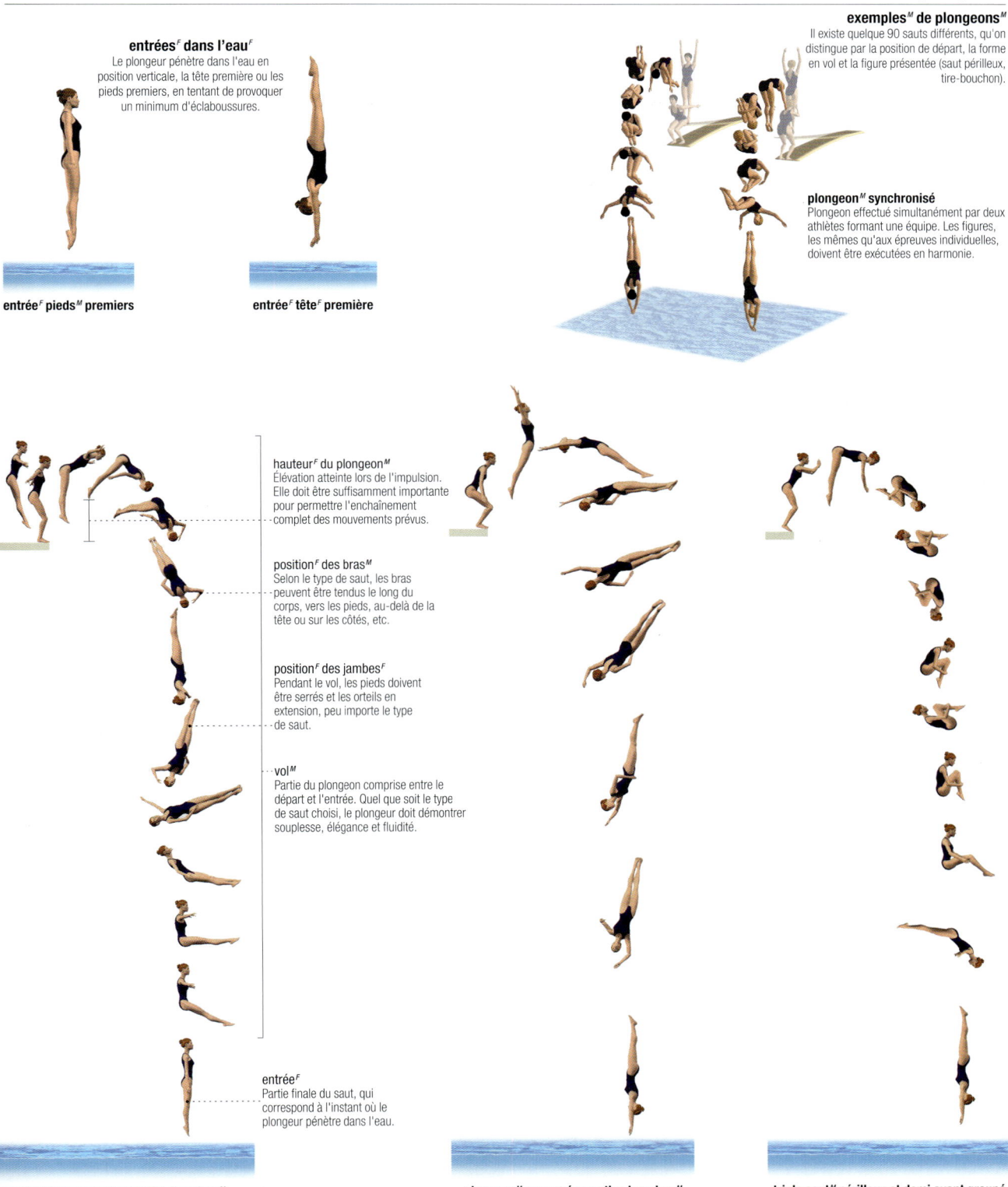

exemples de plongeons
Il existe quelque 90 sauts différents, qu'on distingue par la position de départ, la forme en vol et la figure présentée (saut périlleux, tire-bouchon).

plongeon synchronisé
Plongeon effectué simultanément par deux athlètes formant une équipe. Les figures, les mêmes qu'aux épreuves individuelles, doivent être exécutées en harmonie.

hauteur du plongeon
Élévation atteinte lors de l'impulsion. Elle doit être suffisamment importante pour permettre l'enchaînement complet des mouvements prévus.

position des bras
Selon le type de saut, les bras peuvent être tendus le long du corps, vers les pieds, au-delà de la tête ou sur les côtés, etc.

position des jambes
Pendant le vol, les pieds doivent être serrés et les orteils en extension, peu importe le type de saut.

vol
Partie du plongeon comprise entre le départ et l'entrée. Quel que soit le type de saut choisi, le plongeur doit démontrer souplesse, élégance et fluidité.

entrée
Partie finale du saut, qui correspond à l'instant où le plongeur pénètre dans l'eau.

saut périlleux avant avec tire-bouchon
Saut amorcé par une course d'élan, en position avant. Le plongeur exécute ensuite une rotation du corps et pénètre dans l'eau pieds premiers.

plongeon renversé avec tire-bouchon
Saut amorcé en position renversée. L'athlète exécute ensuite un mouvement de vrille du corps, puis pénètre dans l'eau tête première.

triple saut périlleux et demi avant groupé
Saut amorcé en position avant. Lors du vol, trois rotations et demie sont exécutées en position groupée, et l'entrée s'effectue tête première.

SPORTS ET JEUX

sports aquatiques et nautiques

voile[F]

Navigation sportive pratiquée sur un voilier. Il existe plusieurs classes de voiliers et divers types de compétitions (régates, courses transocéaniques, etc.).

dériveur[M]
Petit bateau à voiles monocoque muni d'une dérive amovible. Il est dépourvu de lest, la stabilité étant assurée par le poids de l'équipage.

mât[M]
Longue pièce verticale, parfois légèrement inclinée, supportant une ou plusieurs voiles.

étai[M] **avant**
Câble d'acier tendu entre le mât et l'étrave, afin d'assujettir le mât par l'avant.

foc[M]
Voile triangulaire montée à l'avant de l'embarcation.

hauban[M]
Câble métallique tendu entre un mât et le flanc du navire afin d'assujettir et de soutenir le mât latéralement.

barre[F] **de flèche**[F]
Pièce horizontale fixée sur le mât pour en écarter les haubans.

halebas[M]
Petit cordage utilisé pour faire descendre une voile.

écoute[F] **de foc**[M]
Cordage passant par l'angle inférieur du foc et servant à l'orienter par rapport à la direction du vent.

taquet[M]
Pièce de bois ou de métal formée de deux branches (ou oreilles) sur lesquelles on peut tourner et fixer un cordage.

étrave[F]
Partie avant de la coque du bateau.

coque[F]
Structure du bateau formant une enveloppe étanche.

cockpit[M]
Emplacement creux aménagé à l'arrière du pont, où se tient l'équipage du voilier.

girouette[F]
Instrument indiquant la direction du vent à l'aide d'une plaque qui tourne autour d'un axe vertical.

gousset[M] **de latte**[F]
Pochette destinée à recevoir une latte.

latte[F]
Lame rigide qu'on insère dans des goussets sur la voile afin d'en maintenir la forme.

grand-voile[F]
Voile principale du bateau, établie sur le mât et la bôme.

laize[F]
Chacune des bandes de toile qui, cousues côte à côte, forment une voile.

pennon[M]
Ruban fin et léger, fixé au-dessus du pont, qui indique la direction du vent le long d'une voile.

bôme[F]
Longue pièce de métal, articulée sur le mât, qui sert de support à la bordure inférieure de la grand-voile.

écoute[F] **de grand-voile**[F]
Cordage passant par l'angle inférieur de la grand-voile et servant à l'orienter par rapport à la direction du vent.

barre[F] **d'écoute**[F]
Barre de métal fixée en travers du pont, sur laquelle circule un chariot permettant le déplacement de l'écoute de grand-voile.

barre[F]
Organe permettant de commander le gouvernail. On appelle barreur la personne qui tient la barre d'un voilier.

gouvernail[M]
Dispositif immergé comportant une surface plane, orientable, solidaire d'un axe vertical, dont le pivotement sert à diriger le bateau.

dérive[F]
Aileron escamotable qui empêche le voilier de dévier de sa trajectoire sous l'action du vent.

sports aquatiques et nautiques 981

voileᶠ

multicoquesᴹ
Voiliers formés de deux ou trois coques parallèles reliées entre elles. Longues, étroites et légères, les coques permettent d'atteindre de grandes vitesses.

monocoquesᴹ
Voiliers constitués d'une seule coque. Ils sont plus faciles à manier mais moins rapides que les multicoques.

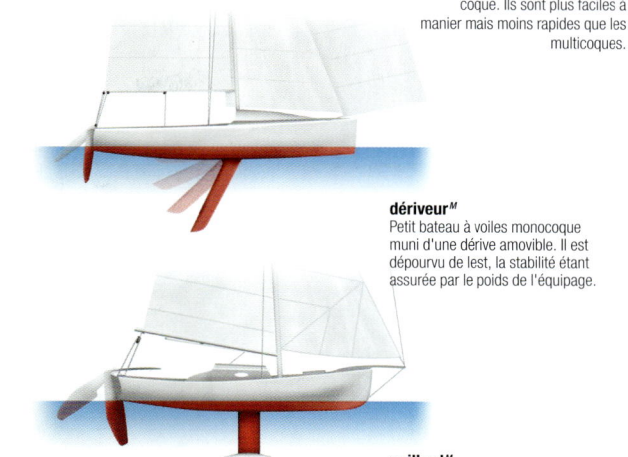

dériveurᴹ
Petit bateau à voiles monocoque muni d'une dérive amovible. Il est dépourvu de lest, la stabilité étant assurée par le poids de l'équipage.

catamaranᴹ
Voilier formé de deux coques identiques reliées par une structure rigide pouvant soutenir une cabine ou un pont.

trimaranᴹ
Voilier composé d'une coque centrale stabilisée par deux petites coques latérales (flotteurs). Les coques sont réunies par deux bras de liaison rigides.

quillardᴹ
Petit bateau à voiles monocoque muni d'un aileron fixe et lesté (quille) assurant la stabilité de l'embarcation et l'empêchant de dériver sous l'action du vent.

accastillageᴹ
Ensemble des petits équipements et accessoires de pont d'un bateau, qui permettent notamment l'installation, le réglage et la manœuvre des voiles.

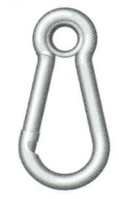

mousquetonᴹ à ressortᴹ
Anneau métallique qui se referme automatiquement grâce à un ressort, utilisé pour réunir divers éléments (cordages, voiles, etc.).

mousquetonᴹ
Crochet maintenu fermé par un mécanisme à piston, monté sur une tige qui tourne sur une bague. Il permet d'éviter les torsions dans les éléments qu'il relie.

manilleᶠ
Pièce en forme de U se fermant à l'aide d'une tige filetée, utilisée notamment pour relier deux chaînes ou fixer des cordages.

chaumardᴹ
Pièce prenant la forme d'un anneau ouvert, qui sert généralement à guider les amarres (cordages permettant d'immobiliser un bateau).

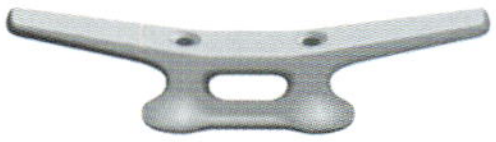

taquetᴹ
Pièce de bois ou de métal formée de deux branches (ou oreilles) sur lesquelles on peut tourner et fixer un cordage.

ridoirᴹ
Instrument servant à régler la tension d'un cordage, formé d'un corps cylindrique creux aux extrémités duquel on visse deux tiges filetées.

taquetᴹ coinceur
Dispositif formé de deux mâchoires à ressort destinées à bloquer un cordage. La corde peut alors être tirée, mais ne peut revenir en arrière.

filoirᴹ d'écouteᶠ
Pièce pourvue d'un anneau dans lequel on passe une écoute afin d'en modifier la direction. Il doit être parfaitement lisse pour limiter l'usure du cordage.

winchᴹ
Petit treuil à manivelle qui permet de raidir un cordage. Il comporte généralement un cliquet l'empêchant de tourner en sens inverse.

barreᶠ d'écouteᶠ
Barre de métal fixée en travers du pont, sur laquelle circule un chariot permettant le déplacement de l'écoute de grand-voile.

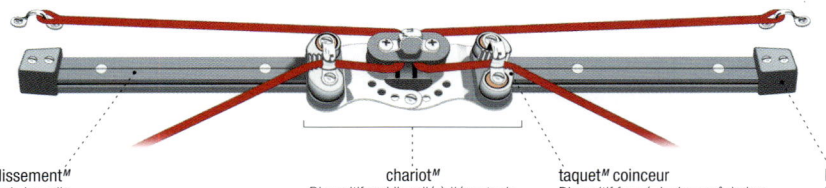

railᴹ de glissementᴹ
Pièce rectiligne le long de laquelle se déplace le chariot.

chariotᴹ
Dispositif mobile relié à l'écoute de grand-voile. Le mouvement du chariot permet ainsi de modifier rapidement la position de la voile par rapport au vent.

taquetᴹ coinceur
Dispositif formé de deux mâchoires à ressort destinées à bloquer un cordage. La corde peut alors être tirée, mais ne peut revenir en arrière.

butéeᶠ
Pièce destinée à bloquer le déplacement latéral du chariot.

SPORTS ET JEUX

sports aquatiques et nautiques

voile

allures
Trajectoires d'un voilier par rapport à la direction du vent. Le voilier navigue vers la gauche ou vers la droite selon le côté d'où provient le vent.

vent
Déplacement de l'air provoqué par les différences de pression entre deux régions de l'atmosphère.

près
Ensemble des allures comprises entre le vent debout et le petit largue, utilisées notamment pour louvoyer. Les voiles sont alors près de l'axe du bateau.

près
Ensemble des allures comprises entre le vent debout et le petit largue, utilisées notamment pour louvoyer. Les voiles sont alors près de l'axe du bateau.

largue
Ensemble des allures comprises entre le près bon plein et le vent arrière. Les voiles sont alors de plus en plus éloignées de l'axe du bateau.

largue
Ensemble des allures comprises entre le près bon plein et le vent arrière. Les voiles sont alors de plus en plus éloignées de l'axe du bateau.

près bon plein
Allure d'un voilier qui remonte contre le vent à un angle d'environ 60 degrés.

près
Allure d'un voilier qui remonte contre le vent à un angle d'environ 50 degrés.

petit largue
Allure d'un voilier qui remonte contre le vent à un angle d'environ 70 degrés.

largue
Allure comprise entre le vent de travers et le grand largue. Le voilier navigue en suivant le vent, selon un angle d'environ 135 degrés.

vent debout
Vent directement opposé à la route d'un voilier. Il est alors impossible d'avancer.

près serré
Allure d'un voilier naviguant près du lit (axe) du vent, à un angle d'environ 45 degrés. Le près serré constitue la limite de remontée au vent.

vent de travers
Allure d'un voilier qui se dirige perpendiculairement à la direction du vent.

grand largue
Allure la plus rapide, comprise entre le largue et le vent arrière. L'angle entre le bateau et le lit (axe) du vent est important.

vent arrière
Allure d'un navire se dirigeant dans la même direction que le vent.

parcours de voile
Les épreuves olympiques se tiennent sur un parcours triangulaire, dont la longueur varie selon les particularités du plan d'eau, la direction du vent, etc.

empannage
Technique qui permet, lorsque le vent vient de l'arrière, de modifier la trajectoire du voilier en faisant passer les voiles d'un bord à l'autre de l'embarcation.

deuxième bord au largue
Le voilier navigue d'abord au largue avec le vent du côté droit jusqu'à la troisième bouée (premier bord au largue), puis parcourt une seconde ligne droite au largue avec le vent du côté gauche.

descente du spinnaker
L'équipage abaisse le spinnaker lorsque le voilier tourne face au vent, après le deuxième bord au largue.

bouée
Corps flottant délimitant le parcours. Le parcours de type olympique comporte trois bouées, disposées en triangle, devant être contournées dans un ordre précis.

départ par vent debout
La course débute face au vent; les voiliers doivent alors louvoyer jusqu'à la deuxième bouée, située droit devant.

ligne de départ
Ligne imaginaire marquant le début de la course. Lorsque le signal de départ est donné, tous les voiliers doivent être situés derrière cette ligne.

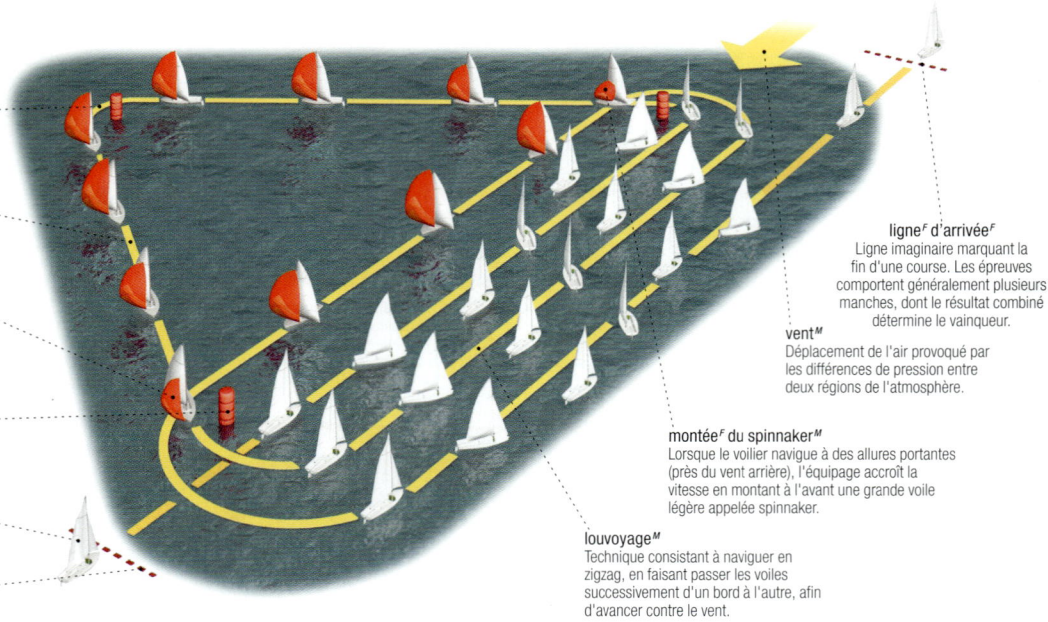

ligne d'arrivée
Ligne imaginaire marquant la fin d'une course. Les épreuves comportent généralement plusieurs manches, dont le résultat combiné détermine le vainqueur.

vent
Déplacement de l'air provoqué par les différences de pression entre deux régions de l'atmosphère.

montée du spinnaker
Lorsque le voilier navigue à des allures portantes (près du vent arrière), l'équipage accroît la vitesse en montant à l'avant une grande voile légère appelée spinnaker.

louvoyage
Technique consistant à naviguer en zigzag, en faisant passer les voiles successivement d'un bord à l'autre, afin d'avancer contre le vent.

สports aquatiques et nautiques

planche[F] à voile[F]

Flotteur équipé d'une voile permettant de se déplacer sur l'eau.

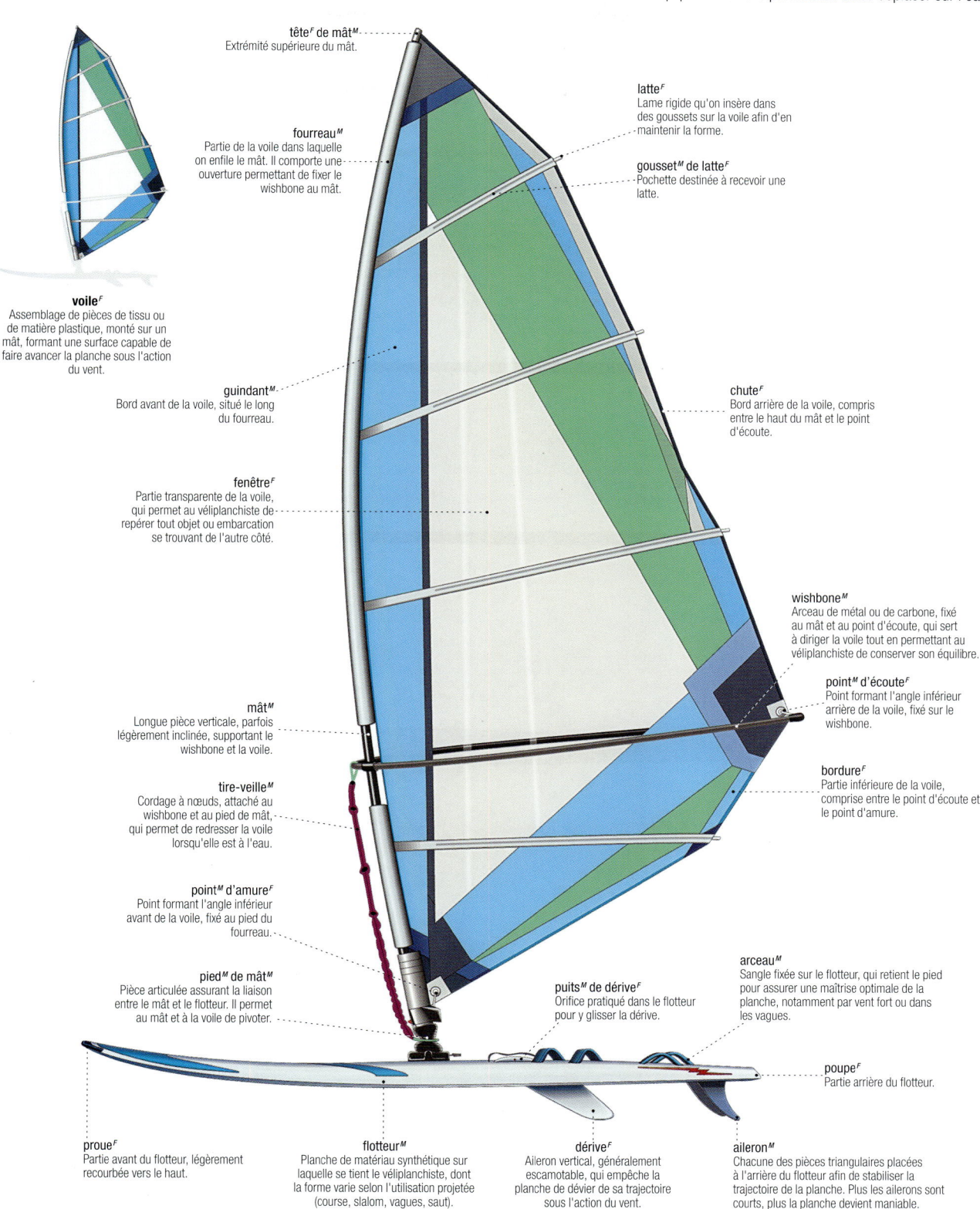

tête[F] de mât[M]
Extrémité supérieure du mât.

fourreau[M]
Partie de la voile dans laquelle on enfile le mât. Il comporte une ouverture permettant de fixer le wishbone au mât.

latte[F]
Lame rigide qu'on insère dans des goussets sur la voile afin d'en maintenir la forme.

gousset[M] de latte[F]
Pochette destinée à recevoir une latte.

voile[F]
Assemblage de pièces de tissu ou de matière plastique, monté sur un mât, formant une surface capable de faire avancer la planche sous l'action du vent.

guindant[M]
Bord avant de la voile, situé le long du fourreau.

chute[F]
Bord arrière de la voile, compris entre le haut du mât et le point d'écoute.

fenêtre[F]
Partie transparente de la voile, qui permet au véliplanchiste de repérer tout objet ou embarcation se trouvant de l'autre côté.

wishbone[M]
Arceau de métal ou de carbone, fixé au mât et au point d'écoute, qui sert à diriger la voile tout en permettant au véliplanchiste de conserver son équilibre.

point[M] d'écoute[F]
Point formant l'angle inférieur arrière de la voile, fixé sur le wishbone.

mât[M]
Longue pièce verticale, parfois légèrement inclinée, supportant le wishbone et la voile.

bordure[F]
Partie inférieure de la voile, comprise entre le point d'écoute et le point d'amure.

tire-veille[M]
Cordage à nœuds, attaché au wishbone et au pied de mât, qui permet de redresser la voile lorsqu'elle est à l'eau.

point[M] d'amure[F]
Point formant l'angle inférieur avant de la voile, fixé au pied du fourreau.

pied[M] de mât[M]
Pièce articulée assurant la liaison entre le mât et le flotteur. Il permet au mât et à la voile de pivoter.

puits[M] de dérive[F]
Orifice pratiqué dans le flotteur pour y glisser la dérive.

arceau[M]
Sangle fixée sur le flotteur, qui retient le pied pour assurer une maîtrise optimale de la planche, notamment par vent fort ou dans les vagues.

poupe[F]
Partie arrière du flotteur.

proue[F]
Partie avant du flotteur, légèrement recourbée vers le haut.

flotteur[M]
Planche de matériau synthétique sur laquelle se tient le véliplanchiste, dont la forme varie selon l'utilisation projetée (course, slalom, vagues, saut).

dérive[F]
Aileron vertical, généralement escamotable, qui empêche la planche de dévier de sa trajectoire sous l'action du vent.

aileron[M]
Chacune des pièces triangulaires placées à l'arrière du flotteur afin de stabiliser la trajectoire de la planche. Plus les ailerons sont courts, plus la planche devient maniable.

aviron[M]

Sport consistant en une course de vitesse en ligne droite sur une distance maximale de 2 000 m, en eaux calmes, à bord d'un bateau conçu à cet effet.

aviron[M] à couple[M]
Course au cours de laquelle chaque rameur tient deux avirons, soit un dans chaque main.

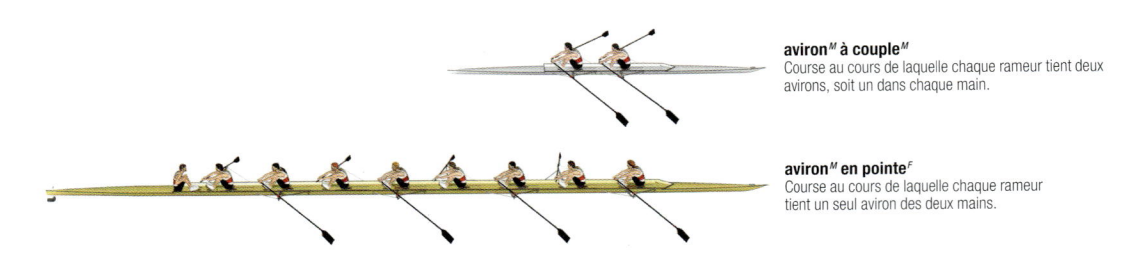

aviron[M] en pointe[F]
Course au cours de laquelle chaque rameur tient un seul aviron des deux mains.

types[M] d'avirons[M]
Aviron : instrument formé d'une pelle légèrement recourbée, reliée à un long manche, qui permet de propulser un bateau.

aviron[M] de couple[M]
Aviron court, manié avec un seul bras, qu'on utilise par paire pour propulser un bateau de couple.

aviron[M] de pointe[F]
Aviron manié des deux bras, qu'on utilise pour propulser un bateau de pointe. Il est plus long que l'aviron de couple, et comporte une pelle élargie.

poignée[F]
Extrémité de la rame que manie le rameur.

manchon[M]
Gaine de plastique ou de caoutchouc qui recouvre et protège le manche, et sur laquelle est monté le collier.

pelle[F]
Extrémité élargie de l'aviron, qui s'enfonce dans l'eau pour propulser le bateau. Elle est souvent asymétrique pour maximiser l'appui dans l'eau.

manche[M]
Partie allongée, généralement en bois ou en carbone, sur laquelle est fixée la pelle.

collier[M]
Anneau inséré sur le manchon, qui s'appuie sur la dame de nage pour empêcher l'aviron de glisser. On peut le déplacer pour modifier l'effet de levier.

pelle[F]
Extrémité élargie de l'aviron, c s'enfonce dans l'eau pour propul bateau. Elle est souvent asymét pour maximiser l'appui dans l'e

parties[F] d'un bateau[M]
Bateau : embarcation légère, longue et effilée, propulsée par un à huit rameurs avec des avirons soutenus par un portant.

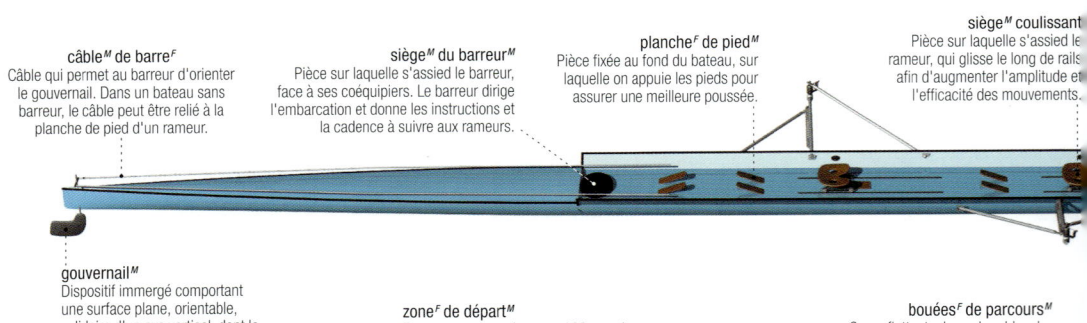

câble[M] de barre[F]
Câble qui permet au barreur d'orienter le gouvernail. Dans un bateau sans barreur, le câble peut être relié à la planche de pied d'un rameur.

siège[M] du barreur[M]
Pièce sur laquelle s'assied le barreur, face à ses coéquipiers. Le barreur dirige l'embarcation et donne les instructions et la cadence à suivre aux rameurs.

planche[F] de pied[M]
Pièce fixée au fond du bateau, sur laquelle on appuie les pieds pour assurer une meilleure poussée.

siège[M] coulissant
Pièce sur laquelle s'assied le rameur, qui glisse le long de rails afin d'augmenter l'amplitude e l'efficacité des mouvements.

gouvernail[M]
Dispositif immergé comportant une surface plane, orientable, solidaire d'un axe vertical, dont le pivotement sert à diriger le bateau.

bassin[M] d'aviron[M]
Plan d'eau, souvent artificiel, où se tiennent les courses d'aviron ou de canoë-kayak. Il est idéalement à l'abri du vent et dépourvu de courant.

zone[F] de départ[M]
Espace correspondant aux 100 premiers mètres du parcours, à l'intérieur duquel une course peut être annulée à cause d'ennuis techniques.

aligneur[M]
Officiel qui veille à ce que toutes les embarcations soient alignées correctement sur la ligne de départ.

arbitre[M] de parcours[M]
Officiel qui suit les concurrents pendant la course, à bord d'une embarcation. Il peut notamment disqualifier un bateau qui ne suit pas son couloir.

bouées[F] de parcours[M]
Corps flottants de couleur blanche qui délimitent, en milieu de parcours, les six à huit couloirs du bassin.

bouées[F] de départ[M]
Corps flottants de couleur jaune ou orange qui délimitent, dans les premiers 250 m du parcours, les six à huit couloirs du bassin.

juge[M] au départ[M]
Officiel qui appelle les compétiteurs et donne le signal de départ. Il détermine également s'il y a des faux départs.

ponton[M] de départ[M]
Plateforme flottante, sur laquelle se tient un officiel dont le rôle consiste à maintenir l'embarcation immobile et bien alignée avant le départ.

sports aquatiques et nautiques

aviron^M

bateaux^M de couple^M
Embarcations dans lesquelles chaque rameur tient deux avirons. Conçus pour un, deux, quatre ou parfois huit rameurs, ils sont rarement guidés par un barreur.

skiff^M
Bateau de couple conçu pour un seul rameur. Il constitue le plus petit et le plus léger des bateaux d'aviron.

double-scull^M **sans barreur**^M
Bateau de couple conçu pour deux rameurs. Comme le skiff, il est dépourvu de gouvernail et est dirigé en appliquant des forces différentes sur chaque aviron.

bateaux^M de pointe^F
Embarcations dans lesquelles chaque rameur tient un seul aviron. Ils comportent deux, quatre ou huit rameurs et peuvent être guidés ou non par un barreur.

barreur^M
Personne qui dirige l'embarcation et donne les instructions et la cadence à suivre aux rameurs.

deux sans barreur^M

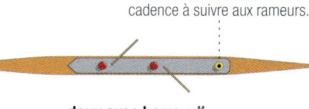

deux avec barreur^M

quatre sans barreur^M

huit avec barreur^M

quatre avec barreur^M

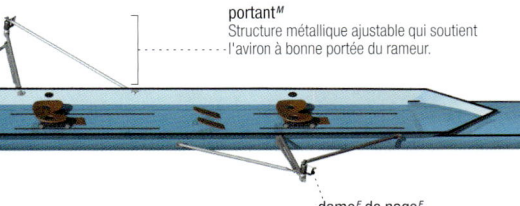

portant^M
Structure métallique ajustable qui soutient l'aviron à bonne portée du rameur.

boule^F **de protection**^F
Sphère de caoutchouc ou de plastique fixée à l'avant de la coque. Élément déterminant lors de la photo d'arrivée, elle sert aussi de protection lors d'une collision.

dame^F **de nage**^F
Pièce d'équipement sur laquelle s'appuie le collier de l'aviron. Elle maintient la rame en place tout en permettant son maniement.

bouées^F **d'arrivée**^F
Corps flottants de couleur jaune ou orange qui délimitent, dans les derniers 250 m du parcours, les six à huit couloirs du bassin.

juge^M **à l'arrivée**^F
Officiel qui valide le classement des embarcations et le temps de course.

ligne^F **d'arrivée**^F
Ligne marquant la fin d'une course, délimitée par deux drapeaux rouges montés sur des bouées. Un équipage termine sa course quand l'avant du bateau la franchit.

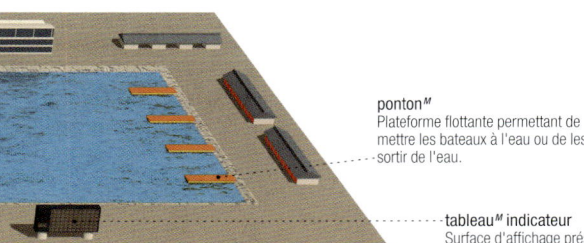

ponton^M
Plateforme flottante permettant de mettre les bateaux à l'eau ou de les sortir de l'eau.

tableau^M **indicateur**
Surface d'affichage présentant les informations relatives au déroulement d'une compétition sportive (temps, classement, résultats, etc.).

sports aquatiques et nautiques

canoë^M ; *canot*^M

Sport ou activité de loisir consistant à se déplacer sur l'eau à bord d'un canoë.

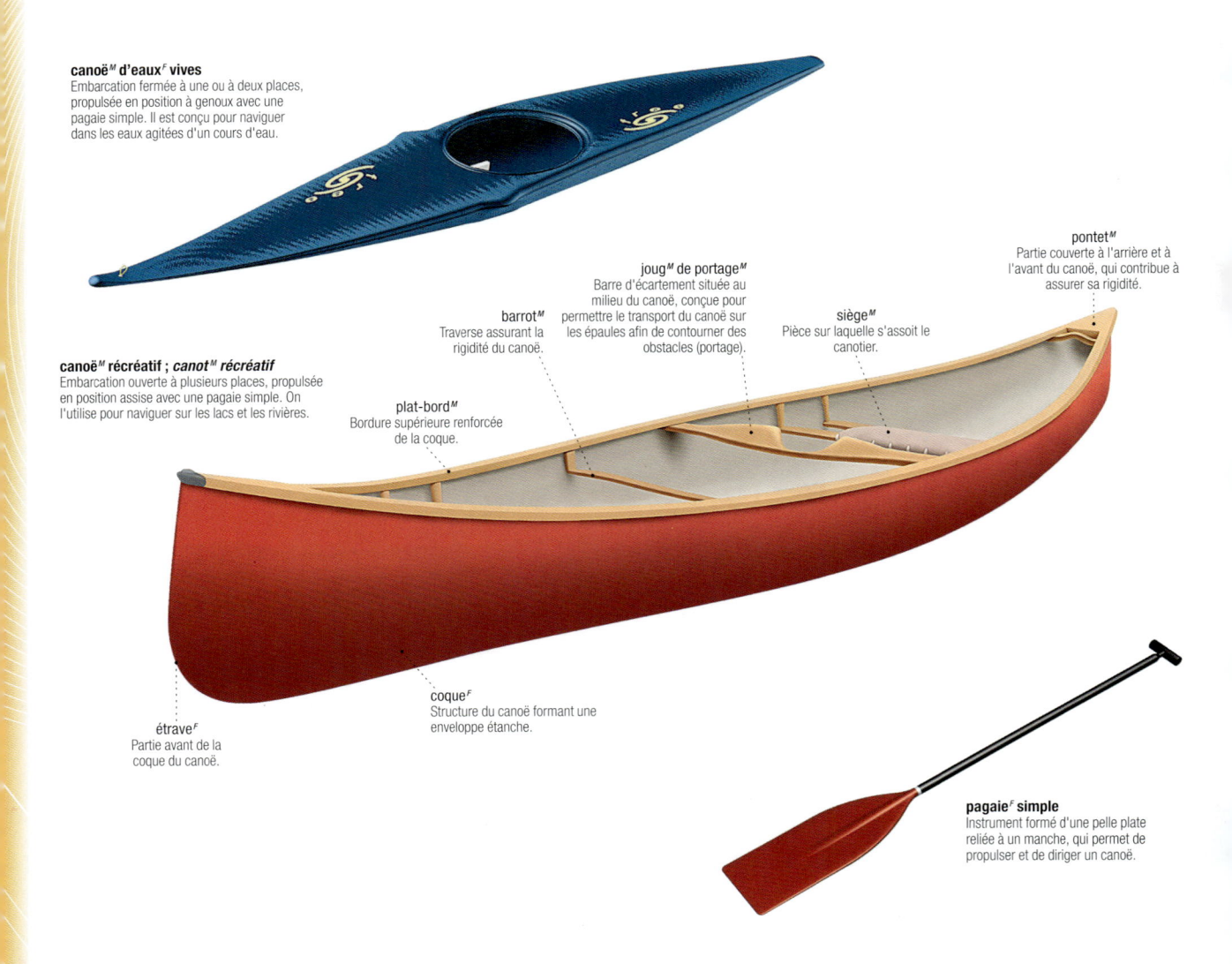

canoë^M d'eaux^F vives
Embarcation fermée à une ou à deux places, propulsée en position à genoux avec une pagaie simple. Il est conçu pour naviguer dans les eaux agitées d'un cours d'eau.

canoë^M récréatif ; *canot*^M récréatif
Embarcation ouverte à plusieurs places, propulsée en position assise avec une pagaie simple. On l'utilise pour naviguer sur les lacs et les rivières.

barrot^M
Traverse assurant la rigidité du canoë.

joug^M de portage^M
Barre d'écartement située au milieu du canoë, conçue pour permettre le transport du canoë sur les épaules afin de contourner des obstacles (portage).

siège^M
Pièce sur laquelle s'assoit le canotier.

pontet^M
Partie couverte à l'arrière et à l'avant du canoë, qui contribue à assurer sa rigidité.

plat-bord^M
Bordure supérieure renforcée de la coque.

étrave^F
Partie avant de la coque du canoë.

coque^F
Structure du canoë formant une enveloppe étanche.

pagaie^F simple
Instrument formé d'une pelle plate reliée à un manche, qui permet de propulser et de diriger un canoë.

canoë^M-kayak^M : course^F en ligne^F

Sport consistant en une course de vitesse en ligne droite, en eaux calmes, à bord d'un canoë ou d'un kayak à une ou plusieurs places.

canoë^M monoplace (C1)
Embarcation ouverte, en forme de pointe, propulsée en position à genoux avec une pagaie simple. La coque en V, plutôt instable, assure une glisse optimale.

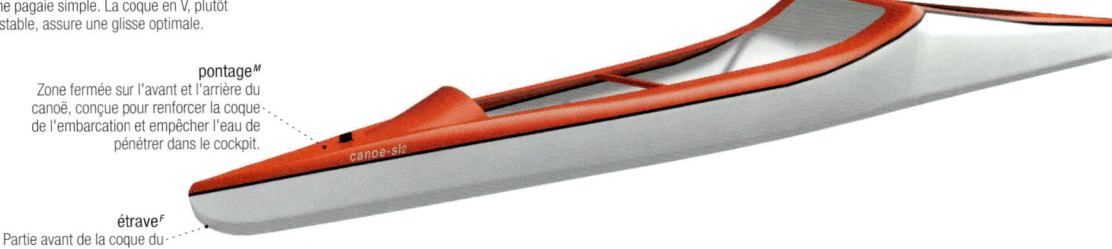

pontage^M
Zone fermée sur l'avant et l'arrière du canoë, conçue pour renforcer la coque de l'embarcation et empêcher l'eau de pénétrer dans le cockpit.

étrave^F
Partie avant de la coque du canoë, plus ou moins pointue.

sports aquatiques et nautiques

kayak^M

Sport ou activité de loisir consistant à se déplacer sur l'eau à bord d'un kayak.

pagaie^F double
Instrument formé de deux pelles courbes reliées par un manche, qui permet de ramer alternativement des deux côtés d'un kayak pour le propulser et le diriger.

kayak^M d'eaux^F vives
Embarcation fermée, longue et étroite, propulsée en position assise avec une pagaie double. Il est conçu pour naviguer dans les eaux agitées d'un cours d'eau.

jupe^F ; jupette^F
Pièce souple et imperméable, fixée autour de l'ouverture, qui serre le kayakiste à la taille afin d'empêcher l'eau de pénétrer dans l'embarcation.

kayak^M de mer^F biplace
Embarcation fermée à deux places, longue et stable, propulsée en position assise avec une pagaie double. Elle permet de naviguer en mer, près des côtes.

habitacle^M
Emplacement creux aménagé au milieu du pont, où prend place le kayakiste.

drisse^F du safran^M
Cordage relié au safran et permettant de le diriger.

hiloire^F
Bordure verticale surélevée autour de l'habitacle, qui empêche l'eau de pénétrer à l'intérieur.

cordage^M de pont^M
Filin élastique permettant de maintenir en place divers équipements.

poignée^F de transport^M
Partie qui permet de saisir et de manier le kayak.

safran^M
Dispositif immergé comportant une surface plane, orientable, solidaire d'un axe vertical, dont le pivotement sert à diriger l'embarcation.

caisson^M de rangement^M
Coffret étanche permettant de transporter de l'équipement et des effets personnels.

caisson^M de rangement^M
Coffret étanche permettant de transporter de l'équipement et des effets personnels.

siège^M
Pièce sur laquelle s'assoit le kayakiste.

habitacle^M
Emplacement creux aménagé au milieu du pont, où s'assoit le kayakiste.

cale-genou^M coussiné
Rembourrage protégeant les genoux du kayakiste lorsqu'ils entrent en contact avec la surface de l'embarcation.

kayak^M récréatif monoplace
Embarcation fermée à une place, formée d'une coque arrondie assurant stabilité et maniabilité, propulsée en position assise avec une pagaie double. Elle est conçu pour la navigation en eaux calmes.

safran^M
Dispositif immergé comportant une surface plane, orientable, solidaire d'un axe vertical, dont le pivotement sert à diriger l'embarcation.

hiloire^F
Bordure verticale surélevée autour de l'habitacle, qui empêche l'eau de pénétrer à l'intérieur.

cordage^M de pont^M
Filin élastique permettant de maintenir en place divers équipements.

poignée^F de transport^M
Partie qui permet de saisir et de manier le kayak.

canoë^M-kayak^M : course^F en ligne^F

siège^M
Pièce sur laquelle on s'assied pour pagayer. Le kayakiste, une fois assis, peut commander le gouvernail grâce à une barre actionnée par les pieds.

kayak^M monoplace (K1)
Embarcation fermée, en forme de pointe fuselée, propulsée en position assise avec une pagaie double. Il est muni d'un gouvernail qui en facilite la direction.

pointe^F fuselée
Extrémité effilée du kayak. La coque, en forme de V, est très instable mais assure une glisse et une vitesse optimales.

gouvernail^M
Dispositif immergé comportant une surface plane, orientable, solidaire d'un axe vertical, dont le pivotement sert à diriger le kayak.

SPORTS ET JEUX

sports aquatiques et nautiques

ski^M nautique

Sport dans lequel un skieur, tiré par une embarcation à moteur, glisse sur l'eau au moyen d'un ou de deux skis. Il compte six disciplines, dont le saut, le slalom et les figures. On pratique aussi une activité similaire sur une planche.

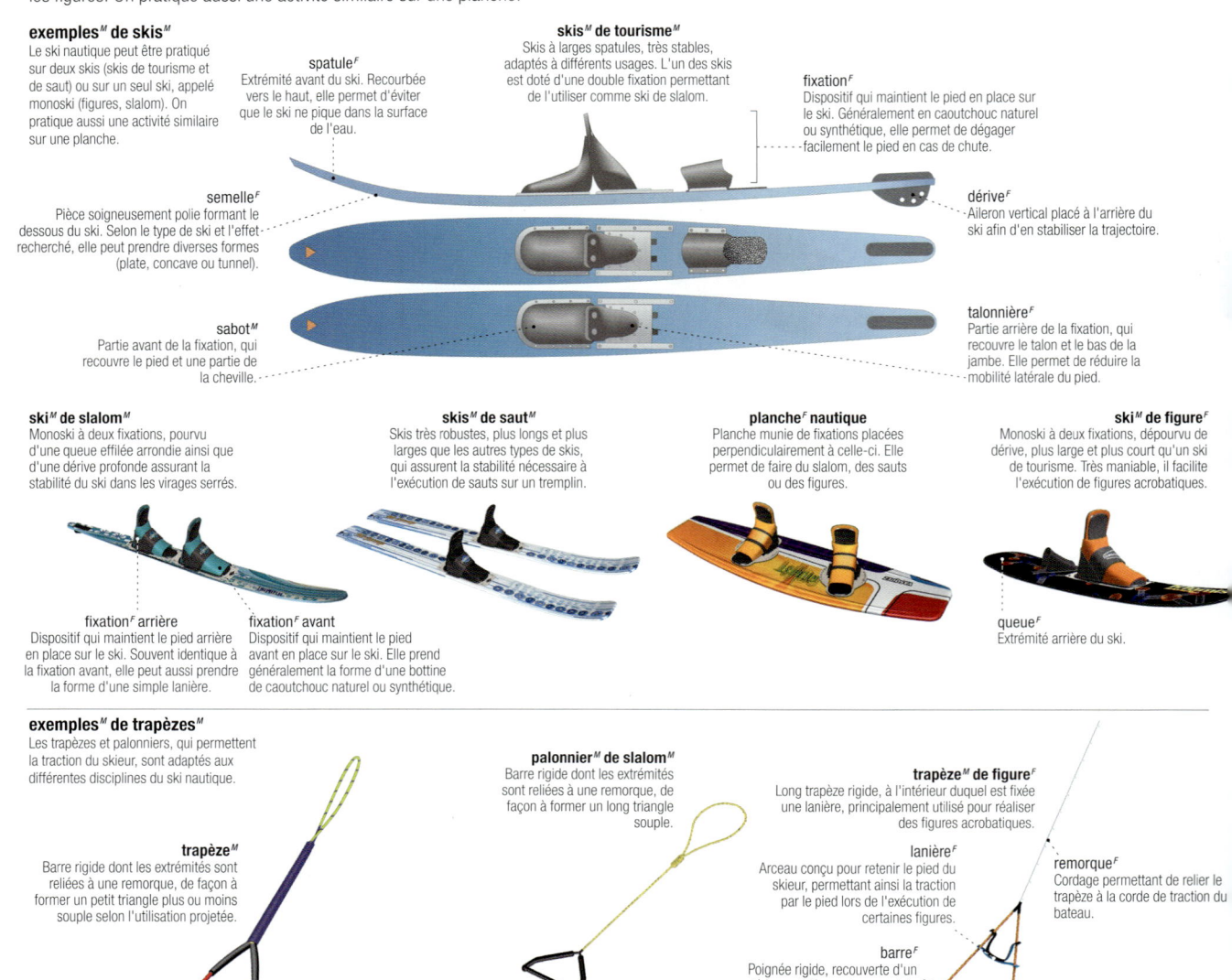

exemples^M de skis^M
Le ski nautique peut être pratiqué sur deux skis (skis de tourisme et de saut) ou sur un seul ski, appelé monoski (figures, slalom). On pratique aussi une activité similaire sur une planche.

spatule^F
Extrémité avant du ski. Recourbée vers le haut, elle permet d'éviter que le ski ne pique dans la surface de l'eau.

skis^M de tourisme^M
Skis à larges spatules, très stables, adaptés à différents usages. L'un des skis est doté d'une double fixation permettant de l'utiliser comme ski de slalom.

fixation^F
Dispositif qui maintient le pied en place sur le ski. Généralement en caoutchouc naturel ou synthétique, elle permet de dégager facilement le pied en cas de chute.

semelle^F
Pièce soigneusement polie formant le dessous du ski. Selon le type de ski et l'effet recherché, elle peut prendre diverses formes (plate, concave ou tunnel).

dérive^F
Aileron vertical placé à l'arrière du ski afin d'en stabiliser la trajectoire.

sabot^M
Partie avant de la fixation, qui recouvre le pied et une partie de la cheville.

talonnière^F
Partie arrière de la fixation, qui recouvre le talon et le bas de la jambe. Elle permet de réduire la mobilité latérale du pied.

ski^M de slalom^M
Monoski à deux fixations, pourvu d'une queue effilée arrondie ainsi que d'une dérive profonde assurant la stabilité du ski dans les virages serrés.

skis^M de saut^M
Skis très robustes, plus longs et plus larges que les autres types de skis, qui assurent la stabilité nécessaire à l'exécution de sauts sur un tremplin.

planche^F nautique
Planche munie de fixations placées perpendiculairement à celle-ci. Elle permet de faire du slalom, des sauts ou des figures.

ski^M de figure^M
Monoski à deux fixations, dépourvu de dérive, plus large et plus court qu'un ski de tourisme. Très maniable, il facilite l'exécution de figures acrobatiques.

fixation^F arrière
Dispositif qui maintient le pied arrière en place sur le ski. Souvent identique à la fixation avant, elle peut aussi prendre la forme d'une simple lanière.

fixation^F avant
Dispositif qui maintient le pied avant en place sur le ski. Elle prend généralement la forme d'une bottine de caoutchouc naturel ou synthétique.

queue^F
Extrémité arrière du ski.

exemples^M de trapèzes^M
Les trapèzes et palonniers, qui permettent la traction du skieur, sont adaptés aux différentes disciplines du ski nautique.

palonnier^M de slalom^M
Barre rigide dont les extrémités sont reliées à une remorque, de façon à former un long triangle souple.

trapèze^M de figure^F
Long trapèze rigide, à l'intérieur duquel est fixée une lanière, principalement utilisé pour réaliser des figures acrobatiques.

trapèze^M
Barre rigide dont les extrémités sont reliées à une remorque, de façon à former un petit triangle plus ou moins souple selon l'utilisation projetée.

lanière^F
Arceau conçu pour retenir le pied du skieur, permettant ainsi la traction par le pied lors de l'exécution de certaines figures.

remorque^F
Cordage permettant de relier le trapèze à la corde de traction du bateau.

barre^F
Poignée rigide, recouverte d'un matériau antidérapant, servant de prise au skieur lors de la traction.

surf^M

Sport consistant à se laisser porter vers la côte par une vague déferlante, en équilibre sur une planche de surf.

surfeur^M
Athlète pratiquant le surf. Il peut affronter les vagues debout, à plat ventre ou à genoux sur sa planche de surf.

attache^F de sécurité^F
Courroie reliant la cheville du surfeur à la planche.

chausson^M
Chaussure de caoutchouc synthétique utilisée pour surfer dans les eaux froides ou pour protéger les pieds du corail, des roches, etc.

planche^F de surf^M
Flotteur composé de matériaux synthétiques, dont la longueur et le profil varient selon l'utilisation projetée.

aileron^M
Chacune des pièces triangulaires placées à l'arrière de la planche afin d'en stabiliser la trajectoire.

sports aquatiques et nautiques

989

plongée^F sous-marine

Sport consistant à descendre sous l'eau et à s'y déplacer. On la pratique en apnée (sans assistance mécanique) ou en scaphandre autonome (avec bouteille d'air).

masque^M
Pièce étanche, formée d'une vitre entourée d'une jupe de caoutchouc ou de silicone, qui recouvre le nez et les yeux. Il assure une vision claire dans l'eau.

cagoule^F
Bonnet de caoutchouc synthétique recouvrant la tête et le cou afin de les protéger du froid.

tuba^M
Tube rigide ou flexible permettant de respirer en surface sans sortir la tête de l'eau. Il assure au plongeur une position confortable et efficace pour nager.

plongeur^M
Personne pratiquant la plongée sous-marine. Le plongeur en scaphandre autonome transporte un équipement lui permettant de rester sous l'eau aussi longtemps que dure sa réserve d'air.

harnais^M
Pièce d'équipement, munie de sangles et de bretelles, permettant au plongeur de transporter sur son dos une ou plusieurs bouteilles d'air comprimé.

détendeur^M **second étage**^M
Appareil qui amène l'air provenant du détendeur premier étage à la pression ambiante. Le plongeur respire alors cet air par un embout buccal.

détendeur^M **premier étage**^M
Appareil fixé au robinet de la bouteille, qui abaisse la pression de l'air provenant de celle-ci jusqu'à une valeur intermédiaire (moyenne pression).

gonfleur^M
Appareil permettant de gonfler le gilet de stabilisation. Il regroupe souvent un système mécanique relié au détendeur ainsi qu'un dispositif de gonflage buccal.

tuyau^M **d'air**^M
Conduit souple reliant le détendeur premier étage au détendeur de secours.

soupape^F **de gonflage**^M
Dispositif qui commande l'entrée d'air dans le gilet de stabilisation.

ceinture^F **lestée**
Bande de tissu portée à la taille, munie d'un nombre variable de poids, utilisée pour compenser la flottabilité naturelle du plongeur.

embout^M
Pièce permettant de gonfler le gilet de stabilisation à la bouche.

gilet^M **de stabilisation**^F
Flotteur gonflable ou dégonflable à volonté, qui permet de se stabiliser sous l'eau, de remonter en cas de problème ou de se maintenir en surface sans effort.

soupape^F **de purge**^F
Dispositif qui permet de libérer l'air contenu dans le gilet de stabilisation.

détendeur^M **de secours**^M
Détendeur second étage relié par un tuyau au détendeur premier étage, utilisé pour fournir de l'air à un plongeur en difficulté.

console^F **d'instruments**^M
Boîtier ergonomique regroupant divers appareils de mesure utiles au plongeur.

bouteille^F **d'air**^M **comprimé**
Dispositif contenant de l'air diminué de volume par pression, réserve d'air qui permet au plongeur de se déplacer sous l'eau.

thermomètre^M
Instrument destiné à mesurer la température de l'eau.

couteau^M
Instrument composé d'un manche et d'une lame tranchante, souvent dentelée, qui permet de couper des cordages, des algues ou autres objets gênants en plongée.

gant^M **de plongée**^F
Pièce de caoutchouc synthétique qui recouvre la main et le poignet afin de les protéger du froid et des blessures causées par les objets, plantes ou animaux marins.

manomètre^M
Appareil permettant de mesurer la pression de l'air contenu dans la bouteille. Le plongeur peut ainsi connaître la quantité d'air disponible.

vêtement^M **isothermique**
Combinaison isolante fabriquée en caoutchouc synthétique. Elle laisse généralement pénétrer une petite quantité d'eau qui prend la température du corps.

profondimètre^M
Appareil qui indique la profondeur à laquelle se trouve le plongeur.

gaine^F
Étui généralement rigide destiné à recouvrir et à protéger un couteau.

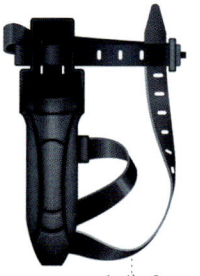

plomb^M **de cheville**^F
Bande munie de poids, portée à la cheville, utilisée pour compenser la flottabilité naturelle du plongeur.

palme^F
Nageoire de caoutchouc ou de matériau plastique, fixée au pied, qui permet d'améliorer la propulsion du plongeur dans l'eau.

bottillon^M
Chaussure de caoutchouc synthétique destinée à protéger le pied et la cheville contre le froid et le frottement de la palme.

lanière^F
Courroie souple et résistante utilisée pour fixer la gaine à une partie du corps (généralement le mollet).

chausson^M
Partie de la palme dans laquelle on insère le pied. Il peut être ouvert au talon et muni d'une sangle ajustable, ou encore complètement fermé.

nervure^F
Renfort latéral de la palme, qui augmente la rigidité de la voilure afin d'améliorer l'efficacité de la palme.

voilure^F
Partie propulsive de la palme, qui prolonge le chausson. La longueur et la rigidité de la voilure déterminent la puissance de propulsion.

fusil^M **à air**^M **comprimé**
Arme permettant de propulser une flèche vers un poisson ou un autre animal marin, sous l'eau, par l'action de l'air maintenu sous pression. La flèche est reliée au fusil par une corde.

SPORTS ET JEUX

boxe^F

sports de combat

Sport au cours duquel deux adversaires portant des gants s'affrontent à coups de poing (boxe anglaise) ou à coups de poing et de pied (boxe française), selon des règles précises.

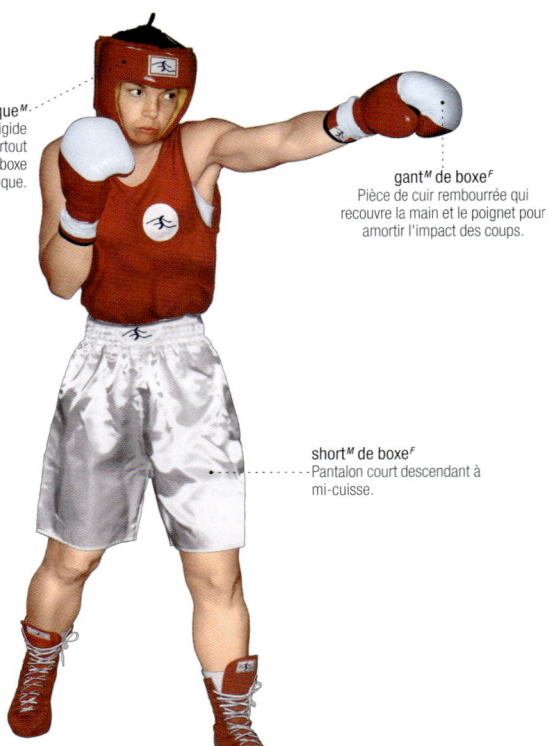

boxeur^M
Athlète qui pratique la boxe. Les boxeurs sont classés par catégories de poids.

casque^M
Pièce d'équipement rigide destinée à protéger la tête, surtout durant l'entraînement ou en boxe olympique.

gant^M **de boxe**^F
Pièce de cuir rembourrée qui recouvre la main et le poignet pour amortir l'impact des coups.

ballon^M **de boxe**^F
Sac gonflable en cuir sur lequel le boxeur frappe à l'entraînement : il sert à développer la vitesse et la coordination des coups.

short^M **de boxe**^F
Pantalon court descendant à mi-cuisse.

sac^M **de sable**^M
Sac en cuir ou en toile rempli de sable ou de chutes de tissu, pesant environ 30 kg, sur lequel le boxeur s'entraîne à frapper en puissance.

corde^F
Assemblage de fils formant un câble de 3 à 5 cm d'épaisseur tendu entre les poteaux pour délimiter le ring.

ring^M
Estrade carrée bordée de cordes tendues, sur laquelle se déroulent des combats de boxe. Le ring mesure entre 4,9 et 6,1 m de côté à l'intérieur des cordes.

boxeur^M
Athlète qui pratique la boxe. Les boxeurs sont classés par catégories de poids.

arbitre^M
Officiel responsable de l'application des règlements, il dirige le combat sur le ring. Après le combat, il recueille et contrôle le bulletin de notes de chacun des juges.

chronométreur^M
Officiel chargé de contrôler le nombre et la durée des reprises et des temps de pause, en sonnant un gong ou une cloche, sauf en cas de mise hors de combat.

tirant^M **des cordes**^F
Pièce métallique, recouverte d'un coussin de rembourrage, permettant de tendre les cordes autour du ring.

coin^M
Angle formé par l'intersection des cordes. Deux coins (rouge et bleu) sont réservés aux boxeurs, les deux autres étant neutres.

coussin^M **de rembourrage**^M
Enveloppe capitonnée recouvrant chaque poteau et destinée à éviter les blessures.

poteau^M **du ring**^M
Chacun des piquets situés aux quatre coins du ring destinés à soutenir et à tendre les cordes.

escalier^M
Élément de structure permettant d'accéder au ring.

entraîneur^M
Personne qui supervise l'entraînement du boxeur. Il est présent lors des combats et conseille le boxeur sur la stratégie à adopter.

soigneur^M
Personne qui assiste un boxeur et est chargée de lui prodiguer des soins entre les reprises du combat.

tabouret^M
Siège placé au coin d'un boxeur afin qu'il puisse s'y asseoir durant les pauses.

juge^M
Chacun des trois ou cinq officiels responsables de l'évaluation des performances : ils notent chacun des boxeurs et décident du gagnant.

tablier^M
Partie du ring située à l'extérieur des cordes. Le plancher du ring, situé à une hauteur comprise entre 0,91 et 1,22 m, doit excéder des cordes d'au moins 50 cm.

tapis^M
Revêtement de matériau souple d'environ 1,5 cm d'épaisseur, destiné à amortir les chutes et sur lequel est disposée une toile tendue.

près du ring^M
Espace entourant le ring.

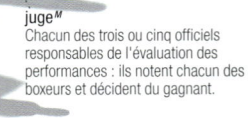

médecin^M
Il est chargé de soigner les boxeurs en cas de blessure. Sa présence est obligatoire lors de tout combat : il peut mettre fin au combat en cas de blessure grave.

sports de combat

boxe

équipement de boxe
Le boxeur utilise divers équipements de protection pour amortir l'impact des coups.

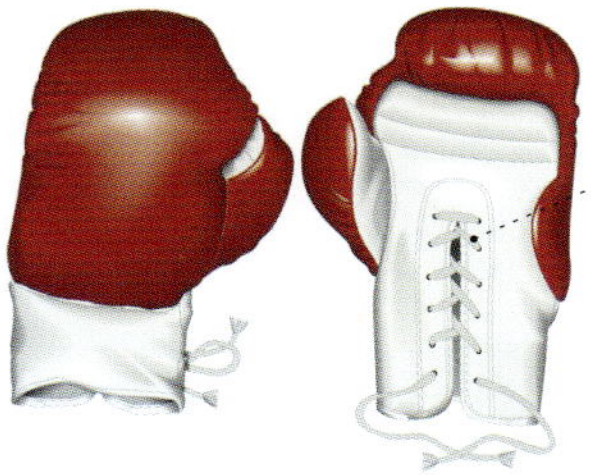

lacet
Cordon étroit qu'on passe dans des œillets pour serrer le gant autour de la main et du poignet.

gants de boxe
Pièces de cuir rembourrées qui recouvrent la main et le poignet pour amortir l'impact des coups.

bandage
Bande de tissu souple (gaze) enveloppant la main sous le gant pour la protéger des fêlures et des fractures ou pour soutenir le poignet.

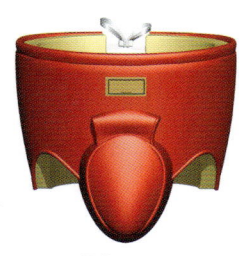

coquille de protection
Pièce d'équipement formée d'un moulage rigide de matière plastique destiné à protéger les organes génitaux d'un athlète.

protège-dents
Appareil de protection des dents que le boxeur place entre les joues et les dents lors d'un combat.

lutte

Sport au cours duquel deux adversaires combattent à mains nues et cherchent à se plaquer au sol au moyen de prises particulières.

positions de départ
Au début du combat, les lutteurs doivent se tenir debout, de chaque côté du cercle blanc de 1 m de diamètre situé au centre de la surface centrale de lutte.

lutteur
Athlète qui pratique la lutte. Les lutteurs sont classés par catégories de poids.

garde basse (lutte libre)
La lutte libre permet au lutteur d'utiliser la totalité de son corps, permettant ainsi une plus grande variété de prises qu'en lutte gréco-romaine.

garde haute (lutte gréco-romaine)
Dans la lutte gréco-romaine, il est notamment interdit de saisir l'adversaire au-dessous de la hanche et d'utiliser les jambes pour assurer une prise ou se défendre.

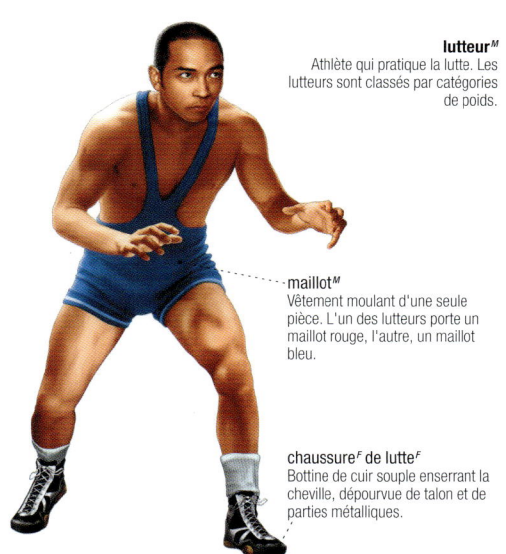

maillot
Vêtement moulant d'une seule pièce. L'un des lutteurs porte un maillot rouge, l'autre, un maillot bleu.

chaussure de lutte
Bottine de cuir souple enserrant la cheville, dépourvue de talon et de parties métalliques.

lutteur
Athlète qui pratique la lutte. Les lutteurs sont classés par catégories de poids.

surface de protection
Surface de 1,5 m de largeur entourant la zone de passivité, destinée à assurer la sécurité du lutteur s'il est projeté hors de la surface de lutte.

aire de combat
Tapis carré de 12 m de côté réservé à la pratique de la lutte. Un combat se déroule en deux périodes de trois minutes, avec une pause de 30 secondes.

zone de passivité
Bande rouge de 1 m de largeur délimitant la surface de lutte (9 m de diamètre), dont elle fait partie.

arbitre
Officiel responsable de l'application des règlements, il dirige le combat sur le tapis et porte des manchettes rouge et bleue pour indiquer les points.

surface centrale de lutte
Cercle de 7 m de diamètre situé à l'intérieur de la zone de passivité, sur lequel se déroule le combat.

juge
Officiel qui attribue les points pour chaque action technique, selon les indications de l'arbitre ou du chef de tapis, et les consigne sur un bulletin de pointage.

chef de tapis
Officiel chargé de coordonner les travaux de l'arbitre et du juge. En cas de désaccord entre ces derniers, c'est lui qui tranche. Il peut également interrompre le combat.

sports de combat

judo^M

Sport d'origine japonaise se pratiquant à mains nues, sans donner de coups et consistant à déséquilibrer l'adversaire à l'aide de prises.

tapis^M
Surface constituée de petits tapis juxtaposés (tatamis), mesurant entre 14 et 16 m de côté, destinée à la pratique du judo.

surface^F **de sécurité**^F
Surface de 3 m de largeur entourant la zone de danger, destinée à assurer la protection du combattant s'il est projeté hors de la surface de combat.

combattant^M
Chacun des deux athlètes qui s'opposent dans un combat. Les combattants sont classés par catégories de poids.

marqueurs^M **et chronométreurs**^M
Les marqueurs sont chargés d'indiquer les résultats sur les tableaux d'affichage et les chronométreurs de contrôler la durée du combat.

tableau^M **d'affichage**^M
Tableau présentant diverses données sur le combat en cours (points, pénalités, etc.). Il y a deux tableaux d'affichage (manuel et électronique) par surface de combat.

équipe^F **médicale**
Les médecins sont chargés de soigner les judokas en cas de blessure. Leur présence est obligatoire lors de tout combat : peuvent mettre fin au combat en cas de blessure grave.

surface^F **de combat**^M
Surface incluant la zone de danger, mesurant entre 8 et 10 m de côté et sur laquelle se déroule le combat. Des lignes indiquent la position des judokas au début et à la fin du combat.

arbitre^M
Officiel responsable de l'application des règlements, il dirige le combat sur le tapis et est assisté par deux juges.

juge^M
Chacun des deux officiels assistant l'arbitre, qui vérifient notamment que les prises sont bien effectuées à l'intérieur de la surface de combat.

zone^F **de danger**^M
Bande rouge de 1 m de largeur délimitant la surface de combat, dont elle fait partie.

judogi^M
Tenue portée pour la pratique du judo, faite de coton ou d'une matière similaire. L'un des judokas porte un judogi blanc, l'autre un judogi bleu.

veste^F
Vêtement à larges manches couvrant le buste et une partie des cuisses. Les femmes doivent porter un justaucorps ou un maillot blanc sous la veste.

exemples^M **de prises**^F
Le judo comprend une quarantaine de prises : les prises au sol (étranglements, clés, immobilisations) et les projections debout (épaules, bras, hanches, jambes).

immobilisation^F
L'attaquant exerce une pression sur les épaules de son adversaire et le maintient au sol sans qu'il puisse se dégager.

hanche^F **ailée**
L'attaquant fait basculer son adversaire autour de sa hanche, lui poussant la jambe tout en effectuant une rotation sur son torse.

projection^F **en cercle**^M
L'attaquant déstabilise son adversaire vers l'avant, place le pied au niveau de son estomac et s'allonge sous lui pour le projeter sur le dos.

grand fauchage^M **extérieur**
L'attaquant balaie la jambe droite de son adversaire du sol par derrière, en se servant de sa jambe droite, le faisant ainsi tomber sur le dos.

grand fauchage^M **intérieur**
L'attaquant balaie la jambe droite de son adversaire du sol par devant, en se servant de sa jambe droite, le faisant ainsi tomber sur le dos.

ceinture^F
Bande de tissu d'environ 3 m de longueur, enroulée deux fois autour de la taille et dont la couleur indique le grade du judoka.

étranglement^M
L'attaquant encercle le cou de son adversaire par derrière avec le bras pour l'empêcher de respirer ou pour réduire l'afflux de sang et d'oxygène au cerveau.

pantalon^M
Vêtement couvrant le bas du corps, de la taille ou des hanches jusqu'aux chevilles, en habillant chaque jambe séparément.

clé^F **de bras**^M
L'attaquant exerce une pression sur l'articulation du coude de son adversaire, dans le sens opposé à sa flexion naturelle, pour obtenir sa soumission.

projection^F **d'épaule**^M **par un côté**^M
L'attaquant place son avant-bras sous l'aisselle de son adversaire et le hisse sur son dos pour le projeter vers l'avant, par-dessus son épaule.

sports de combat

karaté^M

Sport d'autodéfense d'origine japonaise se pratiquant à mains nues et dans lequel les coups, le plus souvent donnés avec les mains et les pieds, doivent s'arrêter avant d'atteindre le corps de l'adversaire.

karatéka^F
Athlète qui pratique le karaté. D'une organisation à l'autre, les karatékas ne sont pas toujours classés par catégories de poids.

karatégi^M
Tenue portée pour la pratique du karaté, comportant une veste et un pantalon généralement faits de coton.

surface^F **de combat**^M
Tapis carré de 8 m de côté, entouré d'une surface de sécurité et sur lequel se déroule le combat.

ligne^F **de l'arbitre**^M
Marque désignant la position réglementaire de l'arbitre lors du combat.

obi^F
Longue et large ceinture nouée autour de la taille pour fermer la veste et dont la couleur indique le grade du combattant.

ligne^F **des compétiteurs**^M
Marque désignant la position des karatékas au début du combat et lors de chaque interruption de combat.

aire^F **de compétition**^F
Surface aménagée pour la pratique du karaté. Les combats durent au maximum trois minutes.

comité^M **d'arbitrage**^M
Groupe de hauts gradés notamment chargés de superviser le déroulement du combat et de vérifier que l'arbitre et les juges exercent correctement leurs fonctions.

juge^M **de coin**^M
Chacun des quatre officiels assistant l'arbitre, qui donnent notamment leur opinion quant aux décisions de ce dernier et jugent les actions des karatékas.

marqueur^M
Officiel qui enregistre les points et les pénalités des karatékas.

chronométreur^M
Officiel qui contrôle la durée du combat.

arbitre^M
Officiel responsable de l'application des règlements, il dirige le combat sur le tapis, accorde les points et distribue les avertissements et les pénalités.

karatéka^M
Athlète qui pratique le karaté. D'une organisation à l'autre, les karatékas ne sont pas toujours classés par catégories de poids.

SPORTS ET JEUX

sports de combat

taekwondo^M

Sport d'autodéfense d'origine coréenne se pratiquant à mains nues; lors des compétitions, les concurrents marquent des points en visant des zones cibles sur l'adversaire.

aire^F de compétition^F
Surface aménagée pour la pratique du taekwondo. Les combats comprennent trois périodes de trois minutes.

dobok^M
Tenue portée pour la pratique du taekwondo, comprenant une veste et un pantalon longs et amples habituellement en coton.

chronométreur^M
Officiel qui contrôle la durée du combat.

analyste^M
Officiel qui inscrit et publie les décisions des juges (points valides ou déductions de points).

équipe^F médicale
Les médecins sont chargés de soigner les combattants en cas de blessure. Leur présence est obligatoire lors de tout combat : ils peuvent mettre fin au combat en cas de blessure grave.

combattant^M
Chacun des deux athlètes qui s'opposent dans un combat. Les combattants sont classés par catégories de poids.

juge^M de coin^M
Chacun des trois officiels qui notent les performances des combattants.

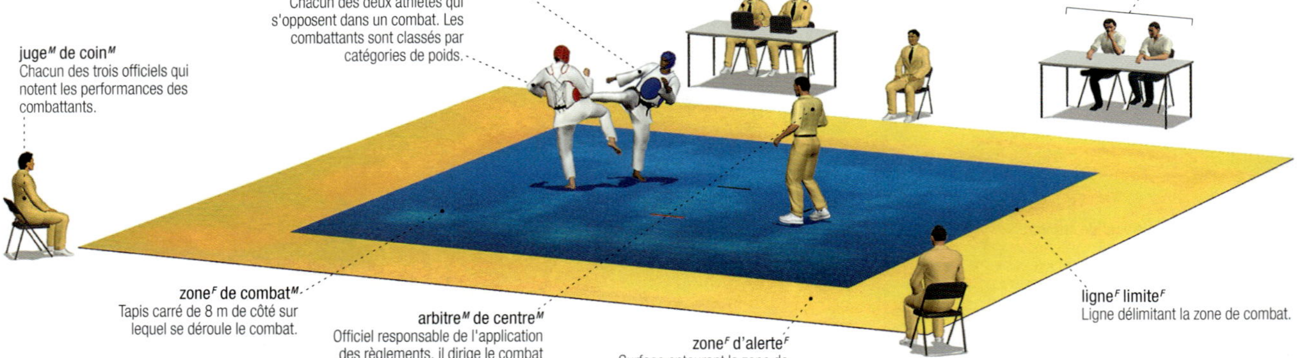

zone^F de combat^M
Tapis carré de 8 m de côté sur lequel se déroule le combat.

arbitre^M de centre^M
Officiel responsable de l'application des règlements, il dirige le combat sur le tapis et est assisté par trois juges.

zone^F d'alerte^F
Surface entourant la zone de combat, destinée à assurer la protection du combattant s'il est projeté hors de cette zone.

ligne^F limite^F
Ligne délimitant la zone de combat.

équipement^M de taekwondo^M
En raison de la rudesse des contacts et de la fréquence des mises au plancher, les combattants doivent porter un équipement de protection important.

casque^M
Pièce d'équipement rigide destinée à protéger la tête.

protège-avant-bras^M
Pièce d'équipement rembourrée conçue pour protéger l'avant-bras.

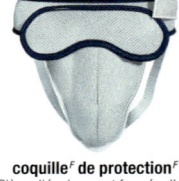

coquille^F de protection^F
Pièce d'équipement formée d'un moulage rigide de matière plastique destiné à recouvrir les organes génitaux d'un combattant.

plastron^M
Gilet fortement matelassé qui protège le torse du combattant.

ceinture^F
Bande de tissu enroulée autour de la taille et dont la couleur indique le grade du combattant.

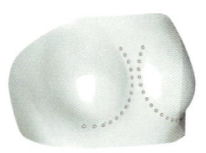

protège-poitrine^M
Pièce d'équipement rigide qui protège les seins d'une combattante.

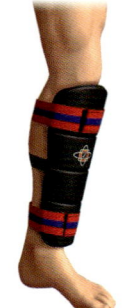

protège-tibia^M
Pièce d'équipement formée d'un moulage rigide de matière plastique assurant la protection des jambes du combattant.

protecteur^M pubien
Pièce d'équipement formée d'un moulage rigide de matière plastique destiné à protéger la région pubienne d'une combattante.

techniques^F
Le combattant doit être en mesure d'attaquer et de se défendre aussi bien au sol que dans les airs. La plupart des coups sont portés par les pieds.

coup^M de pied^M frontal
L'assaillant s'apprête à donner un coup de pied aux flancs; un mouvement détendu et la rotation des hanches permettent une puissance maximale.

garde^F
Le combattant est prêt à porter ou à esquiver un coup. Il se déplace rapidement pour présenter une surface d'impact réduite.

extension^F
Le défenseur s'élève au moyen d'un saut, hors d'atteinte.

blocage^M
Mouvement utilisé pour dévier un coup de pied. Une esquive efficace peut réduire la force d'une attaque de près de 75 %.

coup^M de pied^M sauté latéral
Le défenseur tente un coup de pied sauté de profil. La puissance du geste devient maximale lorsque la jambe est étendue.

sports de combat 995

kendo

Sport d'origine japonaise constituant une forme d'escrime dans laquelle les adversaires, qui portent des protections, luttent avec un sabre de bambou.

kendoka : Athlète qui pratique le kendo. Le kendoka doit porter un équipement protecteur, le bogu (armure).

men : Casque rembourré muni d'une grille d'acier, destiné à protéger la tête et le visage. Il est également pourvu d'une protection pour les épaules et la gorge.

shinai : constitué de quatre lames de bambou reliées par des pièces de cuir, terminé par un capuchon et utilisé pour l'entraînement.

kote : Gant très épais, généralement constitué de coton et de cuir, destiné à protéger la main, le poignet et la partie antérieure de l'avant-bras.

do : Cuirasse généralement faite de lames de bambou recouvertes de cuir, destinée à protéger l'avant du torse et les côtés.

tare : Épaisse ceinture de laquelle pendent cinq pans de coton très épais, destinée à protéger le bas-ventre et les hanches.

hakama : Longue jupe permettant de dissimuler les déplacements des pieds.

techniques : Une attaque combine à la fois le corps, le shinai et le cri (ki-ai). En frappant, l'attaquant crie le nom de la partie du corps qu'il a visée.

kote-uchi : Coup porté au poignet, dans un mouvement vertical qui suit la ligne centrale du corps.

men-uchi : Coup porté au front. Le mouvement de propulsion part de la cheville gauche et projette le corps de l'attaquant vers l'avant.

do-uchi : Coup porté au flanc droit suivant un angle de 45°. L'objectif symbolique est de trancher l'adversaire en deux.

tsuki-uchi : Coup porté à la gorge. Le coup est donné avec la pointe du shinai, dans un mouvement d'avancée vers l'avant de tout le corps.

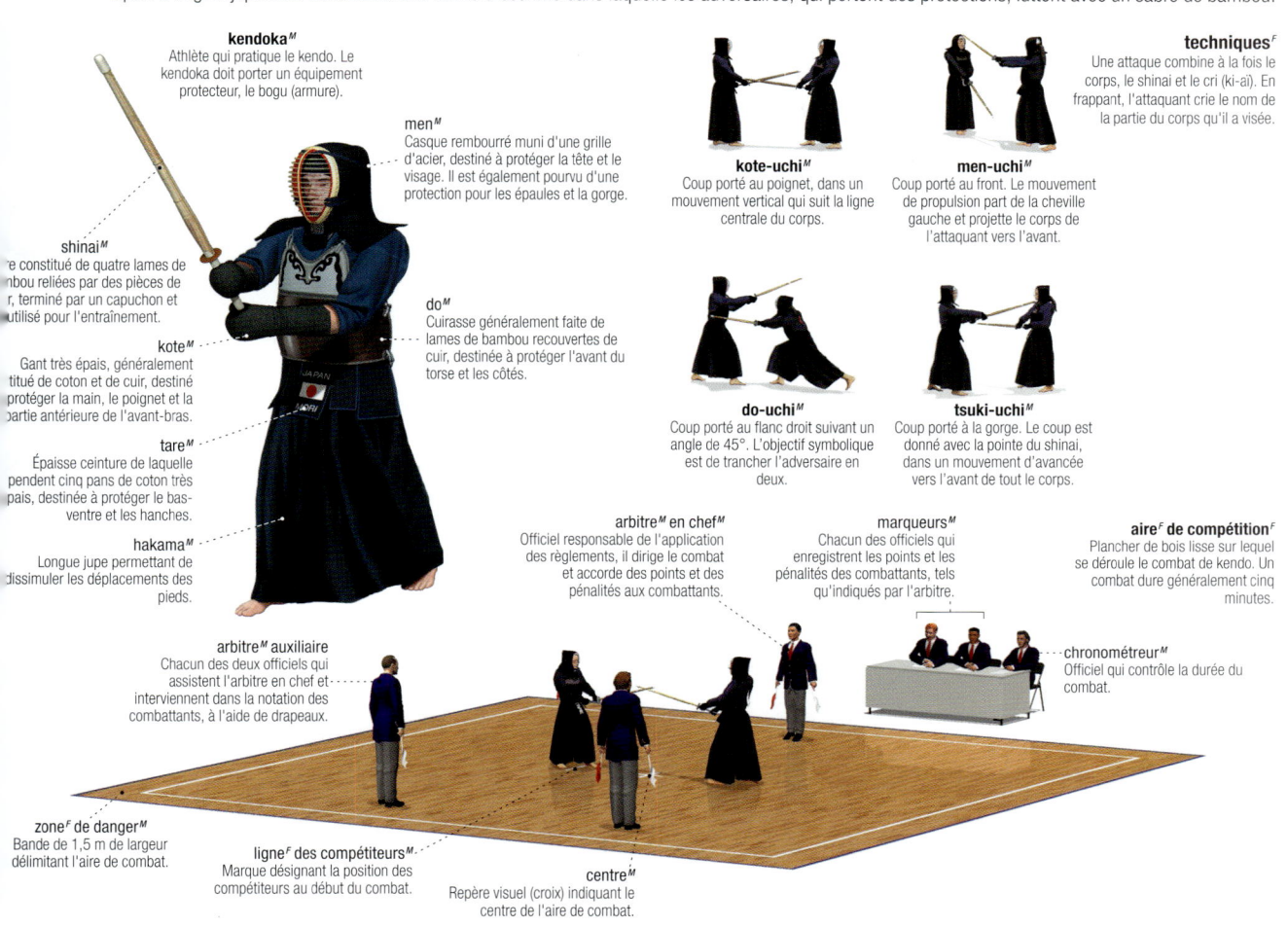

arbitre en chef : Officiel responsable de l'application des règlements, dirige le combat et accorde des points et des pénalités aux combattants.

marqueurs : Chacun des officiels qui enregistrent les points et les pénalités des combattants, tels qu'indiqués par l'arbitre.

aire de compétition : Plancher de bois lisse sur lequel se déroule le combat de kendo. Un combat dure généralement cinq minutes.

arbitre auxiliaire : Chacun des deux officiels qui assistent l'arbitre en chef et interviennent dans la notation des combattants, à l'aide de drapeaux.

chronométreur : Officiel qui contrôle la durée du combat.

zone de danger : Bande de 1,5 m de largeur délimitant l'aire de combat.

ligne des compétiteurs : Marque désignant la position des compétiteurs au début du combat.

centre : Repère visuel (croix) indiquant le centre de l'aire de combat.

sumo

Lutte japonaise liée au shintoïsme, pratiquée par des lutteurs très grands et corpulents, consistant à faire toucher le sol à l'adversaire ou à l'expulser de l'aire de combat.

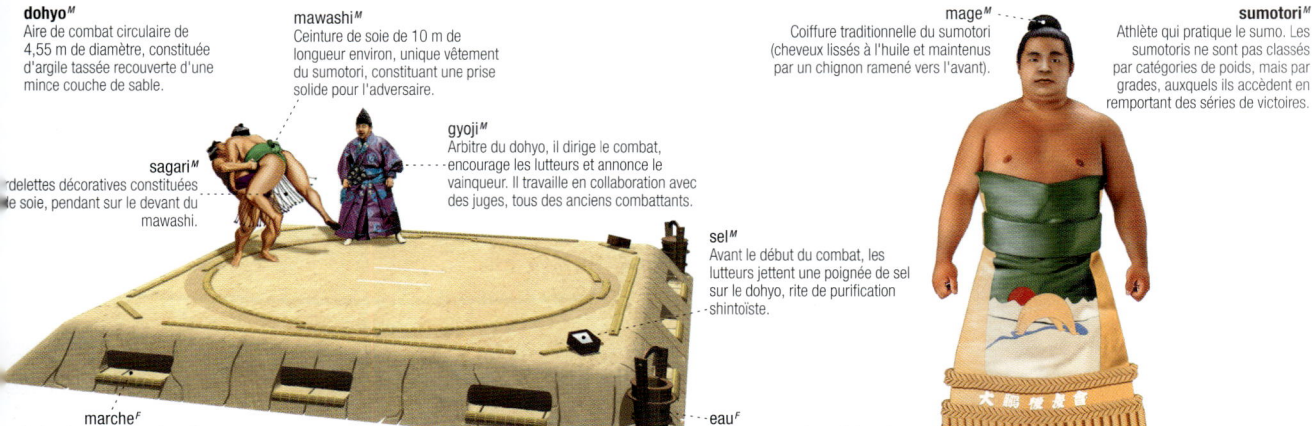

dohyo : Aire de combat circulaire de 4,55 m de diamètre, constituée d'argile tassée recouverte d'une mince couche de sable.

mawashi : Ceinture de soie de 10 m de longueur environ, unique vêtement du sumotori, constituant une prise solide pour l'adversaire.

gyoji : Arbitre du dohyo, il dirige le combat, encourage les lutteurs et annonce le vainqueur. Il travaille en collaboration avec des juges, tous des anciens combattants.

mage : Coiffure traditionnelle du sumotori (cheveux lissés à l'huile et maintenus par un chignon ramené vers l'avant).

sumotori : Athlète qui pratique le sumo. Les sumotoris ne sont pas classés par catégories de poids, mais par grades, auxquels ils accèdent en remportant des séries de victoires.

sagari : cordelettes décoratives constituées de soie, pendant sur le devant du mawashi.

sel : Avant le début du combat, les lutteurs jettent une poignée de sel sur le dohyo, rite de purification shintoïste.

marche : Surface horizontale sur laquelle on pose le pied pour accéder au dohyo.

eau : Les lutteurs se rincent la bouche avec une eau de purification avant de débuter le combat.

SPORTS ET JEUX

sports de combat

kung-fu^M

Sport d'origine chinoise se pratiquant avec ou sans armes ; il est assez proche du karaté, mais fait davantage appel aux techniques de jambes.

pratiquant^M
Athlète qui pratique le kung-fu. Le pratiquant doit être rapide, précis et souple, et disposer d'une grande concentration.

veste^F traditionnelle
Fermée par des boutons et pourvue d'un col officiel, elle est souvent noire, mais peut aussi être rouge, jaune ou blanche, couleurs traditionnelles en Chine.

sash
Ceinture dont la couleur indique généralement le grade du pratiquant. Les couleurs varient d'un style à l'autre, selon l'école ou le niveau.

aire^F de compétition^F
Surface aménagée pour la pratique du kung-fu. Elle diffère d'un type de compétition à l'autre (plancher de bois, tapis, ring surélevé, etc.).

tableau^M d'affichage^M
Tableau présentant diverses données sur le combat en cours (points, temps, catégories des combattants).

médecins^M
Les médecins sont chargés de soigner les combattants en cas de blessure. Leur présence est obligatoire lors de tout combat : ils peuvent mettre fin au combat en cas de blessure grave.

officiels^M
Chacun des quatre responsables du déroulement de la compétition (marqueur, chronométreur, etc.).

juges^M de coin^M
Chacun des quatre officiels responsables de l'évaluation des performances : ils attribuent les points aux combattants. L'arbitre peut les consulter en cas d'ambiguïté.

combattant^M
Chacun des deux athlètes qui s'opposent dans un combat. Les combattants sont généralement classés par catégories de poids et de niveau.

arbitre^M
Officiel responsable de l'application des règlements, il dirige le combat sur le tapis. La décision finale lui revient en cas de désaccord avec les juges de coin.

ju-jitsu^M

Sport d'origine japonaise fondé sur les projections, les immobilisations, les étranglements et les coups frappés sur les points vitaux du corps. Il a donné naissance au judo.

aire^F de compétition^F
Surface aménagée pour la pratique du ju-jitsu.

marqueurs^M
Chacun des officiels qui enregistrent les points et les pénalités des combattants, tels qu'indiqués par l'arbitre.

zone^F de sécurité^F
Surface de 1 m de largeur entourant la zone d'avertissement, destinée à assurer la protection d'un combattant projeté hors de l'aire de combat.

combattant^M
Chacun des deux athlètes qui s'opposent dans un combat. Les combattants sont généralement classés par catégories de poids et de niveau.

obi^F
Longue et large ceinture nouée autour de la taille pour fermer la veste et dont la couleur indique le grade du combattant.

médecins^M
Les médecins sont chargés de soigner les combattants en cas de blessure. Leur présence est obligatoire lors de tout combat : ils peuvent mettre fin au combat en cas de blessure grave.

zone^F d'avertissement^M
Bande rouge de 1 m de largeur délimitant l'aire de combat.

aire^F de combat^M
Surface de 8 m x 8 m sur laquelle se déroule le combat.

chronométreur^M
Officiel qui contrôle la durée du combat.

tatami^M
Épais tapis carré de 12 m de côté constitué de petits matelas juxtaposés, sur lequel se pratique le ju-jitsu.

arbitre^M en chef^M
Officiel responsable de l'application des règlements, il dirige le combat et accorde des points et des pénalités aux combattants.

gi^M
Tenue portée pour la pratique du ju-jitsu, comportant une veste et un pantalon de coton le plus souvent de couleur blanche.

arbitre^M de côté^M
Chacun des deux officiels, situés en dehors de l'aire de combat, qui assistent l'arbitre en chef et interviennent dans la notation des combattants.

aïkido^M

Sport défensif d'origine japonaise consistant à neutraliser à mains nues un adversaire, armé ou non, au moyen d'esquives, de projections et d'immobilisations.

aïkidoka^F
Athlète qui pratique l'aïkido. L'aïkido exige une grande coordination dans les déplacements, un développement des réflexes, de la souplesse et une grande concentration.

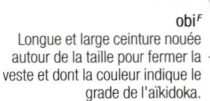

aïkidogi^M
Tenue portée pour la pratique de l'aïkido, comportant une veste de toile solide et un pantalon blancs chez les débutants.

obi^F
Longue et large ceinture nouée autour de la taille pour fermer la veste et dont la couleur indique le grade de l'aïkidoka.

hakama^M
Pantalon très ample permettant de dissimuler les déplacements des pieds.

jo^M
Bâton de bois mesurant environ 1,3 m de longueur, principalement utilisé pour l'entraînement.

bokken^M
Sabre de bois mesurant environ 1 m de longueur, utilisé pour l'entraînement. Le jo et le bokken permettent d'évaluer les notions de distance et de placement.

sports de combat 997

escrime^F

Sport opposant deux adversaires qui tentent de se toucher avec des armes (épée, fleuret ou sabre) sur une surface définie du corps.

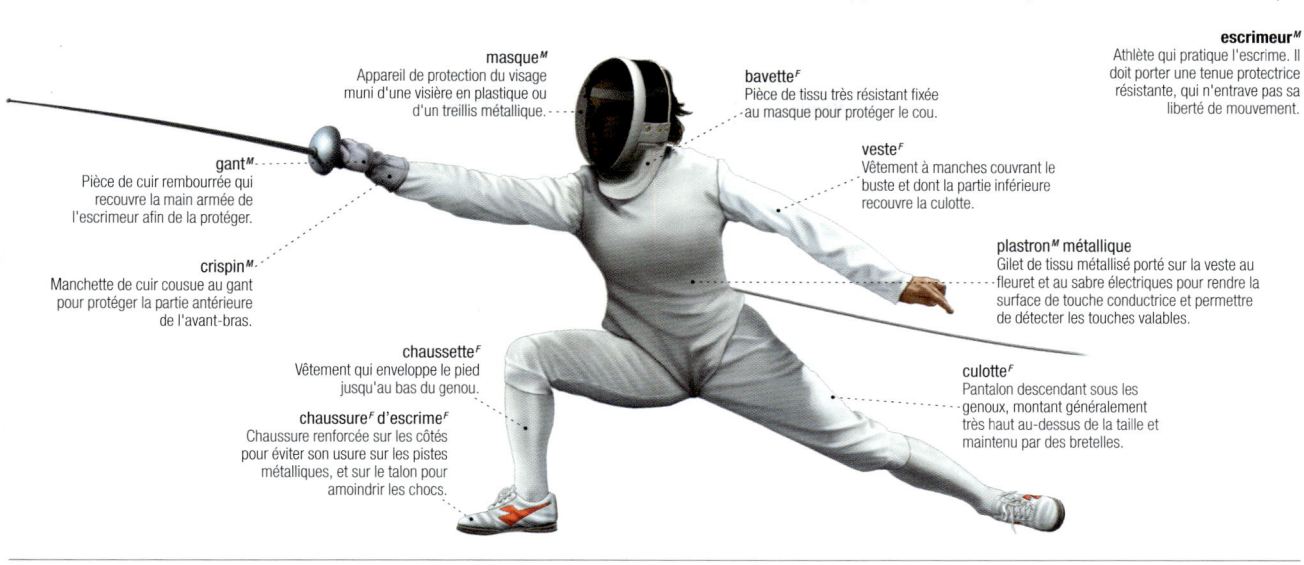

masque^M
Appareil de protection du visage muni d'une visière en plastique ou d'un treillis métallique.

bavette^F
Pièce de tissu très résistant fixée au masque pour protéger le cou.

escrimeur^M
Athlète qui pratique l'escrime. Il doit porter une tenue protectrice résistante, qui n'entrave pas sa liberté de mouvement.

gant^M
Pièce de cuir rembourrée qui recouvre la main armée de l'escrimeur afin de la protéger.

veste^F
Vêtement à manches couvrant le buste et dont la partie inférieure recouvre la culotte.

crispin^M
Manchette de cuir cousue au gant pour protéger la partie antérieure de l'avant-bras.

plastron^M métallique
Gilet de tissu métallisé porté sur la veste au fleuret et au sabre électriques pour rendre la surface de touche conductrice et permettre de détecter les touches valables.

chaussette^F
Vêtement qui enveloppe le pied jusqu'au bas du genou.

culotte^F
Pantalon descendant sous les genoux, montant généralement très haut au-dessus de la taille et maintenu par des bretelles.

chaussure^F **d'escrime**^F
Chaussure renforcée sur les côtés pour éviter son usure sur les pistes métalliques, et sur le talon pour amoindrir les chocs.

cibles^F
Selon l'arme utilisée, l'escrimeur peut toucher différentes parties du corps de l'adversaire pour marquer des points.

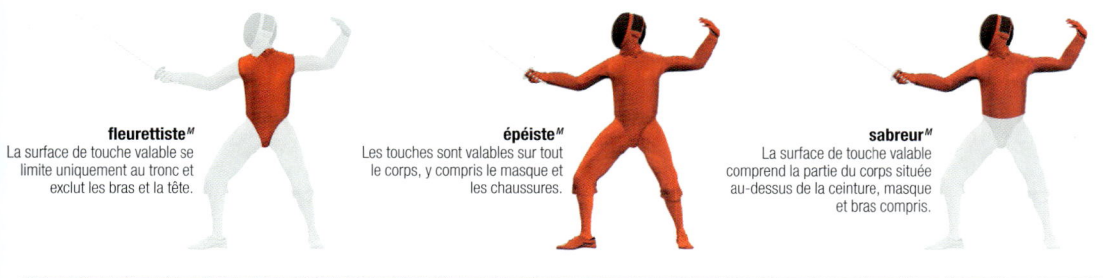

fleurettiste^M
La surface de touche valable se limite uniquement au tronc et exclut les bras et la tête.

épéiste^M
Les touches sont valables sur tout le corps, y compris le masque et les chaussures.

sabreur^M
La surface de touche valable comprend la partie du corps située au-dessus de la ceinture, masque et bras compris.

chronométreur^M
Officiel qui contrôle la durée du combat. Un combat individuel comporte trois manches de trois minutes, avec une pause d'une minute entre chaque manche.

fleuret^M **électrique**
Il comporte à son extrémité un bouton électrique pour marquer des touches. La touche n'est enregistrée que si la pression sur la pointe de la lame dépasse 500 g (poids maximal du fleuret).

piste^F **d'escrime**^F
Aire sur laquelle se déroule le combat. Sa longueur est de 14 m et sa largeur varie entre 1,5 et 2 m.

ligne^F **d'avertissement**^M **(fleuret**^M**)**
Ligne tracée à 1 m de la ligne arrière pour indiquer au fleurettiste qu'il est près de l'extrémité de la piste.

lampe^F**-témoin**^M
Lampe qui s'allume pour signaler les touches valables (lampes rouge et verte) et les touches non valables (lampes blanches).

compte-touches^M **électrique**
Appareil électrique permettant d'enregistrer les touches des escrimeurs par l'intermédiaire du fil de corps.

ligne^F **de mise**^F **en garde**^F
Ligne tracée à 2 m de la ligne médiane, derrière laquelle doit se tenir l'escrimeur pour commencer ou reprendre le combat après une touche valable.

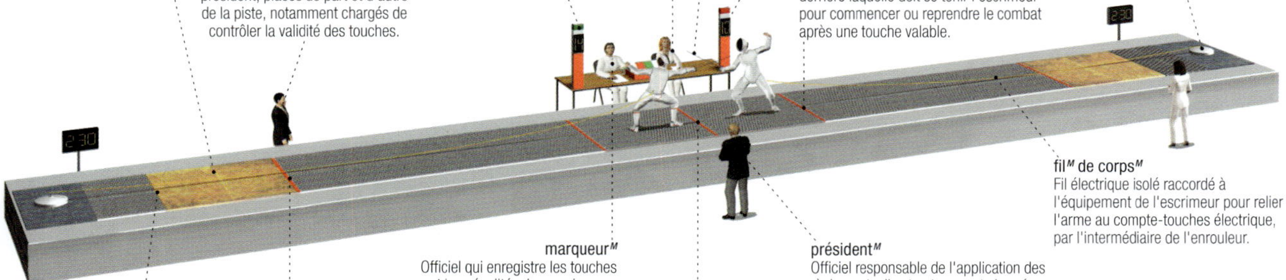

enrouleur^M
Dispositif permettant de maintenir le fil de corps sous tension constante en suivant les déplacements avant et arrière de l'escrimeur.

juge^M
Chacun des officiels assistant le président, placés de part et d'autre de la piste, notamment chargés de contrôler la validité des touches.

fil^M **de corps**^M
Fil électrique isolé raccordé à l'équipement de l'escrimeur pour relier l'arme au compte-touches électrique, par l'intermédiaire de l'enrouleur.

ligne^F **de limite**^F **arrière**
Ligne tracée à 7 m de la ligne médiane, indiquant à l'escrimeur qu'il est hors piste. S'il franchit cette ligne, une touche est attribuée à son adversaire.

marqueur^M
Officiel qui enregistre les touches et les pénalités des escrimeurs.

président^M
Officiel responsable de l'application des règlements, il est notamment chargé de diriger le combat et de contrôler le fonctionnement du compte-touches.

ligne^F **d'avertissement**^M **(épée**^F **et sabre**^M**)**
Ligne tracée à 2 m de la ligne de limite arrière pour indiquer à l'épéiste et au sabreur qu'ils sont près de l'extrémité de la piste.

ligne^F **médiane**
Ligne divisant la piste en deux parties égales, soit une par escrimeur.

SPORTS ET JEUX

sports de combat

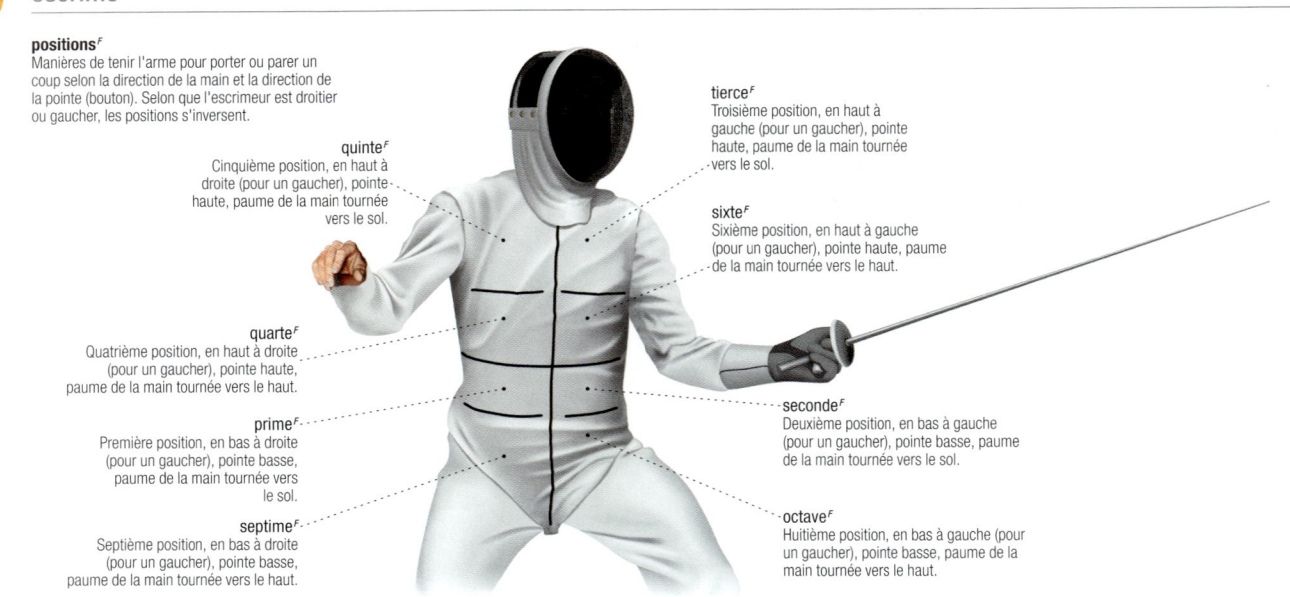

escrime

positions
Manières de tenir l'arme pour porter ou parer un coup selon la direction de la main et la direction de la pointe (bouton). Selon que l'escrimeur est droitier ou gaucher, les positions s'inversent.

quinte
Cinquième position, en haut à droite (pour un gaucher), pointe haute, paume de la main tournée vers le sol.

tierce
Troisième position, en haut à gauche (pour un gaucher), pointe haute, paume de la main tournée vers le sol.

sixte
Sixième position, en haut à gauche (pour un gaucher), pointe haute, paume de la main tournée vers le haut.

quarte
Quatrième position, en haut à droite (pour un gaucher), pointe haute, paume de la main tournée vers le haut.

prime
Première position, en bas à droite (pour un gaucher), pointe basse, paume de la main tournée vers le sol.

seconde
Deuxième position, en bas à gauche (pour un gaucher), pointe basse, paume de la main tournée vers le sol.

septime
Septième position, en bas à droite (pour un gaucher), pointe basse, paume de la main tournée vers le haut.

octave
Huitième position, en bas à gauche (pour un gaucher), pointe basse, paume de la main tournée vers le haut.

armes d'escrime
Aux Jeux olympiques, le fleuret, l'épée et le sabre sont pratiqués par les hommes et les femmes.

fleuret
Arme d'estoc légère (poids maximal de 500 g) munie d'une lame flexible de section carrée ou rectangulaire.

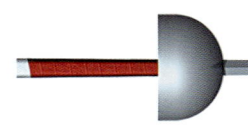

épée
Arme d'estoc munie d'une lame effilée de section triangulaire, plus rigide et plus lourde que celle du fleuret. Son poids maximal est de 770 g.

sabre
Arme d'estoc, de taille et de contre-taille, munie d'une lame généralement recourbée, tranchante d'un seul côté. Son poids maximal est de 500 g, comme celui du fleuret.

parties de l'arme
Les armes peuvent être d'estoc (touche portée avec la pointe de la lame), de taille (avec le tranchant) ou de contre-taille (avec le dos).

pommeau
Extrémité métallique renflée de la poignée qui permet d'équilibrer l'arme.

monture
Partie de l'arme à laquelle est fixée la lame.

lame
Partie de frappe de l'arme, métallique et flexible, mince et effilée, mesurant environ 90 cm de long.

bouton
Extrémité renflée de la lame. Aux armes électriques, le bouton déclenche l'allumage de l'appareil électrique au contact d'une surface de touche valable.

poignée
Partie en bois, en métal ou en matière plastique, qui permet de tenir et manier l'arme.

coquille
Partie métallique arrondie qui permet de protéger la main armée lors du combat.

fort
Partie la plus épaisse de la lame, proche de la coquille.

moyen
Partie de la lame comprise entre le fort et le faible.

faible
Partie la plus fine de la lame, jusqu'à son extrémité.

sports de force

999

haltérophilie(F)

Sport consistant à soulever la charge la plus lourde possible (haltère) à bout de bras en exécutant deux types de levers (arraché, épaulé-jeté).

haltère(M) long
Équipement constitué de disques de poids variable fixés sur une longue tige, que l'on soulève à deux mains.

haltérophile(M)
Athlète pratiquant l'haltérophilie.

poignet(M) de force(F)
Bande de tissu dont la largeur ne doit pas excéder 10 cm, portée autour du poignet afin de le soutenir au moment de l'effort.

ceinture(F) d'haltérophilie(F)
Bande dont la largeur ne doit pas excéder 120 mm, destinée à soutenir les muscles dorsaux et abdominaux pendant l'effort.

maillot(M) de corps(M)
Vêtement moulant couvrant le tronc, mais laissant les épaules découvertes. Il est possible de porter un maillot à manches courtes sous le maillot de corps.

culotte(F)
Pantalon moulant s'arrêtant au-dessus des genoux.

genouillère(F)
Bande de tissu dont la largeur ne doit pas excéder 30 cm, portée autour du genou afin de le soutenir au moment de l'effort.

chaussure(F) d'haltérophilie(F)
Chaussure pourvue d'une semelle antidérapante et d'un talon surélevé pour assurer la stabilité du pied lors des levers.

épaulé(M)-jeté(M)
Type de lever en deux phases consistant à amener la barre à hauteur des épaules (épaulé), puis à la soulever rapidement à bout de bras (jeté) grâce à la poussée des jambes.

lanière(F)
Sangle ajustable permettant de serrer la chaussure autour du pied.

arraché(M)
Type de lever, plus difficile que l'épaulé-jeté, consistant à déplacer la charge à bout de bras, d'un mouvement continu et rapide, jusqu'à la hauteur maximale.

aire(F) de compétition(F)
Plateforme surélevée où se déroulent les compétitions d'haltérophilie. Chaque athlète annonce son lever de départ et dispose de trois essais pour le réussir.

plateforme(F)
Plateau antidérapant sur lequel l'haltérophile doit exécuter ses essais.

haltérophile(M)
Athlète pratiquant l'haltérophilie. Les haltérophiles sont classés par catégories de poids.

poudre(F) de carbonate(M) de magnésium(M)
Poudre blanche à base de magnésium qui absorbe la sueur des mains et permet ainsi une meilleure adhérence sur la barre de l'haltère.

chargeurs(M)
Personnes responsables du changement des disques sur les haltères.

tableau(M) d'affichage(M)
Tableau affichant les informations relatives au déroulement d'une compétition sportive (nom de l'athlète, nationalité, charge soulevée).

jury(M)
Groupe d'officiels qui veillent au respect des règles et supervisent les arbitres. Il peut annuler la décision des arbitres concernant un essai.

SPORTS ET JEUX

sports de force

appareils^M de conditionnement^M physique

Pièces d'équipement servant à pratiquer des exercices visant à maintenir la forme physique et à augmenter la force musculaire, la souplesse et l'endurance.

haltère^M court
Instrument constitué de deux poids réunis par une tige courte, que l'on soulève à une main pour développer notamment les muscles du bras.

barre^F
Tige métallique reliant des poids, par laquelle l'athlète saisit et manie l'haltère.

poids^M
Masse métallique sphérique, de poids et de taille variables, fixée à chaque extrémité de la barre.

poignées^F à ressort^M
Appareil constitué de deux poignées reliées par un ressort, que l'on saisit de la main pour renforcer notamment les muscles de la main, du poignet et de l'avant-bras.

bracelet^M lesté
Large bande souple d'une masse déterminée, que l'on porte autour du poignet ou de la cheville pour augmenter la résistance lors d'un exercice.

corde^F à sauter
Corde pourvue de poignées que l'on fait passer au-dessus de la tête et sous les pieds, en sautant à chacun de ses passages pour muscler notamment les jambes et les fesses.

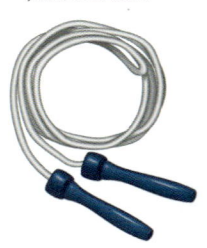

extenseur^M
Appareil constitué de ressorts reliant deux poignées et que l'on étire pour développer les muscles du thorax, des épaules, de la poitrine et des bras.

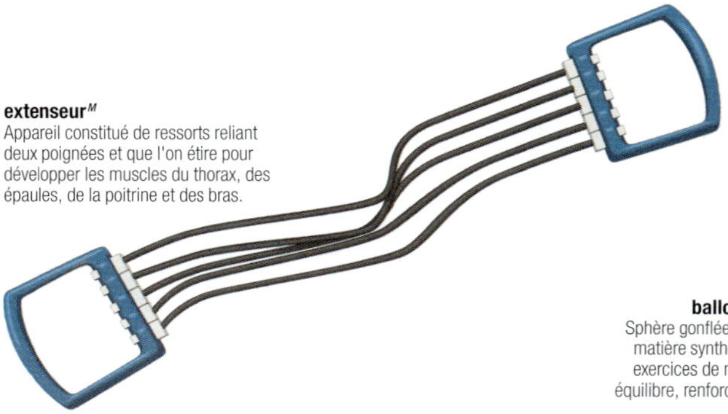

ressort^M athlétique
Barre constituée d'un ressort de tension et de deux poignées, que l'on s'exerce à plier pour muscler la partie supérieure du corps (bras, épaules, etc.).

ressort^M de tension^F
Pièce métallique élastique qui se plie sous l'action d'une force pour ensuite reprendre sa forme initiale.

poignée^F
Partie par laquelle l'athlète manie le ressort athlétique.

ballon^M d'exercice^M
Sphère gonflée d'air, en caoutchouc ou en matière synthétique, utilisée pour divers exercices de mise en forme (étirements, équilibre, renforcement de certains muscles).

tapis^M d'exercice
Petit matelas utilisé pour faire des exercices au sol (redressements assis, pratique du yoga, etc.).

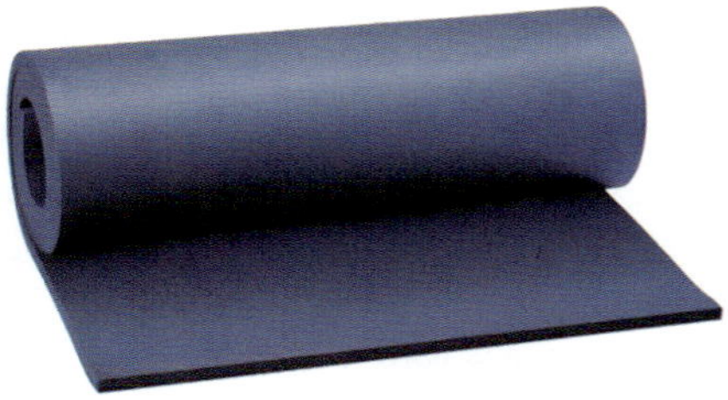

marche^F
Petit banc utilisé principalement en aérobique pour effectuer divers mouvements.

haltère^M long
Instrument constitué de disques de fonte de poids variable fixés sur une longue tige, que l'on soulève à deux mains.

disque^M
Masse cylindrique recouverte de caoutchouc, fixée sur la barre. Le poids des disques varie de 0,25 à 25 kg.

barre^F
Tige métallique reliant des disques, par laquelle l'athlète saisit et manie l'haltère. Elle est moletée pour permettre une meilleure prise.

collier^M de serrage^M
Pièce métallique serrée sur la barre, de part et d'autre du disque pour le maintenir en place.

manchon^M
Chacune des deux extrémités de la barre, où sont fixés les disques.

sports de force

appareils^M de conditionnement^M physique

rameur^M
Appareil simulant les mouvements d'une personne qui rame, permettant notamment de développer la capacité cardiorespiratoire et de nombreux muscles du corps.

chaîne^F
Suite de maillons métalliques reliée à un dispositif simulant la résistance de l'eau.

écran^M
Surface d'affichage présentant les réglages de l'appareil.

poignée^F
Partie que l'utilisateur saisit des mains et tire lors des exercices.

siège^M **coulissant**
Pièce sur laquelle s'assoit l'utilisateur et qui glisse le long de rails afin d'augmenter l'amplitude et l'efficacité du mouvement des rames.

réglage^M **de la résistance**^F
Bouton permettant d'ajuster le niveau de résistance de la rame.

cale-pied^M
Pièce munie d'une sangle, sur laquelle on appuie le pied.

écran^M
Surface d'affichage présentant divers renseignements (réglages de l'appareil, rythme cardiaque, distance parcourue, etc.).

capteur^M **de rythme**^M **cardiaque**
Dispositif qui enregistre les pulsations cardiaques de l'utilisateur.

tapis^M
Revêtement de matériau souple entraîné par un mécanisme de rotation à vitesse variable.

tapis^M **roulant**
Appareil muni d'un tapis mobile permettant de s'entraîner à la marche ou à la course.

banc^M **de musculation**^F
Appareil servant à pratiquer des exercices variés consistant à soulever ou à pousser des charges afin de développer les muscles.

poulie^F **haute**
Dispositif muni d'une roue à gorge sur laquelle roule une corde pour permettre le déplacement des poids.

barre^F **à dorsaux**^M
Assis sur le siège, on tire la barre vers le bas, à l'aide des deux bras, jusqu'à ce qu'elle touche la poitrine, afin de renforcer les muscles du dos.

simulateur^M **d'escalier**^M
Appareil reproduisant le mouvement de montée de marches, permettant notamment de développer la capacité cardiorespiratoire et les muscles des membres inférieurs.

poulie^F **basse**
Dispositif muni d'une roue à gorge sur laquelle roule une corde pour permettre le déplacement des poids.

dossier^M
Pièce servant d'appui au dos.

presse^F **à pectoraux**^M
Appareil formé de deux poignées que l'on ramène vers la poitrine avec les bras jusqu'à ce qu'elles se touchent, afin de développer les muscles de la poitrine.

siège^M
Pièce longue et étroite, rembourrée, sur laquelle on s'allonge ou s'assoit pour effectuer des exercices de musculation.

balancier^M **de traction**^F
Allongé sur le ventre, les mollets sous le balancier, on relève celui-ci à l'aide des muscles de la partie arrière des cuisses et des mollets.

balancier^M **d'extension**^F
Allongé sur le dos, les pieds sous le balancier, on soulève les jambes pour les amener en position horizontale, à l'aide des muscles de la partie avant des cuisses.

poids^M
Corps pesant constituant la force de résistance du banc de musculation. Le réglage de la hauteur du poids permet de sélectionner une résistance particulière.

capteur^M **de rythme**^M **cardiaque**
Dispositif qui enregistre les pulsations cardiaques de l'utilisateur.

réglage^M **de la résistance**^F
Bouton permettant d'ajuster le niveau de résistance de la roue.

selle^F
Petit siège triangulaire sur lequel on s'assoit.

boîtier^M **de la roue**^F
Boîte renfermant une roue d'acier conçue pour offrir une sensation de pédalage réelle, assurant la stabilité et la régularité de l'exercice.

vélo^M **d'exercice**^M
Vélo fixé sur un socle permettant notamment de faire travailler les muscles des jambes et de développer l'endurance.

tableau^M **électronique**
Écran présentant divers renseignements (réglages de l'appareil, rythme cardiaque, distance parcourue, etc.).

guidon^M
Dispositif composé de deux poignées reliées par une tige, que l'utilisateur saisit des mains lors des exercices.

réglage^M **de la hauteur**^F
Vis permettant d'ajuster la hauteur de la selle.

sangle^F
Lanière fixée à la pédale pour retenir le pied.

pédale^F
Pièce sur laquelle l'utilisateur appuie avec le pied pour faire tourner la roue.

SPORTS ET JEUX

saut[M] d'obstacle[M]

Épreuve au cours de laquelle un cheval et son cavalier doivent franchir le plus rapidement possible une série d'obstacles divers formant un parcours.

obstacles[M]
Éléments que doivent franchir le cheval et son cavalier lors d'une épreuve. Une pénalité est attribuée lorsque l'animal renverse l'une des composantes amovibles d'un obstacle.

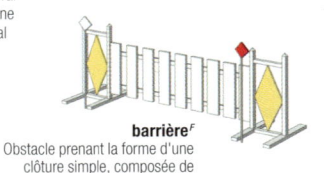

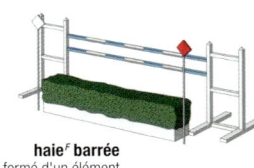

barrière[F]
Obstacle prenant la forme d'une clôture simple, composée de planches fixes placées côte à côte.

mur[M] barré
Obstacle formé d'un mur surmonté d'une ou deux barres amovibles.

haie[F] barrée
Obstacle formé d'un élément vertical précédé d'une haie.

palanque[F]
Obstacle formé de larges planches amovibles (palanques) superposées dans un même plan. Les palanques sont plus instables que les barres.

barres[F] de Spa
Obstacle formé de trois plans verticaux, de hauteur croissante, constitués de barres parallèles amovibles.

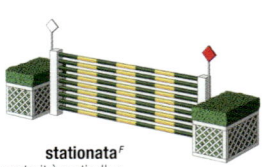

stationata[F]
Obstacle construit à partir d'un ensemble de barres amovibles superposées dans un même plan vertical.

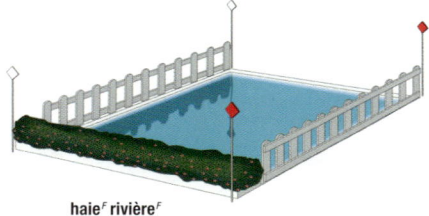

haie[F] rivière[F]
Obstacle formé d'un fossé rempli d'eau, précédé d'une haie. Le cheval commet une faute s'il touche l'eau ou la latte délimitant la fin de la rivière.

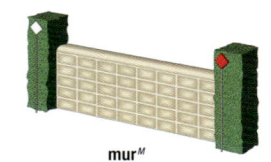

mur[M]
Obstacle composé d'un ensemble de blocs empilables, généralement en bois. Le sommet du mur est arrondi pour éviter de blesser les chevaux.

oxer[M]
Obstacle formé de deux plans verticaux, de hauteur égale (oxer carré) ou différente (oxer montant), constitués de barres parallèles amovibles.

parcours[M] d'obstacles[M]
Terrain clos jalonné de 12 à 15 obstacles que le cheval et son cavalier doivent franchir dans un ordre déterminé, en commettant le moins de fautes possible.

commissaire[M] aux obstacles[M]
Personne chargée de replacer les obstacles renversés.

mur[M]
Obstacle composé d'un ensemble de blocs empilables, généralement en bois. Le sommet du mur est arrondi pour éviter de blesser les chevaux.

palanque[F]
Obstacle formé de larges planches amovibles (palanques) superposées dans un même plan. Les palanques sont plus instables que les barres.

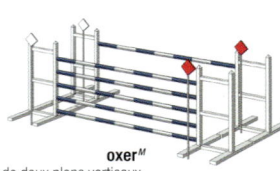

combinaison[F]
Suite de deux ou plusieurs obstacles rapprochés comptant comme un seul obstacle. Chacune des composantes doit être franchie séparément.

tracé[M] du parcours[M]
Ordre dans lequel le cheval et son cavalier doivent parcourir les obstacles.

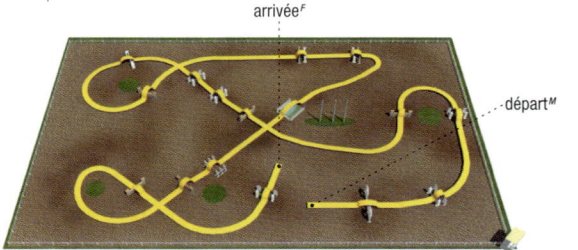

arrivée[F]

départ[M]

vétérinaires[M]
Médecins qui soignent les animaux. Ils contrôlent la condition physique des chevaux avant l'épreuve, et peuvent intervenir pendant celle-ci en cas de blessure.

//

sports équestres

saut^M d'obstacle^M

jaquette^F
Longue veste de couleur foncée que le cavalier porte généralement par-dessus une chemise et une cravate blanches.

bombe^F
Casquette renforcée, traditionnellement recouverte de velours noir, qui protège la tête du cavalier contre les chocs.

jodhpurs^M
Pantalon long, généralement de couleur claire, très ajusté aux genoux et aux jambes et maintenu tendu par des sous-pieds.

selle^F
Pièce plus ou moins incurvée, principalement constituée de cuir, posée sur le dos du cheval pour servir de siège au cavalier.

cavalier^M
Personne montant à cheval. Lors d'un saut, il se penche vers l'encolure du cheval, les pieds en appui sur les étriers.

gant^M
Pièce qui recouvre la main et le poignet en s'adaptant à la forme des doigts. Il assure une bonne prise sur les rênes et protège les mains du frottement.

tapis^M **de selle**^F
Pièce matelassée placée sous la selle, qui protège le dos du cheval du frottement, ainsi que la selle de la sueur du cheval.

cravache^F
Baguette mince et flexible que le cavalier utilise pour stimuler le cheval.

étrier^M
Chacun des deux anneaux métalliques suspendus de part et d'autre de la selle et destinés à soutenir les pieds du cavalier.

bricole^F
Courroie entourant la poitrine du cheval, destinée à empêcher la selle de reculer.

botte^F **de tendon**^M
Pièce d'équipement placée autour du canon de la jambe du cheval afin de le protéger des blessures.

sangle^F
Courroie passant sous le ventre du cheval, qui permet de maintenir la selle sur son dos.

botte^F **de couronne**^F
Pièce d'équipement, généralement en caoutchouc, qui recouvre le sabot afin de le protéger des blessures.

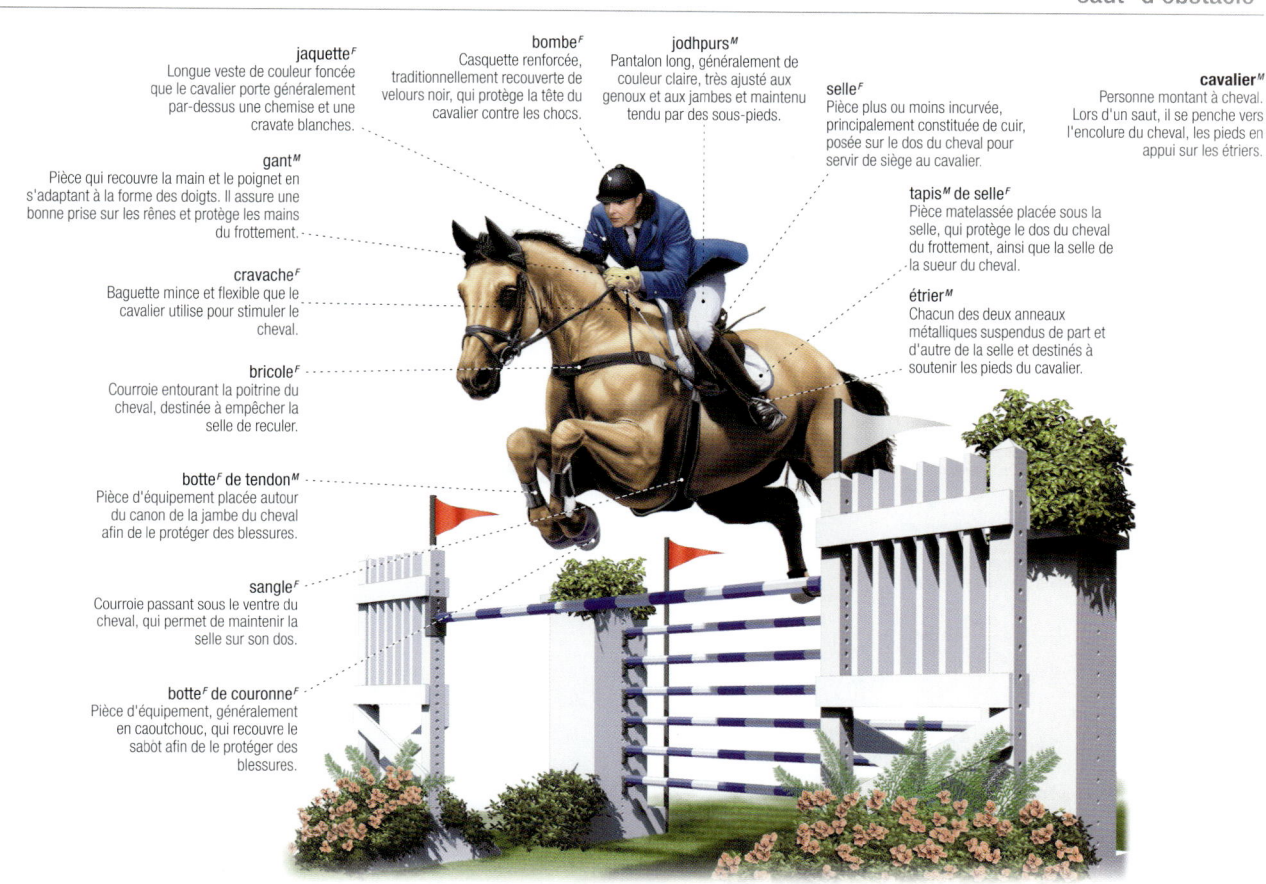

haie^F **rivière**^F
Obstacle formé d'un fossé rempli d'eau, précédé d'une haie. Le cheval commet une faute s'il touche l'eau ou la latte délimitant la fin de la rivière.

commissaire^M **de piste**^F
Officiel responsable de l'application des règlements et de l'agencement du parcours. Pendant l'épreuve, il contrôle aussi les entrées et sorties de piste.

oxer^M
Obstacle formé de deux plans verticaux, de hauteur égale (oxer carré) ou différente (oxer montant), constitués de barres parallèles amovibles.

équipe^F **de premiers soins**^M
Personnel médical prêt à intervenir en cas de blessure d'un cavalier.

jury^M
Ensemble des juges de saut (généralement au nombre de quatre) qui calculent les pénalités des concurrents selon leur parcours et en fonction du barème choisi.

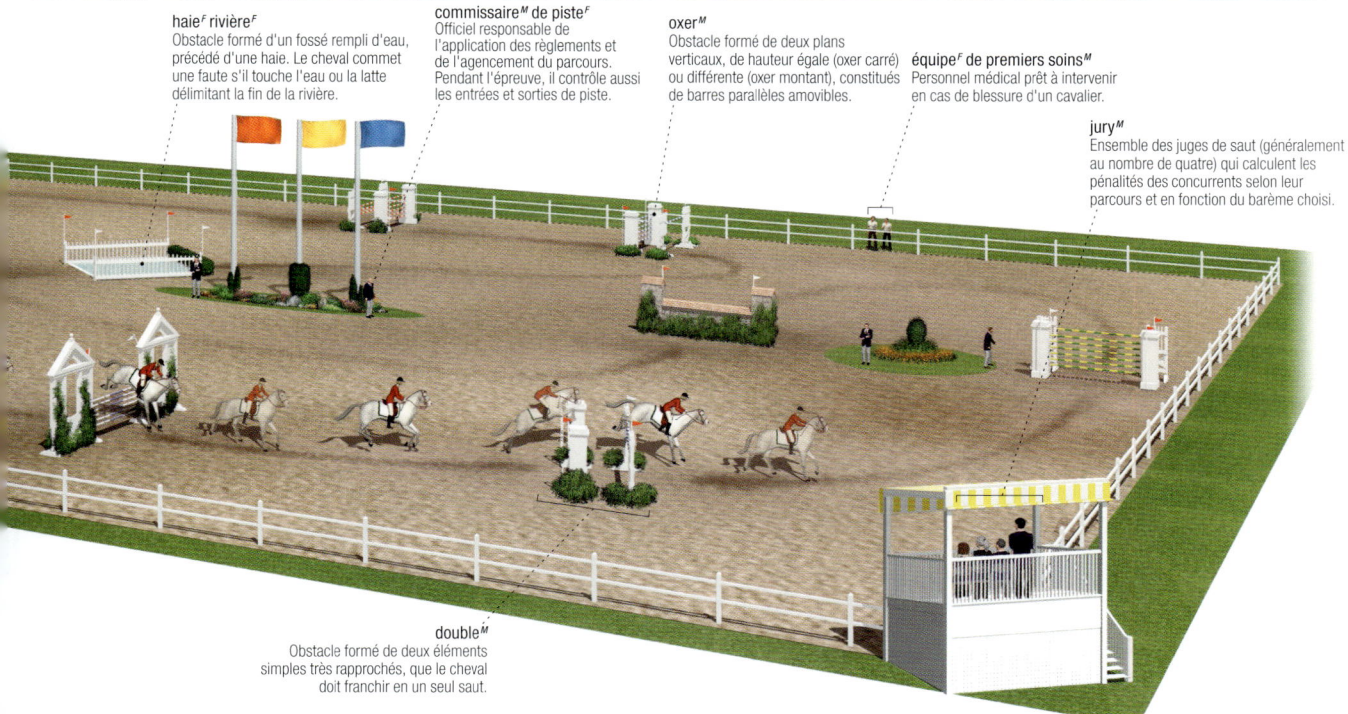

double^M
Obstacle formé de deux éléments simples très rapprochés, que le cheval doit franchir en un seul saut.

SPORTS ET JEUX

équitation^F

Sport ou activité de loisir consistant à monter à cheval. Des équipements spécialisés sont nécessaires pour diriger le cheval et s'y maintenir en place.

bride^F
Harnais de tête qui permet de conduire un cheval, grâce à l'action de deux mors maintenus en place dans la bouche de l'animal et reliés aux rênes.

têtière^F
Lanière placée sur la tête du cheval, derrière les oreilles, et destinée à maintenir en place les montants.

frontal^M
Lanière passant sur le front du cheval, qui empêche la bride de glisser vers l'arrière.

montant^M **de filet**^M
Lanière longeant la joue du cheval, qui relie la têtière au mors de filet. Il maintient le mors à l'endroit voulu dans la bouche de l'animal.

montant^M **de bride**^F
Lanière longeant la joue du cheval, qui relie la têtière au mors de bride. Il maintient le mors à l'endroit voulu dans la bouche de l'animal.

sous-gorge^F
Lanière passant sous la gorge du cheval, qui empêche la bride de glisser vers l'avant. Elle ne doit pas être trop serrée pour éviter de gêner la respiration.

muserolle^F
Partie de la bride passant au-dessus des naseaux, conçue pour empêcher le cheval d'ouvrir la bouche et de se débarrasser des mors.

rêne^F **de filet**^M
Courroie que le cavalier tient en main pour commander le mors de filet et ainsi diriger le cheval.

mors^M **de bride**^F
Mors formé d'un canon et de deux branches latérales, qui agit en abaissant le nez de l'animal. On l'utilise conjointement avec un mors de filet.

rêne^F **de bride**^F
Courroie que le cavalier tient en main pour commander le mors de bride et ainsi diriger le cheval.

mors^M **de filet**^M
Mors formé d'un canon et de deux anneaux latéraux, qui agit en relevant la tête du cheval. On l'utilise seul ou en combinaison avec un mors de bride.

gourmette^F
Chaîne métallique suspendue aux anneaux de montant, qui passe sous la mâchoire (ganache) du cheval pour fixer solidement le mors.

---

mors^M **de filet**^M
Mors formés d'un canon et de deux anneaux latéraux, qui agissent en relevant la tête du cheval. On les utilise seuls ou en combinaison avec un mors de bride.

parties^F **d'un mors**^M **de filet**^M

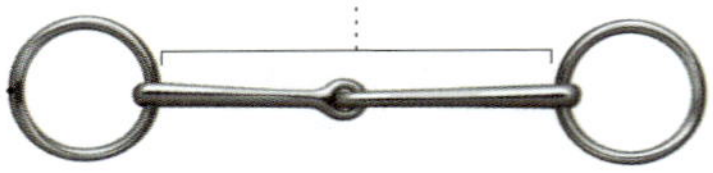

canon^M **brisé**
Pièce formée de deux barres articulées, insérée dans la bouche du cheval, et dont le mouvement, commandé par les rênes, permet de diriger l'animal.

filet^M **à jouets**^M
Mors dont le canon est muni de jouets incitant le cheval à décontracter les mâchoires.

anneau^M **de rêne**^F
Pièce circulaire fixée à l'extrémité du canon, sur laquelle on attache la rêne de filet.

filet^M **en caoutchouc**^M
Mors formé d'un canon droit recouvert de caoutchouc. Moins dur que l'acier, il diminue la pression exercée par le mors sur la bouche du cheval.

filet^M **à olives**^F
Mors formé de deux anneaux fixes de forme ovoïde conçus pour empêcher les blessures aux commissures des lèvres du cheval.

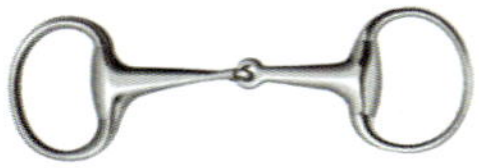

filet^M **à aiguilles**^F
Mors comportant deux tiges latérales qui empêchent les anneaux de pénétrer dans la bouche du cheval, tout en permettant de préciser l'action de la rêne.

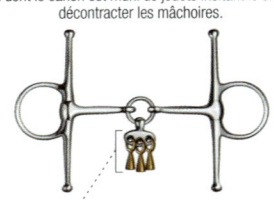

jouets^M
Chaînettes métalliques suspendues au centre du canon. Le cheval est porté à jouer avec ces pièces, ce qui l'amène à décontracter les mâchoires.

---

mors^M **de bride**^F
Mors formés d'un canon et de deux branches latérales, qui agissent en abaissant le nez de l'animal. On les utilise conjointement avec un mors de filet.

parties^F **d'un mors**^M **de bride**^F

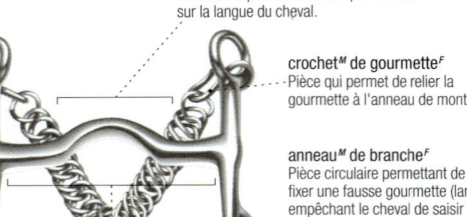

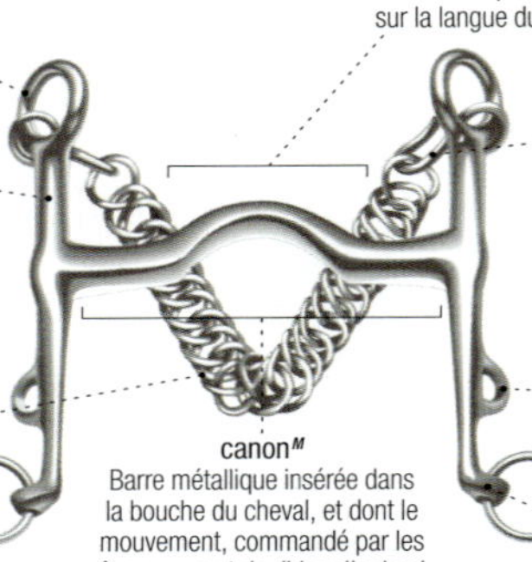

liberté^F **de langue**^F
Incurvation du canon conçue pour diminuer la pression exercée par le mors sur la langue du cheval.

mors^M **à pompe**^F
Mors dont le canon coulisse de haut en bas sur les branches, ce qui assure une action douce mais légèrement moins précise sur le cheval.

anneau^M **de montant**^M
Pièce circulaire formant l'extrémité de la branche supérieure, sur laquelle on fixe la gourmette et le montant de bride.

crochet^M **de gourmette**^F
Pièce qui permet de relier la gourmette à l'anneau de montant.

mors^M **anglais**
Mors pouvant être utilisé seul, qui combine les caractéristiques des mors de filet et de bride.

branche^F **supérieure**
Partie supérieure de chacune des deux tiges portant le canon.

anneau^M **de branche**^F
Pièce circulaire permettant de fixer une fausse gourmette (lanière empêchant le cheval de saisir les branches du mors avec la bouche).

mors^M **à canon**^M **brisé**
Mors de bride dont le canon est formé de deux pièces articulées. Son action est plus douce que celle d'un mors à canon droit.

gourmette^F
Chaîne métallique suspendue aux anneaux de montant, qui passe sous la mâchoire (ganache) du cheval pour fixer solidement le mors.

canon^M
Barre métallique insérée dans la bouche du cheval, et dont le mouvement, commandé par les rênes, permet de diriger l'animal.

anneau^M **de rêne**^F
Pièce circulaire fixée à l'extrémité de la branche inférieure, sur laquelle on attache la rêne de bride.

branche^F **inférieure**
Partie inférieure de chacune des deux tiges portant le canon. Elle est généralement plus longue que la branche supérieure.

sports équestres 1005

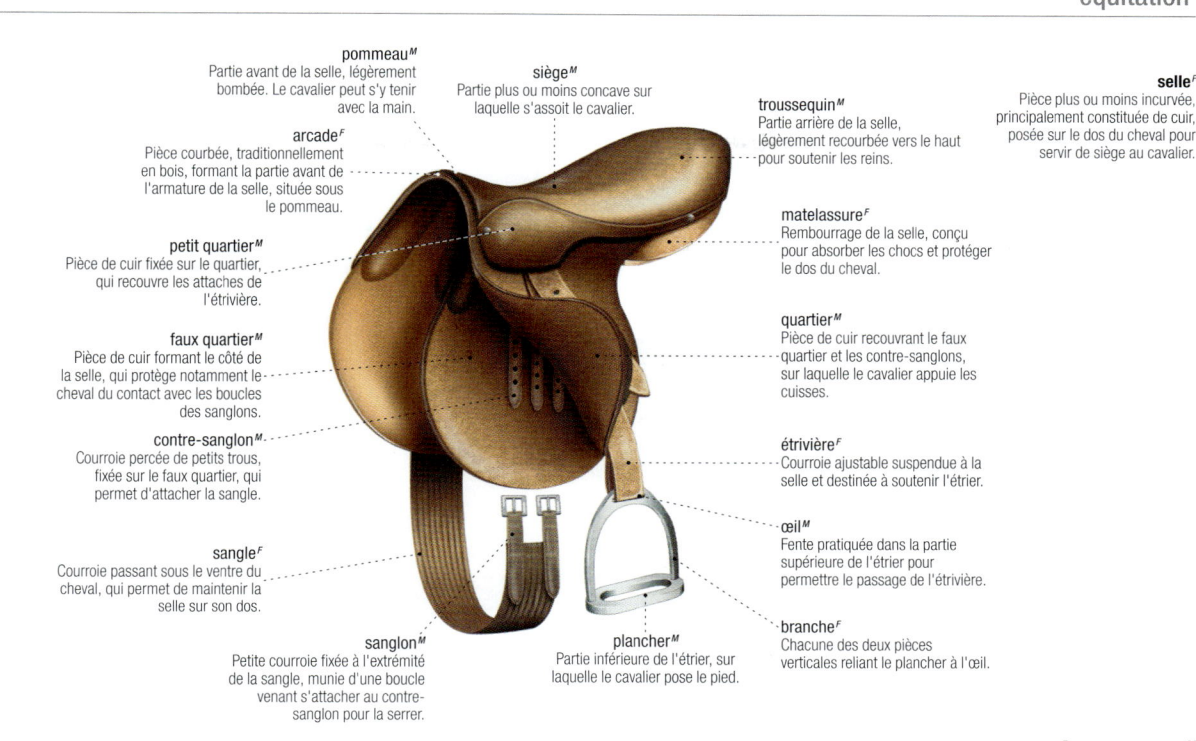

équitation

pommeau
Partie avant de la selle, légèrement bombée. Le cavalier peut s'y tenir avec la main.

siège
Partie plus ou moins concave sur laquelle s'assoit le cavalier.

troussequin
Partie arrière de la selle, légèrement recourbée vers le haut pour soutenir les reins.

selle
Pièce plus ou moins incurvée, principalement constituée de cuir, posée sur le dos du cheval pour servir de siège au cavalier.

arcade
Pièce courbée, traditionnellement en bois, formant la partie avant de l'armature de la selle, située sous le pommeau.

matelassure
Rembourrage de la selle, conçu pour absorber les chocs et protéger le dos du cheval.

petit quartier
Pièce de cuir fixée sur le quartier, qui recouvre les attaches de l'étrivière.

quartier
Pièce de cuir recouvrant le faux quartier et les contre-sanglons, sur laquelle le cavalier appuie les cuisses.

faux quartier
Pièce de cuir formant le côté de la selle, qui protège notamment le cheval du contact avec les boucles des sanglons.

étrivière
Courroie ajustable suspendue à la selle et destinée à soutenir l'étrier.

contre-sanglon
Courroie percée de petits trous, fixée sur le faux quartier, qui permet d'attacher la sangle.

œil
Fente pratiquée dans la partie supérieure de l'étrier pour permettre le passage de l'étrivière.

sangle
Courroie passant sous le ventre du cheval, qui permet de maintenir la selle sur son dos.

branche
Chacune des deux pièces verticales reliant le plancher à l'œil.

sanglon
Petite courroie fixée à l'extrémité de la sangle, munie d'une boucle venant s'attacher au contre-sanglon pour la serrer.

plancher
Partie inférieure de l'étrier, sur laquelle le cavalier pose le pied.

dressage

Discipline dans laquelle un cavalier fait exécuter à son cheval un enchaînement de figures libre ou imposé, appelé reprise, sur une piste spécialement aménagée.

piste de compétition
Terrain plat de forme rectangulaire où les concurrents présentent leur reprise. Chaque routine doit être exécutée dans un temps précis, parfois sur une musique.

cavalière
Personne montant à cheval. Lors des compétitions de dressage, la tenue de la cavalière ou du cavalier et le harnachement du cheval sont strictement réglementés.

veste
Vêtement à manches, fermé sur le devant, souvent prolongé par une queue. De couleur sombre, elle est portée par-dessus une chemise et une cravate blanches.

juge
Responsable de l'évaluation des performances. Les juges attribuent à chaque figure une note sur 10.

juge
Responsable de l'évaluation des performances. Les juges attribuent à chaque figure une note sur 10.

gant
Pièce qui recouvre la main et le poignet en s'adaptant à la forme des doigts. Le port de gants blancs est obligatoire dans les compétitions de dressage.

selle
Pièce plus ou moins incurvée, principalement constituée de cuir, posée sur le dos du cheval pour servir de siège au cavalier.

botte
Chaussure qui monte généralement jusqu'au-dessous du genou. En dressage, le cavalier porte des bottes noires sur des pantalons blancs.

figure
Ensemble de mouvements codifié, reconnu par la Fédération équestre internationale. Une reprise de haut niveau comprend jusqu'à 35 figures à exécuter de mémoire.

lettre de repère
Chacune des balises, placées à intervalles réguliers autour de la piste, qui servent de repères au cavalier pour l'exécution des figures.

étrier
Chacun des deux anneaux métalliques suspendus de part et d'autre de la selle et destinés à soutenir les pieds du cavalier.

sangle
Courroie passant sous le ventre du cheval, qui permet de maintenir la selle sur son dos.

SPORTS ET JEUX

sports équestres

course^F de chevaux^M

Course de vitesse opposant, sur la piste d'un hippodrome, des chevaux montés par des jockeys ou attachés à un sulky.

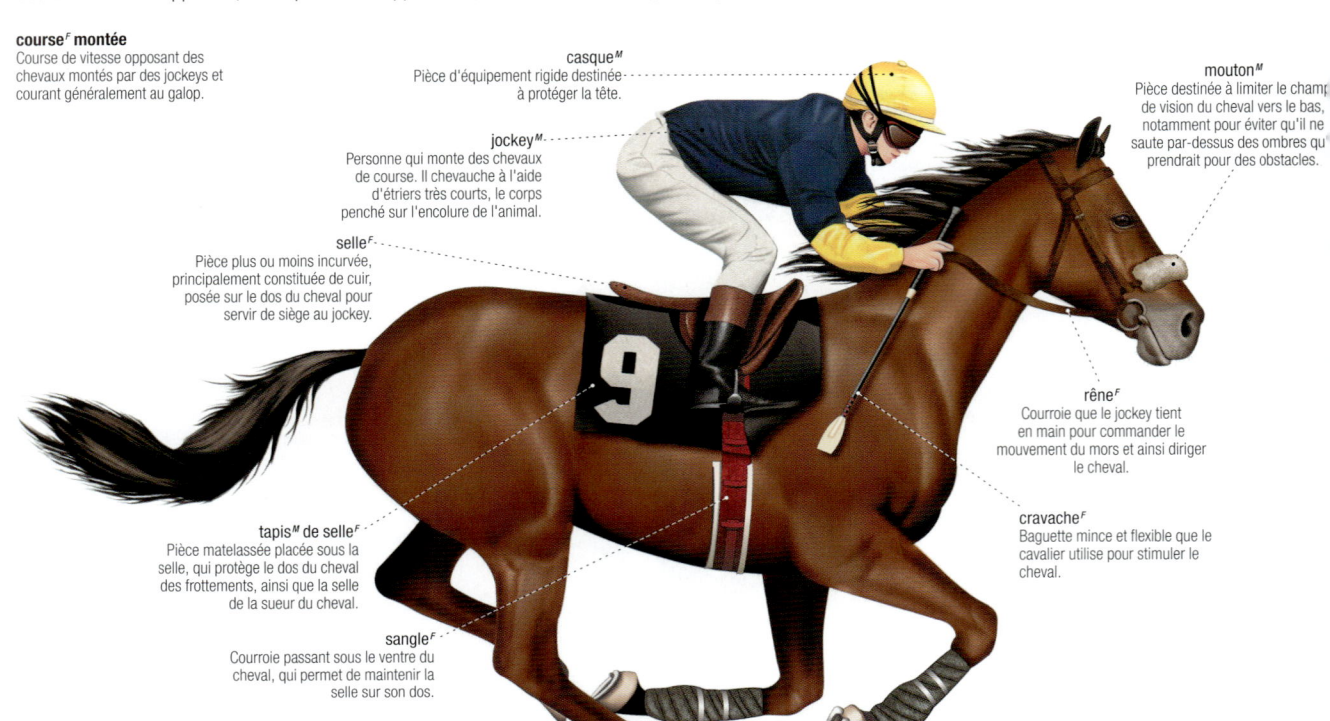

course^F montée
Course de vitesse opposant des chevaux montés par des jockeys et courant généralement au galop.

casque^M
Pièce d'équipement rigide destinée à protéger la tête.

jockey^M
Personne qui monte des chevaux de course. Il chevauche à l'aide d'étriers très courts, le corps penché sur l'encolure de l'animal.

selle^F
Pièce plus ou moins incurvée, principalement constituée de cuir, posée sur le dos du cheval pour servir de siège au jockey.

mouton^M
Pièce destinée à limiter le champ de vision du cheval vers le bas, notamment pour éviter qu'il ne saute par-dessus des ombres qu'il prendrait pour des obstacles.

rêne^F
Courroie que le jockey tient en main pour commander le mouvement du mors et ainsi diriger le cheval.

cravache^F
Baguette mince et flexible que le cavalier utilise pour stimuler le cheval.

tapis^M de selle^F
Pièce matelassée placée sous la selle, qui protège le dos du cheval des frottements, ainsi que la selle de la sueur du cheval.

sangle^F
Courroie passant sous le ventre du cheval, qui permet de maintenir la selle sur son dos.

hippodrome^M
Lieu aménagé pour les courses de chevaux. Il comprend notamment une piste ovale (plate ou parsemée d'obstacles) et des tribunes.

repère^M de distance^F
Chacune des balises placées à intervalles réguliers le long de la piste afin de permettre aux jockeys d'évaluer la distance à parcourir.

tribune^F des juges^M
Espace réservé aux juges de course, qui établissent l'ordre de passage des chevaux au fil de l'arrivée, en utilisant la reprise vidéo si nécessaire.

grand tournant^M
Dernier virage, à la sortie duquel s'amorce le dernier droit.

tableau^M indicateur
Surface d'affichage présentant diverses données sur la course (classement, informations destinées aux parieurs, etc.). Il peut aussi comporter un écran géant.

montée^F arrière
Ligne droite située du côté opposé aux tribunes.

écurie^F
Chacun des bâtiments où sont logés et soignés les chevaux.

tribune^F du public^M
Espace réservé aux spectateurs de la course.

dernier droit^M
Ligne droite comprise entre le grand tournant et le fil de l'arrivée, qui constitue le dernier sprint avant la fin de la course.

club-house^M
Bâtiment regroupant divers services : bar, restaurant, tribunes vitrées, guichets permettant de placer des paris, etc.

stalle^F de départ^M
Barrière mobile compartimentée derrière laquelle se placent les chevaux avant le départ. Au signal, les portes de tous les compartiments s'ouvrent simultanément.

paddock^M
Endroit où les chevaux et leurs jockeys sont présentés au public avant une course.

fil^M d'arrivée^F
Ligne marquant la fin d'une course. Une caméra permet de désigner le vainqueur lorsque le peloton est très groupé.

tournant^M de club-house^M
Premier virage après le départ, situé près du club-house. Les jockeys tentent de positionner leur cheval à l'intérieur pour réduire la distance à parcourir.

sports équestres 1007

course^F de chevaux^M

courroie^F de rêne^F
Chacune des lanières que le conducteur tient en main pour commander le mouvement du mors et ainsi diriger le cheval.

brancard^M
Chacune des deux tiges de bois ou de métal prolongeant le sulky, entre lesquelles le cheval est attelé.

collier^M
Partie du harnais entourant l'encolure du cheval, qui assure la transmission au brancard de la force de traction du cheval.

course^F attelée : trotteur^M
Course de vitesse opposant des trotteurs attelés à un sulky. Le trotteur se déplace au trot, c'est-à-dire en posant simultanément un sabot droit et un sabot gauche au sol.

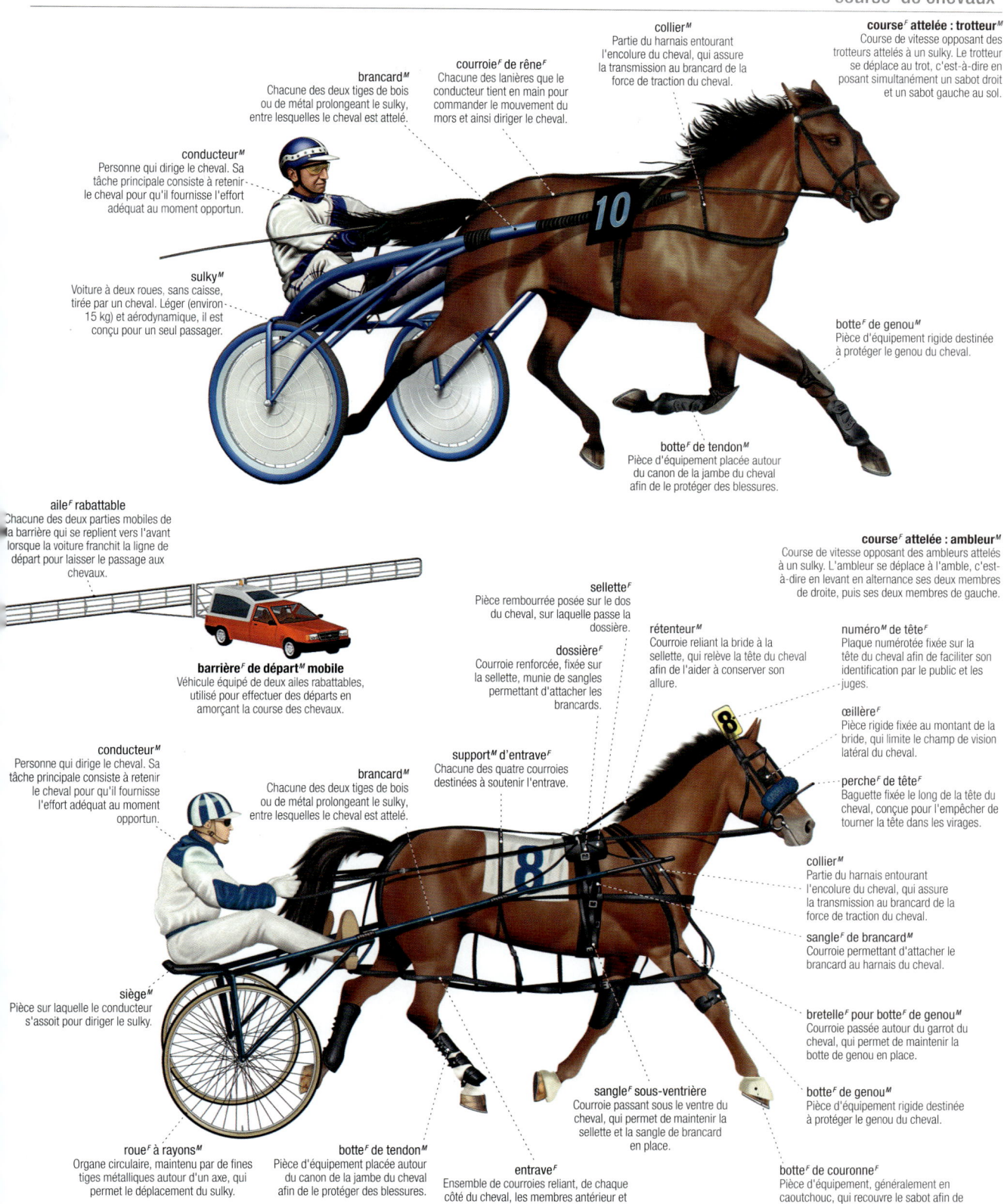

conducteur^M
Personne qui dirige le cheval. Sa tâche principale consiste à retenir le cheval pour qu'il fournisse l'effort adéquat au moment opportun.

sulky^M
Voiture à deux roues, sans caisse, tirée par un cheval. Léger (environ 15 kg) et aérodynamique, il est conçu pour un seul passager.

botte^F de genou^M
Pièce d'équipement rigide destinée à protéger le genou du cheval.

botte^F de tendon^M
Pièce d'équipement placée autour du canon de la jambe du cheval afin de le protéger des blessures.

aile^F rabattable
Chacune des deux parties mobiles de la barrière qui se replient vers l'avant lorsque la voiture franchit la ligne de départ pour laisser le passage aux chevaux.

barrière^F de départ^M mobile
Véhicule équipé de deux ailes rabattables, utilisé pour effectuer des départs en amorçant la course des chevaux.

sellette^F
Pièce rembourrée posée sur le dos du cheval, sur laquelle passe la dossière.

dossière^F
Courroie renforcée, fixée sur la sellette, munie de sangles permettant d'attacher les brancards.

course^F attelée : ambleur^M
Course de vitesse opposant des ambleurs attelés à un sulky. L'ambleur se déplace à l'amble, c'est-à-dire en levant en alternance ses deux membres de droite, puis ses deux membres de gauche.

rétenteur^M
Courroie reliant la bride à la sellette, qui relève la tête du cheval afin de l'aider à conserver son allure.

numéro^M de tête^F
Plaque numérotée fixée sur la tête du cheval afin de faciliter son identification par le public et les juges.

œillère^F
Pièce rigide fixée au montant de la bride, qui limite le champ de vision latéral du cheval.

perche^F de tête^F
Baguette fixée le long de la tête du cheval, conçue pour l'empêcher de tourner la tête dans les virages.

conducteur^M
Personne qui dirige le cheval. Sa tâche principale consiste à retenir le cheval pour qu'il fournisse l'effort adéquat au moment opportun.

brancard^M
Chacune des deux tiges de bois ou de métal prolongeant le sulky, entre lesquelles le cheval est attelé.

support^M d'entrave^F
Chacune des quatre courroies destinées à soutenir l'entrave.

collier^M
Partie du harnais entourant l'encolure du cheval, qui assure la transmission au brancard de la force de traction du cheval.

sangle^F de brancard^M
Courroie permettant d'attacher le brancard au harnais du cheval.

siège^M
Pièce sur laquelle le conducteur s'assoit pour diriger le sulky.

bretelle^F pour botte^F de genou^M
Courroie passée autour du garrot du cheval, qui permet de maintenir la botte de genou en place.

sangle^F sous-ventrière
Courroie passant sous le ventre du cheval, qui permet de maintenir la sellette et la sangle de brancard en place.

botte^F de genou^M
Pièce d'équipement rigide destinée à protéger le genou du cheval.

roue^F à rayons^M
Organe circulaire, maintenu par de fines tiges métalliques autour d'un axe, qui permet le déplacement du sulky.

botte^F de tendon^M
Pièce d'équipement placée autour du canon de la jambe du cheval afin de le protéger des blessures.

entrave^F
Ensemble de courroies reliant, de chaque côté du cheval, les membres antérieur et postérieur. Elle aide le cheval à conserver la bonne allure (l'amble).

botte^F de couronne^F
Pièce d'équipement, généralement en caoutchouc, qui recouvre le sabot afin de le protéger des blessures.

SPORTS ET JEUX

sports équestres

polo^M

Sport opposant, sur un terrain plat, deux équipes de quatre cavaliers qui tentent de marquer des points dans le but adverse en frappant une balle au sol à l'aide d'un maillet.

cavalier^M et poney^M
Les joueurs montent des poneys dont la crinière est rasée et la queue tressée pour éviter les accrochages. Ils changent également de poney à chaque chukka.

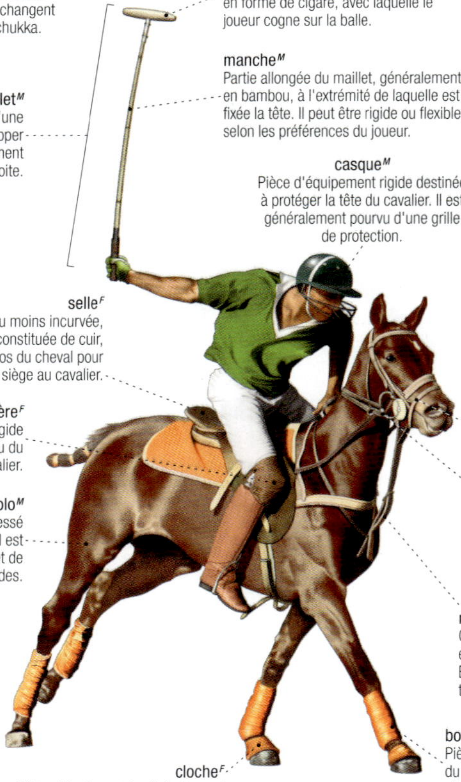

tête^F
Pièce de bois dur, le plus souvent en forme de cigare, avec laquelle le joueur cogne sur la balle.

manche^M
Partie allongée du maillet, généralement en bambou, à l'extrémité de laquelle est fixée la tête. Il peut être rigide ou flexible selon les préférences du joueur.

maillet^M
Pièce formée d'un manche et d'une tête, qui permet au joueur de frapper la balle au sol. Il est obligatoirement tenu de la main droite.

casque^M
Pièce d'équipement rigide destinée à protéger la tête du cavalier. Il est généralement pourvu d'une grille de protection.

nom^M de l'équipe^F

handicap^M du joueur^M
Coefficient d'habileté attribué à chaque joueur, sur une échelle allant de -2 à 10. Un handicap de 4 permet de disputer des matchs internationaux.

handicap^M de l'équipe^F
Somme des handicaps de tous les joueurs de l'équipe. L'équipe dont le handicap est le moins élevé commence le match avec des buts d'avance.

tableau^M des handicaps^M
Surface d'affichage présentant les handicaps des joueurs et des équipes.

selle^F
Pièce plus ou moins incurvée, principalement constituée de cuir, posée sur le dos du cheval pour servir de siège au cavalier.

genouillère^F
Pièce d'équipement en cuir rigide destinée à protéger le genou du cavalier.

poney^M de polo^M
Cheval de petite taille élevé et dressé pour le polo. Calme et docile, il est capable de départs, d'arrêts et de volte-face très rapides.

muserolle^F
Partie de la bride passant au-dessus des naseaux, conçue pour empêcher le cheval d'ouvrir la bouche et de se débarrasser des mors.

mors^M
Dispositif inséré dans la bouche du cheval, et dont le mouvement, commandé par les rênes, permet de diriger l'animal.

martingale^F
Courroie reliée à la muserolle, qui empêche le poney de relever l'encolure. Elle permet ainsi d'éviter les coups de tête lors des arrêts brusques.

botte^F de tendon^M
Pièce d'équipement placée autour du canon de la jambe du cheval afin de le protéger des blessures.

cloche^F
Pièce d'équipement, généralement en caoutchouc, qui recouvre le sabot afin de le protéger des blessures.

balle^F de polo^M
Sphère de bois ou de plastique, de couleur blanche, dont le diamètre varie entre 7,6 et 8,9 cm.

horloge^F
Appareil de mesure du temps, qui permet de gérer la durée d'une chukka.

terrain^M de polo^M
Surface gazonnée où se tient un match de polo. Une partie se déroule généralement en six chukkas (périodes) de 7 min, entrecoupées de pauses de 3 à 5 min.

numéro^M 1
Joueur d'avant ayant pour principale mission de marquer des buts. Son poney doit être rapide et agile.

numéro^M 2
Joueur d'avant dont le rôle principal est de conduire la balle en territoire adverse. Il doit monter un poney hardi et énergique.

ligne^F des 54 m
Ligne depuis laquelle peut être tiré un coup franc. Selon la gravité de la faute, le coup franc est exécuté de la ligne des 27, 36 ou 54 m.

tour^F
Bâtiment abritant le marqueur, l'annonceur et un troisième arbitre chargé de trancher tout litige survenant sur le terrain.

arbitre^M à cheval^M
Chacun des deux officiels de terrain responsables de l'application des règlements. Ils effectuent les mises en jeu et imposent des pénalités en cas d'infraction.

ligne^F de touche^F
Ligne souvent bordée de planches délimitant la zone de jeu de chaque côté du terrain. Les joueurs ont le droit de la franchir ou d'y faire rebondir la balle.

poteau^M de but^M
Chacune des deux pièces verticales délimitant le but. Une équipe marque un point chaque fois que la balle passe entre les poteaux du but adverse.

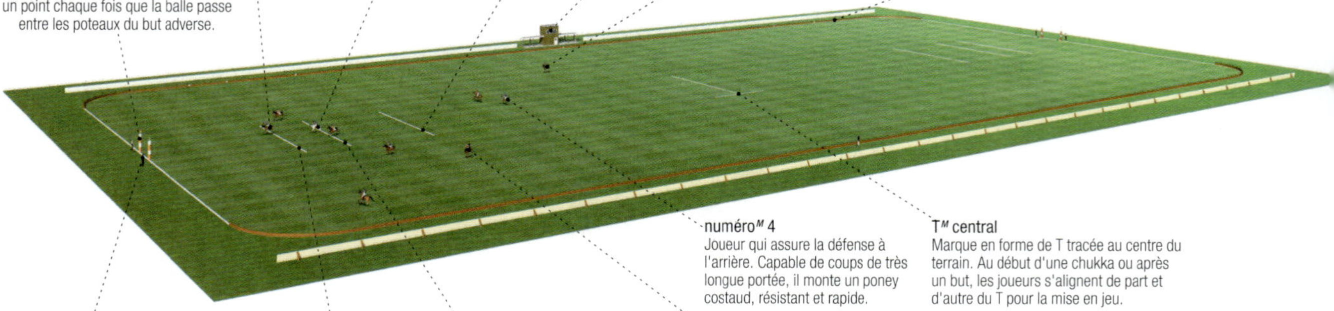

juge^M de but^M
Officiel placé derrière le but, qui agite un drapeau lorsqu'un but est compté. Il peut aussi assister les arbitres lors d'incidents survenant près du but.

ligne^F des 27 m
Ligne depuis laquelle peut être tiré un coup franc. Selon la gravité de la faute, le coup franc est exécuté de la ligne des 27, 36 ou 54 m.

ligne^F des 36 m
Ligne depuis laquelle peut être tiré un coup franc. Selon la gravité de la faute, le coup franc est exécuté de la ligne des 27, 36 ou 54 m.

numéro^M 4
Joueur qui assure la défense à l'arrière. Capable de coups de très longue portée, il monte un poney costaud, résistant et rapide.

numéro^M 3
Joueur constituant le pivot entre l'attaque et la défense. Généralement capitaine de l'équipe, il détient un handicap élevé et est un excellent stratège.

T^M central
Marque en forme de T tracée au centre du terrain. Au début d'une chukka ou après un but, les joueurs s'alignent de part et d'autre du T pour la mise en jeu.

sports de précision 1009

tir^M à l'arc^M

Sport consistant à tirer à l'aide d'un arc, le plus près possible du centre d'une cible fixe située à une distance donnée.

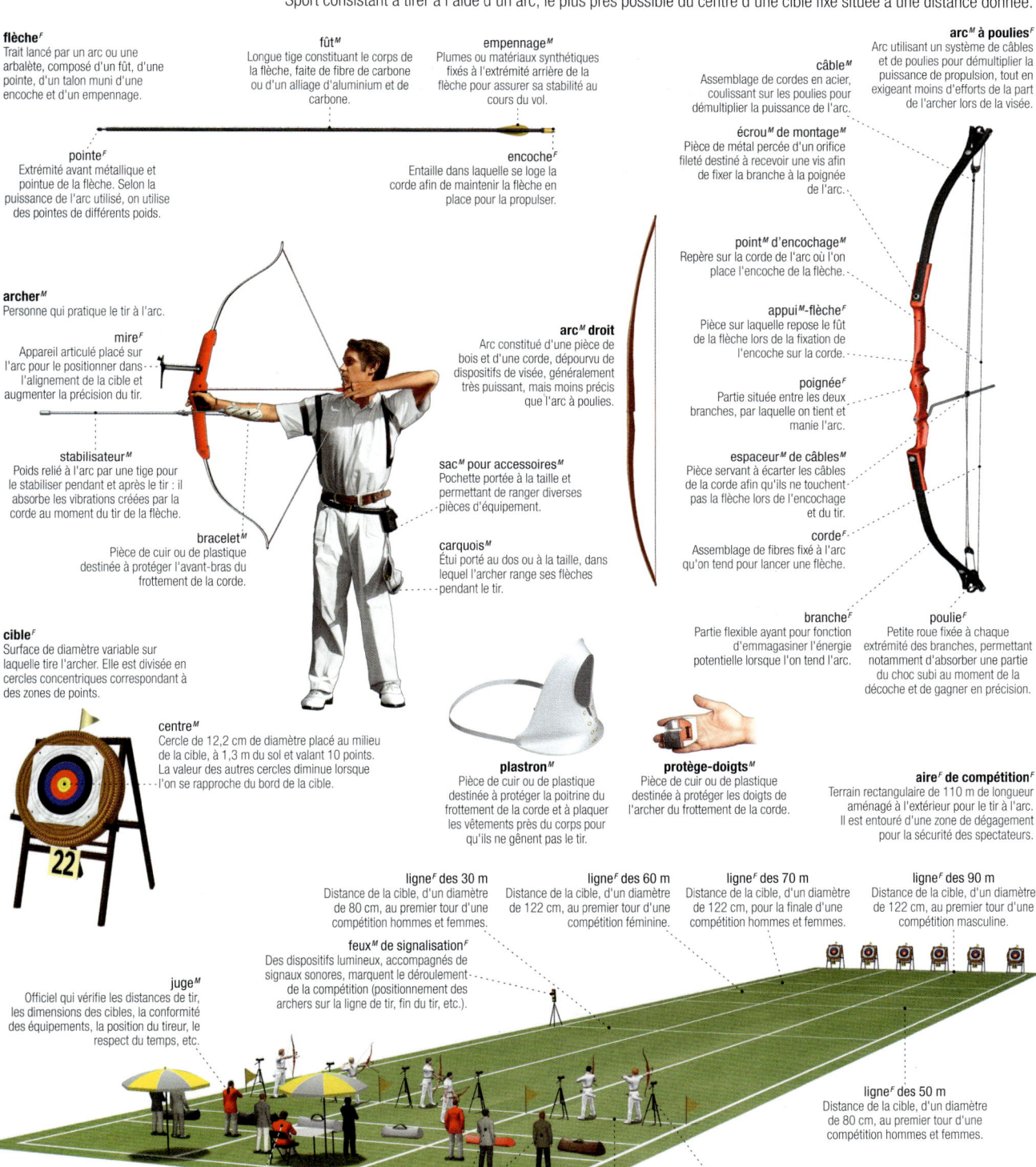

flèche^F
Trait lancé par un arc ou une arbalète, composé d'un fût, d'une pointe, d'un talon muni d'une encoche et d'un empennage.

fût^M
Longue tige constituant le corps de la flèche, faite de fibre de carbone ou d'un alliage d'aluminium et de carbone.

empennage^M
Plumes ou matériaux synthétiques fixés à l'extrémité arrière de la flèche pour assurer sa stabilité au cours du vol.

arc^M **à poulies**^F
Arc utilisant un système de câbles et de poulies pour démultiplier la puissance de propulsion, tout en exigeant moins d'efforts de la part de l'archer lors de la visée.

câble^M
Assemblage de cordes en acier, coulissant sur les poulies pour démultiplier la puissance de l'arc.

pointe^F
Extrémité avant métallique et pointue de la flèche. Selon la puissance de l'arc utilisé, on utilise des pointes de différents poids.

encoche^F
Entaille dans laquelle se loge la corde afin de maintenir la flèche en place pour la propulser.

écrou^M **de montage**^M
Pièce de métal percée d'un orifice fileté destiné à recevoir une vis afin de fixer la branche à la poignée de l'arc.

point^M **d'encochage**^M
Repère sur la corde de l'arc où l'on place l'encoche de la flèche.

archer^M
Personne qui pratique le tir à l'arc.

mire^F
Appareil articulé placé sur l'arc pour le positionner dans l'alignement de la cible et augmenter la précision du tir.

arc^M **droit**
Arc constitué d'une pièce de bois et d'une corde, dépourvu de dispositifs de visée, généralement très puissant, mais moins précis que l'arc à poulies.

appui^M**-flèche**^F
Pièce sur laquelle repose le fût de la flèche lors de la fixation de l'encoche sur la corde.

poignée^F
Partie située entre les deux branches, par laquelle on tient et manie l'arc.

stabilisateur^M
Poids relié à l'arc par une tige pour le stabiliser pendant et après le tir : il absorbe les vibrations créées par la corde au moment du tir de la flèche.

sac^M **pour accessoires**^M
Pochette portée à la taille et permettant de ranger diverses pièces d'équipement.

espaceur^M **de câbles**^M
Pièce servant à écarter les câbles de la corde afin qu'ils ne touchent pas la flèche lors de l'encochage et du tir.

corde^F
Assemblage de fibres fixé à l'arc qu'on tend pour lancer une flèche.

bracelet^M
Pièce de cuir ou de plastique destinée à protéger l'avant-bras du frottement de la corde.

carquois^M
Étui porté au dos ou à la taille, dans lequel l'archer range ses flèches pendant le tir.

branche^F
Partie flexible ayant pour fonction d'emmagasiner l'énergie potentielle lorsque l'on tend l'arc.

poulie^F
Petite roue fixée à chaque extrémité des branches, permettant notamment d'absorber une partie du choc subi au moment de la décoche et de gagner en précision.

cible^F
Surface de diamètre variable sur laquelle tire l'archer. Elle est divisée en cercles concentriques correspondant à des zones de points.

centre^M
Cercle de 12,2 cm de diamètre placé au milieu de la cible, à 1,3 m du sol et valant 10 points. La valeur des autres cercles diminue lorsque l'on se rapproche du bord de la cible.

plastron^M
Pièce de cuir ou de plastique destinée à protéger la poitrine du frottement de la corde et à plaquer les vêtements près du corps pour qu'ils ne gênent pas le tir.

protège-doigts^M
Pièce de cuir ou de plastique destinée à protéger les doigts de l'archer du frottement de la corde.

aire^F **de compétition**^F
Terrain rectangulaire de 110 m de longueur aménagé à l'extérieur pour le tir à l'arc. Il est entouré d'une zone de dégagement pour la sécurité des spectateurs.

ligne^F **des 30 m**
Distance de la cible, d'un diamètre de 80 cm, au premier tour d'une compétition hommes et femmes.

ligne^F **des 60 m**
Distance de la cible, d'un diamètre de 122 cm, au premier tour d'une compétition féminine.

ligne^F **des 70 m**
Distance de la cible, d'un diamètre de 122 cm, pour la finale d'une compétition hommes et femmes.

ligne^F **des 90 m**
Distance de la cible, d'un diamètre de 122 cm, au premier tour d'une compétition masculine.

juge^M
Officiel qui vérifie les distances de tir, les dimensions des cibles, la conformité des équipements, la position du tireur, le respect du temps, etc.

feux^M **de signalisation**^F
Des dispositifs lumineux, accompagnés de signaux sonores, marquent le déroulement de la compétition (positionnement des archers sur la ligne de tir, fin du tir, etc.).

ligne^F **des 50 m**
Distance de la cible, d'un diamètre de 80 cm, au premier tour d'une compétition hommes et femmes.

directeur^M **des tirs**^M
Officiel notamment chargé de contrôler le déroulement de la compétition, de trancher tout litige éventuel et de contrôler le temps de tir au moyen de signaux sonores.

marqueurs^M
Chacun des officiels chargés de consigner les points marqués par l'archer.

ligne^F **de tir**^M
Ligne sur laquelle l'archer se tient pour tirer, les pieds placés de part et d'autre de celle-ci.

lunette^F **d'approche**^F
Instrument d'optique dont l'utilisation est autorisée pour repérer les points d'impact des flèches sur la cible.

SPORTS ET JEUX

sports de précision

tir^M au fusil^M

Sport consistant à tirer sur une cible mobile à l'aide d'un fusil chargé de cartouches pour la détruire en vol.

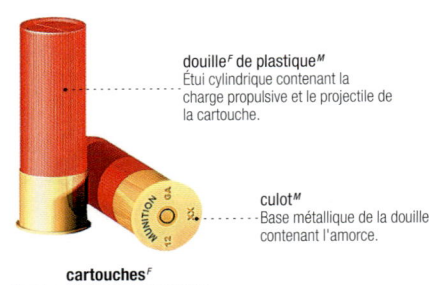

fusil^M calibre^M 12
Arme d'épaule constituée d'un long canon fixé sur une monture, utilisant des cartouches chargées de 24 grammes de plombs d'un diamètre maximal de 2,5 mm.

appui^M-joue^F
Pièce amovible et ajustable sur laquelle le tireur peut appuyer la joue lorsqu'il épaule l'arme.

bande^F ventilée
Bande ajourée dont la fonction est de refroidir le canon de l'arme.

canon^M
Partie tubulaire qui guide la trajectoire du projectile.

poignée^F
Partie resserrée qui sert à saisir et manier l'arme.

pontet^M
Pièce métallique cerclant et protégeant la détente.

fût^M
Monture de bois sur laquelle est ajusté le canon du fusil.

crosse^F
Partie postérieure de l'arme, que l'on appuie sur l'épaule.

détente^F
Dispositif sur lequel le tireur appuie pour faire partir le coup.

bouche^F
Orifice de sortie du projectile.

douille^F de plastique^M
Étui cylindrique contenant la charge propulsive et le projectile de la cartouche.

culot^M
Base métallique de la douille contenant l'amorce.

cartouches^F
Munition d'une arme formée d'un projectile (balle ou plomb), d'une charge propulsive (poudre) et d'une amorce réunis sous une enveloppe (douille).

plateau^M
Disque d'argile de 105 g et de 11 cm de diamètre, servant de cible pour le tir au fusil.

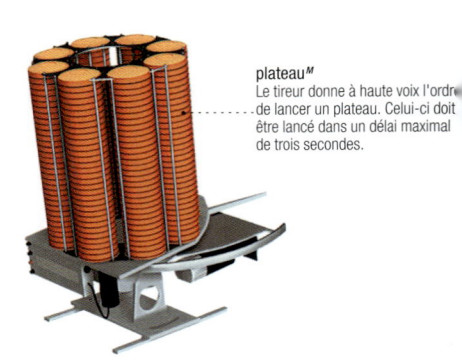

plateau^M
Le tireur donne à haute voix l'ordre de lancer un plateau. Celui-ci doit être lancé dans un délai maximal de trois secondes.

appareil^M de lancement^M
Appareil commandé manuellement ou automatiquement, servant à lancer des plateaux à des vitesses, des hauteurs et des directions variables.

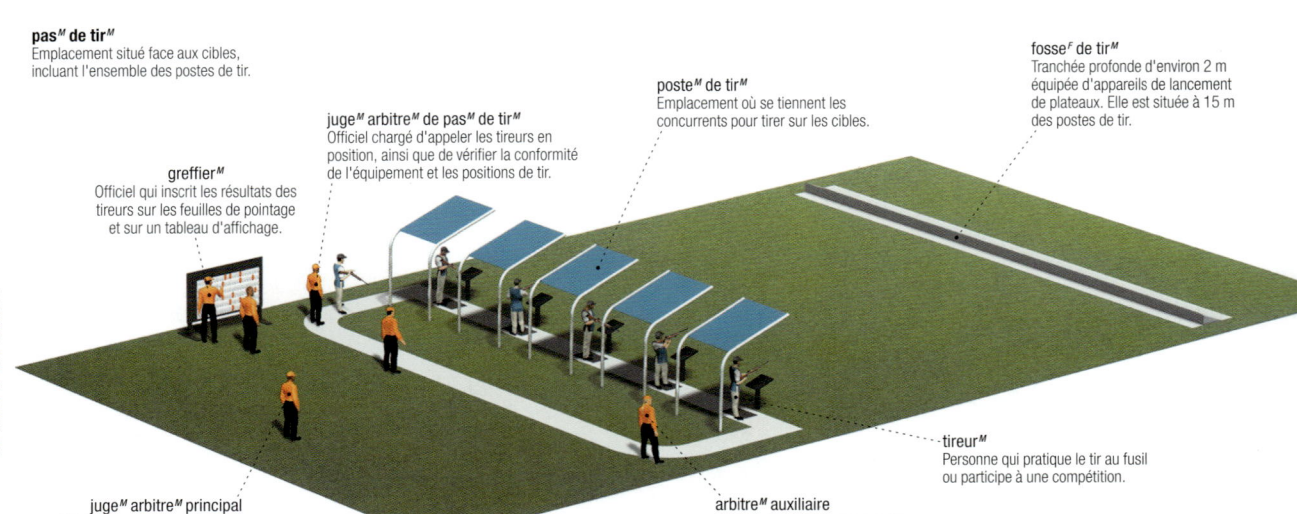

pas^M de tir^M
Emplacement situé face aux cibles, incluant l'ensemble des postes de tir.

juge^M arbitre^M de pas^M de tir^M
Officiel chargé d'appeler les tireurs en position, ainsi que de vérifier la conformité de l'équipement et les positions de tir.

poste^M de tir^M
Emplacement où se tiennent les concurrents pour tirer sur les cibles.

fosse^F de tir^M
Tranchée profonde d'environ 2 m équipée d'appareils de lancement de plateaux. Elle est située à 15 m des postes de tir.

greffier^M
Officiel qui inscrit les résultats des tireurs sur les feuilles de pointage et sur un tableau d'affichage.

tireur^M
Personne qui pratique le tir au fusil ou participe à une compétition.

juge^M arbitre^M principal
Officiel responsable de tous les aspects techniques et logistiques relatifs au déroulement de la compétition.

arbitre^M auxiliaire
Chacun des officiels chargés de vérifier si le plateau a été touché ou non. Si la cible est manquée, il le signale immédiatement.

sports de précision 1011

tir^M à la carabine^F

Sport consistant à tirer sur une cible fixe située à une distance donnée à l'aide d'une carabine pour placer les projectiles le plus près possible du centre.

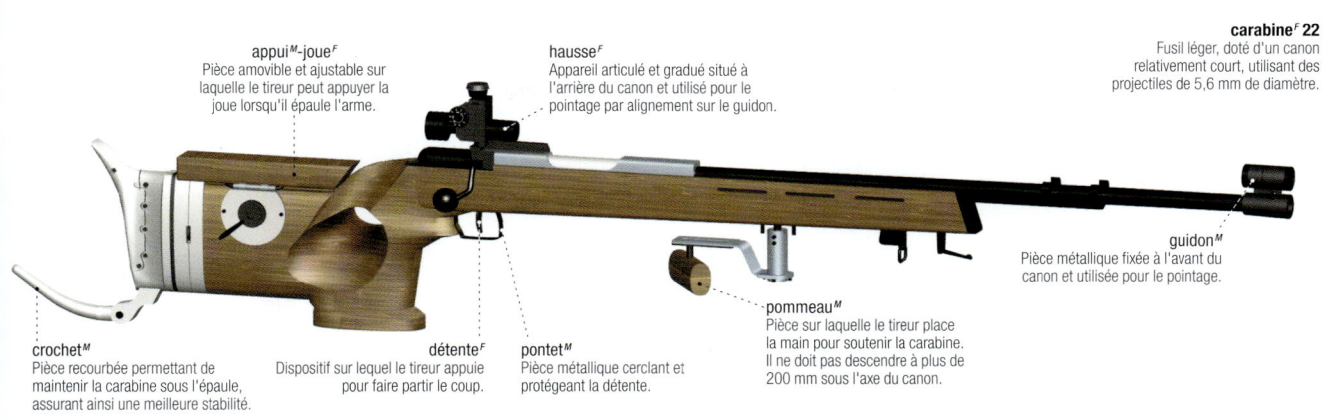

appui^M-joue^F
Pièce amovible et ajustable sur laquelle le tireur peut appuyer la joue lorsqu'il épaule l'arme.

hausse^F
Appareil articulé et gradué situé à l'arrière du canon et utilisé pour le pointage par alignement sur le guidon.

carabine^F 22
Fusil léger, doté d'un canon relativement court, utilisant des projectiles de 5,6 mm de diamètre.

guidon^M
Pièce métallique fixée à l'avant du canon et utilisée pour le pointage.

pommeau^M
Pièce sur laquelle le tireur place la main pour soutenir la carabine. Il ne doit pas descendre à plus de 200 mm sous l'axe du canon.

crochet^M
Pièce recourbée permettant de maintenir la carabine sous l'épaule, assurant ainsi une meilleure stabilité.

détente^F
Dispositif sur lequel le tireur appuie pour faire partir le coup.

pontet^M
Pièce métallique cerclant et protégeant la détente.

positions^F de tir^M
Pour les armes de calibre 5,6 mm (22 long rifle) et pour la carabine à air de calibre 4,5 mm, les disciplines varient selon la distance, le nombre de coups et la position.

cartouches^F
Munition d'une arme formée d'un projectile (balle ou plomb), d'une charge propulsive (poudre) et d'une amorce réunis sous une enveloppe (douille).

position^F à genoux^M
Trois points de contact avec le sol sont autorisés : pied gauche, pointe du pied droit et genou droit (pour un droitier). La carabine doit être tenue à deux mains, appuyée sur l'épaule de visée.

position^F debout
Le tireur se tient sur ses jambes, les deux pieds au sol et sans aucun autre appui. Les mains, l'épaule et la joue de visée maintiennent la carabine, qui est appuyée sur l'épaule de visée.

position^F couchée
Allongé sur le sol, le tireur ne doit soutenir l'arme qu'avec les deux mains et une épaule, mais peut appuyer sa joue contre la crosse. L'avant-bras ne doit pas toucher le sol.

cible^F
Surface de 15,44 cm de diamètre sur laquelle s'inscrit l'impact de la balle. Elle est divisée en cercles concentriques correspondant à des zones de points.

tir^M au pistolet^M

Sport consistant à tirer des projectiles le plus près possible du centre d'une cible fixe située à une distance donnée à l'aide d'un pistolet.

pistolet^M à air^M comprimé
Pistolet utilisant de l'air comprimé ou du dioxyde de carbone pour propulser des projectiles.

chien^M
Pièce provoquant le tir en heurtant le percuteur, qui lui-même frappe l'amorce de la cartouche pour faire exploser la charge de poudre.

pistolet^M 8 mm
Arme de poing, courte et légère, chargée par la crosse et que l'on tient d'une main, utilisant des projectiles de 8 mm de diamètre.

casque^M antibruit
Serre-tête muni de deux coussinets visant à réduire la perception du bruit. Il est obligatoire pour les tireurs et les officiels situés près du pas de tir.

détente^F
Dispositif sur lequel le tireur appuie pour faire partir le coup.

lunettes^F
Lunettes très résistantes, généralement en plastique, conçues pour éviter toute blessure aux yeux. Leur port est obligatoire.

crosse^F
Partie postérieure permettant de tenir l'arme dans la main et de la pointer.

SPORTS ET JEUX

billard^M

Jeu pratiqué sur une table spécifique, qui consiste, à l'aide d'une bille de choc propulsée par une queue, soit à toucher deux billes, soit à en empocher une autre.

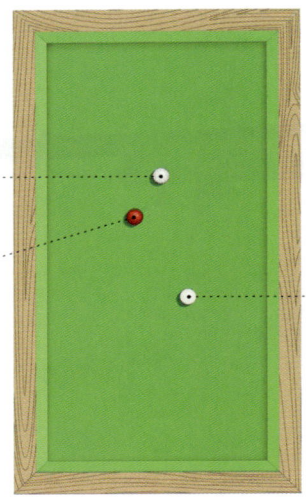

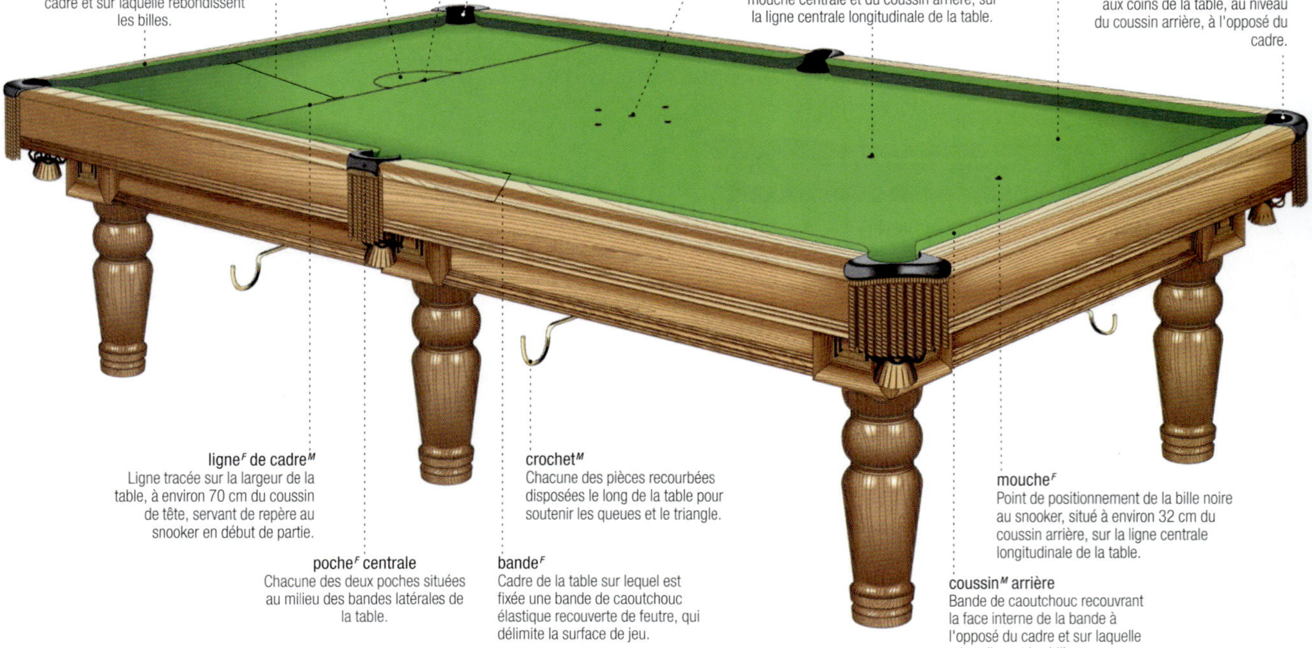

billard^M français
Billard se jouant sur une table sans poche avec trois billes (une rouge et deux blanches). Chaque joueur frappe sa bille blanche pour qu'elle touche les deux autres.

bille^F de choc^M
Bille blanche que le joueur frappe avec la queue pour toucher la bille rouge et celle de son adversaire. C'est la seule bille qu'il peut toucher avec la queue.

bille^F rouge
Bille que le joueur doit toucher pour réussir un carambolage.

billes^F numérotées
Billes que le joueur doit faire entrer dans les poches, dans un ordre déterminé. En début de partie, elles sont disposées en triangle.

bille^F de visée^F blanche
Bille que le joueur doit toucher pour réussir un carambolage (coup dans lequel la bille du joueur touche les deux autres billes). C'est aussi la bille de choc de l'adversaire.

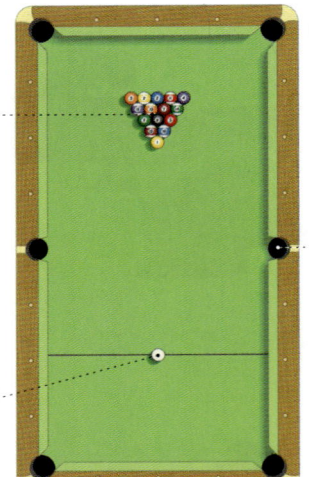

bille^F de choc^M
Bille blanche que le joueur frappe avec la queue pour toucher les autres billes et les empocher. C'est la seule bille qu'il peut toucher avec la queue.

billard^M pool
Également connu sous le nom de billard américain, il se pratique sur une table à six poches avec 15 billes numérotées et une bille blanche. Le but est d'empocher les billes dans un ordre déterminé.

poche^F
Chacun des six trous dans lesquels le joueur doit faire entrer les billes.

---

table^F de billard^M
Plateau soutenu par des pieds, dont la surface supérieure est rectangulaire, horizontale et plane et sur laquelle roulent les billes.

cadre^M
Zone comprise entre la ligne de cadre et le coussin de tête, incluant le D. Cette zone ne sert qu'au billard anglais.

coussin^M de tête^F
Bande de caoutchouc recouvrant la face interne de la bande du côté du cadre et sur laquelle rebondissent les billes.

D^M
Demi-cercle dont le centre se situe à l'intérieur et au milieu de la ligne de cadre, à partir duquel sont effectuées les mises en jeu.

poche^F inférieure
Chacune des deux poches situées aux coins de la table, au niveau du coussin de tête, du côté du cadre.

mouche^F de ligne^F de cadre^M
Point de positionnement de la bille brune au snooker, situé au milieu de la ligne de cadre (deux autres mouches sont disposées aux intersections de la ligne de cadre et du D).

mouche^F centrale
Point de positionnement de la bille bleue au snooker, situé à égale distance des poches centrales et des coussins de tête et arrière.

mouche^F supérieure
Point de positionnement de la bille rose au snooker, situé à égale distance de la mouche centrale et du coussin arrière, sur la ligne centrale longitudinale de la table.

tapis^M
Étoffe de feutre recouvrant la surface de jeu et la partie interne des bandes.

poche^F supérieure
Chacune des deux poches situées aux coins de la table, au niveau du coussin arrière, à l'opposé du cadre.

ligne^F de cadre^M
Ligne tracée sur la largeur de la table, à environ 70 cm du coussin de tête, servant de repère au snooker en début de partie.

poche^F centrale
Chacune des deux poches situées au milieu des bandes latérales de la table.

crochet^M
Chacune des pièces recourbées disposées le long de la table pour soutenir les queues et le triangle.

bande^F
Cadre de la table sur lequel est fixée une bande de caoutchouc élastique recouverte de feutre, qui délimite la surface de jeu.

mouche^F
Point de positionnement de la bille noire au snooker, situé à environ 32 cm du coussin arrière, sur la ligne centrale longitudinale de la table.

coussin^M arrière
Bande de caoutchouc recouvrant la face interne de la bande à l'opposé du cadre et sur laquelle rebondissent les billes.

sports de précision

1013

billard^M

snooker^M
Billard se jouant sur une table à six poches avec 22 billes (15 rouges, six de couleur, une blanche), l'objectif étant d'empocher alternativement une bille rouge et une bille de couleur.

billard^M **anglais**
Billard se jouant au Royaume-Uni sur une table à six poches avec trois billes (une rouge et deux blanches). Le but est d'empocher les billes ou de faire entrer une bille en contact avec les deux autres.

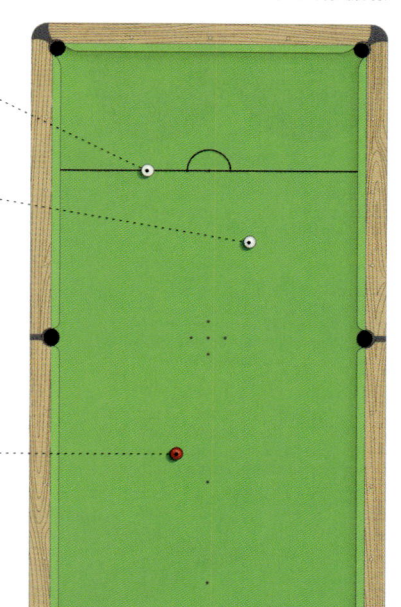

bille^F **de choc**^M
Bille blanche que le joueur frappe avec la queue pour toucher les autres billes et les empocher. C'est la seule bille qu'il peut toucher avec la queue.

bille^F **blanche**
Bille de choc de l'un des joueurs et dont la mise en jeu s'effectue à partir du D.

bille^F **jaune**
Bille valant deux points, placée à l'extrémité droite du D par rapport au coussin de tête.

bille^F **blanche mouchetée**
Bille de choc de l'autre joueur. C'est aussi la bille que son adversaire doit toucher ou empocher.

bille^F **verte**
Bille valant trois points, placée à l'extrémité gauche du D par rapport au coussin de tête.

bille^F **brune**
Bille valant quatre points, placée sur la mouche de ligne de cadre.

bille^F **bleue**
Bille valant cinq points, placée sur la mouche centrale.

bille^F **rose**
Bille valant six points, placée sur la mouche supérieure.

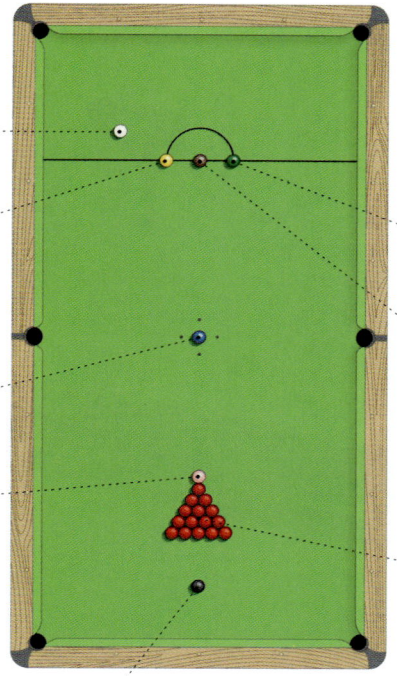

bille^F **rouge**
Bille que le joueur doit toucher ou empocher. Au début du jeu, elle est placée sur la mouche.

billes^F **rouges**
Billes valant chacune un point. En début de partie, elles sont disposées en triangle. Tant que le joueur n'a pas empoché toutes les billes rouges, les billes de couleur empochées sont replacées sur la table.

bille^F **noire**
Bille valant sept points, placée sur la mouche.

triangle^M
Pièce triangulaire de bois ou de plastique permettant de positionner les billes sur la table au début d'une partie.

craie^F
Petit cube de poudre de calcaire que l'on frotte sur le procédé de la queue afin d'améliorer le contact avec la bille de choc.

queue^F **de billard**^M
Longue canne de bois que tient le joueur pour frapper la bille de choc. Le joueur choisit le diamètre, la longueur et le poids de sa queue (en général entre 500 et 600 g).

tourillon^M
Pièce cylindrique servant à assembler la flèche et le talon d'une queue démontable.

virole^F
Pièce de plastique dur placée à l'extrémité avant de la queue pour soutenir le procédé.

procédé^M
Rondelle de cuir ou de feutre appliquée au bout de la queue, servant à frapper la bille de choc. C'est le seul élément autorisé à toucher une bille.

flèche^F
Partie effilée de la queue sous laquelle le joueur place les doigts d'une main pour en orienter la frappe.

talon^M
Partie élargie de la queue. Son diamètre est laissé au choix du joueur, car il doit être parfaitement adapté à sa main.

râteau^M
Baguette munie d'une tête dentée permettant de manipuler la queue lorsque la bille de choc est hors de portée du joueur.

dent^F
Chacune des pointes de la tête entre lesquelles est placée la flèche de la queue.

tête^F
Pièce de métal dentée permettant de soutenir et de guider la queue.

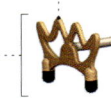

manche^M
Partie allongée du râteau, à l'extrémité de laquelle est fixée la tête.

SPORTS ET JEUX

sports de précision

boulingrin^M

Sport de boules d'origine britannique opposant deux joueurs ou équipes sur une pelouse, consistant à lancer les boules le plus près possible d'une cible (le cochonnet).

boules^F
Faites de bois, de caoutchouc ou d'autres matériaux, elles ne sont pas parfaitement sphériques (diamètre compris entre 11 et 13 cm environ, poids maximal de 1,6 kg).

cochonnet^M
Petite boule en bois ou en lignite, de 6,3 cm de diamètre, servant de cible au boulingrin et de repère pour marquer des points.

technique^F du lancer^M
Le lancer s'effectue avec élan, en trois temps, à la différence de la pétanque où il s'effectue sans déplacement du joueur.

élan^M
Le joueur se penche légèrement vers l'avant et place le bras en arrière pour acquérir l'impulsion nécessaire à la réalisation du lancer.

lancer^M
Le joueur fléchit les genoux pour accélérer le mouvement avant de lâcher la boule.

accompagnement^M
Le joueur porte le bras vers l'avant, en direction du cochonnet, après le lancer de la boule.

pelouse^F
Surface de gazon naturel ou synthétique, limitée par une rigole et un muret, sur laquelle on pratique le boulingrin. Elle est divisée en plusieurs surfaces de jeu parallèles.

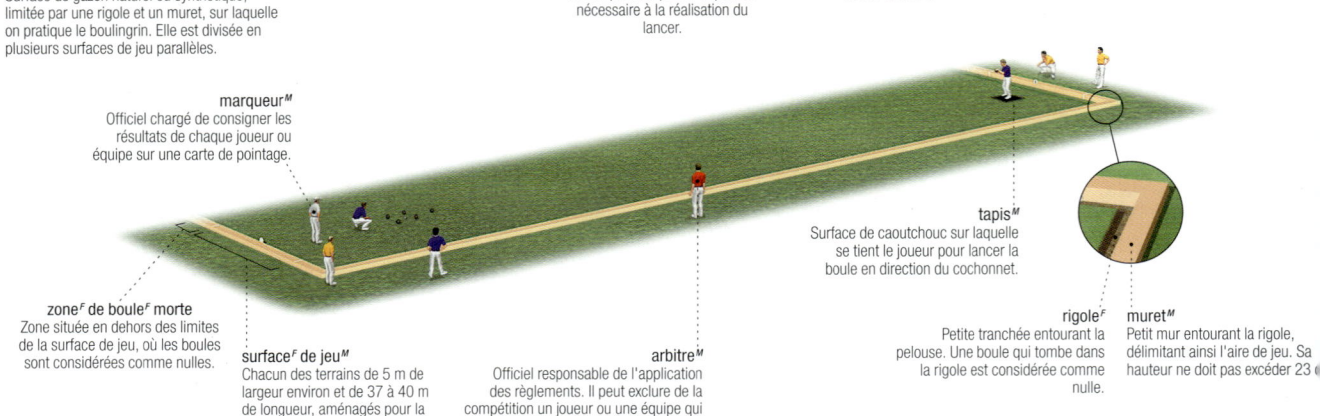

marqueur^M
Officiel chargé de consigner les résultats de chaque joueur ou équipe sur une carte de pointage.

zone^F de boule^F morte
Zone située en dehors des limites de la surface de jeu, où les boules sont considérées comme nulles.

surface^F de jeu^M
Chacun des terrains de 5 m de largeur environ et de 37 à 40 m de longueur, aménagés pour la pratique du boulingrin.

arbitre^M
Officiel responsable de l'application des règlements. Il peut exclure de la compétition un joueur ou une équipe qui refuse de se conformer à sa décision.

tapis^M
Surface de caoutchouc sur laquelle se tient le joueur pour lancer la boule en direction du cochonnet.

rigole^F
Petite tranchée entourant la pelouse. Une boule qui tombe dans la rigole est considérée comme nulle.

muret^M
Petit mur entourant la rigole, délimitant ainsi l'aire de jeu. Sa hauteur ne doit pas excéder 23 cm.

pétanque^F

Sport de boules originaire du midi de la France opposant deux joueurs ou équipes et visant à lancer les boules le plus près possible d'une cible (le cochonnet).

terrain^M de pétanque^F
Aire aménagée pour la pratique de la pétanque. Les parties peuvent se jouer sur l'herbe, la terre ou le sable. Pour les compétitions internationales, le terrain mesure 4 m x 15 m.

arbitre^M
Officiel responsable de l'application des règlements. Il s'assure notamment de la conformité des équipements et des installations.

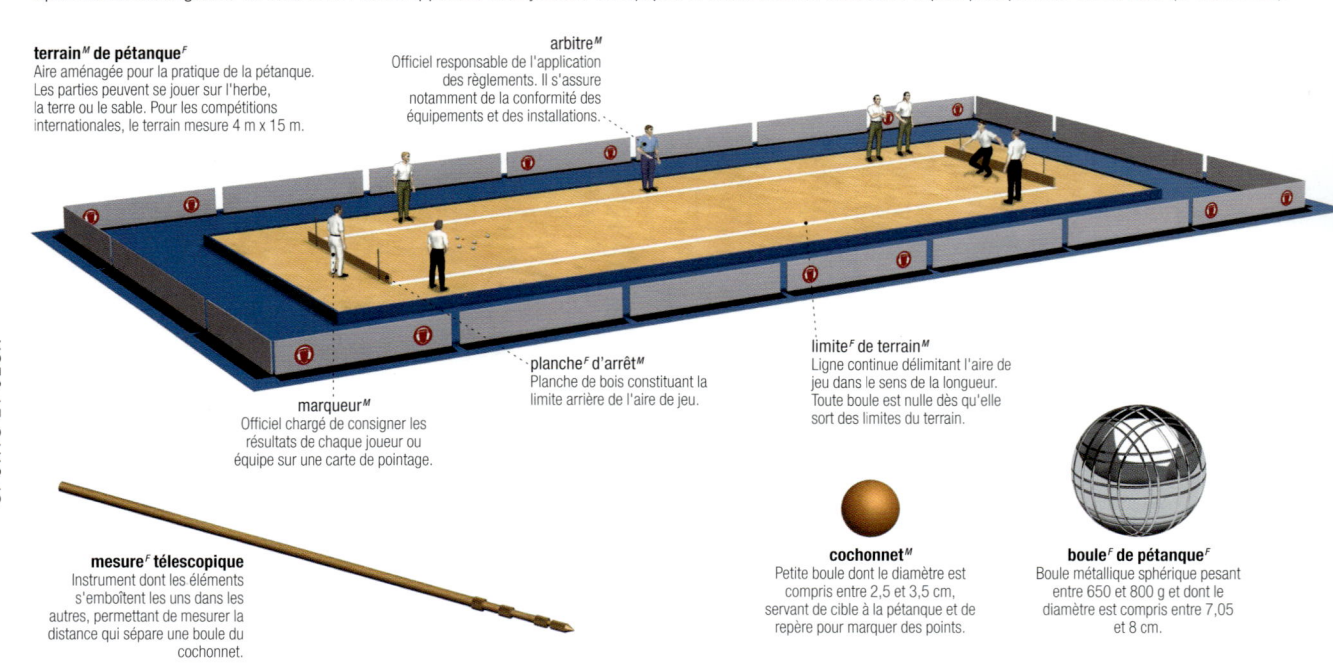

planche^F d'arrêt^M
Planche de bois constituant la limite arrière de l'aire de jeu.

limite^F de terrain^M
Ligne continue délimitant l'aire de jeu dans le sens de la longueur. Toute boule est nulle dès qu'elle sort des limites du terrain.

marqueur^M
Officiel chargé de consigner les résultats de chaque joueur ou équipe sur une carte de pointage.

mesure^F télescopique
Instrument dont les éléments s'emboîtent les uns dans les autres, permettant de mesurer la distance qui sépare une boule du cochonnet.

cochonnet^M
Petite boule dont le diamètre est compris entre 2,5 et 3,5 cm, servant de cible à la pétanque et de repère pour marquer des points.

boule^F de pétanque^F
Boule métallique sphérique pesant entre 650 et 800 g et dont le diamètre est compris entre 7,05 et 8 cm.

sports de précision   1015

jeu^M de quilles^F

Jeu d'origine américaine consistant à lancer une boule sur une piste pour renverser des quilles placées à son extrémité.

exemples^M de quilles^F
Il existe plusieurs formes de quilles, adaptées à chaque variante du jeu.

Dauphine^F américaine
Quille légère de 24 cm de hauteur environ. Ce jeu de 10 quilles est pratiqué essentiellement aux États-Unis.

grosse quille^F
Quille pesant entre 1,5 et 1,6 kg environ et mesurant 38,1 cm de hauteur. Ce jeu de 10 quilles est le plus répandu dans le monde.

quille^F chandelle^F
Quille cylindrique de 40 cm de hauteur environ. Ce jeu de 10 quilles est pratiqué dans certaines provinces du Canada et quelques États des États-Unis.

petite quille^F
Quille légère de 30 cm de hauteur environ entourée d'un ruban de caoutchouc. Ce jeu de cinq quilles est très populaire au Canada.

Dauphine^F canadienne
Semblable à la Dauphine américaine, elle est pourvue d'un ruban de caoutchouc qui lui donne plus de poids. Ce jeu de 10 quilles est très répandu au Canada.

chaussure^F de quilles^F
Chez un lanceur droitier, la semelle gauche est en cuir (pour faciliter la glisse) et la semelle droite en caoutchouc (pour freiner).

boule^F de quilles^F
Grosse boule comportant trois trous permettant de la saisir avec les doigts (pouce, majeur, annulaire), que le joueur lance pour abattre un maximum de quilles.

quille^F-reine^F
Également appelée quille numéro un, elle constitue la pointe du triangle formé par les quilles.

quille^F
Pièce de bois revêtue de plastique et posée verticalement sur le sol, que le quilleur doit renverser à l'aide d'une boule.

poche^F
Zone tactique dans laquelle le quilleur lance la boule pour tenter d'abattre toutes les quilles d'une seule boule (abat).

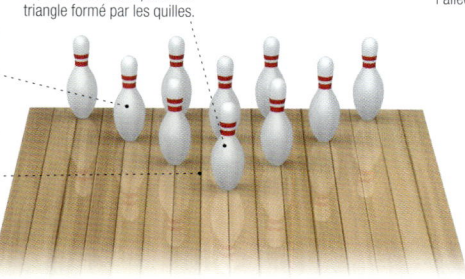

quillier^M
Ensemble des 10 quilles disposées en un triangle équilatéral à l'extrémité de chaque couloir de l'allée.

monte-boules^M
Dispositif mécanique (rail) situé entre les couloirs, permettant de renvoyer aux joueurs les boules lancées vers le quillier.

tableau^M marqueur^M
Tableau présentant les données de la partie en cours (points à chaque carreau pour chaque joueur, total des parties précédentes, résultat de chaque équipe, etc.).

boule^F
Projectile sphérique lancé à la main pour abattre des quilles. Il en existe deux types, légères ou lourdes, celles-ci pourvues de trois trous pour améliorer la prise des doigts.

quillier^M
Ensemble des 10 quilles disposées en un triangle équilatéral à l'extrémité de chaque couloir de l'allée.

allée^F de quilles^F
Ensemble des couloirs faits de bois ou de matériaux synthétiques, aménagés pour le jeu de quilles.

quilleuse^F
Joueuse de quilles. Les premiers championnats du monde pour femmes ont eu lieu en 1963.

clavier^M
Ensemble des touches qui permettent d'enregistrer les points marqués (nombre de quilles renversées) à chaque carreau et au total de la partie.

boulier^M
Zone où sont disposées les boules à leur sortie du monte-boules.

quilleur^M
Joueur de quilles. Les premiers championnats du monde pour hommes ont eu lieu en 1954.

fosse^F de réception^F
Zone à l'extrémité du couloir destinée à recevoir les quilles abattues et la boule.

dalot^M
Rigole située de chaque côté des couloirs de l'allée. Une boule qui y tombe est perdue.

piste^F d'élan^M
Piste sur laquelle le joueur effectue quelques pas d'élan (généralement trois pas normaux et un pas glissé) avant de lancer la boule.

ligne^F de jeu^M
Ligne derrière laquelle le joueur doit se tenir pour lancer la boule au bout de sa course d'élan. Il commet une faute s'il mord ou franchit cette ligne.

SPORTS ET JEUX

sports de précision

golf[M]

Sport dont l'objectif est de compléter un parcours déterminé en frappant une balle avec un bâton. Le gagnant est celui qui frappe le moins de coups.

parcours[M] de golf[M]
Espace aménagé dans un environnement naturel pour jouer au golf, comprenant un parcours composé de 9 ou de 18 trous.

trou[M]
Allée gazonnée entourée de végétation, dont le golfeur doit franchir la distance malgré les obstacles en frappant une balle.

pavillon[M]
Bâtiment généralement situé à proximité du premier et du dernier trou, pouvant offrir divers services aux golfeurs (bar, restaurant, vestiaires, etc.).

vert[M] d'entraînement[M]
Vert utilisé pour pratiquer les coups roulés.

vert[M]
Surface d'herbe rase entourant chacun des trous du parcours, sur laquelle le golfeur fait rouler la balle à l'aide d'un fer droit pour la loger dans le trou.

chemin[M]
Voie aménagée pour la circulation des voiturettes de golf le long du parcours.

allée[F]
Partie tondue du parcours entre le tertre de départ du trou et le vert.

étang[M]
Petit plan d'eau naturel ou artificiel peu profond.

arbres[M]
Partie boisée du parcours de golf.

fosse[F] de sable[M]
Cavité remplie de sable, en bordure de l'allée ou du vert.

herbe[F] longue
Partie du parcours bordant les allées, où l'herbe pousse librement.

tertre[M] de départ[M]
Surface d'herbe rase d'où se joue le coup de départ. Des zones de départ, plus ou moins éloignées du trou, sont aménagées en fonction de la dextérité des joueurs.

obstacle[M] d'eau[F]
Étendue d'eau naturelle ou artificielle (lac, étang, rivière, plan d'eau, etc.), constituant un obstacle pour le golfeur.

trous[M]
Allée gazonnée entourée de végétation, dont le golfeur doit franchir la distance malgré les obstacles en frappant une balle. Chaque trou peut se jouer en un nombre estimé de coups, la normale.

trou[M] de normale[F] 3
Le joueur doit positionner la balle sur le vert avec son coup de départ afin de jouer ensuite deux coups roulés.

coup[M] d'approche[F]
Coup effectué à partir de l'allée et visant à atteindre le vert.

coup[M] de départ[M]
Premier coup d'un trou, effectué à partir du tertre de départ, la balle reposant généralement sur un té.

trou[M] de normale[F] 4
Le joueur doit atteindre le vert dès le deuxième coup et jouer ensuite deux coups roulés. On nomme oiselet un trou réussi en un coup de moins que la normale.

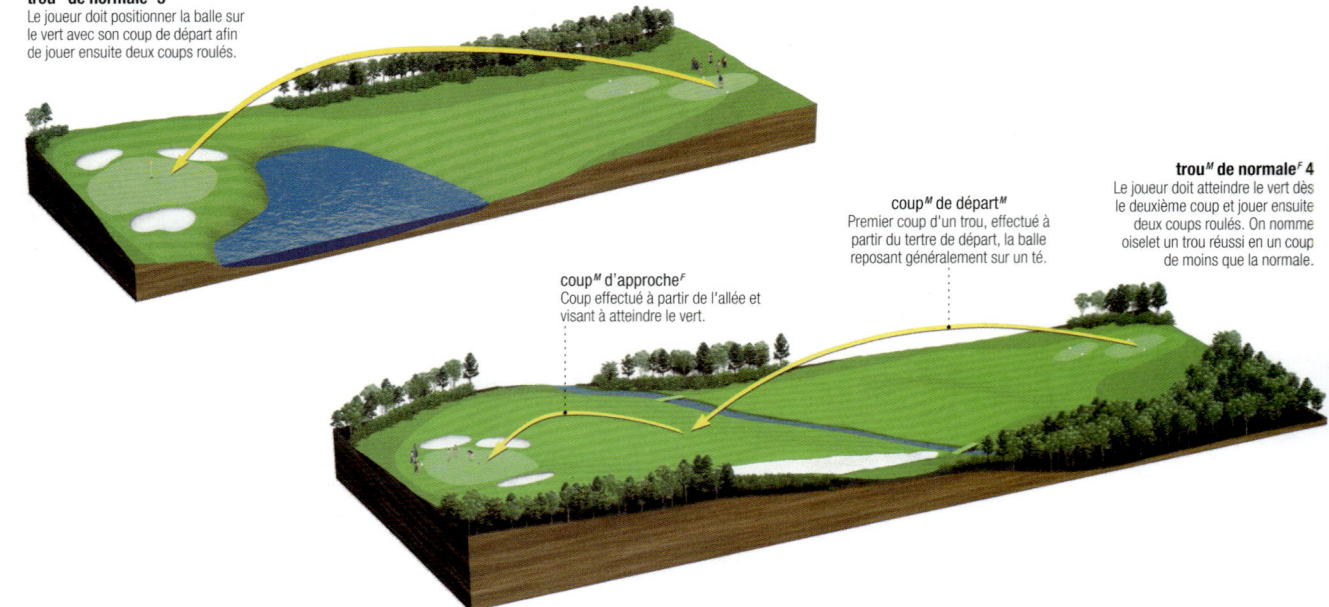

sports de précision 1017

golf^M

balle^F de golf^M
Petite balle utilisée pour le jeu de golf, de 42 cm de diamètre environ et dont le poids ne doit pas excéder 45,93 g.

poignée^F
Partie du manche permettant de saisir et de manier des deux mains le bâton de golf.

types^M de bâtons^M de golf^M
Bâtons de golf : instruments de formes et de longueurs différentes servant à propulser la balle le long du parcours.

enveloppe^F
Partie externe de la balle, creusée d'alvéoles.

alvéole^F
Chacune des petites cavités de l'enveloppe de la balle, permettant de stabiliser sa trajectoire en vol.

manche^M
Partie allongée du bâton de golf, à l'extrémité duquel est fixée la tête.

té^M
Petit socle de bois ou de plastique, sur lequel on place la balle au départ d'un trou pour la frapper.

tête^F
Partie inférieure coudée du bâton comportant une face pour frapper la balle.

face^F
Partie de la tête du bâton qui sert à frapper la balle.

bois^M
Bâton à long manche utilisé pour les coups à grande distance, notamment les coups de départ. À l'origine en bois, la plupart de ces bâtons sont maintenant en métal.

hybride^M
Bâton dont la forme de la tête est semblable à celle d'un bois; il remplace généralement les fers à longue portée.

fer^M
Bâton pourvu d'une tête métallique et d'un manche plus court que le bois, utilisé pour les coups de moyenne et de courte distance.

fer^M droit
Bâton muni d'une tête à face verticale, servant à effectuer les coups roulés sur le vert.

trous^M

obstacle^M d'eau^F
Si le golfeur y envoie la balle, il devra la jouer d'où elle se trouve. Si elle est injouable, il devra mettre une nouvelle balle en jeu et compter un coup de pénalité.

allée^F
Partie tondue du parcours entre le tertre de départ du trou et le vert.

tertre^M de départ^M
Surface d'herbe rase d'où se joue le coup de départ. Des zones de départ, plus ou moins éloignées du trou, sont aménagées en fonction de la dextérité des joueurs.

trou^M de normale^F 5
Le joueur doit atteindre le vert en trois coups et jouer ensuite deux coups roulés pour loger la balle dans le trou. Un aigle est un trou réussi en deux coups de moins que la normale.

vert^M
Surface d'herbe rase entourant chacun des trous du parcours, sur laquelle le golfeur fait rouler la balle à l'aide d'un fer droit pour la loger dans le trou.

environnement^M naturel
Partie du parcours laissée à l'état sauvage, pouvant comporter des arbres, des arbustes, des buissons, etc.

fosse^F de sable^M
Cavité remplie de sable, en bordure de l'allée ou du vert.

herbe^F longue
Partie du parcours bordant les allées, où l'herbe pousse librement.

trou^M
Cavité aménagée dans le vert, dans laquelle le joueur doit pousser la balle pour compléter un trou.

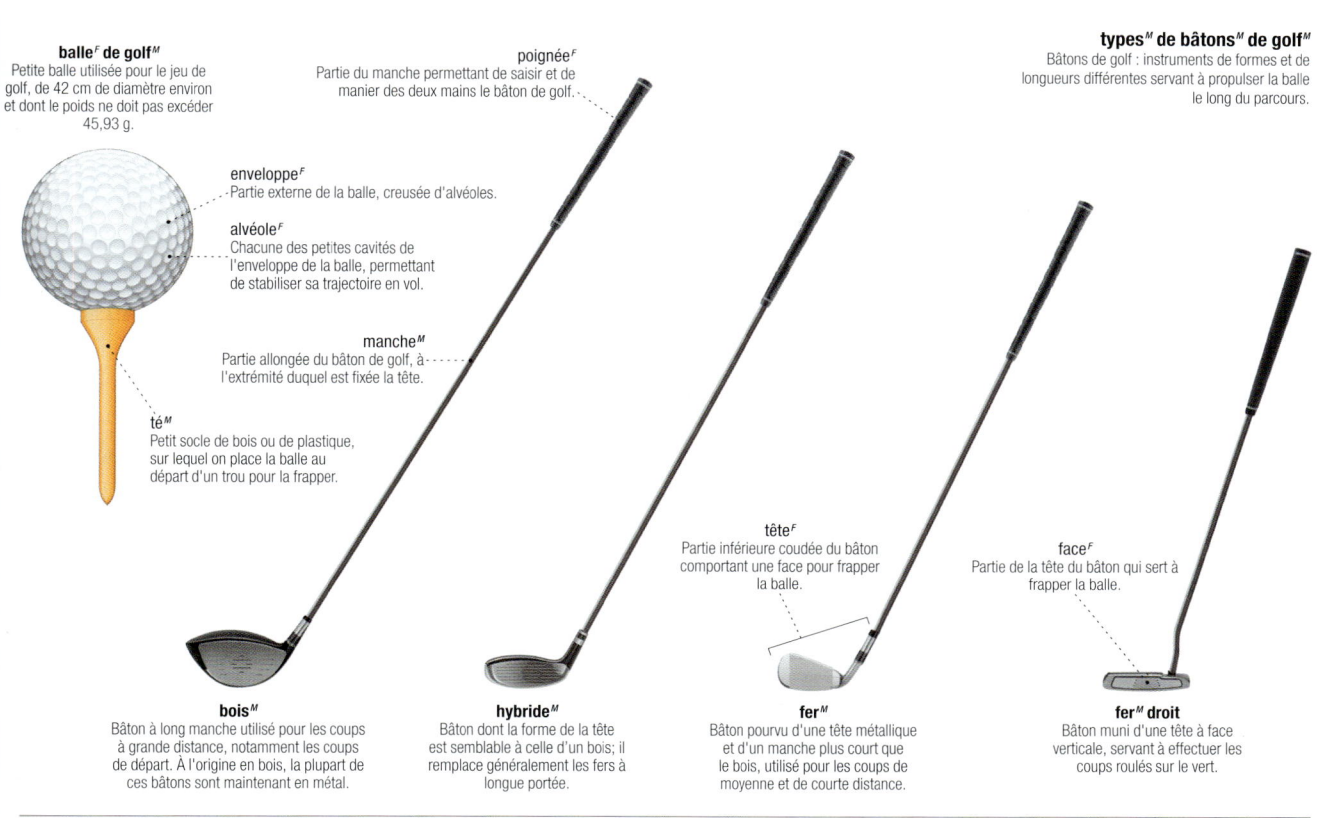

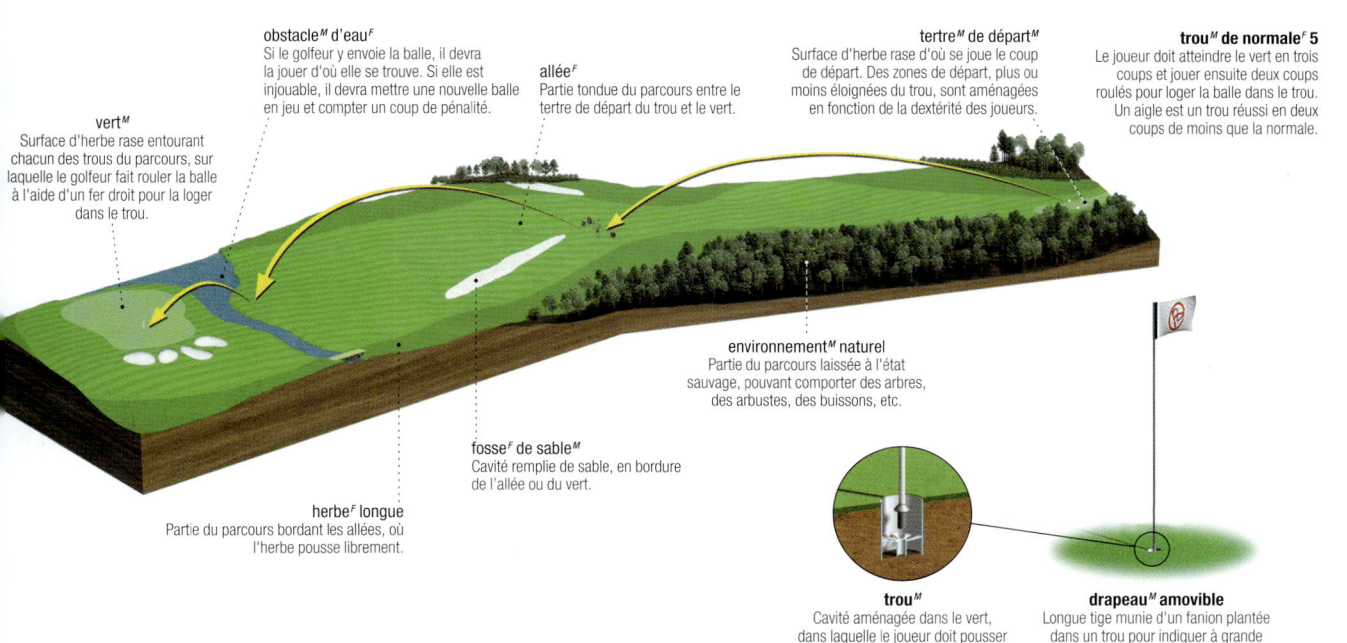

drapeau^M amovible
Longue tige munie d'un fanion plantée dans un trou pour indiquer à grande distance sa position sur le vert.

SPORTS ET JEUX

sports de précision

golf

bois
Bâton à long manche utilisé pour les coups à grande distance. Les bois sont numérotés de 1 à 7, selon l'inclinaison de la face et la portée de la frappe.

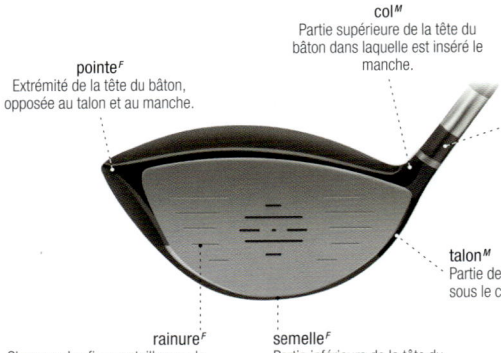

pointe
Extrémité de la tête du bâton, opposée au talon et au manche.

col
Partie supérieure de la tête du bâton dans laquelle est inséré le manche.

bague
Pièce annulaire placée à la jonction du manche et de la tête pour en assurer la fixation.

talon
Partie de la tête du bâton située sous le col.

rainure
Chacune des fines entailles sur la face du bâton visant à assurer un contrôle maximal de la balle.

semelle
Partie inférieure de la tête du bâton.

fer
Bâton utilisé pour les coups de moyenne et de courte distance. Ils sont numérotés de 1 à 9, selon la longueur du manche et leur portée, alors que l'angle de la semelle est de plus en plus incliné.

bague
Pièce annulaire placée à la jonction du manche et de la tête pour en assurer la fixation.

col
Partie supérieure de la tête du bâton dans laquelle est inséré le manche.

pointe
Extrémité de la tête du bâton, opposée au talon et au manche.

rainure
Chacune des fines entailles sur la face du bâton visant à assurer un contrôle maximal de la balle.

semelle
Partie inférieure de la tête du bâton.

talon
Partie de la tête du bâton située sous le col.

bois n° 1
Bois de très longue portée, le plus long des bâtons de golf, surtout utilisé pour les coups de départ. L'angle d'inclinaison de sa face est de 8° à 10°.

bois n° 3
Bois dont la portée se situe entre 192 et 219 m, dont l'angle d'inclinaison de la face est de 15° environ.

bois n° 5
Bois dont la portée se situe entre 183 et 201 m, dont l'angle d'inclinaison de la face est de 18° environ.

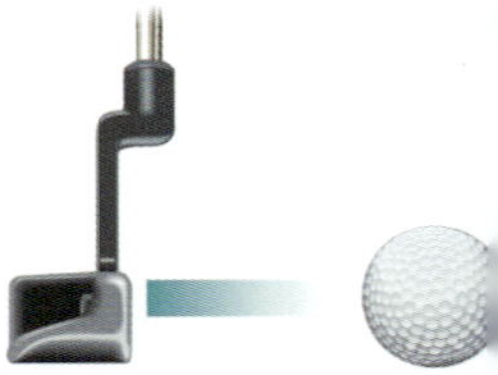

fer droit
Bâton muni d'une tête à face verticale, servant à effectuer les coups roulés sur le vert.

fer n° 3
Fer long dont la portée se situe entre 165 et 187 m, dont l'angle d'inclinaison de la face varie entre 20 et 22°.

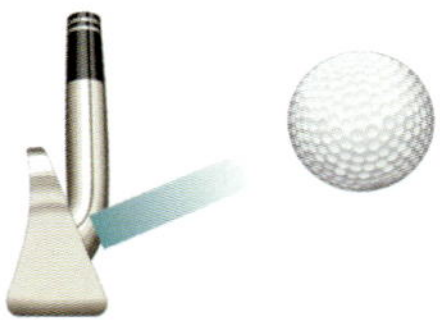

fer n° 4
Fer long dont la portée se situe entre 160 et 183 m, dont l'angle d'inclinaison de la face varie entre 22 et 24°.

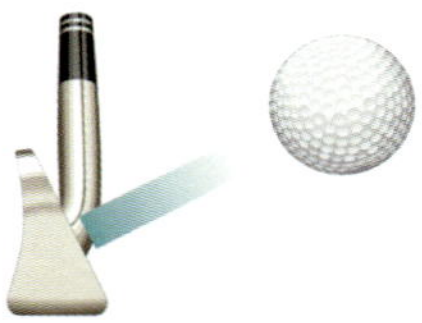

fer n° 5
Fer moyen dont la portée se situe entre 151 et 178 m, dont l'angle d'inclinaison de la face varie entre 26 et 28°.

fer n° 6
Fer moyen dont la portée se situe entre 142 et 165 m, dont l'angle d'inclinaison de la face varie entre 30 et 32°.

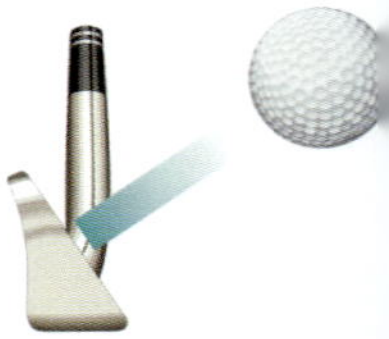

fer n° 7
Fer moyen dont la portée se situe entre 128 et 155 m, dont l'angle d'inclinaison de la face varie entre 34 et 36°.

fer n° 8
Fer court dont la portée se situe entre 123 et 142 m, dont l'angle d'inclinaison de la face varie entre 38 et 40°.

fer n° 9
Fer court dont la portée se situe entre 119 et 133 m, dont l'angle d'inclinaison de la face varie entre 42 et 44°.

cocheur d'allée
Fer court principalement utilisé pour les coups d'approche dans l'allée, à environ 100 m du trou. L'angle d'inclinaison de sa face varie entre 47 et 52°.

cocheur de sable
Fer court principalement utilisé pour sortir la balle des fosses de sable. L'angle d'inclinaison de sa face varie entre 54 et 58°.

cocheur d'approche
Fer court utilisé pour jouer des coups hauts et précis à proximité du vert (à moins de 50 m). L'angle d'inclinaison de sa face varie entre 60 et 64°.

sports de précision 1019

golf^M

capuchon^M
Pièce qui recouvre et protège la tête d'un bâton de golf inutilisé.

harnais^M
Dispositif muni de sangles et de bretelles permettant au joueur de transporter le sac sur son dos.

sac^M **de golf**^M
Sac servant à transporter les bâtons de golf et les accessoires. Un joueur ne peut pas utiliser plus de 14 bâtons différents lors d'une compétition.

équipement^M **de golf**^M
Les joueurs de golf utilisent différents équipements pour améliorer leur prise et transporter leurs bâtons le long du parcours.

chariot^M
Support à deux roues qu'on tire par une poignée pour transporter le sac de golf le long du parcours.

poche^F
Petit rangement extérieur destiné à contenir divers accessoires (balles, gants, tés, etc.).

trépied^M
Support repliable permettant de maintenir le sac en position verticale.

gant^M **de golf**^M
Pièce qui recouvre la main pour assurer une meilleure prise du bâton. Il est porté sur une seule main (la main gauche pour un droitier).

chaussures^F **de golf**^M
Chaussures de cuir munies de pointes en plastique ou en métal fixées sous la semelle.

porte-sac^M
Support placé à l'arrière de la voiturette, permettant aux golfeurs de transporter leur équipement sur le parcours de golf.

voiturette^F **de golf**^M **électrique**
Petit véhicule motorisé qu'utilisent les golfeurs pour se déplacer d'un trou à l'autre sur le parcours de golf.

SPORTS ET JEUX

cyclisme

cyclisme^M sur route^F

Sport qui consiste à compléter à bicyclette un parcours sur route en une seule journée ou par étapes.

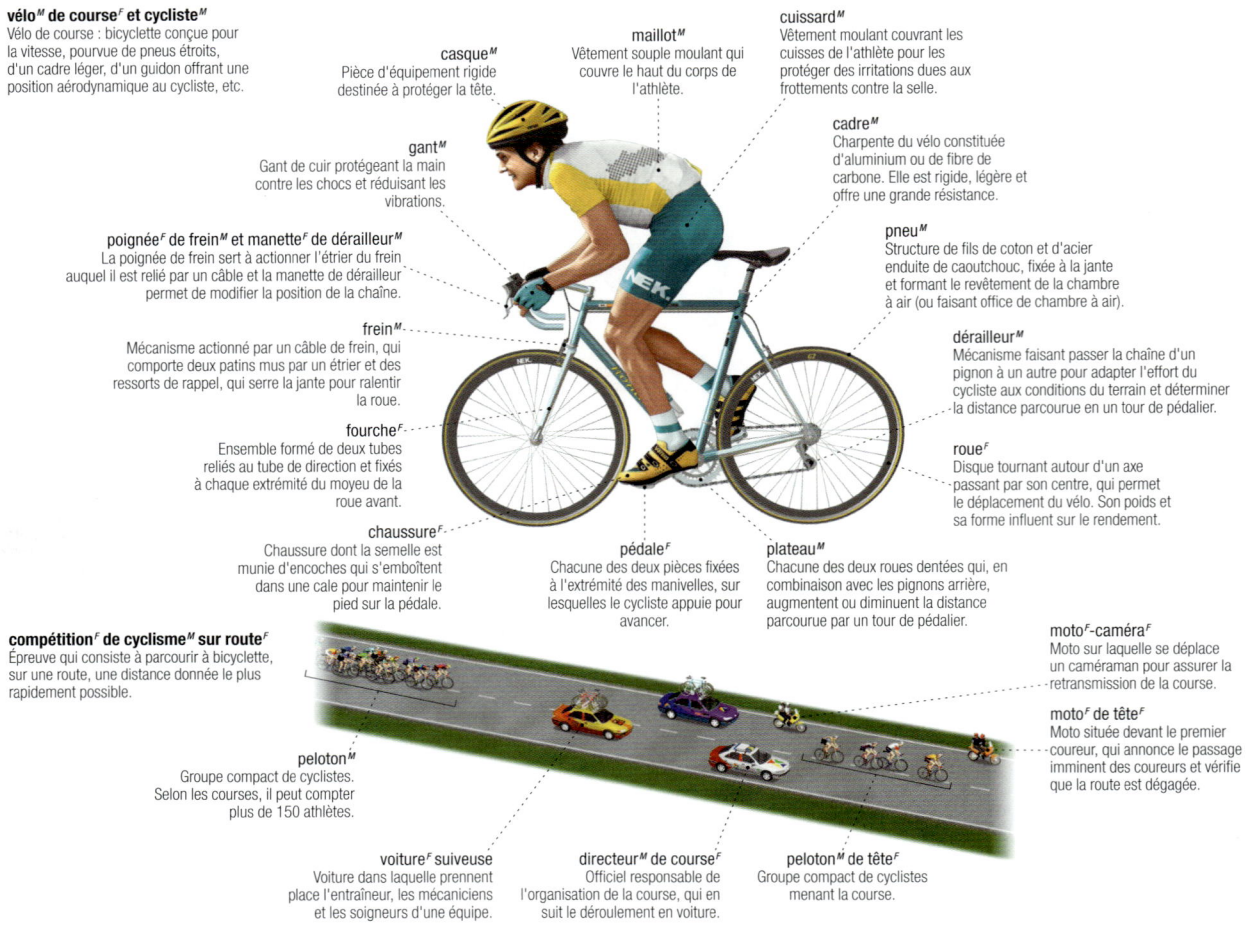

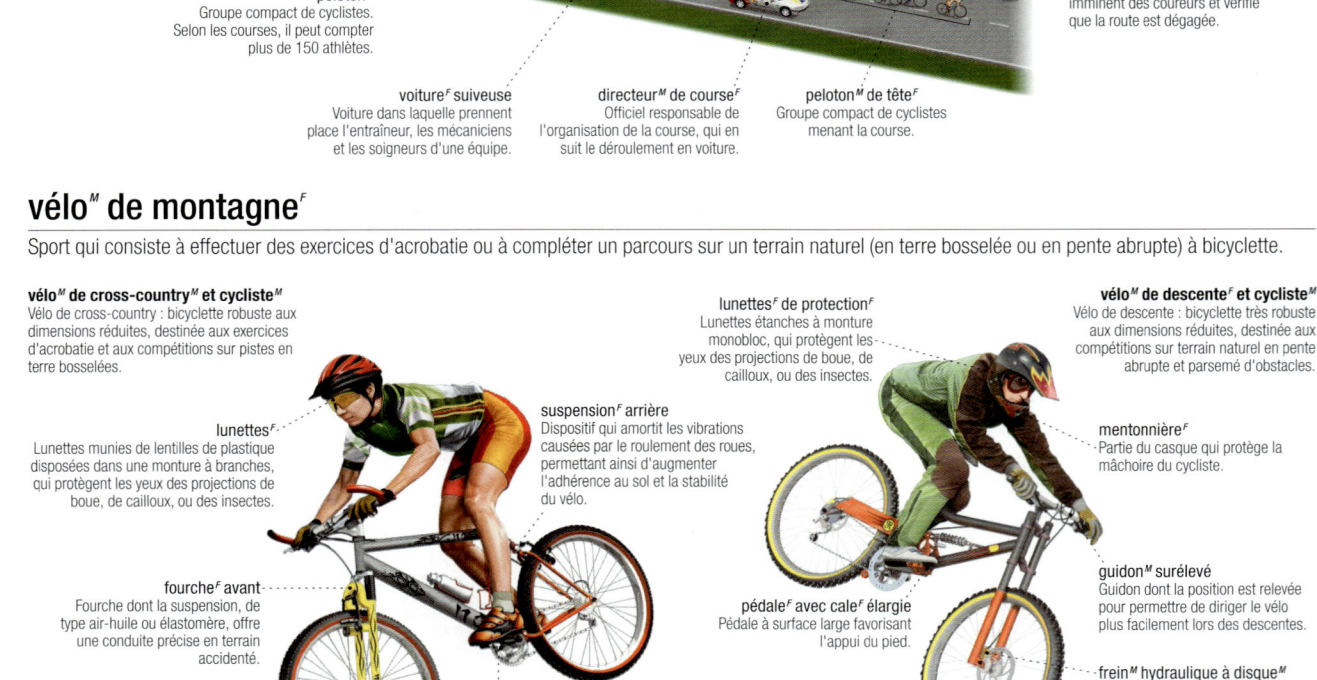

vélo^F de course^F et cycliste^M
Vélo de course : bicyclette conçue pour la vitesse, pourvue de pneus étroits, d'un cadre léger, d'un guidon offrant une position aérodynamique au cycliste, etc.

casque^M
Pièce d'équipement rigide destinée à protéger la tête.

maillot^M
Vêtement souple moulant qui couvre le haut du corps de l'athlète.

cuissard^M
Vêtement moulant couvrant les cuisses de l'athlète pour les protéger des irritations dues aux frottements contre la selle.

gant^M
Gant de cuir protégeant la main contre les chocs et réduisant les vibrations.

cadre^M
Charpente du vélo constituée d'aluminium ou de fibre de carbone. Elle est rigide, légère et offre une grande résistance.

poignée^F de frein^M et manette^F de dérailleur^M
La poignée de frein sert à actionner l'étrier du frein auquel il est relié par un câble et la manette de dérailleur permet de modifier la position de la chaîne.

pneu^M
Structure de fils de coton et d'acier enduite de caoutchouc, fixée à la jante et formant le revêtement de la chambre à air (ou faisant office de chambre à air).

frein^M
Mécanisme actionné par un câble de frein, qui comporte deux patins mus par un étrier et des ressorts de rappel, qui serre la jante pour ralentir la roue.

dérailleur^M
Mécanisme faisant passer la chaîne d'un pignon à un autre pour adapter l'effort du cycliste aux conditions du terrain et déterminer la distance parcourue en un tour de pédalier.

fourche^F
Ensemble formé de deux tubes reliés au tube de direction et fixés à chaque extrémité du moyeu de la roue avant.

roue^F
Disque tournant autour d'un axe passant par son centre, qui permet le déplacement du vélo. Son poids et sa forme influent sur le rendement.

chaussure^F
Chaussure dont la semelle est munie d'encoches qui s'emboîtent dans une cale pour maintenir le pied sur la pédale.

pédale^F
Chacune des deux pièces fixées à l'extrémité des manivelles, sur lesquelles le cycliste appuie pour avancer.

plateau^M
Chacune des deux roues dentées qui, en combinaison avec les pignons arrière, augmentent ou diminuent la distance parcourue par un tour de pédalier.

compétition^F de cyclisme^M sur route^F
Épreuve qui consiste à parcourir à bicyclette, sur une route, une distance donnée le plus rapidement possible.

moto^F-caméra^F
Moto sur laquelle se déplace un cameraman pour assurer la retransmission de la course.

moto^F de tête^F
Moto située devant le premier coureur, qui annonce le passage imminent des coureurs et vérifie que la route est dégagée.

peloton^M
Groupe compact de cyclistes. Selon les courses, il peut compter plus de 150 athlètes.

voiture^F suiveuse^F
Voiture dans laquelle prennent place l'entraîneur, les mécaniciens et les soigneurs d'une équipe.

directeur^M de course^F
Officiel responsable de l'organisation de la course, qui en suit le déroulement en voiture.

peloton^M de tête^F
Groupe compact de cyclistes menant la course.

vélo^M de montagne^F

Sport qui consiste à effectuer des exercices d'acrobatie ou à compléter un parcours sur un terrain naturel (en terre bosselée ou en pente abrupte) à bicyclette.

vélo^M de cross-country^M et cycliste^M
Vélo de cross-country : bicyclette robuste aux dimensions réduites, destinée aux exercices d'acrobatie et aux compétitions sur pistes en terre bosselées.

lunettes^F de protection^F
Lunettes étanches à monture monobloc, qui protègent les yeux des projections de boue, de cailloux, ou des insectes.

vélo^M de descente^F et cycliste^M
Vélo de descente : bicyclette très robuste aux dimensions réduites, destinée aux compétitions sur terrain naturel en pente abrupte et parsemé d'obstacles.

lunettes^F
Lunettes munies de lentilles de plastique disposées dans une monture à branches, qui protègent les yeux des projections de boue, de cailloux, ou des insectes.

suspension^F arrière^F
Dispositif qui amortit les vibrations causées par le roulement des roues, permettant ainsi d'augmenter l'adhérence au sol et la stabilité du vélo.

mentonnière^F
Partie du casque qui protège la mâchoire du cycliste.

fourche^F avant^F
Fourche dont la suspension, de type air-huile ou élastomère, offre une conduite précise en terrain accidenté.

pédale^F avec cale^F élargie^F
Pédale à surface large favorisant l'appui du pied.

guidon^M surélevé^F
Guidon dont la position est relevée pour permettre de diriger le vélo plus facilement lors des descentes.

pédale^F automatique^F
Pédale munie d'un système de sécurité qui permet d'enclencher ou de libérer le pied rapidement.

frein^M hydraulique à disque^M
Frein muni de mâchoires qui serrent un disque pour ralentir la roue, la puissance de freinage étant transmise par pression hydraulique.

cyclisme sur piste

Sport qui consiste à se déplacer à bicyclette sur un circuit fermé. Le cyclisme sur piste comporte deux types d'épreuves : vitesse et endurance.

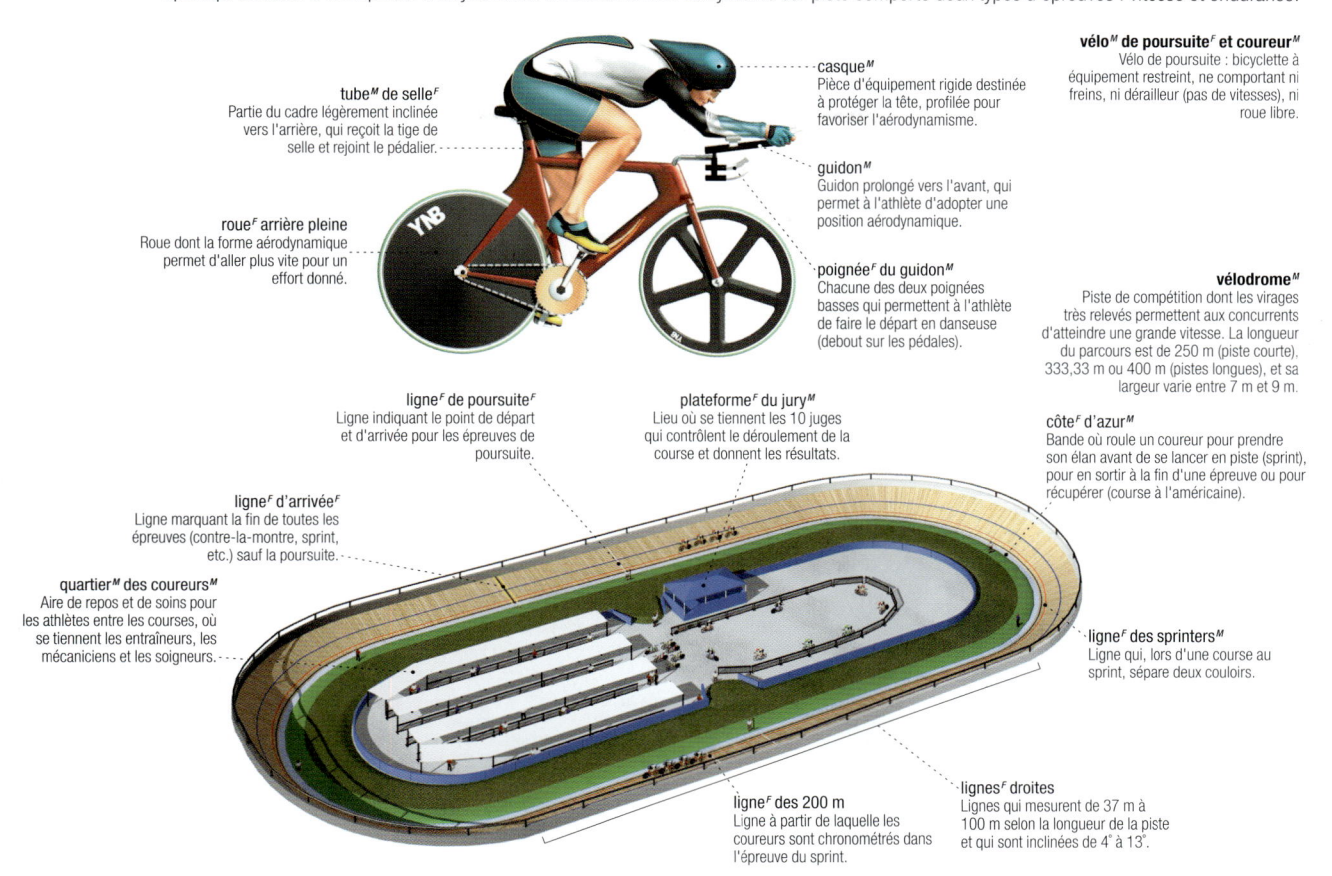

tube^M de selle^F
Partie du cadre légèrement inclinée vers l'arrière, qui reçoit la tige de selle et rejoint le pédalier.

roue^F arrière pleine
Roue dont la forme aérodynamique permet d'aller plus vite pour un effort donné.

casque^M
Pièce d'équipement rigide destinée à protéger la tête, profilée pour favoriser l'aérodynamisme.

guidon
Guidon prolongé vers l'avant, qui permet à l'athlète d'adopter une position aérodynamique.

poignée^F du guidon^M
Chacune des deux poignées basses qui permettent à l'athlète de faire le départ en danseuse (debout sur les pédales).

vélo^M de poursuite^F et coureur^M
Vélo de poursuite : bicyclette à équipement restreint, ne comportant ni freins, ni dérailleur (pas de vitesses), ni roue libre.

ligne^F de poursuite^F
Ligne indiquant le point de départ et d'arrivée pour les épreuves de poursuite.

plateforme^F du jury^M
Lieu où se tiennent les 10 juges qui contrôlent le déroulement de la course et donnent les résultats.

vélodrome^M
Piste de compétition dont les virages très relevés permettent aux concurrents d'atteindre une grande vitesse. La longueur du parcours est de 250 m (piste courte), 333,33 m ou 400 m (pistes longues), et sa largeur varie entre 7 m et 9 m.

ligne^F d'arrivée^F
Ligne marquant la fin de toutes les épreuves (contre-la-montre, sprint, etc.) sauf la poursuite.

quartier^M des coureurs^M
Aire de repos et de soins pour les athlètes entre les courses, où se tiennent les entraîneurs, les mécaniciens et les soigneurs.

côte^F d'azur^F
Bande où roule un coureur pour prendre son élan avant de se lancer en piste (sprint), pour en sortir à la fin d'une épreuve ou pour récupérer (course à l'américaine).

ligne^F des sprinters^M
Ligne qui, lors d'une course au sprint, sépare deux couloirs.

ligne^F des 200 m
Ligne à partir de laquelle les coureurs sont chronométrés dans l'épreuve du sprint.

lignes^F droites
Lignes qui mesurent de 37 m à 100 m selon la longueur de la piste et qui sont inclinées de 4° à 13°.

bicross^M

Sport qui consiste à exécuter des figures acrobatiques à l'aide d'une petite bicyclette à une seule vitesse.

casque^M
Pièce d'équipement rigide destinée à protéger la tête.

vélo^M de bicross^M et cycliste^M
Vélo de bicross : petite bicyclette à une seule vitesse conçue pour l'exécution de figures acrobatiques.

demi-lune^F
Piste de bois aux bords relevés, aménagée pour l'exécution de diverses figures acrobatiques (sauts, glisses, etc.).

gant^M
Pièce de cuir protégeant la main contre les chocs et réduisant les vibrations.

guidon^M
Dispositif composé de deux poignées reliées par une tige. Il tourne sur 360° grâce à un système d'anneau qui pivote autour de son axe.

plateau^M simple
Roue dentée qui, reliée au pignon par une chaîne, permet d'actionner la roue. Le vélo n'en comprend qu'une seule puisqu'il n'y a pas de changement de vitesse.

repose-pieds^M
Appuis fixés au moyeu sur lesquels l'athlète pose les pieds pour exécuter certaines figures acrobatiques.

pignon^M simple
Roue dentée qui, reliée au plateau par une chaîne, permet d'actionner la roue. Le vélo n'en comprend qu'une seule puisqu'il n'y a pas de changement de vitesse.

SPORTS ET JEUX

sports motorisés

course^F automobile

Épreuve de vitesse opposant des concurrents au volant d'une voiture qui doivent accomplir un nombre de tours déterminé sur une piste.

pilote^M
Athlète qui conduit une voiture dans une course automobile.

cagoule^F
Bonnet en tissu ignifuge recouvrant la tête et le cou, mais qui laisse le visage à découvert.

sous-vêtement^M
Vêtement en tissu ignifuge porté sous la combinaison. Le sous-vêtement et la combinaison doivent couvrir le cou, les poignets et les chevilles.

bouchons^M d'oreilles^F/oreillettes^F
Petits bouchons qu'on place directement dans l'oreille pour atténuer les bruits des moteurs et permettre les communications radio entre le pilote et son équipe.

système^M de soutien du cou^M et de la tête^F
Dispositif relié au casque, formé d'un col et d'une armature rigides, qui retient la tête et le cou du pilote lors d'un accident.

pneu^M pluie^F
Pneu sculpté utilisé sur une piste mouillée pour évacuer une grande quantité d'eau. À 300 km/h, il évacue plus de 25 litres d'eau par seconde.

drapeau^M à damier^M
Drapeau à carreaux noirs et blancs signalant la fin d'une course ou d'une séance d'essais.

gants^M
Pièces en tissu ignifuge qui recouvrent les mains et les poignets. Les gants doivent serrer les poignets et recouvrir les manchettes de la combinaison.

pneu^M pour temps^M sec
Pneu rainuré offrant une bonne adhérence sur piste sèche.

casque^M
Pièce d'équipement rigide destinée à protéger la tête.

combinaison^F résistante au feu^M
Vêtement moulant monopièce en tissu ignifugé, protégeant le pilote de brûlures graves pendant quelques secondes.

grille^F de départ^M
Position des voitures au départ d'une course, selon les temps réalisés durant les qualifications. La grille comporte deux voitures par ligne, en formation décalée.

chaussure^F
Chaussure résistante au feu, recouvrant entièrement le pied et la cheville.

pole position^F
Première position sur la grille de départ, obtenue par le pilote ayant réalisé le meilleur temps lors de la séance de qualifications.

piste^F
Parcours fermé d'une course automobile alternant lignes droites et virages plus ou moins accentués.

circuit^M de formule^F 1
Surface de roulement des voitures de course, de longueur variable, que le coureur parcourt autant de fois (tours) que nécessaire pour cumuler 305 km lors d'un Grand Prix.

ligne^F de départ^M
Ligne marquant le début de la course. Lorsque le signal de départ est donné, toutes les voitures doivent être situées derrière cette ligne.

stands^M
Emplacements réservés à chaque écurie, où les pilotes s'arrêtent durant la course pour faire le plein d'essence, changer de pneus, etc.

chicane^F
Succession de petits virages serrés visant à briser une portion droite et rapide d'un circuit et à forcer ainsi les pilotes à ralentir.

bac^M à gravier^M
Zone de dégagement notamment située à proximité des virages, permettant la décélération d'une voiture en cas de dérapage ou de tête-à-queue.

voie^F des stands^M
Voie qu'empruntent les voitures pour se rendre aux stands. Une limitation de vitesse y est imposée.

bordure^F
Structure bétonnée à l'entrée et à la sortie des virages, servant de repère visuel et délimitant la piste.

barrière^F de pneus^M
Dispositif de sécurité permettant d'absorber les chocs en cas de sortie de piste ou de collision.

sports motorisés

course^F automobile

aileron^M
Pièce utilisant la pression de l'air pour augmenter la charge sur les trains arrière et avant et, en conséquence, l'adhérence des pneus sur la piste.

structure^F antitonneau
Structure constituée d'arceaux métalliques, servant à protéger le pilote si la voiture se renverse.

caméra^F
Appareil de prises de vues permettant de suivre la voiture d'un pilote pendant une épreuve. Chaque voiture est équipée d'au moins une caméra.

habitacle^M
Partie de la carrosserie logeant le pilote et où sont regroupés les équipements nécessaires à la conduite de la voiture.

antenne^F radio^F
Dispositif qui émet et reçoit des ondes radio afin d'assurer la communication entre le pilote et l'écurie durant l'épreuve.

exemples^M de voitures^F de course^F
Les voitures de course présentent des caractéristiques diverses, adaptées au type de piste (circuit fermé, routier, etc.) et de course (vitesse, endurance).

voiture^F de formule^F 1
Monoplace destinée à courir sur un circuit fermé, pouvant atteindre des vitesses de pointe de 360 km/h. La formule 1 est très populaire en Europe.

tube^M de Pitot
Appareil de mesure qui permet de calculer la vitesse réelle de la voiture en tenant compte de l'influence du vent.

ponton^M
Structure déformable qui absorbe l'énergie lors d'une collision. Les pontons logent notamment les radiateurs et des composantes électroniques.

volant^M
Organe qui permet au pilote d'orienter les roues directrices. Véritable tableau de bord, il est pourvu de plusieurs commandes, telles que l'embrayage et la sélection des vitesses.

voiture^F de formule^F Indy
Voiture plus robuste et plus rapide qu'une formule 1 en ligne droite, conçue pour courir sur un circuit ovale ou routier.

voiture^F de NASCAR
Voiture monoplace de type stock-car destinée à des courses sur circuits ovales ou parfois routiers.

voiture^F de formule^F 3000
Monoplace semblable à une voiture de formule 1, mais moins puissante. La formule 3000 est considérée comme l'école de la formule 1.

voiture^F sport-prototype^M
Voiture de course monoplace puissante conçue pour les courses d'endurance.

voiture^F de rallye^M
Voiture de tourisme biplace destinée à parcourir de longues distances sur route, en plusieurs étapes et en un temps donné.

responsable^M du démarreur^M
Mécanicien qui intervient avec un démarreur si le moteur cale après le ravitaillement, pour le remettre en marche.

arrêt^M au stand^M
Arrêt de quelques secondes que fait un pilote lors d'une course afin d'effectuer le plein d'essence, le changement de pneus et les ajustements mécaniques nécessaires.

réservoir^M d'air^M comprimé
Cuve contenant l'air comprimé alimentant les pistolets pneumatiques.

chef^M mécanicien^M
Personne qui dirige l'intervention des mécaniciens. À l'aide d'un panneau nommé sucette, il indique au pilote à quel moment il peut repartir.

cric^M
Appareil actionné par une manivelle, qui permet de soulever un véhicule.

mécanicien^M
Personne chargée de remplacer les pneus. Un premier mécanicien dévisse l'écrou central, un deuxième retire le pneu utilisé et un troisième met en place le nouveau pneu.

pistolet^M pneumatique
Instrument permettant de visser et de dévisser l'écrou central de chaque roue.

SPORTS ET JEUX

sports motorisés

motocyclisme[M]

Sport regroupant les disciplines disputées sur des motocyclettes dont la cylindrée du moteur est supérieure à 125 cc.

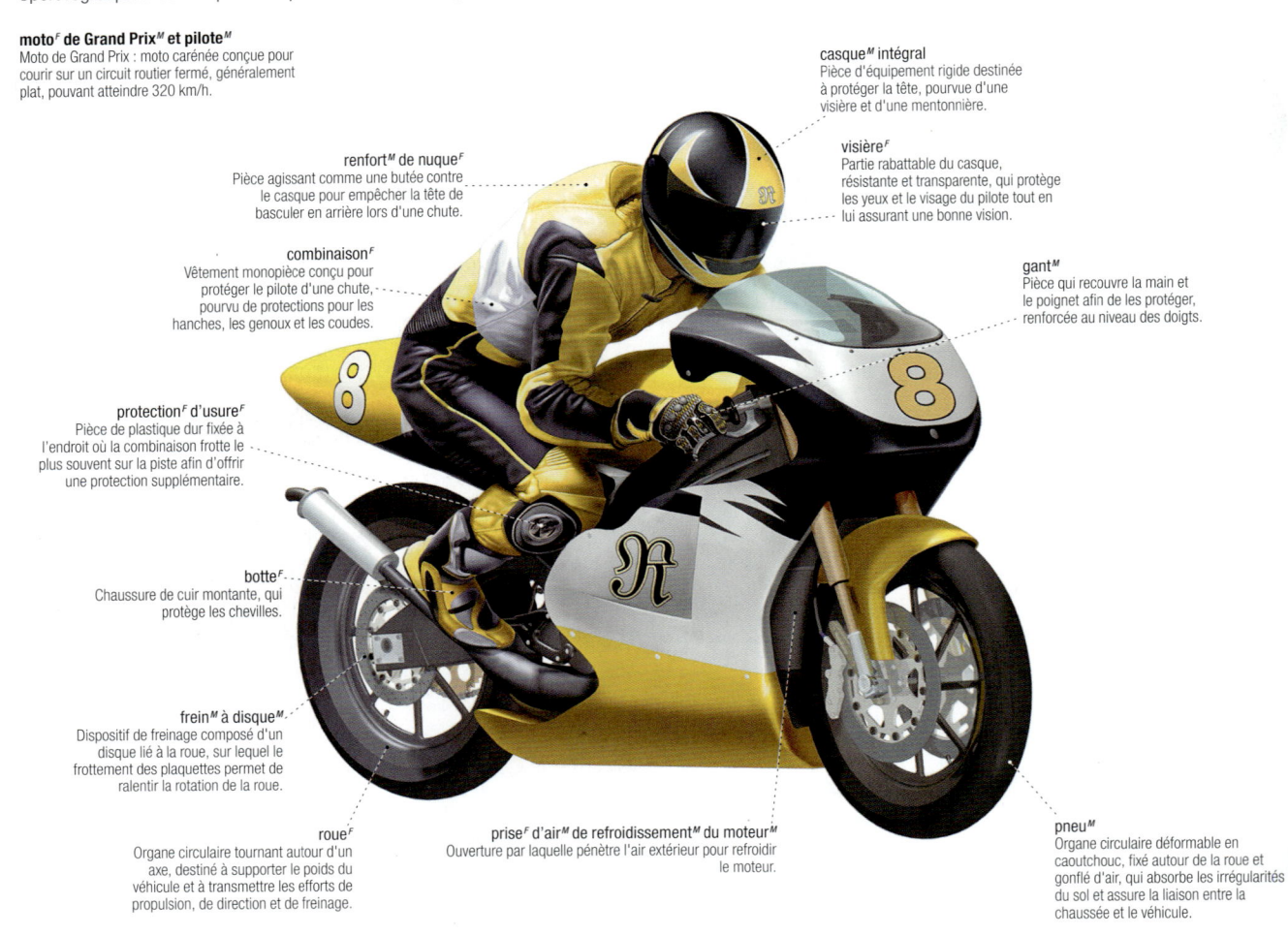

moto[F] de Grand Prix[M] et pilote[M]
Moto de Grand Prix : moto carénée conçue pour courir sur un circuit routier fermé, généralement plat, pouvant atteindre 320 km/h.

casque[M] intégral
Pièce d'équipement rigide destinée à protéger la tête, pourvue d'une visière et d'une mentonnière.

renfort[M] de nuque[F]
Pièce agissant comme une butée contre le casque pour empêcher la tête de basculer en arrière lors d'une chute.

visière[F]
Partie rabattable du casque, résistante et transparente, qui protège les yeux et le visage du pilote tout en lui assurant une bonne vision.

combinaison[F]
Vêtement monopièce conçu pour protéger le pilote d'une chute, pourvu de protections pour les hanches, les genoux et les coudes.

gant[M]
Pièce qui recouvre la main et le poignet afin de les protéger, renforcée au niveau des doigts.

protection[F] d'usure[F]
Pièce de plastique dur fixée à l'endroit où la combinaison frotte le plus souvent sur la piste afin d'offrir une protection supplémentaire.

botte[F]
Chaussure de cuir montante, qui protège les chevilles.

frein[M] à disque[M]
Dispositif de freinage composé d'un disque lié à la roue, sur lequel le frottement des plaquettes permet de ralentir la rotation de la roue.

roue[F]
Organe circulaire tournant autour d'un axe, destiné à supporter le poids du véhicule et à transmettre les efforts de propulsion, de direction et de freinage.

prise[F] d'air[M] de refroidissement[M] du moteur[M]
Ouverture par laquelle pénètre l'air extérieur pour refroidir le moteur.

pneu[M]
Organe circulaire déformable en caoutchouc, fixé autour de la roue et gonflé d'air, qui absorbe les irrégularités du sol et assure la liaison entre la chaussée et le véhicule.

circuit[M] de Grand Prix[M]
Parcours d'une course de moto dont la longueur est comprise entre 3,5 et 10 km; il peut être construit à cette fin ou aménagé sur des routes temporairement fermées à la circulation.

tribune[F]
Construction pourvue de gradins souvent partiellement couverts, permettant aux spectateurs d'assister à des épreuves sportives.

piste[F]
Surface de roulement d'une course de motocyclisme dont la largeur minimale est de 10 m.

stands[M]
Emplacements réservés à chaque écurie, où les pilotes s'arrêtent lors de la course pour faire le plein d'essence, changer de pneus, etc.

sports motorisés 1025

motocyclisme

moto de trial
Moto légère, souple et maniable, conçue pour les courses d'obstacles sur tout terrain. L'objectif est de franchir les obstacles sans poser le pied à terre.

moto de rallye
Moto tout-terrain conçue pour parcourir de longues distances sur route, en plusieurs étapes et en un temps donné.

moto de motocross et de supercross et pilote
Moto fine et légère conçue pour les courses sur un circuit fermé et accidenté (dénivelés, bosses, côtes, etc.).

combinaison de protection
Vêtement constitué d'un maillot et d'un pantalon, conçu pour protéger le pilote d'une chute.

gant
Pièce qui recouvre la main et le poignet afin de les protéger. En matière synthétique, il est rembourré à l'intérieur et à l'extérieur.

pantalon
Vêtement couvrant le bas du corps, de la taille ou des hanches jusqu'aux chevilles, en habillant chaque jambe séparément.

casque
Pièce d'équipement rigide destinée à protéger la tête.

lunettes de protection
Lunettes conçues pour protéger les yeux; elles sont recouvertes de plusieurs pellicules de plastique que le pilote enlève lorsqu'elles sont salies.

protège-main
Pièce rigide placée à l'avant du guidon pour protéger la main en cas de choc.

plaque-numéro
Plaque rectangulaire placée à l'avant et sur les côtés de la moto, portant un numéro permettant d'identifier un coureur.

fourche
Chacun des éléments formés de deux tubes coulissants renfermant un ressort, qui assure la direction, la suspension et l'amortissement de la roue avant.

pneu à crampons
Pneu dont la bande de roulement est pourvue de blocs de gomme qui assurent une meilleure traction sur terrain accidenté.

botte
Chaussure de cuir montante, qui protège les chevilles.

plaque de protection
Pièce métallique placée sous le moteur pour le protéger des chocs et l'empêcher d'accrocher les obstacles.

sauts multiples
Séries de plusieurs bosses que le coureur franchit en un seul saut, au lieu de franchir chaque bosse séparément.

pont
Structure en dos d'âne constituant un obstacle pour les coureurs.

circuit de motocross
Parcours artificiel parfois couvert, fait de terre ou d'un mélange de sable et d'argile, parsemé d'obstacles et de bosses provoquant des sauts.

obstacles
Éléments que doivent franchir les motocyclistes lors d'une épreuve (bosse, butte, pont, etc.).

triple saut
Obstacle constitué de trois bosses successives, que le coureur doit franchir en un seul saut. La réception doit se faire sur la descente de la troisième bosse.

bosse
Chacune des saillies arrondies du circuit, constituant un obstacle pour les coureurs.

butte
Bosse de hauteur élevée, permettant aux coureurs d'effectuer des sauts spectaculaires.

zone de départ
La ligne de départ doit être suffisamment large pour permettre le départ en ligne des coureurs, qui disposent chacun de 1 m de largeur.

commissaire
Chacun des officiels disposés le long du parcours pour informer les concurrents des dangers éventuels au moyen de drapeaux jaunes.

jalons de sécurité
Longs rubans qui délimitent une zone de sécurité pour les coureurs et les spectateurs de chaque côté de la piste.

coureurs
Athlètes qui participent à une épreuve de motocyclisme.

bottes de paille
Barrière de protection placée dans les virages afin d'absorber les chocs en cas de dérapage.

grille de départ
Dispositif transversal servant au départ des motos. Il se replie ou s'abaisse pour que s'élancent les coureurs.

SPORTS ET JEUX

sports motorisés

scooter^M de mer^F ; *motomarine*^F

Embarcation motorisée permettant de se déplacer rapidement sur l'eau (100 km/h environ), propulsée par une turbine aspirant l'eau à l'avant et la projetant à l'arrière.

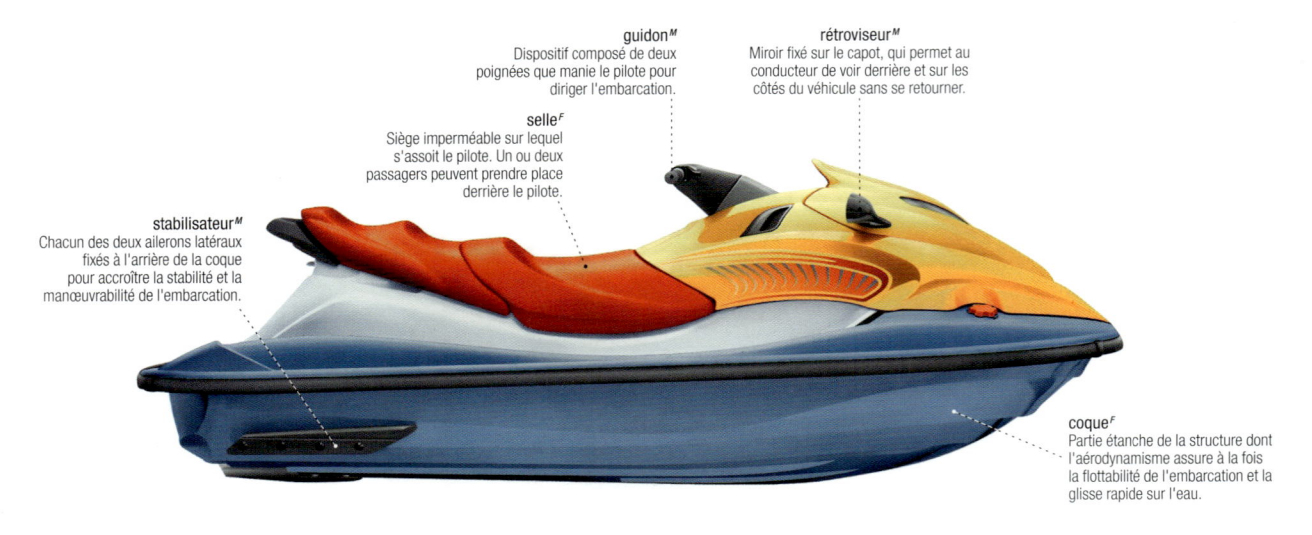

guidon^M
Dispositif composé de deux poignées que manie le pilote pour diriger l'embarcation.

rétroviseur^M
Miroir fixé sur le capot, qui permet au conducteur de voir derrière et sur les côtés du véhicule sans se retourner.

selle^F
Siège imperméable sur lequel s'assoit le pilote. Un ou deux passagers peuvent prendre place derrière le pilote.

stabilisateur^M
Chacun des deux ailerons latéraux fixés à l'arrière de la coque pour accroître la stabilité et la manœuvrabilité de l'embarcation.

coque^F
Partie étanche de la structure dont l'aérodynamisme assure à la fois la flottabilité de l'embarcation et la glisse rapide sur l'eau.

motoneige^F

Véhicule motorisé pourvu d'une chenille et de skis pour se déplacer rapidement sur la neige. Certaines motoneiges atteignent jusqu'à 200 km/h.

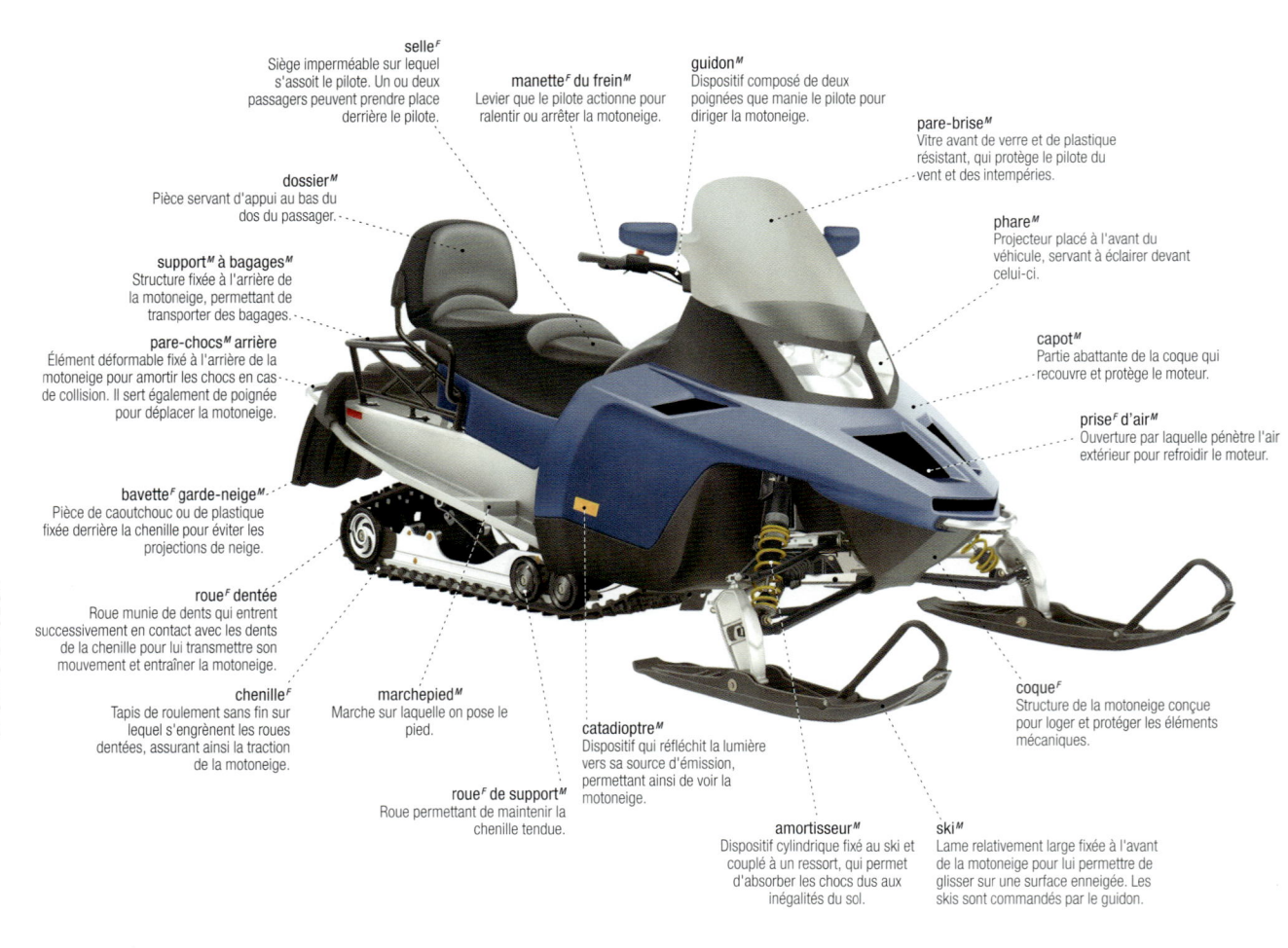

selle^F
Siège imperméable sur lequel s'assoit le pilote. Un ou deux passagers peuvent prendre place derrière le pilote.

manette^F **du frein**^M
Levier que le pilote actionne pour ralentir ou arrêter la motoneige.

guidon^M
Dispositif composé de deux poignées que manie le pilote pour diriger la motoneige.

pare-brise^M
Vitre avant de verre et de plastique résistant, qui protège le pilote du vent et des intempéries.

dossier^M
Pièce servant d'appui au bas du dos du passager.

phare^M
Projecteur placé à l'avant du véhicule, servant à éclairer devant celui-ci.

support^M **à bagages**^M
Structure fixée à l'arrière de la motoneige, permettant de transporter des bagages.

capot^M
Partie abattante de la coque qui recouvre et protège le moteur.

pare-chocs^M **arrière**
Élément déformable fixé à l'arrière de la motoneige pour amortir les chocs en cas de collision. Il sert également de poignée pour déplacer la motoneige.

prise^F **d'air**^M
Ouverture par laquelle pénètre l'air extérieur pour refroidir le moteur.

bavette^F **garde-neige**^M
Pièce de caoutchouc ou de plastique fixée derrière la chenille pour éviter les projections de neige.

roue^F **dentée**
Roue munie de dents qui entrent successivement en contact avec les dents de la chenille pour lui transmettre son mouvement et entraîner la motoneige.

coque^F
Structure de la motoneige conçue pour loger et protéger les éléments mécaniques.

chenille^F
Tapis de roulement sans fin sur lequel s'engrènent les roues dentées, assurant ainsi la traction de la motoneige.

marchepied^M
Marche sur laquelle on pose le pied.

catadioptre^M
Dispositif qui réfléchit la lumière vers sa source d'émission, permettant ainsi de voir la motoneige.

roue^F **de support**^M
Roue permettant de maintenir la chenille tendue.

amortisseur^M
Dispositif cylindrique fixé au ski et couplé à un ressort, qui permet d'absorber les chocs dus aux inégalités du sol.

ski^M
Lame relativement large fixée à l'avant de la motoneige pour lui permettre de glisser sur une surface enneigée. Les skis sont commandés par le guidon.

sports d'hiver 1027

curling^M

Sport mettant aux prises deux équipes de quatre joueurs, qui font glisser des pierres sur une surface glacée en direction d'une cible.

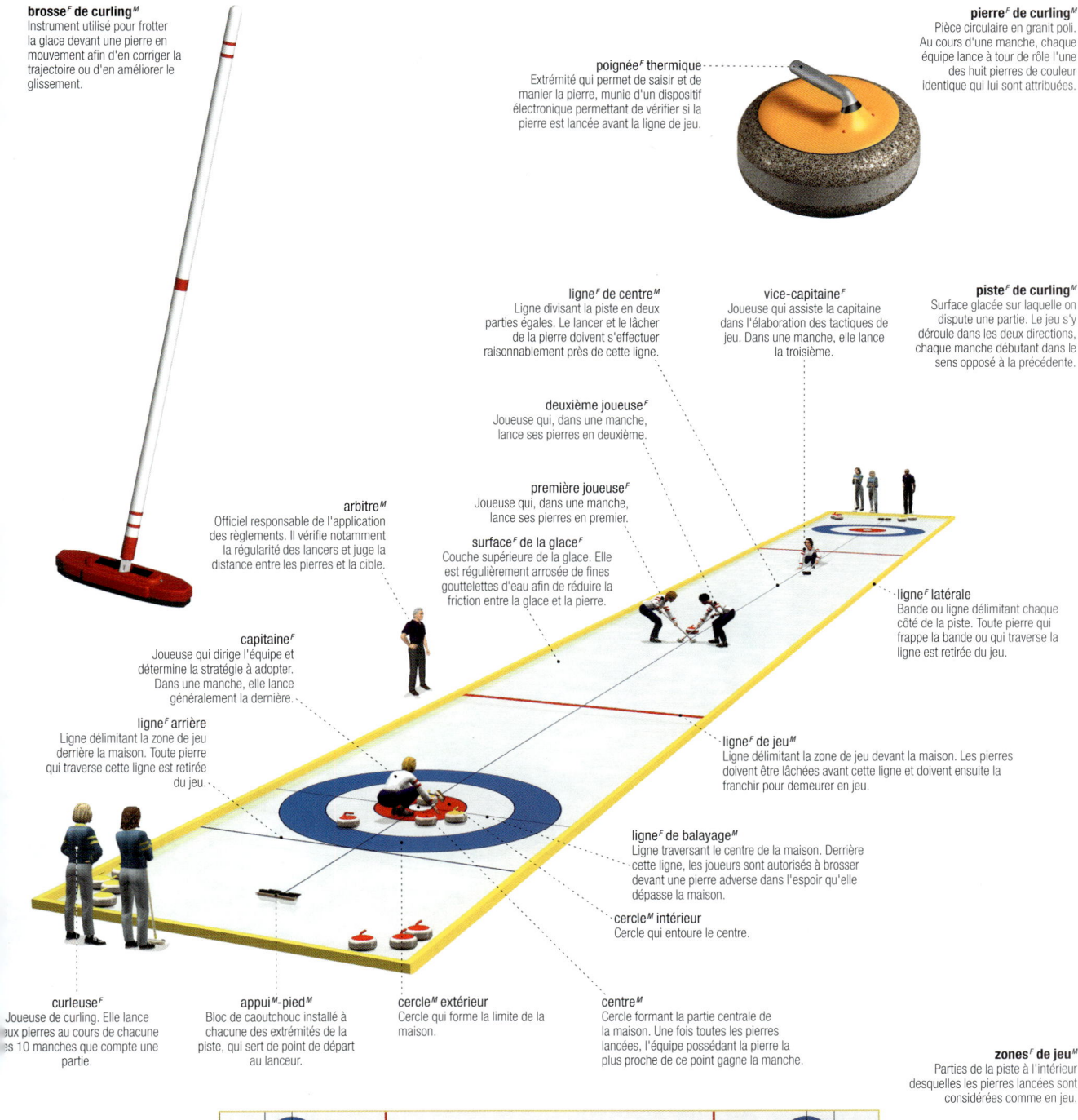

brosse^F de curling^M
Instrument utilisé pour frotter la glace devant une pierre en mouvement afin d'en corriger la trajectoire ou d'en améliorer le glissement.

pierre^F de curling^M
Pièce circulaire en granit poli. Au cours d'une manche, chaque équipe lance à tour de rôle l'une des huit pierres de couleur identique qui lui sont attribuées.

poignée^F thermique
Extrémité qui permet de saisir et de manier la pierre, munie d'un dispositif électronique permettant de vérifier si la pierre est lancée avant la ligne de jeu.

ligne^F de centre^M
Ligne divisant la piste en deux parties égales. Le lancer et le lâcher de la pierre doivent s'effectuer raisonnablement près de cette ligne.

vice-capitaine^F
Joueuse qui assiste la capitaine dans l'élaboration des tactiques de jeu. Dans une manche, elle lance la troisième.

piste^F de curling^M
Surface glacée sur laquelle on dispute une partie. Le jeu s'y déroule dans les deux directions, chaque manche débutant dans le sens opposé à la précédente.

deuxième joueuse^F
Joueuse qui, dans une manche, lance ses pierres en deuxième.

arbitre^M
Officiel responsable de l'application des règlements. Il vérifie notamment la régularité des lancers et juge la distance entre les pierres et la cible.

première joueuse^F
Joueuse qui, dans une manche, lance ses pierres en premier.

surface^F de la glace^F
Couche supérieure de la glace. Elle est régulièrement arrosée de fines gouttelettes d'eau afin de réduire la friction entre la glace et la pierre.

ligne^F latérale
Bande ou ligne délimitant chaque côté de la piste. Toute pierre qui frappe la bande ou qui traverse la ligne est retirée du jeu.

capitaine^F
Joueuse qui dirige l'équipe et détermine la stratégie à adopter. Dans une manche, elle lance généralement la dernière.

ligne^F arrière
Ligne délimitant la zone de jeu derrière la maison. Toute pierre qui traverse cette ligne est retirée du jeu.

ligne^F de jeu^M
Ligne délimitant la zone de jeu devant la maison. Les pierres doivent être lâchées avant cette ligne et doivent ensuite la franchir pour demeurer en jeu.

ligne^F de balayage^M
Ligne traversant le centre de la maison. Derrière cette ligne, les joueurs sont autorisés à brosser devant une pierre adverse dans l'espoir qu'elle dépasse la maison.

cercle^M intérieur
Cercle qui entoure le centre.

curleuse^F
Joueuse de curling. Elle lance deux pierres au cours de chacune des 10 manches que compte une partie.

appui^M-pied^M
Bloc de caoutchouc installé à chacune des extrémités de la piste, qui sert de point de départ au lanceur.

cercle^M extérieur
Cercle qui forme la limite de la maison.

centre^M
Cercle formant la partie centrale de la maison. Une fois toutes les pierres lancées, l'équipe possédant la pierre la plus proche de ce point gagne la manche.

zones^F de jeu^M
Parties de la piste à l'intérieur desquelles les pierres lancées sont considérées comme en jeu.

maison^F
Série de cercles concentriques formant la zone de pointage. L'équipe marque un point pour chaque pierre plus près du centre que toutes les pierres adverses.

zone^F de garde^F protégée
Espace compris entre la maison et la ligne de jeu. Le lanceur qui succède au premier lanceur de l'équipe adverse ne peut déplacer la pierre placée là par l'adversaire.

SPORTS ET JEUX

hockey^M sur glace^F

Sport qui oppose, sur une patinoire, deux équipes de six joueurs qui tentent de marquer des buts dans le filet adverse à l'aide d'un bâton et d'une rondelle.

hockeyeur^M
Joueur de hockey sur glace. Il porte de nombreux équipements de protection visant à prévenir les blessures causées par les chutes ou les coups.

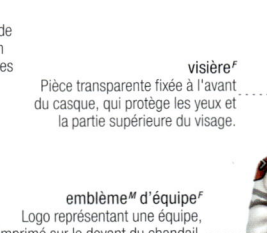

visière^F
Pièce transparente fixée à l'avant du casque, qui protège les yeux et la partie supérieure du visage.

casque^M
Pièce d'équipement rigide destinée à protéger la tête.

emblème^M d'équipe^F
Logo représentant une équipe, imprimé sur le devant du chandail.

numéro^M du joueur^M
Nombre identifiant un hockeyeur. Compris entre 1 et 99, il est inscrit au dos et sur chacune des manches du chandail.

gant^M
Pièce rembourrée qui recouvre la main et le poignet en s'adaptant à la forme des doigts. Il doit être assez flexible pour assurer une bonne prise sur le bâton.

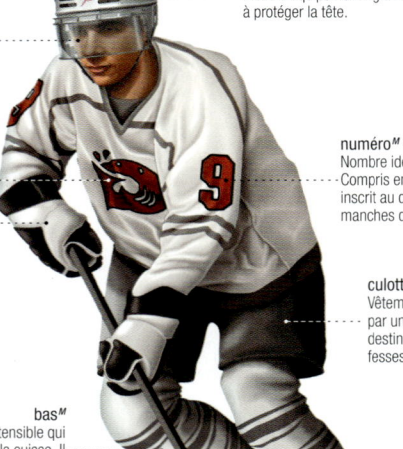

culotte^F
Vêtement rembourré retenu à la taille par une ceinture ou des bretelles, destiné à protéger le bassin, les fesses et les cuisses du hockeyeur.

bas^M
Pièce de tissu extensible qui enveloppe la jambe et la cuisse. Il recouvre la jambière et permet de garder les muscles chauds.

patin^M
Chaussure renforcée munie d'une lame permettant de glisser sur la glace.

lame^F
Pièce métallique, mince et effilée, fixée sur la chaussure du patin. Elle est recourbée aux extrémités pour faciliter les virages.

patinoire^F
Surface glacée sur laquelle a lieu un match de hockey. Un match se déroule en trois périodes de 20 minutes, entrecoupées de deux pauses de 15 minutes.

point^M de mise^F au jeu^M
Chacun des points où l'arbitre ou un juge de ligne peut lâcher la rondelle pour la mettre en jeu.

défenseur^M droit
Joueur placé à la droite du centre, derrière l'ailier, et dont le rôle consiste à empêcher l'adversaire de s'approcher du but.

défenseur^M gauche
Joueur placé à la gauche du centre, derrière l'ailier, et dont le rôle consiste à empêcher l'adversaire de s'approcher du but.

ligne^F de but^M
Ligne rouge que la rondelle doit traverser dans le but pour qu'un point soit accordé. Elle permet aussi de déterminer s'il y a eu ou non un dégagement interdit.

vitre^F de protection^F
Panneau de verre sécurisé surplombant la bande, qui protège les spectateurs d'un lancer trop haut ou des bâtons des joueurs lorsqu'ils s'affrontent.

banc^M des joueurs^M
Espace où prennent place les joueurs inactifs et les entraîneurs. Chaque équipe compte une vingtaine de joueurs, mais six seulement sont présents à la fois sur la glace.

coin^M de patinoire^F
Chacun des quatre angles arrondis de la patinoire. Les coins sont généralement l'endroit où ont lieu de nombreuses mises en échec.

juge^M de but^M
Officiel hors-glace prenant place à l'extrémité de la patinoire, derrière le but. Il active une lumière rouge lorsque la rondelle franchit la ligne de but.

gardien^M de but^M
Joueur dont le rôle est d'empêcher la rondelle d'entrer dans le but. Le gardien joue généralement pendant tout le match.

bande^F
Bordure de bois ou de fibre de verre entourant la patinoire, délimitant ainsi l'aire de jeu.

cercle^M de mise^F au jeu^M
Cercle entourant un point de mise au jeu. Lors de celle-ci, les deux joueurs se placent près du point et les autres autour du cercle.

sports d'hiver   1029

hockey^M sur glace^F

masque^M
Casque muni d'une grille, qui protège la tête et le visage du gardien. On y fixe également un protège-gorge mobile.

gardien^M de but^M
Joueur dont le rôle est d'empêcher la rondelle d'entrer dans le but. Exposé à des tirs atteignant 150 km/h, il doit porter un équipement de protection imposant.

bouclier^M
Gant surmonté d'une pièce rectangulaire, plate et rigide, destinée à repousser les tirs.

mitaine^F
Gant formant un panier qui se ferme par pincement de la main, permettant au gardien d'attraper ou d'immobiliser la rondelle.

jambière^F de gardien^M de but^M
Pièce d'équipement fortement rembourrée qui protège les jambes, les genoux et les cuisses du gardien de l'impact des lancers.

crosse^F de gardien^M de but^M ; bâton^M de gardien^M de but^M
Bâton dont la lame et la moitié inférieure du manche sont élargies, ce qui permet au gardien d'arrêter les rondelles plus facilement.

zone^F de but^M
Espace semi-circulaire réservé au gardien de but. L'arbitre peut annuler un but si un joueur a nui au travail du gardien dans cette zone.

ailier^M gauche
Joueur offensif placé à la gauche du centre. Son rôle est de marquer des buts ainsi que de surveiller son vis-à-vis lors des mises au jeu et durant le jeu.

arbitre^M
Chacun des deux officiels responsables de l'application des règlements, qui supervisent la partie et effectuent la mise au jeu au début d'une période. Ils portent un brassard rouge.

entraîneur^M adjoint
Personne secondant l'entraîneur. Deux entraîneurs adjoints, un pour l'aspect offensif et un pour l'aspect défensif, sont généralement présents derrière le banc.

ligne^F bleue
Chacune des lignes divisant la patinoire en trois parties égales. Un joueur traversant la ligne bleue de la zone adverse avant la rondelle provoque un hors-jeu.

but^M
Cage formée d'un filet monté sur une armature métallique. Une équipe marque un point chaque fois qu'elle réussit à loger la rondelle dans le but adverse.

entraîneur^M
Personne qui dirige l'équipe. Il détermine la stratégie à adopter et décide qui jouera et dans quelle circonstance.

zone^F neutre
Espace délimité par les deux lignes bleues. On y effectue les changements de joueurs et on y prépare diverses stratégies offensives ou défensives.

juge^F de ligne^F
Chacun des deux officiels signalant les hors-jeu et les dégagements. Ils font la plupart des mises au jeu et peuvent rapporter des infractions aux arbitres.

lumières^F de but^M
La lampe rouge indique un but, alors que la lampe verte, reliée au chronomètre officiel, signale un arrêt de jeu ou la fin d'une période.

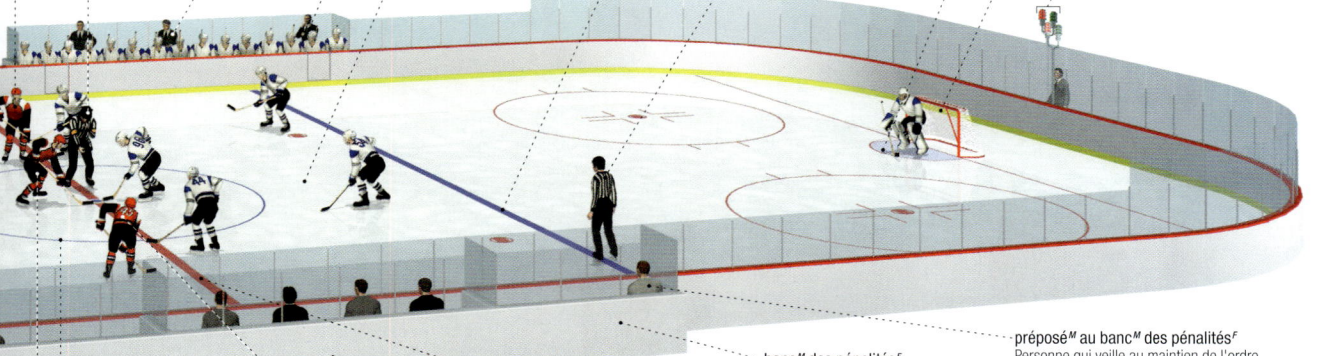

cercle^M central
Cercle tracé au milieu de la patinoire. On y effectue les mises au jeu au début d'une période ou après un but.

ligne^F centrale
Ligne divisant la patinoire en deux zones, soit une par équipe. Les équipes changent de zone à chaque période.

banc^M des pénalités^F
Espace où prennent place les joueurs punis. La durée d'une pénalité varie entre 2 et 10 minutes selon la gravité de l'infraction commise.

préposé^M au banc^M des pénalités^F
Personne qui veille au maintien de l'ordre au banc des pénalités.

centre^M
Joueur qui effectue habituellement les mises au jeu. Pivot de l'équipe, il joue à la fois en position offensive et défensive.

ailier^M droit
Joueur offensif placé à la droite du centre. Son rôle est de marquer des buts ainsi que de surveiller son vis-à-vis lors des mises au jeu et durant le jeu.

banc^M des officiels^M
Espace où prennent place certains officiels hors glace (chronométreur de la partie et des pénalités, marqueur, annonceur).

SPORTS ET JEUX

sports d'hiver

hockey sur glace

équipement de hockey sur glace
Les joueurs portent de nombreux équipements de protection visant à prévenir les blessures causées par les chutes, les coups et les tirs.

crosse de joueur ; bâton de joueur
Long bâton fait de bois ou de matériau synthétique, formé d'une lame faisant angle avec un manche.

embout
Extrémité supérieure du manche, en général recouverte d'un rebord de ruban de caoutchouc permettant de bloquer le glissement de la main.

manche
Partie permettant de saisir et de manier la crosse.

talon
Extrémité arrière de la lame.

lame
Partie inférieure de la crosse, qui permet d'arrêter, de déplacer et de lancer la rondelle. Elle est recourbée pour faciliter la maîtrise de la rondelle.

protège-gorge
Bavette de nylon portée sous l'épaulière, qui protège le cou et la gorge du hockeyeur.

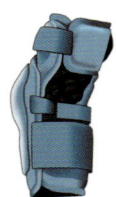

épaulière
Gilet matelassé muni de deux coquilles rigides destinées à protéger les épaules. Moins enveloppante que le plastron, elle couvre le thorax et le haut du dos.

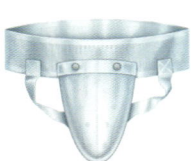

palet ; rondelle
Disque noir fait de caoutchouc dur. Avant un match, il est réfrigéré afin d'améliorer le glissement et de réduire les rebonds.

genouillère
Partie de la jambière qui recouvre le genou.

jambières
Pièces d'équipement formées de moulages rigides de matière plastique assurant la protection des jambes et des genoux du hockeyeur.

protège-coude
Pièce d'équipement comportant une coquille rigide destinée à protéger le coude. Il couvre également une partie du bras et de l'avant-bras.

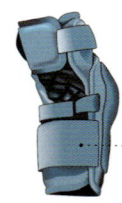

protège-tendon
Pièce rigide destinée à recouvrir l'extrémité inférieure de la jambe.

chaussure
Bottine lacée, résistante et flexible, qui protège et soutient le pied et la cheville. Elle est fabriquée à partir de cuir ou de matériaux synthétiques.

lame
Pièce métallique, mince et effilée, fixée sur la chaussure du patin. Elle est recourbée aux extrémités pour faciliter les virages.

crosse de gardien de but ; bâton de gardien de but
Bâton dont la lame et la moitié inférieure du manche sont élargies, ce qui permet au gardien d'arrêter les rondelles plus efficacement.

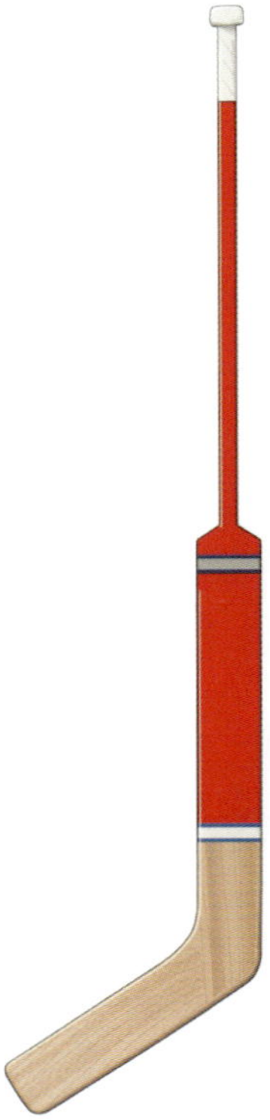

manchette
Bande élastique recouvrant la partie supérieure de l'avant-bras, qui permet de maintenir le protège-coude en place.

protège-gorge
Pièce rigide fixée au masque du gardien de but, qui recouvre la gorge et le cou. Mobile, il s'abaisse et se relève selon les mouvements du gardien.

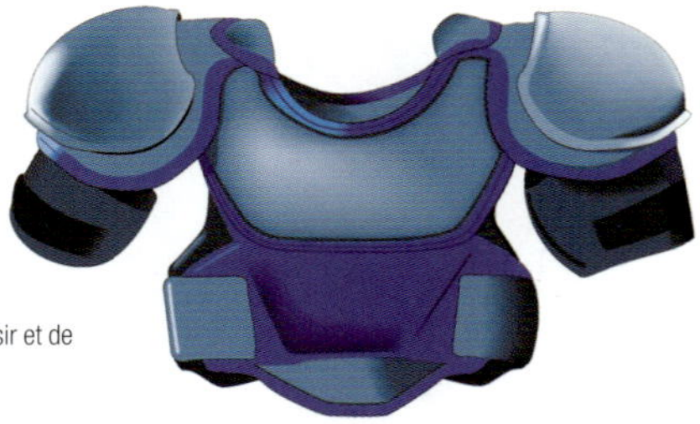

coquille
Pièce d'équipement formée d'un moulage rigide de matière plastique destiné à recouvrir les organes génitaux d'un joueur.

patin de joueur
Chaussure renforcée munie d'une lame permettant de glisser sur la glace.

plastron de gardien de but
Gilet fortement matelassé qui protège à la fois les épaules, le thorax, le ventre, le dos et les bras du gardien de but.

brassard
Partie du plastron qui recouvre le bras.

renfort de pointe
Coquille rigide formant le bout de la chaussure, destinée à protéger les orteils des coups et des chocs.

patin de gardien de but
Patin renforcé sur les côtés et muni d'une lame droite, longue et basse qui améliore la stabilité du gardien sur la glace.

pointe
Extrémité avant de la lame.

sports d'hiver

patinage^M artistique

Sport consistant à réussir des sauts, pirouettes et figures en patinant sur une musique. Il comprend le patinage individuel, par couple et la danse sur glace.

crochet^M
Petite pièce métallique recourbée dans laquelle on passe le lacet.

doublure^F
Revêtement de tissu ou de cuir, qui protège et garnit l'intérieur de la chaussure. Elle comporte généralement un coussinage.

languette^F
Pièce qui prolonge la chaussure et protège le pied des frottements contre le système de fermeture. On la soulève pour introduire le pied dans la chaussure.

patin^M **de figure**^F
Chaussure renforcée munie d'une lame permettant de glisser sur la glace. Il est conçu pour assurer un support maximal à la cheville, très sollicitée.

tige^F
Renfort arrière de la chaussure.

lacet^M
Cordon étroit de tissu ou de cuir, plat ou rond, qu'on passe dans des œillets ou des crochets pour serrer la chaussure.

lame^F **de danse**^F **sur glace**^F
Lame dont le talon est plus court et les pointes moins accentuées pour faciliter l'exécution de mouvements complexes et prévenir les accrochages.

chaussure^F
Bottine lacée, résistante et flexible, qui protège et soutient le pied et la cheville. Elle est fabriquée à partir de cuir ou de matériaux synthétiques.

œillet^M
Petit trou cerclé de métal dans lequel on passe le lacet.

talon^M
Pièce rigide placée sous la chaussure pour relever l'arrière du pied.

semelle^F
Pièce résistante en bois ou en matière plastique, qui forme le dessous de la chaussure et sur laquelle est vissée la lame.

lame^F **de style**^M **libre**
Lame dont les pointes saillantes facilitent l'exécution des sauts et des pirouettes. Elle présente une courbure plus accentuée que la lame de danse sur glace.

montant^M
Prolongement vertical de la lame servant à la fixer sur la semelle.

carre^F
Arête formant le bord de la lame, qui permet à celle-ci de mordre dans la glace. La lame comporte deux carres (intérieure et extérieure), séparées par un creux.

lame^F
Pièce métallique, mince et effilée, fixée sur la semelle. La partie inférieure est faite d'acier trempé afin que les carres demeurent bien tranchantes.

dent^F
Chacune des petites pointes formant l'extrémité avant de la lame. Point de pivot dans les pirouettes, elles permettent aussi l'élan et l'atterrissage des sauts.

axel^M
Saut d'une rotation et demie, qui s'effectue avec appel avant. Inventé en 1882 par le Norvégien Axel Paulsen, on le considère comme le plus difficile des sauts.

salchow^M
Saut d'une rotation avec appel arrière, sur la carre intérieure, créé en 1909 par le Suédois Ulrich Salchow.

exemples^M **de sauts**^M
Saut : mouvement par lequel le patineur quitte la glace en tournant sur lui-même avant de retomber sur la glace.

boucle^F **piquée**
Saut piqué d'une rotation et réception sur le même pied. Il est considéré comme le plus simple des sauts piqués.

flip^M
Saut piqué d'une rotation avec appel arrière, sur la carre intérieure, et réception sur le pied opposé. Il s'agit en fait d'un salchow piqué.

lutz^M
Saut piqué d'une rotation avec appel arrière, sur la carre extérieure, et réception sur le pied opposé. Il a été inventé en 1913 par l'Autrichien Alois Lutz.

arbitre^M
Officiel responsable de l'admissibilité des officiels et des patineurs, du jury, des décisions concernant les litiges, etc.

arbitre^M **adjoint**
Personne qui assiste l'arbitre, habilitée à le remplacer au besoin.

délégués^M **techniques**
Officiels qui s'assurent que les installations techniques sont conformes aux normes de l'Union internationale de patinage (UIP).

juges^M
Officiels évaluant les éléments techniques et les autres composantes du programme, comme les transitions, la chorégraphie et l'interprétation.

patinoire^F
Surface glacée sur laquelle les patineurs exécutent leur programme. La durée de celui-ci varie selon l'épreuve présentée (entre 2 min 50 s et 4 min 30 s).

chronométreur^M
Personne qui calcule la durée des chorégraphies pour s'assurer que tous les patineurs respectent le temps prescrit.

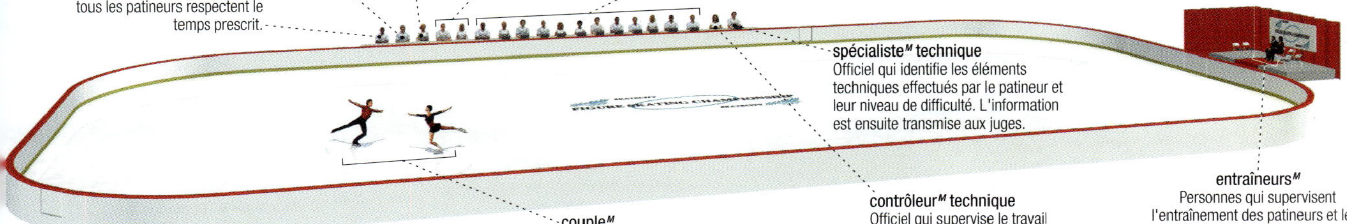

spécialiste^M **technique**
Officiel qui identifie les éléments techniques effectués par le patineur et leur niveau de difficulté. L'information est ensuite transmise aux juges.

couple^M
Paire formée d'un homme et d'une femme. Comme le patineur individuel, le couple doit participer à deux épreuves : le programme technique et le programme libre.

contrôleur^M **technique**
Officiel qui supervise le travail du spécialiste technique. Il peut corriger immédiatement toute erreur constatée.

entraîneurs^M
Personnes qui supervisent l'entraînement des patineurs et leur préparation en vue des compétitions. Ils donnent les derniers conseils avant une prestation.

patinage^M de vitesse^F

Course de vitesse sur glace disputée sur longue ou courte piste, individuellement ou en équipe.

patineur^M (longue piste^F)
Le patineur porte une combinaison aérodynamique à capuchon et un brassard, de couleur différente pour les concurrents des couloirs extérieur et intérieur.

capuchon^M
Coiffure fixée à l'encolure de la combinaison et que l'on rabat sur la tête avant une course pour améliorer l'aérodynamisme.

patineur^M (courte piste^F)
En raison du risque de chute élevé et de la proximité des concurrents, le patineur de courte piste utilise des protections pour les parties du corps les plus exposées.

gant^M
Pièce qui recouvre la main et le poignet afin de réduire les risques de blessures, notamment dans les virages où le patineur pose la main sur la glace.

combinaison^F de course^F
Vêtement moulant monopièce permettant de réduire la résistance de l'air. Le patineur de courte piste porte une combinaison semblable mais dépourvue de capuchon.

protège-gorge^M
Bavette de nylon portée sous la combinaison, qui protège le cou et la gorge du patineur.

protège-tibia^M
Pièce d'équipement formée d'un moulage rigide de matière plastique assurant la protection des jambes du patineur.

genouillère^F
Pièce d'équipement formée d'un moulage rigide de matière plastique destiné à protéger le genou.

longue piste^F
Deux concurrents prennent le départ simultanément et patinent contre la montre sur une piste ovale de 400 m, dans des couloirs déterminés.

cône^M
Chacune des balises délimitant un couloir.

couloir^M d'échauffement^M
Couloir permettant aux patineurs de se préparer à la course.

arbitre^M
Officiel responsable de l'application des règlements. Il s'assure du bon déroulement de la compétition et tranche les points litigieux relatifs à la course.

couloir^M
Bande réservée à un patineur lors d'une course. Les concurrents changent de couloir à chaque tour de piste pour égaliser la distance parcourue.

ligne^F de départ^M du 500 m

juges^M au départ^M
Officiels qui donnent les signaux de départ et indiquent les faux départs. Un concurrent est disqualifié s'il effectue deux faux départs consécutifs.

arbitre^M assistant^M
Personne qui seconde l'arbitre dans ses fonctions.

sports d'hiver

patinage de vitesse

patins de course
Patins formés d'une chaussure légère, moulée à la forme du pied, et pourvue d'une lame longue et très effilée assurant un contact prolongé avec la glace.

patin clap
Patin de longue piste muni d'une lame qui se détache du talon, permettant ainsi un plus long contact avec la glace et une meilleure poussée.

patin de courte piste
Patin dont la lame est courbée dans le sens du virage et décentrée vers la gauche, ce qui facilite la maîtrise des virages étroits à haute vitesse.

courte piste
Quatre à six patineurs prennent le départ et concourent les uns contre les autres, le gagnant étant celui qui effectue le meilleur temps.

piste
Anneau de 111,12 m tracé sur une patinoire standard. Contrairement à la longue piste, elle ne comporte aucun couloir réservé.

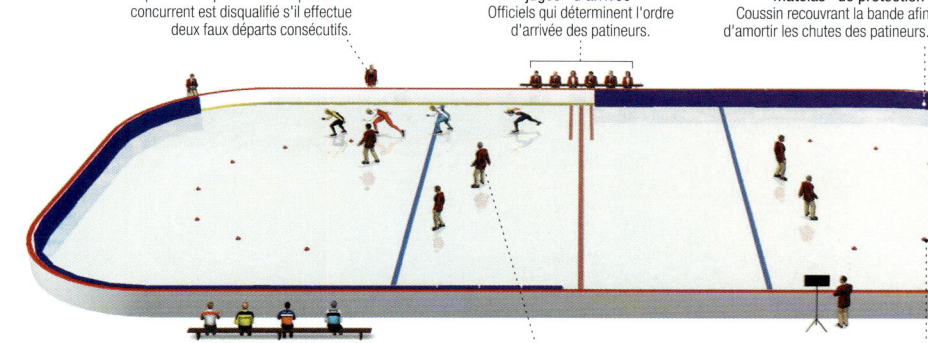

juge au départ
Officiel qui donne les signaux de départ et indique les faux départs. Un concurrent est disqualifié s'il effectue deux faux départs consécutifs.

juges d'arrivée
Officiels qui déterminent l'ordre d'arrivée des patineurs.

matelas de protection
Coussin recouvrant la bande afin d'amortir les chutes des patineurs.

entraîneurs
Personnes qui supervisent l'entraînement des patineurs. Ils élaborent la stratégie et, tout au long de la course, donnent des instructions aux patineurs.

arbitre en chef
Officiel responsable de l'application des règlements. Il a notamment le pouvoir de disqualifier un concurrent ayant commis une infraction.

cône
Chacune des balises délimitant la piste. Fait de caoutchouc ou de plastique, il n'est pas fixé sur la glace afin de ne pas en endommager la surface.

juges assistants
Officiels placés près de la zone de croisement, qui s'assurent que les changements de couloir sont effectués correctement.

entraîneurs
Personnes qui supervisent l'entraînement des patineurs. Ils élaborent la stratégie et, tout au long de la course, donnent des instructions aux patineurs.

matelas de protection
Coussin recouvrant la bande afin d'amortir les chutes des patineurs.

juge de piste
Officiel qui s'assure que les concurrents patinent dans le bon couloir, ne créent pas d'obstruction et effectuent le virage correctement.

ligne d'arrivée du 500 m

responsable du décompte des tours
Officiel qui signale aux patineurs, à l'aide d'un compte-tours, le nombre de tours restant à faire dans l'épreuve. Il sonne une cloche au début du dernier tour.

chronométreurs
Officiels placés à la ligne d'arrivée, qui s'assurent du bon fonctionnement du chronomètre électronique. Ils peuvent chronométrer manuellement si nécessaire.

juge d'arrivée
Officiel qui s'assure que l'arrivée est réglementaire.

système de chronométrage électronique
Appareil qui permet d'enregistrer automatiquement le temps de franchissement de la ligne d'arrivée par les patineurs.

SPORTS ET JEUX

sports d'hiver

bobsleigh^M

Sport consistant à dévaler une piste glacée à bord d'un bobsleigh à deux ou quatre places. Lors de la descente, la vitesse de l'engin peut dépasser 135 km/h.

bobsleigh^M à quatre
Bobsleigh : véhicule sur patins muni de systèmes de direction et de freinage. Le bobsleigh à quatre accueille un capitaine, deux intermédiaires et un freineur.

freineur^M
Bobeur qui actionne le frein après l'arrivée. Il est également le dernier à monter dans le bobsleigh lors du départ.

capitaine^M
Bobeur qui donne les consignes et dirige le bobsleigh. Premier à prendre place lors de l'élan initial, il est le seul à ne pas se pencher pendant la course.

poignée^F rétractable
Pièce permettant aux équipiers de pousser le bobsleigh lors du départ, en courant sur une distance d'environ 50 m.

coque^F
Habitacle au profil aérodynamique, généralement construit en fibre de verre. Les équipages dont le poids est inférieur au poids permis peuvent y fixer du lest.

bobsleigh^M à deux
Bobsleigh conçu pour un équipage de deux bobeurs (capitaine et freineur). Il est plus court et plus léger que le bobsleigh à quatre.

patin^M arrière
Lame d'acier fixe installée à l'arrière du bobsleigh, qui permet à celui-ci de glisser sur la glace.

patin^M avant
Lame d'acier mobile installée à l'avant du bobsleigh, qui permet à celui-ci de glisser sur la glace. Les patins avant sont reliés au système de direction.

luge^F

Sport de vitesse consistant à dévaler une piste glacée allongé sur le dos, les pieds devant, sur une luge simple ou double, pouvant atteindre 145 km/h.

lugeur^M
Athlète pratiquant la luge. Au début d'une course, il est en position assise et se propulse avec les patins, accélère en s'aidant de ses mains, puis s'allonge.

traîneau^M
Plateforme de bois, de fibre de verre ou de matière plastique munie d'un siège sans dossier sur lequel le lugeur s'allonge sur le dos.

combinaison^F
Vêtement moulant monopièce permettant de réduire la résistance de l'air. Un lugeur trop léger peut porter du lest sous sa combinaison pour atteindre le poids maximal réglementaire.

casque^M protecteur
Pièce d'équipement rigide destinée à protéger la tête.

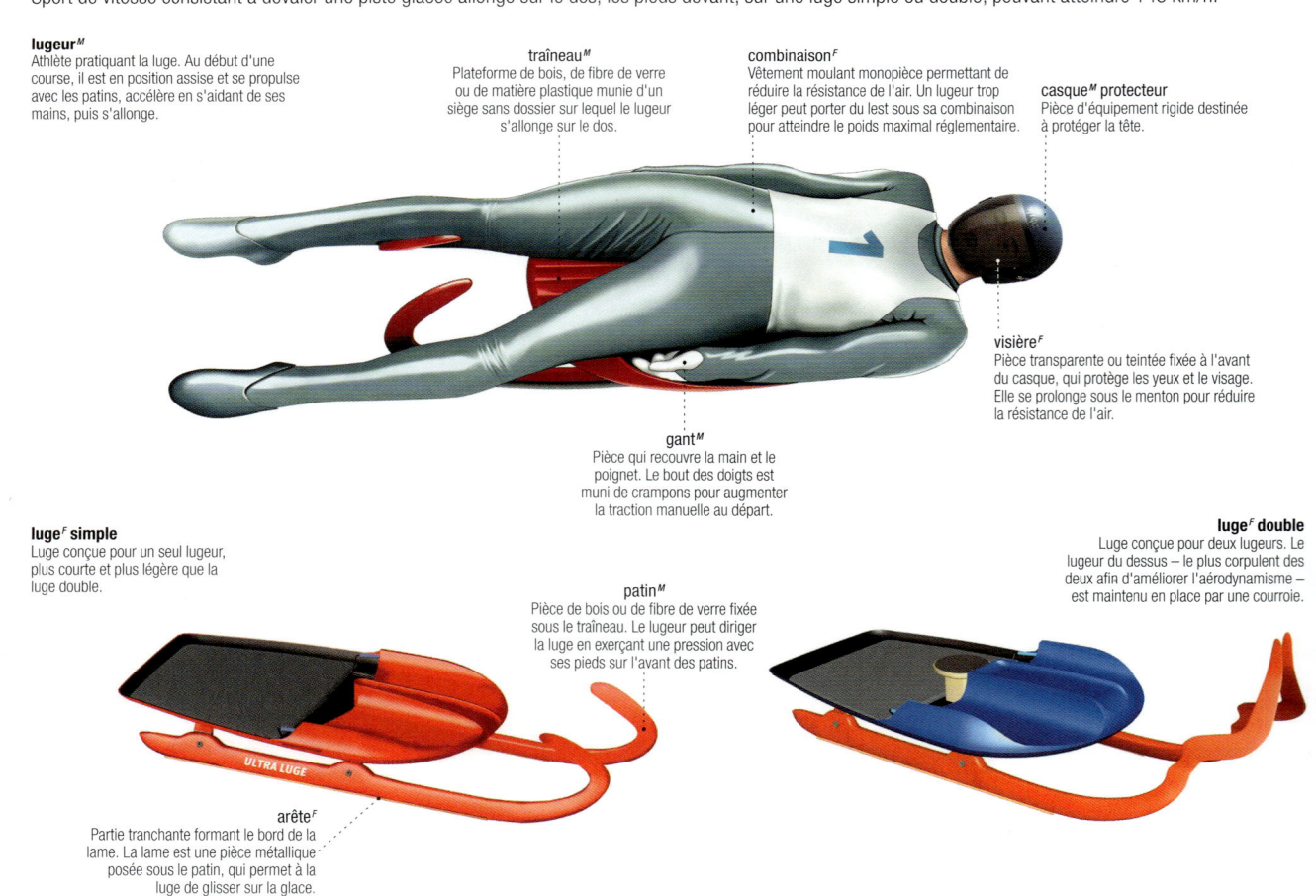

visière^F
Pièce transparente ou teintée fixée à l'avant du casque, qui protège les yeux et le visage. Elle se prolonge sous le menton pour réduire la résistance de l'air.

gant^M
Pièce qui recouvre la main et le poignet. Le bout des doigts est muni de crampons pour augmenter la traction manuelle au départ.

luge^F simple
Luge conçue pour un seul lugeur, plus courte et plus légère que la luge double.

patin^M
Pièce de bois ou de fibre de verre fixée sous le traîneau. Le lugeur peut diriger la luge en exerçant une pression avec ses pieds sur l'avant des patins.

luge^F double
Luge conçue pour deux lugeurs. Le lugeur du dessus – le plus corpulent des deux afin d'améliorer l'aérodynamisme – est maintenu en place par une courroie.

arête^F
Partie tranchante formant le bord de la lame. La lame est une pièce métallique posée sous le patin, qui permet à la luge de glisser sur la glace.

sports d'hiver   1035

skeleton^M

Sport consistant à dévaler une piste glacée allongé sur le ventre, les pieds derrière, sur un skeleton pouvant atteindre une vitesse de 135 km/h.

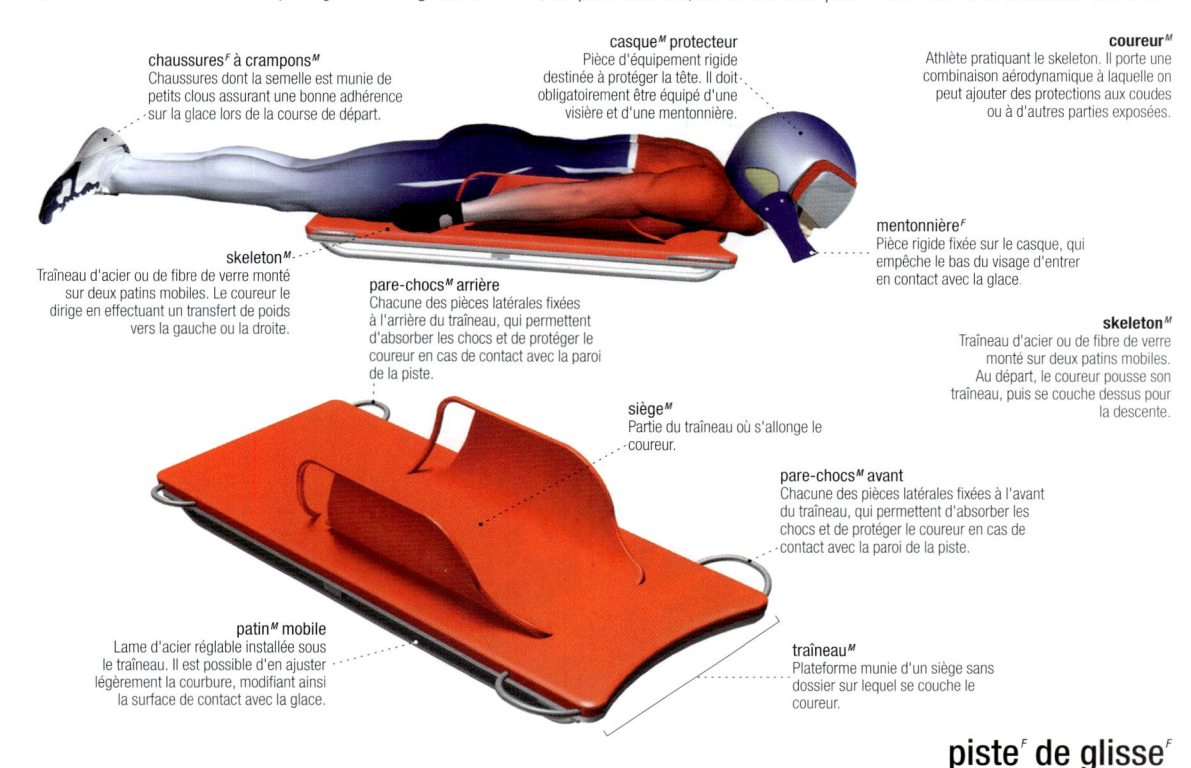

chaussures^F à crampons^M
Chaussures dont la semelle est munie de petits clous assurant une bonne adhérence sur la glace lors de la course de départ.

casque^M protecteur
Pièce d'équipement rigide destinée à protéger la tête. Il doit obligatoirement être équipé d'une visière et d'une mentonnière.

coureur^M
Athlète pratiquant le skeleton. Il porte une combinaison aérodynamique à laquelle on peut ajouter des protections aux coudes ou à d'autres parties exposées.

skeleton^M
Traîneau d'acier ou de fibre de verre monté sur deux patins mobiles. Le coureur le dirige en effectuant un transfert de poids vers la gauche ou la droite.

pare-chocs^M arrière
Chacune des pièces latérales fixées à l'arrière du traîneau, qui permettent d'absorber les chocs et de protéger le coureur en cas de contact avec la paroi de la piste.

mentonnière^F
Pièce rigide fixée sur le casque, qui empêche le bas du visage d'entrer en contact avec la glace.

skeleton^M
Traîneau d'acier ou de fibre de verre monté sur deux patins mobiles. Au départ, le coureur pousse son traîneau, puis se couche dessus pour la descente.

siège^M
Partie du traîneau où s'allonge le coureur.

pare-chocs^M avant
Chacune des pièces latérales fixées à l'avant du traîneau, qui permettent d'absorber les chocs et de protéger le coureur en cas de contact avec la paroi de la piste.

patin^M mobile
Lame d'acier réglable installée sous le traîneau. Il est possible d'en ajuster légèrement la courbure, modifiant ainsi la surface de contact avec la glace.

traîneau^M
Plateforme munie d'un siège sans dossier sur lequel se couche le coureur.

piste^F de glisse^F

Structure de béton recouverte d'une couche de glace réfrigérée artificiellement, sur laquelle se tiennent les courses de bobsleigh, de luge et de skeleton.

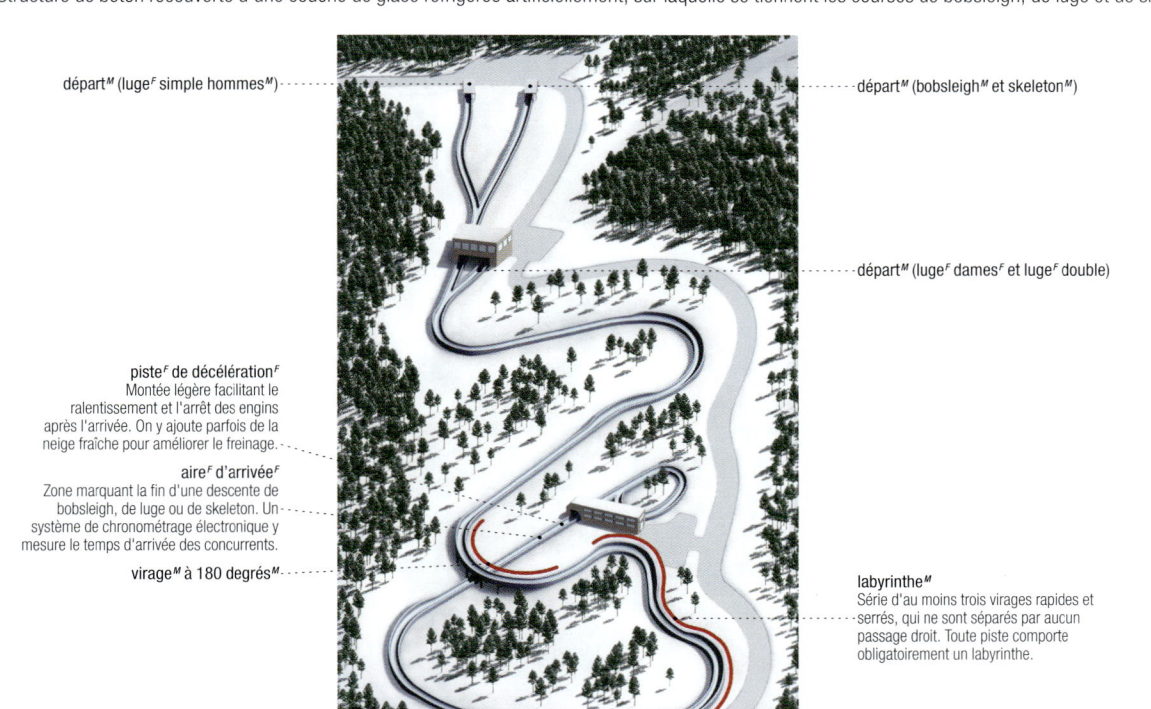

départ^M (luge^F simple hommes^M)

départ^M (bobsleigh^M et skeleton^M)

départ^M (luge^F dames^F et luge^F double)

piste^F de décélération^F
Montée légère facilitant le ralentissement et l'arrêt des engins après l'arrivée. On y ajoute parfois de la neige fraîche pour améliorer le freinage.

aire^F d'arrivée^F
Zone marquant la fin d'une descente de bobsleigh, de luge ou de skeleton. Un système de chronométrage électronique y mesure le temps d'arrivée des concurrents.

virage^M à 180 degrés^M

labyrinthe^M
Série d'au moins trois virages rapides et serrés, qui ne sont séparés par aucun passage droit. Toute piste comporte obligatoirement un labyrinthe.

SPORTS ET JEUX

sports d'hiver

station^F de ski^M

Lieu pourvu d'installations permettant la pratique du ski et du surf des neiges, ainsi que le séjour des skieurs ou surfeurs.

vue^F d'ensemble^M

télécabine^F
Remontée mécanique constituée d'une série de cabines fermées suspendues à un câble unique. Les skis ou surfs sont accrochés à l'extérieur de la cabine.

arrivée^F des remontées^F mécaniques
Remontée mécanique : équipement permettant de hisser les skieurs et les surfeurs vers le sommet de la montagne.

chalet^M du sommet^M
Bâtiment dans lequel on trouve divers services (cafétéria, boutique, etc.).

pente^F intermédiaire
Pente plus ou moins abrupte convenant aux skieurs et surfeurs maîtrisant les techniques de base de leur discipline.

pente^F facile
Pente douce, large et bien dégagée, convenant aux skieurs et surfeurs débutants.

pente^F expert^M
Pente extrêmement difficile, réservée aux skieurs et surfeurs chevronnés. Généralement très abrupte, elle peut comporter des bosses, des virages serrés, etc.

pente^F difficile
Pente escarpée réservée aux skieurs et surfeurs expérimentés.

poste^M de patrouille^F et de secours^M
Bâtiment réservé aux pisteurs secouristes, dans lequel on trouve l'équipement nécessaire pour donner les premiers soins aux skieurs blessés ou malades.

chalet^M principal
Immeuble regroupant divers services : réception, restaurants, bars, boutiques, garderie, etc.

sommet^M
Point le plus élevé de la montagne, qui marque le début de la majorité des pistes de ski alpin.

télésiège^M
Remontée mécanique formée d'une série de sièges de deux à huit places suspendus à un câble unique. On y monte et y descend skis ou surf aux pieds.

domaine^M skiable
Ensemble des pistes d'une station de ski. Les pistes peuvent être aménagées sur un ou plusieurs versants d'une même montagne ou de montagnes adjacentes.

piste^F de ski^M alpin
Pente aménagée pour la pratique du ski alpin ou du surf. Un panneau en indique le niveau de difficulté au moyen d'un pictogramme.

hébergement^M
Ensemble des établissements, des immeubles, des habitations permettant de séjourner à plus ou moins long terme dans une station de ski.

vue^F du bas^M des pentes^F

dameuse^F
Véhicule à chenilles utilisé pour préparer les pistes. Elle tasse la neige fraîche, nivelle les bosses, remet de la neige sur les endroits découverts, etc.

pavillon^M des skieurs^M
Immeuble polyvalent dans lequel on trouve divers services : cafétéria, casiers, boutique de location ou de réparation, école de ski, etc.

départ^M des télésièges^M
Télésiège : remontée mécanique formée d'une série de sièges de deux à huit places suspendus à un câble unique. On y monte et y descend skis ou surf aux pieds.

école^F de ski^M
Entreprise offrant des cours privés ou de groupe aux skieurs et surfeurs de tous les niveaux.

téléski^M biplace
Remontée mécanique constituée d'une série de barres en forme de T inversé auxquelles s'accrochent deux personnes, qui sont tirées en glissant sur leurs skis ou surf.

piste^F de ski^M de fond^M
Piste aménagée pour la pratique du ski de fond. Un panneau en indique le niveau de difficulté au moyen d'un pictogramme.

départ^M des télécabines^F
Télécabine : remontée mécanique constituée d'une série de cabines fermées suspendues à un câble unique. Les skis ou surfs sont accrochés à l'extérieur de la cabine.

patinoire^F
Surface glacée aménagée pour le patinage.

hôtel^M
Établissement aménagé pour loger des personnes, moyennant paiement.

copropriété^F
Ensemble de logements appartenant à des propriétaires distincts qui partagent les frais d'entretien de l'immeuble.

chalet^M de montagne^F
Petite habitation, généralement construite en bois, installée à flanc de montagne. Il offre parfois un accès direct au domaine skiable.

renseignements^M
Kiosque où on peut obtenir des renseignements sur les installations, les événements et les services de la station de ski.

village^M
Lieu où sont concentrés l'hébergement et les services de la station de ski.

parc^M de stationnement^M ; *stationnement^M*
Emplacement aménagé, hors voirie, pour le stationnement des véhicules.

sports d'hiver 1037

surf^M des neiges^F

Sport qui consiste à glisser sur une surface enneigée au moyen d'une planche (surf) munie de fixations pour les pieds, que l'on dirige au moyen de flexions des genoux.

botte^F rigide
Botte utilisée dans les épreuves alpines, qui assure un soutien ferme et permet de transmettre immédiatement le mouvement corporel à la planche.

casque^M
Pièce d'équipement rigide destinée à protéger la tête. Il est obligatoire dans les épreuves de vitesse.

gant^M
Pièce qui recouvre la main et le poignet afin de les protéger du froid et du contact de la neige en cas de chute.

lunettes^F
Pièce qui protège les yeux contre les rayons solaires et les éléments. L'emploi de verres filtrants permet d'optimiser la perception du relief.

surfeur^M
Personne pratiquant le surf des neiges. Le surfeur de compétition se spécialise généralement dans l'une ou l'autre des disciplines du surf.

combinaison^F
Vêtement moulant monopièce permettant de réduire la résistance de l'air.

protège-tibia^M
Pièce d'équipement formée d'un moulage rigide de matière plastique assurant la protection des jambes du surfeur.

surf^M des neiges^F
Planche munie de fixations pour les pieds, conçue pour glisser sur une surface enneigée.

botte^F souple
Botte flexible destinée au surf acrobatique et tout terrain, qui permet d'effectuer un large éventail de mouvements et de figures.

surf^M acrobatique
Surf large et flexible facilitant l'exécution de figures. La spatule et le talon sont identiques pour permettre de décoller et d'atterrir dans les deux sens.

fixation^F à coque^F
Fixation utilisée avec des bottes souples, dotée de brides destinées à maintenir le pied ainsi que d'un support rembourré servant d'appui pour la botte.

talon^M
Extrémité arrière du surf. Contrairement au talon du surf acrobatique, le talon du surf alpin n'est pas conçu pour permettre la glisse vers l'arrière.

fixation^F à plaque^F
Fixation utilisée avec des bottes rigides, formée d'un étrier métallique qui se rabat pour maintenir fermement la botte et assurer un maximum de stabilité.

carre^F
Bordure métallique longeant la semelle du surf, qui permet à celui-ci de mordre dans la neige et de tourner.

surf^M alpin
Surf long, étroit et rigide conçu pour atteindre des vitesses élevées.

spatule^F
Extrémité avant du surf. Légèrement recourbée vers le haut, elle permet de tasser la neige et d'éviter les accrochages.

aire^F de compétition^F (demi-lune^F)
L'épreuve de demi-lune, qui se déroule en musique, consiste à exécuter des figures acrobatiques en glissant d'un bord à l'autre d'une piste aux bords relevés (demi-lune).

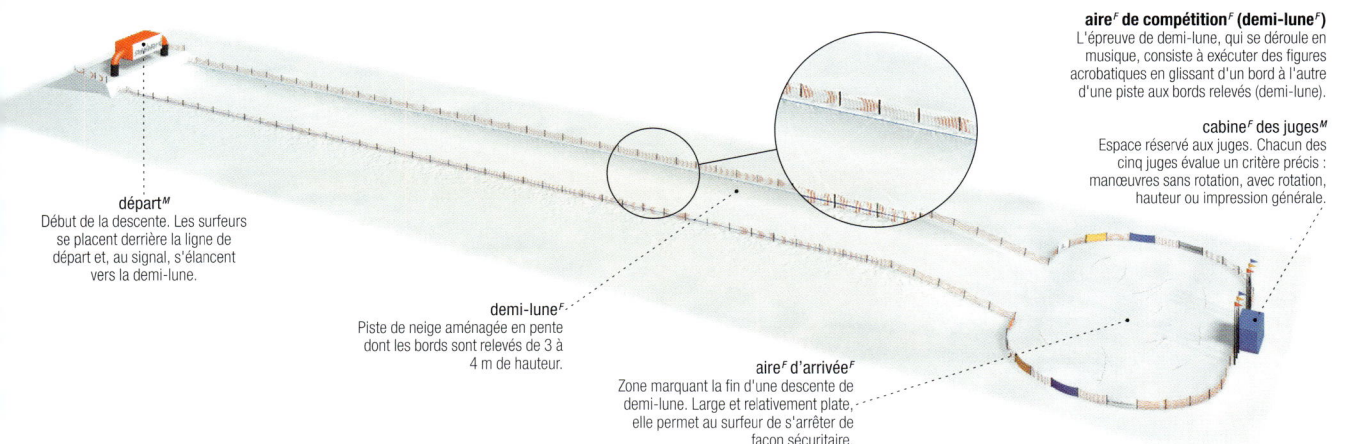

cabine^F des juges^M
Espace réservé aux juges. Chacun des cinq juges évalue un critère précis : manœuvres sans rotation, avec rotation, hauteur ou impression générale.

départ^M
Début de la descente. Les surfeurs se placent derrière la ligne de départ et, au signal, s'élancent vers la demi-lune.

demi-lune^F
Piste de neige aménagée en pente dont les bords sont relevés de 3 à 4 m de hauteur.

aire^F d'arrivée^F
Zone marquant la fin d'une descente de demi-lune. Large et relativement plate, elle permet au surfeur de s'arrêter de façon sécuritaire.

SPORTS ET JEUX

sports d'hiver

ski^M alpin

Sport qui consiste à dévaler des pentes enneigées de dénivellation moyenne ou forte en glissant sur des skis alpins.

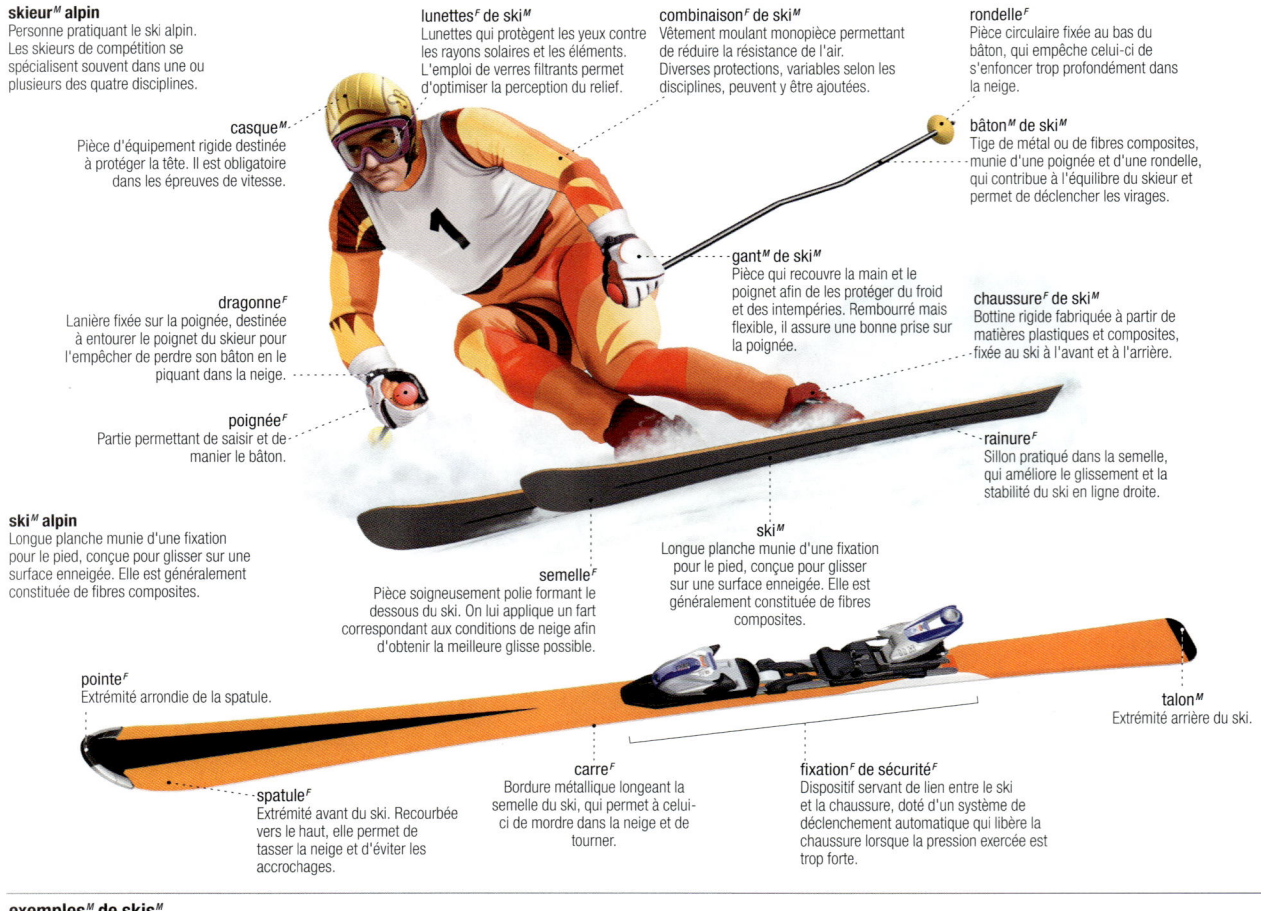

skieur^M alpin
Personne pratiquant le ski alpin. Les skieurs de compétition se spécialisent souvent dans une ou plusieurs des quatre disciplines.

lunettes^F de ski^M
Lunettes qui protègent les yeux contre les rayons solaires et les éléments. L'emploi de verres filtrants permet d'optimiser la perception du relief.

combinaison^F de ski^M
Vêtement moulant monopièce permettant de réduire la résistance de l'air. Diverses protections, variables selon les disciplines, peuvent y être ajoutées.

rondelle^F
Pièce circulaire fixée au bas du bâton, qui empêche celui-ci de s'enfoncer trop profondément dans la neige.

casque^M
Pièce d'équipement rigide destinée à protéger la tête. Il est obligatoire dans les épreuves de vitesse.

bâton^M de ski^M
Tige de métal ou de fibres composites, munie d'une poignée et d'une rondelle, qui contribue à l'équilibre du skieur et permet de déclencher les virages.

dragonne^F
Lanière fixée sur la poignée, destinée à entourer le poignet du skieur pour l'empêcher de perdre son bâton en le piquant dans la neige.

gant^M de ski^M
Pièce qui recouvre la main et le poignet afin de les protéger du froid et des intempéries. Rembourré mais flexible, il assure une bonne prise sur la poignée.

chaussure^F de ski^M
Bottine rigide fabriquée à partir de matières plastiques et composites, fixée au ski à l'avant et à l'arrière.

poignée^F
Partie permettant de saisir et de manier le bâton.

rainure^F
Sillon pratiqué dans la semelle, qui améliore le glissement et la stabilité du ski en ligne droite.

ski^M alpin
Longue planche munie d'une fixation pour le pied, conçue pour glisser sur une surface enneigée. Elle est généralement constituée de fibres composites.

semelle^F
Pièce soigneusement polie formant le dessous du ski. On lui applique un fart correspondant aux conditions de neige afin d'obtenir la meilleure glisse possible.

ski^M
Longue planche munie d'une fixation pour le pied, conçue pour glisser sur une surface enneigée. Elle est généralement constituée de fibres composites.

pointe^F
Extrémité arrondie de la spatule.

talon^M
Extrémité arrière du ski.

spatule^F
Extrémité avant du ski. Recourbée vers le haut, elle permet de tasser la neige et d'éviter les accrochages.

carre^F
Bordure métallique longeant la semelle du ski, qui permet à celui-ci de mordre dans la neige et de tourner.

fixation^F de sécurité^F
Dispositif servant de lien entre le ski et la chaussure, doté d'un système de déclenchement automatique qui libère la chaussure lorsque la pression exercée est trop forte.

exemples^M de skis^M
Les skis, dont le comportement sur la neige dépend de la longueur, de la largeur et de la coupe, sont adaptés aux exigences de chaque épreuve.

miniski^M
Ski très court qui permet notamment d'effectuer des sauts et d'autres acrobaties.

ski^M de slalom^M
Ski court et étroit permettant des changements de carres rapides. La spatule de forme dissymétrique est destinée à repousser les piquets en cas d'accrochage.

ski^M de slalom^M géant
Ski de longueur moyenne, plus flexible que le ski de descente. Adapté aux longs virages, il demeure stable à vitesse élevée.

ski^M de descente^F/super-géant^M
Ski long et rigide assurant une grande stabilité et une excellente glisse, conçu pour les lignes droites et la vitesse.

sports d'hiver

1039

ski^M alpin

épreuves^F
Lors de chaque épreuve, les skieurs prennent le départ à tour de rôle et tentent de compléter la descente le plus rapidement possible en respectant le tracé établi.

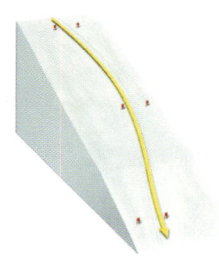

descente^F
Épreuve de vitesse tenue sur une piste à forte pente, avec de grandes lignes droites et de longs virages rapides. Les skieurs peuvent dépasser 120 km/h.

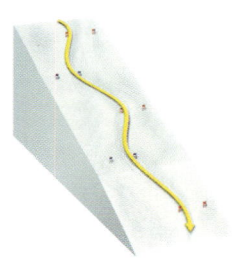

super-géant^M
Épreuve combinant la vitesse de la descente à la technique du slalom géant. Le tracé est plus court que celui de la descente et contient davantage de portes.

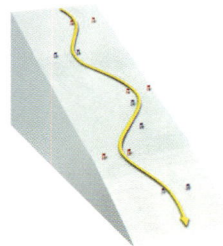

slalom^M géant
Épreuve technique dont le parcours comporte moins de portes et des courbes plus longues que le slalom spécial.

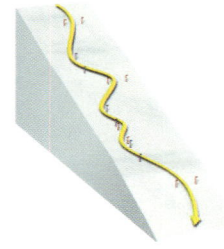

slalom^M spécial
Épreuve technique dont le tracé comporte de nombreux virages serrés. Le skieur doit frôler les piquets pour garder la meilleure trajectoire.

collier^M
Pièce plus ou moins rigide entourant la partie supérieure du chausson.

tige^F
Renfort arrière de la chaussure.

coque^F supérieure
Partie de la chaussure qui recouvre le bas de la jambe. L'inclinaison vers l'avant, souvent réglable, facilite la position penchée vers l'avant du skieur.

boucle^F
Fermeture composée d'un anneau métallique qui s'engage dans un cran de réglage pour serrer la chaussure.

charnière^F
Pièce qui relie les coques inférieure et supérieure.

chausson^M intérieur
Doublure coussinée, souvent amovible, conçue pour garder le pied au chaud et assurer le confort dans la chaussure.

chaussure^F de ski^M
Bottine rigide fabriquée à partir de matières plastiques et composites, fixée au ski à l'avant et à l'arrière.

languette^F
Pièce qui prolonge le chausson et protège le pied des frottements contre le système de fermeture. On la soulève pour introduire le pied dans le chausson.

courroie^F de tige^F
Bande fixée à la tige, qui permet de serrer le collier.

cran^M de réglage^M
Sillon dans lequel s'engage la boucle. Chaque cran de réglage correspond à une force de serrage différente.

semelle^F
Pièce résistante qui forme le dessous de la chaussure. Elle comporte, au talon et à la pointe, une empreinte permettant l'emboîtement dans la fixation.

coque^F inférieure
Partie de la chaussure qui recouvre le pied et la cheville.

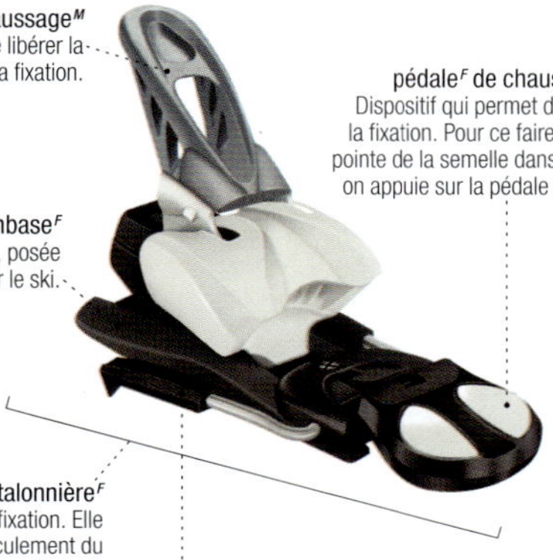

pédale^F de déchaussage^M
Dispositif qui permet de libérer la chaussure de la fixation.

embase^F
Plaque d'appui de la fixation, posée sur le ski.

talonnière^F
Partie arrière de la fixation. Elle s'ouvre en cas de basculement du skieur vers l'avant.

frein^M
Pièce qui s'enfonce dans la neige lorsque la chaussure est libérée de la fixation afin d'empêcher le ski de dévaler la pente.

pédale^F de chaussage^M
Dispositif qui permet d'enclencher la fixation. Pour ce faire, on glisse la pointe de la semelle dans la butée, puis on appuie sur la pédale avec le talon.

plaque^F antifriction
Pièce montée sous la butée, qui réduit la friction entre la semelle et la fixation pour faciliter le dégagement de la chaussure lors d'une chute.

fixation^F de sécurité^F
Dispositif servant de lien entre le ski et la chaussure, doté d'un système de déclenchement automatique qui libère la chaussure lorsque la pression exercée est trop forte.

indicateur^M de réglage^M
Échelle représentant l'indice de déclenchement (force de serrage) de la fixation, établi en fonction du poids et du niveau de compétence du skieur.

butée^F
Partie avant de la fixation. Elle s'ouvre latéralement en cas de torsion de la jambe du skieur.

SPORTS ET JEUX

sports d'hiver

ski^M acrobatique

Sport qui consiste à réaliser diverses figures et prouesses sur des skis. Il comprend trois disciplines : les bosses, le saut et l'acroski (ski de ballet).

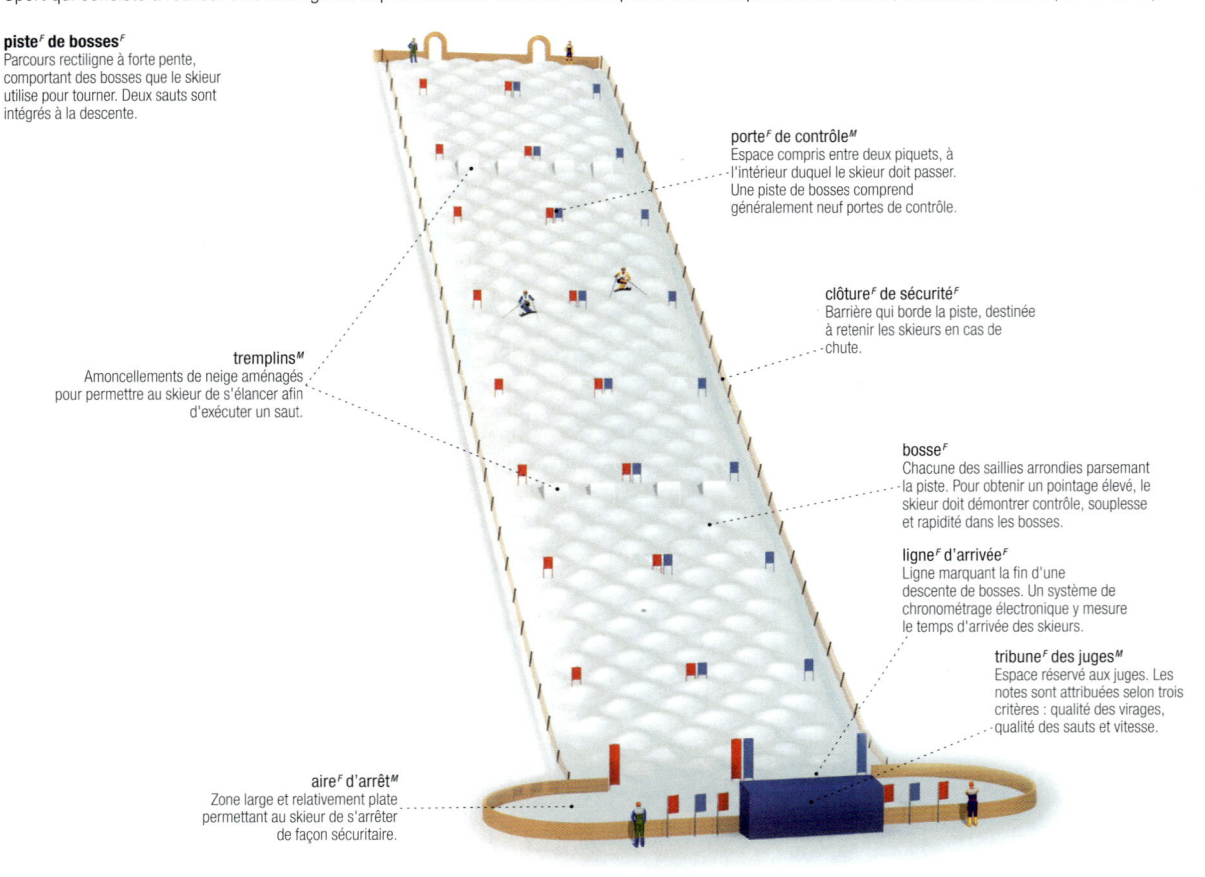

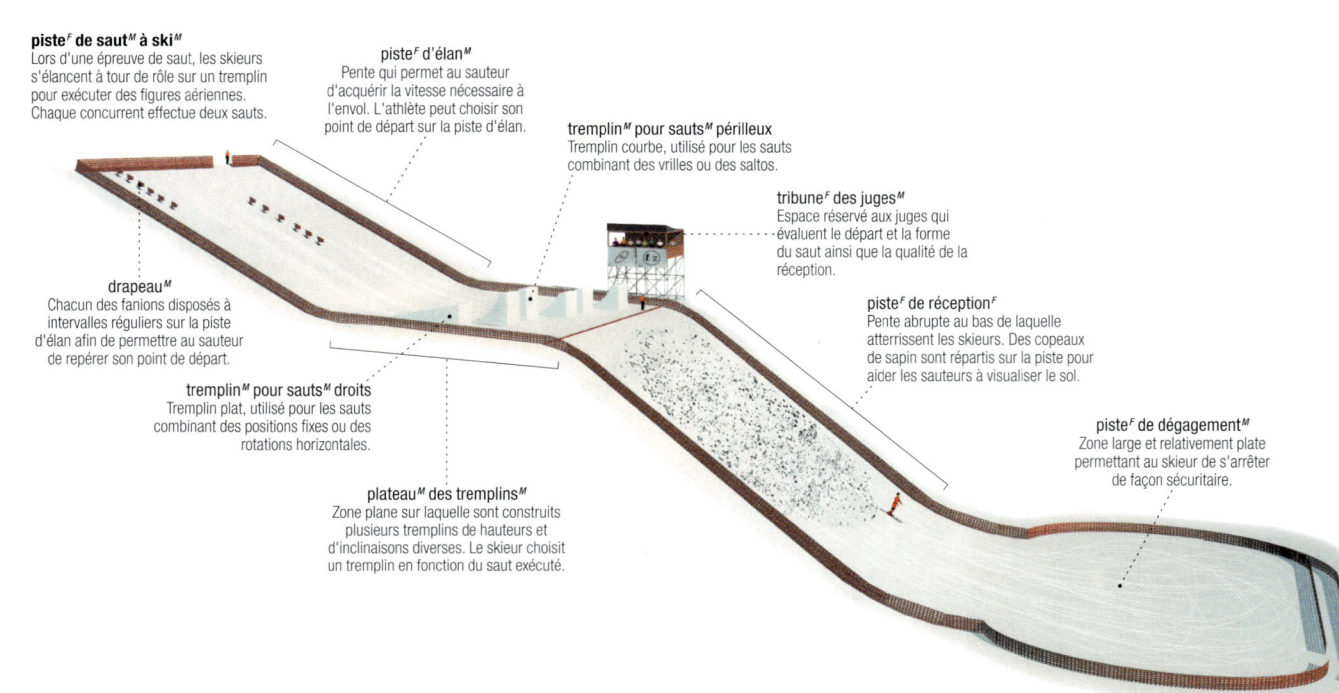

piste^F de bosses^F
Parcours rectiligne à forte pente, comportant des bosses que le skieur utilise pour tourner. Deux sauts sont intégrés à la descente.

porte^F de contrôle^M
Espace compris entre deux piquets, à l'intérieur duquel le skieur doit passer. Une piste de bosses comprend généralement neuf portes de contrôle.

clôture^F de sécurité^F
Barrière qui borde la piste, destinée à retenir les skieurs en cas de chute.

tremplins^M
Amoncellements de neige aménagés pour permettre au skieur de s'élancer afin d'exécuter un saut.

bosse^F
Chacune des saillies arrondies parsemant la piste. Pour obtenir un pointage élevé, le skieur doit démontrer contrôle, souplesse et rapidité dans les bosses.

ligne^F d'arrivée^F
Ligne marquant la fin d'une descente de bosses. Un système de chronométrage électronique y mesure le temps d'arrivée des skieurs.

tribune^F des juges^M
Espace réservé aux juges. Les notes sont attribuées selon trois critères : qualité des virages, qualité des sauts et vitesse.

aire^F d'arrêt^M
Zone large et relativement plate permettant au skieur de s'arrêter de façon sécuritaire.

piste^F de saut^M à ski^M
Lors d'une épreuve de saut, les skieurs s'élancent à tour de rôle sur un tremplin pour exécuter des figures aériennes. Chaque concurrent effectue deux sauts.

piste^F d'élan^M
Pente qui permet au sauteur d'acquérir la vitesse nécessaire à l'envol. L'athlète peut choisir son point de départ sur la piste d'élan.

tremplin^M pour sauts^M périlleux
Tremplin courbe, utilisé pour les sauts combinant des vrilles ou des saltos.

tribune^F des juges^M
Espace réservé aux juges qui évaluent le départ et la forme du saut ainsi que la qualité de la réception.

drapeau^M
Chacun des fanions disposés à intervalles réguliers sur la piste d'élan afin de permettre au sauteur de repérer son point de départ.

piste^F de réception^F
Pente abrupte au bas de laquelle atterrissent les skieurs. Des copeaux de sapin sont répartis sur la piste pour aider les sauteurs à visualiser le sol.

tremplin^M pour sauts^M droits
Tremplin plat, utilisé pour les sauts combinant des positions fixes ou des rotations horizontales.

piste^F de dégagement^M
Zone large et relativement plate permettant au skieur de s'arrêter de façon sécuritaire.

plateau^M des tremplins^M
Zone plane sur laquelle sont construits plusieurs tremplins de hauteurs et d'inclinaisons diverses. Le skieur choisit un tremplin en fonction du saut exécuté.

sports d'hiver 1041

saut^M à ski^M

Sport consistant à franchir la plus grande distance possible dans les airs grâce à l'élan pris sur un tremplin de ski, dans un style précis noté par des juges.

technique^F de saut^M
Le saut, d'une durée de cinq à huit secondes, s'effectue en quatre étapes, chacune d'elles exigeant une technique particulière.

élan^M
Le sauteur dévale la piste d'élan en maintenant une position aérodynamique, atteignant ainsi une vitesse de plus de 80 km/h.

envol^M
Lorsqu'il atteint l'extrémité de la table, le sauteur se redresse rapidement et étire son corps vers l'avant pour obtenir une impulsion maximale.

vol^M
Le sauteur est penché vers l'avant pour améliorer l'aérodynamique, et déploie ses skis en V pour augmenter la portance et prolonger le vol.

atterrissage^M
La réception s'effectue en position télémark, avec une jambe légèrement avancée par rapport à l'autre, ce qui permet de distribuer le choc sur tout le corps.

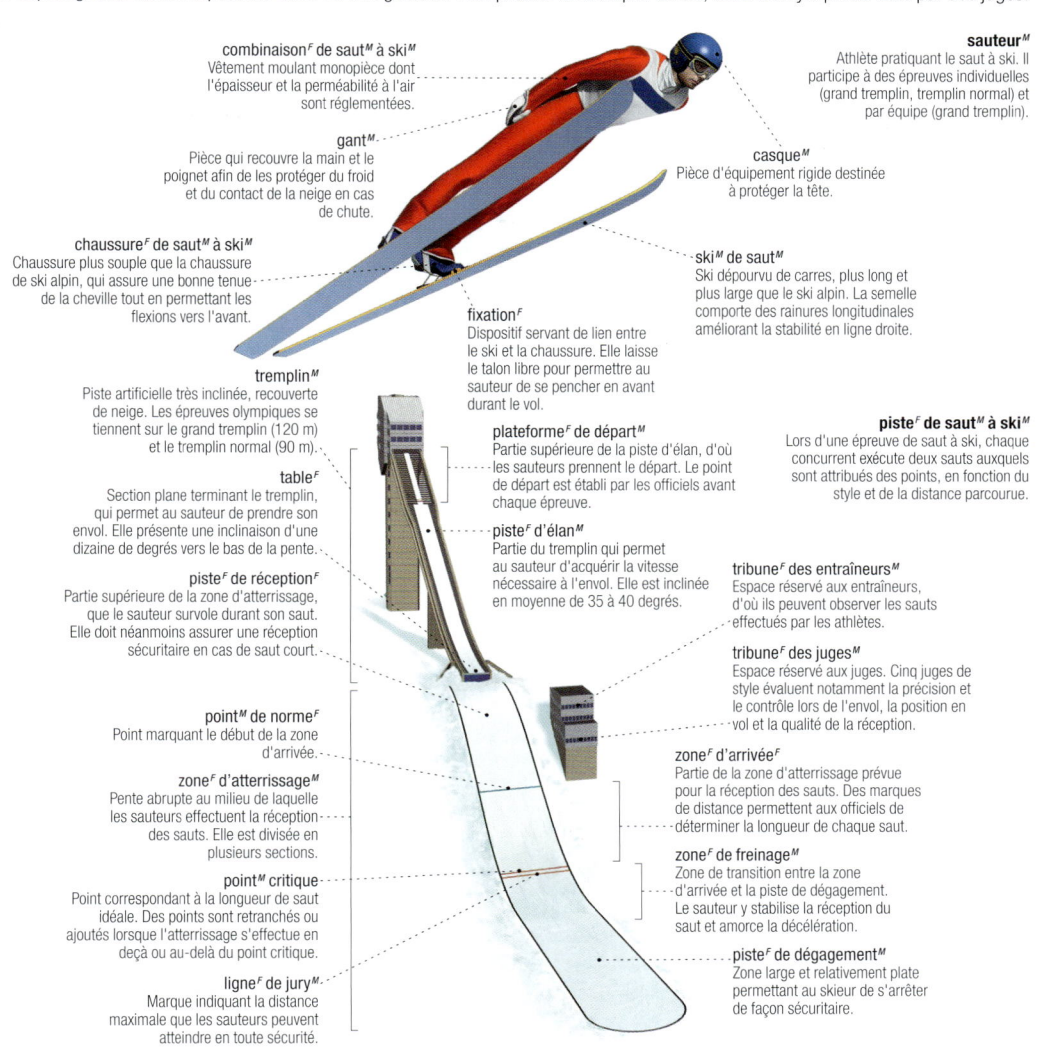

combinaison^F de saut^M à ski^M
Vêtement moulant monopièce dont l'épaisseur et la perméabilité à l'air sont réglementées.

gant^M
Pièce qui recouvre la main et le poignet afin de les protéger du froid et du contact de la neige en cas de chute.

chaussure^F de saut^M à ski^M
Chaussure plus souple que la chaussure de ski alpin, qui assure une bonne tenue de la cheville tout en permettant les flexions vers l'avant.

tremplin^M
Piste artificielle très inclinée, recouverte de neige. Les épreuves olympiques se tiennent sur le grand tremplin (120 m) et le tremplin normal (90 m).

table^F
Section plane terminant le tremplin, qui permet au sauteur de prendre son envol. Elle présente une inclinaison d'une dizaine de degrés vers le bas de la pente.

piste^F de réception^F
Partie supérieure de la zone d'atterrissage, que le sauteur survole durant son saut. Elle doit néanmoins assurer une réception sécuritaire en cas de saut court.

point^M de norme^F
Point marquant le début de la zone d'arrivée.

zone^F d'atterrissage^M
Pente abrupte au milieu de laquelle les sauteurs effectuent la réception des sauts. Elle est divisée en plusieurs sections.

point^M critique
Point correspondant à la longueur de saut idéale. Des points sont retranchés ou ajoutés lorsque l'atterrissage s'effectue en deçà ou au-delà du point critique.

ligne^F de jury^M
Marque indiquant la distance maximale que les sauteurs peuvent atteindre en toute sécurité.

sauteur^M
Athlète pratiquant le saut à ski. Il participe à des épreuves individuelles (grand tremplin, tremplin normal) et par équipe (grand tremplin).

casque^M
Pièce d'équipement rigide destinée à protéger la tête.

ski^M de saut^M
Ski dépourvu de carres, plus long et plus large que le ski alpin. La semelle comporte des rainures longitudinales améliorant la stabilité en ligne droite.

fixation^F
Dispositif servant de lien entre le ski et la chaussure. Elle laisse le talon libre pour permettre au sauteur de se pencher en avant durant le vol.

plateforme^F de départ^M
Partie supérieure de la piste d'élan, d'où les sauteurs prennent le départ. Le point de départ est établi par les officiels avant chaque épreuve.

piste^F d'élan^M
Partie du tremplin qui permet au sauteur d'acquérir la vitesse nécessaire à l'envol. Elle est inclinée en moyenne de 35 à 40 degrés.

piste^F de saut^M à ski^M
Lors d'une épreuve de saut à ski, chaque concurrent exécute deux sauts auxquels sont attribués des points, en fonction du style et de la distance parcourue.

tribune^F des entraîneurs^M
Espace réservé aux entraîneurs, d'où ils peuvent observer les sauts effectués par les athlètes.

tribune^F des juges^M
Espace réservé aux juges. Cinq juges de style évaluent notamment la précision et le contrôle lors de l'envol, la position en vol et la qualité de la réception.

zone^F d'arrivée^F
Partie de la zone d'atterrissage prévue pour la réception des sauts. Des marques de distance permettent aux officiels de déterminer la longueur de chaque saut.

zone^F de freinage^M
Zone de transition entre la zone d'arrivée et la piste de dégagement. Le sauteur y stabilise la réception du saut et amorce la décélération.

piste^F de dégagement^M
Zone large et relativement plate permettant au skieur de s'arrêter de façon sécuritaire.

ski^M de vitesse^F

Sport consistant à dévaler sur des skis une pente droite fortement inclinée, dans le but d'atteindre la vitesse la plus élevée possible.

piste^F de vitesse^F
Pente très abrupte, droite et parfaitement plane. Les skieurs descendent à tour de rôle, et celui qui atteint la vitesse la plus élevée remporte l'épreuve.

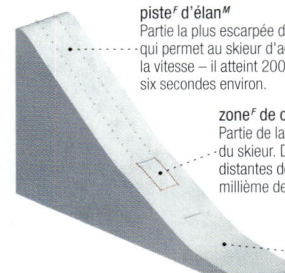

piste^F d'élan^M
Partie la plus escarpée de la piste, qui permet au skieur d'acquérir de la vitesse – il atteint 200 km/h en six secondes environ.

zone^F de chronométrage^M
Partie de la piste où est mesurée la vitesse du skieur. Deux cellules photoélectriques, distantes de 100 m, mesurent le temps au millième de seconde près.

piste^F de décélération^F et de freinage^M
Zone permettant au skieur de ralentir et de s'arrêter. Pour ce faire, il se redresse et écarte les bras, puis effectue deux grands virages pour s'immobiliser.

combinaison^F de ski^M de vitesse^F
Vêtement moulant monopièce, fabriqué en fibres synthétiques plastifiées pour assurer une pénétration optimale dans l'air.

aileron^M
Pièce de mousse compressible glissée sous la combinaison, qui assure un écoulement de l'air sans turbulence autour de la jambe.

bâton^M
Tige de métal ou de fibres composites, munie d'une poignée, qui contribue à l'équilibre du skieur.

poignée^F
Pièce qui permet de saisir le bâton, de forme profilée pour assurer une meilleure pénétration dans l'air. Elle ne comporte pas de dragonne.

skieur^M de vitesse^F
Athlète pratiquant le ski de vitesse. Les skieurs de haut niveau peuvent atteindre des vitesses de plus de 240 km/h.

casque^M
Pièce d'équipement rigide destinée à protéger la tête. Il améliore aussi l'aérodynamisme grâce à sa forme profilée, adaptée à la morphologie du skieur.

ski^M de vitesse^F
Ski à semelle épaisse, lourd et très long (jusqu'à 2,40 m). Les carres sont peu affûtées pour éviter les prises de carres brutales à haute vitesse.

SPORTS ET JEUX

sports d'hiver

ski^M de fond^M

Sport consistant à parcourir des surfaces enneigées de faible dénivellation sur des skis, en utilisant diverses techniques (pas alternatif, de patineur, etc.).

skieur^M de fond^M
Personne pratiquant le ski de fond. Le skieur de compétition participe à diverses épreuves individuelles (style classique, style libre, poursuite, sprint) ou par équipe (relais).

col^M roulé
Tricot pourvu d'un col montant formé d'un bord-côté replié sur lui-même, généralement près du cou et dépourvu de fermeture.

bonnet^M ; tuque^F
Coiffure faite d'une pièce tubulaire repliée formant une double épaisseur, et dont les extrémités sont cousues et parfois ornées d'un pompon.

trousse^F de fartage^M
Ensemble formé d'un certain nombre de farts, adaptés à différentes conditions de neige, et des accessoires permettant de les appliquer ou de les enlever.

poignée^F
Partie permettant de saisir et de manier le bâton.

liège^M
Brosse permettant d'étendre uniformément un fart sur la semelle.

tige^F
Partie du bâton située entre la poignée et la rondelle.

combinaison^F de ski^M
Vêtement moulant permettant de réduire la résistance de l'air. Légère, elle assure l'évacuation de la chaleur générée par le skieur en mouvement.

bâton^M de ski^M
Tige de métal ou de fibres composites, munie d'une poignée et d'une rondelle, qui contribue à l'équilibre du skieur et lui permet de se propulser.

fart^M
Cire appliquée sur la semelle des skis. On distingue le fart de glisse, qui réduit le frottement sur la neige, et le fart d'adhérence, qui améliore la traction.

racloir^M
Lame utilisée pour retirer un fart d'adhérence ou pour lisser la semelle du ski après l'application d'un fart de glisse.

rondelle^F
Pièce circulaire fixée au bas du bâton, qui empêche celui-ci de s'enfoncer trop profondément dans la neige.

dragonne^F
Lanière fixée sur la poignée, destinée à entourer le poignet du skieur pour l'empêcher de perdre son bâton en le piquant dans la neige.

gant^M
Pièce qui recouvre la main et le poignet afin de les protéger du froid et du frottement contre la poignée du bâton. Il est plus mince que le gant de ski alpin.

ski^M de fond^M
Longue planche conçue pour glisser sur une surface enneigée. Léger et étroit, il présente une cambrure plus ou moins prononcée entre la spatule et le talon.

chaussure^F de ski^M de fond^M
Bottine légère et souple assurant une bonne mobilité de la cheville. Le pas de patineur exige une chaussure plus rigide que la chaussure classique.

fixation^F
Dispositif dans lequel s'insère la pointe de la chaussure pour transmettre le mouvement du skieur au ski.

spatule^F
Extrémité avant du ski. Recourbée vers le haut, elle permet de tasser la neige et d'éviter les accrochages.

ski^M de fond^M
Longue planche conçue pour glisser sur une surface enneigée. Léger et étroit, il présente une cambrure plus ou moins prononcée entre la spatule et le talon.

pointe^F de ski^M
Extrémité arrondie de la spatule.

spatule^F
Extrémité avant du ski. Recourbée vers le haut, elle permet de tasser la neige et d'éviter les accrochages.

fixation^F à butée^F avant
Fixation dotée d'un mécanisme permettant de bloquer uniquement l'extrémité avant de la chaussure.

talon^M
Extrémité arrière du ski.

pas^M de patineur^M
Technique qui permet au skieur de se propulser à la manière d'un patineur, en exerçant une poussée latérale. Il est plus rapide que le pas alternatif.

butée^F
Mécanisme permettant de bloquer l'extrémité avant de la chaussure.

talonnière^F
Partie arrière de la fixation. Elle est munie de crantages qui s'emboîtent dans la semelle de la chaussure pour empêcher les torsions latérales du pied.

pas^M alternatif
Technique classique du ski de fond. Les skis demeurent toujours parallèles, sauf dans les virages prononcés ou les montées abruptes.

coup^M de patin^M
Poussée latérale d'une jambe que le skieur exécute en s'appuyant sur l'intérieur d'un ski tout en gardant le poids du corps sur l'autre.

phase^F de glisse^F
Phase de transition entre deux poussées. Le skieur ramène la jambe d'impulsion vers sa position initiale, alors que le ski d'appui glisse vers l'avant.

phase^F de poussée^F
Mouvement de propulsion amorcé par l'extension rapide de la jambe d'impulsion vers l'arrière. Les poussées s'effectuent avec les deux jambes, en alternance.

phase^F de glisse^F
Phase de transition entre deux poussées. Le skieur ramène la jambe d'impulsion vers sa position initiale, alors que le ski d'appui glisse vers l'avant.

phase^F de poussée^F
La répétition rapide des phases de poussée augmente la vitesse du skieur.

sports d'hiver 1043

biathlon(M)

Sport qui associe une course de ski de fond à une compétition de tir de précision. Il comprend des épreuves individuelles et par équipe (relais).

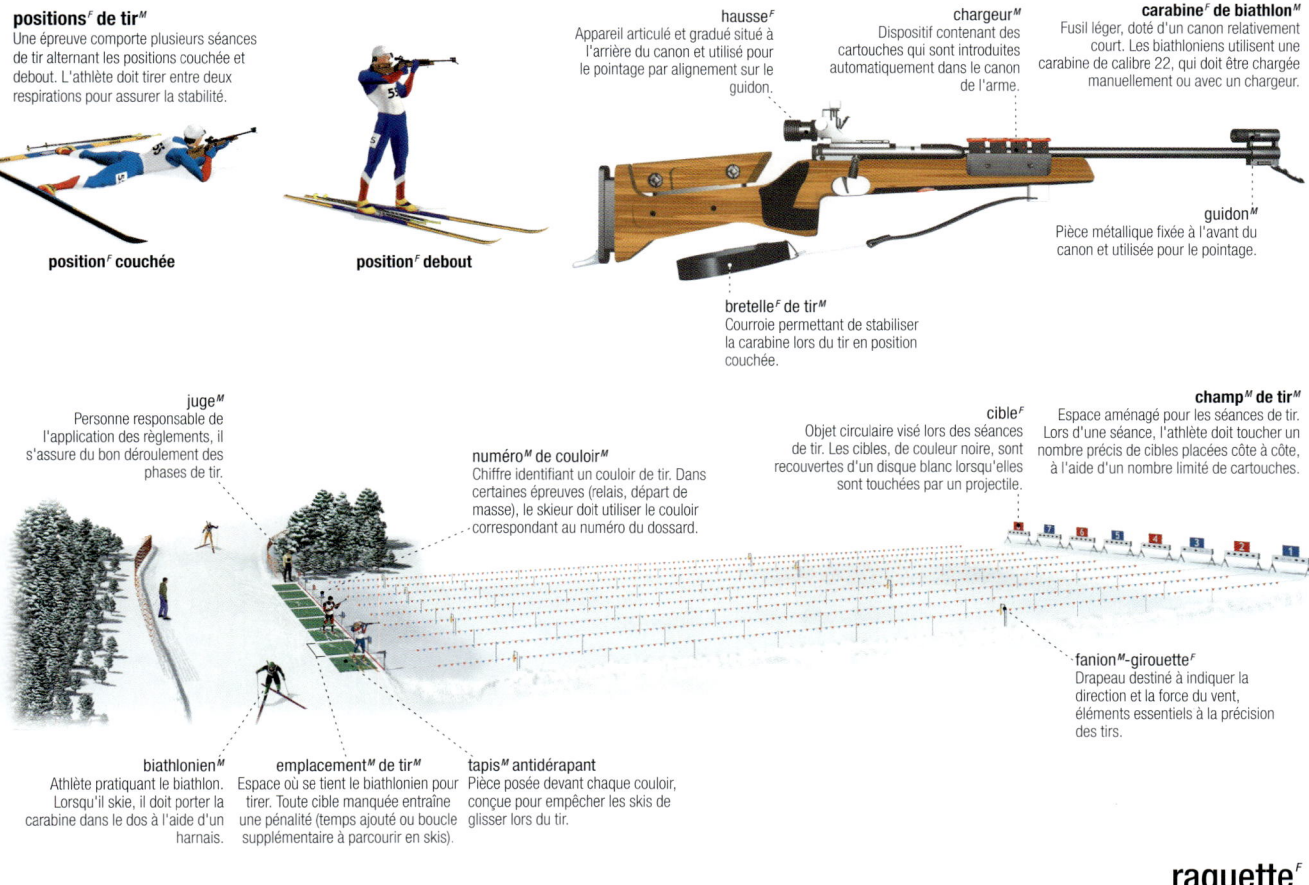

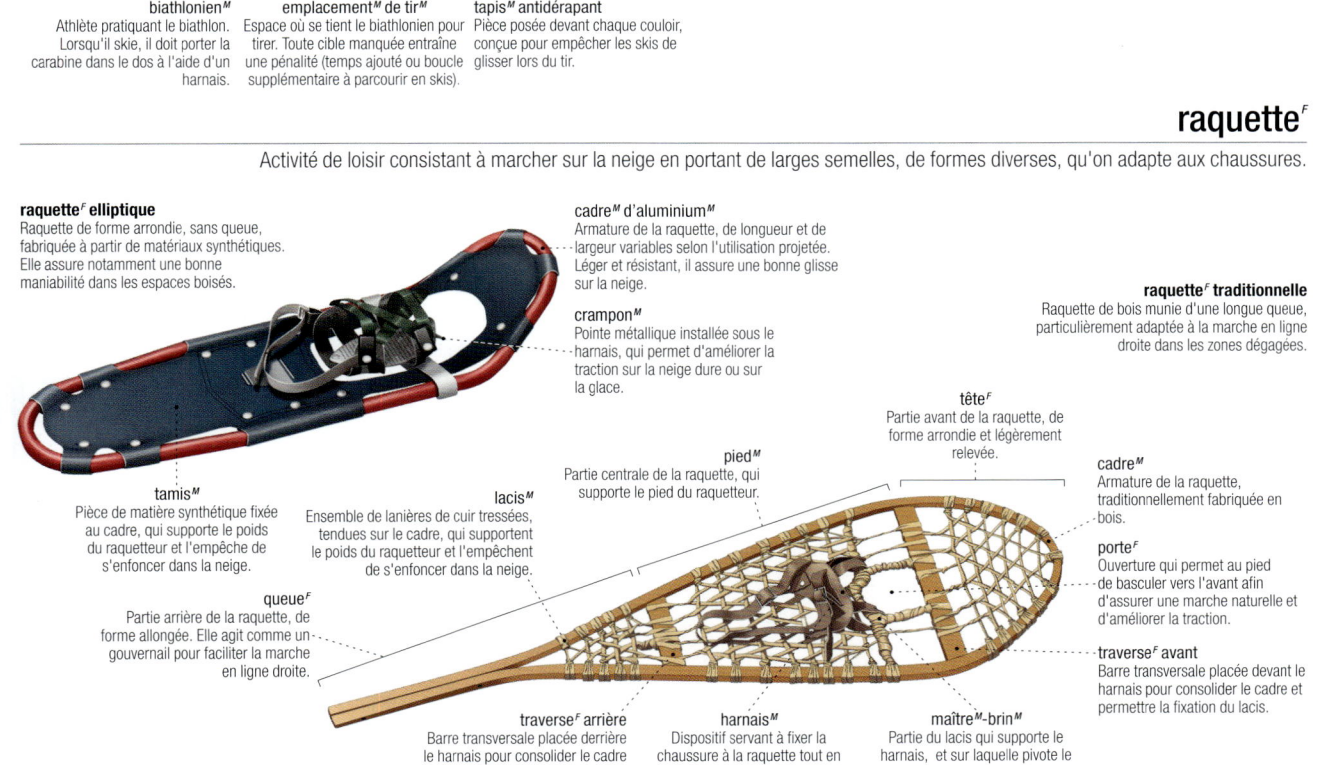

positions(F) de tir(M)
Une épreuve comporte plusieurs séances de tir alternant les positions couchée et debout. L'athlète doit tirer entre deux respirations pour assurer la stabilité.

position(F) couchée

position(F) debout

hausse(F)
Appareil articulé et gradué situé à l'arrière du canon et utilisé pour le pointage par alignement sur le guidon.

chargeur(M)
Dispositif contenant des cartouches qui sont introduites automatiquement dans le canon de l'arme.

carabine(F) de biathlon(M)
Fusil léger, doté d'un canon relativement court. Les biathloniens utilisent une carabine de calibre 22, qui doit être chargée manuellement ou avec un chargeur.

guidon(M)
Pièce métallique fixée à l'avant du canon et utilisée pour le pointage.

bretelle(F) de tir(M)
Courroie permettant de stabiliser la carabine lors du tir en position couchée.

juge(M)
Personne responsable de l'application des règlements, il s'assure du bon déroulement des phases de tir.

numéro(M) de couloir(M)
Chiffre identifiant un couloir de tir. Dans certaines épreuves (relais, départ de masse), le skieur doit utiliser le couloir correspondant au numéro du dossard.

cible(F)
Objet circulaire visé lors des séances de tir. Les cibles, de couleur noire, sont recouvertes d'un disque blanc lorsqu'elles sont touchées par un projectile.

champ(M) de tir(M)
Espace aménagé pour les séances de tir. Lors d'une séance, l'athlète doit toucher un nombre précis de cibles placées côte à côte, à l'aide d'un nombre limité de cartouches.

fanion(M)-girouette(F)
Drapeau destiné à indiquer la direction et la force du vent, éléments essentiels à la précision des tirs.

biathlonien(M)
Athlète pratiquant le biathlon. Lorsqu'il skie, il doit porter la carabine dans le dos à l'aide d'un harnais.

emplacement(M) de tir(M)
Espace où se tient le biathlonien pour tirer. Toute cible manquée entraîne une pénalité (temps ajouté ou boucle supplémentaire à parcourir en skis).

tapis(M) antidérapant
Pièce posée devant chaque couloir, conçue pour empêcher les skis de glisser lors du tir.

raquette(F)

Activité de loisir consistant à marcher sur la neige en portant de larges semelles, de formes diverses, qu'on adapte aux chaussures.

raquette(F) elliptique
Raquette de forme arrondie, sans queue, fabriquée à partir de matériaux synthétiques. Elle assure notamment une bonne maniabilité dans les espaces boisés.

cadre(M) d'aluminium(M)
Armature de la raquette, de longueur et de largeur variables selon l'utilisation projetée. Léger et résistant, il assure une bonne glisse sur la neige.

crampon(M)
Pointe métallique installée sous le harnais, qui permet d'améliorer la traction sur la neige dure ou sur la glace.

raquette(F) traditionnelle
Raquette de bois munie d'une longue queue, particulièrement adaptée à la marche en ligne droite dans les zones dégagées.

tamis(M)
Pièce de matière synthétique fixée au cadre, qui supporte le poids du raquetteur et l'empêche de s'enfoncer dans la neige.

queue(F)
Partie arrière de la raquette, de forme allongée. Elle agit comme un gouvernail pour faciliter la marche en ligne droite.

lacis(M)
Ensemble de lanières de cuir tressées, tendues sur le cadre, qui supportent le poids du raquetteur et l'empêchent de s'enfoncer dans la neige.

pied(M)
Partie centrale de la raquette, qui supporte le pied du raquetteur.

tête(F)
Partie avant de la raquette, de forme arrondie et légèrement relevée.

cadre(M)
Armature de la raquette, traditionnellement fabriquée en bois.

porte(F)
Ouverture qui permet au pied de basculer vers l'avant afin d'assurer une marche naturelle et d'améliorer la traction.

traverse(F) avant
Barre transversale placée devant le harnais pour consolider le cadre et permettre la fixation du lacis.

traverse(F) arrière
Barre transversale placée derrière le harnais pour consolider le cadre et permettre la fixation du lacis.

harnais(M)
Dispositif servant à fixer la chaussure à la raquette tout en permettant au pied de pivoter librement.

maître(M)-brin(M)
Partie du lacis qui supporte le harnais, et sur laquelle pivote le pied lors de la marche.

SPORTS ET JEUX

sports à roulettes

planche^F à roulettes^F

Sport consistant à exécuter des descentes, des virages ou des figures sur une surface aménagée ou non, à l'aide d'une planche montée sur des roulettes.

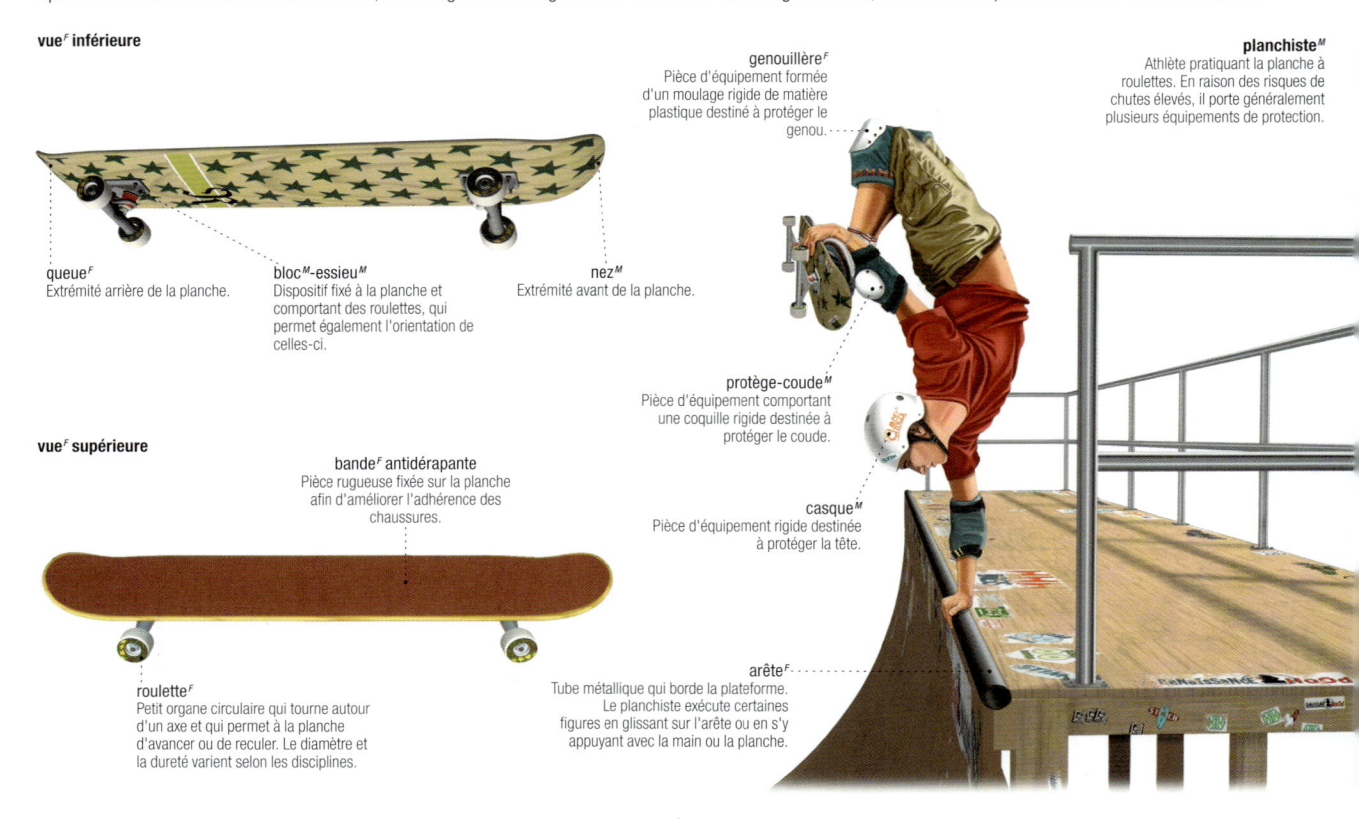

vue^F inférieure

genouillère^F
Pièce d'équipement formée d'un moulage rigide de matière plastique destiné à protéger le genou.

planchiste^M
Athlète pratiquant la planche à roulettes. En raison des risques de chutes élevés, il porte généralement plusieurs équipements de protection.

queue^F
Extrémité arrière de la planche.

bloc^M-essieu^M
Dispositif fixé à la planche et comportant des roulettes, qui permet également l'orientation de celles-ci.

nez^M
Extrémité avant de la planche.

protège-coude^M
Pièce d'équipement comportant une coquille rigide destinée à protéger le coude.

vue^F supérieure

bande^F antidérapante
Pièce rugueuse fixée sur la planche afin d'améliorer l'adhérence des chaussures.

casque^M
Pièce d'équipement rigide destinée à protéger la tête.

roulette^F
Petit organe circulaire qui tourne autour d'un axe et qui permet à la planche d'avancer ou de reculer. Le diamètre et la dureté varient selon les disciplines.

arête^F
Tube métallique qui borde la plateforme. Le planchiste exécute certaines figures en glissant sur l'arête ou en s'y appuyant avec la main ou la planche.

demi-lune^F
Piste de bois aux bords relevés, aménagée pour l'exécution de diverses figures acrobatiques (sauts, glisses, etc.).

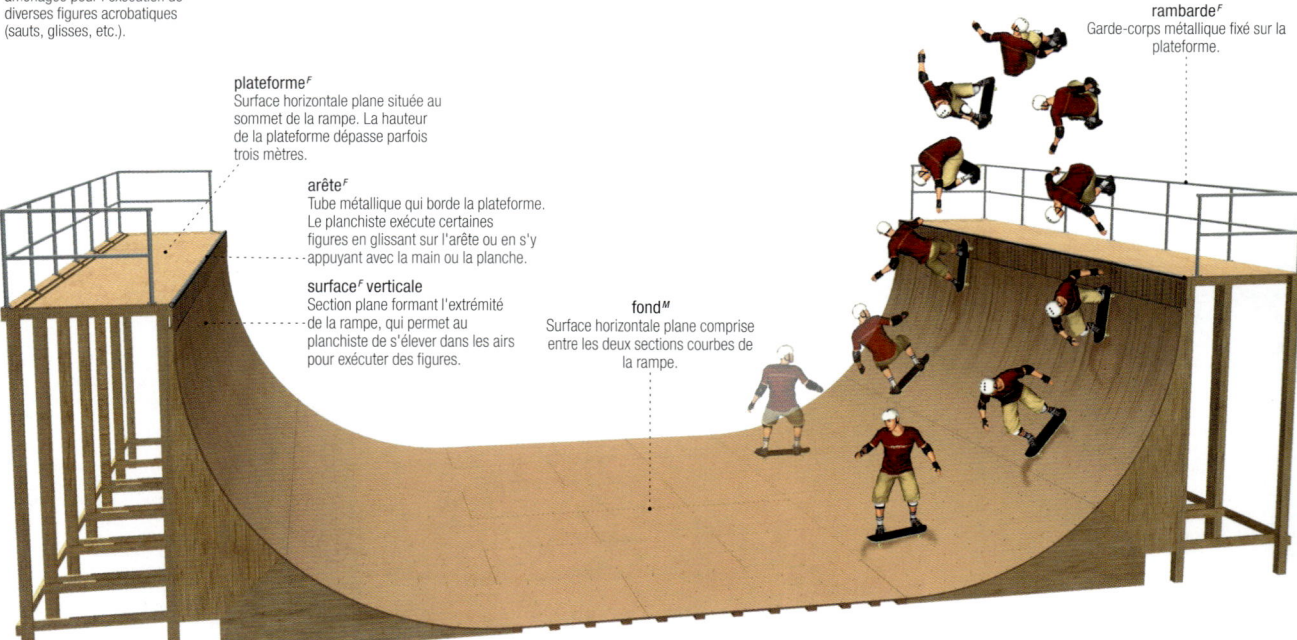

plateforme^F
Surface horizontale plane située au sommet de la rampe. La hauteur de la plateforme dépasse parfois trois mètres.

rambarde^F
Garde-corps métallique fixé sur la plateforme.

arête^F
Tube métallique qui borde la plateforme. Le planchiste exécute certaines figures en glissant sur l'arête ou en s'y appuyant avec la main ou la planche.

surface^F verticale
Section plane formant l'extrémité de la rampe, qui permet au planchiste de s'élever dans les airs pour exécuter des figures.

fond^M
Surface horizontale plane comprise entre les deux sections courbes de la rampe.

SPORTS ET JEUX

sports à roulettes

patin^M à roues^F alignées

Ensemble des activités pratiquées à l'aide de patins munis de petites roues : hockey, courses de vitesse, acrobaties sur rampes ou pistes aménagées, etc.

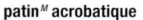

patin^M acrobatique
Patin dont la chaussure, en matière plastique, est conçue pour assurer un support maximal et résister aux nombreux chocs lors de l'exécution de figures.

chausson^M intérieur
Doublure coussinée, souvent amovible, conçue pour assurer le confort du pied dans la chaussure.

coque^F supérieure
Partie de la chaussure qui recouvre le bas de la jambe. Elle est généralement articulée au niveau de la cheville.

patineuse^F
Athlète pratiquant le patin à roues alignées. En raison des risques de chutes élevés, elle porte généralement plusieurs équipements de protection.

casque^M
Pièce d'équipement rigide destinée à protéger la tête.

platine^F
Dispositif fixé à la semelle de la chaussure et comportant des roues.

roue^F
Organe circulaire qui tourne autour d'un axe et qui permet au patin d'avancer ou de reculer.

coudière^F
Pièce d'équipement rembourrée destinée à protéger le coude.

genouillère^F
Pièce d'équipement formée d'un moulage rigide de matière plastique destiné à protéger le genou.

patin^M de vitesse^F
Patin dont la chaussure, basse, légère et souple, est souvent moulée à la forme du pied. Il est pourvu de cinq roues assurant un contact prolongé avec le sol.

protège-poignet^M
Pièce d'équipement comportant un renfort rigide de matière plastique destiné à protéger la main et le poignet.

patin^M à roues^F alignées
Chaussure renforcée, munie de quatre roues placées le long d'une même ligne, qui permet de se déplacer sur une surface dure et relativement lisse.

fermeture^F velcro
Bande de tissu à crochets et boucles qui permet de fermer la bottine au niveau de la cheville.

laçage^M à boucle^F
Lacet permettant de fermer la bottine sur le pied.

patin^M de hockey^M
Patin semblable au patin de hockey sur glace, constitué d'une chaussure semi-rigide, en cuir ou en nylon, munie de renforts latéraux.

bottine^F hybride
Chaussure qui protège et soutient le pied et la cheville. Selon l'utilisation projetée, elle peut être souple, semi-rigide ou rigide (coque).

châssis^M
Dispositif servant de lien entre la bottine et les roues.

frein^M de talon^M
Tampon de caoutchouc fixé derrière le patin, qui permet au patineur de ralentir et d'arrêter.

roue^F
Organe circulaire qui tourne autour d'un axe et qui permet au patin d'avancer ou de reculer.

roulements^M
Axe de rotation de la roue, qui relie cette dernière au châssis.

SPORTS ET JEUX

1046 sports aériens

parachutisme^M

Ensemble des techniques sportives qui ont en commun le fait d'ouvrir un parachute après un saut dans l'air à partir d'un avion.

chute^F libre
Sport consistant à sauter d'un avion, puis à se laisser tomber pendant une période plus ou moins longue en exécutant diverses figures avant de déployer un parachute.

parachute^M de secours^M
Parachute de réserve utilisé en cas de problème avec le parachute principal. Un dispositif automatique le déploie lorsque l'altitude de sécurité est franchie.

parachute^M principal
Parachute que le parachutiste déploie dans les airs. Si le parachutiste constate une anomalie, il peut déployer le parachute de secours.

botte^F de saut^M
Chaussure renforcée utilisée pour sauter en parachute. Elle assure un bon soutien de la cheville lors de l'atterrissage.

casque^M de saut^M
Pièce d'équipement rigide destinée à protéger la tête contre les chocs et le froid.

lunettes^F de vol^M
Lunettes qui protègent les yeux contre le froid et le vent, assurant une bonne vision durant le saut.

harnais^M
Système de courroies destinées à relier le parachutiste aux suspentes de la voile principale et de secours, rangées au départ dans un sac.

combinaison^F de vol^M
Vêtement monopièce conçu pour protéger le parachutiste du froid et réduire les risques d'accrochage avec l'équipement.

altimètre^M
Appareil indiquant l'altitude du parachutiste, ce qui permet de déterminer le moment d'ouverture du parachute.

voile^F
Assemblage de caissons de tissu qui, une fois gonflés d'air, forme une surface rectangulaire bénéficiant des propriétés aérodynamiques d'une aile d'avion.

parachute^M
Équipement formé d'une voile, reliée à un harnais par des suspentes, déployée à une altitude donnée pour ralentir la chute d'un parachutiste.

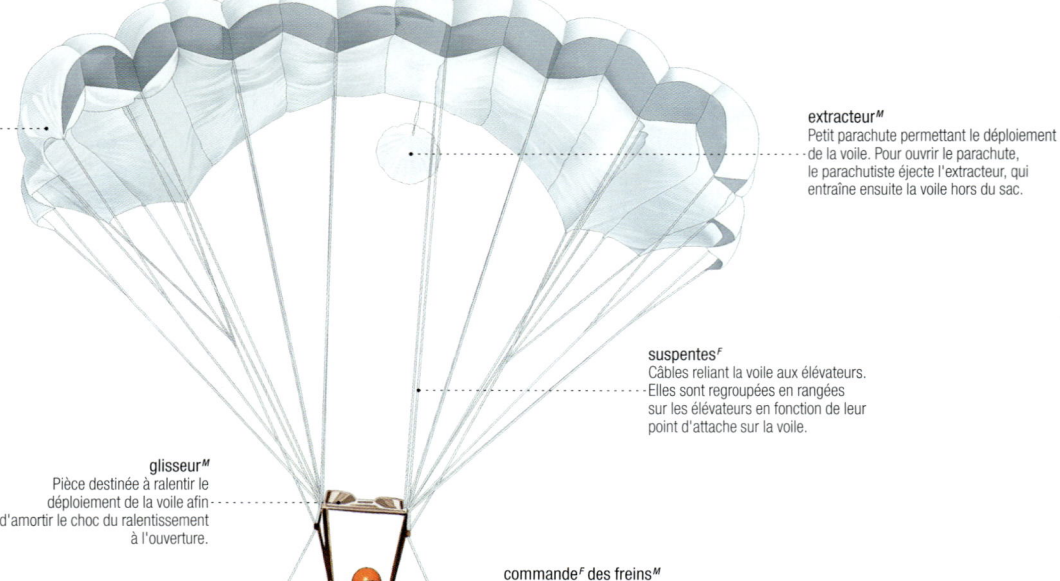

stabilo^M
Triangle de tissu fixé de chaque côté de la voile, qui sert principalement à stabiliser le parachute.

extracteur^M
Petit parachute permettant le déploiement de la voile. Pour ouvrir le parachute, le parachutiste éjecte l'extracteur, qui entraîne ensuite la voile hors du sac.

suspentes^F
Câbles reliant la voile aux élévateurs. Elles sont regroupées en rangées sur les élévateurs en fonction de leur point d'attache sur la voile.

glisseur^M
Pièce destinée à ralentir le déploiement de la voile afin d'amortir le choc du ralentissement à l'ouverture.

commande^F des freins^M
Chacun des deux câbles permettant de diriger le parachute.

harnais^M
Système de courroies destinées à relier le parachutiste aux suspentes de la voile principale et de secours, rangées au départ dans un sac.

parachutiste^M
Personne effectuant un saut en parachute. Il peut participer à des compétitions de figures en chute libre ou à voile ouverte, de précision d'atterrissage, etc.

SPORTS ET JEUX

sports aériens 1047

vol^M libre

Sport dans lequel un pilote attaché à un deltaplane ou un parapente s'élance d'une pente en montagne, prend de l'altitude, puis plane sur une distance plus ou moins longue.

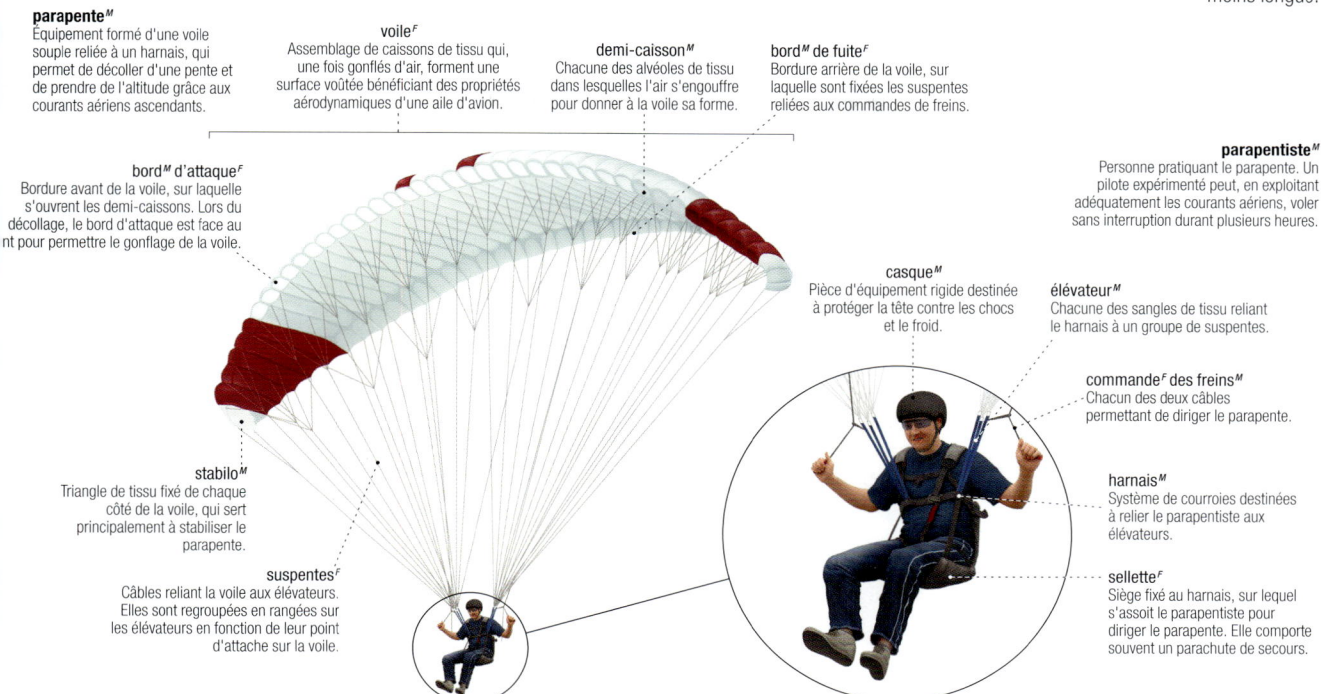

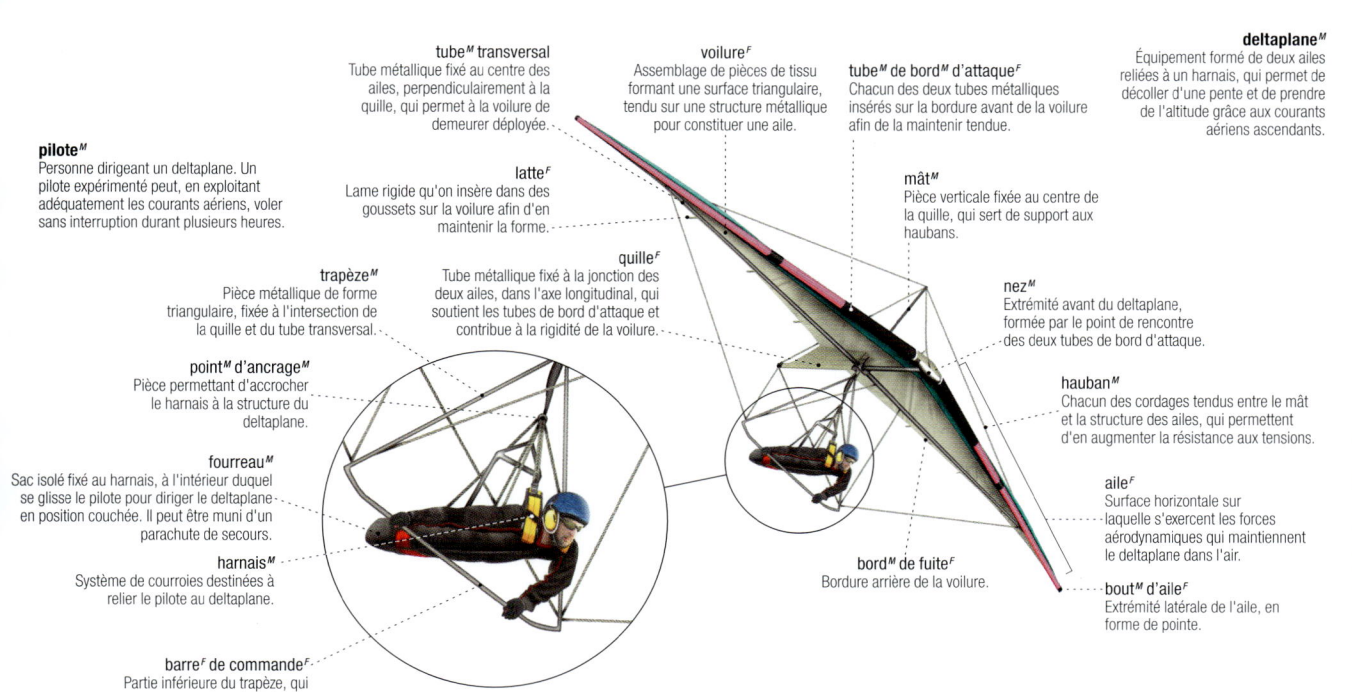

parapente^M
Équipement formé d'une voile souple reliée à un harnais, qui permet de décoller d'une pente et de prendre de l'altitude grâce aux courants aériens ascendants.

voile^F
Assemblage de caissons de tissu qui, une fois gonflés d'air, forment une surface voûtée bénéficiant des propriétés aérodynamiques d'une aile d'avion.

demi-caisson^M
Chacune des alvéoles de tissu dans lesquelles l'air s'engouffre pour donner à la voile sa forme.

bord^M de fuite^F
Bordure arrière de la voile, sur laquelle sont fixées les suspentes reliées aux commandes de freins.

bord^M d'attaque^F
Bordure avant de la voile, sur laquelle s'ouvrent les demi-caissons. Lors du décollage, le bord d'attaque est face au vent pour permettre le gonflage de la voile.

parapentiste^M
Personne pratiquant le parapente. Un pilote expérimenté peut, en exploitant adéquatement les courants aériens, voler sans interruption durant plusieurs heures.

casque^M
Pièce d'équipement rigide destinée à protéger la tête contre les chocs et le froid.

élévateur^M
Chacune des sangles de tissu reliant le harnais à un groupe de suspentes.

commande^F des freins^M
Chacun des deux câbles permettant de diriger le parapente.

stabilo^M
Triangle de tissu fixé de chaque côté de la voile, qui sert principalement à stabiliser le parapente.

harnais^M
Système de courroies destinées à relier le parapentiste aux élévateurs.

suspentes^F
Câbles reliant la voile aux élévateurs. Elles sont regroupées en rangées sur les élévateurs en fonction de leur point d'attache sur la voile.

sellette^F
Siège fixé au harnais, sur lequel s'assoit le parapentiste pour diriger le parapente. Elle comporte souvent un parachute de secours.

tube^M transversal
Tube métallique fixé au centre des ailes, perpendiculairement à la quille, qui permet à la voilure de demeurer déployée.

voilure^F
Assemblage de pièces de tissu formant une surface triangulaire, tendu sur une structure métallique pour constituer une aile.

tube^M de bord^M d'attaque^F
Chacun des deux tubes métalliques insérés sur la bordure avant de la voilure afin de la maintenir tendue.

deltaplane^M
Équipement formé de deux ailes reliées à un harnais, qui permet de décoller d'une pente et de prendre de l'altitude grâce aux courants aériens ascendants.

pilote^M
Personne dirigeant un deltaplane. Un pilote expérimenté peut, en exploitant adéquatement les courants aériens, voler sans interruption durant plusieurs heures.

latte^F
Lame rigide qu'on insère dans des goussets sur la voilure afin d'en maintenir la forme.

mât^M
Pièce verticale fixée au centre de la quille, qui sert de support aux haubans.

trapèze^M
Pièce métallique de forme triangulaire, fixée à l'intersection de la quille et du tube transversal.

quille^F
Tube métallique fixé à la jonction des deux ailes, dans l'axe longitudinal, qui soutient les tubes de bord d'attaque et contribue à la rigidité de la voilure.

nez^M
Extrémité avant du deltaplane, formée par le point de rencontre des deux tubes de bord d'attaque.

point^M d'ancrage^F
Pièce permettant d'accrocher le harnais à la structure du deltaplane.

hauban^M
Chacun des cordages tendus entre le mât et la structure des ailes, qui permettent d'en augmenter la résistance aux tensions.

fourreau^M
Sac isolé fixé au harnais, à l'intérieur duquel se glisse le pilote pour diriger le deltaplane en position couchée. Il peut être muni d'un parachute de secours.

aile^F
Surface horizontale sur laquelle s'exercent les forces aérodynamiques qui maintiennent le deltaplane dans l'air.

harnais^M
Système de courroies destinées à relier le pilote au deltaplane.

bord^M de fuite^F
Bordure arrière de la voilure.

bout^M d'aile^F
Extrémité latérale de l'aile, en forme de pointe.

barre^F de commande^F
Partie inférieure du trapèze, qui permet au pilote de diriger le deltaplane.

SPORTS ET JEUX

sports aériens

planeur^M

Petit aéronef sans moteur, lancé par un avion remorqueur, qui évolue dans les airs en utilisant les courants aériens.

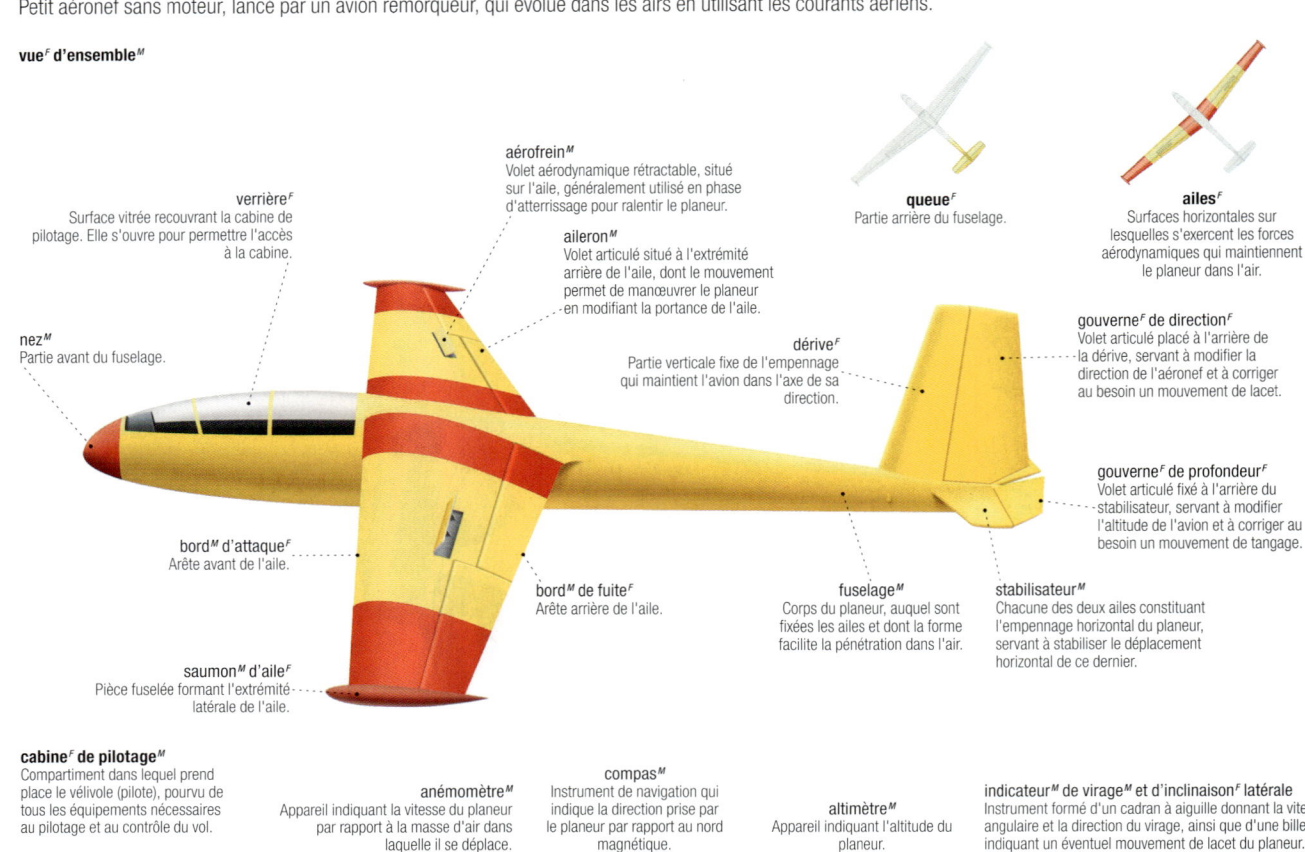

vue^F d'ensemble^M

verrière^F
Surface vitrée recouvrant la cabine de pilotage. Elle s'ouvre pour permettre l'accès à la cabine.

aérofrein^M
Volet aérodynamique rétractable, situé sur l'aile, généralement utilisé en phase d'atterrissage pour ralentir le planeur.

aileron^M
Volet articulé situé à l'extrémité arrière de l'aile, dont le mouvement permet de manœuvrer le planeur en modifiant la portance de l'aile.

queue^F
Partie arrière du fuselage.

ailes^F
Surfaces horizontales sur lesquelles s'exercent les forces aérodynamiques qui maintiennent le planeur dans l'air.

dérive^F
Partie verticale fixe de l'empennage qui maintient l'avion dans l'axe de sa direction.

gouverne^F **de direction**^F
Volet articulé placé à l'arrière de la dérive, servant à modifier la direction de l'aéronef et à corriger au besoin un mouvement de lacet.

nez^M
Partie avant du fuselage.

gouverne^F **de profondeur**^F
Volet articulé fixé à l'arrière du stabilisateur, servant à modifier l'altitude de l'avion et à corriger au besoin un mouvement de tangage.

bord^M **d'attaque**^F
Arête avant de l'aile.

bord^M **de fuite**^F
Arête arrière de l'aile.

fuselage^M
Corps du planeur, auquel sont fixées les ailes et dont la forme facilite la pénétration dans l'air.

stabilisateur^M
Chacune des deux ailes constituant l'empennage horizontal du planeur, servant à stabiliser le déplacement horizontal de ce dernier.

saumon^M **d'aile**^F
Pièce fuselée formant l'extrémité latérale de l'aile.

cabine^F **de pilotage**^M
Compartiment dans lequel prend place le vélivole (pilote), pourvu de tous les équipements nécessaires au pilotage et au contrôle du vol.

anémomètre^M
Appareil indiquant la vitesse du planeur par rapport à la masse d'air dans laquelle il se déplace.

compas^M
Instrument de navigation qui indique la direction prise par le planeur par rapport au nord magnétique.

altimètre^M
Appareil indiquant l'altitude du planeur.

indicateur^M **de virage**^M **et d'inclinaison**^F **latérale**
Instrument formé d'un cadran à aiguille donnant la vitesse angulaire et la direction du virage, ainsi que d'une bille indiquant un éventuel mouvement de lacet du planeur.

variomètre^M **électrique**
Appareil indiquant la vitesse verticale (ascendante ou descendante) du planeur, grâce à un capteur électrique. Il est plus sensible qu'un variomètre mécanique.

contrôle^M **d'alimentation**^F **en oxygène**^M
Appareil qui permet de vérifier le débit d'oxygène fourni au pilote.

variomètre^M **mécanique**
Appareil indiquant la vitesse verticale (ascendante ou descendante) du planeur, par l'entremise d'un système mécanique.

ventilation^F **de la cabine**^F
Dispositif commandant l'ouverture ou la fermeture de l'évent d'aération, qui assure la circulation de l'air dans la cabine.

commande^F **de largage**^M **de câble**^M
Manette permettant de libérer le câble de remorque, qui relie le planeur à un avion remorqueur lors de la mise en vol.

commande^F **d'alimentation**^F **en oxygène**^M
Dispositif permettant d'activer ou de désactiver le système destiné à fournir de l'oxygène au pilote lorsque le planeur atteint une altitude élevée.

pédale^F **de palonnier**^M
Levier sur lequel le pilote exerce une pression du pied pour commander le mouvement de la gouverne de direction.

microphone^M
Appareil qui transforme en impulsions électriques les sons à transmettre ou à enregistrer.

commande^F **d'aérofrein**^M
Manette utilisée pour relever ou abaisser les aérofreins.

commande^F **de largage**^M **de la verrière**^F
Manette servant à détacher la verrière du fuselage, permettant ainsi au pilote de s'éjecter en cas d'urgence.

commande^F **de virage**^M **et d'inclinaison**^F **latérale**
Manette servant à maintenir le manche à balai en position afin de réduire les efforts de pilotage.

manche^M **à balai**^M
Manette utilisée pour manœuvrer les ailerons et la gouverne de profondeur.

radio^F
Appareil d'émission et de réception qui permet de communiquer avec un autre planeur ou une station au sol.

siège^M
Pièce sur laquelle s'assoit le pilote pour diriger le planeur. Le pilote, attaché au siège par des sangles, porte obligatoirement un parachute de secours.

SPORTS ET JEUX

sports aériens   1049

montgolfière^F

Sport consistant à naviguer à bord d'un ballon, en se laissant porter par les vents. Les vols ont lieu en début ou en fin de journée, lorsque les vents sont calmes et l'air stable.

vue^F d'ensemble^M

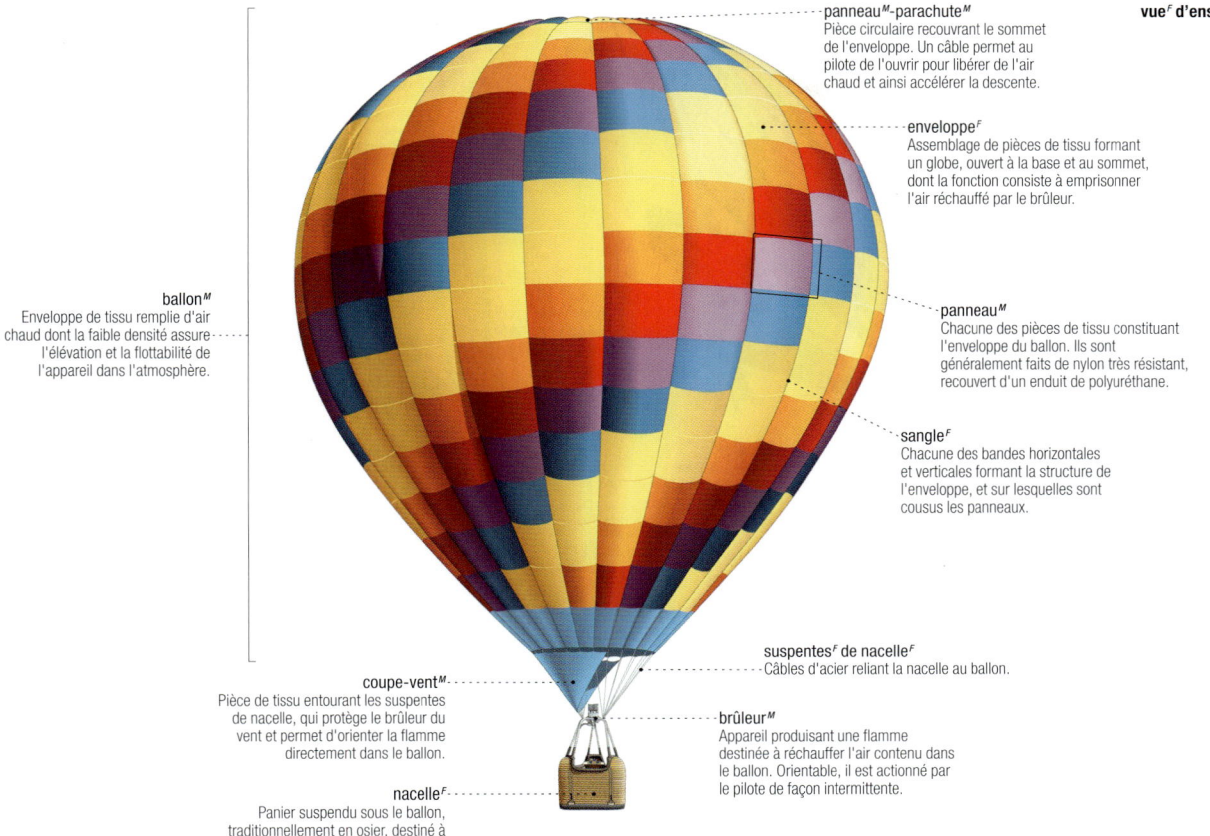

panneau^M-parachute^M
Pièce circulaire recouvrant le sommet de l'enveloppe. Un câble permet au pilote de l'ouvrir pour libérer de l'air chaud et ainsi accélérer la descente.

enveloppe^F
Assemblage de pièces de tissu formant un globe, ouvert à la base et au sommet, dont la fonction consiste à emprisonner l'air réchauffé par le brûleur.

ballon^M
Enveloppe de tissu remplie d'air chaud dont la faible densité assure l'élévation et la flottabilité de l'appareil dans l'atmosphère.

panneau^M
Chacune des pièces de tissu constituant l'enveloppe du ballon. Ils sont généralement faits de nylon très résistant, recouvert d'un enduit de polyuréthane.

sangle^F
Chacune des bandes horizontales et verticales formant la structure de l'enveloppe, et sur lesquelles sont cousus les panneaux.

suspentes^F de nacelle^F
Câbles d'acier reliant la nacelle au ballon.

coupe-vent^M
Pièce de tissu entourant les suspentes de nacelle, qui protège le brûleur du vent et permet d'orienter la flamme directement dans le ballon.

brûleur^M
Appareil produisant une flamme destinée à réchauffer l'air contenu dans le ballon. Orientable, il est actionné par le pilote de façon intermittente.

nacelle^F
Panier suspendu sous le ballon, traditionnellement en osier, destiné à recevoir les passagers, les bouteilles de carburant et les instruments de vol.

brûleur^M
Appareil produisant une flamme destinée à réchauffer l'air contenu dans le ballon. Orientable, il est actionné par le pilote de façon intermittente.

flexibles^M d'alimentation^F
Tuyaux souples reliant les bouteilles de carburant au brûleur.

cadre^M de charge^F
Structure rigide qui supporte le brûleur, et sur laquelle sont fixées les suspentes de nacelle.

variomètre^M
Appareil indiquant la vitesse verticale (ascendante ou descendante) du ballon.

altimètre^M
Appareil indiquant l'altitude du ballon.

thermomètre^M
Instrument destiné à mesurer la température de l'air ambiant ou de l'air chaud à l'intérieur de l'enveloppe.

base^F en bois^M
Plancher de bois portant les passagers et les équipements transportés dans la nacelle.

serpentin^M
Conduit dans lequel le carburant liquide provenant des bouteilles est chauffé. Le carburant en sort sous forme gazeuse, puis est allumé par une flamme pilote.

soupape^F d'admission^F
Pièce qui s'ouvre pour laisser entrer le carburant dans le brûleur.

rembourrage^M
Garniture de cuir ou de mousse entourant la partie supérieure de la nacelle, conçue pour améliorer le confort des passagers.

instruments^M de vol^M
Appareils permettant au pilote de se repérer et de contrôler le vol. Ils regroupent l'altimètre, le variomètre, le thermomètre, le compas, le système GPS, etc.

nacelle^F d'osier^M
Panier très résistant dont la souplesse et l'élasticité permettent d'amortir les chocs lors de l'atterrissage.

poignée^F de nacelle^F
Chacune des pièces permettant de saisir et de transporter la nacelle. Elle sert également d'ancrage pour maintenir la nacelle au sol si nécessaire.

nacelle^F
Panier suspendu sous le ballon, traditionnellement en osier, destiné à recevoir les passagers, les bouteilles de carburant et les instruments de vol.

SPORTS ET JEUX

sports de montagne

alpinisme^M

Sport qui consiste à faire l'ascension d'une montagne ou à grimper le long d'une paroi rocheuse naturelle ou artificielle.

grimpeur^M
Personne qui escalade des parois rocheuses ou des structures artificielles.

rocher^M
Paroi de pierre escarpée sur laquelle monte le grimpeur.

dégaine^F
Accessoire de sécurité fait d'une sangle qui éloigne la corde de la paroi pour qu'elle glisse librement et ne s'use pas par frottement.

corde^F **d'assurage**^M
Corde qui permet de retenir le grimpeur en cas de chute, lui assurant une progression sécuritaire le long de la paroi.

chausson^M **d'escalade**^F
Chaussure souple à semelle adhérente.

cordée^F
Ensemble de grimpeurs reliés les uns aux autres par une ou plusieurs cordes lors d'une ascension.

structure^F **artificielle d'escalade**^F
Surface fixe ou mobile, extérieure ou intérieure, qui sert de paroi aux grimpeurs. Elle est utilisée pour la pratique de l'escalade, comme loisir ou compétition.

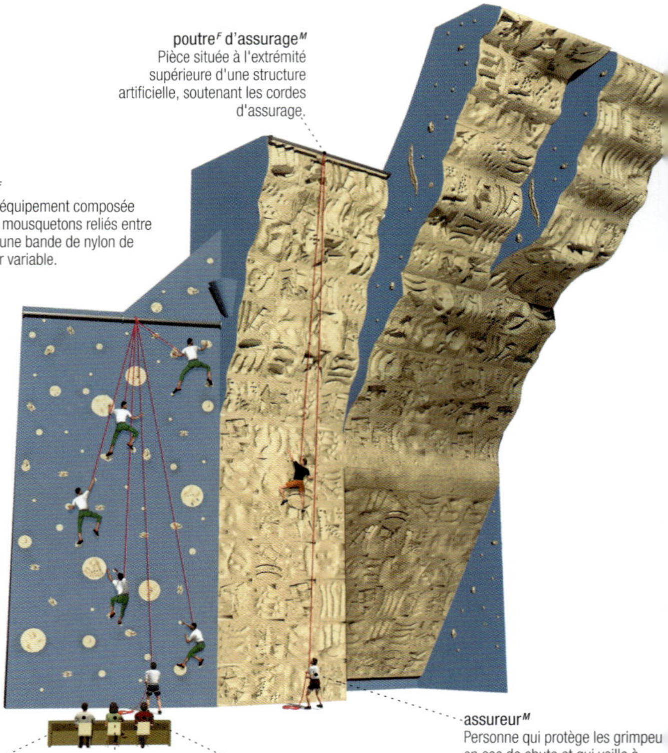

poutre^F **d'assurage**^M
Pièce située à l'extrémité supérieure d'une structure artificielle, soutenant les cordes d'assurage.

sangle^F
Pièce d'équipement composée de deux mousquetons reliés entre eux par une bande de nylon de longueur variable.

cuissard^M
Accessoire relié à la corde, composé d'un ensemble de sangles qui soutiennent le grimpeur par les cuisses et le bassin.

premier^M **de cordée**^F
Grimpeur le plus expérimenté de la cordée, qui monte en tête et trace la voie de l'escalade.

juge^M **de voie**^F
Personne qui assure la sécurité et observe les manœuvres des grimpeurs.

président^M **du jury**^M
Personne qui supervise l'ensemble des activités de la compétition et prend les décisions en cas de litige.

chronométreur^M
Personne qui fait respecter le temps alloué pour l'escalade d'une voie.

assureur^M
Personne qui protège les grimpeurs en cas de chute et qui veille à ce qu'il n'y ait pas d'échange d'informations en cours d'épreuve.

équipement^M **d'alpinisme**^M
Ensemble des accessoires utilisés pour la pratique de l'alpinisme.

bec^M
Partie sur laquelle se referme le doigt.

doigt^M
Pièce métallique mobile qui s'ouvre vers l'intérieur et se referme à l'aide d'un ressort.

bague^F **filetée**
Dispositif qui permet de verrouiller le doigt en position fermée.

mousqueton^M **à vis**^F
Anneau métallique dont le doigt une fois refermé peut être bloqué par une bague filetée, offrant une plus grande sécurité que le mousqueton en D.

mousqueton^M **en D**^M
Anneau métallique muni d'un doigt d'ouverture et de fermeture à ressort, permettant de relier une corde à un piton, à un coinceur, etc.

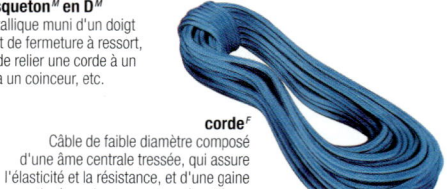

piton^M **à expansion**^F
Piton que l'on fixe dans un trou préalablement percé dans le rocher.

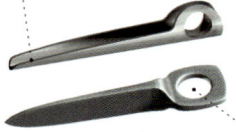

lame^F
Partie qui s'enfonce dans la fissure de la paroi.

piton^M
Pièce métallique dont on enfonce la lame dans une fissure de la paroi, terminée par un œil pour y fixer une corde d'assurage à l'aide d'un mousqueton.

corde^F
Câble de faible diamètre composé d'une âme centrale tressée, qui assure l'élasticité et la résistance, et d'une gaine tissée, qui entoure et protège l'âme.

coinceur^M
Pièce métallique placée dans une fissure de la paroi où une traction la maintient en place, prolongée par un câble d'acier pour y accrocher un mousqueton.

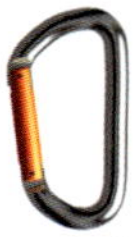

câble^M **d'acier**^M
Cordon métallique sur lequel on peut accrocher un mousqueton.

œil^M
Orifice permettant le passage d'un mousqueton pour relier une corde au piton.

descendeur^M
Accessoire métallique dans lequel glisse une corde, utilisé pour freiner les descentes en rappel tout en protégeant les mains et la corde.

cuissard^M
Accessoire relié à la corde d'assurage, composé d'un ensemble de sangles qui soutiennent le grimpeur par les cuisses et le bassin.

SPORTS ET JEUX

sports de montagne   1051

alpinisme^M

prises^F de main^F
Relief sur lequel on pose la main ou creux dans lequel on insère les doigts pour progresser.

pince^F
Prise saisie entre le pouce et les doigts.

arqué^M
Prise saisie main fermée, le bout des doigts sur la paroi et le pouce bloquant l'index.

tendu^M
Prise saisie main ouverte avec les doigts tendus, la main adhérant au rocher.

prise^F de pied^M
Relief sur lequel on pose le pied ou creux dans lequel on l'insère pour progresser.

carre^F interne
Prise qui consiste à appuyer l'intérieur du pied sur un relief et à tourner le talon vers la paroi.

lampe^F frontale
Lampe maintenue sur le casque, permettant à l'alpiniste d'avoir les mains libres.

anorak^M
Veste de sport imperméable, pourvue d'un capuchon coulissé, de manches longues resserrées aux poignets et d'un lacet de serrage à la base.

pelle^F de montagne^F
Instrument utilisé pour creuser et enlever la neige.

moufle^F ; mitaine^F
Gant comportant seulement une séparation pour le pouce, offrant une meilleure protection contre le froid tout en permettant à la main de saisir les objets.

porte-pitons^M
Anneau métallique dans lequel s'enfilent les pitons.

marteau^M-piolet^M
Instrument servant à la fois de marteau et de piolet, utilisé pour enfoncer les pitons, tailler des marches, briser le verglas sur une paroi, etc.

piton^M à glace^F
Pièce métallique dont on enfonce la lame dans la glace ou la neige durcie, terminée par un œil pour y fixer une corde d'assurage à l'aide d'un mousqueton.

vis^F à glace^F
Tube métallique fileté que l'on visse dans la glace ou la neige durcie, servant à l'assurage et à la progression.

chaussure^F d'alpinisme^M
Chaussure robuste munie de pointes ou de crampons permettant de progresser dans la neige ou sur la glace.

pointe^F antérieure
Chacune des pointes situées à l'avant, inclinées à 45°.

casque^M
Pièce d'équipement rigide destinée à protéger la tête des chutes de pierre ou des chocs avec le rocher ou la glace.

cagoule^F
Bonnet recouvrant la tête et le cou, qui dispose d'une ouverture pour le visage.

sac^M à dos^M
Sac de voyage ou de randonnée qui se porte sur le dos, servant à transporter les vêtements, l'équipement de camping, etc.

corde^F
Câble de faible diamètre composé d'une âme centrale tressée, qui assure l'élasticité et la résistance, et d'une gaine tissée, qui entoure et protège l'âme.

baudrier^M
Accessoire relié à la corde d'assurage, composé d'un ensemble de sangles qui soutiennent l'alpiniste par les cuisses, le bassin, le dos et parfois les épaules.

mousqueton^M
Anneau métallique muni d'un doigt d'ouverture et de fermeture à ressort, bloqué par une vis ou non, permettant de relier une corde à un piton, à un coinceur, etc.

coinceur^M
Pièce métallique placée dans une fissure de la paroi où la traction la maintient en place, prolongée par un câble d'acier pour y accrocher un mousqueton.

piolet^M
Petite pioche utilisée par l'alpiniste pour tailler des marches, sonder la neige, s'ancrer dans la glace ou la neige durcie, etc.

pantalon^M
Pantalon imperméable qui descend habituellement en bas du genou.

jambière^F
Pièce de tissu imperméable et résistant qui recouvre la jambe.

pointe^F
Pièce pointue permettant de se déplacer dans la neige ou sur la glace, offrant un bon équilibre et empêchant le glissement.

alpiniste^M
Personne qui pratique les ascensions en montagne.

équipement^M d'alpinisme^M

piolet^M
Petite pioche utilisée par l'alpiniste pour tailler des marches, sonder la neige, s'ancrer dans la glace ou la neige durcie, etc.

tête^F
Partie en arc de cercle constituée de la pointe et de la panne.

panne^F
Partie plate à bord coupant servant à la taille des marches.

manche^M
Partie allongée, en bois ou en métal, permettant de saisir et de manier le piolet.

pique^F
Extrémité pointue du manche, servant à la taille des marches et à l'ancrage dans la glace ou la neige durcie.

pointe^F
Partie qu'on enfonce dans la glace ou la neige durcie pour progresser.

dragonne^F
Sangle reliant le piolet au poignet.

marteau^M-piolet^M
Instrument servant à la fois de marteau et de piolet, utilisé pour enfoncer les pitons, tailler des marches, briser le verglas sur une paroi, etc.

tête^F de marteau^M
Surface plane avec laquelle l'alpiniste percute un piton.

pointe^F
Partie qu'on enfonce dans la glace ou la neige durcie pour progresser.

vis^F à glace^F
Tube métallique fileté que l'on visse dans la glace ou la neige durcie, servant à l'assurage et à la progression.

anneau^M
Boucle dans laquelle se fixe un mousqueton.

SPORTS ET JEUX

loisirs de plein air

camping^M
Activité récréative qui consiste à utiliser pour dormir un abri transportable (tente, caravane, etc.) et à voyager avec du matériel adapté à la vie en plein air.

exemples^M de tentes^F
Tentes : abris portatifs imperméables souples tendus sur une armature, que l'on dresse de façon provisoire à l'extérieur.

tente^F deux places^F
Tente permettant d'abriter deux personnes.

tendeur^M
Dispositif servant à tendre un hauban.

hauban^M
Câble servant à tendre l'armature de la tente pour la tenir solidement au sol.

arceau^M
Assemblage de tubes flexibles qui forme un arc pour soutenir la toile de la tente.

toile^F de sol^M intégrée
Toile imperméable cousue à la tente et formant un plancher; elle isole l'espace intérieur de l'humidité du sol et des eaux de ruissellement.

piquet^M
Petit pieu que l'on enfonce dans la terre pour maintenir la tente en place.

double-toit^M
Pièce de toile imperméable recouvrant la tente, protégeant celle-ci des intempéries et améliorant son isolation.

tente^F familiale
Tente spacieuse comportant deux ou trois pièces et permettant d'abriter quatre personnes ou plus.

double-toit^M
Pièce de toile imperméable recouvrant la tente, protégeant celle-ci des intempéries et améliorant son isolation.

fenêtre^F moustiquaire^F
Baie laissant passer l'air et la lumière tout en préservant des moustiques.

boucle^F de piquet^M
Chacun des anneaux de tissu bordant l'extérieur de la tente dans lesquels s'insèrent les piquets pour fixer la tente au sol.

mur^M
Partie renforcée au bas de la toile de tente.

hauban^M
Câble servant à tendre l'armature de la tente pour la tenir solidement au sol.

chambre^F
Partie de la tente qui tient lieu d'endroit pour dormir.

séjour^M
Partie de la tente qui tient lieu d'espace de vie commune.

arceau^M
Assemblage de tubes flexibles qui forme un arc pour soutenir la toile de la tente.

tente^F grange^F
Tente large et spacieuse offrant un grand espace intérieur et permettant d'abriter plusieurs personnes ou des activités de groupe.

tente^F rectangulaire
Tente très spacieuse de forme rectangulaire, souvent composée de plusieurs divisions intérieures et permettant d'abriter plusieurs personnes.

loisirs de plein air 1053

campingᴹ

toitᴹ
Pièce de toile imperméable recouvrant la tente, protégeant celle-ci des intempéries et améliorant son isolation.

avant-toitᴹ
Prolongement du toit, qui sert à ménager un petit espace extérieur à l'abri de la pluie et du soleil.

tenteᶠ **canadienne**
Tente dont la toile est tendue de part et d'autre d'une tige de faîte soutenue par deux mâts.

haubanᴹ
Câble servant à tendre l'armature de la tente pour la tenir solidement au sol.

toileᶠ **de sol**ᴹ **intégrée**
Toile imperméable cousue à la tente et formant un plancher; elle isole l'espace intérieur de l'humidité du sol et des eaux de ruissellement.

mâtᴹ **de toit**ᴹ
Long tube vertical soutenant le faîte (le sommet) de la tente.

piquetᴹ
Petit pieu que l'on enfonce dans la terre pour maintenir la tente en place.

tenteᶠ **individuelle**
Tente basse, de faible encombrement, suffisante pour abriter une seule personne.

tenteᶠ **dôme**ᴹ
Tente de forme demi-sphérique, dont la structure, une fois montée, peut être déplacée.

tenteᶠ **igloo**ᴹ
Tente dont la structure se déploie automatiquement et qui offre un espace intérieur circulaire.

lanterneᶠ
Source de lumière portative et sécuritaire utilisée aussi bien à l'intérieur qu'à l'extérieur d'une tente.

globeᴹ
Enveloppe de matière translucide ou transparente résistante à la chaleur, destinée à protéger la source lumineuse et à diffuser la lumière.

pompeᶠ
Appareil qui augmente la pression d'air à l'intérieur du réservoir pour assurer la vaporisation du combustible.

bâtiᴹ **du brûleur**ᴹ
Corps d'aluminium protégeant le brûleur.

régulateurᴹ **de pression**ᶠ
Dispositif de contrôle de la pression du combustible vaporisé et qui règle l'intensité de la lumière.

bouchonᴹ **antifuite**
Bouchon fermant l'orifice de remplissage du combustible, vissé pour empêcher qu'il s'écoule.

réservoirᴹ
Récipient contenant le combustible liquide et l'air destinés à alimenter le brûleur.

accessoiresᴹ **au propane**ᴹ **ou au butane**ᴹ
Appareils portatifs fonctionnant avec un combustible liquide ou gazeux, servant à l'éclairage, à la cuisson des aliments et au chauffage.

chaufferetteᶠ
Appareil dont la chaleur est produite par un élément chauffant et diffusée par un réflecteur.

réchaudᴹ **à deux feux**ᴹ
Appareil muni de deux brûleurs servant à cuire et à réchauffer les aliments.

réchaudᴹ **à un feu**ᴹ
Appareil muni d'un seul brûleur servant à cuire et à réchauffer les aliments.

brûleurᴹ
Appareil de combustion d'un mélange gaz-air.

grilleᶠ **stabilisatrice**
Treillis métallique servant de support aux ustensiles de cuisson.

réservoirᴹ
Récipient contenant le combustible sous pression destiné à alimenter les brûleurs.

robinetᴹ **relais**
Dispositif qui permet ou interrompt l'arrivée du combustible et qui en règle le débit.

SPORTS ET JEUX

camping^M

sacs^M de couchage^M
Enveloppes de tissu garnies de matière isolante et munies d'une fermeture à glissière, conçues pour s'y glisser et dormir au chaud en camping.

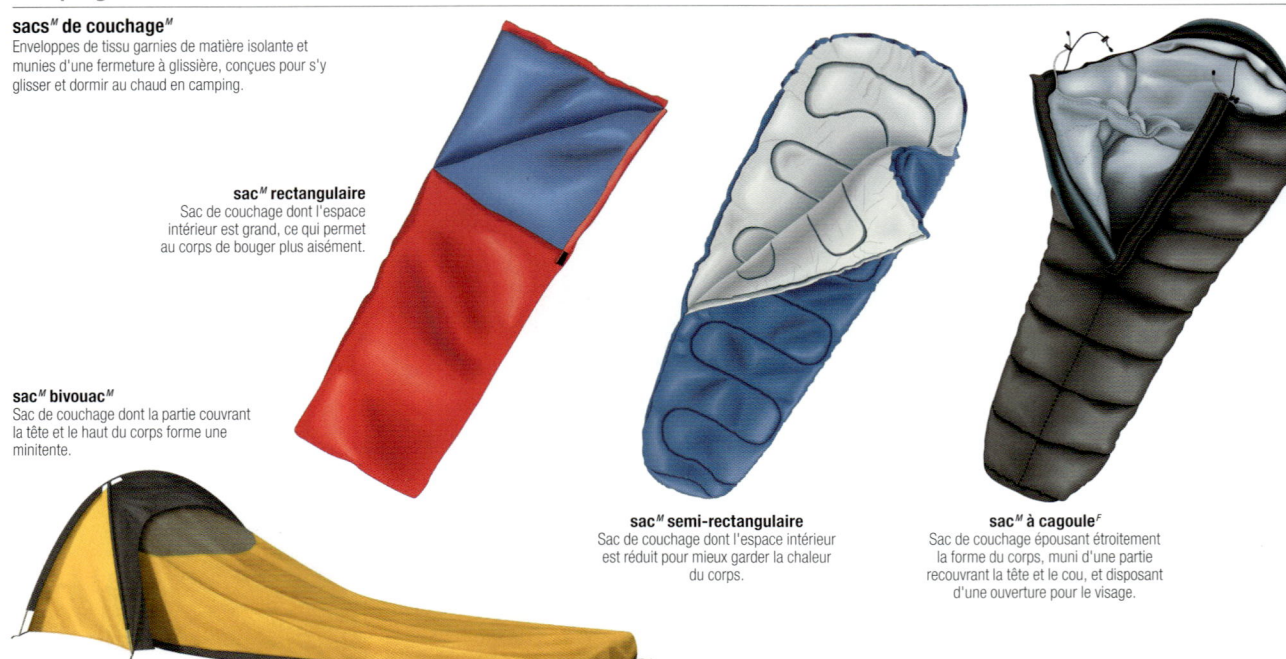

sac^M rectangulaire
Sac de couchage dont l'espace intérieur est grand, ce qui permet au corps de bouger plus aisément.

sac^M bivouac^M
Sac de couchage dont la partie couvrant la tête et le haut du corps forme une minitente.

sac^M semi-rectangulaire
Sac de couchage dont l'espace intérieur est réduit pour mieux garder la chaleur du corps.

sac^M à cagoule^F
Sac de couchage épousant étroitement la forme du corps, muni d'une partie recouvrant la tête et le cou, et disposant d'une ouverture pour le visage.

lit^M et matelas^M
Accessoires sur lesquels on s'allonge pour dormir ou se reposer.

lit^M de camp^M pliant
Lit portatif constitué d'une toile tendue sur un cadre repliable.

gonfleur^M-dégonfleur^M
Appareil permettant de remplir ou de vider un matelas d'air.

matelas^M pneumatique
Enveloppe de caoutchouc ou de plastique gonflée d'air, habituellement munie d'un oreiller.

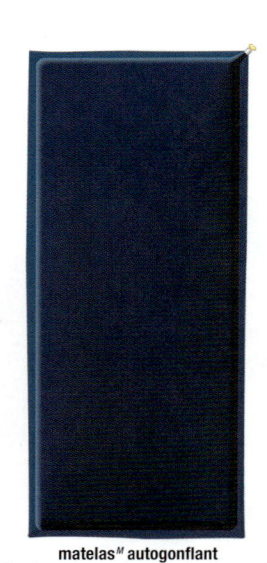

matelas^M autogonflant
Enveloppe de caoutchouc, de plastique ou de nylon qui se gonfle d'air par elle-même, sans l'aide d'un gonfleur.

matelas^M mousse^F
Mince et long coussin constitué de matériau souple.

gonfleur^M
Appareil permettant de remplir un matelas d'air.

loisirs de plein air | 1055

camping^M

ustensiles^M de campeur^M
Ensemble des ustensiles de table de faible encombrement (couteau, fourchette et cuiller) que le campeur utilise pour manger.

étui^M
Enveloppe qui permet de protéger et de transporter les ustensiles.

cuiller^F
Ustensile composé d'un manche et d'une partie creuse qui sert à consommer des aliments liquides ou peu consistants.

ganse^F
de de tissu servant à suspendre l'étui.

fourchette^F
Ustensile à dents dont on se sert pour piquer les aliments et les porter à sa bouche.

couteau^M
Élément du couvert composé d'une lame tranchante et d'un manche. Il sert à découper les aliments en bouchées.

popote^F
Ensemble emboîtable de vaisselle, ustensiles et récipients, utilisé pour la cuisine en camping.

tasse^F
Récipient utilisé pour boire ou pour consommer des aliments liquides ou peu consistants.

cafetière^F
Ustensile qui permet l'infusion du café.

queue^F
Partie permettant de saisir et de manier la poêle.

poêle^F à frire
Ustensile qui sert à faire frire, sauter ou revenir des aliments.

faitout^M
Marmite demi-haute utilisée pour faire cuire des aliments dans un liquide.

assiette^F plate
Pièce de vaisselle individuelle de grand diamètre, plate ou peu profonde, généralement destinée à contenir la nourriture solide.

---

matériel^M de camping^M
Ensemble des accessoires utilisés en camping pour conserver les aliments, couper du bois, etc.

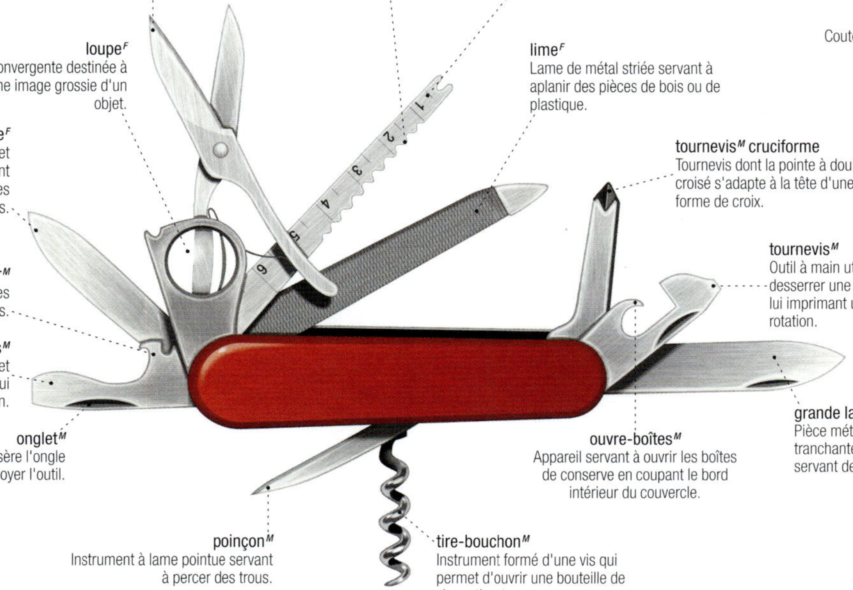

ciseaux^M
Instrument formé de deux branches mobiles croisées, tranchantes sur la face interne, servant à tailler ou à couper.

écailleur^M
Lame dentelée utilisée pour écailler le poisson.

règle^F graduée
Instrument qui sert à mesurer une longueur.

couteau^M multifonctions
Couteau muni d'un assortiment variable d'instruments et de lames.

loupe^F
Lentille convergente destinée à donner une image grossie d'un objet.

lime^F
Lame de métal striée servant à aplanir des pièces de bois ou de plastique.

petite lame^F
Pièce métallique mince et tranchante de petite taille servant de couteau secondaire pour des tâches plus fines.

tournevis^M cruciforme
Tournevis dont la pointe à double filet croisé s'adapte à la tête d'une vis en forme de croix.

décapsuleur^M
Instrument qui sert à détacher les capsules des bouteilles.

tournevis^M
Outil à main utilisé pour serrer et desserrer une vis ou un boulon en lui imprimant un mouvement de rotation.

tournevis^M
Outil à main utilisé pour serrer et desserrer une vis ou un boulon en lui imprimant un mouvement de rotation.

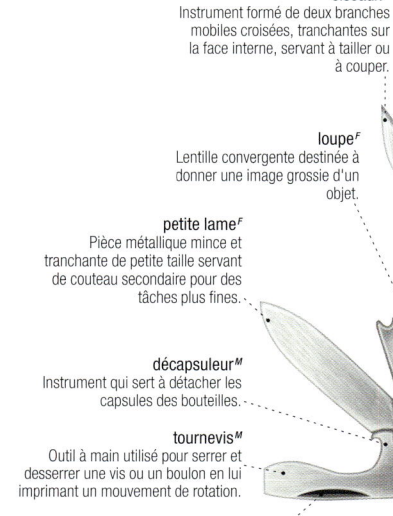

onglet^M
Partie dans laquelle s'insère l'ongle pour déployer l'outil.

ouvre-boîtes^M
Appareil servant à ouvrir les boîtes de conserve en coupant le bord intérieur du couvercle.

grande lame^F
Pièce métallique mince et tranchante, longue et solide, servant de couteau principal.

poinçon^M
Instrument à lame pointue servant à percer des trous.

tire-bouchon^M
Instrument formé d'une vis qui permet d'ouvrir une bouteille de vin en tirant.

1056 loisirs de plein air

camping^M

matériel^M de camping^M

sac^M à dos^M
Sac de voyage ou de randonnée qui se porte sur le dos, servant à transporter les vêtements, l'équipement de camping, etc.

bretelle^F
Bande de tissu dont on peut faire varier la longueur, qui passe sur l'épaule pour porter le sac sur le dos.

sangle^F de compression^F
Bande de tissu servant à réduire le volume du sac et à en stabiliser le contenu.

ceinture^F
Pièce de tissu qui s'ajuste et se boucle autour des hanches, permettant de mieux répartir la charge du sac.

rabat^M
Pièce de tissu se repliant sur l'ouverture du sac à dos.

boucle^F de réglage^M
Dispositif permettant d'ajuster la longueur de la sangle.

sangle^F de fermeture^F
Bande de tissu qui, reliée à la sangle de rabat, permet de fermer le sac à dos.

passe-sangle^M
Boucle dans laquelle s'insère la sangle.

filtre^M
Dispositif qui purifie l'eau en neutralisant les bactéries ou en retirant les contaminants qu'elle contient.

purificateur^M d'eau^F
Récipient contenant un système de filtration qui permet de rendre l'eau potable.

bouteille^F
Récipient servant à transporter un liquide.

lampe^F-tempête^F
Lanterne portative dont la flamme est protégée du vent et des chocs par un verre et un grillage.

bouteille^F isolante
Récipient à deux parois entre lesquelles on a fait le vide et dont l'enveloppe renferme un isolant, destiné à conserver le contenu chaud ou froid plus longtemps.

bouteille^F
Récipient contenant des liquides pour boire ou des aliments liquides ou peu consistants.

bouchon^M
Pièce servant à fermer le goulot de la bouteille.

tasse^F
Couvercle utilisé comme récipient pour boire ou pour consommer des aliments liquides ou peu consistants.

gourde^F
Récipient portatif et isolant qui permet de conserver et de transporter un liquide.

glacière^F
Contenant isolé thermiquement, servant à conserver les aliments au froid avec des glaçons ou des blocs de glace.

pelle^F-pioche^F pliante
Outil au manche pliant, utilisé comme pelle ou comme pioche.

cruche^F
Récipient muni d'un robinet verseur dans lequel on conserve l'eau potable en camping.

SPORTS ET JEUX

loisirs de plein air

1057

camping^M

lampe^F frontale
Lampe maintenue autour de la tête par une sangle, ce qui permet de conserver les mains libres.

couteau^M
Instrument composé d'une lame tranchante et d'un manche, servant à couper de la corde, du fil de pêche, etc.

gaine^F
Enveloppe couvrant la lame du couteau lorsqu'il n'est pas utilisé.

scie^F pliante
Instrument repliable muni d'une lame dentée et utilisé pour scier du bois.

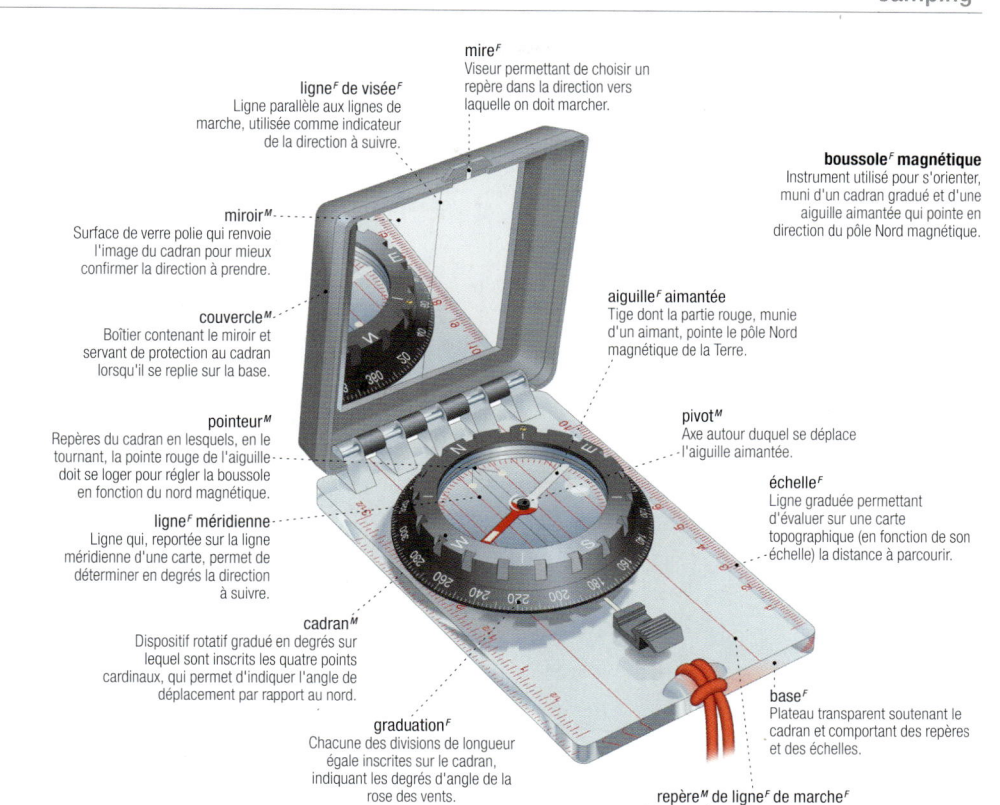

mire^F
Viseur permettant de choisir un repère dans la direction vers laquelle on doit marcher.

ligne^F de visée^F
Ligne parallèle aux lignes de marche, utilisée comme indicateur de la direction à suivre.

miroir^M
Surface de verre polie qui renvoie l'image du cadran pour mieux confirmer la direction à prendre.

couvercle^M
Boîtier contenant le miroir et servant de protection au cadran lorsqu'il se replie sur la base.

pointeur^M
Repères du cadran en lesquels, en le tournant, la pointe rouge de l'aiguille doit se loger pour régler la boussole en fonction du nord magnétique.

ligne^F méridienne
Ligne qui, reportée sur la ligne méridienne d'une carte, permet de déterminer en degrés la direction à suivre.

cadran^M
Dispositif rotatif gradué en degrés sur lequel sont inscrits les quatre points cardinaux, qui permet d'indiquer l'angle de déplacement par rapport au nord.

graduation^F
Chacune des divisions de longueur égale inscrites sur le cadran, indiquant les degrés d'angle de la rose des vents.

boussole^F magnétique
Instrument utilisé pour s'orienter, muni d'un cadran gradué et d'une aiguille aimantée qui pointe en direction du pôle Nord magnétique.

aiguille^F aimantée
Tige dont la partie rouge, munie d'un aimant, pointe le pôle Nord magnétique de la Terre.

pivot^M
Axe autour duquel se déplace l'aiguille aimantée.

échelle^F
Ligne graduée permettant d'évaluer sur une carte topographique (en fonction de son échelle) la distance à parcourir.

base^F
Plateau transparent soutenant le cadran et comportant des repères et des échelles.

repère^M de ligne^F de marche^F
Ligne tracée sur la base qu'on place sur une carte topographique dans la direction de l'endroit vers lequel on souhaite se diriger.

étui^M de cuir^M
Enveloppe couvrant la tête de la hachette lorsqu'elle n'est pas utilisée.

hachette^F
Petite hache utilisée pour couper du bois.

fauteuil^M pliant
Siège léger qui se replie pour en faciliter le transport et le rangement.

coussin^M pour gradins^M
Siège pliable rembourré, sans pieds, qu'on dépose sur le sol ou une surface dure.

gril^M pliant
Grille métallique articulée utilisée pour cuire des aliments au-dessus d'un feu de camp.

SPORTS ET JEUX

nœuds

Entrelacements de deux cordes ou d'une corde sur elle-même, destinés à relier deux cordes entre elles ou une corde à un objet.

nœud plat
Nœud servant à relier solidement deux cordes de même diamètre.

nœud simple
Nœud élémentaire à tout usage constitué d'un simple repli de la corde sur elle-même.

nœud coulant
Nœud qui se resserre sur un objet pour le retenir.

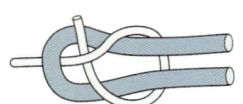

nœud d'écoute simple
Nœud servant à relier deux cordes de diamètres différents.

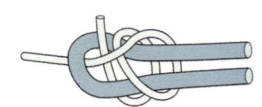

nœud d'écoute double
Nœud ayant la même fonction que le nœud d'écoute simple, mais dont la double boucle permet de relier les deux cordes de façon plus sécuritaire.

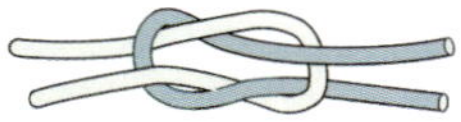

nœud de vache
Nœud utilisé pour réunir deux cordes, mais employé seulement lorsque l'on veut pouvoir les dénouer facilement.

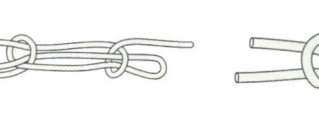

nœud de jambe de chien
Nœud servant à raccourcir temporairement une corde.

demi-clé renversée
Nœud utilisé pour relier une corde à un anneau, à un mât, à une vergue, etc.

nœud de cabestan
Nœud utilisé pour relier une corde à un objet fixe ou à une autre corde.

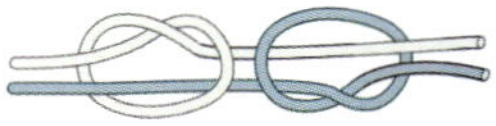

nœud de pêcheur
Nœud utilisé pour réunir deux cordes de même diamètre ou deux bouts de ligne de pêche.

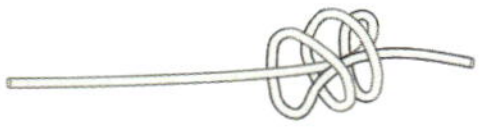

nœud de Franciscain
Nœud servant à alourdir l'extrémité d'une corde pour la lancer.

nœud d'arrêt
Tout nœud qui a pour fonction d'augmenter le diamètre de l'extrémité d'une corde.

surliure
Enroulement d'une cordelette à l'extrémité d'un cordage pour empêcher ses torons de se défaire.

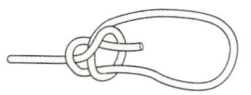

nœud de chaise simple
Nœud servant à former une boucle qui ne peut se resserrer à l'extrémité d'une corde, dans laquelle peut s'asseoir une personne que l'on veut descendre ou hisser.

nœud de chaise double
Nœud ayant la même fonction que le nœud de chaise simple, mais dont la boucle est faite d'une double corde, l'une servant de siège et l'autre soutenant les reins.

épissure courte
Épissure : réunion de deux cordes par entrelacement de leurs torons.

début
Pour former l'épissure, il faut d'abord défaire les torons de chaque corde et ensuite les tresser entre eux.

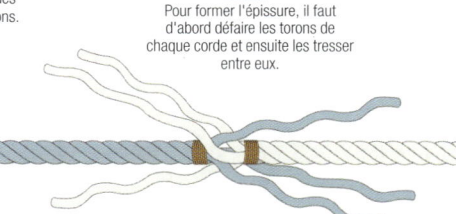

fin
Pour compléter l'épissure, il faut insérer les extrémités des torons de chaque corde entre eux.

câble
Élément flexible, très résistant, formé de cordages torsadés ou tressés.

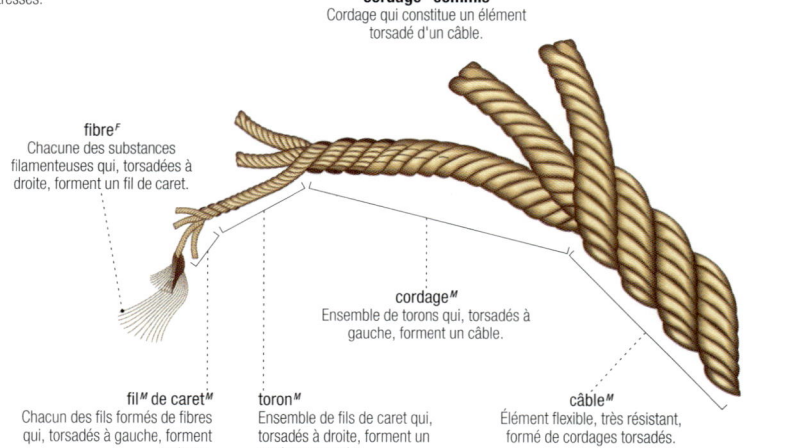

cordage commis
Cordage qui constitue un élément torsadé d'un câble.

cordage tressé
Câble obtenu par assemblage de torons nattés ensemble.

fibre
Chacune des substances filamenteuses qui, torsadées à droite, forment un fil de caret.

âme
Ensemble de fils tressés assurant la solidité du cordage.

gaine
Enveloppe composée de fils entrelacés protégeant l'âme et assurant une résistance au frottement.

fil de caret
Chacun des fils formés de fibres qui, torsadés à gauche, forment un toron.

toron
Ensemble de fils de caret qui, torsadés à droite, forment un cordage commis.

cordage
Ensemble de torons qui, torsadés à gauche, forment un câble.

câble
Élément flexible, très résistant, formé de cordages torsadés.

loisirs de plein air

pêche^F

Loisir de plein air qui consiste à tenter de prendre du poisson à l'aide d'une canne à pêche.

moulinet^M à mouche^F
Dispositif mécanique qui permet de dérouler la soie au lancer et de l'enrouler à nouveau pour ramener la mouche ou le poisson.

pêche^F à la mouche^F
Pêche qui consiste à poser délicatement sur l'eau ou dans l'eau une mouche artificielle pour attirer le poisson comme s'il s'agissait de la chute d'un insecte véritable.

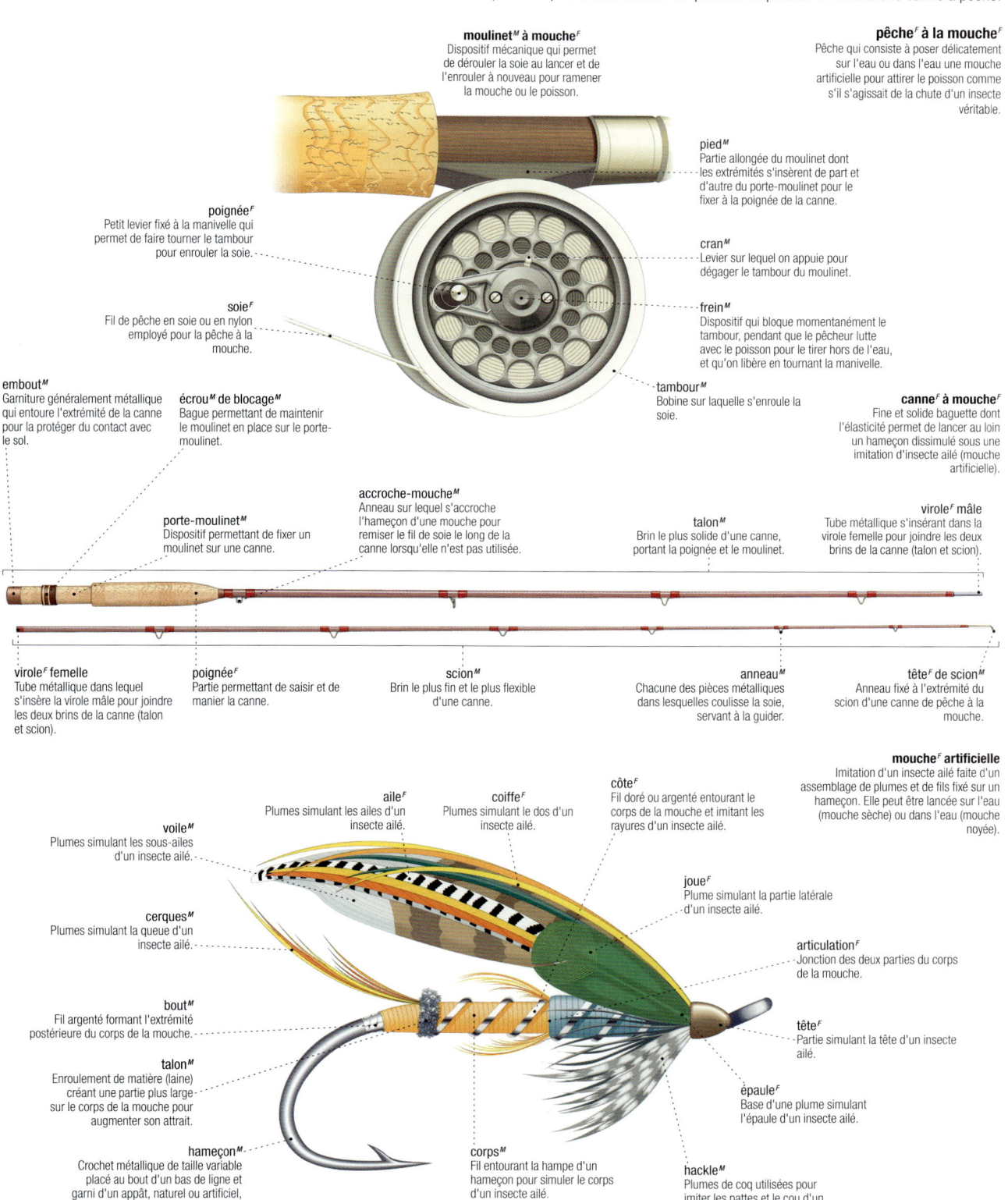

pied^M
Partie allongée du moulinet dont les extrémités s'insèrent de part et d'autre du porte-moulinet pour le fixer à la poignée de la canne.

poignée^F
Petit levier fixé à la manivelle qui permet de faire tourner le tambour pour enrouler la soie.

cran^M
Levier sur lequel on appuie pour dégager le tambour du moulinet.

soie^F
Fil de pêche en soie ou en nylon employé pour la pêche à la mouche.

frein^M
Dispositif qui bloque momentanément le tambour, pendant que le pêcheur lutte avec le poisson pour le tirer hors de l'eau, et qu'on libère en tournant la manivelle.

embout^M
Garniture généralement métallique qui entoure l'extrémité de la canne pour la protéger du contact avec le sol.

écrou^M de blocage^M
Bague permettant de maintenir le moulinet en place sur le porte-moulinet.

tambour^M
Bobine sur laquelle s'enroule la soie.

canne^F à mouche^F
Fine et solide baguette dont l'élasticité permet de lancer au loin un hameçon dissimulé sous une imitation d'insecte ailé (mouche artificielle).

porte-moulinet^M
Dispositif permettant de fixer un moulinet sur une canne.

accroche-mouche^M
Anneau sur lequel s'accroche l'hameçon d'une mouche pour remiser le fil de soie le long de la canne lorsqu'elle n'est pas utilisée.

talon^M
Brin le plus solide d'une canne, portant la poignée et le moulinet.

virole^F mâle
Tube métallique s'insérant dans la virole femelle pour joindre les deux brins de la canne (talon et scion).

virole^F femelle
Tube métallique dans lequel s'insère la virole mâle pour joindre les deux brins de la canne (talon et scion).

poignée^F
Partie permettant de saisir et de manier la canne.

scion^M
Brin le plus fin et le plus flexible d'une canne.

anneau^M
Chacune des pièces métalliques dans lesquelles coulisse la soie, servant à la guider.

tête^F de scion^M
Anneau fixé à l'extrémité du scion d'une canne de pêche à la mouche.

mouche^F artificielle
Imitation d'un insecte ailé faite d'un assemblage de plumes et de fils fixé sur un hameçon. Elle peut être lancée sur l'eau (mouche sèche) ou dans l'eau (mouche noyée).

aile^F
Plumes simulant les ailes d'un insecte ailé.

coiffe^F
Plumes simulant le dos d'un insecte ailé.

côte^F
Fil doré ou argenté entourant le corps de la mouche et imitant les rayures d'un insecte ailé.

voile^M
Plumes simulant les sous-ailes d'un insecte ailé.

joue^F
Plume simulant la partie latérale d'un insecte ailé.

cerques^M
Plumes simulant la queue d'un insecte ailé.

articulation^F
Jonction des deux parties du corps de la mouche.

bout^M
Fil argenté formant l'extrémité postérieure du corps de la mouche.

tête^F
Partie simulant la tête d'un insecte ailé.

talon^M
Enroulement de matière (laine) créant une partie plus large sur le corps de la mouche pour augmenter son attrait.

épaule^F
Base d'une plume simulant l'épaule d'un insecte ailé.

hameçon^M
Crochet métallique de taille variable placé au bout d'un bas de ligne et garni d'un appât, naturel ou artificiel, pour prendre le poisson.

corps^M
Fil entourant la hampe d'un hameçon pour simuler le corps d'un insecte ailé.

hackle^M
Plumes de coq utilisées pour imiter les pattes et le cou d'un insecte ailé.

SPORTS ET JEUX

loisirs de plein air

pêche^F

pêche^F au lancer^M
Pêche qui consiste à laisser tomber et s'enfoncer dans l'eau un hameçon et à le ramener en tirant pour simuler le déplacement d'un petit poisson.

canne^F à lancer^M
Baguette dont la longueur et la solidité varient selon le type de pêche et qui permet de lancer au loin un hameçon entraîné par un poids, plomb ou cuiller.

écrou^M de blocage^M
Bague permettant de maintenir le moulinet en place sur le porte-moulinet.

porte-moulinet^M
Dispositif permettant de fixer un moulinet sur une canne.

virole^F mâle
Tube métallique s'insérant dans la virole femelle pour joindre les deux brins de la canne (talon et scion).

virole^F femelle
Tube métallique dans lequel s'insère la virole mâle pour joindre les deux brins de la canne (talon et scion).

poignée^F arrière
Partie permettant de saisir et de manier la canne.

anneau^M de départ^M
Anneau de grand diamètre servant à orienter la ligne sans résistance.

anneau^M de tête^F
Anneau fixé à l'extrémité du scion d'une canne.

moulinet^M à tambour^M fixe
Moulinet dont le fil se déroule en s'échappant par les bords supérieurs du tambour sans que celui-ci doive tourner sur lui-même.

talon^M
Partie fixée au porte-moulinet d'une canne.

pied^M
Partie reliant le moulinet au talon.

mécanisme^M d'ouverture^F de l'anse^F
Dispositif qui permet l'ouverture de l'anse pour le déroulement de la ligne lors du lancer.

guide-ligne^M
Dispositif permettant de répartir le fil de pêche sur le tambour lors du rembobinage.

anse^F
Pièce métallique qui s'ouvre pour laisser se dérouler la ligne lors du lancer et qui se ferme lors de son rembobinage.

tambour^M
Bobine sur laquelle s'enroule le fil de pêche.

poignée^F
Levier tournant qui actionne la manivelle.

manivelle^F
Dispositif qui permet de faire tourner le tambour et d'enrouler le fil de pêche.

réglage^M de la tension^F
Dispositif permettant de donner du fil à partir d'une certaine traction de la part du poisson.

carter^M
Enveloppe métallique protégeant les engrenages actionnés par la manivelle.

rotor^M
Pièce rotative permettant l'enroulement du fil de pêche.

moulinet^M à tambour^M tournant
Moulinet dont le fil se déroule grâce à la rotation du tambour autour de son axe.

tambour^M
Bobine sur laquelle s'enroule le fil de pêche.

axe^M de tambour^M
Tige métallique sur laquelle s'enroule le fil de pêche.

pied^M
Partie allongée du moulinet dont les extrémités s'insèrent de part et d'autre du porte-moulinet pour le fixer à la poignée de la canne.

mécanisme^M de débrayage^M du tambour^M
Mécanisme permettant de dégager le frein pour permettre au tambour de tourner de nouveau librement.

étoile^F de freinage^M
Roue étoilée qui bloque le déroulement du fil de pêche lorsque le poisson s'accroche et tire sur la ligne.

manivelle^F
Dispositif qui permet de faire tourner le tambour et d'enrouler le fil de pêche.

loisirs de plein air | 1061

pêche^F

hameçon^M
Crochet métallique de taille variable placé au bout d'un bas de ligne et garni d'un appât, naturel ou artificiel, pour prendre le poisson.

œillet^M
Orifice permettant le passage du fil de pêche pour attacher l'hameçon au fil de pêche ou à un bas de ligne.

ouverture^F
Largeur d'un hameçon.

hampe^F
Partie droite située entre la courbure et l'œillet d'un hameçon.

pointe^F
Extrémité pointue de l'hameçon qui pique la bouche du poisson.

ardillon^M
Contrepointe destinée à empêcher l'hameçon de se détacher de la bouche du poisson.

gorge^F
Profondeur d'un hameçon.

courbure^F
Extrémité arrondie d'un hameçon.

bas^M de ligne^F
Ensemble d'accessoires fixé à l'extrémité du fil de pêche et terminé par l'hameçon. La longueur de l'avançon dépend du poisson à prendre.

flotteur^M
Corps léger rempli d'air servant à maintenir l'appât à un certain niveau au-dessous de la surface de l'eau et à indiquer une touche par son déplacement.

émerillon^M
Accessoire tournant composé de deux œillets permettant la libre rotation du leurre ou du bas de ligne.

avançon^M
Fil d'acier placé entre le fil de la ligne et l'hameçon pour éviter que celle-ci ne soit coupée par des poissons carnassiers comme le brochet.

plomb^M
Petite masse de plomb utilisée pour alourdir la ligne au lancer et entraîner l'hameçon sous l'eau.

mousqueton^M
Anneau métallique muni d'un doigt d'ouverture et de fermeture à ressort, permettant de relier l'hameçon monté à un émerillon.

hameçon^M monté
Hameçon déjà attaché à un fil de pêche, fixé à l'extrémité du bas de ligne.

cuiller^F
Leurre métallique dont la forme et la couleur imitent le déplacement d'un petit poisson.

émerillon^M
Accessoire tournant composé de deux œillets permettant la libre rotation du leurre ou du bas de ligne.

hameçon^M triple
Hameçon muni de trois pointes habituellement utilisé pour capturer les gros carnassiers.

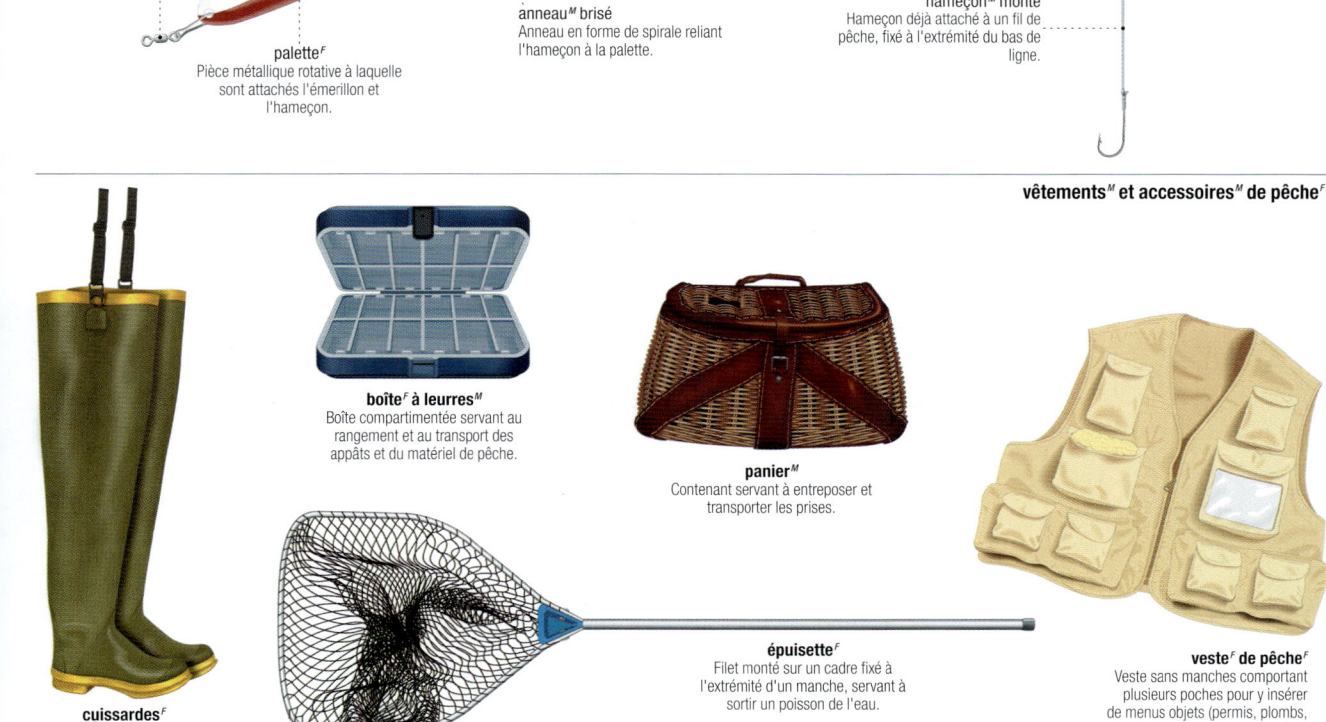

anneau^M brisé
Anneau en forme de spirale reliant l'hameçon à la palette.

palette^F
Pièce métallique rotative à laquelle sont attachés l'émerillon et l'hameçon.

vêtements^M et accessoires^M de pêche^F

cuissardes^F
Bottes de caoutchouc montant jusqu'aux cuisses, destinées à la pêche en eau peu profonde.

boîte^F à leurres^M
Boîte compartimentée servant au rangement et au transport des appâts et du matériel de pêche.

panier^M
Contenant servant à entreposer et transporter les prises.

épuisette^F
Filet monté sur un cadre fixé à l'extrémité d'un manche, servant à sortir un poisson de l'eau.

veste^F de pêche^F
Veste sans manches comportant plusieurs poches pour y insérer de menus objets (permis, plombs, etc.).

SPORTS ET JEUX

dés^M et dominos^M

Les dés (petits cubes) et les dominos (pièces rectangulaires divisées en deux cases) portent des nombres marqués par des points ou des figures.

dé^M régulier
Petit cube dont les faces sont marquées de un à six points, utilisé dans plusieurs jeux (jacquet, Monopoly®, Yathzee®, etc.).

dé^M à poker
Petit cube dont les faces sont marquées de figures de cartes, utilisé pour jouer au poker d'as (jeu rappelant le poker et se jouant à cinq dés).

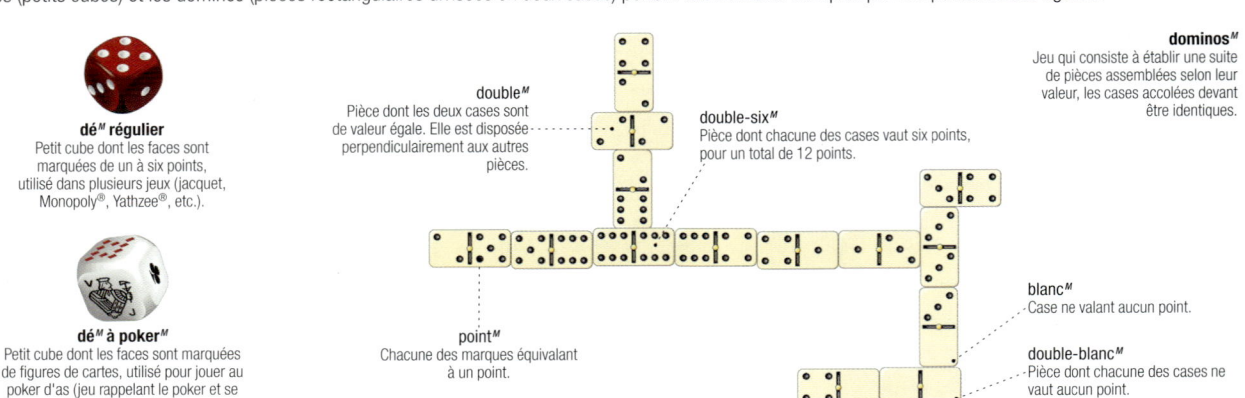

double^M
Pièce dont les deux cases sont de valeur égale. Elle est disposée perpendiculairement aux autres pièces.

double-six^M
Pièce dont chacune des cases vaut six points, pour un total de 12 points.

point^M
Chacune des marques équivalant à un point.

dominos^M
Jeu qui consiste à établir une suite de pièces assemblées selon leur valeur, les cases accolées devant être identiques.

blanc^M
Case ne valant aucun point.

double-blanc^M
Pièce dont chacune des cases ne vaut aucun point.

cartes^F à jouer

Cartons rectangulaires, portant des figures, des signes et des chiffres sur une de leurs faces, utilisés pour jouer à différents jeux et divisés en quatre couleurs.

couleurs^F
Marques correspondant aux quatre catégories d'un jeu de cartes.

cœur^M
Couleur rouge d'un jeu de cartes, dont la marque représente un cœur.

carreau^M
Couleur rouge d'un jeu de cartes, dont la marque représente un losange.

trèfle^M
Couleur noire d'un jeu de cartes, dont la marque représente un trèfle.

pique^M
Couleur noire d'un jeu de cartes, dont la marque représente un fer de pique.

figures^F et cartes^F spéciales
Les quatre figures sont des représentations de personnages importants au Moyen Âge.

joker^M
Carte représentant un bouffon qui, dans la plupart des jeux, prend la valeur que le détenteur lui donne.

as^M
Carte marquée d'un seul signe, qui occupe habituellement la première place dans la hiérarchie d'une couleur.

roi^M
Figure représentant un roi, qui occupe habituellement la deuxième place dans la hiérarchie d'une couleur.

dame^F
Figure représentant une reine, qui occupe habituellement la troisième place dans la hiérarchie d'une couleur.

valet^M
Figure représentant un écuyer, qui occupe habituellement la quatrième place dans la hiérarchie d'une couleur.

combinaisons^F au poker^M
Une main de poker comporte un maximum de cinq cartes. Elles sont placées ici en ordre croissant de valeur.

carte^F isolée
Sur les cinq cartes de la main, aucune ne forme de combinaison avec les autres. C'est la carte la plus haute qui est annoncée.

paire^F
Combinaison de deux cartes de même valeur.

double paire^F
Combinaison de deux paires.

brelan^M
Combinaison de trois cartes de même valeur.

séquence^F
Combinaison de cinq cartes qui se suivent, de couleurs différentes.

couleur^F
Combinaison de cinq cartes de la même couleur, mais qui ne se suivent pas.

main^F pleine
Combinaison d'un brelan et d'une paire.

carré^M
Combinaison de quatre cartes de même valeur.

quinte^F
Combinaison de cinq cartes de la même couleur qui se suivent.

quinte^F royale
Combinaison de cinq cartes de même couleur qui se suivent, du 10 à l'as.

jeux de plateau

Jeux utilisant une surface plane (plateau) sur laquelle on dépose le matériel (pions, dés, jetons, etc.).

jan^M extérieur
Ensemble de douze flèches que doivent parcourir les dames pour revenir dans le jan intérieur. Les adversaires se déplacent en sens inverse.

jan^M intérieur
Jan dans lequel chacun des adversaires doit regrouper toutes ses dames avant de pouvoir les en faire sortir. Celui qui sort toutes ses dames le premier gagne la partie.

jacquet^M
Jeu de stratégie et de poursuite entre deux adversaires qui déplacent des dames le long du plateau pour les regrouper et les en faire sortir tout en empêchant la progression des dames adverses.

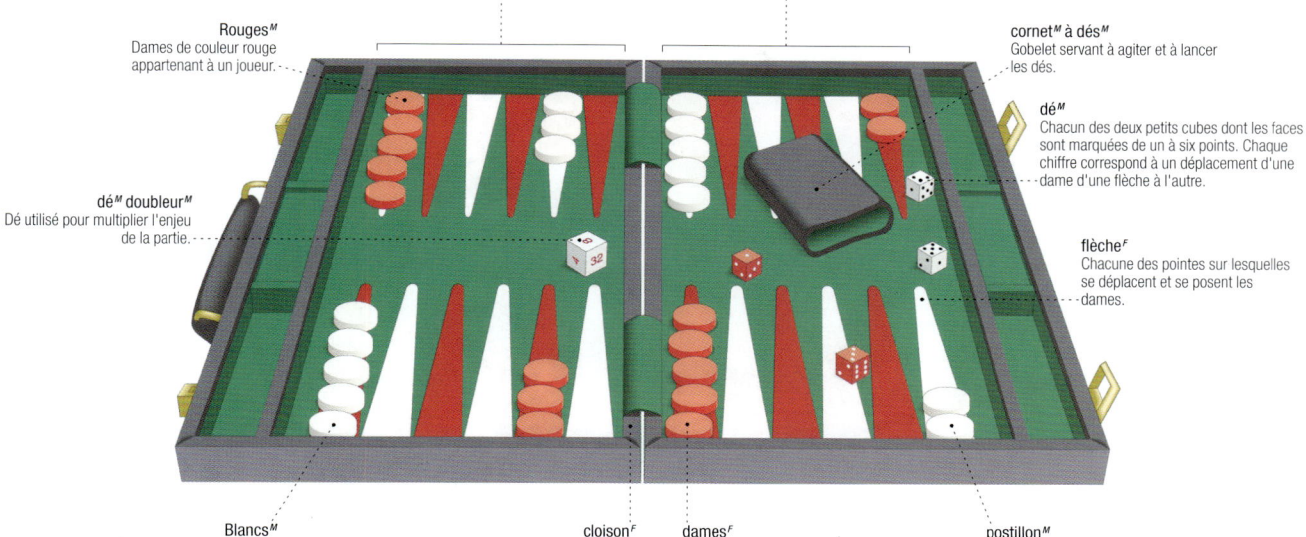

Rouges^M
Dames de couleur rouge appartenant à un joueur.

cornet^M à dés^M
Gobelet servant à agiter et à lancer les dés.

dé^M
Chacun des deux petits cubes dont les faces sont marquées de un à six points. Chaque chiffre correspond à un déplacement d'une dame d'une flèche à l'autre.

dé^M doubleur^M
Dé utilisé pour multiplier l'enjeu de la partie.

flèche^F
Chacune des pointes sur lesquelles se déplacent et se posent les dames.

Blancs^M
Dames de couleur blanche appartenant à un joueur.

cloison^F
Bande divisant les jans intérieur et extérieur du jeu et sur laquelle sont placées les dames éliminées par l'adversaire.

dames^F
Chacun des jetons avec lesquels on joue. Les dames se déplacent sur les flèches selon le nombre de points donnés par les dés.

postillon^M
Chacune des deux dames placées au départ dans le jan intérieur de chaque joueur. Elles doivent quitter cette position avant qu'on puisse déplacer les autres dames.

dé^M
Petit cube dont les faces sont marquées de un à six points. Chaque point correspond à un déplacement d'une case pour le pion.

ludo^M
Jeu de hasard consistant à avancer le plus rapidement possible ses quatre pions vers le carré central.

pion^M
Pièce servant aux déplacements des joueurs.

camp^M
Zone de départ des quatre pions d'un joueur.

case^F de départ^M
Lorsque le joueur obtient un six au lancer du dé, il dépose un pion sur cette case pour entrer dans la partie. À son prochain tour, il pourra faire avancer le pion.

colonne^F
Ensemble de trois séries de cases alignées, sur lesquelles les joueurs déplacent les pions.

carré^M central
Case que doivent atteindre les pions après avoir parcouru toutes les cases du plateau. Le joueur doit obtenir avec le dé le nombre exact pour entrer un pion dans le carré central.

jeux

jeux^M de plateau^M

serpents^M et échelles^F
Jeu de hasard dont le but est d'atteindre la dernière case du plateau en s'aidant des échelles et en évitant les serpents.

dé^M
Petit cube dont les faces sont marquées de un à six points. Chaque chiffre correspond à un déplacement d'une case pour le pion.

arrivée^F
Dernière case du plateau. Le premier joueur à l'atteindre gagne la partie.

serpent^M
Le pion qui arrive sur la tête d'un serpent doit redescendre jusqu'à sa queue.

pion^M
Pièce servant aux déplacements des joueurs, chacun étant identifié par une couleur différente.

échelle^F
Le pion qui arrive au bas d'une échelle monte directement à son sommet.

plateau^M de jeu^M
Surface du jeu divisée en cases où circulent les pions.

case^F
Chacune des 100 divisions du plateau de jeu, sur lesquelles les joueurs déplacent les pions.

jeu^M de l'oie^F
Jeu de hasard dont le but est d'atteindre la dernière case du plateau, en évitant les pièges répartis le long du parcours.

pion^M
Pièce servant aux déplacements des joueurs, chacun étant identifié par une couleur différente.

case^F
Chacune des 63 divisions du plateau de jeu, sur lesquelles les joueurs déplacent les pions.

départ^M
Première case du plateau.

case^F de l'oie^F
Le joueur dont le pion arrive sur cette case peut habituellement relancer le dé.

arrivée^F
Dernière case du plateau. Le premier joueur à l'atteindre gagne la partie.

jeux de plateau

pièces d'échecs
Chaque joueur dispose de 16 pièces de rang et de mobilité différents en début de partie : un roi, une dame, deux tours, deux fous, deux cavaliers et huit pions.

Pion
Pièce qui se déplace en avançant d'une seule case à la fois, sauf en début de partie où il peut avancer d'une ou de deux cases. Il prend une pièce adverse en diagonale.

Tour
Pièce qui se déplace horizontalement ou verticalement, en reculant ou en avançant, d'un nombre de cases au choix du joueur.

Fou
Pièce qui se déplace diagonalement, en reculant ou en avançant, d'un nombre de cases au choix du joueur.

Cavalier
Pièce qui se déplace en équerre. Le cavalier est la seule pièce pouvant sauter par-dessus toute autre pièce.

Roi
Pièce la plus importante du jeu, qui se déplace dans toutes les directions, en reculant ou en avançant, d'une seule case à la fois.

Dame
Pièce d'attaque la plus puissante, qui se déplace dans toutes les directions, en reculant ou en avançant, d'un nombre de cases au choix du joueur.

aile Dame
Chacune des pièces occupant les colonnes a à d de l'échiquier.

aile Roi
Chacune des pièces occupant les colonnes e à h de l'échiquier.

case blanche
Case claire. En début de partie, la Dame blanche occupe la case de sa couleur.

case noire
Case foncée. En début de partie, la Dame noire occupe la case de sa couleur.

notation algébrique
Système d'identification des cases de l'échiquier (lettres et chiffres), utilisé pour situer les pièces, transcrire les parties, suivre les déplacements, etc.

échecs
Jeu où deux joueurs déplacent des pièces dans le but de mettre l'adversaire « échec et mat » (attaquer son roi de façon à ce qu'il ne puisse plus avoir aucune sortie).

échiquier
Plateau divisé en 64 cases blanches et noires. Chaque joueur doit avoir à sa gauche une case d'angle noire.

Noirs
Pièces de l'un des deux joueurs.

Blancs
Pièces de l'un des deux joueurs. Les Blancs commencent la partie.

types de déplacements
Chaque pièce a une façon particulière de se déplacer (diagonalement, verticalement, horizontalement ou en équerre).

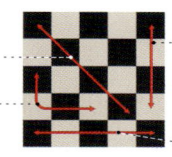

déplacement diagonal
Déplacement le long d'une ligne oblique, vers l'avant ou vers l'arrière.

déplacement en équerre
Déplacement en « L », soit d'une case vers l'avant ou l'arrière, puis de deux cases sur le côté, ou de deux cases vers l'avant ou l'arrière, puis d'une case sur le côté.

déplacement vertical
Déplacement le long d'une colonne, vers l'avant ou vers l'arrière.

déplacement horizontal
Déplacement le long d'une rangée, vers la droite ou vers la gauche.

principaux mouvements
Les différents mouvements s'exécutent en se positionnant sur une des intersections horizontales ou verticales, libres et adjacentes (libertés) d'une pierre.

contact
Réunion de deux pierres occupant des intersections adjacentes.

connexion
Pierre posée sur une des libertés d'une pierre de même couleur pour former une chaîne. Une chaîne est composée de deux ou plusieurs pierres connectées.

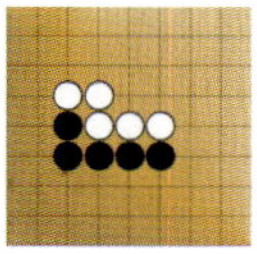

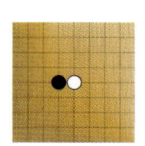

capture
Pierre ou chaîne de pierres qui est totalement entourée de pierres ennemies. Elle est prise et retirée du jeu.

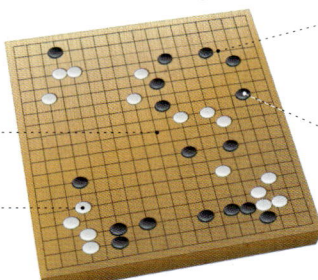

plateau
Grille composée de 19 lignes horizontales et verticales. Les pierres se placent sur les intersections. En japonais, le plateau se nomme goban.

centre
Intersection centrale du plateau.

pierre blanche
Pion de l'un des deux joueurs. Le jeu de go comprend 180 pierres blanches.

go
Nom japonais d'un jeu de stratégie d'origine chinoise où chaque joueur pose à tour de rôle une pierre sur une intersection d'un plateau pour cerner l'adversaire et occuper le plus grand territoire.

point de handicap
Chacun des neuf points du plateau sur lesquels des pierres appartenant au joueur le plus faible sont placées lorsque les joueurs sont de force différente.

pierre noire
Pion de l'un des deux joueurs. Le jeu de go comprend 181 pierres noires, le joueur possédant ces pierres commençant la partie.

jeu de dames
Jeu qui consiste à prendre tous les jetons adverses en sautant par-dessus à condition qu'une case soit libre derrière.

damier
Plateau divisé en cases blanches et noires.

dame
Jeton qui se déplace d'une seule case en diagonale et vers l'avant. Les jetons ne reculent que pour prendre un jeton adverse.

jeux

puzzle^M ; *casse-tête*^M

Jeu de patience qui consiste à reconstituer une image divisée en pièces à contours irréguliers.

pièce^F
Chacun des morceaux s'emboîtant les uns dans les autres pour former une image.

image^F
Illustration reconstituée par assemblage des pièces.

plateau^M
Surface souple sur laquelle sont disposées les pièces du puzzle; elle peut être enroulée lorsque l'image n'est pas complétée.

mah-jong^M

Jeu d'origine chinoise à quatre joueurs qui consiste à marquer des points en créant des combinaisons formées de quatre ensembles de tuiles (séquence, brelan ou carré) et d'une paire.

muraille^F
Carré de tuiles partagé en quatre zones cardinales, chaque joueur représentant un vent d'une des zones.

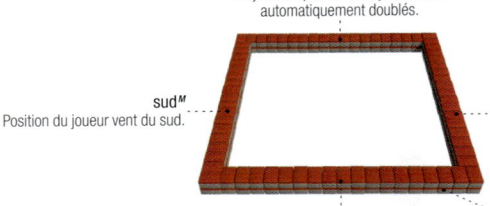

est^M
Position du joueur vent d'est, meneur du jeu. Les points de ce joueur sont automatiquement doublés.

sud^M
Position du joueur vent du sud.

nord^M
Position du joueur vent du nord.

ouest^M
Position du joueur vent d'ouest.

mur^M
Chaque joueur pige 36 tuiles pour construire un mur de 18 tuiles de longueur sur deux tuiles de hauteur. Les quatre murs regroupés en carré forment la muraille.

brèche^F
Ouverture créée dans un mur pour déterminer l'endroit à partir duquel les tuiles seront distribuées.

tuiles^F **ordinaires**
Le mah-jong comprend 108 tuiles ordinaires : quatre séries identiques de chacun des neuf cercles, des neuf caractères et des neuf bambous.

cercles^M
Chacune des tuiles représentant un nombre croissant de cercles.

caractères^M
Chacune des tuiles représentant un idéogramme (chiffres de un à neuf).

bambous^M
Chacune des tuiles représentant des tiges de bambou, la première tuile figurant un oiseau.

honneurs^M
Le mah-jong comprend 28 honneurs ayant une valeur double en points : quatre séries identiques de quatre vents et quatre séries identiques de trois dragons.

vents^M
Chacune des tuiles représentant un vent d'est, du sud, d'ouest ou du nord.

dragons^M
Chacune des tuiles représentant un dragon rouge, vert ou blanc.

tuiles^F **de bonification**^F
Le mah-jong comprend huit tuiles de bonification également appelées honneurs suprêmes ne servant pas à former des combinaisons, mais rapportant des points.

fleurs^F
Chacune des quatre tuiles représentant des fleurs.

saisons^F
Chacune des quatre tuiles représentant les saisons.

SPORTS ET JEUX

jeux[M] vidéo

Programmes informatiques interactifs qui permettent de reproduire sur un écran un jeu d'action, de stratégie, de simulation, de rôle, etc. dont le joueur dirige l'action à l'aide d'un périphérique adapté.

système[M] de jeux[M] vidéo
Ensemble d'appareils (console de jeu et écran) qui permettent à une personne de diriger l'action d'un jeu qui se déroule à l'écran à l'aide d'une manette de jeu.

écran[M]
Surface d'affichage sur laquelle se forment les images.

console[F] de jeu[M]
Micro-ordinateur permettant d'exécuter des programmes de jeux vidéo, commandé par une manette de jeu et se branchant directement sur le téléviseur.

touche[F] d'éjection[F]
Bouton permettant de récupérer un disque inséré dans la console de jeu.

touches[F] d'action[F]
Touches permettant d'effectuer différentes opérations (saisir un objet, sauter, tirer, etc.).

couvercle[M]
Pièce qui recouvre l'emplacement des lecteurs de cartes mémoire ou de divers dispositifs de branchement.

lecteur[M] de DVD[M]
Appareil qui lit, à l'aide d'un faisceau laser, les données enregistrées sur un disque compact, sur un disque de jeu ou sur un DVD.

touche[F] de réinitialisation[F]
Bouton utilisé pour redémarrer l'appareil en cas de blocage du système.

touches[F] directionnelles
Touches utilisées pour diriger le mouvement d'un objet ou d'un personnage et pour transmettre différentes commandes.

manches[M] à balai[M]
Dispositifs analogiques utilisés pour remplacer les touches directionnelles.

manette[F] de jeu[M]
Périphérique de jeu muni de touches et de manches à balai qui permettent de diriger les mouvements, de transmettre des commandes et d'effectuer des opérations.

écran[M] supérieur
Surface d'affichage sur laquelle se forment les images.

stylet[M]
Pièce en forme de crayon qui permet de sélectionner une option sur l'écran tactile ou d'effectuer diverses commandes.

console[F] de jeux[M] vidéo portable
Micro-ordinateur autonome permettant d'exécuter des programmes de jeux vidéo, commandé par des touches ou par un stylet.

touches[F] de contrôle[M]
Touches permettant d'effectuer différentes opérations (saisir un objet, sauter, tirer, etc.).

croix[F] directionnelle
Ensemble de touches utilisées pour diriger le mouvement d'un objet ou d'un personnage et pour transmettre différentes commandes.

écran[M] inférieur tactile
Écran sensible à la pression et aux mouvements du doigt.

cartouche[F] de jeu[M]
Boîtier contenant des fichiers de jeu à insérer dans la console.

roulette^F

Jeu composé d'une roulette et d'un tableau des mises, dont le but est de miser sur la couleur ou le numéro gagnants.

roulette^F américaine
Appareil utilisé pour déterminer le numéro et la couleur gagnants. La roulette américaine comporte un numéro supplémentaire (double zéro).

cuvette^F
Récipient dans lequel tourne le plateau mobile et où est lancée la bille d'ivoire.

bille^F d'ivoire^M
Petite boule qui, lancée par le croupier dans la cuvette, effectue quelques tours et s'immobilise dans l'une des cases pour déterminer le numéro et la couleur gagnants.

cloison^F
Chacun des rebords métalliques délimitant les cases.

tourniquet^M
Poignée en forme de croix qui permet au croupier de faire tourner le plateau mobile.

numéro^M
Chacun des nombres de 1 à 36 de couleur rouge ou noire, ainsi que le zéro et le double zéro de couleur verte.

double zéro^M
Numéro ajouté à la table de roulette américaine.

plateau^M mobile
Roue munie de 38 cases numérotées, qui tourne à l'intérieur de la cuvette.

case^F
Chacun des compartiments creux devant un numéro où la bille peut s'arrêter pour désigner le numéro et la couleur gagnants.

roulette^F française
Appareil utilisé pour déterminer le numéro et la couleur gagnants. La roulette française ne comporte pas de double zéro.

tableau^M américain des mises^F
Tapis sur lequel sont imprimés les repères de mises et sur lequel un joueur pose les jetons qui constituent sa mise.

zéro^M
Lorsque le zéro sort, les joueurs qui ont parié sur rouge, noir, pair, impair, manque ou passe voient leur mise placée en prison.

manque^M (1 à 18)
Le jeton est placé sur cette case pour parier sur les numéros 1 à 18. Si l'un de ces numéros sort, le pari rapporte une fois la mise.

douzaine^F (1 à 12)
Le jeton est placé sur cette case pour parier sur les numéros 1 à 12. Si l'un de ces numéros sort, le pari rapporte deux fois la mise.

pair^M
Le jeton est placé sur cette case pour parier sur les numéros pairs. Si l'un de ces numéros sort, le pari rapporte une fois la mise.

rouge^M
Le jeton est placé sur cette case pour parier sur les numéros rouges. Si l'un de ces numéros sort, le pari rapporte une fois la mise.

douzaine^F (13 à 24)
Le jeton est placé sur cette case pour parier sur les numéros 13 à 24. Si l'un de ces numéros sort, le pari rapporte deux fois la mise.

noir^M
Le jeton est placé sur cette case pour parier sur les numéros noirs. Si l'un de ces numéros sort, le pari rapporte une fois la mise.

en prison^F
Zone sur laquelle le jeton est placé lorsque la mise est envoyée en prison, cette dernière étant reprise ou perdue au tour suivant.

impair^M
Le jeton est placé sur cette case pour parier sur les numéros impairs. Si l'un de ces numéros sort, le pari rapporte une fois la mise.

passe^F (19 à 36)
Le jeton est placé sur cette case pour parier sur les numéros 19 à 36. Si l'un de ces numéros sort, le pari rapporte une fois la mise.

bande^F centrale
Grille sur laquelle sont imprimées les mises numériques.

double zéro^M
Numéro ajouté à la table de roulette américaine. Le jeton est placé au centre de la case. Si ce numéro sort, le pari rapporte 35 fois la mise.

quinte^F
Le jeton est placé dans le coin supérieur gauche de la case 1. Si l'un des cinq numéros 00, 0, 1, 2 ou 3 sort, le pari rapporte six fois la mise.

carré^M
Le jeton est placé à l'intersection de quatre numéros. Si l'un de ces numéros sort, le pari rapporte huit fois la mise.

à cheval^M sur deux numéros^M
Le jeton est placé sur une ligne séparant deux numéros. Si l'un des deux numéros sort, le pari rapporte 17 fois la mise.

sixain^M
Le jeton est placé à cheval sur les deux dernières cases de deux rangées adjacentes. Si l'un de ces six numéros sort, le pari rapporte cinq fois la mise.

numéro^M plein
Le jeton est placé sur l'un des numéros, au centre de la case. Si ce numéro sort, le pari rapporte 35 fois la mise.

transversale^F pleine
Le jeton est placé à l'extrémité d'une rangée. Si l'un de ces trois numéros sort, le pari rapporte 11 fois la mise.

à cheval^M sur deux colonnes^F
Le jeton est placé sur une ligne séparant deux des trois cases du bas. Si l'un des numéros de ces deux colonnes sort, le pari rapporte la moitié de la mise.

douzaine^F (25 à 36)
Le jeton est placé sur cette case pour parier sur les numéros 25 à 36. Si l'un de ces numéros sort, le pari rapporte deux fois la mise.

colonne^F
Chacun des trois groupes verticaux de 12 numéros.

tableau^M français des mises^F
Le tableau français comporte les 36 numéros, mais uniquement un zéro, pair et impair, rouge et noir, passe et manque.

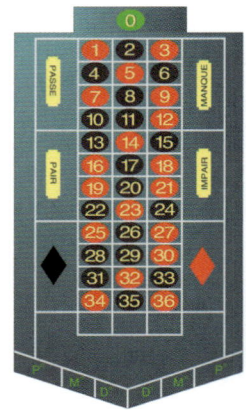

// jeux 1069

jeu^M de fléchettes^F

Jeu d'adresse qui consiste à lancer, par séries de trois, des fléchettes sur une cible pour accumuler un nombre précis de points (soit 301 ou 501).

aire^F de jeu^M
Zone limitée par des lignes, aménagée pour la pratique du jeu de fléchettes.

valeur^F des segments^M
Nombre de points attribués à un segment de la cible.

cible^F
Objet circulaire de 34 cm de diamètre divisé en secteurs de 1 à 20 points, qui sert de but pour le tir des fléchettes.

score^M doublé
Couronne délimitant une zone où les points du segment sont doublés.

tableau^M des scores^M
Tableau indiquant le pointage des joueurs.

fond^M de protection^F
Plaque qui permet de protéger le mur des pointes de fléchettes.

cible^F
Objet circulaire de 34 cm de diamètre divisé en secteurs de 1 à 20 points, qui sert de but pour le tir des fléchettes.

50 points^M
Cercle central délimitant une zone d'une valeur de 50 points, également appelé rose, situé à 1,73 m du sol.

25 points^M
Couronne délimitant une zone d'une valeur de 25 points.

score^M triplé
Couronne délimitant une zone où les points du segment sont triplés.

ligne^F de jeu^M
Ligne située à 2,37 m de la cible, de derrière laquelle le joueur effectue le lancer.

fût^M
Tige métallique par laquelle on saisit la fléchette pour la lancer.

fléchette^F
Petite flèche munie d'une pointe métallique, lancée à la main sur une cible.

empennage^M
Plumes ou matériaux synthétiques fixés à l'extrémité arrière de la fléchette pour assurer sa stabilité en cours de vol.

corps^M
Partie renflée déterminant le type de fléchette selon la répartition du poids (à corps droit, torpédo ou tonneau).

pointe^F
Extrémité avant métallique et pointue de la fléchette, qui s'insère dans la cible.

baby-foot^M

Jeu de football (soccer) sur table, dont les figurines sont montées sur des barres télescopiques.

boulier^M-compteur^M
Tige métallique sur laquelle sont enfilées des boules servant à compter les points.

amortisseur^M en caoutchouc^M
Bague de caoutchouc qui absorbe l'impact entre la figurine et le bord de la table.

but^M
Orifice surmonté d'une cage formée d'un filet monté sur une armature. Un point est marqué chaque fois que la balle est logée dans le but adverse.

joueur^M
Figurine vissée ou moulée sur une barre, qui frappe la balle avec les pieds.

barre^F télescopique
Tige dont les parties s'emboîtent pour permettre le mouvement latéral des joueurs.

terrain^M de jeu^M
Surface rectangulaire sur laquelle se déplace la balle.

balle^F
Sphère rigide de liège ou de plastique, dont le diamètre varie entre 34 et 36 mm.

poignée^F
Partie permettant de saisir et de manier la barre télescopique.

SPORTS ET JEUX

jeux

machine^F à sous^M
Appareil électronique ou mécanique de jeu de hasard, dans lequel on insère une pièce de monnaie dans le but d'obtenir une combinaison de symboles gagnante.

boîtier^M
Boîte renfermant et protégeant le mécanisme de l'appareil.

fente^F à monnaie^F
Ouverture permettant d'introduire des pièces de monnaie dans l'appareil pour jouer.

rouleau^M
Cylindre comportant des symboles, actionné par le bras de l'appareil. Lorsque les trois rouleaux s'immobilisent, une combinaison de symboles est formée.

plaque^F de rouleau^M
Roue dentée qui immobilise les rouleaux.

symbole^M
Motif servant à former des combinaisons.

déclencheur^M de paiement^M
Dispositif permettant de distribuer les pièces de monnaie lors d'un gain.

réceptacle^M pour les pièces^F refusées
Petite cavité servant à restituer la monnaie refusée.

bras^M
Dispositif qui, par l'intermédiaire du levier à ressort, actionne les rouleaux.

alimentation^F jackpot^M
Tube dirigeant une partie des pièces insérées dans la machine à sous vers la boîte jackpot.

levier^M à ressort^M
Dispositif qui actionne les rouleaux.

combinaison^F gagnante
Affichage des combinaisons de symboles gagnantes et du gain qu'elles valent.

conduite^F des pièces^F
Tube dirigeant les pièces de monnaie vers le plateau réceptacle de paiement lors d'un gain.

caisse^F blindée
Revêtement métallique antivol protégeant les différents organes internes de l'appareil.

plateau^M réceptacle^M de paiement^M
Plateau sur lequel le gain du joueur est remis.

boîte^F jackpot^M
Boîte contenant les pièces composant le gros lot de la machine à sous.

commande^F électrique de paiement^M
Dispositif permettant de déterminer le montant du paiement.

disque^M volant
Jeu ou sport pratiqué à l'aide d'un engin plat et circulaire qu'on lance d'un joueur à l'autre.

disque^M volant
Engin plat et circulaire que le joueur lance d'une seule main en le faisant tourner sur lui-même.

aire^F de jeu^M
Zone comprise entre les deux zones d'en-but.

terrain^M d'ultimate^M
Ultimate : sport opposant deux équipes de sept joueurs qui tentent de marquer des points en atteignant la zone d'en-but adverse par des passes successives à l'aide d'un disque volant.

zone^F d'en-but^M
Un point est marqué lorsqu'un joueur de l'équipe en attaque réussit à attraper le disque dans la zone d'en-but de l'équipe adverse.

point^M de brique^F
Point situé à 18 m de la limite de la zone d'en-but; il sert de point de remise en jeu dans certaines situations.

ligne^F de périmètre^M
Ligne délimitant la zone de jeu de chaque côté du terrain.

jeux 1071

billard^M électromécanique ; *machine^F à boules^F*

Jeu d'arcade dont l'objectif est de marquer des points en dirigeant une bille métallique sur un plateau de jeu à l'aide de flippers.

afficheur^M
Surface d'affichage présentant divers renseignements (nombre de points accumulés, billes restantes, etc.).

haut-parleur^M
Appareil intégré permettant la reproduction du son.

cible^F
Dispositif qui enregistre des points lorsqu'il est frappé par la bille. Il est habituellement situé dans le haut du plateau de jeu.

plateau^M **de jeu**^M
Parcours du jeu de billard, formé de couloirs, de cibles, de butoirs, de trous et de renvois.

renvoi^M **automatique**
Obstacle triangulaire comprenant un élément élastique qui fait rebondir la bille lorsqu'elle le frappe.

bouton^M **flipper**^M
Touche permettant d'activer les flippers.

fronton^M
Panneau vertical fixé au-dessus du plateau de jeu.

trou^M
Orifice dans lequel la bille s'engouffre. Le joueur doit alors prendre une autre bille ou cesser la partie.

butoir^M
Obstacle en forme de champignon.

couloir^M **de sortie**^F
Allée menant à un trou.

lance-bille^M
Piston à ressort qui permet de mettre la bille en jeu.

bouton^M **de jeu**^M
Touche sur laquelle le joueur appuie pour démarrer le jeu.

flipper^M
Levier qui permet de renvoyer la bille vers le haut.

monnayeur^M
Dispositif permettant d'introduire des pièces de monnaie ou des jetons dans l'appareil pour jouer.

cerf-volant^M

Objet formé d'une toile tendue sur une armature légère, que l'on fait voler en le tirant contre le vent au moyen de lignes.

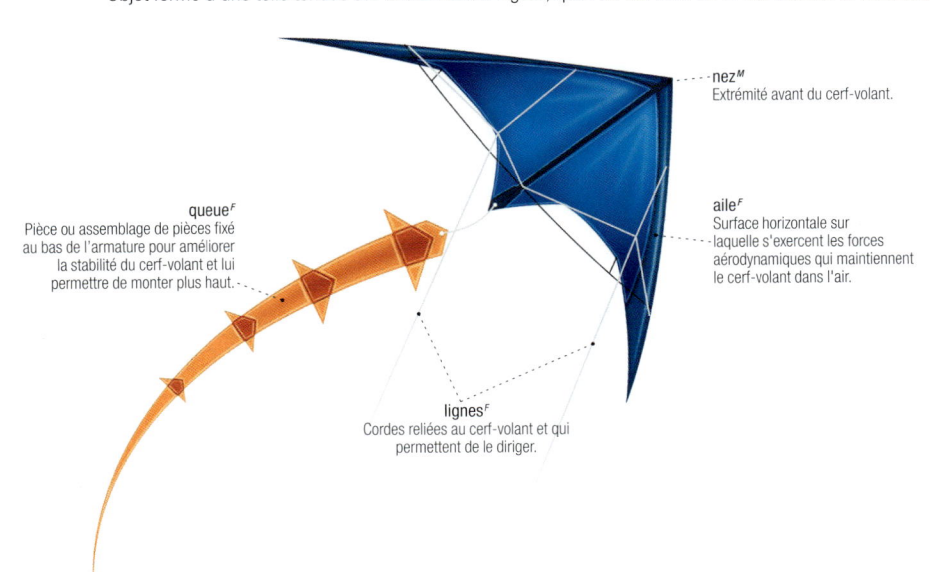

nez^M
Extrémité avant du cerf-volant.

queue^F
Pièce ou assemblage de pièces fixé au bas de l'armature pour améliorer la stabilité du cerf-volant et lui permettre de monter plus haut.

aile^F
Surface horizontale sur laquelle s'exercent les forces aérodynamiques qui maintiennent le cerf-volant dans l'air.

lignes^F
Cordes reliées au cerf-volant et qui permettent de le diriger.

SPORTS ET JEUX

INDEX

Index français

25 points 1069
50 points 1069

A

abaque 500
abat 276
abat-jour 372
abat-son 507
abattant 347, 362, 364
abdomen 139, 140, 141, 142, 145, 158
abeille 142, 143
Abraham 870
abrégé 555
abreuvoir 494
abri 494, 663, 703
abri des joueurs 938
abri météorologique 84
abribus 846
abricot 254
abscisses, axe 838
abside 507, 508
absidiole 506, 507
absorption d'eau et de sels minéraux 102
absorption par le sol 96
absorption par les nuages 96
abyssin 179
acanthodien 129
acarde aveugle 508
accastillage 981
accélérateur, manette 696
accélérateur, pédale 676
accélérateur d'électrons 926
accélération, commande 417
accent 563
accent aigu 587
accent circonflexe 587
accent grave 587
accès à la grille d'éclairage 605
accès interdit 664, 666
accessoire 850, 851
accessoiriste 543
accolade 587
accompagnement 1014
accord 563
accordage, mécanique 549
accordéon 560
accotement 658
accotoir 360
accoudoir 366, 917
accouplement électrique 691
accroche-mouche 1059
accueil 858
accueil, aire 900, 918, 922
accumulateur 679
accusé, banc 862
acétylène 407
achigan 269
achondrite 18
acide acétylsalicylique 915
acide nitrique 98
acide sulfurique 98
acidification des lacs 98
acier 78, 384
acromion 201
acrotère 499, 500
acrylique 424
acteur 542
actinide 814
actinium 814
action, touche 1067
actrice 543
adaptateur 351

adaptateur de charge utile 39
adaptateur de courant 630
adaptateur de fiche 358, 479
addition 291, 649, 836, 837
addition en mémoire 649
adducteur, grand 197
adducteur, long 196
adjoint à la réalisation 604
administration 522, 869
admission 680, 681
admission, canal 681
admission, conduite 781
admission, soupape 680, 682
admission, tubulure 681, 682
admission d'air 749
adresse URL 642
adventice 209
aérateur 350, 687
aérateur à gazon 420
aérocyste 107
aérofrein 807, 896, 1048
aérofrein, commande 1048
aérofrein, levier 748
aérogare 741, 742
aéroglisseur 727
aérographe 527
aéroport 53, 740, 842, 857
aéroport, équipements 744
affichage 620
affichage, touche 593
affichage des réglages 593
affichage des stations 619
affichage du texte 648
affiche 544
affiche publicitaire 716
afficher 342, 404, 558, 610, 611, 614, 615, 619, 620, 621, 622, 623, 625, 647, 649, 668, 735, 831, 832, 913, 924, 1071
afficheur, réglage 623
affluent 73
affût 890, 892
Afghanistan 58, 880
Afrique 44, 60, 69, 879
Afrique du Sud 61, 880
agar-agar 244
age 765
agence de voyages 848
agenda 650
agent de police 906
agent de sécurité, bureau 867
agent de sécurité, poste 919
agglomération 842
agitateur 378
agnathe 128
agneau 274
agrafe 367, 567, 584, 654, 832
agrafe en bande 389
agrafeuse 389, 654
agrandissement 593, 647
agrandisseur 600
agriculture intensive 96, 98
agrume 114, 256
aide de caisse 289
aide-arbitre 956
aigle 163, 875
Aigle 20, 22
aigue-marine 470
aiguillage 703, 712
aiguillage, moteur 712
aiguillage, poste 703
aiguillat commun 148

aiguille 70, 74, 90, 342, 527, 566, 567, 568, 578, 597, 712, 827, 830, 912
aiguille, signal de position 712
aiguille à brider 309
aiguille à clapet 571
aiguille à piquer 309
aiguille à tricoter 570
aiguille aimantée 1057
aiguille circulaire 570
aiguille de nettoyage 406
aiguille de pin 120
aiguille de sapin 120
aiguille des dixièmes de seconde 828
aiguille des heures 829
aiguille des minutes 828, 829
aiguille d'épicéa 120
aiguille d'épinette 120
aiguillette 276
aiguilleur 605, 608
aiguillon 142
aïkido 996
aïkidogi 996
aïkidoka 996
ail 245
aile 37, 140, 141, 142, 158, 186, 579, 670, 690, 747, 750, 806, 896, 950, 1047, 1048, 1059, 1071
aile, bout 1047
aile arrière 731
aile avant 731
aile Dame 1065
aile de quartier 450, 459
aile du nez 231
aile en V 731
aile rabattable 1007
aile Roi 1065
aileron 428, 510, 746, 983, 988, 1023, 1041, 1048
ailette 340, 379, 747, 750
ailette à ressort 390
ailier 945, 950, 957, 960, 1029
ailier, zone 948
ailier défensif 952
ailier fort 957
ailier rapproché 953
aimant 568, 654, 817
aimant de retenue 318
aine 192, 194
air, alimentation 555
air calme 82
air chaud 90
air chaud ascendant 89
air comprimé, réservoir 706
air froid 90
air froid subsident 89
air inspiré 232
aire de jeu 1070
aire de jeux 730
aire de manœuvre 740
aire de préparation de l'étalage 288
aire de réception 288, 523
aire de repos 53
aire de service 53
aire de trafic 740
airelle 254
ais 538
ais ferré 538
aisselle 192, 194
ajowan 261
ajustement, tube 970, 971
akène 114

alarme 748
Alaska 46
albanais 583
Albanie 57, 878
albatros 161
albumen 105, 160
albumen farineux 122
alcool, colonne 827
alcool, réservoir 827
alcool à 90° 915
alerte, zone 994
Algérie 60, 879
algue 107, 244
algue brune 107
algue rouge 107
algue verte 107
alidade 85, 734, 833
aligneur 984
aliment, commerce 288
aliment, origine 242
aliment, présentation 294
aliment congelé 289
aliment d'origine animale 265
aliment d'origine végétale 244
aliment prêt-à-servir 289
aliment transformé 277
alimentation, flexible 1049
alimentation, orifice 902
alimentation, table 767
alimentation, vis 766, 767
alimentation en air, tube 901
alimentation en oxygène, commande 1048
alimentation en oxygène, contrôle 1048
alimentation solaire 649
alimenteur automatique de documents 625
alkékenge 254
allée 288, 410, 1016, 1017
allée de jardin 322
Allemagne 56, 878
allemand 583
alliage 78
alliance 470
alligator 157
allumage, boîte 749
allumage, commutateur 676, 696
allumage manuel 349
allumette 483
allumeur 672, 682
allure 168, 982
alluvions 73
alose 267
Alpes 49
alpinisme 1050
alpinisme, équipement 1050
alpiniste 1051
altération 563
alternateur 672, 682, 770, 787, 796, 807, 819
alternative 632
altimètre 748, 897, 1046, 1048, 1049
altitude 45, 79
alto 545, 547
altocumulus 82, 88
altostratus 82, 88
alule 158
aluminium 78, 615, 812
alvéole 144, 358, 1017
alvéole à miel 144
alvéole à pollen 144
alvéole de plaque 685

alvéole dentaire 206
alvéole operculée 144
alvéole pulmonaire 215
amande 115, 255
amanite tue-mouche 108
amanite vireuse 108
amarante 263
amarrage, taquet 719
amas globulaire 19
Amazone 48
amble 169
ambleur 1007
ambulance 911, 918
ambulancier, siège 911
âme 579, 713, 890, 1058
américain à poil court 179
américium 814
Amérique 876
Amérique centrale 44, 47, 54
Amérique du Nord 44, 54, 69
Amérique du Sud 44, 55, 69
améthyste 470
ameublement 360
amharique 582
amiante 78
amibe 133
amidon, grain 102
amorce 887, 893
amorti 967
amortisseur 32, 477, 519, 673, 697, 1026
amortisseur en caoutchouc 1069
amortisseur magnétique 830
ampère 835
amphibien 152, 153
amphithéâtre romain 503
amplificateur 559
ampli-syntoniseur 614, 619
amplitude 821
ampoule 135, 359, 914
amure, point 983
amygdale 230, 231
amygdale linguale 233
amygdale palatine 233
anaconda 156
analyste 994
ananas 258
anatomie 196
anche 550, 554
anchois 267
ancôné 197
ancrage, chaîne 777
ancrage, point 1047
ancrage des haubans 661
ancre 732, 829
ancre à bascule 732
ancre à champignon 732
ancre à jas 732
ancre à vis 732
ancre charrue 732
ancre flottante 732
ancre sans jas 732
Andorre 56, 877
andouillette 277
Andromède 22
âne 172
anémomètre 84, 85, 748, 807, 1048
anémone 135
anesthésie, salle 921
aneth 262
anglais 583
angle 838
angle, mesure 833

angle, réglage 397
angle aigu 836, 838
angle droit 836, 838
angle obtus 836, 838
angle rentrant 838
anglicanisme 870
Angola 61, 880
anguille 269
Anik 603
animal, soin 493
animal familier, produits 289
animal primitif 133, 135
animal sauvage, passage 665
animalerie 848
animateur 604
anis 116, 262
anneau 108, 327, 367, 468, 477, 479, 568, 640, 733, 828, 831, 955, 957, 970, 1051, 1059
anneau brisé 1061
anneau de retenue 912
anneau dioptrique 736
anneau du cliquet 395
anneau d'étanchéité 347, 350
anneau oculaire 158
anneaux 970, 971
annelet 500
annonce, petite 590
annonce publicitaire 590
annonceur 978
annulaire 237
annulation de mémoire 597
anode 348, 820
anorak 451, 1051
anse 381, 414, 1060
anse, mécanisme d'ouverture 1060
Antarctique 44, 46
antéfixe 499
antenne 27, 32, 64, 86, 139, 140, 141, 142, 143, 602, 620, 621, 622, 623, 671, 697, 722, 730, 731, 733, 746, 753, 895, 897, 899, 907, 958
antenne à micro-ondes 608
antenne d'émission 86, 602
antenne haute fréquence 750
antenne parabolique 602, 610
antenne radar 64, 896, 899
antenne radio 726, 728, 730, 731, 777, 899, 1023
antenne télescopique 619
antenne UHF 32, 86
antenne VHF 898
antenne-récepteur GPS 735
antennule 139
anthélix 234
anthère 104, 112
anticlinal 776
anticyclone 81
Antigua-et-Barbuda 54, 876
Antilles 47, 876
antilope 172
antimoine 812
antiseptique 915
antitragus 234
anti-yeux rouges 593
anus 135, 136, 137, 138, 139, 141, 145, 149, 155, 216, 226, 228
aorte 212
aorte, arc 210, 213
aorte abdominale 210, 219

aorte dorsale 143
aorte thoracique 210
aorte ventrale 149
apex 136, 137, 206, 233
Apollo 38
apophyse articulaire 204
apophyse épineuse 204, 224
apophyse mastoïde 205
apophyse styloïde 205
apophyse transverse 204, 224
apostrophe 587
apothécie 106
Appalaches 47
appareil à dessiner 526
appareil à télémètre couplé 591
appareil compact 592
appareil de cartographie thermique 32
appareil de Golgi 102, 133
appareil de prise de son et d'enregistrement 543
appareil de protection respiratoire 901
appareil de son portatif 619
appareil digestif 216
appareil divers 318
appareil électroménager 314, 374, 850, 851
appareil enregistreur 85
appareil jetable 591
appareil photo, touche 622
appareil photographique argentique 591
appareil photographique numérique 592, 599
appareil pour battre 314
appareil pour couper 315
appareil pour cuire 316
appareil pour mélanger 314
appareil pour presser 315
appareil reflex 591, 592, 593
appareil reflex mono-objectif 591
appareil reproducteur 226
appareil respiratoire 214
appareil ultracompact 592
appareil urinaire 218
appareils scientifiques 27
appartements en copropriété 521
appartenance 837
appel 621, 622, 624
appel, bouton 519
appel suivant 624
appel système 633
appendice nasal 186
appendice vermiforme 216
applicateur-mousse 473
applique 373
applique du robinet 350, 352
applique orientable 373
appoggiature 563
approvisionnement 242
appui de fenêtre 332
appui-bras 674, 675
appuie-tête 686, 917
appui-flèche 885, 1009
appui-joue 1010, 1011
appui-main 526
appui-pied 576, 1027
appui-pieds 401
appui-tête 491, 675
après-rasage 479
aquarelle 525, 528
aquarium 495

aquastat 339
aquifère captif 770
ara 163
arabe 582
Arabie saoudite 58, 880
arachide 252
arachnide 140, 147
arachnoïde 224
araignée 145
araignée-crabe 147
aramé 244
araméen 582
arbalète 885
arbalétrier 333
arbitre 938, 939, 943, 945, 947, 949, 951, 953, 955, 956, 958, 959, 960, 963, 964, 965, 966, 974, 984, 990, 991, 992, 993, 994, 995, 996, 1008, 1010, 1014, 1027, 1029, 1031, 1032, 1033
arborisation terminale 221
arbre 118, 315, 787, 806, 816, 819, 827, 829, 898, 1016
arbre, blocage 396
arbre à cames 682
arbre cannelé 677
arbre de mise à feu 892
arbre de Noël 777, 780
arbre de roue 673
arbre de transmission 673, 727
arbre d'ornement 243, 322, 410
arbre feuillu 119
arbre fruitier 243
arbre hôte 103
arbre lent 807
arbre moteur 753
arbre rapide 807
arbre turbine-compresseur 749
arbrier 885
arbuste 410
arc 514, 661, 838, 885
arc à deux articulations 661
arc à poulies 1009
arc à trois articulations 661
arc de cercle 946
arc diagonal 506
arc droit 1009
arc en accolade 514
arc en fer à cheval 514
arc en lancette 514
arc en ogive 514
arc en plein cintre 514
arc encastré 661
arc insulaire 67
arc métallique à treillis 661
arc moderne 885
arc neural 204
arc palatoglosse 231
arc surbaissé 514
arc surhaussé 514
arc trilobé 514
arc Tudor 514
arcade 503, 506, 509, 1005
arcade dentaire 231
arcade ouverte 508
arcature 508
arc-boutant 506, 507
arc-doubleau 506
arceau 410, 983, 1052
arc-en-ciel 91
arc-formeret 506
archaeognatha 129

arche 661, 872
arche naturelle 70
archéoptéryx 130
archer 1009
archet 547, 561
archipel 45
architecture, éléments 514
architecture, style 500
architecture antique 498
architecture asiatique 513
architecture militaire 504
architecture occidentale 506
architecture pré-colombienne 513
architrave 499, 501, 509
archives 522, 644, 905
archives médicales 922
arçon 969
Arctique 44, 46
ardillon 432, 1061
aréna 932
arène 503
aréole 227
arête 71, 1034, 1044
arête neurale 149
arête plate 500, 501
arête supérieure 961
arête vive 500
argent 78, 813, 875
Argentine 55, 876
argile 576
argon 814
argyronète 147
Ariane IV 39
Ariane V 39
Ariel 15
armature 408, 445, 488
armature de la clé 563
armé 883
arme à feu 889
arme blanche 886
arme de chasse 887
arme de poing 888
arme d'assaut 891
arme mobile 892
armement, levier 893
Arménie 58, 880
arménien 583
armet 884
armoire 296, 364
armoire à papeterie 645
armoire de protection et de sectionnement 357
armoire réfrigérée 288
armoire-penderie 365
armoire-vestiaire 645
armure 575, 884
arobas 587
arpège 563
arqué 1051
arquebuse 889
arraché 999
arrache-clou 388
arrêt 610, 611, 615, 616, 625, 828
arrêt, aire 1040
arrêt, bouton 411, 417, 924
arrêt à l'intersection 664, 666
arrêt du défilement 633
arrêt d'autobus 846
arrêt d'impression 647
arrêt sur l'image 611
arrêt-court 938
arrière 945, 947, 950, 957, 958, 960

arrière droit 945
arrière-grand-mère 928
arrière-grand-père 928
arrière-grands-parents 928
arrière-petite-fille 928
arrière-petit-fils 928
arrière-petits-enfants 928
arrière-plan 495
arrivée 1002, 1064
arrivée, aire 1035, 1037
arrivée, zone 1041
arrivée du mazout 339
arrondie 111
arrondissement 52
arrondisseur 568
arrosage 414
arrosage, canalisation 763
arrosage, réservoir 795
arroseur canon 415
arroseur oscillant 415
arroseur rotatif 415
arrosoir 414
arsenal stérile 921
arsenic 812
art abstrait 530
art de la scène 540
art déco 511
art graphique 532
art naïf 530
artère 209, 210, 212
artère abdominale dorsale 139
artère axillaire 210
artère brachiale 210
artère carotide 210
artère dorsale du pied 210
artère fémorale 210
artère fibulaire 210
artère iliaque 210, 219
artère mésentérique 210, 219
artère pulmonaire 210, 212, 213
artère radiale 210
artère rénale 210, 219
artère sternale 139
artère subclavière 210
artère tibiale 210
artère ulnaire 210
artère ventrale 139
arthropleura 129
artichaut 251
article 590
articles divers 654
articles ménagers 381
articles perdus et retrouvés 857
articulation 207, 677, 1059
articulation à glissement 208
articulation cartilagineuse 208
articulation charnière 207
articulation ellipsoïdale 208
articulation en selle 208
articulation fibreuse 208
articulation pivot 207
articulation sphérique 207
articulation synoviale 207
artisanat 565
arts plastiques, salle 868
as 1062
asa-fœtida 261
ascenseur 26, 503, 519, 644, 774, 847, 854, 857, 897
ascension, cercle 24, 25
ascension droite 23
ascot 431
Asie 44, 58, 69, 880
asperge 250

INDEX FRANÇAIS

aspérité 615
asphalte 782
asphalte, usine 782
aspirateur 536, 786, 787, 911
aspirateur, accessoires 375
aspirateur à main 374
aspirateur-balai 375
aspirateur-traîneau 375
assemblage, bouton 571
assiette à dessert 302
assiette à pain 304, 305
assiette à salade 302
assiette creuse 302
assiette plate 302, 304, 305, 1055
assistance 863
assistant à la réalisation 605
assistant social, bureau 919
assistant-cadreur 542
assurance, service 858
assureur 1050
astate 813
astérisque 587
asthénosphère 66
astigmatisme 239
astragale 201, 203, 501, 890
astronautique 30
atelier 864
atelier de mécanique 668
atelier de réparation 708
atelier diesel 703
Atelier du Sculpteur 20
atelier d'entretien 772
athlétisme 934
athlétisme, piste 932
atlas 147, 153, 165, 170, 175, 204
Atlas 50
atmosphère 79, 94, 98
atoca 254
atoll 70
atome 810
être 336
atrium 502
attache 490, 556, 567
attache de sécurité 988
attache d'accordage 561
attache parisienne 654
attache repositionnable 449
attache-sucette 492
attaquant 958
attaquant à l'aile 955
attaquant au but 955
attaquant de pointe 947
attaquant de soutien 947
attaque 953
attaque, zone 958
attelage, axe 709
attelage, mâchoire 709
attelage automatique 709
attelle 915
attente, aire 858
attente, cercle 938
atterrissage 1041
atterrissage, zone 1041
atterrisseur 32
attraction 817
attrape 553
aubage, couronne 787
aubage directeur de sortie 749
aube 787
aube de roue 787
aube directrice 787
aubergine 248

aubier 118
audioguide 522
auditorium 522, 852, 866
auget 494, 787
auriculaire 237
aurore polaire 79
Australie 62, 69, 881
autel 871
Autel 20
autel, devant 871
autobus 688, 847, 857
autobus à impériale 689
autobus articulé 689
autobus pour transport adapté 689
autobus scolaire 688
autocar 688
autocaravane 687
autoclave 921
autocuiseur 312
autodéfense antimissile 898
autodirecteur infrarouge 894
autofocus 593
auto-injecteur 914
automne 80
automobile 669
automobile, systèmes 672, 673
automobile électrique 678
automobile hybride 678
autopiqueur 912
autoroute 52, 53, 659, 843
autoroute, numéro 53
autoroute de ceinture 53
autotrophe 94
Autriche 56, 878
autruche 162
auvent 670, 687, 761
auvent, glissière 687
avance rapide 610, 616, 620
avançon 1061
avant 945, 950
avant-bec 757
avant-bras 174, 193, 195
avant-centre 945, 960
avant-champ 938
avant-distributeur 787
avant-scène 540
avant-toit 513, 1053
aven 67
avenue 52, 845
averse 83
avertissement, zone 996
avertisseur 676, 696, 706
avertisseur de brume 733
avertisseur de détresse 901
avertisseur pneumatique 690
avion 750
avion, forces 752
avion, mouvements 752
avion, trajectoire 64
avion à décollage et atterrissage verticaux 750
avion de combat 896
avion de ligne 79
avion d'affaires 750
avion furtif 751
avion léger 750
avion long-courrier 746
avion radar 751
avion supersonique 79, 751
avion très gros porteur 751
avion-cargo 589, 751
avion-citerne amphibie 750
aviron 720, 722, 984
aviron, bassin 984

aviron à couple 984
aviron de couple 984
aviron de pointe 984
aviron en pointe 984
avocat 248
avocat, assistant 863
avocat de la défense, banc 862
avocat de la poursuite, banc 863
avocat de l'accusation, banc 863
avoine 122, 263
axe 326, 568, 576, 617
axe central 807
axe horaire 28
axel 1031
axis 165, 204
axone 221
aymara 583
Azerbaïdjan 58, 880
azimuth, réglage 24, 25
azimuth, vis de blocage 24, 25
azote 813
azote liquide, réservoir 826
azur 875

B

babeurre 280
babillard 644, 655, 868
babines 174
babouin 185
baby-foot 1069
bac 408, 493
bac à boue 776
bac à compost 411
bac à gravier 1022
bac à légumes 377
bac à litière 493
bac à plantes 410
bac à viande 377
bac de ramassage 419
bac de recyclage 99
bac de sortie 625
bac d'alimentation 625, 637
bac ramasse-jus 317
bâche, enrouleur 324
bâche spirale 786, 787
bacon 277
badminton 962
badminton, terrain 962
bagage 488, 851
bagage, enregistrement 704
bagage, zone de retrait 742
bagage à main 488
bagel 279
bague 470, 483, 492, 551, 1018
bague collectrice 819
bague de correction dioptrique 824
bague de fiançailles 470
bague de finissant 470
bague de fond 350
bague de mise au point 598
bague de réglage 415
bague de serrage 350, 550, 596
bague d'adaptation 595
bague filetée 1050
bague inférieure de blocage de la sphère 84
bague solitaire 470

baguette 279, 303, 305, 547, 557
baguette de flanc 671
baguette de plomb 579
baguette d'écartement 573
baguette d'encroix 573
baguette épi 279
Bahamas 54, 876
Bahreïn 58, 880
bahut 645
baie 17, 45, 103, 114, 254
baie de Baffin 46
baie de contrôle 605, 607, 608
baie d'Hudson 47
baie géminée 508
baie plein cintre 510
baie vitrée 331, 512, 865
baignoire 330, 344, 346, 855
bain de développement 600
bain de fixation 600
bain de révélateur 600
bain d'arrêt 600
bain moussant 475
bain-marie 313
baïonnette 886
bajoyer 719
baladeur numérique 620
baladeur pour disque compact 619
baladeuse 404
baladodiffusion 643
balai 337, 381, 819
balai à feuilles 420
balai à franges 381
balai à neige 686
balai central 763
balai de caniveau 763
balai métallique 557
balalaïka 561
Balance 21
balance, réglage 549
balance à fléau 830
balance de cuisine 308
balance de précision 831
balance de Roberval 830
balance des blancs 593
balance électronique 831
balance romaine 830
balancier 415, 721
balancier, bras 721
balancier de traction 1001
balancier d'extension 1001
balancine 724
balayage, touche 735
balayeuse 763
balcon 330, 510, 541, 872
balcon de veille 736
baleine 445, 490
Baleine 20, 22
baleine à bosses 183
baleine franche 183
baleinière 721
balisage, régions 738
balisage maritime 738
balise de détresse 733
balise de navigation aérienne 897
ballast 713
balle 887, 889, 1069
balle de baseball 940, 941
balle de cricket 942
balle de crosse 949
balle de fil 941
balle de golf 1017
balle de hockey 944

balle de liège 941
balle de polo 1008
balle de racquetball 964
balle de softball 941
balle de squash 965
balle de tennis 968
balle de tennis de table 961
balle de tournoi 965
balle d'entraînement 965
ballerine 461
ballon 124, 319, 972, 1049
ballon à fond rond 815
ballon de basket 956
ballon de boxe 990
ballon de football 946, 954
ballon de handball 960
ballon de netball 955
ballon de rugby 951
ballon de soccer 946
ballon de volleyball 958
ballon de volleyball de plage 959
ballon de water-polo 974
ballon d'exercice 1000
ballon ventilatoire 911
ballon-sonde 80, 85
balluchon 486
balustrade 510, 513, 518
balustre 510
bambara 582
bambou 1066
bambou, pousse 250
banane 258
banane plantain 258
banc 361, 715, 849, 871
banc de musculation 1001
banc de sable 77
banc des joueurs 945, 953, 955, 958, 960, 1028
banc des remplaçants 947
banc d'équipe 974
banc-coffre 361
bandage 991
bandage de roue caoutchoutée 755
bandage triangulaire 915
bande 1012, 1028
bande abrasive 396
bande antidérapante 1044
bande blanche 958
bande centrale 1068
bande de filet 967
bande de gaze 915
bande de pourpre 426
bande de ris 725
bande de roulement 685
bande de tissu élastique 915
bande d'ancrage 334
bande d'identification technique 615
bande élastique 432
bande magnétique 611, 616, 861
bande métallisée holographique 861
bande nuageuse spirale 89
bande pare-soleil 84
bande réfléchissante 901
bande rétroréfléchissante 733
bande transporteuse 99
bande ventilée 887, 1010
bande verticale de côté 958
bande vidéo, commande 613
bandeau 368, 465
banderole 522, 873

bandoulière 487, 488, 489, 490
Bangladesh 58, 881
banjo 560
banlieue 52, 843
banque 844, 849
banque de données 643
banque émettrice, initiales 861
banquette 346, 361, 675, 911
banquette arrière 675
banquette de sécurité 973
banquise de Filchner 46
banquise de Ross 46
banquise d'Amery 46
baobab 120
bar 290, 365, 541, 730, 844, 848, 853
bar commun 268
barbacane 504
Barbade 54, 877
barbe 122, 158
barboteuse 449
barbotin 758, 895
barbule 82
bardane 251
bardeau 385
bardeau d'asphalte 385
baren 533
barge de service d'urgence 778
barillet 327, 888, 912
barmaid 290
baromètre 85
baromètre enregistreur 85
baroque 510, 530
barquette 295
barrage 785, 788, 790
barrage à contreforts 790
barrage en remblai 790
barrage mobile 794
barrage-poids 791
barrage-voûte 791
barre 171, 367, 480, 816, 936, 980, 988, 1000
barre à aiguille 567
barre à dorsaux 1001
barre à lisses 573
barre blindée 786
barre cannelée 367
barre collectrice 354
barre de bois 971
barre de compression 764
barre de contrôle 800, 801
barre de coupe 766, 767
barre de flèche 980
barre de guidage et de prise de courant 717
barre de maintien 689
barre de mesure 562
barre de pied presseur 567
barre de plongée 899
barre de poussée 515
barre de pression 552
barre de repos des marteaux 552, 553
barre de reprise 562
barre de retenue 377
barre de Spa 1002
barre de support 973
barre de tractage 744
barre d'acier 971
barre d'alimentation 638
barre d'attelage 892
barre d'écoute 980, 981
barre d'espacement 632, 648, 917
barre d'étouffoir 553

barre fixe 970, 971
barre inférieure 371, 970
barre lisse 367
barre oblique 587, 642
barre supérieure 970
barre télescopique 1069
barre transversale 974
barreau 335, 361, 366, 943
barres asymétriques 970
barres parallèles 971
barrette 476
barrette négative 685
barrette positive 685
barreur 985
barreur, siège 984
barrière 366, 846, 1002
barrière, commande 713
barrière de départ 1007
barrière de pneus 1022
barrot 986
bar-salon 854
baryum 812
bas 445, 446, 1028
bas de casse 586
bas de ligne 1061
bas résille 446
bas-cuissarde 446
base 28, 84, 233, 317, 478, 501, 512, 623, 635, 651, 698, 713, 873, 903, 971, 974, 1057
base chauffante 317
base de dormant 327
base en bois 1049
base pour le véhicule 491
base rotative 29
baseball 938
baseball, joueurs 938
baseball, terrain 938
basilaire 847
basilic 262
basilosaure 131
basketball 956
basketball, joueur 956
basketball, joueurs 957
basketball, terrain 956
bas-mât 724
basque 445
bassin 164, 170, 184, 187, 188, 410, 1074
bassin de compétition 932
bassin de radoub 718
bassin de rétention 783
bassinet 889
basson 545, 550
bastion 505
bateau 726, 984
bateau à vapeur à roues latérales 721
bateau de couple 985
bateau de pointe 985
bâti 364, 535, 572, 734
bâti de fiches de raccordement 604
bâti d'équipement 604, 605, 608
bâtiment administratif 718, 794
bâtiment des services 798
bâton 940, 1041
bâton de baseball 941
bâton de craie 535
bâton de gardien de but 1029, 1030
bâton de golf 1017
bâton de joueur 1030

bâton de ski 1038, 1042
bâton de softball 941
bâtonnet 238
battant 327, 557, 572, 873
batte 767, 940, 942
batte de baseball 941
batte de softball 941
batterie 86, 390, 394, 556, 678, 702, 706, 818, 889
batterie, boîtier 685, 691
batterie, coffre 917
batterie, couvercle 685
batterie, régulateur de charge 678
batterie de cuisine 292, 312
batterie d'accumulateurs 672, 685, 803
batteur 942, 943
batteur, limite 943
batteur à main 314
batteur à œufs 310
batteur sur socle 314
baudrier 675, 1051
baudroie 267
baudroie abyssale 151
baume pour les lèvres 475
bavette 272, 448, 449, 997
bavette garde-boue 671, 690, 691
bavette garde-neige 1026
bavoir 449
bavolet 435
bazooka 893
beau-fils 928
beau-frère 929
beau-père 928
beaux-arts 522
beaux-parents 928
bec 138, 158, 160, 299, 350, 352, 403, 550, 558, 570, 732, 1050
bec corné 155
bec fixe 832
bec mobile 832
bec verseur 318, 319, 381
bécarre 563
bec-de-cane 326
bêche 412, 892
bécher 815
becquerel 835
bégonia 113
belette 180
Belgique 56, 878
Bélier 22
Belize 54, 876
belle-fille 928
belle-mère 928
belle-sœur 929
béluga 183
bémol 563
bengal 179
Bénin 60, 879
bénitier 871
benne 760
benne à ordures 693
benne basculante 692, 693, 761
benne tasseuse 693
béquet 695
béquille 488, 691, 731, 753, 832
béquille commune 916
béquille d'appoint 687
béquille d'appui 687, 765
béquille d'avant-bras 916

béquille latérale 694, 697
berbère 582
berceau 534, 892
berceuse 360
bergamote 256
berge 658
berger allemand 177
bergère 360
bergerie 243
berkélium 814
berline 669
berlingot 295
bermuda 433, 441
béryllium 812
bésicles 481
béton 384
béton armé 384
béton précontraint 384
bétonnière 693
bette à carde 250
betterave 251
beurre 280
beurrier 302
bezel 469
Bhoutan 58, 881
biais 448, 569
biathlon 1043
biathlonien 1043
biberon 492
bibliothécaire, bureau 866
bibliothèque 331, 523, 845, 864, 866, 868
bibliothèque enfantine 866
biceps 196, 197
bicorne 429
bicross 1021
bicyclette 698, 701
bicyclette, accès interdit 665, 666
bicyclette de course 701
bicyclette de tourisme 702
bicyclette de ville 702
bicyclette d'enfant 701
bicyclette électrique 702
bicyclette tout-terrain 701
bidet 346
bidon 699
bief d'amont 785
bief d'aval 785, 786, 791
bielle 680, 682
Biélorussie 57, 878
bière 288
bifteck de ronde 272
bifteck de surlonge 272, 274
bifteck d'aloyau 272
bigorneau 265
bigoudi 476, 478
bigoudis chauffants 478
bijou 851
bijouterie 468, 848
billard 1012
billard anglais 1013
billard électromécanique 1071
billard français 1012
billard pool 1012
bille 386, 584, 1012, 1013
bille creuse 350
bille de choc 1012, 1013
bille de plomb 893
bille de visée 1012
bille d'ivoire 1068
billet, sortie 858
billet de banque 861
billetterie 522, 544, 742, 853

billetterie express 544
bimah 872
binette 412
binocle 481
biodiésel 784
bioéthanol 784
biologie 834
biomasse 95
biomasse cellulosique 784
biosphère 94
bipied 891, 892
biplan 750
birman 582
biseau 554, 912
bismuth 812
bison 173
bitte 729
bitume 778
blaireau 180, 479
blanc 821, 1062
Blanc 1063, 1065
blanche 563
blanchiment 125
blatte orientale 146
blazer 442
blé 122, 263
blé, grain 122
bleu 528, 821
bleu danois 281
bleu russe 179
bleu vert 528
bleu violet 528
bleuet 254
blindage 895
blindage d'aspirateur 787
bloc 935
bloc aiguille 527
bloc convertisseur 610
bloc de commande de caméra 608
bloc de commande des caméras 605
bloc de départ 935
bloc de pression 832
bloc d'arrêt 397
bloc opératoire 921
bloc pneumatique 707
blocage 790, 994
blocage, bague 390, 832
blocage, bouton 387, 396
blocage de la colonne 596
blocage de la plateforme 596
blocage du cordon de tirage 371
blocage horizontal 596
blocage vertical 596
bloc-cylindres 682
bloc-éphéméride 650
bloc-essieu 1044
bloc-moteur 314, 315, 318, 374, 707
bloc-notes 650
bloc-piles 389, 595
bloc-sténo 651
bloc-tension 566, 567, 571
blogue 643
bloqueur 944, 953
blouson 435
blouson court 436
blouson long 436
blouson molletonné 451
boa 156, 465
bob 458
bobinage 819
bobine 125, 574, 578, 611

bobine réceptrice 616
bobineur 566
bobinoir 574
bobsleigh 1034
bobsleigh à deux 1034
bobsleigh à quatre 1034
bocal 550
bocal à conserve 295
body 444, 448
bœuf 173, 272
bogie 706, 707, 716, 717
bogie, châssis 706
bohrium 813
bois 52, 386, 1017, 1018
bois, instrument 545
bois, petit 327
bois de bout 386
bois de cœur 118
boisseau d'embouchure 551
boisson 288
boisson au soya 284
boîte à canette 566
boîte à courrier 651
boîte à fromage 295
boîte à gants 676
boîte à leurres 1061
boîte à lumière 600, 606
boîte à œufs 294
boîte à onglets 391
boîte à outils 387
boîte à poussière 396
boîte à rythmes 559
boîte alimentaire 294
boîte aux lettres 588
boîte de conserve 295
boîte de contrôle 349
boîte de jonction 713
boîte de Pétri 815
boîte de raccordement 605
boîte de vitesses 672
boîte d'accessoires 571
boîte d'encastrement 358
boîte d'engrenage
    multiplicateur 807
boîte électrique 803
boîte-classeur 653
boîtier 342, 343, 371, 387, 394,
    396, 406, 477, 479, 564,
    592, 604, 616, 628, 736,
    827, 828, 832, 927, 1070
boîtier à double rangée de
    connexions 820
boîtier du moteur 417
boîtier électronique de
    commande 678
boîtier étanche 596
boîtier tour 629
bokken 996
bol 302, 314, 315, 493, 495
bol à mélanger 310
bol à raser 479
bol à riz 303, 305
bol à salade 303
bol de cuisson 317
bol verseur 315
boléro 442
bolet Satan 108
Bolivie 55, 876
bombe 1003
bombe volcanique 75
bôme 980
bonbout 459
bonde 352
bonde de fond 324
bongo 557

bonnet 445, 974, 976, 1042
bonnet à pompon 458
bonnet de bain 450
bonnet de nouveau-né 448
bonnette anti-vent 604
bord 111, 457, 458, 724
bord antérieur 136
bord de chute 806
bord de fuite 746, 1047, 1048
bord de fuite, volet 746, 896
bord de pli 454
bord d'attaque 747, 806, 1047,
    1048
bord d'attaque, bec 747
bord d'attaque, tube 1047
bord d'attaque, volet 896
bord externe 136
bord interne 136
bord libre 237
bord postérieur 136
bord tranchant 758
bord-côte 433, 437, 448
bordure 322, 366, 983, 1022
bore 812
borne 354, 358, 683, 793
borne de gonflage 668
borne de raccordement 357,
    614
borne de raccordement des
    enceintes 614
borne d'entrée 404
borne d'incendie 846, 903
borne interactive 523
borne négative 685, 818, 820
borne positive 685, 818, 820
borne-fontaine 846, 903
Bosnie-Herzégovine 57, 878
bossages 511
bosse 1025, 1040
bosses, piste 1040
bossoir 724
Botswana 61, 880
botte 33, 124, 250, 461, 1005,
    1024, 1025
botte de caoutchouc 901
botte de couronne 1003, 1007
botte de cowboy 459
botte de genou 1007
botte de genou, bretelle 1007
botte de pluie 462
botte de randonnée 450
botte de saut 1046
botte de sécurité 909
botte de tendon 1003, 1007,
    1008
botte de travail 459
botte rigide 1037
botte souple 1037
bottillon 459, 989
bottine 460
bottine hybride 1045
boubou 429
bouche 134, 135, 136, 137,
    139, 152, 182, 194, 231,
    338, 554, 887, 888, 890,
    892, 1010
bouche à feu 890
bouche à induction 338
bouche de soufflage 338
bouche d'air 676
bouche d'extraction 338
boucherie 288
bouchon 314, 474, 799, 912,
    1056
bouchon antifuite 1053

bouchon de dégorgement 352
bouchon de remplissage 419
bouchon de scellement 820
bouchon de vidange 344, 377
bouchon d'air 408
bouchon femelle 351
bouchon mâle 351
bouchons d'oreilles 1022
boucle 432, 487, 567, 659,
    675, 733, 1039
boucle de ceinture 435
boucle de piquet 1052
boucle de réglage 371, 1056
boucle d'oreille 468
boucle d'oreille à pince 468
boucle d'oreille à tige 468
boucle d'oreille à vis 468
boucle piquée 1031
bouclier 27, 417, 883, 1029
bouclier annulaire 26
bouclier thermique 27, 36
bouddhisme 870
boudin 277
boue, réservoir 779
bouée 982, 984, 985
bouée à plan focal élevé 737
bouée charpente 736, 739
bouée conique 737, 739
bouée cylindrique 737
bouée de sauvetage 731, 733,
    907
bouée espar 736, 739
bougie, câble 672, 682
bougie d'allumage 411, 681,
    682, 683
bouilloire 318
boulangerie 289
boulangerie-pâtisserie 849
boule 634, 1014, 1015
boule à thé 309
boule de pétanque 1014
boule de protection 985
boule de quilles 1015
boule morte, zone 1014
boule d'attelage 686
bouleau 119
bouledogue 176
boulet 168, 889, 890
boulet creux 889
boulet ramé 889
boulette de viande 276
boulevard 52, 845
boulevard périphérique 52
boulgour 278
boulier 1015
boulier-compteur 1069
boulingrin 1014
boulingrin, lancer 1014
boulon 326, 390, 399, 400, 401
boulon à épaulement 400
boulon d'accouplement 787
boulon d'éclisse 712
bourdalou 457
bourdon 146, 560
bourgeon 105
bourgeon axillaire 109
bourgeon gustatif 233
bourgeon terminal 105, 109
bourrache 262
bourre 887, 890
bourrelet 171, 684, 685
bourriquet 535
bourse à monnaie 485
bourse copulatrice 141
bourse copulatrice, orifice 141

bourse séreuse 207
boursette 555
Boussole 21
boussole magnétique 1057
bout 298, 1059
bout du nez 168
bout fleuri 459
boutefeu 889
bouteille 492, 815, 1056
bouteille à gaz médical 921
bouteille d'air comprimé 901,
    989
bouteille d'oxygène 911
bouteille d'oxygène,
    support 911
bouteille en verre 295
bouteille isolante 1056
boutique 502
boutique du musée 522
boutique hors taxe 743
bouton 359, 362, 431, 437,
    547, 560, 998
bouton à tige 567
bouton à trous 567
bouton de commande 376
bouton de manchette 452
bouton de registre 554
bouton de réglage 477
bouton d'or 113
bouton extérieur 326
bouton fixe-courroie 549
bouton floral 109
bouton intérieur 326
bouton moleté 408
bouton principal 639
bouton programmable 634
bouton synaptique 221
bouton-guide 392
boutonnage 435, 443
boutonnière 432, 435
bouton-poussoir 584
bouton-pression 436, 464, 567
Bouvier 23
bouvreuil 162
box 290
boxe 990
boxe, équipement 991
boxeur 991
bracelet 471, 828, 954, 1009
bracelet lesté 1000
bracelet tubulaire 471
brachial 196
brachiopode 128
brachioradial 196, 197
braconnière 884
bractée 116
braguette 432, 434
braies 428, 883
braille 585
brancard 411, 760, 913, 1007
brancard, sangle 1007
branche 171, 250, 399, 477,
    480, 568, 818, 885, 912,
    1004, 1005, 1009
branche, anneau 1004
branche à fruits 117
branche d'embouchure 551
branche maîtresse 118
branche télescopique 596
branchement, canalisation 805
branchement de l'abonné 356
branchement du
    distributeur 356
branchement pluvial 846
branchie 136, 138, 149, 153

brandebourg 436
bras 135, 168, 185, 193, 195,
    372, 415, 566, 732, 759,
    760, 765, 806, 917, 926,
    1070
bras de chargement 729
bras de coutre 765
bras de delta 73
bras de grand cacatois
    arrière 725
bras de lecture 559, 617
bras de levage 759
bras de levier 762
bras de plaquette 480
bras de suspension 378
bras d'éloignement 688
bras gicleur 380
bras mort 73
bras oral 134
bras porte-écran 536
bras spiral 19
bras télescopique 32
brasero 513
brassard 884, 954, 1030
brassard pneumatique 913
brasse 675
brasse, coup de pied 975
brasse, virage 975
brassière 449
break 669
brèche 1066
bréchet caréné 159
brelan 1062
breloque 471
Brésil 55, 876
bretèche 504
bretelle 445, 448, 449, 489,
    491, 659, 703, 740, 1056
bretelle de raccordement 659
bretelle de tir 1043
bretelles 432
breton 583
brève 590
brick 723
bricolage, magasin 848
bricolage 1003
bride 460, 472, 567, 1004
bride, jeu 909
bride de fixation 24, 25
bride de raccord 367
bride de suspension 437
brie 281
brigantin 723
brigantine 725
brillant à lèvres 474
brin d'arrêt 897
brique 295, 384
brique, point 1070
brique creuse 384
brique perforée 384
brique plâtrière 384
brique pleine 384
brique réfractaire 336, 384,
    577
briquet 406, 483
briquette 295
brise-glace 728
brise-jet 415
broche 358, 359, 471, 573
broche de connexion 820
broche épingle 471
broche porte-bobine 566
brochet 269
brocoli 251
brocoli italien 251

brodequin de randonnée 462
brodequin de sécurité 909
brodequin de travail 459
broderie 565
brome 813
bronche 215
bronchiole 215
bronze 78
brosse 122, 381, 473, 525
brosse à champignon 309
brosse à chaussure 463
brosse à cheveux 476
brosse à dents électrique 482
brosse à dents manuelle 482
brosse à épousseter 375
brosse anglaise 476
brosse à légumes 309
brosse à planchers 375
brosse à pollen 142
brosse de curling 1027
brosse de nettoyage 479
brosse de tissage 571
brosse double 493
brosse d'antennes 142
brosse éventail 525
brosse pneumatique 476
brosse pour le bain 475
brosse pour le dos 475
brosse ronde 476
brosse-araignée 476
brosse-peigne 473
brossette 482
brossette interdentaire 482
brouette 411
brouillard 83, 91
broyeur 99, 352, 775
bruine 83, 90
bruine verglaçante 83
brûleur 339, 340, 349, 376, 402, 407, 1049, 1053
brûleur, bâti 1053
brûleur à gaz 340, 815
brûleur à mazout 339
brume 83, 91
brume sèche 83
Brunéi Darussalam 59, 881
brunissoir 534
buanderie 329, 854, 864
buanderie, articles 648
buccin 265
bûcher 336
bûchette 436
buffet 290, 365
buffet-vaisselier 365
buffle 173
buisson 89
bulbe 19, 105, 236, 245, 250
bulbe, groupe 794
bulbe de Krause 236
bulbe d'étrave 729, 731
bulbe olfactif 149, 232
bulgare 583
Bulgarie 57, 878
bulldozer 758, 771
bulle d'air 651
bureau 290, 293, 331, 644, 646, 668, 854, 855, 864
bureau, articles 648
bureau administratif 852, 900, 905
bureau de direction 646
bureau de poste 588, 589, 845, 849
bureau de réservation de chambres d'hôtel 742
bureau d'ordinateur 646

burette 815
burin 531, 533
Burin 21
Burkina Faso 60, 879
Burundi 61, 879
bus 640
buse 403, 407, 408, 415, 527
buse de refoulement 324
buse d'aspiration 392
buse vapeur 319
bustier 445
but 938, 944, 946, 949, 950, 953, 955, 957, 960, 974, 1029, 1069
but, surface 946, 960
but, zone 952, 955, 1029
butane, accessoires 1053
butée 391, 567, 661, 981, 1039, 1042
butée de porte 377, 709
butée de profondeur 394
butée talonnière 917
butoir 367, 703, 936, 1071
butte 74, 1025
butte de débranchement 708

C

caban 443
cabas 487
cabillot 873
cabine 730, 753, 758, 759, 760, 761, 762, 763
cabine de commande 756
cabine de conduite 706, 707, 764, 767
cabine de déshabillage 922
cabine de douche 346
cabine de pilotage 727, 729, 1048
cabine de première classe 746
cabine de projection 544
cabine des passagers 727, 730, 731
cabine d'ascenseur 519
cabine d'essayage 850
cabine d'interprétation simultanée 852
cabine focale 26
cabine photographique 849
cabine touriste 747
câble 606, 635, 686, 693, 885, 925, 937, 970, 1009, 1058
câble à fibres optiques 631
câble à paire torsadée 631
câble coaxial 631
câble de barre 984
câble de branchement 631
câble de commande 700
câble de démarrage 686
câble de frein 699
câble de garde 792
câble de haubanage 970, 971
câble de levage 519, 756
câble de masse 406
câble de raccordement 577, 618
câble de traction 405
câble d'accélération 419
câble d'acier 1050
câble d'alimentation 354
câble d'alimentation de l'électrode 406
câble électrique 348, 676, 678, 846

câble électrique à haute tension 788
câble MIDI 559
câble porteur 660
câble pour interface numérique d'instruments de musique 559
câble téléphonique 846
câble USB 599, 631, 649
câblodistributeur 602
cabriolet 360, 669
cacao 285
cacatoès 163
cacatois 725
cachalot 183
cache-cernes 473
cache-cœur 440
cache-cou 465
cache-couche 448
cache-flammes 891
cache-oreilles 457, 465
cadeau 851
cadeau, magasin 848
cadenas 700
cadence images/seconde 597
cadmium 813
cadrage 594
cadran 355, 783, 827, 828, 829, 830, 1057
cadran de tension 571
cadran des phases de la Lune 829
cadran solaire 828
cadre 144, 363, 484, 488, 523, 561, 694, 806, 913, 949, 962, 968, 973, 1012, 1020, 1043
cadre de charge 1049
cadre en aluminium 536
cadre métallique 552
cadre photo numérique 596
cadreur 542
cæcum 135, 138, 145, 159, 169, 217
cæcum pylorique 149
café 264, 844, 849
café, grain 264
cafetan 429
cafétéria 644, 869
cafetière 319, 1055
cafetière à infusion 319
cafetière à piston 319
cafetière espresso 319
cafetière filtre 319
cafetière napolitaine 319
cage 493, 503, 935, 949
cage à oiseau 494
cage de scène 540
cage de transport 493
cage pour rongeur 494
cage vitrée 831
cageot 294
cagoule 458, 989, 1022, 1051
cahier 537, 590
caïeu 105
caille 163, 271
caïman 157
caisse 289, 293, 411, 549, 552, 829, 851
caisse, grosse 545, 556
caisse américaine 655
caisse blindée 1070
caisse bombée 561
caisse circulaire 560
caisse claire 545, 556

caisse de batterie électronique 558
caisse de résonance 548, 560, 561
caisse d'arrivée 125
caisse enregistreuse 289
caisse roulante 556
caisse triangulaire 561
caissette 294
caissière 289
caisson 336, 339, 645
caisson de portière 674
caisson de rangement 987
caisson de voiture 896
cajou, noix 255
calame 584
calamus 158
calandrage 125
calandre 670, 690, 799
calcanéum 170, 201, 203
calcium 812
calcul, touche 649
calculatrice à imprimante 649
calculatrice de poche 649
calculatrice graphique 649
calculette 649
cale 401, 729, 744, 890
cale à conteneurs 727
cale de couvercle 577
caleçon 434
caleçon long 434
cale-genou 987
calendrier-mémorandum 650
cale-pied 698, 700, 1001
calice 112, 114, 116, 871
calice rénal 219
calicule 114
californium 814
Callisto 14
calmar 265
caloporteur 770, 795, 800, 801, 802, 804
calot 457
calotte 158, 457, 458, 806
calotte glaciaire 87
calvinisme 870
cambium 110, 118
Cambodge 59, 881
cambre 480
Cambrien 128
cambrure 459
caméléon 157
Caméléon 21
camembert 281
caméra 32, 542, 606, 911, 1023
caméra à l'épaule 607
caméra de surveillance 523
caméra grand-angle 606
caméra haute définition 605, 606
caméra Web 624, 635
Cameroun 60, 879
caméscope 612
caméscope à disque dur 612
caméscope DVD 612
caméscope mini-DV 613
camion 693
camion, accès interdit 665, 666
camion à ordures 693
camion avitailleur 744
camion commissariat 745
camion de vidange 693
camion d'incendie 900, 902
camion porteur fourgon 693

camion vide-toilette 744
camion-benne 693, 761
camion-citerne 693, 744
camionnage 690
camionnette 669
camion-pompe 783
camisole 440, 444, 449
camomille 264
camp 1063
campagne 843
camping 856, 1052
camping, matériel 1055
Canada 46, 54, 876
canadienne 436, 442
canal, sélection 735
canal à venin 154
canal annulaire 135
canal circulaire 134
canal de fuite 786
canal de Havers 199
canal de transfert 798
canal de Volkmann 199
canal droit 618
canal du Mozambique 50
canal gauche 618
canal hermaphrodite 137
canal médullaire 199
canal radiaire 134, 135
canal radiculaire 206
canal salivaire 143
canal semi-circulaire 235
canal siphonal 136
canalisation 679
canalisation de branchement 344
canalisation de pompage 826
canalisation de refoulement 345
canalisation de retour 339
canalisation d'alimentation 339
canalisation souterraine 357
canapé 360
canapé capitonné 360
canapé convertible 363
canard 161, 271
Cancer 23
candela 835
canetière 574
canette 566, 567, 573
caniche 176
canif 533
canine 164, 206
canne 490
canne à lancer 1060
canne à mouche 1059
canne avec poignée orthopédique 916
canne avec quadripode 916
canne en C 916
canne en T 916
canneberge 254
cannelle 260
cannelloni 282
cannelure 500, 501, 511, 683
cannette 295
canoë 722, 986
canoë d'eaux vives 986
canoë monoplace 986
canoë récréatif 986
canoë-kayak 986
canon 168, 887, 888, 889, 891, 892, 895, 1004, 1010
canon à électrons 609, 826
canon à mousse 729
canon brisé 1004

canon d'avant-bras 884
canon sans recul 893
canot 722, 986
canot de sauvetage 724, 777
canot pneumatique de sauvetage 727
canot récréatif 986
canotier 457
cantaloup 257
canton dextre 874
canton senestre 874
cantonnière 368, 488
cantonnière drapée 369
cantre 574
canule oropharyngée 911
canyon sous-marin 67
cap 45
cap de Bonne-Espérance 50
cap Horn 48
cape 428, 443, 483
cape de bain 448
capeline 458
capillaire sanguin 212
capitaine 1027, 1034
capitale 53, 586
capitule 112
caponnière 505
capot 374, 375, 420, 648, 670, 690, 820, 1026
capot de courroie 397
câpre 286
Capricorne 20
capsule 106, 116, 230, 914
capsule à membrane 682
capsule à vis 295
capsule articulaire 207
capteur 32, 84, 86, 594, 595, 679
capteur actif 65
capteur de rythme cardiaque 1001
capteur de télécommande 609
capteur de vitesse de roue 679
capteur infrarouge 636
capteur laser 634
capteur passif 65
capteur solaire plan 802
capture 1065
capuche 448
capuchon 358, 436, 442, 449, 492, 585, 600, 914, 1019, 1032
capuchon de connexion 405
capuchon de protection 824
capuchon de sûreté 893
capuchon du levier 350
capuchon d'objectif 598
capucin 185
Cap-Vert 60, 879
caquelon 312
car de reportage 602, 608
carabine 887
carabine 22 1011
carabine de biathlon 1043
caraco 427, 444
caractère 1066
caractère, forme 586
caractère, position 586
caractère arabe 585
caractère avec empattements 586
caractère cyrillique 585
caractère grec 585
caractère hébreu 585
caractère latin 585

caractère sans empattement 586
carafe 297
carafon 297
carambole 259
carapace 139
caravane 687
caravane flottante 729
caravane tractée 687
caravaning 856
caravelle 721
carbonate de magnésium, poudre 999
carbone 813
carbone, cycle 95
Carbonifère 129
carburant 668
carburant, niveau 677
carburant, régulateur 749
carburant, réservoir 690, 706, 753, 895, 896
carburant, robinet 748
carburant, témoin de bas niveau 677, 696
carburant de chauffage, réservoir 678
carburant de remplacement 784
carburateur 694
carburéacteur 782
carcajou 180
carcasse 819
cardamome 260
cardan 765, 766
carde 250
cardigan 437, 442
cardinal 162
cardon 250
carénage 670, 694
carène 148
Carène 21
cargo spatial 34
caribou 172
caricature 590
carillon tubulaire 545, 557
carlingue 729
carnivore 94, 174
caroncule lacrymale 238
carotte 251
Carpates 49
carpe 159, 165, 170, 175, 182, 184, 187, 188, 202, 269
carquois 1009
carre 1031, 1037, 1038
carré 154, 274, 839, 1062, 1068
carré central 1063
carre interne 1051
carreau 327, 385, 578, 1062
carreau de plâtre 385
carreau d'arbalète 885
carrefour giratoire 658
carrière en entonnoir 771
carrière exploitée en chassant 771
carrosserie 378, 379, 670
carrosserie amovible 693
carrousel d'impression textile 536
carte, numéro 861
carte, salle 729
carte à jouer 1062
carte de circuit imprimé 820
carte de crédit 861
carte de débit 861

carte de ligne 714
carte de pointage 650
carte de réseau 715, 716
carte des vins 291
carte d'insolation 84
carte électronique 343
carte flash compacte 594
carte géographique 868
carte isolée 1062
carte mémoire 593, 594, 599
carte Memory Stick 594
carte météorologique 80, 81
carte physique 45
carte politique 53
carte postale 588
carte réseau 631
carte routière 53
carte Secure Digital 594
carte spéciale 1062
carte xD Picture 594
cartel 523
carter 340, 395, 419, 601, 681, 682, 1060
carter, joint 682
carter de meule 396
carter de sécurité 419
carter d'embrayage 696
cartilage 232
cartilage articulaire 199, 207
cartilage costal 165
cartographie physique 45
cartographie politique 53
carton 124, 295, 529
cartothèque 866
cartouche 350, 402, 403, 407, 584, 617, 733, 887, 888, 909, 1010, 1011
cartouche de jeu 1067
cartouche d'encre 637
carvi 260
casaque 440
case 520, 1064, 1065, 1068
case à bagages 705
case à équipements 39
case de l'oie 920
caserne de pompiers 845, 900
casernement 505
casier 364, 869
casier à beurre 377
casier à munitions 895
casier laitier 377
casque 33, 406, 883, 901, 942, 944, 949, 954, 990, 994, 1006, 1008, 1020, 1021, 1022, 1025, 1028, 1037, 1038, 1041, 1044, 1045, 1047, 1051
casque antibruit 1011
casque de frappeur 940
casque de moto intégral 695
casque de pompier 901
casque de protection 700
casque de saut 1046
casque de sécurité 908
casque d'écoute 604, 618
casque intégral 1024
casque protecteur 1034, 1035
casquette 457, 458, 906
casquette norvégienne 457
casse-croûte 856
casse-noix 307
casserole 313
casse-tête 1066
cassette 616
cassette mini-DV 612

cassette vidéo 611
Cassini 31
Cassiopée 22
cassis 254
cassonade 285
cassure 454
castagnette 545, 557
caste 143
castor 166
catadioptre 698, 1026
catalan 583
catalogue informatisé 867
catalyseur 784
catamaran 981
catapulte 897
catégorie 620
caténaire 707, 717
cathédrale gothique 506, 507
cathode 820
catholicisme 870
causeuse 360, 855
cavalier 505, 1003, 1008
Cavalier 1065
cavalière 1005
cave à vins 290
cavité abdominale 226, 228
cavité buccale 159, 214, 216
cavité gastrale 134
cavité nasale 214
cavité palléale 138
cavité pleurale 215
cavité synoviale 207
Cayenne, piment 261
cédez le passage 664, 666
cédille 587
cédrat 256
cèdre du Liban 121
ceinture 360, 361, 362, 387, 432, 435, 489, 685, 733, 992, 994, 1056
ceinture de Kuiper 14
ceinture de sécurité 675
ceinture de sécurité, témoin 677
ceinture d'astéroïdes 15
ceinture d'haltérophilie 999
ceinture élastique 434, 436
ceinture lestée 989
ceinture matelassée 491
ceinture montée 432, 436
ceinture porte-outils 387
ceinturon de service 906
céleri 250
céleri-rave 251
cellier 365
cellule 140, 503, 862, 865, 904
cellule animale 133
cellule convective 89
cellule d'isolement 865
cellule olfactive 232
cellule photoélectrique 596
cellule royale 144
cellule végétale 102
Celsius, degré 827, 835
Celsius, échelle 827
cément 206
cendre 483
cendre, couche 75
cendrier 483
cent 836, 860
Centaure 21
centrage 648
centrale 785, 788
centrale à réservoir 788
centrale au fil de l'eau 788

centrale hydroélectrique 786, 788
centrale nucléaire 796
centrale thermique 95
centrale thermique au charbon 775
centre 541, 838, 874, 947, 950, 953, 955, 957, 995, 1009, 1027, 1029, 1065
centre arrière 953
centre commercial 843, 848
centre de cuisson 292
centre de documentation 522
centre de gravité 732
centre de tri 99, 588, 589
centre germinatif 230
centre-ville 843, 844
centrifugeuse 318
centriole 133
cep 117
cèpe 108, 244
céphalothorax 139, 145
Céphée 22
cerceau 972
cercle 480, 838, 1066
cercle central 947, 955, 956, 1029
cercle de serrage 556
cercle extérieur 1027
cercle intérieur 1027
cercle polaire antarctique 42, 46
cercle polaire arctique 42, 46, 47, 49, 51
cercle porte-lame 761
cercle restrictif 956
céréale 263
céréale, produit 278
céréales 123
Cérès 14
cerf de Virginie 172
cerf du Canada 172
cerfeuil 262
cerf-volant 1071
cerise 254
cerise de terre 254
cérium 814
cerne annuel 118
cerneau 116
cerques 1059
cerveau 138, 139, 143, 145, 149, 152, 222, 223, 224
cervelet 222, 223, 224
cervelle 276
césium 812
Chac-Mool 513
chaîne 569, 572, 573, 698, 700, 829, 969, 1001
chaîne, entraînement 765
chaîne alimentaire 94
chaîne coupante 417
chaîne de montagnes 17, 45, 66
chaîne de mouillage 737
chaîne de sûreté 687
chaîne de suspension 792
chaîne nerveuse 139, 143
chaîne stéréo 614
chaînette de levage 347
chaire 871
chaise 293, 361, 868
chaise berçante 361
chaise dactylo 646
chaise empilable 361
chaise haute 366

chaise longue 361
chaise percée 492
chaise pliante 361
chaise Windsor 361
chaise-escabeau 361
chaland 729
chalaze 160
châle 427, 465
chalet de montagne 1036
chalet du sommet 1036
chalet principal 1036
chaleur, production 795
chaleur, transfert 811
chaloupe de sauvetage 726, 730
chalumeau 560
chalumeau coupeur 407
chalumeau soudeur 407
chalutier 728
chambranle 325, 327
chambre 330, 579, 705, 774, 1052
chambre, numéro 855
chambre à air 160
chambre à poudre 890
chambre à vide 826
chambre antérieure 238
chambre de combustion 336, 339, 680, 682, 749
chambre de cuisson 577
chambre de décharge 498
chambre de la reine 498
chambre de mélange 407
chambre de vantail 719
chambre des machines 899
chambre des pompes 728
chambre double 855
chambre du roi 498
chambre d'expansion 827
chambre d'hôpital 920
chambre d'hôtel 855
chambre d'observation 826
chambre forte 859
chambre froide 288, 289, 292
chambre noire 600
chambre photographique 591, 826
chambre postérieure 238
chambre pulpaire 206
chambre simple 855
chambre souterraine 498
chameau 173
champ centre 939
champ de tir 1043
champ droit 939
champ d'épandage 345
champ extérieur, clôture 939
champ gauche 939
champ géothermique 770
champ magnétique 609, 817
champ magnétique terrestre 817
champignon 108, 244, 713
champignon, bouton 634
champignon café 244
champignon comestible 108
champignon de couche 244
champignon mortel 108
champignon vénéneux 108
chandelle de relevage 764
chanfrein 168
change 857
changement de disque 615
changement de piste 611, 615
chanterelle commune 244

chanvre 123, 424
chapati, pain 278
chape 334, 367, 555
chapeau 108, 590
chapeau de feutre 457
chapeau de ventilation 344
chapeau du battant 572
chapeau d'angle 709
chapelle 504
chapelle axiale 506, 507
chapelle latérale 506
chapelure 279
chapiteau 501, 548
chapon 271
chapska 457
char d'assaut 895
charbon 95
charcuterie 277
chardon 113
chardonneret 162
charge 816
charge, témoin 677
charge électrique, mesure 835
charge explosive 775, 893
charge militaire 894
charge utile 39
charge utile, module 64
chargement, bouchon 893
chargement, hublot 798
chargement, machine 798, 800
chargement, zone 798
chargeur 389, 394, 888, 891, 999, 1043
chargeur, arrêtoir 888
chargeur, semelle 888
chargeur automatique 647
chargeur de pile 622
chargeur manuel 647
chargeuse frontale 759
chargeuse-pelleteuse 759
chariot 289, 367, 407, 542, 571, 756, 825, 981, 1019
chariot, commande 825
chariot à bagages 704, 745
chariot à livres 867
chariot à palette 755
chariot à plateau 755
chariot élévateur 754
chariot transbordeur 662
Charles IX 460
charnière 316, 380, 484, 577, 617, 674, 824, 1039
Charon 15
charpente 332, 499, 502
charpente verticale 573
charriot, commande 571
charrue à soc 765
chas 567, 568
chasse 242, 539, 586
chasse, arme 887
chasse-clou 388
chasse-neige 83
chasse-neige à soufflerie 763
chasse-pierres 706, 707
châssis 413, 556, 557, 754, 755, 760, 761, 765, 766, 1045
châssis automoteur 762
chasuble 438
chat 178, 179
chat de l'île de Man 179
châtaigne d'eau 245
château d'eau 708
château fort 504
châteaubriand 272

chaton 470
chaudière 339, 804
chaudière à gaz 340
chaudière à mazout 339
chauffage 336
chauffage, commande 676
chauffage au bois 336
chauffage d'appoint 340
chauffage géothermique 770
chauffe-air solaire 805
chauffe-eau 344, 348, 805
chauffe-eau au gaz 349
chauffe-eau électrique 348
chaufferette 1053
chaumard 981
chaussée 658, 663, 846
chaussée cahoteuse 665, 667
chaussée glissante 665, 667
chaussée rétrécie 664, 667
chausse-pied 463
chaussette 433, 446, 946, 954, 968, 997
chaussette haute 951
chaussette-étrier 940
chausson 448, 988, 989
chausson d'escalade 1050
chausson intérieur 1039, 1045
chaussure 459, 460, 850, 851, 942, 945, 956, 1020, 1022, 1030, 1031
chaussure, magasin 849
chaussure à crampons 940, 951, 954, 1035
chaussure de femme 460
chaussure de football 946
chaussure de golf 1019
chaussure de lutte 991
chaussure de piste 935
chaussure de quilles 1015
chaussure de saut à ski 1041
chaussure de ski 1038, 1039
chaussure de ski de fond 1042
chaussure de soccer 946
chaussure de sport 450
chaussure de tennis 968
chaussure d'alpinisme 1051
chaussure d'escrime 997
chaussure d'haltérophilie 999
chaussure d'homme 459
chaussure unisexe 462
chauve-souris 186, 187
chauve-souris fer-de-lance 187
chayote 249
cheddar 281
chef 198, 874
chef, bureau 900
chef de cuisine 291
chef de partie 291
chef de tapis 991
chef d'orchestre 545
chemin 1016
chemin couvert 505
chemin de fer 52
chemin de fer métropolitain 714
chemin de ronde 504, 505
chemin de roulement 756
chemin d'évacuation 663
cheminée 75, 323, 329, 337, 339, 349, 721, 726, 774, 775
cheminée à foyer ouvert 336
cheminée à minerai 774
cheminée antisuie 730
chemise 431, 652, 850, 887
chemise de nuit 447

chemise du donjon 504
chemise en acier 820
chemisier classique 440
chenal 739
chêne 119
chenet 337
chenille 141, 758, 895, 1026
chenille, longeron 758
chèque 860
chèque de voyage 860
chéquier 484
chercheur 24, 25
chérimole 258
cheval 168, 169, 170, 172, 969
cheval d'arçons 969, 970
chevalement 773, 774
chevalet 526, 547, 548, 549, 552, 553, 561
chevalet de câble de garde 792
Chevalet du Peintre 21
chevalière 470
chevelu 118
Chevelure de Bérénice 23
chevet 507
cheveux 193, 195
cheville 192, 194, 547, 548, 565, 574
cheville d'accord 552
chevillier 547
chèvre 172
chèvre frais 280
chevreuil 172
chevron 332, 874
chiasma optique 222
chicane 1022
chicorée de Trévise 246
chicorée frisée 246
chien 174, 175, 176, 887, 888, 889, 1011
chien, interdit 857
Chiens de Chasse 23
chiffon à lentilles 480
chiffonnier 365
chiffre 586
chiffre romain 836
chignole 395
chiisme 870
Chili 55, 876
chili, assaisonnement 261
chimie 810, 834
chimpanzé 185
Chine 59, 881
chinois 308, 582
chipolata 277
chirurgie, salle 918
chiton 426
chlamyde 426
chlore 813
chloroplaste 102
chlorure décolorant 425
chocolat 285
chocolat au lait 285
chocolat blanc 285
chocolat noir 285
chœur 506, 507
choix de la langue d'affichage 624
chondrite 18
chope à bière 297
chope à café 301
chorizo 277
choroïde 238
chou cavalier 246
chou de Bruxelles 246
chou de Milan 247

chou frisé 246
chou laitue 246
chou marin 246
chou pommé 247
chou-fleur 251
chou-rave 250
chow-chow 176
christianisme 870
chrome 78, 813
chromosphère 16
chronique 590
chroniqueur 604
chronométrage, zone 1041
chronométrage électronique 1033
chronomètre 604, 828, 977
chronomètre de jeu 933
chronomètre électronique 604
chronomètre électronique automatique 977
chronométreur 956, 960, 974, 976, 990, 992, 993, 994, 995, 996, 997, 1031, 1033, 1050
chrysalide 141
chukka 459
chute 67, 454, 763, 983
chute, hauteur 789
chute, zone 934, 936, 937
chute de pierres 665, 667
chute d'eau 73
chute libre 1046
chutney 287
Chypre 57, 878
cible 64, 65, 1009, 1011, 1043, 1069, 1071
ciboule 245
ciboulette 245
ciel, rayonnement 84
ciel clair 82
ciel complètement obscurci 82
ciel couvert 82
ciel nuageux 82
ciel sans nuages 82
cierge 871
cigale 147
cigare 483
cigarette 483
cigogne 161
cil 133, 178, 238
cilié 111
cimaise 500
cime 118
cimetière 52, 845
cimier 883
cimier mobile 28
cinéma 544, 730, 844, 848
cinéma maison 612
cinq 836
cinq cents 836
cinq-épices chinois 261
cinq-portes 669
cinquante 836
cintre 540
CIO 882
cirage, boîte 463
circonférence 838
circonvolution 223
circuit à 120 V 354
circuit à 240 V 354
circuit électrique 359, 818
circuit en parallèle 818
circuit en série 818
circuit imprimé 820
circuit intégré 820

circuit intégré en boîtier 820
circulation, marque 741
circulation, tube 802
circulation dans les deux sens 664, 666
circulation de l'eau 134
circulation générale 212
circulation pulmonaire 212
circulation sanguine 209
cireur 463
cirque 17
cirque glaciaire 72
cirrocumulus 82, 88
cirrostratus 82, 88
cirrus 82, 88
cisaille 537, 655
cisaille à haies 416
cisaille à volaille 309
ciseau 533
ciseau à bois 398
ciseaux 472, 477, 568, 915, 1055
ciseaux à cuticules 472
ciseaux à denteler 568
ciseaux à effiler 477
ciseaux à ongles 472
ciseaux de coiffeur 477
ciseaux de cuisine 309
ciseaux de pédicure 472
ciseaux sculpteurs 477
Cisjordanie 58
citerne 692, 693, 729
citerne, dégagement d'air 729
citerne, panneau 729
cithare 560
citron 256
citrouille 249
civière 911, 913
civière, secteur 918
clairon 551
clapet 347, 350
clapet de retenue 345
claque 450, 459
claquette 543
clarinette 545, 550
clarinette basse 545
classe 132
classe, salle 865, 868, 869
classement 652
classement, meuble 645
classeur 645, 652
classeur à soufflets 484
classicisme 529
classification 132
classification de Hubble 19
classification des espèces 132
clavardage 643
claveau 514
clavecin 553
clavette 327
clavicule 153, 159, 165, 187, 188, 200
clavier 552, 554, 555, 558, 560, 622, 623, 624, 625, 630, 632, 925, 1015
clavier, instrument 552, 553
clavier alphanumérique 668, 858, 859
clavier d'identification personnelle 859
clavier numérique 831
clayette 377
clé 327, 400, 403, 550, 558, 562
clé, bouton 550

clé, entrée 327
clé, garde 550
clé, levier 550
clé, reproduction 849
clé à chaîne 403
clé à crémaillère 403
clé à douille à cliquet 400
clé à fourches 400
clé à molette 400
clé à percussion 903
clé à sangle 403
clé à tuyau 403
clé coudée à tuyau 403
clé de barrage 903
clé de bocal 550
clé de bras 992
clé de contact 420
clé de fa 562
clé de mandrin 394
clé de sol 562
clé d'ut 562
clé en croix 686
clé Internet 631
clé mixte 400
clé polygonale 400
clé USB 599, 638
clef de voûte 506, 514
clémentine 256
client 603
clignotant 676, 691
clignotant, témoin 677, 696
climat 87
climat aride 87
climat continental humide 87
climat de montagne 87
climat méditerranéen 87
climat océanique 87
climat polaire 87
climat subarctique 87
climat subtropical humide 87
climat tempéré 87
climat tropical 87
climatisation 911
climatisation, groupe 744
climatiseur 687
climatiseur bibloc 343
climatiseur de fenêtre 343
clinfoc 725
clip solaire 480
cliquet 390, 395, 572, 828, 829
clitoris 226
cloaque 145, 152, 155, 159
cloche 458, 1008
clocher 507, 871
clocheton 504, 506, 507
clochette 557
cloison 114, 231, 907, 1063, 1068
cloison longitudinale 728
cloison mobile 644, 645, 853
cloison transversale 728
clôture 243, 322, 410
clôture de sécurité 1040
clou 171, 388
clou à finir 388
clou à maçonnerie 388
clou à tête homme 388
clou à tige spiralée 388
clou commun 388
clou coupé 388
clou de girofle 260
clou en bande 389
clou millésimé 712
clouage 388
cloueuse 389

club-house 1006
cobalt 813
cobra 156
coccinelle 146
coccyx 201, 204
Cocher 22
cocher de sable 1018
cocher d'allée 1018
cocher d'approche 1018
cochlée 235
cochon d'Inde 166
cochonnet 1014
cockpit 980
coco, noix 255
cocotte 313
code 648
code de données 613
code des produits 831
code temporel 543
cœlophysis 130
cœur 115, 136, 137, 138, 139, 141, 143, 145, 149, 152, 154, 159, 169, 213, 229, 276, 336, 968, 1062
cœur de croisement 712
cœur du réacteur 800, 801
coffre 364, 671, 697, 802, 803
coffre à bagages 687
coffre de rangement 690, 902
coffre d'appareillage 707
coffre-fort 859, 905
coffret 609
coffret de branchement 356
coffret de sûreté 859
coiffe 39, 109, 110, 539, 1059
coiffeur 542
coiffeuse 346, 365
coiffure 457, 476
coiffure, accessoires 477
coiffure de femme 458
coiffure d'homme 457
coiffure unisexe 458
coin 539, 554, 990
coin, surface 947
coin cuisine 644
coin de patinoire 1028
coinceur 1050, 1051
coing 255
coin-repas 296, 329
col 71, 430, 431, 435, 450, 454, 455, 609, 1018
col à pointes boutonnées 431
col banane 455
col berthe 455
col cagoule 455
col châle 455
col chemisier 455
col chinois 455
col Claudine 455
col cravate 455
col de l'utérus 226, 227
col italien 431
col marin 455
col officier 455
col polo 455
col roulé 437, 455, 1042
col tailleur 443, 455
col transformable 435
col vésical 218
col-de-cygne 335, 760
colette 469
colibri 162
colis, service 704
colis postal 589
collant 446

collatéral 507
colle 334
colle, bâtonnet 654
collecte sélective 99
collecteur 819
collecteur de graisse 317
collecteur de vapeur 797
collecteur d'appareil 344
collecteur d'évacuation 344
collecteur principal 344, 345
collerette 429, 455
collet 109, 206, 299, 300, 337, 539, 732
collet de l'axone 221
collet repoussé 351
colley 176
collier 312, 468, 493, 984, 1007, 1039
collier cervical 911
collier coupe-feu 337
collier de perles 468
collier de serrage 85, 1000
collier de serrage du casque 33
collier de soirée 468
collier-de-chien 468
collimateur 924, 926
colline 71
colline abyssale 67
collybie à pied velouté 244
Colombe 21
Colombie 55, 876
colombinage 577
côlon 145, 155, 169, 217
colonne 67, 90, 395, 499, 501, 538, 548, 566, 590, 596, 600, 716, 1063, 1068
colonne ascendante 339
colonne avec capuchon 90
colonne corinthienne 503
colonne de collecte 99
colonne de radiateur 339
colonne de ventilation 344
colonne descendante 339
colonne dorique 503
colonne d'air 353
colonne en saillie 510
colonne ionique 503, 509
colonne jumelée 510
colonne montante 344
colonne rénale 219
colonne vertébrale 149, 164, 200, 204, 224
colonnes, à cheval sur deux 1068
colonnette 508
colorant capillaire 474
columelle 136
coma 18
combat, aire 996
combat, surface 992, 993
combat, zone 994
combattant 992, 994, 996
combinaison 434, 1002, 1024, 1034, 1037
combinaison, bouton 554
combinaison de course 1032
combinaison de nuit 448
combinaison de protection 1025
combinaison de saut à ski 1041
combinaison de ski 1038, 1042
combinaison de ski de vitesse 1041
combinaison de vol 1046
combinaison gagnante 1070

combinaison résistante au feu 1022
combinaison-culotte 444
combinaison-jupon 444
combinaison-pantalon 439
combiné 444, 623, 624, 735
combiné-culotte 444
combiné-slip 444
combustible 795, 800, 801
combustible, déchargement 798
combustible, gainage 798
combustible, grappe 799
combustible, pastille 799
combustible, séquence de manipulation 798
combustible, stockage 798
combustible défectueux 798
combustible fossile 96, 98
combustion 680, 681, 749
comète 18
comité d'arbitrage 993
Comité international olympique 882
commandant, appartement 731
commandant, siège 748
commande, barre 1047
commande, bouton 380
commande, levier 773
commande, touche 314
commande amovible 317
commande au pied 566
commande de la mouture 318
commande de marche arrière 601
commande de marche avant 601
commande de marge 648
commande de panneau solaire 86
commande de sélection manuelle 601
commande de ventilateur 343
commande de vitesse 314
commande du zoom 613
commande d'insertion du papier 649
commande électronique, module 679
commandements, dix 872
commerce électronique 643
commis débarrasseur 291
commissaire 1025
commissaire aux obstacles 1002
commissaire de piste 1003
commissure labiale 231
commode 364
Commonwealth 882
communication, dispositif 924
communication, touche 735
communication écrite 584
communication sans fil 621
communications aériennes 603
communications individuelles 603
communications industrielles 603
communications maritimes 603
communications militaires 603
communications routières 603
communion, table 871
commutateur 404, 601, 640, 641

commutateur alimentation/ fonction 613
commutateur marche/arrêt 592
commutateur veille/en fonction 614
Comores 61, 880
compactage 99
compartiment 515
compartiment bagages 707
compartiment de sac 375
compartiment des instruments 86
compartiment des voitures 730
compartiment pour documents 489
compartiment pour ordinateur 489
compartiment voyageurs 707
compartiment-couchette 690
compas 1048
Compas 21
compas d'épaisseur 535
compas magnétique liquide 734
compensateur de poussée latérale 617
compétition 933
complexe hydroélectrique 785
complexe sportif 843, 932
compluvium 502
composé, représentation 834
composite inférieur 39
composite supérieur 39
compresse stérilisée 915
compresseur 341, 343, 653, 783
compresseur axial 749
compresseur centrifuge 749
compresseur du climatiseur 682
compresseur d'air 408, 706
compression 680, 681, 749
compression, poste 783
comprimé 914
comptabilité 644
compte, identification 859
compter 649
compte-rangs 571
compte-touches 997
compteur 344, 616, 832
compteur de gaz 783
compteur de vues 593
compteur d'électricité 355, 356
compteur kilométrique 677
comptoir 292
comptoir de prêt 867
comptoir de renseignements 742
comptoir de retour des livres 867
comptoir de vente de friandises 544
comptoir de viandes 288
comptoir du bar 290
comptoir libre-service 292
concasseur 779
concentrateur 641
concentré de tomate 286
concessionnaire d'automobiles 845
conchiglie 282
concombre 248
concurrent 977
condensateur 820
condensation 95, 810

condenseur 770, 775, 796, 804, 825, 826
condenseur, ajustement 825
condenseur, reflux 797
condenseur, vis de réglage 825
condiment 286, 293
conditionnement de l'air 342
conditionnement d'air 730
conditionnement physique, appareils 1000
condor 163
conducteur 1007
conducteur de mise à la terre 356
conducteur d'alimentation 354, 356
conducteur en faisceau 792
conducteur neutre 356
conduction 811
conduit 337, 555
conduit de chauffage 379
conduit de distribution vertical 338
conduit de raccordement 336
conduit déférent 228
conduit d'aération 498
conduit d'éjection 421
conduit d'éjection, dégagement 421
conduit d'éjection, direction 421
conduit d'évacuation 340
conduit hydraulique 765, 766
conduit lactifère 227
conduit lymphatique 230
conduit thoracique 230
conduite, levier 755
conduite, poste 762
conduite à la terre 781
conduite de gaz 846
conduite d'alimentation 344
conduite d'eau 380
conduite d'eau chaude 352, 353
conduite d'eau froide 352, 353
conduite d'eau potable 846
conduite forcée 785, 786, 794
conduite principale 347
condyle 201
cône 120, 238, 609, 839, 1032, 1033
cône adventif 75
cône de pénombre 17, 18
cône d'entrée 749
cône d'ombre 16, 17
conférence, salle 644, 852, 858
confessionnal 871
confirmation, touche 859
confiserie 851
confluent 73
confucianisme 870
congélateur 290, 296, 377
congélateur coffre 377
Congo 50, 61, 879
Congo, République démocratique 61, 879
congrès, salle 852
conifère 120, 121
conjonctive 238
connecteur 354, 622
connecteur à serrage mécanique 793
connecteur de liaison 354
connecteur en T 640
connecteur HDMI 614

connecteur RS 614
connecteur USB 622, 638
connexion 1065
connexion, périphérique 631
conque 234
conseiller musical 605
conservateur, bureau 522
conserve 289
consigne automatique 704, 857
console 513, 548, 791, 792, 917
console centrale 676
console de jeu 1067
console de jeux vidéo portable 1067
console de mixage portative 559
console d'accotoir 360
console d'instruments 989
console numérique 607
consommateur primaire 94
consommateur secondaire 94
consommateur tertiaire 94
constellation 20, 22
contact 1065
contact, dispositif 358
contact de terre 358
contact électrique 592
contact négatif 802, 803
contact positif 802, 803
contacteur 345
contenant 294
conteneur 727, 757
conteneur à boîtes métalliques 99
conteneur à papier 99
conteneur à verre 99
conteneur de collecte sélective 99
continent 17, 67
continental arctique 81
continents 44
contour d'oreille 622
contraste, contrôle 647
contre 959
contre-attrape 553
contrebasse 545, 547
contrebasson 545
contre-fer 397
contrefiche 793
contre-fiche 333
contre-flèche 756
contrefort 71, 450, 506, 790
contre-garde 505
contremarche 335, 572
contreparement 386
contreplaqué 386
contre-platine 617
contrepoids 24, 26, 519, 617, 662, 713, 756, 760, 761, 764
contre-rail 712
contre-sanglon 1005
contrescarpe 505
contrevent 327
contrôle 621, 632
contrôle, bouton 634
contrôle, dispositif 342
contrôle, touche 1067
contrôle de la température 349
contrôle de programmation 342
contrôle de sécurité 743
contrôle de tonalité des aigus 549
contrôle de tonalité des graves 549

contrôle douanier 743
contrôle du plateau 611, 615
contrôle thermique 339
contrôleur 704
contrôleur à vent de synthétiseur 558
contrôleur de fonctionnement 341
contrôleur d'images 605, 608
contrôleur technique 1031
convecteur 340
convection 16, 811
convection, courant 817
convertisseur catalytique 673
convertisseur de couple 378
convertisseur numérique/ analogique 609
convoyeur 771, 773, 775
convoyeur à bagages 745
cooksonia 128
coopération islamique, organisation 882
coordonnées célestes 23
coordonnées terrestres 42
copeau, évacuation 397
copeaux 125
copernicium 813
copie recto/verso 647
copropriété 1036
copyright 587
coq 163
coque 116, 265, 489, 687, 721, 980, 986, 1026, 1034, 1039
coque supérieure 1045
coquelicot 113
coquillage bivalve 136
coquillage univalve 136
coquille 136, 137, 138, 160, 360, 695, 954, 998, 1030
coquille de protection 991, 994
coquille Saint-Jacques 265
coquiller à beurre 309
cor anglais 545, 550
cor d'harmonie 551
coracoïde 153, 159
Coran 870
corbeau 163, 336, 504
Corbeau 21
corbeille 541
corbeille à papier 655
corbeille à pollen 142
corbeille suspendue 410
cordage 123, 1058
cordage commis 1058
cordage de pont 987
cordage tressé 1058
corde 547, 548, 552, 553, 560, 561, 816, 885, 972, 990, 1009, 1050, 1051
corde, instrument 547
corde à sauter 1000
corde de couloir 977
corde de faux départ 976
corde de tension 561
corde de timbre 556
corde de tirage 409
corde d'accrochage 572
corde d'assurage 1050
corde vocale 214
cordeau 387, 418
cordeau à tracer 387
cordée 111, 1050
cordelière 368
cordier 547, 561
Cordillère australienne 52

cordillère des Andes 48
cordon 371, 404, 620, 621
cordon à gaine métallique 624
cordon à lunettes 480
cordon coulissant 436
cordon de combiné 623
cordon de tirage 367, 371
cordon d'alimentation 315, 374, 389, 393, 394, 396, 398, 404, 406, 417, 419, 478, 479, 630
cordon d'alimentation secteur 630
cordon littoral 70
cordon tire-feu 892
Corée, République 881
Corée, République populaire démocratique 881
Corée du Nord 59
Corée du Sud 59
coréen 583
coriandre 262
corinthien, ordre 501
corne 471, 724
corne de feu 902
corne de guidage de l'attelage 707
cornée 238, 239
cornemuse 560
cornet à dés 1063
cornet à pistons 551
cornet inférieur 232
cornet moyen 232
cornet supérieur 232
corniche 323, 325, 364, 499, 500, 509
cornichon 248
corolle 112
corona radiata 226
corps 233, 318, 350, 394, 483, 550, 554, 585, 825, 832, 937, 1059, 1069
corps calleux 222
corps caverneux 228
corps céleste 14
corps cellulaire 221
corps ciliaire 238
corps de garde 504, 505
corps de l'église 510
corps de pompe 912
corps de ruche 144
corps du pistolet 408
corps en bakélite® 893
corps humain 192
corps spongieux 228
corps vertébral 204, 224
corps vitré 238
corps-mort 737
corps-mort, bride 737
corpuscule de Meissner 236
corpuscule de Pacini 236
corpuscule de Ruffini 236
correcteur orthographique 648
correction, touche 571
correction de caractères 648
correction de mots 648
correction d'exposition 592, 593, 597
correspondance 651
cors d'harmonie 545
corsage 571
corsage-culotte 440
corsaire 441
corset 427, 445, 792
cortex cérébral 222

INDEX FRANÇAIS

cortex rénal 219
corymbe 112
cosmétique 289
cosmétiques 851
cosse 116
Costa Rica 54, 876
costume 542, 850
costume ancien 426
costume avec frac 428
costume avec justaucorps 428
costume avec pourpoint 428
cotardie 427
côte 70, 77, 154, 159, 164, 165, 170, 175, 182, 184, 187, 188, 200, 272, 273, 274, 1059
côté 541
côte, fausse 201
côte axiale 136
côté cour 541
côte de longe 273
côte d'azur 1021
Côte d'Ivoire 60, 879
côté femelle 567
côte flottante 184, 200
côté jardin 541
côte levée 272, 275
côté mâle 567
côté rétractable 913
côte spiralée 136
côtelette 275
côtelette de côte 273, 274
coton 424
coton hydrophile 474, 915
cotonnier 123
coton-tige 123, 474, 915
cotre Marconi 723
cotret 806
cottage 280
cotte de mailles 884
cotylédon 105
cou 155, 193, 194, 195, 228, 969
couchage 125
couche 449
couche, plaque 887
couche antireflet 802
couche arable 109
couche basale 236
couche cornée 236
couche de surface 658
couche drainante 790
couche d'ozone 79
couche épineuse 236
couche fluorescente 359
couche granuleuse 236
couche imperméable 776
couche jetable 449
couchette 705
coude 168, 174, 186, 193, 195, 207, 282, 338, 351, 480
cou-de-pied 192
coudière 954, 1045
coulant 490
coulée de boue 77
couleur 571, 875, 1062
couleur, cercle 528
couleur, contrôle 647
couleur, synthèse 821
couleur à l'huile 525
couleur primaire 528
couleur secondaire 528
couleur tertiaire 528
couleuvre rayée 156
coulis de tomate 286

coulisse 432
coulisse d'accord 551
coulisse d'entrée 144
coulisses 540
couloir 498, 705, 934, 963, 966, 976, 977, 1032
couloir de sécurité 862
couloir de sortie 1071
couloir d'échauffement 1032
couloir d'intercommunication 705
coulomb 835
coulommiers 281
coup de départ 1016
coup de patin 1042
coup de pied 994
coup de pied de réparation 948
coup d'approche 1016
coup franc 948
coupage oxyacétylénique 407
Coupe 21
coupé 669, 874
coupe à mousseux 297
coupe-bordures 412
coupe-circuit 348, 793
coupe-circuit d'urgence 696
coupe-cuticules 472
coupe-fil 405, 567
coupe-glace 421
coupe-griffes 493
coupelle 373
coupelle d'étanchéité 909
coupe-œuf 309
coupe-ongles 472
coupe-papier 651
couperet 306
coupe-tube 402
coupe-tuyau 402
coupe-vent 1049
coupe-verre 579
couple 1031
couple de serrage, bague 394
coupleur hydraulique 764
coupole 736
coupole du mihrab 872
coupole du porche 872
coupole rotative 28
cour 243, 504, 865, 872
cour de récréation 869
courant 719
courant, sens conventionnel 818
courant électrique, mesure 835
courbure 1061
coureur 1021, 1025, 1035
coureur, quartier 1021
coureuse 935
courge à cou droit 249
courge à cou tors 249
courge à moelle 249
courge d'été 249
courge d'hiver 249
courge spaghetti 249
courgeron 249
courgette 249
couronne 16, 168, 206, 515, 527, 556, 828, 860
Couronne australe 20
Couronne boréale 23
couronne de table 469
couronne d'orientation 760
couronnement 335, 791, 794
courriel 632
courrier 588, 589
courrier, salle 644

courrier des lecteurs 590
courrier électronique 643
courroie crantée 396
courroie de rêne 1007
courroie de sécurité 964
courroie de tige 1039
courroie de transmission 727
courroie d'amarre 1006
courroie d'attache 490
courroie d'entraînement 378
cours d'eau 73, 98
course, équipement 934
course attelée 1007
course automobile 1022
course de chevaux 1006
course montée 1006
coursier d'évacuateur 785
court, arrière 964, 967
court, avant 964, 967
court, centre 964
court de service 967
courte piste 1032, 1033
courtine 504
couscous 123, 278
couscoussier 313
cousin 929
cousine 929
cousoir 538
coussin 363, 578, 973
coussin arrière 1007
coussin de rembourrage 990
coussin de tête 1012
coussin d'allaitement 492
coussin pour gradins 1057
coussinet 174, 178
coussinet de glissement 712
coussinet d'émeri 568
coussinet en mousse 908
coussinet palmaire 174
couteau 265, 298, 314, 315, 318, 531, 763, 989, 1055, 1057
couteau à beurre 298
couteau à bifteck 298
couteau à découper 306
couteau à désosser 306
couteau à dessert 298, 304, 305
couteau à filets de sole 306
couteau à fromage 298
couteau à huîtres 306
couteau à jambon 306
couteau à pain 306
couteau à palette 525
couteau à pamplemousse 306
couteau à peindre 525
couteau à plomb 579
couteau à poisson 298, 304
couteau à zester 306
couteau de chef 306
couteau de combat 886
couteau de cuisine 306
couteau de potier 576
couteau de table 298, 304, 305
couteau d'électricien 405
couteau d'office 306
couteau électrique 315
couteau en silex 883
couteau multifonctions 1055
coutisse 565
coutre 765, 767
couture 483, 538, 566, 941, 942
couture, accessoires 568
couture d'assemblage 464

couture médiane 431
couvercle 312, 315, 316, 317, 318, 319, 342, 346, 347, 355, 358, 377, 378, 381, 387, 483, 495, 527, 577, 593, 600, 601, 617, 625, 635, 637, 647, 820, 903, 1057, 1067
couvercle coulissant 734
couvercle de réservoir 347
couvercle en caoutchouc 536
couvert 292, 297, 301, 851
couverture 363
couvre-bassinet 889
couvre-culasse 891
couvre-filtre 909
couvre-oreiller 363
couvre-plateau 617
couvre-prises 613
couvrure 539
crabe 266
cracker 279
craie 1013
crampon 450, 463, 712, 942, 1043
crampon de fermeture 488
crampon interchangeable 946
cran 430, 432, 454, 569, 830, 935, 1059
cran de mire 888
cran de réglage 399, 1039
crâne 149, 159, 164, 170, 182, 184, 187, 188, 192, 205
crapaud commun 153
cratère 17, 75, 771
cravache 1003, 1006
cravate 431, 850
crawl 975
crawl, coup de pied 975
crayon 585, 799
crayon à sourcils 473
crayon blanchisseur d'ongles 472
crayon Conté 524
crayon contour des lèvres 474
crayon de cire 524
crayon de couleur 524
crayon de pierre ponce 535
crayon en plomb 584
crayon lithographique 535
crécelle 561
crédit, service 858
crédit photographique 590
crémaillère 377, 935
crémaillère de pointage 892
crémaster 141
crème 280
crème à fouetter 280
crème aigre 280
crème épaisse 280
crème sure 280
crémier 301
crénelé 111
crépis 499, 501
cresson alénois 247
cresson de fontaine 247
Crétacé 131
crête 71, 77, 785, 790, 821, 884
creux 77, 299, 821
creux barométrique 81
crevasse 72
crevette 266
cri 583
cric 686, 1023

cricket 942
cricket, joueurs 943
criminalité, prévention 904
crinière 168
criquet mélodieux 147
crispin 997
cristallin 238, 239
cristallisation 810
cristaux de neige 90
cristaux irréguliers 90
critique gastronomique 590
croate 583
Croatie 57, 878
croc à défricher 413
croche 563
crochet 136, 145, 154, 327, 387, 404, 566, 567, 570, 587, 601, 693, 733, 756, 831, 1011, 1012, 1031
crochet à venin 154
crochet de levage 776
crochet de petit doigt 551
crochet de pouce 551
crochet du plateau 830
crochet d'attelage 764
crochet pétrisseur 314
crocodile 157
crocus 113
croisée 506
croisée du transept 507
croisement 575
croisillon 917
croissant 17, 279, 875
Croissant-Rouge 882
croix 874
croix de Saint-André 332, 713
croix directionnelle 1067
Croix du Sud 21
croix d'autel 871
Croix-Rouge 882
crosne 245
crosse 107, 548, 887, 888, 891, 892, 916, 944, 945, 948, 949, 1010, 1011, 1029
crosse, techniques 949
crosse, terrain 948
crosse de fougère 250
crosse de gardien de but 1030
crosse de joueur 1030
crottin de Chavignol 280
croupe 168, 969
croupion 158
croupon 539
croûte basaltique 66
croûte continentale 66
croûte de cuir 432
croûte granitique 66
croûte océanique 66
croûte terrestre 66, 76
cruche 1056
crucifix 871
crustacé 94, 139, 266
Cuba 54, 876
cube 276, 839
cubiculum 502
cubisme 530
cubitière 884
cubitus 153, 159, 164, 165, 170, 175, 182, 184, 187, 188, 200, 202, 207
cuboïde 203
cueillette 242
cuiller 299, 1055, 1061
cuiller à café 299
cuiller à crème glacée 309

cuiller à dessert 299
cuiller à égoutter 311
cuiller à glace 309
cuiller à goûter 309
cuiller à soda 299
cuiller à soupe 299
cuiller à soupe chinoise 305
cuiller à thé 299
cuiller de table 299, 304, 305
cuiller doseuse 308
cuiller parisienne 309
cuilleron 299
cuirasse 883
cuiseur-vapeur 292
cuisine 291, 293, 296, 329, 502, 705, 853, 854, 864, 869, 899, 900
cuisine, articles 850
cuisine, équipement 306
cuisinière 292
cuisinière à gaz 291, 376
cuisinière électrique 291, 376
cuissard 450, 884, 954, 1020, 1050
cuissarde 460
cuissardes 1061
cuisse 168, 174, 189, 193, 195, 226, 228, 272, 275
cuisson 577
cuit-vapeur 313
cuit-vapeur électrique 317
cuivre 78, 813
cuivre, instrument 545
cuivre et acier 351
culasse 469, 550, 892
culasse, bloc 887
culasse, bouton 890
culasse, couvercle 672, 682
culasse, garde 550
culasse, levier de manœuvre 892
culbuteur 682
cul-de-sac de Douglas 226
cul-de-sac dural 224
cul-de-sac vesico-utérin 226
culée 506, 660, 661
culot 359, 609, 683, 736, 887, 1010
culot à baïonnette 358
culot à broches 359
culot à vis 358
culotte 351, 428, 445, 997, 999, 1028
cultivateur 765
culture 242
cumin 260
cumulonimbus 82, 88
cumulus 82, 88
cunéiforme 203, 208
cupule 116
curcuma 260
cure-ongles 472
curiosité 53
curium 814
curleuse 1027
curling 1027
curling, piste 1027
curling, zones de jeu 1027
curry 260
curseur 567, 830
curseur, déplacement 649
curseur vers la droite 633
curseur vers la gauche 632
curseur vers le bas 633
curseur vers le haut 633

cuscute 103
cuspide 206
cuticule 110, 236
cuve 348, 377, 378, 380, 600
cuve à déchets 763
cuve de développement 600
cuve vitrifiée 349
cuvette 347, 548, 734, 1068
cuvette porte-clapet 350
cuvette ramasse-gouttes 319
cyan 821
cyanobactérie 128
cyclisme 1020
cyclisme sur piste 1021
cyclisme sur route 1020
cycliste 1020, 1021
cyclomoteur 697
cyclone 89
cyclorama 606
cygne 161
Cygne 22
cylindre 350, 534, 648, 680, 763, 839
cylindre de contrepression 533
cylindre de coupe 419
cylindre de roue 679
cylindre de rubis 823
cylindre des gaz 891
cylindre enregistreur 76
cylindre récupérateur 892
cylindre récupérateur, tête avant 892
cylindre réflecteur 823
cylindre rotatif 578
cymbale 545, 556, 557
cymbale charleston 556
cymbalette 557
cyme bipare 112
cyme unipare 112
cyphose 204
cyprès 121
cytopharynx 133
cytoplasme 102, 133, 226
cytoprocte 133
cytostome 133

D

dague 886
dalle 410
dalle de pierre 384
dalle de verre 579
dalmatien 176
dalot 1015
dame 1062, 1063, 1065
Dame 1065
dame de nage 985
dames, jeu 1065
dameuse 1036
damier 1065
Danemark 56, 878
danger 738
danger, zone 992, 995
danois 177, 583
Danube 49
darmstadtium 813
darne 270
date d'expiration 861
datte 254
dauphin 182, 183
Dauphin 22
Dauphine 1015
David 870
dé 568, 1062, 1063, 1064
dé à poker 1062

dé doubleur 1063
dé régulier 1062
déambulateur 916
déambulatoire 507
débarbouillette 475
débardeur 437, 440, 450
débarras 644
débit, robinet 901
débit de tabac 848
déblocage instantané 596
débouchure 354
débranchement, poste 708
débrayage, pédale 676
début 633
décagone 839
décanteur de séparation 779
décapeur thermique 408
décapeuse 760
décapotable 669
décapsuleur 307, 1055
décharge 843
déchargement, machine 798
déchargement, tube 767
déchets 97
déchets nucléaires 98
déchiquetage 99
déchiqueteuse 655
décimale 649
déclencheur 592, 593, 595
déclencheur par contact 389
déclencheur souple 596
déclinaison 23
déclinaison, cercle 24, 25
décolleté 456
décolleté carré 456
décolleté drapé 456
décolleté en cœur 456
décolleté en V 456
décolleté plongeant 456
décomposeur 94, 95
décompte des tours, responsable 1033
décor 543
décorateur 542, 543
décoration, accessoires 850
décoration, magasin 849
découpage 125
découpe 430
découpe princesse 444
Deep Impact 31
défense 952
défense, zone 955, 958
défenseur 1028
défenseur à l'aile 955
défenseur au but 955
défibrillateur 911
défilement 621, 633
déflecteur 336, 340, 343, 415, 419, 420, 690, 763
déflecteur de chaleur 359
déflecteur de copeaux 393
déflecteur de jet 897
défonceuse 398, 758
déforestation 97
dégagement, loquet 389
dégageur de fumée 895
dégaine 1050
déglaçant 421
dégrafeuse 654
degré 836
degré Celsius 827, 835
degré Fahrenheit 827
dégrossissage 531
Deimos 14
déjections animales 98

DEL 359
délégué technique 1031
delta 70, 73
Delta II 39
deltaplane 1047
deltoïde 196
démarcation, poteau 939
démarrage 628, 629, 630, 632
démarrage pneumatique, groupe 744
démarreur 413, 419, 696
démarreur, responsable 1023
démêloir 476
demeure seigneuriale 504
demi 945
demi de coin 952
demi de mêlée 950
demi de sûreté 952
demi d'ouverture 950
demi offensif 953
demi-barbule 82
demi-caisson 1047
demi-centre 960
demi-cercle 838, 956
demi-cercle de but 955
demi-clé renversée 1058
demi-court de service 963
demi-finale 933
demi-lune 481, 505, 1021, 1037, 1044
demi-manche 306
demi-panneau 754
demi-pause 563
demi-soupir 563
demi-tour, interdiction 664, 666
demi-vélo 701
demi-volée 966
dendrite 221
dendrite spatiale 90
déneigement 421
denim 424
dénoyauteur 309
dent 103, 148, 154, 206, 300, 391, 392, 398, 413, 417, 477, 567, 758, 760, 765, 766, 767, 816, 1013, 1031
dent, pointe 758
dent de défonceuse 758
dent de godet 759
dent de sagesse 206
dentaire 154
denté 111
denté, doublement 111
dentelle 578
dentelle aux fuseaux 578
denticule 500, 501
dentifrice 482
dentine 206
denture 206
dénude-fil 405
dénudeur de fil 405
déodorant 474
dépanneuse 693
départ 934, 935, 1002, 1035, 1037, 1064
départ, anneau 1060
départ, case 1063
départ, heure 704
départ, plateforme 1041
départ, zone 984, 1025
dépasser, interdiction 664, 666
déplacement 821
déplacement, aide 917
déplacement, touche 342
déplacement diagonal 1065

déplacement du curseur 633
déplacement en équerre 1065
déplacement horizontal 1065
déplacement vertical 1065
déplacement vertical de l'eau 77
déporteur 746
dépôt, fente 858
dépression 81
dérailleur 698, 700, 1020
dérailleur, manette 699, 1020
derby 459
dérivation, canal 749
dérive 747, 753, 896, 980, 983, 988, 1048
dérive aérienne 727
dériveur 980, 981
dériveur de tirage 349
derme 236, 237
descenderie 774
descendeur 1050
descente 1039
descente dangereuse 665, 667
désencrage 125
désert 74, 87, 92, 93
désert de Gobi 51
désert de pierres 74
désert de sable 74
désert du Kalahari 50
désert du Namib 50
désert du Sahara 50
désert d'Atacama 48
déshabillé 447
déshumidificateur 341, 342
déshydratation 125
design 452
dessert 293
desserte 362, 705
dessin 524
dessin, support 529
dessin, technique 528
dessin à l'encre 528
dessin au crayon de cire 528
dessin au crayon de couleur 528
dessin au feutre 528
dessin au fusain 528
dessin au pastel 528
dessous 540
destination 704
destructeur de documents 655
détecteur à infrarouge 86
détecteur de fumée 903
détecteur de mouvement 515
détecteur de sécurité 676
détecteur d'horizon terrestre 64
détecteur d'impact 676
détecteur solaire 64, 86
détecteur terrestre 86
détendeur 989
détente 885, 887, 888, 889, 891, 893, 1010, 1011
détente, poste 783
détention, salle 905
détenu, admission 864
détonateur 893
détresse, touche 735
détroit 45
détroit de Bass 52
détroit de Béring 46, 47
détroit de Cook 52
détroit de Drake 46, 48
détroit de Gibraltar 49
détroit de Torres 52
détroit du Danemark 46

détrusor 218
deux avec barreur 985
deux sans barreur 985
deuxième-but 938
deux-points 587
devant 430, 431
déverrouillage de l'écran 630
déverrouillage de l'objectif 592
déversement
 d'hydrocarbures 98
dévidoir 414, 574
dévidoir pistolet 654
dévidoir sur roues 414
devise 861
Dévonien 129
dextre 874
diable 313, 755
diagonale 792
dialysat 927
dialyse 927
dialyseur 927
diamant 470, 732
diamant, taille 469
diamètre 838
diapason 564
diaphragme 214, 594
diaphragme, réglage 825
diaphragme d'ouverture 826
diaphyse 199
diapositive 591, 601
diapositive, visionnement 601
diastème 166, 167
didgeridoo 560
dièse 563
diesel, carburant 782
diesel-navire 782
différence de potentiel,
 mesure 835
différentiel 673
diffuseur 477, 542, 597
diffuseur tubulaire 749
diffusion d'information 643
digue morte 794
dilution 125
dimétrodon 130
dinde 271
dindon 162
diode 803
diode électroluminescente 359
Dioné 15
dionée attrape-mouche 103
dioptre 822
dioxyde de carbone 102
dioxyde de soufre 98
directeur 644
directeur, bureau 522, 859,
 864, 866, 869
directeur adjoint, bureau 864
directeur artistique 542
directeur de course 1020
directeur de la
 photographie 543
directeur de production 644
directeur des tirs 1009
directeur du personnel 644
directeur technique 608
direction, bureau 852
direction, colonne 672
direction, gouverne 1048
direction, système 673
direction, tube 699
direction obligatoire 664, 666
discontinuité de Gutenberg 66
discontinuité de Mohorovicic 66
discus 151

disjoncteur 341, 354, 786
disjoncteur, panneau 748
dispositif anti-bascule 917
dispositif antidébordement 380
dispositif de blocage 409
dispositif de poussée 584
disposition des informations
 d'une station 81
disquaire 848
disque 19, 315, 355, 535, 568,
 617, 638, 679, 765, 937,
 1000
disque abrasif 396
disque central 135
disque compact 599, 615
disque compact, lecture 615
disque de papier-
 diagramme 691
disque de réglage 597
disque de tension 567
disque dur externe 638
disque dur interne 638
disque d'enterrage 705
disque intervertébral 204, 208
disque numérique
 polyvalent 611
disque volant 1070
dissolution 95
dissolvant de vernis à
 ongles 472
distance 598
distance, marque 743
distance, mesure 832
distance, repère 1006
distance parcourue 832
distillation 784
distillation sous vide 782
distributeur 345
distributeur de boissons 668,
 919
distributeur de
 correspondances 715
distributeur de détergent 380
distributeur de glaçons 296,
 668
distributeur de lames 479
distributeur de produit de
 rinçage 380
distributeur de trombones 654
distributeur d'eau 377, 644
distributeur d'essence 668
distribution, courroie 682
ditali 282
diviseur 767
division 649, 837
division cartographique 42
division territoriale 53
dix 836
djembé 561
Djibouti 60, 879
Dniepr 49
do 562, 995
dobok 994
documentation, centre 900
dodécagone 839
dohyo 995
doigt 152, 159, 160, 165, 185,
 189, 237, 464, 941, 1050
doigt externe 158
doigt interne 158
doigt lobé 160
doigt médian 158
doigt palmé 152, 160
doigt postérieur 158
doigtier 651

doline 67
dolique 252
dolique à œil noir 252
dolique asperge 252
dolique d'Égypte 252
dollar 860
domaine 642
domaine skiable 1036
dôme 509
Dominique 54, 876
domino 1062
domino d'accouplement 554
donjon 504
dorade 267
Dorade 21
doré 269
dorique, ordre 500
dormant 327
dormant, tête 327
dormeuse 448
dorsal, grand 197
dorsale 641
dorsale du Pacifique Est 69
dorsale médio-atlantique 69
dorsale médio-indienne 69
dorsale médio-océanique 67
dorsale océanique 69
dorsale Pacifique-
 Antarctique 69
dorsale Sud-Est-indienne 69
dorsale Sud-Ouest-indienne 69
dos 158, 168, 174, 193, 195,
 237, 298, 299, 300, 306,
 391, 430, 539, 885
dos, départ 975
dos du livre 538
dos du nez 231
dossard 935
dosse 386
dosseret 378, 379, 508
dossier 361, 366, 675, 697,
 917, 1001, 1026
dossier, commande 675
dossier inclinable 913
dossier suspendu 652
dossière 155, 1007
douane, bureau 718
double 1003, 1062
double-blanc 1062
double-six 1062
double-toit 1052
doublure 430, 431, 450, 459,
 484, 569, 1031
douche 330, 855, 864, 900,
 904, 920
douchette 346, 352
do-uchi 995
douille 358, 400, 887, 1010
douille de lampe 358
douve 504
douzaine 1068
dragon 1066
Dragon 23
dragonne 488, 613, 1038,
 1042, 1051
draille 724
drain 333, 345
drainage par gravité au moyen
 de la vapeur 779
drakkar 720
drap 363
drap de bain 475
drapeau 873, 876, 882, 950,
 1040
drapeau à damier 1022

drapeau à Schwenkel 873
drapeau amovible 1017
drapeau carré 873
drapeau de centre 946
drapeau de coin 945, 947
drapeau rectangulaire 873
drap-housse 363
dressage 1005
dressage, piste de
 compétition 1005
dribble 948
drisse 725, 873
drisse du safran 987
droit, dernier 1006
droit de la cuisse 196
droit de l'abdomen 196
droit fil 569
dromadaire 173
drumlin 71
drupéole 114
dubnium 813
duffle-coat 436, 442
dune 70, 74
dune complexe 74
dune en croissant 74
dune parabolique 74
dunes, cordon 74
dunes longitudinales 74
dunes transversales 74
dunette 724
duo 546
duodénum 159, 217
dure-mère 224
durian 259
durite de radiateur 683
duse 780
duvet 158
DVD 611
DVD réinscriptible 638
dyke 75
dynamo 698, 819
Dysnomie 15
dysprosium 814

E

eau 770, 778, 779, 789, 801,
 834, 995
eau, cycle 95
eau, entrée 797
eau, sortie 797
eau chaude, circuit 344
eau de fonte 72
eau de parfum 474
eau de toilette 474
eau dentifrice 482
eau des nuages 98
eau froide, circuit 344
eau lourde 800
eau oxygénée 915
eau recyclée 779
eau turbinée 789
eau-vapeur, mélange 770
eaux sécuritaires 738
eaux usées 98
ébarbage 537
ébarboir 534
ébauchoir 576
éboulement 77
ébrancheur 416
ébrasement 507
écaille 105, 150, 154, 155, 160
écaille de cyprès 120
écailleur 1055
écartelé 874

écartement, levier 767
échalote 245
échancrure 547
échancrure de la conque 234
échange de matière et
 d'énergie 94
échangeur 341, 658, 843
échangeur de chaleur 339, 340,
 800
échangeur de chaleur à
 plaques 340
échangeur en losange 658
échangeur en trèfle 658, 659
échangeur en trompette 658
échangeur thermique 805
échantillon 570
échantillonneur 559
échappement 632, 680, 681,
 749
échappement, bouton 553
échappement, canal 681
échappement, cheminée 690,
 761, 764
échappement, collecteur 672,
 680, 682
échappement, levier 553
échappement, orifice 773
échappement, pot 673, 694,
 696, 697
échappement, ressort 553
échappement, soupape 680,
 682
échappement, système 673
échappement, tubulure 681
échappement, tuyau 672, 673,
 680, 758
écharpe 332, 465
écharpe porte-bébé 491
échauguette 504, 505
échecs 1065
échecs, déplacements 1065
échecs, pièces 1065
échelle 324, 409, 520, 687,
 709, 719, 737, 761, 762,
 781, 1057, 1064
échelle, grande 902
échelle à crochets 409, 903
échelle coulissante 409
échelle de corde 409
échelle de tête 902
échelle des mouvements 564
échelle droite 409
échelle d'accès 733
échelle d'échafaudage 409
échelle escamotable 409
échelle fruitière 409
échelle graduée 830, 831
échelle roulante 409
échelle transformable 409
échelon 409
échenilloir-élagueur 416
échine 500
échiquier 1065
écho 64, 65
échographe 925
échographie 925
éclair 83, 91
éclairage 359, 478, 676, 716,
 748
éclairage de sécurité 907
éclairage inactinique 600
éclairagiste 605
éclipse annulaire 16
éclipse de Lune 17
éclipse de Soleil 16

éclipse partielle 16, 17
éclipse totale 16, 17
écliptique 23
éclisse 547, 548, 712
écluse 718, 719, 794
école 868
école de ski 1036
économie 858
écorçage 125
écorce 114, 118
écossais 583
écoulement, canal 781
écoulement souterrain 95
écoute 725, 980
écoute, point 983
écouteur 618, 622, 624
écouteurs 619, 620
écoutille 37, 895
écoutille d'accès 36
écouvillon 889
écran 593, 597, 609, 610, 613, 620, 622, 624, 628, 629, 630, 637, 650, 668, 735, 858, 859, 943, 1001, 1067
écran à cristaux liquides 828
écran à main 406
écran anti-éclaboussures 579
écran de contrôle 592, 607, 608, 826
écran de projection 544, 601
écran de protection 938
écran de soudeur 406
écran de visibilité 713
écran d'épreuve 607, 608
écran en tissu 536
écran large 613
écran protecteur 27
écran rétroéclairé 649
écran sérigraphique 536
écran tactile 622, 624, 639, 1067
écran témoin 607
écrevisse 266
écritoire 485
écriture 584
écriture, instruments 584
écriture, système 585
écrou 326, 351, 399, 400, 712
écrou à cabestan 84
écrou à collet 352
écrou à oreilles 400
écrou borgne 400
écrou de blocage 1059, 1060
écrou de bonde 352
écrou de contrôle 84
écrou de fixation 352
écrou de la lame 392
écrou de montage 885, 1009
écrou de serrage 351
écrou du porte-outil 398
écrou du presse-étoupe 350
écrou hexagonal 400, 683
écrou uni 407
ectoderme 134
ectoptérygoïde 154
Écu 20
écu, divisions 874
écubier 727, 731
écueil 70
écume 77
écumeur de surface 324
écumoire 311
écureuil 166
écurie 243, 1006
écusson 136, 326, 941

édam 281
édicule 714
édifice à bureaux 844, 847
édifice public 52
édifice religieux 845
éditeur d'images 599
édition, touche 649
éditorial 590
édredon 363
éducation 866
effacement 633
effacement, touche 593
effacement arrière 633
effacement de la mémoire 649
effacement partiel 649
effacement total 649
effet de serre 96
effigie 861
effluent 73
effort 816
égale 837
églefin 268
église 268
église baroque 510
Église orthodoxe 870
église romane 508
égout 846
égout collecteur 846
Égypte 60, 879
einsteinium 814
éjecteur de fouets 314
éjection, bouton 593, 616
éjection, touche 1067
éjection du CD/DVD-ROM 629
El Salvador 54, 876
élan 172, 1014, 1041
élasthanne 424
élastique 363
élastique antifuite 449
électricien 543
électricité 354, 404, 817
électricité, branchement aérien 793
électricité, compartiment de la production 899
électricité, production 789, 795
électricité, transport 770, 775, 789, 792, 795, 804, 807
électroaimant, inducteur 819
électrocardiogramme 925
électrocardiographie d'effort 925
électrode 359, 406, 683, 925, 927
électrode, écartement 683
électrode d'allumage 339
électroménager 314, 374, 850, 851
électron 810
électron, collecteur 820
électron, faisceau 826
électron, sens de déplacement 820
électronique 820
électronique, magasin 848
électropompe, groupe 679
élément 577
élément bimétallique hélicoïdal 827
élément chauffant 348, 379, 380, 406
élément chimique 812
élément de chauffe 338, 339
élément de cuisson 376
éléphant 173

élevage 242
élevage intensif 96, 97
élévateur 689, 760, 798, 1047
élévateur, porte 689
élévateur à grain 767
élévation 328
élève 868
élève, bureau 868
élevon 37
émail 206
emballage, produits 288
embarcation 726
embarcation ancienne 720
embarcation traditionnelle 721
embarquement, salle 743
embase 596, 833, 935, 1039
embase, verrouillage 833
embase de plat de dos 360
embauchoir 463
emblème 873
emblème d'équipe 1028
embouchure 551
embout 367, 390, 409, 490, 601, 936, 989, 1030, 1059
embout auriculaire 912
embout buccal 914
embout de baleine 490
embout de caoutchouc 916
embout de protection 909
embout de vissage 394
embout d'arrosage 414
embout isolant 478
embout Luer Lock 912
embranchement 132
embrasse 368, 916
embrasure 505
embrayage 672
embrayage, levier 696
embryon 105
émeraude 470
émerillon 1061
émetteur de poche 604
émetteur-récepteur d'accès réseau 631
émetteur-récepteur radar 907
Émirats arabes unis 58, 880
émissole 266
emmanchure 434
emmarchement 335
emmenthal 281
empannage 982
empattement 792
empennage 747, 751, 894, 963, 1009, 1069
empennage bas 751
empennage en T 751
empennage fixe 894
empennage surélevé 751
empiècement 431, 436, 440
emplacement 322
emplacement de tir 1043
emploi du temps 650
emporte-pièces 310
émulsion photosensible 536
en-but 951
en-but, zone 1070
encadrement 336
enceinte acoustique 618, 619
enceinte ambiophonique 612
enceinte centrale 612
enceinte de confinement 795, 799
enceinte en acier 341

enceinte en béton 800, 801
enceinte humide 801
enceinte principale 612
enceinte sèche 801
encensoir 871
encéphale 220, 222
enclos 243
enclume 235
encochage, point 885, 1009
encoche 885, 1009
encoignure 365
encolure 168, 434, 456
encolure bateau 456
encolure drapée 456
encolure en V 430, 437
encolure ras-de-cou 456
encre 524, 533, 584
encre à couleur changeante 861
encre lithographique 535
encre sérigraphique 536
endive 247
endocarde 213
endocarpe 115
endoderme 134
endomètre 227
endoscope 926
endoscopie 926
endossure 538
endothélium 209
énergie, mesure 835
énergie, transport 789
énergie calorifique 96
énergie éolienne 806, 807
énergie fossile 771
énergie géothermique 770
énergie libérée 76
énergie nucléaire 795
énergie solaire 102, 802, 804
énergie thermique 775
enfant 929
enfant, soin 491
enfile-aiguille 568
enfouissement 99
enfumoir 534
engageante 427
engrais, épandage 97
engrenage 816
engrenage à pignon et crémaillère 816
engrenage à vis sans fin 816
engrenage conique 816
engrenage cylindrique à denture droite 816
engrenage horaire 28
engreneur 767
enjoliveur 350, 671
ennéagone 839
enregistrement 610, 611, 613, 616
enregistrement, borne 742
enregistrement, comptoir 742
enregistrement des données 65
enregistrement sismographique 775
enregistreur de données 84
enregistreur de DVD vidéo 611
enregistreur numérique 654
enroulement inducteur 819
enrouleur 997
enseignant 868
enseignant, bureau 868
enseignant, salle 869
enseigne directionnelle 715
enseigne extérieure 714

ensemble vide 837
ensemencement, tube 767
ensilage, tuyau 767
ensoleillement 84
ensouple de chaîne 572
ensouple de tissu 572
entablement 325, 499, 501, 509
entier 111
entoilage 569
entonnoir 138, 308, 315, 318
entonnoir collecteur 85
entraînement, aire 932
entraînement, chaîne 767
entraîneur 944, 957, 973, 974, 990, 1029, 1031, 1033
entraîneur, tribune 1041
entraîneur adjoint 957, 1029
entrait 333
entrave 1007
entrave, support 1007
entredent 300
entredoublure 569
entrée 144, 290, 659, 754, 853, 979
entrée, périphérique 632
entrée audio 614
entrée de courant 359
entrée de garage 323, 328
entrée de la pyramide 498
entrée de l'air ambiant 343
entrée de service 866
entrée des acteurs 498
entrée des détenus 864
entrée des véhicules 905
entrée des visiteurs 864
entrée du personnel 864, 869, 904
entrée du public 498
entrée d'air 753
entrée d'air du moteur 896
entrée d'eau 350
entrée d'électricité 577
entrée électrique 338
entrée informatique 636
entrée pieds premiers 979
entrée principale 329, 847, 867, 869, 904, 922
entrée tête première 979
entrejambe 362, 434
entrejambe pressionné 448
entre-nœud 109
entreposage, local 905
entreposage, salle 290, 292
entreposage des produits congelés 289
entreposage souterrain 783
entrepôt 842
entrepôt frigorifique 718
entreprise 643
entreprise de distribution/vente 643
entretien, local 854
entretien, produits 288
entretoise 409, 572, 754, 807
entrevue, salle 863
enveloppe 358, 941, 942, 1017, 1049
enveloppe avec fermeture à glissière 653
enveloppe extérieure 28, 349
enveloppe intérieure 28
enveloppe matelassée 651
environnement 92
environnement naturel 1017

INDEX FRANÇAIS

envoi, cercle 944
envoi en nombre 589
envol 1041
éolienne 807
éolienne à axe horizontal 807
éolienne à axe vertical 807
épagneul 176
épaisseur, mesure 832
épandeur 418
épandeur de fumier 765
éparpilleur 765
éparpilleur de paille 767
épaule 168, 174, 192, 194, 207, 272, 273, 274, 968, 1059
épaulé-jeté 999
épaulement 306, 400
épaulière 884, 893, 954, 1030
épeautre 263
épée 998
épée à deux mains 886
épeire 147
épéiste 997
éperlan 94, 267
éperon 142, 556, 720
éperon calcanéen 186, 187
épi 112, 122
épicarpe 114, 115
épice 260
épice à marinade 261
épice cajun 261
épicéa 121
épicéa noir 124
épicentre 76
épicerie fine 288
épicondyle 201
épiderme 110, 236, 237
épididyme 228
épiglotte 214, 233
épinard 247
épine nasale 205
épinette 121
épinette noire 124
épingle 471, 568
épingle à bigoudi 476
épingle à cheveux 476
épingle à cravate 471
épingle de sûreté 567
épiphyse 199, 229
épiscope 895
épissure courte 1058
épithélium olfactif 232
éplucheur 309
éponge 134, 171, 473, 475, 579
éponge à récurer 381
épreuve 977
éprouvette graduée 85, 815
épuisette 495, 1061
équateur 23, 42, 48, 50, 89
Équateur 55, 876
équateur céleste 23
équerre 387
équilibreur 892
équinoxe 80
équipage, locaux 726
équipe médicale 992, 994
équipement 905
équipement de protection 406
équipement de survie 33
équipement divers 411
équitation 1004
équivaut 837
érable 119
erbium 814

ergot 174
erhu 561
Éridan 20
Éris 15
erlenmeyer 815
éruption 16
éruption volcanique 95
Érythrée 60, 879
escabeau 409
escalade, prise 1051
escalade, structure artificielle 1050
escalier 324, 329, 330, 335, 513, 541, 544, 644, 663, 714, 781, 806, 854, 857, 990
escalier, cage 330
escalier automoteur 745
escalier d'accès 745
escalier en spirale 781
escalier mécanique 518, 544, 714, 847, 857
escaliers 513
escalope 273
escargot 137, 265
escarpe 505
escarpin 460
escarpin-sandale 460
escrime 997
escrime, arme 998
escrime, cibles 997
escrime, piste 997
escrime, positions 998
escrimeur 997
espace 632
espace d'activités intérieures 865
espace épidural 224
espace insécable 632
espacement, échelle 648
espaceur de câbles 885, 1009
espadon 267
espadrille 461
Espagne 56, 877
espagnol 583
espèce 132
espèces, origine et évolution 128
esperluette 587
essai, bouton 903
essence 782
essence, conduit 673, 678
essence, réservoir 673, 678, 694, 697
essence, système d'alimentation 673
essence lourde 782
essieu 706, 761
essieu, boîte 706
essieu directeur 755
essieu planétaire 763
essoreuse à salade 308
essuie-glace 670, 677
essuie-glace, balai 677
essuie-glace, bras 677
essuie-glace, commande 676
est 1066
Est 738
estacade de guidage 719
estèque 576
estomac 134, 135, 136, 137, 138, 145, 149, 152, 154, 155, 169, 216
estomac cardiaque 139
estomac pylorique 139
estompe 524

Estonie 57, 878
estrade 513, 868
estragon 262
estuaire 45, 70
esturgeon 266
étable 243
établi étau 401
établissement d'enseignement 643
établissement scolaire 845
étage 328, 330, 774, 806
étage à propergol stockable 39
étage d'accélération à poudre 39
étage d'exploitation 794
étage principal cryotechnique 39
étagère de rangement 293
étai 720, 724
étai avant 980
étain 78, 812
étamine 112, 115
étampure 171
étançon 765
étang 1016
État 53
état de charge des piles 593
États-Unis d'Amérique 54, 876
étau 401, 534
étau à endosser 538
été 80
étendu 586
éthanol-carburant 784
Éthiopie 60, 879
éthylomètre 905
étincelle 680
étiquette 617, 831
étiquette autocollante 652
étire plomb 579
étoile 18, 90, 469, 875
étoile à neutrons 18
étoile de David 872
étoile de freinage 1060
étoile de la séquence principale 18
étoile de mer 135
étoile filante 79
Étoile Polaire 23
étouffoir 553
étourneau 163
étranglement 827, 992
étrave 720, 724, 728, 980, 986
étrésillon 332
étrier 235, 358, 679, 885, 1003, 1005
étrier de fixation 735
étrier du flotteur 345
étrivière 1005
étroit 586
étui 463, 472, 649, 1055
étui à lentilles 481
étui à lunettes 480, 485
étui de cuir 1057
Eurasie 44
euro 860
Europe 14, 44, 56, 69, 877
europium 814
Eutelsat 602
euthynterie 499, 500
évacuateur 785, 788
évacuateur, seuil 785
évacuation, circuit 344
évaporation 95
évaseur 402
évent 182, 343, 577, 585

évent de pignon 322
évier 291, 292, 296, 344, 352
évier-broyeur 352
évolution de la vie 128
évolution des espèces 128
examen, salle 919, 923
examen audiométrique, salle 923
examen gynécologique, salle 919
examen médical 924
examen psychiatrique, salle 918
excavatrice à roue 771
excitatrice 787
exfoliant 474
exocet 151
exosphère 79
expandeur 559
expédition, tubage 777
expiration 975
exploitation minière à ciel ouvert 779
explosion 680, 681
exposant 586
exposition, salle 523, 853
expressionnisme 530
extenseur 1000
extenseur, court 196
extenseur, long 196
extenseur commun 197
extenseur radial 197
extenseur ulnaire 197
extension 994
extincteur 903, 907
extincteur d'incendie 856
extracteur 1046
extraction minière 779
extraction par solvant 782
extrados 514
ex-voto 871
eye-liner 473

F

fa 562
face 185, 298, 505, 961, 1017
face-à-main 481
facette 751
façonnage 396
facteur 589
factorielle 837
facule 16
Fahrenheit, degré 827
Fahrenheit, échelle 827
faible 998
faille 76, 77
faîne 255
faisan 163, 271
faisceau d'électrons 609
faisceau laser 615
faisceau laser, sortie 832
faisceau vasculaire 110
fait divers 590
faîtage 332
faîteau 513
faitout 313, 1055
falaise 17, 70, 71
falaise côtière 70
falcatus 129
familiale 669
famille 132, 928
fanion 82, 873
fanion-girouette 1043
fanon 168

fard à joue 473
farine 123, 278
farine de blé complet 278
farine de blé entier 278
farine de maïs 278
farine de sarrasin 278
farine d'avoine 278
farine non blanchie 278
farine tout usage 278
fart 1042
fartage, trousse 1042
fasce 500
fascia 198
fauchage 992
fauchée 64
faucheuse-conditionneuse 766
faucille 416
faucon 163
fausse-équerre 387, 833
faute 933
fauteuil 331, 360, 541, 544, 868
fauteuil club 360
fauteuil crapaud 360
fauteuil de repos 920
fauteuil du réalisateur 543
fauteuil d'acteur 542
fauteuil metteur en scène 360
fauteuil pivotant 646
fauteuil pliant 1057
fauteuil roulant 705, 917
fauteuil roulant, ne pas utiliser 856
fauteuil Voltaire 360
fauteuil Wassily 360
fauteuil-lit 360
fauteuil-sac 361
faux 416
faux bourdon 143
fécondation 104
feijoa 259
felouque 722
femelle 834
femme 194, 929
fémur 140, 142, 153, 159, 165, 170, 175, 184, 187, 188, 200, 201
fenêtre 323, 327, 330, 464, 518, 600, 687, 716, 792, 983
fenêtre, parures 367
fenêtre à barreaux 865
fenêtre à guillotine 518
fenêtre à jalousies 518
fenêtre à la française 518
fenêtre à l'anglaise 518
fenêtre acoustique 604
fenêtre basculante 518
fenêtre coulissante 518
fenêtre de lecture 616
fenêtre d'éjection 891
fenêtre en accordéon 518
fenêtre en coin 511
fenêtre en plein cintre 508
fenêtre moustiquaire 1052
fenêtre ovale 235
fenêtre panoramique 705, 847
fenêtre pivotante 518
fenêtre ronde 235
fenil 243
fennec 180
fenouil 250
fente 316, 390, 484, 538, 575
fente à monnaie 624, 1070
fente branchiale 148
fente d'aération 630, 637

fente d'introduction manuelle 625
fente latérale 430
fente médiane 430
fente pour carte PC 630
fenugrec 260
fer 78, 397, 813, 1017, 1018
fer à cheval 171, 471
fer à friser 478
fer à souder 406, 579
fer à vapeur 374
fer droit 1017, 1018
ferme 243
ferme de toit 333
fermentation 784
fermeture, bouchon 893
fermeture à glissière 436, 442, 472, 488, 567
fermeture velcro 1045
fermium 814
fermoir 484, 486, 531
ferret 450, 459, 490
ferrure 488
ferrure d'attelage 686
fertilisation des sols 97
fesse 193, 195, 226, 228
fessier, grand 197
feston 510
féta 280
fettucine 282
feu 737, 739
feu antibrouillard 674, 690
feu anticollision 746
feu arrière 674, 694, 696, 911
feu avant 674
feu blanc 738
feu clignotant 674, 694, 695, 696, 713, 763, 917
feu de circulation 846
feu de croisement 674
feu de freinage 674
feu de gabarit 690, 691
feu de lisse 713
feu de navigation 727, 747
feu de plaque 674
feu de position 674, 707, 753
feu de recul 674
feu de route 674
feu de route, témoin 677, 696
feu de signalisation 1009
feu de tête de mât 727
feu intermittent 688
feu jaune 846
feu pour piétons 846
feu rouge 691, 846
feu rouge arrière 674
feu vert 846
feuillage 118
feuille 102, 103, 105, 106, 109, 111, 120, 122, 250
feuille, bord 111
feuille, première 105
feuille chlorophyllienne 103
feuille composée 111
feuille de papier 533, 585
feuille de vigne 117, 247
feuille d'acanthe 360, 501
feuille simple 111
feuillet 484, 537
feuillet adhésif 650
feuillet intercalaire 652
feutre 524, 553
feutre d'étouffoir 552
fève 252
fez 429

fibre 124, 424, 1058
fibre élastique 209
fibre musculaire 198, 221
fibre musculaire, faisceau 198
fibre naturelle 424
fibre nerveuse 233, 236
fibre synthétique 424
fibres 381
fibulaire, court 197
fibulaire, long 196
fibule 426
ficelle 538
fiche 404, 618, 620, 652
fiche américaine 358
fiche européenne 358
fichier 642, 653
fichier rotatif 651
Fidji 62, 881
figue 259
figue de Barbarie 259
figure 1005, 1062
figure de proue 720
fil 386, 578, 820
fil à couper la pâte 576
fil à plomb 387
fil de caret 1058
fil de chaîne 575
fil de corps 997
fil de liaison 354
fil de nylon 419
fil de sécurité 861
fil de service neutre 354
fil de terre 354
fil de trame 575
fil dentaire 482
fil d'arrivée 1006
fil d'attache 145
fil neutre 354
filament 359
filament de tungstène 359
filament gastrique 134
file d'attente 859
filet 112, 270, 275, 366, 390, 501, 547, 548, 590, 957, 958, 959, 960, 961, 963, 967, 974
filet à aiguilles 1004
filet à jouets 1004
filet à olives 1004
filet de sécurité 973
filet en caoutchouc 1004
filetage 350
filière 145, 402
filigrane 861
filin 733
fille 928, 929
film-pack 591
filoir d'écoute 981
fils 928, 929
filtration, système 341
filtre 324, 343, 374, 376, 483, 805, 1056
filtre à air 338, 342, 411, 417, 672, 706, 758
filtre à charpie 378, 379
filtre coloré 734
filtre de couleur 598
filtre de polarisation 598
filtre rouge inactinique 600
filum terminal 224
fin 633
fin d'appel 622, 624
finale 933
finaliste 933
finance 858

finisseur 762
finisseuse 762
finition 452, 531
Finlande 46, 56, 878
finnois 583
fission de l'uranium 795
fission nucléaire 811
fissure longitudinale 223
fixatif 527
fixation 367, 935, 988, 1041, 1042
fixation, système 773
fixation à butée avant 1042
fixation à coque 1037
fixation à plaque 1037
fixation de sécurité 1038, 1039
fixe-majuscules 648
fjords 70
flacon 474
flagelle 137
flageolet 253
flamant 161
flamme 811
flamme, réglage 483
flanc 158, 168, 272, 275, 505, 539, 684, 685
flanc dextre 874
flanc senestre 874
flanelle 424
flâneur 462
flash électronique 596
flasque 787, 890
flasque inférieur 787
fléau 830
flèche 506, 507, 508, 756, 759, 760, 885, 1009, 1013, 1063
Flèche 22
flèche du vent 82
flèche littorale 70
flèche télescopique 756, 902
fléchette 1069
fléchette, aire de jeu 1069
fléchette, jeu 1069
fléchisseur radial 196
fléchisseur ulnaire 197
flétan 268
fleur 103, 104, 109, 112, 113, 1066
fleur de lis 875
fleuret 772, 998
fleuret électrique 997
fleurettiste 997
fleuriste 849
fleuve 45, 52, 73
flexible 346, 352
flexible, raccordement 773
flexible de distribution 668
flexible d'air 527, 772
flexible d'eau 772
flexible d'injection de boue 776
flip 1031
flipper 1071
flipper, bouton 1071
floraison 117
flotteur 345, 347, 733, 737, 750, 781, 892, 983, 1061
fluor 813
flûte 545
flûte à champagne 297
flûte de Pan 561
flûte traversière 550
fluteroni 531
foc 725, 980
foie 149, 152, 154, 155, 159, 169, 216, 229, 276

foie gras 277
follicule 116
follicule pileux 236
fonction, touche 632, 639, 649, 831, 859
fonctions système 558
fond 1044
fond de protection 1069
fond de robe 444
fond de teint 473
fond de tour 782
fond d'yeux 300
fondation 658, 790
fondation de pylône 660
fondations 333
fondu enchaîné du signal audio 559
fondue, service 312
fongicide 97
fontaine à soda 293
fontaine des ablutions 872
fontanelle 205
fonts baptismaux 871
fonture 571
football 946
football, joueurs 947
football, techniques 948
football, terrain 932, 946
football américain 952
football américain, équipement de protection 954
football américain, terrain 952
football canadien 955
football canadien, terrain 955
footballeur 946, 954
forage, appareil 776
forage, tige 776
forage, tour 776, 777, 780, 783
forage, treuil 776
forage en mer 778
foramen apical 206
foramen cæcum 233
force, ligne 817
force, mesure 835
foret 394, 395
forêt 71
forêt boréale 92, 93
foret de maçonnerie 394
foret hélicoïdal 394
forêt tempérée 92, 93
forêt tropicale humide 92, 93
format du fichier 642
formation professionnelle, bureau 858
formule 1, circuit 1022
formule chimique 834
fort 998
fortification à la Vauban 505
forum 643
fossé 505, 658
fosse abyssale 67
fosse de Java 69
fosse de Porto Rico 69
fosse de réception 1015
fosse de sable 1016, 1017
fosse de tir 1010
fosse des Aléoutiennes 69
fosse des Kouriles 69
fosse des Mariannes 69
fosse des Philippines 69
fosse des Ryukyu 69
fosse des Tonga-Kermadec 69
fosse du Japon 69
fosse d'orchestre 540

fosse nasale 232
fosse océanique 69
fosse Pérou-Chili 69
fosse septique 98, 345
fossette 154
fossette de l'anthélix 234
Fou 1065
fouet 310, 314
fouet à fil 314
fouet en spirale 314
fouet quatre pales 314
fougère 107, 129
fougère arborescente 107
fougère nid d'oiseau 107
fouine 180
foulard 465
foulon 766
four 291, 292, 296, 376, 804
four à micro-ondes 293, 296, 316
four électrique 577
four solaire 804
four tubulaire 782
fourche 24, 695, 697, 699, 754, 755, 792, 1020, 1025
fourche, bras 754
fourche, passage 757
fourche à bêcher 412
fourche à fleurs 418
fourchette 159, 171, 300, 464, 829, 1055
fourchette à découper 309
fourchette à dessert 300, 304, 305
fourchette à fondue 300
fourchette à huîtres 300
fourchette à poisson 300, 304
fourchette à salade 300
fourchette de table 300, 304, 305
fourgon postal 588, 589
fourgonnette 669
fourgon-pompe 902
fourmi 146
fourneau 483
Fourneau 20
fournisseur de services Internet 642
fourragère 766
fourreau 395, 490, 983, 1047
fourreau de la langue 154
fourrure 875
fox-terrier 176
foyer 28, 76, 239, 541, 804
foyer, accessoires 337
foyer, profondeur 76
foyer des élèves 869
frac 428
fraction 837
fractionnement, tour 782
fracturation 783
fraise 114, 254, 398, 429
fraise à chanfrein 398
fraise à congé 398
fraise à feuillure 398
fraise à gorge 398
fraise à neige 421
fraise à quart-de-rond 398
fraise à queue d'aronde 398
framboise 114, 254
français 583
France 56, 878
francium 812
Francophonie 882
frange 427, 465

frange ovarienne 227
frappe, surface 941
frappe de tête 948
frappeur 939, 940
frégate 898
frein 578, 679, 698, 699, 1020, 1039, 1059
frein, commande 1046, 1047
frein, étrier 695
frein, garniture 679
frein, levier 695, 696
frein, manette 1026
frein, pédale 672, 676, 679, 694, 696
frein, plateau 679
frein, poignée 699, 917, 1020
frein à disque 672, 679, 695, 1024
frein à main 672, 676
frein à main, carter d'engrenage 709
frein à main, levier 709
frein à main, volant 709
frein à tambour 679
frein de chaîne 417
frein de talon 1045
frein d'urgence 716
frein hydraulique à disque 1020
frein rhéostatique 706
freinage, circuit 672, 679
freinage, modulateur de pression 679
freinage, système 673
freinage, zone 1041
freinage antiblocage 679
freineur 1034
frelon 146
frêne 120
fréquence, mesure 835
fréquence, sélecteur 619
frère 929
fresque 502
fret, expédition 743
fret, réception 743
frette 548, 549
friction, bouton 832
frise 325, 364, 499, 500, 509, 540, 696
friteuse 291, 316
fromage 292
fromage, comptoir 289
fromage à la crème 280
fromage à pâte molle 281
fromage à pâte persillée 281
fromage à pâte pressée 281
fromage de chèvre 280
fromage frais 280
fronçage tuyauté 369
fronce 440
fronde 107
front 82, 158, 192, 771
front chaud 82
front de taille 771, 774
front froid 82
front occlus 82
front stationnaire 82
frontal 154, 175, 196, 200, 205, 884, 1004
frontière 53
fronton 499, 501, 509, 510, 1071
fronto-pariétal 153
frotteur 717
frottoir 406
fruit 114, 254, 288, 293

fruit à noyau 254
fruit à pépin 255
fruit charnu 114
fruit charnu à noyau 115
fruit charnu à pépins 115
fruit de la Passion 258
fruit de mer 270
fruit sec 116, 255
fruit tropical 258
fumée 83
fumer, défense 857
fumerolle 75
fumeur, articles 483
funicule 114, 116
furet 180
furet de dégorgement 402
fusain 524
fuseau 441, 574, 578
fusée 724
fusée, corps 893
fusée à propergol solide 36, 39
fusée de proximité 894
fusée éclairante 907
fuselage 747, 1048
fusible 355, 356, 793, 803
fusible à culot 355
fusible-cartouche 355
fusil 309, 887
fusil à air comprimé 989
fusil automatique 891
fusil calibre 12 1010
fusil mitrailleur 891
fusilli 282
fusion 810
fût 118, 373, 390, 501, 556, 792, 887, 1009, 1010, 1069
futon 363

G

gâble 507
Gabon 61, 879
gâche 327
gâchette 408, 417, 527, 634, 903
gâchette de sécurité 417
gâchette d'accélérateur 411
gadelle 254
gadolinium 814
gaffe 733, 903
gai lon 251
gaine 111, 445, 820, 989, 1057, 1058
gaine de dérivation 338
gaine de distribution 341
gaine de rancher 691
gaine de reprise 341
gaine du ressort 367
gaine d'air frais 663
gaine d'air vicié 663
gaine isolante 358
gaine principale 338
gaine-culotte 445
galaxie 19
galaxie elliptique 19
galaxie irrégulière 19
galaxie lenticulaire 19
galaxie spirale 19
galère 720
galerie 498, 507, 806
galerie de circulation 774
galerie de dérivation 785
galerie de liaison 663
galerie de visite 786
galerie en direction 774

galerie marchande 847
galerie sèche 67
galet 367, 535, 616
galet tendeur 700
galettage 577
galette de riz 283
galhauban 724
Galileo 30
galion 721
gallium 812
gallois 583
galon 457
galop 169
Gambie 60, 879
gamme 562
ganache 168
ganglion cérébropleural 136
ganglion lymphatique 230
ganglion lymphatique axillaire 230
ganglion lymphatique cervical 230
ganglion lymphatique inguinal 230
ganglion lymphatique intestinal 230
ganglion lymphatique poplité 230
ganglion lymphatique thoracique 230
ganglion spinal 220, 221
ganglion viscéral 136
ganse 1055
gant 33, 464, 942, 944, 997, 1003, 1005, 1020, 1021, 1022, 1024, 1025, 1028, 1032, 1034, 1037, 1041, 1042
gant, dos 464
gant, paume 464
gant, rangement 921
gant à crispin 406, 464
gant court 464
gant de baseball 941
gant de boxe 990, 991
gant de conduite 464
gant de crin 475
gant de femme 464
gant de frappeur 940
gant de gardien de but 946
gant de golf 1019
gant de jardinage 418
gant de latex, étui 906
gant de plongée 989
gant de receveur 940
gant de ski 1038
gant de softball 941
gant de toilette 475
gant d'homme 464
gant en caoutchouc 381
gant en latex 913
gant long 464
gant saxe 464
gantelet 884
Ganymède 14
garage 322, 328, 663, 864, 900, 905
garam masala 261
garant 459
garcette de ris 725
garde 537, 953, 994
garde basse 991
garde haute 991
garde protégée, zone 1027
garde volante 539

garde-boue 695, 697, 698, 764
garde-corps 409, 511, 660, 662, 706
garde-fou 330, 331
garde-main 891
garde-manger 296, 329
garde-robe 330
gardien de but 944, 945, 947, 955, 960, 974, 1028, 1029
gardien de guichet 943
gare 52, 703, 842, 844
gare de marchandises 703
gare de triage 708, 842
gare de voyageurs 703, 704
gare maritime 718
gare routière 844
garniture 351, 488
garrot 168, 174, 912
gastrocnémien 196, 197
gaufrier-gril 316
gaz 359, 782, 810
gaz, injection 777
gaz, séparateur 777
gaz à effet de serre 96
gaz à effet de serre, concentration 96
gaz carbonique 95, 800
gaz carbonique de refroidissement 800
gaz de schiste 783
gaz d'échappement 680
gaz inerte 359
gaz naturel 776, 783
gaz polluant 97
gaz rare 814
Gaza, bande 58
gaze, bande 915
gazéification, usine 783
gazoduc 783
gazole 782
gazon 410, 968
geai 162
gecko 157
gel 925
gel pour la douche 475
gélule 914
Gémeaux 23
gemmule 105
gencive 206, 231
générateur 678, 819
générateur de rayons X 924
générateur de vapeur 775, 797, 800, 801, 804, 899
générateur d'air chaud 338, 341
générateur d'air chaud électrique 338
générateur thermoélectrique 32
génératrice 706
genévrier, baie 260
genou 168, 174, 192, 194
genouillère 884, 940, 954, 999, 1008, 1030, 1032, 1044, 1045
genre 132
géographie 42
géologie 66
géométrie 836
Géorgie 57, 880
Géorgie du Sud 48
géothermie 770
géranium 113
gerbeur 755
gerboise 166

germanium 812
germe 122, 160
germe de blé 278
germe de soja 284
germe de soya 284
germination 104, 105
gésier 159
geyser 75
Ghana 60, 879
ghee 280
gi 996
gibbeuse 17
gibbon 185
gibier 271
gicleur 339, 781, 795
gigot 274
gigot à la française 274
gigoteuse 449
gilet 428, 430, 442
gilet de laine 437
gilet de sauvetage 733
gilet de stabilisation 989
gingembre 261
Giotto 30
girafe 173
Girafe 22
girelle 576
giron 335
girouette 84, 85, 807, 980
gisement 779
givre 91
glace 92, 95, 671, 674, 734, 1027
glacier 72, 73
glacier suspendu 72
glacière 1056
glacis 505
glacis précontinental 67
glaive 883
gland 228, 368, 371
glande à venin 138, 145, 154
glande coxale 145
glande de l'albumine 137
glande digestive 103, 136, 137, 138, 139, 145
glande endocrine 229
glande mammaire 227
glande parathyroïde 229
glande pédieuse 137
glande salivaire 137, 141, 143, 216, 233
glande sébacée 236
glande séricigène 145
glande surrénale 218, 219, 229
glande thyroïde 229
glisse, phase 1042
glissement de terrain 77
glisseur 1046
glissière 380, 571, 709, 888
glissière de fixation 824
glissière du guide 393
glissière d'ajustement 618
glissoir 459
glissoire de recul 892
globe 1053
globe oculaire 152, 238
globe terrestre 868
globule blanc 209
globule rouge 209
glome 171
glotte 154
glouton 180
glucose 102
glycérine 784
gnocchi 282

go 1065
go, mouvements 1065
goberge 268
godet 295, 408, 525, 759
godet à couleur 527
godet à poussière 374
godet rétro 759, 760
goéland 161
goélette 723
Goji 254
golden retriever 177
golf 1016
golf, équipement 1019
golf, parcours 1016
golf, terrain 842, 932
golfe 45
golfe de Botnie 49
golfe de Californie 47
golfe de Carpentarie 52
golfe de Guinée 50
golfe de Panamá 48
golfe du Bengale 51
golfe du Mexique 47
golfe d'Aden 50, 51
golfe d'Alaska 47
golfe d'Oman 51
golfe Persique 51
gombo 248
gomme 654
gonade 134, 135, 136, 138
gond 325, 364
gondole 289, 722
gondole, tête 289
gonfalon 873
gonflement, dispositif 733
gonfleur 989, 1054
gonfleur-dégonfleur 1054
gong 545, 557
gorge 67, 73, 158, 401, 1061
gorgerin 884
gorgonzola 281
gorille 184, 185
gothique 506
gouache 525, 528
gouda 281
gouffre 67
gouge 531, 533
goujon 679
goujure 394
goulot de remplissage 673
goupille 903
gour 67
gourde 1056
gourmand 117
gourmette 471, 1004
gourmette, crochet 1004
gousse 116
goût 231
goutte 500
goutte ophtalmique 481
gouttelette lipidique 102
gouttière 322, 373, 671
gouttière, descente 322
gouvernail 37, 722, 728, 730, 806, 980, 984, 987
gouvernail de direction 896, 899
gouvernail de plongée 899
gouverne 894
gouverne de direction 747
gouverne de profondeur 747
goyave 259
GPS, récepteur 63
GPS, réseau de localisation 63
GPS, système de localisation 63
gracile 197
gradateur 358

gradin 771
gradin, hauteur 771
gradins 498, 503
gradins mobiles 868
graduation 387, 827, 833, 912, 1057
graduation de la règle 832
graduation du vernier 832
grain 83, 122
grain, réservoir 767
grain de sable 778
graine 104, 105, 114, 115, 116
graine de soya 284
graissage, système 706
graisse 586, 782
graisse animale 784
graisseur 772
Grand Canyon 47
Grand Chien 21
Grand Désert de Sable 52
Grand Désert Victoria 52
grand duc d'Amérique 163
grand os 202
Grand Prix, circuit 1024
Grande Baie australienne 52
Grande Ourse 23
grande ville 53
grand-mère 928
grand-père 928
Grands Lacs 47
grands-parents 928
grand-voile 725, 980
grand-voile d'étai 725
grange 243
granulation 16
graphique circulaire 838
graphique linéaire 838
graphite 800
grappe 112, 122
grappe de raisin 117, 889
grappin 732
gras 586
grasset 168
gratte-ciel 512
gratte-ongles 472
grattoir 408
grattoir à neige 421
graveur de DVD 638
gravier 333, 345
gravure, matériel 533, 534
gravure en creux 534
gravure en relief 533
gravure sur bois 533
grébiche 484
grec 583
Grèce 57, 878
grecquage 537
grecque 537
gréement 723, 724
greffier 1010
greffier, bureau 862
greffier, table 862
greffoir 416
grêlon 90
grelot 557
grenade 258
Grenade 54, 877
grenade à main 893
grenadin 276
grenat 470
grenouille 152, 153
grenouille, métamorphose 153
grenouille des bois 153
grenouille léopard 153
grenouille rousse 153
grenouillère 448
grésil 83, 90

grève 884
griffe 139, 140, 142, 155, 164, 165, 174, 178, 186, 189, 470
griffe à fleurs 418
griffe d'entraînement 567
griffe porte-accessoires 592
gril 606
gril barbecue 317
gril électrique 317
gril pliant 1057
grillage 340, 343
grillage de protection 404
grille 312, 342, 376, 479, 499, 560, 579, 609, 683, 786, 865, 940
grille à reine 144
grille antidiffusante 924
grille de chauffage 716
grille de départ 1022, 1025
grille de sécurité 858
grille de sortie d'air 477
grille de vaporisation 342
grille de ventilateur 341
grille de ventilation 375
grille des programmes de télévision 590
grille d'aération 380, 716
grille d'éclairage 543
grille d'entrée d'air 477
grille d'extrémité 799
grille d'habillage 339
grille métallique conductrice 802
grille stabilisatrice 1053
grille-pain 316
grimpeur 1050
Groenland 46, 47, 54
grondin 267
groseille à grappes 254
groseille à maquereau 254
grotte 67, 70
groupe caméra 542
groupe électrogène 744
groupe frigorifique 691
groupe instrumental 546
groupe turbo-alternateur 775, 786, 787
grue 756, 777
Grue 20
grue à flèche 718
grue à tour 756
grue de bord 897
grue de caméra 606
grue sur ponton 718
grue sur porteur 756
grume 125
gruppetto 563
gruyère 281
Guadeloupe 54
Guam 62
guarani 583
Guatemala 54, 876
guenilles 124
guépard 181
guêpe 146
guêpière 445
guêtre 429
gueules 875
gui 103, 724
guichet 859, 943
guichet automatique bancaire 849, 858, 859
guichet de nuit 859
guichet de vente des billets 714
guide 316, 391, 392, 537, 638

guide, blocage 393
guide à onglet 393
guide de classement 652
guide parallèle 392, 393
guide-bande 616, 654
guide-chaîne 417, 700
guide-fil 566, 567
guide-ligne 1060
guide-papier 637
guidon 419, 695, 699, 873, 887, 888, 891, 893, 917, 1001, 1011, 1020, 1021, 1026, 1043
guillemet 587
guimbarde 561
guindant 873, 983
guindeau 728
Guinée 60, 879
Guinée équatoriale 60, 879
Guinée-Bissau 60, 879
guitare acoustique 548
guitare basse 549
guitare électrique 549
guivre 806
Guyana 55, 876
Guyane française 55
guyot 67
gymnase 730, 865, 868, 900, 932
gymnase, bureau 868
gymnaste 971
gymnastique 969
gymnastique, podium des épreuves 970
gymnastique rhytmique, engins 972
gymnastique rythmique 972
gymnote 151
gyoji 995
gyrophare 763, 902
gyroscope 894

H

habillage 533
habillage, salle 542
habilleur 542
habit de neige 449
habitacle 36, 987, 1023
habitation 243, 520
hache 416, 903
hache en pierre polie 883
hachette 1057
hachoir 307
hachure 575
hackle 1059
hafnium 813
haie 323, 410, 934
haie barrée 1002
haie de steeple 934
haie rivière 1002, 1003
Haïti 54, 876
hakama 995, 996
halebas 980
halefis de culasse (16) 469
halefis de table 469
hall 847, 853, 854
hall d'entrée 329, 522, 644
hall public 742
halo 19
halte-garderie 849
haltère court 1000
haltère long 999, 1000
haltérophile 999
haltérophilie 999

haltérophilie, aire de compétition 999
hameçon 1059, 1061
hampe 82, 873, 937, 1061
hampe, pointe 873
hamster 166
hanche 140, 142, 193, 195
hanche ailée 992
handball 960
handball, joueurs 960
handball, terrain 960
handicap 1008
handicap, point 1065
handicap, tableau 1008
handicapé physique, accès 856
hangar 243, 741, 897, 898
hangar de transit 718
hanneton 146
haoussa 582
haptère 107
hareng 267
haricot 253
haricot adzuki 253
haricot de Lima 253
haricot d'Espagne 253
haricot jaune 253
haricot mungo 253
haricot noir 253
haricot pinto 253
haricot romain 253
haricot rouge 253
haricot vert 253
harissa 287
harmonica 560
harnais 411, 491, 572, 686, 989, 1019, 1043, 1046, 1047
harnais de sécurité 366
harnais stabilisateur 607
harpe 545, 548
hassium 813
hastée 111
hauban 661, 698, 724, 750, 807, 980, 1047, 1052, 1053
Haumea 15
hausse 144, 547, 887, 891, 893, 1011, 1043
hausse, réglage 824
hautbois 545, 550
haut-de-chausse 428
haut-de-forme 457
hauteur, ajustement 765, 766
hauteur, échelle 600
hauteur, limitation 665
hauteur, réglage 969, 1001
hauteur du son 558
haut-parleur 20, 544, 559, 610, 613, 620, 621, 622, 624, 625, 630, 735, 748, 902, 1071
haut-parleur de contrôle 604, 605, 607, 608
haut-parleur de graves 618
haut-parleur de médiums 618
haut-parleur d'aigus 618
hawaïen 583
hébergement 857, 1036
hébreu 582
hélice 728, 730, 731, 839, 898, 899
hélice, arbre 731
hélice arrière 728
hélice bipale 750
hélice de propulsion 727
hélice de ventilation 819
hélice d'étrave 728
hélice tripale 750
hélicoptère 753, 898

hélicoptère bombardier d'eau 753
hélicoptère de transport tactique 753
hélicoptère-ambulance 753
héliographe 84
héliostat 804
hélisurface 777, 898
hélium 814
hélix 234
hémisphère 43, 839
hémisphère austral 43
hémisphère boréal 43
hémisphère droit 223
hémisphère gauche 223
hémisphère occidental 43
hémisphère oriental 43
hendécagone 839
hennin 429
heptagone 839
héraldique 873
herbe, fine 262
herbe longue 1016, 1017
herbicide 97
herbivore 94
Hercule 23
hérisson 164
hermine 875
herminette 531
héron 161
herse 540
hertz 835
hétérotrophe 94
hêtre 119
hévéa 124
hexagone 839
hidjab 429
hijiki 244
hile 105
hile du rein 218
hiloire 987
Himalaya 51
hindi 583
hindouisme 870
hippocampe 151
hippodrome 1006
hippopotame 173
hirondelle 162
histogramme 838
hiver 80
Hi'iaka 15
hockey sur gazon 944
hockey sur gazon, terrain 932, 945
hockey sur glace 1028
hockey sur glace, équipement 1030
hockeyeur 945, 1028
hoisin, sauce 286
holmium 814
holothurie 135
homard 139, 266
homme 192
homo sapiens 131
Honduras 54, 876
Hongrie 56, 878
hongrois 583
honneur 1066
hôpital 845, 856, 918
horaire des films 544
horizon de secours 748
horloge 1008
Horloge 20
horloge à poids 829
horloge de parquet 829
horloge de production 604, 607

horloge programmatrice 316, 376
hors-bord 729
hors-d'œuvre 292
hôtel 844, 854, 1036
hôtel de ville 844
hotte 291, 292, 296, 336, 376
houe 413
houe rotative 765
hoummos 286
houppelande 428
houppette 473
houppier 118
housse à vêtements 488
housse d'oreiller 363
housse pour automobile 686
hublot 316, 317, 376, 730, 746
hublot d'atterrissage 753
hublot d'observation 37
huile 284
huile, bouchon de vidange 682
huile, niveau 677
huile, témoin 696
huile à friture 784
huile de lin 527
huile de maïs 284
huile de sésame 284
huile de soja 284
huile de soya 284
huile de tournesol 284
huile d'arachide 284
huile d'olive 284
huile lubrifiante 782
huile végétale 123, 784
huit avec barreur 985
huitième de finale 933
huître 265
huîtrier pie 161
humérus 153, 159, 164, 165, 170, 175, 182, 184, 187, 188, 200, 201, 207
humeur aqueuse 238
humidificateur 341
humidificateur portatif 342
humidité 85, 342
hune 724
hunier fixe 725
hunier volant 725
hutte 520
Huygens 31
hybride 1017
hydratant 474
hydravion à flotteurs 750
Hydre femelle 21, 23
Hydre mâle 20
hydroélectricité 785
hydrogène 812
hydrolyse 784
hydromètre 685
hydroptère 731
hydrosphère 94
hyène 180
hygiène dentaire 482
hygromètre 342, 495
hygromètre enregistreur 85
hygrostat 342
hypergone 598
hyperlien 642
hypermétropie 239
hyphe 108
hypoderme 236, 237
hypophyse 222, 229
hypothalamus 222, 229
hyracothérium 131
hysope 262

I

ichtyosaure 130
ichtyostéga 129
icône d'application 622
identification, marque 742
identique 837
identité, section 904
igloo 520
igname 245
iguane 157
île 45
île barrière 70
île de sable 70
île de Terre-Neuve 47
île volcanique 67
iléon 217
îles Aléoutiennes 47
îles Cook 882
îles de Wallis et Futuna 62
îles Falkland 48
îles Fidji 52
îles Mariannes du Nord 62
Îles Marshall 62, 881
Îles Salomon 62, 881
ilion 153, 159, 165
îlot 296, 659, 897
îlot rocheux 70
image 1066
image, commande 614
image du cercle horizontal 833
image du cercle vertical 833
image imprimée 532
image virtuelle 823
imagerie par résonance magnétique 924
immeuble résidentiel 845
immobilisation 992
impacteur 31
impair 1068
imparipennée 111
impériale 689
imperméable 435
impluvium 502
imposte 514
impression 532, 647
impression à plat 532
impression de l'écran 633
impression d'images 599
impression d'un album 599
impression en creux 532
impression en relief 532
impressionnisme 530
imprimante 599, 641, 649
imprimante à jet d'encre 637
imprimante laser 637
imprimante matricielle 636
impulsion 64
incendie, matériel de lutte 903
incendie, prévention 900
incendie de forêt 95, 97
incinération 99
incisive 164, 166, 167, 206
inclinaison 23
inclinaison, blocage 392
inclusion 837
Inde 58, 881
index 237, 734, 831
index de composition automatique 623
indicateur de charge 479
indicateur de ligne 688, 689, 717
indicateur de niveau 616
indicateur de niveau d'eau 317

indication du trajet 63
indice 586
indice d'exposition 597
Indien 20
indium 812
Indonésie 51, 59, 881
indonésien 583
induit 819
induit, enroulement 819
induit, noyau 819
industrie 643
industrie alimentaire 242
industrie céréalière 122
industrie du caoutchouc 124
industrie papetière 124
industrie textile 123
inertie 816
infiltration 95, 97
infini 837
infirmerie 864
infirmière 920
infirmière, poste 918, 919
infirmière en chef, bureau 919
inflorescence 112
influx nerveux 221
information, point 849
informatique, équipement 628
informatique, outils 639
informatique, salle 868
infra-épineux 197
infrastructure 658
infusion 264
inhalateur-doseur 914
injecteur 681, 682
injection 681
insecte 103, 140, 146
insertion 198, 633
insigne 906
insigne de grade 906
insigne d'identité 906
inspecteur en prévention-incendie, bureau 900
inspiration 975
installation 523
installation à air chaud pulsé 338
installation à eau chaude 339
installation sportive 932
installations de surface 779
instructeur, rectangle 938
instrument de bord 677
instrument traditionnel 560
instruments de mesure météorologique 84
instruments scientifiques 37
intégrale 837
Intelsat 603
intensité lumineuse, mesure 835
interlignage 586
interligne 562, 586
interligne variable 648
internaute 642
Internet 632, 641, 642, 643
interphone 604, 607
interrogatoire, salle 904
interrupteur 315, 318, 319, 358, 372, 374, 375, 377, 393, 395, 396, 398, 406, 408, 478, 479, 482, 558, 566, 593, 597, 609, 610, 611, 615, 619, 620, 621, 622, 624, 625, 629, 634, 636, 818, 832
interrupteur, blocage 394

interrupteur, verrouillage 393
interrupteur à gâchette 389, 392, 393, 393, 394, 396, 397
interrupteur de démarrage 379
interrupteur de fin de course 519
interrupteur de la porte 379
interrupteur d'accord 616
interrupteur d'éclairage 478
interrupteur d'émission 621
interrupteur principal 356
interruption 633
intersection 837
intersection avec priorité 664, 667
intertitre 590
intervalle 562, 739
interview 590
intestin 135, 136, 137, 139, 141, 145, 149, 154
intestin, gros 152, 216, 217
intestin grêle 152, 155, 159, 169, 216, 217
intestin moyen 143
intrados 514
inuktitut 583
inverseur de marche 390, 394
inverseur de signe 649
inverseur route-croisement 696
Io 14
iode 813
ionique, ordre 500
ionisation, chambre 926
Iran 58, 880
Iraq 58, 880
iridium 813
iris 238
irlandais 583
Irlande 56, 878
IRM 924
isba 520
ischion 153, 159, 165, 201
islam 870
islandais 583
Islande 46, 49, 56, 878
isobare 81
isolant 333, 334, 339, 348, 349, 380, 385, 802
isolant en plastique 354
isolateur 683, 793
isolation, matériel 385
isolement, chambre 918
isoloir 859
Israël 58, 880
isthme 45
isthme du gosier 231
isthme du Panamá 47
Italie 56, 878
italien 583
italique 586

J

jabot 137, 138, 141, 143, 159, 455
jaboticaba 259
jachère 243
jack de sortie 549
jackpot, alimentation 1070
jackpot, boîte 1070
jacquet 1063
jaguar 181
Jalapeño, piment 261
jalon de sécurité 1025
Jamaïque 54, 876

jambage 336
jambe 168, 185, 193, 195, 207, 433
jambe élastique 434
jambette 333
jambière 940, 942, 944, 1029, 1030, 1051
jambon 275
jambon cuit 277
jan 1063
jante 684, 695, 699, 764, 937
Japet 15
Japon 51, 59, 881
japonais 583
jaque 258
jaquette 428, 1003
jardin 328, 410, 502
jardin potager 243, 322
jardin public 847
jardinage 411
jardinière 410
jarlsberg 281
jarret 168, 174, 272, 273, 274, 275
jarret arrière 274
jarret avant 274
jarretelle 445
jas 732
jauge à aiguilles 570
jauge magnétique à lecture directe 781
jaune 160, 528, 821
jaune orangé 528
jaune vert 528
javelot 883, 937
jazz, formation 546
jean 433, 441
jeannette amovible 536
jéjunum 217
Jésus-Christ 870
jet de couleur 527
jet de vapeur, bouton 374
jet d'air 527
jet d'eau 325, 327, 978
jetée 778
jeu 968, 1062
jeu, bouton 1071
jeu, surface 961, 968, 1014
jeu de dilatation 712
jeu de l'oie 1064
jeu de petits outils 418
jeu de plateau 1063
jeu en ligne 643
jeu vidéo 1067
jeu vidéo, système 1067
jicama 245
jo 996
jockey 1006
jodhpurs 1003
joint 380, 584
joint à coulisse 399
joint de bougie 683
joint d'étanchéité 352, 781
joint magnétique 377
joint périmétral 791
joint torique 350
joker 1062
jonc 470
jonque 722
jonquille 113
Jordanie 58, 880
joue 174, 194, 388, 1059
jouet 851, 1004
jouet, magasin 848
joueur 968, 1069

joueur, chaise 959
joueur expulsé, zone d'entrée 974
joueuse, deuxième 1027
joueuse, première 1027
joug de portage 986
joule 835
journal 590
journal, marchand 849
juchoir 494
judaïsme 870
judo 992
judo, prises 992
judogi 992
juge 970, 971, 972, 978, 990, 991, 992, 997, 1005, 1009, 1031, 1033, 1043
juge, banc 862
juge, cabine 1037
juge, cabinet 862
juge, tribune 1006, 1040, 1041
juge à l'arrivée 985
juge arbitre 976, 978, 1010
juge au départ 984, 1032, 1033
juge de but 974, 1008, 1028
juge de champ arrière 953
juge de classement 976
juge de coin 993, 994, 996
juge de départ 976
juge de difficulté 972
juge de faute de pied 967
juge de filet 967
juge de ligne 953, 958, 959, 962, 964, 966, 970, 1029
juge de mêlée 953
juge de nage 976
juge de piste 1033
juge de service 962, 966
juge de touche 947, 951, 953
juge de valeur artistique 972
juge de virage 977
juge de voie 1050
juge d'arrivée 1033
juge d'exécution 972
jugulaire 901, 954
ju-jitsu 996
ju-jitsu, aire de compétition 996
jujube 259
jumelles à prismes 824
jupe 439, 443, 987
jupe, doigt 727
jupe à empiècement 439
jupe à lés 439
jupe à volants étagés 439
jupe de masque 909
jupe droite 439
jupe fourreau 439
jupe froncée 439
jupe portefeuille 439
jupe souple 727
jupe-culotte 439
jupe-short 439
jupette 968, 987
Jupiter 14
jupon 427, 444
Jurassique 131
juré, salle 862
jury 972, 999, 1003
jury, banc 863
jury, plateforme 1021
jury, président 1050
jus de soja 284
justaucorps 428
justice 862
jute 424

K

kaki 259
kangourou 188, 189
karaté 993
karaté, aire de compétition 993
karatégi 993
karatéka 993
kayak 987
kayak de mer 987
kayak d'eaux vives 987
kayak monoplace 987
kayak récréatif 987
Kazakhstan 58, 880
kelvin 835
kendo 995
kendo, aire de compétition 995
kendo, techniques 995
kendoka 995
Kenya 61, 879
kérosène 782
ketch 723
ketchup 287
kettle 71
kilogramme 835
kilt 439
kimono 429
kinyarwanda 582
kiosque 668, 715, 899
kippa 429
Kirghizistan 58, 880
Kiribati 62, 881
kirundi 582
kiwi 258
knicker 441
knickers 433
koala 995
kombu 244
kora 561
Kosovo 57
kote 995
kote-uchi 995
Koweït 58, 880
krypton 57
kumquat 256
kung-fu 996
kung-fu, aire de compétition 996
kung-fu, pratiquant 996

L

la 562
la universel 564
laboratoire 26, 28
laboratoire, matériel 815
laboratoire américain 34
laboratoire de conservation 523
laboratoire de pathologie 922
laboratoire européen 34
laboratoire japonais 35
laboratoire spatial 37
labrador 177
labre nettoyeur 151
labyrinthe 1035
lac 17, 45, 71, 73
lac artificiel 73
lac Baïkal 51
lac d'origine glaciaire 73
lac d'origine tectonique 73
lac d'origine volcanique 73
lac en croissant 73
lac Eyre Nord 52
lac Ladoga 49
lac Malawi 50

lac salé 74
lac Tanganyika 50
lac Tchad 50
lac Titicaca 48
lac Victoria 50
laçage à boucle 1045
laccolite 75
lacet 450, 459, 752, 941, 991, 1031
lacet de serrage 486
lacis 1043
lactaire délicieux 244
lacune 171
lagomorphe 167
lagon 70
lagune 70
laine 424
laisse 493
lait 280
lait concentré 280
lait de chèvre 280
lait de vache 280
lait en poudre 280
lait homogénéisé 280
laiterie 243
laiton 78
laitue asperge 246
laitue de mer 244
laitue frisée 246
laitue iceberg 246
laitue pommée 246
laize 980
lama 172
lambourde 332
lame 298, 306, 315, 334, 358, 370, 371, 390, 391, 392, 393, 404, 404, 417, 419, 477, 479, 531, 557, 561, 568, 572, 654, 677, 758, 761, 998, 1028, 1030, 1031, 1050, 1055
lame, blocage 393
lame, hauteur 393
lame, inclinaison 393
lame, mécanisme de déplacement 761
lame à deux biseaux 531
lame à double tranchant 479
lame basale 209
lame coudée 531
lame criblée 232
lame de coupe 318
lame de danse sur glace 1031
lame de scie circulaire 392
lame de style libre 1031
lame de suspension 829
lame dentée 477
lame droite 477, 531
lame d'étouffoir 553
lame en cuiller 531
lame fixe 537
lame mobile 537
lame porte-objet 825
lame racleuse 760
lamelle 108, 334
lamelle concentrique 199
lame-ressort 912
lampadaire 372
lampe 404, 613, 803, 818, 825
lampe à DEL 359
lampe à halogène 359
lampe à incandescence 359, 736
lampe à souder 402, 407
lampe au néon 404

lampe chauffante 495
lampe de bureau 372
lampe de chevet 855, 920
lampe de lecture 907
lampe de sanctuaire 871
lampe de table 372
lampe d'architecte 372, 526
lampe fluocompacte 359
lampe frontale 33, 1051, 1057
lampe liseuse 372
lampe portative 901
lampe témoin 677
lampe-témoin 997
lampe-tempête 1056
lampe-torche 906
lance 407, 883, 903
lance à eau 902
lance d'arrosage 415
lance-bille 1071
lance-canon 902
lance-leurres 898
lancement, appareil 1010
lance-missiles 897
lancéolée 111
lance-pots fumigènes 895
lancer 937, 939, 943, 1014
lancer, aire 932
lancer, cercle 934, 935
lancer du disque 935
lancer du javelot 935
lancer du marteau 935
lancer du poids 934
lanceur 938, 939, 943
lanceur, enclos 938
lanceur, plaque 939
lanceur spatial 39
lange 534
langouste 266
langoustine 266
langue 143, 149, 152, 216, 231, 232, 233, 276, 582
langue, famille 582
langue aborigène 583
langue afro-asiatique 582
langue amérindienne 583
langue bantoue 582
langue bifide 154
langue celtique 583
langue d'Afrique centrale 582
langue d'Océanie 583
langue germanique 583
langue glaciaire 72
langue indo-européenne 583
langue indo-iranienne 583
langue isolée 583
langue malayo-polynésienne 583
langue ouralo-altaïque 583
langue papoue 583
langue romane 583
langue sino-tibétaine 582
langue slave 583
languette 450, 459, 554, 1031, 1039
lanière 515, 553, 988, 989, 999
lanterne 410, 889, 1053
lanterne de phare 736
lanterne de pied 373
lanterne murale 373
lanterneau 323, 331
lanthane 814
lanthanide 814
Laos 59
lapiaz 67
lapin 167, 271

lapis-lazuli 470
lard 284
largage de câble, commande 1048
largage de la verrière, commande 1048
large 586
largue 982
largue, grand 982
largue, petit 982
larve 144
larynx 214
lasagne 282
laser, faisceau 823
laser à rubis pulsé 823
latex 124
latitude 42
latitude, réglage 24, 25
latitude, vis de blocage 24, 25
latrines 502
latte 371, 565, 722, 806, 980, 983, 1047
latte, gousset 980, 983
lattis métallique 385
laurier 262
lavabo 344, 346, 855, 921
lavabo du chirurgien 922
lavage 425
lavage des wagons, zone 708
lave 75
lave, couche 75
lave-auto 668
lave-glace, gicleur 670
lave-linge 344, 353
lave-linge à chargement frontal 378
lave-linge à chargement vertical 378
lave-vaisselle 291, 293, 296, 353, 380
laver à la machine 425
laver à la main 425
laveuse 344, 353
laveuse à chargement frontal 378
laveuse à chargement vertical 378
lawrencium 814
laye 555
lèchefrite 312
lecteur de carte 624, 668
lecteur de carte, fente 858, 859
lecteur de carte mémoire 599, 628, 629, 637, 638
lecteur de CD/DVD-ROM 558, 628, 629, 630
lecteur de code-barres 634
lecteur de disque compact 599, 615, 619, 620
lecteur de disque compact, contrôle 620
lecteur de DVD 1067
lecteur de DVD portatif 610
lecteur de livres numériques 639
lecteur de microfilm 866
lecteur optique 289
lecteur optique de caractères 588
lecture 611, 615, 616, 620, 621, 625
lecture, salle 866
lecture, touche 559
lecture aléatoire 615

lecture automatique/manuelle 404
lecture rapide 611, 615
légende 590
légionnaire romain 883
légume 288
légume bulbe 245
légume feuille 246
légume fleur 251
légume fruit 248
légume racine 251
légume tige 250
légume tubercule 245
légumier 303
légumineuse 252
lémurien 185
lentille 252, 483, 598, 655, 822, 829
lentille, système 824
lentille biconcave 822
lentille biconvexe 822
lentille concave 822
lentille convergente 822
lentille convexe 822
lentille de champ 824
lentille de contact 481
lentille de macrophotographie 598
lentille de mise au point 826
lentille de réception 832
lentille de redressement 824
lentille divergente 822
lentille jetable 481
lentille objectif 24, 824
lentille plan-concave 822
lentille plan-convexe 822
lentille rigide 481
lentille souple 481
léopard 181
lépiote brune 108
Lesotho 61, 880
lessivage du sol 98
lest 756
Lettonie 57, 878
lettre 586, 588
lettre de repère 1005
leucoplaste 102
levage, appareil 757
levage, chaîne 754
lève-fil 374
lève-glace, manivelle 674
lève-soupape 402
levier 350, 352, 399, 472, 478, 533, 535, 816, 887
levier à ressort 1070
levier coudé 759
levier de blocage 401
levier de commande 395
levier de commande manuelle 712
levier de déclenchement 347
levier de dégagement 399
levier de dégagement du papier 648
levier de dégagement du presse-papier 648
levier de la lame 537
levier de perçage 318
levier de réglage 564
levier de réglage latéral 397
levier de relevage du plateau de coupe 420
levier de serrage 401
levier de vibrato 549
levier de vitesse 676

levier de vitesses 421, 672
levier du bloc 397
levier du piston 403
levier du protège-lame inférieur 392
levier d'embrayage 413
levier plat 388
levier télescopique de dételage 709
lèvre 168, 178, 394
lèvre, grande 226, 227
lèvre, petite 226, 227
lèvre inférieure 231, 554
lèvre supérieure 143, 231, 554
lévrier 177
lézard 157
Lézard 22
liaison 563
liaison chimique 810
liaison frigorifique 341
Liban 58, 880
libellule 147
liber 118
Liberia 60, 879
libero 947, 958
liberté de langue 1004
librairie 848
Libye 60, 879
lice 504
lichen 106
lichen crustacé 106
lichen foliacé 106
lichen fruticuleux 106
Licorne 21
Liechtenstein 56, 878
liège 1042
lierne 506
lieu noir 268
lieuse 766
lièvre 167, 271
Lièvre 21
ligament 136, 207
ligament alvéolo-dentaire 206
ligament élastique 178
ligament suspenseur 238
ligne 562, 959, 1071
ligne, deuxième 950
ligne, grande 703
ligne, première 950
ligne, troisième 950
ligne arrière 955, 1027
ligne blanche 171
ligne bleue 1029
ligne câblée 643
ligne centrale 949, 961, 1029
ligne continue 658
ligne de balayage 1027
ligne de ballon mort 950
ligne de bâti 569
ligne de boîte de service 964
ligne de but 944, 950, 952, 955, 960, 974, 1028
ligne de cadre 1012
ligne de centre 945, 952, 955, 1027
ligne de côté 949, 958
ligne de couloir 935
ligne de coupe 569
ligne de croissance 136, 137
ligne de démarcation 938
ligne de départ 935, 982, 1022, 1032
ligne de distribution 356

ligne de distribution à basse tension 793
ligne de distribution à moyenne tension 793
ligne de double 963, 966
ligne de fond 948, 952, 957, 958, 961, 962, 967, 977
ligne de jet franc 960
ligne de jeu 965, 1015, 1027, 1069
ligne de jury 1041
ligne de lancer franc 957
ligne de limite 997
ligne de l'arbitre 993
ligne de marche, repère 1057
ligne de mêlée 953
ligne de mise en garde 997
ligne de modification 569
ligne de périmètre 1070
ligne de piqûre de la fermeture 569
ligne de poursuite 1021
ligne de réception de service 964
ligne de restriction 948
ligne de retrait 943
ligne de sécurité 715
ligne de service 962, 963, 964, 965, 967
ligne de simple 963, 967
ligne de surface de but 960
ligne de surface de réparation 946
ligne de suture 136
ligne de tir 1009
ligne de touche 944, 947, 951, 952, 955, 956, 960, 1008
ligne de visée 1057
ligne dédiée 641, 642
ligne des compétiteurs 993, 995
ligne des sprinters 1021
ligne des trois points 957
ligne des verges 952
ligne discontinue 658, 659
ligne droite 1021
ligne d'arrivée 935, 982, 985, 1021, 1033, 1040
ligne d'attaque 958
ligne d'avertissement 997
ligne d'ourlet 569
ligne isosiste 76
ligne latérale 150, 961, 965, 1027
ligne limite 994
ligne médiane 947, 951, 956, 960, 962, 974, 997
ligne médiane de service 967
ligne méridienne 1057
ligne neutre 817
ligne sous-marine 642
ligne supplémentaire 562
ligne téléphonique 642
ligne téléphonique/câblée/satellite 641
ligneur 473
Ligue des États arabes 882
limbe 107, 111, 734
lime 256, 398, 472, 1055
lime à ongles 472
lime-émeri 472
limitation de hauteur 667
limite hors-terrain 965
limiteur de surchauffe 379
limon 335

limousine 669
lin 123, 424
linéaire 111
lingala 582
linge de maison 850
lingerie 705, 850, 854
lingerie, magasin 848
linteau 325, 332, 336, 507
lion 181
Lion 23
lion passant 875
liquéfaction, usine 783
liquette 440
liquide 810, 811
liquide céphalo-rachidien 224
liquide de frein, réservoir 679
liquide digestif 103
liquide d'appoint 527
lis 113
lisière 569
lisse 333, 572, 573, 713
lisse, support 713
lisse d'assise 332, 333
listel 394
lit 363, 493, 687, 1054
lit à barreaux 366
lit à deux places 855
lit à une place 855
lit de camp pliant 1054
lit de presse 533
lit d'examen 924
lit d'hôpital 920
lit pliant 366
litchi 259
literie 363
lithium 812
lithographie 535
lithographie, matériel 535
lithosphère 66, 94
litière 109, 493
littoral 70
Lituanie 57, 878
livèche 262
livraison, poste 783
livre 860
livre non relié 537
livre pour enfants 866
livre relié 539
livrée 943
livret bancaire, fente de mise à jour 858
loafer 462
lob 967
lobe 103, 117, 160, 214, 215, 234
lobé 111
lobe du nez 231
lobe frontal 223
lobe occipital 223
lobe pariétal 223
lobe temporal 223
local administratif 704
local de service 872
local d'entretien 859, 868
local technique 663
localisateur universel de ressources 642
locomotive 706, 707
locomotive diesel-électrique 706
loge 114, 115, 541
loge d'artiste 541
loge privée 542
logement de cassette 616

logement de la carte
    mémoire 594, 595, 613
logement de la cassette 611
logement de rangement 601
logement droit 481
logement du barillet 327
logement du plateau 615
logement gauche 481
logiciel de courrier
    électronique 642
logiciel de mise en page 599
logiciel de stockage 599
lointain 540, 541
lombric 135
longane 258
longe 272, 273, 274, 275
longeron 691, 746, 757
longeron, bras 758
longeron stabilisateur 755
longitude 42
longue piste 1032
longueur, mesure 833, 835
longueur d'onde 821
loquet 316
lordose 204
lorgnette 481
lorum 158
losange 839
louche 311
loup 181
Loup 21
loupe 824, 1055
loutre de rivière 180
louvoyage 982
lubrifiant, injecteur 773
lubrifiant, usine 782
lucarne 322
ludo 1063
luette 231, 232
luge 1034
luge double 1034
luge simple 1034
lugeur 1034
lumière 24, 25, 28, 209, 554,
    594, 595, 739, 890
lumière de but 1029
lumière de scène 911
lumière halogène 911
lumière perpétuelle 872
lumière stroboscopique 911
lumière visible 821
luminaire 372
luminosité 597, 621
lumisphère 597
Luna 1 30
Lune 14, 16, 17
Lune, nouvelle 17
Lune, phase 17
Lune, pleine 17
Lune, relief 17
lunette 833, 892
lunette astronomique 24
lunette de visée 824, 887
lunette d'approche 1009
lunette prismatique 734
lunettes 406, 480, 481, 1011,
    1020, 1037
lunettes, accessoires 480
lunettes de nage 976
lunettes de protection 908, 964,
    965, 1020, 1025
lunettes de sécurité 908
lunettes de ski 1038
lunettes de soleil 481
lunettes de vol 1046

lunule 136, 237
lupin 252
lustre 373
lutécium 814
luthéranisme 870
lutrin 871
lutte 991
lutte, aire de combat 991
lutte, positions 991
lutte, surface 991
lutte gréco-romaine 991
lutte libre 991
lutteur 991
lutz 1031
Luxembourg 56, 878
luzerne 252
lycra 424
lynx 180
Lynx 22
lyre 561
Lyre 23

M

macadamia, noix 255
macaque 185
macaroni 531
Macédoine 57
Macédoine, Ex-République
    yougoslave 878
mâche 247
machette 886
mâchicoulis 504
machine à affranchir 651
machine à boules 1071
machine à combustible 797
machine à coudre 566
machine à écrire
    électronique 648
machine à éliminer, à redresser
    et à oblitérer 588
machine à espresso 319
machine à faire les pâtes 307
machine à glaçons 291
machine à laver les verres 293
machine à papier 125
machine à sous 1070
machine à tricoter 571
machine à trier 589
Machine pneumatique 21
machinerie agricole 765
machinerie lourde 758
machiniste 542
mâchoire 143, 399, 400, 401,
    405
Mackenzie 47
maçonnerie 402, 403
macronucleus 133
macula 238
Madagascar 50, 61, 880
magasin 647, 844, 850
magasin à rayons 849, 850
magazine 590
mage 995
Magellan 30
magenta 821
magma 67, 75
magnésie 971
magnésium 812
magnétisme 817
magnétomètre 86
magnétoscope 611
mahi mahi 267
mah-jong 1066
maigre 586

mail 848
maille 961
maille de montage 570
maillet 388, 531, 533, 1008
mailloche 556, 557, 561
maillon-gouge 417
maillot 935, 940, 945, 946,
    951, 954, 956, 991, 1020
maillot de bain 450, 976
maillot de corps 434, 940, 999
main 185, 193, 195, 202, 237
main, protection 910
main courante 335, 518, 519,
    709, 729, 917
main pleine 1062
Maine coon 179
maïs 122, 263
maïs fourrager 243
maison 320, 322, 325, 328,
    1027
maison, pièces 328
maison à étage 521
maison de plain-pied 521
maison de ville 521
maison en adobe 520
maison géothermique 770
maison jumelée 521
maison romaine 502
maison solaire 805
maison sur pilotis 520
maison traditionnelle 520
maisons en rangée 521
maître d'hôtel 290
maître-autel 871
maître-brin 1043
maître-cylindre 679
majeur 237
majuscule 632, 648
Makemake 15
Malaisie 59, 881
malanga 245
Malawi 61, 880
Maldives 58, 880
mâle 834
malgache 583
Mali 60, 879
malle 488
malléole latérale 203
mallette d'ordinateur
    portable 489
mallette porte-documents 484
Malte 56, 878
Malte, Ordre souverain
    militaire 882
mamelle 171
mamelon 192, 194, 227
mamelon double 351
mammifère carnivore 174, 180
mammifère insectivore 164
mammifère lagomorphe 167
mammifère marin 182, 183
mammifère marsupial 188, 189
mammifère ongulé 168, 172
mammifère primate 184, 185
mammifère rongeur 165, 166
mammifère volant 186, 187
mammouth laineux 131

manche 298, 299, 300, 375,
    381, 388, 390, 398, 400,
    403, 404, 405, 407, 408,
    427, 430, 452, 479, 482,
    490, 538, 547, 548, 549,
    553, 561, 568, 578, 733,
    941, 942, 944, 949, 961,
    962, 968, 984, 1008, 1013,
    1017, 1030, 1051
Manche 49
manche à air 873
manche à balai 634, 753, 1048,
    1067
manche ballon 453
manche bouffante 453
manche chauve-souris 453
manche chemisier 453
manche de commande 748
manche flottante 427
manche gigot 453
manche kimono 453
manche marteau 453
manche montée 431
manche pagode 453
manche pendante 428
manche raglan 435, 443, 448,
    453
manche rotatif 634
manche tailleur 453
manche trois-quarts 453
mancheron 411, 413, 427, 453
manchette 590, 958, 1030
manchon 339, 351, 408, 487,
    753, 984, 1000
manchon de cordon 394
manchon de culasse 892
manchon de
    refroidissement 891
manchon du cordon 396, 477,
    478
manchon refroidisseur 823
manchot 161
mandarine 256
mandat-poste 589
mandibule 141, 143, 150, 153,
    154, 158, 159, 164, 166,
    167, 170, 175, 182, 184,
    187, 188, 200, 205
mandoline 307, 561
mandrin 390, 394, 395
manette 316, 559
manette de chasse d'eau 347
manette de contrôle 926
manette de glissement 675
manette de jeu 1067
manette des gaz 634
manette d'admission d'air 336
manette vapeur 319
manganèse 813
mangeoire 494
mangoustan 258
mangouste 180
mangue 259
manifold 777
manille 981
manioc 245
manivelle 307, 395, 401, 414,
    572, 686, 691, 700, 885,
    1060
manivelle de la colonne 596
manivelle d'enroulement 387
manivelle d'orientation des
    lames 371
mannequin 568
mannequin articulé 526

manœuvre, barre 767
manomètre 407, 780, 781, 902,
    913, 989
manomètre d'accord 556
manque 1068
mante religieuse 147
manteau 136, 138, 336, 435,
    442, 443, 817, 850, 851
manteau inférieur 66
manteau supérieur 66
manucure 472
manutention 754
maori 583
maquereau 267
maquillage 473
maquillage des lèvres 474
maquillage des yeux 473
maquillage du visage 473
maquilleuse 542
maquis 92, 93
marbre 533, 939
marche 335, 409, 518, 572,
    622, 639, 995, 1000
marche, aide 916
marche, hauteur 335
marche/arrêt 638
marche avant/marche
    arrière 413
marche de départ 335
marche d'accès 763
marchepied 409, 687, 690,
    706, 724, 753, 764, 902,
    911, 1026
marchepied en étrier 709
margarine 284
marge continentale 67
margeur, dégagement 648
margose 248
marguerite 113
mari 929
Mariner 30
marinière 440
maritime arctique 81
maritime polaire 81
maritime tropical 81
marlin bleu 150
marmite 313
marmotte 166
Maroc 60, 879
maroquinerie 484, 848
marque 933
marque cardinale 738, 739
marque centrale 966
marque de danger isolé 739
marque de jour 737, 739
marque de nuit 739
marque déposée 587
marque des 7 m 960
marque d'eaux sécuritaires 739
marque latérale 739
marque spéciale 739
marqueur 524, 585, 956, 958,
    959, 960, 965, 992, 993,
    995, 996, 997, 1009, 1014
marquise 725
marron 255
Mars 14, 15
Mars Odyssey 31
Mars Reconnaissance
    Orbiter 31
marsouin 183
marsupial 188, 189
marteau 235, 552, 553, 937
marteau à endosser 538
marteau à panne ronde 388

marteau de charpentier 388
marteau de maçon 403
marteau de menuisier 388
marteau d'électricien 405
marteau perforateur 772
marteau pneumatique 773
marteau-piolet 1051
martinet 162, 724
martingale 724, 1008
Martinique 54
martin-pêcheur 161
martre 180
mascara 473
masque 940, 942, 944, 954, 989, 997, 1029
masque à oxygène 911
masque bucco-nasal 909
masque complet 901
masque de chirurgie 913
masque de sélection des couleurs 609
masque respiratoire 909
masse 76
masse, mesure 830, 835
masse d'air 81
masse pendulaire 564
masse-tige 776
massette de réglage 564
massif 323
massif de fleurs 410
massif de fondation 776
massif d'ancrage des câbles 660
massif montagneux 45
massues 972
mât 503, 610, 713, 722, 754, 755, 980, 983, 1047
mât, grand 722, 724
mât, levier de manœuvre 754, 755
mât, pied 983
mât, tête 983
mât, ton 724
mât avant 729
mât de beaupré 724
mât de cacatois 724
mât de charge 729
mât de hune 724
mât de misaine 722, 724
mât de perroquet 724
mât de toit 1053
mât d'artimon 722, 724
mât radar 728
matelas 363, 366, 850, 913, 1054
matelas à langer 366, 492
matelas autogonflant 1054
matelas de protection 1033
matelas mousse 1054
matelas pneumatique 1054
matelassure 1005
mâtereau 729
matériau absorbant les ondes radars 751
matériel, entreposage 868
matériel audiovisuel 850
matériel de base 384
matériel médical 911
matériel médical, salle de rangement 923
matériel souillé, salle de stockage 918, 921
matériel stérile, salle de stockage 918
mathématiques 837

matière 810
matière, états 810
matière, mesure de la quantité 835
matière blanche 221, 222, 224
matière grasse 284
matière grise 221, 222, 224
matière inorganique 94
matières corrosives 910
matières dangereuses 910
matières explosives 910
matières inflammables 910
matières radioactives 910
matières toxiques 910
matraque télescopique 906
maturation 117
mâture 724
maturité 117
Maurice 61, 880
Mauritanie 60, 879
mawashi 995
maxillaire 150, 153, 154, 158, 159, 164, 166, 167, 175, 182, 184, 200, 205, 232
maxillaire basculant 154
maya 583
mazout domestique 782
mazout léger 782
mazout lourd 782
méandre 73
méat auditif externe 205, 234, 235
méat urétral 228
mécanicien 1023
mécanique 816
mécanisme à échappement 564
mécanisme d'engrenage 535
mécanisme d'enroulement 371
mèche 394, 547
mèche à centre plat 394
mèche de tarière 411
mèche hélicoïdale 394
médaille 493
médaillon 276, 468
médecin 920, 990, 996
médiator 561
médicament, compartiment 911
médicament, forme pharmaceutique 914
médulla rénale 219
méduse 134
meganeura 129
mégazostrodon 130
mégot 483
meitnérium 813
Mélanésie 52
mélanésien 583
mélange 125
mélange dépolarisant 820
mélangeur 314
mélangeur à main 314
mélangeur à pâtisserie 310
mélangeur bain-douche 344
mélasse 285
mêlée 952, 953
mêlée spontanée 951
mélèze 121
mélisse 262
melon 257, 457
melon à cornes 258
melon brodé 257
melon Casaba 257
melon d'eau 257

melon d'Espagne 257
melon d'hiver chinois 248
melon d'Ogen 257
melon miel 257
membrane 618
membrane alaire 186
membrane artificielle 927
membrane coquillière 160
membrane cytoplasmique 102
membrane interfémorale 186
membrane médiane 116
membrane nucléaire 102
membrane pellucide 226
membrane plasmique 133
membrane squelettique 102
membrane synoviale 207
membrane vitelline 160
membrure inférieure 661
membrure principale 792
membrure supérieure 661
mémoire 623
mémorisation des données 404
men 995
mendélévium 814
meneur de jeu 957
ménisque convergent 822
ménisque divergent 822
menora 872
menottes, étui 906
menthe 262, 264
menton 158, 194
mentonnière 547, 695, 884, 901, 1020, 1035
menu 291, 611, 620, 621, 622
menu, touche 613
menu, touche de sélection 593
men-uchi 995
menuiserie 387
méplat 570
mer 17, 45, 73, 794
mer Adriatique 49
mer Baltique 49
mer Caspienne 44, 51
mer de Barents 46, 49
mer de Beaufort 46, 47
mer de Béring 44
mer de Chine méridionale 44, 51
mer de Chine orientale 51
mer de Corail 52
mer de Kara 46
mer de Laptev 46
mer de Norvège 44, 46, 49
mer de Sibérie orientale 46
mer de Tasman 52
mer de Weddell 52
mer des Antilles 44, 47
mer des Tchouktches 46
mer du Groenland 46
mer du Japon 51
mer du Labrador 46
mer du Nord 44, 49
mer d'Aral 51
mer d'Irlande 49
mer d'Oman 51
mer Égée 49
mer Méditerranée 44, 49, 50
mer Noire 44, 49, 51
mer Rouge 44, 50, 51
mercaptan, injection 783
mercure 78, 359, 813
Mercure 14, 15
mercure, colonne 827
mercure, réservoir 827
mère 928, 929

merguez 277
méridien céleste 23
méridien de Greenwich 42
méridien est 42
méridien ouest 42
méridienne 360
merlan 268
merlon de protection 781
mesa 74
mésocarpe 114, 115
mésoglée 134
mésopause 79
mésosaure 130
mésosphère 79
mésothorax 141
message précédent 625
message suivant 625
mesure 308, 387, 562
mesure, appareils 827
mesure, touche 832
mesure à deux temps 562
mesure à quatre temps 562
mesure à trois temps 562
mesure télescopique 1014
métacarpe 153, 159, 165, 170, 175, 178, 182, 184, 188, 202
métacarpien 186, 202, 208
métal 812, 875
métal alcalin 812
métal alcalino-terreux 812
métal de transition 813
métalloïde 812
métaphyse 199
métatarse 142, 153, 165, 170, 175, 184, 187, 188, 203
métatarsien 203
métathorax 141
météores 83
météorite 18
météorite ferreuse 18
météorite métallorocheuse 18
météorite rocheuse 18
météorologie 79
méthanol 784
métier à broder 565
métier de basse lisse 572
métier de haute lisse 573
métope 500
mètre 835
mètre à ruban 387, 568
métro 847
métro, station 714, 844
métronome à quartz 564
métronome mécanique 564
mets chauds 292
mets froids 292
meuble 875
meuble de rangement 364
meuble d'enfant 366
meule 396
meuleuse 579
meuleuse d'angle 396
Mexique 54, 876
mezzanine 328, 331, 714
mi 562
mi-bas 433, 446
mi-chaussette 433, 446
micro 549
micro, sélecteur 549
micro-cravate 604
microfilament 133
microfilm, salle 866
micromètre optique, réglage 833
micromètre palmer 832

Micronésie 62, 881
micronucleus 133
micro-onde 821
microphone 604, 613, 621, 622, 623, 624, 625, 635, 735, 906, 1048
microphone dynamique 604
microphone d'interphone 607
microphones 907
micropropulseur 32
microscope 825
Microscope 20
microscope binoculaire 825
microscope électronique 826
microscope monoculaire 825
microtubule 133
miel 285
mihrab 872
mijoteuse 825
milieu défensif 947
milieu offensif 947
mille 836
mille-pattes 135
millésime 860
millet 122, 263
Mimas 15
minaret 872
minbar 872
mine, carreau 772
mine de charbon 771
mine souterraine 774
minerai 771
minéraux 78
minichaîne portative 620
minichaîne stéréo 619
mini-four 316
miniski 1038
minislip 434
minute 836
minuterie 316, 317, 318, 355, 577, 600
minuteur 308
Miranda 15
mire 885, 1009, 1057
mire de réglage 606
mirette 576
miroir 346, 494, 655, 734, 823, 825, 855, 917, 1057
miroir à réflexion partielle 823
miroir à réflexion totale 823
miroir de balayage 763
miroir de courtoisie 676
miroir de traversée avant 688
miroir double pivotant 478
miroir d'éclairage 833
miroir latéral 478
miroir lumineux 478
miroir parabolique 804
miroir plan 28, 823
miroir primaire 25, 27, 28, 29
miroir reflex 594, 595
miroir secondaire 25, 27, 28, 29, 594
miroir tertiaire 29
misaine 725
mise à feu, accessoires 889
mise au jeu 949
mise au jeu, cercle 1028
mise au jeu, point 1028
mise au jeu, trait 952
mise au point 592, 601, 613
mise au point, bouton 24, 25
mise en balles 99
mise en marche 625, 828
mise en page 590

mise en pâte 125
mise en presse 538
mise sous tension 649
mise sous tension, voyant 859
miso 286
missile 894
missile, stockage 898
missile air-air 894, 896
missile air-sol 894
missile antiaérien 898
missile antichar 894
missile antinavire 894
missile antiradar 894
missile anti-sous-marin 894, 898
missile mer-mer 898
missile sol-air 894
Mississippi 47
mitaine 406, 448, 464, 1029, 1051
mite 146
mitigeur 350
mitigeur à bille creuse 350
mitigeur à cartouche 350
mitigeur à disque 350
mitigeur d'évier 352
mitochondrie 102, 133
mitrailleuse 895
mitre 298, 306, 337
mitron 323
mixage 559
mobilier de bureau 645
mocassin 429, 462
mode 648
mode de mesure 593
mode d'acquisition 592, 593
mode d'écoute 614
mode d'emploi 668
mode d'enregistrement 613
mode d'exposition 592
mode manuel/automatique 577
modèle 536
modèle à plat 532
modèle en creux 532
modèle en relief 532
modem 631, 641, 642
modem-câble 643
modérateur 795, 800, 801
modérateur, cuve 800
modillon 501
module de commande 38
module de communication 602
module de descente 38
module de propulsion 602
module de service 38, 602
module d'affichage et de commande 33
module d'affranchissement 651
module d'expérimentation externe 35
module d'habitation américain 34
module d'instrumentation et de propulsion 38
module d'instruments scientifiques 27
module extérieur 341, 343
module intérieur 341, 343
module lunaire 38
module orbital 38
module pressurisé 35
module pressurisé d'expérimentation 35
module russe 34

moelle 110, 118, 276
moelle épinière 149, 152, 220, 221, 224
moelle osseuse 199
moellon 384
moineau 162
moïse 492
Moïse 870
moissonneuse-batteuse 767
molaire 164, 166, 167, 206
Moldavie 57
Moldova, République 878
mole 835
molécule 810
molécule odorante 232
molette 400, 402, 483
molette de mise au point 824
molette de réglage 405
molette de sélection 597
molette d'ajustage 832
molette d'entraînement 318
mollet 193, 195
mollusque 136, 265
molybdène 813
Monaco 56, 878
monarque 147
mongol 583
Mongolie 59, 881
moniteur de contrôle 543
moniteur de pression artérielle 925
monnaie 860
monnaie, nom 861
monnaie, pièce 860
monnayeur 1071
monocle 481
monocoque 981
monographie 866
mont de Vénus 226
mont Everest 79
montagnais 583
montagne 71
montagnes Rocheuses 47
montant 324, 325, 327, 332, 361, 364, 409, 454, 538, 561, 572, 573, 916, 936, 969, 971, 1031
montant, anneau 1004
montant de bride 1004
montant de filet 1004
montant d'angle 757
montant latéral 671
montant mouton 327
montant rembourré 957
monte-boules 1015
montée arrière 1006
montée de tête 1006
Monténégro 57, 878
monticule 939
montre 576, 851
montre à affichage analogique 828
montre à affichage numérique 828
montre mécanique 828
monts Oural 49
monts Transantarctiques 46
monture 381, 391, 401, 480, 560, 998
monture baïonnette 598
monture en fer à cheval 28
monument 52
moquette 334
moraillon 488
moraine 72

mordache 537
mordant 563
morille 108, 244
mors 390, 394, 395, 401, 472, 539, 1008
mors à canon brisé 1004
mors à pompe 1004
mors anglais 1004
mors de bride 1004
mors de filet 1004
morse 183
mort 834
mortadelle 277
mortaise 483
mortier 307, 384, 889, 890
mortier moderne 892
morts-terrains 771
morue 94, 268
mosaïque 502
mosquée 872
moteur 32, 37, 338, 342, 343, 378, 379, 380, 389, 392, 395, 398, 408, 411, 413, 417, 419, 421, 680, 695, 754, 761, 764, 767, 776, 895
moteur, compartiment 688
moteur, paramètres 748
moteur, pylône 747
moteur à deux temps 681
moteur à essence 673, 678, 682
moteur à quatre temps 680
moteur à turbocompression 680
moteur de disques 638
moteur de guides 638
moteur diesel 681, 706, 727, 758, 759, 760, 761, 898
moteur électrique 339, 345, 678, 683, 899
moteur électrique, commande 678
moteur hors-bord 729
moteur hydraulique 762
moteur rotatif 681
moteur-fusée 39, 86
motif 448
motif à chevrons 511
motif de faune tropicale 511
moto 694, 697
moto, accès interdit 665, 666
moto de Grand Prix 1024
moto de motocross et supercross 1025
moto de rallye 1025
moto de tourisme 697
moto de trial 1025
moto tout-terrain 697
moto-caméra 1020
motocross, circuit 1025
motocyclisme 1024
moroculteur 413
motomarine 1026
motoneige 1026
motrice 716
mouche 103, 146, 1012
Mouche 21
mouche artificielle 1059
mouche tsé-tsé 146
moufette 180
moufle 406, 448, 464, 885, 1051
moufle fixe 776
moufle mobile 776

mouflon 172
mouilleur 651
moule 265
moule à charlotte 311
moule à fond amovible 311
moule à gâteau 311
moule à muffins 311
moule à pain 311, 317
moule à quiche 311
moule à soufflé 310
moule à tarte 311
moulin 534
moulin à café 307, 318
moulin à légumes 307
moulin à poivre 307
moulin à vent 806
moulin blouse 806
moulin pivot 806
moulin tour 806
moulinet 534
moulinet à mouche 1059
moulinet à tambour fixe 1060
moulinet à tambour tournant 1060
mousqueton 981, 1051, 1061
mousqueton à ressort 981
mousqueton à vis 1050
mousqueton en D 1050
mousse 106
mousse, réservoir 779
mousse à raser 479
mousse anti-vent 604
mousse bitumineuse 779
mousse d'Irlande 244
mousseline 308
moustache 178
moustique 146
moutarde 116, 260, 286
moutarde de Dijon 286
mouton 172, 1006
mouvement de terrain 77
mouvement horizontal du sol 76
mouvement vertical du sol 76
moyen 998
moyeu 654, 699, 787, 807, 917
moyeu rotor 753
Mozambique 61, 880
mozzarella 280
muguet 113
mule 462
mulet 172
mulot 166
multicoque 981
multimètre 404
multiplicateur de focale 598
multiplication 649, 837
multisegment 669
munition, étui 906
munster 281
muqueuse olfactive 232
muqueuse vésicale 218
mur 324, 1002, 1052, 1066
mur acoustique 605
mur arrière 964, 965
mur avant 964, 965
mur bajoyer 785
mur barré 1002
mur de batillage 790
mur de briques 333
mur de fondation 332, 333
mur de l'œil 89
mur de nuages 89
mur de virage 975, 977
mur d'arrivée 976
mur en béton 805

mur fortifié 872
mur latéral 964, 965, 977
muraille 729, 1066
mûre 254
muret 1014
mur-rideau 512
musaraigne 164
muscade, noix 260
muscle 196, 198, 207
muscle adducteur 136
muscle arrecteur 236
muscle bulbo-caverneux 228
muscle droit supérieur 238
muscle du manteau 138
muscle lisse 198, 209
muscle papillaire 213
muscle strié 198
museau 148, 152, 164, 174, 178, 189
musée 522, 845
muselière 493
muserolle 1004, 1008
musique 545
musique, accessoires 564
musique, salle 868
musique électronique 558
mutule 500
Myanmar 59, 881
mycélium 108
mye 265
myéline, gaine 221
mygale du Mexique 147
myocarde 213
myomère 149
myomètre 227
myopie 239
myrtille 254
myrtille d'Amérique 254

N

naan, pain 278
nacelle 662, 807, 1049
nacelle d'observation 28
nacelle d'osier 1049
nacelle élévatrice 744
nage 975
nage sur le dos 975
nageoire anale 148, 150
nageoire caudale 139, 148, 150, 182
nageoire dorsale 148, 149, 182
nageoire pectorale 148, 150, 182
nageoire pelvienne 148, 150
nahuatl 583
naine blanche 18
naine brune 18
naine noire 18
naissance 834
Namaka 15
Namibie 61, 880
naos 499
nappe phréatique 67, 98
napperon 304, 305
napperon en bambou 305
narine 148, 150, 152, 154, 158, 231
narval 183
nasal 205, 884
naseau 168
natation 975
natation, bassin de compétition 977
nationalité 971

Nations unies, Organisation 882
Nauru 62, 881
navaho 583
navet 251
navette 573
navette ferroviaire 742
navette spatiale 36, 79
naviculaire 203, 208
navigateur 642
navigation 622, 624
navigation, appareils 734
navigation, informations 748
navire 65
navire de forage 726, 778
navire de guerre 897
navire porte-conteneurs 718, 726
NEAR Shoemaker 31
nébuleuse planétaire 18
nébulosité 81, 82
nécessaire à chaussures 463
nécrologie 590
nécrophore 146
nectarine 254
néerlandais 583
nef 507
nef centrale 872
nèfle du Japon 255
négatif 600, 834
négatoscope 655
neige 83, 90
neige, chute 85
neige, enlèvement 421
neige roulée 90
neiges acides 98
neiges éternelles 71
néodyme 814
néon 814
Népal 58, 881
népenthès 103
néphridie 139
Neptune 14, 15
neptunium 814
nerf 225, 539
nerf axillaire 225
nerf cochléaire 235
nerf crânien 220, 225
nerf cutané latéral de la cuisse 225
nerf digital 225
nerf fémoral 225
nerf fibulaire 225
nerf iliohypogastrique 225
nerf ilio-inguinal 225
nerf intercostal 225
nerf médian 225
nerf obturateur 225
nerf olfactif 149, 232
nerf optique 238
nerf radial 225
nerf saphène 225
nerf sciatique 225
nerf spinal 220, 221, 224
nerf tibial 225
nerf ulnaire 225
nerf vestibulaire 235
nervure 111, 116, 140, 761, 908, 989
nervure d'aile 746
nervure d'emplanture 746
nervure médiane 107
netball, terrain 955
nettoyage, produit 291
nettoyage, salle 900

nettoyeur 849
neurone 221
neurone moteur 221
neurone sensitif 221
neutron 810, 811
névé 72
neveu 929
New Horizons 31
newton 835
nez 165, 167, 194, 231, 397, 746, 1044, 1047, 1048, 1071
nez basculant 751
nez du guide 417
nez-de-marche 335
Nicaragua 54, 876
niche 510
niche de sécurité 663
nickel 78, 813
nid à couvain 144
nid d'ange 448
nièce 929
Niger 50, 60, 879
Nigeria 60, 879
Nil 50
nimbostratus 82, 88
niobium 813
Nioué 882
niveau 774
niveau à bulle 387
niveau de la mer 66, 67, 79
niveau d'eau 319, 342
niveau d'enregistrement 616
niveleuse 761
nivelle d'alidade 833
nivelle d'embase 833
nivomètre 84, 85
nobélium 814
nœud 109, 575, 792, 818, 1058
nœud coulant 1058
nœud de cabestan 1058
nœud de chaise 1058
nœud de Franciscain 1058
nœud de jambe de chien 1058
nœud de pêcheur 1058
nœud de Ranvier 221
nœud de vache 1058
nœud d'arrêt 1058
nœud d'arrimage de l'orbiteur 34
nœud d'écoute 1058
nœud papillon 431
nœud plat 457, 1058
nœud simple 1058
noir 586, 821, 1068
Noir 1065
noir et blanc 593
noire 563
noisette 116, 255
noix 116, 255, 553, 571, 885
noix de cajou 255
noix de coco 255
noix de cola 255
noix de ginkgo 255
noix de macadamia 255
noix de pacane 255
noix de serrage 815
noix du Brésil 255
nom commun 834
nom de la station 714
nombre de copies 647
nombril 192, 194
non-addition 649
non-métal 813
nord 1066
Nord 738

Nord Est 738
Nord Ouest 738
nori 244
normal 586
norme, point 1041
Norvège 46, 56, 878
norvégien 179, 583
notation algébrique 1065
notation musicale 562
note 563, 971
nothosaure 130
nouaison 117
nouille asiatique 283
nouille aux œufs 283
nouille de haricot mungo 283
nouille de riz 283
nouille ramen 283
nouille soba 283
nouille somen 283
nouille udon 283
Nouvelle-Calédonie 52, 62
Nouvelle-Zélande 52, 62, 881
Nouvelle-Zemble 46
nova 18
noyau 16, 18, 102, 115, 133, 221, 226, 554, 810, 887
noyau, division 811
noyau cellulaire 133
noyau d'argile 790
noyau externe 66, 817
noyau fissile 811
noyau galactique 19
noyau interne 66, 817
noyau radioactif 811
noyer 119
nuage 79, 81, 82, 88, 91
nuage, hauteur 85
nuage à développement 88
nuage de basse altitude 88
nuage de cendres 75
nuage de haute altitude 88
nuage de moyenne altitude 88
nuage de Oort 14
nuage en entonnoir 89
nuancier 526
nucléole 102, 226
nuisette 447
numéraire, approvisionnement 859
numériseur 635
numéro 1068
numéro 1 1008
numéro 2 1008
numéro 3 1008
numéro 4 1008
numéro atomique 812
numéro de couloir 1043
numéro de l'abonné 355
numéro de série 861
numéro de tête 1007
numéro du joueur 954, 956, 1028
numéro plein 1068
numéros, à cheval sur deux 1068
numéroteur 651
nu-pied 462
nuque 158, 193, 195
nyctale 163
nylon 424
nymphe 144

oasis 73, 74
Obéron 15
obi 993, 996
objectif 592, 594, 597, 598, 601, 615, 622, 635, 636, 825, 926
objectif, accessoires 598
objectif d'agrandissement 600
objectif grand-angulaire 598
objectif macro 598
objectif normal 598
objectif super-grand-angle 598
objectif zoom 598, 613
objet personnel 479
oblique externe 196, 197
obscurité 739
observation, chambre 918, 922
observation astronomique 20
observation psychiatrique, chambre 918
observatoire astronomique 28
obstacle 1002, 1025
obstacle, parcours 1002
obstacle d'eau 1016, 1017
obturateur de baie 629
obusier moderne 892
occipital 175, 197, 201, 205
océan 17, 45, 95
océan, fond 66, 67
océan Arctique 44, 46
océan Atlantique 44, 46, 49, 50
océan Indien 44, 46, 50, 51, 52
océan Pacifique 44, 46, 51, 52
Océanie 44, 62, 881
octaèdre 839
Octant 20
octave 562, 998
octave, mécanisme 550
octogone 839
oculaire 24, 25, 594, 613, 824, 825, 909, 926
oculaire coudé 24
oculus 508
odomètre 832
odorat 231
œil 89, 137, 138, 139, 145, 154, 155, 164, 167, 174, 178, 182, 194, 238, 388, 573, 1005, 1050
oeil, protection 908, 910
œil composé 140, 142, 143
œil primitif 135
œil simple 141, 143
œil témoin 713
œillère 1007
œillet 113, 367, 450, 459, 486, 1031, 1061
œillet d'attache 593
œsophage 135, 137, 141, 143, 145, 149, 152, 154, 155, 159, 169, 216
œuf 144, 149, 153, 160, 270
œuf de caille 270
œuf de cane 270
œuf de faisane 270
œuf de poule 270
œuf d'autruche 270
œuf d'oie 270
office 746
officiel 945, 949, 996
officiel, banc 1029
officier, bureau 904

officier, chambre 900
officier, logement 898, 899
ogive 787
ohm 835
oie 163, 271
oignon à mariner 245
oignon blanc 245
oignon jaune 245
oignon rouge 245
oignon vert 245
oiseau 158, 159
oiseau aquatique 160, 161
Oiseau de Paradis 20
oiseau de proie 160
oiseau de rivage 161
oiseau échassier 160
oiseau granivore 160
oiseau insectivore 160
oiseau percheur 160
oiseau terrestre 162
oka 281
okapi 173
olécrane 170, 201
oléoduc 777, 780
olive 248
olivier 120
Oman 58, 880
ombelle 112
ombilic 72, 158
omble de fontaine 269
ombre 828
ombre à paupières 473
ombrelle 134
omoplate 153, 159, 164, 165, 170, 175, 182, 184, 187, 188, 193, 195, 200, 201, 207
omoplate, épine 201
oncle 929
onde 821
onde de choc 775
onde lumineuse, trajectoire 822
onde radio 26, 821
onde sismique 76
onde sismique, propagation 76
onduleur 638, 641
ongle 158, 237
ongle, corps 237
ongle, lit 237
ongle, matrice 237
ongle, racine 237
onglet 295, 652, 1055
onglet, blocage 392
onglet, échelle 391, 392
onglet, verrou 391, 392
onglet à fenêtre 652
onguent 914
ONU 882
ONU, États membres 876
ONU, observateurs 882
opale 470
opéra 844
opérateur de régie d'éclairage 605
opérateur du son 543
opération, salle 921, 922
opération, touche 858, 859
opération de base 649
opercule 103, 150, 153
opercule thermoscellé 294
ophtalmologie, salle 919
Ophiuchus 21, 23
opisthodome 499
opossum 189
opticien 849

optique 821
optique, appareil 823
or 78, 813, 875
orage 83, 91
orange 114, 256, 528
orange sanguine 256
orang-outan 185
orbiculaire de la bouche 196
orbiculaire de l'œil 196
orbite 154, 159, 175, 182, 184, 188
orbite des satellites 86
orbite géostationnaire 86
orbite lunaire 16, 17
orbite polaire 86
orbite terrestre 16, 17
orbiteur 32, 36, 37
orchestre 498
orchestre symphonique 545
orchidée 113
ordinateur 599, 868
ordinateur, salle 899
ordinateur à boîtier tour 629
ordinateur de bord 676, 907
ordinateur de bureau 640, 641, 642
ordinateur des données aérodynamiques 748
ordinateur portable 630, 641
ordinateur tout-en-un 628
ordonnées, axe 838
Ordovicien 128
ordre 132
ordures ménagères 97, 98
oreille 167, 174, 178, 186, 192, 235, 361, 732
oreille externe 234
oreille interne 234
oreille moyenne 234
oreille-de-Judas 244
oreiller 363
oreillette 465, 604
oreillette droite 212, 213
oreillette gauche 212, 213
oreillette sans fil 622
oreillettes 1022
Orénoque 48
organeau 732
organeau de hissage 732
organes des sens 231
organes génitaux féminins 226
organes génitaux masculins 228
organisateur, bureau 853
Organisation du Traité de l'Atlantique Nord 882
organisation gouvernementale 643
organisation internationale 882
organisme culturel 643
organisme de santé 643
organisme unicellulaire 133
orge 122, 263
orgue 554, 555
orifice de remplissage 374
orifice du pied 554
orifice d'aération 408
orifice excréteur 137
orifice génital 135, 137
orifice urétéral 218
orifice uro-génital 149
oriflamme 873
origan 262
origine 198

orignal 172
Orion 21, 22, 38
orme 120
ormeau 265
ornement 563
ornement de proue 722
oronge vraie 244
orque 183
orteil 174, 192, 194
orthocère 128
ortie 247
os 199, 207
os alvéolaire 206
os compact 199
os court 199
os crochu 202
os iliaque 200
os irrégulier 199
os long 199
os nasal 232
os plat 199
os sésamoïde 164
os spongieux 199
oscule 134
oseille 247
osmium 813
ossature métallique 512
osselet 235
ostéon 199
OTAN 882
otarie 183
otolithe 149
oto-rhino-laryngologie, salle 919
ouaouaron 153
oued 74
ouest 1066
Ouest 738
Ouganda 61, 879
ouïe 234, 235, 547
ouïe, protection 908, 910
ouistiti 185
ouragan 83, 89
ourdissoir 574
ourdou 583
ourlet 371
ours 590
ours noir 94, 181
ours polaire 94, 181
oursin 135
outil 773
ouverture 136, 593, 597, 598, 1061
ouverture, commande 826
ouverture de la boîte à lumière 600
ouvrage de référence 866
ouvrant, traverse 327
ouvre-boîtes 307, 318, 1055
ouvrière 142, 143
Ouzbékistan 58, 880
ovaire 104, 112, 141, 145, 226, 227, 229
oviducte 141, 145, 155
ovoïde 111
ovotestis 137
ovule 104, 112, 226
oxer 1002, 1003
oxyde de deutérium, reconcentration 797
oxyde d'azote 98
oxygène 95, 102, 407, 813
oxygène, cycle 95

P

pacane, noix 255
pack 295
paddock 1006
pagaie double 987
pagaie simple 986
page précédente 633
page suivante 633
pagne 429
pagode 513
paiement, commande 1070
paiement, déclencheur 1070
paiement, mode 860
paille 295
paille, botte 1025
pain 123, 278, 292
pain azyme 278
pain blanc 279
pain brioché 279
pain chapati 278
pain complet 279
pain de campagne 278
pain de maïs 279
pain de mie 279
pain de seigle 278, 279
pain grec 279
pain irlandais 279
pain multicéréales 279
pain naan 279
pain noir 278
pain parisien 279
pain pita 278
pain tchallah 279
pair 1068
paire 1062
pak-choï 246
Pakistan 58, 880
pal 874
pale 342, 787, 794, 807
pale de rotor 753
Palestine 882
palet 1030
paletot 435, 443
palette 525, 754, 961, 1061
palette à ailes 754
palette à double face 754
palette à simple face 754
palette-caisse 754
palier 330, 335, 518
palier de butée 787
palissade 504
palla 426
palladium 813
palmaire, court 196
palmaire, long 196
palme 989
palmée 111
palmeraie 74
palmette 360
palmier 119
palmure 152, 160
palonnier 760
palonnier, pédale 1048
palonnier de slalom 988
palourde 265
palpe 136

palpe labial 140, 143
pampille 373
pamplemousse 256
pan 431, 435
pan arrière 431
pan avant 431
panais 251
panama 457
Panamá 54, 876
pancetta 277
pancréas 152, 159, 216, 229
pangolin 164
panicule 122
panier 319, 377, 380, 702, 941, 957, 1061
panier à couverts 380
panier à friture 308
panier cuit-vapeur 313
panier de lavage 378
panier de projection 601
panier de rangement 491
panne 406, 538, 1051
panne ronde 388
panneau 325, 370, 529, 774, 957, 1049
panneau, support 957
panneau à âme lamellée 386
panneau à âme lattée 386
panneau avant 343, 637
panneau de commande 317, 342, 625, 637, 902, 924
panneau de connexions 636
panneau de contrôle 636, 637
panneau de copeaux 386
panneau de distribution 354, 356
panneau de fibres 386
panneau de garniture 674
panneau de particules 386
panneau de protection latéral 917
panneau de raccordement électrique 608
panneau de raccordement vidéo 608
panneau de refroidissement 37
panneau de séparation 489
panneau de vantail 364
panneau d'accès 338, 348
panneau indicateur 704
panneau photovoltaïque 737
panneau publicitaire 714
panneau routier 664, 666
panneau solaire 27, 32, 35, 64, 86, 602
panneau solaire thermique 805
panneau-parachute 1049
pansement adhésif 915
pantalon 432, 433, 441, 451, 850, 940, 954, 992, 1025, 1051
pantalon capri 441
pantalon cargo 441
pantalon convertible 433
pantalon molletonné 451
pantalon pattes d'éléphant 441
pantalon-cigarette 441
pantographe 606, 707, 717
paon 162
Paon 20
papaye 259
papeterie 851
papier 294, 483, 529, 532
papier, alimentation 859
papier, détection 859

papier, fabrication 125
papier aluminium 294
papier buvard 651
papier ciré 294
papier de correspondance 124
papier de riz 584
papier de verre 396
papier goudronné 385
papier journal 124
papier paraffiné 294
papier recyclé 125
papier sulfurisé 294
papille 238
papille caliciforme 233
papille filiforme 233
papille fongiforme 233
papillon 140, 141, 975
papillon, coup de pied 975
papillon, virage 975
Papouasie-Nouvelle-Guinée 52, 62, 881
paprika 261
papyrus 584
paquebot 730
paquet 295
parachute 36, 896, 1046
parachute de cabine 519
parachutisme 1046
parachutiste 1046
paraffine 782
parafoudre 786, 793
parafouille 790, 791
Paraguay 55, 876
parallèle 42, 836
parallélépipède 839
parallélogramme 839
paramécie 133
Paraná 48
parapente 1047
parapentiste 1047
parapet 504, 505
parapharmacie 289
parapheur 651
parapluie 490
parapluie télescopique 490
parapluie-canne 490
parasoleil 598
paratonnerre 323, 807
parc 52, 845
parc à charbon 775
parc à échelles 902
parc à vélos 869
parc de stockage 780
parc des expositions 842
parc national 53
parcours pittoresque 53
pardessus 435
pare-brise 670, 690, 695, 697, 746, 748, 1026
pare-chocs 375, 690, 691, 697, 917, 964, 1026, 1035
pare-chocs, moulure 670
pare-étincelles 411
pare-feu 337, 641
pare-jet 492
parement 386, 428
parement amont 791
parement aval 791
parenchyme cortical 110
parenté, liens 928
parenthèse 587
parents 928, 929
paréo 439
pare-soleil 24, 491, 676, 686, 687, 734

pareur 973
parfum 851
parfumerie 848
pariétal 154, 165, 175, 201, 205
paripennée 111
parka 436, 442
parloir 864
parmesan 281
paroi 171, 754
paroi avant 691
paroi de bout 691
paroi latérale 691, 757
parquet 333, 334
parterre 541
parti 874
partie intermédiaire 512
partition 874
parure 468
pas 168
pas, réglage 832
pas alternatif 1042
pas de patineur 1042
pas de tir 1010
pascal 835
passage à niveau 665, 667, 703, 713
passage à niveau, sonnerie 713
passage d'animaux sauvages 667
passage inférieur 660
passage pour piétons 665, 667, 846
passage souterrain 703
passage supérieur 659, 660
passant 431, 432, 435
passavant 729
passe 949, 1068
passe à billes 785
passe-bras 443
passe-montagne 458
passeport, contrôle 743
passerelle 504, 540, 641, 703, 715, 762, 897
passerelle de navigation 726, 730, 731
passerelle télescopique 741
passe-sangle 1056
passette 573
passivité, zone 991
passoire 308, 315, 318
pastel 524
pastèque 257
Patagonie 48
patate 245
pâte phyllo 279
patelle 265
patère 360, 645
patère à embrasse 368
pâtes alimentaires 123, 282
Pathfinder 31
patient 920
patin 421, 713, 753, 763, 1028, 1034, 1035
patin à roues alignées 1045
patin acrobatique 1045
patin antidérapant 409, 969
patin clap 1033
patin de chenille 895
patin de course 1033
patin de courte piste 1033
patin de figure 1031
patin de gardien de but 1030
patin de hockey 1045
patin de joueur 1030

patin de vitesse 1045
patin d'appui 799
patin d'espacement 799
patinage artistique 1031
patinage de vitesse 1032
patineur 1032
patineur d'eau 147
patineuse 1045
patinoire 1028, 1031, 1036
pâtisserie 310
pâtisson 249
patron 569, 578
patron, commencement 571
patron, mémoire 571
patte 155, 160, 167, 430, 432, 435, 484, 539, 732, 941
patte à boutons-pression 436
patte ambulatoire 141
patte anale 141
patte antérieure 140, 142, 152, 153, 164, 174, 189
patte autocollante 651
patte boutonnée 432
patte capucin 431, 452
patte de boutonnage 431
patte de coq 576
patte de serrage 435
patte d'entrejambe 440
patte d'épaule 435, 906
patte locomotrice 145
patte médiane 140, 142
patte polo 437
patte postérieure 140, 142, 152, 153, 164, 189
patte thoracique 139
patte ventouse 141
pâturage 243
paturon 168
paume 164, 237, 464, 941
paumelle 327
paupière 155
paupière inférieure 152, 178, 238
paupière interne 178
paupière supérieure 152, 178, 238
paupiette 276
pause 563, 611, 615, 616, 620, 633
pause, touche 559
pavé alphanumérique 632
pavé numérique 633
pavé tactile 630
pavé tactile, bouton 630
pavillon 165, 189, 234, 235, 469, 550, 551, 554, 671, 844, 912, 1016
pavillon, attache 550
pavillon à deux pointes 873
pavillon de jardin 410
pavillon des skieurs 1036
pavois 724, 873
pavot 116
pavot, graine 261
pays 53
Pays-Bas 56, 878
peau 114, 115, 221, 236, 557
peau de batterie 556, 561
peau de chamois 463, 472
peau de couverture 539
peau de timbre 556, 561
pécari 172
pêche 115, 242, 254, 1059
pêche, vêtements et accessoires 1061

pêche à la mouche 1059
pêche au lancer 1060
pectoral, grand 196
pédale 548, 552, 554, 556, 558, 698, 700, 1001, 1020
pédale automatique 1020
pédale de chaussage 1039
pédale de déchaussage 1039
pédale de frein 420, 572
pédale de marche arrière 420
pédale de marche avant 420
pédale d'ajustement 526
pédale d'effets 549
pédalier 554
pédalier, axe 700
pédalier, touche 554
pédicelle 106, 114, 117
pédipalpe 145
pédoncule 112, 114, 115, 117
Pégase 22
peigne 476, 518, 573, 766
peigne à crêper 476
peigne à pollen 142
peigne à tige 476
peigne afro 476
peigne combiné 476
peigne de coiffeur 476
peignoir 447
peinture 408, 524, 525
peinture, style 529
peinture, support 529
peinture, technique 528
peinture à l'huile 528
pelage 164, 165, 167, 178, 185, 189
pèlerine 443
pélican 161
pelle 311, 337, 412, 493, 984
pelle à neige 421
pelle à poussière 381
pelle de montagne 1051
pelle hydraulique 760
pelle mécanique 771
pelle-grattoir 421
pelle-pioche pliante 1056
pelleteuse 759
pelleteuse, articulation 759
pelleteuse, manœuvre 759
pelle-traîneau 421
pellicule 591
pellicule, traitement 600
pellicule plastique 294
pelote 568
peloton 1020
pelouse 323, 1014
pelouse, soin 419
peltée 111
pellicule rénal 219
pelvis vestigial 182
pénalité 933
pénalité, banc 1029
pénalité, préposé 1029
pendant d'oreille 468
pendeloque 373
pendentif 468
penderie 330, 365, 855
pendule 829, 868
pêne demi-tour 326
pêne dormant 326, 327
péninsule 45
péninsule Antarctique 46
péninsule des Balkans 49
péninsule du Yucatán 47
péninsule d'Arabie 51
péninsule Ibérique 49

péninsule Scandinave 49
pénis 137, 192, 228
penne 158, 282
pennée 111
pennon 873, 980
pensée 113
pentagone 839
pente 804, 1036
pente, bas 1036
pépin 114, 115
pepino 259
péplos 426
pepperoni 277
perçage 394
perce-oreille 146
perceuse 394
perceuse à colonne 395
perceuse à main 395
perceuse-visseuse 394
perchaude 149, 150, 269
perche 149, 150, 269, 605, 606, 936
perche de ravitaillement 896
perche de tête 1007
perche truitée 269
perchiste 543, 936
perchoir 494
percolateur 293, 319
percussion, instrument 545, 556
percuteur 893
perdrix 163, 271
père 928, 929
perforation 450, 459, 464
perforatrice 655
pergola 410
péricarpe 116
période 739, 933
périodique 867
périoste 199
périphérique 843
périphérique de sortie 636
périscope 38, 899
péristome 103, 133
péristyle 499, 502
péritoine 226, 228
Permien 130
péroné 153, 165, 170, 175, 184, 188, 200, 203, 207
Pérou 55, 876
peroxyde 915
perpendiculaire 836
perré 790
perron 323, 329
perroquet fixe 725
perroquet volant 725
persan 179, 583
Persée 22
persienne 327
persil 262
personnel additionnel de production 605
perte de chaleur 96
pèse-lettres 651
pèse-personne 831
peso 860
peson 831
pesticide 97, 98
pétale 112
pétanque 1014
pétanque, terrain 1014
pétiole 103, 107, 111
Petit Cheval 22
Petit Chien 23
Petit Lion 23

Petit Renard 23
Petite Ourse 22
petite vrillette 146
petite-fille 928
petit-fils 928
petits-enfants 928
pétoncle 265
pétrole 95, 775, 776, 779, 783
pétrole, gisement 775
pétrole brut 782
pétrole et eau chauffés 779
pétrolier 718, 728
pe-tsaï 246
peul 582
peuplier 119
phalange 153, 159, 165, 175, 182, 184, 187, 188, 202, 203
phalange distale 170, 178, 202, 203, 237
phalange moyenne 170, 178, 202, 203
phalange proximale 170, 178, 202, 203
phalène du bouleau 147
phare 420, 421, 670, 690, 695, 696, 706, 707, 718, 736, 764, 895, 917, 1026
phare arrière 764
phare avant 762, 763
phare de route 763
phare de travail 763
phare d'atterrissage 753
pharmacie 848, 856, 918, 923
pharynx 143, 214, 216
Phénix 20
phénomènes géologiques 75
Philippines 51, 59, 881
phloème 110
Phobos 14
Phoenix 31
phonothèque 867
phoque 183
phoque annelé 94
phosphore 813
photo, touche 613
photocopie, contrôle 647
photocopieur 647, 867
photodiode 594
photographe 848
photographe de plateau 543
photographie 591, 595
photographie, accessoires 596
photographie à la une 590
photographie numérique 599
photon 823
photopile 802, 803
photopile, circuit 803
photopile, module 803
photosphère 16
photosynthèse 95, 102
phyllo, pâte 279
physique 816
phytoplancton 94
pi 836
piano 545
piano à queue de concert 553
piano demi-queue 553
piano droit 552, 553
piano électronique 558
piano quart-de-queue 553
pic 71, 163
piccolo 545, 550
pichet 301, 318
picnic 275
pictogramme 632

pie 163
pièce 1066
pièce, conduite 1070
pièce buccale 142
pièce de coin 757
pièce de jonction 902
pièce d'embranchement 903
pièce d'estomac 427
pièce honorable 874
pièce intermédiaire 228
pièce refusée, réceptacle 1070
pièce terminale 228
pied 108, 136, 137, 185, 186, 189, 192, 193, 194, 195, 203, 250, 359, 361, 362, 363, 366, 372, 411, 433, 483, 548, 554, 556, 628, 757, 792, 825, 961, 973, 1043, 1059, 1060
pied, protection 909, 910
pied à coulisse à vernier 832
pied à perfusion 920
pied ambulacraire 135
pied amont 790
pied aval 790
pied cambré 360
pied de fixation 596
pied de lit 363
pied de nivellement 378, 379, 380
pied presseur 567
pied-de-biche 566, 567
pied-mélangeur 314
piédroit 507, 514
pie-mère 224
pière, lieu 864
pierre 384, 406, 470, 1065
pierre, taille 469
pierre à affûter 309
pierre à aiguiser 534
pierre de Coyolxauhqui 513
pierre de curling 1027
pierre en saillie 511
pierre fine 470
pierre lithographique 535
pierre précieuse 470
pierre sacrificielle 513
piètement 361, 409, 969
piéton, accès interdit 665, 666
piéton, bouton d'appel 846
pieuvre 138, 265
pige 576
pigeon 163, 271
pignon 120, 255, 295, 322, 395, 829
pignon simple 1021
pika 167
pilastre 335, 510, 518
pilastre corinthien 503
pile 595, 613, 660, 661, 678, 818, 894, 901
pile alcaline manganèse-zinc 820
pile bouton 595
pile carbone-zinc 820
pile sèche 820
pilier 76, 506, 513, 774, 950
pilon 307, 311
pilotage, informations 748
pilote 553, 555, 894, 1022, 1024, 1025, 1047
pilote automatique, commande 748
pilotin 555
pilotis 512

piment 248, 261
piment de la Jamaïque 260
piment Jalapeño 261
piment oiseau 261
pin blanc 121
pin parasol 121
pinacle 506
pince 139, 171, 309, 337, 367, 432, 478, 569, 686, 1051
pince à boucles de cheveux 476
pince à cheveux 476
pince à cravate 471
pince à cuticules 472
pince à défriser 478
pince à dénuder 405
pince à échardes 915
pince à épiler 472
pince à escargots 309
pince à étiqueter 653
pince à filer 579
pince à fusible 405
pince à joint coulissant 399
pince à long bec 405
pince à spaghettis 309
pince avec noix de serrage 815
pince de ceinture 621
pince de mise en plis 476
pince de repérage 533
pince de taille 435
pince d'électricien 405
pince multiprise 399
pince tibio-tarsienne 142
pince universelle 405
pince-aiguille 567
pinceau 408, 473, 525, 534, 584
pinceau à lèvres 474
pinceau à pâtisserie 310
pinceau à sumi-e 525
pince-étau 399
pincement 359
pince-notes 654
pinces 399
pinçon 171
pingouin 161
pinnule 107
pinson 162
pintade 162, 271
pioche 413
piolet 1051
pion 1063, 1064
Pion 1065
Pioneer 30
pipe 483
pipette sérologique 815
piquant 135
pique 1051, 1062
pique-nique 856
pique-notes 654
piquet 943, 1052, 1053
piquoir 578
piranha 150
pirogue à balancier 721
pirogue monoxyle 721
piscine 324, 730, 805, 932
piscine creusée 324
piscine de condensation 801
piscine de déchargement 796, 798
piscine de réception 798
piscine de stockage 796, 798, 799
piscine du combustible défectueux 798

piscine enterrée 324
piscine hors sol 324
pisiforme 202
pissenlit 113, 247
pissette 815
pistache 255
piste 742, 934, 1022, 1024, 1033
piste, marque 742
piste de décélération 1035
piste de décélération et de freinage 1041
piste de dégagement 1040, 1041
piste de glisse 1035
piste de réception 1040, 1041
piste de roulement 717, 757
piste de ski alpin 1036
piste de ski de fond 1036
piste de vitesse 1041
piste d'atterrissage 897
piste d'avertissement 939
piste d'élan 935, 936, 937, 970, 1015, 1040, 1041
pistil 104, 112
pistolet 403, 888, 906
pistolet, étui 906
pistolet 8 mm 1011
pistolet à air comprimé 1011
pistolet à calfeutrer 403
pistolet à impulsion électrique 888
pistolet à peinture 408
pistolet à souder 406
pistolet arrosoir 415
pistolet de départ 934
pistolet de distribution 668
pistolet d'arrosage 415
pistolet mitrailleur 891
pistolet pneumatique 1023
piston 551, 679, 680, 682, 912
piston, bouton 551
piston, corps 551
piston, coulisse 551
piston, dégagement 403
piston, jupe 682
piston à décorer 310
piton 1050
piton à expansion 1050
piton à glace 1051
piton sous-marin 67
pivot 405, 477, 479, 527, 564, 568, 734, 806, 816, 937, 957, 978, 1057
pivot, blocage 401
pivot d'attelage 691
pivotement, blocage 833
placage déroulé 386
place d'armes 505
plaçure 1071
plafond 337, 964, 965
plafond acoustique 541
plafond de cabine 519
plafonnier 372
plage 70
plage arrière 730
plage avant 727, 731
plage de séparation 617
plaine 45, 73
plaine abyssale 67
plaine d'inondation 73
plaine fluvio-glaciaire 72
plainte, bureau 904
plan 63
plan à langer 366

plan de travail 291, 292, 296
plan urbain 52
planche 386
planche à découper 309
planche à dessin 526
planche à roulettes 1044
planche à voile 983
planche de pied 984
planche de surf 988
planche de vol 144
planche dorsale, compartiment 911
planche d'appel 937
planche d'arrêt 1014
planche nautique 988
planche témoin 937
plancher 337, 697, 754, 917, 964, 965, 1005
plancher de cabine 519
planchette à arches 653
planchette à pince 650
planchiste 1044
planétaire 20
planétarium 20
planète 14, 15
planète naine 14
planeur 1048
planisphère 44
plantaire 197
plantation 418
plante 109
plante, croissance 105
plante, nouvelle 104
plante à fleurs 131
plante carnivore 103
plante céréalière 122, 784
plante grimpante 410
plante hôte 103
plante parasite 103
plante sucrière 784
plante textile 123
plantoir 418
plantoir à bulbes 418
plaque 316, 478
plaque à aiguille 566
plaque à pâtisserie 310
plaque à pizza 313
plaque absorbante 802
plaque africaine 68
plaque antarctique 68
plaque antifriction 1039
plaque arabique 68
plaque chauffante 319
plaque costale 155
plaque de base 892
plaque de commutateur 358
plaque de couche 887
plaque de cuisson 291, 292
plaque de cuivre 534
plaque de fixation 833
plaque de plâtre 385
plaque de protection 549, 1025
plaque de rouleau 1070
plaque de tôle 965
plaque des Caraïbes 68
plaque des îles Cocos 68
plaque d'identité 471
plaque d'instructions 394
plaque eurasiatique 68
plaque indo-australienne 68
plaque madréporique 135
plaque marginale 155
plaque Nazca 68
plaque négative 685
plaque nord-américaine 68

plaque pacifique 68
plaque philippine 68
plaque positive 685
plaque Scotia 68
plaque signalétique 355
plaque sud-américaine 68
plaque supra-caudale 155
plaque tectonique 68
plaque tournante 662
plaque vertébrale 155
plaque-glissière 566, 567
plaque-numéro 1025
plaques convergentes 68
plaques divergentes 68
plaques transformantes 68
plaquette 90, 480, 679
plaquette sanguine 209
plaqueur 952
plasma 209
plasmodesme 102
plastique et acier 351
plastique et cuivre 351
plastron 155, 445, 884, 940, 944, 954, 994, 1009, 1030
plastron métallique 997
plat 942
plat à escargots 303
plat à poisson 303
plat à rôtir 312
plat de dos 360
plat ovale 303
plat recto 539
plat verso 539
plat-bord 986
plateau 45, 71, 105, 292, 342, 362, 366, 387, 395, 401, 409, 488, 498, 537, 538, 559, 566, 600, 605, 606, 617, 691, 830, 831, 926, 1010, 1020, 1021, 1065, 1066
plateau, blocage 395
plateau à fromages 303
plateau continental 67
plateau de chargement 611, 638
plateau de clavier 552
plateau de coupe 420
plateau de jeu 1064, 1071
plateau de ponçage 396
plateau de rangement 526
plateau de sortie 637
plateau de stockage 798
plateau de tournage 542
plateau de tri automatique 647
plateau des tremplins 1040
plateau d'alimentation 651
plateau d'alimentation en papier 637
plateau mobile 1068
plateau pivotant 536
plateau poisson 317
plateau pour accessoires 24
plateau réceptacle de paiement 1070
plateau récepteur 647
plateau tournant 314
plate-bande 410
plate-bande de culasse 890
plateforme 64, 324, 409, 596, 689, 705, 831, 976, 978, 999, 1044
plateforme auto-élévatrice 778
plateforme de production 777, 780

plateforme de sécurité 973
plateforme élévatrice automotrice 745
plateforme externe d'expérimentation 35
plateforme fixe 778
plateforme multifonctionnelle 27
plateforme semi-submersible 778
platéosaure 130
platine 78, 538, 813, 825, 1045
platine à silex 889
platine cassette 616
platine de projection 655
platine vinyle 604, 617
platine vinyle USB 559
plâtre, salle 919
platysma 196
plein air, loisirs 1052
plénum 338
pleurote en forme d'huître 244
plèvre 215
plexus brachial 225
plexus lombaire 225
plexus sacral 225
pli 370, 386, 432, 454, 685
pli creux 370, 454
pli d'aisance 454
pli pincé 370
pli plat 432, 454
pli rond 370
pli surpiqué 454
plie commune 268
plinthe 333, 335, 518
plinthe chauffante électrique 340
plioir 537
plissé accordéon 454
pliure 569
plomb 78, 812, 887, 1061
plomb de cheville 989
plomberie 344, 402
plomberie, branchement 352
plomberie, circuit 344
plongée sous-marine 989
plongeoir 978
plongeon 978, 979
plongeon, bassin 932
plongeon, entrées dans l'eau 979
plongeon, hauteur 979
plongeon, positions 978
plongeon arrière 978
plongeon avant 978
plongeon de départ 975
plongeon en équilibre 978
plongeon renversé 978, 979
plongeon retourné 978
plongeon synchronisé 979
plongeur 291, 989
plot 359
plot de départ 976
pluie 83, 89, 90, 91
pluie verglaçante 83, 90
pluies acides 97, 98
plume 76, 465, 524, 585
plume creuse 584
plume d'oie 584
plume métallique 584, 585
plumeau 381
plus grand que 837
plus ou moins 837
plus petit que 837
plus-égalité 649

Pluton 15
plutonium 814
pluviomètre 84, 85
pluviosité 85
pneu 124, 671, 684, 690, 699, 1020, 1024
pneu à carcasse diagonale 685
pneu à carcasse radiale 685
pneu à crampons 684, 697, 1025
pneu autoroutier 684
pneu de performance 684
pneu d'hiver 684
pneu pluie 1022
pneu pour temps sec 1022
pneu toutes saisons 684
pneumatique de guidage 716, 717
pneumatique porteur 716, 717
poche 189, 387, 452, 1012, 1015, 1019
poche, fausse 443
poche à douilles 310
poche à encre 138
poche à rabat 435, 436, 452
poche à venin 143
poche américaine 484
poche cavalière 432
poche copulatrice 137
poche du dard 137
poche extérieure 484, 488
poche frontale 486
poche gastrique 134
poche gilet 430
poche intérieure 489
poche manchon 452
poche passepoilée 437, 452
poche plaquée 430, 448, 452
poche poitrine 431, 435
poche prise dans une couture 443, 452
poche prise dans une découpe 452
poche raglan 435, 443, 452
poche repose-bras 436, 443
poche secrète 484
poche soufflet 442, 452
poche tiroir 430
poche verticale 427
poche-revolver 432
poche-ticket 430
pochette 430, 484, 949
pochette avant 489
pochette de classement 653
pochette de sécurité 487
pochette de transport 653
pochette d'homme 487
pochette d'information 652
pocheuse 313
podomètre 832
poêle à combustion lente 336
poêle à crêpes 313
poêle à frire 313, 1055
poêlon 313, 317
poids 752, 829, 830, 831, 937, 1000, 1001
poignard 886

poignée 307, 314, 315, 316, 317, 318, 336, 350, 363, 364, 374, 375, 376, 377, 380, 381, 387, 390, 391, 392, 393, 394, 395, 396, 397, 398, 408, 411, 417, 477, 478, 484, 486, 488, 490, 491, 547, 619, 620, 654, 671, 674, 697, 716, 773, 885, 887, 911, 916, 937, 962, 968, 984, 998, 1000, 1001, 1009, 1010, 1017, 1038, 1041, 1042, 1059, 1060, 1069
poignée à ressort 1000
poignée antivibrations 417
poignée arrière 1060
poignée avant 893
poignée de chariot 571
poignée de conduite 917
poignée de démarrage 411
poignée de la manivelle 535
poignée de maintien 674
poignée de nacelle 1049
poignée de porte 325
poignée de sécurité 419
poignée de soulèvement 892
poignée de transport 489, 491, 891, 913, 987
poignée découpée 655
poignée du démarreur 417
poignée du guidon 1021
poignée escamotable 489
poignée isolante 317
poignée montoir 687, 690, 705, 902
poignée rentrante 484
poignée rétractable 1034
poignée thermique 1027
poignée-oxygène de coupe 407
poignée-pistolet 394, 406, 832, 891
poignet 174, 186, 193, 195, 208, 237, 431
poignet de force 999
poignet mousquetaire 452
poil 236
poil sensible 103
poils absorbants 105, 109, 110
poinçon 333, 531, 1055
point 587, 968, 1062
point, bouton 571
point, réglage de la largeur 566
point, sélecteur 566
point arrière, bouton 566
point bouclé 565
point couché 565
point critique 1041
point croisé 565
point de broderie 565
point de chaînette 565
point de chausson 565
point de chevron 565
point de côtes 570
point de damier 570
point de jersey 570
point de nœud 565
point de poste 565
point de raccordement 356
point de repère 569
point de repère, touche 559
point de riz 570
point de rosée 81
point de torsades 570

point de tricot 570
point du chef 874
point d'alimentation 356
point d'appui 816
point d'arête 565
point d'articulation 760
point d'attache 111, 145, 749
point d'attente, marque 742
point d'épine 565
point d'exclamation 587
point d'interrogation 587
point d'orgue 563
point d'Orient 565
point fixe 679
point mousse 570
point noué 565
point passé empiétant 565
point plat 565
point roumain 565
point végétatif 110
point vernal 23
pointage 971
pointage, appareil 892
pointage, manivelle 892
pointage en hauteur, manivelle 892
pointe 70, 111, 250, 300, 306, 388, 390, 391, 392, 432, 433, 454, 547, 553, 567, 570, 579, 584, 874, 887, 935, 937, 1009, 1018, 1030, 1038, 1051, 1061, 1069
pointe à graver 534, 535
pointe avant 374
pointe carrée 390
pointe cruciforme 390
pointe de centrage 394
pointe de col 431
pointe de flèche en silex 883
pointe de poitrine 272
pointe de ski 1042
pointe d'attache 552
pointe fuselée 987
pointe plate 371, 390
pointe ronde 371
pointeau du fluide, réglage 408
pointeur 1057
pointeuse 650
points de suspension 587
point-virgule 587
poire 255
poire à jus 309
poire à poudre 889
poire de gonflage 913
poireau 245
pois 116, 252
pois, petit 252
pois cassé 252
pois chiche 252
pois mange-tout 252
poisson, présentation 270
Poisson austral 20
poisson cartilagineux 148
poisson de mer 266
poisson d'eau douce 269
poisson en conserve 270
poisson fumé 270
poisson mariné 270
poisson osseux 149, 150
poisson rouge 150
poisson salé 270
Poisson volant 21
poisson-chat 151
poisson-clown 150
poisson-globe 151

poisson-lanterne 151
poisson-lune 150
poissonnerie 289
poissonnière 312
Poissons 22
poisson-scie 151
poitrail 168
poitrine 158, 272, 273, 274
poitrine roulée 274
poitrinière 572
poivre 260, 261
poivrière 302
poivron 248
poker, combinaisons 1062
Polaroid® 591
pôle Nord 42, 817
pôle Nord céleste 23
pôle Nord géographique 817
pôle Nord magnétique 817
pole position 1022
pôle Sud 42, 46, 817
pôle Sud céleste 23
pôle Sud géographique 817
pôle Sud magnétique 817
police 586, 856
police, agent 906
polissoir d'ongles 472
politique 873
pollen, grain 104
pollinisation 104
polluant 97
pollution agricole 97
pollution automobile 97
pollution de l'air 97
pollution de l'eau 98
pollution domestique 97
pollution du sol 97
pollution industrielle 97
pollution par le pétrole 98
polo 437, 440, 968, 1008
polo, terrain 1008
polochon 363
Pologne 56, 878
polonais 583
polonium 812
polyester 424
polygone 839
polypode commun 107
polytric commun 106
pomelo 256
poméranien 176
pomme 115, 255, 414
pomme de douche 346
pomme de terre 245
pomme d'Adam 192
pomme poire 259
pommeau 395, 397, 941, 998, 1005, 1011
pompage 779
pompage, station 780
pompe 324, 339, 378, 380, 408, 698, 800, 801, 804, 1053
pompe, numéro 668
pompe à air 495
pompe à boue 776
pompe à chaleur 341, 770
pompe à sang 927
pompe à venin 912
pompe à vide, bâti 826
pompe de calportage 797
pompe de circulation 339, 340, 805
pompe de puisard 345
pompe de recirculation 801

pompier 901
pompier, dortoir 900
ponceuse à bande 396
ponceuse excentrique 396
poncho 443
ponctuation 587
poney 1008
poney de polo 1008
pont 52, 480, 641, 824, 1025
pont à béquilles 661
pont à poutre 660
pont à tablier inférieur 661
pont à tablier intermédiaire 661
pont à tablier supérieur 661
pont Bailey 662
pont bain de soleil 731
pont basculant 662
pont cantilever 660
pont d'appontage 897
pont d'envol 897
pont en arc 661
pont fixe 660
pont flottant 662
pont inférieur 781
pont levant 662
pont mobile 662
pont principal 729
pont roulant 786
pont supérieur 746, 781
pont suspendu à câble porteur 660
pont suspendu à haubans 661
pont tournant 662
pont transbordeur 662
pontage 986
pontet 887, 888, 891, 986, 1010, 1011
pont-levis 504
pont-l'évêque 281
ponton 662, 777, 985, 1023
ponton de départ 984
pont-promenade 730
popote 1055
porc 172, 275
porc-épic 166
porche 323, 507, 508, 872
porcherie 243
pore 102, 116, 134
porque 729
port 843
port clavier 629
port de plaisance 932
port de sortie audio 628
port d'entrée audio 628
port d'interface ordinateur 638
port Ethernet 628, 630
port FireWire 628, 630
port infrarouge 630
port jeux/MIDI 629
port maritime 718
port modem interne 630
port parallèle 629
port pour adaptateur de courant 630
port réseau 629
port série 629
port souris 629, 636
port USB 558, 599, 619, 620, 628, 629, 630, 637, 638
port vidéo 628, 629, 630
portail 507
portance 752
portant 985

porte 316, 376, 378, 379, 515, 519, 567, 687, 688, 718, 746, 831, 855, 872, 1043
porte, ouverture 677
porte à deux vantaux 688
porte à lanières 515
porte à tambour manuelle 515, 853
porte accordéon 515
porte amont 719
porte arrière 911
porte automatique 742
porte aval 719
porte avant 727, 730
porte classique 515
porte coulissante 346, 515
porte coupe-feu 515
porte de contrôle 1040
porte de garage 515
porte de la soute 36
porte d'accès de plateforme 705
porte d'entrée 544, 689
porte d'extrémité 757
porte étagère 377
porte extérieure 325
porte latérale 716
porte moustiquaire 687
porte pliante 515
porte-adresse 488
porte-avions 897
porte-bagages 488, 686, 687, 697, 698
porte-baguettes 305
porte-bébé à armature rigide 491
porte-bébé souple 491
porte-bidon 699
porte-bûches 337
porte-cartes 84, 484
porte-cassette 924
porte-chaussures 463
porte-chéquier 485
porte-clés 485
porte-coupures 485
porte-couteau 301
porte-documents 484, 485
portée 562
porte-électrode 406
porte-étiquette 653, 709
porte-étiquette d'acheminement 709
porte-fenêtre 296, 329, 330
portefeuille 485
portefeuille chéquier 484
porte-fil dentaire 482
porte-fils 572
porte-filtre 319
porte-foyer 336
porte-fusible 793
porte-jarretelles 445
porte-manteau 645
porte-marteau 387
porte-matraque 906
porte-mine 585
porte-monnaie 485
porte-moulinet 1059, 1060
porte-négatif 600
porte-outil 398, 773
porte-parapluies 490
porte-passeport 485
porte-pitons 1051
porte-poussière 381
porte-râteau 535
porte-rouleau 346

porte-sac 1019
porte-serviettes 346
porte-skis 686
porte-spécimen 826
porte-stylet 635
porte-stylo 484
porte-suce 492
porte-timbres 651
porte-tube 825
porte-vélos 686
porte-vent 555
portière 671, 674
portique 508, 509, 661, 718, 756, 757, 785, 786, 872, 970
portique de chargement de conteneurs 718
portique de signalisation 703
portique détecteur de métal 864
portobello 244
portugais 583
Portugal 56, 877
posemètre 597
positif 834
position, indicateur 519
position à genoux 1011
position carpée 978
position couchée 1011, 1043
position debout 1011, 1043
position droite 978
position d'équilibre 821
position groupée 978
position neutre, témoin 696
positionnement du papier 648
positionneur 566
poste 794, 857
poste à clavier 624
poste CB 621
poste de commandement 895, 899
poste de communication 716
poste de contrôle 865, 904
poste de patrouille et de secours 1036
poste de pilotage 746, 748, 753, 895
poste de police 845, 904
poste de secours 663
poste de surveillance 522, 900
poste de travail 644
poste de travail avec système Dalet 604
poste d'écoute 867
poste d'observation 28
poste informatique 866
poste téléphonique 623
poste téléphonique à mémoire 623
postillon 1063
pot 294
pot, petit 492
pot amovible 317
potassium 812
poteau 332, 661, 958, 963, 966, 974
poteau cornier 332
poteau de but 953, 955, 1008
poteau du ring 990
poteau mural 333
potence 699, 825, 917
potentiomètre 604
potentiomètre de vitesse de lecture 559
poterie 576
poterne 504, 505

potiron 249
potterie, outils 576
pou 146
poubelle 293, 381
pouce 160, 185, 186, 187, 208, 237, 464, 941
poudre 887
poudre libre 473
poudre pressée 473
poudrerie 83
poudrier 473
pouf 361
poulailler 243
poulaine 884
poule 163
poulet 271
poulet de Cornouailles 271
poulie 367, 396, 409, 682, 816, 885, 1009
poulie, système 816
poulie basse 1001
poulie de chariot 756
poulie de tension du régulateur 519
poulie d'entraînement 819
poulie haute 1001
poumon 137, 145, 152, 154, 159, 169, 212, 214, 215
poupe 720, 730, 983
Poupe 21
pourcentage 649, 837
pourpier 247
pourpoint 428
pourpre 875
pousse 109
poussée, manette 748
poussée, phase 1042
poussette 491
poussin 163
poussoir 307, 318, 326, 912
poussoir à pollen 142
poussoir de remise à zéro 828
poussoir d'ouverture 490
poussoir pneumatique 772
poutre 332, 513, 520, 792, 969, 970
poutre cantilever 660
poutre continue 660
poutre de levage 693
poutre de queue 753
poutre d'assurage 1050
poutre suspendue 660
poutre-châssis 761
poutrelle en saillie 512
praire 265
prairie 45, 243
prairie tempérée 92, 93
praséodyme 814
praticable 970, 972
préblindage 895
Précambrien 128
précédent 620
précédent, bouton 634
précipitation 95
précipitations 90
précipitations hivernales 90
pré-écoute, bouton 559
prélèvement, salle 922
prélèvement sanguin, système 912
prémaxillaire 150, 166, 167
premier de cordée 1050
premier-but 938
premiers soins 856
premiers soins, équipe 1003

premiers soins, fournitures 911
premiers soins, manuel 915
prémolaire 164, 166, 167, 206
préparation chirurgicale, salle 921
préposé au contrôle des billets 522, 544
prépuce 228
préréglage 620
près 982
près bon plein 982
près serré 982
présélection de station 619
présentoir à revues 645
présentoir de brochures 858
présentoir des nouveautés 867
présentoir des périodiques 867
présentoir réfrigéré 290
président 644, 997
presqu'île de Corée 51
presqu'île de Kola 49
presqu'île du Kamtchatka 51
pressage 125
presse 766
presse à épreuves 533
presse à pectoraux 1001
presse à percussion 538
presse à taille-douce 534
presse lithographique 535
presse-agrumes 307, 315
presse-ail 307
presse-café 319
presse-étoupe 350
presse-papier 648
pressing 849
pression 85
pression, évolution 81
pression, mesure 835
pression, réglage 566
pression au niveau de la mer 81
pression barométrique 81
pression devant 448
pression d'oxygène, réglage 33
pressuriseur 800, 801
prêt-à-porter, magasin 848
prétoire 863
prétraitement 784
prévision météorologique 80
primate 184, 185
prime 998
primevère 113
printemps 80
prise 937
prise antisurtension 638
prise audio 629
prise avec borne de terre 345
prise casque 558, 559, 614, 615, 620
prise classique 961
prise de charge 479, 678
prise de contact, marque 743
prise de courant 404
prise de courant américaine 358
prise de courant européenne 358
prise de force 764
prise de masse 406
prise de notes 650
prise de raccordement 566
prise de sortie 614
prise de sortie audio 614
prise de sortie audio/vidéo 614

prise de synchronisation du flash 597
prise de télécommande 592, 593
prise de terre 354
prise de vue en fourchette 593
prise de vues nocturne 613
prise d'air 688, 695, 727, 1026
prise d'air de refroidissement du moteur 1024
prise d'alimentation 628, 629
prise d'alimentation secteur 614
prise d'eau 786
prise d'entrée 559, 638
prise d'entrée audio 614
prise d'entrée audio/vidéo 614
prise d'oxygène 920
prise électrique 687
prise microphone 559, 621
prise numérique 593
prise porte-plume 961
prise téléphonique 638
prise vidéo 593
prisme de Porro 824
prisme pentagonal 594
prison 864, 1068
procédé 1013
processeur 595
proconsul 131
producteur 543
production, colonne 780
production, tubage 777
production, vanne 780
production des émissions 605
produit laitier 280, 288
produit laitier, aire de réception 288
produit pétrochimique 782
profondeur, blocage 395
profondeur, échelle 392
profondeur, gouverne 1048
profondeur, réglage 398
profondeur de champ 592, 598
profondimètre 989
programmateur 378, 379
programme informatique 907
projecteur 20, 541, 542, 544, 699, 707, 901, 902
projecteur à miroir 606
projecteur asservi 606
projecteur de diapositives 601
projecteur de plafond 85
projecteur d'ambiance 606
projecteur fixe 606
projecteur sous-marin 324
projectile 889
projectile antichar 893
projection, salle 20, 523, 544
projection cartographique 43
projection conique 43
projection cylindrique 43
projection d'épaule 992
projection en cercle 992
projection horizontale 43
projection interrompue 43
prolongation décorative 511
prométhium 814
pronaos 499
pronateur, rond 196
propagation 821
propane, accessoires 1053
propane, réservoir 687
propergol, réservoir 32
propulseur 36, 64, 894

propulseur d'étrave 731
propulsion, mécanisme 700
propulsion, poste de conduite 899
prosciutto 277
prospection en mer 775
prospection terrestre 775
prostate 228
protactinium 814
protecteur d'avant-bras 954
protecteur lombaire 954
protecteur pubien 994
protection 910
protection, périphérique 638
protection, surface 991
protection d'usure 1024
protection isolante 33
protège-avant-bras 994
protège-cheville 940
protège-côtes 954
protège-cou 954
protège-coude 944, 1030, 1044
protège-dents 954, 991
protège-document 652
protège-doigts 1009
protège-gorge 940, 1030, 1032
protège-guidon 891
protège-hanche 954
protège-lame 392, 393
protège-main 1025
protège-matelas 363
protège-nuque 901
protège-orteils 909, 940
protège-poignet 1045
protège-poitrine 994
protège-tendon 1030
protège-tibia 945, 946, 994, 1032, 1037
protège-tympan 908
protestantisme 870
prothorax 141
protocole de communication 642
proton 810
protoptère 151
protubérance 16
proue 731, 983
province 53
prune 254
pseudopode 133
psychromètre 85
ptérygoïde 154
pubis 159, 165, 192, 194
public, tribune 1006
puce 146, 861
puisard 344, 345, 774
puissance, gestion 678
puissance, mesure 835
puissance, réglage 375
puits 498, 779, 783
puits de dérive 983
puits de production 770, 779
puits de raccordement 357
puits d'accès 794
puits d'extraction 774
puits d'injection 770, 779
puits sous-marin 780
puits vertical 774
pull 442
pull molletonné 451
pulpe 114, 115, 206, 237
pulsar 18
pulvérisateur 414, 775
pulvérisateur nasal 914

pulvériseur tandem 765
pulvino 791
puma 180
punaise 654
punaise d'eau 146
punaise rayée 146
pupille 178, 238
pupille verticale 154
pupitre 554, 558, 564
pupitre à musique 564
pupitre de commande 748
pupitre de commandes 20
pupitre de conduite 706
pupitre de régie 607
pupitre de son 604, 605, 608
pupitre dirigeur 624
pupitre d'aiguillage 607
pupitre d'éclairage 605
purgeur 339
purificateur d'air 342
purificateur d'eau 1056
puzzle 1066
pygostyle 159
pyjama 447, 449
pylône 660, 703, 751, 792
pylône classique 792
pylône nappe 792
pylône tubulaire 792
pyramidal 202
pyramide 498, 839
pyramide écologique 94
pyramide rénale 219
pyranomètre 84
Pyrénées 49
python 156

Q

Qatar 58, 880
qibla, mur 872
qipao 429
quad 697
quadrant 838
quadrilatère 839
quadriporteur 917
quai 703, 715, 718, 742, 842
quai, accès 704
quai, bordure 704, 714
quai, numéro 704
quai, rampe 718
quai de chargement 847
quai de déchargement 523, 849, 850, 853, 854
quai de gare 704
quai d'embarquement 741
qualité d'enregistrement des images 593
quark 810
quart de finale 933
quart-arrière 953
quart-de-rond 333
quarte 562, 998
quartier 17, 114, 171, 450, 459, 1005
quartier, faux 1005
quartier, petit 1005
quartier des affaires 842, 844
Quaternaire 131
quatre avec barreur 985
quatre sans barreur 985
quatre-mâts barque 724
quatuor 546
quechua 583

queue 114, 115, 154, 155, 164, 165, 168, 174, 178, 182, 186, 189, 228, 394, 539, 747, 806, 988, 1043, 1044, 1048, 1055, 1071
queue de billard 1013
queue de l'hélix 234
queue de poussières 18
queue ionique 18
queue-de-cochon 531
queusot 359
quillard 981
quille 1015, 1047
quille, grosse 1015
quille, petite 1015
quille chandelle 1015
quille-reine 1015
quilles 1015
quilles, allée 1015
quilles, salle 848
quilleur 1015
quilleuse 1015
quillier 1015
quinoa 263
quinte 562, 998, 1062, 1068
quinte royale 1062
quintette 546

R

rabat 430, 483, 486, 655, 1056
rabatteur 766, 767
rabbin, siège 872
rabot 397
raccord 351
raccord à collet repoussé 351
raccord à compression 351, 352
raccord de gaz 340
raccord de réduction 351
raccord de robinet 414
raccord de signalisation 687
raccord de tuyau 407, 415
raccord d'arrivée d'air 408
raccord femelle 351
raccord hydraulique 340
raccord mâle 351
raccord mécanique 351
raccord té 353
raccord union 351
rachis 158
racine 105, 110, 206
racine adventive 107
racine carrée 649, 837
racine de l'hélix 234
racine du nez 231
racine motrice 220, 221, 224
racine pivotante 118
racine principale 105, 109
racine secondaire 105, 109, 110
racine sensitive 220, 221, 224
racine traçante 118
racine-contrefort 110
racine-crampon 110
racle d'impression 536
raclette 281
raclette creuse 536
raclette-gril 317
racloir 1042
racquetball 964
racquetball, court 964
radar 64, 726, 727, 730, 731, 746, 897, 898
radar, affichage 907

radar, faisceau 64
radar, système 896
radar aéroporté 64
radar météorologique 80
radeau de sauvetage 733
radiateur 35, 339, 672, 683, 706
radiateur à colonnes 339
radiateur bain d'huile 340
radiateur rayonnant 340
radiateur soufflant 340
radiation 16
radicelle 109, 118
radicule 105
radier 717, 719
radio 604, 907, 1048
radio, panneau de commande 748
radio maritime VHF 735
radio portable 619
radioactivité, mesure 835
radiographie 924
radiographie, appareil 918
radiomètre 86
radiomètre imageur 86
radiomètre sondeur 86
radio-réveil 619
radiosonde 85
radiotélescope 26
radiothérapie 926
radis 251
radis noir 251
radis oriental 251
radium 812
radius 153, 159, 164, 165, 170, 175, 182, 184, 186, 187, 188, 200, 202, 208
radôme 896
radon 814
radula 137
raffinerie 777, 780, 843
raffinerie, produits 782
raffineur 125
raglan 443
raie 148, 266
raie des fesses 193, 195
raie sourcilière 158
raifort 251
rail 367, 533, 571, 713
rail, joint 712
rail circulaire 26
rail de glissement 675, 981
rail de guidage 26, 526, 691
rail de lancement de missile 896
rail de raccord 712
rail de travelling 542
rail d'éclairage 373
rail et retour de courant 717
rail-guide 519
rainette 153
rainure 309, 567, 571, 885, 1018, 1038
rainure du guide à onglet 393
rainure du guide parallèle 393
raisin 114, 117, 254
rallonge 362, 375
rallonge de la table 393
ramasseur 766, 966
ramasseuse-presse 766
rambarde 728, 1044
ramboutan 259
rame 125
rame de métro 714, 716
rameau 109, 117, 118, 120

rameau dorsal 220
rameau ventral 220
ramequin 302
rameur 1001
ramille 118
rampant 499
rampe 329, 330, 335, 499, 503, 541, 771
rampe de lancement 36
rampe de lavage 763
rampe de signalisation 902, 907
rampe de signalisation, contrôle 907
rampe d'accès 660, 730
rampe d'accès pour fauteuils roulants 522
rampe d'éclairage 373
ramure 118
rang 571
rangée 541
rangement 705
rangement, meuble 645
râpe 307, 398, 531
rapière 886
rappel de la mémoire 649
rappel de mémoire 597
rapport, salle de rédaction 904
rapporteur d'angle 833
raquette 1043
raquette de badminton 962
raquette de racquetball 964
raquette de squash 965
raquette de tennis 968
raquette de tennis de table 961
raquette elliptique 1043
raquette traditionnelle 1043
rasage 479
ras-de-cou 437, 442, 468
ras-el-hanout 261
rasette 554
rasoir à manche 479
rasoir à tranchant multiple 479
rasoir effileur 478
rasoir électrique 479
rasoir jetable 479
rat 165, 166
rat de cave 534
rate 149, 152, 155, 169, 230
râteau 413, 535, 766, 1013
ratissoire 412
raton laveur 180
ravier 303
ravioli 282
ravitaillement, aire 668
ravitaillement en vol 896
ravitailleur 896
rayon 145, 490, 699, 838
rayon de miel 144
rayon épineux 150
rayon gamma 821
rayon incident 822, 823
rayon lumineux 239
rayon médullaire 118
rayon mou 150
rayon réfléchi 822, 823
rayon réfracté 822
rayon X 821
rayonnement 811
rayonnement artificiel 65
rayonnement infrarouge 96, 821
rayonnement naturel 65
rayonnement solaire 95, 96
rayonnement ultraviolet 821
ré 562

réacteur 795, 797, 798, 800, 899
réacteur, bâtiment 797, 799
réacteur, collecteur 797
réacteur, compartiment 899
réacteur, cuve 797, 801
réacteur, zone d'essai 897
réacteur à eau bouillante 801
réacteur à eau lourde 800
réacteur à eau sous pression 801
réacteur au gaz carbonique 800
réacteur nucléaire 799
réaction, direction 834
réaction en chaîne 811
réaction réversible 834
réalisateur 543, 604, 605, 608
réalisme 529
réanimation, salle 918
rebobinage 616
rebord 376
rebras 464
récamier 360
réceptacle 107, 112, 114, 654
réceptacle séminal 141, 145
récepteur 26, 622, 623
récepteur, volume 623
récepteur/enregistreur numérique 610
récepteur de radio par satellite 620
récepteur de son 912
récepteur du goût 233
récepteur sensoriel 221
réception 644, 854
réception, aire 850
réception, niveau 854
réception, zone 708
réception des données 65
réception des émissions 609
réception directe 602
recette 774
receveur 938, 939, 940, 963, 965, 966
receveur éloigné 953
recharge 584
recharge amont 790
recharge aval 790
réchaud 312
réchaud à deux feux 1053
réchaud à un feu 1053
réchauffement planétaire 96
réchauffeur 796
recherche 643
recherche des canaux 611
récif de la Grande Barrière 52
récipient 85, 314
récipient collecteur 85
récipient pour le café moulu 318
récipient pour les grains de café 318
recourbe-cils 473
rectangle 839
rectrice 158
rectum 141, 143, 155, 159, 169, 217, 226, 228
recul rapide 119
récupérateur à jus 317
récupérateur d'énergie 341
récupération 949, 958
recyclage 99
redingote 442
réducteur de siège de toilette 492
réduction 647

réduction mâle-femelle 351
réfectoire 865
référence, salle 867
réflecteur 404, 596, 610, 691, 698, 699
réflecteur parabolique 26
réflecteur radar 737
réflecteur secondaire 26
réflecteur solaire 602
réflexion 65
réflexion de la lumière 822
Réforme 870
réformeur catalytique 782
refouloir 889
réfraction de la lumière 822
réfrigérateur 290, 292, 296, 377
réfringence, surface 822
refroidissement 782
refroidissement, système 673
refroidisseur 797
refroidisseur d'air 680
regard 339
regard d'égout 846
régie 541, 604, 605
régie de l'image 608
régie de l'image et d'éclairage 605
régie de production 605, 607, 608
régie du son 605, 608
régie technique 852
régime, sélecteur 419
région auriculaire 158
région malaire 158
région négative 802
région positive 802
registre, bouton 555
registre coulissant 555
registre de comptabilité 655
registre de réglage 338
registre des aigus 560
registre des basses 560
réglage 916
réglage, bouton 609, 629
réglage, indicateur 1039
réglage en hauteur 600, 601
réglage latéral 824
réglage sur demi-teinte 597
réglages 625
règle 526, 537, 832
règle de couture 568
règle du guide parallèle 393
règle d'équerrage 537
règle graduée 833, 1055
règle-point 566
réglette 573
règne 132
régulateur 349
régulateur de pression 312, 407, 783, 1053
régulateur de vitesse 420, 519, 676
régulation numérique de la chaudière 340
rehausseur 366
rein 136, 137, 138, 149, 152, 154, 159, 169, 218, 219, 229
reine 143
réinitialisation 629
réinitialisation, touche 1067
reins 168, 193, 195
reistre, faux 555
rejet 118
rejets industriels 97, 98

relais d'accessoires 749
relevage, bras 764
relevé de transaction 859
relevé d'opération, fente 858
releveur de fil 566
religion 870
relish 286
reliure à anneaux 652
reliure à anneaux plastiques 653
reliure à glissière 652
reliure à pince 652
reliure à ressort 652
reliure à vis 652
reliure d'art 537
reliure spirale 650
rembourrage 1049
rémige 158
remise 322, 328, 410
remise à zéro 616, 647, 832
remontée mécanique, arrivée 1036
remontoir 564, 828, 829
remorquage, dispositif 693
remorque 690, 716, 765, 766, 988
remorque de vélo pour enfant 700
remorqueur 728
rempart 17, 504, 505
remplage 507
remplissage 781
remplissage, aqueduc 719
remplissage, bouchon 683
remplissage, pertuis 719
remplissage, système 719
remuer la terre 412
Renaissance 509
renard 180
rêne 1006
rêne, anneau 1004
rêne de bride 1004
rêne de filet 1004
renfort 890
renfort de nuque 1024
renfort de pointe 1030
réniforme 111
renne 172
renseignement 857, 1036
renseignement, comptoir 853, 858, 867, 905, 919
rentré 569
renvoi automatique 1071
réparation, point 946
réparation, surface 946
repassage 425
repasser 425
repère de niveau d'eau 374
répertoire 642
répertoire téléphonique 623, 651
répéteur 603
répétition 615
repli 426
répondeur numérique 625
repose-bras 617
repose-main 634
repose-pied 694, 696, 917
repose-pieds 366, 646, 1021
repose-poignets 632
repositionnement 648
repousse-chair 472
représentation graphique 838
reprise de la diffusion en cours 610

reprise d'air 338
reprise instantanée 610
reprise vidéo 933
reproduction 120
reproduction, cycle 104
reprographie 858
reprographie, salle 644
reptation 77
reptile 154, 156
République arabe syrienne 880
République centrafricaine 60, 879
République démocratique populaire lao 881
République dominicaine 54, 877
République tchèque 56, 878
répulsion 817
requin 148
requin blanc 148
requin-tigre 148
réseau 640
réseau aérien 356
réseau de postes sans fil 623
réseau électrique 356
réseau en anneau 640
réseau en bus 640
réseau en étoile 640
réseau étendu 641
réseau national 602
réseau nerveux 206
réseau postal public 588
réseau privé 602
réseau souterrain 357
réseau téléphonique 603
réseautique 640
réserve de papier 647
réserves alimentaires 854
réservoir 36, 37, 39, 319, 342, 345, 346, 408, 483, 555, 579, 781, 783, 785, 786, 788, 790, 791, 903, 1053
réservoir, bouchon 690, 696
réservoir à carburant, bouchon 411
réservoir à eau 762
réservoir à essence, accès 671
réservoir à toit fixe 781
réservoir à toit flottant 781
réservoir auxiliaire 691
réservoir de brut 782
réservoir de sécurité 800
réservoir d'air comprimé 1023
réservoir d'arrosage 797
réservoir d'eau 319, 763
réservoir d'eau, compartiment 750
réservoir d'entreposage 783
réservoir d'essence 417
réservoir d'huile 417
réservoir magmatique 75, 770
réservoir tampon 780
réservoir ventral 753
résidente 920
résidus non recyclables 99
résine 615
résistance 820
résistance, réglage 1001
résistance électrique, mesure 835
résonateur 618
respiration 95
ressort 76, 327, 350, 372, 399, 584, 893
ressort athlétique 1000

ressort compensateur de fil 567
ressort de batterie 889
ressort de rappel 679
ressort de soupape 555, 682
ressort de suspension 378, 706
ressort de tension 677, 1000
ressort en spirale 371
ressort hélicoïdal 673
restaurant 290, 730, 844, 847, 848, 853, 856
restaurant libre-service 292
restaurant-minute 849
résultat 649
résurgence 67
retable 871
retardateur 592, 593
rétenteur 1007
réticule 824
Réticule 20
réticulum endoplasmique 102, 133
rétine 238, 239
retour 633, 646
retour, limite 943
retour de chariot 648
retour rapide 620
retrait 648
rétroéclairage 613
rétroprojecteur 655
rétroviseur 670, 676, 688, 689, 690, 695, 696, 697, 763, 1026
rétroviseur, commande 674
rétroviseur grand-angle 688, 689
rétroviseur parabolique 763
réunion 837
réunion, salle 522, 852, 854, 858, 869, 900
réveil, salle 921
réverbère 846
revers 430, 432, 435, 454, 459
revêtement 332, 333, 781, 961
revêtement, matériel 385
revêtement de sécurité 33
revêtement de sol textile 334
revêtement imperméable 449
revêtement intérieur 685
revêtement synthétique 968
revêtement thermique 36
revitalisant capillaire 475
revolver 888
rez-de-chaussée 328, 329
Rhéa 15
rhénium 813
rhésus, facteur 834
rhinocéros 173
rhinopharynx 232
rhizoïde 106
rhizome 107, 110
rhodium 813
rhodyménie palmé 244
rhopalie 134
rhubarbe 250
rias 70
ribosome 102, 133
ricotta 280
rideau 368, 369
rideau, double 368
rideau ballon 369
rideau bonne femme 368
rideau brise-bise 368

rideau coulissé 369
rideau de fer 540
rideau de scène 540, 541
rideau de vitrage 368
rideau d'obturateur 594
rideau flottant 369
rideau gonflable 676
rideau noir 606
rideau séparateur 920
rideaux croisés 369
ridoir 981
rifloir 531
rigatoni 282
rigole 1014
rillettes 277
rimaye 72
rinceau 360
rince-bouche 482
ring 990
ring, près 990
ris 276
risberme 790
rive 386, 794
rive externe 171
rive interne 171
rivet 306, 399
rivière 45, 73
rivière souterraine 67
riz 122, 263, 283
riz basmati 283
riz blanc 283
riz complet 283
riz étuvé 283
riz sauvage 263
rizière 97
robe 438, 781
robe à crinoline 427
robe à paniers 427
robe à tournure 427
robe bain-de-soleil 438
robe chemisier 438
robe de cocktail 438
robe enveloppe 438
robe fourreau 438
robe princesse 438
robe taille basse 438
robe trapèze 438
robe tube 438
robe tunique 438
robe-manteau 438
robinet 346, 350
robinet de vidange 348, 349, 781
robinet d'acétylène 407
robinet d'arrêt 347, 352, 353, 783
robinet d'arrêt général 344
robinet d'oxygène 407
robinet flotteur à clapet 347
robinet relais 1053
robinets 376
robot boulanger 317
robot de cuisine 315
roc 76
rocaille 410
roche 92
roche d'intrusion 66
roche ignée 66
roche mère 109
roche métamorphique 66
roche sédimentaire 66
rocher 1050
rochet 395, 828, 829
roentgenium 813
rognons 276

roi 1062
Roi 1065
romaine 246
roman 508
romano 281
romarin 262
rond, grand 197
rond, petit 197
rond de serviette 301
ronde 273, 563
rondeau 576
rondelle 350, 399, 820, 1030, 1038, 1042
rondelle à denture 399
rondelle à denture intérieur 399
rondelle à ressort 399
rondelle conique 347
rondelle de fibre 351
rondelle plate 399
rondiste 469
rond-point 52
rongeur 165
roquefort 281
roquette 247
rosace 548
rose 113, 507
rose des vents 734
rosée 91
rosette 326, 501
rossignol 162
rotary, système 776
rôti de côtes 272
rôti de filet 272
rôti de palette 273, 275
rôti de soc 275
rôti d'épaule 273, 274
rôti picnic 275
rotini 282
rotodôme 751
rotonde 847
rotor 327, 681, 787, 806, 807, 1060
rotor, mouvement 789
rotor, tête 753
rotor à griffes 819
rotor anticouple 753
rotule 165, 170, 175, 184, 200, 401
roue 408, 411, 420, 421, 684, 690, 761, 764, 787, 890, 895, 917, 1020, 1024, 1045
roue, boîtier 1001
roue à aubes 721
roue à rayons 1007
roue de centre 828, 829
roue de champ 828
roue de mesure 832
roue de poulie 767
roue de pression 767
roue de secours 687
roue de sécurité 717
roue de support 1026
roue dentée 572, 816, 1026
roue d'échappement 828, 829
roue d'engrenage 395, 574
roue d'entraînement 574
roue d'exercice 494
roue folle 758
roue Francis 787
roue Kaplan 787
roue libre 700
roue motrice 761, 762, 764, 829

roue Pelton 787
roue petite moyenne 828, 829
roue pivotante 917
roue pleine 1021
roue stabilisatrice 701
rouelle 276
rouge 528, 821, 1068
Rouge 1063
rouge à lèvres 474
rouge orangé 528
rouge violet 528
rouge-gorge 162
rouget 267
rouget barbet 267
rouleau 371, 408, 420, 476, 535, 572, 1070
rouleau, support 572
rouleau à pâtisserie 310
rouleau à vernir 534
rouleau compacteur 762
rouleau conditionneur 766
rouleau de guidage 402
rouleau d'encrage 533
roulement 1045
roulement à billes 807
roulette 366, 375, 488, 534, 556, 568, 755, 1044, 1068
roulette à frein 913
roulette à pizza 309
roulette américaine 1068
roulette de défilement 634
roulette de pâtissier 310
roulette française 1068
roulis 752
roumain 583
Roumanie 57, 878
roupie 860
roussette, grande 266
roussette noire 187
route 53, 658, 659, 842
route, numéro 53
route d'accès 740
route secondaire 53
routeur 641, 643
Royaume-Uni 56, 877
ruban 387, 567, 893, 972
ruban adhésif 654, 944
ruban adhésif, dévidoir 654
ruban blanc 961, 963
ruban correcteur 654
ruban de bouclage 907
ruban de Téflon® 402
ruban de tissu adhésif 915
rubidium 812
rubis 470, 623
ruche 144, 243
rue 52, 845, 846, 847
rue commerçante 844
ruelle 845
rugby 950
rugby, joueurs 950
rugby, terrain 950
rugbyman 951
ruisseau 73
ruissellement 95
russe 583
Russie 46, 56, 57, 58, 59
Russie, Fédération 878
russule verdoyante 244
rutabaga 251
ruthénium 813
rutherfordium 813
Rwanda 61, 879
rythme, sélecteur 558

S

sable 779, 790, 875, 959
sable bitumineux 778, 779
sablier 308
sablière 706
sablière double 332
sabot 168, 171, 401, 429, 691, 935, 944, 988
sabot de protection 758
sabre 886, 998
sabreur 997
sac 560
sac à bandoulière 487
sac à cagoule 1054
sac à collation 295
sac à dos 489, 1051, 1056
sac à langer 492
sac à légumes 295
sac à main 486
sac à poussière 396
sac à provisions 289, 486
sac à sandwich 295
sac à vêtements 489
sac accordéon 487
sac banane 487
sac besace 487
sac bivouac 1054
sac boîte 486
sac cartable 486
sac de congélation 295
sac de couchage 1054
sac de golf 1019
sac de sable 990
sac de sport 489
sac de transport 596
sac embryonnaire 104
sac fourre-tout 486, 488
sac gonflable 676
sac marin 486
sac messager 486
sac polochon 487
sac pour accessoires 1009
sac rectangulaire 1054
sac seau 486
sac semi-rectangulaire 1054
sac-filet 294
sachet 294
sachet de thé 295
sacoche 697, 700
sacristie 871
sacrum 184, 187, 200, 201, 204
safran 260, 728, 987
sagari 995
Sagittaire 20
Sahara occidental 60
saharienne 442
saillant 505
saillie, réglage 397
saindoux 284
saint-bernard 177
Sainte-Lucie 54, 876
Saint-Kitts-et-Nevis 54, 876
Saint-Laurent 47
Saint-Marin 56, 878
saint-pierre 268
Saint-Pierre 870
Saint-Vincent-et-les-Grenadines 54, 877
saisie des données 826
saison 1066
saisons 80
salade 292
saladier 303

salamandre 153
salami 277
salchow 1031
salière 302
salle 541
salle à manger 290, 293, 329, 705, 730, 854, 899, 900
salle commune 865
salle de bains 330, 346, 855, 920
salle de bains, articles 851
salle de bal 731
salle de classe 865, 868, 869
salle de commande 785, 797
salle de concert 845
salle de contrôle 20
salle de contrôle des machines 728
salle de prière 872
salle de réception 872
salle de repos des infirmières 922
salle de séjour 329
salle de spectacle 540, 844
salle de tir 905
salle de triage 919
salle des machines 730, 785, 786
salle des pas perdus 704
salle d'atelier 852
salle d'attente 644, 864, 904, 918, 919, 922, 923
salle polyvalente 605, 865
salomé 460
salon 329, 730
salon de coiffure 848
salon des employés 859
salon du personnel 904, 919
salon d'attente 854
salon d'honneur 852
salopette 441, 449
salopette à bretelles croisées 449
salopette à dos montant 448
salsifis 251
samarium 814
sambal œlek 287
Samoa 62, 881
samoan 583
sandale 450, 461, 883
sandalette 462
sandre 269
sang 209
sang artériel 212
sang épuré 927
sang veineux 212
sangle 675, 901, 967, 970, 1001, 1003, 1005, 1006, 1049, 1050
sangle de compression 1056
sangle de fermeture 1056
sangle de nuque 908
sangle de retenue 913
sangle d'amortissement 908
sangle élastique 488
sangle serre-vêtements 489
sangle sous-cutale 733
sangle sous-ventrière 1007
sanglier 172
sanglon 1005
sanguine 524
santé 911
São Tomé-et-Príncipe 61, 879
saphir 470
sapin 121

sapotille 259
sarcloir 412
sardine 267
sari 429
sarment 117
sarrasin 122, 263
sarriette 262
sartorius 196
sas 35, 515, 719, 796
sas du laboratoire 37
sas d'accès 899
sas pour équipement 798
sas pressurisé 663
sash 996
satellite 14, 39, 602
satellite, orbite 86
satellite à défilement 86
satellite artificiel 79
satellite de localisation 63
satellite de télécommunications 602, 643
satellite géostationnaire 86
satellite météorologique 80, 86
satellite Radarsat 64
satin 424, 575
Saturn V 39
Saturne 14, 15
sauce aux prunes 287
sauce chili 287
sauce hoisin 286
sauce soja 286
sauce soya 286
sauce Tabasco® 286
sauce Worcestershire 286
saucière 302
saucisse de Francfort 277
saucisse de Toulouse 277
saucisson kielbasa 277
sauge 262
saule pleureur 119
saumon 94, 268
saumon d'aile 1048
saupoudreuse 310
saut 936, 1031
saut, aire 932
saut, technique 1041
saut, triple 934, 937, 1025
saut, zone 973
saut à la perche 934, 936
saut à ski 1041
saut à ski, piste 1040, 1041
saut d'images 593
saut d'obstacle 1002
saut en hauteur 935, 936
saut en longueur 934, 937
saut périlleux 979
sauterelle 147, 771, 775
sauteur 1041
sauteuse 313
sautoir 468
sauts multiples 1025
sauvetage, équipement 733
savane 87, 92, 93
savon de toilette 474
saxhorn 551
saxophone 550
scandium 813
scanneur 635
scanneur à hyperfréquences 86
scanneur de radiations terrestres 86
scaphandre spatial 33
scaphoïde 202, 208
scapulaire 158

scarabée 146
scare 151
scarole 246
scellement, bouchon 820
scellement, matériau 820
scène 498, 540, 541
schisme d'Orient 870
schiste 783
schnauzer 176
sciage 391
scie à chantourner 391
scie à dos 391
scie à grecquer 537
scie à guichet 391
scie à métaux 391, 402
scie à onglet 391, 392
scie circulaire 392, 393
scie d'élagage 416
scie égoïne 391
scie pliante 1057
scie sauteuse 393
science, salle 868
scierie 125
scion 1059
scion, tête 1059
scissure oblique 215
sclérotique 238
scooter 697
scooter de mer 1026
score doublé 1069
score triplé 1069
scorpion 147
Scorpion 20
scorsonère 251
scotie 500, 501
scratch, molette 559
scripte 543
scrotum 192, 228
scull, double 985
sculpture 509, 523, 531, 684, 685, 764
sculpture, accessoire 531
sculpture, outil 531
sculpture sur bois 531
seaborgium 813
seau 381
seau isotherme 318
sébaste 268
sébile de remboursement 624
sébum 236
sécateur 416
séchage 125, 425
sèche-cheveux 477
sèche-linge 379
sécher à plat 425
sécher par culbutage 425
sécheuse 379
séchoir d'épreuves 600
seconde 562, 836, 998
secondeur 952
second-officier, siège 748
secours, trousse 915
secrétaire 364, 644, 974
secrétariat 859, 869
secteur 838
section tubulaire 777
sécurité 900
sécurité, service 853
sécurité, surface 992
sécurité, symboles 910
sécurité, zone 996
segment 679, 682
segment abdominal 141
seiche 265
seigle 122, 263

sein 192, 194, 227
séisme 76
séjour 1052
sel 995
sel, gros 287
sel de bain 474
sel fin 287
sel marin 287
sélecteur 343
sélecteur de bandes 616
sélecteur de canaux 621
sélecteur de contrôle 614
sélecteur de coupe 479
sélecteur de décimale 649
sélecteur de fonction 623
sélecteur de fonctions 592
sélecteur de hauteur 375
sélecteur de mode 593
sélecteur de niveau d'eau 378
sélecteur de programme 558
sélecteur de stations 619, 620
sélecteur de température 316, 378, 379
sélecteur de vitesse 314, 393
sélecteur d'entrée 614
sélecteur quadridirectionnel 593
sélection 611, 620, 621, 624
sélection de mode 597
sélection des canaux 611
sélection d'entrée 614
sélénium 812
selle 694, 697, 698, 969, 1001, 1003, 1005, 1006, 1008, 1026
selle, tige 698
selle, tube 698, 1021
selle du rail 712
sellette 531, 1007, 1047
sellette d'attelage 690
semage 418
semelle 332, 333, 374, 392, 393, 397, 398, 433, 463, 988, 1018, 1031, 1038, 1039
semelle, inclinaison 392
semelle du battant 572
semelle d'usure 450, 459
semelle intercalaire 450
semelle pivotante 401
semence 388
semi-épineux 197
semi-lunaire 202, 208
semimembraneux 197
semi-métal 812
semi-remorque 690, 692
semi-remorque à copeaux 692
semi-remorque à grumes 692
semi-remorque benne 692
semi-remorque bétaillère 692
semi-remorque citerne 692
semi-remorque fourgon 692
semi-remorque frigorifique 691, 692
semi-remorque plateau 691
semi-remorque porte-conteneur 692
semi-remorque porte-engins 692
semi-remorque porte-véhicules 692
semitendineux 197
semoir à main 418
semoir en lignes 767
semoule 123, 278
Sénégal 50, 60, 879

senestre 874
sens unique, voie 664
sensibilisateur 536
sensibilité 592, 593, 597
sep 765
sépale 112, 114, 115
séparateur 685, 728, 770, 796, 820
séparateur d'eau 772
séparateur électrolytique 820
séparateur liquide/gaz 685
séparateur primaire 779
séparation 99, 784
séparation magnétique 99
séparation-classeur 484
septième 562
septime 998
septum interventriculaire 213
séquence 1062
séquenceur 559
séquenceur, contrôle 558
séquoia 121
sérac 72
serbe 583
Serbie 57, 878
serfouette 412
serge 424
sergé 575
sérigraphie 536
sérigraphie, matériel 536
seringue 912
seringue, boîte 907
seringue pour lavage de cavités 912
serpe 416
serpent 154, 1064
Serpent 21, 23
serpent à sonnette 156
serpent corail 156
serpentin 341, 343, 1049
serpents et échelles 1064
serpette 416
serrage 399
serre 160, 243
serré 586
serre-joint 391, 401, 574
serre-joint à tuyau 401
serre-livres 655
serre-poignet 968
serre-tête 465, 618, 908, 909
serre-tête antibruit 908
serrure 325, 326, 377, 486, 489, 671, 674
serrure à clé 484
serrure à combinaison 484
serrure à mortaiser 327
serrure tubulaire 326
sertissage 887
sertissure 470
serveur 290, 291, 640, 641, 642, 643, 962, 965, 967
serveur de fichiers 641
serveur d'accès 642
service 958, 966
service, aire 741
service, boîte 964
service, carré 965
service, zone 963, 964, 965
service à la clientèle 859
service d'entretien 668
service financier 858
services sociaux 923
services techniques 866
serviette 292, 484

serviette de table 301, 304, 305
serviette de toilette 475
servofrein 672, 679
servomoteur 894
sésamoïde 170
seuil 325
seuil de piste, marque 743
sextant 734
Sextant 21
sextuor 546
Seychelles 61, 880
shampooing 475
shekel 860
shenti 426
shiitake 244
shinai 995
shintoïsme 870
short 433, 441, 935, 945, 946, 951, 956
short boxeur 450
short de boxe 990
si 562
SI 835
siamois 179
siège 347, 350, 360, 361, 366, 420, 576, 675, 716, 917, 986, 987, 1001, 1005, 1007, 1035, 1048
siège assis à genoux 646
siège coulissant 984, 1001
siège de vélo pour enfant 700
siège d'auto 686
siège d'auto pour bébé 491
siège éjectable 896
siège réglable 705
siège-baquet 675
Sierra Leone 60, 879
signal arrêt/marche 343
signal de voie 703
signal lumineux 564
signal sonore 564
signalisation lumineuse 665, 667
signalisation maritime 736
signalisation routière 664
signature officielle 861
signe 563
signe de ponctuation 587
signe diacritique 587
silence 563
silencieux 411, 773
silex 889
silicium 812
silique 116
sill 75
sillet 547, 548, 549
sillon 223, 233, 617
sillon antérieur 234
sillon médian 233
sillon naso-labial 231
sillon terminal 233
silo 718
silo de chargement 772
silo-couloir 243
silo-tour 243
Silurien 128
simulateur d'escalier 1001
Singapour 59, 881
sinogramme 585
sinople 875
sinus 117, 426
sinus frontal 232
sinus lactifère 227
sinus sphénoïdal 232

siphon 344, 347, 351, 352
sirop 914
sirop de maïs 285
sirop d'érable 285
sismogramme 76
sismographe 76
sistre 557
site d'enfouissement 97
sixain 1068
sixte 562, 998
skeleton 1035
ski 988, 1026, 1038
ski, station 1036
ski acrobatique 1040
ski alpin 1038
ski alpin, épreuves 1039
ski de descente 1038
ski de figure 988
ski de fond 1042
ski de saut 988, 1041
ski de slalom 988, 1038
ski de slalom géant 1038
ski de super-géant 1038
ski de tourisme 988
ski de vitesse 1041
ski nautique 988
skieur alpin 1038
skieur de fond 1042
skieur de vitesse 1041
skiff 985
skimmer 324
skip 774
slalom géant 1039
slalom spécial 1039
slip 434, 445
slip de bain 450
slovaque 583
Slovaquie 56, 878
slovène 583
Slovénie 56, 878
smash 959, 967
smilodon 131
smog 97
snooker 1013
soc 275, 765
soccer 946
soccer, joueur 946
soccer, terrain 932, 946
socle 76, 84, 314, 317, 318, 336, 355, 372, 395, 538, 617, 634, 635, 807, 815, 829, 830
socle chargeur 482
socle fixe 401
socle rembourré 957
socque 461
socquette 433, 446
sodium 812
sœur 929
softball 941
soie 298, 306, 398, 403, 424, 479, 1059
soies 408, 482
soigneur 957, 990
soin du corps 474
soins, salle 922
soins ambulatoires, unité 922
soins intensifs, unité 921
soja 284
sol 98, 109, 562, 791
sol naturel 658
solarium 729
sole 171, 268
soléaire 196
Soleil 14, 16, 17, 80, 94

soleret 884
solide 810, 811
solide amorphe 810
solidification 810
solin 337
solive 332, 333, 334
solstice 80
solution multifonctions 481
Somalie 61, 879
sombrero 429
sommaire 590
sommation 837
sommelier 290
sommet 71, 512, 1036
sommier 514, 552, 555, 850
sommier, faux 555
sommier, table 555
sommier tapissier 363
son, production 555
sonar 65, 735, 898
sonde 925, 927
sonde d'amarrage 38
sonde spatiale 30, 79
sonnerie, volume 623
sonnette 154
sorbetière 318
sore 107
sorgho 122
sortie 144, 659
sortie de l'air frais 343
sortie de piste 740, 743
sortie d'air chaud 336, 338
sortie d'eau chaude 339
sortie S-Video 630
soubassement 364, 513
souche 118
soucoupe 302, 305
soudage 406
soudage, poste 406
soudage à l'arc 406
soudage oxyacétylénique 407
soudure 406, 579
soufflante 749, 800
soufflerie 555
soufflet 484, 487, 555, 560, 600
soufflet, fermeture 560
souffleur de feuilles 411
souffleuse 763, 766
souffleuse à neige 421, 763
souffleuse de fourrage 767
soufre 813
soulèvement 77
soulier à la poulaine 429
soulier à talon 429
soupape 312, 555, 773
soupape à air 408
soupape à pression et dépression 781
soupape de gonflage 989
soupape de purge 989
soupape de réglage du fluide 408
soupape de sûreté 339, 348, 349, 795
soupape d'admission 1049
soupape d'arrivée d'air 527
soupape d'échappement 680
soupape d'évacuation 551, 913
soupape expiratoire 909
soupape inspiratoire 909
soupe 292

soupière 303
soupir 563
source 73
source alimentaire fondamentale 94
source de vie 103
source des images 599
source d'énergie 65
sourcil 178, 511
sourdine 551, 611, 639
souris laser 634
souris sans fil 634
sous-couche 334
sous-fondation 658
sous-gorge 1004
sous-main 646
sous-marin nucléaire 899
sous-ombrelle 134
sous-pied 441
sous-plancher 332, 333, 334
sous-sol 109, 328, 503, 847
sous-titre 590
soustraction 649, 836, 837
soustraction en mémoire 649
sous-vêtement 434, 444, 850, 1022
sous-vêtement de refroidissement et de ventilation 33
soute 36, 747
soute à bagages 688, 727, 753
soute à eau 706
soute des bobines de câbles 608
soute d'équipement technique 608
soutien du cou et de la tête, système 1022
soutien informatique 644
soutien-gorge 445
soutien-gorge balconnet 445
soutien-gorge corbeille 445
soya, produit 284
Soyouz 38, 39
spa 324
spadice 112
spaghetti 282
spaghettini 282
spatule 311, 533, 988, 1037, 1038, 1042
spatulée 111
spécialiste technique 1031
spécimen, positionnement 826
spectre électromagnétique 821
spectromètre 826
spectromètre à ultraviolet 86
spencer 442
spermathèque 137
spermatozoïde 228
spermiducte 137
sphaigne squarreuse 106
sphénoïde 205
sphère 839
sphère céleste 23
sphère de verre 84
sphère terrestre 23
sphincter vésical 218
sphynx 179
spicule 16
spinnaker 982
spiral 828
spirale 145, 390, 600
spiruline 244
splénius de la tête 197
spore 108

sport, magasin 849
sports à roulettes 1044
sports aériens 1046
sports aquatiques 974
sports de balle 938
sports de ballon 938
sports de combat 990
sports de force 999
sports de montagne 1050
sports de précision 1009
sports de raquette 961
sports d'hiver 1027
sports équestres 1002
sports équestres, parcours 932
sports gymniques 969
sports motorisés 1022
sports nautiques 974
spot 373
spot à pince 372
squame 236
squash 965
squash, court 965
squelette 199
Sri Lanka 58, 881
stabilisateur 747, 753, 756, 760, 896, 902, 1009, 1026, 1048
stabilisateur à triple plan vertical 751
stabilisateur de roulis 730
stabilisation, colonne 777
stabilo 1046, 1047
stade 843, 932, 934
stade de baseball 932
stade d'hiver 932
stade nautique 932
stalactite 67
stalagmite 67
stalle de départ 1006
stand 1022, 1024
stand, arrêt 1023
stand, voie 1022
stand d'exposition 853
Stardust 31
statif 815, 924, 926
station de contrôle 63
station de ski 1036
station d'accueil 619, 622
station locale 602
station météorologique 80, 81, 84
Station spatiale internationale 34
station terrestre de télécommunications 643
stationata 1002
stationnement 703, 718, 742, 847, 869, 1036
stationnement, aire 741
stationnement, parc 703, 718, 742, 842, 847, 869, 1036
station-relais 602
station-relais à micro-ondes 642
station-service 668, 845, 856
statistiques 838
stator 327, 749, 787
statue 499, 871
steeple 934
steppe 87
stérilisation, salle 921, 922
sterne 161
sternocléidomastoïdien 196, 197

sternum 153, 159, 164, 165, 170, 175, 187, 188, 200
stéthoscope 912
stigmate 104, 112, 116, 140, 141
stilton 281
stimulateur cardiaque artificiel 927
stimulation cyclique par la vapeur d'eau 779
stipule 111
stockage, périphérique 638
stockage, réservoir 805
stola 426
stolon 110
stop 174
stoppeur 947
store 370
store à enroulement automatique 371, 686
store à enroulement manuel 371
store bateau 371
store japonais 370
store romain 371
store vénitien 371
store vertical 370
stratocumulus 82, 88
stratopause 79
stratosphère 79
stratus 82, 88
string 445
stroboscope 733
stromatolite 128
strontium 812
structure 658
structure antitonneau 1023
structure de lancement 39
structure du support 64
structure en treillis 34
structure métallique 704
structure pivotante 29
structure tubulaire 737
studio 604
style 112, 114, 115, 116, 828
stylet 584, 635, 639, 886, 1067
stylo correcteur 654
stylobate 499, 500
stylo-bille 584
stylo-plume 585
subduction 68
sublimation 810
substratum imperméable 770
succursale bancaire 858
suce 492
sucette 492
suceur 374, 375
suçoir 103
sucre 285
sucre candi 285
sucre glace 285
sucre granulé 285
sucre semoule 285
sucre vanillé 285
sucrier 301
sud 1066
Sud 738
Sud Est 738
Sud Ouest 738
Suède 46, 56, 878
suédois 583
Suisse 56, 878
suivant 620
suivant, bouton 634
suiveur stellaire 32

sulky 1007
sumac 261
sumo 995
sumotori 995
sunnisme 870
super-géant 1039
supergéante 18
supermarché 242, 288, 845, 849
supernova 18
superposition d'originaux 647
superstructure 737
supplément en couleurs 590
supplément littéraire 590
support 85, 312, 359, 367, 371, 478, 495, 556, 573, 601, 754, 961
support à bagages 1026
support avec fût réglable 926
support de câble 375
support de fixation 25, 367, 372
support de main 561
support de plafond 367
support de plaquette 480
support de pouce 550
support de sphère 84
support du filament 359
support d'extrémité 367
support mural 367
support pliant 491
support pour fer 579
support-papier 648
suppositoire 914
suppression 625, 633
surcot 427
surf 988
surf acrobatique 1037
surf alpin 1037
surf des neiges 1037
surface de cuisson 317, 376
surface dure 968
surface d'affichage 655
surface encrée 532
surface gravée 617
surface mouillée 532
surface pressée 615
surface réfléchissante 804, 822
surface verticale 1044
surfeur 988, 1037
surfusion 810
surimpression 592
Suriname 55, 876
surligneur 585
surliure 1058
surlonge 272, 273, 274
suroît 458
surpiqûre 448, 450, 459
surtitre 590
surveillant, bureau 866, 869
survêtement 451
sus-alaire 158
sushi, ensemble 303
suspendre pour sécher 425
suspension 372, 716, 1020
suspension, bras 673
suspension, système 673
suspente 660, 1046, 1047, 1049
suture 116
suture coronale 205
suture crânienne 208
suture lambdoïde 205
suture squameuse 205
swahili 582

Swaziland 61, 880
symbole 812, 1070
symbole d'usage courant 856
symbole météorologique 82
symbole scientifique 834
symphyse pubienne 208, 226, 228
synagogue 872
synapse 221
synsacrum 159
synthèse 836
synthèse additive 821
synthèse soustractive 821
synthétiseur 558
Syrie 58
système audio 676
système de bord, informations 748
système de climatisation 96
système de communications inter-orbitales 35
système de pointage fin 27
système de verrouillage 375
système d'éclairage 495
système électrique 673
système endocrinien 229
système filtre 483
système hydraulique 754
système international d'unités 835
système lymphatique 230
système nerveux 220
système nerveux, structure 220
système nerveux central 220
système nerveux périphérique 220
système racinaire 109, 117
système routier 658
système solaire 14

T

T central 1008
tabac 483
tabagie 848
Tabasco®, sauce 286
tabernacle 871
table 293, 362, 392, 393, 469, 534, 535, 538, 1041
Table 20
table, console de contrôle 762
table à abattants 362
table à dessin 526
table à langer 366
table à rallonges 362
table aspirante 536
table basse 362
table chaude 291
table de billard 1012
table de chevet 365, 855, 920
table de cuisson 296
table de lecture 872
table de lit 920
table de radiographie 924
table de rotation 776
table de roulement 712
table de saut 969, 970, 971
table de service 290
table de tennis 961
table de traitement 926
table de travail 331, 376
table des résultats 978
table dressée 304
table d'exposition 536
table d'harmonie 547, 548, 552

table d'impression à base aspirante 536
table d'imprimante 646
table d'opération 921
table gigogne 362
table lisseuse 762
table pour la vaisselle propre 291
table pour la vaisselle sale 291
tableau 523, 868
tableau américain des mises 1068
tableau blanc interactif 639
tableau de bord 676, 695, 696
tableau de classement 970
tableau de commande 316, 317, 343, 376, 378, 379, 647
tableau de commandes 826
tableau de manœuvre 519
tableau des scores 1069
tableau du souvenir 872
tableau d'affichage 644, 655, 868, 968, 971, 992, 996, 999
tableau d'affichage des expositions 522
tableau d'affichage des vols 743
tableau électronique 1001
tableau français des mises 1068
tableau horaire 704
tableau indicateur 933, 935, 977, 985, 1006
tableau marqueur 1015
tableau périodique des éléments 812
tablette 336, 365, 409, 536, 646
tablette coulissante 646
tablette de cire 584
tablette graphique 635
tablette numérique 639
tablette porte-outil 409
tablette pour unité centrale 646
tablier 660, 661, 697, 754, 767, 990
tablier-blouse 440
tablinum 502
tabloïd 590
tabouret 292, 296, 361, 990
tabouret de bar 290
tabouret-bar 361
tabouret-escabeau 409
tabulateur 648
tabulateur décimal 648
tabulation 632
tabulation, contrôle 648
tache 16
tachymètre 677, 696
tacle défensif 948
Tadjikistan 58, 880
taekwondo 994
taekwondo, aire de compétition 994
taekwondo, équipement 994
taekwondo, techniques 994
tagalog 583
tagliatelle 282
tahini 286
tahitien 583
taie d'oreiller 363
taillant 772
taille 193, 195, 416
taille baguette 469
taille brillant 469

taille cabochon 469
taille des pierres 469
taille d'un diamant 469
taille émeraude 469
taille en ciseaux 469
taille en escalier 469
taille en goutte 469
taille en poire 469
taille en rose 469
taille en table 469
taille française 469
taille huit facettes 469
taille marquise 469
taille ovale 469
taille-bordures 419
taille-crayon 654
taille-crayon électrique 654
taille-haies 417
tailleur 443, 850
tajine 312
talkie-walkie 906
talkie-walkie 621
Talmud 870
taloche 403
talon 171, 193, 195, 306, 391, 397, 433, 450, 459, 460, 461, 480, 483, 547, 548, 567, 684, 765, 941, 962, 968, 1013, 1018, 1030, 1031, 1037, 1038, 1042, 1059, 1060
talon aiguille 461
talon bobine 461
talon chiquet 461
talon compensé 461
talon d'appui 314, 374
talon plat 461
talonnette de dessus 459
talonneur 950
talonnière 988, 1039, 1042
talus 658
talus continental 67
tamanoir 164
tamarillo 258
tamarin 185
tamarin, pâte 286
tambour 307, 371, 379, 500, 565, 679, 734, 762, 763, 829, 832, 1059, 1060
tambour, axe 1060
tambour, mécanisme de débrayage 1060
tambour, support 762
tambour de basque 557
tambour d'aisselle 561
tambourin 458
tamia 166
tamis 308, 962, 968, 1043
tamis à farine 310
tamis vibrant 776
tampon 534
tampon démaquillant 474
tampon encreur 651
tam-tam 556
tandem 442, 702
tanga 445
tangage 752
tangerine 256
tantale 813
tante 929
Tanzanie 61
Tanzanie, République-Unie 879
taon 146
tapis 331, 334, 973, 990, 992, 1001, 1012, 1014

tapis amont 790
tapis antidérapant 1043
tapis de parade 973
tapis de plancher 686
tapis de réception 970
tapis de sécurité 973
tapis de selle 1003, 1006
tapis de souris 634
tapis drainant 790
tapis d'exercice 1000
tapis roulant 742, 1001
taquet 980, 981
taquet coinceur 981
tare 995
tarière 411, 421
tarière, commande 421
tarlatane 534
taro 245
tarse 140, 142, 153, 158, 165, 170, 175, 184, 187, 188, 203, 208
tarso-métatarse 159
Tasmanie 52
tasse 1055, 1056
tasse à café 301
tasse à mesurer 308
tasse à thé 301, 305
tassergal 267
tassette 884
tatami 996
taupe 164
Taureau 22
taxi, transport 857
Tchad 60, 879
tchallah, pain 279
tchèque 583
té 351, 1017
té de base 337
technétium 813
technicien de son 605, 608
tectrice 158
teddy 444
tégument 105, 122
tégument de la graine 115
téléavertisseur numérique 621
télécabine 1036
télécabine, départ 1036
télécommande 343, 601, 610, 611
télécommunications 602, 603
télécopieur 625
télédétection 63
télédétection par satellite 65
télédiffusion 602
télémanipulateur 35, 36
télémètre 832
téléobjectif 598
téléphone 855, 857
téléphone Internet 624
téléphone multifonction 622
téléphone portable 622
téléphone public 290, 293, 544, 624, 849, 919
téléphone sans fil 623
téléphonie 622, 643
téléport 603
télescope 25, 28
Télescope 20
télescope binoculaire 29
télescope binoculaire du Mont Graham 29
télescope spatial 27
télescope spatial Hubble 27, 79
télescope spatial James Webb 27

télésiège 1036
télésiège, départ 1036
téléski biplace 1036
télésouffleur 606
téléviseur 855, 868
téléviseur à cristaux liquides 610
téléviseur à plasma 610
téléviseur à tube cathodique 609
téléviseur grand écran 612
télévision 605
télévision analogique 609
télévision numérique 610
tellure 812
telson 139
témoin 934
témoin, barre 862
témoin, zone de passage 934
témoin lumineux 903
tempe 192
température 79, 85, 342
température, contrôle 33, 577
température, indicateur 677
température, mesure 827, 835
température, réglage 342, 374
température ambiante 342
température de l'air 81
température désirée 342
tempête de poussière 83
tempête de sable 83
tempête tropicale 83
temple aztèque 513
temple de Huitzilopochtli 513
temple de Tlaloc 513
temple grec 499
templet 538, 573
tempo, réglage 558
temporal 200, 205
temps 81
temps, mesure 828
temps d'exposition 597
tenaille 505
tendance barométrique 81
tendeur 969, 1052
tendeur de timbre 556
tendon 178, 198, 207
tendon d'Achille 197
tendron 272
tendu 1051
tennis 462, 966
tennis, coups 966
tennis, court 932, 966
tennis, joueuse 968
tennis de table 961
tennis de table, prises 961
tenon 480, 483
tenseur du fascia lata 196
tensiomètre 913
tension, abaissement 775, 789, 807
tension, dégagement 396
tension, élévation 770, 775, 789, 795, 807
tension, haute 910
tension, indicateur 567
tension, réglage 1060
tension, source 818
tentacule 137, 138
tentacule marginal 134
tente 733, 1052
tente canadienne 1053
tente deux places 1052
tente dôme 1053
tente familiale 1052

tente grange 1052
tente igloo 1053
tente individuelle 1053
tente rectangulaire 1052
tente-caravane 687
tentoir 572
tenue d'intervention 900, 901
terbium 814
térébenthine 527
terminal à céréales 718
terminal à conteneurs 718, 842
terminal de paiement électronique 289, 859
terminal de vrac 718
terminal pétrolier 718
terminateur 640
terrain, limite 322, 1014
terrain, plan 328
terrain de fondation 790
terrain de jeu 1069
terrain naturel 771
terrarium 495
terrasse 322, 328, 410, 743
terrasse extérieure 731
terrassement 658
Terre 14, 15, 16, 17, 66
Terre, relief 70
Terre, structure 66
terre battue 968
Terre de Baffin 47
Terre de Feu 48
Terre de la Reine-Maud 46
Terre de Wilkes 46
Terre Marie-Byrd 46
terre rare 814
terre-plein 505, 846
terre-plein central 659
terril 771, 772
terrine 312
Tertiaire 131
tertre de départ 1016, 1017
test 638
testicule 139, 152, 228, 229
têtard 153
tête 18, 137, 140, 141, 143, 158, 186, 193, 195, 228, 388, 390, 400, 479, 482, 483, 539, 547, 548, 549, 566, 570, 578, 635, 792, 893, 937, 944, 949, 962, 968, 1008, 1013, 1017, 1043, 1051, 1059
tête, anneau 1060
tête, protection 908, 910
tête à œillets 369
tête à passants 369
tête à sens unique 390
tête amont 719
tête aval 719
tête basculante 314
tête bombée 390
tête creuse 390
tête cruciforme 390
tête de coupe 407, 655
tête de détection 924
tête de frappe 388
tête de lecture 617
tête de lecture/écriture 638
tête de lit 363, 366
tête de marteau 1051
tête de métal 937
tête de meule 579
tête de projection 655
tête de puits 780, 783

tête de ramassage 32
tête d'attelage 687, 706, 764, 765, 766
tête d'impression 648
tête d'injection 776
tête en liège 963
tête flottante 479
tête froncée 369
tête panoramique 596
tête plate 390
tête plissée 369
tête ronde 390
Téthys 15
têtière 326, 327, 1004
tétine 492
tétreau 362
texte 648
texte déroulant 606
textile 424
TGV 707
thaï 582
Thaïlande 59, 881
thalle 106, 107
thallium 812
thé 264
thé noir 264
thé oolong 264
thé vert 264
théâtre grec 498
théière 301, 305
théodolite 85, 833
thermocontact 683
thermomètre 85, 308, 495, 781, 827, 914, 989, 1049
thermomètre à alcool 914
thermomètre à mercure 914
thermomètre auriculaire 914
thermomètre bimétallique 827
thermomètre médical 827
thermomètre numérique 914
thermopause 79
thermosphère 79
thermostat 316, 317, 341, 343, 348, 349, 377
thermostat d'ambiance 342
thermostat programmable 342
thon 268
thorax 140, 141, 142, 192, 194
thorium 814
thulium 814
thym 262
thymus 230
tibétain 582
tibia 140, 142, 153, 158, 165, 170, 175, 184, 186, 187, 188, 200, 203, 207
tibial antérieur 196
tibio-tarse 159
ticket, sortie 668
tierce 562, 998
tierceron 506
tige 102, 103, 105, 106, 109, 110, 250, 319, 342, 350, 388, 390, 482, 483, 564, 567, 570, 573, 815, 827, 829, 1031, 1039, 1042
tige carrée d'entraînement 776
tige de pendule 564
tige filetée 400
tige pour col 471
tigelle 105
tigre 181
tilapia 269
tilde 587
tilleul 120, 264

timbale 545, 556
timbre 884
timbre caoutchouc 651
timbre dateur 650
timbre du son 558
timbre transdermique 914
timbre-poste 588
timon 687, 766
timonerie 728, 729
Timor oriental 59, 881
tipi 520
tique 147
tir, mécanisme 893
tir, positions 1011, 1043
tir, poste 1010
tir, stand 932
tir à la carabine 1011
tir à l'arc 1009
tir à l'arc, aire de compétition 1009
tir à l'arc, stand 932
tir au fusil 1010
tir au pistolet 1011
tirant 450, 556, 756
tirant de registre 555
tirant de réglage 430
tirant des cordes 990
tire-botte 463
tire-bouchon 307, 1055
tire-bourre 889
tire-joint 403
tire-racine 418
tiret 587
tirette 565, 567
tireur 1010
tireur au but 955
tire-veille 983
tiroir 296, 362, 365, 366, 376
tiroir de fichier 653
tisane 264
tisonnier 337
tissage 572
tissage, accessoires 574
tissage, levier 571
tissage, principe 575
tissage, technique 575
tissu 424, 569
tissu, symbole d'entretien 425
tissu adipeux 227, 236
tissu brodé 565
tissu conjonctif 236
tissu de soutien 569
tissu du vêtement 569
tissu musculaire 198
Titan 15
Titan IV 39
titane 78, 813
Titania 15
titre 590
titre des films 544
titre du journal 590
titulaire, nom 861
titulaire, signature 861
tofu 284
toge 426
Togo 60, 879
toile 371, 490, 529, 575, 601
toile de fond 540
toile de formation 125
toile de saut 973
toile de sol 1052, 1053
toile d'araignée 145
toile pour incrustation 606
toilette 330, 344, 346, 347, 855, 920

toilette, accessoires 464
toilettes 290, 293, 329, 523, 544, 644, 705, 849, 853, 854, 856, 859, 862, 867, 900, 904, 919, 923
toit 144, 323, 337, 513, 516, 687, 757, 762, 1053
toit à deux croupes 516
toit à l'impériale 516
toit à quatre ailes 517
toit à pignon 516
toit à redans 516
toit à tourelle à pans 517
toit avec lanterneau 516
toit de la couche 771
toit de protection 754
toit en appentis 516
toit en carène 517
toit en cloche 517
toit en dôme 517
toit en flèche 517
toit en pavillon 517
toit en pente 516
toit en poivrière 517
toit en rotonde 517
toit flottant 781
toit imperméable 770
toit mansardé 516
toit ouvrant 671
toit plat 511, 512, 516
toiture 144
tôle pare-gouttes 781
tomate 248
tomate cerise 248
tomate en grappe 248
tomate italienne 248
tomatille 248
tombant 454
tombolo 70
tonalité, réglage 549
tonalité des sons aigus 619
tonalité des sons graves 619
tondeuse 478, 479
tondeuse à moteur 419
tondeuse autoportée 420
tondeuse mécanique 419
tong 462
Tonga 62, 881
topaze 470
topinambour 245
toque 458
Torah, rouleaux 872
torche 777
torchon 381
tore 500, 501, 839
tornade 83, 89
toron 1058
torpille 899
torpille, chambre 899
torrent 71
torsade 394
tortellini 282
tortilla 278
tortue 155
total partiel 649
totalisateur journalier 677
toucan 162
Toucan 20
touche 547, 549, 552, 553, 555, 560, 959
touche, repère 548, 549
touche de fonction 610, 611
touche de navigation 611
touche directionnelle 1067
touche fixe 832

touche graphique 649
touche mémoire 620
touche mobile 832
touche multifonctionnelle 649
touche numérique 615, 620, 649
touche programmable 622
toucher 236
toundra 87, 92, 93
toupet 168
toupie 315, 398
tour 506, 736, 756, 804, 806, 807, 1008
Tour 1065
tour, deuxième 933
tour, premier 933
tour, troisième 933
tour à bureaux 847
tour à pied 576
tour de contrôle 740, 897
tour de coquille 137
tour de cou 431
tour de croisée 508
tour de flanquement 504
tour de forage 726
tour de guidage 662
tour de refroidissement 770, 775
tour de spire 136
tour de tête 908
tour du plongeoir 978
tour d'angle 504
tour d'émission 602
tour d'extraction 773, 774
tour d'habitation 521
tour embryonnaire 136
tourelle 380, 504, 760, 898, 902
tourelle mobile 895
tourelle porte-objectif 825
tourillon 890, 1013
tourmaline 470
tournage 576
tournant 1006
tourne-disque 604, 617
tourne-disque USB 559
tournedos 276
tournesol 113
tournette 576
tournevis 390, 1055
tournevis à spirale 390
tournevis cruciforme 1055
tournevis sans fil 390
touriquet 714, 1068
tournoi, tableau 933
tournure 427
traçage 387, 531
traceur 636
traceur de route 735
trachée 159, 169, 214, 215
traçoir 394
tracteur 690, 745, 759
tracteur à chenilles 758
tracteur agricole 764
tracteur de piste 744
tracteur routier 690
tracteur-remorqueur 760
traction 752
traction, bras 764
tragus 186, 234
train 704
train à grande vitesse 707
train de banlieue 703
train de roulement à roues 762

train d'atterrissage 746, 747, 896
train d'atterrissage, levier 748
train routier 690
traîneau 415, 1034, 1035
traînée 752
traînée lumineuse 17
trait d'union 587
traitement 784
traitement chimique 782
traitement des données 65, 80
traitement des photos 599
traitement médical 926
traiteur, produits 289
trajectoire de la lumière 29
trame 569, 572, 573
trampoline 973
trampoline de compétition 973
trampoline récréatif 973
trampoliniste 973
tramway 717
tranchant 298, 306, 477, 568
tranche 276, 539, 860
tranché 874
tranche de ronde 273
tranche de surlonge 274
tranchée 771
tranchefile 539
transaction financière 643
transbordeur 718, 730, 743, 745
transept 507, 508
transestérification 784
transfert, canal 681
transformateur 339, 356, 357, 373, 707, 786, 788, 793, 796, 804
transformateur, traversée 785, 786
transmission 378, 678
transmission, commande 421
transmission, système 673
transmission des données 65
transmission funiculaire 712
transmission hertzienne 602
transmission par câble aérien 602
transmission par câble sous-marin 603
transmission par câble souterrain 603
transpalette manuelle 755
transpiration 95
transplantoir 418
transpondeur 748
transport aérien 740
transport aérien du courrier 589
transport ferroviaire 703
transport ferroviaire urbain 714
transport maritime 718, 773
transport routier 658, 718
transport routier automobile 668
transport routier cycliste 698
transversale pleine 1068
trapèze 196, 197, 202, 208, 839, 988, 1047
trapèze de figure 988
trapézoïde 202
trappe 503, 540
travail, meuble 646
travaux 665, 667
travée 660, 662
travers 275
travers-banc 774

traverse 325, 361, 362, 364, 505, 538, 561, 572, 573, 713, 792, 793, 916, 1043
traverse de chargement 729
traverse d'extrémité inférieure 757
traverse d'extrémité supérieure 757
traversée 793
traversier 718, 730
traversin 363
trèfle 507, 1062
treillis 410, 618
treillis de protection 604
tréma 587
trémie 762, 767
trémie de chargement 693
tremplin 324, 969, 978, 1040, 1041
trench 435
trépan 776
trépied 24, 556, 564, 596, 601, 1019
trépied de caméra 606
trépied de perche 606
trépointe 459
treuil 519, 693
treuil, commande 693
treuil, salle 773
treuil de levage 756
treuil d'amarrage 729
tri 99
tri manuel 99
tri optique 99
tri primaire 588
tri sélectif des déchets 99
triage, zone 708
triangle 545, 557, 839, 1013
Triangle 22
Triangle austral 20
Trias 130
tribord 731, 738, 739
tribunal 862
tribune 590, 932, 1024
triceps 197
tricératops 131
triclinium 502
tricorne 429
tricot 437, 570, 850, 851
tricycle 701, 702
trifoliée 111
triglyphe 500
trigone vésical 218
trille 563
trilobite 128
trimaran 981
tringle 367, 685
tringle de commande 712
tringle de pédale 552
tringle de tension 556
tringle double 367
tringle d'écartement 712
tringle extensible 367
tringle métallique 653
tringle simple 367
tringle-barre 367
tringle-rail 367
Trinité-et-Tobago 54, 877
trio 546
tripe 483
tripes 276
triplure 569
tripode de stabilisation 745
trirème 720
triticale 263

triton 153
Triton 15
trochanter 140, 142
trochanter, grand 201
troisième-but 938
trois-portes 669
trombe marine 89
trombone 545, 551, 654
trompe 140, 733
trompe de Fallope 226, 227
trompe d'Eustache 232, 235
trompette 545, 551
tronc 107, 117, 118, 152, 193, 195
tronc cérébral 222
tronc cœliaque 210
tronc pulmonaire 213
tronçon 270, 792
tronçonneuse 417
tropique du Cancer 42, 47, 50, 51
tropique du Capricorne 42, 48, 50, 52
tropopause 79, 96
troposphère 79
trop-plein 344, 346, 347, 348, 349
trot 168
trotteur 460, 1007
trotteuse 828
trottoir 323, 846
trottoir, bordure 846
trou 535, 1016, 1017, 1071
trou central 617
trou de l'embout 483
trou de normale 3 1016
trou de normale 4 1016
trou de normale 5 1017
trou d'homme 781
trou noir 18
trou vertébral 204
trousse de dépannage 700
trousse de manucure 472
trousse de secours 907, 915
trousse de toilette 488
troussequin 1005
truelle 403
truffe 174, 178, 244
truite 269
trumeau 507
truqueur numérique 607
T-shirt 450
tsuki-uchi 995
tsunami 77
tuba 545, 551, 989
tubage de surface 780
tube 24, 25, 134, 295, 359, 478, 824, 890, 892, 893
tube à air 913
tube à éclairs 823
tube à essai 815
tube à prélèvement 912
tube capillaire 827
tube de force 799
tube de Malpighi 141, 143
tube de mines 654
tube de Pitot 1023
tube de poussée 584
tube de remplissage de la cuvette 347
tube de remplissage du réservoir 347
tube de résonance 557
tube droit 375
tube d'alimentation 352

tube d'orientation des lames 371
tube en Y 912
tube flexible 912
tube fluorescent 359, 536
tube horizontal 698
tube lance-torpilles 899
tube oblique 699
tube pollinique 104
tube porte-oculaire 24, 825
tube souple 926
tube transversal 1047
tube-image 609
tubercule 245
tuile 36, 385, 499, 502, 513
tuile de bonification 1066
tuile ordinaire 1066
tulipe 113, 319
tulle 424
tungstène 813
tunique 105, 440, 883
Tunisie 60, 879
tunnel 714
tunnel de communication 36
tunnel routier 663
tuque 458, 1042
turban 429, 458
turbine 421, 749, 770, 796
turbine, bâtiment 796
turbine, couvercle 787
turbine, mouvement 789
turbine, roue 794
turbine, vanne d'arrêt 796
turbine du compresseur 680
turbine d'air de combustion 340
turbine d'entraînement 680
turbine hydraulique 787
turbo-alternateur 804, 899
turboréacteur 747, 896
turboréacteur, fonctionnement 749
turboréacteur à double flux 749
turbot 268
turc 583
turion 250
Turkménistan 58, 880
Turquie 57, 880
turquoise 470
tuteur 410, 418
Tuvalu 62, 881
tuyau 401, 407, 483, 555, 903
tuyau, séchoir 900
tuyau, support 900
tuyau à anche 554
tuyau à bouche 554
tuyau arrière 673
tuyau de chute 344, 347, 353
tuyau de raccordement 343
tuyau de refoulement 903
tuyau de soufflage 411
tuyau de vidange 343, 353, 378, 380
tuyau d'air 989
tuyau d'arrosage 414
tuyau d'aspiration 902
tuyau d'eau chaude 348, 349
tuyau d'eau froide 348, 349
tuyau d'évacuation 344, 352, 353, 378
tuyau d'insufflation 560
tuyau flexible 375, 411, 773
tuyau perforé 414
tuyau souple d'arrivée 353
tuyauterie 555
tuyauterie de sortie de la vapeur 797
tuyauterie de vapeur primaire 797
tuyère 36, 39, 727, 753
tuyère à section variable 751
tuyère d'échappement 749
tuyère d'éjection 896
tuyère orientable 750
tweed 424
tympan 152, 235, 499, 500, 507, 509
typhon 89
typographie 586
typon 536
tyrannosaure 131

U

UE 882
Ukraine 57, 878
ukrainien 583
ultimate, terrain 1070
ultrasons, émission 65
Ulysses 30
Umbriel 15
un 836
une 590
UNESCO 882
uniforme 900, 906
Union africaine 882
Union européenne 882
unisson 562
unité astronomique 14, 15
unité de sauvegarde 641
unité mobile d'entretien télécommandée 35
unité monétaire 860
université 844
ununhexium 812
ununoctium 814
ununpentium 812
ununquadium 812
ununseptium 813
ununtrium 812
uranium 78, 800, 801, 814
Uranus 14, 15
uretère 137, 159, 218, 219
urètre 218, 226, 228
urgence 918
urgences 918
urgentiste, bureau 918
urgentologue, bureau 918
urne 103
uropode 139
urostyle 153
Uruguay 55, 876
usager domestique 643, 783
usine 794, 842
usine de papier 125
usine de pâte à papier 125
usine de traitement 773, 783
usine de valorisation 779
usine marémotrice 794
usine pétrochimique 95, 782
ustensile de campeur 1055
ustensile de cuisine 306, 311
ustensile divers 309
ustensile pour broyer 307
ustensile pour égoutter 308
ustensile pour mesurer 308
ustensile pour ouvrir 307
ustensile pour passer 308
ustensile pour râper 307
utérus 226, 227
utilisation industrielle 122

V

vache 173
vacuole 102, 133
vadrouille 381
vagin 137, 145, 226, 227
vague 77
vague déferlante 77
vainqueur 933
vair 875
vaisseau de sauvetage Soyouz 34
vaisseau d'exploration spatiale 36
vaisseau lymphatique 230
vaisseau sanguin 186, 199, 209
vaisseau sanguin dorsal 141
vaisseau spatial 38
vaisseau spatial Orion 38
vaisselier 329
vaisselle 301, 851
valet 825, 1062
valeur 860, 861
validation 648
valise fin de semaine 489
valise pullman 488
valise verticale 489
vallée 71, 73
valve 116, 136, 699
valve aortique 213
valve de réglage 339
valve mitrale 213
valve pulmonaire 213
valve tricuspide 213
valvule 209
vampire commun 187
vanadium 813
vanille, extrait 286
vannage, cercle 787
vanne 785, 786, 788, 794
vanne d'arrosage 797
vanne maîtresse 780
vanneau 162
vantail 364, 515
Vanuatu 62, 881
vapeur 770, 779, 796, 811
vapeur, entrée 796
vapeur, injection 779
vapeur, réglage 374
vaporisateur 374, 414
vaporisateur de plafond, étui 906
vaporisation 810
vaporisation, bouton 374
vaporiseur 342
varan 157
variateur de puissance 375
variation, touche 571
variomètre 1048, 1049
varlope 259
vase d'expansion 339, 340, 805
vaste latéral 196
vaste médial 196
Vatican, État de la cité 56, 882
vautour 163
veau 172, 273
vedette 898
végétal simple 106
végétation 92, 93
véhicule de secours 663
véhicule de service technique 744
véhicule porteur 763
véhicule tout-terrain 669
véhicule utilitaire sport 669
veille 622, 639
veine 209, 211, 212
veine axillaire 211
veine basilique 211
veine cave inférieure 211, 212, 213, 219
veine cave supérieure 211, 212, 213
veine céphalique 211
veine fémorale 211
veine iliaque 211
veine jugulaire 211
veine mésentérique 211
veine poplitée 211
veine pulmonaire 211, 212, 213
veine rénale 211, 219
veine saphène 211
veine subclavière 211, 230
velarium 503
vélo couché 702
vélo cross 701
vélo de bicross 1021
vélo de course 1020
vélo de cross-country 1020
vélo de descente 1020
vélo de montagne 1020
vélo de poursuite 1021
vélo d'exercice 1001
vélodrome 932, 1021
velours 334, 424
vélum 142
Venera 30
Venezuela 55, 876
vent 82, 97, 98, 982, 1066
vent, action 95
vent, direction 74, 81, 85
vent, force 81
vent, instrument 550
vent, vitesse 85
vent arrière 982
vent de travers 982
vent debout 982
vent dominant 89
ventail 884
ventilateur 338, 339, 341, 343, 379, 629, 672, 678, 682, 683, 706, 767, 772
ventilateur, courroie 672, 682
ventilateur, entrée d'air 727
ventilateur, tuyau 767
ventilateur de plafond 342
ventilateur de sustentation 727
ventilateur des radiateurs 706
ventilateur du moteur 762
ventilation 805
ventilation, capuchon 736
ventilation, circuit 344
ventilation de la cabine 1048
ventouse 138, 153, 402
ventre 168, 192, 194
ventricule, troisième 222
ventricule droit 212, 213
ventricule gauche 212, 213
ventricule latéral 222
ventricule succenturier 159
venturi 893
venturi, fixation 893
Vénus 14, 15
véraison 117
verge 732
verger 243
vergette 555
verglas 91
vergue 724, 806
vérificateur de circuit 404
vérificateur de continuité 404
vérificateur de haute tension 404
vérificateur de prise de courant 404
vérificateur de tension 404
vérin 693, 758, 759, 760, 761, 762
vérin de dressage 756, 902
vérin de levage, tête 754
vérin hydraulique 687, 755, 764
vermicelle 283
vernier 734, 830, 832
vernis 527
vernis à ongles 472
verre 293, 297, 480
verre à cocktail 297
verre à cognac 297
verre à eau 297, 304, 305
verre à gin 297
verre à liqueur 297
verre à mesurer 308
verre à porto 297
verre à vin 297, 304, 305
verre à whisky 297
verre de visée 594
verre transparent 536
verrière 329, 704, 750, 847, 896, 1048
verrou 72, 566
verrou tournant 692
verrouillage 374, 621, 632
verrouillage, bouton 674
verrouillage, cercle 892
verrouillage, levier 709
verrouillage des majuscules 632
verrouillage numérique 633
versant 71
Verseau 20
verseuse 319
versoir 765
vert 528, 821, 1016, 1017
vert d'entraînement 1016
vertèbre 153, 154, 182
vertèbre cervicale 159, 165, 170, 175, 184, 187, 188, 201, 204
vertèbre coccygienne 165, 170, 175, 184, 187, 188
vertèbre lombaire 165, 170, 175, 184, 187, 188, 201, 204
vertèbre proéminente 204
vertèbre sacrée 153, 165, 170, 175, 188
vertèbre thoracique 165, 170, 175, 184, 188, 201, 204
vertugadin 427
verveine 264
vésicule biliaire 152, 154, 216
vessie 149, 152, 155, 218, 226, 228
vessie natatoire 149
veste 428, 430, 442, 443, 992, 997, 1005
veste de pêche 1061
veste droite 430
veste polaire 451
veste traditionnelle 996
vestiaire 290, 293, 329, 522, 644, 705, 853, 859, 864, 868, 900, 904, 923
vestiaire de bureau 645

vestiaire des mineurs 773
vestibule 235, 329, 502, 851, 854, 858, 863
veston 430
veston croisé 430
vêtement 123
vêtement de bain 850
vêtement de bébé 851
vêtement de femme 438
vêtement de fille 851
vêtement de garçon 851
vêtement de nuit 447, 850, 851
vêtement de sport 450, 850, 851
vêtement décontracté 850, 851
vêtement d'enfant 448
vêtement d'homme 430
vêtement historique 426
vêtement isothermique 989
vêtement spécialisé 448
vêtement traditionnel 429
vêtement unisexe 437
vétérinaire 1002
veuve noire 147
vexille 158
viaduc 660
viande 271
viande, présentation 276
viande hachée 276
vibration sonore 235
vibrisse 165, 167
vice-capitaine 1027
vidange, aqueduc 719
vidange, pertuis 719
vidange, système 719
vidéoprojecteur 636, 639
vidéothèque 867
vide-poches 674
vide-pomme 309
vie végétale 102
viennoiseries 123
Vierge 21, 23
Viêtnam 59, 881
vietnamien 582
vigie 740
vigne 117
Viking 32
vilebrequin 395, 680, 682
villa Renaissance 509
village 842, 1036
ville 842
vin 288
vinaigre balsamique 287
vinaigre blanc 287
vinaigre de cidre 287
vinaigre de malt 287
vinaigre de riz 287
vinaigre de vin 287
violet 528
violette 113
violon 545, 547
violoncelle 545, 547
vipère 156
virage 664, 667, 1035
virage de dos, repère 977
virage et inclinaison, commande 1048
virage et inclinaison, indicateur 1048
virage-culbute 975
virgule 587
virole 408, 1013, 1059, 1060
vis 390, 402, 547
vis à glace 1051
vis calante 831, 833
vis centrale 538
vis de blocage 832
vis de fixation 596
vis de nivellement 84
vis de pince-aiguille 567
vis de pression 534, 535
vis de réglage 399, 407
vis de réglage de grand débit 355
vis de réglage de petit débit 355
vis de réglage de tension 654
vis de serrage 401
vis de support inférieure 84
vis de tension 556
vis macrométrique 825
vis micrométrique 734, 825, 832
vis sans fin 574, 763
visage 192
viscose 424
viseur 593, 833
viseur de caméra 606
viseur électronique 613
viseur périscopique 895
visière 457, 695, 713, 884, 901, 908, 1024, 1028, 1034
visière, charnière 695
visière antisolaire 33
vision 239
vision, fente 884
visionnement, salle 867
visionnement télé/DVD 610
visiophone 624
visiophonie 643
visiteur, accueil 864
vison 180
vissage 390
Vistule 49
visualisation des images 593
vitesse, contrôle 566
vitesse, indicateur 677, 696
vitesse, sélecteur 617, 696, 697
vitesse de rotation, commande 559
vitesse de rotation, sélecteur 394
vitesse d'obturation 593
vitrage 736, 802, 805
vitrail 507, 579, 871
vitre 803
vitre de numérisation 635
vitre de protection 1028
vitre d'exposition 637
vitre protectrice 609
vitrine 365
voie 714, 717
voie, nombre 713
voie à sens unique 666
voie de banlieue 703
voie de butte 708
voie de circulation 659, 740, 741
voie de circulation des locomotives 708
voie de décélération 659
voie de dépassement 659
voie de fond 774
voie de service 703, 740
voie de sortie 708
voie de tête 774
voie de transport 771
voie de tri 708
voie d'accélération 659
voie ferrée 704, 712, 773, 843, 844
voie ferrée, assise 713
voie ferrée bord à quai 718
Voie lactée 19, 23
voie latérale 659
voie pour véhicules lents 659
voies respiratoires, protection 909, 910
voilage 368
voile 684, 723, 806, 980, 983, 1046, 1047, 1059
voile, parcours 982
voile à corne 723
voile à livarde 723
voile au tiers 723
voile bermudienne 723
voile carrée 723
voile de flèche 725
voile d'étai 725
voile d'étai de flèche 725
voile latine 723
Voiles 21
voilure 725, 750, 752, 989, 1047
voilure à géométrie variable 752
voilure delta 751, 752
voilure droite 752
voilure en flèche 752
voilure trapézoïdale 752
voiture 669, 705, 716
voiture, location 857
voiture cellulaire 864
voiture classique 705
voiture de course 1023
voiture de formule 1 1023
voiture de formule 3000 1023
voiture de formule Indy 1023
voiture de NASCAR 1023
voiture de police 905, 907
voiture de rallye 1023
voiture micro-compacte 669
voiture restaurant 705
voiture sport 669
voiture sport-prototype 1023
voiture suiveuse 1020
voiture-lit 705
voiturette de golf 1019
voix, programmation 558
voix, sélecteur 558
vol 979, 1041
vol, instruments 1049
vol libre 1047
volaille 271
volant 363, 368, 420, 538, 566, 576, 672, 676, 682, 764, 1023
volant de manche 748
volant de manœuvre 902
volant de plumes 963
volant synthétique 963
volcan 66, 75
volcan effusif 75
volcan explosif 75
volée 335, 890, 966
volet 37, 805
volet, levier 748
volet, vérin de commande 896
volet compensateur 86
volet coulissant 29
volet de contrôle thermique 86
volet d'air 691
volet d'inertie 27
volet mobile 27
volet transparent 484
volets d'intérieur 370
Volga 49
volleyball 958
volleyball, techniques 958
volleyball, terrain 958
volleyball de plage, terrain 959
volt 835
voltigeur 938
volume 622, 625, 639, 839
volume, contrôle 558, 624
volume, réglage 549, 558, 559, 611, 614, 619, 621
volume des communications, réglage 33
volute 360, 500, 501, 510, 547
volve 108
voussure 507
voûte 506
voûte de projection 20
voûte en berceau 503
Voyager 30
voyant 316, 317, 318, 319, 374, 380, 478, 577, 629, 633, 635
voyant conique 737, 738
voyant de charge 479
voyant de charge des piles 634
voyant de contrôle 638
voyant de mise en circuit 623
voyant de mise en ondes 604
vraquier 726
vrille 117
vue 238
vulve 194
vumètre 604
VUS 669

W

w.-c. 330, 344, 346, 347, 855, 920
wagon 703, 709, 710
wagon à bestiaux 710
wagon à copeaux 711
wagon couvert 709, 710
wagon de queue 710
wagon intermodal 710
wagon plat 711
wagon porte-automobiles 711
wagon porte-conteneurs 711
wagon réfrigérant 710
wagon-citerne 710
wagon-tombereau 710, 711
wagon-trémie 710, 711
wakamé 244
wallaby 189
wapiti 172
wasabi 287
water-polo 974
water-polo, bassin 974
water-polo, joueur 974
watt 835
wigwam 520
winch 981
wishbone 983
wok 312
wolof 582
won-ton, pâte 283
Worcestershire, sauce 286

X

xénon 814
xylème 110
xylophone 545, 557

Y

yacht à moteur 729
yack 173
yaourt 280
Yémen 58, 880
yen 860
yiddish 583
yogourt 280
yorkshire-terrier 176
yoruba 582
yourte 520
ytterbium 814
yttrium 813
yuan 860

Z

Zambie 61, 880
zèbre 172
zénith 20
zéro 1068
zéro, double 649, 1068
zeste 114, 116
Zimbabwe 61, 880
zinc 78, 813
zirconium 813
zone centrale 955
zone commerciale 843
zone de basse pression 89
zone de croissance 110
zone de haute pression 89
zone de manœuvre 20
zone de précipitation 81
zone de ramification 110
zone défensive ou offensive 948
zone industrielle 843
zone libre 958, 959
zone neutre 952, 1029
zone pilifère 110
zone réservée 957
zone résidentielle 843
zone scolaire 665, 667
zooplancton 94
zoulou 582
zygomatique 200, 205